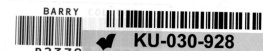

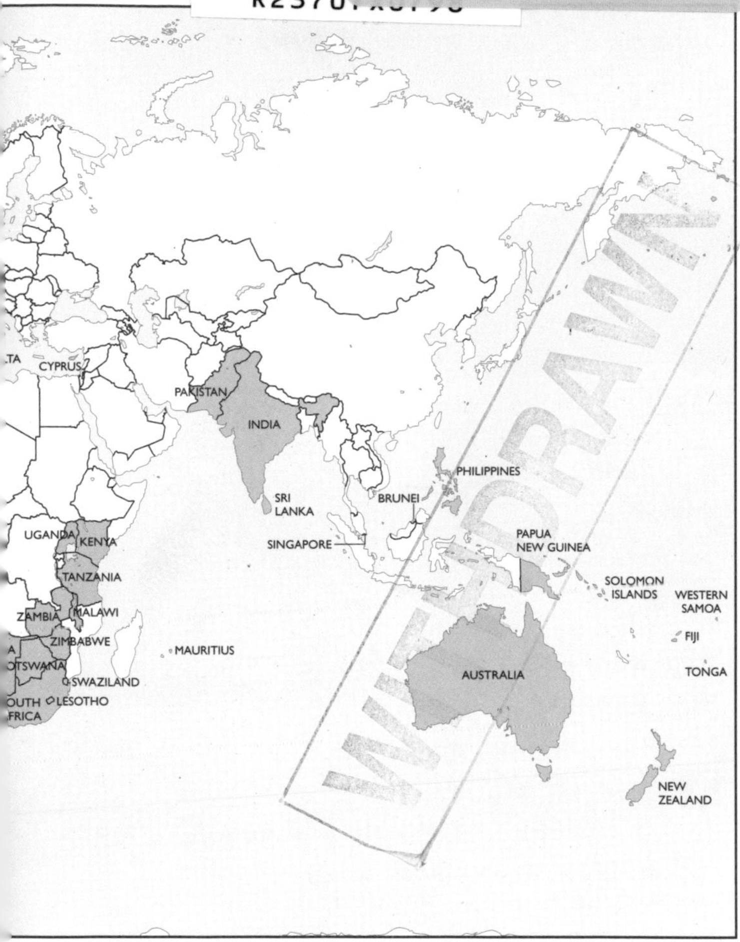
LTA
CYPRUS
PAKISTAN
INDIA
SRI LANKA
SINGAPORE
BRUNEI
PHILIPPINES
PAPUA NEW GUINEA
SOLOMON ISLANDS
WESTERN SAMOA
FIJI
TONGA
AUSTRALIA
NEW ZEALAND
UGANDA
KENYA
TANZANIA
ZAMBIA
MALAWI
ZIMBABWE
MAURITIUS
OTSWANA
SWAZILAND
OUTH AFRICA
LESOTHO

# Słowniki Longmana

## Gwarantują dostęp do języka angielskiego, jakim mówi dzisiaj cały świat!

### Tradycja

- Longman to pierwsze na świecie wydawnictwo, które zaczęło publikować materiały do nauki języka angielskiego
- 1755 – Pierwszy na świecie profesjonalny słownik języka angielskiego, *Dr Johnson's Dictionary*
- 1852 – Pierwszy na świecie słownik synonimów, *Roget's Thesaurus*; nazwisko autora stało się synonimem tego typu słowników
- 1935 – Pierwszy na świecie słownik dla uczących się języka angielskiego, *Michael West's New Method Dictionary*
- Wszystkie definicje w słownikach Longmana wykorzystują jedynie 2000 najczęściej używanych słów (*Longman Defining Vocabulary*), dzięki czemu uczniowie na poziomie średnio zaawansowanym nie będą mieli problemów ze zrozumieniem wyjaśnień

# LONGMAN

# Słownik podręczny

## angielsko-polski • polsko-angielski

Jacek Fisiak
Arleta Adamska-Sałaciak
Mariusz Idzikowski
Michał Jankowski

PEARSON
Longman

Pearson Education Limited
Edinburgh Gate
Harlow
Essex CM20 2JE
England
and Associated Companies throughout the World

Visit our website: http://www.longman.com/dictionaries



First published 1999
Eighth impression 2007



ISBN
978-0-582-33292-8 (Flexicover edition)
978-0-582-45104-9 (Cased edition)

British Library Cataloguing-in-Publication Data
A catalogue record of this book is available from the British Library.

Set in 8pt Gill Sans and Nimrod
by Morton Word Processing Ltd
Scarborough
UK
Printed in Spain by Cayfosa Quebecor, Barcelona

# Nazwy geograficzne

W poniższej tabeli podano najbardziej przydatne nazwy geograficzne i pochodzące od nich przymiotniki. W większości przypadków przymiotnik ma formę identyczną z rzeczownikiem oznaczającym mieszkańca danego kraju lub regionu. Jeśli rzeczownik różni się od przymiotnika, odpowiednie formy znaleźć można w ostatniej kolumnie tabeli.

| | | | |
|---|---|---|---|
| **Afganistan** | Afghanistan /æfˈgænəstɑːn/ | Afghanistani /æfgænəˈstɑːni/, Afghan /ˈæfgæn/ | |
| **Afryka** | Africa /ˈæfrɪkə/ | African /ˈæfrɪkən/ | |
| **Alaska** | Alaska /əˈlæskə/ | Alaskan /əˈlæskən/ | |
| **Albania** | Albania /ælˈbeɪniə/ | Albanian /ælˈbeɪniən/ | |
| **Algieria** | Algeria /ælˈdʒɪəriə ‖ -ˈdʒɪr-/ | Algerian /ælˈdʒɪəriən ‖ -ˈdʒɪr-/ | |
| **Ameryka** | America /əˈmerəkə/ | American /əˈmerəkən/ | |
| **Anglia** | England /ˈɪŋglənd/ | English /ˈɪŋglɪʃ/ | Englishman (*r. męski*) /ˈɪŋglɪʃmən/, Englishwoman (*r. żeński*) /-ˌwʊmən/, Englishmen /ˈɪŋglɪʃmən/ (*l. mnoga*), the English (*zbiorowo*) |
| **Angola** | Angola /æŋˈgəʊlə ‖ -ˈgoʊ-/ | Angolan /æŋˈgəʊlən ‖ -ˈgoʊ-/ | |
| **Antarktyka** | the Antarctica /ænˈtɑːktɪkə ‖ -ɑːr-/ | Antarctic /ænˈtɑːktɪk ‖ -ɑːr-/ | |
| **Arabia Saudyjska** | Saudi Arabia /ˌsaʊdi əˈreɪbiə/ | Saudi Arabian /saʊdi aˈreɪbiən/, Saudi /ˈsaʊdi/ | |
| **Argentyna** | Argentina /ˌɑːdʒənˈtiːnə ‖ ˌɑːr-/ | Argentinian /ˌɑːdʒənˈtɪniən ‖ ˌɑr-/, Argentine /ˈɑːdʒəntiːn, -taɪn/ | |

## Miary brytyjskie i amerykańskie

### ● Jednostki długości

1 **inch** = 2.54 cm
12 inches = 1 **foot** = 0.3048 m
3 feet = 1 **yard** = 0.9144 m
5½ yards = 1 rod, pole or perch = 5.029 m
22 yards = 1 chain = 20.12 m
10 chains = 1 furlong = 0.2012 km
8 furlongs = 1 **mile** = 1.609 km
6076.12 feet = 1 nautical mile = 1852 m

### ● Jednostki wagi

1 grain = 64.8 mg
1 dram = 1.772 g
16 drams = 1 **ounce** = 28.35 g
16 ounces = 1 **pound** = 0.4536 kg
14 pounds = 1 stone = 6.350 kg
2 stones = 1 quarter = 12.70 kg
4 quarters = 1 (long) **hundredweight** = 50.80 kg
20 hundredweight = 1 (long) ton = 1.016 tonnes
100 pounds = 1 (short) **hundredweight** = 45.36 kg
2000 pounds = 1 (short) ton = 0.9072 tonnes

The short hundredweight and ton are more common in the US.

### ● Jednostki pojemności

1 fluid ounce = 28.41 $cm^3$
5 fluid ounces = 1 gill = 0.1421 $dm^3$
4 gills = 1 pint = 0.5683 $dm^3$
2 pints = 1 quart = 1.137 $dm^3$
4 quarts = 1 (UK) gallon = 4.546 $dm^3$
231 cubic inches = 1 (US) gallon = 3.785 $dm^3$
8 gallons = 1 bushel = 36.369 $dm^3$

### ● Jednostki powierzchni

1 square inch = 645.16 $mm^2$
144 square inches = 1 square foot = 0.0929 $m^2$
9 square feet = 1 square yard = 0.8361 $m^2$
4840 square yards = 1 acre = 4047 $m^2$
640 acres = 1 square mile = 259 ha

### ● Jednostki objętości

1 cubic inch = 16.39 $cm^3$
1728 cubic inches = 1 cubic foot = 0.02832 $m^3$ = 28.32 $dm^3$
27 cubic feet = 1 cubic yard = 0.7646 $m^3$ = 764.6 $dm^3$

### ● Miary kąta

1 second = 4.860 rad
60 seconds = 1 minute = 0.2909 rad
60 minutes = 1 degree = 17.45 rad = $\pi/180$ rad
45 degrees = 1 oxtant = $\pi/4$ rad
60 degrees = 1 sextant = $\pi/3$ rad
90 degrees = 1 quadrant or 1 right angle = $\pi/2$ rad
360 degrees = 1 circle or 1 circumference = $2\pi$ rad
1 grade or gon = 1/100th of a right angle = $\pi/200$ rad

### ● Amerykańskie miary substancji sypkich

1 pint = 0.9689 UK pint = 0.5506 $dm^3$
1 bushell = 0.9689 UK bushell = 35.238 $dm^3$

### ● Amerykańskie miary płynów

1 fluid ounce = 1.0408 UK fluid ounces = 0.0296 $dm^3$
16 fluid ounces = 1 pint = 0.8327 UK pint = 0.4732 $dm^3$
8 pints = 1 gallon = 0.8327 UK gallon = 3.7853 $dm^3$

### ● Temperatura

° Fahrenheit = (9/5 x °C) + 32
° Celsius = 5/9 x (°F – 32)

# Spis treści

Autorzy i wydawnictwo dziękują prof. Hannie Komorowskiej i prof. Barbarze Lewandowskiej-Tomaszczyk za cenne uwagi na temat słownika. Pragniemy też podziękować nauczycielom, których opinie wykorzystano przy projektowaniu słownika, oraz wielu polskim nauczycielom języka angielskiego, którzy udostępnili wypracowania swoich uczniów do badań. Powstały w ten sposób obszerny komputerowy zbiór tekstów zwany Longman Learner's Corpus umożliwił twórcom słownika analizę języka uczniów i identyfikację wyrazów i zwrotów sprawiających kłopoty uczącym się.

**Nadzór wydawniczy**
Adam Gadsby
Della Summers
Sheila Dallas
Ewa Kołodziejska
Ewa Baczak
Alan Savill

**Redakcja transkrypcji fonetycznej**
Dinah Jackson

**Kierownictwo produkcji**
Clive McKeough

**Projekt okładki**
Andrea Hoyle

**Projekt graficzny**
Jenny Fleet
Sarah Hounsell

**Skład tekstów dodatkowych**
Accent on type

**Projekt słowniczka obrazkowego**
Aurora Losada

# Przedmowa



Angielsko-polski, polsko-angielski słownik Longmana jest wyjątkowym wydarzeniem na polskim rynku wydawniczym. Opracowany został przez zespół doświadczonych autorów w oparciu o najnowsze zasady leksykografii, we współpracy z nauczycielami, a także uwzględniając w pełni potrzeby zarówno rozpoczynającego naukę języka angielskiego, jak również ucznia bardziej zaawansowanego.

Słownik zawiera najczęstsze wyrazy i zwroty języka mówionego i pisanego dotyczące różnych dziedzin życia: począwszy od bezpośredniego otoczenia, a na internecie skończywszy. Uwzględniono w nim ponad 46 000 słów i wyrażeń, przeszło 63 000 znaczeń podanych w niezwykle prosty i przystępny sposób oraz bogaty wybór zwrotów i idiomów. Przy każdym wyrazie hasłowym podana jest wymowa w transkrypcji międzynarodowej. Znaczenia wyrazów ilustrowane są autentycznymi przykładami z żywego języka.

Dodatkowym elementem pomagającym uczącym się są zamieszczone w tekście słownika uwagi dotyczące trudnych dla Polaka wyrazów i zwrotów oraz form i konstrukcji gramatycznych. Ponadto, poza zasadniczą częścią, słownik zawiera mini-rozmówki, listę nazw geograficznych, listę najbardziej przydatnych idiomów, oraz informacje na temat wyrazów, które mają w obu językach podobną formę, lecz różnią się znaczeniem (tzw. false friends). Wygodny format pozwala na korzystanie ze słownika praktycznie wszędzie, zarówno w domu, szkole czy miejscu pracy, jak i w podróży czy na wakacjach.

Mamy nadzieję, że słownik nasz będzie dobrze służył wszystkim użytkownikom.

**Prof. dr hab. Jacek Fisiak**
**czerwiec 1999 .**

# Skróty i oznaczenia

## Kwalifikatory językowe

| | |
|---|---|
| *AmE* | angielszczyzna amerykańska |
| *AustrE* | angielszczyzna australijska |
| *BrE* | angielszczyzna brytyjska |
| *ScE* | angielszczyzna szkocka |
| *formal* | język używany w oficjalnych sytuacjach i urzędowych listach |
| *informal* | język potoczny, używany w codziennych sytuacjach |
| *spoken* | język mówiony |
| *written* | język pisany |
| *technical* | termin naukowy lub techniczny |
| *old-fashioned* | wyraz przestarzały |
| *humorous* | wyrażenie o żartobliwym zabarwieniu |
| *law* | termin prawniczy |
| *nonstandard* | forma niestandardowa, uważana zwykle za niepoprawną |
| *trademark* | zastrzeżony znak handlowy |
| *literary* | styl literacki |

## Oznaczenia części mowy

| | |
|---|---|
| *adj* = adjective | przymiotnik |
| *adv* = adverb | przysłówek |
| *auxiliary verb* | czasownik posiłkowy |
| *conjunction* | spójnik |
| *determiner* | określnik |
| *interjection* | wykrzyknik |
| *linking verb* | czasownik łącznik |
| *modal verb* | czasownik modalny |
| *n* = noun | rzeczownik |
| *number* | liczebnik |
| *phr v* = phrasal verb | czasownik złożony |
| *prefix* | przedrostek |
| *prep* = preposition | przyimek |
| *pron* = pronoun | zaimek |
| *quantifier* | kwantyfikator |
| *suffix* | przyrostek |
| *v* = verb | czasownik |

# Skróty i oznaczenia 

## Skróty gramatyczne

| | |
|---|---|
| [C] = countable | POLICZALNY. Rzeczownik policzalny ma formy liczby pojedynczej i mnogiej. |
| [U] = uncountable | NIEPOLICZALNY. Rzeczownik niepoliczalny nie ma liczby mnogiej i występuje z czasownikiem w 3. osobie liczby pojedynczej. |
| [plural] | LICZBA MNOGA. Rzeczownik występuje zawsze w liczbie mnogiej i łączy się z czasownikiem w liczbie mnogiej. |
| [singular] | LICZBA POJEDYNCZA. Rzeczownik występuje zawsze w liczbie pojedynczej i łączy się z czasownikiem w liczbie pojedynczej. |
| [T] = transitive | PRZECHODNI. Czasownik przechodni musi mieć dopełnienie. |
| [I] = intransitive | NIEPRZECHODNI. Czasownik nieprzechodni nie ma dopełnienia |
| [I,T] | Czasownik przechodni lub nieprzechodni. |
| [not in passive] | NIE W STRONIE BIERNEJ. Czasownik nie występuje w stronie biernej. |
| [usually in passive] | ZWYKLE W STRONIE BIERNEJ. Czasownik występuje zwykle w stronie biernej. |
| [often passive] | CZĘSTO W STRONIE BIERNEJ. Czasownik występuje często w stronie biernej. |
| [not before noun] | NIE PRZED RZECZOWNIKIEM. Przymiotnik nie występuje bezpośrednio przed rzeczownikiem. |
| [only before noun] | TYLKO PRZED RZECZOWNIKIEM. Przymiotnik występuje tylko bezpośrednio przed rzeczownikiem. |
| [only after noun] | TYLKO PO RZECZOWNIKU. Przymiotnik występuje tylko bezpośrednio po rzeczowniku. |
| [comparative of] | STOPIEŃ WYŻSZY. Stopień wyższy przymiotnika lub przysłówka. |
| [superlative of] | STOPIEŃ NAJWYŻSZY. Stopień najwyższy przymiotnika lub przysłówka. |

# Jak korzystać ze słownika

Nieregularna liczba mnoga

Nieregularne formy czasownika

Wyrazy często występujące w wyrażeniach z wyrazem hasłowym

Kolejne znaczenia danego wyrazu ustawione zgodnie z częstotliwością występowania

Czasowniki złożone podane są po haśle głównym w kolejności alfabetycznej

Wyrazy i zwroty występujące głównie w mowie zaznaczone są w ten sposób

Czasowniki nieprzechodnie oznaczono symbolem [I] (intransitive). Czasowniki przechodnie oznaczono symolem [T] (transitive).

W ten sposób oznaczane są wyrazy i zwroty potoczne

W ten sposób podane są polskie odpowiedniki angielskich słów i zwrotów

**hand·y·man** /'hændimæn/ *n* [C] *plural* **handymen** złota rączka

**hang**[1] /hæŋ/ *v*, **hung, hung, hanging** **1** [T] za/wieszać, powiesić: *He hung his coat on the back of the door.* **2** [I] wisieć: *Dark clouds hung over the valley.* | **+ from/on etc** *Her portrait was hanging on the wall.* **3** [T] *past tense and past participle* **hanged** wieszać, powiesić: *Corey hanged himself in his prison cell.* **4 hang your head** zwiesić głowę: *Lewis hung his head and refused to answer.* **5 hang in the balance** ważyć się: *Our whole future is hanging in the balance.*

**hang around** (także **hang about** *BrE*) *phr v* [I,T] *informal* **1** po/kręcić się: *We hung around for about an hour and then left.* **2 hang around with sb** zadawać się z kimś: *I don't like the people she hangs around with.*

**hang on** *phr v* **1 hang on!** *spoken* poczekaj!: *Hang on, I'll be with you in a minute!* **2** [I] *informal* trzymać się: *Hang on everybody, the road's pretty bumpy.*

**hang onto** sb/sth *phr v* [T] *informal* zatrzymać: *Hang onto that letter – you might need it later.*

**hang out** *phr v* [I] *informal* spędzać czas: *They hang out together.*

**hang round** *phr v* [I] *BrE* → HANG AROUND

**hang up** *phr v* **1** [I] odłożyć słuchawkę: *She said good night and hung up.* | **hang up on sb** (=rzucić komuś słuchawką): *Don't hang up on me!* **2** [T **hang** sth ↔ **up**] wieszać, powiesić: *Hang your coat up.*

**hang**[2] *n* **get the hang of (doing) sth** *informal* nauczyć się czegoś: *You'll soon get the hang of using the computer.*

**hang·ar** /'hæŋə/ *n* [C] hangar

**hang·er** /'hæŋə/ *n* [C] wieszak

# Jak korzystać ze słownika

**har·bour**[1] /'hɑːbə/ *BrE*, **harbor** *AmE* *n* [C,U] port

**harbour**[2] *BrE*, **harbor** *AmE* *v* [T] **1** żywić: *She harbours a secret desire to be a film star.* | **harbour doubts/suspicions** (=mieć wątpliwości/podejrzenia): *Several of Wilson's colleagues harboured suspicions about him.* **2** ukrywać, dawać schronienie: *She was accused of harbouring deserters.*

**hard**[1] /hɑːd/ *adj* **1** twardy: *a hard mattress* | *The plums are still too hard to eat.* → antonim SOFT **2** trudny: *The interviewer asked some very hard questions.* | **it's hard (for sb) to do sth** *It's hard to say* (=trudno powiedzieć) *when Glenn will be back.* → antonim EASY[1] **3** ciężki: *a long hard climb to the top of the hill* | *Poor May, she's had a hard life.* | **hard work** *Bringing up children on your own is hard work.* **4** surowy: *Mr. Katz is a hard man to work for, but he's fair.* | **be hard on sb** *She's too hard on those kids.* **5 give sb a hard time** *informal* dokuczać komuś: *The guys were giving him a hard time about missing the ball.* —**hardness** *n* [U] twardość

> UWAGA **hard** i **hardly**
>
> Nie należy mylić przysłówków **hard** i **hardly**. **Hardly** najczęściej znaczy 'prawie nie': *It was hardly raining.* | *I could hardly believe my eyes* (=nie mogłem uwierzyć własnym oczom). **Hard** znaczy 'ciężko' lub 'mocno': *It was raining hard and we all got wet.*

**hard·back** /'hɑːdbæk/ *n* [C] książka w sztywnej oprawie → porównaj PAPERBACK

**hard-boiled** /ˌ. '.◂/ *adj* **hard-boiled egg** jajko na twardo

Wymowa

Pisownia brytyjska i amerykańska

Części mowy oznaczono symbolami literowymi: n (rzeczownik), v (czasownik) itp.

Odwołanie do wyrazu o znaczeniu przeciwnym (antonim) lub zbliżonym (synonim)

Wzory zdaniowe pokazujące konteksty typowe dla danego wyrazu

Przykłady z autentycznych tekstów

Idiomy i stałe wyrażenia

Wyrazy pochodne od wyrazu hasłowego

Rzeczowniki niepoliczalne oznaczono symbolem [U] (uncountable)
Rzeczowniki policzalne oznaczono symbolem [C] (countable)

Uwagi z dodatkowymi informacjami pozwalającymi uniknąć błędów

Odwołanie do innego hasła

Sposób akcentowania haseł złożonych

# Symbole fonetyczne

## SPÓŁGŁOSKI

| *Symbol* | *Przykład* |
|---|---|
| p | **p**ack |
| b | **b**ack |
| t | **t**ie |
| d | **d**ie |
| k | **c**lass |
| g | **g**lass |
| tʃ | **ch**urch |
| dʒ | **j**udge |
| f | **f**ew |
| v | **v**iew |
| θ | **th**row |
| ð | **th**ough |
| s | **s**oon |
| z | **z**oo |
| ʃ | **sh**oe |
| ʒ | mea**s**ure |
| m | su**m** |
| n | su**n** |
| ŋ | su**ng** |
| h | **h**ot |
| l | **l**ot |
| r | **r**od |
| j | **y**et |
| w | **w**et |

## SAMOGŁOSKI

| *Symbol* | *Przykład* |
|---|---|
| e | b**e**d |
| æ | b**a**d |
| iː | sh**ee**p |
| ɪ | sh**i**p |
| i | happ**y**, pecul**i**ar |
| ɑː | c**al**m |
| ɒ | p**o**t (*BrE*) |
| ɒː | d**o**g (*AmE*) |
| ɔː | c**au**ght, h**or**se |
| ʊ | p**u**t |
| uː | b**oo**t |
| u | act**u**al |
| ʌ | c**u**t |
| ɜː | b**ir**d |
| ə | bett**er** |
| eɪ | m**a**ke |
| əʊ | b**oa**t |
| oʊ | n**o**te (*AmE*) |
| aɪ | b**i**te |
| aʊ | n**ow** |
| ɔɪ | b**oy** |
| ɪə | h**ere** |
| eə | h**air** |
| ʊə | p**oor** |
| eɪə | pl**ayer** |
| əʊə | l**ower** |
| ɔɪə | empl**oyer** |
| aɪə | t**ire** |
| aʊə | fl**ower** |

‖ oddziela wymowę brytyjską od amerykańskiej: brytyjska po lewej, amerykańska po prawej

/ ˈ/ wskazuje akcent główny

/ˌ / wskazuje akcent poboczny

/◂/ wskazuje możliwe przesunięcie akcentu

/ɪə/ oznacza, że jedni wymawiają /ɪ/ a inni /ə/

/ʊə/ oznacza, że jedni wymawiają /ʊ/ a inni /ə/

/*ə*/ oznacza, że /ə/ może, ale nie musi być wymawiane

/-/ oznacza granicę pomiędzy sylabami w przypadkach, gdzie nie jest ona oczywista, np. lying /ˈlaɪ-ɪŋ/

# Lista ramek gramatycznych



Poniżej podajemy listę zamieszczonych w słowniku ramek z objaśnieniami gramatycznymi, uporządkowaną alfabetycznie według głównego słowa lub kategorii gramatycznej w języku angielskim.

# Aa

**a** /ə/ *także* **an** *(przed samogłoską) determiner* **1** przed rzeczownikiem nieokreślonym: *Do you have a car?* | *Her boyfriend is an artist.* ➞ porównaj THE **2** w znaczeniu "jeden": *a thousand pounds* | *a dozen eggs* **3** w określeniach ilości i częstotliwości: *a few weeks from now* | *a lot of people* | **twice a week/$100 a day etc** (=na): *He gets paid $100,000 a year.* **4** przed rzeczownikiem oznaczającym dowolnego przedstawiciela danej klasy: *A square has 4 sides.* **5** przed dwoma rzeczownikami często występującymi razem: *a knife and fork* **6** przed rzeczownikiem oznaczającym czynność: *Have a look at this.* ➞ patrz ramka THE INDEFINITE ARTICLE (A (AN))

**a·back** /ə'bæk/ *adv* **be taken aback** być zaskoczonym: *I was taken aback by Linda's rudeness.*

**a·ban·don** /ə'bændən/ *v* [T] **1** porzucać: *The baby had been abandoned outside a hospital in Liverpool.* **2** zarzucać: *The new policy had to be abandoned.*

**a·ban·doned** /ə'bændənd/ *adj* porzucony, opuszczony: *an abandoned building*

**a·bashed** /ə'bæʃt/ *adj* speszony: *When he saw Ruth, he looked slightly abashed.*

**ab·bey** /'æbi/ *n* [C] opactwo

**ab·bot** /'æbət/ *n* [C] opat

**ab·bre·vi·ate** /ə'briːvieɪt/ *v* [T] *formal* skracać

**ab·bre·vi·a·tion** /əˌbriːvi'eɪʃən/ *n* [C] skrót

**ab·di·cate** /'æbdɪkeɪt/ *v* [I] abdykować —**abdication** /ˌæbdɪ'keɪʃən/ *n* [C,U] abdykacja, zrzeczenie się

**ab·do·men** /'æbdəmən/ *n* [C] *technical* brzuch —**abdominal** /æb'dɒmənəl/ *adj* brzuszny

**ab·duct** /əb'dʌkt/ *v* [T] uprowadzać: *Police believe that the woman has been abducted.* —**abduction** *n* [U] uprowadzenie, porwanie

**ab·er·ra·tion** /ˌæbə'reɪʃən/ *n* [C,U] aberracja, odchylenie: *a man of good character whose crime was regarded as just a temporary aberration*

**ab·hor·rent** /əb'hɒrənt/ *adj formal* odrażający

**a·bide** /ə'baɪd/ *v* [T] **can't abide sb/sth** nie znosić kogoś/czegoś: *I can't abide his stupid jokes.*

**abide by** sth *phr v* [T] przestrzegać: *You have to abide by the rules of the game.*

**a·bil·i·ty** /ə'bɪləti/ *n* [C,U] zdolność: *a young girl with great musical ability* | **ability to do sth** (=umiejętność robienia czegoś): *A manager must have the ability to communicate well.*

**a·blaze** /ə'bleɪz/ *adj* [not before noun] **1** w płomieniach: *The old house was quickly ablaze.* | **set sth ablaze** *The ship was set ablaze by the explosion.* **2** płonący: **+ with** *a face ablaze with anger*

**a·ble** /'eɪbəl/ *adj* **1 be able to do sth** móc coś (z)robić: *Will you be able to come tonight?* | *I was just able to reach the handle.* ➞ antonim UNABLE **2** zdolny: *a very able student*

**UWAGA able i can**

Zwrotu **be able to do** nie używamy z czasownikami odnoszącymi się do zmysłów (**see, hear, smell**) i do procesów myślenia (**understand, decide, remember**). Należy w tych przypadkach używać czasownika modalnego **can**: *I can't hear you* (=nie słyszę cię). | *I think I can smell something burning.* Zwrotu **be able to do** nie używamy w odniesieniu do przepisów i nakazów. Należy w tych przypadkach używać czasownika modalnego **can** lub zwrotu **be allowed to**: *The goalkeeper can touch the ball, but nobody else can.* | *In some countries you are not allowed to drink until you are 21.*

**UWAGA able i capable**

Zwrotu **be able to do** używamy wtedy, kiedy ktoś może coś zrobić

ponieważ posiada odpowiednie zdolności lub ponieważ pozwala mu na to sytuacja (i nikogo nie dziwi, jeśli to robi): *The doctor said that after a few days I'd be able to get out of bed.| Will you be able to play on Sunday?* Zwrotu **be capable of (doing) something** używamy wtedy, kiedy ktoś posiada odpowiednie zdolności lub wiedzę, żeby coś zrobić, ale na ogół tych zdolności nie wykorzystuje i czegoś nie robi (ale mógłby zrobić, gdyby chciał): *I'm sure he's quite capable of getting here on time, but he can't be bothered. | The power station is capable of generating enough electricity for the whole region.*

UWAGA **be able to**

Patrz **could** i **be able to**.

**a·bly** /ˈeɪbli/ *adv* umiejętnie: *The director was ably assisted by his team of experts.*

**ab·norm·al** /æbˈnɔːməl/ *adj* nienormalny, anormalny: *abnormal behaviour | abnormal levels of chlorine in the water* —**abnormality** /ˌæbnɔːˈmælə̇ti/ *n* [C,U] nienormalność, anomalia

**a·board** /əˈbɔːd/ *adv, prep* na pokład(zie): *I swam out to the yacht and climbed aboard.*

**a·bode** /əˈbəʊd/ *n* [C] *formal* miejsce zamieszkania: **right of abode** (=prawo pobytu)

**a·bol·ish** /əˈbɒlɪʃ/ *v* [T] znosić: *unfair laws that should be abolished* —**abolition** /ˌæbəˈlɪʃən/ *n* [U] zniesienie: *the abolition of slavery*

**a·bom·i·na·ble** /əˈbɒmɪnəbəl/ *adj* wstrętny: *an abominable noise*

**ab·o·rig·i·ne** /ˌæbəˈrɪdʒə̇ni/ *n* [C] aborygen/ka

**a·bort** /əˈbɔːt/ *v* [T] przerywać: *The space flight had to be aborted because of computer problems.*

**a·bor·tion** /əˈbɔːʃən/ *n* [C,U] aborcja: **have an abortion** (=przerywać ciążę): *She was told about the dangers of having an abortion.*

**a·bor·tive** /əˈbɔːtɪv/ *adj* nieudany

**a·bound** /əˈbaʊnd/ *v* [I] *literary*
**abound in/with** sth *phr v* obfitować w: *The park abounds with wildlife.*

**a·bout**[1] /əˈbaʊt/ *prep* **1** o: *a book about how the universe began* | **all about** *Tell me all about it.* **2** *BrE* po: *Clothes were scattered about the room.* **3 what about/how about** *spoken* **a)** (a) może byś(my/cie): *How about coming to my house for a barbecue? | What about bringing a bottle of wine?* **b)** a co z: *What about Jack? We can't just leave him here.*

**about**[2] *adv* **1** około: *I live about 10 miles from here.* **2 be about to do sth** właśnie mieć coś zrobić: *We were about to leave when Jerry arrived.* **3 just about** prawie: *Dinner's just about ready.* **4** *BrE* dookoła: *People were lying about on the floor.* **5** *BrE* gdzieś tu(taj), w pobliżu: *Is Patrick about? There's a phone call for him.*

**a·bove**[1] /əˈbʌv/ *prep* **1** nad: *Raise your arm above your head. | There's a light above the entrance.* **2** powyżej: *Temperatures rose above zero today. | officers above the rank of lieutenant* **3** ponad: *He couldn't hear her voice above the noise.* **4 above all** *formal* nade wszystko: *Above all, I would like to thank my parents.* **5 above suspicion/criticism** poza podejrzeniami/krytyką

**above**[2] *adv* **1** wyżej, powyżej: *The sound came from the room above. | Write to the address given above for more information.* **2** więcej: *children aged 7 and above*

**a·bove board** /.,. ˈ./ *adj* całkowicie legalny: *Everything seems to be above board.*

**a·bra·sive** /əˈbreɪsɪv/ *adj* **1** szorstki, opryskliwy: *His abrasive manner offends some people.* **2** ścierny

**a·breast** /əˈbrest/ *adv* **1 keep abreast of sth** być na bieżąco z czymś: *I listen to the radio to keep abreast of the news.* **2 two/three abreast** we dwójkę/trójkę jeden przy drugim: *The cyclists were riding three abreast, so no one could pass them.*

**a·bridged** /əˈbrɪdʒd/ *adj* skrócony: *the abridged version of the novel* —**abridge** *v* [T] skracać → porównaj UNABRIDGED

**a·broad** /əˈbrɔːd/ *adv* za granicą/ę: *Did you enjoy living abroad?* | **go abroad** *He often has to go abroad on business.*

**a·brupt** /əˈbrʌpt/ *adj* **1** nagły: *an abrupt change in the attitudes of voters* **2** oschły: *She was abrupt on the phone the first time we talked.* —**abruptly** *adv* nagle, obcesowo

**ab·sence** /ˈæbsəns/ *n* **1** [C,U] nieobecność: *How do you explain your absence?* | **+ from** *frequent absences from work* | **in sb's absence** (=pod czyjąś nieobecność): *The vice president will handle things in my absence.* **2** [U] brak: *the absence of evidence in the murder case*

**ab·sent** /ˈæbsənt/ *adj* nieobecny: *Most of the class was absent with flu today.* | *an absent smile on his face* | **+ from** *absent from school*

**absent-mind·ed** /ˌ.. ˈ..◂/ *adj* roztargniony —**absent-mindedness** *n* [U] roztargnienie —**absent-mindedly** *adv* przez roztargnienie, w roztargnieniu

**ab·so·lute** /ˈæbsəluːt/ *adj* **1** absolutny: *The show was an absolute disaster.* | *a ruler with absolute power* **2** definitywny: *I can't give you any absolute promises.*

**ab·so·lute·ly** /ˌæbsəˈluːtli◂/ *adv* **1** absolutnie: *Are you absolutely sure?* | **absolutely no/nothing** *It was the school holiday and the children had absolutely nothing to do.* **2 Absolutely!** *spoken* Jak najbardziej!: *"Do you really think so?" "Absolutely."* **3 Absolutely not!** *spoken* W żadnym wypadku!

**ab·solve** /əbˈzɒlv/ *v* [T] *formal* rozgrzeszać

**ab·sorb** /əbˈsɔːb/ *v* [T] **1** wchłaniać: *The towel absorbed most of the water.* | *the rate at which alcohol is absorbed into the blood* | *countries that had become absorbed into the Soviet Union* **2 be absorbed in sth** być czymś pochłoniętym/zaabsorbowanym: *I was completely absorbed in the book.* **3** przyswajać sobie: *She's a good student who absorbs information quickly.* —**absorption** *n* [U] wchłanianie, absorpcja

**ab·sor·bent** /əbˈsɔːbənt/ *adj* (dobrze) wchłaniający: *absorbent sponges*

**ab·sorb·ing** /əbˈsɔːbɪŋ/ *adj* absorbujący, wciągający: *an absorbing article about space travel*

**ab·stain** /əbˈsteɪn/ *v* [I] **1** *formal* wstrzymywać się: **+ from** *Patients were advised to abstain from alcohol.* **2** wstrzymywać się od głosu —**abstention** /-ˈstenʃən/ *n* [U] wstrzymanie się od głosu

**ab·sti·nence** /ˈæbstɪ̈nəns/ *n* [U] abstynencja

**ab·stract** /ˈæbstrækt/ *adj* abstrakcyjny: *Beauty is an abstract idea.* | *abstract arguments about justice* | *abstract art* —**abstraction** /æbˈstrækʃən/ *n* [C,U] abstrakcja

**ab·surd** /əbˈsɜːd/ *adj* absurdalny: *an absurd situation* —**absurdly** *adv* absurdalnie —**absurdity** *n* [C,U] absurd, absurdalność

**a·bun·dance** /əˈbʌndəns/ *n* [U singular] *formal* obfitość: *There is an abundance of creative talent.* | **in abundance** (=w dużych ilościach): *Wild flowers grew in abundance on the hillside.*

**a·bun·dant** /əˈbʌndənt/ *adj* obfity: *an abundant supply of fresh fruit*

**a·bun·dant·ly** /əˈbʌndəntli/ *adv* **1** całkowicie: *He made it abundantly clear that he was dissatisfied.* **2** obficie: *Poppies grew abundantly in the fields.*

**a·buse**[1] /əˈbjuːs/ *n* **1** [C,U] nadużycie: **+ of** *The newspapers are calling the President's action an abuse of power.* | **drug/alcohol abuse** (=narkomania/alkoholizm) **2** [U] wykorzystywanie: **child abuse** *a police investigation into reports of child abuse* | **sexual abuse** *victims of sexual abuse* **3** [U] obelgi

**a·buse**[2] /əˈbjuːz/ *v* [T] **1** znęcać się nad: *Each year more than 700,000 children are abused or neglected.* **2** nadużywać: *Garton had abused his position as mayor by offering jobs to his friends.* **3** lżyć

**a·bu·sive** /əˈbjuːsɪv/ *adj* obelżywy: *an abusive letter*

A

**a·bys·mal** /əˈbɪzməl/ *adj* fatalny: *your son's abysmal performance in the examinations*

**a·byss** /əˈbɪs/ *n* [C] **1** tragedia: *the abyss of nuclear war* **2** *literary* otchłań

**ac·a·dem·ic¹** /ˌækəˈdemɪk◂/ *adj* **1** akademicki: *students' academic achievements* | *the question is purely academic* **2** zdolny: *teaching the more academic children*

**academic²** *n* [C] nauczyciel akademicki

**a·cad·e·my** /əˈkædəmi/ *n* [C] akademia: *a military academy*

**ac·cel·e·rate** /əkˈseləreɪt/ *v* [I,T] przyspieszać: *Melissa accelerated as she drove onto the highway.* | *a plan to accelerate economic growth* —**acceleration** /əkˌseləˈreɪʃən/ *n* [U] przyspieszenie

**ac·cel·e·ra·tor** /əkˈseləreɪtə/ *n* [C] pedał przyspieszenia/gazu

**ac·cent** /ˈæksənt/ *n* [C] **1** akcent: *a strong northern accent* | *The accent in the word 'important' is on the second syllable.* **2 the accent** nacisk: **+ on** *a training programme with the accent on safety*

**ac·cen·tu·ate** /əkˈsentʃueɪt/ *v* [T] za/akcentować

**ac·cept** /əkˈsept/ *v* **1** [T] przyjmować: *Please accept this small gift.* | *The manager would not accept her resignation.* | *We don't accept credit cards.* | *I've been accepted at Harvard.* | **accept an invitation** *We would be happy to accept your invitation.* | **accept advice/suggestions** *I wish I'd accepted your advice and kept my money in the bank.* **2** [T] przyjmować do wiadomości: *The teacher would not accept any excuses.* | **+ that** *I accept that* (=przyznaję, że) *we've made mistakes, but it's nothing we can't fix.* **3** [T] za/akceptować: *It was a long time before the other kids at school accepted him.* **4** [T] po/godzić się z: *Even when he was imprisoned, the Emperor would not accept defeat.* **5 accept responsibility/blame** *formal* brać na siebie odpowiedzialność/winę: *The company have accepted responsibility for the accident.*

**ac·cep·ta·ble** /əkˈseptəbəl/ *adj* **1** do przyjęcia: *The essay was acceptable, but it wasn't her best work.* **2** akceptowany: *Smoking is no longer an acceptable habit.*

**ac·cept·ance** /əkˈseptəns/ *n* [U] **1** przyjęcie: *I was surprised at her acceptance of my offer.* | **+ into** *the immigrants' gradual acceptance into the community* **2** akceptacja: **+ of** *After the revolution there was widespread acceptance of Marxist ideas.* **3** pogodzenie się z sytuacją: *The general mood was one of acceptance.* **4 gain/find acceptance** zostać zaakceptowanym

**ac·cept·ed** /əkˈseptɪ̈d/ *adj* przyjęty

**ac·cess¹** /ˈækses/ *n* [U] **1** dostęp: **have access to** *Students need to have access to the computer system.* **2** dojście, dojazd: **+ to** *The only access to the farm is along a muddy track.* | **gain access** *The thieves gained access* (=dostali się do środka) *through the upstairs window.*

**access²** *v* [T] uzyskiwać dostęp do: *I couldn't access the file.*

**ac·ces·si·ble** /əkˈsesɪ̈bəl/ *adj* **1** dostępny: *The national park is not accessible by road.* | *the wide range of information that is accessible on the Internet* **2** przystępny: **+ to** *Buchan succeeds in making a difficult subject accessible to the ordinary reader.* —**accessibility** /əkˌsesɪ̈ˈbɪlɪ̈ti/ *n* [U] dostępność, przystępność → antonim INACCESSIBLE

**ac·ces·so·ry** /əkˈsesəri/ *n* [C] **1** [usually plural] dodatek: *a dress with matching accessories* **2** dodatkowy element wyposażenia (*np. samochodu*) **3** *law* współsprawca przestępstwa

**ac·ci·dent** /ˈæksɪ̈dənt/ *n* [C] **1** wypadek: *Her parents were killed in a car accident.* | *I'm afraid he's been involved in a serious accident.* | **it was an accident** *I didn't do it on purpose, it was an accident.* **2 by accident** przypadkiem: *I discovered by accident that he'd lied to me.*

**ac·ci·den·tal** /ˌæksɪ̈ˈdentl◂/ *adj* przypadkowy: *accidental damage* —**accidentally** *adv* przypadkowo, przez przypadek: *I accidentally set off the alarm.*

**accident-prone** /ˈ... ˌ./ *adj* często ulegający wypadkom: *an accident-prone child*

**ac·claim** /əˈkleɪm/ *n* [U] uznanie: *His first novel received widespread acclaim.*

**ac·claimed** /əˈkleɪmd/ *adj* cieszący się uznaniem: **highly/widely acclaimed** *Spielberg's highly acclaimed movie, 'Schindler's List'*

**ac·cli·ma·tize** /əˈklaɪmətaɪz/ *także* **-ise** *BrE także* **ac·cli·mate** /əˈklaɪmət/ *AmE v* [I] za/aklimatyzować się: **get acclimatized** *It takes the astronauts a few days to get acclimatized to conditions in space.*

**ac·com·mo·date** /əˈkɒmədeɪt/ *v* [T] **1** pomieścić: *The hall can accommodate 300 people.* **2** zakwaterować: *A new hostel was built to accommodate the students.* **3** pójść na rękę: *If you need more time, we'll try to accommodate you.*

**ac·com·mo·dat·ing** /əˈkɒmədeɪtɪŋ/ *adj* uczynny

**ac·com·mo·da·tion** /əˌkɒməˈdeɪʃən/ *n* [U] *także* **accommodations** [plural] *AmE* zakwaterowanie: *The college will provide accommodation for all new students.*

**ac·com·pa·ni·ment** /əˈkʌmpənimənt/ *n* [C] **1** akompaniament: *a tune with a simple guitar accompaniment* **2** *formal* dodatek: *White wine is an excellent accompaniment to fish.*

**ac·com·pa·ny** /əˈkʌmpəni/ *v* [T] **1** *formal* towarzyszyć: *Children under 12 must be accompanied by an adult.* | *Any increase in costs is always accompanied by a rise in prices.* **2** akompaniować

**ac·com·plice** /əˈkʌmplɪ̈s/ *n* [C] wspólni-k/czka

**ac·com·plish** /əˈkʌmplɪʃ/ *v* [T] osiągać: *The new government has accomplished a great deal.*

**ac·com·plished** /əˈkʌmplɪʃt/ *adj* znakomity: *an accomplished poet*

**ac·com·plish·ment** /əˈkʌmplɪʃmənt/ *n* **1** [C] *formal* umiejętność: *Playing the piano is one of her many accomplishments.* **2** [U] osiągnięcie, dokonanie

**ac·cord** /əˈkɔːd/ *n* **1 of your own accord** z własnej woli: *No one forced him to go. He left of his own accord.* **2 in accord with sb/sth** *formal* zgodny z kimś/czymś: *The committee's report is completely in accord with our suggestions.* **3** [C] uzgodnienie

**ac·cord·ance** /əˈkɔːdəns/ *n* **in accordance with** *formal* zgodnie z: *Safety checks were made in accordance with the rules.*

**ac·cord·ing·ly** /əˈkɔːdɪŋli/ *adv* **1** odpowiednio: *If you work extra hours, you will be paid accordingly.* **2** *formal* w związku z tym: *We have noticed that the books are slightly damaged, and accordingly, we have reduced the price.*

**according to** /.ˈ.. ./ *prep* **1** według: *According to our records she never paid her bill.* | *According to Angela, he's a great teacher.* | *You will be paid according to the amount of work you do.* **2** zgodnie z: *Everything went according to plan and we arrived on time.*

**ac·cor·di·on** /əˈkɔːdiən/ *n* [C] akordeon

**ac·cost** /əˈkɒst/ *v* [T] zaczepiać

**ac·count**[1] /əˈkaʊnt/ *n* [C] **1** relacja: **give an account of** *Can you give us an account of what happened?* | **by/from all accounts** (=podobno): *By all accounts Frank was once a great player.* **2** konto, rachunek: *He couldn't remember his account number.* | *I'd like to withdraw £250 from my account.* | *Here are the books you ordered. Shall I charge them to your account?* | **settle your account** (=u/regulować rachunek): *Accounts must be settled within 30 days.* → patrz też BANK ACCOUNT, CHECKING ACCOUNT, CURRENT ACCOUNT, DEPOSIT ACCOUNT, SAVINGS ACCOUNT **3 take into account/take account of** brać pod uwagę: *They should have taken into account the needs of foreign students.* **4 on account of** z powodu: *Several people are late on account of the train strike.* **5 (not) on my/his account** *spoken* (nie) ze względu na mnie/niego: *Don't stay up late on my account.* **6 on no account/not on any account** *formal* pod żadnym pozorem: *On no account should anyone go near this man – he's dangerous.* → patrz też ACCOUNTS

**account**[2] *v*

**account for** sth *phr v* [T] **1** stanowić: *Oil and gas account for 60% of the coun-*

*try's exports.* **2** wy/tłumaczyć: *How do you account for this sudden change of policy? | If he really is taking drugs, that would account for his behaviour.*

**ac·count·a·ble** /ə'kaʊntəbəl/ *adj* [not before noun] odpowiedzialny: **+ for** *Managers must be accountable for their decisions.* | **hold sb accountable** (=obciążać kogoś odpowiedzialnością): *If students fail their exams, should their teachers be held accountable?* —**accountability** /əˌkaʊntə'bɪlˌəti/ *n* [U] odpowiedzialność

**ac·coun·tan·cy** /ə'kaʊntənsi/ *BrE* **ac·coun·ting** /ə'kaʊntɪŋ/ *AmE n* [U] księgowość

**ac·coun·tant** /ə'kaʊntənt/ *n* [C] księgow-y/a

**ac·counts** /ə'kaʊnts/ *n* [plural] rozliczenie: *the company's accounts from last year* ➡ patrz też ACCOUNT[1]

**ac·cred·it·ed** /ə'kredˌətˌəd/ *adj* akredytowany

**ac·cu·mu·late** /ə'kjuːmjʊleɪt/ *v* **1** [I] na/gromadzić się: *The dirt and dust had accumulated in the corners of the room.* **2** [T] z/gromadzić: *By the time he died Methuen had accumulated a vast collection of paintings.* —**accumulation** /əˌkjuːmjʊ'leɪʃən/ *n* [C,U] nagromadzenie, gromadzenie

**ac·cu·ra·cy** /'ækjʊrəsi/ *n* [U] dokładność, precyzja: *The bombs can be aimed with amazing accuracy.* ➡ antonim INACCURACY

**ac·cu·rate** /'ækjʊrət/ *adj* dokładny: *an accurate report of what happened* ➡ antonim INACCURATE —**accurately** *adv* dokładnie

**ac·cu·sa·tion** /ˌækjʊ'zeɪʃən/ *n* [C] oskarżenie, zarzut: **make an accusation against sb** (=wysuwać zarzut pod czyimś adresem): *Serious accusations have been made against him.*

**ac·cuse** /ə'kjuːz/ *v* [T] oskarżać: **accuse sb of doing sth** *Are you accusing me of stealing?* —**accuser** *n* [C] oskarżyciel/ka

**ac·cused** /ə'kjuːzd/ *n* **the accused** [singular or plural] oskarżon-y/a, oskarżeni

**ac·cus·tom** /ə'kʌstəm/ *v* [T] **accustom yourself to (doing) sth** przyzwyczajać się do (robienia) czegoś: *They'll have to accustom themselves to working long hours.*

**ac·cus·tomed** /ə'kʌstəmd/ *adj formal* **be accustomed to (doing) sth** być przyzwyczajonym do (robienia) czegoś: *She was accustomed to a life of luxury.* | **become/get/grow accustomed to** *Ed's eyes quickly grew accustomed to the dark room.*

**ace** /eɪs/ *n* [C] **1** as: *the ace of spades* **2** as serwisowy

**ache[1]** /eɪk/ *v* [I] **1** boleć: *My legs are aching.* **2 be aching to do sth** nie móc się doczekać zrobienia czegoś: *Jenny was aching to go home.*

**ache[2]** *n* [C] ból: **headache/backache/toothache etc** *I've got a bad headache.* —**achy** *adj* obolały: *My arm feels all achy.*

> UWAGA **ache i pain**
>
> Wyraz **ache** używany jest zazwyczaj jako czasownik w znaczeniu 'boleć' lub w złożeniach z wyrazami takimi jak **tooth**, **ear**, **head**, **back**, **stomach**, kiedy chodzi konkretnie o 'ból zęba' **toothache**, 'ból ucha' **earache** itd.: *I did some weight training on Monday and my shoulders have been aching ever since. | That radio of yours is giving me a headache.* Kiedy chodzi o 'ból', używamy **pain**: *After the run, I had pains in my legs.*

**a·chieve** /ə'tʃiːv/ *v* [T] osiągać: *He will never achieve anything if he doesn't work harder. | On the test drive Segrave achieved speeds of over 200 mph.* —**achiever** *n* [C] *a high achiever* (=człowiek sukcesu)

**a·chieve·ment** /ə'tʃiːvmənt/ *n* **1** [C] osiągnięcie: *Winning the championship is quite an achievement.* **2** [U] realizacja: *the achievement of a lifetime's ambition*

**ac·id[1]** /'æsˌəd/ *n* **1** [C,U] kwas: *hydrochloric acid* **2 the acid test** próba ognia: *It*

*looks good, but will it work? That's the acid test.*

**acid²** *adj* **1** kwaśny **2 acid remark/comment** uszczypliwa uwaga

**acid rain** /ˌ.. '../ *n* [U] kwaśny deszcz

**ac·knowl·edge** /ək'nɒlɪdʒ/ *v* [T] **1** przyznawać: **+ that** *Angie has acknowledged that she made a mistake.* | **acknowledge sth as** *These beaches are generally acknowledged as* (=powszechnie uchodzą za) *the best in Europe.* **2** uznawać, przyjmować do wiadomości: *They are refusing to acknowledge the court's decision.* **3** potwierdzać otrzymanie: *We must acknowledge her letter.* **4** zwracać uwagę na: *Tina walked straight past without acknowledging us.*

**ac·knowl·edge·ment, acknowledgment** /ək'nɒlɪdʒmənt/ *n* [C] **1** potwierdzenie otrzymania: *I haven't received an acknowledgement of my letter yet.* **2** przyznanie się: *an acknowledgement of defeat*

**ac·ne** /'ækni/ *n* [U] trądzik

**a·corn** /'eɪkɔːn/ *n* [C] żołądź

**a·cous·tic** /ə'kuːstɪk/ *adj* **1** dźwiękowy **2** akustyczny: *an acoustic guitar*

**a·cous·tics** /ə'kuːstɪks/ *n* **1** [plural] akustyka: *The acoustics of the theatre are very good.* **2** [U] akustyka: *Acoustics is the scientific study of sound.*

**ac·quaint·ance** /ə'kweɪntəns/ *n* **1** [C] znajom-y/a **2** [U] znajomość: **make sb's acquaintance** (=zawrzeć z kimś znajomość): *I've never made his acquaintance.*

**ac·quaint·ed** /ə'kweɪntɪ̵d/ *adj formal* **1 be acquainted with sb** znać kogoś (*niezbyt dobrze*): *Roger and I are already acquainted.* | **get/become acquainted** (=poznać się): *I'll leave you two to get acquainted.* **2 be acquainted with sth** być zaznajomionym z czymś: *My lawyer is already acquainted with the facts.*

**ac·quire** /ə'kwaɪə/ *v* [T] nabywać: *The Getty Museum acquired the painting for £6.8 million.* | *Think about the skills you have acquired, and how you can use them.*

**ac·qui·si·tion** /ˌækwɪ̵'zɪʃən/ *n* **1** [U] nabywanie: **+ of** *the acquisition of wealth* **2** [C] nabytek: *a recent acquisition*

**ac·quit** /ə'kwɪt/ *v* [T] **-tted, -tting** uniewinniać: *Simons was acquitted of murder.*

**ac·quit·tal** /ə'kwɪtl/ *n* [C,U] uniewinnienie

**a·cre** /'eɪkə/ *n* [C] akr

**ac·rid** /'ækrɪ̵d/ *adj* gryzący: *a cloud of acrid smoke*

**ac·ro·bat** /'ækrəbæt/ *n* [C] akrobat-a/ka —**acrobatic** /ˌækrə'bætɪk◂/ *adj* akrobatyczny

**ac·ro·bat·ics** /ˌækrə'bætɪks/ *n* [plural] akrobacje

**ac·ro·nym** /'ækrənɪm/ *n* [C] akronim, skrótowiec: *NATO is an acronym for the North Atlantic Treaty Organization.*

**a·cross** /ə'krɒs/ *adv, prep* **1** przez: *The farmer was walking across the field towards us.* | *the only bridge across the river* **2** w poprzek: *At its widest point, the river is two miles across* (=ma dwie mile szerokości). **3** na cały: *The rain will spread slowly across southern England.* **4** po drugiej stronie: *Andy lives across the road from us.* **5 across the board** dla wszystkich: *a pay increase of 8% across the board*

**a·cryl·ic** /ə'krɪlɪk/ *adj* akrylowy

**act¹** /ækt/ *v* **1** [I] za/działać: *Unless the government acts soon, more people will die.* | **+ as** *Salt acts as a preservative.* | **act on advice/orders etc** *We're acting on* (=stosujemy się do) *the advice of our lawyer.* **2** [I] zachowywać się: *Nick's been acting very strangely recently.* **3** [I,T] grać: *Mike got an acting job on TV.* **4 act as** występować w roli: *My brother speaks French – he will act as interpreter.*

**act²** *n* **1** [C] czyn: *an act of kindness* | *a criminal act* **2** [C] *także* **Act** ustawa: *The Criminal Justice Act* **3** [C] *także* **Act** akt: *Hamlet kills the king in Act 5.* **4** [C] numer (*w programie rozrywkowym*): *a comedy act* **5** [singular] poza, udawanie: *He doesn't care, Laura – it's just an act.* **6 get your act together** *informal* brać/wziąć

się za siebie: *If Julie doesn't get her act together, she'll never graduate.*

**act·ing¹** /ˈæktɪŋ/ *adj* **acting manager/director** pełniący obowiązki dyrektora

**acting²** *n* [U] aktorstwo

**ac·tion** /ˈækʃən/ *n* **1** [U] działanie: *We've talked enough. Now is the time for action.* | *cliffs worn away by the action of the waves* | **take action** *The government must take action* (=musi zacząć działać) *before it's too late.* | **course of action** (=wyjście): *The best course of action would be to tell her the whole story.* | **put sth into action** (=wprowadzać coś w życie): *When will you start putting your plan into action?* **2** [C] czyn: *You shouldn't be blamed for other people's actions.* **3** [C] czynność **4 be out of action** nie działać: *My car's out of action again.* | **put sb/sth out of action** *The accident has put him out of action* (=wyłączył go z gry) *for two weeks.* **5 in action** w akcji: *a chance to see top ski jumpers in action* **6** [C,U] **killed in action** *Ann's husband was killed in action* (=poległ na polu chwały).

**action-packed** /ˌ.. ˈ.◂/ *adj* **action-packed film/story** film/opowiadanie z wartką akcją

**action re·play** /ˌ.. ˈ../ *n* [C] *BrE* powtórka (*w transmisji sportowej*)

**ac·tiv·ate** /ˈæktəveɪt/ *v* [T] *formal* uruchamiać, aktywować: *This switch activates the alarm.* —**activation** /ˌæktəˈveɪʃən/ *n* [U] uruchomienie, aktywacja

**ac·tive¹** /ˈæktɪv/ *adj* **1** aktywny: *Grandpa's very active for his age.* | *an active member of the Labour Party* **2** *technical* włączony: *The alarm is now active.* **3** czynny: *an active volcano* **4** w stronie czynnej: *In the sentence 'The boy kicked the ball', the verb 'kick' is active.* ➡ porównaj PASSIVE

**active²** *n* **the active (voice)** strona czynna ➡ porównaj PASSIVE

**ac·tive·ly** /ˈæktɪvli/ *adv* aktywnie, czynnie: *The government has actively encouraged immigration.*

**ac·tiv·ist** /ˈæktəvəst/ *n* [C] działacz/ka

**ac·tiv·i·ty** /ækˈtɪvəti/ *n* **1** [C,U] zajęcie: *after-school activities* **2** [C,U] działalność: *an increase in terrorist activity* **3** [U] ruch: *There's been a lot of activity on the stock exchange.* ➡ antonim INACTIVITY

**ac·tor** /ˈæktə/ *n* [C] aktor/ka

> UWAGA **actor** i **actress**
>
> Wyrazu **actor** można używać, mając na myśli zarówno aktorów jak i aktorki

**ac·tress** /ˈæktrəs/ *n* [C] aktorka

**ac·tu·al** /ˈæktʃuəl/ *adj* rzeczywisty: *The actual cost is a lot higher than we'd thought.*

**ac·tu·al·ly** /ˈæktʃuəli/ *adv especially spoken* **1** rzeczywiście: *Did she actually say that in the letter?* **2** w rzeczywistości: *He may look young, but actually he's 45.* **3** właściwie: *"Great! I love French coffee!" "It's German actually."*

> UWAGA **actually**
>
> Wyraz **actually** nie znaczy 'aktualnie'. Kiedy chcemy po angielsku powiedzieć, że coś dzieje się 'aktualnie', tzn. 'teraz', używamy **at present**, **at the moment** lub **currently**: *At present the company is short of staff.* | *At the moment I'm working part-time in a travel agency.* Odpowiednikiem wyrazu **actually** w języku polskim jest często wyrażenie 'w rzeczywistości': *People think we've got lots of money, but actually we are quite poor.*

**ac·u·punc·ture** /ˈækjʊˌpʌŋktʃə/ *n* [U] akupunktura

**a·cute** /əˈkjuːt/ *adj* **1** ostry: *acute pain* | *acute tuberculosis* | *An acute angle is less than 90 degrees.* **2** dotkliwy: *an acute shortage of medical staff* **3** przenikliwy: *Simon's manner concealed an agile and acute mind.*

**a·cute·ly** /əˈkjuːtli/ *adv* dotkliwie: *She was acutely embarrassed when she realized her mistake.*

**AD** /ˌeɪ ˈdiː/ n.e.: *Attila died in 453 AD.* ➡ porównaj BC

**ad** /æd/ *n* [C] *informal* ogłoszenie, anons

**Ad·am's ap·ple** /ˌædəmz 'æpl/ *n* [C] jabłko Adama

**a·dapt** /ə'dæpt/ *v* **1** [I] przystosowywać się: **+ to** *Old people find it hard to adapt to life in a foreign country.* **2** [T] za/adaptować: *The car's engine had been adapted to take unleaded fuel.* | *The author is adapting his novel for television.* **3 be well adapted to sth** być dobrze przystosowanym do czegoś: *Alpine flowers are well adapted to the cold winters.*

**ad·ap·ta·tion** /ˌædæp'teɪʃən/ *n* **1** [C] adaptacja: *a film adaptation of Zola's novel* **2** [U] przystosowanie (się): *adaptation to the environment*

**a·dapt·er** /ə'dæptə/, **adaptor** *n* [C] *BrE* rozgałęziacz

**add** /æd/ *v* **1** [T] dodawać: *If you add 5 and 3 you get 8.* | **add sth to sth** *Do you want to add your name to the mailing list?* | *Add one egg to the mixture.* | **+ that** *The judge added that this case was one of the worst she had ever seen.* **2** [I,T] **add to** powiększać: *Sales tax adds to the bill.* **3** pogłębiać, nasilać: *Darkness just adds to the spooky atmosphere.*

**add** sth ↔ **on** *phr v* [T] dodawać: *They're going to add on another bedroom at the back.* | **+ to** *VAT at 17.5% will be added on to your bill.*

**add up** *phr v* **1** [I,T **add** sth ↔ **up**] po/dodawać: *Add your scores up and we'll see who won.* **2 not add up** nie trzymać się kupy: *His story just doesn't add up.*

**ad·der** /'ædə/ *n* [C] żmija

**ad·dict** /'ædɪkt/ *n* [C] **1** narkoman/ka: *a heroin addict* **2** *informal* entuzjast-a/ka: *game-show addicts*

**ad·dic·ted** /ə'dɪktəd/ *adj* uzależniony: **+ to** *Marvin soon became addicted to sleeping pills.* | *My children are completely addicted to computer games.*

**ad·dic·tion** /ə'dɪkʃən/ *n* [C,U] uzależnienie

**ad·dic·tive** /ə'dɪktɪv/ *adj* uzależniający: *a highly addictive drug*

**ad·di·tion** /ə'dɪʃən/ *n* **1 in addition** oprócz tego: *The school has 12 classrooms. In addition there is a large office that could be used for meetings.* | **+ to** (=oprócz): *In addition to her teaching job, she plays in a band.* **2** [U] dodawanie **3** [C] dodatek: *The tower is a later addition to the cathedral.*

**ad·di·tion·al** /ə'dɪʃənəl/ *adj* dodatkowy: *There's an additional charge for baggage over the weight limit.* —**additionally** *adv* dodatkowo

**ad·di·tive** /'ædətɪv/ *n* [C] dodatek (*konserwujący, barwiący itp.*): *additive-free foods*

**ad·dress**[1] /ə'dres/ *n* [C] **1** adres: *I forgot to give Damien my new address.* **2** orędzie: *the Gettysburg Address*

**address**[2] *v* [T] **1** *formal* zwracać się do: *A guest speaker then addressed the audience.* | **address sth to sb** *You should address your question to the chairman.* **2** za/adresować: **address sth to sb** *There's a letter here addressed to you.* **3** *formal* zajmować się: *an education policy that fails to address the needs of disabled students* **4** tytułować: **address sb as** *The President should be addressed as "Mr. President".*

**ad·ept** /'ædept/ *adj* biegły: **+ at** *He became adept at cooking her favourite Polish dishes.*

**ad·e·quate** /'ædɪkwət/ *adj* **1** wystarczający: *Her income is hardly adequate to pay the bills.* **2** zadowalający: *The critics described his performance as 'barely adequate'.* → antonim INADEQUATE —**adequacy** *n* [U] stosowność, adekwatność —**adequately** *adv* odpowiednio, adekwatnie

**ad·here** /əd'hɪə/ *v* [I] przylegać: **+ to** *Make sure the paper adheres firmly to the wall.*

**adhere to** sth *phr v* [T] stosować się do: *Not all the countries adhered to the treaty.*

**ad·her·ent** /əd'hɪərənt/ *n* [C] zwolenni-k/czka, stronni-k/czka

**ad·he·sive** /əd'hi:sɪv/ *n* [C] klej

—**adhesive** *adj*: *adhesive tape* (=taśma klejąca)

**ad hoc** /ˌæd 'hɒk/ *adj* dorywczy, z doskoku: *I'd been working for him on an ad hoc basis.* —**ad hoc** *adv* ad hoc

**ad·ja·cent** /ə'dʒeɪsənt/ *adj formal* przyległy: *a door leading to the adjacent room* | **+ to** *buildings adjacent to* (=przylegające do) *the palace*

**ad·jec·tive** /'ædʒɪktɪv/ *n* [C] przymiotnik → patrz ramka ADJECTIVE —**adjectival** /ˌædʒɪk'taɪvəl◂/ *adj* przymiotnikowy: *an adjectival phrase*

**ad·join·ing** /ə'dʒɔɪnɪŋ/ *adj* sąsiedni: *an adjoining office* —**adjoin** *v* [T] przylegać do

**ad·journ** /ə'dʒɜːn/ *v* [I,T] z/robić przerwę (*w zebraniu itp.*): *The committee adjourned for an hour.*

**ad·just** /ə'dʒʌst/ *v* **1** [T] wy/regulować: *Where's the lever for adjusting the car seat?* **2** [I] przystosowywać się: **+ to** *We're gradually adjusting to the new way of working.* —**adjustable** *adj* regulowany: *an adjustable lamp*

**ad·just·ment** /ə'dʒʌstmənt/ *n* [C,U] **1** poprawka: **make adjustments to sth** *I've made a few adjustments to our original calculations.* **2** zmiana (*w zachowaniu, sposobie myślenia*) **make adjustments** *You have to make some adjustments when you live abroad.*

**ad-lib** /ˌæd 'lɪb/ *v* [I,T] improwizować: *She forgot her lines and had to ad-lib.* —**ad-lib** *n* [C] improwizacja

**ad·min·is·ter** /əd'mɪnɪstə/ *v* [T] **1** zarządzać: *officials who administer the transport system* **2** przeprowadzać: *Who will administer the test?* **3** wymierzać: *to administer punishment* **4** *formal* podawać: *The medicine was administered in regular doses.*

**ad·min·is·tra·tion** /ədˌmɪnɪ'streɪʃən/ *n* [U] **1** zarządzanie, administracja: *Have you any experience in administration?* **2 the Administration** administracja, rząd: *the Kennedy Administration*

**ad·min·is·tra·tive** /əd'mɪnɪstrətɪv/ *adj* administracyjny: *The job is mainly administrative.*

**ad·min·is·tra·tor** /əd'mɪnɪstreɪtə/ *n* [C] administrator/ka

**ad·mi·ra·ble** /'ædmərəbəl/ *adj* godny podziwu: *an admirable achievement*

**ad·mi·ral** /'ædmərəl/ *n* [C] admirał

**ad·mi·ra·tion** /ˌædmə'reɪʃən/ *n* [U] podziw: **+ for** *Dylan had a deep admiration for Picasso's later work.*

**ad·mire** /əd'maɪə/ *v* [T] podziwiać: *We stopped halfway up the hill to admire the view.* | **admire sb for sth** *I always admired my mother for her courage and patience.* —**admirer** *n* [C] wielbiciel/ka: *My teacher was a great admirer of Shakespeare.*

**ad·mis·si·ble** /əd'mɪsɪbəl/ *adj formal* dopuszczalny: *admissible evidence* → antonim INADMISSIBLE

**ad·mis·sion** /əd'mɪʃən/ *n* **1** [C] przyznanie (się): **+ of** *If he resigns, it will be an admission of guilt.* **2** [C,U] przyjęcie: **+ to** *Tom has applied for admission to Oxford next year.* **3** [U] (opłata za) wstęp: *Admission $6.50*

**ad·mit** /əd'mɪt/ *v* **-tted, -tting 1** [I,T] przyznawać (się): *He was wrong, but he won't admit it.* | **+ (that)** *You may not like her, but you have to admit that Sheila is good at her job.* | **+ to** *He'll never admit to the murder.* **2** [T] wpuszczać: *Only ticket holders will be admitted into the stadium.* | *He was admitted to hospital* (=został hospitalizowany) *suffering from burns.*

**ad·mit·tance** /əd'mɪtəns/ *n* [U] prawo wstępu: *Journalists were refused admittance to the meeting.*

**ad·mit·ted·ly** /əd'mɪtɪdli/ *adv* co prawda: *Admittedly, it's not a very good photograph, but you can recognize who it is.*

**a·do** /ə'duː/ *n* **without more/further ado** bez dalszych wstępów

**ad·o·les·cence** /ˌædə'lesəns/ *n* [U] okres dojrzewania

**ad·o·les·cent** /ˌædə'lesənt◂/ *n* [C] nastolat-ek/ka —**adolescent** *adj* młodociany

## Przymiotnik: **Adjective**

Przymiotników nie odmieniamy przez przypadki, liczby ani rodzaje:

*a* ***tall*** *girl* *with a* ***tall*** *girl* ***tall*** *girls* *a* ***tall*** *boy*

### Stopniowanie: **Comparison**

Stopniowanie przymiotników odbywa się w następujący sposób:

**1** do przymiotników jednosylabowych dodajemy w stopniu wyższym końcówkę ***-er***, a w stopniu najwyższym końcówkę ***-est***. Jeżeli przymiotnik kończy się w pisowni na *e*, wówczas dodajemy odpowiednio ***-r*** i ***-st***; jeżeli przymiotnik kończy się pojedynczą spółgłoską (inną niż *w* lub *x*) następującą po pojedynczej samogłosce, wówczas końcową spółgłoskę podwajamy w pisowni:

| | | | | | |
|---|---|---|---|---|---|
| *short* | *short**er*** | *short**est*** | *loud* | *loud**er*** | *loud**est*** |
| *brave* | *brave**r*** | *brave**st*** | *hot* | *hot**ter*** | *hot**test*** |

**2** do przymiotników dwusylabowych zakończonych na *y* dodajemy w stopniu wyższym końcówkę ***-er***, a w stopniu najwyższym końcówkę ***-est***, zmieniając przy tym pisownię z *y* na *i*; istnieje mała grupa wyjątków, tj. przymiotników dwusylabowych nie kończących się na *y*, ale stopniowanych podobnie:

| | | | | | |
|---|---|---|---|---|---|
| *pretty* | *prett**ier*** | *prett**iest*** | *clever* | *clever**er*** | *clever**est*** |
| *narrow* | *narrow**er*** | *narrow**est*** | *simple* | *simple**r*** | *simple**st*** |

**3** pozostałe przymiotniki dwusylabowe oraz dłuższe poprzedzamy w stopniu wyższym wyrazem ***more***, a w stopniu najwyższym wyrazem ***most***:

| | | |
|---|---|---|
| *stupid* | ***more*** *stupid* | ***most*** *stupid* |
| *beautiful* | ***more*** *beautiful* | ***most*** *beautiful* |
| *interesting* | ***more*** *interesting* | ***most*** *interesting* |

**4** niektóre przymiotniki stopniuje się w sposób nieregularny, np.:

| | | | | | |
|---|---|---|---|---|---|
| *good* | *better* | *best* | *bad* | *worse* | *worst* |

W stopniu najwyższym przymiotnik poprzedzony jest zazwyczaj przedimkiem określonym ***the***. Przymiotnik w stopniu najwyższym bez ***the*** znaczy tyle samo, co *very* + przymiotnik w stopniu równym:

***the*** *most beautiful* „najpiękniejszy"
*most beautiful* „bardzo piękny"

### Przymiotnik w znaczeniu rzeczownikowym

Niektóre przymiotniki oznaczające ludzkie cechy i nazwy narodowości mogą zachowywać się jak rzeczowniki w liczbie mnogiej. Występują wówczas samodzielnie (bez rzeczownika) i poprzedzone są przez przedimek określony ***the***:

***the*** *disabled* „niepełnosprawni"
***the*** *poorest* „najbiedniejsi"
***the*** *rich* „bogaci"
***the*** *English* „Anglicy"

patrz też: ***Adverb, Noun, THE***

**a·dopt** /ə'dɒpt/ *v* [T] **1** za/adoptować: *Melissa was adopted by the Simpsons when she was only two.* **2** obierać: *The police are adopting more forceful methods.* **3** przyjmować: *The committee voted to adopt our proposals.* —**adopted** *adj* adoptowany: *their adopted daughter*

**a·dop·tion** /ə'dɒpʃən/ *n* **1** [U] przyjęcie: *improvements that followed the adoption of new technology* **2** [C,U] adopcja: *Children of parents who had died were offered for adoption.*

**a·dor·a·ble** /ə'dɔːrəbəl/ *adj* uroczy: *an adorable little puppy*

**ad·o·ra·tion** /ˌædə'reɪʃən/ *n* [U] uwielbienie

**a·dore** /ə'dɔː/ *v* [T] uwielbiać: *Tim absolutely adores his older brother.* | *I adore this place. It's so peaceful here.*

**a·dorn** /ə'dɔːn/ *v* [T] *formal* przyozdabiać: *The church walls were adorned with beautiful carvings.* —**adornment** *n* [C,U] ozdoba, ozdabianie

**a·dren·a·lin** /ə'drenəl-ən/ *n* [U] adrenalina

**a·drift** /ə'drɪft/ *adv* **be adrift** dryfować

**a·droit** /ə'drɔɪt/ *adj* zręczny: *an adroit negotiator*

**ad·ult**[1] /'ædʌlt/ *n* [C] dorosły

> UWAGA **adult**
>
> Nie mówi się "adult people". Mówi się po prostu **adults**.

**adult**[2] *adj* **1** dorosły: *an adult male frog* **2** dojrzały: *an adult view of the world* **3 adult films/magazines** filmy/pisma dla dorosłych

**a·dul·ter·y** /ə'dʌltəri/ *n* [U] cudzołóstwo

**ad·vance**[1] /əd'vɑːns/ *n* **1 in advance** wcześniej, z wyprzedzeniem: *a delicious dish that can be prepared in advance* **2** [C,U] postęp: *effective drugs and other advances in medicine* **3** [C] posuwanie się: *Napoleon's advance towards Moscow* **4** [C usually singular] zaliczka: **+ on** *Could I have a small advance on my salary?*

**advance**[2] *v* **1** [I,T] czynić postępy (w): *Scientists have advanced their understanding of genetics.* **2** [I] posuwać się: **+ on** *Viet Cong forces were advancing on Saigon.* **3** [T] wysuwać: *new proposals advanced by the Spanish delegation* —**advancement** *n* [C,U] postęp: *the advancement of science*

**advance**[3] *adj* wcześniejszy, uprzedni: **advance warning/notice etc** *advance warning of a hurricane* | *You can make an advance booking with your credit card.*

**ad·vanced** /əd'vɑːnst/ *adj* **1** nowoczesny: *the most advanced computer on the market* **2 advanced Physics etc** fizyka dla zaawansowanych: *a course in Advanced Computer Studies*

**ad·van·ces** /əd'vɑːnsəz/ *n* [plural] zaloty: *He became violent when the girl rejected his advances.*

**ad·van·tage** /əd'vɑːntɪdʒ/ *n* **1** [C,U] przewaga: **+ over** *Her computer training gave her an advantage over the other students.* **2** [C,U] dobra strona, zaleta: *Good public transport is just one of the advantages of living in a big city.* **3** pożytek: **+ of** *the advantages of a good education* **4 take advantage of sth/sb** wykorzystywać coś/kogoś: *We took advantage of the good weather by going for a picnic.* | *I don't mind helping, but I resent being taken advantage of.* **5 to your advantage** z korzyścią dla ciebie

**ad·van·ta·geous** /ˌædvən'teɪdʒəs/ *adj* korzystny

**ad·vent** /'ædvent/ *n* **the advent of sth** pojawienie się czegoś: *the advent of television* | *the advent of communism*

**ad·ven·ture** /əd'ventʃə/ *n* [C,U] przygoda: *a book about her adventures in South America*

**ad·ven·tur·er** /əd'ventʃərə/ *n* [C] poszukiwacz/ka przygód

**ad·ven·tur·ous** /əd'ventʃərəs/ *adj* **1** *także* **adventuresome** /-tʃəsəm/ *AmE* żądny przygód **2** pełen przygód: *an adventurous expedition up the Amazon*

**ad·verb** /'ædvɜːb/ *n* [C] przysłówek

## Przysłówek: **Adverb**

### Forma

Większość przysłówków powstaje przez dodanie końcówki ***-ly*** do przymiotnika. Jeżeli przymiotnik kończy się w pisowni na *y*, ulega ono zamianie na *i*, jeśli zaś na *le*, końcowe *e* zastępowane jest przez *y*:

| | |
|---|---|
| *slow* | *slow**ly*** |
| *happ**y*** | *happ**ily*** |
| *simp**le*** | *simp**ly*** |

Od przymiotnika zakończonego na ***-ly*** nie można utworzyć przysłówka. Używa się wtedy frazy przysłówkowej lub przysłówka o zbliżonym znaczeniu:

| | |
|---|---|
| *friend**ly*** (przymiotnik) | *in a friendly way* (przysłówek) |
| *like**ly*** (przymiotnik) | *probably* (przysłówek) |

Niektóre przysłówki i przymiotniki mają identyczną formę. Kontekst decyduje o tym, z jaką częścią mowy mamy do czynienia:

| | |
|---|---|
| ***early*** *spring* (przymiotnik) | *he came* ***early*** (przysłówek) |
| *at the* ***far*** *end* (przymiotnik) | *we didn't go very* ***far*** (przysłówek) |

Istnieje kilka par przysłówków pochodzących od tego samego przymiotnika, ale różniących się znaczeniem. Jeden przysłówek z takiej pary jest identyczny z przymiotnikiem, drugi zaś kończy się na ***-ly***, np.:

*he works* ***hard*** („ciężko")
*she could* ***hardly*** *move* („ledwie")
***high*** *up in the air* („wysoko")
*it's* ***highly*** *unlikely* („wysoce")

### Stopniowanie: **Comparison**

Przysłówki stopniujemy w następujący sposób:

**1** do jednosylabowych dodajemy w stopniu wyższym końcówkę ***-er***, a w stopniu najwyższym końcówkę ***-est***; podobnie postępujemy z przysłówkiem *early* (*y* zamienia się tu w pisowni na *i*):

| | | |
|---|---|---|
| *hard* | *hard**er*** | *hard**est*** |
| *fast* | *fast**er*** | *fast**est*** |
| *early* | *earl**ier*** | *earl**iest*** |

**2** dwusylabowe i dłuższe poprzedzamy w stopniu wyższym wyrazem ***more***, a w stopniu najwyższym wyrazem ***most***:

| | | |
|---|---|---|
| *quickly* | ***more*** *quickly* | ***most*** *quickly* |
| *carefully* | ***more*** *carefully* | ***most*** *carefully* |

***ciąg dalszy na odwrocie ...***

*... kontynuacja z poprzedniej strony*

**3** część przysłówków stopniuje się nieregularnie, np.:

| | | |
|---|---|---|
| *well* | *better* | *best* |
| *badly* | *worse* | *worst* |
| *little* | *less* | *least* |
| *much* | *more* | *most* |
| *far* | *further* | *furthest* |

patrz też: ***Adjective***

→ patrz ramka ADVERB — **adverbial** /æd'vɜːbiəl/ *adj* przysłówkowy

**ad·ver·sa·ry** /'ædvəsəri/ *n* [C] *formal* przeciwni-k/czka

**ad·verse** /'ædvɜːs/ *adj formal* **adverse conditions/effects** niekorzystne warunki/skutki: *adverse weather conditions* —**adversely** *adv* niekorzystnie

**ad·ver·si·ty** /əd'vɜːsəti/ *n* [C,U] przeciwności (losu): *showing courage in times of adversity*

**ad·ver·tise** /'ædvətaɪz/ *v* **1** [T] reklamować: *a poster advertising sportswear* **2** [I] ogłaszać się: **+ for** *RCA is advertising for* (=poszukuje) *an accountant.*

**ad·ver·tise·ment** /əd'vɜːtəsmənt/ *n* [C] reklama (*w gazecie itp.*) → porównaj COMMERCIAL

> UWAGA **advertisement**
>
> Patrz **announcement** i **advertisement**.

**ad·ver·tis·ing** /'ædvətaɪzɪŋ/ *n* [U] reklama (*działalność*)

**ad·vice** /əd'vaɪs/ *n* [U] rada: **+ on/about** *a book that's full of advice on babycare* | **give (sb) advice** *Let me give you some advice. Don't write so fast.* | **ask sb's advice** *Beth decided to ask her doctor's advice.* | **take/follow sb's advice** *Did you take your father's advice* (=czy zastosowałeś się do rady ojca)*?* | **piece of advice** (=rada): *He offered me one piece of advice that I've never forgotten.*

**ad·vi·sab·le** /əd'vaɪzəbəl/ *adj* [not before noun] wskazany: *It is advisable to wear a safety belt at all times.* → antonim INADVISABLE

**ad·vise** /əd'vaɪz/ *v* **1** [I,T] po/radzić: **advise sb to do sth** *The doctor advised me to take more exercise.* | **advise (sb) against doing sth** *His lawyers had advised against* (=odradzali) *making a statement to the press.* | **advise (sb) on sth** *Franklin advises us on financial matters* (=doradza nam w sprawach finansowych). **2** [T] *formal* powiadamiać: *You will be advised when the work is completed.*

**ad·vis·er** /əd'vaɪzə/, **advisor** *AmE n* [C] doradca: **+ on** *the President's adviser on foreign affairs*

**ad·vi·so·ry** /əd'vaɪzəri/ *adj* doradczy: *an advisory committee*

**ad·vo·cate**[1] /'ædvəkeɪt/ *v* [T] popierać: *Buchanan advocates tougher trade policies.*

**ad·vo·cate**[2] /'ædvəkət/ *n* [C] **1** zwolenni-k/czka, rzeczni-k/czka: **+ of** *an advocate of prison reform* **2** *law* adwokat

**aer·i·al**[1] /'eəriəl/ *adj* powietrzny, lotniczy: *aerial photographs* | *aerial attacks*

**aerial**[2] *n* [C] *BrE* antena

**ae·ro·bic** /eə'rəʊbɪk/ *adj* **aerobic exercise** ćwiczenia aerobiczne

**aer·o·bics** /eə'rəʊbɪks/ *n* [U] aerobik: *Are you going to aerobics tonight?*

**aer·o·dy·nam·ics** /ˌeərəʊdaɪ'næmɪks/ *n* [U] aerodynamika —**aerodynamic** *adj* aerodynamiczny

**aer·o·plane** /'eərəpleɪn/ *BrE n* [C] samolot

**aer·o·sol** /'eərəsɒl/ *n* [C] aerozol: *an*

*aerosol hairspray* (=lakier do włosów w aerozolu)

**aer·o·space** /ˈeərəuspeɪs/ *n* [U] **the aerospace industry** przemysł aerokosmiczny

**aes·thet·ic** /iːsˈθetɪk/ *especially BrE także* **esthetic** *AmE adj* estetyczny: *the aesthetic qualities of literature* —**aesthetically** *adv* estetycznie: *aesthetically pleasing*

**aes·thet·ics** /iːsˈθetɪks/ *especially BrE także* **esthetics** *AmE n* [U] estetyka (*nauka*)

**a·far** /əˈfɑː/ *adv literary* **from afar** z oddali

**af·fa·ble** /ˈæfəbəl/ *adj* sympatyczny: *an affable guy*

**af·fair** /əˈfeə/ *n* [C] **1** afera: *The Watergate affair brought down the Nixon administration.* **2** romans: **have an affair** *Ed's having an affair with his boss's wife.*

**af·fairs** /əˈfeəz/ *n* [plural] sprawy: *the company's financial affairs* | *affairs of state* (=sprawy państwowe)

**af·fect** /əˈfekt/ *v* [T] **1** mieć wpływ na: *a disease that affects the heart and lungs* **2** dotykać: *Help is being sent to areas affected by the floods.* **3** poruszać: *She was deeply affected by the news of Paul's death.* ➡ porównaj EFFECT

**af·fec·ta·tion** /ˌæfekˈteɪʃən/ *n* [C,U] afektacja

**af·fect·ed** /əˈfektɪ̈d/ *adj* afektowany: *Olivia spoke in a high, affected voice.*

**af·fec·tion** /əˈfekʃən/ *n* [C,U] uczucie: **+ for** *Barry felt a great affection for her.*

**af·fec·tion·ate** /əˈfekʃənɪ̈t/ *adj* czuły: *an affectionate child* —**affectionately** *adv* czule

**af·fil·i·ate** /əˈfɪlieɪt/ *v* **be affiliated with/to** być stowarzyszonym z: *a TV station affiliated to CBS*

**af·fin·i·ty** /əˈfɪnɪ̈ti/ *n* **1** [singular] sympatia: **+ for/with/between** *She felt a natural affinity for these people.* **2** [C,U] podobieństwo

**af·firm** /əˈfɜːm/ *v* [T] *formal* potwierdzać: *The President affirmed his intention to reduce taxes.* —**affirmation** /ˌæfəˈmeɪʃən/ *n* [C,U] potwierdzenie

**af·fir·ma·tive** /əˈfɜːmətɪv/ *adj formal* twierdzący: *an affirmative answer* | *She answered in the affirmative* (=odpowiedziała twierdząco). —**affirmatively** *adv* twierdząco

**af·fix** /əˈfɪks/ *v* [T] *formal* dołączać, naklejać: *A recent photograph should be affixed to your form.*

**af·flict** /əˈflɪkt/ *v* [T] *formal* dotykać: *Towards the end of his life he was afflicted with blindness.* | *a country afflicted by famine*

**af·flu·ent** /ˈæfluənt/ *adj* zamożny: *an affluent suburb of Paris* —**affluence** *n* [U] dostatek

**af·ford** /əˈfɔːd/ *v* [T] **can afford** móc sobie pozwolić na: *I wish we could afford a new computer.* | *I can't afford to buy a new car.* | *We can't afford to offend our regular customers.*

**af·ford·a·ble** /əˈfɔːdəbəl/ *adj* niedrogi: *a list of good affordable hotels*

**af·front** /əˈfrʌnt/ *n* [singular] afront: **+ to** *The accusation was an affront to his pride.*

**a·field** /əˈfiːld/ *adv* **further afield** dalej: *As he grew more confident, he started to wander further afield.*

**a·float** /əˈfləut/ *adj* **1 be afloat** unosić się na wodzie **2 keep/stay afloat** zachowywać płynność finansową: *She had to borrow more money just to keep the company afloat.*

**a·fraid** /əˈfreɪd/ *adj* [not before noun] **1 I'm afraid** *spoken* obawiam się: *I won't be able to come with you, I'm afraid.* | **+ (that)** *I'm afraid this is a no smoking area.* | *"Are we late?" "I'm afraid so."* (=obawiam się, że tak) | *"Are there any tickets left?" "I'm afraid not."* (=obawiam się, że nie) **2 be afraid** bać się: *I could see by the look in his eyes that he was afraid.* | **+ of** *Small children are often afraid of the dark.* | **+ (that)** *I didn't say anything because I was afraid the other kids would laugh at me.* | **afraid of doing sth** *A lot of people are afraid of losing their jobs.* | **afraid for sb/sth** *I thought you were in danger*

A

*and I was afraid for you* (=i bałam się o ciebie).

> UWAGA **afraid to do sth** i **afraid of doing sth**
>
> Kiedy nie jesteśmy skłonni do zrobienia czegoś, ponieważ boimy się konsekwencji, używamy zwrotu **be afraid to do sth**: *She was afraid to eat in case it was poisonous.* | *Don't be afraid to ask for help.* Kiedy boimy się, że coś się stanie, lub kiedy coś nas przeraża, używamy zwrotu **be afraid of doing sth**: *Most criminals are afraid of being caught.* | *He says that he is afraid of losing his job.* | *He is afraid of going to bed at night.*

**a·fresh** /ə'freʃ/ *adv* **start afresh** zaczynać od nowa: *We decided to move to Sydney and start afresh.*

**af·ter**¹ /'ɑːftə/ *prep* **1** po: *What are you doing after class?* | *after 10 minutes/3 hours* | *After a while, the woman returned.* | **after that** (=potem): *Then we went to the museum. After that, we had lunch.* | **an hour/2 weeks after sth** *We left an hour after daybreak.* **2** za: *Whose name is after mine on the list?* **3** *AmE* po: *It's 10 after five.* **4 one after the other** jeden po drugim: *We led the horses one after the other out of the barn.* **5 be after sb** ścigać kogoś: *The FBI is after him for fraud.* **6 be after sth** chcieć czegoś: *You're just after my money!* **7 after all a)** a jednak: *Rita didn't have my pictures after all. Jake did.* | *It didn't rain after all.* **b)** w końcu: *Don't shout at him – he's only a baby, after all.* → porównaj BEFORE, SINCE

> UWAGA **after**
>
> Nie używa się **after** jako samodzielnego przysłówka. **After** może pełnić funkcję przysłówka jedynie w wyrażeniach takich jak **soon after** i **not long after**: *I left college when I was 21, and got married soon after.* W znaczeniu 'potem' należy używać **then**, **after that** lub **afterwards**: *We had a game of tennis, and then/after that/afterwards we went for a cup of coffee.* W przeciwieństwie do **after**, **afterwards** i **after that** mogą wystepować na początku zdania: *Afterwards/After that we left.* Z **after** nie używa się "will". Nie mówi się "after I will leave school, I am going to university". Mówi się **after I leave school ...** Patrz też **past** i **after**.

**after**² *conjunction* po tym, jak: *Regan changed his name after he left Poland.* | **10 days/2 weeks after** *He discovered the jewel was fake a month after he bought it.*

**after**³ *adv* później: *Gina came on Monday, and I got here the day after.*

**af·ter-ef·fect** /'.. .,./ *n* [C usually plural] następstwo: **+ of** *the after-effects of his illness*

**af·ter·life** /'ɑːftəlaɪf/ *n* [singular] życie pozagrobowe

**af·ter·math** /'ɑːftəmæθ/ *n* [singular] **in the aftermath of** w następstwie: *the refugee crisis in the aftermath of the civil war*

**af·ter·noon** /ˌɑːftə'nuːn◂/ *n* [C,U] popołudnie: *We should get there at about three in the afternoon.* | *There are no afternoon classes today.* | **this afternoon** (=dziś po południu): *Can you go swimming this afternoon?*

**af·ter·shave** /'ɑːftəʃeɪv/ *n* [C,U] płyn po goleniu

**af·ter·taste** /'ɑːftəteɪst/ *n* [singular] posmak: *a drink with a sour aftertaste*

**af·ter·wards** /'ɑːftəwədz/ *także* **afterward** *AmE adv* później, potem: **2 days/5 weeks etc afterwards** *We met at school but didn't get married until two years afterwards.*

**a·gain** /ə'gen/ *adv* **1** jeszcze raz: *Could you say that again? I can't hear.* | *I'm sorry, Mr Kay is busy. Could you call again later?* | **once again** *Once again* (=po raz kolejny) *the Americans are the Olympic champions.* **2** znowu: *I can't wait for Jamie to be well again.* | *Susan's home again, after studying in France.* **3 again and again** wielokrotnie: *Say it again and again until you learn it.* **4 all over again** jeszcze raz

od początku: *The tape broke, so we had to record the programme all over again.* **5 then/there again** *spoken* z drugiej strony: *Carol's always had nice clothes – but then again she earns a lot.*

> **UWAGA again**
>
> **Again** pojawia się zwykle na końcu zdania: *Can you say that again? | I'll never go there again. | Can you try again later?*

**a·gainst** /ə'genst/ *prep* **1** przeciw(ko): *Most people are against fox-hunting.* **2** z: *Sampras is playing against Becker in the final.* | *the battle against inflation* **3 against the law/the rules** niezgodny z prawem/regułami: *It is against the law to sell alcohol to children.* **4 against sb's wishes/advice** wbrew czyimś życzeniom/radom: *She got married to him against her parents' wishes.* **5** w zetknięciu z: *The cat's fur felt soft against her face.* **6** o: *Sheldon leaned lazily back against the wall.* **7 have sth against sb/sth** mieć coś przeciw(ko) komuś/czemuś: *I have nothing against people making money, but they ought to pay taxes on it.* **8** przed: *a cream to protect against sunburn*

**age¹** /eɪdʒ/ *n* **1** [C,U] wiek: *games for children of all ages* | *Patrick is about my age* (=mniej więcej w moim wieku). | **at the age of 12, 50 etc** *Jamie won his first tournament at the age of 15* (=w wieku 15 lat). | **for his/her age** *Judy's very tall for her age* (=na swój wiek). **2 under age** niepełnoletni: *I can't buy you a drink, you're under age.* **3** [U] **with age** ze starości: *a letter that was brown with age* **4** [C] wiek: *the computer age* | *the history of painting through the ages* **5 come of age** osiągać pełnoletniość **6 age group** grupa wiekowa: *a book for children in the 8-12 age group* ➡ patrz też OLD AGE

> **UWAGA age**
>
> Nie należy używać **in** przed **age**. Nie mówi się "children in my age". Mówi się **children of my age**. Nie mówi się "he died in the age of 25". Mówi się **he died at the age of 25**. Patrz też **years**.

**age²** *v* [I,T] po/starzeć się: *He has aged a lot since his wife died.* —**ageing** *BrE* **aging** *AmE adj* podstarzały: *an aging rock star*

**aged¹** /eɪdʒd/ *adj* **aged 5/50** w wieku 5/50 lat: *a class for children aged 12 and over*

**a·ged²** /'eɪdʒ̍ᵻd/ *adj* stary, w podeszłym wieku: *his aged parents*

**a·gen·cy** /'eɪdʒənsi/ *n* [C] **1** agencja: *I got this job through an employment agency.* **2** urząd: *the UN agency responsible for helping refugees*

**a·gen·da** /ə'dʒendə/ *n* [C] **1** porządek dzienny: **on the agenda** *The next item on the agenda is finances.* **2 be on the agenda** być w planach: **sth is high on the agenda** *Health care reform is high on the President's agenda* (=prezydent przywiązuje wielką wagę do reformy służby zdrowia).

**a·gent** /'eɪdʒənt/ *n* [C] agent/ka: *Our agent in Rome handles all our Italian contracts.* | *a secret agent*

**ages** /'eɪdʒ̍ᵻz/ *n* [plural] *informal* całe wieki: **for ages** *I haven't seen Lorna for ages.*

**ag·gra·vate** /'ægrəveɪt/ *v* [T] **1** pogarszać: *The doctors say her condition is aggravated by stress.* **2** denerwować: *Jerry really aggravates me sometimes.* —**aggravating** *adj* denerwujący —**aggravation** /ˌægrə'veɪʃən/ *n* [C,U] pogorszenie

**ag·gres·sion** /ə'greʃən/ *n* [U] agresja: *The bombing was an unprovoked act of aggression.*

**ag·gres·sive** /ə'gresɪv/ *adj* agresywny: *After a few drinks he became very aggressive.* | *aggressive sales techniques* —**aggressively** *adv* agresywnie —**aggressiveness** *n* [U] agresywność

**ag·gres·sor** /ə'gresə/ *n* [C] agresor/ka

**a·ghast** /ə'gɑːst/ *adj* [not before noun] osłupiały, zszokowany: *She stared at him aghast.*

A

**a·gile** /'ædʒaɪl/ *adj* **1** zwinny: *as agile as a monkey* **2** sprawny: *old people who are still mentally agile* —**agility** /ə'dʒɪləti/ *n* [U] zwinność, sprawność

**a·gi·tate** /'ædʒəteɪt/ *v* [I] agitować: *workers agitating for higher pay* —**agitator** *n* [C] agitator/ka

**a·gi·ta·ted** /'ædʒəteɪtəd/ *adj* poruszony, zdenerwowany: *You really shouldn't get so agitated.* —**agitation** /ˌædʒə'teɪʃən/ *n* [U] poruszenie, zdenerwowanie

**ag·nos·tic** /æg'nɒstɪk/ *n* [C] agnostyk/czka

**a·go** /ə'gəʊ/ *adj* **10 years/a long time ago** 10 lat/dawno temu: *Jeff left for work an hour ago.* | *We went there a long time ago.* | *She left a moment ago.*

> UWAGA **ago**
>
> Patrz **before** i **ago**.

**ag·o·nize** /'ægənaɪz/ *także* **-ise** *BrE* *v* [I] zamartwiać się: **+ about/over** *Jane had been agonizing all day about what to wear.*

**ag·o·niz·ing** /'ægənaɪzɪŋ/ *także* **-sing** *BrE* *adj* **1** bolesny: *an agonizing decision* **2** rozdzierający: *agonizing pain*

**ag·o·ny** /'ægəni/ *n* [C,U] męczarnia: **in agony** *The poor man was in agony.*

**a·gree** /ə'griː/ *v* **1** [I,T] zgadzać się: **+ with** *I agree with Karen. It's much too expensive.* | **+ to** *The boss would never agree to such a plan.* | **+ that** *Everyone agreed that the new rules were stupid.* | **+ about/on** *My first husband and I never agreed about anything.* | **agree to do sth** *She agreed to stay at home with Charles.* → antonim DISAGREE **2** [I,T] uzgadniać: **+ on** *We're still trying to agree on a date for the wedding.* | **+ that** *It was agreed that Mr Rollins should sign the contract on May 1st.* **3** [I] zgadzać się: **+ with** *Your story doesn't agree with what the police have said.*

**agree with** sb/sth *phr v* [T] **1 agree with sth** być zwolennikiem czegoś: *I don't agree with hitting children.* **2 not agree with sb** szkodzić komuś: *Some dairy products don't agree with me.*

**a·gree·a·ble** /ə'griːəbəl/ *adj* przyjemny, miły: *very agreeable weather* —**agreeably** *adv* przyjemnie, miło: *I was agreeably surprised.*

**a·greed** /ə'griːd/ *adj* **1** uzgodniony **2 be agreed** zgadzać się: *Are we all agreed on the date for our next meeting?*

**a·gree·ment** /ə'griːmənt/ *n* **1** [C] porozumienie: *a trade agreement* | **come to/reach an agreement** *Lawyers on both sides finally reached an agreement today.* **2** [U] zgoda: **in agreement** *Not all scientists are in agreement with this theory.* → antonim DISAGREEMENT

**ag·ri·cul·ture** /'ægrɪˌkʌltʃə/ *n* [U] rolnictwo —**agricultural** /ˌægrɪ'kʌltʃərəl◂/ *adj* rolniczy

**a·ground** /ə'graʊnd/ *adv* **run aground** osiadać na mieliźnie

**ah** /ɑː/ *interjection* ach: *Ah, what a lovely baby!*

**a·ha** /ɑː'hɑː/ *interjection* aha: *Aha! So that's where you've been hiding!*

**a·head** /ə'hed/ *adv* **1** naprzód, do przodu: *Joe ran ahead to see what was happening.* | **ahead of** (=przed): *Do you see that red car ahead of us? There were four people ahead of me at the doctor's.* **2** z wyprzedzeniem: **plan ahead** *In this type of business it's important to plan ahead.* **3 go ahead** *spoken* proszę bardzo: *Go ahead – help yourself to a drink.* **4 be ahead of** wyprzedzać: *Jane is well ahead of the rest of her class.* **5 ahead of schedule/time** przed terminem/czasem: *The building was completed ahead of schedule.*

**aid**[1] /eɪd/ *n* **1** [U] pomoc: *The UN is sending aid to the earthquake victims.* | *overseas aid* **2 with the aid of** za pomocą: *bacteria viewed with the aid of a microscope* **3 in aid of** na rzecz: *a concert in aid of the church repair fund* **4** [C] pomoc: *notebooks and study aids* **5 come/go to the aid of sb** przychodzić/iść komuś z pomocą: *She went to the aid of an injured man.*

**aid**[2] *v* [T] wspomagać

**aide** /eɪd/ *także* **aid** *AmE n* [C] doradca: *a White House aide to President Nixon*

**AIDS** /eɪdz/ *n* [U] AIDS

**ai·ling** /ˈeɪlɪŋ/ *adj* **1** niedomagający: *his ailing mother* **2** kulejący: *the country's ailing economy*

**ail·ment** /ˈeɪlmənt/ *n* [C] dolegliwość: *people suffering from minor ailments*

**aim¹** /eɪm/ *v* **1** [I] dążyć: **+ for/at** *We're aiming for* (=do zdobycia) *a gold medal in the Olympics.* | **aim to do sth** (=zamierzać coś z/robić): *If you're aiming to become a doctor, you'll have to study hard.* **2 aimed at sb** adresowany do kogoś: *a TV commercial aimed at teenagers* | *Was that criticism aimed at me?* **3** [I,T] wy/celować: **+ at** *The gun was aimed at his head.* | *a program aimed at* (=mający na celu) *creating more jobs*

**aim²** *n* **1** [C] cel: *The main aim of the course is to improve your spoken English.* | *I flew to California with the aim of* (=z zamiarem)*finding a job.* **2 take aim** wy/celować: **+ at** *He took aim at the pigeon and fired.* **3** [U] celność: *Mark's aim wasn't very good.*

**aim·less** /ˈeɪmləs/ *adj* bezcelowy —**aimlessly** *adv* bez celu: *The boys had been wandering around aimlessly.*

**ain't** /eɪnt/ *spoken* forma ściągnięta od "am not", "is not", "are not", "has not" i "have not", uważana powszechnie za niepoprawną: *Ain't that the truth!*

**air¹** /eə/ *n* **1** [U] powietrze: *David threw the ball up into the air.* | **fresh air** *Let's go outside and get some fresh air.* **2 by air** samolotem: *Most people travel to the islands by air.* **3 air travel/disaster** podróż/katastrofa lotnicza: *the world's worst air disaster* **4** [singular] atmosfera: **+ of** *There was an air of mystery about her.* **5 be on/off the air** być/nie być na antenie → patrz też **thin air** (THIN¹), AIRS

**air²** *v* **1** [I,T] *także* **air out** *AmE* wietrzyć (się): *Hang your sweater up to air.* **2** [T] *także* **air** sth ↔ **out** prze/wietrzyć **3** [T] wyrażać: *Everyone will get a chance to air their views.* **4** [T] nadawać, wy/emitować: *Star Trek was first aired in 1966.*

**air·bag** /ˈeəbæg/ *n* [C] poduszka powietrzna

**air·borne** /ˈeəbɔːn/ *adj* unoszący się w powietrzu: *airborne particles*

**air con·di·tion·er** /ˈ. .ˌ.../ *n* [C] urządzenie klimatyzacyjne

**air con·di·tion·ing** /ˈ. .ˌ.../ *n* [U] klimatyzacja —**air conditioned** *adj* klimatyzowany

**air·craft** /ˈeəkrɑːft/ *n* [C] *plural* **aircraft** samolot

**aircraft car·ri·er** /ˈ.. ˌ.../ *n* [C] lotniskowiec

**air·fare** /ˈeəfeə/ *n* [C] cena biletu lotniczego

**air·field** /ˈeəfiːld/ *n* [C] lądowisko

**air force** /ˈ. ./ *n* [C] siły powietrzne

**air host·ess** /ˈ. ˌ../ *n* [C] *BrE* stewardessa

**air·i·ly** /ˈeərəli/ *adv* beztrosko: *"Oh, just do whatever you want," she said airily.*

**air·lift** /ˈeəˌlɪft/ *n* [C] most powietrzny

**air·line** /ˈeəlaɪn/ *n* [C] linia lotnicza

**air·lin·er** /ˈeəˌlaɪnə/ *n* [C] samolot pasażerski

**air·mail** /ˈeəmeɪl/ *n* [U] poczta lotnicza: *Did you send Grandma's present by airmail?*

**air·plane** /ˈeəpleɪn/ *n* [C] *AmE* samolot

**air·port** /ˈeəpɔːt/ *n* [C] lotnisko, port lotniczy

**air raid** /ˈ. ./ *n* [C] nalot

**airs** /eəz/ *n* [plural] **put on airs** zadzierać nosa: *Monica has been putting on airs ever since she moved to Beverly Hills.*

**air·space** /ˈeəspeɪs/ *n* [U] obszar powietrzny

**air strike** /ˈ. ./ *n* [C] nalot, atak powietrzny

**air·strip** /ˈeəˌstrɪp/ *n* [C] lądowisko

**air·tight** /ˈeətaɪt/ *adj* szczelny, hermetyczny: *airtight containers*

**air time** /ˈ. ./ *n* [U] czas antenowy

**air·y** /ˈeəri/ *adj* przestronny

**airy-fai·ry** /ˌ.. ˈ..◂/ *adj BrE informal* wydumany

**aisle** /aɪl/ *n* [C] **1** nawa główna **2** przejście (*w samolocie, teatrze itp.*)

**a·jar** /ə'dʒɑː/ *adj* uchylony, niedomknięty

**a.k.a.** /ˌeɪ keɪ 'eɪ/ *adv* alias: *John Phillips, a.k.a. The Mississippi Mauler*

**a·larm**[1] /ə'lɑːm/ *n* **1** [U] niepokój: *Calm down! There's no cause for alarm.* **2** [C] alarm: *a fire alarm* | *a car alarm* | *false alarm* **3** [C] *informal*: *budzik* **4 raise/sound the alarm** podnosić alarm: *They first sounded the alarm about the problem of nuclear waste in 1955.*

**alarm**[2] *v* [T] za/niepokoić —**alarmed** *adj* zaniepokojony: *There's no need to look so alarmed.*

**alarm clock** /.'. ./ *n* [C] budzik

**a·larm·ing** /ə'lɑːmɪŋ/ *adj* niepokojący: *an alarming increase in violent crime*

**a·larm·ist** /ə'lɑːmɪ̈st/ *adj* alarmistyczny: *alarmist reports about communist spies* —**alarmist** *n* [C] panika-rz/ra

**a·las** /ə'læs/ *interjection literary* niestety

**al·be·it** /ɔːl'biːɪ̈t/ *conjunction formal* aczkolwiek

**al·bi·no** /æl'biːnəʊ/ *n* [C] albinos

**al·bum** /'ælbəm/ *n* [C] album: *Do you have the Clash's first album?*

**al·co·hol** /'ælkəhɒl/ *n* [U] alkohol: *We do not serve alcohol to people under 21.*

> UWAGA **alcohol**
>
> Nie mówi się "I don't drink alcohol". Mówi się po prostu **I don't drink.**

**al·co·hol·ic**[1] /ˌælkə'hɒlɪk◂/ *adj* **1** alkoholowy: *an alcoholic drink* → antonim NONALCOHOLIC **2** uzależniony od alkoholu: *She divorced her alcoholic husband.*

**alcoholic**[2] *n* [C] alkoholi-k/czka: *His father was an alcoholic.*

**al·co·hol·is·m** /'ælkəhɒlɪzəm/ *n* [U] alkoholizm

**al·cove** /'ælkəʊv/ *n* [C] wnęka

**ale** /eɪl/ *n* [U] rodzaj piwa

**a·lert**[1] /ə'lɜːt/ *adj* **1** czujny: **+ to** *Cyclists must always be alert to the dangers of overtaking parked cars.* **2** przytomny: *I knew that I had to remain wide awake and alert.*

**alert**[2] *v* [T] za/alarmować: *As soon as we suspected it was a bomb, we alerted the police.*

**alert**[3] *n* **1 be on the alert** być w pogotowiu: *Police are on the alert for trouble.* **2** [C] stan pogotowia: *a flood alert*

**A lev·el** /'eɪ ˌlevəl/ *n* [C] odpowiednik egzaminu maturalnego w Anglii i Walii: *She took A levels in physics, chemistry and mathematics.*

**al·gae** /'ældʒiː/ *n* [U] glon(y)

**al·ge·bra** /'ældʒɪ̈brə/ *n* [U] algebra —**algebraic** /ˌældʒɪ̈'breɪ-ɪk◂/ *adj* algebraiczny: *algebraic formulae*

**a·li·as**[1] /'eɪliəs/ *prep* alias: *the spy Margaret Zelle, alias Mata Hari*

**alias**[2] *n* [C] pseudonim

**al·i·bi** /'ælɪ̈baɪ/ *n* [C] alibi

**a·li·en**[1] /'eɪliən/ *adj* **1** obcy: **+ to** *Her way of life is totally alien to me.* **2** pozaziemski: *alien life-forms*

**alien**[2] *n* [C] **1** *formal* cudzoziem-iec/ka **2** istota pozaziemska, kosmita: *a film about aliens from Mars*

**a·li·en·ate** /'eɪliəneɪt/ *v* [T] **1** zrażać (sobie) **2** wyobcowywać: *We don't want to alienate kids who already have problems at school.* —**alienation** /ˌeɪliə'neɪʃən/ *n* [U] wyobcowanie, alienacja: *a feeling of alienation from society*

**a·light** /ə'laɪt/ *adj* [not before noun] **set alight** podpalać: *Several cars were set alight by rioters.*

**a·lign** /ə'laɪn/ *v* [I,T] **1 align yourself with sb** sprzymierzać się z kimś: *Five Democrats have aligned themselves with the Republicans on this issue.* | **be aligned with sb** *a country politically aligned with the West* **2** ustawiać równo: *to align the wheels of a car* —**alignment** *n* [C,U] ustawienie: *the correct alignment of spine and pelvis*

**a·like**[1] /ə'laɪk/ *adj* [not before noun] po-

dobny: *The two brothers are very much alike.*

**alike**[2] *adv* **1** podobnie, jednakowo: *When we were younger we dressed alike.* **2** zarówno ... jak i: *The new rule was criticized by teachers and students alike.*

**al·i·mo·ny** /ˈælɪməni/ *n* [singular] alimenty

**a·live** /əˈlaɪv/ *adj* [not before noun] **1** żywy: *They didn't expect to find anyone alive after the explosion.* **2 be alive** żyć: *Are your grandparents still alive?* | **keep sth alive** *ancient traditions that are kept alive* (=są podtrzymywane) *in country villages* **3 come alive** ożywać: *The streets come alive after ten o'clock.* **4 be alive and well** dobrze się miewać: *The British novel is still alive and well in the 1990s.*

**all**[1] /ɔːl/ *determiner, pron* **1** cały: *I've been waiting all day for him to call.* | **+ of** *All of this land belongs to me.* | **all the time** *Bill talks about work all the time.* **2** wszystkie, wszyscy, wszystko: *Have we spent all the money?* | *We all wanted to go home.* | *That's all I can remember.* | **+ of** *Listen, all of you, I have an important announcement.* **3 (not) at all** wcale (nie), w ogóle: *The place hasn't changed at all.* **4 for all ...** pomimo: *For all his faults, he was a good father.* **5 all told** w sumie: *There were seventeen of us, all told.* → patrz też **after all** (AFTER), **all the same** (SAME), **in all** (IN)

> UWAGA **all**
>
> Patrz **any** i **each/every** i **all**.

**all**[2] *adv* **1** zupełnie: *Ruth was sitting all alone.* **2 all over** wszędzie: *We've been looking all over for you.* **3 be all over** być skończonym, skończyć się: *I'm just glad it's all over.* **4 5 all** pięć – pięć: *The score was 2 all at half-time.* **5 all but** prawie: *It was all but impossible to find anywhere to park.* **6 all along** cały czas: *I knew all along that I couldn't trust him.* **7 all in all** w sumie: *All in all, I think the festival was a big success.* **8 all the better/easier** dużo lepszy/łatwiejszy: *The job was made all the easier by having the right tools.* → patrz też ALL RIGHT

**all-a·round** /ˌ. .ˈ.◂/ *adj* [only before noun] *AmE* wszechstronny: *the best all-around player*

**all clear** /ˌ. ˈ./ *n* **the all clear** pozwolenie, zgoda: *We have to wait for the all-clear from the safety committee before we can start.*

**al·le·ga·tion** /ˌælɪˈgeɪʃən/ *n* [C] zarzut (*nie poparty dowodami*): *allegations that the police had tortured prisoners*

**al·lege** /əˈledʒ/ *v* [T] utrzymywać: *The police allege that the man was murdered.*

**al·leged** /əˈledʒd/ *adj* rzekomy: *the group's alleged connections with organized crime* —**allegedly** /-dʒɪdli/ *adv* rzekomo

**al·le·giance** /əˈliːdʒəns/ *n* [C] wierność (*idei, przywódcy itp.*): *allegiance to the flag*

**al·le·go·ry** /ˈæləgəri/ *n* [C,U] alegoria —**allegorical** /ˌæləˈgɒrɪkəl◂/ *adj* alegoryczny

**al·ler·gic** /əˈlɜːdʒɪk/ *adj* **1** uczulony: **+ to** *Are you allergic to anything?* **2** alergiczny, uczuleniowy: *an allergic reaction to the bee sting*

**al·ler·gy** /ˈælədʒi/ *n* [C] alergia, uczulenie: **+ to** *an allergy to peanuts*

**al·ley** /ˈæli/, **al·ley·way** /ˈæliweɪ/ *n* [C] uliczka

**al·li·ance** /əˈlaɪəns/ *n* [C] przymierze, sojusz: **+ between** *the alliance between students and factory workers in 1968* | **+ with** *Britain's alliance with its NATO partners*

**al·lied** /ˈælaɪd/ *adj* **1 Allied** aliancki: *attacks by Allied armies* **2 be allied to/with sth** być spokrewnionym z: *a science that is closely allied to sociology*

**al·li·ga·tor** /ˈæləgeɪtə/ *n* [C] aligator

**al·lo·cate** /ˈæləkeɪt/ *v* [T] przeznaczać, przydzielać: **allocate sth for sth** *The hospital has allocated $500,000 for AIDS research.*

**al·lo·ca·tion** /ˌæləˈkeɪʃən/ *n* **1** [C] przydział **2** [U] przydzielenie: *the allocation of state funds to the university*

**al·lot** /əˈlɒt/ *v* **-tted, -tting** [T]

przydzielać: *Each person was allotted two tickets.*

**al·lot·ment** /əˈlɒtmənt/ *n* **1** [C,U] przydział: *the allotment of funds* **2** [C] działka, ogródek działkowy

**all out** /ˌ. ˈ.◂/ *adv* **go all out** starać się z całych sił: *We'll be going all out to win.*

**al·low** /əˈlaʊ/ *v* [T] **1** pozwalać: **be allowed** *Smoking is not allowed in the library.* | **you are (not) allowed to** (=(nie) wolno ci): *You're not allowed to be here.* | **allow sb sth** *We're allowed four weeks holiday a year.* | **allow sb to do sth** *My parents would never allow me to stay out late.* | **allow sb in/out/up etc** *They are not allowed out* (=nie wolno im wychodzić) *on Sundays* **2 allow sb/sth to do sth** *We mustn't allow* (=nie możemy pozwolić, żeby) *the situation to get any worse.* **3** do/liczyć: *Allow 14 days for delivery.* | **allow yourself sth** *Allow yourself* (=daj sobie) *two hours to get to the airport.*

**allow for** sth *phr v* [T] uwzględniać: *Even allowing for delays, we should finish early.*

**al·low·ance** /əˈlaʊəns/ *n* **1** [C] kieszonkowe: *His father gives him a small monthly allowance.* **2 make allowances for** brać poprawkę na

**al·loy** /ˈælɔɪ/ *n* [C] stop: *Brass is an alloy of copper and zinc.*

**all right**[1] /ˌ. ˈ./ *adj, adv* [not before noun] *spoken* **1** w porządku: *"How's the food?" "It's all right, but I've had better."* **2 sb is all right** nic komuś nie jest: *Kate was looking very pale – I hope she's all right.* **3 that's all right a)** nie ma za co: *"Thanks for your help!" "That's all right."* **b)** nic nie szkodzi: *"Sorry I'm late!" "That's all right!"* **4** odpowiedni: *We need to fix a time for our meeting. Would Thursday afternoon be all right?* **5 is it all right if ...** czy mógłbym ...: *Is it all right if I close the window?* **6 be doing/going all right** iść świetnie: *"How's your new restaurant?" "Oh, it's doing all right, thanks."*

**all right**[2] *interjection* dobrze: *"Let's go now." "All right."*

**all-round** /ˈ. ./ *adj* [only before noun] *BrE* wszechstronny: *an all-round athlete*

**al·lude** /əˈluːd/ *v*

**allude to** sb/sth *phr v* [T] *formal* z/robić aluzję do

**al·lure** /əˈljʊə/ *n* [U] czar, powab: *the allure of travel* —**allure** *v* [T] nęcić, wabić

**al·lur·ing** /əˈljʊərɪŋ/ *adj* czarujący: *an alluring smile*

**al·lu·sion** /əˈluːʒən/ *n* [C,U] *formal* aluzja: *His poetry is full of historical allusions.*

**al·ly**[1] /ˈælaɪ/ *n* [C] **1** sojusznik: *the US and its European allies* **2** sprzymierzeniec

**ally**[2] *v* [I,T] **ally yourself to/with** sprzymierzać się z

**al·might·y** /ɔːlˈmaɪti/ *adj* **1** wszechmogący: *Almighty God* | *the Almighty* (=Bóg) **2** potężny: *The box hit the ground with an almighty crash.*

**al·mond** /ˈɑːmənd/ *n* [C] migdał

**al·most** /ˈɔːlməʊst/ *adv* prawie: *Are we almost there?* | *Almost all children like to read.* | *I'm sorry, I almost forgot* (=o mało nie zapomniałem) *to call you.*

**UWAGA almost couldn't i could hardly**

Wyraz **almost** używany jest z czasownikiem w negacji wtedy, kiedy coś ma miejsce, ale istniało niebezpieczeństwo, że mogło nie mieć miejsca; po polsku użylibyśmy wtedy wyrażenia 'o mało co': *I was feeling so tired that I almost didn't come.* ('o mało co nie zrezygnowałam z przyjścia') | *The traffic was so heavy that we almost didn't get there on time.* ('o mało co się nie spóźniliśmy'). Kiedy po polsku mówimy 'prawie nie' lub 'ledwie', w języku angielskim używamy **hardly**: *We hardly know each other.* ('prawie się nie znamy', 'ledwie się znamy') | *She was so tired that she could hardly keep her eyes open.* ('prawie cały czas oczy jej się zamykały') | *I can hardly hear myself think.* ('prawie nie słyszę

własnych myśli')

**UWAGA almost never, nearly never i hardly ever**

Kiedy chcemy po angielsku powiedzieć 'prawie nigdy', 'prawie nikt' itp., nie używamy **almost** (nie mówimy "almost never", "almost nobody" itp.) i **nearly** (nie mówimy "nearly never", "nearly nobody" itp.), lecz **hardly** (mówimy **hardly ever**, **hardly anybody** itp): *It was so early that there was hardly any traffic.* | *I hardly ever go to the cinema nowadays.* | *Hardly anybody objected to the idea.*

**alms** /ɑːmz/ *n* [plural] *old-fashioned* jałmużna

**a·lone** /əˈləʊn/ *adj, adv* **1** sam: *Do you like living alone?* | **all alone** *I was all alone* (=zupełnie sam) *in a strange city.* **2 she/you alone** tylko ona/ty: *He alone can do the job.* **3 leave/let sb alone** dać komuś spokój **4 leave/let sth alone** zostawić coś w spokoju: *Leave that clock alone or you'll break it.*

**UWAGA alone i lonely**

Wyraz **alone** znaczy 'sam, bez towarzystwa innych': *I've thought about getting married, but I prefer living alone.* Wyraz **lonely** znaczy 'samotny, cierpiący z powodu braku towarzystwa': *I didn't know anybody in Boston and I felt very lonely.* Kiedy chcemy po angielsku powiedzieć, że ktoś robi coś 'sam' ('samodzielnie, bez pomocy innych'), używamy wyrażenia **on one's own**: *Children learn a lot by doing things on their own.* | *He built the car all on his own.*

**a·long**[1] /əˈlɒŋ/ *prep* **1** wzdłuż: *We took a walk along the river.* | *They've put up a fence along the road.* **2** przy: *The house is somewhere along this road.*

**along**[2] *adv* **1 come/be along** przychodzić/przyjeżdżać: *The next bus should be along in a minute.* **2 go/come along** iść/przyjść też: *We're going out – you're welcome to come along* (=możesz iść z nami)! **3 take/bring sb along** zabrać/przyprowadzić kogoś (ze sobą): *Do you mind if I bring a friend along?* **4 along with** wraz z: *Dunne was murdered along with three RUC men near Armagh.* **5 get along** radzić sobie: *How are you getting along in your new job?* → patrz też **all along** (ALL)

**a·long·side** /əˌlɒŋˈsaɪd/ *adv, prep* obok: *We saw their car and pulled up alongside.*

**a·loof** /əˈluːf/ *adj* wyniosły: *She seemed cold and aloof.*

**a·loud** /əˈlaʊd/ *adv* **1** na głos: *Will you please read the poem aloud?* **2 think aloud** głośno myśleć

**al·pha·bet** /ˈælfəbet/ *n* [C] alfabet: *the Greek alphabet*

**al·pha·bet·i·cal** /ˌælfəˈbetɪkəl◂/ *adj* alfabetyczny: *The names are listed in alphabetical order.* —**alphabetically** *adv* alfabetycznie

**al·pine** /ˈælpaɪn/ *adj* alpejski: *alpine flowers*

**al·read·y** /ɔːlˈredi/ *adv* już: *By the time he arrived, the room was already crowded.* | *"Would you like some lunch?" "No, thank you, I've already eaten."* | *I've forgotten the number already.* | *Is he leaving already?*

**UWAGA already**

**Already** pojawia się zwykle po czasowniku głównym lub między czasownikiem posiłkowym lub modalnym (np. **be**, **have**, **can**) a czasownikiem głównym: *She already knows about it.* | *Some cars can already run on this new petrol.* **Already** można też użyć na końcu zdania dla podkreślenia, że coś stało się wcześniej, niż się spodziewaliśmy: *Is the taxi here already?*

**al·right** /ˌɔːlˈraɪt/ *adv* alternatywna pisownia ALL RIGHT, uznawana przez niektórych za niepoprawną

**al·so** /ˈɔːlsəʊ/ *adv* także, również: *We*

*specialize in shoes, but we also sell handbags.*

**al·tar** /ˈɔːltə/ *n* [C] ołtarz

**al·ter** /ˈɔːltə/ *v* [I,T] zmieniać (się): *When she went back to her hometown, she found it had hardly altered.* | *They had to alter their plans.*

**al·ter·a·tion** /ˌɔːltəˈreɪʃən/ *n* [C,U] przeróbka: *Alterations to clothes can be expensive.*

**al·ter·nate¹** /ɔːlˈtɜːnɪ̸t/ *adj* **1** na przemian: *alternate rain and sunshine* **2 alternate days/weeks** co drugi dzień/tydzień: *My ex-husband has the children alternate weekends.* **3** *AmE* alternatywny —**alternately** *adv* na przemian

**al·ter·nate²** /ˈɔːltəneɪt/ *v* **1** [I] występować na przemian: **+ between** *Her moods alternated between* (=oscylowały pomiędzy) *joy and sadness.* **2** [T] przeplatać: **alternate sth with sth** *In some plays Shakespeare alternated prose with verse.*

**alternating cur·rent** /ˌ.... ˈ../ *n* [U] prąd zmienny

**al·ter·na·tive¹** /ɔːlˈtɜːnətɪv/ *adj* **1** inny: *The main road is blocked, so drivers should choose an alternative route.* **2** alternatywny: *an alternative lifestyle* | *alternative medicine*

**alternative²** *n* [C] alternatywa: *Before you spend a lot of money on gas central heating, consider the alternatives.* | **+ to** *Many farmers are now growing maize as an alternative to wheat.* | **have no alternative but to do sth** *I have no alternative but* (=nie mam innego wyjścia niż) *to report you to the police.*

**al·ter·na·tive·ly** /ɔːlˈtɜːnətɪvli/ *adv* ewentualnie: *I could come to your house, or alternatively we could meet in town.*

**al·though** /ɔːlˈðəʊ/ *conjunction* chociaż: *Although it was raining we decided to go for a walk.*

**al·ti·tude** /ˈæltɪ̸tjuːd/ *n* [C,U] wysokość (*n.p.m.*) **high/low altitude** *Breathing becomes more difficult at high altitudes.*

**al·to** /ˈæltəʊ/ *n* [C,U] alt

**al·to·geth·er** /ˌɔːltəˈgeðə◂/ *adv* **1** całkiem: *Bradley seems to have disappeared altogether.* | *I'm not altogether sure what this word means.* | *an altogether different type of problem* **2** w sumie: *There were five of us altogether.* | *It did rain a lot, but altogether I'd say it was a good trip.*

**al·tru·is·tic** /ˌæltruˈɪstɪk◂/ *adj* altruistyczny —**altruism** /ˈæltruɪzəm/ *n* [U] altruizm

**al·u·min·i·um** /ˌæljʊˈmɪniəm◂/ *BrE* **a·lu·mi·num** /əˈluːmɪ̸nəm/ *AmE* *n* [U] aluminium

**al·ways** /ˈɔːlwɪ̸z/ *adv* **1** zawsze: *Always lock your car.* | *We're always ready to help you.* | *He said he'd always love her.* | *I've always wanted to go to China.* **2** stale, ciągle: *The stupid car is always breaking down!* **3 you could always ...** *spoken* zawsze możesz ...: *You could always try calling her.*

**a.m.** /ˌeɪ ˈem/ przed południem: *I start work at 9:00 a.m.* (=o 9 rano).

**am** /m, əm/ pierwsza osoba liczby pojedynczej czasu teraźniejszego czasownika BE

**a·mal·ga·mate** /əˈmælgəmeɪt/ *v* [I,T] po/łączyć (się): *The two companies are amalgamating to form a huge multi-national corporation.*

**a·mass** /əˈmæs/ *v* [T] z/gromadzić: *merchants who had been amassing wealth and property*

**am·a·teur¹** /ˈæmətə/ *adj* amatorski: *an amateur boxer* | *amateur football*

**amateur²** *n* [C] amator

**am·a·teur·ish** /ˈæmətərɪʃ/ *adj* amatorski: *his amateurish attempts at painting*

**a·maze** /əˈmeɪz/ *v* [T] zdumiewać: *Kay amazed her friends by saying she was getting married.*

**a·mazed** /əˈmeɪzd/ *adj* [not before noun] zdumiony: **+ at** *We were amazed at how quickly the kids learned the song.* | **+ (that)** *I'm amazed that you remember him.*

**a·maze·ment** /əˈmeɪzmənt/ *n* [U] zdumienie: **in amazement** *I stared at him in amazement.*

**a·maz·ing** /əˈmeɪzɪŋ/ *adj* zdumiewający: *What an amazing story!* —**amazingly** *adv* zdumiewająco: *an amazingly generous offer*

**am·bas·sa·dor** /æmˈbæsədə/ *n* [C] ambasador: *the Mexican ambassador to Canada*

**am·ber** /ˈæmbə/ *n* [U] **1** bursztyn: *an amber necklace* **2** żółty (*w sygnalizacji świetlnej*): *The traffic lights turned to amber.* —**amber** *adj* bursztynowy, żółty

**am·bi·dex·trous** /ˌæmbɪˈdekstrəs◂/ *adj* oburęczny

**am·bi·ence** /ˈæmbiəns/ *także* **ambiance** *AmE n* [U] *literary* atmosfera: *the restaurant's friendly ambience*

**am·bi·gu·i·ty** /ˌæmbəˈgjuːəti/ *n* [C,U] niejasność: *There were several ambiguities in the letter.*

**am·big·u·ous** /æmˈbɪgjuəs/ *adj* niejednoznaczny: *an ambiguous reply*

**am·bi·tion** /æmˈbɪʃən/ *n* [C,U] ambicja: *Her ambition is to climb Mount Everest.* | *Ambition drove Macbeth to kill the king and seize power.*

**am·bi·tious** /æmˈbɪʃəs/ *adj* ambitny: *He is young and very ambitious.* | *the most ambitious engineering project of modern times*

**am·biv·a·lent** /æmˈbɪvələnt/ *adj* ambiwalentny: *an ambivalent attitude towards private enterprise* | *I think Carla is ambivalent about getting married* (=sama nie wie, czy chce wyjść za mąż). —**ambivalence** *n* [U] ambiwalentność

**am·ble** /ˈæmbəl/ *v* [I] iść spacerkiem: *He ambled down the street, smoking a cigarette.*

**am·bu·lance** /ˈæmbjələns/ *n* [C] karetka

**am·bush**[1] /ˈæmbʊʃ/ *n* [C] zasadzka: *Two soldiers were killed in an ambush near the border.*

**ambush**[2] *v* [T] za/atakować z ukrycia

**a·men** /ɑːˈmen/ *interjection* amen

**a·me·na·ble** /əˈmiːnəbəl/ *adj* podatny: **+ to** *I'm sure they'll be amenable to your suggestions.*

**a·mend** /əˈmend/ *v* [T] wnosić poprawki do: *The law has been amended several times.*

**a·mend·ment** /əˈmendmənt/ *n* [C,U] poprawka (*np. do ustawy, konstytucji*): *the Fifth Amendment* | **+ to** *an amendment to the new Finance Bill*

**a·mends** /əˈmendz/ *n* **make amends** naprawić sytuację: *I tried to make amends by inviting him to lunch.*

**a·me·ni·ty** /əˈmiːnəti/ *n* [C usually plural] atrakcja: *The hotel's amenities include a pool and two bars.*

**A·mer·i·can**[1] /əˈmerəkən/ *adj* amerykański: *American cars* | *American foreign policy*

**American**[2] *n* [C] Amerykan-in/ka

**American In·di·an** /.ˌ... ˈ.../ *n* [C] Indian-in/ka

**A·mer·i·can·is·m** /əˈmerəkənɪzəm/ *n* [C] amerykanizm

**am·e·thyst** /ˈæməθəst/ *n* [C,U] ametyst

**a·mi·a·ble** /ˈeɪmiəbəl/ *adj* miły: *an amiable child*

**am·i·ca·ble** /ˈæmɪkəbəl/ *adj* przyjazny, polubowny: *an amicable divorce* —**amicably** *adv* polubownie

**a·mid** /əˈmɪd/ *także* **a·midst** /əˈmɪdst/ *prep formal* pośród: *surviving amid the horrors of war*

**a·miss**[1] /əˈmɪs/ *adj* **be amiss** być nie w porządku: *She sensed something was amiss.*

**amiss**[2] *adv* **take sth amiss** poczuć się czymś urażonym

**am·mo·ni·a** /əˈməʊniə/ *n* [U] amoniak

**am·mu·ni·tion** /ˌæmjəˈnɪʃən/ *n* [U] amunicja

**am·ne·si·a** /æmˈniːziə/ *n* [U] amnezja

**am·nes·ty** /ˈæmnəsti/ *n* [C,U] amnestia

**a·moe·ba** /əˈmiːbə/ *n* [C] ameba

**a·mok** /əˈmɒk/ *adv* **run amok** dostawać amoku: *Gunman runs amok in shopping mall.*

**a·mong** /əˈmʌŋ/ *także* **a·mongst** /əˈmʌŋst/ *prep* **1** wśród: *a decision that has caused a lot of anger among women* | *Swimming and diving are among the most popular Olympic events.* | **among**

**friends** *Relax, you're among friends here.* **2** między, pomiędzy: *Rescue teams searched among the wreckage for survivors.* | *They argued among themselves* (=między sobą). **3 divide/distribute sth among** roz/dzielić coś (po)między: *His money will be divided among his three children.* | **among other things** (=między innymi): *We discussed, among other things, ways to raise money.*

> UWAGA **among** i **between**
>
> Wyrazu **between** używamy wtedy, kiedy chodzi o dwie osoby, dwa przedmioty, dwa określenia czasu itp: *They arrived between two-thirty and three.* Wyrazu **among** używamy, kiedy chodzi o więcej niż dwie osoby, przedmioty itp: *They wandered among the crowds in the marketplace.*

**a·mor·al** /eɪˈmɒrəl/ *adj* amoralny

**am·o·rous** /ˈæmərəs/ *adj* miłosny

**a·mor·phous** /əˈmɔːfəs/ *adj* bezkształtny

**a·mount¹** /əˈmaʊnt/ *n* [C] **1** ilość: **+ of** *I was surprised at the amount of work I had to do.* **2** suma, kwota: *Please pay the full amount.*

> UWAGA **amount** i **number**
>
> Wyraz **amount** używany jest zwykle z rzeczownikami niepoliczalnymi: *a huge amount of money | try to reduce the amount of fat in your dict.* Wyrazu **number** należy używać z rzeczownikami policzalnymi: *the number of cars on the roads | the number of students in the class.*

**amount²** *v*

**amount to** sth *phr v* [T] **1** być równoznacznym z: *What he said amounted to an apology.* **2** wynosić: *Jenny's debts amount to $1000.*

**amp** /æmp/ **am·pere** /ˈæmpeə/ *n* [C] amper

**am·phet·a·mine** /æmˈfetəmiːn/ *n* [C,U] amfetamina

**am·phib·i·an** /æmˈfɪbiən/ *n* [C] płaz

**am·phi·thea·tre** /ˈæmfəˌθɪətə/ *BrE*, **amphitheater** *AmE n* [C] amfiteatr

**am·ple** /ˈæmpəl/ *adj* **1** aż nadto: *There's ample room in here for everyone.* **2 ample belly/bosom** wydatny brzuch/biust —**amply** *adv*: *Whoever finds the necklace will be amply rewarded* (=zostanie sowicie nagrodzony).

**am·pli·fi·er** /ˈæmpləfaɪə/ *n* [C] wzmacniacz

**am·pli·fy** /ˈæmpləfaɪ/ *v* [T] wzmacniać

**am·pu·tate** /ˈæmpjəteɪt/ *v* [I,T] amputować: *After the accident, the doctors had to amputate her leg.* —**amputation** /ˌæmpjəˈteɪʃən/ *n* [C,U] amputacja

**a·muse** /əˈmjuːz/ *v* [T] **1** bawić, rozśmieszać: *Harry's jokes always amused me.* **2** zabawiać: *some games to amuse the children on long car journeys* | **amuse yourself** *The kids amused themselves playing hide-and-seek.*

**a·mused** /əˈmjuːzd/ *adj* **1** rozbawiony: *an amused grin* | **+ at/by** *Rod was highly amused by my attempts at cooking.* **2 keep someone amused** zabawiać kogoś: *It's hard work trying to keep the kids amused on rainy days.*

**a·muse·ment** /əˈmjuːzmənt/ *n* **1** [U] rozbawienie: **in/with amusement** *I listened in amusement as Bobby tried to explain.* **2** [C,U] rozrywka: **for amusement** *What do you do for amusement in this town?*

**amusement park** /.ˈ.. ˌ./ *n* [C] park rozrywki

**a·mus·ing** /əˈmjuːzɪŋ/ *adj* zabawny: *a highly amusing story* | **sb finds sth amusing** (=ktoś uważa, że coś jest zabawne): *I didn't find your comment amusing.*

**an** /ən/ *determiner* forma rodzajnika nieokreślonego używana przed słowem rozpoczynającym się od samogłoski: *an orange* | *an X-ray* | *an hour*

**a·nach·ro·nis·m** /əˈnækrənɪzəm/ *n* [C] anachronizm, przeżytek: *The royal family seems something of an anachronism nowadays.* —**anachronistic** /əˌnækrəˈnɪstɪk◂/ *adj* anachroniczny

**a·nae·mi·a** /əˈniːmiə/ *BrE*, **anemia** *AmE* *n* [U] anemia —**anaemic** *BrE*, **anemic** *AmE adj* anemiczny

**an·aes·thet·ic** /ˌænəsˈθetɪk◂/ *BrE*, **anesthetic** *AmE n* [C,U] środek znieczulający

**a·naes·the·tist** /əˈniːsθətɪst/ *BrE*, **anesthetist** *AmE n* [C] anestezjolog

**a·naes·the·tize** /əˈniːsθətaɪz/ *BrE także* **-ise** *BrE*, **anesthetize** *AmE v* [T] znieczulać

**an·a·gram** /ˈænəgræm/ *n* [C] anagram: *"Silent" is an anagram of "listen".*

**a·nal·o·gy** /əˈnælədʒi/ *n* [C,U] analogia: **draw an analogy** *We can draw an analogy between* (=możemy porównać) *the brain and a computer.*

**an·a·lyse** /ˈænəl-aɪz/ *BrE*, **analyze** *AmE v* [T] prze/analizować: *We're trying to analyse what went wrong.*

**a·nal·y·sis** /əˈnæləsəs/ *n plural* **analyses** /-siːz/ [C,U] analiza: *The team are carrying out a detailed analysis of the test results.* | *analysis of the rock samples*

**an·a·lyst** /ˈænəl-əst/ *n* [C] **1** anality-k/czka: *a financial analyst* **2** psychoanality-k/czka

**an·a·lyt·i·cal** /ˌænəlˈɪtɪkəl◂/, **an·a·lyt·ic** /-ˈlɪtɪk◂/ *adj* analityczny: *an analytical mind*

**an·a·lyze** /ˈænəl-aɪz/ amerykańska pisownia wyrazu ANALYSE

**an·ar·chist** /ˈænəkəst/ *n* [C] anarchist-a/ka —**anarchism** *n* [U] anarchizm

**an·ar·chy** /ˈænəki/ *n* [U] anarchia: *efforts to prevent the country from sliding into anarchy* —**anarchic** /æˈnɑːkɪk/ *adj* anarchiczny

**a·nat·o·my** /əˈnætəmi/ *n* [U] anatomia —**anatomical** /ˌænəˈtɒmɪkəl/ *adj* anatomiczny

**an·ces·tor** /ˈænsəstə/ *n* [C] przodek: *His ancestors came from Italy.*

**an·ces·try** /ˈænsəstri/ *n* [C,U] pochodzenie: *people of Scottish ancestry*

**an·chor¹** /ˈæŋkə/ *n* [C] **1** kotwica **2** *AmE* prezenter/ka wiadomości

**anchor²** *v* [I,T] **1** za/kotwiczyć: *Three tankers were anchored in the bay.* **2** u/mocować: *We anchored the tent with strong ropes.*

**an·cient** /ˈeɪnʃənt/ *adj* **1** starożytny: *ancient Rome* **2** *humorous* wiekowy: *I look absolutely ancient in that photograph!*

**and** /ənd/ *conjunction* **1** i: *a knife and fork* | *They started shouting and screaming.* | *Grant knocked and went in.* | *three and a half* | *I missed lunch and I'm starving!* **2** a: *Martha was gardening, and Tom was watching TV.* **3** *especially spoken* **try and do sth** s/próbować coś zrobić: *Try and finish your homework before dinner.* **4 better and better/worse and worse** coraz lepiej/gorzej: *It came nearer and nearer.*

**an·ec·dote** /ˈænɪkdəʊt/ *n* [C] anegdota

**a·ne·mi·a** /əˈniːmiə/ amerykańska pisownia wyrazu ANAEMIA —**anemic** *adj*

**an·es·thet·ic** /ˌænəsˈθetɪk◂/ *n* [C,U] amerykańska pisownia wyrazu ANAESTHETIC

**a·new** /əˈnjuː/ *adv literary* od nowa: *She started life anew in New York.*

**an·gel** /ˈeɪndʒəl/ *n* [C] anioł: *Oh, thanks! You're an angel!* —**angelic** /ænˈdʒelɪk/ *adj* anielski

**an·ger¹** /ˈæŋgə/ *n* [U] gniew, złość: *insults that aroused his anger* | **in anger** *You should never hit a child in anger.*

**anger²** *v* [T] roz/gniewać, roz/złościć: *The court's decision angered environmentalists.*

**an·gle** /ˈæŋgəl/ *n* [C] **1** kąt: *an angle of 45°* → patrz też RIGHT ANGLE **2 at an angle** na ukos, pod kątem: *The plant was growing at an angle.* | **from a different angle** *Let's try to look at the problem from a different angle* (=pod innym kątem). **3** strona: *From that angle we should be able to see a little better.*

**An·gli·can** /ˈæŋglɪkən/ *adj* anglikański —**Anglican** *n* [C] anglikan-in/ka —**Anglicanism** *n* [U] anglikanizm

**an·gling** /ˈæŋglɪŋ/ *n* [U] wędkarstwo —**angler** *n* [C] wędkarz

**an·gry** /ˈæŋgri/ *adj* zły, rozgniewany: *She was angry with him because he had lied*

A

*to her.* | *The roads were blocked by angry French farmers.* | **+ about** *Don't you feel angry about the way you've been treated?* | **+ that** *Local people are angry that they weren't consulted about plans to expand the airport.* —**angrily** *adv* ze złością

**UWAGA angry**

Wyrażenia **angry with** używa się w stosunku do osób: *I was really angry with him.* Wyrażenia **angry about** używa się w stosunku do rzeczy: *I was really angry about it.*

**an·guish** /ˈæŋgwɪʃ/ *n* [U] udręka: *the anguish of not knowing the truth*

**an·gu·lar** /ˈæŋgjələ/ *adj* **1** kanciasty **2** kościsty: *a tall, angular young man*

**an·i·mal¹** /ˈænəməl/ *n* [C] **1** zwierzę: *farm animals* | *wild animals* | *Humans are highly intelligent animals.* **2** *informal* bydlę

**animal²** *adj* zwierzęcy: *animal fats* | *animal instincts*

**an·i·mate** /ˈænəmət/ *adj formal* ożywiony (*o przyrodzie*) → antonim INANIMATE

**an·i·ma·ted** /ˈænəmeɪtəd/ *adj* **1** ożywiony: *an animated debate* **2 animated cartoon/film** film animowany

**an·i·ma·tion** /ˌænəˈmeɪʃən/ *n* **1** [U] animacja **2** [C] film animowany **3** [U] ożywienie

**an·i·mos·i·ty** /ˌænəˈmɒsəti/ *n* [C,U] *formal* animozja: *There was a lot of animosity between the two leaders.*

**an·i·seed** /ˈænəsiːd/ *n* [U] anyż

**an·kle** /ˈæŋkəl/ *n* [C] kostka (*stopy*)

**an·nex** /əˈneks/ *v* [T] za/anektować —**annexation** /ˌænekˈseɪʃən/ *n* [C,U] aneksja

**an·nexe** /ˈæneks/ *BrE*, **annex** *AmE* *n* [C] przybudówka, aneks: *a hospital annexe*

**an·ni·hi·late** /əˈnaɪəleɪt/ *v* [T] unicestwiać, z/niszczyć: *The champion annihilated his opponent in the third round.* —**annihilation** /əˌnaɪəˈleɪʃən/ *n* [U] unicestwienie

**an·ni·ver·sa·ry** /ˌænəˈvɜːsəri/ *n* [C] rocznica: *our wedding anniversary* | *the 50th anniversary of India's independence*

**an·nounce** /əˈnaʊns/ *v* [T] **1** ogłaszać: *The winner of the competition will be announced shortly.* | **+ (that)** *A police spokesman announced that a man had been arrested.* **2** oświadczać, oznajmiać: **+ (that)** *Liam suddenly announced that he was leaving the band.*

**an·nounce·ment** /əˈnaʊnsmənt/ *n* **1** [C] oświadczenie **2** [singular] ogłoszenie, komunikat: **+ of** *the announcement of the election results* | **make an announcement** (=ogłaszać coś): *Listen everyone, I have an important announcement to make.*

**UWAGA announcement i advertisement**

Kiedy chcemy przekazać większej liczbie osób pewne ważne informacje, ogłaszamy coś (we make an **announcement**): *Following the announcement of their marriage, they were pursued by crowds of journalists.* Wyraz **advertisement** znaczy 'reklama' lub 'ogłoszenie drobne' w prasie: *On almost every page there were advertisements for cigarettes and alcohol.* | *At this time of the year, the papers are full of holiday advertisements.*

**an·nounc·er** /əˈnaʊnsə/ *n* [C] spiker/ka

**an·noy** /əˈnɔɪ/ *v* [T] irytować: *Jane wouldn't stop complaining and it was beginning to annoy me.*

**an·noy·ance** /əˈnɔɪəns/ *n* **1** [U] irytacja: *Mia's annoyance never showed.* **2** [C] utrapienie: *The dog next door is a constant annoyance.*

**an·noyed** /əˈnɔɪd/ *adj* poirytowany: **+ with** *Are you annoyed with me* (=zły na mnie) *just because I'm a bit late?* | **+ at/about** *She was really annoyed at the way he just ignored her.* | **+ that** *My sister's annoyed that we didn't call.*

**an·noy·ing** /əˈnɔɪ-ɪŋ/ *adj* irytujący: *an annoying habit of interrupting*

**an·nu·al** /ˈænjuəl/ *adj* **1** doroczny, coroczny: *the annual conference* **2** roczny: *He has an annual income of around $500,000.* —**annually** *adv* dorocznie, corocznie, rocznie

**an·nul** /əˈnʌl/ *v* **-lled, -lling** [T] *technical* anulować, unieważniać —**annulment** *n* [C,U] unieważnienie

**a·nom·a·ly** /əˈnɒməli/ *n* [C,U] *formal* anomalia, nieprawidłowość: *anomalies in the tax system*

**a·non** /əˈnɒn/ skrót od 'anonymous'

**an·o·nym·i·ty** /ˌænəˈnɪmə̇ti/ *n* [U] anonimowość: *The author prefers anonymity.*

**a·non·y·mous** /əˈnɒnə̇məs/ *adj* **1** anonimowy: *The person concerned wishes to remain anonymous.* **2 anonymous letter** anonim —**anonymously** *adv* anonimowo

**an·o·rak** /ˈænəræk/ *n* [C] *BrE* skafander

**an·o·rex·i·a** /ˌænəˈreksiə/ *n* [U] anoreksja

**an·o·rex·ic** /ˌænəˈreksɪk◂/ *adj* anorektyczny

**an·oth·er** /əˈnʌðə/ *determiner, pron* **1** jeszcze jeden: *Do you want another beer?* | *Buy one CD and we'll give you another, completely free.* **2** inny: *You'll just have to find another job.* | *She lives in another part of the country.*

> **UWAGA another**
>
> Nie mówi się "also another". Mówi się po prostu **another**: *There's another way of doing this.*

> **UWAGA another i the other**
>
> **Another** znaczy 'jeszcze jeden', 'inny': *I am going to have another beer.* | *If this doesn't work, you'll have to find another way of solving the problem.* **The other** natomiast oznacza '(ten) drugi (z dwóch wymienionych)': *One of the twins is called Youki and the other is called Azusa.* | *Here's one sock, where's the other one?*

**an·swer¹** /ˈɑːnsə/ *v* [I,T] **1** odpowiadać: *"I don't know," she answered.* | **answer a question** *I had to answer a lot of questions about my previous job.* | **answer sb** *Why don't you answer me?* | **+ that** *Clare answered that she was not interested in their offer.* **2 answer the telephone** odbierać telefon **3 answer the door** otwierać drzwi: *I knocked at the door but no one answered.* **4 answer a letter/advertisement** odpowiadać na list/ogłoszenie

**answer back** *phr v* [I,T **answer** sb **back**] od/pyskować: *Don't answer me back, young man!*

**answer for** sth *phr v* [T] odpowiadać za: *One day you'll have to answer for this.*

**answer²** *n* [C,U] odpowiedź: *I told you before, the answer is no!* | **+ to** *Mark never got an answer to his letter.* | *What was the answer to question 7?* | *A bit more money would be the answer to all our problems.* | **in answer to** *In answer to your question, I think Paul's right.* | **give sb an answer** *Give me an answer as soon as possible.*

**answering ma·chine** /ˈ... .ˌ./ *także* **an·swer·phone** /ˈɑːnsəfəʊn/ *BrE n* [C] automatyczna sekretarka

**ant** /ænt/ *n* [C] mrówka

**an·tag·o·nis·m** /ænˈtæɡənɪzəm/ *n* [U] wrogość: **+ between** *There has always been a lot of antagonism between the two families.* | **+ towards** *There's a lot of antagonism towards city people who move into the area.*

**an·tag·o·nis·tic** /ənˌtæɡəˈnɪstɪk◂/ *adj* wrogi: *an antagonistic attitude to foreigners*

**an·tag·o·nize** /ænˈtæɡənaɪz/ (*także* **-ise** *BrE*) *v* [T] zrażać (sobie): *We really need his help, so don't antagonize him.*

**An·tarc·tic** /ænˈtɑːktɪk/ *n* **the Antarctic** Antarktyka —**Antarctic** *adj* antarktyczny

**an·te·lope** /ˈæntə̇ləʊp/ *n* [C] antylopa

**an·te·na·tal** /ˌæntɪˈneɪtl◂/ *adj BrE* przedporodowy: *an antenatal clinic*

**an·ten·na** /ænˈtenə/ *n* [C] **1** *plural* **antennae** czułek **2** *AmE* antena

A

**an·them** /'ænθəm/ *n* [C] hymn ➡ patrz też NATIONAL ANTHEM

**ant·hill** /'ænt,hɪl/ *n* [C] mrowisko

**an·thol·o·gy** /æn'θɒlədʒi/ *n* [C] antologia

**an·thro·pol·o·gy** /,ænθrə'pɒlədʒi/ *n* [U] antropologia —**anthropologist** *n* [C] antropolog —**anthropological** /,ænθrəpə'lɒdʒɪkəl◂/ *adj* antropologiczny

**an·ti·bi·ot·ic** /,æntɪbaɪ'ɒtɪk◂/ *n* [C usually plural] antybiotyk

**an·ti·bod·y** /'æntɪ,bɒdi/ *n* [C] przeciwciało

**an·tic·i·pate** /æn'tɪsəpeɪt/ *v* [T] przewidywać: *The police are anticipating trouble when the factory closes.* | *Try to anticipate what kind of questions you'll be asked.* | **+ that** *It's anticipated that the campaign will raise over $100,000.*

**an·tic·i·pa·tion** /æn,tɪsə'peɪʃən/ *n* [U] **1** oczekiwanie: *I was full of excitement and anticipation as I started off on my journey.* **2 in anticipation of** na wypadek: *I had taken my umbrella in anticipation of rain.*

**an·ti·cli·max** /,æntɪ'klaɪmæks/ *n* [C,U] rozczarowanie: *Coming home after our trip was rather an anticlimax.*

**an·ti·clock·wise** /,æntɪ'klɒkwaɪz◂/ *adv BrE* przeciwnie do ruchu wskazówek zegara: *Turn the handle anticlockwise.* ➡ antonim CLOCKWISE

**an·tics** /'æntɪks/ *n* [plural] błazeństwa: *The band are famous for their antics both on and off the stage.*

**an·ti·dote** /'æntɪdəʊt/ *n* [C] **1** antidotum: **+ to** *Laughter is one of the best antidotes to stress.* **2** odtrutka: *The snake's bite is deadly, and there's no known antidote.*

**an·ti·freeze** /'æntɪfriːz/ *n* [U] płyn niezamarzający

**an·ti·quat·ed** /'æntəkweɪtəd/ *adj* przestarzały: *antiquated laws*

**an·tique** /æn'tiːk/ *n* [C] antyk: *priceless antiques* | *an antique shop* (=sklep z antykami) —**antique** *adj* zabytkowy: *an antique table* ➡ porównaj ANCIENT

**an·tiq·ui·ty** /æn'tɪkwəti/ *n* **1** [U] starożytność: *a tradition that stretches back into antiquity* **2** [C usually plural] starożytności: *Roman antiquities*

**anti-sem·i·tis·m** /,ænti 'semətɪzəm/ *n* [U] antysemityzm —**anti-semitic** /,ænti sə'mɪtɪk◂/ *adj* antysemicki

**an·ti·sep·tic** /,æntə'septɪk◂/ *n* [C,U] środek antyseptyczny —**antiseptic** *adj* antyseptyczny: *antiseptic cream*

**an·ti·so·cial** /,æntɪ'səʊʃəl◂/ *adj* **1** aspołeczny: *Kids as young as eight are turning to vandalism, petty crime, and other forms of antisocial behaviour.* **2** nietowarzyski: *I hope you won't think I'm antisocial, but I can't come out tonight.*

**ant·ler** /'æntlə/ *n* [C] róg (*np. jelenia*)

**an·to·nym** /'æntənɪm/ *n* [C] *technical* antonim: *"War" is the antonym of "peace".*

**a·nus** /'eɪnəs/ *n* [C] *technical* odbyt

**an·vil** /'ænvəl/ *n* [C] kowadło

**anx·i·e·ty** /æŋ'zaɪəti/ *n* [C,U] niepokój, lęk: **+ about** *Her anxiety about the children grew as the hours passed.*

**anx·ious** /'æŋkʃəs/ *adj* **1** zaniepokojony: *an anxious look* | **be anxious about doing sth** *June is anxious about* (=boi się) *going such a long way on her own.* | **anxious time/moment** *There were one or two anxious moments* (=było parę pełnych niepokoju chwil) *as the plane seemed to lose height.* **2 sb is anxious to do sth** komuś zależy na tym, żeby coś zrobić: *Ralph is anxious to prove that he can do the job.* **3 sb is anxious that** komuś zależy na tym, żeby: *We're very anxious that no-one else finds out about this.* —**anxiously** *adv* z niepokojem: *"What's wrong?" he asked anxiously.*

**an·y**[1] /'eni/ *determiner, pron* **1** jakiś, jakikolwiek: *Is there any coffee left?* | *I don't think that will make any difference.* | **+ of** *Are any of Nina's relatives coming for Christmas?* **2** każdy: *a question that any child could answer* | *Any help would be welcome.* ➡ patrz też **in any case** (CASE), **at any rate** (RATE)

**UWAGA any**

Patrz **some** i **any**.

**UWAGA any, each/every i all**

W odniesieniu do wszystkich rzeczy lub osób w grupie używamy wyrazów **each/every** (nie **any**!) z rzeczownikiem policzalnym w liczbie pojedynczej lub **all** z rzeczownikiem policzalnym w liczbie mnogiej: *Each day was the same.* | *Every smoker must remember that the people around him are inhaling the smoke.* | *All students are required to register during the first week.*

**any²** *adv* **1** ani trochę: *She couldn't walk any further without a rest.* **2** choć trochę: *Do you feel any better?*

**an·y·bod·y** /ˈeniˌbɒdi/ *pron* ➡ ANYONE

**an·y·how** /ˈenihaʊ/ *adv informal* ➡ ANYWAY

**an·y·more** /ˌeniˈmɔː/ **any·more** *adv* **not anymore** już nie: *Frank doesn't live here anymore.*

**an·y·one** /ˈeniwʌn/ **anybody** *pron* **1** ktoś: *Is there anyone at home?* **2** nikt: *She'd just moved and didn't know anyone.* **3** każdy: *Anyone can learn to swim.*

**UWAGA anyone**

Czasowniki łączące się z **anyone** i **anybody** występują w liczbie pojedynczej: *Has anyone seen my keys?* Natomiast zaimki łączące się z **anyone** i **anybody** występują w liczbie mnogiej (**they**, **them** i **their**): *If anyone phones me, tell them I'll be back later.* W języku bardziej oficjalnym można używać wyrażeń "he or she" i "him or her" zamiast "they" i "them": *If anyone wishes to speak to the Principal, he or she should make an appointment.*

**an·y·place** /ˈenipleɪs/ *adv AmE* ➡ ANYWHERE

**an·y·thing** /ˈeniθɪŋ/ *pron* **1** coś: *Do you need anything from the store?* | **or anything** *spoken*: *Would you like a Coke or anything?* **2** nic: *Her father didn't know anything about it.* **3** cokolwiek: *That cat will eat anything.* | *I could have told him almost anything and he would have believed me.* **4 anything but** bynajmniej nie: *No, when I told him, he seemed anything but pleased.*

**an·y·way** /ˈeniweɪ/ *także* **anyhow** *informal adv* **1** i tak, mimo wszystko: *The bride's mother was ill, but they had the wedding anyway.* **2** tak czy inaczej: *Anyway, as I was saying* **3** a tak w ogóle: *Anyway, where do you want to go for lunch?* | *So, why were you there anyway?* **4** a poza tym: *He decided to sell his bike – he never used it anyway.*

**an·y·where** /ˈeniweə/ *także* **anyplace** *AmE adv* **1** gdziekolwiek: *Fly anywhere in Europe for £150.* **2** gdzieś: *Did you go anywhere last night?* **3** nigdzie: *I can't find my keys anywhere.*

**a·part** /əˈpɑːt/ *adv* **1** (oddalone) od siebie: *Our birthdays are only two days apart.* **2** osobno, oddzielnie: *My husband and I are living apart at the moment.* | **+ from** *She was standing a little apart from the others.* **3 take apart** rozbierać na części: *He had to take the camera apart to fix it.* | **come/fall apart** *The old book just fell apart* (=rozpadła się) *in my hands.* **4 apart from** *especially BrE* **a)** z wyjątkiem: *Apart from a couple of spelling mistakes, your essay is excellent.* **b)** oprócz: *Who was at the party? Apart from you and Jim, I mean.* **5 tell sb/sth apart** rozróżniać kogoś/coś: *I can't tell the two boys apart.*

**a·part·ment** /əˈpɑːtmənt/ *n* [C] mieszkanie

**apartment build·ing** /.ˈ.. ˌ../ *także* **apartment house** /.ˈ.. ˌ./ *n* [C] *AmE* blok mieszkalny

**ap·a·thet·ic** /ˌæpəˈθetɪk◂/ *adj* apatyczny

**ap·a·thy** /ˈæpəθi/ *n* [U] apatia: *public apathy about the coming election*

**ape** /eɪp/ *n* [C] małpa człekokształtna

**ap·er·ture** /ˈæpətʃə/ *n* [C] przysłona

**a·pex** /ˈeɪpeks/ *n* [C] **1** wierzchołek: *the apex of a pyramid* **2** szczyt: *the apex of his career*

**aph·ro·dis·i·ac** /ˌæfrəˈdɪziæk/ *n* [C] afrodyzjak

**a·piece** /əˈpiːs/ *adv* za sztukę: *Red roses cost £1 apiece.*

**a·poc·a·lypse** /əˈpɒkəlɪps/ *n* **the Apocalypse** apokalipsa

**a·poc·a·lyp·tic** /əˌpɒkəˈlɪptɪk◂/ *adj* apokaliptyczny

**a·po·lit·i·cal** /ˌeɪpəˈlɪtɪkəl◂/ *adj* apolityczny

**a·pol·o·get·ic** /əˌpɒləˈdʒetɪk◂/ *adj* **be apologetic** przepraszać: *He was really apologetic about forgetting my birthday.*

**a·pol·o·gize** /əˈpɒlədʒaɪz/ (*także* **-ise** *BrE*) *v* [I] przepraszać: **+ for** *He apologized for being so late.* | **+ to** *Apologize to your sister now!*

**a·pol·o·gy** /əˈpɒlədʒi/ *n* [C] przeprosiny: *I hope you will accept my apology for any trouble I may have caused.*

**a·pos·tle** /əˈpɒsəl/ *n* [C] apostoł —**apostolic** /ˌæpəˈstɒlɪk◂/ *adj* apostolski

**a·pos·tro·phe** /əˈpɒstrəfi/ *n* [C] apostrof

**ap·pal** /əˈpɔːl/, **appall** *AmE v* [T] **-lled, -lling** z/bulwersować: *The idea of killing animals for fur appals me.* —**appalled** *adj* zbulwersowany

**ap·pal·ling** /əˈpɔːlɪŋ/ *adj* **1** straszny: *children living in appalling conditions* **2** *informal* okropny: *an appalling movie*

**ap·pa·ra·tus** /ˌæpəˈreɪtəs/ *n plural* **apparatus** *or* **apparatuses** [C,U] aparat, aparatura: *firemen wearing breathing apparatus*

**ap·par·ent** /əˈpærənt/ *adj* **1** oczywisty, widoczny: *It soon became apparent that we had one major problem – Edward.* | **for no apparent reason** *For no apparent reason* (=bez widocznej przyczyny) *he began to shout at her.* **2** pozorny: *We were reassured by his apparent lack of concern.*

**ap·par·ent·ly** /əˈpærəntli/ *adv* **1** podobno: *She apparently caught him in bed with another woman.* | *Apparently, Susan's living in Madrid now.* **2** najwidoczniej: *They were still chatting, apparently unaware that the train had left.*

**ap·pa·ri·tion** /ˌæpəˈrɪʃən/ *n* [C] zjawa

**ap·peal¹** /əˈpiːl/ *v* **1** [I] za/apelować: **+ to** *Police are appealing to the public for information.* | **+ for** *Local authorities have appealed for volunteers.* **2 appeal to sb** podobać się komuś: *The new programme should appeal to our younger viewers.* **3** [I] wnosić apelację: *Atkins is certain to appeal against the conviction.*

**appeal²** *n* **1** [C] apel, wezwanie: **launch an appeal** *UNICEF is launching an appeal for the flood victims.* **2** [U] urok: *The traditional rural lifestyle has lost none of its appeal.* **3** [C,U] apelacja: **+ to** *an appeal to the Supreme Court*

**ap·peal·ing** /əˈpiːlɪŋ/ *adj* atrakcyjny

**ap·pear** /əˈpɪə/ *v* **1** [linking verb] wydawać się: *Sandra appeared relaxed and confident at the interview.* **2** [I] pojawiać się: *Suddenly a face appeared at the window.* | *John Thaw appears regularly on television.* **3** [I] ukazywać się: *Irving's novel is soon to appear in paperback.*

**ap·pear·ance** /əˈpɪərəns/ *n* **1** [C,U] wygląd: *The Christmas lights gave the house a festive appearance.* | *six ways to improve your personal appearance* **2** [singular] pojawienie się: *the sudden appearance of several reporters at the hospital* | *Viewing has increased since the appearance of cable TV.* **3** [C] występ: *his first appearance on stage in 1953* **4 put in an appearance** *informal* wpaść na chwilkę: *I wouldn't be surprised if Lewis put in an appearance tonight.*

**ap·pend** /əˈpend/ *v* [T] *formal* załączać (*do dokumentu*)

**ap·pen·di·ci·tis** /əˌpendəˈsaɪtəs/ *n* [U] zapalenie wyrostka robaczkowego

**ap·pen·dix** /əˈpendɪks/ *n* [C] **1** wyrostek robaczkowy **2** *plural* **appendixes** *or* **appendices** /-dəsiːz/ apendyks

**ap·pe·tite** /ˈæpətaɪt/ *n* [C,U] **1** apetyt: *Don't eat now, you'll spoil your appetite.*

**2 appetite for success/knowledge** żądza sukcesu/wiedzy

**ap·pe·tiz·er** /ˈæpətaɪzə/ *n* [C] przystawka

**ap·pe·tiz·ing** /ˈæpətaɪzɪŋ/ *adj* apetyczny

**ap·plaud** /əˈplɔːd/ *v* **1** [I] klaskać **2** [T] *formal* pochwalać

**ap·plause** /əˈplɔːz/ *n* [U] oklaski: *The thunderous applause continued for over a minute.*

**ap·ple** /ˈæpəl/ *n* [C] jabłko

**ap·pli·ance** /əˈplaɪəns/ *n* [C] urządzenie

**ap·plic·a·ble** /əˈplɪkəbəl/ *adj* **be applicable to** stosować się do: *The tax laws are not applicable to foreign visitors.*

**ap·pli·cant** /ˈæplɪkənt/ *n* [C] kandydat/ka: *We had 250 applicants for the job.*

**ap·pli·ca·tion** /ˌæplɪˈkeɪʃən/ *n* **1** [C] podanie **2** [C] aplikacja: *computer applications* **3** [C,U] zastosowanie: *an interesting application of psychology in the workplace*

**application form** /ˌ..ˈ.. ./ *n* [C] formularz: *It took hours to fill in the application form.*

**ap·plied** /əˈplaɪd/ *adj* **applied maths/linguistics** matematyka/lingwistyka stosowana ➡ porównaj PURE

**ap·ply** /əˈplaɪ/ *v* **1** [I] ubiegać się: **+ for** *Kevin's applied for a management job in Atlanta.* **2** [I,T] stosować się: **+ to** *The 20% discount only applies to club members.* **3** [T] za/stosować: *You can apply good teaching methods to any subject.* **4** [T] nakładać: *Apply an antiseptic cream to the affected area.* **5** [T] **apply yourself (to sth)** przykładać się (do czegoś): *I wish John would apply himself a little more!*

**ap·point** /əˈpɔɪnt/ *v* [T] **1** mianować: *They've appointed a new principal at the school.* **2** *formal* wyznaczać: *Judge Bailey appointed a day in July for the trial.*

**ap·point·ed** /əˈpɔɪntəd/ *adj* **the appointed time/place** oznaczony czas/wyznaczone miejsce

**ap·point·ment** /əˈpɔɪntmənt/ *n* **1** [C] umówione spotkanie: **make an appointment** *I'd like to make an appointment* (=chciałbym się umówić/zarejestrować). | **miss an appointment** (=nie stawić się): *I'm sorry I missed our appointment.* **2** [C,U] wizyta (*u lekarza itp.*) **3** [C,U] mianowanie: *the appointment of a new Supreme Court Justice* **4 by appointment** po wcześniejszym umówieniu się: *Dr. Sutton will only see you by appointment.*

> UWAGA **appointment**
>
> **Appointment** to umówione spotkanie z lekarzem, dentystą, urzędnikiem lub przedsiębiorcą, a nie spotkanie ze znajomym czy krewnym: *I've got an appointment to see Dr Tanner on Tuesday.* | *You can't see the manager without an appointment.* | *My appointment was for ten thirty.* Mówiąc o spotkaniu ze znajomymi czy krewnymi, używamy zwrotu **to arrange to meet/see**: *We've arranged to meet Alan at the swimming pool.*

**ap·prais·al** /əˈpreɪzəl/ *n* [C,U] ocena: *an annual appraisal of an employee's work*

**ap·pre·ci·ate** /əˈpriːʃieɪt/ *v* **1** [T] doceniać: *All the bad weather here makes me appreciate home.* **2** [T] być wdzięcznym za: *Lyn greatly appreciated the flowers you sent.* **3 I would appreciate it if you ...** byłbym wdzięczny, gdybyś ...: *I'd really appreciate it if you could drive Kathy to school today.* **4** [T] rozumieć: *You don't seem to appreciate how hard this is for us.*

**ap·pre·ci·a·tion** /əˌpriːʃiˈeɪʃən/ *n* [U singular] **1** wdzięczność: **show your appreciation** *a small gift to show our appreciation for all your hard work* **2** zrozumienie: *You just have no appreciation of* (=po prostu nie rozumiesz) *how serious this all is!* **3** uznanie: *As he grew older, his appreciation for his home town grew.*

**ap·pre·cia·tive** /əˈpriːʃətɪv/ *adj* wdzięczny

A

**ap·pre·hen·sion** /ˌæprɪˈhenʃən/ *n* [U] lęk: *News of the plane crash increased Tim's apprehension about flying.*

**ap·pre·hen·sive** /ˌæprɪˈhensɪv◂/ *adj* pełen lęku

**ap·pren·tice** /əˈprentɪ̵s/ *n* [C] praktykant/ka

**ap·pren·tice·ship** /əˈprentɪ̵sʃɪp/ *n* [C,U] praktyka zawodowa

**ap·proach**[1] /əˈprəʊtʃ/ *v* **1** [I,T] zbliżać się (do): *We watched as their car approached.* | *A man approached me, asking if I'd seen a little girl.* | *It's now approaching 7 o'clock* (=dochodzi siódma). **2** [T] zwracać się do: *She's been approached by two schools about a teaching job.* **3** [T] podchodzić do: *He approached the problem with great thought.*

**approach**[2] *n* **1** [C] podejście: **+ to** *a creative approach to teaching science* **2** [U] zbliżanie się: **the approach of** *The air got colder with the approach of winter.* **3** [C] dojście: *The easiest approach to the beach is down the cliff path.*

**ap·pro·pri·ate** /əˈprəʊpri-ɪ̵t/ *adj* odpowiedni: *That sort of language just isn't appropriate in an interview.* ➞ antonim INAPPROPRIATE —**appropriately** *adv* odpowiednio

**ap·prov·al** /əˈpruːvəl/ *n* [U] **1** zgoda, pozwolenie: *We have to get approval from the Chief of Police.* **2** aprobata: *I was always trying to get my father's approval.*

**ap·prove** /əˈpruːv/ *v* **1** [T] zatwierdzać: *We are waiting for our proposals to be approved.* **2** [I] **approve of** pochwalać, aprobować: *I don't approve of taking drugs.*

**ap·prov·ing** /əˈpruːvɪŋ/ *adj* wyrażający aprobatę: *an approving nod* —**approvingly** *adv* z aprobatą

**ap·prox** /əˈprɒks/ *adv* skrót od APPROXIMATELY

**ap·prox·i·mate** /əˈprɒksɪ̵mət/ *adj* przybliżony: *They think its worth £10,000, but that's only an approximate figure.*

**ap·prox·i·mate·ly** /əˈprɒksɪ̵mɪ̵tli/ *adv* w przybliżeniu, około: *Approximately 35% of the students come from Japan.*

**a·pri·cot** /ˈeɪprɪ̵kɒt/ *n* [C] morela

**A·pril** /ˈeɪprəl/ skrót pisany **Apr.** *n* [C,U] kwiecień

**April Fool's Day** /ˌ.. ˈ. ./ *n* [singular] prima aprilis

**a·pron** /ˈeɪprən/ *n* [C] fartuch

**apt** /æpt/ *adj* **1 be apt to do sth** mieć tendencję do robienia czegoś: *They're good kids but apt to get into trouble.* **2** trafny: *an apt remark* —**aptly** *adv* trafnie

**ap·ti·tude** /ˈæptɪ̵tjuːd/ *n* [C,U] talent, uzdolnienia: *Ginny seems to have a real aptitude for painting.*

**a·quar·i·um** /əˈkweəriəm/ *n* [C] **1** akwarium **2** oceanarium

**A·quar·i·us** /əˈkweəriəs/ *n* [C,U] Wodnik

**a·quat·ic** /əˈkwætɪk/ *adj* wodny: *aquatic plants* | *aquatic sports*

**aq·ue·duct** /ˈækwɪ̵dʌkt/ *n* [C] akwedukt

**Ar·ab** /ˈærəb/ *n* [C] Arab/ka

**Ar·a·bic** /ˈærəbɪk/ *n* [singular] język arabski

**ar·a·ble** /ˈærəbəl/ *adj* **arable land** grunty uprawne

**ar·bi·ter** /ˈɑːbɪ̵tə/ *n* [C] arbiter

**ar·bi·tra·ry** /ˈɑːbɪ̵trəri/ *adj* arbitralny: *I don't see why they have this arbitrary age-limit.* —**arbitrarily** *adv* arbitralnie

**ar·bi·tra·tion** /ˌɑːbɪ̵ˈtreɪʃən/ *n* [U] arbitraż

**arc** /ɑːk/ *n* [C] łuk (*w geometrii*)

**ar·cade** /ɑːˈkeɪd/ *n* [C] **1** salon gier **2** pasaż **3** *także* **shopping arcade** *BrE* pasaż handlowy

**arch**[1] /ɑːtʃ/ *n* [C] *plural* **arches 1** łuk (*w architekturze*) **2** podbicie (*stopy*)

**arch**[2] *v* [I,T] wyginać (się) w łuk: *The cat arched her back and hissed.*

**ar·chae·ol·o·gy** /ˌɑːkiˈɒlədʒi/ *BrE* **archeology** *AmE* *n* [U] archeologia —**archaeologist** *n* [C] archeolog —**archaeological** /ˌɑːkiəˈlɒdʒɪkəl◂/ *adj* archeologiczny

**ar·cha·ic** /ɑːˈkeɪ-ɪk/ *adj* archaiczny: *the archaic language of the Bible*

**arch·bish·op** /ˌɑːtʃˈbɪʃəp◂/ *n* [C] arcybiskup

**ar·cher** /ˈɑːtʃə/ *n* [C] łuczni-k/czka

**ar·cher·y** /ˈɑːtʃəri/ *n* [U] łucznictwo

**ar·chi·tect** /ˈɑːkətekt/ *n* [C] architekt

**ar·chi·tec·ture** /ˈɑːkətektʃə/ *n* [U] architektura: *medieval architecture* —**architectural** /ˌɑːkɪˈtektʃərəl◂/ *adj* architektoniczny

**ar·chives** /ˈɑːkaɪvz/ *n* [plural] archiwum

**arch·way** /ˈɑːtʃweɪ/ *n* [C] sklepione przejście

**Arc·tic** /ˈɑːktɪk/ *n* **the Arctic** [singular] Arktyka —**arctic** *adj* arktyczny

**are** /ə/ liczba mnoga i druga osoba liczby pojedynczej czasu teraźniejszego czasownika BE

**ar·e·a** /ˈeəriə/ *n* [C] **1** rejon, obszar: *Dad grew up in the Portland area.* **2** dziedzina: *I have experience in software marketing and related areas.* **3** powierzchnia: *Their apartment has a large kitchen area.*

**a·re·na** /əˈriːnə/ *n* [C] arena: *Wembley arena* | *Feminism has played a prominent role in the political arena since the 1960s.*

**aren't** /ɑːnt/ **a)** forma ściągnięta od "are not": *Things aren't the same since you left.* **b)** forma ściągnięta od "am not", używana w pytaniach: *I'm in big trouble, aren't I?*

**ar·gu·a·ble** /ˈɑːgjuəbəl/ *adj* **1 it is arguable that** można przypuszczać, że: *It's arguable that the new law will make things better.* **2** wątpliwy: *Whether we'll get our money back is arguable.*

**ar·gu·a·bly** /ˈɑːgjuəbli/ *adv* prawdopodobnie: *San Francisco, arguably the most beautiful city in the USA*

**ar·gue** /ˈɑːgjuː/ *v* **1** [I,T] **argue (that)** twierdzić (, że): *Smith argued that most teachers are underpaid.* **2 argue for/against** opowiadać się za/przeciw: *They are arguing for a change in the law.* **3** [I] kłócić się: **+ about/over** *Paul and Rachel always seem to be arguing about money.* | **+ with** *They are always arguing with each other.*

> UWAGA **argue**
> Patrz **quarrel** i **argue**.

**ar·gu·ment** /ˈɑːgjəmənt/ *n* [C] **1** kłótnia: **have an argument** *My parents had a big argument last night.* | **+ about** *It was the usual argument about what to watch on television.* **2** argument: **+ for/against** *She put forward several arguments for becoming a vegetarian.*

**ar·gu·men·ta·tive** /ˌɑːgjəˈmentətɪv◂/ *adj* kłótliwy

**a·ri·a** /ˈɑːriə/ *n* [C] aria

**ar·id** /ˈærəd/ *adj technical* suchy: *arid land* | *an arid climate*

**Ar·ies** /ˈeəriːz/ *n* [C,U] Baran

**a·rise** /əˈraɪz/ *v* [I] **arose, arisen** /əˈrɪzən/, **arising** powstawać, pojawiać się: *the problems that arise from rushing things too much*

**ar·is·toc·ra·cy** /ˌærəˈstɒkrəsi/ *n* [C] arystokracja

**ar·is·to·crat** /ˈærəstəkræt/ *n* [C] arystokrat-a/ka —**aristocratic** /ˌærɪstəˈkrætɪk◂/ *adj* arystokratyczny

**a·rith·me·tic** /əˈrɪθmətɪk/ *n* [U] arytmetyka —**arithmetic** /ˌærɪθˈmetɪk◂/ *adj* arytmetyczny

**arm¹** /ɑːm/ *n* **1** [C] ramię: *He put his arm around my shoulders.* | *I was carrying a pile of books under my arm* (=pod pachą). | *The cutting wheel is on the end of a steel arm.* **2** rękaw → **patrz też** ARMS

**arm²** *v* [T] u/zbroić

**ar·ma·ments** /ˈɑːməmənts/ *n* [plural] broń: *nuclear armaments*

**arm·band** /ˈɑːmbænd/ *n* [C] opaska na ramię

**arm·chair** /ˈɑːmtʃeə/ *n* [C] fotel

**armed** /ɑːmd/ *adj* uzbrojony: *an armed guard* | **+ with** *The suspect is armed with a shotgun.* | *I went into the meeting armed with a copy of the report.* | **armed robbery** (=napad z bronią w ręku): *He got ten years in prison for armed robbery.*

**armed forc·es** /ˌ. ˈ../ *n* **the armed forces** siły zbrojne

A

**ar·mi·stice** /ˈɑːmɪstɪs/ *n* [C] zawieszenie broni

**ar·mour** /ˈɑːmə/ *BrE* **armor** *AmE n* [U] **1** zbroja: *a suit of armour* **2** pancerz: *armour-clad tanks*

**ar·moured** /ˈɑːməd/ *BrE* **armored** *AmE adj* opancerzony: *an armoured car*

**ar·mour·y** /ˈɑːməri/ *BrE* **armory** *AmE n* [C] arsenał, zbrojownia

**arm·pit** /ˈɑːmˌpɪt/ *n* [C] pacha

**arms** /ɑːmz/ *n* [plural] broń: *supplying arms to the rebels* | *an international arms dealer*

**arms con·trol** /ˈ. .ˌ./ *n* [U] kontrola zbrojeń

**arms race** /ˈ. ./ *n* **the arms race** wyścig zbrojeń

**ar·my** /ˈɑːmi/ *n* [C] **1** armia: *a British army officer* | **the army** (=wojsko): *Our son is in the army.* **2** gromada: *an army of ants*

**a·ro·ma** /əˈrəʊmə/ *n* [C] aromat: *the aroma of fresh coffee* —**aromatic** /ˌærəˈmætɪk◂/ *adj* aromatyczny: *aromatic oils*

**a·ro·ma·ther·a·py** /əˌrəʊməˈθerəpi/ *n* [U] aromaterapia

**a·rose** /əˈrəʊz/ *v* czas przeszły od ARISE

**a·round** /əˈraʊnd/ (*także* **round** *BrE*) *adv, prep* **1** dookoła, wokół: *We put a fence around the yard.* **2** naokoło: *We had to go around to the back of the house.* **3 show sb around** oprowadzać kogoś (po): *Stan showed me around the office.* **4 all around the world** na/po całym świecie: *an international company with offices all around the world* **5 around here** w pobliżu: *Is there a bank around here?* **6 be around a)** być w pobliżu: *It was 11:30 at night, and nobody was around.* **b)** istnieć: *That joke's been around for years.* **7 turn/move/spin sth around** obracać coś o 180 stopni: *I'll turn the car around and pick you up at the door.* **8 around 10/200** *także* **about** *especially BrE* około 10/200: *Dodger Stadium seats around 50,000 people.* **9 around and around** w kółko: *We drove around and around the town, looking for her house.* → patrz też ROUND

**a·rous·al** /əˈraʊzəl/ *n* [U] podniecenie

**a·rouse** /əˈraʊz/ *v* [T] **1** wzbudzać: *Her behaviour aroused the suspicions of the police.* **2** podniecać: *sexually aroused*

**ar·range** /əˈreɪndʒ/ *v* [T] **1** z/organizować: *I've arranged a meeting with Jim.* | **arrange (for sb) to do sth** (=umawiać się (z kimś) na zrobienie czegoś): *Have you arranged to play football on Sunday?* **2** układać: *She arranged the flowers carefully in a vase.*

**ar·range·ment** /əˈreɪndʒmənt/ *n* **1** [C usually plural] przygotowania: *travel arrangements* | **make arrangements for** *Lee's still making arrangements for the wedding.* **2** [C,U] układ: *We have a special arrangement with the bank.* **3** [C] kompozycja: *a flower arrangement*

**ar·ray** /əˈreɪ/ *n* [C usually singular] wachlarz, gama: *a dazzling array of acting talent*

**ar·rest**[1] /əˈrest/ *v* [T] za/aresztować: **arrest sb for sth** *The police arrested Eric for shoplifting.*

**arrest**[2] *n* [C,U] aresztowanie: **make an arrest** *The police expect to make an arrest soon.* | **you are under arrest** *Don't move, you're under arrest!*

**ar·riv·al** /əˈraɪvəl/ *n* **1** [U] przybycie, przyjazd: *Shortly after our arrival in Florida, Lottie got robbed.* **2 the arrival of** pojawienie się: *The arrival of the personal computer changed the way we work.* **3** [C] przybysz

**ar·rive** /əˈraɪv/ *v* [I] **1** nadchodzić, przybywać: *Your letter arrived yesterday.* | *The train finally arrived in New York at 8.30pm.* **2** nastać: *At last the big day arrived!* **3 arrive at a decision** podjąć decyzję **4** pojawić się: *Our sales have doubled since computer games arrived.* | *It was just past midnight when the baby arrived* (=przyszło na świat).

**UWAGA arrive**

Nie mówi się "arrive to". Mówi się **arrive at** (przybyć do budynku, mieszkania itp.) lub **arrive in** (przybyć do miasta lub kraju itp.). Nie

mówi się "arrive at home". Mówi się **arrive home.**

**ar·ro·gant** /ˈærəgənt/ *adj* arogancki: *an arrogant, selfish man* —**arrogantly** *adv* arogancko —**arrogance** *n* [U] arogancja

**ar·row** /ˈærəʊ/ *n* [C] **1** strzała **2** strzałka

**arse** /ɑːs/ *BrE* **ass** *AmE n* [C] dupa

**ar·se·nal** /ˈɑːsənəl/ *n* [C] arsenał

**ar·se·nic** /ˈɑːsənɪk/ *n* [U] arszenik

**ar·son** /ˈɑːsən/ *n* [U] podpalenie —**arsonist** *n* [C] podpalacz/ka

**art** /ɑːt/ *n* [U] sztuka: *Steve's studying art at college.* | *modern art* | *an art exhibition* | *the art of writing* | **work of art** (=dzieło sztuki): *Some important works of art were stolen.*

**ar·te·fact** /ˈɑːtəfækt/ *n* [C] → patrz ARTIFACT

**ar·te·ry** /ˈɑːtəri/ *n* [C] **1** tętnica **2** *formal* arteria (komunikacyjna) —**arterial** /ɑːˈtɪriəl/ *adj* tętniczy

**art·ful** /ˈɑːtfəl/ *adj* przebiegły

**art gal·le·ry** /ˈ. ˌ.../ *n* [C] galeria sztuki

**ar·thri·tis** /ɑːˈθraɪtəs/ *n* [U] artretyzm, zapalenie stawów

**ar·ti·choke** /ˈɑːtətʃəʊk/ *n* [C] karczoch

**ar·ti·cle** /ˈɑːtɪkəl/ *n* [C] **1** artykuł: *Did you read that article on the space shuttle?* **2 article of clothing** część garderoby **3** *technical* rodzajnik, przedimek

**ar·tic·u·late**[1] /ɑːˈtɪkjələt/ *adj* elokwentny: *a bright and articulate child*

**ar·tic·u·late**[2] /ɑːˈtɪkjəleɪt/ *v* [T] wyrażać: *Children's worries about divorce are not always clearly articulated.*

**ar·tic·u·la·ted** /ɑːˈtɪkjəleɪtəd/ *adj especially BrE* przegubowy: *an articulated lorry*

**ar·ti·fact** /ˈɑːtəfækt/ (*także* **artefact** *BrE*) *n* [C] wytwór ludzkiej działalności: *Egyptian artefacts*

**ar·ti·fi·cial** /ˌɑːtəˈfɪʃəl◂/ *adj* sztuczny: *artificial sweeteners* | *an artificial leg* | *an artificial smile* —**artificially** *adv* sztucznie

> UWAGA **artificial**
>
> Wyraz **artificial** oznacza 'sztuczny', tzn. 'wykonany z materiałów nienaturalnych' lub 'mający przypominać lub zastępować coś naturalnego': *The bowl was filled with artificial cherries.* W niektórych przypadkach jednak, tłumacząc polski wyraz 'sztuczny', używamy innych wyrazów angielskich: 'sztuczne jezioro' = *man-made lake*, 'sztuczna szczęka' = *false teeth*, 'sztuczna nerka' = *kidney machine*, 'sztuczne włókna' = *synthetic fibres*.

**artificial in·tel·li·gence** /ˌ.... .ˈ.../ *n* [U] sztuczna inteligencja

**artificial res·pi·ra·tion** /ˌ.... ..ˈ../ *n* [U] sztuczne oddychanie

**ar·til·le·ry** /ɑːˈtɪləri/ *n* [U] artyleria

**art·ist** /ˈɑːtəst/ *n* [C] artyst-a/ka

**ar·tis·tic** /ɑːˈtɪstɪk/ *adj* **1** uzdolniony artystycznie: *I never knew you were so artistic.* **2** artystyczny: *artistic freedom* —**artistically** *adv* artystycznie

**art·ist·ry** /ˈɑːtəstri/ *n* [U] kunszt: *the magnificent artistry of the great tennis players*

**arts** /ɑːts/ *n* **1 the arts** kultura i sztuka: *government funding for the arts* **2** [plural] nauki humanistyczne: *an arts degree*

**art·work** /ˈɑːtwɜːk/ *n* **1** [U] oprawa plastyczna: *Some of the artwork is absolutely brilliant.* **2** [C,U] *especially AmE* dzieło: *His private collection includes artworks by Dufy and Miró.*

**as** /əz/ *adv, prep, conjunction* **1 as ... as** tak ... jak: *These houses aren't as old as the ones near the river.* | *He was as surprised as anyone when they offered him the job.* **2** jako: *In the past, women were mainly employed as secretaries or teachers.* | *John used an old blanket as a tent.* | *Settlers saw the wilderness as dangerous rather than beautiful.* | *The kids dressed up as* (=przebrały się za) *animals.* **3** jak: *As I said earlier, this research has only just started.* **4** kiedy: *The phone rang just as I*

*was leaving.* **5 as if/as though** jak gdyby: *They all looked as if they were used to working outdoors.* **6 as of today/December 12th** (począwszy) od dziś/12 grudnia: *The pay raise will come into effect as of January 1st.* **7 as for sb/sth** co do kogoś/czegoś: *As for racism, much progress has been made.* **8** bo, ponieważ: *James decided not to go out as he was still really tired.* → patrz też **as long as** (LONG), **as a matter of fact** (MATTER), **such as** (SUCH), **as well as** (WELL), **as yet** (YET), **as well** (WELL), **so as** (SO)

> UWAGA **as i like**
>
> Przy porównywaniu, tłumacząc na angielski wyrażenie 'taki jak' lub 'tak jak', używamy zazwyczaj angielskiego wyrazu **like**: *James is very tall, just like his father.* | *Their car is like ours – old and full of rust.* | *His skin is not like the skin of a young man.* | *It looked very fragile so I handled it like china.* Wyraz **as** używany jest przy porównywaniu w wyrażeniach: **(not) as ... as, not so ... as** i **the same (...) as**: *James is as tall as his father.* | *Their car is the same colour as ours.*

**asap** /ˌeɪ es eɪ ˈpiː/ *adv* skrót od "as soon as possible": *Please reply asap.*

**as·cet·ic** /əˈsetɪk/ *adj* ascetyczny —**ascetic** *n* [C] ascet-a/ka —**asceticism** *n* [U] asceza, ascetyzm

**as·cribe** /əˈskraɪb/ *v*
**ascribe** sth **to** sb/sth *phr v* [T] *formal* przypisywać: *Carter ascribed his problems to a lack of money.*

**a·sex·u·al** /eɪˈsekʃuəl/ *adj technical* bezpłciowy: *asexual reproduction in some plants*

**ash** /æʃ/ *n* [C,U] **1** popiół: *cigarette ash* **2** jesion → patrz też ASHES

**a·shamed** /əˈʃeɪmd/ *adj* **1 be/feel ashamed of sth** wstydzić się czegoś: *Mike felt ashamed of his old clothes.* | **ashamed of yourself** *You should be ashamed of yourself* (=powinieneś się wstydzić), *acting like that!* **2 be/feel ashamed of sb** wstydzić się za kogoś: *Helen felt ashamed of her parents.*

**ash·es** /ˈæʃɪz/ *n* [plural] prochy: *We scattered my father's ashes over the lake.*

**a·shore** /əˈʃɔː/ *adv* na/do brzegu: *Brian pulled the boat ashore.*

**ash·tray** /ˈæʃtreɪ/ *n* [C] popielniczka

**a·side** /əˈsaɪd/ *adv* **1 move/step aside** odsunąć się na bok: *Bob stepped aside to let me pass.* **2 aside from** oprócz

**ask** /ɑːsk/ *v* [I,T] **1** za/pytać: *"What's your name?" she asked quietly.* | **ask (sb) whether/if/why/what etc** *He asked Cathy whether he could borrow the camera.* **2** po/prosić (o): *If you need anything, just ask.* | *Sarah wants to ask your advice.* | **ask (sb) for** *Some people don't like to ask for help.* | **ask sb to do sth** *Ask Paula to post the letters.* **3 ask sb out** zapraszać kogoś kina, restauracji itp.: *Mark would like to ask her out, but he's too shy.* **4 ask sb in** zapraszać kogoś do środka **5** chcieć: *He's asking $2000 for that old car!* **6 ask a question** zadawać pytanie: *Can I ask a question?* **7 if you ask me** według mnie: *If you ask me, he's crazy.* **8 ask yourself** zastanów się: *Ask yourself, who is going to benefit from the changes?* **9 sth is asking for trouble** *informal* coś może się źle skończyć: *Leaving your car here is just asking for trouble.*

**a·sleep** /əˈsliːp/ *adj* **1 be asleep** spać: *Be quiet. The baby is asleep.* | **fast/sound asleep** *Look at Tom. He's fast asleep* (=śpi mocno). **2 fall asleep** zasypiać: *I always fall asleep watching TV.*

**as·par·a·gus** /əˈspærəgəs/ *n* [U] szparagi

**as·pect** /ˈæspekt/ *n* [C] aspekt: *The committee discussed several aspects of the traffic problem.*

**as·pi·ra·tion** /ˌæspəˈreɪʃən/ *n* [C usually plural] aspiracja: *the aspirations of ordinary men and women*

**as·pire** /əˈspaɪə/ *v* [I] **aspire to** pragnąć: *people who work hard and aspire to a better way of life*

**as·pirin** /ˈæsprɪn/ *n* [C,U] aspiryna

**as·pir·ing** /əˈspaɪrɪŋ/ *adj* **aspiring politician/writer** osoba marząca o karierze polityka/pisarza

**ass** /æs/ *n* [C] *AmE informal* **1** dupa: *Jamie fell right on his ass.* | *Don't be such an ass!* **2** osioł

**as·sas·sin** /əˈsæsən/ *n* [C] zamachowiec

**as·sas·sin·ate** /əˈsæsəneɪt/ *v* [T] dokonać zamachu na: *a plot to assassinate the President* —**assassination** /əˌsæsəˈneɪʃən/ *n* [C,U] zamach: *an assassination attempt*

**as·sault**[1] /əˈsɔːlt/ *n* [C,U] napaść: **+ on** *an increase in the number of sexual assaults on women*

**assault**[2] *v* [T] napadać: *McGillis claimed he had been assaulted by a gang of youths.*

**as·sem·ble** /əˈsembəl/ *v* **1** [I,T] z/gromadzić (się): *A crowd had assembled in front of the White House.* **2** [T] składać, montować: *The bookcase is fairly easy to assemble.*

**as·sem·bly** /əˈsembli/ *n* **1** [C,U] apel: *School assembly begins at 9 o'clock.* **2** [C] zgromadzenie: *the United Nations General Assembly*

**as·sert** /əˈsɜːt/ *v* **1** [T] twierdzić: *men who assert that everything can be explained scientifically* **2 assert yourself** zaznaczać swój autorytet

**as·ser·tion** /əˈsɜːʃən/ *n* [C,U] twierdzenie: *Davis repeated his assertion that he was innocent.*

**as·ser·tive** /əˈsɜːtɪv/ *adj* stanowczy, asertywny: *You must be more assertive if you want people to listen to you.*

**as·sess** /əˈses/ *v* [T] oceniać: *First we must assess the cost of repairing the damage.* —**assessment** *n* [C,U] ocena: *I agree entirely with your assessment of the situation.*

**as·set** /ˈæset/ *n* **1** [C] **be an asset** przydawać się: *Her knowledge of computers was a real asset.* | **+ to** *You're an asset to* (=jesteś cennym nabytkiem dla) *the company, George.* **2** [C usually plural] majątek

**as·sign** /əˈsaɪn/ *v* [T] przydzielać: *Each department is assigned a budget.* | **assign sth to sb** *Specific tasks will be assigned to each member of the team.* | **assign sb to** *doctors who were assigned to military hospitals*

**as·sign·ment** /əˈsaɪnmənt/ *n* [C] zadanie: *a homework assignment* | *Nichol was sent on a dangerous and difficult assignment to Bosnia.*

**as·sim·i·late** /əˈsɪməleɪt/ *v* [T] przyswajać sobie: *Children can usually assimilate new information more quickly than adults.*

**as·sist** /əˈsɪst/ *v* [I,T] pomagać: **assist sb in/with** *Two nurses assisted Dr Bernard in performing the operation.*

**as·sist·ance** /əˈsɪstəns/ *n* [U] *formal* pomoc, wsparcie: *Students receive very little financial assistance from the government.* | **be of assistance** *Can I be of any assistance, madam* (=czym mogę Pani służyć)*?*

**as·sis·tant** /əˈsɪstənt/ *n* [C] **1** asystent/ka: *Meet Jane Lansdowne, my new assistant.* | **assistant manager/director etc** *Tom's assistant editor on the local newspaper.* **2** sprzedawc-a/czyni: *a shop assistant*

**as·so·ci·ate**[1] /əˈsəʊʃieɪt/ *v* **1 be associated with sth** łączyć się z czymś: *the health problems that are associated with smoking* **2** [T] s/kojarzyć: **associate sth with sth** *Most people associate Florida with sunshine and long sandy beaches.*

**associate with** sb *phr v* [T] *formal* zadawać się z: *I don't like the kind of people she associates with.*

**as·so·ci·ate**[2] /əˈsəʊʃiət/ *n* [C] wspólnik/czka: *a business associate*

**as·so·ci·a·tion** /əˌsəʊsiˈeɪʃən/ *n* **1** *także* **Association** [C] stowarzyszenie: *the Association of University Teachers* **2 in association with** wspólnie z: *concerts sponsored by the Arts Council in association with local businesses* **3** [C usually plural] skojarzenie: *Los Angeles has happy associations for me.*

**as·sort·ed** /əˈsɔːtəd/ *adj* mieszany: *a box of assorted cookies*

**as·sort·ment** /əˈsɔːtmənt/ *n* [C] mieszanka: *an assortment of chocolates*

**as·sume** /ə'sjuːm/ *v* [T] **1** zakładać: **+ (that)** *Your light wasn't on so I assumed you were out.* | **assuming (that)** *Assuming the picture is a Van Gogh, how much do you think it is worth?* **2 assume power/control** *formal* obejmować władzę/kontrolę: *The Chinese Communists assumed power in 1949.*

**as·sumed** /ə'sjuːmd/ *adj* **under an assumed name** pod fałszywym nazwiskiem

**as·sump·tion** /ə'sʌmpʃən/ *n* [C] **1** założenie: **+ that** *the assumption that computers can solve all our problems* | **on the assumption that** *We're working on the assumption that* (=przy założeniu, że) *prices will continue to rise.* **2 assumption of sth** objęcie czegoś: *On its assumption of power, the new government promised an end to the war.*

**as·sur·ance** /ə'ʃʊərəns/ *n* **1** [C] zapewnienie: **+ that** *He gave me a firm assurance that there would be no further delays.* **2** [U] przekonanie: *Cindy answered their questions with quiet assurance.*

**as·sure** /ə'ʃʊə/ *v* [T] *spoken* zapewniać: *The document is genuine, I can assure you.* | **assure sb (that)** *The doctor assured me that I wouldn't feel any pain.*

**as·sured** /ə'ʃʊəd/ *adj* pewny siebie: *Kurt seems older now and more assured.*

**as·te·risk** /'æstərɪsk/ *n* [C] gwiazdka (*znak w tekście*)

**asth·ma** /'æsmə/ *n* [U] astma

**as·ton·ish** /ə'stɒnɪʃ/ *v* [T] zdumiewać: *Martina's speed and agility astonished her opponent.*

**as·ton·ished** /ə'stɒnɪʃt/ *adj* zdumiony: **+ at/by** *We were quite astonished at her ignorance.*

**as·ton·ish·ing** /ə'stɒnɪʃɪŋ/ *adj* zdumiewający: *an astonishing £5 million profit*

**as·ton·ish·ment** /ə'stɒnɪʃmənt/ *n* [U] zdumienie: **to sb's astonishment** *To our astonishment, Sue won the race.* | **in astonishment** *"What are you doing here?" she cried in astonishment.*

**a·stray** /ə'streɪ/ *adv* **1 go astray** zaginąć: *One of the documents we sent them has gone astray.* **2 lead sb astray** *often humorous* sprowadzać kogoś na złą drogę: *Mom worried that I'd be led astray by the older girls.*

**a·stride** /ə'straɪd/ *adv, prep* okrakiem na: *She was sitting astride her bicycle.*

**as·trol·o·gy** /ə'strɒlədʒi/ *n* [U] astrologia —**astrologer** *n* [C] astrolog —**astrological** /ˌæstrə'lɒdʒɪkəl◂/ *adj* astrologiczny

**as·tro·naut** /'æstrənɔːt/ *n* [C] astronaut-a/ka

**as·tro·nom·i·cal** /ˌæstrə'nɒmɪkəl◂/ *adj especially spoken* astronomiczny

**as·tron·o·my** /ə'strɒnəmi/ *n* [U] astronomia —**astronomer** *n* [C] astronom

**a·sy·lum** /ə'saɪləm/ *n* **1** [U] azyl **2** [C] *old-fashioned* szpital psychiatryczny

**at** /ət/ *prep* **1** w: *Meet me at my house.* **2** o: *The movie starts at 8:00.* **3** w czasie: *A lot of people get lonely at Christmas.* **4** do: *Jake shot at the deer but missed.* **5** na: *Stop shouting at me!* **6** z: *None of the kids laughed at his joke.* **7 good/bad at** dobry/słaby w: *Debbie's always been good at learning languages.* **8** po: *Gas is selling at about $1.25 a gallon.* → patrz też **at all** (ALL), **at first** (FIRST), **at least** (LEAST)

**ate** /et, eɪt/ *v* czas przeszły od EAT

**a·the·ist** /'eɪθiˌɪst/ *n* [C] ateist-a/ka —**atheism** *n* [U] ateizm

**ath·lete** /'æθliːt/ *n* [C] sportowiec

**ath·let·ic** /æθ'letɪk/ *adj* **1** wysportowany **2** sportowy: *He has plenty of athletic ability.*

**ath·let·ics** /æθ'letɪks/ *n* [U] *BrE* lekkoatletyka

**at·las** /'ætləs/ *n* [C] atlas

**ATM** /ˌeɪ tiː 'em/ *n* [C] *especially AmE* bankomat

**at·mo·sphere** /'ætməsfɪə/ *n* **1** [singular] atmosfera: *a hotel with a relaxed, friendly atmosphere* **2 the atmosphere** atmosfera ziemska

**at·mo·spher·ic** /ˌætməs'ferɪk◂/ *adj* **1** nastrojowy: *atmospheric music*

**2** atmosferyczny: *atmospheric temperature*

**at·om** /ˈætəm/ *n* [C] atom

**a·tom·ic** /əˈtɒmɪk/ *adj* atomowy: *atomic structure* | *atomic weapons*

**atomic en·er·gy** /.,.. ˈ.../ *n* [U] energia atomowa

**a·tro·cious** /əˈtrəʊʃəs/ *adj* okropny: *Your spelling is atrocious!*

**a·troc·i·ty** /əˈtrɒsəti/ *n* [C,U] okrucieństwo: *the atrocities of war*

**at·tach** /əˈtætʃ/ *v* **1** [T] dołączać: **attach sth to sth** *Please attach a photograph to your application form.* **2 attach importance/value to sth** przywiązywać wagę do czegoś: *Don't attach too much importance to what Nick says.*

**at·tached** /əˈtætʃt/ *adj* **attached to sth/sb** przywiązany do czegoś/kogoś: *We had become very attached to each other over the years.*

**at·tach·ment** /əˈtætʃmənt/ *n* **1** [C,U] *formal* przywiązanie: **+ to** *the boy's close emotional attachment to his sister* **2** [C] przystawka: *an electric drill with a screwdriver attachment*

**at·tack¹** /əˈtæk/ *v* [I,T] za/atakować: *Police are hunting a man who attacked a 15 year old girl.* | *The town was attacked by the rebel army.* | *The AIDS virus attacks the body's immune system.* | **attack sb for doing sth** *Several newspapers attacked the President for not doing enough.* —**attacker** *n* [C] napastni-k/czka

**attack²** *n* [C,U] atak, napaść: *Coleman was the victim of a vicious attack.* | *a terrorist attack on a British army base* | *an attack on the government's welfare policy* | *a severe attack of fever* ➡ patrz też HEART ATTACK

**at·tempt¹** /əˈtempt/ *v* [T] s/próbować: *Marsh was accused of attempting to import the drugs illegally.*

**attempt²** *n* [C] próba: **+ at** *It was an attempt at humour, but nobody laughed.* | **attempt to do sth** *So far, all attempts to resolve the problem have failed.* | **make no attempt** *He made no attempt* (=nawet nie próbował) *to hide his anger.*

**at·tend** /əˈtend/ *v* [I,T] *formal* **1** brać udział (w), być obecnym (na): *More than 2000 people are expected to attend this year's conference.* **2** uczęszczać (na/do): *All students must attend classes regularly.*

**attend to** sb/sth *phr v* [T] *formal* zajmować się: *I have some urgent business to attend to.*

**at·tend·ance** /əˈtendəns/ *n* **1** [C,U] frekwencja: *Church attendances have fallen in recent years.* **2** [C,U] obecność: **+ at** *A child's attendance at school is required by law.*

**at·tend·ant** /əˈtendənt/ *n* [C] pracownik obsługi: *a parking lot attendant*

**at·ten·tion** /əˈtenʃən/ *n* **1** [U] uwaga: *Can I have your attention, please* (=proszę o uwagę). | **+ to** *Her work shows great attention to detail* (=charakteryzuje się wielką troską o szczegóły). | **pay attention (to sth)** (=uważać (na coś)): *I wish you'd pay attention when I'm giving instructions.* | **attract/get sb's attention** (=zwrócić czyjąś uwagę): *Phil was trying to attract the waiter's attention.* | **draw attention to sth** (=zwrócić uwagę na coś): *a report that drew attention to the problem of water pollution* ➡ patrz też **undivided attention** (UNDIVIDED) **2** zainteresowanie: **attract attention** *Rohmer's latest movie has attracted considerable attention from the critics.* | **the centre of attention** *Johnny enjoyed being the centre of attention.* **3** opieka: *patients requiring urgent medical attention* **4 stand at/to attention** stawać na baczność

**at·ten·tive** /əˈtentɪv/ *adj* **1** uważny: *an attentive audience* **2** troskliwy: *an attentive host* —**attentively** *adv* uważnie, troskliwie

**at·tic** /ˈætɪk/ *n* [C] strych

**at·ti·tude** /ˈætətjuːd/ *n* [C,U] postawa: *I don't understand your attitude. Why don't you trust her?* | **attitude to/towards** (=stosunek do): *He has a very old-fashioned attitude towards women.*

**at·tor·ney** /əˈtɜːni/ *n* [C] *AmE* pełnomocnik (*prawny*)

A

**at·tract** /əˈtrækt/ *v* [T] **1** przyciągać: *I was attracted by the idea of living on a desert island.* | **attract sb to sth** *What was it that attracted you to the job?* | **attract attention** (=wzbudzać zainteresowanie): *Diana's visit to Washington attracted massive media attention.* **2** **you are attracted to sb** ktoś cię pociąga: *I've always been attracted to blondes.* **3** przyciągać: *Left-over food attracts flies.*

**at·trac·tion** /əˈtrækʃən/ *n* **1** [C] atrakcja: *Elvis Presley's home has become a major tourist attraction.* | *One of the attractions of being single is that you can go out with whoever you like.* **2** [C,U] pociąg: *sexual attraction*

**at·trac·tive** /əˈtræktɪv/ *adj* atrakcyjny: *an attractive young woman* | *an attractive salary* —**attractively** *adv* atrakcyjnie

**at·tri·bute**[1] /əˈtrɪbjuːt/ *v*

**attribute** sth **to** sb/sth *phr v* [T] przypisywać: *The increase in crime can be attributed to social changes.* | *a painting attributed to Rembrandt*

**at·tri·bute**[2] /ˈætrəbjuːt/ *n* [C] cecha, atrybut: *What attributes should a good manager possess?*

**au·ber·gine** /ˈəʊbəʒiːn/ *n* [C] bakłażan, oberżyna

**auc·tion** /ˈɔːkʃən/ *n* [C] aukcja, licytacja —**auction** *v* [T] z/licytować, sprzedać na aukcji

**au·di·ble** /ˈɔːdəbəl/ *adj* słyszalny: *Her voice was barely audible.* ➡ antonim INAUDIBLE

**au·di·ence** /ˈɔːdiəns/ *n* [C] **1** publiczność: *The audience began clapping and cheering.* **2** audiencja: *an audience with the Pope*

**au·di·o** /ˈɔːdiəʊ/ *adj* dźwiękowy: *audio tapes*

**au·di·o·vis·u·al** /ˌɔːdiəʊˈvɪʒuəl◂/ *adj* audiowizualny: *audiovisual equipment for language teaching*

**au·di·tion** /ɔːˈdɪʃən/ *n* [C] przesłuchanie (*do roli*)

**au·di·to·ri·um** /ˌɔːdəˈtɔːriəm/ *n* [C] widownia

**Au·gust** /ˈɔːgəst/ skrót pisany **Aug.** *n* [C,U] sierpień

**aunt** /ɑːnt/ także **aun·tie** /ˈɑːnti/ *n* [C] ciotka, ciocia

**au pair** /əʊ ˈpeə/ *n* [C] dziewczyna mieszkająca za granicą u rodziny i opiekująca się dziećmi

**au·ra** /ˈɔːrə/ *n* [C] atmosfera, aura: *Inside the church there was an aura of complete tranquillity.*

**au·ral** /ˈɔːrəl/ *adj* słuchowy: *aural skills* ➡ porównaj ORAL

**aus·pic·es** /ˈɔːspəsəz/ *n* [plural] **under the auspices of** *formal* pod auspicjami: *The research was done under the auspices of Harvard Medical School.*

**au·then·tic** /ɔːˈθentɪk/ *adj* autentyczny: *authentic Indian food* | *an authentic Picasso painting* —**authentically** *adj* autentycznie —**authenticity** /ˌɔːθenˈtɪsəti/ *n* [U] autentyczność

**au·thor** /ˈɔːθə/ *n* [C] autor/ka: *Robert Louis Stevenson, the author of 'Treasure Island'*

**au·thor·i·ta·tive** /ɔːˈθɒrətətɪv/ *adj* **1** wiarygodny: *an authoritative textbook on European history* **2** władczy: *The captain spoke in a calm and authoritative voice.*

**au·thor·i·ty** /ɔːˈθɒrəti/ *n* **1** [U] prawo: **the authority to do sth** *Every manager has the authority to dismiss employees.* | **+ over** *Some parents appear to have no authority over* (=wydają się nie mieć władzy nad) *their children.* | **in authority** (=na stanowisku): *You should write and complain to someone in authority.* **2** [C] władze: *the local education authority* | **the authorities** *British police are co-operating with the Malaysian authorities.* **3** [C] autorytet: **+ on** *Dr Ballard is an authority on tropical diseases.*

**au·thor·ize** /ˈɔːθəraɪz/ (*także* **-ise** *BrE*) *v* [T] **1** wydawać zezwolenie (na): *Who authorized the payments into Maclean's account?* **2** upoważniać: *Only senior officers were authorized to handle secret documents.* —**authorization** /ˌɔːθəraɪ-

'zeɪʃən/ *n* [C,U] zezwolenie, upoważnienie

**au·tis·tic** /ɔː'tɪstɪk/ *adj* autystyczny

**au·to·bi·og·ra·phy** /ˌɔːtəbaɪ'ɒgrəfi/ *n* [C] autobiografia —**autobiographical** /ˌɔːtəbaɪə'græfɪkəl/ *adj* autobiograficzny

**au·to·graph** /'ɔːtəgrɑːf/ *n* [C] autograf —**autograph** *v* [T] podpisywać (autografem): *an autographed picture*

**au·to·ma·ted** /'ɔːtəmeɪtɪ̮d/ *adj* zautomatyzowany: *a fully automated telephone system*

**au·to·mat·ic**[1] /ˌɔːtə'mætɪk◂/ *adj* **1** automatyczny: *an automatic camera* | *We get an automatic pay increase every year.* **2** odruchowy: *an automatic reaction* —**automatically** *adv* automatycznie: *You shouldn't automatically assume that your teacher is right.*

**automatic**[2] *n* [C] **1** samochód z automatyczną skrzynią biegów **2** automat (*karabin*)

**au·to·ma·tion** /ˌɔːtə'meɪʃən/ *n* [U] automatyzacja

**au·to·mo·bile** /'ɔːtəməbiːl/ *n* [C] *AmE* samochód

**au·ton·o·mous** /ɔː'tɒnəməs/ *adj* niezależny, autonomiczny: *an autonomous state* —**autonomy** *n* [U] niezależność, autonomia: *political autonomy*

**au·top·sy** /'ɔːtɒpsi/ *n* [C] sekcja zwłok

**au·tumn** /'ɔːtəm/ *n* [C,U] jesień —**autumnal** /ɔː'tʌmnəl/ *adj* jesienny

**aux·il·ia·ry** /ɔːg'zɪljəri/ *adj* pomocniczy: *auxiliary nurses* —**auxiliary** *n* [C] pomocni-k/ca

**auxiliary verb** /.,... './ *n* [C] czasownik posiłkowy → patrz ramka AUXILIARY VERBS

**a·vail**[1] /ə'veɪl/ *n* **to no avail/of no avail** *formal* na próżno: *They had searched everywhere, but to no avail.*

**avail**[2] *v* **avail yourself of sth** *formal* s/korzystać z czegoś: *Students should avail themselves of every opportunity to improve their English.*

**a·vail·a·ble** /ə'veɪləbəl/ *adj* **1** dostępny: *"The Lion King" is available now on video for only £12.99!* | **+ for** *land available for* (=przeznaczony do) *development* **2** wolny: *Dr Wright is not available at the moment.* —**availability** /əˌveɪlə'bɪlɪ̮ti/ *n* [U] dostępność, osiągalność

**av·a·lanche** /'ævəlɑːnʃ/ *n* [C] lawina: *an avalanche of letters came in from admiring fans*

**av·ant garde** /ˌævɔːŋ 'gɑːd◂/ *adj* awangardowy: *an avant-garde film*

**a·venge** /ə'vendʒ/ *v* [T] *literary* pomścić: *He wanted to avenge his brother's death.*

**av·e·nue** /'ævɪ̮njuː/ *n* [C] **1** *także* **Avenue** aleja: *Fifth Avenue* **2** możliwość: *We need to explore every avenue if we want to find a solution.*

**av·e·rage**[1] /'ævərɪdʒ/ *adj* **1** [only before noun] przeciętny, średni: *The average temperature in July is around 35° C.* **2** [only before noun] przeciętny, typowy: *What does the average worker in Britain earn a month?* **3** przeciętny: *I didn't think it was a great movie – just average really.*

> UWAGA **average**
>
> Patrz **medium** i **average**.

**average**[2] *n* **1** [C] średnia **2 by an average of** średnio o: *House prices have risen by an average of 2%.* **3 on average** przeciętnie: *We spend, on average, around £40 a week on food.* **4 above/below average** poniżej/powyżej przeciętnej: *students of above average ability*

**average**[3] *v* [T] wynosić średnio: *The train travelled at speeds averaging 125 mph.*

**a·ver·sion** /ə'vɜːʃən/ *n* **have an aversion to sth** mieć awersję do czegoś: *She has an aversion to cats.*

**a·vert** /ə'vɜːt/ *v* [T] **1** unikać: *negotiations aimed at averting a crisis* **2 avert your eyes/gaze** odwracać oczy/wzrok

**a·vi·a·ry** /'eɪviəri/ *n* [C] ptaszarnia

**a·vi·a·tion** /ˌeɪvi'eɪʃən/ *n* [U] lotnictwo

**av·id** /'ævɪ̮d/ *adj* gorliwy: *an avid reader of romantic novels*

**av·o·ca·do** /ˌævə'kɑːdəʊ/ *n* [C,U] awokado

A

**a·void** /ə'vɔɪd/ *v* [T] unikać: *You can avoid a lot of problems by using traveller's cheques.* | *I have the impression John's trying to avoid us.* | *It's best to avoid going out in the strong midday sun.* —**avoidance** *n* [U] unikanie, uchylanie się —**avoidable** *adj* do uniknięcia

**a·wait** /ə'weɪt/ *v* [T] *formal* **1** oczekiwać: *Briggs is awaiting trial for murder.* **2** czekać: *A warm welcome awaits you.*

**a·wake**[1] /ə'weɪk/ *adj* **be/lie/stay etc awake** nie spać: *I lay awake, worrying about my exams.* | **keep sb awake** *The storm kept us awake* (=nie pozwolił nam zasnąć) *all night.*

> UWAGA **awake i wake up**
>
> Wyraz **awake** używany jest głównie jako przymiotnik: *It's ten o'clock and the children are still awake* (=dzieci jeszcze nie śpią). Jako czasownik, wyraz **awake** (bez **up**) używany jest jedynie w stylu poetyckim: *I awoke to the sound of church bells.* W sensie 'budzić' lub 'budzić się' używamy zwykle czasownika **wake up**: *She told me that she keeps waking up in the middle of the night.* | *I was woken up by a loud whistling noise.*

**awake**[2] *v* **awoke, awoken, awaking** [I,T] *literary* o/budzić (się): *She awoke the following morning feeling refreshed.*

**a·wak·en·ing** /ə'weɪkənɪŋ/ *n* [U singular] przebudzenie: *the awakening of her mind to social realities*

**a·ward**[1] /ə'wɔːd/ *v* [T] przyznawać (*nagrodę itp.*) **be awarded sth** *Einstein was awarded the Nobel Prize for his work in physics.*

**award**[2] *n* [C] **1** nagroda: *Susan Sarandon won the 'Best Actress' award.* **2** odszkodowanie: *Hemmings received an award of $300,000 in compensation.*

> UWAGA **award, prize i reward**
>
> Wszystkie trzy wyrazy znaczą 'nagroda'. **Prize** to nagroda przyznana w konkursie lub współzawodnictwie sportowym: *The prize is a 3-week holiday in the Bahamas.* | *She won second prize*; **award** to nagroda za ważne osiągnięcie lub dobre wykonanie zadania: *The award for this year's best actor went to Harry Cohen*; **reward** to nagroda za zrobienie czegoś pożytecznego: *As a reward for eating all her dinner, she was given an ice cream.* | *A reward of $5,000 has been offered for information leading to the recovery of the necklace.*

**a·ware** /ə'weə/ *adj* świadomy: *This class isn't really politically aware.* | **+ of** *Most smokers are aware of the dangers of smoking.* | **+ that** *I suddenly became aware that* (=uświadomiłam sobie, że) *someone was moving around downstairs.* → antonim UNAWARE — **awareness** *n* [U] świadomość

**a·wash** /ə'wɒʃ/ *adj* **1** zalany: *streets awash with flood water* **2 awash with sth** pełny czegoś: *Hollywood is awash with rumours.*

**a·way**[1] /ə'weɪ/ *adv* **1** odpowiada przedrostkowi "od-" **2 go away** odchodzić: *Go away!* **3 drive away** odjeżdżać: *Diane drove away quickly.* **4 away from** z dala od: *Keep away from the fire!* **5** w odległości: *The sea is only five miles away* (=pięć mil stąd). **6** poza domem, na urlopie itp.: *Will you look after the house while I'm away?* **7 2 days/3 weeks away** za 2 dni/3 tygodnie: *Christmas is only a month away.* **8** odpowiada przedrostkowi "wy-": *All the water had boiled away* (=wygotowała się). **9** bez przerwy: *He's been working away on the patio all day.* → patrz też **right away** (RIGHT)

**away**[2] *adj* **away game/match** mecz wyjazdowy → antonim HOME

**awe** /ɔː/ *n* [U] podziw: **in/with awe** *She gazed with awe at the breathtaking landscape.*

**awe-in·spir·ing** /'. .,../ *adj* budzący respekt: *an awe-inspiring achievement*

**awe·some** /'ɔːsəm/ *adj* przerażający: *an awesome responsibility*

**aw·ful** /'ɔːfəl/ *adj* **1** okropny: *What awful weather!* | *This soup tastes awful!* **2 an**

## Czasowniki posiłkowe: **Auxiliary verbs**

Do grupy tej należą: ***be***, ***have***, ***do*** oraz wszystkie czasowniki modalne i półmodalne (omówione oddzielnie). Czasownik posiłkowy ma znaczenie gramatyczne, tzn. występuje w zdaniu wraz z innym czasownikiem, określając jego czas, tryb i stronę, jak również tworząc formy pytające i przeczące, np.:

*I **have** finished.*
***Don't** go!*
*This theatre **was** built last year.*
***Did** you see that?*
*She **hasn't** left yet.*

Czasowniki ***be***, ***have*** i ***do*** mogą również zachowywać się jak zwykłe czasowniki. Mają one wówczas określone znaczenie leksykalne (odpowiednio: „być", „mieć" i „robić") i występują w zdaniu samodzielnie, a nie w towarzystwie innego czasownika, np.:

*He **is** ill.*
*They **have** a lovely garden.*
*I **did** nothing wrong.*

patrz też: ***BE, DO, HAVE, Modal Verbs, Question Tags, Verb***

**awful lot (of)** *spoken* strasznie dużo: *It's going to cost an awful lot of money.*

**aw·ful·ly** /ˈɔːfəli/ *adv spoken* strasznie, okropnie: *I'm awfully sorry – I didn't mean to disturb you.*

**awk·ward** /ˈɔːkwəd/ *adj* **1** niewygodny, niezręczny: *This camera's rather awkward to use.* | *Let's hope they don't ask too many awkward questions.* **2** skrępowany: *He stood in a corner, looking awkward and self-conscious.* **3** trudny: *I wish you'd stop being so awkward!* —**awkwardly** *adv* niezręcznie —**awkwardness** *n* [U] niezręczność

**a·woke** /əˈwəʊk/ *v* czas przeszły od AWAKE

**a·wok·en** /əˈwəʊkən/ *v* imiesłów bierny od AWAKE

**axe**[1] /æks/ (*także* **ax** AmE) *n* [C] siekiera

**axe**[2] (*także* **ax** AmE) *v* [T] *informal* z/likwidować: *The company has announced its decision to axe 700 jobs.*

**ax·is** /ˈæksɪs/ *n* [C] *plural* **axes** oś (*Ziemi, wykresu itp.*)

**ax·le** /ˈæksəl/ *n* [C] oś (*pojazdu*)

**aye** /aɪ/ *adv spoken informal* tak

**az·ure** /ˈæʒə/ *adj, n* [U] lazurowy

# Bb

**BA** /ˌbiː ˈeɪ/, **B.A.** *n* [C] stopień naukowy odpowiadający licencjatowi z nauk humanistycznych ➡ patrz też BSC

**bab·ble** /ˈbæbəl/ *v* [I] bełkotać: *What are you babbling on about?*

**ba·boon** /bəˈbuːn/ *n* [C] pawian

**ba·by** /ˈbeɪbi/ *n* **1** [C] niemowlę: *A baby was crying upstairs.* | **have a baby** (=urodzić): *Has Sue had her baby yet?* **2** *AmE spoken* kochanie: *Bye, baby. I'll be back by six.* **3 baby elephant etc** słoniątko itp.

**baby car·riage** /ˈ.. ˌ../ *także* **baby buggy** *n* [C] *AmE* wózek spacerowy

**ba·by·ish** /ˈbeɪbi-ɪʃ/ *adj* dziecinny: *We were taught that it was babyish for a boy to cry.*

**ba·by·sitter** /ˈbeɪbiˌsɪtə/ *n* [C] opiekun/ka do dzieci —**babysitting** *n* [U] opieka nad dzieckiem: *I earn some extra money from babysitting.*

**bach·e·lor** /ˈbætʃələ/ *n* **1** [C] kawaler **2 Bachelor of Arts/Science/Education etc** stopień naukowy odpowiadający licencjatowi

**bachelor's de·gree** /ˈ... ..ˌ./ *n* [C] stopień naukowy odpowiadający licencjatowi

**back**[1] /bæk/ *n* **1** [C] **a)** plecy: *My back was really aching.* **b)** kręgosłup: *He broke his back in a motorcycle accident.* **2** [C usually singular] tył: **the back of** *We climbed into the back of the truck.* | *Joe's somewhere at the back of the hall.* | **in back of** *AmE* (=za): *The pool's in back of the house.* ➡ antonim FRONT[1] **3** oparcie: **the back of** *He rested his arm on the back of the sofa.* **4 back to front** *BrE* tył(em) na przód: *You've got your sweater on back to front.* **5 behind sb's back** za plecami: *They're always talking about her behind her back.* **6 be at/in the back of your mind** nie opuszczać kogoś (*o uczuciu, myślach*): *There was always a slight fear in the back of his mind.* **7 get off my back!** *spoken* daj mi spokój!: *I'll do it in a minute. Just get off my back!* **8 have your back to/against the wall** *informal* być przypartym do muru ➡ patrz też **turn your back on** (TURN[1])

**back**[2] *adv* **1** z powrotem: *Put the milk back in the refrigerator.* | *Roger said he'd be back in an hour.* | *I woke up at 5 a.m. and couldn't get back to sleep.* **2** do tyłu: *Harry looked back to see if he was still being followed.* | *Her hair was pulled back in a ponytail.* **3** w odpowiedzi: *Gina smiled, and the boy smiled back.* **4** wcześniej: *This all happened about three years back.* **5 back and forth** tam i z powrotem: *He walked back and forth across the floor.*

**back**[3] *v* **1** [T] popierać: *The bill is backed by several environmental groups.* **2** [I,T] cofać (się): *We slowly backed away from the snake.* | *Teresa backed the car down the driveway.* **3** [T] stawiać na: *Who did you back to win the Superbowl?*

**back down** *phr v* [I] wycofywać się: *Rosen backed down when he saw how big the other guy was.*

**back off** *phr v* [I] odsuwać się: *Back off a little, you're too close.*

**back out** *phr v* [I] wycofywać się (*z obietnicy, umowy*): *They backed out of the deal at the last minute.*

**back up** *phr v* **1** [T **back** sb/sth ↔ **up**] popierać: *He had evidence on video to back up his claim.* **2** [I,T **back** sth ↔ **up**] robić zapasową kopię (*pliku komputerowego*) **3** [I,T **back** sth ↔ **up**] cofać (*samochód*)

**back**[4] *adj* **1** tylny: *the back door* | *in the back garden* **2 back street/road** boczna ulica/droga **3 back taxes/pay** zaległe podatki/pobory: *We owe £350 in back rent.*

**back·ache** /ˈbækeɪk/ *n* [C,U] bóle krzyża

**back·bone** /ˈbækbəʊn/ *n* **1 the backbone of** podstawa: *The cocoa industry is the backbone of Ghana's economy.* **2** [C] kręgosłup

**back·date** /ˌbækˈdeɪt/ *v* [T] antydatować: *a pay increase backdated to January*

**back·drop** /ˈbækdrɒp/ *n* [C] **1** tło: *The Spanish Civil War was the backdrop for*

*Orwell's novel.* **2** *także* **back·cloth** /-klɒθ/ kulisy

**back·er** /'bækə/ *n* [C] sponsor: *We need backers for the festival.*

**back·fire** /ˌbæk'faɪə/ *v* [I] odnosić odwrotny skutek

**back·ground** /'bækgraʊnd/ *n* **1** [C] pochodzenie (*społeczne*): *The kids here have very different backgrounds.* (=pochodzą z bardzo różnych środowisk) **2** [C] wykształcenie: *He has a background in Computer Science.* **3** [U singular] tło **4 in the background a)** w tle: *In the background you can see the school.* | *the sound of traffic in the background* **b)** z boku: *A waiter stood quietly in the background.*

**back·ing** /'bækɪŋ/ *n* [U] wsparcie: *financial backing for the project*

**back·lash** /'bæklæʃ/ *n* [C] sprzeciw (*wobec popularnego wcześniej trendu itp.*): *the backlash against feminist ideas*

**back·log** /'bæklɒg/ *n* [C usually singular] zaległości: *a huge backlog of orders from customers*

**back·pack**[1] /'bækpæk/ *n* [C] plecak

**backpack**[2] *v* [I] wędrować z plecakiem

**back seat** /ˌ. '.◂ / *n* [C] **1** tylne siedzenie **2 take a back seat** usuwać się na dalszy plan

**back·stage** /ˌbæk'steɪdʒ◂ / *adv* za kulisami: *There was great excitement backstage.*

**back·stroke** /'bækstrəʊk/ *n* [singular] styl grzbietowy

**back-to-back** /ˌ. . '.◂ / *adj, adv* **1** jeden po drugim: *We played two concerts back-to-back.* **2** tyłem do siebie: *They stood back-to-back.* | *back-to-back houses*

**back·up** /'bækʌp/ *n* **1** [C] zapasowa kopia: *Always make backup files at the end of the day.* **2** [C,U] wsparcie, posiłki: *Four more police cars provided backup.*

**back·ward** /'bækwəd/ *adj* **1 backward glance/step** spojrzenie/krok wstecz: *She left without a backward glance* (=nie oglądając się). **2** opóźniony w rozwoju: *a backward child*

**back·wards** /'bækwədz/ (*także* **backward** *AmE*) *adv* **1** do tyłu, wstecz: *She took a step backwards in surprise.* ➡ antonim FORWARDS *BrE* **2** od końca: *Can you say the alphabet backwards?* ➡ antonim FORWARDS *BrE* **3** tył(em) na przód: *Your T-shirt is on backwards.* **4 backwards and forwards** tam i z powrotem

**back·yard** /ˌbæk'jɑːd◂ / *n* [C] **1** *BrE* podwórko (*za domem*) **2** *AmE* ogródek (*za domem*)

**ba·con** /'beɪkən/ *n* [U] bekon, boczek

**bac·te·ri·a** /bæk'tɪəriə/ *n* [plural] bakterie —**bacterial** *adj* bakteryjny

**bad** /bæd/ *adj* **worse, worst 1** zły: *I'm afraid I have some bad news for you.* | *He's not really a bad boy.* | *He was the worst teacher I ever had.* **2 be bad at** być słabym z: *Brian is really bad at sports.* **3 be bad for** szkodzić: *Too many sweets are bad for your teeth.* | *Smoking is bad for you.* **4** poważny: *a bad cold* | *The political situation is getting worse.* **5 not bad** *spoken* nie najgorzej: *"How are you?" "Oh, not bad."* **6 too bad** *spoken* **a)** *BrE* trudno: *"I'm late for work!" "Too bad, you should have got up earlier!"* **b)** szkoda: *It's too bad she missed all the fun.* **7 go bad** ze/psuć się (*o jedzeniu*): *The meat has gone bad.* **8 feel bad** mieć wyrzuty sumienia: *I felt really bad about missing your birthday.* **9 a bad heart/back** chore serce/kręgosłup: *The fever left him with a bad heart.* **10 bad language** brzydkie słowa

**bade** /bæd/ czas przeszły i imiesłów bierny od BID

**badge** /bædʒ/ *n* [C] *BrE* odznaka: *She was wearing a badge that said "I am 4 today!"*

**bad·ger** /'bædʒə/ *n* [C] borsuk

**bad·ly** /'bædli/ *adv* **worse, worst 1** źle: *a badly written book* ➡ antonim WELL[2] **2** bardzo: *The refugees badly need clean water.* **3** poważnie: *badly injured*

**bad·min·ton** /'bædmɪntən/ *n* [U] badminton

**bad-tem·pered** /ˌ. '..◂ / *adj* w złym hu-

B

morze: *George seems bad-tempered this morning.*

**baf·fled** /'bæfəld/ *adj* zbity z tropu: *Scientists are completely baffled by the results.*

B

**bag** /bæg/ *n* [C] **1** torba: *a shopping bag* | *packing a bag for the weekend* | *two bags of rice per family* **2** *BrE* torebka **3 bags of** *spoken, especially BrE* masa: *We've got bags of time. There's no need to rush.* **4 bags under your eyes** worki pod oczami

**bag·gage** /'bægɪdʒ/ *n* [U] bagaż

**bag·gy** /'bægi/ *adj* workowaty: *a baggy T-shirt*

**bag·pipes** /'bægpaɪps/ *n* [plural] dudy

**bail**[1] /beɪl/ *n* [U] kaucja: **release sb on bail/grant sb bail** (=zwalniać za kaucją): *Hamilton was released on bail of $50,000.*

**bail**[2] *v*

**bail out** *phr v* **1** [T **bail** sb ↔ **out**] wpłacać kaucję za **2** [T **bail** sb/sth **out**] po/ratować finansowo: *You can't expect your parents to bail you out every time you're in debt.* **3** [T **bail** sth ↔ **out**] wybierać wodę z

**bai·liff** /'beɪlɪf/ *n* [C] **1** *BrE* komornik **2** *AmE* strażnik sądowy

**bait** /beɪt/ *n* [U singular] przynęta

**bake** /beɪk/ *v* [I,T] u/piec: *I'm baking a cake for Laurie.*

**baked beans** /,. './ *n* [U] fasola w sosie pomidorowym (*z puszki*)

**bak·er** /'beɪkə/ *n* [C] piekarz

**bak·er·y** /'beɪkəri/ *n* [C] piekarnia

**bal·ance**[1] /'bæləns/ *n* **1** [U] równowaga: *the balance between the separate branches of government* | **lose your balance** (=s/tracić równowagę): *Billy lost his balance and fell.* | **be off balance** (=chwiać się): *I was still off balance when he hit me again.* | **strike a balance between** (=znajdować kompromis pomiędzy): *Parents have to strike a balance between protecting their children and allowing them to be independent.* **2 the balance** saldo: *What's the balance on my credit card?* **3 be/hang in the balance** ważyć się (*o losach, przyszłości*): *The whole future of Bosnia hangs in the balance.* **4** [C] *technical* waga **5 on balance** wziąwszy wszystko pod uwagę: *I think on balance I prefer the new system.*

**balance**[2] *v* **1** [T] po/godzić: *A working parent has to balance family life and career.* **2** [I,T] utrzymywać równowagę: *You have to learn to balance when you ride a bicycle.* **3** [I,T] **balance the books/budget** nie przekraczać budżetu: *Congress is attempting to balance the budget.* **4** [T] rozważać: **balance sth against** *Our rights have to be balanced against* (=należy rozważać w kontekście) *our responsibilities.*

**bal·anced** /'bælənst/ *adj* **1** wyważony: *a balanced picture of the issues* **2** pełnowartościowy: *a balanced diet*

**balance of pow·er** /,.. . '../ *n* **the balance of power** rozkład sił: *a shift in the balance of power*

**balance sheet** /'.. ./ *n* [C] zestawienie bilansowe

**bal·co·ny** /'bælkəni/ *n* [C] balkon

**bald** /bɔːld/ *adj* łysy —**baldness** *n* [U] łysina

**bald·ing** /'bɔːldɪŋ/ *adj* łysiejący

**bale** /beɪl/ *n* [C] bela

**ball** /bɔːl/ *n* [C] **1** piłka: *yellow tennis balls* **2** kłębek: *a ball of wool* **3 have a ball** *informal* świetnie się bawić: *We had a ball last night!* **4** bal

**bal·lad** /'bæləd/ *n* [C] ballada

**bal·le·ri·na** /,bælə'riːnə/ *n* [C] baletnica

**bal·let** /'bæleɪ/ *n* [U,C] balet: *the ballet "Swan Lake"* | *the Bolshoi ballet*

**ball game** /'. ./ *n* [C] *informal* **a whole new ball game/a different ball game** inna para kaloszy: *I've used word processors before, but this is a whole new ball game!*

**bal·loon** /bə'luːn/ *n* [C] balon(ik)

**bal·lot** /'bælət/ *n* **1 ballot paper** *BrE* kartka do głosowania **2** [C,U] głosowanie tajne

**ballot box** /'.. ./ *n* **1 the ballot box** wybory: *The voters will give their opinion of*

*the Governor at the ballot box.* **2** [C] urna wyborcza

**ball·park** /ˈbɔːlpɑːk/ *n* [C] *AmE* boisko baseballowe

**ball·point pen** /ˌbɔːlpɔɪnt ˈpen/ *także* **ballpoint** *n* [C] długopis

**ball·room** /ˈbɔːlrʊm/ *n* [C] sala balowa

**balm·y** /ˈbɑːmi/ *adj* balsamiczny

**bam·boo** /ˌbæmˈbuː◂/ *n* [U] bambus

**ban**[1] /bæn/ *n* [C] zakaz: *a global ban on nuclear testing*

**ban**[2] *v* [T] **-nned, -nning** zakazywać: *Smoking inside the building is banned.* | **ban sb from doing sth** *Chappel was banned from contacting his ex-wife.*

**ba·nal** /bəˈnɑːl/ *adj* banalny —**banality** /bəˈnæləti/ *n* [C,U] banał

**ba·na·na** /bəˈnɑːnə/ *n* [C] banan

**band** /bænd/ *n* [C] **1** zespół (*muzyczny*) **2** grupa: *a small band of terrorists* **3** pręga, pasek: *a fish with a black band along its back* **4** przedział (*np. podatkowy*): *Above £20,000, you are in a higher tax band.* **5 rubber band** gumka

**ban·dage**[1] /ˈbændɪdʒ/ *n* [C] bandaż

**bandage**[2] *v* [T] za/bandażować

**Band-Aid** /ˈ. ./ *n* [C] *AmE trademark* plaster

**B and B** /ˌbiː ənd ˈbiː/ skrót od BED AND BREAKFAST

**ban·dit** /ˈbændət/ *n* [C] bandyta

**band·stand** /ˈbændstænd/ *n* [C] estrada (*w parku*)

**bang**[1] /bæŋ/ *v* **1** [I,T] walić, tłuc: *He started banging his dish on the table.* **2** [T] uderzyć się w: *I banged my knee on the corner of the bed.*

**bang**[2] *n* **1** [C] łomot, huk: *There was a loud bang, followed by the sound of breaking glass.* **2** [C] uderzenie: *a nasty bang on the head* **3 go with a bang** *informal* wspaniale się udać: *The New Year's Party went with a bang.*

**bang**[3] *adv informal* dokładnie: *They've built a parking lot bang in the middle* (=w samym środku) *of town.* | **bang on** (=strzał w dziesiątkę): *Yes, your answer's bang on!*

**bang**[4] *interjection* **bang! bang!** pif-paf!: *"Bang! Bang! You're dead!" Tommy shouted.*

**bang·er** /ˈbæŋə/ *n* **1** [C] *BrE informal* kiełbaska **2 old banger** stary gruchot

**ban·gle** /ˈbæŋgəl/ *n* [C] bransoletka

**bangs** /bæŋz/ *n* [plural] *AmE* grzywka

**ban·ish** /ˈbænɪʃ/ *v* [T] **1** odpędzać od siebie: *I decided to banish all thoughts of ever marrying him.* **2** skazywać na wygnanie **3** zakazywać udziału: **+ from** *He was banished from the Olympics after a failed drugs test.* —**banishment** *n* [U] wygnanie, banicja ➡ porównaj EXILE[2]

**ban·is·ter** /ˈbænəstə/ *n* [C] balustrada, poręcz

**bank**[1] /bæŋk/ *n* [C] **1** bank: *I went to the bank at lunchtime to pay in my salary.* | *a blood bank* **2** brzeg: *trees lining the river bank* **3** nasyp

**bank**[2] *v*

**bank on** sb/sth *phr v* [T] liczyć na: *We were banking on Jesse being here to help.*

**bank ac·count** /ˈ. .ˌ./ *n* [C] konto bankowe, rachunek bankowy

**bank·er** /ˈbæŋkə/ *n* [C] bankier

**bank hol·i·day** /ˌ. ˈ.../ *n* [C] *BrE* jeden z kilku dni w roku, kiedy nie pracuje większość instytucji

**bank·ing** /ˈbæŋkɪŋ/ *n* [U] bankowość

**bank·note** /ˈbæŋknəʊt/ *n* [C] *especially BrE* banknot

**bank·rupt** /ˈbæŋkrʌpt/ *adj* niewypłacalny: **go bankrupt** (=z/bankrutować): *Many small businesses went bankrupt during the recession.*

**bank·rupt·cy** /ˈbæŋkrʌptsi/ *n* [C,U] bankructwo: *a sharp increase in bankruptcies last year*

**bank tel·ler** /ˈ. ˌ../ *n* [C] kasjer/ka (*w banku*)

**ban·ner** /ˈbænə/ *n* [C] **1** transparent: *crowds waving banners that read "Welcome Home"* **2** flaga

**ban·quet** /ˈbæŋkwət/ *n* [C] bankiet

**bap·tis·m** /ˈbæptɪzəm/ *n* [C,U] chrzest

**bap·tize** /bæpˈtaɪz/ (*także* **-ise** *BrE*) *v* [T] o/chrzcić

B

**bar**[1] /bɑː/ *n* [C] **1 a)** bar: *O'Keefe stood at the bar.* **2** tabliczka: *a bar of chocolate* **3** krata: *A lot of houses had bars across the windows.* **4** przeszkoda: *Lack of money should not be a bar to educational opportunity.* **5** takt: *She sang the first three bars of the song.* **6 behind bars** za kratkami **7 the bar** adwokatura ➡ patrz też SNACK BAR

**bar**[2] *v* **-rred, -rring** [T] **1** zabraniać, zakazywać: **bar sb from** *We're barred from taking pictures inside the courtroom.* **2 bar sb's way** zagradzać komuś drogę: *He stood in the doorway, barring my way.*

**bar**[3] *prep* z wyjątkiem: *It was a great performance, bar one little mistake.*

**bar·bar·i·an** /bɑːˈbeəriən/ *n* [C] barbarzyńca —**barbarian** *adj* barbarzyński

**bar·bar·ic** /bɑːˈbærɪk/ *adj* barbarzyński: *a barbaric act of terrorism*

**bar·be·cue**[1] /ˈbɑːbɪkjuː/ *n* [C] **1** przyjęcie z grillem: *Let's have a barbecue on the beach.* **2** grill

**barbecue**[2] *v* [T] u/piec na grillu

**barbed wire** /ˌ. ˈ.◂ / *n* [U] drut kolczasty

**bar·ber** /ˈbɑːbə/ *n* [C] fryzjer męski

**bar code** /ˈ. ./ *n* [C] kod paskowy

**bare**[1] /beə/ *adj* **1** goły, nagi: *a bare hillside | a report giving just the bare facts* **2** bosy: *Her feet were bare and her dress was dirty.* **3** pusty: *The room looked very bare.* **4 the bare necessities/essentials** absolutnie niezbędne rzeczy: *The refugees took only the bare essentials with them.* **5 with your bare hands** gołymi rękami: *Smith killed her with his bare hands.*

**bare**[2] *v* [T] obnażać: *The dog bared its teeth and growled.*

**bare·foot** /ˌbeəˈfʊt◂ / *adj, adv* bosy, boso: *walking barefoot in the sand*

**bare·ly** /ˈbeəli/ *adv* **1** zaledwie: *She was barely 17 when she had her first child.* **2** ledwo, ledwie: *He'd barely sat down when she started asking questions. | I could barely stay awake.*

**bar·gain**[1] /ˈbɑːgɪn/ *n* [C] **1** okazja: *At £2,500 this car is a real bargain.* **2** umowa: **make/strike a bargain** (=dogadać się): *We've made a bargain that Paul does the shopping and I cook.* **3 into the bargain** *especially BrE* do tego wszystkiego: *Myrtle has two jobs, three children, and looks after her sick mother into the bargain.*

**bargain**[2] *v* [I] negocjować: *bargaining for better pay*

**bargain for** sth *phr v* [T] spodziewać się: *I got more work than I bargained for in this job!*

**barge**[1] /bɑːdʒ/ *n* [C] barka

**barge**[2] *v* [I] *informal* przepychać się: **+ through/past** *Ferguson barged past the guards at the door.*

**barge into** sth *phr v* [I] w/ładować się do: *What do you mean, barging into my house!*

**bar·i·tone** /ˈbærɪtəʊn/ *n* [C] baryton

**bark**[1] /bɑːk/ *v* **1** [I] za/szczekać **2 be barking up the wrong tree** *spoken* podążać złym tropem: *Colin didn't do it. You're barking up the wrong tree.*

**bark**[2] *n* **1** [C] szczekanie **2** [U] kora

**bar·ley** /ˈbɑːli/ *n* [U] jęczmień

**bar·maid** /ˈbɑːmeɪd/ *n* [C] *BrE* barmanka

**bar·man** /ˈbɑːmən/ *n* [C] *BrE* barman

**barm·y** /ˈbɑːmi/ *adj BrE spoken informal* stuknięty

**barn** /bɑːn/ *n* [C] stodoła

**ba·rom·e·ter** /bəˈrɒmɪtə/ *n* [C] barometr: *Universities became a barometer of political currents.*

**ba·roque** /bəˈrɒk/ *adj* barokowy

**bar·racks** /ˈbærəks/ *n* [plural] koszary

**bar·rage** /ˈbærɑːʒ/ *n* **1** [singular] napór: **+ of** *Despite a barrage of criticism, the trial went ahead.* **2** [C usually singular] ogień zaporowy

**bar·rel** /ˈbærəl/ *n* [C] **1** beczka **2** lufa

**bar·ren** /ˈbærən/ *adj* jałowy

**bar·ri·cade** /ˈbærɪkeɪd/ *n* [C] barykada —**barricade** *v* [T] za/barykadować

**bar·ri·er** /ˈbæriə/ *n* [C] **1** bariera: *an attempt to reduce trade barriers | The Alps*

*form a natural barrier across Europe.* **2** barierka: *barriers to hold back the crowds*

**bar·ring** /ˈbɑːrɪŋ/ *prep* o ile nie będzie: *Barring any last minute problems, we should finish on Friday.*

**bar·ris·ter** /ˈbærᵻstə/ *n* [C] adwokat

**bar·tend·er** /ˈbɑːˌtendə/ *n* [C] *AmE* barman/ka

**bar·ter** /ˈbɑːtə/ *v* **1** [I] prowadzić handel wymienny **2** [T] wymieniać —**barter** *n* [U] wymiana towarowa

**base¹** /beɪs/ *v* [T] **be based in** mieć siedzibę w: *a law firm based in Denver*

**base** sth **on/upon** sth *phr v* [T] opierać na: *The play was loosely based on Amelia Earhart's life.*

**base²** *n* **1** [C] baza: *a military base* | *The village provides an excellent base from which to explore the surrounding countryside.* | *Microsoft's base is in Redmond.* | *Mandela had a broad base of political support.* **2** podstawa: *a black vase with a round base* | *the base of the skull* **3** podkład: *paints with a water base*

**base·ball** /ˈbeɪsbɔːl/ *n* **1** [U] baseball **2** [C] piłka do baseballa

**base·ment** /ˈbeɪsmənt/ *n* [C] suterena, piwnica

**bas·es** /ˈbeɪsiːz/ *n* liczba mnoga od BASIS

**bash** /bæʃ/ *v* [T] walnąć: *He bashed his toe on the coffee table.*

**bash·ful** /ˈbæʃfəl/ *adj* wstydliwy, nieśmiały: *a bashful smile* —**bashfully** *adv* wstydliwie, nieśmiało

**ba·sic** /ˈbeɪsɪk/ *adj* podstawowy: *the basic principles of mathematics* | *There are two basic problems here.* | *basic health care for children*

**ba·sic·ally** /ˈbeɪsɪkli/ *adv spoken* w zasadzie, zasadniczo: *Well, basically the teacher said he'll need extra help with French.* | *Norwegian and Danish are basically the same.*

**ba·sics** /ˈbeɪsɪks/ *n* **the basics** podstawy: **the basics of** *a class that teaches you the basics of first aid*

**bas·il** /ˈbæzəl/ *n* [U] bazylia

**ba·sin** /ˈbeɪsən/ *n* [C] **1** *BrE* miska: *Pour the hot water into a basin.* **2** *BrE* umywalka **3** *technical* dorzecze: *the Amazon basin*

**ba·sis** /ˈbeɪsᵻs/ *n* [C] *plural* **bases** /-siːz/ **1 on the basis of** na podstawie: *Some planning decisions were taken on the basis of very poor evidence.* **2 on a part-time/freelance basis** na pół etatu/na zasadzie wolnego strzelca: *She works for us on a part-time basis.* **3** podstawa: **+ for** *The video will provide a basis for class discussion.*

**bask** /bɑːsk/ *v* [I] **1** wygrzewać się: **+ in** *a cat basking in the sun* **2** rozkoszować się: **+ in** *basking in the glory of his early success*

**bas·ket** /ˈbɑːskᵻt/ *n* [C] **1** kosz(yk): *a basket full of fruit* **2** kosz (*gol w koszykówce*)

**bas·ket·ball** /ˈbɑːskᵻtbɔːl/ *n* **1** [U] koszykówka **2** [C] piłka do koszykówki

**bass** /beɪs/ *n* **1** [C] bas **2** [U] niski rejestr —**bass** *adj* basowy: *a bass guitar*

**bas·tard** /ˈbɑːstəd/ *n* [C] *old-fashioned* bękart

**bas·ti·on** /ˈbæstiən/ *n* [C] bastion: *the Académie Française, bastion of French culture*

**bat¹** /bæt/ *n* [C] **1** kij (*np. baseballowy*) **2** rakiet(k)a (*do tenisa stołowego*) **3** nietoperz

**bat²** *v* **-tted, -tting 1** [I] wybijać piłkę (*w baseballu, krykiecie*) **2 not bat an eyelid/eye** *BrE*/**not bat an eye** *AmE* nawet nie mrugnąć: *The boss didn't bat an eye when I said I was leaving.*

**batch** /bætʃ/ *n* [C] partia, porcja: *the latest batch of student essays*

**bat·ed** /ˈbeɪtᵻd/ *adj* **with bated breath** z zapartym tchem: *I waited for her answer with bated breath.*

**bath¹** /bɑːθ/ *n* [C] **a)** kąpiel: *I love to sit and soak in a hot bath.* | **run a bath** (=puszczać wodę na kąpiel): *Sandy went upstairs to run a bath.* | **have a bath** *BrE*/**take a bath** *AmE* (=brać/wziąć kąpiel): *I'll have a quick bath before we go out.* **b)** *BrE* wanna

**bath²** *v* [T] *BrE* wy/kąpać: *I'm just going to bath the baby.*

**bathe** /beɪð/ *v* **1** [I] wy/kąpać się: *Water was scarce, and we only bathed once a week.* **2** [T] wy/kąpać: *Dad bathed Johnny and put him to bed.* **3** [T] przemywać: *Bathe the wound twice a day.*

**bathing suit** /ˈbeɪðɪŋ suːt/ *n* [C] kostium kąpielowy

**bath·robe** /ˈbɑːθrəʊb/ *n* [C] szlafrok kąpielowy

**bath·room** /ˈbɑːθrʊm/ *n* [C] **1** łazienka **2** *AmE* **go to the bathroom** s/korzystać z toalety

**bath·tub** /ˈbɑːθtʌb/ *n* [C] *especially AmE* wanna

**bat·on** /ˈbætɒn/ *n* [C] **1** batuta **2** pałka **3** pałeczka (*sztafetowa*)

**bats·man** /ˈbætsmən/ *n* [C] *plural* **batsmen** wybijający piłkę (*w krykiecie*)

**bat·tal·ion** /bəˈtæljən/ *n* [C] batalion

**bat·ter¹** /ˈbætə/ *n* **1** [C,U] panier (*z mąki*): *fish in batter or breadcrumbs* **2** [C] wybijający piłkę (*w baseballu*)

**batter²** *v* [I,T] maltretować: **batter against** (=uderzać o): *Waves battered against the rocks.*

**bat·tered** /ˈbætəd/ *adj* **1** sponiewierany: *a battered old paperback book* **2 battered wives/women** maltretowane kobiety/żony

**bat·ter·y** /ˈbætəri/ *n* [C] bateria, akumulator: *I need some new batteries for my Walkman.* | **flat battery** *If you leave the car lights on, you'll get a flat battery* (=akumulator się rozładuje).

**bat·tle¹** /ˈbætl/ *n* **1** [C,U] bitwa: *the battle of Trafalgar* | *Thousands of soldiers were killed in battle.* **2** [C] walka: **+ for** *a battle for power* | **+ against** *the battle against AIDS*

**battle²** *v* [I,T] walczyć: *My mother battled bravely against breast cancer for years.*

**bat·tle·field** /ˈbætlfiːld/, **bat·tle·ground** /-graʊnd/ *n* [C] pole bitwy

**bat·tle·ship** /ˈbætlˌʃɪp/ *n* [C] pancernik

**bay** /beɪ/ *n* **1** [C] zatoka: *a beautiful sandy bay* **2 keep/hold sb at bay** trzymać kogoś na dystans: *Use your hands or feet to keep your attacker at bay.* **3 loading bay** hala wsadowa **4 sick bay** izba chorych

**bay leaf** /ˈ. ./ *n* [C] liść laurowy

**bay·o·net** /ˈbeɪənət/ *n* [C] bagnet

**ba·zaar** /bəˈzɑː/ *n* [C] **1** bazar **2** kiermasz dobroczynny: *the annual church bazaar*

**BC** /ˌbiː ˈsiː/ *adv* p.n.e.: *The Great Pyramid dates from around 2600 B.C.* ➡ porównaj AD

**be¹** /biː/ *auxiliary verb* **1** w połączeniu z imiesłowem czynnym służy do tworzenia czasów ciągłych: *Jane was reading by the fire.* | *Don't disturb me while I'm working.* **2** w połączeniu z imiesłowem biernym służy do tworzenia strony biernej: *Smoking is not permitted on this flight.* **3** służy do mówienia o przyszłości: *I'll be leaving tomorrow.* ➡ patrz ramka BE, patrz też BEEN

**be²** *v* **1** [linking verb] być: *January is the first month of the year.* | *Julie wants to be a doctor.* | *Where is Sara?* | *You're very cheerful today!* | *I'm hungry.* **2 there is/there are/there were etc** jest/są/były itp.: *There's a hole in the knee of your jeans.* | *Last night there were only eight people at the cinema.* ➡ patrz ramka BE

**beach** /biːtʃ/ *n* [C] plaża

**bea·con** /ˈbiːkən/ *n* [C] światło nawigacyjne

**bead** /biːd/ *n* [C] **1** koralik **2** kropelka: *beads of sweat*

**beak** /biːk/ *n* [C] dziób

**bea·ker** /ˈbiːkə/ *n* [C] *BrE* kubek (*bez ucha*)

**beam¹** /biːm/ *n* [C] **1 a)** snop (światła): *The beam of the flashlight flickered and went out.* **b)** wiązka (*promieni*) **2** belka **3** promienny uśmiech

**beam²** *v* **1** [I] uśmiechać się promiennie: **+ at** *Uncle Willie beamed at us.* **2** [I,T] transmitować: *The signal is beamed up to a satellite.*

**bean** /biːn/ *n* [C] **1** fasola **2** ziarno: *coffee beans*

## *BE*

Jako zwykły czasownik **be** jest odpowiednikiem polskiego „być", np.:

*She **is** Polish.* ***Were** you frightened?* *I want **to be** famous.*

Jako czasownik posiłkowy **be** służy do tworzenia

**1** czasów „continuous", np.:

*I **am** studying.* *They **weren't** listening.* *He **will be** waiting.*

**2** strony biernej, np.:

*She **was** murdered.* *He **won't be** invited.* *We **are being** followed.*

Konstrukcja **be** + bezokolicznik z **to** służy do wydawania lub przekazywania poleceń i instrukcji, np.:

*You **are to report** to the headmaster.* („Masz się zgłosić do dyrektora.")

*She **is** not **to leave** this room.* („Ma nie opuszczać tego pokoju.")

### Odmiana

Czas teraźniejszy

| Twierdzenia: | Przeczenia: |
|---|---|
| *I am/I'm* | *I am not/I'm not* |
| *you are/you're* | *you are not/you aren't/you're not* |
| *he is/he's* | *he is not/he isn't/he's not* |
| *she is/she's* | *she is not/she isn't/she's not* |
| *it is/it's* | *it is not/it isn't/it's not* |
| *we are/we're* | *we are not/we aren't/we're not* |
| *they are/they're* | *they are not/they aren't/they're not* |
| Pytania: | Pytania przeczące: |
| *am I?, are you?, is he?* itd. | *aren't I?, aren't you?, isn't he?* itd. |

Czas przeszły

| Twierdzenia: | Przeczenia: |
|---|---|
| *I was* | *I was not/I wasn't* |
| *you were* | *you were not/you weren't* |
| *he was* | *he was not/he wasn't* |
| *she was* | *she was not/she wasn't* |
| *it was* | *it was not/it wasn't* |
| *we were* | *we were not/we weren't* |
| *they were* | *they were not/they weren't* |
| Pytania: | Pytania przeczące: |
| *was I?, were you?, was he?* itd. | *wasn't I?, weren't you?, wasn't he?* itd. |

patrz też: ***Auxiliary Verbs, Future Continuous, Infinitive, Passive Voice, Past Continuous, Present Continuous, Verb***

**bean·sprout** /ˈbiːnspraʊt/ *n* [C] kiełek

**bear**[1] /beə/ *v*, **bore, borne, bearing** [T] **1 bear sth in mind** pamiętać o czymś: **bear in mind that** *Bear in mind that this method does not always work.* **2 can't bear** nie móc znieść: *I can't bear it when you cry.* | **can't bear to do sth** *It was so horrible I couldn't bear to watch.* **3** znosić: *The pain was almost more than she could bear.* **4 bear a resemblance/relation to** być podobnym do/mieć związek z: *The murder bears a remarkable resemblance to another case five years ago.* **5 bear the blame/cost/responsibility** ponosić winę/koszt/odpowiedzialność: *You must bear some of the blame yourself.* **6 bear fruit** przynosić owoce **7** podtrzymywać: *The weight of the building is borne by thick stone pillars.* **8 bear a grudge** żywić urazę **9 bear with me** *spoken* poczekaj: *If you'll bear with me for a minute, I'll just check if he's here.* **10 bear right/left** skręcać w prawo/lewo: *Bear left at the lights.* **11** *formal* u/rodzić: *She'll never be able to bear children.* **12** *formal* nosić: *Jane arrived bearing trays of food.* ➡ patrz też **bring sth to bear** (BRING)

**bear** sth **out** *phr v* [T] potwierdzać: *Our fears about the radiation levels were borne out by the research.*

**bear**[2] *n* [C] niedźwiedź

**bear·a·ble** /ˈbeərəbəl/ *adj* znośny: *His letters made her loneliness bearable.*

**beard** /bɪəd/ *n* [C] broda —**bearded** *adj* brodaty, z brodą

**bear·ing** /ˈbeərɪŋ/ *n* **1 have a bearing on sth** mieć wpływ na coś, mieć związek z czymś: *Leigh's comments have no bearing on the subject.* **2 lose your bearings** s/tracić orientację: *Apparently the boat lost its bearings in the fog.* **3 get your bearings** nabierać orientacji: *It takes time to get your bearings in a new job.*

**beast** /biːst/ *n* [C] *literary* bestia

**beat**[1] /biːt/ *v* **beat, beaten, beating 1** [T] pobić, pokonać: *Spain beat Italy 3-1.* **2** [T] z/bić: **beat sb to death/beat sb unconscious** (=pobić kogoś na śmierć/do nieprzytomności) **3** [I,T] uderzać: *The rain beat loudly on the tin roof.* **4** [T] ubijać: *Beat the eggs and add them to the sugar mixture.* **5** [I] bić: *My heart seemed to be beating much too fast.* **6 not beat about/around the bush** nie owijać w bawełnę: *I won't beat about the bush, Alex. I'm leaving you.* **7** [T] *spoken* być lepszym niż: **it beats working/studying etc** *spoken*: *It's not the greatest job, but it beats cleaning houses.* **8 you can't beat** *spoken* nie ma (to) jak: *You can't beat St Tropez for good weather.* **9 it beats me** *spoken* nie mam pojęcia: *"Where does this piece go?" "It beats me!"* ➡ patrz też **off the beaten track/path** (BEATEN)

**beat down** *phr v* [I] **1** prażyć (*o słońcu*) **2** lać (*o deszczu*)

**beat** sb **to** sth *phr v* [T] uprzedzać (*kogoś w czymś*): *I called to ask about buying the car, but someone had beaten me to it.*

**beat** sb ↔ **up** *także* **beat up on** sb *AmE phr v* [T] ciężko pobić: *Her husband went crazy and beat her up.*

**beat**[2] *n* **1** [C] uderzenie, bicie: *a heart beat* | *the slow beat of a drum* **2** [singular] rytm: *The song has a beat you can dance to.* **3** [singular] rewir (*patrolowany przez policjanta*) **on the beat** *We need more police on the beat.*

**beat**[3] *adj informal* wykończony: *You look dead beat!*

**beat·en** /ˈbiːtn/ *adj* **off the beaten track/path** na uboczu: *a little hotel off the beaten track*

**beat·ing** /ˈbiːtɪŋ/ *n informal* **take a beating** odnieść porażkę, ucierpieć: *Tourism has taken a beating since the bombings started.*

**beau·ti·cian** /bjuːˈtɪʃən/ *n* [C] kosmetyczka

**beau·ti·ful** /ˈbjuːtəfəl/ *adj* piękny: *the most beautiful woman in the world* | *a beautiful pink dress* | *beautiful music* | *a beautiful view*

**beau·ty** /ˈbjuːti/ *n* **1** [U] uroda, piękno: *a woman of great beauty* | *the beauty of the Swiss Alps* **2** [C] *informal* cudo **3 the beauty of** urok, zaleta: *The beauty of this*

*type of exercise is that you can do it anywhere.* **4** [C] *old-fashioned* piękność: *She's a great beauty.*

**beauty sal·on** /'.. ,../ *BrE*, **beauty parlor** *AmE* *n* [C] salon piękności

**beauty spot** /'.. ./ *n* [C] atrakcja krajobrazowa

**bea·ver** /'biːvə/ *n* [C] bóbr

**be·came** /bɪ'keɪm/ *v* czas przeszły od BECOME

**be·cause** /bɪ'kɒz/ *conjunction* **1** bo, ponieważ: *You can't go because you're too young.* **2 because of** z powodu: *We weren't able to have the picnic because of the rain.* **3 just because ...** *spoken* tylko dlatego, że ...: *Just because you're older it doesn't mean you can boss me around.*

**beck·on** /'bekən/ *v* [I,T] skinąć (na): *He beckoned her to join him.*

**be·come** /bɪ'kʌm/ *v* **became, become, becoming 1** stawać się: *The weather had become warmer.* | *It is becoming harder to find good staff.* **2** zostać: *Kennedy became the first Catholic president.* **3 what/whatever became of ...?** co się stało z ...?: *Whatever became of Nigel and Denise?*

**bed** /bed/ *n* **1** [C,U] łóżko: *a double bed* | **in bed** *I lay in bed reading.* | **go to bed** *Jamie usually goes to bed at about 7 o'clock.* | **get out of bed** *She looked like she had just got out of bed.* | **make the bed** (=ścielić łóżko) **2 go to bed with sb** iść z kimś do łóżka **3** [C] dno: *the sea bed* **4** [C] grządka: *flower beds* (=klomby)

**bed and break·fast** /,. . '../ **B&B** *n* [C] pensjonat

**bed·clothes** /'bedkləʊðz/ *n* [plural] pościel

**bed·ding** /'bedɪŋ/ *n* [U] pościel

**bed·rid·den** /'bed,rɪdn/ *adj* przykuty do łóżka

**bed·room** /'bedrʊm/ *n* [C] sypialnia

**bed·sit** /,bed'sɪt/ *n* [C] *BrE* **bed·sit·ter** /-'sɪtə/, **bed-sitting room** /,. '.. ./ wynajmowany pokój, służący jednocześnie jako sypialnia i pokój dzienny

**bed·spread** /'bedspred/ *n* [C] narzuta

**bed·time** /'bedtaɪm/ *n* [C,U] pora, kiedy chodzi się spać: *It's way past your bedtime* (=już dawno powinieneś być w łóżku)*!*

**bee** /biː/ *n* [C] pszczoła

**beech** /biːtʃ/ *n* [C,U] buk

**beef** /biːf/ *n* [U] wołowina

**beef·bur·ger** /'biːfbɜːgə/ *n* [C] *BrE* hamburger wołowy

**bee·hive** /'biːhaɪv/ *n* [C] ul

**been** /biːn/ *v* **1** imiesłów bierny od BE **2 have been to** być gdzieś (i wrócić): *Kate has just been to Japan.*

**beep·er** /'biːpə/ *n* [C] brzęczyk

**beer** /bɪə/ *n* [C,U] piwo: *a pint of beer* | *Do you fancy a beer?*

**beet** /biːt/ *n* [C,U] **1** *także* **sugar beet** burak cukrowy **2** *AmE* burak (ćwikłowy)

**bee·tle** /'biːtl/ *n* [C] żuk, chrząszcz

**beet·root** /'biːtruːt/ *BrE n* [C] burak (ćwikłowy)

**be·fore**[1] /bɪ'fɔː/ *prep* przed: *I usually shower before having breakfast.* | *Denise got there before me.* | *The priest knelt before the altar.* | *His wife and children come before his job.* | *Turn right just before the station.*

**UWAGA before**

**Before** może występować jako przysłówek jedynie w wyrażeniach typu **a week before** i **the day before**: *When we got there, we found out he had left the day before.* Nie należy używać **before** jako samodzielnego przysłówka. W znaczeniu 'przedtem' należy używać wyrażeń **before this** lub **before that**: *I had a job as a waiter, and before that I worked in a supermarket.* Nie należy używać "will" z **before**. Nie mówi się "before I will leave England, I want to visit Cambridge". Mówi się **before I leave England**.

**UWAGA before i ago**

Chcąc powiedzieć po angielsku, że

B

coś wydarzyło się 'przed tygodniem', używamy wyrazu **ago**, a nie **before**: *a week ago*, co znaczy dosłownie 'tydzień temu'. Inne przykłady: *Her plane landed ten minutes ago.* | *Forty years ago the journey took twice as long.*

**before²** *adv* przedtem, wcześniej: *They'd met before, at one of Sally's parties.*

**before³** *conjunction* **1** zanim: *John wants to talk to you before you go.* | *You'd better lock your bike before it gets stolen.* **2 before you know it** *spoken* zanim się obejrzysz: *You'd better get going – it'll be dark before you know it.*

**be·fore·hand** /bɪ'fɔːhænd/ *adv* przedtem: *When you give a speech, it's natural to feel nervous beforehand.*

**beg** /beg/ *v* **-gged, -gging 1** [I,T] błagać (o): **beg sb to do sth** *I begged her to stay, but she wouldn't.* **2** [I] żebrać: *children begging in the streets* **3 I beg your pardon** *spoken* **a)** *formal* przepraszam: *Oh, I beg your pardon, did I step on your toe?* | *"New York's a terrible place." "I beg your pardon, that's my home town!"* **b)** słucham?: *"It's 7:00." "I beg your pardon?" "I said it's 7:00."*

**beg·gar** /'begə/ *n* [C] żebra-k/czka

**be·gin** /bɪ'gɪn/ *v* **began** /bɪ'gæn/, **begun, beginning 1** [I,T] zaczynać (się): *The meeting will begin at 10:00.* | **begin to do sth** *It's beginning to rain.* | **begin doing sth** *Nicola began learning English last year.* | **begin with** *Let's begin with exercise 5.* | **begin by doing sth** *May I begin by thanking you all for coming.* **2 to begin with a)** po pierwsze: *To begin with, you mustn't take the car without asking.* **b)** od początku: *I didn't break it! It was like that to begin with.* **c)** na początku: *The children helped me to begin with, but they soon got bored.* **3 begin with** rozpoczynać się od: *It begins with a description of the author's home.*

**be·gin·ner** /bɪ'gɪnə/ *n* [C] początkują-c-y/a

**be·gin·ning** /bɪ'gɪnɪŋ/ *n* [C usually singular] początek: *the beginning of the film*

UWAGA **beginning**

Nie należy mylić wyrażeń **in the beginning** i **at the beginning**. **In the beginning** najlepiej rozumieć jako 'na samym początku': *In the beginning, when the first settlers arrived, law and order didn't exist.* **At the beginning** znaczy 'na początku (czegoś)' i najczęściej łączy się z przyimkiem **of** oraz rzeczownikiem: *At the beginning of the novel there is a long description of Daniel's farm.* | *At the beginning of each lesson there is usually a revision exercise.*

**be·grudge** /bɪ'grʌdʒ/ *v* [T] żałować (*komuś czegoś*): *Honestly, I don't begrudge him his success.*

**be·gun** /bɪ'gʌn/ *v* imiesłów bierny od BEGIN

**be·half** /bɪ'hɑːf/ *n* **on behalf of sb/on sb's behalf** w czyimś imieniu: *He agreed to speak on my behalf.*

**be·have** /bɪ'heɪv/ *v* **1** [I] zachowywać się, postępować: *You behaved bravely in a very difficult situation.* **2** [I,T] zachowywać się (*grzecznie*): *Tom was quieter than his brother and knew how to behave.* | **behave yourself** *If you behave yourself you can have an ice-cream.*

**be·hav·iour** /bɪ'heɪvjə/ *BrE*, **behavior** *AmE* *n* [U] zachowanie: *Can TV shows affect children's behaviour?*

**be·head** /bɪ'hed/ *v* [T] ściąć (*kogoś*)

**be·hind¹** /bɪ'haɪnd/ *prep* **1** za: *I was driving behind a Rolls Royce.* | *We're three points behind the other team.* | **right behind** (=tuż za): *The car park is right behind the supermarket.* **2 be behind** stać za: *The police believe a local gang is behind the robberies.* **3** być po stronie: *Whatever you decide to do, I'll be right behind you.*

**behind²** *adv* **1** z tyłu, w tyle: *Several other runners were following close behind.* **2 leave behind** zostawiać: *When I got there I realized I'd left the tickets behind.* **3 be/get behind** spóźniać się: *We are three months behind with the rent.*

**behind³** *n* [C] *informal* pupa

**beige** /beɪʒ/ *n* [U] beż —**beige** *adj* beżowy

**be·ing** /ˈbiːɪŋ/ *n* **1** [C] istota: *strange beings from outer space* **2 come into being** powstawać: *Their political system came into being in the early 1900s.*

**be·lat·ed** /bɪˈleɪtɪ̈d/ *adj* spóźniony: *a belated birthday card* —**belatedly** *adv* zbyt późno

**belch** /beltʃ/ *v* **1** [I] **he belched** odbiło mu się **2** [T] buchać (*ogniem itp.*): *factory chimneys belching black smoke*

**bel·fry** /ˈbelfri/ *n* [C] dzwonnica

**be·lief** /bɪ̈ˈliːf/ *n* **1** [singular] wiara: **+ that** *the belief that children learn best through playing* | **+ in** *belief in magic* | *a strong belief in the importance of education* | **contrary to popular belief** (=wbrew powszechnej opinii): *Contrary to popular belief, drinking coffee does not make you less drunk.* **2 beyond belief** nie do wiary, niewiarygodn-y/ie: *Tired beyond belief, we kept on walking.* **3** [C usually plural] wierzenie, przekonanie: *religious beliefs*

**be·liev·a·ble** /bɪ̈ˈliːvəbəl/ *adj* wiarygodny: *a believable story* ➞ antonim UNBELIEVABLE

**be·lieve** /bɪ̈ˈliːv/ *v* **1** [T] u/wierzyć: *He said Kevin started the fight, but no one believed him.* | **+ (that)** *I can't believe he's only 25!* | **believe sb to be sth** *The jury believed Jones to be innocent* (=że Jones jest niewinny). **2** [T] uważać, sądzić: **+ (that)** *I believe she'll be back on Monday.* **3 I can't/don't believe** nie mogę uwierzyć, że: *I can't believe you lied to me!* | *I could not believe my eyes.* **4 would you believe it!** kto by pomyślał!: *Would you believe it, he even remembered my birthday!* **5 believe it or not** *spoken* choć trudno w to uwierzyć: *Believe it or not, I don't actually dislike him.* **6** [I] wierzyć

**believe in** sth *phr v* [T] wierzyć w: *Do you believe in ghosts?* | *We believe in democracy.*

**be·liev·er** /bɪ̈ˈliːvə/ *n* [C] **1** zwolennik/czka: **a firm/great believer in** *I'm a great believer in healthy eating.* **2** wierząc-y/a, wyznaw-ca/czyni

**bell** /bel/ *n* [C] dzwon(ek): *The bell rang for school to start.* ➞ patrz też **ring a bell** (RING²)

**bel·lig·er·ent** /bɪ̈ˈlɪdʒərənt/ *adj* wojowniczy: *a belligerent attitude* —**belligerence** *n* [U] wojowniczość

**bel·low** /ˈbeləʊ/ *v* [I,T] ryknąć, zagrzmieć

**bell pep·per** /ˈ. ˌ../ *AmE n* [C] papryka (*warzywo*)

**bel·ly** /ˈbeli/ *n* [C] *informal* brzuch

**belly but·ton** /ˈ.. ˌ../ *n* [C] *informal* pępek

**be·long** /bɪˈlɒŋ/ *v* [I] **1 sth belongs in/on/here** miejsce czegoś jest w/na/tutaj: *Please put the chair back where it belongs.* **2** czuć się u siebie: *I'm going back to Scotland, where I belong.*

**belong to** sb/sth *phr v* [T] należeć do: *Mary and her husband belong to the yacht club.* | *Who does this umbrella belong to?*

**be·long·ings** /bɪˈlɒŋɪŋz/ *n* [plural] rzeczy, dobytek: *She lost all her belongings in the fire.*

**be·lov·ed** /bɪˈlʌvɪ̈d/ *adj literary* ukochany: *my beloved wife, Fiona* —**beloved** *n* [singular] ukochan-y/a

**be·low** /bɪˈləʊ/ *adv, prep* niżej, poniżej: *Jake lives in the apartment below.* | *A corporal is below a captain in rank.* | *Anything below £500 would be a good price.* | **see below** *For more information, see below.* ➞ porównaj UNDER

> UWAGA **below** i **under**
>
> Nie należy mylić wyrazów **below** i **under**. **Below** znaczy 'poniżej', a **under** znaczy 'pod', jeśli jeden obiekt znajduje bezpośrednio pod drugim lub jest nim zasłonięty: *My room is on the third floor, and John's on the floor below.* | *Our helicopter hovered just below the summit so that we could film the rescue.* | *He has a scar just below the left eye.* | *Come and stand under my umbrella.* | *I eventually found the letter under a pile of old newspapers.*

**belt** /belt/ *n* [C] **1** pas(ek): *The car's fan belt is loose.* **2** strefa, obszar: *America's farming belt* **3 have sth under your belt** mieć coś na swoim koncie: *They already have three hit records under their belts.* ➞ patrz też SEAT BELT

**be·mused** /bɪˈmjuːzd/ *adj* zdezorientowany

**bench** /bentʃ/ *n* [C] ławka

**bend[1]** /bend/ *v* **bent, bent, bending** [I,T] **1** zginać (się): *Bend your knees slightly.* | **bend down/over** (=pochylać się): *He bent down to tie his shoelace.* **2** wyginać (się): *You've bent the handle.* **3 bend over backwards** nie szczędzić wysiłków: *Our new neighbours bent over backwards to help us when we moved house.* ➞ patrz też **bend/stretch the rules** (RULE[1])

**bend[2]** *n* [C] zakręt: *The river goes around a bend by the farm.*

**be·neath** /bɪˈniːθ/ *adv, prep formal* **1** pod, poniżej: *the warm sand beneath her feet* | *He stood on the bridge, looking at the water beneath.* **2 be beneath you** uwłaczać czyjejś godności: *She seemed to think that talking to us was beneath her.*

**ben·e·fac·tor** /ˈbenᵻˌfæktə/ *n* [C] *formal* dobroczyńca

**ben·e·fi·cial** /ˌbenᵻˈfɪʃəl◂/ *adj* korzystny: **+ to** *The agreement will be beneficial to both groups.*

**ben·e·fit[1]** /ˈbenᵻfɪt/ *n* **1** [C,U] zasiłek: *All his family are on benefits.* | *social security benefits* **2** [C,U] korzyść: *There are obvious benefits for the computer users.* | **for sb's benefit** (=specjalnie dla kogoś): *Liu Han translated what he had said for my benefit.* **3** [C] impreza na cele dobroczynne **4 give sb the benefit of the doubt** wierzyć komuś na słowo

**benefit[2]** *v* **-fited, -fiting** *or* **-fitted, -fitting 1** [I] skorzystać, odnieść korzyść: *Most of these children would benefit from an extra year at school.* **2** [T] przynosić korzyści, być korzystnym dla: *The new policy changes mainly benefit small companies.*

**be·nign** /bɪˈnaɪn/ *adj* łagodny, niezłośliwy: *a benign tumour* ➞ porównaj MALIGNANT

**bent[1]** /bent/ *v* czas przeszły i imiesłów bierny od BEND

**bent[2]** *adj* **1 be bent on** uparcie dążyć do: *Mendoza was bent on getting a better job.* **2** *BrE* nieuczciwy, skorumpowany: *a bent cop*

**bent[3]** *n* [singular] zacięcie: *writers of a more philosophical bent*

**be·reaved** /bᵻˈriːvd/ *adj formal* pogrążony w żałobie

**be·ret** /ˈbereɪ/ *n* [C] beret

**ber·ry** /ˈberi/ *n* [C] jagoda

**ber·serk** /bɜːˈsɜːk/ *adj* **go berserk** *informal* dostawać szału: *The guy went berserk and started hitting Paul.*

**berth** /bɜːθ/ *n* [C] **1** miejsce sypialne **2** koja

**be·side** /bɪˈsaɪd/ *prep* **1** obok, przy: *Gary sat down beside me.* | *a cabin beside the lake* | *This year's sales figures don't look very good beside last year's.* **2 be beside the point** nie mieć nic do rzeczy: *"I'm not hungry." "That's beside the point, you need to eat!"* **3 be beside yourself with anger/joy** nie posiadać się ze złości/z radości: *The boy was beside himself with fury.*

> UWAGA **beside i besides**
>
> Nie należy mylić wyrazów **beside** i **besides**: *She walked over and sat beside me* (=obok mnie). | *Who did you invite besides Tom and Mary* (=oprócz Toma i Mary)?

**be·sides[1]** /bɪˈsaɪdz/ *adv* **1** *spoken* poza tym: *I wanted to help her out. Besides, I needed the money.* **2** oprócz tego, że: *Besides going to college, she works fifteen hours a week.*

**besides[2]** *prep* poza, oprócz: *Who's going to be there besides David and me?*

**be·siege** /bɪˈsiːdʒ/ *v* **1 be besieged by** być obleganym przez: *a rock star besieged by fans* **2 be besieged with letters/questions** być zasypywanym listami/

pytaniami: *The radio station was besieged with letters of complaint.* **3** [T] oblegać

**best**[1] /best/ *adj* [superlative of **good**] najlepszy: *the best player on the team* | *What's the best way to get to El Paso?* | *my best friend*

**best**[2] *adv* [superlative of **well**] **1** najlepiej: *Helen knows him best.* | *It works best if you oil it thoroughly first.* **2 as best you can** najlepiej jak potrafisz: *She would have to manage as best she could.*

**best**[3] *n* **1 the best** najlepszy: *Which stereo is the best?* **2 do/try your best** dawać z siebie wszystko: *I did my best, but I still didn't pass.* **3 at best** w najlepszym razie: *You should get 10 or, at best, 11 thousand dollars pension.* **4 at your/its etc best** w szczytowej formie: *The movie shows Hollywood at its best.* **5 make the best of sth/make the best of a bad job** zrobić z czegoś jak najlepszy użytek: *It's not going to be easy, but we'll just have to make the best of it.* **6 be (all) for the best** wyjść na dobre: *"She didn't get that job." "Well maybe it's for the best – she wouldn't have enjoyed it."*

**best man** /ˌ. ˈ./ *n* [singular] drużba

**best·sel·ler** /ˌbestˈselə/ *n* [C] bestseller

**bet**[1] /bet/ *v*, **bet, bet, betting 1 I/I'll bet** *spoken* **a)** założę się, że: *I'll bet that made her mad!* | *I bet it'll rain tomorrow.* **b)** nie dziwię się: *"I was furious." "I bet you were!"* **c)** akurat: *"I was really worried about you." "Yeah, I'll bet."* **2** [T] stawiać: **bet sth on sth** *Brad bet fifty bucks on the Bears to win.* **3** [I] zakładać się: **bet sb $5 etc (that)** *Sue bet £5* (=założyła się o pięć funtów) *that I wouldn't pass my driving test.*

**bet**[2] *n* [C] **1** zakład: *a $10 bet* | **have a bet on sth** *Higgins had a bet on the World Series.* **2 your best bet is/would be** *spoken* najlepsze, co możesz zrobić, to: *Your best bet would be to avoid the motorway.* ➡ patrz też **hedge your bets** (HEDGE[2])

**be·tray** /bɪˈtreɪ/ *v* [T] zdradzać: *We all feel that Charles has betrayed us.* —**betrayal** *n* [C] zdrada

**bet·ter**[1] /ˈbetə/ *adj* **1** [comparative of **good**] lepszy: *He's applying for a better job.* | **better than** *The weather is a lot better than it was last week.* | **much better** (=o wiele lepszy): *The Mexican place across the street has much better food.* | **feel better** (=czuć się lepiej): *I'd feel better if I could talk to someone about this.* | *David's feeling a little better since he started taking the penicillin.* **2 be better** czuć się lepiej: *Eve had the flu, but she's much better now.* | *I don't think you should go swimming until you're better.* | **get better** (=wy/zdrowieć): *I hope your sore throat gets better soon.* **3 get better** poprawiać się: *Her tennis is getting a lot better.* **4 the sooner the better** im wcześniej, tym lepiej: *She liked hot baths, the hotter the better.*

**better**[2] *adv* [comparative of **well**] **1** lepiej: *She swims better now.* | **better than** *Marilyn knows New York a lot better than I do.* | *Tina speaks French better than her sister.* **2 you had better (do sth)** *spoken* **a)** powinieneś (zrobić coś): *It's getting late, you'd better get changed.* **b)** lepiej (zrób coś): *You'd better not tell Dad about this.* ➡ patrz też BETTER OFF

**better**[3] *n* **1 get the better of sb a)** brać górę: *Finally, his curiosity got the better of him and he read Dee's letter.* **b)** wygrywać z kimś: *She always manages to get the better of me.* **2 for the better** na lepsze: **a change for the better** *Smaller classes are definitely a change for the better.*

**better**[4] *v* [T] *formal* poprawiać: *No team has ever bettered our record.*

**better off** /ˌ.. ˈ.◂/ *adj* **1** w lepszej sytuacji (*finansowej*): *Most businesses in the area are better off than they were 10 years ago.* **2 you're better off (doing sth)** *spoken* lepiej ci będzie (jeżeli zrobisz coś): *Honestly, you're better off without him.*

**be·tween**[1] /bɪˈtwiːn/ *prep* **1** między, pomiędzy: *Judy was sitting between Kate and me.* | *Try not to eat between meals.* | *The project will cost between 10 and 12 million dollars.* | *What's the difference between the two computers?* | *a regular train service between London and Paris* ➡ patrz też IN-

B

BETWEEN **2 between us/them** razem: *We had about two loads of laundry between us.*

| UWAGA **between** |
| --- |
| Patrz **among** i **between**. |

B

**between²** *adv także* **in between** pomiędzy nimi, pośrodku: *two houses with a fence between | periods of frantic activity with brief pauses in between* ➡ patrz też IN-BETWEEN

**bev·er·age** /'bevərɪdʒ/ *n* [C] *formal* napój: *alcoholic beverages*

**be·ware** /bɪ'weə/ *v* [I only in imperative and infinitive] uwaga!: *Beware of the dog!* | **beware of (doing) sth** (=wystrzegać się (robienia) czegoś): *Please beware of signing anything without reading it carefully.*

**be·wil·dered** /bɪ'wɪldəd/ *adj* skonsternowany, oszołomiony: *a bewildered old woman wandering in the street* —**bewilderment** *n* [U] konsternacja, oszołomienie

**be·wil·der·ing** /bɪ'wɪldərɪŋ/ *adj* wywołujący konsternację, oszałamiający: *a bewildering range of choices*

**be·witched** /bɪ'wɪtʃt/ *adj* oczarowany

**be·yond¹** /bɪ'jɒnd/ *prep* **1** za, poza: *Beyond the river, cattle were grazing.* **2 beyond repair/control/belief** nie do naprawy/opanowania/uwierzenia: *It's no good. It's broken beyond repair. | Due to circumstances beyond our control, the performance is cancelled.* **3** powyżej: *The level of inflation has risen beyond 10%.* **4 it's beyond me why/what** *spoken* nie pojmuję, dlaczego/co: *It's beyond me why they ever got married at all.* **5** oprócz: *The island doesn't have much industry beyond tourism.*

**beyond²** *adv* **1** w oddali: *a view from the mountains to the plains beyond* **2** dalej: *planning for the year 2000 and beyond*

**bi·as** /'baɪəs/ *n* [C,U] uprzedzenie, nastawienie: **+ against/in favour of** *The judge's decision definitely shows a bias against women.*

**bi·ased** /'baɪəst/ *adj* stronniczy: *Most newspaper reporting is very biased.* | **biased in favour of/against** (=nastawiony przychylnie/nieprzychylnie do): *He's pretty biased against anyone who didn't go to university.*

**bib** /bɪb/ *n* [C] śliniaczek

**bi·ble** /'baɪbəl/ *n* [C] **the Bible** Biblia

**bib·li·og·ra·phy** /ˌbɪbli'ɒgrəfi/ *n* [C] bibliografia

**bi·cen·te·na·ry** /ˌbaɪsen'tiːnəri/ *BrE*, **bi·cen·ten·ni·al** /-'teniəl/ *AmE n* [C] dwóchsetlecie: *the bicentenary of Mozart's death*

**bi·ceps** /'baɪseps/ *n* [C] *plural* **biceps** biceps(y)

**bi·cy·cle** /'baɪsɪkəl/ *n* [C] rower

**bid¹** /bɪd/ *n* [C] **1** próba (*zdobycia lub osiągnięcia czegoś*) **+ for** *Clinton's successful bid for the presidency in 1992* | **bid to do sth** *$5000 has been offered in a bid to catch the killer.* **2** oferta: *a bid of $50 for the plate* | **+ for** *The company accepted the lowest bid for the contract.*

**bid²** *v* **bid, bid, bidding 1** [T] za/oferować: **+ for** *Freeman bid £50,000 for an antique table.* **2** [I] **a)** składać ofertę **b)** licytować

**bid³** *v* **bade** *or* **bid, bid** *or* **bidden** /'bɪdn/, **bidding** [T] *literary* **bid sb good morning/goodbye** przywitać/pożegnać kogoś

**bide** /baɪd/ *v* **bide your time** czekać na właściwy moment

**big** /bɪg/ *adj* **-gger, -ggest 1** duży: *a big red balloon | There's a big age difference between them. | How big is their new house?* **2** wielki: *The big game is on Friday. | The company lost another big contract this year. | big names like IBM, Hewlett-Packard and Digital* **3 big sister/big brother** *informal* starsza siostra/starszy brat: *This is my big sister.* **4 be big** *informal* liczyć się: *Microsoft is big in the software market.* **5 big deal!** wielka (mi) rzecz!: *His idea of a pay rise is to give me another £5 a month! Big deal!*

| UWAGA **big** i **large** |
| --- |

Wyrazów **big** i **large** używamy z rzeczownikami policzalnymi kiedy opisujemy ich wielkość. Wyrazy te znaczą to samo, chociaż **large** jest nieco bardziej oficjalne: *She was wearing a really big hat.* | *a large company.* Wyrazu **large** używamy opisując ilość: *a large amount of mail.* Wyrazu **big** używamy mówiąc o tym jak ważna jest jakaś rzecz: *a big problem* | *the biggest issue facing society today.*

**big busi·ness** /ˌ. ˈ../ *n* [U] wielki biznes

**big·head·ed** /ˌbɪɡˈhedᵻd◂/ *adj* przemądrzały

**big time** /ˈ. ./ *n* **hit the big time** *informal* zdobyć wielką sławę: *She first hit the big time in the musical 'Evita'.*

**bike** /baɪk/ *n* [C] *informal* **1** rower: *kids riding their bikes in the street* **2** *especially AmE* motor

**bik·er** /ˈbaɪkə/ *n* [C] motocyklist-a/ka

**bi·ki·ni** /bᵻˈkiːni/ *n* [C] bikini

**bi·lat·er·al** /baɪˈlætərəl/ *adj* dwustronny: *a bilateral agreement/treaty* | *bilateral Middle East peace talks* —**bilaterally** *adv* dwustronnie

**bi·lin·gual** /baɪˈlɪŋɡwəl/ *adj* dwujęzyczny, bilingwalny: *a bilingual dictionary*

**bill**[1] /bɪl/ *n* [C] **1** rachunek: **pay a bill** *I have to remember to pay the phone bill this week.* **2** projekt ustawy: *a Senate tax bill* **3** banknot: *a ten-dollar bill* **4** dziób → patrz też **foot the bill** (FOOT[2])

**bill**[2] *v* [T] **1** przysyłać rachunek: *They've billed me for things I didn't buy.* **2 bill sth as** reklamować coś jako: *The boxing match was billed as "the fight of the century".*

**bill·board** /ˈbɪlbɔːd/ *n* [C] billboard

**bill·fold** /ˈbɪlfəʊld/ *n* [C] *AmE* portfel

**bil·liards** /ˈbɪljədz/ *n* [U] bilard

**bil·lion** /ˈbɪljən/ *number plural* **billion** *or* **billions** miliard —**billionth** *number* miliardowy

**bil·low** /ˈbɪləʊ/ *v* [I] kłębić się: *Smoke came billowing out of the building.*

**bin** /bɪn/ *n* [C] **1** pojemnik **2** kosz na śmieci

**bind** /baɪnd/ **bound, bound, binding** *v* **1** [T] z/wiązać: *His legs were bound with rope.* **2** *także* **bind together** [T] *formal* związywać: *We are bound together by history and language.* **3** [T] zobowiązywać: *Each country is bound by the treaty.* **4** [T] oprawiać (*książkę*)

**bind·ing**[1] /ˈbaɪndɪŋ/ *adj* wiążący: *The contract isn't binding until you sign it.*

**binding**[2] *n* [C] oprawa (*książki*)

**binge** /bɪndʒ/ *n* [C] *informal* **1** pijatyka: **go on a binge** *He's gone out on a binge with his mates.* **2** atak obżarstwa (*np. u chorych na bulimię*)

**bin·go** /ˈbɪŋɡəʊ/ *n* [U] bingo

**bi·noc·u·lars** /bɪˈnɒkjᵾləz/ *n* [plural] lornetka

**bi·o·chem·is·try** /ˌbaɪəʊˈkemᵻstri/ *n* [U] biochemia —**biochemist** *n* [C] biochemi-k/czka —**biochemical** *adj* biochemiczny

**bi·og·ra·pher** /baɪˈɒɡrəfə/ *n* [C] biograf/ka

**bi·og·ra·phy** /baɪˈɒɡrəfi/ *n* [C,U] biografia —**biographical** /ˌbaɪəˈɡræfɪkəl◂/ *adj* biograficzny

**bi·o·lo·gi·cal** /ˌbaɪəˈlɒdʒɪkəl/ *adj* biologiczny: *a biological process* —**biologically** *adv* biologicznie

**bi·ol·o·gy** /baɪˈɒlədʒi/ *n* [U] biologia —**biologist** *n* [C] biolog

**bi·o·tech·nol·o·gy** /ˌbaɪəʊtekˈnɒlədʒi/ *n* [U] biotechnologia

**birch** /bɜːtʃ/ *n* [C,U] brzoza

**bird** /bɜːd/ *n* [C] ptak → patrz też **kill two birds with one stone** (KILL[1])

**bird of prey** /ˌ. . ˈ./ *n* [C] ptak drapieżny

**bi·ro** /ˈbaɪərəʊ/ *n* [C] *BrE trademark* długopis

**birth** /bɜːθ/ *n* **1 give birth (to)** u/rodzić: *Jo gave birth to a baby girl at 6:20 a.m.* **2** [C,U] narodziny: *the birth of the new democracy* | **at birth** *Joel weighed 7 pounds at birth.* **3** [U] **by birth** z

B

pochodzenia: *Her grandfather was French by birth.*

**birth cer·tif·i·cate** /'. .,.../ *n* [C] świadectwo urodzenia

**birth con·trol** /'. .,./ *n* [U] świadome macierzyństwo, antykoncepcja: *advice on birth control*

**birth·day** /'bɜːθdeɪ/ *n* [C] urodziny: *a birthday card* | *When is your birthday?* | *Happy Birthday!*

**birth·mark** /'bɜːθmɑːk/ *n* [C] znamię wrodzone

**birth·place** /'bɜːθpleɪs/ *n* [C] miejsce urodzenia

**birth·rate** /'bɜːθreɪt/ *n* [C] wskaźnik urodzeń

**bis·cuit** /'bɪskɪ̈t/ *n* [C] *BrE* herbatnik: *chocolate biscuits*

**bi·sex·u·al** /baɪ'sekʃuəl/ *adj* biseksualny —**bisexual** *n* [C] biseksualist-a/ka

**bish·op** /'bɪʃəp/ *n* [C] biskup

**bi·son** /'baɪsən/ *n* [C] bizon, żubr

**bit¹** /bɪt/ *n* **1 a (little) bit** trochę: *Can you turn the radio down a little bit?* | **a bit upset/stupid/cold etc** *I'm a little bit tired this morning.* | **not a bit** (=ani trochę): *He didn't seem a bit embarrassed.* **2 quite a bit** całkiem sporo: *He'd probably be willing to pay her quite a bit of money.* **3** [C] kawałek: **+ of** *The floor was covered in tiny bits of glass.* | **to bits** *I tore the letter to bits and burned it.* **4** [C] bit **5** [singular] *informal* chwila: **in a bit** (=za chwilę): *We'll talk about the Civil War in just a bit.* | **bit by bit** (=stopniowo): *I could see that she was learning, bit by bit.* **6 every bit as good/beautiful (as)** równie dobry/piękny (jak): *Ray was every bit as good-looking as his brother.* **7 a bit of a problem/surprise** *BrE spoken* drobny problem/zaskoczenie: *We've got a bit of a problem with the computer.* **8** [C] wiertło

**bit²** *v* czas przeszły od BITE

**bitch** /bɪtʃ/ *n* **1** [C] wiedźma, jędza: *She's such a bitch!* **2** [C] suka

**bitch·y** /'bɪtʃi/ *adj informal* złośliwy, jędzowaty

**bite¹** /baɪt/ *v* **bit, bitten, biting 1** [I,T] u/gryźć: *Be careful of the dog. Jerry said he bites.* | *She bites her fingernails.* | *Marta got bitten by a snake.* | **+ into** *I had just bitten into* (=nadgryzłam) *the apple.* **2 bite the dust** *informal* paść: *Government plans to increase VAT finally bit the dust yesterday.*

**bite²** *n* **1** [C] kęs: *Can I have a bite of your pizza?* | **take a bite** *He took a bite of the cheese.* **2** [C] ugryzienie, ukąszenie: *I'm covered in mosquito bites!* **3 have a bite (to eat)** *informal* przekąsić coś: *Let's have a bite to eat before we go.*

**bit·ing** /'baɪtɪŋ/ *adj* kąśliwy

**bit·ten** /'bɪtn/ *v* imiesłów bierny od BITE

**bit·ter¹** /'bɪtə/ *adj* **1** rozgoryczony: *She feels very bitter about the way the courts treated her.* **2** bolesny, przykry: *The judge's decision was a bitter blow to her.* **3** zawzięty: *bitter enemies* **4** gorzki **5 to/until the bitter end** do samego końca: *The UN stayed in the war zone until the bitter end.* —**bitterness** *n* [U] gorycz, rozgoryczenie

**bitter²** *n* [C,U] *BrE* rodzaj piwa: *A pint of bitter, please.*

**bit·ter·ly** /'bɪtəli/ *adv* **1** gorzko: *bitterly disappointed* **2** z goryczą: *"She doesn't care," he said bitterly.* **3 bitterly cold** przejmująco zimno **4** zawzięcie: *a bitterly fought battle*

**bi·zarre** /bɪ̈'zɑː/ *adj* dziwaczny: *a bizarre coincidence*

**black¹** /blæk/ *adj* **1** czarny: *a black dress* | *The mountains looked black against the sky.* | *Things were looking very black for the British steel industry.* **2** czarnoskóry: *Over half the students here are black.* **3 black and blue** *informal* posiniaczony **4** gniewny: *black looks*

**black²** *n* **1** [U] czerń **2** [C] *także* **Black** Murzyn/ka **3 in black and white** czarno na białym: *The rules are there in black and white for everybody to see.* **4 be in the black** być wypłacalnym: *We're in the black for the first time in three years.* ➡ antonim **be in the red** (RED²)

**black³** *v*
**black out** *phr v* [I] s/tracić przytomność: *Sharon blacked out and fell to the floor.*

**black·ber·ry** /ˈblækbəri/ *n* [C] jeżyna

**black·bird** /ˈblækbɜːd/ *n* [C] kos

**black·board** /ˈblækbɔːd/ *n* [C] tablica

**black·cur·rant** /ˌblækˈkʌrənt◂/ *n* [C] czarna porzeczka

**black eye** /ˌ. ˈ./ *n* [C] podbite oko

**black hole** /ˌ. ˈ./ *n* [C] czarna dziura

**black mag·ic** /ˌ. ˈ../ *n* [U] czarna magia

**black·mail** /ˈblækmeɪl/ *n* [U] szantaż —**blackmail** *v* [T] szantażować —**blackmailer** *n* [C] szantażyst-a/ka

**black mar·ket** /ˌ. ˈ..◂/ *n* [C] czarny rynek: **on the black market** *drugs that were only available on the black market*

**black·out** /ˈblækaʊt/ *n* [C] **1** zaciemnienie **2** utrata przytomności: *He's suffered from blackouts since the accident.*

**black sheep** /ˌ. ˈ./ *n* [C] czarna owca

**black·smith** /ˈblækˌsmɪθ/ *n* [C] kowal

**blad·der** /ˈblædə/ *n* [C] pęcherz (*moczowy*)

**blade** /bleɪd/ *n* [C] **1** ostrze: *The blade needs to be kept sharp.* **2** źdźbło

**blame¹** /bleɪm/ *v* [T] **1** obwiniać: *It's not fair to blame Charlie. He didn't know anything.* | **blame sb for sth** *Mothers often blame themselves for their children's problems.* | **blame sth on sb** *Don't try to blame this on me!* | **be to blame** (=ponosić winę): *Hospital staff were not in any way to blame for the baby's death.* **2 I don't blame you/them** *spoken* nie dziwię ci/im się: *"I lost my temper with Ann." "I don't blame you – she's very annoying."*

**blame²** *n* [U] wina: **get the blame (for sth)** (=być obwinianym): *I don't know why I always get the blame for other people's mistakes.* | **take the blame** (=brać winę na siebie): *You shouldn't have to take the blame if you didn't do it.*

**blame·less** /ˈbleɪmləs/ *adj* bez winy: *a blameless life*

**blanch** /blɑːntʃ/ *v* [I] z/blednąć: **+ at** *Jeff blanched at the news.*

**bland** /blænd/ *adj* **1** nijaki: *bland TV quiz shows* **2** bez smaku: *a bland white sauce*

**blank¹** /blæŋk/ *adj* **1** nie zapisany, czysty **2 your mind goes blank** czujesz pustkę w głowie: *When she saw the exam questions, her mind went blank.* **3** bez wyrazu, obojętny

**blank²** *n* [C] puste miejsce, luka: *Fill in the blanks on the application form.*

**blan·ket¹** /ˈblæŋkɪ̆t/ *n* [C] **1** koc **2** *literary* pokrywa: *a blanket of snow on the mountains*

**blanket²** *adj* całkowity, całościowy: *a blanket ban on all types of hunting*

**blank·ly** /ˈblæŋkli/ *adv* bez wyrazu, obojętnie: *He stared at me blankly.*

**blare** /bleə/ *także* **blare out** *v* [I,T] ryczeć: *blaring horns* | *a radio blaring out pop music*

**blas·phe·my** /ˈblæsfɪ̆mi/ *n* [C,U] bluźnierstwo —**blasphemous** *adj* bluźnierczy: *blasphemous talk* —**blaspheme** /blæsˈfiːm/ *v* [I] bluźnić

**blast¹** /blɑːst/ *n* **1** [C] wybuch: *The blast knocked him forward.* **2** [C] podmuch: *a blast of icy air* **3 on/at full blast** na cały regulator: *When I got home, she had the TV on full blast.*

**blast²** *v* **1** [T] wysadzać: *They blasted a tunnel through the side of the mountain.* **2** *także* **blast out** [I,T] ryczeć: *a radio blasting out pop music*

**blast³** *interjection BrE spoken* o kurczę!: *Blast! I've lost my keys!*

**blast fur·nace** /ˈ. ˌ../ *n* [C] piec hutniczy

**blast-off** /ˈ. ./ *n* [singular] odpalenie rakiety: *10 seconds to blast-off!*

**bla·tant** /ˈbleɪtənt/ *adj* jawny, rażący: *a blatant lie* —**blatantly** *adv* rażąco, ewidentnie

**blaze¹** /bleɪz/ *n* **1** [C] pożar: *Fire officials continue searching for the cause of the blaze.* **2 a blaze of light/colour** feeria światła/barw **3 in a blaze of glory/publicity** w blasku sławy: *In a blaze of*

*publicity, Maxwell launched a new newspaper.*

**blaze²** *v* [I] płonąć: *a huge log fire blazing in the hearth*

**blaz·er** /ˈbleɪzə/ *n* [C] blezer: *a school blazer*

B

**blaz·ing** /ˈbleɪzɪŋ/ *adj* upalny: *a blazing summer day*

**bleach¹** /bliːtʃ/ *n* [U] wybielacz

**bleach²** *v* [T] **1** wybielać **2** u/tlenić: *bleached hair*

**bleak** /bliːk/ *adj* ponury, posępny: *Without a job, the future seemed bleak.* | *a bleak November day* | *the bleak landscape of the northern hills*

**bleat** /bliːt/ *v* [I] za/beczeć

**bled** /bled/ *v* czas przeszły i imiesłów bierny od BLEED

**bleed** /bliːd/ *v* **bled, bled, bleeding** [I] krwawić: *The cut on his forehead was bleeding again.*

**bleed·ing** /ˈbliːdɪŋ/ *n* [U] krwawienie

**bleep¹** /bliːp/ *n* [C] brzęczenie: *the shrill bleep of the alarm clock*

**bleep²** *v* [I] za/brzęczeć

**bleep·er** /ˈbliːpə/ *n* [C] *BrE* brzęczyk

**blem·ish** /ˈblemɪʃ/ *n* [C] skaza: *a blemish on her cheek*

**blend¹** /blend/ *v* **1** [T] z/miksować: *Blend the butter and sugar.* **2** [I,T] mieszać: *a story that blends fact and fiction*

**blend in** *phr v* [I] wtapiać się w tło: **+ with** (=współgrać z): *We chose curtains that blended in with the wallpaper.*

**blend²** *n* [C] mieszanka: *a unique blend of Brazilian and Colombian coffee* | *the right blend of sunshine and soil for growing grapes*

**blend·er** /ˈblendə/ *n* [C] mikser

**bless** /bles/ *v* **blessed** *or* **blest** /blest/, **blessed** *or* **blest, blessing** [T] **1** po/błogosławić: *Their mission had been blessed by the Pope.* | *The priest blessed the bread and wine.* **2 be blessed with sth** być obdarzonym czymś: *George was blessed with good looks.* **3 bless you** *spoken* na zdrowie! (*kiedy ktoś kichnie*)

**bless·ed** /ˈblesɪ̈d/ *adj* **1** błogi: *a moment of blessed silence* **2** *BrE spoken* cholerny: *I've cleaned every blessed room in the house.* **3** *formal* błogosławiony: *the Blessed Virgin Mary*

**bless·ing** /ˈblesɪŋ/ *n* **1** [C] dobrodziejstwo: *The rain was a real blessing after all that heat.* **2** [U] błogosławieństwo: *They were determined to marry, with or without their parents' blessing.* **3 be a mixed blessing** mieć swoje dobre i złe strony: *Living close to the office turned out to be a mixed blessing.*

**blew** /bluː/ *v* czas przeszły od BLOW

**blind¹** /blaɪnd/ *adj* **1** ślepy, niewidomy: *She was born blind.* **2 the blind** niewidomi **3 blind faith/loyalty** ślepa wiara/lojalność: *blind faith in their military leaders* **4 blind to sth** ślepy na coś: *blind to their own weaknesses* **5 turn a blind eye to sth** przymykać oczy na coś —**blindness** *n* [U] ślepota

**blind²** *v* [T] **1** oślepiać: *The deer was blinded by our headlights.* **2** powodować zaślepienie: **blind sb to sth** *Being in love blinded me to his faults.*

**blind³** *n* [C] roleta → patrz też VENETIAN BLIND

**blind·fold** /ˈblaɪndfəʊld/ *v* [T] zawiązywać oczy: *The hostages were blindfolded and led to the cellar.*

**blind·ing** /ˈblaɪndɪŋ/ *adj* oślepiający: *a blinding light/flash*

**blind·ly** /ˈblaɪndli/ *adv* ślepo: *She sat staring blindly out of the window.* | *Don't blindly accept what they tell you.*

**blink¹** /blɪŋk/ *v* **1** [I,T] za/mrugać: *He blinked as he stepped out into the sunlight.* **2** migać

**blink²** *n* **be on the blink** *BrE informal* nawalać: *The phone's been on the blink all week.*

**bliss** /blɪs/ *n* [U] rozkosz: *Two weeks lazing on a Greek island – what perfect bliss!*

**bliss·ful** /ˈblɪsfəl/ *adj* błogi: *the first blissful weeks after we married* —**blissfully** *adv* błogo: *blissfully unaware of the problems ahead*

**blis·ter** /ˈblɪstə/ *n* [C] pęcherz

**blis·ter·ing** /ˈblɪstərɪŋ/ *adj* zajadły: *a blistering attack on the government*

**blithe·ly** /ˈblaɪðli/ *adv* beztrosko: *They blithely ignored the danger.*

**bliz·zard** /ˈblɪzəd/ *n* [C] zamieć, śnieżyca

**bloat·ed** /ˈbləʊtɪ̥d/ *adj* wzdęty, napęczniały: *bloated corpses floating in the river*

**blob** /blɒb/ *n* [C] kropelka (*czegoś gęstego*): *blobs of paint*

**block¹** /blɒk/ *n* [C] **1** blok, kloc(ek): *a block of concrete* | *wooden blocks* **2** kwartał (*obszar miejski otoczony z czterech stron ulicami*): *Let's walk around the block.* **3** *AmE* przecznica (*jako miara odległości*): *We're just two blocks from the bus stop.* **4** *BrE* blok: *a block of flats* **5** przeszkoda: *a road block*

**block²** *v* [T] **1** *także* **block up** za/blokować: *Whose car is blocking the driveway?* | *The council blocked the plan.* | *You're blocking my view.* **2** zapychać: *My nose is blocked up.*

**block** sth ↔ **off** *phr v* [T] zagradzać: *The freeway exit's blocked off.*

**block** sth ↔ **out** *phr v* [T] **1** zasłaniać: *Thick smoke had completely blocked out the light.* **2** wymazywać z pamięci: *She had managed to block out memories of her unhappy childhood.*

**block·ade** /blɒˈkeɪd/ *n* [C] blokada: *a naval blockade* —**blockade** *v* [T] za/blokować

**block·age** /ˈblɒkɪdʒ/ *n* [C] zator: *a blockage in the drain*

**block·bust·er** /ˈblɒkˌbʌstə/ *n* [C] przebój (*książka lub film*): *Spielberg's new blockbuster*

**block let·ters** /ˌ. ˈ../ *także* **block capitals** *n* [plural] drukowane litery

**bloke** /bləʊk/ *n* [C] *BrE informal* facet

**blonde¹** /blɒnd/ *także* **blond** *adj* blond

**blonde²** *n* [C] *informal* blondynka: *a good-looking blonde*

**blood** /blʌd/ *n* **1** [U] krew: *blood flowing from an open wound* | *a woman of royal blood* **2 new blood** nowa krew: *We need some new blood in the department.* **3 bad blood** wrogość: *There was a long history of bad blood between Jose and Arriola.* ➡ patrz też **in cold blood** (COLD¹)

**blood bank** /ˈ. ./ *n* [C] bank krwi

**blood do·nor** /ˈ. ˌ../ *n* [C] dawca krwi

**blood group** /ˈ. ./ *n* [C] *BrE* grupa krwi

**blood·less** /ˈblʌdləs/ *adj* bezkrwawy: *a bloodless revolution*

**blood pres·sure** /ˈ. ˌ../ *n* [U] ciśnienie (krwi): *a special diet for people with high blood pressure*

**blood·shed** /ˈblʌdʃed/ *n* [U] rozlew krwi

**blood·stream** /ˈblʌdstriːm/ *n* [singular] krwiobieg: *drugs injected into the bloodstream*

**blood·thirst·y** /ˈblʌdˌθɜːsti/ *adj* krwiożerczy: *bloodthirsty bandits*

**blood type** /ˈ. ./ *n* [C] *AmE* grupa krwi

**blood ves·sel** /ˈ. ˌ../ *n* [C] naczynie krwionośne

**blood·y¹** /ˈblʌdi/ *adj* **1** zakrwawiony: *a bloody nose* **2** krwawy: *the bloody struggle for independence*

**bloody²** *adj, adv BrE spoken* cholern-y/ie: *Don't be a bloody fool!* | *It was a bloody stupid thing to do.*

**bloom¹** /bluːm/ *n* [C] **1** kwiat: *lovely yellow blooms* **2 be in (full) bloom** kwitnąć: *The lilies are in bloom.*

**bloom²** *v* [I] kwitnąć: *lilacs blooming in the spring*

**blos·som¹** /ˈblɒsəm/ *n* [C,U] kwiecie, kwiaty: *peach blossoms*

**blossom²** *v* [I] **1** zakwitać (*o drzewach*) **2** *także* **blossom out** rozkwitać: *She has blossomed out into a beautiful young woman.*

**blot¹** /blɒt/ *v* [T] **-tted, -tting** osuszać (*bibułą lub szmatką*)

**blot** sth ↔ **out** *phr v* [T] **1** wymazywać z pamięci: *He tried to blot out his memory of Marcia.* **2** zakrywać, przysłaniać: *clouds blotting out the sun*

**blot²** *n* [C] **1** kleks **2 be a blot on the landscape** psuć widok

**blotch** /blɒtʃ/ *n* [C] plama —**blotchy** *adj* plamisty: *blotchy skin*

B

**blotting pa·per** /'.. ,../ *n* [U] bibuła

**blouse** /blaʊz/ *n* [C] bluzka: *a white satin blouse*

**blow¹** /bləʊ/ *v* **blew, blown, blowing 1** [I] wiać: *A cold wind blew from the east.* **2 a)** [T] rozwiewać: *The wind blew leaves across the path.* **b)** [I] powiewać: *curtains blowing in the breeze* **3** [I] dmuchać: *Renee blew on her soup.* **4 blow your nose** wydmuchiwać nos **5** [I,T] **a)** grać (*na instrumencie dętym*) **b)** za/gwizdać: *The referee's whistle blew.* **6** [T] *spoken* zmarnować: *I've blown my chances of getting into university.* **7** [T] *informal* przepuścić (*pieniądze*): *He got a big insurance payment, but he blew it all on a new stereo.*

**blow** sth ↔ **out** *phr v* zdmuchiwać: *Blow out all the candles.*

**blow over** *phr v* [I] ucichnąć: *They've been quarrelling again, but it'll soon blow over.*

**blow up** *phr v* **1** [I] wybuchać: *The plane blew up in midair.* **2** [T **blow** sth ↔ **up**] wysadzać (w powietrze): *The bridge was blown up by terrorists.* **3** [T **blow** sth ↔ **up**] nadmuchiwać: *Come and help me blow up the balloons.*

**blow²** *n* [C] **1** cios: *a blow to the head | Her mother's death was a terrible blow.* **2 come to blows** brać się za łby

**blow-by-blow** /,. . '.◂/ *adj* **a blow-by-blow account** szczegółowe sprawozdanie

**blow dry** /'. ./ *v* [T] suszyć (*suszarką*)

**blown** /bləʊn/ *v* imiesłów bierny od BLOW

**blow-up** /'. ./ *n* [C] powiększenie (*fotografii*)

**blue¹** /bluː/ *adj* **1** niebieski: *the blue lake | a dark blue dress* **2** *informal* smutny: *I've been feeling kind of blue lately.* ➡ patrz też **once in a blue moon** (ONCE¹) —**bluish** *adj* niebieskawy

**blue²** *n* [U] **1** kolor niebieski, błękit: *The curtains were a beautiful dark blue.* **2 out of the blue** *informal* znienacka, ni stąd, ni zowąd: *Mandy's phonecall came out of the blue.* ➡ patrz też BLUES

**blue·ber·ry** /'bluːbəri/ *n* [C] borówka amerykańska: *blueberry pie*

**blue-col·lar** /,. '..◂/ *adj* **blue-collar worker** pracownik fizyczny

**blue·print** /'bluː,prɪnt/ *n* [C] projekt: *a blueprint for health care reform*

**blues** /bluːz/ *n* [plural] **1** blues: *a blues singer* **2 have/get the blues** *informal* mieć chandrę

**bluff¹** /blʌf/ *v* [I,T] blefować: *Don't believe her – she's bluffing!*

**bluff²** *n* [C,U] blef: *He even threatened to resign, but I'm sure it's all bluff.*

**blun·der¹** /'blʌndə/ *n* [C] gafa: *a terrible political blunder*

**blunder²** *v* [I] popełnić gafę

**blunt¹** /blʌnt/ *adj* **1** tępy: *blunt scissors | a blunt pencil* **2** bezceremonialny: *Visitors are often shocked by Maria's blunt manner.* —**bluntness** *n* [U] bezceremonialność

**blunt²** *v* [T] przytępiać: *Too much alcohol had blunted my reactions.*

**blunt·ly** /'blʌntli/ *adv* prosto z mostu, bez ogródek: *To put it bluntly, there's no way you're going to pass.*

**blur¹** /blɜː/ *n* [singular] mglisty zarys: *a blur of horses running past | The crash is all a blur in my mind.*

**blur²** *v* [I,T] **-rred, -rring 1** zacierać (się): *a type of movie that blurs the lines between reality and imagination* **2** zamazywać (się): *a mist blurring the outline of the distant hills*

**blurb** /blɜːb/ *n* [singular] notka reklamowa

**blurred** /blɜːd/ *także* **blur·ry** /'blɜːri/ *adj* zamazany, niewyraźny: *blurred vision | blurry photos*

**blurt** /blɜːt/ *także* **blurt out** *v* [T] wypaplać: *Peter blurted out the news before we could stop him.*

**blush** /blʌʃ/ *v* [I] za/rumienić się: *She's so shy she blushes whenever I speak to her.* | **+ with** *Toby blushed with pride.* —**blush** *n* [C] rumieniec: *remarks that brought a blush to my cheeks*

**boar** /bɔː/ *n* [C] **1** knur **2** dzik

**board**[1] /bɔːd/ *n* **1** [C] deska: *a chopping board* **2** [C] plansza **3** [C] rada, zarząd: *the school's board of governors* **4** [C] tablica: *Can I put this notice on the board?* | *The teacher had written some examples up on the board.* ➡ patrz też BLACKBOARD, BULLETIN BOARD, NOTICEBOARD **5** [C] **on board** na pokładzie: *all the passengers on board* **6 take sth on board** brać/wziąć coś pod rozwagę: *We'll try to take some of your suggestions on board.* **7 across the board** dla wszystkich: *increases in pay across the board*

> UWAGA **on board**
>
> Wyrażenie **on board** występuje bez przyimka **of**: *How the child managed to get on board the plane remains a mystery.*

**board**[2] *n* [U] wyżywienie: **board and lodging** *BrE*/**room and board** *AmE* (=i zakwaterowanie): *Room and board is $350 per month.*

**board**[3] *v* **1** [I,T] wsiadać (do), wchodzić na pokład: *Passengers in rows 25 to 15 may now board the plane.* **2** [I] przyjmować pasażerów: *Flight 503 for Lisbon is now boarding.*

**board** sth ↔ **up** *phr v* [T] zabijać deskami: *The house next door has been boarded up for months.*

**board·er** /ˈbɔːdə/ *n* [C] **1** mieszkaniec internatu **2** lokator

**board game** /ˈ. ./ *n* [C] gra planszowa

**boarding house** /ˈ... ./ *n* [C] pensjonat

**boarding school** /ˈ.. ./ *n* [C] szkoła z internatem

**board·room** /ˈbɔːdruːm/ *n* [C] sala posiedzeń zarządu

**board·walk** /ˈbɔːdwɔːk/ *n* [C] *AmE* promenada

**boast**[1] /bəʊst/ *v* **1** [I] chwalić się: *He enjoyed boasting about his wealth.* **2** [T] szczycić się: *The new health club boasts an olympic-sized swimming pool.*

**boast**[2] *n* [C] chluba

**boast·ful** /ˈbəʊstfəl/ *adj* chełpliwy: *When he was drunk, he became loud and boastful.*

**boat** /bəʊt/ *n* [C] **1** łódź: *fishing boats* | **by boat** *You can only get to the island by boat.* **2** statek **3 be in the same boat (as)** *informal* jechać na tym samym wózku (co): *We're all in the same boat, so stop complaining.* ➡ patrz też **miss the boat/bus** (MISS[1]), **rock the boat** (ROCK[2])

**bob** /bɒb/ *v* [I] **-bbed, -bbing** huśtać się (*na wodzie*): *a small boat bobbing up and down*

**bob·bin** /ˈbɒbɨn/ *n* [C] szpulka

**bod·i·ly** /ˈbɒdɨli/ *adj* fizyczny, cielesny: *bodily changes*

**bod·y** /ˈbɒdi/ *n* **1** [C] **a)** organizm: *a strong healthy body* **b)** ciało: *Keep your arms close to your body.* | *Several bodies have been found near the crash site.* **2** [C] gremium: *the governing body of the university* **3** [singular] **a large/substantial/vast body of** duża ilość (*informacji, dowodów itp.*): *A growing body of evidence suggests that exercise may reduce the risk of cancer.* **4** [C] główna część: *the body of the report* **5** [C] **a)** karoseria **b)** kadłub

**body build·ing** /ˈ.. ,../ *n* [U] kulturystyka —**body builder** *n* [C] kulturyst-a/ka

**bod·y·guard** /ˈbɒdigɑːd/ *n* [C] ochroniarz

**bod·y·work** /ˈbɒdiwɜːk/ *n* [U] nadwozie: *The bodywork's beginning to rust.*

**bog**[1] /bɒg/ *n* [C,U] bagno

**bog**[2] *v* **get/be bogged down** u/grzęznąć: *Let's not get bogged down with minor details.*

**bog·gle** /ˈbɒgəl/ *v* **the mind boggles** *spoken* w głowie się nie mieści: *When you think how much they must spend on clothes – well, the mind boggles.*

**bog·gy** /ˈbɒgi/ *adj* grząski

**bo·gus** /ˈbəʊgəs/ *adj informal* fałszywy: *a bogus police officer*

**boil**[1] /bɔɪl/ *v* **1** [I] za/gotować się, wrzeć: *Drop the noodles into boiling salted water.* | *Ben, the kettle's boiling.* **2** *także*

B

**boil up** [T] gotować: *Boil the eggs for five minutes.*

**boil down to** sth *phr v* **it (all) boils down to** to (wszystko) sprowadza się do: *It all boils down to how much money you have.*

**boil over** *phr v* [I] wy/kipieć

**boil²** *n* **1 bring to the boil** doprowadzać do wrzenia, zagotowywać: *Bring the soup to the boil and cook for another 5 minutes.* **2** [C] czyrak

**boil·er** /ˈbɔɪlə/ *n* [C] **1** bojler **2** kocioł parowy

**boiling point** /ˈ.. ./ *n* [singular] temperatura wrzenia

**bois·ter·ous** /ˈbɔɪstərəs/ *adj* żywy, hałaśliwy: *a group of boisterous children*

**bold** /bəʊld/ *adj* **1** śmiały: *Yamamoto's plan was bold and original.* **2** jaskrawy, wyrazisty: *wallpaper with bold stripes* —**boldly** *adv* śmiało —**boldness** *n* [U] śmiałość

**bol·lard** /ˈbɒləd/ *n* [C] *BrE* słupek drogowy

**bol·ster** /ˈbəʊlstə/ *także* **bolster up** *v* [T] podbudowywać: *Roy's promotion seems to have bolstered his confidence.*

**bolt¹** /bəʊlt/ *n* [C] **1** zasuwa, rygiel **2** śruba

**bolt²** *v* **1** [I] rzucać się do ucieczki: *He bolted across the street as soon as he saw them.* **2** [T] za/ryglować **3** *także* **bolt down** [T] połykać w pośpiechu: *Don't bolt your food.* **4** [T] przykręcać: *The shelves are bolted to a metal frame.*

**bolt³** *adv* **sit/stand bolt upright** usiąść/stanąć prosto jak struna: *Suddenly Dennis sat bolt upright in bed.*

**bomb¹** /bɒm/ *n* **1** [C] bomba: *bombs dropping on the city* **2 the bomb** broń jądrowa

**bomb²** *v* **1** [T] z/bombardować: *Terrorists have bombed the central railway station.* **2** [I] *informal* zrobić klapę: *His latest play bombed on Broadway.*

**bom·bard** /bɒmˈbɑːd/ *v* [T] bombardować: *Sarajevo was bombarded from all sides.* | *Both leaders were bombarded with questions from the press.* —**bombardment** *n* [C,U] nalot bombowy, bombardowanie

**bomb·er** /ˈbɒmə/ *n* [C] **1** bombowiec **2** zamachowiec, terrorysta

**bomb·shell** /ˈbɒmʃel/ *n* [C] *informal* sensacja: *Then she dropped a bombshell, "I'm pregnant."*

**bond¹** /bɒnd/ *n* [C] **1** więź: **+ between** *the natural bond between mother and child* **2** obligacja: *government bonds*

**bond²** *v* [I,T] wiązać (się)

**bond·age** /ˈbɒndɪdʒ/ *n* [U] niewola

**bone¹** /bəʊn/ *n* **1** [C,U] kość: *Sam broke a bone in his foot.* | *fragments of bone* **2** ość **3 have a bone to pick with sb** *spoken* mieć z kimś do pomówienia **4 make no bones about sth** nie kryć się z czymś: *She makes no bones about her ambitions.* **5 a bone of contention** kość niezgody

**bone²** *v* [T] oczyszczać z kości/ości

**bon·fire** /ˈbɒnfaɪə/ *n* [C] ognisko

**bon·net** /ˈbɒnˌɪt/ *n* [C] **1** *BrE* maska (*samochodu*) **2** czepek

**bo·nus** /ˈbəʊnəs/ *n* [C] **1** premia: *a Christmas bonus* **2** dodatkowa korzyść: *The fact that our house is so close to the school is a real bonus.*

**bon·y** /ˈbəʊni/ *adj* kościsty: *bony fingers*

**boo** /buː/ *v* **1** [I] gwizdać (*na znak dezaprobaty*) **2** [T] wygwizdać (*kogoś*)

**boo·by prize** /ˈbuːbi praɪz/ *n* [C] nagroda pocieszenia

**booby trap** /ˈ.. ./ *n* [C] bomba-pułapka

**book¹** /bʊk/ *n* [C] **1** książka: *a book by Charles Dickens* | *Have you read 'The Wasp Factory'? It's a fantastic book.* **2** książeczka: *a cheque book* **3** bloczek, karnet **4 by the book** ściśle według przepisów **5 be in sb's good/bad books** *informal* być u kogoś w łaskach/niełasce

**book²** *v* **1** [I,T] *BrE* za/rezerwować: *The train was very crowded and I wished I'd booked a seat.* | **booked up/fully booked** (=brak miejsc/biletów itp.): *I'm sorry, we're fully booked for the 14th Febru-*

*ary.* **2** [T] *AmE informal* za/aresztować **3** [T] *BrE* dawać ostrzeżenie (*piłkarzowi*)

**book in/into** *phr v* **1** *BrE* [I] za/meldować się w (*hotelu*): *I'll call you as soon as I've booked in.* **2** [T **book** sb ↔ **in/into**] z/robić komuś rezerwację w (*hotelu*): *She's booked you in at the Hilton.*

**book·case** /ˈbʊk-keɪs/ *n* [C] biblioteczka, regał

**book·ing** /ˈbʊkɪŋ/ *n* [C] rezerwacja: **make a booking** *Can I make a booking for tonight?*

**booking of·fice** /ˈ.. ˌ../ *n* [C] *BrE* kasa biletowa (*kolejowa itp.*)

**book·keep·ing** /ˈbʊkˌkiːpɪŋ/ *n* [U] księgowość, rachunkowość —**bookkeeper** *n* [C] księgow-y/a

**book·let** /ˈbʊklət/ *n* [C] broszura: *a booklet that gives advice to patients with the disease*

**book·mak·er** /ˈbʊkˌmeɪkə/ *n* [C] *formal* bukmacher

**book·mark** /ˈbʊkmɑːk/ *n* [C] zakładka (*do książki*)

**book·shop** /ˈbʊkʃɒp/ *BrE*, **book store** *AmE* *n* [C] księgarnia

**book·stall** /ˈbʊkstɔːl/ *n* [C] *BrE* stoisko z prasą i książkami (*np. na dworcu*)

**book·worm** /ˈbʊkwɜːm/ *n* [C] mól książkowy

**boom**[1] /buːm/ *n* [C,U] boom: *the building boom in the 1980s*

**boom**[2] *v* [I] **1** dobrze prosperować **2** huczeć, grzmieć: *Hector's voice boomed above the others.*

**boo·me·rang** /ˈbuːməræŋ/ *n* [C] bumerang

**boon** /buːn/ *n* [C] dobrodziejstwo

**boost**[1] /buːst/ *n* [C] [usually singular] **give a boost to** podnosić na duchu: *Princess Diana's visit gave a big boost to patients.*

**boost**[2] *v* [T] zwiększać: *Christmas boosts sales by 30%.* | *Winning really boosts your confidence.*

**boost·er** /ˈbuːstə/ *n* **1 confidence/morale/ego booster** zastrzyk pewności siebie **2** [C] pomocniczy silnik rakietowy **3** [C] **booster vaccination** szczepionka przypominająca

**boot** /buːt/ *n* [C] **1** trzewik, but z cholewą: *hiking boots* **2** kozaczek **3** *BrE* bagażnik **4 put the boot in** *BrE informal* kopać leżącego **5 be given the boot/get the boot** zostać wylanym z pracy: *"What happened to Sandra?" "Oh, she got the boot."*

**booth** /buːð/ *n* [C] budka, kabina: *a telephone booth* | *a voting booth*

**boot·leg** /ˈbuːtleg/ *adj* nielegalny, piracki: *bootleg cassette tapes* —**bootlegging** *n* [U] piractwo

**boot·y** /ˈbuːti/ *n* [U] *literary* łup: *Caesar's armies returned home loaded with booty.*

**booze** /buːz/ *n* [U] *informal* alkohol

**booz·er** /ˈbuːzə/ *n* [C] *BrE informal* pub

**bor·der**[1] /ˈbɔːdə/ *n* [C] **1** granica: **+ between** *the border between India and Pakistan* **2** brzeg, obwódka: *a skirt with a red border*

**border**[2] *v* [T] **1** stać/leżeć/rosnąć wzdłuż: *willow trees bordering the river* **2** graniczyć z: *the Arab States bordering Israel*

**border on** sth *phr v* [T] graniczyć z: *Her behaviour sometimes borders on insanity.*

**bor·der·line**[1] /ˈbɔːdəlaɪn/ *adj* graniczny: *In borderline cases we may ask candidates to come for a second interview.*

**borderline**[2] *n* [singular] granica: *the borderline between sleep and being awake*

**bore**[1] /bɔː/ *v* **1** [T] nudzić: *Am I boring you?* **2** [I,T] wy/wiercić

**bore**[2] *n* **1** [C] nudzia-rz/ra **2** [singular] nudna robota

**bore**[3] *v* czas przeszły od BEAR

**bored** /bɔːd/ *adj* znudzony: *He looked bored and kept yawning loudly.* | **+ with** *We got bored with lying on the beach and went off to explore the town.* | **bored stiff/bored to tears** (=śmiertelnie znudzony)

**bore·dom** /ˈbɔːdəm/ *n* [U] nuda

**bor·ing** /ˈbɔːrɪŋ/ *adj* nudny: *This book's so boring – I don't think I'll ever get to the*

B

*end of it.* | *She was forced to spend the evening with Helen and her boring new boyfriend.*

> UWAGA **boring**
>
> Patrz **dull** i **boring**.

B

**born**[1] /bɔːn/ *v* **be born a)** urodzić się: *I was born in Tehran.* | *Our eldest son was born on Christmas Day.* | **be born into** *Grace was born into a wealthy family.* **b)** zrodzić się

**born**[2] *adj* **a born leader/teacher** urodzony przywódca/nauczyciel

**borne** /bɔːn/ *v* imiesłów bierny od BEAR

**bo·rough** /ˈbʌrə/ *n* [C] dzielnica, gmina: *the New York borough of Queens*

**bor·row** /ˈbɒrəʊ/ *v* **1** [T] pożyczać (*od kogoś*): *Could I borrow your dictionary for a moment?* **2** [I] brać/wziąć pożyczkę: *The company has had to borrow heavily to stay in business.* ➞ porówna LEND **3** [T] zapożyczać: *English has borrowed many words from French.*

> UWAGA **borrow i lend**
>
> Nie należy mylić wyrazów **borrow** i **lend**. **Borrow** znaczy 'pożyczać od kogoś' i jest często używane z przyimkiem **from**, a **lend** znaczy 'pożyczać komuś' i jest często używane z przyimkiem **to**: *Can I borrow one of your pencils?* | *I'm always borrowing books from the library and forgetting to return them.* | *Can you lend me $10?* | *Did you lend the book to Mike?*

**bos·om** /ˈbʊzəm/ *n* **1** [singular] biust **2** [C usually plural] piersi **3 bosom friend/buddy** *informal* przyjaci-el/ółka od serca

**boss** /bɒs/ *n* [C] szef/owa: *She asked her boss if she could have some time off work.* | *Who's the boss around here?*

> UWAGA **boss**
>
> Patrz **chef**, **chief**, **boss**.

**boss·y** /ˈbɒsi/ *adj* apodyktyczny: *Stop being so bossy!* —**bossiness** *n* [U] apodyktyczność

**bot·a·ny** /ˈbɒtəni/ *n* [U] botanika —**botanist** *n* [C] botani-k/czka —**botanical** /bəˈtænɪkəl/ *adj* botaniczny: *botanical gardens*

**both** /bəʊθ/ *determiner, quantifier, pron* **1** oboje, obaj, obie, oba: *Anne and John are both scientists.* | *They both have good jobs.* | *Hold it in both hands.* | **both of** *Both of my grandfathers were farmers.* ➞ porównaj NEITHER[1] **2 both ... and ...** zarówno ... jak i ...: *Dave felt both excited and nervous before his speech.*

> UWAGA **both**
>
> Kiedy użwamy **both** z rzeczownikiem, **both** może wystąpić przed lub po rzeczowniku bez zmiany znaczenia: *The cats are both black = Both the cats are black = Both cats are black.* Kiedy używamy **both** z zaimkiem, możemy powiedzieć albo **we both/they both** itd., albo **both of us/both of them** itd. i znaczenie będzie to samo: *We both like Kung Fu movies = Both of us like Kung Fu movies.*

**both·er**[1] /ˈbɒðə/ *v* **1** [T] przeszkadzać, niepokoić: *"Why didn't you ask me for help?" "I didn't want to bother you."* **2** [I] zadawać sobie trud: *Tom failed mainly because he did not bother to complete his course work.* **3 I can't be bothered (to do sth)** *BrE* nie chce mi się (czegoś robić): *I ought to clean the car, but I can't be bothered.*

**bother**[2] *n* [U] kłopot: **it's no bother** (=to żaden kłopot): *"Thanks for all your help." "That's okay; it's no bother at all."*

**bother**[3] *interjection BrE* kurczę!: *Oh bother! I've forgotten my wallet.*

**bot·tle**[1] /ˈbɒtl/ *n* [C] **1** butelka: *a wine bottle* **2 hit the bottle** *informal* rozpić się

**bottle**[2] *v* [T] butelkować: *This wine is bottled in Burgundy.*

**bottle** sth ↔ **up** *phr v* [T] s/tłumić w sobie: *Don't bottle up your anger. Let it out.*

**bottle bank** /'.. ./ *n* [C] pojemnik na zużyte szkło

**bot·tle·neck** /'bɒtlnek/ *n* [C] wąskie gardło

**bot·tom**[1] /'bɒtəm/ *n* **1** [C usually singular] dół: **at the bottom of** *Print your name at the bottom of the letter.* | *Lewis started at the bottom and now he runs the company.* ➡ antonim TOP[1] **2** [C usually singular] spód: **on the bottom of** *What's that on the bottom of your shoe?* **3** [C] *informal* pupa **4** [singular] dno: **+ of** *The bottom of the river is very rocky.* **5 get to the bottom of sth** *informal* dotrzeć do sedna czegoś: *Dad swore that he would get to the bottom of all this.* **6 be at the bottom of sth** leżeć u podstaw czegoś ➡ patrz też ROCK BOTTOM

**bottom**[2] *adj* najniższy: *The papers are in the bottom drawer.*

**bot·tom·less** /'bɒtəmləs/ *adj* **1** bez dna: *There is no bottomless pit of money in any organization.* **2** bezdenny: *the bottomless depths of the ocean*

**bottom line** /,.. './ **the bottom line** sedno sprawy: *The bottom line is that we have to finish the project on time.*

**bough** /baʊ/ *n* [C] konar

**bought** /bɔːt/ *v* czas przeszły i imiesłów bierny od BUY

**boul·der** /'bəʊldə/ *n* [C] głaz

**boule·vard** /'buːlvɑːd/ *n* [C] bulwar

**bounce**[1] /baʊns/ *v* **1** [I,T] odbijać (się): **+ off** *The ball bounced off the garage into the road.* **2** [I] skakać (*na miękkim podłożu*) **+ on** *Don't bounce on the bed.* **3** [I] nie mieć pokrycia (*o czeku*) **4** [I] iść/biec w podskokach: **into/along etc** *The children came bouncing into the room.*

**bounce back** *phr v* [I] dojść do siebie: *The team bounced back after a series of defeats.*

**bounce**[2] *n* [C,U] odbicie: *Catch the ball on the first bounce.*

**bounc·er** /'baʊnsə/ *n* [C] bramkarz (*w lokalu*)

**bounc·ing** /'baʊnsɪŋ/ *adj* tryskający zdrowiem: *a bouncing baby boy*

**bound**[1] /baʊnd/ *v* czas przeszły i imiesłów bierny od BIND

**bound**[2] *adj* [not before noun] **1 sb/sth is bound to do sth** ktoś/coś na pewno coś zrobi: *Madeleine's such a nice girl – she's bound to make friends.* | *Interest rates are bound to go up this year.* **2** zobowiązany: **+ by** *The company is bound by law to provide us with safety equipment.* **3 be bound up with sth** być związanym z czymś: *His problems are mainly bound up with his mother's death.* **4 be bound for** zdążać do, zmierzać do: *a plane bound for Thailand*

**bound**[3] *n* [C] sus

**bound·a·ry** /'baʊndəri/ *n* [C] granica: **+ between** *The Mississippi forms a natural boundary between Tennessee and Arkansas.* | **+ of** *the boundaries of human knowledge* ➡ porównaj BORDER[1]

**bound·less** /'baʊndləs/ *adj* nieograniczony, bezgraniczny: *boundless energy*

**bounds** /baʊndz/ *n* [plural] **out of bounds** objęty zakazem wstępu

**boun·ty** /'baʊnti/ *n* [C] nagroda (*za pomoc w ujęciu przestępcy*)

**bou·quet** /bəʊ'keɪ/ *n* [C,U] bukiet

**bourbon** /'bʊəbən/ *n* [U] burbon

**bour·geois** /'bʊəʒwɑː/ *adj* mieszczański, burżuazyjny

**bout** /baʊt/ *n* [C] napad, atak: **+ of** *a bout of coughing*

**bou·tique** /buː'tiːk/ *n* [C] butik

**bow**[1] /baʊ/ *v* **1** [I,T] kłaniać się: *He bowed respectfully to the king.* | *The actors bowed and left the stage.* **2** [I] uginać się: *trees bowing in the wind*

**bow to** sb/sth *phr v* [T] uginać się pod naciskiem: *Once again, the government has had to bow to the wishes of the people.*

**bow**[2] /baʊ/ *n* [C] **1** ukłon **2** dziób (*statku*) ➡ porównaj STERN[2]

**bow**[3] /bəʊ/ *n* [C] **1** kokarda: *Jenny had a big red bow in her hair.* **2** łuk (*broń*) **3** smyczek

**bow·el** /'baʊəl/ *n* [C usually plural] jelito

**bowl**[1] /bəʊl/ *n* [C] miska: **+ of** *a bowl of rice* | *a bowl of soup*

B

**bowl²** *v* [I,T] **1** *BrE* grać w kule **2** za/serwować (*w krykiecie*) **3** *AmE* grać w kręgle

**bowler hat** /ˌbəʊlə ˈhæt/ *especially BrE* melonik

**bowl·ing** /ˈbəʊlɪŋ/ *n* [U] gra w kręgle

**bowls** /bəʊlz/ *n* [U] *BrE* gra w kule

**bow tie** /ˌbəʊ ˈtaɪ/ *n* [C] muszka

**box¹** /bɒks/ *n* [C] **1** pudełko: *a cardboard box* | **+ of** *Mary ate a whole box of chocolates.* **2** loża: *the jury box* **3 the box** *BrE informal* telewizja

**box²** *v* boksować

**box·er** /ˈbɒksə/ *n* [C] bokser: *a heavyweight boxer*

**box·ing** /ˈbɒksɪŋ/ *n* [U] boks

**Boxing Day** /ˈ.. ./ *n* [C,U] *BrE* drugi dzień Świąt Bożego Narodzenia

**box of·fice** /ˈ. ˌ../ *n* [C] kasa biletowa (*w teatrze itp.*)

**boy** /bɔɪ/ *n* **1** [C] chłopiec: *a school for boys* **2** [C] syn: *How old is your little boy now?* **3** *także* **oh boy** och: *Boy, those were great times!*

**boy·cott** /ˈbɔɪkɒt/ *v* [T] z/bojkotować: *Our family boycotts all products tested on animals.* —**boycott** *n* [C] bojkot

**boy·friend** /ˈbɔɪfrend/ *n* [C] chłopak

**boy·ish** /ˈbɔɪ-ɪʃ/ *adj* chłopięcy: *his slim, boyish figure*

**Boy Scout** /ˌ. ˈ./ *n* skaut

**bra** /brɑː/ *n* [C] stanik, biustonosz

**brace¹** /breɪs/ *v* [T] **brace yourself for** przygotowywać się na: *Sandra braced herself for an argument.*

**brace²** *n* [C] aparat ortopedyczny: *Jill had to wear a neck brace for six weeks.*

**brace·let** /ˈbreɪslᵻt/ *n* [C] bransoletka

**bra·ces** /ˈbreɪsᵻz/ *n* [plural] **1** *BrE* szelki **2** *także* **brace** *BrE* aparat ortodontyczny

**brac·ing** /ˈbreɪsɪŋ/ *adj* orzeźwiający: *a bracing sea breeze*

**brack·et¹** /ˈbrækᵻt/ *n* [C] **1 income/tax/age bracket** przedział płacowy/podatkowy/wiekowy: *Price's new job puts him in the highest tax bracket.* **2** nawias: **in brackets** *All grammar information is given in brackets.* **3** wspornik

**bracket²** *v* [T] brać/wziąć w nawias

**brag** /bræg/ *v* [I] **-gged, -gging** przechwalać się: **brag about** *Ray likes to brag about his success with women.*

**braid¹** /breɪd/ *n* [C] *AmE* warkocz

**braid²** *v* [T] *AmE* zaplatać

**brain** /breɪn/ *n* **1** [C] mózg: *Jorge suffered brain damage in the accident.* | *Some of the best brains in the country are here tonight.* **2 brains** inteligencja: *If you had any brains, you'd know what I mean.* → patrz też **pick sb's brains** (PICK¹), **rack your brains** (RACK²)

**brain·child** /ˈbreɪntʃaɪld/ *n* [singular] *informal* pomysł, wynalazek: **+ of** *The personal computer was the brainchild of Steve Jobs.*

**brain·storm** /ˈbreɪnstɔːm/ *n* [singular] *informal AmE* olśnienie

**brain·stor·ming** /ˈbreɪnstɔːmɪŋ/ *n* [U] burza mózgów

**brain·wash** /ˈbreɪnwɒʃ/ *v* [T] z/robić pranie mózgu: *People are brainwashed into believing that being fat is some kind of crime.* —**brainwashing** *n* [U] pranie mózgu

**brain·wave** /ˈbreɪnweɪv/ *n* [C] *BrE* olśnienie

**brain·y** /ˈbreɪni/ *adj informal* bystry, rozgarnięty

**brake¹** /breɪk/ *n* [C] hamulec

**brake²** *v* [I] za/hamować: *Jed had to brake to avoid hitting the car in front.*

**branch¹** /brɑːntʃ/ *n* [C] **1** gałąź: *Which branch of science are you studying?* | *the New Zealand branch of the family* **2** oddział: *The bank has branches all over the country.* **3** odgałęzienie: *a branch of the River Nile*

**branch²** *v* [I] *także* **branch off** rozgałęziać się: *When you reach Germain Street, the road branches into two.*

**branch out** *phr v* [I] rozszerzać działalność: **+ into** *Our local shop has decided to branch out into renting videos.*

**brand¹** /brænd/ *n* [C] **1** marka: *different*

*brands of washing powder* **2** gatunek, rodzaj: *Nat's special brand of humour*

**brand**[2] *v* [T] **1** na/piętnować: **brand sb as sth** *All English football supporters get branded as hooligans.* **2** znakować (*zwierzęta*)

**bran·dish** /ˈbrændɪʃ/ *v* [T] wymachiwać: *Chisholm burst into the office brandishing a knife.*

**brand name** /ˈ. ˌ./ *n* [C] nazwa firmowa

**brand-new** /ˌ. ˈ.◂/ *adj* nowiut(eń)ki: *a brand-new car*

**bran·dy** /ˈbrændi/ *n* [C,U] brandy

**brass** /brɑːs/ *n* **1** [U] mosiądz: *a pine chest with brass handles* **2 the brass (section)** instrumenty dęte (*blaszane*)

**brat** /bræt/ *n* [C] *informal* bachor: *a spoiled brat*

**bra·va·do** /brəˈvɑːdəʊ/ *n* [U] brawura

**brave**[1] /breɪv/ *adj* dzielny: *brave soldiers* | *Marti's brave fight against cancer* —**bravely** *adv* dzielnie —**bravery** *n* [U] męstwo

**brave**[2] *v* [T] stawiać czoło: *The crowd braved icy wind and rain to see the procession.*

**bra·vo** /ˈbrɑːvəʊ/ *interjection* brawo!

**brawl** /brɔːl/ *n* [C] bijatyka, burda: *a drunken brawl*

**breach** /briːtʃ/ *n* [C,U] pogwałcenie, naruszenie: **in breach of** *You are in breach of your contract.* —**breach** *v* [T] pogwałcić, naruszyć

**bread** /bred/ *n* **1** [U] chleb: *a loaf of bread* | *granary bread* | *a slice of bread* **2** [U] *slang* forsa

**bread·crumbs** /ˈbredkrʌmz/ *n* [plural] bułka tarta

**breadth** /bredθ/ *n* **1** [C,U] szerokość **2** [U] rozległość: **+ of** *No one could equal Dr Brenninger's breadth of knowledge.*

**bread·win·ner** /ˈbredˌwɪnə/ *n* [C] żywiciel/ka rodziny

**break**[1] /breɪk/ *v* **broke, broken, breaking 1** [I,T] s/tłuc (się), rozbijać (się): *The kids broke a window while they were playing ball.* | *Careful, those glasses break easily.* **2** [I,T] ze/psuć (się): *Someone's broken the TV.* **3** [T] z/łamać: *Sharon broke her leg skiing.* | *He broke her heart.* | *He didn't realize that he was breaking the law.* | *politicians who break their election promises* **4 break for lunch/coffee** z/robić (sobie) przerwę na lunch/kawę: *We broke for lunch at about 12:30.* **5** [T] przerywać: *The silence was broken by the sound of gunfire.* | *We broke our journey for a few hours.* | **break the habit** (=zrywać z nałogiem) **6 break a record** po/bić rekord **7 break the news to sb** przekazywać komuś złą wiadomość **8 break loose/free** uwalniać się: *He managed to break free and escape.* **9** [I] rozchodzić się (*o wiadomości*): *The next morning, the news broke that Monroe was dead.* **10 break the ice** przełamywać lody **11** [I] zrywać się (*o burzy*)

**break away** *phr v* [I] wyrwać się: **+ from** *Duchamp wanted to break away from* (=chciał zerwać z) *the old established traditions in art.*

**break down** *phr v* **1** [I] ze/psuć się **2** [I] rozpadać się: *His marriage broke down and his wife left him.* **3** [T **break** sth ↔ **down**] wyłamywać, wyważać: *The police had to break down the door to get in.* **4** [I,T] rozkładać: *enzymes which break down food in the stomach*

**break in** *phr v* **1** [I] włamywać się: *Thieves broke in during the night and took the hi-fi.* **2** [I] wtrącać się

**break into** sth *phr v* [T] włamywać się do: *They broke into the room through the back window.*

**break off** *phr v* **1** [T] odłamywać: *She broke off a piece of cheese.* **2** [T] zrywać: *The US has broken off diplomatic relations with Iran.*

**break out** *phr v* [I] wybuchać: *Nine months later, war broke out in Korea.*

**break up** *phr v* **1** [T **break** sth ↔ **up**] rozbijać: *One day his business empire will be broken up.* **2** [I,T **break** sth ↔ **up**] kruszyć: *We used shovels to break up the soil.* **3** [I] zrywać ze sobą: *Troy and I broke up last month.*

B

**break²** *n* **1** [C] przerwa: *a break in the conversation* | *Are you going anywhere over the Easter break?* | **take a break** (=z/robić sobie przerwę): *We're all getting tired. Let's take a break for ten minutes.* | **lunch/coffee/tea break** *What time is your lunch break?* **2** [C] szansa: *The band's big break came when they sang on a local TV show.* **3** [singular] zerwanie: **+ with** *a break with the past* **4 break of day** *literary* świt

**break·down** /ˈbreɪkdaʊn/ *n* **1** [C,U] rozpad: *Gail blames me for the breakdown of our marriage.* **2** załamanie się: *a breakdown in the peace talks* **3** [C,U] awaria **4** [C] załamanie nerwowe

**break·fast** /ˈbrekfəst/ *n* [C,U] śniadanie: **have breakfast** (=z/jeść śniadanie): *Have you had breakfast yet?*

**break-in** /ˈ. ./ *n* [C] włamanie: *There was a break-in at the college last night.*

**breaking point** /ˈ.. ˌ./ *n* [U] granica wytrzymałości: *Everybody's nerves were strained to breaking point.*

**break·through** /ˈbreɪkθruː/ *n* [C] przełom: *a technological breakthrough*

**break·up** /ˈbreɪkʌp/ *n* [C] rozpad: *the breakup of the Soviet Union*

**breast** /brest/ *n* [C,U] pierś: *turkey breast* ➡ patrz też DOUBLE-BREASTED

**breast-feed** /ˈ. ./ *v* [I,T] karmić piersią

**breast·stroke** /ˈbrest-strəʊk/ *n* [U] styl klasyczny, żabka

**breath** /breθ/ *n* **1** [U] oddech: *I can smell alcohol on your breath.* | **bad breath** (=cuchnący) **2 take a big/deep breath** brać/wziąć głęboki oddech: *Take a deep breath and tell me all about it.* **3 be out of breath** nie móc złapać tchu **4 hold your breath** wstrzymywać oddech: *Can you hold your breath under water?* | *We were all holding our breath, waiting for the winner to be announced.* **5 take your breath away** zapierać dech (w piersiach): *a view that will take your breath away* ➡ patrz też BREATHTAKING **6 under your breath** półgłosem, pod nosem: *"I hate you," he muttered under his breath.*

**breath·a·lys·er** /ˈbreθəl-aɪzə/ *BrE*, **breathalyzer** *AmE* *n* [C] *trademark* alkomat

**breathe** /briːð/ *v* **1** [I,T] oddychać: *Is he still breathing?* | **breathe in/out** (=wdychać/wydychać): *They stood on the cliff breathing in the fresh sea air.* | **breathe deeply** *Relax and breathe deeply.* **2 not breathe a word** nie puszczać pary z ust: *Promise not to breathe a word to anyone.* —**breathing** *n* [U] oddychanie

**breath·less** /ˈbreθləs/ *adj* bez tchu

**breath·tak·ing** /ˈbreθˌteɪkɪŋ/ *adj* zapierający dech: *a breathtaking view*

**breed¹** /briːd/ *v* **bred** /bred/, **bred, breeding** **1** [I] rozmnażać się: *Rats can breed every six weeks.* **2** [T] hodować: *He breeds cattle.*

**breed²** *n* [C] **1** rasa **2 a new breed** nowa generacja: *the first of a new breed of home computers*

**breed·er** /ˈbriːdə/ *n* [C] hodowca: *a racehorse breeder*

**breed·ing** /ˈbriːdɪŋ/ *n* [U] **1** rozród: *the breeding season* **2** hodowla: *They usually just keep one bull for breeding.* **3** *old-fashioned* dobre wychowanie

**breeze** /briːz/ *n* [C] wietrzyk

**breez·y** /ˈbriːzi/ *adj* **1** beztroski: *a breezy manner* **2** wietrzny: *a breezy but sunny day*

**breth·ren** /ˈbreðrən/ *n* [plural] *old-fashioned* bracia (*zakonni*)

**brev·i·ty** /ˈbrevəti/ *n* [U] *formal* **1** zwięzłość: *He was commended for the sharpness and brevity of his speech.* **2** krótkotrwałość

**brew** /bruː/ *v* **1 be brewing** wisieć w powietrzu: *There's a storm brewing.* **2** [T] warzyć **3** [I,T] parzyć (się), zaparzać (się)

**brew·er·y** /ˈbruːəri/ *n* [C] browar

**bribe¹** /braɪb/ *n* [C] łapówka: *The judge admitted that he had accepted bribes.*

**bribe²** *v* [T] przekupywać: **bribe sb to do sth** *Sykes had bribed two police officers to give false evidence.*

**brib·er·y** /ˈbraɪbəri/ *n* [U] przekupstwo, łapownictwo
**brick** /brɪk/ *n* [C,U] cegła: *a brick wall*
**brick·lay·er** /ˈbrɪkˌleɪə/ *n* [C] murarz
**brid·al** /ˈbraɪdl/ *adj* ślubny: *a bridal gown*
**bride** /braɪd/ *n* [C] panna młoda
**bride·groom** /ˈbraɪdgruːm/ *n* [C] pan młody
**brides·maid** /ˈbraɪdzmeɪd/ *n* [C] druhna
**bridge¹** /brɪdʒ/ *n* **1** [C] most: *the bridge over the Mississippi* **2** [C] pomost: *The training programme is seen as a bridge between school and work.* **3 the bridge** mostek kapitański **4** [U] brydż
**bridge²** *v* [T] **bridge the gap (between)** zmniejszać różnicę (pomiędzy): *an attempt to bridge the gap between rich and poor*
**bri·dle** /ˈbraɪdl/ *n* [C] uzda
**brief¹** /briːf/ *adj* **1** krótki: *a brief visit* **2** zwięzły: *a brief letter* | **in brief** (=w skrócie): *Here is the sports news, in brief.* —**briefly** *adv* krótko, pokrótce → patrz też BREVITY
**brief²** *n* [C] wytyczne, instrukcje: *My brief is to increase our sales.*
**brief³** *v* [T] po/instruować: **brief sb on sth** *Before the interview we had been briefed on what to say.*
**brief·case** /ˈbriːfkeɪs/ *n* [C] aktówka
**brief·ing** /ˈbriːfɪŋ/ *n* [C,U] instruktaż, odprawa: *a press briefing*
**briefs** /briːfs/ *n* [plural] figi, slipy
**bri·gade** /brɪˈgeɪd/ *n* [C] brygada → patrz też FIRE BRIGADE
**bright** /braɪt/ *adj* **1** jasny, jaskrawy: *bright lights* | *Her dress was bright red.* **2** bystry: *Vicky is a very bright child.* **3** pogodny: *a bright smile* | *a bright sunny day* **4** świetlany: *You have a bright future ahead of you!* —**brightly** *adv* jasno, jaskrawo: *brightly coloured balloons* —**brightness** *n* [U] jasność
**bright·en** /ˈbraɪtn/ *także* **brighten up** *v* **1** [I,T] rozjaśniać (się): *Flowers would brighten up this room.* **2** [I] poweseleć: *She brightened up when she saw us coming.*
**bril·liant** /ˈbrɪljənt/ *adj* **1** olśniewający: *brilliant sunshine* **2** błyskotliwy: *a brilliant scientist* **3** *BrE spoken* fantastyczny: *"How was your holiday?" "It was brilliant!"* —**brilliance** *n* [U] błyskotliwość
**brim¹** /brɪm/ *n* [C] **1** rondo (*kapelusza*) **2 filled/full to the brim** napełniony/pełen po brzegi: *The glass was full to the brim.*
**brim²** *v* [I] **-mmed, -mming** tryskać: **+ with** *Clive was brimming with confidence at the start of the race.*
**bring** /brɪŋ/ *v* [T] **brought, brought, bringing 1** przynosić, przywozić, przyprowadzać: *I brought these pictures to show you.* | **bring sb/sth with you** *She brought her children with her to the party.* | **bring sb sth** *Rob brought her a glass of water.* **2** wywoływać: *an enthusiastic welcome that brought a smile to her face* **3 can't bring yourself to do sth** nie móc się zdobyć na zrobienie czegoś: *I couldn't bring myself to kill the poor creature.* **4 bring sth to an end** kłaść/położyć czemuś kres: *We hope that the peace process will bring this violence to an end.* **5** sprowadzać: *The fair brings a lot of people to the town.*
**bring** sth ↔ **about** *phr v* [T] s/powodować: *The war brought about huge social and political changes.*
**bring** sth/sb ↔ **back** *phr v* [T] **1** przywracać: *Many states have voted to bring back the death penalty.* **2** przywoływać: *The smell of cut grass brought back memories of the summer.*
**bring** sb/sth **down** *phr v* [T] **1** strącać: *An enemy plane was brought down by rocket launchers.* **2** obniżać: *Improved farming methods have brought down the price of food.* **3 bring down a government/president** obalać rząd/prezydenta
**bring** sth ↔ **in** *phr v* [T] **1** przynosić (*zysk*): *sales that will bring in more than £2 million* **2** wprowadzać: *The city council will bring in new regulations to restrict parking.*
**bring** sth ↔ **out** *phr v* [T] **1** wypuszczać na rynek: *The National*

B

*Tourist Organization has just brought out a new guide book.* **2 bring out the best/worst in sb** wyzwalać w kimś to, co najlepsze/najgorsze: *Becoming a father has brought out the best in Dan.*

**bring** sb/sth ↔ **up** *phr v* [T] **1** wychowywać: *Rachel had been brought up by her grandmother.* | *a well brought up child* **2** poruszać (*temat*): *She wished she'd never brought up the subject of money.*

B

**brink** /brɪŋk/ *n* [C] **be on the brink of** być o krok od: *two nations on the brink of war*

**brisk** /brɪsk/ *adj* żwawy, energiczny: *a brisk walk* —**briskly** *adv* żwawo, energicznie

**bris·tle**[1] /ˈbrɪsəl/ *n* [C,U] szczecina, włosie: *a brush with short bristles*

**bristle**[2] *v* [I] **1** na/jeżyć się **2** żachnąć się: *She bristled with indignation.*

**Brit·ish**[1] /ˈbrɪtɪʃ/ *adj* brytyjski

**British**[2] *n* [plural] **the British** Brytyjczycy

**Brit·on** /ˈbrɪtn/ *n* [C] Brytyj-czyk/ka

**brit·tle** /ˈbrɪtl/ *adj* kruchy, łamliwy: *The twigs were dry and brittle, and cracked beneath their feet.*

**broach** /brəʊtʃ/ *v* **broach the subject/question** poruszać (delikatny) temat/kwestię: *At last he broached the subject of her divorce.*

**broad** /brɔːd/ *adj* **1** szeroki: *broad shoulders* | *a broad range of interests* **2** ogólny: *a broad outline of the plan* **3 in broad daylight** w biały dzień: *He was attacked in the street in broad daylight.* **4 broad accent** silny akcent: *a broad Scottish accent*

**broad·cast**[1] /ˈbrɔːdkɑːst/ *n* [C] program, audycja: *a news broadcast*

**broadcast**[2] *v* **broadcast, broadcast, broadcasting** [I,T] nadawać, wy/emitować, transmitować: *Channel 5 will broadcast the game at 6 o'clock.* —**broadcasting** *n* [U] nadawanie, emitowanie, transmisja

**broad·en** /ˈbrɔːdn/ *v* [I,T] **1** poszerzać (się): *training designed to broaden your knowledge of practical medicine* **2** *także* **broaden out** rozszerzać (się): *The river broadens out here.*

**broad·ly** /ˈbrɔːdli/ *adv* **1** z grubsza: *I know broadly what to expect.* **2 smile/grin broadly** uśmiechać się szeroko

**broad·mind·ed** /ˌbrɔːdˈmaɪndɪd◂/ *adj* tolerancyjny

**broc·co·li** /ˈbrɒkəli/ *n* [U] brokuły

**bro·chure** /ˈbrəʊʃə/ *n* [C] broszura: *a travel brochure*

**broil** /brɔɪl/ *v* [T] *AmE* u/piec na ruszcie: *broiled chicken*

**broke**[1] /brəʊk/ *adj informal* spłukany: *I can't pay you now – I'm broke.*

**broke**[2] *v* czas przeszły od BREAK

**bro·ken**[1] /ˈbrəʊkən/ *adj* **1** złamany: *a broken leg* | *a broken agreement* **2** stłuczony, rozbity: *a broken plate* **3** zepsuty: *a broken clock* **4** przerywany: *a broken white line* **5 broken marriage/home** rozbite małżeństwo/rodzina: *Are children from broken homes more likely to do badly at school?* **6 broken English/Polish** łamana angielszczyzna/polszczyzna

**broken**[2] *v* imiesłów bierny od BREAK

**broken-heart·ed** /ˌ.. ˈ..◂/ *adj* **be broken-hearted** mieć złamane serce

**bro·ker** /ˈbrəʊkə/ *n* [C] makler, broker → patrz też STOCKBROKER

**bron·chi·tis** /brɒŋˈkaɪtɪs/ *n* [U] zapalenie oskrzeli

**bronze** /brɒnz/ *n* [U] brąz (*stop*) —**bronze** *adj* brązowy, z brązu: *a bronze statuette*

**bronze med·al** /ˌ. ˈ../ *n* [C] brązowy medal

**brooch** /brəʊtʃ/ *n* [C] broszka

**brood** /bruːd/ *v* [I] rozmyślać: *You can't just sit there brooding over your problems.*

**brook** /brʊk/ *n* [C] strumyk

**broom** /bruːm/ *n* [C] miotła

**broom·stick** /ˈbruːmˌstɪk/ *n* [C] kij od szczotki

**broth** /brɒθ/ *n* [U] rosół

**broth·el** /ˈbrɒθəl/ *n* [C] dom publiczny

**broth·er** /ˈbrʌðə/ *n* [C] brat: **older/younger/big/little brother** *Isn't that your little* (=młodszy) *brother?*

**broth·er·hood** /ˈbrʌðəhʊd/ *n* **1** [U] braterstwo: *peace and human brotherhood* **2** [C] bractwo

**brother-in-law** /ˈ.. . ˌ./ *n* [C] szwagier

**broth·er·ly** /ˈbrʌðəli/ *adj* **brotherly love** miłość braterska

**brought** /brɔːt/ *v* czas przeszły i imiesłów bierny od BRING

**brow** /braʊ/ *n* [C] **1** czoło **2** brew

**brown**[1] /braʊn/ *adj* brązowy: *brown shoes* —**brown** *n* [U] brąz (*kolor*)

**brown**[2] *v* [I,T] przyrumienić (się)

**browse** /braʊz/ *v* [I] **1** oglądać (*towary w sklepie*) rozglądać się: *"Can I help you?" "No thanks. I'm just browsing."* **2 browse through** przeglądać: *I was browsing through the catalogue.*

**bruise** /bruːz/ *n* [C] siniec, siniak: *That's a nasty bruise you've got.* —**bruise** *v* [T] po/siniaczyć

**bru·nette** /bruːˈnet/ *n* [C] brunetka

**brush**[1] /brʌʃ/ *n* **1** [C] szczotka ➡ patrz też HAIRBRUSH, PAINTBRUSH, TOOTHBRUSH **2 a brush with** otarcie się o: *a brush with death*

**brush**[2] *v* **1** [T] wy/szczotkować: *Go brush your teeth.* | **brush sth off/away** (=strzepywać): *She brushed the crumbs off her lap.* **2** [I,T] muskać: **+ against** *Her hair brushed against my arm.*

**brush** sb/sth ↔ **aside** *phr v* [T] z/ignorować: *He brushed aside all criticisms.*

**brush up (on)** sth *phr v* [T] podszlifować, podszkolić się w: *I have to brush up on my French before I go to Paris.*

**brush-off** /ˈ. ./ *n informal* **give sb the brush-off** spławić kogoś: *I wanted to ask her out to dinner, but she gave me the brush-off.*

**brush·wood** /ˈbrʌʃwʊd/ *n* [U] chrust

**brusque** /bruːsk/ *adj* szorstki, opryskliwy: *a brusque manner*

**brus·sels sprout** /ˌbrʌsəlz ˈspraʊt/ *n* [C] brukselka

**bru·tal** /ˈbruːtl/ *adj* brutalny: *a brutal attack* | *She needs to be told what she is doing wrong, but you don't need to be brutal about it.* —**brutally** *adv* brutalnie: *brutally honest remarks* —**brutality** /bruːˈtælə̇ti/ *n* [C,U] brutalność

**brute** /bruːt/ *n* [C] **1** brutal **2** bestia, bydlę: *a great brute of a dog*

**BSc** /ˌbiː es ˈsiː/ *BrE*, **BS** /ˌbiː ˈes/ *AmE* *n* [C] stopień naukowy odpowiadający licencjatowi z nauk ścisłych

**bub·ble**[1] /ˈbʌbəl/ *n* [C] bąbelek, bańka: *soap bubbles*

**bubble**[2] *v* [I] **1** za/bulgotać, musować **2 bubble (over) with joy/excitement** nie posiadać się z radości/podniecenia

**bubble gum** /ˈ.. ./ *n* [U] guma balonowa

**bub·bly** /ˈbʌbli/ *adj* musujący

**buck** /bʌk/ *n* [C] *AmE, AustrE spoken* dolar: *Could you lend me 20 bucks?*

**buck·et** /ˈbʌkə̇t/ *n* [C] wiadro: **+ of** *a bucket of water*

**buck·le**[1] /ˈbʌkəl/ *v* [I,T] *także* **buckle up** zapinać (się) (*na sprzączkę*): *The strap buckles at the side.*

**buckle**[2] *n* [C] sprzączka

**bud**[1] /bʌd/ *n* [C] pąk, pączek

**bud**[2] *v* [I] **-dded, -dding** wypuszczać pą(cz)ki

**Bud·dhis·m** /ˈbʊdɪzəm/ *n* [U] buddyzm —**Buddhist** *n* [C] buddyst-a/ka —**Buddhist** *adj* buddyjski

**bud·dy** /ˈbʌdi/ *n* [C] **1** *informal* kumpel: *We're good buddies.* **2** *AmE spoken* kolega, koleś: *Hey buddy! Leave her alone!*

**budge** /bʌdʒ/ *v informal* **1** [I,T] ruszyć (się) (*z miejsca*): *The car won't budge.* | **+ from** *Mark hasn't budged from his room all day.* **2** [I] ustąpić: *Once Dad's made up his mind, he won't budge.*

**bud·ge·ri·gar** /ˈbʌdʒərɪgɑː/ *n* [C] papużka

**bud·get**[1] /ˈbʌdʒə̇t/ *n* [C] budżet: **+ of** *They have a budget of £1.5 million for the project.* | **cut/trim the budget** (=ogra-

B

niczać wydatki) | **balance the budget** (=nie przekraczać budżetu)

**budget**[2] *v* [I] planować wydatki: **budget for** (=przewidywać): *We didn't budget for any travel costs.* —**budgetary** *adj* budżetowy: *budgetary restrictions*

B

**budget**[3] *adj* tani: *a budget flight*

**bud·gie** /ˈbʌdʒi/ *n* [C] *BrE* papużka

**buf·fa·lo** /ˈbʌfələʊ/ *n* [C] **1** bawół **2** bizon

**buff·er** /ˈbʌfə/ *n* [C] **1** zabezpieczenie: **+ against** *The trees act as a buffer against strong winds.* | *Support from friends can provide a buffer against stress.* **2** bufor —**buffer** *v* [T] buforować

**buf·fet** /ˈbʊfeɪ/ *n* [C] bufet

**buffet car** /ˈ.. ./ *n* [C] *BrE* wagon restauracyjny

**bug**[1] /bʌg/ *n* [C] **1** *informal* robak **2** *informal* zarazek: *a flu bug* **3 get the bug/be bitten by the bug** *informal* złapać bakcyla: *They've all been bitten by the football bug.* **4** błąd (*w programie komputerowym*): *There's a bug in the system.* **5** ukryty mikrofon

**bug**[2] *v* [T] **-gged, -gging 1** zakładać podsłuch w: *Are you sure this room isn't bugged?* **2** *spoken* wkurzać: *Stop bugging me!*

**bug·gy** /ˈbʌgi/ *n* [C] wózek spacerowy

**bu·gle** /ˈbjuːgəl/ *n* [C] sygnałówka (*trąbka*) —**bugler** *n* [C] trębacz

**build**[1] /bɪld/ *v* **built, built, building** [T] z/budować, wy/budować: *More homes are being built near the lake.* | *We are working to build a more peaceful world.*

**build** sth ↔ **into** *phr v* [T] wbudowywać: *A physical training programme is built into the course.*

**build up** *phr v* **1** [I,T **build** sth ↔ **up**] wzmacniać, rozwijać: *You need to build your strength up after your illness.* | *They've built up the business over a number of years.* **2 build up sb's hopes** robić komuś nadzieję: *Don't build your hopes up.*

**build**[2] *n* [U singular] budowa (*ciała*): *Maggie is tall with a slim build.*

**build·er** /ˈbɪldə/ *n* [C] **1** *especially BrE* budowniczy **2** przedsiębiorstwo budowlane

**build·ing** /ˈbɪldɪŋ/ *n* **1** [C] budynek: *The old church was surrounded by tall buildings.* **2** [U] budowa

**building block** /ˈ.. ./ *n* [C usually plural] budulec, podstawowy składnik: *Reading and writing are the building blocks of our education.*

**building site** /ˈ.. ./ *n* [C] budowa, plac budowy

**building so·ci·e·ty** /ˈ.. .ˌ.../ *n* [C] *BrE* kasa mieszkaniowa

**build-up** /ˈ. ./ *n* [C usually singular] nasilenie: *The build-up of traffic is causing major problems in cities.*

**built** /bɪlt/ czas przeszły i imiesłów bierny od BUILD

**built-in** /ˌ. ˈ.◂/ *adj* wbudowany: *built-in wardrobes*

**bulb** /bʌlb/ *n* [C] **1** żarówka: *We need a new bulb in the kitchen.* **2** cebulka: *tulip bulbs*

**bulge**[1] /bʌldʒ/ *n* [C] wybrzuszenie, nierówność: *What's that bulge in the carpet?*

**bulge**[2] *v także* **bulge out** [I] wystawać: *Jeffrey's stomach bulged over his trousers.*

**bulk** /bʌlk/ *n* **1 the bulk of sth** większość czegoś: *The bulk of the work has already been done.* **2** [singular] masa: *His bulk made it difficult for him to move quickly enough.* **3 in bulk** hurtowo: *It's cheaper to buy things in bulk.*

**bulk·y** /ˈbʌlki/ *adj* nieporęczny: *a bulky package*

**bull** /bʊl/ *n* **1** [C] byk **2** [C] samiec (*słonia, wieloryba itp.*) **3** [U] *informal* ➡ BULLSHIT

**bull·dog** /ˈbʊldɒg/ *n* [C] buldog

**bull·doz·er** /ˈbʊldəʊzə/ *n* [C] spychacz, buldożer

**bul·let** /ˈbʊlɪt/ *n* [C] kula: *a bullet wound*

**bul·le·tin** /ˈbʊlətɪn/ *n* [C] **1** skrót wiadomości: *Our next bulletin is at 6 o'clock.* **2** biuletyn

**bulletin board** /ˈ... ˌ./ *n* [C] **1** *especially*

*AmE* tablica ogłoszeń **2** BBS (*komputerowa tablica ogłoszeń*)

**bull·fight** /ˈbʊlfaɪt/ *n* [C] walka byków, corrida —**bullfighter** *n* [C] torreador —**bullfighting** *n* [U] walka byków, corrida

**bull's-eye** /ˈ. ./ *n* [C] środek tarczy, dziesiątka: *to score a bull's eye*

**bull·shit** /ˈbʊlˌʃɪt/ *n* [U] *spoken* bzdury

**bul·ly¹** /ˈbʊli/ *v* [T] znęcać się nad (*młodszymi i słabszymi*)

**bully²** *n* [C] osoba znęcająca się nad młodszymi i słabszymi

**bum** /bʌm/ *n* [C] *informal* **1** *BrE* tyłek **2** *especially AmE* obibok: *Get out of bed, you bum!*

**bum·ble·bee** /ˈbʌmbəlbiː/ *n* [C] trzmiel

**bump¹** /bʌmp/ *v* **1** [I,T] uderzyć (się): *Mind you don't bump your head!* | **+ into/against** *It was so dark I bumped into* (=wpadłem na) *a tree.* **2** [I] podskakiwać (*o samochodzie*) **+ along** *The truck bumped along the rough track.*

**bump into** sb *phr v* [T] *informal* natknąć się na: *Guess who I bumped into this morning?*

**bump²** *n* [C] **1** guz: **+ on** *Derek's got a nasty bump on the head.* **2** wybój: **+ in** *a bump in the road*

**bump·er¹** /ˈbʌmpə/ *n* [C] zderzak

**bumper²** *adj* [only before noun] rekordowy: *a bumper crop*

**bump·y** /ˈbʌmpi/ *adj* wyboisty: *a bumpy road*

**bun** /bʌn/ *n* [C] **1** *BrE* słodka bułeczka: *a currant bun* **2** kok: *She wears her hair in a bun.*

**bunch** /bʌntʃ/ *n* [C] **1** bukiet: *a beautiful bunch of violets* **2** kiść: **+ of** *a bunch of grapes* **3** [singular] *informal* **a)** paczka, banda: *My class are a really nice bunch.* | **+ of** *a bunch of idiots* **b)** *AmE informal* masa: **+ of** *The doctor asked me a bunch of questions.*

**bun·dle** /ˈbʌndl/ *n* [C] **1** pakunek: **+ of** *a bundle of clothes* **2** plik: *a bundle of newspapers* **3** wiązka: *a bundle of sticks*

**bun·ga·low** /ˈbʌŋgələʊ/ *n* [C] dom parterowy

**bun·gle** /ˈbʌŋgəl/ *v* [T] s/partaczyć: *The builders bungled the job completely.*

**bunk** /bʌŋk/ *n* [C] **1** koja **2** kuszetka **3 bunk beds** łóżko piętrowe

**bun·ker** /ˈbʌŋkə/ *n* [C] bunkier, schron

**bun·ny** /ˈbʌni/ *także* **bunny rabbit** *n* [C] króliczek

**buoy** /bɔɪ/ *n* [C] boja

**bur·den¹** /ˈbɜːdn/ *n* [C] *formal* ciężar: **+on** *I don't want to be a burden on my children when I'm old.*

**burden²** *v* [T] obarczać: *We won't burden her with any more responsibility.*

**bu·reau** /ˈbjʊərəʊ/ *n* [C] **1** biuro: *an employment bureau* **2** *especially AmE* urząd: *the Federal Bureau of Investigation* **3** *BrE* sekretarzyk **4** *AmE* komoda

**bu·reauc·ra·cy** /bjʊəˈrɒkrəsi/ *n* [U] biurokracja

**bu·reau·crat** /ˈbjʊərəkræt/ *n* [C] biurokrat-a/ka

**bu·reau·crat·ic** /ˌbjʊərəˈkrætɪk◂/ *adj* biurokratyczny

**burg·er** /ˈbɜːgə/ *n* [C] HAMBURGER

**bur·glar** /ˈbɜːglə/ *n* [C] włamywacz/ka

**burglar a·larm** /ˈ.. .,./ *n* [C] alarm antywłamaniowy

**bur·glar·y** /ˈbɜːgləri/ *n* [C,U] włamanie

**bur·gle** /ˈbɜːgəl/ *BrE*, **bur·gla·rize** /ˈbɜːgləraɪz/ *AmE* *v* [T] włamywać się do

**bur·i·al** /ˈberiəl/ *n* [C,U] pogrzeb, pochówek

**burn¹** /bɜːn/ *v* **burned** *or* **burnt, burned** *or* **burnt, burning 1** [I,T] s/palić (się): *Be careful with that cigarette, you don't want to burn* (=wypalić) *a hole in the carpet.* **2** [I,T] oparzyć (się): *Dave burnt his hand on the iron.* **3** [I] palić się, płonąć: *Is the fire still burning?* **4** [I,T] spalać (się): *Cars burn gasoline.* —**burned** *adj* spalony, przypalony, oparzony

**burn** sth ↔ **down** *phr v* [I,T] spalić (się): *The cinema burnt down last*

B

*year.* | *The school was burnt down by vandals.*

**burn** sth ↔ **off** *phr v* [T] **burn off energy/calories** spalać energię/kalorie

**burn out** *phr v* [I,T **burn** sth ↔ **out**] wypalić (się): *The fire burned (itself) out.*

**burn up** *phr v* [I,T **burn** sth ↔ **up**] spalić (się): *The rocket burnt up when it re-entered the earth's atmosphere.*

**burn**[2] *n* [C] oparzenie: *Many of the victims suffered severe burns.*

**burn·er** /ˈbɜːnə/ *n* [C] palnik

**burn·ing** /ˈbɜːnɪŋ/ *adj* [only before noun] **1** płonący: *a burning house* **2** rozpalony: *burning cheeks* **3 burning question/issue** paląca kwestia

**burnt**[1] /bɜːnt/ *v* czas przeszły i imiesłów bierny od BURN

**burnt**[2] *adj* **1** przypalony: *Sorry the toast is a little burnt.* **2** oparzony: *burnt skin*

**burp** /bɜːp/ *v* [I] *informal* **I/she burped** odbiło mi/jej się —**burp** *n* [C] beknięcie

**bur·row**[1] /ˈbʌrəʊ/ *v* [I,T] wy/kopać (*norę*) **+ under** *Rabbits had burrowed under the wall.*

**burrow**[2] *n* [C] nora

**bur·sa·ry** /ˈbɜːsəri/ *n* [C] stypendium

**burst**[1] /bɜːst/ *v* **burst, burst, bursting 1** [I] pękać: *That balloon will burst if you leave it in the sun.* **2** [T] przebijać: *The kids burst all the balloons with pins.* **3 be bursting** być przepełnionym: **+ with** *Florence is always bursting with tourists.* | **be bursting at the seams** (=pękać w szwach): *Classrooms are bursting at the seams.* **4 burst open** otworzyć się gwałtownie: *The door burst open and 20 or 30 policemen rushed in.* **5 be bursting to do sth** nie móc się doczekać, żeby coś zrobić: *Becky's just bursting to tell you her news.*

**burst into** sth *phr v* [T] **1** wpadać do: *Jenna burst into the room.* **2 burst into tears** rozpłakać się: *The little girl burst into tears.* **3 burst into flames** stanąć w płomieniach: *The car hit a tree and burst into flames.*

**burst out** *phr v* **1 burst out laughing/crying** wybuchać śmiechem/płaczem **2** [I] wy/krzyknąć: *"I don't believe it!" Duncan burst out.*

**burst**[2] *n* [C] przypływ, wybuch: **+ of** *In a sudden burst of energy Denise cleaned the whole house.* | *a burst of laughter*

**burst**[3] *adj* pęknięty, rozerwany: *a burst pipe* | *burst blood vessels*

**bur·y** /ˈberi/ *v* [T] **1** po/chować: *Auntie Betty was buried in Woodlawn Cemetery.* **2** zakopywać: *The dog was burying a bone.* | **+ under** *Dad's glasses were buried under a pile of newspapers.* **3 bury the hatchet** zakopać topór wojenny **4 bury your face in** ukryć twarz w: *She turned away, burying her face in her hands.*

**bus** /bʌs/ *n* [C] *plural* **buses** autobus: *There were only three people on the bus.* | **by bus** *I usually go to school by bus.*

**bush** /bʊʃ/ *n* **1** [C] krzak: *a rose bush* **2 the bush** busz

**bush·y** /ˈbʊʃi/ *adj* bujny, puszysty: *a bushy tail*

**bus·i·ly** /ˈbɪzəli/ *adv* pracowicie: *The class were all busily writing.*

**busi·ness** /ˈbɪznəs/ *n* **1** [U] biznes, interesy: **do business with** *We do a lot of business with people in Rome.* **2 go into business** zakładać firmę: *Pam's going into business with her sister.* **3 go out of business** z/likwidować interes: *Many small companies have recently gone out of business.* **4** [U] praca: **on business** (=służbowo): *Al's gone to Japan on business.* **5** [C] firma, przedsiębiorstwo: **run a business** (=prowadzić firmę): *Graham runs a printing business.* **6** [U] *spoken* sprawa: *'Are you going out with Ben tonight?' 'That's my business.'* | **none of your business** (=nie twój interes): *It's none of your business how much I earn.* | **mind your own business** (=pilnuj swego nosa) **7 get down to business** zabierać się do rzeczy **8 mean business** *informal* nie żartować: *I could tell from the look on his face that he meant business.*

**busi·ness·like** /ˈbɪznəs-laɪk/ *adj* rzeczowy: *a businesslike manner*

**busi·ness·man** /ˈbɪznəsmən/ *n* [C] biznesmen

**busi·ness·wom·an** /ˈbɪznəsˌwʊmən/ *n* [C] bizneswoman

**bus stop** /ˈ. ./ *n* [C] przystanek autobusowy

**bust**[1] /bʌst/ *v* [T] **bust** *or* **busted, bust** *or* **busted, busting** *informal* **1** rozwalić: *Someone bust his door down while he was away.* **2** przymknąć: *He got busted for possession of drugs.*

**bust**[2] *n* [C] **1** biust: *a 34 inch bust* **2** popiersie: **+ of** *a bust of Shakespeare*

**bust**[3] *adj* **1** *informal* **go bust** s/plajtować: *More and more small businesses are going bust each year.* **2** zepsuty: *The TV's bust again.*

**bus·tle**[1] /ˈbʌsəl/ *n* [singular] zgiełk, gwar: **+ of** *the bustle of the big city* —**bustling** *adj* gwarny

**bustle**[2] *v* [I] krzątać się: **+ about/around** *Linda was bustling around in the kitchen.*

**bus·y**[1] /ˈbɪzi/ *adj* **1** zajęty: *Alex is busy studying for his exams.* | **+ with** *I'm busy with a customer at the moment. Can I call you back?* **2** zatłoczony: *a busy airport* | *The roads were very busy this morning.* **3** *especially AmE* zajęty (*o linii*): *I got a busy signal.* —**busily** *adv* pracowicie: *She bustled around busily.*

**busy**[2] *v* **busy yourself with sth** zajmować się czymś: *Josh busied himself with cleaning the house.*

**bus·y·bod·y** /ˈbɪziˌbɒdi/ *n* [C] ciekawsk-i/a

**but**[1] /bət/ *conjunction* **1** ale, lecz: *Grandma didn't like the song, but we loved it.* | *Carla was supposed to come tonight, but her husband took the car.* **2** *spoken* ależ: *"I have to go tomorrow." "But you only just arrived!"*

**but**[2] *prep* oprócz, poza: *Joe can come any day but Monday.* | *Nobody but Liz knows the truth.* | **the last but one** (=przedostatni): *I was the last but one to arrive.*

**butch·er** /ˈbʊtʃə/ *n* [C] **1** rzeźnik **2 butcher's** sklep mięsny, rzeźnik

**but·ler** /ˈbʌtlə/ *n* [C] kamerdyner

**butt**[1] /bʌt/ *n* [C] **1** *informal, especially AmE* tyłek: *Get off your butt and do some work.* **2** niedopałek **3** kolba: *a rifle butt*

**butt**[2] *v* [I,T] u/bóść

**butt in** *phr v* [I] *informal* wtrącać się: *Sorry, I didn't mean to butt in.*

**but·ter** /ˈbʌtə/ *n* [U] masło: *a slice of bread and butter*

**but·ter·cup** /ˈbʌtəkʌp/ *n* [C] jaskier

**but·ter·fly** /ˈbʌtəflaɪ/ *n* [C] **1** motyl **2 have butterflies (in your stomach)** *informal* denerwować się

**but·tock** /ˈbʌtək/ *n* [C usually plural] pośladek

**but·ton**[1] /ˈbʌtn/ *n* [C] **1** guzik: *Do your buttons up* (=zapnij guziki). **2** przycisk, guzik: **push/press a button** *Just press the 'on' button.* **3** *AmE* znaczek, odznaka

**button**[2] *v także* **button up** [I,T] zapinać (się): *Button up your coat.*

**but·ton·hole** /ˈbʌtnhəʊl/ *n* [C] dziurka (*na guzik*)

**buy** /baɪ/ *v* **bought, bought, buying 1** [I,T] kupować: *Have you bought Bobby a birthday present yet?* | **buy sth from sb** *I'm buying a car from a friend.* | **buy sth for** *She bought those shoes for £15.* **2** [T] *informal* u/wierzyć w: *I just don't buy that story.*

**buy** sb/sth ↔ **out** *phr v* [T] wykupywać

**buy·er** /ˈbaɪə/ *n* [C] **1** nabywca, kupiec: *We've found a buyer for our house.* **2** zaopatrzeniowiec

**buzz**[1] /bʌz/ *v* **1** [I] brzęczeć: *Why's the TV buzzing like that?* **2** [I] huczeć: **+ with** *The whole building was buzzing with news of the fire.*

**buzz**[2] *n* [C] brzęczenie

**buzz·er** /ˈbʌzə/ *n* [C] brzęczyk: *I pressed the buzzer.*

**by**[1] /baɪ/ *prep* **1** przez: *a film made by Steven Spielberg* | *Sylvie was hit by a car.* **2 a play by Shakespeare** sztuka Szekspira **3** przy, obok: *I'll meet you by the bank.* **4** za: *I grabbed the hammer by the handle.* **5** wyraża sposób wykonania czynności: **by car/plane** (=samochodem/samolotem): *We travelled*

*across India by train.* | **by doing sth** (=robiąc coś): *Carol earns extra money by babysitting.* **6** do: *Your report has to be done by 5:00.* **7 by mistake** przez pomyłkę: *Hugh locked the door by mistake.* **8 by accident/chance** przez przypadek, przypadkowo: *I bumped into her quite by chance in Oxford Street.* **9** według, zgodnie z: *By law, you must be over 16 to marry.* | *It's 9.30 by my watch.* **10** koło, obok: *Sophie ran by me on her way to the bus stop.* **11** przy określaniu miar i liczb: *The room is 14 feet by 12 feet* (=ma 14 na 12 stóp). | *What's 7 multiplied by* (=pomnożone przez) *8?* | *Anne gets paid by the hour* (=od godziny). | *You have to buy this material by the metre* (=na metry). **12 day by day** dzień za dniem **13 by day/by night** za dnia/nocą: *Bats sleep by day and hunt by night.* **14 by the way** *spoken* à propos, a tak przy okazji: *By the way, Cheryl called while you were out.* **15 (all) by yourself** zupełnie sam: *They left the boy by himself for two days!*

**by**[2] *adv* **1** obok: *Two cars went by, but nobody stopped.* **2 by and large** ogólnie rzecz biorąc: *By and large, I agree.*

**bye** /baɪ/ *także* **bye-bye** *interjection* do widzenia, cześć: *Bye Sandy! See you later.*

**by-e·lec·tion** /ˈ. .ˌ../ *n* [C] *BrE* wybory uzupełniające

**by·gone** /ˈbaɪɡɒn/ *adj* miniony: *bygone days/age/era*

**by·gones** /ˈbaɪɡɒnz/ *n* **let bygones be bygones** co było, minęło

**by·pass**[1] /ˈbaɪpɑːs/ *n* [C] **1** obwodnica **2** bypass: *heart bypass* | *bypass surgery*

**bypass**[2] *v* [T] omijać: *The road bypasses the town.* | *I bypassed the paperwork by phoning the owner of the company.*

**by-prod·uct** /ˈ. ˌ../ *n* [C] **1** produkt uboczny: *Plutonium is a by-product of nuclear processing.* **2** skutek uboczny: *His lack of respect for authority was a by-product of his upbringing.*

**by·stand·er** /ˈbaɪˌstændə/ *n* [C] przypadkowy świadek: **innocent bystander** *Several innocent bystanders were killed by the explosion.*

**byte** /baɪt/ *n* [C] bajt

# Cc

**C** skrót od CELSIUS lub CENTIGRADE

**cab** /kæb/ *n* [C] **1** taksówka **2** kabina (*kierowcy*)

**cab·a·ret** /ˈkæbəreɪ/ *n* [C,U] kabaret

**cab·bage** /ˈkæbɪdʒ/ *n* [C,U] kapusta

**cab·in** /ˈkæbə̇n/ *n* [C] **1** kabina **2** chata: *a log cabin*

**cab·i·net** /ˈkæbə̇nə̇t/ *n* **1** [C] szafka **2 drinks cabinet** barek **3 the Cabinet** gabinet (*rząd*)

**ca·ble[1]** /ˈkeɪbəl/ *n* **1** [C,U] kabel: *an underground telephone cable* **2** [U] telewizja kablowa **3** [C,U] lina **4** [C] depesza

**cable[2]** *v* [I,T] nadawać depeszę (do)

**cable car** /ˈ.. ./ *n* [C] wagon kolejki linowej

**cable tel·e·vi·sion** /ˌ.. ˈ..../ *także* **cable TV** *n* [U] telewizja kablowa

**cack·le** /ˈkækəl/ *v* [I] rechotać

**cac·tus** /ˈkæktəs/ *n* [C] *plural* **cacti** /-taɪ/ *or* **cactuses** kaktus

**ca·det** /kəˈdet/ *n* [C] kadet

**cae·sar·e·an** /sə̇ˈzeəriən/ *także* **caesarean section** *n* [C] cesarskie cięcie

**cafe** /ˈkæfeɪ/ *także* **café** *n* [C] kawiarnia

**caf·e·te·ri·a** /ˌkæfə̇ˈtɪəriə/ *n* [C] bufet, stołówka: *the college cafeteria*

**caf·feine** /ˈkæfiːn/ *n* [U] kofeina

**cage** /keɪdʒ/ *n* [C] klatka —**caged** *adj* zamknięty w klatce

**cag·ey** /ˈkeɪdʒi/ *adj informal* skryty: **+ about** *He's being very cagey about what he's going to do with the money.*

**ca·jole** /kəˈdʒəʊl/ *v* [T] nakłaniać: *He tried to cajole her into having something to eat.*

**cake** /keɪk/ *n* **1** [C,U] ciasto: *Would you like a piece of cake?* | *a birthday cake* (=tort) **2 fish cake** hamburger rybny **3 you can't have your cake and eat it** nie można mieć wszystkiego naraz

**caked** /keɪkt/ *adj* [not before noun] **caked in/with sth** oblepiony czymś: *Paul's boots were soon caked with mud.*

**ca·lam·i·ty** /kəˈlæmə̇ti/ *n* [C,U] klęska, katastrofa: *The government was determined to avoid yet another political calamity.* | *The area has been plagued by calamity.*

**cal·ci·um** /ˈkælsiəm/ *n* [U] wapń

**cal·cu·late** /ˈkælkjʊ̈leɪt/ *v* **1** [T] obliczać: *The price is calculated in US dollars.* **2** przewidywać: *It's difficult to calculate what effect these changes will have on the company.* **3 calculated to do sth** obliczony na zrobienie czegoś: *The ads are calculated to attract women voters.*

**cal·cu·lat·ed** /ˈkælkjʊ̈leɪtə̇d/ *adj* rozmyślny: *It was a calculated attempt to deceive the public.*

**cal·cu·lat·ing** /ˈkælkjʊ̈leɪtɪŋ/ *adj* wyrachowany: *a cold and calculating man*

**cal·cu·la·tion** /ˌkælkjʊ̈ˈleɪʃən/ *n* [C,U] obliczenie, kalkulacja: *According to the Institute's calculations, nearly 80% of teenagers have tried drugs.*

**cal·cu·la·tor** /ˈkælkjʊ̈leɪtə/ *n* [C] kalkulator

**cal·en·dar** /ˈkælə̇ndə/ *n* **1** [C] kalendarz: *The President's calendar is completely full at the moment.* | *the Jewish calendar* **2 calendar year/month** rok/miesiąc kalendarzowy

**calf** /kɑːf/ *n* [C] *plural* **calves** **1** łydka **2** cielę

**cal·i·bre** /ˈkælə̇bə/ *BrE*, **caliber** *AmE* *n* [U] kaliber: *players of the highest calibre*

**call[1]** /kɔːl/ *v* **1 be called** nazywać się: *What was that movie called again?* **2** [T] dać na imię: *They finally decided to call the baby Joel.* **3** [T] nazywać: *News reports have called it the worst disaster of this century.* **4** [I,T] za/dzwonić (do): *I called about six o'clock but no one was home.* | *He said he'd call me tomorrow.* **5** [T] za/wołać, wzywać: *I can hear Mom calling me. I'd better go.* | *The headmaster called me into his office.* **6** [T] **call a meeting** zwoływać zebranie: *A meeting was called for 3 pm Wednesday.* **7** [T] **call a strike** ogłaszać strajk **8** *także* **call out** [I,T] za/wołać: *"I'm coming!" Paula called down*

C

*the stairs.* | *A little voice called out my name.* **9** *także* **call by** [I] *BrE* wstępować: *Your friend Alex called earlier.* **10** [I] zatrzymywać się (*o pociągu*): *This train calls at all stations.* **11 call it a day** *informal* s/kończyć (*pracę*): *Come on, guys, let's call it a day* (=kończymy na dzisiaj).

**call back** *phr v* **1** [I,T **call** sb **back**] oddzwaniać: *Okay, I'll call back around three.* **2** [I] *BrE* wracać: *I'll call back tonight with my car to pick it up.*

**call for** *phr v* **1** [T **call for** sth] domagać się: *Congressmen are calling for an investigation into the scandal.* **2** [T **call for** sb] *BrE* przychodzić po: *I'll call for you at about eight.*

**call in** *phr v* **1** [T **call** sb ↔ **in**] wzywać: *Police have been called in to help with the hunt for the missing child.* **2** [I] *BrE* wstępować: *Nick often calls in on his way home from work.*

**call** sth ↔ **off** *phr v* [T] odwoływać: *The game was called off due to bad weather.*

**call on** sb/sth *phr v* [T] **1** *także* **call upon** wzywać: *The UN has called on both sides to start peace talks.* **2** odwiedzać: *a salesman calling on customers*

**call out** *phr v* **1** [I,T **call** sth ↔ **out**] za/wołać: *"Hey!" she called out to him.* **2** [T **call** sb/sth ↔ **out**] wzywać: *"Where's Dr. Cook?" "She's been clled out."*

**call up** *phr v* **1** [I,T **call** sb ↔ **up**] *especially AmE* za/dzwonić (do): *Why don't you call Suzie up and see if she wants to come over?* **2** [T **call** sth ↔ **up**] wywoływać (*na ekran komputera*) **3** [T **call** sb ↔ **up**] *BrE* powoływać (*do wojska*)

**call²** *n* **1** [C] telefon: *She's expecting a call from the office soon.* | **get a call** *I got a call from Teresa yesterday* (=wczoraj dzwoniła do mnie Teresa). | **give sb a call** (=za/dzwonić do kogoś): *Just give me a call from the airport when you arrive.* | **make a call** (=za/dzwonić): *Sorry, I have to make a telephone call.* | **return sb's call** *Ask him to return my call* (=poproś go, żeby oddzwonił) *when he comes home.* **2 be on call** mieć dyżur: *Heart surgeons are on call 24 hours a day.* **3** [C] wołanie: *a call for help* **4** [C] wizyta: **pay a call on sb** (=odwiedzić kogoś): *Should we pay a call on Nadia while we're in Paris?* **5** [C] **call for sth** żądanie czegoś: *the call for a new constitution for Britain* **6** [C] krzyk (*ptaka lub zwierzęcia*): *the mating call of the bald eagle*

**call·er** /ˈkɔːlə/ *n* [C] telefonując-y/a: *Didn't the caller say who she was?*

**call-in** /ˈ. ./ *n* [C] *AmE* program z udziałem telefonujących słuchaczy lub telewidzów

**call·ing** /ˈkɔːlɪŋ/ *n* [C] powołanie: *a calling to the priesthood* (=powołanie kapłańskie)

**cal·lous** /ˈkæləs/ *adj* bezduszny —**callousness** *n* [U] bezduszność

**calm¹** /kɑːm/ *adj* spokojny: *The water was much calmer in the bay.* | *a calm clear day* | **keep calm** (=zachowywać spokój): *Please, everyone, try to keep calm!* —**calmly** *adv* spokojnie —**calmness** *n* [U] spokój

**calm²** *v* [T] uspokajać: *Matt was trying to calm the baby.*

**calm down** *phr v* [I,T] uspokajać (się): *Calm down and tell me what happened.* | *It took a while to calm the kids down.*

**calm³** *n* [U singular] spokój: *The police appealed for calm following the shooting of a teenager.*

**cal·o·rie** /ˈkæləri/ *n* [C] kaloria: *An average potato has about 90 calories.*

**calves** /kɑːvz/ *n* liczba mnoga od CALF

**cam·cor·der** /ˈkæmˌkɔːdə/ *n* [C] (mini) kamera wideo

**came** /keɪm/ *v* czas przeszły od COME

**cam·el** /ˈkæməl/ *n* [C] wielbłąd

**cam·e·ra** /ˈkæmərə/ *n* [C] aparat (fotograficzny), kamera

**cam·e·ra·man** /ˈkæmərəmən/ *n* [C] operator

**cam·ou·flage¹** /ˈkæməflɑːʒ/ *n* [C,U] kamuflaż: *The Arctic fox's white fur is an*

*excellent winter camouflage.* | *a soldier in camouflage* (=w stroju maskującym)

**camouflage²** *v* [T] za/maskować: *Hunters camouflage the traps with leaves and branches.*

**camp¹** /kæmp/ *n* [C,U] **1** obóz: *After hiking all morning, we returned to camp.* | *summer camp* **2 prison/labour camp** obóz jeniecki/pracy

**camp²** *v* [I] **1** *także* **camp out** biwakować, rozbijać obóz: *Where should we camp tonight?* **2 go camping** po/jechać na biwak

**cam·paign¹** /kæmˈpeɪn/ *n* [C] kampania: *an election campaign* | **+ for/against** (=na rzecz/przeciw(ko)): *a campaign for equal rights for homosexuals*

**campaign²** *v* [I] prowadzić kampanię: **+ for/against** (=na rzecz/przeciw(ko)): *We're campaigning for the right to smoke in public places.*

**camp·er** /ˈkæmpə/ *n* [C] **1** obozowicz/ka **2** samochód kempingowy

**camp·site** /ˈkæmpsaɪt/ *BrE*, **camp·ground** /-graʊnd/ *AmE* *n* [C] pole namiotowe

**cam·pus** /ˈkæmpəs/ *n* [C,U] miasteczko uniwersyteckie: **on campus** *Most first-year students live on campus.*

**can¹** /kən/ *modal verb* **could 1** umieć, potrafić: *I can't swim!* | *Jess can speak French fluently.* **2** móc: *We couldn't afford a vacation last year.* | *You can go out when you've finished your homework.* **3** *spoken* używane w prośbach: *Can I have a chocolate biscuit?* | *Can you help me take the clothes off the line?* **4** używane w propozycjach: *Can I help you with those bags?* **5** używane dla wyrażenia zdziwienia: *Can things really be that bad?* | *You can't be serious!* **6** używane dla wyrażenia prawdopodobieństwa: *We are confident that the missing climbers can be found.* **7** używane przy opisie powtarzających się sytuacji: *It can get pretty cold here at night.* **8 can you see/hear/feel that?** widzisz/słyszysz/czujesz to? → patrz ramka CAN

> UWAGA **can**
>
> Patrz **able** i **can**.

**can²** /kæn/ *n* [C] puszka: **+ of** *a can of tuna fish*

**can³** *v* [T] **-nned, -nning** za/puszkować

**ca·nal** /kəˈnæl/ *n* [C] kanał

**ca·nar·y** /kəˈneəri/ *n* [C] kanarek

**can·cel** /ˈkænsəl/ *v* [T] **-lled, -lling** *BrE*, **-led, -ling** *AmE* **1** odwoływać: *I had to cancel my trip to Rome.* **2** anulować: *I'd like to cancel my subscription to Time magazine.*

**can·cel·la·tion** /ˌkænsəˈleɪʃən/ *n* [C,U] odwołanie (*np. rezerwacji*): *The plane is full right now, but sometimes there are cancellations.* | **+ of** *the cancellation of our order*

**Can·cer** /ˈkænsə/ *n* [C,U] Rak

**cancer** *n* [C,U] rak, nowotwór: *lung cancer* | *He died of cancer at the age of 63.*

**can·did** /ˈkændɪ̵d/ *adj* szczery: *a candid article about his drug addiction*

**can·di·da·cy** /ˈkændɪ̵dəsi/ *n* [C,U] kandydatura: *She announced her candidacy at the convention.*

**can·di·date** /ˈkændɪ̵dɪ̵t/ *n* [C] **1** kandydat/ka: *Which candidate are you voting for?* | **+ for** *Sara seems to be a likely candidate for the job.* **2** *BrE* zdający-y/a (*egzamin*)

**can·dle** /ˈkændl/ *n* [C] świeca, świeczka

**can·dle·light** /ˈkændl-laɪt/ *n* [U] światło świec(y)

**can·dle·stick** /ˈkændlˌstɪk/ *n* [C] świecznik

**can·dy** /ˈkændi/ *n* [C,U] *especially AmE* cukierek

**cane¹** /keɪn/ *n* **1** [C,U] trzcina: *a cane chair* | *Support the tomato plants with garden canes.* **2** [C] laska

**cane²** *v* [T] wy/chłostać

**ca·nine** /ˈkeɪnaɪn/ *adj* psi

**can·is·ter** /ˈkænɪ̵stə/ *n* [C] pojemnik (*metalowy*): *a canister of tear gas*

**can·na·bis** /ˈkænəbɪ̵s/ *n* [U] marihuana

C

**canned** /kænd/ *adj* puszkowany: *canned pineapple*

**can·ni·bal** /ˈkænəbəl/ *n* [C] kanibal —**cannibalism** *n* [U] kanibalizm

**can·non** /ˈkænən/ *n* [C] działo, armata

**cannon ball** /ˈ.. ./ *n* [C] kula armatnia

**can·not** /ˈkænət/ *modal verb* forma przecząca od CAN: *I cannot accept your offer.*

C

**can·ny** /ˈkæni/ *adj* sprytny

**ca·noe** /kəˈnuː/ *n* [C] kajak

**ca·noe·ing** /kəˈnuːɪŋ/ *n* [U] kajakarstwo: **go canoeing** *We used to go canoeing every Saturday.*

**can·on** /ˈkænən/ *n* [C] kanonik

**can o·pen·er** /ˈ. ,.../ *n* [C] otwieracz do konserw

**can't** /kɑːnt/ skrót od CANNOT: *I can't go with you today.*

**can·teen** /kænˈtiːn/ *n* [C] stołówka

**can·vas** /ˈkænvəs/ *n* **1** [U] brezent **2** [C] płótno: *The painter showed me her canvases.*

**can·vass** /ˈkænvəs/ *v* [I,T] agitować: *Someone was here canvassing for The Green Party.*

**can·yon** /ˈkænjən/ *n* [C] kanion: *the Grand Canyon*

**cap**[1] /kæp/ *n* [C] **1** czapka (*z daszkiem*): *a baseball cap* **2** czepek: *a swimming cap | a nurse's cap* **3** kapsel, nakrętka: *a bottle cap* **4** nasadka: *Put the cap back on that pen!*

**cap**[2] *v* [T] **-pped, -pping** uwieńczyć: *Lewis capped a brilliant season by beating the world record.*

**ca·pa·bil·i·ty** /ˌkeɪpəˈbɪləti/ *n* [C,U] możliwości: *What you can do depends on your computer's graphics capability.* | **+ to** *The country has the capability to produce nuclear weapons.*

**ca·pa·ble** /ˈkeɪpəbəl/ *adj* **1** zdolny: *Sue is an extremely capable lawyer.* **2 capable of (doing) sth** zdolny do (zrobienia) czegoś: *Do you think he's capable of murder?* ➡ antonim INCAPABLE

> UWAGA **capable**
>
> Patrz **able** i **capable.**

**ca·pac·i·ty** /kəˈpæsəti/ *n* **1** [U singular] pojemność: **+ of** *The fuel tank has a capacity of 12 gallons.* | *The stadium was filled to capacity* (=wypełniony do ostatniego miejsca) *last night.* **2** [C,U] zdolności: **+ for** *Jan has a real capacity for hard work.* **3** [U singular] wydajność: *The factory is finally working to full capacity.*

**cape** /keɪp/ *n* [C] **1** peleryna **2** przylądek: *Cape Cod*

**cap·i·tal**[1] /ˈkæpətl/ *n* **1** [C] stolica: *What's the capital of Poland?* | *Hollywood is the capital of the movie industry.* **2** [U] kapitał **3** [C] duża litera: *Write your name in capitals.*

**capital**[2] *adj* [only before noun] **1** kapitałowy: *We need a bigger capital investment to improve our schools.* **2 capital offence** przestępstwo zagrożone karą śmierci

**cap·i·tal·is·m** /ˈkæpətl-ɪzəm/ *n* [U] kapitalizm —**capitalistic** /ˌkæpətl-ˈɪstɪk◂/ *adj* kapitalistyczny —**capitalist** *adj* kapitalist-a/ka

**cap·i·tal·ize** /ˈkæpətl-aɪz/ (*także* **-ise** *BrE*) *v* [T]

**capitalize on** sth *phr v* [T] wykorzystywać: *She capitalized on his mistake and won the game.*

**capital pun·ish·ment** /ˌ... ˈ.../ *n* [U] kara śmierci

**ca·pit·u·late** /kəˈpɪtʃəleɪt/ *v* [I] s/kapitulować —**capitulation** /kəˌpɪtʃəˈleɪʃən/ *n* [C,U] kapitulacja

**ca·pri·cious** /kəˈprɪʃəs/ *adj* kapryśny: *Helen's just as capricious as her mother was.* | *capricious spring weather*

**Cap·ri·corn** /ˈkæprɪkɔːn/ *n* [C,U] Koziorożec

**cap·size** /kæpˈsaɪz/ *v* [I,T] wywracać (się) (*dnem do góry*)

**cap·sule** /ˈkæpsjuːl/ *n* [C] **1** kapsułka **2** kapsuła

**cap·tain** /ˈkæptən/ *n* [C] *także* **Captain** kapitan

**cap·tion** /ˈkæpʃən/ *n* [C] podpis

## Czasownik modalny ***CAN***

Czasownika ***can*** (w przeczeniach: ***cannot*** lub ***can't***) używamy najczęściej

**1** mówiąc o tym, co ktoś umie lub potrafi:

*She **can** run very fast.*

***Can** you speak Hungarian?*

**2** mówiąc, że coś jest lub nie jest możliwe:

*It **can** be very cold in March.*

*This **cannot** be true!*

**3** pytając o pozwolenie:

***Can** I open the window?*

**4** wyrażając pozwolenie lub zakaz:

*You **can** smoke if you like.*

*You **cannot** enter without a ticket.*

W sytuacjach opisanych w punkcie 3. i 4. używa się też czasownika modalnego ***may***. Konstrukcja z ***may*** jest nieco bardziej oficjalna, ***can*** natomiast jest częstsze w języku potocznym.

W czasie przyszłym, w czasach dokonanych oraz w bezokoliczniku zamiast ***can*** używamy konstrukcji ***be able to***:

*Will you **be able to** stay for dinner?*

*I'm afraid the doctor **won't be able to** see you tomorrow.*

*We **haven't been able to** contact her.*

*It's nice **to be able to** sleep long.*

patrz też: ***Conditional Sentences, COULD, Future Simple, Infinitive, MAY, Modal Verbs, Present Perfect, Verb, WILL***

**cap·ti·vate** /ˈkæptɪveɪt/ *v* [T] urzekać: *Alex was captivated by her beauty.* —**captivating** *adj* urzekający: *She had a captivating smile.*

**cap·tive**[1] /ˈkæptɪv/ *adj* **1** więziony: *captive animals* **2 captive audience** publiczność mimo woli **3 take sb captive** brać/wziąć kogoś do niewoli

**captive**[2] *n* [C] jeniec

**cap·tiv·i·ty** /kæpˈtɪvɪti/ *n* [U] niewola: **in captivity** *Many animals won't breed in captivity.*

**cap·ture**[1] /ˈkæptʃə/ *v* [T] **1** schwytać, ująć: *He was captured at the airport.* **2** zajmować: *The town was captured by enemy troops after 10 days' fighting.* **3** przejmować: *They have captured a large share of the market.* **4 capture sb's imagination/attention** za/fascynować kogoś

**capture**[2] *n* [U] schwytanie, ujęcie: *Higgins avoided capture by hiding in the woods.*

**car** /kɑː/ *n* [C] **1** samochód: *Joe got into the car. | You can't park your car there! | the problem of pollution caused by car exhausts | Did you come by car?* **2** wagon: *a restaurant car*

**ca·rafe** /kəˈræf/ *n* [C] karafka

**car·at** /ˈkærət/ *także* **karat** *AmE n* [C] karat

**car·a·van** /ˈkærəvæn/ *n* [C] **1** *BrE* przyczepa kempingowa **2** *BrE* barakowóz: *a gypsy caravan* **3** karawana

**car·bo·hy·drate** /ˌkɑːbəʊˈhaɪdreɪt/ *n* [C,U] węglowodan

**car·bon** /ˈkɑːbən/ *n* [U] węgiel

**car·bon·at·ed** /ˈkɑːbəneɪtɪ̈d/ *adj* gazowany

**carbon di·ox·ide** /ˌkɑːbən daɪˈɒksaɪd/ *n* [U] dwutlenek węgla

**carbon mo·nox·ide** /ˌkɑːbən məˈnɒksaɪd/ *n* [U] tlenek węgla

**carbon pa·per** /ˈ.. ˌ../ *n* [C,U] kalka (maszynowa)

**car·bu·ret·tor** /ˌkɑːbjʊ̈ˈretə/ *BrE*, **carburetor** *AmE n* [C] gaźnik

**car·cass** /ˈkɑːkəs/ *n* [C] tusza (*zwierzęca*)

**car·cin·o·gen** /kɑːˈsɪnədʒən/ *n* [C] substancja rakotwórcza

**card** /kɑːd/ *n* **1** [C] karta: *a credit card* | *Pick any card from the pack.* | **play cards** (=grać w karty): *Every Sunday afternoon they would play cards.* **2** [C] kartka: *a birthday card* **3** [C] widokówka, pocztówka **4** [U] *BrE* karton, tektura **5 put/lay your cards on the table** za/grać w otwarte karty

**card·board** /ˈkɑːdbɔːd/ *n* [U] karton, tektura

**car·di·ac** /ˈkɑːdi-æk/ *adj technical* **cardiac arrest** zatrzymanie akcji serca

**car·di·gan** /ˈkɑːdi/ *n* [C] sweter rozpinany

**car·di·nal** /ˈkɑːdənəl/ *n* [C] kardynał

**cardinal num·ber** /ˌ... ˈ../ *n* [C] liczebnik główny → porównaj ORDINAL NUMBER

**care¹** /keə/ *v* **1** [I,T] troszczyć się, dbać: **+ about** (=o): *He doesn't care about anybody but himself.* | **care what/who/how** (=dbać o to, co/kto/jak): *I don't care what you do.* **2 who cares?** *spoken* kto by się tym przejmował? **3 I/he couldn't care less** *spoken* nic mnie/go to nie obchodzi **4 would you care for ...?** *formal* czy miał(a)by Pan/i ochotę na ...?: *Would you care for a drink?*

**care for** sb/sth *phr v* [T] opiekować się: *Angie gave up her job to care for her mother.* | *instructions on caring for your new car*

**care²** *n* **1** [U] opieka: *Your father will need constant medical care.* | *workers responsible for the care of young children* | *With proper care* (=jeśli będziesz się z nią właściwie obchodzić), *your washing machine should last for years.* **2 take care of sb/sth a)** za/opiekować się kimś/czymś: *Who's taking care of the baby?* | *Karl will take care of the house while we're on vacation.* **b)** zajmować się kimś/czymś: *I'll take care of making the reservations.* **3** [U] ostrożność: *Fragile! Handle with care.* **4** [C,U] troska: *Forget all your cares.* **5 take care a)** *spoken informal* trzymaj się **b)** uważaj: *It's very icy, so take care driving home.* **6 in care** *BrE* w domu dziecka: **take sb into care** *After their mother died, the children were taken into care* (=dzieci umieszczono w domu dziecka).

**ca·reer** /kəˈrɪə/ *n* [C] **1** zawód: **career in sth** *a career in law* **2** kariera, życie zawodowe: *Paul spent most of his career as a teacher.*

**care·free** /ˈkeəfriː/ *adj* beztroski: *a carefree childhood*

**care·ful** /ˈkeəfəl/ *adj* **1** ostrożny: *a careful driver* | *Anna was careful not to upset Steven.* **2 (be) careful!** *spoken* uważaj!: *Be careful with that ladder!* —**carefully** *adv* ostrożnie

**care·less** /ˈkeələs/ *adj* nieostrożny, niedbały: *It was very careless of you to leave your keys in the car.* —**carelessly** *adv* nieostrożnie, niedbale —**carelessness** *n* [U] nieostrożność, niedbałość

**ca·ress** /kəˈres/ *v* [T] pieścić —**caress** *n* [C] pieszczota

**care·tak·er** /ˈkeəˌteɪkə/ *n* [C] *BrE* dozor-ca/czyni

**car·go** /ˈkɑːgəʊ/ *n* [C,U] *plural* **cargoes** ładunek: *a cargo of oil*

**car·i·ca·ture** /ˈkærɪkətʃʊə/ *n* [C,U] karykatura

**car·ing** /ˈkeərɪŋ/ *adj* opiekuńczy: *a warm and caring person*

**car·na·tion** /kɑːˈneɪʃən/ *n* [C] goździk

**car·ni·val** /ˈkɑːnəvəl/ *n* [C,U] karnawał: *carnival time in Rio*

**car·ni·vore** /ˈkɑːnəvɔː/ *n* [C] mięsożerca —**carnivorous** /kɑːˈnɪvərəs/ *adj* mięsożerny

**car·ol** /ˈkærəl/ *n* [C] kolęda

**car·ou·sel** /ˌkærəˈsel/ *n* [C] *especially AmE* karuzela

**carp** /kɑːp/ *n* [C,U] karp

**car park** /ˈ. ./ *n* [C] *BrE* parking

**car·pen·ter** /ˈkɑːpəntə/ *n* [C] stolarz

**car·pen·try** /ˈkɑːpəntri/ *n* [U] stolarstwo

**car·pet** /ˈkɑːpət/ *n* [C,U] dywan → porównaj RUG

**car·riage** /ˈkærɪdʒ/ *n* [C] **1** powóz **2** *BrE* wagon: *a non-smoking carriage*

**car·ri·er** /ˈkæriə/ *n* [C] **1** przewoźnik **2** nosiciel/ka

**carrier bag** /ˈ... ˌ./ *n* [C] *BrE* reklamówka

**car·rot** /ˈkærət/ *n* **1** [C,U] marchew **2** [C] marchewka: *carrot and stick approach* (=metoda kija i marchewki)

**car·ry** /ˈkæri/ *v* **1** [T] nosić: *Can you carry that suitcase for me?* | *Larry always carries a gun.* | **carry sth into/across/back etc** *pipes for carrying oil across the desert* **2** [T] przenosić: *Many diseases are carried by insects.* **3** [T] zamieszczać: *All the newspapers carried articles about the plane crash.* **4** [I] nieść się: *The sound carried as far as the lake.* **5** [T] nieść za sobą, pociągać za sobą: *Murder carries a life sentence in this state.* **6 be/get carried away** s/tracić głowę, dać się ponieść emocjom: *I got carried away and bought three pairs of shoes!* **7 carry weight** liczyć się: *My views don't seem to carry much weight around here.*

**carry** sth ↔ **off** *phr v* [T] doprowadzić do szczęśliwego końca: *It's a difficult thing to do, but I'm sure she'll be able to carry it off.*

**carry on** *phr v* [I,T] kontynuować: *You'll make yourself ill if you carry on working like that.*

**carry** sth ↔ **out** *phr v* [T] **1** przeprowadzać: *Teenagers carried out a survey on attitudes to drugs.* **2** wykonywać: *Soldiers are trained to carry out orders without question.*

**carry through** *phr v* [T **carry** sth ↔ **through**] doprowadzić do końca

**car·ry·all** /ˈkæri-ɔːl/ *n* [C] *AmE* HOLD-ALL *BrE*

**car·ry·cot** /ˈkærikɒt/ *n* [C] *BrE* przenośne łóżeczko dla niemowlęcia

**car·sick** /ˈkɑːˌsɪk/ *adj* [not before noun] **be carsick** cierpieć na chorobę lokomocyjną —**carsickness** *n* [U] choroba lokomocyjna

**cart**[1] /kɑːt/ *n* [C] **1** wóz: *a wooden cart drawn by a horse* **2** *AmE* wózek (*na zakupy*)

**cart**[2] *v* [T] *informal* wlec: *I'm sick of carting this suitcase around.*

**car·tel** /kɑːˈtel/ *n* [C,U] kartel

**car·ti·lage** /ˈkɑːtəlɪdʒ/ *n* [C,U] chrząstka

**car·ton** /ˈkɑːtn/ *n* [C] karton: *a milk carton*

**car·toon** /kɑːˈtuːn/ *n* [C] **1** film rysunkowy, kreskówka **2** rysunek satyryczny —**cartoonist** *n* [C] karykaturzyst-a/ka

**car·tridge** /ˈkɑːtrɪdʒ/ *n* [C] **1** kaseta: *an ink cartridge* | *a game cartridge* **2** nabój

**cart·wheel** /ˈkɑːt-wiːl/ *n* [C] gwiazda (*figura gimnastyczna*)

**carve** /kɑːv/ *v* **1** [T] wy/rzeźbić: *All the figures are carved from a single tree.* **2** [I,T] po/kroić: *Dad always carves the turkey.*

**carv·ing** /ˈkɑːvɪŋ/ *n* **1** [C] rzeźba **2** [U] rzeźbiarstwo

**cas·cade** /kæˈskeɪd/ *n* [C] *literary* kaskada: **+ of** *Her hair was a cascade of soft curls.* —**cascade** *v* [I] spływać/opadać kaskadą: *Flowering plants cascaded over the balcony.*

**case** /keɪs/ *n* **1** [C] przypadek: *In some cases, it may be necessary to talk to the child's parents.* | *an extreme case of amnesia* | **+ of** *a case of mistaken identity* | **this is the case** *People working together can do great things, and this was certainly the case* (=i tak było z pewnością) *in Maria's*

*neighbourhood.* | **in sb's case** (=w czyimś przypadku): *No one should be here after 6 o'clock, but in your case I'll make an exception.* **2 in that case** w takim razie: *"I'll be home late tonight." "Well, in that case, I won't cook dinner."* **3 in any case** *spoken* i tak, tak czy owak: *Of course we'll take you home – we're going that way in any case.* **4 in case of** *formal* w razie, w przypadku: *In case of fire, break the glass.* **5 (just) in case a)** na wszelki wypadek: *Take your umbrella just in case.* **b)** na wypadek, gdyby: *I brought my key just in case you forgot yours.* **6** [C] sprawa: *a court case dealing with cruelty to animals* | *a murder case* **7** [C usually singular] argumenty: **+ for/against** (=za/przeciw): *There is a good case for changing the rule.* **8** [C] kasetka: *a jewelry case* **9** [C] *BrE* walizka → patrz też LOWER CASE, UPPER CASE

**case stud·y** /'. ,../ *n* [C] studium, analiza (*określonego przypadku*)

**cash**[1] /kæʃ/ *n* [U] gotówka: *I'm short of cash at the moment.* | **pay cash** (=za/płacić gotówką): *"Are you paying by credit card?" "No, I'll pay cash."* | **in cash** *He had about £200 in cash in his wallet.*

**cash**[2] *v* [T] z/realizować (*czek*): *Do you cash travellers' cheques?*

**cash in on** sth *phr v* [T] wykorzystywać: *The suggestion that they are cashing in on the tragedy is completely untrue.*

**cash card** /'. ./ *n* [C] karta bankowa

**cash flow** /'. ./ *n* [U] przepływ gotówki: *cash flow problems*

**cash·ier** /kæ'ʃɪə/ *n* [C] kasjer/ka

**cash·mere** /'kæʃmɪə/ *n* [U] kaszmir: *an expensive cashmere sweater*

**cash·point** /'kæʃpɔɪnt/ *n* [C] *BrE* bankomat

**cash register** /'. ,../ *n* [C] kasa fiskalna

**cas·ing** /'keɪsɪŋ/ *n* [C] obudowa

**ca·si·no** /kə'siːnəʊ/ *n* [C] *plural* **casinos** kasyno

**cask** /kɑːsk/ *n* [C] beczułka

**cas·ket** /'kɑːskət/ *n* [C] **1** szkatułka **2** *AmE* trumna

**cas·se·role** /'kæsərəʊl/ *n* [C,U] zapiekanka

**cas·sette** /kə'set/ *n* [C] kaseta

**cassette player** /.'. ,../ *n* [C] magnetofon kasetowy

**cast**[1] /kɑːst/ *v* [T] **cast, cast, casting 1** obsadzać: **cast sb as** (=w roli): *Rickman was cast as the Sheriff of Nottingham.* **2 cast light on/onto sth** rzucać światło na coś: *Can you cast any light on the meaning of these figures?* **3 cast a shadow** *literary* rzucać cień: *trees casting a shadow across the lawn* **4 cast a spell on/over a)** oczarowywać: *Sinatra's voice soon cast its spell over the audience.* **b)** rzucać czar na **5 cast doubt on sth** podawać coś w wątpliwość: *I didn't mean to cast doubt on Bobby's version of the story.* **6 cast an eye over sth** rzucać na coś okiem: *Can you cast an eye over these figures and tell me what you think?* **7** odlewać: *a statue cast in bronze* **8 cast a vote** oddawać głos

**cast** sb/sth ↔ **aside** *phr v* [T] pozbywać się: *When he became President, he cast aside all his former friends.*

**cast**[2] *n* [C] **1** obsada: *an all-star cast* **2 plaster cast** gips

**cast·a·way** /'kɑːstəweɪ/ *n* [C] rozbitek

**caste** /kɑːst/ *n* [C,U] kasta

**cast i·ron** /,. '../ *n* [U] żeliwo

**cast-i·ron** /,. '..◂ / *adj* żeliwny: *a cast-iron pan*

**cas·tle** /'kɑːsəl/ *n* [C] zamek

**cast-offs** /'. ./ *n* [plural] rzeczy po kimś: *As the youngest of five kids I was always dressed in other people's cast-offs.*

**cas·trate** /kæ'streɪt/ *v* [T] wy/kastrować —**castration** *n* [C,U] kastracja

**cas·u·al** /'kæʒuəl/ *adj* **1** swobodny: *His casual attitude toward work irritates me.* **2 casual clothes/wear** odzież codzienna **3** [only before noun] pobieżny: *a casual glance at the newspapers* **4 casual relationship** luźny związek: *She wanted something more than a casual relationship.* **5** dorywczy: *casual employment* —**casually** *adv* swobodnie

**cas·u·al·ty** /ˈkæʒuəlti/ *n* **1** [C] ofiara: *There were no casualties in today's accident on the M10.* | *heavy casualties* (=duże straty w ludziach) **2** [U] *BrE* izba przyjęć (*dla nagłych wypadków*): *An ambulance rushed her to casualty.*

**cat** /kæt/ *n* [C] **1** kot **2 let the cat out of the bag** *informal* wygadać się

**cat·a·logue¹** /ˈkætəlɒg/ (*także* **catalog** *AmE*) *n* [C] katalog

**catalogue²** (*także* **catalog** *AmE*) *v* [T] s/katalogować

**cat·a·lyst** /ˈkætl-ˌəst/ *n* [C] katalizator: **+ for** *The women's movement became a catalyst for change in the workplace.*

**cat·a·pult¹** /ˈkætəpʌlt/ *v* [T] wyrzucać: **+ across/through/into etc** *The force of the explosion catapulted him into the air.*

**catapult²** *n* [C] *BrE* proca

**cat·a·ract** /ˈkætərækt/ *n* [C] zaćma

**ca·tas·tro·phe** /kəˈtæstrəfi/ *n* [C] katastrofa

**cat·as·troph·ic** /ˌkætəˈstrɒfɪk◂/ *adj* katastrofalny: *the catastrophic effects of the flooding*

**catch¹** /kætʃ/ *v* **caught, caught, catching 1** [T] z/łapać: *The police have caught the man suspected of the murder.* | *He was too fat and slow to catch the little boy.* | *Throw the ball to Tom and see if he can catch it.* | *If you hurry you might catch her before she leaves.* | *We were caught in the rain* (=złapał nas deszcz). **2** [I,T] zaczepić (się): *His shirt caught on the fence and tore.* **3** [T] przyłapywać: **catch sb doing sth** (=na czymś): *I caught him looking through my files.* | **catch sb red-handed** *He was caught red-handed* (=przyłapano go na gorącym uczynku). **4 catch sight of** dostrzec: *I caught sight of Luisa in the crowd.* **5 catch sb's eye** zwracać czyjąś uwagę: *bright colours that catch the eye* **6** [T] zarażać się, z/łapać: *Put your coat on! You don't want to catch cold!* **7 catch a bus/train** po/jechać autobusem/pociągiem: *I catch the 7.30 train every morning.* **8 catch fire** zapalać się: *Two farmworkers died when a barn caught fire.* **9 not catch sth** nie dosłyszeć czegoś: *I'm sorry, I didn't catch your name.*

**catch on** *phr v* [I] **1** chwytać: *Explain the rules to Zoe – she catches on fast.* **2** przyjmować się: *The new fashion really caught on.*

**catch** sb ↔ **out** *phr v* [T] *BrE* zagiąć: *She tried to catch me out by asking me where I'd first met her husband.*

**catch up** *phr v* [I,T **catch** sb/sth **up**] **1 catch up with sb** doganiać kogoś: *I had to run to catch up with her.* **2** nadrabiać, nadganiać: *At first he was bottom of the class, but he soon caught up.*

**catch up on** sth *phr v* [T] nadrabiać zaległości w: *I need to catch up on some sleep this weekend.*

**catch²** *n* [C] **1** chwyt: *That was a great catch!* **2** *informal* kruczek: *The rent is so low there must be a catch.* **3** połów: *a large catch of tuna fish* **4** zapadka

**Catch-22** /ˌkætʃ twenti ˈtuː/ *n* [singular] błędne koło: *You can't get a job without experience, and you can't get experience without a job. It's a Catch-22.*

**catch·ing** /ˈkætʃɪŋ/ *adj* [not before noun] zakaźny

**catch phrase** /ˈ. ./ *n* [C] slogan

**catch·y** /ˈkætʃi/ *adj* chwytliwy, wpadający w ucho

**cat·e·gor·i·cal** /ˌkætˌəˈgɒrɪkəl◂/ *adj* kategoryczny: *a categorical denial* —**categorically** *adv* kategorycznie

**cat·e·go·rize** /ˈkætˌəgəraɪz/ (*także* **-ise** *BrE*) *v* [T] s/klasyfikować: *We've categorized the students by age.*

**cat·e·go·ry** /ˈkætˌəgəri/ *n* [C] kategoria: **fall into a category** (=należeć do kategorii): *Voters fall into one of three categories.*

**ca·ter** /ˈkeɪtə/ *v* [I,T] *especially AmE* obsługiwać (*przyjęcia*): *Who's catering your daughter's wedding?* —**catering** *n* [U] obsługa przyjęć

**cater for** sb *phr v* [T] *BrE* wychodzić na przeciw potrzebom: *a holiday company catering for the elderly*

**cat·er·pil·lar** /ˈkætəˌpɪlə/ *n* [C] gąsienica

**ca·the·dral** /kəˈθiːdrəl/ *n* [C] katedra

**Cath·o·lic** /ˈkæθəlɪk/ *adj* katolicki —**Catholic** *n* [C] katoli-k/czka —**Catholicism** /kəˈθɒlɪ̵sɪzəm/ *n* [U] katolicyzm

**cat's eye** /ˈ. ./ *n* [C] kocie oko (*odblaskowe światła wzdłuż szosy*)

**cat·tle** /ˈkætl/ *n* [plural] bydło

**cat·walk** /ˈkætwɔːk/ *n* [C] wybieg: *models on the catwalk*

**Cau·ca·sian** /kɔːˈkeɪziən/ *adj* rasy białej

**caught** /kɔːt/ *v* czas przeszły i imiesłów bierny od CATCH

**caul·dron** /ˈkɔːldrən/ *także* **caldron** *n* [C] kocioł: *a witch's cauldron*

**cau·li·flow·er** /ˈkɒlɪˌflaʊə/ *n* [C,U] kalafior

**cause**[1] /kɔːz/ *n* **1** [C] przyczyna: **+ of** *What was the cause of the accident?* **2** [U] powód: **+ for** *She had no cause for complaint.* **3** [C] sprawa: **for a good cause** (=na szlachetny cel): *I don't mind giving money if it's for a good cause.*

> **UWAGA cause i reason**
>
> Nie należy mylić wyrazów **cause** i **reason**. Ich znaczenia są podobne, tak jak znaczenia ich polskich odpowiedników 'przyczyna' i 'powód'. Najlepiej zapamiętać wyrażenia, w jakich wyrazy te występują: **reason** (w znaczeniu 'powód'): *Why did you do it? I hope you had a good reason.* | *There was simply no reason for the attack.* | *the reason why she left him* | *The reason (that) I went was that I wanted to meet your friends.* | *We have reason to believe that...* | *She left town without giving any reason.* **cause** (w znaczeniu 'powód'): *There's no cause to be upset.* | *The child's behaviour is giving us cause for concern.* **cause** (w znaczeniu 'powód' lub 'przyczyna'): *people who leave their jobs without just cause.* **cause** (w znaczeniu 'przyczyna'): *Doctors cannot find a cure for the illness until they have identified the cause.* | *the cause of the present crisis.*

**cause**[2] *v* [T] s/powodować: *Heavy traffic is causing long delays on the freeway.* | **cause sb sth** *Tom's behaviour is causing me a lot of problems* (=przysparza mi wielu problemów). | **cause sb/sth to do sth** *We still don't know what caused the computer to crash* (=co spowodowało, że komputer wysiadł).

**caus·tic** /ˈkɔːstɪk/ *adj* **1 caustic remark/comment** uszczypliwa uwaga **2** żrący: *caustic soda*

**cau·tion** /ˈkɔːʃən/ *n* **1** [U] ostrożność: **with caution** (=ostrożnie): *Sick animals should be handled with great caution.* **2 word/note of caution** ostrzeżenie: *One note of caution: never try this trick at home.* **3** [C] *BrE* ostrzeżenie —**caution** *v* [T] ostrzegać, przestrzegać: *The children were cautioned against talking to strangers.*

**cau·tious** /ˈkɔːʃəs/ *adj* ostrożny: *a cautious driver* —**cautiously** *adv* ostrożnie: *He looked cautiously out from behind the door.*

**cav·al·ry** /ˈkævəlri/ *n* [U] kawaleria

**cave**[1] /keɪv/ *n* [C] jaskinia

**cave**[2] *v*

**cave in** *phr v* [I] **1** zapadać się: *The roof just caved in.* **2** ustępować: **+ to** (=pod naciskiem): *He finally caved in to our demands.*

**cave·man** /ˈkeɪvmæn/ *n* [C] jaskiniowiec

**cav·ern** /ˈkævən/ *n* [C] pieczara

**cav·i·ar** /ˈkæviɑː/ *także* **caviare** *n* [U] kawior

**cav·i·ty** /ˈkævɪ̵ti/ *n* [C] **1** otwór **2** ubytek: *a cavity in a tooth*

**CD** /ˌsiː ˈdiː◂/ *n* [C,U] płyta kompaktowa: *Have you heard their latest CD?*

**CD play·er** /ˌ. ˈ. ˌ../ *n* [C] odtwarzacz płyt kompaktowych

**CD-ROM** /ˌsiː diː ˈrɒm/ *n* [C,U] CD-ROM

**cease** /siːs/ *v formal* **1** [I] ustawać: *By noon the rain had ceased.* **2** [T] **cease doing sth/cease to do sth** przestawać

coś robić: *The company ceased trading on 31st October.* | *He never ceases to amaze me.*

**cease·fire** /ˈsiːsfaɪə/ *n* [C] zawieszenie broni

**ce·dar** /ˈsiːdə/ *n* [C,U] cedr

**cei·ling** /ˈsiːlɪŋ/ *n* [C] **1** sufit **2** górny pułap

**cel·e·brate** /ˈselᵻbreɪt/ *v* **1** [I] świętować: *You got the job? Let's celebrate!* **2** [T] uczcić, obchodzić: *How do you want to celebrate your birthday?*

**cel·e·brat·ed** /ˈselᵻbreɪtᵻd/ *adj* sławny: *a celebrated musician* | **+ for** *Florence is celebrated for its architecture.*

**cel·e·bra·tion** /ˌselᵻˈbreɪʃən/ *n* **1** [C] uroczystość: *New Year's celebrations* **2** [U] **in celebration of** dla uczczenia: *a party in celebration of his promotion*

**ce·leb·ri·ty** /sᵻˈlebrᵻti/ *n* [C] sława, znana osobistość: *interviewing celebrities on television*

**cel·e·ry** /ˈseləri/ *n* [U] seler naciowy

**cel·i·bate** /ˈselᵻbət/ *adj* żyjący w celibacie —**celibacy** *n* [U] celibat

**cell** /sel/ *n* [C] **1** cela **2** komórka: *red blood cells*

**cel·lar** /ˈselə/ *n* [C] piwnica: *a wine cellar*

**cel·list** /ˈtʃelᵻst/ *n* [C] wiolonczelist-a/ka

**cel·lo** /ˈtʃeləʊ/ *n* [C] wiolonczela

**cel·lo·phane** /ˈseləfeɪn/ *n* [U] *trademark* celofan

**cel·lu·lar** /ˈseljʊ̈lə/ *adj* komórkowy

**cellular phone** /ˌ... ˈ./ *także* **cellphone** *n* [C] telefon komórkowy

**Cel·si·us** /ˈselsiəs/ *n* [U] skala Celsjusza

**ce·ment¹** /sɪˈment/ *n* [U] cement

**cement²** *v* [T] **1** wy/cementować **2** umacniać: *The country has cemented its trade connections with the US.*

**cem·e·tery** /ˈsemᵻtri/ *n* [C] cmentarz

**cen·sor** /ˈsensə/ *v* [T] cenzurować —**censor** *n* [C] cenzor/ka

**cen·sor·ship** /ˈsensəʃɪp/ *n* [U] cenzura

**cen·sus** /ˈsensəs/ *n* [C] spis ludności

**cent** /sent/ *n* [C] cent

**cen·te·na·ry** /senˈtiːnəri/ *n* [C] *także* **centennial** *AmE* stulecie, setna rocznica

**cen·ter** /ˈsentə/ *n, v* amerykańska pisownia wyrazu CENTRE

**Cen·ti·grade** /ˈsentᵻgreɪd/ *n* [U] skala Celsjusza

**cen·ti·me·tre** /ˈsentᵻˌmiːtə/ *BrE*, **centimeter** *AmE n* [C] centymetr

**cen·tral** /ˈsentrəl/ *adj* **1** [only before noun] środkowy: *Central Asia* | *The prison is built around a central courtyard.* **2** [only before noun] centralny: *central government* **3** główny: *Owen played a central role in the negotiations.* **4** położony w centrum —**centrally** *adv* centralnie

**central heat·ing** /ˌ.. ˈ../ *n* [U] centralne ogrzewanie

**cen·tral·ize** /ˈsentrəlaɪz/ (*także* **-ise** *BrE*) *v* [T] s/centralizować —**centralization** /ˌsentrəlaɪˈzeɪʃən/ *n* [U] centralizacja

**cen·tre¹** /ˈsentə/ *BrE*, **center** *AmE n* [C] **1** środek: *The carpet had a flower pattern at the centre.* | **+ of** *Draw a line through the centre of the circle.* **2** centrum: *a shopping centre* | *a major financial centre* | *Ginny always wants to be the centre of attention.* **3 the centre** centrum: *the parties of the centre*

**centre²** *BrE*, **center** *AmE v* [T] umieszczać w środku

**centre on/around** sth *phr v* [I,T] koncentrować się wokół: *His whole life centres around his job.*

**cen·tu·ry** /ˈsentʃəri/ *n* [C] wiek, stulecie: *These trees have been here for several centuries.* | *a building dating from the 19th century*

**ce·ram·ics** /sᵻˈræmɪks/ *n* [U plural] ceramika: *an exhibition of ceramics* —**ceramic** *adj* ceramiczny

**ce·re·al** /ˈsɪəriəl/ *n* **1** [C,U] płatki zbożowe **2** [C] zboże

**cer·e·bral** /ˈserᵻbrəl/ *adj technical* mózgowy

**cer·e·mo·ni·al** /ˌserᵻˈməʊniəl◂/ *adj* uroczysty, obrzędowy —**ceremonially** *adv* uroczyście

C

**cer·e·mo·ny** /ˈserəməni/ *n* **1** [C] ceremonia: *the marriage ceremony* **2** [U] ceremoniał

**cer·tain**[1] /ˈsɜːtn/ *adj* **1** pewny: **+ (that)** *I'm certain he's telling the truth.* | *It now seems certain that the President will win the election.* | **+ about** *Are you certain about that?* | **+ what/how/whether etc** *It's not completely certain why this process happens.* **2 know/say for certain** wiedzieć/powiedzieć na pewno: *We can't say for certain when the plane will arrive.* **3 make certain (that)** upewniać się, czy: *Employers must make certain that all employees are treated fairly.* ➡ patrz też UNCERTAIN

**certain**[2] *determiner, pron* **1** *także* **certain of** *formal* pewien: *There are certain things I just can't talk about with her.* **2 a certain amount** pewna doza: *a certain amount of flexibility*

> UWAGA **certain i some**
>
> Nie należy mylić wyrazów **certain** i **some**. **Certain** znaczy 'pewien, pewna itd.' i w zestawieniu z rzeczownikiem występuje wtedy, kiedy w dalszej części zdania podajemy uzupełniające szczegóły: *There are certain advantages to living in the countryside, the most important being the fresh air.* | *I'm not allowed to eat certain types of seafood, especially squid and octopus.* Wyrazu **some** ('jakiś, jakaś' itp.) w zestawieniu z rzeczownikiem używamy wtedy, kiedy nie możemy lub nie chcemy podawać szczegółów: *In the end, he sold it to some second-hand car dealer.* | *If the factory is shut down for some reason, what will happen to all the workers?*

**cer·tain·ly** /ˈsɜːtnli/ *adv* **1** z pewnością: *Chris certainly spends a lot of money on clothes.* **2** oczywiście: *"Can I have a look at your paper?" "Certainly!"* **3 certainly not!** *spoken* w żadnym wypadku: *"Can I borrow the car tonight?" "Certainly not!"*

**cer·tain·ty** /ˈsɜːtnti/ *n* **1** [U] pewność, przekonanie: **with certainty** *It is difficult to say with absolute certainty what time the crime took place.* **2** [C] pewnik: *It's a certainty that prices will continue to rise.*

**cer·tif·i·cate** /səˈtɪfɪkət/ *n* [C] świadectwo: **birth/marriage/death certificate** (=akt urodzenia/ślubu/zgonu)

**cer·ti·fy** /ˈsɜːtəfaɪ/ *v* [T] **1** stwierdzać: *A doctor certified him dead at the scene* (=lekarz stwierdził zgon na miejscu). | **+ (that)** *Doctors have certified that Pask is unfit to continue with his trial.* **2** przyznawać dyplom: *He has been certified as a mechanic.*

**cer·vix** /ˈsɜːvɪks/ *n* [C] szyjka macicy

**ce·sar·e·an** /səˈzeəriən/ alternatywna pisownia wyrazu CAESAREAN

**cess·pool** /ˈsespuːl/ (*także* **cess·pit** /-pɪt/ *BrE*) *n* [C] szambo

**chain**[1] /tʃeɪn/ *n* **1** [C,U] łańcuch: *The chandelier was suspended by a heavy chain.* **2** [C,U] łańcuszek: *a delicate gold chain* **3** [C] sieć: *a hotel chain* **4** [C] łańcuch: *a mountain chain* **5 in chains** skuty łańcuchem ➡ patrz też FOOD CHAIN

**chain**[2] *v* [T] przy/mocować łańcuchem: *John chained his bicycle to the fence.*

**chain re·ac·tion** /ˌ. .ˈ../ *n* [C] reakcja łańcuchowa

**chain-smoke** /ˈ. ./ *v* [I,T] palić nałogowo —**chain-smoker** *n* [C] nałogow-y/a palacz/ka

**chair**[1] /tʃeə/ *n* **1** [C] krzesło **2** [singular] przewodnicząc-y/a **3** [singular] *BrE* katedra (*na uczelni*)

**chair**[2] *v* [T] przewodniczyć

**chair·per·son** /ˈtʃeəˌpɜːsən/ **chair·man**, /-mən/ **chair·wo·man** /-ˌwʊmən/ *n* [C] **1** przewodnicząc-y/a **2** prezes

**chal·et** /ˈʃæleɪ/ *n* [C] szałas (górski)

**chalk** /tʃɔːk/ *n* [C,U] kreda

**chalk·y** /ˈtʃɔːki/ *adj* kredowy

**chal·lenge**[1] /ˈtʃæləndʒ/ *n* **1** [C,U] wyzwanie: *the challenge of a new job* | **meet a challenge** (=sprostać wyzwaniu): *Let us work together to meet the challenge.* | **face a challenge** (=sta-

wać przed wyzwaniem): *He faces yet another challenge for his WBO super-middleweight crown.* **2** [C] kwestionowanie: **+ to** *a direct challenge to Hague's leadership*

**challenge²** *v* [T] **1** za/kwestionować: *She is challenging the decision made by the court.* **2** rzucać wyzwanie: *We were challenged to a game of tennis.* —**challenger** *n* [C] pretendent/ka

**chal·leng·ing** /ˈtʃæləndʒɪŋ/ *adj* wymagający, ambitny: *We try to provide a challenging program for our students.*

**cham·ber** /ˈtʃeɪmbə/ *n* [C] **1** sala: *We wanted to hear her speech but the council chamber was full.* **2** komora: *a gun with six chambers* **3** izba: *The Senate is the upper chamber of Congress.*

**cham·ber·maid** /ˈtʃeɪmbəˌmeɪd/ *n* [C] pokojówka

**chamber mu·sic** /ˈ.. ˌ../ *n* [U] muzyka kameralna

**cha·me·le·on** /kəˈmiːliən/ *n* [C] kameleon

**cham·pagne** /ʃæmˈpeɪn/ *n* [U] szampan

**cham·pi·on¹** /ˈtʃæmpiən/ *n* [C] mistrz/yni

**champion²** *v* [T] bronić: *He had championed the cause of the poor for many years.*

**cham·pi·on·ship** /ˈtʃæmpiənʃɪp/ *n* **1** [C] mistrzostwa: *the US basketball championships* **2** [singular] mistrzostwo: *Can she win the championship again?*

**chance¹** /tʃɑːns/ *n* **1** [C] okazja: **have/get a chance** *Visitors will have a chance to look round the factory.* | **give sb a chance** (=dawać komuś szansę): *If you'll just give me a chance, I'll tell you what happened.* | **+ of** *That's our only chance of escape!* **2** [C,U] szansa: *I don't have a chance of passing the test tomorrow.* | *What are Deidre's chances of getting the job?* | **chances are** (=wygląda na to, że): *Chances are they're stuck in traffic.* **3 by any chance** *spoken* przypadkiem: *Are you Ms. Hughes' daughter, by any chance?* **4** [C] ryzyko: **take a chance** (=za/ryzykować): *I'm moving – I'm not taking any chances when the next earthquake hits.* **5** [U] przypadek: **by chance** (=przypadkiem): *We met by chance at a friend's party.* ➡ patrz też **stand a chance** (STAND¹)

> **UWAGA chance**
>
> Patrz **occasion**, **opportunity** i **chance**.

**chance²** *v* [T] **chance it** *informal* za/ryzykować: *We can chance it and try to get tickets there.*

**chance on/upon** sb/sth *phr v* [T] *literary* natykać się na

**chance³** *adj* przypadkowy: *a chance meeting*

**chan·cel·lor** /ˈtʃɑːnsələ/ *n* [C] **1** rektor: *the Chancellor of UCLA* **2** kanclerz **3 Chancellor of the Exchequer** minister skarbu

**chan·de·lier** /ˌʃændəˈlɪə/ *n* [C] żyrandol

**change¹** /tʃeɪndʒ/ *v* **1** [I,T] zmieniać (się): *Susan has changed a lot since I last saw her.* | *The club has recently changed its rules.* | **change from sth to sth** *The traffic lights changed from green to red.* | **+ into** *Winter has finally changed into spring.* | **change your mind** (=zmieniać zdanie): *If you change your mind, you know where to find me.* | **change the subject** (=zmieniać temat): *I'm sick of politics – let's change the subject.* **2** [I,T] **change (from sth) to sth** przestawiać się (z czegoś) na coś: *It will be hard at first when we change to the new system, but it will be worth it.* **3 change planes/trains etc** przesiadać się: *You'll have to change planes in Denver.* **4 a)** [I] przebierać się: **+ into/out of** *She changed into her old shabby jeans.* | **get changed** (=przebierać się): *It won't take me a minute to get changed.* **b)** [T] zmieniać: *I'll just change my shoes then we can go.* **c)** [T] przewijać: *I must change the baby.* **d)** [T] **change the beds** zmieniać pościel **5** [T] **a)** wymieniać: *I want to change my dollars into pesos.* **b)** rozmieniać: *Can*

*you change a £20 note?* **6 change hands** zmieniać właściciela: *The car has changed hands several times.*

**change** sth ↔ **around** *phr v* [T] po/przestawiać: *The room looks bigger since we changed the furniture around.*

**change over** *phr v* [I] przestawiać się: *Will the US ever change over to the metric system?*

**change**[2] *n* **1** [C,U] zmiana: **+ in** *a change in the weather* | **+ of** *a change of government* | **a change of clothes** (=ubranie na zmianę): *Take a change of clothes with you.* **2** [C usually singular] odmiana: **for a change** (=dla odmiany): *Why don't we just stay home for a change?* | **make a change** (=stanowić odmianę): *I'm nervous about flying, but it will make a change.* **3** [U] **a)** reszta: *I got 50p change.* **b)** drobne: *in change* (=w bilonie) | **have change for** *Do you have change for* (=czy może mi Pan/i rozmienić) *£5?*

**change·a·ble** /ˈtʃeɪndʒəbəl/ *adj* zmienny: *changeable weather*

**change·o·ver** /ˈtʃeɪndʒˌəʊvə/ *n* [C] zmiana, przejście: *the changeover from manual to computerised records*

**chan·nel**[1] /ˈtʃænl/ *n* [C] kanał: *What's on Channel 4?* | *an irrigation channel*

**channel**[2] *v* [T] **-lled, -lling** *BrE,* **-led, -ling** *AmE* **1** s/kierować: **+ into** *Roger needs to channel his creativity into something useful.* **2** doprowadzać: *a device for channelling away* (=do odprowadzania) *the water*

**chant**[1] /tʃɑːnt/ *n* [C] skandowanie: *a football chant*

**chant**[2] *v* [I,T] **1** skandować: *an angry crowd chanting slogans* **2** śpiewać (*monotonnie*)

**cha·os** /ˈkeɪ-ɒs/ *n* [U] chaos: **in chaos** *The game ended in chaos with fans invading the field.*

**cha·ot·ic** /keɪˈɒtɪk/ *adj* chaotyczny, w stanie chaosu: *a chaotic person* | *The classroom was chaotic, with kids shouting and throwing things.*

**chap** /tʃæp/ *n* [C] *BrE informal* facet: *a decent sort of chap*

**chap·el** /ˈtʃæpəl/ *n* [C] kaplica

**chap·e·rone** /ˈʃæpərəʊn/ *n* [C] przyzwoitka

**chap·lain** /ˈtʃæplən/ *n* [C] kapelan

**chapped** /tʃæpt/ *adj* spierzchnięty: *chapped lips*

**chap·ter** /ˈtʃæptə/ *n* [C] **1** rozdział **2** okres: **+ in/of** *a remarkable chapter in human history*

**char·ac·ter** /ˈkærəktə/ *n* **1** [C,U] charakter: *There's a very serious side to her character.* | *an old house with a lot of character* **2** [C] postać: *The book's main character is a young student.* **3** [C] typ: *Dan's a strange character.* **4** [C] oryginał: *Charlie's such a character!* **5** [C] znak: *Chinese characters*

**char·ac·ter·is·tic**[1] /ˌkærəktəˈrɪstɪk◂/ *n* [C] cecha: *the characteristics of a good manager* | *Each wine has particular characteristics.*

**characteristic**[2] *adj* charakterystyczny: *Mark, with characteristic kindness, offered to help.* | **+ of** (=dla): *walls characteristic of the local architecture* —**characteristically** *adv* charakterystycznie

**char·ac·ter·ize** /ˈkærəktəraɪz/ (*także* **-ise** *BrE*) *v* [T] **1** cechować: *What kind of behaviour characterizes the criminal mind?* **2** s/charakteryzować: **+ as** *He has often been characterised as a born leader.* —**characterization** /ˌkærəktəraɪˈzeɪʃən/ *n* [C,U] opis, charakterystyka

**cha·rade** /ʃəˈrɑːd/ *n* [C] gra, udawanie: *Their marriage is just a charade.*

**char·coal** /ˈtʃɑːkəʊl/ *n* [U] węgiel drzewny

**charge**[1] /tʃɑːdʒ/ *n* **1** [C,U] opłata: *There is a minimum charge of £2 for the service.* | **free of charge** (=bezpłatny): *Delivery is free of charge.* **2 be in charge** kierować: *Rodriguez is in charge of the LA office.* **3** [C] zarzut: **on charges of** *George was being held without bail on charges of* (=w związku z zarzutem o) *second-degree murder.* | **bring/press charges** (=oddawać sprawę do sądu): *Some*

*women decide not to press charges because they do not want the pressure of a long court case.* **4** [C] natarcie, szarża **5** [C] ładunek (*elektryczny*)

**charge²** *v* **1** [T] obciążać kosztami: *The lawyer only charged us £50.* | **+ for** *How much do you charge for a haircut* (=ile kosztuje u Państwa strzyżenie)? **2** [T] **charge sth** *AmE* za/płacić za coś kartą kredytową: *"Would you like to pay in cash?" "No, I'll charge it."* **3** [T] oskarżać: **+ with** *Ron's been charged with assault.* **4** [I,T] nacierać: *When the soldiers charged, the protesters ran away.* **5** [I,T] na/ładować: *to charge batteries*

**charge card** /'. ./ *n* [C] **1** *BrE* karta płatnicza (*ważna w jednym sklepie lub sieci*) **2** karta kredytowa

**char·i·ot** /'tʃæriət/ *n* [C] rydwan

**cha·ris·ma** /kə'rɪzmə/ *n* [U] charyzma —**charismatic** /ˌkærɪz'mætɪk◂/ *adj* charyzmatyczny

**char·i·ta·ble** /'tʃærətəbəl/ *adj* **1** charytatywny **2** wyrozumiały

**char·i·ty** /'tʃærəti/ *n* **1** [C,U] organizacja dobroczynna: *Several charities sent aid to the flood victims.* | *All profits from the book will go to charity* (=na cele dobroczynne). **2** [U] jałmużna: *Many homeless people depend on charity to survive.*

**char·la·tan** /'ʃɑːlətən/ *n* [C] szarlatan/ka

**charm¹** /tʃɑːm/ *n* **1** [C,U] urok: *This town has a charm you couldn't find in a big city.* **2** [C] talizman: *a lucky charm*

**charm²** *v* [T] zauroczyć: *He was absolutely charmed by her dazzling smile.*

**charm·ing** /'tʃɑːmɪŋ/ *adj* uroczy: *What a charming house!*

**charred** /tʃɑːd/ *adj* zwęglony: *Firemen had to drag the charred bodies out of the wreck.*

**chart¹** /tʃɑːt/ *n* [C] **1** wykres: *a weather chart* **2 the charts** lista przebojów: *That song has been at the top of the charts for over 6 weeks.* **3** mapa (*morska lub astronomiczna*)

**chart²** *v* [T] **1** za/rejestrować: *Teachers are attempting to chart each student's progress through the year.* **2** sporządzać mapę: *to chart the sea area between France and Britain*

**char·ter¹** /'tʃɑːtə/ *n* [C] statut, karta: *the charter of the United Nations*

**charter²** *v* [T] wynajmować: *We'll have to charter a bus for the trip.*

**chase¹** /tʃeɪs/ *v* **1** [I,T] gonić: *He chased after her to return her bag.* | *a cat chasing a mouse* | **+ away** (=odganiać): *I chased the dog away from the rose bushes.* **2** [I] ganiać: **+ in/around/up etc** *Those kids are always chasing in and out!* **3** [T] uganiać się za: *There are too many people chasing a limited number of jobs.*

**chase²** *n* [C] pogoń: *a car chase*

**chas·m** /'kæzəm/ *n* **1** [singular] przepaść: **+ between** *the chasm between rich and poor people* **2** [C] rozpadlina

**chas·sis** /'ʃæsi/ *n* [C] *plural* **chassis** podwozie

**chaste** /tʃeɪst/ *adj old-fashioned* cnotliwy

**chas·ti·ty** /'tʃæstəti/ *n* [U] cnota, czystość: *Catholic priests must take a vow of chastity.*

**chat¹** /tʃæt/ *v* [I] **-tted, -tting** gadać

**chat** sb **up** *phr v* [T] *BrE informal* podrywać

**chat²** *n* [C,U] pogawędka

**chat show** /'. ./ *n* [C] *BrE* talk show

**chat·ter** /'tʃætə/ *v* [I] **1** paplać: *Anna chattered on and on.* **2** szczękać: *chattering teeth* —**chatter** *n* [U] paplanina

**chat·ty** /'tʃæti/ *adj informal* rozmowny

**chauf·feur** /'ʃəʊfə/ *n* [C] kierowca

**chau·vin·ist** /'ʃəʊvənəst/ *n* [C] **1** szowinist-a/ka **2** męski szowinista —**chauvinism** *n* [U] szowinizm —**chauvinistic** /ˌʃəʊvə'nɪstɪk◂/ *adj* szowinistyczny

**cheap¹** /tʃiːp/ *adj* **1** tani: *The fruit there is really cheap.* | *a car that's cheap to run* | *a cheap plastic handbag* **2** *AmE* skąpy: *He's so cheap we didn't even go out on my birthday.* —**cheaply** *adv* tanio

**cheap²** *adv informal* tanio: *I was lucky to get it so cheap.*

**cheat**[1] /tʃiːt/ *v* **1** [I] oszukiwać: *He always cheats when we play cards.* **2** [I] ściągać: *Dana was caught cheating in her history test.* **3** [T] naciągać: **cheat sb out of sth** *Miller cheated the old woman out of all her money.*

**cheat on** sb *phr v* [T] zdradzać: *I think Dan's cheating on Debbie again.*

**cheat**[2] *n* [C] oszust/ka: *You're a liar and a cheat!*

**check**[1] /tʃek/ *v* **1** [I,T] sprawdzać: *"Did Barry lock the back door?" "I don't know, I'll check."* | **+ (that)** *Please check that* (=upewnijcie się, czy) *you have handed in your homework before you leave.* | **+ for** *Check the eggs for cracks before you buy them.* | **+ whether** *Can you check whether we have any milk?* | **double check** (=sprawdzać dwukrotnie) **2** [I] za/pytać: **+ with** *I'll just check with Mom to see if I can come over to your house.* **3** [T] powstrzymywać: *We hope the new drug will help check the spread of the disease.*

**check in** *phr v* [I,T] **1** za/meldować się: *checking in at a hotel* **2** zgłaszać się do odprawy: *Passengers should check in an hour before departure.*

**check** sth ↔ **off** *phr v* [T] odhaczać: *Check their names off the list as they arrive.*

**check on** sb/sth ↔ *phr v* [T] *także* **check up on** sprawdzać: *Mom is always checking up on me.*

**check out** *phr v* **1** [T **check** sth ↔ **out**] *informal* sprawdzać: *You should check out his story before you print it.* **2** [I] wymeldowywać się: *We have to check out by 12 o'clock.* **3** [T **check** sth ↔ **out**] *especially AmE* wypożyczać: *You can't check out this book.*

**check**[2] *n* **1** [C] kontrola: *a security check* | **do/run a check** (=przeprowadzać test): *I'll have them run a check on this blood sample.* **2** [C] amerykańska pisownia wyrazu CHEQUE **3** [C,U] **hold/keep sth in check** za/panować nad czymś: *I was barely able to hold my temper in check.* **4** [C] *AmE* rachunek **5** [C,U] krata, kratka: *a tablecloth with red and white checks* **6** [C] *AmE* ptaszek, haczyk **7** [U] szach

**check·book** /ˈtʃekbʊk/ *n* [C] amerykańska pisownia wyrazu CHEQUEBOOK

**checked** /tʃekt/ *adj* kraciasty, w kratę: *a checked shirt*

**check·ers** /ˈtʃekəz/ *n* [U] *AmE* warcaby

**checking ac·count** /ˈ.. .ˌ./ *n* [C] *AmE* rachunek bieżący

**check·list** /ˈtʃekˌlɪst/ *n* [C] spis kontrolny

**check·mate** /ˈtʃekmeɪt/ *n* [U] szachmat

**check·out** /ˈtʃek-aʊt/ *także* **checkout coun·ter** /ˈ.. ˌ../ *AmE n* [C] kasa (*w supermarkecie*)

**check·point** /ˈtʃekpɔɪnt/ *n* [C] punkt kontrolny

**check·up** /ˈtʃek-ʌp/ **check-up** *n* [C] badanie kontrolne, przegląd: *Dentists recommend regular check-ups to help prevent tooth decay.*

**cheek** /tʃiːk/ *n* **1** [C] policzek: *He kissed her lightly on the cheek.* **2** [U singular] **have the cheek to do sth** *BrE* mieć czelność coś zrobić: *He had the cheek to ask me for more money.*

**cheek·bone** /ˈtʃiːkbəʊn/ *n* [C] kość policzkowa

**cheek·y** /ˈtʃiːki/ *adj BrE* bezczelny: *a chubby little boy with a cheeky grin*

**cheer**[1] /tʃɪə/ *v* [I,T] wiwatować: *The audience cheered as the band began to play.*

**cheer** sb **up** *phr v* [T] pocieszać: *She took him out to dinner to cheer him up.*

**cheer** sb/sth ↔ **on** *phr v* [T] dopingować: *Highbury Stadium was packed with fans cheering on the home team.*

**cheer**[2] *n* [C] wiwat

**cheer·ful** /ˈtʃɪəfəl/ *adj* **1** radosny: *Pat is keeping remarkably cheerful despite being in a lot of pain.* **2** przyjemny: *a cheerful kitchen* —**cheerfully** *adv* radośnie, wesoło —**cheerfulness** *n* [U] wesołość

**cheers** /tʃɪəz/ *interjection* **1** na zdrowie **2** *BrE spoken informal* dzięki

**cheese** /tʃiːz/ *n* [C,U] ser

**cheese·cake** /ˈtʃiːzkeɪk/ *n* [C,U] sernik

**chee·tah** /ˈtʃiːtə/ *n* [C] gepard

**chef** /ʃef/ *n* [C] szef kuchni

> UWAGA **chef, chief, boss**
>
> **chef** = szef kuchni w restauracji: *The chef puts too much salt in the food.* **chief** = wódz indiański: *an American Indian tribal chief*; szef dużej firmy lub organizacji: *Industry chiefs yesterday demanded tough measures agaist inflation.* **the chief** = szef: *The chief wants to see you.* **boss** = szef: *I'll have to ask my boss for a day off.*

**chem·i·cal**[1] /ˈkemɪkəl/ *adj* chemiczny: *a chemical reaction* —**chemically** *adv* chemicznie

**chemical**[2] *n* [C] substancja chemiczna

**chem·ist** /ˈkemɪst/ *n* [C] **1** chemi-k/czka: *a research chemist* **2** *BrE* apteka-rz/rka → porównaj PHARMACIST

**chem·is·try** /ˈkemɪstri/ *n* [U] **1** chemia **2** procesy chemiczne: *This drug causes changes to the body's chemistry.*

**chem·ist's** /ˈkemɪsts/ *n* [C] *BrE* apteka, drogeria

**cheque** /tʃek/ *n* [C] *BrE* czek: **+ for** *a cheque for £350* | **pay by cheque** (=płacić czekiem): *Can I pay by cheque?*

**cheque·book** /ˈtʃekbʊk/ *n* [C] *BrE* książeczka czekowa

**cher·ish** /ˈtʃerɪʃ/ *v* [T] czule pielęgnować: *He cherished the memory of his dead wife.*

**cher·ry** /ˈtʃeri/ *n* [C] wiśnia, czereśnia

**chess** /tʃes/ *n* [U] szachy

**chest** /tʃest/ *n* **1** [C] klatka piersiowa **2** [C] skrzynia: *We keep our blankets in a cedar chest.* **3 get sth off your chest** zwierzyć się komuś z czegoś

**chest·nut** /ˈtʃesnʌt/ *n* [C,U] kasztan —**chestnut** *adj* kasztanowy, kasztanowaty

**chest of drawers** /ˌ.. ˈ./ *n* [C] komoda

**chew** /tʃuː/ *v* [I,T] **1** żuć: *The dentist said I wouldn't be able to chew anything for a while.* **2** [I,T] obgryzać: *Stop chewing on your pencil!*

**chew** sth ↔ **over** *phr v* [T] przemyśleć

**chewing gum** /ˈ.. ./ *n* [U] *także* **gum** guma do żucia

**chic** /ʃiːk/ *adj* szykowny

**chick** /tʃɪk/ *n* [C] pisklę

**chick·en**[1] /ˈtʃɪkɪn/ *n* [C,U] kurczak, kurczę: *roast chicken*

**chicken**[2] *v*

**chicken out** *phr v* [I] *informal* stchórzyć: *He wanted to try a parachute jump, but he chickened out at the last minute.*

**chicken pox** /ˈtʃɪkɪn ˌpɒks/ *n* [U] ospa wietrzna

**chic·o·ry** /ˈtʃɪkəri/ *n* [C] cykoria

**chief**[1] /tʃiːf/ *adj* [only before noun] **1** główny: *Our chief concern is for the safety of the children.* **2** najwyższy rangą: *the chief political reporter for the Washington Post*

**chief**[2] *n* [C] szef, wódz: **+ of** *the chief of police*

> UWAGA **chief**
>
> Patrz **chef, chief, boss.**

**chief·ly** /ˈtʃiːfli/ *adv* głównie: *a book that is intended chiefly for students of art*

**chief·tain** /ˈtʃiːftɪn/ *n* [C] wódz (*plemienia lub klanu*)

**chif·fon** /ˈʃɪfɒn/ *n* [U] szyfon

**child** /tʃaɪld/ *n* [C] *plural* **children** **1** dziecko: *There are over 30 children in each class.* | *a five-year-old child* | *Both our children are married now.* **2 child's play** łatwizna: *Learning French had been child's play compared with learning Arabic.*

**child·birth** /ˈtʃaɪldbɜːθ/ *n* [U] poród

**child·care** /ˈtʃaɪldkeə/ *n* [U] opieka nad dziećmi

**child·hood** /ˈtʃaɪldhʊd/ *n* [C,U] dzieciństwo: *Sara had a very happy childhood.*

**child·ish** /ˈtʃaɪldɪʃ/ *adj* **1** dziecinny: *Stop being so childish.* **2** dziecięcy: *a childish voice* —**childishly** *adv* dziecinnie —**childishness** *n* [U] dziecinność

**child·less** /'tʃaɪldləs/ *adj* bezdzietny: *childless couples*

**child·like** /'tʃaɪldlaɪk/ *adj* dziecięcy: *childlike innocence*

**child·min·der** /'tʃaɪldˌmaɪndə/ *n* [C] *BrE* opiekun/ka do dzieci —**child-minding** *n* [U] opieka nad dzieckiem

**child·proof** /'tʃaɪldpruːf/ *adj* bezpieczny (*nie powodujący zagrożenia dla dzieci*): *All medicine bottles should have childproof caps.*

**chil·dren** /'tʃɪldrən/ *n* liczba mnoga od CHILD

**chill**[1] /tʃɪl/ *v* [T] s/chłodzić: *Champagne should be chilled before serving.*

**chill**[2] *n* **1** [singular] chłód: *There was a chill in the early morning air.* **2** [C] dreszcz: *a threatening look in his eyes that sent a chill down my spine* **3** [C] przeziębienie

**chil·li** /'tʃɪli/ *BrE*, **chili** *AmE n* [C,U] chili: *chilli sauce*

**chil·ling** /'tʃɪlɪŋ/ *adj* przerażający: *a chilling report about the spread of a terrible new disease*

**chill·y** /'tʃɪli/ *adj* chłodny: *a chilly morning* | *the chilly waiting-room* | *She was polite but chilly and formal.*

**chime** /tʃaɪm/ *v* **1** [I] bić, dzwonić: *The church bells were chiming.* **2** [T] wybijać: *The clock chimed six.* —**chime** *n* [C] bicie (*zegara, dzwonów itp.*)

**chim·ney** /'tʃɪmni/ *n* [C] komin: *factory chimneys*

**chimney sweep** /'.. ./ *n* [C] kominiarz

**chim·pan·zee** /ˌtʃɪmpæn'ziː/ *także* **chimp** *informal n* [C] szympans

**chin** /tʃɪn/ *n* [C] broda, podbródek

**chi·na** /'tʃaɪnə/ *n* [U] porcelana: *the cupboard where we keep our best china*

**chink** /tʃɪŋk/ *n* [C] **1** szczelina: *I could see light through a chink in the wall.* **2** brzęk: *the chink of glasses*

**chip**[1] /tʃɪp/ *n* [C] **1** *BrE* frytka: *fish and chips* **2** *AmE* chips: *barbecue flavor potato chips* **3** układ scalony **4** odłamek: *a path of limestone chips* **5** szczerba: *Look, this vase has a chip in it.* **6** żeton

**chip**[2] *v* [T] **-pped, -pping** wyszczerbić: *She chipped a tooth on an olive stone.* —**chipped** *adj* wyszczerbiony: *a chipped cup*

**chip** sth ↔ **away** *phr v* [T] odłupywać: *Sandy chipped away the plaster covering the tiles.*

**chip in** *phr v* **1** [I] wtrącać się: *The whole family chipped in with suggestions.* **2** [I,T **chip in** sth] dorzucać (się), zrzucać się: *Clare's classmates have chipped in to help her buy the wheelchair.*

**chi·rop·o·dist** /kəˈrɒpədɪst/ *n* [C] *BrE* specjalista chorób stóp

**chirp** /tʃɜːp/ *v* [I] za/ćwierkać: *sparrows chirping in the trees*

**chirp·y** /'tʃɜːpi/ *adj BrE informal* wesoły: *You seem very chirpy this morning,*

**chis·el** /'tʃɪzəl/ *n* [C] dłuto

**chit-chat** /'. ./ *n* [U] *informal* pogaduszki

**chiv·al·rous** /'ʃɪvəlrəs/ *adj formal* rycerski —**chivalry** *n* [U] rycerskość

**chives** /tʃaɪvz/ *n* [plural] szczypiorek

**chlo·rine** /'klɔːriːn/ *n* [U] chlor

**chlor·o·form** /'klɒrəfɔːm/ *n* [U] chloroform

**chock-full** /ˌtʃɒk 'fʊl◂/ *adj informal* pełen: **+ of** *a fruit drink that is chock-full of vitamins*

**choco·late** /'tʃɒklət/ *n* **1** [U] czekolada: *a chocolate bar* | *chocolate ice cream* **2** [C] czekoladka: *a box of chocolates*

**choice**[1] /tʃɔɪs/ *n* **1** [C,U] wybór: *If you had a choice, where would you want to live?* | *The prizewinner was given a choice between* (=zwycięzcy dano do wyboru) *£10,000 and a cruise.* | *It was a difficult choice* (=wybór był trudny), *but we finally decided Hannah was the best.* | **+ of** *The supermarket offers a choice of different foods.* | **have no choice** *He had no choice but* (=nie miał innego wyjścia niż) *to move back into his parents' house.* | **have a choice of sth** *You will have a choice of* (=będziecie mogli wybierać spośród) *five questions in the test.* | **a wide choice** (=duży wybór): *There is a wide choice of hotels.* | **make a choice** (=dokonywać wyboru): *I hope I've made the right*

*choice.* **2 by choice** z wyboru: *Do you really believe that people are homeless by choice?*

**choice²** *adj* wyborowy: *choice plums*

**choir** /kwaɪə/ *n* [C] chór: *Susan sings in the school choir.*

**choke¹** /tʃəʊk/ *v* **1** [I,T] dusić: *The fumes were choking me.* | **choke on sth** (=u/dławić się czymś): *Leila nearly choked on a fish bone.* **2** [T] zapychać: **be choked with** *The roads were choked with traffic.*

**choke** sth ↔ **back** *phr v* [T] powstrzymywać: *Anna choked back the tears as she tried to speak.*

**choke²** *n* [C] ssanie (*w silniku samochodu*)

**chol·e·ra** /ˈkɒlərə/ *n* [U] cholera

**cho·les·te·rol** /kəˈlestərɒl/ *n* [U] cholesterol

**choose** /tʃuːz/ *v* **chose, chosen, choosing** [I,T] **1** wybierać: *Will you help me choose a present for Dad?* | **+ what/which/whether etc** *We were free to choose whatever we wanted.* | **+ between/from** *The students had to choose between doing geography or studying another language.* | **choose sb to do sth** *They chose Roy to be the team captain.* **2 choose to do sth** zdecydować się coś zrobić: *Donna chose to stop working after she had the baby.*

**choos·y** /ˈtʃuːzi/ *adj* wybredny: *Jean's very choosy about what she eats.*

**chop¹** /tʃɒp/ *v* [T] **-pped, -pping 1** *także* **chop** sth ↔ **up** po/siekać: *Shall I chop these onions up?* | **chop sth into** *Chop the tomatoes into fairly large pieces.* **2** [T] po/rąbać: *Greta was out chopping wood for the fire.*

**chop** sth ↔ **down** *phr v* [T] zrąbać

**chop** sth ↔ **off** *phr v* [T] odrąbać: *Be careful you don't chop your fingers off.*

**chop²** *n* [C] **1** kotlet: *a pork chop* **2** cios: *a karate chop*

**chop·per** /ˈtʃɒpə/ *n* [C] **1** *informal* helikopter **2** tasak

**chop·sticks** /ˈtʃɒpstɪks/ *n* [plural] pałeczki

**cho·ral** /ˈkɔːrəl/ *adj* chóralny

**chord** /kɔːd/ *n* [C] akord

**chore** /tʃɔː/ *n* [C] obowiązek (*domowy*): *Walking the dog is one of his chores.*

**chor·e·og·ra·phy** /ˌkɒriˈɒgrəfi/ *n* [U] choreografia —**choreographer** *n* [C] choreograf/ka —**choreograph** /ˈkɒriəˌgrɑːf/ *v* [I,T] choreografować

**cho·rus** /ˈkɔːrəs/ *n* [C] **1** refren **2 the chorus** chórek lub balet **3 a chorus of thanks/disapproval** chór podziękowań/niezadowolenia

**chose** /tʃəʊz/ *v* czas przeszły od CHOOSE

**cho·sen** /ˈtʃəʊzən/ *v* imiesłów bierny od CHOOSE

**Christ** /kraɪst/ *n* Chrystus

**chris·ten** /ˈkrɪsən/ *v* [T] **be christened** zostać ochrzczonym: *She was christened* (=na chrzcie dano jej na imię) *Elizabeth Ann.*

**chris·ten·ing** /ˈkrɪsənɪŋ/ *n* [C] chrzciny

**Chris·tian¹** /ˈkrɪstʃən/ *adj* chrześcijański: *Christian beliefs* | *the Christian Church*

**Christian²** *n* [C] chrześcija-nin/nka

**Chris·ti·an·i·ty** /ˌkrɪstiˈænəti/ *n* [U] chrześcijaństwo

**Christian name** /ˈ.. ./ *n* [C] imię

**Christ·mas** /ˈkrɪsməs/ *n* [C,U] Boże Narodzenie: *What did you do over Christmas?*

**Christmas car·ol** /ˌ.. ˈ../ *n* [C] kolęda

**Christmas Day** /ˌ.. ˈ./ *n* [C,U] dzień Bożego Narodzenia

**Christmas Eve** /ˌ... ˈ./ *n* [C,U] Wigilia (Bożego Narodzenia)

**Christmas tree** /ˈ.. ./ *n* [C] choinka

**chrome** /krəʊm/ *także* **chro·mi·um** /ˈkrəʊmiəm/ *n* [U] chrom: *doors with chrome handles*

**chro·mo·some** /ˈkrəʊməsəʊm/ *n* [C] *technical* chromosom

**chron·ic** /ˈkrɒnɪk/ *adj* przewlekły, chroniczny: *chronic lung disease* | *a chronic shortage of teachers* —**chronically** *adv* przewlekle, chronicznie: *chronically sick patients*

**chron·i·cle** /ˈkrɒnɪkəl/ *n* [C] kronika

**chron·o·log·i·cal** /ˌkrɒnəˈlɒdʒɪkəl◂/ *adj* chronologiczny: **in chronological order** *a list of World Cup winners in chronological order* —**chronologically** *adv* chronologicznie

**chry·san·the·mum** /krɪˈsænθəməm/ *n* [C] chryzantema

**chub·by** /ˈtʃʌbi/ *adj* pucołowaty

**chuck** /tʃʌk/ *v* [T] *informal* rzucać: *Chuck that magazine over here, would you?*

**chuck** sth ↔ **away/out** *phr v* [T] *informal* wyrzucać: *We had to chuck out a lot of stuff when we moved.*

**chuck** sb ↔ **out** *phr v* [T] *informal* wyrzucać: *There was a fight, and some guys got chucked out of the bar.*

**chuck·le** /ˈtʃʌkəl/ *v* [I] za/chichotać: *Terry chuckled to himself as he read his book.* —**chuckle** *n* [C] chichot

**chug** /tʃʌg/ *v* [I] **-gged, -gging** dyszeć, sapać: *The little boat chugged slowly along the canal.*

**chum** /tʃʌm/ *n* [C] *old-fashioned* kumpel

**chunk** /tʃʌŋk/ *n* [C] **1** kawał: **+ of** *a chunk of cheese* **2** część: *The hospital bills took a big chunk out of her savings.*

**chunk·y** /ˈtʃʌŋki/ *adj* **1** ciężki, masywny: *chunky jewellery* **2** przysadzisty

**church** /tʃɜːtʃ/ *n* **1** [C,U] kościół: *How often do you go to church?* **2** *także* **Church** [C] Kościół: *the Catholic Church*

**church·yard** /ˈtʃɜːtʃjɑːd/ *n* [C] cmentarz

**chute** /ʃuːt/ *n* [C] **1** rynna: *a water chute* **2** zsyp: *a rubbish chute* **3** *informal* spadochron

**CIA** /ˌsiː aɪ ˈeɪ/ *n* **the CIA** Centralna Agencja Wywiadowcza

**ci·der** /ˈsaɪdə/ *n* [C,U] **1** *BrE* cydr **2** *AmE* napój jabłkowy

**ci·gar** /sɪˈgɑː/ *n* [C] cygaro

**cig·a·rette** /ˌsɪgəˈret/ *n* [C] papieros

**cin·der** /ˈsɪndə/ *n* [C usually plural] żużel

**cin·e·ma** /ˈsɪnəmə/ *n* [C,U] *BrE* kino: *I haven't been to the cinema for ages.* | *the influence of Hollywood on Indian cinema*

**cin·na·mon** /ˈsɪnəmən/ *n* [U] cynamon

**cir·ca** /ˈsɜːkə/ *prep formal* około roku: *He was born circa 1100.*

**cir·cle**[1] /ˈsɜːkəl/ *n* **1** [C] koło, krąg: *The children were dancing in a circle.* | *a circle of chairs* **2** [C] okrąg: *Draw a circle 10 cm in diameter.* **3** [C] koło, kółko: *Myers' new book has been praised in literary circles.* | **+ of** *her large circle* (=grono) *of friends* **4** [singular] *BrE* balkon (*w teatrze*) → patrz też VICIOUS CIRCLE

**circle**[2] *v* **1** [T] okrążać: *Our plane circled the airport several times.* **2** [T] zakreślać (kółkiem): *Circle the correct answer.*

**cir·cuit** /ˈsɜːkət/ *n* **1** [C] tor: *a racing circuit* **2** [C] obwód: *The lights went out because of a break in the circuit.*

**cir·cu·lar**[1] /ˈsɜːkjələ/ *adj* **1** okrągły: *a circular table* **2** okrężny: *a circular journey*

**circular**[2] *n* [C] okólnik: *a circular from the school to all parents*

**cir·cu·late** /ˈsɜːkjəleɪt/ *v* **1** [I] krążyć: *There's a rumour circulating about Mandy.* | *Blood circulates around the body.* **2** [T] rozpowszechniać, rozprowadzać: *I'll circulate the report at the meeting.*

**cir·cu·la·tion** /ˌsɜːkjəˈleɪʃən/ *n* **1** [U] krążenie: *Exercise can improve circulation.* **2** [singular] nakład: *a magazine with a circulation of 400,000* **3 in circulation** w obiegu: *The government has reduced the number of $100 bills in circulation.*

**cir·cum·cise** /ˈsɜːkəmsaɪz/ *v* [T] obrzezywać —**circumcision** /ˌsɜːkəmˈsɪʒən/ *n* [C,U] obrzezanie

**cir·cum·fer·ence** /səˈkʌmfərəns/ *n* [C,U] obwód: *The earth's circumference is nearly 25,000 miles.*

**cir·cum·stance** /ˈsɜːkəmstæns/ *n* **1** [C usually plural, U] okoliczność: *Under normal circumstances she would never have left her child with a stranger.* **2 under/in the circumstances** w tej sytuacji: *I think we did the best we could in the circumstances.* **3 under/in no circumstances** w żadnym wypadku: *Under no circumstances should you leave this house!*

**cir·cum·stan·tial** /ˌsɜːkəmˈstænʃəl◂/ *adj* **circumstantial evidence** poszlaki

**cir·cus** /ˈsɜːkəs/ *n* [C] cyrk

**cis·tern** /ˈsɪstən/ *n* [C] zbiornik z wodą

**cit·a·del** /ˈsɪtədəl/ *n* [C] cytadela

**ci·ta·tion** /saɪˈteɪʃən/ *n* [C] **1** pochwała: *a citation for bravery* **2** cytat

**cite** /saɪt/ *v* [T] przytaczać: *The mayor cited the latest crime figures as proof of the need for more police.*

**cit·i·zen** /ˈsɪtǫzən/ *n* [C] **1** mieszkaniec/ka: *the citizens of Moscow* **2** obywatel/ka: *a US citizen*

**cit·i·zen·ship** /ˈsɪtǫzənʃɪp/ *n* [U] obywatelstwo: *She married him to get Swiss citizenship.*

**cit·rus** /ˈsɪtrəs/ *adj* cytrusowy

**cit·y** /ˈsɪti/ *n* [C] miasto: *New York City* | *The city has been living in fear since last week's earthquake.*

**civ·ic** /ˈsɪvɪk/ *adj* miejski: *civic pride* (=duma z własnego miasta) | *civic duties* (=obowiązki obywatelskie)

**civ·il** /ˈsɪvəl/ *adj* **1** cywilny: *the civil aircraft industry* | *We were married in a civil ceremony, not in church.* | *civil law and criminal law* **2** uprzejmy: *I know you don't like him, but just try to be civil.*

**civil en·gi·neer·ing** /ˌ.. ..ˈ../ *n* [U] inżynieria wodno-lądowa

**ci·vil·ian** /sǫˈvɪljən/ *n* [C] cywil: *Many innocent civilians were killed.* —**civilian** *adj* cywilny: *civilian clothes*

**civ·i·li·za·tion** /ˌsɪvəl-aɪˈzeɪʃən/ (*także* **-isation** *BrE*) *n* [C,U] cywilizacja: *contemporary European civilization* | *the ancient civilizations of Greece and Rome* | *all the benefits of modern civilization*

**civ·i·lize** /ˈsɪvəl-aɪz/ (*także* **-ise** *BrE*) *v* [T] cywilizować: *The Romans hoped to civilize all the tribes of Europe.*

**civ·i·lized** /ˈsɪvəl-aɪzd/ (*także* **-ised** *BrE*) *adj* **1** cywilizowany: *Care for the elderly is essential in a civilized society.* **2** kulturalny: *Let's sit around the table and discuss this in a civilized way.*

**civil rights** /ˌ.. ˈ./ *n* [plural] prawa obywatelskie

**civil ser·vant** /ˌ.. ˈ../ *n* [C] urzędni-k/czka administracji państwowej

**civil ser·vice** /ˌ.. ˈ../ *n* **the civil service** administracja państwowa

**civil war** /ˌ.. ˈ./ *n* [C,U] wojna domowa

**claim¹** /kleɪm/ *v* **1** [T] twierdzić: **+ (that)** *Evans went to the police claiming that someone had tried to murder him.* | **claim to be sth** *Ask Louie, he claims to be* (=twierdzi, że jest) *an expert.* **2** [T] zwracać się o: *Elderly people can claim £10 a week heating allowance.* **3** [T] zgłaszać się po: *This jacket was left behind after the party – but no one's been back to claim it.*

**claim²** *n* **1** [C] roszczenie: *insurance claims* | **+ for** *She put in a claim for accommodation expenses.* **2** [C] twierdzenie: **+ that** *Cardoza denied claims that he was involved in drug smuggling.* **3** [C] prawo: **+ to** *Surely they have a rightful claim to their father's land?*

**clair·voy·ant** /kleəˈvɔɪənt/ *n* [C] jasnowidz —**clairvoyance** *n* [U] jasnowidztwo

**clam¹** /klæm/ *n* [C,U] małż

**clam²** *v* **-mmed, -mming**

**clam up** *phr v* [I] *informal* zamykać się w sobie: *Tom always clams up if you ask him about his girlfriend.*

**clam·ber** /ˈklæmbə/ *v* [I] gramolić się: **+ over/out/up etc** *He clambered over the rocks.*

**clam·my** /ˈklæmi/ *adj* lepki: *clammy hands*

**clam·our¹** /ˈklæmə/ *BrE*, **clamor** *AmE n* [singular] gwar: *a clamour of voices in the next room*

**clamour²** *BrE*, **clamor** *AmE v* [I] domagać się: **+ for** *All the kids were clamouring for attention.*

**clamp¹** /klæmp/ *v* [T] **1** przyciskać: **clamp sth over/between/around etc** *He clamped his hand over her mouth.* **2** *BrE* klamrować

**clamp down** *phr v* [I] **clamp down on** podejmować zdecydowane kroki wobec: *The police are clamping down on drunk drivers.*

**clamp²** *n* [C] klamra

**clan** /klæn/ *n* [C] *informal* klan: *The whole*

*clan will be coming over for Christmas.* | *the Campbell clan*

**clan·des·tine** /klæn'destɪn/ *adj* tajny, potajemny

**clang** /klæŋ/ *v* [I,T] szczękać: *The prison gate clanged shut behind him.* —**clang** *n* [C] szczęk

**clank** /klæŋk/ *v* [I] szczękać: *clanking chains* —**clank** *n* [C] szczęk: *the clank of machinery*

**clap¹** /klæp/ *v* **-pped, -pping** [I,T] klaskać: *The audience was clapping and cheering.* | **clap your hands** *The coach clapped his hands and yelled, "OK, listen!"* —**clapping** *n* [U] oklaski

**clap²** *n* [C] **clap of thunder** grzmot

**clar·i·fy** /'klærɪfaɪ/ *v* [T] wyjaśniać: *The discussion helped us to clarify our aims and ideas.* —**clarification** /ˌklærɪfɪ'keɪʃən/ *n* [C,U] wyjaśnienie

**clar·i·net** /ˌklærɪ'net/ *n* [C] klarnet

**clar·i·ty** /'klærɪti/ *n* [U] jasność: *the clarity of Irving's writing style*

**clash¹** /klæʃ/ *v* **1** [I] ścierać się: **+ with** *Demonstrators clashed with police on the streets of Paris.* **2** [I] gryźć się: **+ with** *That red tie clashes with your jacket.* **3** [I] kolidować: **+ with** *Unfortunately, the concert clashes with my evening class.*

**clash²** *n* [C] **1** starcie: **+ between** *a clash between the President and Republicans in the Senate* **2** konflikt: *a clash of loyalties* **3** brzęk: *the clash of the cymbals*

**clasp¹** /klɑːsp/ *n* **1** [C] zatrzask **2** [singular] uścisk: *the firm clasp of her hand*

**clasp²** *v* [T] ściskać: *She clasped the baby in her arms.*

**class¹** /klɑːs/ *n* **1** [C,U] klasa: *We were in the same class at school.* | *the professional classes* | *Success in their country seems to be based on class rather than ability.* | *a working class family* | *You get a nicer class of people living in this area.* | *There are four main word classes: nouns, verbs, adjectives, and adverbs.* | *The team showed real class in this afternoon's game.* | **not in the same class** (=o klasę gorszy): *As a tennis player, he's not in the same class as his brother.* **2** [C,U] lekcja, zajęcia: *When's your next class?* | *No talking in class* (=podczas lekcji). **3** [C] kurs: *a class in computer design* | *an evening class*

**class²** *v* **class sb/sth as** zaliczać kogoś/coś do: *Heroin and cocaine are classed as hard drugs.*

**clas·sic¹** /'klæsɪk/ *adj* klasyczny: *the classic film 'Casablanca'* | *a classic dark grey suit* | *Tiredness and loss of appetite are classic symptoms of depression.*

> UWAGA **classic** i **classical**
>
> Nie należy mylić wyrazów **classic** i **classical**. 'Klasyczny' w znaczeniu 'typowy, uznawany za wzór' to **classic**: *a classic book/play* | *a classic example of 16th C. Venetian art* | *to make a classic mistake*, a 'klasyczny' w znaczeniach takich jak 'muzyka klasyczna' lub odnoszacych się do klasycyzmu to **classical**: *classical music* | *classical physics* | *classical education.*

**classic²** *n* [C] klasyk: *'Moby Dick' is one of the classics of American literature.*

**clas·si·cal** /'klæsɪkəl/ *adj* klasyczny: *classical Indian dance* | *classical architecture* | *classical music*

**clas·sics** /'klæsɪks/ *n* [U] filologia klasyczna

**clas·si·fied** /'klæsɪfaɪd/ *adj* poufny: *classified information*

**clas·si·fy** /'klæsɪfaɪ/ *v* [T] s/klasyfikować: **classify sb/sth as sth** *Whales are classified as* (=zaliczają się do) *mammals, not fish.* —**classification** /ˌklæsɪfɪ'keɪʃən/ *n* [C,U] klasyfikacja

**class·mate** /'klɑːsmeɪt/ *n* [C] kolega/koleżanka z klasy: *Discuss the question with your classmates.*

**class·room** /'klɑːs-rʊm/ *n* [C] klasa, sala (lekcyjna)

**class·work** /'klɑːswɜːk/ *n* [U] praca w klasie → porównaj HOMEWORK

**class·y** /'klɑːsi/ *adj informal* szykowny: *a classy sports car*

**clat·ter** /'klætə/ *v* [I] stukotać, pobrzękiwać: *The pots clattered to the*

*floor.* —**clatter** *n* [singular] stukot, brzęk: *the clatter of dishes*

**clause** /klɔːz/ *n* [C] **1** klauzula: *A clause in the contract states when payment must be made.* **2** zdanie (*nadrzędne, podrzędne itp.*): *a relative clause*

**claus·tro·pho·bi·a** /ˌklɔːstrəˈfəʊbiə/ *n* [U] klaustrofobia —**claustrophobic** *adj*: *I won't go in lifts – I'm claustrophobic* (=cierpię na klaustrofobię).

**claw¹** /klɔː/ *n* [C] pazur, szpon

**claw²** *v* [I,T] wczepiać się (*pazurami*) **+ at** *The kitten was clawing at my leg.*

**clay** /kleɪ/ *n* [U] glina

**clean¹** /kliːn/ *adj* **1** czysty: *Are your hands clean?* | *All work surfaces must be kept spotlessly clean.* | *a clean driving licence* (=prawo jazdy bez punktów karnych) **2** przyzwoity: *good clean fun* **3** czysty, uczciwy: *a clean fight* **4 come clean** *informal* przyznawać się: *You should come clean and tell her who really did it.* ➡ patrz też CLEANLINESS

**clean²** *v* [I,T] wy/czyścić: *It took me ages to clean the stove.* —**clean** *n* [singular] czyszczenie: *The car needs a good clean* (=przydałoby się porządnie umyć samochód). —**cleaning** *n* [U] sprzątanie

**clean** sth ↔ **out** *phr v* [T] opróżniać: *We spent the whole of Sunday cleaning out the garage.*

**clean up** *phr v* [T **clean** sb/sth ↔ **up**] doprowadzać do porządku: *A lot of money has been spent on cleaning up the region's beaches.*

**clean³** *adv* całkiem: *The bullet went clean* (=na wylot) *through his leg.*

**clean·er** /ˈkliːnə/ *n* **1** [C] sprzątacz/ka **2 toilet/kitchen cleaner** środek czyszczący do toalet/kuchni **3 the cleaner's** pralnia chemiczna

**clean·li·ness** /ˈklenlinəs/ *n* [U] czystość: *poor standards of cleanliness*

**clean·ly** /ˈkliːnli/ *adv* gładko: *The knife cut cleanly through the cake.*

**cleanse** /klenz/ *v* [T] oczyszczać

**cleans·er** /ˈklenzə/ *n* [C,U] płyn do zmywania twarzy

**clear¹** /klɪə/ *adj* **1** jasny: *The instructions aren't clear at all.* | *She gave the police a clear description of her attacker.* **2** wyraźny: *a clear admission of guilt* | *Hugh made it quite clear* (=powiedział wyraźnie) *that he was not interested.* **3 be clear (about sth)** mieć pewność (co do czegoś): *Is everyone clearer now about what they're supposed to be doing?* **4** przezroczysty: *clear glass bottles* **5 clear of** wolny od: *All major roads are now clear of snow.* **6** czysty: *On a clear day you can see for miles.* **7 clear conscience** czyste sumienie

**clear²** *v* **1** [T] sprzątać: *I'll just clear these papers off the desk.* | **clear the table** *After meals, I clear the table* (=sprzątam ze stołu) *and Dad does the dishes.* **2** [T] usuwać: *I was out at 6.30 clearing snow.* | **clear sb/sth from sth** *Trucks have just finished clearing the fallen trees from the road.* **3** [I] przejaśniać się: *The sky cleared.* **4 clear your throat** odchrząknąć **5** [T] **clear sb of (doing) sth** oczyszczać kogoś z (zarzutu zrobienia) czegoś: *Johnson was cleared of murdering his wife.* **6** [T] wydawać zgodę: *Has the plane been cleared to land* (=czy samolot otrzymał zgodę na lądowanie)? **7** [T] przeskakiwać przez: *The horse cleared the first fence easily.* **8** [I] zostać zrealizowanym: *The cheque cleared.* **9 clear the air** oczyszczać atmosferę

**clear** sth ↔ **away** *phr v* [I,T] uprzątać: *Jamie, will you clear your toys away!*

**clear off** *phr v* [I] *BrE informal* spadać, spływać: *The landlord told them to clear off.*

**clear out** *phr v* [T **clear** sth ↔ **out**] opróżniać: *I need to clear out that dresser.*

**clear up** *phr v* **1** [I,T **clear** sth ↔ **up**] sprzątać: *We should clear up the basement before your parents visit.* **2** [T **clear** sth ↔ **up**] wyjaśniać: *There are one or two points I'd like to clear up before we begin.* **3** [I] przejaśniać się **4** [I] przechodzić: *The infection has cleared up.*

**clear³** *adv* **clear of** z dala od: *Firemen pulled the driver clear of the wreckage.*

**clear·ance** /ˈklɪərəns/ *n* [C,U] zezwolenie: *We're waiting for clearance to unload the ship.*

**clear-cut** /ˌ. ˈ.◂/ *adj* oczywisty: *There is no clear-cut solution.*

**clear·ing** /ˈklɪərɪŋ/ *n* [C] przecinka

**clear·ly** /ˈklɪəli/ *adv* **1** z pewnością: *Clearly, the situation is more serious than we first thought.* **2** wyraźnie: *Remember to speak slowly and clearly.* | *The footpaths were all clearly marked.* **3** jasno: *I couldn't think clearly.*

**cleav·er** /ˈkliːvə/ *n* [C] tasak

**clef** /klef/ *n* [C] klucz (*muzyczny*): *the bass clef*

**clench** /klentʃ/ *v* [T] zaciskać: *Hal began beating on the door with clenched fists.*

**cler·gy** /ˈklɜːdʒi/ *n* [plural] duchowieństwo: *The clergy have much less power than they used to have.*

**cler·gy·man** /ˈklɜːdʒimən/ *n plural* **clergymen** [C] duchowny

**cler·i·cal** /ˈklerɪkəl/ *adj* biurowy: *a clerical worker*

**clerk** /klɑːk/ *n* [C] **1** urzędni-k/czka: *a bank clerk* **2** *AmE* recepcjonist-a/ka: *Please return your keys to the desk clerk.*

**clev·er** /ˈklevə/ *adj* **1** *especially BrE* bystry: *I wasn't clever enough to go to university.* **2** sprytny: *a clever lawyer* **3** zmyślny: *What a clever little gadget!* —**cleverly** *adv* sprytnie —**cleverness** *n* [U] spryt

**cli·ché** /ˈkliːʃeɪ/ *n* [C] komunał: *all the usual political clichés*

**click**[1] /klɪk/ *v* **1** [I,T] pstrykać: *He clicked his fingers.* **2** [I,T] stukać: *Her high heels clicked across the wooden floor.* **3 click on sth** pstryknąć myszą na czymś: *Double click on 'OK'.*

**click**[2] *n* [C,U] trzask: *The door shut with a click.*

**cli·ent** /ˈklaɪənt/ *n* [C] klient/ka: *I have a meeting with an important client.*

**cli·en·tele** /ˌkliːənˈtel/ *n* [singular] klientela: *Our clientele consists mainly of single people.*

**cliff** /klɪf/ *n* [C] klif: *She was standing near the edge of the cliff.*

**cli·mate** /ˈklaɪmɪ̈t/ *n* [C] klimat: *a hot and humid climate* | **political/intellectual etc climate** *Small businesses are finding life difficult in the present economic climate.* —**climatic** /klaɪˈmætɪk/ *adj* klimatyczny

**cli·max** /ˈklaɪmæks/ *n* [C] punkt kulminacyjny: **+ of** *Competing in the Olympic Games was the climax of his career.* | **reach a climax** *The revolution reached its climax in 1921.*

**climb** /klaɪm/ *v* **1** [I,T] wspinać się (na): *Kids love climbing trees.* | *She slowly climbed up to the top of the hill.* **2** gramolić się: **+ out of/into/over etc** *Bob climbed into the back of the truck.* **3** [I] uprawiać wspinaczkę: **go climbing** *We went climbing* (=wybraliśmy się na wspinaczkę) *in the Himalayas last year.* **4** [I] wznosić się: *Flight 104 climbed into the night sky.* **5** [I] wzrastać: *The temperature was climbing steadily.* —**climb** *n* [C] wspinaczka

**climb down** *phr v* [I] przyznawać się do błędu: *Management have refused to climb down over the issue of wage increases.*

**climb·er** /ˈklaɪmə/ *n* [C] alpinist-a/ka

**climb·ing** /ˈklaɪmɪŋ/ *n* [U] wspinaczka: *climbing boots* | *Her hobbies include riding and mountain climbing.*

**clinch** /klɪntʃ/ *v* [T] *informal* rozstrzygać: *They clinched the championship after scoring in the final minute.*

**cling** /klɪŋ/ *v* **clung, clung, clinging** [I] **1** trzymać się kurczowo: **+ to/on/together** *The little girl was clinging to her mother, crying.* **2** przywierać: *Sand clung to her arms and legs.* **3** nie wypuszczać z rąk: **+ to/on/onto** *He is still clinging on to power.*

**cling to** sb/sth *phr v* [T] uporczywie trwać przy: *She still clung to the hope that he loved her.*

**cling·film** /ˈklɪŋfɪlm/ *n* [U] *BrE trademark* folia spożywcza

**cling·ing** /ˈklɪŋɪŋ/ *adj* obcisły: *a clinging pair of satin jeans*

**clin·ic** /ˈklɪnɪk/ *n* [C] klinika: *a dental clinic*

**clin·i·cal** /ˈklɪnɪkəl/ *adj* **1** kliniczny: *The drug has undergone a number of clinical trials.* **2** pozbawiony emocji: *Her attitude to our relationship was cold and clinical.* —**clinically** *adv* klinicznie

**clink** /klɪŋk/ *v* [I,T] pobrzękiwać —**clink** *n* [C,U] brzęk

**clip**[1] /klɪp/ *n* **1** [C] spinacz, klamra, spinka **2** [C] urywek: *a clip from Robert De Niro's latest movie*

**clip**[2] *v* **-pped, -pping 1** [I,T] zapinać (się), przypinać (się): **+ to/onto** *The lamp clips onto the front of the bicycle.* **2** przycinać: *Walt stood in front of the mirror, clipping his moustache.*

**clip·pers** /ˈklɪpəz/ *n* [plural] cążki: *nail clippers*

**clip·ping** /ˈklɪpɪŋ/ *n* **1** [C] wycinek: *a newspaper clipping* **2** [C usually plural] ścinek: *a pile of grass clippings*

**clique** /kliːk/ *n* [C] klika

**cloak** /kləʊk/ *n* [C] peleryna

**cloak·room** /ˈkləʊkrʊm/ *n* [C] **1** szatnia **2** *BrE* toalety (*w budynku publicznym*)

**clob·ber** /ˈklɒbə/ *v* [T] *spoken informal* walnąć

**clock**[1] /klɒk/ *n* **1** [C] zegar: *She glanced at the clock.* | *The room was silent except for the ticking of the clock.* **2 around the clock** 24 godziny na dobę: *Volunteers had to work around the clock to get everything ready.* **3 against the clock** pod presją czasu **4 turn/put/set the clock back** cofnąć zegar historii: *Women's groups warned that the new law would turn the clock back fifty years.* **5** [C] licznik (*przebiegu*)

**clock**[2] *v* [T] z/mierzyć prędkość: *The police clocked him at 160 kilometres an hour.*

**clock up** sth *phr v* [T] zaliczyć: *We clocked up 125,000 miles on our old car.* | *The Dodgers have clocked up six wins in a row.*

**clock·wise** /ˈklɒk-waɪz/ *adv* zgodnie z ruchem wskazówek zegara: *Turn the dial clockwise.* ➡ antonim ANTICLOCKWISE *BrE*, COUNTERCLOCKWISE *AmE*

**clock·work** /ˈklɒk-wɜːk/ *n* **1 like clockwork** jak w zegarku: *Production at the factory has been going like clockwork.* **2** [U] mechanizm zegarowy: *clockwork toy soldiers*

**clog**[1] /klɒg/ *także* **clog up** *v* [I,T] **-gged, -gging** zapychać, zatykać: *potato peelings clogging the drain*

**clog**[2] *n* [C] drewniak, chodak

**clone**[1] /kləʊn/ *n* [C] klon

**clone**[2] *v* [T] s/klonować —**cloning** *n* [U] klonowanie

**close**[1] /kləʊz/ *v* [I,T] **1** zamykać (się): *Do you mind if I close the window?* | *Close your eyes and go to sleep.* | *The door closed quietly behind her.* | *What time does the library close* (=o której zamykają bibliotekę) *tonight?* **2** za/kończyć: *Professor Schmidt closed his speech with a quote from Tolstoy.* **3** *także* **close down** z/likwidować, ulegać likwidacji: *Hundreds of coal mines have closed since World War II.*

**close**[2] /kləʊs/ *adj, adv* **1** bliski, blisko: *The shops are quite close – only five minutes' walk.* | *We were close friends when we were at high school.* | *British companies should be trying to establish closer links with Europe.* | **+ to** *They rented a villa close to the beach.* | *By the time we left it was close to midnight.* | *Are you close to your sister* (=czy ty i twoja siostra jesteście sobie bliscy)? **2 be close to** wynosić blisko: *Inflation is now close to 6%.* | **come close to (doing) sth** (=być bliskim (zrobienia) czegoś): *Their lead guitarist came close to leaving the band.* **3** wyrównany: *a close game* **4 close relation/relative** bliski krewny —**closely** *adv* dokładnie: *Watch closely!* —**closeness** *n* [U] bliskość

| UWAGA **close** |
| --- |
| Patrz **near** i **close.** |

**close**[3] /kləʊz/ *n* [singular] koniec: *The summer was drawing to a close.* | *It's time to bring the meeting to a close.*

**closed** /kləʊzd/ *adj* zamknięty: *Most of the shops are closed on Sunday.* | *Keep your eyes closed.*

C

**closed cir·cuit tel·e·vi·sion** /ˌ. .. '..../ *także* **CCTV** *n* [C,U] sieć telewizyjna zamknięta

**clos·et** /'klɒzᵻt/ *n* [C] *especially AmE* szafa wnękowa

**close-up** /'kləʊs ʌp/ *n* [C] zbliżenie: *a close-up of an old woman's face*

**clos·ing** /'kləʊzɪŋ/ *adj* końcowy: *the closing paragraph of the article*

**clo·sure** /'kləʊʒə/ *n* [C,U] likwidacja: *factory closures* | **+ of** *the closure of the local hospital*

**clot** /klɒt/ *n* [C] skrzep: *a blood clot in his leg*

**cloth** /klɒθ/ *n* **1** [U] tkanina: *a suit made of grey cloth* **2** [C] szmatka: *Rub the stain gently with a damp cloth.*

**clothe** /kləʊð/ *v* [T] ubierać: *She earns barely enough to feed and clothe her children.*

**clothes** /kləʊðz/ *n* [plural] ubranie, rzeczy: *Remember to bring some clean clothes.*

> UWAGA **clothes, piece of clothing i garment**
>
> Wyraz **clothes** jest rzeczownikiem w liczbie mnogiej nie posiadającym liczby pojedynczej. Używa się go mówiąc ogólnie o tym co ludzie 'mają na sobie' lub 'noszą' czyli o 'odzieży' lub 'ubraniu': *It might be cold, so bring some warm clothes.* | *I don't have any formal clothes.* Jeśli mówimy o jednej 'części garderoby', np. o koszuli, sukience itp., używamy wyrażenia **a piece of clothing** lub – bardziej oficjalnie – **a garment**: *Customers may take two pieces of clothing/garments into the fitting room.*

**clothes·line** /'kləʊðzlaɪn/ *n* [C] sznur do (suszenia) bielizny

**clothes peg** /'. ./ *BrE*, **clothes·pin** /'kləʊðzpɪn/ *AmE n* [C] spinacz do bielizny

**cloth·ing** /'kləʊðɪŋ/ *n* [U] *formal* odzież: *Supplies of food and clothing were taken to the refugee camps.* | *protective clothing*

**cloud**[1] /klaʊd/ *n* [C,U] chmura: *Storm clouds moved closer overhead.* | *He drove out of the driveway in a cloud of dust.*

**cloud**[2] *v* **1** [T] przysłaniać: *Don't allow personal feelings to cloud your judgment.* **2** [T] zmącić: *Terrorist threats clouded the opening ceremony.*

**cloud over** *phr v* [I] za/chmurzyć się

**cloud·y** /'klaʊdi/ *adj* **1** zachmurzony **2** mętny

**clout** /klaʊt/ *n informal* **1** [U] siła przebicia: *Trade unions now have less political clout than they used to.* **2** [singular] *BrE* cios: *You'll get a clout round the ear if you're not careful!*

**clove** /kləʊv/ *n* **1** [C] goździk (*przyprawa*) **2 a clove of garlic** ząbek czosnku

**clo·ver** /'kləʊvə/ *n* [C] koniczyna

**clown**[1] /klaʊn/ *n* [C] klown

**clown**[2] *v* [I] *także* **clown around/about** wygłupiać się: *Stop clowning around you two!*

**club**[1] /klʌb/ *n* [C] **1** klub: *She's a member of a local drama club.* **2** klub nocny **3** kij: *a set of golf clubs* **4** pałka **5** trefl: *the King of clubs*

**club**[2] *v* [T] **-bbed, -bbing** tłuc

**club together** *phr v* [I] składać się: *They clubbed together to buy her some flowers.*

**cluck** /klʌk/ *v* [I] gdakać

**clue** /kluː/ *n* **1** [C] wskazówka, trop: **+ to** *Police are searching for clues to the identity of the murderer.* | **give (sb) a clue** *The title of the book should give you a clue as to what it's about.* **2 not have a clue** *informal* nie mieć pojęcia: *"Do you know where Karen is?" "I haven't got a clue."*

**clump** /klʌmp/ *n* [C] kęp(k)a: **+ of** *a clump of grass*

**clum·sy** /'klʌmzi/ *adj* **1** niezdarny: *At 13, she was clumsy and shy.* **2** nieporęczny: *big clumsy shoes* **3** nietaktowny: *a clumsy apology*

**clung** /klʌŋ/ *v* czas przeszły i imiesłów bierny od CLING

**clus·ter**[1] /'klʌstə/ *n* [C] grup(k)a: **+ of** *a cluster of small houses*

**cluster²** *v* [I,T] skupiać się: **+ around/round/together** *A small group of students clustered around the noticeboard.*

**clutch¹** /klʌtʃ/ *v* [T] trzymać się kurczowo, ściskać: *Amy had to clutch the railing to keep her balance.*

**clutch²** *n* **1** [C] sprzęgło **2 in sb's clutches** w czyichś szponach

**clut·ter¹** /ˈklʌtə/ *v* [T] *także* **clutter up** zagracać: *Piles of books and papers were cluttering up his desk.*

**clutter²** *n* [U] bałagan: *I can't stand all this clutter!*

**cm** *n* skrót od CENTIMETRE

**Co.** /kəʊ/ skrót od 'company': *Hilton, Brooks & Co.*

**c/o** skrót od 'care of': *Send the letter c/o* (=na adres) *Anne Miller, 8 Brown St., Peoria, IL.*

**coach¹** /kəʊtʃ/ *n* [C] **1** trener/ka: *a basketball coach* **2** *BrE* autokar: *a coach tour of Europe* **3** powóz: *a coach and horses*

**coach²** *v* [I,T] **1** trenować: *Hal coaches the local football team.* **2** udzielać prywatnych lekcji

**coal** /kəʊl/ *n* **1** [U] węgiel: *a coal fire* **2 coals** [plural] węgle

**co·a·li·tion** /ˌkəʊəˈlɪʃən/ *n* [C,U] koalicja: *a coalition government* (=rząd koalicyjny)

**coarse** /kɔːs/ *adj* **1** szorstki: *a coarse woollen blanket* **2** grubiański

**coast¹** /kəʊst/ *n* [C] wybrzeże: *the Pacific coast | They've rented a cottage on the South Coast.* —**coastal** *adj* przybrzeżny

> UWAGA **coast**
>
> Patrz **shore** i **coast**.

**coast²** *v* [I] jechać rozpędem: *We coasted downhill.*

**coast guard** /ˈ. ./ *n* [C] straż przybrzeżna

**coast·line** /ˈkəʊstlaɪn/ *n* [C,U] linia brzegowa: *a rocky coastline*

**coat¹** /kəʊt/ *n* [C] **1** płaszcz: *a heavy winter coat | a lab coat* (=fartuch laboratoryjny) **2** warstwa: **+ of** *I'll give the walls a fresh coat of paint.* **3** sierść: *The dog had a thick glossy coat.*

**coat²** *v* [T] pokrywać (warstwą): **coat sth with sth** *The books were thickly coated with dust.*

**coat·ing** /ˈkəʊtɪŋ/ *n* [C] warstewka, powłoka: *There was just a light coating of snow.*

**coat of arms** /ˌ. . ˈ./ *n* [C] herb

**coax** /kəʊks/ *v* [T] nakłaniać: **coax sb into doing sth/coax sb to do sth** *We managed to coax him into eating a little supper.*

**cob·ble** /ˈkɒbəl/ *także* **cob·ble·stone** /-stəʊn/ *n* [C usually plural] kamień brukowy —**cobbled** *adj* brukowany: *cobbled streets*

**cob·bler** /ˈkɒblə/ *n* [C,U] *old-fashioned* szewc

**co·bra** /ˈkəʊbrə/ *n* [C] kobra

**cob·web** /ˈkɒbweb/ *n* [C] pajęczyna

**co·caine** /kəʊˈkeɪn/ *n* [U] kokaina

**cock¹** /kɒk/ *n* [C] *BrE* kogut

**cock²** *v* [T] przekrzywiać (*głowę*): *Jeremy cocked his head to one side, listening carefully.*

**cock** sth ↔ **up** *phr v* [T] *BrE spoken informal* popsuć: *These last-minute changes have really cocked up the schedule.*

**cock·e·rel** /ˈkɒkərəl/ *n* [C] kogucik

**cock-eyed** /ˌ. ˈ.◂/ *adj informal* **1** idiotyczny: *I don't know how you get these cock-eyed ideas!* **2** przekrzywiony: *His hat was on at a cock-eyed angle.*

**Cock·ney** /ˈkɒkni/ *n* rodowity mieszkaniec wschodniego Londynu lub dialekt londyński

**cock·pit** /ˈkɒkˌpɪt/ *n* [C] kabina (pilota)

**cock·roach** /ˈkɒk-rəʊtʃ/ *n* [C] karaluch

**cock·sure** /ˌkɒkˈʃʊə◂/ *adj informal* zbyt pewny siebie

**cock·tail** /ˈkɒkteɪl/ *n* [C,U] koktajl

**co·coa** /ˈkəʊkəʊ/ *n* [U] kakao: *a cup of cocoa*

**co·co·nut** /ˈkəʊkənʌt/ *n* [C,U] orzech kokosowy

**co·coon** /kə'kuːn/ *n* [C] kokon

**cod** /kɒd/ *n* [C,U] dorsz

**code** /kəʊd/ *n* **1** [C] kodeks, regulamin: *The restaurant was fined for ignoring the Health and Safety Code.* | **code of conduct/ethics** *a code of medical ethics* (=kodeks etyki lekarskiej) **2** [U] szyfr: **in code** *messages written in code* **3** [C] *BrE* numer kierunkowy: *The code for Manchester is 0161.* → patrz też BAR CODE, POSTCODE, ZIP CODE

**cod·ed** /'kəʊdəd/ *adj* szyfrowany, kodowany

**co-ed** /ˌkəʊ 'ed◂ / *adj* koedukacyjny

**co·ex·ist** /ˌkəʊɪg'zɪst/ *v* [I] koegzystować: *Can the two countries coexist after the war?* —**coexistence** *n* [U] współistnienie, koegzystencja

**cof·fee** /'kɒfi/ *n* [C,U] kawa: *Want a cup of coffee?*

**coffee ta·ble** /'.. ˌ../ *n* [C] ława

**cof·fin** /'kɒfən/ *n* [C] trumna

**cog** /kɒg/ *n* [C] koło zębate

**co·gnac** /'kɒnjæk/ *n* [C,U] koniak

**co·hab·it** /ˌkəʊ'hæbət/ *v* [I] *formal* żyć w konkubinacie

**co·her·ent** /kəʊ'hɪərənt/ *adj* spójny: *a coherent answer*

**co·he·sion** /kəʊ'hiːʒən/ *n* [U] jedność: *What the country needs is a sense of national cohesion.*

**coil**[1] /kɔɪl/ *v także* **coil up** [I,T] zwijać (się): *The snake coiled around the tree.*

**coil**[2] *n* [C] zwój: *a coil of rope*

**coin** /kɔɪn/ *n* **1** [C] moneta: *He collects foreign coins.* **2 toss/flip a coin** rzucać monetą: *Let's flip a coin to see who goes first.*

**coin**[2] *v* [T] ukuć: *I wonder who coined the word "cyberpunk".*

**co·in·cide** /ˌkəʊən'saɪd/ *v* [I] **1** zbiegać się: **+ with** *Their wedding anniversary coincides with my birthday.* **2** być zbieżnym: *Our interests coincided.*

**co·in·ci·dence** /kəʊ'ɪnsədəns/ *n* [C,U] zbieg okoliczności: *What a coincidence! I hadn't expected to meet you here.* | **by coincidence** *By an odd coincidence* (=dziwnym zbiegiem okoliczności), *my husband and my father have the same first name.* —**coincidental** /kəʊˌɪnsə'dentl◂ / *adj* przypadkowy

**col·an·der** /'kʌləndə/ *n* [C] cedzak

**cold**[1] /kəʊld/ *adj* **1** zimny: *It's cold outside.* | *a polite but cold greeting* | *a lunch of cold chicken and salad* | *I'm cold* (=zimno mi) – *can you turn on the heater?* | **go/get cold** (=wy/stygnąć): *My coffee's gone cold.* | **ice-cold/freezing cold** (=lodowaty): *The water was freezing cold.* **2 get/have cold feet** *informal* dostawać/mieć stracha: *She was getting cold feet about getting married.* **3 in cold blood** z zimną krwią: *innocent civilians murdered in cold blood* —**coldness** *n* [U] chłód, oziębłość → patrz też COLDLY

**cold**[2] *n* **1** [C] przeziębienie, katar: **have a cold** (=być przeziębionym): *You sound as if you have a cold.* | **catch a cold** (=przeziębić się): *Keep your feet dry so you don't catch a cold.* **2** [U] **the cold** zimno: *Come in out of the cold.* | *She was wrapped in a thick woollen shawl, to protect her from the cold.*

**cold-blood·ed** /ˌ. '..◂ / *adj* **1** bezwzględny: *a cold-blooded killer* **2** zmiennocieplny: *Snakes are cold-blooded animals.*

**cold-heart·ed** /ˌ. '..◂ / *adj* nieczuły: *a cold-hearted man*

**cold·ly** /'kəʊldli/ *adv* chłodno, ozięble: *"I'm busy," said Sarah coldly.*

**cole·slaw** /'kəʊlslɔː/ *n* [U] surówka z białej kapusty przyprawiana majonezem

**col·ic** /'kɒlɪk/ *n* [U] kolka

**col·lab·o·rate** /kə'læbəreɪt/ *v* [I] **1** współpracować: **+ on/with** *The two authors collaborated on the translation of the novel.* **2** kolaborować: *There are rumours that he collaborated with the secret police.* —**collaborator** *n* [C] współpracownik/czka, kolaborant/ka

**col·lab·o·ra·tion** /kəˌlæbə'reɪʃən/ *n* [U] **1** współpraca: *The two companies worked in close collaboration on the project.* **2** kolaboracja

**col·lage** /ˈkɒlɑːʒ/ *n* [C,U] kolaż

**col·lapse¹** /kəˈlæps/ *v* [I] **1** za/walić się: *Many buildings collapsed during the earthquake.* **2** zasłabnąć: *He collapsed with a dangerously high fever.* **3** upaść: *Thousands were made unemployed after the country's mining industry collapsed.*

**collapse²** *n* [C,U] **1** załamanie się: *the stock market collapse of 1987* **2** zawalenie się: *Floods caused the collapse of the bridge.* **3** zapaść: *The prisoner was in a state of nervous collapse.*

**col·lap·si·ble** /kəˈlæpsəbəl/ *adj* składany: *a collapsible table*

**col·lar¹** /ˈkɒlə/ *n* [C] **1** kołnierz **2** obroża

**collar²** *v* [T] *informal* capnąć: *Two policemen collared him before he could get away.*

**col·lar·bone** /ˈkɒləbəʊn/ *n* [C] obojczyk

**col·league** /ˈkɒliːg/ *n* [C] kolega/koleżanka *(z pracy)*: *my colleague at the university*

**col·lect¹** /kəˈlekt/ *v* **1** [T] zbierać: *I'll collect everyone's papers at the end of the test.* | *I started collecting foreign coins when I was eight years old.* | *We're collecting money for the Red Cross.* **2** [I] zbierać się: *A crowd of people had collected at the scene of the accident.* **3** [T] *BrE* odbierać: **collect sb from** *Can you collect the kids from school?* **4 collect yourself/your thoughts** zbierać myśli

**collect²** *adj, adv AmE* **call sb collect** za/dzwonić do kogoś na jego koszt

**col·lect·ed** /kəˈlektəd/ *adj* **1 collected poems/stories/works** wiersze/opowiadania/dzieła zebrane: *the collected works of Shakespeare* **2** opanowany: *She stayed cool and collected.*

**col·lec·tion** /kəˈlekʃən/ *n* **1** [C] kolekcja, zbiór: *your CD collection* | **+ of** *a fine collection of modern paintings* **2** [U] zbieranie: **+ of** *the collection of reliable information* **3** [C,U] zbiórka, kwesta: *We're planning to have a collection for UNICEF.* **4** [C,U] odbiór: *Garbage collections are made every Tuesday morning.* **5** [singular] *informal* zbieranina: *There was an odd collection of people at the party.*

**col·lec·tive¹** /kəˈlektɪv/ *adj* [only before noun] zbiorowy: *collective responsibility* | **collective decision/effort** (=wspólna decyzja/wysiłek): *It's our collective responsibility to see that everything is done right.* —**collectively** *adv* wspólnie

**collective²** *n* [C] spółdzielnia

**col·lec·tor** /kəˈlektə/ *n* [C] **1 rent/tax collector** poborca czynszów/podatków **2 ticket collector** kontroler biletów **3** kolekcjoner/ka: *a stamp collector*

**col·lege** /ˈkɒlɪdʒ/ *n* **1** [C,U] wyższa uczelnia: *an art college* **2** [C] kolegium: *King's College, Cambridge*

**col·lide** /kəˈlaɪd/ *v* [I] zderzać się: *The two trains collided in a tunnel.* | **+ with** *In the thick fog, her car collided with a lorry.*

**col·lie·ry** /ˈkɒljəri/ *n* [C] *BrE* kopalnia węgla

**col·li·sion** /kəˈlɪʒən/ *n* [C,U] zderzenie: **head-on collision** (=czołowe): *a head-on collision between two trains*

**col·lo·qui·al** /kəˈləʊkwiəl/ *adj* potoczny: *colloquial expressions* —**colloquially** *adv* potocznie —**colloquialism** *n* [C] kolokwializm, wyrażenie potoczne

**co·lon** /ˈkəʊlən/ *n* [C] dwukropek

**colo·nel** /ˈkɜːnl/ *n* [C] pułkownik

**co·lo·ni·al** /kəˈləʊniəl/ *adj* kolonialny: *Ghana became independent in 1986 after 85 years of colonial rule.*

**co·lo·ni·al·is·m** /kəˈləʊniəlɪzəm/ *n* [U] kolonializm

**col·o·nize** /ˈkɒlənaɪz/ (*także* **-ise** *BrE*) *v* [T] s/kolonizować: *Australia was colonized in the 18th century.* —**colonization** /ˌkɒlənaɪˈzeɪʃən/ *n* [U] kolonizacja

**col·o·ny** /ˈkɒləni/ *n* [C] kolonia: *Algeria was formerly a French colony.* | *an artists' colony* | *an ant colony*

**col·or** /ˈkʌlə/ amerykańska pisownia wyrazu COLOUR

**co·los·sal** /kəˈlɒsəl/ *adj* kolosalny: *They've run up colossal debts.*

**colour¹** /ˈkʌlə/ *BrE*, **color** *AmE n* **1** [C,U] kolor, barwa: *"What colour is your new car?" "Blue."* | *the colors of the rainbow* | *houses painted in bright colours* | **in colour** *The meat should be pale pink in colour.* **2** [U] koloryt: *flowers that will add colour to your garden* | *a story full of life, colour, and adventure* **3 colour photograph/television** kolorowa fotografia/telewizja **4** [C,U] kolor skóry: *people of all colors* → patrz też OFF COLOUR

> UWAGA **colour**
>
> Wyraz **colour** nie występuje zwykle w złożeniach z nazwami samych kolorów (**red**, **green**, **blue** itp.): *I bought a blue shirt.* (nie: *I bought a blue colour shirt.* czy: *I bought a shirt of blue colour.*) Wyraz **colour** może wystąpić z nazwą koloru wtedy, kiedy chodzi o jakiś nietypowy, trudny do określenia kolor: *an unusual bluish-grey colour*, lub w wyrażeniu **in colour**: *It's brown in colour.*

**colour²** *BrE*, **color** *AmE v* **1** [T] u/farbować: *Do you colour your hair or is it natural?* **2** *także* **colour in** [T] po/kolorować: *Can you trace the picture and colour it in?* **3 colour sb's judgment/opinion** zabarwić czyjąś ocenę/opinię: *Personal feelings coloured his judgment.*

**colour-blind** /ˈ.. ./ *BrE*, **color-blind** *AmE adj* **be colour-blind** być daltonistą —**colour-blindness** *n* [U] daltonizm

**col·oured** /ˈkʌləd/ *BrE*, **colored** *AmE adj* kolorowy: *coloured glass*

**col·our·ful** /ˈkʌləfəl/ *BrE*, **colorful** *AmE adj* **1** kolorowy: *a garden full of colourful flowers* **2** barwny: *You might say he's led a colourful life.*

**col·our·ing** /ˈkʌlərɪŋ/ *BrE*, **coloring** *AmE n* **1** [U] karnacja: *Mandy had her mother's dark coloring.* **2** [C,U] barwnik: *Use food colouring to tint the icing.*

**col·our·less** /ˈkʌləlәs/ *BrE*, **colorless** *AmE adj* bezbarwny: *a colorless liquid* | *a colourless little man*

**colt** /kəʊlt/ *n* [C] źrebak

**col·umn** /ˈkɒləm/ *n* [C] **1** kolumna: *the marble columns of a Greek temple* | *Pick a number from the first column.* | **+ of** *a column of soldiers on the march* **2** rubryka: *an advice column* **3** słup: **+ of** *a column of smoke*

**col·umn·ist** /ˈkɒləmɪst/ *n* [C] felietonist-a/ka

**co·ma** /ˈkəʊmə/ *n* [C] śpiączka: **be in a coma** *Ben was in a coma for six days.*

**comb¹** /kəʊm/ *n* [C] grzebień

**comb²** *v* [T] **1** u/czesać: *Run upstairs and comb your hair!* **2** przeczesywać: **comb sth for sth** (=w poszukiwaniu czegoś): *Police are combing the area for more bombs.*

**com·bat¹** /ˈkɒmbæt/ *n* [C,U] walka: *men with little experience of armed combat* | **in combat** (=na polu walki): *Her husband was killed in combat.*

**combat²** *v* [T] **-ated, -ating** *także* **-tted, -tting** *BrE* zwalczać: *The police are using new technology to combat crime.*

**com·ba·tant** /ˈkɒmbətənt/ *n* [C] żołnierz

**com·bi·na·tion** /ˌkɒmbɪˈneɪʃən/ *n* [C] **1** kombinacja, połączenie: **+ of** *a combination of bad management and inexperience* **2** szyfr (*zamka, sejfu itp.*)

**com·bine** /kəmˈbaɪn/ *v* [I,T] po/łączyć (się): *The two chemicals combine to produce a powerful explosive.* | **combined with** *The heat combined with* (=w połączeniu z) *the loud music was beginning to make her feel ill.* | **combine sth with sth** *She manages to combine family life with a career.*

**com·bine har·vest·er** /ˌkɒmbaɪn ˈhɑːvɪstə/ *n* [C] kombajn

**com·bus·tion** /kəmˈbʌstʃən/ *n* [U] spalanie

**come** /kʌm/ *v* [I] **came, come, coming 1** przybywać, przychodzić, przyjeżdżać: *Did you come by train?* | *When Bert came home from work, he looked tired.* | *The phone bill has come at a bad time.* | **+ to/towards/here etc** *Come here, right now!* | *Is Susan coming to the wedding?* | *At last we came to a small village.* | **come and do sth** *Come and have dinner with us.* | **come to do sth** *She comes to see us*

*every summer.* | **here comes** *spoken* (=oto i): *Here comes Karen now.* **2** nadchodzić: *Spring came early that year.* | *The time has come to make some changes.* **3 come after** następować po: *What letter comes after "u"?* | **come first/last/next etc** *I came last* (=zająłem ostatnie miejsce) *in the cycle race.* **4** sięgać: **+ to/up to/down to** *The water only came up to my knees.* **5** być dostępnym: *The sweaters come in four sizes.* | **+ in** *Do these shoes come in black?* **6 come undone/open** rozwiązywać się/otwierać się: *Your shoelace has come undone.* **7 come as a surprise/shock** być zaskoczeniem/szokiem: *Her death came as a shock to everyone.* **8 come to do sth** zaczynać coś robić: *That's the kind of behaviour I've come to expect from him.* **9 come naturally/easily to sb** przychodzić komuś łatwo: *Acting came naturally to Rae.* **10 in the years/days to come** w przyszłości: *I think we shall regret this decision in the years to come.* **11 come to think of it** *spoken* skoro już o tym mowa: *Come to think of it, Cooper did mention it to me.* **12 come and go** przemijać, mieć krótki żywot: *Fashions come and go.* ➡ patrz też **how come** (HOW[1]), **come to mind** (MIND[1]), **come to life** (LIFE), **come clean** (CLEAN[1]), **come unstuck** (UNSTUCK)

**come about** *phr v* [I] **how did this come about?** jak do tego doszło?: *How did this extraordinary situation come about?*

**come across** *phr v* **1** [T **come across** sth] natrafiać na: *I came across this photograph among some old newspapers.* **2** [I] **come across as** sprawiać wrażenie: *He comes across as a nice guy.*

**come along** *phr v* [I] **1** trafiać się: *I'm ready to take any job that comes along.* **2** posuwać się do przodu: *Terry's work has really come along this year.* **3** pójść też (*z kimś*): *Can I come along?*

**come around** *phr v* [I] *AmE* COME ROUND

**come apart** *phr v* [I] *especially BrE* rozpadać się: *The book just came apart in my hands.*

**come away** *v* [T] *BrE* odpadać: **+ from** *I pulled, and the handle came away from the door.*

**come back** *phr v* [I] **1** wracać: *When is your sister coming back from Europe?* | *Long skirts are coming back* (=wraca moda na długie spódnice). **2 come back to sb** nagle się komuś przypomnieć: *Then, everything William had said came back to me.* ➡ patrz też COMEBACK

**come between** sb *phr v* [T] poróżnić: *I didn't want the question of money to come between us.*

**come by** sth *phr v* **1** [T **come by** sth] zdobywać: **sth is hard to come by** (=trudno o coś): *Jobs are very hard to come by in the summer months.* **2** [I,T] *AmE* wpadać (do): *Veronica came by to see me today.*

**come down** *phr v* [I] **1** obniżać się: *Wait until prices come down before you buy.* **2** zostać zburzonym: *This old wall will have to come down.*

**come down to** sth *phr v* [T] sprowadzać się do: *It all comes down to money in the end.*

**come down with** sth *phr v* [T] zapadać na: *I think I'm coming down with flu* (=chyba bierze mnie grypa).

**come forward** *phr v* [I] zgłaszać się (*na ochotnika*): *Witnesses are asked to come forward with information about the robbery.*

**come from** *phr v* [T] pochodzić z: *His mother came from Texas.* | *The word "video" comes from the Latin word meaning "I see".*

**come in** *phr v* [I] **1** wchodzić: *Come in and sit down.* **2** nadchodzić: *Reports are coming in of an earthquake in Japan.* **3 come in first/second** zająć pierwsze/drugie miejsce **4** pojawiać się: *I remember when miniskirts first came in.* **5 come in useful/handy** przydawać się: *Bring some rope – it might come in handy.*

**come of** sth *phr v* [T] **1** wychodzić z, wynikać z: *We wanted to start a pop group, but nothing ever came of it.* **2 come of age** osiągać pełnoletność

**come off** *phr v* **1** [I,T **come off** sth] odpadać (od): *A button had come off his coat.* **2** [I] powieść się: *a $4 million deal that didn't come off* **3 come off it!** *spoken* daj spokój!: *Oh, come off it! Don't pretend you didn't know.*

C

**come on** *phr v* **1** [I] włączać się: *The lights suddenly came on in the cinema.* **2 come on!** *spoken* dalej!, no już!: *Come on, it's not that hard.*

**come out** *phr v* [I] **1** wychodzić na jaw: *The truth will come out eventually.* **2** wychodzić: *When does his new book come out?* **3** zabrzmieć: *I tried to explain, but it came out all wrong.* **4** schodzić: *The stains didn't come out.* **5 not come out** nie wychodzić: *Some of our wedding photos didn't come out.*

**come out in** sth *phr v* **come out in spots/a rash** *BrE* dostawać wysypki

**come out with** sth *phr v* [T] wyrywać się z (*czymś*): *Tanya comes out with some stupid remarks.*

**come over** *phr v* **1** [I] przyjść: *Can I come over to your place tonight?* **2** [T **come over** sb] najść: *A wave of sleepiness came over her.* | *I'm sorry I was so rude – I don't know what came over me!* **3** [I] **come over as** sprawiać wrażenie: *Mrs Robins comes over as a cold, strict woman.*

**come round** *BrE*, **come around** *especially AmE phr v* [I] **1** przychodzić (w odwiedziny): *Paul is coming round to my house for tea.* **2 come round to sb's way of thinking** dać się komuś przekonać: *I'm sure he'll come round to our way of thinking.* **3** odzyskiwać przytomność: *He must have been drugged – we'll have to wait till he comes round.*

**come through** *phr v* [T **come through** sth] przetrwać: *We've come through all kinds of trouble together.*

**come to** *phr v* **1** [T **come to** sth] osiągać: *After a long discussion, we finally came to a decision.* **2** wynosić razem: *That comes to $24.67 ma'am.* **3** [T **come to** sb] przypominać się: *I can't remember her name just now, but it'll come to me.* **4** [I] odzyskiwać przytomność: *When I came to, I was lying on the grass.*

**come under** sth *phr v* [T] podlegać pod: *These schools come under the control of the Department of Education.*

**come up** *phr v* [I] **1** wypłynąć (*o temacie itp.*): *The subject didn't come up at the meeting.* **2 be coming up** zbliżać się: *Isn't your birthday coming up?* **3** wyskakiwać: *Something's come up, so I won't be able to go with you.* **4** wschodzić

**come up against** sb/sth *phr v* [T] spotykać się z: *when black politicians come up against racist attitudes*

**come up to** sth *phr v* [T] **come up to expectations** spełniać oczekiwania: *This work doesn't come up to your usual standards* (=nie jest tak dobra, jak zwykle).

**come up with** sth *phr v* [T] wymyślić: *They still haven't come up with a name for the baby.*

**come·back** /ˈkʌmbæk/ *n* **make a comeback** wrócić (*np. na scenę*): *a fashion that made a brief comeback in the 1980s*

**co·me·di·an** /kəˈmiːdiən/ *n* [C] komik

**come·down** /ˈkʌmdaʊn/ *n* [singular] *informal* degradacja: *From boxing champion to prison cook – what a comedown!*

**com·e·dy** /ˈkɒmədi/ *n* [C,U] komedia: *We saw the new Robin Williams comedy last night.*

**com·et** /ˈkɒmət/ *n* [C] kometa

**com·fort**[1] /ˈkʌmfət/ *n* **1** [U] wygoda, komfort: *shoes designed for comfort* | *Now you can sit in comfort* (=możesz usiąść wygodnie) *and watch the show.* **2** [U] pociecha, otucha: *Your letter brought me great comfort after Henry died.* **3** [U] dostatek: **in comfort** *They had saved enough money to spend their old age in comfort.* **4** [C usually plural] wygody: *the comforts of modern civilization* | *home comforts* ➡ antonim DISCOMFORT

**comfort²** *v* [T] pocieszać, dodawać otuchy: *Jean was terribly upset, and we all tried to comfort her.*

**com·for·ta·ble** /ˈkʌmftəbəl/ *adj* **1** wygodny: *The hotel room was small, clean and comfortable.* | *a comfortable chair* **2** spokojny: *I'm much more comfortable knowing you're around.* **3** dobrze sytuowany: *We're not rich, but we are comfortable.* —**comfortably** *adv* wygodnie ➡ antonim UNCOMFORTABLE

**com·fy** /ˈkʌmfi/ *adj informal* wygodny

**com·ic¹** /ˈkɒmɪk/ *adj* komiczny: *a comic character*

**comic²** *n* [C] **1** komik **2** *także* **comic book** komiks

**com·i·cal** /ˈkɒmɪkəl/ *adj* komiczny: *He looked comical, his hands waving in the air.* —**comically** *adv* komicznie

**comic strip** /ˈ.. ./ *n* [C] historyjka obrazkowa

**com·ing¹** /ˈkʌmɪŋ/ *n* **1 the coming of** nadejście: *With the coming of the railroad, the population grew quickly.* **2 comings and goings** *informal* każde wejście i wyjście: *She watches the comings and goings of all their visitors.*

**coming²** *adj* [only before noun] nadchodzący: *animals preparing for the coming winter* ➡ patrz też UP-AND-COMING

**com·ma** /ˈkɒmə/ *n* [C] przecinek

**com·mand¹** /kəˈmɑːnd/ *n* **1** [C] rozkaz: *Don't shoot until your officer gives the command.* **2** [U] dowództwo: **be in command** (=dowodzić): *Who is in command here?* **3** [C] polecenie **4** [singular] znajomość: *She has a good command of English* (=dobrze zna angielski).

**command²** *v* **1** [I,T] rozkazywać: **command sb to do sth** *The king commanded his men to guard the palace.* **2** dowodzić: *Admiral Douglas commands a fleet of 200 ships in the Pacific.*

**com·man·dant** /ˌkɒmənˈdænt/ *n* [C] komendant

**com·mand·er** /kəˈmɑːndə/ *n* [C] **1** dowódca **2** komandor

**com·mand·ing** /kəˈmɑːndɪŋ/ *adj* [only before noun] władczy: *He has a commanding manner and voice.*

**com·mand·ment** /kəˈmɑːndmənt/ *n* [C] przykazanie

**com·man·do** /kəˈmɑːndəʊ/ *n* [C] komandos

**com·mem·o·rate** /kəˈmeməreɪt/ *v* [T] upamiętniać: *a monument commemorating those who died in the war* —**commemorative** *adj* pamiątkowy

**com·mence** /kəˈmens/ *v* [I,T] *formal* rozpoczynać (się): *Work on the building will commence immediately.*

**com·mend** /kəˈmend/ *v* [T] udzielać pochwały: *She was commended for her years of service to the community.* —**commendable** *adj* godny pochwały: *a commendable effort*

**com·ment¹** /ˈkɒment/ *n* **1** [C,U] komentarz, uwaga: **make a comment** *He kept making rude comments about the other guests.* **2 no comment** *spoken* bez komentarza

**comment²** *v* [I,T] s/komentować: **+ on** *People were always commenting on my sister's looks.* | **comment that** (=wyrazić opinę, że): *Lee commented that the film was very violent.*

**com·men·ta·ry** /ˈkɒməntəri/ *n* **1** [C,U] sprawozdanie: *live commentary* (=sprawozdanie na żywo) *on the race* **2** [C,U] publicystyka: *political commentary*

**com·men·ta·tor** /ˈkɒmənteɪtə/ *n* [C] **1** sprawozdawca **2** komentator/ka, pu- blicyst-a/ka: *political commentators*

**com·merce** /ˈkɒmɜːs/ *n* [U] handel

**com·mer·cial¹** /kəˈmɜːʃəl/ *adj* handlowy, komercyjny: *The film was a huge commercial success.*

**commercial²** *n* [C] reklama (*telewizyjna lub radiowa*): *soft drinks commercials*

**com·mer·cial·ized** /kəˈmɜːʃəlaɪzd/ (*także* **-ised** *BrE*) *adj* skomercjalizowany: *Christmas is getting so commercialized.*

**com·mis·sion¹** /kəˈmɪʃən/ *n* **1** [C] komisja: *the Equal Opportunities Commission* **2** [C,U] prowizja: **+ on** *He earns*

*30% commission on each car.* **3** [C,U] zlecenie

**commission**[2] *v* [T] zlecać: *a report commissioned by the government* | **commission sb to do sth** *Renshaw has been commissioned to design a new bridge.*

**com·mis·sion·er** /kəˈmɪʃənə/ *n* [C] komisarz: *a police commissioner*

**com·mit** /kəˈmɪt/ *v* **-tted, -tting 1** [T] popełniać: *Brady committed a series of brutal murders.* | **commit a crime/suicide** (=popełnić zbrodnię/samobójstwo): *The crime was committed around 7.30 pm.* **2** [T] zobowiązywać: *The city has committed itself to cleaning up the environment.* | *Bill's contract commits him to working at weekends.* **3** [T] poświęcać: **commit sb/sth to sth** *Her whole life was committed to politics.*

**com·mit·ment** /kəˈmɪtmənt/ *n* **1** [C,U] zobowiązanie: *Mr Williams will be unable to attend due to prior commitments.* | **commitment to (doing) sth** *We have a commitment to providing quality service.* **2** [U] zaangażowanie: *The team showed great commitment.* | **+ to** *Her commitment to her job is beyond doubt.*

**com·mit·ted** /kəˈmɪtɪd/ *adj* oddany, zaangażowany: *a committed teacher*

**com·mit·tee** /kəˈmɪti/ *n* [C] komitet: *the Highways Committee* | *a committee meeting* | **be on a committee** *He's on the finance committee of a mental health charity.*

**com·mod·i·ty** /kəˈmɒdɪti/ *n* [C] towar: *a valuable commodity*

**com·mon**[1] /ˈkɒmən/ *adj* **1** pospolity, powszechny: *Foxes are quite common in this country.* | *a common spelling mistake* | **+ among** *a disease common among young children* | **it is common (for sb) to do sth** (=często się zdarza, że ktoś coś robi): *It's common for new fathers to feel jealous of their babies.* **2** wspólny: *a common goal* | *We both had a common interest.* | *We need to work together for the common good* (=dla wspólnego dobra). | *There was little common ground between the two sides* (=obie strony miały ze sobą niewiele wspólnego). | **+ to** *problems that are common to all big cities* **3 it's common knowledge** powszechnie wiadomo: *It's common knowledge that Sam's an alcoholic.* **4** [only before noun] zwykły: *the common people* **5** *BrE* pospolity, prostacki: *She's so common!*

**common**[2] *n* **1 have sth in common** mieć coś wspólnego: *The two computers have several features in common.* | **+ with** *I found I had a lot in common with Mary.* **2 in common with** podobnie jak: *In common with many other schools, we suffer from overcrowded classrooms.* **3** [C] błonia: *a walk on the common*

**com·mon·ly** /ˈkɒmənli/ *adv* powszechnie: *a bird commonly found in Malaysia*

**com·mon·place** /ˈkɒmənpleɪs/ *adj* powszedni: *Divorce has become increasingly commonplace.*

**common sense** /ˌ.. ˈ.◂/ *n* [U] zdrowy rozsądek: *Just use your common sense.*

**com·mo·tion** /kəˈməʊʃən/ *n* [U singular] zamieszanie: *What's all this commotion?*

**com·mu·nal** /kəˈmjuːnl, ˈkɒmjʊnəl/ *adj* wspólny: *a communal bathroom*

**com·mune** /ˈkɒmjuːn/ *n* [C] komuna

**com·mu·ni·cate** /kəˈmjuːnɪkeɪt/ *v* **1** [I] porozumiewać się: *Anna has problems communicating in English.* | **+ with** *They communicated with each other using sign language.* | *Teenagers often find it difficult to communicate with their parents.* **2** [T] przekazywać: **communicate sth to sb** *He doesn't communicate his ideas very clearly to the students.*

**com·mu·ni·ca·tion** /kəˌmjuːnɪˈkeɪʃən/ *n* [U] porozumiewanie się, komunikacja: **+ between** *There seems to be a lack of communication between the different departments.* | **be in communication with** (=być w łączności z): *The pilot stayed in constant communication with the control tower.* | **means of communication** (=środki łączności): *Radio and television are important means of communication.*

**com·mu·ni·ca·tions** /kəˌmjuːnəˈkeɪʃənz/ *n* [plural] łączność: *The power failure disrupted communications.*

**com·mu·ni·ca·tive** /kəˈmjuːnəkətɪv/ *adj* rozmowny, komunikatywny: *Customers complained that the sales clerks were not very communicative.*

**com·mu·nion** /kəˈmjuːnjən/ *n* [U] **1** *formal* łączność duchowa **2** Komunia

**Com·mun·ism** /ˈkɒmjənɪzəm/, **communism** *n* [U] komunizm

**Com·mu·nist** /ˈkɒmjənəst/, **communist** *n* [C] komunist-a/ka —**Communist** *adj* komunistyczny: *the Communist Party*

**com·mu·ni·ty** /kəˈmjuːnəti/ *n* [C] społeczność: *a farming community* | *She does a lot of volunteer work in the local community.* | *a large Asian community* | *the international business community*

**com·mute** /kəˈmjuːt/ *v* [I] dojeżdżać (*do pracy*) **+ to/from** *Jerry commutes from Scarsdale to New York.*

**com·mut·er** /kəˈmjuːtə/ *n* [C] dojeżdżając-y/a do pracy: *In the rush-hour the trains are full of commuters.*

**com·pact** /kəmˈpækt, ˈkɒmpækt/ *adj* niewielkich rozmiarów: *the compact design of modern computers*

**compact disc** /ˌ.. ˈ./ *n* [C] płyta kompaktowa

**com·pan·ion** /kəmˈpænjən/ *n* [C] towarzysz/ka: *She became his close friend and constant companion.* | *a travelling companion*

**com·pan·ion·ship** /kəmˈpænjənʃɪp/ *n* [U] towarzystwo: *I missed the companionship of work.*

**com·pa·ny** /ˈkʌmpəni/ *n* **1** [C] przedsiębiorstwo: *Ian works for a big insurance company.* | *the Ford Motor Company* **2** [U] towarzystwo: *They obviously enjoy each other's company.* | *All I have for company is the dog.* | **in the company of/in sb's company** *He never felt very relaxed in the company of women.* | **keep sb company** (=dotrzymywać komuś towarzystwa): *I'm going to keep Mum company till Dad gets back.* | **be good company** (=być dobrym kompanem): *Anna's a nice girl and very good company.* **3** [C] zespół: *the Royal Ballet Company*

**com·pa·ra·ble** /ˈkɒmpərəbəl/ *adj* porównywalny: *The surveys showed comparable results.* | **+ to/with** *Is the pay rate comparable to that of other companies?*

**com·par·a·tive**[1] /kəmˈpærətɪv/ *adj* **1** porównawczy: *a comparative study of European languages* **2** stosunkowy, względny: *Pierce beat her opponent with comparative ease* (=względnie łatwo).

**comparative**[2] *n* [C] stopień wyższy

**com·par·a·tive·ly** /kəmˈpærətɪvli/ *adv* stosunkowo, względnie: *The children were comparatively well-behaved today.*

**com·pare** /kəmˈpeə/ *v* **1** [I,T] porównywać: *Compare these wines and tell us what you think.* | **compare sth with/to sth** *The report compares pollution levels in London with those in other cities.* | **compare sb/sth to sb/sth** *He has been compared to John F. Kennedy.* **2 compared to/with** w porównaniu z: *You're slim compared to her!* | *The company has made a profit of £24m, compared with £12m last year.* **3** [I] dorównywać: **+ with** *Nothing compares with the taste of good home cooking.* **4 compare notes** wymieniać się wrażeniami: *I'll call you after the exams, and we can compare notes.*

**com·pa·ri·son** /kəmˈpærəsən/ *n* **1** [C,U] porównanie: **+ of** *a comparison of crime figures in Chicago and Detroit* | **make/draw a comparison** (=porównywać): *Many people have drawn a comparison between her and her mother.* **2 in/by comparison with** w porównaniu z: *We were wealthy in comparison with a lot of families.*

**com·part·ment** /kəmˈpɑːtmənt/ *n* [C] **1** schowek: *a luggage compartment* **2** przedział: *a no-smoking compartment*

**com·pass** /ˈkʌmpəs/ *n* [C] kompas

**com·pas·sion** /kəmˈpæʃən/ *n* [U] współczucie

**com·pas·sion·ate** /kəmˈpæʃənət/ *adj* współczujący: *a caring, compassionate man*

C

**com·pat·i·ble** /kəm'pætəbəl/ *adj* **1** zgodny, kompatybilny: **+ with** *First make sure that the software is compatible with your machine.* | *Some people think that science is not compatible with religion.* **2** dobrany: *Compatible couples generally share the same values and have similar aspirations.* —**compatibility** /kəm,pætə'bɪləti/ *n* [U] kompatybilność → antonim INCOMPATIBLE

**com·pel** /kəm'pel/ *v* [T] **-lled, -lling** zmuszać: **compel sb to do sth** *She was compelled to resign because of bad health.* → patrz też COMPULSION

**com·pel·ling** /kəm'pelɪŋ/ *adj* **1** wciągający: *a compelling TV drama* **2** przekonywający: *a compelling reason for getting rid of the death penalty*

**com·pen·sate** /'kɒmpənseɪt/ *v* [I] z/ rekompensować: **+ for** *Her intelligence more than compensates for her lack of experience.* | **compensate sb for sth** (=wynagrodzić komuś coś): *You will be compensated for any loss of wages.*

**com·pen·sa·tion** /,kɒmpən'seɪʃən/ *n* **1** [U] odszkodowanie, zadośćuczynienie, rekompensata: **+ for** *Farmers are demanding compensation for loss of income.* | **in compensation** (=w ramach odszkodowania): *Dr Hawkins received £15,000 in compensation.* **2** [C,U] dobra strona, plus: *One of the compensations* (=jednym z plusów) *of being ill was that I saw more of my family.*

**com·pete** /kəm'piːt/ *v* [I] rywalizować, konkurować: *How many runners will compete?* | **+ with/against** *We've had to cut our prices in order to compete with the big supermarkets.* | **+ for** *She and her sister are always competing for attention.*

**com·pe·tent** /'kɒmpətənt/ *adj* kompetentny: *Olive's a very competent teacher.* → antonim INCOMPETENT —**competence** *n* [U] kompetencja

**com·pe·ti·tion** /,kɒmpə'tɪʃən/ *n* **1** [U] konkurencja, rywalizacja: **+ between/among** *Competition between travel companies has never been stronger.* | **+ for** *There was fierce competition for the few jobs available.* | **be in competition with** (=rywalizować z): *Judy is in competition with four others for the role.* **2** [U singular] konkurencja: **the competition** *Our aim is simple – to be better than the competition.* **3** [C] konkurs, zawody: *At the age of only 13, he won an international piano competition.* | **enter a competition** (=stawać do konkursu): *Teams from 10 different schools entered the competition.*

**com·pet·i·tive** /kəm'petətɪv/ *adj* **1** oparty na rywalizacji: *Advertising is a highly competitive industry.* | *competitive sports* **2** konkurencyjny: *Our rates are very competitive.* **3** ambitny, skory do rywalizacji: *He's always so competitive.*

**com·pet·i·tor** /kəm'petətə/ *n* [C] konkurent/ka: *We sell twice as many computers as our competitors.*

**com·pi·la·tion** /,kɒmpə'leɪʃən/ *n* [C] zbiór, składanka: *a Beatles compilation album*

**com·pile** /kəm'paɪl/ *v* [T] opracowywać: *It takes years of hard work to compile a good dictionary.* | *The programme was compiled by members of the medical research team.*

**com·pla·cent** /kəm'pleɪsənt/ *adj* **be/get complacent** spocząć na laurach: *We've been playing well, but we mustn't get complacent.* —**complacency** *n* [U] samozadowolenie

**com·plain** /kəm'pleɪn/ *v* [I] narzekać, skarżyć się: **+ about** *The neighbours have been complaining about the noise.* | **+ (that)** *Local kids complained that there was nowhere for them to play.* | **+ to** *I'm going to complain* (=poskarżę się) *to the manager!*

**complain of** sth *phr v* [T] skarżyć się na coś: *Tom's been complaining of chest pains.*

**com·plaint** /kəm'pleɪnt/ *n* **1** [C,U] skarga, zażalenie: **+ about** *an increase in the number of complaints about rail services* | **+ against** *complaints against police officers* | **make a complaint** (=złożyć skargę): *You can make a formal complaint to the Health Authority.* **2** [C] zastrzeżenie: *My main complaint is the prices they charge.* **3** [C] dolegliwość: *a stomach complaint*

**com·ple·ment¹** /'kɒmpl¦ment/ *v* [T] uzupełniać: *The pink curtains complement the carpet perfectly.* | *The bus and train services complement each other very well.*

**com·ple·ment²** /'kɒmpl¦mənt/ *n* [C] **1** uzupełnienie: **+ to** *The wine was the perfect complement to the meal.* **2** dopełnienie ➡ porównaj COMPLIMENT¹

**com·plete¹** /kəm'pliːt/ *adj* **1** cały, kompletny: *the complete works of Shakespeare* | *a complete sentence* ➡ antonim INCOMPLETE **2** [only before noun] *informal* kompletny: *Bart's a complete idiot!* | *The news came as a complete surprise.* **3 be complete** zakończyć się: *When will work on the new railway be complete?*

**complete²** *v* [T] **1** ukończyć, zakończyć: *He never completed the course due to problems at home.* **2** uzupełnić: *I need one more stamp before my collection is completed.*

**com·plete·ly** /kəm'pliːtli/ *adv* zupełnie, kompletnie: *I completely forgot about your birthday.* | *Geoff's a completely different person since he retired.*

**com·ple·tion** /kəm'pliːʃən/ *n* [U] zakończenie, realizacja: *Repair work is scheduled for completion in April.* | **+ of** *the completion of the $80 million project*

**com·plex¹** /'kɒmpleks/ *adj* złożony, skomplikowany: *the complex nature of the human mind* | *a highly complex issue* —**complexity** /kəm'pleks¦ti/ *n* [U,C] złożoność

**complex²** *n* [C] kompleks: *a new shopping complex* | *an inferiority complex*

**com·plex·ion** /kəm'plekʃən/ *n* **1** [C,U] cera: *a pale complexion* **2** [singular] charakter, zabarwienie: *This puts an entirely new complexion on things* (=to nadaje sprawie zupełnie inny wymiar).

**com·pli·cate** /'kɒmpl¦keɪt/ *v* [T] s/komplikować: *Don't tell Michael about this. It'll only complicate matters.*

**com·pli·cat·ed** /'kɒmpl¦keɪt¦d/ *adj* skomplikowany: *The instructions are much too complicated.* ➡ antonim SIMPLE

**com·pli·ca·tion** /ˌkɒmpl¦'keɪʃən/ *n* **1** [C,U] komplikacja: *I hope there aren't any added complications.* **2** [C usually plural] powikłanie: *There were complications following surgery.*

**com·pli·ment¹** /'kɒmpl¦mənt/ *n* **1** [C] komplement: **pay sb a compliment** (=powiedzieć komuś komplement): *He was always paying her compliments and telling her how pretty she looked.* | **take sth as a compliment** (=uznać coś za komplement) **2 with the compliments of sb/with sb's compliments** z wyrazami uszanowania od kogoś: *Please accept these tickets with our compliments.* ➡ porównaj COMPLEMENT²

**com·pli·ment²** /'kɒmpl¦ment/ *v* [T] prawić komplementy: **compliment sb on sth** (=pogratulować komuś czegoś): *They complimented Jaime on his excellent English.*

**com·pli·men·ta·ry** /ˌkɒmpl¦'mentəri◂/ *adj* **1** bezpłatny, darmowy: *We got two complimentary tickets for the game.* **2** pochlebny: *He wasn't very complimentary about the food.*

**com·ply** /kəm'plaɪ/ *v* [I] *formal* **comply with** przestrzegać, za/stosować się do: *Anyone who fails to comply with the law will have to pay a £100 fine.*

**com·po·nent** /kəm'pəʊnənt/ *n* [C] część: *car components*

**com·pose** /kəm'pəʊz/ *v* **1 be composed of** składać się z: *The workforce is composed largely of women.* **2** [I,T] s/komponować: *Nyman composed the music for the film 'The Piano'.* **3 compose yourself** opanowywać się

**com·posed** /kəm'pəʊzd/ *adj* opanowany: *She remained composed throughout the interview.* ➡ patrz też COMPOSE

**com·pos·er** /kəm'pəʊzə/ *n* [C] kompozytor/ka

**com·po·si·tion** /ˌkɒmpə'zɪʃən/ *n* **1** [U] skład: **+ of** *the chemical composition of soil* | *the composition of the jury in the O. J. Simpson case* **2 a)** [C] utwór, kompozycja: *one of Beethoven's early compositions* **b)** [U] komponowanie **3** [U] układ, kompozycja: *The composition of the painting is excellent.* **4** [C,U] wypracowa-

nie: *We had to do a composition on the problem of crime.*

**com·post** /ˈkɒmpɒst/ *n* [U] kompost

**com·po·sure** /kəmˈpəʊʒə/ *n* [U singular] spokój, opanowanie: *We kept our composure even when we were losing 4-0.*

**com·pound** /ˈkɒmpaʊnd/ *n* [C] **1** związek (chemiczny) **2** teren (*zabudowany i ogrodzony*): *a prison compound* **3** *także* **compound noun/adjective/verb** wyraz złożony

**com·pre·hend** /ˌkɒmprɪˈhend/ *v* [I,T] *formal* z/rozumieć: *They don't seem to comprehend how serious this is.*

**com·pre·hen·si·ble** /ˌkɒmprɪˈhensəbəl/ *adj* zrozumiały: **+ to** *language that is comprehensible to the average reader* ➡ antonim INCOMPREHENSIBLE

**com·pre·hen·sion** /ˌkɒmprɪˈhenʃən/ *n* **1** [C,U] sprawdzian na rozumienie: *a listening comprehension* **2** [U] pojęcie, zrozumienie: *This is completely beyond my comprehension* (=zupełnie nie mogę tego pojąć).

**com·pre·hen·sive** /ˌkɒmprɪˈhensɪv◂/ *adj* wszechstronny, wyczerpujący: *a comprehensive account of the war*

**comprehensive school** /..ˈ.. ˌ./ *także* **comprehensive** *n* [C] *BrE* szkoła średnia przyjmująca uczniów o różnym poziomie zdolności

**com·press** /kəmˈpres/ *v* [T] sprężać: *compressed air* —**compression** *n* [U] kompresja

**com·prise** /kəmˈpraɪz/ *v formal* **1** [T] *także* **be comprised of** składać się z: *The committee is comprised of 8 members.* **2** [T] stanowić: *Women comprise over 75% of our staff.*

**com·pro·mise**[1] /ˈkɒmprəmaɪz/ *n* [C,U] kompromis: **make/reach a compromise** (=osiągnąć kompromis): *Talks will continue until a compromise is reached.*

**compromise**[2] *v* **1** [I] iść/pójść na kompromis: *President Chirac has said that he would be ready to compromise.* | *Neither side was willing to compromise.* **2 compromise your principles/beliefs** postąpić wbrew swoim zasadom/przekonaniom **3 compromise yourself** s/kompromitować się

**com·pro·mis·ing** /ˈkɒmprəmaɪzɪŋ/ *adj* kompromitujący: *The photographs have put the Senator in a compromising position.*

**com·pul·sion** /kəmˈpʌlʃən/ *n* **1** [C usually singular] wewnętrzny przymus, pokusa: *I had a sudden compulsion to hit her.* **2** [U] przymus: *You don't have to go to the meeting. There's no compulsion.* ➡ patrz też COMPEL

**com·pul·sive** /kəmˈpʌlsɪv/ *adj* nałogowy: *compulsive eating* | *a compulsive gambler* —**compulsively** *adv* nałogowo

**com·pul·so·ry** /kəmˈpʌlsəri/ *adj* obowiązkowy, przymusowy: *compulsory military service*

**com·put·er** /kəmˈpjuːtə/ *n* [C] komputer: *All our data is kept on computer.* | *sales of home computers* | **computer program/system** *The new computer system at work is always going down.*

**com·put·er·ize** /kəmˈpjuːtəraɪz/ *także* **-ise** *BrE v* [T] s/komputeryzować: *a computerized filing system* —**computerization** /kəmˌpjuːtəraɪˈzeɪʃən/ *n* [U] komputeryzacja

**com·put·ing** /kəmˈpjuːtɪŋ/ *n* [U] informatyka

**com·rade** /ˈkɒmrəd/ *n* [C] *literary* towarzysz/ka

**con**[1] /kɒn/ *v* [T] *informal* **-nned, -nning** nabrać, oszukać: **con sb into (doing) sth** *We were conned into signing the contract.* | **con sb out of sth** (=wyłudzić coś od kogoś): *She was conned out of her life savings.*

**con**[2] *n informal* [C usually singular] oszustwo: *The advertisement says they're offering free holidays, but it's all a big con.* ➡ patrz też **the pros and cons** (PRO)

**con·ceal** /kənˈsiːl/ *v* [T] ukrywać: *Cannabis was found concealed in the suitcase.* | **conceal sth from sb** *Sue tried hard to conceal her disappointment from the others.* —**concealment** *n* [U] ukrycie

**con·cede** /kənˈsiːd/ *v* [T] przyznawać: **+ (that)** *She reluctantly conceded that I*

*was right.* | **concede sth to sb** *Japan was forced to concede the islands to Russia.*

**con·ceit** /kən'siːt/ *n* [U] zarozumiałość

**con·ceit·ed** /kən'siːtɪ̵d/ *adj* zarozumiały: *I don't want to seem conceited, but I know I'll win.*

**con·cei·va·ble** /kən'siːvəbəl/ *adj* wyobrażalny: **+ that** *It is conceivable that* (=niewykluczone, że) *the experts are wrong.* ➡ antonim INCONCEIVABLE

**con·ceive** /kən'siːv/ *v* **1** [I,T] wyobrażać sobie: **+ of** *It is impossible to conceive of the size of the universe.* **2** [T] obmyślić: *The show was originally conceived by American film star Richard Gere.* **3** [I,T] zajść w ciążę, począć

**con·cen·trate** /'kɒnsəntreɪt/ *v* **1** [I] skupiać się, s/koncentrować się: *With all this noise, it's hard to concentrate.* | *He will have to concentrate his mind on the job we're doing now.* **2 be concentrated on/in/around** być skupionym na/w/wokół: *Most of New Zealand's population is concentrated in the north island.*

**concentrate on** sth *phr v* [T] s/koncentrować się na: *I want to concentrate on my career for a while before I have kids.*

**con·cen·trat·ed** /'kɒnsəntreɪtɪ̵d/ *adj* skoncentrowany: *concentrated orange juice*

**con·cen·tra·tion** /ˌkɒnsən'treɪʃən/ *n* **1** [U] koncentracja, skupienie: **lose concentration** *The moment they lose concentration they forget everything I have told them to do.* **2** [C,U] stężenie

**concentration camp** /ˌ..'.. ˌ./ *n* [C] obóz koncentracyjny

**con·cept** /'kɒnsept/ *n* [C] pojęcie: **+ of** *the concept of freedom for all* —**conceptual** /kən'septʃuəl/ *adj* pojęciowy, konceptualny

**con·cep·tion** /kən'sepʃən/ *n* **1** [C] koncepcja: **+ of** *the Romantics' conception of the world* **2** [U] poczęcie

**con·cern**[1] /kən'sɜːn/ *n* **1** [C,U] obawa, troska: **+ about** *There is growing concern about the pollution in our cities.* | *Our main concern is for the children's safety.* **2** [C] firma, spółka: *The restaurant is a family concern.*

**concern**[2] *v* [T] **1** dotyczyć: *What we're planning doesn't concern you.* | *Many of Woody Allen's movies are concerned with life in New York.* **2** niepokoić: *The teenage drug problem concerns most parents.* **3 concern yourself with sth** troszczyć się o coś: *You don't need to concern yourself with this, Jan.*

**con·cerned** /kən'sɜːnd/ *adj* **1** zaniepokojony, zatroskany: **+ about** *I am concerned about his eyesight.* **2 as far as I'm concerned** jeśli o mnie chodzi: *As far as I'm concerned, the whole idea is crazy.* **3 (as far as) sth/sb is concerned** (jeśli) chodzi o coś/kogoś: *As far as money is concerned, the club is doing fairly well.* | *Divorce is always painful, especially when children are concerned* (=kiedy w grę wchodzą dzieci).

**con·cern·ing** /kən'sɜːnɪŋ/ *prep* odnośnie: *Police are asking for information concerning the incident.*

**con·cert** /'kɒnsət/ *n* [C] koncert: *I've managed to get tickets for the Oasis concert.*

**con·cert·ed** /kən'sɜːtɪ̵d/ *adj* wspólny: *We should all make a concerted effort to raise this money.*

**con·cer·to** /kən'tʃɜːtəʊ/ *n* [C] koncert: *Mozart's violin concertos*

**con·ces·sion** /kən'seʃən/ *n* [C] **1** ustępstwo: **make concessions** *The government will never make concessions to terrorists.* **2** koncesja **3 tax concession** ulga podatkowa: *tax concessions for married people* **4** [C] *BrE* zniżka: *concessions for students*

**con·cise** /kən'saɪs/ *adj* zwięzły: *a concise answer* —**concisely** *adv* zwięźle —**conciseness** *n* [U] zwięzłość

**con·clude** /kən'kluːd/ *v* **1** [T] dochodzić do wniosku: **+ that** *Doctors have concluded that sunburn can lead to skin cancer.* **2** [I,T] *formal* zakończyć (się): *The study was concluded last month.* —**concluding** *adj* końcowy: *concluding remarks*

**con·clu·sion** /kən'kluːʒən/ *n* [C] **1** wniosek, konkluzja: **+ that** *I've come*

*to the conclusion that she's lying.* **2** zakończenie: *Your essay's fine, but the conclusion needs more work.*

**con·clu·sive** /kən'klu:sɪv/ *adj* niezbity, jednoznaczny: **conclusive evidence** *There is no conclusive evidence connecting him with the crime.*

**con·coct** /kən'kɒkt/ *v* [T] **1** zmyślać, wymyślać: *She concocted a story about her mother being sick.* **2** wykombinować: *Jean concocted a great meal from the leftovers.*

**con·crete¹** /'kɒŋkri:t/ *n* [U] beton

**concrete²** *adj* **1** betonowy: *a concrete floor* **2** konkretny: **concrete information/evidence/facts etc** *We need concrete information about the man's identity.*

**con·cus·sion** /kən'kʌʃən/ *n* [C,U] wstrząs mózgu

**con·demn** /kən'dem/ *v* [T] **1** potępiać: *Politicians were quick to condemn the bombing.* **2** skazywać: *These orphans have been condemned to a life of poverty.* | **condemn sb to death** *The murderer was condemned to death.* —**condemnation** /ˌkɒndəm'neɪʃən/ *n* [C,U] potępienie

**con·den·sa·tion** /ˌkɒnden'seɪʃən/ *n* [U] para wodna

**con·dense** /kən'dens/ *v* **1** [I] skraplać się **2** [T] s/kondensować: *This chapter could be condensed into a few paragraphs.* | *condensed soup*

**con·de·scend·ing** /ˌkɒndɪ'sendɪŋ◂/ *adj* protekcjonalny: *He was laughing at her in that condescending way he had.*

**con·di·tion** /kən'dɪʃən/ *n* **1** [C,U] stan: *I'm not buying the car until I see what condition it's in.* | **be in good/bad/terrible condition** *The VCR is still in pretty good condition.* | **be in no condition to do sth** (=nie być w stanie): *Molly is in no condition to return to work.* **2** [plural] **conditions a)** warunki: **living/working conditions** *Poor working conditions were part of their daily lives.* **b)** warunki atmosferyczne: *Icy conditions on the roads are making it difficult to drive.* **3** [C] warunek: **+ for** *a set of conditions for getting into college* | **on condition that** (=pod warunkiem, że) | **on one condition** (=pod jednym warunkiem)

**con·di·tion·al** /kən'dɪʃənəl/ *adj* warunkowy: *a conditional sentence* | **+ on** *His college place is conditional on* (=zależy od) *his exam results.* ➡ patrz ramka CONDITIONAL SENTENCES

**con·di·tion·er** /kən'dɪʃənə/ *n* [C,U] odżywka (do włosów)

**con·do·lence** /kən'dəʊləns/ *n* [C usually plural, U] kondolencje: *Please offer my condolences to your mother.*

**con·dom** /'kɒndəm/ *n* [C] prezerwatywa

**con·du·cive** /kən'dju:sɪv/ *adj formal* **be conducive to** sprzyjać: *The sunny climate is conducive to outdoor activities.*

**con·duct¹** /kən'dʌkt/ *v* **1** [T] prze/prowadzić: *The children are conducting an experiment with two magnets.* | *The group conducted a guerrilla campaign against the president in the 1970s.* **2** [I,T] dyrygować: *Lyons will be conducting the symphony orchestra.* **3** [T] przewodzić: *Rubber won't conduct electricity.* **4 conduct yourself** zachowywać się: *Public figures have a duty to conduct themselves correctly.*

**con·duct²** /'kɒndʌkt/ *n* [U] **1** zachowanie: *I'm glad to see your conduct at school has improved.* **2** prowadzenie: **+ of** *The mayor was not satisfied with the conduct of the meeting.*

**con·duc·tor** /kən'dʌktə/ *n* [C] **1** dyrygent/ka **2** konduktor/ka **3** przewodnik: *Wood is a poor conductor of heat.*

**cone** /kəʊn/ *n* [C] **1** stożek **2 ice cream cone** rożek (*lód*)

**con·fec·tion·e·ry** /kən'fekʃənəri/ *n* [U] wyroby cukiernicze

**con·fed·e·ra·tion** /kənˌfedə'reɪʃən/ *także* **con·fed·e·ra·cy** /kən'fedərəsi/ *n* [C] konfederacja

**con·fer** /kən'fɜ:/ *v* **-rred, -rring** [I] naradzać się: **+ with** *You may confer with the other team members.*

**con·fe·rence** /'kɒnfərəns/ *n* [C] konferencja, zjazd: *a conference on environmental issues*

## Zdania warunkowe: **Conditional sentences**

Zdanie warunkowe składa się z dwóch części: zdania głównego, mówiącego, co może lub mogłoby się stać, oraz zdania podrzędnego, określającego warunki, jakie musiałyby zostać spełnione, żeby zaszła sytuacja opisana w zdaniu głównym. Kolejność zdań jest dowolna. Jeśli jako pierwsze występuje zdanie podrzędne (zaczynające się od ***if***), oddzielamy je od zdania głównego przecinkiem. Wyróżniamy zdania warunkowe:

1 odnoszące się do przyszłości, gdzie w zdaniu podrzędnym występuje czas Present Simple, a w zdaniu głównym czas Future Simple:
*If you* ***eat*** *all these chocolates, you* ***will be*** *sick.*

2 odnoszące się do teraźniejszości lub przyszłości, gdzie w zdaniu podrzędnym występuje czas Past Simple, a w zdaniu głównym ***would*** + bezokolicznik bez **to**:
*If you* ***ate*** *all these chocolates, you* ***would be*** *sick.*

3 odnoszące się do przeszłości, gdzie w zdaniu podrzędnym występuje czas Past Perfect, a w zdaniu głównym ***would*** + bezokolicznik typu „perfect". W tym przypadku wiadomo, że określony w zdaniu podrzędnym warunek nie został spełniony, w związku z czym nie zaszła sytuacja opisywana w zdaniu głównym:
*If you* ***had eaten*** *all these chocolates, you* ***would have been*** *sick.* (ale nie zjadłeś i nie rozchorowałeś się)

4 mieszane, najczęściej składające się ze zdań typu 3. i 2. (zdanie podrzędne dotyczy przeszłości, a główne teraźniejszości):
*If you* ***had eaten*** *all these chocolates last night, you* ***would be*** *sick now.* (ale nie zjadłeś i nic ci nie jest)

***If*** w zdaniach 1. typu tłumaczymy jako „jeżeli", w pozostałych zaś jako „gdyby". Tłumaczenie polskie najczęściej nie oddaje różnicy między zdaniami typu 2. i 3, np.:

*Gdybyś zjadł te wszystkie czekoladki, tobyś się rozchorował.* (może odnosić się zarówno do teraźniejszości, jak i do przeszłości)

Podana tu klasyfikacja nie obejmuje wszystkich możliwych rodzajów zdań warunkowych. Różnorodność panuje zwłaszcza wśród zdań 1. typu, gdzie w zdaniu głównym zamiast ***will*** wystąpić może czasownik modalny ***may*** lub ***can***:

*If it is foggy tonight, the plane* ***may*** *be late.*
*If you finish early, you* ***can*** *go.*

Także w zdaniach 2. i 3. typu zamiast ***would*** wystąpić może czasownik modalny ***might*** lub ***could***:

*If you phoned him now, he* ***might*** *get angry.*
*If I knew her address, I* ***could*** *write to her.*
*If you had asked him, he* ***might/could*** *have helped you.*

***ciąg dalszy na odwrocie ...***

***... kontynuacja z poprzedniej strony***

Niekiedy zdanie 1. typu odnosi się do teraźniejszości. Wówczas w obu jego członach wystąpić może czas Present Simple:

*If it's warm, we always* ***go*** *for a walk after lunch.*

W zdaniu głównym może też występować czasownik w trybie rozkazującym, a w zdaniu podrzędnym czas Present Continuous lub Present Perfect:

*If you are tired,* ***sit*** *down.*

*If you* ***are looking*** *for Lisa, you will find her upstairs.*

*If you* ***have finished****, we can go for a walk.*

patrz też: ***CAN, COULD, Future Simple, Infinitive, MAY, MIGHT, Modal Verbs, Past Perfect, Past Simple, Perfect Infinitive, Present Continuous, Present Perfect, Present Simple, SHALL, WILL, WOULD***

**con·fess** /kən'fes/ *v* [I,T] **1** przyznać się (do): *It didn't take long for her to confess.* | **confess to (doing) sth** *James wouldn't confess to the robbery.* | **+ that** *Lyn confessed that she had fallen asleep in class.* **2** wy/spowiadać się

**con·fes·sion** /kən'feʃən/ *n* **1** [C] przyznanie się: **make a confession** (=przyznać się): *He's made a full confession to the police.* **2** [C,U] spowiedź

**con·fide** /kən'faɪd/ *v* [I,T] zwierzać się (z): **confide to sb that** *Joel confided to her that he was going to leave his wife.*

**confide in** sb *phr v* [T] zwierzać się: *I don't trust her enough to confide in her.*

**con·fi·dence** /'kɒnfɪ̈dəns/ *n* **1** [U] pewność siebie: *Her problem is that she lacks confidence.* | **give sb confidence** *Living in another country gave me more confidence.* **2** [U] ufność: *We're looking forward to Saturday's match with confidence.* **3** [U] zaufanie: **gain sb's confidence** (=zdobyć czyjeś zaufanie): *It took a long time to gain the little boy's confidence.* **4 in confidence** w zaufaniu

**con·fi·dent** /'kɒnfɪ̈dənt/ *adj* **1** pewny siebie: **+ about** *We won't continue until you feel confident about using the equipment.* | **confident of doing sth** *She seems very confident of winning.* → porównaj SELF-CONFIDENT **2** pewien, pewny: **+ (that)** *I'm confident that he's the right man for the job.*

**con·fi·den·tial** /ˌkɒnfɪ̈'denʃəl◂/ *adj* poufny: *confidential information*

**con·fine** /kən'faɪn/ *v* [T] ograniczać: **confine yourself to** (=ograniczać się do): *Try to confine yourself to spending $120 a week.*

**con·fined** /kən'faɪnd/ *adj* ograniczony, zamknięty: *a confined space*

**con·firm** /kən'fɜːm/ *v* [T] **1** potwierdzać: *Dr. Martin confirmed the diagnosis of cancer.* | *Please confirm your reservations 72 hours in advance.* | **+ that** *Can you confirm that the money has been paid?* **2 be confirmed** być bierzmowanym

**con·fir·ma·tion** /ˌkɒnfə'meɪʃən/ *n* [C,U] **1** potwierdzenie: *We're waiting for confirmation of the report.* **2** bierzmowanie

**con·firmed** /kən'fɜːmd/ *adj* zatwardziały, zaprzysięgły: *Charlie was a confirmed bachelor, until he met Helen.*

**con·fis·cate** /'kɒnfɪ̈skeɪt/ *v* [T] s/konfiskować: *The police confiscated his gun.* —**confiscation** /ˌkɒnfɪ̈'skeɪʃən/ *n* [C,U] konfiskata

**con·flict**[1] /'kɒnflɪkt/ *n* [C,U] konflikt: **+ between** *a conflict between neighbouring states* | *In a conflict between work and family, I would always choose family.* | **in conflict with** *As a teenager she was always in conflict with her father.*

**con·flict**[2] /kən'flɪkt/ *v* [I] **conflict with** być sprzecznym z: *Surely that conflicts with what you said before?*

**con·form** /kən'fɔːm/ *v* [I] **1** podporządkowywać się: *There's always pressure on kids to conform.* **2 conform to** spełniać: *This piece of equipment does not conform to the official safety standards.*

**con·form·ist** /kən'fɔːmɪst/ *n* [C] konformist-a/ka —**conformist** *adj* konformistyczny

**con·front** /kən'frʌnt/ *v* [T] **1** s/konfrontować: **confront sb about sth** (=zwrócić komuś uwagę na coś): *I just can't confront her about her drinking.* | **confront sb with the evidence/proof** (=przedstawić komuś dowody): *Confronted with the video evidence, she had to admit she had been involved.* **2** stawiać czoło: *We want to help you to confront your problems.* **3 be confronted with sb** stanąć oko w oko z kimś: *Opening the door, I was confronted by two men demanding money.*

**con·fron·ta·tion** /ˌkɒnfrən'teɪʃən/ *n* [C,U] konfrontacja: *Stan always avoids confrontations.*

**con·fuse** /kən'fjuːz/ *v* [T] **1** z/dezorientować: *His directions really confused me.* **2** po/mylić: **confuse sb/sth with** *It's easy to confuse Sue with her sister. They look so much alike.*

**con·fused** /kən'fjuːzd/ *adj* **1** zdezorientowany: *I'm totally confused.* | **+ about** *If you're confused about anything, call me.* **2** zawiły, niejasny: *a confused answer*

**con·fus·ing** /kən'fjuːzɪŋ/ *adj* zawiły, mylący: *This map is really confusing.*

**con·fu·sion** /kən'fjuːʒən/ *n* **1** [C,U] dezorientacja: **+ about/over** *There's a lot of confusion about the new rules.* **2** pomyłka: *To avoid confusion, the teams wore different colours.* **3** [U] zamieszanie: *After the explosion the airport was a scene of total confusion.*

**con·geal** /kən'dʒiːl/ *v* [I] za/krzepnąć: *congealing blood*

**con·gen·i·tal** /kən'dʒenɪtl/ *adj* wrodzony: *a congenital heart problem*

**con·ges·ted** /kən'dʒestɪd/ *adj* zatłoczony: *congested motorways* —**congestion** *n* [U] zator

**con·grat·u·late** /kən'grætʃʊleɪt/ *v* [T] po/gratulować: **congratulate sb on sth** *I want to congratulate you on your exam results.*

**con·grat·u·la·tions** /kənˌgrætʃʊ'leɪʃənz/ *n* [plural] *spoken* gratulacje: *You won? Congratulations!* | **+ on** *Congratulations on your engagement!*

**con·gre·ga·tion** /ˌkɒŋgrɪ'geɪʃən/ *n* [C] wierni (*w kościele*)

**con·gress** /'kɒŋgres/ *n* **1 Congress** Kongres (*USA*) **2** kongres, zjazd —**congressman, congresswoman** *n* [C] człon-ek/kini Kongresu

**co·ni·fer** /'kəʊnɪfə/ *n* [C] drzewo iglaste —**coniferous** /kə'nɪfərəs/ *adj* iglasty

**con·ju·gate** /'kɒndʒʊgeɪt/ *v* [T] *technical* koniugować, odmieniać (*czasownik*) —**conjugation** /ˌkɒndʒʊ'geɪʃən/ *n* [C,U] koniugacja

**con·junc·tion** /kən'dʒʌŋkʃən/ *n* **1 in conjunction with** w połączeniu z: *The worksheets should be used in conjunction with the video.* **2** [C] spójnik

**con·jure** /'kʌndʒə/ *v*
**conjure** sth ↔ **up** *phr v* [T] wywoływać, wyczarowywać: *She lay back, trying to conjure up a vision of a tropical island.*

**con·jur·er** /'kʌndʒərə/ *także* **conjuror** *n* [C] iluzjonist-a/ka

**con·nect** /kə'nekt/ *v* **1** [I,T] po/łączyć (się): *The M11 connects London and Cambridge.* | *I can't see how these pipes connect.* ➡ antonim DISCONNECT **2** [T] s/kojarzyć: **connect sb/sth with** *I never connected her with Sam.* **3** [T] podłączać: *The phone isn't connected yet.* ➡ antonim DISCONNECT

**con·nec·tion** /kə'nekʃən/ *n* **1** [C,U] związek: **+ between** *the connection between smoking and lung cancer* | **+ with** *Does this have any connection with our con-*

*versation yesterday?* **2** [C,U] podłączenie: *Connection to the Internet usually takes only seconds.* **3** [C] połączenie, przesiadka: *If we don't get there soon I'm going to miss my connection.* **4 in connection with** w związku z: *Police are questioning a man in connection with the crime.*

**con·nec·tions** /kə'nekʃənz/ *n* [plural] znajomości: *Ramsey has connections; let's ask him.*

**con·nois·seur** /ˌkɒnə'sɜː/ *n* [C] znawca/czyni, koneser/ka: **+ of** *a true connoisseur of fine wines*

**con·no·ta·tion** /ˌkɒnə'teɪʃən/ *n* [C] konotacja: *a word with negative connotations*

**con·quer** /'kɒŋkə/ *v* **1** [T] podbijać, zdobywać: *Egypt was conquered by the Ottoman Empire in 1517.* **2** [T] pokonywać: *I didn't think I'd ever conquer my fear of heights.* —**conqueror** *n* [C] zdobywca

**con·quest** /'kɒŋkwest/ *n* [C,U] podbój: **+ of** *the Spanish conquest of the Incas* | *man's conquest of space*

**con·science** /'kɒnʃəns/ *n* [C,U] sumienie: **a clear conscience** (=czyste sumienie): *I've finished all my work, so I can go out tonight with a clear conscience.*

**con·sci·en·tious** /ˌkɒnʃi'enʃəs◂/ *adj* sumienny: *a conscientious worker*

**con·scious** /'kɒnʃəs/ *adj* **1 be conscious (of/that)** być świadomym, zdawać sobie sprawę (z): *Jodie was very conscious of the fact that he was watching her.* **2** przytomny: *Owen was still conscious when they arrived.* —**consciously** *adv* świadomie ➡ antonim UNCONSCIOUS[1]

**con·scious·ness** /'kɒnʃəsnəs/ *n* **1** [U] przytomność: **lose consciousness** (=s/tracić przytomność): *She lost consciousness at 6 o'clock and died two hours later.* **2** [U] świadomość

**cons·cript**[1] /'kɒnskrɪpt/ *n* [U] rekrut, poborowy

**con·script**[2] /kən'skrɪpt/ *v* [T] powoływać do wojska —**conscription** *n* [U] pobór

**con·se·crate** /'kɒnsəkreɪt/ *v* [T] po/święcić —**consecration** /ˌkɒnsə'kreɪʃən/ *n* [U] konsekracja

**con·sec·u·tive** /kən'sekjətɪv/ *adj* kolejny: *It rained for three consecutive days* (=trzy dni z rzędu).

**con·sen·sus** /kən'sensəs/ *n* [U singular] zgoda, jednomyślność: *The consensus of opinion is that* (=panuje zgoda co do tego, że) *Miller should resign.*

**con·sent**[1] /kən'sent/ *n* [U] zgoda: *He had taken the vehicle without the owner's consent.*

**consent**[2] *v* [I] zgadzać się: **+ to** *Father consented to the marriage.*

**con·se·quence** /'kɒnsəkwəns/ *n* **1** [C] konsekwencja: *The safety procedure had been ignored, with tragic consequences.* **2 of little/no consequence** *formal* nieistotny

**con·se·quent·ly** /'kɒnsəkwəntli/ *adv* w rezultacie: *We talked all night and consequently overslept the next morning.*

**con·ser·va·tion** /ˌkɒnsə'veɪʃən/ *n* [U] **1** ochrona przyrody: *I'm involved in wild life conservation.* **2** oszczędzanie: *the conservation of our limited supplies of water* —**conservationist** *n* [C] ekolog

**con·ser·va·tis·m** /kən'sɜːvətɪzəm/ *n* [U] konserwatyzm: *political conservatism*

**con·ser·va·tive**[1] /kən'sɜːvətɪv/ *adj* konserwatywny: *a very conservative attitude to education* | *a Conservative MP*

**conservative**[2] *n* [C] **1 Conservative** członek/zwolennik Partii Konserwatywnej **2** konserwatyst-a/ka

**con·ser·va·to·ry** /kən'sɜːvətəri/ *n* [C] oranżeria

**con·serve** /kən'sɜːv/ *v* [T] oszczędzać: *We can offer advice on conserving electricity.*

**con·sid·er** /kən'sɪdə/ *v* **1** [I,T] rozważać, rozpatrywać: *My client needs time to consider your offer.* | **consider doing sth** *Have you ever considered living abroad?* **2** [T] brać/wziąć pod uwagę: *You should consider the effect the move will have on your family.* | **+ how/what/who etc** *Have you considered how hard life is for these refugees?* **3** [T] **consider sb/sth (to be) sth** uważać kogoś/coś za coś: *Mrs. Gillan was considered to be an excellent*

*teacher.* | *We consider your support absolutely essential.*

**con·sid·e·ra·ble** /kən'sɪdərəbəl/ *adj* znaczny: *a considerable amount of money* —**considerably** *adv* znacznie

**con·sid·er·ate** /kən'sɪdərə̇t/ *adj* **considerate of sb** ładnie z czyjejś strony: *It was very considerate of you to let us know earlier.* ➡ antonim INCONSIDERATE

**con·sid·e·ra·tion** /kənˌsɪdə'reɪʃən/ *n* **1** [C] wzgląd: *Financial considerations have to be taken into account.* **2** [U] namysł: *After further consideration, he decided not to take the job.* | **be under consideration** (=być rozważanym) **3 take into consideration** brać/wziąć pod uwagę, uwzględniać: *We'll take into consideration the fact that you were ill.*

**con·sid·er·ing** /kən'sɪdərɪŋ/ *prep, conjunction* **considering (that)** zważywszy, że: *Considering we missed the bus, we're actually not too late.*

**con·sign·ment** /kən'saɪnmənt/ *n* [C] dostawa: **+ of** *a new consignment of toys*

**con·sist** /kən'sɪst/ *v*

**consist of** sth *phr v* [T] składać się z: *The exhibition consists of over 30 paintings.*

**con·sis·ten·cy** /kən'sɪstənsi/ *n* **1** [U] konsekwencja: **+ in** *There's no consistency in the way they apply the rules.* ➡ antonim INCONSISTENCY **2** [C,U] konsystencja: *a dessert with a nice, creamy consistency*

**con·sis·tent** /kən'sɪstənt/ *adj* **1** konsekwentny: *Joe's work has shown consistent improvement this term.* **2 be consistent with** zgadzać się z: *His story is not consistent with the facts.* ➡ antonim INCONSISTENT

**con·so·la·tion** /ˌkɒnsə'leɪʃən/ *n* [C,U] pocieszenie: *They were still together, and at least that was one consolation.*

**con·sole** /kən'səʊl/ *v* [T] pocieszać: *No one could console her when her first child died.*

**con·sol·i·date** /kən'sɒlə̇deɪt/ *v* [I,T] **1** s/konsolidować: *In the 1950s several small school systems were consolidated into one large one.* **2** wzmacniać: *I felt that it was time to consolidate my position in the company.* —**consolidation** /kənˌsɒlə̇'deɪʃən/ *n* [C,U] konsolidacja

**con·so·nant** /'kɒnsənənt/ *n* [C] *technical* spółgłoska ➡ porównaj VOWEL

**con·spic·u·ous** /kən'spɪkjuəs/ *adj* rzucający się w oczy: *Being so tall makes him very conspicuous.* ➡ antonim INCONSPICUOUS

**con·spi·ra·cy** /kən'spɪrəsi/ *n* [C,U] spisek: *a conspiracy to overthrow the king*

**con·spi·ra·tor** /kən'spɪrətə/ *n* [C] spiskowiec —**conspiratorial** /kənˌspɪrə'tɔːriəl/ *adj* konspiracyjny

**con·spire** /kən'spaɪə/ *v* [I] spiskować: **conspire to do sth** *The four men had conspired to rob a bank.*

**con·sta·ble** /'kʌnstəbəl/ *n* [C] *BrE* posterunkowy

**con·stant** /'kɒnstənt/ *adj* stały: *The children must be kept under constant supervision.* | *driving at a constant speed*

**con·stant·ly** /'kɒnstəntli/ *adv* stale, ciągle: *Her teenage daughter is constantly on the phone.*

**con·stel·la·tion** /ˌkɒnstə̇'leɪʃən/ *n* [C] konstelacja

**con·sti·pa·tion** /ˌkɒnstə̇'peɪʃən/ *n* [U] zaparcie, zatwardzenie —**constipated** /'kɒnstə̇peɪtə̇d/ *adj*: *I'm constipated* (=mam zatwardzenie).

**con·sti·tu·en·cy** /kən'stɪtʃuənsi/ *n* [C] okręg wyborczy

**con·sti·tu·ent** /kən'stɪtʃuənt/ *n* [C] **1** wyborca (*z danego okręgu*) **2** składnik —**constituent** *adj* składowy

**con·sti·tute** /'kɒnstə̇tjuːt/ *v* **1** tworzyć, składać się na: *the 50 states that constitute the USA* **2** stanowić: *According to Marx, money "constitutes true power".*

**con·sti·tu·tion** /ˌkɒnstə̇'tjuːʃən/ *n* [C] **1** *także* **Constitution** konstytucja: *the Constitution of the United States* **2 a strong/weak constitution** silny/słaby organizm: *She'll get better – she's got a strong constitution.*

**con·sti·tu·tion·al** /ˌkɒnstə̇'tjuːʃənəl◂/ *adj* konstytucyjny: *constitutional limits on the Queen's power*

**con·strain** /kənˈstreɪn/ *v* [T] ograniczać, krępować: *Our work has been constrained by a lack of money.*

**con·straint** /kənˈstreɪnt/ *n* [C,U] ograniczenie: *Financial constraints limited our choice of housing.*

**con·struct** /kənˈstrʌkt/ *v* [T] wy/budować: *The Empire State Building was constructed in 1931.*

**con·struc·tion** /kənˈstrʌkʃən/ *n* **1** [U] budowa: **under construction** (=w budowie): *Several new offices are under construction.* **2** [C] konstrukcja: *a large wooden construction* | *complex grammatical constructions*

**con·struc·tive** /kənˈstrʌktɪv/ *adj* konstruktywny: *constructive criticism* —**constructively** *adv* konstruktywnie

**con·sul** /ˈkɒnsəl/ *n* [C] konsul —**consular** /ˈkɒnsjələ/ *adj* konsularny

**con·su·late** /ˈkɒnsjələt/ *n* [C] konsulat

**con·sult** /kənˈsʌlt/ *v* **1** [T] po/radzić się, s/konsultować się z: *Consult your doctor if the headaches continue.* **2** [T] s/pytać o zdanie: *I can't believe you sold the car without consulting me!*

**con·sul·tant** /kənˈsʌltənt/ *n* [C] **1** dorad-ca/czyni, konsultant/ka: *a marketing consultant* **2** *BrE* lekarz specjalista pracujący w szpitalu

**con·sul·ta·tion** /ˌkɒnsəlˈteɪʃən/ *n* [C,U] konsultacja: *It was all done completely without consultation.* | *The school counsellor is always available for consultation.*

**con·sume** /kənˈsjuːm/ *v* [T] **1** zużywać, pochłaniać: *The country consumes far more than it produces.* **2** *formal* s/konsumować, spożywać **3** s/trawić: *The buildings were consumed by flames.*

**con·sum·er** /kənˈsjuːmə/ *n* [C] konsument/ka: *laws to protect consumers*

**con·sump·tion** /kənˈsʌmpʃən/ *n* [U] **1** zużycie: *a car with low fuel consumption* **2** *formal* konsumpcja

**con·tact**[1] /ˈkɒntækt/ *n* [U] kontakt(y): **+ with** *We don't have much contact with my husband's family.* | **keep/stay in contact with** *Have you kept in contact with any of your school friends?* | **come into contact (with)** (=stykać się (z)): *Kids come into contact with all kinds of germs at school.*

**contact**[2] *v* [T] s/kontaktować się z: *Who can we contact in an emergency?*

**contact len·ses** /ˈ.. ˌ../ *n* [plural] szkła/soczewki kontaktowe

**con·ta·gious** /kənˈteɪdʒəs/ *adj* zakaźny, zaraźliwy

**con·tain** /kənˈteɪn/ *v* [T] **1** zawierać: *We also found a wallet containing $45.* | *a report that contained some shocking information* **2** powstrzymywać, kontrolować: *Nina was trying hard to contain her amusement.* **3** opanowywać: *Doctors are making every effort to contain the disease.*

**con·tain·er** /kənˈteɪnə/ *n* [C] pojemnik

**con·tam·i·nate** /kənˈtæməneɪt/ *v* [T] zanieczyścić, skazić: *Chemical waste had contaminated the water supply.* —**contamination** /kənˌtæməˈneɪʃən/ *n* [U] zanieczyszczenie, skażenie

**con·tem·plate** /ˈkɒntəmpleɪt/ *v* [T] rozważać: **contemplate doing sth** (=brać pod uwagę): *Have you ever contemplated leaving him?* —**contemplation** /ˌkɒntəmˈpleɪʃən/ *n* [U] rozmyślanie, kontemplacja

**con·tem·po·ra·ry**[1] /kənˈtempərəri/ *adj* **1** współczesny: *contemporary art* **2** ówczesny: *contemporary accounts of the war*

**contemporary**[2] *n* [C] współczesn-y/a: *Mozart was greatly admired by his contemporaries.*

**con·tempt** /kənˈtempt/ *n* [U] pogarda: *Stuart treated his wife with utter contempt.* | **+ for** *Their contempt for foreigners was obvious.*

**con·temp·tu·ous** /kənˈtemptʃuəs/ *adj* pogardliwy: *the guard's contemptuous attitude towards his prisoners*

**con·tend** /kənˈtend/ *v* [I] rywalizować: **+ for** *Twelve teams contended for the title.*

**con·tend·er** /kənˈtendə/ *n* [C] zawodni-k/czka

**con·tent**[1] /kənˈtent/ *adj* [not before noun] zadowolony: **+ with** *I'd say she's*

*fairly content with her life at the moment.* | **be content to do sth** (=chętnie coś robić): *Gary seems content to sit at home and watch TV all day.* ➡ patrz też **to your heart's content** (HEART)

**con·tent²** /'kɒntent/ *n* [singular] **1** zawartość: *Peanut butter has a high fat content.* **2** treść: **+ of** *Is the content of such a magazine suitable for 13-year-olds?* ➡ patrz też CONTENTS

**con·tent³** /kən'tent/ *v* **content yourself with sth** zadowalać się czymś: *Jack's driving, so he'll have to content himself with a soft drink.*

**con·tent·ed** /kən'tentəd/ *adj* zadowolony: *a contented cat curled up by the fire* —**contentedly** *adv* z zadowoleniem ➡ antonim DISCONTENTED

**con·tents** /'kɒntents/ *n* [plural] **1** zawartość: *the contents of his luggage* **2** treść: *The contents of the report are still unknown.* **3** spis treści

**con·test¹** /'kɒntest/ *n* [C] konkurs: *a beauty contest*

**con·test²** /kən'test/ *v* [T] za/kwestionować: *We intend to contest the judge's decision.*

**con·tes·tant** /kən'testənt/ *n* [C] zawodni-k/czka

**con·text** /'kɒntekst/ *n* [C,U] kontekst: *You need to consider these events in their historical context.* | *Can you guess the meaning of this word from its context?*

**con·ti·nent** /'kɒntənənt/ *n* [C] **1** kontynent **2 the Continent** *BrE* Europa (*bez Wielkiej Brytanii*)

**con·ti·nen·tal** /ˌkɒntə'nentl◂/ *adj* **1** kontynentalny: *flights across the continental US* **2 continental breakfast** lekkie śniadanie (*pieczywo, dżem i kawa*)

**con·tin·gen·cy** /kən'tɪndʒənsi/ *n* [C] ewentualność: **contingency plans** (=plany awaryjne): *We have contingency plans to deal with any computer failures.*

**con·tin·gent** /kən'tɪndʒənt/ *n* [C] reprezentacja, delegacja: *Has the Scottish contingent arrived?*

**con·tin·u·al** /kən'tɪnjuəl/ *adj* ciągły: *I get fed up with their continual arguing.* | *continual pain* —**continually** *adv* ciągle

**con·tin·u·a·tion** /kənˌtɪnju'eɪʃən/ *n* [C,U] kontynuacja: *Bogarde's second book is a continuation of his autobiography.* | *the continuation of family traditions*

**con·tin·ue** /kən'tɪnjuː/ *v* **1** [I] trwać: *The fighting continued for two days.* | **continue to do sth** *The city's population will continue to grow* (=będzie dalej rosnąć). **2** [I,T] kontynuować: *Can we continue this discussion later?* | *The story continues* (=dalszy ciąg) *on page 27.* —**continued** *adj* ciągły: *We are grateful for your continued support.*

**con·ti·nu·i·ty** /ˌkɒntə'njuːəti/ *n* [U] ciągłość: *Changing doctors is likely to affect the continuity of your treatment.*

**con·tin·u·ous** /kən'tɪnjuəs/ *adj* ciągły, stały: *These plants need a continuous supply of fresh water.* —**continuously** *adv* ciągle, stale

**con·tour** /'kɒntʊə/ *n* [C] **1** kontur: *the pale contours of his face* **2** *także* **contour line** poziomica (*na mapie*)

**con·tra·band** /'kɒntrəbænd/ *n* [U] kontrabanda, towary z przemytu

**con·tra·cep·tion** /ˌkɒntrə'sepʃən/ *n* [U] antykoncepcja

**con·tra·cep·tive** /ˌkɒntrə'septɪv◂/ *n* [C] środek antykoncepcyjny —**contraceptive** *adj* antykoncepcyjny: *the contraceptive pill*

**con·tract¹** /'kɒntrækt/ *n* [C] umowa, kontrakt: *Stacy signed a three year contract with a small record company.*

**con·tract²** /kən'trækt/ *v* [I] s/kurczyć się: *Metal contracts as it becomes cooler.* ➡ antonim EXPAND

**con·trac·tion** /kən'trækʃən/ *n* **1** [C] *technical* skurcz **2** [C] *technical* forma ściągnięta: *"Don't" is a contraction of "do not".*

**con·trac·tor** /kən'træktə/ *n* [C] **1** wykonawca: *a building contractor* **2** dostawca

**con·tra·dict** /ˌkɒntrə'dɪkt/ *v* **1** [T] przeczyć, pozostawać w sprzeczności z: *The witnesses' reports contradict each*

*other.* **2** [I,T] zaprzeczać: *Susan thought I was a teacher and I didn't contradict her.*

**con·tra·dic·tion** /ˌkɒntrəˈdɪkʃən/ *n* **1** [C] sprzeczność: **+ between** *There's a contradiction between what the company claims to do and what it actually does.* **2** [U] sprzeciw: *He could say whatever he liked without fear of contradiction.*

**con·tra·dic·to·ry** /ˌkɒntrəˈdɪktəri◂ / *adj* sprzeczny

**con·tra·ry**[1] /ˈkɒntrəri/ *n formal* **on the contrary** przeciwnie: *We didn't start the fire. On the contrary, we helped put it out.*

**contrary**[2] *adj* **contrary to a)** wbrew: *Contrary to popular belief* (=wbrew ogólnemu przekonaniu)*, gorillas are shy and gentle creatures.* **b)** sprzeczny z: *actions that are contrary to International Law*

**con·trast**[1] /ˈkɒntrɑːst/ *n* **1** [C,U] kontrast: **+ between** *the contrast between life in the city and life on the farm* **2 in contrast/by contrast** dla porównania: *By contrast, the second exam was very difficult.* | **in contrast to/with** (=w przeciwieństwie do): *In contrast to the hot days, the nights are bitterly cold.*

**con·trast**[2] /kənˈtrɑːst/ *v* **1** [T] porównywać, zestawiać: **contrast sth with sth** (=przeciwstawiać coś czemuś): *In this programme Chinese music is contrasted with Western classical music.* **2** [I] **contrast (with)** różnić się diametralnie (od): *His views on religion contrast sharply with my own.* —**contrasting** *adj* kontrastowy: *contrasting colours*

**con·trib·ute** /kənˈtrɪbjuːt/ *v* [I,T] **1** składać się, dokładać się: **+ towards** *We all contributed towards a present for Jack.* **2 contribute to** przyczyniać się do: *All this worry almost certainly contributed to his ill health.*

**con·tri·bu·tion** /ˌkɒntrəˈbjuːʃən/ *n* [C] **1** wkład: **+ to** *Einstein's enormous contribution to science* | *The UN has made an important contribution to world peace.* **2** datek: *Would you like to make a contribution to our funds?*

**con·trol**[1] /kənˈtrəʊl/ *n* **1** [C,U] kontrola: *passport control* | **have control over** (=mieć kontrolę nad): *Peter and Rachel have no control over their son.* | **get/go out of control** (=wymykać się spod kontroli): *The car went out of control and hit a tree.* | **under control** (=pod kontrolą): *It's all right – the situation is now completely under control.* **2** [U] władza: **take control of** (=przejmować kontrolę nad): *Rioters took control of the prison.* | **be in control of** (=panować nad): *The government is no longer in control of the country.* **3** [C,U] regulacja, ograniczenie: *the control of inflation* | *import controls* **4** [U] opanowanie: **lose control** (=s/tracić panowanie nad sobą): *I just lost control and punched him!* **5** [C] przełącznik, regulator: *the volume control on the television*

**control**[2] *v* [T] **-lled, -lling 1** panować nad: *a teacher who can't control the kids* | *I find it very difficult to control my temper sometimes.* **2** kontrolować, sprawować kontrolę nad: *Rebels control all the roads into the capital.*

> **UWAGA control i inspect**
>
> Nie należy mylić czasowników **control** i **inspect**. **Control** znaczy 'mieć władzę nad czymś, panować nad czymś lub regulować coś': *The teacher can't control the class.* | *This device controls the temperature in the building.* Kiedy natomiast chodzi nam o 'kontrolowanie (sprawdzanie)' np. bagażu, przestrzegania przepisów przeciwpożarowych w budynku itp., używamy **inspect**: *I was surprised that nobody wanted to inspect my luggage.* | *The building is regularly inspected by fire-safety officers.*

**con·tro·ver·sial** /ˌkɒntrəˈvɜːʃəl◂ / *adj* kontrowersyjny: *the controversial subject of abortion*

**con·tro·ver·sy** /ˈkɒntrəvɜːsi, kənˈtrɒvəsi/ *n* [C,U] kontrowersja: **+ over/about** *The controversy over the nuclear energy program is likely to continue.*

**con·va·lesce** /ˌkɒnvəˈles/ *v* [I] wracać do zdrowia —**convalescence** *n* [U] re-

konwalescencja: *a long period of convalescence*

**con·ve·ni·ence** /kən'viːniəns/ *n* [U] wygoda: *I like the convenience of living close to where I work.* → antonim INCONVENIENCE[1]

**con·ve·ni·ent** /kən'viːniənt/ *adj* **1** dogodny: *Would 10:30 be a convenient time to meet?* | **+ for** *It's more convenient for me to pay by credit card.* **2** wygodny: *a convenient place to shop* —**conveniently** *adv* dogodnie → antonim INCONVENIENT

**con·vent** /'kɒnvənt/ *n* [C] klasztor

**con·ven·tion** /kən'venʃən/ *n* **1** [C,U] konwenans: *She shocked her neighbours by ignoring every social convention.* **2** [C] zjazd: *a teachers' convention* **3** [C] konwencja: *the Geneva Convention on Human Rights*

**con·ven·tion·al** /kən'venʃənəl/ *adj* konwencjonalny: *My parents have very conventional attitudes about sex.* | *The microwave is much faster than the conventional oven.* → antonim UNCONVENTIONAL —**conventionally** *adv* konwencjonalnie

**con·verge** /kən'vɜːdʒ/ *v* [I] zbiegać się: *The place where two streams converge to form a river.*

**con·ver·sa·tion** /ˌkɒnvə'seɪʃən/ *n* [C,U] rozmowa, konwersacja: *a telephone conversation* | **have a conversation** (=rozmawiać): *Please don't interrupt. We're having a conversation.*

**con·ver·sion** /kən'vɜːʃən/ *n* [C,U] **1** zamiana, konwersja: **+ to/into** *Canada's conversion to* (=przejście na) *the metric system* **2** nawrócenie: **+ to** *Tyson's conversion to Islam surprised the media.*

**con·vert**[1] /kən'vɜːt/ *v* [I,T] **1** zamieniać (się): **+ into** *a sofa that converts into a bed* | *We're going to convert the garage into a workshop.* **2** nawracać (się): **convert sb to sth** *John was converted to Buddhism by a Thai priest.*

**con·vert**[2] /'kɒnvɜːt/ *n* [C] nawrócon-y/a

**con·vert·i·ble** /kən'vɜːtəbəl/ *n* [C] kabriolet

**conveyor belt** /kən'veɪə, ˌbelt/ *n* [C] przenośnik taśmowy

**con·vict**[1] /kən'vɪkt/ *v* [T] skazywać: **be convicted of** *Both men were convicted of* (=zostali skazani za) *murder.* → antonim ACQUIT

**con·vict**[2] /'kɒnvɪkt/ *n* [C] skazan-y/a

**con·vic·tion** /kən'vɪkʃən/ *n* **1** [C] wyrok (*skazujący*): *Bradley had two previous convictions for drug offences.* → antonim ACQUITTAL **2** [C,U] przekonanie: *religious convictions*

**con·vince** /kən'vɪns/ *v* [T] przekonać: **convince sb that** *I managed to convince them that our story was true.* | **convince sb of sth** *Shaw had convinced the jury of his innocence.* → porównaj PERSUADE

> UWAGA **convince i persuade**
>
> Nie należy mylić wyrazów **convince** i **persuade** w znaczeniu 'przekonywać'. Kiedy chcemy 'przekonać kogoś, że coś jest prawdą', używamy wyrażenia **convince sb that** lub **persuade sb that**: *The party will have to convince the voters that it is capable of governing the country.* | *He persuaded the jury that his client was not guilty.* Kiedy chcemy 'przekonać kogoś o czymś', używamy wyrażenia **convince sb of sth**: *She failed to convince the jury of her innocence.* Kiedy chcemy 'przekonać kogoś by coś zrobił', używamy wyrażenia **persuade sb to do sth**: *Her parents have persuaded her to stop seeing him.* | *Despite our efforts to persuade them, they still haven't signed the contract.*

**con·vinced** /kən'vɪnst/ *adj* **be convinced (that)** być przekonanym, że: *Madeleine's parents were convinced she was taking drugs.*

**con·vinc·ing** /kən'vɪnsɪŋ/ *adj* przekonujący: *a convincing argument* —**convincingly** *adv* przekonująco

**con·voy** /'kɒnvɔɪ/ *n* [C] konwój

**con·vul·sion** /kən'vʌlʃən/ *n* [C] konwulsja

**cook**[1] /kʊk/ *v* **1** [I,T] u/gotować: *Whose turn is it to cook supper tonight?* | *Grandma's cooking for the whole family this weekend.* **2** [I] gotować się: *While the potatoes are cooking, prepare a salad.*

**cook** sth ↔ **up** *phr v* [T] *informal* wymyślić: *a plan cooked up by the two brothers to make more money*

**cook**[2] *n* [C] kucha-rz/rka

**cook·book** /'kʊkbʊk/, **cookery book** *BrE n* [C] książka kucharska

**cook·er** /'kʊkə/ *n* [C] *BrE* kuchenka

> UWAGA **cooker i cook**
>
> **cooker** = kuchenka: *I've never used a gas cooker before.* **cook** = kucharz, kucharka: *My sister is a superb cook.*

**cook·e·ry** /'kʊkəri/ *n* [U] *BrE* sztuka kulinarna

**cook·ie** /'kʊki/ *n* [C] *especially AmE* herbatnik, ciasteczko: *chocolate chip cookies*

**cook·ing** /'kʊkɪŋ/ *n* [U] **1** gotowanie: *Cooking is fun.* | *Who does the cooking* (=kto gotuje)? **2** kuchnia: *Indian cooking* | *I prefer Mum's cooking.*

**cool**[1] /kuːl/ *adj* **1** chłodny: *a cool refreshing drink* | *a cool breeze* **2** spokojny, opanowany: *Now, stay cool – everything is OK.* **3** chłodny: *The boss didn't actually criticize me, but he was very cool towards me.* **4** *spoken informal* świetny: *Bart's a real cool guy.* —**coolness** *n* [U] chłód, spokój

**cool**[2] *v* *także* **cool down** [I,T] ochładzać (się): *Allow the cake to cool before cutting it.*

**cool down** *phr v* **1** [I] o/stygnąć: *Let the engine cool down.* **2** [I,T **cool** sth ↔ **down**] o/studzić (się) **3** [I] ochłonąć: *The long walk home helped me cool down.*

**cool off** *phr v* [I] **1** ochłodzić się: *We went for a swim to cool off.* **2** ochłonąć

**cool**[3] *n* **1 keep your cool** zachowywać spokój: *Rick was starting to annoy her, but she kept her cool.* **2 lose your cool** s/tracić panowanie nad sobą: *Nick lost his cool when Ryan yelled at him.*

**cool·ly** /'kuːl-li/ *adv* **1** chłodno, oschle **2** spokojnie: *Bond coolly told him to put down the gun.*

**co·op·e·rate** /kəʊ'ɒpəreɪt/ *także* **co-operate** *BrE v* [I] **1** współpracować: **+ with** *Local police are cooperating with the army in the search for the missing teenager.* **2** pomagać: *We can deal with this problem, if you're willing to cooperate.* —**cooperation** /kəʊˌɒpə'reɪʃən/ *n* [U] współpraca, kooperacja

**co·op·e·ra·tive**[1] /kəʊ'ɒpərətɪv/ *także* **co-operative** *BrE adj* **1** pomocny: *Ned has always been very cooperative in the past.* **2** wspólny: *The play was a cooperative effort between the two schools.*

**cooperative**[2] *także* **co-operative** *n* [C] spółdzielnia

**co·or·di·nate**[1] /kəʊ'ɔːdəneɪt/ *także* **co-ordinate** *BrE v* [T] s/koordynować: *The project is being coordinated by Dr Ken Pease.* | *Small children often find it difficult to coordinate their movements.* —**coordinator** *n* [C] koordynator/ka

**co·or·di·nate**[2] /kəʊ'ɔːdənət/ *także* **co-ordinate** *BrE n* [C] *technical* współrzędna

**co·or·di·na·tion** /kəʊˌɔːdə'neɪʃən/ *także* **co-ordination** *BrE n* [U] koordynacja: *Computer games can help develop hand-to-eye coordination.* | **+ of** *the coordination of all military activities*

**cop** /kɒp/ *n* [C] *informal, especially AmE* glina, gliniarz

**cope** /kəʊp/ *v* [I] radzić sobie: **+ with** *How do you cope with all this work?*

**cop·per** /'kɒpə/ *n* **1** [U] miedź **2** [C] *BrE informal* glina, gliniarz

**cop·u·late** /'kɒpjəleɪt/ *v* [I] *formal* spółkować, kopulować —**copulation** /ˌkɒpjə'leɪʃən/ *n* [U] spółkowanie, kopulacja

**cop·y**[1] /'kɒpi/ *n* **1** [C] kopia: **make a copy of** *Please would you make me a copy of this letter?* **2** [C] egzemplarz: *Have you seen my copy of 'The Times'?*

**copy**[2] *v* **1** [T] s/kopiować, z/robić kopię: *Could you copy the report and send it out to everyone?* **2** [T] naśladować: *The system has been copied by other organizations, and*

*has worked well.* **3** [I,T] odpisywać, ściągać

**cop·y·right** /ˈkɒpiraɪt/ *n* [C,U] prawo autorskie

**cor·al** /ˈkɒrəl/ *n* [U] koral

**cord** /kɔːd/ *n* [C,U] **1** sznur **2** przewód

**cor·di·al** /ˈkɔːdiəl/ *adj formal* serdeczny: *We received a cordial welcome.* —**cordially** *adv* serdecznie

**cord·less** /ˈkɔːdləs/ *adj* bezprzewodowy

**cor·don**[1] /ˈkɔːdn/ *n* [C] kordon: *Several protesters tried to push through the police cordon.*

**cordon**[2] *v*

**cordon** sth ↔ **off** *phr v* [T] odgradzać kordonem: *Police have cordoned off the building where the bomb was found.*

**cords** /kɔːdz/ *n* [plural] *informal* sztruksy

**cor·du·roy** /ˈkɔːdʒərɔɪ/ *n* [U] sztruks

**core** /kɔː/ *n* **1** [singular] jądro, rdzeń: **+ of** *the core of the problem* (=sedno problemu) **2** [C] ogryzek **3 to the core** do żywego: *His words shocked me to the core.* ➡ patrz też HARD-CORE

**co·ri·an·der** /ˌkɒriˈændə/ *n* [U] *BrE* kolendra

**cork** /kɔːk/ *n* [C,U] korek: *cork floor tiles*

**cork·screw** /ˈkɔːkskruː/ *n* [C] korkociąg

**corn** /kɔːn/ *n* **1** [U] *BrE* zboże **2** [U] *AmE* kukurydza **3** [C] odcisk

**cor·ner**[1] /ˈkɔːnə/ *n* [C] **1** róg, kąt: **in the corner** *Two men were sitting in the corner of the room.* | *Write your address in the top right-hand corner* (=w górnym prawym rogu) *of the page.* **2** róg: **on/at the corner** *children playing on street corners* | **round/around the corner** (=za rogiem): *There's a bus stop just around the corner from where I live.* **3** zakątek: *a remote corner of Scotland* **4** *także* **corner kick** rzut rożny ➡ patrz też **cut corners** (CUT[1])

**corner**[2] *v* [T] przypierać do muru: *Gibbs cornered Cassetti in the hallway and asked for his decision.*

**corn·flakes** /ˈkɔːnfleɪks/ *n* [plural] płatki kukurydziane

**corn·flour** /ˈkɔːnflaʊə/ *BrE*, **cornstarch** /-stɑːtʃ/ *AmE n* [U] mąka kukurydziana

**cor·o·na·ry** /ˈkɒrənəri/ *adj* [only before noun] *technical* wieńcowy: *coronary disease*

**cor·o·na·tion** /ˌkɒrəˈneɪʃən◂/ *n* [C] koronacja

**cor·o·ner** /ˈkɒrənə/ *n* [C] koroner (*urzędnik ustalający przyczyny nagłych zgonów*)

**cor·po·ral** /ˈkɔːpərəl/ *n* [C] kapral

**corporal pun·ish·ment** /ˌ... ˈ.../ *n* [U] kara cielesna

**cor·po·rate** /ˈkɔːpərət/ *adj* [only before noun] **1** korporacyjny, firmowy **2** zbiorowy: *corporate responsibilities*

**cor·po·ra·tion** /ˌkɔːpəˈreɪʃən/ *n* [C] **1** korporacja: *a multinational corporation* **2** *BrE* zarząd miasta

**corps** /kɔː/ *n* [singular] *technical* korpus: *the medical corps* | *the press corps*

**corpse** /kɔːps/ *n* [C] zwłoki

**cor·ral** /kəˈrɑːl/ *n* [C] zagroda

**cor·rect**[1] /kəˈrekt/ *adj* poprawny, prawidłowy: *the correct answers* | *"Your name is Ives?" "Yes, that's correct."* | *correct behaviour* —**correctly** *adv* poprawnie, prawidłowo: *Have you spelled it correctly?* —**correctness** *n* [U] poprawność ➡ antonim INCORRECT

**correct**[2] *v* [T] **1** poprawiać: *Correct my pronunciation if it's wrong.* | *She spent all evening correcting exam papers.* **2** s/korygować: *Eyesight problems can usually be corrected with glasses.*

**cor·rec·tion** /kəˈrekʃən/ *n* [C,U] poprawka, korekta

**cor·re·la·tion** /ˌkɒrəˈleɪʃən/ *n* [C,U] związek, zależność: **+ between** *There is a correlation between unemployment and crime.*

**cor·re·spond** /ˌkɒrəˈspɒnd/ *v* [I] **1** odpowiadać: **+ with/to** *The French 'baccalaureate' roughly corresponds to British 'A-levels'.* **2** korespondować

**cor·re·spon·dence** /ˌkɒrəˈspɒndəns/ *n* [U] korespondencja: **+ with** *His corre-*

*spondence with Hemingway continued for years.*

**cor·re·spon·dent** /ˌkɒrə̇ˈspɒndənt/ *n* [C] korespondent/ka: *the political correspondent for 'The Times'*

**cor·re·spon·ding** /ˌkɒrə̇ˈspɒndɪŋ◂/ *adj* [only before noun] odpowiedni, analogiczny: *Profits are higher than in the corresponding period last year.*

**cor·ri·dor** /ˈkɒrə̇dɔː/ *n* [C] korytarz

**cor·rode** /kəˈrəʊd/ *v* [I,T] s/korodować: *Many of the electrical wires have corroded.*

**cor·ro·sion** /kəˈrəʊʒən/ *n* [U] korozja

**cor·rupt**[1] /kəˈrʌpt/ *adj* skorumpowany: *a corrupt judge | a corrupt political system*

**corrupt**[2] *v* [T] s/korumpować: *Proctor has been corrupted by power. | films that corrupt our children's minds* —**corruptible** *adj* przekupny

**cor·rup·tion** /kəˈrʌpʃən/ *n* [U] korupcja: *The police are being investigated for corruption.*

**cor·set** /ˈkɔːsə̇t/ *n* [C] gorset

**cos·met·ic**[1] /kɒzˈmetɪk/ *adj* [only before noun] kosmetyczny: *cosmetic surgery | cosmetic changes to the law*

**cosmetic**[2] *n* [C usually plural] kosmetyk

**cos·mic** /ˈkɒzmɪk/ *adj* kosmiczny: *cosmic radiation*

**cos·mo·pol·i·tan** /ˌkɒzməˈpɒlə̇tən◂/ *adj* kosmopolityczny: *a cosmopolitan city like New York | cosmopolitan tastes*

**cos·mos** /ˈkɒzmɒs/ *n* **the cosmos** kosmos

**cost**[1] /kɒst/ *n* **1** [C,U] koszt: *the high cost of educating children* | **cover the cost of** (=pokryć koszt): *Will £100 cover the cost of books?* | **the cost of living** (=koszty utrzymania): *a 4% increase in the cost of living* | **at the cost of** (=kosztem): *Bernard saved his family at the cost of his own life.* **2 at all costs/at any cost** za wszelką cenę: *They will try to win the next election at any cost.*

**cost**[2] *v* [T] **cost, cost, costing** kosztować: *This dress cost $75. | It costs more to travel by air.* | **cost sb sth** *How much did the repairs cost you? | a mistake that cost him his life*

**cost·ly** /ˈkɒstli/ *adj* kosztowny: *Replacing all the windows would be too costly.*

**cos·tume** /ˈkɒstjʊm/ *n* [C,U] **1** kostium: *He designed the costumes for 'Swan Lake'.* **2** strój: *the Maltese national costume*

**co·sy** /ˈkəʊzi/ *BrE*, **cozy** *AmE adj* przytulny: *a cosy room*

**cot** /kɒt/ *n* [C] **1** *BrE* łóżeczko dziecięce **2** *AmE* łóżko polowe

**cot·tage** /ˈkɒtɪdʒ/ *n* [C] domek, chata

**cottage cheese** /ˌ.. ˈ./ *n* [U] serek ziarnisty

**cot·ton** /ˈkɒtn/ *n* [U] **1** bawełna: *a cotton shirt | a reel of black cotton* **2** *AmE* wata

**cotton wool** /ˌ.. ˈ.◂/ *n* [U] *BrE* wata

**couch** /kaʊtʃ/ *n* [C] kanapa

**cough**[1] /kɒf/ *v* [I] za/kaszleć: *He was awake coughing all night.*

**cough**[2] *n* [C] kaszel, kaszlnięcie: *I heard a loud cough behind me.* | **have a cough** *Amy has a bad cough.*

**could** /kəd/ *modal verb* **1** czas przeszły od CAN: *She said she couldn't find it* (=nie mogła znaleźć). | *Could you understand* (=czy zrozumiałeś) *what he was saying?* **2** wyraża możliwość: *Most accidents in the home could easily be prevented* (=można by łatwo zapobiec). | *You could be right, I suppose* (=może masz rację). | *If you could live* (=gdybyś mógł zamieszkać) *anywhere in the world, where would it be?* **3 could have** mówi o czymś, co mogło się stać: *She could have been killed* (=mogła się zabić). **4 could you/could I etc** *spoken* wyraża prośbę: *Could I ask you* (=czy mogłabym ci zadać) *a couple of questions? | Could you open the window* (=czy mógłbyś otworzyć okno)? **5** wyraża sugestię: *You could try* (=mógłbyś spróbować) *calling his office.* | **could always** (=zawsze przecież można ...): *We could always stop and ask directions.* → patrz ramka COULD

## Czasownik modalny ***COULD***

Czasownik ***could*** (w przeczeniach: ***could not*** lub ***couldn't***) jest formą przeszłą czasownika ***can***, używamy go więc podobnie, tyle że w odniesieniu do przeszłości:

*Emma **could** run very fast.*

W podobnych sytuacjach używa się też formy ***was/were able to***, jednak ***could*** i ***was/were able to*** są wymienne jedynie wtedy, kiedy zdanie mówi o posiadanej przez kogoś w przeszłości umiejętności:

*He **could** swim when he was four.* („Umiał pływać już jako czterolatek.")

Gdy mowa o wykorzystaniu danej umiejętności w konkretnym przypadku, używa się wyłącznie ***was/were able to***:

*He **was able to** swim the distance in less than an hour.* („Zdołał/Udało mu się przepłynąć tę odległość w niecałą godzinę.")

Jako forma przeszła czasownika ***can***, ***could*** zastępuje go w mowie zależnej:

*'**Can** you speak Russian?'* *She asked if I **could** speak Russian.*

Czasownik ***could*** występuje też w zdaniach warunkowych, gdzie używa się go wymiennie z ***would be able to***:

*__Could__ you finish the job yourself if you had to?*

*(= **Would** you **be able to** finish the job yourself if you had to?)*

Zdań pytających z ***could*** używa się też w charakterze uprzejmej prośby lub pytania:

*__Could__ you wait a moment?* („Czy mógłbyś chwileczkę zaczekać?")

Chcąc dać słuchaczowi do zrozumienia, że zależy nam na pozytywnej odpowiedzi, możemy użyć formy przeczącej ***couldn't***:

*'We have to go'. – '**Couldn't** you stay a little longer?'*

*'I want this report finished today.' – '**Couldn't** it wait till tomorrow?'*

patrz też: ***CAN, Conditional Sentences, MIGHT, Modal Verbs, Reported Speech, Verb***

**UWAGA could i be able to**

Kiedy mówimy ogólnie o tym, co ktoś 'mógł' robić w przeszłości (w sensie 'potrafił, był w stanie'), używamy zamiennie **could** i **be able to**: *By the time she was four, she could/was able to swim the whole length of the pool.* Kiedy mamy do czynienia z pojedynczym przypadkiem w przeszłości, gdy ktoś 'mógł' coś zrobić (w sensie 'udało mu się'), używamy tylko formy **be able to**: *Luckily, we were able to open the door because Peter had his own key.* | *Were you able to start the car?* (W obu ostatnich zdaniach można też użyć zwrotu **manage to**.) Zasada ta nie działa wtedy, kiedy używamy negacji lub czasownika odnoszącego się do zmysłów, np. **see**, **hear**, **smell**. Mimo że mamy do czynienia z pojedynczym przypadkiem w przeszłości, możemy w takich przypadkach zamiennie używać **could** i **be able to**: *We looked everywhere for the cassette, but we couldn't find it.* | *From where I was standing, I could hear everything they said.*

**could·n't** /ˈkʊdnt/ forma ściągnięta od COULD NOT

**could've** /ˈkʊdəv/ forma ściągnięta od COULD HAVE

**coun·cil** /ˈkaʊnsəl/ *także* **Council** *n* [C] **1** rada: *Los Angeles City Council | the UN Security Council* **2 council flat** mieszkanie komunalne

**coun·cil·lor** /ˈkaʊnsələ/ *BrE*, **councilor** *AmE n* [C] radn-y/a

**counsel**[1] /ˈkaʊnsəl/ *v* [T] **-lled, -lling** *BrE*, **-led, -ling** *AmE* udzielać porad: *Dr Wengers counsels teenagers with drug problems.*

**counsel**[2] *n* [singular] prawnik, adwokat: *counsel for the prosecution* (=oskarżyciel)

**coun·sel·ling** /ˈkaʊnsəlɪŋ/ *BrE*, **counseling** *AmE n* [U] poradnictwo: *a counselling service for drug users*

**coun·sel·lor** /ˈkaʊnsələ/ *BrE*, **counselor** *AmE n* [C] pracowni-k/ca poradni: *a marriage counsellor*

**count**[1] /kaʊnt/ *v* **1** [T] *także* **count up** po/liczyć: *It took hours to count all the votes.* **2** [I] liczyć: *Can you count in Japanese?* **3** [T] **count sb/sth as** uważać kogoś/coś za: *I've always counted Rob as one of my best friends.* **4** [I] liczyć się: *First impressions count for a lot. | You cheated, so your score doesn't count.* **5** [T] wliczać: **counting** *There are five in our family, counting me.*

**count against** sb *phr v* [T] działać na niekorzyść: *Her age was likely to count against her.*

**count** sb **in** *phr v* **count me in** *spoken* jestem za: *"We're thinking of having a barbecue." "Count me in."*

**count on** sb/sth *phr v* [T] liczyć na: *You can always count on Doug in a crisis.*

**count** sth ↔ **out** *phr v* [T] odliczać: *He counted out ten $50 bills.*

**count**[2] *n* **1** [C usually singular] rachunek, obliczenie: *The final count showed that Larson had won by 110 votes.* **2 lose count (of)** stracić rachubę: *"How many girlfriends have you had?" "Oh, I've lost count."* **3 on all counts** pod każdym względem: *We were proved wrong on all counts.* **4** [C] *także* **Count** hrabia

**count·a·ble** /ˈkaʊntəbəl/ *adj* policzalny → antonim UNCOUNTABLE

**count·down** /ˈkaʊntdaʊn/ *n* [C usually singular] odliczanie: *countdown to take-off | the countdown to the millennium*

**coun·ter** /ˈkaʊntə/ *n* **1** [C] lada, okienko: *There was a long queue and only two girls working behind the counter.* **2** [C] *AmE* blat

**coun·ter·act** /ˌkaʊntərˈækt/ *v* [T] przeciwdziałać: *new laws intended to counteract the effects of pollution*

**coun·ter·at·tack** /ˈkaʊntərəˌtæk/ *n* [C] kontratak —**counterattack** *v* [I,T] kontratakować

**coun·ter·clock·wise** /ˌkaʊntəˈklɒkwaɪz◂/ *adv AmE* przeciwnie do ruchu wskazówek zegara → antonim CLOCKWISE

**coun·ter·feit** /ˈkaʊntəfɪt/ *adj* fałszywy: *counterfeit money*

**coun·ter·part** /ˈkaʊntəpɑːt/ *n* [C] odpowiednik: *The Saudi Foreign Minister met his French counterpart for talks.*

**coun·ter·pro·duc·tive** /ˌkaʊntəprəˈdʌktɪv◂/ *adj* **be counterproductive** przynosić efekty odwrotne do zamierzonych: *Punishing children can be counterproductive.*

**coun·tess** /ˈkaʊntɪs/ *n* [C] hrabina

**count·less** /ˈkaʊntləs/ *adj* niezliczony: *a drug that has saved countless lives*

**coun·try**[1] /ˈkʌntri/ *n* **1** [C] państwo: *Bahrain became an independent country in 1971.* **2** [C] kraj: *Portugal is a smaller country than Spain.* **3 the country** wieś: *I've always lived in the country.*

**country**[2] *adj* wiejski: *country people | country roads*

**country house** /ˌ.. ˈ./ *n* [C] *BrE* posiadłość wiejska

**coun·try·man** /ˈkʌntrimən/ *n* [C] *plural* **countrymen** rodak

**coun·try·side** /ˈkʌntrisaɪd/ *n* [U] krajobraz (wiejski): *the beauty of the English countryside*

**coun·ty** /ˈkaʊnti/ *n* [C] hrabstwo

**coup** /kuː/ *także* **coup d'état** /ˌkuː deɪ'tɑː/ *n* [C] zamach stanu

**cou·ple** /'kʌpəl/ *n* **1 a couple (of)** *especially spoken* parę: *There were a couple of kids in the back of the car.* | *I'll be ready in a couple of minutes.* **2** [C] para: *Do you know the couple living next door?* | *a married couple* (=małżeństwo)

**cou·pon** /'kuːpɒn/ *n* [C] kupon, talon: *a coupon for ten cents off a jar of coffee*

**cour·age** /'kʌrɪdʒ/ *n* [U] odwaga: *She showed great courage throughout her long illness.* | **have the courage (to do sth)** *Martin wanted to ask her to marry him, but he didn't have the courage to do it.* ➡ patrz też **pluck up the courage** (PLUCK¹)

**cou·ra·geous** /kə'reɪdʒəs/ *adj* odważny: *a courageous decision* —**courageously** *adv* odważnie

**cour·gette** /kʊə'ʒet/ *n* [C] *BrE* cukinia

**cou·ri·er** /'kʊriə/ *n* [C] kurier

**course** /kɔːs/ *n* **1 of course** *spoken* oczywiście: *"Can I borrow your notes?" "Of course you can."* | *"Are you going to invite Phil to the party?" "Of course I am."* | *The insurance has to be renewed every year, of course.* **2 of course not** *spoken* oczywiście, że nie: *"Do you mind if I'm a bit late?" "Of course not."* **3** [C] kurs: *a three-day training course* | **+ in/on** *a course in computing* **4** [C] danie: *a three-course meal* | *the main course* **5** [C] **race course** tor wyścigowy **6** [C] **golf course** pole golfowe **7** [C,U] kurs: *The plane changed course and headed for Rome.* | **go etc off course** (=zboczyć z kursu): *Larsen's ship had been blown off course.* **8** [singular] bieg: *events that changed the course of history* | **in the course of time** (=z biegiem czasu): *The situation will improve in the course of time.* **9** [C] **course of action** wyjście, rozwiązanie: *The best course of action would be to speak to her privately.* **10 in/during the course of** w trakcie: *During the course of our conversation, I found out that he had worked in France.* ➡ patrz też **in due course** (DUE¹), **as a matter of course** (MATTER¹)

**course·book** /'kɔːsbʊk/ *n* [C] podręcznik

**court¹** /kɔːt/ *n* **1** [C,U] sąd: *the European Court of Justice* | *Wilkins had to appear in court as a witness.* | *The court decided that West was guilty.* | **take sb to court** (=pozywać kogoś do sądu): *If they don't pay, we'll take them to court.* **2** [C,U] kort: *Sampras and Becker are playing on No 1 court.* **3** [C,U] dwór: *the court of Louis XIV*

**court²** *v* **1** [I,T] *old-fashioned* zalecać się (do) **2** [T] zabiegać o (względy): *politicians busy courting voters*

**cour·te·ous** /'kɜːtiəs/ *adj formal* uprzejmy: *a very courteous young man*

**court·ier** /'kɔːtɪə/ *n* [C] dworzanin

**court-mar·tial** /ˌ. '../ *n* [C] sąd wojenny

**court·room** /'kɔːtruːm/ *n* [C] sala sądowa

**court·yard** /'kɔːtjɑːd/ *n* [C] podwórze, dziedziniec

**cous·in** /'kʌzən/ *n* [C] kuzyn/ka

**cov·er¹** /'kʌvə/ *v* [T] **1** *także* **cover up** przykrywać: *Cover the pan and let the sauce simmer.* | *tables covered with clean white cloths* **2** pokrywać: *Snow covered the ground.* | *Will $100 cover the cost of textbooks?* | **be covered in/with** *Your boots are covered in mud!* **3** obejmować: *The course covers all aspects of business.* **4** przemierzać, pokonywać: *We had covered 20 kilometres by lunchtime.* **5** zajmować: *The city covers an area of 20 square kilometres.* **6** ubezpieczać: *This policy covers you against accident or injury.* **7** z/relacjonować: *She was sent to Harare to cover the crisis in Rwanda.* **8** osłaniać: *Police officers covered the back entrance.*

**cover for** sb *phr v* [T] kryć: *I'll be covering for Sandra next week.*

**cover** sth ↔ **up** *phr v* [T] **1** przykrywać, zakrywać: *Cover the furniture up before you start painting.* **2** za/tuszować: *Nixon's officials tried to cover up the Watergate affair.*

**cover²** *n* **1** [C] pokrowiec: *a cushion cover* **2** [C] okładka: *His picture was on*

C

*the front cover of Newsweek.* **3** [U] ubezpieczenie: *The policy provided £100,000 of medical cover.* **4** [U] schronienie: *Everyone ran for cover when the shooting started.* | **take cover** (=s/chronić się): *We took cover under a tree.* **5** przykrywka: *The company is just a cover for the Mafia.* ➡ patrz też COVERS, UNDERCOVER

**cov·er·age** /ˈkʌvərɪdʒ/ *n* [U] nagłośnienie: *Her death attracted widespread media coverage.*

**cov·er·ing** /ˈkʌvərɪŋ/ *n* [C] powłoka: *a light covering of snow*

**covering let·ter** /ˌ.... ˈ../ *BrE*, **cover letter** *AmE n* [C] list przewodni

**cov·ers** /ˈkʌvəz/ *n* [plural] pościel

**cov·ert** /ˈkʌvət/ *adj* tajny: *covert operations* —**covertly** *adv* skrycie, ukradkiem

**cover-up** /ˈ.. ./ *n* [C] zatuszowanie prawdy: *CIA officials denied there had been a cover-up.*

**cow** /kaʊ/ *n* [C] krowa

**cow·ard** /ˈkaʊəd/ *n* [C] tchórz: *They kept calling me a coward because I didn't want to fight.* —**cowardly** *adj* tchórzliwy: *a cowardly thing to do*

**cow·ard·ice** /ˈkaʊədɪs/ *n* [U] tchórzostwo

**cow·boy** /ˈkaʊbɔɪ/ *n* [C] kowboj

**coy·o·te** /kɔɪˈəʊti/ *n* [C] kojot

**co·zy** /ˈkəʊzi/ amerykańska pisownia wyrazu COSY

**crab** /kræb/ *n* [C,U] krab

**crack¹** /kræk/ *v* **1** [I] pękać: *The ice was starting to crack.* **2** [T] zrobić rysę w: *I dropped a plate and cracked it.* **3** [T] rozbić, rozłupać: *The fox cracked the egg and sucked out the yolk.* **4** [T] *informal* rozgryźć (*problem*): *Yes! I've finally cracked it!* **5** [I,T] trzaskać: *He cracked his knuckles.*

**crack down** *phr v* [I] brać/wziąć się ostro za: **+ on** *The government plans to crack down on child pornography on the Internet.*

**crack up** *phr v* [I] *informal* przechodzić załamanie nerwowe: *I'm worried about Lisa – I think she's cracking up.*

**crack²** *n* **1** [C] rysa, pęknięcie: *A huge crack had appeared in the ceiling.* **2** [C] szpara: *a crack in the curtains* **3** [C] trzask: *The firework exploded with a loud crack.* **4** [U] crack (*narkotyk*) **5 at the crack of dawn** skoro świt: *We had to get up at the crack of dawn.*

**crack·down** /ˈkrækdaʊn/ *n* [singular] **a crackdown on sth** akcja przeciwko czemuś: *a crackdown on drunk driving*

**cracked** /krækt/ *adj* pęknięty, zarysowany: *a cracked mirror*

**crack·er** /ˈkrækə/ *n* [C] krakers

**crack·le** /ˈkrækəl/ *v* [I] trzeszczeć, trzaskać: *This radio's crackling.*

**cra·dle¹** /ˈkreɪdl/ *n* **1** [C] kołyska **2 the cradle of sth** kolebka czegoś: *Athens, the cradle of western democracy*

**cradle²** *v* [T] tulić: *Tony cradled the baby in his arms.*

**craft¹** /krɑːft/ *n* [C] rzemiosło, rękodzieło

**craft²** *n* [C] *plural* **craft** statek

**crafts·man** /ˈkrɑːftsmən/ *n* [C] *plural* **craftsmen** rzemieślnik: *furniture made by the finest craftsmen*

**crafts·man·ship** /ˈkrɑːftsmənʃɪp/ *n* [U] rzemiosło: *high standards of craftsmanship*

**craft·y** /ˈkrɑːfti/ *adj* przebiegły: *You crafty devil!*

**cram** /kræm/ *v* [T] **-mmed, -mming** wciskać, wpychać: *She managed to cram all her clothes into one suitcase.*

**cramp** /kræmp/ *n* [C,U] skurcz: *I've got cramp in my leg!*

**cramped** /kræmpt/ *adj* ciasny

**crane** /kreɪn/ *n* [C] **1** dźwig **2** żuraw

**crank** /kræŋk/ *n* [C] **1** mania-k/czka: *a religious crank* **2** korba

**crap** /kræp/ *n* [U] *informal* chłam: *There's so much crap on TV nowadays!*

**crash¹** /kræʃ/ *v* **1** [I,T] rozbić (się), zderzyć (się): **+ into/through etc** *We crashed straight into the car in front.* **2** [I] trzaskać, roztrzaskiwać się: **+ into/through/against etc** *the sound of waves crashing against the rocks* **3** [I] zepsuć się

(*o komputerze*) **4** [I] załamać się (*o giełdzie*)

**crash²** *n* [C] **1** wypadek: *Six vehicles were involved in the crash.* | **plane/train crash** (=katastrofa lotnicza/kolejowa): *All 265 passengers were killed in the plane crash.* **2** trzask, łomot: *We were woken by the sound of a loud crash downstairs.* | **with a crash** *The tray fell to the floor with a crash.* **3** awaria (*komputera*) **4** krach: *fears of another stock market crash*

**crash course** /ˈ. ./ *n* [C] błyskawiczny kurs: *a crash course in Spanish*

**crash hel·met** /ˈ. ˌ../ *n* [C] kask

**crate** /kreɪt/ *n* [C] skrzynka: *a crate of beer*

**cra·ter** /ˈkreɪtə/ *n* [C] krater

**cra·vat** /krəˈvæt/ *n* [C] apaszka → porównaj TIE², SCARF

**crav·ing** /ˈkreɪvɪŋ/ *n* [C] ochota, apetyt: *a craving for chocolate*

**crawl¹** /krɔːl/ *v* [I] **1** czołgać się: **+ through/into/along etc** *We crawled through a hole in the fence.* **2** pełzać, łazić: *Flies were crawling all over the food.* **3** wlec się: *We crawled all the way into town.* **4** [I] **crawl (to sb)** podlizywać się (komuś): *He's always crawling to the boss.* **5 be crawling with** roić się od: *The tent was crawling with ants!*

**crawl²** *n* **1** [singular] żółwie tempo: *cars moving along at a crawl* **2 the crawl** kraul

**cray·fish** /ˈkreɪˌfɪʃ/ *n* [C,U] rak

**cray·on** /ˈkreɪən/ *n* [C] kredka woskowa

**craze** /kreɪz/ *n* [C] szał, szaleństwo: *the latest craze to hit New York*

**cra·zy** /ˈkreɪzi/ *adj* **1** szalony, zwariowany: *Our friends all think we're crazy.* | *a crazy old woman* **2** wściekły: **drive sb crazy** (=doprowadzać do szału): *Stop it, you're driving me crazy!* **3 be crazy about** mieć bzika na punkcie: *Lee's crazy about cats.* **4 go crazy a)** z/wariować: *Sometimes I feel as if I'm going crazy.* **b)** o/szaleć: *Gascoigne scored and the fans went crazy.* —**craziness** *n* [U] szaleństwo, wariactwo

**creak** /kriːk/ *v* [I] skrzypieć: *The door creaked shut behind him.* —**creaky** *adj* skrzypiący

**cream¹** /kriːm/ *n* **1** [U] śmietana: *strawberries and cream* **2** [C,U] krem: *face cream* **3 the cream of** śmietanka: *the cream of Europe's footballers*

**cream²** *adj* kremowy

**cream cheese** /ˌ. ˈ./ *n* [U] serek śmietankowy

**cream·y** /ˈkriːmi/ *adj* gęsty: *The sauce was smooth and creamy.*

**crease¹** /kriːs/ *n* [C] fałda, zagięcie

**crease²** *v* [I,T] po/gnieść (się), wy/miąć (się): *Try not to crease your jacket.*

**cre·ate** /kriˈeɪt/ *v* [T] s/tworzyć: *The new factory should create 450 jobs.* | *the problems created by the increase in traffic*

**cre·a·tion** /kriˈeɪʃən/ *n* **1** [U] utworzenie, stworzenie: *the creation of a United Europe* **2** [C] twór, wytwór: *the artist's latest creation* **3 Creation** stworzenie świata

**cre·a·tive** /kriˈeɪtɪv/ *adj* twórczy: *one of Japan's most talented and creative film directors* | *the creative part of my work* —**creatively** *adv* twórczo

**cre·a·tiv·i·ty** /ˌkriːeɪˈtɪvəti/ *n* [U] kreatywność, inwencja

**cre·a·tor** /kriˈeɪtə/ *n* [C] **1** twór-ca/czyni: *Walt Disney, the creator of Mickey Mouse* **2 the Creator** [singular] Stwórca

**crea·ture** /ˈkriːtʃə/ *n* [C] stworzenie: *We should respect all living creatures.* | *a mythical creature*

**crèche** /kreʃ/ *n* [C] *BrE* żłobek

**cre·den·tials** /krɪˈdenʃəlz/ *n* [plural] referencje: *She has excellent academic credentials.*

**cred·i·bil·i·ty** /ˌkredəˈbɪləti/ *n* [U] wiarygodność: *The scandal has damaged the government's credibility.*

**cred·i·ble** /ˈkredəbəl/ *adj* wiarygodny: *a credible witness*

**cred·it¹** /ˈkredət/ *n* **1** [U] kredyt, odroczona płatność: **on credit** (=na kredyt): *The TV and the washing machine were bought on credit.* **2** [U] uznanie: *It's not*

*fair – I do all the work and he gets all the credit!* | **give sb credit for sth** (=docenić kogoś za coś): *You've got to give him credit for trying.* **3** chluba, duma: *You're a credit to the school!* **4** [C] zaliczenie (*np. semestru*) punkt kredytowy **5 be in credit** być wypłacalnym ➞ patrz też CREDITS

**credit²** *v* [T]

**credit** sb/sth **with** sth, *także* **credit** sth **to** sb/sth *phr v* [T] przypisywać: *Daguerre was originally credited with the idea.*

**credit card** /ˈ.. ./ *n* [C] karta kredytowa

**cred·i·tor** /ˈkredᵻtə/ *n* [C] wierzyciel ➞ porównaj DEBTOR

**cred·its** /ˈkredᵻts/ *n* **the credits** czołówka lub napisy końcowe

**creed** /kriːd/ *n* [C] wyznanie: *there were people of every creed*

**creep¹** /kriːp/ *v* [I] **crept, crept, creeping 1** skradać się: *She crept downstairs in the dark.* **2** zakradać się: **+ in/into/over** *A note of panic had crept into his voice.* **3** sunąć powoli: *A thick mist was creeping down the hillside.*

**creep up on** sb/sth *phr v* [T] **1** podkradać się do: *I wish you wouldn't creep up on me like that!* **2** zaskakiwać: *Old age tends to creep up on you.*

**creep²** *n* [C usually singular] lizus: *Go away, you little creep!*

**creep·er** /ˈkriːpə/ *n* [C] pnącze

**creeps** /kriːps/ *n* **give sb the creeps** *informal* przyprawiać kogoś o ciarki: *That guy gives me the creeps!*

**creep·y** /ˈkriːpi/ *adj* budzący dreszcz grozy: *a creepy movie*

**cre·mate** /krᵻˈmeɪt/ *v* [T] poddawać kremacji —**cremation** *n* [C,U] kremacja

**crem·a·to·ri·um** /ˌkreməˈtɔːriəm/ *n* [C] krematorium

**crepe** /kreɪp/ *także* **crêpe** *n* **1** [U] krepa **2** [C] naleśnik

**crept** /krept/ *v* czas przeszły i imiesłów bierny od CREEP

**cres·cent** /ˈkresənt/ *n* [C] sierp, półksiężyc: *a crescent moon*

**crest** /krest/ *n* [C] **1** grzbiet: *He climbed over the crest of the hill.* **2** grzebień: *the crest of a bird*

**crev·ice** /ˈkrevᵻs/ *n* [C] szczelina

**crew** /kruː/ *n* [C] **1** załoga **2** ekipa: *the movie's cast and crew*

**crib** /krɪb/ *n* [C] *AmE* łóżeczko dziecięce

**crick·et** /ˈkrɪkᵻt/ *n* **1** [U] krykiet **2** [C] świerszcz

**crime** /kraɪm/ *n* **1** [U] przestępczość: *There was very little crime when we moved here.* | **crime prevention** (=walka z przestępczością) | **petty crime** (=drobna przestępczość) **2** [C] przestępstwo: **commit a crime** (=popełnić przestępstwo): *He committed a number of crimes in the area.*

**crim·i·nal¹** /ˈkrɪmᵻnəl/ *adj* **1** [only before noun] przestępczy: *criminal behaviour* | **have a criminal record** (=być karanym): *He doesn't have a criminal record.* **2** karygodny, skandaliczny: *It's criminal to charge so much for popcorn at the movies!*

**criminal²** *n* [C] przestęp-ca/czyni

**crim·son** /ˈkrɪmzən/ *adj* karmazynowy

**crin·kle** /ˈkrɪŋkəl/ *także* **crinkle up** *v* [I,T] z/miąć (się), z/marszczyć (się): *My clothes were all crinkled from being in the suitcase.* | *His face crinkled, and then he laughed out loud.*

**crip·ple¹** /ˈkrɪpəl/ *n* [C] kaleka

**cripple²** *v* [T] **1** okaleczyć: *Many people are crippled* (=zostają kalekami) *by car accidents.* **2** paraliżować: *The country's economy has been crippled by drought.* —**crippling** *adj* wyniszczający: *a crippling disease*

**cri·sis** /ˈkraɪsᵻs/ *n plural* **crises** /-siːz/ [C,U] kryzys: *the Cuban missile crisis*

**crisp¹** /krɪsp/ *adj* **1** chrupiący: *a nice crisp pastry* **2** kruchy: *a nice crisp salad* —**crisply** *adv* oschle, cierpko

**crisp²** *n* [C] *BrE* chrupka, chips: *a packet of crisps*

**crisp·y** /ˈkrɪspi/ *adj* kruchy, chrupiący: *crispy bacon*

**cri·te·ri·on** /kraɪˈtɪəriən/ *n* [C usually plural] *plural* **criteria** kryterium: **+ for** *What are the criteria for selecting the winner?*

**crit·ic** /ˈkrɪtɪk/ *n* [C] **1** krytyk: *a literary critic for 'The Times'* **2** przeciwni-k/czka: *an outspoken critic of military spending*

**crit·i·cal** /ˈkrɪtɪkəl/ *adj* krytyczny: *a critical analysis of Macbeth* | **+ of** *Degas was critical of* (=miał krytyczny stosunek do) *the plan.* | **+ to** *This next phase is critical to* (=ma decydujące znaczenie dla) *the project's success.* | **critical condition** (=stan krytyczny): *The driver is still in a critical condition in hospital.*

**crit·i·cis·m** /ˈkrɪtəsɪzəm/ *n* **1** [C,U] krytyka, uwaga krytyczna: *Kate doesn't take criticism very well.* | *She made several criticisms of my argument.* | **constructive criticism** (=konstruktywna krytyka) **2** [U] krytyka: *literary criticism*

**crit·i·cize** /ˈkrɪtəsaɪz/ *także* **-ise** *BrE v* [I,T] s/krytykować: *She always criticizes my cooking.* | **criticize sb for (doing) sth** *The regime was criticized for its disregard of human rights.*

**cri·tique** /krɪˈtiːk/ *n* [C] analiza krytyczna

**croak** /krəʊk/ *v* **1** [I] rechotać **2** [I] krakać **3** [I,T] chrypieć —**croak** *n* [C] rechot, chrypka

**cro·chet** /ˈkrəʊʃeɪ/ *v* [I,T] szydełkować

**crock·e·ry** /ˈkrɒkəri/ *n* [U] zastawa stołowa

**croc·o·dile** /ˈkrɒkədaɪl/ *n* [C] krokodyl

**cro·cus** /ˈkrəʊkəs/ *n* [C] krokus

**crois·sant** /ˈkwɑːsɒŋ/ *n* [C] rogalik

**crook** /krʊk/ *n* [C] *informal* oszust/ka: *They're a bunch of crooks.*

**crook·ed** /ˈkrʊkəd/ *adj* **1** krzywy, wykrzywiony: *a crooked mouth* **2** *informal* nieuczciwy, skorumpowany: *a crooked cop*

**crop¹** /krɒp/ *n* [C] **1** roślina uprawna **2** zbiór, plon

**crop²** *v* [T] **-pped, -pping** podcinać, przycinać: *He cropped his hair short.*

**crop up** *phr v* [I] pojawiać się: *Let me know if any problems crop up.*

**cro·quet** /ˈkrəʊkeɪ/ *n* [U] krokiet: *a game of croquet*

**cross¹** /krɒs/ *v* **1** [I,T] przechodzić (przez), przeprawiać się (przez): *Look both ways before crossing the road.* **2** [T] przecinać się z: *The road crosses the railway at this point.* **3** [T] przekraczać: *The crowd roared as the first runner crossed the finish line.* **4** [T] s/krzyżować: *Jean crossed her legs* (=założyła nogę na nogę). **5 cross your mind** przychodzić komuś do głowy: *It never crossed my mind that she might be right.* **6** [T] s/krzyżować: **+ with** *A mule is produced by crossing a horse with a donkey.* **7 cross yourself** przeżegnać się

**cross** sth ↔ **off** *phr v* [T] odkreślać: *Cross off their names as they arrive.*

**cross** sth ↔ **out** *phr v* [T] skreślać: *Just cross out the old number and write in the new one.*

**cross²** *n* [C] **1** krzyż: *Jesus died on the cross.* **2** krzyż, krzyżyk: *She wore a gold cross.* **3** krzyżówka, skrzyżowanie: **a cross between sth and sth** *It looks like a cross between a dog and a rat!*

**cross³** *adj BrE* **cross (with)** zły (na): *Are you cross with me?*

**cross·bar** /ˈkrɒsbɑː/ *n* [C] **1** poprzeczka **2** rama (*roweru*)

**cross-coun·try** /ˌ. ˈ..◂/ *adj* [only before noun] przełajowy: *cross-country running*

**cross-ex·am·ine** /ˌ. .ˈ../ *v* [T] brać/wziąć w krzyżowy ogień pytań —**cross-examination** /ˌ. ...ˈ../ *n* [C,U] przesłuchanie (*zwłaszcza świadka strony przeciwnej*)

**cross-eyed** /ˌ. ˈ.◂/ *adj* zezowaty

**cross·ing** /ˈkrɒsɪŋ/ *n* [C] **1** przejście, przejazd **2** przeprawa, podróż (*morska*)

**cross-legged** /ˌkrɒs ˈlegəd◂/ *adv* **sit cross-legged** siedzieć po turecku: *Children sat cross-legged on the floor.*

**cross-ref·er·ence** /ˌ. ˈ.../ *n* [C] odsyłacz

**cross·roads** /ˈkrɒsrəʊdz/ *n plural* **crossroads** [C] skrzyżowanie

**cross sec·tion** /ˈ. ˌ../ *także* **cross-section** *n* [C] przekrój: *a cross section of the brain* | *a cross-section of the American public*

**cross·word** /ˈkrɒswɜːd/ *także* **crossword puzzle** *n* [C] krzyżówka

**crotch** /krɒtʃ/ *n* [C] krocze

**crouch** /kraʊtʃ/ *v także* **crouch down** [I] przy/kucać: *We crouched behind the wall.*

**crow¹** /krəʊ/ *n* [C] wrona

**crow²** *v* [I] piać

**crow·bar** /ˈkrəʊbɑː/ *n* [C] łom

**crowd** /kraʊd/ *n* **1** [C] tłum: *A crowd gathered to watch the parade.* | **+ of** *a crowd of fans* **2 the crowd** [singular] paczka (*przyjaciół*)

**crowd·ed** /ˈkraʊdəd/ *adj* zatłoczony: *a crowded room*

**crown¹** /kraʊn/ *n* [C] **1** korona **2** wierzchołek: *a hat with a high crown* (=z wysokim denkiem) **3** koronka (*na zębie*)

**crown²** *v* [T] u/koronować: *She was crowned nearly fifty years ago.*

**cru·cial** /ˈkruːʃəl/ *adj* ważny: *crucial decisions involving millions of dollars*

**cru·ci·fix** /ˈkruːsəfɪks/ *n* [C] krucyfiks

**cru·ci·fix·ion** /ˌkruːsəˈfɪkʃən/ *n* **the Crucifixion** ukrzyżowanie

**cru·ci·fy** /ˈkruːsəfaɪ/ *v* [T] ukrzyżować

**crude** /kruːd/ *adj* **1** ordynarny: *a crude joke* **2** w stanie surowym: *crude oil* (=ropa naftowa) **3** prymitywny, toporny: *a crude shelter* —**crudely** *adv* prymitywnie

**cru·el** /ˈkruːəl/ *adj* okrutny: *Her husband's death was a cruel blow.* | **+ to** *Children can be very cruel to each other.* —**cruelly** *adv* okrutnie

**cru·el·ty** /ˈkruːəlti/ *n* [U] okrucieństwo: *Would you like to sign a petition against cruelty to animals?*

**cruise¹** /kruːz/ *v* [I] **1** żeglować: *boats cruising on Lake Michigan* **2** poruszać się ze stałą prędkością: *We cruised along at 55 miles per hour.*

**cruise²** *n* [C] rejs wycieczkowy

**cruis·er** /ˈkruːzə/ *n* [C] krążownik

**crumb** /krʌm/ *n* [C] okruch, okruszek

**crum·ble** /ˈkrʌmbəl/ *v* **1** [I,T] po/kruszyć (się): *an old stone wall, crumbling with age* **2** [I] rozpadać się: *The entire economy was crumbling.*

**crum·ple** /ˈkrʌmpəl/ *v* [T] z/gnieść, z/miąć: *Crumpling the envelope in her hand, she tossed it into the fire.*

**crunch¹** /krʌntʃ/ *v* **1** [I] chrzęścić: *The snow crunched as we walked.* **2** [I,T] chrupać: **+ on** *The dog was crunching on a bone.*

**crunch²** *n* [singular] chrzęst: *I could hear the crunch of their footsteps on the gravel.*

**crunch·y** /ˈkrʌntʃi/ *adj* chrupiący: *crunchy carrots*

**cru·sade** /kruːˈseɪd/ *n* [C] krucjata, kampania: *a crusade against violence* —**crusader** *n* [C] krzyżowiec

**crush¹** /krʌʃ/ *v* [T] **1** roz/gnieść, z/miażdżyć: *Wine is made by crushing grapes.* **2** s/tłumić, z/dławić: *The rebellion was crushed by the government.*

**crush²** *n* **1** [C] **have a crush on sb** podkochiwać się w kimś: *Ben has a crush on his teacher.* **2** [singular] tłok, ścisk: *We forced our way through the crush towards the stage.*

**crust** /krʌst/ *n* [C,U] **1** skórka: *bread crust* **2** skorupa: *the earth's crust*

**crust·y** /ˈkrʌsti/ *adj* chrupiący: *crusty bread*

**crutch** /krʌtʃ/ *n* [C] [usually plural] kula (*dla niepełnosprawnego*): *When she broke her leg she had to walk on crutches.*

**crux** /krʌks/ *n* **the crux** sedno: **+ of** *The crux of the matter is whether murder was his intention.*

**cry¹** /kraɪ/ *v* **cried, cried, crying 1** [I] płakać: *The baby was crying upstairs.* | *I always cry at sad movies.* **2** [I,T] wy/krzyknąć: *"Stop!" she cried.*

**cry out** *phr v* [I,T] krzyknąć: *He cried*

*out in pain.* | *Marie cried out sharply, "Don't touch it!"*

> UWAGA **cry, scream i shout**
>
> To, którego z tych trzech wyrazów należy użyć w konkretnej sytuacji, zależy od kontekstu: **cry** = wykrzykiwać konkretne słowa: *"Help! Help!" she cried.* **cry out** = krzyknąć z bólu, ze strachu itp.: *When they tried to move him, he cried out in pain.* **scream** = krzyczeć ze strachu, podniecenia, bólu itp.: *One of the firemen thought he heard someone screaming inside the building.* | *The fans didn't stop screaming until the group had left the stage.* **shout** = krzyczeć po to, by inni lepiej nas słyszeli lub ze zdenerwowania: *There's no need to shout. I'm not deaf, you know.* | *The demonstrators marched through the streets shouting "No more war! No more war!"*

**cry²** *n* **1** [C] krzyk: *We heard a terrible cry in the next room.* | *the cry of the eagle* | **+ of** *We woke to cries of "Fire!"* **2 have a cry** wypłakać się: *You'll feel better after you've had a good cry.* **3 be a far cry from** w niczym nie przypominać: *It was a far cry from the tiny office she was used to.*

**crypt** /krɪpt/ *n* [C] krypta

**cryp·tic** /ˈkrɪptɪk/ *adj* zagadkowy: *a cryptic message*

**crys·tal** /ˈkrɪstl/ *n* [C,U] kryształ: *crystal wine glasses* | *crystals of ice* | *salt crystals*

**crys·tal·lize** /ˈkrɪstəlaɪz/ *także* **-ise** *BrE* *v* [I,T] **1** s/krystalizować (się): *At what temperature does sugar crystallize?* **2** wy/krystalizować (się): *Writing things down helps to crystallize your thoughts.* —**crystallization** /ˌkrɪstəlaɪˈzeɪʃən/ *n* [U] krystalizacja

**cub** /kʌb/ *n* [C] młode: *lion/bear cubs*

**cub·by hole** /ˈkʌbi həʊl/ *n* [C] schowek

**cube¹** /kjuːb/ *n* [C] **1** kostka: *a sugar cube* | *an ice cube* **2** sześcian: *The cube of 3 is 27.*

**cube²** *v* [T] podnosić do trzeciej potęgi: *4 cubed is 64.*

**cu·bic** /ˈkjuːbɪk/ *adj* sześcienny: *a cubic centimetre/metre*

**cu·bi·cle** /ˈkjuːbɪkəl/ *n* [C] kabina: *cubicles in the library for studying*

**cuck·oo** /ˈkʊkuː/ *n* [C] kukułka

**cu·cum·ber** /ˈkjuːkʌmbə/ *n* [C] ogórek

**cud·dle** /ˈkʌdl/ *v* [I,T] przytulać (się): *Danny cuddled the puppy.* —**cuddle** *n* [C] *Come and give me a cuddle* (=i przytul mnie).

**cud·dly** /ˈkʌdli/ *adj* milusi: *a cuddly baby*

**cue** /kjuː/ *n* [C] **1** sygnał: *Tony stood by the stage, waiting for his cue.* | **+ for** *I think that was a cue for us to leave.* **2 (right) on cue** jak na zawołanie: *I was just asking where you were when you walked in, right on cue.* **3** kij bilardowy

**cuff** /kʌf/ *n* [C] mankiet

**cuff link** /ˈ. ./ *n* [C] spinka do mankietu

**cui·sine** /kwɪˈziːn/ *n* [U] kuchnia (*np. narodowa*): *French cuisine*

**cul-de-sac** /ˈkʌl də ˌsæk/ *n* [C] ślepa uliczka

**cul·i·na·ry** /ˈkʌlənəri/ *adj* [only before noun] kulinarny: *culinary skills*

**cul·mi·na·tion** /ˌkʌlməˈneɪʃən/ *n* [singular] ukoronowanie, punkt kulminacyjny: *That discovery was the culmination of his life's work.*

**cul·prit** /ˈkʌlprət/ *n* [C] spraw-ca/czyni, winowaj-ca/czyni

**cult** /kʌlt/ *n* [C] kult: *cult film director John Waters*

**cul·ti·vate** /ˈkʌltəveɪt/ *v* [T] **1** uprawiać **2** pielęgnować, kultywować: *I've cultivated a knowledge of art.* —**cultivation** /ˌkʌltəˈveɪʃən/ *n* [U] uprawa

**cul·ti·vat·ed** /ˈkʌltəveɪtəd/ *adj* **1** światły, kulturalny: *a cultivated man* **2** uprawny: *cultivated land*

**cul·tu·ral** /ˈkʌltʃərəl/ *adj* **1** kulturowy: *England has a rich cultural heritage.* **2** kulturalny: *The city is trying to promote cultural activities.* —**culturally** *adv* kulturowo, pod względem kulturalnym: *culturally determined behaviour* | *Culturally, the city has a lot to offer.*

**cul·ture** /ˈkʌltʃə/ *n* [C,U] kultura: *youth culture* | *students learning about American culture* | *New York City is a good place for anyone who is interested in culture.*

**cul·tured** /ˈkʌltʃəd/ *adj* światły, wykształcony: *a handsome, cultured man*

**cum·ber·some** /ˈkʌmbəsəm/ *adj* **1** uciążliwy: *Getting a passport can be a cumbersome process.* **2** nieporęczny: *cumbersome camping equipment*

**cum·in** /ˈkʌmᵻn/ *n* [U] kmin (*przyprawa*)

**cu·mu·la·tive** /ˈkjuːmjᵿlətɪv/ *adj* kumulujący się: *The effects of the drug are cumulative* (=kumulują się).

**cun·ning** /ˈkʌnɪŋ/ *adj* przebiegły: *a cunning criminal* —**cunning** *n* [U] przebiegłość —**cunningly** *adv* przebiegle

**cup** /kʌp/ *n* [C] **1** filiżanka: *a cup and saucer* | *a cup of coffee* **2** puchar **3 the (...) cup** zawody o puchar (...): *the 3rd round of the FA Cup*

**cup·board** /ˈkʌbəd/ *n* [C] szafka, kredens

**cu·rate** /ˈkjʊərᵻt/ *n* [C] wikary

**cu·ra·tor** /kjʊˈreɪtə/ *n* [C] kustosz/ka

**curb** /kɜːb/ *n* [C] *AmE* krawężnik

**cur·dle** /ˈkɜːdl/ *v* [I] zwarzyć się, zsiąść się: *Add a little flour to stop the mix from curdling.*

**cure¹** /kjʊə/ *v* [T] **1** wy/leczyć: *Penicillin will cure most infections.* | *She's hoping this new doctor can cure her back pain.* → porównaj HEAL **2** zaradzić: *government action to cure unemployment* **3** za/konserwować: *cured ham*

**cure²** *n* [C] lekarstwo: **+ for** *a cure for AIDS* | *There's no easy cure for poverty.*

**cur·few** /ˈkɜːfjuː/ *n* [C] godzina policyjna: *The government imposed a curfew from sunset to sunrise.*

**cu·ri·os·i·ty** /ˌkjʊəriˈɒsᵻti/ *n* [U singular] ciekawość: **+ about** *Children have a natural curiosity about the world around them.* | **out of curiosity** (=z ciekawości): *Just out of curiosity, how old are you?*

**cu·ri·ous** /ˈkjʊəriəs/ *adj* **1** ciekawy: *The accident attracted a few curious looks.* | **+ about** *Aren't you curious about what happened to her?* **2** dziwny: *a curious noise* | **+ that** *It's curious that she left without saying goodbye.* —**curiously** *adv* dziwnie

> UWAGA **curious**
>
> Należy pamiętać, w jakich zwrotach występuje wyraz **curious**.
> **to be curious about/as to**: *I'm very curious about the country and its inhabitants.* | *I'm curious as to how he knows our address.*
> **to be curious to see/know** itp.: *I was curious to know what she would look like.* | *We're all curious to see what his new girlfriend is like.*

**curl¹** /kɜːl/ *n* [C] lok: *a little girl with blonde curls* —**curly** *adj* kręcony: *curly hair*

**curl²** *v* [I,T] kręcić (się): *Should I curl my hair?*

**curl up** *phr v* [I] zwijać się w kłębek: *Phoebe curled up on the bed and fell asleep.*

**curl·er** /ˈkɜːlə/ *n* [C usually plural] wałek (do włosów)

**cur·rant** /ˈkʌrənt/ *n* [C] rodzynek

**cur·ren·cy** /ˈkʌrənsi/ *n* [C,U] waluta: *foreign currency* | *The local currency is francs.*

**cur·rent¹** /ˈkʌrənt/ *adj* [only before noun] aktualny, obecny: *Denise's current boyfriend* —**currently** *adv* aktualnie, obecnie

**current²** *n* [C,U] prąd: *There's a strong current in the river.* | *Turn off the current before you change the bulb.*

**current ac·count** /ˈ.. .ˌ./ *n* [C] *BrE* rachunek bieżący

**cur·ric·u·lum** /kəˈrɪkjᵿləm/ *n plural* **curricula** *or* **curriculums** [C] program nauczania

**cur·ry** /ˈkʌri/ *n* [C,U] curry (*potrawa*)

**curse¹** /kɜːs/ *v* **1** [I] za/kląć: *Ralph cursed loudly.* **2** [T] przeklinać, kląć na: **curse sb/sth for (doing) sth** *I cursed myself for not buying the car insurance sooner.*

**curse²** *n* [C] **1** przekleństwo **2** klątwa: *a witch's curse*

**cur·so·ry** /ˈkɜːsəri/ *adj* pobieżny: **cursory glance/examination etc** *After a cursory look at the menu, Grant ordered a burger.*

**cur·tain** /ˈkɜːtn/ *n* [C] zasłona, kurtyna: **draw the curtains** (=zasłaniać/odsłaniać zasłony)

**curt·sy** /ˈkɜːtsi/ *v* [I] dygać —**curtsy** *także* **curtsey** *n* [C] dyg

**curve¹** /kɜːv/ *n* [C] **1** krzywa: *a curve on a graph* **2** zakręt: *a sharp curve in the road*

**curve²** *v* [T] wykrzywiać, wyginać —**curved** *adj* zakrzywiony: *a curved line*

**cush·ion¹** /ˈkʊʃən/ *n* [C] poduszka: *He lay on the floor with a cushion under his head.* | **+ of** *The hovercraft rides on a cushion of air.*

> UWAGA **cushion**
>
> Patrz **pillow** i **cushion**.

**cushion²** *v* [T] **1** osłabiać: *When his wife died nothing could cushion the blow.* **2** ochraniać: *A good running shoe will help to cushion your feet.*

**cus·tard** /ˈkʌstəd/ *n* [U] *BrE* gęsty, słodki sos do deserów

**cus·to·di·an** /kʌˈstəʊdiən/ *n* [C] kustosz

**cus·to·dy** /ˈkʌstədi/ *n* [U] **1** opieka nad dzieckiem (*przyznana sądownie*): *My ex-wife has custody of the kids.* **2 in custody** w areszcie

**cus·tom** /ˈkʌstəm/ *n* [C,U] zwyczaj, obyczaj: *the custom of throwing rice at weddings* ➡ patrz też CUSTOMS

**cus·tom·a·ry** /ˈkʌstəməri/ *adj* przyjęty, zwyczajowy: *It is customary* (=jest w zwyczaju) *to cover your head in the temple.* —**customarily** *adv* zwyczajowo, zazwyczaj

**custom-built** /ˌ.. ˈ.◂/ *adj* wykonany na zamówienie

**cus·tom·er** /ˈkʌstəmə/ *n* [C] klient/ka: *IBM is one of our biggest customers.*

**cus·tom·ize** /ˈkʌstəmaɪz/ *także* **-ise** *BrE v* [T] dostosowywać do indywidualnych potrzeb klienta

**cus·toms** /ˈkʌstəmz/ *n* [plural] odprawa celna

**cut¹** /kʌt/ *v* **cut, cut, cutting 1** [I,T] prze/ciąć: *I cut the string around the package.* **2** [I,T] po/kroić: *Cut the cheese into cubes.* **3** [T] z/redukować: **cut costs** *The company has closed several factories to cut costs.* **4** [T] rozciąć, skaleczyć się w: *Sam fell and cut his head.* **5** [T] wycinać: *The sex scenes had been cut from the film.* **6 cut corners** *informal* iść/pójść na łatwiznę **7 cut class/school** *AmE* wagarować

**cut back** *phr v* [I,T **cut** sth ↔ **back**] z/redukować: *Oil production is being cut back.*

**cut down** *phr v* **1** [I,T **cut** sth ↔ **down**] ograniczać (się): *I'm trying to cut down on my drinking.* **2** [T **cut** sth ↔ **down**] ścinać: *All the beautiful old oaks had been cut down to build houses.*

**cut off** *phr v* [T **cut** sth ↔ **off**] odcinać: *Cut the top off the pineapple.* | *They'll cut off your electricity if you don't pay the bill.* | *A heavy snowfall cut us off from the town.*

**cut out** *phr v* **1** [T **cut** sth ↔ **out**] wycinać: *Cut a circle out of the piece of card.* **2 not be cut out for/not be cut out to be** nie być stworzonym do/na: *I wasn't really cut out to be a teacher.*

**cut** sth ↔ **up** *phr v* [T] pokroić: *Cut up two carrots.*

**cut²** *n* [C] **1** skaleczenie: *Luckily, I only got a few cuts and bruises.* **2** cięcie: **+ in** *a huge cut in the education budget* **3** rozcięcie: *a small cut in the side of the tyre* **4** strzyżenie

**cut·back** /ˈkʌtbæk/ *n* [C usually plural] redukcja, cięcie: **+ in** *cutbacks in funding*

**cute** /kjuːt/ *adj* śliczny: *What a cute baby!*

**cut·le·ry** /ˈkʌtləri/ *n* [U] sztućce

**cut·let** /ˈkʌtlɪ̇t/ *n* [C] kotlet: *lamb cutlets*

**cut-price** /ˌ. ˈ.◂/ *także* **cut-rate** *adj* przeceniony: *cut-price petrol*

**cut·throat** /ˈkʌtθrəʊt/ *adj* bezwzględny: *the cutthroat competition between computer companies*

**cut·ting¹** /ˈkʌtɪŋ/ *n* [C] **1** sadzonka **2** *BrE* wycinek (*prasowy*)

**cutting²** *adj* uszczypliwy: *a cutting remark*

**cutting-edge** /ˌ.. ˈ.◂/ *adj* najnowocześniejszy: *cutting-edge technology*

**CV** /ˌsiː ˈviː/ *n* [C] *BrE* życiorys

**cy·a·nide** /ˈsaɪənaɪd/ *n* [U] cyjanek

**cy·cle¹** /ˈsaɪkəl/ *n* [C] **1** cykl: *the life cycle of the frog* **2** rower **3** motor

**cycle²** *v* [I] *especially BrE* jeździć na rowerze: *John goes cycling every Sunday.* —**cyclist** *n* [C] rowerzyst-a/ka

**cy·clone** /ˈsaɪkləʊn/ *n* [C] cyklon

**cyl·in·der** /ˈsɪlə̇ndə/ *n* [C] **1** walec (*bryła*) **2** cylinder: *a six-cylinder engine*

**cym·bal** /ˈsɪmbəl/ *n* [C] talerz, czynel

**cyn·ic** /ˈsɪnɪk/ *n* [C] cyni-k/czka: *Working in politics has made Sheila a cynic.* —**cynicism** *n* [U] cynizm

**cyn·i·cal** /ˈsɪnɪkəl/ *adj* cyniczny: *Since her divorce she's become very cynical about men.* —**cynically** *adv* cynicznie

**cyst** /sɪst/ *n* [C] torbiel, cysta

**czar** /zɑː/ *n* [C] car

# Dd

**-'d** forma ściągnięta od WOULD lub HAD: *Ask her if she'd* (=would) *like to go with us.* | *If I'd* (=had) *only known!*

**dab** /dæb/ *v* [I,T] **-bbed, -bbing** lekko przecierać: *Emily dabbed at her eyes with a handkerchief.* | **dab sth on/over etc** (=wklepywać w): *I'll just dab some suntan lotion on your shoulders.*

**dad** /dæd/ **dad·dy** /ˈdædi/ *n* [C] *informal* tata, tatuś: *Run and tell your daddy I'm home.*

**daf·fo·dil** /ˈdæfədɪl/ *n* [C] żonkil

**daft** /dɑːft/ *adj BrE spoken informal* głupi: *What a daft thing to do!*

**dag·ger** /ˈdægə/ *n* [C] sztylet

**dai·ly** /ˈdeɪli/ *adj* **1** codzienny: *a daily newspaper* **2** dzienny: *a daily rate of pay* —**daily** *adv* codziennie, dziennie

**dain·ty** /ˈdeɪnti/ *adj* filigranowy: *a dainty little girl*

**dai·ry** /ˈdeəri/ *n* **1** [C] mleczarnia **2 dairy products** nabiał, produkty mleczne

**dai·sy** /ˈdeɪzi/ *n* [C] stokrotka

**dal·ma·tian** /dælˈmeɪʃən/ *n* [C] dalmatyńczyk

**dam** /dæm/ *n* [C] tama, zapora

**dam·age**[1] /ˈdæmɪdʒ/ *n* [U] **1** szkody, zniszczenia: *We went up on the roof to have a look at the damage.* | **+ to** *Was there any damage to your car?* | **do/cause damage** *Don't worry, the kids can't do any damage.* **2** szkoda, uszczerbek: **+ to** *the damage to Simon's reputation*

**damage**[2] *v* [T] **1** uszkadzać: *The storm damaged the tobacco crop.* **2** za/szkodzić: *The latest shooting has damaged the chances of a ceasefire.* —**damaging** *adj* szkodliwy

**dam·a·ges** /ˈdæmɪdʒɪz/ *n* [plural] *law* odszkodowanie: *The court ordered her to pay £500 in damages.*

**dame** /deɪm/ *n* [C] tytuł nadawany w Wielkiej Brytanii kobietom nobilitowanym: *Dame Judi Dench*

**damn**[1] /dæm/ *także* **damned** *adv spoken* cholernie: *We're damn lucky we got here before the storm.*

**damn**[2] *n spoken* **I don't give a damn** mam to gdzieś: *I don't give a damn what he thinks.*

**damn**[3] *interjection* cholera: *Damn! I forgot to bring my wallet!* —**damn** *adj* cholerny: *Turn off that damn TV.*

**damned** /dæmd/ *adj* **1** *spoken* cholerny: *That damned fool, Hodges!* **2 I'll be damned** *spoken* niech mnie licho: *Well, I'll be damned! It's Tom!*

**damp** /dæmp/ *adj* wilgotny: *The basement was cold and damp.* —**damp, dampness** *n* [U] wilgoć

> UWAGA **damp, humid i moist**
>
> Nie należy mylić wyrazów **damp**, **humid** i **moist** w znaczeniu 'wilgotny'. **Damp** oznacza nieprzyjemną wilgotność połączoną z chłodem, np. w piwnicy, w nieogrzewanym pomieszczeniu lub na zewnątrz np. podczas mgły: *Our hotel room was cold and the beds were damp.* | *In the rainy season everything gets damp I'm afraid.* | *damp walls/clothes.* **Humid** oznacza wilgotność i wysoką temperaturę powietrza, szczególnie w rejonach podzwrotnikowych: *The air in tropical forests is extremely humid.* | *We dry our laundry upstairs, making it the most humid part of our house.* **Moist** używa się w odniesieniu do wilgotności gleby lub wypieczonego ciasta: *Make sure the soil is moist before planting the seeds.* | *a moist chocolate cake*

**damp·en** /ˈdæmpən/ *v* [T] zwilżać

**dance**[1] /dɑːns/ *v* **1** [I] za/tańczyć: *Who's that dancing with Tom?* **2 dance the waltz/tango** tańczyć walca/tango —**dancing** *n* [U] taniec, tańce —**dancer** *n* [C] tance-rz/rka

**dance**[2] *n* **1** [C,U] taniec: *Let's have one more dance.* | *dance lessons* **2** [C] zabawa, tańce: *a school dance*

**dan·de·li·on** /ˈdændəlaɪən/ *n* [C] mlecz

**dan·druff** /ˈdændrəf/ *n* [U] łupież

**dan·ger** /ˈdeɪndʒə/ *n* **1** [C,U] niebezpieczeństwo: **+ of** *Is there any danger of infection?* | *the danger of nuclear attack* | **in danger** *I had a sudden feeling that Ben was in danger.* **2** [C] zagrożenie: *He's a danger to others.* | **+ of** *the dangers of smoking*

**dan·ger·ous** /ˈdeɪndʒərəs/ *adj* niebezpieczny: *a dangerous criminal* | *It's dangerous to walk alone at night around here.* —**dangerously** *adv* niebezpiecznie

D

**dan·gle** /ˈdæŋgəl/ *v* [I] zwisać, dyndać: **+ from** *The keys were dangling from his belt.*

**dare**[1] /deə/ *v* **1** [I] odważyć się: **dare (to) do sth** *Robbins wouldn't dare* (=nie miał odwagi) *argue with the boss.* **2 how dare you/he** *spoken* jak śmiesz/on śmie: *How dare you call me a liar!* **3 don't you dare** *spoken* nie waż się: *Don't you dare talk to me like that!* ➡ patrz ramka DARE

**dare**[2] *n* [C] wyzwanie

**dare·dev·il** /ˈdeədevəl/ *n* [C] śmiałek

**daren't** /deənt/ forma ściągnięta od "dare not": *I daren't tell him. He'd be furious!*

**dar·ing** /ˈdeərɪŋ/ *adj* **1** odważny: *a daring rescue attempt* **2** śmiały: *a daring evening dress*

**dark**[1] /dɑːk/ *adj* **1** ciemny: *Turn on the light; it's dark in here.* | *dark hair* | *dark green* (=ciemnozielony) ➡ antonim LIGHT[2] **2** ciemny, mroczny: *a dark side to his character* **3** ponury: *the dark days of the war*

| UWAGA **dark** |
| --- |
| Nie mówi się "it becomes dark" w znaczeniu 'robi się ciemno'. Mówi się **it gets dark**. |

**dark**[2] *n* **1 the dark** ciemność: *My son is afraid of the dark.* **2 after/before dark** przed zmrokiem/po zmroku: *I don't like walking home after dark.*

**dark·en** /ˈdɑːkən/ *v* [I] po/ciemnieć, ściemniać się: *The sky darkened and rain began to fall.*

**dark·ness** /ˈdɑːknəs/ *n* [U] ciemność, mrok: *the darkness of a winter morning* | **in darkness** *The whole room was in darkness.*

**dark·room** /ˈdɑːkruːm/ *n* [C] ciemnia

**dar·ling**[1] /ˈdɑːlɪŋ/ *n* [C] kochanie: *Come here, darling.*

**darling**[2] *adj* [only before noun] ukochany: *my darling daughter*

**darn**[1] /dɑːn/ *v* [T] za/cerować: *darning socks*

**darn**[2] *także* **darned** *adv AmE spoken* cholernie: *darned good*

**dart**[1] /dɑːt/ *n* [C] strzałka, rzutka

**dart**[2] *v* [I] rzucić się: *A little girl had darted out into the road.*

**darts** /dɑːts/ *n* [U] gra w rzutki/strzałki

**dash**[1] /dæʃ/ *v* [I] po/pędzić: **+ into/across/out etc** *She dashed into* (=wpadła do) *the room.*

**dash**[2] *n* **1** [singular] odrobina: *a dash of lemon* **2** [C] myślnik, kreska

**dash·board** /ˈdæʃbɔːd/ *n* [C] tablica rozdzielcza

**da·ta** /ˈdeɪtə/ *n* [U plural] dane: *He's collecting data for his report.*

**da·ta·base** /ˈdeɪtəˌbeɪs/ *n* [C] baza danych

**date**[1] /deɪt/ *n* [C] **1** data: *"What's today's date?" "It's August 11th."* | **date of birth** (=data urodzenia) | **set/fix a date** (=wyznaczyć datę): *Have you set a date for the wedding?* **2** randka: *Mike's got a date tonight.* **3** termin: **make a date** (=umówić się): *Let's make a date to see that new play.* | **at a later date** (=w późniejszym terminie) **4** daktyl ➡ patrz też OUT-OF-DATE, UP-TO-DATE

**date**[2] *v* **1** [T] datować: *a letter dated May 1st, 1923* **2** [T] określać wiek: *Geologists can date the rocks by examining fossils in the same layer.* **3** [I,T] *AmE* chodzić z: *How long have you been dating Monica?*

**date from** *także* **date back to** *phr v* [T] pochodzić z: *The cathedral dates from the 13th century.*

**dat·ed** /ˈdeɪtəd/ *adj* przestarzały, niemodny: *The big Cadillac now seemed a little dated.*

## Dare

***Dare*** występuje najczęściej w przeczeniach i pytaniach, zachowując się jak czasownik modalny lub jak zwykły czasownik. Nawet w tym ostatnim przypadku często opuszczamy **to** w przeczeniach oraz po ***will*** i ***would***:

*She* ***dare*** *not complain.* (modalny; brak **-s** w 3 osobie)
*He* ***dared*** *not speak.* (modalny; łączy się z bezokolicznikiem bez **to**)
***Did*** *anyone* ***dare*** *to interrupt him?* (zwykły czasownik)
*He* ***didn't dare*** *(to) speak.* (zwykły czasownik)
*We* ***wouldn't dare*** *(to) criticize her.* (zwykły czasownik)

patrz też: ***Infinitive, Modal Verbs, Past Simple, Present Simple, Verb***

**daugh·ter** /ˈdɔːtə/ *n* [C] córka

**daughter-in-law** /ˈ.. . ˌ./ *n* [C] *plural* **daughters-in-law** synowa

**dawn¹** /dɔːn/ *n* **1** [U] świt: *We talked until dawn.* **2** **the dawn of civilization/time** zaranie cywilizacji/dziejów

**dawn²** *v* [I] za/świtać: *The morning dawned fresh and clear.*

**dawn on** sb *phr v* [T] zaświtać: *It suddenly dawned on me* (=zaświtało mi) *that he was lying.*

**day** /deɪ/ *n* **1** [C] dzień, doba: *I'll be back in ten days.* **2** [C,U] dzień: *The days begin to get longer in the spring.* | *Jean works an eight-hour day* (=ma ośmiogodzinny dzień pracy). | **all day** (=przez cały dzień): *It's rained all day.* **3** **one day** pewnego dnia: *She just walked in here one day.* **4** **these days** w dzisiejszych czasach: *It isn't safe to walk the streets these days.* **5** **one day/some day** kiedyś: *We'll buy that dream house some day.* **6** **in my/her day** za moich/jej czasów: **in Shakespeare's day** (=w czasach Szekspira) **7** **to this day** po dziś dzień: *To this day we don't know what really happened.* **8** **the other day** *spoken* parę dni temu: *I saw Roy the other day.* **9** **make someone's day** *informal* uradować kogoś: *That card really made my day.* **10** **day after day/day in day out** dzień w dzień: *I'm sick of sitting at the same desk day after day.* **11** **day by day** z dnia na dzień: *She was getting stronger day by day.* ➡ patrz też DAILY

UWAGA **day**

Patrz **-minute/day/month** itp.

**day·break** /ˈdeɪbreɪk/ *n* [U] świt: *We set off at daybreak.*

**day·care** /ˈdeɪkeə/ *n* [U] *AmE* żłobek: *Earning just $100 a week, she can't afford daycare.*

**day·dream¹** /ˈdeɪdriːm/ *v* [I] marzyć, śnić na jawie: *Jessica sat at her desk, daydreaming about Tom.* —**daydreamer** *n* [C] marzyciel/ka

**daydream²** *n* [C] marzenie

**day·light** /ˈdeɪlaɪt/ *n* [U] światło dzienne: *The children could see daylight through a small window in the roof.* | **in broad daylight** (=w biały dzień): *The young girl was attacked on a main road in broad daylight.*

**day re·turn** /ˌ. .ˈ./ *n* [C] *BrE* bilet powrotny jednodniowy: *a day return to Oxford*

**day·time** /ˈdeɪtaɪm/ *n* [U] **in the daytime** w dzień, za dnia: *I can't sleep in the daytime.*

**dazed** /deɪzd/ *adj* oszołomiony: *The news left him feeling dazed.*

**daz·zle** /ˈdæzəl/ *v* [T] **1** oślepiać **2** olśniewać: *They were clearly dazzled by her talent and charm.*

**daz·zling** /ˈdæzəlɪŋ/ *adj* **1** oślepiający: *a dazzling light* **2** olśniewający: *a dazzling performance*

**dead¹** /ded/ *adj* **1** nieżywy, martwy: *Her mother's been dead for two years* (=nie żyje od dwóch lat). | *I think that plant's*

*dead.* | *Latin is a dead language.* **2** zepsuty, głuchy: *The phone has been dead for two hours.* | **go dead** *The phones went dead in the storm.* **3** wymarły: *The bar is usually dead until about 10 o'clock.* **4** ścierpnięty, zdrętwiały: **go dead** (=zdrętwieć): *I'd been sitting down for so long my leg went dead.* **5 over my dead body** *spoken* po moim trupie: *You'll marry him over my dead body!* **6** zupełny: *We all stood waiting in dead silence.* | *in the dead centre* (=w samym środku) *of the circle*

**dead²** *adv informal* całkiem: **dead tired** (=skonany): *I've been dead tired all day.* | **stop dead** *She stopped dead* (=stanęła jak wryta) *when she saw us.*

**dead³** *n* **the dead** zmarli, umarli

**dead·en** /ˈdedn/ *v* [T] przy/tłumić, z/łagodzić: *drugs to deaden the pain*

**dead end** /ˌ. ˈ.◂/ *n* [C] ślepa uliczka

**dead·line** /ˈdedlaɪn/ *n* [C] termin: *Friday's deadline is going to be very difficult to meet.*

**dead·lock** /ˈdedlɒk/ *n* [U singular] impas: **break the deadlock** *The UN is trying to break the deadlock* (=przełamać impas) *between the two countries.*

**dead·ly¹** /ˈdedli/ *adj* śmiertelny, śmiercionośny: *a deadly disease* | *deadly weapons*

**deadly²** *adv* **deadly serious/boring/dull** śmiertelnie poważny/nudny: *I'm deadly serious. This isn't a game!*

**deaf** /def/ *adj* głuchy: *I'm deaf in my right ear.* | **deaf to sth** *The guards were deaf to the prisoners' complaints* (=głusi na skargi więźniów). —**deafness** *n* [U] głuchota

**deaf·en** /ˈdefən/ *v* [T] ogłuszać: *We were deafened by the noise of the engines.* —**deafening** *adj* ogłuszający: *deafening music*

**deal¹** /diːl/ *n* **1** [C] umowa, porozumienie: *They've just signed a new deal with their record company.* | **strike/do/make a deal** (=zawrzeć umowę): *Carter agreed to do a deal with the police.* **2 a great/good deal** bardzo dużo: **+ of** *She does a great deal of work for charity.* | **a great deal more/longer** (=dużo więcej/dłużej): *He knows a good deal more than I do about computers.* ➡ patrz też **big deal** (BIG)

> **UWAGA deal of i number of**
>
> Wyrażenie **a great/good deal of** występuje wyłącznie z rzeczownikami niepoliczalnymi: *a great deal of money/time/pleasure* | *There's been a good deal of change.* Z rzeczownikami policzalnymi w liczbie mnogiej występują wyrażenia: **a large number of** lub **a great/good many**: *a large number of tourists* | *This operation has already saved the lives of a great many people.*

**deal²** *v* [I,T] **dealt** /delt/, **dealt, dealing** **1** *także* **deal out** rozdawać (*karty*): *Whose turn is it to deal?* **2** handlować narkotykami: *He had started to deal to pay for his own drug habit.* **3 deal a blow (to sb)** zadać (komuś) cios: *The party has been dealt another blow by the latest scandals.*

**deal in** sth *phr v* [T] handlować: *a business dealing in wedding requirements*

**deal with** sb/sth *phr v* [T] **1** zajmować się: *Who's dealing with the new account?* **2** po/radzić sobie z: *It's OK, I'm dealing with it so far.* **3** robić interesy z: *We've been dealing with their company for ten years.* **4** dotyczyć: *a book dealing with the history of Ireland*

**deal·er** /ˈdiːlə/ *n* [C] handlarz, dealer: *a car dealer*

**deal·ings** /ˈdiːlɪŋz/ *n* [plural] stosunki, interesy: **+ with** *Have you had any dealings with Microsoft?*

**dean** /diːn/ *n* [C] dziekan: *Dean of Arts*

**dear¹** /dɪə/ *interjection* **oh dear** ojej: *Oh dear! I forgot to phone Ben.*

**dear²** *n* [C] *spoken* kochanie: *How was your day, dear?*

**dear³** *adj* drogi: *Dear Dr. Ward, ...* | *I'd love to buy it but it's too dear.*

**dear·ly** /ˈdɪəli/ *adj* bardzo: *Jamie loved his sister dearly.* | *I'd dearly love to go to Hawaii.*

**death** /deθ/ *n* **1** [C,U] śmierć, zgon: *Marioni lived in Miami until his death.* | *The number of deaths from AIDS is*

*increasing.* | **starve/bleed etc to death** *He choked to death* (=zadławił się na śmierć) *on a fish bone.* **2 scared/bored to death** *informal* śmiertelnie przestraszony/znudzony

**death·bed** /ˈdeθbed/ *n* **on his/her etc deathbed** na łożu śmierci

**death pen·al·ty** /ˈ. ˌ.../ *n* [C] kara śmierci ➞ porównaj CAPITAL PUNISHMENT

**death row** /ˌdeθ ˈrəʊ/ *n* [U] cela śmierci: *He's been on death row for three years.*

**de·ba·ta·ble** /dɪˈbeɪtəbəl/ *adj* dyskusyjny, sporny: *It is debatable whether nuclear weapons actually prevent war.*

**de·bate**[1] /dɪˈbeɪt/ *n* **1** [C] debata: *a debate on crime and punishment* **2** [U] dyskusja: *After much debate, the committee decided to close the hospital.*

**debate**[2] *v* **1** [I,T] dyskutować (nad), debatować (nad): *The plan has been thoroughly debated in Parliament.* **2** [T] **debate whether** zastanawiać się, czy: *While I was debating whether or not to call him, the phone rang.*

**deb·it**[1] /ˈdebɪ̣t/ *n* [C] wypłata (*z konta*) ➞ antonim CREDIT[1]

**debit**[2] *v* [T] wypłacać: *The sum of £50 has been debited from your account.* ➞ antonim CREDIT[2]

**deb·ris** /ˈdebriː/ *n* [U] szczątki: *debris from the explosion*

**debt** /det/ *n* **1** [C] dług: *He finally has enough money to pay off his debts.* **2** [U] zadłużenie, długi: **in debt** *The company was heavily in debt.* **3** [singular] dług wdzięczności: **be in sb's debt** (=być komuś wdzięcznym): *I'll be forever in your debt for the way you've supported me.*

**debt·or** /ˈdetə/ *n* [C] dłużni-k/czka

**de·but** /ˈdeɪbjuː/ *n* [C] debiut: *the band's debut album*

**dec·ade** /ˈdekeɪd/ *n* [C] dziesięciolecie, dekada

**dec·a·dent** /ˈdekədənt/ *adj* dekadencki —**decadence** *n* [U] dekadencja

**de·caf·fein·a·ted** /diːˈkæfɪ̣neɪtɪ̣d/ *adj* bezkofeinowy

**de·cay**[1] /dɪˈkeɪ/ *n* [U] **1** rozkład, gnicie: *The house had stood empty for years and smelled of decay.* **2** próchnica: *Brushing your teeth regularly protects against decay.* **3** ruina: *The building has fallen into decay.*

**decay**[2] *v* [I] **1** rozkładać się, gnić: *the decaying remains of a dead sheep* **2** podupadać: *a feudal system which had decayed but not died* —**decayed** *adj* zgniły, zepsuty

**de·ceased** /dɪˈsiːst/ *n formal* **the deceased** zmarł-y/a, nieboszcz-yk/ka

**de·ceit** /dɪˈsiːt/ *n* [U] oszustwo: *The government had a history of deceit.* —**deceitful** *adj* kłamliwy, oszukańczy

**de·ceive** /dɪˈsiːv/ *v* [T] oszukiwać, okłamywać: *Holmes tried to deceive the police.*

**De·cem·ber** /dɪˈsembə/ skrót pisany **Dec.** *n* [C,U] grudzień

**de·cen·cy** /ˈdiːsənsi/ *n* [U] **1** przyzwoitość: *old-fashioned notions of courtesy and decency* **2 have the decency to do sth** mieć na tyle przyzwoitości, żeby coś zrobić: *You could at least have had the decency to tell me that you would be late.*

**de·cent** /ˈdiːsənt/ *adj* **1** przyzwoity: *a decent salary* | *Don't you have a decent pair of shoes?* **2** uczciwy, poczciwy: *Her parents are decent hard-working people.* —**decently** *adv* przyzwoicie

**de·cen·tral·ize** /ˌdiːˈsentrəlaɪz/ (*także* **-ise** *BrE*) *v* [T] z/decentralizować —**decentralization** /ˌdiːsentrəlaɪˈzeɪʃən/ *n* [U] decentralizacja

**de·cep·tion** /dɪˈsepʃən/ *n* [C,U] podstęp, oszustwo: *They obtained the money by deception.*

**de·cep·tive** /dɪˈseptɪv/ *adj* złudny, zwodniczy: *She seems very calm, but appearances can be deceptive.* —**deceptively** *adj* pozornie: *deceptively simple*

**dec·i·bel** /ˈdesɪ̣bel/ *n* [C] decybel

**de·cide** /dɪˈsaɪd/ *v* **1** [I,T] z/decydować (się), postanowić: **decide to do sth** *They decided to sell the house.* | **+ that** *She decided that the dress was too expensive.* | **+ what/how/when etc** *Have you decided*

D

*when you're going to get married?* | **decide against sth** (=zrezygnować z czegoś): *Marlowe thought about using his gun, but decided against it.* **2** [T] za/decydować o wyniku: *One punch decided the fight.*

**decide on** sth *phr v* [T] z/decydować się na: *Have you decided on a name for the baby?*

**de·cid·ed·ly** /dɪ'saɪdɪdli/ *adv* zdecydowanie, stanowczo: *Her boss was decidedly unsympathetic.*

**dec·i·mal**[1] /'desɪməl/ *adj* dziesiętny: *the decimal system*

**decimal**[2] *n* [C] ułamek dziesiętny

**decimal point** /,... './ *n* [C] przecinek (*w ułamku*)

**dec·i·mate** /'desɪmeɪt/ *v* [T] *formal* z/dziesiątkować: *The population has been decimated by war.*

**de·ci·pher** /dɪ'saɪfə/ *v* [T] rozszyfrować, odcyfrować

**de·ci·sion** /dɪ'sɪʒən/ *n* [C] decyzja: **make/take/reach/come to a decision** (=podjąć decyzję): *I hope I've made the right decision.* | *The jury took three days to reach a decision.* | **decision to do sth** *Brett's sudden decision to join the army surprised everyone.*

**de·ci·sive** /dɪ'saɪsɪv/ *adj* **1** decydujący: *a decisive moment in his career* **2** zdecydowany, stanowczy: *a strong, decisive leader* **3** zdecydowany: *The US team won a decisive victory.* —**decisively** *adv* zdecydowanie, stanowczo —**decisiveness** *n* [U] zdecydowanie, stanowczość

**deck** /dek/ *n* [C] **1** pokład: *Let's go up on deck.* | *the lower deck* (=dolny pokład) **2** *AmE* talia (*kart*)

**deck·chair** /'dektʃeə/ *n* [C] leżak

**dec·la·ra·tion** /,deklə'reɪʃən/ *n* [C,U] deklaracja: *a declaration of war* (=wypowiedzenie wojny)

**de·clare** /dɪ'kleə/ *v* [T] **1** ogłaszać: *Jones was declared the winner.* | *The US declared war* (=wypowiedziały wojnę) *on Britain in 1812.* **2** oznajmiać: **+ that** *Jack declared that he knew nothing about the robbery.* **3** za/deklarować: *Have you anything to declare* (=do oclenia)?

**de·cline**[1] /dɪ'klaɪn/ *v* **1** [I] podupadać: *As his health has declined, so has his influence.* **2** [I] *formal* odmówić: *She declined to make a statement.* **3** [I,T] *formal* nie przyjąć: *We asked them to come, but they declined our invitation.*

**decline**[2] *n* [C,U] spadek: *a decline in profits* | **be on the decline** (=wykazywać tendencję spadkową)

**de·code** /,diː'kəʊd/ *v* [T] rozszyfrowywać

**de·com·pose** /,diːkəm'pəʊz/ *v* [I] rozkładać się: *The body had already started to decompose.*

**de·cor** /'deɪkɔː/ *n* [C,U] wystrój wnętrza: *The hotel has 1930s decor.*

**dec·o·rate** /'dekəreɪt/ *v* [T] **1** u/dekorować, ozdabiać: **decorate sth with sth** *The cake was decorated with icing.* **2** malować, odnawiać: *I spent the weekend decorating the bathroom.* **3** u/dekorować, odznaczać: *He was decorated for bravery in the war.*

**dec·o·ra·tion** /,dekə'reɪʃən/ *n* **1** [C] ozdoba: *Christmas decorations* **2** [U] dekoracja: *The berries are mainly used for decoration.* **3** [C] order, odznaczenie

**dec·o·ra·tive** /'dekərətɪv/ *adj* dekoracyjny: *a decorative pot* —**decoratively** *adv* dekoracyjnie

**dec·o·ra·tor** /'dekəreɪtə/ *n* [C] *BrE* malarz (*pokojowy*)

**de·coy** /'diːkɔɪ/ *n* [C] wabik: *They used the girl as a decoy.*

**de·crease** /dɪ'kriːs/ *v* [I,T] zmniejszać (się): *The number of people who smoke has continued to decrease.* ➡ antonim INCREASE[1] —**decrease** /'diːkriːs/ *n* [C,U] spadek: *a decrease in sales*

**de·cree** /dɪ'kriː/ *n* [C] rozporządzenie, dekret —**decree** *v* [T] zadekretować

**ded·i·cate** /'dedɪkeɪt/ *v* [T] **1** za/dedykować: *The book is dedicated to his mother.* **2 dedicate yourself/your life to sth** poświęcać się/swoje życie czemuś: *She dedicated her life to helping the poor.*

**ded·i·cat·ed** /ˈdedəkeɪtəd/ *adj* oddany: *The teachers are all very dedicated.*

**ded·i·ca·tion** /ˌdedəˈkeɪʃən/ *n* **1** [U] poświęcenie: *Getting to the top of any sport requires tremendous dedication.* **2** [C] dedykacja

**de·duce** /dɪˈdjuːs/ *v* [T] *formal* wy/wnioskować, wydedukować: *... and from this I deduce that he was killed by his ex-wife.*

**de·duct** /dɪˈdʌkt/ *v* [T] potrącać, odciągać: *Taxes are deducted from your pay.*

**de·duc·tion** /dɪˈdʌkʃən/ *n* **1** [C] potrącenie: *My salary is about $2000 a month, after deductions.* **2** [C,U] wnioskowanie, dedukcja: *his formidable powers of deduction*

**deed** /diːd/ *n* [C] **1** *literary* czyn, uczynek: *good deeds* **2** *law* akt notarialny

**deep**[1] /diːp/ *adj* **1** głęboki: *The water's not very deep.* | *Terry had a deep cut in his forehead.* | *a deep love of classical music* | *deep sleep* **2 be 10 metres deep** mieć 10 metrów głębokości: *The pool was 5 metres deep.* **3 take a deep breath** wziąć głęboki oddech: *I took a deep breath and walked into the director's office.* **4 deep in thought/conversation** pogrążony w rozmyślaniach/rozmowie → patrz też DEPTH

**deep**[2] *adv* **1** głęboko: *Leopards live deep in the jungle.* **2 deep down** w głębi duszy: *Deep down, I knew she was right.*

**deep·en** /ˈdiːpən/ *v* [I,T] pogłębiać (się): *The crisis deepened.*

**deep·ly** /ˈdiːpli/ *adv* głęboko: *She was deeply upset.*

**deep-seat·ed** /ˌ. ˈ..◂/ *także* **deep-rooted** *adj* głęboko zakorzeniony

**deer** /dɪə/ *n* [C] jeleń

**de·face** /dɪˈfeɪs/ *v* [T] oszpecać: *The gravestone had been defaced by vandals.*

**de·fault**[1] /dɪˈfɔːlt/ *n* **win by default** wygrać walkowerem: *The other team never arrived, so we won by default.*

**default**[2] *adj* [only before noun] domyślny, standardowy: *The default page size is A4.*

**de·feat**[1] /dɪˈfiːt/ *v* [T] **1** pokonać: *Michigan defeated USC in Saturday's game.* **2** udaremnić, zniweczyć: *The plan was defeated by a lack of money.*

**defeat**[2] *n* **1** [C,U] porażka: *Becker suffered a surprising defeat.* | *She'll never admit defeat.* **2** [singular] klęska: *the defeat of fascism*

**de·fect**[1] /dɪˈfekt/ *n* [C] defekt, wada, usterka: *There is a defect in the braking system.* —**defective** *adj* wadliwy, wybrakowany: *defective machinery*

**defect**[2] *v* [I] przechodzić na stronę wroga —**defector** *n* [C] zdraj-ca/czyni

**de·fence** /dɪˈfens/ *BrE*, **defense** *AmE* *n* **1** [U] obronność: *Each year the US spends billions of dollars on defense.* **2** [C,U] obrona: *the defence of Stalingrad in World War Two* | **come to sb's defence** (=przychodzić komuś z pomocą): *The famous writer Emile Zola came to Dreyfus's defence.* **3** [singular] obrona (*w sądzie, grze*): *Is the defence ready to call their first witness?* | *Barnaby cut through the heart of Arsenal's defence.*

**de·fence·less** /dɪˈfensləs/ *BrE*, **defenseless** *AmE* *adj* bezbronny: *a defenceless old woman*

**de·fend** /dɪˈfend/ *v* **1** [T] o/bronić: **defend sth against/from** *Missiles were brought in to defend the town from possible attack.* | **defend yourself** *He said he used the knife to defend himself* (=w obronie własnej). **2** [T] stawać/występować w obronie: *How can you defend the use of animals for testing cosmetics?* **3** [T] bronić tytułu: *Germany are defending World Cup champions.* **4** [T] bronić (*w sądzie*) —**defender** *n* [C] obroń-ca/czyni

**de·fen·dant** /dɪˈfendənt/ *n* [C] *law* podsądn-y/a, pozwan-y/a

**de·fense** /dɪˈfens/ amerykańska pisownia wyrazu DEFENCE

**de·fen·sive**[1] /dɪˈfensɪv/ *adj* **1** obronny: *defensive weapons* **2** defensywny: *She got really defensive when I asked her why she hadn't finished.*

D

**defensive²** *n* **on the defensive** w defensywie: *The President's speech has put the Republicans on the defensive* (=zepchnęła Republikanów do defensywy).

**de·fer** /dɪˈfɜː/ *v* [T] **-rred, -rring** odraczać: *His military service was deferred until he finished college.*

**de·fi·ance** /dɪˈfaɪəns/ *n* [U] bunt, nieposłuszeństwo

**de·fi·ant** /dɪˈfaɪənt/ *adj* buntowniczy, wyzywający —**defiantly** *adv* buntowniczo, wyzywająco

D

**de·fi·cien·cy** /dɪˈfɪʃənsi/ *n* [C,U] **1** brak, niedobór: *a vitamin deficiency* **2** niedoskonałość, niedostatek: *the deficiencies of the public transportation system*

**de·fi·cient** /dɪˈfɪʃənt/ *adj* **1** niedoskonały **2 deficient in sth** ubogi w coś: *a diet that is deficient in iron*

**def·i·cit** /ˈdefɪsɪt/ *n* [C] deficyt

**de·fine** /dɪˈfaɪn/ *v* [T] **1** określać, z/definiować: *It's hard to define what makes a good manager.* **2** wyznaczać: *a clearly defined budget*

**def·i·nite** /ˈdefɪnɪt/ *adj* **1** ostateczny: *We don't have a definite arrangement yet.* **2** wyraźny: *She shows definite signs of improvement.*

**definite ar·ti·cle** /ˌ... ˈ.../ *n* [singular] rodzajnik/przedimek określony → patrz ramka THE, porównaj THE INDEFINITE ARTICLE

**def·i·nite·ly** /ˈdefɪnɪtli/ *adv* zdecydowanie: *That was definitely the best movie I've seen all year.*

**def·i·ni·tion** /ˌdefɪˈnɪʃən/ *n* [C] definicja

**de·fin·i·tive** /dɪˈfɪnɪtɪv/ *adj* ostateczny: *There is no definitive answer to the problem.* —**definitively** *adv* ostatecznie

**de·flate** /ˌdiːˈfleɪt/ *v* **1** [T] przygasić: *I felt utterly deflated by her laughter.* **2** [T] wypuszczać powietrze z: *After the party they deflated the balloons.*

**de·flect** /dɪˈflekt/ *v* [I,T] odbijać (się): *The bullet deflected off the wall.*

**de·formed** /dɪˈfɔːmd/ *adj* zniekształcony, zdeformowany: *Her left leg was deformed.* —**deform** *v* [I,T] zniekształcać (się), z/deformować (się)

**de·for·mi·ty** /dɪˈfɔːmɪti/ *n* [C,U] deformacja, kalectwo

**de·fraud** /dɪˈfrɔːd/ *v* [T] z/defraudować: *He attempted to defraud the bank of* (=okraść bank na) *thousands of dollars.*

**de·frost** /ˌdiːˈfrɒst/ *v* [I,T] rozmrażać (się)

**deft** /deft/ *adj* zręczny: *a deft catch*

**de·fy** /dɪˈfaɪ/ *v* **1** [T] przeciwstawiać się, postępować wbrew: *He defied his father's wishes and joined the army.* **2 defy description** być nie do opisania: *The place just defies description.*

**de·gen·e·rate** /dɪˈdʒenərɪt/ *adj* zdegenerowany, zwyrodniały —**degenerate** *n* [C] degenerat/ka

**de·grade** /dɪˈgreɪd/ *v* [T] upadlać, poniżać: *Pornography degrades women.* —**degradation** /ˌdegrəˈdeɪʃən/ *n* [U] upodlenie, degradacja

**de·gree** /dɪˈgriː/ *n* [C] **1** stopień: *an angle of 90 degrees (90°) | It's 84 degrees in the shade. | a temperature of 21 degrees Celsius | students with different degrees of ability | The operation involves a high degree of risk.* **2** stopień naukowy: *a law degree | a degree in history* **3 to a degree/to a certain degree/to some degree** do pewnego stopnia: *To a degree he's right.*

**de·hy·drat·ed** /ˌdiːhaɪˈdreɪtɪd/ *adj* odwodniony —**dehydration** *n* [U] odwodnienie —**dehydrate** *v* [I,T] odwadniać (się)

**de·i·ty** /ˈdiːɪti/ *n* [C] bóstwo

**de·jec·ted** /dɪˈdʒektɪd/ *adj* przygnębiony: *a dejected look* —**dejection** *n* [U] przygnębienie

**de·lay¹** /dɪˈleɪ/ *v* **1** [I,T] odwlekać, odkładać: *We've decided to delay the trip until next month.* **2** [T] opóźniać: *Our flight was delayed by bad weather.*

**delay²** *n* [C,U] opóźnienie, zwłoka: *An accident is causing long delays on Route 95.*

**del·e·gate¹** /ˈdelɪgɪt/ *n* [C] delegat/ka

**del·e·gate²** /'delɪgeɪt/ *v* [I,T] zlecać, od/delegować: *You must learn to delegate more.*

**del·e·ga·tion** /ˌdelɪ'geɪʃən/ *n* **1** [C] delegacja: *A UN delegation was sent to the peace talks.* **2** [U] zlecenie, delegowanie: *the delegation of authority*

**de·lete** /dɪ'liːt/ *v* [T] **1** skreślać, usuwać: *Delete his name from the list.* **2** s/kasować, wymazywać: *You should back up this file before deleting it.* —**deletion** *n* [C,U] skreślenie, usunięcie

**de·lib·e·rate¹** /dɪ'lɪbərɪt/ *adj* **1** celowy, zamierzony: *a deliberate attempt to deceive the public* **2** niespieszny, rozważny: *His steps were slow and deliberate.*

**de·lib·e·rate²** /dɪ'lɪbəreɪt/ *v* [I] deliberować: *We can't afford to deliberate any longer.*

**de·lib·er·ate·ly** /dɪ'lɪbərɪtli/ *adv* celowo, umyślnie: *The police think the fire was started deliberately.* → antonim ACCIDENTALLY

**de·lib·e·ra·tion** /dɪˌlɪbə'reɪʃən/ *n* [C,U] zastanowienie

**del·i·ca·cy** /'delɪkəsi/ *n* **1** [U] delikatność: *the delicacy of the petals | a situation that needs to be handled with great delicacy* **2** [C] delikates, przysmak: *In France, snails are considered a delicacy.*

**del·i·cate** /'delɪkɪt/ *adj* **1** delikatny: *a delicate piece of lace | The negotiations are at a very delicate stage. | long delicate fingers* **2** wątły: *a delicate child* **3** subtelny: *a delicate shade of pink* —**delicately** *adv* delikatnie

**del·i·ca·tes·sen** /ˌdelɪkə'tesən/ *n* [C] delikatesy

**de·li·cious** /dɪ'lɪʃəs/ *adj* pyszny, wyśmienity

**de·light¹** /dɪ'laɪt/ *n* **1** [U] radość: *Crystal laughed with delight.* **2** [C] rozkosz, uciecha: *the delights of owning your own home*

**delight²** *v* [T] zachwycać: *She delighted her fans with her performance.*

**delight in** sth *phr v* [T] uwielbiać, lubować się w: *She delights in shocking people.*

**de·light·ed** /dɪ'laɪtɪd/ *adj* zachwycony: **be delighted to do sth** (=robić coś z przyjemnością): *Thank you for your invitation. I'd be delighted to come.* | **+ with/by** *Helen was clearly delighted with her presents.*

**de·light·ful** /dɪ'laɪtfəl/ *adj* uroczy: *a delightful book for children*

**de·lin·quen·cy** /dɪ'lɪŋkwənsi/ *n* [U] *formal* przestępczość (*zwłaszcza nieletnich*) → patrz też JUVENILE DELINQUENT

**de·lir·i·ous** /dɪ'lɪəriəs/ *adj* **be delirious** majaczyć

**de·liv·er** /dɪ'lɪvə/ *v* **1** [I,T] doręczać, dostarczać: *I used to deliver newspapers when I was a kid. | I'm having some flowers delivered for her birthday.* **2** [T] wygłaszać: *The priest delivered a sermon about forgiveness.* **3** [I,T] wywiązywać się (z): **+ on** *Voters are angry that politicians haven't delivered on their promises.* | **deliver the goods** (=wypełnić zobowiązanie) **4 deliver a baby** przyjmować poród

**de·liv·er·y** /dɪ'lɪvəri/ *n* [C,U] **1** dostawa: *Pizza Mondo offers free delivery for any pizza over $10.* **2** poród

**del·ta** /'deltə/ *n* [C] delta: *the Mississippi Delta*

**de·lude** /dɪ'luːd/ *v* [T] łudzić, oszukiwać: *He's deluding himself if he thinks he'll get the job.*

**del·uge** /'deljuːdʒ/ *n* [C] **1** potop, powódź **2** lawina: *a deluge of questions/letters* —**deluge** *v* [T] *We were deluged with mail* (=zostaliśmy zasypani lawiną listów).

**de·lu·sion** /dɪ'luːʒən/ *n* [C,U] złudzenie: *Kevin's still under the delusion that his wife loves him.*

**delve** /delv/ *v* [I] **delve into/inside** sięgnąć do: *She delved inside her handbag.*

**delve into** sth *phr v* [T] zagłębiać się w, wnikać w: *Reporters are always delving into TV stars' private lives.*

**de·mand¹** /dɪ'mɑːnd/ *n* **1** [U singular] popyt: **a big/huge demand for sth** *There's been a big demand for Oasis's new record.* **2** [C] żądanie: *Union members will*

D

## Przedimek określony: **The definite article *THE***

### Wymowa

Przedimek określony wymawiamy jako:

**1** [ðə] przed wyrazami rozpoczynającymi się w wymowie od spółgłoski:
***the** dog* ***the** fastest car* ***the** university* ***the** Europeans*

**2** [ði] przed wyrazami rozpoczynającymi się w wymowie od samogłoski:
***the** orange* ***the** old lady* ***the** hours* ***the** Americans*

**3** [ðiː] w pozycji akcentowanej:
***the** [ðiː] Michael Jackson* („**ten** Michael Jackson")

### Użycie

Przedimka określonego używamy zwykle przed rzeczownikami określonymi, tj. odnoszącymi się do konkretnych rzeczy, osób czy zjawisk. Rzeczownik jest określony wtedy, gdy

**1** występuje w tekście lub rozmowie po raz kolejny (przy pierwszym wystąpieniu rzeczownik policzalny w liczbie pojedynczej poprzedzamy przedimkiem nieokreślonym ***a*** (***an***), a rzeczownik w liczbie mnogiej możemy poprzedzić określnikiem **some**):
*I'm looking for **a** job. **The** job must be well-paid.*
*'What did you buy?' – 'We bought (**some**) apples and (**some**) cherries. **The** cherries are very sweet.'*

**2** z kontekstu wynika, do jakiej konkretnie osoby, rzeczy czy zjawiska się odnosi:
*Close **the** door, turn on **the** light and put your suitcase on **the** floor.*

**3** istnieje tylko jedna rzecz, osoba czy zjawisko, do której może się odnosić:
***The** earth goes round **the** sun.*
*What is **the** capital of Switzerland?*
***The** Pope will see **the** Polish Prime Minister on Tuesday.*
*She is **the** only poet I like.*

**4** definiuje go następująca po nim fraza lub zdanie względne:
***the** girl in the red coat* ***the** England of the sixteenth century*
***the** concert I told you about*

Przedimek określony występuje także:

**1** przed rzeczownikiem w liczbie pojedynczej odnoszącym się do całej klasy rzeczy, osób, zwierząt itp.:
***The** computer is a great invention.* ***The** giraffe is the tallest of all animals.*

**2** przed przymiotnikami w stopniu najwyższym:

***the** brightest* ***the** worst* ***the** most difficult*

**3** przed liczebnikami porządkowymi:

***the** third* ***the** sixteenth* ***the** hundred and first*

**4** przed niektórymi przymiotnikami oznaczającymi ludzkie cechy i nazwy narodowości:

***the** sick* „chorzy" ***the** Dutch* „Holendrzy"
***the** unemployed* „bezrobotni" ***the** Chinese* „Chińczycy"

**5** przed nazwiskami w liczbie mnogiej:

***the** Clintons* „(państwo) Clintonowie, rodzina Clintonów"

**6** w tytułach:

*Henry VIII* (w mowie: *Henry **the** Eighth*) *Katherine **the** Great*

**7** przed nazwami instrumentów muzycznych i tańców:

*I can play **the** piano (**the** guitar/**the** violin itp.).* *Can you do **the** tango?*

**8** przed nazwami mórz, oceanów, rzek, łańcuchów górskich, pustyń, archipelagów itp.:

***the** Baltic* (Sea) ***the** Thames* ***the** Sahara*
***the** Pacific* (Ocean) ***the** Alps* ***the** Hebrides*

**9** przed nazwami państw mającymi formę liczby mnogiej lub zawierającymi słowo *republic, union, kingdom* itp.:

***the** United States* ***the** Netherlands*
***the** Republic of Ireland* ***the** United Kingdom*

**10** przed nazwami muzeów, galerii, teatrów, kin, restauracji, pubów, orkiestr, zespołów muzycznych, hoteli, gazet itp.:

***the** British Museum* ***the** Odeon* ***the** Bombay Restaurant*
***the** Tate* (Gallery) ***the** Old Vic* ***the** Red Lion*
***the** Royal Philharmonic Orchestra* ***the** Hilton*
***the** Beatles* ***the** Times*

Tłumaczenie

Przedimek określony tłumaczy się na język polski wyłącznie wtedy, gdy występuje w pozycji akcentowanej, np.:

*This can't be **the** Michael Jackson!* („To nie może być **ten (prawdziwy)** Michael Jackson!")

patrz też: ***A (AN), Adjective, Noun***

*be on strike until the company agrees to their demands.* **3 be in demand** cieszyć się powodzeniem: *She's been in great demand ever since her book was published.* ➞ patrz też DEMANDS

**demand²** *v* [T] **1** żądać, domagać się: *The President demanded the release of all the hostages.* **2** za/pytać: *"What are you doing here?" she demanded.* **3** wymagać: *Learning a language demands a great deal of time and effort.*

**de·mand·ing** /dɪˈmɑːndɪŋ/ *adj* wymagający: *a very demanding job*

D

**de·mands** /dɪˈmɑːndz/ *n* [plural] obciążenia: *Homework makes heavy demands on* (=jest dużym obciążeniem dla) *children nowadays.*

**de·mean·ing** /dɪˈmiːnɪŋ/ *adj* poniżający: *a demeaning job*

**de·mea·nour** /dɪˈmiːnə/ *BrE*, **demeanor** *AmE n* [U] *formal* zachowanie, postawa

**de·men·ted** /dɪˈmentɪd/ *adj* obłąkany

**de·moc·ra·cy** /dɪˈmɒkrəsi/ *n* [C,U] demokracja: *the struggle for democracy* | *Britain is the world's oldest democracy.*

**dem·o·crat** /ˈdeməkræt/ *n* [C] demokrat-a/ka

**dem·o·crat·ic** /ˌdeməˈkrætɪk◂/ *adj* demokratyczny: *democratic elections* —**democratically** *adv* demokratycznie

**de·mol·ish** /dɪˈmɒlɪʃ/ *v* [T] **1** z/burzyć: *They're finally going to demolish that old building.* **2** obalać: *He demolished my argument in minutes.* —**demolition** /ˌdeməˈlɪʃən/ *n* [C,U] zburzenie, rozbiórka

**de·mon** /ˈdiːmən/ *n* [C] demon —**demonic** /dɪˈmɒnɪk/ *adj* demoniczny

**dem·on·strate** /ˈdemənstreɪt/ *v* [T] **1** za/demonstrować, dowodzić: *The survey demonstrates that fewer college graduates are finding jobs.* **2** wykazywać: *She hasn't demonstrated much interest in her schoolwork.*

**dem·on·stra·tion** /ˌdemənˈstreɪʃən/ *n* **1** [C] demonstracja, manifestacja **2** [C,U] pokaz, prezentacja: *cookery demonstrations*

**de·mon·stra·tive** /dɪˈmɒnstrətɪv/ *adj* wylewny

**dem·on·stra·tor** /ˈdemənstreɪtə/ *n* [C] manifestant/ka

**de·mor·a·lized** /dɪˈmɒrəlaɪzd/ (*także* **-ised** *BrE*) *adj* zniechęcony: *I came out of the interview feeling totally demoralized.*

**de·mor·a·liz·ing** /dɪˈmɒrəlaɪzɪŋ/ (*także* **-ising** *BrE*) *adj* demobilizujący, zniechęcający: *a demoralising 7-0 defeat*

**de·mote** /dɪˈməʊt/ *v* [T] z/degradować ➞ antonim PROMOTE —**demotion** *n* [C,U] degradacja

**den** /den/ *n* [C] **1** melina: *opium dens* **2** nora, legowisko

**de·ni·al** /dɪˈnaɪəl/ *n* **1** [C,U] zaprzeczenie: *Despite his denials, the jury found him guilty.* **2** [U] pozbawienie: *the denial of basic human rights* ➞ patrz też DENY

**den·im** /ˈdenɪm/ *n* [U] dżins

**de·nom·i·na·tion** /dɪˌnɒmɪˈneɪʃən/ *n* [C,U] **1** wyznanie: *Christians of all denominations* **2** nominał: *bills in denominations of $1 and $5*

**de·nounce** /dɪˈnaʊns/ *v* [T] potępiać: *The bishop denounced the film as being immoral.*

**dense** /dens/ *adj* gęsty: *dense pine forests* | *dense smoke/clouds* —**densely** *adv* gęsto: *densely populated*

**den·si·ty** /ˈdensɪti/ *n* [C,U] gęstość: *Taiwan has a high population density* (=gęstość zaludnienia). | *the density of a gas*

**dent¹** /dent/ *n* [C] wgniecenie: *a big dent in the car*

**dent²** *v* [T] **1** naruszyć, zachwiać: *The experience had dented his confidence.* **2** wgnieść

**den·tal** /ˈdentl/ *adj* zębowy, dentystyczny, stomatologiczny: *dental health*

**dental floss** /ˌ.. ˈ./ *n* [U] nić dentystyczna

**den·tist** /ˈdentɪst/ *n* [C] dentyst-a/ka, stomatolog —**dentistry** *n* [U] stomatologia

**den·tures** /ˈdentʃəz/ *n* [plural] proteza zębowa, sztuczna szczęka

**de·nun·ci·a·tion** /dɪˌnʌnsiˈeɪʃən/ *n* [C,U] potępienie

**de·ny** /dɪˈnaɪ/ *v* [T] **1** zaprzeczać: *In court they denied all the charges against them.* | **+ (that)** *Charlie denied that he had lied about the money.* | **deny doing sth** *She denies cheating in the test.* **2** odmawiać: *Smokers are being denied medical treatment unless they stop smoking.* → patrz też DENIAL

**de·o·do·rant** /diːˈəʊdərənt/ *n* [C,U] dezodorant

**de·part** /dɪˈpɑːt/ *v* [I] *formal* odjeżdżać, odlatywać: *The next train for Paris will depart from Platform 2.*

**de·part·ment** /dɪˈpɑːtmənt/ *n* [C] dział, wydział: *She works in the design department of a large company.*

**department store** /.ˈ.. ./ *n* [C] dom towarowy

**de·par·ture** /dɪˈpɑːtʃə/ *n* [C,U] *formal* odjazd, odlot: *Check in at the airport an hour before departure.*

**de·pend** /dɪˈpend/ *v* **it/that depends** *spoken* to zależy: *"Are you coming to my house later?" "It depends. I might have to work."*

**depend on/upon** *phr v* [T] **1** zależeć od, być uzależnionym od: *patients who depend on regular blood transfusions* | *Ticket prices may vary, depending on* (=w zależności od) *the time of day.* **2** polegać na: *You can always depend on me.*

**de·pend·a·ble** /dɪˈpendəbəl/ *adj* niezawodny: *a dependable employee*

**de·pen·dant** /dɪˈpendənt/ *BrE*, **dependent** *AmE n* [C] osoba będąca na czyimś utrzymaniu

**de·pen·dent** /dɪˈpendənt/ *adj* zależny, uzależniony: *Children of that age are still very dependent on their mothers.* —**dependence** *n* [U] uzależnienie

**de·pict** /dɪˈpɪkt/ *v* [T] przedstawiać, odmalowywać: *Shakespeare depicts him as a ruthless tyrant.*

**de·ploy** /dɪˈplɔɪ/ *v* [T] rozmieszczać (*wojsko*)

**de·port** /dɪˈpɔːt/ *v* [T] deportować —**deportation** /ˌdiːpɔːˈteɪʃən/ *n* [C,U] deportacja

**de·pose** /dɪˈpəʊz/ *v* [T] odsuwać od władzy: *the deposed dictator*

**de·pos·it**¹ /dɪˈpɒzɪt/ *n* [C] **1** zaliczka, zadatek: *We put down a deposit on the house yesterday.* **2** wpłata: *I'd like to make a deposit please* (=chciałbym dokonać wpłaty). **3** pokład, złoże: *huge deposits of gold* **4** osad: *too much deposit in a bottle of wine*

**deposit**² *v* [T] wpłacać (*na konto*): *How much would you like to deposit?*

**deposit ac·count** /.ˈ.. .,./ *n* [C] rachunek terminowy

**dep·ot** /ˈdepəʊ/ *n* [C] **1** magazyn **2** *AmE* stacja, dworzec

**de·praved** /dɪˈpreɪvd/ *adj* niemoralny, zdeprawowany: *They said his pictures were sexually depraved.*

**de·press** /dɪˈpres/ *v* [T] przygnębiać: *I can't watch the news any more – it depresses me too much.*

**de·pressed** /dɪˈprest/ *adj* **1** przygnębiony: *She felt lonely and depressed.* **2** dotknięty kryzysem: *depressed areas of the country* —**depressing** *adj* przygnębiający: *a depressing TV programme*

**de·pres·sion** /dɪˈpreʃən/ *n* [C,U] **1** przygnębienie, depresja: *The patient is suffering from depression.* **2** kryzys, depresja: *the Depression of the 1930s*

**de·prive** /dɪˈpraɪv/ *v*

**deprive** sb **of** sth *phr v* [T] pozbawiać: *Prisoners were deprived of sleep for up to three days.*

**depth** /depθ/ *n* **1** [C,U] głębokość: *Plant the seeds at a depth of about 2cm.* | *What is the depth of the shelves?* **2** [U] głębia: *I was surprised by the depth of his feelings.* | *the depth of the crisis* **3 in depth** dogłębnie: *We need to explore the problem in more depth.*

**dep·u·ty** /ˈdepjʊti/ *n* [C] zastęp-ca/czyni: *My deputy will be in charge while I'm away.*

**der·e·lict** /ˈderɪlɪkt/ *adj* opuszczony: *a derelict house*

**der·i·va·tion** /ˌderɪ̇ˈveɪʃən/ *n* [C,U] pochodzenie (*wyrazu*)

**de·rive** /dɪˈraɪv/ *v* [T] **derive pleasure/satisfaction from sth** czerpać przyjemność/zadowolenie z czegoś

**de·rog·a·to·ry** /dɪˈrɒgətəri/ *adj* uwłaczający: *He made some rather derogatory remarks about my work.*

**de·scend** /dɪˈsend/ *v*
**descend from** sb *phr v* [T] **be descended from** pochodzić od, wywodzić się z: *She is descended from a family of French aristocrats.*

**de·scen·dant** /dɪˈsendənt/ *n* [C] potomek: *a descendant of an African king* → porównaj ANCESTOR

**de·scent** /dɪˈsent/ *n* **1** [C,U] schodzenie, zejście: *The plane began its descent* (=zejście do lądowania). **2** [U] pochodzenie: **be of Russian/German etc descent** *Tara's family is of Irish descent* (=pochodzi z Irlandii).

**de·scribe** /dɪˈskraɪb/ *v* [T] opisywać: *Police asked the woman to describe her attacker.* | **+ how/what/why etc** *It's hard to describe how I felt.*

**de·scrip·tion** /dɪˈskrɪpʃən/ *n* [C,U] opis: **+ of** *a description of life in the Middle Ages* | **give a description** *Police have given a detailed description of the missing child.* —**descriptive** *adj* opisowy

**des·ert¹** /ˈdezət/ *n* [C,U] pustynia: *the Sahara desert*

**de·sert²** /dɪˈzɜːt/ *v* **1** [T] opuszczać, porzucać: *Her boyfriend deserted her when she got pregnant.* | *People have deserted the villages and gone to work in the cities.* **2** [I] z/dezerterować —**desertion** *n* [C,U] porzucenie, dezercja

**de·ser·ted** /dɪˈzɜːtɪ̇d/ *adj* opuszczony: *At night the streets are deserted.*

**de·sert·er** /dɪˈzɜːtə/ *n* [C] dezerter/ka

**desert island** /ˌ.. ˈ../ *n* [C] bezludna wyspa

**de·serve** /dɪˈzɜːv/ *v* [T] zasługiwać na: *After all that work you deserve a rest.* | **deserve to do sth** *To be honest, we didn't really deserve to win* (=to zwycięstwo nam się nie należało). —**deserved** *adj* zasłużony —**deservedly** *adv* zasłużenie

**de·sign¹** /dɪˈzaɪn/ *n* **1** [U,C] projekt: *We've made one or two changes to the computer's original design.* **2** [C] wzór, deseń: *curtains with a floral design* **3** [U] projektowanie, wzornictwo

**design²** *v* [I,T] za/projektować: *The palace was designed by an Italian architect.*

**des·ig·nate** /ˈdezɪgneɪt/ *v* [T] wyznaczać, desygnować: *The building was designated as a temporary hospital.*

**de·sign·er** /dɪˈzaɪnə/ *n* [C] **1** projektant/ka: *a fashion designer* **2 designer sportswear/jeans** odzież sportowa/dżinsy zaprojektowane przez kreatora mody

**de·sir·a·ble** /dɪˈzaɪərəbəl/ *adj* atrakcyjny, godny pożądania: *a desirable job with a big law firm*

**de·sire¹** /dɪˈzaɪə/ *n* **1** [C,U] pragnienie, chęć: **+ for** *the desire for knowledge* | **desire to do sth** *She had no desire to marry.* **2** [U] *formal* pożądanie

**desire²** *v* **1** [T] *formal* pragnąć, życzyć sobie: *He desires only to be left alone.* **2 leave a lot to be desired** *especially spoken* pozostawiać wiele do życzenia: *The standard of teaching in many schools leaves a lot to be desired.*

**de·sired** /dɪˈzaɪəd/ *adj* **have the desired effect/result** odnieść pożądany skutek: *She wanted to make me look stupid, and her remarks had the desired effect.*

**desk** /desk/ *n* [C] biurko

**de·spair¹** /dɪˈspeə/ *n* [U] rozpacz: **in despair** *Anne buried her head in her hands in despair.*

**despair²** *v* [I] rozpaczać: *Don't despair – I think we can help you.* | **despair of (doing) sth** (=tracić nadzieję na coś): *They were beginning to despair of ever hearing from their son again.* —**despairing** *adj* rozpaczliwy, zrozpaczony

**de·spatch** /dɪˈspætʃ/ brytyjska pisownia wyrazu DISPATCH

**des·per·ate** /ˈdespərɪ̇t/ *adj* **1** zdesperowany, desperacki: *Joe had been unemployed for over a year and was*

*getting desperate.* | *a desperate attempt to escape* **2** rozpaczliwy: *a desperate shortage of food* —**desperately** *adv* rozpaczliwie —**desperation** /ˌdespəˈreɪʃən/ *n* [U] desperacja, rozpacz

**de·spic·a·ble** /dɪˈspɪkəbəl/ *adj* podły, nikczemny: *You're a despicable liar!*

**de·spise** /dɪˈspaɪz/ *v* [T] gardzić, pogardzać

**de·spite** /dɪˈspaɪt/ *prep* **1** mimo, pomimo: *She still loved him despite the way he had treated her.* **2 despite yourself** wbrew sobie: *He smiled at the little girl despite himself.*

**des·pot** /ˈdespɒt/ *n* [C] despot-a/ka —**despotic** /dɪˈspɒtɪk/ *adj* despotyczny

**des·sert** /dɪˈzɜːt/ *n* [C,U] deser

**des·ti·na·tion** /ˌdestəˈneɪʃən/ *n* [C] miejsce przeznaczenia, cel podróży

**des·tined** /ˈdestənd/ *adj* przeznaczony: **destined to do sth** *She was destined* (=było jej pisane) *to become her country's first woman Prime Minister.*

**des·ti·ny** /ˈdestəni/ *n* [C,U] los, przeznaczenie: *a nation fighting to control its own destiny*

**des·ti·tute** /ˈdestətjuːt/ *adj* bez środków do życia: *The floods left thousands of people destitute.*

**de·stroy** /dɪˈstrɔɪ/ *v* [T] z/niszczyć: *The building was completely destroyed by fire.*

> UWAGA **destroy** i **spoil/ruin**
>
> Kiedy chcemy po angielsku powiedzieć, że coś 'zepsuło' nam przyjemność czegoś, używamy **spoil** lub **ruin**, a nie **destroy**: *The trip was spoilt by bad weather.* | *I've spent weeks planning this surprise for Dad, and now you've ruined it by telling him.* Kiedy chcemy powiedzieć, że coś 'zepsuło' wygląd lub zmniejszyło skuteczność czegoś, również używamy **spoil** lub **ruin**, a nie **destroy**: *I didn't join them on their walk because I didn't want to spoil my new shoes.* | *If you open the camera, you'll ruin the film.*

**de·struc·tion** /dɪˈstrʌkʃən/ *n* [U] zniszczenie: **+ of** *the destruction of the ozone layer* —**destructive** *adj* niszczycielski, destruktywny

**de·tach** /dɪˈtætʃ/ *v* [T] odczepiać: *You can detach the hood from the jacket.* —**detachable** *adj* odczepiany

**de·tached** /dɪˈtætʃt/ *adj* **1** obojętny: *Smith remained cold and detached throughout his trial.* **2 detached house** *BrE* dom wolno stojący —**detachment** *n* [C,U] obojętność, dystans

**de·tail**[1] /ˈdiːteɪl/ *n* [C,U] szczegół, detal: *The documentary included a lot of historical detail.* | **in detail** (=szczegółowo): *He describes the events in great detail.*

**detail**[2] *v* [T] wyszczególniać: *The list detailed everything we would need for our trip.*

**de·tailed** /ˈdiːteɪld/ *adj* szczegółowy: *a detailed analysis of the text*

**de·tain** /dɪˈteɪn/ *v* [T] zatrzymywać: *The police have detained two men for questioning.* | *I mustn't detain you, I know you are very busy.*

**de·tect** /dɪˈtekt/ *v* [T] **1** wykrywać: *Small quantities of poison were detected in the dead man's stomach.* **2** wyczuwać: *Paul detected a note of disappointment in his mother's voice.* —**detection** *n* [U] wykrycie —**detectable** *adj* wyczuwalny

**de·tec·tive** /dɪˈtektɪv/ *n* [C] detektyw, oficer śledczy

**de·tec·tor** /dɪˈtektə/ *n* [C] wykrywacz: *a metal detector*

**de·ten·tion** /dɪˈtenʃən/ *n* **1** [U] areszt, zatrzymanie **2** [C,U] **be in detention** zostawać za karę po lekcjach

**de·ter** /dɪˈtɜː/ *v* [T] **-rred, -rring** odstraszać: *security measures aimed at deterring shoplifters*

**de·ter·gent** /dɪˈtɜːdʒənt/ *n* [C,U] detergent

**de·te·ri·o·rate** /dɪˈtɪəriəreɪt/ *v* [I] pogarszać się: *David's health deteriorated rapidly.* —**deterioration** /dɪˌtɪəriəˈreɪʃən/ *n* [U] pogorszenie

**de·ter·mi·na·tion** /dɪˌtɜːməˈneɪʃən/ *n* [U] wytrwałość, determinacja

D

**de·ter·mine** /dɪˈtɜːmɨn/ *v* [T] **1** *formal* ustalać: *Experts have been unable to determine the cause of the explosion.* **2** wyznaczać: *The date of the court case was yet to be determined.*

**de·ter·mined** /dɪˈtɜːmɨnd/ *adj* zdecydowany: *He was determined to become an artist.* | **+ (that)** *I'm determined that my children should have the best education possible.*

**de·ter·min·er** /dɪˈtɜːmɨnə/ *n* [C] określnik: *In the phrases "the car" and "some new cars", "the" and "some" are determiners.*

D

**de·ter·rent** /dɪˈterənt/ *n* [C] czynnik odstraszający: *an effective deterrent to car thieves*

**de·test** /dɪˈtest/ *v* [T] nienawidzić, nie cierpieć: *I was going out with a boy my mother detested.*

**det·o·nate** /ˈdetəneɪt/ *v* **1** [I] wybuchać **2** [T] z/detonować: *Nuclear bombs were detonated in tests in the desert.* —**detonation** /ˌdetəˈneɪʃən/ *n* [C,U] detonacja —**detonator** *n* [C] detonator

**de·tour** /ˈdiːtʊə/ *n* [C] objazd

**de·tract** /dɪˈtrækt/ *v*

**detract from** *phr v* [T] umniejszać: *One small mistake isn't going to detract from your achievements.*

**det·ri·ment** /ˈdetrɨmənt/ *n* **to the detriment of** ze szkodą dla: *He started working longer hours, to the detriment of his health.* —**detrimental** /ˌdetrɨˈmentl◂/ *adj* szkodliwy, zgubny

**de·val·ue** /diːˈvæljuː/ *v* **1** [T] nie doceniać: *The skills of women were often devalued.* **2** [I,T] z/dewaluować (się) —**devaluation** /diːˌvæljuˈeɪʃən/ *n* [C,U] dewaluacja

**dev·a·state** /ˈdevəsteɪt/ *v* [T] z/niszczyć doszczętnie, s/pustoszyć: *Bombing raids devastated the city of Dresden.* —**devastation** /ˌdevəˈsteɪʃən/ *n* [U] zniszczenie, spustoszenie

**dev·a·stat·ed** /ˈdevəsteɪtɨd/ *adj* zdruzgotany: *Ellen was devastated when we told her what had happened.*

**dev·a·stat·ing** /ˈdevəsteɪtɪŋ/ *adj* **1** niszczycielski: *Chemical pollution has had a devastating effect on the environment.* **2** druzgocący: *Losing your job can be a devastating experience.*

**de·vel·op** /dɪˈveləp/ *v* **1** [I,T] rozwijać (się): *plans to develop the local economy* | **+ into** *Wright is fast developing into one of this country's most talented players.* **2** [T] opracowywać: *scientists developing new drugs to fight AIDS* **3** [T] nabawić się: *Her baby developed a fever during the night.* **4** [I] narastać: *A crisis seems to be developing within the Conservative Party.* **5** [T] wywoływać: *I must get my holiday photos developed.* **6** [T] zagospodarowywać: *Much of the land in the south-east of the county has now been developed.* —**developed** *adj* rozwinięty: *developed countries*

**de·vel·op·er** /dɪˈveləpə/ *n* [C] inwestor budowlany

**de·vel·op·ment** /dɪˈveləpmənt/ *n* **1** [C,U] rozwój: *Vitamins are necessary for a child's growth and development.* | **+ of** *the development of computer technology* **2** [C] wydarzenie: *Our reporter has news of the latest developments in Moscow.* **3** [C] teren zabudowany, osiedle: *a new housing development* (=osiedle mieszkaniowe)

**de·vi·ate** /ˈdiːvieɪt/ *v* [I] odbiegać, odstawać: **+ from** *The results of the survey deviate from what we might have expected.* —**deviation** /ˌdiːviˈeɪʃən/ *n* [C,U] odchylenie, dewiacja

**de·vice** /dɪˈvaɪs/ *n* [C] urządzenie: *labour-saving devices such as washing machines and dishwashers*

**dev·il** /ˈdevəl/ *n* **1** [C] diabeł **2 the Devil** szatan **3 speak/talk of the devil** *spoken* o wilku mowa

**de·vi·ous** /ˈdiːviəs/ *adj* przebiegły, podstępny: *a devious scheme for making money*

**de·vise** /dɪˈvaɪz/ *v* [T] wymyślać: *software that allows you to devise your own computer games*

**de·void** /dɪˈvɔɪd/ *adj* **devoid of sth** pozbawiony czegoś: *The area is completely devoid of charm.*

**de·vote** /dɪˈvəʊt/ *v* [T] **devote time/effort to sth** poświęcać czemuś czas/wysiłek: *She devoted most of her spare time to tennis.* | *A whole chapter is devoted to the question of the environment.*

**de·vot·ed** /dɪˈvəʊtɪ̣d/ *adj* oddany: *I'm one of your most devoted admirers!* | **+ to** *She's devoted to her cats.*

**de·vo·tion** /dɪˈvəʊʃən/ *n* [U] **1** oddanie: *Their devotion to each other grew stronger over the years.* **2** poświęcenie: *devotion to duty* **3** pobożność

**de·vour** /dɪˈvaʊə/ *v* [T] pożerać: *She devoured three burgers and a pile of fries.*

**de·vout** /dɪˈvaʊt/ *adj* pobożny: *a devout Catholic*

**dew** /djuː/ *n* [U] rosa

**dex·ter·i·ty** /dekˈsterɪ̣ti/ *n* [U] zręczność

**di·a·be·tes** /ˌdaɪəˈbiːtiːz/ *n* [U] cukrzyca —**diabetic** /-ˈbetɪk◂/ *adj* chory na cukrzycę

**di·ag·nose** /ˈdaɪəgnəʊz/ *v* [T] rozpoznawać, z/diagnozować: *He was diagnosed HIV positive in 1982.*

**di·ag·no·sis** /ˌdaɪəgˈnəʊsɪ̣s/ *n* [C,U] *plural* **diagnoses** /-siːz/ diagnoza, rozpoznanie —**diagnostic** /-ˈnɒstɪk/ *adj* diagnostyczny: *diagnostic tests/methods*

**di·ag·o·nal** /daɪˈægənəl/ *adj* ukośny —**diagonal** *n* [C] przekątna —**diagonally** *adv* po przekątnej: *Tony was sitting diagonally opposite me.*

**di·a·gram** /ˈdaɪəgræm/ *n* [C] diagram, schemat: **+ of** *a diagram of a car engine*

**dial**[1] /daɪəl/ *v* [I,T] **-lled, -lling** *BrE*, **-led, -ling** *AmE* wybierać, wykręcać: *Sorry, I must have dialled the wrong number.*

**dial**[2] *n* [C] **1** wskaźnik: *She looked at the dial to check her speed.* **2** tarcza (*telefonu, zegara*) **3** pokrętło

**di·a·lect** /ˈdaɪəlekt/ *n* [C,U] dialekt, gwara: *a regional dialect*

**di·a·logue** /ˈdaɪəlɒg/ (*także* **dialog** *AmE*) *n* [C,U] dialog: *The dialogue in the movie didn't seem natural.* | **+ between/with** *an opportunity for dialogue between the opposing sides*

**di·am·e·ter** /daɪˈæmɪ̣tə/ *n* [C,U] średnica: *The wheel was about two feet in diameter.*

**di·a·mond** /ˈdaɪəmənd/ *n* **1** [C,U] diament, brylant: *a diamond ring* **2** [C] romb **3 diamonds** karo

**di·a·per** /ˈdaɪəpə/ *n* [C] *AmE* pieluszka

**di·a·phragm** /ˈdaɪəfræm/ *n* [C] przepona

**di·ar·rhoea** /ˌdaɪəˈrɪə/ *BrE*, **diarrhea** *AmE* *n* [U] biegunka, rozwolnienie

**di·a·ry** /ˈdaɪəri/ *n* [C] **1** pamiętnik **2** terminarz, kalendarz

**dice**[1] /daɪs/ *n* [C] *plural* **dice** [C] kostka do gry: **throw/roll the dice** *Throw the dice to start the game.*

**dice**[2] *v* [T] po/kroić w kostkę: *diced carrots*

**dic·tate** /dɪkˈteɪt/ *v* [I,T] po/dyktować: **dictate sth to sb** *She dictated the letter to her secretary.*

**dic·ta·tion** /dɪkˈteɪʃən/ *n* [C,U] dyktando: *French dictation*

**dic·ta·tor** /dɪkˈteɪtə/ *n* [C] dyktator/ka —**dictatorial** /ˌdɪktəˈtɔːriəl◂/ *adj* dyktatorski

**dic·ta·tor·ship** /dɪkˈteɪtəʃɪp/ *n* [C,U] dyktatura

**dic·tion·a·ry** /ˈdɪkʃənəri/ *n* [C] słownik

**did** /dɪd/ *v* czas przeszły od DO

**did·n't** /ˈdɪdnt/ forma ściągnięta od "did not"

**die** /daɪ/ *v* **died, died, dying 1** [I,T] umierać: *He died a natural death* (=umarł śmiercią naturalną). | **+ of/from** *She died of breast cancer.* **2** zdychać: *Hector's upset because his dog's just died.* **3 be dying for something/be dying to do sth** *spoken* marzyć o czymś/żeby coś zrobić: *I'm dying to meet her.*

**die away** *phr v* [I] zanikać, u/cichnąć: *The footsteps died away.*

D

**die down** *phr v* [I] o/słabnąć, u/cichnąć: *The wind finally died down this morning.*
**die out** *phr v* [I] wymierać: *The last wolves in this area died out 100 years ago.*

> **UWAGA die**
>
> Zwykle po **die** używa się przyimka **of**: *He died of a heart attack.* Można też użyć przyimka **from**, szczególnie wtedy, gdy śmierć nastąpiła w wyniku odniesionych ran: *She was shot twice, and died later from her wounds.*

D

**die·sel** /ˈdiːzəl/ *n* [U] olej napędowy, ropa

**di·et¹** /ˈdaɪət/ *n* [C,U] dieta: *A healthy diet and exercise are important for good health.* | *a low-fat diet* | *go on a diet* | **be on a diet** (=być na diecie)

**diet²** *v* [I] być na diecie, odchudzać się

**dif·fer** /ˈdɪfə/ *v* [I] **1** różnić się: **+ from** *The new system differs from the old in several important ways.* **2** nie zgadzać się: *He differed with his brother on how to look after their parents.*

**dif·fe·rence** /ˈdɪfərəns/ *n* **1** [C] różnica: **+ between** *There are many differences between public and private schools.* | *There's an age difference of 12 years between me and my wife.* | **difference in age/price/size etc** *The two jackets might look the same, but there's a huge difference in price.* **2 make a big difference/make all the difference (to)** mieć ogromny wpływ (na): *Swimming twice a week can make a big difference to the way you feel.* **3 make no difference** nie robić różnicy: *It makes no difference to me what you do.* **4 difference of opinion** różnica poglądów

**dif·fe·rent** /ˈdɪfərənt/ *adj* **1** inny, różny: *Have you had a haircut? You look different* (=wyglądasz inaczej). | **+ from** *New York and Chicago are very different from each other.* | **+ to** *BrE*/**+ than** *AmE Life in Russia is totally different to life in Britain.* **2** [only before noun] różny: *I asked three different doctors, and they all said the same thing.* | *She visited his office on three different occasions.* —**differently** *adv* inaczej, różnie

**dif·fe·ren·ti·ate** /ˌdɪfəˈrenʃieɪt/ *v* [I,T] rozróżniać, różnicować: **+ between** *Most people couldn't differentiate between the two drinks.* —**differentiation** /ˌdɪfərenʃiˈeɪʃən/ *n* [U] zróżnicowanie: *socio-economic differentiation*

**dif·fi·cult** /ˈdɪfɪkəlt/ *adj* trudny: *She finds English very difficult.* | *Simon was often moody and difficult.* | **it is difficult to do sth** *It was difficult to concentrate because of all the noise.*

**dif·fi·cul·ty** /ˈdɪfɪkəlti/ *n* **1** [U] trudność: **have difficulty (in) doing sth** (=mieć problemy z czymś): *David's having difficulty finding a job.* | **with difficulty** (=z trudem): *She got out of her chair with difficulty.* **2** [C,U] trudność, problem: *a country with economic difficulties*

**dif·fuse¹** /dɪˈfjuːz/ *v* [I,T] rozpowszechniać, szerzyć: *to diffuse knowledge*

**dif·fuse²** /dɪˈfjuːs/ *adj formal* rozproszony: *a large and diffuse organization*

**dig¹** /dɪg/ *v* **dug, dug, digging** [I,T] wy/kopać: *The kids had dug a huge hole in the sand.*
**dig into** *phr v* [I,T **dig** sth **into** sth] wbijać (się): *The cat kept digging its claws into my leg.*
**dig** sth ↔ **out** *phr v* [T] odgrzebać, odkopać: *Remind me to dig out that book for you.*
**dig** sth ↔ **up** *phr v* [T] **1** wykopywać: *Beth was in the garden digging up weeds.* **2** wydobyć na jaw

**dig²** *n* [C] wykopalisko: *an archaeological dig*

**di·gest** /daɪˈdʒest/ *v* [T] **1** s/trawić: *Some babies can't digest cows' milk.* **2** przetrawić: *It took us a while to digest the news.* —**digestible** *adj* strawny

**di·ges·tion** /daɪˈdʒestʃən/ *n* [C,U] trawienie

**di·git** /ˈdɪdʒɪ̵t/ *n* [C] **1** cyfra: *a seven-digit phone number* **2** *technical* palec

**di·gi·tal** /ˈdɪdʒ$\frac{1}{3}$tl/ *adj* cyfrowy: *a digital watch/clock | a digital recording*

**dig·ni·fied** /ˈdɪgn$\frac{1}{3}$faɪd/ *adj* dostojny, pełen godności: *a dignified leader*

**dig·ni·ta·ry** /ˈdɪgn$\frac{1}{3}$təri/ *n* [C] dygnitarz: *foreign dignitaries*

**dig·ni·ty** /ˈdɪgn$\frac{1}{3}$ti/ *n* [U] godność, dostojeństwo: *a woman of compassion and dignity*

**di·lap·i·dat·ed** /d$\frac{1}{3}$ˈlæp$\frac{1}{3}$deɪt$\frac{1}{3}$d/ *adj* rozpadający się: *a dilapidated building*

**di·lem·ma** /d$\frac{1}{3}$ˈlemə/ *n* [C] dylemat: **be in a dilemma** (=być w rozterce): *He's in a dilemma about whether to accept the job or not.*

**dil·i·gent** /ˈdɪl$\frac{1}{3}$dʒənt/ *adj* pilny: *a diligent student* —**diligently** *adv* pilnie —**diligence** *n* [U] pilność

**di·lute** /daɪˈluːt/ *v* [T] rozcieńczać: *diluted fruit juice* —**dilute** *adj* rozcieńczony

**dim**[1] /dɪm/ *adj* **1** przyćmiony, niewyraźny: *the dim light of a winter evening* **2 dim memory/awareness** mgliste wspomnienie/pojęcie

**dim**[2] *v* [I,T] **-mmed, -mming** przyciemniać: *Could you dim the lights a little?*

**dime** /daɪm/ *n* [C] dziesięciocentówka

**di·men·sion** /daɪˈmenʃən/ *n* **1** [C] wymiar: **new/different dimension** *The baby has added a whole new dimension to their life.* **2** [plural] rozmiary: *What are the dimensions of the room?*

**di·min·ish** /d$\frac{1}{3}$ˈmɪnɪʃ/ *v* [I,T] zmniejszać (się), maleć: *the country's diminishing political influence*

**di·min·u·tive** /d$\frac{1}{3}$ˈmɪnj$\frac{0}{3}$tɪv/ *adj formal* niewielki, drobny

**dim·ple** /ˈdɪmpəl/ *n* [C] dołeczek (*w brodzie, policzku*)

**din** /dɪn/ *n* [singular] hałas

**dine** /daɪn/ *v* [I] *formal* jeść obiad

**dine out** *phr v* [I] *formal* jeść obiad poza domem/w restauracji

**din·er** /ˈdaɪnə/ *n* [C] **1** *especially AmE* tania restauracja **2** gość (*w restauracji*)

**din·ghy** /ˈdɪŋgi/ *n* [C] łódka, szalupa

**dining room** /ˈ.. ./ *n* [C] jadalnia

**din·ner** /ˈdɪnə/ *n* [C,U] obiad: *What time's dinner?*

> UWAGA **dinner**
>
> Patrz **supper** i **dinner**.

**dinner jack·et** /ˈ.. ˌ../ *n* [C] *BrE* smoking

**di·no·saur** /ˈdaɪnəsɔː/ *n* [C] dinozaur: *fossilized dinosaur bones*

**dip**[1] /dɪp/ *v* **-pped, -pping 1** [T] za/maczać, zanurzać: **dip sth in/into sth** *Janet dipped her feet into the water.* **2** [I] *informal* spadać, obniżać się: *Temperatures dipped below freezing.*

**dip**[2] *n* **1** [C,U] sos (*do maczania*): *a sour cream dip* **2** [C] zagłębienie (terenu): *a dip in the road* **3** [C] spadek: *a dip in prices* **4** [singular] *informal* kąpiel: *Is there time for a dip before lunch?* | **have/take a dip** (=popływać): *They've decided to take a dip in the lake before lunch.*

**di·plo·ma** /d$\frac{1}{3}$ˈpləʊmə/ *n* [C] dyplom

**di·plo·ma·cy** /d$\frac{1}{3}$ˈpləʊməsi/ *n* [U] dyplomacja: *an expert at international diplomacy | He handled the problem with great diplomacy.*

**dip·lo·mat** /ˈdɪpləmæt/ *n* [C] dyplomat-a/ka

**dip·lo·mat·ic** /ˌdɪpləˈmætɪk◂/ *adj* dyplomatyczny: *Feingold plans to join the diplomatic service. | He won't give you a thing unless you're very diplomatic.* —**diplomatically** *adv* dyplomatycznie

**di·rect**[1] /d$\frac{1}{3}$ˈrekt/ *adj* bezpośredni: *the most direct route to Madrid | Over 100 people have died as a direct result of the fighting. | It's best to be direct with children when someone in the family dies. | Weight increases in direct proportion to mass.* —**directness** *n* [U] bezpośredniość → antonim INDIRECT

**direct**[2] *v* [T] **1** po/kierować: *Hanley was asked to direct the investigation.* **2** wy/reżyserować: *Barbra Streisand both starred in and directed the movie.* **3** s/kierować: *Can you direct me to the airport? | He directed the light towards the house.* | **+ at/towards/against etc** *My criticisms were*

*directed at Ken, not at you.* | *an aid effort directed at Rwandan refugees*

**direct**[3] *adv* bezpośrednio: *You can fly direct from London to Nashville.* | *You'll have to contact the manager direct.*

**di·rec·tion** /dɪ̇'rekʃən/ *n* **1** [C] kierunek, strona: *Suddenly the conversation changed direction.* | **in the direction of sth/in sth's direction** *We walked off in the direction of the hotel.* | **in the opposite direction** (=w przeciwnym kierunku): *Jeff stepped forward, hailing a taxi that was going in the opposite direction.* **2** [U] kierownictwo: **under sb's direction** *The company has become very successful under Martini's direction.* **3 sense of direction** orientacja: *Bill's always getting lost – he has no sense of direction.*

**di·rec·tions** /dɪ̇'rekʃənz/ *n* [plural] instrukcje: *Could you give me directions* (=wskazać mi drogę) *to the bus station?*

**di·rec·tive** /dɪ̇'rektɪv/ *n* [C] zarządzenie

**di·rect·ly** /dɪ̇'rektli/ *adv* **1** bezpośrednio: *It's easier if you order the book directly from the publisher.* **2 directly opposite/in front** dokładnie naprzeciw/przed: *Lucas sat directly behind us.* **3 speak/ask/answer directly** mówić/zapytać/odpowiedzieć wprost

**di·rec·tor** /dɪ̇'rektə/ *n* [C] **1** dyrektor/ka: *Her new job is marketing director.* **2** reżyser: *film director Ken Russell*

**di·rec·to·ry** /daɪ'rektəri/ *n* [C] **1** spis, katalog **2 telephone directory** książka telefoniczna

**dirt** /dɜːt/ *n* [U] **1** brud: *The walls were black with age and dirt.* **2** *especially AmE* ziemia: *He dug another spadeful of dirt.* | **dirt road** (=droga gruntowa) **3** *informal* brudy: **dig up (the) dirt on sb** (=szukać na kogoś haka) **4 dirt cheap** tani jak barszcz: *We got the couch dirt cheap in a sale.*

**dirt·y**[1] /'dɜːti/ *adj* **1** brudny: *There's a stack of dirty dishes in the sink.* **2** sprośny, nieprzyzwoity: *dirty jokes* **3** nieuczciwy: *a dirty fighter* | *That was a dirty trick.*

**dirty**[2] *v* [T] po/brudzić: *Don't dirty your hands.*

**dis·a·bil·i·ty** /ˌdɪsə'bɪlɪ̇ti/ *n* [C,U] kalectwo: *She's never let her disability hold back her career in politics.*

**dis·a·bled** /dɪs'eɪbəld/ *adj* **1** niepełnosprawny: *a disabled worker* **2 the disabled** niepełnosprawni

**dis·ad·van·tage** /ˌdɪsəd'vɑːntɪdʒ/ *n* [C] wada, słaba strona: *Your main disadvantage is lack of experience.* | **be at a disadvantage** (=być w niekorzystnej sytuacji): *I was at a disadvantage because I didn't speak French.* —**disadvantageous** /ˌdɪsædvən'teɪdʒəs/ *adj* niekorzystny —**disadvantaged** *adj* mający gorszy start: *disadvantaged kids from the ghetto*

**dis·a·gree** /ˌdɪsə'griː/ *v* [I] nie zgadzać się: *These reports disagree on many important points.* | **+ with** *Roth doesn't like anybody who disagrees with him.* | **+ about/on** *Those two disagree about everything.*

**dis·a·gree·a·ble** /ˌdɪsə'griːəbəl◂/ *adj* nieprzyjemny: *a disagreeable experience* —**disagreeably** *adv* nieprzyjemnie

**dis·a·gree·ment** /ˌdɪsə'griːmənt/ *n* **1** [C,U] niezgoda, różnica zdań: **+ over/about etc** *She left the company after a disagreement over contracts.* **2** [U] niezgodność: **+ between** *There is considerable disagreement between the statements of the two witnesses.*

**dis·ap·pear** /ˌdɪsə'pɪə/ *v* [I] **1** znikać: *She turned around, but the man had disappeared.* **2** ginąć, zanikać: *Many species of plants and animals disappear every year.* —**disappearance** *n* [C,U] zniknięcie, zanik

**dis·ap·point** /ˌdɪsə'pɔɪnt/ *v* [T] rozczarować, zawieść: *I'm sorry to disappoint you, but we won't be going on holiday this year.*

**dis·ap·point·ed** /ˌdɪsə'pɔɪntɪ̇d◂/ *adj* rozczarowany, zawiedziony: **+ (that)** *He was really disappointed that Kerry couldn't come.*

**dis·ap·point·ing** /ˌdɪsə'pɔɪntɪŋ◂/ *adj* niezadowalający, rozczarowujący: *The*

*game ended with a disappointing score of 2-2.*

**dis·ap·point·ment** /ˌdɪsəˈpɔɪntmənt/ *n* **1** [U] rozczarowanie, zawód: **+ at** *Brian's disappointment at not being chosen was obvious.* **2** [C] **be a disappointment** przynosić rozczarowanie, nie spełniać oczekiwań: *What a disappointment that movie was!* | *Kate feels as if she's a disappointment to her family.*

**dis·ap·prove** /ˌdɪsəˈpruːv/ *v* [I] nie aprobować, nie pochwalać: **+ of** *Her parents disapprove of her lifestyle.* —**disapproval** *n* [U] dezaprobata

**dis·arm** /dɪsˈɑːm/ *v* [I,T] rozbrajać (się): *Both sides must disarm before the peace talks can begin.* | *Police managed to disarm the man.*

**dis·ar·ma·ment** /dɪsˈɑːməmənt/ *n* [U] rozbrojenie: *nuclear disarmament*

**dis·arm·ing** /dɪsˈɑːmɪŋ/ *adj* rozbrajający: *He gave her his most disarming smile.*

**di·sas·ter** /dɪˈzɑːstə/ *n* [C,U] **1** katastrofa: *an air disaster in which 329 people died* **2** klęska: *As a career move, his latest job was a disaster.*

**di·sas·trous** /dɪˈzɑːstrəs/ *adj* fatalny, katastrofalny: *It was a disastrous trip from the beginning.*

**dis·be·lief** /ˌdɪsbəˈliːf/ *n* [U] niedowierzanie: **in disbelief** (=z niedowierzaniem): *I looked at him in disbelief.*

**dis·be·lieve** /ˌdɪsbəˈliːv/ *v* [T] nie wierzyć w: *I see no reason to disbelieve his story.* —**disbelieving** *adj* niedowierzający: *"Really?" said Simon in a disbelieving tone of voice.*

**disc** /dɪsk/ *także* **disk** *AmE* *n* [C] **1** dysk, krążek: *a revolving metal disc* **2** płyta → patrz też COMPACT DISC

**dis·card** /dɪsˈkɑːd/ *v* [T] wyrzucać, pozbywać się: *River birds are often hurt by discarded fishing hooks.*

**dis·charge**[1] /dɪsˈtʃɑːdʒ/ *v* **1** [T] zwalniać, wypisywać: **+ from** *Blanton was discharged from hospital last night.* **2** [I,T] wydzielać (się): *The wound discharged pus* (=z rany sączyła się ropa).

**dis·charge**[2] /ˈdɪstʃɑːdʒ/ *n* **1** [U] zwolnienie: *He got married shortly after his discharge from the army.* **2** [C,U] emisja, wydzielanie: *a discharge of toxic waste*

**di·sci·ple** /dɪˈsaɪpəl/ *n* [C] uczeń/uczennica

**dis·ci·pline**[1] /ˈdɪsəplən/ *n* [U] dyscyplina: *The school has very high standards of discipline.* | *It took him a lot of hard work and discipline to make the Olympic team.*

**discipline**[2] *v* [T] **1** narzucać dyscyplinę: *The Parkers are not very good at disciplining their children.* **2** u/karać (*dyscyplinarnie*): *Offenders will be severely disciplined.*

D

**disc jock·ey** /ˈ. ˌ../ *n* [C] dyskdżokej

**dis·claim** /dɪsˈkleɪm/ *v* [T] *formal* wypierać się —**disclaimer** *n* [C] dementi

**dis·close** /dɪsˈkləʊz/ *v* [T] ujawniać: *The newspaper refused to disclose where their information came from.*

**dis·clo·sure** /dɪsˈkləʊʒə/ *n* [C,U] ujawnienie: *a disclosure of corruption in the mayor's office*

**dis·co** /ˈdɪskəʊ/ *n* [C] dyskoteka

**dis·col·our** /dɪsˈkʌlə/ *BrE*, **discolor** *AmE* *v* [I,T] odbarwiać (się): *Use lemon juice to stop sliced apples from discolouring.* —**discoloration** /dɪsˌkʌləˈreɪʃən/ *n* [C,U] odbarwienie, przebarwienie

**dis·com·fort** /dɪsˈkʌmfət/ *n* **1** [U] bolesność: *Your injury isn't serious, but it may cause some discomfort.* **2** [C] niewygoda: *the discomforts of long distance travel*

**dis·con·nect** /ˌdɪskəˈnekt/ *v* [T] odłączać, rozłączać: *Disconnect the cables before you try to move the computer.*

**dis·con·tent·ed** /ˌdɪskənˈtentəd◂/ *adj* rozczarowany, niezadowolony: **+ with** *After two years, I became discontented with my job.* —**discontent** *n* [U] niezadowolenie

**dis·con·tin·ue** /ˌdɪskənˈtɪnjuː/ *v* [T] wycofywać (*z obiegu, produkcji*): *My favourite lipstick has been discontinued!*

**dis·cord** /ˈdɪskɔːd/ *n* [U] *formal* niezgoda, rozdźwięk: *marital discord*

**dis·count** /ˈdɪskaʊnt/ *n* [C] zniżka, ra-

bat: *Sales start Monday, with discounts of up to 50%.*

**dis·cour·age** /dɪs'kʌrɪdʒ/ *v* [T] zniechęcać: *Don't be discouraged by your results.* | **discourage sb from doing sth** *They're trying to discourage staff from smoking at work.* → antonim ENCOURAGE

**dis·cour·aged** /dɪs'kʌrɪdʒd/ *adj* zniechęcony: *Students may get discouraged* (=mogą się zniechęcić) *if they are criticized too often.* —**discouraging** *adj* zniechęcający



**dis·cov·er** /dɪs'kʌvə/ *v* [T] odkrywać: *Columbus discovered America in 1492.* | **+ who/what/how etc** *Did you ever discover who sent you the flowers?* —**discoverer** *n* [C] odkryw-ca/czyni

**dis·cov·e·ry** /dɪs'kʌvəri/ *n* [C] odkrycie: *the discovery of oil in Texas* | **make a discovery** (=dokonać odkrycia): *Astronomers have made significant discoveries about our galaxy.*

**dis·cred·it** /dɪs'kredᵻt/ *v* [T] z/dyskredytować: *The defense lawyer will try to discredit our witnesses.* —**discredit** *n* [U] kompromitacja

**di·screet** /dɪ'skriːt/ *adj* dyskretny: *It wasn't very discreet of you to call me at the office.* —**discreetly** *adv* dyskretnie

**di·screp·an·cy** /dɪ'skrepənsi/ *n* [C,U] rozbieżność: **+ between** *If there is any discrepancy between the two reports, make a note of it.*

**di·scre·tion** /dɪ'skreʃən/ *n* [U] **1** uznanie: *Promotions are left to the discretion* (=są w gestii) *of the manager.* | **at sb's discretion** (=według czyjegoś uznania): *Tipping is entirely at the customer's discretion.* **2** dyskrecja: *This situation must be handled with discretion.*

**di·scrim·i·nate** /dɪ'skrɪmᵻneɪt/ *v* **1 discriminate against** dyskryminować: *She claims that she has been discriminated against on the grounds of sex.* **2** [I,T] odróżniać, rozróżniać: **+ between** *The child must first learn to discriminate between letters of similar shape.*

**di·scrim·i·nat·ing** /dɪ'skrɪmᵻneɪtɪŋ/ *adj* wyrobiony: *We have a large wine list for those of discriminating taste.*

**di·scrim·i·na·tion** /dɪˌskrɪmᵻ'neɪʃən/ *n* [U] **1** dyskryminacja: *sex discrimination* | **+ against** *discrimination against disabled people in employment* **2** rozeznanie

**dis·cus** /'dɪskəs/ *n* [C singular] **1** dysk **2** rzut dyskiem

**di·scuss** /dɪ'skʌs/ *v* [T] omawiać, prze/dyskutować: *We're meeting today to discuss our science project.* | **discuss sth with sb** *I'd like to discuss this with my father first.*

**di·scus·sion** /dɪ'skʌʃən/ *n* [C,U] dyskusja: **have a discussion (about sth)** *In class that day they had a discussion about the political parties.* | **under discussion** (=omawiany)

**dis·dain** /dɪs'deɪn/ *n* [U] *formal* pogarda: **+ for** *Mason could not conceal his disdain for uneducated people.* —**disdainful** *adj* pogardliwy

**dis·ease** /dɪ'ziːz/ *n* [C,U] choroba: *heart disease* —**diseased** *adj* chory

**dis·em·bark** /ˌdɪsᵻm'bɑːk/ *v* [I] wysiadać z samolotu, schodzić na ląd: *The troops disembarked on the beach at dawn.* —**disembarkation** /ˌdɪsembɑː'keɪʃən/ *n* [U] wysiadanie

**dis·en·tan·gle** /ˌdɪsᵻn'tæŋgəl/ *v* **disentangle yourself (from)** wyplątać się (z)

**dis·fig·ure** /dɪs'fɪgə/ *v* [T] zniekształcać, oszpecać: *His face was badly disfigured in the accident.*

**dis·grace**[1] /dɪs'greɪs/ *n* hańba, kompromitacja: *The food in that place is a disgrace.* | **+ to sb/sth** *Doctors like you are a disgrace to the medical profession.*

**disgrace**[2] *v* [T] s/kompromitować: *How could you disgrace us all like that?*

**dis·grace·ful** /dɪs'greɪsfəl/ *adj* skandaliczny: *Your manners are disgraceful!*

**dis·guise**[1] /dɪs'gaɪz/ *v* [T] **1** przebierać, u/charakteryzować: **disguise yourself as sb/sth** *She disguised herself as a man* (=przebrała się za mężczyznę). **2** ukrywać: *Dan couldn't disguise his feelings for Katie.*

**disguise²** *n* [C,U] przebranie: *The glasses were part of his disguise.* | **in disguise** (=incognito): *He travelled around in disguise.*

**dis·gust¹** /dɪsˈgʌst/ *n* [U] wstręt, obrzydzenie: **with disgust** *Everybody looked at me with disgust.* | **in disgust** *We waited an hour before leaving in disgust* (=zdegustowani).

**disgust²** *v* [T] napawać wstrętem —**disgusted** *adj* zdegustowany: *We felt disgusted by the way we'd been treated.*

**dis·gust·ing** /dɪsˈgʌstɪŋ/ *adj* obrzydliwy, wstrętny: *What is that disgusting smell?*

**dish** /dɪʃ/ *n* [C] **1** półmisek: *a serving dish* | **do the dishes** (=myć naczynia) **2** potrawa: *a wonderful pasta dish*

**dis·heart·ened** /dɪsˈhɑːtnd/ *adj* zrezygnowany, zniechęcony

**dis·heart·en·ing** /dɪsˈhɑːtn-ɪŋ/ *adj* przygnębiający: *It was disheartening to see how little had been done.*

**dis·hon·est** /dɪsˈɒnəst/ *adj* nieuczciwy: *a dishonest politician* —**dishonesty** *n* [U] nieuczciwość —**dishonestly** *adv* nieuczciwie

**dis·hon·our** /dɪsˈɒnə/ *BrE*, **dishonor** *AmE* *n* [U] *formal* hańba: *His behaviour brought dishonour on the family.*

**dis·hon·our·a·ble** /dɪsˈɒnərəbəl/ *BrE*, **dishonorable** *AmE* *adj* haniebny, nikczemny

**dish·wash·er** /ˈdɪʃˌwɒʃə/ *n* [C] zmywarka (do naczyń)

**dis·il·lu·sioned** /ˌdɪsəˈluːʒənd◂/ *adj* rozczarowany —**disillusion** *v* [T] pozbawiać złudzeń —**disillusionment** *n* [U] rozczarowanie

**dis·in·fect** /ˌdɪsənˈfekt/ *v* [T] odkażać, z/dezynfekować —**disinfection** *n* [U] dezynfekcja

**dis·in·fec·tant** /ˌdɪsənˈfektənt/ *n* [C,U] środek dezynfekujący/odkażający

**dis·in·te·grate** /dɪsˈɪntəgreɪt/ *v* [I] rozpadać się: *The whole plane just disintegrated in mid-air.* | *Pam kept the kids when the marriage disintegrated.* —**disintegration** /dɪsˌɪntəˈgreɪʃən/ *n* [U] rozpad, dezintegracja

**dis·in·terest·ed** /dɪsˈɪntrəstəd/ *adj* bezstronny: *As a disinterested observer, who do you think is right?*

**disk** /dɪsk/ *n* [C] **1** dysk, dyskietka **2** amerykańska pisownia wyrazu DISC → patrz też HARD DISK, FLOPPY DISK

**disk drive** /ˈ. ./ *n* [C] stacja/napęd dysków

**dis·kette** /dɪsˈket/ *n* [C] dyskietka

**disk jock·ey** /ˈ. ˌ../ *AmE* *n* [C] dyskdżokej

**dis·like¹** /dɪsˈlaɪk/ *v* [T] nie lubić: *Why do you dislike her so much?*

**dislike²** *n* [C,U] niechęć: **+ of/for** *She shared her mother's dislike of housework.* | **take a dislike to sb/sth** *They took an instant dislike to each other* (=nie przypadli sobie do gustu).

**dis·lo·cate** /ˈdɪsləkeɪt/ *v* [T] zwichnąć: *dislocated shoulder*

**dis·loy·al** /dɪsˈlɔɪəl/ *adj* nielojalny: *He was accused of being disloyal to his country.* —**disloyalty** *n* [U] nielojalność

**dis·mal** /ˈdɪzməl/ *adj* beznadziejny, fatalny: *dismal weather*

**dis·man·tle** /dɪsˈmæntl/ *v* [I,T] rozbierać, z/demontować: *Chris dismantled the bike in five minutes.*

**dis·may** /dɪsˈmeɪ/ *n* [U] konsternacja: *They were filled with dismay by the news.* | *To their dismay the door was locked.* —**dismay** *v* [T] konsternować: *I was dismayed to hear that you were leaving.*

**dis·miss** /dɪsˈmɪs/ *v* [T] **1** odrzucać: **dismiss sth as** *He dismissed the idea as impossible.* **2** *formal* zwalniać z pracy: *If you're late again you'll be dismissed!* **3** puszczać do domu: *Classes will be dismissed early tomorrow.* —**dismissal** *n* [C,U] zwolnienie

**dis·miss·ive** /dɪsˈmɪsɪv/ *adj* lekceważący

**dis·mount** /dɪsˈmaʊnt/ *v* [I] zsiadać: *to dismount from a horse/bicycle/motorcycle*

**dis·o·be·di·ent** /ˌdɪsəˈbiːdiənt/ *adj* nieposłuszny: *a disobedient child* —**disobediently** *adv* nieposłusznie —**disobedience** *n* [U] nieposłuszeństwo

D

**dis·o·bey** /ˌdɪsəˈbeɪ/ *v* [I,T] nie słuchać: *She would never disobey her parents.*

**dis·or·der** /dɪsˈɔːdə/ *n* **1** [U] bałagan, nieporządek: *The house was in a state of complete disorder.* **2 civil/public disorder** niepokoje społeczne, rozruchy **3** [C] schorzenie, zaburzenie: *a rare liver disorder*

**dis·or·der·ly** /dɪsˈɔːdəli/ *adj* **1** bezładny, nieporządny: *clothes left in a disorderly heap* **2** chuligański: *Jerry was charged with being drunk and disorderly* (=został oskarżony o zakłócenie porządku publicznego pod wpływem alkoholu). —**disorderliness** *n* [U] zakłócanie porządku publicznego

**dis·or·gan·ized** /dɪsˈɔːgənaɪzd/ (*także* **-ised** *BrE*) *adj* zdezorganizowany, chaotyczny: *The whole meeting was completely disorganized.* —**disorganization** /dɪsˌɔːgənaɪˈzeɪʃən/ *n* [U] dezorganizacja

**dis·or·ien·tat·ed** /dɪsˈɔːriənteɪtɪ̸d/ *BrE*, **dis·or·i·ent·ed** /dɪsˈɔːrientɪ̸d/ *AmE adj* zdezorientowany: *I'm completely disorientated. Which direction are we heading in?* —**disorientation** /dɪsˌɔːriənˈteɪʃən/ *n* [U] dezorientacja

**dis·own** /dɪsˈəʊn/ *v* [T] wyrzekać się, wypierać się: *His family disowned him when he decided to marry an actress.*

**di·spar·a·ging** /dɪˈspærədʒɪŋ/ *adj* lekceważący, pogardliwy

**di·spar·i·ty** /dɪˈspærɪ̸ti/ *n* [C,U] *formal* nierówność: **+ in/between** *the disparities between rich and poor*

**dis·pas·sion·ate** /dɪsˈpæʃənɪ̸t/ *adj* trzeźwy, obiektywny: *a dispassionate opinion*

**di·spatch**[1] /dɪˈspætʃ/ (*także* **despatch** *BrE*) *v* [T] wysyłać, posyłać: *The packages were dispatched yesterday.*

**dispatch**[2] (*także* **despatch** *BrE*) *n* [C] depesza, doniesienie

**di·spel** /dɪˈspel/ *v* **-lled, -lling** [T] *formal* rozwiewać: *Mark's calm words dispelled our fears.*

**di·spense** /dɪˈspens/ *v* [T] wydawać: *The machines in the hall dispense drinks.*

**dispense with** sth *phr v* [T] obywać się bez, pozbywać się: *Your new computer dispenses with the need for a secretary.*

**di·spens·er** /dɪˈspensə/ *n* [C] automat, dozownik: *a drinks dispenser* | *a cash dispenser* (=bankomat)

**di·sperse** /dɪˈspɜːs/ *v* **1** [I] rozpraszać się, rozchodzić się: *Slowly, the crowds began to disperse.* **2** [T] rozpędzać: *The wind dispersed the smoke.* | *Police used tear gas to disperse the crowd.*

**di·spir·it·ed** /dɪˈspɪrɪ̸tɪ̸d/ *adj* zrezygnowany, zniechęcony

**dis·place** /dɪsˈpleɪs/ *v* [T] **1** wypierać, zastępować: *Coal has been displaced by natural gas as a major source of energy.* **2** wysiedlać: *Over a million people had been displaced by the war.* —**displacement** *n* [U] wysiedlenie

**di·splay**[1] /dɪˈspleɪ/ *n* **1** [C,U] wystawa: **be on display** *A collection of African masks will be on display till the end of the month.* **2** pokaz: *a military display* | *a firework display* | *an impressive display of skill*

**display**[2] *v* [T] **1** wystawiać, eksponować: *tables displaying pottery* **2** okazywać: *He displayed no emotion at Helen's funeral.*

**dis·pleased** /dɪsˈpliːzd/ *adj formal* niezadowolony: *His Majesty was very displeased.*

**dis·pos·a·ble** /dɪˈspəʊzəbəl/ *adj* jednorazowy: *a disposable toothbrush*

**dis·pos·al** /dɪˈspəʊzəl/ *n* **1** [U] usuwanie, likwidacja: **+ of** *the safe disposal of radioactive waste* **2 be at sb's disposal** być do czyjejś dyspozycji: *My car and driver are at your disposal.*

**dis·pose** /dɪˈspəʊz/ *v*

**dispose of** sth *phr v* [T] **1** pozbywać się: *How did the killer dispose of his victims' bodies?* **2** uporać się z, po/radzić sobie z: *The court quickly disposed of the case.*

**dis·pro·por·tion·ate** /ˌdɪsprəˈpɔːʃənɪ̸t◂/ *adj* niewspółmierny, nieproporcjonalny: *The movie has received a disproportionate amount of publicity.*

**dis·prove** /dɪsˈpruːv/ *v* [T] obalać, odpierać: *Lane was unable to disprove the accusation.*

**di·spute**[1] /dɪˈspjuːt/ *n* [C,U] **1** spór: *a pay dispute* | **be in dispute (with sb)** (=spierać się (z kimś)): *Some of the players are in dispute with club owners.* **2 open to dispute** dyskusyjny: *The results of this research are still open to dispute.*

**dispute**[2] *v* [T] za/kwestionować: *The main facts of Morton's book have never been disputed.*

**dis·qual·i·fy** /dɪsˈkwɒlɪfaɪ/ *v* [T] z/dyskwalifikować: **+ from** *Schumacher was disqualified from the race.* —**disqualification** /dɪsˌkwɒlɪfɪˈkeɪʃən/ *n* [C,U] dyskwalifikacja

**dis·re·gard** /ˌdɪsrɪˈgɑːd/ *v* [T] z/ignorować, nie zważać na: *The judge ordered us to disregard the witness's last statement.* —**disregard** *n* [U] lekceważenie

**dis·re·pair** /ˌdɪsrɪˈpeə/ *n* [U] **fall into disrepair** popadać w ruinę: *The old house has been allowed to fall into disrepair.*

**dis·rep·u·ta·ble** /dɪsˈrepjʊtəbəl/ *adj* podejrzany, o złej reputacji: *a slightly disreputable establishment*

**dis·re·spect** /ˌdɪsrɪˈspekt/ *n* [U] brak szacunku

**dis·re·spect·ful** /ˌdɪsrɪˈspektfəl/ *adj* lekceważący

**dis·rupt** /dɪsˈrʌpt/ *v* [T] zakłócać: *Traffic will be severely disrupted by road works.* —**disruptive** *adj* zakłócający spokój: *The child was disruptive in class.* —**disruption** *n* [C,U] zakłócenie

**dis·sat·is·fied** /dɪˈsætɪsfaɪd/ *adj* niezadowolony, rozczarowany: **+ with** *If you are dissatisfied with this product, please return it for a full refund.* —**dissatisfaction** /dɪˌsætɪsˈfækʃən/ *n* [U] niezadowolenie

**dis·sect** /dɪˈsekt/ *v* [T] przeprowadzać sekcję na

**dis·sent** /dɪˈsent/ *n* [U] różnice zdań: *political dissent* —**dissenter** *n* [C] dysydent/ka

**dis·ser·ta·tion** /ˌdɪsəˈteɪʃən/ *n* [C] rozprawa, dysertacja

**dis·ser·vice** /dɪˈsɜːvɪs/ *n* [U singular] **do sb a disservice** za/szkodzić komuś, działać na czyjąś szkodę: *The new laws have done young people a great disservice.*

**dis·si·dent** /ˈdɪsɪdənt/ *n* [C] dysydent/ka, opozycjonist-a/ka

**dis·sim·i·lar** /dɪˈsɪmɪlə/ *adj* odmienny, różny —**dissimilarity** /dɪˌsɪmɪˈlærɪti/ *n* [C,U] odmienność

**dis·so·ci·ate** /dɪˈsəʊʃieɪt/ *także* **dis·as·so·ci·ate** /ˌdɪsəˈsəʊ-/ *v* [T] **dissociate yourself from** odcinać się od: *The company dissociated itself from the comments made by Mr Hoffman.*

**dis·solve** /dɪˈzɒlv/ *v* **1** [I,T] rozpuszczać (się): *Dissolve the tablets in warm water.* **2** [T] rozwiązywać: *All trade unions were dissolved.* **3** [I] rozwiewać się: *Our fears gradually dissolved.*

**dis·suade** /dɪˈsweɪd/ *v* [T] *formal* **dissuade sb from (doing) sth** odwieść kogoś od czegoś, wyperswadować komuś coś: *I wish I could have dissuaded Rob from his plan.*

**dis·tance**[1] /ˈdɪstəns/ *n* **1** [C,U] odległość: **short/long distance** *It's just a short distance* (=jest bardzo blisko) *from here to the restaurant.* | **in the distance** (=w oddali): *I glimpsed George's red shirt in the distance.* | **at/from a distance** *The detective followed him at a distance* (=w pewnej odległości). **2 within walking/driving distance** w pobliżu: *The lake is within walking distance of my house.* **3 keep your distance a)** zachowywać dystans: *Managers should keep their distance from employees.* **b)** trzymać się z daleka: *It's not a very friendly area. The neighbours keep their distance.*

**distance**[2] *v* **distance yourself** odcinać się, z/dystansować się: *The party is distancing itself from its violent past.*

**dis·tant** /ˈdɪstənt/ *adj* **1** odległy: *the distant hills* | *in the distant past* **2** daleki: *a distant cousin*

**dis·taste** /dɪsˈteɪst/ *n* [U singular] niechęć, niesmak: **+ for** *a distaste for modern art*

**dis·taste·ful** /dɪsˈteɪstfəl/ *adj* przykry, niesmaczny: *I just want to forget the whole distasteful episode.*

D

**dis·til** /dɪˈstɪl/ *BrE*, **distill** *AmE v* [T] **-lled, -lling** destylować: *distilled water* —**distillation** /ˌdɪstəˈleɪʃən/ *n* [C,U] destylacja

**dis·til·le·ry** /dɪˈstɪləri/ *n* [C] gorzelnia

**dis·tinct** /dɪˈstɪŋkt/ *adj* **1** odrębny, oddzielny: *Two entirely distinct languages are spoken in the region.* **2** wyraźny: *A distinct smell of burning came from the kitchen.* —**distinctly** *adv* wyraźnie

**dis·tinc·tion** /dɪˈstɪŋkʃən/ *n* **1** [C] różnica, rozróżnienie: **+ between** *the distinction between fiction and reality* | **make/draw a distinction** (=rozróżniać): *The author draws a distinction between "crime" and "sin".* **2** [C] wyróżnienie: *Sol had the distinction of leading the delegation.* **3 of distinction** wybitny: *an artist of great distinction*

**dis·tinc·tive** /dɪˈstɪŋktɪv/ *adj* charakterystyczny: *Chris has a very distinctive laugh.*

**dis·tin·guish** /dɪˈstɪŋgwɪʃ/ *v* **1** [I,T] rozróżniać: **+ between** *Young children often can't distinguish between TV programs and commercials.* **2** [T] rozpoznawać: *The light was too dim for me to distinguish anything clearly.* **3** [T] odróżniać: *Brightly coloured feathers distinguish the male peacock from the female.* **4 distinguish yourself** wyróżniać się: *He distinguished himself in his final examination.* —**distinguishable** *adj* dostrzegalny, zauważalny

**dis·tin·guished** /dɪˈstɪŋgwɪʃt/ *adj* wybitny, znakomity: *a distinguished medical career*

**dis·tort** /dɪˈstɔːt/ *v* [T] zniekształcać, wypaczać: *Journalists distorted what he actually said.* | *Her thick glasses seemed to distort her eyes.* —**distortion** *n* [C,U] zniekształcenie, wypaczenie

**dis·tract** /dɪˈstrækt/ *v* [T] rozpraszać: *Don't distract me while I'm driving!* | **distract sb from sth** (=odrywać czyjąś uwagę od czegoś): *Charles is easily distracted from his studies.* —**distracted** *adj* roztargniony, nieuważny

**dis·trac·tion** /dɪˈstrækʃən/ *n* **1** [C,U] coś, co rozprasza: *I can't study at home – there are too many distractions* (=zbyt wiele rzeczy mnie rozprasza). **2** [C] rozrywka

**dis·traught** /dɪˈstrɔːt/ *adj* zrozpaczony: *A policewoman was trying to calm the boy's distraught mother.*

**dis·tress** /dɪˈstres/ *n* [U] rozpacz: *Children suffer emotional distress when their parents divorce.*

**dis·tress·ing** /dɪˈstresɪŋ/ *adj* przykry: *a distressing experience*

**dis·trib·ute** /dɪˈstrɪbjuːt/ *v* [T] **1** rozdzielać, rozdawać: *Can you distribute copies of the report to everyone?* **2** rozprowadzać: *The tape costs $19.95 and is distributed by American Video.* —**distribution** /ˌdɪstrəˈbjuːʃən/ *n* [U] dystrybucja, rozdział

**dis·trib·u·tor** /dɪˈstrɪbjətə/ *n* [C] dystrybutor/ka

**dis·trict** /ˈdɪstrɪkt/ *n* [C] dzielnica, okręg: *a pleasant suburban district*

**district at·tor·ney** /ˌ.. .ˈ../ *n* [C] *AmE* prokurator rejonowy

**dis·trust**[1] /dɪsˈtrʌst/ *n* [U] nieufność: **+ of** *There's a certain distrust of technology among older people.* —**distrustful** *adj* nieufny, podejrzliwy

**distrust**[2] *v* [T] nie ufać, nie dowierzać: *Meg had always distrusted banks.*

**dis·turb** /dɪˈstɜːb/ *v* [T] **1** przeszkadzać: *Josh told me not to disturb him before ten.* **2** za/niepokoić: *There were several things about the situation that disturbed him.*

**dis·turb·ance** /dɪˈstɜːbəns/ *n* **1** [C,U] zakłócenie: *People are complaining about the disturbance caused by the roadworks.* **2** [C] zakłócenie porządku: *The police arrested three men for creating a disturbance at the bar.*

**dis·turbed** /dɪˈstɜːbd/ *adj* niezrównoważony

**dis·turb·ing** /dɪˈstɜːbɪŋ/ *adj* niepokojący: *a disturbing increase in violent crime*

**ditch**[1] /dɪtʃ/ *n* [C] rów, kanał

**ditch**[2] *v* [T] *informal* pozbyć się: *The team ditched their latest coach.*

**dith·er** /ˈdɪðə/ *v* [I] nie móc się zdecydować: *She dithered over what to wear.*

**dit·to** /ˈdɪtəʊ/ *adv* tak samo, tudzież: *There's a meeting on March 2nd, ditto on April 6th.* | *"I love pizza!" "Ditto* (=ja też)*!"*

**dive**[1] /daɪv/ *v* **dived, diving** [I] **1** skakać do wody, za/nurkować: **+ into** *Harry dived into the swimming pool.* **2** nurkować: *They are diving for gold from the Spanish wreck.* **3** pikować: *The plane dived towards the sea.* —**diving** *n* [U] nurkowanie, skoki do wody

**dive**[2] *n* [C] **1** skok do wody **2** *informal* spelunka: *We ate at some dive out by the airport.*

**div·er** /ˈdaɪvə/ *n* [C] nurek: *a scuba diver* (=płetwonurek)

**di·verge** /daɪˈvɜːdʒ/ *v* [I] rozchodzić się: *At this point the two explanations diverge.* —**divergence** *n* [C,U] rozbieżność —**divergent** *adj* rozbieżny

**di·verse** /daɪˈvɜːs/ *adj formal* rozmaity, różnorodny: *London is home to people of many diverse cultures.* —**diversity** *n* [U] rozmaitość, różnorodność

**di·ver·sion** /daɪˈvɜːʃən/ *n* [C] *BrE* objazd

**di·vert** /daɪˈvɜːt/ *v* [T] **1** skierowywać: *Traffic is being diverted* (=jest kierowany objazdem) *to avoid the accident.* | *Huge salaries for managers divert money from patient care* (=powodują zmniejszenie nakładów na opiekę nad chorymi). **2 divert (sb's) attention from** odwracać (czyjąś) uwagę od: *Tax cuts diverted people's attention from the real economic problems.*

**di·vide** /dəˈvaɪd/ *v* **1** [I,T] po/dzielić (się): *15 divided by five is three.* | **divide sth into** *The teacher divided the class into groups.* | **divide sth between/among** *Divide the fruit mixture among four glasses.* | **be divided over** *Experts are bitterly divided* (=opinie ekspertów są głęboko podzielone) *over what to do.* **2** [T] oddzielać: **divide sth from** *A curtain divided his sleeping area from the rest of the room.* **3** *także* **divide up** [T] rozdzielać, dzielić: **divide sth between/among** *How do you divide your time between work and family?*

**div·i·dend** /ˈdɪvədənd/ *n* [C] **1** dywidenda **2 pay dividends** za/procentować

**di·vine** /dəˈvaɪn/ *adj* boski, boży: *praying for divine guidance*

**di·vin·i·ty** /dəˈvɪnəti/ *n* [U] teologia

**di·vi·sion** /dəˈvɪʒən/ *n* **1** [C,U] podział: *the division of Germany* | *deep divisions in the Socialist party* | **+ between** *a division between public and private life* **2** [U] dzielenie → porównaj MULTIPLICATION **3** [C] dział, oddział, wydział: *the financial division of the company* **4** dywizja

**di·vorce**[1] /dəˈvɔːs/ *n* [C,U] rozwód: *In Britain, one in three marriages ends in divorce.*

**divorce**[2] *v* [I,T] rozwodzić się (z): *She divorced Malcolm for cruelty.* | **get divorced** (=rozwodzić się): *Ben's parents got divorced when he was nine.* —**divorced** *adj* rozwiedziony: *Her parents are divorced.*

> **UWAGA divorce**
>
> Kiedy chcemy powiedzieć, że ktoś 'rozwodzi się', używamy czasownika **divorce** lub zwrotów **to get a divorce** i **to get divorced**: *Petra's parents divorced when she was about seven years old.* | *It took my sister almost a year to get a divorce.* | *I had just turned ten when my parents got divorced.* Kiedy chcemy powiedzieć, że ktoś 'rozwodzi się z kimś', używamy zwrotu **to divorce sb** lub **to get a divorce from sb**: *She divorced her husband six months ago.* | *Steve says he will marry me if I can get a divorce from my husband.*

**di·vor·cée** /dəˌvɔːˈsiː/ *n* [C] rozwodnik, rozwódka

**DIY** /ˌdiː aɪ ˈwaɪ/ *n* [U] *BrE* DO-IT-YOURSELF

**diz·zy** /ˈdɪzi/ *adj* **feel dizzy** mieć zawroty głowy: *She feels dizzy when she stands up.* —**dizziness** *n* [U] zawroty głowy

**DNA** /ˌdiː en ˈeɪ/ *n* [U] DNA

**do¹** /duː/ *auxiliary verb* **did, done, doing 1** służy do tworzenia pytań i przeczeń: *What did you say?* | *Mark doesn't work here any more.* **2** *spoken* służy do tworzenia QUESTION TAGS: *You went to London at the weekend, didn't you* (=prawda)? | *Her dress looks great, doesn't it?* **3** służy do zaakcentowania czasownika głównego: *I did tell you* (=na pewno ci mówiłem) – *you obviously forgot!* | *He really did enjoy the trip* (=naprawdę mu się podobało na wycieczce). **4** zastępuje poprzednio użyty czasownik: *She eats a lot more than I do* (=ona je dużo więcej niż ja). | **so/neither do I** (=ja też/też nie): *She feels really angry and so do I* (=i ja też (jestem zły)). | *Paul didn't like the play and neither did I* (=i mnie też (się) nie (podobała)). → patrz ramka DO

D

**do²** *v* **did, done, doing 1** [T] z/robić: *What are you doing?* | *Have you done your homework yet?* **2 do well/badly** dobrze/źle sobie radzić: *Neil has done much better at school this year.* **3 do sb good** dobrze komuś zrobić: *Let's go to the beach. Come on, it will do you good.* **4 do your hair** u/czesać się **5 do your nails** po/malować sobie paznokcie **6 what do you do?** *spoken* czym się zajmujesz? **7 will/would do** *especially spoken* może być: *The recipe says to use butter but vegetable oil will do.* **8** [T] jechać z prędkością: *That idiot must be doing at least 100 miles an hour!* → patrz ramka DO

**do away with** *phr v* [T] *informal* z/likwidować, pozbywać się: *The government are planning to do away with this tax altogether.*

**do** sb **in** *phr v* [T] *informal* załatwić (*zabić*)

**do up** *phr v* [I,T **do** sth ↔ **up**] **1** zapinać (się), za/wiązać (się): *The skirt does up at the back.* | *Robbie can't do his shoelaces up yet.* **2** odnawiać, od/remontować: *They've done up the old house beautifully.*

**do with** sth *phr v* **1 be/have to do with** traktować o, mieć związek z: *The lecture is to do with new theories in physics.* | *Jack's job is something to do with television.* **2 could do with** potrzebować: *I could do with a drink* (=muszę się napić).

**do without** *phr v* **1** [I,T **do without** sth] obywać się (bez): *We couldn't do without the car.* **2 could do without** *spoken* mieć dość: *I could do without all this hassle at work.*

**do³** *n* [C] *informal* impreza: *Jodie's having a big do for her birthday.*

**do·cile** /ˈdəʊsaɪl/ *adj* potulny: *a docile animal*

**dock¹** /dɒk/ *n* **1** [C] nabrzeże **2 the dock** *BrE* ława oskarżonych

**dock²** *v* [I] dobijać do brzegu, za/cumować

**doc·tor¹** /ˈdɒktə/ *n* [C] **1** leka-rz/rka: *You should see a doctor about that cough.* **2** doktor: *a Doctor of Philosophy*

**doctor²** *v* [T] s/fałszować, s/preparować: *Do you think the police doctored the evidence?*

**doc·tor·ate** /ˈdɒktərˌt/ *n* [C] doktorat

**doc·trine** /ˈdɒktrˌn/ *n* [C,U] doktryna

**doc·u·ment¹** /ˈdɒkjᵘmənt/ *n* [C] dokument: *legal documents*

**doc·u·ment²** /ˈdɒkjᵘment/ *v* [T] ukazywać: *The programme documents the life of a teenage mother.*

**doc·u·men·ta·ry** /ˌdɒkjᵘˈmentəri◂/ *n* [C] film dokumentalny, dokument: *a documentary about homeless people*

**doc·u·men·ta·tion** /ˌdɒkjᵘmənˈteɪʃən/ *n* [U] dokumentacja

**dodge** /dɒdʒ/ *v* **1** [I,T] uchylać się (przed): *He managed to dodge the other man's fists.* **2** [T] uchylać się przed, unikać: *The President was accused of deliberately dodging the issue.*

**does** /dəz/ *v* trzecia osoba liczby pojedynczej czasu teraźniejszego od DO

**does·n't** /ˈdʌznt/ *v* forma ściągnięta od "does not"

**dog** /dɒg/ *n* [C] pies: *a guard dog* | *I'm just off to walk the dog.*

**dog-eared** /ˈ. ./ *adj* zniszczony: *a dog-eared book*

## DO

Jako zwykły czasownik **do** jest odpowiednikiem polskiego „robić":

*You must **do** it now.* *What is she **doing**?* *Who **did** that?*

Jako czasownika posiłkowego używamy **do** w czasach Present Simple i Past Simple

**1** do tworzenia pytań i przeczeń:

***Do** you know this man?* *He **doesn't** understand.*

***Did** they tell you about it?* *We **didn't** see her.*

**2** dla podkreślenia twierdzenia:

*I **do** apologise.* („Naprawdę bardzo przepraszam.")

*He **did** seem tired.* („Rzeczywiście wydawał się zmęczony.")

**3** dla wzmocnienia polecenia lub prośby:

***Do** be quiet!* („Bądźże cicho!")

***Do** stay a little longer, please!* („Proszę, zostań jeszcze trochę.")

**4** w zastępstwie użytego wcześniej czasownika:

**a** w krótkich odpowiedziach

*'Did he phone?' – 'Yes, he **did**./No, he **didn't**'.* („Dzwonił?" – „Tak./Nie.")

**b** dla potwierdzenia lub zaprzeczenia wyrażonej przez kogoś opinii:

*'She dances very well.' – 'Yes, she **does**./No, she **doesn't**.'* („Ona bardzo dobrze tańczy." – „Owszem./Wcale nie.")

**c** w tzw. Question Tags:

*You don't like him, **do** you?* („Nie lubisz go, prawda?")

**d** w porównaniach dotyczących czynności:

*We work harder than they **do**.* („Pracujemy ciężej niż oni.")

**e** w uwagach na końcu zdania:

*He didn't want to go, but I **did**.* („On nie chciał iść, ale ja chciałam.")

### Odmiana

Czas teraźniejszy

| Twierdzenia: | Przeczenia: |
|---|---|
| *I do* | *I do not/I don't* |
| *you do* | *you do not/you don't* |
| *he does* | *he does not/he doesn't* |
| *she does* | *she does not/she doesn't* |
| *it does* | *it does not/it doesn't* |
| *we do* | *we do not/we don't* |
| *they do* | *they do not/they don't* |
| **Pytania:** | **Pytania przeczące:** |
| *do I?, do you?, does he?* itd. | *don't I?, don't you?, doesn't he?* itd. |

***ciąg dalszy na odwrocie ...***

***... kontynuacja z poprzedniej strony***

Czas przeszły

Twierdzenia: *did (wszystkie osoby)*

Przeczenia: *did not/didn't (wszystkie osoby)*

Pytania: *did I?, did you?, did he?* itd.

Pytania przeczące: *didn't I?, didn't you?, didn't he?* itd.

patrz też: ***Auxiliary Verbs, Past Simple, Present Simple, Question Tags, Verb***

**dog·ma** /ˈdɒgmə/ *n* [C,U] dogmat: *religious dogma*

**dog·mat·ic** /dɒgˈmætɪk/ *adj* dogmatyczny —**dogmatically** *adv* dogmatycznie

**dogs·bod·y** /ˈdɒgzˌbɒdi/ *n* [C] *BrE informal* posługacz/ka, popychadło: *I'm just the office dogsbody.*

**do·ing** /ˈduːɪŋ/ imiesłów czynny od DO

**do-it-your·self** /ˌ. . .ˈ.◂ / *n* [U] majsterkowanie, zrób to sam

**dole**[1] /dəʊl/ *n* [U] *BrE* zasiłek (dla bezrobotnych): **be on the dole** *I've been on the dole for six months.*

**dole**[2] *v*

**dole** sth ↔ **out** *phr v* [T] wydzielać: *Dad began doling out porridge from the saucepan.*

**doll** /dɒl/ *n* [C] lalka

**dol·lar** /ˈdɒlə/ *n* [C] dolar: *The company has a $7 million debt.*

**dol·phin** /ˈdɒlfɪn/ *n* [C] delfin

**do·main** /dəˈmeɪn/ *n* [C] *formal* domena: *Politics has traditionally been a male domain.* | *The problem is outside the domain of medical science.*

**dome** /dəʊm/ *n* [C] kopuła

**do·mes·tic** /dəˈmestɪk/ *adj* **1** wewnętrzny: *Canada's domestic affairs* **2** krajowy: *domestic flights* **3** domowy: *a victim of domestic violence* | *a domestic animal*

**do·mes·ti·cat·ed** /dəˈmestɪkeɪtɪd/ *adj* udomowiony, oswojony

**dom·i·nant** /ˈdɒmɪnənt/ *adj* **1** główny: *TV news is the dominant source of information in our society.* **2** dominujący: *a dominant personality*

**dom·i·nate** /ˈdɒmɪneɪt/ *v* [I,T] z/dominować: *For sixty years France had dominated Europe.* | *The murder trial has been dominating the news this week.* —**domination** /ˌdɒmɪˈneɪʃən/ *n* [U] zwierzchnictwo, dominacja

**dom·i·neer·ing** /ˌdɒmɪˈnɪərɪŋ◂ / *adj* apodyktyczny: *a domineering father*

**dom·i·no** /ˈdɒmɪnəʊ/ *n plural* **dominoes** **1** [C] kostka domino **2 dominoes** [U] domino

**don** /dɒn/ *n* [C] *BrE* nauczyciel akademicki w Oksfordzie lub Cambridge

**do·nate** /dəʊˈneɪt/ *v* [T] ofiarować: *Our school donated £500 to the Red Cross.*

**do·na·tion** /dəʊˈneɪʃən/ *n* [C,U] darowizna, datek: **make a donation** *Please make a donation to UNICEF.*

**done**[1] /dʌn/ *v* imiesłów bierny od DO

**done**[2] *adj* **1** skończony: *The job's nearly done.* **2** gotowy: *I think the hamburgers are done.* **3 done!** *spoken* zgoda!: *"I'll give you £15 for it." "Done!"* **4 done for** *spoken informal* skończony: *If we get caught, we're done for* (=jak nas złapią, to po nas).

**don·key** /ˈdɒŋki/ *n* [C] osioł

**do·nor** /ˈdəʊnə/ *n* [C] **1** ofiarodawca: *The Museum received $10,000 from an anonymous donor.* **2** dawca: *a blood/kidney donor*

**don't** /dəʊnt/ forma ściągnięta od "do not": *I don't know.*

**do·nut** /ˈdəʊnʌt/ *n* [C] pączek

**doo·dle** /ˈduːdl/ *v* [I] rysować esy-floresy: *I spent most of the class doodling in my notebook.*

**doom**[1] /duːm/ *n* [U] fatum: *a sense of*

*impending doom* (=przeczucie zbliżającej się katastrofy)

**doom²** *v* [T] **be doomed to (do) sth** być skazanym na coś: *The plan was doomed to failure.* —**doomed** *adj*: *The mission was doomed from the start* (=od początku była skazana na niepowodzenie).

**door** /dɔː/ *n* **1** [C] drzwi: *Will you shut the door please.* | *I'll lock the back door on my way out.* | *Lisa ran through the door into the garden.* **2 next door** obok, po sąsiedzku: *the people who live next door* **3 at the door** za/pod drzwiami: *There is someone at the front door; can you answer it please?* **4 answer/get the door** otworzyć drzwi **5 door to door** od domu do domu: *a door-to-door salesman* (=domokrążca)

**door·bell** /ˈdɔːbel/ *n* [C] dzwonek (*u drzwi*)

**door han·dle** /ˈ. ˌ../ *także* **door·knob** /ˈdɔnɒb/ *n* [C] klamka

**door·man** /ˈdɔːmæn/ *n* [C] odźwierny

**door·step** /ˈdɔːstep/ *n* **1** [C] próg **2 on your doorstep** tuż za progiem: *Wow! The beach is right on your doorstep!*

**door·way** /ˈdɔːweɪ/ *n* [C] wejście: *She stood in the doorway* (=w drzwiach), *unable to decide whether or not to go in.*

**dope¹** /dəʊp/ *n* [U] *informal* narkotyk (*szczególnie marihuana*)

**dope²** *v także* **dope up** [T] *informal* odurzać: *They have to dope the lions before they can catch them.*

**dor·mant** /ˈdɔːmənt/ *adj* uśpiony: *a dormant volcano* (=drzemiący wulkan)

**dor·mi·to·ry** /ˈdɔːmɪ̵̆təri/ *także* **dorm** *informal n* [C] **1** sala sypialna **2** *AmE* dom studencki, akademik

**dos·age** /ˈdəʊsɪdʒ/ *n* [C] dawka, dawkowanie: *Do not exceed the stated dosage.*

**dose¹** /dəʊs/ *n* [C] dawka: *One dose of this should get rid of the problem.* | **in small doses** (=na krótko): *She's OK in small doses, but I wouldn't like to work with her.*

**dose²** *v także* **dose up** [T] za/aplikować: *Dose yourself up with vitamin C if you think you're getting a cold.*

**dos·si·er** /ˈdɒsieɪ/ *n* [C] akta, kartoteka: *The police keep dossiers on all suspected criminals.*

**dot¹** /dɒt/ *n* **1** [C] kropka, punkt: *The stars look like small dots of light in the sky.* **2 on the dot** *informal* co do minuty: *Penny arrived at nine o'clock on the dot.*

**dot²** *v* [T] **-tted, -tting** rozsiać: **+ around** *The company now has over 20 stores dotted around the country.*

**dote** /dəʊt/ *v*

**dote on** sb/sth *phr v* [T] nie widzieć świata poza: *Steve dotes on his son.* —**doting** *adj* [only before noun] kochający: *He was spoiled by his doting mother.*

**dot·ted line** /ˌ.. ˈ./ *n* **1** [C] linia kropkowana: *Cut along the dotted lines.* **2 sign on the dotted line** *informal* podpisać się pod czymś (*wyrazić zgodę*)

**dot·ty** /ˈdɒti/ *adj informal, especially BrE* stuknięty

**doub·le¹** /ˈdʌbəl/ *adj* **1** podwójny: *I'll have a double whiskey, please.* | *double doors* | *a double garage* **2** dwuosobowy: *a double room* | *a double bed*

**double²** *v* [I,T] podwajać: *They offered to double my salary if I stayed with the company.* | **+ in** *Our puppy has doubled in size since we bought it.*

**double as** sb/sth *także* **double up as** sb/sth *phr v* [T] pełnić równocześnie funkcję: *The sofa doubles as a bed.* | *The bar owner doubles up as the town sheriff.*

**double up** *także* **double over** *phr v* [I,T **double** sb **up/over**] skręcać (się): *The whole audience was doubled up with laughter.*

**double³** *n* sobowtór: *I was sure it was Jane I saw in the pub last night, but perhaps it was her double.*

**double⁴** *determiner* **double the amount** dwa razy więcej (niż): *The necklace is worth double the amount we paid for it.*

**double bass** /ˌdʌbəl ˈbeɪs/ *n* [C] kontrabas

**double-breast·ed** /ˌ.. ˈ..◂/ *adj* dwurzędowy: *a double-breasted jacket*

D

**double-check** /ˌ.. './ *v* [I,T] upewnić się: *I think I turned off the oven, but I'll double-check.*

**double-deck·er** /ˌ.. '..◂ / *n* [C] autobus piętrowy

**double glaz·ing** /ˌ.. '../ *n* [U] *especially BrE* podwójne szyby

**double life** /ˌ.. './ *n* [C] podwójne życie: *a double life as a spy*

**doub·les** /'dʌbəlz/ *n* [U] debel

**doub·ly** /'dʌbli/ *adv* podwójnie: *doubly painful* | *Rita was doubly distrusted, as a woman and as a foreigner.*

D

**doubt**[1] /daʊt/ *n* **1** [C,U] wątpliwość: **+ about** *Dad's always had serious doubts about my boyfriend.* | **there is/I have no doubt that** *There was no doubt that* (=nie było wątpliwości co do tego, że) *the witness was telling the truth.* **2 be in doubt** nie być pewnym: *Sonia was in doubt about what to do.* **3 no doubt** *especially spoken* niewątpliwie: *No doubt he's married by now.* **4 no doubt about it** *spoken* co do tego nie ma wątpliwości: *Tommy's a great manager – no doubt about it.* **5 without doubt** *especially spoken* bez wątpienia: *He is, without doubt, the most annoying person I know!*

**doubt**[2] *v* [T] **1** wątpić w: *Do you doubt her story?* | **+ (that)** *I doubt* (=wątpię, czy) *it will make any difference.* **2** *formal* nie dowierzać, mieć wątpliwości co do: *I sometimes doubt her motives for being so friendly.*

**doubt·ful** /'daʊtfəl/ *adj* wątpliwy, niepewny: **+ that** *It's doubtful that we'll go abroad this year.* | *a doubtful claim* —**doubtfully** *adv* z powątpiewaniem

**doubt·less** /'daʊtləs/ *adv* niewątpliwie: *There will doubtless be someone at the party that you know.*

**dough** /dəʊ/ *n* [U] ciasto

**dough·nut** /'dəʊnʌt/ *także* **donut** *n* [C] pączek

**dour** /dʊə/ *adj* srogi: *a dour expression*

**dove** /dʌv/ *n* [C] gołąb(ek)

**down**[1] /daʊn/ *adv, prep* **1** na dole, w/na dół: *James is down in the cellar.* | *Lorraine bent down* (=schyliła się) *to kiss the little boy.* | *We ran down the hill* (=zbiegliśmy ze wzgórza). **2** służy do wyrażenia obniżającego się poziomu, stopnia itp.: *Slow down* (=zwolnij)*! You're going too fast.* | *Exports are down* (=eksport spadł) *this year by 10%.* **3** na południ-e/u: *Gail's driving down to London to see her brother.* **4 write/note/take sth down** zapisać/zanotować coś: *Write down your answers on a separate sheet.* | *Can I take down the details please?*

**down**[2] *adj* [not before noun] **1** nieszczęśliwy: *I've never seen Brett looking so down.* **2** zepsuty: *The computer is down again.*

**down**[3] *n* [U] puch, meszek

**down-and-out** /ˌ.. '.◂ / *n* [C] kloszard, bezdomny

**down·cast** /'daʊnkɑːst/ *adj* przygnębiony, przybity: *The team were understandably downcast after their 4-0 defeat.*

**down·fall** /'daʊnfɔːl/ *n* [singular] upadek: *Greed will be his downfall* (=chciwość go zniszczy).

**down·grade** /'daʊngreɪd/ *v* [T] z/degradować: *Scott may be downgraded to assistant manager.*

**down·heart·ed** /ˌdaʊn'hɑːtɪ̍d◂ / *adj* przygnębiony

**down·hill** /ˌdaʊn'hɪl◂ / *adv, adj* **1** w dół (zbocza): *The truck's brakes failed and it rolled downhill.* | *downhill skiing* **2 go downhill** pogarszać się: *After Bob lost his job, things went downhill rapidly.* **3 all downhill/downhill all the way** z górki: *The worst is over. It's all downhill from here.* → antonim UPHILL

**down·load** /ˌdaʊn'ləʊd/ *v* [T] ściągać z serwera: *You must download another file to be able to run this program on your computer.*

**down pay·ment** /ˌ. '../ *n* [C] zaliczka, pierwsza rata: *We've made a down payment on a new car.*

**down·play** /ˌdaʊn'pleɪ/ *v* [T] z/bagatelizować: *The police downplayed the seriousness of the situation.*

**down·pour** /'daʊnpɔː/ *n* [C usually singular] ulewa

**down·right** /ˈdaʊnraɪt/ *adv* wręcz: *The plan wasn't just risky – it was downright dangerous!*

**down·side** /ˈdaʊnsaɪd/ *n* **the downside** wada, zła strona: *The downside of the plan is the cost.*

**Down's Syn·drome** /ˈ. ˌ../ *także* **Downs** *n* [U] zespół Downa: *a Downs baby*

**down·stairs** /ˌdaʊnˈsteəz◂/ *adv, adj* na dole, na dół: *the downstairs rooms* | *Run downstairs and answer the door.* ➡ antonim UPSTAIRS

> UWAGA **downstairs**
>
> Wyrazów **downstairs** i **upstairs** używamy bez przyimków (**to**, **in**, **at** itp.): *The bathroom is downstairs.* | *I ran upstairs to see what all the noise was about.*

**down·stream** /ˌdaʊnˈstriːm◂/ *adv* z prądem, w dół rzeki

**down-to-earth** /ˌ. . ˈ.◂/ *adj* praktyczny: *He's a very down-to-earth person.*

**down·town** /ˌdaʊnˈtaʊn◂/ *adv, adj especially AmE* (do/w) centrum: *Do you work downtown?* | *downtown Los Angeles*

**down·trod·den** /ˈdaʊnˌtrɒdn/ *adj* poniewierany

**down·turn** /ˈdaʊntɜːn/ *n* [C usually singular] załamanie: **+ in** *a downturn in the economy*

**down·wards** /ˈdaʊnwədz/ *także* **downward** *adv* w dół: *Tim fell downwards into the pit.* ➡ antonim UPWARDS — **downward** *adj* [only before noun] zniżkowy: *the downward movement of prices* ➡ antonim UPWARD

**down·y** /ˈdaʊni/ *adj* puszysty: *a downy chick*

**dow·ry** /ˈdaʊəri/ *n* [C] posag

**doze** /dəʊz/ *v* [I] drzemać: *Graham dozed for an hour.*

  **doze off** *phr v* [I] zdrzemnąć się: *I was just dozing off when they arrived.*

**doz·en** /ˈdʌzən/ *determiner, n* **1** tuzin: *two dozen eggs* **2 dozens (of)** *informal* dziesiątki: *We tried dozens of times.*

**Dr** skrót od "Doctor"

**drab** /dræb/ *adj* nieciekawy: *a drab grey coat*

**draft**[1] /drɑːft/ *n* **1** [C] szkic: **first draft** (=brudnopis): *I've made a first draft of my speech for Friday.* **2** [C] polecenie przelewu **3 the draft** *AmE* pobór

**draft**[2] *v* [T] **1** na/szkicować, sporządzać projekt: *The House plans to draft a bill on education.* **2** *AmE* powoływać: *Brad's been drafted into the army.*

**draft**[3] *adj* amerykańska pisownia wyrazu DRAUGHT

**drafts·man** /ˈdrɑːftsmən/ *n* amerykańska pisownia wyrazu DRAUGHTSMAN

**drag**[1] /dræg/ *v* **-gged, -gging 1** [I,T] wlec (się): *History lessons always seemed to drag.* | *Your coat's dragging in the mud.* | **drag sth away/along/through etc** *Ben dragged his sledge through the snow.* **2** [T] za/ciągnąć: *My mother used to drag me out to church every week.* **3 drag yourself away (from)** odrywać się (od): *Can't you drag yourself away from the TV for five minutes?*

  **drag** sb/sth **into** sth *phr v* [T] wciągać w: *I'm sorry to drag you into this mess.*

  **drag on** *phr v* [I] ciągnąć się: *The meeting dragged on all afternoon.*

  **drag** sth **out of** sb *phr v* [T] wyciągać z: *The police finally dragged the truth out of her.*

**drag**[2] *n* **1 what a drag** *informal* co za nuda: *"I have to stay in tonight." "What a drag."* **2** [C] **take a drag on** zaciągać się: *Al took a drag on his cigarette.*

**drag·on** /ˈdrægən/ *n* [C] smok

**drag·on·fly** /ˈdrægənflaɪ/ *n* [C] ważka

**drain**[1] /dreɪn/ *v* **1** [T] odcedzać: *Drain the water from the peas.* **2** [T] osuszać: *They intend to drain the land to make their crops grow better.* **3** [I] obciekać: *Let the pasta drain.* **4** [I] spływać: *The bath water slowly drained away.*

**drain**[2] *n* **1** [C] odpływ, studzienka ściekowa **2 down the drain** *informal* zmarnowany: *He's failed his driving test again! All that money down the drain.*

**drain·age** /ˈdreɪnɪdʒ/ *n* [U] kanalizacja

**drained** /dreɪnd/ *adj* wyczerpany: *I felt completely drained after they had all gone home.*

**drain·pipe** /ˈdreɪnpaɪp/ *n* [C] *BrE* rura odpływowa

**dra·ma** /ˈdrɑːmə/ *n* [C,U] dramat

**dra·mat·ic** /drəˈmætɪk/ *adj* **1** nagły: *a dramatic change in temperature* **2** efektowny, widowiskowy: *a dramatic speech* **3** dramatyczny: *Miller's dramatic works* | *Tristan threw up his hands in a dramatic gesture.* —**dramatically** *adv* dramatycznie

D

**dra·mat·ics** /drəˈmætɪks/ *n* **amateur dramatics** teatr amatorski

**dram·a·tist** /ˈdræmətˌst/ *n* [C] dramaturg, dramatopisa-rz/rka

**dram·a·tize** /ˈdræmətaɪz/ (*także* **-ise** *BrE*) **1** [T] za/adaptować: *a novel dramatized for TV* **2** [I,T] u/dramatyzować: *Do you always have to dramatize everything?* —**dramatization** /ˌdræmətaɪˈzeɪʃən/ *n* [C,U] adaptacja

**drank** /dræŋk/ *v* czas przeszły od DRINK

**drape** /dreɪp/ *v* [T] układać (*tkaninę*) drapować: *Mina's scarf was draped elegantly over her shoulders.* | *The coffin was draped in black* (=owinięta czarnym suknem).

**dras·tic** /ˈdræstɪk/ *adj* drastyczny: *The President promised drastic changes in health care.* —**drastically** *adv* drastycznie: *Prices have been drastically reduced.*

**draught** /drɑːft/ *BrE*, **draft** *AmE n* **1** [C] przeciąg **2 beer on draught** piwo z beczki

**draughts** /drɑːfts/ *n* [U] *BrE* warcaby

**draughts·man** /ˈdrɑːftsmən/, **drafts·man** *AmE* kreśla-rz/rka

**draw¹** /drɔː/ *v* **drew, drawn, drawing 1** [I,T] na/rysować: *He's good at drawing animals.* | **draw sb sth** *Could you draw me a map?* **2** [T] przysuwać, przyciągać: *I drew my chair closer to the TV set.* **3** [T] ciągnąć: *a cart drawn by a horse* **4** [I,T] *especially BrE* z/remisować: *Inter drew with Juventus last night.* **5 draw the curtains** zaciągać/rozsuwać zasłony **6** [T] wy/losować: *The winning numbers are drawn on Saturday evening.* **7 draw lots** ciągnąć losy: *We drew lots to see who would go first.* **8** [T] wyciągać, wyjmować: *He drew a wallet from his pocket.* | *Suddenly she drew a knife out of her bag.* | *I'd just drawn £50 out of the bank.* **9 draw near** *literary* zbliżać się: *The summer holidays are drawing near.* **10 draw to an end/a close** s/kończyć się: *Another year was drawing to an end.* **11 draw (sb's) attention to sth** zwracać (czyjąś) uwagę na coś: *I'd like to draw your attention to the last paragraph.* **12** [T] przyciągnąć, zainteresować: **draw sb to** *What first drew you to film-making?* **13 draw the line (at sth)** stanowczo odmawiać (zrobienia czegoś): *I don't mind helping you, but I draw the line at telling lies.* **14 draw a distinction** rozróżniać **15 draw a comparison/parallel** porównywać

**draw** sb ↔ **into** sth *phr v* [T] wciągać w: *Keith refused to be drawn into our argument.*

**draw on** sth *phr v* [T] czerpać z, wykorzystywać: *A good writer draws on his own experience.*

**draw up** *phr v* **1** [T **draw** sth ↔ **up**] sporządzać: *We drew up a list of possible options.* **2** [I] zatrzymać się: *A silver Rolls Royce drew up outside the bank.*

**draw²** *n* [C] **1** *especially BrE* remis **2** loteria

**draw·back** /ˈdrɔːbæk/ *n* [C] wada, minus: *The only drawback to a holiday in Scotland is the weather.*

**drawer** /drɔː/ *n* [C] szuflada: *the top drawer of the desk*

**draw·ing** /ˈdrɔːɪŋ/ *n* **1** [C] rysunek: *She showed us a drawing of the house.* **2** [U] rysowanie: *I've never been good at drawing.*

**drawing pin** /ˈ.. ./ *n* [C] *BrE* pinezka

**drawn** /drɔːn/ *v* imiesłów bierny od DRAW

**dread¹** /dred/ *v* **1** [T] bać się: *Phil's really dreading his interview tomorrow.* | **dread doing sth** *I always used to dread going to the dentist's.* **2 I dread to think** *spoken*

strach pomyśleć: *I dread to think what might happen if she finds out.*

**dread**² *n* [U] strach: *dread of the unknown*

**dread·ful** /ˈdredfəl/ *adj* okropny: *What dreadful weather!* —**dreadfully** *adv* okropnie

**dread·locks** /ˈdredlɒks/ *n* [plural] dredy

**dream**¹ /driːm/ [C] **1** sen: **have a dream** *I had a funny dream last night.* | **bad dream** (=zły sen) **2** marzenie: *It was his dream to play football for his country.*

**dream**² *v* **dreamed** *or* **dreamt** /dremt/, **dreamed** *or* **dreamt, dreaming 1** [I,T] śnić: *I dreamt that I was back at school.* | *What did you dream about last night* (=co ci się dzisiaj śniło)? | **+ (that)** *I often dream that I'm falling.* **2** [I] marzyć: **+ of** *We dream of having our own home.* | **+ (that)** *Cath never dreamt she'd be offered the job.* **3 sb wouldn't dream of doing sth** *spoken* ktoś nigdy w życiu nie zrobiłby czegoś: *I wouldn't dream of letting my daughter go out on her own at night.*

**dream** sth ↔ **up** *phr v* [T] wymyślać: *Who dreams up these TV commercials?*

**dream**³ *adj* **dream car/house** wymarzony samochód/dom: *a dream team to send to the Olympics*

**dream·er** /ˈdriːmə/ *n* [C] marzyciel/ka

**dream·y** /ˈdriːmi/ *adj* rozmarzony, marzycielski: *a bright but dreamy child* | *a dreamy look* —**dreamily** *adv* marzycielsko

**drear·y** /ˈdrɪəri/ *adj* ponury: *a dreary winter's day*

**dregs** /dregz/ *n* [plural] **1** fusy: *coffee dregs* **2 the dregs of society** męty społeczne

**drench** /drentʃ/ *v* [T] przemoczyć: *He went out in the storm and got drenched to the skin.* —**drenched** *adj* przemoczony: *Look at you, you're drenched!*

**dress**¹ /dres/ *v* **1** [I,T] ubierać (się): *Can you dress the kids for me?* | *Dress warmly – it's cold out.* | **get dressed** (=ubierać się): *Hurry up and get dressed!* **2 be dressed** być ubranym: *Are you dressed yet?* | **be dressed in** *She was dressed all in black.* **3 well-dressed/badly-dressed** dobrze/źle ubrany **4 dress a wound/cut** opatrywać ranę/skaleczenie

**dress up** *phr v* **1** [I] wy/stroić się: *It's only a small party. You don't need to dress up.* **2** [I,T **dress** sb ↔ **up**] przebierać (się): **+ as** *She dressed up as a witch for Halloween.*

> UWAGA **dress (oneself)** i **get dressed**
>
> Polski czasownik 'ubierać się', tłumaczymy jako **to get dressed**, a nie "to dress" czy "to dress oneself": *I had a shower, got dressed and went to the kitchen.* Zwrotu **to dress oneself** można użyć jedynie mówiąc o dzieciach uczących się dopiero samodzielnie ubierać: *Sally isn't old enough to dress herself yet.* Jeżeli mówimy o ubieraniu kogoś przez inną osobę, możemy użyć czasownika **to dress**: *The nurses have to wash and dress the patients before the doctor sees them.*

**dress**² *n* **1** [C] sukienka, suknia **2** [U] strój, ubiór: **casual/evening dress** (=strój codzienny/wieczorowy): *It's casual dress for dinner tonight.*

**dress·er** /ˈdresə/ *n* [C] **1** *BrE* kredens **2** *AmE* komoda

**dress·ing** /ˈdresɪŋ/ *n* **1** [C,U] sos: *salad dressing* | *French dressing* **2** [C] opatrunek: *The nurse will change your dressing.*

**dressing gown** /ˈ.. ./ *n* [C] *BrE* szlafrok

**dressing room** /ˈ.. ./ *n* [C] garderoba (*w teatrze*)

**dressing ta·ble** /ˈ.. ˌ../ *n* [C] *BrE* toaletka

**dress re·hears·al** /ˈ. .ˌ../ *n* [C] próba generalna/kostiumowa

**drew** /druː/ *v* czas przeszły od DRAW

**drib·ble** /ˈdrɪbəl/ *v* **1** [I] *BrE* ślinić się: *The baby's dribbling on your jacket.* **2** [I] kapać: *The water dribbled from the tap.* **3** [I,T] dryblować

**dried** /draɪd/ *v* czas przeszły i imiesłów bierny od DRY

**drift**[1] /drɪft/ *v* [I] dryfować, unosić się: *The boat drifted down the river.* | **+ out/towards/along etc** *We watched the boat drift slowly out to sea.*

**drift**[2] *n* [C] **1** zaspa: *massive snow drifts* **2 catch/get sb's drift** z/rozumieć, o co komuś chodzi: *I don't speak Spanish very well but I think I got her drift.* **3** dryfowanie: *the drift of the continents away from each other*

**drill**[1] /drɪl/ *n* **1** [C] wiertarka, wiertło: *an electric drill* | *a dentist's drill* **2 fire/emergency drill** próbny alarm: *We had a fire drill at school yesterday.* **3** [U] musztra

D

**drill**[2] *v* [I,T] wy/wiercić: *He was drilling holes for the shelves.* | **drill for oil/gas** *drilling for oil in Texas*

**drink**[1] /drɪŋk/ *v* **drank, drunk, drinking** [I,T] wy/pić: *What would you like to drink?* | *I drink far too much coffee.* | *"Whisky?" "No, thanks, I don't drink."* —**drinking** *n* [U] picie

**drink to** sb/sth *phr v* [T] wy/pić za: *Let's drink to Patrick's success in his new job.*

> UWAGA **drink** i **have** a cup of tea
>
> Kiedy mówimy o wypiciu filiżanki herbaty czy kawy, zwykle nie używamy czasownika **drink**, lecz **have**: *After the class, we had a cup of coffee.* Czasownika **drink** można użyć jedynie wtedy, kiedy chcemy podkreślić samą czynność picia: *He was so thirsty that he drank the whole cup.*

**drink**[2] *n* [C,U] **1** napój, picie: *Can I have a drink of water please* (=czy mogę się napić wody)? | *food and drink* **2** drink, alkohol: *Have we got plenty of drink for the party?*

> UWAGA **drink**
>
> Patrz **alcohol**.

**drink·er** /ˈdrɪŋkə/ *n* [C] pijąc-y/a: **heavy drinker** (=nałogowy pijak)

**drip**[1] /drɪp/ *v* **-pped, -pping** [I] kapać, ciec: *That tap's still dripping.* | **drip from/off/through etc** *Water was dripping through the ceiling.*

**drip**[2] *n* **1** [C] kropla: *She put a bucket on the floor to catch the drips.* **2** [singular] kapanie: *the steady drip of rain from the roof* **3** [C] *BrE* kroplówka: *She was put on a drip after the operation.*

**drip·ping** /ˈdrɪpɪŋ/ *także* **dripping wet** *adj* przemoczony: *Take off your coat – it's dripping wet.*

**drive**[1] /draɪv/ *v* **drove, driven, driving 1** [I,T] kierować, prowadzić: *I can't drive.* | *Fiona drives a red Honda* (=jeździ czerwoną Hondą). **2** jechać, jeździć: **+ up/down/over etc** *They're driving down to Rome next week.* **3** [T] zawozić: **+ to/back/home etc** *Can I drive you home?* | *Our neighbour's going to drive us to the airport.* **4** [T] przepędzać: *The recent crime wave has driven business away from the area.* **5** [T] napędzać: *The engines drive the ship.* **6** [T] **drive sb crazy/mad** doprowadzać kogoś do szału: *I wish they'd stop that noise! It's driving me crazy.* | **drive sb to sth** *Problems with her marriage drove her to attempt suicide* (=doprowadziły ją do próby samobójstwa). **7** [T] wbijać: *She drove the post into the ground.*

**drive at** sth *phr v* [T] zmierzać do: *Look, just what are you driving at?*

**drive off** *phr v* [I] odjeżdżać: *He got into the car and drove off.*

**drive**[2] *n* **1** [C] jazda, podróż samochodem: *It's a three day drive to Vienna* (=do Wiednia jedzie się trzy dni). **2** *także* **driveway** [C] podjazd, droga dojazdowa **3** [C] popęd: *the male sex drive* **4** [C] akcja, kampania: **economy drive** (=akcja oszczędzania) **5** [U] zapał, determinacja: *Mel's got tremendous drive.* **6** [C singular] stacja/napęd dysków

**drive-in** /ˈ. ./ *adj* **drive-in restaurant/cinema** restauracja/kino dla zmotoryzowanych

**driv·el** /ˈdrɪvəl/ *n* [U] brednie: **talk drivel** *He talks such drivel sometimes!*

**driv·en** /ˈdrɪvən/ *v* imiesłów bierny od DRIVE

**driv·er** /ˈdraɪvə/ *n* [C] kierowca: *a taxi driver*

**drive·way** /ˈdraɪvweɪ/ *także* **drive** *n* [C] podjazd, droga dojazdowa

**driv·ing**[1] /ˈdraɪvɪŋ/ *adj* **1 driving rain/snow** zacinający deszcz/śnieg **2 the driving force (behind sth)** siła napędowa (czegoś): *Masters has been the driving force behind the company's success.*

**driving**[2] *n* [U] kierowanie, prowadzenie: *His driving is terrible* (=on jest okropnym kierowcą).

**driving li·cence** /ˈ.. ˌ../ *BrE*, **driver's license** *AmE n* [C] prawo jazdy

**driz·zle**[1] /ˈdrɪzəl/ *n* [U] mżawka

**drizzle**[2] *v* [I] mżyć: *Come on, it's only drizzling.*

**drone** /drəʊn/ *v* [I] buczeć, warczeć: *A plane droned overhead.* —**drone** *n* [singular] buczenie, warkot

**drone on** *phr v* [I] ględzić: **+ about** *Joe kept droning on about his problems at work.*

**drool** /druːl/ *v* [I] ślinić się: *At the sight of food the dog began to drool.*

**droop** /druːp/ *v* [I] opadać, omdlewać: *Can you water the plants? They're starting to droop* (=zaczynają więdnąć).

**drop**[1] /drɒp/ *v* **-pped, -pping 1** [T] upuszczać: *The dog ran up and dropped a stick at my feet.* **2** [I] spadać: *The temperature dropped to –15° overnight.* | **+ from/off/onto etc** *The bottle rolled off the table and dropped onto the floor.* | *He dropped into his chair* (=opadł na krzesło) *with a sigh.* **3** [T] *także* **drop off** podwozić: *She drops the kids off at school on her way to work.* **4 drop in/by** wpaść (*z wizytą*): *Imran dropped in on his way home from work.* **5** [T] porzucać, zarzucać: *We've dropped the idea of going by plane.* | **drop everything** *When the baby cries her mother drops everything* (=matka rzuca wszystko) *to go and attend to her.* **6** [T] **drop sb from sth** wykluczać kogoś z czegoś: *Morris has been dropped from the team.* **7 drop it** *informal* daj spokój **8 drop sb a line** *informal* skrobnąć do kogoś parę słów **9 drop a hint** napomykać: *I've dropped a few hints about what I want for my birthday.*

**drop off** *phr v* **1** [I] *informal* zasypiać: *Just as I was dropping off, I heard a noise downstairs.* **2** [I] spadać, obniżać się: *The demand for leaded petrol dropped off in the 1970s.* **3** [T **drop** sb/sth ↔ **off**] podrzucać: *Can you drop me off in town?*

**drop out** *phr v* [I] wycofywać się: **+ of** *Too many students drop out of college* (=rzuca studia) *in the first year.*

**drop**[2] *n* **1** [C] kropla: *a tear drop* (=łza) | **+ of** *Add a few drops of lemon juice.* **2** [singular] spadek: **+ in** *a sudden drop in temperature*

**D**

**drop·pings** /ˈdrɒpɪŋz/ *n* [plural] odchody

**drought** /draʊt/ *n* [C,U] susza

**drove** /drəʊv/ *v* czas przeszły od DRIVE

**drown** /draʊn/ *v* **1** [I,T] u/topić (się), u/tonąć: *Over a hundred people were drowned when the ferry sank.* **2** [T] *także* **drown out** zagłuszać: *We put on some music to drown out their yelling.* —**drowning** *n* [C,U] utonięcie

> UWAGA **drown**
>
> Patrz **sink** i **drown**.

**drow·sy** /ˈdraʊzi/ *adj* senny, śpiący: *The tablets might make you feel drowsy.* —**drowsiness** *n* [U] senność —**drowsily** *adv* sennie

**drudg·e·ry** /ˈdrʌdʒəri/ *n* [U] harówka, mordęga: *the drudgery of housework*

**drug**[1] /drʌg/ *n* [C] **1** [usually plural] narkotyk: **take/use drugs** (=brać/zażywać narkotyki): *Many people admit that they took drugs in their twenties.* | **be on drugs** (=narkotyzować się): *She looks as though she's on drugs.* | **drug addict** (=narkoman/ka) **2** lek: *a drug to treat depression*

> UWAGA **drugs**
>
> Patrz **narcotics** i **drugs**.

**drug**[2] *v* **-gged, -gging** [T] **1** uśpić: *They had to drug the lion before they transported*

*it.* **2** wsypać narkotyk do: *The coffee was drugged.*

**drug·store** /ˈdrʌgstɔː/ *n* [C] *AmE* drogeria, apteka

**drum¹** /drʌm/ *n* [C] **1** bęben(ek) **2 the drums** perkusja: *Jason's learning to play the drums.* **3** beczka

**drum²** *v* [I] **-mmed, -mming** bębnić: *The rain was drumming on the roof.*

**drum** sth **into** sb *phr v* [T] wbijać do głowy: *The dangers of tobacco were drummed into us at school.*

D

**drum·mer** /ˈdrʌmə/ *n* [C] perkusist-a/ka, dobosz

**drum·stick** /ˈdrʌmˌstɪk/ *n* [C] **1** pałka, udko: *chicken drumsticks* **2** pałeczka

**drunk¹** /drʌŋk/ *v* imiesłów bierny od DRINK

**drunk²** *adj* **1** pijany **2 get drunk** upijać się: *Bill got really drunk at Sue's party.*

> UWAGA **drunk i drunken**
>
> Kiedy chcemy powiedzieć, że ktoś 'jest pijany', używamy wyrazu **drunk**: *The man is obviously drunk.* | *She was so drunk she could hardly walk.* Wyraz **drunk** nie występuje jednak bezpośrednio przed rzeczownikiem, kiedy to używamy wyrazu **drunken**: *three drunken men in front of the bar.* Wyjątkiem od tej reguły jest *drunk driver.*

**drunk³** *także* **drunk·ard** /ˈdrʌŋkəd/ *n* [C] pija-k/czka

**drunk·en** /ˈdrʌŋkən/ *adj* [only before noun] **1** pijany: *a drunken crowd* **2** pijacki: *drunken shouting* —**drunkenness** *n* [U] pijaństwo

**dry¹** /draɪ/ *adj* suchy: *Can you check if the washing's dry yet?* | *The weather tomorrow will be cold and dry.* | *dry political debates* ➡ antonim WET¹ —**dryness** *n* [U] suchość

**dry²** *v* [I,T] **1** wy/suszyć (się), wy/schnąć: *It'll only take me a few minutes to dry my hair.* **2** wycierać: *I need a towel to dry my hair.* | *Shall I dry the dishes?* —**dried** *adj* suszony: *dried fruit*

**dry off** *phr v* [I,T **dry** sth ↔ **off**] wy/suszyć (się): *The kids played in the pool and then dried off in the sun.*

**dry out** *phr v* **1** [I] wy/schnąć: *Put your coat on the radiator to dry out.* **2** [T **dry** sth ↔ **out**] wy/suszyć

**dry up** *phr v* **1** [I] wyschnąć **2** [I] wyczerpać się: *Our research project was cancelled when the money dried up.*

**dry-clean** /ˌ. ˈ./ *v* [T] wy/czyścić chemicznie

**dry clean·er's** /ˌ. ˈ../ *n* [C] pralnia chemiczna

**dry·er** /ˈdraɪə/ *także* **drier** *n* [C] suszarka: *a hair dryer*

**du·al** /ˈdjuːəl/ *adj* [only before noun] podwójny: *My wife has dual nationality.*

**dub** /dʌb/ *v* [T] **-bbed, -bbing 1** z/dubbingować: **dub sth into sth** *an Italian film dubbed into English* **2** przezywać: *They immediately dubbed him 'Fatty'.*

**du·bi·ous** /ˈdjuːbiəs/ *adj* **1 be dubious** mieć wątpliwości: **+ about** *I'm very dubious about the quality of food in this café* **2** podejrzany: *a dubious character*

**duch·ess** /ˈdʌtʃɪ̈s/ *n* [C] księżna: *the Duchess of York*

**duck¹** /dʌk/ *v* **1** [I,T] uchylić (się): *She had to duck her head to get through the doorway.* **2** [T] *informal* unikać: *His speech ducked all the real issues.*

**duck²** *n* [C,U] kaczka: *roast duck*

**duck·ling** /ˈdʌklɪŋ/ *n* [C] kaczątko, kaczuszka

**duct** /dʌkt/ *n* [C] przewód, kanał: *the air duct* | *a tear duct*

**due¹** /djuː/ *adj* **1 be due** planowo przyjeżdżać: *The flight from Munich was due* (=miał przylecieć) *at 7:48 pm.* | **+ back/in/out etc** *My library books are due back* (=muszę zwrócić książki do biblioteki) *tomorrow.* **2 be due to do sth** mieć coś zrobić: *The film isn't due to start until 10.30* (=ma się zacząć dopiero o 10:30). **3 due to** z powodu: *Our bus was late due to heavy traffic.* **4 be due** być do zapłaty: *The first payment of £25 is now due.* **5** należny: **be due (to sb)** *He never got the recognition he was due* (=nie doczekał się uzna-

nia, jakie mu się należało). **6 in due course/time** we właściwym czasie: *Your complaints will be answered in due course.*

**due²** *adv* **due north/east** dokładnie/bezpośrednio na północ/wschód

**due³** *n* **give sb his/her etc due** oddać komuś sprawiedliwość: *I don't like the man, but to give him his due, he is good at his job.*

**du·el** /ˈdjuːəl/ *n* [C] pojedynek

**dues** /djuːz/ *n* [plural] składki: *union dues*

**du·et** /djuˈet/ *n* [C] duet (*utwór*)

**dug** /dʌg/ *v* czas przeszły i imiesłów bierny od DIG

**duke** /djuːk/ *także* **Duke** *n* [C] książę

**dull** /dʌl/ *adj* **1** nudny: *What a dull party.* **2** pochmurny: *a dull grey sky* **3** głuchy: *I heard a dull thud.* **4** tępy: *a dull ache in my shoulder*

> UWAGA **dull** i **boring**
>
> Wyraz **dull** w znaczeniu 'nudny' jest stosowany zwykle w odniesieniu do nudnych zdarzeń i czynności oraz w odniesieniu do ludzi, którzy nic nie mówią lub nie mówią nic ciekawego: *We spent a dull afternoon with Peter's friends.* | *She's a nice, polite girl, but rather dull.* (Należy pamiętać, że kiedy wyraz **dull** odnosi się do ludzi, może również znaczyć 'niezbyt zdolny, niezbyt bystry': *He was one of the dullest students I'd ever taught.*) Wyraz **boring** łączy się w sposób naturalny m.in. z następującymi rzeczownikami: *conversation, schoolwork, maths, subject, golf, life, job, book, story, film, lecture, party, exhibition, person, teacher, town, countryside, road, building.*

**dumb** /dʌm/ *adj* **1** *old-fashioned* niemy **2** *informal, especially AmE* głupi: *What a dumb idea.*

**dumb·found·ed** /dʌmˈfaʊndəd/ *adj* oniemiały: *He stared at me, absolutely dumbfounded.*

**dum·my** /ˈdʌmi/ *n* [C] **1** manekin: *a dressmaker's dummy* **2** makieta, atrapa: *It wasn't a real gun, it was a dummy.* **3** *BrE* smoczek

**dump¹** /dʌmp/ *v* [T] **1** rzucać: **dump sth in/on/down etc** *They dumped their bags on the floor and left.* **2** wyrzucać: *Illegal chemicals had been dumped in the river.*

**dump²** *n* [C] **1** wysypisko **2** *informal* dziura, nora: *This town's a real dump.*

**dump·ling** /ˈdʌmplɪŋ/ *n* [C] kluska: *stew with herb dumplings*

**dump·y** /ˈdʌmpi/ *adj informal* przysadzisty: *a dumpy little woman*

**dune** /djuːn/ *n* [C] wydma: *sand dunes*

**dung** /dʌŋ/ *n* [U] gnój, obornik

**dun·ga·rees** /ˌdʌŋgəˈriːz/ *n* [plural] *BrE* ogrodniczki

**dun·geon** /ˈdʌndʒən/ *n* [C] loch

**du·o** /ˈdjuːəʊ/ *n* [C] duet (*zespół*)

**dupe** /djuːp/ *v* [T] naciągać: *He was duped into paying $300 to a man who said he was a lawyer.* —**dupe** *n* [C] naiwniak

**du·pli·cate¹** /ˈdjuːpləkət/ *adj* zapasowy: *a duplicate key* —**duplicate** *n* [C] duplikat, kopia

**du·pli·cate²** /ˈdjuːpləkeɪt/ *v* [T] powielać, s/kopiować: *The information was duplicated.* | *I'll get these notes typed up and duplicated.*

**dur·a·ble** /ˈdjʊərəbəl/ *adj* trwały, wytrzymały: *durable clothing* —**durability** /ˌdjʊərəˈbɪləti/ *n* [U] trwałość, wytrzymałość

**du·ra·tion** /djʊˈreɪʃən/ *n* [U] *formal* czas trwania: *Food was rationed for the duration of the war.*

**dur·ing** /ˈdjʊərɪŋ/ *prep* podczas, w czasie: *I try to swim every day during the summer.* | *Henry died during the night.*

> UWAGA **during the last few years**
>
> Patrz **for the last few years** i **over/during/in the last few years**.

**dusk** /dʌsk/ *n* [U] zmierzch, zmrok → porównaj DAWN¹

D

**dust¹** /dʌst/ *n* [U] kurz: *The truck drove off in a cloud of dust.* | *The furniture was covered in dust!*

**dust²** *v* [I,T] po/ścierać kurze (z/w): *Did you dust the living room?*

**dust·bin** /ˈdʌstbɪn/ *n* [C] *BrE* śmietnik

**dust·er** /ˈdʌstə/ *n* [C] ściereczka do kurzu

**dust·man** /ˈdʌstmən/ *n* [C] *plural* **dustmen** *BrE* śmieciarz

**dust·pan** /ˈdʌstpæn/ *n* [C] szufelka, śmietniczka

**dust·y** /ˈdʌsti/ *adj* zakurzony: *a dusty room*

**du·ty** /ˈdjuːti/ *n* **1** [C,U] obowiązek: *The government has a duty to provide education.* | *He was carrying out his official duties as ambassador.* **2** **be on/off duty** być na/po służbie/dyżurze: *When I'm off duty I like to play tennis.* | *When does he come on duty* (=kiedy on rozpoczyna służbę)? **3** [C] cło: *Customs duties are paid on goods entering the country.*

**duty-free** /ˌ.. ˈ.◂/ *adj* wolny od cła, wolnocłowy: *duty-free cigarettes*

**du·vet** /ˈduːveɪ/ *n* [C] *especially BrE* kołdra

**dwarf** /dwɔːf/ *n* [C] **1** karzełek, krasnoludek: *Snow White and the Seven Dwarfs* **2** karzeł

**dwell** /dwel/ *v* **dwelt** /dwelt/ *or* **dwelled, dwelt** *or* **dwelled, dwelling** [I] *literary* mieszkać, zamieszkiwać: *strange creatures that dwell in the forest*

**dwell on/upon** sth *phr v* [T] rozpamiętywać: *You shouldn't dwell on the past.*

**dwell·ing** /ˈdwelɪŋ/ *n* [C] *formal* mieszkanie

**dwin·dle** /ˈdwɪndl/ *v* [I] z/maleć, s/topnieć: *Their stores of food had dwindled away to almost nothing.* | *a dwindling population*

**dye¹** /daɪ/ *n* [C,U] barwnik, farba: *hair dye*

**dye²** *v* [T] **dyed, dyed, dyeing** za/farbować, za/barwić: *Sam's dyed his hair green.*

**dy·ing** /ˈdaɪ-ɪŋ/ *v* imiesłów czynny od DIE

**dyke** /daɪk/ *także* **dike** *n* [C] **1** grobla **2** *BrE* rów

**dy·nam·ic** /daɪˈnæmɪk/ *adj* dynamiczny: *a dynamic young businesswoman* —**dynamically** *adv* dynamicznie

**dy·nam·ics** /daɪˈnæmɪks/ *n* [U plural] dynamika: *the dynamics of power in large businesses*

**dy·na·mite** /ˈdaɪnəmaɪt/ *n* [U] dynamit

**dy·na·mo** /ˈdaɪnəməʊ/ *n* [C] *plural* **dynamos** prądnica, dynamo

**dyn·a·sty** /ˈdɪnəsti/ *n* [C] dynastia: *the Habsburg dynasty* —**dynastic** /dɪˈnæstɪk/ *adj* dynastyczny

**dys·en·te·ry** /ˈdɪsəntəri/ *n* [U] czerwonka

**dys·lex·i·a** /dɪsˈleksiə/ *n* [U] dysleksja —**dyslexic** *adj* dyslektyczny

# Ee

**E** /iː/ skrót od EAST lub EASTERN

**each** /iːtʃ/ *determiner, pron* każdy: *Each bedroom has its own shower.* | *I gave a toy to each of the children.* | **three/half/a piece etc each** *Mum says we can have two cookies each* (=że możemy wziąć po dwa ciastka).

> UWAGA **each/every**
> Patrz **any** i **each/every** i **all**.

**each oth·er** /. '../ *pron* się, sobie (wzajemnie): *They kissed each other passionately.*

**ea·ger** /'iːgə/ *adj* **1** niecierpliwy, podniecony: *crowds of eager tourists* **2 be eager to do sth** nie móc się czegoś doczekać: *I was very eager to meet him.* —**eagerly** *adv* z niecierpliwością: *the eagerly awaited sequel to 'Star Wars'* —**eagerness** *n* [U] gorliwość, zapał

**ea·gle** /'iːgəl/ *n* [C] orzeł

**ear** /ɪə/ *n* **1** [C] ucho: *She turned and whispered something in his ear.* **2** słuch: *She has an ear for languages.* | *I've got no ear for music.* **3 be all ears** *informal* zamieniać się w słuch: *Go ahead, I'm all ears.* **4 play it by ear** improwizować: *We'll just play it by ear.* **5** [C] kłos: *an ear of corn*

**ear·drum** /'ɪədrʌm/ *n* [C] błona bębenkowa

**earl** /ɜːl/ *także* **Earl** *n* [C] hrabia

**ear·ly**[1] /'ɜːli/ *adj* **1** wczesny: *We're going to the early evening performance.* | *the early part of the 20th century* **2** zbyt wczesny: *You're early* (=za wcześnie przyszłaś)! *It's only five o'clock!* **3** [only before noun] pierwszy: *early settlers in New England* **4 at the earliest** najwcześniej: *He'll arrive on Monday at the earliest.* **5 the early hours** wczesne godziny ranne **6 have an early night** iść wcześnie spać ➡ antonim LATE

**early**[2] *adv* **1** przed czasem, wcześniej: *Try to arrive early if you want a good seat.* **2** wcześnie: *We'll have to leave early tomorrow morning.* | *a scene that takes place early in the film* | **early on** (=od początku): *I realized early on that this relationship wasn't going to work.* ➡ antonim LATE

**ear·mark** /'ɪəmɑːk/ *v* [T] przeznaczać: *The money was earmarked for a new school building.*

**ear·muffs** /'ɪəmʌfs/ *n* [plural] nauszniki

**earn** /ɜːn/ *v* **1** [I,T] zarabiać: *She earns nearly £30,000 a year.* | *You won't earn much as a waitress!* **2** [T] zasłużyć (sobie) na: *I think we've earned a rest after all that work!* **3 earn a living** zarabiać na życie: *He earned his living as a writer.*

**ear·nest** /'ɜːnᵊst/ *adj* poważny, przejęty: *an earnest young man* —**earnestly** *adv* z przejęciem

**earn·ings** /'ɜːnɪŋz/ *n* [plural] zarobki: *Average earnings in Europe have risen by 3%.*

**ear·phones** /'ɪəfəʊnz/ *n* [plural] słuchawki

**ear·plug** /'ɪəplʌg/ *n* [C usually plural] zatyczka do uszu

**ear·ring** /'ɪərɪŋ/ *n* [C usually plural] kolczyk

**earth** /ɜːθ/ *n* **1** *także* **the Earth** [singular] ziemia, Ziemia: *The space shuttle will return to earth next week.* | *the planet Earth* | *the most beautiful place on earth* ➡ porównaj WORLD **2** [U] ziemia, gleba: *footprints in the wet earth* **3 what/why on earth ...?** *spoken* co/dlaczego na litość boską ...?: *What on earth made you say such a stupid thing?* **4** [C usually singular] *BrE* uziemienie

**earth·en·ware** /'ɜːθənweə/ *adj* ceramiczny —**earthenware** *n* [U] ceramika

**earth·quake** /'ɜːθkweɪk/ *n* [C] trzęsienie ziemi

**earth·worm** /'ɜːθwɜːm/ *n* [C] dżdżownica

**ear·wig** /'ɪəˌwɪg/ *n* [C] skorek

**ease**[1] /iːz/ *n* [U] **1 with ease** z łatwością: *It's the ease with which thieves can break in that worries me.* **2 be/feel at your ease** czuć się dobrze: *Nurses do try*

*to make patients feel at ease.* | **ill at ease** (=spięty): *He looks so ill at ease in a suit.*

**ease²** *v* [T] z/łagodzić: *The drugs will ease the pain.*

**ease off** *phr v* [I] zelżeć, osłabnąć: *I'll wait until the rain eases off before I go out.* | *The noise didn't ease off until well after midnight.*

**ease up** *phr v* [I] przyhamować: *You should ease up or you'll make yourself ill!*

**ea·sel** /ˈiːzəl/ *n* [C] sztaluga

**eas·i·ly** /ˈiːzəli/ *adv* **1** łatwo: *This recipe can be made quickly and easily.* | *Teenage parties can easily get out of control.* **2 easily the best/biggest** zdecydowanie najlepszy/największy: *She is easily the most intelligent girl in the class.*

E

**east¹** /iːst/ *n* **1** [U singular] wschód: *The new road will pass to the east of the village.* | *Rain will spread to the east later today.* | *Which way is east* (=w którą stronę jest wschód)? **2 the East** Wschód: *more open trading between the East and the West* | **East-West relations/trade etc** *an improvement in East-West relations*

**east²** *adj* wschodni: *the east coast of the island* | *east wind*

**east³** *adv* na wschód: *12 miles east of Portland*

**east·bound** /ˈiːstbaʊnd/ *adj* w kierunku wschodnim: *An accident on the eastbound side of the freeway is blocking traffic.*

**Eas·ter** /ˈiːstə/ *n* [C,U] Wielkanoc: *We went skiing in Vermont at Easter.*

**Easter egg** /ˈ.. ./ *n* [C] **1** *BrE* czekoladowe jajko wielkanocne **2** *AmE* pisanka

**eas·ter·ly** /ˈiːstəli/ *adj* wschodni: *sailing in an easterly direction*

**east·ern** /ˈiːstən/ *adj* **1** wschodni: *the largest city in eastern Iowa* **2** *także* **Eastern** wschodni: *the countries of Eastern Europe* | *Eastern religions* (=religie Wschodu)

**east·wards** /ˈiːstwədz/ *adv* na wschód: *We sailed eastwards.*

**eas·y¹** /ˈiːzi/ *adj* **1** łatwy: *I can answer all these questions – they're easy!* | *Having a computer will make things a lot easier.* **2** spokojny: *If it'll make you feel easier, I'll phone when I get there.* | *He'll do anything for an easy life.*

**easy²** *adv* **1 take it/things easy** nie przemęczać się, oszczędzać się: *The doctor says I must take things easy for a while.* **2 go easy on/with sth** *informal* nie przesadzać z czymś: *Go easy on the wine if you're driving.*

**easy-go·ing** /ˌ.. ˈ..◂/ *adj* wyrozumiały: *Her parents are pretty easy-going.*

**eat** /iːt/ *v* **ate, eaten, eating** [I,T] z/jeść: *We usually eat at seven.* | *Eat your dinner!* | *You won't get better if you don't eat.* | **something to eat** *Would you like something to eat* (=czy chciałbyś coś zjeść)?

**eat out** *phr v* [I] iść/pójść do restauracji: *I don't feel like cooking – let's eat out tonight.*

> UWAGA **eat** i **have** breakfast/lunch/dinner
>
> W znaczeniu 'jeść (śniadanie/obiad/kolację)' używa się czasownika **have**, a nie **eat**: *We had dinner in the hotel restaurant.* Jest tak również w wyrażeniu 'jeść coś na (śniadanie/obiad/kolację)': *What did you have for lunch?* Czasownika **eat** w połączeniu z nazwą posiłku można użyć jedynie wtedy, kiedy chcemy podkreślić samą czynność jedzenia: *James always takes a long time to eat his dinner.*

**eaves** /iːvz/ *n* [plural] okap: *birds nesting under the eaves*

**eaves·drop** /ˈiːvzdrɒp/ *v* **-pped, -pping** [I] podsłuchiwać → porównaj OVERHEAR

**ebb** /eb/ *n* *także* **ebb tide** [singular] odpływ → antonim FLOW¹

**eb·o·ny** /ˈebəni/ *n* [C,U] heban

**EC** /ˌiː ˈsiː◂/ *n* **the EC** Wspólnota Europejska

**ec·cen·tric¹** /ɪkˈsentrɪk/ *adj* ekscentryczny: *an eccentric old woman* | *students dressed in eccentric clothing* —**eccentrically** *adv* ekscentrycznie —**eccen-**

**tricity** /ˌeksenˈtrɪsᵻti/ *n* [C,U] ekscentryczność

**eccentric**[2] *n* [C] ekscentry-k/czka

**ec·cle·si·as·ti·cal** /ɪˌkliːziˈæstɪkəl/ *także* **ecclesiastic** *adj* kościelny: *ecclesiastical history* (=historia kościoła)

**ech·o**[1] /ˈekəʊ/ *n* [C] *plural* **echoes** echo

**echo**[2] *v* **echoed, echoed, echoing 1** [I] odbijać się echem: *voices echoing around the cave* **2** [I] rozbrzmiewać echem: *The theatre echoed with laughter and applause.* **3** [T] powtarzać: *This report echoes what I said two weeks ago.*

**e·clipse**[1] /ɪˈklɪps/ *n* [C] zaćmienie

**eclipse**[2] *v* [T] **1** przyćmiewać: *His achievement was eclipsed by his sister's success in the final.* **2** zaćmiewać: *The moon is partly eclipsed.*

**e·co·friend·ly** /ˈiːkəʊˌfrendli/ *adj* ekologiczny: *ecofriendly products*

**e·co·lo·gi·cal** /ˌiːkəˈlɒdʒɪkəl◂/ *adj* ekologiczny: *ecological problems caused by the huge oil spill | an ecological study* —**ecologically** *adv* ekologicznie

**e·col·o·gy** /ɪˈkɒlədʒi/ *n* [U singular] ekologia —**ecologist** *n* [C] ekolog

**ec·o·nom·ic** /ˌekəˈnɒmɪk◂/ *adj* ekonomiczny, gospodarczy: *criticism of the government's economic policy | economic links with South America* —**economically** *adv* gospodarczo: *an economically undeveloped area*

**ec·o·nom·i·cal** /ˌekəˈnɒmɪkəl◂/ *adj* oszczędny, ekonomiczny: *an economical method of heating* —**economically** *adv* oszczędnie

**ec·o·nom·ics** /ˌekəˈnɒmɪks/ *n* [U] ekonomia

**e·con·o·mist** /ɪˈkɒnəmᵻst/ *n* [C] ekonomist-a/ka

**e·con·o·mize** /ɪˈkɒnəmaɪz/ (*także* **-ise** *BrE*) *v* [I] oszczędzać: *We're trying to economize on heating.*

**e·con·o·my**[1] /ɪˈkɒnəmi/ *n* [C] gospodarka: *a capitalist economy | the growing economies of southeast Asia | the global economy* (=gospodarka światowa)

> UWAGA **economy** i **economics**
>
> Nie należy używać wyrazu **economy** w znaczeniu 'ekonomia'. Wyraz **economy** jako rzeczownik najczęściej znaczy 'gospodarka', a 'ekonomia' jako nauka lub przedmiot studiów to **economics**: *The government's management of the economy has been severely criticised. | He's now in his second year at Oxford, studying economics.*

**economy**[2] *adj* **economy class** klasa turystyczna: *an economy class air ticket*

**e·co·sys·tem** /ˈiːkəʊˌsɪstᵻm/ *n* [C] ekosystem

**e·co-war·ri·or** /ˈiːkəʊ ˌwɒriə/ *n* [C] ekolog (*protestujący w obronie środowiska*)

**ec·sta·sy** /ˈekstəsi/ *n* [C,U] ekstaza, uniesienie: *an expression of pure ecstasy*

**ec·stat·ic** /ɪkˈstætɪk/ *adj* entuzjastyczny, rozentuzjazmowany: *an ecstatic welcome from thousands of people*

**ECU** /ˈekjuː/ *także* **ecu** *n* [C] jednostka monetarna Unii Europejskiej

**ed·dy** /ˈedi/ *n* [C] wir, zawirowanie

**edge**[1] /edʒ/ *n* [C] **1** krawędź, brzeg, skraj: *Just leave it on the edge of your plate. | She was standing at the water's edge, looking out to sea.* **2** ostrze: *Careful – that knife's got a very sharp edge!* **3 have the edge on/over** mieć przewagę nad: *This word processor certainly has the edge over the others we have reviewed.* **4 be on edge** być zdenerwowanym: *He's waiting for his exam results, so he's a bit on edge.*

**edge**[2] *v* **1** [I,T] przeciskać (się), przepychać (się): *The car edged forwards through the crowds.* **2** [T] obszywać: *sleeves edged with lace*

**edg·y** /ˈedʒi/ *adj* podenerwowany: *You seem a little edgy – what's the matter?*

**ed·i·ble** /ˈedᵻbəl/ *adj* jadalny → antonim INEDIBLE

**ed·i·fice** /ˈedᵻfᵻs/ *n* [C] *formal* gmach: *a photo of their Head Office, a grand Victorian edifice*

**ed·it** /ˈedᵌt/ v [T] z/redagować

**e·di·tion** /ɪˈdɪʃən/ n [C] wydanie: *a new edition of a dictionary | in today's edition of The Times | last week's edition of "Friends"*

**ed·i·tor** /ˈedᵌtə/ n [C] redaktor/ka —**editorial** /ˌedᵌˈtɔːriəl◂/ adj redakcyjny

**ed·i·to·ri·al** /ˌedᵌˈtɔːriəl◂/ n [C] artykuł redakcyjny/wstępny: *an editorial on gun control laws*

**ed·u·cate** /ˈedjʊkeɪt/ v [T] wy/kształcić: *The country should spend more money on educating our children.* | **+ about** *a campaign to educate teenagers about the dangers of smoking*

**ed·u·cat·ed** /ˈedjʊkeɪtᵌd/ adj wykształcony: *a well-educated young woman*

**ed·u·ca·tion** /ˌedjʊˈkeɪʃən/ n [U singular] **1** nauczanie, edukacja: *This government believes in the importance of education.* **2** wykształcenie: *They had worked hard to give their son a good education.* ➡ patrz też FURTHER EDUCATION, HIGHER EDUCATION

**ed·u·ca·tion·al** /ˌedjʊˈkeɪʃənəl◂/ adj **1** oświatowy, edukacyjny: *how to improve standards in our educational institutions* **2** pouczający: *an educational experience*

**eel** /iːl/ n [C] węgorz

**ee·rie** /ˈɪəri/ adj niesamowity: *an eerie sound*

**ef·fect**[1] /ɪˈfekt/ n **1** [C,U] skutek: *What effect would a new road have on the village?* **2** [C,U] efekt: *The paintings give an effect of light.* | *a word used just for effect* **3 put sth into effect** wprowadzać coś w życie: *Nothing had been done to put the changes into effect.* **4 come into effect/take effect** wchodzić w życie: *The new law comes into effect from January.* **5 in effect** w praktyce, faktycznie: *It's called a pay rise, but in effect wages will fall.* **6 sth to this/that effect** coś w tym sensie: *The report says he's no good at his job, or words to that effect.*

**effect**[2] v [T] formal dokonywać: *I want to effect changes in the management structure of the company.*

**ef·fec·tive** /ɪˈfektɪv/ adj **1** skuteczny: *a very effective treatment for headaches | an effective advertising campaign* ➡ antonim INEFFECTIVE **2 be/become effective** zacząć obowiązywać: *These prices are effective from April 1.* —**effectiveness** n [U] skuteczność

**ef·fec·tive·ly** /ɪˈfektɪvli/ adv **1** skutecznie: *He didn't deal with the problem very effectively.* **2** faktycznie, w praktyce: *By parking here you effectively prevented everyone from leaving.*

**ef·fects** /ɪˈfekts/ n [plural] formal dobytek ➡ patrz też SOUND EFFECTS, SPECIAL EFFECTS

**ef·fem·i·nate** /ɪˈfemᵌnət/ adj zniewieściały: *an effeminate man*

**ef·fer·vesc·ent** /ˌefəˈvesənt◂/ adj musujący

**ef·fi·cient** /ɪˈfɪʃənt/ adj sprawny, wydajny: *a very efficient secretary | an efficient heating system* ➡ antonim INEFFICIENT —**efficiency** n [U] sprawność, wydajność —**efficiently** adv sprawnie, wydajnie

**ef·fi·gy** /ˈefᵌdʒi/ n [C] kukła

**ef·fort** /ˈefət/ n **1** [U] wysiłek, starania: *It takes a lot of time and effort to organize a concert.* | *I put a lot of effort into this project.* **2** [C,U] próba: *All my efforts at convincing him failed miserably.* | **make an effort (to do sth)** (=spróbować (coś zrobić)): *You could at least make an effort to be polite!*

**ef·fort·less** /ˈefətləs/ adj swobodny: *She swam with smooth effortless strokes.* —**effortlessly** adv bez wysiłku

**ef·fu·sive** /ɪˈfjuːsɪv/ adj wylewny: *effusive greetings* —**effusively** adv wylewnie

**EFL** /ˌiː ef ˈel/ English as a Foreign Language; język angielski dla obcokrajowców

**e.g.** /ˌiː ˈdʒiː/ np.: *citrus fruit, e.g. oranges and grapefruit*

**e·gal·i·tar·i·an** /ɪˌgælᵌˈteəriən/ adj egalitarny, egalitarystyczny —**egalitarianism** n [U] egalitaryzm

**egg**[1] /eg/ n [C,U] jajko, jajo: *When do*

*blackbirds lay their eggs?* | *bacon and eggs* (=jajka na bekonie) *for breakfast*

**egg²** *v*

**egg** sb ↔ **on** *phr v* [T] namawiać: *He was scared to jump, but his friends kept egging him on.*

**egg·plant** /ˈegplɑːnt/ *n* [C,U] *especially AmE* bakłażan, oberżyna

**e·go** /ˈiːgəʊ/ *n* [C] poczucie własnej wartości: *That reward was a real boost for my ego.* | **have a big ego** (=mieć wygórowaną opinię na swój temat): *policitians with big egos*

**e·go·cen·tric** /ˌiːgəʊˈsentrɪk◂/ *adj* egocentryczny

**e·go·tis·m** /ˈiːgətɪzəm/ *także* **e·go·is·m** /ˈiːgəʊɪzəm/ *n* [U] egoizm —**egotist** *n* [C] egoist-a/ka —**egotistic** /ˌiːgəʊˈtɪstɪk◂/, **egotistical** *adj* egoistyczny, samolubny

**eight** /eɪt/ *number* **1** osiem **2** (godzina) ósma: *Dinner will be at eight.*

**eigh·teen** /ˌeɪˈtiːn◂/ *number* osiemnaście —**eighteenth** *number* osiemnasty

**eighth** /eɪtθ/ *number* **1** ósmy **2** jedna ósma

**eigh·ty** /ˈeɪti/ *number* osiemdziesiąt —**eightieth** *number* osiemdziesiąty

**ei·ther¹** /ˈaɪðə/ *conjunction* **either ... or** albo ... albo: *You can have either tea, coffee, or fruit juice.* | *Either say you're sorry, or get out!*

**either²** *determiner, pron* **1** albo jeden, albo drugi: *There's coffee or tea – you can have either.* | **either of you/them** (=któryś z was/nich dwóch): *Is either of the boys coming?* | *Can either of you lend me £5?* | **either way** (=tak czy owak): *You can get there by train or plane, but either way it's very expensive.* **2 not ... either** ani jeden, ani drugi: *I've lived in New York and Chicago, but I don't like either city very much.* **3 on either side** po obu stronach: *He sat in the back of the car with a policeman on either side.* ➡ porównaj BOTH

**either³** *adv* też (nie): *"I can't swim." "I can't either."*

**e·ject** /ɪˈdʒekt/ *v* **1** [T] *formal* wyrzucać, usuwać: *Any troublemakers will be ejected from the meeting.* **2** [I] katapultować się **3** [T] wysuwać: *How do I eject the CD?*

**eke** /iːk/ *v*

**eke** sth ↔ **out** *phr v* [T] **eke out a living/existence** wiązać koniec z końcem

**e·lab·o·rate¹** /ɪˈlæbərət/ *adj* misterny, kunsztowny: *fabric with an elaborate design* | *an elaborate plan*

**e·lab·o·rate²** /ɪˈlæbəreɪt/ *v* [I,T] powiedzieć coś więcej (o): *You say you disagree – would you like to elaborate on that?*

**e·lapse** /ɪˈlæps/ *v* [I] *formal* upływać

**e·las·tic** /ɪˈlæstɪk/ *adj* elastyczny: *an elastic waistband* —**elastic** *n* [U] guma —**elasticity** /ˌiːlæˈstɪsəti/ *n* [U] elastyczność

**elastic band** /.ˌ.. ˈ./ *n* [C] *BrE* gumka

**e·lat·ed** /ɪˈleɪtɪd/ *adj* uradowany: *I was elated when Mary told me she was pregnant.*

**el·bow¹** /ˈelbəʊ/ *n* [C] łokieć

**elbow²** *v* [T] **elbow one's way** przepychać się: *She elbowed her way through the crowd.*

**el·der** /ˈeldə/ *adj* **elder brother/son** starszy brat/syn: *My elder sister is a nurse.*

**el·ders** /ˈeldəz/ *n* [C plural] **1** starsi: *Young people should have respect for their elders.* **2** starszyzna: *a meeting of the village elders*

**el·der·ly** /ˈeldəli/ *adj* **1** starszy: *an elderly woman with white hair* **2 the elderly** ludzie w podeszłym wieku: *a home that provides care for the elderly* ➡ porównaj OLD, ANCIENT

**el·dest** /ˈeldɪst/ *adj* **eldest son/brother** najstarszy syn/brat

**e·lect** /ɪˈlekt/ *v* [T] wybierać: *Clinton was elected President in 1992.*

**e·lec·tion** /ɪˈlekʃən/ *n* [C] wybory: *The party must win the next election!* —**electoral** *adj* wyborczy

**e·lec·to·rate** /ɪˈlektərət/ *n* [singular]

E

elektorat, wyborcy: *We have to convince the electorate that we will not raise taxes.*

**e·lec·tric** /ɪˈlektrɪk/ *adj* **1** elektryczny: *an electric oven | an electric guitar* **2** pełen podniecenia: *The atmosphere in the courtroom was electric.*

> UWAGA **electric i electrical**
>
> Nie należy używać wyrazu **electric** w znaczeniu 'elektryk'. Wyraz **electric** jest przymiotnikiem, a 'elektryk' lub 'inżynier elektryk', to po angielsku *electrician* lub *electrical engineer*. Wyrazów **electric** i **electrical** nie można używać zamiennie. Wyraz **electric** oznacza 'działający lub powstający pod wpływem elektryczności', 'przenoszący lub magazynujący prąd elektryczny' itp.: *an electric wire, an electric shock, an electric field, an electric toaster/heater/blanket/kettle/razor*. Wyraz **electrical** oznacza 'związany z elektrycznością': *electrical systems, a course in electrical engineering, an electrical business/shop, an electrical fault.* Kiedy mówimy o całej grupie urządzeń zasilanych energią elektryczną, również używamy wyrazu **electrical**: *electrical equipment, the latest electrical kitchen appliances.*

**e·lec·tri·cal** /ɪˈlektrɪkəl/ *adj* elektryczny: *electrical goods*

**electric chair** /.,.. ˈ./ *n* **the electric chair** krzesło elektryczne

**el·ec·tri·cian** /ɪˌlekˈtrɪʃən/ *n* [C] elektryk

**e·lec·tri·ci·ty** /ɪˌlekˈtrɪsəti/ *n* [U] elektryczność: *The electricity will be cut off if you don't pay your bill.*

**electric shock** /.,.. ˈ./ *n* [C] porażenie prądem

**e·lec·tri·fy·ing** /ɪˈlektrəfaɪ-ɪŋ/ *adj* elektryzujący: *Nicholson gives an electrifying performance.*

**e·lec·tro·cute** /ɪˈlektrəkjuːt/ *v* [T] porazić prądem (*śmiertelnie*) —**electrocution** /ɪˌlektrəˈkjuːʃən/ *n* [U] porażenie prądem

**e·lec·trode** /ɪˈlektrəʊd/ *n* [C] elektroda

**e·lec·tron** /ɪˈlektrɒn/ *n* [C] elektron

**e·lec·tron·ic** /ɪˌlekˈtrɒnɪk/ *adj* elektroniczny: *electronic music* —**electronically** *adv* elektronicznie

**e·lec·tron·ics** /ɪˌlekˈtrɒnɪks/ *n* [U] elektronika: *the electronics industry*

**el·e·gant** /ˈeləgənt/ *adj* elegancki: *a tall, elegant woman* —**elegance** *n* [U] elegancja —**elegantly** *adv* elegancko

**el·e·ment** /ˈeləmənt/ *n* [C] **1** pierwiastek → porównaj COMPOUND¹ **2** element: *a movie with all the elements of a great love story | a small criminal element* (=element przestępczy) *within the club* **3 an element of truth/risk** odrobina prawdy/ryzyka: *There's an element of truth in what he says.* **4 be in your element** być w swoim żywiole → patrz też ELEMENTS

**el·e·men·ta·ry** /ˌeləˈmentəri◂/ *adj* **1** elementarny: *an elementary mistake* **2** podstawowy: *a book of elementary chemistry*

**elementary school** /..ˈ.. ,./ *także* **grade school** *n* [C] *AmE* szkoła podstawowa

**el·e·ments** /ˈeləmənts/ *n* **the elements** żywioły: *A cave provided shelter from the elements.*

**el·e·phant** /ˈeləfənt/ *n* [C] słoń

**el·e·va·tor** /ˈeləveɪtə/ *n* [C] *AmE* winda

**e·lev·en** /ɪˈlevən/ *number* jedenaście —**eleventh** *number* jedenasty

**elf** /elf/ *n* [C] *plural* **elves** elf

**e·li·cit** /ɪˈlɪsət/ *v* [T] *formal* wywoływać: *Short questions are more likely to elicit a response.*

**el·i·gi·ble** /ˈelədʒəbəl/ *adj* **1 be eligible for** mieć prawo do: *Students are eligible for financial support.* **2 eligible to do sth** uprawniony do (robienia) czegoś: *Are you eligible to vote?* **3 an eligible bachelor** dobra partia

**e·lim·i·nate** /ɪˈlɪməneɪt/ *v* [T] **1** z/likwidować: *Electronic banking eliminates the need for cash or cheques.* **2 be elimi-**

**nated** zostać wyeliminowanym, odpaść: *Our team was eliminated in the third round.*

**e·lim·i·na·tion** /ɪˌlɪmǝ̇ˈneɪʃǝn/ *n* [U] **1** likwidacja: *the control and elimination of nuclear weapons* **2 by a process of elimination** przez eliminację

**e·lite** /eɪˈliːt/ *n* [singular] elita

**e·lit·ist** /eɪˈliːtǝ̇st/ *adj* elitarny

**elm** /elm/ *n* [C,U] wiąz

**e·lon·gat·ed** /ˈiːlɒŋgeɪtǝ̇d/ *adj* wydłużony: *elongated shadows*

**el·o·quent** /ˈelǝkwǝnt/ *adj* elokwentny: *an eloquent speaker* —**eloquently** *adv* elokwentnie —**eloquence** *n* [U] elokwencja

**else** /els/ *adv* **1** jeszcze: *Clayton needs someone else to help him.* | *What else can I get you?* **2** inny: *everyone else* (=wszyscy inni) | *Is there anything else to eat?* | *She was wearing someone else's coat.* **3 or else** bo inaczej: *She'd have to pay, or else she'd go to prison.*

**else·where** /elsˈweǝ/ *adv* gdzie indziej: *Snow is expected elsewhere in the region.*

**e·lude** /ɪˈluːd/ *v* [T] wymykać się: *Jones eluded the police for six weeks.* | *Success has eluded him so far.* | *Her name eludes me* (=nie mogę sobie przypomnieć jej nazwiska) *at the moment.*

**e·lu·sive** /ɪˈluːsɪv/ *adj* nieuchwytny: *The fox was elusive and clever.*

**elves** /elvz/ liczba mnoga od ELF

**'em** /ǝm/ *pron spoken nonstandard* skrót od THEM: *Tell the kids I'll pick 'em up after school.*

**e·ma·ci·a·ted** /ɪˈmeɪʃieɪtǝ̇d/ *adj* wychudzony

**e-mail** /ˈiː meɪl/ **email** *n* [U] poczta elektroniczna —**e-mail** *v* [T] wysyłać pocztą elektroniczną

**em·a·nate** /ˈemǝneɪt/ *v*

**emanate from** sth *phr v* [T] dochodzić z: *Wonderful smells emanated from the kitchen.*

**e·man·ci·pate** /ɪˈmænsǝ̇peɪt/ *v* [T] *formal* dawać równe prawa, emancypować —**emancipated** *adj* wyemancypowany —**emancipation** /ɪˌmænsǝ̇ˈpeɪʃǝn/ *n* [U] emancypacja, równouprawnienie

**em·balm** /ɪmˈbɑːm/ *v* [T] za/balsamować

**em·bank·ment** /ɪmˈbæŋkmǝnt/ *n* [C] nabrzeże

**em·bar·go** /ɪmˈbɑːgǝʊ/ *n* [C] *plural* **embargoes** embargo: *The UN is considering lifting the oil embargo* (=rozważa zniesienie embarga na ropę).

**em·bark** /ɪmˈbɑːk/ *v* [I] wsiadać na statek —**embarkation** /ˌembɑˈkeɪʃǝn/ *n* [C,U] zaokrętowanie → antonim DISEMBARK

**embark on/upon** sth *phr v* [T] rozpoczynać (*coś nowego*): *Hal is leaving the band to embark on a solo career.*

**em·bar·rass** /ɪmˈbærǝs/ *v* [T] wprawiać w zakłopotanie: *I hope I didn't embarrass you.*

**em·bar·rassed** /ɪmˈbærǝst/ *adj* zakłopotany, zażenowany: *Everyone was staring at me and I felt really embarrassed.*

**em·bar·ras·sing** /ɪmˈbærǝsɪŋ/ *adj* wprawiający w zakłopotanie: *embarrassing questions*

**em·bar·rass·ment** /ɪmˈbærǝsmǝnt/ *n* **1** [U] zakłopotanie, zażenowanie: *Billy looked down and tried to hide his embarrassment.* **2** [C] powód zażenowania: *His mother's boasting was a constant embarrassment to him.*

**em·bas·sy** /ˈembǝsi/ *n* [C] ambasada

**em·bed·ded** /ɪmˈbedǝ̇d/ *adj* wbity: **+ in** *Small stones had become embedded in the ice.*

**em·bel·lish** /ɪmˈbelɪʃ/ *v* [T] upiększać

**em·bers** /ˈembǝz/ *n* [C plural] żar

**em·bez·zle** /ɪmˈbezǝl/ *v* [I,T] z/defraudować —**embezzlement** *n* [U] defraudacja

**em·bit·tered** /ɪmˈbɪtǝd/ *adj* zgorzkniały

**em·blem** /ˈemblǝm/ *n* [C] emblemat, godło

**em·bod·y** /ɪmˈbɒdi/ *v* [T] być ucieleśnieniem: *Mrs. Miller embodies every-*

E

*thing I admire in a teacher.* —**embodiment** *n* [U] ucieleśnienie

**em·boss** /ɪm'bɒs/ *v* [T] wytłaczać

**em·brace** /ɪm'breɪs/ *v* [T] *formal* **1** obejmować: *Rob reached out to embrace her.* **2** przyjmować (*z zapałem*): *Many Romans had embraced the Christian religion.* —**embrace** *n* [C] uścisk

**em·broi·der·y** /ɪm'brɔɪdəri/ *n* [U] haft —**embroider** *v* [I,T] wy/haftować, wyszywać

**em·bry·o** /'embriəʊ/ *n* [C] zarodek, embrion → porównaj FOETUS

**em·e·rald** /'emərəld/ *n* [C] szmaragd

**e·merge** /ɪ'mɜːdʒ/ *v* [I] **1** wyłaniać się: **+ from** *He emerged from his hiding place.* **2** pojawiać się: *New evidence has emerged.* | **+ that** *It later emerged* (=okazało się) *that she had been seeing him secretly.* **3** wychodzić: *They emerged triumphant* (=wyszli zwycięsko) *from the battle.* —**emergence** *n* [U] pojawienie się

m

**e·mer·gen·cy** /ɪ'mɜːdʒənsi/ *n* [C] nagły wypadek: *Quick! Call an ambulance! This is an emergency!* —**emergency** *adj*: *emergency exit* (=wyjście awaryjne)

**emergency brake** /.'... ,./ *n* [C] *AmE* hamulec ręczny

**emergency room** /.'... ,./ *n* [C] *AmE* izba przyjęć (*dla nagłych wypadków*)

**e·mer·ging** /ɪ'mɜːdʒɪŋ/ *także* **emergent** *adj* nowo powstały: *the emerging nations of the world*

**em·i·grant** /'emɪgrənt/ *n* [C] emigrant/ka → porównaj IMMIGRANT

**em·i·grate** /'em$_{\text{ə}}^{\text{I}}$greɪt/ *v* [I] wy/emigrować: *The Remingtons emigrated to Australia.* —**emigration** /,em$_{\text{ə}}^{\text{I}}$'greɪʃən/ *n* [U] emigracja

**em·i·nent** /'emɪnənt/ *adj* wybitny: *a team of eminent scientists*

**e·mis·sion** /ɪ'mɪʃən/ *n* [C,U] emisja: *attempts to reduce emissions from cars*

**e·mit** /ɪ'mɪt/ *v* [T] **-tted, -tting** **1** wydawać: *The kettle emitted a shrill whistle.* **2** wydzielać: *The chimney emitted smoke.*

**e·mo·tion** /ɪ'məʊʃən/ *n* [C,U] emocja, uczucie: *Her voice was trembling with emotion.* | *Women tend to express their emotions more easily than men.*

**e·mo·tion·al** /ɪ'məʊʃənəl/ *adj* **1** emocjonalny, uczuciowy: *emotional problems* **2 be/become emotional** wzruszać się: *He became very emotional when I mentioned his first wife.* —**emotionally** *adv* emocjonalnie, uczuciowo

**e·mo·tive** /ɪ'məʊtɪv/ *adj* wywołujący emocje: *Abortion is an emotive issue.*

**em·pa·thy** /'empəθi/ *n* [U] empatia

**em·pe·ror** /'empərə/ *n* [C] cesarz, imperator

**em·pha·sis** /'emfəs$_{\text{ə}}^{\text{I}}$s/ *n* [C,U] *plural* **emphases** /-siːz/ nacisk: **place/put emphasis on** (=kłaść nacisk na): *Most schools do not place enough emphasis on health education.*

**em·pha·size** /'emfəsaɪz/ (*także* **-ise** *BrE*) *v* [T] podkreślać: *My teacher always emphasized the importance of grammar.*

**em·phat·ic** /ɪm'fætɪk/ *adj* stanowczy, dobitny: *Dale's answer was an emphatic "No!"* —**emphatically** *adv* stanowczo, z naciskiem

**em·pire** /'empaɪə/ *n* [C] cesarstwo, imperium

**em·pir·i·cal** /ɪm'pɪrɪkəl/ *adj* empiryczny: *Empirical evidence is needed to support their theory.*

**em·ploy** /ɪm'plɔɪ/ *v* [T] **1** zatrudniać: *The factory employs over 2,000 people.* | **be employed as sth** *He was employed as a language teacher.* **2** za/stosować: *They employed new photographic techniques.*

**em·ploy·ee** /ɪm'plɔɪ-iː/ *n* [C] pracowni-k/ca, zatrudnion-y/a: *a government employee*

UWAGA **employee** i **employer**

Wyrazów **employee** i **employer** używa się raczej w stylu oficjalnym. W codziennej rozmowie lepiej powiedzieć: **I work for IBM** zamiast "I'm an employee of IBM" i **the company I work for** zamiast "my

employers".

**em·ploy·er** /ɪm'plɔɪə/ *n* [C] pracodawca/czyni: *a reference from your employer*

**em·ploy·ment** /ɪm'plɔɪmənt/ *n* [U] zatrudnienie: *Students start looking for employment when they leave college.* | *a government report on training and employment* ➡ patrz też UNEMPLOYMENT

**em·press** /'emprɪ̈s/ *n* [C] cesarzowa

**emp·ty**[1] /'empti/ *adj* pusty: *an empty box* | *empty spaces* | *empty promises* —**emptiness** *n* [U] pustka

**empty**[2] *v* **1** *także* **empty out** [T] opróżniać: *I found your umbrella when I was emptying out the wardrobe.* **2** [I] opróżniać się, o/pustoszeć: *The room emptied very quickly.*

**empty-hand·ed** /ˌ.. '..◂/ *adj* z pustymi rękami: *The thieves fled the building empty-handed.*

**en·a·ble** /ɪ'neɪbəl/ *v* [T] **enable sb to do sth** umożliwiać komuś zrobienie czegoś: *The money from her aunt enabled Jan to buy the house.*

**en·act** /ɪ'nækt/ *v* [T] uchwalać: *Congress refused to enact the bill.*

**e·nam·el** /ɪ'næməl/ *n* [U] **1** emalia **2** szkliwo

**en·chant·ed** /ɪn'tʃɑːntɪ̈d/ *adj* **1** oczarowany: *You'll be enchanted by the beauty of the city.* **2** zaczarowany: *an enchanted forest*

**en·chant·ing** /ɪn'tʃɑːntɪŋ/ *adj* czarujący: *an enchanting smile*

**en·cir·cle** /ɪn'sɜːkəl/ *v* [T] otaczać: *an ancient city encircled by high walls*

**en·clave** /'enkleɪv/ *n* [C] enklawa: *a Spanish enclave on the Moroccan coast*

**en·close** /ɪn'kləʊz/ *v* [T] **1** załączać: *Please enclose a stamped addressed envelope.* **2** ogradzać: *A high wall enclosed the garden.* —**enclosed** *adj* załączony

**en·clo·sure** /ɪn'kləʊʒə/ *n* [C] ogrodzony teren: *The animals are kept in a large enclosure.*

**en·core** /'ɒŋkɔː/ *n* [C] bis

**en·coun·ter**[1] /ɪn'kaʊntə/ *v* [T] napotykać: *The engineers encountered more problems when the rainy season began.*

**encounter**[2] *n* [C] spotkanie: *a chance encounter with the famous actor, Wilfred Lawson*

**en·cour·age** /ɪn'kʌrɪdʒ/ *v* [T] zachęcać: *Cheaper tickets might encourage people to use public transport.* —**encouragement** *n* [C,U] zachęta ➡ antonim DISCOURAGE

**en·cour·ag·ing** /ɪn'kʌrɪ̈dʒɪŋ/ *adj* zachęcający: *This time, the news is more encouraging.*

**en·croach** /ɪn'krəʊtʃ/ *v*

**encroach on/upon** sth *phr v* [T] **1** zakłócać, naruszać: *I don't let my work encroach on my private life.* **2** wdzierać się na: *Long grass is starting to encroach onto the highway.*

**en·crust·ed** /ɪn'krʌstɪ̈d/ *adj* inkrustowany: *a bracelet encrusted with diamonds*

**en·cy·clo·pe·di·a** /ɪnˌsaɪklə'piːdiə/ *także* **encyclopaedia** *BrE* *n* [C] encyklopedia

**end**[1] /end/ *n* [C] **1** koniec: *We walked to the end of the road.* | *the deep end of the pool* | **+ of** *the end of the story* | **at the end** *Rob's moving to Maine at the end of September.* | **be at an end** (=skończyć się): *His political career was at an end.* | **come to an end** (=s/kończyć się): *Their relationship had come to an end.* | **put an end to** (=kłaść kres): *a peace agreement that will put an end to the fighting* **2 in the end** w końcu: *In the end, we decided to go to Florida.* **3** cel: *She'll use any method to achieve her own ends.* **4 (for) days/hours on end** całymi dniami/godzinami: *It rained for days on end.* **5 make ends meet** wiązać koniec z końcem: *It's been hard to make ends meet since Ray lost his job.* ➡ patrz też ODDS AND ENDS, **get (hold of) the wrong end of the stick** WRONG[1], **be at the end of your tether** (TETHER)

UWAGA **in the end** i **at the end**

Nie należy mylić wyrażeń **in the end** i **at the end**. Pierwsze z nich znaczy 'w końcu, po długim oczekiwaniu': *In*

*the end, I decided not to go.* Drugie znaczy 'przy końcu', 'na końcu' lub 'pod koniec' i zwykle występuje z przyimkiem **of** i rzeczownikiem: *Their house is at the end of the road.* | *Do you remember what happens at the end of the film?* Patrz też **eventually** i **in the end**.

**end**[2] *v* [I,T] za/kończyć (się): *World War II ended in 1945.* | *Lucy decided to end her relationship with Jeff.*

**end in** sth *phr v* [T] za/kończyć się czymś: *Their marriage ended in divorce.*

**end up** *phr v* [I] **1 end up somewhere** wylądować gdzieś, trafić gdzieś **2 you end up doing something** kończy się na tym, że coś robisz: *I always end up paying the bill.*

**en·dan·ger** /ɪn'deɪndʒə/ *v* [T] zagrażać, być niebezpiecznym dla: *Smoking seriously endangers your health.*

**endangered spe·cies** /.,.. '../ *n* [C] gatunek zagrożony wymarciem

**en·dear** /ɪn'dɪə/ *v*

**endear** sb **to** sb *phr v* [T] zjednywać sympatię: *His remarks did not endear him to the audience.* —**endearing** *adj* ujmujący: *an endearing smile*

**en·dear·ment** /ɪn'dɪəmənt/ *n* [C,U] czułostka

**en·deav·our**[1] /ɪn'devə/ *BrE*, **endeavor** *AmE n* [C,U] *formal* przedsięwzięcie: *We wish you well in your future endeavours.*

**endeavour**[2] *BrE*, **endeavor** *AmE v* [I] *formal* usiłować

**en·dem·ic** /en'demɪk/ *adj* **be endemic** szerzyć się: *Violent crime is now endemic in the city.*

**end·ing** /'endɪŋ/ *n* [C] **1** zakończenie: *a happy ending* **2** końcówka: *Present participles have the ending '-ing'.*

**end·less** /'endləs/ *adj* nie kończący się: *I'm tired of his endless complaining.* —**endlessly** *adv* bez końca

**en·dorse** /ɪn'dɔːs/ *v* [T] zatwierdzać, popierać (*oficjalnie*): *The president refuses to endorse military action.* —**endorsement** *n* [C,U] oficjalne poparcie

**en·dow** /ɪn'daʊ/ *v* [T] **1** dokonywać zapisu/robić donację na rzecz **2 be endowed with** *formal* być obdarzonym: *a woman endowed with both beauty and intelligence*

**en·dow·ment** /ɪn'daʊmənt/ *n* [C,U] donacja

**en·dur·ance** /ɪn'djʊərəns/ *n* [U] wytrzymałość: *The marathon really tested his endurance.*

**en·dure** /ɪn'djʊə/ *v* [T] znosić, wytrzymywać: *The prisoners had to endure months of hunger.*

**en·dur·ing** /ɪn'djʊərɪŋ/ *adj* trwały: *an enduring friendship*

**en·e·my** /'enəmi/ *n* **1** [C] wróg: *The judge was assassinated by his political enemies.* | **make enemies** *He'd made many enemies* (=narobił sobie wrogów) *during his career.* **2 the enemy** nieprzyjaciel: *territory controlled by the enemy*

**en·er·get·ic** /ˌenə'dʒetɪk◂/ *adj* energiczny: *America needs a young, strong, energetic leader.* —**energetically** *adv* energicznie

**en·er·gy** /'enədʒi/ *n* [C,U] energia: *atomic energy* | *She came back from her trip full of energy and enthusiasm.*

**en·force** /ɪn'fɔːs/ *v* [T] **1** wy/egzekwować: *The police are determined to enforce the speed limit.* **2** wymuszać: *an enforced silence* —**enforcement** *n* [U] egzekwowanie

**en·gage** /ɪn'geɪdʒ/ *v*

**engage in** *phr v* zajmować się: *men who had often engaged in criminal activities*

**en·gaged** /ɪn'geɪdʒd/ *adj* **1** zaręczony: **+ to** *Have you met the man she's engaged to?* | **get engaged** (=zaręczać się): *Viv and Tony got engaged last month.* **2** *BrE* zajęty: *Sorry! The number is engaged.*

**en·gage·ment** /ɪn'geɪdʒmənt/ *n* [C] **1** zaręczyny: *They announced their engagement at Christmas.* **2** umówione spotkanie: *Professor Blake has an engagement already on Tuesday.* **3** zaplanowane zajęcie: *I won't be able to come – I have a prior engagement.*

**en·gag·ing** /ɪn'geɪdʒɪŋ/ *adj* zajmujący: *an engaging personality*

**en·gine** /'endʒən/ *n* [C] **1** silnik **2** lokomotywa

**engine driv·er** /'.. ,../ *n* [C] *BrE* maszynista

**en·gi·neer**[1] /,endʒə'nɪə/ *n* [C] **1** inżynier **2** *BrE* technik **3** mechanik (*na statku*) **4** *AmE* maszynista

**engineer**[2] *v* [T] doprowadzać do, za/aranżować: *He had powerful enemies who engineered his downfall.*

**en·gi·neer·ing** /,endʒə'nɪərɪŋ/ *n* [U] inżynieria

**En·glish**[1] /'ɪŋglɪʃ/ *n* **1** [U] język angielski **2 the English** [plural] Anglicy

**English**[2] *adj* angielski

**en·grave** /ɪn'greɪv/ *v* [T] wy/grawerować, wy/ryć: *a gold pen engraved with his initials*

**en·grav·ing** /ɪn'greɪvɪŋ/ *n* [C] rycina

**en·grossed** /ɪn'grəʊst/ *adj* pochłonięty: **+ in** *He was so engrossed in his work that he forgot about lunch.*

**en·gulf** /ɪn'gʌlf/ *v* [T] ogarniać: *a war that engulfed the whole of Europe*

**en·hance** /ɪn'hɑːns/ *v* [T] poprawiać, uwydatniać: *Adding lemon juice will enhance the flavour.*

**e·nig·ma** /ɪ'nɪgmə/ *n* [C] zagadka: *That man will always be an enigma to me.* —**enigmatic** /,enɪg'mætɪk◂/ *adj* enigmatyczny, zagadkowy: *an enigmatic smile*

**en·joy** /ɪn'dʒɔɪ/ *v* [T] **1 you enjoy sth** coś ci się podoba: *Did you enjoy the movie?* | **enjoy doing sth** (=lubić coś robić): *My wife really enjoys playing golf.* **2 enjoy yourself** dobrze się bawić: *It was a wonderful party, and we all enjoyed ourselves enormously.* **3** cieszyć się: *The team enjoyed unexpected success this season.* —**enjoyment** *n* [U] przyjemność: *We hope the bad weather didn't spoil your enjoyment.*

**en·joy·a·ble** /ɪn'dʒɔɪəbəl/ *adj* przyjemny: *We all had an enjoyable afternoon.*

**en·large** /ɪn'lɑːdʒ/ *v* [T] powiększać: *I'm going to get some of these pictures enlarged.*

**enlarge on** sth *phr v* [T] powiedzieć więcej na temat: *Mrs Bye did not enlarge on what she meant by 'unsuitable'.*

**en·large·ment** /ɪn'lɑːdʒmənt/ *n* [C] powiększenie

**en·light·ened** /ɪn'laɪtənd/ *adj* oświecony: *a country with an enlightened approach to women's education*

**en·list** /ɪn'lɪst/ *v* [I] zaciągać się (*do wojska*): *My grandfather enlisted when he was 18.*

**en·liv·en** /ɪn'laɪvən/ *v* [T] ożywiać: *The teacher used songs and stories to enliven her lesson.*

**e·nor·mi·ty** /ɪ'nɔːməti/ *n* **the enormity of** ogrom: *He could not understand the enormity of his crime.*

**e·nor·mous** /ɪ'nɔːməs/ *adj* ogromny: *You should see their house – it's enormous!* | *There's an enormous amount of work to finish.*

**e·nor·mous·ly** /ɪ'nɔːməsli/ *adv* ogromnie: *an enormously popular writer*

**e·nough**[1] /ɪ'nʌf/ *adv* **1** wystarczająco: *I've studied the subject enough to know the basic facts.* | **big/good enough** (=dosyć duży/dobry): *This bag isn't big enough to hold all my stuff.* **2 nice/happy enough** całkiem miły/szczęśliwy: *She's nice enough, but I don't think she likes me.* **3 it is bad/difficult/hard enough that ...** *spoken* nie dość, że ...: *It's bad enough that I have to work late – then you make jokes about it!* **4 strangely/oddly/funnily enough** dziwnym trafem: *Funnily enough, the same thing happened to me yesterday.* → patrz też **sure enough** (SURE[2])

**enough**[2] *quantifier* **1** dosyć: *Do we have enough food for everybody?* | *I think we've done enough for one day.* | **enough to do sth** *He doesn't earn enough to pay the rent.* **2 have had enough (of)** *spoken* mieć dosyć: *I'd had enough of the neighbours' noise, so I called the police.*

**en·quire** /ɪn'kwaɪə/ *BrE* alternatywna pisownia INQUIRE

E

**en·qui·ry** /ɪn'kwaɪəri/ *BrE* alternatywna pisownia INQUIRY

**en·rage** /ɪn'reɪdʒ/ *v* [T] rozwścieczać: *a newspaper report that has enraged local residents* —**enraged** *adj* wściekły

**en·rich** /ɪn'rɪtʃ/ *v* [T] wzbogacać: *Education can enrich your life.*

**en·rol** /ɪn'rəʊl/ *BrE, także* **enroll** *AmE* **-lled, -lling** [I,T] zapisywać (się): *30 students have enrolled on the cookery course.* —**enrolment** *n* [C,U] zapisy

**en·sure** /ɪn'ʃʊə/ *v* [T] *especially BrE* dopilnować, upewnić się: **+ that** *You must ensure that this door remains locked.*

**en·tail** /ɪn'teɪl/ *v* [T] pociągać za sobą: *Does your new job entail much travelling?*

**en·tan·gle** /ɪn'tæŋgəl/ *v* **entangled** zaplątany: *a fish entangled in the net* | **+ with** *Jay became romantically entangled with* (=związał się z) *a work colleague.*

**en·ter** /'entə/ *v* **1** [I,T] wchodzić (do): *Everyone stopped talking when he entered.* | *The police tried to stop the marchers from entering the building.* **2** [T] **enter politics/the medical profession/the church etc** zostać politykiem/lekarzem/księdzem itp.: *She's hoping to enter the medical profession.* **3** [T] przystępować do: *America entered the war in 1917.* **4** [I,T] brać udział (w): *She entered the competition and won.* **5** [T] wprowadzać (*np. dane*): *Enter your name on the form.*

**enter into** sth *phr v* [T] **1** nawiązywać: *Both sides must enter into negotiations.* **2** wpływać na: *Money didn't enter into my decision to leave.*

**en·ter·prise** /'entəpraɪz/ *n* **1** [C] przedsiębiorstwo: *The farm is a family enterprise.* **2** [C] przedsięwzięcie: *The film festival is a huge enterprise.* **3** [U] przedsiębiorczość: *the spirit of enterprise and adventure that built America's new industries* ➡ patrz też FREE ENTERPRISE

**en·ter·pris·ing** /'entəpraɪzɪŋ/ *adj* przedsiębiorczy: *One enterprising young man started his own radio station.*

**en·ter·tain** /ˌentə'teɪn/ *v* **1** [T] zabawiać: *He spent the next hour entertaining us with jokes.* **2** [I,T] przyjmować (gości): *Mike is entertaining clients at that new restaurant.*

**en·ter·tain·er** /ˌentə'teɪnə/ *n* [C] artyst-a/ka estradow-y/a

**en·ter·tain·ing** /ˌentə'teɪnɪŋ◂/ *adj* zabawny: *an entertaining book*

**en·ter·tain·ment** /ˌentə'teɪnmənt/ *n* [U] rozrywka: *the entertainment industry*

**en·thral** /ɪn'θrɔːl/ *BrE*, **enthrall** *AmE v* [T] **-lled, -lling** za/fascynować: *The kids were absolutely enthralled by the stories.* —**enthralling** *adj* fascynujący

**en·thu·si·as·m** /ɪn'θjuːziæzəm/ *n* [U] zapał, entuzjazm: **+ for** *The boys all share an enthusiasm for sports.* —**enthusiast** *n* [C] entuzjast-a/ka

**en·thu·si·as·tic** /ɪnˌθjuːzi'æstɪk◂/ *adj* entuzjastyczny, rozentuzjazmowany: *An enthusiastic crowd cheered the winners.* —**enthusiastically** *adv* entuzjastycznie

**en·tice** /ɪn'taɪs/ *v* [T] z/wabić, s/kusić: *Goods are attractively displayed to entice the customer.* —**enticing** *adj* kuszący: *an enticing menu*

**en·tire** /ɪn'taɪə/ *adj* cały: *I've spent the entire day cooking.*

**en·tire·ly** /ɪn'taɪəli/ *adv* zupełnie, całkiem: *She had entirely forgotten about Alexander.*

**en·ti·tle** /ɪn'taɪtl/ *v* [T] **1** uprawniać: **be entitled to sth** *Citizens of EU countries are entitled to* (=mają prawo do) *free medical treatment.* **2** za/tytułować: *a short poem entitled "Pride of Youth"*

**en·ti·ty** /'entəti/ *n* [C] *formal* jednostka: *East and West Germany became once more a single political entity.*

**en·tou·rage** /'ɒntʊrɑːʒ/ *n* [C] świta: *The president's entourage followed in six limousines.*

**en·trance** /'entrəns/ *n* **1** [C] wejście: *Meet me at the front entrance to the building.* **2** [U] prawo wstępu: *There will be an entrance fee* (=opłata za wstęp) *of $30.* **3 make an/your entrance** zrobić wejście: *Sheila waited for the right moment to make her dramatic entrance.* ➡ porównaj ENTRY

**en·tranced** /ɪnˈtrɑːnst/ *adj* oczarowany: *Li Yuan sat there, entranced by the beauty of the music.*

**en·trenched** /ɪnˈtrentʃt/ *adj* głęboko zakorzeniony: *entrenched attitudes*

**en·tre·pre·neur** /ˌɒntrəprəˈnɜː/ *n* [C] przedsiębiorca

**en·trust** /ɪnˈtrʌst/ *v* [T] powierzać: **entrust sb with sth** *I was entrusted with the task of looking after the money.*

**en·try** /ˈentri/ *n* **1** [U] wejście: *The thieves gained entry* (=dostali się do środka) *through an open window.* **2** [C] praca konkursowa: *The closing date for entries is January 6.* **3** [U] przystąpienie: **+ into** *Britain's entry into the European Community* **4** [U] prawo wstępu: *When reporters arrived at the gate, they were refused entry.* **5** [C] hasło: *a dictionary entry*

**en·ve·lope** /ˈenvələʊp/ *n* [C] koperta

**en·vi·a·ble** /ˈenviəbəl/ *adj* godny pozazdroszczenia: *He's in the enviable position of only having to work six months a year.*

**en·vi·ous** /ˈenviəs/ *adj* zazdrosny: **+ of** *Tom was deeply envious of his brother's success.* —**enviously** *adv* zazdrośnie

**en·vi·ron·ment** /ɪnˈvaɪərənmənt/ *n* **1 the environment** środowisko naturalne: *laws to protect the environment* **2** [C,U] środowisko, otoczenie: *Children need a happy home environment.* | *a pleasant working environment*

**en·vi·ron·ment·al** /ɪnˌvaɪərənˈmentl◂/ *adj* **environmental damage/pollution** zniszczenie/zanieczyszczenie środowiska

**en·vi·ron·men·tal·ist** /ɪnˌvaɪərənˈmentəlɪst/ *n* [C] ekolog (*obrońca środowiska*)

**environmentally friend·ly** /.ˌ..... ˈ../ *adj* ekologiczny (*przyjazny dla środowiska*)

**en·vis·age** /ɪnˈvɪzɪdʒ/ **en·vi·sion** /-ˈvɪʒən/ *especially AmE v* [T] przewidywać: *I don't envisage any major problems.*

**en·voy** /ˈenvɔɪ/ *n* [C] wysłanni-k/czka

**en·vy¹** /ˈenvi/ *v* [T] zazdrościć: *I envy Colin – he travels all over the world in his job!* | **envy sb (for) sth** *The other boys envied and admired him for his success with girls.*

**envy²** *n* **1** [U] zawiść, zazdrość: *He was looking with envy at Al's new car.* **2 be the envy of** budzić zazdrość: *Our facilities are the envy of most other schools.*

**en·zyme** /ˈenzaɪm/ *n* [C] enzym

**ep·ic¹** /ˈepɪk/ *adj* epicki: *an epic novel about the French Revolution*

**epic²** *n* [C] epos, epopeja: *Homer's epic, 'The Odyssey'*

**ep·i·dem·ic** /ˌepəˈdemɪk◂/ *n* [C] epidemia: *a flu epidemic* | *a car crime epidemic*

**ep·i·lep·sy** /ˈepəlepsi/ *n* [U] padaczka, epilepsja —**epileptic** /ˌepəˈleptɪk◂/ *n* [C] epilepty-k/czka

**ep·i·logue** /ˈepəlɒg/ *n* [C] epilog

**ep·i·sode** /ˈepəsəʊd/ *n* [C] **1** odcinek: *an episode of "Star Trek"* **2** epizod: *one of the most exciting episodes in Nureyev's career*

**ep·i·taph** /ˈepətɑːf/ *n* [C] epitafium

**e·pit·o·me** /ɪˈpɪtəmi/ *n* **be the epitome of** być uosobieniem: *Lord Soames was the epitome of a true gentleman.*

**e·poch** /ˈiːpɒk/ *n* [C] epoka

**e·qual¹** /ˈiːkwəl/ *adj* równy: *Divide the cake mixture into two equal parts.* | *Democracy is based on the idea that all people are equal.* | **be equal to** (=równać się): *One inch is equal to 2.54 centimetres.* | **equal rights/opportunities** (= równouprawnienie): *equal rights for women*

**equal²** *v* [T] **-lled, -lling** *BrE*, **-led, -ling** *AmE* **1** równać się: *Four plus four equals eight.* **2** wyrównywać: *Johnson has equalled the Olympic record.*

**equal³** *n* [C] **1** równy (sobie): *Men and women should be treated as equals.* **2 without equal** nie mający sobie równych: *a medical service without equal in the whole of Europe*

**e·qual·i·ty** /ɪˈkwɒləti/ *n* [U] równość: *racial equality* ➡ antonim INEQUALITY

**e·qual·ize** /ˈiːkwəlaɪz/ (*także* **-ise** *BrE*) *v* **1** [T] zrównywać: *equalizing pay rates in*

*the steel industry* **2** [I] *BrE* wyrównywać (*wynik*): *Spain equalized in the 75th minute.*

**eq·ual·ly** /ˈiːkwəli/ *adv* **1** równie: *Both teams are equally capable of winning.* **2** równo: *We'll divide the work equally.* **3** jednakowo: *We have to try to treat everyone equally.*

**e·qua·tion** /ɪˈkweɪʒən/ *n* [C] równanie

**e·qua·tor** /ɪˈkweɪtə/ *n* **the equator** równik —**equatorial** /ˌekwəˈtɔːriəl◂/ *adj* równikowy

**e·ques·tri·an** /ɪˈkwestriən/ *adj* konny

**e·qui·lib·ri·um** /ˌiːkwəˈlɪbriəm/ *n* [U] [U singular] równowaga: *The supply and the demand for money must be kept in equilibrium.*

m **e·quip** /ɪˈkwɪp/ *v* **-pped, -pping** [T] **1** wyposażać, zaopatrywać: *The boys had equipped themselves with ropes and torches before entering the cave.* | **be equipped with sth** *All their soldiers were equipped with assault rifles.* **2** przygotowywać: **equip sb to do sth** *His training had not equipped him to deal with this kind of emergency.* —**equipped** *adj* wyposażony: *a well-equipped hospital*

**e·quip·ment** /ɪˈkwɪpmənt/ *n* [U] wyposażenie, sprzęt: *camping equipment* | **piece of equipment** (=urządzenie): *an expensive piece of electronic equipment*

**e·quiv·a·lent**[1] /ɪˈkwɪvələnt/ *adj* równoważny: **+ to** *The workers received a bonus equivalent to two months' pay.*

**equivalent**[2] *n* [C] odpowiednik: *Some French words have no equivalents in English.*

**e·ra** /ˈɪərə/ *n* [C] era: *the Reagan era* | **+ of** *a new era of peace and international co-operation*

**e·rad·i·cate** /ɪˈrædəkeɪt/ *v* [T] wytępić, wykorzenić: *attempts to eradicate prejudice*

**e·rase** /ɪˈreɪz/ *v* [T] wymazywać, s/kasować: *All his records had been erased.*

**e·ras·er** /ɪˈreɪzə/ *n* [C] *especially AmE* gumka

**e·rect**[1] /ɪˈrekt/ *adj* podniesiony, wyprostowany: *The dog stopped and listened with its ears erect.*

**erect**[2] *v* [T] **1** *formal* wznosić: *This ancient church was erected in 1121.* **2** stawiać: *Security barriers were erected to hold the crowd back.*

**e·rec·tion** /ɪˈrekʃən/ *n* **1** [C,U] wzwód, erekcja **2** [U] wzniesienie: **+ of** *the erection of a war memorial*

**e·rode** /ɪˈrəʊd/ *v* **1** [I] erodować **2** [T] powodować erozję: *The coastline is being eroded by the sea.* **3** [T] podkopywać: *Her confidence has been eroded by recent criticism.* —**erosion** *n* [U] erozja

**e·rot·ic** /ɪˈrɒtɪk/ *adj* erotyczny: *an erotic dream* —**erotically** *adv* erotycznie

**er·rand** /ˈerənd/ *n* [C] **run an errand** załatwiać coś (*na mieście*): *Could you run an errand for Grandma?*

**er·rat·ic** /ɪˈrætɪk/ *adj* nierówny, nieprzewidywalny: *the England team's rather erratic performance in the World Cup*

**er·ro·ne·ous** /ɪˈrəʊniəs/ *adj formal* błędny: *erroneous statements* —**erroneously** *adv* błędnie

**er·ror** /ˈerə/ *n* [C,U] błąd: *a computer error* | *a serious error of judgement* (=błąd w ocenie sytuacji) | **make an error** (=popełnić błąd): *The police admitted that several errors had been made.*

**e·rupt** /ɪˈrʌpt/ *v* [I] wybuchać: *Fighting erupted after the demonstrations.* —**eruption** *n* [C,U] wybuch: *a volcanic eruption*

**es·ca·late** /ˈeskəleɪt/ *v* [I,T] nasilać (się): *Fighting has escalated in several areas.* —**escalation** /ˌeskəˈleɪʃən/ *n* [C,U] eskalacja

**es·ca·la·tor** /ˈeskəleɪtə/ *n* [C] schody ruchome

**es·ca·pade** /ˈeskəpeɪd/ *n* [C] eskapada

**es·cape**[1] /ɪˈskeɪp/ *v* **1** [I] uciec: **+ from/through etc** *Two men escaped from the prison.* | *Watching television was his way of escaping from reality.* **2 escape death/punishment** uniknąć śmierci/kary: *The driver and his two passengers only narrowly escaped death.* **3** [T] **sth escapes sb** ktoś nie może sobie czegoś przypomnieć: *His name escapes me at the moment.* **4** [T] **escape someone's**

**attention** umykać czyjejś uwadze: *Nothing escapes Bill's attention.* **5** [I] ulatniać się (*o gazie*) —**escaped** *adj* zbiegły: *escaped prisoners*

**escape**[2] *n* [C,U] ucieczka: *There's no chance of escape.* | *Reading poetry is one form of escape.* | *They had a narrow escape* (=ledwo uniknęli niebezpieczeństwa). ➡ patrz też FIRE ESCAPE

**es·cort**[1] /ɪ'skɔːt/ *v* [T] **1** eskortować: *Armed guards escorted the prisoners into the courthouse.* **2** odprowadzać: *David offered to escort us to the theatre.*

**es·cort**[2] /'eskɔːt/ *n* **1** [C,U] eskorta: *a police escort* | **under escort** *The prisoners will be transported under military escort.* **2** [C] osoba towarzysząca

**Es·ki·mo** /'eskɪməʊ/ *n* [C] Eskimos/ka —**Eskimo** *adj* eskimoski

**es·pe·cial·ly** /ɪ'speʃəli/ *adv* **1** zwłaszcza: *The kids really enjoyed the holiday, especially the trip to Disneyland.* **2** szczególnie: *These chairs are especially suitable for people with back problems.* **3** specjalnie: **+ for** *I made this card especially for you.* ➡ porównaj SPECIALLY

**es·pi·o·nage** /'espiənɑːʒ/ *n* [U] szpiegostwo

**es·say** /'eseɪ/ *n* [C] esej, wypracowanie

**es·sence** /'esəns/ *n* **1** [U singular] istota: **+ of** *There is no leadership – that's the essence of the problem.* | **in essence** (=w gruncie rzeczy): *The choice is, in essence, quite simple.* **2** [U] esencja, olejek: *vanilla essence*

**es·sen·tial** /ɪ'senʃəl/ *adj* **1** niezbędny: **+ for/to** *A balanced diet is essential for good health.* | **it is essential to do sth** *It is essential* (=konieczne jest) *to check the oil level regularly.* **2** zasadniczy: *He failed to understand the essential difference between the two theories.*

**es·sen·tial·ly** /ɪ'senʃəli/ *adv* w zasadzie: *Your analysis is essentially correct.*

**es·sen·tials** /ɪ'senʃəlz/ *n* [plural] niezbędne rzeczy: *We only have enough money for essentials like food and clothing.*

**es·tab·lish** /ɪ'stæblɪʃ/ *v* [T] **1** zakładać: *The school was established in 1922.* **2** ustalać: *We need to establish our main priorities.* | *We have been unable to establish the cause of the accident.* | **+ that** *Doctors established that death was due to poisoning.* **3** wyrabiać (sobie): *She worked hard to establish her position within the party.* | **establish sb/sth as sth** *Guterson's novel established him as* (=wyrobiła mu pozycję) *one of America's most exciting writers.* **4 establish relations/contacts** nawiązywać stosunki/kontakty: *In recent months they have established contacts with companies abroad.* —**established** *adj* ustalony, przyjęty

**es·tab·lish·ment** /ɪ'stæblɪʃmənt/ *n* **1** [C] *formal* placówka: *an educational establishment* **2** [U] założenie: **+ of** *the establishment of NATO in 1949* **3 the Establishment** establishment: *a political scandal that shocked the Establishment*

**es·tate** /ɪ'steɪt/ *n* [C] **1** posiadłość, majątek (ziemski) **2** *BrE* osiedle: *a housing estate* **3** majątek: *She left her entire estate to me.*

**estate a·gent** /.'. ,../ *n* [C] *BrE* pośrednik w handlu nieruchomościami

**estate car** /.'. ./ *n* [C] *BrE* samochód kombi

**es·teem** /ɪ'stiːm/ *n* [U] *formal* **hold sb in high esteem** darzyć kogoś wielkim szacunkiem: *She was held in high esteem by everyone she knew.* ➡ patrz też SELF-ESTEEM

**es·thet·ic** /iːs'θetɪk/ amerykańska pisownia wyrazu AESTHETIC

**es·ti·mate**[1] /'estɪmeɪt/ *v* [T] o/szacować: **+ that** *We estimate that 75% of our customers are teenagers.* | **estimate sth at** (=wyceniać coś na): *The cost of repairs has been estimated at $1500.* —**estimated** *adj*: *An estimated* (=szacuje się, że) *10,000 people took part in the demonstration.*

**es·ti·mate**[2] /'estɪmɪt/ *n* [C] **1** szacunek (*obliczenie*): *According to some estimates, two thirds of the city was destroyed.* | **at a rough estimate** (=w przybliżeniu): *At a rough estimate, I'd say*

E

*it's 300 years old.* **2** kosztorys: *I got three estimates so I could pick the cheapest.*

**es·tro·gen** /ˈiːstrədʒən/ amerykańska pisownia wyrazu OESTROGEN

**es·tu·a·ry** /ˈestʃuəri/ *n* [C] ujście (*rzeki*)

**etc** /et ˈsetərə/ *adv* itd, itp.: *cars, ships, planes etc*

**etch** /etʃ/ *v* [I,T] wy/ryć

**e·ter·nal** /ɪˈtɜːnəl/ *adj* wieczny: *eternal love* —**eternally** *adv* wiecznie

**e·ter·ni·ty** /ɪˈtɜːnəti/ *n* [U] wieczność

**e·the·re·al** /ɪˈθɪəriəl/ *adj* eteryczny: *ethereal beauty*

**eth·ic** /ˈeθɪk/ *n* [singular] etyka: *the Christian ethic*

**eth·i·cal** /ˈeθɪkəl/ *adj* etyczny: *Research on animals raises difficult ethical questions.* | *It would not be ethical for doctors to talk publicly about their patients.* —**ethically** *adv* etycznie

**eth·ics** /ˈeθɪks/ *n* [plural] etyka: *the ethics of scientific research*

**eth·nic** /ˈeθnɪk/ *adj* etniczny: *an ethnic minority*

**e·thos** /ˈiːθɒs/ *n* [singular] etos: *The whole ethos of our society has changed.*

**et·i·quette** /ˈetɪket/ *n* [U] etykieta: *The rules of etiquette are not so strict nowadays.*

**et·y·mol·o·gy** /ˌetəˈmɒlədʒi/ *n* [U] etymologia —**etymological** /ˌetəməˈlɒdʒɪkəl◂/ *adj* etymologiczny

**eu·phe·mis·m** /ˈjuːfəmɪzəm/ *n* [C,U] eufemizm —**euphemistic** /ˌjuːfəˈmɪstɪk◂/ *adj* eufemistyczny

**eu·pho·ri·a** /juːˈfɔːriə/ *n* [U] euforia

**Eu·ro** /ˈjʊərəʊ/ *także* **euro** *n* [C singular] euro: *The Euro is expected to replace the British pound within a few years.*

**Eu·ro·pe·an** /ˌjʊərəˈpiːən◂/ *adj* europejski: *the European Parliament* —**European** *n* [C] Europej-czyk/ka

**European U·nion** /ˌ.... ˈ../ *n* [singular] Unia Europejska

**eu·tha·na·si·a** /ˌjuːθəˈneɪziə/ *n* [U] eutanazja

**e·vac·u·ate** /ɪˈvækjueɪt/ *v* [T] ewakuować: *Children were evacuated from London to country areas.* —**evacuation** /ɪˌvækjuˈeɪʃən/ *n* [C,U] ewakuacja

**e·vade** /ɪˈveɪd/ *v* [T] **1** uchylać się od: *If you try to evade paying your taxes, you risk going to prison.* **2** unikać: *He evaded capture by hiding in a cave.*

**e·val·u·ate** /ɪˈvæljueɪt/ *v* [T] *formal* oceniać: *Teachers meet regularly to evaluate the progress of each student.* —**evaluation** /ɪˌvæljuˈeɪʃən/ *n* [C,U] ocena, ewaluacja

**e·van·gel·i·cal** /ˌiːvænˈdʒelɪkəl◂/ *adj* ewangelicki

**e·vap·o·rate** /ɪˈvæpəreɪt/ *v* **1** [I] wy/parować: *Boil the sauce until most of the liquid has evaporated.* **2** [T] odparowywać **3** [I] ulatniać się: *Support for the idea has evaporated.* —**evaporation** /ɪˌvæpəˈreɪʃən/ *n* [U] parowanie

**e·va·sion** /ɪˈveɪʒən/ *n* [C,U] uchylanie się: *tax evasion*

**e·va·sive** /ɪˈveɪsɪv/ *adj* **1** wymijający: *an evasive answer* **2 evasive action** unik —**evasively** *adv* wymijająco

**eve** /iːv/ *n* **1 Christmas Eve** Wigilia **2 New Year's Eve** sylwester **3 the eve of** przeddzień: *There were widespread demonstrations on the eve of the election.*

**e·ven**[1] /ˈiːvən/ *adv* **1** nawet: *Even the youngest children enjoyed the concert.* | *He hadn't even remembered it was my birthday!* **2 even more/better** jeszcze więcej/lepiej: *She knows even less about it than I do.* | *If you could finish it today, that would be even better.* **3 even if** nawet jeśli: *I'll never speak to her again, even if she apologizes.* **4 even though** chociaż, mimo że: *She wouldn't go onto the ski slope, even though Tom offered to help her.* **5 even so** mimo to: *They made lots of money that year, but even so the business failed.*

**even**[2] *adj* **1** równy: *You need an even surface to work on.* **2** stały: *an even body temperature* **3** parzysty ➡ antonim ODD **4 get even** *informal* wyrównać rachunki: **+ with** *I'll get even with you one day!*

**eve·ning** /ˈiːvnɪŋ/ *n* **1** [C,U] wieczór: *I have a class on Thursday evenings.* | *We spent a very pleasant evening with Ray and his girlfriend.* **2** **(good) evening** *spoken* dobry wieczór: *Evening, Rick.*

**e·ven·ly** /ˈiːvənli/ *adv* równo: *We divided the money evenly.* | *Spread the glue evenly over the surface.*

**e·vent** /ɪˈvent/ *n* [C] **1** wydarzenie: *the most important events of the 1990s* | **course of events** (=bieg rzeczy/wydarzeń): *Nothing you could have done would have changed the course of events.* **2** impreza: *a major sporting event* **3** **in any event/at all events** w każdym razie: *In any event, it seems likely that prices will continue to rise.* **4** **in the event of rain/fire** *formal* w razie deszczu/pożaru: *Britain agreed to support the US in the event of war.*

**e·vent·ful** /ɪˈventfəl/ *adj* urozmaicony, obfitujący w wydarzenia: *an eventful life*

**e·ven·tu·al** /ɪˈventʃuəl/ *adj* [only before noun] ostateczny: *China's eventual control of Hong Kong*

**e·ven·tu·al·i·ty** /ɪˌventʃuˈæləti/ *n* [C] *formal* ewentualność: *We must be prepared for any eventuality.*

**e·ven·tu·al·ly** /ɪˈventʃuəli/ *adv* koniec końców: *He worked so hard that eventually he made himself ill.*

> UWAGA **eventually** i **in the end**
>
> Nie należy używać wyrazu **eventually** w znaczeniu 'ewentualnie'. **Eventually** znaczy 'w końcu, wreszcie, po długim oczekiwaniu': *Eventually the baby stopped crying and we managed to get some sleep.* Podobne znaczenie ma wyrażenie **in the end**: *At first I didn't want to go with them but in the end I agreed.* | *In the end it was Rita, the junior assisstant, who solved the problem.* Chcąc powiedzieć 'ewentualnie', należy użyć wyrazu **alternatively**, lub wyrażenia **if need be**.

**ev·er** /ˈevə/ *adv* **1** kiedyś, kiedykolwiek: *If you're ever in Wilmington, give us a call.* | *Have you ever eaten snails?* | **the best/biggest etc ever** *That was the best meal I've ever had.* | **hotter/better than ever** (=niż kiedykolwiek przedtem): *I woke up the following morning feeling worse than ever.* | **hardly ever** (=prawie nigdy (nie)): *Jim's parents hardly ever watch TV.* | **as happy as ever** *I saw Liz the other day looking as cheerful as ever* (=tak samo radośnie, jak zwykle). **2** ciągle: **ever since** (=od tej pory): *He started teaching here when he was 20, and he's been here ever since.* | **ever-growing/ever-increasing etc** (=ciągle rosnący): *the ever-growing population problem* | **for ever** (=(na) zawsze): *His name will live for ever.* **3** **ever so/ever such a** *BrE spoken* tak/taki: *It's ever so cold* (=tak strasznie zimno) *in here.* → patrz też FOREVER

**ev·er·green** /ˈevəgriːn/ *adj* zimozielony → porównaj DECIDUOUS

**ev·er·last·ing** /ˌevəˈlɑːstɪŋ◂/ *adj* wieczny: *everlasting peace*

**ev·ery** /ˈevri/ *determiner* **1** każdy: *Every student will take the test.* | *He comes round to see Jenny at every opportunity.* | **every single** (=wszystkie bez wyjątku): *He told Jan every single thing I said.* **2** **every day/year** codziennie/co roku: *We get the newspaper every day.* | **every now and then/every so often** (=co jakiś czas): *I still see her every now and then.* **3** **one in every hundred/two in every thousand** jeden na stu/dwóch na tysiąc: *a disease that will kill one in every thousand babies* **4** **every which way** *informal* we wszystkie strony: *People were running every which way.*

**ev·ery·bod·y** /ˈevribɒdi/ *pron* → EVERYONE

**ev·ery·day** /ˈevrideɪ/ *adj* [only before noun] codzienny: *Worries are just part of everyday life.*

> UWAGA **everyday** i **every day**
>
> Nie należy mylić wyrażenia **every day** z przymiotnikiem **everyday**. Wyrażenie **every day** ma charakter przysłówkowy i znaczy 'codziennie', a przymiotnik **everyday** znaczy

E

> 'codzienny, zwykły': *Every day I try to learn ten new words.* | *A good photographer can make everyday objects look rare and special.*

**ev·ery·one** /'evriwʌn/ *także* **everybody** *pron* wszyscy, każdy: *Is everyone ready to go?* | *Everyone knows that!* | **everyone else** (=wszyscy inni): *I was still awake but everyone else had gone to bed.*

**ev·ery·thing** /'evriθɪŋ/ *pron* wszystko: *She criticizes everything I do.* | *You look upset. Is everything all right?* | **everything else** (=wszystko inne): *Jim does the dishes, but I do everything else.* ➡ porównaj NOTHING[1]

**ev·ery·where** /'evriweə/ *adv* wszędzie: *I've looked everywhere for my keys.* ➡ porównaj NOWHERE

**e·vict** /ɪ'vɪkt/ *v* [T] wy/eksmitować: *Higson was evicted for non-payment of rent.* —**eviction** *n* [C,U] eksmisja

**ev·i·dence** /'evədəns/ *n* [U] **1** dowody: *What evidence do you have to support your theory?* | **+ of** *scientists looking for evidence of life on other planets* | **+ that** *There is evidence that the drug may be harmful to pregnant women.* **2 a piece of evidence** dowód: *A vital piece of evidence was missing.* | **give evidence** (=zeznawać): *Delaney had to give evidence at his brother's trial.*

**ev·i·dent** /'evədənt/ *adj formal* oczywisty, ewidentny: **it is evident that** *It was evident that Bill and his wife weren't happy.*

**e·vil**[1] /'iːvəl/ *adj* zły: *an evil dictator* | *the evil effects of drug abuse*

**evil**[2] *n formal* [C,U] zło: *Taxation is a necessary evil.* | *the evils of racism*

**e·voc·a·tive** /ɪ'vɒkətɪv/ *adj* **be evocative of** przywodzić na myśl: *The smell of bread baking is evocative of my childhood.*

**e·voke** /ɪ'vəʊk/ *v* [T] wywoływać, przywodzić na myśl: *The film evoked memories of the time I lived in France.*

**ev·o·lu·tion** /ˌiːvə'luːʃən/ *n* [U] ewolucja: *Darwin's theory of evolution* | **+ of** *the evolution of computer technology* —**evolutionary** *adj* ewolucyjny

**e·volve** /ɪ'vɒlv/ *v* [I] ewoluować, wykształcić się: *a political system that has evolved over several centuries*

**ex-** /eks/ *prefix* **ex-husband/ex-prime minister** były mąż/premier

**ex·act** /ɪg'zækt/ *adj* **1** dokładny: *an exact description* | *I can't remember the exact date.* | **to be exact** *spoken* (=ściśle mówiąc): *They're here for two weeks, well 13 days, to be exact.* **2 the exact opposite** dokładne przeciwieństwo: *Leonard's shy and quiet – the exact opposite of his brother.* —**exactness** *n* [U] dokładność

**ex·act·ing** /ɪg'zæktɪŋ/ *adj* **1** pracochłonny: *an exacting task* **2** wymagający: *an exacting boss*

**ex·act·ly** /ɪg'zæktli/ *adv* **1** dokładnie: *We got home at exactly six o'clock.* | *I don't know exactly where she lives.* | *They were wearing exactly the same dress!* | *"We should spend more on education." "Exactly!"* **2 not exactly** *spoken* **a)** wcale nie: *Why is Tim on a diet? I mean, he's not exactly fat!* **b)** niezupełnie: *"Sheila's ill, is she?" "Not exactly, she's just tired."*

**ex·ag·ge·rate** /ɪg'zædʒəreɪt/ *v* **1** [I] przesadzać: *Charlie says that everyone in New York has a gun, but I'm sure he's exaggerating.* **2** [T] wyolbrzymiać: *The seriousness of the situation has been much exaggerated in the press.* —**exaggerated** *adj* przesadny, przesadzony —**exaggeration** /ɪgˌzædʒə'reɪʃən/ *n* [C,U] przesada

**ex·am** /ɪg'zæm/ *n* [C] egzamin: *a chemistry exam* | **pass/fail an exam** (=zdać/nie zdać): *If he passes these exams he'll go to university.* | **take/sit an exam** (=zdawać): *When do you take your final exams?*

**ex·am·i·na·tion** /ɪgˌzæmə'neɪʃən/ *n* **1** [C,U] badanie: *Every astronaut is given a thorough medical examination.* | *On closer examination, the painting was found to be a forgery.* **2** [C] *formal* egzamin: *The examination results will be announced in September.*

> UWAGA **examination**
>
> Zwrot 'zdawać egzamin, przystępować do egzaminu' tłumaczymy na angielski zwrotami **take/have/do an examination** (nie **make** lub **pass**): *I'd better go home. I've got to do an exam in the morning.* Zwrot 'zdać egzamin, otrzymać pozytywną ocenę' tłumaczymy na angielski zwrotem **pass an examination**: *Only 25% of all the students who took the exam passed.* Zwrot 'oblać egzamin, otrzymać negatywną ocenę' tłumaczymy na angielski zwrotem **fail an examination**: *I had my final examination in April, but failed.* Wszystkich podanych powyżej czasowników można również używać z wyrazami **exam**, **test**, **final** i **oral**.

**ex·am·ine** /ɪg'zæmən/ *v* [T] **1** z/badać: *The doctor examined her shoulder and sent her for an X-ray.* **2** prze/analizować: *The finance committee will examine your proposals.* **3** *formal* prze/egzaminować: *You will be examined on American history.*

**ex·am·in·er** /ɪg'zæmənə/ *n* [C] egzaminator/ka

**ex·am·ple** /ɪg'zɑːmpəl/ *n* **1** [C] przykład: **+ of** *Amiens cathedral is a good example of Gothic architecture.* | **give sb an example of** *Can anyone give me an example of a transitive verb?* **2 for example** na przykład: *He's quite a nice guy really – for example, he's always ready to help you if you ask him.* **3** [C] wzór: **set an example** (=dawać (dobry) przykład): *A good captain should set an example for the rest of the team.*

> UWAGA **example (give** czy **set?)**
>
> Zwrot 'dawać przykład, służyć za wzór' tłumaczymy na angielski zwrotem **to set an example**, a zwrotu **give an example** używamy wtedy, gdy chodzi o podanie przykładu jako ilustracji wypowiadanej tezy: *Senior officers should be setting an example to the men. | The school captain is expected to set a good example. | Instead of trying to explain the theory, he just gave us a few good examples. | To illustrate his point, he gave the example of the Amazonian tribe that had no contact with civilization.*

**ex·as·pe·rat·ed** /ɪg'zɑːspəreɪtəd/ *adj* rozdrażniony: *Bella gave an exasperated sigh and turned away.* —**exasperate** *v* [T] doprowadzać do rozpaczy

**ex·as·pe·rat·ing** /ɪg'zɑːspəreɪtɪŋ/ *adj* doprowadzający do rozpaczy: *It's so exasperating when you're in a hurry and your computer breaks down.*

**ex·ca·vate** /'ekskəveɪt/ *v* [I,T] prowadzić wykopaliska (w): *archeologists excavating an ancient city* —**excavation** /ˌekskə'veɪʃən/ *n* [C,U] wykopaliska

**ex·ceed** /ɪk'siːd/ *v* [T] przekraczać: *The cost must not exceed $150.* | *She was fined for exceeding the speed limit.*

**ex·ceed·ing·ly** /ɪk'siːdɪŋli/ *adv formal* niezmiernie: *an exceedingly difficult task*

**ex·cel** /ɪk'sel/ *v* [I] **-lled, -lling** *formal* **1** osiągać doskonałe wyniki: **+ at/in** *I never excelled at sport.* **2 excel yourself** przechodzić samego siebie

**ex·cel·lent** /'eksələnt/ *adj* doskonały, znakomity: *What an excellent idea!*

**ex·cept** /ɪk'sept/ *conjunction, prep* oprócz, z wyjątkiem: *We're open every day except Monday.* | **+ for** *Everyone went to the show, except for Scott.* | **+ what/when etc** *I don't know anything about it, except what I've read* (=z wyjątkiem tego, co przeczytałam) *in the newspaper.*

> UWAGA **except**
>
> Na początku zdania zawsze mówi się **except for**, a nie **except**: *Except for a couple of old chairs, the room was empty.*

**ex·cept·ing** /ɪk'septɪŋ/ *prep* z wyjątkiem: *All the students, excepting three or four, spoke fluent English.*

**ex·cep·tion** /ɪk'sepʃən/ *n* **1** [C,U] wyjątek: *There's always an exception to*

E

*every rule.* | **be no exception** *Bill was usually in a bad mood on Mondays and today was no exception.* | **with the exception of** *Everyone came to the party, with the exception of Mary, who wasn't feeling well.* | **without exception** *All Spielberg's films, without exception, have been tremendously successful.* **2 make an exception** z/robić wyjątek: *We don't normally accept credit cards, but we'll make an exception in your case.*

**ex·cep·tion·al** /ɪk'sepʃənəl/ *adj* **1** wyjątkowo dobry: *an exceptional student* **2** wyjątkowy: *The teachers were doing their best under exceptional circumstances.* —**exceptionally** *adv* wyjątkowo

**ex·cerpt** /'eksɜːpt/ *n* [C] urywek, ustęp

**ex·cess**[1] /ɪk'ses/ *n* **1** [U singular] nadmiar: **an excess of** *Tests showed an excess of calcium in the blood.* **2 be in excess of** przekraczać: *Our profits were in excess of $5 million.*

**excess**[2] *adj* [only before noun] dodatkowy, nadmiarowy: *a charge of £75 for excess baggage*

**ex·cess·es** /ɪk'ses¹₃z/ *n* [plural] wybryki, ekscesy: *the worst excesses of the rockstar's lifestyle*

**ex·ces·sive** /ɪk'sesɪv/ *adj* nadmierny: *Don's wife left him because of his excessive drinking.* —**excessively** *adv* nadmiernie

**ex·change**[1] /ɪks'tʃeɪndʒ/ *n* **1** [C,U] wymiana: **+ of** *an exchange of information* | **in exchange for** (=w zamian za): *The Europeans traded weapons in exchange for gold.* **2** [C] wymiana zdań: *angry exchanges between our lawyer and the judge* | **exchange of views/ideas** (=wymiana poglądów/myśli) **3** [C] wymiana zagraniczna (*uczniów, studentów*): *Sophie's gone on an exchange to Germany.* **4** [U] dewizy, waluta: *foreign exchange* → patrz też TELEPHONE EXCHANGE, STOCK EXCHANGE

**exchange**[2] *v* [T] wymieniać: *The two armies exchanged prisoners.* | *They exchanged greetings.* | **exchange sth for sth** *I'd like to exchange this shirt for a smaller one.*

**exchange rate** /.'. ./ *n* [C] kurs (dewizowy): *The exchange rate is 5.12 francs to the US dollar.*

**ex·cise** /'eksaɪz/ *n* [C,U] akcyza

**ex·ci·ta·ble** /ɪk'saɪtəbəl/ *adj* pobudliwy: *She's a very excitable child.*

**ex·cite** /ɪk'saɪt/ *v* [T] podniecać: *Agassi is the kind of player who really excites the crowd.*

**ex·cit·ed** /ɪk'saɪt¹₃d/ *adj* podekscytowany, podniecony: *I'm so excited – Steve's coming home tomorrow.* | **+ about** *The kids are getting really excited about our trip to California.* —**excitedly** *adv* z podnieceniem

**ex·cite·ment** /ɪk'saɪtmənt/ *n* [U] ekscytacja, podniecenie: *Gerry couldn't sleep after all the excitement of the day.*

**ex·cit·ing** /ɪk'saɪtɪŋ/ *adj* ekscytujący, podniecający: *Their trip to Australia sounded really exciting.*

**ex·claim** /ɪk'skleɪm/ *v* [I,T] zawołać, wykrzyknąć: *"Wow!" exclaimed Bobby, "Look at that car!"*

**ex·cla·ma·tion** /ˌeksklə'meɪʃən/ *n* [C] okrzyk

**exclamation mark** /..'.. ./ *especially BrE*, **exclamation point** *AmE n* [C] wykrzyknik

**ex·clude** /ɪk'skluːd/ *v* [T] **1** nie dopuszczać: **exclude sb from (doing) sth** *Until 1994 the black population was excluded from voting.* **2** wyłączać: **exclude sth from sth** *Some of the data had been excluded from the report.* **3** wykluczać: *Police have excluded the possibility that Barkin killed herself.*

**ex·clud·ing** /ɪk'skluːdɪŋ/ *prep* wyłączając: *The cost of hiring a car is £180 a week, excluding insurance.*

**ex·clu·sion** /ɪk'skluːʒən/ *n* [U] wykluczenie: *the exclusion of professional athletes from the Olympics*

**ex·clu·sive**[1] /ɪk'skluːsɪv/ *adj* **1** ekskluzywny: *an exclusive Manhattan hotel* **2** wyłączny: *This bathroom is for the President's exclusive use.* **3 exclusive of** nie licząc: *The price of the trip is $450, exclusive of meals.*

**exclusive**[2] *n* [C] reportaż/wywiad opublikowany wyłącznie w jednej gazecie

**ex·clu·sive·ly** /ɪk'skluːsɪvli/ *adv* wyłącznie: *This offer is available exclusively to club members.*

**ex·cru·ci·at·ing** /ɪk'skruːʃieɪtɪŋ/ *adj* nie do zniesienia: *The pain in my knee was excruciating.*

**ex·cur·sion** /ɪk'skɜːʃən/ *n* [C] wycieczka: **+ to** *an excursion to the island of Burano*

**ex·cu·sa·ble** /ɪk'skjuːzəbəl/ *adj* wybaczalny → porównaj INEXCUSABLE

**ex·cuse**[1] /ɪk'skjuːz/ *v* [T] **1 excuse me** *spoken* przepraszam: *Excuse me, is this the right bus for the airport?* | *Oh, excuse me, I didn't mean to step on your foot.* | *Excuse me a moment, there's someone at the door.* **2** wybaczać: *Please excuse my bad handwriting.* **3** zwalniać: **excuse sb from (doing) sth** *You are excused from classes for the rest of the week.* **4** usprawiedliwiać: *Nothing can excuse lying to your parents.*

> UWAGA **excuse me i I'm sorry**
>
> Wyrażenia **excuse me** używamy w następujących przypadkach: (1) kiedy przerywamy komuś; (2) kiedy chcemy, żeby ktoś nas przepuścił; (3) kiedy chcemy odezwać się do kogoś, kogo nie znamy; (4) kiedy prosimy kogoś o powtórzenie, ponieważ dobrze nie usłyszeliśmy (tylko w amerykańskiej angielszczyźnie): *Excuse me but there's a long distance call for you.* | *Excuse me. Do you happen to know the way to the station?* | *Excuse me? What did you say?* Kiedy chcemy kogoś przeprosić (prosić o wybaczenie), mówimy **I'm sorry** lub **sorry**: *I'm terribly sorry. I forgot.* | *Sorry. I didn't mean to hurt you.* **I'm sorry** lub **sorry** (zamiast **pardon**) mówimy też w brytyjskiej angielszczyźnie kiedy prosimy kogoś o powtórzenie, ponieważ dobrze nie usłyszeliśmy: *Sorry? What was that again?*

**ex·cuse**[2] /ɪk'skjuːs/ *n* [C] **1** usprawiedliwienie: **+ for** *What's your excuse for being late?* **2** wymówka: *The party was so awful Karl was glad of an excuse to leave.*

**ex·e·cute** /'eksəkjuːt/ *v* [T] **1** stracić: *She was executed for murder.* **2** *formal* przeprowadzać: *a carefully executed plan* —**execution** /ˌeksə'kjuːʃən/ *n* [U] egzekucja

**ex·e·cu·tion·er** /ˌeksə'kjuːʃənə/ *n* [C] kat

**ex·ec·u·tive**[1] /ɪg'zekjətɪv/ *n* [C] **1** pracownik kierowniczego szczebla: *a sales executive* **2 the executive** władza wykonawcza

**executive**[2] *adj* **1** wykonawczy: *an executive committee* **2** dla ludzi na wysokich stanowiskach: *executive homes*

**ex·em·pli·fy** /ɪg'zempləfaɪ/ *v* [T] *formal* stanowić przykład: *Stuart exemplifies the kind of student we like at our school.*

**ex·empt**[1] /ɪg'zempt/ *adj* **exempt from** zwolniony z, wolny od: *Medical products are exempt from state taxes.*

**exempt**[2] *v* [T] **exempt sb from sth** zwalniać kogoś z czegoś: *Anyone who is mentally ill is exempted from military service.* —**exemption** *n* [C,U] zwolnienie, ulga

**ex·er·cise**[1] /'eksəsaɪz/ *n* **1** [C,U] ćwiczenia (*fizyczne*) **do exercises** *You can do special exercises to strengthen your back.* | **take exercise** (=zażywać ruchu): *The doctor said I need to take more exercise.* **2** [C] ćwiczenie (*pisemne*): *For homework, do exercises 1 and 2.* **3** [C] ćwiczenia, manewry

**exercise**[2] *v* **1** [I,T] ćwiczyć: *It is important to exercise regularly.* **2** *formal* **exercise your right/power** s/korzystać ze swego prawa/swych uprawnień: *She exercised her influence* (=użyła swoich wpływów) *to get Rigby the job.*

**ex·ert** /ɪg'zɜːt/ *v* [T] **1 exert pressure/influence** wywierać nacisk/wpływ: **+ on** *The UN is exerting pressure on the two countries to stop the war.* **2 exert yourself** wysilać się

**ex·er·tion** /ɪg'zɜːʃən/ *n* [C,U] wysiłek: *Paul's face was red with exertion.*

E

**ex·hale** /eks'heɪl/ *v* **1** [T] wydychać **2** [I] wypuszczać powietrze, z/robić wydech: *Take a deep breath, then exhale slowly.* → antonim INHALE

**ex·haust¹** /ɪg'zɔːst/ *v* [T] wyczerpywać: *Eventually, the world's oil supply will be exhausted.* | *The trip totally exhausted us.*

**exhaust²** *n* **1** [C] *także* **exhaust pipe** rura wydechowa **2** [U] spaliny: *Car exhaust is the main reason for pollution in the city.*

**ex·haust·ed** /ɪg'zɔːstəd/ *adj* wyczerpany: *Jill lay in the grass, exhausted after her long run.* —**exhaustion** *n* [U] wyczerpanie, przemęczenie

**ex·haust·ing** /ɪg'zɔːstɪŋ/ *adj* wyczerpujący (*męczący*): *It was a long and exhausting journey.*

**ex·haus·tive** /ɪg'zɔːstɪv/ *adj* wyczerpujący (*pełen*): *an exhaustive study of the problem* —**exhaustively** *adv* wyczerpująco

**ex·hib·it¹** /ɪg'zɪbət/ *v* **1** [I,T] wystawiać: *His paintings will be exhibited in the National Gallery.* **2** [T] *formal* wykazywać, przejawiać: *The prisoner exhibited no signs of remorse for what he had done.*

**exhibit²** *n* [C] eksponat

**ex·hi·bi·tion** /ˌeksə'bɪʃən/ *n* [C,U] **1** wystawa: **+ of** *an exhibition of historical photographs* **2** pokaz: *an impressive exhibition of athletic skill*

**ex·hil·a·rate** /ɪg'zɪləreɪt/ *v* [T] wprawiać w świetny nastrój

**ex·ile¹** /'eksaɪl/ *n* **1** [U] wygnanie, zesłanie, przymusowa emigracja: **in exile** *a writer who lives in exile* **2** [C] wygnaniec, zesłaniec, emigrant/ka: *Cuban exiles living in the US*

**exile²** *v* [T] skazywać na wygnanie, zsyłać: *He was exiled from Russia in the 1930s.*

**ex·ist** /ɪg'zɪst/ *v* [I] istnieć: *Do ghosts really exist?* | *a custom that still exists*

**ex·ist·ence** /ɪg'zɪstəns/ *n* **1** [U] istnienie: **+ of** *Do you believe in the existence of God?* | **be in existence** (=istnieć): *Mammals have been in existence for many millions of years.* **2** [C] egzystencja: *a terrible existence*

**ex·ist·ing** /ɪg'zɪstɪŋ/ *adj* istniejący: *We need new computers to replace the existing ones.*

**ex·it¹** /'egzət/ *n* [C] **1** wyjście: *There are two exits at the back of the plane.* | **make an exit** (=wyjść): *The President made a quick exit after his speech.* **2** zjazd (*z autostrady*): *Take exit 23 for the city.*

**exit²** *v* **1** [I,T] za/kończyć (*korzystanie z programu komputerowego*): *Press f3 to exit.* **2** [I] *formal* wychodzić

**ex·or·cize** /'eksɔːsaɪz/ *v* [T] egzorcyzmować —**exorcist** *n* [C] egzorcysta

**ex·ot·ic** /ɪg'zɒtɪk/ *adj* egzotyczny: *an exotic flower from Africa*

**ex·pand** /ɪk'spænd/ *v* **1** [I] rozrastać się: *The population of Texas expanded rapidly in the '60s.* **2** [T] rozszerzać, rozwijać: *We're planning to expand our recycling services.*

**ex·panse** /ɪk'spæns/ *n* [C] obszar, przestrzeń: **+ of** *the vast expanse of the Pacific Ocean*

**ex·pan·sion** /ɪk'spænʃən/ *n* [U] ekspansja: *a period of economic expansion*

**ex·pect** /ɪk'spekt/ *v* **1** [T] spodziewać się: **expect (sb) to do sth** *Do you expect to travel a lot this year?* | *You surely don't expect me to drive you home?* | **+ (that)** *We expect the meeting will finish about 5 o'clock.* **2** [T] oczekiwać: *The officer expects absolute obedience from his men.* | **expect sb to do sth** *We're expected to* (=oczekuje się, że będziemy) *work late sometimes.* **3 I expect** *spoken, especially BrE* pewnie: *You've had a busy day. I expect you're tired.* | **I expect so** (=myślę, że tak): *"Do you think Andreas will pass his exam?" "Yes, I expect so."*

**ex·pec·ta·tion** /ˌekspek'teɪʃən/ *n* **1** [C,U] nadzieja: **+ of** *O'Leary entered the competition without much expectation of success.* | **+ that** *Our decision was based on the expectation that prices would rise.* **2** [C usually plural] oczekiwania, nadzieje:

**high expectations** *Many refugees arrive in the country with high expectations.*

**ex·pe·di·tion** /ˌekspəˈdɪʃən/ *n* [C] wyprawa, ekspedycja: *an expedition to the North Pole | a shopping expedition*

**ex·pel** /ɪkˈspel/ *v* [T] **-lled, -lling** wydalać, usuwać: **expel sb from** *Jake was expelled from school for smoking.*

**ex·pend·a·ble** /ɪkˈspendəbəl/ *adj* zbędny, zbyteczny: *generals who regarded the lives of soldiers as expendable*

**ex·pen·di·ture** /ɪkˈspendɪtʃə/ *n* [U] wydatki: **+ on** *The expenditure on medical care has doubled in the last 20 years.*

**ex·pense** /ɪkˈspens/ *n* **1** [C,U] koszt: **household/medical/living expenses** *a claim for travel expenses* **2 at the expense of** kosztem: *The asbestos industry continued to expand at the expense of public health.* **3 at sb's expense a)** na koszt kogoś: *Guy spent a year in Canada at his parents' expense.* **b)** czyimś kosztem: *Louis kept making jokes at his wife's expense.*

**ex·pen·sive** /ɪkˈspensɪv/ *adj* drogi, kosztowny: *an expensive suit* ➡ antonim INEXPENSIVE

**ex·pe·ri·ence¹** /ɪkˈspɪəriəns/ *n* **1** [U] doświadczenie: **have experience in** *Do you have any experience in marketing?* | **in my experience** (=wiem z doświadczenia, że): *In my experience, a credit card is always useful.* **2** [C] przeżycie: *Visiting Paris was a wonderful experience.* | **+ of** *Write about your first experience of travelling abroad.*

**experience²** *v* [T] doświadczać, doznawać: *The company is experiencing problems with its computer system.* | *The patient is experiencing a lot of pain.*

**ex·pe·ri·enced** /ɪkˈspɪəriənst/ *adj* doświadczony: *a very experienced pilot* ➡ antonim INEXPERIENCED

**ex·per·i·ment¹** /ɪkˈsperɪmənt/ *n* [C] doświadczenie, eksperyment: *St. Mary's School is an experiment in bilingual education.* | **do/perform experiments (on)** *They did experiments on rats to test the drug.* —**experimental** /ɪkˌsperɪˈmentl◂/ *adj* eksperymentalny —**experimentally** *adv* eksperymentalnie

> **UWAGA experiment**
>
> Rzeczownik **experiment** używany jest z czasownikami **perform**, **conduct**, **carry out**, **do** (nie **make**): *Joule carried out a series of experiments to test his theory.* | *Further experiments will have to be conducted before the drug can be tested on humans.*

**ex·per·i·ment²** /ɪkˈsperɪment/ *v* [I] **1** eksperymentować: **+ with** *Many teenagers experiment with drugs.* **2** robić doświadczenia: **+ on/with** *Do you think it's right to experiment on animals?* —**experimentation** /ɪkˌsperɪmenˈteɪʃən/ *n* [U] eksperymenty, doświadczenia

**ex·pert** /ˈekspɜːt/ *n* [C] ekspert, znawca: **+ on/in** *Dr Higgs is an expert on ancient Egyptian art.* —**expert** *adj* fachowy: *expert advice* —**expertly** *adv* fachowo

**ex·per·tise** /ˌekspɜːˈtiːz/ *n* [U] wiedza fachowa: *medical expertise*

**ex·pire** /ɪkˈspaɪə/ *v* [I] s/tracić ważność, wygasać —**expiration** /ˌekspəˈreɪʃən/ *także* **expiry** *BrE n* [U] utrata ważności

**ex·plain** /ɪkˈspleɪn/ *v* [I,T] wyjaśniać, wy/tłumaczyć: *Can someone explain how this thing works?* | **explain (sth) to sb** *I explained the rules to Sara.* | **+ why** *Brad never explained why he was late.* | **+ that** *I explained that I'd missed the bus.*

**ex·pla·na·tion** /ˌekspləˈneɪʃən/ *n* **1** [C] wyjaśnienie: **+ of** *Dr Ewing gave a detailed explanation of how to use the program.* **2** [C,U] wytłumaczenie: **+ for** *Is there any explanation for his behaviour?*

**ex·plan·a·to·ry** /ɪkˈsplænətəri/ *adj* wyjaśniający, objaśniający: *explanatory notes* (=objaśnienia) *at the end of the chapter* ➡ patrz też SELF-EXPLANATORY

**ex·pli·ca·ble** /ekˈsplɪkəbəl/ *adj* wytłumaczalny: *For no explicable reason, Judy always remembered his phone number.* ➡ antonim INEXPLICABLE

**ex·pli·cit** /ɪk'splɪsə̇t/ *adj* wyraźny, jasny: *Could you be more explicit* (=czy mógłbyś wyrażać się jaśniej)? —**explicitly** *adv* wyraźnie

**ex·plode** /ɪk'spləʊd/ *v* [I] wybuchać, eksplodować: *The car bomb exploded at 6:16.* | *Susie exploded when I told her I'd wrecked her car.* ➡ patrz też EXPLOSION

**ex·ploit** /ɪk'splɔɪt/ *v* [T] **1** wyzyskiwać: *It's important that students doing work experience should not be exploited by employers.* **2** wykorzystywać, eksploatować: *We must exploit the country's mineral resources.* —**exploitation** /ˌeksplɔɪ'teɪʃən/ *n* [U] wyzysk, eksploatacja

**ex·plore** /ɪk'splɔː/ *v* [T] z/badać: *We spent a week exploring the Oregon coastline.* | *Explore all the possibilities before you make a decision.* —**exploration** /ˌeksplə'reɪʃən/ *n* [C,U] badanie, eksploracja: *a voyage of exploration*

**ex·plo·rer** /ɪk'splɔːrə/ *n* [C] badacz/ka, odkryw-ca/czyni

**ex·plo·sion** /ɪk'spləʊʒən/ *n* [C,U] wybuch, eksplozja: *The force of the explosion shook the building.* | *the population explosion*

**ex·plo·sive**[1] /ɪk'spləʊsɪv/ *adj* **1** wybuchowy: *an explosive mixture of gases* **2** zapalny: *an explosive situation* | *Abortion is an explosive issue.*

**explosive**[2] *n* [C] materiał wybuchowy

**ex·port**[1] /'ekspɔːt/ *n* **1** [U] eksport: **+ of** *the export of live animals* **2** [C] towar eksportowy: *Oil is now one of Malaysia's main exports.* ➡ porównaj IMPORT[1]

**ex·port**[2] /ɪk'spɔːt/ *v* [I,T] eksportować: *Japan exports electronic equipment to hundreds of countries.* ➡ porównaj IMPORT[2] —**exporter** *n* [C] eksporter

**ex·pose** /ɪk'spəʊz/ *v* [T] **1** odsłaniać: **expose sth to** (=wystawiać coś na): *When a wound is exposed to the air, it heals more quickly.* | **be exposed to** (=mieć kontakt z): *Children who have been exposed to different cultures are less likely to be prejudiced.* **2** narażać: **be exposed to** *Workers in the nuclear industry were exposed to high levels of radiation.* **3** z/demaskować: *His criminal activities were finally exposed in 'The Daily Mirror'.*

**ex·posed** /ɪk'spəʊzd/ *adj* nie osłonięty, odkryty: *an exposed hillside*

**ex·po·sure** /ɪk'spəʊʒə/ *n* **1** [C,U] wystawienie: **+ to** (=na działanie): *Skin cancer is often caused by too much exposure to the sun.* **2** [C,U] zdemaskowanie: *the exposure of a high-ranking official as a Mafia boss* **3** [C] klatka (*kliszy fotograficznej*): *This roll has 36 exposures.* **4** [U] **die of exposure** umrzeć z zimna: *Three climbers died of exposure.*

**ex·press**[1] /ɪk'spres/ *v* [T] wyrażać: *A number of people expressed their concern.* | *The look on Paul's face expressed utter despair.* | **express yourself** (=wypowiadać się)

**express**[2] *adj* **1** wyraźny: *It was her express wish that you should inherit her house.* **2** ekspresowy

**express**[3] *także* **express train** *n* [C] ekspres: *We caught the 9.30 express to London.*

**ex·pres·sion** /ɪk'spreʃən/ *n* **1** [C] wyrażenie, zwrot: *"Mustn't grumble," my father said. It was an expression he often used.* **2** [C] wyraz twarzy, mina: *He came back with a cheerful expression on his face.* **3** [C,U] wyraz: **+ of** *I'm sending these flowers as an expression of my gratitude.*

**ex·pres·sive** /ɪk'spresɪv/ *adj* pełen wyrazu: *expressive eyes*

**ex·press·way** /ɪk'spresweɪ/ *n* [C] *AmE* autostrada

**ex·pul·sion** /ɪk'spʌlʃən/ *n* [C,U] wydalenie, usunięcie: *the expulsion of Communists from the government*

**ex·qui·site** /ɪk'skwɪzə̇t/ *adj* przepiękny: *an exquisite diamond ring*

**ex·tend** /ɪk'stend/ *v* **1** [I] rozciągać się, ciągnąć się: **+ for/through/into etc** *The forest extended for miles in all directions.* **2** [T] powiększać: *The club is being extended to make space for a new dance area.* **3** [T] przedłużać: *The authorities have extended her visa for another six*

*months.* **4** [T] wyciągać: *Perry extended his arms in a welcoming gesture.*

**ex·ten·sion** /ɪk'stenʃən/ *n* **1** [U singular] rozszerzenie się: **+ of** *the extension of Soviet power in Eastern Europe* **2** [C] przybudówka: *We're building an extension at the back of the house.* **3** [C] numer wewnętrzny: *My extension number is 3821.* **4** [C] przedłużenie: *When his visa ran out, they granted him an extension.*

**ex·ten·sive** /ɪk'stensɪv/ *adj* rozległy: *Doctors have done extensive research into the effects of stress.*

**ex·tent** /ɪk'stent/ *n* **1** [singular] rozmiary: *What's the extent of the damage?* | *Violence has increased to such an extent that people are afraid to leave their homes.* **2 to some extent/to a certain extent** do pewnego stopnia: *To some extent, it was my fault.*

**ex·te·ri·or** /ɪk'stɪəriə/ *n* [C usually singular] zewnętrzna strona, powierzchowność: *repairs to the exterior of the building* —**exterior** *adj* zewnętrzny → antonim INTERIOR

**ex·ter·mi·nate** /ɪk'stɜːmɪ̇neɪt/ *v* [T] wy/tępić —**extermination** /ɪkˌstɜːmɪ̇'neɪʃən/ *n* [C,U] eksterminacja

**ex·ter·nal** /ɪk'stɜːnl/ *adj* **1** zewnętrzny: *There are no external signs of injury.* **2** z zewnątrz: *external examiners* → antonim INTERNAL

**ex·tinct** /ɪk'stɪŋkt/ *adj* **1** wymarły **2** wygasły: *an extinct volcano*

**ex·tinc·tion** /ɪk'stɪŋkʃən/ *n* [U] wymarcie, wyginięcie: *Greenpeace believes that whales are in danger of extinction.*

**ex·tin·guish** /ɪk'stɪŋgwɪʃ/ *v* [T] *formal* z/gasić, u/gasić: *Please extinguish all cigarettes.*

**ex·tin·guish·er** /ɪk'stɪŋgwɪʃə/ *n* [C] gaśnica

**ex·tra**[1] /'ekstrə/ *adj* dodatkowy: *a large mushroom pizza with extra cheese*

**extra**[2] *adv* dodatkowo, ekstra

**extra**[3] *n* [C] **1** dodatek: *The price of the car includes extras such as a sun roof and CD player.* **2** statyst-a/ka: *We need a thousand extras for the big crowd scene.*

**ex·tract**[1] /ɪk'strækt/ *v* [T] **1** wyciągać, wydobywać: *The police failed to extract any information from him.* **2** *formal* usuwać, wyrywać: *gaps in her mouth where teeth had been extracted*

**ex·tract**[2] /'ekstrækt/ *n* **1** [C] wyjątek, urywek: *an extract from "A Midsummer Night's Dream"* **2** [C,U] wyciąg, ekstrakt: *vanilla extract*

**ex·trac·tion** /ɪk'strækʃən/ *n* **1** [C,U] wydobycie: *the extraction of salt from sea water* **2** [C] usunięcie (zęba): *He had three extractions.* **3 of Polish/Irish extraction** polskiego/irlandzkiego pochodzenia

**ex·tra·cur·ric·u·lar** /ˌekstrəkə'rɪkjʊ̈lə◂/ *adj* nadobowiązkowy, ponadprogramowy

**ex·tra·di·tion** /ˌekstrə'dɪʃən/ *n* [C,U] ekstradycja

**ex·tra·or·di·na·ry** /ɪk'strɔːdənəri/ *adj* nadzwyczajny, niezwykły: *Ellington had an extraordinary musical talent.* | *What an extraordinary idea!* —**extraordinarily** *adv* niezwykle

**ex·trav·a·gant** /ɪk'strævəgənt/ *adj* **1** rozrzutny: *You've been terribly extravagant, buying all these presents.* **2** ekstrawagancki: *wild extravagant parties* **3** przesadzony, przesadny: *extravagant claims that the drug cures AIDS* —**extravagance** *n* [C,U] rozrzutność, ekstrawagancja

**ex·treme**[1] /ɪk'striːm/ *adj* **1** niezmierny: *extreme heat* **2** ekstremalny, skrajny: *In one extreme case a child of ten was imprisoned.* **3** najdalszy: *in the extreme north of the country*

**extreme**[2] *n* **1** [C] ekstremum, skrajność: *folk who have learned to survive the extremes of their climate* **2 go to extremes/carry sth to extremes** posuwać się/coś do skrajności: *Caution is sensible, but not when it's carried to extremes.* **3 in the extreme** w najwyższym stopniu: *a man who was selfish in the extreme*

**ex·treme·ly** /ɪk'striːmli/ *adv* niezmiernie: *I'm extremely sorry.*

**ex·trem·ist** /ɪkˈstriːmɪst/ *n* [C] ekstremist-a/ka: *left-wing extremists* —**extremist** *adj* ekstremistyczny —**extremism** *n* [U] ekstremizm

**ex·tri·cate** /ˈekstrɪkeɪt/ *v* **extricate yourself from sth** wyzwolić się z czegoś: *Perrault could not extricate himself from the relationship once it had started.*

**ex·tro·vert, extravert** /ˈekstrəvɜːt/ *n* [C] ekstrawerty-k/czka —**extrovert, extroverted** *adj* ekstrawertyczny → porównaj INTROVERTED

**eye**[1] /aɪ/ *n* [C] **1** oko: *Gina has blue eyes.* | *Close your eyes.* **2 blue-eyed/one-eyed** niebieskooki/jednooki **3 keep an eye on** mieć oko na: *Can you keep an eye on the baby while I make a phone call?* **4 in the eyes of/in sb's eyes** w czyichś oczach: *Divorce is a sin in the eyes of the Church.* **5 have your eye on** mieć upatrzony, mieć na oku: *I've got my eye on a nice little sports car.* **6 have an eye for** mieć wyczucie: *Gail has a good eye for colour.* **7 set/lay eyes on** ujrzeć: *The first time I set eyes on him I knew I liked him.* **8 with your eyes open** w pełni świadomie: *I went into the business with my eyes open so it's no use complaining now.* **9** [C] ucho (*igły*) → patrz też **could not believe your eyes** (BELIEVE), **catch sb's eye** (CATCH[1]), **look sb in the eye** (LOOK[1]), **see eye to eye (with sb)** (SEE), **turn a blind eye** (TURN[1]), **cast an eye over sth** (CAST[1]), **to the naked eye** (NAKED)

**eye**[2] *v* [T] **eyed, eyed, eyeing** *or* **eying** przypatrywać się: *The child eyed me with curiosity.*

**eye·ball** /ˈaɪbɔːl/ *n* [C] gałka oczna

**eye·brow** /ˈaɪbraʊ/ *n* [C] brew

**eye-catch·ing** /ˈ. ˌ../ *adj* przyciągający wzrok: *eye-catching advertisements*

**eye·lash** /ˈaɪlæʃ/ *n* [C] rzęsa

**eye·lid** /ˈaɪlɪd/ *n* [C] powieka

**eye-open·er** /ˈ. ˌ.../ *n* [singular] objawienie: *Visiting Russia was a real eye-opener for me.*

**eye-shad·ow** /ˈ. ˌ../ *n* [U] cień do powiek

**eye·sight** /ˈaɪsaɪt/ *n* [U] wzrok: *You need perfect eyesight to be a pilot.*

**eye·wit·ness** /ˈaɪˌwɪtnɪs/ *n* [C] naoczny świadek: *According to eyewitnesses the robbery was carried out by four men.*

# Ff

**F** /ef/ skrót od FAHRENHEIT: *Water boils at 212° F.*

**fa·ble** /ˈfeɪbəl/ *n* [C] bajka

**fab·ric** /ˈfæbrɪk/ *n* [C,U] tkanina: *heavy woollen fabric*

**fab·ri·cate** /ˈfæbrɪkeɪt/ *v* [T] s/fabrykować: *The police were accused of fabricating evidence.* —**fabrication** /ˌfæbrɪˈkeɪʃən/ *n* [C,U] wymysł

**fab·u·lous** /ˈfæbjʊləs/ *adj* bajeczny, fantastyczny: *You look fabulous!* | *The painting was sold for a fabulous sum.* —**fabulously** *adv* bajecznie: *a fabulously rich woman*

**fa·cade** /fəˈsɑːd/, **façade** *n* [C] fasada: *Behind that cheerful facade she's really quite a lonely person.*

**face¹** /feɪs/ *n* **1** [C] twarz: *a girl with a round, pretty face* | *He had a surprised look on his face.* **2** [C] mina: **sb's face fell** (=mina komuś zrzedła): *Lynn's face fell when I said Sean already had a girlfriend.* | **make/pull a face** (=z/robić minę) | **keep a straight face** (=powstrzymywać się od śmiechu): *When I saw what he was wearing, I could hardly keep a straight face.* **3 face to face (with)** twarzą w twarz (z): *I'd rather talk to him face to face than on the phone.* | *It was the first time he had ever come face to face with death.* **4 in the face of** w obliczu: *Marie was very brave, even in the face of great suffering.* **5 new/familiar face** nowa/znajoma twarz: *In the middle of the crowd I recognized a familiar face.* **6** [C] tarcza: *a clock face* **7** [C] ściana: *the north face of Mount Rainier* **8 on the face of it** na pierwszy rzut oka: *On the face of it, this seems like a perfectly good idea.* **9 lose/save face** stracić/zachować twarz: *If I win, Lee will lose face and hate me even more.* **10 say sth to sb's face** powiedzieć coś komuś w twarz: *They'd never dare say that to his face.*

**face²** *v* [T] **1** stawiać czoło: *He faced a lot of problems in his short life.* | *You're going to have to face him sooner or later.* | *Sampras faces Becker in the men's final tomorrow.* | **face the fact that** (=przyjąć do wiadomości, że): *You're going to have to face the fact that John loves someone else.* | **let's face it** *spoken* (=spójrzmy prawdzie w oczy): *Let's face it – you're never going to be a star player.* **2** być zwróconym w kierunku: *Rita's house faces the sea.* **3 turn to face** zwracać się twarzą do: *Dean turned to face me.* **4 be faced with** stawać w obliczu: *She's going to be faced with some very tough choices.* **5 can't face doing sth** nie czuć się na siłach, żeby coś zrobić: *I can't face seeing Ben again.*

**face up to** sth *phr v* [T] stawiać czoło: *You'll have to face up to your responsibilities.*

**face·lift** /ˈfeɪslɪft/ *n* **1** [C] lifting (*twarzy*) **2 give sth a facelift** odnowić coś: *We're going to give the reception area a facelift.*

**fa·ce·tious** /fəˈsiːʃəs/ *adj* żartobliwy: *facetious comments*

**face val·ue** /ˌ.. ˈ../ *n* **take sth at face value** brać/wziąć coś za dobrą monetę

**fa·cial** /ˈfeɪʃəl/ *adj* **facial hair** zarost

**fa·cil·i·tate** /fəˈsɪlᵻteɪt/ *v* [T] *formal* ułatwiać: *We've employed temporary staff to facilitate the enrolment of new students.* —**facilitation** /fəˌsɪlᵻˈteɪʃən/ *n* [U] ułatwienie

**fa·cil·i·ties** /fəˈsɪlᵻtiz/ *n* [plural] **1** zaplecze: *The hotel has excellent conference facilities.* **2** obiekty: *The college has excellent sports facilities.*

**fa·cil·i·ty** /fəˈsɪlᵻti/ *n* [C] funkcja (*np. programu komputerowego*): *The program has a search facility.*

**fact** /fækt/ *n* **1** [C] fakt: *We can't comment until we know all the facts.* | **the fact that** *She's just ignoring the fact that he's already married.* | **I know for a fact (that)** *spoken* (=wiem na pewno, że) **2 in fact/as a matter of fact/in actual fact a)** w rzeczywistości: *The government is claiming that inflation is coming down, but in actual fact it is higher than ever*

*before.* **b)** co więcej: *I know her really well, in fact I had dinner with her last week.* **3** [U] fakty: *It is often difficult to separate fact from fiction.* **4 the fact (of the matter) is** *spoken* prawda jest taka, że

**fac·tion** /ˈfækʃən/ *n* [C] frakcja: *The President hopes to unite the warring factions within his Party.*

**fac·tor** /ˈfæktə/ *n* [C] czynnik: **+ in** *The weather could be an important factor in tomorrow's game.*

**fac·to·ry** /ˈfæktəri/ *n* [C] fabryka: *a shoe factory*

**fac·tu·al** /ˈfæktʃuəl/ *adj* rzeczowy, oparty na faktach: *factual information*

**fac·ul·ty** /ˈfækəlti/ *n* **1** [C] *formal* naturalna zdolność: *At the age of 95 he was still in possession of all his faculties.* **2** [C] wydział: *the Faculty of Arts*

**fad** /fæd/ *n* [C] przelotna moda: *His interest in photography was just a passing fad* (=kaprys).

**fade** /feɪd/ *v* **1** *także* **fade away** [I] o/słabnąć, z/gasnąć: *Hopes of a peace settlement are now fading.* **2** [I] wy/blaknąć: *faded blue jeans*

**fae·ces** /ˈfiːsiːz/ *także* **feces** *AmE n* [plural] *technical* odchody, kał

**Fah·ren·heit** /ˈfærənhaɪt/ *n* [U] skala Fahrenheita

**fail¹** /feɪl/ *v* **1** [I,T] nie zdać, oblać: *I failed my biology test.* **2** [T] oblać: *The examiner told me he was going to fail me.* **3** [I] **fail to do sth a)** nie zrobić czegoś: *Her invitation failed to arrive* (=jej zaproszenie nie doszło). **b)** nie zdołać czegoś zrobić: *Doctors failed to save the girl's life.* **4 I fail to see/understand** nie pojmuję: *I fail to see why you think it's so funny.* **5** [I] ze/psuć się: *The engine failed just after the plane took off.* **6 failing health/sight/memory** pogarszające się zdrowie/wzrok/pamięć

**fail²** **without fail a)** niezawodnie: *Barry comes over every Friday without fail.* **b)** obowiązkowo: *I want that work finished by tomorrow, without fail!*

**fail·ing¹** /ˈfeɪlɪŋ/ *n* [C] wada: *He loved her in spite of her failings.*

**failing²** *prep* **failing that** jeżeli to się nie uda: *You could try phoning, but failing that, a letter only takes a few days.*

**fail·ure** /ˈfeɪljə/ *n* **1** [C,U] niepowodzenie: **end in failure** *All his plans ended in failure* (=zakończyły się niepowodzeniem). **2** [C] nieudacznik: *I feel like such a failure.* **3** [C,U] awaria: *the failure of the computer system* | **heart/kidney failure** (=niewydolność serca/nerek) **4 failure to do sth** niezrobienie czegoś: *We were worried about his failure to contact us* (=martwiliśmy się, że się z nami nie skontaktował).

**faint¹** /feɪnt/ *adj* **1** słaby, nikły: *a faint sound* | *There's still a faint hope that they might be alive.* **2 sb is faint** komuś jest słabo: **+ with** *He was faint with hunger.* **3 not have the faintest idea** nie mieć zielonego pojęcia: *I don't have the faintest idea what you are talking about.* —**faintly** *adv* słabo

**faint²** *v* [I] ze/mdleć —**faint** *n* [C] omdlenie

**fair¹** /feə/ *adj* **1** uczciwy: *a fair wage for the job* | *It's not fair! You always agree with Sally!* **2 fair enough** *BrE spoken* niech będzie: *"I'll come if I can bring my sister with me." "Fair enough."* **3** sprawiedliwy: *a fair trial* **4** zadowalający: *Her written work is excellent but her spoken French is only fair.* **5 a fair size/amount** *BrE* spore rozmiary/spora ilość: *By lunchtime we had travelled a fair distance.* **6** jasny: *fair skin* **7** ładny: *fair weather* —**fairness** *n* [U] sprawiedliwość

**fair²** *adv* **play fair** grać fair

**fair³** *n* [C] **1** wesołe miasteczko **2** targi: *a trade fair*

**fair·ly** /ˈfeəli/ *adv* **1** dosyć, dość: *She speaks English fairly well.* | *a fairly large garden* **2** sprawiedliwie: *I felt that I hadn't been treated fairly.*

**fai·ry** /ˈfeəri/ *n* [C] duszek, wróżka

**fairy tale** /ˈ.. ./ *n* [C] baśń

**faith** /feɪθ/ *n* **1** [U] wiara: **+ in** *a strong faith in God* | *I have great faith in her ability.* **2 in good faith** w dobrej wierze **3** [C] religia: *the Jewish faith*

**faith·ful** /ˈfeɪθfəl/ *adj* wierny: *a faithful friend* | *a faithful account of what happened* —**faithfulness** *n* [U] wierność

**faith·ful·ly** /ˈfeɪθfəl-i/ *adv* **1** wiernie: *Bessie had served the family faithfully for 30 years.* **2 Yours faithfully** *especially BrE* Z poważaniem

**fake**[1] /feɪk/ *n* [C] falsyfikat, podróbka: *We thought it was a Picasso, but it was a fake.*

**fake**[2] *adj* podrabiany: *fake fur*

**fake**[3] *v* **1** [I,T] udawać: **fake it** *I thought he was really hurt but he was just faking it.* **2** [T] s/fałszować, podrabiać: *He faked his uncle's signature on the note.*

**fal·con** /ˈfɔːlkən/ *n* [C] sokół

**fall**[1] /fɔːl/ *v* **fell, fallen, falling** [I] **1** padać: *Snow began to fall as we left the building.* | **+ over/from/out** *Our big apple tree fell over* (=przewróciło się) *in the storm.* **2** upadać: *Don't worry, I'll catch you if you fall.* | *The government fell after only six months.* | **+ down/into/onto etc** *I slipped and fell down the stairs* (=i spadłem ze schodów). **3** spadać: *Temperatures may fall below zero tonight.* | **fall sharply** *The number of robberies fell sharply* (=spadła gwałtownie) *last year.* **4 fall asleep/silent** zasypiać/milknąć: *I'm always tired; I even fall asleep in my chair.* | *Everyone fell silent as Beth walked in.* **5 fall in love (with)** zakochiwać się (w): *I fell in love with her the moment I saw her.* **6 fall into a group/category** należeć do grupy/kategorii: *Both of these novels fall into the category of literary fiction.* **7 night/darkness falls** *literary* zapada noc/zmierzch **8 be falling to pieces/bits** rozpadać się **9** opadać: *Maria's hair fell in loose curls.* **10** *literary* polec: *a monument to the soldiers who fell in the war* **11 fall on** przypadać w: *Christmas falls on a Friday this year.*

**fall apart** *phr v* [I] rozpadać się, rozlatywać się: *The old book just fell apart in my hands.* | *The country's economy was falling apart.*

**fall for** sb/sth *phr v* [T] **1** [**fall for** sth] dawać się nabrać na: *We told him we were Italian and he fell for it!* **2** [**fall for** sb] zakochiwać się w: *Samantha fell for a man half her age.*

**fall out** *phr v* [I] po/kłócić się: **+ with** *Nina's fallen out with her brother.*

**fall through** *phr v* [I] nie dochodzić do skutku: *Our holiday plans fell through at the last minute.*

**fall**[2] *n* **1** [C] upadek: *He had a bad fall from a horse.* | *the fall of Rome* **2** [C] opady: *a heavy fall of snow* **3** [C] spadek: **+ in** *a sudden fall in temperature* ➡ antonim RISE[1] **4** [singular] *AmE* jesień: **the fall** *Brad's going to Georgia Tech in the fall.* ➡ patrz też FALLS

**fal·la·cy** /ˈfæləsi/ *n* [C] mit: *the fallacy that money brings happiness*

**fall·en** /ˈfɔːlən/ *v* imiesłów bierny od FALL

**fal·li·ble** /ˈfæləbəl/ *adj* omylny: *We're all fallible, you know.* ➡ antonim INFALLIBLE

**fall·out** /ˈfɔːlaʊt/ *adj* opad radioaktywny

**falls** /fɔːlz/ *n* [plural] wodospad

**false** /fɔːls/ *adj* **1** fałszywy: *He gave the police false information.* | *Her welcoming smile seemed false.* **2** sztuczny: *false eyelashes* | *false teeth* **3 false alarm** fałszywy alarm: *We thought there was a fire, but it was a false alarm.* —**falsely** *adv* fałszywie

**fal·si·fy** /ˈfɔːlsəfaɪ/ *v* [T] s/fałszować: *He was accused of falsifying the company's accounts.*

**fal·ter** /ˈfɔːltə/ *v* [I] **1** za/chwiać się: *His determination to succeed never faltered.* **2** za/wahać się: *She faltered for a moment.*

**fame** /feɪm/ *n* [U] sława, rozgłos: **rise to fame** (=zdobyć sławę): *Schiffer rose to fame as a model when she was only 17.*

**famed** /feɪmd/ *adj* sławny: **+ for** *mountains famed for their beauty*

**fa·mil·i·ar** /fəˈmɪliə/ *adj* **1** znajomy: *a familiar face* | **look/sound familiar** *The voice on the phone sounded very familiar.* **2 be familiar with sth** znać się na czymś: *Are you familiar with this type of computer?* **3** poufały: *I didn't like the familiar way he was talking to me.*

**fa·mil·i·ar·i·ty** /fəˌmɪliˈærəti/ *n* [U] znajomość: **+ with** *a familiarity with Russian poetry*

**fa·mil·i·ar·ize** /fəˈmɪliəraɪz/ (*także* **-ise** *BrE*) *v* **familiarize yourself/sb with sth** zaznajamiać się/kogoś z czymś: *Familiarize yourself with the office routine.*

**fam·i·ly** /ˈfæməli/ *n* **1** [C] rodzina: *Do you know the family next door?* | *tigers and other members of the cat family* | **run in the family** *Heart disease runs in our family* (=jest u nas cechą rodzinną). **2** [C] **start a family** mieć dzieci: *We won't start a family until we've been married a few years.* | **bring up/raise a family** (=wychowywać dzieci): *the problems of bringing up a family of five*

> UWAGA **family**
>
> W brytyjskiej angielszczyźnie czasownik łączący się z **family** może występować w liczbie mnogiej lub pojedynczej: *The family now lives/live in London.* W amerykańskiej angielszczyźnie czasownik łączący się z **family** występuje zawsze w liczbie pojedynczej: *The family now lives in California.*

**family plan·ning** /ˌ... ˈ../ *n* [U] planowanie rodziny

**fam·ine** /ˈfæmɪn/ *n* [C,U] głód, klęska głodu

**fa·mous** /ˈfeɪməs/ *adj* sławny: *a famous actor* | **+ for** *France is famous for its wine.*

**fan**[1] /fæn/ *n* [C] **1** fan/ka: *a football fan* | *He was a big fan of Elvis Presley.* **2** wachlarz **3** wentylator

**fan**[2] *v* [T] **-nned, -nning** wachlować: *She sat back, fanning herself with a newspaper.*

**fa·nat·ic** /fəˈnætɪk/ *n* [C] fanaty-k/czka: *religious fanatics* | *a golf fanatic* —**fanatical** *adj* fanatyczny —**fanatically** *adv* fanatycznie —**fanaticism** *n* [U] fanatyzm

**fan·cy**[1] /ˈfænsi/ *adj* **1** wymyślny, fantazyjny: *His furnishings are too fancy for my liking.* **2** luksusowy: *We can't afford such a fancy hotel.*

**fancy**[2] *v* [T] **1** *especially BrE* mieć ochotę na: *Do you fancy a drink, Les?* **2 you fancy sb** *BrE informal* ktoś ci się podoba: *I really fancy that guy.* **3 sb fancies (that)** *literary* komuś wydaje się, że: *Henry fancied he'd met her before somewhere.* **4 fancy/fancy that!** *BrE spoken* a to dopiero!, coś takiego!: *Fancy meeting you here* (=kto by pomyślał, że cię tu spotkam)*!*

**fancy**[3] *n* [singular] upodobanie, chętka: **take a fancy to** *I think he's taken a fancy to you* (=chyba wpadłaś mu w oko)*!*

**fancy dress** /ˌ.. ˈ./ *n* [U] *BrE* przebranie: *We've got to go in fancy dress, so I'm making a frog costume.*

**fan·fare** /ˈfænfeə/ *n* [C] fanfara

**fang** /fæŋ/ *n* [C] kieł

**fan·ta·size** /ˈfæntəsaɪz/ (*także* **-ise** *BrE*) *v* [I,T] snuć marzenia: **+ about** *We all fantasize about winning the lottery.*

**fan·tas·tic** /fænˈtæstɪk/ *adj* **1** *informal* fantastyczny: *You look fantastic!* | *We had a fantastic holiday in New Orleans.* **2** *informal* niesamowity: *She spends a fantastic amount on clothes.* **3** niezwykły: *fantastic tales of knights and dragons* —**fantastically** *adv* fantastycznie

**fan·ta·sy** /ˈfæntəsi/ *n* [C,U] marzenie: *I had fantasies about becoming a racing driver.*

**far**[1] /fɑː/ *adv* **farther, farthest** *or* **further, furthest 1** daleko: *I don't want to drive very far.* | *Let's see who can swim the farthest.* | **how far** *How far is it to the station?* | **far away** *I don't see my brother very often – he lives too far away.* **2** o wiele: **far better/far more intelligent etc** *Our new car is far better than the old one.* | **far too much/fat/early etc** *You can't carry that box – it's far too heavy* (=jest o wiele za ciężkie). | **by far** (=zdecydowanie): *The girls' exam results were better by far than the boys'.* **3** długo: *We worked far into the night.* **4 as far as I know** *spoken* o ile mi wiadomo: *As far as I know, Fran intends to come to the party.* **5 far from a)** zamiast: **far from doing sth** *Far from helping the situation, you've made it worse.* **b)**

bynajmniej nie: **far from happy/pleased etc** *Peter looked far from happy.* | **far from it** (=bynajmniej): *"Did you enjoy the film?" "Far from it – I went to sleep!"* **6 so far** jak dotąd, dotychczas: *We haven't had any problems so far.* **7 how far** do jakiego stopnia, na ile: *How far is violent crime caused by violence on TV?* **8 so far so good** *spoken* jak dotąd, w porządku: *"How's your new job?" "So far so good."* **9 sb will/should go far** ktoś daleko zajdzie: *She's a good dancer and should go far.* **10 as far as possible** w miarę możliwości: *We try to buy from local businesses as far as possible.* **11 go so far as to do sth** posunąć się do zrobienia czegoś: *He even went so far as to call her a liar.* **12 go too far** posunąć się za daleko: *He's always been rude, but this time he went too far.* → patrz też **as far as sb is concerned** (CONCERNED)

> UWAGA **far i a long way away**
>
> Wyraz **far** używany jest głównie z zdaniach przeczących i pytaniach: *How far is it to the station?* | *Oxford isn't far from London.* | *It's not far.* W zdaniu twierdzącym używamy wyrażenia **a long way away**: *Their house is a long way away from the town centre.* Wyraz **far** pojawia się z zdaniach twierdzących z wyrażeniach **too far**, **quite far** i **far away**: *I suggest you take the bus – it's too far to walk.* | *My parents don't live far away.*

**far**[2] *adj* **farther, farthest** *or* **further, furthest 1** daleki: *They live in the far South of the country.* **2** [only before noun] drugi: *the far side of the room* **3 the far left/right** skrajna lewica/prawica

**far·a·way** /ˈfɑːrəweɪ/ *adj* [only before noun] *literary* daleki, odległy: *faraway places*

**farce** /fɑːs/ *n* [singular] farsa: *I'm telling you, the trial was a total farce.*

**fare**[1] /feə/ *n* [C] cena biletu: *Train fares are going up again.*

**fare**[2] *v* [I] *formal* **sb fares well/badly** komuś dobrze/źle się wiedzie: *Women are now faring better in politics.*

**fare·well** /feəˈwel/ *n* [C] *formal* pożegnanie: *We made our farewells* (=pożegnaliśmy się) *and left.* | *a farewell party*

**far-fetched** /ˌ. ˈ.◂/ *adj* naciągany: *I thought her story was pretty far-fetched.*

**farm**[1] /fɑːm/ *n* [C] gospodarstwo rolne, farma

**farm**[2] *v* **1** [I] gospodarować: *Our family has farmed here for years.* **2** [T] uprawiać: *to farm the land*

**farm·er** /ˈfɑːmə/ *n* [C] rolnik, farmer

**farm·house** /ˈfɑːmhaʊs/ *także* **farm** *n* [C] dom mieszkalny w gospodarstwie rolnym

**farm·ing** /ˈfɑːmɪŋ/ *n* [U] gospodarka rolna

**farm·yard** /ˈfɑːmjɑːd/ *n* [C] podwórze (*w gospodarstwie*)

**far-reach·ing** /ˌ. ˈ..◂/ *adj* dalekosiężny: *far-reaching tax reforms*

**far·sight·ed** /ˌ. ˈ..◂/ *adj* dalekowzroczny: *a farsighted economic plan*

**far·ther** /ˈfɑːðə/ *adj adv* dalszy, dalej → porównaj FURTHER[1]

**far·thest** /ˈfɑːðəst/ *adv adj* najdalszy, najdalej

**fas·ci·nate** /ˈfæsəneɪt/ *v* [T] fascynować: *Mechanical things have always fascinated me.*

**fas·ci·nat·ing** /ˈfæsəneɪtɪŋ/ *adj* fascynujący: *a fascinating subject*

**fas·ci·na·tion** /ˌfæsəˈneɪʃən/ *n* [U singular] fascynacja: **+ with** *a fascination with the supernatural*

**fas·cis·m** /ˈfæʃɪzəm/ *n* [U] faszyzm —**fascist** *n* [C] faszyst-a/ka —**fascist** *adj* faszystowski

**fash·ion** /ˈfæʃən/ *n* **1** [C,U] moda: **be in fashion** *Hats are in fashion again.* | **go out of fashion** *Shoes like that went out of fashion years ago.* | **the latest fashion** *Gabi always buys all the latest fashions.* **2 in a strange/orderly fashion** *formal* w dziwny/zdyscyplinowany sposób: *Leave the building in an orderly fashion.*

**fash·ion·a·ble** /ˈfæʃənəbəl/ *adj* modny: *Long skirts are fashionable now.* | *a fashionable restaurant* → antonim UNFASHIONABLE, OLD-FASHIONED —**fashionably** *adv* modnie

**fast[1]** /fɑːst/ *adj* **1** szybki: *a fast runner* | *a fast car* | *The metro is the fastest way to get around.* **2 be fast** śpieszyć się: *Is it really 5 o'clock, or is your watch fast?* **3 make sth fast** przy/mocować coś

**fast[2]** *adv* **1** szybko: *Stop driving so fast!* | *You're learning fast.* **2 be fast asleep** spać głęboko **3** mocno: *Hold fast to that branch!* | **be stuck fast** (=ugrzęznąć): *The boat's stuck fast in the mud.*

> UWAGA **fast** i **quickly**
>
> Zarówno **fast** jak i **quickly** znaczą 'szybko', ale wtedy, gdy chodzi o krótkie odległości i pośpiech, używamy wyrazu **quickly**.

**fast[3]** *v* [I] pościć: *Many Christians fast during Lent.* —**fast** *n* [C] post

**fas·ten** /ˈfɑːsən/ *v* **1** [I,T] zapinać (się): *Fasten your seat belts.* | *Can you fasten my necklace for me?* | *I'm too fat. My skirt won't fasten.* **2** [T] przy/mocować: **fasten sth to/onto sth** *Fasten those ladders onto the roof before you climb up there.*

**fas·ten·er** /ˈfɑːsənə/ *n* [C] *BrE* zapięcie

**fas·ten·ing** /ˈfɑːsənɪŋ/ *n* [C] zapięcie

**fast food** /ˌ. ˈ./ *n* [U] szybkie dania

**fast-for·ward** /ˌ. ˈ../ *v* [I,T] przewijać (się): *fast-forwarding the tape* —**fast forward** *n* [U] przewijanie do przodu

**fas·tid·i·ous** /fæˈstɪdiəs/ *adj* drobiazgowy, skrupulatny: *He was extremely fastidious about all aspects of his work.*

**fat[1]** /fæt/ *adj* **-tter, -ttest** gruby, tłusty: *Chris is worried about getting fat* (=martwi się, że przytyje). | *a big fat cigar*

> UWAGA **fat** i **overweight**
>
> Wyraz **fat** ('gruby') ma zabarwienie negatywne i lepiej używać zamiast niego łagodniejszych słów i zwrotów. Zamiast *he's a little bit too fat* ('jest odrobinę za gruby') lepiej powiedzieć *he's slightly overweight*, a zamiast *she's got very fat* ('bardzo utyła') lepiej powiedzieć *she's put on a lot of weight.* Dla uniknięcia wyrazu **fat** używa się też często wyrazów **large** i **big** oraz zwrotu **(to have) a weight problem**: *Large people sometimes have difficulty finding fashionable clothes to fit them.* | *He's worried about his weight problem.*

**fat[2]** *n* [C,U] tłuszcz: *Fry the potatoes in oil or vegetable fat.*

**fa·tal** /ˈfeɪtl/ *adj* **1** śmiertelny: *Meningitis can often be fatal.* | **fatal accident/injury/illness etc** *a fatal heart attack* **2** fatalny, zgubny w skutkach: **fatal mistake** *Her fatal mistake was to marry the wrong man.* —**fatally** *adv* śmiertelnie: *fatally injured/wounded*

**fa·tal·i·ty** /fəˈtæləti/ *n* [C] ofiara śmiertelna

**fate** /feɪt/ *n* **1** [C singular] los: *No one knows what the fate of the refugees will be.* **2** [U] przeznaczenie: *Fate brought us together.* | **by a twist of fate** (=zrządzeniem losu): *By a strange twist of fate, we were on the same plane.*

**fat·ed** /ˈfeɪtəd/ *adj* **sb was fated to do sth** coś było komuś sądzone: *We were fated to meet.*

**fate·ful** /ˈfeɪtfəl/ *adj* brzemienny w skutki: *a fateful decision*

**fat-free** /ˌ. ˈ.◂/ *adj* beztłuszczowy: *a fat-free diet*

**fa·ther** /ˈfɑːðə/ *n* [C] ojciec: *their adoptive father* | *Father Vernon*

**Father Christ·mas** /ˌ.. ˈ../ *n* [singular] *BrE* Święty Mikołaj

**fa·ther·hood** /ˈfɑːðəhʊd/ *n* [U] ojcostwo

**father-in-law** /ˈ.. . ˌ./ *n* [C] teść

**fa·ther·ly** /ˈfɑːðəli/ *adj* ojcowski: *He put a fatherly arm around her shoulders.*

**fath·om** /ˈfæðəm/ *v* [T] *także* **fathom out** pojmować: *I just couldn't fathom out what she meant.*

**fa·tigue** /fəˈtiːg/ *n* [U] zmęczenie: *They were cold, and weak with fatigue.*

**fat·ten** /ˈfætn/ *v* [T] u/tuczyć

**fat·ten·ing** /ˈfætn-ɪŋ/ *adj* tuczący

**fat·ty** /ˈfæti/ *adj* tłusty: *fatty food*

**fau·cet** /ˈfɔːsɪ̵̍t/ *n* [C] *AmE* kran

**fault¹** /fɔːlt/ *n* **1** wina: *It's not my fault we missed the bus.* | **it's sb's own fault** *It was her own fault she failed the exam* (=sama była sobie winna, że oblała). *She didn't do any work.* | **be at fault** (=ponosić winę): *It was the other driver who was at fault.* **2** [C] usterka: *an electrical fault* **3 find fault with** czepiać się: *Why do you always have to find fault with my work?* **4** [C] wada: *His only fault is that he has no sense of humour.* **5** [C] uskok: *the San Andreas fault*

**fault²** *v* [T] **sth cannot be faulted** czemuś nie można nic zarzucić: *Her performance couldn't be faulted.*

**fault·less** /ˈfɔːltləs/ *adj* bezbłędny, nienaganny: *Yasmin spoke faultless French.*

**fault·y** /ˈfɔːlti/ *adj* **1** wadliwy: *faulty wiring* **2** błędny: *faulty reasoning*

**fau·na** /ˈfɔːnə/ *n* [C,U] *technical* fauna

**fa·vour¹** /ˈfeɪvə/ *BrE*, **favor** *AmE n* **1** [C] przysługa: **do sb a favour** (=wyświadczyć komuś przysługę): *Could you do me a favour and look after the kids for an hour?* | **ask sb a favour/ask a favour of sb** (=po/prosić kogoś o przysługę) **2 be in favour of** być zwolennikiem: *Are you in favour of the death penalty?* **3** [U] **be in favour/out of favour** być w łaskach/w niełasce: *Traditional teaching methods are back in favour in some schools.* **4 be in sb's/sth's favour** być korzystnym dla kogoś/czegoś: *The conditions are in our favour.* **5 in sb's favour** na czyjąś korzyść: *The vote was 60-40 in his favour.* | *The Supreme Court decided in his favor.*

**favour²** *BrE*, **favor** *AmE v* [T] **1** preferować: *Congress favors financial help to universities.* **2** faworyzować: *tax cuts that favour the rich*

**fa·vou·ra·ble** /ˈfeɪvərəbəl/ *BrE*, **favorable** *AmE adj* **1** przychylny: *I've heard favourable reports about your work.* **2** sprzyjający, korzystny: *a favourable economic climate* —**favourably** *BrE*, **favorably** *AmE adv* przychylnie, korzystnie → antonim UNFAVOURABLE

**fa·vou·rite¹** /ˈfeɪvərɪ̵̍t/ *BrE*, **favorite** *AmE adj* [only before noun] ulubiony: *Who's your favourite actor?*

**favourite²** *BrE*, **favorite** *AmE n* [C] **1** ulubiona rzecz: *This book is one of my favourites* (=to jedna z moich ulubionych książek). **2** ulubieni-ec/ca: *Teachers shouldn't have favourites.* **3** faworyt/ka: *The Yankees are favorites to win the World Series.*

**fa·vou·ri·tis·m** /ˈfeɪvərɪ̵̍tɪzəm/ *BrE*, **favoritism** *AmE n* [U] protekcja

**fawn** /fɔːn/ *n* **1** [C] jelonek **2** [U] kolor płowy

**fax** /fæks/ *n* **1** [C,U] faks: *Did you get my fax?* | *a letter sent by fax* **2** [C] *także* **fax machine** faks —**fax** *v* [T] prze/faksować

**fear¹** /fɪə/ *n* **1** [C,U] lęk, obawa, strach: **+ of** *a fear of flying* | **live in fear of** *The citizens of the town live in fear of enemy attack.* | **+ that** *fears that the rapist might strike again* | **+ for** *fears for our children's safety* **2 for fear of/for fear that** z obawy przed/w obawie, żeby nie: *She kept quiet, for fear of saying the wrong thing.* **3 No fear!** *spoken* Bez obawy!

**fear²** *v* **1** [T] obawiać się: *Fearing a snowstorm, many people stayed home.* | **+ (that)** *Experts fear there may be more cases of the disease.* **2** [T] bać się: *a dictator feared by his country* **3 fear for** lękać się o: *We left the country because we feared for our lives.*

**fear·ful** /ˈfɪəfəl/ *adj formal* **1 fearful of doing sth** bojąc się coś zrobić: *He said no more, fearful of upsetting her.* **2** *BrE* straszliwy, przeraźliwy: *The small kitchen was in a fearful mess.* —**fearfully** *adv* straszliwie, przeraźliwie

**fear·less** /ˈfɪələs/ *adj* nieustraszony: *a fearless soldier*

**fear·some** /ˈfɪəsəm/ *adj* przerażający: *a fearsome sight*

**fea·si·ble** /ˈfiːzɪ̵̍bəl/ *adj* wykonalny: *Your plan sounds quite feasible.*

**feast¹** /fiːst/ *n* [C] **1** uczta: *a wedding*

*feast* | *That was a real feast!* **2** święto: *Easter is an important feast for Christians.*

**feast²** *v* [I] ucztować

**feat** /fiːt/ *n* [C] wyczyn, dokonanie: *an amazing feat of engineering* | **be no mean feat** (=być nie lada wyczynem): *Getting a doctorate is no mean feat!*

**fea·ther** /ˈfeðə/ *n* [C] pióro

**fea·ture¹** /ˈfiːtʃə/ *n* [C] **1** cecha: *a report that compares the safety features of new cars* **2** [usually plural] rysy: *a portrait showing her fine delicate features* **3** artykuł lub program na określony temat: *Have you read the feature on Johnny Depp in today's paper?*

**feature²** *v* **1** [T] **the film features** główną rolę w filmie gra: *a new movie featuring Meryl Streep* **2** [I] **feature in** odgrywać ważną rolę w: *Violence seems to feature heavily in all his stories.*

**feature film** /ˈ.. ˌ./ *n* [C] film fabularny

**Feb·ru·a·ry** /ˈfebruəri/ skrót pisany **Feb** *n* [C,U] luty

**fe·ces** /ˈfiːsiːz/ amerykańska pisownia wyrazu FAECES

**fed** /fed/ *v* czas przeszły i imiesłów bierny od FEED

**fed·e·ral** /ˈfedərəl/ *adj* federalny: *the Federal Republic of Germany* | *federal laws*

**fed·e·ra·tion** /ˌfedəˈreɪʃən/ *n* [C] federacja: *the International Boxing Federation*

**fed up** /ˌ. ˈ./ *adj* [not before noun] *informal* **be fed up with** mieć dość: *She was fed up with being treated like a servant.*

**fee** /fiː/ *n* [C] **1** opłata: *an entrance fee* (=opłata za wstęp) | *college fees* (=czesne) **2** honorarium: *medical/legal fees*

**fee·ble** /ˈfiːbəl/ *adj* **1** słabiutki: *His voice sounded feeble.* **2** kiepski: *a feeble joke/excuse*

**feed¹** /fiːd/ *v* **fed, fed, feeding 1** [T] na/karmić: *Have you fed the cats?* **2** [I] żywić się: **+ on** *Hippos feed mainly on grass.* **3** [T] wyżywić: *How can you feed a family on $50 a week?* **4** [T] wprowadzać: *The information is fed into the computer.*

**feed²** *n* **1** [U] pasza: *cattle feed* **2** [C] *BrE* karmienie (*niemowlęcia*): *Has he had his feed yet?*

**feed·back** /ˈfiːdbæk/ *n* [U] opinia, rady: *The teacher's been giving us helpful feedback.*

**feel¹** /fiːl/ *v* **felt, felt, feeling 1** [I, linking verb] po/czuć się: *We were feeling tired after the long journey.* | *I feel hot* (=jest mi gorąco) *– can someone open the window?* | *He felt sad* (=było mu smutno) *when she'd gone.* | **+ as if/as though** *I felt as though I'd won* (=czułam się tak, jakbym wygrała) *a million dollars.* **2 it feels like** wydaje się, jakby: *I was only there for a couple of hours, but it felt like a week.* | **it feels** *It feels great* (=to wspaniałe uczucie) *to be back home.* | *How does it feel* (=jakie to uczucie) *to be married?* | **sth feels** *Her skin felt cold* (=była zimna w dotyku). **3** [I,T] sądzić: **+ (that)** *I feel that I should do more to help.* | **+ about** *What does Michael feel about the idea?* | **feel sure/certain** (=być pewnym): *We felt certain that something terrible would happen.* | **sb feels strongly about sth** (=coś leży komuś na sercu): *A lot of people feel very strongly about the issue of abortion.* **4** [T] dotykać: *Feel my forehead. Does it seem hot?* **5 feel around/inside etc (for sth)** szukać (czegoś) po omacku: *He felt around in his pocket for his keys.* **6** [T] po/czuć: *She felt something crawling up her leg.* **7 feel like sth** mieć ochotę na coś: *Do you feel like anything more to eat?* **8** odczuwać: *Companies are starting to feel the effects of the strike.* → patrz też **be/feel sorry for sb** (SORRY)

> **UWAGA feel**
>
> Mówiąc jak ktoś się czuje, bezpośrednio po wyrazie **feel** nie używamy przysłówka (jak w języku polskim) a przymiotnika: *The next morning I felt terrible.* | *We all felt disappointed.* Podobna reguła dotyczy czasowników **look**, **smell**, **sound** i **taste**: *You look awful.* | *That piano sounds terrible.*

**feel²** *n* [singular] **1** dotyk: *the feel of the sand under our feet* **2 have a feel for** *informal* mieć talent do: *Pete has a real feel for languages.* **3 get the feel of sth** *informal* otrzaskać się z czymś: *a car that's easy to drive, once you get the feel of it*

**feel·ers** /ˈfiːləz/ *n* [plural] czułki

**feel·ing** /ˈfiːlɪŋ/ *n* **1** [C,U] uczucie: *feelings of shame and guilt* | *a sudden feeling of tiredness* | *It was a wonderful feeling to be home again.* | *Don't try to hide your feelings.* | *She plays the violin with great feeling.* **2** [C] odczucie: *My own feeling is that* (=w moim odczuciu) *we should wait.* | **+ about** *Have you asked Carol what her feelings are about* (=co sądzi o) *having children?* **3 have/get a feeling (that)** mieć wrażenie, że: *I had a feeling that he'd refuse.* | *Do you ever get the feeling that you are being watched?* **4** [U] czucie: *He lost all feeling in his legs.* **5 bad/ill feeling** animozje: *The divorce caused a lot of bad feeling between them.* → patrz też **gut feeling** (GUT¹), **hurt sb's feelings** (HURT¹)

**feet** /fiːt/ *n* liczba mnoga od FOOT

**fell** /fel/ *v* czas przeszły od FALL

**fel·low¹** /ˈfeləʊ/ *n* [C] **1** *old-fashioned* facet, gość: *What a strange fellow he is!* **2** *BrE* członek: *a Fellow of the Royal College of Surgeons*

**fellow²** *adj* **1 fellow workers/students** koledzy z pracy/ze studiów **2 fellow passengers** towarzysze podróży

**fel·low·ship** /ˈfeləʊʃɪp/ *n* **1** [C] towarzystwo: *a Christian youth fellowship* **2** [C] członkostwo kolegium uniwersytetu

**fel·o·ny** /ˈfeləni/ *n* [C,U] *law* ciężkie przestępstwo

**felt¹** /felt/ *v* czas przeszły i imiesłów bierny od FEEL

**felt²** *n* [U] filc

**felt tip pen** /ˌ.. ˈ./ (*także* **felt tip** *BrE*) *n* [C] pisak

**fe·male¹** /ˈfiːmeɪl/ *adj* płci żeńskiej, żeński: *a female monkey* | *female workers* (=robotnice) | *the female sex* (=płeć żeńska)

**female²** *n* [C] **1** kobieta **2** samica

**fem·i·nine** /ˈfemənən/ *adj* **1** kobiecy: *feminine clothes* **2** rodzaju żeńskiego: *feminine nouns* → porównaj MASCULINE

**fem·i·nin·i·ty** /ˌfeməˈnɪnəti/ *n* [U] kobiecość

**fem·i·nis·m** /ˈfemənɪzəm/ *n* [U] feminizm —**feminist** *adj* feministyczny: *a feminist writer* —**feminist** *n* feministka: *militant feminists*

**fence¹** /fens/ *n* [C] płot, ogrodzenie: *the garden fence*

**fence²** *v* [I] uprawiać szermierkę

**fence** sth ↔ **in** *phr v* [T] ogradzać

**fence** sb/sth ↔ **off** *phr v* [T] odgradzać: *We fenced off part of the field.*

**fenc·ing** /ˈfensɪŋ/ *n* [U] szermierka

**fend** /fend/ *v* **fend for yourself** radzić sobie samemu: *Now that the kids are old enough to fend for themselves, we're free to travel more.*

**fend** sb/sth ↔ **off** *phr v* [T] **1** o/bronić się przed: *She managed to fend off her attacker.* **2** odpierać: *Henry did his best to fend off questions about his private life.*

**fend·er** /ˈfendə/ *n* [C] *AmE* błotnik

**fer·ment¹** /fəˈment/ *v* [I,T] fermentować —**fermentation** /ˌfɜːmenˈteɪʃən/ *n* [U] fermentacja

**fer·ment²** /ˈfɜːment/ *n* [U] ferment, wrzenie: *Russia was in a state of political ferment.*

**fern** /fɜːn/ *n* [C] paproć

**fe·ro·cious** /fəˈrəʊʃəs/ *adj* **1** groźny: *a ferocious-looking dog* **2** zawzięty: *a ferocious battle*

**fe·ro·ci·ty** /fəˈrɒsəti/ *n* [U] zawziętość: *Felipe was shocked by the ferocity of her anger.*

**fer·ry¹** /ˈferi/ *n* [C] prom

**ferry²** *v* [T] przewozić: *a bus that ferries tourists from the hotel to the beach*

**fer·tile** /ˈfɜːtaɪl/ *adj* **1** urodzajny, żyzny **2** płodny → antonim INFERTILE —**fertility** /fɜːˈtɪləti/ *n* [U] żyzność, płodność

**fer·ti·lize** /ˈfɜːtəlaɪz/ (*także* **-ise** *BrE*) *v* [T] **1** *technical* zapładniać: *a fertilized*

F

*embryo* **2** nawozić —**fertilization** /ˌfɜːtəlaɪ'zeɪʃən/ *n* [U] zapłodnienie

**fer·ti·liz·er** /'fɜːtəlaɪzə/ (*także* **-iser** *BrE*) *n* [C,U] nawóz

**fer·vent** /'fɜːvənt/ *adj* żarliwy: *a fervent anti-communist*

**fer·vour** /'fɜːvə/ *BrE*, **fervor** *AmE n* [U] zapał, żarliwość: *religious fervour*

**fes·ter** /'festə/ *v* [I] **1** zaogniać się: *Don't let these feelings of resentment fester.* **2** jątrzyć się, ropieć: *a festering wound*

**fes·ti·val** /'festəvəl/ *n* [C] **1** święto: *The main Christian festivals are Christmas and Easter.* **2** festiwal: *the Cannes film festival*

**fes·tive** /'festɪv/ *adj* świąteczny: *Christmas is often called "the festive season".*

**fes·tiv·i·ty** /fe'stɪvəti/ *n* **1 festivities** [plural] uroczystości: *wedding festivities* **2** [U] świętowanie: *The town enjoyed five days of festivities.*

**fe·tal** /'fiːtl/ amerykańska pisownia wyrazu FOETAL

**fetch** /fetʃ/ *v* [T] **1** przynieść: *Quick, fetch the ladder.* | *The painting is expected to fetch over $1 million.* **2** sprowadzić: *Can you go and fetch the doctor?*

**fe·tus** /'fiːtəs/ amerykańska pisownia wyrazu FOETUS

**feud** /fjuːd/ *n* [C] waśń: *a bitter feud between the two neighbours*

**feud·al** /'fjuːdl/ *adj* feudalny —**feudalism** *n* [U] feudalizm

**fe·ver** /'fiːvə/ *n* [C,U] gorączka: *Drink a lot of fluids, it'll help your fever go down.* | *election fever in Brazil* → patrz też HAY FEVER

> **UWAGA fever i temperature**
>
> Kiedy ktoś ma podwyższoną temperaturę (czyli gorączkę), mówimy po angielsku *he has a temperature*. **Fever** to chorobowy stan charakteryzujący się bardzo wysoką gorączką: *He's in bed with a fever.*

**fe·ver·ish** /'fiːvərɪʃ/ *adj* **1** gorączkujący: *She looked hot and feverish.* **2** gorączkowy: *They worked at a feverish pace.* **3** rozgorączkowany

**few** /fjuː/ *quantifier* **1** niewiel-e/u, mało: *In the 1950s few people had televisions.* | **+ of** *The people were friendly, but few of them spoke English.* | **very few** *Very few companies have women directors.* | **a few** (=kilka): *Let's wait a few minutes.* | *There are a few more things I'd like to talk about.* | **+ of** *Why not invite a few of your friends?* | **the next few/the last few** *The next few days are going to be very busy.* **2 quite a few/a good few** całkiem sporo: *Quite a few people came to the meeting.* **3 be few and far between** rzadko się trafiać: *Good jobs are few and far between these days.*

> **UWAGA few, a few, little i a little**
>
> Wyrazu **few** używa się z rzeczownikami policzalnymi w liczbie mnogiej w znaczeniu 'mało, niewiele': *few things* | *Few people said they'd help.* Wyrażenie **a few** występuje z rzeczownikami policzalnymi w liczbie mnogiej w znaczeniu 'kilka': *a few things* | *A few people arrived late.* Wyrazu **little** używa się z rzeczownikami niepoliczalnymi w znaczeniu 'mało': *little water* | *There's usually little traffic early in the morning.* Wyrażenie **a little** występuje z rzeczownikami niepoliczalnymi w znaczeniu 'trochę': *a little water* | *There was only a little ice cream left.*

> **UWAGA fewer**
>
> Patrz **less** i **fewer**.

**fi·an·cé** /fi'ɒnseɪ/ *n* [C] narzeczony

**fi·an·cée** /fi'ɒnseɪ/ *n* [C] narzeczona

**fi·as·co** /fi'æskəʊ/ *n* [C] *plural* **fiascoes** *or* **fiascos** fiasko: *The evening was a total fiasco from start to finish.*

**fib** /fɪb/ *n* [C] *informal* bujda: *You shouldn't tell fibs* (=bujać). *It's not nice.* —**fib** *v* [I] **-bbed, -bbing** bujać, zmyślać: *He's always fibbing.*

**fi·bre** /'faɪbə/ *BrE*, **fiber** *AmE n* **1** włókno:

*man-made fibre* **2** [U] błonnik: *The doctor said I need more fibre in my diet.*

**fi·bre·glass** /ˈfaɪbəglɑːs/ *BrE*, **fiberglass** *AmE n* [U] włókno szklane

**fick·le** /ˈfɪkəl/ *adj* zmienny, niestały: *Every politician knows that voters are fickle.* | *fickle weather*

**fic·tion** /ˈfɪkʃən/ *n* **1** [U] literatura, beletrystyka: *A. A. Milne was a popular writer of children's fiction.* ➡ porównaj NONFICTION **2** [U singular] fikcja: *The story turned out to be a complete fiction.*

**fic·tion·al** /ˈfɪkʃənəl/ *adj* fikcyjny, książkowy: *fictional heroes*

**fic·ti·tious** /fɪkˈtɪʃəs/ *adj* fikcyjny, zmyślony: *He uses a fictitious name.*

**fid·dle**[1] /ˈfɪdl/ *v*

**fiddle with** sth *także* **fiddle around/about with sth** *phr v* [T] **1** bawić się czymś: *I wish he'd stop fiddling with his keys.* **2** majstrować przy czymś: *I spent hours fiddling with the radio trying to get the BBC.*

**fiddle**[2] *n* [C] skrzypce

**fid·dler** /ˈfɪdlə/ *n* [C] skrzyp-ek/aczka

**fi·del·i·ty** /fɪˈdeləti/ *n* [U] *formal* wierność ➡ antonim INFIDELITY

**fid·get** /ˈfɪdʒət/ *v* [I] wiercić się: *The children were fidgeting in their seats.* —**fidgety** *adj* niespokojny

**field** /fiːld/ *n* [C] **1** pole: *fields of wheat* **2** boisko: *playing fields* **3** [C] dziedzina: *Professor Kramer is an expert in the field of radio astronomy.* **4 oil/coal field** zagłębie naftowe/węglowe **5 field of view/vision** pole widzenia **6 magnetic/gravitational field** pole magnetyczne/grawitacyjne

**field hock·ey** /ˈ. ˌ../ *n* [U] *AmE* hokej na trawie

**field mar·shal** /ˌ. ˈ..◂/ *n* [C] feldmarszałek

**field·work** /ˈfiːldwɜːk/ *n* [U] badania w terenie: *I'll be doing archaeological fieldwork over the summer.*

**fiend** /fiːnd/ *n* [C] potwór: *Sex fiend strikes again!*

**fiend·ish** /ˈfiːndɪʃ/ *adj* **1** szatański: *a fiendish plot* **2** piekielnie trudny: *a fiendish puzzle*

**fierce** /fɪəs/ *adj* ostry: *fierce dogs* | *Competition for jobs is very fierce.* —**fiercely** *adv* ostro, zawzięcie

**fi·er·y** /ˈfaɪəri/ *adj* ognisty: *a fiery speech* | *She has a fiery temper.* | *a fiery sunset*

**fif·teen** /ˌfɪfˈtiːn◂/ *number* piętnaście —**fifteenth** *number* piętnasty

**fifth**[1] /fɪfθ/ *number* piąty

**fifth**[2] *n* [C] jedna piąta

**fif·ty** /ˈfɪfti/ *number* **1** pięćdziesiąt **2 the fifties a)** lata pięćdziesiąte —**fiftieth** *number* pięćdziesiąty

**fifty-fif·ty** /ˌ.. ˈ..◂/ *adj, adv spoken* **1** po połowie: *I think we should divide the profits fifty-fifty.* **2 a fifty-fifty chance** pięćdziesiąt procent szans: *The operation has a fifty-fifty chance of success.*

**fig** /fɪg/ *n* [C] figa

**fight**[1] /faɪt/ *v* **fought, fought, fighting 1** [I,T] bić się (z): *Two boys were fighting in the school playground.* **2** [I,T] walczyć (z): *My dad fought in Vietnam.* | *Bruno fought Tyson for the World Heavyweight Championship.* | **+ for** (=po stronie): *He fought for the Russians.* | **fight a war/battle** (=toczyć wojnę/bitwę): *They were fighting a war of independence against a powerful enemy.* **3** [I,T] walczyć: **fight to do sth** *Local people have been fighting to save the school* (=walczą o uratowanie szkoły). | **fight for sth** *Women fought for the right to vote.* | **fight sth/fight against sth** (=walczyć z czymś): *He fought against racism all his life.* **4** [I] kłócić się: *They're always fighting – I don't know why they stay together.* | **+ over/about** *Let's try not to fight over money.*

**fight** sb/sth ↔ **off** *phr v* [T] **1** odeprzeć: *They managed to fight off their attackers.* **2** zwalczyć: *I can't seem to fight off this cold.*

**fight**[2] *n* **1** [singular] walka: *Tyson lost the fight.* | **fight to do sth** *the fight to save* (=o uratowanie) *the rainforests* | **+ for** *Mandela's fight for freedom* | **+ against** *She lost*

*her fight against cancer.* **2** [C] bójka: *He's always getting into fights at school.* **3** [C] bój: *the fight for Bunker Hill* **4** [C] kłótnia: **have a fight with sb** (=pokłócić się z kimś): *They've had a fight with the neighbours.*

**fight·er** /ˈfaɪtə/ *n* [C] **1** *także* **fighter plane** myśliwiec **2** bojowni-k/czka: *Serb fighters* ➡ patrz też FIREFIGHTER

**fight·ing** /ˈfaɪtɪŋ/ *n* [U] walki: *There has been renewed fighting on the streets of the capital.*

**fig·u·ra·tive** /ˈfɪgjᵊrətɪv/ *adj* przenośny: *'A mountain of debt' is a figurative phrase meaning a very large amount of debt.* —**figuratively** *adv* w przenośni ➡ porównaj LITERAL

**fig·ure¹** /ˈfɪgə/ *n* [C] **1** liczba: *I haven't got a head for figures.* **2** cyfra: *Write the amount in words and figures.* | **double figures** (=liczby dwucyfrowe): *Temperatures reached double figures – over 14°C.* **3** suma: *an estimated figure of $200 million* **4** figura: *She has a great figure.* **5** postać: *an important political figure* | *a sad lonely figure* **6** sylwetka: *I could see a dark figure on the horizon.* **7** rycina, ilustracja **8** figura (geometryczna): *a six-sided figure*

F

**figure²** *v* **1** [I] figurować: *Marriage didn't really figure in their plans.* **2** [T] *AmE spoken* **figure that** dojść do wniosku, że: *I figured that it was time to leave.* **3 that figures/it figures** *spoken* to było do przewidzenia: *"I forgot to bring my checkbook again." "That figures."*

**figure** sth/sb ↔ **out** *phr v* [T] zrozumieć: *Detectives are still trying to figure out what happened.*

**figure of speech** /ˌ... . ˈ./ *n* [C] figura retoryczna: *When I said they'll be 'in the firing line', it was just a figure of speech – I meant they'll get blamed.*

**file¹** /faɪl/ *n* [C] **1** kartoteka: *The school keeps files on each student.* **2** plik: *If you want to delete a file, just click on this icon.* **3** segregator: *He took a file down from the shelf.* **4 on file** w aktach: *We'll keep your application on file.* **5** pilnik ➡ patrz też SINGLE FILE

**file²** *v* **1** [T] katalogować, włączać do dokumentacji: *The letters are filed alphabetically.* **2** [I] iść gęsiego: *The jury filed into the courtroom.* **3** [I,T] *law* wnosić (sprawę): *Ted Danson's wife has filed for divorce.* **4** [T] s/piłować: *She sat filing her nails.*

**fil·ings** /ˈfaɪlɪŋz/ *n* [plural] opiłki

**fill¹** /fɪl/ *v* **1** [I,T] *także* **fill up** napełniać (się), wypełniać (się), zapełniać (się): *Crowds of people soon filled the streets.* | **+ with** *The trench was filling up with water.* | *He began filling the tank with water.* **2** [T] *także* **fill in** wypełniać: *Fill any cracks in the wall before you paint it.* | *teeth that need filling* **3** [T] wypełniać: *The smell of fresh bread filled the kitchen.* **4 fill a job/position** obsadzać stanowisko: *I'm sorry, but the position has already been filled.* **5 filled with joy/sadness** pełen radości/smutku

**fill** sth ↔ **in** *phr v* wypełniać: *He asked me to fill in a tax form.*

**fill out** *phr v* [T **fill** sth ↔ **out**] wypełniać: *You'll have to fill out a membership form before you can use the gym.*

**fill up** *phr v* [I,T **fill** sth ↔ **up**] zapełniać (się): *The train was starting to fill up.*

> UWAGA **filled with** i **full of**
>
> Nie należy mylić wyrażeń **filled with** i **full of**. Kiedy coś jest 'pełne czegoś', po angielsku mówimy **full of sth**: *The kitchen was full of flies.* | *The kettle was full of boiling water.* Kiedy coś zawiera tyle czegoś, że nie ma miejsca na nic innego, mówimy **filled with**: *The front page is filled with the most important news items.* | *The streets were filled with cheering crowds.*

**fill²** *n* **have had your fill** mieć dość: *I've had my fill of screaming kids today!*

**fil·let** /ˈfɪlᵻt/ (*także* **filet** *AmE*) *n* [C,U] filet

**fill·ing** /ˈfɪlɪŋ/ *n* **1** [C] plomba, wypełnienie **2** [C,U] nadzienie: *apple pie filling*

**film**[1] /fɪlm/ *n* **1** [C,U] film: *Have you seen any good films recently?* | *the film industry* | *35mm colour film* **2** [U singular] cienka warstwa: *a film of oil on the lake*

**film**[2] *v* **1** [T] na/kręcić: *The movie was filmed in China.* **2** [I] filmować, kręcić → porównaj RECORD[2]

**film-mak·er** /ˈ. ˌ../ *n* [C] filmowiec

**film star** /ˈ. ./ *n* [C] gwiazda filmowa

**fil·ter**[1] /ˈfɪltə/ *n* [C] filtr: *a water filter*

**filter**[2] *v* **1** [T] prze/filtrować: *filtered drinking water* **2** [I] przeciekać: *The news slowly filtered through to everyone in the office.*

**filth** /fɪlθ/ *n* [U] **1** brud: *Wash that filth off your shoes.* **2** świństwa

**filth·y** /ˈfɪlθi/ *adj* **1** bardzo brudny: *Doesn't he ever wash that jacket? It's filthy.* **2** plugawy: *filthy language*

**fin** /fɪn/ *n* [C] płetwa

**fi·nal**[1] /ˈfaɪnl/ *adj* **1** [only before noun] ostatni, końcowy: *the final chapter of the book* **2** ostateczny: *Is that your final decision?*

**final**[2] *n* [C] finał: *the World Cup Final* | **the finals** *the finals of the NBA championship*

**fi·na·le** /fɪˈnɑːli/ *n* [C] finał: *the grand finale*

**fi·nal·ist** /ˈfaɪnəl-ˌəst/ *n* [C] finalist-a/ka

**fi·nal·ize** /ˈfaɪnəl-aɪz/ (*także* **-ise** *BrE*) *v* [T] s/finalizować: *Can we finalize the details of the deal tomorrow?*

**fi·nal·ly** /ˈfaɪnəl-i/ *adv* **1** w końcu: *After several delays, the plane finally took off at 6:00.* **2** na koniec: *And finally, I'd like to thank my teachers.* **3** ostatecznie: *It's not finally settled yet.*

**fi·nals** /ˈfaɪnlz/ *n* [plural] egzaminy końcowe

**fi·nance**[1] /ˈfaɪnæns/ *n* **1** [U] finanse: *the finance department* **2** [U] środki finansowe: *How will you get the finance to start your business?* **3 finances** [plural] fundusze: *The school's finances are limited.*

**finance**[2] *v* [T] s/finansować: *publicly financed services*

**fi·nan·cial** /fəˈnænʃəl/ *adj* finansowy: *a financial adviser* | *financial aid* —**financially** *adv* finansowo

**find**[1] /faɪnd/ *v* [T] **found, found, finding 1** znajdować: *I can't find my keys.* | *Scientists are still trying to find a cure for AIDS.* | *She found $100 in the street.* | *When do you find the time to read?* | **find sb sth** *I think we can find you a job.* | **find sb doing sth** *When the police arrived, they found him lying* (=znaleźli go leżącego) *on the floor.* **2 find that** odkryć, że: *Michael woke up to find that* (=obudził się i odkrył, że) *the bedroom was flooded.* | *I soon found that it was quicker to go by bus.* **3** uważać za: *I don't find his jokes at all funny.* | **find it hard/easy to do sth** *I found it hard to understand her* (=trudno mi było ją zrozumieć). **4 be found somewhere** występować gdzieś: *a type of cactus that is found only in Arizona* **5 find your way** trafić: *Can you find your way, or do you need a map?* **6 find yourself somewhere** znaleźć się gdzieś: *Suddenly I found myself back at the hotel.* **7 find sb guilty/not guilty** *law* uznać kogoś za winnego/niewinnego **8 find fault with** czepiać się: *The teacher would always find fault with my work.* → patrz też **find a home for** (HOME[1])

**find out** *phr v* **1** [I,T **find** sth ↔ **out**] dowiadywać się: *We never found out her name* (=nigdy nie dowiedzieliśmy się, jak się nazywała). | **+ what/how/where etc** *He hurried off to find out what the problem was.* | **+ about** *If Dad finds out about this, he'll go crazy.* **2** [T **find** sb **out**] *informal* nakryć kogoś: *What happens if we're found out?*

**find**[2] *n* [C] odkrycie: *That little Greek restaurant was a real find.*

**find·ings** /ˈfaɪndɪŋz/ *n* [plural] wnioski: *The Commission's findings are presented in a report.*

**fine**[1] /faɪn/ *adj* **1** świetny, znakomity: *fine wine* | *a fine performance by William Hurt* **2** cienki: *a fine layer of dust* **3** drobny: *fine rain* **4** subtelny, szczegółowy: *I didn't understand some of the finer points in the argument.* **5** *spoken* **sth/**

**sb will/would be fine** może być coś/ktoś: *"What do you want for lunch?" "A sandwich would be fine."* **6** *spoken* dobrze: *"How are you?" "I'm fine, thanks."* **7** ładny: *fine weather* **8 it's fine (by me)** *spoken* dobrze: *"How about seeing a film?" "That's fine by me."*

**fine²** *adv spoken* świetnie: *"How's everything going?" "Fine."* | *The car's working fine now.*

**fine³** *n* [C] mandat, grzywna: *a parking fine*

**fine⁴** *v* [T] u/karać mandatem: **fine sb for sth** *He was fined $50 for speeding.*

**fine·ly** /ˈfaɪnli/ *adv* **1** drobno: *finely chopped onion* **2** precyzyjnie: *finely tuned instruments*

**fine print** /ˌ. ˈ./ *n* [U] drobny druk

**fin·ger** /ˈfɪŋgə/ *n* **1** [C] palec **2 keep your fingers crossed** *spoken* trzymać kciuki: *I had a job interview today. I'm just keeping my fingers crossed!* **3 not lift a finger** *spoken* nie ruszyć palcem: *I do all the work – Frank never lifts a finger.* **4 can't put my finger on it** trudno to sprecyzować: *There's something strange about him, but I can't put my finger on it.*

F

**fin·ger·nail** /ˈfɪŋgəneɪl/ *n* [C] paznokieć

**fin·ger·print** /ˈfɪŋgəˌprɪnt/ *n* [C] odcisk palca

**fin·ger·tip** /ˈfɪŋgəˌtɪp/ *n* **1** [C] koniuszek palca **2 have sth at your fingertips** mieć coś w małym palcu: *Ask David – he has all the information at his fingertips.*

**fin·ish¹** /ˈfɪnɪʃ/ *v* **1** [I,T] s/kończyć (się): *Have you finished your homework?* | *What time does the concert finish?* | **finish doing sth** *Let me just finish typing this report.* ➡ antonim START¹ **2** [T] dokończyć: *Finish your breakfast before it gets cold, Tom.* **3 finish second/third** zająć drugie/trzecie miejsce

**finish off** *phr v* [T **finish** sth ↔ **off**] dokończyć: *I've done most of the work – I'll finish it off tomorrow.* | *Who finished off the cake?*

**finish up** *phr v* **1** [T **finish** sth ↔ **up**] dokończyć: *Why don't you finish up the pie?* **2** [I] *BrE* znaleźć się: *We finished up in Rome after a three week tour.*

**finish with** sb/sth *phr v* [T] **1 have finished with sth** *BrE także* **be finished with sth** *especially AmE* już nie potrzebować czegoś: *Have you finished with the scissors?* **2** *BrE* zrywać z: *He's finished with Elise after all these years.*

**finish²** *n* **1** [singular] końcówka, finisz: **close finish** *It was a close finish* (=końcówka była wyrównana) *but Jarrett won.* **2** [C] wykończenie: *a table with a glossy finish*

**fin·ished** /ˈfɪnɪʃt/ *adj* **1** [only before noun] końcowy: *the finished product* **2 be finished** *spoken* skończyć: *Wait, I'm not quite finished* (=jeszcze nie skończyłem). **3** [not before noun] skończony: *If the bank doesn't lend us the money, we're finished.*

**fi·nite** /ˈfaɪnaɪt/ *adj* skończony, ograniczony: *Earth's finite resources*

**fir** /fɜː/ *także* **fir·tree** /ˈfɜːtriː/ *n* [C] jodła

**fire¹** /faɪə/ *n* **1** [C,U] ogień: *Fire destroyed part of the building.* | *enemy fire* | *The soldiers opened fire.* | **be on fire** (=palić się): *The house is on fire!* | **catch fire** (=zapalać się): *Two farmworkers died when a barn caught fire.* | **set sth on fire/set fire to sth** (=podpalać coś): *An angry crowd set fire to stores.* **2** [C,U] pożar: *forest fires* | **put out a fire** (=u/gasić pożar): *It took firefighters two days to put out the fire.* **3** [C] ognisko: *a camp fire* **4** [C] *BrE* grzejnik: *Could you turn the fire on, please.*

**fire²** *v* **1** [I,T] strzelać: *The guns were firing all night.* **2** [T] wylewać (*z pracy*): *The boss threatened to fire anyone who was late.* **3** *także* **fire up** [T] rozpalać: *exciting stories that fired our imagination* **4 fire questions (at)** zasypywać pytaniami: *The reporters fired non-stop questions at him.*

**fire a·larm** /ˈ. .ˌ./ *n* [C] alarm pożarowy

**fire bri·gade** /ˈ. .ˌ./ *BrE*, **fire**

**de·partment** /'. .,../ *AmE n* [C] straż pożarna
**fire en·gine** /'. ,../ *n* [C] wóz strażacki
**fire es·cape** /'. .,./ *n* [C] schody pożarowe
**fire ex·tin·guish·er** /'. .,.../ *n* [C] gaśnica
**fire·fight·er** /'faɪə,faɪtə/ *n* [C] strażak
**fire·man** /'faɪəmən/ *n* [C] strażak
**fire·place** /'faɪəpleɪs/ *n* [C] kominek
**fire·proof** /'faɪəpru:f/ *adj* ogniotrwały: *a fireproof door*
**fire·side** /'faɪəsaɪd/ *n* [singular] **by the fireside** przy kominku: *sitting by the fireside*
**fire sta·tion** /'. ,../ *n* [C] posterunek straży pożarnej
**fire·works** /'faɪəwɜ:ks/ *n* [plural] fajerwerki, sztuczne ognie: *a Fourth of July fireworks display*
**firing squad** /'.. ,./ *n* [C] pluton egzekucyjny
**firm**[1] /fɜ:m/ *adj* **1** twardy: *a bed with a firm mattress* | *Choose the firmest tomatoes.* **2** [only before noun] wiążący: *No firm decision has been reached.* **3** stanowczy: **+ with** *You need to be firm with children.* **4 a firm grip/grasp/hold** mocny uścisk: *Roger took her hand in his firm grip.* —**firmly** *adv* mocno, stanowczo —**firmness** *n* [U] stanowczość
**firm**[2] *n* [C] przedsiębiorstwo, firma: *an engineering firm*
**first**[1] /fɜ:st/ *number, pron, adj* **1** pierwszy: *the first name on the list* | *My sister said I'd be the first to get married.* | *Welles made his first film at the age of 25.* | *Is this the first time you've been to England?* | **come/finish first** (=zająć pierwsze miejsce): *Jane came first in the 100 metres race.* **2 first prize** pierwsza nagroda **3 at first** z początku: *At first he seemed very strict, but now I really like him.* **4 in the first place a)** po pierwsze: *Quinn couldn't have committed the crime. In the first place he's not a violent man.* **b)** na samym początku: *If you'd done the right thing in the first place, we wouldn't have problems now.* **5** najważniejszy: *Our first priority must be to restore peace.* | **come first** (=być najważniejszym): *Ron's kids always come first.* **6 first thing** z samego rana: *I'll call you first thing tomorrow, okay?* **7 at first glance/sight** na pierwszy rzut oka: *At first glance there didn't seem to be much wrong with her.*
**first**[2] *adv* **1** najpierw: *I always read the sports page first.* | *Do your homework first, then you can go out.* **2** po raz pierwszy: *We first met back in 1967.* **3 first/first of all** przede wszystkim: *First of all, let's get all the equipment together.*
**first aid** /,. './ *n* [U] pierwsza pomoc
**first-class** /,. '.◂/ *adj* **1** pierwszorzędny: *Eric has proved himself a first-class performer.* **2** pierwszej klasy: *two first-class tickets* —**first-class** *adv* pierwszą klasą: *passengers travelling first-class*
**first floor** /,. '.◂/ *n* [singular] **1** *BrE* pierwsze piętro **2** *AmE* parter → porównaj GROUND FLOOR
**first la·dy** /,. '../ *n* [C] pierwsza dama
**first·ly** /'fɜ:stli/ *adv* po pierwsze: *The building is unsuitable, firstly because it is too small, and secondly because it is in the wrong place.*
**first name** /'. ./ *n* [C] imię: *My teacher's first name is Caroline.* → porównaj LAST NAME, MIDDLE NAME
**first-rate** /,. '.◂/ *adj* pierwszorzędny: *a first-rate performance*
**fish**[1] /fɪʃ/ *n plural* **fish** *or* **fishes** [C,U] ryba: *How many fish did you catch?* | *We had fish for dinner.*
**fish**[2] *v* [I] łowić ryby, wędkować: **+ for** *Dad's fishing for salmon.*
**fish** sth ↔ **out** *phr v* [T] wyjąć, wyłowić: *Sally opened her briefcase and fished out a small card.*
**fish·er·man** /'fɪʃəmən/ *n* [C] rybak, wędkarz
**fish·ing** /'fɪʃɪŋ/ *n* [U] rybołówstwo, wędkarstwo: **go fishing** (=iść na ryby): *Do you want to go fishing?*
**fishing rod** /'.. ./ *także* **fishing pole** *AmE n* [C] wędka

**fish·mon·ger** /ˈfɪʃˌmʌŋgə/ *n* [C] *especially BrE* sprzedaw-ca/czyni ryb

**fish·y** /ˈfɪʃi/ *adj informal* podejrzany: *There's something fishy about this business.*

**fist** /fɪst/ *n* [C] pięść: *She shook her fist angrily.*

**fit¹** /fɪt/ *v* **fitted, fitted, fitting**, *także* **fit, fit, fitting** *AmE* **1** [I,T] pasować (na): *I wonder if my wedding dress still fits me?* | *This lid doesn't fit very well.* **2** [I,T] za/montować: **fit sth on/in etc** *We're having new locks fitted on all the main doors.* **3** [I,T] z/mieścić (się): *Will the cases fit in the back of your car?* | *I can't fit anything else into this suitcase.* **4** [T] pasować do: *The music fits the words perfectly.*

**fit in** *phr v* **1** [I] dostosowywać się: *The new student had a hard time fitting in.* **2** [T **fit** sb/sth ↔ **in**] znajdować czas dla/na: *Dr. Tyler can fit you in on Monday at 3:30.*

> UWAGA **fit** i **suit** i **match** (lub **go with**)
>
> **fit** = (o odzieży, butach, biżuterii itp.) 'pasować, mieć odpowiedni rozmiar lub kształt': *These trousers don't fit me any more.* | *The next size up should fit.* **suit** = 'odpowiadać komuś': *Try to choose a career that suits you.* | *You should buy a dictionary that suits your needs, not just any one*, oraz odpowiadać komuś stylem lub kolorystycznie: *That dress really suits you* (=w tej sukience jest ci naprawdę do twarzy). **match** (lub **go with**) = (o odzieży, ozdobach itp.) 'pasować do siebie, dopasować do czegoś': *I can't wear blue shoes with a black shirt – they don't match.* | *We chose a dark green carpet to go with our yellow curtains.*

**fit²** *adj* **-tter, -ttest 1** odpowiedni: *After the party he was not in a fit state to drive.* **2** *especially BrE* w formie: *Jogging helps me keep fit.* → antonim UNFIT **3 see/think fit to do sth** uznać za stosowne coś zrobić: *Do whatever you think fit.*

**fit³** *n* **1 have/throw a fit** *informal* dostać szału: *Dad's going to have a fit when he sees what you've done.* **2** [C] napad, atak: *a coughing fit* | *a fit of rage* | *an epileptic fit* **3 be a good/perfect fit** dobrze/doskonale leżeć: *The skirt's a perfect fit.*

**fit·ness** /ˈfɪtnəs/ *n* [U] sprawność fizyczna, kondycja: *exercises to improve physical fitness*

**fit·ted** /ˈfɪtəd/ *adj* **1 be fitted with** mieć zamontowany: *The car is fitted with an electronic alarm system.* **2** [only before noun] *BrE* na wymiar: *fitted cupboards*

**fit·ting** /ˈfɪtɪŋ/ *adj formal* stosowny: *The music was a fitting end to this impressive ceremony.*

**five** /faɪv/ *number* pięć

**fix¹** /fɪks/ *v* [T] **1** naprawiać: *Do you know anyone who can fix the sewing machine?* **2** ustalać: *We haven't fixed a day for the party yet.* **3** *BrE* przy/mocować: *We fixed the shelves to the wall using screws.* **4** przygotowywać: *Can you set the table while I finish fixing dinner?* **5** s/fingować: *If you ask me, the whole election was fixed.*

**fix up** *phr v* **fix sb up with sth** *BrE* załatwić komuś coś: *Can you fix me up with a bed for the night?*

**fix²** *n* **be in a fix** być w tarapatach: *We're going to be in a real fix if we miss the last bus.*

**fixed** /fɪkst/ *adj* **1** ustalony: *The date of the exam is fixed now.* **2** przymocowany: *The table is fixed to the wall.*

**fix·ture** /ˈfɪkstʃə/ *n* [C] [usually plural] element instalacji: *bathroom fixtures*

**fiz·zy** /ˈfɪzi/ *adj* musujący, gazowany

**fjord** /ˈfiːɔːd/ *n* [C] fiord

**flab·ber·gas·ted** /ˈflæbəgɑːstəd/ *adj informal* osłupiały

**flab·by** /ˈflæbi/ *adj* sflaczały: *I'm getting all flabby since I stopped swimming.*

**flag¹** /flæg/ *n* [C] flaga: *The crowd was cheering and waving flags.* | *the American flag*

**flag²** *v* [I] **-gged, -gging** opadać z sił: *By ten o'clock everyone was beginning to flag.* —**flagging** *adj* słabnący: *flagging interest*

**fla·grant** /ˈfleɪɡrənt/ *adj* rażący: *a flagrant abuse of authority*

**flair** /fleə/ *n* **1** [singular] smykałka: *Carla's always had a flair for languages.* **2** [U] polot: *Bates' advertising campaigns showed flair and imagination.*

**flake¹** /fleɪk/ *n* [C] płatek: *Flakes of paint fell from the ceiling.* —**flaky** *adj* złuszczający się

**flake²** *v* [I] z/łuszczyć się: *The paint on the door is starting to flake off.*

**flam·boy·ant** /flæmˈbɔɪənt/ *adj* **1** ekstrawagancki: *a flamboyant stage personality* **2** krzykliwy: *a flamboyant purple suit*

**flame** /fleɪm/ *n* **1** [C,U] płomień: *a candle flame* **2 in flames** w płomieniach: *By the time the firemen arrived, the house was in flames.*

**flam·ing** /ˈfleɪmɪŋ/ *adj* [only before noun] **1** płonący: *flaming torches* | *flaming red* (=płomiennie rude) *hair* **2** *spoken informal* cholerny: *I wish that flaming dog would stop barking!*

**fla·min·go** /fləˈmɪŋɡəʊ/ *n* [C] flaming

**flam·ma·ble** /ˈflæməbəl/ *adj* łatwopalny → antonim NONFLAMMABLE, porównaj INFLAMMABLE

**flank** /flæŋk/ *n* [C] **1** bok (*człowieka, zwierzęcia*) **2** skrzydło, flanka: *The enemy attacked on the left flank.*

**flan·nel** /ˈflænl/ *n* **1** [U] flanela: *a flannel nightgown* **2** [C] *BrE* myjka

**flap¹** /flæp/ *n* [C] klap(k)a: *a cap with flaps to cover the ears* | *We crept under the flap of the tent.*

**flap²** *v* **-pped, -pping 1** [T] machać: *The bird flapped its wings.* **2** [I] łopotać: *The ship's sails flapped in the wind.*

**flare¹** /fleə/ *v* **1** *także* **flare up** [I] rozbłyskać: *Lightning flared and flickered.* **2** [I] *także* **flare up** wybuchać: *Violence has flared up again in the region.*

**flare²** *n* [C] raca

**flared** /fleəd/ *adj* rozszerzany: *flared trousers*

**flash¹** /flæʃ/ *v* **1** [I,T] błyskać, migać: *Why is that driver flashing his headlights?* **2** [I] **flash by/past/through** przemknąć obok/przez: *A police car flashed by, sirens wailing.* | *A sudden thought flashed through my mind.* **3 flash a smile/glance/look** posłać uśmiech/spojrzenie

**flash²** *n* **1** [C] błysk: *a flash of lightning* **2** [C] przypływ: *a flash of inspiration* **3** [C,U] lampa błyskowa, flesz **4 in a flash/like a flash** w mgnieniu oka: *Wait right here. I'll be back in a flash.*

**flash·back** /ˈflæʃbæk/ *n* [C] retrospekcja: *The events of his childhood are shown in a flashback.*

**flash·light** /ˈflæʃlaɪt/ *n* [C] *AmE* latarka

**flash·y** /ˈflæʃi/ *adj* krzykliwy: *flashy clothes*

**flask** /flɑːsk/ *n* [C] **1** piersiówka **2** *BrE* termos **3** kolba (*laboratoryjna*)

**flat¹** /flæt/ *adj* **-tter, -ttest 1** płaski: *lay the paper on a flat surface* | *the flat landscape of Holland* | *flat shoes* **2** bez powietrza: *a flat tyre* **3** zwietrzały: *flat beer* **4** *BrE* rozładowany: *flat batteries* **5 E flat** e-moll **6 flat rate/fee** ryczałtowa stawka/opłata: *They charge a flat rate for delivery.*

**flat²** *n* [C] *BrE* mieszkanie: *They live in a flat just off Russell Square.* | **a block of flats** (=blok mieszkalny)

**flat³** *adv* **1** płasko: **lie flat** (=leżeć na plecach): *Lie flat on the floor and bend your knees.* **2 in 10 seconds/two minutes flat** *informal* dokładnie w 10 sekund/dwie minuty: *I was dressed and out of the house in ten minutes flat.* **3 flat out** *spoken* na pełnych obrotach: *We've been working flat out to get everything ready.*

**flat·ly** /ˈflætli/ *adv* **flatly refuse/deny** stanowczo odmawiać/zaprzeczać: *She flatly refused to tell us where he was.*

**flat·mate** /ˈflætmeɪt/ *n* [C] *BrE* współlokator/ka

**flat·ter** /ˈflætə/ *v* [T] **1** schlebiać, pochlebiać: *I know I'm not beautiful, so don't try to flatter me!* **2 sb is/feels flattered** komuś pochlebia: *I felt very flattered to be offered such an important job.* **3** być korzystnym dla: *She wore a dress that flattered her plump figure.* **4 flatter**

**yourself** szczycić się: *I flatter myself that I know a good wine when I taste one.* —**flatterer** *n* [C] pochlebca —**flattering** *adj* twarzowy: *a flattering photograph* (=udane zdjęcie)

**flat·ter·y** /ˈflætəri/ *n* [U] pochlebstwo: *She uses flattery to get what she wants.*

**flaunt** /flɔːnt/ *v* [T] obnosić się z, afiszować się z: *Pam was flaunting her diamonds at Jake's party.*

**fla·vour**[1] /ˈfleɪvə/ *BrE*, **flavor** *AmE* *n* **1** [C,U] smak: *Which flavour do you want – chocolate or vanilla?* | *For extra flavour, add some red wine.* **2 orange-flavoured/chocolate-flavoured** o smaku pomarańczowym/czekoladowym: *almond-flavored cookies*

**flavour**[2] *BrE*, **flavor** *AmE* *v* [T] przyprawiać: *The rice is flavoured with onion.*

**fla·vour·ing** /ˈfleɪvərɪŋ/ *n* [C,U] dodatek smakowy

**flaw** /flɔː/ *n* [C] wada, skaza: *The cups have a small flaw in the pattern.*

**flawed** /flɔːd/ *adj* wadliwy: *a flawed experiment*

**flaw·less** /ˈflɔːləs/ *adj* bez skazy, bezbłędny: *Burton's flawless performance as Hamlet*

**flea** /fliː/ *n* [C] pchła

**flea mar·ket** /ˈ. ˌ../ *n* [C] pchli targ

**fleck** /flek/ *n* [C] plamka: *The bird is dark brown with flecks of yellow.*

**flee** /fliː/ *v* [I,T] **fled** /fled/**, fled, fleeing** uciekać (z): *The president was forced to flee the country after the revolution.*

**fleece** /fliːs/ *n* [C,U] runo, wełna

**fleet** /fliːt/ *n* [C] flota

**fleet·ing** /ˈfliːtɪŋ/ *adj* przelotny: *a fleeting glance*

**flesh** /fleʃ/ *n* [U] **1** ciało **2** miąższ **3 your own flesh and blood** członek własnej rodziny: *What a shocking way to treat your own flesh and blood!*

**flew** /fluː/ czas przeszły od FLY

**flex**[1] /fleks/ *v* [T] napinać: *The runners flexed their muscles.*

**flex**[2] *n* [C,U] *BrE* przewód elektryczny

**flex·i·ble** /ˈfleksəbəl/ *adj* **1** elastyczny: *flexible working hours* (=ruchomy czas pracy) → antonim INFLEXIBLE **2** giętki: *shoes with flexible rubber soles* —**flexibility** /ˌfleksəˈbɪləti/ *n* [U] elastyczność, giętkość

**flick** /flɪk/ *v* **1** [T] strzepywać: **flick sth from/off etc** *Barry flicked the ash from his cigarette.* **2** *especially BrE* pstrykać: *Sandra flicked on the light.*

**flick through** sth *phr v* [T] *BrE* prze/kartkować: *I flicked through the journal looking for his article.*

**flick·er**[1] /ˈflɪkə/ *v* [I] za/migotać: *flickering candles*

**flicker**[2] *n* [singular] migotanie: *the flicker of the old gas lamp*

**flies** /flaɪz/ *n* [plural] *BrE* rozporek

**flight** /flaɪt/ *n* **1** [C,U] lot: *What time is the next flight to Miami?* | *BA flight 242* | **in flight** *a bird in flight* **2 flight of stairs/steps** kondygnacja: *She fell down a whole flight of stairs.* **3** [U] ucieczka: *the flight of refugees from the war zone*

**flight at·tend·ant** /ˈ. .ˌ../ *n* [C] *AmE* steward/essa

**flim·sy** /ˈflɪmzi/ *adj* **1** cieniutenki: *flimsy cloth* **2** lichy, marny: *The evidence against him is very flimsy.*

**flinch** /flɪntʃ/ *v* [I] **1** wzdrygać się: *He raised his hand, and the child flinched.* **2 flinch from** cofać się przed: *She never flinches from telling the truth, no matter how painful.*

**fling** /flɪŋ/ *v* [T] **flung, flung, flinging** rzucać, ciskać: **fling sth at/into/on etc** *Gina pulled off her coat and flung it on the chair.* | *Val flung her arms around my neck* (=zarzuciła mi ramiona na szyję). | **fling yourself down/through etc** *He sighed and flung himself down on the chair.*

**flint** /flɪnt/ *n* [C,U] krzemień

**flip** /flɪp/ *v* **-pped, -pping 1** [T] **flip over** przerzucać: *He started flipping over the pages.* **2** [T] **flip a coin** rzucać monetę: *Let's flip a coin to see who goes first.* **3** [I] *także* **flip out** *informal* s/tracić panowanie nad sobą: *Harry flipped when he found out that I damaged his motor-*

*cycle.* **4** [T] pstrykać: *You just flip a switch and the machine does everything for you.*

**flip through** sth *phr v* [T] prze/kartkować

**flip·per** /ˈflɪpə/ *n* [C] płetwa

**flirt**[1] /flɜːt/ *v* [I] flirtować: **+ with** *He's always flirting with the women in the office.*

**flirt**[2] *n* [C] flircia-rz/rka: *Dave is such a flirt!*

**flir·ta·tious** /flɜːˈteɪʃəs/ *adj* zalotny

**float** /fləʊt/ *v* **1** [I] unosić się: *oil floats on water* | *Someone had seen a body floating near the shore.* | *The balloon floated up into the sky.* **2** [T] spławiać: *The logs are floated down the river.*

**flock**[1] /flɒk/ *n* [C] **1** stado: *a flock of geese* **2** tłum, gromada: *a flock of tourists*

**flock**[2] *v* [I] przybywać tłumnie: *People have been flocking to see the play.*

**flog** /flɒg/ *v* [T] **-gged, -gging** wy/chłostać —**flogging** *n* [C,U] chłosta

**flood**[1] /flʌd/ *v* **1** [I,T] zatapiać, zalewać: *The river floods the valley every spring.* | *The basement flooded* (=zalało piwnicę) *and everything got soaked.* **2** [I,T] napływać masowo: **+ in/into/across** *Offers of help came flooding in.* **3 be flooded with** zostać zalanym: *After the show, the station was flooded with calls from angry viewers.* **4 flood the market** zalewać rynek

**flood**[2] *n* [C] **1** powódź: *homes washed away by floods* **2 flood of** zalew: *We've had a flood of inquiries.*

**flood·light** /ˈflʌdlaɪt/ *n* [C] reflektor

**flood·lit** /ˈflʌdlɪt/ *adj* oświetlony reflektorami

**floor** /flɔː/ *n* [C] **1** podłoga: *She was sweeping the kitchen floor.* **2** piętro: *My office is on the third floor.* **3 ocean floor** dno oceanu

**floor·board** /ˈflɔːbɔːd/ *n* [C] deska podłogowa

**flop**[1] /flɒp/ *v* [I] **-pped, -pping** **1** opadać: *Her hair flopped across her face.* | **+ into/onto etc** *Sarah flopped down into an armchair.* **2** z/robić klapę: *The musical flopped on Broadway.*

**flop**[2] *n* [C] **1** klapa: *The show's first series was a complete flop.* **2** plusk: *He fell with a flop into the water.*

**flop·py** /ˈflɒpi/ *adj* miękko opadający: *a floppy hat*

**floppy disk** /ˌ.. ˈ./ *także* **floppy** *n* [C] dyskietka

**flo·ra** /ˈflɔːrə/ *n* [U] flora

**flo·ral** /ˈflɔːrəl/ *adj* kwiecisty: *floral patterns*

**flor·ist** /ˈflɒrɪst/ *n* [C] **1** kwiacia-rz/rka **2** kwiaciarnia

**flo·til·la** /fləˈtɪlə/ *n* [C] flotylla

**floun·der** /ˈflaʊndə/ *v* [I] **1** plątać się: *She floundered helplessly, unable to think of a suitable reply.* **2** miotać się

**flour** /flaʊə/ *n* [U] mąka

**flour·ish**[1] /ˈflʌrɪʃ/ *v* **1** [I] kwitnąć: *conditions in which businesses can flourish* | *Herbs flourished in her tiny garden.* **2** [T] wymachiwać: *Henry came out flourishing a $100 bill.* —**flourishing** *adj* kwitnący: *Manchester's flourishing music scene*

**flourish**[2] *n* **with a flourish** zamaszyście: *He opened the door with a flourish.*

**flow**[1] /fləʊ/ *n* [C usually singular] **1** upływ: *They tried to stop the flow of blood.* **2** przepływ: *the constant flow of refugees across the border* **3** napływ: **+ of** *efforts to control the flow of drugs into the US* → patrz też CASH FLOW

**flow**[2] *v* [I] **1** przepływać: *The River Elbe flows through the Czech Republic.* | *A steady stream of cars flowed past her window.* **2** płynąć: *He picked up his pen, but the words wouldn't flow.* **3** spływać: *Her hair flowed down over her shoulders.*

**flow·er**[1] /ˈflaʊə/ *n* [C] kwiat: *The tree has beautiful pink flowers in early spring.*

**flower**[2] *v* [I] kwitnąć

**flow·er·bed** /ˈflaʊəbed/ *n* [C] klomb

**flow·er·pot** /ˈflaʊəpɒt/ *n* [C] doniczka

**flow·er·y** /ˈflaʊəri/ *adj* kwiecisty: *a flowery pattern* | *flowery speech*

**flown** /fləʊn/ imiesłów bierny od FLY

**flu** /fluː/ *n* [U] grypa: *The whole team has got flu.*

F

**fluc·tu·ate** /ˈflʌktʃueɪt/ *v* [I] wahać się: *The price of copper fluctuated wildly.* —**fluctuation** /ˌflʌktʃuˈeɪʃən/ *n* [C] wahania

**flu·en·cy** /ˈfluːənsi/ *n* [U] biegłość, płynność

**flu·ent** /ˈfluːənt/ *adj* biegły, płynny: *Jem can speak fluent Japanese.* | **+ in** *Candidates must be fluent in two European languages.* —**fluently** *adv* biegle, płynnie

**fluff**[1] /flʌf/ *n* [U] **1** kłaczki: *She picked the fluff off her sweater.* **2** puch

**fluff**[2] *v* [T] *także* **fluff up/out** napuszać: *a bird fluffing out its feathers*

**fluff·y** /ˈflʌfi/ *adj* puszysty, puchaty: *a fluffy kitten*

**flu·id**[1] /ˈfluːɪd/ *n* [C,U] *technical* płyn: *My doctor told me to rest and drink plenty of fluids.*

F

**fluid**[2] *adj* płynny: *The situation is still very fluid.* —**fluidity** /fluˈɪdɪti/ *n* [U] płynność

**flung** /flʌŋ/ czas przeszły i imiesłów bierny od FLING

**flunk** /flʌŋk/ *v* [I,T] *AmE informal* oblać: *I flunked my history exam.*

**flu·o·res·cent** /flʊəˈresənt/ *adj* **1** fluorescencyjny, jarzeniowy: *fluorescent lights* **2** odblaskowy: *fluorescent colours*

**flu·o·ride** /ˈflʊəraɪd/ *n* [U] fluorek

**flush**[1] /flʌʃ/ *v* **1** [I,T] spłukiwać (się) **2** [T] **flush a toilet** spuszczać wodę (w toalecie) **3** [I] za/rumienić się: *Billy flushed and looked down.* ➡ patrz też FLUSHED

**flush**[2] *n* **1** [C usually singular] rumieniec **2 a flush of pride/excitement** przypływ dumy/podniecenia

**flushed** /flʌʃt/ *adj* zarumieniony: *Her face was a little flushed.*

**flus·tered** /ˈflʌstəd/ *adj* podenerwowany: *Jay got flustered and forgot what he was supposed to say.*

**flute** /fluːt/ *n* [C] flet

**flut·ter** /ˈflʌtə/ *v* [I,T] za/trzepotać: *flags fluttering in the wind* | *The geese fluttered their wings.* | *Her heart fluttered.* —**flutter** *n* [C] trzepot

**flux** /flʌks/ *n* **be in (a state of) flux** zmieniać się: *The fashion world is in a state of constant flux.*

**fly**[1] /flaɪ/ *v* **flew, flown, flying 1** [I] latać, po/lecieć: *They flew to Paris for their honeymoon.* | *We flew over the North Pole.* | *A flock of seagulls flew overhead.* | *Bill's learning to fly.* | *Is it 5:30 already? Boy, time sure does fly* (=jak ten czas leci)*!* **2** [T] przewozić samolotem: *Medical supplies are being flown into the area.* **3** [I] **fly down/up/out** zbiegać/wbiegać/wybiegać: *Timmy flew down the stairs and out of the door.* | **fly open** *The door suddenly flew open* (=gwałtownie się otworzyły). | **fly by/past** (=przelatywać): *Last week just flew by.* **4 fly into a rage** *także* **fly off the handle** *spoken* wpadać w szał **5** [I] fruwać, powiewać: *The French flag was flying over the Embassy.* **6** [T] puszczać: *Tommy was in the park, flying his new kite.* **7 go flying/send sb flying** przewrócić się/kogoś

**fly**[2] *n* [C] **1** mucha: *There were flies all over the food.* **2** *także* **flies** *BrE* rozporek: *Your fly is unzipped.* ➡ patrz też **sb wouldn't hurt a fly** (HURT[1]), **let fly** (LET)

**fly·ing**[1] /ˈflaɪ-ɪŋ/ *n* [U] latanie: *fear of flying*

**flying**[2] *adj* **1** latający: *a type of flying insect* **2 with flying colours** celująco: *She passed the test with flying colours.*

**flying sau·cer** /ˌ.. ˈ../ *n* [C] latający talerz

**fly·o·ver** /ˈflaɪ-əʊvə/ *n BrE* wiadukt, estakada

**foal** /fəʊl/ *n* [C] źrebię

**foam**[1] /fəʊm/ *n* [U] **1** piana: *white foam on the tops of the waves* **2** pianka: *shaving foam*

**foam**[2] *v* [I] pienić się

**focal point** /ˈfəʊkəl pɔɪnt/ *n* [C] punkt centralny: *Television has become the focal point of most American homes.*

**fo·cus**[1] /ˈfəʊkəs/ *v* **1** [I,T] skupiać (się): **+ on** *In his speech he focused on the economy.* **2** [T] nastawiać ostrość

**focus**[2] *n* **1** [U] nacisk: *traditional education, with its focus on basic reading and writing skills* **2 be the focus of attention** znajdować się w centrum uwagi: *She loves being the focus of attention.* **3 in focus/out of focus** ostry/nieostry (*o fotografii*)

**fod·der** /ˈfɒdə/ *n* [U] pasza

**foe** /fəʊ/ *n* [C] *literary* wróg

**foe·tus** /ˈfiːtəs/ *BrE także* **fetus** *n* [C] płód —**foetal** *BrE także* **fetal** *adj* płodowy: *foetal abnormalities*

**fog** /fɒg/ *n* [C,U] mgła

| UWAGA **fog** |
|---|
| Patrz **mist** i **fog**. |

**fog·gy** /ˈfɒgi/ *adj* mglisty: *a damp and foggy morning*

**foil**[1] /fɔɪl/ *n* [U] folia (*aluminiowa*)

**foil**[2] *v* [T] po/krzyżować: *He's foiled our plans.*

**fold**[1] /fəʊld/ *v* **1** [T] składać: *She folded her clothes and put them on a chair.* | **fold sth in two/in half** (=na pół): *Fold the paper in two.* **2** *także* **fold up** [I,T] składać (się): *Be sure to fold up the ironing board when you're finished.* | *a folding chair* **3 fold your arms** s/krzyżować ramiona **4** [I] *także* **fold up** upadać (*o przedsiębiorstwie*)

**fold**[2] *n* [C] **1** zagięcie **2** [usually plural] fałda: *She adjusted the folds of her dress.*

**fold·er** /ˈfəʊldə/ *n* [C] **1** teczka **2** piktogram/ikona katalogu (*komputerowego*)

**fo·li·age** /ˈfəʊli-ɪdʒ/ *n* [U] listowie

**folk**[1] /fəʊk/ *adj* ludowy

**folk**[2] *n* [U] → FOLK MUSIC

**folk he·ro** /ˈ. ˌ../ *n* [C] bohater ludowy: *'Swampy' is now a local folk hero.*

**folk·lore** /ˈfəʊklɔː/ *n* [U] folklor

**folk mu·sic** /ˈ. ˌ../ *n* [U] **1** muzyka ludowa **2** muzyka folk

**folks** /fəʊks/ *n* [plural] **1** *informal* rodzinka: *I need to call my folks sometime this weekend.* **2** *spoken* wiara (*grupa ludzi*): *Howdy folks, it's good to see everyone here tonight!*

**fol·low** /ˈfɒləʊ/ *v* **1 a)** [I,T] iść/jechać (za): *If you follow me, I'll show you to your room.* | **followed by** *A woman came into the office, followed by* (=a za nią) *three young children.* **b)** [T] śledzić: *Marlowe looked over his shoulder to make sure no one was following him.* **2** [I,T] następować potem/po: *In the weeks that followed* (=w ciągu następnych kilku tygodni) *Angie tried to forget about Sam.* | **followed by** *There was a shout from the garage followed by* (=a następnie) *a loud crash.* **3** [T] za/stosować się do: *She followed her mother's advice.* | *Did you follow the instructions on the box?* **4** [I,T] naśladować: **follow suit** *When Allied Stores reduced prices, other companies were forced to follow suit* (=były zmuszone zrobić to samo). | **follow sb's example/lead** (=iść za czyimś przykładem) **5 follow (in) sb's footsteps** iść w czyjeś ślady: *Toshi followed in his father's footsteps and started his own business.* **6 as follows** jak następuje: *The winners are as follows: first place, Tony Gwynn; second place, ...* **7** [T] interesować się: *Do you follow baseball at all?* **8** [I,T] *spoken* rozumieć: *Sorry, I don't quite follow you.* **9 it follows (that)** wynika z tego, że: *Of course she drinks, but it doesn't necessarily follow that she's an alcoholic.*

**follow** sb **around** *phr v* [T] nie odstępować na krok: *My little brother is always following me around.*

**follow** sth ↔ **up** *phr v* [I,T] dowiedzieć się czegoś więcej na temat: *I saw an ad in the paper and I decided to follow it up.*

**fol·low·er** /ˈfɒləʊə/ *n* [C] zwolenni-k/czka: *a follower of Karl Marx*

**fol·low·ing**[1] /ˈfɒləʊɪŋ/ *adj* następny: *Neil arrived on Friday, and his wife came the following day.*

**following**[2] *n* **1** [singular] poparcie: *The band has a huge following in the States.* **2 the following** następujące osoby/rzeczy: *The following have been chosen to play in tomorrow's match: Ferguson, Williams, ...*

F

**following³** *prep* bezpośrednio po: *Following the success of his latest movie, he has had several offers from Hollywood.*

**follow-up** /'.. ./ **1** [C,U] kontrola: **follow-up visit/question** (=kontrolna wizyta/pytanie): *It's a long term illness and regular follow-up appointments are required.* **2** [C] ciąg dalszy, kontynuacja: *The follow-up wasn't as good as the original film.*

**fol·ly** /'fɒli/ *n* [C,U] *formal* szaleństwo: *an act of sheer folly*

**fond** /fɒnd/ *adj* **1 be fond of** lubić: *Mrs Winters is very fond of her grandchildren.* **2 be fond of doing sth** lubić coś robić: *They're fond of using legal jargon.* **3 have fond memories of** mile wspominać: *I have fond memories of my time at Oxford.* **4** czuły: *a fond look* —**fondness** *n* [U] zamiłowanie, czułość

**fon·dle** /'fɒndl/ *v* [T] pieścić

F

**fond·ly** /'fɒndli/ *adv* czule: *Greta smiled fondly at him.*

**font** /fɒnt/ *n* [C] **1** *technical* czcionka **2** chrzcielnica

**food** /fu:d/ *n* **1** [U] pokarm, żywność: *Milk is the natural food for babies.* **2** [C,U] jedzenie: *How much do you spend on food? | I love Chinese food.* **3 food for thought** materiał do przemyśleń → patrz też HEALTH FOOD, JUNK FOOD, SEAFOOD

**food chain** /'. ./ *n* [singular] łańcuch pokarmowy

**food poi·son·ing** /'. ,.../ *n* [U] zatrucie pokarmowe

**food pro·cess·or** /'. ,.../ *n* [C] robot kuchenny

**fool¹** /fu:l/ *n* [C] **1** głupiec: *I felt such a fool, locking my keys in the car like that.* **2 make a fool of yourself** zbłaźnić się: *She realized she'd made a complete fool of herself over him.* **3 make a fool (out) of sb** z/robić z kogoś idiotę: *Darren thought she was trying to make a fool out of him in front of his friends.*

**fool²** *v* **1** [T] oszukiwać: **fool sb into doing sth** *Don't be fooled into* (=nie daj się namówić na) *buying more insurance than you need.* **2 you could have fooled me** *spoken* akurat!: *"Your dad's upset about this too, you know." "Well, you could have fooled me!"*

**fool around (with)** *phr v* [I] **1** wygłupiać się: *Stop fooling around you two!* **2** mieć romans (z)

**fool·har·dy** /'fu:lhɑ:di/ *adj* ryzykancki

**fool·ish** /'fu:lɪʃ/ *adj* głupi: *It was a very foolish thing to do. | The king was a vain, foolish man.* —**foolishly** *adv* głupio —**foolishness** *n* [U] głupota

**fool·proof** /'fu:lpru:f/ *adj* niezawodny

**foot¹** /fʊt/ *n* [C] **1** *plural* **feet** stopa **2** skrót pisany **ft** *plural* **feet** *or* **foot** stopa (*ok. 30 cm*) **3 on foot** pieszo, na piechotę: *We set out on foot to explore the city.* **4 the foot of** podnóże (*góry*) dół (*strony*) **5 put your foot down a)** postawić się, uprzeć się: *Brett didn't want to go, but Dad put his foot down.* **b)** dodawać gazu **6 put your feet up** z/relaksować się **7 put your foot in it** popełnić gafę → **get cold feet** (COLD¹), **drag your feet** (DRAG¹)

**foot²** *v* **foot the bill** *informal* pokrywać koszty: *The insurance company should foot the bill for the damage.*

**foot·age** /'fʊtɪdʒ/ *n* [U] materiał filmowy: *footage of the 1936 Olympics*

**foot·ball** /'fʊtbɔ:l/ *n* **1** [U] **a)** *BrE* piłka nożna: *Does anyone want a game of football? | a football match* **b)** *AmE* futbol amerykański: *Are you going to the football game on Saturday?* **2** [C] piłka futbolowa —**footballer** *n* [C] piłkarz

**foot·bridge** /'fʊt,brɪdʒ/ *n* [C] kładka

**foot·lights** /'fʊtlaɪts/ *n* [plural] rampa

**foot·note** /'fʊtnəʊt/ *n* [C] przypis

**foot·path** /'fʊtpɑ:θ/ *n* [C] ścieżka

**foot·print** /'fʊt,prɪnt/ *n* [C] odcisk stopy: *footprints in the snow*

**foot·step** /'fʊtstep/ *n* [C] krok: *He heard footsteps in the hall.* → patrz też **follow in sb's footsteps** (FOLLOW)

**foot·stool** /'fʊtstu:l/ *n* [C] podnóżek

**foot·wear** /'fʊtweə/ *n* [U] obuwie

## For

Przyimka ***for*** w znaczeniu czasowym używamy dla określenia, jak długo trwa lub trwała jakaś czynność lub stan. Po ***for*** podany jest czas trwania:

*She's been working here* ***for two months****.*

*I haven't seen Mike* ***for a week/for a long time/for ages****.*

*She's been wearing glasses* ***for years****.*

*He cooked his meals* ***for a fortnight*** *and then hired a professional cook.*

*It was noon. We hadn't eaten* ***for a whole day****.*

patrz też: ***SINCE***

**for**[1] /fə/ *prep* **1** dla: *Save a piece of cake for Noah.* | *I've got some good news for you.* | *What can I do for you?* **2** do: *a knife for cutting bread* | *What's this gadget for?* | *The plane for Las Vegas took off an hour late.* | *I was just leaving for church when the phone rang.* **3** na: *We were waiting for the bus.* | *Let's go for a walk.* | *It's time for dinner.* | *a check for $100* | *an order for 200 copies* | *"What's for lunch?" "Hamburgers."* | *How many people voted for Mulhoney?* | *What did you get for your birthday?* | *What's the Spanish word for oil?* | *Libby's very tall for her age.* **4** przez: *Bake the cake for 40 minutes.* **5 for a long time** długo: *I've known Kim for a long time.* **6** za: *I got a ticket for going through a red light.* | *The award for the highest sales goes to Pete McGregor.* | *I'm for getting a pizza, what about you?* **7 for now** na razie: *Just put the pictures in a box for now.* **8 for all I know** *spoken* ale tak naprawdę, to nie wiem: *He could be in Canada by now for all I know.* → patrz ramka FOR

**UWAGA for the last few years** i **over/during/in the last few years**

Oba wyrażenia można przetłumaczyć jako 'przez kilka ostatnich lat', ale nie są one zamienne. Wyrażeń z przyimkiem **for** w połączeniu z okresem czasu (np. four months, three days) używamy wtedy, kiedy chcemy zwrócić uwagę na to, jak długo coś trwało: *He was with the company for forty years.* | *He hasn't eaten anything for the last two days.* Wyrażeń z przyimkami **over**, **during** i **in** w połączeniu z okresem czasu używamy w odniesieniu do tego, kiedy coś miało miejsce: *Over the last few years unemployment has become a serious problem.* | *She's been a great help to me in recent months.* | *During the next ten years he worked his way up from office boy to general manager.*

**for**[2] *conjunction literary* gdyż, ponieważ: *Please leave, for I am too sad to talk.*

**for·bid** /fəˈbɪd/ *v* **forbade** /-ˈbeɪd/ *or* **forbid, forbidden, forbidding** [T] **1** *formal* zabraniać: **forbid sb to do sth** *I forbid you to see that man again.* **2 God/Heaven forbid** *spoken* niech Bóg broni, uchowaj Boże: *"He's not coming back, is he?" "God forbid!"*

**for·bid·den** /fəˈbɪdn/ *adj* zabroniony: **it is forbidden to do sth** *It's forbidden* (=zabrania się) *to smoke in the hospital.*

**for·bid·ding** /fəˈbɪdɪŋ/ *adj* groźny: *The mountains looked more forbidding as we got closer.*

**force**[1] /fɔːs/ *n* **1** [U] siła: *The police used force to break up the demonstration.* | *The force of the explosion threw her backwards.* | **with great force** *The waves were hitting the rocks with great force.* **2** [C] jednostka, oddział: *forces that are loyal to the rebels* | *the Air Force* (=lotnictwo) | *the police force* (=policja) | **the forces** (=wojsko) **3** [C] potęga: *The US is probably the most important force in the world economy.* **4 join/combine forces** po/łączyć siły: *Companies from several coun-*

*tries joined forces to produce the satellite.* **5 force of habit** siła przyzwyczajenia: *I still get up at 6.30 every day. Force of habit, I suppose.*

**force²** *v* [T] zmuszać: *Bad health forced him into early retirement.* | **force sb to do sth** *I had to force myself to get up this morning.*

**force** sth **on/upon** sb *phr v* [T] wymuszać na

**forced** /fɔːst/ *adj* **1** wymuszony: *Anne gave a forced smile.* **2** przymusowy: *The plane had to make a forced landing in a field.* **3** z użyciem siły: *a forced entry*

**force·ful** /ˈfɔːsfəl/ *adj* silny: *a forceful personality* | *forceful arguments*

**for·ceps** /ˈfɔːseps/ *n* [plural] kleszcze: *a forceps delivery* (=poród kleszczowy)

**for·ci·ble** /ˈfɔːsəbəl/ *adj* przymusowy: *the forcible repatriation of refugees* —**forcibly** *adv*: *The demonstrators were forcibly removed* (=usunięci siłą) *from the embassy.*

F

**ford¹** /fɔːd/ *n* [C] bród

**ford²** *v* [T] **ford a river** przeprawiać się przez rzekę w bród

**fore·arm** /ˈfɔːrɑːm/ *n* [C] przedramię

**fore·bod·ing** /fɔːˈbəʊdɪŋ/ *n* [C,U] złe przeczucie: *We waited for news with a sense of foreboding.*

**fore·cast¹** /ˈfɔːkɑːst/ *n* [C] prognoza: *the weather forecast*

**forecast²** *v* [T] **forecast** *or* **forecasted, forecasting** przewidywać: *Warm weather has been forecast for the weekend.*

**fore·court** /ˈfɔːkɔːt/ *n* [C] dziedziniec

**fore·fa·ther** /ˈfɔːˌfɑːðə/ *n* [C usually plural] *literary* przodek

**fore·fin·ger** /ˈfɔːˌfɪŋgə/ *n* [C] palec wskazujący

**fore·front** /ˈfɔːfrʌnt/ *n* **be in/at the forefront of** przodować w: *The Institute has been at the forefront of research into AIDS.*

**fore·ground** /ˈfɔːgraʊnd/ *n* **the foreground** pierwszy plan

**fore·head** /ˈfɒrəd/ *n* [C] czoło

**for·eign** /ˈfɒrən/ *adj* **1** obcy: *She spoke with a slightly foreign accent.* | *Tears serve the function of washing away any foreign body* (=ciało obce) *in the eye.* **2** zagraniczny: *the Minister for Foreign Affairs* **3 be foreign to sb** być komuś obcym: *Their way of life was completely foreign to her.*

> UWAGA **foreign**
>
> Nie wypada używać wyrazu "foreign" o obcokrajowcach. Lepiej mówić, że są **from abroad** lub po prostu z jakiego są kraju.

**for·eign·er** /ˈfɒrənə/ *n* [C] obcokrajowiec

**foreign ex·change** /ˌ.. .ˈ./ *n* [U] wymiana walut

**fore·leg** /ˈfɔːleg/ *n* [C] przednia kończyna

**fore·man** /ˈfɔːmən/ *n* [C] brygadzista

**fore·most** /ˈfɔːməʊst/ *adj* [only before noun] najważniejszy: *the foremost writer of her time*

**fo·ren·sic** /fəˈrensɪk/ *adj* **forensic medicine** medycyna sądowa

**fore·run·ner** /ˈfɔːˌrʌnə/ *n* [C] prekursor: *It is now seen as the forerunner of the modern computer.*

**fore·see** /fɔːˈsiː/ *v* [T] **foresaw** /-ˈsɔː/, **foreseen** /-ˈsiːn/, **foreseeing** przewidywać: *No one could have foreseen such a disaster.*

**fore·see·a·ble** /fɔːˈsiːəbəl/ *adj* **for/in the foreseeable future** w najbliższej przyszłości: *Leila will be staying here for the foreseeable future.*

**fore·sight** /ˈfɔːsaɪt/ *n* [U singular] zdolność przewidywania

**for·est** /ˈfɒrəst/ *n* [C,U] las

**for·est·ry** /ˈfɒrəstri/ *n* [U] leśnictwo

**fore·taste** /ˈfɔːteɪst/ *n* przedsmak: *The riots in the city were only a foretaste of what was to come.*

**fore·tell** /fɔːˈtel/ *v* [T] przepowiadać

**for·ev·er** /fərˈevə/ *adv* **1** (na) zawsze: *I'll remember you forever.* **2** *spoken* całe wieki:

*It seemed to take forever to get to the airport.*

**fore·warn** /fɔːˈwɔːn/ *v* [T] ostrzegać: *We'd been forewarned about the dangers of travelling at night.*

**fore·word** /ˈfɔːwɜːd/ *n* [C] przedmowa

**for·gave** /fəˈgeɪv/ *v* czas przeszły od FORGIVE

**forge**[1] /fɔːdʒ/ *v* [T] s/fałszować: *a forged passport* —**forger** *n* [C] fałszerz

**forge**[2] *n* [C] kuźnia

**for·ge·ry** /ˈfɔːdʒəri/ *n* **1** [C] falsyfikat **2** [U] fałszerstwo

**for·get** /fəˈget/ *v* **forgot, forgotten, forgetting** [I,T] **1** zapominać: *I'll never forget the look on her face when I told her I was leaving.* | *I'm sorry – I've forgotten your book.* | *She had never forgotten Sam, even after all these years.* | **+ (that)** *Don't forget that Linda's birthday is Friday.* | *Dad forgot he was supposed to pick us up from school.* | **+ about** *You haven't forgotten about today's meeting?* | *Just forget about work and relax.* | **+ what/how/where etc** *I've forgotten what I was going to say!* | **forget to do sth** *Someone's forgotten to turn off the lights.* **2 forget it** nie ma sprawy: *"I'm sorry I broke your mug." "Forget it."*

**for·get·ful** /fəˈgetfəl/ *adj* zapominalski: *Grandpa's getting forgetful in his old age!* —**forgetfulness** *n* [U] słaba pamięć

**for·give** /fəˈgɪv/ [I,T] *v* **forgave, forgiven** /-ˈgɪvən/, **forgiving 1** wybaczać: *I knew that my mother would forgive me.* | *If anything happened to the kids, she'd never forgive herself.* | **forgive sb for (doing) sth** *She never forgave him for embarrassing her in front of her colleagues.* **2 forgive me** *spoken* proszę mi wybaczyć: *Forgive me for asking, but how much did you pay for your computer?*

> UWAGA **forgive**
>
> Nie mówi się "I am forgiving you". Mówi się **I forgive you**.

**for·give·ness** /fəˈgɪvnəs/ *n* [U] przebaczenie

**for·giv·ing** /fəˈgɪvɪŋ/ *adj* wyrozumiały: *a kind and forgiving man*

**for·got** /fəˈgɒt/ *v* czas przeszły od FORGET

**for·got·ten** /fəˈgɒtn/ *v* imiesłów bierny od FORGET

**fork**[1] /fɔːk/ *n* [C] **1** widelec **2** widły **3** rozwidlenie: *Turn left at the fork in the road.*

**fork**[2] *v* [I] rozwidlać się

**fork** sth ↔ **out** (*także* **fork** sth ↔ **over** *AmE*) *phr v* [I,T] *informal* wy/bulić: *We'll have to fork out nearly £1,000 for tuition fees.*

**forked** /fɔːkt/ *adj* rozdwojony: *a forked tongue*

**for·lorn** /fəˈlɔːn/ *adj* opuszczony: *a forlorn figure sitting on a park bench*

**form**[1] /fɔːm/ *n* [C,U] **1** forma: *a cleaner, safer form of public transport* | *'Was' is the past form of the verb 'to be'.* | **in/on form** (=w formie) | **take the form of** (=przybierać postać) **2** [C] formularz: *an application form* | **fill in/fill out a form** (=wypełniać): *Fill in the form using black ink.* **3** [C] *BrE* klasa: *the fifth form* **4** [C] postać: *A dark form emerged from the bushes.*

**form**[2] *v* **1** [I,T] u/tworzyć (się): *Ice had begun to form on the inside of the windows.* | *These rocks were formed over 4000 million years ago.* | *Fold the paper in two to form a triangle.* | *A queue quickly began to form.* | *In English the past tense is usually formed by adding "-ed".* | *The United Nations was formed in 1945.* **2** [T] stanowić: *The Rio Grande forms the boundary between Texas and Mexico.* | *Rice forms the main part of their diet.* **3 form an opinion/impression** wyrabiać sobie opinię/pogląd

**form·al** /ˈfɔːməl/ *adj* **1** oficjalny: *I've got a suit that I wear on formal occasions.* | *"How do you do" is a formal expression, used when you meet someone for the first time.* | *We made a formal complaint.* **2 formal education/qualifications** formalne wykształcenie/kwalifikacje —**formally** *adv* oficjalnie, formalnie

**for·mal·i·ty** /fɔːˈmælᵊti/ *n* **1** [C] formalność: *There are a few legal formalities to complete before the agreement is finalized.* **2** [U] ceremonia: *He greeted his guests with great formality.*

**for·mat** /ˈfɔːmæt/ *n* [C] format: *I'd like to try a new format for next week's meeting.* —**format** *v* [T] **-tted, -tting** s/-formatować

**for·ma·tion** /fɔːˈmeɪʃən/ *n* **1** [U] powstawanie, tworzenie się: **+ of** *Damp air encourages the formation of mould.* | *the formation of a democratic government* **2** [C,U] formacja: *rock formations* | *soldiers marching in formation* (=w szyku)

**for·ma·tive** /ˈfɔːmətɪv/ *adj* **formative years/period** lata/okres kształtowania się osobowości

**for·mer**[1] /ˈfɔːmə/ *adj* [only before noun] były: *former US president, Jimmy Carter*

**former**[2] *n* **the former** *formal* (ten) pierwszy (*z dwóch*): *Of the two theories, the former seems more likely.* ➡ porównaj LATTER[1]

**for·mer·ly** /ˈfɔːməli/ *adv* w przeszłości: *Sri Lanka was formerly called Ceylon.*

**for·mi·da·ble** /ˈfɔːmᵻdəbəl/ *adj* **1** budzący grozę: *a formidable opponent* **2** ogromny: *We have to cut pollution by 50% – a formidable task.*

**form·less** /ˈfɔːmləs/ *adj* bezkształtny: *models wearing thin formless garments*

**for·mu·la** /ˈfɔːmjᵘləl/ *n* [C] *plural* **formulas** *or* **formulae 1** wzór: *mathematical formulas* **2** recepta: **+ for** *There's no magic formula for a happy marriage.*

**for·mu·late** /ˈfɔːmjᵘleɪt/ *v* [T] s/tworzyć: *We are trying to formulate policies that suit the needs of the people.*

**for·sake** /fəˈseɪk/ *v* **forsook, forsaken, forsaking** [T] *literary* porzucać: *I won't forsake my principles.*

**fort** /fɔːt/ *n* [C] fort

**for·te** /ˈfɔːteɪ/ *n* [singular] mocna strona: *Cooking isn't really my forte.*

**forth·com·ing** /ˌfɔːθˈkʌmɪŋ◂/ *adj* **1** [only before noun] *formal* nadchodzący: *the forthcoming election* **2** [not before noun] **sth is forthcoming** coś ma nadejść: *If more money is not forthcoming, we'll have to close the theatre.* **3** [not before noun] rozmowny: *Michael wasn't very forthcoming about his plans.*

**forth·right** /ˈfɔːθraɪt/ *adj* bezpośredni: *Bill answered in his usual forthright manner.*

**for·ti·fi·ca·tions** /ˌfɔːtᵻfᵻˈkeɪʃənz/ *n* [plural] fortyfikacje

**for·ti·fy** /ˈfɔːtᵻfaɪ/ *v* [T] **1** obwarowywać: *a fortified city* **2** wzmacniać: *We fortified ourselves with a beer before we started.* —**fortification** /ˌfɔːtᵻfᵻˈkeɪʃən/ *n* [U] fortyfikacja

**fort·night** /ˈfɔːtnaɪt/ *n* [C usually singular] *BrE* dwa tygodnie: *The meetings take place once a fortnight.* | *a fortnight's holiday*

**for·tress** /ˈfɔːtrᵻs/ *n* [C] forteca

**for·tu·nate** /ˈfɔːtʃənət/ *adj* mający szczęście: **be fortunate to do sth** (=mieć szczęście coś zrobić): *We were fortunate enough to get tickets for the last show.* | **it is fortunate (that)** (=tak się szczęśliwie składa, że): *It was fortunate that the ambulance arrived so quickly.* ➡ antonim UNFORTUNATE

**for·tu·nate·ly** /ˈfɔːtʃənətli/ *adv* na szczęście: *Fortunately I had a good job at the time.* | *We were late getting to the airport, but fortunately our plane was delayed.*

**for·tune** /ˈfɔːtʃən/ *n* **1** [C] majątek: *Julia must have spent a fortune on her wedding dress!* | *He made a fortune on that deal.* **2** [C usually plural, U] los, fortuna: *a win that marked a change in the team's fortunes* **3 tell sb's fortune** przepowiadać komuś przyszłość

**fortune tel·ler** /ˈ.. ˌ../ *n* [C] wróżka

**for·ty** /ˈfɔːti/ *number* czterdzieści —**fortieth** *number* czterdziesty

**for·um** /ˈfɔːrəm/ *n* [C] forum: *a forum for debate on bullying in schools*

**for·ward**[1] /ˈfɔːwəd/ *adv* **1** *także* **forwards** do przodu: *He leaned forward to hear what they were saying.* | *Could you move your chair forwards a little?* **2** naprzód: *NASA's space project cannot go forward without more money.* **3 look**

**forward** patrzeć w przyszłość: *We must look forward and invest in new technology.* ➡ patrz też FAST FORWARD, **look forward to sth** (LOOK[1]), antonim BACKWARD

**forward²** *adj* **1 forward planning/thinking** planowanie/myślenie perspektywiczne: *Forward planning is essential if the campaign is to succeed.* **2** [only before noun] do przodu: *Roadblocks prevented further forward movement.*

**forward³** *v* [T] przesyłać (*na inny adres*)

**forward⁴** *n* [C] napastnik (*w piłce nożnej*)

**forwarding ad·dress** /'... .,./ *n* [C] nowy adres

**for·wards** /'fɔːwədz/ *adv* FORWARD

**fos·sil** /'fɒsəl/ *n* [C] skamielina

**fos·ter¹** /'fɒstə/ *v* [T] **1** rozwijać: *Our weekly meetings help to foster team spirit.* **2** brać na wychowanie: *fostering a child* ➡ porównaj ADOPT

**foster²** *adj* **foster parents/family** rodzice zastępczy/rodzina zastępcza

**fought** /fɔːt/ *v* czas przeszły i imiesłów bierny od FIGHT

**foul¹** /faʊl/ *adj* **1** wstrętny: *foul-smelling water* **2** *especially BrE* okropny: *The weather's been foul all week.* | **in a foul mood/temper** *She came home from work in a foul mood* (=w fatalnym nastroju). **3 foul language** wulgarny język

**foul²** *v* [T] **1** s/faulować: *Berger was fouled in the penalty area.* **2** zanieczyszczać (*odchodami*): *Anyone whose dog fouls the street will be fined.*

**foul³** *n* [C] faul

**foul play** /,. './ *n* [U] morderstwo: *Police have found a body, but they don't suspect foul play.*

**found¹** /faʊnd/ *v* czas przeszły i imiesłów bierny od FIND

**found²** *v* [T] **1** zakładać: *The Academy was founded in 1666.* **2 be founded on/upon** opierać się na: *The US was founded on the idea of religious freedom.*

**foun·da·tion** /faʊn'deɪʃən/ *n* **1** [C] podstawa, fundament: **+ of** *Justice and equality are the foundation of any democracy.* | **lay the foundation for sth** (=tworzyć fundamenty czegoś): *an agreement that will lay the foundations for peace* **2** [C] fundacja: *the National Foundation for the Arts* **3** [C] *AmE* (*także* **foundations** *plural especially BrE*) fundament **4 be without foundation/have no foundation** być bezpodstawnym: *These accusations are completely without foundation.*

**found·er** /'faʊndə/ *n* [C] założyciel/ka

**foun·dry** /'faʊndri/ *n* [C] odlewnia

**foun·tain** /'faʊntən/ *n* [C] fontanna

**fountain pen** /'.. ./ *n* [C] wieczne pióro

**four** /fɔː/ *number* **1** cztery **2 on all fours** na czworakach: *crawling around on all fours*

**four·some** /'fɔːsəm/ *n* [C] czwórka (*grupa ludzi*): *I'll invite Jo for dinner to make up a foursome.*

**four·teen** /,fɔː'tiːn◂/ *number* czternaście —**fourteenth** *number* czternasty

**fourth** /fɔːθ/ *number* **1** czwarty **2** *AmE* ćwiartka

**fowl** /faʊl/ *n* [C] *plural* **fowl** *or* **fowls** drób ➡ patrz też WILDFOWL

**fox** /fɒks/ *n* [C] lis

**foy·er** /'fɔɪeɪ/ *n* [C] foyer

**frac·tion** /'frækʃən/ *n* **1** [C] ułamek **2** [singular] odrobina, cząstka: **+ of** *We paid only a fraction of the original price.*

**frac·ture** /'fræktʃə/ *n* [C] pęknięcie, złamanie —**fracture** *v* [T] złamać: *a fractured wrist*

**fra·gile** /'frædʒaɪl/ *adj* **1** kruchy: *fragile glassware* | *a fragile peace agreement* **2** wątły: *a fragile old lady* —**fragility** /frə'dʒɪləti/ *n* [U] kruchość

**frag·ment¹** /'frægmənt/ *n* [C] kawałek: **+ of** *fragments of glass*

**frag·ment²** /fræg'ment/ *v* [I,T] rozbijać (się) na kawałki: *a day fragmented by interruptions and phone calls*

**fra·grance** /'freɪgrəns/ *n* [C,U] woń, zapach: *a delicate fragrance*

**fra·grant** /'freɪgrənt/ *adj* pachnący, wonny: *a fragrant rose*

**frail** /freɪl/ *adj* wątły: *a frail old man*

**frame**[1] /freɪm/ *n* [C] **1** rama: *a gilt picture frame* | *a bicycle frame* **2** szkielet: *There was nothing wrong with the frame of the house.* **3** sylwetka: *her small slender frame* **4 frame of mind** nastrój: *I don't think you'll be able to convince him while he's in that frame of mind.*

**frame**[2] *v* [T] **1** oprawiać (*w ramy*): *a framed portrait of the Queen* **2** *informal* wrabiać: *Murphy claims he was framed by his partner.*

**frames** /freɪmz/ *n* [plural] oprawka: *spectacle frames*

**frame·work** /ˈfreɪmwɜːk/ *n* [C] **1** ramy: *We must work within the framework of the existing budget.* **2** szkielet: *The house was built of concrete on a steel framework.*

**fran·chise** /ˈfræntʃaɪz/ *n* **1** [C] koncesja **2** [U] prawo wyborcze

F

**frank** /fræŋk/ *adj* **1** szczery: *a frank exchange of opinions* | *I'll be perfectly frank with you – he may not recover.* **2 to be frank** *spoken* szczerze mówiąc: *To be frank, I don't think it will work.* —**frankly** *adv* szczerze, otwarcie —**frankness** *n* [U] szczerość

**frank·fur·ter** /ˈfræŋkfɜːtə/ *n* [C] (cienka) parówka

**fran·tic** /ˈfræntɪk/ *adj* **1** gorączkowy: *a frantic rush for the last remaining tickets* **2** oszalały: *The girl's parents were frantic with worry.* —**frantically** *adv* gorączkowo

**fra·ter·nal** /frəˈtɜːnl/ *adj* braterski: *fraternal love*

**fra·ter·ni·ty** /frəˈtɜːnəti/ *n* [U] *formal* braterstwo, bractwo

**frat·er·nize** /ˈfrætənaɪz/ (*także* **-ise** *BrE*) *v* [I] z/bratać się: **+ with** *Soldiers who fraternize with the enemy will be shot.*

**fraud** /frɔːd/ *n* **1** [C,U] oszustwo: *The police arrested him for tax fraud.* **2** [C] oszust/ka —**fraudulent** *adj* oszukańczy, nieuczciwy: *fraudulent business deals*

**fraught** /frɔːt/ *adj* **fraught with problems/difficulty** najeżony problemami/trudnościami: *a situation fraught with difficulties*

**fray** /freɪ/ *v* [I,T] po/strzępić (się)

**freak**[1] /friːk/ *n* [C] **1** *informal* fanaty-k/czka: *Carrot juice is a favourite with health freaks.* **2** dziwa-k/czka: *He looked at me as if I were some kind of freak.*

**freak**[2] *adj* przedziwny: *a freak accident*

**freck·le** /ˈfrekəl/ *n* [C usually plural] pieg: *a little girl with red hair and freckles* —**freckled** *adj* piegowaty

**-free** /friː/ *suffix* bez-, wolny od ...: *a fat-free diet* (=dieta beztłuszczowa) | *duty-free cigarettes* (=bezcłowe papierosy) | *trouble-free journey* (=podróż wolna od kłopotów)

**free**[1] /friː/ *adj* **1** wolny: *free competition between airline companies* | *a free and fair election* | *Excuse me, is this seat free?* | *Let's go out for a meal – when are you free?* | **be free to do sth** *The children are free to choose* (=dzieciom wolno wybierać) *any of the activities.* | **set sb free** (=uwalniać kogoś): *The UN demanded that the hostages be set free.* | **free time** (=czas wolny): *I don't have enough free time during the week.* **2** darmowy, bezpłatny: *We got two free tickets for the game.* | *Entrance to the gallery is free.* | **free of charge** (=za darmo): *Pregnant women can get dental treatment free of charge.* **3 give sb a free hand** dawać komuś wolną rękę **4 feel free** *spoken* proszę: *Feel free to ask questions.* **5 free of/from** wolny od: *Keep the garden free of weeds.*

**free**[2] *v* [T] **1** zwalniać: *Atkins was freed from jail yesterday.* **2** uwalniać: *The terrorist finally freed the hostages.* | *Firefighters freed two men trapped in the burning building.* | **free sb from** *an attempt to free himself from drug addiction* ➡ patrz też FREELY

**free**[3] *adv* **1** bezpłatnie, za darmo: *Children under 12 travel free.* | **for free** (=za darmo): *Kylie's fixing my car for free.* **2** luźno: *She undid her hair, letting it fall free.* **3 break free** wyzwalać się: *Lucille finally broke free and started a new life.*

**free·dom** /ˈfriːdəm/ *n* **1** [C,U] wolność: *Kids have too much freedom nowa-*

*days.* | **freedom of speech/choice** (=wolność słowa/wyboru) | **freedom to do sth** (=swoboda robienia czegoś): *People should have the freedom to vote for whoever they choose.* **2 freedom from sth** wolność od czegoś: *freedom from fear and oppression*

**freedom fight·er** /ˈ.. ˌ../ *n* [C] bojowni-k/czka o wolność

**free en·ter·prise** /ˌ. ˈ.../ *n* [U] wolny rynek

**free kick** /ˌ. ˈ./ *n* [C] rzut wolny

**free·lance** /ˈfriːlɑːns/ *adj, adv* niezależny, niezależnie: *a freelance journalist* | *How long have you been working freelance?* —**freelancer** *n* [C] wolny strzelec

**free·ly** /ˈfriːli/ *adv* **1** swobodnie: *We encourage our students to speak freely.* | *People can now travel freely across the border.* | *countries where abortion is freely available* (=jest łatwo dostępna) **2 freely admit/acknowledge** uczciwie przyznawać: *I freely admit I made a bad choice.* **3** hojnie, obficie: *He gives freely to local charities.*

**free mar·ket** /ˌ. ˈ../ *n* [singular] wolny rynek

**Free·ma·son** /ˈfriːˌmeɪsən/ *n* [C] mason

**free-range** /ˌ. ˈ.◂/ *adj* wiejski (*o drobiu, jajkach*): *free-range eggs*

**free speech** /ˌ. ˈ./ *n* [U] wolność słowa: *Americans are guaranteed the right to free speech in the Constitution.*

**free·way** /ˈfriːweɪ/ *n* [C] *AmE* autostrada

**free will** /ˌ. ˈ./ *n* **1** wolna wola **2 do sth of your own free will** z/robić coś z własnej woli: *She went of her own free will.*

**freeze**[1] /friːz/ *v* **froze, frozen, freezing 1** [I] zamarzać: *The water pipes may freeze if you don't leave your heating on.* **2** [T] s/powodować zamarznięcie: *The cold weather can even freeze petrol in car engines.* **3** [T] zamrażać: *I'm going to freeze some of this bread.* | *Our budget for next year has been frozen.* **4** [I] z/marznąć: *You'll freeze if you don't wear a coat.* **5** [I] zamierać (w bezruchu): *Hugh froze when he saw the snake.*

**freeze**[2] *n* **price/wage freeze** zamrożenie cen/płac

**freez·er** /ˈfriːzə/ *n* [C] **1** zamrażarka **2** zamrażalnik

**freez·ing**[1] /ˈfriːzɪŋ/ *adj informal* strasznie zimny: *It's freezing outside!*

**freezing**[2] *n* **above/below freezing** powyżej/poniżej zera

**freez·ing point** /ˈ.. ˌ./ *n* [C,U] punkt zamarzania

**freight** /freɪt/ *n* [U] ładunek

**freight·er** /ˈfreɪtə/ *n* [C] transportowiec

**French fry** /ˌfrentʃ ˈfraɪ/ *n* [C usually plural] *AmE* frytka

**French win·dow** /ˌ. ˈ../ *n* [C usually plural] drzwi oszklone

**fre·net·ic** /frəˈnetɪk/ *adj* gorączkowy: *the frenetic pace of life in New York*

**fren·zied** /ˈfrenzid/ *adj* szalony: *the sound of frenzied shouts and applause*

**fren·zy** /ˈfrenzi/ *n* [U singular] szał: **in a frenzy** *In a frenzy, Brady began kicking and punching the police officers.*

**fre·quen·cy** /ˈfriːkwənsi/ *n* [U] częstotliwość: *The human ear cannot hear sounds of very high frequency.* | **+ of** *the frequency of bacterial infections in AIDS patients*

**fre·quent**[1] /ˈfriːkwənt/ *adj* częsty: *Her teacher is worried about her frequent absences from class.* ➡ antonim INFREQUENT

**fre·quent**[2] /frɪˈkwent/ *v* [T] często bywać w: *a café frequented by artists and intellectuals*

**fre·quent·ly** /ˈfriːkwəntli/ *adv formal* często: *Passengers complain that trains are frequently cancelled.*

**fres·co** /ˈfreskəʊ/ *n* [C] *plural* **frescoes** fresk

**fresh** /freʃ/ *adj* **1** świeży: *We need to try a fresh approach.* | *I've put some fresh sheets on your bed.* | *fresh strawberries* | *a fresh breeze* | *It's nice to get some fresh air.* | *Lucy woke up feeling fresh and relaxed.* | **make a**

**fresh start** (=zaczynać od nowa): *They decided to move to Australia and make a fresh start.* **2 fresh water** słodka woda **3 fresh from/out of** prosto z, świeżo po: *a new teacher fresh from university* —**freshness** *n* [U] świeżość

**fresh·en** /ˈfreʃən/ *v*

**freshen up** *phr v* [I] *especially spoken* odświeżać się: *Would you like to freshen up before dinner?*

**fresh·ly** /ˈfreʃli/ *adv* świeżo: *freshly mown grass*

**fresh·man** /ˈfreʃmən/ *n* [C] *AmE* uczeń pierwszej klasy szkoły średniej lub student pierwszego roku

**fresh·wa·ter** /ˈfreʃwɔːtə/ *adj* słodkowodny

**fret** /fret/ *v* [I] **-tted, -tting** trapić się

**fri·ar** /ˈfraɪə/ *n* [C] zakonnik, brat zakonny

**fric·tion** /ˈfrɪkʃən/ *n* [U] tarcie: *friction between parents and their teenage children* | *the heat produced by friction*

**Fri·day** /ˈfraɪdi/ skrót pisany **Fri.** *n* [C,U] piątek

**fridge** /frɪdʒ/ *n* [C] lodówka

**fried** /fraɪd/ *adj* smażony

**friend** /frend/ *n* [C] przyjaci-el/ółka: *Martha went to London with some friends.* | *Lee's an old friend of mine.* | **best friend** *Even my best friend didn't know my secret.* | **make friends** (=zaprzyjaźniać się): *He's very shy, and finds it difficult to make friends with people.* | **be friends with sb** (=być z kimś w przyjaznych stosunkach)

**friend·ly** /ˈfrendli/ *adj* przyjazny: *a friendly smile* | **friendly to/towards** (=życzliwy w stosunku do): *The local people are very friendly towards tourists.* —**friendliness** *n* [U] życzliwość → patrz też ENVIRONMENTALLY FRIENDLY, USER-FRIENDLY

**friend·ship** /ˈfrendʃɪp/ *n* [C,U] przyjaźń: *Their friendship began in college.* | *a close friendship*

**fries** /fraɪz/ *n* [plural] *especially AmE* frytki

**fright** /fraɪt/ *n* [U singular] strach: **give sb a fright** (=przestraszyć kogoś): *Sorry, I didn't mean to give you a fright.* | **in fright** *They both ran off in fright.*

**fright·en** /ˈfraɪtn/ *v* [T] przestraszyć: *Don't shout like that – you'll frighten the baby.* | **frighten sb into doing sth** *He frightened her into signing the paper* (=zastraszył ją tak, że podpisała dokument).

**frighten** sb ↔ **away/off** *phr v* [T] odstraszać kogoś: *loud noises that frightened the birds away*

**fright·ened** /ˈfraɪtnd/ *adj* **be frightened** bać się: *Don't be frightened. No one's going to hurt you.* | **+ of** *When I was a child, I was frightened of the dark.* | **+ that** *She was frightened that there was someone outside her room.*

**fright·en·ing** /ˈfraɪtn-ɪŋ/ *adj* przerażający: *a frightening experience*

**fright·ful** /ˈfraɪtfəl/ *adj BrE spoken* straszny: *The house was in a frightful mess.*

**fright·ful·ly** /ˈfraɪtfəli/ *adv BrE old-fashioned* strasznie: *I'm frightfully sorry.*

**fri·gid** /ˈfrɪdʒəd/ *adj* oziębły

**frill** /frɪl/ *n* [C] **1** falbanka **2** [usually plural] bajer: *a cheap straightforward insurance service with no frills*

**frill·y** /ˈfrɪli/ *adj* z falbankami: *a frilly blouse*

**fringe**[1] /frɪndʒ/ *n* [C] **1** *BrE* grzywka **2** skraj: *He was standing on the fringe of the crowd.* | *the fringes of the town* **3** frędzle: *a cowboy jacket with a leather fringe* **4** skrzydło: *the fascist fringe of British politics*

**fringe**[2] *adj* [only before noun] marginesowy: *fringe issues*

**fringe ben·e·fit** /ˈ. ˌ.../ *n* [C usually plural] świadczenie dodatkowe

**frisk** /frɪsk/ *v* [T] przeszukiwać: *The passengers were frisked before being allowed onto the plane.*

**frisk·y** /ˈfrɪski/ *adj* rozbrykany: *frisky lambs*

**frit·ter** /ˈfrɪtə/

**fritter** sth ↔ **away** *phr v* [T] roz/trwonić

**fri·vol·i·ty** /frɪˈvɒləti/ *n* [C,U] beztroska: *childish frivolity*

**friv·o·lous** /ˈfrɪvələs/ *adj* niepoważny: *a frivolous remark*

**frizz·y** /ˈfrɪzi/ *adj* kręcony: *frizzy hair*

**fro** /frəʊ/ *adv* ➡ patrz **to and fro** (TO[3])

**frog** /frɒg/ *n* [C] żaba

**frog·man** /ˈfrɒgmən/ *n* [C] nurek

**from** /frəm/ *prep* **1** od: *The morning class is from 9.00 to 11.00.* | *Prices range from $80 to $250.* | *We live about five miles from the airport.* | *Who is the present from?* | *Subtract $40.00 from the total.* | *This will stop you from feeling sick* (=uchroni cię od mdłości). | **from now on** (=od teraz): *From now on Mr Collins will be teaching this class.* **2** z: *"Where are you from?" "I'm from South Africa."* | *Our speaker today is from the University of Montana.* | *He drove all the way from Colorado.* | *food from local farms* | *We could see the house from the road.* | *Beer is made from hops.* | *He's quite different from his brother* (rózni się od). | *He pulled his shoes out from under* (=spod) *the bed.* | *From what I've read* (=z tego, co czytałem), *the company seems to be in difficulties.* **3 a week/2 months from now** za tydzień/2 miesiące: *One month from now we'll be in Mexico!*

**front[1]** /frʌnt/ *n* **1 the front a)** przód: *Let's sit at the front of the bus.* **b)** front: *The magazine had a picture of Princess Diana on the front.* | **+ of** *The front of the house was painted yellow.* ➡ antonim BACK[1] **2 in front of a)** przed: *Kelly sat down in front of the mirror.* | *He parked in front of a small hotel.* | *There was a tall man sitting in front of me, so I couldn't see the screen.* **b)** przy: *Don't say anything in front of the children.* **3 in front** z przodu: *The car in front braked suddenly.* **4** front: *More troops were sent to the Western Front.* **5** *technical* front (atmosferyczny): *a cold front moving across the country*

**front[2]** *adj* **1** frontowy: *the front door* **2** przedni: *tickets for front row seats*

**fron·tier** /ˈfrʌntɪə/ *n* [C] granica: *a town on the frontier between France and Spain* | *the frontiers of science*

**front line** /ˌ. ˈ.◂/ *n* **the front line** linia frontu

**front-page** /ˌ. ˈ.◂/ *adj* **front-page news/story** wiadomość/historia z pierwszych stron gazet

**front-run·ner** /ˌ. ˈ../ *n* [C] faworyt/ka: *the front-runner in the race for the Republican nomination*

**frost** /frɒst/ *n* **1** [U] szron: *trees covered with frost* **2** [C] mróz: *an early frost* | **a hard frost** (=trzaskający mróz)

**frost·bite** /ˈfrɒstbaɪt/ *n* [U] odmrożenie —**frostbitten** /-bɪtn/ *adj* odmrożony

**frost·ing** /ˈfrɒstɪŋ/ *n* [U] *AmE* lukier

**frost·y** /ˈfrɒsti/ *adj* **1** mroźny: *a frosty morning* **2** oszroniony: *frosty ground* **3** lodowaty: *a frosty greeting*

**froth[1]** /frɒθ/ *n* [U singular] piana —**frothy** *adj* pienisty: *frothy cappuccino*

**froth[2]** *v* [I] pienić się: *The sick dog was frothing at the mouth* (=toczył pianę z pyska).

**frown** /fraʊn/ *v* [I] z/marszczyć czoło: *Mel frowned and pretended to ignore me.* —**frown** *n* [C] zmarszczenie brwi: *He looked at her with a puzzled frown.*

**frown on/upon** sth *phr v* [T] krzywo patrzeć na: *In the 1930s divorce was frowned upon.*

**froze** /frəʊz/ *v* czas przeszły od FREEZE

**fro·zen[1]** /ˈfrəʊzən/ *v* imiesłów bierny od FREEZE

**frozen[2]** *adj* **1** mrożony: *frozen peas* **2** *spoken* przemarznięty: *Can you turn up the heating? I'm frozen.* **3** zamarznięty: *The ground was frozen.* | *the frozen lake*

**fru·gal** /ˈfruːgəl/ *adj* **1** oszczędny: *As children we were taught to be frugal and hard-working.* **2** skromny: *a frugal meal*

**fruit** /fruːt/ *n plural* **fruit** *or* **fruits** **1** [C,U] owoc(e): *a bowl of fruit* | **fruit salad** (=sałatka owocowa) **2 the fruits of sth** owoce czegoś: *They can now enjoy the fruits of their labours.* ➡ patrz też **bear fruit** (BEAR[1])

**fruit·ful** /ˈfruːtfəl/ *adj* owocny: *a fruitful meeting*

**fruit·less** /'fruːtləs/ *adj* bezowocny: *Brad spent three fruitless months in Chicago, trying to find a job.* —**fruitlessly** *adv* bezowocnie

**fruit·y** /'fruːti/ *adj* owocowy: *a fruity wine*

**frus·trate** /frʌ'streɪt/ *v* [T] **1** frustrować: *If you try to teach children too much too quickly, you will only confuse and frustrate them.* **2** udaremniać: *Their plans were frustrated by a disastrous fire.* —**frustrating** *adj* frustrujący: *They keep sending me the wrong forms – it's very frustrating.*

**frus·trat·ed** /frʌ'streɪtɪd/ *adj* sfrustrowany: **+ with** *She's getting really frustrated with her computer. It's always crashing.*

**frus·tra·tion** /frʌ'streɪʃən/ *n* [C,U] frustracja: *There is a deep sense of frustration among many high school teachers.*

**fry** /fraɪ/ *v* [I,T] **fried, fried, frying** u/smażyć: *Do you want me to fry some eggs?*

**frying pan** /'.. ,./ *n* [C] patelnia

**ft.** skrót od FOOT lub FEET

**fudge** /fʌdʒ/ *n* [U] krówka (*cukierek*)

**fu·el**[1] /'fjuːəl/ *n* [C,U] opał

**fuel**[2] *v* [T] **-lled, -lling** *BrE*, **-led, -ling** *AmE* podsycać, napędzać: *high inflation, fuelled by high government spending*

**fu·gi·tive** /'fjuːdʒɪtɪv/ *n* [C] zbieg: *a fugitive from justice*

**ful·fil** /fʊl'fɪl/ *BrE*, **fulfill** *AmE* *v* [T] **-lled, -lling 1 fulfil a promise/duty** spełniać obietnicę/obowiązek: *The government hasn't fulfilled its promise to cut taxes.* | *I knew that I could never fulfil my parents' expectations of me.* **2 fulfil a dream/an ambition** z/realizować marzenie/ambicję: *Bruce had finally fulfilled his dream of becoming a racing driver.* **3 fulfil a role/function** pełnić rolę/funkcję: *The church fulfils an important role in the local community.*

**ful·fil·ling** /fʊl'fɪlɪŋ/ *adj* dający satysfakcję

**ful·fil·ment** /fʊl'fɪlmənt/ *BrE*, **fulfillment** *AmE* *n* [U] **1** satysfakcja: *Ann's work gives her a real sense of fulfilment.* **2** spełnienie: *His trip to Europe was the fulfilment of a life-long ambition.*

**full**[1] /fʊl/ *adj* **1** pełny, pełen: *The train was full, so we had to wait for the next one.* | *Check the fuel tank is full.* | *Please write down your full name and address.* | *You have our full support.* | *the full cost of repairs* | *The car was approaching at full speed* (=z maksymalną prędkością). | **+ of** *We found a box full of old letters.* | *In summer the town is full or tourists.* | *Eric's essay is full of mistakes.* | *Her heart was full of joy.* | **full up** *We arrived late, and the hotel was already full up.* **2** *także* **full up** *BrE informal* najedzony: *"Would you like some more cake?" "No thanks. I'm full."* **3 in full view of sb** na czyichś oczach: *He took off his clothes in full view of the neighbours.* **4 full marks** *BrE* najwyższe oceny **5** szeroki: *a full skirt*

> UWAGA **full of**
>
> Patrz **filled with** i **full of**.

**full**[2] *n* **in full** w całości ➡ patrz też **live life to the full** (LIVE[1])

**full-blown** /,. '.◂/ *adj* rozwinięty: *full-blown AIDS*

**full-fledged** /,. '.◂/ *adj AmE* pełnoprawny, stuprocentowy

**full-grown** /,. '.◂/ *adj* dorosły: *A full-grown elephant can weigh over 6000 kilograms.*

**full house** /,. './ *n* [C] komplet (*widzów na sali*)

**full-length** /,. '.◂/ *adj* **1 full-length film** film pełnometrażowy **2 full-length skirt/dress** spódnica/suknia do ziemi

**full moon** /,. './ *n* [singular] pełnia księżyca

**full-scale** /,. '.◂/ *adj* [only before noun] **1** zakrojony na szeroką skalę: *a full-scale inquiry into the disaster* | *a full-scale nuclear war* **2 full-scale model** model naturalnej wielkości

**full stop** /,. './ *n* [C] *BrE* kropka (*znak przestankowy*)

**full-time** /,. '.◂/ *adv* **work full-time** pracować w pełnym wymiarze godzin —**full-time** *adj*: *a full-time job* (=praca na pełen etat) ➡ porównaj PART-TIME

**ful·ly** /ˈfʊli/ *adv* gruntownie: *a fully trained nurse*

**fully-fledged** /ˌ.. ˈ.◂/ *adj* pełnoprawny, stuprocentowy: *Noel and Liam were now fully-fledged superstars.*

**fum·ble** /ˈfʌmbəl/ *v* [I] **fumble for** szukać po omacku: *Gary fumbled for the light switch in the dark.*

**fume** /fjuːm/ *v* [I] wściekać się: *She had been waiting for over an hour, and she was fuming.*

**fumes** /fjuːmz/ *n* [plural] opary, wyziewy, spaliny: *gasoline fumes*

**fun**[1] /fʌn/ *n* [U] **1** zabawa: **have fun** (=dobrze się bawić): *The children all had a lot of fun.* | **it's no fun** (=to nic przyjemnego) *spoken*: *It's no fun being alone in a big city.* | **for fun/for the fun of it** (=dla przyjemności): *Tina's started doing art classes, just for fun!* **2 make fun of** wyśmiewać się z: *At school the other children used to make fun of him because he was fat.*

> UWAGA **fun** i **pleasure**
>
> Kiedy mówimy o sposobie spędzania czasu lub wydarzeniu, które jest miłe i sprawia nam przyjemność, powinniśmy używać zwrotów z wyrazami **pleasure** i **pleasurable** lub **enjoyment** i **enjoyable**: *Reading is her one source of pleasure.* | *We spent an enjoyable afternoon at the art gallery.* Wyraz **fun** kojarzy się bardziej z lżejszymi rozrywkami, takimi jak gry, zabawy, posiłki na wolnym powietrzu itp.: *John's parties are always great fun.* | *Let's go to the beach and have some fun.* | *The game we played was a lot of fun.*

**fun**[2] *adj* [only before noun] przyjemny: *It'll be a fun day out.*

**func·tion**[1] /ˈfʌŋkʃən/ *n* [C] **1** funkcja: *What's the exact function of this program?* | *The function of a chairman is to lead and control meetings.* **2** uroczystość: *The mayor has to attend all kinds of official functions.*

**function**[2] *v* [I] działać, funkcjonować: *Can you explain exactly how this new system will function?*

**function as** sth *phr v* [T] pełnić funkcję: *a noun functioning as an adjective*

**func·tion·al** /ˈfʌŋkʃənəl/ *adj* funkcjonalny: *office furniture that is purely functional*

**fund**[1] /fʌnd/ *n* [C] fundusz: *the school sports fund* | **raise funds** (=z/gromadzić fundusze): *We're trying to raise funds for a new swimming pool.*

**fund**[2] *v* [T] s/finansować: *a project funded by the World Health Organization*

**fun·da·men·tal** /ˌfʌndəˈmentl◂/ *adj* zasadniczy, fundamentalny: *fundamental changes to the education system* —**fundamentally** *adv* zasadniczo, fundamentalnie: *Marxism and capitalism are fundamentally opposed to each other.*

**fun·da·men·tal·ist** /ˌfʌndəˈmentəlɪst/ *n* [C] fundamentalist-a/ka —**fundamentalism** *n* [U] fundamentalizm

F

**fun·da·men·tals** /ˌfʌndəˈmentlz/ *n* [plural] podstawy: *the fundamentals of computer programming*

**fund·ing** /ˈfʌndɪŋ/ *n* [U] środki finansowe: *funding for universities*

**fund-rais·ing** /ˈ. ˌ../ *n* [U] gromadzenie funduszy, zbiórka pieniędzy

**fu·ne·ral** /ˈfjuːnərəl/ *n* [C] pogrzeb: *The funeral will be held on Thursday at St Patrick's church.*

**funeral di·rec·tor** /ˈ... .ˌ../ *n* [C] przedsiębiorca pogrzebowy

**funeral home** /ˈ... ˌ./ *także* **funeral parlour** *n* [C] dom pogrzebowy

**fun·fair** /ˈfʌnfeə/ *n* [C] *BrE* wesołe miasteczko

**fun·gus** /ˈfʌŋgəs/ *n* [C,U] *plural* **fungi** *or* **funguses** grzyb: *The walls were covered with some kind of fungus.*

**funk·y** /ˈfʌŋki/ *adj informal* czadowy: *a funky Mexican restaurant that serves surprisingly good food*

**fun·nel** /ˈfʌnl/ *n* [C] lejek

**fun·ni·ly** /ˈfʌnɪli/ *adv* **funnily enough** *spoken* dziwnym trafem: *Funnily enough, I*

## Czas **Future Perfect**
## ***I WILL HAVE WORKED***

Czas ten tworzy się za pomocą ***will have*** + Past Participle (tzw. „trzeciej formy czasownika"). Używamy go najczęściej

**1** mówiąc o tym, jak długo (od jak dawna) dany stan będzie trwał w określonym momencie w przyszłości:

*Next Saturday Patrick and Agatha* ***will have been*** *married for 15 years.* (= Next Saturday is their 15th wedding anniversary)

**2** mówiąc, że coś stanie się przed określonym momentem w przyszłości:

*We're late. By the time we get to the cinema the film* ***will*** *already* ***have started.***

*'She* ***will have written*** *fifteen novels by the time she is 40.' – 'How do you know?' – 'Well, she started writing when she was 25 and she writes one novel every year.'*

**3** wyrażając jakieś przypuszczenie lub przekonanie dotyczące przeszłości:

*The plane* ***will have landed*** *by now.* (= I'm sure it has already landed.)

patrz też: ***HAVE, Modal Verbs, Past Participle, WILL***

## Czas **Future Perfect Continuous**
## ***I WILL HAVE BEEN WORKING***

Czas ten tworzy się za pomocą ***will have been*** + formy czasownika zakończonej na ***-ing***. Używamy go, mówiąc o tym, jak długo (od jak dawna) dana czynność będzie trwała w określonym momencie w przyszłości:

*By the end of next month I* ***will have been working*** *here for ten years.* („Pod koniec przyszłego miesiąca minie dziesięć lat, odkąd tu pracuję.")

patrz też: ***BE, HAVE, WILL***

*was just going to call you when you called me.*

**fun·ny** /ˈfʌni/ *adj* **1** śmieszny: *She looks really funny in that hat.* | *a funny story* **2** dziwny: *What's that funny noise?* | *That's funny! I'm sure I left my keys in this drawer, but they aren't here now.* **3** *informal* podejrzany: *We don't want any funny business.*

**fur** /fɜː/ *n* **1** [U] sierść **2** [C,U] futro: *a fur coat*

**fu·ri·ous** /ˈfjʊəriəs/ *adj* wściekły: *Her daughter was furious when she found out they'd been reading her private letters.* | *The horseman rode off at a furious gallop.* —**furiously** *adv* wściekle

**furl** /fɜːl/ *v* [T] zwijać (*żagiel*) składać (*parasol*)

**fur·nace** /ˈfɜːnəs/ *n* [C] piec (*np. w hucie*)

**fur·nish** /ˈfɜːnɪʃ/ *v* [T] u/meblować

**fur·nished** /ˈfɜːnɪʃt/ *adj* umeblowany → antonim UNFURNISHED

**fur·nish·ings** /ˈfɜːnɪʃɪŋz/ *n* [plural] wyposażenie wnętrza

**fur·ni·ture** /ˈfɜːnɪtʃə/ *n* [U] meble: *antique furniture* | *office furniture* | **a piece of furniture** (=mebel)

## Czas **Future Simple**
## ***I WILL WORK***

Czas ten tworzy się za pomocą ***will*** + bezokolicznika bez **to**. Używamy go zazwyczaj

**1** gdy w chwili mówienia decydujemy się coś zrobić:

*I'm tired. I think **I'll go** to bed.*

**2** gdy przewidujemy, że coś się stanie (ale nie mamy pewności, ponieważ nie zależy to od nas):

*Father **will** probably **be** a bit late.*

*Do you think **they'll win**?*

*I'm sure **you'll get** the job.*

**3** podając oficjalne komunikaty lub prognozę pogody w prasie, radiu i telewizji:

*The Pope **will see** the President tomorrow.*

*It **will be** cool and dry. Fog **will** soon **clear** in all areas.*

patrz też: ***BE GOING TO, Infinitive, SHALL, WILL***

## Czas **Future Continuous**
## ***I WILL BE WORKING***

Czas ten tworzy się za pomocą ***will be*** + formy czasownika zakończonej na ***-ing***. Używamy go zazwyczaj

**1** mówiąc, że w określonym momencie ktoś będzie w trakcie robienia czegoś:

*'What **will** you **be doing** at 10 o'clock tomorrow?' – '**I'll be studying**.'*

*You will recognise her when you see her. **She'll be wearing** a yellow hat.*

**2** mówiąc, co będziemy robić (w odróżnieniu od czasu Future Simple, konstrukcji *be going to*, czy czasu Present Continuous, nie wyrażamy w ten sposób naszych zamiarów, nie mówimy o planach ani uzgodnieniach, tylko po prostu stwierdzamy fakt). Użycie to często dotyczy czynności regularnie się powtarzających:

***I'll be going** to the supermarket later. Can I get you anything?*

*Tomorrow's Friday. **I'll be helping** Mother with the housework, as usual.*

**3** pytając, czy ktoś będzie coś robił, zwłaszcza gdy chcemy przy okazji o coś prosić:

*'**Will** you **be seeing** Jack tonight?' – 'Yes, why?' – 'Could you ask him to give me a call?'*

*'**Will** you **be using** the computer this morning?' – 'No, you can use it for as long as you want.'*

patrz też: ***BE, Future Simple, BE GOING TO, Present Continuous, WILL***

**fur·row** /ˈfʌrəʊ/ *n* [C] **1** bruzda **2** zmarszczka

**fur·ry** /ˈfɜːri/ *adj* futerkowy: *small furry animals*

**fur·ther¹** /ˈfɜːðə/ *adv* **1** więcej: *I have nothing further to say.* **2** dalej: *Their home is further down the street.* | *Their discussions had not progressed any further.* **3 not get any further** nie posuwać się dalej: *Police say that they have not got any further with their investigations.*

**further²** *adj* [only before noun] dalszy: *Are there any further questions?*

**further ed·u·ca·tion** /ˌ.. ..ˈ../ *n* [U] *BrE* kształcenie pomaturalne

**fur·ther·more** /ˌfɜːðəˈmɔː/ *adv formal* ponadto

**fur·thest** /ˈfɜːðəst/ *adj, adv* najdalszy, najdalej: *the furthest corner of the room*

**fur·tive** /ˈfɜːtɪv/ *adj* ukradkowy: *a furtive glance* —**furtively** *adv* ukradkiem

**fu·ry** /ˈfjʊəri/ *n* [U singular] furia: *I saw the look of fury on his face.*

**fuse¹** /fjuːz/ *n* [C] **1** bezpiecznik: *The fuse has blown.* **2** zapalnik

**fuse²** *v* [I,T] **1** z/łączyć (się): *The bones of the spine had become fused together.* **2** *BrE* przepalać (się) (*na skutek przeciążenia bezpiecznika*): *The lights had fused.*

**fu·sion** /ˈfjuːʒən/ *n* [C,U] połączenie

**fuss¹** /fʌs/ *n* **1** [U singular] zamieszanie: *I didn't understand what all the fuss was about.* **2 make a fuss/kick up a fuss** z/robić awanturę: *The man at the next table was making a fuss because his food was cold.* **3 make a fuss of sb** *BrE*/**over sb** *AmE* robić dużo hałasu wokół kogoś: *My grandparents always make a fuss of me when I go and see them.*

**fuss²** *v* [I] panikować: *Stop fussing! We'll be home soon!*

**fuss over** sb *phr v* [T] trząść się nad

**fuss·y** /ˈfʌsi/ *adj* wybredny: **+ about** *He's very fussy about his food.*

**fu·tile** /ˈfjuːtaɪl/ *adj* daremny: *Janet ran after the thief in a futile attempt to get her purse back.* —**futility** /fjuːˈtɪləti/ *n* [U] daremność: *the futility of war*

**fu·ture¹** /ˈfjuːtʃə/ *n* **1 the future** przyszłość: *Do you have any plans for the future?* | *In the future, people will be able to travel to other planets.* | **in the near future** (=w niedalekiej przyszłości): *I'm hoping to go to Atlanta in the near future.* **2** [C,U] przyszłość: *My parents have already planned out my whole future.* | *a talented musician with a brilliant future in front of her* **3 in future** w przyszłości: *I'll be more careful in future.* | *In future these techniques may be used to treat a wide range of illnesses.*

**future²** *adj* [only before noun] **1** przyszły: *preserving the countryside for future generations* | **future wife/husband/president** *the future president of the United States* **2 the future tense** czas przyszły → patrz ramka FUTURE SIMPLE, patrz ramka FUTURE CONTINUOUS, patrz ramka FUTURE PERFECT, patrz ramka FUTURE PERFECT CONTINUOUS

**future per·fect** /ˌ.. ˈ../ *n* **the future perfect** czas przyszły dokonany → patrz ramka FUTURE PERFECT

**fu·tur·is·tic** /ˌfjuːtʃəˈrɪstɪk◂/ *adj* futurystyczny: *a futuristic sports car design by Alfa Romeo*

**fuzz** /fʌz/ *n* [U] meszek

**fuzz·y** /ˈfʌzi/ *adj* **1** zamazany, niewyraźny: *Unfortunately all the photographs are a little fuzzy.* **2** kędzierzawy

# Gg

**ga·ble** /ˈgeɪbəl/ *n* [C] szczyt (*dachu*)

**gad·get** /ˈgædʒɪt/ *n* [C] przyrząd: *a useful little gadget for cutting tomatoes*

**gaffe** /gæf/ *n* [C] gafa

**gag¹** /gæg/ *v* [T] **-gged, -gging** za/kneblować: *The robbers had tied her up and gagged her.*

**gag²** *n* [C] **1** *informal* gag **2** knebel

**ga·ga** /ˈgɑːgɑː/ *adj informal* **go gaga** z/ramoleć

**gai·ly** /ˈgeɪli/ *adv old-fashioned* wesoło

**gain¹** /geɪn/ *v* **1** [I,T] zyskiwać: *You can gain a lot of computer experience doing this job.* | *The army gained control of enemy territory.* → antonim LOSE **2** [T] **gain weight** przybierać na wadze: *Bea has gained a lot of weight since Christmas.* **3** [I] spieszyć się (*o zegarku*)

**gain on** sb/sth *phr v* [T] doganiać

**gain²** *n* **1** [C,U] przyrost: *Try to avoid too much weight gain.* | **gain in sth** (=wzrost czegoś): *There were steady gains in wage levels through the decade.* **2** [C] postęp: *gains in medical science*

**gait** /geɪt/ *n* [singular] sposób chodzenia: *He had a slow ambling gait.*

**ga·la** /ˈgɑːlə/ *n* [C] gala: *a gala night at the opera to raise money for charity*

**gal·ax·y** /ˈgæləksi/ *n* [C] galaktyka

**gale** /geɪl/ *n* [C] wichura: *Our fence blew down in the gale.*

**gall** /gɔːl/ *n* **have the gall to do sth** mieć czelność coś zrobić: *She had the gall to say that I looked fat!*

**gal·le·ry** /ˈgæləri/ *n* [C] **1** galeria: *the Uffizzi gallery in Florence* **2** balkon (*w kościele, teatrze*)

**gal·lon** /ˈgælən/ *n* [C] galon (= *4,54l w W. Brytanii; 3,78l w USA*)

**gal·lop** /ˈgæləp/ *v* [I] galopować —**gallop** *n* [singular] galop

**gal·lows** /ˈgæləʊz/ *n* [C] *plural* **gallows** szubienica

**gal·va·nize** /ˈgælvənaɪz/ (*także* **-ise** *BrE*) *v* [T] z/elektryzować: **galvanize sb into action** *The urgency of his voice galvanized them into action* (=zdopingowało ich do działania).

**galv·a·nized** /ˈgælvənaɪzd/ (*także* **-ised** *BrE*) *adj* galwanizowany

**gam·ble¹** /ˈgæmbəl/ *v* [I] uprawiać hazard: *Jack lost over $7000 gambling in Las Vegas.* —**gambling** *n* [U] hazard: *Gambling is illegal in some states.* —**gambler** *n* [C] hazardzist-a/ka

**gamble²** *n* **be a gamble** być ryzykownym: *Buying an old car can be a real gamble.*

**game¹** /geɪm/ *n* **1** [C] gra: *Do you know any good card games?* | *The game of golf first started in Scotland.* **2** [C] mecz: *Did you watch the baseball game last night?* | *Italy won their first game 4-0.* **3 play games** zachowywać się niepoważnie: *I wish you'd stop playing games with me!* **4** [U] dzika zwierzyna

**game²** *adj* **be game to do sth** mieć ochotę coś zrobić: *I'm game to have a try.*

**game·keep·er** /ˈgeɪmkiːpə/ *n* [C] łowczy

**games** /geɪmz/ *n* [plural] igrzyska: *the Olympic Games*

**game show** /ˈ. ./ *n* [C] teleturniej

**gam·ut** /ˈgæmət/ *n* [singular] gama: *In the weeks after she left, she experienced the whole gamut of emotions.*

**gang¹** /gæŋ/ *n* [C] **1** banda: *A gang of kids were standing on the corner of the street.* **2** gang, szajka: *a gang of international drug smugglers* **3** *informal* paczka (*kolegów*)

**gang²** *v*

**gang up on** sb *phr v* [T] sprzysięgać się przeciwko: *Helen thinks they're all ganging up on her.*

**gang·plank** /ˈgæŋplæŋk/ *n* [C] trap

**gan·grene** /ˈgæŋgriːn/ *n* [U] gangrena

**gang·ster** /ˈgæŋstə/ *n* [C] gangster: *a Chicago gangster*

**gang·way** /ˈgæŋweɪ/ *n* [C] trap

**gaol** /dʒeɪl/ brytyjska pisownia wyrazu JAIL

**gap** /gæp/ *n* [C] **1** różnica: **+ between** *the widening gap between rich and poor* | *There's a big age gap between them.* **2** szpara: **+ in/between** *The cat escaped through a gap in the fence.* | *Dave has a big gap between his two front teeth.* **3** luka: **+ in** *When my wife left me, it left a big gap in my life.* **4** przerwa: **+ in** *an uncomfortable gap in the conversation*

**gape** /geɪp/ *v* [I] gapić się: **+ at** *Anna gaped at him in horror.*

**gap·ing** /ˈgeɪpɪŋ/ *adj* [only before noun] ziejący: *a gaping hole*

**gar·age** /ˈgærɑːʒ/ *n* [C] **1** garaż **2** warsztat samochodowy **3** *BrE* stacja benzynowa

**gar·bage** /ˈgɑːbɪdʒ/ *n* [U singular] *especially AmE* śmieci: *Can somebody take out the garbage?*

**garbage can** /ˈ.. ˌ./ *n* [C] *AmE* pojemnik na śmieci

**garbage col·lec·tor** /ˈ.. .ˌ../ *n* [C] *AmE* śmieciarz

**gar·bled** /ˈgɑːbəld/ *adj* zniekształcony: *The train announcements were too garbled to understand.*

G

**gar·den** /ˈgɑːdn/ *n* [C] **1** ogród: *We want a house with a big garden for the kids.* **2 gardens** park

**gar·den·er** /ˈgɑːdnə/ *n* [C] ogrodni-k/czka

**gar·den·ing** /ˈgɑːdnɪŋ/ *n* [U] ogrodnictwo: *I'm hoping to do some gardening this weekend.*

**gar·gle** /ˈgɑːgəl/ *v* [I] płukać gardło

**gar·ish** /ˈgeərɪʃ/ *adj* jaskrawy: *a garish carpet*

**gar·land** /ˈgɑːlənd/ *n* [C] wianek, girlanda

**gar·lic** /ˈgɑːlɪk/ *n* [U] czosnek

**gar·ment** /ˈgɑːmənt/ *n* [C] *formal* część garderoby: *Wash delicate garments by hand.*

> UWAGA **garment**
>
> Patrz **clothes**, **piece of clothing** i **garment**.

**gar·nish** /ˈgɑːnɪʃ/ *v* [T] przybierać: *The chicken was garnished with watercress.* —**garnish** *n* [C] przybranie

**gar·ri·son** /ˈgærǩsən/ *n* [C] garnizon

**gar·ter** /ˈgɑːtə/ *n* [C] podwiązka

**gas**[1] /gæs/ *n* **1** [C,U] gaz: *gases such as hydrogen and nitrogen* | *a gas stove* **2** [U] *AmE także* **gasoline** benzyna: *We need to stop for gas before we drive into the city.*

**gas**[2] *v* [T] **-ssed, -ssing** zagazować

**gas cham·ber** /ˈ. ˌ../ *n* [C] komora gazowa

**gash** /gæʃ/ *n* [C] głęboka rana

**gas mask** /ˈ. ./ *n* [C] maska gazowa

**gas·o·line** /ˈgæsəliːn/ *n* [U] *AmE* benzyna

**gasp** /gɑːsp/ *v* **1** [I] wzdychać: *As the flames reached the roof, the crowd gasped in alarm.* **2** [I,T] sapać: *"Wait for me!" he gasped* (=wykrztusił). | **gasp for breath/air** (=z trudem łapać oddech): *Kim crawled out of the pool, gasping for air.* —**gasp** *n* [C] westchnienie: *a gasp of surprise*

**gas sta·tion** /ˈ. ˌ../ *n* [C] *AmE* stacja paliw

**gas·tric** /ˈgæstrɪk/ *adj* żołądkowy: *gastric ulcers* (=wrzody żołądka)

**gas·tro·nom·ic** /ˌgæstrəˈnɒmɪk◂/ *adj* gastronomiczny

**gate** /geɪt/ *n* [C] **1** brama: *Who left the gate open?* **2** wyjście: *Passengers are requested to proceed to gate number 6.*

**gat·eau** /ˈgætəʊ/ *n* [C,U] *BrE plural* **gateaux** /-təʊz/ tort

**gate·crash** /ˈgeɪtkræʃ/ *v* [I,T] wchodzić bez zaproszenia (na) *(np. na przyjęcie)*

**gate·way** /ˈgeɪt-weɪ/ *n* **1** [C] brama **2 the gateway to** wrota do/na: *St. Louis was once the gateway to the West.*

**gath·er** /ˈgæðə/ *v* **1** [I,T] z/gromadzić (się): *Dozens of photographers gathered outside Jackson's hotel.* | *If you gather the kids, I'll start the car.* | **+ around/round** *A crowd gathered around to watch the fight.* **2** [T] *także* **gather up** zbierać: *"Wait for me," said Anna, gathering up her books.* | *I'm trying to gather new ideas for my*

*next novel.* **3** [T] rozumieć: **+ (that)** *I gather you've not been well recently.* **4 gather force/speed** nabierać siły/prędkości: *The car gathered speed quickly as it rolled down the hill.*

**gath·er·ing** /ˈgæðərɪŋ/ *n* [C] zgromadzenie: *a family gathering*

**gauge** /geɪdʒ/ *n* [C] **1** przyrząd pomiarowy: *a fuel gauge* **2** wskaźnik: **+ of** *Money is not the only gauge of success.*

**gauze** /gɔːz/ *n* [U] gaza

**gave** /geɪv/ *v* czas przeszły od GIVE

**gawk** /gɔːk/ *v* [I] gapić się: **+ at** *Don't just stand there gawking at those girls.*

**gaw·ky** /ˈgɔːki/ *adj* niezdarny: *a gawky teenager*

**gawp** /gɔːp/ *v* [I] *BrE* gapić się: *What are you gawping at?*

**gay¹** /geɪ/ *adj* **1 be gay** być homoseksualistą/lesbijką: *My son's just told me he's gay.* **2 gay rights** prawa homoseksualistów: *gay rights protesters* **3** *old-fashioned* wesoły: *gay laughter* → patrz też GAILY

**gay²** *n* [C] homoseksualista

**gaze** /geɪz/ *v* [I] wpatrywać się: **+ at/into etc** *Patrick was gazing into the fire.* | *She gazed up at the stars.* —**gaze** *n* [singular] wzrok, spojrzenie: *Judith tried to avoid his gaze.*

**gear¹** /gɪə/ *n* **1** [C,U] bieg: *The car has five gears.* | **change gear** (=zmieniać biegi): *Every time I change gear the car makes a horrible noise.* **2** [U] sprzęt: *camping gear*

**gear²** *v* [T] **be geared to** mieć na celu: *All his training was geared to winning an Olympic gold medal.*

**gear·box** /ˈgɪəbɒks/ *n* [C] skrzynia biegów

**gear stick** /ˈ. ./ *BrE*, **gear le·ver** /ˈ. ˌ../ *BrE*, **gear shift** *AmE n* [C] dźwignia zmiany biegów

**geese** /giːs/ *n* liczba mnoga od GOOSE

**gel** /dʒel/ *n* [C,U] żel

**gel·a·tine** /ˈdʒelətiːn/ *BrE*, **gel·a·tin** /-tᵊn/ *AmE n* [U] żelatyna

**gem** /dʒem/ *n* [C] klejnot

**Gem·i·ni** /ˈdʒemᵊnaɪ/ *n* [C,U] Bliźnięta

**gen·der** /ˈdʒendə/ *n* [C,U] **1** *formal* płeć: *You can't be denied a job simply on the grounds of gender.* **2** [U] rodzaj (*gramatyczny*)

**gene** /dʒiːn/ *n* [C] gen

**gen·e·ral¹** /ˈdʒenərəl/ *adj* **1** ogólny: *a general introduction to computers* | *Her general knowledge is good.* | *The general condition of the house is good, but it does need decorating.* | **in general** (=w sensie ogólnym): *We want to raise awareness of the environment in general.* **2 in general** na ogół: *In general women are less well paid than men.* **3** powszechny: *How soon will the drug be available for general use?* **4 as a general rule** zasadniczo: *As a general rule, you should phone before visiting someone.* **5 the general public** ogół społeczeństwa

**general²**, **General** *n* [C] generał

**general e·lec·tion** /ˌ... .ˈ../ *n* [C] wybory powszechne

**gen·e·ral·i·za·tion** /ˌdʒenərəlaɪˈzeɪʃən/ (*także* **-isation** *BrE*) *n* [C] uogólnienie, generalizacja: *You're making too many generalizations.*

**gen·e·ral·ize** /ˈdʒenərəlaɪz/ (*także* **-ise** *BrE*) *v* [I] uogólniać, generalizować: *It would be a mistake to generalize from only a few examples.* | *It's stupid to generalize and say that all young people are rude.* | *It's not fair to generalize from a few cases that all politicians are dishonest.*

**gen·er·al·ly** /ˈdʒenərəli/ *adv* **1** zwykle: *Megan generally works late on Fridays.* **2** powszechnie: *It's generally believed* (=panuje powszechna opinia) *that the story is true.* **3** ogólnie rzecz biorąc: *The new arrangements have generally worked very well.*

**gen·e·rate** /ˈdʒenəreɪt/ *v* [T] wytwarzać, generować: *an electricity generating station*

**gen·e·ra·tion** /ˌdʒenəˈreɪʃən/ *n* **1** [C] pokolenie: *Three generations of Monroes have lived in this house.* | *the younger generation* | *A generation ago, no one had home computers.* **2** [C] generacja: *the next generation of computers* **3** [U] wytwarzanie

**generation gap** /..'.. ,./ *n* [singular] konflikt pokoleń

**gen·e·ra·tor** /'dʒenəreɪtə/ *n* [C] prądnica

**ge·ner·ic** /dʒə'nerɪk/ *adj* ogólny

**gen·e·ros·i·ty** /,dʒenə'rɒsəti/ *n* [C,U] hojność, wspaniałomyślność: *Thank you for your generosity.*

**gen·e·rous** /'dʒenərəs/ *adj* **1** hojny, wspaniałomyślny: *Judith's always been very generous to me.* **2** obfity: *a generous meal* —**generously** *adv* hojnie, wspaniałomyślnie: *Ann has generously offered to pay for the tickets.*

**gen·e·sis** /'dʒenəsəs/ *n* [singular] *formal* geneza

**ge·net·ic** /dʒə'netɪk/ *adj* genetyczny: *genetic engineering* —**genetically** *adv* genetycznie

**ge·net·ics** /dʒə'netɪks/ *n* [plural] genetyka —**geneticist** *n* [C] genetyk

**ge·ni·al** /'dʒiːniəl/ *adj* przyjazny

**gen·i·tals** /'dʒenətlz/, **gen·i·ta·li·a** /,dʒenə'teɪliə/ *n* [plural] *technical* genitalia

**ge·ni·us** /'dʒiːniəs/ *n* [U,C] geniusz: *a musical genius* | *a work of pure genius*

**gen·o·cide** /'dʒenəsaɪd/ *n* [U] ludobójstwo

**gen·re** /'ʒɒnrə/ *n* [C] *formal* gatunek (*np. literacki*): *the science fiction genre*

**gent** /dʒent/ *n* [C] *informal* **1** dżentelmen **2 the Gents** *BrE* toaleta męska

**gen·tle** /'dʒentl/ *adj* łagodny, delikatny: *Mia's such a gentle person!* | *a gentle voice* | *a gentle breeze* —**gentleness** *n* [U] łagodność —**gently** *adv* łagodnie

**gen·tle·man** /'dʒentlmən/ *n* [C] *plural* **gentlemen 1** dżentelmen: *Roland is a perfect gentleman.* **2** pan: *Can you show this gentleman to his seat?* —**gentlemanly** *adj* dżentelmeński

**gen·try** /'dʒentri/ *n* **the gentry** [plural] *old-fashioned* szlachta

**gen·u·ine** /'dʒenjuən/ *adj* **1** szczery: *Mrs Lee showed a genuine concern for Lisa's well-being.* **2** prawdziwy, autentyczny: *a genuine diamond* —**genuinely** *adv* autentycznie

**ge·og·ra·phy** /dʒi'ɒgrəfi/ *n* [U] geografia —**geographer** *n* [C] geograf —**geographic** /,dʒiːə'græfɪk◂/, **geographical** *adj* geograficzny

**ge·ol·o·gy** /dʒi'ɒlədʒi/ *n* [U] geologia —**geologist** *n* [C] geolog —**geological** /,dʒiːə'lɒdʒɪkəl/ *adj* geologiczny

**ge·o·met·ric** /,dʒiːə'metrɪk◂/, **geometrical** *adj* geometryczny

**ge·om·e·try** /dʒi'ɒmətri/ *n* [U] geometria

**ge·ri·at·ric** /,dʒeri'ætrɪk◂/ *adj* geriatryczny: *a geriatric hospital*

**germ** /dʒɜːm/ *n* [C] zarazek

**Ger·man mea·sles** /,dʒɜːmən 'miːzəlz/ *n* [U] różyczka

**ger·mi·nate** /'dʒɜːməneɪt/ *v* [I,T] wy/kiełkować —**germination** /,dʒɜːmə'neɪʃən/ *n* [U] kiełkowanie

**ger·und** /'dʒerənd/ *n* [C] rzeczownik odsłowny

**ges·tic·u·late** /dʒe'stɪkjəleɪt/ *v* [I] gestykulować: *Jane gesticulated wildly and shouted "Stop! Stop!"*

**ges·ture**[1] /'dʒestʃə/ *n* [C] gest: *a rude gesture* | *It would be a nice gesture if we sent some flowers.*

**gesture**[2] *v* [I] dawać znak: *Tom gestured for me to move out of the way.*

**get** /get/ *v* **got, got** *or* **gotten** *AmE*, **getting 1** [T] kupować: **get sb sth** *I got him a watch for his birthday.* | **get sth for sb** *Would you like me to get some bread for you while I'm out?* | **get sth for £5/$9 etc** *My Aunt got these earrings for $3.* **2** [T] dostawać: *I didn't get your letter.* | *Did you get the job?* | **get sth from/off sb** *How much money did you get from grandma?* **3 have got** mieć: *I've got a lot of work to do.* | *I've got three sisters.* | *Clare's got blue eyes.* **4 get angry/worse/ill** zezłościć się/pogorszyć się/zachorować: *Children get bored very easily.* | *The weather had suddenly gotten cold* (=zrobiło się zimno). **5** [I] dostawać się: *How did he manage to get into their house?* | **+ to** *When you get to the end of the road, turn*

*left.* **6** [T] przenosić: **+ into/through/ across/down etc** *I hurt my shoulder when I was getting my suitcase down* (=kiedy ściągałem walizkę) *from the rack.* **7** [T] sprowadzać: **get sb/sth** *Carrie, can you go and get the doctor?* **8 get sb to do sth** sprawić, by ktoś coś zrobił: *I tried to get Jill to come out tonight, but she was too tired.* **9 get to do sth** *informal* mieć okazję coś robić: *Tom got to drive a Porsche today.* **10 get sth done** postarać się, żeby coś zostało zrobione: *We'll have to get this room painted.* **11** [T] zarabiać: *Tim gets about $50,000 a year.* | *They got £95,000 for their house.* **12 get the bus/a flight** pojechać autobusem/polecieć samolotem: *I'm getting the train home tonight.* **13** [T] z/rozumieć: *Tracey didn't get the joke.* **14** za/chorować na: *People usually get measles when they're young.* **15 get going/moving** *spoken* po/spieszyć się: *We have to get going, or we'll be late!* **16 get to know/like** poznać/polubić: *As you get to know the city, I'm sure you'll like it better.*

**get about** *BrE także* **get around** *phr v* [I] podróżować: *My Gran can't get about much any more.*

**get** sth ↔ **across** *phr v* [T] przekazać, wyrazić: *It was difficult to get my ideas across in such a short interview.*

**get along** *także* **get on** *phr v* [I] **1** być w dobrych stosunkach: **+ with** *We get on really well with each other.* **2** dawać sobie radę: *How are you getting along at school?*

**get around** *także* **get round** *BrE phr v* **1** [T **get around** sth] omijać: *Businesses are looking for ways to get around the tax laws.* **2** [I] podróżować **3** *także* **get about** *BrE* [I] rozchodzić się: *If this news gets around, we'll have reporters calling us all day.*

**get around to** sth *phr v* [T] zabrać się do czegoś: *I need to go to the library but I haven't got around to it yet.*

**get at** *phr v* [T] **1 what sb is getting at** o co komuś chodzi: *Did you understand what he was getting at?* **2** [T **get at** sb] *informal* czepiać się: *She doesn't know why Moira's always getting at her.*

**get away** *phr v* [I] **1** wyrwać się: *Barney had to work late, and couldn't get away.* **2** uciec: *The two men got away in a red Volkswagen.*

**get away with** sth *phr v* [T] robić coś bezkarnie: *The kid was kicking me, and his mother just let him get away with it!*

**get back** *phr v* **1** [I] wracać: *What time do you think you'll get back?* **2** [T **get** sth **back**] odzyskać: *Did you get your purse back?* **3** [T **get** sb **back** *także* **get back at** sb] odegrać się na: *Jerry's trying to think of ways to get back at her for leaving him.*

**get back to** *phr v* **1** [T **get back to** sth] wracać do: *She found it hard to get back to work after having the baby.* **2** [T **get back to** sb] powtórnie skontaktować się z: *I'll try to get back to you later today.*

**get by** *phr v* [I] przetrwać: *He only earns just enough to get by.* | **get by on £10/ $200 etc** *I don't know how she manages to get by on £50 a week.*

**get down** *phr v* **1** [T **get** sb **down**] *informal* przygnębiać: *The weather's really getting me down.* **2** [T **get** sth ↔ **down**] zapisywać: *Let me get your address down before I forget it.* **3** [I] schylać się

**get down to** sth *phr v* [T] zabierać się do: *By the time we finally got down to work it was already 10:00.*

**get in** *phr v* **1** [I] dostawać się: *You can't get in to the club without an I.D. card.* **2** [I] przyjeżdżać: *My train gets in at 20.00.* **3** [I] wracać do domu: *I didn't get in until 10 o'clock last night.*

**get into** sth *phr v* [T] **1** dostawać się do: *You'll have to work harder if you want to get into college.* **2** *informal* zainteresować się: *When I was in high school I got into rap music.* **3 what's got into you/her** *spoken* co w ciebie/nią wstąpiło: *I don't know what's got into William. He's not normally so rude.*

**get off** *phr v* **1** [I,T **get off** sth] wysiadać (z), zsiadać (z): *Let's get off here.* | *She got off the horse.* **2** [I] unikać

G

kary: *Financial fraudsters often get off because the details of the case are too complex to be understood by juries.* **3** [I,T] kończyć: *What time do you get off work?* **4 get off!** *spoken* odczep się!

**get off to** sth *phr v* [T] → **get off to a good/bad start** (START²)

**get on** *phr v* **1** [I,T **get on** sth] *także* **get onto** wsiadać do/na **2 get on with sth** kontynuować coś: *Stop talking and get on with your work.* **3** [I] *especially BrE* być w dobrych stosunkach: **+ with** *She doesn't get on with her mother at all.* **4** [I] radzić sobie: *How are you getting on?*

**get out** *phr v* [I] **1** wydostawać się: **+ of** *How did the dog get out of the yard?* **2** wychodzić na jaw: *The minister had to resign when news of his affair got out.*

**get out of** sth *phr v* **1** [T **get out of**sth] wymigać się od: *She couldn't get out of the meeting, so she cancelled our dinner.* **2** [T **get** sth **out of** sb] wyciągnąć od/z: *I'll see if I can get some money out of my Dad.*

**get over** *phr v* **1** [T **get over** sth] dojść do siebie po: *The doctor said it will take a couple of weeks to get over the infection.* **2 get sth over with** skończyć coś jak najszybciej: *"It should only hurt a little." "OK. Just get it over with."*

**get round** *phr v* [I,T] *BrE* → **get around** (GET)

**get round to** sth *BrE phr v* [T] → **get around to** (GET)

**get through** *phr v* **1** [T **get through** sth] przetrwać: *I don't know how I got through the weeks after my husband died.* **2** [I] dodzwonić się: *It took her 20 minutes to get through to the ticket office.*

**get through to** sb *phr v* [T] dotrzeć do, trafić do: *Ben tried to apologize a few times, but he couldn't get through to her* (=nie udało mu się do niej trafić).

**get to** sb *phr v* [T] *informal* wkurzać: *Don't let him get to you. He's just teasing you.*

**get together** *phr v* **1** [I] spotykać się: *We must get together for a drink sometime.* **2 get yourself together/get it together** pozbierać się: *It took a year for me to get myself together after she left.*

**get up** *phr v* **1** [I,T **get** sb **up**] o/budzić (się): *I have to get up at 6:00 tomorrow.* **2** [I] wstawać: *Corrinne got up slowly and went to the window.*

**get up to** sth *phr v* [T] wyprawiać: *Go and see what the kids are getting up to.*

| UWAGA **get dressed** |
| --- |
| Patrz **dress (oneself)** i **get dressed**. |

| UWAGA **get used to** |
| --- |
| Patrz **used to**, **be used to** i **get used to**. |

**get·a·way** /ˈgetəweɪ/ *n* **make a getaway** zbiec

**get-to·geth·er** /ˈ. .ˌ../ *n* [C] spotkanie: *a small get-together with friends*

**gey·ser** /ˈgiːzə/ *n* [C] gejzer

**ghast·ly** /ˈgɑːstli/ *adj* koszmarny: *What ghastly weather!* | *It's that ghastly woman again.*

**ghet·to** /ˈgetəʊ/ *n* [C] *plural* **ghettos** *or* **ghettoes** getto

**ghost** /gəʊst/ *n* [C] duch: *They say the captain's ghost still walks the waterfront.* —**ghostly** *adj* upiorny

**GI** /ˌdʒiː ˈaɪ/ *n* [C] żołnierz armii amerykańskiej

**gi·ant¹** /ˈdʒaɪənt/ *adj* gigantyczny: *a giant TV screen*

**giant²** *n* [C] **1** olbrzym **2** potentat: *a giant of the music industry*

**gib·ber·ish** /ˈdʒɪbərɪʃ/ *n* [U] bełkot

**gid·dy** /ˈgɪdi/ *adj* **be/feel giddy** mieć zawroty głowy

**gift** /gɪft/ *n* [C] **1** prezent **2** dar, talent: **+ for** *Gary has a real gift for telling stories.*

| UWAGA **gift i present** |
| --- |
| **Gift** i **present** mają zwykle to samo znaczenie, ale w amerykańskiej angielszczyźnie częściej używa się wyrazu **gift**, a w brytyjskiej angielszczyźnie wyrazu **present**. W |

brytyjskiej angielszczyźnie wyraz **gift** oznacza zwykle prezent nie tyle użyteczny, co atrakcyjny; używają go zwłaszcza osoby zaangażowane w wytwarzanie lub sprzedaż takich prezentów.

**gift·ed** /ˈɡɪftɨ̣d/ *adj* utalentowany: *one of the most gifted players in the game*

**gig** /ɡɪɡ/ *n* [C] koncert (*muzyki popularnej lub jazzowej*)

**gi·gan·tic** /dʒaɪˈɡæntɪk/ *adj* gigantyczny: *a gigantic phone bill*

**gig·gle** /ˈɡɪɡəl/ *v* [I] za/chichotać —**giggle** *n* [C] chichot

**gild** /ɡɪld/ *v* [T] złocić

**gill** /ɡɪl/ *n* [C] skrzela

**gilt** /ɡɪlt/ *adj* złocony: *a gilt chair*

**gim·mick** /ˈɡɪmɪk/ *n* [C] sztuczka: *advertising gimmicks*

**gin** /dʒɪn/ *n* [C,U] dżin

**gin·ger¹** /ˈdʒɪndʒə/ *n* [U] imbir

**ginger²** *adj BrE* rudy: *a ginger cat*

**gin·ger·ly** /ˈdʒɪndʒəli/ *adv* ostrożnie: *Jack lowered himself gingerly onto the old chair.*

**gi·raffe** /dʒɨ̣ˈrɑːf/ *n* [C] żyrafa

**girl** /ɡɜːl/ *n* [C] **1** dziewczynka: *She's tall for a girl of her age.* | *Karen has two boys and a girl.* **2** dziewczyna: *A nice girl like you needs a boyfriend.* | *I'm going out with the girls tonight.*

**girl·friend** /ˈɡɜːlfrend/ *n* [C] **1** dziewczyna **2** przyjaciółka

**girth** /ɡɜːθ/ *n* [C,U] obwód: *the girth of the tree's trunk*

**gist** /dʒɪst/ *n* **the gist** [singular] esencja (*przemówienia, artykułu*)

**give** /ɡɪv/ *v* **gave, given, giving 1** [T] dawać: **give sb sth** *I gave Jen a CD for Christmas.* | *Here, give me your coat. I'll hang it up for you.* | *Give her some time. She'll make the right decision.* | **give sth to sb** *They gave the job to that guy from Texas.* | *He gave the books to Carl.* **2 give sb a look** spojrzeć na kogoś: *Gus gave her a long look.* **3 give sb a ride** podwieźć kogoś: *Can you give me a ride to school tomorrow?* **4 give sb a call/ring** za/dzwonić do kogoś: *Give me a call around 8:00.* **5 give a speech** wygłosić przemówienie: *The President will be giving a speech at the ceremony.* **6** [T] podawać: *The brochure gives all the details.* | **give sb sth** (=przekazywać coś komuś): *Would you give Kim a message for me?* **7** wzbudzać, powodować: *Your letter gave me hope.* | *The noise is giving me a headache.* | **give sb trouble** (=sprawiać komuś kłopoty): *My back has been giving me trouble lately.* **8** [T] nadawać: *Dark clothes will give you a slimmer look.* **9 give (sb) the impression** robić (na kimś) wrażenie: *The rooms gives the impression of being much larger than it is.* **10 give (sth) thought/attention/consideration** dobrze się zastanowić (nad czymś) **11 give or take** *spoken* plus minus: *The show lasts about an hour, give or take five minutes.* ➡ patrz też GIVE AND TAKE **12 give sb your word** dawać komuś słowo **13 give a party** wydawać przyjęcie **14 give way a)** zapadać się **b)** *BrE* ustępować pierwszeństwa przejazdu: *a give-way sign* **c)** ustępować miejsca: *Sadness soon gave way to joy and relief.* **d)** ustępować: *Neither of them was willing to give way.*

**give away** *phr v* **1** [T **give** sth ↔ **away**] wydawać: *I gave my old clothes away to charity.* | *We're giving away a bottle of wine with every purchase.* **2** [T **give** sb/sth ↔ **away**] wydać, zdradzić: *He said he hadn't told her, but his face gave him away.*

**give** sth ↔ **back** *phr v* [T] oddawać: *I have to give Rick his car back by 3.00.*

**give in** *phr v* **1** [I] ulec: *Andy had been asking her out for months, so she finally gave in.* | **give in to sth** (=ulegać czemuś): *If you feel the need for a cigarette, try not to give in to it.* **2** poddawać się **3** [T **give** sth ↔ **in**] *BrE* składać, oddawać: *Can you give in your exams now, please?*

**give off** *phr v* [T] wydzielać: *The old mattress gave off a faint smell of damp.*

G

**give out** *phr v* **1** [T **give** sth ↔ **out**] rozdawać: *Give out the leaflets as they're leaving the club.* **2** [I] wysiadać, odmawiać posłuszeństwa: *My voice gave out half way through the song.*

**give up** *phr v* **1** [I,T **give** sth ↔ **up**] z/rezygnować (z): *Vlad has given up trying to teach me Russian.* **2** [T **give** sth ↔ **up**] rzucać: *She gave up her job, and started writing.* | *I gave up smoking a year ago.* **3 give yourself/sb up** poddawać się/kogoś: *He gave himself up after police surrounded the property.*

**give up on** sb *phr v* [T] stracić nadzieję co do: *The doctors had almost given up on her when she came out of the coma.*

**give and take** /ˌ. . ˈ./ *n* [U] wzajemne ustępstwa: *In every successful marriage there is a certain amount of give and take.*

**given**[1] /ˈgɪvən/ *v* imiesłów bierny od GIVE

**given**[2] *adj* [only before noun] **1** dany, ustalony: *All claims have to be made by a given date.* **2 any given .../a given ...** dowolny: *There are thousands of homeless people in London at any given time.*

**given**[3] *prep* wziąwszy pod uwagę: *Given the circumstances, you've coped well.*

**given name** /ˈ.. ./ *n* [C] *AmE* ➡ FIRST NAME

**gla·ci·er** /ˈglæsiə/ *n* [C] lodowiec —**glacial** /ˈgleɪʃəl/ *adj* lodowcowy, polodowcowy

**glad** /glæd/ *adj* **1** [not before noun] zadowolony: **be glad (that)** (=cieszyć się, że): *We're so glad that you decided to stay.* | **glad to know/see** (=miło wiedzieć/widzieć): *I'm glad to hear you're feeling better.* **2 be glad to do sth** z chęcią coś zrobić: *He said he'd be glad to help me.* **3 be glad of sth** być zadowolonym z czegoś: *Aunt Meg will be glad of the company.*

**glad·i·a·tor** /ˈglædieɪtə/ *n* [C] gladiator

**glad·ly** /ˈglædli/ *adv* z chęcią: *She said she'd gladly pay for any damages.*

**glam·or·ous** /ˈglæmərəs/ *adj* bardzo efektowny, olśniewający

**glam·our** /ˈglæmə/ *BrE*, **glamor** *AmE* *n* [U] blichtr: *the glamour of a Caribbean cruise*

**glance**[1] /glɑːns/ *v* [I] **1** zerkać: *He didn't even glance in her direction.* | **+ at/down/towards etc** *Lucy glanced at the clock.* **2** rzucać okiem: **+ through/at** *Paul glanced through the menu and ordered a hamburger.*

**glance**[2] *n* [C] zerknięcie: *Doug and Jean exchanged a glance.*

**gland** /glænd/ *n* [C] gruczoł

**glare**[1] /gleə/ *v* [I] piorunować wzrokiem: **+ at** *They glared at each other across the table.*

**glare**[2] *n* **1** [singular] oślepiający blask: *the glare of the sun* **2** [C] piorunujące spojrzenie: *She gave him a fierce glare.*

**glar·ing** /ˈgleərɪŋ/ *adj* **1** oślepiający: *a glaring light* **2** rażący: *glaring mistakes*

**glass** /glɑːs/ *n* **1** [U] szkło: *Don't cut yourself on the broken glass!* | *a glass vase* | *an impressive collection of Venetian glass* **2** [C] kieliszek, szklanka: *Did you put the wine glasses on the table?* | **a glass of sth** *Would you like a glass of water?*

**glass·es** /ˈglɑːsəz/ *n* [plural] okulary: *I can't find my glasses.*

**glass·house** /ˈglɑːshaʊs/ *n* [C] *BrE* szklarnia

**glass·y** /ˈglɑːsi/ *adj* szklisty: *the glassy surface of the lake*

**glaze**[1] /gleɪz/ *v* **1** [I] *także* **glaze over** zachodzić mgłą: *His eyes glazed over.* **2** [T] glazurować **3** [T] o/szklić

**glaze**[2] *n* **1** [C] glazura **2** [U] lukier

**gleam**[1] /gliːm/ *v* [I] błyszczeć: *The Rolls Royce gleamed in the moonlight.* | *His green eyes gleamed with pleasure.*

**gleam**[2] *n* **1** [C] blask: *The table shone with the gleam of silver and glass.* **2** [singular] błysk: *A gleam of humour lit up her eyes.*

**glean** /gliːn/ *v* [T] wydobyć, zebrać: **glean sth from** *I've managed to glean a few details about him from his friends.*

**glee** /gliː/ *n* [U] radość: *The children laughed with glee.*

G

**glen** /glen/ *n* [C] parów

**glide** /glaɪd/ *v* [I] sunąć, ślizgać się: *We watched the sailboats glide across the lake.* —**glide** *n* [C] ślizg

**glid·er** /ˈglaɪdə/ *n* [C] szybowiec —**gliding** *n* [U] szybownictwo

**glim·mer**¹ /ˈglɪmə/ *n* [C] **1 a glimmer of hope** promyk nadziei **2** migotanie

**glimmer**² *v* [I] migotać: *Faint starlight glimmered on the rooftops.*

**glimpse**¹ /glɪmps/ *n* [C] zerknięcie: **get/catch a glimpse of** (=zobaczyć przelotnie): *Dad only caught a glimpse of the guy who stole our car.*

**glimpse**² *v* [T] ujrzeć przelotnie: *For a second I glimpsed her face, then she was gone.*

**glint** /glɪnt/ *v* [I] błyskać: *I saw something glinting in the darkness.* —**glint** *n* [C] błysk

**glis·ten** /ˈglɪsən/ *v* [I] połyskiwać: **glisten with sth** *His back was glistening with sweat.*

**glit·ter**¹ /ˈglɪtə/ *v* [I] skrzyć się: *Snow was glittering in the morning light.*

**glitter**² *n* [U] **1** połyskiwanie: *the glitter of her diamond ring* **2** blask: *the glitter of Las Vegas*

**gloat** /gləʊt/ *v* [I] **gloat over sth** napawać się czymś, upajać się czymś: *Dick was still gloating over his team's win.*

**glo·bal** /ˈgləʊbəl/ *adj* światowy, globalny: *global environmental issues*

**global warm·ing** /ˌ.. ˈ../ *n* [U] globalne ocieplenie

**globe** /gləʊb/ *n* **1 the globe** kula ziemska: *Our company has offices all over the globe.* **2** [C] kula **3** [C] globus

**glob·u·lar** /ˈglɒbjələ/ *adj* kulisty

**glob·ule** /ˈglɒbjuːl/ *n* [C] kropelka: *small globules of oil*

**gloom** /gluːm/ *n* [U singular] **1** mrok **2** przygnębienie

**gloom·y** /ˈgluːmi/ *adj* **1** przygnębiony: *When I saw their gloomy faces, I knew something was wrong.* **2** przygnębiający: *a gloomy sales forecast* **3** ponury: *They were led through the gloomy church by an old priest.* —**gloomily** *adv* ponuro

**glo·ri·fy** /ˈglɔːrəfaɪ/ *v* [T] **1** gloryfikować: *We must avoid glorifying war.* **2** wysławiać —**glorification** /ˌglɔːrəfəˈkeɪʃən/ *n* [U] gloryfikacja

**glo·ri·ous** /ˈglɔːriəs/ *adj* wspaniały: *a glorious achievement | What a glorious day!*

**glo·ry** /ˈglɔːri/ *n* **1** [U] chwała: *The team finished the season covered in glory.* **2** [C] wspaniałość: *the glories of ancient Greece*

**gloss**¹ /glɒs/ *n* [U singular] połysk: *a new hair gel that adds gloss to your hair*

**gloss**² *v*

**gloss over** sth *phr v* [T] przechodzić do porządku dziennego nad

**glos·sa·ry** /ˈglɒsəri/ *n* [C] słowniczek

**gloss·y** /ˈglɒsi/ *adj* **1** lśniący: *glossy, healthy hair* **2** drukowany na lśniącym papierze

**glove** /glʌv/ *n* [C] rękawiczka, rękawica

**glow**¹ /gləʊ/ *n* [singular] **1** poświata: *The sky was filled with an orange glow.* **2** rumieniec

**glow**² *v* [I] **1** błyszczeć, świecić (się): *My new watch glows in the dark.* **2** żarzyć się: *A fire was glowing in the grate.* **3** rumienić się: *Standing there in his new suit, he positively glowed.* **4 glow with happiness/pride** promienieć szczęściem/dumą: *She glowed with happiness. | Their young faces glowed with interest.*

**glu·cose** /ˈgluːkəʊs/ *n* [U] glukoza

**glue**¹ /gluː/ *n* [C,U] klej

**glue**² *v* [T] **glued, gluing** *or* **glueing** przy/kleić: *Cut out the pieces and glue the edges together* (=i sklej brzegi).

**glum** /glʌm/ *adj* przybity

**glut** /glʌt/ *n* [C usually singular] zalew: *a glut of violent video games*

**glu·ti·nous** /ˈgluːtənəs/ *adj* lepki: *The spaghetti had turned into a glutinous mass.*

**glut·ton** /ˈglʌtn/ *n* [C] żarłok —**gluttony** *n* [U] obżarstwo

**gm** skrót od GRAM

**gnarled** /nɑːld/ *adj* sękaty: *a gnarled branch | gnarled fingers*

G

**gnat** /næt/ *n* [C] muszka

**gnaw** /nɔː/ *v* [I,T] gryźć: *The animal began to gnaw at the ropes holding her.*

**gnaw·ing** /ˈnɔːɪŋ/ *adj* [only before noun] dręczący: *gnawing doubts*

**gnome** /nəʊm/ *n* [C] krasnal

**GNP** /ˌdʒiː en ˈpiː/ *n* [singular] PKB (*produkt krajowy brutto*)

**go**[1] /gəʊ/ *v* [I] **went, gone, going** **1** iść/pójść, po/jechać: *I wanted to go, but Craig insisted we stay.* | *Mom went into the kitchen.* | *Let's go home.* | *They've gone shopping.* | *Nancy has gone to Paris.* | **be/get going** *It's late – I must be going* (=muszę już iść). | **go by bus/plane etc** *You take the train and we will go by car.* **2 be going to do sth** sposób wyrażania czasu przyszłego: *It looks like it's going to rain* (=będzie padać). | *He's going to marry Ann* (=ożeni się z Ann). ➡ patrz ramka GOING TO **3** sięgać: *The roots of the tree go very deep.* **4** prowadzić: *Does this road go to the station?* **5 go bad/white/wild** psuć się/bieleć/dziczeć: *I think this milk's gone sour* (=skwaśniało). | *My hair's going grey* (=siwieją). **6** pozostawać: *All her complaints went unheard* (=pozostały bez reakcji). | **go hungry** *When food is short it's often the mother who goes hungry* (=nie dojada). **7 go to church/school** chodzić/iść do kościoła/szkoły: *Is Brett going to college next year?* **8** pójść: *How did your interview go?* | **go well/fine/wrong** (=iść dobrze/źle): *Everything started to go wrong all of a sudden.* **9** *informal* działać: *My car wouldn't go this morning.* **10** przechodzić: *Has your headache gone yet?* **11** mijać: *I just don't know where the time goes.* | *The hours go so slowly at work.* **12** ze/psuć się: *Dad's hearing is starting to go.* **13** pasować: **+ together** (=do siebie): *Those colours don't go together very well.* | **go with sth** (=pasować do czegoś): *Does red wine go with chicken?* **14 to go a)** pozostało: *Only two weeks to go before we leave for South America!* **b)** *AmE* na wynos: *I'll have a large order of fries to go, please.* **15 How's it going?/How are things going?/How goes it?** *spoken* Jak leci?: *"Hey Jimmy, how's it going?" "All right, I guess."*

**go about** sth *phr v* [T] zabierać się do: *Perhaps I'm going about this the wrong way.*

**go after** sb/sth *phr v* [T] ruszać (w pogoń) za: *Karr hesitated a moment, then went after her.*

**go against** sb/sth *phr v* [T **go against** sth] postępować wbrew: *You've really angered him by going against his wishes.*

**go ahead** *phr v* [I] odbyć się, dojść do skutku: *The railway strike looks likely to go ahead tomorrow.* | *The sale went ahead as planned.* | **+ with** *They plan to go ahead with their wedding* (=planują pobrać się) *later this year.*

**go along** *phr v* [I] **as you go along** z czasem: *You'll learn how to do it as you go along.*

**go along with** sth *phr v* [T] za/stosować się do czegoś: *They were happy to go along with our suggestions.*

**go around** *także* **go round** *BrE phr v* [I] **1** krążyć: **go around doing sth** *You can't go around saying things like that* (=nie możesz chodzić i rozpowiadać takich rzeczy). **2 to go around** dla wszystkich: *Are there enough glasses to go around?*

**go at** sb/sth *phr v* [T] rzucać się na: *The boys went at each other until the teacher pulled them apart.*

**go away** *phr v* [I] **1** odchodzić: *Go away! Leave me alone!* **2** wyjeżdżać: *We're going away for the weekend.* **3** przechodzić: *My headache still hasn't gone away.*

**go back** *phr v* [I] wracać: **+ to** *I'll never go back to my old school.*

**go back on** sth *phr v* [T] nie dotrzymać: *He went back on his promise.*

**go back to** sth *phr v* [T] **1** wracać do: *I can't study any more – I'll go back to it later.* **2** sięgać: *The company's history goes back to 1925.*

**go by** *phr v* **1** [I] mijać: *Two months went by before Tony called.* **2** [T **go by** sth] kierować się: *Don't go by that map.*

## Konstrukcja **BE GOING TO**
## ***I AM GOING TO WORK***

Konstrukcja ta składa się z formy osobowej czasownika ***be*** (w czasie teraźniejszym lub przeszłym), po której następuje ***going*** + bezokolicznik. Konstrukcji tej używamy zazwyczaj

**1** mówiąc o tym, co ktoś zamierza zrobić:
*She **is going to travel** round the world after she graduates.*
*That's a lot of money. What **are** you **going to do** with it?*

**2** mówiąc o tym, co ktoś zamierzał zrobić, ale nie zrobił:
*They **were going to drive**, but in the end they took the train.*

**3** mówiąc, że coś się niedługo stanie (tak sądzimy, bo w momencie mówienia wskazują na to jakieś okoliczności):
*Look at these clouds! **It's going to rain**.*
*I feel awful. I think **I'm going to be** sick.*

patrz też: ***BE, Infinitive, Future Continuous, Future Simple***

*It's really old.* | *We'll have to go by the referee's decision.*

**go down** *phr v* [I] **1** obniżać się, spadać: *The temperature went down to freezing last night.* **2** zachodzić: *The sun is going down.* **3** za/tonąć: *Three ships went down in the storm.* **4 go down well/badly** zostać dobrze/źle przyjętym: *Robbie's jokes didn't go down very well with her parents.*

**go down with** sth *phr v* [T] *informal* zachorować na: *Ron's gone down with flu.*

**go for** sb/sth *phr v* [T] **1** wybierać, woleć **2** [**go for** sb] rzucać się na: *She went for him with a knife.* **3** próbować zdobyć: *We're going for the gold medal.* **4** *spoken* odnosić się do: *I told him to work harder, and that goes for you too.*

**go in for** sth *phr v* [T] interesować się: *I've never gone in for modern art.*

**go into** sth *phr v* [T] **1** zająć się: *Vivian wants to go into teaching.* **2 go into details** wdawać się w szczegóły: *I don't want to go into details right now, but it was horrible.*

**go off** *phr v* **1** [I] wybuchać: *The bomb went off without warning.* **2** [I] zadzwonić: *My alarm clock didn't go off!* **3** *BrE* [I] ze/psuć się: *This milk has gone off.* **4** [T] *BrE informal* przestać lubić: *I've gone off coffee.*

**go on** *phr v* [I] **1 go on doing sth** dalej coś robić: *We can't go on fighting like this!* **2** trwać: *The meeting went on longer than I expected.* **3** dziać się: *What's going on down there?* **4** kontynuować: **+ with** *After a short pause, Maria went on with her story.* **5** mijać: *As time went on, he became more friendly.* **6** *spoken* no, dalej: *Go on, have some more cake.*

**go out** *phr v* [I] **1** wychodzić: *Are you going out tonight?* | **go out for dinner/lunch** *We went out for brunch on Sunday.* **2 go out (with sb)** chodzić (z kimś): *How long have you two been going out?* | *Lisa used to go out with my brother.* **3** z/gasnąć: *All the lights went out.*

**go over** *phr v* **1** [T] przestudiować: *I've gone over the budget and I don't think we can afford a new computer.* **2** [T] powtarzać: *Once again I went over exactly what I needed to say.*

**go round** *phr v* [I] *BrE* GO AROUND

**go through** *phr v* **1** [T **go through** sth] przechodzić przez: *She's just been through a divorce.* **2** [T **go through** sth] przeszukiwać: *Have you been going through my handbag again?*

**go through with** sth *phr v* [T] doprowadzić do końca: *I'm not sure if I can go through with the wedding.*

**go up** *phr v* [I] **1** wzrastać: *Our rent has gone up by almost 20%.* **2** wyrastać: *All of those houses have gone up in the past 6 months.* **3** wybuchać: *What will happen if that gas tanker goes up?*

**go with** sb/sth *phr v* [T] być częścią: *the responsibilities that go with having a family*

**go without** *phr v* [T] obywać się bez: *We're out of milk – I'm afraid you'll have to go without.* | *She had gone without food to feed the children.*

> UWAGA **go**
>
> Brytyjczycy zwykle mówią **go and do sth**; Amerykanie mówią **go do sth**: *Do you want to go see the baseball game?*

> UWAGA **go with**
>
> Patrz **fit** i **suit** i **match** (lub **go with**).

**go**[2] *n plural* **goes 1** [C] próba: **have a go (at sth)** (=spróbować (czegoś)): *We thought we'd have a go at making our own Easter eggs.* **2** [C] *especially BrE* kolej: *Whose go is it?* **3 on the go** w ruchu

**go-a·head** /ˈ. .ˌ./ *n* **give sb the go-ahead** *informal* dawać komuś zgodę

**goal** /ɡəʊl/ *n* [C] **1** cel: *My goal is to study law at Harvard.* **2** bramka **3** gol: *Ramos scored two goals for the US.*

**goal·keep·er** /ˈɡəʊlˌkiːpə/ *także* **goal·ten·der** /-ˌtendə/ *AmE n* [C] bramkarz

**goal·post** /ˈɡəʊlpəʊst/ *n* [C *usually plural*] słupek (*bramki*)

**goat** /ɡəʊt/ *n* [C] koza

**gob·ble** /ˈɡɒbəl/ *v* [T] *informal także* **gobble up** pożerać

**go-be·tween** /ˈ. .ˌ./ *n* [C] posłaniec

**gob·let** /ˈɡɒblᵻt/ *n* [C] puchar

**gob·lin** /ˈɡɒblᵻn/ *n* [C] chochlik

**God** /ɡɒd/ *n* [singular] **1** Bóg **2 God/oh God/my God** *spoken* Boże **3 I swear to God** *spoken* jak Boga kocham **4 God (only) knows** *spoken* Bóg (jeden) wie: *God only knows where those kids are now!* **5 what/how in God's name** *spoken* co/jak na miłość boską: *Where in God's name have you been?* **6 God forbid** *spoken* broń Boże: *God forbid that your father finds out about this.*

**god** *n* [C] bóg: *the god Krishna* | *Science became their god.*

**god·child** /ˈɡɒdtʃaɪld/ *n* [C] *plural* **godchildren** chrześnia-k/czka

**god·dam·mit** /ɡɒˈdæmᵻt/ *interjection AmE* cholera

**god·damn** /ˈɡɒdæm/ **goddamned** *adj AmE spoken* cholerny

**god·dess** /ˈɡɒdᵻs/ *n* [C] bogini: *Venus, the goddess of love*

**god·fa·ther** /ˈɡɒdˌfɑːðə/ *n* [C] ojciec chrzestny

**god·for·sak·en** /ˈɡɒdfəˌseɪkən/ *adj* opuszczony, zapomniany

**god·like** /ˈɡɒdlaɪk/ *adj* boski: *a godlike chief* | *godlike status*

**god·moth·er** /ˈɡɒdˌmʌðə/ *n* [C] matka chrzestna

**god·pa·rent** /ˈɡɒdˌpeərənt/ *n* [C] rodzic chrzestny

**god·send** /ˈɡɒdsend/ *n* [singular] błogosławieństwo: *Being able to drive has been a godsend since we moved here.*

**goes** /ɡəʊz/ *v* trzecia osoba liczby pojedynczej czasu teraźniejszego od GO

**gog·gles** /ˈɡɒɡəlz/ *n* [plural] gogle, okulary ochronne: *a pair of swimming goggles*

**go·ing** /ˈɡəʊɪŋ/ *n* [U] **1** *informal* tempo: **good/hard/slow etc going** *We got there in four hours, which wasn't bad going.* **2 while the going's good** *BrE* dopóki jeszcze można: *You should get out while the going's good.*

**gold**[1] /ɡəʊld/ *n* **1** [U] złoto **2** [C,U] kolor złoty

**gold**[2] *adj* złoty: *a gold necklace* | *a gold dress*

**gold·en** /ˈgəʊldən/ *adj* **1** złoty, złocisty: *golden hair* **2** złoty: *a golden crown*

> UWAGA **golden i gold**
>
> Kiedy chcemy powiedzieć, że coś jest 'złote' ('zrobione ze złota' lub 'złotego koloru'), używamy raczej wyrazu **gold**, a nie **golden**: *a gold chain | a black dress with red and gold stripes down the front.* Wyraz **golden** ma bardzo podobne znaczenie, ale występuje częściej w stylu literackim: *golden sunlight | golden hair.* Oprócz tego, wyrazy te występują w wyrażeniach, gdzie również nie należy ich mylić: *a gold medal | gold rush | a golden wedding.*

**gold·fish** /ˈgəʊldˌfɪʃ/ *n* [C] złota rybka

**gold med·al** /ˌ. ˈ../ *n* [C] złoty medal

**gold·mine** /ˈgəʊldmaɪn/ *n* [C] **1** żyła złota: *That pub's an absolute goldmine.* **2** kopalnia złota

**golf** /gɒlf/ *n* [U] golf —**golfer** *n* [C] gracz w golfa

**golf club** /ˈ. ./ *n* [C] **1** kij golfowy **2** klub golfowy

**golf course** /ˈ. ./ *n* [C] pole golfowe

**gone** /gɒn/ *v* imiesłów bierny od GO

**gong** /gɒŋ/ *n* [C] gong

**goo** /guː/ *n* [U] maź: *What's that goo in your hair?*

**good**[1] /gʊd/ *adj* **better, best 1** dobry: *Peter's exam results were good, but Sue's were even better.* | *It's a good day for going to the beach.* | *You need good strong boots for walking.* | *a good swimmer* | **+ at** *Andrea is very good at languages.* | **(as) good as new** (=jak nowy): *The car looks as good as new again.* | **be good for two days/five years** (=zachowywać ważność przez dwa dni/pięć lat): *The guarantee on my new watch is good for five years.* **2** ładny: *good weather* **3** miły: *It's good to see you again.* **4 sth is good for you** coś jest zdrowe: *Watching so much TV isn't good for you.* **5** grzeczny: *Sit here and be a good girl.* **6** uprzejmy: **good of sb (to do sth)** (=uprzejmie z czyjejś strony): *It's good of you to come at such short notice.* **7 as good as** prawie: *The work is as good as finished.* **8** prawy: *He had always tried to lead a good life.* **9** [only before noun] całkiem: **a good many/few** (=całkiem sporo): *There were a good few people at church this morning.* | **a good 10 minutes/3 miles** (=dobre 10 minut/3 mile) **10 in good time** odpowiednio wcześnie: *I want to get to the airport in good time.* **11 good/oh good** *spoken* (bardzo) dobrze: *"I've finished." "Good, that was quick."* **12 good luck** *spoken* powodzenia **13 good God/grief/heavens** *spoken* wielkie nieba: *Good grief! Is it 12 o'clock already?* **14 it's a good thing** *spoken także* **it's a good job** *BrE* dobrze, że: *It's a good job I brought the map.*

**good**[2] *n* **1** [U] dobro: *the battle between good and evil* | **be no good/do no good** (=na nic się nie zdać): *It's no good crying now.* | *You can talk to her, but it won't do any good.* | **do sb good** (=dobrze komuś zrobić): *It'll do you good to have a holiday.* | **for sb's own good** (=dla czyjegoś własnego dobra): *Take your medicine – it's for your own good.* | **be up to no good** *informal* (=mieć złe zamiary) **2 be no good/not be any good/not be much good** być do niczego: *This radio's no good.* | *The film wasn't much good, was it?* **3 for good** na dobre: *We moved out of the city for good in 1989.*

**good af·ter·noon** /. ˌ..ˈ./ *interjection* dzień dobry (*po południu*)

**good·bye** /gʊdˈbaɪ/ *interjection* do widzenia: *Goodbye, Mrs. Anderson.* | **say goodbye (to sb)** (=po/żegnać się (z kimś)): *I just want to say goodbye to Erica.*

**good eve·ning** /. ˈ../ *interjection* dobry wieczór: *Good evening, ladies and gentlemen!*

**good-for-noth·ing** /ˌ. . ˈ..◂ / *n* [C] nicpoń

**good-hu·moured** /ˌ. ˈ..◂ / *BrE* **good-humored** *AmE adj* dobroduszny

**good·ies** /ˈgʊdiz/ *n* [plural] *informal* pyszności: *a bag of goodies*

**good-look·ing** /ˌ. ˈ..◂ / *adj* atrakcyjny

**good mor·ning** /. '../ *interjection* dzień dobry (*przed południem*): *Good morning! Did you sleep well?*

**good-na·tured** /ˌ. '..◂ / *adj* życzliwy

**good·ness** /'gʊdnǝ̣s/ *n* **1** *także* **my goodness** *spoken* ojej: *My goodness, you've lost a lot of weight!* **2** [U] dobroć: *Anne believed in the basic goodness of people.*

**good night** /. './ *interjection* dobranoc: *Good night, Sandy. Sleep well!*

**goods** /gʊdz/ *n* [plural] towary: *electrical goods*

**good·will** /ˌgʊd'wɪl/ *n* [U] dobra wola: *Christmas should be a time of peace and goodwill.*

**goof** /guːf/ *v* [I] *AmE informal* wygłupić się: *Oops! I goofed again.*
**goof around** *phr v* [I] *AmE informal* wygłupiać się: *We were just goofing around at the mall.*

**goof·y** /'guːfi/ *adj informal* głupkowaty: *a goofy smile*

**goose** /guːs/ *n* [C,U] *plural* **geese** /giːs/ gęś

**goose·ber·ry** /'gʊzbǝri/ *n* [C] agrest: *gooseberry pie*

**goose pim·ples** /'. ˌ../ *especially BrE*, **goose bumps** /'. ./ *especially AmE n* [plural] gęsia skórka

**gorge[1]** /gɔːdʒ/ *n* [C] wąwóz

**gorge[2]** *v* **gorge yourself on sth** objadać się czymś: *The kids have gorged themselves on chocolate bars all afternoon.*

**gor·geous** /'gɔːdʒǝs/ *adj informal* **1** wspaniały, cudowny: *What a gorgeous sunny day!* **2** śliczny: *I think Lizzie is gorgeous.*

**go·ril·la** /gǝ'rɪlǝ/ *n* [C] goryl

**gor·y** /'gɔːri/ *adj* krwawy: *a gory film*

**gosh** /gɒʃ/ *interjection* ojej: *Gosh! I never knew that!*

**gos·pel** /'gɒspǝl/ *n* **1** [C] ewangelia **2** [U] *także* **gospel music** muzyka gospel

**gos·sip[1]** /'gɒsǝ̣p/ *n* **1** [C,U] plotki: *People love hearing gossip about film stars.* **2** [C] plotka-rz/rka

**gossip[2]** *v* [I] plotkować: **+ about** *What are you two gossiping about?*

**got** /gɒt/ *v* czas przeszły i imiesłów bierny od GET

**got·ten** /'gɒtn/ *v* amerykańska postać imiesłowu biernego od GET

**gouge** /gaʊdʒ/ *v* [T] wy/dłubać
**gouge** sth ↔ **out** *phr v* [T] wy/żłobić: *Glaciers had gouged out the valley during the Ice Age.*

**gour·met[1]** /'gʊǝmeɪ/ *adj* [only before noun] dla smakoszy: *a gourmet restaurant*

**gourmet[2]** *n* [C] smakosz

**gov·ern** /'gʌvǝn/ *v* [I,T] rządzić: *The Socialist Party governed for thirty years.* | *the laws governing the universe*

**gov·ern·ess** /'gʌvǝnǝ̣s/ *n* [C] guwernantka

**gov·ern·ment** /'gʌvǝmǝnt/ *n* **1** [C] *także* **Government** rząd: *The government has promised to improve standards in education.* **2** [U] rządy: *democratic government*

> UWAGA **government**
>
> W brytyjskiej angielszczyźnie czasownik łączący się z **government** może występować w liczbie pojedynczej lub mnogiej: *The government has/have decided to introduce new laws against terrorism.* W amerykańskiej angielszczyźnie czasownik łączący się z **government** występuje zawsze w liczbie pojedynczej.

**gov·er·nor** /'gʌvǝnǝ/ *także* **Governor** *n* [C] gubernator: *the Governor of California*

**gown** /gaʊn/ *n* [C] **1** suknia: *a black silk evening gown* **2** toga: *his graduation gown*

**GP** /ˌdʒiː 'piː/ *n* [C] *BrE* lekarz rodzinny: *If the headaches continue, contact your GP.*

**grab** /græb/ *v* [T] **-bbed, -bbing** **1** chwycić: *He grabbed my bag and ran off.* **2 grab sb/someone's attention** *informal* wciągać kogoś: *The film grabs your attention from the start.* **3 grab some sleep** *informal* zdrzemnąć się: *I managed to grab an hour's sleep this afternoon.*

**4 grab some food/a bite to eat/a sandwich** *informal* przekąsić coś: *I'll just grab a sandwich for lunch.* **5 grab a chance/opportunity** s/korzystać z okazji: *Grab the opportunity to travel while you can.*

**grace** /greɪs/ *n* [U] **1** gracja, wdzięk: *She moved with the grace of a dancer.* **2** takt: **have the grace to do sth** *At least he had the grace to apologize.* | **with good grace** (=z humorem): *Kevin accepted his defeat with good grace.* **3** prolongata: **a week's/month's etc grace** *I couldn't pay, so they have given me a week's grace.* **4** modlitwa (*przed posiłkiem*): *Who will say grace?*

**grace·ful** /ˈgreɪsfəl/ *adj* **1** pełen wdzięku: *a graceful dancer* | *an arch supported by graceful columns* **2** taktowny: *a graceful apology* —**gracefully** *adv* z wdziękiem

**gra·cious** /ˈgreɪʃəs/ *adj* **1** łaskawy: *a gracious host* **2** wytworny: *gracious living* **3 (goodness) gracious!** *spoken old-fashioned* Boże (drogi)! —**graciously** *adv* łaskawie

**grade**[1] /greɪd/ *n* **1** [C,U] gatunek: *Grade A eggs* **2** [C] stopień, ocena: *Betsy always gets good grades.* **3 make the grade** dawać sobie radę: *Very few kids make the grade as professional footballers.* **4** [C] klasa: *He's just finished third grade.*

**grade**[2] *v* [T] **1** s/klasyfikować: *potatoes graded according to size* **2** *AmE* oceniać: *I spent the weekend grading tests.*

**grade school** /ˈ. ˌ./ *n* [C] *AmE* szkoła podstawowa

**grad·u·al** /ˈgrædʒuəl/ *adj* stopniowy: *a gradual increase in the number of jobs available*

**grad·u·al·ly** /ˈgrædʒuəli/ *adv* stopniowo: *Gradually, their marriage got better.*

**grad·u·ate**[1] /ˈgrædʒuǝt/ *n* [C] absolwent/ka: **+ of** *a graduate of Oxford university* | *a high-school graduate*

**grad·u·ate**[2] /ˈgrædʒueɪt/ *v* [I] **1** s/kończyć studia: **+ from** *Ruth has just graduated from Princeton.* **2** *AmE* s/kończyć szkołę średnią

**grad·u·ate**[3] /ˈgrædʒuǝt/ *adj AmE* **graduate student** słuchacz/ka studiów magisterskich lub doktoranckich

**grad·u·a·tion** /ˌgrædʒuˈeɪʃən/ *n* [U] ukończenie studiów lub amerykańskiej szkoły średniej: *After graduation, Sally trained as a teacher.*

**graf·fi·ti** /grəˈfiːti/ *n* [U] graffiti

**graft**[1] /grɑːft/ *n* **1** [C] przeszczep: *skin/bone grafts* **2** [U] *AmE* przekupstwo: *politicians accused of graft*

**graft**[2] *v* [T] przeszczepiać

**grain** /greɪn/ *n* **1** [C,U] ziarno: *All they had left were a few grains of rice.* **2** [C] ziarenko: *grains of sand* | *There's not a grain of truth in what she said.* **3 go against the grain** być nie w porządku: *It really went against the grain to throw all that food away.*

**gram** /græm/ *także* **gramme** *n* [C] gram

**gram·mar** /ˈgræmə/ *n* [C,U] gramatyka: *She always corrects my grammar.* | *a good English grammar*

**grammar school** /ˈ.. ˌ./ *n* [C] liceum ogólnokształcące (*w Wielkiej Brytanii*)

**gram·mat·i·cal** /grəˈmætɪkəl/ *adj* [only before noun] gramatyczny: *You're still making grammatical errors.* | *a grammatical sentence* —**grammatically** *adv* gramatycznie ➡ antonim UNGRAMMATICAL

**gran** /græn/ *n* [C] *BrE informal* babcia

**grand**[1] /grænd/ *adj* **1** wielki, uroczysty: *a grand ceremony at the Palace* **2 grand total** suma końcowa **3** ważny: *He thinks he's too grand to talk to us.* **4** *informal* świetny: *a grand day out*

**grand**[2] *n* [C] *informal plural* **grand** tysiąc (*funtów, dolarów*): *Bill only paid five grand for that car.*

**grand·child** /ˈgræntʃaɪld/ *n* [C] wnuk, wnuczka

**grand·dad** /ˈgrændæd/ *n* [C] *informal* dziadek

**grand·daugh·ter** /ˈgrænˌdɔːtə/ *n* [C] wnuczka

**gran·deur** /ˈgrændʒə/ *n* [U] okazałość: *the grandeur of the mountains*

G

**grand·fa·ther** /ˈgrænˌfɑːðə/ *n* [C] dziadek

**grandfather clock** /ˈ... ˌ./ *n* [C] zegar stojący

**grand·ma** /ˈgrænmɑː/ *n* [C] *informal* babcia

**grand·moth·er** /ˈgrænˌmʌðə/ *n* [C] babka

**grand·pa** /ˈgrænpɑː/ *n* [C] *informal* dziadek

**grand·par·ent** /ˈgrænˌpeərənt/ *n* [C] **grandparents** dziadkowie

**grand pi·an·o** /ˌ. .ˈ../ *n* [C] fortepian (*koncertowy*)

**grand slam** /ˌ. ˈ./ *n* [C] wielki szlem

**grand·son** /ˈgrænsʌn/ *n* [C] wnuk

**grand·stand** /ˈgrændstænd/ *n* [C] trybuna (*na stadionie*)

**gran·ite** /ˈgrænət/ *n* [U] granit

**gran·ny** /ˈgræni/ *n* [C] *informal* babcia

**grant**[1] /grɑːnt/ *v* **1 take it for granted (that)** zakładać z góry, że: *You can't take it for granted that your parents will pay for college.* **2 take sb for granted** nie liczyć się z kimś: *He spends all his time at work and takes his family for granted.* **3** [T] *formal* udzielać, przyznawać: *Ms. Chung was granted American citizenship last year.* **4** [T] przyznawać rację: *He's not an intellectual, I grant you, but he does work hard.*

**grant**[2] *n* [C] **1** grant, dotacja: *a research grant* **2** stypendium: *a student grant*

**gran·ule** /ˈgrænjuːl/ *n* [C] ziarenko: *instant coffee granules*

**grape** /greɪp/ *n* [C] winogrono

**grape·fruit** /ˈgreɪpfruːt/ *n* [C] grejpfrut

**grape·vine** /ˈgreɪpvaɪn/ *n* **sb heard sth on/through the grapevine** coś doszło do kogoś pocztą pantoflową: *I heard it through the grapevine that Julie's getting married.*

**graph** /græf/ *n* [C] wykres: *a graph showing population growth over 50 years*

**graph·ic** /ˈgræfɪk/ *adj* **a graphic account/description** szczegółowa relacja/opis: *a graphic account of her unhappy childhood* —**graphically** *adv* szczegółowo, obrazowo: *She described the scene graphically.*

**graphic de·sign** /ˌ.. .ˈ./ *n* [U] grafika użytkowa —**graphic designer** *n* [C] grafik

**graph·ics** /ˈgræfɪks/ *n* [plural] grafika

**grap·ple** /ˈgræpəl/ *v* [I] mocować się: **+ with** *A young man was grappling with the guard.*

**grapple with** sth *phr v* [T] zmagać się z: *I've been grappling with this essay question all morning.*

**grasp**[1] /grɑːsp/ *v* [T] **1** chwytać, z/łapać: *Grasp the rope with both hands.* **2** pojąć: *At the time I didn't fully grasp what he meant.*

**grasp at** sth *phr v* [T] chwytać za

**grasp**[2] *n* [singular] **1** rozeznanie, orientacja: **a good/poor grasp of** *a good grasp of spoken English* (=dobra znajomość angielskiego) | **beyond sb's grasp** (=za trudne dla kogoś) **2 be within/beyond sb's grasp** być w zasięgu/poza zasięgiem czyjejś ręki: *Eve felt that success was finally within her grasp.* **3** chwyt, uścisk: *The bottle slipped out of his grasp* (=wyślizgnęła mu się z ręki) *and smashed on the floor.*

**grass** /grɑːs/ *n* [C,U] trawa: *Please keep off the grass.* | *a blade of grass* | *mountain grasses* —**grassy** *adj* trawiasty: *a grassy bank*

**grass·hop·per** /ˈgrɑːsˌhɒpə/ *n* [C] konik polny

**grass roots** /ˌ. ˈ./ *n* **the grass roots** szeregowi członkowie —**grass-roots** *adj* oddolny: *grass-roots support*

**grate**[1] /greɪt/ *v* **1** [T] u/trzeć: *grated carrot* **2** [I] za/zgrzytać: **+ on/against** *The chalk grated on the blackboard.* **3 grate on sb/grate on sb's nerves** *informal* działać komuś na nerwy: *Her voice really grates on my nerves.*

**grate**[2] *n* [C] palenisko (*w kominku*)

**grate·ful** /ˈgreɪtfəl/ *adj* **1** wdzięczny: **be grateful (to sb) for sth** *Mona was very grateful to Peter for his advice.* → antonim UNGRATEFUL **2 I would be grateful if you could/would ...** byłbym

wdzięczny gdyby Pan/i zechciał/a... : *I would be grateful if you would allow me to visit your school.* —**gratefully** *adv* z wdzięcznością: *We gratefully accepted their offer of help.*

**grat·er** /ˈgreɪtə/ *n* [C] tarka

**grat·i·fy** /ˈgrætɪ̈faɪ/ *v* [T] *formal* u/satysfakcjonować: *She was gratified by the result.* | *It was gratifying to know that I had won.* —**gratification** /ˌgrætɪ̈fɪ̈ˈkeɪʃən/ *n* [U] satysfakcja

**grat·i·tude** /ˈgrætɪ̈tjuːd/ *n* [U] wdzięczność: *I would like to express my gratitude to everyone who helped us.* ➡ antonim INGRATITUDE

**gra·tu·i·tous** /grəˈtjuːɪ̈təs/ *adj* nieuzasadniony, niepotrzebny: *gratuitous violence in films*

**grave**[1] /greɪv/ *n* [C] grób: *We visited my grandfather's grave.*

**grave**[2] *adj* poważny: *I have grave doubts about her ability as a teacher.* | *Dr. Fry looked grave. "I have some bad news," he said.* —**gravely** *adv* poważnie

**grav·el** /ˈgrævəl/ *n* [U] żwir —**gravelled** *BrE*, **graveled** *AmE* *adj* żwirowany: *a gravelled driveway*

**grave·stone** /ˈgreɪvstəʊn/ *n* [C] nagrobek

**grave·yard** /ˈgreɪvjɑːd/ *n* [C] cmentarz

**grav·i·tate** /ˈgrævɪ̈teɪt/ *v* [I] **sb gravitates to/towards sb/sth** ktoś ciągnie do kogoś/czegoś: *Students gravitate towards others with similar interests.*

**grav·i·ta·tion·al** /ˌgrævɪ̈ˈteɪʃənəl◂/ *adj technical* grawitacyjny: *the Earth's gravitational pull*

**grav·i·ty** /ˈgrævɪ̈ti/ *n* [U] **1** grawitacja: *the laws of gravity* **2** *formal* powaga: **+ of** *We were soon made aware of the gravity of the situation.*

**gra·vy** /ˈgreɪvi/ *n* [U] sos (*pieczeniowy*)

**gray** /greɪ/ *adj, n* amerykańska pisownia wyrazu GREY

**graze**[1] /greɪz/ *v* **1** [I,T] paść się: *cattle grazing in the field* **2** [T] obetrzeć: *Billy grazed his knee when he fell.* **3** [T] ocierać się o: *A bullet grazed his cheek.*

**graze**[2] *n* [C] obtarcie naskórka: *cuts and grazes*

**grease**[1] /griːs/ *n* [U] **1** tłuszcz **2** smar

**grease**[2] *v* [T] po/smarować: *Grease the tin lightly with butter.*

**greas·y** /ˈgriːsi/ *adj* tłusty: *greasy food* | *greasy hair*

**great** /greɪt/ *adj* **1** *spoken* świetny: *It's great to see you again!* | *We had a great time in Rio.* | **+ for** *Our holiday villas are great for families with children.* **2** wielki: *a great pile of newspapers* | *the great civilizations of the past* | *the greatest movie star of them all* | **great big** (=ogromny): *Will caught a great big fish!* | **a great many** (=mnóstwo): *A great many people died in the flood.* | **great friend** (=bliski przyjaciel) **3** *spoken* no to fajnie (*ironicznie*): *"Your car won't be ready until next week." "Oh, great!"* **4 great-grandfather** pradziadek **5 great-granddaughter** prawnuczka —**greatness** *n* [U] wielkość

**great·ly** /ˈgreɪtli/ *adv formal* znacznie: *Your chances of getting cancer are greatly increased if you smoke.*

**greed** /griːd/ *n* [U] chciwość: *Burning the rainforest is motivated by greed.*

**greed·y** /ˈgriːdi/ *adj* **1** chciwy, zachłanny **2** łakomy: *Don't be so greedy – leave some cake for the rest of us!* —**greedily** *adv* chciwie, zachłannie —**greediness** *n* [U] chciwość, łakomstwo

**green**[1] /griːn/ *adj* **1** zielony: *green eyes* | *We must preserve green areas of the town.* | *green with envy* (=z zazdrości) **2** ekologiczny: *green issues* **3** *informal* zielony (*niedoświadczony*): *The trainees are still pretty green.* **4 have green fingers** *BrE*/**have a green thumb** *AmE* mieć dobrą rękę do roślin

**green**[2] *n* **1** [C,U] kolor zielony **2** [C] *BrE* błonia wiejskie

**green belt** /ˈ. ./ *n* [C,U] pierścień zieleni (*dookoła miasta*)

**green card** /ˌ. ˈ./ *n* [C] zielona karta

**green·e·ry** /ˈgriːnəri/ *n* [U] zieleń

G

**green·gro·cer** /ˈgriːnˌgrəʊsə/ *n* [C] *BrE* **1** kupiec owocowo-warzywny **2 greengrocer's** sklep owocowo-warzywny

**green·house** /ˈgriːnhaʊs/ *n* [C] szklarnia

**greenhouse ef·fect** /ˈ.. .ˌ./ *n* **the greenhouse effect** efekt cieplarniany

**greens** /griːnz/ *n* [plural] warzywa zielone

**greet** /griːt/ *v* [T] **1** przy/witać: *The children came rushing out to greet me.* **2** przyjmować: **be greeted with** *The first speech was greeted with cheers and laughter.*

**greet·ing** /ˈgriːtɪŋ/ *n* [C,U] powitanie, pozdrowienie: **exchange greetings** (=przywitać się)

**gre·gar·i·ous** /grɪˈgeəriəs/ *adj* towarzyski

**gre·nade** /grəˈneɪd/ *n* [C] granat

**grew** /gruː/ *v* czas przeszły od GROW

**grey**[1] /greɪ/ (*także* **gray** *AmE*) *adj* **1** szary, popielaty: *grey rain clouds* **2** siwy: **go grey** (=o/siwieć): *My father went grey in his forties.* **3** szary: *It was a grey Sunday morning.* | *grey businessmen*

**grey**[2] (*także* **gray** *AmE*) *n* [C,U] kolor szary

**grey·hound** /ˈgreɪhaʊnd/ *n* [C] chart angielski

**grey·ing** /ˈgreɪ-ɪŋ/ *BrE*, **graying** *AmE adj* siwiejący

**grid** /grɪd/ *n* [C] **1** siatka, kratka **2** *BrE* sieć energetyczna

**grief** /griːf/ *n* [U] **1** żal: *His grief was obvious from the way he spoke.* **2 Good grief!** *spoken* Boże drogi!

**griev·ance** /ˈgriːvəns/ *n* [C,U] **a grievance against** pretensje do: *He has a grievance against his former employer.*

**grieve** /griːv/ *v* **1** [I] być pogrążonym w smutku: *Sue's grieving over the death of her mother.* **2** [T] **it grieves me to think/see ...** przykro mi na myśl/kiedy widzę ...: *It grieves me to see him wasting his talents* (=jak marnuje swoje zdolności).

**grill**[1] /grɪl/ *v* **1** [I,T] piec na ruszcie **2** [T] *informal* maglować: *They let the man go after grilling him for several hours.*

**grill**[2] *n* [C] **1** *BrE* ruszt, grill **2** *także* **grille** krata

**grim** /grɪm/ **grimmer, grimmest** *adj* **1** ponury: *grim economic news* | *grim industrial towns* **2** groźny: *a grim-faced judge* —**grimly** *adv* ponuro

**gri·mace** /grɪˈmeɪs/ *v* [I] wykrzywiać się: **+ with** *Theo rolled around on the floor grimacing with pain.* —**grimace** *n* [C] grymas

**grime** /graɪm/ *n* [U] brud

**grim·y** /ˈgraɪmi/ *adj* brudny: *grimy windows*

**grin**[1] /grɪn/ *v* [I] **-nned, -nning** uśmiechać się szeroko: **+ at** *Sally was grinning at Martin from across the room.*

**grin**[2] *n* [C] szeroki uśmiech: *"I'm getting married," said Clare, with a big grin.*

**grind**[1] /graɪnd/ *v* [T] **ground, ground, grinding 1** z/mielić **2** na/ostrzyć **3** za/zgrzytać **4 grind to a halt** zatrzymać się, stanąć: *Traffic slowly ground to a halt.*

**grind**[2] *n* [singular] *informal* harówka: *It's Monday again – back to the grind.*

**grind·er** /ˈgraɪndə/ *n* [C] młynek: *a coffee grinder*

**grip**[1] /grɪp/ *n* **1** [singular] uścisk, chwyt: **+ on** *Get a firm grip on the rope* (=chwyć mocno za sznur). **2** [singular] panowanie, kontrola: **get a grip on yourself** (=weź się w garść) **3** [U] przyczepność: *I want some tennis shoes with a good grip.*

**grip**[2] *v* [T] **-pped, -pping 1** chwytać: *I gripped his hand in fear.* **2** pasjonować: *The nation was gripped by the trial of O J Simpson.*

**grip·ping** /ˈgrɪpɪŋ/ *adj* pasjonujący: *a gripping story*

**gris·ly** /ˈgrɪzli/ *adj* makabryczny: *the grisly discovery of a body in the cellar*

**gris·tle** /ˈgrɪsəl/ *n* [U] chrząstka

**grit**[1] /grɪt/ *n* [U] **1** żwirek **2** *informal* determinacja

**grit**[2] *v* [T] **-tted, -tting; grit your teeth** zaciskać zęby

**groan** /grəʊn/ *v* [I] jęczeć: *Captain Marsh was holding his arm and groaning.* | *Go clean your room, and don't groan.* —**groan** *n* [C] jęk

**gro·cer** /ˈgrəʊsə/ *n* **1** [C] właściciel/ka sklepu spożywczego **2 the grocer's** *BrE* sklep spożywczy

**gro·cer·ies** /ˈgrəʊsəriz/ *n* [plural] artykuły spożywcze

**grocery store** /ˈ... ˌ./ *n* [C] *AmE także* **grocery** sklep spożywczy

**groin** /grɔɪn/ *n* [C] pachwina

**groom**[1] /gruːm/ *v* **1 groom sb for the job of** [T] przygotowywać kogoś do objęcia stanowiska: *Chris is clearly being groomed for the job of manager.* **2** [T] oporządzać: *to groom a horse*

**groom**[2] *n* [C] **1** *także* **bridegroom** pan młody **2** stajenny

**groove** /gruːv/ *n* [C] rowek

**grope** /grəʊp/ *v* [I] szukać po omacku: **+ for/around** *Ginny groped for the light switch.*

**gross** /grəʊs/ *adj* **1** *spoken* ohydny, obleśny: *There was one really gross part in the movie.* **2** brutto: *Our gross profit was £50,000.* | *a gross weight* ➡ porównaj NET[3] **3** [only before noun] rażący: *There are some gross inequalities in pay between men and women.* —**grossly** *adv* rażąco

**gro·tesque** /grəʊˈtesk/ *adj* groteskowy —**grotesquely** *adv* groteskowo

**grot·to** /ˈgrɒtəʊ/ *n* [C] grota

**grouch** /graʊtʃ/ *n* [C] *informal* zrzęda —**grouchy** *adj* zrzędliwy

**ground**[1] /graʊnd/ *n* **1 the ground** ziemia: *The ground was covered in autumn leaves.* **2** [U singular] ziemia, gleba: *The ground's too hard to plant trees now.* **3 sports/football ground** boisko sportowe/piłkarskie **4** [U] teren: *a view across open ground* **5 gain/lose ground** zyskiwać/tracić poparcie: *Republicans have been gaining ground in recent months.* ➡ patrz też GROUNDS

**ground**[2] *v* **1** [T] *informal* uziemić: *If you stay out that late again, you'll be grounded for a week.* **2** [T] odmówić zgody na start: *All planes are grounded due to snow.* **3 be grounded in sth** mieć podstawę w czymś: *Base your work on principles grounded in research.*

**ground**[3] *v* czas przeszły i imiesłów bierny od GRIND

**ground beef** /ˌ. ˈ./ *n* [U] *AmE* mielona wołowina

**ground·break·ing** /ˈgraʊndˌbreɪkɪŋ/ *adj* przełomowy: *groundbreaking research in physics*

**ground floor** /ˌ. ˈ.◂/ *n* [C] parter

**ground·ing** /ˈgraʊndɪŋ/ *n* [singular] **grounding in** przygotowanie w zakresie: *You need a good grounding in mathematics to do this course.*

**ground·less** /ˈgraʊndləs/ *adj* **groundless fears/suspicions** bezpodstawne obawy/podejrzenia

**ground rule** /ˈ. ./ *n* [C] podstawowa zasada: *There are a few ground rules you should follow.*

**grounds** /graʊndz/ *n* [plural] **1** podstawa: **on (the) grounds of sth** *The divorce was granted on the grounds of* (=podstawą do przyznania rozwodu było) *adultery.* | **on the grounds that** *You can't fire a woman on the grounds that she's pregnant* (=dlatego, że jest w ciąży). **2** teren: *They walked around the hospital grounds.*

**ground·work** /ˈgraʊndwɜːk/ *n* [U] podwaliny: *The revolution laid the groundwork for progress.*

**group**[1] /gruːp/ *n* [C] grupa: *a rock group* | **+ of** *Everyone please get into groups of four.* | *a group of teachers*

**group**[2] *v* [I,T] z/grupować (się): **be grouped around sth** *The village was made up of houses grouped around the church.* | **be grouped into** *Birds can be grouped into several classes.*

**group·ing** /ˈgruːpɪŋ/ *n* [C] ugrupowanie: *political groupings*

**grove** /grəʊv/ *n* [C] gaj: *a lemon grove*

**grov·el** /ˈgrɒvəl/ *v* [I] **-lled, -lling** *BrE*, **-led, -ling** *AmE* **1** płaszczyć się: *Never grovel to your boss.* **2** czołgać się: *I saw him grovelling in the road for his hat.*

**grow** /grəʊ/ *v* **grew, grown, growing 1** [I] u/rosnąć: *Jamie's grown two inches this year.* | *Not many plants can grow in the far north.* **2** [I] wz/rosnąć: *The number of students grew by 5% last year.* **3** [T] wy/hodować: *We're trying to grow roses this year.* **4** [I] rozwijać się: *a growing business* | **growing number** *A growing number of* (=coraz więcej) *people are working from home.* **5 grow old/strong** starzeć się/wzmacniać się **6** [T] zapuszczać: *to grow a beard*

**grow into** sb/sth *v* [T] **1** wyrastać na: *Gene's grown into a handsome young man.* **2** dorastać do: *The coat is too long now, but she'll grow into it.*

**grow on** sb *phr v* [T] zaczynać się coraz bardziej podobać: *After a while their music grows on you.*

**grow out of** sth *phr v* [T] wyrastać z: *Sarah still sucks her thumb, but she'll grow out of it.*

**grow up** *phr v* [I] **1** dorastać: *I grew up in Glasgow.* **2** wyrastać: *Villages grew up along the river.*

G

**growl** /graʊl/ *v* [I] warczeć: *Our dog always growls at visitors.*

**grown**[1] /grəʊn/ *v* imiesłów bierny od GROW

**grown**[2] *adj* **grown man/woman** dorosły mężczyzna/dorosła kobieta: *It was sad to see grown men fighting over a woman.*

**grown-up**[1] /ˌ. ˈ.◂ / *n* [C] dorosły: *Ask a grown-up to help you.*

**grown-up**[2] *adj* dorosły: *She has two grown-up sons.*

**growth** /grəʊθ/ *n* **1** [U singular] rozwój: *Vitamins are necessary for healthy growth.* | *the growth of fascism* | *The job will provide opportunities for personal growth.* **2** [U singular] wzrost: *a growth of interest in African music* **3** [U singular] przyrost: *rapid population growth* **4** [C] narośl

**grub** /grʌb/ *n* **1** [U] *informal* żarcie **2** [C] larwa

**grub·by** /ˈgrʌbi/ *adj* brudny: *grubby hands*

**grudge**[1] /grʌdʒ/ *n* [C] uraza, żal: **+ against** *John's got a grudge against his sister.*

**grudge**[2] *także* **begrudge** *v* [T] **grudge sb sth** żałować komuś czegoś: *He grudged Mary every penny he paid in alimony.*

**grudg·ing** /ˈgrʌdʒɪŋ/ *adj* wymuszony: *a grudging apology* —**grudgingly** *adv* niechętnie: *Rob grudgingly offered to drive us to the airport.*

**gru·el·ling** /ˈgruːəlɪŋ/ *BrE*, **grueling** *AmE adj* wyczerpujący: *a gruelling 25 mile walk*

**grue·some** /ˈgruːsəm/ *adj* makabryczny: *a gruesome murder*

**gruff** /grʌf/ *adj* szorstki: *"I'm not interested," said a gruff voice.*

**grum·ble** /ˈgrʌmbəl/ *v* [I] zrzędzić: **+ about** *Amy's always grumbling about how expensive things are.*

**grump·y** /ˈgrʌmpi/ *adj* naburmuszony: *You're grumpy today. What's wrong?*

**grunt** /grʌnt/ *v* **1** [I,T] burknąć: *She just grunted hello and kept walking.* **2** [I] chrząkać (*o świni*) —**grunt** *n* [C] chrząknięcie, burknięcie

**guar·an·tee**[1] /ˌgærənˈtiː/ *v* [T] **1** za/gwarantować: *We guarantee delivery within 48 hours.* | **+ (that)** *Can you guarantee that it will arrive tomorrow?* | **guarantee to do sth** *We guarantee to refund your money if you are not satisfied.* **2** dawać gwarancję na: *The manufacturers guarantee the watch for three years.*

**guarantee**[2] *n* [C] gwarancja: *a two-year guarantee* | **be under guarantee** (=być na gwarancji): *Is the microwave still under guarantee?* | **+ (that)** *There's no guarantee that the books will be delivered this week.*

**guard**[1] /gɑːd/ *n* **1** [C] strażni-k/czka: *security guards* | *prison guards* **2 be on guard/stand guard** stać na warcie: *Hogan was on guard until midnight.* **3** [singular] straż: *The changing of the guard.* **4** [C] *BrE* konduktor/ka **5** [C] osłona: *a hockey player's face guard* **6 be on your guard** mieć się na baczności: *Be on your guard against pickpockets* (=strzeż się kieszonk-

owców). **7 catch sb off guard** zaskoczyć kogoś: *Senator O'Hare was caught off guard by the reporter's question.*

**guard**[2] *v* [T] strzec

**guard against** sth *phr v* [T] zapobiegać: *Exercise can help guard against a number of serious illnesses.*

**guard·ed** /ˈɡɑːdǝ̇d/ *adj* ostrożny: *a guarded welcome*

**guard·i·an** /ˈɡɑːdiən/ *n* [C] **1** opiekun/ka **2** *formal* stróż: *The UN is the guardian of peace in the area.*

**guer·ril·la** /ɡəˈrɪlə/ *także* **guerila** *n* [C] partyzant: *guerrilla warfare*

**guess**[1] /ɡes/ *v* **1** [I,T] **a)** zgadywać: *"How old is Ginny's son?" "I'd say 25, but I'm just guessing."* | *"Don't tell me, you got the job." "How did you guess?"* | **+ (that)** *I'd never have guessed you two were sisters.* **b)** odgadywać: *I guessed his age just by looking at him.* **2 I guess (so/not)** *spoken* chyba (tak/nie): *His light's on, so I guess he's still up.* | *"She wasn't happy?" "I guess not."* **3 guess what** *spoken* nie uwierzysz: *Guess what! Alan's asked me to marry him!*

**guess**[2] *n* **1** [C] **make/have/take a guess** zgadywać: *Make a guess if you don't know the answer.* | *Have a guess where we're going tonight!* **2** [C] **my guess is (that)** sądzę, że: *My guess is that there won't be many people at the party.* **3 it's anybody's guess** *informal* nikt nie wie: *Where he disappeared to was anybody's guess.*

**guess·work** /ˈɡeswɜːk/ *n* [U] domysły

**guest** /ɡest/ *n* [C] **1** gość: *We're having guests this weekend.* | *My guest this evening is Tina Turner.* | *Michael Foot is the guest speaker at this year's conference.* **2 be my guest** *spoken* proszę bardzo: *"Could I use your phone?" "Be my guest."*

**guid·ance** /ˈɡaɪdəns/ *n* [U] porada

**guide**[1] /ɡaɪd/ *n* [C] **1** przewodni-k/czka: *a tour guide* **2** przewodnik: *a guide for new parents* **3** wskazówka: *A friend's experience isn't always the best guide.* **4 Guide** *BrE także* **Girl Guide** harcerka

**guide**[2] *v* [T] po/prowadzić: *Taking her arm, Andrew guided her to their table.* | *You should be guided by your doctor on your diet.*

**guide·book** /ˈɡaɪdbʊk/ *n* [C] przewodnik

**guide dog** /ˈ. ./ *n* [C] *BrE* pies przewodnik

**guide·lines** /ˈɡaɪdlaɪnz/ *n* [plural] wskazówki: **+ on/for** *guidelines on health and safety at work*

**guild** /ɡɪld/ *n* [C] cech: *the writers' guild*

**guil·lo·tine** /ˈɡɪlətiːn/ *n* [C] gilotyna —**guillotine** *v* [T] zgilotynować

**guilt** /ɡɪlt/ *n* [U] wina: *The jury was sure of the defendant's guilt.* | **feeling/sense of guilt** (=poczucie winy): *Martha felt a great sense of guilt about ending the relationship.* → antonim INNOCENCE

**guilt·y** /ˈɡɪlti/ *adj* winny: **feel guilty about sth** *I feel guilty about not inviting her to the party.* | **+ of** *These men are guilty of murder.* | **find sb guilty** (=uznawać kogoś za winnego): *The jury found him not guilty.* → antonim INNOCENT

**guinea pig** /ˈɡɪni pɪɡ/ *n* [C] **1** świnka morska **2** *informal* królik doświadczalny

**gui·tar** /ɡɪˈtɑː/ *n* [C] gitara —**guitarist** *n* [C] gitarzyst-a/ka

**gulf** /ɡʌlf/ *n* [C] **1** przepaść: **+ between** *There is a widening gulf between the rich and the poor.* **2** zatoka: *the Gulf of Mexico*

**gull** /ɡʌl/ *n* [C] mewa

**gul·li·ble** /ˈɡʌlǝ̇bəl/ *adj* łatwowierny —**gullibility** /ˌɡʌlǝ̇ˈbɪlǝ̇ti/ *n* [U] łatwowierność

**gulp** /ɡʌlp/ *v* **1** [T] *także* **gulp down** po/łykać (*szybko*): *She gulped her tea and ran to catch the bus.* **2** [I] przełykać ślinę: *Shula read the test questions, and gulped.*

**gum**[1] /ɡʌm/ *n* **1** [C usually plural] dziąsło **2** [U] guma (do żucia)

**gum**[2] *v* [T + adv/prep] **-mmed, -mming** *BrE* s/kleić

**gun**[1] /ɡʌn/ *n* [C] pistolet, strzelba

**gun**[2] *v* **-nned, -nning**

**gun** sb ↔ **down** *phr v* [T] zastrzelić: *Bobby Kennedy was gunned down in a hotel.*

**gun·boat** /ˈgʌnbəʊt/ *n* [C] kanonierka

**gun·fire** /ˈgʌnfaɪə/ *n* [U] ogień z broni palnej: *The sound of gunfire shattered the peace of this normally quiet town.*

**gun·man** /ˈgʌnmən/ *n* [C] uzbrojony bandyta

**gun·point** /ˈgʌnpɔɪnt/ *n* [U] **at gunpoint** na muszce: *We were held at gunpoint throughout the robbery.*

**gun·pow·der** /ˈgʌnˌpaʊdə/ *n* [U] proch strzelniczy

**gun·shot** /ˈgʌnʃɒt/ *n* **1** [C] wystrzał: *We heard three gunshots.* **2** [U] postrzał: *a gunshot wound*

**gur·gle** /ˈgɜːgəl/ *v* [I] **1** bulgotać **2** gaworzyć: *The baby lay gurgling on the bed.* —**gurgle** *n* [C] bulgot

**gu·ru** /ˈgʊruː/ *n* [C] *informal* guru: *football guru Terry Venables*

**gush**[1] /gʌʃ/ *v* [I,T] tryskać: **+ out of/from etc** *Water was gushing out of the pipe. | Blood was gushing from the wound.*

**gush**[2] *n* [C] **1** strumień: *a gush of warm water* **2 a gush of anxiety/relief** przypływ niepokoju/ulgi: *I felt a gush of relief that the children were safe.*

**gust**[1] /gʌst/ *n* [C] podmuch, powiew: *A gust of wind blew our tent over.*

**gust**[2] *v* [I] wiać: *Winds gusting up to 70 mph have been reported in the North.*

**gus·to** /ˈgʌstəʊ/ *n* [U] **with gusto** z zapałem: *The band were playing with great gusto.*

**gut**[1] /gʌt/ *n informal* **1 gut reaction/feeling** instynktowna reakcja/uczucie: *I had a gut feeling that he was a dangerous man.* **2** [C] jelito → patrz też GUTS

**gut**[2] *v* [T] **-tted, -tting 1** zniszczyć wnętrze: *The school was completely gutted by fire.* **2** wy/patroszyć → patrz też GUTTED

**guts** /gʌts/ *n* [plural] *informal* **1** odwaga: *It takes guts to leave a violent relationship.* **2** wnętrzności **3 hate sb's guts** *informal* serdecznie kogoś nienawidzić

**gut·ted** /ˈgʌtəd/ *adj* [not before noun] *BrE spoken* **1** załamany: *She'll be gutted when she finds out she's not going.* **2 gutted by fire** wypalony: *The building was gutted by fire.*

**gut·ter** /ˈgʌtə/ *n* [C] **1** rynsztok **2** rynna

**gut·tur·al** /ˈgʌtərəl/ *adj* gardłowy

**guy** /gaɪ/ *n* [C] *informal* **1** facet: *He's a really nice guy.* **2 you guys** *spoken, especially AmE* wy: *We'll see you guys Sunday, okay?*

**gym** /dʒɪm/ *n* **1** [C] sala gimnastyczna **2** [U] gimnastyka: *a gym class*

**gym·na·si·um** /dʒɪmˈneɪziəm/ *n* [C] sala gimnastyczna

**gym·nas·tics** /dʒɪmˈnæstɪks/ *n* [U] gimnastyka —**gymnast** *n* [C] gimnasty-k/czka: *She's an Olympic gymnast.*

**gy·nae·col·o·gy** /ˌgaɪnəˈkɒlədʒi/ *BrE*, **gynecology** *AmE* *n* [U] ginekologia —**gynaecologist** *n* [C] ginekolog —**gynaecological** /ˌgaɪnəkəˈlɒdʒɪkəl◂/ *adj* ginekologiczny

**gyp·sy** /ˈdʒɪpsi/ (*także* **gipsy** *BrE*) *n* [C] Cygan/ka

**gy·rate** /dʒaɪˈreɪt/ *v* [I] wirować: *dancers gyrating wildly*

# Hh

**hab·it** /ˈhæbᵻt/ *n* **1** [C,U] zwyczaj, nawyk: **be in the habit of doing sth** (=mieć zwyczaj coś robić): *Jeff was in the habit of taking a walk after dinner.* | **get into/in the habit of doing sth** (=wyrobić w sobie nawyk robienia czegoś): *Try to get into the habit of taking regular exercise.* | **out of habit/from habit** (=z przyzwyczajenia): *After he left home, I was still cleaning his room out of habit.* **2** [C] nałóg: *Biting your nails is a very bad habit.* | **have a habit of doing sth** *She has a habit* (=ma w zwyczaju) *of never finishing her sentences.* | **break/kick the habit** (=zerwać z nałogiem): *Brad's been smoking for 20 years and just can't kick the habit.* **3** [C] habit

**hab·i·tat** /ˈhæbᵻtæt/ *n* [C] środowisko naturalne

**hab·i·ta·tion** /ˌhæbᵻˈteɪʃən/ *n* [U] zamieszkanie: *There was no sign of habitation on the island.*

**ha·bit·u·al** /həˈbɪtʃuəl/ *adj* **1** charakterystyczny: *Jane was in her habitual bad temper this morning.* **2** nałogowy: *a habitual smoker* —**habitually** *adv* stale

**hack** /hæk/ *v* [I + adv/prep, T] rąbać: *All of the victims had been hacked to death.*

**hack into** sth *phr v* [T] włamać się do: *Morris managed to hack into a federal computer network.* —**hacker** *n* [C] haker

**hack·neyed** /ˈhæknid/ *adj* wytarty, wyświechtany: *a hackneyed phrase*

**hack·saw** /ˈhæksɔː/ *n* [C] piłka do metalu

**had** /həd/ *v* czas przeszły i imiesłów bierny od HAVE ➡ patrz też -'D

**had·dock** /ˈhædək/ *n* [C,U] łupacz (*ryba*)

**had·n't** /ˈhædnt/ forma ściągnięta od 'had not'

**hae·mo·phil·i·a** /ˌhiːməˈfɪliə/ *BrE*, **hemophilia** *AmE* *n* [U] hemofilia

**hae·mor·rhage** /ˈhemərɪdʒ/ *BrE*, **hemorrhage** *AmE* *n* [C,U] krwotok

**hae·mor·rhoids** /ˈhemərɔɪdz/ *BrE*, **hemorrhoids** *AmE* *n* [plural] *technical* hemoroidy

**hag** /hæg/ *n* [C] wiedźma

**hag·gard** /ˈhægəd/ *adj* wymizerowany: *She arrived home looking pale and haggard.*

**hag·gle** /ˈhægəl/ *v* [I] targować się: **+ over** *We were haggling over the price for an hour.*

**hail¹** /heɪl/ *v* **1** [T] przywoływać: **hail a cab/taxi** (=zatrzymać taksówkę) **2** [I] **it hails** pada grad

**hail** sb/sth **as** sth *phr v* [T] okrzyknąć: *Davos was hailed as a national hero.*

**hail from** *phr v* [I] pochodzić z: *Dr Starkey hails from Massachusetts.*

**hail²** *n* [U] grad: **a hail of bullets/stones** (=grad kul/kamieni)

**hail·storm** /ˈheɪlstɔːm/ *n* [C] burza gradowa, gradobicie

**hair** /heə/ *n* **1** [U] włosy: *Mike's the guy with the blond curly hair.* | *I want to grow my hair* (=chcę zapuścić włosy). **2** [U] sierść **3** [C] włos: *The sofa was covered in dog hairs.* ➡ porównaj FUR **4 short-haired/dark-haired** krótkowłosy/ciemnowłosy: *a long-haired cat* **5 let your hair down** *informal* zaszaleć

**hair·brush** /ˈheəbrʌʃ/ *n* [C] szczotka do włosów

**hair·cut** /ˈheəkʌt/ *n* **1** [C usually singular] strzyżenie, obcięcie włosów: *You need a haircut.* **2** [C] fryzura: *a short haircut*

**hair·do** /ˈheəduː/ *n* [C] *plural* **hairdos** *informal* fryzura, uczesanie

**hair·dress·er** /ˈheəˌdresə/ *n* [C] fryzjer/ka: *I have an appointment at the hairdresser's.*

**hair·dry·er** /ˈheəˌdraɪə/ *n* [C] suszarka do włosów

**hair·grip** /ˈheəgrɪp/ *n* [C] *BrE* klamra do włosów

**hair·pin** /ˈheəˌpɪn/ *n* [C] wsuwka, spinka do włosów

**hairpin bend** /ˌ.. ˈ./ *BrE*, **hairpin turn** *AmE* *n* [C] serpentyna (*w górach*)

**hair-rais·ing** /ˈ. ˌ../ *adj* jeżący włos na głowie: *hair-raising adventures*

**hair·style** /ˈheəstaɪl/ *n* [C] fryzura, uczesanie

**hair·y** /ˈheəri/ *adj* owłosiony, włochaty: *hairy legs | a hairy chest*

**half**[1] /hɑːf/ *n, determiner* **1** połowa, pół: *The wall is half a mile long. | Over half the people in this area are unemployed. | Their son is two and a half* (=ma dwa i pół roku). | **+ of** *I only saw the first half of the film.* | **cut/reduce sth by half** (=obciąć/zredukować coś o połowę) **2 half past two/three** *especially BrE* (w)pół do trzeciej/czwartej: *We're meeting at half past seven.* **3 half two/three** *BrE spoken* (w)pół do trzeciej/czwartej: *"What time do you usually leave?" "About half five."*

> UWAGA **half**
>
> W wyrażeniach 'jeden i pół', 'dwa i pół' itd. wyraz **half** używany jest zawsze z przedimkiem nieokreślonym **a**: *for two and a half days | in four and a half minutes.*

**half**[2] *adv* do połowy, w połowie, na pół: *He shouldn't be allowed to drive – he's half blind! | a half-empty bottle | I half expected* (=po części spodziewałem się) *her to yell at me.*

**half a doz·en** /ˌ. . ˈ../ *number* sześć, pół tuzina: *half a dozen donuts*

**half-baked** /ˌ. ˈ.◂ / *adj informal* niedopracowany

**half board** /ˌ. ˈ./ *n* [U] *especially BrE* zakwaterowanie ze śniadaniem i kolacją

**half-broth·er** /ˈ. ˌ../ *n* [C] brat przyrodni

**half-heart·ed** /ˌ. ˈ..◂ / *adj* **make a half-hearted attempt** próbować bez przekonania/entuzjazmu: *He made a half-hearted attempt to tidy his room.*

**half-sis·ter** /ˈ. ˌ../ *n* [C] siostra przyrodnia

**half term** /ˌ. ˈ.◂ / *n* [C,U] *BrE* krótkie ferie w połowie semestru

**half time** /ˌ. ˈ.◂ / *n* [U] przerwa (*w połowie meczu*)

**half·way** /ˌhɑːfˈweɪ◂ / *adj adv* (położony) w pół drogi: *We had reached the halfway mark of the trail.* | **+ through/down/up etc** *Halfway through* (=w połowie) *the meal, Dan got up.*

**half-wit** /ˈ. ./ *n* [C] przygłup

**hall** /hɔːl/ *n* **1** [C] hol, przedpokój: *The bathroom's just down the hall on the right.* **2** [C] sala: *a dance hall | Carnegie Hall*

**hal·lo** /həˈləʊ/ *interjection BrE* → HELLO

**hall of res·i·dence** /ˌ. . ˈ.../ *n* [C] *BrE* dom studencki, akademik

**Hal·low·een** /ˌhæləʊˈiːn◂ / *n* [U] wigilia Wszystkich Świętych

**hal·lu·ci·nate** /həˈluːsəneɪt/ *v* [I] mieć halucynacje

**hal·lu·ci·na·tion** /həˌluːsəˈneɪʃən/ *n* [C,U] halucynacja

**hall·way** /ˈhɔːlweɪ/ *n* [C] hol

**ha·lo** /ˈheɪləʊ/ *n* [C] *plural* **halos** aureola

**halt**[1] /hɔːlt/ *v* [I,T] *formal* zatrzymać (się), wstrzymać: *The city council has halted repair work on the subways.*

**halt**[2] *n* [singular] **1 come/grind to a halt** zatrzymać się: *The bus slowly ground to a halt.* **2 bring sth to a halt** zatrzymać coś, wstrzymać coś: *Yesterday's strike brought production to a halt.*

**halve** /hɑːv/ *v* [T] **1** zmniejszać o połowę: *Food production was almost halved during the war.* **2** przepoławiać, prze/dzielić na połowę: *Wash and halve the mushrooms.*

**halves** /hɑːvz/ *n* liczba mnoga od HALF

**ham** /hæm/ *n* [C,U] szynka: *a slice of ham*

**ham·burg·er** /ˈhæmbɜːgə/ *n* **1** [C] hamburger **2** [U] *AmE* mięso mielone

**ham·let** /ˈhæmlət/ *n* [C] wioska

**ham·mer**[1] /ˈhæmə/ *n* [C] młotek

**hammer**[2] *v* **1** [T] wbijać **2** [I] walić: *Mike was hammering on the door with his fists.*

**hammer** sth **into** sb *phr v* [T] *także* **hammer sth home** wbijać do głowy: *Mom hammered the message into us: don't talk to strangers!*

**ham·mock** /ˈhæmək/ *n* [C] hamak

**ham·per** /ˈhæmpə/ *v* [T] utrudniać, przeszkadzać: *The search was hampered by bad weather.*

**ham·ster** /ˈhæmstə/ *n* [C] chomik

**hand**[1] /hænd/ *n* **1** [C] ręka: *She writes with her left hand.* | *Tom stood in the doorway with his hands in his pockets.* | **take sb's hand/take sb by the hand** *I took her hand* (=wziąłem ją za rękę) *and helped her down the stairs.* | **hold hands (with sb)** *They sat there holding hands* (=trzymając się za ręce) *through the entire film.* **2 right-handed/left-handed** praworęczny/leworęczny **3 on the one hand ... on the other hand** z jednej strony ... z drugiej strony: *On the one hand, they work slowly, but on the other hand they always finish the job.* **4 on hand/to hand** pod ręką: *Keep a supply of candles on hand in case of power cuts.* **5 at hand** blisko, w pobliżu: **close/near at hand** *Nurses are always close at hand in case of emergency.* **6 by hand** ręcznie: *She does all her washing by hand.* **7 give/lend sb a hand** pomóc komuś: *Can you give me a hand moving this box?* **8 in sb's hands/in the hands of sb** w czyichś rękach: *Responsibility for the schedule is entirely in your hands.* **9 get out of hand** wymykać się spod kontroli: *Todd's behaviour is getting totally out of hand.* **10 hand in hand a)** trzymając się za ręce: *They walked hand in hand through the park.* **b) go hand in hand** iść w parze: *Wealth and power go hand in hand.* **11 have your hands full** mieć pełne ręce roboty: *You're going to have your hands full once you have the baby!* **12 hands off** *spoken* ręce przy sobie: *Hands off my cookies* (=nie ruszaj moich ciasteczek)*!* **13** [C] wskazówka: *a clock hand* **14** [C] rozdanie (*w grze w karty*)

**hand**[2] *v* [T] podawać: **hand sb sth** *Can you hand me a towel?*

**hand** sth ↔ **around** (*także* **hand** sth ↔ **round** *BrE*) *phr v* [T] rozdawać, częstować: *Could you hand the sandwiches around please, Mike?*

**hand** sth ↔ **down** *phr v* [T] przekazywać: *traditions that were handed down from generation to generation*

**hand** sth ↔ **in** *phr v* [T] wręczać, oddawać: *Please hand in your application by September 30.*

**hand** sth ↔ **out** *phr v* [T] rozdawać: *They were handing out free T-shirts at the club.*

**hand over** *phr v* [T **hand** sb/sth ↔ **over**] przekazywać: *The thief was caught and handed over to the police.*

**hand·bag** /ˈhændbæg/ *n* [C] *especially BrE* torebka

**hand·book** /ˈhændbʊk/ *n* [C] podręcznik, poradnik: *an employee handbook*

**hand·brake** /ˈhændbreɪk/ *n* [C] *BrE* hamulec ręczny

**hand·cuffs** /ˈhændkʌfs/ *n* [plural] kajdanki

**hand·ful** /ˈhændfʊl/ *n* **1** [C] garść: **+ of** *a handful of nuts* **2 a handful of** garstka: *Only a handful of people came to the meeting.*

**hand·i·cap** /ˈhændikæp/ *n* [C] **1** upośledzenie, ułomność: *a severe physical handicap* **2** utrudnienie, przeszkoda: *Not being able to speak French was a real handicap.*

**hand·i·capped** /ˈhændikæpt/ *adj* niepełnosprawny: **mentally/physically handicapped** *schools for mentally handicapped children*

**hand·ker·chief** /ˈhæŋkətʃɪ̵f/ *n* [C] chusteczka do nosa

**han·dle**[1] /ˈhændl/ *v* [T] **1** po/radzić sobie z: *The job was so stressful, he couldn't handle it any longer.* **2** zajmować się: *Ms Lee handled all of our travel arrangements.* **3** obchodzić się z: *Handle all packages with care.*

**handle**[2] *n* [C] uchwyt, rączka: *a door handle*

**han·dle·bars** /ˈhændlbɑːz/ *n* [plural] kierownica (*w rowerze, motocyklu*)

**hand lug·gage** /ˈ. ˌ../ *n* [U] bagaż podręczny

**hand·made** /ˌhændˈmeɪd◂/ *adj* ręcznej roboty: *handmade shoes*

H

**hand·shake** /ˈhændʃeɪk/ *n* [C] uścisk dłoni: *a firm handshake*

**hand·some** /ˈhænsəm/ *adj* **1** przystojny: *a tall handsome young officer* **2** pokaźny: *a handsome profit* | *a handsome offer* (=atrakcyjna oferta)

**hands-on** /ˈ. ./ *adj* praktyczny: *hands-on experience* | *hands-on training*

**hand·writ·ing** /ˈhændˌraɪtɪŋ/ *n* [U] pismo, charakter pisma: *She has very neat handwriting.*

**hand·y** /ˈhændi/ *adj* **1** przydatny, poręczny: *a handy little gadget* | **come in handy** *The extra key may come in handy* (=może się przydać). **2** *informal* pod ręką: *Make sure you have your passport handy.*

**hand·y·man** /ˈhændimæn/ *n* [C] *plural* **handymen** złota rączka

**hang**[1] /hæŋ/ *v* **hung, hung, hanging 1** [T] za/wieszać, powiesić: *He hung his coat on the back of the door.* **2** [I] wisieć: *Dark clouds hung over the valley.* | **+ from/on etc** *Her portrait was hanging on the wall.* **3** [T] *past tense and past participle* **hanged** wieszać, powiesić: *Corey hanged himself in his prison cell.* **4 hang your head** zwiesić głowę: *Lewis hung his head and refused to answer.* **5 hang in the balance** ważyć się: *Our whole future is hanging in the balance.*

**hang around** (*także* **hang about** *BrE*) *phr v* [I,T] *informal* **1** po/kręcić się: *We hung around for about an hour and then left.* **2 hang around with sb** zadawać się z kimś: *I don't like the people she hangs around with.*

**hang on** *phr v* **1 hang on!** *spoken* poczekaj!: *Hang on, I'll be with you in a minute!* **2** [I] *informal* trzymać się: *Hang on everybody, the road's pretty bumpy.*

**hang onto** sb/sth *phr v* [T] *informal* zatrzymać: *Hang onto that letter – you might need it later.*

**hang out** *phr v* [I] *informal* spędzać czas: *They hang out together.*

**hang round** *phr v* [I] *BrE* ➡ HANG AROUND

**hang up** *phr v* **1** [I] odłożyć słuchawkę: *She said good night and hung up.* | **hang up on sb** (=rzucić komuś słuchawką): *Don't hang up on me!* **2** [T **hang** sth ↔ **up**] wieszać, powiesić: *Hang your coat up.*

**hang**[2] *n* **get the hang of (doing) sth** *informal* nauczyć się czegoś: *You'll soon get the hang of using the computer.*

**hang·ar** /ˈhæŋə/ *n* [C] hangar

**hang·er** /ˈhæŋə/ *n* [C] wieszak

**hang glid·ing** /ˈ. ˌ../ *n* [U] lotniarstwo —**hang glider** *n* [C] lotnia

**hang·o·ver** /ˈhæŋəʊvə/ *n* [C] kac

**hang-up** /ˈ. ./ *n* [C] **have a hangup about sth** *informal* mieć kompleksy na punkcie czegoś: *Cindy has a hangup about her nose.*

**han·kie** /ˈhæŋki/ *także* **hanky** *n* [C] *informal* chusteczka do nosa

**hap·haz·ard** /ˌhæpˈhæzəd◂/ *adj* niesystematyczny, przypadkowy: *a haphazard way of working* —**haphazardly** *adv* na chybił trafił

**hap·pen** /ˈhæpən/ *v* [I] **1** zdarzyć się, wydarzyć się: *We must do all we can to prevent such a disaster ever happening again.* | *Did anything exciting happen while I was away?* | **happen to sb/sth** (=przytrafiać się): *Strange things have been happening to me lately.* **2** dziać się: *When I try to turn on the motor, nothing happens.* | **what happens if ...?** (=co będzie, jeśli ...?): *What happens if your parents find out?* **3 happen to do sth** przypadkiem coś zrobić: *I happened to see Hannah at the store today.* **4 as it happens/it (just) so happens** tak się (akurat) składa: *It just so happened that Mike and I had been to the same school.*

**happen on/upon** sb/sth *phr v* [T] natrafić na, natknąć się na: *We just happened on the cabin when we were hiking one day.*

**hap·pen·ing** /ˈhæpənɪŋ/ *n* [C] wydarzenie

**hap·pi·ly** /ˈhæpəli/ *adv* **1** szczęśliwie: *They're very happily married.* **2** na szczęście: *Happily, no one was hurt in the fire.*

**hap·pi·ness** /ˈhæpinəs/ *n* [U] szczęście

H

**hap·py** /ˈhæpi/ *adj* **1** szczęśliwy: *Sam's been looking a lot happier recently.* | *Congratulations! I'm very happy for you.* | *a happy marriage* | *Those were the happiest years of my life.* | **+ with/about** *Are you happy with* (=zadowolony z) *their decision?* ➡ antonim UNHAPPY **2 be happy to do sth** z/robić coś z przyjemnością: *Our team of experts will be happy to answer any questions.* **3 Happy Birthday** wszystkiego najlepszego w dniu urodzin **4 Happy New Year** szczęśliwego Nowego Roku

**happy-go-luck·y** /ˌ.. . ˈ..◂/ *adj* beztroski

**har·ass** /ˈhærəs, həˈræs/ *v* [T] **1** nękać, dręczyć: *They claim that they are being harassed by the police.* | *Please stop harassing me.* **2** napastować

**har·ass·ment** /ˈhærəsmənt, həˈræsmənt/ *n* [U] **1** dręczenie **2 sexual harassment** napastowanie seksualne: *Tina accused her boss of sexual harassment.*

**har·bour**[1] /ˈhɑːbə/ *BrE*, **harbor** *AmE* *n* [C,U] port

> **UWAGA harbour i port**
>
> Nie należy mylić rzeczowników **harbour** i **port** w znaczeniu 'port'. **Harbour** to przybrzeżny obszar wodny, w którym mogą bezpiecznie zatrzymywać się statki, a **port** to albo przyległy pas lądu wyposażony w urządzenia portowe, albo miasto z takim miejscem postoju statków: *Some of the best natural harbours in the world are here.* | *the Israeli port of Haifa.* Wyraz **port** występuje też w wyrażeniach **come into port**, **leave port** i **in port**: *The ferry was just about to leave port.* | *We're going to have two days ashore while the ship is in port.*

**harbour**[2] *BrE*, **harbor** *AmE* *v* [T] **1** żywić: *She harbours a secret desire to be a film star.* | **harbour doubts/suspicions** (=mieć wątpliwości/podejrzenia): *Several of Wilson's colleagues harboured suspicions about him.* **2** ukrywać, dawać schronienie: *She was accused of harbouring deserters.*

**hard**[1] /hɑːd/ *adj* **1** twardy: *a hard mattress* | *The plums are still too hard to eat.* ➡ antonim SOFT **2** trudny: *The interviewer asked some very hard questions.* | **it's hard (for sb) to do sth** *It's hard to say* (=trudno powiedzieć) *when Glenn will be back.* ➡ antonim EASY[1] **3** ciężki: *a long hard climb to the top of the hill* | *Poor May, she's had a hard life.* | **hard work** *Bringing up children on your own is hard work.* **4** surowy: *Mr. Katz is a hard man to work for, but he's fair.* | **be hard on sb** *She's too hard on those kids.* **5 give sb a hard time** *informal* dokuczać komuś: *The guys were giving him a hard time about missing the ball.* **6 no hard feelings** *spoken* już się nie gniewam **7** niepodważalny, niezbity: *hard facts/evidence* **8 a hard winter** sroga zima —**hardness** *n* [U] twardość

**hard**[2] *adv* **1** ciężko: *She'd been working hard all day.* **2** mocno: *Come on, push harder!* **3 be hard pressed/put/pushed to do sth** mieć z czymś trudności: *They'll be hard pushed to pay back the money.* **4 take sth hard** przejąć się czymś: *I didn't think that Joe would take the news so hard.*

> **UWAGA hard i hardly**
>
> Nie należy mylić przysłówków **hard** i **hardly**. **Hardly** najczęściej znaczy 'prawie nie': *It was hardly raining.* | *I could hardly believe my eyes* (=nie mogłem uwierzyć własnym oczom). **Hard** znaczy 'ciężko' lub 'mocno': *It was raining hard and we all got wet.*

**hard·back** /ˈhɑːdbæk/ *n* [C] książka w sztywnej oprawie ➡ porównaj PAPERBACK

**hard-boiled** /ˌ. ˈ.◂/ *adj* **hard-boiled egg** jajko na twardo

**hard cash** /ˌ. ˈ./ *n* [U] gotówka

**hard cop·y** /ˈ. ˌ../ *n* [U] wydruk

**hard core** /ˌ. ˈ./ *n BrE* aktyw, trzon: *the hard core of the Communist Party*

**hard·core** /ˌ. ˈ.◂/, **hard-core** *adj* [only before noun] **1** zatwardziały: *hardcore op-*

H

*position to abortion* **2 hard-core pornography** twarda pornografia

**hard disk** /ˌ. ˈ./ *n* [C] twardy dysk

**hard·en** /ˈhɑːdn/ *v* **1** [I] s/twardnieć: *The pottery has to harden before it's painted.* **2** [T] utwardzać

**hard-heart·ed** /ˌ. ˈ..◂ / *adj* bezwzględny

**hard-line** /ˌ. ˈ.◂ / *adj* zatwardziały: *hard-line conservatives*

**hard·ly** /ˈhɑːdli/ *adv* **1** ledwo, ledwie: *The day had hardly begun, and he felt exhausted already.* | *I hardly know* (=prawie nie znam) *the people I'm working with.* | *I could hardly wait* (=nie mogłam się doczekać) *to see him again.* | **hardly ever/anything** (=prawie nigdy/nic): *We hardly ever go out in the evening.* | *She'd eaten hardly anything all day.* **2** bynajmniej (nie): *This is hardly the ideal time to buy a house.* ➡ porównaj BARELY

> UWAGA **hardly ever**
>
> Patrz **almost never, nearly never** i **hardly ever**.

> UWAGA **could hardly**
>
> Patrz **almost couldn't** i **could hardly**.

H

**hard of hear·ing** /ˌ. . ˈ../ *adj* **be hard of hearing** mieć słaby słuch

**hard·ship** /ˈhɑːdʃɪp/ *n* [C,U] trudność, trudności: *Many families were suffering economic hardship.* | *the hardships of daily life*

**hard up** /ˌ. ˈ.◂ / *adj informal* spłukany

**hard·ware** /ˈhɑːdweə/ *n* [U] **1** hardware, sprzęt komputerowy ➡ porównaj SOFTWARE **2** narzędzia: *a hardware store*

**hard-wear·ing** /ˌ. ˈ..◂ / *adj BrE* mocny, wytrzymały: *hard-wearing clothes*

**hard-work·ing** /ˌ. ˈ..◂ / *adj* pracowity: *a hard-working student*

**hare** /heə/ *n* [C] zając

**harm¹** /hɑːm/ *n* **1** [U] krzywda, szkoda: **do (sb) harm** (=za/szkodzić (komuś)): *Modern farming methods do a lot of harm to the environment.* | *I don't think a little wine does you any harm.* | **come to no harm** (=ujść cało): *They got lost in the fog, but luckily they came to no harm.* **2 there's no harm in doing sth** nie zaszkodzi coś zrobić: *There's no harm in asking.* **3 not mean any harm** nie mieć złych zamiarów: *I was only kidding – I didn't mean any harm.*

**harm²** *v* [T] **1** u/szkodzić, za/szkodzić: *Too much sun can harm your skin.* **2** s/krzywdzić

**harm·ful** /ˈhɑːmfəl/ *adj* szkodliwy: *the harmful effects of pollution*

**harm·less** /ˈhɑːmləs/ *adj* **1** nieszkodliwy: *Their dog barks a lot but it's harmless.* **2** niewinny: *harmless fun*

**har·mon·i·ca** /hɑːˈmɒnɪkə/ *n* [C] harmonijka ustna, organki

**har·mon·ize** /ˈhɑːmənaɪz/ (*także* **-ise** *BrE*) *v* **1** [I,T] z/harmonizować (z): *Every effort should be made to harmonize the new buildings with the landscape.* **2** [I,T] śpiewać na głosy

**har·mo·ny** /ˈhɑːməni/ *n* **1** [U] zgoda: *People of many races live here in harmony.* **2** [C,U] harmonia —**harmonious** /hɑːˈməʊniəs/ *adj* harmonijny

**har·ness¹** /ˈhɑːnˌɪs/ *n* **1** [C,U] uprząż **2** [C] szelki: *a safety harness*

**harness²** *v* [T] **1** wykorzystywać: *harnessing the wind to generate electricity* **2** zaprzęgać

**harp** /hɑːp/ *n* [C] harfa —**harpist** *n* [C] harfist-a/ka

**har·poon** /hɑːˈpuːn/ *n* [C] harpun

**harp·si·chord** /ˈhɑːpsɪkɔːd/ *n* [C] klawesyn

**harsh** /hɑːʃ/ *adj* **1** srogi, surowy: *harsh Canadian winters* | *harsher laws to deal with drunk drivers* **2** ostry: *harsh lighting* —**harshly** *adv* surowo, ostro —**harshness** *n* [U] surowość, ostrość

**har·vest¹** /ˈhɑːvˌɪst/ *n* [C,U] **1** żniwa: *the wheat harvest* **2** zbiory: *a good harvest*

**harvest²** *v* [T] zbierać

**has** /həz/ *v* trzecia osoba liczby pojedynczej czasu teraźniejszego od HAVE

**hash·ish** /ˈhæʃiːʃ/ *n* [U] haszysz

**has·n't** /ˈhæzənt/ *v* forma ściągnięta od "has not"

**has·sle¹** /ˈhæsəl/ *n* [C,U] *spoken* kłopot: *It's such a hassle not having a washing machine.*

**hassle²** *v* [T] *informal* zawracać głowę: *Just stop hassling me, will you?*

**haste** /heɪst/ *n* [U] pośpiech: *In her haste, Pam forgot the tickets.*

**has·ten** /ˈheɪsən/ *v* **1** [T] przyśpieszać: *Resting will hasten recovery.* **2 hasten to do sth** pośpieszyć ze zrobieniem czegoś: *Gina hastened to assure him that everything was fine.*

**hast·y** /ˈheɪsti/ *adj* pośpieszny, pochopny: *a hasty decision* —**hastily** *adv* pośpiesznie: *A meeting was hastily organized.*

**hat** /hæt/ *n* [C] kapelusz, nakrycie głowy: *a big straw hat*

**hatch¹** /hætʃ/ *v* [I,T] **1** wylęgać (się): *Three eggs have already hatched.* | *We hatch the eggs by keeping them in a warm place.* **2** *także* **hatch out** wykluwać się: *All the chicks have hatched out.* **3 hatch a plot/plan** u/knuć spisek: *The group hatched a plot to kidnap the President's daughter.*

**hatch²** *n* [C] luk, właz

**hatch·et** /ˈhætʃɪ̵t/ *n* [C] toporek ➡ patrz też **bury the hatchet** (BURY)

**hate¹** /heɪt/ *v* [T] **1** nienawidzić, nie cierpieć: *Bill really hates his father.* | **hate doing sth** *Pam hates having her photo taken* (=nie cierpi być fotografowana). **2 I hate to think what/how** *spoken* boję się myśleć, co/jak: *I hate to think what Dad would say about this!* —**hated** *adj* znienawidzony: *a hated dictator*

**hate²** *n* [U] nienawiść: *a look of hate*

**hate·ful** /ˈheɪtfəl/ *adj* okropny: *What a hateful thing to say!*

**ha·tred** /ˈheɪtrɪ̵d/ *n* [U] *formal* nienawiść: *eyes full of hatred* | **+ of** *an intense hatred of authority*

**haugh·ty** /ˈhɔːti/ *adj* wyniosły: *a haughty smile* —**haughtily** *adv* wyniośle

**haul¹** /hɔːl/ *v* [I,T] ciągnąć, wlec: *We managed to haul him out* (=wyciągnąć go) *of the water.*

**haul²** *n* **1** [C] łup, zdobycz: *a big drugs haul* | *The thieves got away with a valuable haul of jewellery.* **2** [C] połów

**haul·age** /ˈhɔːlɪdʒ/ *n* [U] przewóz

**haunt** /hɔːnt/ *v* [T] **1** nawiedzać, straszyć (w): *a ship haunted by ghosts of sea captains* **2** prześladować, nękać: *ex-soldiers still haunted by memories of the war*

**haunt·ed** /ˈhɔːntɪ̵d/ *adj* **a haunted house** dom, w którym straszy

**haunt·ing** /ˈhɔːntɪŋ/ *adj* zapadający w pamięć: *haunting landscapes*

**have¹** /həv/ *auxiliary verb* **has, had, had, having 1** z imiesłowem biernym tworzy formy dokonane: *Have you seen* (=czy widziałeś) *the new Disney movie?* | *She had lived* (=mieszkała) *in Peru for thirty years.* **2** z czasownikami modalnymi i imiesłowem biernym tworzy czas przeszły tych czasowników: *Carrie should have been* (=powinna była być) *nicer.* | *I must've left* (=musiałem zostawić) *my wallet at home.* **3 had better** lepiej: *You'd better take the cake out of the oven.* | *I'd better phone and say we'll be late.* **4 I've had it (with sth)** *spoken* mam już dość (czegoś): *I've had it with this job. I'm leaving!* ➡ patrz ramka HAVE

**have²** /hæv/ *v* [T not in passive] **has, had, had, having 1** *także* **have got** mieć: *He's got brown eyes and dark hair.* | *Japan has a population of over 120 million.* | *Kurt had a nice bike, but it got stolen.* | *Does she have a CD player?* | *He had his eyes closed.* | *Julie had six brothers.* | *You have 30 minutes to finish the test.* | *Sheila's had the flu for a week.* | *He's got a broken leg.* | *Wait, I've got an idea.* | *She had many happy memories of her time in Japan.* | **have the money/time** (=mieć dość pieniędzy/czasu): *I'd like to help, but I don't have the time.* | **have problems/trouble** *I'm having problems using this fax machine.* | **have fun** (=dobrze się bawić): *The kids had great fun at the theme park.* | **have a meeting/party** *Let's have a party* (=zróbmy przyjęcie)*!* | **have a wash/**

H

## *HAVE*

Czasownik posiłkowy

Jako czasownik posiłkowy ***have*** służy do tworzenia

**1** czasów „perfect":
*I **have sold** my house.* (Present Perfect)
*She said that she **had sold** her house.* (Past Perfect)
*By next year she **will have sold** her house.* (Future Perfect)

**2** bezokolicznika typu „perfect":
*He seems **to have gone** out.* („Chyba wyszedł.")
*You should **have told** me.* („Powinieneś był mi powiedzieć.")

**3** imiesłowu biernego, czyli tzw. „trzeciej formy czasownika" (Perfect Participle):
***Having won** a lot of money in a lottery, he stopped working.* („Po tym jak wygrał dużo pieniędzy na loterii, przestał pracować.")

**4** konstrukcji ***to have** something **done***, używanej w odniesieniu do czynności, które ktoś wykonuje dla nas, zwykle odpłatnie:
*I must **have** this skirt **cleaned**.* („Muszę oddać tę spódnicę do czyszczenia.")
*We **had** the piano **tuned**.* („Daliśmy nastroić pianino.")

**5** konstrukcji ***had better*** (forma ściągnięta: ***'d better***) + bezokolicznik bez ***to***:
*It's getting late. We**'d better go**.* („Robi się późno. Lepiej już chodźmy.")
*You**'d better** not tell her anything.* („Lepiej nic jej nie mów.")

### Odmiana

Czas teraźniejszy

| Twierdzenia: | Przeczenia: |
|---|---|
| *I have/I've* | *I have not/I haven't/I've not* |
| *you have/you've* | *you have not/you haven't/you've not* |
| *he has/he's* | *he has not/he hasn't/he's not* |
| *she has/she's* | *she has not/she hasn't/she's not* |
| *it has/it's* | *it has not/it hasn't/it's not* |
| *we have/we've* | *we have not/we haven't/we've not* |
| *they have/they've* | *they have not/they haven't/they've not* |
| Pytania: | Pytania przeczące: |
| *have I?, have you?, has he?* itd. | *haven't I?, haven't you?, hasn't he?* itd. |

Czas przeszły

| Twierdzenia: | Przeczenia: |
|---|---|
| *had/'d* (wszystkie osoby) | *had not/hadn't* (wszystkie osoby) |

Pytania:
*had I?, had you?, had he?* itd.

Pytania przeczące:
*hadn't I?, hadn't you?, hadn't he?* itd.

Czasownik zwykły

Jako odpowiednik polskiego „mieć" ***have*** występuje często w brytyjskiej angielszczyźnie w towarzystwie **got**:

*She **has (got)** a lovely flat.* *He**'s got** a headache.* *I **hadn't (got)** enough time.*

Gdy mowa o sytuacjach powtarzających się, nie używamy **got** ani form ściągniętych (**'s, 'd, 've**), a pytania i przeczenia tworzymy za pomocą ***do/did***:

*I **have** headaches regularly.*

*'**Do** you **have** headaches often?' – 'Yes, I **do**./No, I **don't**.'*

W innych sytuacjach pytania i przeczenia z ***have*** tworzymy albo w sposób typowy dla czasowników posiłkowych, albo za pomocą ***do/did***:

***Have** you **(got)** a visa?* ***Do** you **have** a visa?*

*I **haven't got** the time to do it.* *I **don't have** the time to do it.*

***Have*** jako zwykły czasownik nie występuje w czasach „continuous".

Inne znaczenia

W połączeniach z wieloma rzeczownikami ***have*** tworzy zwroty oznaczające konkretną czynność, np.:

***to have** a drink/a bath/a rest* „napić się/wykąpać się/odpocząć"

***to have** a conversation/an argument* „rozmawiać/kłócić się"

***to have** a baby/a look/a go* „urodzić dziecko/popatrzeć/spróbować"

W zdaniach z takimi zwrotami nie używamy **got**, a pytania i przeczenia tworzymy za pomocą ***do/did***; można także używać czasów „continuous":

***Did** you **have** a good journey?*

*He **doesn't have** a holiday every year.*

*We **are having** lunch with the boss today.*

## HAVE TO

***Have to*** jest jednym z odpowiedników polskiego „musieć":

*She **had to** leave the party early.*

*They'll **have to** wait for the results.*

W odniesieniu do konkretnej sytuacji można użyć ***have to*** lub ***have got to*** (zwykle w formie ściągniętej):

*I **have to** go now.* *I**'ve got to** go now.*

W odniesieniu do sytuacji powtarzających się nie używamy **got**:

*We **have to** write an essay every week.*

patrz też: ***Auxiliary Verbs, Future Perfect, Infinitive, MUST, Past Perfect, Present Perfect, Perfect Infinitive, Verb***

bath (=umyć/wykąpać się): *I'll just have a quick wash before we leave.* | **have sth on you** (=mieć coś przy sobie): *How much money have you on you?* **2** z/jeść, wy/pić: *Let's go and have a beer.* | *We're having steak tonight.* | **have lunch/breakfast/dinner** *What time do you usually have lunch?* **3** *BrE także* **have got** dostać, otrzymać: *Have you had any news from Michael?* **4 may I have/can I have/I'll have** *spoken* poproszę: *I'll have two hot dogs, please.* **5 have sth ready/done** skończyć coś: *They promised to have the job done by Friday.* **6 have a baby** urodzić: *Has Sue had her baby yet?* **7 have your hair cut** pójść do fryzjera **8 have your car repaired** oddać samochód do naprawy **9 have nothing against** nie mieć nic przeciwko: *I have nothing against hard work, but this is ridiculous.* ➞ patrz ramka HAVE[1]

**have** sth/sb **on** *phr v* [T] **1** [**have** sth ↔ **on**] *także* **have got** sth **on** *BrE* być ubranym w, mieć na sobie: *Mark had on a denim jacket.* **2 be having sb on** *BrE* nabierać kogoś: *He said he was the Managing Director? He was having you on!* ➞ patrz ramka HAVE

H

| UWAGA **have** a cup of tea |
| --- |
| Patrz **drink** i **have** a cup of tea. |

| UWAGA **have** breakfast/lunch/dinner |
| --- |
| Patrz **eat** i **have** breakfast/lunch/dinner. |

**have**[3] /hæv/ *modal verb* **have (got) to do sth** musieć coś z/robić: *You don't have to answer all the questions.* | *You have to believe me!* | *First you have to take the wheel off.* | *There has to be an end to all this violence* (=cała ta przemoc musi się przecież kiedyś skończyć). | *He has to be lying* (=na pewno kłamie) – *there's no other explanation.* ➞ patrz ramka HAVE

**ha·ven** /ˈheɪvən/ *n* [C,U] schronienie

**have·n't** /ˈhævənt/ *v* forma ściągnięta od "have not"

**hav·oc** /ˈhævək/ *n* [U] zamęt: **cause havoc** (=po/czynić spustoszenia): *The storm caused havoc everywhere.*

**hawk** /hɔːk/ *n* [C] jastrząb

**hay** /heɪ/ *n* [U] siano

**hay fe·ver** /ˈ. ˌ../ *n* [U] katar sienny

**hay·stack** /ˈheɪstæk/ *n* [C] stóg siana

**haz·ard** /ˈhæzəd/ *n* [C] zagrożenie, niebezpieczeństwo: *a health hazard* —**hazardous** *adj* niebezpieczny: *hazardous waste*

**haze** /heɪz/ *n* [U singular] mgiełka: *a heat haze*

**ha·zel**[1] /ˈheɪzəl/ *adj* **hazel eyes** piwne oczy

**hazel**[2] *n* [C,U] leszczyna

**haz·y** /ˈheɪzi/ *adj* mglisty, zamglony: *a hazy summer morning* | *My memories of that night are a little hazy.*

**he** /hi/ *pron* on: *"How's Josh?" "Oh, he's fine."*

**head**[1] /hed/ *n* **1** [C] głowa: *He turned his head to look at her.* **2** [C] umysł, głowa: *Terry's head is filled with strange ideas.* | **do sth in your head** *You have to work out the answer in your head.* **3** [C] szef: *the head waiter* (=pierwszy kelner) | **+ of** *the former head of the FBI* | **the head (teacher)** *BrE* (=dyrektor/ka szkoły): *Any student caught smoking will have to see the head.* **4** [singular] góra: *Write your name at the head of the page.* **5 get sth into your head** *informal* zdać sobie sprawę z czegoś: *I wish he'd get it into his head that school is important.* **6 keep your head** nie stracić głowy **7 lose your head** s/tracić głowę **8 go to sb's head** uderzać komuś do głowy: *She promised that she wouldn't let success go to her head.* **9 I can't make head nor tail of it** nie mogę się w tym połapać **10 a head/per head** na osobę, od osoby: *The meal worked out at £15 a head.*

**head**[2] *v* **1** [I,T] s/kierować (się), zmierzać: **+ for/towards/up etc** *a boat heading for the shore* **2** [T] prowadzić, kierować: *Most one-parent families are headed by women.* **3 be heading for** *także* **be headed for** *AmE* być na pros-

tej drodze do: *The company was heading for disaster.*

**head·ache** /ˈhedeɪk/ *n* [C] ból głowy: *I've got a headache.*

**head·gear** /ˈhedgɪə/ *n* [U] nakrycie głowy

**head·ing** /ˈhedɪŋ/ *n* [C] nagłówek

**head·lamp** /ˈhedlæmp/ *n* [C] *BrE* reflektor

**head·land** /ˈhedlənd/ *n* [C] cypel, przylądek

**head·light** /ˈhedlaɪt/ *n* [C] reflektor

**head·line** /ˈhedlaɪn/ *n* **1** [C] nagłówek **2 the headlines** skrót wiadomości

**head·mas·ter** /ˌhedˈmɑːstə/ *n* [C] *BrE* dyrektor szkoły

**head·mis·tress** /ˌhedˈmɪstrəs/ *n* [C] *BrE* dyrektorka szkoły

**head-on** /ˌ. ˈ.◂/ *adv* **1** czołowo: *A car and a truck had collided head-on.* **2** twarzą w twarz: *She decided to face her difficulties head-on.* —**head-on** *adj*: *a head-on collision* (=zderzenie czołowe)

**head·phones** /ˈhedfəʊnz/ *n* [plural] słuchawki

**head·quar·ters** /ˈhedˌkwɔːtəz/ *n* [plural] *także* **HQ** siedziba, centrala, kwatera główna

**head·stone** /ˈhedstəʊn/ *n* [C] nagrobek, płyta nagrobkowa

**head·strong** /ˈhedstrɒŋ/ *adj* uparty: *a headstrong child*

**head·way** /ˈhedweɪ/ *n* **make headway** z/robić postęp(y): **+ towards/with/in etc** *We have made little headway towards a solution.*

**heal** /hiːl/ *v* **1** [I] *także* **heal up** za/goić się: *The scratch on her finger healed quickly.* **2** [T] wy/leczyć, uzdrawiać: *This cream should help to heal the cuts.* —**healer** *n* [C] uzdrawiacz

**health** /helθ/ *n* [U] **1** zdrowie: *Smoking can damage your health.* | **in good/poor etc health** *Elsie's not in very good health.* **2** kondycja: *the health of the economy*

**health club** /ˈ. ./ *n* [C] siłownia

**health food** /ˈ. ./ *n* [C,U] zdrowa żywność: *a health food shop*

**health·y** /ˈhelθi/ *adj* zdrowy: *a healthy baby girl* | *a healthy diet* | *It's not healthy for her to depend on him like that.* ➡ antonim UNHEALTHY

**heap** /hiːp/ *n* [C] stos, sterta: **+ of** *a heap of newspapers* | **in a heap** *His clothes lay in a heap by the bed.*

**hear** /hɪə/ *v* **heard** /hɜːd/, **heard, hearing 1** [I,T] u/słyszeć: *Can you hear that noise?* | *She called his name but he didn't hear.* | **hear sb doing sth** *I thought I heard someone knocking.* | **+ (that)** *We were sorry to hear that you were ill.* **2** dowiedzieć się: **+ about** *Where did you hear* (=skąd się Pani dowiedziała) *about the job, Miss Blair?* **3** [T] wy/słuchać: *You should at least hear what she has to say.* **4 I won't hear of it!** *spoken* nie chcę (nawet) o tym słyszeć!: *I offered to pay, but he wouldn't hear of it.* **5 hear! hear!** *especially BrE* racja! (*na zebraniu, w dyskusji*)

**hear from** sb *phr v* [T] mieć (jakieś) wiadomości od: *Have you heard from Jane?*

**hear of** sb/sth *phr v* [T] **sb has (never) heard of** ktoś (nigdy nie) słyszał o: *Phil Merton? I've never heard of him.*

**hear** sb **out** *phr v* [T] wysłuchać: *I know you're angry, but just hear me out.*

> UWAGA **hear**
>
> Zwykle mówi się **I can hear**, a nie "I hear" czy "I am hearing": *I can hear someone singing.* Nie mówi się natomiast "I can hear", kiedy chodzi o coś, co słyszymy często lub regularnie: *We often hear them arguing* (nie "we can often hear them arguing"). W czasie przeszłym mówi się **I could hear** i znaczy to to samo co **I heard**: *We could hear footsteps on the stairs.* (=*We heard footsteps on the stairs.*)

**hear·ing** /ˈhɪərɪŋ/ *n* **1** [U] słuch: *My hearing's not as good as it used to be.* **2** [C] rozprawa: *a court hearing*

**hearing aid** /ˈ.. ./ *n* [C] aparat słuchowy

**hear·say** /ˈhɪəseɪ/ *n* [U] pogłoski: *It's just hearsay, but they tell me he's leaving.*

**hearse** /hɜːs/ *n* [C] karawan

**heart** /hɑːt/ *n* **1** [C,U] serce: *Tom could feel his heart beating faster.* | *He's strict, but he has a kind heart.* | **with all your heart** (=z całego serca): *She wished with all her heart that she had never met him.* | **at heart** (=w głębi serca/duszy): *I'm just a kid at heart.* **2 the heart of sth** (sam) środek czegoś: *deep in the heart of the countryside* | **the heart of the matter/problem** (=sedno sprawy/problemu): *Let's get to the heart of the matter.* **3 know sth by heart** znać/umieć coś na pamięć: *Do you know your speech by heart?* **4 learn sth by heart** na/uczyć się czegoś na pamięć: *Learn this tune by heart before next week's lesson.* **5 hearts** kiery: *the queen of hearts* (=dama kierowa) **6 to your heart's content** do woli: *You can run around here to your heart's content.* **7 take/lose heart** odzyskać/stracić nadzieję: *We took heart when we saw the sign, knowing that we were close to home.* | *I've failed my driving test so many times I'm beginning to lose heart.* **8 not have the heart to do sth** *spoken* nie mieć serca czegoś zrobić: *I didn't have the heart to tell her the truth.*

H

**heart·ache** /ˈhɑːteɪk/ *n* [U] rozpacz: *the heartache felt by children when their parents divorce*

**heart at·tack** /ˈ. .ˌ./ *n* [C] atak serca, zawał

**heart·beat** /ˈhɑːtbiːt/ *n* [C,U] tętno, puls: *The doctor listened to the baby's heartbeat.*

**heart·break** /ˈhɑːtbreɪk/ *n* [U] zawód miłosny

**heart·break·ing** /ˈhɑːtˌbreɪkɪŋ/ *adj* rozdzierający serce: *heartbreaking pictures of starving children*

**heart·brok·en** /ˈhɑːtˌbrəʊkən/ *adj* załamany: *I don't know how to tell him about the accident – he'll be heartbroken.*

**heart·en·ing** /ˈhɑːtnɪŋ/ *adj* pocieszający, podnoszący na duchu: *heartening news* ➔ antonim DISHEARTENING

**heart fail·ure** /ˈ. ˌ../ *n* [U] niewydolność serca

**heart·felt** /ˈhɑːtfelt/ *adj* szczery, płynący z głębi serca: *heartfelt thanks*

**hearth** /hɑːθ/ *n* [C] palenisko, kominek

**heart·i·ly** /ˈhɑːtəli/ *adv* serdecznie: *He laughed heartily.* | *I'm heartily sick of* (=mam serdecznie dość) *hearing about her problems.*

**heart·land** /ˈhɑːtlənd/ *n* [C] centrum: *the industrial heartland of England*

**heart-to-heart** /ˌ. . ˈ.◂/ *n* [C] rozmowa w cztery oczy: *It's time you and I had a heart-to-heart.*

**heart·y** /ˈhɑːti/ *adj* **1** serdeczny: *We were given a hearty welcome.* **2** obfity: *a hearty meal* | **a hearty appetite** (=dobry apetyt)

**heat**[1] /hiːt/ *n* **1** [U] gorąco, ciepło: *This radiator doesn't give off much heat.* **2** temperatura: *the heat of the sun* **3 the heat a)** upał: *Cindy was constantly complaining about the heat.* **b)** *AmE* ogrzewanie **4** [C] eliminacje: *She was knocked out in the qualifying heats.*

**heat**[2] *v* **1** [T] *także* **heat up** ogrzewać, podgrzewać: *This house is very expensive to heat.* | *I heated up the remains of last night's supper.* **2** [I] nagrzewać się, rozgrzewać się: *The stove takes a while to heat up.*

**heat·ed** /ˈhiːtəd/ *adj* **1** ogrzewany, podgrzewany: *a heated swimming pool* **2 heated discussion/debate** gorąca dyskusja/debata

**heat·er** /ˈhiːtə/ *n* [C] **1** grzejnik **2** grzałka

**heath** /hiːθ/ *n* [C] wrzosowisko

**hea·then** /ˈhiːðən/ *n* [C] *old-fashioned* pogan-in/ka —**heathen** *adj* pogański

**heath·er** /ˈheðə/ *n* [C,U] wrzos

**heat·ing** /ˈhiːtɪŋ/ *n* [U] *BrE* ogrzewanie

**heat·wave** /ˈhiːtweɪv/ *n* [C] fala upałów

**heave** /hiːv/ *v* **1** [I,T] w/ciągnąć, dźwigać: *She heaved the box onto the back of the truck.* **2 heave a sigh** odetchnąć głęboko: *We can all heave a sigh of relief now that it's over.*

**heav·en** /ˈhevən/ *n* [U] **1** *także* **Heaven** niebo, raj → porównaj HELL **2 for heaven's sake** *spoken* na miłość boską: *For heaven's sake, shut up!* **3 heaven forbid** *spoken* nie daj Boże: *And if, heaven forbid, he has an accident, what should I do then?*

**heav·en·ly** /ˈhevənli/ *adj* **1** [only before noun] niebiański: *a heavenly choir of angels* **2** *spoken* boski: *Isn't this weather heavenly?*

**heavenly bod·y** /ˌ... ˈ../ *n* [C] ciało niebieskie

**heav·ens** /ˈhevənz/ *n* **1 (Good) Heavens!** *spoken* wielkie nieba!: *Good Heavens! Where have you been?* **2 the heavens** *literary* niebiosa

**heav·i·ly** /ˈhevəli/ *adv* **1** dużo, mocno: **drink/smoke heavily** *He's been drinking heavily since the accident.* | **rain/snow heavily** *It had rained heavily all night.* **2** w dużym stopniu: *Our work is heavily dependent on computers.*

**heav·y** /ˈhevi/ *adj* **1** ciężki: *I can't lift this box – it's too heavy.* | *How heavy are you* (=ile ważysz)? **2** obfity, duży: *Traffic is heavy on the A19.* | **heavy rain/snow** *Heavy snowfalls closed roads in the area.* | **be a heavy smoker/drinker** (=dużo palić/pić): *I like wine, but I'm not a heavy drinker.* **3 heavy going** trudny: *I find her novels pretty heavy going.* **4** ciężko strawny: *a heavy lunch* **5 with a heavy heart** z ciężkim sercem —**heaviness** *n* [U] ciężar

**heavy-du·ty** /ˌ.. ˈ..◂/ *adj* wytrzymały: *heavy-duty plastic gloves*

**heav·y·weight** /ˈheviweɪt/ *n* [C] **1** gruba ryba: *one of the heavyweights of the movie industry* **2** bokser wagi ciężkiej —**heavyweight** *adj* wagi ciężkiej: *the heavyweight champion of the world*

**hec·tare** /ˈhektɑː/ *n* [C] hektar

**hec·tic** /ˈhektɪk/ *adj* gorączkowy: *It's been a really hectic week.*

**he'd** /hid/ forma ściągnięta od "he would" lub "he had": *I'm sure he'd* (=he would) *drive you there.* | *He'd* (=he had) *never been a good dancer.*

**hedge**[1] /hedʒ/ *n* [C] żywopłot

**hedge**[2] *v* [I] wykręcać się, kręcić: *I got the feeling he was hedging.*

**hedge·hog** /ˈhedʒhɒg/ *n* [C] jeż

**heed** /hiːd/ *n* [U] **take heed of/pay heed to** *formal* brać pod uwagę: *Roy paid no heed to* (=nie zważał na) *her warning.*

**heel** /hiːl/ *n* **1** [C] pięta **2** [C] obcas: *boots with three-inch heels*

**height** /haɪt/ *n* **1** [C,U] wysokość: *What's the height of the Empire State Building?* **2** [C,U] wzrost: *Howard and Ben are about the same height.* **3 the height of** szczyt: *the height of the tourist season* | *Mini skirts were the height of fashion* (=były szczytem mody).

**height·en** /ˈhaɪtn/ *v* [I,T] wzmagać (się), s/potęgować (się): *The movie has heightened public awareness of AIDS.*

**heights** /haɪts/ *n* [plural] wysokość: *I've always been afraid of heights.*

**heir** /eə/ *n* [C] spadkobier-ca/czyni, następ-ca/czyni: *The Prince of Wales is the heir to the throne.*

**heir·ess** /ˈeərəs/ *n* [C] spadkobierczyni, następczyni

**held** /held/ czas przeszły i imiesłów bierny od HOLD

**hel·i·cop·ter** /ˈheləkɒptə/ *n* [C] helikopter, śmigłowiec

**he'll** /hil/ forma ściągnięta od "he will" lub "he shall"

**hell** /hel/ *n* **1** *także* **Hell** [singular] piekło: **be hell** *My schooldays were absolute hell.* | **go through hell** (=przechodzić piekło): *My mother went through hell with my father's drinking.* **2** [singular] *spoken* do diabła: *Get the hell out of here!* | **what/why/where etc the hell?** *Where the hell have you been* (=gdzieś ty u diabła był)? **3 a/one hell of a** *spoken* niesa-

mowity: *He's a hell of a salesman.* | *a hell of a lot of money*

**hel·lo** /hə'ləʊ/ *także* **hallo** *BrE*, **hullo** *BrE* *interjection* **1** cześć, dzień dobry: *Hello, my name is Betty.* **2** halo: *"Hello?" "Hello, is Chad there?"*

**helm** /helm/ *n* **at the helm** u steru: *With Davies at the helm, the team is bound to succeed.*

**hel·met** /'helm$^{\text{I}}_{\text{ə}}$t/ *n* [C] kask, hełm: *a motorcycle helmet*

**help**[1] /help/ *v* **1** [I,T] pomagać: *It might help to talk to someone about your problems.* | *Brushing your teeth helps prevent cavities.* | **help sb (to) do sth** *Is there anything I can do to help?* | *Do you want me to help you move that table?* | **help sb with sth** *Dad, can you help me with my homework?* **2 can't/couldn't help** nie móc się powstrzymać od: *I just couldn't help laughing.* **3 I can't help it** *spoken* nic na to nie poradzę: *I can't help it if she lost the stupid book!* **4 help yourself (to sth)** po/częstować się (czymś): *Help yourself to anything in the fridge.* **5 help!** *spoken* na pomoc!

**help out** *phr v* [I,T **help** sb **out**] pomóc: *Sarah's going to help out with the cooking tonight.*

H

**help**[2] *n* **1** [U] pomoc: *Do you need any help with that?* | *Go get help* (=sprowadź pomoc), *quickly!* **2 with the help of** za pomocą: *I opened the can with the help of a knife.* **3 be a lot of help/be a real help** przydać się, być pomocnym: *The instructions weren't a lot of help.*

**help·er** /'helpə/ *n* [C] pomocni-k/ca

**help·ful** /'helpfəl/ *adj* pomocny, przydatny: *The map was really helpful.* | *Everyone was so helpful.*

**help·ing** /'helpɪŋ/ *n* [C] porcja: *a huge helping of potatoes*

**help·less** /'helpləs/ *adj* bezradny: *I lay helpless in my hospital bed.* —**helplessly** *adv* bezradnie —**helplessness** *n* [U] bezradność

**hem** /hem/ *n* [C] rąbek

**hem·i·sphere** /'hem$^{\text{I}}_{\text{ə}}$sfɪə/ *n* [C] półkula: *the northern hemisphere*

**he·mo·phil·i·a** /ˌhiːmə'fɪliə/ amerykańska pisownia wyrazu HAEMOPHILIA

**hem·or·rhage** /'hemərɪdʒ/ amerykańska pisownia wyrazu HAEMORRHAGE

**hem·or·rhoids** /'hemərɔɪdz/ amerykańska pisownia wyrazu HAEMORRHOIDS

**hemp** /hemp/ *n* [U] konopie

**hen** /hen/ *n* [C] **1** kura **2** samica (*ptaka*)

**hence** /hens/ *adv formal* **1** stąd: *The sugar from the grapes remains in the wine, hence the sweet taste.* **2 two weeks/six months hence** za dwa tygodnie/sześć miesięcy

**hence·forth** /ˌhens'fɔːθ/ *także* **hence·for·ward** /-'fɔːwəd/ *adv formal* odtąd

**hep·a·ti·tis** /ˌhepə'taɪt$^{\text{I}}_{\text{ə}}$s◂/ *n* [U] zapalenie wątroby

**her** /hə/ *determiner, pron* jej, ją, nią, niej: *That's her new car.* | *I gave her £20.* | *I'll go without her.*

**her·ald** /'herəld/ *v* [T] zwiastować, zapowiadać: *Familiar music heralded another news bulletin.*

**herb** /hɜːb/ *n* [C] zioło, ziele —**herbal** *adj* ziołowy: *herbal remedies*

**herd**[1] /hɜːd/ *n* [C] stado: *a herd of cattle*

**herd**[2] *v* [I,T] spędzać, zaganiać: *The tour guide herded us onto the bus.*

**here** /hɪə/ *adv* **1** tu, tutaj: *I'm going to stay here with Kim.* | *We came here on Dad's birthday.* | *Spring is here* (=przyszła wiosna)*!* | *Smith! – Here* (=obecny)*!* **2** w tym miejscu: *The subject is too difficult to explain here.* **3** proszę, masz: **here's** *Here's a spade* (=masz tu łopatę) *– get digging!* | **here you are** (=proszę): *"Could you bring me a glass of water, please?" "Here you are, sir."* **4** oto: *Here comes the bus.* | **here's ...** *Here's the restaurant I was telling you about.* | **here you are/here he is** (=otóż i jesteś/jest): *Here you are – we've been looking everywhere for you.* **5 here goes** no to jazda: *Are you ready? OK, here goes.* **6 here and there** gdzieniegdzie, tu i tam: *Here and there you can see a few scratches, but generally the car's in good condition.*

**here·a·bouts** /ˌhɪərəˈbaʊts/ *adv* w pobliżu: *There aren't many shops hereabouts.*

**here·af·ter** /hɪərˈɑːftə/ *adv formal* odtąd, od tego miejsca: *two groups hereafter referred to as groups A and B*

**here·by** /hɪəˈbaɪ/ *adv formal* niniejszym: *I hereby pronounce you man and wife.*

**he·red·i·ta·ry** /həˈredətəri/ *adj* dziedziczny: *Heart disease is often hereditary.*

**he·red·i·ty** /həˈredəti/ *n* [U] dziedziczność

**her·e·sy** /ˈherəsi/ *n* [C,U] herezja

**her·e·tic** /ˈherətɪk/ *n* [C] herety-k/czka —**heretical** /həˈretɪkəl/ *adj* heretycki

**her·i·tage** /ˈherətɪdʒ/ *n* [C,U] dziedzictwo, spuścizna: *Ireland's musical heritage*

**her·mit** /ˈhɜːmət/ *n* [C] pustelni-k/ca, odludek

**her·ni·a** /ˈhɜːniə/ *n* [C] przepuklina

**he·ro** /ˈhɪərəʊ/ *n* [C] *plural* **heroes** bohater: *He became a local hero after saving a boy's life.* | *Indiana Jones is the hero of the film.* → patrz też HEROINE

**her·o·in** /ˈherəʊɪn/ *n* [U] heroina

**her·o·ine** /ˈherəʊɪn/ *n* [C] bohaterka

**her·o·is·m** /ˈherəʊɪzəm/ *n* [U] bohaterstwo, heroizm: *stories of heroism and daring*

**her·on** /ˈherən/ *n* [C] czapla

**her·ring** /ˈherɪŋ/ *n* [C,U] śledź

**hers** /hɜːz/ *pron* jej: *That's my car. This is hers.* | *Angela is a friend of hers.*

**her·self** /həˈself/ *pron* **1** forma zwrotna zaimka "she": *She made herself* (=sobie) *a cup of coffee.* | *Julie hurt herself* (=skaleczyła się). **2** silna forma zaimka "she", używana dla zaakcentowania podmiotu lub dopełnienia: *It's true! Vicky told me so herself* (=sama mi to powiedziała). **3 (all) by herself** sama: *She went to the concert by herself.* | *Lynn made dinner all by herself.* **4 (all) to herself** dla siebie: *Alison had the whole place to herself that night.*

**he's** /hiz/ forma ściągnięta od "he is" lub "he has": *He's* (=he is) *my brother.* | *He's* (=he has) *lost his keys.*

**hes·i·tant** /ˈhezətənt/ *adj* niepewny, niezdecydowany: *a hesitant smile*

**hes·i·tate** /ˈhezəteɪt/ *v* [I] za/wahać się: *She hesitated before answering his question.* | *Don't hesitate to call me if you need any help.*

**hes·i·ta·tion** /ˌhezəˈteɪʃən/ *n* [C,U] wahanie: *There was a slight hesitation before he answered.* | **have no hesitation in doing sth** (=z/robić coś bez wahania): *I have no hesitation in recommending him for the job.*

**het·e·ro·ge·ne·ous** /ˌhetərəʊˈdʒiːniəs◂/ *także* **het·e·ro·ge·nous** /hetəˈrɒdʒənəs/ *adj formal* różnorodny, heterogeniczny: *a heterogeneous group of pictures* → porównaj HOMOGENEOUS

**het·e·ro·sex·u·al** /ˌhetərəˈsekʃuəl◂/ *adj* heteroseksualny → porównaj BISEXUAL[1], HOMOSEXUAL

**hex·a·gon** /ˈheksəgən/ *n* [C] sześciokąt —**hexagonal** /hekˈsægənəl/ *adj* sześciokątny

**hey** /heɪ/ *interjection* hej: *Hey! Look who's here!*

**hi** /haɪ/ *interjection informal* cześć, hej: *Hi! How are you?*

**hi·ber·nate** /ˈhaɪbəneɪt/ *v* [I] zimować, zapadać w sen zimowy —**hibernation** /ˌhaɪbəˈneɪʃən/ *n* [U] hibernacja, sen zimowy

**hic·cup[1]** /ˈhɪkʌp/ *także* **hiccough** *n* [C] czkawka: **have/get (the) hiccups** *The baby always gets hiccups after feeding.*

**hiccup[2]** *v* [I] **-pped, -pping** mieć czkawkę

**hid·den** /ˈhɪdn/ *adj* ukryty: *hidden cameras* | *There may have been a hidden meaning in what he said.*

**hide[1]** /haɪd/ **hid** /hɪd/, **hiding, hidden** *v* **1** [I,T] ukrywać (się), s/chować (się): *Suzy's gone and hidden my keys again.* | *Quick! She's coming – we'd better hide.* | **hide sth in/under etc** *Jane hid the presents in the cupboard.* **2** [T] ukryć:

*Matt looked down, anxious to hide his confusion.* | *I have nothing to hide.*

**hide²** *n* [C,U] skóra (*zwierzęca*)

**hide-and-seek** /ˌ.. . ˈ./ *n* [U] zabawa w chowanego

**hide·a·way** /ˈhaɪdəweɪ/ *n* [C] kryjówka

**hid·e·ous** /ˈhɪdiəs/ *adj* szkaradny, paskudny: *a hideous new building*

**hide·out** /ˈ. ./ *n* [C] kryjówka

**hid·ing** /ˈhaɪdɪŋ/ *n* **be in hiding** ukrywać się: *The escaped prisoner went into hiding in the mountains.*

**hi·er·ar·chy** /ˈhaɪrɑːki/ *n* **1** [C,U] hierarchia: *There is a very rigid hierarchy in the civil service.* **2** [C] władze: *All policy decisions are made by the party hierarchy.* —**hierarchical** /haɪˈrɑːkɪkəl/ *adj* hierarchiczny

**hi·e·ro·glyph·ics** /ˌhaɪrəˈglɪfɪks/ *n* [plural] hieroglify

**hi-fi** /ˈhaɪ faɪ/ *n* [C] sprzęt/zestaw hi-fi

**high¹** /haɪ/ *adj* **1** wysoki: *the highest mountain in Colorado* | *Temperatures will remain high today.* | *The cost of living is higher in the capital city than in the rest of the country.* | *What's the highest rank in the Navy?* | *I can't sing the high notes.* | **how high?** *How high is the Eiffel Tower?* | **knee-high, shoulder-high etc** *The grass was knee-high* (=trawa sięgała do kolan). | **have a high opinion of** (=cenić sobie): *I have a very high opinion of his work.* | **high quality/standards etc** *We insist on high standards of quality and efficiency.* → antonim LOW¹ porównaj TALL **2** naćpany, na haju: **be high on sth** *They were high on cocaine.* **3** bogaty: **high in fat/sugar/salt etc** *Spinach is very high in iron.*

> **UWAGA high i tall**
>
> Nie należy mylić przymiotników **high** i **tall** w znaczeniu 'wysoki'. **High** używamy w stosunku do obiektów znajdujących się wysoko ponad ziemią lub takich, których wierzchołki są wysoko ponad ziemią: *These rooms have very high ceilings.* | *The top shelf was too high for me to reach.* | *The high wall made it impossible for prisoners to escape.* **Tall** używamy w stosunku do ludzi, zwierząt, drzew, budynków i innych obiektów, które są wąskie i mają ponad przeciętną wysokość: *tall cathedral* | *tall chimney* | *tall trees.*

**high²** *adv* wysoko: *seagulls flying high in the sky* | *Jenkins has risen high in the company.*

**high³** *n* [C] maksimum: *Temperatures today will reach an all-time high of 48°.*

**high-class** /ˌ. ˈ.◂/ *adj* ekskluzywny: *a high-class restaurant*

**higher ed·u·ca·tion** /ˌ.. ..ˈ../ *n* [U] wyższe wykształcenie → porównaj FURTHER EDUCATION

**high-hand·ed** /ˌ. ˈ..◂/ *adj* władczy

**high jump** /ˈ. ./ *n* **the high jump** skok wzwyż

**high·lands** /ˈhaɪləndz/ *n* [plural] góry: *the Scottish highlands*

**high·light¹** /ˈhaɪlaɪt/ *v* [T] **1** zwracać uwagę na: *Our newsletter highlights issues of interest to students.* **2** zakreślać

**highlight²** *n* [C] najciekawszy fragment: *You can see highlights of today's game after the news.*

**high·light·er** /ˈhaɪlaɪtə/ *n* [C] marker, zakreślacz

**high·ly** /ˈhaɪli/ *adv* bardzo, wielce: *Rachel is a highly intelligent girl.* | *a highly respected man*

**highly-strung** /ˌ.. ˈ.◂/ *especially BrE*, **high strung** *AmE adj* nerwowy

**High·ness** /ˈhaɪnɪ̵s/ *n* **Her/His/Your Highness** Jej/Jego/Wasza Wysokość

**high-pitched** /ˌ. ˈ.◂/ *adj* wysoki: *a high-pitched sound*

**high-pow·ered** /ˌ. ˈ..◂/ *adj* **1** o dużej mocy: *a high-powered speedboat* **2** dynamiczny: *a high-powered businessman*

**high-pres·sure** /ˌ. ˈ..◂/ *adj* pod (wysokim) ciśnieniem: *a high-pressure water hose*

**high-rise** /ˈ. ./ *adj* **high-rise building** wieżowiec —**high-rise** *n* [C] wieżowiec

**high school** /'. ./ *n* [C,U] szkoła średnia (*w USA i Kanadzie*)

**high street** /'. ./ *n* [C] *BrE* główna ulica: *Kensington High Street*

**high-strung** /ˌ. '.◂/ *adj* nerwowy

**high-tech** /ˌhaɪ 'tek◂/ *adj* najnowocześniejszy: *a new high-tech camera*

**high tide** /ˌ. './ *n* [C,U] przypływ

**high·way** /'haɪweɪ/ *n* [C] *AmE* autostrada

**hi·jack** /'haɪdʒæk/ *v* [T] porywać, uprowadzać: *to hijack a plane/bus* —**hijacker** *n* [C] porywacz/ka —**hijacking** *n* [C,U] porwanie, uprowadzenie

**hike** /haɪk/ *v* [I,T] wędrować: **go hiking** *The Lake District is a great place to go hiking.* —**hike** *n* [C] wędrówka, piesza wycieczka

**hi·lar·i·ous** /hɪ'leəriəs/ *adj* komiczny: *She thinks his jokes are hilarious.*

**hill** /hɪl/ *n* [C] wzgórze, pagórek, wzniesienie: *a little cottage on a hill* | *The sun set behind the blue hills.*

**hill·side** /'hɪlsaɪd/ *n* [C] stok

**hill·y** /'hɪli/ *adj* górzysty, pagórkowaty: *hilly terrain*

**him** /hɪm/ *pron* (je)go, (je)mu, nim, niego: *Have you sent him an invitation?* | *I'll look for him downstairs.*

**him·self** /hɪm'self/ *pron* **1** forma zwrotna zaimka "he": *Bill looked at himself* (=popatrzył na siebie) *in the mirror.* | *He seemed to enjoy himself* (=dobrze się bawił) *last night.* **2** silna forma zaimka "he", używana dla zaakcentowania podmiotu lub dopełnienia: *Mr Wexford himself* (=sam Pan Wexford) *came down to greet us.* **3 (all) by himself** sam: *He tried to fix the car by himself.* **4 (all) to himself** dla siebie: *Ben had the house to himself.*

**hind** /haɪnd/ *adj* **hind legs/feet** tylne kończyny/łapy: *the hind legs of the elephant*

**hin·der** /'hɪndə/ *v* [T] utrudniać, przeszkadzać w: *The bad weather is hindering rescue efforts.*

**hin·drance** /'hɪndrəns/ *n* [C] przeszkoda, utrudnienie: **be a hindrance to** *Marie feels marriage would be a hindrance to her career.*

**hind·sight** /'haɪndsaɪt/ *n* [U] **with hindsight** po fakcie: *With hindsight, we'd all do things differently.*

**Hin·du·is·m** /'hɪndu-ɪzəm/ *n* [U] hinduizm

**hinge¹** /hɪndʒ/ *n* [C] zawias

**hinge²** *v*

**hinge on/upon** sth *phr v* [T] zależeć od: *Suddenly, his whole future hinged on Luisa's decision.*

**hint¹** /hɪnt/ *n* [C] **1** aluzja: **drop hints** *Sue has been dropping hints* (=robiła aluzje) *about what she wants for her birthday.* | **take a/the hint** (=zrozumieć aluzję): *I kept looking at my watch, but she wouldn't take the hint.* **2** ślad: *There was a hint of anger in his voice.* **3** odrobina: *a hint of garlic in the sauce* **4** wskazówka: *cookery hints*

**hint²** *v* [T] **1** za/sugerować: **+ (that)** *Peg has been hinting that she wants a baby.* **2** [I] **hint at** z/robić aluzję do, napomykać o: *The minister hinted at an early election.*

**hip** /hɪp/ *n* [C] biodro

**hip·pie** /'hɪpi/ *także* **hippy** *n* [C] hipis/ka: *She joined a hippie commune in the '60s.*

**hip·po** /'hɪpəʊ/ *n* [C] *informal* hipopotam

**hip·po·pot·a·mus** /ˌhɪpə'pɒtəməs/ *n* [C] *plural* **hippopotamuses, hippopotami** /-maɪ/ hipopotam

**hire¹** /haɪə/ *v* [T] **1** *BrE* wynajmować, wypożyczać: *Let's hire a car and drive down to Cornwall.* **2** najmować: *We've decided to hire a nanny for baby Carolyn.*

**hire** sth ↔ **out** *phr v* [T] *BrE* wynajmować, wypożyczać: *Do you know of any place that hires out costumes?*

**UWAGA hire i rent**

Czasownik **hire** odnosi się do wynajmowania ludzi (np. prawnika, kierowcy) lub przedmiotów, pomieszczeń itp. na krótki okres: *hire a*

H

> *lawyer | hire a suit | hire a bicycle | hire a meeting hall | hire a fishing rod.* **Rent** dotyczy wynajmu długoterminowego np. domu, biura, kiedy to płaci się raz na jakiś czas: *rent a house | rent a shop | rent an apartment | rent a television.* Jedynie w przypadku wynajmu samochodu, wyrazów tych używa się wymiennie: *There's usually a place at the airport where you can rent/hire a car.*

**hire**[2] *n* [U] *BrE* wynajęcie: *a car hire company* | **for hire** (=do wynajęcia): *fishing boats for hire*

**his** /hɪz/ *determiner, pron* jego: *I think I picked up his suitcase by mistake.* | *Leo hates cleaning his* (=swój) *room.*

**hiss** /hɪs/ *v* [I] **1** za/syczeć: *I could hear steam hissing from the pipe.* **2** syknąć: *"Just keep quiet!" he hissed.* —**hiss** *n* [C] syk

**his·to·ri·an** /hɪˈstɔːriən/ *n* [C] historyk

**his·tor·ic** /hɪˈstɒrɪk/ *adj* historyczny, wiekopomny: *a historic moment*

> UWAGA **historic i historical**
>
> Nie należy mylić wyrazów **historic** i **historical**. **Historic** znaczy 'historyczny' w sensie 'bardzo ważny': *a historic decision | a historic voyage*, lub w sensie 'o długiej historii': *a historic tradition | a historic building.* **Historical** znaczy 'historyczny' w sensie 'istniejący w przeszłości' lub 'dotyczący lub oparty na wydarzeniach sprzed wielu lat': *a real historical figure | a historical novel | historical records.*

**his·tor·i·cal** /hɪˈstɒrɪkəl/ *adj* historyczny: *historical research* | *The novel blends historical fact with fiction.* —**historically** *adv* historycznie

**his·to·ry** /ˈhɪstəri/ *n* **1** [U] historia: *The Civil War was a turning point in American history.* | *a class in European history* | *one of the finest performers in the history of opera* **2** **have a history of sth** od dawna cierpieć na coś: *Paul has a history of heart trouble.*

**hit**[1] /hɪt/ *v* **hit, hit, hitting 1** [T] uderzyć (w): *He hit the ball right into the crowd.* | *It felt like someone had hit me in the stomach.* | *The speeding car swerved and hit the wall.* | *I fainted and hit my head on the table.* **2** [T] osiągnąć: *Unemployment has hit 11.3%.* **3** [T] dotknąć: *In 1977, the area was hit by massive floods.* | **be hard hit** *The company has been hard hit by decreasing sales.* **4** [T] trafić: *He was hit in the chest and died instantly.* **5** [T] dotrzeć do: *It suddenly hit me that he was just lonely.* **6 hit it off (with sb)** *informal* przypaść sobie do gustu: *I'm glad to see the two girls hitting it off so well.* **7 hit the roof/ceiling** *informal* wściec się: *Dad's going to hit the roof when he sees this mess!* **8 hit the nail on the head** *spoken* trafić w (samo) sedno

**hit back** *phr v* [I] odwzajemnić się: *Yesterday Clinton hit back at his critics.*

**hit on** *phr v* [T **hit on/upon** sth] wpaść na: *Phil hit upon an ingenious way to raise money for the club.*

**hit**[2] *n* **1** [C] hit, przebój: *She had a big hit with her first album.* **2** [C] trafienie: *I scored a hit with my first shot.* **3 be a hit (with sb)** zrobić furorę (wśród kogoś): *Your cousin was a big hit at the party.* **4** [C] uderzenie

**hit-and-run** /ˌ. . ˈ.◂/ *adj* **hit-and-run driver** kierowca uciekający z miejsca wypadku

**hitch**[1] /hɪtʃ/ *v* **1** [I,T] *informal* podróżować autostopem: **hitch a ride/lift** (=z/łapać okazję): *We tried to hitch a ride into Perth.* **2** [T] przyczepiać: *Dad hitched the boat to the back of the car.*

**hitch** sth ↔ **up** *phr v* [T] podciągać: *She hitched up her skirt and stepped over the wall.*

**hitch**[2] *n* [C] problem, komplikacja: *a technical hitch* | **without a hitch** (=bezproblemowo): *Dinner went off without a hitch.*

**hitch·hike** /ˈhɪtʃhaɪk/ *v* [I] podróżować autostopem —**hitchhiker** *n* [C] autostopowicz/ka —**hitchhiking** *n* [U] autostop

H

**HIV** /ˌeɪtʃ aɪ ˈviː◂/ *n* [U] wirus HIV: **be HIV positive** (=być nosicielem HIV): *She's been HIV positive for 11 years.*

**hive** /haɪv/ *także* **beehive** *n* [C] ul

**HMS** /ˈeɪtʃ em es/ *n* [C] skrót poprzedzający nazwy okrętów brytyjskich: *the HMS Bounty*

**hoard**[1] /hɔːd/ *n* [C] **1** zapas, zbiór **2** skarb: *a hoard of gold coins*

**hoard**[2] *także* **hoard up** *v* [T] z/gromadzić, odkładać: *squirrels hoarding nuts for the winter*

**hoard·ing** /ˈhɔːdɪŋ/ *n* [C] *BrE* billboard

**hoarse** /hɔːs/ *adj* ochrypły, chrapliwy

**hoax** /həʊks/ *n* [C] żart, kawał: *The bomb threat turned out to be a hoax.*

**hob** /hɒb/ *n* [C] *BrE* płyta kuchenna

**hob·ble** /ˈhɒbəl/ *v* [I] kuśtykać

**hob·by** /ˈhɒbi/ *n* [C] hobby: *Tricia's hobby is gardening.*

**hock·ey** /ˈhɒki/ *n* [U] **1** *BrE* hokej na trawie **2** *AmE* hokej na lodzie

**hoe** /həʊ/ *n* [C] motyka

**hog** /hɒg/ *n* [C] *especially AmE* wieprz

**hoist** /hɔɪst/ *v* [T] podnosić, wciągać: *He hoisted the bag over his shoulder.* | *The sailors hoisted the flag.* | *The cargo was hoisted onto the ship.*

**hold**[1] /həʊld/ *v* **held, held, holding 1** [T] po/trzymać: *Can you hold my bag for a minute?* | **hold hands** (=trzymać się za ręce): *lovers holding hands* | **hold sth up** *She held the piece of paper up so we could see it.* | **hold sth open** *Do you want me to hold the door open for you* (=czy mam ci przytrzymać drzwi)? | **hold sth in place** *The cupboard was held in place by four large screws.* **2** [T] odbywać: *Elections are usually held* (=odbywają się) *every five years.* **3** [T] po/mieścić: *a brand new stadium which can hold up to 80,000 people* **4** [T] przechowywać: *All our files are held on computer.* **5** [T] przetrzymywać, trzymać: *The hostages were held in a secret location.* **6** [T] zajmować: *Men still hold most of the top managerial posts.* **7** [I,T] *spoken* czekać: **hold it!** (=stój!): *Hold it* (=poczekaj) *a minute! I need to talk to you.* | **hold the line** (=nie odkładać słuchawki): *Mr Penrose is busy. Can you hold the line?* **8 hold an opinion/belief/view** *formal* być zdania, uważać **9 hold a conversation** prowadzić rozmowę: *He can hold a conversation in several European languages.* **10 hold your breath** wstrzymać oddech: *We held our breath while the results were read out.* **11 hold shares** mieć udziały → patrz też **hold sb to ransom** (RANSOM)

**hold** sth **against** sb *phr v* [T] mieć za złe: *If you can't come, I won't hold it against you.*

**hold back** *phr v* **1** [T **hold** sth ↔ **back**] powstrzymywać: *The police couldn't hold back the crowds.* **2** [I,T **hold back** sth] powstrzymywać (się): *She held back her tears.* | *I wanted to tell him what I thought of him, but I held back.*

**hold on** *phr v* [I] *spoken* poczekać, zaczekać: *Yeah, hold on, Mike is right here.*

**hold onto** sth *phr v* [T] **1** trzymać się, przytrzymywać: *She held onto his jacket.* **2** zatrzymywać, nie oddawać: *You should hold onto the painting. It might be worth a lot of money.*

**hold out** *phr v* **1** [T] wyciągać: *Jean held out a small envelope.* **2** [I] wystarczać: *Supplies of food are expected to hold out for another couple of weeks.*

**hold up** *phr v* [T **hold** sb/sth ↔ **up**] zatrzymywać, opóźniać: *Sorry, I didn't mean to hold everybody up.*

**hold**[2] *n* **1** [singular] chwyt: **take hold of sth** *Warren took hold of her hand* (=chwycił ją za rękę). **2 get hold of a)** znaleźć, złapać: *I need to get hold of him quickly.* **b)** zdobyć: *Drugs are easy to get hold of.* **3 keep hold of a)** utrzymać: *He struggled to keep hold of the dog.* **b)** zatrzymać: *It was a lovely watch – I wish I'd kept hold of it.* **4 put sth on hold** odłożyć coś na później: *The tunnel project has been put on hold.* **5** [C] ładownia

**hold·all** /ˈhəʊld-ɔːl/ *n* [C] *BrE* torba podróżna

**hold·er** /ˈhəʊldə/ *n* [C] **1** posiadacz/ka: *the Olympic record holder* | *UK passport holders* **2** uchwyt: *a red candle holder*

**hold·ing** /ˈhəʊldɪŋ/ *n* [C] udział (*w spółce*)

**hold·up** /ˈhəʊldʌp/ *także* **hold-up** *BrE n* [C] **1** opóźnienie (w ruchu): *long hold-ups on the M25* **2** napad: *This is a holdup. Everyone get down on the floor.*

**hole** /həʊl/ *n* [C] dziura: *Someone had drilled a hole in the wall.* | *There's a hole in my sock.* | *I have to get out of this hole.* ➡ patrz też BLACK HOLE

**hol·i·day** /ˈhɒlɪdi/ *n* [C] **1** święto: **national/public holiday** *także* **bank holiday** *BrE* (=święto państwowe): *Labor Day is a national holiday in the US.* **2** *BrE* wakacje: *We went to Italy for our holidays last year.* | **be on holiday** *"Where's Bridget?" "She's on holiday this week."*

> UWAGA **holidays i a holiday**
>
> W wyrażeniach **(be/go) on holiday** i **(return/get back) from holiday** używamy wyrazu **holiday** w liczbie pojedynczej: *She was going on holiday to France.* | *I've just got back from holiday.* Wyraz **holiday** może wystąpić w liczbie mnogiej jedynie wtedy, kiedy przed nim użyjemy jednego z wyrazów **the**, **my**, **your** itp.: *When are you going on your holiday(s) this year?* | *During the long summer holiday(s) some students get a part-time job.* W amerykańskiej angielszczyźnie w znaczeniu 'wakacje' używamy wyrazu **vacation**.

**holiday-mak·er** /ˈ... ˌ../ *n* [C] *BrE* wczasowicz/ka

**hol·i·ness** /ˈhəʊlinɪs/ *n* **1** [U] świętość **2 Your/His Holiness** Wasza/Jego Świątobliwość

**hol·low¹** /ˈhɒləʊ/ *adj* **1** wydrążony: *a hollow tree* **2** pusty: *the hollow promises of politicians* | *hollow laugh/voice*

**hollow²** *n* [C] wgłębienie, zagłębienie

**hollow³** *v*

**hollow** sth ↔ **out** *phr v* [T] wy/drążyć

**hol·ly** /ˈhɒli/ *n* [U] ostrokrzew

**hol·o·caust** /ˈhɒləkɔːst/ *n* [C] zagłada, holocaust: *a nuclear holocaust*

**ho·ly** /ˈhəʊli/ *adj* święty: *the holy city of Jerusalem* | *a holy man*

**hom·age** /ˈhɒmɪdʒ/ *n* [U] hołd, cześć: **pay homage to** (=oddawać hołd): *The President paid homage to all who had fought or died in the war.*

**home¹** /həʊm/ *n* **1** [C,U] dom: *I stayed at home and watched television.* | *He left home when he was 15.* **2 be/feel at home** czuć się jak (u siebie) w domu: *They always try to make their guests feel at home.* **3 the home of** kolebka: *Chicago is known as the home of the blues.* **4 make yourself at home** *spoken* proszę się rozgościć **5** dom opieki: *He dreaded getting old and having to go into a home.* **6 at home** na własnym boisku: *Barcelona lost 2-0 at home.*

> UWAGA **home i house**
>
> **Home** to 'dom' w sensie 'miejsce, gdzie się mieszka (szczególnie z rodziną)': *go home* | *stay at home* | *leave home.* **House** to 'dom' w sensie 'budynek': *let's go to my house* | *we stayed at Peter's house* | *he left her house at noon.*

**home²** *adv* **1** w/do domu: *What time does Mike get home?* | *Hi, honey, I'm home.* **2 take home** zarabiać na czysto: *I take home about $200 a week.* **3 drive/bring sth home** uświadomić coś: *McCullin's photographs brought home to people the horrors of war.*

**home³** *adj* **1** domowy: *What's your home address?* | *I'm looking forward to some home cooking over Christmas.* **2** miejscowy: *The home team is ahead by four runs.* ➡ antonim AWAY² **3** krajowy, wewnętrzny: *home affairs*

**home·com·ing** /ˈhəʊmˌkʌmɪŋ/ *n* [C] powrót do domu

**home e·co·nom·ics** /ˌ. ..ˈ../ *n* [U] zajęcia z gospodarstwa domowego

**home·land** /ˈhəʊmlænd/ *n* [C] ojczyzna

**home·less** /ˈhəʊmləs/ *adj* **1** bezdomny: *The war left a lot of people homeless.* **2 the homeless** bezdomni

**home·made** /ˌhəʊmˈmeɪd◂/ *adj* domowej roboty: *homemade jam*

**home·mak·er** /ˈhəʊmˌmeɪkə/ *n* [C] *especially AmE* gospodyni domowa

**ho·me·op·a·thy** /ˌhəʊmiˈɒpəθi/ *n* [U] homeopatia —**homeopathic** /ˌhəʊmiəˈpæθɪk◂/ *adj* homeopatyczny —**homeopath** /ˈhəʊmiəpæθ/ *n* [C] homeopat-a/ka

**home-page** /ˈ. ./ *n* [C] strona tytułowa (*witryny WWW*)

**home·sick** /ˈhəʊmˌsɪk/ *adj* **be/feel homesick** tęsknić za domem/ojczyzną: *On her first night at camp, Sheila felt very homesick.*

**home town** /ˌ. ˈ./ *także* **hometown** *n* [C] miasto rodzinne: *Mike Tyson's hometown of Brownsville*

**home·ward** /ˈhəʊmwəd/ *adj* powrotny, do domu: *my homeward journey* —**homeward** *adv* do domu

**home·work** /ˈhəʊmwɜːk/ *n* [U] **1** zadanie domowe, praca domowa **2 sb has done his/her homework** ktoś jest dobrze przygotowany ➡ porównaj HOUSEWORK

> UWAGA **homework**
>
> Nie mówi się "I made my homework". Mówi się **I did my homework**.

> UWAGA **homework i housework**
>
> Wyraz **homework** znaczy 'zadanie domowe' (pisanie wypracowania, rozwiązywanie zadań itp), a **housework** 'prace domowe' (sprzątanie, zmywanie itp). Wyrazy te są rzeczownikami niepoliczalnymi i nie mają liczby mnogiej. Mówiąc o jednym zadaniu domowym, mówimy **a homework assignment** lub **a piece of homework**. Chcąc powiedzieć, że 'mieliśmy dużo zadane do domu', mówimy *we were given a lot of homework*. Oto inne przykłady: *Have you done (all) your homework?* | *The teacher gave us some more homework.* | *I'm going to the library to do my French homework.* | *Saturday is the only day I have enough time to do the housework.*

**hom·i·cide** /ˈhɒmɪ̈saɪd/ *n* [C,U] zabójstwo —**homicidal** /ˌhɒmɪ̈ˈsaɪdl/ *adj* morderczy

**ho·mo·ge·ne·ous** /ˌhəʊməˈdʒiːniəs/ *także* **ho·mo·ge·nous** /həˈmɒdʒənəs/ *adj formal* jednorodny

**ho·mo·sex·u·al** /ˌhəʊməˈsekʃuəl◂/ *n* [C] homoseksualist-a/ka —**homosexual** *adj* homoseksualny —**homosexuality** /ˌhəʊməsekʃuˈælɪ̈ti/ *n* [U] homoseksualizm

**hon·est** /ˈɒnɪ̈st/ *adj* **1** uczciwy: *He seems a good, honest man.* ➡ antonim DISHONEST **2** szczery: *Give me an honest answer.* **3 to be honest** *spoken* jeśli mam być szczer-y/a: *To be honest, I don't think she has much chance of winning.*

**hon·est·ly** /ˈɒnɪ̈stli/ *adv* **1** *spoken* naprawdę: *I honestly don't know what's the best thing to do.* **2** szczerze: *Walters spoke honestly about her problems.*

**hon·es·ty** /ˈɒnɪ̈sti/ *n* [U] **1** uczciwość: *We never doubted Frank's honesty.* **2 in all honesty** *spoken* jeśli mam być szczer-y/a: *In all honesty, we made a lot of mistakes.*

**hon·ey** /ˈhʌni/ *n* [U] **1** miód **2** *spoken, especially AmE* kochanie

**hon·ey·comb** /ˈhʌnikəʊm/ *n* [C,U] plaster miodu

**hon·ey·moon** /ˈhʌnimuːn/ *n* [C] miodowy miesiąc: *Jen and Dave are going to Alaska on their honeymoon.*

**honk** /hɒŋk/ *v* [I,T] za/trąbić (*klaksonem*): *A taxi driver honked his horn behind her.*

**hon·or** /ˈɒnə/ *n* amerykańska pisownia wyrazu HONOUR

**hon·or·a·ble** /ˈɒnərəbəl/ *adj* amerykańska pisownia wyrazu HONOURABLE

**hon·or·ar·y** /ˈɒnərəri/ *adj* honorowy: *an honorary degree*

H

**hon·our**[1] /ˈɒnə/ *BrE*, **honor** *AmE* *n* **1** [U] honor: *He's a man of honor.* **2** [U] **in honour of sb/in sb's honour** na czyjąś cześć: *a ceremony in honour of the soldiers who died* **3** [C] zaszczyt: *Churchill received many of his country's highest honours.* **4 it's an honour** to dla mnie/nas zaszczyt: *It's a great honour to receive this award.* **5 Your Honour** Wysoki Sądzie

**honour**[2] *BrE*, **honor** *AmE* *v* [T] **1** uhonorować: *J.F.K. was honored as a national hero.* | **honour sb with sth** *In 1966 he was honoured with the Nobel Prize for Medicine.* **2 be/feel honoured** być/czuć się zaszczyconym: *I'm deeply honoured to be here.* **3 honour a contract/agreement** przestrzegać kontraktu/umowy

**hon·our·a·ble** /ˈɒnərəbəl/ *BrE*, **honorable** *AmE* *adj* honorowy: *an honourable man* —**honourably** *adv* honorowo

**hood** /hʊd/ *n* **1** [C] kaptur **2** *AmE* maska (*silnika*) **3** *informal* chuligan —**hooded** *adj* z kapturem: *a hooded jacket*

**hoof** /huːf/ *n* [C] *plural* **hoofs** *or* **hooves** kopyto

**hook**[1] /hʊk/ *n* [C] **1** hak, haczyk: *a coat hook* **2 leave/take the phone off the hook** zdjąć słuchawkę z widełek **3 left/right hook** lewy/prawy sierpowy

**hook**[2] *v* [T] zahaczać, przyczepiać: *He hooked his umbrella around the handle.*

**hook** sth ↔ **up** *phr v* [T] podłączać: *Millions of people are now hooked up to the Internet.*

**hooked** /hʊkt/ *adj* **1** uzależniony: *You only have to smoke crack once, and then you're hooked.* | **+ on** *It's easy to get hooked on computer games.* **2** zakrzywiony, haczykowaty: *a hooked nose*

**hoo·li·gan** /ˈhuːlɪgən/ *n* [C] chuligan: *football hooligans* —**hooliganism** *n* [U] chuligaństwo

**hoop** /huːp/ *n* [C] obręcz: *He threw the ball through the hoop.*

**hoo·ray** /hʊˈreɪ/ *interjection* hura

**hoot** /huːt/ *v* [I,T] **1** hukać (*o sowie*) **2** trąbić

**Hoo·ver** /ˈhuːvə/ *n* [C] *BrE trademark* odkurzacz

**hoo·ver** /ˈhuːvə/ *v* [I,T] *BrE* odkurzać

**hooves** /huːvz/ *n* liczba mnoga od HOOF

**hop**[1] /hɒp/ *v* [I] **-pped, -pping 1** *informal* wskakiwać: **+ in/on etc** *Hop in and I'll give you a ride.* **2** podskakiwać: *Willie hopped on one leg, and then the other.* | *rabbits hopping along*

**hop**[2] *n* [C] skok, podskok → patrz też HOPS

**hope**[1] /həʊp/ *v* [I,T] mieć nadzieję: **+ (that)** *I hope you feel better soon.* | **hope to do sth** *He's hoping to take a trip to Africa next year.* | **I hope so/not** *spoken* (=mam nadzieję, że tak/nie): *"Will Grandma be there?" "I hope so."* | *"Do you think it's going to rain?" "I hope not!"*

**hope**[2] *n* [C,U] **1** nadzieja: *Her voice sounded full of hope.* | *You must help me! You're my last hope.* | **+ of** *hopes of* (=nadzieje na) *an early end to the war* | **give sb hope** *a new treatment that gives hope to cancer patients* | **lose/give up hope** (=s/tracić nadzieję): *Ben's parents had lost all hope of seeing him again.* | **no/not much/little hope** *There's no hope of getting the money back.* **2 in the hope that/of** w nadziei, że/na: *She stayed on in the hope that she would be able to speak to him.*

**hope·ful** /ˈhəʊpfəl/ *adj* **1** pełen nadziei: *We're hopeful about our chances of winning.* **2** napawający nadzieją: *There are hopeful signs that an agreement will be reached.*

**hope·ful·ly** /ˈhəʊpfəli/ *adv* **1** miejmy nadzieję, że: *Hopefully, the letter will be here by Monday.* **2** z nadzieją: *"Can we go to the zoo tomorrow?" he asked hopefully.*

**hope·less** /ˈhəʊpləs/ *adj* **1** beznadziejny: *a hopeless situation* | *I'm hopeless at spelling.* | *a hopeless task* **2** rozpaczliwy: *a hopeless look on her face* —**hopelessly** *adv* beznadziejnie

**hops** /hɒps/ *n* [plural] chmiel

**horde** /hɔːd/ *n* [C] horda: *hordes of tourists*

**ho·ri·zon** /həˈraɪzən/ *n* **1 the horizon** horyzont: *The sun dropped below the horizon.* **2 sth is on the horizon** zanosi się na coś: *Another 1930s style depression is on the horizon.*

**ho·ri·zons** /həˈraɪzənz/ *n* [plural] horyzonty: *The good thing about university is that it broadens your horizons.*

**hor·i·zon·tal** /ˌhɒrəˈzɒntl◂/ *adj* poziomy: *a horizontal surface* —**horizontally** *adv* poziomo, horyzontalnie → porównaj VERTICAL

**hor·mone** /ˈhɔːməʊn/ *n* [C] hormon —**hormonal** /hɔːˈməʊnl/ *adj* hormonalny

**horn** /hɔːn/ *n* **1** [C,U] róg **2** [C] klakson: *Ernie stopped and blew his horn.* **3** [C] róg, waltornia: *the French horn*

**hor·o·scope** /ˈhɒrəskəʊp/ *n* [C] horoskop

**hor·ren·dous** /hɒˈrendəs/ *adj especially spoken* straszliwy: *The traffic was horrendous.*

**hor·ri·ble** /ˈhɒrəbəl/ *adj* okropny, straszny: *What a horrible smell!* | *a horrible old man*

**hor·rid** /ˈhɒrəd/ *adj informal* paskudny: *Don't be so horrid to your sister.*

**hor·rif·ic** /hɒˈrɪfɪk/ *adj* straszny: *a horrific accident*

**hor·ri·fy** /ˈhɒrəfaɪ/ *v* [T] przerażać: *I was horrified when I found out how much the repairs were going to cost.* —**horrifying** *adj* przerażający

**hor·ror** /ˈhɒrə/ *n* **1** [C,U] przerażenie: *She stared at him in horror.* **2** [C,U] okropność: *the horrors of war* **3 horror movie/film/story** horror

**horse** /hɔːs/ *n* [C] koń

**horse·back** /ˈhɔːsbæk/ *n* **on horseback** konno

**horse chest·nut** /ˌ. ˈ../ *n* [C] kasztan, kasztanowiec

**horse-drawn** /ˈ. ./ *adj* konny

**horse·man** /ˈhɔːsmən/ *n* [C] *plural* **horsemen** jeździec

**horse·pow·er** /ˈhɔːsˌpaʊə/ skrót pisany **hp** *n* [C] *plural* **horsepower** koń mechaniczny

**horse·shoe** /ˈhɔːʃ-ʃuː/ *n* [C] podkowa

**hor·ti·cul·ture** /ˈhɔːtəˌkʌltʃə/ *n* [U] ogrodnictwo

**hose[1]** /həʊz/ *n* *także* **hose-pipe** [C,U] wąż, wężyk

**hose[2]** *v*

**hose** sth ↔ **down** *phr v* [T] polewać wodą z węża

**hos·pice** /ˈhɒspəs/ *n* [C] hospicjum

**hos·pi·ta·ble** /ˈhɒspɪtəbəl/ *adj* gościnny: *The local people are very hospitable.*

**hos·pi·tal** /ˈhɒspɪtl/ *n* [C,U] szpital: **in hospital** *BrE* **/in the hospital** *AmE* (=w szpitalu): *Rick's dad is still in the hospital.*

**hos·pi·tal·i·ty** /ˌhɒspəˈtæləti/ *n* [U] gościnność

**host[1]** /həʊst/ *n* [C] **1** gospodarz: *We thanked our host and left the party.* | *the host city for the next Olympic Games* **2** gospodarz (programu): *a game show host* **3 a (whole) host of** mnóstwo: *a host of possibilities*

**host[2]** *v* [T] być gospodarzem: *Which country is hosting the next World Cup?*

**hos·tage** /ˈhɒstɪdʒ/ *n* [C] zakładni-k/czka: **take sb hostage** (=wziąć kogoś jako zakładnika): *Three nurses were taken hostage by the terrorists.*

**hos·tel** /ˈhɒstl/ *n* [C] schronisko: *a youth hostel*

**host·ess** /ˈhəʊstəs/ *n* [C] gospodyni

**hos·tile** /ˈhɒstaɪl/ *adj* **1** wrogo nastawiony: *The Prime Minister was greeted by a hostile crowd.* **2** przeciwny, wrogi: *Public opinion was hostile to the war.* **3** nieprzyjacielski: *hostile territory*

**hos·til·i·ties** /hɒˈstɪlətiz/ *n* [plural] *formal* działania wojenne: *efforts to end the hostilities in the region*

**hos·til·i·ty** /hɒˈstɪləti/ *n* [U] **1** wrogość: *hostility between staff and students*

**2** wrogie nastawienie: *hostility to the idea of a united Europe*

**hot**[1] /hɒt/ *adj* **-tter, -ttest 1** gorący: *The soup's really hot.* | *the hottest day of the year* **2** ostry, pikantny: *hot salsa* **3** *informal* popularny, modny: *a hot new band* **4** gorący: **hot topic/issue** (=gorący temat/kwestia): *Abortion is a hot topic in the US.* **5 hot favourite** *BrE*, **hot favorite** *AmE* faworyt/ka

**hot**[2] *v* **hotted, hotting**

**hot up** *phr v* [I] *especially BrE* rozkręcać się: *The election campaign is hotting up.*

**hot dog** /ˌ. ˈ./ *n* [C] hot-dog

**ho·tel** /həʊˈtel/ *n* [C] hotel

**hot·house** /ˈhɒthaʊs/ *n* [C] cieplarnia

**hot·line** /ˈhɒtlaɪn/ *n* [C] gorąca linia

**hot·ly** /ˈhɒtli/ *adv* zawzięcie, ostro: *a hotly debated issue*

**hot·plate** /ˈhɒtpleɪt/ *n* [C] kuchenka elektryczna

**hot·spot** /ˈhɒtspɒt/ *n* [C] punkt zapalny: *Soldiers were moved to hotspots along the border.*

**hot-tem·pered** /ˌ. ˈ..◂/ *adj* porywczy

**hot-wa·ter bot·tle** /ˌ. ˈ.. ˌ../ *n* [C] termofor

H

**hound**[1] /haʊnd/ *n* [C] ogar, pies gończy

**hound**[2] *v* [T] prześladować, nękać: *She's constantly hounded by reporters.*

**hour** /aʊə/ *n* **1** [C] godzina: *The meeting lasted an hour and a half* (=półtorej godziny). | *I'll be home in about an hour* (=za około godzinę). | *The lake is an hour from* (=godzinę drogi od) *Hartford.* | **opening hours** (=godziny otwarcia): *Opening hours are from 9:00 a.m. to 8:00 p.m.* | **lunch hour** (=pora obiadowa) **2 hours** *informal* (całe) godziny: *She spends hours on the phone* (=godzinami rozmawia przez telefon). **3** [singular] pełna godzina: **on the hour** (=o pełnych godzinach): *Classes begin on the hour.* **4** [C] pora: *The subway doesn't run at this hour of the night.* | **at all hours** (=w dzień i w nocy): *The baby keeps them awake at all hours.* **5 after hours** po pracy, po godzinach: *The key is usually kept with the caretaker after hours.*

**hour·glass** /ˈaʊəglɑːs/ *n* [C] klepsydra

**hour·ly** /ˈaʊəli/ *adj* **1** cogodzinny: *an hourly news bulletin* **2** godzinowy: *an hourly rate of pay*

**hourly** *adv* **1** co godzinę: *Take one tablet hourly.* **2** godzinowo: *hourly-paid workers*

**house**[1] /haʊs/ *n* **1** [C] dom: *I'm going over to Dean's house.* | *Be quiet or you'll wake the whole house!* **2** [C] budynek: *the Opera House* | *a hen house* (=kurnik) **3** [C] izba (*parlamentu*): *The President will speak to both Houses of Congress on Thursday.* **4 on the house** *spoken* na koszt firmy → patrz też FULL HOUSE

| UWAGA **house** |
|---|
| Patrz **home** i **house**. |

**house**[2] /haʊz/ *v* [T] **1** zapewnić mieszkanie: *a program to house the homeless* **2** mieścić: *The new building will house the college's art collection.*

**house ar·rest** /ˈ. .ˌ./ *n* areszt domowy: *be under house arrest*

**house·hold**[1] /ˈhaʊshəʊld/ *adj* [only before noun] domowy: *household goods* | *household chores*

**household**[2] *n* [C] rodzina, domownicy: *The average household spends $200 a week on food.*

**house·keep·er** /ˈhaʊsˌkiːpə/ *n* [C] gosposia

**house·keep·ing** /ˈhaʊsˌkiːpɪŋ/ *n* [U] prace domowe

**House of Com·mons** /ˌ. . ˈ../ *n* [singular] Izba Gmin

**House of Lords** /ˌ. . ˈ./ *n* [singular] Izba Lordów

**House of Rep·re·sen·ta·tives** /ˌ. . .. ˈ.../ *n* [singular] Izba Reprezentantów

**house·plant** /ˈhaʊsplɑːnt/ *n* [C] roślina doniczkowa

**house-warm·ing** /ˈ. ˌ../ *n* [C] parapetówka

**house·wife** /ˈhaʊs-waɪf/ *n* [C] *plural* **housewives** gospodyni domowa → patrz też HOMEMAKER

**house·work** /ˈhaʊswɜːk/ *n* [U] prace domowe

**hous·ing** /ˈhaʊzɪŋ/ *n* **1** [U] mieszkania: *a shortage of good housing* **2** [C] obudowa: *the engine housing*

**housing es·tate** /ˈ.. .,./ *BrE*, **housing de·vel·op·ment** /ˈ... ,.../ *AmE n* [C] osiedle mieszkaniowe

**hov·er** /ˈhɒvə/ *v* [I] **1** unosić się, wisieć w powietrzu: *A helicopter hovered above the crowd.* **2** wyczekiwać: *Richard was hovering by the door, hoping to talk to me.*

**hov·er·craft** /ˈhɒvəkrɑːft/ *n* [C] poduszkowiec

**how**[1] /haʊ/ *adv* **1** jak: *How do you spell your name?* | *How did you hear about the job?* | *"How do I look?" "Great!"* | *I was amazed at how small she was.* | *How are you feeling?* | *How old is she* (=ile ma lat)? | *How many* (=ile) *children do you have?* | **how much** (=po ile): *How much are those peaches?* **2 how are you (doing)?/how's it going?** *spoken* jak się masz?: *"Hi, Kelly. How are you?" "Fine, thanks."* **3 how about ...?** *spoken* co powiesz na ...?: *How about a drink after work?* **4 how come?** *spoken* czemu?, dlaczego?: *"I can't come to the dance." "How come?"* **5 how do you do?** *spoken formal* miło mi Pana/Panią poznać

> UWAGA **how do you do**
>
> Zwrot **how do you do?** używany jest tylko w angielszczyźnie mówionej jako grzeczne powitanie adresowane do osoby jeszcze nieznanej. W stosunku do osób znanych, używamy jako powitania zwrotu **how are you?**.

> UWAGA **how i what ... like**
>
> Polskie pytanie 'jak on wygląda?' tłumaczymy **what does he look like?**. Polskie pytanie 'jaki on jest?' tłumaczymy **what is he like?**.

**how**[2] *conjunction* jak: *I'm sorry, but that's how we do things in this house.* | **how to do sth** *Will you show me how to use the fax machine?*

**how·ev·er**[1] /haʊˈevə/ *adv* **1** jednak(że): *Normally he is an excellent student. His recent behaviour, however, has been terrible.* **2 however long/much** bez względu na to, jak długo/ile: *She always goes swimming, however cold it is.* | *I want that car, however much it costs.*

**however**[2] *conjunction* jakkolwiek: *You can do it however you like.*

**howl** /haʊl/ *v* [I] **1** wyć: *The dogs howled all night.* | *The wind howled in the trees.* **2** ryczeć: *The baby just howled when I held him.* —**howl** *n* [C] wycie, ryk

**HQ** /ˌeɪtʃ ˈkjuː/ *n* [C,U] skrót od HEADQUARTERS

**hud·dle** /ˈhʌdl/ *także* **huddle together/up** *v* [I] ścieśniać się, skupiać się: *homeless people huddled around the fire to keep warm*

**hue** /hjuː/ *n* [C] *literary* barwa, odcień: *a golden hue*

**hug**[1] /hʌg/ *v* [I,T] **-gged, -gging** przytulać (się), u/ściskać (się): *We hugged and said goodnight.*

**hug**[2] *n* [C] **give sb a hug** przytulić kogoś: *Give me a hug before you go.*

**huge** /hjuːdʒ/ *adj* ogromny: *huge sums of money*

**huge·ly** /ˈhjuːdʒli/ *adv* ogromnie, wielce: *a hugely talented musician*

**hull** /hʌl/ *n* [C] kadłub: *the hull of a ship*

**hul·lo** /hʌˈləʊ/ *interjection* brytyjska pisownia wyrazu HELLO

**hum** /hʌm/ *v* **-mmed, -mming 1** [I,T] za/nucić: *If you don't know the words, just hum.* **2** [I] buczeć, bzyczeć, brzęczeć: *insects humming in the sunshine* —**hum** *n* [singular] szum: *the hum of traffic*

**hu·man**[1] /ˈhjuːmən/ *adj* **1** ludzki: *the human voice* | **human error** *NASA said the accident was a result of human error.* **2 human nature** natura ludzka **3 sb is only human** ktoś jest tylko człowiekiem: *She's only human – she makes mistakes like everyone else.*

H

**human²** *także* **human being** *n* [C] człowiek, istota ludzka

**hu·mane** /hjuːˈmeɪn/ *adj* humanitarny, ludzki: *humane ways of transporting livestock* → antonim INHUMANE

**hu·man·is·m** /ˈhjuːmənɪzəm/ *n* [U] humanizm —**humanist** *n* [C] humanist-a/ka —**humanistic** /ˌhjuːməˈnɪstɪk/ *adj* humanistyczny

**hu·man·i·tar·i·an** /hjuːˌmænɪ̵ˈteəriən/ *adj* humanitarny —**humanitarian** *n* [C] filantrop

**hu·man·i·ties** /hjuːˈmænɪ̵tiz/ *n* **the humanities** nauki humanistyczne

**hu·man·i·ty** /hjuːˈmænɪ̵ti/ *n* [U] **1** ludzkość: *the danger to humanity of pollution* **2** człowieczeństwo

**hu·man·ly** /ˈhjuːmənli/ *adv* **humanly possible** w ludzkiej mocy: *It's not humanly possible to finish the building by next week.*

**human race** /ˌ.. ˈ./ *n* **the human race** rodzaj ludzki, ludzkość

**human re·sourc·es** /ˌ.. .ˈ../ *n* [plural] kadry

**human rights** /ˌ.. ˈ./ *n* [plural] prawa człowieka

H

**hum·ble** /ˈhʌmbəl/ *adj* **1** skromny: *the senator's humble beginnings on a farm in Iowa* **2 in my humble opinion** moim skromnym zdaniem —**humbly** *adv* skromnie, pokornie

**hu·mid** /ˈhjuːmɪ̵d/ *adj* wilgotny: *The afternoon was hot and humid.*

| UWAGA **humid** |
| --- |
| Patrz **damp, humid** i **moist**. |

**hu·mid·i·ty** /hjuːˈmɪdɪ̵ti/ *n* [U] wilgotność (powietrza): *It's uncomfortable working outside in this humidity.*

**hu·mil·i·ate** /hjuːˈmɪlieɪt/ *v* [T] upokarzać: *Mrs. Banks humiliated me in front of the whole class.* —**humiliated** *adj* upokorzony —**humiliation** /hjuːˌmɪliˈeɪʃən/ *n* [C,U] upokorzenie

**hu·mil·i·at·ing** /hjuːˈmɪlieɪtɪŋ/ *adj* upokarzający: *It's humiliating to be beaten by a child.*

**hu·mil·i·ty** /hjuːˈmɪlɪ̵ti/ *n* [U] pokora, skromność

**hu·mor·ous** /ˈhjuːmərəs/ *adj* dowcipny, humorystyczny: *a humorous account of her trip to Egypt*

**hu·mour¹** /ˈhjuːmə/ *BrE*, **humor** *AmE* *n* [U] **1 sense of humour** poczucie humoru: *I don't like her – she's got no sense of humour.* **2** humor: *There's a lot of humour in his songs.* **3 good/bad humour** dobry/zły humor: *She seems to be in a good humour today.*

**humour²** *BrE*, **humor** *AmE* *v* [T] ustępować: *Don't argue, just humour him and he'll stop.*

**hump** /hʌmp/ *n* **1** [C] wybój **2** [C] garb: *a camel's hump*

**hunch¹** /hʌntʃ/ *n* przeczucie: **have a hunch** *I had a hunch that you'd call today.*

**hunch²** *v* [I] z/garbić się: *He was sitting in his study, hunched over his books.* —**hunched** *adj* przygarbiony: *hunched shoulders*

**hunch·back** /ˈhʌntʃbæk/ *n* [C] garbus

**hun·dred** /ˈhʌndrɪ̵d/ *number* **1** sto: *a hundred years | two hundred miles* **2 hundreds of sth** setki czegoś: *Hundreds of people joined in the march.* —**hundredth** *number* setny

**hun·dred·weight** /ˈhʌndrɪ̵dweɪt/ skrót pisany **cwt** *n* [C] cetnar

**hung** /hʌŋ/ *v* czas przeszły i imiesłów bierny od HANG

**hun·ger** /ˈhʌŋgə/ *n* [U] głód: *The baby was crying with hunger. | Hundreds of people are dying of hunger every day.*

**hunger strike** /ˈ.. ./ *n* [C] strajk głodowy, głodówka

**hun·gry** /ˈhʌŋgri/ *adj* **1** głodny: *I'm hungry, let's eat!* **2 go hungry** głodować: *Many people in our city go hungry every day.* **3** złakniony: **+ for** *Rick was hungry for a chance to work.* —**hungrily** *adv* łapczywie

**hunk** /hʌŋk/ *n* [C] kawał: *a hunk of bread*

**hunt¹** /hʌnt/ *v* [I,T] **1** polować: *These dogs have been trained to hunt.* **2** tropić,

poszukiwać: **+ for** *Police are still hunting for the murderer.*

**hunt²** *n* [C] **1** poszukiwanie: **+ for** *The hunt for the missing child continues today.* **2** polowanie

**hunt·er** /ˈhʌntə/ *n* [C] myśliwy

**hunt·ing** /ˈhʌntɪŋ/ *n* [U] **1** myślistwo **2 job-hunting** szukanie pracy

**hur·dle** /ˈhɜːdl/ *n* [C] **1** przeszkoda: *The interview with the director was the final hurdle in getting the job.* **2** płotek: **hurdle race** (=bieg przez płotki)

**hurl** /hɜːl/ *v* [T] **1** rzucać, ciskać: **hurl sth through/across/out etc** *Someone hurled a brick through the window.* **2 hurl insults/abuse at sb** obrzucać kogoś wyzwiskami

**hur·ray** /hʊˈreɪ/ *także* **hooray** *interjection* hura

**hur·ri·cane** /ˈhʌrɨkən/ *n* [C] huragan

**hur·ried** /ˈhʌrid/ *adj* pośpieszny —**hurriedly** *adv* pośpiesznie

**hur·ry¹** /ˈhʌri/ *v* **1** [I] po/śpieszyć się: *You'll catch the train if you hurry.* | **+ along/across/down etc** *We hurried home to watch the football game.* **2** [T] ponaglać, poganiać: *Don't hurry me. I'm working as fast as I can.*

**hurry up** *phr v* **1 hurry up!** *spoken* pośpiesz się!: *Hurry up! We're late.* **2** [**hurry** sb/sth **up**] ponaglać, poganiać: *Try to hurry the kids up or they'll be late for school.*

**hurry²** *n* **1 be in a hurry** śpieszyć się: *I can't talk now – I'm in a hurry.* | *Take your time, I'm not in any hurry.* (=nie śpieszy mi się) **2 (there's) no hurry** *spoken* nie ma pośpiechu: *You can pay me back next week – there's no hurry.*

**hurt¹** /hɜːt/ *v*, **hurt, hurt, hurting 1** [T] s/kaleczyć, z/ranić: *She hurt her shoulder playing baseball.* | *Careful you don't hurt yourself with that knife.* **2** [I] boleć: *My feet really hurt after all that walking!* **3** [I,T] s/krzywdzić, z/ranić: *She knew that she hurt him very badly.* | **hurt sb's feelings** *I'm sorry, I didn't mean to hurt your feelings.* **4 it won't/doesn't hurt (sb)** *spoken* nic się (komuś) nie stanie: *It won't hurt him to make his own dinner for once* (=jeżeli raz sam sobie zrobi obiad).

> **UWAGA hurt**
>
> Nie mówi się "it hurt(s) me". Mówi się po prostu **it hurt(s)**.

> **UWAGA hurt, injured, wounded**
>
> Kiedy ktoś jest 'ranny' w wypadku, podczas trzęsienia ziemi, pożaru itp., używamy wyrazu **hurt** lub **injured**: *The scaffolding collapsed, killing one of the workers and injuring two passers-by.* | *The driver was very lucky and was only slightly hurt.* Kiedy ktoś jest 'ranny' od kuli karabinowej, noża lub innej broni, używamy wyrazu **wounded**: *He is accused of wounding a fellow prisoner.* | *The wounded soldiers were sent home for medical treatment.* Kiedy coś nas boli, używamy wyrazu **hurt**: *My neck hurts.*

**hurt²** *adj* **1** ranny: **badly/seriously/slightly hurt** *Kerry was badly hurt in a skiing accident.* **2** urażony: *I was very hurt by what you said.*

**hurt·ful** /ˈhɜːtfəl/ *adj* bolesny: *a hurtful remark*

**hus·band** /ˈhʌzbənd/ *n* [C] mąż, małżonek

**hush¹** /hʌʃ/ *v* **hush!** *spoken* sza!

**hush** sth **up** *phr v* [T] za/tuszować: *The bank tried to hush the whole thing up.*

**hush²** *n* [singular] cisza

**hushed** /hʌʃt/ *adj* przyciszony: *people speaking in hushed voices*

**hush-hush** /ˌ. ˈ.◂/ *adj informal* tajny: *a hush-hush military project*

**husk** /hʌsk/ *n* [C,U] łuska

**hus·ky** /ˈhʌski/ *adj* ochrypły, matowy: *a husky voice*

**hus·tle¹** /ˈhʌsəl/ *v* **1** [T] popychać: **hustle sb into/out/through etc** *Jackson was hustled* (=został wepchnięty) *into his car by bodyguards.* **2** [I] *AmE* po/śpieszyć się: *We've got to hustle or we'll be late!*

**hustle**[2] *n* **hustle and bustle** zgiełk, harmider

**hut** /hʌt/ *n* [C] chata, szałas: *a wooden hut*

**hy·a·cinth** /ˈhaɪəsənθ/ *n* [C] hiacynt

**hy·brid** /ˈhaɪbrɪd/ *n* [C] krzyżówka, skrzyżowanie: *A mule is a hybrid of a donkey and a horse.*

**hy·draul·ic** /haɪˈdrɒlɪk/ *adj* hydrauliczny: *hydraulic brakes*

**hy·dro·e·lec·tric** /ˌhaɪdrəʊ-ɪˈlektrɪk◂/ *adj* **hydroelectric power station** hydroelektrownia, elektrownia wodna

**hy·dro·gen** /ˈhaɪdrədʒən/ *n* [U] wodór

**hy·e·na** /haɪˈiːnə/ *n* [C] hiena

**hy·giene** /ˈhaɪdʒiːn/ *n* [U] higiena: *Hygiene is very important when preparing a baby's food.*

**hy·gien·ic** /haɪˈdʒiːnɪk/ *adj* higieniczny

**hymn** /hɪm/ *n* [C] hymn (*kościelny*)

**hype** /haɪp/ *n* [U] szum (*intensywna promocja*): *the media hype surrounding Spielberg's new movie* —**hype** *v* [T] robić szum wokół

**hy·per·ac·tive** /ˌhaɪpərˈæktɪv◂/ *adj* nadpobudliwy —**hyperactivity** /ˌhaɪpərækˈtɪvəti/ *n* [U] nadpobudliwość

**hy·per·mar·ket** /ˈhaɪpəˌmɑːkət/ *n* [C] *BrE* hipermarket

**hy·per·sen·si·tive** /ˌhaɪpəˈsensətɪv◂/ *adj* nadwrażliwy

**hy·phen** /ˈhaɪfən/ *n* [C] łącznik

**hy·phen·ate** /ˈhaɪfəneɪt/ *v* [T] dzielić (*wyrazy*) —**hyphenated** *adj* pisany z łącznikiem —**hyphenation** /ˌhaɪfəˈneɪʃən/ *n* [U] dzielenie wyrazów

**hyp·no·sis** /hɪpˈnəʊsəs/ *n* [U] hipnoza: **under hypnosis** *He remembered details of his childhood under hypnosis.*

**hyp·not·ic** /hɪpˈnɒtɪk/ *adj* hipnotyczny: *hypnotic music* | *a hypnotic trance*

**hyp·no·tize** /ˈhɪpnətaɪz/ (*także* **-ise** *BrE*) *v* [T] za/hipnotyzować —**hypnotist** *n* [C] hipnotyzer/ka

**hy·po·chon·dri·ac** /ˌhaɪpəˈkɒndriæk/ *n* [C] hipochondry-k/czka —**hypochondria** *n* [U] hipochondria

**hy·poc·ri·sy** /hɪˈpɒkrəsi/ *n* [U] obłuda, hipokryzja

**hyp·o·crite** /ˈhɪpəkrɪt/ *n* [C] obłudni-k/ca, hipokryt-a/ka

**hyp·o·crit·i·cal** /ˌhɪpəˈkrɪtɪkəl◂/ *adj* obłudny: *It would be hypocritical* (=byłoby obłudą) *to get married in church when we don't believe in God.* —**hypocritically** *adv* obłudnie

**hy·po·der·mic** /ˌhaɪpəˈdɜːmɪk◂/ *n* [C] strzykawka

**hy·poth·e·sis** /haɪˈpɒθəsəs/ *n* [C] *plural* **hypotheses** /-siːz/ hipoteza

**hy·po·thet·i·cal** /ˌhaɪpəˈθetɪkəl◂/ *adj* hipotetyczny: *Students were given a hypothetical law case to discuss.* —**hypothetically** *adv* hipotetycznie

**hys·te·ri·a** /hɪˈstɪəriə/ *n* [U] histeria: *The incident provoked mass hysteria.*

**hys·ter·i·cal** /hɪˈsterɪkəl/ *adj* **1** *informal* komiczny: *a hysterical new comedy* **2** histeryczny **hysterically** *adv* histerycznie

**hys·ter·ics** /hɪˈsterɪks/ *n* [plural] **1** atak histerii: *He always has hysterics* (=wpada w histerię) *at the sight of blood.* **2 be in hysterics** *informal* zanosić się od śmiechu

H

# Ii

**I** /aɪ/ *pron* ja: *I saw Mike yesterday.* | *My husband and I are going to Mexico.*

> UWAGA **I and someone i someone and I**
>
> Siebie wymieniamy w drugiej kolejności: *Some of my classmates and I publish a monthly magazine.* | *My husband and I belong to a diving club.*

**ice**[1] /aɪs/ *n* **1** [U] lód: *Do you want some ice in your drink?* **2 break the ice** przełamywać lody

**ice**[2] *v* [T] *BrE* po/lukrować

**ice over/up** *phr v* [I] zamarzać, pokryć się lodem: *The lake iced over during the night.*

**ice·berg** /ˈaɪsbɜːg/ *n* [C] góra lodowa

**ice-cold** /ˌ. ˈ.◂ / *adj* lodowaty, lodowato zimny: *ice-cold drinks*

**ice cream** /ˌ. ˈ.◂ / *n* [C,U] lód, lody: *Two ice creams, please.* | *a bowl of chocolate ice cream*

**ice cube** /ˈ. ./ *n* [C] kostka lodu

**ice hock·ey** /ˈ. ˌ../ *n* [U] *BrE* hokej (na lodzie)

**ice lol·ly** /ˈ. ˌ../ *n* [C] *BrE* lód na patyku

**ice skate** /ˈ. ./ *v* [I] jeździć na łyżwach —**ice skater** *n* [C] łyżwia-rz/rka —**ice skating** *n* [U] łyżwiarstwo

**i·ci·cle** /ˈaɪsɪkəl/ *n* [C] sopel

**ic·ing** /ˈaɪsɪŋ/ *n* [U] lukier

**i·con** /ˈaɪkɒn/ *n* [C] ikonka, piktogram: *To send a fax, click on the telephone icon.*

**ic·y** /ˈaɪsi/ *adj* **1** lodowaty: *an icy wind* **2** oblodzony: *an icy road*

**I'd** /aɪd/ forma ściągnięta od "I had" lub "I would"

**ID** /ˌaɪ ˈdiː/ *n* [C,U] dowód tożsamości: *May I see some ID please?*

**i·dea** /aɪˈdɪə/ *n* **1** [C] pomysł: *What a good idea!* | **+ for** *Where did you get the idea for the book?* | **have an idea** *I have an idea – let's go to the beach.* **2** [U singular] pojęcie: **+ of** *This book gives you an idea of what life was like during the war.* | **have no idea** (=nie mieć pojęcia): *Richard had no idea where Celia had gone.* **3** [singular] cel, idea: **+ of** *The idea of the game is to hit the ball into the holes.* **4** [C] pogląd: **+ about** *Bill has some strange ideas about women.*

**i·deal**[1] /ˌaɪˈdɪəl◂ / *adj* idealny: *an ideal place for a picnic* | *In an ideal world there would be no war.*

**ideal**[2] *n* [C] ideał: *democratic ideals* | *the ideal of beauty*

**i·deal·is·m** /aɪˈdɪəlɪzəm/ *n* [U] idealizm —**idealist** *n* [C] idealist-a/ka

**i·deal·is·tic** /aɪˌdɪəˈlɪstɪk◂ / *adj* idealistyczny

**i·deal·ize** /aɪˈdɪəlaɪz/ (*także* **-ise** *BrE*) *v* [T] idealizować

**i·deal·ly** /aɪˈdɪəli/ *adv* **1** najlepiej (byłoby, gdyby): *Ideally, we should have twice as much office space as we do now.* | *Ideally I'd like* (=najbardziej chciałbym) *to live in the country.* **2** idealnie: *Barry is ideally suited for the job.*

**i·den·ti·cal** /aɪˈdentɪkəl/ *adj* identyczny: **+ to** *Your shoes are identical to mine.* | **identical twins** (=bliźniaki jednojajowe)

**i·den·ti·fi·ca·tion** /aɪˌdentəfəˈkeɪʃən/ *n* [U] **1** dowód tożsamości: *You can use a passport as identification.* **2** identyfikacja: *The bodies are awaiting identification.*

**i·den·ti·fy** /aɪˈdentəfaɪ/ *v* [T] rozpoznawać, z/identyfikować: *Can you identify the man who robbed you?*

**identify with** sb *phr v* [T] identyfikować się z: *It was easy to identify with the novel's main character.*

**i·den·ti·ty** /aɪˈdentəti/ *n* [C,U] tożsamość: *The identity of the killer is still unknown.* | *our cultural identity*

**i·de·o·lo·gic·al** /ˌaɪdiəˈlɒdʒɪkəl◂ / *adj* ideologiczny: *ideological objections to the changes* —**ideologically** *adv* ideologicznie

**i·de·ol·o·gy** /ˌaɪdiˈɒlədʒi/ *n* [C,U] ideologia: *Marxist ideology*

I

**id·i·om** /'ɪdiəm/ *n* [C] idiom: *'To kick the bucket' is an idiom meaning 'to die'.*

**id·i·o·mat·ic** /ˌɪdiə'mætɪk◂/ *adj* **1** idiomatyczny **2 idiomatic expression/phrase** wyrażenie idiomatyczne —**idiomatically** *adv* idiomatycznie

**id·i·o·syn·cra·sy** /ˌɪdiə'sɪŋkrəsi/ *n* [C] dziwactwo: *Keeping pet snakes is an idiosyncrasy of his.* —**idiosyncratic** /ˌɪdiəsɪŋ'krætɪk/ *adj* specyficzny

**id·i·ot** /'ɪdiət/ *n* [C] idiot-a/ka: *Some idiot drove into the back of my car.* —**idiotic** /ˌɪdi'ɒtɪk/ *adj* idiotyczny

**i·dle** /'aɪdl/ *adj* **1** leniwy **2** bezczynny, nie używany: *machines lying idle in our factories* **3** nieuzasadniony, bez pokrycia: *His words were just idle threats; he can't harm us.* | *This is just idle gossip.* —**idleness** *n* [U] bezczynność, próżniactwo —**idly** *adv* bezczynnie

**i·dol** /'aɪdl/ *n* [C] idol

**i·dol·ize** /'aɪdəl-aɪz/ (*także* **-ise** *BrE*) *v* [T] ubóstwiać: *They idolize their little boy.*

**i·dyl·lic** /ɪ'dɪlɪk/ *adj* sielankowy: *an idyllic country scene* —**idyllically** *adv* sielankowo

**i.e.** /aɪ 'iː/ tj., tzn.: *The movie is only for adults, i.e. those over 18.*

**if** /ɪf/ *conjunction* **1** jeśli, jeżeli: *If you get the right answer, you win a prize.* | *What will you do if you don't get into college?* **2** gdyby: *If I had enough money I would retire tomorrow.* **3** czy: *I wonder if John's home yet.* **4** (zawsze) gdy: *If I don't go to bed by 11, I feel terrible the next day.*

**ig·loo** /'ɪgluː/ *n* [C] igloo

**ig·ni·tion** /ɪg'nɪʃən/ *n* [singular] zapłon: *Turn the key in the ignition.*

**ig·no·rance** /'ɪgnərəns/ *n* [U] niewiedza, ignorancja: *people's fear and ignorance about AIDS*

**ig·no·rant** /'ɪgnərənt/ *adj* **1** nieświadomy: **+ of** *We went on, ignorant of the dangers.* **2** *BrE* prostacki: *How can he be so ignorant?*

**ig·nore** /ɪg'nɔː/ *v* [T] z/ignorować, z/lekceważyć: *Don't just ignore me when I'm speaking to you.*

**i·kon** /'aɪkɒn/ *n* [C] ikona

**I'll** /aɪl/ forma ściągnięta od "I will" lub "I shall"

**ill¹** /ɪl/ *adj* **1** chory: *Jenny can't come – she's ill.* | **seriously/critically ill** (=poważnie/śmiertelnie chory) **2** szkodliwy: *the ill effects of alcohol*

> **UWAGA ill i sick**
>
> Nie należy używać wymiennie wyrazów **ill** i **sick** w znaczeniu 'chory'. Wyraz **ill** występuje najczęściej bezpośrednio po czasowniku: *I felt ill*, lub po czasowniku i przysłówku: *His father is seriously ill in hospital.* Wyraz **sick** występuje przed rzeczownikiem: *Your father is a very sick man.*

**ill²** *adv* **1** źle: *You shouldn't speak ill of your neighbours.* | *We were ill prepared* (=nie byliśmy przygotowani) *for the cold weather.* **2 can ill afford (to do) sth** nie móc sobie pozwolić na coś: *I was wasting time I could ill afford to lose.*

**ill-ad·vised** /ˌ. .'.◂/ *adj* nierozsądny, nierozważny: *You would be ill-advised to give him any money.*

**il·le·gal** /ɪ'liːgəl/ *adj* nielegalny, sprzeczny z prawem: *It is illegal to park your car here.* —**illegally** *adv* nielegalnie
→ antonim LEGAL

**il·le·gi·ble** /ɪ'ledʒəbəl/ *adj* nieczytelny: *illegible handwriting*

**il·le·git·i·mate** /ˌɪləˈdʒɪtəmət◂/ *adj* **1** nieślubny: *an illegitimate child* **2** bezprawny: *an illegitimate use of public money*

**il·li·cit** /ɪ'lɪsət/ *adj* zakazany, niedozwolony: *an illicit love affair* (=romans)

**il·lit·e·rate** /ɪ'lɪtərət/ *adj* niepiśmienny: **be illiterate** (=być analfabetą) —**illiteracy** *n* [U] analfabetyzm

**ill·ness** /'ɪlnəs/ *n* [C,U] choroba: *mental illness*

**il·lo·gi·cal** /ɪ'lɒdʒɪkəl/ *adj* nielogiczny: *illogical behaviour*

**ill-treat** /ˌ. './ *v* [T] znęcać się nad, maltretować: *The prisoners were beaten and ill-treated.* —**ill-treatment** *n* [U] maltretowanie

**il·lu·mi·nate** /ɪˈluːmᵻneɪt/ *v* [T] **1** oświetlać: *The room was illuminated by candles.* **2** rzucać światło na: *His article illuminates a much misunderstood area of study.* —**illumination** /ɪˌluːmᵻˈneɪʃən/ *n* [U] oświetlenie, iluminacja

**il·lu·mi·nat·ing** /ɪˈluːmᵻneɪtɪŋ/ *adj* pouczający: *an illuminating piece of research*

**il·lu·sion** /ɪˈluːʒən/ *n* [C] iluzja, złudzenie: *The mirrors in the room gave an illusion of space.* | **be under an illusion** (=łudzić się): *Terry is under the illusion all women love him.* | **have no illusions about** (=nie mieć złudzeń co do): *We have no illusions about the hard work that lies ahead.*

**il·lus·trate** /ˈɪləstreɪt/ *v* [T] z/ilustrować: *A chart might help to illustrate this point.* | *a children's book illustrated by Dr. Seuss*

**il·lus·tra·tion** /ˌɪləˈstreɪʃən/ *n* [C,U] ilustracja: *It's not a very good story, but I like the illustrations.* | **+ of** *a striking illustration of what I mean*

**il·lus·tra·tor** /ˈɪləstreɪtə/ *n* [C] ilustrator/ka

**ill will** /ˌ. ˈ./ *n* [U] zła wola

**I'm** /aɪm/ forma ściągnięta od "I am"

**im·age** /ˈɪmɪdʒ/ *n* [C] **1** wizerunek: **improve your image** *The party is trying to improve its image with women voters.* **2** obraz: *The image on a computer screen is made up of thousands of pixels.* | *She had a clear image of how he would look in twenty years' time.* | *the image of man as a prisoner of the gods*

**im·ag·e·ry** /ˈɪmɪdʒəri/ *n* [U] obrazowanie, symbolika: *the disturbing imagery of Bosch's paintings*

**i·ma·gi·na·ry** /ɪˈmædʒᵻnəri/ *adj* zmyślony, wyimaginowany: *Many children have imaginary friends.*

**i·ma·gi·na·tion** /ɪˌmædʒᵻˈneɪʃən/ *n* [C,U] wyobraźnia: *Art is all about using your imagination.*

**i·ma·gi·na·tive** /ɪˈmædʒᵻnətɪv/ *adj* pomysłowy, oryginalny: *an imaginative writer* | *an imaginative story*

**i·ma·gine** /ɪˈmædʒᵻn/ *v* [T] **1** wyobrażać sobie: **+ (that)** *Imagine you're lying on a beach somewhere.* | **imagine sb doing sth** *I can't imagine you being a father!* **2 sb imagines (that) ...** komuś wydaje się, że ...: *I imagine Kathy will be there.* | *No one is out there, you're imagining things* (=masz przywidzenia).

**im·bal·ance** /ɪmˈbæləns/ *n* [C,U] brak/zachwianie równowagi: *The condition is caused by a hormonal imbalance.*

**im·be·cile** /ˈɪmbəsiːl/ *n* [C] imbecyl

**im·i·tate** /ˈɪmᵻteɪt/ *v* [T] naśladować, imitować: *Children often imitate their parents' behaviour.* —**imitative** *adj* naśladowczy —**imitator** *n* [C] naśladow-ca/czyni, imitator/ka → porównaj COPY²

**im·i·ta·tion¹** /ˌɪmᵻˈteɪʃən◂/ *n* **1** [C,U] naśladowanie, imitacja: *Harry can do an excellent imitation of Elvis.* | *Children learn by imitation.* **2** [C] imitacja: *They're not real diamonds, just imitations.*

**imitation²** *adj* **imitation leather/wood** imitacja skóry/drewna

**im·mac·u·late** /ɪˈmækjᵿlᵻt/ *adj* nieskazitelnie czysty: *The house looked immaculate.*

**im·ma·te·ri·al** /ˌɪməˈtɪəriəl◂/ *adj formal* nieistotny: *The difference in our ages is immaterial.*

**im·ma·ture** /ˌɪməˈtʃʊə/ *adj* niedojrzały: *Stop being so childish and immature!* | *an immature salmon* —**immaturity** *n* [U] niedojrzałość

**im·me·di·ate** /ɪˈmiːdiət/ *adj* **1** natychmiastowy: *Campaigners have called for an immediate end to the road building plan.* **2** pilny: *Our immediate concern was to stop the fire from spreading.* **3** [only before noun] bezpośredni, najbliższy: *Police want to question anyone who was in the immediate area.* | *plans for the immediate future* **4 immediate family** najbliższa rodzina

**im·me·di·ate·ly** /ɪˈmiːdiətli/ *adv* **1** natychmiast: *Open this door immediately!* **2** bezpośrednio: *They live immediately above us.*

**im·mense** /ɪˈmens/ *adj* ogromny: *An immense amount of money has been spent on research.* —**immensity** *n* [U] ogrom

**im·mense·ly** /ɪˈmensli/ *adv* ogromnie, niezmiernie: *I enjoyed the course immensely.*

**im·merse** /ɪˈmɜːs/ *v* [T] **1 be immersed in/immerse yourself in** być pochłoniętym/zatopionym w: *Grant is completely immersed in his work.* | *I immersed myself in my work to try to forget her.* **2** zanurzać: *Immerse the cloth in the dye.*

**im·mi·grant** /ˈɪmᵻgrənt/ *n* [C] imigrant/ka: *immigrant workers* → porównaj EMIGRANT

**im·mi·gra·tion** /ˌɪmᵻˈgreɪʃən/ *n* [U] **1** imigracja **2** kontrola paszportowa

**im·mi·nent** /ˈɪmᵻnənt/ *adj* bliski, nieuchronny: *The building is in imminent danger of collapse.* | *in imminent danger of death* —**imminently** *adv* nieuchronnie

**im·mo·bile** /ɪˈməʊbaɪl/ *adj* nieruchomy: *Marcus remained immobile.* —**immobility** /ˌɪməˈbɪlᵻti/ *n* [U] brak ruchu

**im·mo·bi·lize** /ɪˈməʊbᵻlaɪz/ (*także* **-ise** *BrE*) *v* [T] unieruchomić: *He was immobilized by a broken leg for several weeks.*

**im·mor·al** /ɪˈmɒrəl/ *adj* niemoralny: *Exploiting people is immoral.* —**immorally** *adv* niemoralnie —**immorality** /ˌɪməˈrælᵻti/ *n* [U] niemoralność

**im·mor·tal** /ɪˈmɔːtl/ *adj* **1** nieśmiertelny: *Nobody is immortal.* **2** wiekopomny: *the immortal words of Shakespeare* —**immortality** /ˌɪmɔːˈtælᵻti/ *n* [U] nieśmiertelność

**im·mor·tal·ize** /ɪˈmɔːtəlaɪz/ (*także* **-ise** *BrE*) *v* [T] uwieczniać: *The scene has been immortalized by many artists.*

**im·mune** /ɪˈmjuːn/ *adj* **1** odporny: **+ to** *You're immune to chickenpox if you've had it once.* **2** nieczuły: **+ to** *Their business seems to be immune to economic pressures.* —**immunity** *n* [U] odporność, nietykalność, immunitet

**immune sys·tem** /.ˈ. ˌ../ *n* [C] układ odpornościowy/immunologiczny

**im·mu·nize** /ˈɪmjᵊnaɪz/ (*także* **-ise** *BrE*) *v* [T] uodparniać, zaszczepiać: **immunize sb against sth** *Get your baby immunized against measles.* —**immunization** /ˌɪmjᵊnaɪˈzeɪʃən/ *n* [C,U] immunizacja, szczepienie

**imp** /ɪmp/ *n* [C] chochlik

**im·pact** /ˈɪmpækt/ *n* **1** [C] wpływ: *the environmental impact of car use* | **have/make an impact on sth** *He had a big impact on my life.* **2** [U singular] uderzenie, wstrząs: *The impact of the crash made her car turn over.*

**im·pair** /ɪmˈpeə/ *v* [T] pogarszać, osłabiać: *Boiling the soup will impair its flavour.* | *Radio reception had been impaired by the storm.*

**im·par·tial** /ɪmˈpɑːʃəl/ *adj* bezstronny: *We offer impartial help and advice.* —**impartially** *adv* bezstronnie —**impartiality** /ɪmˌpɑːʃiˈælᵻti/ *n* [U] bezstronność

**im·pass·a·ble** /ɪmˈpɑːsəbəl/ *adj* nieprzejezdny: *Some streets are impassable due to snow.*

**im·pas·sive** /ɪmˈpæsɪv/ *adj* beznamiętny: *His face was impassive as the judge spoke.*

**im·pa·tient** /ɪmˈpeɪʃənt/ *adj* **1** niecierpliwy, zniecierpliwiony: *After an hour's delay, the passengers were becoming impatient.* | **+ with** *He gets impatient with the slower kids.* **2 be impatient to do sth** nie móc się doczekać, żeby coś zrobić: *Gary was impatient to leave.* —**impatience** *n* [U] niecierpliwość, zniecierpliwienie —**impatiently** *adv* niecierpliwie, z niecierpliwością

**im·pec·ca·ble** /ɪmˈpekəbəl/ *adj* nienaganny: *She has impeccable taste in clothes.*

**im·pede** /ɪmˈpiːd/ *v* [T] *formal* utrudniać: *Rescue attempts were impeded by storms.*

**im·ped·i·ment** /ɪmˈpedᵻmənt/ *n* [C] **1** przeszkoda, utrudnienie: **+ to** *The country's debt has been an impediment to*

*development.* **2 speech impediment** wada wymowy

**im·pel** /ɪm'pel/ *v* **-elled, -elling** [T] *formal* zmuszać: **feel impelled to do sth** (=czuć się zmuszonym do zrobienia czegoś): *She felt impelled to speak.*

**im·pend·ing** /ɪm'pendɪŋ/ *adj* nieuchronny, nieunikniony: *an impending divorce*

**im·pen·e·tra·ble** /ɪm'penətrəbəl/ *adj* **1** nieprzenikniony: *impenetrable fog* **2** nieprzystępny: *impenetrable legal jargon*

**im·per·a·tive¹** /ɪm'perətɪv/ *adj* **1** *formal* konieczny: *It's imperative that you go at once.* **2** rozkazujący: *an imperative verb* (=czasownik w trybie rozkazującym)

**imperative²** *n* [C] tryb rozkazujący: *In "Do it now!" the verb "do" is in the imperative.*

**im·per·cep·ti·ble** /ˌɪmpə'septəbəl◂/ *adj* niezauważalny, niedostrzegalny: *His hesitation was almost imperceptible.*

**im·per·fect¹** /ɪm'pɜːfɪkt/ *adj formal* niedoskonały: *It's an imperfect world.* —**imperfection** /ˌɪmpə'fekʃən/ *n* [C,U] wada, skaza

**imperfect²** *n* [singular] forma niedokonana

**im·pe·ri·al** /ɪm'pɪəriəl/ *adj* cesarski, imperialny: *the Imperial Palace*

**im·per·son·al** /ɪm'pɜːsənəl/ *adj* bezosobowy: *an impersonal letter*

**im·per·so·nate** /ɪm'pɜːsəneɪt/ *v* [T] parodiować: *She's quite good at impersonating politicians.*

**im·per·ti·nent** /ɪm'pɜːtənənt/ *adj* bezczelny: *Don't be impertinent, young man.* —**impertinently** *adv* bezczelnie —**impertinence** *n* [U] bezczelność, impertynencja

**im·per·vi·ous** /ɪm'pɜːviəs/ *adj* **1** odporny, nieczuły: **+ to** *He seemed impervious to criticism.* **2** nieprzepuszczalny: *impervious rock*

**im·pet·u·ous** /ɪm'petʃuəs/ *adj* porywczy: *She was very impetuous in her youth.*

**im·pe·tus** /'ɪmpətəs/ *n* [U] **1** bodziec: *Public protest has provided the impetus for reform.* **2** *technical* pęd

**im·plac·a·ble** /ɪm'plækəbəl/ *adj* nieprzejednany: *her implacable hostility to the plan*

**im·plant¹** /ɪm'plɑːnt/ *v* [T] **1** zaszczepiać: *Her beauty remained implanted in Raymond's mind.* **2** wszczepiać: *Doctors implanted a new lens in her eye.*

**im·plant²** /'ɪmplɑːnt/ *n* [C] wszczep, implant: *silicon breast implants*

**im·plau·si·ble** /ɪm'plɔːzəbəl/ *adj* nieprzekonujący, mało prawdopodobny: *an implausible excuse*

**im·ple·ment¹** /'ɪmpləment/ *v* [T] wprowadzać (w życie), wdrażać: *Airlines have until 2002 to implement the new safety recommendations.* —**implementation** /ˌɪmpləmen'teɪʃən/ *n* [U] wdrażanie

**im·ple·ment²** /'ɪmpləmənt/ *n* [C] narzędzie: *farming implements*

**im·pli·cate** /'ɪmpləkeɪt/ *v* [T] wplątać, wmieszać: **be implicated in sth** *Two other people have been implicated in the robbery.*

**im·pli·ca·tion** /ˌɪmplə'keɪʃən/ *n* **1** [C] implikacja: **+ of** *What are the implications of the decision?* | **have implications for** *This ruling will have implications for many other people.* **2** [C,U] sugestia: **+ that** *I resent your implication that I was lying.*

**im·pli·cit** /ɪm'plɪsət/ *adj* ukryty: *There was implicit criticism in what she said.* → porównaj EXPLICIT

**im·plore** /ɪm'plɔː/ *v* [T] *formal* błagać: **implore sb to do sth** *Joan implored him not to leave.*

**im·ply** /ɪm'plaɪ/ *v* [T] za/sugerować, dawać do zrozumienia: **+ (that)** *He implied that the money hadn't been lost, but was stolen.*

**im·po·lite** /ˌɪmpə'laɪt◂/ *adj formal* niegrzeczny, nieuprzejmy: *She worried that her questions would seem impolite.*

UWAGA **impolite**

**Impolite** i **not polite** to wyrazy używane wtedy, gdy mówimy o tym,

co ludzie robią lub mówią, a nie o samych ludziach.

**im·port**[1] /'ɪmpɔːt/ *n* **1** [U] import: *There has been a ban on the import of tropical animals.* **2** [C] towar importowany: *flooding the market with cheap imports* | *Car imports have risen* (=import samochodów wzrósł) *recently.* ➡ antonim EXPORT[1]

**im·port**[2] /ɪm'pɔːt/ *v* [T] importować, sprowadzać: *oil imported from the Middle East* —**importer** *n* [C] importer —**importation** /ˌɪmpɔː'teɪʃən/ *n* [U] import

**im·por·tance** /ɪm'pɔːtəns/ *n* [U] waga, znaczenie: *Doctors are stressing the importance of regular exercise.* | *Environmental issues are of great importance.*

**im·por·tant** /ɪm'pɔːtənt/ *adj* ważny: *important questions* | *an important senator* | **it is important to do sth** *It's important to explain things to the patient.* —**importantly** *adv*: *More importantly* (=co ważniejsze), *you must quit smoking.*

**im·pose** /ɪm'pəʊz/ *v* **1** [T] narzucać, nakładać: **impose sth on sb** *You shouldn't try and impose your views on your children.* **2** [I] narzucać się: **+ on/upon** *We could ask the neighbours to help again, but I don't want to impose on them* (=nie chcę nadużywać ich uprzejmości).

**im·pos·ing** /ɪm'pəʊzɪŋ/ *adj* imponujący: *an imposing building*

**im·pos·si·ble** /ɪm'pɒsɪ̵bəl/ *adj* **1** niemożliwy: *It's impossible to sleep with all this noise.* **2** beznadziejny: *an impossible situation* —**impossibly** *adv* niemożliwie: *impossibly difficult* —**impossibility** /ɪmˌpɒsɪ̵'bɪlɪ̵ti/ *n* [C,U] niemożliwość

**im·po·tent** /'ɪmpətənt/ *adj* **1** bezsilny: *an impotent city government* **2 an impotent man** impotent —**impotence** *n* [U] impotencja, niemoc

**im·prac·ti·cal** /ɪm'præktɪkəl/ *adj* nierealny, niepraktyczny: *I need helpful ideas – his are completely impractical.*

**im·pre·cise** /ˌɪmprɪ'saɪs◂/ *adj* niedokładny: *The directions were imprecise and confusing.*

**im·press** /ɪm'pres/ *v* [T] **1** za/imponować, wywierać wrażenie na: *She dresses like that to impress people.* **2 impress sth on sb** uzmysłowić coś komuś: *My parents impressed on me the value of education.* —**impressed** *adj*: *I was very impressed with* (=byłem pod wrażeniem) *their new house.*

**im·pres·sion** /ɪm'preʃən/ *n* [C] **1** wrażenie: **+ of** *What was your first impression of Richard?* | **have/get the impression that** (=mieć wrażenie, że): *I got the impression that Rob didn't like me.* | **give the impression (that)** *She gives the impression that she's very rich* (=sprawia wrażenie bardzo bogatej). | **make a good/bad impression** (=z/robić dobre/złe wrażenie): *She made a good impression at her interview.* **2** parodia: *He did a brilliant impression of Prince Charles.* **3** odcisk: *He took an impression of the key to make a copy.*

**im·pres·sive** /ɪm'presɪv/ *adj* imponujący: *Anna gave an impressive performance on the piano.* —**impressively** *adv* imponująco

**im·print** /'ɪmprɪnt/ *n* [C] odcisk, ślad: *the imprint of his hand on the clay*

**im·pris·on** /ɪm'prɪzən/ *v* [T] uwięzić, wsadzić do więzienia: *People used to be imprisoned in the Tower of London.* —**imprisonment** *n* [U] kara więzienia

**im·prob·a·ble** /ɪm'prɒbəbəl/ *adj* nieprawdopodobny: **+ that** *It seems improbable* (=wydaje się mało prawdopodobnym) *that humans ever lived here.* —**improbably** *adv* nieprawdopodobnie —**improbability** /ɪmˌprɒbə'bɪlɪ̵ti/ *n* [C,U] nieprawdopodobieństwo

**im·promp·tu** /ɪm'prɒmptjuː/ *adj* zaimprowizowany: *an impromptu party* —**impromptu** *adv* bez przygotowania

**im·prop·er** /ɪm'prɒpə/ *adj* niestosowny, niewłaściwy: *Many students failed due to improper use of punctuation.* | *This was an improper use of company funds.* —**improperly** *adv* niestosownie: *improperly dressed*

**im·prove** /ɪmˈpruːv/ *v* [I,T] poprawiać (się), polepszać (się): *Her English is improving.* | *Swimming can improve your muscle tone.* —**improved** *adj* ulepszony

**improve on/upon** sth *phr v* [T] poprawić: *No one's been able to improve on her Olympic record.*

**im·prove·ment** /ɪmˈpruːvmənt/ *n* [C,U] postęp, poprawa: **+ in** *There's certainly been an improvement in Danny's schoolwork.*

**im·pro·vise** /ˈɪmprəvaɪz/ *v* [I,T] za/improwizować: *I left my lesson plans at home, so I'll have to improvise.* —**improvisation** /ˌɪmprəvaɪˈzeɪʃən/ *n* [C,U] improwizacja

**im·pulse** /ˈɪmpʌls/ *n* [C] **1** impuls, ochota: **impulse to do sth** *I managed to resist the impulse to hit him.* | **on impulse** (=pod wpływem impulsu): *I bought this dress on impulse, and I'm not sure if I like it now.* **2** *technical* impuls

**im·pul·sive** /ɪmˈpʌlsɪv/ *adj* impulsywny, porywczy: *It was rather an impulsive decision* (=pochopna decyzja).

**im·pure** /ˌɪmˈpjʊə◂/ *adj* nieczysty, zanieczyszczony: *impure drugs*

**im·pu·ri·ty** /ɪmˈpjʊərəti/ *n* [C] zanieczyszczenie: *minerals containing impurities*

**in**[1] /ɪn/ *prep* **1** w, we: *The paper is in the top drawer.* | *He lived in Spain for 15 years.* | *We swam in the sea.* | *I was born in May 1969.* | *One of the people in the story is a young doctor.* | *men in grey suits* | *new developments in medicine* | *We stood in a line.* | *Put the words in alphabetical order.* | *In the first part of the speech, he talked about the environment.* | *In the winter* (=zimą), *we use a wood stove.* | *The company was in trouble* (=w kłopotach). | *"I'm afraid," said Violet in a quiet voice* (=cichym głosem). | *I wrote to him in Italian* (=po włosku). **2** za: *Gerry should be home in an hour.* **3** przez, w ciągu: *We finished the whole project in a week.* **4 in all** w sumie: *There were 25 of us in all.*

> UWAGA **in the last few years**
>
> Patrz **for the last few years** i **over/during/in the last few years**.

**in**[2] *adv* **1** do środka: *He opened the washing machine and bundled his clothes in.* **2** u siebie (*w pracy, w domu*): *You're never in* (=nigdy cię nie ma) *when I call.* **3** na miejscu: *His flight won't be in for four hours* (=jego samolot przylatuje dopiero za cztery godziny). **4** u kogoś: *Your homework has to be in* (=musi być oddana) *by Friday.* **5** w modzie: *Long hair is in again.* **6 sb is in for a shock/surprise** kogoś czeka szok/niespodzianka: *She's in for a shock if she thinks we're going to pay.* **7 have (got) it in for sb** *informal* uwziąć się na kogoś

**in·a·bil·i·ty** /ˌɪnəˈbɪləti/ *n* [singular] niemożność, nieumiejętność: *his inability to make friends*

**in·ac·ces·si·ble** /ˌɪnəkˈsesəbəl◂/ *adj* niedostępny: *The village is often inaccessible in winter.*

**in·ac·cu·rate** /ɪnˈækjərət/ *adj* niedokładny, nieścisły: *Many of the figures quoted in the article were inaccurate.* —**inaccuracy** *n* [C,U] nieścisłość: *There were several inaccuracies in the report.* —**inaccurately** *adv* niedokładnie

**in·ac·tion** /ɪnˈækʃən/ *n* [U] bezczynność: *The city council was criticized for its inaction on the problem.*

**in·ac·tive** /ɪnˈæktɪv/ *adj* bezczynny —**inactivity** /ˌɪnækˈtɪvəti/ *n* [U] bezczynność

**in·ad·e·qua·cy** /ɪnˈædəkwəsi/ *n* **1** [U] niedowartościowanie: *Unemployment can cause feelings of inadequacy.* **2** [C,U] niedociągnięcie: *the inadequacy of safety standards in the coal mines* | *He pointed out the inadequacies in the voting system.*

**in·ad·e·quate** /ɪnˈædəkwət/ *adj* niedostateczny, niezadowalający: *inadequate health care services* —**inadequately** *adv* niedostatecznie

**in·ad·vert·ent·ly** /ˌɪnədˈvɜːtəntli/ *adv* niechcący: *She inadvertently knocked his arm.*

**in·ad·vis·a·ble** /ˌɪnədˈvaɪzəbəl◂/ *adj*

niewskazany: *It's inadvisable to take medicine without asking your doctor.*

**in·an·i·mate** /ɪnˈænəmət/ *adj* nieożywiony: *He paints inanimate objects like rocks and furniture.*

**in·ap·pro·pri·ate** /ˌɪnəˈprəʊpri-ət◂/ *adj* nieodpowiedni, niestosowny, niewłaściwy: *The clothes he brought were totally inappropriate.* —**inappropriately** *adv* nieodpowiednio, niestosownie

**in·ar·tic·u·late** /ˌɪnɑːˈtɪkjələt◂/ *adj* nie potrafiący się wysłowić: *inarticulate youths* —**inarticulately** *adv* niewyraźnie

**in·au·di·ble** /ɪnˈɔːdəbəl/ *adj* niesłyszalny: *Her reply was inaudible.*

**in·au·gu·rate** /ɪˈnɔːgjəreɪt/ *v* [T] za/inaugurować, uroczyście otwierać: *The new school was inaugurated last week.* —**inaugural** *adj* inauguracyjny —**inauguration** /ɪˌnɔːgjəˈreɪʃən/ *n* [C,U] inauguracja

**in·born** /ˌɪnˈbɔːn◂/ *adj* wrodzony: *an inborn talent for languages*

**in·cal·cu·la·ble** /ɪnˈkælkjələbəl/ *adj* nieobliczalny, nieoszacowany: *The scandal has done incalculable damage to the college's reputation.*

**in·can·ta·tion** /ˌɪnkænˈteɪʃən/ *n* [C] zaklęcie

**in·ca·pa·ble** /ɪnˈkeɪpəbəl/ *adj* **1** niezdolny: **be incapable of doing sth** (=nie potrafić czegoś z/robić): *He's incapable of deceiving anyone.* **2** nieudolny: *He seems completely incapable.*

**in·ca·pa·ci·ty** /ˌɪnkəˈpæsəti/ *n* [U] niezdolność, nieumiejętność: *an incapacity to lie* | *the country's incapacity to solve its economic problems*

**in·car·na·tion** /ˌɪnkɑːˈneɪʃən/ *n* **1** [C] wcielenie: *He believes he was a cat in a previous incarnation.* **2 the incarnation of goodness/evil** ucieleśnienie dobroci/zła

**in·cense** /ˈɪnsens/ *n* [U] kadzidło

**in·cen·tive** /ɪnˈsentɪv/ *n* [C,U] zachęta: **incentive (for sb) to do sth** *The government provides incentives for businesses to invest.*

**in·ces·sant** /ɪnˈsesənt/ *adj* ciągły, bezustanny: *incessant noise from the road* —**incessantly** *adv* bezustannie, bez przerwy

**in·cest** /ˈɪnsest/ *n* [U] kazirodztwo —**incestuous** /ɪnˈsestʃuəs/ *adj* kazirodczy

**inch¹** /ɪntʃ/ *n* [C] *plural* **inches** cal (= *2.54cm*)

**inch²** *v* [I,T] przesuwać (się) powoli: *Paul inched his way forward to get a better view.*

**in·ci·dent** /ˈɪnsədənt/ *n* [C] wydarzenie, zajście: *Anyone who saw the incident should contact the police.*

**in·ci·den·tal** /ˌɪnsəˈdentl◂/ *adj* uboczny: *Where the story is set is incidental to the plot* (=nie ma większego znaczenia dla fabuły).

**in·ci·den·tal·ly** /ˌɪnsəˈdentəli/ *adv* nawiasem mówiąc, à propos: *Incidentally, Jenny's coming over tonight.*

**in·cite** /ɪnˈsaɪt/ *v* [T] **1** wszczynać: *One man was jailed for inciting a riot.* **2** podburzać: *a violent speech inciting the army to rebel*

**in·cli·na·tion** /ˌɪnkləˈneɪʃən/ *n* **1** [C,U] ochota: **inclination to do sth** *I didn't have the time or inclination to go with them.* **2** skłonność: *an inclination to see everything in political terms*

**in·cline** /ɪnˈklaɪn/ *v formal* [I] skłaniać się: **+ to** *I incline to the view that the child was telling the truth.* | *The child has always inclined towards laziness* (=miało skłonności do lenistwa).

**in·clined** /ɪnˈklaɪnd/ *adj* **1** [not before noun] **be inclined to** mieć skłonności do: *He's inclined to lose his temper.* | *Children are inclined to get lost* (=często się gubią). **2 be inclined to agree/believe** być skłonnym zgodzić się/uwierzyć: *I'm inclined to think Ed is right.*

**in·clude** /ɪnˈkluːd/ *v* [T] **1** obejmować, zawierać: *The price includes car rental.* **2** włączać, wliczać, uwzględniać: **include sth in/on sth** *Try to include Rosie more in your games, Sam.* ➡ antonim EXCLUDE

**in·clud·ing** /ɪnˈkluːdɪŋ/ *prep* łącznie z, wliczając: *There were 20 people in the room, including the teacher.* ➡ antonim EXCLUDING

**in·clu·sive** /ɪnˈkluːsɪv/ *adj* **1** łączny, całkowity: *an inclusive charge* **2 inclusive of** łącznie z: *The cost is £600 inclusive of insurance.* **3 Monday to Friday inclusive** od poniedziałku do piątku włącznie: *He will be away from 22 to 24 March inclusive.*

**in·cog·ni·to** /ˌɪnkɒɡˈniːtəʊ◂/ *adv* incognito: *The princess was travelling incognito.*

**in·co·her·ent** /ˌɪnkəʊˈhɪərənt◂/ *adj* niespójny, nieskładny: *a rambling incoherent speech* —**incoherently** *adv* bez ładu i składu

**in·come** /ˈɪŋkʌm/ *n* [C,U] dochód, dochody: *people on a low income*

**income tax** /ˈ.. ./ *n* [U] podatek dochodowy

**in·com·ing** /ˈɪnkʌmɪŋ/ *adj* [only before noun] przychodzący, z zewnątrz: *The phone will only take incoming calls.* | *Incoming flights* (=przyloty) *are delayed.*

**in·com·pa·ra·ble** /ɪnˈkɒmpərəbəl/ *adj* niezrównany: *There was an incomparable view of San Marco from the Piazza.*

**in·com·pat·i·ble** /ˌɪnkəmˈpætɪ̣bəl◂/ *adj* niezgodny, niekompatybilny: *Tony and I have always been incompatible* (=nigdy nie mogliśmy się zgodzić). | **+ with** *behaviour incompatible with* (=niezgodny z) *his responsibilities* —**incompatibility** /ˌɪnkəmpætəˈbɪlɪ̣ti/ *n* [U] niekompatybilność

**in·com·pe·tent** /ɪnˈkɒmpɪ̣tənt/ *adj* nieudolny, niekompetentny: *As a teacher, he was completely incompetent.* —**incompetence** *n* [U] nieudolność, niekompetencja —**incompetently** *adv* nieudolnie

**in·com·plete** /ˌɪnkəmˈpliːt◂/ *adj* niepełny, niekompletny: *an incomplete sentence* | *The report is still incomplete.*

**in·com·pre·hen·si·ble** /ɪnˌkɒmprɪˈhensɪ̣bəl/ *adj* niezrozumiały: *incomprehensible legal language* —**incomprehensibly** *adv* niezrozumiale

**in·con·ceiv·a·ble** /ˌɪnkənˈsiːvəbəl/ *adj* niepojęty, niewyobrażalny: **+ that** *It was inconceivable* (=było nie do pomyślenia) *that such a pleasant man could be violent.*

**in·con·clu·sive** /ˌɪnkənˈkluːsɪv◂/ *adj* nieprzekonujący: *The evidence is inconclusive.*

**in·con·gru·ous** /ɪnˈkɒŋɡruəs/ *adj* nie na miejscu: *He looked incongruous in his new suit.*

**in·con·sid·er·ate** /ˌɪnkənˈsɪdərɪ̣t◂/ *adj* nieludzki, bezduszny: *It was inconsiderate of you not to call.* ➡ antonim CONSIDERATE

**in·con·sis·tent** /ˌɪnkənˈsɪstənt◂/ *adj* **1** niezgodny, sprzeczny: *His story was inconsistent with the evidence.* **2** niekonsekwentny: *Children get confused if parents are inconsistent.* —**inconsistency** *n* [C,U] sprzeczność, niekonsekwencja: *There were a number of inconsistencies in her statement.* —**inconsistently** *adv* niekonsekwentnie ➡ antonim CONSISTENT

**in·con·spic·u·ous** /ˌɪnkənˈspɪkjuəs◂/ *adj* **be inconspicuous** nie rzucać się w oczy: *I sat in the corner, trying to be as inconspicuous as possible.* ➡ antonim CONSPICUOUS

**in·con·tro·ver·ti·ble** /ɪnˌkɒntrəˈvɜːtɪ̣bəl/ *adj* niezaprzeczalny: *We have incontrovertible evidence that he was there when the crime was committed.*

**in·con·ve·ni·ence**[1] /ˌɪnkənˈviːniəns/ *n* [C,U] kłopot, niedogodność: *We apologize for any inconvenience caused by the delay.*

**inconvenience**[2] *v* [T] sprawiać kłopot: *"I'll drive you home." "Are you sure? I don't want to inconvenience you."*

**in·con·ve·ni·ent** /ˌɪnkənˈviːniənt◂/ *adj* niedogodny: *Is this an inconvenient time?*

**in·cor·po·rate** /ɪnˈkɔːpəreɪt/ *v* [T] uwzględniać: **incorporate sth into sth** *Several safety features have been incorporated into the car's design.*

**in·cor·rect** /ˌɪnkəˈrekt◂/ *adj* błędny,

nieprawidłowy: *incorrect spelling* —**incorrectly** *adv* błędnie

**in·cor·ri·gi·ble** /ɪnˈkɒrɪdʒəbəl/ *adj* niepoprawny: *That man's an incorrigible liar.*

**in·cor·rup·ti·ble** /ˌɪnkəˈrʌptəbəl◂/ *adj* nieprzekupny: *an incorruptible judge*

**in·crease**[1] /ɪnˈkriːs/ *v* **1** [I] wzrastać, zwiększać się: *The population of this town has increased dramatically.* | **+ by** *The price of oil has increased by 4%.* **2** [T] zwiększać, podwyższać: *Regular exercise increases your chances of living longer.* —**increasing** *adj* rosnący: *increasing concern about job security* ➡ antonim DECREASE

**in·crease**[2] /ˈɪŋkriːs/ *n* [C,U] wzrost: **+ in** *a huge increase in profits* | **be on the increase** (=wzrastać): *Crime in the city is on the increase.* ➡ antonim DECREASE

**in·creas·ing·ly** /ɪnˈkriːsɪŋli/ *adv* **increasingly important/difficult** coraz ważniejszy/trudniejszy: *It's becoming increasingly difficult to find employment.*

**in·cred·i·ble** /ɪnˈkredəbəl/ *adj* **1** nieprawdopodobny, niewiarygodny: *It's incredible how much you remind me of your father.* **2** niesamowity, niewiarygodny: *They serve the most incredible food.*

**in·cred·i·bly** /ɪnˈkredəbli/ *adv* niesamowicie: *It's incredibly beautiful here in the spring.*

**in·cre·ment** /ˈɪŋkrəmənt/ *n* [C] przyrost: *an annual salary increment of 2%*

**in·cu·bate** /ˈɪŋkjəbeɪt/ *v* [I,T] wysiadywać: *a hen incubating the eggs* —**incubation** /ˌɪŋkjəˈbeɪʃən/ *n* [U] wylęg

**in·cu·ba·tor** /ˈɪŋkjəbeɪtə/ *n* [C] inkubator

**in·cur·a·ble** /ɪnˈkjʊərəbəl/ *adj* nieuleczalny: *an incurable disease* —**incurably** *adv* nieuleczalnie ➡ antonim CURABLE

**in·debt·ed** /ɪnˈdetəd/ *adj* **be indebted to sb** *formal* być komuś zobowiązanym: *I am indebted to you for your help.*

**in·de·cent** /ɪnˈdiːsənt/ *adj* nieprzyzwoity: *indecent photographs* —**indecency** *n* [C,U] nieprzyzwoitość ➡ porównaj DECENT

**in·de·ci·sion** /ˌɪndɪˈsɪʒən/ *n* [U] niezdecydowanie: *After a week of indecision, the jury finally gave its verdict.*

**in·de·ci·sive** /ˌɪndɪˈsaɪsɪv◂/ *adj* niezdecydowany: *a weak, indecisive leader*

**in·deed** /ɪnˈdiːd/ *adv* **1** co więcej: *Most of the people were illiterate. Indeed, only 8% of the population could read.* **2** naprawdę: *I enjoyed the concert very much indeed.* **3** istotnie: *"Vernon is one of the best pilots around." "Oh, yes, indeed."*

**in·def·i·nite** /ɪnˈdefənət/ *adj* nieokreślony: *He was away in Alaska for an indefinite period.*

**indefinite ar·ti·cle** /.,... '.../ *n* [C] rodzajnik/przedimek nieokreślony ➡ patrz ramka THE INDEFINITE ARTICLE (A (AN)) ➡ porównaj THE DEFINITE ARTICLE

**in·def·i·nit·ely** /ɪnˈdefənətli/ *adv* na czas nieokreślony: *It's been postponed indefinitely.*

**in·dent** /ɪnˈdent/ *v* [T] zaczynać od nowego akapitu

**in·de·pen·dence** /ˌɪndəˈpendəns/ *n* [U] **1** niezależność, samodzielność: *Teenagers must be allowed some degree of independence.* **2** niepodległość: *The United States declared its independence in 1776.*

**in·de·pen·dent** /ˌɪndəˈpendənt◂/ *adj* **1** niezależny, samodzielny: *He had always been more independent than his other brothers.* **2** niepodległy: *India became an independent nation in 1947.* **3** niezależny: *an independent report on the experiment* —**independently** *adv* niezależnie

**in-depth** /'. ./ *adj* dogłębny: *in-depth study/report*

**in·de·scri·ba·ble** /ˌɪndɪˈskraɪbəbəl◂/ *adj* nieopisany: *My joy at seeing him was indescribable.*

**in·de·struc·ti·ble** /ˌɪndɪˈstrʌktəbəl◂/ *adj* niezniszczalny: *denim clothes that are nearly indestructible* —**indestructibility** /ˌɪndɪstrʌktəˈbɪləti/ *n* [U] niezniszczalność

**in·de·ter·mi·nate** /ˌɪndɪˈtɜːmənət◂/ *adj* nieokreślony: *a woman of indeterminate age*

## Przedimek nieokreślony: **The indefinite article *A (AN)***

Forma

Przedimek nieokreślony występuje w dwóch postaciach:

**1** jako ***a*** [ə] przed wyrazami rozpoczynającymi się w wymowie od spółgłoski:

***a*** *dog* ***a*** *fast car* ***a*** *university* ***a*** *European*

**2** jako ***an*** [ən] przed wyrazami rozpoczynającymi się w wymowie od samogłoski:

***an*** *apple* ***an*** *old lady* ***an*** *hour* ***an*** *MP*

Użycie

Przedimka nieokreślonego używamy przed rzeczownikiem policzalnym w liczbie pojedynczej

**1** kiedy wspominamy o czymś po raz pierwszy (przy kolejnym wystąpieniu tego samego rzeczownika poprzedzamy go przedimkiem określonym ***the***):

*I'm looking for* ***a*** *job.* ***The*** *job must be well-paid.*

**2** kiedy mówimy, czym ktoś lub coś jest:

*Susan is* ***an*** *actress.* *This is* ***a*** *mango.*

**3** kiedy jako podmiot zdania występuje rzeczownik odnoszący się do dowolnego przedstawiciela jakiejś klasy rzeczy, osób, zwierząt itp.:

***A*** *dog is a clever animal.* (= Dogs are clever animals.)

***A*** *nurse looks after patients.* (= Nurses look after patients.)

**4** w znaczeniu **one** z określeniami ilości:

***a*** *quarter* ***a*** *year ago* ***a*** *kilo* ***a*** *metre*

***a*** *half* *in* ***a*** *month* ***a*** *pound* ***an*** *inch*

***a*** *dozen* ***a*** *fortnight* ***a*** *thousand and fifty dollars*

Tłumaczenie

Przedimka nieokreślonego najczęściej nie tłumaczy się na język polski. Wyjątkiem są następujące sytuacje:

**1** kiedy mówimy o kimś, kogo nie znamy osobiście, lub o kimś, kogo nie potrafimy czy też nie chcemy zidentyfikować:

*There's* ***a*** *Mr Brown on the phone.* („Dzwoni **jakiś/niejaki** pan Brown.")

*Look!* ***A*** *girl is waving to us.* („...**jakaś** dziewczyna...")

*'Who was this?' – 'Oh,* ***a*** *friend of mine.'* („...znajomy")

**2** kiedy podajemy cenę, szybkość, częstość występowania itp.:

*30p* ***a*** *kilo* „(po) 30 pensów **za** kilo"

*60 km* ***an*** *hour* „60 km **na** godzinę"

*twice* ***a*** *week* „dwa razy **na** tydzień/**w** tygodniu"

patrz też: ***THE, Noun***

**in·dex** /ˈɪndeks/ *n* [C] *plural* **indexes** *or* **indices** /-dəsiːz/ **1** indeks, skorowidz **2** katalog **3** wskaźnik: *an index of economic growth*

**index fin·ger** /ˈ.. ˌ../ *n* [C] palec wskazujący

**In·di·an** /ˈɪndiən/ *n* [C] **1** Indian-in/ka **2** Hindus/ka —**Indian** *adj* indiański, hinduski

**Indian sum·mer** /ˌ... ˈ../ *n* [C] babie lato

**in·di·cate** /ˈɪndəkeɪt/ *v* **1** [T] wskazywać: **+ that** *Research indicates that women live longer than men.* **2** [T] wskazywać (na): *Indicating a chair, he said, "Please, sit down."* **3** [T] za/sygnalizować: **+ that** *He indicated that he had no desire to come with us.*

**in·di·ca·tion** /ˌɪndəˈkeɪʃən/ *n* [C,U] znak, oznaka: *Did Rick ever give any indication that he was unhappy?*

**in·dic·a·tive** /ɪnˈdɪkətɪv/ *adj* **be indicative of** być przejawem: *His reaction is indicative of how frightened he is.*

**in·di·ca·tor** /ˈɪndəkeɪtə/ *n* [C] **1** wskaźnik: *All the main economic indicators suggest that business is improving.* **2** *BrE* kierunkowskaz, migacz

**in·dict** /ɪnˈdaɪt/ *v* [I,T] postawić w stan oskarżenia —**indictment** *n* [C,U] akt oskarżenia

**in·dif·fer·ence** /ɪnˈdɪfərəns/ *n* [U] obojętność: *her husband's indifference to how unhappy she was*

**in·dif·fer·ent** /ɪnˈdɪfərənt/ *adj* obojętny: **+ to** *an industry that seems indifferent to environmental concerns*

**in·di·ge·nous** /ɪnˈdɪdʒənəs/ *adj* rdzenny

**in·di·ges·ti·ble** /ˌɪndɪˈdʒestəbəl◂/ *adj* niestrawny → patrz też DIGEST

**in·di·ges·tion** /ˌɪndɪˈdʒestʃən/ *n* [U] niestrawność

**in·dig·nant** /ɪnˈdɪɡnənt/ *adj* oburzony: *Indignant parents said the school cared more about money than education.* —**indignantly** *adv* z oburzeniem —**indignation** /ˌɪndɪɡˈneɪʃən/ *n* [U] oburzenie

**in·dig·ni·ty** /ɪnˈdɪɡnəti/ *n* [C,U] upokorzenie: *I suffered the final indignity of being taken to the police station.*

**in·di·rect** /ˌɪndəˈrekt◂/ *adj* **1** pośredni: *The accident was an indirect result of* (=był pośrednio spowodowany przez) *the heavy rain.* **2** okrężny: *an indirect route* —**indirectly** *adv* pośrednio

**indirect speech** /ˌ... ˈ./ *n* mowa zależna

**in·dis·creet** /ˌɪndɪˈskriːt◂/ *adj* niedyskretny: *Try to stop him from saying something indiscreet.* —**indiscreetly** *adv* niedyskretnie

**in·dis·cre·tion** /ˌɪndɪˈskreʃən/ *n* [C,U] wybryk, występek: *sexual indiscretions | youthful indiscretion | Her indiscretion caused a major scandal.*

**in·di·spen·sa·ble** /ˌɪndɪˈspensəbəl◂/ *adj* nieodzowny, niezbędny: *The information he provided was indispensable to our research.*

**in·dis·pu·ta·ble** /ˌɪndɪˈspjuːtəbəl/ *adj* bezsprzeczny, bezsporny: *an indisputable link between smoking and cancer* —**indisputably** *adv* bezsprzecznie: *That is indisputably true.*

**in·dis·tinct** /ˌɪndɪˈstɪŋkt◂/ *adj* niewyraźny: *indistinct voices in the next room* —**indistinctly** *adv* niewyraźnie

**in·dis·ti·guish·a·ble** /ˌɪndɪˈstɪŋɡwɪʃəbəl/ *adj* **be indistinguishable from** nie dać się odróżnić od: *This material is indistinguishable from real silk.*

**in·di·vid·u·al**[1] /ˌɪndəˈvɪdʒuəl◂/ *adj* **1** pojedynczy, poszczególny: *Each individual drawing is slightly different.* **2** indywidualny, osobisty: *Individual attention must be given to every student.*

**individual**[2] *n* [C] osoba, jednostka: *the rights of the individual*

**in·di·vid·u·al·ist** /ˌɪndəˈvɪdʒuəlɪst/ *n* [C] indywidualist-a/ka —**individualism** *n* [U] indywidualizm —**individualistic** /ˌɪndəvɪdʒuəˈlɪstɪk◂/ *adj* indywidualistyczny

**in·di·vid·u·al·i·ty** /ˌɪndəvɪdʒuˈæləti/ *n* [U] indywidualność: *work that allows children to express their individuality*

**in·di·vid·u·al·ly** /ˌɪndǝˈvɪdʒuəli/ *adv* indywidualnie: *The teacher met everyone individually.*

**in·doc·tri·nate** /ɪnˈdɒktrǝneɪt/ *v* [T] indoktrynować: *indoctrinated by the whole military training process* —**indoctrination** /ɪnˌdɒktrǝˈneɪʃən/ *n* [U] indoktrynacja

**in·door** /ˈɪndɔː/ *adj* **1** kryty: *an indoor swimming pool* **2** halowy: *indoor sports* **3** domowy: *indoor clothes* → antonim OUTDOOR

**in·doors** /ɪnˈdɔːz/ *adv* **1** wewnątrz, w domu: *He stayed indoors all morning.* **2** do środka: *It's raining – let's go indoors.* → antonim OUTDOORS

**in·duce** /ɪnˈdjuːs/ *v* [T] **1** *formal* nakłaniać: **induce sb to do sth** *Whatever induced you to spend so much money on a car?* **2** wywoływać: *This drug may induce drowsiness.*

**in·dulge** /ɪnˈdʌldʒ/ *v* **1** [I,T] pozwalać sobie (na): **+ in** *I sometimes indulge in a cigarette at a party.* | **indulge yourself** (=po/folgować sobie): *Go on, indulge yourself for a change!* **2** [T] rozpieszczać: *Ralph indulges his children terribly.*

**in·dul·gence** /ɪnˈdʌldʒəns/ *n* **1** [U] dogadzanie sobie: *a life of indulgence* **2** [C] słabostka: *Chocolate is my only indulgence.*

**in·dul·gent** /ɪnˈdʌldʒənt/ *adj* pobłażliwy: *indulgent parents* —**indulgently** *adv* pobłażliwie

**in·dus·tri·al** /ɪnˈdʌstriəl/ *adj* przemysłowy: *an industrial region* | *industrial pollution*

**in·dus·tri·al·ist** /ɪnˈdʌstriəlǝst/ *n* [C] przemysłowiec

**in·dus·tri·a·lized** /ɪnˈdʌstriəlaɪzd/ (*także* **-ised** *BrE*) uprzemysłowiony —**industrialization** /ɪnˌdʌstriəlaɪˈzeɪʃən/ *n* [U] industrializacja, uprzemysłowienie

**in·dus·tri·ous** /ɪnˈdʌstriəs/ *adj formal* pracowity: *industrious young women*

**in·dus·try** /ˈɪndəstri/ *n* [C,U] przemysł: *The country's economy is supported by industry.* | *the clothing industry*

**in·ed·i·ble** /ɪnˈedǝbəl/ *adj* niejadalny: *inedible mushrooms*

**in·ef·fec·tive** /ˌɪnǝˈfektɪv◂/ *adj* nieskuteczny: *the treatment was completely ineffective*

**in·ef·fi·cient** /ˌɪnǝˈfɪʃənt◂/ *adj* niewydajny, nieefektywny: *an inefficient use of good farm land*

**in·el·i·gi·ble** /ɪnˈelǝdʒǝbəl/ *adj* **be ineligible for sth/to do sth** nie kwalifikować się do czegoś, nie mieć uprawnień do czegoś: *Non-citizens are ineligible to vote in the election.* | *She is ineligible for* (=nie przysługuje jej) *legal aid.*

**in·ept** /ɪˈnept/ *adj* nieudolny, niekompetentny: *an inept driver* —**ineptly** *adv* nieudolnie —**ineptitude** /ɪˈneptǝtjuːd/ *n* [U] nieudolność

**in·e·qual·i·ty** /ˌɪnɪˈkwɒlǝti/ *n* [C,U] nierówność: *the many inequalities in our legal system*

**in·er·tia** /ɪˈnɜːʃə/ *n* [U] bezwład, inercja: *the problem of inertia in large government departments*

**in·es·ca·pa·ble** /ˌɪnɪˈskeɪpəbəl◂/ *adj formal* nieunikniony: *The inescapable conclusion is that Reynolds killed himself.*

**in·ev·i·ta·ble** /ɪˈnevǝtəbəl/ *adj* nieuchronny, nieunikniony: *Death is inevitable.* —**inevitably** *adv* nieuchronnie: *Inevitably, his alcohol problem affected his work.* —**inevitability** /ɪˌnevǝtəˈbɪlǝti/ *n* [U] nieuchronność

**in·ex·cu·sa·ble** /ˌɪnɪkˈskjuːzəbəl◂/ *adj* niewybaczalny: *inexcusable behaviour* —**inexcusably** *adv* niewybaczalnie

**in·ex·haus·ti·ble** /ˌɪnɪgˈzɔːstǝbəl◂/ *adj* niewyczerpany: *Nuclear fusion could provide an inexhaustible supply of energy.*

**in·ex·pen·sive** /ˌɪnɪkˈspensɪv◂/ *adj* niedrogi: *an inexpensive vacation* —**inexpensively** *adv* niedrogo

**in·ex·pe·ri·enced** /ˌɪnɪkˈspɪəriənst◂/ *adj* niedoświadczony: *an inexperienced driver* —**inexperience** *n* [U] brak doświadczenia

**in·ex·plic·a·ble** /ˌɪnɪkˈsplɪkəbəl◂/ *adj* niewytłumaczalny: *the inexplicable dis-*

*appearance of a young woman* —**inexplicably** *adv* niewytłumaczalnie

**in·ex·tric·a·bly** /ˌɪnɪkˈstrɪkəbli/ *adv formal* nierozerwalnie: *Poverty and bad health are inextricably linked.* —**inextricable** *adj* nierozerwalny

**in·fal·li·ble** /ɪnˈfælᵻbəl/ *adj* **1** niezawodny: *an infallible cure for hiccups* **2** nieomylny: *Many small children believe their parents are infallible.* —**infallibility** /ɪnˌfælᵻˈbɪlᵻti/ *n* [U] niezawodność, nieomylność

**in·fa·mous** /ˈɪnfəməs/ *adj* niesławny, notoryczny: *an infamous criminal* ➡ porównaj FAMOUS

**in·fan·cy** /ˈɪnfənsi/ *n* [U] **1** niemowlęctwo: *Their son died in infancy.* **2 in its infancy** w powijakach: *In the 1930s air travel was still in its infancy.*

**in·fant** /ˈɪnfənt/ *n* [C] *formal* niemowlę, małe dziecko

**in·fan·tile** /ˈɪnfəntaɪl/ *adj* dziecinny, infantylny: *his stupid infantile jokes*

**in·fan·try** /ˈɪnfəntri/ *n* [U] piechota

**in·fat·u·at·ed** /ɪnˈfætʃueɪtᵻd/ *adj* zadurzony: **+ with** *He's infatuated with her.* —**infatuation** /ɪnˌfætʃuˈeɪʃən/ *n* [C,U] zadurzenie

**in·fect** /ɪnˈfekt/ *v* [T] **1** zarażać, zakażać: *The number of people who have been infected has already reached 10,000.* **2** udzielać się: *His cynicism seems to have infected the whole team.*

**in·fect·ed** /ɪnˈfektᵻd/ *adj* **1** zarażony: *He was infected* (=zaraził się) *with cholera.* **2** zakażony: *an infected wound* | *infected water*

**in·fec·tion** /ɪnˈfekʃən/ *n* [C,U] zakażenie, infekcja: *Wash the cut thoroughly to protect against infection.* | *an ear infection*

**in·fec·tious** /ɪnˈfekʃəs/ *adj* **1** zakaźny, zaraźliwy: *an infectious disease* **2** zaraźliwy: *infectious laughter*

**in·fe·ri·or**[1] /ɪnˈfɪəriə/ *adj* gorszy: *Larry always makes me feel inferior.* | **+ to** *His work is inferior to mine.* —**inferiority** /ɪnˌfɪəriˈɒrᵻti/ *n* [U] niższość: *inferiority complex* (=kompleks niższości) ➡ porównaj SUPERIOR[1]

**inferior**[2] *n* [C] podwładn-y/a ➡ porównaj SUPERIOR[2]

**in·fer·tile** /ɪnˈfɜːtaɪl/ *adj* **1** bezpłodny **2** nieurodzajny —**infertility** /ˌɪnfəˈtɪlᵻti/ *n* [U] bezpłodność

**in·fi·del·i·ty** /ˌɪnfᵻˈdelᵻti/ *n* [C,U] niewierność

**in·fi·nite** /ˈɪnfᵻnᵻt/ *adj* **1** ogromny: *a teacher with infinite patience* **2** nieskończony, nieograniczony: *an infinite universe* —**infinitely** *adv* nieskończenie

**in·fin·i·tive** /ɪnˈfɪnᵻtɪv/ *n* [C] bezokolicznik ➡ patrz ramka INFINITIVE

**in·fin·i·ty** /ɪnˈfɪnᵻti/ *n* [U] nieskończoność

**in·fir·ma·ry** /ɪnˈfɜːməri/ *n* [C] *formal BrE* szpital

**in·flam·ma·ble** /ɪnˈflæməbəl/ *adj* łatwopalny: *Butane is highly inflammable.* ➡ antonim NONFLAMMABLE

**in·flam·ma·tion** /ˌɪnfləˈmeɪʃən/ *n* [C,U] zapalenie

**in·fla·ta·ble** /ɪnˈfleɪtəbəl/ *adj* nadmuchiwany: *an inflatable mattress*

**in·flate** /ɪnˈfleɪt/ *v* [I,T] nadmuchiwać, na/pompować: *The machine quickly inflates the tires.* ➡ antonim DEFLATE

**in·flat·ed** /ɪnˈfleɪtᵻd/ *adj* **1** zawyżony: *Inflated land prices prevented local companies from expanding.* **2** nadmuchany: *an inflated balloon*

**in·fla·tion** /ɪnˈfleɪʃən/ *n* [U] inflacja: *the Mexican government's efforts to control inflation*

**in·flec·tion** /ɪnˈflekʃən/ *także* **inflexion** *n* [C,U] odmiana, fleksja

**in·flex·i·ble** /ɪnˈfleksᵻbəl/ *adj* **1** sztywny: *a school with inflexible rules* | *inflexible material* **2** nieugięty, mało elastyczny: *He's being completely inflexible about this.* —**inflexibility** /ɪnˌfleksᵻˈbɪlᵻti/ *n* [U] sztywność, brak elastyczności

**in·flict** /ɪnˈflɪkt/ *v* [T] wyrządzać, zadawać: **inflict sth on/upon sb** *the damage inflicted on the enemy*

**in·flu·ence**[1] /ˈɪnfluəns/ *n* **1** [C,U] wpływ: *Vince used his influence with the union to get his nephew a job.* | *Alex's par-*

## Bezokolicznik: **Infinitive**

Bezokolicznik to podstawowa forma czasownika, podawana jako hasło w słownikach i służąca do tworzenia wielu form pochodnych. Oto niektóre ważne reguły dotyczące użycia bezokolicznika:

**1** po większości czasowników występuje bezokolicznik z **to**, np.:
*She has **agreed to lend** me some money.*
*When do you **want to leave**?*

**2** po czasownikach modalnych (z wyjątkiem ***ought***) występuje bezokolicznik bez **to**, np.:
*You **may visit** him in hospital.*
***Can** I **help** you?*
*They **ought to study** more.*

**3** w przeczeniach partykuła ***not*** poprzedza bezokolicznik:
*He pretended **not to see** me.*
*We must **not panic**.*

**4** po niektórych czasownikach bezokolicznik może występować wymiennie z formą czasownika zakończoną na ***-ing***:
*I **love to meet** people.*    *I **love meeting** people.*
*It **started to rain**.*    *It **started raining**.*

**5** w niektórych przypadkach użycie po czasowniku bezokolicznika lub formy zakończonej na ***-ing*** wiąże się z różnicą znaczenia, np.:
*We **stopped to talk**.* („Zatrzymaliśmy się, żeby porozmawiać.")
*We **stopped talking**.* („Przestaliśmy rozmawiać.")

**6** bezokolicznik może też występować po niektórych przymiotnikach, liczebnikach porządkowych oraz po określeniach ***the last*** i ***the next***:
*His books are **difficult/easy/impossible to read**.*
*I was **sorry/glad/happy to hear** that.*
*If I get this job, you will be **the first to know**.*
*Who was **the last** person **to leave** this building last night?*

patrz też: ***Modal Verbs, Perfect Infinitive, Verb***

*ents always thought that I was a bad influence on him.* **2 under the influence (of alcohol/drugs)** *informal* pod wpływem (alkoholu/narkotyków)

**influence²** *v* [T] wpływać na: *I don't want to influence your decision.*

**in·flu·en·tial** /ˌɪnfluˈenʃəl◂/ *adj* wpływowy: *an influential politician*

**in·flu·en·za** /ˌɪnfluˈenzə/ *n* [U] *formal* grypa

**in·flux** /ˈɪnflʌks/ *n* [C usually singular] napływ: *an influx of cheap imported cars*

**in·fo** /ˈɪnfəʊ/ *n* [U] *informal* informacja

**in·form** /ɪnˈfɔːm/ *v* [T] powiadamiać, po/informować: *There was a note informing us that Charles had left.*
**inform against/on** sb *phr v* [T] donosić na

**in·for·mal** /ɪnˈfɔːməl/ *adj* nieoficjalny, nieformalny: *an informal meeting | an informal letter to your family*

—**informally** *adv* nieoficjalnie, nieformalnie —**informality** /ˌɪnfɔːˈmælᵻti/ *n* [U] bezpośredniość, nieoficjalny charakter

**in·for·mant** /ɪnˈfɔːmənt/ *n* [C] informator/ka

**in·for·ma·tion** /ˌɪnfəˈmeɪʃən/ *n* [U] informacja, informacje: **+ about/on** *I need some more information about this machine.* | **piece of information** (=informacja): *a useful piece of information*

> **UWAGA information**
>
> **Information** jest rzeczownikiem niepoliczalnym, dlatego formy "informations" i "an information" nie są poprawne. Mówi się natomiast **a piece of information** lub **some information.**

**in·form·a·tive** /ɪnˈfɔːmətɪv/ *adj* pouczający: *a very informative book*

**in·formed** /ɪnˈfɔːmd/ *adj* zorientowany: *Women should be able to make an informed choice about contraception.* | *well-informed voters*

**in·form·er** /ɪnˈfɔːmə/ *n* [C] donosiciel/ka

**infra·red** /ˌɪnfrəˈred◂/ *adj* podczerwony

**in·fra·struc·ture** /ˈɪnfrəˌstrʌktʃə/ *n* [C usually singular] infrastruktura: *Japan's economic infrastructure*

**in·fre·quent** /ɪnˈfriːkwənt/ *adj* rzadki, nieczęsty: *one of our infrequent visits to Uncle Edwin's house* —**infrequently** *adv* rzadko, z rzadka —**infrequency** *n* [U] rzadkość

**in·fu·ri·ate** /ɪnˈfjʊərieɪt/ *v* [T] rozwścieczać: *He really infuriates me!*

**in·ge·ni·ous** /ɪnˈdʒiːniəs/ *adj* pomysłowy: *What an ingenious gadget!* | *an ingenious solution to the problem* —**ingeniously** *adv* pomysłowo

**in·ge·nu·i·ty** /ˌɪndʒəˈnjuːᵻti/ *n* [U] pomysłowość

**in·gra·ti·ate** /ɪnˈgreɪʃieɪt/ *v* **ingratiate yourself (with)** przymilać się (do), podlizywać się: *a politician trying to ingratiate himself with the voters* —**ingratiating** *adj* przymilny

**in·grat·i·tude** /ɪnˈgrætᵻtjuːd/ *n* [U] niewdzięczność: *I've never seen such ingratitude in my life.*

**in·gre·di·ent** /ɪnˈgriːdiənt/ *n* [C] **1** składnik: *Flour, water, and eggs are the most important ingredients.* **2** element: *all the ingredients of a good romantic novel*

**in·hab·it** /ɪnˈhæbᵻt/ *v* [T] *formal* zamieszkiwać: *a forest inhabited by bears and moose*

**in·hab·i·tant** /ɪnˈhæbᵻtənt/ *n* [C] mieszka-niec/nka

**in·hale** /ɪnˈheɪl/ *v formal* **1** [T] wdychać: *Try not to inhale the fumes from the glue.* **2** [I] z/robić wdech: *Once outside in the fresh air, he inhaled deeply.* **3** [I] zaciągać się → antonim EXHALE

**in·hal·er** /ɪnˈheɪlə/ *n* [C] inhalator

**in·her·ent** /ɪnˈhɪərənt/ *adj* **inherent to** właściwy dla: *a problem that is inherent in the system* —**inherently** *adv* z natury: *Nuclear energy is inherently dangerous and wasteful.*

**in·her·it** /ɪnˈherᵻt/ *v* [I,T] o/dziedziczyć: *I inherited the house from my uncle.* | *Her stubbornness she had inherited from her mother.* | *economic difficulties inherited from the previous government*

**in·her·i·tance** /ɪnˈherᵻtəns/ *n* [C,U] spadek, spuścizna

**in·hib·it** /ɪnˈhɪbᵻt/ *v* [T] powstrzymywać, za/hamować: *new treatments to inhibit the spread of the disease*

**in·hib·it·ed** /ɪnˈhɪbᵻtᵻd/ *adj* spięty, skrępowany: *She's far too inhibited* (=ma zbyt duże zahamowania) *to talk frankly about sex.*

**in·hi·bi·tion** /ˌɪnhᵻˈbɪʃən/ *n* [C,U] zahamowanie: *She soon loses her inhibitions when she's had a few glasses of wine.*

**in·hos·pi·ta·ble** /ˌɪnhɒˈspɪtəbəl/ *adj* **1** niesprzyjający, nieprzyjazny: *inhospitable desert areas* **2** niegościnny

**in·hu·man** /ɪnˈhjuːmən/ *adj* nieludzki: *inhuman treatment* | *an inhuman scream*

**in·hu·mane** /ˌɪnhjuːˈmeɪn◂ / *adj* niehumanitarny: *inhumane living conditions* —**inhumanely** *adv* niehumanitarnie

**in·im·i·ta·ble** /ɪˈnɪmətəbəl/ *adj* niepowtarzalny: *Jerry gave the speech in his own inimitable style.*

**i·ni·tial**[1] /ɪˈnɪʃəl/ *adj* początkowy: *the initial stages of the disease* —**initially** *adv* początkowo: *I was employed initially as a temporary worker.*

**initial**[2] *n* [C usually plural] inicjał: *a suitcase with the initials S.H. on it*

**initial**[3] *v* [T] **-lled, -lling,** także **-led, -ling** *AmE* parafować, podpisać: *Could you initial this form for me, please?*

**i·ni·ti·ate** /ɪˈnɪʃieɪt/ *v* [T] **1** zapoczątkować, za/inicjować: *The prison has recently initiated new security procedures.* **2** wprowadzać: *During that summer he was initiated into the mysteries of sex.* —**initiation** /ɪˌnɪʃiˈeɪʃən/ *n* [C,U] inicjacja

**i·ni·tia·tive** /ɪˈnɪʃətɪv/ *n* **1** [C,U] inicjatywa: *I was impressed by the initiative she showed.* | *state initiatives to reduce spending* **2 take the initiative** przejąć inicjatywę

**in·ject** /ɪnˈdʒekt/ *v* [T] wstrzykiwać: *Both patients have been injected with a new drug.*

**in·jec·tion** /ɪnˈdʒekʃən/ *n* [C,U] zastrzyk: *The nurse gave him an injection against typhoid.* | *The business received a cash injection of $6 million.*

**in·jure** /ˈɪndʒə/ *v* [T] z/ranić, s/kaleczyć: *She was badly injured in the accident.*

**in·jured** /ˈɪndʒəd/ *adj* ranny: *We helped the injured rider to the waiting ambulance.*

> UWAGA **injured**
>
> Patrz **hurt, injured, wounded**.

**in·ju·ry** /ˈɪndʒəri/ *n* [C,U] uraz, rana: *serious head injuries*

**in·jus·tice** /ɪnˈdʒʌstəs/ *n* [C,U] niesprawiedliwość: *the violence and injustice of the plantation system*

**ink** /ɪŋk/ *n* [C,U] atrament, tusz

**ink·ling** /ˈɪŋklɪŋ/ *n* **have an inkling** przypuszczać: *We had no inkling that he was leaving.*

**in·land**[1] /ˈɪnlənd/ *adj* śródlądowy: *an inland sea* | *inland trade*

**in·land**[2] /ɪnˈlænd/ *adv* w głąb lądu: *driving inland*

**in-laws** /ˈ. ./ *n* [plural] *informal* powinowaci (*najczęściej teściowie*)

**in·mate** /ˈɪnmeɪt/ *n* [C] **1** więzień/więźniarka **2** pacjent/ka (*szpitala psychiatrycznego*)

**inn** /ɪn/ *n* [C] zajazd, gospoda

**in·nate** /ɪˈneɪt◂ / *adj* wrodzony: *an innate sense of fun*

**in·ner** /ˈɪnə/ *adj* wewnętrzny: *the inner ear* ➡ antonim OUTER

**inner cit·y** /ˌ.. ˈ..◂ / *n* [C] uboga dzielnica wielkomiejska: *Crime in our inner cities seems to be getting worse.*

**in·ner·most** /ˈɪnəməʊst/ *adj* najskrytszy: *innermost desires*

**in·ning** /ˈɪnɪŋ/ *n* [C] jedna z dziewięciu części meczu baseballowego

**in·nings** /ˈɪnɪŋz/ *n* [C] *plural* **innings** runda meczu krykietowego

**in·no·cence** /ˈɪnəsəns/ *n* [U] niewinność: *How did they prove her innocence?* | *a child's innocence*

**in·no·cent** /ˈɪnəsənt/ *adj* niewinny: *Nobody would believe that I was innocent.* | *innocent of murder* | *I was thirteen years old and very innocent.* | *the innocent victims of a drunk driver* | *an innocent remark* —**innocently** *adv* niewinnie

**in·noc·u·ous** /ɪˈnɒkjuəs/ *adj* nieszkodliwy: *At first, his questions seemed innocuous enough.*

**in·no·va·tion** /ˌɪnəˈveɪʃən/ *n* [C,U] nowość, innowacja: *recent innovations in computing* —**innovative** /ˈɪnəveɪtɪv/ *adj* nowatorski —**innovator** /ˈɪnəveɪtə/ *n* innowator/ka

**in·nu·en·do** /ˌɪnjuˈendəʊ/ *n* [C,U] *plural* **innuendoes** *or* **innuendos** insynuacja: *nasty innuendoes about Laurie and the boss*

I

**in·nu·me·ra·ble** /ɪ'njuːmərəbəl/ *adj* niezliczony

**in·or·gan·ic** /ˌɪnɔː'gænɪk◂/ *adj* nieorganiczny: *inorganic fertilizers* (=nawozy sztuczne)

**in·put** /'ɪnpʊt/ *n* **1** [U] wkład: *Students have an important input into what the class covers.* **2** dane wejściowe ➡ porównaj OUTPUT

**in·quest** /'ɪŋkwest/ *n* [C] dochodzenie (*przyczyny zgonu*)

**in·quire** /ɪn'kwaɪə/ *także* **enquire** *BrE v* [I,T] *formal* s/pytać, zapytywać: **+ about** *I am writing to inquire about your advertisement in the New York Post.*

**inquire into** sth *phr v* [T] dochodzić, z/badać: *The investigation will inquire into the reasons for the fire.*

**in·quir·ing** /ɪn'kwaɪərɪŋ/ *także* **enquiring** *BrE adj* **1** dociekliwy: *Young children have such inquiring minds.* **2 an inquiring glance/look** pytające spojrzenie —**inquiringly** *adv* badawczo, pytająco

**in·quir·y** /ɪn'kwaɪəri/ *także* **enquiry** *BrE n* [C] **1** zapytanie: *We're getting a lot of inquiries about our new bus service.* **2** [C,U] dochodzenie: *There will be an official inquiry into the incident.*

**in·quis·i·tive** /ɪn'kwɪzətɪv/ *adj* **1** dociekliwy: *a cheerful, inquisitive little boy* **2** wścibski

**in·sane** /ɪn'seɪn/ *adj* **1** *informal* szalony: *You must've been totally insane to go with him!* | *an insane idea* **2** chory umysłowo, obłąkany —**insanity** /ɪn'sænəti/ *n* [U] choroba umysłowa, obłęd

**in·sa·tia·ble** /ɪn'seɪʃəbəl/ *adj* niezaspokojony: *an insatiable appetite for cheap romantic novels*

**in·scrip·tion** /ɪn'skrɪpʃən/ *n* [C] napis

**in·scru·ta·ble** /ɪn'skruːtəbəl/ *adj* zagadkowy, nieodgadniony: *an inscrutable smile*

**in·sect** /'ɪnsekt/ *n* [C] owad

**in·sec·ti·cide** /ɪn'sektəsaɪd/ *n* [U] środek owadobójczy

**in·se·cure** /ˌɪnsɪ'kjʊə◂/ *adj* niepewny: *The future of the company is still insecure.* | *I was young, very shy and insecure* (=i brakowało mi pewności siebie). —**insecurity** *n* [U] brak pewności siebie —**insecurely** *adv* niepewnie

**in·sem·i·na·tion** /ɪnˌseməˈneɪʃən/ *n* [U] *technical* zapłodnienie: *artificial insemination*

**in·sen·si·tive** /ɪn'sensətɪv/ *adj* nieczuły, nietaktowny: *insensitive questions about her divorce*

**in·sep·a·ra·ble** /ɪn'sepərəbəl/ *adj* **1** nieodłączny, nierozłączny: *Jane and Sarah soon became inseparable companions.* **2** *formal* **inseparable from** nierozerwalnie związany z: *In poetry, meaning is often inseparable from form.* —**inseparably** *adv* nierozłącznie

**in·sert** /ɪn'sɜːt/ *v* [T] wkładać, wstawiać, wsuwać: *Insert the key in the lock.* | *Insert* (=wrzuć) *one 20p coin.* —**insertion** *n* [C,U] wstawka

**in·side¹** /ɪn'saɪd/ *prep, adv* **1** (do) wewnątrz, do środka, w środku: *He opened the box to find two kittens inside.* | *We pushed open the door and stepped inside.* | *People inside the company have told us about the changes.* | *We'll be there inside an hour* (=w niecałą godzinę). ➡ antonim OUTSIDE **2** wewnątrz, w sobie: *Inside, I felt confident and calm.* | *Don't keep the anger inside.*

**in·side²** /ɪn'saɪd/ *n* **1 the inside** wnętrze: *The inside of the car was filthy.* **2 inside out** na lewą stronę: *Your shirt is inside out.* **3 know sth inside out** wiedzieć/znać coś na wylot: *She knows the business inside out.*

**in·side³** /'ɪnsaɪd/ *adj* **1** wewnętrzny: *the inside pages of a magazine* **2 inside information/the inside story** informacja/relacja z pierwszej ręki

**in·sides** /ɪn'saɪdz/ *n* [plural] wnętrzności

**in·sight** /'ɪnsaɪt/ *n* [C,U] wgląd, pogląd: **+ into** *The article gives us a real insight into Chinese culture.*

**in·sig·ni·a** /ɪn'sɪgniə/ *n* [C] *plural* **insignia** insygnia

**in·sig·nif·i·cant** /ˌɪnsɪg'nɪfɪkənt◂/ *adj* nieznaczny, nieistotny: *an insignificant*

*change in the unemployment rate* —**insignificance** *n* [U] znikomość

**in·sin·cere** /ˌɪnsɪnˈsɪə◂/ *adj* nieszczery: *an insincere smile* —**insincerely** *adv* nieszczerze —**insincerity** /ˌɪnsɪnˈserɪ̈ti/ *n* [U] nieszczerość

**in·sin·u·ate** /ɪnˈsɪnjueɪt/ *v* [T] insynuować: *Are you insinuating that she didn't deserve the promotion?* —**insinuation** /ɪnˌsɪnjuˈeɪʃən/ *n* [C,U] insynuacja

**in·sist** /ɪnˈsɪst/ *v* [I] **1** nalegać, upierać się: **+ (that)** *Mike insisted that Joelle would never have gone by herself.* | **+ on** *She always insisted on her innocence.* **2** domagać się: **+ on** *They're insisting on your resignation.* | **+ (that)** (=żeby): *I insisted that he leave.*

**in·sis·tence** /ɪnˈsɪstəns/ *n* [U] naleganie, domaganie się: *Kennedy's insistence that the missiles be sent back to Russia*

**in·sis·tent** /ɪnˈsɪstənt/ *adj* stanowczy: *She's very insistent that we should all be on time.*

**in·so·lent** /ˈɪnsələnt/ *adj* bezczelny: *She just stared back with an insolent grin.* —**insolence** *n* [U] bezczelność —**insolently** *adv* bezczelnie

**in·som·ni·a** /ɪnˈsɒmniə/ *n* [U] bezsenność

**in·spect** /ɪnˈspekt/ *v* [T] **1** z/wizytować, s/kontrolować: *All schools are inspected once a year.* **2** z/badać: *Sara inspected her reflection in the mirror.* —**inspection** *n* [C,U] przegląd, inspekcja

> UWAGA **inspect**
>
> Patrz **control** i **inspect**.

**in·spec·tor** /ɪnˈspektə/ *n* [C] inspektor: *a health inspector* | *a police inspector*

**in·spi·ra·tion** /ˌɪnspɪ̈ˈreɪʃən/ *n* [C,U] inspiracja, natchnienie: **+ for** *My trip to Mexico was the inspiration for the novel.*

**in·spire** /ɪnˈspaɪə/ *v* [T] **1** natchnąć, za/inspirować: **inspire sb to (do) sth** *Encouragement will inspire children to try even harder.* **2** wzbudzać: **inspire sth in sb/inspire sb with sth** *A good captain should inspire confidence in his men.* —**inspiring** *adj* inspirujący

**in·sta·bil·i·ty** /ˌɪnstəˈbɪlɪ̈ti/ *n* [U] nierównowaga, niestabilność: *a period of economic and political instability* | *emotional instability* ➡ patrz też UNSTABLE

**in·stall** /ɪnˈstɔːl/ *v* [T] za/instalować: *Companies spend thousands of dollars installing security cameras.* —**installation** /ˌɪnstəˈleɪʃən/ *n* [C,U] instalacja

**in·stal·ment** /ɪnˈstɔːlmənt/ *BrE*, **installment** *AmE* *n* [C] **1** rata: *We're paying for the car in monthly instalments.* **2** odcinek: *The final instalment will appear in next month's edition of the magazine.*

**in·stance** /ˈɪnstəns/ *n* **1 for instance** na przykład: *She's totally unreliable – for instance, she often leaves the children alone in the house.* **2** [C] przypadek: **+ of** *instances of police brutality*

**in·stant**[1] /ˈɪnstənt/ *adj* **1** natychmiastowy: *The movie was an instant success.* **2** rozpuszczalny, instant: *instant coffee* —**instantly** *adv* natychmiast: *The car hit a tree and the driver was killed instantly* (=zginął na miejscu).

**instant**[2] *n* [singular] chwila, moment: *He paused for an instant before replying.*

**in·stan·ta·ne·ous** /ˌɪnstənˈteɪniəs◂/ *adj* natychmiastowy: *Wilson's remarks provoked an instantaneous response.* —**instantaneously** *adv* momentalnie

**in·stead** /ɪnˈsted/ *adv* **1** zamiast tego **2 instead of** zamiast: *Why don't you do something, instead of just talking about it?*

> UWAGA **instead**
>
> Nie mówi się "instead of it" czy "instead of that". Mówi się po prostu **instead**: *We didn't go for a walk, but stayed at home instead.* Tłumacząc na angielski 'zamiast tego poszliśmy do muzeum', mówimy: *we went to the museum instead*, a nie "instead of it". Nie mówi się też "instead of to go" czy "instead to go". Mówi się **instead of going**.

**in·stinct** /ˈɪnstɪŋkt/ *n* [C,U] instynkt: *Instinct told me that something was wrong.* —**instinctive** /ɪnˈstɪŋktɪv/ *adj* instynktowny —**instinctively** *adv* instynktownie

**in·sti·tute** /ˈɪnstətjuːt/ *n* [C] instytut: *the California Institute of Technology*

**in·sti·tu·tion** /ˌɪnstəˈtjuːʃən/ *n* [C] instytucja: *higher education institutions | the institution of marriage* —**institutional** *adj* instytucjonalny

**in·struct** /ɪnˈstrʌkt/ *v* [T] **1** po/instruować: **instruct sb to do sth** *Police officers were instructed to search the house.* **2** wy/szkolić: *We instruct the children in basic reading skills.*

**in·struc·tion** /ɪnˈstrʌkʃən/ *n* **1** [C usually plural] instrukcja: **follow instructions** (=przestrzegać instrukcji): *Follow the instructions on the back of the packet.* **2** [C usually plural] polecenie, instrukcja: *Wait here until I give you further instructions.* **3** [U] *formal* szkolenie, instruktaż: *instruction in basic computer skills* —**instructional** *adj* instruktażowy

**in·struc·tive** /ɪnˈstrʌktɪv/ *adj* pouczający: *an instructive tour of the area*

**in·struc·tor** /ɪnˈstrʌktə/ *n* [C] instruktor/ka: *a ski instructor*

**in·stru·ment** /ˈɪnstrəmənt/ *n* [C] **1** narzędzie: *medical instruments* **2** instrument: *musical instruments* **3** przyrząd: *The pilot studied his instruments anxiously.*

**in·stru·men·tal** /ˌɪnstrəˈmentl◂/ *adj* **1 be instrumental in (doing) sth** odegrać znaczącą rolę w czymś: *a clue that was instrumental in solving the mystery* **2** instrumentalny: *instrumental music*

**in·sub·or·di·nate** /ˌɪnsəˈbɔːdənət◂/ *adj* nieposłuszny —**insubordination** /ˌɪnsəbɔːdəˈneɪʃən/ *n* [U] niesubordynacja

**in·suf·fi·cient** /ˌɪnsəˈfɪʃənt◂/ *adj* niewystarczający: *insufficient medical supplies* —**insufficiently** *adv* niewystarczająco

**in·su·lar** /ˈɪnsjələ/ *adj* zaściankowy: *The British have a reputation for being rather insular.* —**insularity** /ˌɪnsjəˈlærəti/ *n* [U] zaściankowość

**in·su·late** /ˈɪnsjəleɪt/ *v* [T] za/izolować: *The pipes should be insulated so they don't freeze.* —**insulation** /ˌɪnsjəˈleɪʃən/ *n* [U] izolacja

**in·su·lin** /ˈɪnsjələn/ *n* [U] insulina

**in·sult** /ɪnˈsʌlt/ *v* [T] obrażać, znieważać: *How dare you insult my wife like that!* —**insulting** *adj* obraźliwy —**insult** /ˈɪnsʌlt/ *n* [C] obraza, zniewaga

**in·sur·ance** /ɪnˈʃʊərəns/ *n* [U] ubezpieczenie: *an insurance policy | Does your insurance cover things stolen from your car? | travel insurance*

**in·sure** /ɪnˈʃʊə/ *v* **1** [I,T] ubezpieczać (się): *Many companies won't insure young drivers. | Are these paintings insured?* **2** amerykańska pisownia wyrazu ENSURE

**in·sur·rec·tion** /ˌɪnsəˈrekʃən/ *n* [C,U] powstanie: *an armed insurrection*

**in·tact** /ɪnˈtækt/ *adj* nienaruszony, nietknięty: *The package arrived intact.*

**in·take** /ˈɪnteɪk/ *n* [singular] **1** spożycie: *Reducing your alcohol intake will help you lose weight.* **2** nabór: *a yearly intake of 300 students*

**in·tan·gi·ble** /ɪnˈtændʒəbəl/ *adj* nieuchwytny: *There was an intangible quality of mystery about the place.*

**in·te·gral** /ˈɪntəgrəl/ *adj* integralny: *Training is an integral part of any team's preparation.* —**integrally** *adv* integralnie

**in·te·grate** /ˈɪntəgreɪt/ *v* **1** [I,T] z/integrować (się): *teachers helping shy students to integrate into the class* **2** [T] po/łączyć w jedną całość: *This software integrates moving pictures with sound.* —**integrated** *adj* zintegrowany —**integration** /ˌɪntəˈgreɪʃən/ *n* [U] integracja

**in·teg·ri·ty** /ɪnˈtegrəti/ *n* [U] prawość: *a man of integrity* (=prawy człowiek)

**in·tel·lect** /ˈɪntəlekt/ *n* [C,U] inteligencja, intelekt: *a woman of superior intellect*

**in·tel·lec·tual** /ˌɪntəˈlektʃuəl◂/ *adj* intelektualny: *the intellectual development of*

*children* —**intellectual** *n* [C] intelektualist-a/ka —**intellectually** *adv* intelektualnie

**in·tel·li·gence** /ɪn'telədʒəns/ *n* [U] **1** inteligencja: *a child of average intelligence* **2** wywiad: *foreign intelligence services*

**in·tel·li·gent** /ɪn'telədʒənt/ *adj* inteligentny —**intelligently** *adv* inteligentnie

**in·tel·li·gi·ble** /ɪn'telədʒəbəl/ *adj* zrozumiały: *He was so drunk that his speech was barely intelligible.* | *Newspapers must be intelligible to all levels of readers.* —**intelligibly** *adv* zrozumiale

**in·tend** /ɪn'tend/ *v* **1** [T] zamierzać: **intend to do sth** *Hughes intends to resign soon.* | **intend doing sth** *I intend contacting them as soon as possible.* **2 be intended for** być przeznaczonym do/dla: *The facilities are intended solely for the use of company employees.*

**in·tense** /ɪn'tens/ *adj* **1** głęboki, wielki: *intense sorrow* | *He watched the woman with intense interest* (=z wielkim zainteresowaniem). **2** intensywny: *a period of intense activity* **3** poważny: *an intense young man* —**intensely** *adv* głęboko, wielce: *intensely exciting* —**intensity** *n* [U] nasilenie, intensywność

> UWAGA **intense** i **intensive**
>
> Nie należy mylić wyrazów **intense** i **intensive** w znaczeniu 'intensywny'. Wyraz **intense** łączy się z rzeczownikami określającymi wzmożoną aktywność lub wysiłek: *intense activity* | *intense effort*, natomiast wyraz **intensive** łączy się z rzeczownikami dotyczącymi działalności wymagającej takiej aktywności i wysiłku: *intensive course* | *intensive training*.

**in·ten·si·fy** /ɪn'tensəfaɪ/ *v* [I,T] nasilać (się): *The campaign has intensified in recent weeks.* —**intensification** /ɪnˌtensəfə'keɪʃən/ *n* [U] intensyfikacja

**in·ten·sive** /ɪn'tensɪv/ *adj* intensywny: *an intensive driving course* —**intensively** *adv* intensywnie

**intensive care** /.,.. './ *n* [U] oddział intensywnej opieki medycznej

**in·tent**[1] /ɪn'tent/ *n* [U singular] *formal* zamiar: *The jury has to decide whether the woman had any intent to injure her baby.*

**intent**[2] *adj* **1 sb is intent on sth/ on doing sth** komuś zależy na czymś/na zrobieniu czegoś: *She was intent on making a good impression.* **2** skupiony: *She listened with an intent expression.*

**in·ten·tion** /ɪn'tenʃən/ *n* [C,U] zamiar: *His intention is to make the company the most successful in Europe.* | **+ toward(s)** *What do you think his intentions towards his grandchildren are?* | **have no intention of doing sth** (=nie mieć zamiaru czegoś robić): *I have no intention of getting married.*

**in·ten·tion·al** /ɪn'tenʃənəl/ *adj* zamierzony, umyślny: *I'm sorry if I upset you – it wasn't intentional.* —**intentionally** *adv* umyślnie, celowo

**in·ter·act** /ˌɪntər'ækt/ *v* [I] **1** współżyć: **+ with** *It's interesting how members of the group interact with each other.* **2** wzajemnie oddziaływać na siebie —**interaction** *n* [C,U] interakcja

**in·ter·act·ive** /ˌɪntər'æktɪv◂/ *adj* interakcyjny: *an interactive software program for children*

**in·ter·cept** /ˌɪntə'sept/ *v* [T] przechwytywać: *Shearer ran back and intercepted the ball.*

**in·ter·change·a·ble** /ˌɪntə'tʃeɪndʒəbəl/ *adj* wymienny: *Sometimes the words 'of' and 'from' are interchangeable in English, for example after the verb 'to die'.* —**interchangeably** *adv* wymiennie

**in·ter·com** /'ɪntəkɒm/ *n* [C] interkom

**in·ter·con·ti·nen·tal** /ˌɪntəkɒntə'nentl◂/ *adj* międzykontynentalny: *an intercontinental flight*

**in·ter·course** /'ɪntəkɔːs/ *n* [U] *formal* stosunek (płciowy)

**in·ter·de·pen·dent** /ˌɪntədɪ'pendənt◂/ *adj* współzależny: *a team of interdependent workers* —**interdependence** *n* [U] współzależność

I

**in·terest¹** /ˈɪntrəst/ *n* **1** [C,U] zainteresowanie: *His main interests are reading and photography.* | **+ in** *We both share an interest in music.* | **lose interest (in sth)** (=s/tracić zainteresowanie (czymś)): *Kelly lost interest halfway through the movie.* | **take an interest in sb/sth** (=za/interesować się kimś/czymś): *He's never taken much of an interest in me.* **2** [U] odsetki: *a 19% interest rate* **3** [U] **of interest** interesujący: *local places of interest* | **be of interest to sb** (=interesować kogoś): *Your gossiping is of no interest to me.* **4** [C,U] interes: *We're only thinking of your best interests.* | **be in sb's interest(s)/be in the interests of sb** (=być/leżeć w czyimś interesie): *It's in everyone's interests to try to resolve this dispute as soon as possible.* **5** [C] *technical* udział: *He sold all his interests in the company.* **6 in the interest(s) of justice** w imię sprawiedliwości **7 in the interest(s) of safety/efficiency** z myślą o zwiększeniu bezpieczeństwa/wydajności: *A few changes were made to the car's design in the interests of safety.*

**interest²** *v* [T] za/interesować: *Here are some books that might interest you.*

**in·terest·ed** /ˈɪntrəstəd/ *adj* **1** zainteresowany: **+ in** *All she's interested in is boys!* | **be interested to hear/know** (=chcieć usłyszeć/dowiedzieć się): *We'd be interested to know what you think of these proposals.* | **be interested in doing sth** *Lisa is interested in studying law.* **2 interested parties/groups** zainteresowane strony/grupy

**in·terest·ing** /ˈɪntrəstɪŋ/ *adj* ciekawy, interesujący: *There were a lot of interesting people on the tour.* —**interestingly** *adv* co ciekawe

**in·ter·fere** /ˌɪntəˈfɪə/ *v* [I] wtrącać się: *Stop interfering, will you!* | **+ in** *It's better not to interfere in their arguments.*

**interfere with** sth *phr v* [T] przeszkadzać w: *Don't let sports interfere with your schoolwork.*

**in·ter·fer·ence** /ˌɪntəˈfɪərəns/ *n* [U] **1** ingerencja: *I resented his interference in my personal life.* **2** interferencja

**in·ter·im¹** /ˈɪntərɪm/ *adj* tymczasowy: *an interim arrangement*

**interim²** *n* **in the interim** w międzyczasie

**in·te·ri·or** /ɪnˈtɪəriə/ *n* [C] wnętrze: *a car with a brown leather interior* ➡ antonim EXTERIOR

> **UWAGA interior i internal**
>
> Nie należy mylić wyrazów **interior** i **internal** w znaczeniu 'wewnętrzny'. **Interior** znaczy 'znajdujący się wewnątrz budynku, pomieszczenia, pojazdu itp.', a **internal** znaczy 'dotyczący spraw danego kraju', lub w kontekście medycznym 'dotyczący wnętrza organizmu': *The interior doors are still sound but the exterior doors need replacing.* | *Each country has the right to control its own internal affairs.* | *internal injuries.*

**in·ter·jec·tion** /ˌɪntəˈdʒekʃən/ *n* [C] wykrzyknik: *In the sentence "Ouch! That hurt!", "ouch" is an interjection.*

**in·ter·lude** /ˈɪntəluːd/ *n* [C] przerywnik: *a musical interlude*

**in·ter·mar·riage** /ˌɪntəˈmærɪdʒ/ *n* [U] małżeństwo mieszane

**in·ter·me·di·a·ry** /ˌɪntəˈmiːdiəri/ *n* [C] pośredni-k/czka: *Boyle acted as intermediary in the negotiations.*

**in·ter·me·di·ate** /ˌɪntəˈmiːdiət◂/ *adj* **1** średniozaawansowany **2** pośredni

**in·ter·mi·na·ble** /ɪnˈtɜːmənəbəl/ *adj* nie kończący się: *interminable delays* —**interminably** *adv* bez końca

**in·ter·mis·sion** /ˌɪntəˈmɪʃən/ *n* [C] antrakt

**in·ter·mit·tent** /ˌɪntəˈmɪtənt◂/ *adj* przerywany, nieregularny: *intermittent rain showers* —**intermittently** *adv* z przerwami

**in·tern¹** /ɪnˈtɜːn/ *v* [T] internować —**internment** *n* [C,U] internowanie

**in·tern²** /ˈɪntɜːn/ *n* [C] *AmE* lekarz stażysta

**in·ter·nal** /ɪnˈtɜːnl/ *adj* wewnętrzny:

*internal bleeding* —**internally** *adv* wewnętrznie ➡ antonim EXTERNAL

**UWAGA internal**

Patrz **interior** i **internal**.

**in·ter·na·tion·al** /ˌɪntə'næʃənəl◂/ *adj* międzynarodowy: *the International Law Association* —**internationally** *adv* na arenie międzynarodowej: *to compete internationally* | *internationally famous*

**In·ter·net** /'ɪntənet/ *n* **the Internet** Internet: *Are you on the Internet yet?*

**in·ter·play** /'ɪntəpleɪ/ *n* [U singular] wzajemne oddziaływanie: *the interplay of light and colour in her paintings*

**in·ter·pret** /ɪn'tɜːprət/ *v* **1** [T] z/ interpretować: **interpret sth as sth** *His silence was interpreted as guilt.* **2** [I] tłumaczyć (*ustnie*) ➡ porównaj TRANSLATE

**in·ter·pre·ta·tion** /ɪnˌtɜːprə'teɪʃən/ *n* [C,U] interpretacja: **+ of** *Their interpretation of the evidence was very different from ours.* | *Branagh's interpretation of Hamlet*

**in·ter·pret·er** /ɪn'tɜːprətə/ *n* [C] tłumacz/ka (*języka mówionego*) ➡ porównaj TRANSLATOR

**in·ter·re·lat·ed** /ˌɪntərɪ'leɪtəd◂/ *adj* powiązany (ze sobą): *Wages and prices are interrelated.*

**in·ter·ro·gate** /ɪn'terəgeɪt/ *v* [T] przesłuchiwać: *Police interrogated the suspect for over two hours.* —**interrogator** *n* [C] przesłuchujący, śledczy —**interrogation** /ɪnˌterə'geɪʃən/ *n* [C,U] przesłuchanie

**in·ter·rog·a·tive** /ˌɪntə'rɒgətɪv◂/ *n* [C] pytanie —**interrogative** *adj* pytający

**in·ter·rupt** /ˌɪntə'rʌpt/ *v* [I,T] przerywać: *"What exactly do you mean?" Barker interrupted.* | *His career was interrupted by the war.* —**interruption** *n* [C,U] przerwa, zakłócenie: *without interruptions*

**in·ter·sect** /ˌɪntə'sekt/ *v* [I,T] przecinać (się)

**in·ter·sec·tion** /ˌɪntə'sekʃən/ *n* [C] skrzyżowanie: *a busy intersection*

**in·ter·spersed** /ˌɪntə'spɜːst/ *adj* **interspersed with** przeplatający się z: *sunny periods interspersed with showers*

**in·ter·twined** /ˌɪntə'twaɪnd/ *adj* spleciony: *intertwined branches*

**in·ter·val** /'ɪntəvəl/ *n* **1** [C] przerwa: *After a short interval there was a knock at the door.* **2 at regular intervals** w regularnych odstępach: *Visit your dentist at regular intervals for a check-up.* **3 at weekly/monthly intervals** raz na tydzień/miesiąc: *Your work will be assessed at three-monthly intervals.* **4** [C] *BrE* antrakt

**in·ter·vene** /ˌɪntə'viːn/ *v* [I] **1** interweniować: **+ in** *Police eventually had to intervene in the dispute.* **2** wtrącać się, przeszkadzać: *They had planned to get married, but the war intervened.* —**intervention** /-'venʃən/ *n* [C,U] interwencja

**in·ter·ven·ing** /ˌɪntə'viːnɪŋ◂/ *adj* **in the intervening years/months/decades** od tamtego czasu, w międzyczasie: *I hadn't seen him since 1988 and he'd aged a lot in the intervening years.*

**in·ter·view**[1] /'ɪntəvjuː/ *n* [C] **1** rozmowa kwalifikacyjna: *We would like to invite you to attend an interview on Tuesday.* | **+ for** *I've got an interview for a Saturday job.* **2** wywiad: **+ with** *an exclusive interview with Mel Gibson* | **give an interview** (=udzielać wywiadu): *Cantona refused to give any interviews after the incident.*

**interview**[2] *v* [T] prowadzić rozmowę kwalifikacyjną/wywiad z —**interviewer** *n* [C] osoba prowadząca rozmowę kwalifikacyjną/wywiad

**in·tes·tine** /ɪn'testən/ *n* [C] jelito —**intestinal** *adj* jelitowy

**in·ti·mate** /'ɪntəmət/ *adj* **1** bliski, zażyły: *She only told a few intimate friends that she was pregnant.* **2** intymny: *a long and intimate conversation* **3 an intimate knowledge of sth** gruntowna znajomość czegoś: *Ted has an intimate knowledge of the local area.* **4** kameralny: *an in-*

I

*timate little bar* —**intimately** *adv* blisko, gruntownie: *intimately acquainted* —**intimacy** *n* [U] bliskość, zażyłość

**in·tim·i·date** /ɪnˈtɪmɪdeɪt/ *v* [T] zastraszać: *Ben seems to enjoy intimidating younger children.* —**intimidation** /ɪnˌtɪmɪˈdeɪʃən/ *n* [U] zastraszenie

**in·tim·i·dat·ed** /ɪnˈtɪmɪdeɪtɪd/ *adj* zastraszony, onieśmielony: *She felt intimidated walking into the bar on her own.* —**intimidating** *adj* onieśmielający: *Some people find interviews intimidating.*

**in·to** /ˈɪntə, -tʊ/ *prep* **1** do: *How did you get into the house?* | *Don't fall into the water!* **2** w: *I was always getting into trouble.* | *The car had run into a tree.* | *She looked straight into my eyes.* **3 make/turn/shape sth into sth** z/robić z czegoś coś: *Make the dough into a ball* (=ulep z ciasta kulę). **4 be into sth** *spoken* pasjonować się czymś: *Dave's really into windsurfing.*

**in·tol·e·ra·ble** /ɪnˈtɒlərəbəl/ *adj* nieznośny, nie do zniesienia: *intolerable living conditions* —**intolerably** *adv* nieznośnie

**in·tol·e·rant** /ɪnˈtɒlərənt/ *adj* nietolerancyjny —**intolerance** *n* [U] nietolerancja

**in·to·na·tion** /ˌɪntəˈneɪʃən/ *n* [C,U] intonacja

**in·tox·i·cat·ed** /ɪnˈtɒksɪkeɪtɪd/ *adj* **1** *formal* nietrzeźwy: *The driver was clearly intoxicated.* **2** odurzony, upojony: *intoxicated with the experience of freedom* —**intoxicating** *adj* odurzający, upojny —**intoxicate** *v* [T] odurzać —**intoxication** /ɪnˌtɒksɪˈkeɪʃən/ *n* [U] odurzenie alkoholem

**in·tran·si·tive verb** /ɪnˌtrænsɪtɪv-ˈvɜːb/ *n* [C] czasownik nieprzechodni: *In the sentence, "She was crying," "cry" is an intransitive verb.* → porównaj TRANSITIVE VERB

**in·trep·id** /ɪnˈtrepɪd/ *adj* nieustraszony: *intrepid explorers*

**in·tri·cate** /ˈɪntrɪkɪt/ *adj* zawiły: *an intricate pattern in the rug* —**intricacy** *n* [C,U] zawiłość —**intricately** *adv* zawile

**in·trigue**[1] /ɪnˈtriːg/ *v* [T] za/intrygować: *He was intrigued by the dark-haired woman sitting opposite him.* —**intriguing** *adj* intrygujący —**intriguingly** *adv* intrygująco

**in·trigue**[2] /ˈɪntriːg/ *n* [C,U] intryga: *political intrigue*

**in·trin·sic** /ɪnˈtrɪnsɪk/ *adj* naturalny, wrodzony: *the intrinsic beauty of the landscape* | *her intrinsic goodness* —**intrinsically** *adv* z natury

**in·tro·duce** /ˌɪntrəˈdjuːs/ *v* [T] **1** wprowadzać: *The company introduced a no-smoking policy last year.* **2** przedstawiać: *I'd like to introduce our speaker, Mr Gordon Brown.* | **introduce sb to sb** *Alice, may I introduce you to Megan.* | **introduce yourself** (=przedstawiać się): *The woman sitting next to me introduced herself as Dr Barbara Daly.* **3 introduce sb to sth** zaznajamiać kogoś z czymś: *It was Mary who introduced us to Thai food.* **4** prowadzić: *the Eurovision Song Contest, introduced by Terry Wogan*

**in·tro·duc·tion** /ˌɪntrəˈdʌkʃən/ *n* **1** [C,U] wprowadzenie: *The course is intended to provide a basic introduction to Art History.* | **+ of** *the introduction of personal computers into schools* **2** [C] wstęp **3** [C usually plural] **make the introductions** dokonywać prezentacji: *Shall I make the introductions?*

**in·tro·duc·to·ry** /ˌɪntrəˈdʌktəri◂/ *adj* **1 introductory chapter/paragraph** wstępny rozdział/akapit **2 introducory course/lecture** kurs/wykład wprowadzający: *an introductory course in data processing*

**in·tro·spec·tive** /ˌɪntrəˈspektɪv◂/ *adj* introspekcyjny —**introspection** *n* [U] introspekcja

**in·tro·vert** /ˈɪntrəvɜːt/ *n* [C] introwerty-k/czka → antonim EXTROVERT

**in·tro·vert·ed** /ˈɪntrəvɜːtɪd/ *adj* zamknięty w sobie → antonim EXTROVERTED

**in·trude** /ɪnˈtruːd/ *v* [I] przeszkadzać: *I'm sorry to intrude, but I need to talk to you.* | **intrude on/upon/into sth** (=zakłócać coś): *journalists who intrude*

*upon people's private lives* —**intrusive** *adj* natrętny: *They found the television cameras too intrusive.*

**in·trud·er** /ɪn'truːdə/ *n* [C] intruz

**in·tu·i·tion** /ˌɪntju'ɪʃən/ *n* [C,U] intuicja: *You should learn to trust your intuition.*

**in·tu·i·tive** /ɪn'tjuːɪ̵tɪv/ *adj* intuicyjny: *She seemed to have an intuitive understanding of the problem.* —**intuitively** *adv* intuicyjnie

**in·un·date** /'ɪnəndeɪt/ *v* [T] **be inundated with sth** być zasypywanym czymś: *We were inundated with requests for tickets.*

**in·vade** /ɪn'veɪd/ *v* **1** [I,T] najeżdżać (na): *The Romans invaded Britain in 54 BC.* **2** [T] zajmować: *Overjoyed fans invaded the sports field.* —**invader** *n* [C] najeźdźca —**invasion** *n* [C,U] inwazja, najazd

**in·val·id**[1] /ɪn'vælɪ̵d/ *adj* nieważny: *an invalid passport*

**in·va·lid**[2] /'ɪnvəliːd/ *n* [C] inwalid-a/ka

**in·val·u·a·ble** /ɪn'væljuəbəl/ *adj* nieoceniony: *I'd like to thank our volunteers for their invaluable help.*

**in·var·i·a·bly** /ɪn'veəriəbli/ *adv* niezmiennie, zawsze: *She invariably arrived home from work exhausted.* —**invariable** *adj* niezmienny

**in·vent** /ɪn'vent/ *v* [T] **1** wynaleźć: *Who invented the light bulb?* **2** wymyślić: *You'll have to invent a better excuse than that!*

**in·ven·tion** /ɪn'venʃən/ *n* **1** [C] wynalazek: *inventions such as fax machines and E-mail* **2** [U] wynalezienie: **+ of** *the invention of television*

**in·ven·tive** /ɪn'ventɪv/ *adj* pomysłowy: *Ed's a very inventive cook.* —**inventiveness** *n* [U] pomysłowość

**in·ven·tor** /ɪn'ventə/ *n* [C] wynalazca/czyni

**in·ven·tory** /'ɪnvəntri/ *n* [C] wykaz

**in·vert·ed com·mas** /ɪnˌvɜːtɪ̵d 'koməz/ *n* [plural] *BrE* cudzysłów

**in·vest** /ɪn'vest/ *v* [I,T] za/inwestować: *She invests a lot of time and energy in her work.* | **+ in** *$6 million has been invested in the construction of a new film studio.* | *I think it's time you invested in a new pair of jeans.* —**investor** *n* [C] inwestor

**in·ves·ti·gate** /ɪn'vestɪ̵geɪt/ *v* [I,T] po/prowadzić dochodzenie w sprawie: *Detectives are investigating a brutal murder.* —**investigator** *n* [C] oficer śledczy —**investigative** *adj*: *investigative journalism* (=dziennikarstwo dochodzeniowe)

**in·ves·ti·ga·tion** /ɪnˌvestɪ'geɪʃən/ *n* [C,U] dochodzenie: **+ into** *an investigation into police corruption* | **be under investigation** (=być przedmiotem dochodzenia): *Safety procedures at the airport are currently under investigation.*

**in·vest·ment** /ɪn'vestmənt/ *n* [C,U] inwestycja: *a £500 000 investment* | *We bought the house as an investment.* | **+ in** *US investment in foreign companies*

**in·vig·o·ra·ting** /ɪn'vɪgəreɪtɪŋ/ *adj* orzeźwiający: *an invigorating sea breeze*

**in·vin·ci·ble** /ɪn'vɪnsɪ̵bəl/ *adj* niepokonany, niezwyciężony

**in·vis·i·ble** /ɪn'vɪzɪ̵bəl/ *adj* **1** niewidoczny: *The entrance to the cave was almost invisible.* **2** niewidzialny: *Jagger was dancing and pretending to play an invisible guitar.*

**in·vi·ta·tion** /ˌɪnvɪ̵'teɪʃən/ *n* [C,U] zaproszenie: **an invitation to (do) sth** *I'm waiting for an invitation to her house.*

**in·vite** /ɪn'vaɪt/ *v* [T] zapraszać: *"Are you going to Tim's party?" "No, we weren't even invited."* | **invite sb to (do) sth** *All local residents are invited to attend the meeting* (=są zaproszeni do udziału w spotkaniu).

**invite** sb **along** *phr v* [T] zabierać ze sobą: *She invited some of her friends along to watch the game.*

**invite** sb **in** *phr v* [T] zapraszać do domu/do siebie

**invite** sb **over** (*także* **invite** sb **round** *BrE*) *phr v* [T] zapraszać do domu/do siebie: *Why don't you invite Jim and Katie over for a drink?*

**in·vit·ing** /ɪn'vaɪtɪŋ/ *adj* kuszący: *the inviting smell of freshly baked bread*

**in·voice** /ˈɪnvɔɪs/ *n* [C] faktura (*dokument*)

**in·vol·un·ta·ry** /ɪnˈvɒləntəri/ *adj* mimowolny: *an involuntary cry of pain* —**involuntarily** *adv* mimowolnie

**in·volve** /ɪnˈvɒlv/ *v* [T] **1** dotyczyć, obejmować: *a riot involving forty-five prisoners* **2** wymagać, wiązać się z: *What exactly does the job involve?* | **involve doing sth** *Being a rock star involves giving lots of interviews.* **3** za/angażować: **involve sb in sth** *Schools are trying to involve parents more in their children's education.*

**in·volved** /ɪnˈvɒlvd/ *adj* **1 be/get involved in sth** za/angażować się w coś: *How many people are involved in the decision-making process?* | *Al was reluctant to get involved in their dispute.* **2** zawiły: *a long involved answer* —**involvement** *n* [U] zaangażowanie

**in·ward** /ˈɪnwəd/ *adj* wewnętrzny, skryty: *Her calm expression hid an inward fear.* —**inwardly** *adv* w duchu: *I managed to smile, but inwardly I was furious.*

**in·wards** /ˈɪnwədz/ *BrE*, **inward** *AmE* *adv* do wewnątrz: *The door opened inwards.* → antonim OUTWARDS

**i·o·dine** /ˈaɪədiːn/ *n* [U] **1** jod **2 iodine solution** jodyna

**IOU** /ˌaɪ əʊ ˈjuː/ *n* [C] *informal* rewers

**IQ** /ˌaɪ ˈkjuː/ *n* [C] iloraz inteligencji: *She has an IQ of 120.*

**i·ris** /ˈaɪərɪs/ *n* [C] **1** irys **2** tęczówka

**i·ron**[1] /ˈaɪən/ *n* **1** [U] żelazo **2** [C] żelazko

**iron**[2] *v* [I,T] wy/prasować: *Can you iron my shirt for me?* —**ironing** *n* [U] prasowanie: *I still haven't done the ironing.*

**iron** sth ↔ **out** *phr v* [T] rozwiązywać: *We'll need some time to iron out these difficulties.*

**iron**[3] *adj* żelazny: *an iron gate* | *He ruled the country with an iron fist* (=żelazną ręką).

**Iron Cur·tain** /ˌ.. ˈ../ *n* **the Iron Curtain** żelazna kurtyna

**i·ron·ic** /aɪˈrɒnɪk/ *adj* **1** paradoksalny: *It's ironic that Bill was the only person to fail the examination.* **2** ironiczny —**ironically** *adv* ironicznie, jak na ironię

**ironing board** /ˈ... ./ *n* [C] deska do prasowania

**i·ron·y** /ˈaɪərəni/ *n* [U] **1** paradoks: *The irony is that the drug was supposed to save lives, but it killed him.* **2** ironia

**ir·ra·tion·al** /ɪˈræʃənəl/ *adj* irracjonalny: *an irrational fear of spiders* —**irrationally** *adv* irracjonalnie

**ir·reg·u·lar** /ɪˈregjələ/ *adj* **1** nieregularny: *a face with irregular features* | *an irregular heartbeat* | *irregular verbs* **2** *BrE formal* nieodpowiedni, niezgodny z przepisami: *This is all highly irregular.* —**irregularly** *adv* nieregularnie, nierównomiernie —**irregularity** /ɪˌregjəˈlærəti/ *n* [C,U] nieregularność, nieprawidłowość

**ir·rel·e·vant** /ɪˈreləvənt/ *adj* nieistotny: *His age is irrelevant if he can do the job.*

**ir·rep·a·ra·ble** /ɪˈrepərəbəl/ *adj* nieodwracalny —**irreparably** *adv* nieodwracalnie

**ir·re·place·a·ble** /ˌɪrɪˈpleɪsəbəl◂/ *adj* niezastąpiony: *an irreplaceable work of art*

**ir·re·pres·si·ble** /ˌɪrɪˈpresəbəl◂/ *adj* niepohamowany: *irrepressible excitement*

**ir·re·sis·ti·ble** /ˌɪrɪˈzɪstəbəl◂/ *adj* **1** taki, któremu nie można się oprzeć: *There were masses of irresistible food at the wedding.* **2** nieodparty: *an irresistible urge*

**ir·re·spec·tive** /ˌɪrɪˈspektɪv/ *adv* **irrespective of** niezależnie od: *Anyone can participate, irrespective of age.*

**ir·re·spon·si·ble** /ˌɪrɪˈspɒnsəbəl◂/ *adj* nieodpowiedzialny: *What an irresponsible attitude!* —**irresponsibly** *adv* nieodpowiedzialnie

**ir·re·ver·si·ble** /ˌɪrɪˈvɜːsəbəl◂/ *adj* nieodwracalny: *irreversible brain damage*

**ir·ri·gate** /ˈɪrəgeɪt/ *v* [T] nawadniać —**irrigation** /ˌɪrəˈgeɪʃən/ *n* [U] nawadnianie

**ir·ri·ta·ble** /ˈɪrətəbəl/ *adj* drażliwy: *He's always irritable in the morning.* —**irritability** /ˌɪrətəˈbɪləti/ *n* [U] drażliwość

**ir·ri·tate** /ˈɪrɪteɪt/ *v* [T] **1** z/irytować, roz/drażnić: *Her attitude really irritated me.* **2** po/drażnić: *Wool irritates my skin.* —**irritating** *adj* irytujący, drażniący —**irritation** /ˌɪrɪˈteɪʃən/ *n* [C,U] irytacja, podrażnienie

| UWAGA **irritated** |
| --- |
| Patrz **nervous** i **irritated**. |

**is** /ɪz/ trzecia osoba liczby pojedynczej czasu teraźniejszego od BE

**Is·lam** /ˈɪslɑːm/ *n* [U] islam —**Islamic** /ɪsˈlæmɪk/ *adj* islamski

**is·land** /ˈaɪlənd/ *n* [C] wyspa: *the Canary Islands*

| UWAGA **island** |
| --- |
| Tłumacząc na angielski 'na wyspie Wolin', mówimy: *on the island of Wolin*. Tłumacząc na angielski 'na Kubie', mówimy: *in Cuba*. Tłumacząc na angielski 'na Hawajach', mówimy: *in Hawaii*. Tłumacząc na angielski 'na Filipinach', mówimy: *in the Philippines*. |

**is·land·er** /ˈaɪləndə/ *n* [C] wyspia-rz/rka

**isle** /aɪl/ *n* [C] *literary* wyspa

**is·n't** /ˈɪzənt/ skrócona forma od 'is not': *The essay isn't due until Friday.*

**i·so·late** /ˈaɪsəleɪt/ *v* [T] od/izolować: *The new prisoner was isolated as soon as he arrived.*

**i·so·lat·ed** /ˈaɪsəleɪtɪd/ *adj* **1** odosobniony: *an isolated farmhouse* | *an isolated case/incident* **2** wyobcowany: *Mothers with young children often feel isolated.*

**i·so·la·tion** /ˌaɪsəˈleɪʃən/ *n* **1** [U] odosobnienie: *Because of its isolation, the island developed its own culture.* **2 in isolation** w izolacji: *These events cannot be examined in isolation from one another.*

**is·sue**[1] /ˈɪʃuː/ *n* **1** [C] kwestia, sprawa: *Abortion was a key issue in the 1989 elections.* **2** [C] numer: *the latest issue of Vogue* **3 take issue with** nie zgadzać się z: *He took issue with Farrell's statement.* **4 make an issue of sth** robić z czegoś problem

**issue**[2] *v* [T] wydawać: *a statement issued by the White House* | **issue sb with sth** (=zaopatrywać kogoś w coś): *All staff will be issued with protective clothing.*

**it** /ɪt/ *pron* **1** on, ona, ono: *"Where's the bread?" "It's on the shelf."* | *"Did you bring your umbrella?" "No, I left it at home."* **2 how's it going** jak leci? **3** to: *I don't know who took your book, but it wasn't me* (=to nie byłem ja). | *I can't stand it any longer* (=nie mogę już tego znieść). **4** w funkcji podmiotu lub dopełnienia, którego nie tłumaczymy na język polski: *It costs less to drive* (=taniej jest jeździć samochodem) *than to take the bus.* | *I like it here* (=podoba mi się tutaj). **5** w zwrotach z czasownikiem "be" mówiących o pogodzie, czasie, odległości: *It's raining again.* | *What time is it?* | *It's over 200 miles from London to Manchester.* **6** w zwrotach z "seem", "appear", "look" i "happen": *It looks like* (=wygląda na to, że) *Henry's not going to be able to come to lunch.* **7 it's me/John** (to) ja/John: *"Who's on the phone?" "It's Jill."*

**i·tal·ics** /ɪˈtælɪks/ *n* [plural] kursywa

**itch**[1] /ɪtʃ/ *v* [I] swędzić

**itch**[2] *n* [C] **1** swędzenie **2** *informal* chęć —**itchy** *adj* swędzący —**itchiness** *n* [U] swędzenie

**it'd** /ˈɪtəd/ forma ściągnięta od 'it would' lub 'it had': *It'd* (=it would) *be nice to go to the beach.* | *It'd* (=it had) *been raining all day.*

**i·tem** /ˈaɪtəm/ *n* **1** [C] punkt, pozycja: *There are over twenty items on the menu.* **2** [C] **(news) item** wiadomość (*w prasie, telewizji*): *an item about the kidnapping in the paper*

**i·tem·ize** /ˈaɪtəmaɪz/ (*także* **-ise** *BrE*) *v* [T] wyszczególniać

**i·tin·e·ra·ry** /aɪˈtɪnərəri/ *n* [C] plan podróży

**it'll** /ˈɪtl/ forma ściągnięta od 'it will': *It'll never work.*

**it's** /ɪts/ forma ściągnięta od 'it is' lub 'it

has': *It's* (=it is) *snowing!* | *It's* (=it has) *been a great year.*

**its** /ɪts/ *determiner* jego, swój: *The tree has lost all of its leaves.*

**it·self** /ɪtˈself/ *pron* **1** się, siebie: *The cat was washing itself.* **2 in itself** samo w sobie: *We're proud you finished the race. That in itself is an accomplishment.*

**I've** /aɪv/ forma ściągnięta od 'I have': *I've seen you somewhere before.*

**i·vo·ry** /ˈaɪvəri/ *n* [U] kość słoniowa

**i·vy** /ˈaɪvi/ *n* [U] bluszcz

–

# Jj

**jab**[1] /dʒæb/ *v* [I,T] **-bbed, -bbing** dźgać: *Stop jabbing me with your elbow!* | *He angrily jabbed a finger into* (=dźgnął mnie palcem w) *my chest.*

**jab**[2] *n* [C] **1** dźgnięcie **2** *BrE informal* zastrzyk: *a tetanus jab*

**jack**[1] /dʒæk/ *n* [C] **1** podnośnik **2** walet: *the jack of hearts*

**jack**[2] *v*

**jack** sth ↔ **in** *phr v* [T] *BrE informal* rzucać w diabły: *I'd love to jack in my job.*

**jack** sth ↔ **up** *phr v* [T] **1** podnosić podnośnikiem: *Dad jacked the car up so I could change the tyre.* **2** windować: *Airlines always jack up fares at Christmas.*

**jack·al** /ˈdʒækɔːl/ *n* [C] szakal

**jack·et** /ˈdʒækɪ̵t/ *n* [C] **1** marynarka **2** kurtka

**jacket po·ta·to** /ˌ.. .ˈ../ *n* [C] *BrE* ziemniak w mundurku

**jack-knife** /ˈ. ./ *v* [I] składać się jak scyzoryk

**jack·pot** /ˈdʒækpɒt/ *n* **1** [C] cała pula **2 hit the jackpot** odnieść wielki sukces: *The National Theatre hit the jackpot with its first musical, Guys and Dolls.*

**Ja·cuz·zi** /dʒəˈkuːzi/ *n* [C] *trademark* wanna z masażem wodnym

**jade** /dʒeɪd/ *n* [U] nefryt

**ja·ded** /ˈdʒeɪdɪ̵d/ *adj* znudzony: *She seemed jaded and in need of a break.*

**jag·ged** /ˈdʒægɪ̵d/ *adj* ostry, wyszczerbiony: *jagged rocks*

**jag·u·ar** /ˈdʒægjuə/ *n* [C] jaguar

**jail**[1] /dʒeɪl/ *także* **gaol** *BrE n* [C,U] więzienie

**jail**[2] *także* **gaol** *BrE v* [T] wsadzać do więzienia

**jail·er** /ˈdʒeɪlə/ *także* **gaoler** *BrE n* [C] strażni-k/czka więzienn-y/a

**jam**[1] /dʒæm/ *n* **1** [C,U] dżem: *raspberry jam* **2** [C] korek: *Visitors were asked to arrive at different times, to avoid a jam.* ➡ patrz też TRAFFIC JAM **3 be in a jam** być w tarapatach

**jam**[2] *v* **-mmed, -mming 1** [T] wpychać: *I managed to jam everything into one suitcase.* **2** [I] zacinać się, za/blokować się: *Every time I try to use the fax, it jams.* **3** [T] za/tarasować: *Excited football fans jammed the streets.* **4** [T] zakłócać: *They were jamming American broadcasts to Eastern Europe.*

**jan·gle** /ˈdʒæŋgəl/ *v* [I,T] pobrzękiwać: *Her jewellery jangled when she moved.* —**jangle** *n* [singular] brzęk

**jan·i·tor** /ˈdʒænɪ̵tə/ *n* [C] *especially AmE* stróż: *the school janitor* (=woźny)

**Jan·u·a·ry** /ˈdʒænjuəri/ skrót pisany **Jan** *n* [C,U] styczeń

**jar**[1] /dʒɑː/ *n* [C] słoik: *a jam jar*

**jar**[2] *v* [T] **-rred, -rring 1** stłuc: *Alice jarred her knee when she jumped off the wall.* **2 jar on sb's nerves** działać komuś na nerwy: *The noise of the drill was starting to jar on my nerves.*

**jar·gon** /ˈdʒɑːgən/ *n* [U] żargon: *medical jargon*

**jaun·dice** /ˈdʒɔːndɪ̵s/ *n* [U] żółtaczka

**jav·e·lin** /ˈdʒævəlɪ̵n/ *n* [C] oszczep

**jaw** /dʒɔː/ *n* **1** [C] szczęka **2 sb's jaw dropped** szczęka komuś opadła

**jazz**[1] /dʒæz/ *n* [U] jazz: *modern jazz* | *a singer in a jazz band*

**jazz**[2] *v*

**jazz** sth ↔ **up** *phr v* [T] ożywiać: *A few pictures will jazz up the walls.*

**jeal·ous** /ˈdʒeləs/ *adj* zazdrosny: *Tara was jealous when she saw all the girls in their new dresses.* | *My boyfriend always gets jealous when I talk to other guys.* | **+ of** *You're just jealous of me because I got better grades.* —**jealously** *adv* zazdrośnie —**jealousy** *n* [C,U] zazdrość, zawiść

**jeans** /dʒiːnz/ *n* [plural] dżinsy

**Jeep** /dʒiːp/ *n* [C] *trademark* jeep

**jeer** /dʒɪə/ *v* [I,T] drwić (z): *Kids jeered and threw stones at us.*

**jel·ly** /ˈdʒeli/ *n* [C,U] galaretka: *a peanut butter and jelly sandwich*

**jel·ly·fish** /ˈdʒeliˌfɪʃ/ *n* [C] meduza: *She got stung by a jellyfish when she was out swimming.*

**jeop·ar·dize** /ˈdʒepədaɪz/ (*także* **-ise** *BrE*) *v* [T] narażać na szwank: *He didn't want to jeopardize his career by complaining about his boss.*

**jeop·ar·dy** /ˈdʒepədi/ *n* [U] **in jeopardy** w niebezpieczeństwie: *The peace talks are in jeopardy.*

**jerk**[1] /dʒɜːk/ *v* [I,T] szarpać: *Sara jerked her head up to look at him.* | *He turned away, jerking the blanket over his head.*

**jerk**[2] *n* [C] **1** szarpnięcie: *She unplugged the iron with an angry jerk.* **2** *AmE informal* palant: *You jerk!*

**jerk·y** /ˈdʒɜːki/ *adj* urywany

**jer·sey** /ˈdʒɜːzi/ *n* **1** [C] koszulka sportowa **2** [C] *BrE* pulower **3** [U] dżersej

**jest** /dʒest/ *n* **in jest** żartem

**jest·er** /ˈdʒestə/ *n* [C] błazen

**jet** /dʒet/ *n* [C] **1** odrzutowiec **2** strumień: *a strong jet of water*

**jet-black** /ˌ. ˈ.◂ / *adj* kruczoczarny: *jet-black hair*

**jet en·gine** /ˌ. ˈ../ *n* [C] silnik odrzutowy

**jet lag** /ˈ. ./ *n* [U] zmęczenie po długiej podróży samolotem

**jet-pro·pelled** /ˌ. .ˈ.◂ / *adj* odrzutowy

**jet·ty** /ˈdʒeti/ *n* [C] pirs

**Jew** /dʒuː/ *n* [C] Żyd/ówka: *The Jews originally lived in ancient Israel.*

**jew·el** /ˈdʒuːəl/ *n* [C] klejnot

**jew·el·ler** /ˈdʒuːələ/ *BrE*, **jeweler** *AmE n* [C] jubiler

**jew·el·lery** /ˈdʒuːəlri/ *BrE*, **jewelry** *AmE n* [U] biżuteria

**Jew·ish** /ˈdʒuːɪʃ/ *adj* żydowski

**jibe** /dʒaɪb/ *także* **gibe** *n* [C] kpina

**jif·fy** /ˈdʒɪfi/ *n* **in a jiffy** *informal* za momencik: *I'll be back in a jiffy.*

**jig·saw** /ˈdʒɪgsɔː/ *także* **jigsaw puzzle** *n* [C] układanka

**jilt** /dʒɪlt/ *v* [T] rzucić (*np. chłopaka*)

**jin·gle**[1] /ˈdʒɪŋgəl/ *v* [I,T] dzwonić: *Tom nervously jingled the coins in his pocket.*

**jingle**[2] *n* **1** [C] dżingiel **2** [singular] brzęk

**jinx** /dʒɪŋks/ *n* [singular] fatum: *There's some kind of jinx on the team.* —**jinxed** *adj* pechowy

**jit·ters** /ˈdʒɪtəz/ *n* [C] trzęsiączka: **get the jitters** *I get the jitters* (=dostaję trzęsiączki) *if I drink too much coffee.*

**jit·ter·y** /ˈdʒɪtəri/ *adj* roztrzęsiony: *She was so jittery about seeing him, she couldn't keep still.*

**job** /dʒɒb/ *n* [C] **1** praca: *I always end up doing the unpleasant jobs around the house.* | **get/find a job** (=dostać/znaleźć pracę): *I got a part-time job as a waitress.* | **apply for a job** (=złożyć podanie o pracę): *She applied for a job at a bank.* | **out of a job** (=bezrobotny) **2** obowiązek: *Leave the dishes – that's my job.* **3 on the job** podczas pracy: *All our employees get on the job training.* **4 make a good/bad job of sth** *BrE* dobrze/źle sobie z czymś poradzić: *Sarah made a good job of that presentation.* **5 it's a good job** *BrE spoken* całe szczęście, że, dobrze, że: *It's a good job you were wearing your seat belt.* **6 do the job** *informal* zadziałać: *A little more glue should do the job.*

> UWAGA **job**
>
> Nie mówi się "What is your job?" czy "What is your work?" kiedy chcemy wiedzieć, jak ktoś zarabia na życie. Mówi się **What do you do?** lub **What do you do for a living?**: *"What does your mother do?" "She's a doctor."*

**job·less** /ˈdʒɒbləs/ *adj* bezrobotny: *10% of the town's workers are jobless.*

**jock·ey** /ˈdʒɒki/ *n* [C] dżokej

**jog** /dʒɒg/ *v* **-gged, -gging 1** [I] biegać (*w celach rekreacyjnych*) **2** [T] przebiec: *Julie jogs 3 miles every morning.* **3 jog sb's memory** odświeżać komuś pamięć: *This photo might jog your memory.* **4** [T] po/trącać: *Someone's hand jogged her elbow, and she spilt her drink.*

**jog·ging** /ˈdʒɒgɪŋ/ *n* [U] jogging: *I'm thinking of taking up jogging.*

**join**[1] /dʒɔɪn/ *v* **1** [T] wstępować do: *When did you join the Labour Party?* **2** [T] zacząć pracę w: *Trevor joined the BBC in 1969.* **3** [I,T] po/łączyć (się): *Join the two pieces of wood with strong glue.* | *the point where the two rivers join* **4** [T] przyłączać się do: *Other unions joined the strike.* | **join sb (for sth)** *Why don't you join us for dinner* (=może zjadłbyś z nami kolację)? | **join (with) sb in doing sth** *Please join with me in welcoming* (=powitajmy wspólnie) *tonight's speaker.* **5 join hands** chwytać się za ręce **6 join a queue/line** stanąć w kolejce

**join in** *phr v* [I,T **join in** sth] przyłączać się (do): *The other children wouldn't let Sam join in.* | *Everyone joined in the conversation.*

**join up** *phr v* **1** [I] spotykać się: *We can all join up for a drink later.* **2** [I] *BrE* wstępować do wojska

**join**[2] *n* [C] złączenie

**joint**[1] /dʒɔɪnt/ *adj* wspólny: *They have to reach a joint decision.* | *a joint bank account* | **joint effort** (=wspólne przedsięwzięcie): *The record was a joint effort between U2 and Pavarotti.* —**jointly** *adv* wspólnie: *Sam and I are jointly responsible for the project.*

**joint**[2] *n* [C] **1** staw: *the hip joint* **2** złączenie: *One of the joints between the pipes was leaking.* **3** *BrE* sztuka mięsa: *a joint of beef* **4** *informal* lokal: *a hamburger joint* **5** *informal* skręt (*z marihuany*)

**joint ven·ture** /ˌ. ˈ../ *n* [C] spółka joint-venture

**joke**[1] /dʒəʊk/ *n* **1** [C] żart, dowcip: *Don't get mad – it's only a joke.* | **tell a joke** (=opowiedzieć kawał): *Ed loves telling jokes.* | **get/see the joke** (=zrozumieć dowcip) | **play a joke on sb** (=zrobić komuś kawał) **2** [singular] *informal* farsa: *Those meetings are a joke!* **3 make a joke (out) of sth** żartować sobie z czegoś **4 it's no joke** to nie żarty: *Looking after three kids on your own is no joke.*

**joke**[2] *v* [I] **1** żartować **2 be joking** żartować: *Listen, I'm not joking – there is real danger.* **3 you're joking/you must be joking** *spoken* chyba żartujesz: *What? Buy a house on my salary? You must be joking!* —**jokingly** *adv* żartem

**jok·er** /ˈdʒəʊkə/ *n* [C] **1** kawalarz **2** dżoker

**jol·ly**[1] /ˈdʒɒli/ *adj* wesoły

**jolly**[2] *adv BrE spoken old-fashioned* bardzo: *It's jolly cold outside!*

**jolt**[1] /dʒəʊlt/ *n* [C] **1 with a jolt** gwałtownie: *Sam woke with a jolt when the phone rang.* **2** wstrząs: *It gave me a jolt* (=było dla mnie wstrząsem) *to see her looking so ill.*

**jolt**[2] *v* [I,T] szarpnąć (się): *The car jolted and Rachel was thrown backwards.* | *The train jolted to a halt* (=zatrzymał się gwałtownie).

**jos·tle** /ˈdʒɒsəl/ *v* [I] przepychać się: *Spectators jostled for a better view* (=żeby lepiej widzieć).

**jot** /dʒɒt/ *v* **-tted, -tting**

**jot** sth ↔ **down** *phr v* [T] zapisać: *Let me just jot down your phone number.*

**jour·nal** /ˈdʒɜːnl/ *n* [C] **1** czasopismo: *a scientific journal* **2** dziennik

**jour·nal·is·m** /ˈdʒɜːnəl-ɪzəm/ *n* [U] dziennikarstwo

**jour·nal·ist** /ˈdʒɜːnəl-ɪst/ *n* [C] dziennika-rz/rka

**jour·ney** /ˈdʒɜːni/ *n* [C] podróż: *a long car journey* | *My journey to work usually takes about an hour.*

**jo·vi·al** /ˈdʒəʊviəl/ *adj* jowialny: *a jovial laugh*

**joy** /dʒɔɪ/ *n* **1** [C,U] radość: *She cried with joy when she heard the news.* **2 sb is a joy to teach/sth is a joy to watch** przyjemnie się kogoś uczy/coś ogląda

**joy·ful** /ˈdʒɔɪfəl/ *adj* radosny: *a joyful reunion* —**joyfully** *adv* radośnie

**joy·rid·ing** /ˈdʒɔɪˌraɪdɪŋ/ *n* [U] jazda kradzionym samochodem

**joy·stick** /ˈdʒɔɪˌstɪk/ *n* [C] **1** drążek sterowy **2** dżojstik

**jub·i·lant** /ˈdʒuːbɪlənt/ *adj* rozradowany: *a jubilant crowd*

**ju·bi·lee** /ˈdʒuːbɪliː/ *n* [C] jubileusz: *silver jubilee* (=25 lat) | *golden jubilee* (=50 lat)

**Ju·da·is·m** /ˈdʒuːdeɪ-ɪzəm/ *n* [U] judaizm

**judge¹** /dʒʌdʒ/ *n* **1** [C] sędzia: *Judge Hart gave Scott an 18-month prison sentence.* | *a panel of judges* **2 be a good/bad judge of sth** dobrze/kiepsko znać się na czymś: *She's a good judge of character.*

> UWAGA **judge**
>
> **Judge** to 'sędzia' w sportach, w których nie ma drużyn, takich jak łyżwiarstwo, wyścigi konne i gimnastyka artystyczna. Patrz też **referee** i **umpire**.

**judge²** *v* **1** [I,T] oceniać: *It's harder to judge distances when you're driving in the dark.* | *You have no right to judge other people's lifestyles.* | **judge sb/sth on sth** *Employees should be judged on the quality of their work* (=na podstawie jakości pracy). **2 judging by/from** sądząc po/z: *Judging by the team's performance today, they have a good chance of winning the championship.* **3** [I,T] sędziować: *Who's judging the talent contest?* **4** [T] o/sądzić: *Who will judge the next case?*

**judg·ment** /ˈdʒʌdʒmənt/ (*także* **judgement**) *n* **1** [U] ocena sytuacji: *a serious error of judgement* **2** [C,U] orzeczenie, wyrok **3** [C,U] pogląd

**judg·ment·al** /dʒʌdʒˈmentl/ *także* **judgemental** *BrE adj* krytykancki

**ju·di·cial** /dʒuːˈdɪʃəl/ *adj* sądowy: *a judicial inquiry* | *the judicial system* (=system wymiaru sprawiedliwości)

**ju·di·cia·ry** /dʒuːˈdɪʃəri/ *n* **the judiciary** *formal* sądownictwo

**ju·do** /ˈdʒuːdəʊ/ *n* [U] dżudo

**jug** /dʒʌg/ *n* [C] dzbanek

**jug·gle** /ˈdʒʌgəl/ *v* [I,T] żonglować

**jug·gler** /ˈdʒʌglə/ *n* [C] żongler/ka

**juice** /dʒuːs/ *n* [C,U] sok: *orange juice*

**juic·y** /ˈdʒuːsi/ *adj* **1** soczysty: *a juicy peach* **2 juicy gossip/details** *informal* pikantne plotki/szczegóły

**juke·box** /ˈdʒuːkbɒks/ *n* [C] szafa grająca

**Ju·ly** /dʒʊˈlaɪ/ skrót pisany **Jul** *n* [C,U] lipiec

**jum·ble¹** /ˈdʒʌmbəl/ *n* **1** [singular] mieszanina: *a jumble of pots and pans* **2** [U] *BrE* rupiecie

**jumble²** *także* **jumble up** *v* [T] po/mieszać: *Don't jumble all my papers up.*

**jumble sale** /ˈ.. ./ *n* [C] *BrE* charytatywna wyprzedaż rzeczy używanych

**jum·bo** /ˈdʒʌmbəʊ/ *adj* [only before noun] maxi: *a jumbo sausage*

**jumbo jet** /ˈ.. ./ *także* **jumbo** *n* [C] duży samolot pasażerski

**jump¹** /dʒʌmp/ *v* **1** [I] skakać: *The fans started cheering and jumping up and down.* | *Profits have jumped by 20% in the last six months.* | *The story jumps from Tom's childhood to his wartime adventures.* | **jump into/off/out etc** *Boys were diving and jumping off the bridge* (=i skakali z mostu). | *He jumped out of bed* (=wyskoczył z łóżka) *when he realised it was almost 10 o'clock.* | *Paul jumped up* (=poderwał się) *to answer the door.* **2** [T] przeskakiwać (przez): *a horse could jump a five-foot fence* **3** [I] podskoczyć: *I didn't hear you come in – you made me jump* (=przez ciebie aż podskoczyłem)! **4 jump to conclusions** wyciągać pochopne wnioski **5 jump down sb's throat** skoczyć komuś do gardła **6 jump for joy** skakać z radości **7 jump the queue** wpychać się poza kolejnością

**jump at** sth *phr v* [T] skwapliwie skorzystać z: *Ruth jumped at the chance to study in Paris.*

**jump²** *n* [C] skok: *the best jump of the competition* | *a big jump in house prices*

**jump·er** /ˈdʒʌmpə/ *n* [C] *BrE* sweter

**jump·y** /ˈdʒʌmpi/ *adj informal* zdenerwowany

**junc·tion** /ˈdʒʌŋkʃən/ *n* [C] **1** skrzyżowanie: *the junction of Abbot's Road and Church Street* **2** rozjazd: *a railroad junction*

**June** /dʒuːn/ skrót pisany **Jun.** *n* [C,U] czerwiec

**jun·gle** /ˈdʒʌŋgəl/ *n* [C,U] dżungla

**Junior** /ˈdʒuːniə/ skrót pisany **Jr** *AmE* junior: *John J. Wallace Junior*

**ju·ni·or**[1] /ˈdʒuːniə/ *adj* młodszy: *a junior executive* ➞ porównaj SENIOR[1]

**junior**[2] *n* [C] **1** *AmE* uczeń trzeciej klasy liceum **2** *AmE* student trzeciego roku **3 be 10 years/6 months sb's junior** być młodszym od kogoś o 10 lat/6 miesięcy: *He married a woman ten years his junior.* ➞ porównaj SENIOR[2]

**junior col·lege** /ˌ... ˈ../ *n* [C,U] dwuletnia szkoła policealna w USA i Kanadzie

**junior high school** /ˌ... ˈ. ./ *także* **junior high** *n* [C,U] gimnazjum w USA i Kanadzie dla młodzieży w wieku 12-14 lat

**junior school** /ˈ... ˌ./ *n* [C,U] *BrE* szkoła podstawowa dla dzieci w wieku 7-11 lat

**junk** /dʒʌŋk/ *n* [U] rupiecie: *The garage was filled with junk.*

**junk food** /ˈ. ./ *n* [U] niezdrowa żywność

**junk·ie** /ˈdʒʌŋki/ *n* [C] *informal* ćpun/ka

**junk·yard** /ˈdʒʌŋkjɑːd/ *n* [C] cmentarz starych samochodów

**Ju·pi·ter** /ˈdʒuːpᵻtə/ *n* [singular] Jowisz

**jur·is·dic·tion** /ˌdʒʊərᵻsˈdɪkʃən/ *n* [U] jurysdykcja: *a matter outside the court's jurisdiction*

**ju·ror** /ˈdʒʊərə/ *n* [C] **1** przysięgł-y/a **2** juror/ka

**ju·ry** /ˈdʒʊəri/ *n* [C] **1** ława przysięgłych **2** jury

**just**[1] /dʒʌst/ *adv* **1** tylko: *"Who was there?" "Just me and Elaine."* | *I just want to go to bed.* | *"What's the letter?" "Oh it's just a bank statement."* | *Could I just use your phone for a minute?* | *It happened just* (=zaledwie) *a few weeks ago.* **2** właśnie, dopiero co: *She's just got married.* | *I've just had a really good idea.* **3 just before/after/outside** tuż przed/po/za: *Lucy got home just after us.* | *They live just outside Paris.* **4 just under/over** niewiele poniżej/ponad: *It's just under three centimeters long.* **5** dokładnie: *You look just like your dad.* | **just as** (=akurat jak): *The phone rang just as we were leaving.* **6 just as good/important** równie dobry/ważny: *The $250 TV is just as good as the $300 one.* **7** *spoken* po prostu: *I just couldn't believe the news.* **8 just about** prawie: *We're just about finished.* **9 be just about to do sth** właśnie mieć coś (z)robić: *We were just about to go riding when it started raining.* **10 be just doing sth** właśnie coś robić: *I'm just making dinner now.* | *She was just leaving.* **11 (only) just** ledwo: *They just got to the station in time.* **12 just a minute/second** *spoken* chwileczkę!: *Just a second – I can't find my keys.* **13 just now** *spoken* **a)** dopiero co: *He was here just now.* **b)** w tej chwili: *I'm busy just now. Can I call you back later?* **14 just in case** *spoken* na wszelki wypadek: *I'll take my umbrella with me just in case.* **15 it's just as well** *spoken* całe szczęście (że): *It's just as well you were there to help.*

**just**[2] *adj formal* sprawiedliwy: *a just punishment* ➞ antonim UNJUST

**jus·tice** /ˈdʒʌstᵻs/ *n* [U] **1** sprawiedliwość: *Children have a strong sense of justice.* **2** wymiar sprawiedliwości: *the criminal justice system*

**Justice of the Peace** /ˌ.. . . ˈ./ skrót **JP** *n* [C] sędzia pokoju (*odpowiednik sędziego kolegium orzekającego*)

**jus·ti·fi·a·ble** /ˈdʒʌstᵻfaɪəbəl/ *adj* uzasadniony: *a justifiable decision* —**justifiably** *adv* słusznie: *Local people are justifiably angry about the plan.*

**jus·ti·fi·ca·tion** /ˌdʒʌstᵻfᵻˈkeɪʃən/ *n* [C,U] uzasadnienie: *I can't see any possible justification for the attack.*

**jus·ti·fied** /ˈdʒʌstᵻfaɪd/ *adj* uzasadniony: *Your complaints are certainly justified.* ➞ antonim UNJUSTIFIED

**jus·ti·fy** /ˈdʒʌstᵻfaɪ/ *v* [T] uzasadniać: *How can you justify spending so much money on a coat?*

**jut** /dʒʌt/ *także* **jut out** *v* [I] **-tted, -tting** wystawać: *a point of land that juts out into the ocean*

**ju·ve·nile** /ˈdʒuːvənaɪl/ *adj* **1** młodociany: *juvenile crime* (=przestępczość nieletnich) **2** dziecinny: *a juvenile sense of humour* —**juvenile** *n* [C] nieletni/a

**juvenile de·lin·quent** /ˌdʒuːvənaɪl dɪˈlɪŋkwənt/ *n* [C] *formal* młodociany przestępca

**jux·ta·pose** /ˌdʒʌkstəˈpəʊz/ *v* [T] *formal* zestawiać ze sobą —**juxtaposition** /ˌdʒʌkstəpəˈzɪʃən/ *n* [C,U] zestawienie

# Kk

**ka·lei·do·scope** /kə'laɪdəskəʊp/ *n* [C] kalejdoskop

**kan·ga·roo** /ˌkæŋgə'ruː◂ / *n* [C] kangur

**ka·ra·te** /kə'rɑːti/ *n* [U] karate

**kay·ak** /'kaɪæk/ *n* [C] kajak

**keel**[1] /kiːl/ *n* [C] kil

**keel**[2] *v*

**keel over** *phr v* [I] przewracać się

**keen** /kiːn/ *adj* **1 keen to do sth** zainteresowany zrobieniem czegoś: *US companies are keen to enter the Chinese market.* **2** *especially BrE* zapalony, gorliwy: *a keen golfer* | **be keen on** (=lubić): *I'm not very keen on their music.* **3 a keen sense of humour** fantastyczne poczucie humoru: *He has a keen sense of humour.* —**keenly** *adj* żywo: *keenly interested*

**keep**[1] /kiːp/ *v* **kept, kept, keeping 1** [I, linking verb] trzymać się: *Keep left* (=trzymaj się lewej strony). | **keep still** (=nie ruszać się): *I wish you would keep still for a moment.* | **keep calm** (=zachowywać spokój): *Keep calm, and try not to panic.* | **keep warm/dry** (=nie zmarznąć/zmoknąć): *This blanket should help you keep warm.* | **keep safe** (=czuć się bezpiecznie) **2** [T] pozostawiać, trzymać: *Do you want me to keep the window open?* | **keep sth secret** (=trzymać coś w tajemnicy): *They kept their plans secret for as long as possible.* **3 sth keeps sb busy** ktoś jest zajęty z powodu czegoś/dzięki czemuś: *My work's been keeping me very busy.* **4 keep (on) doing sth** nadal coś robić: *If he keeps on growing like this, he'll be taller than his dad.* **5** [T] zatrzymać, zachowywać: *You can keep the book. I don't need it now.* | *They're keeping the house in Colorado and selling this one.* **6** [T] trzymać: *We usually keep the bleach under the sink.* | *The information is kept on computer.* | *They kept him in jail for two weeks.* | *We used to keep chickens.* **7 keep sb waiting** kazać komuś czekać **8** [T] zatrzymywać, opóźniać: *I don't know what's keeping her. It's 8:00 already.* **9 keep a promise/appointment** dotrzymać obietnicy/terminu spotkania **10 keep a secret** dochować tajemnicy **11 keep a record/diary** prowadzić spis/dziennik: *Keep a record of the food you eat for one week.* **12 keep at it** nie ustawać w wysiłkach: *If you keep at it I'm sure you'll succeed.* **13 it'll keep** *spoken* to może poczekać **14 keep (yourself) to yourself** trzymać się z dala od innych **15** [I] zachowywać świeżość: *That yoghurt won't keep much longer.* **16** [T] utrzymywać: *You can't keep a family of five on $200 a week.*

**keep** sth/sb ↔ **away** *phr v* [I,T] trzymać (się) z dala: *Keep away from the windows.*

**keep back** *phr v* **1** [T **keep** sth ↔ **back**] za/taić coś: *I know she was keeping something back from me.* **2** [I] nie zbliżać się: *Police ordered the crowds to keep back.* **3** [T **keep** sb ↔ **back**] powstrzymywać: *Police managed to keep the crowds back.*

**keep** sth ↔ **down** *phr v* [T] utrzymywać na niskim poziomie: *They promised to keep the rents down.*

**keep from** *phr v* [T] **keep sb from doing sth** nie dopuszczać, żeby ktoś coś zrobił: *He was the only person who kept us from running amok completely.*

**keep off** *phr v* [T] **1** [**keep** sth ↔ **off**] o/chronić przed: *A hat will keep the sun off your head.* **2** [**keep off** sth] trzymać się z dala od: *Keep off the grass* (=Nie deptać trawy)! **3** [**keep off** sth] unikać (*tematu*): *Maud tried to keep off politics.*

**keep on** *phr v* **1 keep on doing sth** nie przestawać robić czegoś: *Why do you keep on going there?* **2 keep on at sb about sth** *informal* męczyć kogoś, żeby coś zrobił

**keep out** *phr v* **1 Keep out!** Wstęp wzbroniony! **2** [T **keep** sb/sth **out**] nie wpuszczać: *a coat that keeps the rain out* (=nie przepuszcza deszczu)

**keep out of** sth *phr v* [T] nie wtrącać się do: *You keep out of this, Campbell.*

**keep to** *phr v* **1** [T **keep to** sth] trzymać się: *They failed to keep to their side of the agreement.* | *Keep to the main roads.* **2 keep sth to yourself** zatrzymywać coś dla siebie: *Kim kept Gina's secret to herself.*

**keep up** *phr v* **1** [I,T **keep** sth ↔ **up**] utrzymywać: *The French team kept up the pressure right until the end of the game.* | **keep it up** (=robić tak dalej): *She's working really hard. She's bound to go to college if she keeps it up.* **2** [I] nadążać: *Hey, slow down, I can't keep up!* | **+ with** *Davey isn't keeping up with the rest of the class in reading.* **3** [I] być na bieżąco: *It's hard to keep up with all the changes in computer technology.* **4** [T **keep** sb **up**] nie dawać spać: *The baby kept us up all night.*

**keep²** *n* **1 earn your keep** zarabiać na utrzymanie **2 for keeps** *spoken informal* na zawsze: *He said the jewellery was mine for keeps.*

**keep fit** /ˌ. ˈ.◂ / *n* [U] *BrE* zajęcia rekreacyjne

**keep·ing** /ˈkiːpɪŋ/ *n* **1 for safe keeping** dla bezpieczeństwa: *I'll put the tickets here for safe keeping.* **2 be in keeping/out of keeping with** pasować/nie pasować do: *The modern furniture wasn't really in keeping with the rest of the house.*

**ken·nel** /ˈkenl/ *n* [C] **1** buda **2 kennels** schronisko dla psów

**kept** /kept/ *v* czas przeszły i imiesłów bierny od KEEP

**kerb** /kɜːb/ *BrE* **curb** *AmE* *n* [C] krawężnik

**ker·nel** /ˈkɜːnl/ *n* [C] jądro (*np. orzecha*)

**ker·o·sene** /ˈkerəsiːn/ *n* [U] *AmE* nafta

**ketch·up** /ˈketʃəp/ *n* [U] keczup

**ket·tle** /ˈketl/ *n* [C] czajnik

**key¹** /kiː/ *n* **1** [C] klucz **2** [C] klawisz **3 the key** klucz: *Preparation is the key to success.* **4** [C] tonacja (*muzyczna*) **5** [singular] legenda (*objaśnienie*)

**key²** *adj* [only before noun] kluczowy: *a key witness*

**key³** *v*

**key** sth ↔ **in** *phr v* [T] wpisywać (*przy użyciu klawiatury*)

**key·board** /ˈkiːbɔːd/ *n* [C] klawiatura

**key·hole** /ˈkiːhəʊl/ *n* [C] dziurka od klucza

**key ring** /ˈ. ./ *n* [C] kółko na klucze

**kha·ki** /ˈkɑːki/ *n* [U] khaki

**kick¹** /kɪk/ *v* **1** [T] kopać: *The video shows King being kicked by police officers.* | **kick sth into/down/out etc** *He kicked the ball into* (=wkopnął piłkę do) *the back of the net.* **2** [I,T] machać (nogami): *a baby kicking its legs* **3 kick a habit** pozbywać się nałogu **4 kick up a fuss** *informal* narobić hałasu

**kick in** *phr v* [I] *informal* zacząć działać: *Those pills should kick in any time now.*

**kick** sb ↔ **out** *phr v* [T] *informal* wyrzucić: *He was kicked out of college for taking cocaine.*

**kick²** *n* [C] **1** kopnięcie: *If the gate won't open, just give it a good kick* (=kopnij mocno). **2** *informal* frajda: **get a kick out of sth** (=czerpać zadowolenie z czegoś): *Alan gets a real kick out of skiing.* | **do sth for kicks** (=robić coś dla zabawy): *She started stealing for kicks.*

**kick·off** /ˈkɪk-ɒf/ *n* [C,U] początek meczu: *Kickoff is at midday.*

**kid¹** /kɪd/ *n* **1** [C] *informal* dziecko: *How many kids do you have?* **2** [C] koźlę

**kid²** *v* **-dded, -dding** *informal* **1** [I] żartować: **just kidding** *Don't worry, I was just kidding* (=ja tylko żartowałem). **2** [T] nabierać: *He likes to kid everyone he's a tough macho guy.* **3 no kidding/you're kidding** *spoken informal* nie żartuj: *"They've offered her $50,000 a year." "You're kidding!"*

**kid³** *adj* **kid brother/sister** *informal* młodszy brat/siostra

**kid·nap** /ˈkɪdnæp/ *v* [T] **-pped, -pping** uprowadzać, porywać —**kidnapper** *n* [C] porywacz/ka —**kidnapping** *n* [C,U] porwanie

**kid·ney** /ˈkɪdni/ *n* [C] nerka

**kill**[1] /kɪl/ *v* **1** [I,T] zabijać: *He's in jail for killing a policeman.* | *Three people were killed when a car bomb exploded in Bilbao.* | *The disease can kill.* | *My wife will kill me if she finds out.* **2** [T] uśmierzać: *They gave her drugs to kill the pain.* **3 my feet/legs are killing me** *spoken* nie czuję stóp/nóg **4 kill time** *informal* zabijać czas **5 have time/an hour to kill** mieć wolny czas/wolną godzinę **6 kill two birds with one stone** upiec dwie pieczenie na jednym ogniu: *While I was in town I decided to kill two birds with one stone and go and see Grandpa as well.*

**kill**[2] *n* [singular] zabicie

**kill·er** /ˈkɪlə/ *n* [C] zabójc-a/czyni: *The police are still looking for the girl's killer.*

**kill·ing** /ˈkɪlɪŋ/ *n* [C] **1** zabójstwo: *a series of brutal killings* **2 make a killing** *informal* obłowić się

**ki·lo** /ˈkiːləʊ/ *n* [C] kilo

**kil·o·byte** /ˈkɪləbaɪt/ *n* [C] kilobajt

**kil·o·gram** /ˈkɪləgræm/ *także* **kilogramme** skrót **kilo**, skrót pisany **kg** *n* [C] kilogram

**kil·o·me·tre** /ˈkɪləˌmiːtə, kɪˈlɒmɪtə/ *BrE*, **kilometer** *AmE* skrót pisany **km** *n* [C] kilometr

**kil·o·watt** /ˈkɪləwɒt/ *n* [C] kilowat

**kilt** /kɪlt/ *n* [C] spódnica szkocka (*męska*)

**kin** /kɪn/ *n* **next of kin** *formal* najbliższa rodzina

**kind**[1] /kaɪnd/ *n* [C] **1** rodzaj: **+ of** *What kind of pizza do you want?* | **all kinds of** *We sell all kinds of hats* (=najprzeróżniejsze kapelusze). | **some kind of** (=jakiś): *I think they're having some kind of party upstairs.* | **of its kind** *The course is the only one of its kind* (=jedyny w swoim rodzaju). **2 kind of** *spoken informal* (tak) jakoś: *He looks kind of weird to me.* **3 of a kind** tego samego rodzaju: *Each vase is handmade and is one of a kind* (=jedyna w swoim rodzaju).

**kind**[2] *adj* dobry, życzliwy: *Everyone's been so kind to me.* | *Thank you for those kind words.* | **it's kind of sb (to do sth)** (=to miło z czyjejś strony (że coś zrobił)): *It was kind of him to offer to help.*

**kin·der·gar·ten** /ˈkɪndəˌgɑːtn/ *n* [C,U] przedszkole

**kind-heart·ed** /ˌ. ˈ..◂/ *adj* o dobrym sercu: *a kind-hearted woman*

**kind·ly**[1] /ˈkaɪndli/ *adv* **1** życzliwie: *Mr Thomas has kindly offered to let us use his car.* | *Miss Havisham looked kindly at Joe.* **2** *spoken formal* z łaski swojej: *Kindly be brief. I have a number of calls to make.*

**kindly**[2] *adj* [only before noun] życzliwy: *a kindly old woman*

**kind·ness** /ˈkaɪndnɪs/ *n* [U] dobroć, życzliwość: *Sam never forgot her kindness.*

**king** /kɪŋ/ *n* [C] król: *the King of Spain* | *King Edward III* | *If you lose your king you lose the game.*

**king·dom** /ˈkɪŋdəm/ *n* [C] **1** królestwo: *the Kingdom of Nepal* **2 the animal kingdom** królestwo zwierząt

**king-size** /ˈ. ./ *także* **king-sized** *adj* olbrzymi: *a king-size bed*

**ki·osk** /ˈkiːɒsk/ *n* [C] kiosk

**kip** /kɪp/ *n* [U singular] *BrE informal* drzemka

**kip·per** /ˈkɪpə/ *n* [C] śledź wędzony

**kiss**[1] /kɪs/ *v* [I,T] po/całować: *She kissed me on the cheek.* | *Matt kissed her goodnight* (=pocałował ją na dobranoc) *and left the room.*

**kiss**[2] *n* [C] **1** pocałunek: **give sb a kiss** (=pocałować kogoś): *Come here and give me a kiss.* **2 give sb the kiss of life** *BrE* ratować kogoś metodą usta – usta

**kit** /kɪt/ *n* [C] zestaw: *a first-aid kit* | *He made the model from a kit.*

**kitch·en** /ˈkɪtʃɪn/ *n* [C] kuchnia

**kite** /kaɪt/ *n* [C] latawiec

**kitsch** /kɪtʃ/ *n* [U] kicz: *Her house was full of 1970s kitsch.* —**kitschy** *adj* kiczowaty

**kit·ten** /ˈkɪtn/ *n* [C] kotek

**kit·ty** /ˈkɪti/ *n* [C usually singular] wspólna kasa

**ki·wi fruit** /ˈkiːwi fruːt/ *n* [C] kiwi

**Kleen·ex** /ˈkliːneks/ *n* [C,U] *trademark* chusteczka higieniczna

**klutz** /klʌts/ *n* [C] *AmE informal* oferma

**knack** /næk/ *n* [singular] *informal* talent: *Harry has the knack of making friends wherever he goes.*

**knack·ered** /ˈnækəd/ *adj* [not before noun] *BrE spoken informal* wykończony: *You look knackered.*

**knap·sack** /ˈnæpsæk/ *n* [C] plecak

**knead** /niːd/ *v* [T] wyrabiać: *Knead the dough* (=wyrabiaj ciasto) *for three minutes.*

**knee** /niː/ *n* [C] **1** kolano: *Lift using your knees, not your back.* | *His jeans had holes in both knees.* **2 bring sth to its knees** paraliżować coś: *The country was brought to its knees by a wave of strikes.*

**knee·cap** /ˈniːkæp/ *n* [C] rzepka

**knee-deep** /ˌ. ˈ.◂/ *adj* **1 be knee-deep** sięgać do kolan: *The snow was almost knee-deep.* **2 knee-deep in sth** po szyję w czymś: *We ended up knee-deep in debt.*

**kneel** /niːl/ *także* **kneel down** *v* [I] **knelt** *or* **kneeled, knelt** *or* **kneeled, kneeling** klękać, klęczeć: *She knelt down and began to pray.*

**knew** /njuː/ *v* czas przeszły od KNOW

**knick·ers** /ˈnɪkəz/ *n* [plural] *BrE* majtki

**knife**[1] /naɪf/ *n* [C] *plural* **knives** /naɪvz/ nóż: *a knife and fork* | *gangs of young boys carrying knives*

**knife**[2] *v* [T] ranić nożem

**knight**[1] /naɪt/ *n* [C] rycerz

**knight**[2] *v* [T] nadawać tytuł szlachecki: *He was knighted in 1997.*

**knight·hood** /ˈnaɪthʊd/ *n* [C,U] tytuł szlachecki

**knit** /nɪt/ *v* [I,T] **knitted** *or* **knit, knitted** *or* **knit, knitting** robić na drutach: *She's knitting me a sweater.*

K

**knitting nee·dle** /ˈ.. ˌ../ *n* [C] drut (*do robót ręcznych*)

**knit·wear** /ˈnɪt-weə/ *n* [U] wyroby z dzianiny

**knives** /naɪvz/ *n* liczba mnoga od KNIFE

**knob** /nɒb/ *n* [C] gałka

**knock**[1] /nɒk/ *v* **1** [I] za/pukać: **+ at/on** *There's someone knocking at the front door.* **2** [T] potrącać: *Careful you don't knock the camera.* **3** [T] *informal* czepiać się: *"I hate this job." "Don't knock it – it could be worse!"* **4 knock some sense into sb** przemówić komuś do rozsądku: *Maybe she can knock some sense into him.* **5 knock on wood** *AmE* pukać w niemalowane drewno

**knock down** *phr v* **1** [T **knock** sth ↔ **down**] z/burzyć: *Workers began knocking down sections of the wall.* **2 be/get knocked down** zostać potrąconym: *Tracy was knocked down by a car on her way home from school.*

**knock off** *phr v informal* **1** [I] s/kończyć (pracę): *We knocked off at about 5 o'clock.* **2** [T **knock** sth ↔ **off**] opuścić (*z ceny*): *I got him to knock $10 off the regular price.*

**knock out** *phr v* [T] **1** [**knock** sb ↔ **out**] z/nokautować: *Ali knocked out his opponent in the fifth round.* **2** [**knock** sb/sth ↔ **out**] wy/eliminować: *Indiana got knocked out in the first round.*

**knock** sb/sth ↔ **over** *phr v* [T] przewracać: *She nearly knocked over my drink.*

**knock**[2] *n* [C] **1** pukanie: *There was a loud knock at the door.* **2** uderzenie: *a knock on the head*

**knock·er** /ˈnɒkə/ *n* [C] kołatka

**knock·out** /ˈnɒk-aʊt/ *n* [C] nokaut

**knot**[1] /nɒt/ *n* [C] **1** węzeł **2** sęk **3 tie the knot** *informal* z/wiązać się węzłem małżeńskim

**knot**[2] *v* [T] **-tted, -tting** związywać

**know**[1] /nəʊ/ *v* **know, known, knowing 1** [I,T] wiedzieć: *"What time's the next bus?" "I don't know."* | **+ about** *He knows a lot about cars.* | **+ (that)** *Did you know that Bill Clinton has an Internet e-mail address?* | *I just knew you'd say that!* | **know how/what/where etc** *Nobody knows where she's gone.* | *I know exactly how you feel!* | **know how to do sth** (=umieć coś robić): *Do you know how to turn this thing off?* **2** [T] znać: *I knew Hilary in high school.* | **get to know** (=poznawać): *a chance for students to get to know each other* | **know sth well** *Jean knows Paris well.* | **know sth inside out** (=znać coś na wylot): *You should know the system in-*

*side out by now.* | **know sth like the back of your hand** (=znać coś jak własną kieszeń) | **know the way** *Luckily, Jo knew the way to the hospital.* **3 known as** znany jako: *Diana became known as 'the people's Princess'.* | *the Ministry of International Trade and Industry, better known as MITI* **4** [T] **have never known** nigdy nie zetknąć się z: *I've never known a case quite like this one.* **5 you know** *spoken* **a)** wiesz: *She's very, you know, sophisticated.* | *You know, he's going to be taller than his dad.* **b)** musisz wiedzieć: *She's really upset, you know.* **6 I know** *spoken* **a)** wiem: *"These shoes are so ugly!" "I know, aren't they awful?"* **b)** już wiem: *I know, let's ask Michael.* **7 let sb know** dawać komuś znać: *Please let me know if you want to come.* **8 as far as I know** o ile wiem: *As far as I know, Gail left at 6.00.* **9 you never know** *spoken* nigdy nie wiadomo: *You never know. You might be lucky and win!* **10 Heaven/goodness/who knows** *spoken* kto wie: *Who knows how much it will cost.* **11 know better (than to do sth)** wiedzieć (że nie należy czegoś robić): *Ben should have known better than to tell his mother.*

**know of** sb/sth *phr v* [T] znać, wiedzieć o: *Do you know of any good restaurants around here?*

**know²** *n* **in the know** wtajemniczony: *Those in the know go to the beaches on the south of the island.*

**know-all** /'. ./ *n* [C] *BrE* mądrala

**know-how** /'. ./ *n* [U] *informal* wiedza: *technical know-how*

**know·ing** /ˈnəʊɪŋ/ *adj* [only before noun] porozumiewawczy: *When I asked where her husband was, she gave me a knowing look.*

**know·ing·ly** /ˈnəʊɪŋli/ *adv* **1** celowo: *He'd never knowingly hurt you.* **2** porozumiewawczo: *Brenda smiled knowingly at me.*

**know-it-all** /'. . ./ *n* [C] *AmE* mądrala

**knowl·edge** /ˈnɒlɪdʒ/ *n* [U] **1** wiedza: *His knowledge of American history is impressive.* | *our knowledge about the functioning of the brain* **2 to (the best of) my knowledge** *spoken* z tego, co wiem: *To my knowledge, no such agreement was made.* **3 without sb's knowledge** bez czyjejś wiedzy: *Someone had used his computer without his knowledge.* → patrz też **be common knowledge** (COMMON¹)

**knowl·edge·a·ble** /ˈnɒlɪdʒəbəl/ *adj* **be knowledgeable about sth** znać się na czymś: *Steve's very knowledgeable about politics.*

**known¹** /nəʊn/ *v* imiesłów bierny od KNOW

**known²** *adj* znany: *a known criminal* | **be known for sth** (=być znanym z czegoś): *Connery is known for his role in the James Bond films.* → patrz też WELL-KNOWN

**knuck·le** /ˈnʌkəl/ *n* [C] staw palca (*u ręki*)

**ko·a·la** /kəʊˈɑːlə/ *także* **koala bear** *n* [C] niedźwiadek koala

**ko·sher** /ˈkəʊʃə/ *adj* koszerny

# Ll

**lab** /læb/ *n* [C] *informal* → LABORATORY

**la·bel¹** /ˈleɪbəl/ *n* [C] **1** etykieta: *Always read the instructions on the label.* **2** metka **3** *także* **record label** wytwórnia płytowa: *the EMI label* **4** określenie: *The critics called the film an epic, and it certainly deserves that label.*

**label²** *v* [T] **-lled, -lling** *BrE*, **-led, -ling** *AmE* **1** etykietować: *Make sure all the bottles are clearly labelled.* **2 label sb (as)** określać kogoś mianem: *He was labelled as a troublemaker.*

**la·bor** /ˈleɪbə/ *n* amerykańska pisownia wyrazu LABOUR

**la·bor·a·tory** /ləˈbɒrətri/ *także* **lab** *n* [C] laboratorium → patrz też LANGUAGE LABORATORY

**la·bo·ri·ous** /ləˈbɔːriəs/ *adj* pracochłonny: *the laborious process of examining all the data*

**labor u·nion** /ˈ.. ˌ../ *n* [C] *AmE* związek zawodowy

**la·bour¹** /ˈleɪbə/ *BrE*, **labor** *AmE* *n* **1** [C,U] praca (*fizyczna*): *The job involves a lot of manual labour.* **2** [U] siła robocza: *There is a shortage of skilled labour.* | *Labour is cheap.* **3** [U singular] poród: **be in labour** (=rodzić): *Meg was in labour for six hours.* **4 Labour** Partia Pracy —**Labour** *adj*: *a Labour MP* (=poseł Partii Pracy)

**labour²** *BrE*, **labor** *AmE* *v* **1** [I] harować: *farmers laboring in the fields* | **+ over** *He laboured over the report for hours.* **2** mozolić się: **labour to do sth** (=usiłować coś zrobić): *The group has spent ten years labouring to bring a ballet company to the city.*

**labour camp** /ˈ.. ˌ./ *BrE*, **labor camp** *AmE* *n* [C] obóz pracy

**la·bour·er** /ˈleɪbərə/ *BrE*, **laborer** *AmE* *n* [C] robotni-k/ca

**Labour Par·ty** /ˈ.. ˌ../ *n* [singular] Partia Pracy

**lab·ra·dor** /ˈlæbrədɔː/ *n* [C] labrador

**lab·y·rinth** /ˈlæbərɪnθ/ *n* [C] labirynt: **+ of** *a labyrinth of narrow streets* | *a labyrinth of rules and regulations*

**lace¹** /leɪs/ *n* [U] koronka: *lace curtains* (=firanki)

**lace²** *v* [T] *także* **lace up** za/sznurować: *Paul laced up his boots.*

**lac·es** /ˈleɪsɪz/ *n* [plural] sznurowadła

**lack¹** /læk/ *n* [U singular] brak: **+ of** *a lack of confidence*

> **UWAGA lack**
>
> Wyraz **lack** używany jest w znaczeniu 'brak' najczęściej z rzeczownikami abstrakcyjnymi: *a lack of support* | *a lack of sympathy* | *a lack of freedom* | *a lack of sleep* | *a lack of energy* itp. Tłumacząc na angielski wyrażenia z wyrazem 'brak', np. 'zauważyłem brak czegoś', 'odczuwam brak czegoś' itp., należy unikać używania **lack** z rzeczownikami konkretnymi i używać innych wyrażeń: *I noticed that there was no TV.* | *I don't have any envelopes.*

**lack²** *v* [T] **sb lacks sth** komuś brakuje czegoś: *The only thing she lacks is experience.*

**lack·ing** /ˈlækɪŋ/ *adj* **1 be lacking in sth** być pozbawionym czegoś: *His voice was completely lacking in emotion.* **2** [not before noun] **sth is lacking** czegoś brakuje: *The information they need is lacking.*

**lac·quer** /ˈlækə/ *n* [U] lakier

**lac·y** /ˈleɪsi/ *adj* koronkowy

**lad** /læd/ *n* [C] *old-fashioned* chłopak

**lad·der** /ˈlædə/ *n* [C] **1** drabina: *Stevens started on the bottom rung of the ladder.* **2** *BrE* oczko (*w rajstopach*)

**la·den** /ˈleɪdn/ *adj* obładowany: *Grandma walked in, laden with presents.*

**ladies** /ˈleɪdɪz/ *n* **the ladies** *BrE* toaleta damska

**ladies' room** /ˈ.. ./ *n* [C] *AmE* toaleta damska

**la·dle** /ˈleɪdl/ *n* [C] łyżka wazowa

**la·dy** /ˈleɪdi/ *n* [C] **1** pani: *Good afternoon, ladies.* | *a little old lady with white hair* **2** dama: *A lady never swears.* | *the lords*

*and ladies of the French court* **3 Lady** lady: *Lady Helen Windsor* ➡ patrz też LADIES

> UWAGA **lady** i **woman**
>
> Wyraz **lady** używany jest w sytuacjach oficjalnych: *Ladies and gentlemen, may I have your attention please?* | *Please show these ladies the way to the cloakroom.* Wyraz **woman** jest neutralny i można go stosować w większości sytuacji zamiast **lady**: *Isn't that the woman who teaches at the International School?* Zamiast **old woman** lepiej jednak powiedzić **old lady**, co brzmi dużo bardziej uprzejmie: *Can you help that old lady across the road?*

**la·dy·bird** /ˈleɪdibɜːrd/ *BrE*, **la·dy·bug** /-bʌg/ *AmE n* [C] biedronka

**lag**[1] /læg/ *v* **-gged, -gging**
**lag behind** *phr v* [I] pozostawać w tyle (za): *The country's economy has lagged far behind the economies of other countries in the region.*

**lag**[2] *także* **time lag** *n* [C] opóźnienie ➡ patrz też JET LAG

**la·ger** /ˈlɑːgə/ *n* [C,U] *BrE* piwo jasne

**la·goon** /ləˈguːn/ *n* [C] laguna

**laid** /leɪd/ *v* czas przeszły i imiesłów bierny od LAY

**laid-back** /ˌ. ˈ.◂ / *adj* wyluzowany: *She's easy to talk to, and very laid-back.*

**lain** /leɪn/ *v* imiesłów bierny od LIE

**lake** /leɪk/ *n* [C] jezioro: *Lake Michigan*

**lamb** /læm/ *n* **1** [C] jagnię **2** [U] baranina

**lame** /leɪm/ *adj* **1** kulawy **2** *informal* kiepski: *a lame excuse*

**lam·i·nat·ed** /ˈlæmɪ̵neɪtɪ̵d/ *adj* laminowany

**lamp** /læmp/ *n* [C] lampa: *a desk lamp*

**lamp-post** /ˈ. ./ *n* [C] latarnia uliczna

**lamp·shade** /ˈlæmpʃeɪd/ *n* [C] abażur

**lance** /lɑːns/ *n* [C] lanca

**land**[1] /lænd/ *n* **1** [U] ziemia: *Who owns the land near the lake?* | *5000 acres of agricultural land* **2** [U] ląd: **on land** *Frogs live on land and in the water.* **3** [C] *literary* kraina: *a faraway land*

**land**[2] *v* **1** [I] wy/lądować: *Has her flight landed yet?* | *Chris slipped and landed on his back.* | *The Pilgrims landed on Cape Cod in 1620.* **2** [T] wy/ładować: *The ship landed the goods at Dover.* **3** [T] *informal* podłapać: *Kelly's landed a job with a big law firm.* **4 land a plane** sprowadzać samolot na ziemię: *The pilot managed to land the damaged plane safely.*

**land·ing** /ˈlændɪŋ/ *n* [C] **1** półpiętro **2** lądowanie ➡ porównaj TAKE-OFF

**land·la·dy** /ˈlændˌleɪdi/ *n* [C] **1** gospodyni **2** szefowa (*zajazdu, pubu itp.*)

**land·lord** /ˈlændlɔːd/ *n* [C] **1** gospodarz **2** szef (*zajazdu, pubu itp.*)

**land·mark** /ˈlændmɑːk/ *n* [C] **1** punkt orientacyjny **2** kamień milowy: *a landmark in the history of aviation*

**land·mine** /ˈlændmaɪn/ *n* [C] mina

**land·own·er** /ˈlændˌəʊnə/ *n* [C] właściciel ziemski

**land·scape** /ˈlændskeɪp/ *n* [C] **1** krajobraz: *an urban landscape* ➡ porównaj SCENERY **2** pejzaż

> UWAGA **landscape** i **scenery**
>
> Nie należy mylić wyrazów **landscape** i **scenery** w znaczeniu 'krajobraz'. **Landscape** to 'widok okolicy', szczególnie poza miastem: *Having reached the top of the hill, we sat and admired the landscape that stretched far into the distance.* **Scenery** to 'naturalne, pełne uroku cechy terenu wiejskiego' (pagórki, pola i łąki, doliny, lasy itp.). *The train journey takes us through some breathtaking scenery.* | *Cycling means that you can get fit and enjoy the scenery at the same time.*

**land·slide** /ˈlændslaɪd/ *n* [C] **1** osunięcie się ziemi: *Part of the road is blocked by a landslide.* **2 landslide victory** przygniatające zwycięstwo (*w wyborach*)

**lane** /leɪn/ *n* [C] **1** dróżka **2** ulica (*w nazwach*): *Turnpike Lane* **3** pas (ruchu): *the fast lane of the motorway* **4** tor: *Carl Lewis is running in lane eight.*

**lan·guage** /ˈlæŋgwɪdʒ/ *n* [C,U] język: *"Do you speak any foreign languages?" "Yes, I speak French."* | *language learning skills* | *the language of business* | *poetic language* | *the language of music* | **bad language** (=wulgarny język) | **sb's first language** (=czyjś język ojczysty)

> **UWAGA language**
>
> Nie mówi się "I'm learning the Japanese language", "Do you speak Italian language?" itp. Mówi się **I'm learning Japanese**, **Do you speak Italian?** itp.

**language la·bor·a·tory** /ˈ.. ˌ..../ *n* [C] laboratorium językowe

**lan·guish** /ˈlæŋgwɪʃ/ *v* [I] wlec się: *United are currently languishing at the bottom of the league.*

**lan·tern** /ˈlæntən/ *n* [C] lampion

**lap**[1] /læp/ *n* [C] **1** kolana: *Go and sit on Grandad's lap.* **2** okrążenie: *Hill overtook Schumacher on the last lap.* **3** etap: *The last lap of our journey is from Frankfurt to London.*

**lap**[2] *v* **-pped, -pping 1** [I] pluskać: *waves lapping against the shore* **2** [T] *także* **lap up** wy/chłeptać: *a cat lapping up milk*

**la·pel** /ləˈpel/ *n* [C] klapa (*marynarki, płaszcza*)

**lapse**[1] /læps/ *n* [C] **1 a lapse of attention/memory** chwila nieuwagi/zapomnienia **2** uchybienie: *Apart from the occasional lapse her work seems quite good.* **3** [usually singular] odstęp: *She returned to the stage after a lapse of several years* (=po upływie kilku lat).

**lapse**[2] *v* [I] wygasać: *Your membership of the tennis club has lapsed.*

**lapse into** sth *phr v* [T] **1** zapadać w: *They lapsed into silence.* **2** przechodzić na: *Without thinking he lapsed into French.*

**lap·top** /ˈlæptɒp/ *n* [C] przenośny komputer, laptop

**lard** /lɑːd/ *n* [U] smalec

**lar·der** /ˈlɑːdə/ *n* [C] spiżarnia

**large** /lɑːdʒ/ *adj* **1** duży: *a large pizza* | *Birmingham is the second largest city in England.* | *large amounts of money* → antonim SMALL[1] **2 the people/public/community at large** ogół ludzi/społeczeństwa: *facilities that are for the benefit of the community at large* **3 be at large** być na wolności **4 by and large** ogólnie rzecz biorąc: *By and large, the show was a success.*

> **UWAGA large**
>
> Patrz **big** i **large**.

**large·ly** /ˈlɑːdʒli/ *adv* w dużej mierze: *The delay was largely due to bad weather.*

**large-scale** /ˌ. ˈ.◂/ *adj* [only before noun] na dużą skalę: *large-scale unemployment*

**lark** /lɑːk/ *n* [C] **1** skowronek **2** *BrE informal* kawał: *We hid the teacher's book for a lark.*

**lar·va** /ˈlɑːvə/ *n* [C] *plural* **larvae** larwa

**lar·ynx** /ˈlærɪŋks/ *n* [C] *technical* krtań

**la·ser** /ˈleɪzə/ *n* [C] laser: *laser surgery*

**lash**[1] /læʃ/ *v* **1** [I,T] uderzać: *waves lashing against the rocks* **2** [T] chłostać **3** [T] przywiązywać

**lash out** *phr v* [I] rzucić się: **+ at** *Georgie lashed out at him, screaming abuse.*

**lash**[2] *n* [C] uderzenie

**lash·es** /ˈlæʃɪz/ *n* [plural] rzęsy

**lass** /læs/ *n* [C] *BrE* dziewczyna

**last**[1] /lɑːst/ *determiner* **1** ostatni: *When was the last time she was here?* | *What time does the last bus leave?* | *the last chapter of the book* | *Is it all right if I have the last piece of cake?* | *Ella's the last person I wanted to see.* | **last night/week/Sunday etc** *Did you go out last night* (=wczoraj wieczorem)? | **the last few months/10 years etc** *The town has changed a lot in the last few years.* | **sb's last job/car/boyfriend etc** *My last boyfriend* (=mój poprzedni chłopak) *was crazy about football.* | **last but one** (=przedostatni) **2 have the last word** mieć ostatnie słowo

> UWAGA **last** i **latest**
>
> Nie należy mylić wyrazów **last** i **latest** w znaczeniu 'ostatni'. **Last** to 'ostatni z listy lub serii': *Our last meeting was in Rome.* | *I answered all the questions except the last one.* **Latest** to 'najnowszy, najświeższy, najbardziej aktualny': *I'm interested in the latest fashions.* | *The BBC always has the latest news.*

**last**[2] *adv* **1** ostatnio: *When did you last go shopping?* **2** na końcu: *The Rolling Stones came on stage last.* **3 last but not least** na koniec, ale jako nie mniej ważne: *Last but not least, I'd like to thank my mother.*

**last**[3] *n, pron* **1 the last** ostatni: *Lee was the last to go to bed.* **2 at (long) last** w końcu: *She seems to have found happiness at last.* **3 the last of** resztka: *Is this the last of the bread?*

**last**[4] *v* [I,T] **1** trwać: *Jeff's operation lasted 3 hours.* **2** wy/starczyć: *The batteries will last for up to 8 hours.*

**last·ing** /ˈlɑːstɪŋ/ *adj* trwały: *a lasting impression*

**last·ly** /ˈlɑːstli/ *adv formal* na koniec: *And lastly, I'd like to thank my producer.*

**last-minu·te** /ˌ. ˈ..◂/ *adj* na ostatnią chwilę: *last-minute Christmas shopping*

**last name** /ˈ. ./ *n* [C] nazwisko → porównaj FIRST NAME, MIDDLE NAME

**latch**[1] /lætʃ/ *n* [C] **1** zasuw(k)a **2** zamek zatrzaskowy: **on the latch** (=zamknięty tylko na klamkę)

**latch**[2] *v*
**latch on** *phr v* [I] *BrE informal* s/kojarzyć: *It took him some time to latch on.*

**late**[1] /leɪt/ *adj* **1** późny: *We have a late breakfast.* | *St Mary's church was built in the late 18th century.* | **be late (for)** (=spóźniać się (na/do)): *Sorry I'm late!* | *Peggy was late for school.* **2** *formal* świętej pamięci: *the late Sir William Russell*

**late**[2] *adv* **1** za późno, z opóźnieniem: *Our flight arrived two hours late.* **2** późno: *It's getting late. We'd better go home.*

**late·ly** /ˈleɪtli/ *adv* ostatnio: *I've been feeling very tired lately.*

> UWAGA **lately** i **recently**
>
> Nie należy mylić wyrazów **lately** i **recently** w znaczeniu 'ostatnio'. Gdy chodzi o okres od pewnego momentu w przeszłości do teraz, można ich używać zamiennie: *Recently/Lately I have been wondering whether to look for a new job.* W takich zdaniach używamy z wyrazami **lately** i **recently** czasu Present Perfect Continuous. Kiedy natomiast chodzi o jeden moment w przeszłości, używamy wyrazu **recently** z czasem Simple Past: *Just recently she applied for a new job.*

**la·tent** /ˈleɪtənt/ *adj* ukryty: *latent hostility*

**lat·er**[1] /ˈleɪtə/ *adv* **1** później: *I'll see you later.* | *Two years later he became President.* **2 later on** później: *Later on in the movie the hero gets killed.*

**later**[2] *adj* późniejszy: *The decision will be made at a later date.* | *Later models of the car are much improved.*

**lat·est**[1] /ˈleɪtəst/ *adj* ostatni, najnowszy: *What's the latest news?*

> UWAGA **latest**
>
> Patrz **last** i **latest**.

**latest**[2] *n* **1 the latest** najnowsze wieści: *Have you heard the latest?* **2 at the latest** najpóźniej: *I want you home by 11 at the latest.*

**la·ther** /ˈlɑːðə/ *n* [U singular] piana (*mydlana*)

**Lat·in**[1] /ˈlætɪn/ *n* [U] łacina

**Latin**[2] *adj* łaciński

**Latin A·mer·i·can** /ˌ.. .ˈ...◂/ *adj* latynoamerykański

**lat·i·tude** /ˈlætətjuːd/ *n* [C,U] szerokość geograficzna → porównaj LONGITUDE

L

**lat·ter[1]** /ˈlætə/ *n* **the latter** *formal* (ten) drugi (*z dwóch*) → porównaj FORMER[2]

**latter[2]** *adj* **1** ostatni: *Neruda spent the latter part of his life in Italy.* **2** *formal* drugi (*z dwóch*): *The latter option sounds more realistic.*

**laugh[1]** /lɑːf/ *v* [I] śmiać się: *Why are you all laughing?* | **+ at** *No one ever laughs at my jokes!*

**laugh at** sb/sth *phr v* [T] śmiać się z: *Mommy, all the kids at school were laughing at me!*

**laugh** sth ↔ **off** *phr v* [T] obracać w żart: *He laughed off suggestions that he was planning to resign.*

**laugh[2]** *n* **1** [C] śmiech: *a loud laugh* **2 have a laugh** *BrE informal* dobrze się bawić: *She likes going out with her friends and having a laugh.* **3 be a (good) laugh** *BrE informal* umieć rozbawić towarzystwo **4 do sth for a laugh** *BrE informal* robić coś dla zabawy

**laugh·a·ble** /ˈlɑːfəbəl/ *adj* śmiechu wart

**laughing stock** /ˈ.. ˌ./ *n* [singular] pośmiewisko

**laugh·ter** /ˈlɑːftə/ *n* [U] śmiech: *a roar of laughter*

**launch[1]** /lɔːntʃ/ *v* [T] **1 launch an attack/inquiry** rozpoczynać atak/dochodzenie: *The hospital is launching a campaign to raise money for new equipment.* **2** wprowadzać (*na rynek*): *Jaguar is planning to launch a new sportscar.* **3** wystrzelić (*w kosmos*) **4** wodować

**launch into** sth *phr v* [T] wdawać się w

**launch[2]** *n* [C] wprowadzenie na rynek

**laun·der·ette** /ˌlɔːndəˈret/ *BrE*, **laun·dro·mat** /ˈlɔːndrəmæt/ *AmE n* [C] pralnia samoobsługowa

**laun·dry** /ˈlɔːndri/ *n* **1** [U] pranie **2** [C] pralnia

**laur·el** /ˈlɒrəl/ *n* [C,U] wawrzyn

**la·va** /ˈlɑːvə/ *n* [U] lawa

**lav·a·to·ry** /ˈlævətəri/ *n* [C] *formal* toaleta

**lav·en·der** /ˈlævəndə/ *n* [U] lawenda

**lav·ish[1]** /ˈlævɪʃ/ *adj* **1** wystawny: *lavish dinner-parties* **2 be lavish with sth** nie szczędzić czegoś: *The critics were lavish with their praise for his new novel.* —**lavishly** *adv* hojnie, szczodrze

**lavish[2]** *v*

**lavish** sth **on** sb *phr v* [T] poświęcać: *They lavish a lot of attention on their children.*

**law** /lɔː/ *n* **1** [U] prawo: *to obey the law* | *the law of gravity* | **by law** (=według prawa): *Seatbelts must be worn by law.* | **against the law** (=niezgodny z prawem): *Drunk driving is against the law.* | **break the law** (=z/łamać prawo) **2** [C] ustawa: **+ against** *new laws against* (=skierowane przeciwko) *testing cosmetics on animals* | **+ on** *tough laws on* (=dotyczące) *immigration* **3 the law** wymiar sprawiedliwości: *Is he in trouble with the law?* **4 law and order** prawo i porządek

**law-a·bid·ing** /ˈ. .ˌ../ *adj* prawomyślny, praworządny: *law-abiding citizens*

**law·ful** /ˈlɔːfəl/ *adj formal* legalny: *lawful killing*

**lawn** /lɔːn/ *n* [C] trawnik

**lawn mow·er** /ˈ. ../ *n* [C] kosiarka do trawy

**law·suit** /ˈlɔːsuːt/ *n* [C] proces sądowy

**law·yer** /ˈlɔːjə/ *n* [C] prawnik

**lax** /læks/ *adj* rozluźniony: *lax security*

**lax·a·tive** /ˈlæksətɪv/ *n* [C] środek przeczyszczający

**lay[1]** /leɪ/ *v* **laid, laid, laying 1** [T] kłaść, położyć: **lay sth on/upon/down etc** *He laid his hand on her shoulder.* **2 lay eggs** znosić jajka **3 lay the blame on** *formal* zrzucać winę na **4 lay (your) hands on sth** dostać coś w swoje ręce: *I wish I could lay my hands on that book.* **5 lay the table** nakrywać do stołu **6 lay yourself open to sth** narażać się na coś **7 lay a finger/hand on sb** tknąć kogoś: *If you lay a hand on her, I'll call the police.* **8 lay a trap** zastawiać pułapkę

**lay** sth ↔ **down** *phr v* [T] ustanawiać: *strict safety regulations laid down by the government*

**lay off** *phr v* [T **lay** sb ↔ **off**] zwalniać (*z pracy*)
**lay** sth ↔ **on** *phr v* [T] zadbać o: *Lola really laid on a great meal for us.*
**lay** sth ↔ **out** *phr v* [T] **1** rozkładać: *Let's lay the map out on the table.* **2 laid out** rozplanowany: *The gardens were attractively laid out.*

**lay²** *v* czas przeszły od LIE¹

**lay³** *adj* **1** świecki: *a lay preacher* **2 lay person** laik: *It is difficult for the lay person to understand.*

**lay-by** /'. ./ *n* [C] *BrE* zatoczka przy drodze

**lay·er** /'leɪə/ *n* [C] warstwa: *a thick layer of dust* | *layers of rock*

**lay·man** /'leɪmən/ *n* [C] laik

**lay-off** /'. ./ *n* [C] [usually plural] zwolnienie (*z pracy*)

**lay·out** /'leɪaʊt/ *n* [C] układ (*przestrzenny, graficzny*)

**laze** /leɪz/ *v* [I] leniuchować: **laze around/about** *They spent the afternoon lazing around on the beach.*

**la·zy** /'leɪzi/ *adj* leniwy: *Eva's the laziest girl in the class.* | *lazy summer afternoons*

**lb.** *n* funt (*jednostka wagi*)

**lead¹** /liːd/ *v* **led, led, leading 1** [I,T] prowadzić: *The school band is leading the parade.* | *Who's leading the investigation?* | *At half-time, Green Bay was leading 12-0.* | **lead sb to/through/down etc** *Mrs Danvers led us down the corridor* (=poprowadziła nas korytarzem). | **lead to/towards/into etc** *a quiet avenue leading to a busy main road* **2** [I,T] wyprzedzać: *The US leads the world in biotechnology.* **3 lead sb to do sth** skłonić kogoś do robienia czegoś: *What led you to study geology?* **4 lead the way** prowadzić: *Japanese companies led the way in using industrial robots.* **5 lead a busy/normal life** prowadzić intensywny/normalny tryb życia
**lead** sb **on** *phr v* [T] zwodzić
**lead to** sth *phr v* [T] do/prowadzić do: *social problems that have led to an increase in the crime rate*
**lead up to** sth *phr v* [T] poprzedzać: *events leading up to the trial*

**lead²** /liːd/ *n* **1** [singular] prowadzenie: *Italy has a 2-0 lead.* | **be in the lead** (=być na prowadzeniu): *Lewis is still in the lead after the third lap.* | **take the lead** (=obejmować prowadzenie): *The US has taken the lead in space technology.* **2** [C] trop: *Do the police have any leads in the robbery?* **3** [C] główna rola: *The lead is played by Brad Pitt.* **4** [C] *BrE* smycz **5** [C] *BrE* przewód (*elektryczny*)

**lead³** /led/ *n* **1** [U] ołów **2** [C,U] grafit

**lead·er** /'liːdə/ *n* [C] **1** przywód-ca/czyni: **+ of** *leaders of the world's most powerful nations* **2** lider/ka

**lead·er·ship** /'liːdəʃɪp/ *n* **1** [U] przywództwo: *Under his leadership China became an economic superpower.* | *America needs strong leadership.* **2** [singular] kierownictwo, władze

**lead·ing** /'liːdɪŋ/ *adj* **1** główny: *Julia Roberts plays the leading role in the film.* **2 a leading question** pytanie wymuszające konkretną odpowiedź

**leaf¹** /liːf/ *n* [C] *plural* **leaves 1** liść **2 turn over a new leaf** zmienić swoje zachowanie

**leaf²** *v*
**leaf through** sth *phr v* [T] prze/kartkować

**leaf·let** /'liːflət/ *n* [C] ulotka

**league** /liːg/ *n* [C] **1** liga: *Our team finished second in the league.* **2 be in league (with)** być w zmowie (z): *Parry is suspected of being in league with terrorists.* **3** [usually singular] klasa: *They are not in the same league as the French in making wine.*

**leak¹** /liːk/ *v* **1** [I] przeciekać: *The roof's leaking!* **2** [I] wyciekać, ulatniać się: **+ out of/into** *Gas was leaking out of the pipes.* **3** [T] ujawniać: *The letters were leaked to the press.* **4 sth is leaking petrol/water** z czegoś cieknie benzyna/woda: *My car's leaking oil.* —**leakage** *n* [U] wyciek
**leak out** *phr v* [I] przeciekać, wychodzić na jaw

**leak²** *n* [C] **1** nieszczelność, dziura: *There's a leak in the watertank.* **2** wyciek: *an oil leak* **3** przeciek: *security leaks*

**leak·y** /ˈliːki/ *adj* nieszczelny: *a leaky roof*

**lean¹** /liːn/ *v* **leaned** *or* **leant** /lent/ *BrE* **1** [I] pochylać się: **+ forward/back/across etc** *Celia leaned forward and kissed him.* **2** [I] opierać się: **+ against/on** *Joe was leaning on the fence.* **3** [T] opierać: **lean sth on/against sth** *Lean the ladder against the wall.*

**lean on** sb *phr v* [T] polegać na, wspierać się na: *I know I can always lean on my friends.*

**lean²** *adj* **1** szczupły: *Sven was lean and athletic.* **2** chudy: *lean meat | a lean year for small businesses*

**lean·ing** /ˈliːnɪŋ/ *n* [C] skłonność: *socialist leanings*

**leap¹** /liːp/ *v* [I] **leaped** *or* **leapt** /lept/, **leaped** *or* **leapt, leaping 1** skoczyć: **+ over/into/from etc** *Mendez leaped into the air* (=podskoczył w górę) *after scoring a goal.* | **leap up/out of etc** *Ben leapt up* (=zerwał się) *to answer the phone.* **2 leap at the opportunity/chance** skorzystać z okazji/szansy

**leap²** *n* [C] skok: *a leap in oil prices*

**leap year** /ˈ. ./ *n* [C] rok przestępny

**learn** /lɜːn/ *v* **learned** *or* **learnt** /lɜːnt/ *BrE,* **learned** *or* **learnt** *BrE,* **learning 1** [I,T] na/uczyć się: *Lisa's learning Spanish.* | *Have you learned your lines for the play?* | *She'll have to learn that she can't always get what she wants.* | **learn (how) to do sth** *I learned to drive when I was 18.* **2** [I,T] *formal* dowiadywać się: **+ about** *We only learned about the accident later.* | **+ (that)** *I was surprised to learn that Jack's left college.* —**learner** *n* [C] *a slow learner* (=ktoś, kto się wolno uczy)

> UWAGA **learn i study**
>
> Nie należy mylić wyrazów **learn** i **study** w znaczeniu 'uczyć się'. Gdy mowa o 'uczeniu się' w znaczeniu 'poznawania czegoś, zdobywania wiedzy o czymś', używamy **learn**: *I've been learning English for three years.* W języku polskim mamy wtedy formę dokonaną 'nauczyć się'. Gdy mówimy o 'uczeniu się' na konkretne zajęcia (odrabianie zadania domowego) czy przygotowywaniu się do egzaminu, używamy **study**: *I can't study with that music playing all the time.* W języku polskim nie mamy wtedy formy dokonanej. Różnicę między **learn** i **study** dobrze widać w następującym przykładzie: *I've been studying for five hours, but I don't think I've learnt anything.*

**learn·ed** /ˈlɜːnəd/ *adj formal* uczony

**learn·ing** /ˈlɜːnɪŋ/ *n* [U] wiedza

**lease** /liːs/ *n* [C] umowa najmu: *a two-year lease on the apartment* —**lease** *v* [T] wy/dzierżawić

**leash** /liːʃ/ *n* [C] smycz

**least¹** /liːst/ *adv* [superlative of **little**] **1 at least a)** co najmniej: *At least 150 people were killed in the earthquake.* **b)** *spoken* przynajmniej: *Well, at least you got your money back.* | *He's gone home, at least I think he has.* | *Will you at least say you're sorry?* **2** najmniej: *She chose the least expensive* (=najtańszy) *ring.* | *the thing I least expected to happen* | **least of all** (=zwłaszcza nie): *I don't like any of them, least of all Debbie.* **3 not in the least/not the least** bynajmniej: *I wasn't in the least worried.* **4 to say the least** delikatnie mówiąc: *Mrs Lim was upset, to say the least.*

**least²** *quantifier* [superlative of **little**] najmniej: *I get paid the least.*

**leath·er** /ˈleðə/ *n* [U] skóra: *a leather belt*

**leave¹** /liːv/ *v* **left, left, leaving 1** [T] opuszczać: *Nick doesn't want to leave California.* | *She's left her husband.* **2** [I] wyjeżdżać, wychodzić: *The manager asked them to leave.* | **+ for** *We're leaving for Paris tomorrow.* **3** [T] zostawiać: *Just leave those letters on my desk, please.* | *Can we leave the dishes for later?* | **leave sb sth** *My aunt left me this ring.* **4** [T] *także* **leave behind** zostawiać: *Oh no, I think I've left my keys in the front door.* **5 be left (over)** zosta-

wać: *Is there any coffee left?* **6 leave sb alone** dawać komuś spokój: *Just go away and leave me alone.* **7 leave sth alone** *spoken* zostawiać coś (w spokoju): *Leave that watch alone – you'll break it!* **8 leave sth to sb** pozostawiać coś komuś: *I've always left financial decisions to my wife.*

**leave** sb/sth ↔ **out** *phr v* [T] pomijać: *She was upset about being left out of the team.*

**leave**[2] *n* [U] **1** urlop: *soldiers on leave* | **maternity/compassionate leave** (=urlop macierzyński/okolicznościowy) **2 sick leave** zwolnienie lekarskie

**leaves** /liːvz/ *n* liczba mnoga od LEAF

**lec·ture**[1] /ˈlektʃə/ *n* [C] wykład: **+ on/about** *a lecture on Islamic art* | *I'm sick of Dad's lectures about my clothes.* | **give a lecture** (=wygłosić wykład): *Dr. Hill gave a brilliant lecture.*

**lecture**[2] *v* **1** [T] **lecture sb about sth** robić komuś uwagi na temat czegoś: *They're always lecturing me about smoking.* **2** [I] wykładać —**lecturer** *n* [C] wykładowca: *a history lecturer*

**led** /led/ *v* czas przeszły i imiesłów bierny od LEAD[1]

**ledge** /ledʒ/ *n* [C] **1** gzyms **2** występ skalny

**leech** /liːtʃ/ *n* [C] pijawka

**leek** /liːk/ *n* [C] por: *leeks in cheese sauce*

**lee·way** /ˈliːweɪ/ *n* [U] swoboda: *Parents should give their children a certain amount of leeway.*

**left**[1] /left/ *adj* [only before noun] **1** lewy: *Jim's broken his left leg.* **2** w lewo: *Take a left turn at the lights.*

**left**[2] *adv* w lewo: *Turn left at the church.* ➡ antonim RIGHT[2]

**left**[3] *n* **1** [singular] lewa strona: **on the/your left** (=po lewej stronie): *It's the second door on your left.* **2 the Left** lewica ➡ antonim RIGHT[3]

**left**[4] *v* czas przeszły i imiesłów bierny od LEAVE

**left-hand** /ˌ. ˈ.◂/ *adj* [only before noun] lewy: *the top left-hand drawer*

**left-hand·ed** /ˌ. ˈ..◂/ *adj* leworęczny

**left·o·vers** /ˈleftəʊvəz/ *n* [plural] resztki

**left wing** /ˌ. ˈ./ *n* [singular] lewe skrzydło

**left-wing** /ˌ. ˈ.◂/ *adj* lewicowy: *a left-wing newspaper* —**left-winger** *n* [C] lewicowiec

**leg** /leg/ *n* **1** [C] noga: *She broke her leg skiing last year.* | *a boy with long skinny legs* **2** [C] nogawka **3** [C] etap: *the second leg of the World Championship*

**leg·a·cy** /ˈlegəsi/ *n* [C] **1** spuścizna: *the legacy of the Vietnam war* **2** spadek

**le·gal** /ˈliːgəl/ *adj* **1** legalny: *a legal agreement* ➡ antonim ILLEGAL **2** prawny: *the legal system* | **take legal action (against sb)** (=podejmować kroki prawne (przeciwko komuś)) —**legally** *adv* legalnie, prawnie —**legality** /lɪˈgæləti/ *n* [U] legalność

**le·gal·ize** /ˈliːgəlaɪz/ (*także* **-ise** *BrE*) *v* [T] za/legalizować: *a campaign to legalize cannabis* —**legalization** /ˌliːgəlaɪˈzeɪʃən/ (*także* **-isation** *BrE*) *n* [U] legalizacja

**le·gend** /ˈledʒənd/ *n* [C,U] legenda: *the legend of King Arthur* | *a figure from ancient legend* | *rock 'n' roll legend Buddy Holly*

**le·gen·da·ry** /ˈledʒəndəri/ *adj* legendarny: *the legendary baseball player Babe Ruth*

**leg·gings** /ˈlegɪŋz/ *n* [plural] leginsy: *She was wearing leggings and a baggy T-shirt.*

**le·gi·ble** /ˈledʒəbəl/ *adj* czytelny: *His writing was barely legible.* —**legibly** *adv* czytelnie ➡ antonim ILLEGIBLE

**le·gion** /ˈliːdʒən/ *n* [C] legion

**le·gis·late** /ˈledʒəsleɪt/ *v* [I] uchwalać ustawę: **+ against/for/on** *The government has no plans to legislate against smoking in public.*

**le·gis·la·tion** /ˌledʒəˈsleɪʃən/ *n* [U] ustawodawstwo: *European legislation on human rights*

**le·gis·la·tive** /ˈledʒəslətɪv/ *adj* ustawodawczy: *legislative powers*

**le·gis·la·ture** /ˈledʒəsleɪtʃə/ *n* [C] ciało ustawodawcze: *the Ohio state legislature*

**le·git·i·mate** /ləˈdʒɪtəmət/ *adj* **1** legalny: *legitimate business activities*

**2** uzasadniony: *a legitimate question* —**legitimacy** *n* [U] legalność, zasadność

**lei·sure** /ˈleʒə/ *n* **1** [U] czas wolny: *leisure activities such as sailing and swimming* **2 at your leisure** w spokoju: *Read it at your leisure.*

**lei·sure·ly** /ˈleʒəli/ *adj* spokojny: *a leisurely walk around the park*

**lem·on** /ˈlemən/ *n* [C,U] cytryna

**lem·on·ade** /ˌleməˈneɪd◂/ *n* [U] *BrE* lemoniada

**lend** /lend/ *v* **lent, lent, lending** [T] pożyczać: **lend sb sth** *Could you lend me £10?* | **lend sth to sb** *I've lent my bike to Tom.* —**lender** *n* [C] pożyczkodawca

> UWAGA **lend**
>
> Patrz **borrow** i **lend**.

**length** /leŋθ/ *n* **1** [C,U] długość: *What's the length of the room?* | *I'm writing to complain about the length of time it's taken them to do the survey.* | **in length** *The whale measured three metres in length* (=miał 3 metry długości). **2 go to great lengths to do sth** nie szczędzić starań, żeby coś zrobić: *She went to great lengths to help us.* **3 at length a)** długo, obszernie: *He spoke at length about the time he spent in Beirut.* **b)** *literary* wreszcie: *At length, Anna spoke: "What's your name?"* **4** [C] kawałek: *two lengths of rope*

**length·en** /ˈleŋθən/ *v* [I,T] wydłużać (się): *The days lengthened as summer approached.*

**length·ways** /ˈleŋθweɪz/ *także* **lengthwise** /-waɪz/ *adv* wzdłuż: *Fold the cloth lengthwise.*

**length·y** /ˈleŋθi/ *adj* długotrwały: *a lengthy process*

**le·ni·ent** /ˈliːniənt/ *adj* pobłażliwy: *The judge was criticized for being too lenient.* —**leniency** *n* [U] pobłażliwość

L

**lens** /lenz/ *n* [C] soczewka: *glasses with thick lenses*

**Lent** /lent/ *n* [U] wielki post

**lent** *v* czas przeszły i imiesłów bierny od LEND

**len·til** /ˈlentl/ *n* [C usually plural] soczewica

**Le·o** /ˈliːəʊ/ *n* [C,U] Lew

**leop·ard** /ˈlepəd/ *n* [C] lampart

**le·o·tard** /ˈliːətɑːd/ *n* [C] trykot

**lep·er** /ˈlepə/ *n* [C] trędowat-y/a

**lep·ro·sy** /ˈleprəsi/ *n* [U] trąd

**les·bi·an** /ˈlezbiən/ *n* [C] lesbijka —**lesbian** *adj* lesbijski

**less**[1] /les/ *adv* [comparative of **little**] **1** mniej: *I definitely walk less since I've had the car.* ➡ antonim MORE[1] **2 less and less** coraz mniej: *Our trips became less and less frequent* (=coraz rzadsze).

> UWAGA **less i fewer**
>
> Nie należy mylić wyrazów **less** i **fewer** w znaczeniu 'mniej'. **Less** używa się z rzeczownikami niepoliczalnymi: *You get more food for less money at Shop 'n' Save.* **Fewer** używa się z rzeczownikami policzalnymi: *Fewer students are studying science these days.*

**less**[2] *quantifier* [comparative of **little**] **1** mniej: *Most single parents earn £100 a week or less.* | **+ than** *I live less than a mile from here.* | **+ of** *She spends less of her time abroad now.* **2 no less than** *spoken* nie mniej niż: *It took no less than nine policemen to hold him down.*

**less·en** /ˈlesən/ *v* [I,T] zmniejszać (się): *A glass of wine a day can help lessen the risk of heart disease.*

**less·er** /ˈlesə/ *adj* [only before noun] **1 the lesser of two evils** mniejsze zło **2 lesser known** mniej znany: *a lesser known French poet*

**les·son** /ˈlesən/ *n* [C] lekcja: **take lessons** *Hannah is taking guitar lessons* (=bierze lekcje gry na gitarze).

> UWAGA **lesson**
>
> Nie mówi się "I do lessons". Mówi się **I do my homework**.

**let** /let/ *v* [T] **let, let, letting** **1** pozwalać: *I'll come if my dad lets me.* | *She let the handkerchief fall to the*

*ground.* | **let sb do sth** *"Let him speak," said Ralph.* | **let sb go** (=pozwolić komuś odejść) **2 let's do sth** *spoken* zróbmy coś: *I'm hungry – let's eat* (=zjedzmy coś). **3 let's see** *spoken* niech się zastanowię: *Now let's see, where did I put it?* **4 let go** puścić: **+ of** *"Let go of me!" Ben shouted.* **5 let sb know** dawać komuś znać: *Let me know when you're ready.* **6 let me do sth** *spoken* pozwól mi coś zrobić: *Let me carry that for you.* **7** wynajmować: *We're letting our spare room to a student.* **8 let alone** nie mówiąc o: *Davey can't even crawl yet, let alone walk!* **9 let sb through** przepuszczać kogoś: *Let me through, I'm a doctor!* **10 let sth go** zapominać o czymś: *We'll let it go this time, but don't be late again.*

**let** sb **down** *phr v* [T] zawieść: *You won't let me down, will you?* ➡ patrz też LETDOWN

**let** sb **in/into** *phr v* [T] wpuszczać do środka

**let** sb **off** *phr v* [T] darować (winę): *I'll let you off this time, but don't do it again.*

**let on** *phr v* [I] wygadać się: **+ (that)** *I won't let on I know anything about it.*

**let out** *phr v* **1** [T **let** sb **out**] wypuszczać **2 let out a scream/cry** wrzasnąć/krzyknąć: *Suddenly, Ben let out a yell and jumped up.*

**let·down** /ˈletdaʊn/ *n* [singular] *informal* zawód, rozczarowanie: *That movie was a real letdown.*

**le·thal** /ˈliːθəl/ *adj* śmiertelny, śmiercionośny: *a lethal dose of heroin*

**le·thar·gic** /lɪ̵ˈθɑːdʒɪk/ *adj* ospały

**let's** /lets/ forma ściągnięta od "let us"

**let·ter** /ˈletə/ *n* **1** [C] list: *Could you post this letter for me?* **2** [C] litera: *the letter A*

**let·ter·box** /ˈletəbɒks/ *n* [C] *BrE* **1** skrzynka na listy **2** skrzynka pocztowa

**let·tuce** /ˈletɪ̵s/ *n* [C,U] sałata

**leu·ke·mi·a** /luːˈkiːmiə/ *także* **leukaemia** *BrE n* [U] białaczka

**lev·el¹** /ˈlevəl/ *n* [C] **1** poziom: *A low fat diet will help cut your cholesterol level.* | *high levels of pollution* | *Check the water level in the radiator.* | *an advanced level coursebook* (=podręcznik dla zaawansowanych) | *lower level managers* (=kierownicy niższego szczebla) | **at eye level** (=na wysokości oczu) **2** kondygnacja: *Her office is on Level 3.*

> UWAGA **level i standard**
>
> Gdy mówimy o 'poziomie' w znaczeniu 'jakość', zamiast wyrazu **level** używamy wyrazu **standard**: *People in developed countries have a higher standard of living.* | *All his work is of a very high standard.*

**level²** *adj* **1** równy: *The floor must be completely level before you lay the tiles.* **2 level with** na tym samym poziomie co: *He bent down so that his face was level with the little boy's.*

**level³** *v* **-lled, -lling** *BrE*, **-led, -ling** *AmE* **1** *także* **level off/out** [T] wyrównywać **2** [T] zrównywać z ziemią: *An earthquake leveled several buildings in the city.* **3 level criticism/charges against sb** krytykować/oskarżać kogoś

**level off/out** *phr v* [I] **1** u/stabilizować się: *The plane began to level off at 30,000 feet.* **2** [T **level** sth ↔ **off/out**] wyrównywać

**level cross·ing** /ˌ.. ˈ../ *n* [C] *BrE* przejazd kolejowy

**level-head·ed** /ˌ.. ˈ..◂/ *adj* zrównoważony

**le·ver** /ˈliːvə/ *n* [C] dźwignia

**lev·y¹** /ˈlevi/ *v* **levy a tax/charge** nakładać podatek/opłatę: **+ on** *a tax levied on electrical goods*

**levy²** *n* [C] należność (*podatkowa*)

**lewd** /luːd/ *adj* sprośny: *lewd comments*

**lex·i·con** /ˈleksɪkən/ *n* [singular] *technical* słownictwo

**li·a·bil·i·ty** /ˌlaɪəˈbɪlɪ̵ti/ *n* **1** [C,U] odpowiedzialność: **+ for** *NorCo has admitted liability for the accident.* **2** [singular] ciężar, kłopot: *That car of yours is a liability!*

**li·a·ble** /ˈlaɪəbəl/ *adj* **1 be liable to do sth** mieć tendencję do robienia czegoś:

*The car's liable to overheat on long trips.* **2** odpowiedzialny: *He declared that he was not liable for his wife's debts.*

**li·aise** /li'eɪz/ *v* [I] wymieniać informacje: **+ with** *Part of a librarian's job is to liaise with local schools.*

**li·ai·son** /li'eɪzən/ *n* [U singular] współpraca: **+ between** *close liaison between the army and police*

**li·ar** /'laɪə/ *n* [C] kłamca

**li·bel** /'laɪbəl/ *n* [C,U] zniesławienie: *He is suing the magazine for libel.* —**libel** *v* [T] **-lled, -lling** *BrE*, **-led, -ling** *AmE* zniesławiać —**libellous** *BrE*, **libelous** *AmE adj* zniesławiający

**lib·e·ral¹** /'lɪbərəl/ *adj* **1** liberalny: *a liberal attitude towards sex* **2** szczodry: *Don't be too liberal with the salt.*

**liberal²** *n* [C] liberał

**lib·e·ral·ize** /'lɪbərəlaɪz/ (*także* **-ise** *BrE*) *v* [T] z/liberalizować —**liberalization** /ˌlɪbərəlaɪ'zeɪʃən/ (*także* **-isation** *BrE*) *n* [U] liberalizacja

**lib·e·ral·ly** /'lɪbərəli/ *adv* szczodrze

**lib·e·rate** /'lɪbəreɪt/ *v* [T] **1** uwalniać: *For the first time, she was liberated from her parents' strict rules.* **2** wyzwalać: *The city was liberated by the Allies in 1944.* —**liberator** *n* [C] wyzwoliciel/ka —**liberation** /ˌlɪbə'reɪʃən/ *n* [U] wyzwolenie

**lib·e·rat·ed** /'lɪbəreɪtɪd/ *adj* wolny, wyzwolony

**lib·er·ty** /'lɪbəti/ *n* **1** [C,U] wolność: *principles of liberty and democracy* **2 sb is at liberty to do sth** komuś wolno coś z/robić: *I'm not at liberty to say where he is* **3 take the liberty of doing sth** pozwalać sobie coś z/robić: *I took the liberty of helping myself to a drink.*

**Li·bra** /'liːbrə/ *n* [C,U] Waga

**li·brar·i·an** /laɪ'breəriən/ *n* [C] biblioteka-rz/rka

**li·bra·ry** /'laɪbrəri/ *n* [C] biblioteka: *a library book* (=książka z biblioteki)

**lice** /laɪs/ *n* liczba mnoga od LOUSE

**li·cence** /'laɪsəns/ *BrE*, **license** *AmE n* [C] pozwolenie, koncesja: *a licence to sell alcohol*

**li·cense** /'laɪsəns/ *v* [T] udzielać zezwolenia: **be licensed to do sth** *He is licensed to carry a gun* (=ma zezwolenie na broń).

**license plate** /'.. ./ *n* [C] *AmE* tablica rejestracyjna

**li·chen** /'laɪkən/ *n* [C,U] porost

**lick¹** /lɪk/ *v* [T] po/lizać: *Judy's dog jumped up to lick her face.*

**lick²** *n* **1** [C usually singular] liźnięcie: *Can I have a lick of* (=mogę liznąć) *your ice cream?* **2 a lick of paint** *informal* odrobina farby

**lid** /lɪd/ *n* **1** [C] wieczko: *Where's the lid for this jar?* **2** [C] pokrywka

**lie¹** /laɪ/ *v* [I] **lay, lain, lying 1 a)** leżeć: *The town lies to the east of the lake.* | *A book lay open on her desk.* | **+ on/in/below/with etc** *We lay on the beach all morning.* | *A pile of letters was lying on the doormat.* | *The fault appears to lie with the computer system.* **b)** *także* **lie down** kłaść/położyć się: *I'm going upstairs to lie down.* **2 lie low** pozostawać w ukryciu **3 lie ahead of sb** czekać kogoś w przyszłości **4 lie in wait (for sb/sth)** czaić się (na kogoś/coś)

**lie around** *także* **lie about** *BrE phr v* [I] **1** poniewierać się: *I wish you'd stop leaving your clothes lying around.* **2** wylegiwać się: *We just lay around on the beach the whole time.*

**lie behind** sth *phr v* [T] kryć się za: *I wonder what really lay behind her decision.*

**lie down** *phr v* [I] kłaść/położyć się

**lie in** *phr v* [I] *BrE* poleżeć sobie dłużej w łóżku

**lie²** *v* [I] **lied, lied, lying** s/kłamać: **+ to** *I would never lie to you.*

**lie³** *n* [C] kłamstwo: **tell a lie** (=s/kłamać): *I always know when she's telling lies.*

**lie-down** /'. ./ *n* [singular] *BrE* **have a lie-down** położyć się na chwilę: *Why don't you have a lie-down?*

**lie-in** /'. ./ *n* [singular] *BrE* **have a lie-in**

poleżeć sobie dłużej w łóżku: *I usually have a lie-in on Sunday morning.*

**lieu·ten·ant** /lef'tenənt/ *n* [C] porucznik

**life** /laɪf/ *n plural* **lives** /laɪvz/ **1** [C,U] życie: *the happiest day of my life* | *He spent the rest of his life in France.* | *a baby's first moments of life* | *Wear a seatbelt – it could save your life.* | *Life in New York is exciting.* | *family life* | *Is there life on other planets?* | *studying the island's plant life* | *Four years old and just so full of life.* | **sign of life** (=oznaka życia): *There were no signs of life in the house.* **2 private/social/sex life** życie prywatne/towarzyskie/seksualne: *an active social life* **3 way of life** sposób życia: *a traditional way of life* | *the American way of life* **4 real life** rzeczywistość: *In real life crimes are never solved by amateur detectives.* **5 that's life** *spoken* takie jest życie **6 come to life** ożywiać się: *The game really came to life in the second half.* **7 not on your life!** *spoken* nigdy w życiu! **8** [U] *także* **life imprisonment** dożywocie

**life belt** /'. ./ *także* **life buoy** *n* [C] koło ratunkowe

**life·boat** /'laɪfbəʊt/ *n* [C] szalupa ratunkowa

**life ex·pec·tan·cy** /ˌ. .'.../ *n* [C,U] średnia długość życia

**life guard** /'. ./ *n* [C] ratownik

**life in·sur·ance** /'. .ˌ../ *n* [U] ubezpieczenie na życie

**life jack·et** /'. ˌ../ *n* [C] kamizelka ratunkowa

**life·less** /'laɪfləs/ *adj* **1** martwy **2** bez życia: *a lifeless performance*

**life·like** /'laɪflaɪk/ *adj* realistyczny: *a very lifelike statue*

**life·line** /'laɪflaɪn/ *n* [C] lina ratunkowa: *The phone is her lifeline.*

**life·long** /'laɪflɒŋ/ *adj* [only before noun] na całe życie: *a lifelong friend*

**life-size** /'. ./ *adj* naturalnej wielkości

**life·style** /'laɪfstaɪl/ *n* [C,U] styl życia: *Starting a family causes a major change in your lifestyle.*

**life·time** /'laɪftaɪm/ *n* [C usually singular] życie

**life vest** /'. ./ *n* [C] *AmE* kamizelka ratunkowa

**lift**[1] /lɪft/ *v* **1** [T] podnosić: *Can you help me lift this box?* | *He lifted his hand to wave.* **2** [T] znosić: *The US has lifted trade restrictions with the country.* **3** [I] rozwiewać się: *The mist lifted.* **4** [T] *informal* gwizdnąć, zwędzić **5 not lift a finger** *informal* nie ruszyć palcem

**lift off** *phr v* [I] wy/startować (*o rakiecie*)

**lift**[2] *n* **1** [C] *BrE* winda **2** *BrE* [singular] **give sb a lift** podwozić kogoś: *Could anybody give Sue a lift home?*

**lift-off** /'. ./ *n* [C,U] start (*rakiety*)

**light**[1] /laɪt/ *n* **1** [U] światło: *Light poured in through the window.* | *The light in here isn't very good.* | *Can you turn the light on, please?* | *Turn left at the lights.* **2 a light** ogień: *Excuse me, do you have a light?* **3 come to light** wychodzić na jaw: *New information about the case has come to light.* **4 bring sth to light** wyciągać coś na światło dzienne: *New information about the case has been brought to light.* **5 in the light of sth** *BrE*, **in light of sth** *AmE* z uwagi na coś: *In light of the low profits, we will have to make budget cuts.* **6 see sth in a new/different light** widzieć coś w nowym/innym świetle **7 shed/throw/cast light on sth** rzucać światło na coś **8 a light at the end of the tunnel** światełko w tunelu **9 see the light** przejrzeć na oczy

**light**[2] *adj* **1** jasny: *a light blue dress* | *a light and airy studio* → antonim DARK[1] **2** lekki: *Your bag's lighter than mine.* | *a light wind* | *a light tap on the door* | *a light sweater* | *a light comedy on TV* → antonim HEAVY **3** mały: *light traffic* **4 light sleep** lekki sen **5 make light of sth** z/bagatelizować coś



**UWAGA light**

Nie należy używać **light**, opisując czyjąś karnację. Należy używać przy-

miotników **fair** lub **pale**.

**light³** *v* **lit** *or* **lighted, lit** *or* **lighted, lighting 1** [I,T] zapalać (się): *I lit another cigarette.* | *The fire won't light – the wood's wet.* **2** [T] oświetlać: *The room was lit by two lamps.*

**light up** *phr v* **1** [I,T **light** sth ↔ **up**] rozjaśniać (się): *The fireworks lit up the night sky.* | *Her face lit up.* **2** [I] *informal* zapalać papierosa

**light⁴** *adv* **travel light** podróżować z małą ilością bagażu

**light bulb** /'. ./ *n* [C] żarówka

**light·en** /'laɪtn/ *v* **1** [T] zmniejszać: *The new computers should lighten our work load.* **2** [I,T] rozjaśniać (się): *As the sky lightened, we could see the full extent of the damage.*

**light·er** /'laɪtə/ *n* [C] zapalniczka

**light-head·ed** /ˌ. '..◂/ *adj* zamroczony

**light-heart·ed** /ˌ. '..◂/ *adj* **1** wesoły **2** żartobliwy: *a light-hearted remark*

**light·house** /'laɪthaʊs/ *n* [C] latarnia morska

**light·ing** /'laɪtɪŋ/ *n* [U] oświetlenie: *Better street lighting might help prevent crime.*

**light·ly** /'laɪtli/ *adv* **1** lekko: *He touched her lightly on the shoulder.* | *Sprinkle sugar lightly over the cake.* **2 sb does not do sth lightly** zrobienie czegoś nic nie przychodzi komuś lekko: *We did not make this decision lightly.* **3 escape lightly/get off lightly** wykręcić się sianem

**light·ning¹** /'laɪtnɪŋ/ *n* [U] błyskawica: *The tree was struck by lightning* (=w drzewo uderzył piorun).

**lightning²** *adj* błyskawiczny: *a lightning attack*

**light·weight** /'laɪt-weɪt/ *adj* lekki: *a lightweight jacket*

**lik·a·ble** /'laɪkəbəl/ sympatyczny

> UWAGA **likable**
>
> Patrz **sympathetic** i **likable**.

**like¹** /laɪk/ *prep* **1** jak: *His skin was brown and wrinkled, like leather.* | *Stop behaving like an idiot!* | *I'd love to have a car like yours.* | **look/sound/smell like** *The building looked like* (=wyglądał jak) *a church.* → antonim UNLIKE **2 (not) be like sb** (nie) być typowym dla kogoś: *It's not like Dad to be late.* → antonim UNLIKE **3 what is sb/sth like?** jaki/e ktoś/coś jest?: *What's the new house like?* **4** taki jak: *Foods like spinach and broccoli contain a lot of iron.* **5 like this/that/so** *spoken* w ten sposób: *She had her arms around his neck, like this.* **6 something like** *spoken* coś koło: *Seats cost something like $50 each.*

**like²** *v* **1** [T] lubić: *Do you like your job?* | *He likes Amy a lot.* | *How do you like your steak cooked?* | **like doing sth** (=lubić coś robić): *I really like swimming.* | **like to do sth** (=lubić coś robić): *Pam doesn't like to walk home late at night.* | *Jim likes to get to the airport early.* | **like sth about sb/sth** (=lubić coś w kimś/czymś): *The thing I like about Todd is that he's always cheerful.* → antonim DISLIKE¹ **2 not like to do sth/not like doing sth** *especially BrE* nie lubić czegoś robić: *I don't like disturbing her when she's busy.* **3 I'd like ...** *spoken* chciałbym: *I'd like a cheeseburger, please.* | **I'd/he'd like to do sth** (=chciałbym/chciałby coś zrobić): *He'd like to know how much it will cost.* | **I'd/he'd like sb to do sth** (=chciałbym/chciałby żeby ktoś coś zrobił): *We'd like you to be there if you can.* **4 would you like ...?** *spoken* czy chciałbyś ...?: *Would you like some more coffee?* | **would you like to do sth?** *Would you like to go to the cinema?* **5 if you like** *spoken, especially BrE* **a)** jeśli chcesz, jeśli masz ochotę: *We could watch a video this evening if you like.* **b)** skoro nalegasz: *"I'll come with you to the station." "Yes, if you like."* **6 whatever/whenever you like** *spoken, especially BrE* cokolwiek/kiedykolwiek zechcesz: *Come again whenever you like.* **7 How do you like ...?** *spoken* Jak ci się podoba ...?: *"How do you like New York?" "It's great."* **8 (whether you) like**

**it or not** *spoken* chcesz czy nie chcesz: *You're going to the dentist, like it or not!*

> UWAGA **like**
>
> Zwykle nie ma znaczenia, czy mówimy **like doing sth** czy **like to do sth**. Kiedy jednak chodzi o konkretny stan, sytuację lub miejsce, musimy użyć **like doing sth**: *I like living in London* (not "I like to live in London"). Nie mówi się "I like very much watching TV". Mówi się **I really like watching TV**. Patrz też **as** i **like**.

**like**[3] *n* **1 sb's likes and dislikes** czyjeś sympatie i antypatie **2 and the like** i tym podobne: *social problems such as poverty, unemployment and the like* **3 the likes of** *spoken* tacy jak: *He thinks he's too good for the likes of us.*

**like**[4] *conjunction spoken nonstandard* **1** jak gdyby: *He acted like he owned the place.* **2 like I say/said** jak mówiłem: *Like I said, we'll be away in August.* **3** tak jak: *Do it like I told you to.*

**like·a·ble** /ˈlaɪkəbəl/ *także* **likable** *adj* sympatyczny: *Greg's a very likeable chap.*

**like·li·hood** /ˈlaɪklihʊd/ *n* **1** [U singular] prawdopodobieństwo: **+ of/that** *Even one drink can increase the likelihood of you having an accident.* **2 in all likelihood** najprawdopodobniej: *The president will, in all likelihood, have to resign.*

**like·ly**[1] /ˈlaɪkli/ *adj* prawdopodobny: *Snow showers are likely tomorrow.* | **sb is likely to do sth** *She's likely to get upset* (=prawdopodobnie się zdenerwuje) *if you ask her about it.* | **it is likely that** (=jest prawdopodobne, że): *It's likely that she knew the man who attacked her.*

**likely**[2] *adv* **1** prawdopodobnie: *I'd very likely have done the same thing as you did.* **2 not likely** *spoken, especially BrE* na pewno nie: *"Are you inviting Mary to the party?" "Not likely!"*

**lik·en** /ˈlaɪkən/ *v*

**liken** sb/sth **to** sb/sth *phr v* [T] porównywać: *Critics likened the new theatre to a supermarket.*

**like·ness** /ˈlaɪknəs/ *n* **1** [U singular] podobieństwo: *a family likeness between the three sisters* **2 a good/an excellent likeness of sb** dobra/doskonała podobizna kogoś: *That's a good likeness of Julie.*

**like·wise** /ˈlaɪk-waɪz/ *adv* podobnie, tak samo: *The dinner was superb. Likewise, the concert.*

**lik·ing** /ˈlaɪkɪŋ/ *n* **1 have a liking for sth** mieć upodobanie do czegoś: *She has a liking for antiques.* **2 take a liking to sb** polubić kogoś **3 be to sb's liking** *formal* odpowiadać komuś: *I hope everything was to your liking, Sir.* **4 too bright/strong for your liking** zbyt jasny/mocny jak na czyjś gust: *This weather's a bit too hot for my liking.*

**li·lac** /ˈlaɪlək/ *n* **1** [C,U] bez **2** [U] kolor liliowy

**lil·y** /ˈlɪli/ *n* [C] lilia

**limb** /lɪm/ *n* [C] kończyna

**lim·bo** /ˈlɪmbəʊ/ *n* **in limbo** w stanie zawieszenia. *I'm in limbo until I get my examination results.*

**lime** /laɪm/ *n* **1** [C,U] limona **2** [U] wapno

**lime·light** /ˈlaɪmlaɪt/ *n* **be in the limelight** znajdować się w centrum uwagi: *Sanchez loves being in the limelight.*

**lim·e·rick** /ˈlɪmərɪk/ *n* [C] limeryk

**lime·stone** /ˈlaɪmstəʊn/ *n* [U] wapień

**lim·it**[1] /ˈlɪmət/ *n* **1** [C,U] ograniczenie: *a 65 mph speed limit* **2** [C,U] granica: **+ to/on** *There is a limit to what we can achieve in the time available.* | **+ of** *A fence marked the limit of the school fields.* | *the limits of human endurance* | **set a limit** (=ustalać granicę): *We need to set a limit on future wage increases.* **3 within limits** w pewnych granicach: *People are free to choose, within limits, the hours that they work.* **4 off limits** objęty zakazem wstępu: *The beach is off limits after midnight.*

**limit**[2] *v* [T] **1** ograniczać: *The state tries to limit the number of children each family has.* | **limit sth to sth** *The economy will be limited to a 4% growth rate.* **2 be limited to** być ograniczonym do: *The damage*

*was limited to the roof.* **3** pozwolić: **limit sb to sth** *He's been limited to one hour of TV a night.*

**lim·i·ta·tion** /ˌlɪmǝ̇ˈteɪʃǝn/ *n* **1** [C,U] ograniczenie: **+ of/on** *the limitation of nuclear testing* **2 limitations** [plural] ograniczenia: **have your limitations** (=mieć swoje ograniczenia): *Computers have their limitations.*

**lim·it·ed** /ˈlɪmǝ̇tǝ̇d/ *adj* ograniczony: *families living on limited incomes*

**limited com·pa·ny** /ˌ... ˈ.../ *n* [C] *BrE* spółka z ograniczoną odpowiedzialnością

**lim·ou·sine** /ˈlɪmǝziːn/ *także* **lim·o** /ˈlɪmǝʊ/ *informal n* [C] limuzyna

**limp**[1] /lɪmp/ *adj* bezwładny, słaby: *a limp handshake* —**limply** *adv* bezwładnie

**limp**[2] *v* [I] kuleć, utykać, kuśtykać: *He limped to the chair* (=dokuśtykał do krzesła) *and sat down.* —**limp** *n* [singular] *Brody walks with a limp* (=kuleje).

**line**[1] /laɪn/ *n* **1** [C] linia: *Draw a straight line from A to B.* | *It's forbidden to park on double yellow lines.* | *Light travels in a straight line.* | **along the lines of sth** (=na wzór czegoś): *The meeting will be organized along the lines of the last one.* **2** [C] szereg: **+ of** *a line of trees along the side of the road* **3** [C,U] *AmE* kolejka: *There was a long line in front of the cinema.* **4** [C] sznurek, żyłka: *Could you hang the washing on the line?* | *a fishing line* **5** [C] linia, połączenie: **on the line** *Don's on the line for you* (=telefon do ciebie od Dona). | **hold the line** *spoken* (=nie odkładać słuchawki) **6** [C] *especially BrE* linia kolejowa: *the main London to Glasgow line* **7** [C] granica: **state/county line** (=granica stanu/hrabstwa) **8 in line** prawidłowy: **in line with sth** (=zgodny z czymś): *The company's actions are in line with the state laws.* **9 be in line for sth** być następnym w kolejce do czegoś: *He must be in line for promotion.* **10 on line** podłączony bezpośrednio do komputera głównego: *Most of us work on line.* **11** [C] linijka (*piosenki, wiersza*) kwestia (*aktora*): *the opening line of the song* **12** [C] model, typ: *a new line in sportswear* ➡ patrz też **somewhere along the line** (SOMEWHERE)

**line**[2] *v* [T] **1** podszywać: **be lined with sth** *The hood is lined with fur.* **2** obstawiać: *Thousands of spectators lined the route.* | *a wide avenue lined with trees* (=obsadzona drzewami)

**line up** *phr v* **1** [I] ustawiać się w szeregu: *OK class, line up by the door.* **2** [T **line** sb/sth ↔ **up**] ustawiać: *The jars were lined up on the shelf.*

**lined** /laɪnd/ *adj* **1** na podszewce: *a fur-lined coat* **2** w linie: *lined paper*

**lin·en** /ˈlɪnǝ̇n/ *n* [U] **1** bielizna: *bed linen* (=bielizna pościelowa) **2** płótno

**lin·er** /ˈlaɪnǝ/ *n* [C] liniowiec: *a cruise liner*

**lines·man** /ˈlaɪnzmǝn/ *plural* **linesmen** *n* [C] sędzia liniowy

**line-up** /ˈ. ./ *n* [C usually singular] **1** skład (*zespołu*) **2** konfrontacja (*na policji*)

**lin·ger** /ˈlɪŋgǝ/ *v* [I] **1** zwlekać: *She lingered for a moment in the doorway.* | **linger over sth** (=zasiedzieć się przy czymś): *They lingered over their coffee.* **2** *także* **linger on** utrzymywać się: *The memory of that day lingered on in her mind.*

**lin·ge·rie** /ˈlænʒǝri/ *n* [U] bielizna damska

**lin·ger·ing** /ˈlɪŋgǝrɪŋ/ *adj* przeciągły: *a long lingering kiss*

**lin·go** /ˈlɪŋgǝʊ/ *n* [U singular] *informal* mowa

**lin·guist** /ˈlɪŋgwǝ̇st/ *n* [C] **1** językoznawca **2 be a good linguist** znać języki

**lin·guis·tic** /lɪŋˈgwɪstɪk/ *adj* językowy: *a child's linguistic development*

**lin·guis·tics** /lɪŋˈgwɪstɪks/ *n* [U] językoznawstwo, lingwistyka

**lin·ing** /ˈlaɪnɪŋ/ *n* [C,U] podszewka: *a jacket with a silk lining*

**link**[1] /lɪŋk/ *v* [T] **1** po/łączyć: *a highway linking two major cities* | **be linked to/with sth** (=być łączonym z czymś): *Lung cancer has been linked to smoking cigarettes.* **2** *także* **link up** po/łączyć: **link**

**sth to/with sth** *Our computers are linked to the central system.*

**link**[2] *n* [C] **1** związek: **+ between** *The police do not think there is any link between this crime and last week's murder.* | **+ with** *Britain should be trying to develop closer links with the rest of Europe.* **2** ogniwo: *a link in the chain* **3** połączenie: *a satellite link*

**linking verb** /ˈ.. ˌ./ *n* [C] czasownik pełniący funkcję łącznika w orzeczeniu imiennym: *In the sentence, "She seems friendly", "seems" is a linking verb.*

**linking word** /ˈ.. ˌ./ *n* [C] spójnik

**li·on** /ˈlaɪən/ *n* [C] lew

**li·on·ess** /ˈlaɪənes/ *n* [C] lwica

**lip** /lɪp/ *n* [C] **1** warga: *a kiss on the lips* (=pocałunek w usta) **2** [usually singular] brzeg (*np. filiżanki*): *the lip of the jug*

**lip-read** /ˈlɪp riːd/ *v* [I,T] czytać z ruchu warg

**lip·stick** /ˈlɪpˌstɪk/ *n* [C,U] pomadka, szminka

**li·queur** /lɪˈkjʊə/ *n* [C,U] likier

**liq·uid** /ˈlɪkwɪ̈d/ *n* [C,U] płyn, ciecz —**liquid** *adj* płynny, ciekły: *liquid soap* (=mydło w płynie)

**liq·ui·date** /ˈlɪkwɪ̈deɪt/ *v* [I,T] z/likwidować —**liquidator** *n* [C] likwidator: *The company is now in the hands of liquidators.* —**liquidation** /ˌlɪkwɪ̈ˈdeɪʃən/ *n* [C,U] likwidacja: *The company has gone into liquidation.*

**liq·uid·iz·er** /ˈlɪkwɪ̈daɪzə/ *także* **liquidiser** *n* [C] *BrE* mikser

**liq·uor** /ˈlɪkə/ *n* [C,U] *AmE* napój alkoholowy (*wysokoprocentowy*)

**liquor store** /ˈ.. ./ *n* [C] *AmE* sklep monopolowy

**lisp** /lɪsp/ *v* [I,T] seplenić —**lisp** *n* [C] seplenienie: *She speaks with a lisp.*

**list**[1] /lɪst/ *n* [C] lista: *a shopping list* | **+ of** *Do you have a list of names and addresses?* | **on a list** *We have over 300 people on our waiting list.* | **make a list** *Make a list of all the equipment you'll need.*

**list**[2] *v* [T] wymieniać: *All the players must be listed on the scoresheet.*

**lis·ten** /ˈlɪsən/ *v* [I] **1** słuchać: *Everyone stopped what they were doing and listened.* | *I told him it was dangerous, but he didn't listen.* | **+ to** *Have you listened to those tapes yet?* | *Are you listening to me?* ➡ porównaj HEAR **2** *spoken* słuchaj: *Listen, if you need me, just ring.*

**listen for** sth/sb *phr v* [T] nasłuchiwać: *We listened for the sound of footsteps.*

**listen in** *phr v* [I] podsłuchiwać: *I think someone's listening in on the other phone.*

> UWAGA **listen**
>
> Nie mówi się "I listen music". Mówi się **I listen to music**.

**lis·ten·er** /ˈlɪsənə/ *n* **1** [C] słuchacz/ka **2 be a good listener** umieć słuchać

**list·less** /ˈlɪstləs/ *adj* apatyczny: *The heat was making us feel listless.* —**listlessly** *adv* apatycznie

**lit** /lɪt/ *v* czas przeszły i imiesłów bierny od LIGHT

**li·ter** /ˈliːtə/ *n* amerykańska pisownia wyrazu LITRE

**lit·e·ra·cy** /ˈlɪtərəsi/ *n* [U] umiejętność czytania i pisania

**lit·e·ral** /ˈlɪtərəl/ *adj* dosłowny: *a literal interpretation of the Bible* ➡ porównaj FIGURATIVE

**lit·e·ral·ly** /ˈlɪtərəli/ *adv* dosłownie: *The word "melodrama" literally means a play with music.* | *She was literally shaking with fear.* | *We've been working day and night, literally, to try to finish on time.* | *When I told her to go and jump in the lake, I didn't think she'd take me literally* (=nie sądziłem, że weźmie to dosłownie)!

**lit·e·ra·ry** /ˈlɪtərəri/ *adj* literacki: *literary criticism* | *literary language*

**lit·e·rate** /ˈlɪtərɪ̈t/ *adj* **1** piśmienny (*o człowieku*) **2** oczytany ➡ antonim ILLITERATE

**lit·e·ra·ture** /ˈlɪtərətʃə/ *n* [U] literatura: *the great classics of English literature*

**li·tre** /ˈliːtə/ *BrE*, **liter** *AmE* *n* [C] litr

**lit·ter**[1] /ˈlɪtə/ *n* **1** [U] odpadki, śmieci: *Anyone caught dropping litter will be fined.* **2** [C] miot: *a litter of kittens*

**litter**[2] *v* [T] zaśmiecać: **be littered with sth** (=być zawalonym czymś): *His desk was littered with books and papers.*

**lit·tle**[1] /ˈlɪtl/ *adj* **1** mały: *a little house* | *a little boy* | *You worry too much about little things.* | **little brother/sister** (=braciszek/siostrzyczka) **2 a little bit (of sth)** odrobina (czegoś): *"Do you want some more wine?" "Just a little bit."* | *Add a little bit of milk to the sauce.* **3** krótki: *I'll wait a little while and then call again.* | *Anna walked a little way down the road with him.* **4** *especially spoken* odpowiada polskiemu zdrobnieniu: *It's a nice little restaurant* (=to miła restauracyjka). | *What a horrible little man* (=co za wstrętny człowieczek)!

**little**[2] *quantifier* **less, least 1** *formal* mało, niewiele: *Little is known about the disease.* | *I paid little attention to what they were saying.* | **very little** *I have very little money at the moment.* **2 a little** trochę: *I know a little Spanish.* | *"More coffee?" "Just a little, thanks."* | **a little of** *I explained a little of the family's history.*

**little**[3] *adv* **1** mało: *She goes out very little.* **2 a little (bit)** trochę: *She trembled a little as she spoke.* | *Let's move the table a little bit closer to the wall.* **3 little by little** stopniowo, po trochu: *Little by little she became more confident.* **4 little did sb think/realize** komuś nigdy nie przyszło do głowy: *Little did they think that one day their son would be a famous musician.*

> UWAGA **little**
>
> Patrz **few, a few, little** i **a little**.

**live**[1] /lɪv/ *v* **1 live in/at/near** mieszkać w/niedaleko: *Matt lives in Boston.* | *Is your son still living at home?* **2** [I,T] żyć: *My grandmother lived to be 88.* | *Plants can't live without light.* | *Thousands of people in this country are living in poverty.* | *She's always lived a quiet life* (=prowadziła spokojne życie). **3 live it up** *informal* używać życia: *They spent the summer living it up in the South of France.* **4 live life to the full** żyć pełnią życia

**live** sth **down** *phr v* **sb will not live sth down** komuś nigdy czegoś nie zapomną: *I don't think we'll ever live this defeat down* (=myślę, że nigdy nam nie zapomną tej porażki).

**live for** sb/sth *phr v* [T] żyć dla: *She lives for ballet.*

**live on** *phr v* **1** *także* **live off** [T **live on/off** sth] **a)** żyć z: *No one can live on £35 a week.* **b)** żyć na: *live on a diet of bread and cheese* **2** [I] żyć nadal: *She will live on in our memories.*

**live together** *phr v* [I] żyć ze sobą: *Mark and I have been living together for two years.*

**live up to** sth *phr v* [T] **live up to sb's expectations** spełniać czyjeś oczekiwania: *I felt I could never live up to my father's expectations.*

**live with** sb/sth *phr v* [T] żyć z: *Tim's living with a girl he met at college.* | *You just have to learn to live with these kinds of problems.*

> UWAGA **live**
>
> Nie należy mylić czasowników **live** (=mieszkać na stałe) i **stay** (=mieszkać czasowo): *We stayed at a small hotel close to the beach.*

**live**[2] /laɪv/ *adj* **1** żywy: *He feeds his snake live rats.* **2** bezpośredni, na żywo: *a live broadcast of the World Cup final* **3 live concert/music** koncert/muzyka na żywo: *The Dew Drop Inn has live music every weekend.* **4** pod napięciem: *a live wire*

**live**[3] /laɪv/ *adv* na żywo: *Don't miss tomorrow's final, live, on Sky Sports at 14.00.* | *I'd love to see the band play live!*

**live·li·hood** /ˈlaɪvlihʊd/ *n* [C,U] źródło utrzymania: *Farming is their livelihood.*

**live·ly** /ˈlaɪvli/ *adj* **1** żwawy: *a lively group of children* **2** ożywiony: *a lively debate* —**liveliness** *n* [U] żwawość, ożywienie

**liv·en** /ˈlaɪvən/ *v*

**liven up** *phr v* [I,T **liven** sth ↔ **up**]

ożywiać (się): *Better music might liven the party up.*

**liv·er** /ˈlɪvə/ *n* **1** [C] wątroba **2** [U] wątróbka

**lives** /laɪvz/ *n* liczba mnoga od LIFE

**live·stock** /ˈlaɪvstɒk/ *n* [U] żywy inwentarz

**liv·id** /ˈlɪvəd/ *adj* wściekły: *Dad was livid when he heard what had happened.*

**liv·ing**[1] /ˈlɪvɪŋ/ *adj* **1** żyjący: *Byatt is one of our greatest living writers.* **2 living things** natura ożywiona

**living**[2] *n* **1** [C usually singular] utrzymanie: **earn/make a living** (=zarabiać na utrzymanie): *It's hard to make a living as an actor.* **2** [U] życie: *I've always believed in healthy living.* **3 the living** żywi

**living room** /ˈ.. ./ *n* [C] pokój dzienny

**liz·ard** /ˈlɪzəd/ *n* [C] jaszczurka

**'ll** /l/ skrót od WILL lub SHALL: *He'll be here soon.*

**lla·ma** /ˈlɑːmə/ *n* [C] lama

**load**[1] /ləʊd/ *n* **1** [C] ładunek: **+ of** *a ship carrying a full load of fuel and supplies* **2 a load of/loads of** *spoken* mnóstwo: *Don't worry, we still have loads of time.* **3 a load of rubbish/nonsense** *spoken* stek bzdur: *I've never heard such a load of rubbish in my life!* **4** [C] obciążenie

**load**[2] *v* **1** *także* **load up** [I,T] za/ładować: *The trucks were loading up with supplies of food and clothing.* | **load sth into/onto sth** *They loaded all their luggage into the car.* **2** [T] za/ładować, wgrywać: *Have you loaded that software yet?*

**load** sb/sth ↔ **down** *phr v* [T] obładowywać: **be loaded down with sth** *I was loaded down with groceries* (=byłem obładowany zakupami).

**load·ed** /ˈləʊdəd/ *adj* **1** naładowany: *Is the camera loaded?* **2** załadowany: *a loaded truck* **3 loaded with sth** *informal* pełen czegoś: *The shelves were loaded with trophies.* **4** *spoken informal* nadziany: *His grandmother's loaded.* **5 loaded question** podchwytliwe pytanie

**loaf** /ləʊf/ *n* [C] *plural* **loaves** bochenek

**loan**[1] /ləʊn/ *n* **1** [C] pożyczka: *a $25,000 bank loan* | *We're repaying the loan over a 3-year period.* **2 on loan** wypożyczony: *Most of the paintings are on loan from other galleries.* **3** [singular] pożyczenie, wypożyczenie: *Thanks for the loan of that book.*

**loan**[2] *v* [T] pożyczyć: **loan sb sth/loan sth to sb** *Can you loan me $20 until Friday?*

**loathe** /ləʊð/ *v* [T] czuć odrazę do —**loathing** *n* [C,U] odraza

**loath·some** /ˈləʊðsəm/ *adj* odrażający

**loaves** /ləʊvz/ *n* liczba mnoga od LOAF

**lob** /lɒb/ *v* [T] **-bbed, -bbing** lobować —**lob** *n* [C] lob

**lob·by**[1] /ˈlɒbi/ *n* [C] **1** hall: *the hotel lobby* **2** grupa nacisku, lobby: *the anti-smoking lobby*

**lobby**[2] *v* [I,T] wywierać nacisk (na): **+ for** *Demonstrators are lobbying for a change* (=domagają się zmiany) *in the present laws.* —**lobbyist** *n* [C] lobbyst-a/ka

**lob·ster** /ˈlɒbstə/ *n* [C,U] homar

**lo·cal**[1] /ˈləʊkəl/ *adj* **1** miejscowy: *Our kids go to the local school.* | *the local newspaper* **2 local anaesthetic** znieczulenie miejscowe

**local**[2] *n* **1 the locals** tubylcy, miejscowi: *I asked one of the locals for directions.* **2 sb's local** *BrE informal* czyjś ulubiony pub

**lo·cal·ized** /ˈləʊkəlaɪzd/ (*także* **-ised** *BrE*) *adj* **localized pain/infection** miejscowy ból/zakażenie

**lo·cal·ly** /ˈləʊkəli/ *adv* **1** w pobliżu: *Do you live locally?* **2** lokalnie: *There will be some rain locally.*

**lo·cate** /ləʊˈkeɪt/ *v* **1** [T] umiejscowić: *Divers have located the shipwreck.* **2 located in/on/at** położony w/na/przy: *The town is located on the shores of Lake Trasimeno.*

**lo·ca·tion** /ləʊˈkeɪʃən/ *n* [C] **1** położenie: **+ of** *a map showing the location of the school* **2** [C,U] plener: **on location** (=w plenerach): *scenes shot on location in Montana*

**lock¹** /lɒk/ *v* **1** [I,T] zamykać (się) (na klucz): *Did you remember to lock the car?* | *The front door won't lock.* → antonim UNLOCK **2 lock sth in/away** zamknąć coś: *He locked the money in a safe.* **3** [I] zablokować się: *The brakes locked and we skidded.*

**lock** sb **in** *phr v* [T] zamykać (w środku): *Help me, somebody – I'm locked in!*

**lock** sb **out** *phr v* [T] zamykać drzwi na klucz przed: *I forgot my key and found myself locked out of my flat.*

**lock up** *phr v* **1** [I,T **lock** sth ↔ **up**] pozamykać wszystkie drzwi: *Would you mind locking up when you leave?* **2** *także* **lock away** [T **lock** sb ↔ **up/away**] zamykać (*w więzieniu lub zakładzie psychiatrycznym*): *Higgs was locked up for three years for his part in the robbery.*

**lock²** *n* [C] **1** zamek: *The doors and windows are fitted with safety locks.* **2** śluza **3 under lock and key** pod kluczem: *All her jewellery is kept under lock and key.* **4** lok: *She twisted a lock of hair between her fingers.*

**lock·er** /ˈlɒkə/ *n* [C] szafka (*np. w szatni szkolnej*)

**lock·et** /ˈlɒk¦t/ *n* [C] medalion

**lo·co·mo·tive** /ˌləʊkəˈməʊtɪv/ *n* [C] lokomotywa

**lo·cust** /ˈləʊkəst/ *n* [C] szarańcza: *a swarm of locusts*

**lodge¹** /lɒdʒ/ *v* **1** [I] utkwić: *A fish bone had lodged in his throat.* **2 lodge a complaint** składać skargę: *He has lodged a formal complaint with the club.* **3** [I] wynajmować pokój, mieszkać na kwaterze: *She's lodging with friends at the moment.*

**lodge²** *n* [C] **1** domek: *a ski lodge* **2** budka: *the porter's lodge* (=stróżówka)

**lodg·er** /ˈlɒdʒə/ *n* [C] *BrE* lokator/ka

**lodg·ings** /ˈlɒdʒɪŋz/ *n* [plural] *BrE* kwatera

L

**loft** /lɒft/ *n* [C] *especially BrE* strych

**loft·y** /ˈlɒfti/ *adj* **1** wzniosły: *lofty ideals* **2** wyniosły

**log¹** /lɒg/ *n* [C] **1** kłoda: *chopping logs for the fire* **2** dziennik: *The captain described the accident in the ship's log.*

**log²** *v* [T] **-gged, -gging** zapisywać w dzienniku

**log off/out** *phr v* [I] wylogować się

**log on/in** *phr v* [I] zalogować się

**log·a·rith·m** /ˈlɒgərɪðəm/ *n* [C] logarytm

**log·ger·heads** /ˈlɒgəhedz/ *n* **be at loggerheads (with sb)** drzeć koty (z kimś): *The two families have been at loggerheads for years.*

**log·ging** /ˈlɒgɪŋ/ *n* [U] wycinka

**lo·gic** /ˈlɒdʒɪk/ *n* [U] logika: *There is no logic in releasing criminals just because prisons are crowded.*

**lo·gic·al** /ˈlɒdʒɪkəl/ *adj* logiczny: *logical analysis* | *He seems the logical choice for the job.* —**logically** *adv* logicznie

**lo·go** /ˈləʊgəʊ/ *n* [C] znak firmowy, logo

**loi·ter** /ˈlɔɪtə/ *v* [I] wałęsać się

**lol·li·pop** /ˈlɒlipɒp/ *także* **lol·ly** /ˈlɒli/ *BrE n* [C] lizak

**lone** /ləʊn/ *adj* [only before noun] *literary* samotny: *a lone figure standing in the snow* | *lone parents*

**lone·ly** /ˈləʊnli/ *adj* **1** samotny: *Aren't you lonely living on your own?* **2** [only before noun] *literary* odludny: *a lonely country road* —**loneliness** *n* [U] samotność

> UWAGA **lonely**
>
> Patrz **alone** i **lonely**

**lon·er** /ˈləʊnə/ *n* [C] samotnik

**lone·some** /ˈləʊnsəm/ *adj AmE* samotny

**long¹** /lɒŋ/ *adj* **1** długi: *long hair* | *It's a long walk home from here.* | *a long, boring meeting* | *The snake was at least 3 feet long* (=miał co najmniej 3 stopy długości). | **take a long time** (=trwać długo): *It took a long time for the little girl to start to relax.* | **long hours** (=nadgodziny) → antonim SHORT¹ **2 in the long run** *informal* na dłuższą metę: *All our hard work will be worth it in the long run.*

**long²** *adv* **1** długo: *Have you been waiting long?* | *Will you be long, or shall I wait?* | **for long** (=długo): *Have you known the*

*Garretts for long?* | **long before/after** *The farm was sold long before you were born* (=na długo zanim się urodziłeś). **2 as long as** pod warunkiem, że: *You can go as long as you're back by four o'clock.* **3 no longer** już nie: *Mr. Allen no longer works for the company.* **4 before long** niedługo: *It will be Christmas before long.*

> UWAGA **long** i **a long time**
>
> Zwrotu **take long** używamy w pytaniach i zdaniach przeczących: *How long does it take to get to London by train?* | *It doesn't take long.* Zwrotu **take a long time** używamy w zdaniach twierdzących: *It might take a long time to sort out the problem.*

> UWAGA **long way away**
>
> Patrz **far** i **a long way away**.

**long³** *v* [I] *formal* **long for sth** bardzo czegoś pragnąć: *I used to long for a baby sister.* | **long to do sth** (=pragnąć zrobić coś): *The children longed to get outside.*

**long-dis·tance** /ˌ. ˈ..◂/ *adj* **1** daleki: *long-distance flights* **2** długodystansowy: *a long-distance race* **3** zamiejscowy: *long-distance telephone calls*

**lon·gev·i·ty** /lɒnˈdʒevəti/ *n* [U] długowieczność

**long·ing** /ˈlɒŋɪŋ/ *n* [U singular] pragnienie, tęsknota: *She had a great longing for her home country.* —**longingly** *adv* tęsknie

**lon·gi·tude** /ˈlɒndʒətjuːd/ *n* [C,U] długość geograficzna ➡ porównaj LATITUDE

**long jump** /ˈ. ./ *n* [singular] skok w dal

**long-lost** /ˌ. ˈ.◂/ *adj* **long-lost friend/relative** dawno nie widziany przyjaciel/krewny: *He greeted me like a long-lost friend.*

**long-range** /ˌ. ˈ.◂/ *adj* [only before noun] **1** dalekiego zasięgu: *a long-range missile* **2** długoterminowy: *long-range plans*

**long shot** /ˈ. ./ *n* [C] *informal* próba skazana na niepowodzenie

**long-stand·ing** /ˌ. ˈ..◂/ *adj* długotrwały: *a long-standing agreement between the two countries*

**long-suf·fer·ing** /ˌ. ˈ...◂/ *adj* anielsko cierpliwy: *He leaves his long-suffering wife at home while he goes to the pub.*

**long-term** /ˌ. ˈ.◂/ *adj* długoterminowy, długofalowy: *the long-term effects of smoking* ➡ porównaj SHORT-TERM, patrz też **in the long/short term** (TERM¹)

**long-wind·ed** /ˌlɒŋ ˈwɪndədˌ◂/ *adj* rozwlekły: *a long-winded speech*

**loo** /luː/ *n* [C] *BrE informal* ubikacja

**look¹** /lʊk/ *v* **1** [I] patrzeć: *I didn't see it. I wasn't looking.* | **+ at** *"It's time to go," said Patrick looking at his watch.* | **look down/away/up** *I looked down the road but she'd gone.* **2** [I] szukać: **+ for** *Brad was looking for you last night.* | *I've looked everywhere for my keys, but I can't find them.* | *Have you looked in here?* **3 be looking for trouble/a fight** *informal* szukać guza **4** [I] wyglądać: **look nice/tired** (=wyglądać ładnie/na zmęczonego): *You look nice in that dress.* | **look like** (=wyglądać jakby): *He looks like he hasn't slept for days.* **5 strange/funny-looking** dziwnie/śmiesznie wyglądający: *healthy-looking children* **6 Look** *spoken* słuchaj: *Look, I'm very serious about this.* **7** [T] *spoken* patrz: *Dad, look what I made!* **8 look out!** *spoken* uważaj: *Look out! There's a car coming.* **9** [I] wychodzić: *Our room looks over the harbour.*

**look after** sb/sth *phr v* [T] opiekować się: *We look after Rodney's kids after school.*

**look ahead** *phr v* [I] patrzeć w przyszłość: *We need to look ahead and plan for next year.*

**look around** (*także* **look round** *BrE*) *phr v* [I,T] rozglądać się (po): *We have 3 or 4 hours to look around the city.*

**look at** sb/sth *phr v* [T] **1** przeglądać: *Jane was looking at a magazine while she waited.* **2** przyglądać się: *The doctor looked at the cut on her head.* | *The government will look at the report this week.* **3 look at ...** *spoken* spójrz na ...:

L

*Of course you can get a good job without a degree – just look at your Uncle Ron.*

**look back** *phr v* [I] patrzeć wstecz: *Looking back on it, I think I was wrong to leave when I did.*

**look down on** sb/sth *phr v* [T] spoglądać z góry na: *I'm sick of Ken looking down on me the whole time.*

**look forward to** sth *phr v* [T] oczekiwać z niecierpliwością: **look forward to doing sth** *I'm really looking forward to going to Japan* (=bardzo się cieszę na wyjazd do Japonii).

**look into** sth *phr v* [T] z/badać: *We are looking into the cause of the fire.*

**look on** *phr v* **1** [I] przyglądać się: *The crowd looked on as the two men fought.* **2** [T **look on** sb/sth] *także* **look upon** traktować: *She always looked upon me as if I was stupid.*

**look out for** sb/sth *phr v* [T] wypatrywać: *Look out for Jane at the conference.*

**look** sth/sb ↔ **over** *phr v* [T] przejrzeć: *Can you look this letter over for me before I send it?*

**look round** *phr v BrE* rozglądać się

**look through** sth *phr v* [T] **1** przetrząsać: *Look through your pockets and see if you can find the receipt.* **2** przyjrzeć się dokładnie

**look up** *phr v* **1** [I] poprawiać się: *Things are looking up since I found a job.* **2** [T **look** sth ↔ **up**] odszukiwać, sprawdzać: *If you don't know the word, look it up in the dictionary.* **3** [T **look** sb ↔ **up**] odwiedzać: *Look up my parents when you're in Boston.*

**look up to** sb *phr v* [T] podziwiać: *He looks up to his older brother.*

| UWAGA **look at** |
|---|
| Patrz **see, watch, look at**. |

**look²** *n* **1** [C usually singular] spojrzenie: **have/take a look** (=spojrzeć): *Let me take a look at that map again.* | **give sb a look** *She gave me an angry look* (=spojrzała na mnie gniewnie). **2 have a look** szukać: *He's had a look for the file but he hasn't found it.* **3** [C usually singular] wygląd: *I don't like the look of that cut.* **4** [singular] styl: *the grunge look*

**look·a·like** /ˈlʊkəlaɪk/ *n* [C] *informal* sobowtór: *a Madonna lookalike*

**look·out** /ˈlʊk-aʊt/ *n* **1 be on the lookout** uważać: *Be on the lookout for snakes!* **2** [C] obserwator **3** [C] punkt obserwacyjny

**looks** /lʊks/ *n* [plural] uroda: *Stop worrying about your looks.*

**loom¹** /luːm/ *v* [I] **1** wyłaniać się: **+ ahead/up etc** *The mountain loomed in front of us.* **2** zbliżać się: *My exams are looming.*

**loom²** *n* [C] krosno

**loon·y** /ˈluːni/ *n* [C] *informal* pomyleniec —**loony** *adj* pomylony: *He's full of loony ideas.*

**loop¹** /luːp/ *n* [C] pętla: *belt loops* (=szlufki)

**loop²** *v* **loop sth over/round etc** wiązać coś

**loop·hole** /ˈluːphəʊl/ *n* [C] luka (prawna): *tax loopholes*

**loose¹** /luːs/ *adj* **1** luźny: *a loose tooth* | *My French isn't very good, but I can give you a loose translation.* | **come loose** (=obluzować się): *One of the buttons on your shirt is coming loose.* **2** luzem: *You can buy the chocolates loose or in a box.* **3** wolny: **break loose** (=uwalniać się): *Two of the prisoners broke loose from the guards.* **4 tie up the loose ends** dopracować szczegóły **5 be at a loose end** nie mieć nic do roboty —**loosely** *adv* luźno

**loose²** *n* **be on the loose** być na wolności

**loos·en** /ˈluːsən/ *v* [I,T] poluzować (się): *The screws holding the shelf had loosened.* | *He loosened his tie.*

**loosen up** *phr v* [I] rozluźniać się: *Claire loosened up after a few drinks.*

**loot¹** /luːt/ *v* [I,T] plądrować, grabić: *Shops were looted and burned down.* —**looting** *n* [U] grabież —**looter** *n* [C] grabieżca

**loot²** *n* [U] łup

**lop·sid·ed** /ˌlɒpˈsaɪdə̇d◂/ *adj* krzywy: *a lopsided grin*

**Lord** /lɔːd/ *n* **1** [singular] *także* **the Lord** Pan (Bóg) **2 good/oh Lord!** *spoken* dobry Boże!

**lord** *n* [C] **1** lord **2 Lord** Lord: *Lord Mountbatten*

**lorry** /ˈlɒri/ *n* [C] *BrE* ciężarówka

**lose** /luːz/ *v* **lost, lost, losing 1** [T] s/tracić: *Tom lost his job.* | *Drunk drivers should lose their licence.* | *She's lost a lot of blood.* | *The kids were losing interest in the game.* | *You lost your chance!* | *5000 soldiers lost their lives.* | **lose weight** (=s/chudnąć) | **lose your memory/sight** (=tracić pamięć/wzrok) | **lose your temper/head** (=tracić cierpliwość) **2** [T] z/gubić: *Danny's always losing his keys.* **3** [I,T] przegrywać: *Liverpool lost to AC Milan.* | *The Democrat candidate lost by 8,000 votes.* **4 lose your balance** s/tracić równowagę **5** [T] spóźniać się o: *My old watch loses about five minutes every day.* **6 have nothing to lose** nie mieć nic do stracenia **7 lose touch (with) a)** s/tracić kontakt (z): *I've lost touch with all my high school friends.* **b)** nie nadążać (za) **8 lose heart** zniechęcać się: *The team lost heart after they lost their fifth game.* **9 lose sight of sth** s/tracić coś z oczu: *We can't lose sight of our goals.*

**los·er** /ˈluːzə/ *n* [C] **1** przegrywający: **be a good/bad loser** (=umieć/nie umieć przegrywać) **2** *informal* ofiara: *Pam's boyfriend is such a loser!*

**loss** /lɒs/ *n* **1** [C,U] utrata: *The loss of their home was a shock to the family.* | *weight loss* **2** [C,U] strata: *If she leaves, it will be a great loss to the company.* | *She felt a great sense of loss when her son left home.* | *Troops suffered heavy losses in the first battle.* **3** [C] przegrana: *3 wins and 4 losses so far this season* **4 be at a loss** nie wiedzieć, jak się zachować: *Local people are at a loss to know how to start tackling such a rise in crime.*

**lost**[1] /lɒst/ *adj* **1** zagubiony: **get lost** (=z/gubić się): *We got lost driving around the city.* **2 be/get lost** z/ginąć: *My passport got lost in the post.* **3 be/feel lost** być/czuć się zagubionym **4 Get lost!** *spoken* Spadaj! **5 be lost on sb** nie docierać do kogoś: *The joke was lost on him.* **6** zaginiony: *20 men were lost at sea.*

**lost**[2] *v* czas przeszły i imiesłów bierny od LOSE

**lot** /lɒt/ *n* **1 a lot** *także* **lots** *informal* dużo: **+ of** *There were a lot of people at the concert last night.* | *She's got lots of money.* | **a lot to do/see** (=dużo do zrobienia/obejrzenia): *There's a lot to see in London.* **2 a lot quicker/easier** dużo szybciej/łatwiej: *You'll get there a lot faster if you drive.* **3** [singular] *BrE informal* grupa: *I need to take this lot to the post office.* | *There's another lot of students starting next week.* **4 the lot** wszystko: *He bought a huge bar of chocolate and ate the lot.* **5** [singular] los: *Hers is not a happy lot.* → patrz też PARKING LOT

> UWAGA **lot i many**
>
> **A lot of** zwykle brzmi bardziej naturalnie niż **many** w zdaniach twierdzących, szczególnie w mowie. Nie mówi się "She has many friends". Mówi się **She has a lot of friends.** **Many** pojawia się natomiast w zdaniach pytających i przeczących: *There weren't many people at the party.* W piśmie **many** występuje w wyrażeniach takich, jak **in many ways/places/cases, for many years** itp. Patrz też **many, much** i **a lot of, plenty of**.

**lo·tion** /ˈləʊʃən/ *n* [C,U] balsam kosmetyczny: *suntan lotion* (=emulsja do opalania)

**lot·te·ry** /ˈlɒtəri/ *n* [C] loteria

**loud**[1] /laʊd/ *adj* **1** głośny: *The TV's too loud!* | *a loud bang* **2** krzykliwy: *loud clothes* —**loudly** *adv* głośno

**loud**[2] *adv* **1** głośno: *You'll have to speak a bit louder.* **2 out loud** głośno, na głos

**loud·speak·er** /ˌlaʊdˈspiːkə/ *n* [C] głośnik

**lounge**[1] /laʊndʒ/ *n* [C] **1** hall (*w hotelu*) **departure lounge** (=hala odlotów) **2** *BrE* salon

**lounge**$^{2}$ *v* [I] relaksować się: *We were lounging by the pool.*
**lounge about/around** *phr v* [I,T] *BrE* obijać się

**louse** /laʊs/ *n* [C] *plural* **lice** /laɪs/ wesz

**lou·sy** /ˈlaʊzi/ *adj informal* okropny: *I've had a lousy day!*

**lov·a·ble, loveable** /ˈlʌvəbəl/ *adj* sympatyczny: *a lovable child*

**love**$^{1}$ /lʌv/ *v* [T] **1** kochać: *the first boy I ever really loved* | *I love my Mom.* **2** uwielbiać: *I love chocolate.* | **love doing sth** *Tom loves reading.* **3 I'd love to** *spoken* z przyjemnością: *"Would you like to join us?" "I'd love to."*

**love**$^{2}$ *n* **1** [U] miłość: *He never told her about his love for her.* | *My mother's love for me was never in doubt.* | *You were my first love.* | *His greatest love is football.* | **be in love (with sb)** (=być zakochanym (w kimś)): *Lucy knew she was in love.* | **fall in love (with sb)** (=zakochiwać się (w kimś)): *I fell in love with her the first time we met.* | **love at first sight** (=miłość od pierwszego wejrzenia) | **love story/song** (=historia/piosenka o miłości): *I've kept all his old love letters* (=listy miłosne). **2 make love to/with sb** kochać się z kimś **3 love from** uściski od: *Hope to see you soon, Love from Chris.* **4 send/give (sb) your love** przesyłać/przekazywać (komuś) pozdrowienia: *Your father sends his love.* **5** *spoken* kochanie: *Are you OK, love?*

**love af·fair** /ˈ. .,./ *n* [C] romans

**love·ly** /ˈlʌvli/ *adj* **1** śliczny: *You look lovely in that dress.* **2** *especially BrE* uroczy: *Thanks for a lovely evening.*

**lov·er** /ˈlʌvə/ *n* [C] **1** kochan-ek/ka: *I think my wife has a lover.* **2** miłośni-k/czka: *an art lover*

**lov·ing** /ˈlʌvɪŋ/ *adj* kochający: *a wonderful, loving husband* —**lovingly** *adv* z miłością

**low**$^{1}$ /ləʊ/ *adj* **1** niski: *These shelves are a little too low for me.* | *a low ceiling* | *low clouds* | *Temperatures in the west will be lower than yesterday.* | *Come and see our low prices!* | *She got a very low grade in English.* | *Cost-cutting has led to a lower quality of work.* **2** [not before noun] przygnębiony: *Kerry's been pretty low lately.* **3** przyciemniony: *low romantic lighting in a restaurant* ➡ antonim HIGH$^{1}$

**low**$^{2}$ *adv* nisko: *The sun sank low on the horizon.* ➡ antonim HIGH$^{2}$

**low·er**$^{1}$ /ˈləʊə/ *adj* [only before noun] **1** dolny: *the lower floors of the building* **2** niższy: *lower levels of management*

**lower**$^{2}$ *v* [T] **1** obniżać: *We're lowering prices on all our products!* | **lower your voice** (=zniżać głos) **2** opuszczać: *The flag was lowered at sunset.*

**low-key** /,. ˈ.◂/ *adj* powściągliwy, stonowany: *The reception was very low-key.*

**low-ly·ing** /,. ˈ..◂/ *adj* nizinny

**loy·al** /ˈlɔɪəl/ *adj* lojalny: *a loyal friend*

**loy·al·ty** /ˈlɔɪəlti/ *n* **1** [U] lojalność: *The company demands loyalty from its workers.* **2** [C usually plural] sympatia: *political loyalties* | *My loyalties lie with my family.*

**loz·enge** /ˈlɒzᵊ̍ndʒ/ *n* [C] tabletka do ssania

**LP** /ˌel ˈpiː/ *n* [C] płyta długogrająca

**L-plate** /ˈel pleɪt/ *n* [C] tablica nauki jazdy

**lu·bri·cant** /ˈluːbrɪkənt/ *n* [C,U] smar

**lu·bri·cate** /ˈluːbrɪkeɪt/ *v* [T] na/smarować

**lu·cid** /ˈluːsᵊ̍d/ *adj* **1** klarowny: *a lucid and interesting article* **2** przytomny: *He was rarely lucid during his long illness.* —**lucidly** *adv* klarownie

**luck** /lʌk/ *n* [U] **1** szczęście: **have luck** (=mieć szczęście): *Have you had any luck* (=udało ci się) *finding a job?* | **bad luck** (=pech): *We seem to have had a lot of bad luck recently.* **2 be in luck** mieć szczęście: *You're in luck – there's one ticket left.* **3 be out of luck** mieć pecha: *I'm sorry, you're out of luck! I sold the last one this morning.* **4 Good luck/best of luck** Życzę powodzenia **5 bad luck!/hard luck!/tough luck!** *spoken* a to pech!

**luck·y** /ˈlʌki/ *adj* **1 be lucky** mieć szczęście: *If you're lucky, you might still be*

*able to get tickets.* | **be lucky to be/do/have sth** *You're lucky to have such a caring husband.* **2** szczęśliwy: *my lucky number*
—**luckily** *adv* na szczęście

**lu·cra·tive** /ˈluːkrətɪv/ *adj formal* intratny

**lu·di·crous** /ˈluːdəkrəs/ *adj* niedorzeczny: *It's ludicrous to spend so much on a car.*

**lug** /lʌg/ *v* [T] **-gged, -gging** *informal* za/taszczyć: *We lugged our suitcases up to our room.*

**lug·gage** /ˈlʌgɪdʒ/ *n* [U] bagaż

**luke·warm** /ˌluːkˈwɔːm◂/ *adj* **1** letni **2** chłodny: *a lukewarm response*

**lull** /lʌl/ *v* [T] **1** u/kołysać: *Singing softly, she lulled us to sleep.* **2 lull sb into doing sth** uśpić czyjąś czujność na tyle, że zrobi coś: *She was lulled into believing that there was no danger.*

**lul·la·by** /ˈlʌləbaɪ/ *n* [C] kołysanka

**lum·ber**[1] /ˈlʌmbə/ *v* **1** [I] wlec się: **+ along/towards etc** *The bear lumbered towards us.* **2 get/be lumbered with sth** zostać obarczonym czymś: *I got lumbered with babysitting my brother.*

**lumber**[2] *n* [U] *especially AmE* drewno (*budowlane*)

**lu·mi·nous** /ˈluːmənəs/ *adj* fosforyzujący

**lump**[1] /lʌmp/ *n* [C] **1** bryła: *a lump of clay* **2** guzek **3 a lump in your throat** ściskanie w gardle

**lump**[2] *v* [T] wrzucać do jednego worka: **lump sth together/with sth** *These symptoms are often lumped together under the general term depression.*

**lump sum** /ˌ. ˈ./ *n* [C] jednorazowa wypłata: *When you retire, you'll receive a lump sum of £50,000.*

**lump·y** /ˈlʌmpi/ *adj* nierówny: *a lumpy mattress*

**lu·na·cy** /ˈluːnəsi/ *n* [U] szaleństwo: *It would be sheer lunacy to give up college now.*

**lu·nar** /ˈluːnə/ *adj* księżycowy: *a lunar eclipse*

**lu·na·tic** /ˈluːnətɪk/ *n* [C] szaleniec
—**lunatic** *adj* szalony

**lunch**[1] /lʌntʃ/ *n* [C,U] obiad

**lunch**[2] *v* [I] *formal* jeść obiad

**lunch·eon** /ˈlʌntʃən/ *n* [C,U] *formal* obiad

**lunch·time** /ˈlʌntʃtaɪm/ *n* [C,U] pora obiadowa

**lung** /lʌŋ/ *n* [C] płuco

**lunge** /lʌndʒ/ *v* [I] rzucać się: **+ forward/at/towards** *Greg lunged forward to grab her arm.*

**lurch**[1] /lɜːtʃ/ *v* [I] zataczać się: **+ across/along etc** *He lurched drunkenly towards us.*

**lurch**[2] *n* **leave sb in the lurch** zostawić kogoś na pastwę losu

**lure**[1] /lʊə/ *v* [T] z/wabić: *The music and bright lights were luring people into the bar.*

**lure**[2] *n* [C] powab

**lu·rid** /ˈlʊərəd/ *adj* **1** drastyczny: *a lurid description of the murder* **2** krzykliwy: *a lurid green dress*

**lurk** /lɜːk/ *v* [I] czaić się: *He was attacked by a man who had been lurking in the alley.*

**lus·cious** /ˈlʌʃəs/ *adj* smakowity: *luscious ripe strawberries*

**lush** /lʌʃ/ *adj* bujny: *lush green fields*

**lust**[1] /lʌst/ *n* [U] **1** pożądanie **2** żądza

**lust**[2] *v* [I] **1 lust after sb** pożądać kogoś **2 lust after/for sth** pragnąć czegoś: *politicians lusting after power*

**lus·tre** /ˈlʌstə/ *BrE*, **luster** *AmE* *n* [U singular] połysk: *the luster of her long dark hair*

**lux·u·ri·ous** /lʌgˈzjʊəriəs/ *adj* luksusowy: *They stayed in a luxurious hotel.*

**lux·u·ry** /ˈlʌkʃəri/ *n* [C,U] luksus: *Caviar! I'm not used to such luxury!* | *We can't afford luxuries like music lessons.*

**ly·ing** /ˈlaɪ-ɪŋ/ *v* imiesłów czynny od LIE

**lynch** /lɪntʃ/ *v* [T] z/linczować
—**lynching** *n* [C] lincz

**lyr·ic** /ˈlɪrɪk/ *n* [C usually plural] słowa (*piosenki*)

**lyr·i·cal** /ˈlɪrɪkəl/ *adj* liryczny: *lyrical poetry*

L

# Mm

**MA** /ˌem ˈeɪ/, **M.A.** *n* magister nauk humanistycznych ➡ porównaj MSC

**ma'am** /mæm/ *AmE spoken* proszę pani

**mac** /mæk/ *n* [C] *BrE* płaszcz nieprzemakalny

**ma·ca·bre** /məˈkɑːbrə/ *adj* makabryczny

**mac·a·ro·ni** /ˌmækəˈrəʊni/ *n* [U] makaron rurki

**ma·chine** /məˈʃiːn/ *n* [C] maszyna: *a sewing machine | Cutting the cloth is done by machine.*

**machine gun** /.ˈ. ./ *n* [C] karabin maszynowy

**ma·chin·e·ry** /məˈʃiːnəri/ *n* [U] **1** maszyny: *agricultural machinery* **2** mechanizm: *The machinery of the law works slowly.*

**mad** /mæd/ *adj* **-dder, -ddest 1** *informal* wściekły: *You make me so mad!* | **+ at** *Lisa was really mad at me for telling Dad.* | **go mad** *BrE* (=wściekać się): *Mum will go mad when she finds out what you've done.* **2** *BrE informal* szalony, pomylony: *You're mad to get involved with someone like him!* **3 be mad about sb/sth** *BrE informal* szaleć za kimś/czymś: *The kids are mad about football.* | **go mad** (=o/szaleć): *The crowd went mad when Liverpool scored.*

**mad·am** /ˈmædəm/ *n* **1** proszę pani: *Can I help you, madam?* **2 Dear Madam** Szanowna Pani!

**mad·den** /ˈmædn/ *v* [T] rozwścieczać

**mad·den·ing** /ˈmædənɪŋ/ *adj* denerwujący: *The most maddening thing is that it's my own fault.*

**made**[1] /meɪd/ *v* czas przeszły i imiesłów bierny od MAKE

**made**[2] *adj* **1 be made of** być zrobionym z: *The frame is made of silver.* **2 be made for** być stworzonym dla: *I think Anna and Juan were made for each other.*

**mad·house** /ˈmædhaʊs/ *n* [C] dom wariatów: *It's a madhouse when the children are home.*

**mad·ly** /ˈmædli/ *adv* **1** jak szalony: *Allen was beating madly on the door.* **2 madly in love** zakochany do szaleństwa

**mad·man** /ˈmædmən/ *n* szaleniec, wariat: *He drives like a madman.*

**mad·ness** /ˈmædn$^{ɪ}_{ə}$s/ *n* [U] **1** szaleństwo: *It would be madness to try to cross the desert on your own.* **2** *BrE* obłęd

**maf·i·a** /ˈmæfiə/ *n* **the Mafia** mafia

**mag·a·zine** /ˌmægəˈziːn/ *n* [C] **1** czasopismo, magazyn, pismo: *a fashion magazine* **2** magazynek

**ma·gen·ta** /məˈdʒentə/ *n* [U] kolor ciemnoróżowy

**mag·got** /ˈmægət/ *n* [C] larwa muchy

**ma·gic**[1] /ˈmædʒɪk/ *n* [U] **1** czary **2** sztuczki magiczne: *a magic show* **3** magia: *the magic of the East* ➡ patrz też BLACK MAGIC

**magic**[2] *adj* [only before noun] magiczny: *The witch cast a magic spell* (=rzuciła czar) *on the princess, making her sleep for 100 years.*

**ma·gic·al** /ˈmædʒɪkəl/ *adj* **1** cudowny: *a magical evening beneath the stars* **2** magiczny, zaczarowany: *magical objects* —**magically** *adv* cudownie, magicznie

**ma·gi·cian** /məˈdʒɪʃən/ *n* [C] **1** magik, sztukmistrz **2** czarnoksiężnik, czarodziej

**ma·gis·trate** /ˈmædʒ$^{ɪ}_{ə}$streɪt/ *n* [C] sędzia zajmujący się lżejszymi przestępstwami w sądzie najniższej instancji

**mag·nan·i·mous** /mægˈnæn$^{ɪ}_{ə}$məs/ *adj formal* wspaniałomyślny —**magnanimity** /ˌmægnəˈnɪm$^{ɪ}_{ə}$ti/ *n* [U] wspaniałomyślność

**mag·nate** /ˈmægneɪt/ *n* [C] **oil/shipping magnate** magnat naftowy/okrętowy

**mag·ne·si·um** /mægˈniːziəm/ *n* [U] magnez

**mag·net** /ˈmægn$^{ɪ}_{ə}$t/ *n* [C] magnes: *Darlington has become a magnet for new companies of all kinds.*

**mag·net·ic** /mæg'netɪk/ *adj* **1** magnetyczny: *the Earth's magnetic field* **2 magnetic tape/disk** taśma/dyskietka magnetyczna

**mag·net·is·m** /'mægnətɪzəm/ *n* [U] magnetyzm: *Cary Grant had an extraordinary magnetism which women found irresistible.*

**mag·nif·i·cent** /mæg'nɪfəsənt/ *adj* wspaniały: *a magnificent painting* —**magnificence** *n* [U] wspaniałość

**mag·ni·fy** /'mægnəfaɪ/ *v* [T] **1** powiększać: *The image has been magnified 1000 times.* **2** wyolbrzymiać: *Differences between the parties were magnified by the press.* —**magnification** /ˌmægnəfə'keɪʃən/ *n* [C,U] powiększenie

**magnifying glass** /'.... ,./ *n* [C] szkło powiększające

**mag·ni·tude** /'mægnətjuːd/ *n* [U] rozmiary: *I hadn't realized the magnitude of the problem.*

**mag·no·li·a** /mæg'nəʊliə/ *n* [C] magnolia

**mag·pie** /'mægpaɪ/ *n* [C] sroka

**ma·hog·a·ny** /mə'hɒgəni/ *n* [U] mahoń

**maid** /meɪd/ *n* [C] **1** służąca **2** pokojówka **3** panna

**maid·en**[1] /'meɪdn/ *n* [C] *literary* panna: *A fair maiden sat on the river bank.*

**maiden**[2] *adj* **maiden flight/voyage** dziewiczy lot/rejs

**maiden name** /'.. ./ *n* [C] nazwisko panieńskie

**mail**[1] /meɪl/ *n* **the mail** poczta: *They sent my mail to the wrong address.* | *What time does the mail come?* ➡ patrz też AIRMAIL, POST[1]

**mail**[2] *v* [T] *especially AmE* wysyłać (*pocztą*): *I'll mail it to you tomorrow.*

**mail·box** /'meɪlbɒks/ *n* [C] skrzynka pocztowa

**mailing list** /'.. ./ *n* [C] lista adresowa

**mail·man** /'meɪlmæn/ *n* [C] *AmE* listonosz

**mail or·der** /ˌ. '..◂/ *n* [U] sprzedaż wysyłkowa

**maim** /meɪm/ *v* [T] okaleczyć: *The accident left her maimed for life.*

**main**[1] /meɪn/ *adj* [only before noun] **1** główny: *the main meal of the day* | *Coffee is the country's main export.* **2 the main thing** *spoken* najważniejsze: *You're both safe, that's the main thing.* **3 in the main** *spoken* na ogół: *The weather was very good in the main.*

**main**[2] *n* [C] *także* **the mains** magistrala: *a broken water main*

**main course** /'. ./ *n* [C] danie główne

**main·land** /'meɪnlənd/ *n* **the mainland** ląd stały —**mainland** *adj*: *mainland Europe* (=kontynent europejski)

**main line** /ˌ. '.◂/ *n* [C] magistrala (*kolejowa*): *the main line between Belfast and Dublin*

**main·ly** /'meɪnli/ *adv* głównie: *The workforce consists mainly of women.* | *I bought the answering machine mainly for business reasons.*

**main road** /ˌ. './ *n* [C] droga główna

**main·stay** /'meɪnsteɪ/ *n* [C] podstawa: *Farming is still the mainstay of our country's economy.*

**main·stream** /'meɪnstriːm/ *n* **the mainstream** główny nurt

**main·tain** /meɪn'teɪn/ *v* [T] **1** utrzymywać: *We need to maintain good relations with our customers.* | *It costs a lot of money to maintain a big house.* **2 maintain that** utrzymywać, że: *She has always maintained that her son is not dead.*

**main·te·nance** /'meɪntənəns/ *n* [U] **1** serwis: *car maintenance* **2** alimenty

**mai·son·ette** /ˌmeɪzə'net/ *n* [C] *BrE* mieszkanie dwupoziomowe

**maize** /meɪz/ *n* [U] *BrE* kukurydza

**ma·jes·tic** /mə'dʒestɪk/ *adj* wspaniały: *a majestic view of the lake*

**ma·jes·ty** /'mædʒəsti/ *n* **Your/Her/His Majesty** Wasza/Jej/Jego Królewska Mość

**ma·jor**[1] /'meɪdʒə/ *adj* **1** ważny: *a major cause of heart disease* | *major changes in the Earth's climate* **2** dur(owy): *a symphony in A major* ➡ porównaj MINOR[1]

Σ

**major²** *n* [C] **1** *także* **Major** major **2** *AmE* przedmiot kierunkowy na studiach: *John's major is history* (=John studiuje historię).

**major³** *v*

**major in** sth *phr v* [T] *AmE* studiować: *I'm majoring in biology.*

**ma·jor·i·ty** /mə'dʒɒrəti/ *n* większość: *The majority of adult smokers want to give up the habit.* | *Tony Blair won by a huge majority.* → porównaj MINORITY

> UWAGA **majority**
>
> Po wyrażeniu **the majority (of)** używa się czasownika w liczbie mnogiej: *Some of the children go home for lunch, but the majority have their lunch in school.*

> UWAGA **majority** i **most**
>
> Wyraz **majority** w znaczeniu 'większość' występuje najczęściej w stylu oficjalnym w wyrażeniu **the majority of**: *The majority of the government voted againts the bill.* W innych kontekstach w znaczeniu 'większość' używamy **most** (bez **of**): *Most people have never even heard of him.*

**make¹** /meɪk/ *v* **made, made, making 1** [T] wykonywać, z/robić: *She makes all her own clothes.* | *The furniture was made by a Swedish firm.* | *Who's making lunch?* | *He will make* (=będzie z niego) *a good father.* **2** [T] **make a mistake/suggestion** pomylić się/wysunąć propozycję: *They made a mistake on the electricity bill.* | *Roger made a good suggestion.* **3** [T] powodować, sprawiać: *Sarah's really funny – she always makes me laugh* (=zawsze mnie rozśmiesza). | *Heavy rain is making the roads very slippery* (=sprawia, że drogi są bardzo śliskie). | **make sb sad/happy/excited etc** *Don't do that – you're making me nervous.* | **make it possible/difficult etc** (=umożliwiać/utrudniać itp.): *Computers are making it possible for more and more people to work from home.* **4** [T] **make sb do sth** kazać komuś coś zrobić: *The police made them stand up against the wall.* **5** [T] **make sb sth** z/robić kogoś czymś: *They made her deputy manager.* **6** [T] zarabiać: *Irene makes about $60,000 a year.* **7** [linking verb] dawać (razem): *If you include us, that makes eight people for dinner.* | *2 and 2 make 4* (=dwa i dwa jest cztery). **8 make it a)** zdążyć: *We made it to the station just as the bus was leaving.* **b)** odnieść sukces: *A lot of people want to be in films, but very few of them actually make it.* **9 let's make it Friday/10 o'clock etc** *spoken* spotkajmy się w piątek/o dziesiątej itp.: *Let's make it Saturday morning.* **10 make the bed** po/słać łóżko **11 that makes two of us** *spoken informal* ja też: *"I'm so tired!" "Yeah, that makes two of us."* **12 make do with sth** zadowalać się czymś: *We'll have to make do with these old clothes.* → patrz też **be made of** (MADE²), **make sure** (SURE¹), **make a difference** (DIFFERENCE), **make love** (LOVE²), **make sense** (SENSE¹), **make the best of sth** (BEST³), **make friends** (FRIEND)

**make for** sth *phr v* [T] s/kierować się ku: *They made for the nearest bar.* → patrz też **be made for** (MADE²)

**make** sth **into** sth *phr v* [T] przerabiać na: *The opium is made into heroin.*

**make** sth **of** sb/sth *phr v* [T] **1 what do you make of ...** co sądzisz o ...: *What do you make of this letter?* **2 not know what to make of sth** nie pojmować czegoś

**make off with** *phr v* [T] ukraść: *The thieves made off with £3,000 worth of jeans.*

**make out** *phr v* **1** [T **make** sth ↔ **out**] rozszyfrować: *I can't make out what the sign says.* **2 make a cheque out to sb** wypisać komuś czek **3 make out (that)** *informal* udawać, że: *Brian was making out he had won.*

**make up** *phr v* **1** [T **make** sth ↔ **up**] wymyślać, zmyślać: *Ron made up an excuse so his mother wouldn't be mad.* **2** [T **make up** sth] składać się na: *the rocks and minerals that make up*

M

the earth's outer layer **3 make it up to sb** wynagrodzić to komuś: *I'm sorry I forgot your birthday! I promise I'll make it up to you.* **4** [I] po/godzić się ➡ patrz też **make up your mind** (MIND[1])

**make up for** sth *phr v* [T] nadrabiać: *Jay lacks experience, but he makes up for it with hard work.* | *We must make up for lost time.*

**make**[2] *n* [C] marka: *"What make is your car?" "It's a Honda."*

**make-be·lieve** /'. .ˌ./ *n* [U] udawanie, pozory

**make·o·ver** /'meɪkəʊvə/ *n* [C] zmiana wyglądu

**mak·er** /'meɪkə/ *n* [C] producent: *the big three US car makers* | *film maker Steven Spielberg*

**make·shift** /'meɪkʃɪft/ *adj* [only before noun] prowizoryczny: *a makeshift table made from boxes*

**make-up** /'. ./, **makeup** *n* [U] makijaż: *Ginny put on her makeup.*

**mak·ing** /'meɪkɪŋ/ *n* **1** [U] wytwarzanie, produkcja: *The making of the movie took four years.* | *the art of rug making* **2 in the making** przyszły: *a new World Champion in the making* **3 have the makings of** mieć zadatki na: *Sandy has the makings of a good doctor.*

**mal·ad·just·ed** /ˌmælə'dʒʌstəˈd◂/ *adj* nieprzystosowany społecznie

**ma·lar·i·a** /mə'leəriə/ *n* [U] malaria

**male**[1] /meɪl/ *adj* **1** płci męskiej: *a male lion* **2** męski: *a male voice*

**male**[2] *n* [C] **1** mężczyzna **2** samiec

**male chau·vin·ist** /ˌmeɪl 'ʃəʊvəˈnəˈst◂/ *n* męski szowinista: *He's a typical male chauvinist pig!*

**mal·func·tion** /mæl'fʌŋkʃən/ *n* [C] usterka: *a malfunction in the computer system*

**mal·ice** /'mæləˈs/ *n* [U] złośliwość: *Corran didn't do it out of malice.*

**ma·li·cious** /mə'lɪʃəs/ *adj* złośliwy: *malicious gossip* —**maliciously** *adv* złośliwie

**ma·lig·nant** /mə'lɪgnənt/ *adj* złośliwy: *a malignant tumour* | *a malignant grin* ➡ porównaj BENIGN

**ma·lin·ger** /mə'lɪŋgə/ *v* [I] symulować —**malingerer** *n* [C] symulant/ka

**mall** /mɔːl/ *n* [C] centrum handlowe: *a shopping mall*

**mal·nour·ished** /ˌmæl'nʌrɪʃt/ *adj* niedożywiony

**mal·nu·tri·tion** /ˌmælnjʊ'trɪʃən/ *n* [U] niedożywienie: *80% of the children were suffering from malnutrition.*

**mal·prac·tice** /ˌmæl'præktəˈs/ *n* [C,U] naruszenie zasad etyki zawodowej: *evidence of serious malpractice*

**malt** /mɔːlt/ *n* [U] słód

**mal·treat·ment** /mæl'triːtmənt/ *n* [U] *formal* maltretowanie, znęcanie się: *daily maltreatment of prisoners* —**maltreat** *v* [T] maltretować, znęcać się nad

**malt whis·ky** /ˌ. '../ *n* [U] whisky słodowa

**ma·ma** /'mɑːmɑ/ *n* [C] *AmE informal* mama

**ma·ma** /mə'mɑː/ *n* [C] *BrE old-fashioned* mama

**mam·mal** /'mæməl/ *n* [C] ssak

**mam·moth**[1] /'mæməθ/ *adj* gigantyczny: *a mammoth job*

**mammoth**[2] *n* [C] mamut

**man**[1] /mæn/ *n plural* **men 1** [C] mężczyzna: *a middle-aged man* | *The man told us to wait.* **2** [U] człowiek, ludzkość: *one of the worst disasters in the history of man* **3 the man in the street** przeciętny człowiek: *The man in the street isn't interested in foreign policy issues.* ➡ patrz też MEN

**man**[2] *v* [T] **-nned, -nning** obsadzać, obsługiwać: *The checkpoint was manned by* (=załoga punktu kontroli granicznej składała się z) *French UN soldiers.*

**man**[3] *interjection informal, especially AmE* o rany!: *Man! Was she angry!*

**man·age** /'mænɪdʒ/ *v* **1** [I,T] po/radzić sobie (z), dawać sobie radę (z): *I don't know how we'll manage now that Keith's lost his job.* **2** [I] **sb manages to do sth** komuś udaje się coś zrobić: *Do you think*

*we'll manage to finish the work by Friday?* **3** [T] zarządzać: *The hotel has been owned and managed by the Koidl family for 200 years.*

**man·age·a·ble** /ˈmænɪdʒəbəl/ *adj* łatwy do utrzymania: *My hair's more manageable since I had it cut.*

**man·age·ment** /ˈmænɪdʒmənt/ *n* **1** [U] zarządzanie: *a management training course* | *problems caused by bad management* **2** [U singular] zarząd: *The management has agreed to talk to the union.*

**man·ag·er** /ˈmænɪdʒə/ *n* [C] **1** dyrektor, kierownik: *That meal was terrible! I want to speak to the manager!* | *the manager of the Boston Red Sox* **2** menażer, menedżer —**managerial** *adj* kierowniczy, menedżerski

**managing di·rec·tor** /ˌ.... .ˈ../ *n* [C] *BrE* dyrektor naczelny

**man·da·to·ry** /ˈmændətəri/ *adj* obowiązkowy: *mandatory safety inspections*

**mane** /meɪn/ *n* [C] grzywa

**ma·neu·ver** /məˈnuːvə/ *n, v* amerykańska pisownia wyrazu MANOEUVRE

**man·ger** /ˈmeɪndʒə/ *n* [C] żłób

**man·go** /ˈmæŋgəʊ/ *n* [C] mango

**man·han·dle** /ˈmænhændl/ *v* [T] poniewierać: *The report claimed that patients were manhandled and bullied.*

**man·hole** /ˈmænhəʊl/ *n* [C] właz (*kanalizacyjny*)

**man·hood** /ˈmænhʊd/ *n* [U] wiek męski: *The tribe performs special ceremonies when the boys reach manhood.*

**man·hunt** /ˈmænhʌnt/ *n* [C] obława

**ma·ni·a** /ˈmeɪniə/ *n* [C,U] mania: *Beatle mania*

**ma·ni·ac** /ˈmeɪniæk/ *n* [C] *informal* mania-k/czka: *He drives like a maniac.*

**man·ic de·pres·sive** /ˌmænɪk dɪˈpresɪv/ *n* [C] chory z zespołem maniakalno-depresyjnym

**man·i·cure** /ˈmænəkjʊə/ *n* [C,U] manicure —**manicure** *v* [T] z/robić manicure

**man·i·fest** /ˈmænəfest/ *v* **manifest itself** przejawiać się: *The disease can manifest itself in many ways.* —**manifest** *adj formal* oczywisty: *a manifest error of judgement*

**man·i·fes·ta·tion** /ˌmænəfeˈsteɪʃən/ *n* [C,U] *formal* przejaw: *another manifestation of the greenhouse effect*

**man·i·fes·to** /ˌmænəˈfestəʊ/ *n* [C] manifest: *the Communist manifesto*

**ma·nip·u·late** /məˈnɪpjəleɪt/ *v* [T] manipulować: *He skilfully manipulated the media.* | *the computer's ability to manipulate large quantities of data* —**manipulation** /məˌnɪpjəˈleɪʃən/ *n* [U] manipulacja

**man·kind** /ˌmænˈkaɪnd/ *n* [U] ludzkość: *one of the most important events in the history of mankind*

**man·ly** /ˈmænli/ *adj* męski: *his strong manly shoulders*

**man-made** /ˌ. ˈ.◂/ *adj* sztuczny: *man-made fabrics* | *a man-made lake*

**man·ne·quin** /ˈmænɪkən/ *n* [C] manekin

**man·ner** /ˈmænə/ *n* [singular] **1** sposób: *She has a cheerful and friendly manner.* **2 all manner of** *formal* wszelkiego rodzaju: *The guests were served with all manner of food and drink.* **3 in a manner of speaking** *spoken* w pewnym sensie: *"Is she married?" "Yes, in a manner of speaking."* → patrz też MANNERS

**man·ner·is·m** /ˈmænərɪzəm/ *n* [C,U] maniera: *Eliot's ability to imitate Pound's mannerisms*

**man·ners** /ˈmænəz/ *n* [plural] maniery: **good/bad manners** *It's bad manners to talk while you're eating.*

**ma·noeu·vre**[1] /məˈnuːvə/ *BrE*, **maneuver** *AmE v* [I,T] manewrować: *Small boats are easier to manoeuvre.*

**manoeuvre**[2] *BrE*, **maneuver** *AmE n* [C,U] manewr: *a complicated manoeuvre* | *political maneuvers* → patrz też MANOEUVRES

**ma·noeu·vres** /məˈnuːvəz/ *BrE*, **maneuvers** *AmE* manewry

**man·or** /ˈmænə/ *n* [C] dwór, rezydencja ziemska

M

**man·pow·er** /ˈmænˌpaʊə/ *n* [U] siła robocza: *We don't have enough manpower right now to start a new project.*

**man·ser·vant** /ˈmænˌsɜːvənt/ *n* [C] służący

**man·sion** /ˈmænʃən/ *n* [C] rezydencja

**man·slaugh·ter** /ˈmænˌslɔːtə/ *n* [U] *law* nieumyślne spowodowanie śmierci → porównaj MURDER[1]

**man·tel·piece** /ˈmæntlpiːs/ *także* **mantel** *especially AmE n* [C] półka nad kominkiem

**man·u·al**[1] /ˈmænjuəl/ *adj* **1** fizyczny: *manual work | manual workers* **2** ręczny: *a manual typewriter* —**manually** *adv* ręcznie

**manual**[2] *n* [C] podręcznik: *a computer manual*

**man·u·fac·ture**[1] /ˌmænjəˈfæktʃə/ *v* [T] wy/produkować: *one of Europe's biggest paper manufacturing companies*

**manufacture**[2] *n* [U] *formal* produkcja

**man·u·fac·tur·er** /ˌmænjəˈfæktʃərə/ *n* [C] producent: *the world's largest shoe manufacturer*

**ma·nure** /məˈnjʊə/ *n* [U] obornik

**man·u·script** /ˈmænjəskrɪpt/ *n* [C] **1** rękopis: *a 350 page manuscript* **2** manuskrypt: *an ancient Chinese manuscript*

**man·y** /ˈmeni/ *quantifier, pron* **more, most 1** wiel-e/u, dużo: *There aren't many tickets left. | Were there many people at the concert? | You've eaten too many chocolates already.* | **+ of** *Many of us have had similar experiences.* | **a great many/a good many** (=bardzo dużo): *I learned a great many things.* | **how many** (=ile): *How many bedrooms are there?* | **as many** (=tyle): *There weren't as many accidents as the previous year.* **2 as many as** aż: *As many as 60% of high school children say they have experimented with drugs.* **3 many a time** *old-fashioned* niejeden raz

> UWAGA **many**
>
> Patrz **lot** i **many**.

> UWAGA **many, much i a lot of, plenty of**
>
> Wyrazów **many** i **much** używamy głównie w pytaniach i zdaniach przeczących: *Does he have many friends? | He doesn't have many friends.* W zdaniach twierdzących używamy wyrażeń **a lot of** i **plenty of**: *The policeman started asking me a lot of questions. | We are given a lot of tests.* Należy jednak pamiętać, że **many** i **much** mogą wystąpić w zdaniach twierdzących po **too**, **so** i **as**: *You ask too many questions*, oraz czasem w stylu oficjalnym: *Many accidents arise as a result of negligence.* Patrz też **lot** i **many**.

**map**[1] /mæp/ *n* [C] mapa: *a map of Texas*

**map**[2] *v* [T] **-pped, -pping** sporządzać mapę

**map** sth ↔ **out** *phr v* [T] za/planować: *Her parents had already mapped out her future.*

**ma·ple** /ˈmeɪpəl/ *n* [C,U] klon

**mar** /mɑː/ *v* [T] **-rred, -rring** zmącić, zepsuć: *The election campaign was marred by violence.*

**mar·a·thon** /ˈmærəθən/ *n* [C] maraton

**mar·ble** /ˈmɑːbəl/ *n* **1** [U] marmur **2** [C] kulka (*do gry*)

**March** /mɑːtʃ/ skrót pisany **Mar.** *n* [C,U] marzec

**march**[1] *v* [I] maszerować: *Thousands of demonstrators marched through Rostock. | The army marched past. | She marched out of the room without looking at us.*

**march**[2] *n* [C] marsz: *a civil rights march*

**mare** /meə/ *n* [C] klacz

**mar·ga·rine** /ˌmɑːdʒəˈriːn/ *n* [U] margaryna

**mar·gin** /ˈmɑːdʒən/ *n* [C] **1** margines: *I wrote some notes in the margin. | margin of error* **2** różnica głosów: *The Democrats won by a wide margin.*

**mar·gin·al** /ˈmɑːdʒənəl/ *adj* nie-

znaczny, marginalny: *a marginal improvement*

**mar·gin·al·ly** /ˈmɑːdʒ$^{ɪ}_{ə}$nəl-i/ *adv* nieznacznie: *The other car was marginally cheaper.*

**mar·i·jua·na** /ˌmær$^{ɪ}_{ə}$ˈwɑːnə/ *n* [U] marihuana

**ma·ri·na** /məˈriːnə/ *n* [C] port jachtowy

**mar·i·nate** /ˈmær$^{ɪ}_{ə}$neɪt/ *także* **mar·inade** /-neɪd/ *v* [T] za/marynować —**marinade** /ˌmær$^{ɪ}_{ə}$ˈneɪd/ *n* [C,U] marynata

**ma·rine¹** /məˈriːn/ *adj* morski: *marine life*

**marine²** *n* [C] żołnierz piechoty morskiej

**Ma·rines** /məˈriːnz/ *także* **Marine Corps** /.ˈ. ./ *AmE n* [U] piechota morska

**mar·i·o·nette** /ˌmæriəˈnet/ *n* [C] marionetka

**mar·i·tal** /ˈmær$^{ɪ}_{ə}$tl/ *adj* małżeński: *marital problems* | *marital status* (=stan cywilny)

**mar·i·time** /ˈmær$^{ɪ}_{ə}$taɪm/ *adj* morski: *Britain's traditional role as a maritime power*

**mark¹** /mɑːk/ *v* [T] **1** oznaczać: *Check the envelopes that are marked 'urgent' first.* **2** o/znakować: *The grave is marked by a stone cross.* **3** oceniać: *Have you marked my essay yet?* **4** wyznaczać: *The destruction of the Berlin wall marked the end of the Cold War.* **5** upamiętniać: *an exhibition to mark the anniversary of Picasso's birth* **6** zostawiać ślady na: *The heels of his boots had marked the floor.*

**mark** sth ↔ **down** *phr v* [T] przeceniać: *All the items in the store have been marked down for one week only.*

**mark** sth ↔ **out** *phr v* [T] wytyczać: *The police had marked out the route for the race.*

**mark²** *n* [C] **1** ślad, plama: *There were burn marks on the carpet.* **2** znak: *She made a mark on the map to show where her house was.* | *punctuation marks* | *We'd like to give you this gift as a mark of our respect.* **3** *BrE* ocena: *I got the highest mark in the class.* | *a pass mark* (=ocena pozytywna) **4** poziom: *Sales have reached the $100 million mark.* **5 make your mark** wyrabiać sobie pozycję: *a chance for him to make his mark in politics* **6 off the mark/wide of the mark** zupełnie błędny: *This estimate was way off the mark.* **7** marka: *a Lincoln Mark V*

**marked** /mɑːkt/ *adj* wyraźny: *There has been a marked increase in crime in the last year.* —**markedly** /ˈmɑːk$^{ɪ}_{ə}$dli/ *adv* wyraźnie

**mark·er** /ˈmɑːkə/ *n* [C] **1** znak: *a marker at the edge of the football field* **2** *także* **marker pen** zakreślacz

**mar·ket¹** /ˈmɑːk$^{ɪ}_{ə}$t/ *n* **1** [C] rynek, targ: *We buy all our vegetables from the market.* **2** [C] giełda **3** [C] rynek zbytu: *China is our biggest market.* **4 on the market** w sprzedaży: *That house has been on the market* (=wystawiony na sprzedaż) *for a year now.* **5** [singular] popyt: *The market for used cars in the US seems to be getting smaller.* ➡ patrz też BLACK MARKET, STOCK MARKET

**market²** *v* [T] reklamować: *The game is being marketed as a learning toy.*

**mar·ket·a·ble** /ˈmɑːk$^{ɪ}_{ə}$təbl/ *adj* znajdujący zbyt

**market forc·es** /ˌ.. ˈ../ *n* [plural] siły rynkowe

**mar·ket·ing** /ˈmɑːk$^{ɪ}_{ə}$tɪŋ/ *n* [U] marketing: *an effective marketing strategy* | *He works in marketing.*

**mar·ket·place** /ˈmɑːk$^{ɪ}_{ə}$tpleɪs/ *n* **1** plac targowy **2 the marketplace** rynek: *The marketplace is the real test for a new product.*

**market re·search** /ˌ.. .ˈ./ *n* [U] badanie rynku

**mark·ing** /ˈmɑːkɪŋ/ *n* [C usually plural] plamka: *a cat with black and white markings*

**marks·man** /ˈmɑːksmən/ *n* [C] strzelec wyborowy

**mar·ma·lade** /ˈmɑːməleɪd/ *n* [U] dżem z owoców cytrusowych

**ma·roon¹** /məˈruːn/ *n* [U] kolor bordo(wy)

**maroon²** *v* **marooned** wyrzucony na

brzeg: *the story of a sailor who was marooned on a desert island*

**mar·quee** /mɑːˈkiː/ *n* [C] **1** *BrE* duży namiot, w którym podaje się jedzenie i picie np. na festynie **2** *AmE* wielki afisz przed kinem/teatrem z tytułem filmu/przedstawienia

**mar·riage** /ˈmærɪdʒ/ *n* **1** [C,U] małżeństwo: *a long and happy marriage* | *He is not interested in marriage.* **2** [C] ślub: *The premises are not licensed for marriages.*

**mar·ried** /ˈmærid/ *adj* zamężna, żonaty: *Are you married or single?* | **+ to** *Harrison Ford is married to Melissa Mathison.*

**mar·row** /ˈmærəʊ/ *n* **1** [U] szpik **2** [C] *BrE* kabaczek

**mar·ry** /ˈmæri/ *v* **1** [I] o/żenić się, wychodzić za mąż: **get married** (=pobierać się): *When are you two going to get married?* **2** [T] **marry sb** o/żenić się z, wychodzić za: *She married a man who was half her age.*

**Mars** /mɑːz/ *n* [singular] Mars

**marsh** /mɑːʃ/ *n* [C,U] bagna, moczary —**marshy** *adj* bagnisty

**mar·shal¹** /ˈmɑːʃəl/ *n* [C] *especially AmE* komendant policji lub straży pożarnej

**marshal²** *v* [T] zbierać: *She paused and tried to marshal her thoughts.*

**marsh·mal·low** /ˌmɑːʃˈmæləʊ/ *n* [C,U] cukierek ślazowy

**mar·su·pi·al** /mɑːˈsjuːpiəl/ *n* [C] torbacz

**mar·tial** /ˈmɑːʃəl/ *adj* wojskowy: *martial music*

**martial art** /ˌ.. ˈ./ *n* [C] wschodnia sztuka walki

**martial law** /ˌ.. ˈ./ *n* [U] stan wojenny

**Mar·tian** /ˈmɑːʃən/ *n* [C] Marsjan-in/ka

**mar·tyr** /ˈmɑːtə/ *n* [C] męczenni-k/ca —**martyrdom** *n* [U] męczeństwo

**mar·vel¹** /ˈmɑːvəl/ *v* [I] **-lled, -lling** *BrE*, **-led, -ling** *AmE* zachwycać się, zdumiewać się: **+ at** *He marvelled at the technology involved in creating such a tiny computer.*

**marvel²** *n* [C] cud: *Laser surgery is one of the marvels of modern medicine.*

**mar·vel·lous** /ˈmɑːvələs/ *BrE*, **marvelous** *AmE* *adj* cudowny: *a marvellous book*

**Marx·is·m** /ˈmɑːksɪzəm/ *n* [U] marksizm

**Marx·ist** /ˈmɑːksəst/ *adj* marksistowski —**Marxist** *n* [C] marksist-a/ka

**mar·zi·pan** /ˈmɑːzəpæn/ *n* [U] marcepan

**mas·ca·ra** /mæˈskɑːrə/ *n* [U] tusz do rzęs

**mas·cot** /ˈmæskət/ *n* [C] maskotka

**mas·cu·line** /ˈmæskjələn/ *adj* **1** męski: *a masculine voice* **2** rodzaju męskiego ➡ porównaj FEMININE

**mas·cu·lin·i·ty** /ˌmæskjəˈlɪnəti/ *n* [U] męskość ➡ porównaj FEMININITY

**mash** /mæʃ/ *v* [T] u/tłuc: *Mash the potatoes in a bowl.*

**mask¹** /mɑːsk/ *n* [C] maska: *The doctor wore a mask over her mouth and nose.*

**mask²** *v* [T] za/maskować: *The sugar masks the taste of the medicine.*

**masked** /mɑːskt/ *adj* zamaskowany

**mas·o·chis·m** /ˈmæsəkɪzəm/ *n* [U] masochizm —**masochistic** /ˌmæsəˈkɪstɪk◂/ *adj* masochistyczny

**ma·son** /ˈmeɪsən/ *n* [C] **1** kamieniarz **2** wolnomularz, mason/ka

**ma·son·ry** /ˈmeɪsənri/ *n* [U] kamienny lub ceglany mur/budynek

**mas·que·rade** /ˌmæskəˈreɪd/ *v* [I] **masquerade as** udawać: *He masqueraded as a doctor.*

**Mass** /mæs/ *n* [C,U] msza

**mass¹** *n* [C,U] **1** masa: *a mass of dark clouds* | *the mass of a star* **2 masses** *BrE informal* cała masa: *I've got masses of homework.* **3 the masses** masy

**mass²** *adj* masowy: *mass communication*

**mass³** *v* [I,T] gromadzić (się): *Troops are massing at the border.*

**mas·sa·cre** /ˈmæsəkə/ *n* [C] masakra

**mas·sage** /ˈmæsɑːʒ/ *n* [C,U] masaż: *He*

M

*gave me a massage.* —**massage** *v* [T] wy/masować: *Massage my neck.*

**mas·seur** /mæ'sɜː/ *n* [C] masażysta

**mas·seuse** /mæ'sɜːz/ *n* [C] masażystka

**mas·sive** /'mæsɪv/ *adj* wielki: *a massive dog | Carl had a massive* (=rozległy) *heart attack.*

**mass me·di·a** /ˌ. '.../ *n* **the mass media** mass media, środki masowego przekazu

**mass mur·der·er** /ˌ. '.../ *n* [C] wielokrotny morderca

**mass-pro·duced** /ˌ.. .'.◂/ *adj* produkowany na skalę masową: *mass-produced cars* —**mass production** /ˌ.. .'../ *n* [C] produkcja masowa

**mast** /mɑːst/ *n* [C] maszt

**mas·ter¹** /'mɑːstə/ *n* [C] **1** *old-fashioned* pan: *the dog's master* **2** mistrz: *a master of kung fu* **3** nauczyciel

**master²** *v* [T] opanowywać: *It takes years to master a new language. | I finally mastered my fear of water.*

**master³** *adj* **master tape** taśma-matka

**mas·ter·ful** /'mɑːstəfəl/ *adj* mistrzowski: *a masterful performance*

**mas·ter·mind** /'mɑːstəmaɪnd/ *n* [singular] mózg: *Corran was the mastermind behind the hijacking.* —**mastermind** *v* [T] sterować: *a robbery masterminded by terrorists*

**mas·ter·piece** /'mɑːstəpiːs/ *n* [C] arcydzieło

**master's de·gree** /'.. .ˌ./ *n* [C] stopień magistra

**mas·ter·y** /'mɑːstəri/ *n* [U] **1 mastery of/over** panowanie nad: *the champion's mastery over his opponent* **2 mastery of** biegłe opanowanie: *She has total mastery of the piano.*

**mas·tur·bate** /'mæstəbeɪt/ *v* [I] onanizować się —**masturbation** /ˌmæstə'beɪʃən/ *n* [U] masturbacja

**mat¹** /mæt/ *n* [C] mata

**mat²** *adj* matowy

**match¹** /mætʃ/ *n* **1** [C] zapałka: *a box of matches | He lit a match so we could see.* **2** [C] *especially BrE* mecz: *a tennis match* **3** [singular] **be a match for** pasować do: *These shoes are a perfect match for the dress.* **4 be no match for** nie dorównywać: *Our team was no match for theirs.*

| UWAGA **match** |
|---|
| Patrz **fit**, **suit** i **match** (lub **go with**). |

**match²** *v* **1** [T] pasować do: *The carpet matches the curtains.* **2** [I] pasować do siebie: *His socks don't match.* **3** *także* **match up** [T] dopasowywać: *Match the words on the left with the meanings on the right.* **4** [T] dorównywać: *No one can match Rogers' speed on the football field.*

**match up** *phr v* **1** [I] pasować do siebie: *The edges of the cloth don't match up.* **2 match up to something** dorównywać czemuś: *The CD didn't match up to the band's live performance.*

**match·box** /'mætʃbɒks/ *n* [C] pudełko zapałek

**match·ing** /'mætʃɪŋ/ *adj* pasujący do siebie: *The twins wore matching T-shirts.*

**match·mak·er** /'mætʃˌmeɪkə/ *n* [C] swat/ka

**mate¹** /meɪt/ *n* **1** [C] *BrE informal* kumpel: *my mate Dave | I went with some of my mates from work.* **2** *BrE, AustrE spoken* stary: *How are you, mate?* **3** [C] partner (*seksualny*) **4** oficer okrętowy → patrz też CLASSMATE, ROOMMATE

**mate²** *v* [I] parzyć się, łączyć się w pary: *Birds mate in the spring.*

**ma·te·ri·al¹** /mə'tɪəriəl/ *n* **1** [C,U] materiał: *blue velvet material | building materials* **2 materials** [plural] materiały, przybory: *writing materials*

**material²** *adj* **1** materialny: *the material comforts that money can buy* **2** *law* istotny: *a material witness for the defence* → porównaj IMMATERIAL

**ma·te·ri·al·is·m** /mə'tɪəriəlɪzəm/ *n* [U] materializm —**materialist** *adj* materialist-a/ka —**materialistic** /məˌtɪəriə'lɪstɪk◂/ *adj* materialistyczny

**ma·te·ri·al·ize** /mə'tɪəriəlaɪz/ (*także*

M

**-ise** *BrE*) *v* [I] z/materializować się: *His dream failed to materialize.*

**ma·ter·nal** /məˈtɜːnl/ *adj* **1** macierzyński: *maternal feelings* **2 maternal grandfather/aunt** dziadek/ciotka ze strony matki → porównaj PATERNAL

**ma·ter·ni·ty** /məˈtɜːnəti/ *adj* [only before noun] macierzyński: *maternity pay* | *maternity clothes* (=odzież dla kobiet w ciąży)

**maternity leave** /.ˈ... ˌ./ *n* [U] urlop macierzyński

**math** /mæθ/ *n* [U] *AmE* matematyka

**math·e·ma·ti·cian** /ˌmæθəməˈtɪʃən/ *n* [C] matematy-k/czka

**math·e·mat·ics** /ˌmæθəˈmætɪks/ *n* [U] matematyka —**mathematical** *adj* matematyczny

**maths** /mæθs/ *n* [U] *BrE* matematyka

**mat·i·née** /ˈmætəneɪ/ *n* [C] popołudniówka (*spektakl lub seans*)

**ma·tric·u·la·tion** /məˌtrɪkjəˈleɪʃən/ *n* [U] *formal* immatrykulacja

**mat·ri·mo·ny** /ˈmætrəməni/ *n* [U] *formal* związek małżeński —**matrimonial** /ˌmætrəˈməʊniəl◂/ *adj* małżeński

**matt** /mæt/ **matte, mat** *adj* matowy

**mat·ted** /ˈmætəd/ *adj* skudłacony, skudlony: *matted hair*

**mat·ter¹** /ˈmætə/ *n* **1** [C] sprawa: *Several important matters were discussed.* | *He's busy with family matters.* | **make matters worse** (=pogarszać sytuację) **2 what's the matter?** *especially spoken* o co chodzi?, co się dzieje/stało?: **+ with** *What's the matter with Ellie?* | *What's the matter with the phone?* **3 there's something the matter with** *spoken* coś jest nie tak z: *There's something the matter with the computer.* **4 as a matter of fact** *spoken* właściwie, prawdę mówiąc: *"Do you know Liz?" "Yes, as a matter of fact we're cousins."* **5 no matter how/what** *spoken* bez względu na to, jak/co: *No matter how hard she tried, she couldn't get the door open.* **6** [U] **a)** *technical* materia **b)** *formal* substancja: *waste matter* (=odpady) | *vegetable matter* **7 a matter of practice/luck** kwestia wprawy/szczęścia: *Learning to drive is a matter of using your common sense.* **8 in a matter of seconds/days** w kilka sekund/dni: *We'll be in Singapore in a matter of hours.* **9 it's only/just a matter of time** to tylko kwestia czasu: *It's only a matter of time before a child is killed on that road.* **10 be a matter of opinion** być dyskusyjnym **11 a matter of life and death** sprawa życia i śmierci **12 for that matter** jeśli o to chodzi: *I don't like him, or his sister for that matter!* **13 as a matter of course/routine** automatycznie/rutynowo

**matter²** *v* [I] mieć znaczenie: *Money is the only thing that matters to him.* | *Will it matter if we're a few minutes late?* | *"Oh no, I forgot the camera!" "It doesn't matter."*

**matter-of-fact** /ˌ.. . ˈ.◂/ *adj* rzeczowy: *We try to explain death to children in an understanding but matter-of-fact way.*

**mat·tress** /ˈmætrəs/ *n* [C] materac

**ma·ture¹** /məˈtʃʊə/ *adj* dojrzały, dorosły: *She's very mature for her age.* → antonim IMMATURE

**mature²** *v* **1** [I] dojrzewać: *The fly matures in only seven days.* **2** [I] wy/dorośleć: *Pat's matured a lot since going to college.*

**ma·tu·ri·ty** /məˈtʃʊərəti/ *n* [U] dojrzałość: *His lack of maturity makes him unsuitable for such a responsible job.* | *Rabbits reach maturity in only five weeks.*

**maul** /mɔːl/ *v* [T] pokiereszować, poturbować: *The hunter was mauled by a lion.*

**mau·so·le·um** /ˌmɔːsəˈliːəm/ *n* [C] mauzoleum

**mauve** /məʊv/ *n* [U] kolor jasnofioletowy

**mav·e·rick** /ˈmævərɪk/ *n* [C] indywidualist-a/ka: *a political maverick*

**max** /mæks/ *n* [U] *informal* maksimum

**max·im** /ˈmæksəm/ *n* [C] maksyma

**max·i·mize** /ˈmæksəmaɪz/ (*także* **-ise** *BrE*) *v* [T] z/maksymalizować: *We want to reduce costs and maximize profits.* → antonim MINIMIZE

**max·i·mum** /ˈmæksɪməm/ *adj* **the maximum amount/speed** maksymalna ilość/prędkość: *The car has a maximum speed of 125 mph.* —**maximum** *n* maksimum: *Temperatures will reach a maximum of 30°C today.* ➡ antonim MINIMUM¹

**May** /meɪ/ *n* [C,U] maj

**may** *modal verb* **1** móc: *It may snow tonight.* | *You may start writing now.* **2 may I** *spoken* czy mogę: *May I borrow your pen?* ➡ patrz ramka MAY, patrz też MIGHT¹, **may/might as well do sth** (WELL¹)

**may·be** /ˈmeɪbi/ *adv* **1** być może: *Maybe Anna's already left.* **2** może: *Maybe Jeff could help you.*

> UWAGA **maybe**
>
> **Maybe** jest bardziej potoczne niż **perhaps** i pojawia się częściej w mowie, a rzadziej w oficjalnych pismach i sprawozdaniach.

**may·on·naise** /ˌmeɪəˈneɪz/ *n* [U] majonez

**mayor** /meə/ *n* [C] burmistrz

**maze** /meɪz/ *n* [C] labirynt: *We got lost in the maze.* | *a maze of dark hallways* | *a maze of government rules*

**me** /mi/ *pron* **1** mnie, mi: *He gave me a necklace.* | *My sister is older than me* (=niż ja). **2 me too** *spoken* ja też: *"I'm hungry!" "Me too."* **3 me neither** *spoken* ja też nie: *"I don't like coffee." "Me neither."*

**mead·ow** /ˈmedəʊ/ *n* [C] łąka

**mea·gre** /ˈmiːgə/ *BrE*, **meager** *AmE adj* skąpy, skromny: *a meagre breakfast*

**meal** /miːl/ *n* [C] posiłek: *We always have a meal together in the evening.*

**meal·time** /ˈmiːltaɪm/ *n* [C] pora posiłku

**mean¹** /miːn/ *v* **meant, meant, meaning** [T] **1** znaczyć, oznaczać: *What does the word 'Konbanwa' mean?* | *The red light means "stop".* | *It's snowing, which means that it will take longer to get there.* **2** mieć na myśli: *When I said 'soon', I meant in the next few weeks.* **3 mean it** mówić poważnie: *Did you really mean it when you said you loved me?* **4** mieć zamiar: *I've been meaning to call you for ages.* | *She didn't mean* (=nie chciała) *to upset you.* | *It was meant to be* (=to miał być) *a joke.* | **mean (for) sb to do sth** *I didn't mean her to find out* (=nie chciałem, żeby się dowiedziała). **5 be meant for sb/sth** być przeznaczonym dla kogoś/do czegoś: *The flowers were meant for Mum.* | *These shoes aren't meant for walking.* **6 sb is not meant to do sth** komuś nie wolno czegoś robić: *You're not meant to look at the answers!* **7 sb/sth means a lot (to sb)** ktoś/coś wiele (dla kogoś) znaczy: *It would mean a lot to Joe if you watched him play football.* **8 mean well** chcieć dobrze **9 I mean** *spoken* to znaczy: *She's just so nice. I mean, she's a really gentle person.* | *She plays the violin, I mean the viola.* **10 I mean it!** *spoken* ja nie żartuję!: *Don't ever say that word again – I mean it!* **11 (Do) you mean ...?** *spoken* (Czy) to znaczy, że ...?: *You mean you want me to call you, or will you call me?* **12 (Do) you know what I mean?** *spoken* rozumiesz, co mam na myśli?: *I feel disappointed. You know what I mean?* | *"There's nothing good on TV." "I know what you mean."* **13 what do you mean?** *spoken* **a)** co chcesz przez to powiedzieć? **b)** jak to?: *What do you mean, you sold your guitar?*

**mean²** *adj* **1** podły: *Don't be so mean to your sister.* **2** *BrE* skąpy: *He was too mean to buy me a present.* **3 no mean** nie byle jaki: *It was no mean achievement to win first prize.*

**mean³** *n* [usually singular] *technical* średnia

**me·an·der** /miˈændə/ *v* [I] wić się: *a meandering stream*

**mean·ing** /ˈmiːnɪŋ/ *n* **1** [C,U] znaczenie: *I don't understand the meaning of this word.* **2** [U] sens: *the meaning of life*

**mean·ing·ful** /ˈmiːnɪŋfəl/ *adj* **1** znaczący: *a meaningful look* | *a meaningful relationship* **2** sensowny: *The data isn't very meaningful to anyone but a scientist.* —**meaningfully** *adv* znacząco, sensownie

M

## Czasownik modalny ***MAY***

Czasownika ***may*** używamy najczęściej,

**1** wyrażając pozwolenie lub zakaz:
*You **may** smoke if you like.*
*You **may not** use calculators during the test.*

**2** pytając o pozwolenie:
***May** I open the window?*

W podobnych okolicznościach używa się też czasownika modalnego ***can***. Konstrukcja z ***may***, jako bardziej formalna, zalecana jest w języku pisanym, w oficjalnych komunikatach oraz przy zwracaniu się do nieznajomych, np.:

(W broszurce informacyjnej:) *Parents **may** visit the school at any time.*
(Do nieznajomego w restauracji:) *Excuse me, **may** I share your table?*

***May*** może też wyrażać przypuszczenie dotyczące teraźniejszości lub przyszłości:

*'She hasn't answered the phone all day.' – 'She **may** be away.'* (= … – Perhaps she is away.)
*The prices **may** go up again.* (= Perhaps the prices will go up again.)

W zdaniach przeczących mamy do czynienia z istotną różnicą znaczeniową pomiędzy ***may not*** i ***might not*** z jednej strony a ***cannot*** i ***could not*** z drugiej, np.:

*This **may/might not** be a nightingale.* („Może to nie jest słowik.")
*This **cannot/could not** be a nightingale.* („To nie może/nie mógłby być słowik.")

***May*** w połączeniu z bezokolicznikiem typu „perfect" wyraża przypuszczenie dotyczące przeszłości:

*'Why isn't he here yet?' – 'He **may have missed** his train'.* (= … – Perhaps he has missed his train.)

***May*** może również występować w zdaniach warunkowych 1. typu:
*If there is a storm tonight, the flight **may** be delayed.*

patrz też: ***CAN, Conditional Sentences, COULD, Infinitive, MIGHT, Modal Verbs, Perfect Infinitive, Verb***

**mean·ing·less** /ˈmiːnɪŋləs/ *adj* bez znaczenia, bezsensowny: *Her whole life felt meaningless.*

**means** /miːnz/ *n* [plural] **1** środek: *We'll use any means we can to raise the money.* | *For many people, the car is their main means of transport.* **2 by means of** za pomocą: *The oil is transported by means of a pipeline.* **3 by all means** jak najbardziej, ależ oczywiście: *By all means, come over and use the e-mail.* **4 by no means** bynajmniej (nie): *The results are by no means certain.* **5 a means to an end** środek do celu: *Bev always says her job is just a means to an end.* **6** środki: *They don't have the means to pay for private education.* | *a man of means* (=człowiek zamożny)

**meant** /ment/ *v* czas przeszły i imiesłów bierny od MEAN

**mean·time** /ˈmiːntaɪm/ *n* **in the meantime** tymczasem: *Dinner's nearly ready. In the meantime, who wants a drink?*

**mean·while** /ˈmiːnwaɪl/ *adv* tymczasem: *Mary was coming later. Meanwhile I did my homework.*

**mea·sles** /ˈmiːzəlz/ *n* [U] *także* **the measles** odra

**mea·sure**[1] /ˈmeʒə/ *v* [I,T] z/mierzyć: *She measured the curtains.* | *He measured me for a new suit.* | *The table measures four feet by six feet.* | *How do you measure success?*

**measure up** *phr v* [I] **measure up to sb's expectations/standards** spełniać czyjeś oczekiwania/wymagania: *Does college measure up to your expectations?*

**measure**[2] *n* **1** [C usually plural] działanie, środek: *government measures to cut air pollution* | **take measures** (=przedsiębrać środki): *They have to take drastic measures to save money.* **2** [C,U] miara, jednostka: *An hour is a measure of time.*

**mea·sure·ment** /ˈmeʒəmənt/ *n* **1** [C,U] wymiar: *First of all, you'll need the exact measurements of the room.* **2** pomiar

**meat** /miːt/ *n* [U] mięso: *I don't eat much meat.*

**meat·y** /ˈmiːti/ *adj* mięsny

**mec·ca** /ˈmekə/ *n* [singular] mekka: *Florence is a mecca for art students.*

**me·chan·ic** /mɪˈkænɪk/ *n* [C] mechanik

**me·chan·i·cal** /mɪˈkænɪkəl/ *adj* **1** mechaniczny: *mechanical engineering* | *a mechanical toy* **2** machinalny: *a mechanical answer* —**mechanically** *adv* mechanicznie, machinalnie

**me·chan·ics** /mɪˈkænɪks/ *n* [U] **1** mechanika **2 the mechanics of (doing) sth** mechanizm czegoś: *the mechanics of language*

**mech·a·nis·m** /ˈmekənɪzəm/ *n* [C] mechanizm: *a car's steering mechanism* | *The body has a mechanism for controlling temperature.*

**mech·a·nize** /ˈmekənaɪz/ (*także* **-ise** *BrE*) *v* [T] z/mechanizować —**mechanized** *adj* zmechanizowany: *mechanized farming*

**med·al** /ˈmedl/ *n* [C] medal: *an Olympic gold medal*

**me·dal·li·on** /mᵻˈdæliən/ *n* [C] medalion

**med·al·list** /ˈmedl-ᵻst/ *BrE*, **medalist** *AmE n* [C] medalist-a/ka: *a silver medalist*

**med·dle** /ˈmedl/ *v* [I] mieszać się: *He's meddling in other people's lives.*

**me·di·a** /ˈmiːdiə/ *n* **1 the media** media: *reports in the media* | **media coverage/interest** *The President's visit got a lot of media coverage* (=została bardzo nagłośniona przez media). **2** liczba mnoga od MEDIUM → patrz też MASS MEDIA

**med·i·ae·val** /ˌmediˈiːvəl◂/ średniowieczny

**me·di·ate** /ˈmiːdieɪt/ *v* [I] pośredniczyć, prowadzić mediację: *The court had to mediate between Mr Hassel and his neighbours.* —**mediator** *n* [C] pośredni-k/czka, mediator/ka —**mediation** /ˌmiːdiˈeɪʃən/ *n* [U] pośrednictwo, mediacja

**med·i·cal** /ˈmedɪkəl/ *adj* medyczny: *She needs urgent medical treatment.* | *medical school* (=akademia medyczna) —**medically** *adv* medycznie

**med·i·cated** /ˈmedᵻkeɪtᵻd/ *adj* leczniczy: *medicated shampoo*

**med·i·ca·tion** /ˌmedᵻˈkeɪʃən/ *n* [C,U] leki: *He's taking medication for his heart.*

**me·di·ci·nal** /mᵻˈdɪsənəl/ *adj* leczniczy: *Cough syrup should be used for medicinal purposes only.*

**medi·cine** /ˈmedsən/ *n* **1** [C,U] lek, lekarstwo: *Remember to take your medicine.* | *Medicines should be kept away from children.* **2** [U] medycyna: *Sarah plans to study medicine.*

**med·i·e·val** /ˌmediˈiːvəl◂/ *także* **mediaeval** *BrE adj* średniowieczny: *medieval poetry*

**me·di·o·cre** /ˌmiːdiˈəʊkə◂/ *adj* mierny, pośledni: *The food was mediocre.* —**mediocrity** /ˌmiːdiˈɒkrᵻti/ *n* [U] mierność, miernota

**med·i·tate** /ˈmedəteɪt/ *v* [I] medytować —**meditation** /ˌmedəˈteɪʃən/ *n* [U] medytacja

**me·di·um**[1] /ˈmiːdiəm/ *adj* średni: *What size drink do you want – small, medium or large?* | *a man of medium height*

> UWAGA **medium i average**
>
> Nie należy mylić wyrazów **medium** i **average** w znaczeniu 'średni'. **Medium** to 'ani duży, ani mały; ani wysoki, ani niski itd.': *The waiter was of medium height.* **Average** to 'przeciętny statystycznie': *The average age of students entering the college is 19.*

**medium**[2] *n* [C] **1** *plural* **media** środek, nośnik: *The Internet is a powerful advertising medium.* **2** *plural* **mediums** medium

**medium-sized** /ˌ... ˈ.◂/, **medium-size** *adj* średniej wielkości: *medium-sized apples* | *a medium-size business*

**med·ley** /ˈmedli/ *n* [C] składanka

**meek** /miːk/ *adj* potulny —**meekly** *adv* potulnie

**meet** /miːt/ *v* **met, meeting 1** [I,T] poznawać (się): *Mike and Sara met at a party.* **2** [I,T] spotykać (się) (z): *Haven't we met before?* | *Let's meet for lunch tomorrow.* | *I'll meet you at the bus stop.* | *I met Joe while I was out shopping.* | *The chess club meets every Tuesday lunchtime.* **3 (it's) nice to meet you** *spoken* bardzo mi miło: *"Paul, this is Jack." "Nice to meet you."* **4** [T] wychodzić (*np. po kogoś na pociąg*): *I'm going to meet Anne's plane.* **5** [I,T] łączyć się (z): *the place where the path meets the road* | *His eyebrows meet in the middle.* **6** [T] spełniać: *She didn't meet all of the requirements for the job.*

**meet up** *phr v* [I] spotykać się: *Let's meet up later.*

**meet with** sb/sth *phr v* [T] *especially AmE* spotykać się z: *The President met with European leaders today in Paris.* | *The new radio station has met with a lot of criticism.*

**meet·ing** /ˈmiːtɪŋ/ *n* [C] zebranie, spotkanie: *The teachers have a meeting this afternoon.* | *She's in a meeting – can you call back later?*

**meg·a·byte** /ˈmegəbaɪt/ *n* [C] megabajt

**meg·a·lo·ma·ni·a** /ˌmegələʊˈmeɪniə/ *n* [U] megalomania —**megalomaniac** /-niæk/ *n* [C] megaloman/ka

**meg·a·phone** /ˈmegəfəʊn/ *n* [C] megafon

**mel·an·chol·y** /ˈmelənkəli/ *n* [U] *literary* melancholia —**melancholy** *adj* melancholijny: *The song was quiet and a little melancholy.*

**mel·low**[1] /ˈmeləʊ/ *adj* łagodny: *mellow music* | *My dad's pretty mellow these days.*

**mellow**[2] *v* [I,T] z/łagodnieć: *She's mellowed over the years.*

**me·lod·ic** /məˈlɒdɪk/, **me·lo·dious** /məˈləʊdiəs/ *adj* melodyjny: *a sweet melodic voice*

**mel·o·dra·ma** /ˈmelədrɑːmə/ *n* [C,U] melodramat

**mel·o·dra·mat·ic** /ˌmelədrəˈmætɪk◂/ *adj* melodramatyczny: *He says he's going to run away but he's just being melodramatic.*

**mel·o·dy** /ˈmelədi/ *n* [C,U] melodia

**mel·on** /ˈmelən/ *n* [C,U] melon

**melt** /melt/ *v* **1** [I,T] s/topić (się): *Melt the chocolate in a pan.* **2** [I] s/topnieć: *The snow's melting.* **3** [I] rozczulać się: *Whenever I hear his voice, I just melt.*

**melt away** *phr v* [I] ulatniać się: *My anger melted away when she explained.*

**mem·ber** /ˈmembə/ *n* [C] członek: *Are you a member of the tennis club?* | *Two band members quit yesterday.* | *Cats and tigers are members of* (=należą do) *the same species.*

**mem·ber·ship** /ˈmembəʃɪp/ *n* **1** [U] członkostwo: **+ of** *BrE*, **+ in** *AmE I forgot to renew my membership in the sailing club.* **2** [U singular] członkowie: *The membership will vote for a chairman tonight.* | *an increase in membership* (=wzrost liczby członków)

**mem·brane** /ˈmembreɪn/ *n* [C,U] błona: *a membrane in the ear that helps us hear*

**me·men·to** /mɪ̣ˈmentəʊ/ *n* [C] *plural* **mementos** pamiątka: *a memento of my college days*

**mem·o** /ˈmeməʊ/ *n* [C] *plural* **memos** notatka (*służbowa*)

**mem·oirs** /ˈmemwɑːz/ *n* [plural] wspomnienia, pamiętniki

**mem·o·ra·ble** /ˈmemərəbəl/ *adj* pamiętny: *Brando's memorable performances in "On the Waterfront"*

**mem·o·ran·dum** /ˌmeməˈrændəm/ *n* [C] *formal* notatka (*służbowa*)

**me·mo·ri·al**[1] /mɪ̣ˈmɔːriəl/ *adj* [only before noun] pamiątkowy: **memorial service** *a memorial service for my grandfather* (=nabożeństwo żałobne za mojego dziadka)

**memorial**[2] *n* [C] pomnik: *The wall was built as a memorial to soldiers who died in Vietnam.*

**mem·o·rize** /ˈmeməraɪz/ (*także* **-ise** *BrE*) *v* [T] na/uczyć się na pamięć

**mem·o·ry** /ˈmeməri/ *n* **1** [C,U] pamięć: *She's got a good memory for faces.* | *Could you draw the map from memory?* | *30 megabytes of memory* **2** [C usually plural] wspomnienie: *I have a lot of happy memories of that summer.* | **bring back memories** (=przywoływać wspomnienia): *That smell brings back memories of my childhood.* ➡ porównaj SOUVENIR **3 in memory of** ku pamięci: *a garden created in memory of the children killed in the attack*

**men** /men/ *n* liczba mnoga od MAN

**men·ace** /ˈmenɪ̣s/ *n* [C] **1** zagrożenie: *That man is a menace to society!* **2** zmora: *The mosquitoes are a real menace.* **3** [U] groźba: *There was menace in her voice.*

**men·ac·ing** /ˈmenɪ̣sɪŋ/ *adj* groźny: *a menacing laugh*

**mend** /mend/ *v* [T] naprawiać: *You'd better mend that hole in the fence.*

**me·ni·al** /ˈmiːniəl/ *adj* **menial work/job** nudna, nie wymagająca kwalifikacji praca

**men·in·gi·tis** /ˌmenɪ̣nˈdʒaɪtɪ̣s/ *n* [U] zapalenie opon mózgowych

**men·o·pause** /ˈmenəpɔːz/ *n* [U] menopauza, klimakterium

**men's room** /ˈ. ./ *n* [C] *AmE* męska toaleta

**men·stru·ate** /ˈmenstrueɪt/ *v* [I] *formal* miesiączkować —**menstrual** *adj* menstruacyjny —**menstruation** /ˌmenstruˈeɪʃən/ *n* [U] miesiączka, menstruacja

**men·tal** /ˈmentl/ *adj* **1** [only before noun] umysłowy: *a child's mental development* | **make a mental note** (=zakonotować sobie): *I made a mental note to call Julie.* **2** psychiczny: *mental health* | *a mental institution* (=zakład dla psychicznie chorych) | *That guy's mental!* —**mentally** *adv* umysłowo, psychicznie: *mentally ill* | *mentally handicapped*

**men·tal·i·ty** /menˈtælɪ̣ti/ *n* [C] mentalność: *an aggressive mentality*

**men·tion**[1] /ˈmenʃən/ *v* [T] **1** wspominać (o): *Cooper wasn't mentioned in the article.* | **mention sth to sb** *I'll mention the idea to her and see what she thinks.* | **+ (that)** *He did mention that he was having problems.* **2 don't mention it** *spoken* nie ma za co, nie ma o czym mówić: *"Thanks for helping me out." "Don't mention it."* **3 not to mention** nie mówiąc o: *He already has two houses and two cars, not to mention the boat.*

**mention**[2] *n* [U singular] wzmianka: *Any mention of the accident upsets her.* | **no mention of** *There was no mention of* (=nie było mowy o) *any payment for the work.*

**men·tor** /ˈmentɔː/ *n* [C] mentor/ka

**men·u** /ˈmenjuː/ *n* [C] *plural* **menus** **1** jadłospis, karta dań: *Could we have the menu, please?* | *Do you have a vegetarian dish on the menu?* **2** menu (*komputerowe*)

**me·ow** /miˈaʊ/ *n* miau

**mer·ce·na·ry**[1] /ˈmɜːsənəri/ *n* [C] najemnik

**mercenary**[2] *adj* wyrachowany, interesowny

**mer·chan·dise** /ˈmɜːtʃəndaɪz/ *n* [U] *formal* towar(y)

**mer·chant**[1] /ˈmɜːtʃənt/ *n* [C] kupiec: *a wine merchant*

**merchant**[2] *adj* [only before noun] handlowy: **the merchant navy** *BrE*/**the merchant marine** *AmE My brother's in the merchant navy.*

**mer·ci·ful** /ˈmɜːsɪfəl/ *adj* litościwy, miłosierny: *The final whistle was a merciful release* (=był wybawieniem).

**mer·ci·ful·ly** /ˈmɜːsɪfəli/ *adv* na szczęście: *Her death was mercifully quick.*

**mer·ci·less** /ˈmɜːsɪləs/ *adj* bezlitosny: *a merciless attack on innocent villagers*

**Mer·cu·ry** /ˈmɜːkjᵊri/ *n* [singular] Merkury

**mercury** *n* [U] rtęć

**mer·cy** /ˈmɜːsi/ *n* **1** [U] litość: *The rebels showed no mercy.* **2 be at the mercy of** być na łasce: *In the open boat they were at the mercy of the wind and waves.*

**mere** /mɪə/ *adj* **1** zaledwie: *She won by a mere two points* (=zaledwie dwoma punktami). | *He's a mere child* (=jest tylko dzieckiem) – *he can't understand.* **2** *także* **the merest** sam: *The mere thought made her furious* (=wściekała się na samą myśl).

**mere·ly** /ˈmɪəli/ *adv* jedynie, tylko: *I'm not making criticisms, merely suggestions.* | *Education should be more than merely training to pass exams.*

**merge** /mɜːdʒ/ *v* **1** [I,T] po/łączyć (się), scalać (się): *a computer program that makes it easy to merge text and graphics* | **+ with** *The company is planning to merge with a German motor manufacturer.* **2 merge into sth** zlewać się zezymś: *a point where the sea merges into the sky*

**merg·er** /ˈmɜːdʒə/ *n* [C] fuzja: *a merger of two companies*

**me·rid·i·an** /məˈrɪdiən/ *n* [C] południk

**me·ringue** /məˈræŋ/ *n* [C,U] beza

**mer·it**[1] /ˈmerᵌt/ *n* [C,U] zaleta: *Simplicity is one of the merits of this system.* | **have merit/be of merit** *a book of great merit* (=bardzo wartościowa książka)

**merit**[2] *v* [T] *formal* zasługiwać na: *The play certainly merits this award.*

**mer·maid** /ˈmɜːmeɪd/ *n* [C] syrena

**mer·ry** /ˈmeri/ *adj* wesoły: *Merry Christmas!* —**merrily** *adj* wesoło

**merry-go-round** /ˈ.. . ˌ./ *n* [C] karuzela

**mesh** /meʃ/ *n* [U] siatka: *A wire mesh screen covered the window.*

**mes·mer·ize** /ˈmezməraɪz/ (*także* **-ise** *BrE*) *v* [T] za/hipnotyzować: *a video game that keeps kids mesmerized for hours*

**mess**[1] /mes/ *n* **1** bałagan: *This house is a mess!* | *Don't make a mess of the kitchen, will you?* | *His personal life was a mess* (=było nieuporządkowane). **2** [C] mesa, kantyna

**mess**[2] *v*

**mess around** (*także* **mess about** *BrE*) *phr v informal* **1** [I] obijać się: *Stop messing around and do your homework!* **2** [T **mess** sb **around/about**] z/robić kogoś w konia: *Don't mess me around. Tell me where she went!*

**mess around with** (*takze* **mess about with** *BrE*) *phr v* [I] *informal* **1** [**mess around with** sth] grzebać przy: *Who's been messing around with my camera?* **2** [**mess around with** sb] zadawać się z

**mess up** *phr v informal* **1** [T **mess** sth ↔ **up**] z/rujnować: *I hope I haven't messed up your plans.* **2** [T **mess** sth ↔ **up**] na/brudzić w: *Who messed up my clean kitchen?* **3** [I,T **mess** sth ↔ **up**] zawalić: *"How did you do on the test?" "Oh, I really messed up."*

**mess with** sb/sth *phr v* [T] **don't mess with** *spoken* **a)** nie zaczynaj z: *Don't mess with me, buddy!* **b)** nie baw się w: *Don't mess with drugs.*

**mes·sage** /ˈmesɪdʒ/ *n* [C] **1** wiadomość: *"Janet just called." "Did she leave a message?"* | *Sorry, Tony's not home yet. Can I take a message* (=czy mogę coś przekazać)? **2** [usually singular] przesłanie: *The play has a clear message about the dangers of jealousy.* **3 get the message** *informal* pokapować się, zaskoczyć: *Hopefully he got the message and will stop bothering me!*

**mes·sen·ger** /ˈmesɪndʒə/ *n* [C] posłaniec

**mes·si·ah** /məˈsaɪə/ *n* **the Messiah** Mesjasz

**mess·y** /ˈmesi/ *adj* **1** brudny: *Sorry the house is so messy.* **2** przykry, skomplikowany: *a messy divorce*

**met** /met/ *v* czas przeszły i imiesłów bierny od MEET

**me·tab·o·lis·m** /məˈtæbəlɪzəm/ *n* [C,U] przemiana materii, metabolizm —**metabolic** /ˌmetəˈbɒlɪk◂/ *adj* metaboliczny

**met·al** /ˈmetl/ *n* [C,U] metal: *Is it made of metal or plastic? | We use metal cases for our computers.*

**me·tal·lic** /məˈtælɪk/ *adj* metaliczny: *a car painted metallic blue*

**met·a·mor·pho·sis** /ˌmetəˈmɔːfəsəs/ *n* [C,U] *plural* **metamorphoses** /-siːz/ [C,U] przemiana, metamorfoza: *a caterpillar's metamorphosis into a butterfly*

**met·a·phor** /ˈmetəfə/ *n* [C,U] metafora, przenośnia: *"A river of tears" is a metaphor.* —**metaphorical** /ˌmetəˈfɒrɪkəl◂/ *adj* metaforyczny, przenośny —**metaphorically** *adv* metaforycznie, w przenośni → porównaj SIMILE

**me·te·or** /ˈmiːtiə/ *n* [C] meteor

**me·te·or·ic** /ˌmiːtiˈɒrɪk◂/ *adj* błyskawiczny: *his meteoric rise to fame*

**me·te·o·rite** /ˈmiːtiəraɪt/ *n* [C] meteoryt

**me·te·o·rol·o·gy** /ˌmiːtiəˈrɒlədʒi/ *n* [U] meteorologia —**meteorologist** *n* [C] meteorolog

**me·ter** /ˈmiːtə/ *n* [C] **1** amerykańska pisownia wyrazu METRE **2** licznik: *The cab driver looked at the meter and said, "$5.70, please."*

**me·thane** /ˈmiːθeɪn/ *n* [U] metan

**meth·od** /ˈmeθəd/ *n* [C] metoda: *This is the simplest method of payment. | The school uses a variety of teaching methods.*

**me·thod·i·cal** /məˈθɒdɪkəl/ *adj* metodyczny: *a methodical search | a methodical woman* —**methodically** *adv* metodycznie

**Meth·o·dist** /ˈmeθədəst/ *n* [C] metodyst-a/ka —**Methodist** *adj* metodystyczny

**me·tic·u·lous** /məˈtɪkjələs/ *adj* drobiazgowy, skrupulatny: *They keep meticulous records.* —**meticulously** *adv* drobiazgowo, skrupulatnie

**me·tre** /ˈmiːtə/ *BrE*, **meter** *AmE n* **1** [C] metr **2** [C,U] metrum (*wiersza*)

**met·ric** /ˈmetrɪk/ *adj* metryczny → porównaj IMPERIAL

**met·ro** /ˈmetrəʊ/ *n* [singular] metro: *the Paris metro*

**me·trop·o·lis** /məˈtrɒpələs/ *n* [C] metropolia

**met·ro·pol·i·tan** /ˌmetrəˈpɒlətən◂/ *adj* [only before noun] wielkomiejski, metropolitalny

**mi·aow** /miˈaʊ/ *BrE*, **meow** *especially AmE n* [C] miau —**miaow** *v* [I] miauczeć

**mice** /maɪs/ *n* liczba mnoga od MOUSE

> **UWAGA mice**
>
> Wyraz **mice** to liczba mnoga od **mouse**: *one mouse, two mice.*

**mi·crobe** /ˈmaɪkrəʊb/ *n* [C] mikrob

**mi·cro·bi·ol·o·gy** /ˌmaɪkrəʊbaɪˈɒlədʒi/ *n* [U] mikrobiologia —**microbiologist** *n* [C] mikrobiolog

**mi·cro·chip** /ˈmaɪkrəʊˌtʃɪp/ *n* [C] mikroukład

**mi·cro·cos·m** /ˈmaɪkrəʊˌkɒzəm/ *n* [C] mikrokosmos: *San Jose has a good mix of people; it's a microcosm of America.*

**mi·cro·or·gan·is·m** /ˌmaɪkrəʊˈɔːgənɪzəm/ *n* [C] drobnoustrój

**mi·cro·phone** /ˈmaɪkrəfəʊn/ *n* [C] mikrofon

**mi·cro·scope** /ˈmaɪkrəskəʊp/ *n* [C] mikroskop

**mi·cro·scop·ic** /ˌmaɪkrəˈskɒpɪk◂/ *adj* mikroskopijny: *microscopic organisms*

**mi·cro·wave** /ˈmaɪkrəweɪv/ *n* [C] *także* **microwave oven** kuchenka mikrofalowa

**mid** /mɪd/ *adj* [only before noun] **in (the) mid** w połowie: *They moved to California in the mid 1960s.* | *The match is in mid May.* | *She's in her mid-20s* (=ma około 25 lat).

**mid·air** /ˌmɪd'eə◂/ *n* **in midair** w powietrzu: *The plane exploded in midair.* —**midair** *adj* w powietrzu: *a midair collision*

**mid·day** /ˌmɪd'deɪ◂/ *n* [U] południe ➡ porównaj MIDNIGHT

**mid·dle**[1] /'mɪdl/ *n* **1 the middle** środek: *Why's your car parked in the middle of the road?* | *Look at this old photo – that's me in the middle.* | *Someone fainted in the middle of the ceremony.* | *Go back to sleep – it's the middle of the night!* **2 be in the middle of (doing) sth** być w trakcie (robienia) czegoś: *Can I call you back later? I'm in the middle of cooking dinner.*

**middle**[2] *adj* [only before noun] środkowy: *Shall we sit in the middle row?* | *The middle lane was blocked because of an accident.* | *We'll spend the middle part of the vacation in Florida.*

**middle-aged** /ˌ... '.◂/ *adj* w średnim wieku —**middle age** *n* [U] wiek średni

**Middle Ag·es** /ˌ.. '../ *n* **the Middle Ages** średniowiecze

**middle class** /ˌ.. '.◂/ *n* **the middle class** *także* **the middle classes** klasa średnia —**middle-class** *adj*: *children from middle-class families* | *middle-class* (=typowe dla klasy średniej) *attitudes*

**Middle East** /ˌ.. '.◂/ *n* **the Middle East** Bliski Wschód

**mid·dle·man** /'mɪdlmæn/ *n* [C] *plural* **middlemen** pośrednik

**middle name** /ˌ.. './ *n* [C] drugie imię

**middle-of-the-road** /ˌ.. . . '.◂/ *adj* umiarkowany: *a politician that appeals to middle-of-the-road voters* (=do wyborców o umiarkowanych poglądach)

**midg·et** /'mɪdʒ̍ət/ *n* [C] karzeł

**Mid·lands** /'mɪdləndz/ *n* **the Midlands** środkowa Anglia

**mid·life cri·sis** /ˌmɪdlaɪf 'kraɪs̍əs/ *n* [singular] kryzys wieku średniego

**mid·night** /'mɪdnaɪt/ *n* [U] północ: *We close at midnight.* ➡ porównaj MIDDAY

**mid·riff** /'mɪdrɪf/ *n* [C] brzuch, talia

**midst** /mɪdst/ *n* **in the midst of** pośród, w samym środku: *He was brought up in the midst of the '30s Depression.*

**mid·sum·mer** /ˌmɪd'sʌmə◂/ *n* [U] środek lata: *a lovely midsummer day*

**mid·term** /ˌmɪd'tɜːm◂/ *adj* [only before noun] **midterm tests/elections** testy/wybory w połowie semestru/kadencji

**mid·way** /ˌmɪd'weɪ◂/ *adj, adv* w połowie drogi: *There's a gas station midway between here and Fresno.* | *He collapsed midway through the performance* (=w połowie przedstawienia).

**mid·week** /ˌmɪd'wiːk◂/ *adj, adv* w połowie tygodnia: *a midweek match against Liverpool* | *I'll be seeing him midweek.*

**Mid·west** /ˌmɪd'west/ *n* **the Midwest** Środkowy Zachód (*USA*)

**mid·wife** /'mɪdwaɪf/ *n* [C] *plural* **midwives** położna, akuszerka

**might**[1] /maɪt/ *modal verb* **1** móc: *I might be wrong* (=mogę się mylić), *but I think he's French.* | *I might not be able to go* (=być może nie będę mógł pójść). | *What a stupid thing to do – you might have been killed!* **2** czas przeszły od MAY: *I thought it might rain, so I brought an umbrella.* ➡ patrz ramka MIGHT, patrz też **may/might as well** (WELL[1])

**might**[2] *n* [U] *literary* moc, potęga: *She pushed with all her might* (=z całej siły).

**might·y** /'maɪti/ *adj literary* potężny: *mighty warriors*

**mi·graine** /'miːgreɪn/ *n* [C] migrena

**mi·grant** /'maɪgrənt/ *n* [C] wędrowny: *migrant workers* ➡ porównaj EMIGRANT, IMMIGRANT

**mi·grate** /maɪ'greɪt/ *v* [I] **1** migrować **2** wędrować: *farmworkers who migrate from state to state, harvesting crops* ➡ porównaj EMIGRATE

**mi·gra·tion** /maɪ'greɪʃən/ *n* [C,U] migracja: *the birds' annual migration to south-*

*ern Europe* —**migratory** /maɪˈgreɪtəri/ *adj* wędrowny

**mike** /maɪk/ *n* [C] *informal* mikrofon

**mild** /maɪld/ *adj* łagodny: *a mild case of flu | mild criticism | mild cheddar cheese | a mild green chili | a mild climate*

**mil·dew** /ˈmɪldjuː/ *n* [U] pleśń

**mild·ly** /ˈmaɪldli/ *adv* **1** w miarę: *She seemed mildly amused.* **2 to put it mildly** *spoken* delikatnie mówiąc: *He's not very pleased with you, to put it mildly.*

**mile** /maɪl/ *n* **1** [C] mila: *My house is about 15 miles north of here. | Mark walks at least five miles a day.* **2 miles** *informal* kawał drogi: *We walked for miles without seeing anyone.*

**mile·age** /ˈmaɪlɪdʒ/ *także* **milage** *n* [U singular] przebieg: *a used car with a low mileage*

**mile·stone** /ˈmaɪlstəʊn/ *n* [C] kamień milowy: *Winning that medal was a milestone in her career.*

**mil·i·tant** /ˈmɪlᵻtənt/ *adj* wojowniczy, wojujący: *a militant protest group | militant feminists* —**militant** *n* [C] bojowni-k/czka

**mil·i·ta·ris·m** /ˈmɪlᵻtərɪzəm/ *n* [U] militaryzm —**militaristic** /ˌmɪlᵻtəˈrɪstɪk◂/ *adj* militarystyczny

**mil·i·ta·ry**[1] /ˈmɪlᵻtəri/ *adj* wojskowy: *military aircraft | All young men had to do military service.*

**military**[2] *n* **the military** wojsko, armia: *My father is in the military.*

**mi·li·tia** /mᵻˈlɪʃə/ *n* [C] milicja

**milk**[1] /mɪlk/ *n* [U] mleko: *People drink cows' and goats' milk. | a glass of milk | Would you like milk in your coffee?*

**milk**[2] *v* [T] wy/doić

**milk·man** /ˈmɪlkmən/ *n* [C] *plural* **milkmen** mleczarz

**milk·shake** /ˈmɪlkʃeɪk/ *n* [C,U] koktajl mleczny

**milk·y** /ˈmɪlki/ *adj* **1** z dużą ilością mleka: *milky coffee* **2** mleczny: *a milky liquid | the Milky Way*

**mill**[1] /mɪl/ *n* [C] **1** młyn **2** zakład (*papierniczy, stalowy lub włókienniczy*): *a cotton mill*

**mill**[2] *v* [T] ze/mleć, z/mielić

**mill around, mill about** *phr v* [I] *informal* włóczyć się: *Crowds of students were milling around in the streets.*

**mil·len·ni·um** /mɪˈleniəm/ *n* [C] *plural* **millennia** /-niə/ **1** tysiąclecie **2** milenium: *How will the country celebrate the millennium?*

**mil·li·gram** /ˈmɪlᵻgræm/ skrót pisany **mg** *n* [C] miligram

**mil·li·li·tre** /ˈmɪlᵻˌliːtə/ *BrE*, **milliliter** *AmE* skrót pisany **ml** *n* [C] mililitr

**mil·li·me·tre** /ˈmɪlᵻˌmiːtə/ *BrE*, **millimeter** *AmE* skrót pisany **mm** *n* [C] milimetr

**mil·lion** /ˈmɪljən/ *number* **1** milion: *$350 million | four million people* **2** *także* **millions** *spoken informal* setki: *It was a great party – there were millions of people there!* —**millionth** *number* milionowy

**mil·lion·aire** /ˌmɪljəˈneə/ *n* [C] milioner/ka

**mime**[1] /maɪm/ *n* [C,U] pantomima

**mime**[2] *v* [I,T] pokazywać na migi: *She stretched out her arms, miming a swimmer.*

**mim·ic**[1] /ˈmɪmɪk/ *v* [T] **mimicked, mimicked, mimicking** naśladować: *Sally made us laugh by mimicking the teacher. | an insect that mimics the appearance of a wasp* —**mimicry** *n* [U] mimikra

**mimic**[2] *n* [C] parodyst-a/ka

**min 1** skrót od 'minimum' **2** skrót od 'minute' lub 'minutes'

**mince**[1] /mɪns/ *v* [T] mielić, siekać: *minced beef*

**mince**[2] *n* [U] *BrE* mięso mielone

**mince·meat** /ˈmɪns-miːt/ *n* [U] bakaliowe nadzienie do ciasta

**mince pie** /ˌ. ˈ./ *n* [C] babeczka z nadzieniem bakaliowym spożywana tradycyjnie w okresie Bożego Narodzenia

**mind**[1] /maɪnd/ *n* [C,U] **1** umysł: *She has an excellent mind.* **2** myśli: *I keep going over the problem in my mind.* **3** głowa: *I have a picture of him in my mind. | I can't*

## Czasownik modalny **MIGHT**

***Might*** używamy zwykle w pytaniach o pozwolenie. Konstrukcja z ***might*** jest bardziej uprzejma od innych, jakich można użyć w tej sytuacji (porównaj: ***can, could, may***), i w związku z tym wskazana przy zwracaniu się do nieznajomych, jak również wtedy, gdy nie jesteśmy pewni reakcji na naszą prośbę, np.:

(Do sąsiada, którego słabo znamy:) ***Might*** *I use your phone?*

(Do współpasażera w pociągu:) ***Might*** *I have a look at your paper?*

Podobnie jak ***may***, ***might*** może wyrażać przypuszczenie dotyczące teraźniejszości lub przyszłości, zaś w połączeniu z bezokolicznikiem typu „perfect" – przypuszczenie dotyczące przeszłości. Zdanie z ***might*** wyraża większy stopień niepewności niż odpowiadające mu zdanie z ***may***:

*It **might/may** rain later.*

*She **might/may have missed** her train.*

*You should be more careful in the future. You **might have hurt** yourself!*

(„…Mogłaś zrobić sobie krzywdę!" – użycie ***may*** jest w tym przypadku niemożliwe, gdyż mowa o czymś, do czego nie doszło)

***Might*** występuje również w zdaniach warunkowych:

*If we did not invite her, she **might** feel offended.*

*If you had asked him, he **might** have shown you his paintings.*

Jako forma przeszła czasownika ***may***, ***might*** zastępuje go w mowie zależnej:

*'I **may** phone again later.'*

*She said she **might** phone again later.*

patrz też: ***CAN, Conditional Sentences, COULD, MAY, Modal Verbs, Perfect Infinitive, Reported Speech, Verb***

*think about that now, my mind is on other things* (=mam głowę zaprzątniętą czymś innym). **4 change your mind** zmieniać zdanie: *If you change your mind and want to come, give us a call.* **5 make up your mind** z/decydować (się): *Have you made up your mind which college you want to go to?* **6 come/spring to mind** przychodzić komuś do głowy: *One or two ideas sprang to mind.* **7 cross/enter your mind** przechodzić komuś przez myśl: *It never crossed my mind that she might be lying.* **8 have sth in mind** mieć coś na myśli: *What changes do you have in mind?* **9 keep/bear sth in mind** pamiętać o czymś: *Keep in mind that the bank will be closed tomorrow.* **10 on your mind** na głowie: *She's had a lot on her mind lately.* **11 go/be out of your mind** *informal* z/wariować, postradać zmysły: *I have so much to do – I feel like I'm going out of my mind. | She's going to marry him? – She must be out of her mind!* **12 put your mind to sth** przykładać się do czegoś: *I'm sure she'll pass her test if she puts her mind to it.* **13 -minded** nastawiony: *politically-minded students*

**mind²** *v* **1** [I,T] mieć coś przeciwko (temu): *Do you think she'd mind if we didn't come? | I don't mind driving* (=mogę poprowadzić) *if you're tired. | It was raining, but we didn't mind* (=nie przeszkadzało nam to). **2 do you mind/would you mind (doing sth)** *spoken* czy mógłbyś (zrobić

coś): *Would you mind waiting here a minute?* **3 do you mind if I** *spoken* czy mógłbym: *Do you mind if I use your phone?* **4 mind your own business** *spoken* nie twoja sprawa: *"So did he kiss you?" "Mind your own business!"* **5 mind out** *spoken* z drogi! **6 never mind** *spoken* (nic) nie szkodzi: *"I'm sorry I'm so late." "Never mind – we haven't started yet anyway."*

**mind·less** /ˈmaɪndləs/ *adj* bezmyślny: *mindless vandalism* —**mindlessness** *n* [U] bezmyślność

**mine[1]** /maɪn/ *pron* mój: *"Whose coat is this?" "It's mine."* | *Can I borrow your radio? Mine's broken.* | *a friend of mine* (=jeden z moich przyjaciół)

**mine[2]** *n* [C] **1** kopalnia: *He's worked in the coal mines all his life.* **2** mina (*pocisk*)

**mine[3]** *v* **1** [T] wydobywać: *men mining for gold* **2** [T] za/minować: *All the roads in the area had been mined.*

**mine·field** /ˈmaɪnfiːld/ *n* [C] pole minowe

**min·er** /ˈmaɪnə/ *n* [C] górnik: *a coal miner*

**min·e·ral** /ˈmɪnərəl/ *n* [C] minerał: *Milk is full of valuable vitamins and minerals.*

**mineral wa·ter** /ˈ... ˌ../ *n* [C,U] woda mineralna

**min·gle** /ˈmɪŋgəl/ *v* **1** [I,T] z/mieszać (się): *anger mingled with disappointment* **2** [I] **mingle with** obracać się wśród: *Reporters mingled with movie stars at the awards ceremony.*

**min·ia·ture[1]** /ˈmɪnᵻtʃə/ *adj* [only before noun] miniaturowy: *a theme park with a miniature railway*

**miniature[2]** *n* [C] miniatura: *She's her mother in miniature* (=w miniaturze).

**min·i·bus** /ˈmɪnibʌs/ *n* [C] *BrE* mikrobus

**min·i·mal** /ˈmɪnᵻməl/ *adj* minimalny: *The storm caused only minimal damage.* —**minimally** *adv* minimalnie

**min·i·mize** /ˈmɪnᵻmaɪz/ *v* [T] (*także* **-ise** *BrE*) z/minimalizować: *To minimize the risk of getting heart disease, eat well and exercise daily.*

**min·i·mum[1]** /ˈmɪnᵻməm/ *adj* minimalny: *The minimum requirements for the job are a degree and two years' experience.* | *a minimum payment of $50 a month* ➡ antonim MAXIMUM

**minimum[2]** *n* [singular] minimum: *Looking after a horse costs a minimum of £2000 a year.* ➡ antonim MAXIMUM

**min·ing** /ˈmaɪnɪŋ/ *n* [U] górnictwo: *coal mining in Oklahoma* | *mining companies*

**min·i·skirt** /ˈmɪniskɜːt/ *n* [C] minispódniczka

**min·is·ter** /ˈmɪnᵻstə/ *n* [C] **1** pastor **2** minister: *the Minister of Education*

**min·is·ter·i·al** /ˌmɪnᵻˈstɪəriəl◂/ *adj* ministerialny: *ministerial decisions*

**min·is·try** /ˈmɪnᵻstri/ *n* **1** [C] ministerstwo: *the Defense Ministry* | *the Ministry of Agriculture* **2 the ministry** stan duchowny: *James wants to join the ministry.*

**mink** /mɪŋk/ *n* [C,U] norka: *a mink coat*

**mi·nor[1]** /ˈmaɪnə/ *adj* **1** drobny: *We made a few minor changes to the plan.* | *It's only a minor injury.* **2** moll(owy) ➡ porównaj MAJOR[1]

**minor[2]** *n* [C] *law* nieletni/a

**mi·nor·i·ty** /maɪˈnɒrᵻti/ *n* **1** [singular] niewielka część: *Only a minority of students get a first-class degree.* **2** [C usually plural] mniejszość: *people from ethnic minorities* | *language classes for minority groups* **3 be in the minority** być w mniejszości: *Boys are very much in the minority in the dance class.* ➡ porównaj MAJORITY

**mint[1]** /mɪnt/ *n* **1** [C] miętówka **2** [U] mięta **3** [C] mennica —**minty** *adj* miętowy: *a minty taste*

**mint[2]** *v* [T] wybijać (*monetę*)

**mi·nus[1]** /ˈmaɪnəs/ *prep* **1** minus: *17 minus 5 is 12* | *Temperatures tonight will fall to minus 8.* **2** bez: *He came back minus a couple of front teeth.* ➡ antonim PLUS[1]

**minus[2]** *n* [C] **1** *także* **minus sign** minus (*znak*) **2** minus: *There are pluses and minuses to living in a big city.* ➡ antonim PLUS[4]

**min·us·cule** /ˈmɪnəskjuːl/ *adj* maluteńki: *a minuscule amount of food*

**min·ute**[1] /ˈmɪnət/ *n* [C] **1** minuta: *Clare's train arrives in fifteen minutes.* | *It's three minutes to ten.* **2** chwil(k)a: *It'll only take me a minute to do this.* | *He was there a minute ago.* **3 in a minute** za chwil(k)ę: *I'll do it in a minute.* **4 wait/just a minute** *spoken* chwileczkę: *"Are you coming with us?" "Yes, just a minute."* | *Wait a minute – that can't be right!* **5 the minute (that)** jak tylko: *I knew it was Jill the minute I heard her voice.* **6 last minute** w ostatniej chwili: *Frank changed his mind at the last minute and decided to come with us after all.* | *a few last-minute arrangements* **7 any minute** w każdej chwili: *She should get here any minute now.* **8 this minute** w tej chwili: *Come here, this minute!* ➡ patrz też MINUTES

> **UWAGA minute**
>
> Mówiąc po angielsku, która jest godzina, używamy wyrazu **minutes** po liczbach oznaczających liczbę minut z wyjątkiem liczb **five**, **ten**, **twenty** i **twenty-five**: *It's twenty (minutes) past ten.* (tu **minutes** może, ale nie musi być użyte) | *It's twenty-three minutes past ten.* (tu **minutes** musi być użyte).

> **UWAGA -minute/day/month** itp.
>
> Tłumacząc na angielski określenia typu 'dziesięciominutowy', 'ośmiomilowy' itp., używamy zawsze rzeczownika w liczbie pojedynczej; pisząc je, wstawiamy myślnik między liczebnik a rzeczownik: *a ten-minute silence* | *an eight-mile race.* Określenia typu 'pięciomiesięczny', 'dwunastoletni' itp. w odniesieniu do wieku ludzi tłumaczymy: *a five-month-old baby* | *a twelve-year-old girl.* Podobnie robimy w przypadku wyrazów typu 'ośmiolatek': *an eight-year-old* (uwaga: akcentujemy *eight*).

**mi·nute**[2] /maɪˈnjuːt/ *adj* **1** drobniutki, mikroskopijny: *minute handwriting* **2** drobiazgowy: **in minute detail** (=w najdrobniejszych szczegółach): *Johnson explained the plan in minute detail.*

**min·utes** /ˈmɪnəts/ *n* [plural] protokół (*z zebrania*)

**mir·a·cle** /ˈmɪrəkəl/ *n* [C] cud: **it's a miracle (that)** *especially spoken*: *It's a miracle that no one was hurt.* | **work/perform miracles** (=czynić/działać cuda): *The builders have worked miracles in finishing it so quickly.*

**mi·rac·u·lous** /mɪˈrækjələs/ *adj* cudowny: *a miraculous recovery* —**miraculously** *adv* cudownie

**mi·rage** /ˈmɪrɑːʒ/ *n* [C] miraż

**mir·ror**[1] /ˈmɪrə/ *n* [C] **1** lustro: *He glanced at his reflection in the mirror.* **2** lusterko: *Check your mirror before overtaking.*

**mirror**[2] *v* [T] odzwierciedlać: *The excitement of the 1960s is mirrored in its music.*

**mis·be·have** /ˌmɪsbɪˈheɪv/ *v* [I] źle się zachowywać —**misbehaviour** /-ˈheɪvjə/ *BrE*, **misbehavior** *AmE n* [U] złe zachowanie

**mis·cal·cu·late** /ˌmɪsˈkælkjəleɪt/ *v* [I,T] **1** błędnie obliczyć: *We seriously miscalculated the cost of the project.* **2** pomylić się w ocenie: *The Government has miscalculated public opinion.*

**mis·car·riage** /ˌmɪsˈkærɪdʒ/ *n* [C,U] poronienie: **have a miscarriage** *She's already had several miscarriages.* ➡ porównaj ABORTION

**mis·car·ry** /mɪsˈkæri/ *v* **1** [I,T] poronić **2** [I] *formal* nie powieść się: *All our careful plans had miscarried.*

**mis·cel·la·ne·ous**X /ˌmɪsəˈleɪniəs/ *adj* różny, rozmaity: *a miscellaneous assortment of books*

**mis·chief** /ˈmɪstʃəf/ *n* [U] psoty: *He was a lively child, and full of mischief.*

**mis·chie·vous** /ˈmɪstʃəvəs/ *adj* psotny, figlarny: *a mischievous little girl* —**mischievously** *adv* psotnie, figlarnie

**mis·con·cep·tion** /ˌmɪskənˈsepʃən/ *n* [C,U] błędne przekonanie: **+ that** *the*

M

*misconception that only gay people have AIDS*

**mis·con·duct** /ˌmɪsˈkɒndʌkt/ *n* [U] *formal* złe prowadzenie się: *Dr Patton was found guilty of serious professional misconduct* (=naruszenie etyki zawodowej).

**mis·de·mea·nour** /ˌmɪsdɪˈmiːnə/ *BrE*, **misdemeanor** *AmE* *n* [C] *formal* wykroczenie, występek

**mi·ser** /ˈmaɪzə/ *n* [C] skąpiec, sknera —**miserly** *adj* skąpy —**miserliness** *n* [U] skąpstwo

**mis·e·ra·ble** /ˈmɪzərəbəl/ *adj* **1** nieszczęśliwy: *Why are you looking so miserable?* **2** kiepski: *The weather's been pretty miserable all summer.* **3** nędzny: *Nurses tend to earn a miserable salary.* —**miserably** *adv* żałośnie, nędznie

**mis·e·ry** /ˈmɪzəri/ *n* [U] nieszczęście, nędza: *the misery of life in the refugee camps*

**mis·fire** /ˌmɪsˈfaɪə/ *v* [I] **1** spełznąć na niczym: *Their plans misfired.* **2** nie wypalić: *The gun misfired.*

**mis·fit** /ˈmɪsˌfɪt/ *n* [C] odmieniec: *I was always a bit of a misfit at our school.*

**mis·for·tune** /mɪsˈfɔːtʃən/ *n* [C,U] nieszczęście, pech: **have the misfortune of doing sth/have the misfortune to do sth** *He's the nastiest man I've ever had the misfortune to meet* (=jakiego miałem nieszczęście spotkać)!

**mis·giv·ing** /ˌmɪsˈgɪvɪŋ/ *n* [C,U] złe przeczucie: **have misgivings about sth** (=mieć obawy przed czymś): *I knew he had some misgivings about letting me use his car.*

**mis·guid·ed** /mɪsˈgaɪdɪd/ *adj* błędny, mylny: *the misguided belief that it would be easier to find work in London*

**mis·han·dle** /ˌmɪsˈhændl/ *v* [T] źle po/prowadzić: *The investigation was seriously mishandled by the police.*

**mis·hap** /ˈmɪshæp/ *n* [C,U] niefortunny wypadek: *We completed our journey without further mishap.*

**mis·in·form** /ˌmɪsɪnˈfɔːm/ *v* [T] źle po/informować: *I'm afraid you've been misinformed – she doesn't live here any more.*

**mis·in·ter·pret** /ˌmɪsɪnˈtɜːprɪt/ *v* [T] błędnie z/interpretować: *I think she misinterpreted my offer of a ride home.*

**mis·judge** /ˌmɪsˈdʒʌdʒ/ *v* [T] **1** po/mylić się w ocenie: *The President had badly misjudged the mood of the voters.* **2** źle ocenić: *Don misjudged the turn and crashed into the barrier.*

**mis·lay** /mɪsˈleɪ/ *v* [T] **mislaid** /-ˈleɪd/, **mislaid, mislaying** zapodziać, zawieruszyć: *I seem to have mislaid my gloves.*

**mis·lead** /mɪsˈliːd/ *v* [T] **misled** /-ˈled/, **misled, misleading** wprowadzać w błąd: *Wiggins has admitted trying to mislead the police.*

**mis·lead·ing** /mɪsˈliːdɪŋ/ *adj* mylący, zwodniczy: *Statistics can be very misleading.* —**misleadingly** *adv* myląco, zwodniczo

**mis·man·age·ment** /mɪsˈmænɪdʒmənt/ *n* [U] złe zarządzanie: *allegations of fraud and mismanagement*

**mis·match** /ˈmɪsmætʃ/ *n* [C] niedopasowanie —**mismatched** /ˌmɪsˈmætʃt◂/ *adj* niedobrany: *a mismatched couple*

**mis·placed** /ˌmɪsˈpleɪst◂/ *adj* źle ulokowany: *a misplaced sense of loyalty*

**mis·print** /ˈmɪs-prɪnt/ *n* [C] literówka

**mis·quote** /ˌmɪsˈkwəʊt/ *v* [T] błędnie za/cytować: *They insisted that the Governor had been misquoted.*

**mis·read** /ˌmɪsˈriːd/ *v* **misread** /-ˈred/, **misread** /-ˈred/, **misreading** [T] błędnie odczytać: *The UN misread the situation.* | *I must have misread the date on the letter.*

**mis·rep·re·sent** /ˌmɪsreprɪˈzent/ *v* [T] przeinaczać —**misrepresentation** /ˌmɪsreprɪzenˈteɪʃən/ *n* [C,U] przeinaczenie

**Miss** /mɪs/ *n* **1 Miss Smith/Jones** panna Smith/Jones **2** *spoken* proszę pani: *Excuse me Miss, you've dropped your umbrella.*

**miss**[1] /mɪs/ *v* **1** [T] **sb misses sb/sth** ktoś za kimś/czymś tęskni, komuś

M

kogoś/czegoś brakuje: *I really missed Paula after she'd left.* | *What do you miss most about life in Canada?* **2** [T] s/tracić: *Vialli will miss tonight's game because of a knee injury.* | *Don't miss* (=nie przegap) *your free gift in next week's 'Q' magazine!* | **miss a chance/an opportunity** *I'd hate to miss the chance of meeting him.* **3** [T] spóźniać się na: *By the time we got there, we'd missed the beginning of the movie.* | **miss a bus/train/plane etc** *Hurry up or we'll miss the train!* **4** [I] chybić, s/pudłować: *She fired at the target but missed.* **5** [T] nie trafić w: *Jackson missed an easy catch.* **6** [T] przeoczyć: *Jody found an error that everyone else had missed.* **7 miss the point** nie rozumieć istoty sprawy: *I'm sorry, I think you're missing the point completely.*

**miss out** *phr v* **1** [I] być pokrzywdzonym: *All my friends were having fun and going out to parties in the evenings, and I felt I was missing out.* **2** [T **miss** sth ↔ **out**] opuszczać, pomijać: *I hope we haven't missed any names out from the list.*

**miss**[2] *n* **1** [C] chybienie: *a penalty miss* (=przestrzelony rzut karny) *by McAteer in the second half* **2 give sth a miss** *BrE spoken* odpuszczać sobie coś: *As the tickets were so expensive, we decided to give the concert a miss.*

**mis·shap·en** /ˌmɪsˈʃeɪpən/ *adj* zniekształcony: *misshapen fingers*

**mis·sile** /ˈmɪsaɪl/ *n* [C] pocisk: *nuclear missiles*

**miss·ing** /ˈmɪsɪŋ/ *adj* **1** zaginiony, zagubiony: *Police are still searching for the missing child.* **2** brakujący: **+ from** *There's a button missing from this shirt* (=u tej koszuli brakuje guzika). | *Why is my name missing from the list* (=dlaczego na liście nie ma mojego nazwiska)*?*

**mis·sion** /ˈmɪʃən/ *n* [C] misja: *Our mission was to find out everything about their plans.* | *a Canadian trade mission to Japan* | *a bombing mission* | *A hospital was built at the Jesuit mission.*

**mis·sion·a·ry** /ˈmɪʃənəri/ *n* [C] misjona-rz/rka

**mis·spell** /ˌmɪsˈspel/ *v* [T] na/pisać z błędem/błędami —**misspelling** *n* [C,U] błąd ortograficzny

**mist**[1] /mɪst/ *n* [C,U] mgła: *mist over the river*

> **UWAGA mist i fog**
>
> Zarówno **mist** jak i **fog** można tłumaczyć jako 'mgła', jednak **fog** oznacza mgłę gęstszą i stanowiącą większe zagrożenie dla samolotów i samochodów.

**mist**[2] *v także* **mist over/up** [I,T] zaparowywać: *All the windows had misted over.*

**mis·take**[1] /m$^{ɪ}_{ə}$ˈsteɪk/ *n* **1** [C] błąd: *Ivan's work is full of spelling mistakes.* | *Marrying Julie was a big mistake.* | **make a mistake** *I think you've made a mistake – I ordered fish, not beef.* | **it is a mistake to do sth** *It would be a mistake to underestimate Moya's ability.* | **make the mistake of doing sth** *I made the mistake of giving him my phone number* (=zrobiłam błąd i dałam mu swój numer telefonu). **2 by mistake** przez pomyłkę, omyłkowo: *Someone must have left the door open by mistake.*

**mistake**[2] *v* **mistook, mistaken, mistaking 1** [T] po/mylić: *He'd mistaken the address.* **2 there's no mistaking sb/sth** *There was no mistaking the anger in her voice* (=łatwo było poznać po głosie, że jest zła).

**mistake** sb/sth **for** sb/sth *phr v* [T] brać/wziąć za: *I mistook him for his brother.*

**mis·tak·en** /m$^{ɪ}_{ə}$ˈsteɪkən/ *adj* **be mistaken** mylić się: *Look! If I'm not mistaken, there's your lost ring!* —**mistakenly** *adv* mylnie, błędnie

**Mis·ter** /ˈmɪstə/ *n* pan

**mis·tle·toe** /ˈmɪsəltəʊ/ *n* [U] jemioła

**mis·took** /m$^{ɪ}_{ə}$ˈstʊk/ *v* czas przeszły od MISTAKE

**mis·treat** /ˌmɪsˈtriːt/ *v* [T] znęcać się nad: *The hostages said they had not been mistreated.*

**mis·tress** /ˈmɪstr$^{ɪ}_{ə}$s/ *n* [C] kochanka

**mis·trust**[1] /mɪsˈtrʌst/ *n* [U singular] nieufność: **+ of** *He had a deep mistrust of* (=był wielce nieufny wobec) *politicians.*

**mistrust**[2] *v* [T] nie ufać

**mist·y** /ˈmɪsti/ *adj* mglisty, zamglony: *a misty November morning*

**mis·un·der·stand** /ˌmɪsʌndəˈstænd/ *v* **misunderstood** /-ˈstʊd/, **misunderstood, misunderstanding** [I,T] źle z/rozumieć, nie z/rozumieć: *I think you misunderstood my question.*

**mis·un·der·stand·ing** /ˌmɪsʌndəˈstændɪŋ/ *n* [C,U] nieporozumienie: *widespread misunderstanding and confusion*

**mis·use**[1] /mɪsˈjuːs/ *n* [C,U] niewłaściwe używanie, nadużywanie: **+ of** *a misuse of power*

**mis·use**[2] /ˌmɪsˈjuːz/ *v* [T] niewłaściwie używać, nadużywać: *The chairman was accused of misusing club funds.*

**mite** /maɪt/ *n* [C] roztocze: *dust mites*

**mit·i·gate** /ˈmɪt$^{\text{ɪ}}_{\text{ə}}$geɪt/ *v* [T] *formal* z/łagodzić

**mit·i·gat·ing** /ˈmɪt$^{\text{ɪ}}_{\text{ə}}$geɪtɪŋ/ *adj* **mitigating circumstances** okoliczności łagodzące

**mit·ten** /ˈmɪtn/ *n* [C] rękawiczka (*z jednym palcem*)

**mix**[1] /mɪks/ *v* **1** [I,T] z/mieszać: **mix sth and sth** *You can make green by mixing blue and yellow paint.* | **mix sth with sth** *Shake the bottle well to mix the oil with the vinegar.* **2** [I,T] po/łączyć (się): *Glennie's latest CD mixes classical music and rock 'n' roll.* **3** [I] utrzymywać kontakty towarzyskie: **+ with** *Charlie doesn't mix well with* (=ma trudności w nawiązywaniu kontaktów z) *the other children.*

**mix** sb/sth **up** *phr v* [T] **1** po/mylić (ze sobą): *I'm always mixing up the kids' names.* **2** po/mieszać: *Whatever you do, try not to mix those papers up.* ➡ patrz też MIXED UP, MIX-UP

**mix**[2] *n* **1** [singular] mieszanka, mieszanina: **+ of** *There was a good mix of people in the department.* **2** [C,U] **cake mix** ciasto w proszku



**mixed** /mɪkst/ *adj* **1** mieszany: *mixed herbs* | *a mixed marriage* | **mixed feelings** (=mieszane uczucia): *We had mixed feelings about moving so far away.* **2 be a mixed blessing** mieć swoje złe i dobre strony: *Living so near my parents was a mixed blessing.* **3** *BrE* koedukacyjny: *a mixed school* ➡ patrz też CO-ED

**mixed up** /ˌ. ˈ.◂/ *adj* **1 mixed up in sth** zamieszany w coś: *He was only 14 when he got mixed up in drug-dealing and car theft.* **2** zagubiony, niepewny siebie: *a lonely mixed up adolescent* | *I got a little mixed up* (=coś mi się pomieszało) *and went to the wrong restaurant.* ➡ patrz też **mix up** (MIX[1]), MIX-UP

**mix·er** /ˈmɪksə/ *n* [C] mikser: *a food mixer*

**mix·ture** /ˈmɪkstʃə/ *n* **1** [C,U] mieszanka: *This tobacco is a mixture of three different sorts.* **2** [singular] mieszanina: *Hal stared at her with a mixture of amusement and disbelief.*

**mix-up** /ˈ. ./ *n* [C] *informal* zamieszanie: *There was a mix-up at the station and Eddie got on the wrong bus.* ➡ patrz też **mix up** (MIX[1]), MIXED UP

**moan**[1] /məʊn/ *v* [I] jęczeć: *She lay on the bed moaning with pain.* | *I wish you'd stop moaning all the time.*

**moan**[2] *n* [C] jęk

**moat** /məʊt/ *n* [C] fosa

**mob**[1] /mɒb/ *n* **1** [C] tłum **2 the Mob** *informal* mafia

**mob**[2] *v* [T] **-bbed, -bbing** oblegać: *Gallagher was mobbed by fans at the airport.*

**mo·bile**[1] /ˈməʊbaɪl/ *adj* **1 be mobile** móc się poruszać: *She's 83 now, and not really very mobile* (=i ma kłopoty z poruszaniem się). **2** mobilny: *Professional people have become increasingly mobile in recent years.* **3 mobile library** *BrE* biblioteka objazdowa

**mobile**[2] *n* [C] komórka (*telefon*)

**mobile home** /ˌ.. ˈ./ *n* [C] dom na kółkach

**mobile phone** /ˌ.. ˈ./ *n* [C] *BrE* telefon komórkowy

**mo·bil·i·ty** /məʊˈbɪl$^{\text{ɪ}}_{\text{ə}}$ti/ *n* [U] **1** mobilność: *social mobility* **2** możliwość poruszania się

**mo·bil·ize** /ˈməʊbəlaɪz/ (*także* **-ise** BrE) v [T] **1 mobilize support/voters** zdobywać poparcie/głosy: *mobilizing support among middle class voters* **2** z/mobilizować —**mobilization** /ˌməʊbəlaɪˈzeɪʃən/ n [C,U] mobilizacja

**mock¹** /mɒk/ v [I,T] kpić (z): *Wilson was always mocking Joe's southern accent.* —**mockingly** adv kpiąco

**mock²** adj [only before noun] **1** na niby: *a mock interview* **2 mock surprise/horror** udawane zdziwienie/przerażenie

**mock·e·ry** /ˈmɒkəri/ n **1** [U] kpina, kpiny **2 make a mockery of sth** ośmieszać coś: *It makes a mockery of the whole legal system.*

**mock-up** /ˈ. ./ n [C] makieta: *a mock-up of the space shuttle*

**modal verb** /ˌməʊdl ˈvɜːb/ *także* **modal** n [C] technical czasownik modalny ➡ patrz ramka MODAL VERBS

**mode** /məʊd/ n [C] formal tryb, sposób: **+ of** *a very efficient mode of transportation* (=forma transportu)

**mod·el¹** /ˈmɒdl/ n [C] **1** model: *a model of the Space Shuttle* | *One of his hobbies is making models of famous buildings.* | *the latest model from BMW* **2** wzór, model: *The British electoral system has been used as a model by many new democracies.* **3** model/ka: *a fashion model*

**model²** adj [only before noun] **1 model aeroplane/train** miniaturowy samolot/kolejka **2** wzorowy: *he's been a model pupil*

**model³** v **-lled, -lling** BrE, **-led, -ling** AmE **1** [T] prezentować (*na pokazie mody*): *Kate is modelling a black leather suit designed by Armani.* **2** [I] pozować, pracować jako model/ka **3 modelled on sth** wzorowany na czymś: *a constitution modelled on the French system* **4 model yourself on sb** wzorować się na kimś: *She had modeled herself on her tennis idol, Steffi Graf.*

**mod·el·ling** /ˈmɒdl-ɪŋ/ BrE, **modeling** AmE n [U] praca modela/modelki: *a career in modelling*

**mo·dem** /ˈməʊdəm/ n [C] modem

**mod·e·rate¹** /ˈmɒdərət/ adj umiarkowany: *a moderate rate of inflation* | *a senator with moderate views* —**moderately** adv umiarkowanie

**mod·e·rate²** /ˈmɒdəreɪt/ v [T] z/łagodzić: *Drugs can help to moderate the symptoms.*

**mod·e·rate³** /ˈmɒdərət/ n [C] osoba o umiarkowanych poglądach

**mod·e·ra·tion** /ˌmɒdəˈreɪʃən/ n [U] formal umiar: *He only drinks in moderation* (=pije z umiarem).

**mod·ern** /ˈmɒdn/ adj **1** nowoczesny: *a modern apartment block* | *modern technology* | *a modern approach to sex education* **2** współczesny: *the pressures of modern living* | *museum of modern art* —**modernity** /məˈdɜːnəti/ n [U] nowoczesność

**mod·ern·ize** /ˈmɒdənaɪz/ (*także* **-ise** BrE) v [T] unowocześniać, z/modernizować: *a state program to modernize existing schools* —**modernization** /ˌmɒdənaɪˈzeɪʃən/ n [C,U] modernizacja

**modern lan·gua·ges** /ˌ.. ˈ.../ n [plural] języki nowożytne

**mod·est** /ˈmɒdəst/ adj **1** skromny: *a quiet modest man* | *a modest 2% pay increase* **2** wstydliwy —**modestly** adv skromnie, wstydliwie

**mod·es·ty** /ˈmɒdəsti/ n [U] **1** skromność **2** wstydliwość

**mod·i·fi·ca·tion** /ˌmɒdəfəˈkeɪʃən/ n [C,U] modyfikacja: **+ to** *We've made a few modifications to the programme.*

**mod·i·fy** /ˈmɒdəfaɪ/ v [T] z/modyfikować: *Safety procedures have been modified since the fire.*

**mod·ule** /ˈmɒdjuːl/ n [C] technical **1** moduł **2** człon (*statku kosmicznego*) **3** BrE blok (*nauczania*): *The syllabus comprises six modules.*

**mo·hair** /ˈməʊheə/ n [U] moher

**moist** /mɔɪst/ adj wilgotny: *Make sure the soil is moist.* | *a moist chocolate cake* ➡ porównaj DAMP

UWAGA **moist**

Patrz **damp, humid** i **moist.**

**moist·en** /'mɔɪsən/ *v* [I,T] zwilżać (się): *Moisten the clay with a little water.*

**mois·ture** /'mɔɪstʃə/ *n* [U] wilgoć: *The desert air contains hardly any moisture.*

**mois·tur·iz·er** /'mɔɪstʃəraɪzə/ (*także* **-iser** *BrE*) *n* [C,U] krem nawilżający

**mo·lar** /'məʊlə/ *n* [C] ząb trzonowy

**mo·las·ses** /mə'læsɪz/ *n* [U] *especially AmE* melasa

**mold** /məʊld/ amerykańska pisownia wyrazu MOULD

**mole** /məʊl/ *n* [C] **1** kret **2** pieprzyk **3** wtyczka (*szpieg*)

**mol·e·cule** /'mɒlɪkjuːl/ *n* [C] cząsteczka, molekuła —**molecular** /mə'lekjʊlə/ *adj* molekularny

**mo·lest** /mə'lest/ *v* [T] molestować, napastować: *Harper was accused of molesting his 7-year-old stepdaughter.*

**mol·lusc** /'mɒləsk/ *BrE*, **mollusk** *AmE n* [C] mięczak: *snails and other molluscs*

**molt** /məʊlt/ amerykańska pisownia wyrazu MOULT

**mol·ten** /'məʊltən/ *adj* ciekły, roztopiony: *molten metal*

**mom** /mɒm/ *n* [C] *AmE spoken informal* mama: *Can I go to Barbara's, Mom?*

**mo·ment** /'məʊmənt/ *n* **1** [C] chwila, moment: *They stood in the lobby for a few moments talking.* | **in a moment** (=za chwilę): *I'll be back in a moment.* | **for a moment** (=na chwilę): *She paused for a moment before replying.* | **at that/this moment** (=w tym momencie): *At that moment, the door opened and Danny walked in.* **2 the moment (that)** jak tylko: *The moment I heard your voice I knew something was wrong.* **3 at the moment** teraz, w tej chwili: *Gavin's working in Oakland at the moment.* **4 for the moment** chwilowo, na razie: *Well, for the moment we're just considering the possibilities.* **5 (at) any moment** w każdej chwili: *The roof could collapse at any moment.* ➡ porównaj MINUTE[1]

**mo·men·tar·i·ly** /'məʊməntərəli/ *adv* **1** przez chwilę/moment: *I was momentarily surprised by the question.* **2** *AmE* za chwilę/moment: *I'll be with you momentarily.*

**mo·men·ta·ry** /'məʊməntəri/ *adj* chwilowy: *There was a momentary silence before anyone dared to speak.*

**mo·men·tous** /məʊ'mentəs/ *adj* doniosły, wielkiej wagi: *the momentous events in Central Europe*

**mo·men·tum** /məʊ'mentəm/ *n* [U] **1** pęd **2 gain/gather momentum a)** nabierać rozpędu: *The rock gained momentum as it rolled down the hill.* **b)** nabierać impetu: *The election campaign is rapidly gathering momentum.*

**mom·ma** /'mɒmə/ *n* [C] *AmE spoken informal* mama

**mom·my** /'mɒmi/ *n* [C] *AmE* mamusia

**mon·arch** /'mɒnək/ *n* [C] monarch-a/ini

**mon·ar·chy** /'mɒnəki/ *n* [C,U] monarchia

**mon·as·tery** /'mɒnəstri/ *n* [C] klasztor

**mo·nas·tic** /mə'næstɪk/ *adj* klasztorny

**Mon·day** /'mʌndi/ skrót pisany **Mon.** *n* [C,U] poniedziałek

**mon·e·ta·ry** /'mʌnətəri/ *adj* monetarny, pieniężny: *monetary policy*

**mon·ey** /'mʌni/ *n* [U] **1** pieniądze: *How much money do you have with you?* | *The boat must have cost a lot of money.* | *Fred lost all his money when he was forced to close his business.* | **spend money** (=wydawać pieniądze): *She spends a lot of money on clothes.* | **make money** *John is making a lot of money.* | **save money** (=oszczędzać): *You can save money by arranging your flight early.* **2 you get your money's worth** coś jest warte czyichś pieniędzy: *The concert only lasted an hour so we didn't really get our money's worth.* **3 that kind of money** *spoken* tyle pieniędzy: *People with that kind of money don't need to work.* | *They wanted $5000, and I just don't have that kind of money.*

**mon·grel** /'mʌŋgrəl/ *n* [C] kundel

**mon·i·tor**[1] /'mɒnɪtə/ *n* [C] monitor

## Czasowniki modalne: **Modal verbs**

Czasowniki modalne modyfikują znaczenie innych czasowników. Jako podgrupę czasowników posiłkowych (**auxiliary verbs**) określa się je także mianem **modal auxiliaries**. Należą do nich:

| | | | | | |
|---|---|---|---|---|---|
| *can* | *may* | *must* | *ought* | *shall* | *will* |
| *could* | *might* | | | *should* | *would* |

W odróżnieniu od zwykłych czasowników, modalne nie mają w trzeciej osobie liczby pojedynczej czasu Present Simple końcówki ***-s***, np.:

*she can* *he must* *it may*

W pytaniach i przeczeniach z czasownikami modalnymi nie używa się operatora ***do/did***. Pytania tworzymy przez zmianę kolejności podmiotu i orzeczenia, np.:

*She **can** come.* ***Can** she come?*

*I **should** wait.* ***Should** I wait?*

W przeczeniach partykułę ***not*** stawiamy bezpośrednio po czasowniku modalnym, np.:

*I **could not*** (albo: ***couldn't***) *sleep.*

*You **must not*** (albo: ***mustn't***) *go.*

Czasowniki modalne nie mają formy bezokolicznika ani formy zakończonej na ***-ing***, co uniemożliwia stosowanie ich w czasach „continuous". W funkcjach tych zastępują je niekiedy inne czasowniki:

*He **can't** swim.* *He wants **to be able** to swim.* (bezokolicznik)

*She **must** work hard.* *She doesn't like **having to** work hard.* (czasownik z końcówką ***-ing***)

Czasownik zwykły występujący po modalnym ma zawsze formę bezokolicznika bez ***to***. Wyjątek stanowi ***ought***, po którym stawiamy bezokolicznik z ***to***:

*You may (must/should* itp.) *go.*

*You ought **to** go.*

### Czasowniki półmodalne: **Semi-modals**

Do grupy tej należą trzy czasowniki: ***dare***, ***need*** i ***used***. Tworzą one formy przeczące i pytające na dwa sposoby: tak jak czasowniki zwykłe albo tak jak czasowniki modalne, np.:

*She **doesn't need to** go.* *She **needn't** go.*

*He **didn't dare to** speak.* *He **dared not** speak.*

***Did** you **used to** live here?* ***Used** you **to live** here?*

patrz też: ***Auxiliary Verbs, CAN, COULD, DARE, Infinitive, MAY, MIGHT, MUST, NEED, SHALL, USED TO, Verb, WILL, WOULD***

**monitor²** *v* [T] monitorować: *Doctors are monitoring the patient's condition carefully.*

**monk** /mʌŋk/ *n* [C] mnich

**mon·key** /ˈmʌŋki/ *n* [C] małpa

**mon·o·chrome** /ˈmɒnəkrəʊm/ *adj* monochromatyczny: *a monochrome image*

**mon·o·ling·ual** /ˌmɒnəʊˈlɪŋgwəl/ *adj* monolingwalny, jednojęzyczny: *a monolingual dictionary*

**mon·o·lith·ic** /ˌmɒnəˈlɪθɪk◂/ *adj* monolityczny —**monolith** /ˈmɒnəlɪθ/ *n* monolit

**mon·o·logue** /ˈmɒnəlɒg/ *także* **monolog** *AmE n* [C] monolog

**mo·nop·o·lize** /məˈnɒpəlaɪz/ (*także* **-ise** *BrE*) *v* [T] z/monopolizować: *The tobacco industry is monopolized by a few large companies.*

**mo·nop·o·ly** /məˈnɒpəli/ *n* monopol: *Adequate health care should not be the monopoly of the rich.* | **+ on/of** *Until recently, Bell Telephone had a monopoly on telephone services.* —**monopolistic** *adj* monopolistyczny

**mon·o·syl·la·ble** /ˈmɒnəˌsɪləbəl/ *n* [C] monosylaba

**mo·not·o·nous** /məˈnɒtənəs/ *adj* monotonny: *monotonous work* | *a flat monotonous landscape* —**monotony** *n* [U] monotonia —**monotonously** *adv* monotonnie

**mon·soon** /mɒnˈsuːn/ *n* [C] monsun

**mon·ster** /ˈmɒnstə/ *n* [C] **1** potwór: *a sea monster* | *Only a monster could kill an innocent child.* **2** monstrum: *That dog's a real monster!*

**mon·stros·i·ty** /mɒnˈstrɒsəti/ *n* [C] monstrum

**mon·strous** /ˈmɒnstrəs/ *adj* potworny: *a monstrous crime*

**month** /mʌnθ/ *n* [C] miesiąc: *the month of May* | *The competition takes place at the end of this month.* | *She had to wait over six months for her operation.*

> UWAGA **month**
>
> Patrz **-minute/day/month** itp.

**month·ly** /ˈmʌnθli/ *adj* **1** comiesięczny: *monthly team meetings* **2** miesięczny: *a monthly salary of $850* —**monthly** *adv* co miesiąc, miesięcznie

**mon·u·ment** /ˈmɒnjəmənt/ *n* [C] **1** pomnik, monument: **+ to** (=ku czci): *a monument to Frederick the Great* **2** zabytek: *ancient Roman monuments*

**mon·u·ment·al** /ˌmɒnjəˈmentl◂/ *adj* **1** straszny: *Jeffries has admitted he made a monumental mistake.* **2** monumentalny: *Darwin's monumental work on evolution*

**moo** /muː/ *v* [I] za/ryczeć

**mood** /muːd/ *n* **1** [C] nastrój, humor: *His mood suddenly seemed to change.* | **be in a good/bad mood** *You're certainly in a good mood today!* **2 be in the mood (for)** mieć ochotę (na): *Are any of you in the mood for a game of cards?* | **be in no mood for** (=nie być w nastroju do): *He was obviously in no mood for talking.* **3** [C] tryb (*gramatyczny*): *the imperative mood*

**mood·y** /ˈmuːdi/ *adj* **1** humorzasty: *a moody teenager* **2** *especially AmE* o zmiennym nastroju: *moody music*

**moon** /muːn/ *n* **1** księżyc: *How many moons does Jupiter have?* | *There's no moon tonight.* | **full moon** (=pełnia księżyca) **2 be over the moon** *BrE informal* nie posiadać się ze szczęścia: *She's over the moon about her new job.* → patrz też **once in a blue moon** (ONCE¹)

**moon·light** /ˈmuːnlaɪt/ *n* [U] światło księżyca

**moon·lit** /ˈmuːnˌlɪt/ *adj* księżycowy: *a beautiful moonlit night*

**moor¹** /mʊə/ *n* [C usually plural] *especially BrE* wrzosowisko: *the North Yorkshire Moors*

**moor²** *v* [I,T] za/cumować

**moose** /muːs/ *n* [C] łoś (*amerykański*)

**moot point** /ˌmuːt ˈpɔɪnt/ *n* [C usually singular] punkt sporny: *Whether these laws will really reduce violent crime is a moot point.*

**mop¹** /mɒp/ *n* **1** [C] zmywak do

podłogi **2** [singular] *informal* czupryna: *a mop of black curly hair*

**mop²** *v* [T] **-pped, -pping 1** z/myć: *I mopped the kitchen floor an hour ago, and look at it now!* **2** wycierać: *Earl mopped his face with a large handkerchief.*

**mop** sth ↔ **up** *phr v* [T] ścierać (*rozlany płyn*): *Can you mop up the milk you've spilled?*

**mope** /məʊp/ *także* **mope around** *v* [I] rozczulać się nad sobą

**mo·ped** /ˈməʊped/ *n* [C] motorower

**mor·al¹** /ˈmɒrəl/ *adj* **1** [only before noun] moralny: *My grandfather was a very moral man.* | *Terry refused to join the army for moral reasons.* | *I believe we have a moral duty to help the poor.* ➡ antonim IMMORAL **2 moral support** wsparcie duchowe: *I offered to go with him to the dentist as moral support.* —**morally** *adv* moralnie

**moral²** *n* [C] morał: *The moral of the story is that crime doesn't pay.* ➡ patrz też MORALS

**mo·rale** /məˈrɑːl/ *n* [U] morale: *Talk of job losses is bad for morale.*

**mo·ral·i·ty** /məˈrælǝti/ *n* [U] moralność: *declining standards of morality* | **+ of** *a discussion on the morality of abortion*

**mor·al·ize** /ˈmɒrəlaɪz/ (*także* **-ise** *BrE*) *v* [I] moralizować

**mor·als** /ˈmɒrəlz/ *n* [plural] moralność: *His book reflects the values and morals of society at that time.*

**mor·a·to·ri·um** /ˌmɒrəˈtɔːriəm/ *n* [C usually singular] moratorium

**mor·bid** /ˈmɔːbǝd/ *adj* chorobliwy: *He has a morbid fascination with murder stories.*

**more¹** /mɔː/ *adj* bardziej: *more interesting* | **more expensive/quickly** (=droższy/szybciej): *You'll have to be more careful next time.* | **more ... than** *My meal was more expensive than Dan's.* | **much/a lot/far more** (=o wiele bardziej): *The students will feel much more confident if they work in groups.* ➡ antonim LESS¹

**more²** *adv* **1** więcej: *I promised I'd help more with the housework.* | **more than** *We see our grandchildren more than* (=częściej niż) *we used to.* | **much/a lot/far more** (=o wiele więcej): *She goes out a lot more now that she has a car.* ➡ antonim LESS¹ **2 not any more** już nie: *Sarah doesn't live here any more.* ➡ patrz też ANY², ANY MORE, **once more** (ONCE¹)

**more³** *quantifier* **1** więcej: **more ... than** *There are more people without jobs than there used to be.* | **more than** *Orange juice costs more than beer in some bars.* | **some/a few more** (=jeszcze trochę/kilka): *Would you like some more coffee?* | *I have to make a few more phone calls.* | **10/20 etc more** *We need five more chairs.* **2 more and more** coraz więcej: *These days, more and more people travel long distances to work.* **3 more or less** mniej więcej: *This article says more or less the same thing as the other one.*

**more·o·ver** /mɔːrˈəʊvə/ *adv formal* ponadto, poza tym: *The new design is not acceptable. Moreover, it would delay the project even further.*

**morgue** /mɔːg/ *n* [C] kostnica

**morn·ing** /ˈmɔːnɪŋ/ *n* [C,U] **1** poranek, ranek: *I got a letter from Wayne this morning* (=dziś rano). | **in the morning** *I'll deal with it in the morning* (=jutro rano). | *The phone rang at three in the morning* (=o trzeciej w nocy). **2 (Good) Morning** *spoken* dzień dobry: *Morning, Rick.*

**mo·ron** /ˈmɔːrɒn/ *n* [C] *informal* debil/ka —**moronic** *adj* debilny, kretyński

**mo·rose** /məˈrəʊs/ *adj* posępny, markotny

**mor·phine** /ˈmɔːfiːn/ *n* [U] morfina

**mor·sel** /ˈmɔːsəl/ *n* [C] *literary* kęs, kąsek: *a morsel of bread*

**mor·tal¹** /ˈmɔːtl/ *adj* **1** śmiertelny: *mortal creatures* ➡ antonim IMMORTAL **2 mortal injuries/blow** śmiertelne obrażenia/śmiertelny cios **3 mortal fear/danger** śmiertelny strach/niebezpieczeństwo: *He lived in mortal fear of being attacked.* —**mortally** *adv* śmiertelnie

**mortal²** *n* **lesser/ordinary/mere mortals** *humorous* zwykli śmiertelnicy

**mor·tal·i·ty** /mɔːˈtælə̇ti/ *n* [U] **1** *także* **mortality rate** umieralność: *infant mortality* **2** śmiertelność: *After the heart attack, I became more aware of my own mortality.*

**mor·tar** /ˈmɔːtə/ *n* **1** [C] moździerz **2** [U] zaprawa murarska

**mort·gage¹** /ˈmɔːgɪdʒ/ *n* [C] kredyt hipoteczny: *After he lost his job he couldn't pay his mortgage any more.*

**mortgage²** *v* [T] oddawać w zastaw hipoteczny

**mor·ti·cian** /mɔːˈtɪʃən/ *n* [C] *AmE* przedsiębiorca pogrzebowy

**mor·ti·fy** /ˈmɔːtə̇faɪ/ *v* [T] krępować: *The thought of going out dressed like that mortified me.*

**mor·tu·a·ry** /ˈmɔːtʃuəri/ *n* [C] kostnica

**mo·sa·ic** /məʊˈzeɪ-ɪk/ *n* [C,U] mozaika

**Mos·lem** /ˈmɒzlə̇m/ *n* [C] muzułmański

**mosque** /mɒsk/ *n* [C] meczet

**mos·qui·to** /məˈskiːtəʊ/ *n* [C] komar, moskit

**moss** /mɒs/ *n* [U] mech —**mossy** *adj* omszały

**most¹** /məʊst/ *adv* **1** służy do tworzenia stopnia najwyższego wielosylabowych przymiotników i przysłówków: *Anna is one of the most beautiful women I know.* | *I forgot to tell you the most important thing!* | *a virus most frequently found in stagnant water* **2** najbardziej: *She liked the dark beer most.* | **most of all** *I love all my family, but my Mum most of all.* **3** *formal* wysoce, wielce: *I was most surprised to discover we had been to the same school.*

| UWAGA **most** |
|---|
| Patrz **majority** i **most**. |

**most²** *quantifier* **1** większość: *Most computers have a disk drive.* | **most of** *Most of the kids I know have parents who are divorced.* **2** najwięcej: **the most** *Ricardo's restaurant gives you the most food for your money.* | *Whoever scores most will win.* | *How can we get the most power from the engine?* | *I'm afraid the most I can give you is $100.* **3 at (the) most** (co) najwyżej: *The book should cost $10 at the most.* **4 make the most of sth** wykorzystywać coś, jak tylko się da: *Go out and make the most of the sunshine* (=i korzystaj ze słońca, póki jest).

**most·ly** /ˈməʊstli/ *adv* **1** głównie: *The room was full of sports people, mostly football players.* **2** przeważnie: *Mostly, he travels by car or in his own plane.*

**mo·tel** /məʊˈtel/ *n* [C] motel

**moth** /mɒθ/ *n* [C] ćma

**moth·er¹** /ˈmʌðə/ *n* [C] matka: *My mother said I have to be home by 9:00.* | *Her mother once met President Kennedy.*

**mother²** *v* [T] matkować: *Tom resented being constantly mothered by his wife.*

**moth·er·hood** /ˈmʌðəhʊd/ *n* [U] macierzyństwo

**mother-in-law** /ˈ.. . ˌ./ *n* [C] teściowa

**mother-of-pearl** /ˌ.. . ˈ./ *n* [U] macica perłowa

**Mother's Day** /ˈ.. ./ *n* [singular] Dzień Matki

**mother tongue** /ˌ.. ˈ./ *n* [C] język ojczysty

**mo·tif** /məʊˈtiːf/ *n* [C] **1** motyw: *a musical motif* **2** wzór: *a T-shirt with a butterfly motif*

**mo·tion¹** /ˈməʊʃən/ *n* **1** [C,U] ruch: *the gentle rolling motion of the ship* | *He made a motion with his hand, as if to tell me to keep back.* **2** [C] wniosek: *I'd like to propose a motion to change working hours.* **3 (in) slow motion** w zwolnionym tempie: *Let's look at that goal in slow motion.* | *The slow motion replay proved it was a foul.* **4 go through the motions of doing sth** zmuszać się do zrobienia czegoś: *The doctor was sure the man wasn't really ill, but he went through the motions of examining him.* **5 put/set sth in motion** nadawać czemuś bieg

**motion²** *v* [I,T] **motion (for) sb to do sth** dać komuś znak, żeby coś zrobił: *She motioned for him to sit down.*

**mo·tion·less** /ˈməʊʃənləs/ *adj* nieruchomy, bez ruchu: *He was standing mo-*

*tionless in the doorway.* —**motionlessly** *adv* nieruchomo

**motion pic·ture** /ˌ.. ˈ..◂/ *n* [C] *AmE* film (*kinowy*)

**mo·ti·vate** /ˈməʊtɪveɪt/ *v* [T] **1** s/powodować: *The theft was motivated by greed.* **2** motywować —**motivated** *adj*: *Police believe the attack was racially motivated* (=że był to atak na tle rasowym). | *highly motivated students* (=studenci o silnej motywacji)

**mo·ti·va·tion** /ˌməʊtɪˈveɪʃən/ *n* **1** [U] motywacja: *Jack is smart, but he lacks motivation.* **2** [C] powody: **+ for** *What was your motivation for writing the book?*

**mo·tive** /ˈməʊtɪv/ *n* [C] motyw: **+ for** *Jealousy was the motive for the murder.*

**mot·ley** /ˈmɒtli/ *adj* **a motley crew/collection** zbieranina

**mo·tor**[1] /ˈməʊtə/ *n* [C] silnik

**motor**[2] *adj* [only before noun] **1** mechaniczny: *a motor vehicle* **2** *BrE* motoryzacyjny: *the motor industry*

**mo·tor·bike** /ˈməʊtəbaɪk/ *n* [C] *especially BrE* motocykl

**mo·tor·boat** /ˈməʊtəbəʊt/ *n* [C] motorówka

**motor car** /ˈ.. ./ *n* [C] *formal* samochód

**mo·tor·cy·cle** /ˈməʊtəˌsaɪkəl/ *n* [C] motocykl —**motorcyclist** *n* [C] motocyklist-a/ka

**mo·tor·ist** /ˈməʊtərɪst/ *n* [C] kierowca

**mo·tor·ized** /ˈməʊtəraɪzd/ (*także* **-ised** *BrE*) *adj* silnikowy: *a motorized wheelchair*

**mo·tor·way** /ˈməʊtəweɪ/ *n* [C] *BrE* autostrada

**mot·to** /ˈmɒtəʊ/ *n* [C] motto

**mould**[1] /məʊld/ *BrE*, **mold** *AmE n* **1** [U] pleśń: *There were dark patches of mould on the walls.* **2** [C] forma, foremka: *a jelly mould*

**mould**[2] *BrE*, **mold** *AmE v* **1** [T] modelować (*np. glinę*) **2** [T] kształtować, urabiać: *an attempt to mould public opinion*

**mould·y** /ˈməʊldi/ *BrE*, **moldy** *AmE adj* spleśniały, zapleśniały: *The cheese has gone mouldy.*

**moult** /məʊlt/ *BrE*, **molt** *AmE v* [I] wy/linieć

**mound** /maʊnd/ *n* [C] **1** kopiec: *a burial mound* **2** stos: *a mound of papers*

**mount**[1] /maʊnt/ *v* **1** [I] *także* **mount up** rosnąć: *His debts continued to mount up.* | *Chris read the letter with mounting anger.* **2** z/organizować: *They are mounting a campaign to stop road building in the area.* **3** [T] dosiadać, wsiadać na: *She mounted the horse and rode off.* **4** [T] *formal* wchodzić po: *She mounted the stairs.* **5** [T] za/montować: *The engine is mounted onto the chassis using special bolts.*

**mount**[2] *n* **Mount** pierwszy element nazw szczytów górskich: *Mount Everest*

**moun·tain** /ˈmaʊntɪn/ *n* [C] **1** góra: *the Swiss mountains* | *a mountain of ironing* **2 make a mountain out of a molehill** z/robić z igły widły

**moun·tain·eer·ing** /ˌmaʊntɪˈnɪərɪŋ/ *n* [U] wspinaczka górska —**mountaineer** *n* [C] alpinist-a/ka

**moun·tain·ous** /ˈmaʊntɪnəs/ *adj* górzysty

**moun·tain·side** /ˈmaʊntɪnsaɪd/ *n* [C] stok górski, zbocze górskie

**mourn** /mɔːn/ *v* [T] opłakiwać: *After 10 years, she's still mourning her son's death.*

**mourn·er** /ˈmɔːnə/ *n* [C] żałobni-k/czka

**mourn·ful** /ˈmɔːnfəl/ *adj* żałobny: *slow, mournful music*

**mourn·ing** /ˈmɔːnɪŋ/ *n* [U] żałoba: *the outbreak of public mourning following Diana's death* | **in mourning** (=w żałobie)

**mouse** /maʊs/ *n* [C] **1** *plural* **mice** mysz **2** *plural* **mouses** mysz komputerowa

**mousse** /muːs/ *n* [C,U] **1** mus: *chocolate mousse* **2** pianka do włosów

**mous·tache** /məˈstɑːʃ/ *także* **mustache** *AmE n* [C] wąsy

**mous·y, mousey** /ˈmaʊsi/ *adj* mysi: *She had mousy hair.*

**mouth** /maʊθ/ *n* **1** [C] usta **2 keep your mouth shut** *informal* trzymać język za zębami: *The party's supposed to*

*be a surprise, so keep your mouth shut about it.* **3** [C] wylot: *the mouth of a cave* **4** [C] ujście: *the mouth of a river* **5 big/loud mouth** *informal* niewyparzona gęba

**mouth·ful** /ˈmaʊθfʊl/ *n* **1** [C] kęs, łyk **2 be a mouthful** *informal* być trudnym do wymówienia: *Her real name is quite a mouthful, so we just call her Dee.*

**mouth·piece** /ˈmaʊθpiːs/ *n* [C] **1** ustnik **2** [usually singular] trybuna (*przenośnie*): *Pravda used to be the mouthpiece of the Communist Party.*

**mouth·wash** /ˈmaʊθwɒʃ/ *n* [C,U] płyn do płukania ust

**mouth-wa·ter·ing** /ˈ. ˌ.../ *adj* apetyczny, smakowity

**mov·a·ble** /ˈmuːvəbəl/ *adj* ruchomy: *toy soldiers with movable arms and legs | a movable feast*

**move**[1] /muːv/ *v* **1** [I,T] ruszać (się), poruszać (się): *I saw the dog's eyes move, so I knew he was alive.* | **+ about/around** *She could hear someone moving around in Gail's room.* **2** [I,T] przesuwać (się): *He moved the chair into the corner of the room.* | *We'll have to move the party to another day.* **3** [I] *także* **move away** wyprowadzać się, przeprowadzać się: *Henry moved away and we never saw him again.* | **+ to** *They moved to Birmingham in May.* | **move house** *BrE* (=przeprowadzać się): *We're moving house next week.* **4** [T] wzruszać: *The story moved us to tears.* **5** [I] posuwać się naprzód: *Things are moving fast now we've got a new manager.* **6 get moving** *spoken* rusz się: *Get moving or you'll miss the bus.*

**move in** *phr v* [I] wprowadzać się: *When are you moving in?*

**move off** *phr v* [I] odjeżdżać: *The train began to move off slowly.*

**move on** *phr v* [I] **1** ruszać w dalszą drogę: *After three days we decided it was time to move on.* **2** przechodzić (*do nowego tematu*): *I'd like to move on now to the subject of education.*

**move out** *phr v* [I] wyprowadzać się: *We have to move out by next Friday.*

**move over** *phr v* [I] posunąć się: *Move over so Jim can sit down.*

**move up** *phr v* [I,T] **1** awansować: *She's been moved up to the managerial level.* **2** [I] *BrE* posunąć się: *Move up a bit – I'm squashed in the corner.*

**move**[2] *n* [C] **1** ruch, posunięcie: *"I called Tom to say I don't want to see him again." "Good move!"* **2 make a move a)** z/robić ruch: **+ towards/for** *Arnison made a move for the door.* **b)** *BrE spoken* zbierać się (*do wyjścia*): *It's late, we'd better be making a move.* **3 be on the move** być w rozjazdach **4 get a move on** *spoken* rusz się: *Get a move on, or we'll be late!* **5** przeprowadzka: *The move to the new house took three days.*

**move·ment** /ˈmuːvmənt/ *n* **1** [C,U] ruch: *I noticed a sudden movement behind the curtain.* | *the anti-war movement* | *Police are trying to trace his movements over the last 48 hours.* **2** [C] **movement away/towards** odchodzenie od/zbliżanie się ku: *a movement away from traditional values* **3** [C] część: *the second movement of Beethoven's Seventh Symphony*

**mov·ie** /ˈmuːvi/ *n* [C] *especially AmE* **1** film **2 the movies** *AmE* kino: **go to the movies** *How often do you go to the movies?*

**movie star** /ˈ.. ./ *n* [C] gwiazda filmowa

**movie thea·ter** /ˈ.. ˌ../ *n* [C] *AmE* kino (*budynek*)

**mov·ing** /ˈmuːvɪŋ/ *adj* **1** wzruszający: *a deeply moving book* **2** [only before noun] ruchomy: *Oil the moving parts of this machine regularly.* —**movingly** *adv* wzruszająco: *He spoke movingly about his experiences in the war.*

**mow** /məʊ/ *v* **mowed, mowed** *or* **mown** /məʊn/**, mowing** [I,T] s/kosić: *When are you going to mow the lawn?*

**mow** sb ↔ **down** *phr v* [T] wykosić: *Hundreds of protesters were mown down by the police.*

**mow·er** /ˈməʊə/ *n* [C] kosiarka

**MP** /ˌem ˈpiː/ *n* [C] poseł/posłanka: *She's the MP for Liverpool North.*

M

**mph** /ˌem piː ˈeɪtʃ/ skrót od "miles per hour": *a car that can reach a speed of 180 mph*

**Mr** /ˈmɪstə/ *n* **Mr Jones** pan Jones

**Mrs** /ˈmɪsəz/ *n* **Mrs Jones** pani Jones

**Ms** /mɪz/ *n written* skrót przed nazwiskiem kobiety, nie precyzujący jej stanu cywilnego

**MSc** /ˌem es ˈsiː/ *także* **MS** /ˌem ˈes/ *AmE n* [C] magister nauk ścisłych → porównaj MA

**much**[1] /mʌtʃ/ *adv* **more, most 1** o wiele: *Dad's feeling much better now.* | **too much/so much/very much/how much etc** *Thank you very much* (=dziękuję bardzo)! | *I know how much* (=jak bardzo) *he likes Ann.* | *He was feeling so much better* (=na tyle lepiej) *that he went out for a walk.* **2 not much** niewiele, niezbyt często: *We don't go out much since the baby was born.* **3 much less** a co dopiero: *He doesn't have enough money to buy new shoes, much less a new car.*

| UWAGA **much** |
|---|
| Patrz **many**, **much** i **a lot of**, **plenty of**. |

**much**[2] *quantifier* **1** dużo, wiele: *We don't have much time.* | *There was much rejoicing when the travellers returned.* | *Was there much traffic* (=Czy był duży ruch)? **2 how much** ile: *How much is* (=ile kosztuje) *that green shirt?* | *She didn't know how much milk was left.* **3 so much** tyle: *I have so much reading to do for tomorrow. I'll never get it done.* | **too much** *He says the government has spent too much money on weapons.* **4 be too much for sb** być zbyt trudnym dla kogoś: *Climbing stairs is too much for me since the operation.*

**muck**[1] /mʌk/ *n* [U] brud, błoto: *shoes covered in thick black muck*

**muck**[2] *v*

**muck about/around** *phr v BrE informal* **1** [I] wygłupiać się: *Stop mucking about and get on with your homework.* **2** [T **muck** sb **about/around**] z/robić kogoś w konia: *Jim's really mucked me around – first he wants to go, then he doesn't.*

**muck** sth ↔ **up** *phr v* [T] *BrE informal* s/partaczyć: *Let me do that – you'll only muck it up.*

**mu·cus** /ˈmjuːkəs/ *n* [U] śluz

**mud** /mʌd/ *n* [U] błoto: *His clothes and shoes were covered in mud.*

**mud·dle**[1] /ˈmʌdl/ *n* [C,U] bałagan, zamęt: *The system for sending invoices is a complete muddle.* | *There is always a lot of confusion and muddle at the beginning of term.* | **be in a muddle** (=mieć zamęt w głowie)

**muddle**[2] *v especially BrE* **1** *także* **muddle up** [T] po/mieszać: *The papers had all been muddled up.* **2 get (sth/sb) muddled up** po/mylić (coś/kogoś): *I always get him and his brother muddled up.*

**mud·dy**[1] /ˈmʌdi/ *adj* **1** zabłocony: *muddy boots* **2** błotnisty: *muddy water*

**muddy**[2] *v* [T] za/mącić: *We'll never reach a decision if they keep muddying the issue with religion.*

**mues·li** /ˈmjuːzli/ *n* [U] muesli

**muf·fin** /ˈmʌfən/ *n* [C] słodka bułeczka: *a blueberry muffin*

**muf·fle** /ˈmʌfəl/ *v* [T] tłumić: *Thick curtains muffled the traffic noise.*

**muf·fled** /ˈmʌfəld/ *adj* przytłumiony

**muf·fler** /ˈmʌflə/ *n* [C] *AmE* tłumik (*samochodowy*)

**mug**[1] /mʌg/ *n* [C] **1** kubek **2** *BrE spoken* frajer: *You're a mug if you buy that car.*

**mug**[2] *v* [T] **-gged, -gging** napadać (*w miejscu publicznym*): *She was mugged and her purse was stolen.*

**mug·gy** /ˈmʌgi/ *adj informal* parny

**mule** /mjuːl/ *n* [C] muł

**mull** /mʌl/ *v* [T]

**mull** sth ↔ **over** *phr v* [T] przetrawić, przemyśleć: *Mull it over for a few days and let me know your decision.*

**mul·ti·cul·tur·al** /ˌmʌltiˈkʌltʃərəl◂/ *adj* wielokulturowy: *The US is a multicultural society.* —**multiculturalism** *n* [U] wielokulturowość

M

**mul·ti·lat·e·ral** /ˌmʌltɪˈlætərəl◂/ *adj* wielostronny: *multilateral peace talks* → porównaj BILATERAL, UNILATERAL

**mul·ti·me·di·a** /ˌmʌltiˈmiːdiə◂/ *adj* [only before noun] multimedialny

**mul·ti·na·tion·al** /ˌmʌltɪˈnæʃənəl◂/ *adj* międzynarodowy, wielonarodowy: *a multinational company | a multinational peace-keeping force*

**mul·ti·ple¹** /ˈmʌltəpəl/ *adj* wielokrotny, wieloraki: *He suffered multiple injuries to his legs.*

**multiple²** *n* [C] wielokrotność: *20 is a multiple of 5.*

**multiple choice** /ˌ... ˈ.◂/ *adj* **multiple choice test** test wielokrotnego wyboru

**mul·ti·pli·ca·tion** /ˌmʌltəpləˈkeɪʃən/ *n* [U] mnożenie → porównaj DIVISION

**mul·ti·ply** /ˈmʌltəplaɪ/ *v* [I,T] **1** mnożyć (się): *The number of asthma sufferers has multiplied over the last few years.* **2** po/mnożyć: *Four multiplied by five is 20.* → porównaj DIVIDE¹

**mul·ti·pur·pose** /ˌmʌltiˈpɜːpəs◂/ *adj* wielofunkcyjny: *a multipurpose knife*

**mul·ti·ra·cial** /ˌmʌltɪˈreɪʃəl◂/ *adj* wielorasowy: *We live in a multiracial society.*

**multi-sto·rey** /ˌ.. ˈ..◂/ *adj* [only before noun] *BrE* wielopiętrowy: *a multi-storey car park*

**mul·ti·tude** /ˈmʌltətjuːd/ *n* [C] *literary* mnogość, mnóstwo: **+ of** *The garden was full of flowers in a multitude of colours.*

**mum** /mʌm/ *BrE*, **mom** *AmE n* [C] mama: *Mum, can I borrow some money? | My mum's a teacher.*

**mum·ble** /ˈmʌmbəl/ *v* [I,T] wy/mamrotać: *He mumbled something I did not hear.*

**mum·bo-jum·bo** /ˌmʌmbəʊ ˈdʒʌmbəʊ/ *n* [U] *informal* brednie: *Surely you don't believe in astrology and all that mumbo-jumbo!*

**mum·my** /ˈmʌmi/ *n* [C] **1** *BrE* mamusia: *Go and ask mummy if she'll help you.* **2** mumia

M **mumps** /mʌmps/ *n* [U] świnka (*choroba*)

**munch** /mʌntʃ/ *v* [I,T] chrupać: *Anna sat munching her toast.*

**mun·dane** /mʌnˈdeɪn/ *adj* przyziemny, prozaiczny: *a mundane job*

**mu·ni·ci·pal** /mjuːˈnɪsəpəl/ *adj* miejski, municypalny

**mu·ni·tions** /mjuːˈnɪʃənz/ *n* [plural] amunicja i sprzęt bojowy

**mu·ral** /ˈmjʊərəl/ *n* [C] malowidło ścienne

**mur·der¹** /ˈmɜːdə/ *n* [C,U] morderstwo: *A man was yesterday charged with the murder of two young girls.* | **commit (a) murder** (=popełnić morderstwo): *4600 murders were committed in the US in 1975.*

**murder²** *v* [T] za/mordować: *He murdered his wife in a jealous rage.* —**murderer** *n* [C] morder-ca/czyni

**mur·der·ous** /ˈmɜːdərəs/ *adj* morderczy, zbrodniczy: *murderous weapons*

**murk·y** /ˈmɜːki/ *adj* mętny: *murky water*

**mur·mur** /ˈmɜːmə/ *n* [C] szmer: *the murmur of the stream*

**murmur** *v* [I,T] za/mruczeć: *He softly murmured her name.*

**mus·cle** /ˈmʌsəl/ *n* [C,U] mięsień: *Weight lifting will strengthen your arm muscles.*

**mus·cu·lar** /ˈmʌskjələ/ *adj* **1** umięśniony, muskularny: *strong muscular arms* **2** mięśniowy: *muscular pain | a muscular disease* (=choroba mięśni)

**mu·se·um** /mjuːˈziːəm/ *n* [C] muzeum: *an art museum*

**mush·room¹** /ˈmʌʃruːm/ *n* [C] grzyb: *a chicken and mushroom pie*

**mushroom²** *v* [I] wzrastać: *The city's population has mushroomed to over one million.*

**mu·sic** /ˈmjuːzɪk/ *n* [U] **1** muzyka: *What kind of music do you like? | music lessons* | **a piece of music** (=utwór): *My favorite piece of music is Vivaldi's "Four Seasons".* **2** nuty: *Paul has never been able to read music.*

**mu·sic·al¹** /ˈmjuːzɪkəl/ *adj* **1** muzyczny: *musical instruments* **2** muzykalny:

*I'm not musical at all.* —**musically** *adv* muzycznie

**musical²** *n* [C] musical

**mu·si·cian** /mjuːˈzɪʃən/ *n* [C] muzyk

**Mus·lim** /ˈmʊzləm/ *n* [C] muzułman-in/ka —**Muslim** *adj* muzułmański

**mus·lin** /ˈmʌzlən/ *n* [U] muślin

**mus·sel** /ˈmʌsəl/ *n* [C] małż jadalny

**must¹** /məst, mʌst/ *modal verb* **1** musieć: *All passengers must wear seatbelts.* | *It's getting late, I really must go.* | *George must be almost eighty years old* (=pewnie ma z 80 lat). | *That car must have been going at 90 miles an hour!* | *You must see Robin Williams' new movie. It's really funny.* → patrz ramka MUST, patrz też HAVE³ **2 you must not** nie wolno ci: *You must not allow your dog out without a leash.*

**must²** /mʌst/ *n* **a must** *informal* coś, co koniecznie trzeba zrobić lub mieć: *If you visit Florida, going to Disney World is a must* (=koniecznie musisz pojechać do Disney World).

**mus·tache** /məˈstɑːʃ/ *AmE* wąsy

**mus·tang** /ˈmʌstæŋ/ *n* [C] mustang

**mus·tard** /ˈmʌstəd/ *n* [U] **1** musztarda **2** gorczyca

**mus·ter** /ˈmʌstə/ *v* **muster (up) courage** zdobywać się na odwagę: *I'm still trying to muster up the courage to speak to her.*

**must·n't** /ˈmʌsənt/ *v* skrót od MUST NOT

**must·y** /ˈmʌsti/ *adj* stęchły, zbutwiały: *musty old books*

**mu·tant** /ˈmjuːtənt/ *n* [C] mutant

**mu·tate** /mjuːˈteɪt/ *v* [I] z/mutować, ulegać mutacji —**mutation** *n* [C,U] mutacja

**mute¹** /mjuːt/ *adj* niemy: *mute admiration*

**mute²** *n* [C] *old-fashioned* niemowa

**mut·ed** /ˈmjuːtəd/ *adj* **1** powściągliwy: *muted criticism* **2** przytłumiony: *the muted hum of London's traffic* | *muted colours*

**mu·ti·late** /ˈmjuːtəleɪt/ *v* [T] okaleczyć: *the mutilated bodies of his victims* —**mutilation** /ˌmjuːtəˈleɪʃən/ *n* [C,U] okaleczenie

**mu·ti·nous** /ˈmjuːtənəs/ *adj* zbuntowany: *mutinous soldiers*

**mu·ti·ny** /ˈmjuːtəni/ *n* [C,U] bunt

**mut·ter** /ˈmʌtə/ *v* [I,T] wy/mamrotać

**mut·ton** /ˈmʌtn/ *n* [U] baranina

**mu·tu·al** /ˈmjuːtʃuəl/ *adj* **1** wzajemny: *mutual respect* **2** wspólny: *a mutual friend* —**mutually** *adj* wzajemnie: *a mutually beneficial arrangement* (=układ korzystny dla obu stron)

**Mu·zak** /ˈmjuːzæk/ *n* [U] *trademark* muzyka z taśmy puszczana w sklepach, na lotniskach itp.

**muz·zle** /ˈmʌzəl/ *n* [C] **1** pysk, morda: *my dog's muzzle* **2** wylot lufy **3** kaganiec

**my** /maɪ/ *possessive pron* mój: *That's my car over there.* | *I tried not to let my feelings show.*

**my·self** /maɪˈself/ *pron* **1** się: *I burned myself on the stove.* **2** sobie: *I made myself a cup of coffee.* **3** sam/a: *I myself have the same problem.* **4 (all) by myself** zupełnie sam: *I went to the movie by myself.* | *I was all by myself in the house.* **5 have sth (all) to myself** mieć coś tylko dla siebie: *I had the whole swimming pool to myself today.*

**mys·te·ri·ous** /mɪˈstɪəriəs/ *adj* tajemniczy: *a mysterious illness* | *He's being very mysterious about his new girlfriend.* —**mysteriously** *adv* tajemniczo: *My money had mysteriously disappeared* (=zniknęły w tajemniczy sposób).

**mys·te·ry** /ˈmɪstəri/ *n* [C,U] tajemnica: *The location of the stolen money remains a mystery.* | *It's a mystery to me how she got the job.* | *an air of mystery* (=aura tajemniczości) | *the Sherlock Holmes mystery stories* (=opowieści kryminalne)

**mys·tic¹** /ˈmɪstɪk/ *n* [C] misty-k/czka

**mystic²** *adj* mistyczny

**mys·tic·al** /ˈmɪstɪkəl/ **mystic** *adj* mistyczny: *While he was in the desert, he had some kind of mystical experience.*

**mys·ti·cis·m** /ˈmɪstəsɪzəm/ *n* [U] mistycyzm

## Czasownik modalny **MUST**

Czasownik modalny ***must*** (w przeczeniach: ***mustn't*** lub ***must not***), podobnie jak polski „musieć", może wyrażać zarówno nakaz lub konieczność, jak i przekonanie mówiącego:

*You **must** finish this job by tomorrow.* (nakaz)
*She **must** work harder if she wants to pass the exam.* (konieczność)
*He **must** be at least 60 years old.* (przekonanie)

W dwóch pierwszych przypadkach można także użyć ***have to***, co jednak pociąga za sobą pewną różnicę znaczeniową: przy ***must*** nakaz pochodzi od osoby mówiącej, przy ***have to*** – od kogo innego. Ponadto ***have to*** służy też do wyrażania obiektywnej konieczności:

*I **must** read more.* (sam tak postanowiłem, nie dlatego, że ktoś mi kazał)
*They **have to** wear their school uniforms.* (taki jest regulamin ich szkoły)

W pierwszej osobie używa się zarówno ***I/we must***, jak i ***I/we have to***. ***Must*** stosujemy zwykle w sytuacji, gdy zrobienie czegoś uważamy w chwili mówienia za ważne lub nie cierpiące zwłoki, a ***have to***, gdy dana sytuacja regularnie się powtarza:

*Look how late it is! I **must** run!*
*We **have to** catch the 8.15 train every morning.*

Ponieważ czasownik ***must*** nie posiada form czasu przeszłego ani nie występuje po ***will/shall***, w konstrukcjach tych zastępujemy go odpowiednimi formami ***have to***, np.:

*I **had to** tell her everything.*
*They **will have to** help us with the job.*

W mowie zależnej po czasowniku w czasie przeszłym ***must*** może (ale nie musi) być zastąpione przez ***had to***:

*'You **must** work harder.'*
*He said I **must/had to** work harder.*

Formy przeczące obu czasowników różnią się znaczeniem: ***must not*** wyraża zakaz („nie wolno mi/ci/mu itd."), natomiast ***don't/doesn't have to*** – brak konieczności („nie muszę, nie musisz, nie musi itd."), np.:

*You **must not** smoke in the cinema.*
*We **don't have to** go to school on Saturdays.*

Z podobną różnicą mamy do czynienia w przypadku ***must not*** i ***need not*** (lub ***don't/doesn't need to***):

*You **mustn't** tell her what I told you.* („Nie wolno ci…")
*You **needn't** (lub: **don't need to**) tell her what I told you.* („Nie musisz…")

***Must*** w połączeniu z bezokolicznikiem typu „perfect" wyraża przekonanie lub przypuszczenie dotyczące przeszłości:

*I can't find my umbrella. I **must have left** it in the taxi.* („…Musiałam ją zostawić w taksówce.")
*When we talked on the phone last night, I could hardly understand what he was saying. He **must have been** very tired.* („…Musiał być bardzo zmęczony.")

patrz też: ***HAVE, Modal Verbs, NEED, Perfect Infinitive, Reported Speech, Verb***

**mys·ti·fy** /ˈmɪstəfaɪ/ *v* [T] stanowić zagadkę dla: *a case that mystified the police* —**mystifying** *adj* zagadkowy

**mys·tique** /mɪˈstiːk/ *n* [U] magia: *the mystique of Hollywood*

**myth** /mɪθ/ *n* [C,U] mit: *the myth that America is a free and open society* | *Greek myths about the creation of the world*

**myth·i·cal** /ˈmɪθɪkəl/ *adj* **1** mitologiczny: *mythical creatures such as the Minotaur* **2** mityczny: *the mythical Wild West of popular fiction*

**my·thol·o·gy** /mɪˈθɒlədʒi/ *n* [C,U] mitologia: *stories from Greek mythology* —**mythological** /ˌmɪθəˈlɒdʒɪkəl◂/ *adj* mitologiczny

M

Z

# Nn

**N** /en/ skrót od NORTH lub NORTHERN

**n** skrót od NOUN

**'n'** skrót od AND: *rock 'n' roll music*

**N/A** skrót od "not applicable"="nie dotyczy", stosowany przy wypełnianiu formularzy

**naff** /næf/ *adj BrE informal* durny: *a naff thing to say*

**nag** /næg/ *v* **-gged, -gging 1** [T] nie dawać spokoju: *My wife has been nagging me to fix the kitchen sink.* **2** [I] zrzędzić —**nagging** *adj* dokuczliwy: *a nagging headache*

**nail¹** /neɪl/ *n* [C] **1** gwóźdź **2** paznokieć: *Stop biting your nails!* ➞ patrz też **hit the nail on the head** (HIT)

**nail²** *v* [T] przybijać gwoździami: *She nailed a sign to the tree.*

**nail-bit·ing** /'. ˌ../ *adj* pasjonujący: *a nail-biting finish*

**nail file** /'. ./ *n* [C] pilnik do paznokci

**nail pol·ish** /'. ../ *także* **nail varnish** *BrE n* [U] lakier do paznokci

**na·ive** /naɪ'iːv/ *adj* naiwny: *I was young and naive.* —**naively** *adv* naiwnie —**naivety** *n* [U] naiwność

**na·ked** /'neɪkᵻd/ *adj* **1** nagi, goły: **stark naked** (=zupełnie nagi) **2 with/to the naked eye** gołym okiem —**nakedness** *n* [U] nagość

**name¹** /neɪm/ *n* [C] **1** nazwisko, imię: *Sorry, I've forgotten your name.* | **last name/family name** (=nazwisko) | **first name** (=imię): *His first name's Peter.* **2** nazwa: **+ of** *What's the name of* (=jak się nazywa) *the street the school is on?* **3 big/famous/household name** *informal* powszechnie znane nazwisko/nazwa **4** [singular] reputacja: *This kind of incident gives football a bad name.* **5 be in sb's name** stanowić czyjąś własność (*w świetle prawa*): *The house is in my name.* **6 call sb names** obrzucać kogoś wyzwiskami: *The other kids started calling me names.* **7 make a name for yourself** zdobyć sławę **8 in the name of** w imię: *It was all done in the name of progress.* ➞ patrz CHRISTIAN NAME, SURNAME

**name²** *v* [T] **1** nazywać: *Can you name this song* (=czy znasz tytuł tej piosenki)? | **name sb/sth after** *także* **name sth for** *AmE* (=nadawać komuś/czemuś imię na cześć): *He was named after his grandfather.* **2** mianować: *Mr Johnson was named as the new manager.* **3** wyznaczać: *Just name the date!* **4 you name it** *spoken* co tylko chcesz: *Beer, whisky, wine – you name it we've got it!*

**name·less** /'neɪmləs/ *adj* **1 sb who shall remain nameless** ktoś, czyjego nazwiska nie wymienię: *A certain film actor, who shall remain nameless, once had an affair with her.* **2** bezimienny, nieznany: *pictures by a nameless photographer*

**name·ly** /'neɪmli/ *adv* mianowicie: *The movie won two Oscars, namely "Best Actor" and "Best Director".*

**name·sake** /'neɪmseɪk/ *n* **sb's namesake** czyjś imiennik/czyjaś imienniczka

**nan·ny** /'næni/ *n* [C] niania

**nap¹** /næp/ *n* [C] drzemka: *Dad usually takes a nap in the afternoon.*

**nap²** *v* [I] **-pped, -pping 1** drzemać **2 be caught napping** *informal* dać się zaskoczyć

**na·palm** /'neɪpɑːm/ *n* [U] napalm

**nape** /neɪp/ *n* [singular] kark

**nap·kin** /'næpkᵊn/ *n* [C] serwetka

**nap·py** /'næpi/ *n* [C] *BrE* pieluszka: *I think his nappy needs changing.*

**nar·cot·ic** /nɑː'kɒtɪk/ *n* [C] narkotyk: *He was arrested for possession of narcotics.* —**narcotic** *adj* narkotyczny

> UWAGA **narcotics** i **drugs**
>
> Słowem powszechnie używanym określenie narkotyków jest wyraz **drugs**. Wyraz **narcotics** występuje zwykle w języku policji i wymiaru sprawiedliwości USA. Bezpośrednio przed rzeczownikiem **narcotics** pełni funkcję przymiotnika: *The narcotics business is worth billions of dollars.*

**nar·rate** /nəˈreɪt/ *v* [T] opowiadać —**narration** *n* [C,U] narracja

**nar·ra·tive** /ˈnærətɪv/ *n* [C,U] opowiadanie: *an exciting narrative* —**narrative** *adj* narracyjny

**nar·ra·tor** /nəˈreɪtə/ *n* [C] narrator/ka

**nar·row**[1] /ˈnærəʊ/ *adj* **1** wąski: *the narrow streets of the old town* | *a narrow strip of water* **2** nieznaczny: *a narrow victory* | *It was a narrow escape* (=niewiele brakowało). —**narrowness** *n* [U] wąskość → patrz też NARROWLY

**narrow**[2] *v* [I,T] zwężać (się): *The road narrows here.*

**narrow** sth ↔ **down** *phr v* [T] zawężać: *We've narrowed down the number of candidates to just two.*

**nar·row·ly** /ˈnærəʊli/ *adv* ledwo: *The General narrowly avoided being killed in a car bomb attack.*

**narrow-mind·ed** /ˌ.. ˈ..◂/ *adj* ograniczony: *He's very narrow-minded.*

**na·sal** /ˈneɪzəl/ *adj* nosowy: *a high nasal voice* | *the nasal cavity*

**nas·ty** /ˈnɑːsti/ *adj* **1** paskudny: *a nasty shock* **2** wredny: *What a nasty thing to say.* —**nastily** *adv* złośliwie

**na·tion** /ˈneɪʃən/ *n* [C] **1** państwo: *the richest nation in the world* **2** naród: *The President will address the nation tomorrow.*

**na·tion·al**[1] /ˈnæʃənəl/ *adj* **1** krajowy: *the national news* → porównaj INTERNATIONAL **2** państwowy: *an issue of national importance* **3** narodowy: *the national bank of Peru* | *national dress*

**national**[2] *n* [C] *formal* obywatel/ka

**national an·them** /ˌ... ˈ../ *n* [C] hymn państwowy

**national hol·i·day** /ˌ... ˈ.../ *n* [C] święto państwowe

**na·tion·al·ise** /ˈnæʃənəlaɪz/ *v* brytyjska pisownia wyrazu NATIONALIZE

**na·tion·al·is·m** /ˈnæʃənəlɪzəm/ *n* [U] nacjonalizm: *Scottish nationalism* | *the rise of German nationalism in the 1920s and '30s*

**na·tion·al·ist** /ˈnæʃənəl̩ɪst/ *n* [C] nacjonalist-a/ka —**nationalist** *adj* nacjonalistyczny: *nationalist leaders*

**na·tion·al·is·tic** /ˌnæʃənəˈlɪstɪk◂/ *adj* nacjonalistyczny: *a nationalistic speech*

**na·tion·al·i·ty** /ˌnæʃəˈnæl̩ɪti/ *n* **1** [C,U] obywatelstwo: *Her husband has US nationality.* **2** [C,U] narodowość: *people of all nationalities*

**na·tion·al·ize** /ˈnæʃənəlaɪz/ (*także* **-ise** *BrE*) *v* [T] z/nacjonalizować, upaństwowić → antonim PRIVATIZE — **nationalization** /ˌnæʃənəlaɪˈzeɪʃən/ (*także* **-isation** *BrE*) *n* [U] nacjonalizacja

**na·tion·al·ly** /ˈnæʃənəli/ *adv* w całym kraju: *Nationally, the jobless total rose to 2,606,602.*

**national park** /ˌ... ˈ./ *n* [C] park narodowy: *Yellowstone National Park*

**na·tion·wide** /ˌneɪʃənˈwaɪd◂/ *adj* ogólnokrajowy: *a nationwide search* —**nationwide** *adv* w całym kraju

**na·tive**[1] /ˈneɪtɪv/ *adj* **1** rodzinny: *The football star returned to his native Belfast.* **2** rodowity: *a native Californian* **3** ojczysty: *our native language* **4** rodzimy: *South Africa's native wildlife*

**native**[2] *n* **1 be a native of** być rodem z: *She's a native of southern Brazil.* **2** [C usually plural] *old-fashioned* tubylec: *The government of the island treated the natives badly.*

**Native A·mer·i·can** /ˌ.. .ˈ.../ *n* [C] rodowity mieszkaniec Ameryki Północnej (*Indianin*)

**native speak·er** /ˌ.. ˈ../ *n* [C] rodzimy użytkownik języka

**nat·ter** /ˈnætə/ *v* [I] *BrE informal* paplać

**nat·u·ral** /ˈnætʃərəl/ *adj* **1** naturalny: *Of course she's upset. It's a perfectly natural reaction.* | *It's not natural for a four-year-old to be so quiet.* | *natural childbirth* **2** żywiołowy: *earthquakes and other natural disasters* **3** urodzony: *a natural athlete* —**naturalness** *n* [U] naturalność

**natural his·to·ry** /ˌ... ˈ.../ *n* [U] przyrodoznawstwo

**nat·u·ral·ist** /ˈnætʃərəl̩ɪst/ *n* [C] przyrodni-k/czka

**nat·u·ral·ize** /ˈnætʃərəlaɪz/ (*także* **-ise** *BrE*) **be naturalized** zostać naturalizowanym —**naturalization** /ˌnætʃərəlaɪˈzeɪʃən/ (*także* **-isation** *BrE*) *n* [U] naturalizacja

**nat·u·ral·ly** /ˈnætʃərəli/ *adv* **1** naturalnie: *Naturally we're very disappointed.* | *naturally curly hair* | *Try to speak as naturally as possible.* **2** w sposób naturalny: *In the past, pests were controlled naturally.* | *Sodium chloride is found naturally* (=występuje w stanie naturalnym) *in many foods.* **3** z natury: *He's naturally very shy.* | **sth comes naturally to sb** *Making money comes naturally to her* (=przychodzi jej naturalnie).

**natural re·sourc·es** /ˌ... .ˈ../ *n* [plural] bogactwa naturalne: *Japan has few natural resources of its own.*

**na·ture** /ˈneɪtʃə/ *n* **1** [U] natura, przyroda: *the forces of nature* **2** [C,U] natura: *Oswald's violent nature* | **the nature of** *changes in the nature of the job* (=w charakterze pracy) | **by nature** (=z natury): *By nature he's such a quiet boy.* | **not be in sb's nature** (=nie leżeć w czyjejś naturze): *Patrick wouldn't say that. It's not in his nature.* → patrz też GOOD-NATURED, **human nature** (HUMAN[1]), SECOND NATURE

**nature re·serve** /ˈ.. .ˌ./ *n* [C] rezerwat przyrody

**naugh·ty** /ˈnɔːti/ *adj* niegrzeczny —**naughtiness** *n* [U] niegrzeczność —**naughtily** *adv* niegrzecznie

**nau·se·a** /ˈnɔːziə/ *n* [U] *formal* mdłości

**nau·se·a·ting** /ˈnɔːzieɪtɪŋ/ *adj* **1** obrzydliwy: *What a nauseating little person she is!* **2** mdlący, przyprawiający o mdłości: *the nauseating smell of rotting flesh*

**nau·ti·cal** /ˈnɔːtɪkəl/ *adj* żeglarski

**na·val** /ˈneɪvəl/ *adj* morski: *a naval battle*

**na·vel** /ˈneɪvəl/ *n* [C] pępek

**nav·i·ga·ble** /ˈnævɪgəbəl/ *adj* spławny: *Part of the St. Lawrence River is navigable.*

**nav·i·gate** /ˈnævɪgeɪt/ *v* **1** [I] pilotować: *Rick usually drives and I navigate.* **2** [I,T] żeglować, nawigować

**nav·i·ga·tion** /ˌnævɪˈgeɪʃən/ *n* [U] nawigacja: *sophisticated navigation equipment* —**navigational** *adj* nawigacyjny

**nav·i·ga·tor** /ˈnævɪgeɪtə/ *n* [C] nawigator

**na·vy** /ˈneɪvi/ *n* [C] marynarka (wojenna): *My dad was 20 when he joined the navy.*

**navy blue** /ˌ.. ˈ.◂/ *także* **navy** *adj* granatowy

**Na·zi** /ˈnɑːtsi/ *n* [C] nazist-a/ka —**Nazism** *n* [U] nazizm —**Nazi** *adj* nazistowski

**n.b., NB** *written* nota bene

**NE** skrót od NORTHEAST lub NORTHEASTERN

**near[1]** /nɪə/ *adv, prep* **1** niedaleko: *They live near Osaka.* | *Is there a bank near here?* **2 draw near** zbliżać się: *She got more and more nervous as the wedding drew near.* **3** prawie: **near perfect/impossible etc** *a near perfect test score* | **near to tears/death** (=bliski łez/śmierci) | **come/be near to doing sth** *She came near to hitting him* (=o mało go nie uderzyła).

> **UWAGA near i close**
>
> Oba wyrazy znaczą 'blisko'. **Close** występuje zwykle z **to**: *There is a new supermarket near our house.* | *We live close to the bus stop.* **Close** używamy też mówiąc o czymś, co jest 'blisko w czasie': *It was close to midnight.*

**near[2]** *adj* bliski, niedaleki: *We will have a new teacher joining us in the near future.* | *It's very near* (=to bardzo blisko). | **the nearest** *The nearest town is 20 miles away.* | *Who is her nearest relative?* | **a near miss** *Two planes had a near miss* (=o mały włos się nie zderzyły) *above the airport.*

**near·by** /ˈnɪəbaɪ/ *adj* [only before noun] pobliski: *They went swimming in a nearby lake.* —**nearby** /nɪəˈbaɪ/ *adv* w pobliżu

**near·ly** /ˈnɪəli/ *adv* prawie: *We've nearly finished.* | *It's nearly seven years since I last saw him.* | *He nearly died* (=o mało nie umarł).

**UWAGA nearly never**

Patrz **almost never, nearly never** i **hardly ever**.

**near·sight·ed** /ˌnɪəˈsaɪtɪ̈d◂/ *adj* krótkowzroczny —**nearsightedness** *n* [U] krótkowzroczność

**neat** /niːt/ *adj* **1** porządny, schludny: *He put his clothes in a neat pile on the bed.* | *They like to keep their house neat and tidy.* **2** *AmE informal* świetny: *The fireworks were really neat!* **3** zgrabny, elegancki: *a neat solution to the problem* **4** czysty: *I like my whisky neat.* —**neatly** *adv* schludnie —**neatness** *n* [U] schludność

**ne·ces·sar·i·ly** /ˈnesɪ̈sərɪ̈li/ *adv* **1 not necessarily** niekoniecznie: *Expensive restaurants do not necessarily have the best food.* **2** z konieczności, siłą rzeczy: *Income tax laws are necessarily complicated.*

**ne·ces·sa·ry** /ˈnesɪ̈səri/ *adj* konieczny: *"Should I bring my passport?" "No, that won't be necessary."* | *Will you make all the necessary arrangements?* | *The doctor says it may be necessary for me to have an operation.* | **if necessary** (=w razie potrzeby): *They say they'll use force if necessary.* | **a necessary evil** (=zło konieczne): *Paying taxes is seen as a necessary evil.*

**ne·ces·si·ty** /nɪ̈ˈsesɪ̈ti/ *n* **1** [C] **be a necessity** być koniecznym: *A car is a necessity for this job.* | *Election reforms are an absolute necessity.* **2** [U] konieczność, potrzeba: *There's no necessity to pay now.* | **out of necessity** (=z konieczności): *They did it out of necessity.*

**neck** /nek/ *n* [C] **1** szyja: *a long, slender neck* | *a v-neck sweater* (=sweter z wycięciem w szpic) **2** szyjka: *the neck of a bottle* **3 be up to your neck in** *informal* być po szyję w: *Mason is up to his neck in debt.* **4 neck and neck** łeb w łeb

**neck·lace** /ˈnek-lɪ̈s/ *n* [C] naszyjnik: *a pearl necklace*

**neck·line** /ˈnek-laɪn/ *n* [C] dekolt (*sukienki itp.*)

**neck·tie** /ˈnektaɪ/ *n* [C] *AmE formal* krawat

**nec·tar** /ˈnektə/ *n* [U] nektar

**need**[1] /niːd/ *v* [T] **1** potrzebować: *I'm working on Sundays because I need the money.* | *You need* (=potrzebne jest) *a background in computer programming for this job.* | *You need to* (=trzeba) *make reservations for Yosemite campgrounds.* **2 you don't need to/you needn't** nie musisz: *It's OK. You don't need to wait.* **3 you need to** powinieneś: *She needs to see a doctor.* | **sth needs doing/fixing etc** *The windows need cleaning* (=trzeba umyć okna). **4 need sb to do sth** chcieć, żeby ktoś coś zrobił: *We need you to stay here and answer the phone.* → patrz ramka NEED

**need**[2] *n* **1** potrzeba: *an urgent need to improve teaching standards* | *the need for stricter safety regulations* | *children's educational needs* | **If need be** (=w razie potrzeby): *I'll work all night if need be.* **2 be in need of** potrzebować: *She was desperately in need of a vacation.* **3 in need** w potrzebie: *families in need*

**nee·dle** /ˈniːdl/ *n* [C] **1** igła **2** drut: *knitting needles* **3 like looking for a needle in a haystack** *spoken* jak szukanie igły w stogu siana → patrz też PINS AND NEEDLES

**need·less** /ˈniːdləs/ *adj* **1 needless to say** rzecz jasna: *Needless to say, with four children we're always busy.* **2** niepotrzebny: *needless suffering* —**needlessly** *adv* niepotrzebnie

**nee·dle·work** /ˈniːdlwɜːk/ *n* [U] szycie, szydełkowanie itp.

**need·n't** /ˈniːdnt/ *spoken, especially BrE* forma ściągnięta od 'need not'

**need·y** /ˈniːdi/ *adj* **1** ubogi: *a needy family* **2 the needy** ubodzy

**neg·a·tive**[1] /ˈnegətɪv/ *adj* **1** negatywny: *Raising taxes could have a negative effect on the economy.* | **+ about** *She's been very negative about* (=negatywnie nastawiona do) *school lately.* → antonim POSITIVE **2** przeczący: *a negative answer* → antonim AFFIRMATIVE **3** ujemny: *a company experiencing negative growth*

→ antonim POSITIVE —**negatively** *adv* negatywnie, ujemnie

**negative**[2] *n* [C] **1** przeczenie → antonim AFFIRMATIVE **2** negatyw

**ne·glect**[1] /nɪ'glekt/ *v* [T] zaniedbywać: *You mustn't neglect your family.* | *The manufacturer had neglected to warn* (=nie ostrzegł) *users about the possible health risks.* —**neglected** *adj* zaniedbany

**neglect**[2] *n* [U] zaniedbanie: *children suffering from neglect*

**neg·li·gence** /'neglɪdʒəns/ *n* [U] zaniedbanie, niedopełnienie obowiązków: *The boy's parents are suing the hospital for negligence.*

**neg·li·gent** /'neglɪdʒənt/ *adj* niedbały, zaniedbujący obowiązki

**neg·li·gi·ble** /'neglɪdʒəbəl/ *adj* nieistotny: *The damage was negligible.*

**ne·go·ti·a·ble** /nɪ'gəʊʃiəbəl/ *adj* do uzgodnienia

**ne·go·ti·ate** /nɪ'gəʊʃieɪt/ *v* **1** [I,T] wy/negocjować: *UN representatives are trying to negotiate a ceasefire.* **2** [T] pokonywać: *old people carefully negotiating the steps*

**ne·go·ti·a·tion** /nɪˌgəʊʃi'eɪʃən/ *n* [C usually plural, U] negocjacje: *Israel held secret negotiations with the PLO in Norway.*

**Ne·gro** /'niːgrəʊ/ *n* [C] *old-fashioned* Murzyn/ka

**neigh** /neɪ/ *v* [I] za/rżeć

**neigh·bour** /'neɪbə/ *BrE*, **neighbor** *AmE n* [C] sąsiad/ka: *The Nelsons, our next-door neighbors, are always arguing.* | *Write down your name and then pass the paper to your neighbor.* | *Poland's neighbours*

**neigh·bour·hood** /'neɪbəhʊd/ *BrE*, **neighborhood** *AmE n* [C] okolica: *He grew up in a tough neighbourhood.* | *a neighborhood school* (=szkoła w okolicy)

**neigh·bour·ing** /'neɪbərɪŋ/ *BrE*, **neighboring** *AmE adj* [only before noun] sąsiedni: *neighbouring towns*

**neigh·bour·ly** /'neɪbəli/ *BrE*, **neighborly** *AmE adj* przyjazny, życzliwy

**nei·ther**[1] /'naɪðə/ *determiner, pron* żaden (*z dwóch*) ani jeden, ani drugi: *The game wasn't very exciting, and neither team played well.* → porównaj EITHER[2], NONE[1]

**neither**[2] *adv* też nie: *"I don't like herb tea." "Neither do I."* | *"I haven't seen Greg in a long time." "Me neither."* | *She couldn't swim, and neither could her husband.* → porównaj ANY[1], EITHER[3]

**neither**[3] *conjunction* **neither ... nor ...** ani ... ani ...: *Neither his mother nor his father spoke English.*

**ne·on** /'niːɒn/ *n* [U] neon: *neon light*

**neph·ew** /'nefjuː/ *n* [C] siostrzeniec, bratanek → porównaj NIECE

**Nep·tune** /'neptjuːn/ *n* [singular] Neptun

**nerd** /nɜːd/ *n* [C] *informal* nudziarz

**nerve** /nɜːv/ *n* **1** [U] zimna krew: *It takes a lot of nerve to give a speech in front of so many people.* | **lose your nerve** *I was going to ask her for a pay rise, but I lost my nerve.* **2 have the nerve to do sth** *informal* mieć czelność coś zrobić: *And then he had the nerve to criticize my cooking!* **3** [C] nerw

**nerve-rack·ing** /'nɜːv ˌrækɪŋ/, **nerve-wracking** *adj* wykańczający nerwowo: *a nerve-racking experience*

**nerves** /nɜːvz/ *n* [plural] *informal* **1** nerwy, zdenerwowanie: *examination nerves* | **be a bundle of nerves** (=być kłębkiem nerwów) **2 get on sb's nerves** działać komuś na nerwy

**ner·vous** /'nɜːvəs/ *adj* **1** zdenerwowany: *Sam's very nervous about his driving test.* | *I wish you'd stop watching me. You're making me nervous.* **2** nerwowy: *a thin, rather nervous-looking man* | **be a nervous wreck** (=być kłębkiem nerwów) —**nervously** *adv* nerwowo —**nervousness** *n* [U] nerwowość, zdenerwowanie

**UWAGA nervous i irritated**

Czasownik 'denerwować się' w znaczeniu 'niepokoić się' tłumaczymy **to be nervous**, a w znaczeniu 'złościć się' – **to be irritated**: *There's no need to be nervous. It's only an interview.* | *She was irritated with her*

## NEED

Czasownik ***need*** może w przeczeniach i pytaniach zachowywać się tak, jak modalne, albo tak, jak zwykłe czasowniki:

*You **needn't** go.* *You **don't need to** go.*

***Need** he study more?* ***Does** he **need to** study more?*

W zdaniach twierdzących po ***need*** następuje bezokolicznik z **to**, a w trzeciej osobie liczby pojedynczej czasu Present Simple konieczna jest koncówka ***-s***:

*He **needs to** study more*

Forma ***need not (needn't)*** różni się znaczeniem od ***don't need to*** czy ***don't have to***, choć tłumaczymy ją tak samo („nie musisz", „nie musicie" itp.). ***Needn't*** wyraża autorytet mówiącego, podczas gdy pozostałych dwóch form używamy wtedy, gdy brak przymusu czy konieczności jest od mówiącego niezależny:

(Mother to child) *You **needn't** eat it all.*

*We **don't need to*** (albo: ***don't have to***) *pay. The car park is free.*

Formy ***needn't*** + bezokolicznik typu „perfect" używa się w sytuacji, gdy ktoś nie musiał czegoś robić, ale zrobił. Form ***didn't need to*** i ***didn't have to*** + bezokolicznik (Infinitive) używamy, gdy ktoś nie musiał czegoś robić i nie zrobił:

*'I walked all the way.' – 'You **needn't have walked**. There is a bus.'*

*I **didn't need to*** (albo: ***didn't have to***) ***walk**. I took the bus.*

Czasownik ***need*** nie zawsze pełni funkcje gramatyczne opisane powyżej: używa się go też jako zwykłego czasownika o znaczeniu „potrzebować":

*I need a holiday/some money* itp.

patrz też: ***HAVE TO, Infinitive, Modal Verbs, MUST, Perfect Infinitive, Verb***

*daughter for behaving so awkwardly.*

**nervous break·down** /ˌ.. '../ *n* [C] załamanie nerwowe

**nervous sys·tem** /'.. ˌ../ *n* [C] układ nerwowy

**nest**[1] /nest/ *n* [C] gniazdo: *a hornets' nest*

**nest**[2] *v* [I] za/gnieździć się

**nes·tle** /'nesəl/ *v* [I,T] w/tulić (się): *The little cat nestled in his arms.* | **+ among/between etc** *The village nestled* (=była wtulona) *among the Torridon hills.*

**net**[1] /net/ *n* [C,U] **1** siatka: *He hit the ball into the net.* **2** sieć: *a fishing net* **3 the Net** Internet: *Businesses that do not have access to the Net are severely disadvantaged.* ➡ patrz też SAFETY NET

**net**[2] *v* [T] **-tted, -tting 1** zarabiać/przynosić na czysto **2** z/łapać w sieć

**net**[3] *także* **nett** *BrE adj* **1** netto: *a net profit of $500,000* ➡ porównaj GROSS[1] **2 net weight** waga netto

**net·ting** /'netɪŋ/ *n* [U] siatka: *a fence of wire netting*

**net·work**[1] /'netwɜːk/ *n* [C] sieć: *the three big TV networks* | *the freeway network* | *a network of friends*

**network**[2] *v* [T] po/łączyć w sieć

**neu·ro·sis** /njʊ'rəʊsɪs/ *n* [C,U] *plural* **neuroses** /-siːz/ nerwica

**neu·rot·ic** /njʊ'rɒtɪk/ *adj* znerwicowany, neurotyczny: *She's neurotic about her health.* —**neurotic** *n* [C] neuroty-k/czka

**neu·ter**[1] /'njuːtə/ *adj* rodzaju nijakiego

Z

**neuter²** v [T] wy/sterylizować (*zwierzę*)

**neu·tral¹** /ˈnjuːtrəl/ adj **1** neutralny: *Switzerland was neutral during World War II.* **2** bezstronny: *neutral reporting*

**neutral²** n [U] bieg jałowy: *Start the car in neutral.*

**neu·tral·i·ty** /njuːˈtræləti/ n [U] neutralność, bezstronność

**neu·tral·ize** /ˈnjuːtrəlaɪz/ (*także* **-ise** BrE) v [T] z/neutralizować, zobojętniać: *The medicine neutralizes the acid in your stomach.*

**neu·tron** /ˈnjuːtrɒn/ n [C] neutron

**nev·er** /ˈnevə/ adv **1** nigdy: *I've never been to Hawaii.* | *I never knew that* (=nic nie wiedziałam, że) *you played the guitar!* **2 never mind** spoken (nic) nie szkodzi: *"We've missed the bus." "Never mind, there's another one in ten minutes."* **3 you never know** spoken nigdy (nic) nie wiadomo: *You never know, you might get the job.*

**nev·er·the·less** /ˌnevəðəˈles/ adv pomimo to, niemniej jednak: *I think he's telling the truth. Nevertheless, I don't trust him.*

**new** /njuː/ adj **1** nowy: *I want to see Madonna's new movie.* | *Can the new drugs help her?* | *Do you like my new shoes?* | *A used car costs a lot less than a new one.* | *Is your new teacher OK?* | *Are you new here?* | *The police have found new evidence that suggests he's guilty.* | **brand new** (=nowiuteńki) | **be new to sb** *a lifestyle that was completely new to me* **2** młody: *new potaoes* —**newness** n [U] nowość

**new·born** /ˈnjuːbɔːn/ adj nowo narodzony —**newborn** n [C] noworodek

**new·com·er** /ˈnjuːkʌmə/ n [C] now-y/a, przybysz: **+ to** *a newcomer to teaching* (=początkujący nauczyciel)

**new·fan·gled** /ˌnjuːˈfæŋgəld◂/ adj nowomodny: *newfangled ideas about raising children*

**new·ly** /ˈnjuːli/ adv **newly built/married** nowo wybudowany/poślubiony

**new·ly·weds** /ˈnjuːliwedz/ n [plural] nowożeńcy, państwo młodzi

**news** /njuːz/ n **1** [U] wiadomości: *national and local news* | **a piece of news** (=wiadomość): *an interesting piece of news* | **good/bad news** *I have some good news for you!* | **hear news** *Have you heard any news from* (=czy masz jakieś wiadomości od) *Emma yet?* | **news of** *more news of an explosion in the city* | **news story/report** *a news report on the Middle East* **2 the news** wiadomości (*telewizyjne lub radiowe*): *What time is the news on?* | **on the news** (=w wiadomościach): *I heard it on the news last night.* **3 that's news to me** spoken pierwsze słyszę: *He's getting married? That's news to me.*

**news a·gen·cy** /ˈ. ˌ.../ n [C] agencja prasowa

**news·a·gent** /ˈnjuːzˌeɪdʒənt/ n [C] BrE **1 newsagent's** sklep z gazetami, czasem także z papierosami i słodyczami **2** sprzedawca w sklepie z gazetami

**news bul·le·tin** /ˈ. ˌ.../ n [C] **1** BrE serwis informacyjny, wydanie wiadomości **2** AmE wiadomości z ostatniej chwili

**news·cast·er** /ˈnjuːzˌkɑːstə/ n [C] prezenter/ka wiadomości

**news·flash** /ˈnjuːzflæʃ/ n [C] BrE wiadomości z ostatniej chwili

**news·let·ter** /ˈnjuːzˌletə/ n [C] biuletyn: *our church newsletter*

**news·pa·per** /ˈnjuːsˌpeɪpə/ n [C,U] *także* **paper** gazeta: *the local newspaper* | *plates wrapped in newspaper*

**news·read·er** /ˈnjuːzˌriːdə/ n [C] BrE prezenter/ka wiadomości

**news·stand** /ˈnjuːzstænd/ n [C] uliczne stoisko z gazetami

**newt** /njuːt/ n [C] traszka

**New Tes·ta·ment** /ˌ. ˈ.../ n **the New Testament** Nowy Testament → porównaj OLD TESTAMENT

**New Year** /ˌ. ˈ.◂/ n [U] Nowy Rok: *Happy New Year* (=Szczęśliwego Nowego Roku)!

**new year** n **the new year** nowy rok: *We're opening three new stores in the new year.*

**New Year's Day** /ˌ. . ˈ./ *n* [U singular] Nowy Rok

**New Year's Eve** /ˌ. . ˈ./ *n* [U singular] sylwester

**next**[1] /nekst/ *adj* **1** następny: *The next flight leaves in 45 minutes.* | *They returned to New York the next day.* | *Turn left at the next corner.* | *Who will be the next President?* | *Read the next chapter by Friday.* | **next time** (=następnym razem): *Next time, be more careful!* | **next Monday/year** (=przyszły poniedziałek/rok): *See you next week.* **2** sąsiedni: *the people at the next table* **3 be the next best thing to** być prawie tak dobrym jak: *Talking on the phone is the next best thing to being together.*

> UWAGA **next week** i **the next week**
>
> Obecność przedimka określonego **the** zmienia znaczenie wyrażeń takich, jak **next year**, **next month**, **next week** itp. Wyrażenia bez **the** odnoszą się do przyszłości i znaczą 'w przyszłym roku, miesiącu, tygodniu' itd.: *See you next week!* | *She's going to try again next year.*. Wyrażenia z **the**, takie jak **the next year**, **the next month**, **the next week** znaczą 'następny rok, miesiąc, tydzień' itd. i mogą odnosić się zarówno do przyszłości, jak i przeszłości: *I'm going to be busy for the next month* (=przez cały następny miesiąc). | *She got married and spent the next year in Boston.*

**next**[2] *adv* **1** potem, następnie: *What shall we do next?* | *First, read the instructions. Next, write your name at the top of the page.* **2 next to** obok, przy: *I sat next to a really nice lady on the plane.* | *Your glasses are there, next to the phone.* **3 next to nothing** tyle co nic: *I bought the car for next to nothing* (=za grosze)!

**next**[3] *pron* **1** następny: *Carrots. Milk. What's next on the list?* | *Who's next to see the doctor?* **2 the week/year after next** za dwa tygodnie/lata: *Let's meet some time the week after next.*

**next door** /ˌ. ˈ.◂/ *adv* **1** obok, za ścianą: *The Simpsons live next door.* **2 next door to** po sąsiedzku z, w budynku obok: *The baker's is right next door to the school.* —**next-door** *adj*: *my next-door neighbour* (=najbliższy sąsiad)

**next of kin** /ˌ. . ˈ./ *n* [C] *plural* **next of kin** najbliższa rodzina: *Her next of kin was informed of her death.*

**nib** /nɪb/ *n* [C] stalówka

**nib·ble** /ˈnɪbəl/ *v* [I,T] skubać, pogryzać: **+ on** *She was nibbling on a carrot.*

**nice** /naɪs/ *adj* **1** ładny: *That's a nice sweater.* | **look/smell nice** (=ładnie wyglądać/pachnieć): *You look nice in that suit.* | **nice and warm/sweet** (=cieplutki/słodziutki): *It's nice and warm in here.* **2** miły: *They're all very nice people.* | *Did you have a nice time* (=czy miło spędziliście czas) *at the beach?* | **it is nice to do sth** *It would be nice* (=przyjemnie byłoby) *to go to Spain.* | **be nice to sb** *Be nice to your little sister.* | **it is nice of sb (to do sth)** *It was nice of you to come* (=to miło, że przyszedłeś). **3 (it's) nice to meet you/nice meeting you** *spoken* bardzo mi miło

> UWAGA **nice**
>
> **Nice** to wyraz charakterystyczny dla języka nieoficjalnego. Można używać go w rozmowie i w listach do przyjaciół, ale należy go unikać w innych tekstach pisanych, w których można go zastąpić wyrazami takimi jak: **good, pleasant, atttractive, enjoyable** itp.

**nice-look·ing** /ˌ. ˈ..◂/ *adj* atrakcyjny, przystojny: *He's a nice-looking guy.*

**nice·ly** /ˈnaɪsli/ *adv* ładnie: *Belinda is always so nicely dressed.* | *His arm is healing nicely.* | *Ask nicely and I'll give you some chocolate.*

**niche** /niːʃ/ *n* [C] **1 find one's niche (as)** odnaleźć się (jako): *She found her niche as a fashion designer.* **2** nisza, wnęka

**nick**[1] /nɪk/ *n* **1 in the nick of time** w samą porę: *The doctor arrived in the nick of*

*time.* **2** [C] zadraśnięcie, nacięcie **3 in good nick/in bad nick** *BrE informal* w dobrym/złym stanie: *Our car's old but it's in good nick.*

**nick²** *v* [T] **1** zadrasnąć (się w), zaciąć (się w): *I nicked my chin when I was shaving.* **2** *BrE informal* zwędzić, zwinąć: *Someone's nicked my bike!*

**nick·el** /ˈnɪkəl/ *n* **1** [C] pięciocentówka **2** [U] nikiel

**nick·name** /ˈnɪkneɪm/ *n* [C] przezwisko, przydomek: *His nickname was "Curly" because of his hair.* —**nickname** *v* [T] przezwać: *At school Robert was nicknamed Robbo.*

**nic·o·tine** /ˈnɪkətiːn/ *n* [U] nikotyna

**niece** /niːs/ *n* [C] siostrzenica, bratanica → porównaj NEPHEW

**nif·ty** /ˈnɪfti/ *adj informal* zmyślny: *a nifty card trick*

**nig·ger** /ˈnɪgə/ *n* [C] czarnuch

**nig·gle** /ˈnɪgəl/ *v* [T] **1** czepiać się: **+ over** *She niggled over every detail of the bill.* **2** irytować: *It niggled him that she had told him the wrong date.*

**nig·gling** /ˈnɪgəlɪŋ/ *adj* **niggling doubt/suspicion** dręcząca wątpliwość/podejrzenie

**night** /naɪt/ *n* **1** [C,U] noc: *I woke up in the middle of the night.* | **at night** (=w nocy): *It's very cold here at night.* | **all night (long)** (=(przez) całą noc): *Some supermarkets stay open all night.* | **a good night's sleep** *What you need is a good night's sleep* (=musisz się porządnie wyspać). | **a late night** (=zarwana noc): *You look tired. Too many late nights!* **2** [C,U] wieczór: **last night** (=wczoraj wieczorem): *Did you go out last night?* | **tomorrow night** *Some friends are coming over tomorrow night.* | **Monday/Saturday etc night** *There's a party at Val's on Friday night.* | **a night out** *We had a really good night out* (=spędziliśmy naprawdę miły wieczór poza domem).

**night·club** /ˈnaɪtklʌb/ *n* [C] nocny lokal

**night·dress** /ˈnaɪtdres/ *n* [C] koszula nocna

**night·fall** /ˈnaɪtfɔːl/ *n* [U] *literary* zmrok

**night·gown** /ˈnaɪtgaʊn/ *n* [C] koszula nocna

**night·ie** /ˈnaɪti/ *n* [C] *informal* koszula nocna

**nigh·tin·gale** /ˈnaɪtɪŋgeɪl/ *n* [C] słowik

**night·life** /ˈnaɪtlaɪf/ *n* [U] nocne życie: *Las Vegas is famous for its nightlife.*

**night·ly¹** /ˈnaɪtli/ *adj* wieczorny: *a nightly news broadcast*

**nightly²** *adv* co wieczór/noc, każdego wieczora/każdej nocy: *The bar is open nightly.*

**night·mare** /ˈnaɪtmeə/ *n* [C] **1** koszmarny sen: *She still has nightmares about the accident.* **2** koszmar: *It was a nightmare driving home in the snow.* —**nightmarish** *adj* koszmarny

**night school** /ˈ. ./ *n* [U] kurs wieczorowy: *I'm studying Spanish at night school.*

**night shift** /ˈ. ./ *n* [C,U] nocna zmiana: **be on night shift** *Lee's on night shift at the hospital this week.*

**night·time** /ˈnaɪt-taɪm/ *n* [U] noc → antonim DAYTIME

**night watch·man** /ˌ. ˈ../ *n* [C] nocny stróż

**nil** /nɪl/ *n* [U] zero: *The score was seven nil.* | *His chances of winning are almost nil.*

> **UWAGA nil**
>
> W angielszczyźnie brytyjskiej **nil** używa się w znaczeniu 'zero' przy podawaniu wyników gier sportowych: *United won the game three nil.* Patrz też **o**. Patrz też **zero** i **nought**.

**nim·ble** /ˈnɪmbəl/ *adj* zwinny: *nimble fingers* | *a nimble climber*

**nine** /naɪn/ *number* **1** dziewięć **2** (godzina) dziewiąta: *I have to be in the office by nine.*

**nine·teen** /ˌnaɪnˈtiːn◂/ *number* dziewiętnaście —**nineteenth** *number* dziewiętnasty

**nine-to-five** /ˌ. . ˈ./ *adv* **work nine-to-five** pracować od dziewiątej do sie-

demnastej —**nine-to-five** *adj*: *a nine-to-five job*

**nine·ty** /ˈnaɪnti/ *number* **1** dziewięćdziesiąt **2 the nineties** lata dziewięćdziesiąte —**ninetieth** *number* dziewięćdziesiąty

**ninth** /naɪnθ/ *number* dziewiąty

**nip** /nɪp/ **-pped, -pping** *v* **1** [I,T] u/gryźć (*lekko*) **+ at** *That stupid dog keeps nipping at my ankles* (=szarpie mnie za kostki). **2** [I] *BrE informal* wyskoczyć: *I've just got to nip out to the shops.* **3 nip something in the bud** zdusić coś w zarodku

**nip·ple** /ˈnɪpəl/ *n* [C] brodawka sutkowa, sutek

**nit** /nɪt/ *n* [C] **1** gnida **2** *BrE informal* dureń

**nit·pick·ing** /ˈnɪtˌpɪkɪŋ/ *n* [U] szukanie dziury w całym

**ni·tro·gen** /ˈnaɪtrədʒən/ *n* [U] azot

**nit·ty-grit·ty** /ˌnɪti ˈgrɪti/ *n informal* **the nitty-gritty** konkrety: *Let's get down to the nitty-gritty and work out the cost.*

**no.** *plural* **nos.** skrót od NUMBER

**no**[1] /nəʊ/ *adv* nie: *"Is she married?" "No, she's not."* | *"Do you want some more coffee?" "No, thanks."* | *"Gary's weird." "No, he's just shy."* | *No, Jimmy, don't touch that.* | **say no** (=odmawiać): *I asked Dad if I could have a dog, but he said no.* → antonim YES[1]

**no**[2] *determiner* **1** żaden: *no buses in this part of town* | *I'm sorry, there are no tickets left* (=nie ma już biletów). **2** ani trochę: *There's no sugar in the bowl.* | *He has no time* (=nie ma czasu) *to help.* **3** zakaz: *No smoking.* → patrz też **in no time** (TIME[1])

**no·bil·i·ty** /nəʊˈbɪlɪti/ *n* **1 the nobility** szlachta, arystokracja **2** [U] szlachetność

**no·ble**[1] /ˈnəʊbəl/ *adj* **1** szlachetny: *a noble achievement* **2** szlachecki, arystokratyczny: *noble families* —**nobly** *adv* szlachetnie

**noble**[2] **nobleman, noblewoman** *n* [C] szlachci-c/anka, arystokrat-a/ka

**no·bod·y**[1] /ˈnəʊbədi/ *pron* nikt: *I spoke to Jane, but to nobody else.*

**nobody**[2] *n* [C] nikt, zero: *I'm sick of being a nobody!*

**noc·tur·nal** /nɒkˈtɜːnl/ *adj technical* nocny (*o zwierzęciu*)

**nod** /nɒd/ *v* **-dded, -dding 1** [I,T] skinąć (głową): *"Are you Jill?" he asked. She smiled and nodded.* | *Ben nodded his head sympathetically.* **2** po/kiwać (głową), kiwnąć (głową): **+ to/at/towards** *I nodded to the waiter.* | *"Sally's in there," Jim said, nodding towards the kitchen.* —**nod** *n* [C] skinienie

**nod off** *phr v* [I] *informal* przysypiać: *His speech was so boring I kept nodding off.*

**noise** /nɔɪz/ *n* [C,U] hałas, odgłos(y): *the noise of the traffic* | *Did you hear that clicking noise?* | **make (a) noise** (=hałasować): *Stop making so much noise.*

**noise·less·ly** /ˈnɔɪzləsli/ *adv* bezszelestnie, bezgłośnie: *A waiter noiselessly entered their room.*

**nois·y** /ˈnɔɪzi/ *adj* hałaśliwy, głośny: *noisy schoolkids* | *a noisy bar* —**noisily** *adv* hałaśliwie

**no·mad** /ˈnəʊmæd/ *n* [C] koczowni-k/czka, nomada: *the desert nomads of North Africa* —**nomadic** *adj* koczowniczy

**no-man's land** /ˈ. . ˌ./ *n* [U singular] ziemia niczyja

**nom·i·nal** /ˈnɒmɪnəl/ *adj* **1** nominalny, tytularny: *a nominal leader* **2 nominal amount/price** symboliczna ilość/cena: *I bought the house for a nominal sum in 1963.*

**nom·i·nal·ly** /ˈnɒmɪnəli/ *adv* nominalnie, z nazwy: *a nominally independent company*

**nom·i·nate** /ˈnɒmɪneɪt/ *v* [T] nominować, mianować: **nominate sb for/as sth** *I'd like to nominate Margaret as class representative.* —**nomination** /ˌnɒmɪˈneɪʃən/ *n* [C,U] nominacja, mianowanie

**nom·i·nee** /ˌnɒmɪˈniː/ *n* [C] nominowan-y/a: *Oscar nominee, Winona Ryder*

Z

**non-al·co·hol·ic** /ˌ. ..'..◂ / *adj* bezalkoholowy

**non·cha·lant** /'nɒnʃələnt/ *adj* nonszalancki: *young men trying to look nonchalant* —**nonchalance** *n* [U] nonszalancja —**nonchalantly** *adv* nonszalancko

**non·com·mit·tal** /ˌnɒnkə'mɪtl◂ / *adj* wymijający: *a noncommittal reply*

**non·con·form·ist** /ˌnɒnkən'fɔːmɪst◂ / *n* [C] nonkonformist-a/ka: *a political nonconformist* —**nonconformist** *adj* nonkonformistyczny: *nonconformist views*

**non·de·script** /'nɒndɪˌskrɪpt/ *adj* nijaki, nieokreślony: *a nondescript man in a grey suit*

**none**[1] /nʌn/ *pron* **1** ani trochę: *"Can I have some more coffee?" "Sorry, there's none left."* | **+ of** *None of the money is mine.* **2** żaden, ani jeden: **+ of** *None of my friends are here.* | **none at all** *Any car is better than none at all* (=lepszy niż żaden).

> **UWAGA none**
>
> W mowie, jeśli po **none of** występuje rzeczownik lub zaimek w liczbie mnogiej, czasownik też może być w liczbie mnogiej: *I invited some friends, but none of them were interested.* Natomiast w piśmie lepiej używać czasownika w liczbie pojedynczej: *None of them was interested.*

**none**[2] *adv* **1 none the worse/wiser** ani trochę nie gorszy/mądrzejszy: *We were none the wiser for his explanation.* **2 none too pleased/easy** bynajmniej nie zadowolony/łatwy: *Life was none too easy in those days.*

**non·en·ti·ty** /nɒ'nentɪti/ *n* [C] miernota: *a weak government, full of politicians who are nonentities*

**none·the·less** /ˌnʌnðə'les◂ / *adv formal* pomimo to, niemniej jednak: *The economy is improving, but people are losing jobs nonetheless.*

**non·ex·ist·ent** /ˌnɒnɪg'zɪstənt◂ / *adj* nie istniejący: *Industry is practically nonexistent in the area.*

**non·fic·tion** /ˌnɒn'fɪkʃən◂ / *n* [U] literatura faktu → porównaj FICTION

**non·pay·ment** /ˌnɒn'peɪmənt/ *n* [U] niepłacenie: **+ of** *nonpayment of rent*

**non·plussed** /nɒn'plʌst/ *adj* skonsternowany: *I was quite nonplussed at his news.*

**non-re·new·a·ble** /ˌ. .'...◂ / *adj* nieodnawialny: *Coal and gas are nonrenewable types of energy.*

**non·sense** /'nɒnsəns/ *n* [U] **1** nonsens: *"This dress makes me look fat." "Nonsense, you look great!"* **2** wygłupy: *I'm not putting up with any more of your nonsense!* —**nonsensical** /nɒn'sensɪkəl/ *adj* nonsensowny, niedorzeczny

**non-smok·er** /ˌ. '../ *n* [C] niepaląc-y/a

**non·smok·ing** /ˌnɒn'sməʊkɪŋ/ *adj* dla niepalących: *the nonsmoking section of the plane*

**non·stan·dard** /ˌnɒn'stændəd/ *adj* niestandardowy: *Lots of people say "I gotta go", but "gotta" is still considered nonstandard.*

**non·start·er** /ˌnɒn'stɑːtə/ *n* [C usually singular] *informal* coś, co nie może się udać: *The whole idea sounds like a nonstarter to me.*

**non·stick** /ˌnɒn'stɪk◂ / *adj* teflonowy: *a nonstick pan*

**non·stop** /ˌnɒn'stɒp◂ / *adv, adj* bez przerw(y): *Dan worked nonstop for 12 hours.* | *a nonstop flight* (=bezpośredni lot) *to New York*

**non·vi·o·lence** /ˌnɒn'vaɪələns/ *n* [U] niestosowanie przemocy: *a policy of nonviolence* —**nonviolent** *adj*: *nonviolent protest* (=pokojowy protest)

**noo·dle** /'nuːdl/ *n* [C usually plural] makaron: *chicken noodle soup* (=rosół z makaronem)

**nook** /nʊk/ *n* **1** [C] zakamarek: *a shady nook* **2 every nook and cranny** każdy kąt, wszystkie zakamarki: *We've searched every nook and cranny for that key.*

**noon** /nuːn/ *n* [U] południe: *Lunch will be served at noon.*

**no one** /'. ./ *pron* nikt: *I called last night but no one was home.*

**noose** /nuːs/ *n* [C] pętla

**nor** /nɔː/ *conjunction* **1 neither ... nor ...** ani ... ani ...: *My mother's family were neither rich nor poor.* | *They can neither read nor write.* **2** *formal* też nie: *He wasn't at the meeting, nor was he at work yesterday* (=nie było go też wczoraj w pracy).

**norm** /nɔːm/ *n* [C] **1 be the norm** być regułą: *Unemployment is becoming the norm here.* **2** [C *usually plural*] norma: *the values and norms of civilized society*

**nor·mal** /'nɔːməl/ *adj* normalny: *Greg isn't acting like his normal self.* | *normal business hours* ➡ antonim ABNORMAL

**nor·mal·i·ty** /nɔː'mæləti/ *także* **nor·mal·cy** /'nɔːməlsi/ *AmE n* [U] normalność

**nor·mal·ize** /'nɔːməlaɪz/ (*także* **-ise** *BrE*) *v* [I,T] u/normować (się), u/regulować (się): *In March 1944 Russia normalized relations with Italy.* —**normalization** /ˌnɔːməlaɪ'zeɪʃən/ *n* [U] normalizacja

**nor·mal·ly** /'nɔːməli/ *adv* normalnie: *I normally go to bed around 11.* | *Try to relax and breathe normally.*

**north**[1] /nɔːθ/ *n* [U] północ: *Which way is north?* | *My grandparents came from the North* (=z północy kraju).

**north**[2] *adj* północny: *the north end of the field* | *north wind* | **north of** (=na północ od): *a town 20 miles north of Salem*

**north**[3] *adv* **1** na północ: *We headed north.* **2 up north** na północ(y): *The Simpsons are moving up north in May.*

**north·bound** /'nɔːθbaʊnd/ *adj* w kierunku północnym: *northbound traffic*

**north·east**[1] /ˌnɔːθ'iːst◂/ *n* [U] północny wschód —**northeastern** *adj* północno-wschodni

**northeast**[2] *adj* północno-wschodni: *a northeast wind*

**northeast**[3] *adv* na północny wschód: *driving northeast*

**nor·ther·ly** /'nɔːðəli/ *adj* północny: *a northerly direction* | *a northerly wind*

**nor·thern** /'nɔːðən/ *adj* północny: *northern California*

**nor·thern·er** /'nɔːðənə/, **Northerner** *n* [C] mieszkan-iec/ka północy kraju

**nor·thern·most** /'nɔːðənməʊst/ *adj* najbardziej wysunięty na północ: *the northernmost tip of the island*

**North Pole** /ˌ. './ *n* [*singular*] biegun północny

**north·ward** /'nɔːθwəd/ *adj, adv* na północ

**north·west**[1] /ˌnɔːθ'west◂/ *n* [U] północny zachód —**northwestern** *adj* północno-zachodni

**northwest**[2] *adj* północno-zachodni: *a northwest wind*

**northwest**[3] *adv* na północny zachód: *walking northwest*

**nose**[1] /nəʊz/ *n* **1** [C] nos: *Someone punched him on the nose.* | *My nose is running* (=mam katar). **2 (right) under sb's nose** przed samym nosem: *He passed me the note right under the nose of the examiner!* **3 stick/poke your nose into** *informal* wtykać nos w: *Jane's always sticking her nose into other people's business.* **4 turn your nose up (at sth)** kręcić nosem (na): *Most kids turn their noses up at fresh vegetables.* **5** [C] dziób (*np. samolotu*) **6 look down your nose at sb** patrzeć na kogoś z góry **7 red-nosed/long-nosed** czerwononosy/długonosy ➡ patrz też **blow your nose** (BLOW)

**nose**[2] *v* [I] sunąć powoli: *The taxi nosed out into the traffic.*

**nose around** (*także* **nose about** *BrE*) *phr v* [I] węszyć: *Why were you nosing around in my room?*

**nose·bleed** /'nəʊzbliːd/ *n* krwawienie z nosa

**nose·dive** /'nəʊzdaɪv/ *n* **1 take a nosedive** pójść ostro w dół, gwałtownie spaść: *Profits took a nosedive last year.* **2** [C] pikowanie —**nosedive** *v* [I] pikować

**nose job** /'. ./ *n* [C] *informal* operacja plastyczna nosa

**nos·tal·gia** /nɒˈstældʒə/ *n* [U] nostalgia: **+ for** *nostalgia for his life on the farm* —**nostalgic** *adj* nostalgiczny —**nostalgically** *adv* nostalgicznie

**nos·tril** /ˈnɒstrəl/ *n* [C] nozdrze

**nos·y** /ˈnəuzi/ *adj* wścibski: *Our neighbours are really nosy.* —**nosiness** *n* [U] wścibstwo

**not** /nɒt/ *adv* **1** nie: *Most stores are not open on Sundays.* | *He does not speak English.* | *No one knows if the story is true or not.* | **not at all** (=wcale nie): *I was not at all surprised to see her.* | **not a lot/not much** (=niewiele): *Not much is known about the disease.* | **I hope not** (=mam nadzieję, że nie): *"Is Mark still ill?" "I hope not."* ➡ porównaj SO¹ **2 not only ... (but) also** nie tylko ..., (lecz) także: *She's not only funny, she's also clever.* **3 not a/not one** żaden: *Not one of the students knew the answer.* **4 not bad!** *spoken* nieźle!: *"I got a B+ on my test!" "Not bad!"* **5 not that ...** nie żeby(m) ...: *Sarah has a new boyfriend – not that I care.*

**no·ta·ble** /ˈnəutəbəl/ *adj* godny uwagi: *an area notable for* (=słynący z) *its forests*

**no·ta·bly** /ˈnəutəbli/ *adv* w szczególności, zwłaszcza: *Some politicians, most notably the President, refused to comment.*

**no·ta·tion** /nəuˈteɪʃən/ *n* [C,U] zapis, notacja

**notch** /nɒtʃ/ *n* [C] nacięcie, karb: *He cut a notch into the stick.*

**note¹** /nəut/ *n* **1** [C] liścik: *I wrote Jane a note to thank her.* **2** [C] notatka: **make a note of** (=za/notować): *I'll just make a note of your new address.* **3** [C] nuta: *He hummed a few notes of a tune.* **4** [C] *BrE* banknot: *a ten-pound note* **5 take note (of sth)** brać/wziąć (coś) pod uwagę: *We must always take note of our customers' views.* **6 of note** znaczący, liczący się: *a writer of note*

**note²** *v* [T] **1** zauważyć, zwrócić uwagę na: **+ that** *Please note that the museum is closed on Mondays.* **2** *także* **note down** za/notować, zapisywać: *He noted down my name.*

**note·book** /ˈnəutbuk/ *n* [C] notatnik, notes

**not·ed** /ˈnəutəd/ *adj* znany: *a noted author* | **+ for** *an area noted for its cheeses*

**note·pa·per** /ˈnəut,peɪpə/ *n* [U] papier listowy

**notes** /nəuts/ *n* [plural] notatki: **take notes** (=robić notatki): *Did you take notes during the lecture?*

**note·wor·thy** /ˈnəut,wɜːði/ *adj formal* godny uwagi: *a noteworthy event*

**noth·ing¹** /ˈnʌθɪŋ/ *pron* **1** nic: *There's nothing in the bag.* | *Nothing you say will change what he thinks.* | *I have nothing to wear!* | *"What did you say?" "Oh, nothing* (=nic takiego)*."* | **nothing else** (=nic innego): *I had nothing else to do, so I went to bed.* **2** zero: *The Red Sox won the game three nothing* (=trzy do zera). **3 for nothing a)** za nic, za darmo: *I did all that work for nothing.* **b)** na darmo, na próżno: *I spent three years studying for nothing.* **4 have/be nothing to do with a)** nie mieć nic wspólnego z: *The amount you earn has nothing to do with how hard you work.* **b)** nie dotyczyć: *What I said to Joe has nothing to do with you* (=to nie twoja sprawa). **5 nothing special** nic szczególnego: *The story was nothing special, but the pictures were nice.* **6 nothing but** nic tylko: *We've had nothing but rain for two weeks.* **7 nothing much** *spoken* niewiele: *"What did he say?" "Oh, nothing much."* **8 there's nothing for it (but to do sth)** nie pozostaje nic innego (niż tylko coś zrobić): *There was nothing for it but to swim.* **9 (there's) nothing to it** *spoken* to bardzo proste **10 it was nothing** *spoken* (ależ to) drobiazg: *"Thanks a lot!" "It was nothing."*

**nothing²** *adv* **be nothing like** w niczym nie przypominać: *We have hills at home, but they're nothing like this!*

**noth·ing·ness** /ˈnʌθɪŋnəs/ *n* [U] nicość

**no·tice¹** /ˈnəutəs/ *v* [I,T] zauważać: *I said "hello", but she didn't notice.* | **+ that** *Max noticed that I was getting nervous.*

**UWAGA notice**

Nie należy używać "can" w połączeniu z **notice**. Nie mówi się "we can notice an improvement". Mówi się **we notice an improvement** lub **we can see an improvement**.

**notice**[2] *n* **1** [C] ogłoszenie: *I put a notice up saying 'No Entry'.* **2** [U] wymówienie: **give sb notice** *You must give the bank three days' notice before closing your account.* **3 not take any notice/take no notice** nie zwracać uwagi: *Don't take any notice of her, she's just annoyed.* **4 at short notice/at a moment's notice** bez wcześniejszego ostrzeżenia: *You can't expect us to leave at a moment's notice!* **5 until further notice** do odwołania: *The store will be closed until further notice.* **6 hand/give in your notice** składać wymówienie

**no·tice·a·ble** /ˈnəʊtɪ̈səbəl/ *adj* zauważalny, widoczny: *There's been a noticeable improvement in your work.* —**noticeably** *adv* zauważalnie

**no·tice·board** /ˈnəʊtɪ̈sˌbɔːd/ *n* [C] *BrE* tablica ogłoszeń

**no·ti·fy** /ˈnəʊtɪ̈faɪ/ *v* [T] *formal* powiadamiać: *Have you notified the police?* —**notification** /ˌnəʊtɪ̈fɪ̈ˈkeɪʃən/ *n* [C,U] zawiadomienie

**no·tion** /ˈnəʊʃən/ *n* [C] pojęcie: *Where did you get the notion* (=skąd ci przyszło do głowy) *that I was leaving?*

**no·to·ri·e·ty** /ˌnəʊtəˈraɪəti/ *n* [U] zła sława

**no·to·ri·ous** /nəʊˈtɔːriəs/ *adj* cieszący się złą sławą: **+ for** *The city is notorious for its rainy weather.* —**notoriously** *adv* notorycznie

**not·with·stand·ing** /ˌnɒtwɪθˈstændɪŋ/ *prep, adv formal* pomimo: *The team has continued to be successful notwithstanding recent criticism.* | *They bought the building, cost notwithstanding.*

**nought** /nɔːt/ *n* [C] *BrE* zero

**UWAGA nought**

Patrz **zero** i **nought**. Patrz **o**. Patrz **nil**.

**noun** /naʊn/ *n* [C] rzeczownik → patrz ramka NOUN

**nour·ish** /ˈnʌrɪʃ/ *v* [T] **1** odżywiać: *healthy well-nourished children* **2** żywić: *to nourish the hope of a trip abroad*

**nour·ish·ing** /ˈnʌrɪʃɪŋ/ *adj* pożywny: *nourishing soup*

**nour·ish·ment** /ˈnʌrɪʃmənt/ *n* [U] *formal* pożywienie

**nov·el**[1] /ˈnɒvəl/ *n* [C] powieść: *the novels of Jane Austen*

**novel**[2] *adj* nowatorski: *What a novel idea!*

**nov·el·ist** /ˈnɒvəlɪ̈st/ *n* [C] powieściopisa-rz/rka

**nov·el·ty** /ˈnɒvəlti/ *n* [C,U] nowość: *at a time when television was still a novelty*

**No·vem·ber** /nəʊˈvembə/ skrót pisany **Nov.** *n* [C,U] listopad

**nov·ice** /ˈnɒvɪ̈s/ *n* [C] nowicjusz/ka, początkując-y/a: *a novice at chess* | *novice drivers*

**now**[1] /naʊ/ *adv* **1** teraz: *Jean and her husband are now living in Canada.* | **right now/just now** (=w tej chwili): *Right now, we're not really ready to decide.* | *Call her right now, before she leaves.* | **by/before now** *Steve should be home by now* (=powinien już być w domu). | **from now on** (=od tej chwili): *Meetings will be held on Friday from now on.* | **for now** (=tymczasem): *You're welcome to use my computer for now.* **2** natychmiast: *You'd better go now – you're late.* **3** *spoken* (a) więc: *Now ... what did you say your name was?* **4 (every) now and then/now and again** od czasu do czasu: *He sees her every now and then at the college.*

**now**[2] *także* **now that** *conjunction* teraz, gdy: *Now that the kids have left home, the house feels empty.*

**now·a·days** /ˈnaʊədeɪz/ *adv* obecnie, dziś: *People tend to live longer nowadays.*

**no·where** /ˈnəʊweə/ *adv* **1** nigdzie: *There's nowhere to put* (=nie ma gdzie położyć) *anything in our new apartment.* | **nowhere else** (=nigdzie indziej):

## Rzeczownik: **Noun**

### Rzeczowniki policzalne: **Countable nouns**

Są to rzeczowniki mogące występować zarówno w liczbie pojedynczej, jak i mnogiej. W liczbie pojedynczej poprzedzamy je przedimkiem, zaimkiem wskazującym, zaimkiem dzierżawczym lub liczebnikiem *one*:

*a/the house* *this/that house* *my/your house* *one house*

Liczbę mnogą tworzymy:

**1** przez dodanie do rzeczownika w liczbie pojedynczej końcówki **-s**, wymawianej jako [s] po *p, t, k* i *f*, a jako [z] po pozostałych dźwiękach. Jeśli rzeczownik kończy się w pisowni na *ce, ge, se* lub *ze*, powstałą końcówkę **-es** wymawiamy jako [ɪz]:

*shop – shop**s*** *dog – dog**s*** *dance – dance**s***
*cat – cat**s*** *nail – nail**s*** *change – change**s***
*book – book**s*** *bee – bee**s*** *nose – nose**s***
*cuff – cuff**s*** *day – day**s*** *maze – maze**s***

**2** przez dodanie końcówki **-es** (wymawianej jako [ɪz]) do rzeczownika zakończonego w pisowni na *ch, sh, s,* lub *x*:

*beach – beach**es*** *brush – brush**es*** *bus – bus**es*** *box – box**es***

**3** przez dodanie końcówki **-es** (wymawianej jako [z]) do niektórych rzeczowników zakończonych w pisowni na *o*:

*potato – potato**es*** *tomato – tomato**es***

Warto też pamiętać, że:

**1** w pisowni rzeczowników zakończonych na spółgłoskę + *y* następuje wymiana *y* na *ie*:

*bab**y** – bab**ies*** *countr**y** – countr**ies*** *lad**y** – lad**ies***

**2** w pisowni wielu rzeczowników zakończonych na *f* lub *fe* następuje w liczbie mnogiej wymiana *f* i *fe* na *ve*; *ves* wymawiamy jako [vz]:

*hal**f** – hal**ves*** *kni**fe** – kni**ves*** *li**fe** – li**ves*** *wi**fe** – wi**ves***

**3** część rzeczowników zakończonych w pisowni na *o* otrzymuje w liczbie mnogiej końcówkę **-s**, np.:

*photo – photo**s*** *piano – piano**s*** *radio – radio**s***

**4** u kilku rzeczowników nieregularnych następuje w liczbie mnogiej wymiana samogłoski, np.:

*f**oo**t – f**ee**t* *m**a**n – m**e**n* *t**oo**th – t**ee**th* *wom**a**n – wom**e**n*

**5** niektóre rzeczowniki nie zmieniają formy w liczbie mnogiej, np.:

*aircraft* *deer* *means* *series* *sheep*

**6** rzeczownik ***child*** ma w liczbie mnogiej formę ***children***.

Rzeczowniki niepoliczalne: **Uncountable nouns**

Są to rzeczowniki nie mające liczby mnogiej. Zaliczamy do nich:

**1** nazwy substancji stałych, ciekłych i lotnych, np. *air, blood, coffee, glass, gold, oil, oxygen, paper, water*

**2** rzeczowniki abstrakcyjne, np. *advice, help, information, love, news*

**3** nazwy niektórych chorób i gier, np. *measles, draughts*

**4** inne, np. *baggage, damage, furniture, luggage, shopping, weather*.

Rzeczownik niepoliczalny łączy się w zdaniu z czasownikiem w liczbie pojedynczej:

*The coffee **tastes** awful.*
*This **is** excellent news!*
*Measles **is** a very unpleasant disease.*
*Where **was** the furniture made?*

Rzeczownik niepoliczalny nie może być poprzedzony przedimkiem nieokreślonym ***a (an)***, może natomiast występować z ***some***, ***any***, ***no***, ***a little*** itp.:

*He didn't need **any** advice or help. All he needed was **some** information.*
*'We have **no** sugar.' – 'Yes, we have. There is **a little** in the bowl.'*

Dla sprecyzowania ilości używamy z rzeczownikami niepoliczalnymi takich uściśleń, jak: ***a piece of***, ***a bit of***, ***a slice of*** itp.:

***a piece of** advice/clothing/furniture/news*
***a bit of** cheese/dirt/fun/sunshine*
***two slices of** bread/cake/pineapple*

Niektóre rzeczowniki zachowują się jak niepoliczalne bądź policzalne w zależności od kontekstu:

| | |
|---|---|
| *Her **hair is** brown.* | *He found **a hair** in the soup.* |
| *I prefer **tea** to **coffee**.* | *I'll have **two teas** and **a coffee**.* |
| *This sculpture is made of **glass.*** | *Give me **a glass** of water.* |

Rzeczowniki zbiorowe: **Collective nouns**

Są to rzeczowniki oznaczające grupy ludzi, np.: *family, government, audience, team, crew, staff*. W zależności od tego, czy mówimy o grupie jako całości, czy też o jej poszczególnych członkach, rzeczownik zbiorowy w liczbie pojedynczej łączy się w zdaniu z czasownikiem w liczbie pojedynczej lub też z czasownikiem w liczbie mnogiej,:

*Our **team is** the best.*
*Our **team are wearing** fantastic new costumes*

***ciąg dalszy na odwrocie ...***

*... kontynuacja z poprzedniej strony*

Liczbę mnogą rzeczowników zbiorowych tworzymy zgodnie z regułami podanymi dla rzeczowników policzalnych: *families, governments* itd.

Inne rzeczowniki

Nieliczne rzeczowniki występują wyłącznie w liczbie mnogiej i łączą się w zdaniu tylko z czasownikami w liczbie mnogiej:

***Are** these your **sunglasses** (**trousers/scissors** itp.)?*

*The **police have** caught the thief.*

Jeszcze inne rzeczowniki mają zawsze formę liczby mnogiej (tzn. kończą się na ***-s***), ale mogą się łączyć zarówno z czasownikami w liczbie mnogiej, jak i z czasownikami w liczbie pojedynczej, np.:

***Politics has/have** never interested me.*

*Our **headquarters is/are** in Poznań.*

patrz też: ***A (AN), THE***

*If you have nowhere else to stay, you can sleep here.* **2 get nowhere** stać w miejscu (*przenośnie*): *I feel I'm getting nowhere in this job.* **3 nowhere near a)** zupełnie nie: *The food at Giorgio's is nowhere near as good as it used to be* (=jest dużo gorsze niż było). **b)** bardzo daleko od: *Buffalo is in New York State, but it's nowhere near New York City.*

**n't** /ənt/ skrót od NOT: *He isn't* (=is not) *here.* | *She can't* (=cannot) *see him.* | *I didn't* (=did not) *do it.*

**nu·ance** /ˈnjuːɑːns/ *n* [C,U] niuans

**nu·cle·ar** /ˈnjuːkliə/ *adj* jądrowy: *a nuclear power station* | *nuclear weapons* | *nuclear physics*

**nuclear dis·ar·ma·ment** /ˌ... .ˈ.../ *n* [U] rozbrojenie nuklearne

**nuclear fam·i·ly** /ˌ... ˈ.../ *n* [C] rodzina jednopokoleniowa

**nuclear re·ac·tor** /ˌ... .ˈ../ *n* [C] reaktor jądrowy

**nu·cle·us** /ˈnjuːkliəs/ *n* [C] *plural* **nuclei** /-kli-aɪ/ jądro: *the nucleus of an atom* | *Photographs by Weston form the nucleus of the collection.*

**nude**[1] /njuːd/ *adj* nagi —**nudity** *n* [U] nagość

**nude**[2] *n* **1 in the nude** nago **2** [C] akt

**nudge** /nʌdʒ/ *v* [T] szturchać, trącać: *Ken nudged me and said, "Look!"* —**nudge** *n* [C] kuksaniec

**nud·ist** /ˈnjuːdəst/ *n* [C] nudyst-a/ka —**nudist** *adj*: *a nudist beach* (=plaża nudystów)

**nug·get** /ˈnʌgət/ *n* [C] bryłka: *a gold nugget*

**nui·sance** /ˈnjuːsəns/ *n* [C usually singular] kłopot: *Sorry to be a nuisance* (=przepraszam za kłopot), *but could I use your phone?* | **what a nuisance!** *spoken* (=a niech to!): *I've forgotten my keys. What a nuisance!*

**null and void** /ˌnʌl ənd ˈvɔɪd/ *adj law* nieważny, nie posiadający mocy prawnej: *The court declared the contract to be null and void.*

**numb** /nʌm/ *adj* **1** zdrętwiały, bez czucia: *My feet were numb with cold.* **2** odrętwiały, sparaliżowany: *We all felt numb when we heard the news.* —**numbness** *n* [U] odrętwienie, brak czucia

**number**[1] /ˈnʌmbə/ *n* **1** [C,U] liczba: *Add the numbers 7, 4, and 3.* | **the number of** *an increase in the number of cars on the roads* | **a great/small number of** *także* **great/small numbers of** *A large number of factories have closed in recent months.* | **a number**

**of** (=kilka): *We received a number of complaints about the noise.* | **any number of** (=wiele (różnych)): *There could be any number of reasons why she's late.* **2** [C] numer: *"Is Laura there?" "No, I'm afraid you have the wrong number."* | *Look at question number five.* | *What's your credit card number?*

> UWAGA **number**
>
> Nie mówi się "a big number". Mówi się **a large number**. Patrz też **amount** i **number**.

> UWAGA **number of**
>
> Patrz **deal of** i **number of**.

**number²** v [T] **1** po/numerować: *Number the items from one to ten.* **2** liczyć: *The crowd numbered around 20,000.* **3 sb's/sth's days are numbered** dni kogoś/czegoś są policzone: *Are the days of the British Royal Family numbered?*

**number plate** /'.. ./ n [C] BrE tablica rejestracyjna

**nu·me·ral** /'njuːmərəl/ n [C] cyfra: *Roman numerals*

**nu·mer·i·cal** /njuː'merɪkəl/ adj liczbowy: **in numerical order** *The pages should be in numerical order.*

**nu·me·rous** /'njuːmərəs/ adj formal liczny: *We've discussed this before on numerous occasions.*

**nun** /nʌn/ n [C] zakonnica → porównaj MONK

**nurse¹** /nɜːs/ n [C] pielęgniarka

**nurse²** v [T] **1** pielęgnować, opiekować się: *She spends all her time nursing her old father.* | *Blake is in bed nursing an ankle injury* (=leży w łóżku ze skręconą kostką). **2** żywić: *Tom had always nursed an ambition to be a pilot.*

**nur·se·ry** /'nɜːsəri/ n **1** [C,U] especially BrE żłobek **2** [C] szkółka (*leśna*) **3** [C] old-fashioned pokój dziecięcy

**nursery rhyme** /'... ./ n [C] wierszyk dla dzieci, rymowanka

**nursery school** /'... ./ n [C] przedszkole

**nurs·ing** /'nɜːsɪŋ/ n [U] pielęgniarstwo: *What made you choose nursing as a career?*

**nursing home** /'.. ./ n [C] prywatna klinika, często dla osób w podeszłym wieku

**nur·ture** /'nɜːtʃə/ v [T] formal kultywować: *We will nurture closer relationships with companies abroad.*

**nut** /nʌt/ n [C] **1** orzech: *a cashew nut* **2** nakrętka **3** informal świr → patrz też NUTS

**nut·crack·er** /'nʌtˌkrækə/ n [C] także **nutcrackers** [plural] BrE dziadek do orzechów

**nu·tri·tion** /njuː'trɪʃən/ n [U] odżywianie: *Good nutrition is vital.* —**nutritional** adj: *the nutritional content* (=wartość odżywcza) *of foods*

**nu·tri·tious** /njuː'trɪʃəs/ adj pożywny: *nutritious and cheap recipe ideas*

**nuts** /nʌts/ adj spoken informal świrnięty: **go nuts** (=dostać świra): *I'll go nuts if I have to wait any longer.*

**nut·shell** /'nʌt-ʃel/ n **(to put it) in a nutshell** spoken w dużym skrócie: *The problem, in a nutshell, was money.*

**nut·ter** /'nʌtə/ n [C] BrE spoken świr(us/ka): *That woman's a complete nutter!*

**nut·ty** /'nʌti/ adj **1** orzechowy: *The wine had a nice nutty flavour.* **2** informal świrnięty

**NW** skrót od NORTHWEST lub NORTHWESTERN

**ny·lon** /'naɪlɒn/ n [U] nylon: *nylon stockings* | *a carpet made of 80% wool and 20% nylon*

**nymph** /nɪmf/ n [C] nimfa

# Oo

**O** /əʊ/ **o** *spoken* zero, wymawiane jako "o" przy podawaniu numerów: *room 203* (=two o three)



> **UWAGA o**
>
> Litery **o** używa się w znaczeniu 'zero', podając numery telefonów, adresy, numery pokojów i cyfry po kropce dziesiętnej.

**oaf** /əʊf/ *n* [C] prostak

**oak** /əʊk/ *n* [C,U] dąb

**oar** /ɔː/ *n* [C] wiosło

**o·a·sis** /əʊ'eɪsəs/ *n* [C] *plural* **oases** /-siːz/ oaza: *The park was an oasis of calm in the middle of the city.*

**oath** /əʊθ/ *n* **1** [C] przysięga: **swear/take an oath** (=przysięgać): *He swore an oath to support the Constitution.* **2 under oath** pod przysięgą

**oat·meal** /'əʊtmiːl/ *n* [U] płatki owsiane

**oats** /əʊts/ *n* [plural] owies

**o·be·di·ence** /ə'biːdiəns/ *n* [U] posłuszeństwo: **+ to** *obedience to her father's wishes*

**o·be·di·ent** /ə'biːdiənt/ *adj* posłuszny: *a quiet and obedient child* —**obediently** *adv* posłusznie ➡ antonim DISOBEDIENT

**o·bese** /əʊ'biːs/ *adj* otyły —**obesity** *n* [U] otyłość

**o·bey** /əʊ'beɪ/ *v* **1** [T] słuchać: *Most dogs will obey simple commands.* **2** [I] być posłusznym ➡ antonim DISOBEY

**o·bit·u·a·ry** /ə'bɪtʃuəri/ *n* [C] nekrolog

**ob·ject¹** /'ɒbdʒɪkt/ *n* **1** [C] przedmiot: *a small silver object* | *an object of desire* **2** [singular] cel: **the object of sth** *The object of the game is to kick the ball into the goal.* **3** [C] dopełnienie: *Where is the object in this sentence?* **4 money/time is no object** pieniądze/czas nie grają roli

**ob·ject²** /əb'dʒekt/ *v* [I,T] za/oponować: *"Ron's too tired to drive," Steve objected.* | **+ that** *Clare objected that it would cost too much.* | **object to** (=protestować przeciw): *I object to being called a 'foreigner'.*

**ob·jec·tion** /əb'dʒekʃən/ *n* [C] obiekcja, sprzeciw: **have/make an objection** *I have no objection to her being invited* (=nie mam nic przeciwko zaproszeniu jej).

**ob·jec·tion·a·ble** /əb'dʒekʃənəbəl/ *adj* obraźliwy: *an objectionable remark*

**ob·jec·tive¹** /əb'dʒektɪv/ *n* [C] cel: *Our main objective is to raise money.*

**objective²** *adj* obiektywny: *We need an objective approach to the problem.* —**objectively** *adv* obiektywnie —**objectivity** /ˌɒbdʒek'tɪvəti/ *n* [U] obiektywizm ➡ porównaj SUBJECTIVE

**ob·li·ga·tion** /ˌɒbləˈgeɪʃən/ *n* [C,U] obowiązek: **an obligation to do sth** *Employers have an obligation to provide a safe working environment.* | **be under an obligation to do sth** (=mieć obowiązek coś z/robić): *People entering the shop are under no obligation to buy.*

**ob·lig·a·to·ry** /ə'blɪgətəri/ *adj formal* obowiązkowy: *obligatory school attendance*

**o·blige** /ə'blaɪdʒ/ *v* **1** [T] *formal* zobowiązywać: **be obliged to do sth** *Doctors are obliged to keep all medical records secret.* **2** [I,T] wyświadczać (komuś) przysługę: *Whenever we needed help, Ed was always happy to oblige.*

**ob·liged** /ə'blaɪdʒd/ *adj* **feel obliged to do sth** czuć się zobowiązanym zrobić coś: *I felt obliged to tell her the truth.*

**o·blig·ing** /ə'blaɪdʒɪŋ/ *adj* uczynny, usłużny —**obligingly** *adv* usłużnie

**o·blique** /ə'bliːk/ *adj* nie wprost: *oblique references to his drinking problem*

**o·blit·er·ate** /ə'blɪtəreɪt/ *v* [T] zrównywać z ziemią: *Large areas of the city were obliterated.*

**o·bliv·i·on** /ə'blɪviən/ *n* [U] **1** nieświadomość: *He spent the night drinking himself into oblivion.* **2** zapomnienie: *old movie stars who have faded into oblivion*

**o·bliv·i·ous** /ə'blɪviəs/ *adj* niepomny, nieświadomy: **+ to/of** *Max was fast asleep, completely oblivious to the noise outside.*

**ob·long** /ˈɒblɒŋ/ *adj* podłużny, prostokątny: *an oblong box* —**oblong** *n* [C] prostokąt

**ob·nox·ious** /əbˈnɒkʃəs/ *adj* okropny, wstrętny: *What an obnoxious man!*

**o·boe** /ˈəʊbəʊ/ *n* [C] obój

**ob·scene** /əbˈsiːn/ *adj* nieprzyzwoity: *obscene phone calls* | *obscene pay increases* —**obscenely** *adv* nieprzyzwoicie

**ob·scen·i·ty** /əbˈsenəti/ *n* nieprzyzwoitość: *kids shouting obscenities* | *laws against obscenity*

**ob·scure¹** /əbˈskjʊə/ *adj* **1** niejasny: *Jarrett didn't like the plan, for some obscure reason.* **2** mało znany: *an obscure poet* —**obscurity** *n* [U] zapomnienie: *O'Brien retired from politics and died in obscurity.*

**obscure²** *v* [T] **1** przysłaniać: *The top of the hill was obscured by clouds.* **2** zaciemniać: *legal language that obscures meaning*

**ob·ser·vant** /əbˈzɜːvənt/ *adj* spostrzegawczy: *an observant little girl*

**ob·ser·va·tion** /ˌɒbzəˈveɪʃən/ *n* **1** [U] obserwacja: **+ of** *Wilkins' book is based on his observation of wild birds.* | **under observation** (=pod obserwacją): *He was kept under observation in the hospital.* **2** [C] spostrzeżenie, uwaga: *The book contains some intelligent observations.* **3 powers of observation** zmysł obserwacji

**ob·ser·va·to·ry** /əbˈzɜːvətəri/ *n* [C] obserwatorium

**ob·serve** /əbˈzɜːv/ *v* [T] **1** za/obserwować: *psychologists observing child behaviour* **2** *formal* spostrzec: *I observed the suspect entering the house.* **3** *formal* zauważyć: *"We're already late," Henry observed.* **4** przestrzegać: *Both sides are observing the ceasefire.*

**ob·serv·er** /əbˈzɜːvə/ *n* [C] obserwator/ka: *a group of UN observers in Bosnia*

**ob·sess** /əbˈses/ *v* [T] **be obsessed with** mieć obsesję na punkcie: *William is obsessed with making money.*

**ob·ses·sion** /əbˈseʃən/ *n* [C] obsesja: **+ with** *an obsession with sex*

**ob·ses·sive** /əbˈsesɪv/ *adj* **1** obsesyjny, chorobliwy: *He has an obsessive interest in death.* **2 be obsessive about** mieć obsesję na punkcie: *She's obsessive about her weight.* —**obsessively** *adv* obsesyjnie, chorobliwie

O

**ob·so·lete** /ˈɒbsəliːt/ *adj* przestarzały: *Our computer system will soon be obsolete.*

**ob·sta·cle** /ˈɒbstəkəl/ *n* [C] przeszkoda: **+ to** *Lack of confidence can be a big obstacle to success.*

**ob·sti·nate** /ˈɒbstənət/ *adj* uparty: *an obstinate old man* —**obstinately** *adv* uparcie —**obstinacy** *n* [U] upór

**ob·struct** /əbˈstrʌkt/ *v* [T] **1** za/blokować, za/tarasować: *A van was obstructing traffic.* **2** utrudniać: *Maya was charged with obstructing the investigation.*

**ob·struc·tion** /əbˈstrʌkʃən/ *n* [U singular] zator: *The accident caused an obstruction on the freeway.* | *an obstruction of justice* (=utrudnianie pracy wymiaru sprawiedliwości)

**ob·tain** /əbˈteɪn/ *v* [T] *formal* nabywać: *Maps can be obtained at the tourist office.* —**obtainable** *adj* osiągalny

**ob·vi·ous** /ˈɒbviəs/ *adj* oczywisty: *an obvious mistake* | **it is obvious that** *It was obvious that Gina was lying.* —**obviously** *adv* wyraźnie: *She obviously didn't want to go.*

**oc·ca·sion** /əˈkeɪʒən/ *n* **1** [C] **on that occasion** tym razem: *They had met on several occasions* (=spotkali się kilka razy). **2** [C] wydarzenie: *The royal visit was quite an occasion.* | **a special occasion** *We're saving the champagne for a special occasion* (=na specjalną okazję). **3** [singular] okazja, sposobność: *Christmas is an occasion to see old friends.* **4 on occasion(s)** czasami: *She can be very rude on occasion.*

UWAGA **occasion, opportunity** i **chance**

Wyraz 'okazja' tłumaczymy na angielski zwykle jako **opportunity** (lub **chance** w języku bardziej potocznym), a nie **occasion**: *The meet-*

*ing will be an opportunity for you to make some new contacts.* | *If I had a chance, I'd like to be an airline pilot.* Wyraz **occasion** znaczy najczęściej 'raz': *I've been to Rome on several occasions* (=several times).

**o**

**oc·ca·sion·al** /əˈkeɪʒənəl/ *adj* **1** sporadyczny: *I get the occasional business trip abroad.* **2** przelotny: *Tomorrow will be warm with occasional showers.* —**occasionally** *adv* od czasu do czasu: *We occasionally meet for a drink.*

**oc·cult** /ˈɒkʌlt, əˈkʌlt/ *n* **the occult** okultyzm —**occult** *adj* okultystyczny: *occult practices*

**oc·cu·pant** /ˈɒkjəpənt/ *n* [C] *formal* mieszkan-iec/ka, lokator/ka

**oc·cu·pa·tion** /ˌɒkjəˈpeɪʃən/ *n* **1** [C] *formal* zawód: *Please state your name and occupation.* **2** [U] okupacja: *the occupation of Poland* **3** [C] *formal* zajęcie: *His favourite occupation is fishing.*

**oc·cu·pa·tion·al** /ˌɒkjəˈpeɪʃənəl◂/ *adj* zawodowy: **occupational hazard** (=ryzyko zawodowe)

**oc·cu·pied** /ˈɒkjəpaɪd/ *adj* zajęty: *All the apartments on the first floor are occupied.* | **keep sb occupied** (=zajmować kogoś): *I brought along some toys to keep the kids occupied.*

**oc·cu·pi·er** /ˈɒkjəpaɪə/ *n* [C] *BrE* lokator/ka

**oc·cu·py** /ˈɒkjəpaɪ/ *v* [T] **1** zajmować: *The seventh floor of the building is occupied by Salem Press.* | *A painting occupied the entire wall.* | *Sport occupies most of his spare time.* | *Rebel forces occupied the city.* | *people who occupy senior positions* **2 occupy yourself** znajdować sobie zajęcie: *How do you occupy yourself now that you're retired?*

**oc·cur** /əˈkɜː/ *v* [I] **-rred, -rring** *formal* **1** zdarzać się, mieć miejsce: *Major earthquakes like this occur very rarely.* **2** występować: **+ in/among** *The disease occurs mainly in young children.*

**occur to** sb *phr v* [T] przychodzić do głowy: *Did it never occur to you to phone?*

**oc·cur·rence** /əˈkʌrəns/ *n* [C] wydarzenie: *Stress-related illness is now a fairly common occurrence* (=występuje obecnie dość często).

**o·cean** /ˈəʊʃən/ *n* [C] ocean: *the Indian Ocean* —**oceanic** /ˌəʊʃiˈænɪk◂/ *adj* oceaniczny

**o'clock** /əˈklɒk/ *adv* **one/two o'clock** godzina pierwsza/druga: *We got up at six o'clock.*

**oc·ta·gon** /ˈɒktəgən/ *n* [C] ośmiokąt —**octagonal** /ɒkˈtægənəl/ *adj* ośmiokątny

**oc·tave** /ˈɒktəv/ *n* [C] oktawa

**Oc·to·ber** /ɒkˈtəʊbə/ skrót pisany **Oct.** *n* październik

**oc·to·pus** /ˈɒktəpəs/ *n* [C] *plural* **octopuses** *or* **octopi** /-paɪ/ ośmiornica

**odd** /ɒd/ *adj* **1** dziwny, osobliwy: *Jake's an odd guy.* | *It's odd that she hasn't phoned.* **2 odd number** liczba nieparzysta → porównaj EVEN[2] **3 odd jobs** prace/zajęcia dorywcze **4** *spoken, especially BrE* okazjonalny: *I enjoy the odd game of tennis* (=lubię od czasu do czasu zagrać w tenisa). **5 20-odd/30-odd** *spoken* dwadzieścia/trzydzieści parę: *He must have worked here twenty-odd years.* **6** nie do pary: *an odd sock* **7 be the odd man out/the odd one out** nie pasować do reszty

**odd·i·ty** /ˈɒdəti/ *n* [C] osobliwość

**odd·ly** /ˈɒdli/ *adv* **1** dziwnie: *Roger's been behaving very oddly.* **2 oddly enough** dziwnym trafem: *Oddly enough, she didn't seem offended.*

**odds** /ɒdz/ *n* [plural] **1** szanse, prawdopodobieństwo: *The odds of winning the lottery are about 14 million to 1.* | **against all the odds** (=wbrew wszelkim przewidywaniom): *He recovered from his injury against all the odds.* **2 be at odds (with sb)** nie zgadzać się (z kimś): *Britain was at odds with France on the subject of nuclear testing.*

**odds and ends** /ˌ.. . ˈ./ *n* [plural] *informal* różności, drobiazgi

**ode** /əʊd/ *n* [C] oda

**o·dour** /ˈəʊdə/ *BrE*, **odor** *AmE n* [C] woń, zapach (*zwłaszcza nieprzyjemny*)

**o·dour·less** /ˈəʊdələs/ *BrE*, **odorless** *AmE adj* bezwonny: *an odorless gas*

**of** /əv/ *prep* **1** przy wyrażaniu przynależności, posiadania, zawartości: *I love the colour of his shirt.* | *He's a friend of Sam's.* | *the first part of the story* | *members of a rock group* | *a photo of Paula's baby* **2** w określeniach ilości, wielkości, wieku: *two kilos of sugar* | *a cup of coffee* | *a herd of elephants* | *a pay rise of 9%* | *a child of eight* **3** w datach: *the 23rd of January, 1998* **4** w nazwach: *the city of New Orleans* **5** przy podawaniu przyczyn: *She died of cancer* (=umarła na raka). **6** w określaniu kierunków: *I live just north of here.* **7** przy określaniu autorstwa: *the novels of Charles Dickens* ➡ patrz też **of course** (COURSE[1])

**off**[1] /ɒf/ *adv, prep* **1** oznacza oddalanie się, odsuwanie, trzymanie się z daleka itp.: *She waved goodbye as she drove off* (=odjeżdżając). | *Keep off the grass* (=nie deptać trawy)! | *A button has come off my shirt* (=odpadł mi guzik od koszuli). | *Take the lid off slowly* (=zdejmij pokrywkę powoli). **2** wyłączony: *All the lights were off.* **3 be off** mieć wolne: *He's been off work* (=nie było go w pracy) *for six weeks.* | *I'm taking the day off tomorrow* (=jutro biorę wolne). **4 15% off** 15% zniżki: *You get 15% off if you buy $100 worth of groceries.* **5** daleko: *mountains off in the distance* | *Spring is still a long way off.* **6** w bok od: *Oak Hills – isn't that off Route 290?* | *an island off the coast of Florida* (=u wybrzeży Florydy) **7 be off** wyruszyć: *At last, we're off!* **8 off and on/on and off** z przerwami: *I worked as a secretary off and on for three years.* ➡ patrz też BETTER OFF, WELL-OFF

**off**[2] *adj* **1** błędny: *His calculations are off by 20%* (=pomylił się w obliczeniach o 20%). **2** odwołany: *The wedding's off!* ➡ antonim ON[3] **3 have an off day/week** *spoken* mieć gorszy dzień/tydzień **4 the off season** okres mniejszego ruchu **5** *especially BrE* zepsuty (*o produktach żywnościowych*): *This milk smells off.*

**of·fal** /ˈɒfəl/ *n* [U] podroby

**off-chance** /ˈ. ./ *n* **on the off-chance** na wypadek, gdyby: *He only went to the party on the off-chance that Pippa might be there.*

**off·col·our** /ˌ. ˈ..◂ / *adj BrE spoken* niedysponowany

**of·fence** /əˈfens/ *BrE*, **offense** *AmE n* **1** [C] wykroczenie, przestępstwo: *a serious offence* | **commit an offence** *If you lie to the police, you are committing an offence.* **2 take/cause offence** obrażać się/kogoś: *A lot of women took offence at Rawlings' speech.*

**of·fend** /əˈfend/ *v* [T] obrażać: *I'm sorry, I didn't mean to offend you.*

**of·fend·er** /əˈfendə/ *n* [C] przestęp-ca/czyni: *an institution for young offenders*

**of·fense** /əˈfens/ *n* amerykańska pisownia wyrazu OFFENCE

**of·fen·sive**[1] /əˈfensɪv/ *adj* **1** zaczepny: *an offensive weapon* ➡ antonim DEFENSIVE[1] **2** obraźliwy: *Some people found the song offensive.*

**offensive**[2] *n* [C] ofensywa

**of·fer**[1] /ˈɒfə/ *v* **1** [T] za/proponować: **offer sb sth** *Can I offer you a drink?* **2** [T] za/oferować: *They've offered us £70,000 for the house.* | *We offer a wide range of winter vacations.* | *He offered me his handkerchief.* **3** [I,T] za/ofiarować (się): **offer to do sth** *Carol didn't even offer to help.*

**offer**[2] *n* [C] **1** propozycja: **+ of** *Thanks for your offer of support.* **2** oferta: **make (sb) an offer of £10/$300 etc** *He made me an offer of $50 for the bike.* **3 special offer** oferta specjalna: *Don't miss our special offer – two videos for the price of one.* **4 on offer** *BrE* **a)** oferowany, proponowany: *Activities on offer include windsurfing and water-skiing.* **b)** przeceniony: *Butter is on offer this week.*

**of·fer·ing** /ˈɒfərɪŋ/ *n* [C] ofiara: *offerings to the gods*

**off·hand**[1] /ˌɒfˈhænd◂ / *adj* nieuprzejmy: *"I'm going now" Piers said in an offhand voice.*

**offhand²** *adv* od razu, bez zastanowienia: *I can't tell you offhand if I can come – I'll have to check my diary.*

**of·fice** /ˈɒfəs/ *n* **1** [C] biuro: *Are you going to the office today?* **2** [C] gabinet: *the manager's office* **3** [U] urząd, stanowisko: **in office** (=u władzy): *The president died after only fifteen months in office.*

O

**of·fi·cer** /ˈɒfəsə/ *n* [C] **1** oficer **2** przedstawiciel/ka, funkcjonariusz/ka: *a local government officer* **3** policjant/ka

**of·fi·cial¹** /əˈfɪʃəl/ *adj* **1** oficjalny: *an official inquiry into the plane crash* | *The official reason for his resignation was ill health.* **2** urzędowy: *Her official title is Public Safety Adviser.*

**official²** *n* [C] wysoki urzędnik: *US Administration officials*

**of·fi·cial·ly** /əˈfɪʃəli/ *adv* oficjalnie: *The new bridge was officially opened this morning.* | *The meeting was cancelled, officially because of bad weather.*

**off-li·cence** /ˈ. ../ *n* [C] *BrE* sklep monopolowy

**off-peak** /ˌ. ˈ.◂/ *adj BrE* poza godzinami szczytu: *off-peak rail services*

**off·set** /ˈɒfset/ *v* [T] **offset, offset, offsetting** z/równoważyć, z/rekompensować: *The cost of the flight was offset by the cheapness of the hotel.*

**off·shoot** /ˈɒfʃuːt/ *n* [C] odgałęzienie, gałąź: *The company was an offshoot of Bell Telephones.*

**off·shore** /ˌɒfˈʃɔː◂/ *adj* przybrzeżny: *America's offshore oil reserves*

**off·side** /ˌɒfˈsaɪd◂/ *adj, adv* na spalonym

**off·spring** /ˈɒfˌsprɪŋ/ *n plural* **offspring** potomstwo

**off·stage** /ˌɒfˈsteɪdʒ◂/ *adv, adj* za sceną: *There was a loud crash offstage.*

**of·ten** /ˈɒfən/ *adv* **1** często: *That was fun! We should do it more often!* | *How often do you see your parents?* | *All too often, victims of bullying are frightened to ask for help.* | *Headaches are often caused by stress.* **2 every so often** co jakiś czas: *We see each other every so often.*

**o·gre** /ˈəʊgə/ *n* [C] potwór

**oh** /əʊ/ *interjection* ach: *"What time are you going to lunch?" "Oh, I haven't decided yet."* | *Oh, Sue, how lovely to see you!*

**oil¹** /ɔɪl/ *n* [U] **1** ropa naftowa: *the big oil companies* **2** olej **3** oliwa: *olive oil*

**oil²** *v* [T] na/oliwić

**oil paint·ing** /ˈ. ˌ../ *n* [C] obraz olejny

**oil rig** /ˈ. ./ *n* [C] platforma wiertnicza

**oils** /ɔɪlz/ *n* [plural] farby olejne

**oil slick** /ˈ. ./ *n* [C] plama ropy naftowej

**oil well** /ˈ. ./ *n* [C] szyb naftowy

**oil·y** /ˈɔɪli/ *adj* **1** tłusty: *an oily fish* **2** oleisty: *an oily liquid*

**oint·ment** /ˈɔɪntmənt/ *n* [C,U] maść

**OK¹** /əʊˈkeɪ/, **okay** *adj spoken* dobrze, w porządku: *Do you feel OK now?* | *Does my hair look OK?* | *Is it OK if I leave early* (=czy mogę wyjść wcześniej)? —**OK, okay** *adv* dobrze, w porządku: *Is your computer working OK?*

**OK²**, **okay** *interjection* **1** okej: *OK, can we go now?* **2** zgoda: *"We'd better be there by four." "Okay."*

**OK³**, **okay** *n* **the OK** *informal* pozwolenie

**old** /əʊld/ *adj* **1** stary: *an old man* | *one of the oldest universities in the world* | *I give her all my old clothes.* **2 be five/twenty years old** mieć pięć/dwadzieścia lat: *Our dog is three years old.* | *my ten-year-old daughter* | *How old is she* (=ile ona ma lat)? **3** dawny: *I saw your old girlfriend last night.* **4 good old** *spoken* poczciwy: *"Keith drove me home." "Good old Keith!"* **5 the old** starzy ludzie → porównaj ANCIENT, ELDERLY

**old age** /ˌ. ˈ.◂/ *n* [U] starość

**old age pen·sion** /ˌ. . ˈ../ *n* [C] *BrE* emerytura

**old age pen·sion·er** /ˌ. . ˈ.../ *n* [C] *BrE* emeryt/ka

**old-fash·ioned** /ˌ. ˈ..◂/ *adj* staroświecki: *old-fashioned ideas*

**old peo·ple's home** /ˌ. ˈ.. ˌ./ *n* [C] dom starców

**Old Tes·ta·ment** /ˌ. ˈ...◂/ *n* **the Old Testament** Stary Testament → porównaj NEW TESTAMENT

**ol·ive** /ˈɒl$_{ə}^{ɪ}$v/ *n* **1** [C] oliwka **2** [U] *także* **olive green** kolor oliwkowy

**O·lym·pic Games** /əˌlɪmpɪk ˈgeɪmz/ **Olympics** *n* **the Olympic Games/the Olympics** igrzyska olimpijskie, olimpiada —**Olympic** *adj* olimpijski

**ome·lette** /ˈɒml$_{ə}^{ɪ}$t/ *BrE*, **omelet** *AmE n* [C] omlet: *a cheese omelette*

**o·men** /ˈəʊmən/ *n* [C] omen: *a good omen*

**om·i·nous** /ˈɒm$_{ə}^{ɪ}$nəs/ *adj* złowieszczy, złowróżbny: *ominous black clouds*

**o·mis·sion** /əʊˈmɪʃən/ *n* [C,U] przeoczenie, pominięcie: *This report is full of mistakes and omissions.*

**o·mit** /əʊˈmɪt/ *v* [T] **-tted, -tting** pomijać: *Several important details had been omitted.*

**om·nip·o·tent** /ɒmˈnɪpətənt/ *adj formal* wszechmocny, wszechmogący —**omnipotence** *n* [U] wszechmoc

**on**[1] /ɒn/ *prep* **1** na: *She was sitting on the bed.* | *the picture on the wall* | *Henry grew up on a farm.* | *The answer is on page 44.* | *a new tax on imported wine* | *Did you do these graphs on a computer?* | *They met on a trip to Spain.* | *She spends a lot of money on clothes.* **2** nad: *a restaurant on the river* **3** przy: *houses on the main road* **4 on the left/right** z lewej/prawej **5** w: *See you on Monday.* | *He was killed on* (=w dniu) *22nd November 1963.* | *There's a good comedy on TV tonight.* | *He's on the team.* **6** o, na temat: *a book on China* **7 on the bus/train** autobusem/pociągiem: *Did you come here on the bus?* **8 be on drugs** *informal* brać leki: *She's on antibiotics.* **9 have/carry sth on you** mieć/nosić coś przy sobie: *Do you have a pen on you?* **10** natychmiast po: *He was arrested on his return to Ireland.* **11** *spoken* **it's on me** ja płacę/stawiam: *Dinner's on me.*

> UWAGA **on Sunday, Monday itp.**
>
> Mając na myśli 'najbliższą sobotę', mówimy **on Saturday** lub **this Saturday,** nie "on next Saturday". Kiedy chodzi o 'następną sobotę', mówimy **next Saturday.**

**on**[2] *adj* **1 be on** być nadawanym/wyświetlanym: *The local news will be on in a minute.* | *There's a new film on at our local cinema.* **2** włączony: *The fax machine isn't on.* | *The lights are still on* (=jeszcze palą się światła) *in her office.* ➞ antonim OFF[1] **3 sth is on** coś się odbędzie: *There's a big pop festival on this weekend.* **4 not on** *spoken* nie do przyjęcia: *That kind of behaviour's just not on!*

**once**[1] /wʌns/ *adv* **1** (jeden) raz: *"Have you been to Texas?" "Yes, but only once."* | **once more/again** (=jeszcze raz): *Say that once more.* | **once a week/year** (=raz w tygodniu/roku): *She goes to the gym once a week.* **2 (every) once in a while** raz na jakiś czas: *My uncle sends us money every once in a while.* **3 at once a)** na raz: *I can't do two things at once!* **b)** od razu: *Everybody knew at once how serious the situation was.* **4 all at once** naraz, nagle: *All at once, the room went quiet.* **5** kiedyś, niegdyś: *This island once belonged to Portugal.* **6 for once** *spoken* chociaż raz: *Will you just listen, for once?* **7 once and for all** raz na zawsze: *Let's settle this once and for all.* **8 once upon a time** pewnego razu **9 once in a blue moon** od wielkiego dzwonu: *"How often do you see her?" "Only once in a blue moon."*

**once**[2] *conjunction* jak: *Once he starts talking, it's difficult to shut him up.*

**on·com·ing** /ˈɒnˌkʌmɪŋ/ *adj* nadjeżdżający z przeciwka: *oncoming cars*

**one**[1] /wʌn/ *number* **1** jeden: *Only one person came.* | *We've made one or two changes.* **2** (godzina) pierwsza: *I have a meeting at one.*

**one**[2] *plural* **ones** *pron* **1** zastępuje wymieniony wcześniej rzeczownik: *"Do you have a bike?" "No, but I'm getting one for my birthday."* | **the one** *Jane's the one with the red hair* (=Jane to ta z rudymi włosami). **2 one by one** jeden po drugim, pojedynczo: *One by one, the passengers got off the bus.* **3 one after the other/one after another** jeden za

drugim: *He's had one problem after another this year.* **4 (all) in one** w jednym: *This is a TV, radio, and VCR all in one.* **5** *formal* zaimek bezosobowy: *One must be careful* (=trzeba uważać) *to keep exact records.*

**one³** *determiner* **1** jeden: *One reason I like the house is because of the big kitchen.* | **+ of** *One of the children is sick.* **2** któryś: *I met him one day after school.* | *Let's go shopping one Saturday.* **3** jedyny: *My one worry is that she will decide to leave college.*

**one an·oth·er** /ˌ. .'../ *pron* się, sobie (wzajemnie): *They shook hands with one another* (=uścisnęli sobie ręce).

**one-of-a-kind** /ˌ. . . './ *adj* jedyny w swoim rodzaju: *She's one of a kind.*

**one-off** /ˌ. '.◂/ *adj* jednorazowy: *a one-off payment*

**one·self** /wʌn'self/ *pron formal* **1** się: *to wash oneself* **2** samemu: *To do something oneself is often easier than getting someone else to do it.*

**one-sid·ed** /ˌ. '..◂/ *adj* **1** jednostronny: *a one-sided view of the problem* **2** nierówny: *a one-sided competition*

**one-to-one** /ˌ. . '.◂/ *adj* indywidualny: *tuition on a one-to-one basis* (=nauczanie indywidualne)

**one-track mind** /ˌ. . './ *n* **have a one-track mind** myśleć tylko o jednym

**one-way** /ˌ. '.◂/ *adj* **1** jednokierunkowy: *a one-way street* **2** w jedną stronę: *a one-way ticket* → porównaj RETURN², ROUND TRIP

**on·go·ing** /'ɒnˌgəʊɪŋ/ *adj* trwający, toczący się: *ongoing discussions*

**on·ion** /'ʌnjən/ *n* [C,U] cebula: *a cheese and onion sandwich*

**on·line** /'ɒnlaɪn/, **on-line** *adj, adv* **1** w sieci (*komputerowej*): *online banking facilities* (=usługi bankowe w Internecie) | **go online** (=podłączyć się do Internetu): *All of our local schools will go online by the end of the year.* **2** podłączony do komputera: *an online printer*

**on·look·er** /'ɒnˌlʊkə/ *n* [C] widz, obserwator/ka

**on·ly¹** /'əʊnli/ *adv* **1** tylko: *It'll only take a few minutes.* | *You're only wearing a T-shirt.* | *Parking is for customers only.* | *It's only a piece of paper.* **2** zaledwie: *Tammy was only 11 months old when she learned to walk.* | *A new TV for only* (=za jedyne) *£200!* **3** jedynie: *You can only get to the lake with a four-wheel-drive vehicle.* | *I only wanted to help.* **4** dopiero: *Congress passed the law only last year.* **5 only just** dopiero co: *Lizzie's only just left.* **6 if only I had done it** żałuję, że tego nie zrobiłem: *If only I'd taken that job in Japan.* **7 not only ... (but) also** nie tylko ... (lecz) także: *Not only is he a great footballer, he's also a poet.* **8 only too** bardzo: **only too pleased/happy to do sth** *I'm sure he'll be only too pleased to see you* (=będzie mu bardzo miło spotkać się z tobą). | **only too well** (=aż za dobrze): *He knew only too well the dangers he faced.*

**only²** *adj* **1** jedyny: *She's the only person I know who doesn't like chocolate.* **2 an only child** jedyna-k/czka

**only³** *conjunction* tylko że: *We were going to go fishing, only it started raining.*

**on·set** /'ɒnset/ *n* początek: *the onset of the Cold War*

**on·slaught** /'ɒnslɔːt/ *n* [C] szturm

**on·to** /'ɒntə, -tʊ/ *prep* na: *The cat jumped onto the kitchen table.*

**on·ward** /'ɒnwəd/ *adj* dalszy: *the onward journey* —**onward, onwards** *adv* dalej: *the history of Poland from 1919 onwards* (=począwszy od roku 1919)

**oops** /ʊps/ *interjection* oj(ej)!: *Oops! I spilled the milk!*

**ooze** /uːz/ *v* [I,T] sączyć się: *Blood oozed out of the wound.* | *His voice oozed confidence* (=z jego głosu biła pewność siebie).

**o·pal** /'əʊpəl/ *n* [C,U] opal

**o·paque** /əʊ'peɪk/ *adj* **1** nieprzezroczysty: *opaque glass* **2** niejasny: *an opaque argument* → porównaj TRANSPARENT

**open¹** /'əʊpən/ *adj* **1** otwarty: *Who left the window open?* | *I could barely keep my eyes open.* | *A book lay open on the*

*table.* | *When will the new library be open?* | *We're open* (=mamy otwarte) *until six.* | *an open fire* | *We try to be open with each other.* **2** dostępny: **+ to** *Few jobs were open to women in those days.* **3 keep your eyes/ears open** *spoken* mieć oczy/uszy otwarte **4 sth is open to criticism/misunderstanding** łatwo coś skrytykować/źle zrozumieć: *Her comments were open to misunderstanding.* **5 be open to suggestions/new ideas** być otwartym na propozycje/nowe idee **6** nie zapięty: *His shirt was open.*

**open²** *v* **1** [I,T] otwierać (się): *Can you open the window?* | *She opened her eyes.* | *The doors open automatically.* | *I can't open my umbrella.* | *You need to open a bank account.* | *The flowers are starting to open.* | *What time does the bookstore open* (=o której otwierają tę księgarnię) *on Sundays?* | *Parts of the White House will be opened to the public.* **2** [I] mieć premierę: *A new play opens next week on Broadway.* **3 open fire** otwierać ogień: **+ on** *Troops opened fire on the protesters.*

**open into/onto** sth *phr v* [T] wychodzić na: *The kitchen opens onto the back yard.*

**open up** *phr v* [I,T] otwierac (się): *New business opportunities are opening up all the time.* | *It takes a long time for him to open up.*

**open³** *n* **1 out in the open** na świeżym powietrzu: *It's fun to eat out in the open.* **2 be out in the open** wyjść na jaw: *The truth is finally out in the open.*

**open-air** /ˌ.. '.◂/ *adj* na wolnym powietrzu: *open-air concerts*

**open day** /'.. ./ *n* [C] *BrE* dzień otwarty

**open-end·ed** /ˌ.. '..◂/ *adj* na czas nieokreślony: *an open-ended contract*

**o·pen·er** /'əʊpənə/ *n* **can/tin/bottle opener** otwieracz do puszek/butelek

**open house** /ˌ.. './ *n* [C] *AmE* dni otwarte

**o·pen·ing¹** /'əʊpənɪŋ/ *n* [C] **1** otwarcie: *the opening of the new art gallery* | *a speech at the opening of the conference* **2** wakat: *Are there any openings for gardeners?* **3** otwór: *an opening in the fence*

**opening²** *adj* początkowy, wstępny: *the President's opening remarks* | **opening night** (=premiera sztuki/filmu)

**o·pen·ly** /'əʊpənli/ *adv* otwarcie: *a chance to talk openly about your problems*

**open-mind·ed** /ˌ.. '..◂/ *adj* wolny od uprzedzeń: *My doctor isn't very open-minded about new treatments.* —**open-mindedness** *n* [U] otwartość

**open-mouthed** /ˌ.. '.◂/ *adj, adv* z otwartymi ustami: *The children were staring open-mouthed at the television.*

**o·pen·ness** /'əʊpən-nǝs/ *n* [U] otwartość

**open plan** /ˌ.. './ *adj* bez ścianek działowych: *an open-plan office*

**op·e·ra** /'ɒpərə/ *n* [C,U] opera —**operatic** /ˌɒpə'rætɪk◂/ *adj* operowy → patrz też SOAP OPERA

**op·e·rate** /'ɒpəreɪt/ *v* **1** [T] obsługiwać: *He doesn't know how to operate the equipment.* **2** [I] działać: *The machine seems to be operating smoothly.* | *a large mining company, operating in Western Australia* | **+ as** *These cells operate as a kind of early warning system.* **3** [I] operować: *Surgeons operated on him for eight hours.*

**op·e·rat·ing room** /'.... ˌ./ *AmE*, **operating thea·tre** /'.... ˌ../ *BrE* *n* [C] sala operacyjna

**op·e·ra·tion** /ˌɒpə'reɪʃən/ *n* **1** [C] operacja: *She's having an operation on her knee.* **2** [C] akcja: *a rescue operation* **3 be in operation** działać: *Video cameras were in operation.* **4** [U] obsługa: *The job involves the operation of heavy machinery.*

**op·e·ra·tion·al** /ˌɒpə'reɪʃənəl◂/ *adj* **1 be operational** działać: *The new airport will soon be operational.* **2** operacyjny: *operational costs*

**op·e·ra·tive** /'ɒpərətɪv/ *adj* działający, obowiązujący: *The law will become operative* (=zacznie obowiązywać) *in a month.*

**op·e·ra·tor** /'ɒpəreɪtə/ *n* [C] **1** telefonist-a/ka: *Ask the operator to help*

*you with the call.* **2** operator/ka: *a computer operator* **3** organizator: *a tour operator*

**o·pin·ion** /əˈpɪnjən/ *n* **1** [C] opinia, zdanie: **+ about/on** *Can I ask your opinion about something?* | **in my opinion** *spoken* (=moim zdaniem): *In my opinion, he made the right decision.* | **public opinion** (=opinia publiczna): *Public opinion is against nuclear power.* | **get a second opinion** (=zasięgnąć opinii innego specjalisty) ➡ patrz też **difference of opinion** (DIFFERENCE), **be a matter of opinion** (MATTER[1]) **2 have a high/low opinion of** mieć wysokie/niskie mniemanie o: *Her boss has a high opinion of her work.*

**o·pin·ion·at·ed** /əˈpɪnjəneɪtɪ̣d/ *adj* zadufany (w sobie): *an opinionated old fool*

**opinion poll** /.ˈ.. ./ *n* [C] badanie opinii publicznej

**o·pi·um** /ˈəʊpiəm/ *n* [U] opium

**op·po·nent** /əˈpəʊnənt/ *n* [C] przeciwni-k/czka: *His opponent is twice as big as he is.* | *opponents of Darwin's theory*

**op·por·tun·ist** /ˌɒpəˈtjuːnɪ̣st/ *n* [C] oportunist-a/ka —**opportunism** *n* [U] oportunizm

**op·por·tu·ni·ty** /ˌɒpəˈtjuːnɪ̣ti/ *n* [C,U] okazja: *I haven't had the opportunity to thank him yet.* | *job opportunities*

> UWAGA **opportunity**
>
> Patrz **possiblility** i **opportunity**. Patrz **occasion**, **opportunity** i **chance**.

**op·pose** /əˈpəʊz/ *v* [T] sprzeciwiać się: *They continue to oppose any changes to the present system.*

**op·posed** /əˈpəʊzd/ *adj* **1 be opposed to** być przeciwnym: *Most people are opposed to the death penalty.* **2 as opposed to** w odróżnieniu od: *The discount price is £25, as opposed to the usual price of £50.*

**op·pos·ing** /əˈpəʊzɪŋ/ *adj* **1** przeciwny: *opposing teams* **2** przeciwstawny: *opposing opinions*

**op·po·site**[1] /ˈɒpəzɪ̣t/ *adj* **1** odwrotny, przeciwny: *I thought the music would relax me, but it had the opposite effect.* **2** przeciwny: *a building on the opposite side of the river* | *She finds it hard to talk to members of the opposite sex.*

**opposite**[2] *prep adv* naprzeciw(ko): *Put the piano opposite the sofa.* | *He's moved into the house opposite.*

**opposite**[3] *n* [C] przeciwieństwo, odwrotność: *Everyone thought that the US would win easily. Instead, the opposite happened* (=stało się odwrotnie).

**opposite num·ber** /ˌ.... ˈ../ *n* [C usually singular] odpowiedni-k/czka: *British Foreign Secretary Robin Cook will meet his opposite number in the White House today.*

**op·po·si·tion** /ˌɒpəˈzɪʃən/ *n* [U] **1** sprzeciw: **+ to** *opposition to the war* **2 the opposition** przeciwnik, rywal: *Two players managed to break through the opposition's defence.* **3 the Opposition** *BrE* opozycja

**op·press** /əˈpres/ *v* [T] uciskać, gnębić —**oppression** *n* [U] ucisk

**op·pressed** /əˈprest/ *adj* uciskany: *the oppressed minorities of Eastern Europe*

**op·pres·sive** /əˈpresɪv/ *adj* **1** oparty na ucisku: *an oppressive military government* **2** przytłaczający: *oppressive heat*

**op·pres·sor** /əˈpresə/ *n* [C] gnębiciel/ka

**opt** /ɒpt/ *v* [I] **1 opt for** z/decydować się na: *We've opted for a smaller car.* **2 opt to do sth** z/decydować się coś zrobić: *More high school students are opting to go to college.*

**opt out** *phr v* [I] wycofywać się: *Several countries may opt out of the agreement.*

**op·tic** /ˈɒptɪk/ *adj* wzrokowy: *the optic nerve*

**op·ti·cal** /ˈɒptɪkəl/ *adj* optyczny: *an optical instrument* —**optically** *adv* optycznie

**optical il·lusion** /ˌ... .ˈ../ *n* [C] złudzenie optyczne

**op·ti·cian** /ɒpˈtɪʃən/ *n* [C] **1** *BrE* optyk-okulista **2** *AmE* optyk

**op·tics** /ˈɒptɪks/ *n* [U] optyka

**op·ti·mis·m** /ˈɒptɪ̣mɪzəm/ *n* [U] opty-

mizm: *optimism about the country's economic future* → antonim PESSIMISM

**op·ti·mist** /ˈɒptəməst/ *n* [C] optymist-a/ka → antonim PESSIMIST

**op·ti·mis·tic** /ˌɒptəˈmɪstɪk◂/ *adj* optymistyczny: **+ about** *Tom's optimistic about* (=optymistycznie zapatruje się na) *finding a job.* —**optimistically** *adv* optymistycznie → antonim PESSIMISTIC

**op·ti·mum** /ˈɒptəməm/ *adj formal* optymalny: *optimum use of space*

**op·tion** /ˈɒpʃən/ *n* [C] opcja: *It's the only option we have left* (=nie mamy innego wyboru).

**op·tion·al** /ˈɒpʃənəl/ *adj* fakultatywny, dodatkowy: *The sunroof is optional.*

**op·tom·e·trist** /ɒpˈtɒmətrəst/ *n* [C] okulist-a/ka

**or** /ɔː/ *conjunction* **1** czy: *Coffee or tea?* | *"How many people were there?" "About 30 or 40."* **2** albo, lub: *You can go by bus, by train, or by plane.* → porównaj EITHER[1] **3** ani: *They don't eat meat or fish.* **4** *także* **or else** bo inaczej: *Hurry, or you'll miss your plane.* **5 or so** około: *There's a gas station a mile or so down the road.* **6 or anything/something** *spoken* czy coś takiego: *Do you want to go out for a drink or anything?* **7** czyli: *biology, or the study of living things*

**o·ral**[1] /ˈɔːrəl/ *adj* ustny: *an oral report* | *oral hygiene* (=higiena jamy ustnej)

**oral**[2] *n* [C] egzamin ustny

**or·ange**[1] /ˈɒrəndʒ/ *n* [C,U] **1** pomarańcza **2** kolor pomarańczowy

**orange**[2] *adj* pomarańczowy: *an orange sweater*

**or·a·tor** /ˈɒrətə/ *n* [C] mów-ca/czyni, orator

**or·bit**[1] /ˈɔːbət/ *n* [C] orbita

**orbit**[2] *v* [T] okrążać, krążyć wokół: *a satellite that orbits the Earth*

**or·chard** /ˈɔːtʃəd/ *n* [C] sad

**or·ches·tra** /ˈɔːkəstrə/ *n* [C] orkiestra —**orchestral** /ɔːˈkestrəl/ *adj* orkiestrowy, orkiestralny

**or·chid** /ˈɔːkəd/ *n* [C] orchidea, storczyk

**or·deal** /ɔːˈdiːl/ *n* [C] gehenna: *School can be an ordeal for some children.*

**or·der**[1] /ˈɔːdə/ *n* **1 in order to** żeby: *Plants need light in order to live.* | *She had the operation in order to save her eyesight.* **2** [C,U] porządek, kolejność: *Can you keep the pictures in the same order?* | *The names were written in alphabetical order.* **3** [C] zamówienie: *The school has just put in an order* (=złożyła zamówienie) *for 10 new computers.* | **take sb's order** (=przyjmować czyjeś zamówienie): *Can I take your order?* **4** [C] rozkaz: *Captain Marshall gave the order to advance.* **5 out of order a)** niesprawny: *The photocopier is out of order again.* **b)** nie po kolei: *Don't let the files get out of order.* **6 in order a)** w porządku: *Your passport seems to be in order.* **b)** po kolei: *Are all the slides in order?* **7** [U singular] porządek: *a new world order* | *Police are working hard to maintain law and order.*

**order**[2] *v* **1** [I,T] zamawiać: *He sat down and ordered a beer.* | *I've ordered a new table for the kitchen.* **2** [T] rozkazywać, nakazywać: *The judge ordered the jury not to discuss the trial.* **3** [T] u/porządkować: *The names are ordered alphabetically.*

**or·der·ly**[1] /ˈɔːdəli/ *adj* **1** uporządkowany: *an orderly desk* **2** zdyscyplinowany: *an orderly crowd*

**orderly**[2] *n* [C] sanitariusz, salowa

**or·di·na·ri·ly** /ˈɔːdənərəli/ *adv* zazwyczaj: *I don't ordinarily go to movies in the afternoon.*

**or·di·na·ry** /ˈɔːdənəri/ *adj* **1** zwyczajny, zwykły: *It looks like an ordinary car, but it has a very special type of engine.* | *legal documents that are difficult for ordinary people to understand* **2 out of the ordinary** niezwykły: *nothing out of the ordinary*

**ore** /ɔː/ *n* [C,U] ruda: *iron ore*

**or·gan** /ˈɔːgən/ *n* [C] **1** narząd, organ: *the liver and other internal organs* **2** organy

**or·gan·ic** /ɔːˈgænɪk/ *adj* **1** organiczny: *organic matter* → antonim INORGANIC **2** hodowany bez nawozów sztucznych:

*organic vegetables* —**organically** *adv* organicznie

**or·gan·is·m** /ˈɔːɡənɪzəm/ *n* [C] organizm: *a microscopic organism*

**or·gan·ist** /ˈɔːɡənəst/ *n* [C] organista

O

**or·gan·i·za·tion** /ˌɔːɡənaɪˈzeɪʃən/ (*także* **-isation** *BrE*) *n* [C,U] organizacja: *a charity organization* | *an organization of Christian students* | *He was responsible for the organization of the party's election campaign.* —**organizational** *adj* organizacyjny

**or·gan·ize** /ˈɔːɡənaɪz/ (*także* **-ise** *BrE*) *v* [T] z/organizować: *Who's organizing the New Year's party?*

**or·gan·ized** /ˈɔːɡənaɪzd/ (*także* **-ised** *BrE*) *adj* **well organized/badly organized** dobrze/źle zorganizowany: *The exhibition wasn't very well organized.* | *She's really badly organized.*

**or·gan·i·zer** /ˈɔːɡənaɪzə/ (*także* **-iser** *BrE*) *n* [C] organizator/ka: *festival organizers*

**or·gas·m** /ˈɔːɡæzəm/ *n* [C,U] orgazm

**or·gy** /ˈɔːdʒi/ *n* [C] orgia

**O·ri·ent** /ˈɔːriənt/ *n* **the Orient** *old-fashioned* Orient

**O·ri·en·tal** /ˌɔːriˈentl◂/ *adj* orientalny, dalekowschodni: *Oriental culture*

**o·ri·ent·ed** /ˈɔːrientəd/ *także* **or·i·en·tat·ed** /ˈɔːrienteɪtəd/ *BrE adj* **politically oriented/export-oriented** nastawiony na politykę/eksport: *complaints that the magazine has become too politically oriented*

**or·i·gin** /ˈɒrədʒən/ *n* [C,U] pochodzenie: *The word is of Latin origin.* | *the origin of life on Earth* | *He's proud of his Italian origins.*

**o·rig·i·nal**[1] /əˈrɪdʒɪnəl/ *adj* **1** pierwotny: *Our original plan was too expensive.* **2** oryginalny: *Is that an original Matisse?* | *a highly original style of painting*

**original**[2] *n* [C] oryginał

**o·rig·i·nal·i·ty** /əˌrɪdʒəˈnæləti/ *n* [U] oryginalność: *The design is good but lacks originality.*

**o·rig·i·nal·ly** /əˈrɪdʒɪnəli/ *adv* pierwotnie: *Her family originally came from Thailand.*

**o·rig·i·nate** /əˈrɪdʒəneɪt/ *v* [I] *formal* **originate in** powstawać w, pochodzić z: *The custom of having a Christmas tree originated in Germany.*

**or·na·ment** /ˈɔːnəmənt/ *n* [C] ozdoba: *china ornaments*

**or·na·men·tal** /ˌɔːnəˈmentl◂/ *adj* ozdobny: *ornamental plants*

**or·nate** /ɔːˈneɪt/ *adj* bogato zdobiony: *ornate furniture*

**or·ni·thol·o·gy** /ˌɔːnəˈθɒlədʒi/ *n* [U] ornitologia —**ornithologist** *n* [C] ornitolog

**or·phan** /ˈɔːfən/ *n* [C] sierota

**or·phan·age** /ˈɔːfənɪdʒ/ *n* [C] sierociniec

**or·tho·dox** /ˈɔːθədɒks/ *adj* **1** ortodoksyjny: *an orthodox Jew* **2** konwencjonalny: *orthodox methods of treating disease* —**orthodoxy** *n* [C,U] ortodoksja

**os·ten·si·ble** /ɒˈstensəbəl/ *adj* [only before noun] rzekomy: *The ostensible reason for his dismissal was poor sales figures.* —**ostensibly** *adv* rzekomo

**os·ten·ta·tious** /ˌɒstənˈteɪʃəs◂/ *adj* ostentacyjny —**ostentatiously** *adv* ostentacyjnie

**os·tra·cize** /ˈɒstrəsaɪz/ (*także* **-ise** *BrE*) *v* [T] z/bojkotować (*towarzysko*): *There was a time when criminals would be ostracized by the whole village.* —**ostracism** *n* [U] ostracyzm

**os·trich** /ˈɒstrɪtʃ/ *n* [C] struś

**oth·er**[1] /ˈʌðə/ *determiner adj* **1** inny, pozostały: *Anna has a job, but the other girls are still at school.* | *The other students are about the same age as me.* | *Can we meet some other time* (=kiedy indziej) *– I'm busy right now.* | **the other one** (=drugi): *Here's one sock, where's the other one?* **2** przeciwny, drugi: *Their cottage is on the other side of the lake.* **3 the other day** *spoken* parę dni temu: *I was talking to Ted the other day.* **4 other than** oprócz: *She has no-one to talk to other than her family.* **5 every other day/week** co drugi dzień/tydzień: *Her husband cooks*

*dinner every other day.* ➞ porównaj ANOTHER, patrz też EACH OTHER

| UWAGA **other** |
| --- |
| Patrz **another** i **the other**. |

**other²** *pron* **1** (ten) drugi: *We ate one of the pizzas and froze the other.* **2** pozostały: *John's here – where are the others?* **3 someone/something or other** ktoś/coś tam: *We'll get the money somehow or other* (=jakoś tam).

**oth·er·wise** /ˈʌðəwaɪz/ *adv* **1** w przeciwnym razie: *You'd better go now, otherwise you'll be late.* **2** poza tym: *The sleeves are a bit long, but otherwise the dress fits fine.* **3 think otherwise** być innego zdania: *She says it's genuine, but we think otherwise.*

**ot·ter** /ˈɒtə/ *n* [C] wydra

**ouch** /aʊtʃ/ *interjection* au: *Ouch! That hurt!*

**ought** /ɔːt/ *modal verb* **sb ought to do sth** ktoś powinien coś zrobić: *You ought to take a day off.* | *The weather ought to be nice in August.* ➞ patrz ramka OUGHT, –porównaj SHOULD

**oughtn't** /ˈɔːtnt/ forma ściągnięta od 'ought not'

**ounce** /aʊns/ *n* [C] **1** uncja **2** odrobina, krztyna: *If you had an ounce of sense, you'd leave him.*

**our** /aʊə/ *determiner* nasz: *Our daughter is at college.*

**ours** /aʊəz/ *pron* nasz: *"Whose car is that?" "It's ours."* | *They have their tickets, but ours haven't come yet.*

**our·selves** /aʊəˈselvz/ *pron* **1** się: *It was strange seeing ourselves on television.* **2** sami: *We started this business ourselves.* **3 (all) by ourselves** (zupełnie) sami: *We found our way here all by ourselves.* **4 to ourselves** dla siebie: *We'll have the house to ourselves next week.*

**out** /aʊt/ *adj, adv* **1** na zewnątrz, na dworze, poza domem: *Close the door on your way out* (=wychodząc, zamknij drzwi). | *She is out right now* (=nie ma jej w tej chwili). | *Why don't you go out and play* (=czemu nie wyjdziecie się pobawić)? **2 out of** z, spośród: *Out of all the gifted footballers, only a few get to play for their country.* **3 be out of sth** nie mieć czegoś: *We're out of gas* (=skończyła nam się benzyna). **4 be out** *spoken* nie wchodzić w rachubę: *Skiing's out because it costs too much.*

O

**out-and-out** /ˌ. . ˈ.◂/ *adj* [only before noun] absolutny, totalny: *an out-and-out lie* (=wierutne kłamstwo)

**out·break** /ˈaʊtbreɪk/ *n* [C] wybuch: *an outbreak of war*

**out·burst** /ˈaʊtbɜːst/ *n* [C] wybuch: *an angry outburst* (=wybuch złości)

**out·cast** /ˈaʊtkɑːst/ *n* [C] wyrzutek: *a social outcast*

**out·class** /aʊtˈklɑːs/ *v* [T] przewyższać o klasę

**out·come** /ˈaʊtkʌm/ *n* [singular] wynik: *the outcome of the election*

**out·cry** /ˈaʊtkraɪ/ *n* [singular] głosy protestu: **+ against** *a public outcry against nuclear weapons testing*

**out·dat·ed** /ˌaʊtˈdeɪtɪd◂/ *adj* przestarzały: *factories full of outdated machinery*

**out·do** /aʊtˈduː/ *v* [T] **outdid** /-ˈdɪd/, **outdone** /-ˈdʌn/, **outdoing** prześcigać, przewyższać: *two brothers trying to outdo each other*

**out·door** /ˈaʊtdɔː/ *adj* [only before noun] na świeżym powietrzu: *an outdoor swimming pool* (=odkryta pływalnia) ➞ antonim INDOOR

**out·doors** /ˌaʊtˈdɔːz/ *adv* na dworze, na świeżym powietrzu: *I prefer working outdoors.* ➞ antonim INDOORS

**out·er** /ˈaʊtə/ *adj* [only before noun] zewnętrzny: *Peel off the outer leaves.* ➞ antonim INNER

**out·er·most** /ˈaʊtəməʊst/ *adj* [only before noun] najbardziej oddalony od centrum: *the outermost planets* ➞ antonim INNERMOST

**outer space** /ˌ.. ˈ./ *n* [U] przestrzeń kosmiczna, kosmos

**out·fit** /'aʊtfɪt/ *n* [C] strój: *He arrived at the party in a cowboy outfit.*

**out·go·ing** /ˌaʊt'gəʊɪŋ◂/ *adj* **1** towarzyski **2 the outgoing president/government** ustępujący prezydent/rząd **3** [only before noun] wychodzący: *outgoing phone calls*

**out·go·ings** /'aʊtˌgəʊɪŋz/ *n* [plural] *BrE* wydatki

**out·grow** /aʊt'grəʊ/ *v* [T] **outgrew** /-'gruː/, **outgrown** /-'grəʊn/, **outgrowing** wyrastać z: *Kara's already outgrown her shoes.* | *I've outgrown the job really.*

**out·ing** /'aʊtɪŋ/ *n* [C] wycieczka: *We're going on a family outing.*

**out·land·ish** /aʊt'lændɪʃ/ *adj* dziwaczny: *outlandish clothes*

**out·law¹** /'aʊtlɔː/ *v* [T] zakazywać: *Gambling was outlawed here in 1980.*

**outlaw²** *n* [C] *old-fashioned* banita

**out·let** /'aʊtlet/ *n* [C] **1** wylot, odpływ **2** ujście: *I use judo as an outlet for stress.*

**out·line¹** /'aʊtlaɪn/ *n* [singular] zarys, szkic: *an outline of the company's plan*

**outline²** *v* [T] na/szkicować: *a speech outlining his work in refugee camps*

**out·live** /aʊt'lɪv/ *v* [T] przeżyć: *She outlived her husband by 10 years.*

**out·look** /'aʊtlʊk/ *n* [C] **1** pogląd(y): **+ on** *Ann has a very positive outlook on life.* **2** prognoza: **+ for** *The long-term outlook for the industry is worrying.*

**out·ma·noeu·vre** /ˌaʊtmə'nuːvə/ *BrE*, **outmaneuver** *AmE v* [T] przechytrzyć

**out·num·ber** /aʊt'nʌmbə/ *v* [T] przewyższać liczebnie: *Women outnumber men in the nursing profession.*

**out-of-date** /ˌ. . '.◂/ *adj* przestarzały

**out-of-the-way** /ˌ. . . '.◂/ *adj* odległy, odosobniony

**out of work** /ˌ. . '.◂/ *adj* bezrobotny: *an out of work actor*

**out·pa·tient** /'aʊtˌpeɪʃənt/ *n* [C] pacjent/ka dochodząc-y/a

**out·post** /'aʊtpəʊst/ *n* [C] placówka

**out·put** /'aʊtpʊt/ *n* [C,U] produkcja: *Economic output is down by 10% this year.* ➡ porównaj INPUT

**out·rage¹** /'aʊtreɪdʒ/ *n* [C,U] oburzenie: *feelings of shock and outrage at such a brutal attack on a child* | *This is an outrage* (=to skandal)*!*

**outrage²** *v* [T] oburzać —**outraged** *adj* oburzony

**out·ra·geous** /aʊt'reɪdʒəs/ *adj* oburzający, skandaliczny: *£200 for a hotel room – that's outrageous!*

**out·right¹** /'aʊtraɪt/ *adj* [only before noun] **1** całkowity: *an outright ban on handguns* **2** bezapelacyjny: *outright victory* **3** otwarty: *an outright refusal*

**out·right²** /aʊt'raɪt/ *adv* **1** wprost: *You should have told him outright that you don't want to work there any more.* **2 be killed outright** zginąć na miejscu **3** całkowicie: *They haven't rejected the plan outright.*

**out·set** /'aʊtset/ *n* **at/from the outset** na (samym)/od (samego) początku: *The rules were agreed at the outset of the game.*

**out·side¹** /aʊt'saɪd, 'aʊtsaɪd/ *także* **outside of** *especially AmE prep* **1** pod: *He left an envelope outside my door.* | *We live just outside Leeds.* ➡ antonim INSIDE¹ **2** poza: *Teachers can't control what students do outside school.*

**outside²** *adv* na zewnątrz: *Can I go and play outside, Dad?* | *Wait outside, I want to talk to him alone.*

**outside³** *n* **1 the outside** zewnętrzna strona: *The outside of the building is pink.* ➡ antonim INSIDE² **2 on the outside** na/z zewnątrz: *Their marriage seemed so perfect on the outside.*

**out·sid·er** /aʊt'saɪdə/ *n* [C] osoba z zewnątrz: *Sometimes I feel like an outsider* (=czuję się obco) *in my own family.*

**out·skirts** /'aʊtskɜːts/ *n* **the outskirts** peryferie: **on the outskirts** *They have an apartment on the outskirts of Geneva.*

**out·spo·ken** /aʊt'spəʊkən/ *adj* otwarty: *an outspoken critic of the government's economic policy*

**out·stand·ing** /aʊt'stændɪŋ/ *adj*

## Czasownik modalny ***OUGHT***

***Ought*** jest jedynym czasownikiem modalnym, po którym następuje bezokolicznik z **to**. Używamy go zwykle

**1** w znaczeniu „powinienem, powinieneś itd.":
*You **ought to** stop smoking.*
*He **ought to** be here by now.*

**2** w połączeniu z bezokolicznikiem typu „perfect" w znaczeniu „powinienem był, powinieneś był itd.":
*Maybe we **ought to** have waited?* („Może powinniśmy byli zaczekać?")
*You **ought not to** have said that.* („Nie powinieneś był tego mówić.")

W brytyjskiej angielszczyźnie w zdaniach przeczących oprócz ***ought not*** występuje też forma ściągnięta ***oughtn't***:
*You **oughtn't** to have said that.*
*He ought to be punished, **oughtn't** he?*

We wszystkich omówionych wyżej przypadkach ***ought to*** może być zastąpione przez ***should***. Jedyna różnica polega na tym, że ***ought*** jest nieco mocniejsze i bardziej kategoryczne.

patrz też: ***Modal Verbs, Perfect Infinitive, Reported Speech, Verb, SHOULD***

**1** wybitny: *an outstanding performance* **2** zaległy: *an outstanding debt*

**out·stay** /aʊt'steɪ/ *v* ➡ patrz **outstay your welcome** (WELCOME)

**out·stretched** /ˌaʊt'stretʃt◂/ *adj* wyciągnięty: *I took hold of his outstretched arm.*

**out·ward** /'aʊtwəd/ *adj* **1 outward calm/control** pozorny spokój/opanowanie: *Amy answered with outward composure.* **2** w tamtą stronę: *an outward flight*

**out·ward·ly** /'aʊtwədli/ *adv* pozornie, na pozór: *Outwardly he seems to be very happy.*

**out·wards** /'aʊtwədz/ *especially BrE*, **outward** *especially AmE adv* na zewnątrz: *The universe is expanding outwards.* ➡ antonim INWARDS

**out·weigh** /aʊt'weɪ/ *v* [T] przeważać nad: *The benefits outweigh the costs.*

**out·wit** /aʊt'wɪt/ *v* [T] przechytrzyć: *Our plan is to outwit the thieves.*

**o·val** /'əʊvəl/ *n* [C] owal —**oval** *adj* owalny

**o·va·ry** /'əʊvəri/ *n* [C] jajnik

**o·va·tion** /əʊ'veɪʃən/ *n* [C] owacja: **standing ovation** (=owacja na stojąco) ➡ porównaj ENCORE

**ov·en** /'ʌvən/ *n* [C] piekarnik

**over**[1] /'əʊvə/ *prep* **1** przez: *Can you jump over the stream?* | *the next bridge over the river* | *The salesman explained it to me over the phone.* ➡ porównaj ACROSS **2** nad: *The sign over the door said "No Exit".* | *Put this blanket over him* (=przykryj go tym kocem). ➡ antonim UNDER[1], porównaj ABOVE[1], ACROSS **3 over the road/river** po drugiej stronie ulicy/rzeki: *There's a supermarket over the road.* ➡ antonim UNDER[1] **4** ponad: *It cost over £1000.* **5** podczas, przez: *I stayed with Julie over the summer.* **6** z: *The car fell over a cliff.* **7 over here/there** tutaj/tam: *I'm over here!* **8** o: *They had an argument over who would take the car* (=o to, kto weźmie samochód). ➡ patrz też **all over** (ALL[2])

UWAGA **over the last few years**
Patrz **for the last few years** i

| over/during/in the last few years. |
|---|

**over²** *adv* **1 come over** przychodzić: *Come over tomorrow and we'll go shopping.* **2** w górze, nad głową: *You can't hear anything when the planes fly over.* **3 (all) over again** (wszystko) od początku: *The computer lost all my work, and I had to do it all over again.* **4 over and over (again)** w kółko: *He made us sing the song over and over until we got it right.* **5 think/talk sth over** przemyśleć/omówić coś: *Think it over, and give us your answer tomorrow.* **6** powyżej: *a game for children aged 6 and over*

**over³** *adj* [not before noun] skończony: *The game's over.*

**o·ver·all¹** /ˈəʊvərɔːl/ *adj* całkowity: *The overall cost of the trip is $500.*

**o·ver·all²** /ˌəʊvərˈɔːl/ *adv* w sumie, ogólnie biorąc: *Overall, the situation looks good.*

**o·ver·all³** /ˈəʊvərɔːl/ *n* [C] *BrE* kitel

**o·ver·alls** /ˈəʊvərɔːlz/ *n* [plural] **1** *BrE* kombinezon **2** *AmE* ogrodniczki

**o·ver·awed** /ˌəʊvərˈɔːd/ *adj* onieśmielony: *I felt overawed just looking at the stadium.*

**o·ver·bear·ing** /ˌəʊvəˈbeərɪŋ/ *adj* władczy: *an overbearing father*

**o·ver·board** /ˈəʊvəbɔːd/ *adv* **1** za burt-ę/ą: *He fell overboard into the icy water.* **2 go overboard** *informal* popadać w przesadę: *"That was absolutely amazing!" "OK, there's no need to go overboard."*

**o·ver·came** /ˌəʊvəˈkeɪm/ *v* czas przeszły od OVERCOME

**o·ver·cast** /ˌəʊvəˈkɑːst◂/ *adj* zachmurzony, pochmurny: *a grey, overcast sky*

**o·ver·charge** /ˌəʊvəˈtʃɑːdʒ/ *v* [I,T] po/liczyć za dużo: *The waiter overcharged us for the wine.*

**o·ver·coat** /ˈəʊvəkəʊt/ *n* [C] płaszcz

**o·ver·come** /ˌəʊvəˈkʌm/ *v* [T] **overcame, overcome, overcoming 1** przezwyciężać, pokonywać: *I'm trying to overcome my fear of flying.* **2 be overcome (by sth)** być przytłoczonym (czymś): *I was so overcome that I could hardly speak.*

**o·ver·crowd·ed** /ˌəʊvəˈkraʊdᵻd◂/ *adj* przepełniony: *overcrowded prisons* —**overcrowding** *n* [U] przepełnienie

**o·ver·do** /ˌəʊvəˈduː/ *v* [T] **overdid** /-ˈdɪd/, **overdone, overdoing** przesadzać z: *Don't overdo the salt.* | *When you first start jogging, be careful not to overdo it.*

**o·ver·done** /ˌəʊvəˈdʌn◂/ *adj* spieczony

**o·ver·dose** /ˈəʊvədəʊs/ *n* [C] przedawkowanie: *a heroin overdose* —**overdose** *v* [I] przedawkować: *It's easy to overdose on paracetamol.*

**o·ver·draft** /ˈəʊvədrɑːft/ *n* [C] debet: *a £200 overdraft*

**o·ver·drawn** /ˌəʊvəˈdrɔːn◂/ *adj* **be overdrawn** mieć debet

**o·ver·due** /ˌəʊvəˈdjuː◂/ *adj* zaległy, spóźniony: *Her baby's ten days overdue* (=miało się urodzić dziesięć dni temu). | *Salary increases are long overdue* (=już dawno należało wprowadzić podwyżki płac).

**o·ver·eat** /ˌəʊvərˈiːt/ *v* [I] jeść zbyt dużo, objadać się —**overeating** *n* [U] przejedzenie

**o·ver·es·ti·mate** /ˌəʊvərˈestᵻmeɪt/ *v* [T] przeceniać: *I think you're overestimating his abilities.* ➡ antonim UNDERESTIMATE

**o·ver·flow** /ˌəʊvəˈfləʊ/ *v* [I] **1** przelewać się: **+ with** *a sink overflowing with water* **2** wylewać się: *The crowd overflowed into the street.*

**o·ver·grown** /ˌəʊvəˈgrəʊn◂/ *adj* zarośnięty: *The garden was completely overgrown.*

**o·ver·hang** /ˌəʊvəˈhæŋ/ *v* [I,T] **overhung, overhung, overhanging** zwisać (nad): *branches overhanging the path*

**o·ver·haul** /ˌəʊvəˈhɔːl/ *v* [T] przeprowadzać remont kapitalny

**o·ver·head** /ˌəʊvəˈhed◂/ *adv* nad głową, w górze: *A plane flew overhead.* —**overhead** *adj* napowietrzny: *overhead cables*

**o·ver·heads** /ˈəʊvəhedz/ *n* [plural] *especially BrE* koszty stałe

**o·ver·hear** /ˌəʊvəˈhɪə/ *v* [T] **overheard** /-ˈhɜːd/, **overheard, overhearing** podsłuchać, przypadkiem usłyszeć: *I overheard their conversation.* → porównaj EAVESDROP

**o·ver·heat** /ˌəʊvəˈhiːt/ *v* [I,T] przegrzewać (się)

**o·ver·hung** /ˌəʊvəˈhʌŋ/ *v* czas przeszły i imiesłów bierny od OVERHANG

**o·ver·joyed** /ˌəʊvəˈdʒɔɪd/ *adj* uradowany, zachwycony

**o·ver·land** /ˌəʊvəˈlænd◂/ *adj* lądowy: *overland convoys of aid* —**overland** *adv* lądem: *We travelled overland.*

**o·ver·lap** /ˌəʊvəˈlæp/ *v* [I,T] **-pped, -pping 1** zachodzić na (siebie), zazębiać się (z): *a pattern of overlapping circles* **2** częściowo pokrywać się (z): *The case I'm working on overlaps with yours.*

**o·ver·leaf** /ˌəʊvəˈliːf/ *adv* na odwrocie (strony)

**o·ver·load** /ˌəʊvəˈləʊd/ *v* [T] **1** przeładowywać: *The boat was overloaded and began to sink.* **2** przeciążać: *overloaded with work | Don't overload the electrical system by using too many machines.*

**o·ver·look** /ˌəʊvəˈlʊk/ *v* [T] **1** przeoczyć: *It's easy to overlook mistakes when you're reading your own writing.* **2** wychodzić na: *a room overlooking the beach* (=z widokiem na plażę) **3** *formal* przymykać oczy na: *I am willing to overlook what you said this time.*

**o·ver·night**[1] /ˌəʊvəˈnaɪt/ *adv* **1** na/przez noc: *She's staying overnight at a friend's house.* **2** z dnia na dzień: *You can't expect to lose weight overnight.*

**o·ver·night**[2] /ˈəʊvənaɪt/ *adj* nocny, całonocny: *an overnight flight to Japan*

**o·ver·pass** /ˈəʊvəpɑːs/ *n* [C] *AmE* wiadukt, estakada

**o·ver·pop·u·lat·ed** /ˌəʊvəˈpɒpjʊleɪtɪd/ *adj* przeludniony —**overpopulation** /ˌəʊvəpɒpjʊˈleɪʃən/ *n* [U] przeludnienie

**o·ver·pow·er** /ˌəʊvəˈpaʊə/ *v* [T] obezwładniać

**o·ver·pow·er·ing** /ˌəʊvəˈpaʊərɪŋ◂/ *adj* obezwładniający, przytłaczający: *an overpowering feeling of hopelessness*

**o·ver·ran** /ˌəʊvəˈræn/ *v* czas przeszły od OVERRUN

**o·ver·rat·ed** /ˌəʊvəˈreɪtɪd◂/ *adj* przeceniany, przereklamowany: *We thought the play was overrated.*

**o·ver·re·act** /ˌəʊvəriˈækt/ *v* [I] za/reagować zbyt mocno

**o·ver·ride** /ˌəʊvəˈraɪd/ *v* [T] **overrode** /-ˈrəʊd/, **overridden** /-ˈrɪdn/, **overriding 1** uchylać: *Congress has overridden the President's veto.* **2** być nadrzędnym w stosunku do: *The economy often seems to override other political issues.*

**o·ver·rid·ing** /ˌəʊvəˈraɪdɪŋ◂/ *adj* [only before noun] nadrzędny: *Security is of overriding importance.*

**o·ver·rule** /ˌəʊvəˈruːl/ *v* [T] uchylać: *"Objection overruled* (=uchylam sprzeciw)*," said Judge Klein.*

**o·ver·run** /ˌəʊvəˈrʌn/ *v* **overran, overrun, overrunning 1** [T] opanowywać: *the town is being overrun by rats* **2** [I] przedłużać się: *The meeting overran by half an hour.*

**o·ver·seas** /ˌəʊvəˈsiːz◂/ *adj* zamorski, zagraniczny: *an overseas tour* —**overseas** *adv* za granic-ę/ą: *I often get to travel overseas.*

**o·ver·see** /ˌəʊvəˈsiː/ *v* [T] nadzorować: *Bentley is overseeing the project.* —**overseer** /ˈəʊvəsɪə/ *n* [C] nadzorca

**o·ver·sight** /ˈəʊvəsaɪt/ *n* [C,U] niedopatrzenie

**o·ver·sim·pli·fy** /ˌəʊvəˈsɪmplɪfaɪ/ *v* [I,T] nadmiernie upraszczać, spłycać —**oversimplification** /ˌəʊvəsɪmplɪfɪˈkeɪʃən/ *n* [C,U] uproszczenie

**o·ver·sleep** /ˌəʊvəˈsliːp/ *v* [I] **overslept** /-ˈslept/, **overslept, oversleeping** zaspać

**o·vert** /ˈəʊvɜːt/ *adj* otwarty, jawny: *overt discrimination* —**overtly** *adv* otwarcie, jawnie

**o·ver·take** /ˌəʊvəˈteɪk/ *v* **overtook** /-ˈtʊk/, **overtaken** /-ˈteɪkən/, **overtaking 1** [I,T] wyprzedzać: *The accident happened as he was overtaking a*

*bus.* | *Japan has overtaken many other countries in car production.* **2** [T often passive] *literary* ogarniać: *She was overtaken by exhaustion.*

**o·ver·throw** /ˌəʊvəˈθrəʊ/ *v* [T] **overthrew** /-ˈθruː/, **overthrown** /-ˈθrəʊn/, **overthrowing** obalać

**o·ver·time** /ˈəʊvətaɪm/ *n* [U] nadgodziny

**o·ver·took** /ˌəʊvəˈtʊk/ *v* czas przeszły od OVERTAKE

**o·ver·ture** /ˈəʊvətjʊə/ *n* [C] uwertura

**o·ver·turn** /ˌəʊvəˈtɜːn/ *v* **1** [I,T] przewracać (się) do góry nogami: *The car overturned on a country road.* **2 overturn a ruling/verdict** unieważniać orzeczenie/wyrok

**o·ver·view** /ˈəʊvəvjuː/ *n* [C] przegląd: *an overview of the history of the region*

**o·ver·weight** /ˌəʊvəˈweɪt◂/ *adj* **be overweight** mieć nadwagę: *I'm ten pounds overweight.*

> UWAGA **overweight**
>
> Patrz **fat** i **overweight**.

**o·ver·whelm·ing** /ˌəʊvəˈwelmɪŋ◂/ *adj* **1** przemożny: *Shari felt an overwhelming urge to cry.* **2** przytłaczający: *The Labour Party won by an overwhelming majority.* —**overwhelmingly** *adv* w przeważającej części

**o·ver·worked** /ˌəʊvəˈwɜːkt◂/ *adj* przepracowany, przeciążony pracą: *overworked nurses*

**owe** /əʊ/ *v* [T] **1 owe sb sth** być komuś coś winnym: *Bob owes me $20.* | *I owe you an apology.* | **owe sth to sb** *We owe a lot of money to the bank.* **2** zawdzięczać: *"You must be pleased you've won." "I owe it all to you."*

**owing to** /ˈ.. ./ *prep* z powodu: *Work on the building has stopped, owing to lack of money.*

**owl** /aʊl/ *n* [C] sowa

**own**[1] /əʊn/ *determiner pron* **1** własny: *She wants her own room.* | *You have to learn to make your own decisions.* | **of sb's own** *He decided to start a business of his own* (=swój własny interes). **2 (all) on your own a)** samotnie: *Rick lives on his own.* **b)** samodzielnie: *Did you make that all on your own?*

> UWAGA **own**
>
> Wyraz **own** w znaczeniu 'własny' występuje zawsze po zaimkach **my**, **her**, **their** itp. lub rzeczownikach w dopełniaczu (np. **Jill's**): *their own children* | *her own flat* | *Tina's own radio.*

**own**[2] *v* [T] posiadać, być właścicielem: *He owns two houses in Utah.*

**own up** *phr v* [I] przyznawać się: **own up to (doing sth)** *No one owned up to breaking the window.*

**own·er** /ˈəʊnə/ *n* [C] właściciel/ka: *the owner of the dog* —**ownership** *n* [U] posiadanie, własność

**ox** /ɒks/ *n* [C] *plural* **oxen** wół

**ox·y·gen** /ˈɒksɪdʒən/ *n* [U] tlen

**oy·ster** /ˈɔɪstə/ *n* [C,U] ostryga

**ozone lay·er** /ˈəʊzəʊn ˌleɪə/ *n* [singular] powłoka ozonowa

# Pp

**p 1** *plural* **pp** skrót od PAGE **2** *BrE* skrót od PENNY lub PENCE

**pace¹** /peɪs/ *n* **1** [singular] krok: *She heard someone behind her and quickened her pace.* **2** [singular] tempo: *the pace of change in Eastern Europe* **3 keep pace (with)** nadążać (za): *Supply has to keep pace with increasing demand.*

**pace²** *v* **1** [T] przemierzać: *pacing the hospital corridor* **2** [I] **pace around/up and down** chodzić tam i z powrotem: *He paced up and down, waiting for her.*

**pace·mak·er** /ˈpeɪsˌmeɪkə/ *n* [C] rozrusznik serca

**pac·i·fi·er** /ˈpæsəfaɪə/ *n* [C] *AmE* smoczek

**pac·i·fist** /ˈpæsəfəst/ *n* [C] pacyfist-a/ka —**pacifism** *n* [U] pacyfizm

**pac·i·fy** /ˈpæsəfaɪ/ *v* [T] uspokajać

**pack¹** /pæk/ *v* **1** [I,T] s/pakować (się): *I never pack until the night before a trip.* **2** [T] wypełniać: *Thousands of people packed the stadium.*

**pack** sth ↔ **in** *phr v* [T] **1** *także* **pack** sth **into** sth wtłaczać: *I don't know how we packed so much activity into one brief weekend.* **2** *BrE informal* rzucać: *Sometimes I just feel like packing my job in.*

**pack** sb/sth **off** *phr v* [T] *informal* wyprawiać, wysyłać: *We were packed off to camp every summer.*

**pack up** *phr v* [I] **1** *informal* zwijać manatki: *I think I'll pack up and go home early.* **2** *BrE informal* nawalać: *The television's packed up again.*

**pack²** *n* [C] **1** pakiet: *Phone for your free information pack.* **2** *especially AmE* paczka: *a pack of cigarettes* **3** *BrE* plecak **4** sfora: *a pack of wolves* **5** talia (*kart*)

**package¹** /ˈpækɪdʒ/ *n* [C] **1** pakiet: *a new software package* **2** paczka **3** *AmE* opakowanie: *a package of cookies*

**package²** *v* [T] pakować: *food packaged in cartons*

**package tour** /ˈ.. ./ *także* **package holiday** *BrE n* [C] wczasy zorganizowane

**pack·ag·ing** /ˈpækɪdʒɪŋ/ *n* [U] opakowania

**packed** /pækt/ *adj także* **packed out** zatłoczony: *a packed commuter train*

**packed lunch** /ˌ. ˈ./ *n* [C] *BrE* drugie śniadanie

**pack·et** /ˈpækət/ *n* [C] *especially BrE* paczka, opakowanie: *a packet of biscuits*

**pack·ing** /ˈpækɪŋ/ *n* [U] pakowanie: *I'll have to do my packing this evening.*

**pact** /pækt/ *n* [C] pakt, układ: *a peace pact*

**pad** /pæd/ *n* [C] **1** ochraniacz: *knee pads* **2** blok: *a sketch pad*

**pad·ding** /ˈpædɪŋ/ *n* [U] wyściółka, obicie

**pad·dle¹** /ˈpædl/ *n* [C] wiosło (*krótkie i szerokie*)

**paddle²** *v* **1** [I,T] wiosłować **2** [I] *BrE* brodzić: *A group of children were paddling in the stream.*

**pad·dock** /ˈpædək/ *n* [C] wybieg dla koni

**pad·dy field** /ˈpædi ˌfiːld/ *także* **rice paddy**, **paddy** *n* [C] pole ryżowe

**pad·lock** /ˈpædlɒk/ *n* [C] kłódka

**pae·di·a·tri·cian** /ˌpiːdiəˈtrɪʃən/ *BrE*, **pediatrician** *AmE n* [C] pediatra

**pa·gan** /ˈpeɪgən/ *adj* [C] pogański: *an ancient pagan festival* —**pagan** *n* [C] pogan-in/ka

**page¹** /peɪdʒ/ *n* [C] strona, kartka: *The book had several pages missing.*

**page²** *v* [T] przywoływać (*przez głośnik lub za pomocą pagera*): *We couldn't find Jan at the airport, so we had her paged.*

**pag·eant** /ˈpædʒənt/ *n* [C] plenerowe widowisko historyczne

**pag·eant·ry** /ˈpædʒəntri/ *n* [U] gala, pompa

**pag·er** /ˈpeɪdʒə/ *n* [C] pager

**pa·go·da** /pəˈgəʊdə/ *n* [C] pagoda

**paid** /peɪd/ *v* czas przeszły i imiesłów bierny od PAY

P

**pail** /peɪl/ *n* [C] *old-fashioned* wiadro

**pain** /peɪn/ *n* **1** [C,U] ból: *I woke up in the night with terrible stomach pains.* | *Cassie lay groaning in pain on the bed.* | *the pain children feel when their parents divorce* **2 a pain (in the neck)** *spoken* zawracanie głowy: *These pots and pans are a pain to wash.* ➡ patrz też PAINS

| UWAGA **pain** |
| --- |
| Patrz **ache** i **pain**. |

**pain·ful** /ˈpeɪnfəl/ *adj* **1** obolały: *Her ankle was swollen and painful.* **2** bolesny: *painful memories of the war*

**pain·ful·ly** /ˈpeɪnfəli/ *adv* boleśnie, dotkliwie: *She was painfully aware that she wasn't welcome.* | *It was painfully obvious that she didn't like him.*

**pain·kill·er** /ˈpeɪnˌkɪlə/ *n* [C] środek przeciwbólowy

**pain·less** /ˈpeɪnləs/ *adj* bezbolesny: *a painless death* | *a painless way to learn Spanish*

**pains** /peɪnz/ *n* [plural] **be at pains to do sth/take pains to do sth** dokładać wszelkich starań, żeby coś zrobić: *He was at pains to emphasize the advantages of the new system.*

**pains·tak·ing** /ˈpeɪnzˌteɪkɪŋ/ *adj* staranny, skrupulatny: *painstaking research*

**paint**[1] /peɪnt/ *n* [U] farba: *a can of yellow paint*

**paint**[2] *v* [I,T] **1** po/malować: *What color are you painting the house?* **2** na/malować: *He's just finished painting his wife's portrait.*

**paint·box** /ˈpeɪntbɒks/ *n* [C] pudełko z farbami

**paint·brush** /ˈpeɪntbrʌʃ/ *n* [C] pędzel

**paint·er** /ˈpeɪntə/ *n* [C] **1** mala-rz/rka: *a landscape painter* **2** malarz pokojowy: *a painter and decorator*

**paint·ing** /ˈpeɪntɪŋ/ *n* **1** [C] obraz: *an exhibition of paintings, drawings, and sculptures* **2** [U] malarstwo: *Van Gogh's style of painting*

**pair** /peə/ *n* [C] para: *a new pair of shoes* | *a pair of dancers* | *a pair of scissors* (=nożyczki) | **in pairs** *Work in pairs on the next exercise.*

**pa·ja·mas** /pəˈdʒɑːməz/ piżama

**pal** /pæl/ *n* [C] *informal* kumpel: *a college pal*

**pal·ace** /ˈpælɪ̵s/ *n* [C] pałac: *Buckingham Palace*

**pal·a·ta·ble** /ˈpælətəbəl/ *adj* smaczny: *a palatable wine*

**pal·ate** /ˈpælɪ̵t/ *n* [C] podniebienie

**pale**[1] /peɪl/ *adj* **1 pale blue/pink** bladoniebieski/bladoróżowy **2** blady: *Jan looked tired and pale.*

**pale**[2] *v* z/blednąć: *Once you've experienced sailing, other sports pale in comparison.* | *Hettie paled when she heard what had happened.*

**pal·ette** /ˈpælɪ̵t/ *n* [C] paleta

**pal·lid** /ˈpælɪ̵d/ *adj* blady: *a pallid complexion*

**pal·lor** /ˈpælə/ *n* [singular] bladość (*niezdrowa*)

**palm** /pɑːm/ *n* [C] **1** dłoń **2** palma

**palm tree** /ˈ. ./ *n* [C] palma

**pal·pi·ta·tions** /ˌpælpɪ̵ˈteɪʃənz/ *n* [plural] palpitacje

**pal·try** /ˈpɔːltri/ *adj* marny: *a paltry 2.4% pay increase*

**pam·per** /ˈpæmpə/ *v* [T] rozpieszczać: *You pamper that boy too much!*

**pam·phlet** /ˈpæmflɪ̵t/ *n* [C] broszura

**pan** /pæn/ *n* [C] **1** rondel: *Melt the butter in a pan.* **2** *AmE* forma do pieczenia: *a 9-inch cake pan*

**pan·cake** /ˈpænkeɪk/ *n* [C] naleśnik

**pan·da** /ˈpændə/ *n* [C] panda

**pan·de·mo·ni·um** /ˌpændɪ̵ˈməʊniəm/ *n* [U] harmider: *When Brazil scored, pandemonium broke out.*

**pane** /peɪn/ *n* [C] szyba

**pan·el** /ˈpænl/ *n* **1** [C] płycina, kaseton **2** [C] zespół, panel: *a panel of experts* **3 instrument/control panel** tablica rozdzielcza

**pan·el·ling** /ˈpænəl-ɪŋ/ *BrE*, **paneling** *AmE* *n* [U] boazeria: *oak panelling*

**pang** /pæŋ/ *n* [C] ukłucie, skurcz: *hunger pangs*

**pan·ic¹** /ˈpænɪk/ *n* [C,U] panika: *His warning produced a wave of panic.* | *There was the usual last-minute panic just before the deadline.* | **in (a) panic** *People ran into the streets in a panic after the explosion.*

**panic²** *v* **panicked, panicked, panicking** [I] panikować: *Stay where you are and don't panic!* —**panicky** *adj* spanikowany

**panic-strick·en** /ˈ.. ˌ../ *adj* ogarnięty panicznym strachem

**pan·o·ra·ma** /ˌpænəˈrɑːmə/ *n* [C] panorama —**panoramic** /ˌpænəˈræmɪk◂/ *adj* panoramiczny: *a panoramic view of Hong Kong*

**pan·sy** /ˈpænzi/ *n* [C] bratek

**pant** /pænt/ *v* [I] dyszeć, ziajać: *a dog panting in the heat*

**pan·ther** /ˈpænθə/ *n* [C] pantera

**pan·ties** /ˈpæntiz/ *n* [plural] majtki, figi

**pan·to·mime** /ˈpæntəmaɪm/ *n* [C,U] bajka muzyczna dla dzieci wystawiana w Wielkiej Brytanii w okresie Bożego Narodzenia

**pan·try** /ˈpæntri/ *n* [C] spiżarnia

**pants** /pænts/ *n* [plural] **1** *BrE* majtki **2** *especially AmE* spodnie

**pan·ty·hose** /ˈpæntihəʊz/ *n* [plural] *AmE* rajstopy

**pa·pal** /ˈpeɪpəl/ *adj* papieski

**pa·per¹** /ˈpeɪpə/ *n* **1** [U] papier: *He wrote her phone number down on a piece of paper.* | *a paper towel* **2** [C] gazeta: *I read about it in yesterday's paper.* | *a local paper* **3 papers** [plural] papiery (*dokumenty*): *The papers are all ready for you to sign.* **4** [C] referat: *a paper on global warming* | *My history paper is due tomorrow.*

**paper²** *v* [T] wy/tapetować

**pa·per·back** /ˈpeɪpəbæk/ *n* [C] książka w miękkiej okładce → porównaj HARDBACK

**pa·per·boy** /ˈpeɪpəbɔɪ/ *n* [C] gazeciarz

**paper clip** /ˈ.. ./ *n* [C] spinacz

**pa·per·weight** /ˈpeɪpəweɪt/ *n* [C] przycisk do papieru

**pa·per·work** /ˈpeɪpəwɜːk/ *n* [U] papierkowa robota: *The job involves a lot of paperwork.*

**par** /pɑː/ *n* **be on a par (with)** stać na równi (z): *Technological developments in the US are now on a par with those in Japan.*

**par·a·ble** /ˈpærəbəl/ *n* [C] przypowieść

**par·a·chute** /ˈpærəʃuːt/ *n* [C] spadochron

**pa·rade¹** /pəˈreɪd/ *n* [C] **1** pochód, parada: *a May Day parade* **2** defilada: *The general inspected the parade.*

**parade²** *v* **1** [I] defilować: **+ through/around etc** *Peace demonstrators paraded through the town.* **2** [I] paradować: **+ around/up/down etc** *Teenage girls were parading around the pool in their bikinis.* **3** [T] obnosić się z: *He loves parading his wealth in front of people.*

**par·a·dise** /ˈpærədaɪs/ *n* raj: *Milton wrote "Paradise Lost".* | *Hawaii is a paradise for wind surfers.*

**par·a·dox** /ˈpærədɒks/ *n* [C] paradoks: *It's a paradox that there are so many poor people living in such a rich country.* —**paradoxical** /ˌpærəˈdɒksɪkəl◂/ *adj* paradoksalny —**paradoxically** *adv* paradoksalnie

**par·af·fin** /ˈpærəfən/ *n* [U] *BrE* nafta

**par·a·graph** /ˈpærəgrɑːf/ *n* [C] akapit

**par·a·keet** /ˈpærəkiːt/ *n* [C] papużka

**par·al·lel¹** /ˈpærəlel/ *n* **1** [C] paralela: **+ between/with** *There are some interesting parallels between the two leaders.* | **draw a parallel between** (=wykazywać podobieństwo pomiędzy): *We can draw a parallel between ancient and modern theories of education.* **2 in parallel** równolegle: *The two experiments were done in parallel.*

**parallel²** *adj* równoległy: *The street runs parallel to the railroad.* | *The British and French police are conducting parallel investigations.*

**par·a·lyse** /ˈpærəlaɪz/ *BrE*, **paralyze** *AmE* *v* [T] s/paraliżować: *Heavy snow has paralyzed transportation in several cities.*

**par·a·lysed** /ˈpærəlaɪzd/ *BrE*, **paralyzed** *AmE* *adj* sparaliżowany: *He was*

P

*paralyzed from the waist down after a motorcycle accident.* | *He stood in the doorway, paralysed by fear.*

**pa·ral·y·sis** /pəˈræləsəs/ *n* [U] paraliż

**pa·ram·e·ter** /pəˈræmətə/ *n* [C usually plural] parametr: *Congress will decide on parameters for the investigation.*

**par·a·mil·i·ta·ry** /ˌpærəˈmılətəri◂/ *adj* paramilitarny: *extremist paramilitary groups* | *a paramilitary police operation*

P

**par·a·mount** /ˈpærəmaʊnt/ *adj* najważniejszy: *Safety is paramount.*

**par·a·noi·a** /ˌpærəˈnɔıə/ *n* [U] paranoja —**paranoid** /ˈpærənɔıd/ *adj* paranoiczny, paranoidalny: *Stop being so paranoid* (=nie bądź takim paranoikiem)!

**par·a·pher·na·li·a** /ˌpærəfəˈneıliə/ *n* [U] akcesoria: *photographic paraphernalia*

**par·a·phrase** /ˈpærəfreız/ *v* [T] s/parafrazować —**paraphrase** *n* [C] parafraza

**par·a·site** /ˈpærəsaıt/ *n* [C] pasożyt —**parasitic** /ˌpærəˈsıtık◂/ *adj* pasożytniczy

**par·a·sol** /ˈpærəsɒl/ *n* [C] parasol/ka (*od słońca*) ➡ porównaj UMBRELLA

**par·a·troop·er** /ˈpærəˌtruːpə/ *n* [C] spadochroniarz (*żołnierz*)

**par·cel** /ˈpɑːsəl/ *n* [C] paczka

**parched** /pɑːtʃt/ *adj* **1** *spoken* **be parched** umierać z pragnienia **2** spieczony, wysuszony: *parched land*

**parch·ment** /ˈpɑːtʃmənt/ *n* [U] pergamin

**par·don¹** /ˈpɑːdn/ *interjection* **1** *especially BrE* (*także* **pardon me** *AmE*) słucham?: *"Your shoes are in the bedroom." "Pardon?" "I said your shoes are in the bedroom."* **2 pardon me a)** przepraszam bardzo: *Pardon me – I hope I didn't hurt you.* **b)** *AmE* przepraszam: *Pardon me, is this the way to City Hall?*

**pardon²** *v* [T] ułaskawiać: *Over 250 political prisoners were pardoned by President Herzog.*

**pardon³** *n* [C] ułaskawienie: *Tyler was later given a pardon.* ➡ patrz też **I beg your pardon** (BEG)

**par·ent** /ˈpeərənt/ *n* [C] rodzic: *My parents are coming to visit next week.* —**parental** /pəˈrentl/ *adj* rodzicielski: *parental duties*

**pa·ren·the·ses** /pəˈrenθəsiːz/ *n* [plural] nawiasy: **in parentheses** *The numbers in parentheses refer to page numbers.*

**par·ent·ing** /ˈpeərəntıŋ/ *n* [U] wychowanie: *Does bad parenting always produce bad children?*

**par·ish** /ˈpærıʃ/ *n* [C] parafia

**par·i·ty** /ˈpærəti/ *n* [U] równość: **+ with** *Prison officers are demanding pay parity with the police.*

**park¹** /pɑːk/ *n* [C] park

**park²** *v* [I,T] za/parkować: *We managed to park near the entrance.*

**park·ing** /ˈpɑːkıŋ/ *n* [U] **1** parking: *Limited parking is available on Lemay Street.* **2** parkowanie: *The sign says "No Parking".*

**parking lot** /ˈ.. ./ *n* [C] *AmE* parking

**parking me·ter** /ˈ.. ˌ../ *n* [C] parkometr

**parking tick·et** /ˈ.. ˌ../ *n* [C] mandat za niedozwolone parkowanie

**par·lia·ment** /ˈpɑːləmənt/ *n także* **Parliament** [C,U] parlament: *The party could lose its majority in parliament.* | *the Hungarian parliament* —**parliamentary** /ˌpɑːləˈmentəri/ *adj* parlamentarny

**par·lour** /ˈpɑːlə/ *BrE*, **parlor** *AmE* *n* [C] salon: *a beauty parlour*

**pa·ro·chi·al** /pəˈrəʊkiəl/ *adj* zaściankowy: *My parents lead very parochial lives.*

**par·o·dy** /ˈpærədi/ *n* [C,U] parodia: *a parody of the Frankenstein movies* —**parody** *v* [T] s/parodiować

**pa·role** /pəˈrəʊl/ *n* [U] zwolnienie warunkowe: **on parole** *Williams was released on parole after 18 months.*

**par·rot** /ˈpærət/ *n* [C] papuga

**pars·ley** /ˈpɑːsli/ *n* [U] pietruszka

**pars·nip** /ˈpɑːsnıp/ *n* [C,U] pasternak

**part¹** /pɑːt/ *n* **1** [C] część: *Do you sell parts for Ford cars?* | **+ of** *Which part of town do you live in?* | *I studied Russian as part of my University course.* **2 play/have**

**a part in** odgrywać rolę w: *Stress certainly plays a part in this kind of illness.* **3 take part** brać udział: *Ten runners took part in the race.* **4 on sb's part** z czyjejś strony: *It was a huge mistake on her part.* **5** [C] rola: **play the part of** *Branagh played the part of Hamlet.* **6** [C] *AmE* przedziałek **7 for the most part** przeważnie: *She is, for the most part, fair.* **8 in part** po części: *The accident was due in part to the bad weather.* **9 be part and parcel of sth** być nieodłączną częścią czegoś: *Stress is just part and parcel of everyday life.* **10** [C] porcja: *Mix two parts sand to one of cement.* **11 for my/his part** jeśli o mnie/niego chodzi: *For my part, I wasn't convinced that she was telling the truth.* **12 the best/better part of sth** większa część czegoś: *We waited for the best part of the day.*

**part**[2] *v* **1** *także* **part company** [I] *formal* rozstawać się: **+ from** *Stephen parted from his wife last year.* **2** [I,T] rozdzielać, rozsuwać: *He parted the curtains and looked out into the street.* **3 be parted from** być z dala od: *She couldn't bear to be parted from her children.*

**part with** sth *phr v* [T] rozstawać się z: *I hate to part with these boots, but they're worn out.*

**part**[3] *adv* częściowo: *The English test is part written, part spoken.*

**par·tial** /ˈpɑːʃəl/ *adj* **1** częściowy: *The advertising campaign was only a partial success.* **2 be partial to sth** mieć słabość do czegoś: *He's partial to a glass of whisky.*

**par·tial·ly** /ˈpɑːʃəli/ *adv* częściowo: *She's partially deaf.*

**par·tic·i·pant** /pɑːˈtɪsəpənt/ *n* [C] uczestni-k/czka

**par·tic·i·pate** /pɑːˈtɪsəpeɪt/ *v* [I] uczestniczyć: **+ in** *I'd like to thank everyone who participated in tonight's show.* —**participation** /pɑːˌtɪsəˈpeɪʃən/ *n* [U] uczestnictwo, udział: *They want more participation in the decision-making process.*

**par·ti·ci·ple** /ˈpɑːtəsɪpəl◂/ *n* [C] imiesłów ➔ patrz też PAST PARTICIPLE, PRESENT PARTICIPLE

**par·ti·cle** /ˈpɑːtɪkəl/ *n* [C] cząsteczka, drobina: *dust particles*

**par·tic·u·lar**[1] /pəˈtɪkjələ/ *adj* **1** [only before noun] konkretny: *On that particular occasion, we didn't really get an opportunity to talk.* **2** [only before noun] szczególny: *There was nothing in the letter of particular importance.* **3** [only before noun] indywidualny: *Each writer has his own particular style.* **4** wybredny: **+ about** *He's very particular about what he eats.*

**particular**[2] *n* **in particular** w szczególności: *The old in particular are often ill in winter.*

**par·tic·u·lar·ly** /pəˈtɪkjələli/ *adv* **1** szczególnie: *We're particularly worried about the increase in violent crime.* **2 not particularly** *spoken* niespecjalnie: *"Did you enjoy the movie?" "Not particularly."*

**par·tic·u·lars** /pəˈtɪkjələz/ *n* [plural] szczegóły: *I gave him all the particulars he needed.*

**part·ing**[1] /ˈpɑːtɪŋ/ *n* **1** [C] *BrE* przedziałek **2** [C,U] *formal* rozstanie

**parting**[2] *adj* **a parting kiss/gift** pocałunek/podarunek na pożegnanie

**par·ti·tion**[1] /pɑːˈtɪʃən/ *n* **1** [C] przepierzenie **2** [U] podział: *the partition of India into India and Pakistan* **3** [U] rozbiór: *the partition of Poland*

**partition**[2] *v* [T] po/dzielić

**part·ly** /ˈpɑːtli/ *adv* częściowo: *I was partly to blame for the accident.*

**part·ner** /ˈpɑːtnə/ *n* [C] **1** partner/ka: *Take your partners for the next dance.* | *Britain's EU partners* **2** wspólni-k/czka: *a partner in a London law firm*

**part·ner·ship** /ˈpɑːtnəʃɪp/ *n* **1** [C,U] partnerstwo: **in partnership with** *a scheme organized by the business community in partnership with* (=wspólnie z) *local colleges* **2** [C,U] spółka: **be in partnership** *We've been in partnership for five years.*

**part of speech** /ˌ. . ˈ./ *n* [C] część mowy

P

**part-time** /ˌ. ˈ.◂ / *adj, adv* w niepełnym wymiarze godzin: *Brenda works part-time.* | *a part-time job* ➞ porównaj FULL-TIME

**par·ty** /ˈpɑːti/ *n* [C] **1** przyjęcie: *a birthday party* | **have/give a party** (=urządzać/wydawać przyjęcie): *Nick and Jo are having a party on Saturday.* **2** partia: *the Democratic Party* | *party members* **3** grupa: *A search party was sent to look for the missing girl.*

P

**pass¹** /pɑːs/ *v* **1** [I,T] *także* **pass by** przechodzić obok: *Angie waved at me as she passed.* | *I pass his house every morning on the way to school.* **2** [I,T] przechodzić, przejeżdżać: **+ through/across/behind etc** *The new road passes right behind our house.* | *We passed through Texas on our way to Mexico.* **3** [I,T] podawać: *Pass the salt please.* | *Johnson passes the ball quickly to Eliott, and Eliott scores!* **4** [I] mijać: *Several years had passed since I had last seen Jake.* | *The storm soon passed.* **5** [T] spędzać: *The security guards used to pass their time playing cards.* **6** [I,T] zdać: *Gino's worried he's not going to pass his English exam.* **7** [T] uchwalać: *The new legislation was passed in 1996.* **8 pass sentence** wydawać wyrok **9 pass judgment** wydawać opinię: *I'm here to listen – not to pass judgment.* **10** [I] **pass to/into etc** przechodzić na: *After he died, all his land passed to his children.* **11 pass water** oddawać mocz

**pass** sth ↔ **around** (*także* **pass** sth ↔ **round** *BrE*) *phr v* [T] puścić w obieg: *A list was passed around and we each had to sign our name.*

**pass away** *phr v* [I] umrzeć

**pass by** *phr v* **1** [T **pass by** sth] przechodzić obok: *If we pass by a post office, I'll get some stamps.* **2** [T **pass** sb **by**] przechodzić obok: *She felt that life was passing her by.*

**pass** sth ↔ **down** *phr v* [T] przekazywać: *traditions that are passed down from one generation to another*

**pass for** sb/sth *phr v* [T] uchodzić za: *With her hair cut like that, she could pass for a boy.*

**pass** sb/sth **off as** sth *phr v* [T] podawać za: *He managed to pass himself off as a doctor for three years!*

**pass** sth ↔ **on** *phr v* [T] przekazywać: *OK, I'll pass the message on to Ms Chen.* | *When you've read the report, pass it on to the others.*

**pass out** *phr v* [I] ze/mdleć

**pass²** *n* [C] **1** podanie (*piłki*): *a 30-yard pass* **2** przepustka: *We had to show our passes to the security guard.* **3** bilet okresowy: *a bus pass* **4** zaliczenie: *A pass is 50% or more.* **5** przełęcz: *a narrow mountain pass*

**pass·a·ble** /ˈpɑːsəbəl/ *adj* **1** znośny: *He spoke passable French.* **2** przejezdny ➞ antonim IMPASSABLE

**pas·sage** /ˈpæsɪdʒ/ *n* **1** [C] *także* **pas·sage·way** /ˈpæsɪdʒweɪ/ korytarz, przejście: *up the stairs and along the passage* **2** [C] fragment, ustęp: *Read the passage on page 32.* **3** [U singular] przejazd: *The bridge isn't strong enough to allow the passage of heavy vehicles.* **4** [C] przewód: *nasal passages* **5 the passage of time** *literary* upływ czasu **6** [C] przeprawa: *We had a rough passage.*

**pas·sen·ger** /ˈpæsɪndʒə/ *n* [C] pasażer/ka

**pass·er·by** /ˌpɑːsəˈbaɪ/ *n* [C] *plural* **passersby** przechodzień: *Several passersby saw the accident.*

**pass·ing¹** /ˈpɑːsɪŋ/ *adj* [only before noun] przelotny: *a passing thought*

**passing²** *n* **in passing** mimochodem: *The actress mentioned in passing that she had once worked in a factory.*

**pas·sion** /ˈpæʃən/ *n* **1** [C,U] namiętność: *a story of passion and revenge* **2** pasja: *He spoke with great passion about his country.* **3 a passion for** zamiłowanie do: *a passion for music*

**pas·sion·ate** /ˈpæʃənət/ *adj* **1** żarliwy: *a passionate speech* **2** namiętny: *a passionate kiss* —**passionately** *adv* żarliwie, namiętnie

**passive¹** /ˈpæsɪv/ *adj* **1** bierny: *Watching TV is a largely passive activity.* | *passive*

## Strona bierna: **Passive Voice**

Zdanie w stronie czynnej (***active***) mówi nam o tym, co ktoś lub coś robi, natomiast zdanie w stronie biernej (***passive***) – co się z kimś lub czymś dzieje:

*We **cleaned** the kitchen earlier.*

*The kitchen **was cleaned** earlier.*

Konstrukcja bierna składa się z czasownika posiłkowego ***be*** w odpowiednim czasie oraz imiesłowu biernego (Past Participle), czyli tzw. „trzeciej formy czasownika":

*The kitchen **is cleaned** regularly.* (Present Simple)

*The kitchen **is being cleaned** at the moment.* (Present Continuous)

*The kitchen **was cleaned** yesterday.* (Past Simple)

*While the kitchen **was being cleaned**, I was resting.* (Past Continuous)

*The kitchen **has** just **been cleaned**.* (Present Perfect)

*When we arrived, the kitchen **had** already **been cleaned**.* (Past Perfect)

*The kitchen **will be cleaned** tomorrow.* (Future Simple)

Konstrukcji w stronie biernej używamy zazwyczaj w sytuacji, gdy nie jest istotne, kto był/jest wykonawcą czynności, o której mowa w zdaniu, albo gdy tego nie wiemy lub nie chcemy ujawniać. Jeśli jednak chcemy, żeby zdanie w stronie biernej zawierało informację o wykonawcy czynności, używamy przyimka ***by***:

*This house was built **by** my great-grandfather.*

W zdaniach z czasownikami modalnymi i niektórymi innymi (np. ***going to***, ***have to***, ***want***) używamy ***be*** w połączeniu z trzecią formą czasownika:

*The kitchen must **be cleaned**.*

*This room is going to **be painted** white.*

*I want to **be left** alone.*

Jeśli zdanie w stronie czynnej ma dwa dopełnienia (bliższe i dalsze), każde z nich może stanowić podmiot zdania w stronie biernej. W języku polskim dopełnienie dalsze nie może występować w tej roli:

| | |
|---|---|
| *They offered Mark the post.* | („Zaoferowali to stanowisko Markowi.")<br>*to stanowisko* – dopełnienie bliższe<br>*Markowi* – dopełnienie dalsze |
| *The post **was offered** to Mark.* | („Stanowisko to zostało zaoferowane Markowi.") |
| *Mark **was offered** the post.* | (wobec braku ekwiwalentu w stronie biernej, używamy formy bezosobowej: „Markowi zaoferowano to stanowisko.") |

patrz też: ***BE, Future Simple, GOING TO, Modal Verbs, Past Continuous, Past Participle, Past Perfect, Past Simple, Present Continuous, Present Perfect, Present Simple***

*smoking* **2** w stronie biernej: *a passive sentence* —**passively** *adv* biernie —**passivity** /pæ'sɪvəti/ *n* [U] bierność → patrz ramka PASSIVE VOICE, porównaj ACTIVE[1], IMPASSIVE

**passive**[2] *n* **the passive (voice)** strona bierna

**pass·port** /'pɑːspɔːt/ *n* [C] **1** paszport **2 a passport to success/happiness** klucz do sukcesu/szczęścia: *Money is not necessarily a passport to happiness.*

**pass·word** /'pɑːswɜːd/ *n* [C] hasło: *Please type in your password.*

**past**[1] /pɑːst/ *adj* **1** [only before noun] wcześniejszy, poprzedni: *He has learned from past experience.* | *She was obviously trying to make up for past mistakes.* **2** [only before noun] ubiegły, miniony: *Tim's been in Spain for the past week.* **3 be past** skończyć się: *Summer is past, winter is coming.* **4 past leader/president** były przywódca/prezydent: *a past tennis champion* **5 past tense** *także* **the past** czas przeszły → patrz ramka PAST SIMPLE, patrz ramka PAST CONTINUOUS, patrz ramka PAST PERFECT, patrz ramka PAST PERFECT CONTINUOUS, patrz ramka PAST PARTICIPLE

> UWAGA **past i after**
>
> Wyraz **past** występuje w znaczeniu 'po' w wyrażeniach typu *twenty past three.* Kiedy mówimy 'po trzeciej' bez podania dokładnie, ile czasu, używamy **after** (często z **just** i **shortly**) zamiast **past**: *It was just after five when the game finished.* | *Her flight arrived shortly after midnight.*

**past**[2] *prep* **1** za: *My house is a mile past the bridge.* **2** obok: *Tanya walked right past me!* **3** po: *It's ten past nine.* | *She's past fifty.* | *This cheese is past its sell-by date.*

**past**[3] *n* **1 the past a)** przeszłość: *People travel more now than they did in the past.* **b)** czas przeszły **2** [C usually singular] przeszłość: *She doesn't talk about her past.*

**past**[4] *adv* **1** obok: *Hal and his friends just drove past.* **2 go past** mijać: *Several weeks went past without any news from home.*

**pas·ta** /'pæstə/ *n* [U] makaron

**paste**[1] /peɪst/ *n* [C,U] **1** klej, klajster **2** papka: *Mix the water and the powder into a smooth paste.*

**paste**[2] *v* [T] kleić, przyklejać

**pas·tel** /'pæstl/ *adj* [only before noun] pastelowy: *Her bedroom was painted in pastel pink.* —**pastel** *n* [C,U] pastel

**pas·teur·ized** /'pɑːstʃəraɪzd/ (*także* **-ised** *BrE*) *adj* pasteryzowany —**pasteurization** /ˌpɑːstʃəraɪ'zeɪʃən/ *n* [U] pasteryzacja

**pas·time** /'pɑːstaɪm/ *n* [C] rozrywka: *His pastimes include watching TV and reading.*

**pas·tor** /'pɑːstə/ *n* [C] pastor

**past par·ti·ci·ple** /ˌ. '..../ *n* [C] imiesłów bierny

**past per·fect** /ˌ. '../ *n* **the past perfect** czas zaprzeszły

**pas·try** /'peɪstri/ *n* **1** [U] ciasto: *The pie crust is made of pastry.* **2** [C] ciastko

**pas·ture** /'pɑːstʃə/ *n* [C,U] pastwisko

**pat**[1] /pæt/ *v* [T] **-tted, -tting** poklepywać: *Gill patted the dog.*

**pat**[2] *n* [C] **1** klepnięcie: *He gave the dog a pat on the head.* **2 a pat on the back** pochwała: *Alex deserves a pat on the back for all his hard work.*

**patch**[1] /pætʃ/ *n* [C] **1** łata: *an old sweater with patches on the elbows* **2** plama: *a damp patch on the ceiling* | *a bald patch* (=łysina) **3** przepaska na oko **4 a bad patch** *BrE* ciężki okres

**patch**[2] *v* [T] za/łatać

**patch** sth ↔ **up** *phr v* [T] **1** po/składać do kupy: *They patched the car up enough to drive home.* **2 patch it up (with sb)** pogodzić się (z kimś): *I've patched it up with my girlfriend.*

**patch·work** /'pætʃwɜːk/ *n* [U] patchwork: *a patchwork quilt*

**pâ·té** /'pæteɪ/ *n* [U] pasztet

**pa·tent**[1] /'peɪtnt/ *n* [C] patent

P

## Czas **Past Simple**
## ***I WORKED***

Zdania twierdzące w tym czasie tworzy się za pomocą formy czasu przeszłego danego czasownika, zaś pytania i przeczenia za pomocą ***did/didn't*** i bezokolicznika bez **to**. Czasu tego używamy najczęściej,

**1** mówiąc o czymś, co wydarzyło się w przeszłości (przy czym moment wydarzenia lub okres trwania czynności jest w zdaniu podany lub wynika z kontekstu):
*My grandmother* ***died*** *last year. (in January/a week ago/yesterday* itp.)
*He* ***played*** *for our team from 1993 until 1996.*
***Didn't*** *you* ***enjoy*** *the last party we* ***went*** *to?*
*I often* ***visited*** *them when I* ***was*** *a student.*

**2** pytając, kiedy coś się wydarzyło:
*What time* ***did*** *you* ***get up*** *this morning?*
*When* ***did*** *you last* ***see*** *her?*

**3** mówiąc o czymś, co zdarzyło się w czasie, kiedy działo się coś innego (w odniesieniu do tej trwającej dłużej czynności używamy czasu Past Continuous):
*When Fiona* ***arrived****, we were having dinner.*
*I was getting ready to go out when the phone* ***rang****.*

**4** relacjonując serię następujących po sobie wydarzeń, np. w opowiadaniach, powieściach itp.:
*Winnie-the-Pooh* ***sat down*** *at the foot of the tree,* ***put*** *his head between his paws and* ***began*** *to think.*

patrz też: ***DO, Infinitive, Past Continuous, Present Perfect, Verb***

**patent**² *v* [T] o/patentować

**patent**³ *adj formal* ewidentny: *a patent lie*

**patent leath·er** /ˌ.. ˈ../ *n* [U] skóra lakierowana: *patent leather shoes* (=lakierki)

**pa·tent·ly** /ˈpeɪtntli/ *adv* **patently false/unfair** ewidentnie fałszywy/niesprawiedliwy: *Helen's denial was immediate and patently untrue.*

**pa·ter·nal** /pəˈtɜːnl/ *adj* **1** ojcowski **2 paternal grandfather/uncle** dziadek/wuj ze strony ojca → porównaj MATERNAL

**pa·ter·ni·ty** /pəˈtɜːnəti/ *n* [U] *law* ojcostwo

**path** /pɑːθ/ *n* [C] *plural* **paths** /pɑːðz/ **1** dróżka, ścieżka: *a path through the woods* **2** droga: *The police cleared a path through the crowd.* **3** tor: *the path of the moon*

**pa·thet·ic** /pəˈθetɪk/ *adj* żałosny: *the pathetic sight of refugee children* | *Stop being so pathetic!* | *Vicky made a pathetic attempt to apologize.* —**pathetically** *adv* żałośnie

**path·o·log·i·cal** /ˌpæθəˈlɒdʒɪkəl◂/ *adj* patologiczny: *a pathological liar*

**pa·thol·o·gy** /pəˈθɒlədʒi/ *n* [U] patologia

**pa·tience** /ˈpeɪʃəns/ *n* [U] **1** cierpliwość: *After waiting for half an hour I ran out of patience.* | *I don't have the patience to be a teacher.* | **lose (your) patience** (=s/tracić cierpliwość): *One day she comple-*

## Czas **Past Continuous**
## ***I WAS WORKING***

Czas ten tworzy się za pomocą ***was/were*** + formy czasownika zakończonej na ***-ing***. Używamy go zazwyczaj

**1** gdy mówimy, że w określonym momencie coś się działo lub że ktoś był w trakcie robienia czegoś:
*This time last year they **were** still **living** in Chile.*
*'What **were** you **doing** at 9 o'clock last night?' – 'I **was watching** TV.'*

**2** gdy mówimy o tym, co działo się w momencie, gdy wydarzyło się coś innego (w odniesieniu do tego drugiego wydarzenia używamy czasu Past Simple):
*When Fiona arrived, we **were having** dinner.*
*I **was getting** ready to go out when the phone rang.*

**3** gdy mówimy o dwu lub więcej czynnościach odbywających się w tym samym czasie w przeszłości:
*While the baby **was sleeping**, I **was doing** the ironing.*

patrz też: ***BE, Past Simple***

## Czas **Past Perfect**
## ***I HAD WORKED***

Czas ten tworzy się za pomocą ***had*** i tzw. „trzeciej formy czasownika" (Past Participle). Używamy go, mówiąc o czymś, co miało miejsce przed innym wydarzeniem lub przed określonym momentem w przeszłości (w odniesieniu do wydarzenia późniejszego używamy czasu Past Simple):

*When we arrived at the party, most people **had** already **left**.*
*I recognised her at once. She **hadn't changed** at all in all those years.*
*I didn't want to go to the cinema with them because I **had** already **seen** the film twice.*
*He was nervous on the plane because he **had** never **flown** before (**had not flown** for many years/**had not flown** since he was a child* itp.)

patrz też: ***FOR, HAVE, Past Participle, Past Simple, SINCE***

*tely lost patience and shook the little girl.* **2** *BrE* pasjans → antonim IMPATIENCE

**pa·tient¹** /ˈpeɪʃənt/ *n* [C] pacjent/ka

**patient²** *adj* cierpliwy: *He was always patient, even with the slowest students.* —**patiently** *adv* cierpliwie → antonim IMPATIENT

**pat·i·o** /ˈpætiəʊ/ *n* [C] *plural* **patios** patio

**pat·ri·ot** /ˈpætriət/ *n* [C] patriot-a/ka

**pat·ri·ot·ic** /ˌpætriˈɒtɪk◂/ *adj* patriotyczny: *patriotic song* —**patriotism** /ˈpætriətɪzəm/ *n* [U] patriotyzm —**patriotically** *adv* patriotycznie

**pa·trol¹** /pəˈtrəʊl/ *n* [C,U] patrol: *the California Highway Patrol* | **be on patrol** *Guards were on patrol all night.*

**patrol²** *v* [I,T] **-lled, -lling** patrolować: *Soldiers patrol the prison camp every hour.*

## Czas **Past Perfect Continuous**
## ***I HAD BEEN WORKING***

Czas ten tworzy się za pomocą ***had been*** + formy czasownika zakończonej na ***-ing***. Używamy go zwykle

**1** gdy mówimy o czymś, co działo się przed określonym momentem w przeszłości i czego skutki były w tym momencie odczuwalne:
*The children came home crying and dirty. They **had been fighting**.*
*When I looked out of the window, the sun was shining, but the ground was wet. It **had been raining**.*

**2** gdy mówimy o tym, jak długo coś się działo, zanim wydarzyło się coś innego (w odniesieniu do późniejszego wydarzenia używamy czasu Past Simple):
*They **had been living** in Florida for six months when their father died.*
*'How long **had** you **been waiting** when the bus finally came?' – 'For about twenty minutes.'*
*On Monday they took her to hospital. She **had been feeling** unwell since the previous evening.*

patrz też: ***BE, FOR, HAVE, SINCE, Past Simple***

## Imiesłów bierny: **Past Participle**

Imiesłów bierny, czyli tzw. „trzecia forma czasownika", jest dla czasowników regularnych identyczny z formą czasu przeszłego, a dla czasowników nieregularnych przyjmuje różną postać. Imiesłów bierny wchodzi w skład wielu konstrukcji, m.in.:

**1** czasów typu „perfect":
*She has never **been** abroad.*
*He had **left** before we arrived.*
*They will have **finished** by tomorrow.*

**2** strony biernej:
*This church was **built** in the eleventh century.*
*Our car hasn't been **washed** for weeks.*

**3** bezokolicznika typu „perfect":
*I'm sorry to have **bothered** you.* („Przepraszam, że przeszkodziłem.")

Imiesłowy takie jak ***amazed***, ***bored***, ***disappointed***, ***interested***, ***pleased***, ***surprised*** itp. zachowują się jak przymiotniki:
*She wasn't **pleased** about what I had to say.*
*I'm **surprised** he has passed the exam.*

patrz też: ***Future Perfect, Infinitive, Passive Voice, Past Perfect, Perfect Infinitive, Present Perfect, Verb***

**pa·tron** /ˈpeɪtrən/ *n* [C] **1** patron/ka: *a patron of the arts* **2** *formal* klient/ka, gość: *We ask patrons not to smoke.*

**pat·ron·ize** /ˈpætrənaɪz/ (*także* **-ise** *BrE*) *v* [T] traktować protekcjonalnie: *Don't patronize me.*

**pat·ro·niz·ing** /ˈpætrənaɪzɪŋ/ (*także* **-ising** *BrE*) *adj* protekcjonalny: *He has such a patronizing attitude!* —**patronizingly** *adv* protekcjonalnie

P

**patron saint** /ˌ.. ˈ./ *n* [C] patron/ka: *Saint Christopher is the patron saint of travellers.*

**pat·ter** /ˈpætə/ *n* [singular] **1** bębnienie: **+ of** *the patter of raindrops on the path* **2** gadka: *a car salesman's patter*

**pat·tern** /ˈpætən/ *n* [C] **1** wzór, deseń: *a pattern of small red and white squares* **2** schemat: *Romantic novels tend to follow a similar pattern.* | *the behaviour patterns of young children* **3** wykrój: *a skirt pattern*

**pat·terned** /ˈpætənd/ *adj* wzorzysty, we wzorki: *patterned sheets*

**paunch** /pɔːntʃ/ *n* [C] brzuszek (*u mężczyzny*): *I wish I could lose this paunch!*

**pau·per** /ˈpɔːpə/ *n* [C] *old-fashioned* nędza-rz/rka

**pause¹** /pɔːz/ *v* [I] przerywać: **+ for** *Tom paused for a moment, and then asked, "So what should I do?"*

**pause²** *n* [C] przerwa, pauza: *There was a long pause in the conversation.*

**pave** /peɪv/ *v* [T] **1** wy/brukować **2 pave the way** u/torować drogę: *The new law will pave the way for more rights for disabled people.*

**pave·ment** /ˈpeɪvmənt/ *n* [C] *BrE* chodnik

**pa·vil·ion** /pəˈvɪljən/ *n* [C] **1** pawilon **2** *BrE* szatnia (*obok boiska*)

**paw¹** /pɔː/ *n* [C] łapa

**paw²** *v* [I,T] **paw (at)** skrobać łapą (w): *The dog was pawing at the door, trying to get out.*

**pawn¹** /pɔːn/ *n* [C] pionek

**pawn²** *v* [T] zastawiać: *My grandmother had to pawn her wedding ring to buy food.*

**pawn·bro·ker** /ˈpɔːnˌbrəʊkə/ *n* [C] właściciel/ka lombardu

**pay¹** /peɪ/ *v* **paid, paid, paying 1** [I,T] za/płacić: *Do you have to pay tax when you are a student?* | **+ for** *How much did you pay for that watch?* | *One day I'll make you pay for this!* | **be/get paid** *Most people get paid* (=dostaje wypłatę) *monthly.* | **well/highly paid** (=dobrze płatny): *a highly paid job in a law firm* | **pay sb to do sth** *Dad paid me to wash the car.* **2 pay attention** uważać: *Sorry, I wasn't paying attention. What did you say?* **3 pay a visit** składać wizytę: *I was in New York and I thought I'd pay her a visit.* **4 pay the penalty/price** ponieść karę: *She committed a terrible crime, and now she must pay the penalty.* **5** [I] opłacać się, popłacać: *Crime doesn't pay.* **6 pay sb a compliment** powiedzieć komuś komplement **7 pay your respects (to sb)** *formal* składać (komuś) kondolencje: *Sam came over to pay his respects to the family.* **8 pay tribute to a)** wyrażać uznanie dla **b)** wyrażać wdzięczność

**pay** sb/sth ↔ **back** *phr v* [T] zwracać (pieniądze): *Can I borrow $10? I'll pay you back tomorrow.*

**pay off** *phr v* **1** [T **pay** sth ↔ **off**] spłacić **2** [I] opłacać się: *All that hard work finally paid off.*

**pay²** *n* [U] płaca: *workers striking for higher pay* | *a big pay rise*

**pay·a·ble** /ˈpeɪəbəl/ *adj* **1** płatny: *A club fee of $30 is payable every year.* **2 cheque payable to sb** czek wystawiony na kogoś

**pay·ment** /ˈpeɪmənt/ *n* [C,U] opłata, płatność: *monthly payments* | *Payment must be made within 30 days.*

**pay phone** /ˈ. ./ *n* [C] automat telefoniczny

**pay·roll** /ˈpeɪrəʊl/ *n* [C] lista płac

**PC¹** /ˌpiː ˈsiː◂/ *n* [C] **1** pecet **2** *BrE* posterunkowy

**PC²** *adj* politycznie poprawny

**PE** /ˌpiː ˈiː/ *n* [U] wychowanie fizyczne

**pea** /piː/ *n* [C] groch, groszek: *pie and peas*

**peace** /piːs/ *n* [U] **1** pokój: *There has been peace in the region for 6 years now.* | *a dangerous situation that threatens world peace* | **peace treaty** *Egypt and Israel signed a peace treaty in 1979.* | **peace talks** *The two sides will meet for peace talks in Geneva.* **2** spokój: **peace and quiet** *He went up to his room to get some peace and quiet.* | **in peace** *Mary, let your sister read in peace.*

**peace·ful** /ˈpiːsfəl/ *adv* **1** pokojowy: *a peaceful protest against nuclear weapons* **2** spokojny: *a peaceful day in the country* —**peacefully** *adv* pokojowo, spokojnie

**peace·keep·ing** /ˈpiːsˌkiːpɪŋ/ *adj* **peacekeeping forces/operations** siły/operacje pokojowe

**peach** /piːtʃ/ *n* [C] brzoskwinia: *peaches and cream*

**pea·cock** /ˈpiːkɒk/ *n* [C] paw

**peak**[1] /piːk/ *n* [C] **1** szczyt: *She is now at the peak of her career.* | *Traffic reaches a peak between four and six o'clock.* | *the snow-covered peaks of the Alps* **2** daszek (*czapki*)

**peak**[2] *adj* **peak times** *BrE* godziny szczytu: *peak traffic times*

**pea·nut** /ˈpiːnʌt/ *n* [C] orzeszek ziemny

**peanut but·ter** /ˌ.. ˈ../ *n* [U] masło orzechowe

**pea·nuts** /ˈpiːnʌts/ *n* [U] *informal* grosze: *He works for peanuts.*

**pear** /peə/ *n* [C] gruszka

**pearl** /pɜːl/ *n* [C] perła: *a pearl necklace*

**peas·ant** /ˈpezənt/ *n* [C] chłop/ka: *Most of the population were peasants – very few yet lived in the cities.*

**peat** /piːt/ *n* [U] torf

**peb·ble** /ˈpebəl/ *n* [C] kamyk

**peck**[1] /pek/ *v* [I,T] dziobać: *birds pecking at breadcrumbs*

**peck**[2] *n* [C] **give sb a peck on the cheek** cmoknąć kogoś w policzek

**pe·cu·li·ar** /pɪˈkjuːliə/ *adj* **1** osobliwy, dziwny: *The fish had a rather peculiar taste.* | *Kate's already gone? How peculiar!* **2 peculiar to** specyficzny dla: *the strong flavour that is peculiar to garlic* —**peculiarly** *adv* specyficznie: *There's something about his films that is peculiarly English.*

**pe·cu·li·ar·i·ty** /pɪˌkjuːliˈærəti/ *n* **1** [C] dziwactwo: *Everyone has their little peculiarities.* **2** [U] osobliwość

**ped·a·go·gi·cal** /ˌpedəˈgɒdʒɪkəl/ *adj formal* pedagogiczny: *pedagogical methods*

**ped·al**[1] /ˈpedl/ *n* [C] pedał

**pedal**[2] *v* [I,T] **-lled, -lling** *BrE*, **-led, -ling** *AmE* pedałować

**pe·dan·tic** /pɪˈdæntɪk/ *adj* pedantyczny

**ped·dle** /ˈpedl/ *v* [T] rozprowadzać (*w handlu domokrążnym*): *He was arrested for peddling drugs* (=za handel narkotykami).

**ped·es·tal** /ˈpedəstəl/ *n* [C] cokół

**pe·des·tri·an** /pəˈdestriən/ *n* [C] pieszy

**pedestrian cross·ing** /.ˌ... ˈ../ *n* [C] *BrE* przejście dla pieszych

**pe·di·a·tri·cian** /ˌpiːdiəˈtrɪʃən/ *n* [C] amerykańska pisownia wyrazu PAEDIATRICIAN

**ped·i·gree**[1] /ˈpedəgriː/ *n* [C,U] rodowód

**pedigree**[2] *adj* [only before noun] rasowy

**pee** /piː/ *v* [I] *informal* siusiać —**pee** *n* [singular] siusiu

**peek** /piːk/ *v* [I] zerkać: *The door was open, so I peeked into the room.* —**peek** *n* [C] zerknięcie

**peel**[1] /piːl/ *v* **1** [T] obierać: *Will you peel the potatoes, please?* **2** [I] *także* **peel off** łuszczyć się: *My skin always peels when I've been in the sun.*

**peel**[2] *n* [U] skórka: *orange peel*

**peep**[1] /piːp/ *v* [I] **1** zerkać: **+ through/out/at etc** *I saw Joe peeping through the curtains.* **2** wyglądać: **+ out/above/through etc** *The sun finally peeped out from behind the clouds.*

**peep**[2] *n* [C usually singular] zerknięcie: *She took a peep at* (=zerknęła na) *the answers in the back of the book.*

**peer**[1] /pɪə/ *n* **1** [C usually plural] rówieśni-k/czka: *Teenagers usually prefer to spend their time with their peers.* | **peer**

group *Kids often take drugs because of peer group pressure.* **2** par

**peer**² *v* [I] przyglądać się: **+ at/into/through etc** *Someone was peering through* (=zaglądał przez) *the window.*

**peg** /peg/ *n* [C] **1** kołek, wieszak: *a coat peg* **2** *także* **clothes peg** *BrE* klamerka do bielizny **3** *także* **tent peg** śledź

P

**pel·i·can** /ˈpelɪkən/ *n* [C] pelikan

**pel·let** /ˈpelət/ *n* [C] kulka

**pel·vis** /ˈpelvəs/ *n* [C] miednica —**pelvic** *adj* biodrowy

**pen** /pen/ *n* [C] **1** pióro, długopis → patrz też BALLPOINT PEN, FELT TIP PEN **2** zagroda

**pe·nal** /ˈpiːnl/ *adj* karny: *penal reforms*

**pe·nal·ize** /ˈpiːnəl-aɪz/ (*także* **-ise** *BrE*) *v* [T] **1** dyskryminować: *The current system penalizes people who live alone.* **2** u/karać: *Our team was penalized for taking too much time.*

**pen·al·ty** /ˈpenlti/ *n* [C] **1** kara: *a penalty of £50 for not paying your bus fare* | **the death penalty** (=kara śmierci) **2** rzut karny

**pen·ance** /ˈpenəns/ *n* [C,U] pokuta

**pence** /pens/ skrót **p** *BrE* liczba mnoga od PENNY

**pen·cil** /ˈpensəl/ *n* [C,U] ołówek: *The note was written in pencil.*

**pencil case** /ˈ.. ˌ./ *n* [C] piórnik

**pencil sharp·en·er** /ˈ.. ˌ.../ *n* [C] temperówka

**pen·dant** /ˈpendənt/ *n* [C] wisiorek

**pen·du·lum** /ˈpendjələm/ *n* [C] wahadło

**pen·e·trate** /ˈpenətreɪt/ *v* [I,T] przenikać (przez): *The sun penetrated through the clouds.*

**pen·e·trat·ing** /ˈpenətreɪtɪŋ/ *adj* **1** przenikliwy: *a penetrating look* | *a penetrating sound* **2** wnikliwy: *They asked a number of penetrating questions.*

**pen friend** /ˈ. ./ *BrE n* [C] korespondencyjny przyjaci-el/ółka

**pen·guin** /ˈpeŋgwən/ *n* [C] pingwin

**pen·i·cil·lin** /ˌpenəˈsɪlən/ *n* [U] penicylina

**pe·nin·su·la** /pəˈnɪnsjələ/ *n* [C] półwysep

**pe·nis** /ˈpiːnəs/ *n* [C] prącie, penis

**pen·i·ten·tia·ry** /ˌpenəˈtenʃəri/ *n* [C] więzienie (*w USA*): *the state penitentiary*

**pen·knife** /ˈpen-naɪf/ *n* [C] scyzoryk

**pen name** /ˈ. ./ *n* [C] pseudonim literacki

**pen·ni·less** /ˈpenɪləs/ *adj* bez grosza

**pen·ny** /ˈpeni/ *n* [C] **1** *plural* **pence** *or* **pennies**, skrót **p** pens **2** *plural* **pennies** cent **3 not a penny** ani grosza: *It won't cost you a penny!*

**pen pal** /ˈ. ./ *n* [C] korespondencyjn-y/a przyjaci-el/ółka

**pen·sion** /ˈpenʃən/ *n* [C] emerytura, renta

**pen·sion·er** /ˈpenʃənə/ *n* [C] *BrE* emeryt/ka

**pen·sive** /ˈpensɪv/ *adj* zamyślony: *He sat by the river, looking pensive.*

**pen·ta·gon** /ˈpentəgən/ *n* [C] pięciokąt

**pent·house** /ˈpenthaʊs/ *n* [C] luksusowe mieszkanie na ostatnim piętrze

**peo·ple** /ˈpiːpəl/ *n* **1** [plural] ludzie: *I like the people I work with.* | *How many people were at the party?* **2 the people** lud **3** [C] *formal* naród: *the peoples of Asia* **4 of all people** *spoken* nie kto inny: *It was Michael Jordan, of all people, who missed the shot.*

> UWAGA **people** i **peoples**
>
> Patrz **person**, **persons**, **people**, i **peoples**.

**pep·per** /ˈpepə/ *n* **1** [U] pieprz: *salt and pepper* **2** [C] papryka: *green peppers*

**pep·per·mint** /ˈpepəˌmɪnt/ *n* **1** [U] mięta pieprzowa **2** [C] miętówka

**per** /pə/ *prep* za: *How much are bananas per pound?* | *He charges £20 per lesson.*

**per·ceive** /pəˈsiːv/ *v* [T] *formal* **1** postrzegać: *It is a difficult situation, but we don't perceive it as a major problem.* **2** dostrzegać: *It is difficult to perceive the difference between the two sounds.*

**per·cent**[1] /pəˈsent/ *także* **per cent** *BrE adj, adv* **1** procent: *There's a 10% service charge.* | *Inflation is down 2%.* **2 a/one hundred percent** w stu procentach: *I agree with you a hundred percent.*

**percent**[2] *także* **per cent** *BrE n* [C] procent: *70% of the people interviewed said they supported the President.*

**per·cen·tage** /pəˈsentɪdʒ/ *n* [C usually singular] procent: **+ of** *A high percentage of internet users are men.*

**per·cep·ti·ble** /pəˈseptəbəl/ *adj formal* dostrzegalny, odczuwalny: *perceptible changes in temperature* → antonim IMPERCEPTIBLE

**per·cep·tion** /pəˈsepʃən/ *n* [C] **1** opinia: *Young people have very different perceptions of marriage from their parents.* **2** [U] postrzeganie, percepcja: *Drugs can change your perception of sounds.* **3** [U] spostrzegawczość: *She shows unusual perception for a child of her age.*

**per·cep·tive** /pəˈseptɪv/ *adj* spostrzegawczy: *a funny and perceptive novel about family life*

**perch**[1] /pɜːtʃ/ *n* [C] grzęda

**perch**[2] *v* [I,T] przycupnąć: *She perched herself on the bar stool.*

**per·co·la·tor** /ˈpɜːkəleɪtə/ *n* [C] dzbanek do parzenia kawy

**per·cus·sion** /pəˈkʌʃən/ *n* [U] instrumenty perkusyjne

**pe·ren·ni·al** /pəˈreniəl/ *adj* odwieczny: *the perennial problem of poverty*

**per·fect**[1] /ˈpɜːfɪkt/ *adj* **1** doskonały: *a car in perfect condition* | *Her Spanish is perfect.* → antonim IMPERFECT[1] **2** idealny: *This rug's perfect for the living room.* **3** zupełny: *I felt a perfect fool!* | *It makes perfect sense.* → patrz ramka PERFECT INFINITIVE

**per·fect**[2] /pəˈfekt/ *v* [T] u/doskonalić: *The coach helps players to perfect their skills.*

**per·fect**[3] /ˈpɜːfɪkt/ *n* **the perfect (tense)** czas dokonany → patrz też FUTURE PERFECT, PAST PERFECT

**per·fec·tion** /pəˈfekʃən/ *n* [U] doskonałość: *I'll do my best, but don't expect perfection.*

**per·fec·tion·ist** /pəˈfekʃənəst/ *n* [C] perfekcjonist-a/ka

**per·fect·ly** /ˈpɜːfɪktli/ *adv* doskonale: *She speaks English perfectly.* | *You know perfectly well* (=doskonale wiesz) *what I'm talking about!*

**per·fo·rat·ed** /ˈpɜːfəreɪtəd/ *adj* perforowany —**perforation** /ˌpɜːfəˈreɪʃən/ *n* [C,U] perforacja

**per·form** /pəˈfɔːm/ *v* **1** [I] występować: *She's performing at the National Theatre.* **2** [T] wykonywać: *an operation performed by surgeons at Guy's Hospital* **3 perform well/badly** wypadać dobrze/źle: *The car performs well on mountain roads.*

**per·form·ance** /pəˈfɔːməns/ *n* **1** [C] wykonanie: *a brilliant performance of Beethoven's Fifth Symphony* | *Expenses will be paid for the performance of official duties.* **2** [C] przedstawienie: *The next performance is at 8 o'clock.* **3** [C,U] wyniki: *The country's economic performance hasn't been good recently.*

**per·form·er** /pəˈfɔːmə/ *n* [C] artyst-a/ka: *a circus performer*

**per·fume** /ˈpɜːfjuːm/ *n* [C,U] **1** perfumy: *She never wears perfume.* **2** *literary* woń: *the rose's sweet perfume* —**perfumed** *adj* perfumowany: *perfumed soap*

**per·haps** /pəˈhæps/ *adv* może: *Sarah's late – perhaps she missed the bus.* | *Perhaps you'd like to join us?* | **perhaps not** *"Maybe you shouldn't tell him." "Perhaps not."*

**per·il** /ˈperəl/ *n* [C,U] *formal* niebezpieczeństwo: *fears that our soldiers were in great peril* | *the perils of experimenting with drugs*

**per·il·ous** /ˈperələs/ *adj literary* niebezpieczny: *a perilous journey* —**perilously** *adv* niebezpiecznie

**pe·rim·e·ter** /pəˈrɪmətə/ *n* [C] obwód: *the perimeter of the airfield* | *the perimeter of a triangle*

**pe·ri·od** /ˈpɪəriəd/ *n* [C] **1** okres: *the period from Christmas Day until New Year's*

P

*Day | a period of six weeks | We've been studying the Civil War period. | Are your periods regular?* **2** AmE kropka (*znak przestankowy*): *I'm not going, period!* **3** lekcja: *The first period on Tuesday is history.*

**pe·ri·od·ic** /ˌpɪəriˈɒdɪk◂/ *także* **periodical** *adj* okresowy: *periodic attacks of flu* —**periodically** *adv* okresowo: *The river floods the valley periodically. | Athletes are periodically tested for drugs.*

**pe·ri·od·i·cal** /ˌpɪəriˈɒdɪkəl/ *n* [C] czasopismo: *scientific periodicals*

**pe·riph·e·ral** /pəˈrɪfərəl/ *adj* poboczny: *peripheral subject*

**pe·riph·e·ry** /pəˈrɪfəri/ *n* [C] skraj: *an industrial site on the periphery of the city* ➡ porównaj OUTSKIRTS

**per·ish** /ˈperɪʃ/ *v* [I] *literary* z/ginąć: *Hundreds perished when the ship sank.*

**per·ish·a·ble** /ˈperɪʃəbəl/ *adj* łatwo psujący się: *milk and other perishable items*

**per·ju·ry** /ˈpɜːdʒəri/ *n* [U] krzywoprzysięstwo

**perk** /pɜːk/ *n* [usually plural] dodatek do uposażenia, np. samochód służbowy: *Free travel is one of the perks of the job.*

**perk up** *phr v* [I,T **perk** sb ↔ **up**] ożywiać (się): *Meg soon perked up when his letter arrived.*

**perm** /pɜːm/ *n* [C] trwała: *I've decided to have a perm.* —**perm** *v* [T] *Debbie's had her hair permed* (=zrobiła sobie trwałą).

**per·ma·nent** /ˈpɜːmənənt/ *adj* **1** stały: *a permanent job* **2** trwały: *an illness that causes permanent loss of sight* —**permanence** *n* [U] trwałość ➡ porównaj TEMPORARY

**per·ma·nent·ly** /ˈpɜːmənəntli/ *adv* trwale, na stałe: *The accident left him permanently disabled.*

**per·me·ate** /ˈpɜːmieɪt/ *v* [I,T] przenikać: *Water had permeated through the wall. | A feeling of sadness permeates all his music.*

**per·mis·si·ble** /pəˈmɪsəbəl/ *adj formal* dozwolony, dopuszczalny: *permissible levels of chemicals in drinking water*

**per·mis·sion** /pəˈmɪʃən/ *n* [U] pozwolenie: *You have to ask permission if you want to leave early. | Did your father give you permission to use his car?*

**per·mis·sive** /pəˈmɪsɪv/ *adj* pobłażliwy, permisywny: *the permissive society of the 1970s*

**per·mit**[1] /pəˈmɪt/ *v* **-tted, -tting** **1** *formal* [T] zezwalać na: *The visa permits you to stay for three weeks. | Smoking is not permitted* (=jest zabronione) *inside the building.* **2** [I] pozwalać: *We'll probably go to the beach, weather permitting* (=jeśli pogoda dopisze).

**per·mit**[2] /ˈpɜːmɪt/ *n* [C] zezwolenie: *You can't park here without a permit. | a work permit*

**per·pen·dic·u·lar** /ˌpɜːpənˈdɪkjələ◂/ *adj* pionowy: *a perpendicular line* ➡ porównaj HORIZONTAL, VERTICAL

**per·pet·u·al** /pəˈpetʃuəl/ *adj* wieczny, bezustanny: *the perpetual noise of the machinery* —**perpetually** *adv* wiecznie, bezustannie

**per·pet·u·ate** /pəˈpetʃueɪt/ *v* [T] *formal* utrwalać: *an education system that perpetuates divisions in society*

**per·plexed** /pəˈplekst/ *adj* zakłopotany: *He looked totally perplexed.*

**per·se·cute** /ˈpɜːsɪkjuːt/ *v* [T] prześladować: *a writer persecuted for criticizing the government* —**persecutor** *n* [C] prześladow-ca/czyni

**per·se·cu·tion** /ˌpɜːsɪˈkjuːʃən/ *n* [U] prześladowanie: *the persecution of Christians*

**per·se·vere** /ˌpɜːsəˈvɪə/ *v* [I] wytrwać: *I'm not enjoying the course, but I'll persevere with it.* —**perseverance** *n* [U] wytrwałość: *I admire her perseverance.*

**per·sist** /pəˈsɪst/ *v* [I] utrzymywać się: *Problems with the computer persist.* | **persist in (doing) sth** *At his trial for war crimes, he persisted in denying the charges.*

**per·sis·tent** /pəˈsɪstənt/ *adj* **1** utrzymujący się: *the problem of persistent unemployment* **2** wytrwały: *She keeps saying 'no' but he's very persistent.* **3** uporczywy: *persistent attempts*

## Bezokolicznik **Perfect Infinitive**

Bezokolicznik typu „perfect" składa się z czasownika ***have*** i imiesłowu biernego (Past Participle). Używamy go w odniesieniu do przeszłości

**1** po czasownikach modalnych:

*I haven't got my key. I must* ***have lost*** *it.* („...Musiałam go zgubić.")

*She may* ***have missed*** *her train.* („Może spóźniła się na pociąg.")

*We shouldn't* ***have let*** *him in.* („Nie powinniśmy byli go wpuszczać.")

**2** po czasownikach *seem, appear* i *pretend*:

*I seem* ***to have made*** *a mistake.* („Chyba się pomyliłam.")

*The fire appears* ***to have started*** *in the attic.* („Wygląda na to, że pożar zaczął się na strychu.")

*He pretended not* ***to have heard*** *her.* („Udawał, że jej nie usłyszał.")

**3** po przymiotnikach takich jak *glad, happy, nice, sad, sorry* itp.:

*I'm sorry* ***to have wasted*** *your time.* („Przepraszam, że zabrałem Panu/Pani czas.")

*It's nice* ***to have met*** *you.* („Miło mi było Pana/Panią poznać.")

patrz też: ***HAVE, Infinitive, Modal Verbs, Past Participle, Verb***

*to bring down the government* —**persistence** *n* [U] wytrwałość, upór

**per·son** /ˈpɜːsən/ *n plural* **people 1** [C] osoba: *Bert's a strange person.* **2 in person** osobiście: *You'll have to apply for your passport in person.* ➡ patrz też FIRST PERSON, SECOND PERSON, THIRD PERSON

> UWAGA **person, persons, people** i **peoples**
>
> Wyraz **person** znaczy 'osoba': *She's a really generous person.* Regularna liczba mnoga od **person** brzmi **persons**, ale używa się jej jedynie w języku oficjalnym. Kiedy mówimy o dwu lub większej liczbie osób, używamy wyrazu **people** ('ludzie'): *There were about 100 people at the wedding.* Wyraz **people** jest też samodzielnym rzeczownikiem, który znaczy 'naród' i ma swoją liczbę mnogą **peoples** ('narody'): *the peoples of the Caribbean.*

**per·son·al** /ˈpɜːsənəl/ *adj* [only before noun] osobisty: *books, clothes, and other personal belongings* | *I know from personal experience* (=z własnego doświadczenia) *that it doesn't work.* | *The Mayor promised to give the matter his personal attention.* | *Can I ask you a personal question?* | *His personal problems are affecting his work.* | *personal hygiene* | *There's no need to make personal remarks* (=nie ma potrzeby robić osobistych wycieczek). | *It's nothing personal* (=nie bierz tego do siebie) – *I just don't agree with you.*

**personal com·pu·ter** /ˌ... .ˈ../ *n* [C] komputer osobisty

**per·son·al·i·ty** /ˌpɜːsəˈnæləti/ *n* **1** [C,U] osobowość: *Alice has an outgoing personality.* **2** [C] osobistość: *a TV personality*

**per·son·al·ize** /ˈpɜːsənəlaɪz/ (*także* **-ise** *BrE*) *v* [T] przystosowywać do indywidualnych potrzeb: *It's pretty easy to personalize your PC.*

**per·son·al·ly** /ˈpɜːsənəli/ *adv spoken* osobiście: *Personally, I think it's a bad idea.* | *He's personally responsible for all the arrangements.* | *I don't know her personally, but I like her books.*

**personal or·ga·niz·er** /ˌ... ˈ..../ *n* [C] terminarz

**per·son·al pro·noun** /ˌ... '../ *n* [C] *technical* zaimek osobowy

**per·son·i·fy** /pə'sɒnˌ̣fai/ *v* [T] **1** uosabiać: *He is laziness personified!* **2** personifikować —**personification** /pəˌsɒnˌ̣fˌ̣'keɪʃən/ *n* [C,U] uosobienie, personifikacja

**per·son·nel** /ˌpɜːsə'nel/ *n* **1** [plural] personel: *military personnel* **2** [U] dział kadr: *a personnel manager*

**per·spec·tive** /pə'spektɪv/ *n* **1** [C] pogląd: *Working abroad gives you a whole new perspective on life.* **2** [U] **keep/get sth in perspective** patrzeć/spojrzeć na coś z właściwej perspektywy **3** [U] perspektywa: *Children's drawings often have no perspective.*

**per·spi·ra·tion** /ˌpɜːspə'reɪʃən/ *n* [U] *formal* pot

**per·spire** /pə'spaɪə/ *v* [I] *formal* pocić się

**per·suade** /pə'sweɪd/ *v* [T] przekonywać: *Ken finally persuaded Jo to apply for the job.* | *He persuaded the jury that his client was not guilty.*

> UWAGA **persuade**
> Patrz **convince** i **persuade**.

**per·sua·sion** /pə'sweɪʒən/ *n* **1** [U] perswazja: *With a little persuasion, Debbie agreed to come with us.* **2** [C] *formal* orientacja: *arguments between people of different political persuasions*

**per·sua·sive** /pə'sweɪsɪv/ *adj* przekonujący: *a persuasive argument*

**per·turbed** /pə'tɜːbd/ *adj* zaniepokojony: *He didn't seem at all perturbed by the news.*

**per·va·sive** /pə'veɪsɪv/ *adj* wszechobecny: *a pervasive fear of crime*

**per·verse** /pə'vɜːs/ *adj* przewrotny, perwersyjny: *He takes perverse pleasure in arguing with everyone.*

**per·ver·sion** /pə'vɜːʃən/ *n* [C,U] **1** perwersja **2** wypaczenie: *a perversion of the truth*

**per·vert** /'pɜːvɜːt/ *n* [C] zboczeniec

**pes·si·mis·m** /'pesˌ̣mɪzəm/ *n* [U] pesymizm ➡ antonim OPTIMISM

**pes·si·mist** /'pesˌ̣mɪst/ *n* [C] pesymist-a/ka: *Don't be such a pessimist – you're sure to pass.* ➡ antonim OPTIMIST

**pes·si·mis·tic** /ˌpesˌ̣'mɪstɪk◂/ *adj* pesymistyczny: *Johnathan is pessimistic about* (=pesymistycznie zapatruje się na) *his chances of winning.* ➡ antonim OPTIMISTIC

**pest** /pest/ *n* [C] **1** szkodnik **2** *informal* utrapienie: *That kid next door is a real pest.*

**pes·ter** /'pestə/ *v* [T] męczyć, nagabywać: *He keeps pestering me to buy him a new bike.*

**pes·ti·cide** /'pestˌ̣saɪd/ *n* [C] pestycyd

**pet**[1] /pet/ *n* [C] zwierzę domowe ➡ patrz też TEACHER'S PET

**pet**[2] *v* [T] **-tted, -tting** pieścić: *Our cat loves being petted.*

**pet**[3] *adj* **pet project/subject** ulubiony projekt/temat: *congressmen looking for funding for their pet projects*

**pet·al** /'petl/ *n* [C] płatek: *a blue flower with five petals* | *rose petals*

**pe·ti·tion**[1] /pˌ̣'tɪʃən/ *v* [I,T] wnosić petycję (do): *We're going to London to petition our MP.*

**petition**[2] *n* [C] petycja: *Will you sign a petition against experiments on animals?*

**pet·ri·fied** /'petrˌ̣faɪd/ *adj* skamieniały ze strachu: *I thought the plane was going to crash – I was petrified!*

**pet·rol** /'petrəl/ *n* [U] *BrE* benzyna

**pe·tro·le·um** /pˌ̣'trəʊliəm/ *n* [U] ropa naftowa: *petroleum-based products*

**petrol sta·tion** /'.. ˌ../ *n* [C] *BrE* stacja benzynowa

**pet·ti·coat** /'petikəʊt/ *n* [C] *especially BrE* halka

**pet·ty** /'peti/ *adj* **1** drobny, nieistotny: *a petty argument* | **petty crime** (=drobne wykroczenia) **2** małostkowy: *She can be very petty about money.* —**pettiness** *n* [U] małostkowość

**pew** /pjuː/ *n* [C] ławka kościelna

**pew·ter** /'pjuːtə/ *n* [U] stop cyny z ołowiem

**phan·tom** /'fæntəm/ *n* [C] *literary* widmo, fantom

**pha·raoh** /ˈfeərəʊ/ *n* [C] faraon

**phar·ma·ceu·ti·cal** /ˌfɑːməˈsjuː-tɪ-kəl◂/ *adj* farmaceutyczny: *large pharmaceutical companies*

**phar·ma·cist** /ˈfɑːməsəst/ *n* [C] farmaceut-a/ka

**phar·ma·cy** /ˈfɑːməsi/ *n* [C] **1** apteka **2** [C] farmacja

**phase**[1] /feɪz/ *n* [C] faza: *the last phase of the project* | *Your child is just going through a "naughty" phase.* ➡ porównaj STAGE[1]

**phase**[2] *v* [T]

**phase** sth ↔ **in** *v* [T] stopniowo wprowadzać: *New laws on smoking will be phased in over the next six months.*

**phase** sth ↔ **out** *phr v* [T] stopniowo wycofywać się z: *Some manufacturers aim to phase out all tests on animals.*

**PhD** /ˌpiː eɪtʃ ˈdiː/, **Ph.D.** *n* [C] stopień naukowy doktora

**pheas·ant** /ˈfezənt/ *n* [C] bażant

**phe·nom·e·nal** /fɪˈnɒmənəl/ *adj* fenomenalny: *a phenomenal achievement*

**phe·nom·e·non** /fɪˈnɒmənən/ *n* [C] *plural* **phenomena** zjawisko: *earthquakes, hurricanes, and other natural phenomena* | *Homelessness is not a new phenomenon.*

**phew** /fjuː/ *interjection* uff

**phi·lan·thro·pist** /fəˈlænθrəpəst/ *n* [C] filantrop/ka

**phi·los·o·pher** /fəˈlɒsəfə/ *n* [C] filozof: *ancient Greek philosophers*

**phil·o·soph·i·cal** /ˌfɪləˈsɒfɪkəl◂/ **phil·osoph·ic** /-ˈsɒfɪk◂/ *adj* filozoficzny: *a philosophical discussion* | *Anderson is philosophical about* (=filozoficznie podchodzi do) *his defeat.* —**philosophically** *adv* filozoficznie

**phi·los·o·phy** /fəˈlɒsəfi/ *n* [C,U] filozofia: *She's studying philosophy at university.* | *My philosophy is, enjoy life while you can!*

**phlegm** /flem/ *n* [U] flegma

**pho·bi·a** /ˈfəʊbiə/ *n* [C] fobia: *Holly has a phobia about snakes.*

**phone**[1] /fəʊn/ *n* [C] **1** telefon: *What's your phone number?* | *Could you answer the phone please?* | *You can book your tickets by phone.* **2 be on the phone a)** rozmawiać przez telefon: *Turn the TV down – I'm on the phone!* **b)** *BrE* mieć telefon

**phone**[2] *v* także **phone up** [I,T] za/telefonować (do), za/dzwonić (do): *Several people phoned the radio station to complain.* | *I'll phone up and find out when they're open.*

**phone book** /ˈ. ./ *n* [C] książka telefoniczna

**phone booth** /ˈ. ./ *także* **phone box** *BrE n* [C] kabina telefoniczna

**phone call** /ˈ. ./ *n* [C] telefon: *There's a phone call for you.* | *I need to make a phone call* (=muszę zatelefonować).

**phone card** /ˈ. ./ *n* [C] karta telefoniczna

**phone-in** /ˈ. ./ *n* [C] program z telefonicznym udziałem słuchaczy/widzów

**pho·net·ic** /fəˈnetɪk/ *adj* fonetyczny: *a phonetic alphabet* —**phonetically** *adv* fonetycznie

**pho·net·ics** /fəˈnetɪks/ *n* [U] fonetyka

**pho·ney** /ˈfəʊni/ *BrE*, **phony** *AmE adj* fałszywy: *I gave the police a phony address.*

**pho·ny** /ˈfəʊni/ *adj* amerykańska pisownia wyrazu PHONEY

**phos·phate** /ˈfɒsfeɪt/ *n* [C,U] fosforan

**pho·to** /ˈfəʊtəʊ/ *n* [C] *plural* **photos** *informal* zdjęcie, fotografia: *I must take a photo of the hotel.*

**pho·to·cop·i·er** /ˈfəʊtəʊˌkɒpiə/ *n* [C] fotokopiarka

**pho·to·cop·y**[1] /ˈfəʊtəʊˌkɒpi/ *n* [C] fotokopia, odbitka: *Could you make a photocopy of this article, please.*

**photocopy**[2] *v* [T] s/kserować

**pho·to·graph**[1] /ˈfəʊtəgrɑːf/ *także* **photo** *informal n* [C] fotografia, zdjęcie: *an old photograph of my grandfather* | **take a photograph** *Visitors are not allowed to take photographs.*

**photograph**[2] *v* [T] s/fotografować

**UWAGA photograph**

Nie mówi się "I photographed my friends on the beach". Mówi się **I**

P

> **took a photo of my friends** lub **I took a picture of my friends**. Czasownika **to photograph** używa się w odniesieniu do fotografii zawodowej.

**pho·tog·ra·pher** /fəˈtɒgrəfə/ *n* [C] fotograf: *a fashion photographer*

**pho·to·graph·ic** /ˌfəʊtəˈgræfɪk◂/ *adj* fotograficzny: *photographic images* | *photographic equipment*

**pho·tog·ra·phy** /fəˈtɒgrəfi/ *n* [U] fotografia, fotografika: *Photography isn't just a matter of pointing the camera and pressing the button!*

**phras·al verb** /ˌfreɪzəl ˈvɜːb/ *n* [C] czasownik złożony: *"Set off", "look after", and "put up with" are all phrasal verbs.*

**phrase**[1] /freɪz/ *n* [C] zwrot, wyrażenie: *Darwin's famous phrase, "the survival of the fittest"*

**phrase**[2] *v* [T] s/formułować: *You will have to phrase your criticism very carefully.* | *He phrased his question politely.*

**phys·i·cal** /ˈfɪzɪkəl/ *adj* fizyczny: *physical exercise* | *people with mental and physical disabilities* | *physical chemistry* | *attempts to improve the physical environment in our big cities*

**phy·si·cian** /fɪˈzɪʃən/ *n* [C] *AmE formal* leka-rz/rka

**phys·ics** /ˈfɪzɪks/ *n* [U] fizyka —**physicist** *n* fizyk

**phys·i·ol·o·gy** /ˌfɪziˈɒlədʒi/ *n* [U] fizjologia —**physiological** /ˌfɪziəˈlɒdʒɪkəl◂/ *adj* fizjologiczny

**phys·i·o·ther·a·py** /ˌfɪziəʊˈθerəpi/ *n* [U] fizjoterapia —**physiotherapist** *n* [C] fizjoterapeut-a/ka

**phy·sique** /fɪˈziːk/ *n* [C usually singular] budowa (ciała): *a man with a powerful physique*

**pi·a·nist** /ˈpiːənɪst/ *n* [C] pianist-a/ka

**pi·an·o** /piˈænəʊ/ *n* [C] *plural* **pianos** fortepian, pianino

**pick**[1] /pɪk/ *v* [T] **1** wybierać: *Students have to pick three courses.* | *Have you picked a date for the wedding yet?* **2** zbierać: *We've picked some flowers for you.* | *freshly picked strawberries* **3** zdejmować: *She sat nervously picking bits of fluff off her sweater.* **4 pick a fight/quarrel with sb** wdawać się w bójkę/kłótnię z kimś: *Dean's always picking fights with the younger kids.* **5 pick sb's brain(s)** po/radzić się kogoś: *I've got a problem with my computer – can I pick your brains?*

**pick at** *phr v* [T] dziobać: *I was so nervous I could only pick at my lunch.*

**pick on** *phr v* [T] czepiać się, dokuczać: *Greg, stop picking on your sister!*

**pick** sb/sth ↔ **out** *phr v* [T] wyławiać: *She was able to pick out her attacker from a police lineup.*

**pick up** *phr v* **1** [T **pick** sb/sth **up**] podnosić: *Pick me up, Daddy!* | *I picked up the phone just as it stopped ringing.* **2** [T **pick** sb/sth ↔ **up**] odbierać: *I'll pick up my stuff around six, okay?* | *What time should we pick you up at the airport?* **3** [T **pick up** sth] nabierać: *The car was gradually picking up speed.* **4** [T **pick** sth ↔ **up**] nauczyć się: *If you go to live in another country you'll soon pick up the language.* **5** [T **pick** sth ↔ **up**] zarazić się: *She's picked up a cold from a child at school.* **6** [T **pick** sth ↔ **up**] z/łapać: *The dogs were able to pick up the scent.* | *We can pick up French radio stations from here.* | *The satellite failed to pick up the signal.* **7** [T **pick** sb ↔ **up**] podrywać

**pick**[2] *n* **1 take your pick/have your pick** wybierać: *Would you like a chocolate? Here, take your pick.* | *At the height of her fame, she had her pick of* (=mogła wybierać spośród) *all the eligible men in Hollywood.* **2 the pick of** *informal* najlepsze spośród: *We'll be reviewing the pick of this month's new movies.* **3** [C] kilof

**pick·axe** /ˈpɪk-æks/ *BrE*, **pickax** *AmE n* [C] kilof

**pick·et** /ˈpɪkɪt/ *także* **picket line** *n* [C] pikieta: *Two workers were hurt today trying to cross the picket line.* —**picket** *v* [I,T] pikietować

**pick·le** /ˈpɪkəl/ *v* [T] za/marynować

**pick·led** /ˈpɪkəld/ *adj* marynowany

**pick·pock·et** /ˈpɪkˌpɒkɪt/ *n* [C] kieszonkowiec

**pick·up** /ˈpɪkʌp/ *także* **pickup truck** *n* [C] furgonetka

**pick·y** /ˈpɪki/ *adj informal* wybredny: *a picky eater | Kelly's so picky about her clothes!*

**pic·nic** /ˈpɪknɪk/ *n* [C] piknik: *We usually take a picnic when we go to the beach.*

**pic·to·ri·al** /pɪkˈtɔːriəl/ *adj* obrazkowy

**pic·ture**[1] /ˈpɪktʃə/ *n* **1** [C] obraz: *Where shall I hang this picture? | You can't get a clear picture on this TV set.* | **+ of** *The report gives a clear picture of life in the army.* **2** [C] zdjęcie: *She keeps a picture of her boyfriend by her bed. | Leo's picture was in the paper yesterday.* | **take a picture** (=z/robić zdjęcie): *Do you mind if I take a picture of you?* **3** [singular] sytuacja: *The political picture has changed greatly.* **4 get the picture** *spoken* rozumieć: *I don't want you around here any more, get the picture?* **5 the pictures** kino: *Do you want to go to the pictures on Saturday?* **6** [C] film: *an Oscar for best picture*

**picture**[2] *v* [T] wyobrażać sobie: *I can still picture him standing there in his uniform.*

**pic·tur·esque** /ˌpɪktʃəˈresk◂/ *adj* malowniczy

**pie** /paɪ/ *n* [C,U] **1** placek, ciasto: *an apple pie* **2** *BrE* mięso, ryba lub warzywa zapiekane w cieście z warstwą ziemniaków na wierzchu

**piece**[1] /piːs/ *n* [C] **1** [C] kawałek: **+ of** *Do you want a piece of bread?* | **in pieces** *The vase lay in pieces on the floor.* | **smash/tear sth to pieces** (=potłuc/podrzeć coś na kawałki) **2** [C] część: *the pieces of a jigsaw puzzle* **3** figura: *a chess piece* **4 a piece of furniture** mebel **5 a piece of advice/information** rada/informacja: *I've got a great piece of gossip to tell you!* **6 go to pieces** załamywać się: *I go to pieces at the thought of exams.* **7 (all) in one piece** cały: *I'm glad the china arrived in one piece.* **8 a piece of cake** *informal* pestka, małe piwo **9** utwór: *a beautiful piece of music* **10** moneta: *a 50p piece*

> UWAGA **piece of clothing**
>
> Patrz **clothes**, **piece of clothing** i **garment**.

**piece**[2] *v*

**piece** sth ↔ **together** *phr v* [T] **1** wydedukować: *Police are still trying to piece together a motive for the shooting.* **2** po/składać do kupy: *She tried to piece the information together.*

**piece·meal** /ˈpiːsmiːl/ *adj, adv* po kawałku

**pier** /pɪə/ *n* [C] molo, pomost

**pierce** /pɪəs/ *v* [T] przekłuwać, przebijać: *I'm getting my ears pierced. | A bullet pierced his body.*

**pierc·ing** /ˈpɪəsɪŋ/ *adj* **1** przeszywający: *a piercing scream* **2** przenikliwy: *He looked away from Mr. Darden's piercing eyes. | a piercing wind*

**pi·e·ty** /ˈpaɪəti/ *n* [U] pobożność

**pig** /pɪɡ/ *n* [C] **1** świnia **2** obżartuch: *You ate all the pizza, you pig.*

**pi·geon** /ˈpɪdʒən/ *n* [C] gołąb

**pi·geon·hole** /ˈpɪdʒənhəʊl/ *v* [T] za/szufladkować: *People find out what you're good at and try to pigeonhole you.*

**pig·gy·back** /ˈpɪɡibæk/ *adv* na barana

**pig·gy bank** /ˈpɪɡi bæŋk/ *n* [C] skarbonka

**pig·head·ed** /ˌpɪɡˈhedəd◂/ *adj* uparty

**pig·let** /ˈpɪɡlət/ *n* [C] prosię

**pig·ment** /ˈpɪɡmənt/ *n* [C,U] barwnik, pigment

**pig·sty** /ˈpɪɡstaɪ/ *także* **pig·pen** /-pen/ *AmE n* [C] chlew

**pig·tail** /ˈpɪɡteɪl/ *n* [C] warkoczyk → porównaj BRAID[1], PONYTAIL

**pike** /paɪk/ *n* [C,U] szczupak

**pile**[1] /paɪl/ *n* **1** [C] stos, sterta: **+ of** *a pile of folded clothes* **2 piles of/a pile of sth** *informal* kupa czegoś: *I have piles of work to do tonight.*

**pile**[2] *v* [I,T] *także* **pile up** na/zbierać (się): *A lot of dirty pans piled up in the sink.*

**pile into** sth *phr v* [T] *informal* w/ładować się do: *We all piled into the car.*

**pile-up** /ˈ. ./ *n* [C] *informal* karambol: *a 16-car pile-up*

**pil·grim** /ˈpɪlgrɪm/ *n* [C] pielgrzym

**pil·grim·age** /ˈpɪlgrɪmɪdʒ/ *n* [C,U] pielgrzymka

**pill** /pɪl/ *n* [C] **1** pigułka **2 the Pill** pigułka antykoncepcyjna: **be on the pill** (=stosować pigułkę antykoncepcyjną)

**pil·lar** /ˈpɪlə/ *n* [C] filar

**pil·low** /ˈpɪləʊ/ *n* [C] poduszka

> UWAGA **pillow i cushion**
>
> **Pillow** to poduszka pod głowę na łóżku, a **cushion** to (często ozdobna) poduszka na fotelu, kanapie itp.: *The minute his head touched the pillow he was sound asleep. | Would you like a cushion for your back?*

**pil·low·case** /ˈpɪləʊkeɪs/ *n* [C] poszewka

**pi·lot** /ˈpaɪlət/ *n* [C] **1** pilot/ka **2 pilot study/programme** badanie/program pilotażowy —**pilot** *v* [T] pilotować

**pimp** /pɪmp/ *n* [C] alfons

**pim·ple** /ˈpɪmpəl/ *n* [C] pryszcz —**pimply** *adj* pryszczaty

**pin**[1] /pɪn/ *n* [C] szpilka → patrz też PINS AND NEEDLES, ROLLING PIN, SAFETY PIN

**pin**[2] *v* [T] **-nned, -nning 1** [T] przypinać: **pin sth to/onto etc** *Have you seen the note pinned on the door?* | **pin sth together** (=spinać coś): *Pin the back of the dress together first.* **2 pin the blame on sb** zrzucać winę na kogoś **3** przygwoździć: *He was pinned under the car.*

**pin·a·fore** /ˈpɪnəfɔː/ *n* [C] *BrE* bezrękawnik, fartuch

**pin·ball** /ˈpɪnbɔːl/ *n* [U] bilard elektryczny: *a pinball machine*

**pin·cers** /ˈpɪnsəz/ *n* [plural] szczypce

**pinch**[1] /pɪntʃ/ *v* **1** [T] szczypać: *He pinched her arm playfully.* **2** [T] *informal* zwędzić, gwizdnąć: *Someone's pinched my pen!*

**pinch**[2] *n* **pinch of salt/pepper** szczypta soli/pieprzu

**pin·cush·ion** /ˈpɪnˌkʊʃən/ *n* [C] poduszeczka na igły

**pine**[1] /paɪn/ *n* także **pine tree** /ˈ. ./ [C,U] sosna

**pine**[2] *także* **pine away** *v* [I] usychać z tęsknoty: **+ for** *Poor Charlie was clearly pining for his son.*

**pine·ap·ple** /ˈpaɪnæpəl/ *n* [C,U] ananas

**pine·cone** /ˈpaɪnkəʊn/ *n* [C] szyszka sosnowa

**ping** /pɪŋ/ *n* [C] brzęk

**ping-pong** /ˈpɪŋ pɒŋ/ *n* [U] *informal* ping-pong

**pink** /pɪŋk/ *adj* różowy: *a pink dress*

**pin·na·cle** /ˈpɪnəkəl/ *n* szczyt: **+ of** *She reached the pinnacle of success as a writer at the age of 45.*

**pin·point** /ˈpɪnpɔɪnt/ *v* [T] s/precyzować: *I'm trying to pinpoint where we are on the map.*

**pins and nee·dles** /ˌ. . ˈ../ *n* [U] mrowienie

**pin·stripe** /ˈpɪnstraɪp/ *n* [U] w prążki: *a blue pinstripe suit* —**pinstriped** *adj* prążkowany

**pint** /paɪnt/ *n* [C] pół kwarty (*=0.473 l w USA, 0.568 l w Wielkiej Brytanii*)

**pin·up** /ˈpɪnʌp/ *n* [C] plakat ze zdjęciem kogoś sławnego lub atrakcyjnego

**pi·o·neer** /ˌpaɪəˈnɪə◂/ *n* [C] pionier/ka: *the pioneers of modern space travel*

**pi·ous** /ˈpaɪəs/ *adj* pobożny

**pip** /pɪp/ *n* [C] *BrE* pestka (*np. jabłka lub cytryny*)

**pipe**[1] /paɪp/ *n* [C] **1** rura: *a water pipe* **2** fajka **3** piszczałka, fujarka

**pipe**[2] *v* [T] doprowadzać rurociągiem: *The oil is piped from Alaska.*

**pipe·line** /ˈpaɪp-laɪn/ *n* **1** [C] rurociąg **2 be in the pipeline** być w przygotowaniu

**pip·ing** /ˈpaɪpɪŋ/ *n* [U] rury: *lead piping*

**pi·ra·cy** /ˈpaɪərəsi/ *n* [U] piractwo: *software piracy*

**pi·rate**[1] /ˈpaɪərət/ *n* [C] pirat: *video pirates*

**pirate**[2] *v* [T] nielegalnie kopiować

**Pis·ces** /ˈpaɪsiːz/ *n* [C,U] Ryby

**piss** /pɪs/ *v* [I] *spoken informal* sikać

**pissed** /pɪst/ *adj spoken informal* **1** *BrE* zalany: *Ian was really pissed last night.* **2** *AmE* wkurzony: *Karen is pissed at Andrea, she won't take her calls.* **3 be pissed off with** mieć dosyć

**pis·tol** /ˈpɪstl/ *n* [C] pistolet

**pis·ton** /ˈpɪstən/ *n* [C] tłok

**pit** /pɪt/ *n* [C] **1** dół, wykop **2** kopalnia **3** *AmE* pestka: *a peach pit*

**pitch¹** /pɪtʃ/ *v* **1** [I,T] rzucać: *Who's pitching for the Red Sox today?* | **pitch sth over/into etc** *Carl tore up her letter and pitched it into the fire.* **2** [I] upaść: **+ into/forward etc** *He was so drunk he pitched head first over the wall.* **3** [T] ustawiać: *He pitched the level of his lecture far too high.* **4 pitch a tent** rozbijać namiot

**pitch²** *n* **1** [C] *BrE* boisko: *a cricket pitch* **2** [U singular] wysokość (*głosu, nuty*) **3** [C] rzut (*w baseballu*) **4** [U] smoła

**pitch black** /ˌ. ˈ.◂/ *adj* także **pitch dark** czarny jak smoła: *It was pitch black in the basement* (=w piwnicy było zupełnie ciemno).

**pitch·er** /ˈpɪtʃə/ *n* [C] **1** dzban: *a pitcher of beer* **2** miotacz (*w baseballu*)

**pitch·fork** /ˈpɪtʃfɔːk/ *n* [C] widły

**pit·fall** /ˈpɪtfɔːl/ *n* [C] pułapka: *the pitfalls of buying an old car*

**pit·i·ful** /ˈpɪtɪfəl/ *adj* żałosny: *a pitiful sight* | *His performance last night was pitiful.* —**pitifully** *adv* żałośnie

**pit·i·less** /ˈpɪtɪləs/ *adj* bezlitosny: *a pitiless dictator*

**pit·y¹** /ˈpɪti/ *n* **1 it's a pity (that)** [singular] szkoda, że: *It's a pity you can't come.* **2** [U] litość: *I don't need your pity!* | **take/have pity on sb** (=z/litować się nad kimś)

**pity²** *v* [T] współczuć: *I pity anyone who has to live with Sean.*

**piv·ot** /ˈpɪvət/ *n* [C] oś

**piv·ot·al** /ˈpɪvətəl/ *adj* kluczowy: *A good education is pivotal to a successful career.*

**pix·ie** /ˈpɪksi/ *n* [C] skrzat

**piz·za** /ˈpiːtsə/ *n* [C,U] pizza

**plac·ard** /ˈplækɑːd/ *n* [C] afisz, transparent

**pla·cate** /pləˈkeɪt/ *v* [T] *formal* udobruchać

**place¹** /pleɪs/ *n* [C] **1** miejsce: *Keep your passport in a safe place.* | *a beautiful place surrounded by mountains* | *Paint is coming off the wall in places* (=w niektórych miejscach). | *She was born in a place called Black River Falls.* | *There are a few places left on the German course.* | *No-one could ever take her place* (=nikt nigdy nie byłby w stanie zająć jej miejsca). | *This isn't the place to discuss money.* | **place to eat/live etc** *Are there any decent places to eat round here?* | **+ for** *This would be a great place for a party.* | **sb's place** (=czyjś dom): *I'm going over to Jeff's place for dinner.* | **friends in high places** *Carla has friends in high places* (=ma znajomych na wysokich stanowiskach). **2 take place** mieć miejsce: *When did the robbery take place?* **3 in place/out of place** na swoim miejscu/nie na swoim miejscu: *Put the CDs back in their place.* | *She didn't have a hair out of place.* **4 put sb in his/her place** pokazywać komuś, gdzie jest jego miejsce: *I'd like to put her in her place, the little snob!* **5 in place of** w miejsce: *There's football on in place of the normal programmes.* **6 in first/second place** na pierwszym/drugim miejscu: *Jerry finished in third place.* **7 in the first/second place** *spoken* po pierwsze/drugie: *Well, in the first place, I can't afford it, and in the second place I'm not really interested.* **8 all over the place** *informal* wszędzie: *There were policemen all over the place!* **9 out of place** nie na miejscu: *I felt really out of place at Cindy's wedding.*

> UWAGA **place**
>
> W mowie używa się często słów **where**, **somewhere** i **anywhere** zamiast "the place", "a place" itp: *I'll show you where I was born.* | *I need somewhere to put my books.* | *I couldn't find anywhere to park the car.*

P

> UWAGA **place** i **room/space**
>
> Nie należy mylić wyrazów **place** i **room/space** w znaczeniu 'miejsce'. **Place** to 'pewien obszar lub część obszaru': *The best place to sit is right in front of the stage.* **Room/space** to 'przestrzeń lub obszar, który można wypełnić czymś lub przeznaczyć na coś': *There's enough room in the back seat for all three of you.* | *I hope there's enough space in the wardrobe for all your clothes.*

P

**place**² *v* [T] **1** umieszczać: **place sth in/on etc** *Seth placed his trophy on the top shelf.* **2** stawiać: *His resignation places the government in an embarrassing position.* **3** kłaść: *Society should place more emphasis on honesty.* **4 place an order** składać zamówienie **5 place an advertisement** dawać ogłoszenie

**pla·ce·bo** /plə'siːbəʊ/ *n* [C] placebo

**plac·id** /'plæs$_{\text{ə}}^{\text{I}}$d/ *adj* spokojny: *a placid baby*

**pla·gia·ris·m** /'pleɪdʒərɪzəm/ *n* [C,U] plagiat, plagiatorstwo: *She was accused of plagiarism in her thesis.*

**plague**¹ /pleɪg/ *n* **1** [C,U] zaraza, dżuma **2 a plague of rats/locusts** plaga szczurów/szarańczy

**plague**² *v* [T] nękać: *Renee had always been plagued by ill health.*

**plaice** /pleɪs/ *n* [C,U] płastuga

**plaid** /plæd/ *n* [C,U] *AmE* materiał w kratę, krata

**plain**¹ /pleɪn/ *adj* **1** gładki: *a plain carpet* **2** jasny: **it's plain that** *It's plain that he doesn't agree.* **3** prosty, zwyczajny: *plain food* **4** niezbyt ładny: *a plain face* **5** otwarty: *Let's have some plain, truthful answers.*

**plain**² *n* [C] równina: *the Spanish plains*

**plain**³ *adv* **plain stupid/rude** *informal* po prostu głupi/niegrzeczny: *They're just plain lazy.*

**plain·clothes** /ˌpleɪn'kləʊðz◂/ *adj* **plainclothes police** policjanci w cywilu

**plain·ly** /'pleɪnli/ *adv* **1** wyraźnie: *He's plainly unhappy.* **2** zwyczajnie: *a plainly dressed young girl* **3** otwarcie: *He spoke plainly about the loss of his wife.*

**plain·tiff** /'pleɪnt$_{\text{ə}}^{\text{I}}$f/ *n* [C] *law* powód/ka → porównaj DEFENDANT

**plain·tive** /'pleɪntɪv/ *adj* zawodzący: *the plaintive cry of the wolf*

**plait**¹ /plæt/ *v* [T] *BrE* zaplatać, pleść

**plait**² *n* [C] *BrE* warkocz

**plan**¹ /plæn/ *n* [C] plan: *Her plan is to finish school and then travel.* | *the Middle East peace plan* | *the plans for a new library* | **make plans** *Helen's busy making plans for her wedding.* | **go according to plan** (=iść zgodnie z planem): *If things go according to plan, we'll go on Monday.*

**plan**² *v* **-nned, -nning** [I,T] za/planować: *Grace began to plan what she would wear for the interview.* | *We've been planning our trip for months.* | *We spend ages planning the garden.* | **plan on doing sth/plan to do sth** *How long do you plan on staying?* | *Where do you plan to go next year?*

**plane** /pleɪn/ *n* [C] **1** samolot **2** poziom: *Jill's work is on a higher artistic plane than mine.* **3** strug **4** *technical* płaszczyzna

**plan·et** /'plæn$_{\text{ə}}^{\text{I}}$t/ *n* [C] **1** planeta: *Mercury is the smallest planet.* | *the planet Earth* **2 the planet** nasza planeta: *the environmental future of the planet* —**planetary** *adj* planetarny

**plan·e·tar·i·um** /ˌplæn$_{\text{ə}}^{\text{I}}$'teəriəm/ *n* [C] planetarium

**plank** /plæŋk/ *n* [C] deska: *a solid plank of wood*

**plan·ner** /'plænə/ *n* [C] planist-a/ka, urbanist-a/ka

**plant**¹ /plɑːnt/ *n* [C] **1** roślina: *Don't forget to water the plants.* | *a tomato plant* **2** zakład przemysłowy: *a chemical plant*

**plant**² *v* [T] **1** za/sadzić: *I planted the rose bush last year.* **2** *informal* podkładać: **plant sth on sb** *Someone must have planted the drugs on her.* **3** za/siać: *Their conversation had planted doubts in Yuri's mind.*

**plan·ta·tion** /plæn'teɪʃən/ *n* [C] plantacja: *a rubber plantation*

**plaque** /plɑːk/ *n* **1** [C] tablica pamiątkowa: *The plaque read: Samuel Johnson was born here.* **2** [U] płytka nazębna

**plas·ma** /ˈplæzmə/ *n* [U] plazma

**plas·ter**[1] /ˈplɑːstə/ *n* **1** [U] tynk **2** [C] *BrE* plaster **3 be in plaster** *BrE* być w gipsie

**plaster**[2] *v* [T] **1** oblepiać: **be plastered with sth** *a wall plastered with pictures* **2** o/tynkować

**plaster cast** /ˌ.. ˈ./ *n* [C] **1** opatrunek gipsowy **2** odlew gipsowy

**plas·tered** /ˈplɑːstəd/ *adj informal* zaprawiony: *I got plastered last night.*

**plaster of Par·is** /ˌplɑːstər əv ˈpærᵻs/ *n* [U] gips

**plas·tic** /ˈplæstɪk/ *n* [C,U] plastik: *toys made of plastic* —**plastic** *adj* plastikowy: *a plastic bag | plastic spoons*

**plastic sur·ge·ry** /ˌ.. ˈ.../ *n* [U] operacja plastyczna

**plate** /pleɪt/ *n* [C] **1** talerz: *a china plate | a plate of spaghetti* **2** płyta: *The drill is attached to the bench by a metal plate.* **3** *także* **number/license/registration plate** tablica rejestracyjna: *New Jersey plates*

**plat·eau** /ˈplætəʊ/ *n* [C] płaskowyż

**plat·ed** /ˈpleɪtᵻd/ *adj* platerowany: *a silver-plated spoon*

**plat·form** /ˈplætfɔːm/ *n* [C] **1** podium: *He climbed on to the platform and began to address the crowd.* **2** platforma: *an oil platform in the Atlantic | We were elected on a platform of reform.* **3** peron

**plat·i·num** /ˈplætᵻnəm/ *n* [U] platyna

**plat·i·tude** /ˈplætᵻtjuːd/ *n* [C] frazes: *a speech full of platitudes*

**pla·ton·ic** /pləˈtɒnɪk/ *adj* platoniczny

**pla·toon** /pləˈtuːn/ *n* [C] pluton

**plau·si·ble** /ˈplɔːzᵻbəl/ *adj* prawdopodobny: *a plausible explanation* ➡ antonim IMPLAUSIBLE

**play**[1] /pleɪ/ *v* **1** [I,T] za/grać (w): *Do you know how to play chess? | The guys are playing basketball.* | **play against sb/play sb** *The 49ers are playing the Vikings on Saturday.* | **play for** (=grać w drużynie): *Garcia plays for the Hornets.* **2** [I,T] po/bawić się: *He has lots of toys to play with. | Why don't you go out and play with your friends?* **3** [I,T] grać (na): *When I was at a school I used to play the piano.* **4** [I,T] puszczać: *She always plays her radio really loud. | What's that song they're playing?* **5** [T] za/grać: *The hero is played by Sean Penn.* **6 play a trick/joke on sb** zrobić komuś kawał **7 play safe/play it safe** nie ryzykować **8 play a part/role** odgrywać rolę: *Genetic factors may also play a part.* **9 be playing with fire** igrać z ogniem: *If you invest in the stock market now, you're playing with fire.* **10 play for time** grać na czas ➡ patrz też **play truant** (TRUANT)

**play around/about with** sth *phr v* [T] ➡ patrz PLAY WITH STH

**play at** sth *phr v* [T] **1** bawić się w: *She often plays at being the teacher. | He's so rich he can just play at being a businessman.* **2 what is he/she etc playing at?** *spoken* co on/a wyprawia?

**play** sth ↔ **back** *phr v* [T] puszczać, odtwarzać: *We played the video back several times.*

**play** sth ↔ **down** *phr v* [T] z/bagatelizować: *The government was anxious to play down the latest economic figures.*

**play on** sth *phr v* [T] grać na: *The film plays on people's fears and prejudices.*

**play up** *phr v* [I] rozrabiać: *The children are playing up again.*

**play with** sth, **play around/about with** sth *phr v* [T] bawić się: *Stop playing with the remote control!*

**play**[2] *n* **1** [C] sztuka: *We went to see a new play by Tom Stoppard at the National Theatre.* | **put on a play** (=wystawiać sztukę): *The play was put on by a local school.* **2** [U] gra: *Rain stopped play.* **3** [U] zabawa: *a play area with slides and swings | children at play* (=bawiące się dzieci) **4 come into play** odgrywać rolę: *Luck comes into play quite a lot.* **5 bring/put sth into play** skorzystać z czegoś: *This is where you should bring your exper-*

*ience into play.* **6 play on words** gra słów → patrz też PUN

**play·act·ing** /'. ../ *n* [U] udawanie

**play·boy** /'pleɪbɔɪ/ *n* [C] playboy

**play·er** /'pleɪə/ *n* [C] **1** gracz: *a baseball player* **2 piano/guitar player** pianista/gitarzysta

P

**play·ful** /'pleɪfəl/ *adj* **1** żartobliwy: *playful teasing* **2** figlarny: *a playful little kitten* —**playfully** *adv* figlarnie

**play·ground** /'pleɪgraʊnd/ *n* [C] plac zabaw, boisko szkolne

**play·house** /'pleɪhaʊs/ *n* [C] teatr: *the Harlow Playhouse*

**playing card** /'.. ./ *n* [C] karta do gry

**playing field** /'.. ./ *n* [C] boisko

**play·mate** /'pleɪmeɪt/ *n* [C] *old-fashioned* towarzysz/ka zabaw

**play·pen** /'pleɪpen/ *n* [C] kojec

**play·room** /'pleɪrʊm/ *n* [C] pokój do zabawy

**play·time** /'pleɪtaɪm/ *n* [C] przerwa (*szkolna*)

**play·wright** /'pleɪraɪt/ *n* [C] dramaturg, dramatopisa-rz/rka

**plea** /pliː/ *n* [C] **1** błaganie, apel: *Her mother ignored her pleas for help.* **2 plea of (not) guilty** *law* (nie)przyznanie się do winy

**plead** /pliːd/ *v* **pleaded** *or* **pled** /pled/ **pleading 1** [I] błagać: **+ with** *Amy pleaded with the stranger to help her.* **2** [I,T] *law* odpowiadać na zarzuty aktu oskarżenia: *"How do you plead?" "Not guilty."* —**pleadingly** *adv* błagalnie: *She looked at him pleadingly.*

**pleas·ant** /'plezənt/ *adj* **1** przyjemny: *a pleasant surprise* | *They spent a pleasant evening together.* **2** miły, sympatyczny: *a pleasant young man in a dark suit* —**pleasantly** *adv* przyjemnie: *The weather was pleasantly warm.* → antonim UNPLEASANT

**please¹** /pliːz/ *interjection* **1** proszę: *Can you all sit down, please?* | *Please could I have* (=czy mógłbym prosić o) *a glass of water?* **2 yes please** *spoken* tak, poproszę: *"More coffee?" "Yes please!"*

> UWAGA **please**
>
> Wyrazu **please** używamy wtedy, kiedy prosimy o coś lub prosimy kogoś, żeby coś zrobił: *Please let me in.* | *Will you put the milk in the fridge, please?* | *Could I speak to Alice, please?* **Yes, please** to bardzo grzeczne 'tak': *"Would you like more coffee?" "Yes, please."* Odpowiednikiem polskiego 'proszę' w znaczeniu 'nie ma za co' (w odpowiedzi na 'dziękuję'), jest nie "please", a **Don't mention it.**, lub (zwykle w amerykańskiej angielszczyźnie) **You're welcome.**

**please²** *v* **1** [I,T] zadowalać: *Mark has always been hard to please.* **2 whatever/however you please** co/jak ci się żywnie podoba: *He can do whatever he pleases. I don't care.* **3 if you please** *spoken formal* proszę: *Close the door, if you please.*

**pleased** /pliːzd/ *adj* **1** zadowolony: **+ with/about** *Are you pleased with the result?* | **pleased to do sth** *You'll be pleased to hear that your application has been successful.* | **pleased (that)** *I was very pleased that he agreed to see me.* **2 (I'm) pleased to meet you** *spoken* bardzo mi miło

**plea·sure** /'pleʒə/ *n* **1** [U] przyjemność: *The latest model from Ford is an absolute pleasure to drive* (=jazda najnowszym modelem Forda to sama przyjemność). | **for pleasure** *I often read for pleasure.* **2 (it is) my pleasure** *spoken* cała przyjemność po mojej stronie: *"Thanks for coming." "My pleasure."* **3 take pleasure in doing sth** znajdować przyjemność w czymś: *She took great pleasure in telling him that he was wrong.*

> UWAGA **pleasure**
>
> Patrz **fun** i **pleasure**.

**pleat·ed** /'pliːtɪ̈d/ *adj* plisowany

**pledge¹** /pledʒ/ *n* [C] przyrzeczenie: *Several countries made pledges of aid.*

**pledge²** *v* [T] **1** przyrzekać: *They have pledged to cut inflation.* **2** zobowiązywać: *We were all pledged to secrecy.*

**plen·ti·ful** /ˈplentɪfəl/ *adj* obfity: *a plentiful supply of fresh fruit and vegetables*

**plen·ty** /ˈplenti/ *quantifier, n* [U] (wystarczająco) dużo, pod dostatkiem: **+ of** *We have plenty of time to get to the airport.* | **plenty to do/eat etc** *There should be plenty to eat at the picnic.*

> UWAGA **plenty of**
>
> Patrz **many**, **much** i **a lot of, plenty of**.

**pli·a·ble** /ˈplaɪəbəl/ *adj* **1** giętki: *Roll the clay until it is soft and pliable.* **2** podatny na wpływy

**pli·ers** /ˈplaɪəz/ *n* [plural] szczypce, obcęgi: *a pair of pliers*

**plight** /plaɪt/ *n* [singular] niedola: *the plight of the homeless*

**plod** /plɒd/ *v* **-dded, -dding** [I] wlec się: **+ on/along** *The old dog plodded along behind him.*

**plonk** /plɒŋk/ *n* [U] *BrE informal* sikacz (*tanie wino*)

**plop** /plɒp/ *n* [C] plusk

**plot¹** /plɒt/ *n* [C] **1** spisek: *a plot to kill General Zia* **2** fabuła: *I didn't really understand the plot.* **3** działka

**plot²** **-tted, -tting** *v* **1** [I,T] spiskować, u/knuć: *He denied plotting to kidnap the girl.* **2** [T] *także* **plot (out)** nanosić: *The earthquakes are plotted on a map.*

**plough¹** /plaʊ/ *BrE*, **plow** *AmE* *n* [C] pług

**plough²** *BrE*, **plow** *AmE* *v* [I,T] za/orać: *newly plowed fields*

**ploy** /plɔɪ/ *n* [C] chwyt, sztuczka: *He's not really ill – it's just a ploy to get us to feel sorry for him.*

**pluck¹** /plʌk/ *v* **1 pluck up the courage** zebrać się na odwagę: *I finally plucked up the courage to ask for a raise.* **2** o/skubać: *pluck a chicken* **3** uderzać w struny: *plucking her guitar*

**pluck²** *n* [U] odwaga —**plucky** *adj* odważny, rezolutny: *a plucky kid*

**plug¹** /plʌg/ *n* [C] **1** wtyczka **2** zatyczka, korek

**plug²** *v* [T] **-gged, -gging** *także* **plug up** zatykać

**plug** sth ↔ **in/into** *phr v* [T] włączać do kontaktu: *Is the TV plugged in?* → antonim UNPLUG

**plug·hole** /ˈplʌghəʊl/ *n* [C] *BrE* odpływ (*zlewu, wanny*)

**plum** /plʌm/ *n* [C] śliwka

**plum·age** /ˈpluːmɪdʒ/ *n* [U] upierzenie

**plumb·er** /ˈplʌmə/ *n* [C] instalator, hydraulik

**plumb·ing** /ˈplʌmɪŋ/ *n* [U] instalacja wodno-kanalizacyjna

**plume** /pluːm/ *n* [C] **1** smuga: *We could see a plume of smoke coming from the chimney.* **2** pióro (*ptasie*)

**plum·met** /ˈplʌmət/ *v* [I] gwałtownie zniżkować: *House prices have plummeted over the past year.*

**plump** /plʌmp/ *adj* **1** pulchny: *a sweet, plump little girl* | *plump cushions* **2** krągły: *plump juicy strawberries*

**plun·der¹** /ˈplʌndə/ *v* [I,T] s/plądrować, o/grabić: *The city was first captured and plundered in 1793.* | *We cannot go on plundering the Earth's resources.*

**plunder²** *n* [U] *literary* grabież

**plunge¹** /plʌndʒ/ *v* **1** [I] wpaść: *The van plunged into the river.* **2** [T] wbić: *He plunged the knife into the man's chest.* **3** [I] gwałtownie spaść: *The price of gas plunged to 99 cents a gallon.*

**plunge** sb/sth **into** sth *phr v* [T] rzucić w wir: *America was suddenly plunged into war.*

**plunge²** *n* [singular] gwałtowny spadek: *a plunge in share values*

**plung·er** /ˈplʌndʒə/ *n* [C] przepychacz do zlewu

**plu·per·fect** /pluːˈpɜːfɪkt/ *n* **the pluperfect** *technical* czas zaprzeszły

**plu·ral** /ˈplʊərəl/ *n* [C] liczba mnoga

**plus¹** /plʌs/ *prep* plus: *Three plus six equals nine.* | *The jacket costs $49.95 plus tax.*

**plus**² *conjunction informal* plus: *I had to carry her cases, plus all her other things.*

**plus**³ *adj* **1** plus: *a temperature of plus 12° | She makes $50,000 a year plus* (=zarabia rocznie ponad 50.000 dolarów). **2 plus or minus** plus minus: *The results are accurate plus or minus 3 percentage points.*

**plus**⁴ *n* [C] plus: *The restaurant's location is a real plus.*

**plus sign** /ˈ. ./ *n* [C] znak plus

**Plu·to** /ˈpluːtəʊ/ *n* [singular] Pluton

**plu·to·ni·um** /pluːˈtəʊniəm/ *n* [U] pluton

**ply·wood** /ˈplaɪwʊd/ *n* [U] sklejka

**pm** /ˌpiː ˈem/, **p.m.** po południu: *I get off work at 5:30 p.m.* → porównaj AM

**pneu·mat·ic** /njuːˈmætɪk/ *adj* pneumatyczny: *a pneumatic drill*

**pneu·mo·ni·a** /njuːˈməʊniə/ *n* [U] zapalenie płuc

**poach** /pəʊtʃ/ *v* **1** [T] u/gotować we wrzątku **2** [I,T] kłusować (na)

**poach·er** /ˈpəʊtʃə/ *n* [C] kłusowni-k/czka

**pock·et**¹ /ˈpɒkɪt/ *n* [C] kieszeń: *There's some money in my jacket pocket. | Julie took her hands out of her pockets. | The bridge was paid for out of the pockets of the local people.*

**pocket**², **pocket-sized** *adj* kieszonkowy: *a pocket calendar | a pocket-sized notebook*

**pock·et·book** /ˈpɒkɪtbʊk/ *n* [C] *AmE* **1** portfel **2** notesik

**pock·et·ful** /ˈpɒkɪtfʊl/ *n* [C] pełna kieszeń: *She always carried a pocketful of pills.*

**pocket knife** /ˈ.. ./ *n* [C] scyzoryk

**pock·marked** /ˈpɒkmɑːkt/ *adj* dziobaty, ospowaty

**pod** /pɒd/ *n* [C] strączek: *a pea pod*

**po·di·um** /ˈpəʊdiəm/ *n* [C] **1** mównica **2** podium

**po·em** /ˈpəʊɪm/ *n* [C] wiersz: *a famous poem by William Wordsworth*

**po·et** /ˈpəʊɪt/ *n* [C] poet-a/ka

**po·et·ic** /pəʊˈetɪk/ *adj* **1** poetycki: *poetic language* **2** poetyczny: *the poetic quality of some of his photographs* —**poetically** *adv* poetycznie

**poetic li·cence** /.ˌ.. ˈ../ *BrE*, **poetic license** *AmE n* [U] licencja poetycka

**po·et·ry** /ˈpəʊɪtri/ *n* [U] poezja: *Emily Dickinson's poetry | a poetry class*

**poi·gnant** /ˈpɔɪnjənt/ *adj* wzruszający, przejmujący: *a poignant scene near the end of the film*

**point**¹ /pɔɪnt/ *n* **1** [C] argument: **make a point** (=przytoczyć argument): *I agreed with several of the points he made.* | **that's a point!** *spoken* (=racja!): *"Have you spoken to Alan?" "That's a point! I completely forgot to tell him."* **2 the point** sedno sprawy: **the point is** *spoken* (=chodzi o to, że): *The point is we just don't have enough money.* | **get to the point** (=przechodzić do sedna sprawy): *I wish she'd hurry up and get to the point.* | **that's not the point** *spoken* (=nie w tym rzecz): *"But I gave you the money back." "That's not the point: you shouldn't have taken it."* **3** [C] moment: *At that point I began to get seriously worried.* | **high/low point** *the high point of his career* | **get to/reach the point** *It got to the point where* (=doszło do tego, że) *we both wanted a divorce.* **4** [C] punkt: *the point where two lines cross each other | The Rams beat the Giants by 6 points. | Stocks were down 12 points today at 5,098.* **5** [U] sens: *The whole point of travelling is to experience new things.* | **there's no point/what's the point** *spoken* (=nie ma sensu): *There's no point in going now – we're already too late.* **6** [C] czubek: *the point of a needle* **7 good/bad/strong points** dobre/złe/mocne strony: *He has his good points.* **8** [C] przecinek, kropka dziesiętna: *four point seven five percent* (=4.75%) **9 boiling/melting point** temperatura wrzenia/topnienia **10 sb has a point** ktoś ma rację: *I think he may have a point.* **11 I (can) see your point** *spoken* rozumiem cię: *She wants him to spend more time with the children, and I can see her point.* **12 up to a point** do pewnego

stopnia: *He's right up to a point.* **13 make a point of doing sth** zadbać o coś: *Sarah made a point of telling everyone how much the ring had cost.* **14 to the point** na temat: *Her next letter was short and to the point.* **15 be on the point of doing sth** właśnie mieć coś zrobić: *I was just on the point of leaving for work when the phone rang.* ➡ patrz też GUNPOINT, POINT OF VIEW

**point²** *v* **1** [I,T] wskazywać: *There should be signs pointing the way to her house.* | **+ to/at/towards etc** *John pointed to a chair: "Please, sit down."* | *"That's my car," she said, pointing at a white Ford.* **2** [T] wy/celować: *He pointed a gun at the old man's head.* | *Hold the bat so that your fingers point toward the end.*

**point out** *phr v* **1** [T **point** sth ↔ **out**] zauważyć: *Someone pointed out that Washington hadn't won a game in L.A. since 1980.* **2** [T **point** sb/sth ↔ **out**] wskazać: *I'll point him out to you next time we see him.*

**point to/toward** sb/sth *phr v* [T] wskazywać na: *The study points to stress as a cause of heart disease.*

**point-blank** /ˌ. ˈ.◂ / *adj, adv* **1 at point-blank range** z bliska: *The victim was shot dead at point-blank range.* **2** bez ogródek: *She refused point-blank to help them.*

**point·ed** /ˈpɔɪntɪ̥d/ *adj* **1** spiczasty: *cowboy boots with pointed toes* **2 pointed question/remark** uszczypliwe pytanie/uwaga **3** znaczący: *She looked in a pointed manner at the clock and I stood up to leave.*

**point·er** /ˈpɔɪntə/ *n* [C] **1** strzałka **2** wskazówka: *I can give you some pointers on how to improve your game.* **3** wskaźnik

**point·less** /ˈpɔɪntləs/ *adj* **1** bezsensowny: *pointless violence on TV* **2** bezproduktywny, bezcelowy: *It's pointless trying to talk to him – he won't listen.*

**point of view** /ˌ. . ˈ./ *n* [C] punkt widzenia: *From a purely practical point of view, this is not a good decision.* | *My parents never seem to be able to see my point of view.*

**points** /pɔɪnts/ *n* [plural] zwrotnica

**poise** /pɔɪz/ *n* [U] **1** opanowanie, równowaga: **recover your poise** (=odzyskać panowanie nad sobą): *He struggled to recover his normal poise.* **2** gracja: *the poise of a ballet dancer*

**poised** /pɔɪzd/ *adj* **1** gotowy: *The army was poised to attack.* | *runners poised at the start of a race* **2** opanowany

P

**poi·son¹** /ˈpɔɪzən/ *n* [C,U] trucizna: *Poison from the snake can kill very quickly.* | *poison gas*

**poison²** *v* [T] **1** o/truć: *He tried to poison his parents.* **2** zatruwać: *The lake has been poisoned by toxic waste from factories.* | *The quarrel had poisoned their relationship.* —**poisoned** *adj* zatruty

**poi·son·ing** /ˈpɔɪzənɪŋ/ *n* [C,U] zatrucie: *lead poisoning* ➡ patrz też FOOD POISONING

**poi·son·ous** /ˈpɔɪzənəs/ *adj* **1** trujący: *poisonous chemicals* **2** jadowity: *poisonous snakes*

**poke** /pəʊk/ *v* **1** [I,T] szturchać: *Stop poking me!* | *He poked at the campfire with a stick* (=grzebał kijem w ognisku). | **poke a hole** (=wydłubać dziurę) **2** [T] wtykać: **poke sth through/out of/around etc** *David poked his head around the door.* **3** [I] wystawać: **+ up/through/out of etc** *The roots of the trees are poking up through the sidewalk.* **4 poke fun at** stroić sobie żarty z: *You shouldn't poke fun at her like that.* ➡ patrz też **stick/poke your nose into sth** (NOSE¹)

**pok·er** /ˈpəʊkə/ *n* **1** [U] poker **2** [C] pogrzebacz

**Po·land** /ˈpəʊlənd/ *n* Polska

**po·lar** /ˈpəʊlə/ *adj* polarny: *polar ice caps*

**polar bear** /ˌ.. ˈ./ *n* [C] niedźwiedź polarny

**po·lar·ize** /ˈpəʊləraɪz/ (*także* **-ise** *BrE*) *v* [I,T] *formal* s/polaryzować: *The Vietnam War polarized public opinion.*

**pole** /pəʊl/ *n* [C] **1** słup(ek), maszt: *tent poles* **2 North/South Pole** biegun północny/południowy: *an expedition to the North Pole*

**Pole** /pəʊl/ *n* Pol-ak/ka

**pole vault** /'. ./ *n* [U] skok o tyczce

**po·lice¹** /pə'liːs/ *n* [plural] **the police** policja: *The police are hunting for the killer of a 14-year-old boy.* | *a police car*

**police²** *v* [T] **1** patrolować: *new ways of policing the neighborhood* **2** egzekwować przestrzeganie przepisów przez: *an agency that polices the nuclear power industry*

P

**police con·sta·ble** /.,. '...◂/ *n* [C] *BrE* posterunkowy

**police de·part·ment** /.'. .,../ *n* [C] *AmE* wydział policji

**police force** /.'. ./ *n* [C] policja (*w danym kraju, rejonie*)

**po·lice·man** /pə'liːsmən/ *n* [C] policjant

**police of·fi·cer** /.'. ,.../ *n* [C] policjant/ka

**police sta·tion** /.'. ,../ *n* [C] posterunek policji

**po·lice·wom·an** /pə'liːs,wumən/ *n* [C] policjantka

**pol·i·cy** /'pɒl¦si/ *n* **1** [C,U] polityka: *the government's foreign policy* | *The best policy is probably to wait until she calms down.* **2** polisa: *a homeowner's policy*

**po·li·o** /'pəuliəu/ *n* [C] polio

**pol·ish¹** /'pɒlɪʃ/ *v* [T] wy/polerować: *Davy spent all morning polishing his car.*

**polish** sth ↔ **off** *phr v* [T] *informal* s/pałaszować: *The kids polished off the rest of the cake.*

**polish** sth ↔ **up** *phr v* [T] podszlifować: *I need to polish up my French.*

**polish²** *n* **1** [C,U] pasta: *shoe polish* **2 give sth a polish** wy/polerować coś: *I'll just give the table a quick polish.* ➡ patrz też NAIL POLISH

**Po·lish¹** /'pəulɪʃ/ *adj* polski

**Polish²** *n* **1** język polski **2 the Polish** [plural] Polacy

**po·lite** /pə'laɪt/ *adj* **1** uprzejmy, grzeczny: *It's not polite to talk with food in your mouth.* | *He was always very helpful and polite.* **2** kulturalny: *polite language* —**politely** *adv* uprzejmie, grzecznie —**politeness** *n* [U] uprzejmość, grzeczność

**po·lit·i·cal** /pə'lɪtɪkəl/ *adj* **1** polityczny: *The US has two main political parties.* | *changes to the British political system* **2** interesujący się polityką: *I'm not really a political person.* —**politically** *adv* politycznie

**political a·sy·lum** /.,... .'../ *n* [U] azyl polityczny

**politically cor·rect** /.,....'./, **PC** *adj* politycznie poprawny: *It's not politically correct to say "handicapped" any more.* —**political correctness** *n* [U] polityczna poprawność

**political pris·on·er** /.,... '.../ *n* [C] więzień polityczny

**political sci·ence** /.,... '../ *n* [U] politologia

**pol·i·ti·cian** /,pɒl¦'tɪʃən/ *n* [C] polityk: *Unfortunately politicians are not highly trusted these days.*

**po·li·ti·cize** /pə'lɪt¦saɪz/ (*także* **-ise** *BrE*) *v* [T] upolityczniać: *Sport has become much more politicized these days.*

**pol·i·tics** /'pɒl¦tɪks/ *n* [U] **1** polityka: *Most young people aren't interested in politics.* | *He plans to retire from politics before the next election.* | *Colin tries not to get involved in office politics.* **2** poglądy polityczne: *I'm not sure what Ellen's politics are.*

**pol·ka** /'pɒlkə/ *n* [C] polka

**polka dot** /'.. ./ *adj* w kropeczki: *a polka-dot scarf*

**poll¹** /pəul/ *także* **opinion poll** *n* [C] badanie opinii publicznej: *Recent polls show that support for the President is strong.* ➡ patrz też POLLS

**poll²** *v* [T] **1** ankietować: *We polled 600 teachers, asking their opinion about the changes.* **2** zdobywać (*głosy*): *Clinton polled over 50 percent of the votes.*

**pol·len** /'pɒlən/ *n* [U] pyłek kwiatowy

**pol·li·nate** /'pɒl¦neɪt/ *v* [T] zapylać —**pollination** /,pɒl¦'neɪʃən/ *n* [U] zapylenie

**polling day** /'.. ./ *n* [C] dzień wyborów

**polling sta·tion** /ˈ.. ˌ../ *także* **polling place** /ˈ.. ./ AmE *n* [C] lokal wyborczy

**polls** /pəʊlz/ *n* [plural] **the polls** wybory: **go to the polls** (=iść do urn wyborczych): *French voters go to the polls tomorrow.*

**pol·lute** /pəˈluːt/ *v* [T] zanieczyszczać: *companies that pollute the environment*

**pol·lut·ed** /pəˈluːtɪ̈d/ *adj* zanieczyszczony: *The rivers are heavily polluted.*

**pol·lu·tion** /pəˈluːʃən/ *n* [U] zanieczyszczenie: *Pollution levels are dangerously high in many of our rivers.*

**po·lo** /ˈpəʊləʊ/ *n* [U] polo

**polo neck** /ˈ.. ./ *n* [C] BrE golf (*sweter*)

**pol·ter·geist** /ˈpɒltəgaɪst/ *n* [C] złośliwy duch

**pol·y·es·ter** /ˈpɒliestə/ *n* [U] poliester

**pol·y·tech·nic** /ˌpɒlɪˈteknɪk/ *n* [C] politechnika

**pol·y·thene** /ˈpɒlɪ̈θiːn/ *n* [U] BrE polietylen

**pom·e·gran·ate** /ˈpɒmɪ̈grænɪ̈t/ *n* [C] granat (*owoc*)

**pomp** /pɒmp/ *n* [U] *formal* pompa: *all the pomp of an imperial coronation*

**pom·pom** /ˈpɒmpɒm/ *n* [C] pompon

**pom·pous** /ˈpɒmpəs/ *adj* pompatyczny: *a pompous little man*

**pond** /pɒnd/ *n* [C] staw: *fish swimming in the pond*

**pon·der** /ˈpɒndə/ *v* [T] *literary* rozważać, rozmyślać nad: *She pondered her answer for a long time.*

**pon·tif·i·cate** /pɒnˈtɪfɪ̈keɪt/ *v* [I] perorować: *pontificating about moral values*

**po·ny** /ˈpəʊni/ *n* [C] kucyk

**po·ny·tail** /ˈpəʊniteɪl/ *n* [C] koński ogon

**poo·dle** /ˈpuːdl/ *n* [C] pudel

**pool** /puːl/ *n* **1** [C] basen: *Does the hotel have a pool?* **2** [U] bilard **3** kałuża: *Creighton lay there in a pool of blood.* **4** [C] sadzawka: *A shallow pool had formed among the rocks.* **5** [C] pula

**pools** /puːlz/ *n* **the pools** totalizator piłkarski

**poor** /pɔː/ *adj* **1** biedny, ubogi: *She comes from a poor family.* | *a poor country* **2 the poor** biedni: *a charity that distributes food to the poor* **3** słaby, kiepski: *a poor standard of work* | *poor health* | *a poor swimmer* **4** [only before noun] *spoken* biedny: *The poor girl gets blamed for everything that goes wrong.*

**poor·ly** /ˈpɔːli/ *adv* słabo, kiepsko: *a poorly paid job*

**pop**[1] /pɒp/ *v* **-pped, -pping 1 pop in/out** *spoken* wskoczyć/wyskoczyć: *Dave's popped out to get some bread.* **2** [I,T] strzelać: *Champagne corks were popping.* **3** *także* **pop out** [I] wychodzić na wierzch **4 pop the question** *informal* oświadczyć się

**pop up** *phr v* [I] *informal* pojawiać się: *His face keeps popping up on television.*

**pop**[2] *n* **1** [U] pop: *a pop singer* **2** [C] huk: *The balloon burst with a loud pop.* **3** [U] *informal* słodki napój gazowany

**pop·corn** /ˈpɒpkɔːn/ *n* [U] prażona kukurydza

**Pope** /pəʊp/ *n* **the Pope** papież

**pop·lar** /ˈpɒplə/ *n* [C] topola

**pop·py** /ˈpɒpi/ *n* [C] mak

**pop·u·lar** /ˈpɒpjʊ̈lə/ *adj* popularny: *a popular teacher* | *a popular belief* | *popular entertainment* | *the popular press* | **+ with** *The nightclub is popular with tourists.* → antonim UNPOPULAR

**pop·u·lar·i·ty** /ˌpɒpjʊ̈ˈlærɪ̈ti/ *n* [U] popularność: *The band's popularity has grown steadily in the last five years.*

**pop·u·lar·ize** /ˈpɒpjʊ̈ləraɪz/ (*także* **-ise** BrE) *v* [T] s/popularyzować: *Jane Fonda popularized aerobic exercise.*

**pop·u·lar·ly** /ˈpɒpjʊ̈ləli/ *adv* **popularly believed/known** powszechnie uważany/znany: *It's popularly believed* (=powszechnie uważa się) *that people need eight hours sleep a night.*

**pop·u·late** /ˈpɒpjʊ̈leɪt/ *v* [T] **be populated** być zamieszkanym: *The Central Highlands are populated mainly by peasant farmers.* | **densely/sparsely populated** (=gęsto/słabo zaludniony)

**pop·u·la·tion** /ˌpɒpjᵊˈleɪʃən/ *n* **1** [C,U] ludność, liczba mieszkańców: *What's the population of Tokyo?* | **population explosion** (=eksplozja demograficzna) **2** [C] populacja: *30% of the male population suffer from heart disease.*

**porce·lain** /ˈpɔːslᵊn/ *n* [U] porcelana

**porch** /pɔːtʃ/ *n* [C] **1** ganek **2** *AmE* weranda

P

**por·cu·pine** /ˈpɔːkjᵊpaɪn/ *n* [C] jeżozwierz

**pore**[1] /pɔː/ *n* [C] por (*w skórze*)

**pore**[2] *v*

**pore over** sth *phr v* [T] studiować, zagłębiać się w: *We spent all day poring over wedding magazines.*

**pork** /pɔːk/ *n* [U] wieprzowina: *pork chops*

**por·nog·ra·phy** /pɔːˈnɒgrəfi/ *także* **porn** /pɔːn/ *n* [U] pornografia —**pornographic** /ˌpɔːnəˈgræfɪk/ *także* **porn** *adj* pornograficzny, porno: *porn videos*

**po·rous** /ˈpɔːrəs/ *adj* porowaty: *porous rock*

**por·poise** /ˈpɔːpəs/ *n* [C] morświn

**por·ridge** /ˈpɒrɪdʒ/ *n* [U] owsianka

**port** /pɔːt/ *n* **1** [C,U] port: *the port of Dover* | **in port** *The ship was back in port after a week at sea.* **2** [C] gniazdo wejściowe **3** [U] porto (*wino*) **4** [U] lewa burta

> UWAGA **port**
>
> Patrz **harbour i port**.

**por·ta·ble** /ˈpɔːtəbəl/ *adj* przenośny: *a portable television*

**por·ter** /ˈpɔːtə/ *n* [C] bagażowy

**port·fo·li·o** /pɔːtˈfəʊliəʊ/ *n* [C] teczka

**port·hole** /ˈpɔːthəʊl/ *n* [C] luk

**por·tion** /ˈpɔːʃən/ *n* [C] **1** część: *A large portion of the money has been spent on advertising.* | *Both drivers must bear a portion of the blame.* **2** porcja: *A small portion of icecream costs $5.*

**por·trait** /ˈpɔːtrᵊt/ *n* [C] **1** portret: *a portrait of the queen* **2** obraz: *The novel is a portrait of life in Harlem in the 1940s.*

**por·tray** /pɔːˈtreɪ/ *v* [T] przedstawiać: *a film that portrays the life of Charlie Chaplin* | **portray sb/sth as sth** *Diana is portrayed as the victim of a loveless marriage.*

**pose**[1] /pəʊz/ *v* **1 pose a problem/threat** stanowić problem/zagrożenie: *Nuclear waste poses a threat to the environment.* **2** pozować: **+ for** *The astronauts posed for pictures alongside the shuttle.* **3 pose as** podawać się za: *He obtained the drugs by posing as a doctor.*

**pose**[2] *n* [C] poza: *He's not really the macho type – it's all just a pose.*

**posh** /pɒʃ/ *adj* **1** elegancki: *a posh restaurant* **2** *BrE informal* charakterystyczny dla brytyjskich wyższych sfer: *a posh accent*

**po·si·tion**[1] /pəˈzɪʃən/ *n* **1** [C usually singular] położenie, sytuacja: *He's in a difficult position right now.* | *The current financial position is not good.* | **be in a position to do sth** (=być w stanie coś zrobić): *I'm afraid I'm not in a position to advise you.* **2** [C] pozycja: *He raised himself into an upright sitting position.* | *Make sure the switch is in the 'off' position.* | *the position of women in our society* | *"What position did Swift play?" "He was goalkeeper."* | *Schumacher has moved into second position.* **3** [C] stanowisko: **+ on** *What's the party's position on foreign aid?* **4** [C,U] położenie: *the sun's position in the sky* | **in position** (=na (swoim) miejscu): *the screws that held the shelf in position* **5** [C] *formal* posada: *He's applied for a position at the bank.*

**position**[2] *v* [T] umieszczać: *Police positioned themselves* (=policjanci zajęli pozycje) *around the bank.*

**pos·i·tive** /ˈpɒzᵊtɪv/ *adj* **1** pozytywny: *a positive attitude to life* | *The response to our proposals has been very positive.* | *Living abroad has been a positive experience.* **2** pewny: *"Are you sure you don't want a drink?" "Positive."* | *the first positive evidence that life exists on other planets* **3** dodatni: *Her pregnancy test was positive.* | *positive numbers* | *positive charge* ➡ porównaj NEGATIVE[1]

**pos·i·tive·ly** /ˈpɒzətɪvli/ *adv* **1** *spoken* wręcz: *Some patients positively enjoy being in hospital.* **2** pozytywnie: *News of the changes was viewed positively by most people.*

**pos·sess** /pəˈzes/ *v* [T] **1** *formal* posiadać: *The fire destroyed everything he possessed.* | *She possesses a great talent for poetry.* **2 what possessed you/him?** *spoken* co cię/go napadło?: *What possessed you to sell the car?* —**possessor** *n* [C] posiadacz/ka

**pos·sessed** /pəˈzest/ *adj* opętany

**pos·ses·sion** /pəˈzeʃən/ *n* **1** [C usually plural] dobytek: *When they left, they had to sell most of their possessions.* **2** [U] *formal* posiadanie: **in possession of sth** (=w posiadaniu czegoś): *He was found in possession of stolen goods.* | **take possession of sth** (=brać coś w posiadanie): *When do you actually take possession of the house?*

**pos·ses·sive**[1] /pəˈzesɪv/ *adj* zaborczy: *I love Dave, but he's very possessive.*

**possessive**[2] *n* [C] zaimek lub przymiotnik dzierżawczy

**pos·si·bil·i·ty** /ˌpɒsəˈbɪləti/ *n* [C,U] możliwość: *Beth decided that she wanted to start her own business, and began to explore the possibilities.* | **+ of** *the possibility of an enemy attack* | **+ (that)** *There's a real possibility that people will lose their jobs.*

> UWAGA **possiblility** i **opportunity**
>
> Nie należy mylić wyrazów **possiblility** i **opportunity** w znaczeniu 'możliwość'. **Possibility** to 'prawdopodobieństwo jakiegoś zdarzenia': *There's always a possibility that he might go back to London.* **Opportunity** to 'warunki sprzyjające jakiemuś zdarzeniu': *The exchange scheme provides young people with the opportunity to visit a foreign country.*

**pos·si·ble** /ˈpɒsəbəl/ *adj* możliwy: *They were warned of all the possible risks and dangers.* | **it is possible to do sth** *Is it possible to pay by credit card?* | **if possible** (=jeśli to możliwe): *I want to get back by 5 o'clock, if possible.* | **as much/quickly as possible** (=jak najwięcej/najszybciej): *We must get her to hospital as quickly as possible.* | **it is possible (that)** *It's possible we might be late.* → antonim IMPOSSIBLE

**pos·si·bly** /ˈpɒsəbli/ *adv* **1** być może: *The journey will take three hours – possibly more.* **2 can/could possibly** służy podkreśleniu, że coś jest (nie)możliwe: *I couldn't possibly eat all that* (=w żaden sposób nie dałbym rady zjeść tego wszystkiego)! | *We did everything we possibly could* (=zrobiliśmy wszystko, co tylko było można) *to help them.* **3** *spoken* **could you possibly** czy mógłbyś: *I wonder if you could possibly help me?*

**post**[1] /pəʊst/ *n* **1** [U] *BrE* poczta: *The cheque's in the post* (=czek został wysłany). | *Is there any post for me?* | **by post** *He sent it by post.* **2** [C] słup **3** [C] stanowisko: *She was offered the post of Sales Manager.* **4** [C] posterunek: *The guards cannot leave their posts.*

**post**[2] *v* [T] **1** *BrE* wysyłać (*pocztą*): *I must post that letter to Clare today.* **2** *także* **post up** wywieszać: *They've posted warning signs on the gate.* **3** od/delegować: *a young diplomat who had been posted to Cairo* **4 keep sb posted** informować kogoś na bieżąco

**post·age** /ˈpəʊstɪdʒ/ *n* [U] opłata pocztowa

**post·al** /ˈpəʊstl/ *adj* [only before noun] pocztowy: *postal workers*

**postal or·der** /ˈ.. ˌ../ *n* [C] *BrE* przekaz pocztowy

**post·box** /ˈpəʊstbɒks/ *n* [C] *BrE* skrzynka pocztowa

**post·card** /ˈpəʊstkɑːd/ *n* [C] pocztówka, widokówka: *a postcard of Paris*

**post·code** /ˈpəʊstkəʊd/ *n* [C] *BrE* kod pocztowy

**post·er** /ˈpəʊstə/ *n* [C] plakat, afisz

**pos·ter·i·ty** /pɒˈsterəti/ *n* [U] potomność: **for posterity** *I'm saving these pictures for posterity.*

P

**post·grad·u·ate** /ˌpəʊst'grædjuˌ̍ɪt/ *n* [C] magistrant lub doktorant —**postgraduate** *adj* podyplomowy: *postgraduate students* (=magistranci lub doktoranci)

**post·hu·mous** /'pɒstjʊməs/ *adj* pośmiertny —**posthumously** *adv* pośmiertnie: *His last book was published posthumously.*

P

**post·man** /'pəʊstmən/ *n* [C] *BrE* listonosz

**post·mark** /'pəʊstmɑːk/ *n* [C] stempel pocztowy

**post-mor·tem** /ˌpəʊst'mɔːtəm/ *n* [C] sekcja zwłok

**post·na·tal** /ˌpəʊst'neɪtl◂ / *adj* poporodowy: *postnatal care*

**post of·fice** /'. ˌ../ *n* [C] urząd pocztowy

**post·pone** /pəʊs'pəʊn/ *v* [T] odraczać, odkładać: *The game was postponed because of rain.* —**postponement** *n* [C,U] odroczenie

**post·script** /'pəʊsˌskrɪpt/ *n* [C] postscriptum

**pos·ture** /'pɒstʃə/ *n* [C,U] postawa, postura: *By maintaining good posture you can avoid back pain.*

**pot** /pɒt/ *n* **1** [C] garnek: *pots and pans* **2** [C] słój: *a pot of honey* **3** [C] doniczka: *a plant growing in a pot* **4** [C] dzbanek: *a coffee pot* **5 go to pot** *informal* zejść na psy: *The business went to pot after George died.* **6** [U] *old-fashioned* traw(k)a (*marihuana*)

**po·ta·to** /pə'teɪtəʊ/ *n* [C,U] *plural* **potatoes** ziemniak, kartofel

**potato chip** /.'.. ./ *n* [C] *AmE* chrupka, chips

**po·tent** /'pəʊtənt/ *adj* mocny, silny: *potent drugs* —**potency** *n* [U] moc, potencja

**po·ten·tial**¹ /pə'tenʃəl/ *adj* [only before noun] potencjalny: *a potential danger* | *The salesmen were eager to impress potential customers.* —**potentially** *adv* potencjalnie: *a potentially dangerous situation*

**potential**² *n* **1** [singular] potencjał: *There's a potential for conflict in the area.* **2** [U] możliwości: *She was told she had great potential as a singer.*

**pot·hole** /'pɒthəʊl/ *n* [C] **1** wybój **2** jaskinia

**pot·hol·ing** /'pɒtˌhəʊlɪŋ/ *n* [U] chodzenie po jaskiniach

**po·tion** /'pəʊʃən/ *n* [C] *literary* eliksir: *a love potion*

**pot·ter**¹ /'pɒtə/ *także* **potter around/about** *v* [I] *BrE* pałętać się: *pottering in the garden*

**potter**² *n* [C] garnca-rz/rka

**pot·ter·y** /'pɒtəri/ *n* [U] **1** wyroby garncarskie **2** garncarstwo

**pot·ty**¹ /'pɒti/ *n* [C] *informal* nocniczek

**potty**² *adj BrE informal* stuknięty, zwariowany: *a potty idea*

**pouch** /paʊtʃ/ *n* [C] **1** sakiewka **2** torba (*kangura*)

**poul·try** /'pəʊltri/ *n* [U] drób

**pounce** /paʊns/ *v* [I] rzucać się: *a cat pouncing on a mouse*

**pound**¹ /paʊnd/ *n* [C] funt: *a pound of apples* | *It cost ten pounds.* | *a five-pound note*

**pound**² *v* **1** [I,T] walić (w): *We were woken by someone pounding on the door.* | *My heart pounded with excitement.* **2** [I] biec ciężko: *He pounded up the stairs in front of her.* **3** [T] u/tłuc: *This machine pounds the stones into a powder.*

**pour** /pɔː/ *v* **1** [T] na/lać: **pour sth into/down etc** *Pour the milk into a jug.* | **pour sb sth** *Why don't you pour yourself another drink?* **2** [I] lać się: **+ from/out of etc** *Water was pouring from a crack in the pipe.* **3** [I] lać (*o deszczu*) **it's pouring** *It's been pouring down all afternoon.* **4** [I] **pour in/out** wlewać/wylewać się: *At four o'clock children poured out of the school.* | *Letters of complaint poured in* (=napływały zażalenia).

**pour** sth ↔ **out** *phr v* [T] wylewać (z siebie): *Sonia poured out her grief in a letter to her sister.*

**pout** /paʊt/ *v* [I,T] wydymać wargi

**pov·er·ty** /'pɒvəti/ *n* [U] bieda, ubóstwo: *She was shocked by the poverty*

# Picture Dictionary

# Fruit

Pineapple
Kiwi
Pear
Banana
Orange
Strawberry
Peach
Apple
Lemon

# Vegetables

# Food and drink

*Salad*

*Milk*

*Eggs*

*Beer*

*Spaghetti*

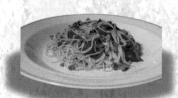

*Sandwich*

*Wine*

*Water*

*Pizza*

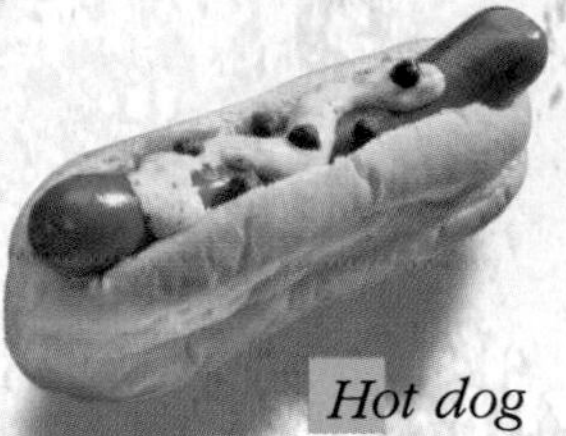
*Hot dog*

*Hamburger*

*Coffee*

# Animals

Elephant

Lion

Leopard

Eagle

Zebra

Snake

Monkey

Crocodile

Tiger

Rabbit
Tortoise
Pig
Horse
Parrot
Cat
Cow
Donkey
Dog
Camel
Duck

# Sports

*Skateboarding*

*Basketball*

*Baseball*

*Cycling*

*Windsurfing*

Snowboarding
Climbing
Golf
Tennis
Running
Skiing

# Jobs

Secretary

Pilot

Fireman

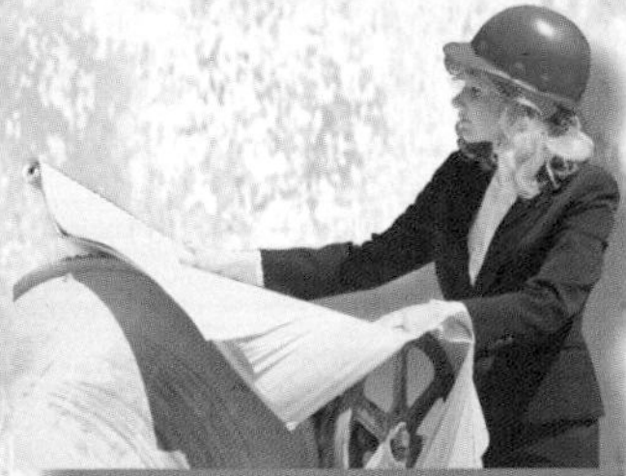

Architect

Bricklayer

Technician

Carpenter

*Policeman*

*Doctor*

*Painter*

*Accountant*

*Cook*

*Shop assistant*

*Computer programmer*

# Musical instruments

*Saxophone*

*Harmonica*

*Drum*

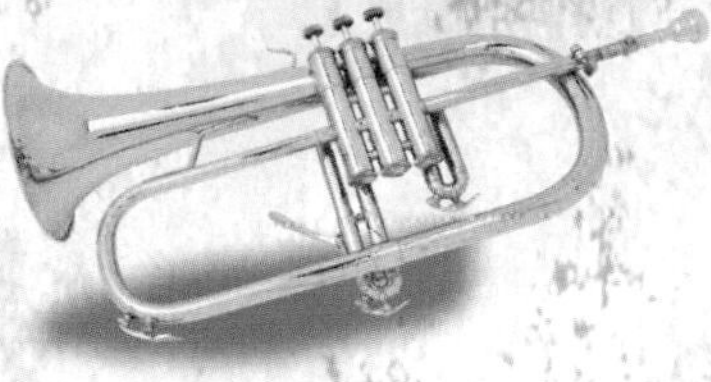

*Trumpet*

*Recorder*

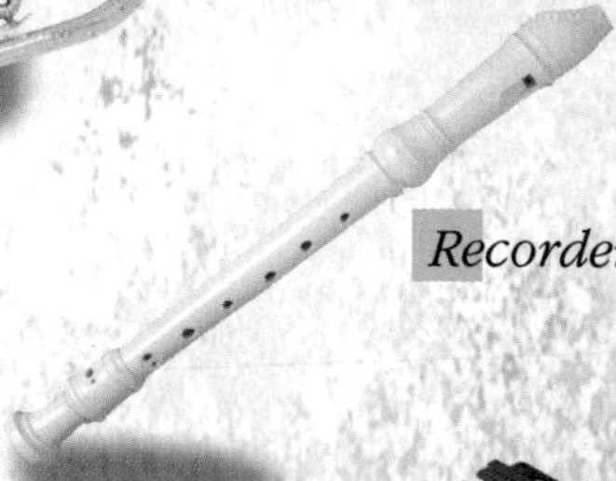

*Xylophone*

*Accordion*

*Piano*

*Drums*

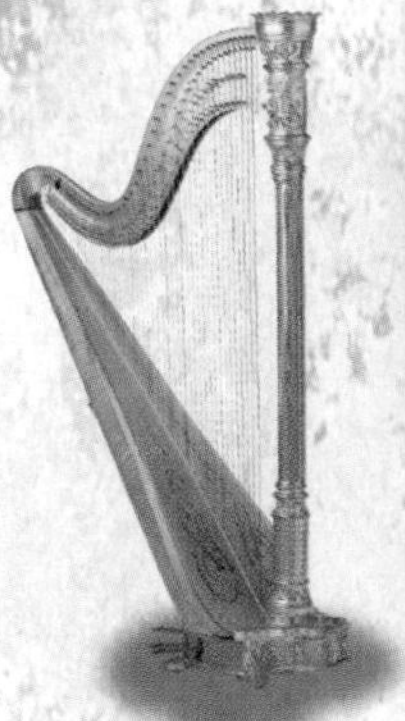

*Harp*

*Guitar*

*Violin*

*Electric guitar*

# Bedroom

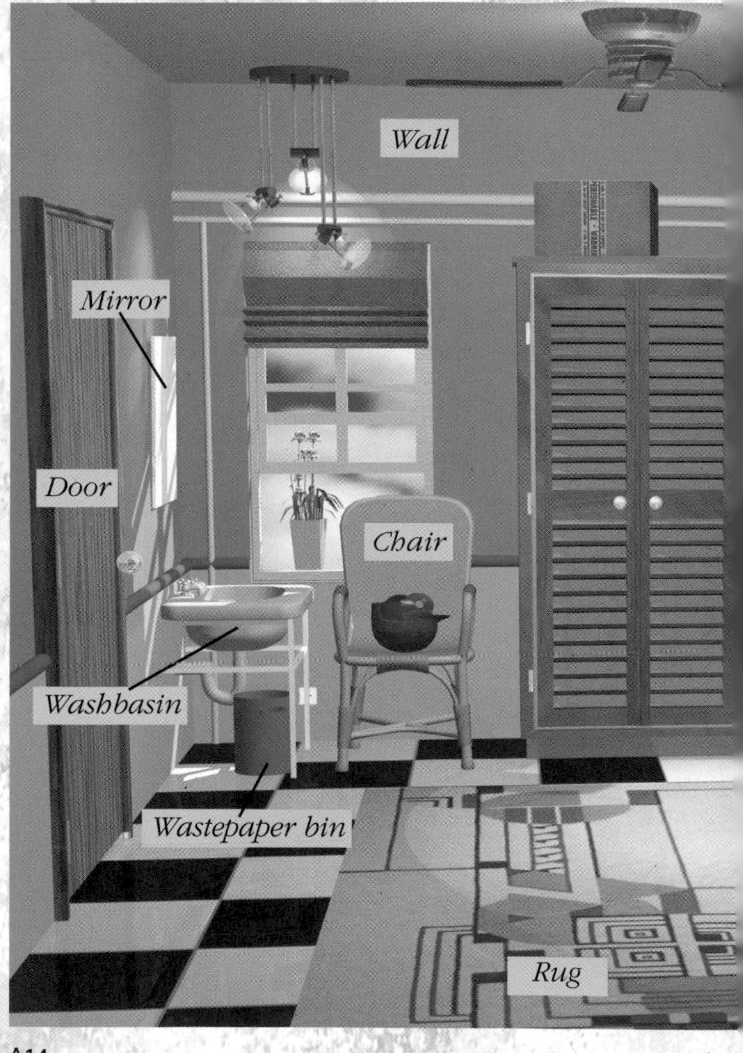
Wall
Mirror
Door
Chair
Washbasin
Wastepaper bin
Rug

Noticeboard
Blind
Picture
Bookcase
Lamp
Desk
Radiator
Radio
Bed

# Parts of the body

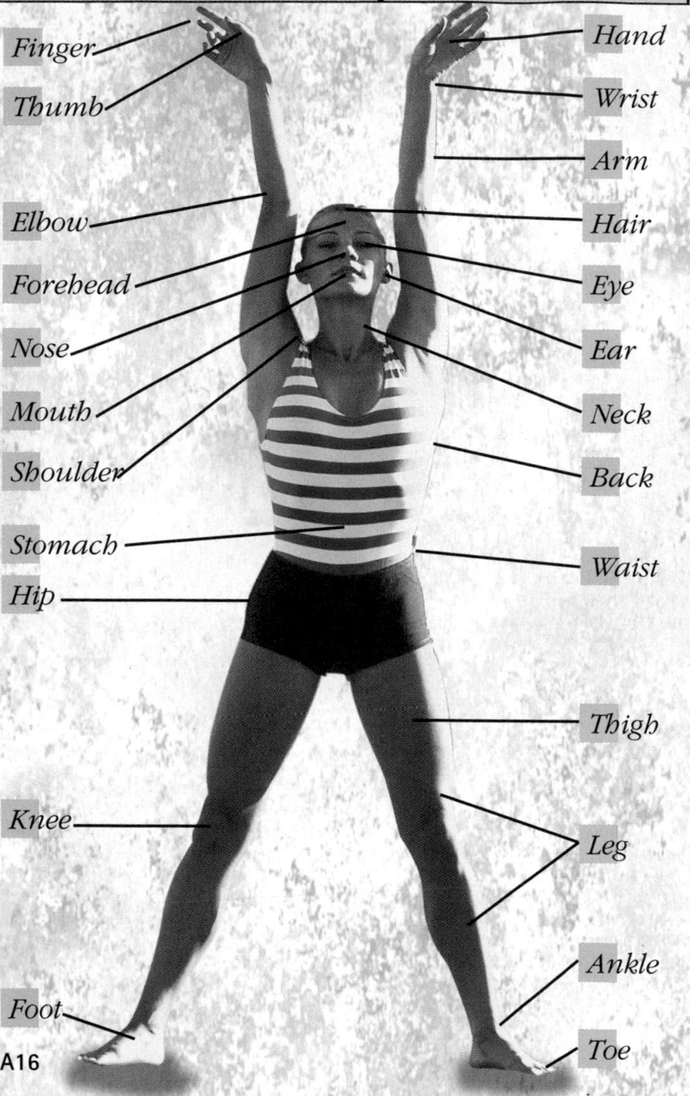

*she saw in parts of Africa.* | **in poverty** *families living in extreme poverty*

**poverty-strick·en** /'... ,../ *adj* dotknięty ubóstwem: *a poverty-stricken area*

**POW** /,piː əʊ 'dʌbəljuː/ *n* [C] skrót od PRISONER OF WAR: *a POW camp*

**pow·der¹** /'paʊdə/ *n* **1** [C,U] proszek: *washing powder* **2** [C,U] puder: *talcum powder*

**powder²** *v* [T] pudrować

**pow·dered** /'paʊdəd/ *adj* w proszku: *powdered milk*

**pow·er¹** /'paʊə/ *n* **1** [U] władza: *the struggle for power within the union* | *the immense power of the press* | **+ over** *The company has too much power over its employees.* | **be in power** (=być u władzy): *The Socialists have been in power since the revolution.* | **come to power** (=dojść do władzy): *De Gaulle came to power in 1958.* **2** [U] energia: *nuclear power* | **power cut** (=przerwa w dopływie prądu): *The storm caused a power cut.* **3** [C,U] uprawnienie: **power to do sth** *The police have powers to stop and search people.* **4** [C] potęga, mocarstwo: *a meeting of world powers* **5** [U] siła: *the power of the explosion* **6** [C,U] zdolność: *He lost the power of speech after the accident.* **7 do everything in your power** z/robić wszystko, co w czyjejś mocy: *I did everything in my power to save her.*

**power²** *v* [T] zasilać: *The camera is powered by a small battery.*

**pow·er·ful** /'paʊəfəl/ *adj* **1** potężny: *a meeting of the world's most powerful leaders* **2** silny: *a powerful engine* | *Love is a powerful emotion.* | *powerful drugs* **3** potężny: *the lion's powerful jaws* —**powerfully** *adv* potężnie: *powerfully built*

**pow·er·less** /'paʊələs/ *adj* bezsilny: *The people of Hungary were powerless against the tanks of the Red Army.* —**powerlessness** *n* [U] bezsilność

**power sta·tion** /'.. ,../ *także* **power plant** *AmE n* [C] elektrownia

**PR** /,piː 'ɑː/ *n* [U] skrót od PUBLIC RELATIONS

**prac·ti·ca·ble** /'præktɪkəbəl/ *adj formal* wykonalny

**prac·ti·cal** /'præktɪkəl/ *adj* **1** praktyczny: *How much practical experience of classroom teaching have you had?* | *Be practical! We can't afford all these expensive luxuries.* | *I wish you'd choose shoes that were more practical for everyday use.* **2** uzdolniony manualnie: *My father is very clever, but he is not very practical.*

**prac·ti·cal·i·ty** /,præktɪkæl½ti/ *n* **1 practicalities** [plural] strona praktyczna: *We have to think about practicalities – how much will it cost?* **2** [U] wykonalność: *It's a great idea, but I'm not sure about the practicality of it.*

**practical joke** /,... './ *n* [C] psikus, figiel

**prac·ti·cally** /'præktɪkli/ *adv spoken* praktycznie: *The theatre was practically empty.*

**prac·tice** /'prækt½s/ *n* **1** [U] **a)** wprawa: *It takes a lot of practice to be a good piano player.* **b)** trening: *It's football practice tonight.* **2** [C,U] praktyka: *dangerous working practices* | *The use of chemical sprays has become common practice.* | *She has a successful legal practice.* **3 in practice** w praktyce: *It looks difficult to make, but in practice it's quite easy.* **4 be out of practice** wyjść z wprawy: *I'd like to sing with you, but I'm so out of practice.* **5 put sth into practice** za/stosować coś w praktyce: *The new methods will be put into practice next month.*

**prac·tise** /'prækt½s/ *BrE*, **practice** *AmE v* **1** [I,T] ćwiczyć: *I came to Paris to practise my French.* | **+ for** *He's practicing for his driving test.* **2** [I,T] praktykować: *Bill is practising law in Glasgow now.* **3** [T] uprawiać: *communities where black magic is still practised*

**prac·tised** /'prækt½st/ *BrE*, **practiced** *AmE adj* wprawny, doświadczony: *skilful salesmen, practised in the art of persuasion*

**prac·tis·ing** /'prækt½sɪŋ/ *BrE*, **practicing** *AmE adj* **practising Catholic/Muslim** praktykujący katolik/muzułmanin

P

**prag·mat·ic** /præg'mætɪk/ *adj* pragmatyczny: *a pragmatic approach to education* —**pragmatism** /'prægmətɪzəm/ *n* [U] pragmatyzm

**prai·rie** /'preəri/ *n* [C] preria

**praise**[1] /preɪz/ *v* [T] po/chwalić: **praise sb for sth** *Mr Lee praised Jill for the quality of her work.*

**praise**[2] *n* [U] pochwały: **be full of praise for** *Most parents are full of praise for the school.*

P

**pram** /præm/ *n* [C] *BrE* wózek dziecięcy

**prank** /præŋk/ *n* [C] psikus: *a childish prank*

**prawn** /prɔːn/ *n* [C] krewetka

**pray** /preɪ/ *v* [I] po/modlić się: **+ for** *Let us pray for peace.* | *We're praying for good weather for the wedding.*

**prayer** /preə/ *n* [C,U] modlitwa: *the power of prayer* | **say your prayers** *The children knelt down to say their prayers.*

**preach** /priːtʃ/ *v* **1** [I,T] wygłaszać (kazanie): *The pastor preached a sermon on forgiveness.* **2** [T] propagować, głosić: *politicians who preach fairness and equality* **3** [I] prawić kazanie: *I'm sorry, I didn't mean to preach.*

**preach·er** /'priːtʃə/ *n* [C] kaznodzieja

**pre·car·i·ous** /prɪ'keəriəs/ *adj* niepewny, ryzykowny: *The club is in a precarious financial position.*

**pre·cau·tion** /prɪ'kɔːʃən/ *n* [C] zabezpieczenie: *fire precautions* | **+ against** *precautions against theft* | **take the precaution of** *I took the precaution of telling the police we were going away.* —**precautionary** *adj* zapobiegawczy: *precautionary measures* (=środki ostrożności)

**pre·cede** /prɪ'siːd/ *v* [T] *formal* poprzedzać: *The fire was preceded by a loud explosion.* —**preceding** *adj* [only before noun] poprzedni: *an increase of 18% on the preceding year* ➡ porównaj SUCCEED

**pre·ce·dence** /'pres$_{\text{ɪ}}^{\text{ə}}$dəns/ *n* **take/have precedence (over)** mieć pierwszeństwo (nad): *This project takes precedence over everything else.*

**pre·ce·dent** /'pres$_{\text{ɪ}}^{\text{ə}}$dənt/ *n* [C,U] precedens: **set a precedent** (=ustanowić precedens): *The trial set a precedent for civil rights.*

**pre·cinct** /'priːsɪŋkt/ *n* [C] **1 shopping/pedestrian precinct** *BrE* centrum handlowe zamknięte dla ruchu kołowego **2** *AmE* dzielnica: *the 12th precinct*

**pre·cincts** /'priːsɪŋkts/ *n* [plural] teren: *in the precincts of the cathedral*

**pre·cious**[1] /'preʃəs/ *adj* cenny, drogocenny: *precious memories of my wife* | *A number of precious objects were stolen.* | **precious metal/stone** (=metal/kamień szlachetny)

**precious**[2] *adv* **precious little/few** *informal* bardzo niewiele: *We had precious little time left.*

**pre·ci·pice** /'pres$_{\text{ɪ}}^{\text{ə}}$p$_{\text{ɪ}}^{\text{ə}}$s/ *n* [C] urwisko, przepaść

**pré·cis** /'preɪsiː/ *n* [C] *plural* **précis** /-siːz/ *formal* streszczenie

**pre·cise** /prɪ'saɪs/ *adj* **1** dokładny: *She gave a precise description of her attacker.* | *No one seems to know the precise cause of the illness.* **2 to be precise** ściśle(j) mówiąc: *It's 9 o'clock, or 9.02 to be precise.*

**pre·cise·ly** /prɪ'saɪsli/ *adv* **1** dokładnie: *That's precisely what I mean.* | *at precisely 4 o'clock* **2** *spoken* właśnie: *"So Harris is responsible for the mistake." "Precisely."*

**pre·ci·sion** /prɪ'sɪʒən/ *n* [U] dokładność, precyzja: *The atom's weight can be measured with great precision.*

**pre·co·cious** /prɪ'kəʊʃəs/ *adj* rozwinięty nad wiek: *a precocious child*

**pre·con·ceived** /ˌpriːkən'siːvd◂/ *adj* z góry przyjęty: *He has a lot of preconceived ideas about life in America.*

**pre·con·cep·tion** /ˌpriːkən'sepʃən/ *n* [C] uprzedzenie

**pre·con·di·tion** /ˌpriːkən'dɪʃən/ *n* [C] warunek wstępny: **+ for/of** *An end to the fighting is a precondition for peace negotiations.*

**pre·cur·sor** /prɪ'kɜːsə/ *n* [C] *formal* prekursor/ka: **+ of** *a machine that was the precursor of the computer*

**pre·date** /priːˈdeɪt/ *v* [T] poprzedzać: *animals that predate humans*

**pred·a·tor** /ˈpredətə/ *n* [C] drapieżnik

**pred·a·to·ry** /ˈpredətəri/ *adj* drapieżny

**pre·de·ces·sor** /ˈpriːdəsesə/ *n* [C] poprzedni-k/czka: *My predecessor worked here for ten years.*

**pre·de·ter·mined** /ˌpriːdɪˈtɜːmənd◂/ *adj formal* z góry ustalony: *Those taking part will meet at a predetermined location.*

**pre·dic·a·ment** /prɪˈdɪkəmənt/ *n* [C] kłopotliwe położenie

**pred·i·cate** /ˈpredɪkət/ *n* [C] orzeczenie → porównaj SUBJECT[1]

**pre·dict** /prɪˈdɪkt/ *v* [T] przepowiadać: *Experts are predicting an easy victory for the Socialists.* | **+ (that)** *We predict that student numbers will double in the next ten years.*

**pre·dic·ta·ble** /prɪˈdɪktəbəl/ *adj* przewidywalny: *As the comedian got older his act became repetitive and his jokes predictable.* —**predictably** *adv*: *Predictably* (=jak było do przewidzenia), *the new TV show was as bad as the old one.* —**predictability** /prɪˌdɪktəˈbɪləti/ *n* [U] przewidywalność

**pre·dic·tion** /prɪˈdɪkʃən/ *n* [C,U] przewidywanie: **make a prediction** *It's hard to make a prediction* (=trudno przewidzieć) *about who'll win the championship this year.*

**pre·dis·posed** /ˌpriːdɪsˈpəʊzd/ *adj* **predisposed to/towards sth** predysponowany do: *Some people are predisposed to depression illness.* —**predisposition** /ˌpriːdɪspəˈzɪʃən/ *n* [C] predyspozycja

**pre·dom·i·nance** /prɪˈdɒmənəns/ *n* [singular] przewaga: **+ of** *the predominance of white people in the audience*

**pre·dom·i·nant** /prɪˈdɒmənənt/ *adj* przeważający, dominujący: *The environment is one of the predominant issues of the nineties.*

**pre·dom·i·nant·ly** /prɪˈdɒmənəntli/ *adv* w przeważającej części, przeważnie: *a college in a predominantly working class area*

**pre·dom·i·nate** /prɪˈdɒməneɪt/ *v* [I] przeważać, dominować: *areas where industries such as mining predominate*

**pre-empt** /priˈempt/ *v* [T] uprzedzać: *The company pre-empted the strike by offering workers an immediate pay increase.*

**pre-ex·ist·ing** /ˌ. .ˈ..◂/ *adj* wcześniejszy: *a pre-existing arrangement*

**pre·fab·ri·cat·ed** /priːˈfæbrəkeɪtəd/ *adj* prefabrykowany

**pref·ace** /ˈprefəs/ *n* [C] przedmowa

**pre·fer** /prɪˈfɜː/ *v* **-rred, -rring** [T] **1** woleć: *Would you prefer a hot or a cold drink?* | **prefer sb/sth to sb/sth** *She prefers walking to driving.* | **prefer to do sth** *I'd prefer not to talk about it at the moment.* | **prefer doing sth** *Most kids prefer wearing casual clothes.* **2 I would prefer it if you ...** *spoken* wolałbym, żebyś ...: *I'd prefer it if you didn't smoke in the house.*

**pref·e·ra·ble** /ˈprefərəbəl/ *adj* lepszy: **+ to** *Anything is preferable to war.*

**pref·e·ra·bly** /ˈprefərəbli/ *adv* najlepiej: *You'll need some form of identification, preferably a passport.*

**pref·e·rence** /ˈprefərəns/ *n* **1** [C,U] preferencja: *She has her own personal preferences and tastes, like everyone else.* | **have a preference (for sth)** *There's strawberry or apricot yoghurt – do you have a preference?* | **in preference to** *Many people go by train in preference to driving.* **2 give/show preference to** dawać pierwszeństwo: *Preference will be given to candidates who speak foreign languages.*

**pref·e·ren·tial** /ˌprefəˈrenʃəl◂/ *adj* preferencyjny: *Why should she get preferential treatment?*

**pre·fix** /ˈpriːfɪks/ *n* [C] przedrostek → porównaj AFFIX, SUFFIX

**preg·nan·cy** /ˈpregnənsi/ *n* [C,U] ciąża: *You should try to avoid alcohol during pregnancy.*

**preg·nant** /ˈpregnənt/ *adj* **1** ciężarna, w ciąży: *She's three months pregnant.* | **get pregnant** *I got pregnant when I was only 16.* **2 a pregnant silence/pause** znacząca cisza/pauza

P

**pre·his·tor·ic** /ˌpriːhɪˈstɒrɪk◂/ *adj* prehistoryczny: *prehistoric cave drawings*

**prej·u·dice¹** /ˈpredʒədəs/ *n* [C,U] uprzedzenia: *A judge must be completely free from prejudice.*

**prejudice²** *v* [T] **1** uprzedzać: **prejudice sb against sth** *I didn't want to say anything that might prejudice him against her.* **2** pogarszać: *Stories in the newspapers are prejudicing their chances of a fair trial.*

P

**prej·u·diced** /ˈpredʒədəst/ *adj* uprzedzony: **+ against** *He's prejudiced against anyone who doesn't have a degree.*

**pre·lim·i·na·ry** /prɪˈlɪmənəri/ *adj* [only before noun] wstępny: *European leaders meet tomorrow for preliminary talks.*

**prel·ude** /ˈpreljuːd/ *n* **1 be a prelude to sth** być wstępem do: *The attack may be a prelude to full-scale war.* **2** [C] preludium

**pre·mar·i·tal** /priːˈmærətəl/ *adj* przedmałżeński: *premarital sex*

**pre·ma·ture** /ˈpremətʃə/ *adj* **1** przedwczesny: *Smoking is one of the major causes of premature death.* **2 premature baby** wcześniak: *The baby was six weeks premature* (=przyszło na świat o sześć tygodni za wcześnie). —**prematurely** *adv* przedwcześnie: *The sun causes your skin to age prematurely.*

**pre·med·i·tat·ed** /priːˈmedəteɪtəd/ *adj* z premedytacją: *a premeditated murder* —**premeditation** /priːˌmedəˈteɪʃən/ *n* [U] premedytacja

**prem·i·er** /ˈpremiə/ *n* [C] premier

**prem·i·ere** /ˈpremieə/ *n* [C] premiera: *a movie premiere*

**prem·ise** /ˈpreməs/ *n* [C] *formal* przesłanka: **+ that** *The argument is based on the premise that men and women are equal.*

**prem·is·es** /ˈpreməsəz/ *n* [plural] teren (*sklepu, zakładu*) **off the premises/on the premises** *No smoking is allowed on the premises* (=na terenie budynku).

**pre·mi·um** /ˈpriːmiəm/ *n* **1** [C] składka: *health-insurance premiums* **2** [C] premia: *The shares are being sold at a premium* (=po wyższej cenie).

**pre·mo·ni·tion** /ˌpreməˈnɪʃən/ *n* [C] przeczucie: *She had a premonition that her daughter was in danger.*

**pre·na·tal** /ˌpriːˈneɪtl◂/ *adj* przedporodowy → porównaj POSTNATAL

**pre·oc·cu·pa·tion** /priˌɒkjəˈpeɪʃən/ *n* [C,U] **1** zaabsorbowanie: **+ with** *the artist's preoccupation with death* **2** [C] troska: *the usual preoccupations of job, money, and family*

**pre·oc·cu·pied** /priˈɒkjəpaɪd/ *adj* zaabsorbowany, pochłonięty: *I was too preoccupied with my own problems to notice.*

**prep·a·ra·tion** /ˌprepəˈreɪʃən/ *n* [U] przygotowanie: **+ for** *The England team have begun their preparation for next week's game.* | **+ of** *the preparation of the report*

**prep·a·ra·tions** /ˌprepəˈreɪʃənz/ *n* [plural] przygotowania: *wedding preparations* | **make preparations for sth** *Preparations are being made for the president's visit.*

**pre·par·a·to·ry** /prɪˈpærətəri/ *adj* przygotowawczy: *preparatory negotiations*

**pre·pare** /prɪˈpeə/ *v* [I,T] przygotowywać (się): *Carol was upstairs preparing a room for the guests.* | *This dish can be prepared the day before.* | **+ for** *I haven't even begun to prepare for tomorrow's test.* | *Prepare yourself for a shock.* | **prepare to do sth** *Just as we were preparing to leave* (=kiedy szykowaliśmy się do wyjścia), *the phone rang.* | **prepare sb for sth** *Our job is to prepare these soldiers for war.*

**pre·pared** /prɪˈpeəd/ *adj* **1** przygotowany: **+ for** *He wasn't really prepared for the interviewer's questions.* **2 be prepared to do sth** być gotowym coś z/robić: *You'll have to be prepared to work hard if you want to make progress in this job.*

**prep·o·si·tion** /ˌprepəˈzɪʃən/ *n* [C] przyimek

**pre·pos·ter·ous** /prɪˈpɒstərəs/ *adj* niedorzeczny: *That's a preposterous suggestion!*

**pre·req·ui·site** /priːˈrekwəzət/ *n* [C] warunek wstępny: **+ for/of/to** *A degree in French is a prerequisite for the job.*

**pre·scribe** /prɪˈskraɪb/ *v* [T] przepisywać: *The doctor prescribed tranquilizers.*

**pre·scrip·tion** /prɪˈskrɪpʃən/ *n* **1** [C] recepta: *free prescriptions* **2 on prescription** na receptę → porównaj OVER-THE-COUNTER

**pre·scrip·tive** /prɪˈskrɪptɪv/ *adj* preskryptywny: *prescriptive grammar*

**pres·ence** /ˈprezəns/ *n* **1** [singular] obecność: *Your presence is requested at Friday's meeting.* | *protests against the UN presence in Bosnia* | **in sb's presence** (=w czyjejś obecności): *The document should be signed in the presence of a witness.* **2** [U] prezencja: *an actor with great stage presence* **3 presence of mind** przytomność umysłu: *Luckily, she had the presence of mind to phone for an ambulance.*

**pres·ent**[1] /ˈprezənt/ *adj* **1** obecny: *How many people were present at the meeting?* | *He has lived in Montana from 1979 to the present time.* **2 the present tense** czas teraźniejszy → patrz ramka PRESENT SIMPLE, patrz ramka PRESENT CONTINUOUS, patrz ramka PRESENT PERFECT, patrz ramka PRESENT PERFECT CONTINUOUS

**pre·sent**[2] /prɪˈzent/ *v* [T] **1** wręczać: **present sb with sth/present sth to sb** *We will present a cheque for £5000 to the winner.* **2** przedstawiać: *The evidence was presented to the court by Conor's lawyer.* | *May I present my parents, Mr and Mrs Benning.* **3** stanowić: *Heavy rain has presented a new difficulty for tournament organisers.* **4** za/prezentować: *The Lyric Theatre is presenting a brand new production of "Hamlet".* **5** *especially BrE* po/prowadzić: *Tonight's show will be presented by Jay Williams.*

**pre·sent**[3] /ˈprezənt/ *n* **1** [C] prezent: *He got the computer as a birthday present.* **2 the present** teraźniejszość: *Live in the present – don't worry about the past!* **3 at present** obecnie: *We have no plans at present for closing the factory.*

> UWAGA **present**
> Patrz **gift** i **present**.

**pre·sen·ta·ble** /prɪˈzentəbəl/ *adj* **look presentable** dobrze się prezentować: *Do I look presentable?*

**pre·sen·ta·tion** /ˌprezənˈteɪʃən/ *n* **1** [C] prezentacja: **give a presentation** *I've been asked to give a short presentation on the new research project.* **2** [C] wręczenie: *the presentation of the awards* **3** [U] wygląd: *The presentation of the food is important.*

**pres·ent-day** /ˌ.. ˈ.◂/ *adj* dzisiejszy, współczesny: *present-day society*

**pre·sent·er** /prɪˈzentə/ *n* [C] prezenter/ka

**pres·ent·ly** /ˈprezəntli/ *adv formal* **1** obecnie: *He's presently working for a computer company in San Jose.* **2** wkrótce: *The doctor will be here presently.*

**present par·ti·ci·ple** /ˌ.. ˈ..../ *n* [C] imiesłów czynny

**present per·fect** /ˌ.. ˈ../ *n* **the present perfect** czas teraźniejszy dokonany → patrz ramka PRESENT PERFECT

**pres·er·va·tion** /ˌprezəˈveɪʃən/ *n* [U] ochrona: **+ of** *the preservation of human rights* | *the preservation of the rainforest*

**pre·ser·va·tive** /prɪˈzɜːvətɪv/ *n* [C,U] konserwant

**pre·serve**[1] /prɪˈzɜːv/ *v* [T] **1** zachowywać: *All the old buildings had been very well preserved.* **2** chronić: *the need to preserve law and order* **3** za/konserwować: *onions preserved in vinegar*

**preserve**[2] *n* **1** [singular] domena: *Politics is no longer the preserve of wealthy white men.* **2** [C] rezerwat: *a wildlife preserve* **3** [C] zaprawa (*np. dżem*)

**pre·side** /prɪˈzaɪd/ *v* [I] przewodniczyć: *Judge Baxter presided at the trial.*

**preside over** *phr v* [T] po/kierować: *Kohl presided over a period of remarkable economic expansion.*

**pres·i·den·cy** /ˈprezɨdənsi/ *n* **1** [singular] urząd prezydenta: *Roosevelt was elected four times to the presidency of the US.* **2** [C] prezydentura: *the early days of Clinton's presidency*

**pres·i·dent** /ˈprezɨdənt/ *także* **Presi-**

P

**dent** *n* [C] **1** prezydent: *President Lincoln* **2** prezes

**pres·i·den·tial** /ˌprezəˈdenʃəl◂/ *adj* prezydencki: *the party's presidential candidate* (=kandydat na prezydenta)

**press¹** /pres/ *v* **1** [I,T] naciskać: *To send a fax just press the red button.* | *I pressed the brake pedal but nothing happened.* | *Press down with your left foot and pull back the lever.* **2** [T] przyciskać: **press sth against/into sth** *Their faces were pressed against the window.* **3** [I,T] naciskać (na): **+ for** *Teachers are pressing for* (=domagają się) *a pay increase.* | **press sb for sth** *Blair's interviewer kept pressing him for an answer.* | **press sb to do sth** *She pressed them to stay a little longer.* **4** [I] pchać się: **+ forward/around** *The crowd pressed forward for a better view.* **5 press charges** wnosić oskarżenie **6** [T] wy/prasować: *I need to press these trousers for tomorrow.* **7** [T] tłoczyć: *a machine for pressing grapes*

P

**press²** *n* **1 the press** prasa: *Members of the press were waiting outside.* | *Reports of the incident appeared in the national press.* **2 get a good/bad press** mieć dobrą/złą prasę: *Britain's royal family has had a bad press in recent years.* **3 go to press** iść do druku **4** [C] prasa drukarska **5** [singular] prasowanie: *I'll just give this skirt a quick press.*

**press con·fer·ence** /ˈ. ˌ.../ *n* [C] konferencja prasowa

**pressed** /prest/ *adj* **be pressed for time/money** mieć mało czasu/pieniędzy: *I can't stop now – I'm a bit pressed for time.*

**press·ing** /ˈpresɪŋ/ *adj* naglący, pilny: *Unemployment is one of the region's most pressing problems.*

**press-up** /ˈ. ./ *n* [C] *BrE* pompka (*ćwiczenie*)

**pres·sure¹** /ˈpreʃə/ *n* **1** [U] nacisk(i), presja: *growing pressure for change inside the party* | **be/come under pressure to do sth** *NASA has been under political pressure to launch a new space program.* | **put pressure on sb (to do sth)** *Environmental groups are putting pressure on the state to change the smoking laws.* **2** [C,U] napięcie: *the pressures of modern life* | **be under pressure** *Jerry's been under a lot of pressure at work recently.* **3** [C,U] ciśnienie: *Is there enough pressure in the tyres?* | **high/low pressure** *high blood pressure*

**pressure²** *v especially AmE* zmuszać

**pressure cook·er** /ˈ.. ˌ../ *n* [C] szybkowar

**pressure group** /ˈ.. ./ *n* [C] grupa nacisku

**pres·sur·ize** /ˈpreʃəraɪz/ (*także* **-ise** *BrE*) *v* [T] zmuszać: *I was pressurized into lending him the money.*

**pres·sur·ized** /ˈpreʃəraɪzd/ (*także* **-ised** *BrE*) *adj* ciśnieniowy: *pressurized aircraft cabins*

**pres·tige** /preˈstiːʒ/ *n* [U] prestiż

**pres·ti·gious** /preˈstɪdʒəs/ *adj* prestiżowy: *a prestigious award*

**pre·su·ma·bly** /prɪˈzjuːməbli/ *adv* przypuszczalnie, zapewne: *Presumably, you've heard the news by now.*

**pre·sume** /prɪˈzjuːm/ *v* [T] przypuszczać, przyjmować: **+ (that)** *I presume that she'll be coming.* | **be presumed dead/innocent** (=być uznanym za zmarłego/niewinnego): *a list of soldiers missing, presumed dead*

**pre·sump·tion** /prɪˈzʌmpʃən/ *n* [C] założcnie, domniemanie: *the presumption that Evans was guilty*

**pre·sump·tu·ous** /prɪˈzʌmptʃuəs/ *adj* bezczelny, arogancki: *It was presumptuous of her to assume she would be invited.*

**pre·sup·pose** /ˌpriːsəˈpəʊz/ *v* [T] *formal* zakładać: **+ (that)** *All these plans presuppose that the bank will be willing to give us the money.* —**presupposition** /ˌpriːsʌpəˈzɪʃən/ *n* [C,U] założenie, presupozycja

**pre·tence** /prɪˈtens/ *BrE*, **pretense** *AmE* *n* [C usually singular, U] pozory: **make a pretence of doing sth/make no pretence of doing sth** (=udawać/nie udawać, że się coś robi): *Al made no pretence*

## Czas **Present Simple**

## ***I WORK***

Zdania twierdzące w tym czasie tworzymy za pomocą formy podstawowej danego czasownika, czyli bezokolicznika bez **to**, do którego w trzeciej osobie liczby pojedynczej dodajemy końcówkę ***-s***. W pytaniach i przeczeniach występuje ***do/don't*** lub ***does/doesn't*** (w trzeciej osobie liczby pojedynczej) + bezokolicznik bez **to**. Czasu tego używamy zazwyczaj

**1** w zdaniach dotyczących teraźniejszości, które stwierdzają fakty lub opisują wydarzenia i sytuacje powtarzające się:

*Brian **is** taller than George.*

*My father **doesn't speak** English.*

*In Britain most shops **close** at 5.30 p.m.*

**2** w zdaniach opisujących zjawiska przyrody lub podających prawa naukowe:

*The sun **rises** in the east.*

*Bees **make** honey.*

*The speed of light **is** about 300 000 km per second.*

**3** w zdaniach mówiących o tym, jak często coś się dzieje:

*I **brush** my teeth after every meal.*

*'How often **do** they **play** tennis?' – 'Twice a week.'*

***Does** it always **snow** here in winter?*

**4** w zdaniach odnoszących się do przyszłości, w których mowa o rozkładach jazdy, godzinach rozpoczęcia imprez itp.:

*Hurry up! The train **leaves** in ten minutes.*

*What time **does** the concert **begin**?*

**5** w nagłówkach prasowych relacjonujących wydarzenia przeszłe:

*CAR BOMB **KILLS** TWO*

*220 **DIE** IN PLANE CRASH*

**6** w radiowych relacjach na żywo, np. z wydarzeń sportowych:

*Scott **passes** the ball to Evans. Evans **loses** it ...*

**7** zamiast Present Continuous z czasownikami takimi jak *belong, know, mean, need, prefer, understand* itp.:

*I **don't understand**.*

*What **do** you **mean**?*

patrz też: ***DO, Infinitive, Present Continuous, Verb***

## Czas **Present Continuous**
## ***I AM WORKING***

Czas ten tworzy się za pomocą odpowiedniej formy czasu teraźniejszego czasownika ***be*** (***am***, ***are*** lub ***is***) i czasownika z końcówką ***-ing***. Używamy go zwykle

**1** w odniesieniu do tego, co dzieje się w momencie mówienia:
*'Where's Ellen?' – 'She **is having** a shower.'*

**2** w odniesieniu do tego, co dzieje się w teraźniejszości, choć niekoniecznie w chwili, gdy o tym mówimy (inaczej niż w czasie Present Simple, chodzi tu o sytuację tymczasową):
*John **is not working** this week. He's on holiday.*
*My aunt has come to Warsaw. She**'s staying** at a hotel.*

**3** w odniesieniu do planów dotyczących niedalekiej przyszłości:
*'What **are** you **doing** tomorrow night?' – 'I**'m going** to the opera.'*

**4** dla opisania zmieniającej się sytuacji:
*'Is he still ill?' – 'Yes, but he**'s getting** better.'*
*Prices **are rising** all the time.*

**5** z wyrazem *always* w odniesieniu do powtarzających się sytuacji i zachowań, ktore nas dziwią lub drażnią:
*The weather here is hopeless. It**'s** always **raining**.*
*I don't like her very much. She**'s** always **complaining**.*

patrz też: ***BE, Future Simple, Future Continuous, BE GOING TO, Present Simple***

*of hiding his surprise* (=Al nie próbował ukryć zdziwienia).

**pre·tend** /prɪ'tend/ *v* [I,T] udawać: **+ (that)** *She walked past and pretended she hadn't seen me.* | *Let's pretend we're on the moon!* | **pretend to do sth** *The kids were pretending to be asleep.*

**pre·tense** /prɪ'tens/ *n* amerykańska pisownia wyrazu PRETENCE

**pre·ten·tious** /prɪ'tenʃəs/ *adj* pretensjonalny: *He was a pretentious young man, given to quoting from little known French poets.*

**pre·text** /'pri:tekst/ *n* [C] pretekst: **on/under the pretext of doing sth** *She went to see James on the pretext of wanting to borrow a book.*

**pret·ty¹** /'prɪti/ *adv* **1** *spoken* raczej: *I'm pretty sure she'll say yes.* **2** *spoken* bardzo: *Dad was pretty angry about it.* **3 pretty much/pretty well** prawie całkiem: *The streets were pretty well deserted by 9 o'clock.*

**pretty²** *adj* ładny: *What a pretty little girl!* | *a pretty pink dress* —**prettily** *adv* ładnie —**prettiness** *n* [U] uroda

**pre·vail** /prɪ'veɪl/ *v* [I] **1** być powszechnym: **+ in/among** *A belief in magic still prevails in some societies.* **2** *formal* zwyciężać: *Justice prevailed in the end.*

**pre·vail·ing** /prɪ'veɪlɪŋ/ *adj* **1** [only before noun] powszechny: *Williams' book challenged prevailing views of US history.* **2** przeważający: *a prevailing wind*

**prev·a·lent** /'prevələnt/ *adj* rozpowszechniony: **+ in/among** *a disease that is prevalent among young people*

## Czas **Present Perfect**
## *I HAVE WORKED*

Czas ten tworzy się za pomocą ***have/has***, po którym następuje Past Participle, czyli tzw. „trzecia forma czasownika”. Używamy go najczęściej

**1** w odniesieniu do wydarzeń i czynności przeszłych, których skutki odczuwalne są w chwili mówienia:
*I **have forgotten** her name.* (= I can't remember it now.)
***Have** you **cleaned** your shoes?* (= Are they clean now?)
*Mother **has gone** out.* (= She isn't here now.)

**2** gdy mówimy o czymś, co wydarzyło się przed chwilą (*just*) lub w niezbyt odległej przeszłości (*recently, lately*):
*'Are you hungry?' – 'No, I**'ve** just **had** lunch.'*
*'**Have** you **seen** your brother recently?' – 'No, I **haven't**.'*

**3** gdy mówimy o okresie czasu, który ciągle trwa:
*Tom **has lived** in Wales all his life.* (lub: *Tom **has** always **lived** in Wales.*)
***Have** you **had** a holiday this year?*
*How many times **has** she **been** absent this semester?*

**4** gdy mówimy o tym, od jak dawna trwa określona czynność lub stan:
*She**'s been** ill for over a month now.*
*I **haven't smoked** since Christmas/since my doctor told me to quit* itp.

**5** gdy mówimy o czymś, co wydarzyło się w przeszłości, nie precyzując, kiedy (bo interesuje nas sam fakt, a nie to, kiedy miał miejsce):
*I**'ve been** to the States twice.*
*I think we**'ve met** before.*

**6** w zdaniach rozpoczynających się od *This is the first time ...* , *It's the second time ...* itp.:
*Why are you so nervous? Is this the first time you**'ve been** to the dentist?*
*Bob has failed his driving test again. It's the third time he**'s failed** it.*

**7** w zdaniach pytających i przeczących z *yet*:
***Has** it **stopped** raining yet?*
*We **haven't told** him yet, but sooner or later we'll have to.*

patrz też: ***FOR, HAVE, Past Participle, SINCE, YET***

**pre·vent** /prɪ'vent/ *v* [T] zapobiegać: *Brushing your teeth regularly helps prevent tooth decay.* | **prevent sb from doing sth** *A knee injury prevented him from* (=uniemożliwiła mu) *playing in Saturday's game.*

**pre·ven·ta·tive** /prɪ'ventətɪv/ *adj* → PREVENTIVE

**pre·ven·tion** /prɪ'venʃən/ *n* [U] zapobieganie, profilaktyka, prewencja: *crime prevention* | **+ of** *the prevention of war*

## Czas **Present Perfect Continuous**
## ***I HAVE BEEN WORKING***

Czas ten tworzy się za pomocą ***have/has been*** i formy czasownika zakończonej na ***-ing***. Używamy go najczęściej

**1** mówiąc o czynności, która rozpoczęła się w przeszłości i trwa nadal lub niedawno się zakończyła, a jej skutki odczuwalne są w chwili mówienia:

*Someone **has been drinking** my whisky! The bottle is almost empty.*

*You're all wet. **Has** it **been raining**?*

**2** mówiąc, od jak dawna trwa określona czynność lub jak długo trwała czynność, która niedawno się zakończyła:

***I've been learning** English for almost two years. (since last August/since I was twelve/for as long as I can remember* itp.)

*How long **have** they **been working** on this project?*

*Sorry I'm late. **Have** you **been waiting** long?*

patrz też: ***FOR, HAVE, Present Perfect, SINCE***

**pre·ven·tive** /prɪˈventɪv/ *także* **preventative** *adj* zapobiegawczy, profilaktyczny, prewencyjny: *preventive medicine*

**pre·view** /ˈpriːvjuː/ *n* [C] **1** pokaz przedpremierowy **2** zwiastun

**pre·vi·ous** /ˈpriːviəs/ *adj* poprzedni: *She has two children from a previous marriage.* | *She said she had seen him the previous day.*

**pre·vi·ous·ly** /ˈpriːviəsli/ *adv* poprzednio: *She had previously worked for a computer company in Cambridge.*

**pre·war** /ˌpriːˈwɔː◂/ *adj* przedwojenny: *the prewar years*

**prey¹** /preɪ/ *n* **1** [U] zdobycz, ofiara: *a tiger stalking its prey* **2 birds/beasts of prey** ptaki/zwierzęta drapieżne

**prey²** *v*

**prey on** sb/sth *phr v* [T] **1** polować na **2** żerować na: *dishonest salesmen who prey on elderly people* **3 sth preys on sb's mind** coś kogoś dręczy: *It wasn't your fault – you mustn't let it prey on your mind.*

**price¹** /praɪs/ *n* **1** [C,U] cena: *House prices have gone up again.* | *Computers have come down in price lately.* | **+ of** *The price of the vacation includes food and accommodation.* | **full/half price** *Children under 14 travel half price.* → porównaj COST¹ **2 at any price** za każdą cenę: *She was determined to have a child at any price.*

**price²** *v* [T] wyceniać: *a new software package, priced at $49.95*

**price·less** /ˈpraɪsləs/ *adj* **1** bezcenny: *priceless antiques* **2** nieoceniony: *The ability to motivate people is a priceless asset.*

**prick¹** /prɪk/ *v* **1** [T] nakłuwać: *Prick the sausages with a fork.* **2** [T] szczypać: *Tears pricked her eyes.* **3 prick up your ears** nastawiać uszu

**prick²** *n* [C] ukłucie: *You'll feel a slight prick as the needle goes into your arm.*

**prick·le** /ˈprɪkəl/ *n* [C] kolec

**prick·ly** /ˈprɪkli/ *adj* kolczasty: *prickly bushes*

**pride¹** /praɪd/ *n* [U] **1** duma: *The football team is the pride of the whole town.* | *Ken's new car is his pride and joy.* | **take pride in sth** *She takes a great pride in* (=jest bardzo dumna z) *her work.* | **with pride** *Tony glanced with pride at his wife.* | **hurt sb's pride** (=urazić czyjąś dumę): *Don't offer her money – you'll hurt her pride.* **2** pycha: *He has too much pride to say he's sorry.* **3 have/take pride of**

**place** zajmować honorowe miejsce: *A portrait of the Queen took pride of place on the wall.*

**pride**[2] *v* **pride yourself on sth** szczycić się czymś: *Sandy prides herself on her ability to speak four languages.*

**priest** /priːst/ *n* [C] ksiądz, kapłan

**priest·ess** /ˈpriːstes/ *n* [C] kapłanka

**priest·hood** /ˈpriːsthʊd/ *n* **the priesthood** kapłaństwo

**prim** /prɪm/ *adj* sztywny: **prim and proper** *Janet's much too prim and proper to laugh at a joke like that.*

**pri·ma·ri·ly** /ˈpraɪmərəli/ *adv* w pierwszym rzędzie: *a course aimed primarily at adult students*

**pri·ma·ry**[1] /ˈpraɪməri/ *adj* podstawowy: *Our primary concern is the welfare of the child.*

**primary**[2] *n* [C] wybory wstępne w USA

**primary col·our** /ˌ... ˈ../ *n* [C] barwa podstawowa

**primary school** /ˈ... ˌ./ *n* [C] *especially BrE* szkoła podstawowa

**pri·mate** /ˈpraɪmeɪt/ *n* [C] naczelny (*ssak*)

**prime**[1] /praɪm/ *adj* **1** główny: *Smoking is one of the prime causes of heart disease.* **2** pierwszorzędny: *a house in a prime location* **3 a prime example** typowy przykład

**prime**[2] *n* **be in your prime/be in the prime of life** być w kwiecie wieku

**prime min·is·ter** /ˌ. ˈ...◂/ *także* **Prime Minister** *n* [C] premier

**prime time** /ˈ. ˌ./ *n* [U] czas największej oglądalności: *a prime-time TV show*

**prim·i·tive** /ˈprɪmətɪv/ *adj* prymitywny: *primitive societies | primitive living conditions*

**prim·rose** /ˈprɪmrəʊz/ *n* [C] pierwiosnek

**prince** /prɪns/ *także* **Prince** *n* [C] książę: *Prince Charles | Prince Rainier of Monaco*

**prin·cess** /ˌprɪnˈses◂/ *także* **Princess** *n* [C] **1** księżniczka, królewna **2 Princess** księżna: *Princess Diana*

**prin·ci·pal**[1] /ˈprɪnsəpəl/ *adj* [only before noun] główny: *Our principal aim is to provide support for one-parent families.*

**principal**[2] *n* [C] dyrektor/ka szkoły lub college'u

**prin·ci·pal·i·ty** /ˌprɪnsəˈpæləti/ *n* [C] księstwo

**prin·ci·pally** /ˈprɪnsəpli/ *adv* głównie: *a course designed principally for people who have no qualifications*

**prin·ci·ple** /ˈprɪnsəpəl/ *n* **1** [C,U] zasada: *It's against my principles to hit a child. | the principles of geometry |* **on the principle that** *beliefs based on the principle that everyone is equal |* **on principle** (=z zasady): *She doesn't eat meat on principle.* **2 in principle** w zasadzie, zasadniczo: *In principle, you can leave work early on Friday, but it's not always possible. | We're hoping the contract will be approved in principle.*

**print**[1] /prɪnt/ *v* **1** [T] wy/drukować: *The poster is printed on recycled paper. | Can you print on your computer? | We're printing 10,000 copies of his new book. | All the newspapers have printed the president's speech.* **2** [I,T] na/pisać drukowanymi literami: *Please print your name.*

**print** sth ↔ **off/out** *phr v* [T] wy/drukować (*na drukarce komputerowej*)

**print**[2] *n* **1** [U] druk: *I can't read small print without my glasses. |* **in print** *I wouldn't have believed it if I hadn't seen it in print. | The book is still in print* (=książka jest ciągle w sprzedaży). | **out of print** *The book is out of print* (=nakład książki jest wyczerpany). **2** [C] reprodukcja **3** [C] odbitka: *You can pick up your prints on Friday.* **4** [C] ślad: *His feet left prints in the snow.* ➡ patrz też FINGERPRINT, FOOTPRINT

**print·er** /ˈprɪntə/ *n* [C] **1** drukarka **2** drukarz

**print·ing** /ˈprɪntɪŋ/ *n* [U] drukarski: *a printing error*

**printing press** /ˈ.. ˌ./ *n* [C] prasa drukarska

**print·out** /ˈprɪntˌaʊt/ *n* [C,U] wydruk

P

**pri·or** /ˈpraɪə/ *adj formal* **1 prior to** przed: *You should not eat anything for six hours prior to your operation.* **2** [only before noun] wcześniejszy: *We couldn't attend because of a prior commitment.*

**pri·or·i·ty** /praɪˈɒrəti/ *n* [C] priorytet: *Let's decide what our priorities are.*

**prise** /praɪz/ *v* [T] *BrE* **prise sth off/open** podważać/wyważać coś: *I prised the lid off the tin.*

**P**

**pris·m** /ˈprɪzəm/ *n* [C] pryzmat

**pris·on** /ˈprɪzən/ *n* [C,U] więzienie: **be in prison** *Her husband's in prison.*

**pris·on·er** /ˈprɪzənə/ *n* [C] **1** więzień/więźniarka **2** jeniec: **be taken/held prisoner** (=zostać wziętym do niewoli): *Hundreds of soldiers were taken prisoner.*

**prisoner of war** /ˌ... . ˈ./, **POW** *n* [C] jeniec wojenny

**priv·a·cy** /ˈprɪvəsi/ *n* [U] prywatność: *Joan read the letter in the privacy of her own room* (=w zaciszu własnego pokoju).

**pri·vate**[1] /ˈpraɪvət/ *adj* **1** prywatny: *Rooms are available for private parties.* | *a private school* | *The president will be making a private visit to Mexico.* | *You had no right to look at my private letters.* **2** osobisty: *private life* **3** ustronny: *Is there a private corner where we can talk?* —**privately** *adv* prywatnie

**private**[2] *n* **1 in private** na osobności: *Miss Smith, can I speak to you in private?* **2** [C] *także* **Private** szeregow-y/a

**private en·ter·prise** /ˌ.. ˈ.../ *n* [U] prywatna przedsiębiorczość

**pri·vat·ize** /ˈpraɪvətaɪz/ (*także* **-ise** *BrE*) *v* [T] s/prywatyzować —**privatization** /ˌpraɪvətaɪˈzeɪʃən/ (*także* **-isation** *BrE*) *n* [U] prywatyzacja → antonim NATIONALIZE

**priv·i·lege** /ˈprɪvəlɪdʒ/ *n* **1** [C] przywilej: *Education should be a right, not a privilege.* **2** [U] uprzywilejowanie: *aristocratic privilege* **3** zaszczyt: *It's been a privilege to meet you, sir.* —**privileged** *adj* uprzywilejowany, zaszczycony

**prize**[1] /praɪz/ *n* [C] nagroda: *First prize was a weekend for two in Paris.*

| UWAGA **prize** |
|---|
| Patrz **award**, **prize** i **reward**. |

**prize**[2] *v* [T] cenić: *These coins are prized by collectors.* —**prized** *adj* cenny: *Nick's car is his most prized possession.*

**pro** /prəʊ/ *n* [C] **1** *informal* zawodowiec **2 the pros and cons** za i przeciw: *We discussed the pros and cons of starting our own business.*

**prob·a·bil·i·ty** /ˌprɒbəˈbɪləti/ *n* **1** prawdopodobieństwo: *War is a real probability now* (=wybuch wojny jest teraz rzeczywiście prawdopodobny). | **+ of** *What's the probability of the hostages being released soon?* **2 in all probability** według wszelkiego prawdopodobieństwa: *In all probability the motive for the crime was money.*

**prob·a·ble** /ˈprɒbəbəl/ *adj* prawdopodobny: *The probable cause of the plane crash was ice on the wings.* | **it is probable (that)** *It is probable that she won't survive.*

**prob·a·bly** /ˈprɒbəbli/ *adv* prawdopodobnie: *We'll probably go to France next year.*

**pro·ba·tion** /prəˈbeɪʃən/ *n* [U] **1 be on probation** otrzymać wyrok w zawieszeniu: *He's on probation for theft.* **2** staż: *I will be on probation for the first three months of my new job.* —**probationary** *adj* próbny: *a probationary period*

**probation of·fi·cer** /.ˈ.. ˌ.../ *n* [C] kurator sądowy

**probe**[1] /prəʊb/ *v* [I,T] **1** badać: **+ into** *You have no right to start probing into my personal life.* **2** zapuszczać sondę

**probe**[2] *n* [C] sonda

**prob·lem** /ˈprɒbləm/ *n* [C] **1** problem: *Unemployment is the main problem in the area.* | **have a problem (with)** *Since losing my job I've been having financial problems.* | **drug/crime problem** *an area with a huge crime problem* **2** zadanie: *a mathematical problem* **3 no problem** *spoken* nie ma sprawy: *"Could you drive me to the station?" "Sure, no problem."* | *"Thanks for your help." "Oh, no problem."* **4 that's your/his problem** to twój/jego

problem: *If you can't get yourself there on time, that's your problem.*

> UWAGA **problem**
> Nie mówi się "an important problem". Mówi się **a serious problem** lub **a big problem**.

**prob·lem·at·ic** /ˌprɒbləˈmætɪk◂/ *także* **problematical** *adj* problematyczny: *Our plans for a quiet wedding were becoming ever more problematic.*

**pro·ce·dure** /prəˈsiːdʒə/ *n* [C,U] procedura: **+ for** *the procedure for shutting down a computer* —**procedural** *adj* proceduralny

**pro·ceed** /prəˈsiːd/ *v* [I] *formal* **1** postępować: *Talks are proceeding smoothly.* | **+ with** *Protesters made it impossible for him to proceed with his speech* (=uniemożliwili mu kontynuowanie przemówienia). **2 proceed to do sth** przystępować do czegoś: *She took out a bottle and proceeded to drink the contents.* **3** *formal* przechodzić: *Please proceed to the nearest exit.*

**pro·ceed·ings** /prəˈsiːdɪŋz/ *n* [plural] **1** przebieg wydarzeń: *We watched the proceedings from a third floor window.* **2** postępowanie (*prawne*): *divorce proceedings*

**pro·ceeds** /ˈprəʊsiːdz/ *n* [plural] dochód: *The proceeds from the concert will go to charity.*

**pro·cess¹** /ˈprəʊses/ *n* [C] **1** proces: *the ageing process* | *The reorganization process will take some time.* **2 be in the process of doing sth** być w trakcie robienia czegoś: *We're in the process of buying a house.* **3 in the process** przy okazji: *I ran for the bus and twisted my ankle in the process.*

**process²** *v* [T] **1** sztucznie konserwować: *processed cheese* **2** przetwarzać: *new techniques of data processing* **3** wywoływać: *They will process a film in 24 hours.*

**pro·ces·sion** /prəˈseʃən/ *n* [C] procesja: *a funeral procession* (=kondukt żałobny) | **+ of** *an endless procession of well meaning visitors* → porównaj PARADE¹

**pro·ces·sor** /ˈprəʊsesə/ *n* [C] procesor → patrz też FOOD PROCESSOR

**pro·claim** /prəˈkleɪm/ *v* [T] *formal* proklamować: *Romania was proclaimed a People's Republic in 1947.*

**proc·la·ma·tion** /ˌprɒkləˈmeɪʃən/ *n* [C] proklamacja

**prod** /prɒd/ *v* [I,T] **-dded, -dding** **1** dźgać: *He prodded the dead snake with a stick.* **2** z/dopingować: **prod sb into doing sth** *We had to prod Louis into applying for the job.*

**prod·i·gy** /ˈprɒdɪdʒi/ *n* [C] geniusz (*młodociany*): *Mozart was a child prodigy* (=był cudownym dzieckiem).

**pro·duce¹** /prəˈdjuːs/ *v* [T] **1** wytwarzać, wy/produkować: *Much of the world's finest wine is produced in France.* | *a snake that produces a deadly poison* **2** wywoływać: *The drug can produce serious side effects in some people.* **3** wyjmować: *He suddenly produced a gun.* **4** wystawiać: *The play was produced on a very small budget.*

**pro·duce²** /ˈprɒdjuːs/ *n* [U] produkty: *dairy produce*

**pro·duc·er** /prəˈdjuːsə/ *n* [C] producent: *Scotland is a producer of high quality wool.*

**prod·uct** /ˈprɒdʌkt/ *n* **1** [C] produkt, wyrób: *None of our products are tested on animals.* **2** wytwór: *Criminals are often the product of bad homes.*

**pro·duc·tion** /prəˈdʌkʃən/ *n* **1** [U] produkcja: *Our production has increased by 35%.* **2** [C] inscenizacja: *a modern production of Romeo and Juliet*

**pro·duc·tive** /prəˈdʌktɪv/ *adj* produktywny: *a very productive meeting* —**productively** *adv* produktywnie

**pro·duc·tiv·i·ty** /ˌprɒdʌkˈtɪvəti/ *n* [U] produktywność, wydajność: *Factory managers want to increase productivity.*

**pro·fane** /prəˈfeɪn/ *adj* bluźnierczy: *profane language* —**profanity** /-ˈfænəti/ *n* [C,U] bluźnierstwo

P

**pro·fes·sion** /prə'feʃən/ *n* zawód: *to pursue a profession* | *There is pressure from the teaching profession* (=ze strony nauczycieli) *for higher salaries.* | **by profession** (=z zawodu): *He's a lawyer by profession.*

**pro·fes·sion·al¹** /prə'feʃənəl/ *adj* **1** zawodowy: *a professional tennis player* | *a professional golf championship* **2** [only before noun] fachowy: *You should speak to a lawyer for professional advice.* **3** profesjonalny: *The report looks very professional.* —**professionally** *adv* zawodowo, profesjonalnie

**professional²** *n* [C] **1** fachowiec, specjalist-a/ka: *a health care professional* (=specjalista w zakresie ochrony zdrowia) **2** zawodowiec

**pro·fes·sion·al·is·m** /prə'feʃənəlɪzəm/ *n* [U] profesjonalizm, fachowość

**pro·fes·sor** /prə'fesə/ *n* [C] **1** *BrE* profesor **2** *AmE* wykładowca ze stopniem doktora

> UWAGA **professor**
>
> Nie mówi się **professor** o nauczycielu w szkole.

**pro·fi·cien·cy** /prə'fɪʃənsi/ *n* [U] biegłość

**pro·fi·cient** /prə'fɪʃənt/ *adj* biegły: **+ in/at** *Gwen is proficient in three languages.* —**proficiently** *adv* biegle

**pro·file** /'prəʊfaɪl/ *n* [C] **1** profil: **in profile** *a drawing of her in profile* **2** charakterystyka: **+ of** *a profile of Paul McCartney in a Sunday paper* **3 keep a low profile** starać się nie zwracać na siebie uwagi ➡ patrz też HIGH-PROFILE

**prof·it¹** /'prɒfɪ̵t/ *n* [C,U] zysk: **make a profit** (=przynosić zysk): *Their shop now makes profits of over $1m a year.* | **at a profit** (=z zyskiem): *They sold the company at a huge profit.*

**profit²** *v* [I,T] *formal* zyskiwać: **profit by/from sth** *Only wealthy people will profit from the new tax laws.*

**prof·i·ta·ble** /'prɒfɪ̵təbəl/ *adj* opłacalny, rentowny: *profitable investments* —**profitably** *adv* z zyskiem

**pro·found** /prə'faʊnd/ *adj* głęboki: *Her death was a profound shock to all of us.* | *a profound remark* —**profoundly** *adv* głęboko: *profoundly disturbing news*

**pro·fuse** /prə'fjuːs/ *adj* obfity: *symptoms include a fever and profuse sweating* —**profusely** *adv* wylewnie: *Keith thanked them profusely.*

**pro·fu·sion** /prə'fjuːʒən/ *n* [U singular] obfitość: **+ of** *a profusion of flowers* | **in profusion** *Wildlife is here in profusion.*

**pro·gram¹** /'prəʊgræm/ *n* [C] **1** amerykańska pisownia wyrazu PROGRAMME **2** program (*komputerowy*)

**program²** *v* [T] **-mmed, -mming** za/programować

**pro·gramme¹** /'prəʊgræm/ *BrE*, **program** *AmE n* [C] program: *What's your favourite TV programme?* | *the US space program* | *a fitness programme*

**programme²** *BrE*, **program** *AmE v* [T] za/programować: *I've programmed the VCR to record tonight's movie.*

**pro·gram·mer** /'prəʊgræmə/ *n* [C] programist-a/ka —**programming** *n* [U] programowanie

**pro·gress¹** /'prəʊgres/ *n* [U] **1** postęp: *technological progress* | **make progress** *Nick has made a lot of progress since coming to our school.* **2 in progress** *formal* w toku: *Please do not enter while there is a class in progress.*

**pro·gress²** /prə'gres/ *v* [I] postępować: *Work on the new building progressed quickly.*

**pro·gres·sion** /prə'greʃən/ *n* [C,U] postęp(y): *the rapid progression of the disease*

**pro·gres·sive¹** /prə'gresɪv/ *adj* **1** postępowy, progresywny: *progressive teaching methods* **2** postępujący: *the progressive decline of the coal industry* —**progressively** *adv* coraz: *progressively worse*

**progressive²** *n* **the progressive** forma ciągła czasownika

**pro·hib·it** /prəˈhɪbᵻt/ *v* [T] *formal* zakazywać, zabraniać: *Smoking is prohibited inside the building.* | **prohibit sb from doing sth** *Shops in Britain are prohibited from selling alcohol to people under 18.* —**prohibition** /ˌprəʊhɪˈbɪʃən/ *n* [U] zakaz, prohibicja

**pro·hib·i·tive** /prəˈhɪbᵻtɪv/ *adj* wygórowany: *prohibitive prices*

**proj·ect[1]** /ˈprɒdʒekt/ *n* [C] **1** projekt: *the new road project* | *a project to help the homeless* **2** referat: *a school project* | **+ on** *a project on pollution*

**pro·ject[2]** /prəˈdʒekt/ *v* **1** [T] przewidywać: *projected sales for next year* **2** [T] wyświetlać

**pro·jec·tion** /prəˈdʒekʃən/ *n* **1** [C] przewidywanie: *projections of economic growth* **2** [C,U] projekcja

**pro·jec·tor** /prəˈdʒektə/ *n* [C] projektor, rzutnik

**pro·lif·ic** /prəˈlɪfɪk/ *adj* płodny: *Agatha Christie was a prolific writer.*

**pro·logue** /ˈprəʊlɒg/ *n* [C] prolog

**pro·long** /prəˈlɒŋ/ *v* [T] przedłużać: *Having your car serviced regularly prolongs its life.*

**pro·longed** /prəˈlɒŋd/ *adj* długotrwały: *a prolonged illness*

**prom** /prɒm/ *n* [C] *AmE* zabawa szkolna

**prom·e·nade** /ˌprɒməˈnɑːd◂/ *n* [C] *BrE* promenada

**prom·i·nence** /ˈprɒmᵻnəns/ *n* [U] rozgłos: **come/rise to prominence** *Stallone rose to prominence with the movie "Rocky".*

**prom·i·nent** /ˈprɒmᵻnənt/ *adj* **1** wybitny: *prominent politicians* **2** wydatny: *a prominent nose* —**prominently** *adv* na widocznym miejscu: *prominently displayed*

**pro·mis·cu·ous** /prəˈmɪskjuəs/ *adj* rozwiązły: *In the study, single men were the most promiscuous group.* —**promiscuity** /ˌprɒmᵻˈskjuːᵻti/ *n* [U] rozwiązłość

**prom·ise[1]** /ˈprɒmᵻs/ *v* **1** [I,T] obiecywać, przyrzekać: **+ (that)** *Will you promise me you won't be late?* | **promise to do sth** *Dad's promised to take us to Disneyland.* | **promise sb sth** *I've already promised them free tickets if they win.* **2** [T] zapowiadać się: **promise to be sth** *The game promises to be exciting.*

**promise[2]** *n* **1** [C] obietnica, przyrzeczenie: **make a promise** *He's always making promises that he can't keep.* | **keep a promise** (=dotrzymywać obietnicy): *Anna kept her promise to be back at 10 o'clock.* | **break a promise** (=z/łamać obietnicę) **2** [U] zadatki: **show promise** *He shows a lot of promise as a writer.*

**prom·is·ing** /ˈprɒmᵻsɪŋ/ *adj* obiecujący: *a promising young singer*

**pro·mote** /prəˈməʊt/ *v* [T] **1** przyczyniać się do: *We aim to promote understanding between cultures.* **2** promować, lansować: *The company is spending millions promoting its new software.* **3** awansować: **promote sb to sth** *Ted has been promoted to senior sales manager.*

**pro·mo·tion** /prəˈməʊʃən/ *n* **1** [C,U] awans: **get promotion** *You only ever get a pay rise if you get promotion.* **2** [C,U] promocja: *a sales promotion* **3** [U singular] propagowanie: **+ of** *the promotion of equal rights*

**pro·mo·tion·al** /prəˈməʊʃənəl/ *adj* promocyjny

**prompt[1]** /prɒmpt/ *v* **1** [T] skłaniać: **prompt sb to do sth** *Bad weather at home has prompted people to go abroad this summer.* **2** [I,T] podpowiadać, suflerować

**prompt[2]** *adj* niezwłoczny: *We request prompt payment of bills.* —**promptly** *adv* niezwłocznie, natychmiast

**prone** /prəʊn/ *adj* podatny: *accident-prone* (=często ulegający wypadkom) | **+ to** *He's prone to colds in winter.* | **prone to do sth** *She's prone to eat too much* (=ma skłonność do objadania się) *when she's unhappy.*

**pro·noun** /ˈprəʊnaʊn/ *n* [C] *technical* zaimek

**pro·nounce** /prəˈnaʊns/ *v* [T] **1** wymawiać: *How do you pronounce your name?* **2** stwierdzać oficjalnie: *He was pronounced dead at 11:00 p.m.*

**pro·nounced** /prəˈnaʊnst/ *adj* wyraźny: *Harold walks with a pronounced limp.*

**pro·nun·ci·a·tion** /prəˌnʌnsiˈeɪʃən/ *n* wymowa: *The cassette helps you check your pronunciation.*

**proof** /pruːf/ *n* [C,U] dowód: **+ of** *You need proof of your age to buy cigarettes.* | **+ (that)** *You've got no real proof that he's having an affair.*

P

**proof·read** /ˈpruːfˌriːd/ *v* [I,T] **proofread** /-red/, **proofread** /-red/, **proofreading** z/robić korektę —**proofreader** *n* [C] korektor/ka

**prop**[1] /prɒp/ *v* [T] **-pped, -pping** **prop sth against/on** opierać coś o: *He propped his bike against the fence.*

**prop** sth ↔ **up** *phr v* [T] podpierać: *Steel poles prop up the crumbling walls.*

**prop**[2] *n* [C] **1** podpórka **2** rekwizyt

**prop·a·gan·da** /ˌprɒpəˈgændə/ *n* [U] propaganda

**pro·pel** /prəˈpel/ *v* [T] **-lled, -lling** napędzać: *old ships propelled by steam*

**pro·pel·ler** /prəˈpelə/ *n* [C] śmigło

**prop·er** /ˈprɒpə/ *adj* **1** [only before noun] właściwy, odpowiedni: *Put the bread back in its proper place.* | *You have to go through the proper procedures.* **2** [only before noun] *BrE spoken* prawdziwy: *Alex was my first proper boyfriend.* **3** stosowny: *I didn't think it was proper to ask for her phone number so soon.* **4** [only after noun] sam: *We no longer live in Dallas proper* (=w samym Dallas)*; we moved to Mesquite.*

**prop·er·ly** /ˈprɒpəli/ *adv* należycie: *I can't see properly* (=nie widzę dobrze) *without glasses.* | *Did you tidy your room properly?*

**proper noun** /ˌ.. ˈ./ *także* **proper name** *n* [C] nazwa własna

**prop·er·ty** /ˈprɒpəti/ *n* **1** [U] własność, mienie: *Police recovered some of the stolen property.* **2** [C,U] nieruchomość: *Property prices are rising.* **3** [C] właściwość: *herbs with healing properties*

**proph·e·cy** /ˈprɒfəsi/ *n* [C,U] proroctwo, przepowiednia —**prophesy** /ˈprɒfəsaɪ/ *v* [I,T] prorokować, przepowia- dać

**proph·et** /ˈprɒfət/ *n* [C] prorok

**pro·phet·ic** /prəˈfetɪk/ *adj* proroczy: *The Ambassador's warnings proved prophetic.*

**pro·por·tion** /prəˈpɔːʃən/ *n* **1** [C] odsetek: *The proportion of adults who smoke is lower than before.* **2** [C,U] stosunek: **proportion of sth to sth** *Girls outnumber boys at the school by a proportion of three to one.* | **in proportion to** *Taxes rise in proportion to* (=proporcjonalnie do) *the amount you earn.* **3** [U] proporcje: **out of/in proportion** *The porch is out of proportion with* (=nieproporcjonalny do) *the rest of the house.* **4 sense of proportion** wyczucie proporcji

**pro·por·tion·al** /prəˈpɔːʃənəl/ *także* **pro·por·tion·ate** /-ʃənət/ *adj* proporcjonalny: *The number of Representatives each state has is proportional to its population.*

**pro·por·tions** /prəˈpɔːʃənz/ *n* [plural] rozmiary: *The plant can grow to gigantic proportions in the tropics.* | *By 1939 the disease had reached epidemic proportions.*

**pro·pos·al** /prəˈpəʊzəl/ *n* [C] **1** propozycja: **proposal to do sth** *a proposal to build a new road* **2** oświadczyny: *Did you accept his proposal?*

**pro·pose** /prəˈpəʊz/ *v* **1** [T] za/proponować: *They are proposing changes in working hours.* | *Mrs Banks has been proposed for the position of Treasurer.* | **+ that** *I propose that we close the meeting.* **2** [I] oświadczać się: **+ to** *I proposed to my wife in Paris.*

**prop·o·si·tion** /ˌprɒpəˈzɪʃən/ *n* [C] **1** propozycja: *I've got a business proposition for you.* | *Running my own company is an attractive proposition.* **2** twierdzenie

**pro·pul·sion** /prəˈpʌlʃən/ *n* [U] *technical* napęd: *jet propulsion*

**prose** /prəʊz/ *n* [U] proza

**pros·e·cute** /ˈprɒsɪkjuːt/ *v* [I,T] ścigać sądownie: **prosecute sb for sth** *He was prosecuted for theft.*

**pros·e·cu·tion** /ˌprɒsɪ'kjuːʃən/ *n* **1 the prosecution** oskarżenie: *a witness for the prosecution* ➡ porównaj DEFENCE **2** [C,U] sprawa sądowa

**pros·e·cu·tor** /'prɒsɪkjuːtə/ *n* [C] oskarżyciel

**pros·pect**[1] /'prɒspekt/ *n* **1** [C,U] szansa: **+ of** *There's little prospect of ending the war.* | **+ for** *an economy with good prospects for growth* **2** perspektywa: *His job prospects are not very good.* | **+ of** *The prospect of making a speech at the wedding fills me with dread.*

**pro·spect**[2] /prə'spekt/ *v* [I] **prospect for gold/oil** poszukiwać złota/ropy

**pro·spec·tive** /prə'spektɪv/ *adj* [only before noun] **prospective buyer/employer** potencjalny nabywca/pracodawca: *There are only two prospective candidates for the election.*

**pro·spec·tus** /prə'spektəs/ *n* [C] informator, prospekt

**pros·per** /'prɒspə/ *v* [I] prosperować: *an environment in which small businesses can prosper*

**pro·sper·i·ty** /prɒ'sperəti/ *n* [U] dobrobyt

**pros·per·ous** /'prɒspərəs/ *adj* prosperujący: *a prosperous community*

**pros·ti·tute** /'prɒstətjuːt/ *n* [C] prostytutka

**pros·ti·tu·tion** /ˌprɒstə'tjuːʃən/ *n* [U] prostytucja

**pros·trate** /'prɒstreɪt/ *adj* leżący twarzą do ziemi

**pro·tect** /prə'tekt/ *v* [T] o/chronić: **protect sb/sth from sth** *New sea defences have been built to protect the town from flooding.* | **protect (sb/sth) against sth** *a cream to protect your skin against sunburn* —**protected** *adj* chroniony: *Owls are a protected species.* —**protector** *n* [C] opiekun/ka

**pro·tec·tion** /prə'tekʃən/ *n* [U singular] ochrona: **give/offer/provide protection** *Heidi's thin coat gave little protection against the cold.* | *The organization provides help and protection for abused teenagers.*

**pro·tec·tive** /prə'tektɪv/ *adj* **1** ochronny: *protective clothing* **2** opiekuńczy: *She suddenly felt very protective towards him.*

**pro·tein** /'prəʊtiːn/ *n* [C,U] białko

**pro·test**[1] /'prəʊtest/ *n* [C] protest: *protests against the war* | *He ignored her protests.*

**pro·test**[2] /prə'test/ *v* [I] za/protestować: *"That's not true!" she protested angrily.* | **+ against** *a group protesting against human rights abuses*

**Prot·es·tant** /'prɒtəstənt/ *n* [C] protestant/ka —**Protestant** *adj* protestancki —**Protestantism** *n* [U] protestantyzm

**pro·test·er** /prə'testə/, **protestor** *n* [C] protestując-y/a: *anti-government protesters*

**pro·to·col** /'prəʊtəkɒl/ *n* [U] protokół: *diplomatic protocol*

**pro·to·type** /'prəʊtətaɪp/ *n* [C] prototyp

**pro·trac·ted** /prə'træktəd/ *adj* przeciągający się: *a protracted legal dispute*

**pro·trude** /prə'truːd/ *v* [I] *formal* sterczeć, wystawać: *a rock protruding from the water*

**proud** /praʊd/ *adj* **1** dumny: **+ of** *Her parents are very proud of her.* | **proud to do sth** *I'm proud to receive this award.* **2** wyniosły: *He has always been a proud and arrogant man.* —**proudly** *adv* dumnie, wyniośle ➡ patrz też PRIDE[1]

**prove** /pruːv/ *v* **proved, proved** *or* **proven, proving 1** [T] dowodzić, udowadniać: *They have evidence to prove that she is guilty.* **2** [I,T] okazywać się: *The competition has proved to be a great success.*

**prov·en**[1] /'pruːvən/ *adj* sprawdzony: *a proven method of learning*

**proven**[2] *v* imiesłów bierny od PROVE

**prov·erb** /'prɒvɜːb/ *n* [C] przysłowie

**pro·ver·bi·al** /prə'vɜːbiəl/ *adj* przysłowiowy: *I was running around like the proverbial headless chicken!*

**pro·vide** /prəˈvaɪd/ *v* [T] zapewniać: *The EU is providing the money for the project.* | **provide sb with sth** *I was provided with a car and a guide.*

**provide for** sb/sth *phr v* [T] **1** utrzymywać: *He has to provide for a family of five.* **2** uwzględniać: *The budget must provide for an increase in unemployment levels.*

P

**pro·vid·ed** /prəˈvaɪdɪd/ *także* **provided (that)** *conjunction* pod warunkiem, że: *The equipment is perfectly safe, provided it is used in the right way.*

**pro·vid·ing** /prəˈvaɪdɪŋ/ *także* **providing that** *conjunction* → PROVIDED

**prov·ince** /ˈprɒvɪns/ *n* [C] prowincja: *the Canadian provinces*

**pro·vin·cial** /prəˈvɪnʃəl/ *adj* prowincjonalny: *the provincial capital* (=stolica prowincji)

**pro·vi·sion** /prəˈvɪʒən/ *n* **1** [C,U] zabezpieczenie: *the provision of services* (=świadczenie usług) *for the elderly* **2 make provisions for** zabezpieczać: *He has made provisions for his wife in his will.* **3** [C] klauzula, postanowienie: *the provisions of the treaty*

**pro·vi·sion·al** /prəˈvɪʒənəl/ *adj* tymczasowy: *A provisional government was set up after the war.*

**pro·vi·sions** /prəˈvɪʒənz/ *n* [plural] zapasy: *We had enough provisions for two weeks.*

**prov·o·ca·tion** /ˌprɒvəˈkeɪʃən/ *n* [C,U] prowokacja: *The police acted calmly, in the face of great provocation.*

**pro·voc·a·tive** /prəˈvɒkətɪv/ *adj* **1** prowokacyjny: *a provocative remark* **2** prowokujący, wyzywający —**provocatively** *adv* wyzywająco: *a provocatively low-cut dress*

**pro·voke** /prəˈvəʊk/ *v* [T] **1** s/prowokować: *She hit him, but he provoked her into it.* **2** wywoływać: *The article provoked a heated discussion.*

**prow** /praʊ/ *n* [C] dziób (*statku*)

**prowl**[1] /praʊl/ *v* [I,T] grasować: *a tiger prowling through the jungle*

**prowl**[2] *n* **be on the prowl** czaić się

**prox·im·i·ty** /prɒkˈsɪmɪti/ *n* [U] *formal* bliskość: *We chose this house because of its proximity to the school.*

**prox·y** /ˈprɒksi/ *n* **by proxy** przez pełnomocnika: *You can vote by proxy.*

**prude** /pruːd/ *n* [C] świętosz-ek/ka —**prudish** *adj* pruderyjny —**prudishness, prudery** *n* [U] pruderia

**pru·dent** /ˈpruːdənt/ *adj* roztropny, rozważny: *prudent use of resources* —**prudence** *n* [U] roztropność, rozwaga

**prune**[1] /pruːn/ *także* **prune back** *v* [T] przycinać

**prune**[2] *n* [C] suszona śliwka

**pry** /praɪ/ *v* **pried, pried, prying 1** [I] węszyć: *a secret honeymoon, away from the prying of the press* **2** [T] **pry sth open/off** podważać/wyważać coś: *I used a screwdriver to pry off the lid.*

**PS** /ˌpiː ˈes/ postscriptum: *PS. I love you.*

**psalm** /sɑːm/ *n* [C] psalm

**pseu·do·nym** /ˈsjuːdənɪm/ *n* [C] pseudonim

**psy·che** /ˈsaɪki/ *n* [C] psychika: *the male psyche*

**psy·chi·a·trist** /saɪˈkaɪətrɪst/ *n* [C] psychiatra

**psy·chi·a·try** /saɪˈkaɪətri/ *n* [U] psychiatria —**psychiatric** /ˌsaɪkiˈætrɪk◂/ *adj* psychiatryczny: *a psychiatric hospital*

**psy·chic**[1] /ˈsaɪkɪk/ *adj* **1** psychiczny: *psychic phenomena* **2 be psychic** być jasnowidzem: *How did you know I was coming? You must be psychic!*

**psychic**[2] *n* [C] jasnowidz, medium

**psy·cho** /ˈsaɪkəʊ/ *n* [C] *informal* wariat

**psy·cho·a·nal·y·sis** /ˌsaɪkəʊ-əˈnælɪsɪs/ *n* [U] psychoanaliza

**psy·cho·an·a·lyst** /ˌsaɪkəʊˈænəl-ɪst/ *n* [C] psychoanality-k/czka

**psy·cho·log·i·cal** /ˌsaɪkəˈlɒdʒɪkəl◂/ *adj* psychologiczny: *psychological problems* —**psychologically** *adv* psychologicznie

**psy·chol·o·gist** /saɪˈkɒlədʒɪst/ *n* [C] psycholog

**psy·chol·o·gy** /saɪˈkɒlədʒi/ *n* [C,U] psychologia: *a professor of psychology* | *the psychology of child killers*

**psy·cho·path** /ˈsaɪkəpæθ/ *n* [C] psychopat-a/ka —**psychopathic** /ˌaɪkəˈpæθɪk◂/ *adj* psychopatyczny

**psy·cho·sis** /saɪˈkəʊsɪs/ *n* [C,U] *plural* **psychoses** /-siːz/ [C,U] psychoza

**psy·cho·so·mat·ic** /ˌsaɪkəʊsəˈmætɪk◂/ *adj* psychosomatyczny

**psy·cho·ther·a·py** /ˌsaɪkəʊˈθerəpi/ *n* [U] psychoterapia —**psychotherapist** *n* [C] psychoterapeut-a/ka

**pub** /pʌb/ *n* [C] pub

**pu·ber·ty** /ˈpjuːbəti/ *n* [U] dojrzewanie płciowe, pokwitanie

**pu·bic** /ˈpjuːbɪk/ *adj* łonowy: *pubic hair*

**pub·lic**[1] /ˈpʌblɪk/ *adj* **1** publiczny: *a public swimming pool* | *public transportation* | *Public opinion is in favour of the death penalty.* | *cuts in public spending* | *public displays of emotion* **2** społeczny: *Public support for the strike has increased.* | *in the public interest* **3 make sth public** ujawniać coś: *Last night the name of the killer was made public.* —**publicly** *adv* publicznie: *publicly humiliated*

**public**[2] *n* **1 the (general) public a)** publiczność: *The museum is open to the public five days a week.* **b)** społeczeństwo: *The British public is not really interested in this issue.* **2 in public** publicznie: *He was always very nice to her in public.*

**pub·li·ca·tion** /ˌpʌblɪˈkeɪʃən/ *n* **1** [U] wydanie, publikacja: *The book is ready for publication.* **2** [U] ogłoszenie: *the publication of the test results*

**public fig·ure** /ˌ.. ˈ../ *n* [C] osoba publiczna

**public hol·i·day** /ˌ.. ˈ.../ *n* [C] święto państwowe

**public house** /ˌ.. ˈ./ *n* [C] *BrE formal* pub

**pub·lic·i·ty** /pʌˈblɪsɪti/ *n* [U] **1** rozgłos: *a murder trial that received a lot of publicity* **2** reklama: *a publicity campaign*

**pub·li·cize** /ˈpʌblɪsaɪz/ (*także* **-ise** *BrE*) *v* [T] nadawać rozgłos: **well/highly publicized** (=głośny): *Camilla's highly publicized relationship with Prince Charles*

**public re·la·tions** /ˌ.. .ˈ../, **PR** *n* **1** [U] kreowanie wizerunku firmy/organizacji: *the public relations department* (=wydział służb informacyjnych) **2** [plural] stosunki między firmą/organizacją a ogółem ludności: *Organizing events for charity is always good for public relations.*

**public school** /ˌ.. ˈ./ *n* [C] **1** *BrE* szkoła prywatna: *Many of the people in the British Government went to public schools.* **2** *AmE* szkoła państwowa

**pub·lish** /ˈpʌblɪʃ/ *v* **1** [I,T] wydawać: *a book that was first published in 1851* **2** [T] o/publikować: *The article was first published in the Los Angeles Times.* **3** [T] ogłaszać: *When will the results be published?*

**pub·lish·er** /ˈpʌblɪʃə/ *n* [C] wydawca, wydawnictwo

**pub·lish·ing** /ˈpʌblɪʃɪŋ/ *n* [U] działalność wydawnicza

**pud·ding** /ˈpʊdɪŋ/ *n* [C,U] **1** pudding: *chocolate pudding* **2** *BrE* deser: *What's for pudding?*

**pud·dle** /ˈpʌdl/ *n* [C] kałuża

**puff**[1] /pʌf/ *v* **1** [I] sapać: *Max was puffing heavily after climbing the stairs.* **2** [I,T] dmuchać: *Don't puff cigarette smoke in my face.* | **+ on** *William sat there puffing on his pipe* (=pykając fajkę).

**puff** sth ↔ **out** *phr v* [T] wydymać, nadymać

**puff up** *phr v* **1** [T] napuszać: *Birds puff up their feathers to stay warm.* **2** s/puchnąć: *My leg puffed up so that I could hardly walk.*

**puff**[2] *n* [C] **1 take a puff** zaciągać się: *He took a puff on his cigar.* **2** podmuch: *puffs of smoke coming from the chimney*

**puff·y** /ˈpʌfi/ *adj* opuchnięty, podpuchnięty: *Her eyes were red and puffy from crying.*

**puke** /pjuːk/ *v* [I,T] *informal* rzygać —**puke** *n* [U] rzygowiny

**pull**[1] /pʊl/ *v* **1** [I,T] po/ciągnąć (za): *Mom, Sara's pulling my hair!* | *The car was*

*pulling a camper behind it.* **2** wyciągać: *She pulled a small gun on me.* | **pull sth out/off/from/away** *The dentist pulled out* (=wyrwał) *one of my back teeth.* **3 pull sb's leg** nabierać kogoś **4 pull a muscle** naciągnąć mięsień **5 pull your weight** przykładać się: *Some men still don't pull their weight when it comes to housework.* **6 pull strings** s/korzystać z protekcji: *I think he pulled a few strings to get that job.* **7 pull the strings** pociągać za sznurki: *Who is really pulling the strings in the White House?* ➡ patrz też **make/pull faces** (FACE¹)

**pull** sth ↔ **apart** *phr v* [T] rozdzielać: *Loosen the roots and gently pull the plants apart.*

**pull away** *phr v* [I] **1** odjeżdżać: *She watched the car pull away.* **2** wyrywać się: *Jess tried to pull away from him.*

**pull** sth ↔ **down** *phr v* [T] z/burzyć, rozbierać: *All the old houses are being pulled down.*

**pull in** *phr v* **1** [I] zatrzymywać się: *A police car pulled in behind me.* **2** wjeżdżać na stację: *The train has just pulled in.*

**pull off** *phr v* [T **pull** sth ↔ **off**] osiągać: *UCLA pulled off a win in Saturday's game.*

**pull out** *phr v* [I,T] wycofywać (się): *Sampras was forced to pull out of the competition.* | *US forces pulled out of Somalia.*

**pull together** *phr v* **pull yourself together** *informal* ze/brać się w kupę: *Pull yourself together, man!*

**pull up** *phr v* [I] zatrzymywać się: *A red Buick pulled up at the lights.*

**pull²** *n* **1** [C] **give sth a pull** pociągać za coś: *Give the rope a pull.* **2** [singular] przyciąganie: *the gravitational pull of the moon*

**pul·ley** /ˈpʊli/ *n* [C] wielokrążek, blok

**pull·o·ver** /ˈpʊlˌəʊvə/ *n* [C] pulower

**pulp** /pʌlp/ *n* [U] **1** miąższ **2** miazga: *wood pulp*

**pul·pit** /ˈpʊlpɪt/ *n* [C] ambona

**pul·sate** /pʌlˈseɪt/ *v* [I] pulsować: *loud pulsating music*

**pulse¹** /pʌls/ *n* **1** [C usually singular] tętno, puls: **take sb's pulse** (=z/mierzyć komuś tętno): *A nurse came in and took my pulse.* **2** [C usually plural] jadalne nasiona roślin strączkowych

**pulse²** *v* [I] pulsować: *blood pulsing through his veins*

**pul·ver·ize** /ˈpʌlvəraɪz/ *v* [T] s/proszkować: *a machine that pulverizes rocks*

**pum·mel** /ˈpʌməl/ *v* [T] okładać pięściami

**pump¹** /pʌmp/ *n* [C] **1** pompa: *a fuel pump* **2** czółenko: *a pair of black pumps*

**pump²** *v* [I,T] pompować: *a machine that pumps water into the fields* | *Millions of dollars have been pumped into research.*

**pump** sth ↔ **up** *phr v* [T **pump** sth ↔ **up**] na/pompować

**pump·kin** /ˈpʌmpkɪn/ *n* [C,U] dynia: *pumpkin pie*

**pun** /pʌn/ *n* [C] kalambur

**punch¹** /pʌntʃ/ *v* [T] **1** uderzyć pięścią: *He threatened to punch me in the face.* **2** s/kasować: *The inspector came around and punched our tickets.*

**punch²** *n* **1** [C] cios pięścią: *a punch in the stomach* **2** [U] poncz **3** [C] dziurkacz

**punch·line** /ˈpʌntʃlaɪn/, **punch line** *n* [C] puenta

**punc·tu·al** /ˈpʌŋktʃuəl/ *adj* punktualny: *Ted's always very punctual.* —**punctually** *adv* punktualnie —**punctuality** /ˌpʌŋktʃuˈæləti/ *n* [U] punktualność

**punc·tu·a·tion** /ˌpʌŋktʃuˈeɪʃən/ *n* [U] interpunkcja

**punctuation mark** /ˌ..ˈ.. ./ *n* [C] znak przestankowy

**punc·ture¹** /ˈpʌŋktʃə/ *n* [C] *BrE* przebita opona/dętka: *Looks like you've got a puncture.*

**puncture²** *v* [I,T] prze/dziurawić (się)

**pun·gent** /ˈpʌndʒənt/ *adj* ostry: *the pungent smell of frying garlic*

**pun·ish** /ˈpʌnɪʃ/ *v* [T] u/karać: *If he's broken the law he deserves to be punished.*

**pun·ish·ing** /ˈpʌnɪʃɪŋ/ *adj* wyczerpujący: *a punishing walk*

**pun·ish·ment** /ˈpʌnɪʃmənt/ *n* [C,U] kara: *tougher punishments for sex offenders* | *They had to stay late after school as a punishment* (=za karę). ➡ patrz też CAPITAL PUNISHMENT

**pu·ni·tive** /ˈpjuːnətɪv/ *adj* karny: *punitive action*

**punk** /pʌŋk/ *n* [U] **1** [U] *także* **punk rock** punk-rock **2** [C] punk

**punt** /pʌnt/ *n* [C] łódź płaskodenna

**pup** /pʌp/ *n* [C] ➡ PUPPY

**pu·pil** /ˈpjuːpəl/ *n* [C] **1** *especially BrE* uczeń/uczennica **2** źrenica

**pup·pet** /ˈpʌpət/ *n* [C] marionetka: *a puppet show*

**pup·py** /ˈpʌpi/ *n* [C] szczenię

**pur·chase¹** /ˈpɜːtʃəs/ *v* [T] *formal* zakupywać, nabywać: *Sangster recently purchased 10 acres of land in France.*

**purchase²** *n formal* zakup: *money for the purchase of new equipment* | *We deliver your purchases to your door.*

**pure** /pjʊə/ *adj* czysty: *pure gold* | *It was pure chance that we were there at the same time.* | *pure drinking water* | *pure science* | *a pure young girl*

**pu·ree** /ˈpjʊəreɪ/ *n* [C,U] przecier: *tomato puree*

**pure·ly** /ˈpjʊəli/ *adv* wyłącznie: *He did it for purely selfish reasons.*

**pur·ga·tory** /ˈpɜːgətəri/ *n* [U] czyściec

**purge** /pɜːdʒ/ *n* [C] czystka: *the Stalinist purges of the 1930s*

**pu·ri·fy** /ˈpjʊərəfaɪ/ *v* [T] oczyszczać: *purified water*

**pur·ist** /ˈpjʊərəst/ *n* [C] puryst-a/ka

**pu·ri·tan·i·cal** /ˌpjʊərəˈtænɪkəl◂/ *adj* purytański: *Her parents had very puritanical views about sex.*

**pu·ri·ty** /ˈpjʊərəti/ *n* [U] czystość: *the purity of our water* | *moral purity*

**pur·ple** /ˈpɜːpəl/ *adj* purpurowy, fioletowy —**purple** *n* [U] purpura, fiolet

**pur·pose** /ˈpɜːpəs/ *n* **1** cel: *The main purpose of my stay is to visit the museum.* | *The planes may be used for military purposes.* | *She went back to her work with a new sense of purpose.* **2 on purpose** celowo: *I'm sorry I hurt you. I didn't do it on purpose.*

**pur·pose·ful** /ˈpɜːpəsfəl/ *adj* zdecydowany: *He picked up his toolbox in a purposeful manner.*

**pur·pose·ly** /ˈpɜːpəsli/ *adv* celowo: *They purposely left him out of the discussion.*

**purr** /pɜː/ *v* [I] za/mruczeć

**purse¹** /pɜːs/ *n* [C] **1** *BrE* portmonetka **2** *AmE* torebka

**purse²** *v* [T] **purse your lips** za/sznurować usta

**pur·sue** /pəˈsjuː/ *v* [T] **1** kontynuować: *She is pursuing her studies at the university.* | *He hoped to pursue a career in film-making.* | **pursue the matter** (=zająć się sprawą) **2** ścigać: *The stolen car was pursued by police for several miles.*

**pur·suit** /pəˈsjuːt/ *n* **1** [U] pościg **2** [U] **pursuit of** dążenie do: *the pursuit of happiness* **3 pursuits** *formal* zajęcia: *outdoor pursuits*

**pus** /pʌs/ *n* [U] ropa (*wydzielina*)

**push¹** /pʊʃ/ *v* **1** [I,T] pchać: *Can you push harder?* | **push sth/sb up/down/into etc** *I helped him push the Volkswagen up the street.* | *Lisa pushed Amy into the pool.* ➡ antonim PULL¹ **2** [I,T] naciskać: *Someone pushed the wrong button and the machine went into reverse.* **3** [I] przepychać się: *Heather pushed past us without speaking.* **4** [I,T] naciskać (na): **push sb to do/into doing sth** *My parents pushed me into going to college.* | **+ for** *They're pushing for* (=domagają się) *stricter gun controls.* **5 push drugs** *informal* handlować narkotykami **6 be pushed for time** *informal* mieć bardzo mało czasu

**push** sb **around** *phr v* [T] *informal* pomiatać

**push off!** *phr v* [I] *BrE spoken* spływaj!

**push²** *n* [C usually singular] pchnięcie: **give sth a push** *If the door's stuck, just give it a push* (=popchnij je).

**push·chair** /ˈpʊʃ-tʃeə/ *n* [C] *BrE* spacerówka

**push·er** /ˈpʊʃə/ *n* [C] *informal* handlarz narkotykami

**push·ing** /ˈpʊʃɪŋ/ *prep* **be pushing 40/50** *informal* mieć prawie 40/50 lat

**push-up** /ˈ. ./ *n* [C] *AmE* pompka (*ćwiczenie*)

**push·y** /ˈpʊʃi/ *adj* natarczywy, natrętny: *pushy salespeople*

**pussy·cat** /ˈpʊsikæt/ *także* **puss** /pʊs/, **pus·sy** /ˈpʊsi/ *BrE n* [C] *informal* kotek

P

**put** /pʊt/ *v* **put, put, putting** [T] **1** kłaść/położyć: **put sth in/on/there etc** *Just put the bags on the table.* | *Where did you put the newspaper?* | *I put the letter back in the envelope.* | *You put the kids to bed and I'll make dinner.* **2** umieszczać: *I don't want to put my dad into a hospital.* | *Put your name at the top of each answer sheet.* **3** stawiać: *The long delay had put us all in a difficult position.* **4** ujmować: *Derek's – how shall I put it – not very attractive.* **5 put an end to sth/put a stop to sth** kłaść/położyć kres czemuś: *a law designed to put an end to discrimination against women* **6 put (your) faith/trust in** pokładać nadzieję w: *people who put their trust in God* **7 not put it past sb to do sth** uważać, że ktoś jest zdolny do zrobienia czegoś: *I wouldn't put it past him to blackmail them.*

**put** sth ↔ **across** *phr v* [T] jasno wyrażać: *She's good at putting her ideas across.*

**put** sth ↔ **aside** *phr v* [T] odkładać: *We're trying to put some money aside for a new car.*

**put** sth ↔ **away** *phr v* [T] odkładać na miejsce, s/chować: *Those kids never put anything away!*

**put** sth ↔ **back** *phr v* [T] **1** opóźniać: *The publication date has been put back by three months.* **2 put a clock/a watch back** cofać zegar/zegarek

**put** sb/sth ↔ **down** *phr v* [T] **1** [**put** sth ↔ **down**] odkładać: *She put down her knitting.* **2** [**put** sb ↔ **down**] poniżać: *I don't like the way she's always putting him down.* **3** [**put** sth ↔ **down**] *BrE* zapisywać: *Don't forget to put your name down on the list.* **4** [**put** sth ↔ **down**] usypiać (*zwierzę*) **5 put down a revolution/rebellion** s/tłumić rewolucję/bunt

**put** sth **down to** sth *phr v* [T] przypisywać: *She put her illness down to stress.*

**put** sb/sth ↔ **forward** *phr v* [T] **1** wysuwać, przedstawiać: *Milne has put his name forward as a candidate at the next election.* **2 put a clock/a watch forward** przesuwać zegar/zegarek do przodu

**put** sth ↔ **in** *phr v* [T] **1 put in a claim/request** wnosić roszczenie/składać wniosek **2** wkładać: *Doug's been putting in a lot of hours at work recently.* **3** za/instalować: *They're having a new bathroom put in.*

**put into** *phr v* [T] **put sth into practice/action/effect** wprowadzać coś w życie: *The college hopes to put the changes into effect by September 1.*

**put** sb/sth **off** *phr v* [T] **1** zniechęcać: *Don't be put off by the title – it's a really good book.* **2** odkładać: *You can't keep putting the decision off.* **3** zbywać: *I managed to put him off by promising to pay next week.* **4** *BrE* rozpraszać: *Stop laughing – you're putting me off!*

**put** sth ↔ **on** *phr v* [T] **1** zakładać, nakładać: *Put your coat on – it's cold.* | *She put on her makeup.* **2** włączać: *Is it all right if I put the fire on?* | *Let's put some music on.* **3 put on weight** przybierać na wadze, przy/tyć **4** wystawiać: *They're putting on a play to raise money for landmine victims.* **5 put it on** udawać: *Don't take any notice of her – she's just putting it on.*

**put** sb/sth ↔ **out** *phr v* [T] **1** z/gasić **2** wyłączać: *Don't forget to put out the lights when you leave.* **3** *AmE* wypuszczać na rynek: *They're putting out a new album in the fall.* **4 put out your hand/arm** wystawiać rękę/ramię: *Jack put out his foot and tripped her.* **5** sprawiać kłopot: *Will it put you out if I bring an extra guest?* **6** ogłaszać: *The police put out a warning about car thieves in the area.*

**put through** *phr v* [T] [**put** sb **through**] po/łączyć: *Just hold the line for a minute and I'll put you through to Mr Brown.*

**put** sth **to** sb *phr v* [T] przedstawiać: *The proposal will be put to the committee next month.*

**put** sth ↔ **together** *phr v* [T] **1** składać, z/montować: *It took us all day to put the table together.* | *The band are currently putting a new album together.* **2 put together** razem wzięci: *Italy scored more points than the rest of the group put together.*

**put up** *phr v* [T] **1** [**put** sth ↔ **up**] rozkładać, stawiać: *The kids were putting a tent up in the garden.* **2** [**put** sth ↔ **up**] za/wieszać: *Posters advertising the concert were put up on all the notice boards.* **3** [**put** sth ↔ **up**] podnosić: *Our landlord keeps putting the rent up.* **4** [**put** sb ↔ **up**] przenocować: *Yeah, we can put you up for the night.* **5 put up resistance/a fight/a struggle** stawiać opór

**put** sb **up to** sth *phr v* [T] namawiać do: *It's not like Martha to steal – someone must have put her up to it.*

**put up with** sth *phr v* [T] znosić, wytrzymywać: *I don't know how you put up with all this noise.*

**put out** /ˌ. ˈ./ *adj* **be/feel put out** być/czuć się urażonym: *She felt put out at not being invited.*

**put·ty** /ˈpʌti/ *n* [U] kit

**puz·zle**[1] /ˈpʌzəl/ *n* **1** [C] **(jigsaw) puzzle** układanka **2** [C] **crossword puzzle** krzyżówka **3** [singular] zagadka: *Bergson's reasons for leaving remain something of a puzzle.*

**puzzle**[2] *v* **1** [T] stanowić zagadkę dla: *What puzzles me is why he never mentioned this before.* **2 puzzle over sth** głowić się nad czymś: *Joe sat puzzling over the map.*

**puz·zled** /ˈpʌzəld/ *adj* zdziwiony, zakłopotany: *Don had a puzzled expression on his face.*

**puz·zling** /ˈpʌzlɪŋ/ *adj* zagadkowy: *The results of the survey were a little puzzling.*

**py·ja·mas** /pəˈdʒɑːməz/ *BrE*, **pajamas** *AmE n* [plural] piżama

**pyr·a·mid** /ˈpɪrəmɪd/ *n* [C] piramida

**py·thon** /ˈpaɪθən/ *n* [C] pyton

# Qq

**quack[1]** /kwæk/ *v* [I] za/kwakać

**quack[2]** *n* [C] *BrE informal* konował

**quad·ru·ple** /ˈkwɒdrʊpəl/ *v* [I,T] zwiększać (się) czterokrotnie: *The number of car owners has quadrupled in the last twenty years.*

**quail** /kweɪl/ *n* [C,U] przepiórka

**quaint** /kweɪnt/ *adj* urokliwy (*zwykle też staroświecki*): *quaint narrow streets*

**quake[1]** /kweɪk/ *v* [I] *formal* dygotać: **+ with** *Kate stood in the doorway quaking with fear.*

**quake[2]** *n* [C] *informal* trzęsienie ziemi

**qual·i·fi·ca·tion** /ˌkwɒlɪfɪˈkeɪʃən/ *n* **1** [C usually plural] kwalifikacje: *He left school without any qualifications.* **2** [C] wymóg: *Patience is a necessary qualification for this kind of work.* **3** [C,U] zastrzeżenie: *He welcomed the proposal without qualification.*

**qual·i·fied** /ˈkwɒlɪfaɪd/ *adj* **1** wykwalifikowany, dyplomowany: *a qualified teacher* **2** połowiczny: *qualified agreement*

**qual·i·fy** /ˈkwɒlɪfaɪ/ *v* **1** [I] zdobywać kwalifikacje/dyplom: **+ as** *Sue qualified as a solicitor last year.* **2** [I] za/kwalifikować się: **+ for** *The US beat Nigeria to qualify for the finals.* **3** [I] **qualify for** mieć prawo do: *Members qualify for a 20% discount.* **4** [T] uściślać: *Let me qualify that statement.*

**qual·i·ty[1]** /ˈkwɒlɪti/ *n* **1** [U] jakość: *the decline in air quality in our cities* | *Good quality shoes last longer.* | *I've been impressed by the quality of his work.* **2** [C usually plural] cecha, przymiot: *a job that demands the qualities of honesty and integrity*

**quality[2]** *adj* [only before noun] wysokiej jakości: *We sell quality clothing at a price you can afford.*

**qualm** /kwɑːm/ *n* [C] **have no qualms about** nie mieć skrupułów w związku z: *She had no qualms whatsoever about firing people.*

**quan·da·ry** /ˈkwɒndəri/ *n* **be in a quandary** być w rozterce: *Ian's in a quandary about whether to accept their offer.*

**quan·ti·fy** /ˈkwɒntɪfaɪ/ *v* [T] wymierzyć: *These kinds of improvement are hard to quantify.* —**quantifiable** *adj* wymierny

**quan·ti·ty** /ˈkwɒntɪti/ *n* [C,U] ilość: *It's quality that's important, not quantity.* | **+ of** *Large quantities of drugs were found in their luggage.* | **in quantity** (=w dużych ilościach): *It's cheaper buying goods in quantity.*

**quar·an·tine** /ˈkwɒrəntiːn/ *n* [U] kwarantanna: **in quarantine** *Animals coming into Britain must be kept in quarantine.*

**quar·rel[1]** /ˈkwɒrəl/ *n* [C] kłótnia: **+ with** *We've had a quarrel with our neighbours.*

**quarrel[2]** *v* [I] **-lled, -lling** *BrE*, **-led, -ling** *AmE* po/kłócić się: **+ with** *She's always quarrelling with her sister.*

> UWAGA **quarrel i argue**
>
> Nie należy mylić wyrazów **quarrel** i **argue** w znaczeniu 'kłócić się'. **Quarrel** odnosi się do kłótni głośnej i długotrwałej, zwykle dotyczącej spraw mało ważnych: *If you two boys don't stop quarrelling, you can go straight to bed.* **Argue** odnosi się raczej do łagodnego sporu: *Most evenings we would sit in the kitchen arguing about politics.*

**quar·rel·some** /ˈkwɒrəlsəm/ *adj* kłótliwy

**quar·ry** /ˈkwɒri/ *n* [C] kamieniołom

**quart** /kwɔːt/ skrót pisany **qt** *n* [C] kwarta (*1,137 l*)

**quar·ter** /ˈkwɔːtə/ *n* [C] **1** ćwierć, jedna czwarta: **+ of** *A quarter of Canada's population is French-speaking.* **2** kwadrans: *Can you be ready in a quarter of an hour?* | **quarter to/quarter of** *AmE* (=za kwadrans): *It's quarter to five.* | **quarter past** *BrE*/**quarter after** *AmE* (=kwadrans po): *It's quarter past five.* **3** kwartał: *Profits increased by 2% in the first quarter.* **4** 25 centów **5** krąg, sfera: *This deci-*

*sion is seen in some quarters as a change of policy.* **6** dzielnica: *the student quarter*

**quar·ter·fi·nal** /ˌkwɔːtəˈfaɪnl/ *n* [C] ćwierćfinał

**quar·ter·ly** /ˈkwɔːtəli/ *adj* kwartalny: *a quarterly report* —**quarterly** *adv* raz na kwartał: *The magazine is published quarterly.*

**quartz** /kwɔːts/ *n* [U] kwarc

**quay** /kiː/ *n* [C] nabrzeże

**quea·sy** /ˈkwiːzi/ *adj* **sb feels queasy** komuś jest niedobrze: *I felt a little queasy when the sea got rough.* —**queasiness** *n* [U] mdłości

**queen** /kwiːn/ *n* [C] *także* **Queen** królowa

**queer** /kwɪə/ *adj* **1** dziwny: *There's something a bit queer about him.* **2** *informal* homoseksualny

**quell** /kwel/ *v* [T] s/tłumić: *Police were trying to quell public fear about the murders.* | *Troops were called in to quell the riots.*

**quench** /kwentʃ/ *v* **quench your thirst** u/gasić pragnienie

**que·ry**[1] /ˈkwɪəri/ *n* [C] zapytanie

**query**[2] *v* [T] *formal* za/kwestionować: *Adams kept querying the referee's decisions.*

**quest** /kwest/ *n* [C] *formal* poszukiwanie

**ques·tion**[1] /ˈkwestʃən/ *n* **1** [C] pytanie: *Some of the questions were really difficult.* | **ask/answer a question** (=zadawać/odpowiadać na pytanie): *Do you mind if I ask you a personal question?* | **+ about** *I have one or two questions about the timetable.* **2** [C] kwestia: *European leaders met yesterday to discuss the question of nuclear arms.* **3** [C,U] wątpliwość: **there's no question about** (=nie ma wątpliwości co do): *The Bulls are the best team in the league – there's no question about it.* | **be beyond question** (=nie ulegać wątpliwości): *Her honesty is beyond question.* | **call sth into question** (=podawać coś w wątpliwość): *Recent events have called into question the wisdom of the government's decision.* **4 without question a)** bez dyskusji: *A good soldier is supposed to follow orders without question.* **b)** bez wątpienia: *Joyce is without question a great writer.* **5 there's no question of** nie ma mowy o: *There's no question of Shearer leaving the team.* **6 in question** rzeczony: *On the afternoon in question, Myers was seen leaving the building at 3.30.* **7 be out of the question** być wykluczonym, nie wchodzić w rachubę: *Walking home on your own is out of the question.* ➡ patrz ramka QUESTION TAGS

**question**[2] *v* [T] **1** wypytywać: *She questioned him about his past.* **2** przesłuchiwać: *A 31-year-old man is being questioned by police in connection with the murder.* **3** kwestionować: *Are you questioning my honesty?*

**ques·tion·a·ble** /ˈkwestʃənəbəl/ *adj* **1** podejrzany: *I think her motives are highly questionable.* **2** wątpliwy: *It's questionable whether this kind of research is actually useful.*

**ques·tion·ing** /ˈkwestʃənɪŋ/ *adj* pytający —**questioningly** *adv* pytająco

**question mark** /ˈ.. ./ *n* [C] znak zapytania

**ques·tion·naire** /ˌkwestʃəˈneə/ *n* [C] kwestionariusz, ankieta

**question tag** /ˈ.. ./ *n* [C] wyrażenie takie, jak 'isn't it?' czy 'does she?', umieszczane na końcu zdania ➡ patrz ramka QUESTION TAGS

**queue**[1] /kjuː/ *n* [C] *BrE* kolejka: *There was a long queue outside the cinema.*

**queue**[2] *także* **queue up** *v* [I] *BrE* stać w kolejce: *We had to queue for over an hour to get tickets.*

**quiche** /kiːʃ/ *n* [C,U] tarta z nadzieniem z sera, jajek, warzyw itp.

**quick**[1] /kwɪk/ *adj* **1** szybki: *I'll just have a quick shower first.* | *The journey to Wilmington's much quicker by train.* | *Have you finished already? That was quick.* | *Carolyn's a quick learner* (=szybko się uczy). **2 be quick to do sth** szybko coś zrobić: *The President was quick to deny the rumours.*

**quick**[2] *adv informal* szybko: *Come quick! There's been an accident.* ➡ patrz też QUICKLY

## Question tags

Są to mini-pytania umieszczane na końcu zdania. Jeżeli w danym zdaniu występuje czasownik posiłkowy, zostaje on w pytaniu powtórzony, np.:

*You **haven't** got a car, **have you**?*
*It **was** a good film, **wasn't it**?*
*There **isn't** any more coffee, **is there**?*
*You **will** stay for dinner, **won't you**?*

W zdaniach, w których nie występuje czasownik posiłkowy, **question tags** tworzy się za pomocą formy ***do/does*** (Present Simple) oraz ***did*** (Past Simple):

*Diana likes you, **doesn't she**?*
*They won the race, **didn't they**?*

Jak widać z powyższych przykładów, po zdaniu twierdzącym następuje przeczący **question tag** i na odwrót. Znaczenie danego **question tag** zależy od towarzyszącej mu intonacji: jeżeli jest ona opadajaca (tzn. taka, jak przy zdaniach twierdzących w języku polskim), wówczas **tag** nie jest w istocie pytaniem, tylko prośbą o potwierdzenie („prawda?"), np.:

*'Adam doesn't look very well today, **does he**?' – 'No, he doesn't.'*

Jeśli jednak **tag** ma intonację wznoszącą się (tzn. taką, jak w zdaniach pytających w języku polskim), wówczas mamy do czynienia z prawdziwym pytaniem, np.:

*'You are not going to school today, **are you**?' – '**Yes**.'* („Tak.", tzn. „Idę.")
*'**No**.'* („Nie.", tzn. „Nie idę.")

**Tag** w zdaniu rozpoczynającym się od ***Let's*** ma formę ***shall we?***, a w zdaniu rozkazującym – ***will you?*** Znaczy on wówczas tyle, co polskie „dobrze?", lub nadaje zdaniu w trybie rozkazującym charakter prośby:

***Let's** go out for a walk, **shall we?***
***Open** the door, **will you?*** („Czy mógłbyś otworzyć drzwi?")

patrz też: ***Auxiliary Verbs, DO, Past Simple. Present Simple, SHALL, Verb***

**quick·en** /ˈkwɪkən/ *v* [I,T] przyspieszać: *Her heartbeat quickened* (=serce zabiło jej szybciej) *when she saw him.*

**quick·ly** /ˈkwɪkli/ *adv* szybko: *I promise I'll do it as quickly as I can.* | *He quickly put the money back in the box.*

> UWAGA **quickly**
>
> Patrz **fast** i **quickly**.

**quid** /kwɪd/ *n* [C] *plural* **quid** *BrE informal* funt: *The dress cost me 40 quid.*

**qui·et**[1] /ˈkwaɪət/ *adj* **1** cichy: *quiet music* | **be quiet!** *spoken* (=bądź cicho!): *Be quiet! I've got a headache.* **2** spokojny: *The shop has been really quiet today.* | *They live in a quiet part of town.* | *Sam's a quiet hard-working boy.* **3 keep sth quiet/keep quiet about sth** trzymać coś w tajemnicy: *Let's keep quiet about this for now.*

**quiet**[2] *n* **1** [U] cisza: **peace and quiet** *Now Stella's gone, we can have some peace and quiet around here.* **2 on the quiet** po cichu, cichaczem

**qui·et·en** /ˈkwaɪətn/ *BrE*, **quiet** *AmE v* [T] uspokajać, uciszać: *His appeal for calm failed to quieten the protesters.*

**quieten down** *BrE*, **quiet down** *AmE*

*phr v* [I] uspokajać się, u/cichnąć: *After a while the children quietened down.*

**qui·et·ly** /ˈkwaɪətli/ *adv* **1** cicho: *Ron shut the door quietly.* | *"I'm sorry," he said quietly.* **2** spokojnie: *He quietly got on with his work.*

**quilt** /kwɪlt/ *n* [C] kołdra

**quilt·ed** /ˈkwɪltəd/ *adj* pikowany

**quirk** /kwɜːk/ *n* [C] **1** dziwactwo: *one of her annoying little quirks* **2 a quirk of fate** kaprys losu: *By a quirk of fate, I met him again the following day.* —**quirky** *adj* dziwaczny: *a quirky sense of humour*

**quit** /kwɪt/ *v* [T] **quit, quit, quitting** *informal* rzucać: *Barry quit his job in order to travel around the world.* | *I quit smoking three years ago.*

**quite** /kwaɪt/ *adv, quantifier* **1** *BrE* całkiem, dość: *She's quite tall for her age.* | *They live quite a long way from the nearest town.* **2** zupełnie, całkowicie: *Although they're sisters, they're quite different.* | *I was quite disgusted at the way they behaved.* **3 not quite** niezupełnie: *I'm not quite sure how the system works.* **4 quite a lot/bit/few** sporo: *They've had quite a bit of snow this year.* | *There were quite a few people at the party.* **5 quite a/quite some** niezły, nienajgorszy: *He certainly made quite an impression on the kids.* | *That's quite some car, where did you buy it?*

**quiv·er** /ˈkwɪvə/ *v* [I] drżeć: **+ with** *His voice was quivering with rage.* —**quiver** *n* [singular] drżenie

**quiz**[1] /kwɪz/ *n* [C] **1** quiz: *a quiz show on TV* **2** *AmE* sprawdzian: *a math quiz*

**quiz**[2] *v* [T] **-zzed, -zzing** wypytywać: *Reporters quizzed Harvey about his plans for the future.*

**quiz·zi·cal** /ˈkwɪzɪkəl/ *adj* powątpiewający

**quo·ta** /ˈkwəʊtə/ *n* [C] kontyngent: *a strict quota on imports*

**quo·ta·tion** /kwəʊˈteɪʃən/ *n* [C] **1** cytat: *a quotation from Shakespeare* **2** kosztorys: *Get at least three quotations and don't just go for the cheapest.*

**quotation mark** /.ˈ.. ./ *n* [C usually plural] cudzysłów

**quote**[1] /kwəʊt/ *v* **1** [I,T] za/cytować: **quote sb as saying** *The star was quoted as saying that she was disgusted at the way she had been treated.* | **+ from** *He quoted extensively from the works of Marx and Lenin.* **2** [T] przytaczać: *Wilkins quoted several cases where errors had occurred.*

**quote**[2] *n* [C] cytat

Q

# Rr

**rab·bi** /'ræbaɪ/ *n* [C] *plural* **rabbis** rabin

**rab·bit** /'ræbɪt/ *n* [C] królik

**rab·ble** /'ræbəl/ *n* [singular] motłoch

**ra·bies** /'reɪbiːz/ *n* [U] wścieklizna

**rac·coon** /rə'kuːn/ *n* [C] szop pracz

**race**[1] /reɪs/ *n* **1** [C] wyścig: *Hill won the race and Schumacher finished second.* | *Chirac lost the 1988 presidential race.* **2** [C,U] rasa: *The law forbids discrimination on the grounds of race or religion.* **3 a race against time** wyścig z czasem → patrz też ARMS RACE, HUMAN RACE

R

**race**[2] *v* **1** [I,T] ścigać się (z): *She will be racing against some of the world's top athletes.* | *I'll race you to the end of the road.* **2** [T] zgłaszać do wyścigu: *My horse has hurt his leg, so I can't race him.* **3** [I,T] po/pędzić, po/gnać: **+ across/back/down** *I raced down the stairs to answer the phone.* | **race sb to/back etc** *The crash victims were raced to Pacific Hospital.*

**race·course** /'reɪs-kɔːs/ *n* [C] tor wyścigowy

**race·horse** /'reɪshɔːs/ *n* [C] koń wyścigowy

**race re·la·tions** /'. .,../ *n* [plural] stosunki rasowe

**race·track** /'reɪs-træk/ *n* [C] **1** bieżnia **2** tor wyścigowy

**ra·cial** /'reɪʃəl/ *adj* rasowy: *people from different racial groups* | *a city with a high degree of racial tension* | *racial discrimination* —**racially** *adv* rasowo

**rac·ing** /'reɪsɪŋ/ *n* **horse/motor racing** wyścigi konne/samochodowe —**racing** *adj* [only before noun] wyścigowy: *racing cars*

**ra·cis·m** /'reɪsɪzəm/ *n* [U] rasizm: *the struggle against racism* | *The author has been accused of extreme racism and sexism.* —**racist** *n* [C] —**racist** *adj* rasistowski: *racist remarks*

**rack**[1] /ræk/ *n* [C] półka: *a luggage rack* | *a wine rack*

**rack**[2] *v* [T] **1 rack your brain(s)** łamać sobie głowę: *I had to rack my brains to remember his name.* **2 racked with guilt/doubt** dręczony poczuciem winy/wątpliwościami

**rack·et** /'rækɪt/ *n* [C] **1** *także* **racquet** rakiet(k)a **2** *informal* machinacje: *a drugs racket* **3** *informal* hałas: *Who's making that racket?*

**ra·dar** /'reɪdɑː/ *n* [C,U] radar

**ra·di·ant** /'reɪdiənt/ *adj* promienny, rozpromieniony

**ra·di·ate** /'reɪdieɪt/ *v* **1** [I,T] promieniować: *She radiated an air of calm and confidence.* | **+ from** *Intense pleasure radiated from their eyes.* | **+ from/out/to etc** *Warmth radiated from the fire.* **2** [I] rozchodzić się promieniście: **+ from/out/away etc** *a system of roads radiating from the town centre*

**ra·di·a·tion** /ˌreɪdi'eɪʃən/ *n* [U] **1** promieniowanie jądrowe: *The level of radiation in the area is worrying.* | *radiation sickness* (=choroba popromienna) **2** promieniowanie: *ultraviolet radiation from the sun*

**ra·di·a·tor** /'reɪdieɪtə/ *n* [C] **1** kaloryfer **2** chłodnica

**rad·i·cal**[1] /'rædɪkəl/ *adj* radykalny: *radical legal reforms* | *radical leftwing MPs* —**radically** *adv* radykalnie

**radical**[2] *n* [C] radykał —**radicalism** *n* [U] radykalizm

**ra·di·o**[1] /'reɪdiəʊ/ *n* [C,U] radio: *Do you have a radio in your car?* | *He works for local radio.* | *the ship's radio* | *I like listening to talk shows on the radio.*

**radio**[2] *v* [T] po/łączyć się przez radio z: *We'll have to radio Chicago for permission to land.*

**ra·di·o·ac·tive** /ˌreɪdiəʊ'æktɪv◂/ *adj* radioaktywny, promieniotwórczy: *radioactive waste*

**ra·di·o·ac·tiv·i·ty** /ˌreɪdiəʊæk'tɪvɪti/ *n* [U] radioaktywność, promieniotwórczość: *High levels of radioactivity have been found in drinking water.*

**ra·di·ol·o·gy** /ˌreɪdiˈɒlədʒi/ *n* [U] radiologia, rentgenologia

**ra·di·o·ther·a·py** /ˌreɪdiəʊˈθerəpi/ *n* [U] radioterapia

**rad·ish** /ˈrædɪʃ/ *n* [C] rzodkiewka

**ra·di·us** /ˈreɪdiəs/ *n* [C] *plural* **radii** promień: *within a 10-mile radius*

**raf·fle** /ˈræfəl/ *n* [C] loteria fantowa: *a raffle ticket*

**raft** /rɑːft/ *n* [C] tratwa

**rag** /ræg/ *n* **1** [C] szmat(k)a: *She carefully cleaned the lamp with a rag.* **2 rags** łachmany: *beggars dressed in rags*

**rage**[1] /reɪdʒ/ *n* [C,U] **1** wściekłość: *His remarks left her quite speechless with rage.* | **fly into a rage** (=wpadać we wściekłość): *When I asked him what he was doing there, he flew into a rage.* **2 all the rage** *informal* ostatni krzyk mody: *Roller blading is all the rage at the moment.*

**rage**[2] *v* [I] **1** szaleć: *The battle raged on for several days.* **2** wściekać się: *She raged at the injustice of the decision.*

**rag·ged** /ˈrægɪ̊d/ *adj* **1** podarty: *a pair of ragged shorts* **2** obdarty: *ragged children*

**raid**[1] /reɪd/ *n* [C] **1** nalot: *an air raid* | *drug dealers arrested after a police raid* **2** napad: *a bank raid*

**raid**[2] *v* [T] z/robić nalot na: *Police raided the club.*

**rail** /reɪl/ *n* [C] **1** balustrada: *Tourists stood at the rail taking pictures of the waterfall.* **2** poręcz: *a bath rail* **3** szyna **4 by rail** koleją: *They sent the parcel by rail.*

**rail·ing** /ˈreɪlɪŋ/ *n* [C usually plural] ogrodzenie (*z metalowych prętów*): *a little garden with a railing around it*

**rail·way** /ˈreɪlweɪ/ *BrE*, **rail·road** /ˈreɪlrəʊd/ *AmE n* [C] kolej: *They built a railway to the Pacific Coast.*

**rain**[1] /reɪn/ *n* [U] deszcz: *The rain fell throughout the night.* | *There's been no rain for weeks.* | *heavy rain*

**rain**[2] *v* **it is raining** pada (deszcz): *Is it still raining?*

**rain·bow** /ˈreɪnbəʊ/ *n* [C] tęcza

**rain check** /ˈ. ./ *n* **I'll take a rain check** *spoken* skorzystam kiedy indziej

**rain·coat** /ˈreɪnkəʊt/ *n* [C] płaszcz przeciwdeszczowy

**rain·drop** /ˈreɪndrɒp/ *n* [C] kropla deszczu

**rain·fall** /ˈreɪnfɔːl/ *n* [C,U] opady: *The northwest has the highest rainfall in England.*

**rain for·est** /ˈ. ˌ../ *n* [C] tropikalny las deszczowy

**rain·y** /ˈreɪni/ *adj* **1 rainy day/weather** deszczowy dzień/pogoda: *a rainy weekend* **2 save sth for a rainy day** odkładać coś na czarną godzinę

**raise**[1] /reɪz/ *v* [T] **1** podnosić: *He raised the lid of the box.* | *Raise your hand if you know the answer.* | *a plan to raise taxes* | *an attempt to raise standards in primary schools* | *She didn't like to raise the subject of money* (=poruszać tematu pieniędzy) *again.* **2** wychowywać: *They've raised seven children.* **3** zbierać: *The concert raised* (=dzięki koncertowi zebrano) *over $500,000 for famine relief.* **4** hodować: *Most of their income is from raising pigs.* **5 raise your voice** podnosić głos **6 raise hopes/fears/suspicions** wzbudzać nadzieje / obawy / podejrzenia **7 raise the alarm** podnosić alarm

**raise**[2] *n* [C] *AmE* podwyżka: *a raise of $100 a month*

**rai·sin** /ˈreɪzən/ *n* [C] rodzynek

**rake**[1] /reɪk/ *n* [C] grabie

**rake**[2] *v* **1** [I,T] grabić: **+ up/over** *An old man was raking up leaves in the park.* **2** [I] przeczesywać: **+ through/around** *I found him raking through the drawers of my desk.*

**ral·ly**[1] /ˈræli/ *n* [C] **1** wiec: *a political rally* **2** rajd: *the Monte Carlo Rally*

**rally**[2] *v* [I,T] pozyskiwać: *The Prime Minister is trying to rally support in rural areas.*

**rally around** (*także* **rally round** *BrE*) *phr v* [T **rally around** sb] *informal* jednoczyć się wokół: *Her friends all rallied round her when her father died.*

**ram**[1] /ræm/ *v* [T] **-mmed, -mming** **1** s/taranować: *When I stopped, a truck rammed my car from behind.* **2** wpychać: *He rammed his clothes into his suitcase and left.*

**ram**[2] *n* [C] baran

**ram·ble**[1] /ˈræmbəl/ *v* [I] **1** mówić bez ładu i składu: *He's getting old now, and tends to ramble.* **2** wędrować: *We rambled through the woods all afternoon.*

**ramble**[2] *n* [C] wędrówka

**ram·bling** /ˈræmblɪŋ/ *adj* bezładny, chaotyczny: *a long, rambling letter*

**ramp** /ræmp/ *n* [C] **1** podjazd: *ramps for wheelchair users* **2** *AmE* wjazd na autostradę lub zjazd z niej

**ram·pant** /ˈræmpənt/ *adj* szerzący się: *The refugees are facing food shortages and rampant disease.*

**ran** /ræn/ *v* czas przeszły od RUN

**ranch** /rɑːntʃ/ *n* [C] rancho

**ran·cid** /ˈrænsᵻd/ *adj* zjełczały: *rancid butter*

**ran·dom** /ˈrændəm/ *adj* **1 at random** na chybił trafił: *Winning lottery numbers are chosen at random.* **2** przypadkowy, losowy: *a random survey* —**randomly** *adv* losowo: *randomly chosen numbers*

**rang** /ræŋ/ *v* czas przeszły od RING

**range**[1] /reɪndʒ/ *n* **1** [C] zakres: **+ of** *books on a wide range of subjects* **2** [C usually singular] przedział: *games for the 8-12 age range* **3** [C usually singular] asortyment: *a new range of mountain bikes* **4** [U singular] zasięg: **+ of** *missiles with a range of over 1,000 miles* | **within range** *The ship was within range of enemy radar.* **5** [C] łańcuch: *a mountain range* **6** [C] strzelnica: *a rifle range*

**range**[2] *v* [I] **1 ranging from sth to sth** począwszy od czegoś, a skończywszy na czymś: *weapons ranging from swords to anti-tank missiles* | *toys ranging in price from $5 to $25* (=zabawki w cenie od 5 do 25 dolarów) **2 range over** obejmować: *Her speech ranged over several topics.*

**rang·er** /ˈreɪndʒə/ *n* [C] strażnik: *a forest ranger*

**rank**[1] /ræŋk/ *n* **1** [C,U] stopień, ranga: *He's just been promoted to the rank of Sergeant.* **2 the ranks** szeregowi żołnierze **3** [C] postój: *a taxi rank* **4 the rank and file** szeregowi członkowie organizacji: *The rank and file refused to accept the committee's decision.*

**rank**[2] *adj* cuchnący

**rank·ing** /ˈræŋkɪŋ/ *n* [C] ranking

**ran·sack** /ˈrænsæk/ *v* [T] **1** s/plądrować: *She returned home to find that her house had been ransacked.* **2** przetrząsać: *The police ransacked the house looking for drugs.*

**ran·som** /ˈrænsəm/ *n* [C,U] **1** okup: *The kidnappers demanded a ransom of $50,000.* **2 hold sb to ransom** trzymać kogoś w charakterze zakładnika

**rap**[1] /ræp/ *n* **1** [C] pukanie, stukanie: *There was a rap at the door.* **2** [C,U] rap: *rap music*

**rap**[2] *v* **-pped, -pping** [I,T] za/pukać, za/stukać: *Someone was rapping on the window.*

**rape**[1] /reɪp/ *v* [T] z/gwałcić

**rape**[2] *n* [C,U] gwałt: *He is serving a nine-year prison sentence for rape.*

**rap·id** /ˈræpᵻd/ *adj* gwałtowny, błyskawiczny: *rapid political changes* —**rapidly** *adv* gwałtownie, błyskawicznie —**rapidity** /rəˈpɪdᵻti/ *n* [U] szybkość

**rap·ids** /ˈræpᵻdz/ *n* [plural] progi na rzece

**rap·ist** /ˈreɪpᵻst/ *n* [C] gwałciciel

**rap·port** /ræˈpɔː/ *n* [U singular] wzajemne zrozumienie: *She quickly established a rapport with her students.*

**rap·ture** /ˈræptʃə/ *n* [U] zachwyt, uniesienie: *a look of rapture on her face*

**rare** /reə/ *adj* **1** rzadki: *a disease that is very rare among children* | *Rare plants such as orchids can be found here.* **2** krwisty: *rare steak*

**rare·ly** /ˈreəli/ *adv* rzadko: *She rarely goes out after dark.*

**rar·i·ty** /ˈreərᵻti/ *n* **be a rarity** być rzadkością: *Old cars in good condition are a rarity.*

**ras·cal** /ˈrɑːskəl/ *n* [C] **1** *humorous* łobuz **2** *old-fashioned* łajdak

**rash**[1] /ræʃ/ *adj* pochopny: *a rash decision* —**rashly** *adv* pochopnie

**rash²** *n* [C] wysypka: *The rash covered the baby's entire body.*

**rash·er** /ˈræʃə/ *n* [C] *BrE* plasterek bekonu

**rasp** /rɑːsp/ *v* [I] skrzypieć, zgrzytać: *The hinges rasped as we pushed the gate open.* —**rasp** *n* [singular] zgrzyt

**rasp·ber·ry** /ˈrɑːzbəri/ *n* [C] malina

**rat** /ræt/ *n* [C] szczur: *There was a dead rat on the cellar steps.*

**rate¹** /reɪt/ *n* [C] **1** wskaźnik: *a country with a low birth rate* | *the rising crime rate* **2** stawka, stopa: *Workers are demanding higher rates of pay.* | *a tax rate of 25%* **3** tempo: *Our money was running out at an alarming rate* (=w zastraszającym tempie). **4 at any rate** *spoken* w każdym razie: *Well, at any rate we won't starve.* | *They've got technical problems – at any rate that's what they told me.* **5 at this rate** *spoken* w tym tempie: *At this rate, we'll never finish on time.* **6 first-rate/third-rate** pierwszorzędny/trzeciorzędny: *a third-rate movie*

**rate²** *v* [T] uważać za: *Johnson is rated one of the best basketball players in the world.*

**ra·ther** /ˈrɑːðə/ *adv, predeterminer* **1** *BrE* dosyć, dość: *I think she was rather upset last night.* | *It's a rather difficult problem.* **2 rather than** zamiast: *We decided to have the wedding in the summer rather than in the spring.* **3 I would rather** wolałbym: *I hate sitting doing nothing – I'd rather be working.* **4 or rather** *spoken* czy (też) raczej: *Mr Dewey, or rather his secretary, asked me to come to the meeting.*

**rat·i·fy** /ˈrætəfaɪ/ *v* [T] ratyfikować: *Both nations ratified the treaty.* —**ratification** *n* [U] ratyfikacja

**rat·ing** /ˈreɪtɪŋ/ *n* **1** [C] notowanie, wskaźnik: *The president's popularity rating has fallen.* **2 the ratings** ranking oglądalności: *Her show is at the top of the ratings.*

**ra·ti·o** /ˈreɪʃiəʊ/ *n* [C] *plural* **ratios** stosunek: **ratio of sth to sth** *a school where the ratio of students to teachers is about 5:1*

**ra·tion¹** /ˈræʃən/ *n* [C] racja, przydział: *the weekly meat ration*

**ration²** *v* [T] racjonować, wydzielać: *Bread, cheese and eggs were all rationed during the war.* —**rationing** *n* [U] reglamentacja

**ra·tion·al** /ˈræʃənəl/ *adj* **1** racjonalny: *There must be a rational explanation for their disappearance.* **2** rozumny: *Let's try to discuss this like rational human beings.* ➡ antonim IRRATIONAL —**rationally** *adv* racjonalnie

**ra·tion·al·ize** /ˈræʃənəlaɪz/ (*także* **-ise** *BrE*) *v* [I,T] **1** usprawiedliwiać (się): *He rationalized that his parents would have given him the money anyway, so why not just take it?* **2** [T] z/racjonalizować —**rationalization** /ˌræʃənəlaɪˈzeɪʃən/ *n* [C,U] racjonalizacja

**rat·tle¹** /ˈrætl/ *v* [I,T] stukotać, turkotać: *The wind was rattling the windows.*

**rattle** sth ↔ **off** *phr v* [T] wy/klepać: *She rattled off the names of all the American states.*

**rattle²** *n* **1** [C] grzechotka **2** [singular] stukot

**rattle·snake** /ˈrætlsneɪk/ *n* [C] grzechotnik

**rav·age** /ˈrævɪdʒ/ *v* [T] s/pustoszyć: *The forest was ravaged by fire.*

**rave** /reɪv/ *n* [C] impreza taneczna przy muzyce elektronicznej

**rave¹** *v* [I] **1** zachwycać się: *Everybody raved about the movie, but I hated it.* **2** pieklić się

**rave²** *adj* **rave reviews** entuzjastyczne recenzje

**ra·ven** /ˈreɪvən/ *n* [C] kruk

**rav·e·nous** /ˈrævənəs/ *adj* wygłodniały —**ravenously** *adv* żarłocznie

**ra·vine** /rəˈviːn/ *n* [C] wąwóz

**raw** /rɔː/ *adj* **1** surowy: *raw onions* **2** nie rafinowany: *raw sugar* | **raw materials** (=surowce): *the export of raw materials such as coal and iron* **3** obtarty: *raw skin*

**ray** /reɪ/ *n* [C] **1** promień: *the rays of the sun* | *gamma rays* **2 ray of hope** promyk nadziei

**ray·on** /ˈreɪɒn/ *n* [U] sztuczny jedwab

**raze** /reɪz/ *v* [T] **raze sth to the ground** zrównywać coś z ziemią: *Three buildings had been razed to the ground.*

**ra·zor** /ˈreɪzə/ *n* [C] brzytwa, golarka

**razor blade** /ˈ.. ./ *n* [C] żyletka

**Rd** *n* skrót od 'road': *5007 Rowan Rd.*

**'re** /ə/ skrót od ARE: *We're ready now.*

**reach¹** /riːtʃ/ *v* **1** [T] docierać do: *It took four days for the letter to reach me.* **2** [I,T] sięgać: *Temperatures will reach 95° today.* | **+ for** *He threatened me and reached for his knife.* | **+ out** *Mike reached out* (=wyciągnął rękę) *and took her hand.* **3 can reach** dosięgać: *If I stand on a chair, I can reach the top shelf.* **4** [T] dosięgać, dochodzić do: *Will the ladder reach the roof?* | *a team that reached the World Cup Final in 1962* **5 reach an agreement/age** osiągać porozumienie/wiek **6** [T] s/kontaktować się z: *I wasn't able to reach him yesterday.*

**reach²** *n* **1 out of (sb's) reach/beyond sb's reach** poza (czyimś) zasięgiem: *Gary jumped for the ball, but it was just out of reach.* | *He fled to Paraguay, beyond the reach of the British tax authorities.* **2 within reach** w zasięgu ręki, w pobliżu: *As soon as she was within reach, he grabbed her wrist.* **3 within (easy) reach of sth** (bardzo) blisko czegoś: *We live within easy reach of the shops.*

**re·act** /riˈækt/ *v* [I] za/reagować: *The audience reacted by shouting and booing.* | *How did she react to the news?*

**react against** sth *phr v* [T] buntować się przeciwko: *Many teenagers reacted against the strict discipline of the school.*

**re·ac·tion** /riˈækʃən/ *n* **1** [C,U] reakcja: *What was his reaction when you told him you were leaving?* | *Some people have a very bad reaction to* (=bardzo źle reagują na) *peanuts.* **2 reactions** [plural] refleks: *In motor racing drivers need to have quick reactions.* **3** [singular] sprzeciw: **+ against** *There was a strong public reaction against nuclear tests.*

**re·ac·tion·a·ry** /riˈækʃənəri/ *adj* reakcyjny —**reactionary** *n* reakcjonist-a/ka

**re·ac·tor** /riˈæktə/ *n* [C] reaktor

**read** /riːd/ *v* **read** /red/, **read** /red/, **reading 1** [I,T] prze/czytać: *Can Billy read yet?* | *She sat reading a magazine.* | *Can you read music?* | **+ about** *I read about the accident in the paper.* | **+ that** *Steve was annoyed to read that his sister had won a prize.* | **read to sb/read sb a story** *Our mother used to read to us every evening.* **2 read between the lines** czytać między wierszami **3** [T] wskazywać: *The thermometer read 100°.*

**read** sth ↔ **out** *phr v* [T] odczytywać na głos: *He read out the names on the list.*

**read** sth ↔ **through/over** *phr v* [T] prze/czytać uważnie: *Read the contact over carefully before you sign it.*

**read up on** sth *phr v* [T] poczytać na temat: *We need to read up on the new tax laws.*

**read·a·ble** /ˈriːdəbəl/ *adj* **1** przyjemny w czytaniu: *a very readable history of Western Philosophy* **2** czytelny

**read·er** /ˈriːdə/ *n* [C] czytelni-k/czka: *an adventure series for young readers* | *Are you a fast reader* (=czy szybko czytasz)? | *Many of our readers wrote in to complain about the article.*

**read·er·ship** /ˈriːdəʃɪp/ *n* [singular] czytelnicy

**read·i·ly** /ˈredəli/ *adv* **1** łatwo: *The information is readily available on computer.* **2** ochoczo, bez wahania: *He readily agreed to the suggestion.*

**read·i·ness** /ˈredinəs/ *n* [U] gotowość: *I admire his readiness to help people.* | **in readiness for** (=gotowy do): *The army was standing by in readiness for an attack.*

**read·ing** /ˈriːdɪŋ/ *n* **1** [C,U] czytanie: *I enjoy reading in bed.* | *a poetry reading* **2** [U] lektura: *Her main reading seems to be romantic novels.* **3** [C] odczyt: *a thermometer reading of 40°C*

**re·ad·just** /ˌriːəˈdʒʌst/ *v* **1** [I] przystosowywać się na nowo: *After the war, I needed time to readjust to life at home.* **2** [T] wy/regulować: *She readjusted the microphone and began to sing.*

**read·y** /ˈredi/ *adj* **1** [not before noun] gotowy: *Aren't you ready yet?* | *Is supper ready?* | *a ready answer* | **+ for** *I don't think Joey is ready for school yet.* | *Is everything ready for the party?* | **ready to do sth** *We're just about ready to eat.* | *She's always ready to help in a crisis.* | **get ready** (=przygotowywać się): *Go and get ready for bed.* | **ready to eat/drink/wear etc** *These apples are almost ready to eat.* | **have sth ready** *Have your passport ready* (=przygotuj paszport) *for when we go through immigration.* **2 ready cash/money** gotówka

> UWAGA **ready/not ready**
>
> Wyrażenia **get ready** używa się często w znaczeniu 'myć się i zakładać odpowiednią odzież': *I got ready for bed.* | *She's getting ready to go out.*

**ready-made** /ˌ.. ˈ.◂/ *adj* gotowy: *a ready-made Christmas cake* | *a ready-made excuse*

**real¹** /rɪəl/ *adj* prawdziwy, rzeczywisty: *The new system has real advantages.* | *Do your kids still think Santa Claus is a real person?* | *What's the real reason you were late?* | *'Jack' isn't his real name.* | *real gold* | *It's a real pleasure to meet you.* | **in real life** (=w rzeczywistości): *This kind of thing only happens in films, not in real life.* | **the real thing** *I don't want a plastic Christmas tree – I want the real thing* (=chcę prawdziwą).

**real²** *adv AmE spoken* bardzo: *I'm real sorry!*

**real es·tate** /ˈ. .ˌ./ *n* [U] *especially AmE* nieruchomości: *Real estate prices fell again last year.*

**real estate a·gent** /ˈ. .. ˌ../ *n* [C] *AmE* pośredni-k/czka w handlu nieruchomościami

**rea·lis·m** /ˈrɪəlɪzəm/ *n* [U] realizm

**rea·list** /ˈrɪəl-̥st/ *n* [C] realist-a/ka

**rea·lis·tic** /rɪəˈlɪstɪk/ *adj* realistyczny: *It's not realistic to expect my parents to lend us any more money.* | *a very realistic TV drama* —**realistically** *adv* realistycznie: *We can't realistically hope for any improvement this year.*

**re·al·i·ty** /riˈæl-̥ti/ *n* **1** [U] rzeczywistość: *He finds it difficult to face up to reality.* **2 the reality/realities of sth** realia czegoś: *the reality of living in a big city* | *the harsh realities* (=twarde realia) *of life* **3 in reality** w rzeczywistości: *He said he'd retired, but in reality he was fired.* **4 become a reality** urzeczywistniać się, spełniać się: *Marilyn's dream of becoming a film star had become a reality.*

**rea·li·za·tion** /ˌrɪəlaɪˈzeɪʃən/ (*także* **-isation** *BrE*) *n* [U singular] **1** uświadomienie sobie: **+ that** *She finally came to the realization that* (=uświadomiła sobie, że) *Jeff had been lying all the time.* **2** spełnienie, realizacja: **+ of** *Climbing Everest was the realization of a lifelong ambition.*

**rea·lize** /ˈrɪəlaɪz/ (*także* **-ise** *BrE*) *v* [T] **1** uświadamiać sobie: *He obviously didn't realize the dangers involved.* | **+ that** *I'm sorry, I didn't realize that it was so late.* **2 realize a hope/dream** spełniać nadzieję/marzenie

**real·ly** /ˈrɪəli/ *adv* **1** naprawdę: *Yeah, he's a really nice guy.* | *I don't really trust her.* | *Oliver's not really her cousin.* | *Now tell us what really happened.* **2 really?** *spoken* czyżby?, coś podobnego!: *"Jay's getting married." "Really? When?"* **3 not really** *spoken* właściwie nie: *"Is it cold outside?" "Not really."*

**realm** /relm/ *n* [C] *formal* dziedzina: *new discoveries in the realm of science*

**reap** /riːp/ *v* [I,T] zbierać (plony): *Machines are used to reap the corn.* | **reap the advantages/benefits/rewards** *It will be some time before we reap the rewards* (=minie trochę czasu, zanim zaczniemy czerpać korzyści) *of the investment.*

**re·ap·pear** /ˌriːəˈpɪə/ *v* [I] pojawiać się ponownie

**rear¹** /rɪə/ *n* **the rear** [singular] tył: *There are more seats at the rear of the hall.* —**rear** *adj* tylny: *a rear window*

**rear²** *v* **1** [T] wychowywać: *She reared seven children by herself.* **2** [I] *także* **rear up** stawać dęba

R

**re·ar·range** /ˌriːəˈreɪndʒ/ *v* [T] przestawiać, przekładać: *He arranged the papers on his desk.*

**rea·son¹** /ˈriːzən/ *n* **1** [C,U] powód, przyczyna: *There is no reason to panic.* | *You have every reason* (=masz pełne prawo) *to complain.* | **+ for** *Did he give any reason for leaving?* | **+ why** *He's too old – that's the main reason why he wasn't chosen.* **2** [U] rozum: *a conflict between reason and emotion* **3** [U] rozsądek: *She just won't listen to reason* (=głosu rozsądku). **4 within reason** w granicach rozsądku: *You can go anywhere you want, within reason.*

> UWAGA **reason**
>
> Patrz **cause** i **reason**.

R

**reason²** *v* [I] rozumować
**reason with** sb *phr v* [T] przemawiać do rozsądku: *I tried to reason with her, but she wouldn't listen.*

**rea·son·a·ble** /ˈriːzənəbəl/ *adj* **1** rozsądny: *a reasonable suggestion* | *Be reasonable, Barry – it wasn't my fault.* **2** sensowny, umiarkowany: *good furniture at reasonable prices*

**rea·son·a·bly** /ˈriːzənəbli/ *adv* dość: *I think I did reasonably well on the test.*

**rea·son·ing** /ˈriːzənɪŋ/ *n* [U] rozumowanie: *a decision based on sound reasoning*

**re·as·sur·ance** /ˌriːəˈʃʊərəns/ *n* [C,U] otucha, wsparcie duchowe: *She's not very confident about her schoolwork – she needs plenty of reassurance.*

**re·as·sure** /ˌriːəˈʃʊə/ *v* [T] zapewniać: **reassure sb that** *Police have reassured the public that the area is now perfectly safe.*

**re·as·sur·ing** /ˌriːəˈʃʊərɪŋ◂/ *adj* dodający otuchy: *a reassuring smile*

**re·bate** /ˈriːbeɪt/ *n* [C] zwrot nadpłaty: *a tax rebate*

**reb·el¹** /ˈrebəl/ *n* [C] buntowni-k/czka, rebeliant/ka: *Rebels have overthrown the government.*

**re·bel²** /rɪˈbel/ *v* [I] **-lled, -lling** z/buntować się: **+ against** *the story of a teenager who rebels against his father*

**re·bel·lion** /rɪˈbeljən/ *n* [C,U] **1** rebelia: *He led an armed rebellion against the government.* **2** bunt: *teenage rebellion*

**re·bel·lious** /rɪˈbeljəs/ *adj* buntowniczy, zbuntowany: *I was a rebellious child.* | *rebellious troops*

**re·birth** /ˌriːˈbɜːθ/ *n* [singular] odrodzenie się: **+ of** *the rebirth of British rock music*

**re·bound** /rɪˈbaʊnd/ *v* [I] odbijać się: **+ off** *The ball rebounded off the wall.*

**re·build** /ˌriːˈbɪld/ *v* **rebuilt** /-ˈbɪlt/, **rebuilt, rebuilding** [T] odbudowywać: *The entire city centre had to be rebuilt.* | *We try to help drug addicts rebuild their lives.*

**re·buke** /rɪˈbjuːk/ *v* [T] *formal* upominać, z/ganić —**rebuke** *n* [C,U] upomnienie, nagana

**re·call** /rɪˈkɔːl/ *v* [T] **1** przypominać sobie: *I don't recall meeting him.* **2** odwoływać: *The government recalled its ambassador when war was declared.* —**recall** /rɪˈkɔːl, ˈriːkɔːl/ *n* [U] pamięć: *total recall*

**re·cap·ture** /riːˈkæptʃə/ *v* [T] **1** ponownie ująć: *Both men were recaptured by the police.* **2** oddawać (*nastrój itp.*): *a movie that recaptures the innocence of childhood*

**re·cede** /rɪˈsiːd/ *v* [I] **1** wygasać, słabnąć: *Hopes for a peaceful solution are receding.* | *The sound receded into the distance* (=nikł w oddali). **2 be receding** łysieć na skroniach

**re·ceipt** /rɪˈsiːt/ *n* [C] pokwitowanie, paragon: *Remember to keep your receipt in case you want to change the goods.*

**re·ceive** /rɪˈsiːv/ *v* [T] **1** otrzymywać: *He received an award from his old college.* | *Did you receive my letter?* | *She had just received some good news.* **2** *formal* przyjmować: *Perez was formally received at the White House.*

**re·ceiv·er** /rɪˈsiːvə/ *n* [C] **1** słuchawka **2** syndyk masy upadłościowej **3** odbiornik

**re·cent** /ˈriːsənt/ *adj* niedawny, ostatni: *A recent survey showed that one in five teenagers had tried drugs.* | *Please attach a re-*

*cent photo* (=aktualną fotografię) *to the form.*

**re·cent·ly** /ˈriːsəntli/ *adv* **1** niedawno: *They recently moved from South Africa.* **2** ostatnio: *I haven't seen him recently.*

| UWAGA **recently** |
|---|
| Patrz **lately** i **recently**. |

**re·cep·tion** /rɪˈsepʃən/ *n* **1** [U] recepcja: *Please leave your keys at reception at the end of your stay.* **2** [C] przyjęcie: *a wedding reception* | *She got an enthusiastic reception from the audience.* **3** [U] odbiór: *Radio reception isn't very good here.*

**re·cep·tion·ist** /rɪˈsepʃənəst/ *n* [C] recepcjonist-a/ka

**re·cep·tive** /rɪˈseptɪv/ *adj* otwarty: **+ to** *Ron isn't very receptive to new suggestions.*

**re·cess** /rɪˈses/ *n* **1** [C,U] przerwa między sesjami parlamentu, sądu itp.: **be in recess** *Congress is in recess until January.* **2** [U] *AmE* przerwa, pauza (*w szkole*): *Charlie got into a fight during recess.* **3** [C] wnęka

**re·ces·sion** /rɪˈseʃən/ *n* [C] recesja

**re·charge** /ˌriːˈtʃɑːdʒ/ *v* [T] na/ładować: *I must recharge the batteries.*

**re·ci·pe** /ˈresəpi/ *n* **1** [C] przepis: **+ for** *a recipe for chocolate cake* **2** *informal* **a recipe for happiness/trouble** recepta na szczęście/kłopoty: *What's your recipe for a successful marriage?*

**re·cip·i·ent** /rɪˈsɪpiənt/ *n* [C] odbiorca/czyni: **+ of** *the recipient* (=laureat) *of the 1977 Nobel Peace Prize*

**re·cip·ro·cal** /rɪˈsɪprəkəl/ *adj* obopólny, wzajemny: *a reciprocal trade agreement* —**reciprocally** *adv* wzajemnie

**re·cip·ro·cate** /rɪˈsɪprəkeɪt/ *v* [I,T] odwzajemniać (się)

**re·cit·al** /rɪˈsaɪtl/ *n* [C] recital: *a piano recital*

**re·cite** /rɪˈsaɪt/ *v* [I,T] wy/recytować, za/deklamować: *children reciting French verbs* —**recitation** /ˌresəˈteɪʃən/ *n* [C,U] recytacja

**reck·less** /ˈrekləs/ *adj* lekkomyślny, nieostrożny: *reckless driving* —**recklessly** *adv* lekkomyślnie —**recklessness** *n* [U] lekkomyślność

**reck·on** /ˈrekən/ *v* [T] **1** szacować: *He reckons the cost to be about one million dollars.* **2** sądzić, uważać: *I reckon they'll be late.* | *She is generally reckoned* (=jest powszechnie uważana za) *one of Hollywood's greatest actors.*

**reckon on** sth *phr v* [T usually negative] liczyć na

**reckon with** sb/sth *phr v* [T] liczyć się z: *We hadn't reckoned with the possibility it might rain.*

**reck·on·ing** /ˈrekənɪŋ/ *n* [U] kalkulacje: *By my reckoning, they should be there by now.*

**re·claim** /rɪˈkleɪm/ *v* [T] **1** za/żądać zwrotu: *Any lost property that is not reclaimed will be destroyed or sold.* **2** z/rekultywować: *Acres of valuable agricultural land have now been reclaimed from the sea.*

**re·cline** /rɪˈklaɪn/ *v* [I,T] rozkładać (się): *a reclining chair*

**re·cluse** /rɪˈkluːs/ *n* [C] odludek

**rec·og·ni·tion** /ˌrekəgˈnɪʃən/ *n* [U] **1** uznanie: *The band eventually gained recognition in 1995.* | **in recognition of** (=w uznaniu dla) **2** rozpoznanie: *He looked past me with no sign of recognition* (=i nic nie wskazywało na to, że mnie poznał). **3** zrozumienie: **+ of/that** *a growing recognition of the problems of homelessness*

**rec·og·nize** /ˈrekəgnaɪz/ (*także* **-ise** *BrE*) *v* [T] **1** poznawać, rozpoznawać: *He's lost so much weight I hardly recognized him!* **2** uznawać: *The UN refused to recognize the new government.* **3** przyznawać: **+ that** *I recognize that not everyone will agree with me.* —**recognizable** *adj* rozpoznawalny

**re·coil** /rɪˈkɔɪl/ *v* [I] wzdrygać się: *Emily recoiled at the sight of the snake.*

**rec·ol·lect** /ˌrekəˈlekt/ *v* [T] przypominać sobie: *I don't recollect her name.*

R

**rec·ol·lec·tion** /ˌrekəˈlekʃən/ *n* [C,U] wspomnienie: *He has no recollection of* (=zupełnie nie pamięta) *the crash.*

**rec·om·mend** /ˌrekəˈmend/ *v* [T] **1** zalecać, radzić: **recommend sb to do sth** *I'd recommend you to take the train.* | **+ that** *Police are recommending that women should avoid the area at night.* **2** polecać, za/rekomendować: *Can you recommend a local restaurant?*

**rec·om·men·da·tion** /ˌrekəmenˈdeɪʃən/ *n* **1** [C] zalecenie: **make a recommendation** *The committee was able to make detailed recommendations to the school.* | **+ that** *The department's recommendation was that he should be fired.* **2** [U] rekomendacja, polecenie: **on sb's recommendation** (=za czyjąś radą): *We bought the car on a friend's recommendation.*

**rec·om·pense** /ˈrekəmpens/ *v* [T] *formal* z/rekompensować —**recompense** *n* [U singular] rekompensata

**rec·on·cile** /ˈrekənsaɪl/ *v* [T] po/godzić: *How can you reconcile being both anti-abortion and in favour of the death penalty?* | *The couple are now reconciled.* —**reconciliation** /ˌrekənsɪliˈeɪʃən/ *n* [U singular] pojednanie, zgoda

**reconcile yourself to** sth *phr v* [T] po/godzić się z: *She never reconciled herself to the death of her son.*

**re·con·nais·sance** /rɪˈkɒnəsəns/ *n* [U] rekonesans, zwiad

**re·con·sid·er** /ˌriːkənˈsɪdə/ *v* [I,T] rozważać ponownie: *Won't you reconsider our offer?*

**re·con·struct** /ˌriːkənˈstrʌkt/ *v* [T] **1** z/rekonstruować, odtwarzać: *Police have reconstructed the events leading up to the crime.* **2** odbudowywać

**re·con·struc·tion** /ˌriːkənˈstrʌkʃən/ *n* **1** [U] odbudowa: *the reconstruction of the former East Germany* **2** [C] rekonstrukcja: *a reconstruction of the events leading up to the accident*

**rec·ord**[1] /ˈrekɔːd/ *n* **1** [C,U] zapis: **keep a record** *Keep a record of* (=notuj) *how much you spend on this trip.* | **on record** (=za/notowany): *the highest water levels on record* **2** [C] rekord: **break a record** (=po/bić rekord): *She broke the record for the 1500 metre run.* | **+ for** *What's the record for the highest number of people to fit into a phone booth?* **3** [C] **sb has a criminal record** ktoś był notowany/karany **4** [C] płyta: *a record collection* **5 off the record** nieoficjalnie: *He told us off the record that the company was doing badly.*

**re·cord**[2] /rɪˈkɔːd/ *v* **1** [T] zapisywać: *All the data is recorded on computer.* **2** [I,T] nagrywać: *Will you record "The X-Files" for me?* | *The band has just finished recording their third album.* **3** [T] za/rejestrować: *The thermometer recorded a temperature of 28 degrees.*

**record-break·ing** /ˈ.. ˌ../ *adj* rekordowy: *a record-breaking $5 billion profit*

**re·cord·er** /rɪˈkɔːdə/ *n* [C] flet prosty

**re·cord·ing** /rɪˈkɔːdɪŋ/ *n* [C] nagranie: *a recording of Bob Marley live in concert*

**record play·er** /ˈ.. ˌ../ *n* [C] gramofon

**re·cov·er** /rɪˈkʌvə/ *v* **1** [I] wy/zdrowieć, dochodzić do siebie: **+ from** *My uncle is recovering from a heart attack.* **2** [I] wychodzić z kryzysu: *The economy will take at least three years to recover.* **3** [T] odzyskiwać: *The police managed to recover the stolen goods.* | *He never recovered the use of his arm* (=nigdy nie odzyskał władzy w ręce). —**recovery** *n* [U singular] wyzdrowienie

**re·cre·ate** /ˌriːkriˈeɪt/ *v* [T] odtwarzać: *We're trying to recreate the conditions of everyday life in Stone Age times.*

**rec·re·a·tion** /ˌrekriˈeɪʃən/ *n* [C,U] rekreacja: *It's important that students find time for recreation and leisure.* —**recreational** *adj* rekreacyjny

**re·cruit**[1] /rɪˈkruːt/ *v* [I,T] rekrutować, z/werbować: *It's not easy to recruit well-qualified and experienced people.* —**recruitment** *n* [U] rekrutacja, nabór

**recruit**[2] *n* [C] rekrut, nowicjusz/ka

**rec·tan·gle** /ˈrektæŋgəl/ *n* [C] prostokąt —**rectangular** /rekˈtæŋgjələ/ *adj* prostokątny

**rec·tor** /ˈrektə/ *n* [C] proboszcz w kościele anglikańskim

**re·cu·pe·rate** /rɪˈkjuːpəreɪt/ *v* [I] wracać do zdrowia: *Jan is still recuperating from her operation.*

**re·cur** /rɪˈkɜː/ *v* [I] **-rred, -rring** powracający, powtarzający się: *a recurring dream* —**recurrence** /rɪˈkʌrəns/ *n* [C,U] nawrót —**recurrent** *adj* powracający, powtarzający się

**re·cy·cle** /ˌriːˈsaɪkəl/ *v* [I,T] utylizować, przerabiać na surowce wtórne: *Most glass bottles and aluminium cans can be recycled.* —**recycled** *adj* z odzysku: *recycled paper* —**recycling** *n* [U] utylizacja

**red**[1] /red/ **-dder, -ddest** *adj* **1** czerwony: *a red dress* **2** rudy: *red hair* —**redness** *n* [U] czerwień, zaczerwienienie

**red**[2] *n* **1** [C,U] czerwień **2 be in the red** mieć debet

**red·den** /ˈredn/ *v* [I,T] po/czerwienieć, za/czerwienić się: *Tina's face reddened with embarrassment.*

**re·deem** /rɪˈdiːm/ *v* [T] **1** u/ratować: *His performance redeemed what was otherwise a pretty awful movie.* **2** odkupić, zbawić: *Christ came to Earth to redeem us from sin.* **3** wykupić: *I redeemed my watch from the pawnshop.* **4 redeem yourself** zrehabilitować się

**re·demp·tion** /rɪˈdempʃən/ *n* [U] **1 past/beyond redemption** nie do uratowania **2** odkupienie, zbawienie

**re·de·ploy** /ˌriːdɪˈplɔɪ/ *v* [T] przegrupowywać

**re·de·vel·op** /ˌriːdɪˈveləp/ *v* [T] z/modernizować (*dzielnicę, region*)

**red-hand·ed** /ˌ. ˈ..◂/ *adj* **catch sb red-handed** *informal* złapać kogoś na gorącym uczynku

**red·head** /ˈredhed/ *n* [C] rudzielec

**red-hot** /ˌ. ˈ.◂/ *adj* rozgrzany do czerwoności: *red-hot metal*

**red meat** /ˌ. ˈ./ *n* [U] wołowina lub baranina

**re·do** /riːˈduː/ *v* [T] przerabiać: *You'll have to redo this essay.*

**red tape** /ˌ. ˈ./ *n* [U] biurokracja

**re·duce** /rɪˈdjuːs/ *v* [T] z/redukować: *They're trying to reduce the number of students in the college.* | **reduce sth from ... to** *The jacket was reduced* (=cena marynarki została obniżona) *from £75 to £35.*

**reduce** sb/sth **to** sth *phr v* **reduce sb to tears/poverty** doprowadzać kogoś do łez/nędzy: *They were reduced to begging* (=zostali zmuszeni do żebrania) *on the streets.* —**reduction** /rɪˈdʌkʃən/ *n* [C,U] redukcja, obniżka

**re·dun·dant** /rɪˈdʌndənt/ *adj* **1** *BrE* zwolniony: **make redundant** (=zwalniać): *Over 1000 workers were made redundant.* **2** zbędny, zbyteczny —**redundancy** *n* [U] zwolnienie

**reed** /riːd/ *n* [C] **1** trzcina **2** stroik

**reef** /riːf/ *n* [C] rafa

**reek** /riːk/ *v* [I] cuchnąć: *His breath reeked of garlic.*

**reel**[1] /riːl/ *n* [C] szpul(k)a

**reel**[2] *v* [I] zataczać się: *A guy came reeling down the hallway.*

**re·fer** /rɪˈfɜː/ *v* **-rred, -rring**

**refer to** *phr v* [T] **1 a)** wspominać o: *He referred to her several times.* **b)** odnosić się do: *The figures on the left refer to our overseas sales.* **c)** sprawdzać w: *Refer to page 14 for instructions.* | *Let me just refer to my notes.* **2** [T] [**refer** sb/sth **to** sb/sth] odsyłać do: *Professor Harris referred me to an article she had written.*

**ref·er·ee**[1] /ˌrefəˈriː/ *n* [C] **1** *także* **ref** /ref/ *informal* sędzia (*w futbolu, boksie, zapasach*) **2** *BrE* osoba pisząca referencje

> UWAGA **referee**
>
> **Referee** to 'sędzia' w piłce nożnej, koszykówce, hokeju i boksie. Patrz też **judge** i **umpire**.

**referee**[2] *v* [I,T] sędziować

**ref·er·ence** /ˈrefərəns/ *n* **1** [C,U] wzmianka: **make (a) reference to** *In his letter, Sam made no reference to* (=nie wspomniał o) *his illness.* **2** [C] list polecający, referencje

R

**reference book** /'... ./ *n* [C] słownik, encyklopedia, leksykon itp.

**ref·e·ren·dum** /ˌrefə'rendəm/ *n* [C,U] referendum: *the Irish referendum on divorce*

**re·fill**[1] /ˌriː'fɪl/ *v* [T] napełniać ponownie: *A waiter refilled our glasses.*

**re·fill**[2] /'riːfɪl/ *n* [C] wkład: *refills for a pen*

**re·fine** /rɪ'faɪn/ *v* [T] **1** rafinować: *The sugar is refined and then shipped abroad.* **2** udoskonalać: *The method must be further refined.* —**refinement** *n* [U] wytworność

**re·fined** /rɪ'faɪnd/ *adj* **1** udoskonalony **2** rafinowany: *refined sugar* **3** wytworny, wykwintny: *the refined world of 19th century Paris*

R

**re·fin·e·ry** /rɪ'faɪnəri/ *n* [C] rafineria

**re·flect** /rɪ'flekt/ *v* **1** [T] odbijać: *She could see the truck behind reflected in her wing mirror.* | *White clothes reflect more heat than dark ones.* **2** [T] odzwierciedlać: *Low levels of investment often reflect a lack of confidence in a country's government.* **3** [I] zastanawiać się: **+ on** *Take some time to reflect on what I've just told you.*

**re·flec·tion** /rɪ'flekʃən/ *n* **1** [C,U] odbicie: *We looked at our reflections in the pool.* **2** [C,U] refleksja, zastanowienie: *She paused for a moment's reflection.* **3** [C] odzwierciedlenie: **+ of** *That people will accept such low wages is a reflection of how few jobs there are.*

**re·flec·tive** /rɪ'flektɪv/ *adj* refleksyjny: *in a reflective mood*

**re·flec·tor** /rɪ'flektə/ *n* [C] reflektor

**re·flex** /'riːfleks/ *n* [C] odruch: *Blinking is an automatic reflex.*

**re·flex·ive** /rɪ'fleksɪv/ *adj* zwrotny: *reflexive verbs*

**re·form**[1] /rɪ'fɔːm/ *v* **1** [T] z/reformować: *plans to reform the voting system* | *We should be more concerned with reforming criminals than punishing them.* **2** [I] poprawiać się

**reform**[2] *n* [C,U] reforma: *the reform of local government*

**ref·or·ma·tion** /ˌrefə'meɪʃən/ *n* [C,U] **the Reformation** reformacja

**re·form·er** /rɪ'fɔːmə/ *n* [C] reformator/ka

**re·frain** /rɪ'freɪn/ *v* [I] *formal* powstrzymywać się: **+ from** *Please refrain from smoking.*

**re·fresh** /rɪ'freʃ/ *v* [T] odświeżać, orzeźwiać: *A shower will refresh you.*

**re·fresh·ing** /rɪ'freʃɪŋ/ *adj* **1** orzeźwiający: *a refreshing drink* **2** ożywczy, ożywiający: *It makes a refreshing change to have someone new working here.*

**re·fresh·ments** /rɪ'freʃmənts/ *n* [plural] *formal* przekąski i napoje: *Refreshments will be served at the interval.*

**re·fri·ge·rat·ed** /rɪ'frɪdʒəreɪtɪ̥d/ *adj* schłodzony —**refrigeration** /rɪˌfrɪdʒə'reɪʃən/ *n* [U] chłodzenie

**re·fri·ge·ra·tor** /rɪ'frɪdʒəreɪtə/ *także* **fridge** *n* [C] lodówka, chłodziarka

**re·fuel** /ˌriː'fjʊəl/ *v* [I,T] **-lled, -lling** *BrE*, **-led, -ling** *AmE* za/tankować

**ref·uge** /'refjuːdʒ/ *n* **1** [U] schronienie: *We found refuge from the storm under a tree.* **2** [C] schronisko: *a refuge for abused women*

**ref·u·gee** /ˌrefjʊ'dʒiː/ *n* [C] uchodźca

**re·fund**[1] /'riːfʌnd/ *n* [C] zwrot pieniędzy: **give sb a refund** *If you're not completely satisfied, we'll give you a refund.*

**re·fund**[2] /rɪ'fʌnd/ *v* [T] zwracać: *They refunded our money when the play was cancelled.*

**re·fus·al** /rɪ'fjuːzəl/ *n* [C,U] odmowa: **refusal to do sth** *His refusal to pay the fine means he may go to prison.*

**re·fuse**[1] /rɪ'fjuːz/ *v* [I,T] odmawiać: *I asked her to marry me, but she refused.* | **refuse to do sth** *Cindy refuses to go to school.* | **refuse sb sth** *We were refused permission to enter the country.*

**ref·use**[2] /'refjuːs/ *n* [U] *formal* odpadki

**re·gain** /rɪ'geɪn/ *v* [T] odzyskiwać: *The army has regained control of the area.*

**re·gal** /'riːgəl/ *adj* królewski: *a regal mansion*

**re·gard** [1] /rɪ'gɑːd/ *n* **1** [U] poszanowanie: **have regard for** *She has no regard for other people's feelings.* **2 with/in regard to** *formal* jeśli chodzi o: *Several changes have been made with regard to security.*

**regard**[2] *v* [T] **regard sb as** uważać kogoś za: *I've always regarded you as my friend.*

**re·gard·less** /rɪ'gɑːdləs/ *adv* **1 regardless of** bez względu na: *He'll sign that contract regardless of what anyone says!* **2** mimo to: *You get a lot of criticism but you just have to carry on regardless.*

**re·gards** /rɪ'gɑːdz/ *n* [plural] pozdrowienia: **give sb your regards** *Give him my regards* (=pozdrów go ode mnie), *won't you?*

**re·gat·ta** /rɪ'gætə/ *n* [C] regaty

**re·gime** /reɪ'ʒiːm/ *n* [C] reżim: *the Communist regime*

**re·gi·ment** /'redʒəmənt/ *n* [C] pułk —**regimental** /ˌredʒə'mentl/ *adj* pułkowy

**re·gion** /'riːdʒən/ *n* [C] **1** rejon, region: *Snow is expected in mountain regions.* **2** okolica: *pain in the lower back region* **3 (somewhere) in the region of** około: *It will cost in the region of $750.* —**regional** *adj* regionalny

**re·gis·ter**[1] /'redʒəstə/ *n* [C] **1** rejestr, spis: *the National Register of Historic Places* **2** [C,U] styl: *Official documents are written in (a) formal register.* ➡ patrz też CASH REGISTER

**register**[2] *v* [I,T] za/rejestrować (się): *The car is registered in my sister's name.* | *The thermometer registered 74°F.* | **+ with/for** *Are you registered with a doctor?*

**registered mail** /ˌ... './ *n* [U] przesyłka polecona

**re·gis·trar** /ˌredʒə'strɑː◂/ *n* [C] urzędni-k/czka stanu cywilnego

**re·gis·tra·tion** /ˌredʒə'streɪʃən/ *n* [U] rejestracja

**registration num·ber** /..'.. ˌ../ *n* [C] *BrE* numer rejestracyjny

**re·gis·try** /'redʒəstri/ *n* [C] archiwum

**re·gret**[1] /rɪ'gret/ *v* [T] **-tted, -tting** żałować: **regret doing sth** *We've always regretted selling that car.* | **+ (that)** *He regrets that he never went to college.* | *Miss Otis regrets she's unable to attend today.*

**regret**[2] *n* [C,U] żal: **+ at** *The company expressed deep regret at the accident.* | **have regrets about** *Carl said he had no regrets about* (=powiedział, że wcale nie żałuje) *his decision.* —**regretfully** *adv* z żalem

**re·gret·ta·ble** /rɪ'gretəbəl/ *adj* godny ubolewania: *a regrettable mistake* —**regrettably** *adv* niestety

**reg·u·lar**[1] /'regjələ/ *adj* **1** regularny: *His heartbeat became slow and regular.* | *War planes were taking off at regular intervals.* | *regular verbs* **2** stały: *He's one of our regular customers.* | *She's not our regular babysitter.* **3** *especially AmE* zwykły: *I'm just a regular doctor, not a specialist.* —**regularity** /ˌregjə'lærəti/ *n* [U] regularność

**regular**[2] *n* [C] *informal* stał-y/a klient/ka

**reg·u·lar·ly** /'regjələli/ *adj* regularnie: *He visits the old man regularly.*

**reg·u·late** /'regjəleɪt/ *v* [T] u/regulować, wy/regulować: *laws that regulate what goods can be imported*

**reg·u·la·tion** /ˌregjə'leɪʃən/ *n* **1** [C] przepis: *safety regulations* **2** [U] kontrola: *government regulation of arms sales*

**re·ha·bil·i·tate** /ˌriːhə'bɪləteɪt/ *v* [T] z/resocjalizować: *rehabilitating young criminals*

**re·hears·al** /rɪ'hɜːsəl/ *n* [C,U] próba: *She was late for the rehearsal again.*

**re·hearse** /rɪ'hɜːs/ *v* [I,T] z/robić próbę

**re·house** /ˌriː'haʊz/ *v* [T] przesiedlać: *a program to rehouse war refugees*

**reign**[1] /reɪn/ *n* **1** [C] panowanie: *the reign of Queen Anne* **2 reign of terror** rządy terroru

**reign**[2] *v* [I] **1** rządzić **2 the reigning champion** aktualny mistrz **3** *formal* panować: *Confusion reigned among members of the jury this week.*

**rein** /reɪn/ *n* **1** [C usually plural] lejce **2 free rein** wolna ręka: *She was given a free rein to run the department as she thought best.*

R

**re·in·car·na·tion** /ˌriːɪnkɑːˈneɪʃən/ *n* [U] reinkarnacja

**rein·deer** /ˈreɪndɪə/ *n* [C] renifer

**re·in·force** /ˌriːənˈfɔːs/ *v* [T] **1** umacniać, potęgować: *Newspapers like this tend to reinforce people's prejudices.* **2** wzmacniać: *a wall reinforced with concrete*

**re·in·force·ments** /ˌriːɪnˈfɔːsmənts/ *n* [plural] posiłki

**re·ject**[1] /rɪˈdʒekt/ *v* [T] odrzucać: *They completely rejected the terms of the peace treaty.* | *Yale rejected his application.* | *She feels rejected by her parents.*

**re·ject**[2] /ˈriːdʒekt/ *n* [C] odrzut: *factory rejects*

R

**re·jec·tion** /rɪˈdʒekʃən/ *n* [C,U] odrzucenie: *She got a lot of rejections before the book was finally published* (=wiele razy odrzucano jej książkę zanim wreszcie została wydana). | *I couldn't deal with any more rejection.* | **+ of** *his total rejection of his parents' way of life*

**re·joice** /rɪˈdʒɔɪs/ *v* [I] radować się

**re·ju·ve·nate** /rɪˈdʒuːvəneɪt/ *v* [T] odmładzać: *She felt refreshed and rejuvenated after her holiday.*

**re·lapse** /rɪˈlæps/ *n* [C,U] nawrót (choroby): **have a relapse** *He had a relapse and was taken back into hospital.*

**re·late** /rɪˈleɪt/ *v* **1** [I,T] wiązać (się): *I don't understand how the two ideas relate.* **2** [T] *formal* z/relacjonować

**relate to** sb/sth *phr v* [T] **1** odnosić się do: *This point relates to environmental ideas.* **2** znajdować wspólny język z: *I find it hard to relate to kids.*

**re·lat·ed** /rɪˈleɪtəd/ *adj* **1** powiązany: *The police believe the murders are closely related.* **2** spokrewniony: **be related to sb** *Are you related to Paula?*

**re·la·tion** /rɪˈleɪʃən/ *n* **1 in relation to** w stosunku do: *The area of land is tiny in relation to the population.* **2** [C,U] związek: **+ between** *Doctors say there was no relation between the drugs he was taking and his death.* **3** [C] krewn-y/a: *Joan Bartell, the author, is no relation to Governor Bartell.*

**re·la·tions** /rɪˈleɪʃənz/ *n* [plural] stosunki: *East-West relations* | **+ between** *Relations between the two companies have never been good.*

**re·la·tion·ship** /rɪˈleɪʃənʃɪp/ *n* **1** [C] stosunki: **+ with** *The police have a good relationship with the community.* **2** [C] związek: *My parents had a strong relationship.* **3** [C,U] stosunek: **+ between** *the relationship between pay and performance at work*

> UWAGA **relationship**
>
> **Relationship** to najczęściej 'związek' dwóch osób. **Relations** to 'stosunki' między większymi grupami osób, instytucjami, państwami itp.

**rel·a·tive**[1] /ˈrelətɪv/ *n* [C] krewn-y/a: *He's staying with relatives in Manchester.*

**relative**[2] *adj* **1** względny, stosunkowy: *The Victorian age was a period of relative peace in England.* **2 relative to sth** w stosunku do czegoś: *Demand for corn is low relative to the supply.*

**relative clause** /ˌ... ˈ./ *n* [C] zdanie względne

**rel·a·tive·ly** /ˈrelətɪvli/ *adv* **relatively cheap/easy** stosunkowo tani/łatwy: *My job is relatively well-paid.* | *This car is relatively cheap to run.*

**relative pro·noun** /ˌ... ˈ../ *n* [C] zaimek względny

**rel·a·tiv·i·ty** /ˌreləˈtɪvəti/ *n* [U] *technical* względność: *Einstein's theory of relativity*

**re·lax** /rɪˈlæks/ *v* **1** [I,T] z/relaksować (się), odprężać (się): *Sit down and relax!* | *The music will help relax you.* **2** [I,T] rozluźniać (się): *Try to relax your neck.* | *Let your muscles relax.* **3** [T] z/łagodzić: *There are no plans to relax the present immigration laws.* —**relaxation** /ˌriːlækˈseɪʃən/ *n* [U] złagodzenie, odprężenie

> UWAGA **relax**
>
> Nie mówi się "relax yourself". Mówi się po prostu **relax**.

**re·laxed** /rɪˈlækst/ *adj* **1** zrelaksowany, odprężony: *Gail was lying in the sun looking very relaxed and happy.* **2** spokojny: *a relaxed atmosphere*

**re·lax·ing** /rɪˈlæksɪŋ/ *adj* relaksujący, odprężający: *a relaxing afternoon in the garden*

**re·lay**[1] /ˈriːleɪ/ *v* [T] **1** przekazywać: *Could you relay the news to the other teachers?* **2** transmitować: *The broadcast was relayed to Europe.*

**relay**[2] *n* [C] *także* **relay race** sztafeta: *the 1000-metre relay*

**re·lease**[1] /rɪˈliːs/ *v* [T] **1** zwalniać, uwalniać: *Three hostages were released this morning.* **2** puszczać: *He released her arm when she screamed.* **3** podawać do publicznej wiadomości: *Details of the crime have not been released.* **4** wypuszczać na rynek

**release**[2] *n* **1** [singular] zwolnienie (*z więzienia*): *After his release, he intends to train as a carpenter.* **2** [C] nowy film lub płyta: *the singer's latest release* **3** [U] ulga: *a sense of emotional release*

**rel·e·gate** /ˈreləgeɪt/ *v* [T] z/degradować: **+ to** *He's been relegated to the role of assistant.*

**re·lent** /rɪˈlent/ *v* [I] ustępować, ulegać: *Park officials relented, and allowed campers to stay.*

**re·lent·less** /rɪˈlentləs/ *adj* nieustępliwy

**rel·e·vance** /ˈreləvəns/ *także* **rel·e·van·cy** /-vənsi/ *AmE n* [U] znaczenie: **+ to** *a statement with no relevance to the issue*

**rel·e·vant** /ˈreləvənt/ *adj* istotny: **+ to** *The question is not relevant to my point.* ➡ antonim IRRELEVANT

**re·li·a·ble** /rɪˈlaɪəbəl/ *adj* solidny, niezawodny: *He's not very reliable.* | *a reliable car* —**reliability** /rɪˌlaɪəˈbɪləti/ *n* [U] solidność, niezawodność ➡ antonim UNRELIABLE

**re·li·ance** /rɪˈlaɪəns/ *n* [U] uzależnienie: *the country's reliance on imported oil*

**re·li·ant** /rɪˈlaɪənt/ *adj* **be reliant on sb/sth** być zależnym od kogoś/czegoś: *She's still reliant on her parents for money.*

**rel·ic** /ˈrelɪk/ *n* [C] **1** relikt: **+ of** *a relic of ancient times* **2** relikwia

**re·lief** /rɪˈliːf/ *n* **1** ulga: *a medicine for pain relief* (=lek uśmierzający ból) | **what a relief!** *spoken* =co za ulga!: *Exams are finally over. What a relief!* **2** [U] pomoc: *famine relief* (=pomoc dla ofiar głodu)

**re·lieve** /rɪˈliːv/ *v* [T] **1** z/łagodzić: *The county is building a new school to relieve overcrowding.* | *playing cards to relieve the boredom* **2** zluzować

**relieve** sb **of** sth *phr v* [T] *formal* uwalniać kogoś od czegoś

**re·lieved** /rɪˈliːvd/ *adj* **be relieved** odczuwać ulgę: **+ to do sth** *I was relieved to be out of the hospital.* | **+ that** *She'll be very relieved that she won't have to go to court.*

**re·li·gion** /rɪˈlɪdʒən/ *n* [C,U] religia: *the study of religion* | *the Muslim religion*

**re·li·gious** /rɪˈlɪdʒəs/ *adj* religijny: *religious beliefs* | *a very religious woman*

**re·li·gious·ly** /rɪˈlɪdʒəsli/ *adv* sumiennie: *He phones his mother religiously every evening.*

**rel·ish**[1] /ˈrelɪʃ/ *v* [T] rozkoszować się: **not relish the thought/idea** *Jamie didn't relish the idea of* (=nie był zachwycony perspektywą) *getting up so early.*

**relish**[2] *n* [U] rozkosz: *Barry ate with great relish.*

**re·live** /ˌriːˈlɪv/ *v* [T] przeżywać na nowo: *We spent the whole morning reliving our schooldays.*

**re·lo·cate** /ˌriːləʊˈkeɪt/ *v* [I,T] przenosić (się): **+ to** *Our company relocated to the West Coast.*

**re·luc·tant** /rɪˈlʌktənt/ *adj* niechętny: **be reluctant to do sth** (=ociągać się z czymś): *She was very reluctant to ask for help.* —**reluctance** *n* [U] niechęć —**reluctantly** *adv* niechętnie

**re·ly** /rɪˈlaɪ/ *v*

**rely on** sb/sth *phr v* [T] polegać na: *We're relying on him to help.*

**re·main** /rɪˈmeɪn/ *v* **1** [I, linking verb] pozostawać: *The Communist Party remained*

R

*in power.* | *She remained silent.* **2** [I] zostawać: *Milly remained at home.* | *Only half the statue remains.* **3 it remains to be seen** dopiero się okaże: *It remains to be seen whether the operation will be successful.*

**re·main·der** /rɪ'meɪndə/ *n* **the remainder (of sth)** reszta (czegoś): *Would the remainder of the class please stay behind.*

**re·main·ing** /rɪ'meɪnɪŋ/ *adj* pozostały: *The remaining puppies were given away.*

**re·mains** /rɪ'meɪnz/ *n* [plural] **1** resztki, pozostałości: *We visited the remains of the temple.* **2** *formal* szczątki: *His remains lie in the churchyard.*

**re·mand** /rɪ'mɑːnd/ *n BrE* **be on remand** przebywać w areszcie śledczym

**re·mark¹** /rɪ'mɑːk/ *n* [C] uwaga: **make a remark** *Carl made a sarcastic remark.*

**remark²** *v* [T] zauważyć: **+ that** *One woman remarked that he was very handsome.*

**remark on/upon** sth *phr v* [T] z/robić uwagę na temat: *No-one dared remark upon the fact that the President was two hours late.*

**re·mar·ka·ble** /rɪ'mɑːkəbəl/ *adj* niezwykły: *He called Gorbachev "one of the most remarkable men in history".*

**re·mar·ka·bly** /rɪ'mɑːkəbli/ *adv* niezwykle: *Charlotte and her cousin look remarkably similar.*

**re·mar·ry** /ˌriː'mæri/ *v* [I] ponownie wychodzić za mąż/żenić się

**re·me·di·al** /rɪ'miːdiəl/ *adj* **1** wyrównawczy: *remedial classes* **2** *formal* korekcyjny: *remedial exercise*

**rem·e·dy¹** /'remədi/ *n* [C] lekarstwo: *herbal remedies* | **+ for** *There seems to be no remedy for the rising crime rate.*

**remedy²** *v* [T] zaradzić: *The hospital is trying to remedy the problem of inexperienced staff.*

**re·mem·ber** /rɪ'membə/ *v* [I,T] **1** pamiętać: *Do you remember the first job you ever had?* | **remember to do sth** *Did you remember to phone Nicky?* **2** przypominać sobie: *I can't remember her name.* | **+ (that)** *She suddenly remembered that she had to go to the dentist.* → porównaj REMIND

**re·mem·brance** /rɪ'membrəns/ *n* [U] pamięć: **in remembrance of** *She planted a tree in remembrance of her husband* (=dla uczczenia pamięci męża).

**re·mind** /rɪ'maɪnd/ *v* [T] **1** przypominać: **remind sb to do sth** *Remind me to go* (=przypomnij mi, że mam pójść) *to the post office.* **2 remind sb of sth/sb** przypominać komuś coś/kogoś: *She reminds me of Dawn French.*

> UWAGA **remind**
>
> Nie mówi się "it reminds me her". Mówi się **it reminds me of her**.

**re·mind·er** /rɪ'maɪndə/ *n* [C] przypomnienie: **+ of** *The photos were a painful reminder of his first wife.*

**rem·i·nisce** /ˌreməˈnɪs/ *v* [I] wspominać: **+ about** *She sat reminiscing about the old days.* —**reminiscence** *n* [C,U] wspomnienia

**rem·i·nis·cent** /ˌreməˈnɪsənt/ *adj* **be reminiscent of sth** przypominać coś: *The scene was reminiscent of a Hollywood gangster movie.*

**re·mis·sion** /rɪ'mɪʃən/ *n* [C,U] remisja: **be in remission** *Her cancer is in remission.*

**rem·nant** /'remnənt/ *n* [C] resztka: **+ of** *the remnants of the defeated army*

**re·morse** /rɪ'mɔːs/ *n* [U] wyrzuty sumienia, skrucha: *Keating showed no remorse for his crime.* —**remorseful** *adj* skruszony

**re·morse·less** /rɪ'mɔːsləs/ *adj* niemiłosierny: *remorseless noise*

**re·mote** /rɪ'məʊt/ *adj* **1** odległy: *a remote planet* | *the remote past* **2** niewielki: *There's a remote possibility that the operation will not work.* —**remotely** *adv*: *The two situations aren't remotely similar* (=nie są w najmniejszym stopniu podobne).

**remote con·trol** /.ˌ. .'./ *n* **1** [U] zdalne sterowanie **2** [C] *także* **remote** pilot

(*do telewizora*) —**remote-controlled** *adj* zdalnie sterowany

**re·move** /rɪˈmuːv/ *v* [T] **1** usuwać: *The police will remove any illegally parked cars.* | *There are several obstacles still to be removed.* **2 be (far) removed from sth** być (bardzo) odmiennym od czegoś: *His millionaire lifestyle is far removed from the poverty of his childhood.*

**re·mov·er** /rɪˈmuːvə/ *n* [C,U] **1 paint remover** rozpuszczalnik **2 nail polish remover** zmywacz do paznokci **3 stain remover** odplamiacz

**Re·nais·sance** /rɪˈneɪsəns/ *n* **the Renaissance** Renesans, Odrodzenie

**re·name** /ˌriːˈneɪm/ *v* [T] przemianowywać: *St Petersburg was renamed Leningrad.*

**ren·dez·vous** /ˈrɒndəvuː/ *n* [C] randka: *a midnight rendezvous*

**ren·di·tion** /renˈdɪʃən/ *n* [C] wykonanie, interpretacja: *a splendid rendition of the song*

**ren·e·gade** /ˈrenəgeɪd/ *n* [C] renegat/ka

**re·new** /rɪˈnjuː/ *v* [T] **1** przedłużać: *When does the car insurance need renewing?* **2** ponawiać: *Congress renewed its demand for tax cuts.* —**renewal** *n* [C,U] przedłużenie

**re·new·a·ble** /rɪˈnjuːəbəl/ *adj* odnawialny: *a renewable energy source*

**re·newed** /rɪˈnjuːd/ *adj* wznowiony: *renewed efforts to tackle poverty*

**re·nounce** /rɪˈnaʊns/ *v* [T] **1** zrzekać się: *He renounced his claim to the property.* **2** wyrzekać się: *The IRA have been repeatedly urged to renounce violence.*

**ren·o·vate** /ˈrenəveɪt/ *v* [T] odnawiać, przeprowadzać renowację —**renovation** /ˌrenəˈveɪʃən/ *n* [C,U] renowacja

**re·nowned** /rɪˈnaʊnd/ *adj* sławny: **be renowned for sth** *The hotel is renowned for its excellent service.*

**rent¹** /rent/ *v* **1** [T] wynajmować: *They're renting an apartment near the beach.* **2** [T] wypożyczać: *Did you rent a car while you were in Europe?* **3** [T] *także* **rent** sth ↔ **out** wynajmować (*komuś*): *They've rented out their house for the summer.*

| UWAGA **rent** |
|---|
| Patrz **hire i rent**. |

**rent²** *n* [C,U] czynsz, komorne: *Rents are very high around here.* | **for rent** (=do wynajęcia)

**rent·al** /ˈrentl/ *n* [C,U] opłata za wypożyczenie: *Ski rental is $14.* | *a video rental store* (=wypożyczalnia kaset wideo)

**re·or·gan·ize** /riːˈɔːgənaɪz/ (*także* **-ise** *BrE*) *v* [T] z/reorganizować: *The filing system needs to be reorganized.* —**reorganization** /riːˌɔːgənaɪˈzeɪʃən/ *n* [U] reorganizacja

**rep** /rep/ *n* [C] *informal* przedstawiciel/ka: *a sales rep* (=akwizytor/ka)

**re·pair¹** /rɪˈpeə/ *v* [T] **1** naprawiać, z/reperować: **get sth repaired** (=oddawać coś do naprawy) **2** naprawiać: *The two governments are trying to repair the damage done to the peace process.*

**repair²** *n* **1** [C,U] naprawa: *They're doing repairs on the bridge.* **2 in good/bad repair** w dobrym/złym stanie: *The roads are in pretty good repair.*

**re·pat·ri·ate** /riːˈpætrieɪt/ *v* [T] repatriować —**repatriation** /riːˌpætriˈeɪʃən/ *n* [U] repatriacja

**re·pay** /rɪˈpeɪ/ *v* [T] **1** spłacać: *How long will it take to repay the loan?* **2** odwdzięczać się: *How can I ever repay you?* —**repayment** *n* [C,U] spłata

**re·peat¹** /rɪˈpiːt/ *v* [T] powtarzać: *Sally kept repeating, "It wasn't me, it wasn't me."* | *You'll have to repeat the course.* | **repeat sth to sb** *Please don't repeat this to anyone.*

**repeat²** *n* **1** [singular] powtórzenie się: **+ of** *Are you expecting a repeat of last year's trouble?* | **a repeat victory etc** (=powtórne zwycięstwo itp.) **2** [C] *especially BrE* powtórka: *All these programmes are repeats!*

**re·peat·ed** /rɪˈpiːtəd/ *adj* wielokrotny: *Repeated attempts to fix the satellite have failed.* —**repeatedly** *adv* wielokrotnie

R

**re·pel** /rɪ'pel/ *v* **-lled, -lling 1** [T] odstraszać: *Tear gas was used to repel the rioters.* **2 repel sb** budzić u kogoś wstręt

**re·pel·lent**[1] /rɪ'pelənt/ *n* [C,U] środek odstraszający: *mosquito repellent*

**repellent**[2] *adj* odrażający, odpychający: *She'd always found her cousin quite repellent.*

**re·pent** /rɪ'pent/ *v* [I,T] *formal* żałować —**repentance** *n* [U] żal, skrucha

**re·pen·tant** /rɪ'pentənt/ *adj* skruszony

**re·per·cus·sions** /ˌriːpə'kʌʃənz/ *n* [plural] reperkusje: *The fall of Communism has had worldwide repercussions.*

**rep·er·toire** /'repətwɑː/ *n* [C] repertuar

R

**rep·e·ti·tion** /ˌrepə̇'tɪʃən/ *n* [C,U] powtórzenie, powtórka: **+ of** *his boring repetition of the same old facts*

**re·pet·i·tive** /rɪ'petə̇tɪv/ *adj* także **repetitious** monotonny: *repetitive exercises*

**re·phrase** /ˌriː'freɪz/ *v* [T] s/formułować inaczej: *OK, let me rephrase the question.*

**re·place** /rɪ'pleɪs/ *v* [T] **1 a)** wymieniać: **replace sb/sth with** *They later replaced the coach with a younger man.* **b)** zastępować: *The new software package replaces the old one.* **2** odkładać na miejsce: *Please replace the books when you are finished.*

**re·place·ment** /rɪ'pleɪsmənt/ *n* [C] zastępstwo, zastęp-ca/czyni: *We're waiting for Mr. Dunley's replacement.*

**re·play** /'riːpleɪ/ *n* **1** [C,U] powtórka **2** [C] *BrE* mecz rewanżowy: *The replay will be on Thursday.*

**rep·li·ca** /'replɪkə/ *n* [C] kopia, replika: *replica guns*

**re·ply**[1] /rɪ'plaɪ/ *v* [I,T] odpowiadać, odrzec: *"Of course," she replied.* | **reply to sth** (=odpowiedzieć na coś): *I haven't replied to his letter yet.*

> UWAGA **reply**
>
> Nie mówi się "he replied me". Mówi się **he replied**.

**reply**[2] *n* [C,U] **1** odpowiedź: **+ to** *There have been no replies to our ad.* **2 in reply to** w odpowiedzi na: *I am writing in reply to your letter of 1st June.*

**re·port**[1] /rɪ'pɔːt/ *n* [C] **1** raport, sprawozdanie: *a police report on the accident* | *a weather report* **2** *także* **school report** *BrE* świadectwo

**report**[2] *v* **1** [I,T] donosić (o), z/relacjonować: **+ on** *She was sent to report on the floods in Bangladesh.* | **+ that** *The newspaper wrongly reported that he had died.* **2** [T] zgłaszać: *Who reported the fire?* **3** [T] donosić na: *Somebody reported Kyle for smoking in school.* **4** [I] zgłaszać się: *Visitors must report to the main reception desk.*

**re·port·ed·ly** /rɪ'pɔːtə̇dli/ *adv* podobno, rzekomo: *She's reportedly one of the richest women in Europe.*

**reported speech** /.,.. './ *n* [U] mowa zależna → patrz ramka REPORTED SPEECH

**re·port·er** /rɪ'pɔːtə/ *n* [C] reporter/ka

**rep·re·sent** /ˌreprɪ'zent/ *v* [T] **1** reprezentować: *Craig hired a lawyer to represent him.* **2** przedstawiać: *The green triangles on the map represent campgrounds.* **3** stanowić: *This figure represents a 25% increase in wages.*

**rep·re·sen·ta·tion** /ˌreprɪzen'teɪʃən/ *n* **1** [U] reprezentacja, przedstawicielstwo: *Children get no representation in most countries.* **2** obraz, wizerunek: *the negative representation of black people in movies*

**rep·re·sen·ta·tive**[1] /ˌreprɪ'zentətɪv/ *n* [C] przedstawiciel/ka, reprezentant/ka

**representative**[2] *adj* reprezentatywny: **+ of** (=dla): *I don't claim to be representative of the majority of young people.*

**re·press** /rɪ'pres/ *v* [T] **1** s/tłumić: *It's not healthy to repress your emotions.* **2** ujarzmić, represjonować: *It's a cruel and vicious regime that represses all opposition.* —**repression** *n* [U] ucisk

**re·pressed** /rɪ'prest/ *adj* tłumiony, skrywany: *repressed feelings of hatred for her mother*

**re·pres·sive** /rɪˈpresɪv/ *adj* represyjny: *a repressive political system*

**rep·ri·mand** /ˈreprəmɑːnd/ *v* [T] udzielać nagany: *He was formally reprimanded and ordered to pay a £500 fine.* —**reprimand** *n* [C] nagana

**re·pri·sal** /rɪˈpraɪzəl/ *n* [C,U] odwet: *He's afraid to help the police for fear of reprisals against his family.*

**re·proach**¹ /rɪˈprəʊtʃ/ *n* [C,U] **1** wyrzut: *His mother gave him a look of reproach.* **2 above/beyond reproach** bez zarzutu: *The police should be above reproach.* —**reproachful** *adj* pełen wyrzutu —**reproachfully** *adv* z wyrzutem

**reproach**² *v* [T] robić wyrzuty: *She reproached herself for not having made enough effort.*

**re·pro·duce** /ˌriːprəˈdjuːs/ *v* **1** [T] odtwarzać, powielać: *an attempt by scientists to reproduce conditions on Mars* **2** [I] rozmnażać się: *Most birds and fish reproduce by laying eggs.*

**re·pro·duc·tion** /ˌriːprəˈdʌkʃən◂/ *n* **1** [U] rozmnażanie: *human reproduction* **2** [C] reprodukcja: *a cheap reproduction of a great painting*

**re·pro·duc·tive** /ˌriːprəˈdʌktɪv◂/ *adj* rozrodczy: *the reproductive organs*

**rep·tile** /ˈreptaɪl/ *n* [C] gad

**re·pub·lic** /rɪˈpʌblɪk/ *n* [C] republika

**re·pub·li·can** /rɪˈpʌblɪkən/ *adj* republikański: *the spread of republican ideas in the 17th century* —**republican** *n* [C] republika-nin/nka

**Republican** *adj* republikański: *a Republican candidate for the Senate*

**Republican Par·ty** /.ˈ... ˌ../ *n* **the Republican Party** Partia Republikańska

**re·pug·nant** /rɪˈpʌgnənt/ *adj formal* wstrętny, odrażający: *behaviour that is morally repugnant*

**re·pul·sion** /rɪˈpʌlʃən/ *n* [U] **1** wstręt, obrzydzenie **2** *technical* odpychanie

**re·pul·sive** /rɪˈpʌlsɪv/ *adj* odpychający, odrażający: *What a repulsive man!*

**rep·u·ta·tion** /ˌrepjəˈteɪʃən/ *n* [C] reputacja: *The neighbourhood used to have a very bad reputation.* | **+ for** *a man with a reputation for honesty* (=znany z uczciwości)

**re·pu·ted·ly** /rɪˈpjuːtədli/ *adv formal* rzekomo

**re·quest**¹ /rɪˈkwest/ *n* [C,U] prośba, wniosek: **make a request** *We've made a request for* (=wystąpiliśmy z prośbą o) *new equipment.* | **on request** (=na życzenie): *Drinks are available on request.*

**request**² *v* [T] po/prosić o: *The pilot requested permission to land.* | **+ that** (=aby): *We request that everyone remain quiet.*

**req·ui·em** /ˈrekwiəm/ *n* [C,U] requiem, msza żałobna

**re·quire** /rɪˈkwaɪə/ *v* [T] **1** wymagać, potrzebować: *Pets require a lot of care.* **2** *formal* żądać, wymagać: **require sb to do sth** *All passengers are required to show their tickets* (=powinni pokazać bilety).

**re·quire·ment** /rɪˈkwaɪəmənt/ *n* [C] potrzeba, wymóg: *Whatever your requirements, we can supply them.*

**req·ui·site** /ˈrekwəzət/ *adj formal* wymagany

**re·run** /ˈriːrʌn/ *n* [C] *especially AmE* powtórka

**res·cue**¹ /ˈreskjuː/ *v* [T] u/ratować: *He rescued two people from the fire.* —**rescuer** *n* [C] ratowni-k/czka

**rescue**² *n* [C,U] akcja ratownicza: *a daring rescue from a sinking ship* | *A rescue team* (=ekipa ratownicza) *is trying to reach the trapped miners.* | **come to the rescue** (=przyjść na ratunek)

**re·search**¹ /rɪˈsɜːtʃ/ *n* [U] badania (naukowe): **+ on/into** *scientific research into heart disease* | **do research** (=prowadzić badania): *He is doing research for a book on the Middle Ages.*

**research**² *v* [I,T] z/badać: *Conner spent eight years researching the history of the group.* —**researcher** *n* [C] badacz/ka

**re·sem·blance** /rɪˈzembləns/ *n* [C,U] podobieństwo: **+ between** *There's a*

R

## Mowa zależna: **Reported Speech**

Mowy zależnej używamy wtedy, gdy relacjonujemy czyjąś wypowiedź bez przytaczania jej dosłownie, np.:

| | |
|---|---|
| *Bill: 'I'm hungry.'* | *Bill said, 'I'm hungry.' (dosłowny cytat)* |
| | *Bill said (that) he was hungry. (mowa zależna)* |

Jak widać z przykładu, spójnik *that* („że") można opuścić. Jeżeli w zdaniu głównym występuje czasownik w czasie teraźniejszym, przyszłym lub w Present Perfect, to czas zdania podrzędnego nie ulega zmianie, np.:

| | |
|---|---|
| *Brenda (to Tom, on the telephone): 'I **will** get a taxi.'* | *Tom (to Mary, in the same room): Brenda says she **will** get a taxi.* |

Częściej jednak w zdaniu głównym występuje czasownik w czasie przeszłym (*said, asked* itp.), co wymaga zmiany czasu zdania podrzędnego na odpowiedni czas przeszły:

| | |
|---|---|
| *'I **am** never late.' (Present Simple)* | *He said he **was** never late. (Past Simple)* |
| *'I **am going** to the post office.' (Present Continuous)* | *He said he **was going** to the post office. (Past Continuous)* |
| *'I **have found** a wallet.' (Present Perfect)* | *She said she **had found** a wallet. (Past Perfect)* |
| *'We **have been watching** TV.' (Present Perfect Continuous)* | *They said they **had been watching** TV. (Past Perfect Continuous)* |
| *I **met** her in Australia.' (Past Simple)* | *He said he **had met** her in Australia. (Past Perfect)* |
| *'I **was working** hard.' (Past Continuous)* | *He said he **had been working** hard. (Past Perfect Continuous)* |
| *'We **will wait** for you.' (Future Simple)* | *They said they **would wait** for us. (Future in the Past)* |
| *'I **will be talking** to John later.' (Futurc Continuous)* | *She said she **would be talking** to John later. (Future Continuous in the Past)* |

Zdania warunkowe 1. typu zachowują się w mowie zależnej zgodnie z powyższymi regułami, natomiast w zdaniach warunkowych 2. i 3. typu czas nie ulega zmianie:

| | |
|---|---|
| *'I **will be** very lucky if I **find** it.'* | *She said she **would be** very lucky if she **found** it.* |
| *'She **would help** you if you **asked** her.'* | *He said she **would help** me if I **asked** her.* |
| *'I **wouldn't have known** if Nick **hadn't told** me.'* | *She said she **wouldn't have known** if Nick **hadn't told** her.* |

Czasowniki modalne *could, might, must, ought, should, would, used to* i *need* nie ulegają zmianie w mowie zależnej, np.:

| | |
|---|---|
| *'The train **might** be late.'* | *He said that the train **might** be late.* |

Szyk pytający zmienia się w mowie zależnej w szyk zdania twierdzącego:

| | |
|---|---|
| *'What **do you want**?'* | *She **asked** (me) what **I wanted**.* |
| *'Who **is she**?'* | *He **asked** (us) who **she was**.* |

Jeżeli pytanie nie rozpoczyna się od słowa pytającego (*how, wh-*), to w mowie zależnej używamy spójnika ***if*** lub ***whether***:

| | |
|---|---|
| *'Do you speak German?'* | *She asked **if** I spoke German.* |
| *'Is it blue or green?'* | *He asked **whether** it was blue or green.* |

Polecenie w mowie zależnej wprowadzamy zwykle za pomocą czasownika ***tell***, po którym następuje dopełnienie (zaimek osobowy lub rzeczownik) i bezokolicznik z ***to***:

| | |
|---|---|
| *'Close the door, Peter,' he said.* | *He **told Peter to close** the door.* |

Jeżeli polecenie ma character zakazu, to partykułę ***not*** umieszczamy w mowie zależnej przed bezokolicznikiem:

| | |
|---|---|
| *'Don't shout,' said the teacher.* | *The teacher told us **not to shout**.* |

Prośbę w mowie zależnej wprowadzamy zwykle za pomocą czasownika ***ask***, po którym następuje dopełnienie (zaimek osobowy lub rzeczownik) i bezokolicznik z ***to***:

*'Help me, please.'* *He **asked me to** help him.*

Określenia czasu nie ulegają zmianie w mowie zależnej, jeżeli w chwili mówienia mamy nadal ten sam dzień (tydzień, rok itp.), co w chwili wypowiadania relacjonowanego zdania. W przeciwnym razie określenia czasu zmieniają się w następujący sposób:

| | |
|---|---|
| *'today' → that day* | *'yesterday' → the day before* |
| *'tomorrow' → the next day* lub *the following day* | *'a week ago' → a week before* |
| *'the day after tomorrow' → in two days' time* | *'last year' → the previous year* |

***This*** w określeniach czasu często zmienia się w ***that***:

| | |
|---|---|
| *We're leaving later **this** week.* | *They said they were leaving later **that** week.* |

W określeniach innych niż czasowe ***this*** zmienia się w ***the***; to samo dotyczy określników ***that, these, those***:

| | |
|---|---|
| *I can lend you **this** record/**these** records.* | *She said she could lend me **the** record/ **the** records.* |

Zaimki ***this/that*** i ***these/those*** zmieniają się odpowiednio w ***it*** i ***them***:

| | |
|---|---|
| *I know **this/that**.* | *He said he knew **it**.* |
| *Who made **these/those**?* | *She asked who had made **them**.* |

patrz też: ***Conditional sentences, Future Continuous, Future Simple, Infinitive, Modal Verbs, Past Continuous, Past Perfect, Past Perfect Continuous, Past Simple, Present Continuous, Present Perfect, Present Perfect Continuous, Present Simple***

*slight resemblance between Mike and his cousin.*

**re·sem·ble** /rɪˈzembəl/ *v* [T] przypominać, być podobnym do: *She resembles her mother in many ways.*

**re·sent** /rɪˈzent/ *v* [T] **1** mieć pretensje do: *I've always resented my father for leaving the family.* **2** oburzać się na: *He resents being treated as a child.*

**re·sent·ful** /rɪˈzentfəl/ *adj* urażony, pełen urazy: *a resentful look*

**re·sent·ment** /rɪˈzentmənt/ *n* [U] uraza

**res·er·va·tion** /ˌrezəˈveɪʃən/ *n* **1** [C] rezerwacja: **make a reservation** *Have you made reservations at the restaurant yet?* **2** [C,U] zastrzeżenie: **have reservations** *I still have reservations about promoting her.*

R

**re·serve¹** /rɪˈzɜːv/ *v* [T] za/rezerwować: *I'd like to reserve a table for 8:00.* | **+ for** *a parking space reserved for the disabled*

**reserve²** *n* **1** [C] zapas, rezerwa: *Water reserves are dangerously low.* **2** [U] powściągliwość, rezerwa: *His natural reserve made it difficult to know what he really thought.* **3** [C] rezerwat: *a nature reserve*

**re·served** /rɪˈzɜːvd/ *adj* **1** powściągliwy: *a cool, reserved young man* **2** zarezerwowany: *This table is reserved.*

**res·er·voir** /ˈrezəvwɑː/ *n* [C] **1** zbiornik **2** zasoby: *a reservoir of oil beneath the desert*

**re·shuf·fle** /riːˈʃʌfəl/ *n* [C] przetasowanie: *a cabinet reshuffle*

**res·i·dence** /ˈrezədəns/ *n formal* **1** [C] rezydencja: *a private residence* **2** [U] pobyt: **take up residence somewhere** (=zamieszkać gdzieś)

**res·i·dent** /ˈrezədənt/ *n* [C] **1** mieszkaniec/nka: *a park for local residents* **2** *AmE* lekarz stażysta (*w szpitalu*)

**res·i·den·tial** /ˌrezəˈdenʃəl◂/ *adj* mieszkaniowy: *a residential area*

**res·i·due** /ˈrezədjuː/ *n* [C] pozostałość: *an oily residue*

**re·sign** /rɪˈzaɪn/ *v* [I,T] **1** ustąpić, z/rezygnować (z): **+ from** *Burton resigned from the company yesterday.* **2 resign yourself to (doing) sth** po/godzić się z czymś: *I've resigned myself to living in the city for a while.*

**res·ig·na·tion** /ˌrezɪgˈneɪʃən/ *n* **1** [C,U] rezygnacja, dymisja: **hand in your resignation** (=złożyć rezygnację) **2** [U] rezygnacja: *She accepted her fate with resignation.*

**re·signed** /rɪˈzaɪnd/ *adj* zrezygnowany

**res·in** /ˈrezən/ *n* [U,C] żywica

**re·sist** /rɪˈzɪst/ *v* [I,T] opierać się, stawiać opór: *Residents were ordered to leave the area, but they resisted.* | *British troops could not resist the attack any longer.* | **resist doing sth** *I couldn't resist* (=nie mogłem się oprzeć) *trying to see who the letter was from.*

**re·sist·ance** /rɪˈzɪstəns/ *n* **1** [U] opór, sprzeciw: **+ to** *There is strong public resistance to the new taxes.* | **put up resistance** (=stawiać opór): *The rebels put up fierce resistance against the army.* **2 the resistance** ruch oporu: *the French resistance* **3** [U] *technical* oporność

**re·sis·tant** /rɪˈzɪstənt/ *adj* **1** odporny: *a fire-resistant cover* **2** przeciwny: *people who are resistant to change*

**res·o·lute** /ˈrezəluːt/ *adj formal* stanowczy, zdecydowany

**res·o·lu·tion** /ˌrezəˈluːʃən/ *n* **1** [C] rezolucja, uchwała: *a United Nations resolution* **2** [U singular] rozwiązanie: *a peaceful resolution to the crisis* **3** [C] postanowienie: *I made a New Year's resolution to stop smoking.* **4** [U] *formal* stanowczość, zdecydowanie

**re·solve¹** /rɪˈzɒlv/ *v* **1** [T] rozwiązywać: *efforts to resolve the conflict in the Middle East* **2** [I,T] *formal* postanawiać: *He resolved to leave the country as soon as possible.*

**resolve²** *n* [U] *formal* zdecydowanie

**re·sort¹** /rɪˈzɔːt/ *n* **1** [C] kurort, miejscowość wypoczynkowa: *a beach resort* **2 as a last resort** w ostateczności: *I*

*could borrow the money off my parents, but only as a last resort.*

**resort²** *v*

**resort to** sth *phr v* [T] uciekać się do: *They may have to resort to court action.*

**re·source** /rɪ'zɔːs/ *n* [C usually plural] surowce, zasoby: *South Africa's vast natural resources*

**re·source·ful** /rɪ'zɔːsfəl/ *adj* pomysłowy, zaradny —**resourcefulness** *n* [U] pomysłowość, zaradność

**re·spect¹** /rɪ'spekt/ *n* **1** [U] szacunek, poważanie: **+ for** *I have great respect for her as a writer.* | *He ought to show more respect for authority.* ➞ antonim DISRESPECT **2** [U] poszanowanie: *countries where there is no respect for basic human rights* **3 in one respect/in many respects** pod pewnym względem/pod wieloma względami: *In some respects, José is right.* **4 with (all due) respect** *spoken formal* z całym szacunkiem: *With all due respect, that is not the point.* **5 with respect to/in respect of** *formal* odnośnie, w nawiązaniu do: *With respect to your question about jobs, all our positions are filled.* ➞ patrz też SELF-RESPECT

**respect²** *v* [T] **1** szanować, poważać: *The students like and respect him.* **2** liczyć się z, respektować: *I promise to respect your wishes.* **3** przestrzegać: *The President is expected to respect the constitution.*

**re·spec·ta·ble** /rɪ'spektəbəl/ *adj* **1** porządny, przyzwoity: *a respectable middle-class family* **2** porządny: *Do I look respectable?* **3** przyzwoity: *a respectable score*

**re·spect·ed** /rɪ'spektɪ̈d/ *adj* szanowany, poważany: *a highly respected political leader*

**re·spect·ful** /rɪ'spektfəl/ *adj* pełen szacunku ➞ antonim DISRESPECTFUL —**respectfully** *adv* z szacunkiem

**re·spec·tive** /rɪ'spektɪv/ *adj* poszczególny: *two sisters and their respective husbands* (=i ich mężowie) | *They went their respective ways* (=poszli każdy w swoją stronę). —**respectively** *adv* odpowiednio: *The dollar and yen rose by 2% and 3% respectively.*

**res·pi·ra·tion** /ˌrespɪ̈'reɪʃən/ *n* [U] *technical* oddychanie ➞ patrz też ARTIFICIAL RESPIRATION — **respiratory** /rɪ'spɪrətəri/ *adj* oddechowy

**re·spond** /rɪ'spɒnd/ *v* [I] **1** za/reagować: *The US responded by sending in food and medical supplies.* | *She is responding well to the drugs.* **2** odpowiadać: *How did he respond to your question?*

**re·sponse** /rɪ'spɒns/ *n* [C,U] odpowiedź, reakcja: *There was still no response from him.* | **in response to** (=w odpowiedzi na): *I am writing in response to your advertisement.*

**re·spon·si·bil·i·ty** /rɪˌspɒnsɪ̈'bɪlɪ̈ti/ *n* [C,U] odpowiedzialność: *Parents have a responsibility to see that their children attend school.* | *She wanted a job with more responsibility.*

**re·spon·si·ble** /rɪ'spɒnsɪ̈bəl/ *adj* odpowiedzialny: *a responsible young man* | *a responsible job* | **+ for** *the man responsible for the Oklahoma bombing* | *She's responsible for the day-to-day running of the department.*

**re·spon·si·bly** /rɪ'spɒnsɪ̈bli/ *adv* odpowiedzialnie: *Can I trust you to behave responsibly while I'm gone?*

**re·spon·sive** /rɪ'spɒnsɪv/ *adj* **be responsive to** reagować na: *We try to be responsive to the needs of the customer.*

**rest¹** /rest/ *n* **1 the rest** reszta: *What shall I do with the rest of the pizza?* | *Most of the tourists were German. The rest were American or Japanese.* **2** [C,U] odpoczynek: *I need to get some rest.* **3 put/set sb's mind at rest** uspokoić kogoś **4 come to rest** zatrzymać się: *A truck went off the road and came to rest at the bottom of the hill.* **5 at rest** *formal* w spoczynku: *the mass of an object at rest*

**rest²** *v* **1** [I] odpoczywać: *Can I rest for a few minutes? I'm feeling tired.* **2 rest your legs/eyes** dać odpocząć nogom/oczom **3** [T] opierać: *The baby rested its head on my shoulder.* **4 rest on your laurels** spocząć na laurach

**rest on/upon** sth *phr v* [T] *formal* opierać się na: *The whole case rests on his evidence.*

R

**res·tau·rant** /ˈrestərɒnt/ *n* [C] restauracja: *They had dinner in an Italian restaurant in Soho.*

**rest·ful** /ˈrestfəl/ *adj* spokojny: *We spent a restful evening watching television.*

**rest·less** /ˈrestləs/ *adj* **1** niespokojny, nerwowy: *The children are getting restless.* **2 get restless** zaczynać się niecierpliwić: *After eight years in the same job you start to get restless.* —**restlessly** *adv* niespokojnie —**restlessness** *n* [U] niepokój

**re·store** /rɪˈstɔː/ *v* [T] **1** odnawiać, wy/remontować: *He likes restoring old cars.* | *He makes his living restoring old buildings.* **2** przywracać: *The game helped restore his confidence.* | **restore order/peace** (=przywracać porządek/pokój) **3** *formal* zwracać: *The jewels were restored to their rightful owners.* —**restoration** /ˌrestəˈreɪʃən/ *n* [C,U] odbudowa: *the restoration of a 15th century church*

R

**re·strain** /rɪˈstreɪn/ *v* [T] **1** powstrzymywać: *He had to be physically restrained by the other players.* **2** za/hamować: *efforts to restrain inflation*

**re·strained** /rɪˈstreɪnd/ *adj* powściągliwy: *a typically restrained performance*

**re·straint** /rɪˈstreɪnt/ *n* **1** [U] umiar, powściągliwość: *The police showed great restraint.* **2** [C,U] ograniczenie: *financial restraints*

**re·strict** /rɪˈstrɪkt/ *v* [T] **1** ograniczać: *new laws to restrict the sale of guns* **2 restrict yourself to sth** ograniczać się do czegoś: *Can you restrict yourself to discussing the main topic?*

**re·strict·ed** /rɪˈstrɪktɪd/ *adj* ograniczony: *a restricted diet* | **+ to** *The sale of alcohol is restricted to people over the age of 21.* | **restricted area** (=teren zamknięty)

**re·stric·tion** /rɪˈstrɪkʃən/ *n* [C,U] ograniczenie, restrykcja: **+ on** *There's no restriction on how many tickets you can buy.* | **without restriction** (=bez ograniczeń): *freedom to travel without restriction*

**re·stric·tive** /rɪˈstrɪktɪv/ *adj* restrykcyjny: *restrictive trade policies*

**rest·room** /ˈrestrʊm/ *n* [C] *AmE* toaleta

**re·struc·ture** /ˌriːˈstrʌktʃə/ *v* [T] z/restrukturyzować —**restructuring** *n* [U] restrukturyzacja

**re·sult¹** /rɪˈzʌlt/ *n* **1** [C,U] skutek, rezultat: **as a result of** (=na skutek/w wyniku): *She feels much better as a result of the treatment.* | **with the result (that)** *We arrived a few minutes late, with the result that* (=przez co) *we missed our train.* | **be the result of** *His death was the result of* (=była spowodowana) *years of drug abuse.* **2** [C] wynik, rezultat: *What was the result of the England-Italy game?* | *a disastrous result for the Republicans* **3** [C] wynik: *When will I have the results of my blood test?*

**result²** *v* [I] **result from** wynikać z, być wynikiem: *changes in society that have resulted from the use of computers*

**result in** sth *phr v* [T] s/powodować, do/prowadzić do: *a fire that resulted in the death of two children*

**re·sume** /rɪˈzjuːm/ *v* [I,T] *formal* wznawiać, podejmować (na nowo): *She hopes to resume her duties soon.* —**resumption** /rɪˈzʌmpʃən/ *n* [U singular] wznowienie

**rés·u·mé** /ˈrezjʊmeɪ/ *n* [C] *especially AmE* życiorys

**res·ur·rec·tion** /ˌrezəˈrekʃən/ *n* **1 the Resurrection** Zmartwychwstanie **2** [U] odrodzenie (się): *the resurrection of the British film industry*

**re·sus·ci·tate** /rɪˈsʌsɪteɪt/ *v* [T] reanimować —**resuscitation** /rɪˌsʌsɪˈteɪʃən/ *n* [U] reanimacja

**re·tail** /ˈriːteɪl/ *n* [U] sprzedaż detaliczna, detal: *Retail profits went up by over 50%.* → porównaj WHOLESALE

**re·tain** /rɪˈteɪn/ *v* [T] zachowywać, zatrzymywać: *The town had retained much of its old charm.*

**re·take** /ˌriːˈteɪk/ *v* [T] *BrE* **retake an exam** zdawać egzamin poprawkowy

**re·tal·i·ate** /rɪˈtælieɪt/ *v* [I] brać/wziąć odwet: *The police retaliated by firing tear gas grenades.* —**retaliation** /rɪˌtæli-

ˈeɪʃən/ *n* [U] odwet —**retaliatory** /rɪˈtæliətəri/ *adj* odwetowy: *retaliatory action*

**re·tard·ed** /rɪˈtɑːdəd/ *adj* niedorozwinięty, opóźniony w rozwoju

**re·think** /ˌriːˈθɪŋk/ *v* [T] przemyśleć ponownie

**ret·i·cent** /ˈretəsənt/ *adj* **be reticent about** mało mówić o: *Bryn is reticent about his part in the war.* —**reticence** *n* [U] małomówność

**ret·i·na** /ˈretənə/ *n* [C] siatkówka (*oka*)

**re·tire** /rɪˈtaɪə/ *v* [I] przechodzić na emeryturę: *Barney wants to retire next year.*

**re·tired** /rɪˈtaɪəd/ *adj* emerytowany: *a retired police officer*

**re·tire·ment** /rɪˈtaɪəmənt/ *n* **1** [C,U] odejście na emeryturę: *a party for Bill's retirement* **2** [U singular] emerytura: *a long and happy retirement*

**re·tort** /rɪˈtɔːt/ *v* [T] odparować: *"It's easy for you to say that!" he retorted.* —**retort** *n* [C] riposta

**re·tract** /rɪˈtrækt/ *v* [T] wy/cofać: *He later retracted his confession.*

**re·train·ing** /riːˈtreɪnɪŋ/ *n* [U] przekwalifikowanie

**re·treat¹** /rɪˈtriːt/ *v* [I] wycofywać się: *The British retreated to the beaches of Dunkirk.* | *She retreated into the kitchen at the first sign of an argument.*

**retreat²** *n* **1** [C,U] odwrót, wycofanie (się): *Napoleon's retreat from Moscow* **2** [U singular] ucieczka: **beat a retreat** (=uciec): *They beat a hasty retreat back to the house.* **3** [C] zacisze: *a weekend retreat* **4** [C,U] wycofanie się: *a retreat from the government's earlier promises*

**re·trieve** /rɪˈtriːv/ *v* [T] odnaleźć, odzyskać: *I retrieved my suitcase from the hall cupboard.*

**ret·ro·spect** /ˈretrəspekt/ *n* **in retrospect** z perspektywy czasu: *In retrospect, it was the wrong time to leave my job.*

**re·turn¹** /rɪˈtɜːn/ *v* **1** [I] wracać, powracać: *Caesar returned to Rome.* | *She didn't return until after 8 o'clock.* | *Next morning, the pain had returned.* | *Does Kate plan to return to work after the baby is born?* | **return to normal** (=wracać do normalności): *Everything will soon return to normal.* **2** [T] zwracać, oddawać, odsyłać: *The letter was returned unopened.* **3** [T] odwzajemniać: *She doesn't return his feelings.* | **return sb's call** (=oddzwonić) **4 return a verdict** wydać werdykt/orzeczenie

**return²** *n* **1** [singular] powrót: *The workers agreed on a return to work.* | *Allen's return to film-making* | **on sb's return** *On his return to Japan* (=po powrocie do Japonii), *he began work on his first novel.* **2** [singular] zwrot: *a reward for the return of the stolen necklace* **3** [C,U] zysk: *He expects a big return on his shares.* **4** [U] klawisz "enter": *Key in your name and press return.* **5** [C] *BrE* bilet powrotny **6 in return (for)** w zamian (za): *She drives me to work, and in return I pay for her lunches.* **7 many happy returns** *BrE* wszystkiego najlepszego (z okazji urodzin)

**return vis·it** /.ˌ. ˈ../ *n* [C] rewizyta

**re·u·ni·fi·ca·tion** /riːˌjuːnəfəˈkeɪʃən/ *n* [U] zjednoczenie (*ponowne*): *German reunification*

**re·u·nion** /riːˈjuːnjən/ *n* [C,U] spotkanie, zjazd: *a college reunion*

**Rev.** skrót od REVEREND

**re·veal** /rɪˈviːl/ *v* [T] **1** wyjawiać, ujawniać: *Their affair was first revealed in a Sunday newspaper.* **2** odsłaniać: *The curtains went back to reveal the stage.*

**rev·e·la·tion** /ˌrevəˈleɪʃən/ *n* [C,U] rewelacja: *revelations about Charles and Diana's marriage*

**re·venge¹** /rɪˈvendʒ/ *n* [U] zemsta: **get/take/have your revenge** (=ze/mścić się): *When she found out that he had been unfaithful, she was determined to get her revenge.* —**revengeful** *adj* mściwy

**revenge²** *v* [T] **revenge yourself on sb** ze/mścić się na kimś → patrz też AVENGE

R

**rev·e·nue** /ˈrevənjuː/ *n* [U] *także* **revenues** [plural] dochody

**Rev·e·rend** /ˈrevərənd/ *adj* wielebny: *the Reverend John Larson*

**re·verse**[1] /rɪˈvɜːs/ *v* **1** [I,T] wy/cofać (się): *Someone reversed into the back of my car.* **2** **reverse the charges** *BrE* dzwonić na koszt rozmówcy

**reverse**[2] *n* **1** [U] *także* **reverse gear** bieg wsteczny: *Put the car in reverse.* **2** **the reverse** odwrotność, przeciwieństwo: *In fact, the reverse is true* (=jest dokładnie odwrotnie).

**reverse**[3] *adj* odwrotny, przeciwny: *The names were read out in reverse order.*

**re·vers·i·ble** /rɪˈvɜːsəbəl/ *adj* **1** odwracalny: *This decision may be reversible in the future.* **2** dwustronny: *a reversible coat*

R

**re·vert** /rɪˈvɜːt/ *v* **revert to sth** powracać do czegoś: *Leningrad reverted to its former name of St Petersburg.*

**re·view**[1] /rɪˈvjuː/ *n* **1** [C,U] przegląd: *an urgent review of safety procedures* **2** [C] recenzja: *The Water People has already received a lot of good reviews.*

**review**[2] *v* **1** [T] z/rewidować, poddawać rewizji: *The state is reviewing its education policy.* **2** [I,T] z/recenzować **3** [I,T] *AmE* powtarzać (*do egzaminu*)

**re·view·er** /rɪˈvjuːə/ *n* [C] recenzent/ka

**re·vise** /rɪˈvaɪz/ *v* **1** [T] z/rewidować, s/korygować: *They were forced to revise their plans.* **2** [T] poprawiać: *the revised edition of the book* **3** [I] *BrE* powtarzać (*do egzaminu*)

**re·vi·sion** /rɪˈvɪʒən/ *n* **1** [C,U] rewizja, korekta **2** [U] *BrE* powtórka (*przed egzaminem*)

**re·vi·tal·ize** /riːˈvaɪtəlaɪz/ (*także* **-ise** *BrE*) *v* [T] ożywiać: *attempts to revitalize the economy*

**re·vi·val** /rɪˈvaɪvəl/ *n* **1** [C,U] ożywienie: *the revival of interest in sixties music* | *hopes for an economic revival* **2** [C] wznowienie: *a revival of 'Oklahoma!'*

**re·vive** /rɪˈvaɪv/ *v* [I,T] **1** [T] wskrzeszać, ożywiać: *Old customs are being revived.* **2** [T] o/cucić: *The doctors were unable to revive him.* **3** [I,T] odrodzić (się): *She came back from her trip feeling revived.*

**re·volt**[1] /rɪˈvəʊlt/ *v* **1** [I] z/buntować się: **+ against** *In 1986 the people revolted against the government of President Marcos.* **2** [T] budzić odrazę: *I was revolted by what I saw.*

**revolt**[2] *n* [C,U] bunt, rewolta: *the Paris student revolt of May 1968*

**re·volt·ing** /rɪˈvəʊltɪŋ/ *adj* odrażający: *What a revolting smell!*

**rev·o·lu·tion** /ˌrevəˈluːʃən/ *n* **1** [C,U] rewolucja: *the Russian Revolution* | *a revolution in scientific thinking* | *the Industrial Revolution* **2** [C,U] obrót: *a wheel turning at a speed of 100 revolutions per minute*

**rev·o·lu·tion·a·ry**[1] /ˌrevəˈluːʃənəri◂/ *adj* rewolucyjny: *a revolutionary new treatment for cancer* | *a revolutionary army*

**revolutionary**[2] *n* [C] rewolucjonist-a/ka

**rev·o·lu·tion·ize** /ˌrevəˈluːʃənaɪz/ (*także* **-ise** *BrE*) *v* [T] z/rewolucjonizować: *The Internet has revolutionized the way people work.*

**re·volve** /rɪˈvɒlv/ *v* [I] obracać się: *The wheels began to revolve slowly.* —**revolving** *adj* obrotowy: *a revolving door*

**revolve around** sb/sth *phr v* [T] obracać się wokół: *Her life seems to revolve around her job.*

**re·volv·er** /rɪˈvɒlvə/ *n* [C] rewolwer

**re·vue** /rɪˈvjuː/ *n* [C] rewia

**re·vul·sion** /rɪˈvʌlʃən/ *n* [U] wstręt, odraza

**re·ward**[1] /rɪˈwɔːd/ *n* [C,U] nagroda: *A $25,000 reward is being offered for information leading to the arrest of the robbers.* ➡ porównaj AWARD[2]

> UWAGA **reward**
>
> Patrz **award**, **prize** i **reward**.

**reward**[2] *v* [T] wy/nagradzać: *He was finally rewarded for all his hard work.*

**re·ward·ing** /rɪˈwɔːdɪŋ/ *adj* satysfakcjonujący: *a rewarding job*

**re·wind** /riːˈwaɪnd/ *v* [I,T] przewijać (taśmę) (*do tyłu*)

**re·write** /ˌriːˈraɪt/ *v* [T] na/pisać od nowa, przerabiać: *Perhaps you ought to rewrite the first paragraph to make it a little clearer.*

**rhap·so·dy** /ˈræpsədi/ *n* [C] rapsodia

**rhet·o·ric** /ˈretərɪk/ *n* [U] retoryka: *Despite all the rhetoric, very little has been done to help the poor.* —**rhetorical** /rɪˈtɒrɪkəl/ *adj* retoryczny —**rhetorically** *adv* retorycznie

**rhetorical ques·tion** /.,... ˈ../ *n* [C] pytanie retoryczne

**rheu·ma·tis·m** /ˈruːmətɪzəm/ *n* [U] reumatyzm

**rhi·no·ce·ros** /raɪˈnɒsərəs/ *także* **rhi·no** /ˈraɪnəʊ/ *n* [C] nosorożec

**rhu·barb** /ˈruːbɑːb/ *n* [U] rabarbar

**rhyme**[1] /raɪm/ *v* **1** [I] rymować się: *'House' rhymes with 'mouse'.* **2** [T] z/rymować: *You can't rhyme 'box' with 'backs'.*

**rhyme**[2] *n* **1** [C] wierszyk, rymowanka → patrz też NURSERY RHYME **2** [C] rym: *I can't find a rhyme for "donkey".* **3** [U] rymowanie

**rhyth·m** /ˈrɪðəm/ *n* [C,U] rytm —**rhythmic** /ˈrɪðmɪk/ *adj* rytmiczny

**rib** /rɪb/ *n* [C] żebro

**rib·bon** /ˈrɪbən/ *n* **1** [C,U] wstążka: *She had a red ribbon in her hair.* **2** taśma (*do maszyny do pisania*)

**rice** /raɪs/ *n* [U] ryż

**rich** /rɪtʃ/ *adj* **1** bogaty: *a very rich man | a rich and powerful nation | a rich source of ideas |* **+ in** *a tiny island rich in wildlife* **2** kaloryczny: *a rich chocolate cake* **3 the rich** bogaci: *tax laws that benefit the rich* **4** głęboki: *a rich dark blue | the rich tone of a cello* **5** żyzny: *rich soil* —**richness** *n* [U] bogactwo

**rich·es** /ˈrɪtʃɪz/ *n* [plural] *literary* bogactwo

**rich·ly** /ˈrɪtʃli/ *adv* bogato: *The walls were richly decorated with marble.*

**rick·shaw** /ˈrɪkʃɔː/ *n* [C] riksza

**ric·o·chet** /ˈrɪkəʃeɪ/ *v* [I] odbijać się rykoszetem

**rid**[1] /rɪd/ *adj* **get rid of** pozbyć się: *Do you want to get rid of these old shirts? | I can't get rid of this cold. | She's worried that they want to get rid of her.*

**rid**[2] *v* **rid** *or* **ridded, rid, ridding**
**rid** sb/sth **of** sth *phr v* [T] uwolnić od: *efforts to rid the government of corruption*

**rid·dle** /ˈrɪdl/ *n* [C] zagadka: *I can't solve this riddle. | the riddle of Elise's death*

**ride**[1] /raɪd/ *v* [I,T] **rode, ridden** /ˈrɪdn/, **riding 1** jeździć (na), jechać (na): *Can you ride a bike? | Fiona rides* (=jeździ konno) *every weekend.* **2** *AmE* jeździć (*czymś*): *Fred rides the subway to work everyday.*

**ride**[2] *n* [C] jazda, przejażdżka: *Mick gave me a ride* (=podwiózł mnie) *to work.*

**rid·er** /ˈraɪdə/ *n* [C] **1** jeździec **2** rowerzyst-a/ka, motocyklist-a/ka

**ridge** /rɪdʒ/ *n* [C] grzbiet (*górski*): *the ridge along the Virginia-Kentucky border*

**rid·i·cule**[1] /ˈrɪdɪkjuːl/ *n* [U] kpiny: *She became an object of ridicule* (=stała się pośmiewiskiem).

**ridicule**[2] *v* [T] wyśmiewać, naśmiewać się z: *Darwin's theories were ridiculed.*

**ri·dic·u·lous** /rɪˈdɪkjʊləs/ *adj* śmieszny, absurdalny: *She looks ridiculous in those tight trousers. | What a ridiculous suggestion!* —**ridiculously** *adv* śmiesznie, absurdalnie: *ridiculously small*

**rid·ing** /ˈraɪdɪŋ/ *n* [U] jeździectwo, jazda konna

**rife** /raɪf/ *adj* **be rife** szerzyć się: *Corruption is rife.*

**ri·fle** /ˈraɪfəl/ *n* [C] strzelba, karabin

**rift** /rɪft/ *n* [C] **1** rozdźwięk: *a growing rift between the two countries* **2** szczelina skalna

**rig** /rɪg/ *n* [C] platforma wiertnicza

**rig·ging** /ˈrɪgɪŋ/ *n* [U] takielunek

**right**[1] /raɪt/ *adj* **1** dobry, poprawny: *Did you get the right answer? | Yes, you're right* (=masz rację) – *that's Bev's car in the driveway. |* **be right about** (=mieć rację co do): *You were right about the party – it*

*was awful.* **2** [only before noun] prawy: *Raise your right arm.* | *Make a right turn* (=skręć w prawo) *after the gas station.* **3** odpowiedni, właściwy: *We all agree that Carey is the right person for the job.* **4** słuszny: *I hope we've made the right decision.* | *Do you think I was right to report them to the police* (=myślisz, że słusznie postąpiłem, zgłaszając ich na policję)? **5 that's right** *spoken* zgadza się: *"Your mother's a teacher isn't she?" "Yes, that's right."* **6** *spoken* prawda?: *You wanted to go to the show, right?* ➡ patrz też ALL RIGHT[1]

**right**[2] *adv* **1** dokładnie: *The show started right on time.* | *He was standing right in front of* (=tuż przed) *our car.* **2 right now/away** zaraz, od razu: *I'll find the address for you right away.* **3 right now** w tej chwili **4** dobrze, poprawnie: *They didn't spell my name right.* **5** w prawo: *Turn right at the lights.* **6** całkiem: *Go right to the end of the road* (=aż do końca drogi). | *The bullet went right through* (=przebiła na wylot) *the car door.*

**right**[3] *n* **1** [C] prawo: *Women didn't have the right to vote until 1920.* | **+ to** *the right to free speech* | **have no right to do sth** *You have no right to interfere* (=nie masz prawa się wtrącać). **2** [singular] prawa strona: *Our house is on the right.* **3** [U] dobro: *You're old enough to know the difference between right and wrong.* **4 in his/her/its own right** sam/sama/samo w sobie: *San Jose is a city in its own right, not just a suburb of San Francisco.* **5 the right** prawica ➡ patrz też RIGHTS

**right an·gle** /ˈ. ˌ../ *n* [C] kąt prosty

**right·ful** /ˈraɪtfəl/ *adj* prawowity: *the property's rightful owner*

**right-hand** /ˈ. ./ *adj* prawy, prawostronny: *on the right-hand side* | *Make a right-hand turn* (=skręć w prawo).

**right-hand·ed** /ˌ. ˈ..◂/ *adj* praworęczny

**right·ly** /ˈraɪtli/ *adv* słusznie: *His opponents point out, quite rightly, that government money is taxpayers' money.*

**right of way** /ˌ. . ˈ./ *n* [U] pierwszeństwo (przejazdu)

**rights** /raɪts/ *n* [plural] **1** prawa: *laws that have gradually taken away workers' rights* | **equal rights** (=równouprawnienie): *equal rights for women* **2** prawa autorskie: *Several studios are bidding for the rights to Crichton's last book.* ➡ patrz też HUMAN RIGHTS, CIVIL RIGHTS

**right-wing** /ˌ. ˈ.◂/ *adj* prawicowy: *a right-wing newspaper* —**right-winger** *n* [C] prawicowiec —**right wing** *n* [singular] prawe skrzydło

**ri·gid** /ˈrɪdʒ$^{ɪ}_{ə}$d/ *adj* **1** surowy, ścisły: *the rigid discipline of army life* **2** sztywny: *a tent supported on a rigid frame* —**rigidly** *adv* sztywno, ściśle: *The laws were rigidly enforced.* —**rigidity** /rɪˈdʒɪd$^{ɪ}_{ə}$ti/ *n* [U] sztywność

**rig·or·ous** /ˈrɪgərəs/ *adj* szczegółowy, dokładny: *rigorous safety checks* —**rigorously** *adv* rygorystycznie

**rig·our** /ˈrɪgə/ *BrE*, **rigor** *AmE* *n* [U] ścisłość, dokładność: *the rigour of scientific methods*

**rim** /rɪm/ *n* [C] brzeg, obrzeże: *the rim of a cup* | *the rim of a wheel*

**rind** /raɪnd/ *n* [C,U] skórka: *a piece of lemon rind* | *cheese rind*

**ring**[1] /rɪŋ/ *n* [C] **1** pierścionek: *a wedding ring* (=obrączka) **2** krąg, pierścień: *The cottage was surrounded by a ring of trees.* **3** kółko: *a key ring* **4** szajka: *a drug ring* **5** dzwonek: *a ring at the door* **6 give sb a ring** *BrE* za/dzwonić do kogoś **7** ring: *a boxing ring*

**ring**[2] *v* **rang, rung, ringing 1** [I,T] za/dzwonić: *I rang the bell but there was no answer.* | *The telephone's ringing.* **2** [I,T] *BrE* za/dzwonić (do): *I rang you yesterday, but you weren't in.* **3 ring a bell** *informal* nie być (komuś) obcym: *Her name rings a bell* (=jej nazwisko nie jest mi obce), *but I can't remember her face.* **4 not ring true** nie brzmieć wiarygodnie: *His excuse didn't really ring true.*

**ring back** *phr v* [I,T **ring** sb **back**] *BrE* oddzwonić, zadzwonić jeszcze raz: *I'm busy just now. Could you ring back in an hour?*

**ring out** *phr v* [I] rozlegać się, rozbrzmiewać: *The sound of a shot rang out.*

**ring up** *phr v* [I,T **ring** sb ↔ **up**] za/dzwonić (do): *I'll ring him up and ask him.*

**ring**[3] *v* [T] **ringed, ringed, ringing 1** otaczać: *The police ringed the building.* **2** zakreślać: *My teacher ringed every mistake in red.*

**ring·lead·er** /ˈrɪŋˌliːdə/ *n* [C] prowodyr: *Police arrested the two ringleaders last night.*

**ring road** /ˈ. ./ *n* [C] *BrE* obwodnica

**rink** /rɪŋk/ *n* [C] *także* **ice rink** lodowisko

**rinse**[1] /rɪns/ *v* [T] o/płukać, s/płukać: *Rinse the lettuce in cold water.* | **rinse out sth** (=wypłukać coś): *He rinsed out a glass and poured himself a whisky.*

**rinse**[2] *n* **1 give sth a rinse** wypłukać coś: *I'll just give this shirt a quick rinse.* **2** [C,U] płukanka do włosów: *a blond rinse*

**ri·ot** /ˈraɪət/ *n* [C] rozruchy, zamieszki: *Rises in food prices caused riots and strikes.*

**rip**[1] /rɪp/ *v* **-pped, -pping 1** [I,T] po/drzeć (się): *Oh, no! I've just ripped my sleeve.* | *Don't pull the curtain too hard – it'll rip.* | **rip sth open** (=rozrywać coś): *Impatiently, Sue ripped the letter open.* **2** [T] zrywać: *He ripped off his clothes and jumped into the pool.*

**rip** sb **off** *phr v* [T] *spoken informal* zedrzeć skórę z: *That taxi driver tried to rip me off!*

**rip** sth ↔ **up** *phr v* [T] podrzeć: *Angrily, Fran ripped up her contract.*

**rip**[2] *n* [C] rozdarcie: *a rip in the tyre*

**ripe** /raɪp/ *adj* **1** dojrzały: *Those peaches don't look ripe yet.* **2 the time is ripe (for)** nadszedł czas (na): *The time is ripe for trade talks.* **3 live to a ripe old age** dożyć sędziwego wieku —**ripeness** *n* [U] dojrzałość

**rip·en** /ˈraɪpən/ *v* [I] dojrzewać: *Corn ripens quickly in the summer sun.*

**rip·off** /ˈrɪpɒf/ *n* [C] *spoken informal* zdzierstwo: *The drinks in the hotel bar are a ripoff!*

**rise**[1] /raɪz/ *v* [I] **rose, risen** /ˈrɪzən/, **rising 1** rosnąć, wzrastać: *World oil prices are rising.* | *The population has risen steadily since the 1950s.* | **rise by 10%/£500 etc** *Salaries rose by* (=wzrosły o) *10% last year.* ➡ antonim FALL[1] **2** wznosić się, podnosić się: *Smoke rose from the chimney.* | *Flood waters are still rising in parts of Missouri.* **3** wstawać: *Thornton rose to his feet and turned to speak to them.* **4** wzmagać się: *You could feel the excitement rising as we waited.* **5** wschodzić: *The sun rises at around 6 am.* ➡ antonim SET[1] **6** wznosić się, wyrastać: *Then they could see Mount Shasta rising in the distance.* **7 rise to the occasion/challenge** stanąć na wysokości zadania **8** *literary* *także* **rise up** powstać: *In 1917 the Russian people rose against the Czar.*

**rise**[2] *n* **1** [C] wzrost: **+ in** *a sudden rise in temperature* | *a rise in the cost of living* **2** [singular] **rise to power** dojście do władzy: *Stalin's rise to power* **3 give rise to** wywoływać: *The president's absence gave rise to rumours about his health.* **4** [C] wzniesienie: *a slight rise in the road* **5** [C] *BrE* podwyżka: *We got a 4% rise last year.*

**ris·er** /ˈraɪzə/ *n* **be an early/late riser** wcześnie/późno wstawać

**risk**[1] /rɪsk/ *n* **1** [C,U] ryzyko: *risks involved in starting a small business* | **+ of** *the risk of serious injury* | **+ that** *There is always the risk that someone may press the wrong button.* **2 take a risk/run the risk** za/ryzykować: *You'll be running the risk of getting caught.* **3 at risk** zagrożony: **+ from** *people at risk from AIDS* (=osoby zagrożone AIDS) **4 at your own risk** na własne ryzyko: *Customers may park here at their own risk.* **5** [C] zagrożenie: **health/fire/security risk** *The tire dump is a major fire risk.* | **+ to** *Polluted water supplies are a risk to public health.*

**risk**[2] *v* [T] za/ryzykować: *I'm not going to risk my life to save a cat!* | *He risked his parents' anger by marrying me.* | **risk doing sth** *I daren't risk leaving the children alone.*

**risk·y** /ˈrɪski/ *adj* ryzykowny: *a risky*

R

*financial investment* | *You drove too fast round that corner – it was a risky thing to do.*

**rite** /raɪt/ *n* [C] obrzęd, obrządek: *funeral rites*

**rit·u·al**[1] /ˈrɪtʃuəl/ *n* [C,U] obrzęd, obrządek: *church rituals* | *The children performed the bedtime ritual of washing and brushing their teeth.*

**ritual**[2] *adj* rytualny: *ritual dancing* —**ritually** *adv* rytualnie

**ri·val**[1] /ˈraɪvəl/ *n* [C] rywal/ka, konkurent/ka: *The two teams had always been rivals.* —**rival** *adj* konkurencyjny: *rival gangs*

**rival**[2] *v* [T] **-lled, -lling** *BrE*, **-led, -ling** *AmE* dorównywać: *The college has sports facilities that rival those of Yale or Harvard.*

R

**ri·val·ry** /ˈraɪvəlri/ *n* [C,U] rywalizacja, współzawodnictwo: *There has always been a kind of friendly rivalry between the two teams.*

**riv·er** /ˈrɪvə/ *n* [C] rzeka: *the River Nile* | *Let's go for a swim in the river.*

**riv·er·side** /ˈrɪvəsaɪd/ *n* [singular] brzeg rzeki: *riverside apartments*

**riv·et** /ˈrɪvət/ *v* **riveted to** przykuty do: *People sat riveted to their TVs during the trial.*

**riv·et·ing** /ˈrɪvətɪŋ/ *adj* pasjonujący: *a riveting movie*

**roach** /rəʊtʃ/ *n* [C] *AmE* karaluch

**road** /rəʊd/ *n* **1** [C,U] droga, ulica: *They're building a new road around the city centre.* | *Her address is 25 Park Road.* | **along/up/down the road** (=drogą): *The boys go to the school down the road.* | **across/over the road** (=po drugiej stronie ulicy): *Who lives in that house across the road?* | **main road** (=główna ulica) | **by road** (=samochodem): *the transportation of goods by road* **2 be on the road** być w trasie: *We've been on the road since 7:00 a.m.* **3 on the road to success/recovery** na drodze do sukcesu/wyzdrowienia

**road·block** /ˈrəʊdblɒk/ *n* [C] blokada drogi: *Two dangerous prisoners have escaped and the police are setting up roadblocks.*

**road·house** /ˈrəʊdhaʊs/ *n* [C] *AmE* zajazd

**road·side** /ˈrəʊdsaɪd/ *n* [singular] pobocze: *a roadside café* (=przydrożny bar)

**road·works** /ˈreʊdwɜːks/ *n* [plural] *BrE* roboty drogowe

**roam** /rəʊm/ *v* [I,T] włóczyć się (po): *Teenage gangs roamed the streets.*

**roar**[1] /rɔː/ *v* **1** [I] za/ryczeć: *We heard a lion roar in the distance.* **2** [I,T] ryknąć: *"Get out of here now!" he roared.*

**roar**[2] *n* [C] ryk: *a roar of laughter*

**roast**[1] /rəʊst/ *v* [I,T] u/piec, opiekać: *Roast the chicken for two hours.*

**roast**[2] *n* [C] pieczeń

**roast**[3] *adj* [only before noun] pieczony, opiekany: *roast beef* (=pieczeń wołowa)

**rob** /rɒb/ *v* [T] **-bbed, -bbing** **1** okradać, ob/rabować: *The two men were jailed for robbing a jeweller's.* **2 rob sb of sth** pozbawiać kogoś czegoś: *a failure that robbed him of his self-confidence*

| UWAGA **rob** |
|---|
| Patrz **steal** i **rob**. |

**rob·ber** /ˈrɒbə/ *n* [C] złodziej: *a bank robber*

**rob·ber·y** /ˈrɒbəri/ *n* [C,U] napad, rabunek: **armed robbery** (=napad z bronią w ręku): *They're in prison for armed robbery.*

**robe** /rəʊb/ *n* [C] **1** toga, szata: *a judge's robe* **2** *AmE* szlafrok

**rob·in** /ˈrɒbən/ *n* [C] rudzik

**ro·bot** /ˈrəʊbɒt/ *n* [C] robot: *industrial robots*

**ro·bust** /rəˈbʌst/ *adj* silny, krzepki: *a surprisingly robust 70-year-old* | *a robust structure*

**rock**[1] /rɒk/ *n* **1** [U,C] skała: *a tunnel cut through solid rock* | *Their ship was driven onto the rocks by the storm.* **2** [C] głaz, kamień **3** [U] *także* **rock music** rock, muzyka rockowa

**rock**[2] *v* **1** [I,T] kołysać (się): *Jane sat rocking the baby.* | *Waves were making the boat*

*rock.* **2** [T] wstrząsać: *a city rocked by violence*

**rock and roll** /ˌ.. ˈ./ *n* [U] rock and roll

**rock·e·ry** /ˈrɒkəri/ *n* [C] ogródek skalny

**rock·et**[1] /ˈrɒkəˌt/ *n* [C] rakieta: *a Soviet space rocket* | *anti-tank rockets*

**rocket**[2] *v* [I] skoczyć w górę: *The price of coffee has rocketed.* | **+ to** *a song that has rocketed to number one in the charts*

**rock·ing chair** /ˈ.. ./ *n* [C] fotel bujany

**rocking horse** /ˈ.. ./ *n* [C] koń na biegunach

**rock 'n' roll** /ˌrɒk ən ˈrəʊl/ *n* [U] rock and roll

**rocks** /rɒks/ *n* **be on the rocks** być w rozsypce (*o małżeństwie*)

**rock·y** /ˈrɒki/ *adj* skalisty: *the rocky coast of Maine*

**rod** /rɒd/ *n* [C] **1** pręt, kij **2 fishing rod** wędka

**rode** /rəʊd/ *v* czas przeszły od RIDE

**ro·dent** /ˈrəʊdənt/ *n* [C] gryzoń

**ro·de·o** /ˈrəʊdiəʊ/ *n* [C] rodeo

**roe** /rəʊ/ *n* [C,U] **1** *także* **hard roe** ikra **2** *także* **soft roe** mlecz

**role** /rəʊl/ *n* [C] rola: *Brendan will play the role of Romeo.* | **+ as** *the importance of her role as mother of the family* | **play a major/key role in** (=odgrywać ważną/kluczową rolę w): *companies that play a major role in the world's economy*

**role mod·el** /ˈ. ˌ../ *n* [C] wzór do naśladowania

**roll**[1] /rəʊl/ *v* **1** [I,T] po/kulać (się), po/toczyć (się): *The ball rolled across the lawn.* **2** [I] toczyć się: *Tears rolled down his cheeks.* | *The van was starting to roll backward.* **3** *także* **roll over** [I] przewracać się (*np. na drugi bok*) kulać się: *He rolled over onto his stomach.* | *Beth's dog had been rolling in the mud.* **4** [T] zwijać, skręcać: *Bob rolled another cigarette.* **5** [I] kołysać się: *The ship was starting to roll.* **6** *także* **roll out** [T] roz/wałkować: *Roll the pastry out.*

**roll in** *phr v* [I] *informal* napływać: *The money soon came rolling in.*

**roll up** *phr v* [T **roll** sth ↔ **up**] zwijać: *a rolled-up newspaper* | *Roll up* (=podwiń) *your sleeves.*

**roll**[2] *n* [C] **1** rolka: *a roll of toilet paper* **2** bułka **3** lista, wykaz: *the union membership roll* **4 a roll of thunder** grzmot

**roll call** /ˈ. ./ *n* [C,U] odczytanie listy obecności

**roll·er** /ˈrəʊlə/ *n* [C] **1** wałek, rolka: *The rollers under the armchair made it easy to move.* **2** wałek, lokówka: *She sleeps with her hair in rollers.*

**Rol·ler·blade** /ˈrəʊləˌbleɪd/ *n* [C] *trademark* łyżworolka ➡ **porównaj** ROLLER SKATE

**roller coast·er** /ˈ.. ˌ../ *n* [C] kolejka górska (*w wesołym miasteczku*)

**roller skate** /ˈ.. ˌ./ *n* [C] wrotka —**roller skate** *v* [I] jeździć na wrotkach

**roll·ing** /ˈrəʊlɪŋ/ *adj* falisty, pofalowany: *rolling hills*

**rolling pin** /ˈ.. ./ *n* [C] wałek do ciasta

**Ro·man**[1] /ˈrəʊmən/ *adj* rzymski: *the Roman Empire*

**Roman**[2] *n* [C] Rzymia-nin/nka

**Roman Cath·o·lic** /ˌ.. ˈ...◂/ *adj* rzymskokatolicki —**Roman Catholic** *n* [C] katoli-k/czka —**Roman Catholicism** /ˌ.. .ˈ..../ *n* [U] katolicyzm

**ro·mance** /rəʊˈmæns/ *n* **1** [C,U] romans: *a summer romance* | *She spends her time reading silly romances.* **2** [U] urok: *the romance of travelling to distant places*

**Roman nu·me·ral** /ˌ.. ˈ.../ *n* [C] cyfra rzymska

**ro·man·tic**[1] /rəʊˈmæntɪk/ *adj* romantyczny: *"Paul always sends me roses on my birthday." "How romantic!"* | *She enjoys romantic movies.* | *her romantic dreams of becoming a famous writer* —**romantically** *adv* romantycznie

**romantic**[2] *n* [C] romanty-k/czka

**roof** /ruːf/ *n* [C] *plural* **roofs** *or* **rooves** /ruːvz/ **1** dach: *The storm ripped the roof off our house.* **2** strop: *The roof of the tunnel suddenly collapsed.* **3** podniebienie: *the roof of the mouth*

**roof rack** /ˈ. ˌ./ [C] bagażnik (*na dachu*)

**roof·top** /ˈruːftɒp/ *n* [C] dach: *Beyond the rooftops she could see the bay.*

**rook** /rʊk/ *n* [C] gawron

**room** /ruːm, rʊm/ *n* **1** [C] pokój: *My brother was sleeping in the next room.* | *the living room* **2** [C] sala, pomieszczenie: *The meeting room is upstairs on your right.* **3** [U] miejsce: **+ for** *Is there room for my camera in your bag?* | **room to do sth** *There isn't much room to move around.* | **make room for** (=z/robić miejsce dla): *Would you please move along and make room for Jerry.*

> UWAGA **room**
>
> Patrz **place** i **room/space**.

R

**room·mate** /ˈruːmˌmeɪt, rʊm-/ *n* [C] współlokator/ka, współmieszka-niec/nka

**room ser·vice** /ˈ. ˌ../ *n* [U] obsługa kelnerska pokojów hotelowych

**room·y** /ˈruːmi/ *adj* przestronny: *a roomy car*

**roost** /ruːst/ *n* [C] grzęda

**roost·er** /ˈruːstə/ *n* [C] kogut

**root**[1] /ruːt/ *n* [C] **1** korzeń: *When you plant a rose bush, be careful not to damage the roots.* | *the root of a tooth* | *Jazz has its roots in African music.* **2** sedno: *Let's get to the root of this matter.* | **be/lie at the root of** (=leżeć u podłoża): *religious differences which lie at the root of the conflict* **3** cebulka: *the root of a hair* **4 take root** zakorzeniać się: *helping democracy take root* ➡ patrz też ROOTS, SQUARE ROOT

**root**[2] *v*

**root** sth ↔ **out** *phr v* [T] wykorzeniać: *Rascism cannot be rooted out without strong government action.*

**root·ed** /ˈruːtɪ̵d/ *adj* **rooted in** zakorzeniony w: *attitudes that are deeply rooted in religious tradition*

**rope**[1] /rəʊp/ *n* [C,U] sznur, lina: *They tied a rope around the dog's neck.*

**rope**[2] *v* [T] związywać: *The climbers were roped together for safety.*

**rope** sth ↔ **off** *phr v* [T] odgradzać sznurem: *Police roped off the area where the bomb was found.*

**ro·sa·ry** /ˈrəʊzəri/ *n* [C] różaniec

**rose**[1] /rəʊz/ *n* **1** [C] róża **2** [U] róż

**rose**[2] *v* czas przeszły od RISE

**ros·y** /ˈrəʊzi/ *adj* **1** różowy: *rosy cheeks* **2** obiecujący: *a rosy future* (=świetlana przyszłość)

**rot** /rɒt/ *v* [I,T] ze/psuć (się), z/gnić: *The vegetables were left to rot.* | *Too much sugar rots your teeth.*

**ro·ta·ry** /ˈrəʊtəri/ *adj* obrotowy: *the rotary movement of helicopter blades*

**ro·tate** /rəʊˈteɪt/ *v* [I,T] obracać (się): *The Earth rotates every 24 hours.* | *Rotate the handle to the right.*

**ro·ta·tion** /rəʊˈteɪʃən/ *n* **1** [C,U] obrót: *the rotation of the Earth on its axis* **2** rotacja: *We work in rotation* (=pracujemy na zmianę).

**rote** /rəʊt/ *n* [U] **learn sth by rote** na/uczyć się czegoś na pamięć

**ro·tor** /ˈrəʊtə/ *n* [C] wirnik

**rot·ten** /ˈrɒtn/ *adj* **1** zepsuty, zgniły: *rotten apples* **2** spróchniały: *rotten wood* **3** *informal* kiepski: *Betty is a rotten cook.*

**rough** /rʌf/ *adj* **1** nierówny, wyboisty: *Our jeep's good for travelling over rough ground.* **2** szorstki, chropowaty: *My skin feels rough and dry.* **3** przybliżony: *Can you give us a rough idea of the cost?* | *a rough draft* (=brudnopis) *of an essay* **4** brutalny: *You mustn't be too rough with her.* | *Ice hockey is a rough sport.* **5** niebezpieczny: *a rough part of the town* **6** trudny, ciężki: *She's had a rough couple of weeks at work.* **7** wzburzony: *a rough sea* **8 feel rough** źle się czuć —**roughness** *n* [U] szorstkość, chropowatość

**rough·age** /ˈrʌfɪdʒ/ *n* [U] błonnik

**rough·ly** /ˈrʌfli/ *adv* **1** w przybliżeniu: *Roughly 100 people came.* | *I worked out roughly how much it would cost.* **2** gwałtownie: *She pushed him away roughly.*

**rou·lette** /ruːˈlet/ *n* [U] ruletka

**round**[1] /raʊnd/ *adj* **1** okrągły: *a round table* | *her little round face* **2 in round figures/numbers** w zaokrągleniu

**round**[2] *adv, prep especially BrE* *także* **around 1** dookoła, wokół: *The wheel is still spinning round.* | *We sat round the fire.* | *The children gathered round to watch the magician.* **2** do tyłu: *I looked round* (=obejrzałem się) *to see who had come into the room.* | *Turn your chair round* (=odwróć krzesło) *the other way.* **3 round and round** w kółko: *We drove round and round but couldn't find the place.* **4 round about a)** około: *I'm expecting them round about 10 o'clock.* **b)** w okolicy: *There are lots of nice pubs round about.* → patrz też AROUND

**round**[3] *n* [C] **1** runda: *the latest round of peace talks* | *Tyson has made it to the third round.* **2** obchód: *The doctor is out on her rounds.* | *The postman starts his round at 6 am.* **3** kolejka: *I'll buy the first round of drinks.* **4** seria: *He let off a round of ammunition.*

**round**[4] *v* [T]

**round** sth ↔ **down** *phr v* [T] zaokrąglać (*w dół*): *round it down to £20*

**round** sb/sth ↔ **up** *phr v* [T] zbierać, spędzać: *Police rounded up 20 people for questioning.*

**round** sth **up** *phr v* [T] zaokrąglać (*w górę*)

**round·a·bout**[1] /ˈraʊndəbaʊt/ *adj* okrężny: *a roundabout route to avoid heavy traffic*

**roundabout**[2] *n* [C] *BrE* **1** rondo: *Turn left at the next roundabout.* **2** karuzela

**round·ed** /ˈraʊndɪ̵d/ *adj* zaokrąglony: *a knife with a rounded end*

**round-the-clock** /ˌ. . ˈ.◂/ *adj* całodobowy: *round-the-clock hospital care*

**round trip** /ˌ. ˈ./ *n* [C] podróż w obie strony —**round-trip** *adj AmE*: *a round-trip ticket* (=bilet powrotny)

**round·up** /ˈraʊndʌp/ *n* [C] **1** obława: *a roundup of criminal suspects* **2** skrót wiadomości

**rous·ing** /ˈraʊzɪŋ/ *adj* porywający: *a rousing speech*

**rout** /raʊt/ *v* [T] rozgromić: *The invading army was soon routed.*

**route** /ruːt/ *n* [C] **1** trasa, droga: *What is the shortest route from here to the station?* | *local bus routes* **2** droga: *Getting lots of money is not necessarily a route to happiness.*

**rou·tine**[1] /ruːˈtiːn/ *n* **1** [C,U] ustalony porządek: *Harry doesn't like any change in his daily routine.* **2** [C,U] rutyna **3** [C] układ, figura: *a dance routine*

**routine**[2] *adj* rutynowy: *a routine medical test* | *a few routine questions* | *routine jobs around the house* —**routinely** *adv* rutynowo

**rov·ing** /ˈrəʊvɪŋ/ *adj* [only before noun] wędrowny: *a roving reporter*

**row**[1] /rəʊ/ *n* **1** [C] rząd: *a row of houses* | *I sat in the front row.* **2 three/four in a row** trzy/cztery pod rząd: *We've lost four games in a row.*

**row**[2] /rəʊ/ *v* [I,T] wiosłować: *Slowly she rowed across the lake.* —**rowing** *n* [U] wioś- larstwo

**row**[3] /raʊ/ *n* [C] *BrE* **1** kłótnia, sprzeczka: **have a row** (=po/kłócić się): *Anna and her boyfriend are always having rows.* **2** [C] konflikt, kontrowersja: **+ over** *the row over government plans to cut benefit payments to single mothers*

**row house** /ˈrəʊ haʊs/ *n* [C] *AmE* szeregowiec

**rowing boat** /ˈrəʊɪŋ bəʊt/ *BrE*, **rowboat** /ˈrəʊbəʊt/ *AmE* *n* [C] łódź wiosłowa

**roy·al** /ˈrɔɪəl/ *adj* królewski: *the royal family* | *a royal palace*

**roy·al·ist** /ˈrɔɪəlɪ̵st/ *n* [C] rojalist-a/ka

**roy·al·ties** /ˈrɔɪəltiz/ *n* [plural] tantiemy

**roy·al·ty** /ˈrɔɪəlti/ *n* [U] rodzina królewska

**rub** /rʌb/ *v* **-bbed, -bbing 1** [I,T] trzeć, pocierać: *The stain should come out if you rub harder.* | *She woke up and rubbed* (=przetarła) *her eyes.* | **rub sth into/onto/over** (=wcierać w): *Can you rub some lotion on my back, please?* **2** [I,T] ocierać: *My shoes are rubbing my heels.* **3 don't rub it in!** *informal* nie przypominaj

R

mi!: *OK, there's no need to rub it in!* **4 rub sb up the wrong way** *informal* drażnić kogoś

**rub** sb/sth ↔ **down** *phr v* [T] wycierać: *Rub yourself down with a towel.* | *She rubbed the door down before painting it.*

**rub off** *phr v* **1** [I,T **rub** sth ↔ **off**] ścierać: *These pen marks won't rub off* (=nie dają się zetrzeć). **2 rub off on sb** udzielać się komuś: *Her positive attitude seemed to rub off on everyone.*

**rub** sth ↔ **out** *phr v* [T] wymazywać: *I'll have to rub it out and start again.*

**rub·ber**[1] /ˈrʌbə/ *n* **1** [U] guma: *The tyres were smooth where the rubber had completely worn away.* **2** [C] *BrE* gumka (*do mazania*)

**R**

**rubber**[2] *adj* gumowy: *rubber gloves*

**rubber band** /ˌ.. ˈ./ *n* [C] gumka, recepturka

**rub·bish** /ˈrʌbɪʃ/ *n* [U] *especially BrE* **1** śmieci: *Put the rubbish in the bin.* **2** *informal* bzdura: **a load of rubbish** *That programme was a load of rubbish.*

**rub·ble** /ˈrʌbəl/ *n* [U] gruz: *a pile of rubble*

**ru·by** /ˈruːbi/ *n* [C,U] rubin —**ruby** *adj* rubinowy

**ruck·sack** /ˈrʌksæk/ *n* [C] *BrE* plecak

**rud·der** /ˈrʌdə/ *n* [C] ster

**rud·dy** /ˈrʌdi/ *adj* rumiany: *a ruddy face*

**rude** /ruːd/ *adj* **1** niegrzeczny, grubiański: *a rude remark* | *Don't be so rude to your mother!* **2** nieprzyzwoity, wulgarny: *a rude joke* **3 a rude awakening** gwałtowne przebudzenie —**rudely** *adv* niegrzecznie —**rudeness** *n* [U] grubiaństwo

**ru·di·men·ta·ry** /ˌruːdəˈmentəri◂/ *adj formal* elementarny: *a rudimentary knowledge of Chinese*

**ru·di·ments** /ˈruːdəmənts/ *n* [plural] *formal* podstawy: *They know the rudiments of grammar.*

**ruf·fle** /ˈrʌfəl/ *v* [T] na/stroszyć, z/wichrzyć: *The wind ruffled his hair.* | *The bird ruffled up its feathers.*

**rug** /rʌg/ *n* [C] **1** dywanik → porównaj CARPET **2** *BrE* pled

**rug·by** /ˈrʌgbi/ *n* [U] rugby

**ru·in**[1] /ˈruːən/ *v* [T] **1** ze/psuć, z/niszczyć: *Her behaviour ruined the party.* | *On no! My dress is completely ruined.* **2** z/rujnować: *He had been ruined in the Depression of the '30s.*

> **UWAGA ruin**
>
> Patrz **destroy** i **spoil/ruin**.

**ruin**[2] *n* **1** [U] ruina, upadek: **fall into ruin** (=popadać w ruinę): *The old barn has fallen into ruin.* **2 be in ruins** być w gruzach: *The country's economy is in ruins.* **3** [U] ruina: *financial ruin* **4** [C] *także* **ruins** [plural] ruiny: *the ruins of the Artemis temple*

**rule**[1] /ruːl/ *n* **1** [C] zasada, przepis: *Do you know the rules of the game?* | **break a rule** *Well, that's what happens if you break the school rules.* | **against the rules** (=wbrew przepisom): *It's against the rules to pick up the ball.* **2** [U] rządy, panowanie: *At that time Vietnam was under French rule.* **3** [C] reguła: *the rules of grammar* **4 the rule** reguła: *Not having a television is the exception rather than the rule.* **5 as a (general) rule** z reguły: *As a rule, I try to drink a litre of mineral water a day.*

**rule**[2] *v* **1** [I,T] panować: *The King ruled for 30 years.* **2** [I,T] orzekać: **+ that** *The judge ruled that the baby should live with his father.* **3** [T] z/dominować: *Don't let your job rule your life.*

**rule** sth/sb ↔ **out** *phr v* [T] wykluczać: *We can't rule out the possibility that he may have left the country.*

**rul·er** /ˈruːlə/ *n* [C] **1** wład-ca/czyni **2** linijka

**rul·ing**[1] /ˈruːlɪŋ/ *n* [C] orzeczenie: *the Supreme Court's ruling on the case*

**ruling**[2] *adj* panujący, rządzący: *the ruling class*

**rum** /rʌm/ *n* [C,U] rum

**rum·ble** /ˈrʌmbəl/ *v* [I] dudnić: *Thunder rumbled* (=zagrzmiało) *in the distance.* | *My stomach was rumbling* (=burczało mi w brzuchu), *I was so hungry.*

**rum·mage** /ˈrʌmɪdʒ/ *v* [I] grzebać, szperać: *Kerry was rummaging through a drawer looking for a pen.*

**rummage sale** /ˈ... / *n* [C] *AmE* wyprzedaż rzeczy używanych

**ru·mour** /ˈruːmə/ *BrE*, **rumor** *AmE n* [C,U] pogłoska, plotka: *There are rumours that the President may have to resign.* | *At the moment, the reports are nothing more than rumour.*

**ru·moured** /ˈruːməd/ *BrE*, **rumored** *AmE adj* **it is rumoured that ...** mówi się, że ..., chodzą słuchy, że ...: *It was rumoured that a magazine offered £10,000 for her story.*

**rump** /rʌmp/ *n* [C,U] zad

**run**[1] /rʌn/ *v*, **ran, run, running 1** [I] biec, biegać: *Some kids were running down the street.* | *If we run, we can still catch the bus.* | *Duncan's running in the marathon.* **2** [T] prowadzić: *My parents run their own business.* | *They run full-time and part-time courses of study.* **3** [I] jechać: *A car ran off the road* (=zjechał z drogi) *right here.* **4** [T] przesuwać: *She ran her fingers through her hair.* | *Run the highlighter over the chosen text.* **5** [I] chodzić, działać: *Dad left the engine running.* | **run on coal/petrol/batteries** (=działać na węgiel/benzynę/baterie) **6** [I] bicc, prowadzić: *The road runs along the coast.* **7** [I,T] płynąć: *Tears ran down her face.* | *Who left the water running?* | *I'm just running a bath* (=napuszczam wodę do wanny). **8** [T] uruchamiać: *You can run this software on any PC.* **9** [T] puszczać (*w telewizji*): *They ran the item on the 6 o'clock news.* **10** [T] o/publikować: *The magazine is running a series of features on European life.* **11 run smoothly/according to plan** iść gładko/według planu: *The tour guide helps to keep things running smoothly.* **12** [I] kandydować: **+ for** *He is running for President.* **13** [I] kursować, jeździć: *Subway trains run every 7 minutes.* **14** [I] iść (*o sztuce*) **+ for** *The play ran for two years.* **15** [T] utrzymywać: *I can't afford to run a car.* **16** [T] zawozić: *I'll run you home if you like.* **17** [I] puszczać, farbować: *Wash that shirt in cold water – otherwise the colours will run.* **18 sb is running short/low of sth** coś się komuś kończy: *I'm running short of money.* **19 run in the family** być cechą rodzinną **20 be running at** wynosić: *Inflation was running at 20% a year.*

**run across** sb/sth *phr v* [T] natknąć się na: *I ran across my old school photos the other day.*

**run after** sb/sth *phr v* [T] gonić, po/biec za: *She started to leave, but Smith ran after her.*

**run away** *phr v* [I] uciekać: *Kathy ran away from home at the age of 16.*

**run down** *phr v* **1** [T **run** sb ↔ **down**] potrącić: *A man was arrested for attempting to run down a police officer.* **2** [I,T **run** sth ↔ **down**] wyczerpać (się): *Don't leave it switched on – you'll run down the batteries.* **3** [T **run** sb ↔ **down**] s/krytykować: *Her boyfriend's always running her down.*

**run into** *phr v* [T] **1** [**run into** sb] *informal* spotykać (*przypadkiem*): *I run into her sometimes on campus.* **2 run into trouble/problems** napotykać trudności/problemy: *She ran into trouble when she couldn't get a work permit.* **3** [**run into** sb/sth] wpaść na, zderzyć się z: *He lost control and ran into another car.*

**run off** *phr v* [I] uciekać: *Our dog keeps running off.* | *Her husband ran off with his secretary.*

**run off with** *phr v* [T] [**run off with** sth] ukraść: *Looters smashed windows and ran off with TVs and videos.*

**run out** *phr v* **1** [T] zużyć, wyczerpać: **+ of** *We've run out of sugar* (=skończył nam się cukier). | *I'm running out of ideas* (=kończą mi się pomysły). **2** [I] s/kończyć się: *Time is running out.* | *My membership runs out in September.*

**run** sb/sth ↔ **over** *phr v* [T] przejechać (po): *I think you just ran over some broken glass.*

**run through** sth *phr v* [T] przejrzeć: *I'd like to run through the questions again before you start.*

R

**run up against** sth *phr v* [T] napotkać, spotkać się z: *The team ran up against tough opposition.*

**run²** *n* **1** [C] bieg, bieganie: *a five-mile run* | *He usually goes for a run* (=idzie sobie pobiegać) *before breakfast.* **2 in the short/long run** na krótką/dłuższą metę: *Wood is more expensive, but in the long run it's better value.* **3 be on the run** ukrywać się: *The criminal has been on the run for nearly two months.* **4 a run on sth** popyt na coś: *a run on swimwear in hot weather* **5 a run of good/bad luck** dobra/zła passa: *She has had a run of bad luck recently.* **6** [C] trasa: *a ski run* **7** [C] *AmE* oczko (*w rajstopach*)

R

**run·a·way¹** /ˈrʌnəweɪ/ *adj* [only before noun] **1** pędzący: *a runaway train* **2** spektakularny: *a runaway success*

**runaway²** *n* [C] uciekinier/ka

**run-down** /ˌ. ˈ.◂/ *adj* **1** zapuszczony, zaniedbany: *a run-down apartment block in Brooklyn* **2** osłabiony: *He's been feeling run-down lately.*

**rung¹** /rʌŋ/ *v* imiesłów bierny od RING

**rung²** *n* [C] szczebel: *the rungs of a ladder* | *I started on the bottom rung in the company.*

**run·ner** /ˈrʌnə/ *n* [C] **1** biegacz/ka: *a long-distance runner* **2** płoza

**runner-up** /ˌ.. ˈ./ *n* [C] *plural* **runners-up** zdobyw-ca/czyni drugiego miejsca

**run·ning¹** /ˈrʌnɪŋ/ *n* [U] bieg, bieganie: *a running track* | **go running** (=iść pobiegać): *Do you want to go running?*

**running²** *adj* **1 running water** bieżąca woda: *hot and cold running water* **2 a running commentary** komentarz na bieżąco/żywo

**running³** *adv* **three years/five times running** trzy lata/pięć razy z rzędu: *This is the fourth day running that it has rained.*

**run·ny** /ˈrʌni/ *adj informal* **1 have a runny nose** mieć katar **2** rzadki: *The sauce is far too runny.*

**run·way** /ˈrʌnweɪ/ *n* [C] pas startowy

**ru·ral** /ˈrʊərəl/ *adj* wiejski: *a peaceful rural setting* | *scenes from rural life* ➡ porównaj URBAN

**rush¹** /rʌʃ/ *v* **1** [I] śpieszyć się: *There's no need to rush – we have plenty of time.* | **rush into/along/from etc** *David rushed into the bathroom* (=wbiegł do łazienki). **2 rush to do sth** pośpiesznie coś zrobić: *Everyone was rushing to buy* (=wszyscy biegli kupować) *the new album.* **3** [T] natychmiast zabrać/wysłać: **rush sb/sth to/away etc** *We had to rush Helen to the hospital.* **4** [T] poganiać, poganiać: *Don't rush me – let me think.*

**rush into** sth *phr v* [T] po/śpieszyć się z: *He's asked me to marry him, but I don't want to rush into it.*

**rush²** *n* **1** [singular] pęd: **make a rush for sth** *We all made a rush for* (=rzuciliśmy się na) *the seats at the front.* **2** [U singular] pośpiech: *We have plenty of time. There's no rush.* | **be in a rush** (=śpieszyć się): *I can't stop – I'm in a rush.* **3 the Christmas rush** gorączka przedświątecznych zakupów **4** [C usually plural] sitowie

**rush hour** /ˈ. ./ *n* [C,U] godzina szczytu

**rust¹** /rʌst/ *n* [U] rdza

**rust²** *v* [I] za/rdzewieć: *The lock on the door had rusted.*

**rus·tle** /ˈrʌsəl/ *v* [I,T] za/szeleścić: *the sound of kids rustling ice-cream wrappers* —**rustle** *n* [singular] szelest

**rust·y** /ˈrʌsti/ *adj* zardzewiały: *rusty nails*

**rut** /rʌt/ *n* [C] koleina

**ruth·less** /ˈruːθləs/ *adj* bezwzględny: *a ruthless dictator* —**ruthlessly** *adv* bezwzględnie —**ruthlessness** *n* [U] bezwzględność

**rye** /raɪ/ *n* [U] żyto: *rye bread*

# Ss

**-'s** /z, s/ **1** forma ściągnięta od "is" lub "has": *What's* (=what is) *that?* | *He's* (=he has) *gone out.* **2** końcówka rzeczownika w dopełniaczu: *Bill is one of Jason's friends.* **3** forma ściągnięta od "us", używana tylko w połączeniu "let's": *Let's go* (=chodźmy)*!*

**S** skrót od SOUTH lub SOUTHERN

**Sab·bath** /ˈsæbəθ/ *n* **1 the Sabbath** sabat, szabas **2** Dzień Pański, niedziela

**sab·o·tage** /ˈsæbətɑːʒ/ *v* [T] **1** uszkodzić celowo: *The plane had been sabotaged and it exploded in mid-air.* **2** sabotować: *Mr Trimble denied he was trying to sabotage the talks.* —**sabotage** *n* [U] sabotaż: *deliberate acts of sabotage*

**sa·bre** /ˈseɪbə/ *BrE*, **saber** *AmE* *n* [C] szabla

**sac·cha·rin** /ˈsækərɪ̇n/ *n* [U] sacharyna

**sach·et** /ˈsæʃeɪ/ *n* [C] torebka, saszetka: *a sachet of shampoo*

**sack**[1] /sæk/ *n* **1** [C] worek: *a sack of potatoes* **2 get the sack** *BrE* zostać zwolnionym (z pracy): *If you're late again, you'll get the sack.* **3 give sb the sack** *BrE* zwolnić kogoś (z pracy)

**sack**[2] *v* [T] *BrE* zwalniać (z pracy): *Campbell was sacked for coming in drunk.*

**sac·ra·ment** /ˈsækrəmənt/ *n* [C] sakrament

**sa·cred** /ˈseɪkrɪ̇d/ *adj* święty: *In India the cow is a sacred animal.*

**sac·ri·fice**[1] /ˈsækrɪ̇faɪs/ *n* [C,U] **1** poświęcenie, wyrzeczenie: **make a sacrifice** *Her parents made a lot of sacrifices to give her a good education.* **2** ofiara: *It was common to make sacrifices to gods* (=powszechnie składano ofiary bogom) *to ensure a good harvest.*

**sacrifice**[2] *v* **1** [T] poświęcać: **sacrifice sth for sth** *It's not worth sacrificing your health for your job.* **2** [T] składać w ofierze

**sac·ri·lege** /ˈsækrɪ̇lɪdʒ/ *n* [C,U] świętokradztwo: *It would be sacrilege to demolish such a beautiful building.* —**sacrilegious** /ˌsækrɪ̇ˈlɪdʒəs◂/ *adj* świętokradczy

**sad** /sæd/ *adj* **-dder, -ddest 1** smutny: *Linda looks very sad today.* | *What a sad story!* | **+ that** *It was sad that Jane couldn't come with us.* | **be sad to do sth** *I liked my school, and I was sad to leave* (=smutno mi było wyjeżdżać). ➡ antonim HAPPY **2** przykry: *It's a sad state of affairs when a person isn't safe in her own home.* —**sadness** *n* [U] smutek

**sad·den** /ˈsædn/ *v* [T] *formal* zasmucać: *They were shocked and saddened by his death.*

**sad·dle**[1] /ˈsædl/ *n* [C] **1** siodło **2** siodełko

**saddle**[2] *także* **saddle up** *v* [T] o/siodłać

**sa·dis·m** /ˈseɪdɪzəm/ *n* [U] sadyzm —**sadist** *n* [C] sadyst-a/ka —**sadistic** /səˈdɪstɪk/ *adj* sadystyczny: *a sadistic boss* ➡ porównaj MASOCHISM

**sad·ly** /ˈsædli/ *adv* **1** smutno, ze smutkiem: *Jimmy nodded sadly.* **2** niestety: *Sadly, the concert was cancelled.*

**sae** /ˌes eɪ ˈiː/ *n* [C] *BrE* zaadresowana koperta ze znaczkiem

**sa·fa·ri** /səˈfɑːri/ *n* [C,U] safari

**safe**[1] /seɪf/ *adj* **1** bezpieczny: *I won't feel safe until the plane lands.* | *Have a safe trip!* | *She's one of the safest drivers I know.* | *Keep your passport in a safe place.* | **+ from** *The city is now safe from further attack.* | **safe and sound** (=cały i zdrowy): *Both children were found safe and sound.* | **safe to do sth** *Is it safe to swim here?* **2** pewny, bezpieczny: *Gold is a safe investment.* **3 just to be safe/to be on the safe side** tak na wszelki wypadek: *Take some extra money with you, just to be on the safe side.* **4 in safe hands** w dobrych rękach: *When the children are with my brother, I know they're in safe hands.* —**safely** *adv* bezpiecznie: *Drive safely!* | *Did the package arrive safely?*

**safe**[2] *n* [C] sejf

**safe·guard** /ˈseɪfgɑːd/ *n* [C] zabezpieczenie: *Copy the data as a safeguard against loss or damage.* —**safeguard** *v* [T]

S

o/chronić, zabezpieczać: *laws to safeguard endangered animals*

**safe·keep·ing** /ˌseɪfˈkiːpɪŋ/ *n* **for safekeeping** na przechowanie: *Put your important papers in the bank for safekeeping.*

**safe·ty** /ˈseɪfti/ *n* [U] bezpieczeństwo: *Hundreds of people were led to safety* (=zabrano w bezpieczne miejsce) *after the explosion.* | *road safety* | *There are fears for the safety of the hostages.*

**safety belt** /ˈ.. ./ *n* [C] pas bezpieczeństwa

**safety net** /ˈ.. ./ *n* [C] **1** zabezpieczenie: *the safety net of unemployment pay and pensions* **2** siatka asekuracyjna

**safety pin** /ˈ.. ./ *n* [C] agrafka

**safety valve** /ˈ.. ./ *n* [C] zawór bezpieczeństwa

S

**sag** /sæg/ *v* [I] **-gged, -gging** obwisać, uginać się: *The branches sagged under the weight of the snow.*

**sa·ga** /ˈsɑːgə/ *n* [C] saga

**Sa·git·tar·i·us** /ˌsædʒəˈteəriəs/ *n* [C,U] Strzelec

**said** /sed/ *v* czas przeszły i imiesłów bierny od SAY

**sail**[1] /seɪl/ *v* **1** [I,T] po/płynąć, pływać, żeglować: *We sailed along the coast of Alaska.* | *The captain sailed the ship safely past the rocks.* | *I'd like to learn how to sail.* **2** [I] wypływać: *What time do we sail?* **3** [I] po/szybować: *The ball sailed past the goalkeeper into the back of the net.*

**sail**[2] *n* **1** [C] żagiel: *a yacht with white sails* **2 set sail** wypływać: *The ship set sail at dawn.*

**sail boat** /ˈ. ./ *n* [C] żaglówka

**sail·ing** /ˈseɪlɪŋ/ *n* [U] żeglarstwo

**sail·or** /ˈseɪlə/ *n* [C] **1** żeglarz **2** marynarz

**saint** /seɪnt/ *n* [C] święt-y/a: *You're a real saint to help us like this.*

**sake** /seɪk/ *n* **1 for the sake of** przez wzgląd na, ze względu na: *Both sides are willing to take risks for the sake of peace.* **2 for sb's sake** przez wzgląd na kogoś, ze względu na kogoś: *She only stays with her husband for the children's sake.* **3 for goodness'/heaven's sake** *spoken* na miłość boską: *Why didn't you tell me, for heaven's sake?*

**sal·ad** /ˈsæləd/ *n* [C,U] **1** sałatka: *a salad of lettuce, tomatoes and cucumber* | *a large mixed salad* | *potato salad* **2** surówka

**sa·la·mi** /səˈlɑːmi/ *n* [C,U] salami

**sal·a·ry** /ˈsæləri/ *n* [C,U] pensja: *She earns a good salary.*

> UWAGA **salary i wage(s)**
>
> **Salary** to 'pensja' miesięczna, najczęściej wpłacana bezpośrednio na rachunek bankowy pracownika i liczona łącznie dla całego roku: *I'll pay you back at the end of the month when I get my salary.* | *She's on a salary of $23,000 a year.* 'Pensja' wypłacana raz na tydzień, zwykle gotówką, to **wages**: *He opened the envelope and counted his wages.*

**sale** /seɪl/ *n* **1** [C,U] sprzedaż: *The sale of alcohol to under-18s is forbidden.* **2 for sale** na sprzedaż: *Is this table for sale?* | **put sth up for sale** (=wystawić coś na sprzedaż): *They had to put their home up for sale.* **3** [C] wyprzedaż: *There's a great sale on at Macy's now.* **4 on sale a)** w sprzedaży **b)** na wyprzedaży: *Don's found a really good CD player on sale.*

**sales** /seɪlz/ *n* **1** [plural] sprzedaż: *Company sales were down 15% last year* (=sprzedaż spadła o 15%). **2** [U] dział sprzedaży: *Sally got a job as sales manager.*

**sales as·sis·tant** /ˈ. .ˌ../, **sales clerk** /ˈ. ./ *AmE n* [C] sprzedaw-ca/czyni, ekspedient/ka

**sales·man** /ˈseɪlzmən/, **sales·wom·an** /ˈseɪlzˌwʊmən/, **sales·per·son** /ˈseɪlzˌpɜːsən/ *n* [C] sprzedaw-ca/czyni: *a car salesman*

**sales rep·re·sen·ta·tive** /ˈ. ..ˌ.../ *także* **sales rep** /ˈ. ./ *n* [C] przedstawiciel handlowy

**sa·li·va** /səˈlaɪvə/ *n* [U] ślina

**salm·on** /ˈsæmən/ *n* [C,U] łosoś: *smoked salmon* | *a salmon river*

**sal·on** /ˈsælɒn/ *n* [C] **beauty salon** salon piękności, gabinet kosmetyczny

**sa·loon** /səˈluːn/ *n* [C] **1** saloon **2** *BrE* sedan: *a four-door saloon*

**salt¹** /sɔːlt/ *n* **1** [U] sól: *Add a pinch of salt* (=szczyptę soli) *to the mixture.* | *Could you pass me the salt, please.* **2 take sth with a pinch/grain of salt** podchodzić do czegoś z rezerwą, traktować coś z przymrużeniem oka

**salt²** *v* [T] po/solić —**salted** *adj* solony: *salted peanuts*

**salt³** *adj* **1** solony: *salt pork* **2** słony: *a salt lake* | *salt water*

**salt cel·lar** /ˈ. ˌ../ *BrE*, **salt shaker** *AmE* *n* [C] solniczka

**salt·wa·ter** /ˈsɔːltˌwɔːtə/ *adj* morski: *saltwater fish*

**salt·y** /ˈsɔːlti/ *adj* słony

**sa·lute¹** /səˈluːt/ *v* [I,T] za/salutować

**salute²** *n* [C] **1** honory (wojskowe) **2** salut: *a 21-gun salute*

**sal·vage¹** /ˈsælvɪdʒ/ *v* [T] ocalić, u/ratować: *Farmers are trying to salvage their wheat after the heavy rains.*

**salvage²** *n* [U] ratunek, ocalenie: *a salvage operation*

**sal·va·tion** /sælˈveɪʃən/ *n* [U] **1** zbawienie **2** ratunek, wybawienie: *Donations of food and clothing have been the salvation of the refugees.*

**same** /seɪm/ *adj, pron* **1 the same** ten sam: *They go to the same place for their vacation every summer.* | *Kim's birthday and Roger's are on the same day.* **2 the same** taki sam: **the same ... as** (=taki sam ... jak): *She does the same job as I do, but in a bigger company.* | **look/taste the same** (=wyglądać/smakować tak samo): *Classical music all sounds the same to me.* **3 at the same time** równocześnie: *How can you type and talk at the same time?* **4 the same old story/excuse** *informal* stara śpiewka: *It's the same old story – his wife didn't understand him.* **5 be in the same boat** jechać na tym samym wózku **6 same here** *spoken* ja też: *"I hate shopping malls." "Same here."*

**sam·ple¹** /ˈsɑːmpəl/ *n* [C] próbka: *Do you have a sample of your work?* | *free samples of a new shampoo* | *We asked a sample of 500 college students whether they had ever taken drugs.*

**sample²** *v* [T] **1** s/próbować: *We sampled several local cheeses.* **2** zakosztować: *Win a chance to sample the exotic nightlife of Paris!*

**san·a·to·ri·um** /ˌsænəˈtɔːriəm/ *także* **sanitarium** *n* [C] sanatorium

**sanc·tion¹** /ˈsæŋkʃən/ *n* **1** [U] zezwolenie: *The protest march was held without government sanction.* **2** [C] sankcja: *severe sanctions against those who avoid paying taxes* | *a call for sanctions against countries that use torture*

**sanction²** *v* [T] *formal* zatwierdzać, u/sankcjonować: *The UN refused to sanction the use of force.*

**sanc·tu·a·ry** /ˈsæŋktʃuəri/ *n* **1** [C,U] schronienie: *The rebel leader took sanctuary* (=schronił się) *in the French embassy.* **2** [C] rezerwat

**sand** /sænd/ *n* [U] piasek

**san·dal** /ˈsændl/ *n* [C] sandał: *a pair of leather sandals*

**sand·box** /ˈsændbɒks/ *n* [C] *AmE* piaskownica

**sand·cas·tle** /ˈsændˌkɑːsəl/ *n* [C] zamek z piasku

**sand dune** /ˈ. ./ *n* [C] wydma

**sand·pa·per** /ˈsændpeɪpə/ *n* [U] papier ścierny

**sand·pit** /ˈsændˌpɪt/ *BrE*, **sandbox** *AmE* *n* [C] piaskownica

**sand·stone** /ˈsændstəun/ *n* [U] piaskowiec

**sand·storm** /ˈsændstɔːm/ *n* [C] burza piaskowa

**sand·wich** /ˈsænwɪdʒ/ *n* [C] kanapka: *chicken sandwiches*

**sand·y** /ˈsændi/ *adj* piaszczysty: *a sandy beach* | *sandy soil*

**sane** /seɪn/ *adj* **1** zdrowy na umyśle, przy zdrowych zmysłach → antonim IN-

S

SANE **2** rozsądny: *a sane solution to a difficult problem*

**sang** /sæŋ/ *v* czas przeszły od SING

**san·i·tar·i·um** /ˌsænəˈteəriəm/ *n* [C] sanatorium

**san·i·ta·ry** /ˈsænətəri/ *adj* **1** sanitarny: *Workers complained about sanitary arrangements at the factory.* **2** higieniczny: *All food is stored under sanitary conditions.*

**sanitary tow·el** /ˈ.... ˌ../ *BrE*, **sanitary napkin** *AmE n* [C] podpaska

**san·i·ty** /ˈsænəti/ *n* [U] **1** zdrowy rozsądek: *I went away for the weekend to try and keep my sanity.* **2** zdrowie psychiczne: *He lost his sanity after his children were killed.*

**sank** /sæŋk/ *v* czas przeszły od SINK

**San·ta Claus** /ˈsæntə klɔːz/ *także* **Santa** *n* [singular] Święty Mikołaj

**sap·phire** /ˈsæfaɪə/ *n* [C,U] szafir

**sar·cas·m** /ˈsɑːkæzəm/ *n* [U] sarkazm: *"I'm glad you could make it," said Jim, with heavy sarcasm.*

**sar·cas·tic** /sɑːˈkæstɪk/ *adj* sarkastyczny: *Do you have to be so sarcastic?* —**sarcastically** *adv* sarkastycznie

**sar·dine** /sɑːˈdiːn/ *n* [C,U] sardynka

**sat** /sæt/ *v* czas przeszły i imiesłów bierny od SIT

**Sa·tan** /ˈseɪtn/ *n* [singular] szatan

**sa·tan·ic** /səˈtænɪk/ *adj* **1** sataniczny: *satanic rites* **2** szatański: *satanic laughter*

**satch·el** /ˈsætʃəl/ *n* [C] tornister

**sat·el·lite** /ˈsætəlaɪt/ *n* [C] satelita: *a broadcast coming in live by satellite from South Africa*

**satellite dish** /ˈ... ˌ./ *n* [C] antena satelitarna

**satellite tel·e·vi·sion** /ˌ... ˈ..../ *także* **satellite TV** *n* [U] telewizja satelitarna

**sat·in** /ˈsætən/ *n* [U] atłas, satyna

**sat·ire** /ˈsætaɪə/ *n* [C,U] satyra: *political satire* —**satirical** /səˈtɪrɪkəl/ *adj* satyryczny

**sat·is·fac·tion** /ˌsætəsˈfækʃən/ *n* **1** [C,U] zadowolenie, satysfakcja: *He looked around the room with satisfaction.* | *Both leaders expressed satisfaction with the talks.* **2 to sb's satisfaction** zadowalająco: *I'm not sure I can answer that question to your satisfaction.*

**sat·is·fac·to·ry** /ˌsætəsˈfæktəri◂/ *adj* **1** dostateczny: *The students are not making satisfactory progress.* **2** zadowalający: *a satisfactory result* —**satisfactorily** *adv* zadowalająco, dostatecznie

**sat·is·fied** /ˈsætəsfaɪd/ *adj* **1** zadowolony: **+ with** *Most of our customers are satisfied with the food we provide.* **2 satisfied (that)** przekonany, że: *I'm satisfied that he's telling the truth.*

**sat·is·fy** /ˈsætəsfaɪ/ *v* [T] **1** zadowalać: *She doesn't feel she works hard enough to satisfy her boss.* **2** przekonywać, upewniać: **satisfy sb that** *The evidence isn't enough to satisfy us that he's innocent.* **3** spełniać: *I'm afraid you haven't satisfied the college entrance requirements.*

**sat·is·fy·ing** /ˈsætəsfaɪ-ɪŋ/ *adj* zadowalający, satysfakcjonujący: *a satisfying career*

**sat·u·rate** /ˈsætʃəreɪt/ *v* [T] **1** nasycać, przesiąkać: *The rain saturated the soil.* **2 be saturated with sth** być nasyconym czymś: *The market is saturated with new products at the moment.* —**saturation** /ˌsætʃəˈreɪʃən/ *n* [U] nasycenie

**Sat·ur·day** /ˈsætədi/ skrót pisany **Sat.** *n* [C,U] sobota

**Sat·urn** /ˈsætən/ *n* [singular] Saturn

**sauce** /sɔːs/ *n* [C,U] sos: *spaghetti with tomato sauce*

**sauce·pan** /ˈsɔːspən/ *n* [C] rondel

**sau·cer** /ˈsɔːsə/ *n* [C] spodek

**sau·er·kraut** /ˈsaʊəkraʊt/ *n* [U] kapusta kiszona

**sau·na** /ˈsɔːnə/ *n* [C] sauna: *It's nice to have a sauna after swimming.*

**saus·age** /ˈsɒsɪdʒ/ *n* [C,U] kiełbasa: *beef sausages*

**sau·té** /ˈsəʊteɪ/ *v* [T] u/smażyć (*krótko, w niewielkiej ilości tłuszczu*)

**sav·age**[1] /ˈsævɪdʒ/ *adj* **1** brutalny: *savage fighting* | *a savage attack on the newspaper industry* **2** ostry, srogi: *savage*

*measures to control begging* —**savagely** *adv* brutalnie, ostro

**savage²** *n* [C] *old-fashioned* dzikus/ka

**sav·ag·e·ry** /ˈsævɪdʒəri/ *n* [U] bestialstwo

**save¹** /seɪv/ *v* **1** [T] u/ratować, ocalić: *The new speed limit should save more lives.* | **save sb/sth from** *Only three people were saved from the fire.* **2** [I,T] *także* **save up** oszczędzać, zaoszczędzić: *I'm saving up to buy a car.* | *Brian's saved $6,000 to put towards a new house.* **3** [T] zaoszczędzić: *We'll save time if we take a taxi.* | *If you could pick up the medicine, it would save me a trip to the pharmacy.* **4** [T] zachowywać, zostawiać (sobie): *Let's save the rest of the pie for later.* **5** [T] *także* **save** sth ↔ **up** zbierać: *She's saving foreign coins for her son's collection.* **6** [T] zajmować: *We'll save you a seat in the theatre.* **7** [I,T] zapisywać (*na dysku*): *Save all your files before shutting down the system.* **8** [T] o/bronić: *He saved three goals in the first half of the match.* ➡ patrz też **lose/save face** (FACE¹)

**save on** sth *phr v* [T] oszczędzać: *We turn the heat off at night to save on electricity.*

**save²** *n* [C] obrona (*gola*)

**sav·er** /ˈseɪvə/ *n* [C] oszczędzający-y/a

**sav·ing** /ˈseɪvɪŋ/ *n* **savings** [plural] oszczędności: *He has savings of over $150,000.* | *a savings account*

**savings and loan as·so·ci·a·tion** /ˌ... . ˈ. ....ˌ../ *n* [C] *AmE* kasa mieszkaniowa

**sa·viour** /ˈseɪvjə/ *BrE*, **savior** *AmE* *n* **1** [C] zbawca, wybawiciel: *The country is searching for some kind of economic saviour.* **2** **the/our Saviour** Zbawiciel

**sa·vour** /ˈseɪvə/ *BrE*, **savor** *AmE* *v* [T] rozkoszować się, delektować się: *Drink it slowly and savour every drop.*

**sa·vour·y** /ˈseɪvəri/ *BrE*, **savory** *AmE* *adj* pikantny: *a savoury snack* ➡ patrz też UNSAVOURY

**saw¹** /sɔː/ czas przeszły od SEE

**saw²** *n* [C] piła

**saw³** *v* [I,T] **sawed, sawed** *or* **sawn** /sɔːn/, **sawing** prze/piłować: *Dad was outside sawing logs.* | **+ off** *We decided to saw off* (=odpiłować) *the lower branches of the apple tree.*

**saw·dust** /ˈsɔːdʌst/ *n* [U] trociny

**saw·mill** /ˈsɔːmɪl/ *n* [C] tartak

**sax** /sæks/ *n* [C] *informal* saksofon

**sax·o·phone** /ˈsæksəfəʊn/ *n* [C] saksofon

**say¹** /seɪ/ *v* **said, said, saying** *3rd person singular, present tense* **says 1** [T] mówić, powiedzieć: *Tell her I said "hi".* | *I'm sorry, I didn't hear what you said.* | *Did she say what time to come?* | *What do the instructions say* (=co mówi instrukcja)? | *The clock said* (=wskazywał) *nine thirty.* | **+ (that)** *He said he'd call back.* | *The doctor says that I can't go home yet.* **2** [T] mówić, wyrażać: *His expression seems to say he's not at all pleased.* **3 to say the least** delikatnie mówiąc: *They weren't very friendly, to say the least.* **4 it goes without saying (that)** to oczywiste, że: *It goes without saying it will be a very difficult job.* **5 say to yourself** *spoken* powiedzieć sobie: *I was worried about it, but I said to myself, "You can do this."* **6** [T] *spoken* powiedzmy, że: *Say you were going to an interview. What would you wear?* **7 you don't say!** *spoken* co ty powiesz!

> UWAGA **say i tell**
>
> Nie należy mylić wyrazów **say** i **tell** w znaczeniu 'powiedzieć'. W przeciwieństwie do **say**, **tell** zawsze łączy się z rzeczownikiem lub zaimkiem oznaczajacym osobę, z którą się rozmawia: *He said he was tired.* | *He told me he was tired.* | *She said something.* | *She told me something.* Używając samego wyrazu **say**, możemy powiedzieć 'co' mówimy: *Please say something*, a jeśli chcemy powiedzieć 'do kogo' mówimy, musimy użyć przyimka **to**: *Say something to me.* Wyraz **tell** nie wymaga użycia **to** w tym znaczeniu: *What's the problem? Please tell me.* Patrz też **tell**.

**say²** *n* [U singular] **1** głos: *Members felt that they had no say* (=nie mieli nic do po-

wiedzenia) *in the proposed changes.* | **the final say** (=ostatnie słowo): *Who has the final say?* **2 have your say** wypowiedzieć się: *You'll all have the chance to have your say.*

**say·ing** /ˈseɪ-ɪŋ/ *n* [C] powiedzenie

**scab** /skæb/ *n* [C] strup

**scaf·fold** /ˈskæfəld/ *n* [C] **1** rusztowanie **2** szafot

**scaf·fold·ing** /ˈskæfəldɪŋ/ *n* [U] rusztowanie

**scald** /skɔːld/ *v* [T] poparzyć: *The coffee scalded his tongue.*

**scald·ing** /ˈskɔːldɪŋ/ *adj* gorący: *scalding water*

**scale**[1] /skeɪl/ *n* **1** [U singular] skala: **large/small scale** *a large/small scale project* | **on a grand scale** (=z rozmachem): *They have built their new house on a grand scale.* **2** [C usually singular] skala: *What scale do they use for measuring wind speed?* | *the Richter scale* | *On a scale from 1 to 10, I'd give it an 8.* **3** [C usually plural] waga: *kitchen scales* | *bathroom scales* (=waga łazienkowa) **4** [C] podziałka: *a ruler with a metric scale* | *a scale of 1 inch to the mile* **5** [C] gama (*w muzyce*): *to practise scales* **6** [C usually plural] łuska: *fish scales*

**scale**[2] *v* [T] wdrapywać się na, wspinać się na: *They scaled a 40-foot wall and escaped.*

**scalp**[1] /skælp/ *n* [C] skóra głowy, skalp

**scalp**[2] *v* [T] o/skalpować

**scal·pel** /ˈskælpəl/ *n* [C] skalpel

**scam·per** /ˈskæmpə/ *v* [I] po/truchtać: **+ in/out/off etc** *A mouse scampered into* (=czmychnęła do) *its hole.*

**scam·pi** /ˈskæmpi/ *n* [C] *BrE* krewetki panierowane: *scampi and chips*

**scan** /skæn/ *v* **-nned, -nning 1** [I,T] *także* **scan through** przeglądać: *I had a chance to scan through the report on the plane.* **2** [T] obserwować: *Lookouts were scanning the sky for enemy planes.* **3** [T] prześwietlać: *All luggage has to be scanned at the airport.* ➡ patrz też SCANNER

**scan·dal** /ˈskændl/ *n* [C,U] skandal: *a scandal involving several important politicians* | *Reporters are always looking for scandal and gossip.*

**scan·dal·ize** /ˈskændəl-aɪz/ (*także* **-ise** *BrE*) *v* [T] z/bulwersować: *a crime that has scandalized the entire city*

**scan·dal·ous** /ˈskændəl-əs/ *adj* skandaliczny: *scandalous behaviour*

**scan·ner** /ˈskænə/ *n* [C] *technical* skaner

**scant** /skænt/ *adj* niewielki: *After two weeks, they had made scant progress.*

**scant·y** /ˈskænti/ *adj* skąpy: *a scanty breakfast* | *scanty information* —**scantily** *adv* skąpo: *scantily dressed*

**scape·goat** /ˈskeɪpgəʊt/ *n* [C] kozioł ofiarny: *I was made the scapegoat for anything that went wrong.*

**scar**[1] /skɑː/ *n* **1** [C] blizna, szrama: *The operation left a terrible scar.* **2** [C usually plural] piętno: *Both countries bear the scars of last year's war.*

**scar**[2] *v* [T] **-rred, -rring 1 be scarred** mieć blizny: **be scarred for life** *The fire had left him scarred for life* (=na całe życie). **2** wywołać uraz: **scar sb for life** *Something like that would scar a kid for life.*

**scarce** /skeəs/ *adj* skąpy, niewystarczający: *Food is becoming scarce* (=zaczyna brakować jedzenia) *in the cities.*

**scarce·ly** /ˈskeəsli/ *adv* prawie wcale (nie): *She spoke scarcely a word* (=prawie ani słowa) *in English.* | *Their teaching methods have scarcely changed* (=prawie się nie zmieniły) *in the last 100 years.* | **can scarcely do sth** *Owen is really angry, and you can scarcely blame him* (=i trudno go za to winić).

**scar·ci·ty** /ˈskeəsəti/ *n* [C,U] niedostatek, niedobór: **+ of** *a scarcity of clean water and medical supplies*

**scare**[1] /skeə/ *v informal* [T] przestraszyć: *I didn't see you there – you scared me!*

**scare** sb/sth ↔ **off/away** *phr v* [T] s/płoszyć, odstraszać: *They lit fires to scare away the wild animals.*

**scare**[2] *n* **1** [singular] strach: **give sb a scare** (=napędzić komuś strachu): *She once gave her parents a big scare by walking*

*off with a stranger.* **2** [C] panika: *a bomb scare*

**scare·crow** /ˈskeəkrəʊ/ *n* [C] strach na wróble

**scared** /skeəd/ *adj* wystraszony, przestraszony: **be scared (that)** (=bać się, że): *We were scared that something terrible might happen.* | **be scared of** *She's always been scared of flying.* | **be scared stiff/scared to death** (=bać się śmiertelnie): *There was one teacher all the kids were scared stiff of.*

**scarf** /skɑːf/ *n* [C] *plural* **scarves** /skɑːvz/ *or* **scarfs** **1** szal, szalik **2** chusta, apaszka

**scar·let** /ˈskɑːlət/ *adj* jasnoczerwony

**scar·y** /ˈskeəri/ *adj informal* straszny: *a scary movie*

**scat·ter** /ˈskætə/ *v* **1** [T] po/rozrzucać: *He scatters his dirty clothes all over the bedroom floor!* **2** [I] rozbiegać się, rozpraszać się: *Guns started firing, and the crowd scattered in terror.* **3** [T] rozpędzać: *The loud noise scattered the birds.*

**scat·tered** /ˈskætəd/ *adj* **1** rozrzucony, rozproszony: *books scattered all over the room* **2** przelotny: *The weather forecast is for scattered showers.*

**sce·na·ri·o** /sə̇ˈnɑːriəʊ/ *n* [C] scenariusz: *The worst scenario would be if the college had to close.*

**scene** /siːn/ *n* [C] **1** scena: *She comes on in Act 2, Scene 3.* | *a love scene* | *Exciting things have been happening on the London music scene.* **2** obraz: *a peaceful country scene* **3** miejsce (*wypadku, zbrodni*): *Firefighters arrived at the scene within minutes.* | *the scene of the crime* **4** [usually singular] scena: *Sit down and stop making a scene!* **5 behind the scenes** za kulisami: *You have no idea what goes on behind the scenes.*

**sce·ne·ry** /ˈsiːnəri/ *n* [U] **1** krajobraz: *You should visit Norway – the scenery is magnificent!* **2** dekoracje (*w teatrze*)

| UWAGA **scenery** |
|---|
| Patrz **landscape** i **scenery**. |

**sce·nic** /ˈsiːnɪk/ *adj* malowniczy: *If you have time, take the scenic coastal route.*

**scent** /sent/ *n* **1** [C] woń, zapach: *the scent of roses* **2** [C,U] trop: *The fox had disappeared, but the dogs soon picked up the scent.* **3** [C,U] perfumy —**scented** *adj* perfumowany

**scep·tic** /ˈskeptɪk/ *BrE*, **skeptic** *AmE* *n* [C] scepty-k/czka

**scep·ti·cal** /ˈskeptɪkəl/ *BrE*, **skeptical** *AmE adj* sceptyczny: **+ about/of** (=co do): *Many scientists remain sceptical about the value of this research.*

**scep·ti·cis·m** /ˈskeptə̇sɪzəm/ *BrE*, **skepticism** *AmE n* [U] sceptycyzm: *scepticism about claims that there may be life on one of Saturn's moons*

**sched·ule**[1] /ˈʃedjuːl/ *n* **1** [C,U] plan, harmonogram: *I have a very busy schedule this week.* | *We finished the project three weeks ahead of schedule* (=trzy tygodnie przed terminem). **2** [C] *especially AmE* rozkład jazdy **3** [C] wykaz: *a schedule of postal charges*

**schedule**[2] *v* [T] za/planować: *The meeting has been scheduled for Friday.*

**scheme**[1] /skiːm/ *n* [C] **1** *BrE* program: *a government training scheme for young people* | *a road improvement scheme* **2** plan, projekt: *another of his crazy schemes for making money*

**scheme**[2] *v* [I] knuć, spiskować: *politicians scheming to win votes*

**schiz·o·phre·ni·a** /ˌskɪtsəʊˈfriːniə/ *n* [U] schizofrenia —**schizophrenic** /-ˈfrenɪk◂/ *n* [C] schizofreni-k/czka

**schol·ar** /ˈskɒlə/ *n* [C] **1** uczon-y/a, naukowiec: *a Latin scholar* **2** stypendyst-a/ka

**schol·ar·ly** /ˌskɒləli/ *adj* **1** naukowy: *a scholarly journal* **2** uczony

**schol·ar·ship** /ˈskɒləʃɪp/ *n* [C] **1** stypendium **2** [U] nauka

**school** /skuːl/ *n* **1** [C,U] szkoła: *Which school do you go to?* | *There are several good schools in the area.* | *The whole school was sorry when she left.* | *a school trip* (=wycieczka szkolna) *to the Science Museum* | *What are you doing after school* (=po

lekcjach)? | *We won't be moving house while the kids are still at school* (=dopóki dzieci chodzą do szkoły). | *She started school* (=poszła do szkoły) *when she was four.* | *the Dutch school of painting* **2** [C] instytut: *She's a lecturer in the school of English.* **3** [C,U] *AmE* uniwersytet: *If I pass my exams, I'll go to medical school.* **4 school of thought** teoria: *One school of thought says that red wine is good for you.* **5** [C] ławica: *a school of dolphins*

**school·boy** /ˈskuːlbɔɪ/ *n* [C] *especially BrE* uczeń

**school·child** /ˈskuːltʃaɪld/ *n* [C] *plural* **schoolchildren** uczeń

**school·days** /ˈskuːldeɪz/ *n* [plural] lata szkolne

**school·girl** /ˈskuːlɡɜːl/ *n* [C] *especially BrE* uczennica

**school·ing** /ˈskuːlɪŋ/ *n* [U] nauka, edukacja: *He had only five years of schooling.*

**school leav·er** /ˈ. ˌ../ *n* [C] *BrE* absolwent/ka: *a shortage of jobs for school leavers*

**school·mas·ter** /ˈskuːlˌmɑːstə/ *n* [C] *old-fashioned* nauczyciel

**school·mis·tress** /ˈskuːlˌmɪstrɪs/ *n* [C] *old-fashioned* nauczycielka

**school·teach·er** /ˈskuːlˌtiːtʃə/ *n* [C] nauczyciel/ka

**sci·ence** /ˈsaɪəns/ *n* [U,C] nauka: *developments in science and technology*

**science fic·tion** /ˌ.. ˈ../ *n* [U] fantastyka naukowa

**sci·en·tif·ic** /ˌsaɪənˈtɪfɪk◂/ *adj* naukowy: *scientific discoveries* | *a scientific experiment*

**sci·en·tist** /ˈsaɪəntɪst/ *n* [C] naukowiec, uczon-y/a

**sci-fi** /ˈsaɪ ˌfaɪ◂/ *n* [U] *informal* fantastyka naukowa, science fiction

**scis·sors** /ˈsɪzəz/ *n* [plural] nożyczki, nożyce: *a pair of scissors*

**scold** /skəʊld/ *v* [I,T] s/karcić: *My grandmother was always scolding me for getting my clothes dirty.* —**scolding** *n* [C,U] bura

**scoop** /skuːp/ *n* [C] łyżka: *an ice-cream scoop* | *two scoops of sugar*

**scoot·er** /ˈskuːtə/ *n* [C] skuter

**scope** /skəʊp/ *n* **1** [singular] zasięg, zakres: *Environmental issues are beyond the scope of this inquiry.* **2** [U] możliwości: *an attractive old house with a lot of scope for improvement*

**scorch** /skɔːtʃ/ *v* [I,T] przypalać (się), przypiekać (się): *He scorched my favourite shirt with the iron!* —**scorched** *adj* wypalony: *scorched brown grass*

**scorch·ing** /ˈskɔːtʃɪŋ/ *adj informal* skwarny: *the scorching heat of an Australian summer*

**score**[1] /skɔː/ *n* [C] **1** wynik: *The final score was 35 to 17.* | *What's the score?* **2** partytura **3 settle a score** wyrównać rachunek: *Jack came back after five years to settle some old scores.* **4 on that score** *spoken* w tym względzie: *We've got plenty of money, so don't worry on that score.*

**score**[2] *v* [I,T] zdobyć (punkt): *Dallas scored in the final minute of the game.* | *How many goals has he scored this year?* ➡ patrz też SCORES

**score·board** /ˈskɔːbɔːd/ *n* [C] tablica wyników

**scores** /skɔːz/ *n* [plural] dziesiątki: *On the playground, scores of children ran and screamed.*

**scorn**[1] /skɔːn/ *n* [U] pogarda: *Scientists treated the findings with scorn.* —**scornful** *adj* pogardliwy

**scorn**[2] *v* [T] *formal* gardzić, pogardzać: *young people who scorn the attitudes of their parents*

**Scor·pi·o** /ˈskɔːpiəʊ/ *n* [C,U] Skorpion

**scor·pi·on** /ˈskɔːpiən/ *n* [C] skorpion

**Scotch** /skɒtʃ/ *n* [C,U] whisky (*szkocka*)

**Scotch tape** /ˌ. ˈ./ *n* [U] *trademark* taśma klejąca

**scoun·drel** /ˈskaʊndrəl/ *n* [C] *old-fashioned* łotr

**scour** /skaʊə/ *v* [T] **1** przeszukiwać, przetrząsać: *Archie scoured the town for more yellow roses.* | *I've scoured the newspapers, but I can't find any mention of it.*

**2** wy/szorować: *Do you have something I can scour the pan with?*

**scout¹** /skaʊt/ *n* [C] **1** *także* **boy scout, girl scout** harce-rz/rka, skaut: *He joined the Scouts when he was eleven.* **2 the Scouts** harcerstwo, skauting **3** zwiadowca **4 a talent scout** łowca talentów

**scout²** *v* [I] *także* **scout around** rozglądać się: **+ for** *I'm going to scout around for a place to eat.*

**scrab·ble** /ˈskræbəl/ *v* [I] **scrabble about/around** grzebać: *I was scrabbling around in the bottom of my bag for some money.*

**scram·ble** /ˈskræmbəl/ *v* [I] wdrapywać się: *We scrambled up a rocky slope.*

**scrambled eggs** /ˌ.. ˈ./ *n* [plural] jajecznica

**scrap¹** /skræp/ *n* **1** [C] skrawek, kawałek: *If you've got a scrap of paper, I'll write down my address.* **2** odrobina, krzta: *There's not a scrap of evidence to connect him with the murder.* **3** [U] złom: *The car's not worth fixing – we'll have to sell it for scrap.* ➡ patrz też SCRAPS

**scrap²** *v* [T] **-pped, -pping** wyrzucać na złom

**scrap·book** /ˈskræpbʊk/ *n* [C] album (*na wycinki prasowe*)

**scrape¹** /skreɪp/ *v* **1** [T] zeskrobywać: *Scrape some of the mud off your boots.* **2** [T] zadrapać: *She fell over and scraped her knee.* | *Careful! You nearly scraped the side of the car!* **3** [I,T] skrobać: *Her fingernails scraped down the blackboard.*

**scrape²** *n* [C] zadrapanie, zadraśnięcie: *She wasn't seriously hurt – only a few cuts and scrapes.*

**scrap metal** /ˈ.ˌ../ *n* [U] złom

**scraps** /skræps/ *n* [plural] resztki (*jedzenia*): *Save the scraps for the dog.*

**scratch¹** /skrætʃ/ *v* [I,T] **1** drapać (się): *Try not to scratch those mosquito bites.* | *My dog scratches at the door when it wants to come in.* **2** zadrapać, podrapać: *Ow! I've scratched my hand on a thorn.* **3** wydrapywać: *People scratch their names on the walls.*

**scratch²** *n* **1** [C] rysa, zadrapanie: *Where did this scratch on the car come from?* **2 from scratch** od zera: *I deleted the file from the computer by mistake so I had to start again from scratch.* **3 have a scratch** podrapać się: *My back needs a good scratch.*

**scrawl** /skrɔːl/ *v* [T] na/bazgrać, na/gryzmolić: *a telephone number scrawled on the bathroom wall* —**scrawl** *n* [C,U] bazgroły, gryzmoły: *The notebook was covered in a large black scrawl.*

**scream¹** /skriːm/ *v* [I,T] krzyczeć, wrzeszczeć: *There was a huge bang and people started screaming.* | *Suddenly she screamed, "Look out!"*

| UWAGA **scream** |
|---|
| Patrz **cry, scream** i **shout**. |

**scream²** *n* [C] **1** krzyk, wrzask: *a scream of terror* **2** wycie: *the scream of the jet engines* **3 sth is a scream** *informal* coś jest bardzo śmieszne: *We all dressed up as animals – it was a real scream!*

**screech** /skriːtʃ/ *v* **1** [I,T] za/piszczeć, za/skrzeczeć: *The police came flying round the corner, tyres screeching and sirens wailing.* | *"Get out of my way!" she screeched.* **2 screech to a halt/stop/standstill** zatrzymać się z piskiem —**screech** *n* [C] pisk

**screen¹** /skriːn/ *n* **1** [C,U] ekran: *The sunlight was reflecting off the screen.* | *stars of the silver screen* | *He hates watching himself on screen.* **2** [C] parawan, zasłona: *The nurses will put some screens around your bed.* | *We're planting a screen of trees between the two houses.*

**screen²** *v* [T] **1** badać, monitorować: *Women over the age of 50 are screened for* (=są badane pod kątem) *breast cancer.* **2** sprawdzać: *People wanting to work with children should be thoroughly screened before a job offer is made.* **3** *także* **screen off** zasłaniać, osłaniać: *You can't see anything – the police have screened off the area.* | *The garden is screened by tall hedges.* **4** wyświetlać: *His new film is being screened on BBC1 tonight.*

**screen·play** /ˈskriːnpleɪ/ *n* [C] scenariusz

**screen·writ·er** /ˈskriːnˌraɪtə/ *n* [C] scenarzyst-a/ka

**screw**[1] /skruː/ *n* [C] śruba, wkręt

**screw**[2] *v* **1** [T] przykręcać: *Screw the socket onto the wall.* | *Don't forget to screw the top of the jar back on.* **2** *także* **screw up** [T] zmiąć, zgnieść: *Furiously she screwed the letter into a ball and flung it in the bin.*

**screw up** *phr v* **1 screw up your eyes/face** z/mrużyć oczy **2** [T **screw sth ↔ up**] *informal* spieprzyć: *I broke my ankle, so that really screwed up our holiday plans!*

**screw·driv·er** /ˈskruːˌdraɪvə/ *n* [C] śrubokręt

**scrib·ble** /ˈskrɪbəl/ *v* [I,T] na/bazgrać: *I scribbled his address on the back of an envelope.*

**script** /skrɪpt/ *n* [C] **1** tekst, scenariusz: *Bring your script to rehearsal.* **2** [C,U] pismo: *Arabic script*

**scrip·ture** /ˈskrɪptʃə/ *n* [U] *także* **the Scriptures** *n* [plural] [C,U] Pismo Święte, Biblia

**script·writ·er** /ˈskrɪptˌraɪtə/ *n* [C] scenarzyst-a/ka

**scroll**[1] /skrəʊl/ *n* [C] zwój

**scroll**[2] *v* [I,T] przewijać: *Click your mouse here to scroll the text.*

**scrooge** /skruːdʒ/ *n* [C] *informal* sknera

**scrub**[1] /skrʌb/ *v* [I,T] **-bbed, -bbing** wy/szorować: *Scrub the board clean.* | *Tom scrubbed at the stain, but it wouldn't come out.*

**scrub**[2] *n* **1** [U] roślinność pustynna **2 give sth a scrub** wyszorować coś

**scruff** /skrʌf/ *n* **by the scruff of the neck** za kark

**scru·ple** /ˈskruːpəl/ *n* [C usually plural] skrupuły: *a ruthless criminal with no scruples*

**scru·pu·lous** /ˈskruːpjələs/ *adj* **1** skrupulatny: *scrupulous attention to detail* **2** uczciwy: *A less scrupulous person might have been tempted to accept the bribe.* → antonim UNSCRUPULOUS — **scrupulously** *adv* nienagannie: *scrupulously clean*

**scru·ti·nize** /ˈskruːtənaɪz/ (*także* **-ise** *BrE*) *v* [T] analizować, przyglądać się: *Inspectors scrutinize every aspect of the laboratories' activities.*

**scru·ti·ny** /ˈskruːtəni/ *n* [U] badanie, analiza: *Close scrutiny of the document showed it to be a forgery.* | *Famous people have to live their lives under constant public scrutiny.*

**scu·ba div·ing** /ˈskuːbə ˌdaɪvɪŋ/ *n* [U] nurkowanie

**scuf·fle** /ˈskʌfəl/ *n* [C] starcie: *A policeman was injured in a scuffle with demonstrators yesterday.*

**sculp·tor** /ˈskʌlptə/ *n* [C] rzeźbia-rz/rka

**sculp·ture** /ˈskʌlptʃə/ *n* **1** [C,U] rzeźba: *a bronze sculpture by Peter Helzer* | *an exhibition of modern sculpture* **2** [U] rzeźbiarstwo: *a talent for sculpture* | *a sculpture class* —**sculptured** *adj* rzeźbiony: *a sculptured pedestal*

**scum** /skʌm/ *n* [U singular] kożuch (*z brudu*): *Green scum covered the old pond.*

**scythe** /saɪð/ *n* [C] kosa

**sea** /siː/ *n* [C,U] *także* **Sea** morze: *the Mediterranean Sea* | *The boat was heading out to sea.* | *The speaker stared at the sea of faces in front of him.* | **at sea** (=na morzu): *We spent the next six weeks at sea.* | **by sea** (=statkiem): *It takes longer to send goods by sea, but it's cheaper.*

**sea·bed** /ˈsiːbed/ *także* **sea bed** *n* [singular] dno morskie: *a wrecked ship lying on the seabed*

**sea·food** /ˈsiːfuːd/ *n* [U] owoce morza

**sea·gull** /ˈsiːgʌl/ *także* **gull** *n* [C] mewa

**seal**[1] /siːl/ *n* [C] **1** foka **2** plomba: *Do not use this product if the seal on the bottle is broken.* **3** pieczęć: *The letter had the seal of the Department of Justice at the top.* **4** uszczelka: *The seal has worn and the machine is losing oil.*

**seal**[2] *v* [T] **1** *także* **seal up** za/pieczętować: *Many of the tombs have remained sealed since the 16th century.*

**2** zaklejać **3 seal a deal/agreement** przypieczętować umowę/porozumienie

**seal** sth ↔ **off** *phr v* [T] odgradzać, odcinać dostęp do: *Following a bomb warning, police have sealed off the city centre.*

**sealed** /siːld/ *adj* zapieczętowany, zaklejony: *Medical dressings are supplied in sealed sterile packs.* | *a sealed envelope*

**sea lev·el** /'. ˌ../ *n* [U] poziom morza: *The village is 200 feet above sea level.*

**sea li·on** /'. ˌ../ *n* [C] lew morski

**seam** /siːm/ *n* [C] **1** szew: *The seam on my jeans has split.* **2** pokład: *a rich seam of coal*

**sea·man** /'siːmən/ *n* [C] marynarz

**se·ance** /'seɪɑːns/ *n* [C] seans spirytystyczny

**search¹** /sɜːtʃ/ *n* [C usually singular] poszukiwanie: *Hundreds of local people are helping in the search for the missing girl.* | *the search for the meaning of life* | **in search of** (=w poszukiwaniu): *We set off in search of somewhere to eat.*

**search²** *v* **1** [I] szukać: *I searched all over the house, but I couldn't find them anywhere.* **2** [T] przeszukiwać, z/rewidować: *We were all searched at the airport.* **3** [I] **search for sth** poszukiwać czegoś: *Scientists have spent years searching for a solution.* | *animals searching for food*

**search·ing** /'sɜːtʃɪŋ/ *adj* wnikliwy, drobiazgowy: *She asked several searching questions about his past.*

**search·light** /'sɜːtʃlaɪt/ *n* [C] reflektor

**search par·ty** /'. ˌ../ *n* [C] ekipa poszukiwawcza

**search war·rant** /'. ˌ../ *n* [C] nakaz rewizji

**sea·shell** /'siːʃel/ *n* [C] muszla, muszelka

**sea·shore** /'siːʃɔː/ *n* **the seashore** brzeg morski ➡ porównaj BEACH, SEASIDE

**sea·sick** /'siːˌsɪk/ *adj* **be seasick** cierpieć na chorobę morską —**seasickness** *n* [U] choroba morska

**sea·side** /'siːsaɪd/ *n* **the seaside** wybrzeże: **at the seaside** (=nad morzem): *a day at the seaside* | **seaside resort** (=kurort nadmorski)

**sea·son¹** /'siːzən/ *n* [C] **1** pora roku **2** sezon, pora: *the holiday season* | **the rainy/wet/dry season** *The rainy season usually starts in May.* | **the football/baseball etc season** *I hardly ever see him during the cricket season!*

**season²** *v* [T] doprawiać, przyprawiać: *Season the soup just before serving.*

**sea·son·al** /'siːzənəl/ *adj* okresowy, sezonowy: *seasonal jobs in the tourist industry*

**sea·soned** /'siːzənd/ *adj* wytrawny: *seasoned travellers*

**sea·son·ing** /'siːzənɪŋ/ *n* [C,U] przyprawa, przyprawy

**season tick·et** /'.. ˌ../ *n* [C] bilet okresowy

**seat¹** /siːt/ *n* [C] **1** siedzenie, miejsce: *the front seat of the car* | *I've reserved two seats for Saturday night's performance.* | *a 150-seat airliner* | **take/have a seat** (=usiąść): *Please take a seat, Ms. Carson.* **2** mandat, fotel: **win/lose a seat** *She lost her seat at the last election.*

**seat²** *v* [T] **1 be seated a)** siedzieć: *The chairman and senior officials were seated on the platform.* **b)** *spoken formal* usiąść: *Would everyone please be seated.* **2** móc pomieścić: *The new Olympic stadium seats over 70,000.*

**seat belt** /'. ./ *n* [C] pas bezpieczeństwa

**sea·weed** /'siːwiːd/ *n* [U] wodorosty

**sec** /sek/ *n* [C] *spoken* chwila, sekunda: *Wait a sec – I'm coming too!*

**se·clud·ed** /sɪ'kluːdɪd/ *adj* odosobniony, ustronny: *a relaxing vacation on a secluded island*

**se·clu·sion** /sɪ'kluːʒən/ *n* [U] odosobnienie: *He lives in seclusion inside an old castle.*

**sec·ond¹** /'sekənd/ *number, pron, adj* **1** drugi: *He's just scored his second goal.* | *Joanna's in her second year at university.* | **come/finish second** (=zająć drugie miejsce): *She was disappointed to only come second.* **2 be second to none** nie mieć sobie równych: *The service in our hotel is second to none.* **3 have**

S

**second thoughts** mieć wątpliwości: *Denise said she wanted them to get married, but now she's having second thoughts.* **4 on second thoughts** *spoken* po namyśle: *I'll have the apple pie ... On second thoughts I think I'll have an ice cream instead.*

**second²** *n* [C] **1** sekunda: *It takes about 30 seconds for the computer to start up.* **2** *spoken* chwila, sekunda: *Just wait a second and I'll come and help.* | *It'll only take a few seconds.* **3 seconds** towar wybrakowany

**second³** *v* [T] popierać: **second a motion/proposal/amendment** (=poprzeć wniosek/postulat/poprawkę): *Sarah has proposed this motion – do we have someone who will second it?*

**sec·ond·a·ry** /ˈsekəndəri/ *adj* **1** średni, ponadpodstawowy: *secondary education* **2** drugorzędny: *She regards getting married as being of secondary importance.* **3** wtórny: *a secondary infection*

S

**secondary school** /ˈ.... ˌ./ *n* [C] *especially BrE* szkoła średnia

**second class** /ˌ.. ˈ./ *n* [U] druga klasa

**second-class** /ˌ.. ˈ.◂/ *adj* **1 second-class seat/ticket/carriage** miejsce/bilet/wagon drugiej klasy **2** drugiej kategorii: *They treated us like second-class citizens.* **3 second-class post/stamp** poczta/znaczek drugiej klasy

**sec·ond·hand** /ˌsekəndˈhænd◂/ *adj* używany: *We bought a cheap secondhand car.* —**secondhand** *adv* z drugiej ręki: *I bought this book secondhand.*

**sec·ond·ly** /ˈsekəndli/ *adv* po drugie: *And secondly, a large number of her poems deal with love.*

**second na·ture** /ˌ.. ˈ../ *n* [U] nawyk: *Wearing a seatbelt is second nature to most drivers.*

**second per·son** /ˌ.. ˈ../ *n* **the second person** druga osoba ➡ porównaj FIRST PERSON, THIRD PERSON

**second-rate** /ˌ.. ˈ.◂/ *adj* podrzędny: *second-rate hospital care for poor people*

**se·cre·cy** /ˈsiːkrəsi/ *n* [U] tajemnica: *The operation was carried out in total secrecy.*

**se·cret¹** /ˈsiːkrɪ̈t/ *adj* **1** tajny: *a secret plan* | *Don't tell anyone your number – keep it secret* (=trzymaj go w tajemnicy). **2** [only before noun] cichy: *a secret admirer* —**secretly** *adv* potajemnie

**secret²** *n* **1** [C] tajemnica, sekret: *I can't tell you his name. It's a secret.* | **keep a secret** (=dochować tajemnicy): *Can you keep a secret?* **2 in secret** w tajemnicy: *Negotiations are being conducted in secret.*

**secret a·gent** /ˌ.. ˈ../ *n* [C] tajny agent

**sec·re·ta·ry** /ˈsekrɪ̈təri/ *n* [C] **1** sekreta-rz/rka: *The secretary will make an appointment for you.* **2** *także* **Secretary** minister, sekretarz: *the Secretary of Education*

**se·crete** /sɪˈkriːt/ *v* [T] wydzielać: *a hormone that is secreted into the bloodstream* —**secretion** *n* [C,U] wydzielina

**se·cre·tive** /ˈsiːkrɪ̈tɪv/ *adj* tajemniczy: *Why are you being so secretive about your new girlfriend?*

**secret ser·vice** /ˌ.. ˈ../ *n* [singular] *BrE* tajne służby

**sect** /sekt/ *n* [C] sekta

**sec·tion** /ˈsekʃən/ *n* [C] **1** część, sekcja: *the sports section of the newspaper* | *The rocket is built in sections.* **2** przekrój: *a section of a volcano*

**sec·tor** /ˈsektə/ *n* [C] sektor: *the public sector* | *the private sector* | *the former eastern sector of Berlin*

**sec·u·lar** /ˈsekjʊ̈lə/ *adj* świecki: *secular education*

**se·cure¹** /sɪˈkjʊə/ *adj* **1** pewny: *a secure job* **2** bezpieczny: *The garage isn't a very secure place.* —**securely** *adv* mocno: *securely fastened*

**secure²** *v* [T] **1** zapewniać: *a treaty that will secure peace* **2** przy/mocować: *We secured the boat with a rope.*

**se·cu·ri·ty** /sɪˈkjʊərɪ̈ti/ *n* [U] **1** bezpieczeństwo: *airport security checks* | *Tight security surrounded the President's visit.* | *Rules can give a child a sense of security.* **2** zabezpieczenie: *financial security* | *She had to put up her house as security*

*for the loan.* **3 securities** papiery wartościowe

**se·dan** /sɪˈdæn/ *n* [C] *AmE* sedan

**se·date** /sɪˈdeɪt/ *v* [T] podać środek uspokajający

**sed·a·tive** /ˈsedətɪv/ *n* [C] środek uspokajający

**sed·en·ta·ry** /ˈsedəntəri/ *adj* siedzący: *a sedentary job*

**sed·i·ment** /ˈsedɪ̣mənt/ *n* [U singular] osad

**se·duce** /sɪˈdjuːs/ *v* [T] uwieść —**seduction** /sɪˈdʌkʃən/ *n* [C,U] uwiedzenie

**se·duc·tive** /sɪˈdʌktɪv/ *adj* **1** ponętny, uwodzicielski: *a seductive voice* **2** kuszący: *a seductive offer of higher pay*

**see** /siː/ *v* **saw, seen, seeing 1** [I,T] widzieć, zobaczyć: *I can't see* (=nie widzę) *without my glasses.* | *It was too dark to see anything.* | *I saw a man take the bag and run off.* | *I saw her in the park yesterday.* | *You ought to see a doctor.* **2** [I,T] z/rozumieć: *Do you see how it works?* | *"Just press the red button." "Oh, I see* (=rozumiem)*."* | *I can't see the point of* (=nie widzę sensu w) *waiting any longer.* **3** [T] oglądać, obejrzeć: *What movie shall we go and see?* | *Did you see that concert on TV last night?* **4** [T] sprawdzić, zobaczyć: *Plug it in and see if it's working.* | *I'll see what time the train leaves.* **5** [T] postrzegać: *Fighting on TV can make children see violence as normal.* **6** [T] spotkać się z: *The judge said he had never seen a case like this before.* **7** [T] upewnić się, sprawdzić: *Please see that everything is put back in the right place.* **8** [T] odprowadzać: *Just wait a minute and I'll see you home.* **9 see eye to eye (with sb)** zgadzać się (z kimś): *Ros and her mother don't always see eye to eye.* **10 see you** do zobaczenia: *Okay, I'll see you later.* | *See you, Ben.* **11 let's see/let me see** niech pomyślę: *Let's see. When did you send it?* **12 I'll/we'll see** zobaczymy: *"Can we go to Disney World this year?" "We'll see."*

**see about** sth *phr v* [T] załatwiać: *Fran went to see about her passport.*

**see** sb ↔ **off** *phr v* [T] odprowadzać (*np. na dworzec*): *We saw her off from Stansted Airport.*

**see** sb **out** *phr v* [T] odprowadzać (*do drzwi*): *No, that's okay, I'll see myself out* (=sam wyjdę).

**see through** *phr v* [T] **1** [**see through** sb/sth] przejrzeć: *Can't you see through his lies?* **2** [**see** sth **through**] doprowadzić do końca: *Miller is determined to see the project through.*

**see to** sth *phr v* [T] dopilnować: *We'll see to it that he gets there safely.*

> UWAGA **see, watch, look at**
>
> Nie należy mylić wyrazów **see, watch** i **look at**. **See** używamy wtedy, kiedy coś 'widzimy', przypadkiem lub celowo: *I saw an accident on my way to school today.* | *Have you seen Spielberg's latest film yet?* **Watch** używamy wtedy, kiedy 'oglądamy' film, mecz lub inne obfitujące w ruch zdarzenia: *Dad was watching a basketball game on TV.* **Look at** używamy wtedy, kiedy 'patrzymy' na ludzi, krajobraz, obrazy i inne obiekty pozostające w bezruchu: *Look at this old picture of Sally!*

**seed** /siːd/ *n* **seed** *or* **seeds** [C,U] nasienie: *Sow the seeds one inch deep in the soil.*

**seed·less** /ˈsiːdləs/ *adj* bezpestkowy: *seedless grapes*

**seed·ling** /ˈsiːdlɪŋ/ *n* [C] sadzonka

**seeing eye dog** /ˌ.. ˈ. ˌ./ *n* [C] *AmE* pies przewodnik

**seek** /siːk/ *v* **sought** /sɔːt/**, sought, seeking** *formal* **1** [I,T] poszukiwać: *The UN is seeking a political solution.* | *You should seek advice from a lawyer.* **2** [T] s/próbować: *The Governor will not say whether he will seek re-election next year.* | **seek to do sth** *We are seeking to stop such cruelty to farm animals.*

**seem** /siːm/ *v* [linking verb] **1** wydawać się: *Henry seems a bit upset today.* | **there seems to be ...** (=zdaje się, że jest ...): *There seems to be a problem with the brakes.* | **it seems to me** (=wydaje mi

się): *It seems to me that it's a complete waste of time.* **2** zdawać się: *We seem to have taken the wrong road* (=zdaje się, że jedziemy złą drogą).

**seem·ing·ly** /ˈsiːmɪŋli/ *adv* pozornie: *A seemingly innocent young girl, she is in fact a brutal murderer.*

**seen** /siːn/ *v* imiesłów bierny od SEE

**seep** /siːp/ *v* [I] sączyć się, przeciekać: *Water was seeping through the ceiling.*

**see·saw** /ˈsiːsɔː/ *n* [C] huśtawka

**seg·ment** /ˈsegmənt/ *n* [C] **1** część: *a large segment of the population* **2** odcinek

**se·gre·ga·tion** /ˌsegrɪˈgeɪʃən/ *n* [U] segregacja: *segregation in schools*

**seis·mic** /ˈsaɪzmɪk/ *adj technical* sejsmiczny

**seize** /siːz/ *v* **1** [T] chwycić: *Ron seized the child's arm and lifted her to safety.* **2 seize control/power** przejąć kontrolę/władzę: *Rebel soldiers seized control of the embassy.* **3** [T] przechwycić: *Police seized 10 kilos of cocaine.*

S

**sel·dom** /ˈseldəm/ *adv* rzadko: *Glen seldom eats breakfast.*

**se·lect**[1] /səˈlekt/ *v* [T] wybierać: *He was not selected for the team.*

**select**[2] *adj formal* ekskluzywny: *a select club* | *Only a select few* (=tylko garstka wybrańców) *have been invited.*

**se·lec·tion** /səˈlekʃən/ *n* [C,U] wybór, selekcja: *Selection of candidates for the job will take place next week.* | *a selection of songs from the show* | *The store has a wide selection of children's books.*

**se·lec·tive** /səˈlektɪv/ *adj* **1** wybredny, wymagający: *She's very selective about her clothes.* **2** wybiórczy, selektywny: *the selective breeding of animals*

**self-as·sured** /ˌ. .ˈ.◂/ *adj* pewny siebie: *He is a very self-assured man.* —**self-assurance** *n* [U] pewność siebie

**self-cen·tred** /ˌ. ˈ..◂/ *BrE*, **self-centered** *AmE adj* samolubny

**self-con·fi·dent** /ˌ. ˈ.../ *adj* pewny siebie —**self-confidence** *n* [U] pewność siebie

**self-con·scious** /ˌ. ˈ../ *adj* skrępowany: *She feels self-conscious about wearing glasses.*

**self-con·trol** /ˌ. .ˈ./ *n* [U] samokontrola

**self-de·fence** /ˌ. .ˈ./ *BrE*, **self-defense** *AmE n* [U] samoobrona, obrona własna: *She shot the man in self-defence.*

**self-dis·ci·pline** /ˌ. ˈ.../ *n* [U] samodyscyplina

**self-em·ployed** /ˌ. .ˈ.◂/ *adj* **be self-employed** prowadzić własną działalność

**self-es·teem** /ˌ. .ˈ./ *n* [U] poczucie własnej wartości

**self-ev·i·dent** /ˌ. ˈ...◂/ *adj* oczywisty

**self-in·terest** /ˌ. ˈ../ *n* [U] interesowność: *It's sheer self-interest that makes her so kind to her elderly relatives.*

**self·ish** /ˈselfɪʃ/ *adj* samolubny, egoistyczny: *Why are you being so selfish?* | *He's a mean and selfish old man.* —**selfishness** *n* [U] egoizm ➡ antonim UNSELFISH

**self·less** /ˈselfləs/ *adj* bezinteresowny

**self-pit·y** /ˌ. ˈ../ *n* [U] rozczulanie się nad sobą

**self-por·trait** /ˌ. ˈ../ *n* [C] autoportret

**self-re·li·ant** /ˌ. .ˈ..◂/ *adj* samodzielny, niezależny

**self-right·eous** /ˌself ˈraɪtʃəs◂/ *adj* zadufany (w sobie)

**self-sac·ri·fice** /ˌ. ˈ.../ *n* [U] wyrzeczenie

**self-serv·ice** /ˌ. ˈ..◂/ *adj* samoobsługa: *a self-service restaurant*

**self-suf·fi·cient** /ˌ. .ˈ..◂/ *adj* samowystarczalny: *a country that is self-sufficient in food*

**sell** /sel/ *v* **sold, sold, selling 1** [I,T] sprzedawać: *Do you sell stamps?* | **sell sth for** *We sold the car for $5000.* | **sell sth to sb** *Scott sold his CD player to a kid at school.* | *Now we have to try to sell the idea to the viewers.* | **sell sb sth** *Sally's going to sell me her bike.* ➡ porównaj BUY[1] **2** [I] sprzedawać się: *Toys based on the movie are really selling.* | *The CD sold over a million copies in a week.* | **sell at/for** (=kosztować): *The T-shirts sell at £10 each.*

**sell** sth ↔ **off** *phr v* [T] wyprzedawać: *The shop is closing and selling everything off at half price.*

**sell out** *phr v* [T] wyprzedać: **have/be sold out** *I'm sorry, but the tickets are all sold out* (=biletów już nie ma).

**sell-by date** /ˈ. . ˌ./ *n* [C] *BrE* data przydatności do spożycia, data ważności

**sell·er** /ˈselə/ *n* [C] sprzedawca: *the largest seller of household equipment* ➡ porównaj BUYER ➡ patrz też BESTSELLER

**Sel·lo·tape** /ˈselәteɪp/ *n* [U] *BrE trademark* taśma klejąca

**se·men** /ˈsiːmәn/ *n* [U] nasienie, sperma

**se·mes·ter** /sәˈmestә/ *n* [C] *especially AmE* semestr

**sem·i·cir·cle** /ˈsemiˌsɜːkәl/ *n* [C] półkole: *Could everyone please sit in a semicircle?*

**sem·i·co·lon** /ˌsemiˈkәʊlәn/ *n* [C] średnik

**semi-de·tached** /ˌ.. ..◂/ *adj BrE* **semi-detached house** bliźniak (*dom*)

**sem·i·fi·nal** /ˌsemiˈfaɪnl◂/ *n* [C] półfinał

**sem·i·nar** /ˈsemәnɑː/ *n* [C] seminarium

**sem·i·pre·cious** /ˌsemiˈpreʃәs◂/ *adj* półszlachetny: *semiprecious stones*

**sen·ate** /ˈsenәt/ *n* **the Senate** Senat ➡ porównaj HOUSE OF REPRESENTATIVES

**sen·a·tor** /ˈsenәtә/, **Senator** *n* [C] senator: *Senator Kennedy*

**send** /send/ *v* [T] **sent, sent, sending** wysyłać, posyłać: *I sent the letter last week.* | *The UN is sending troops to the region.* | **send sb sth** *I forgot to send Dad a birthday card.* | **send sth back** (=odsyłać coś): *She sent back the form immediately.*

**send for** sb/sth *phr v* [T] posyłać po: *She sent for the doctor.*

**send in** *phr v* [T] [**send** sth ↔ **in**] przysyłać, nadsyłać: *Did you send in your application?*

**send off** *phr v* [T] [**send** sth/sb ↔ **off**] wysyłać: *Have you sent the cheque off yet?* | *We got sent off to camp every summer.*

**send out** *phr v* [T] **1** [**send** sb/sth ↔ **out**] rozsyłać: *The wedding invitations were sent out weeks ago.* **2** [**send** sth ↔ **out**] wysyłać: *The ship sent out an SOS message.*

**send up** *phr v* [T **send** sb/sth **up**] *BrE informal* s/parodiować

**se·nile** /ˈsiːnaɪl/ *adj* zniedołężniały —**senility** /sәˈnɪlәti/ *n* [U] zniedołężnienie starcze

**se·nior**[1] /ˈsiːniә/ *adj* **1** starszy/wysoki rangą: *a senior officer in the Navy* | *She's senior to you.* **2** starszy: *Senior pupils get special privileges.* ➡ porównaj JUNIOR[1]

**senior**[2] *n* **1 be five/ten years sb's senior** być starszym od kogoś o pięć/dziesięć lat **2** [C] *AmE* uczeń/uczennica ostatniej klasy, student/ka ostatniego roku ➡ porównaj JUNIOR[2]

**senior cit·i·zen** /ˌ... ˈ.../ *n* [C] emeryt/ka

**senior high school** /ˌ... ˈ./ *n* [C] szkoła średnia

**sen·sa·tion** /senˈseɪʃәn/ *n* **1** [C,U] czucie, uczucie: *Matt had a burning sensation in his arm.* | *Ian had no sensation in his legs after the accident.* **2** [C] uczucie, wrażenie: *I had the strangest sensation that everything was happening very slowly.* **3** [singular] sensacja: *The announcement caused a sensation.*

**sen·sa·tion·al** /senˈseɪʃәnәl/ *adj* **1** sensacyjny: *a sensational news report of the murder* **2** rewelacyjny: *a sensational finish to the race*

**sense**[1] /sens/ *n* **1** [U] rozsądek: *Earl had the sense not to move the injured man.* ➡ porównaj COMMON SENSE **2** [singular] poczucie: *She felt a strong sense of loyalty to him.* **3 make sense** mieć sens: *Do these instructions make any sense to you?* | *It makes sense to take care of your health while you're young.* **4 make sense of** z/rozumieć: *Can you make any sense of this article at all?* **5** [C] zmysł: *Dogs have a very sensitive sense of smell.* **6** [singular] wyczucie: *She has excellent business sense.* | *Bullfighters need to have an excellent sense of timing.* **7 sense of humour** *BrE*, **hu-**

S

**mor** *AmE* poczucie humoru: *Laura has a great sense of humour.* **8** [C] sens, znaczenie: *Many words have more than one sense.* **9 in a sense/in some senses** w pewnym sensie: *In a sense he's right, but things are more complicated than that.*

**sense²** *v* [T] wyczuwać: *Sandy sensed that David wanted to be alone.*

**sense·less** /ˈsensləs/ *adj* **1** bezsensowny: *a senseless killing* **2** nieprzytomny: *The ball hit him on the head, and knocked him senseless.*

**sen·si·ble** /ˈsensəbəl/ *adj* **1** rozsądny: *a sensible decision* **2** praktyczny: *sensible clothes* —**sensibly** *adv* rozsądnie

**sen·si·tive** /ˈsensətɪv/ *adj* **1** wrażliwy: *a sensitive and caring person* | *A good teacher is sensitive to their students' needs.* | *sensitive skin* **2** czuły: *sensitive equipment* | *Chrissy is very sensitive about* (=czuła na punkcie) *her weight.* **3** drażliwy: *The interviewer avoided asking questions on sensitive issues.* —**sensitivity** /ˌsensəˈtɪvəti/ *n* [U] wrażliwość, czułość

S

**sen·sor** /ˈsensə/ *n* [C] czujnik

**sen·su·al** /ˈsenʃuəl/ *adj* zmysłowy: *sensual music*

**sent** /sent/ *v* czas przeszły i imiesłów bierny od SEND

**sen·tence¹** /ˈsentəns/ *n* [C] **1** zdanie **2** wyrok: *a ten-year sentence for robbery*

**sentence²** *v* [T] skazywać: *He was sentenced to six years in prison.*

**sen·ti·ment** /ˈsentəmənt/ *n* [U] sentymenty: *There's no room for sentiment in business.*

**sen·ti·ment·al** /ˌsentəˈmentl◂/ *adj* sentymentalny: *sentimental love songs* | *Laurie still gets sentimental about our old house.* | *The watch had great sentimental value.* —**sentimentality** /ˌsentɪmenˈtæləti/ *n* [U] sentymentalizm

**sen·try** /ˈsentri/ *n* [C] wartowni-k/czka

**sep·a·rate¹** /ˈsepərət/ *adj* oddzielny, osobny: *Always keep cooked and raw food separate.* | *The kids have separate bedrooms.* | **+ from** *He keeps his professional life separate from his private life.* —**separately** *adv* oddzielnie, osobno

**sep·a·rate²** /ˈsepəreɪt/ *v* **1** [I,T] rozdzielać (się), oddzielać (się): *Police moved in to separate the crowd.* | **+ from** *Separate the egg yolk from the white.* | *A screen separates the dining area from the kitchen.* | **+ into** *Ms. Barker separated the class* (=podzieliła klasę) *into four groups.* **2** [I] rozejść się: *When did Lyle and Jan separate?*

**sep·a·rat·ed** /ˈsepəreɪtəd/ *adj* **be separated** żyć w separacji: *Her parents are separated.*

**sep·a·ra·tion** /ˌsepəˈreɪʃən/ *n* **1** [U] rozdzielenie (się), rozdział: *the separation of powers between Congress and the President* **2** [C,U] rozłąka: *Separation from their parents is very hard on children.* **3** [C] separacja

**Sep·tem·ber** /sepˈtembə/ skrót pisany **Sept.** *n* [C,U] wrzesień

**se·quel** /ˈsiːkwəl/ *n* [C] dalszy ciąg, kontynuacja

**se·quence** /ˈsiːkwəns/ *n* **1** [C] ciąg, łańcuch: *the sequence of events that led to the war* **2** [C,U] porządek, kolejność: *Two of the pages were out of sequence* (=nie w kolejności).

**se·quin** /ˈsiːkwən/ *n* [C] cekin

**ser·e·nade** /ˌserəˈneɪd/ *n* [C] serenada

**se·rene** /səˈriːn/ *adj* spokojny, pogodny —**serenity** /səˈrenəti/ *n* [U] spokój, pogoda ducha

**ser·geant** /ˈsɑːdʒənt/ *n* [C] sierżant

**se·ri·al** /ˈsɪəriəl/ *n* [C] serial: *He's the star of a popular TV serial.*

**serial ki·ller** /ˈ... ˌ../ *n* [C] wielokrotny morderca

**se·ries** /ˈsɪəriːz/ *n* [C] *plural* **series** **1** seria: *There has been a series of accidents along this road.* **2** serial: *a television series about modern art* | *a new comedy series*

**se·ri·ous** /ˈsɪəriəs/ *adj* **1** poważny: *a serious illness* | *a serious person* **2 be serious about** poważnie myśleć o: *John's serious about becoming an actor.* —**seriousness** *n* [U] powaga

**se·ri·ous·ly** /ˈsɪəriəsli/ *adv* **1** poważnie: *I'm seriously worried about Ben.* | *You should think seriously about what I've said.* | *Seriously, he's going out with Sara.* **2 take sb/sth seriously** brać kogoś/coś poważnie/na serio: *You shouldn't take everything he says so seriously.*

**ser·mon** /ˈsɜːmən/ *n* [C] kazanie ➡ patrz też PREACH

**ser·pent** /ˈsɜːpənt/ *n* [C] *literary* wąż

**ser·vant** /ˈsɜːvənt/ *n* [C] służąc-y/a, sługa

**serve**[1] /sɜːv/ *v* **1** [T] podawać, serwować: *Dinner is served at eight.* **2** [I] służyć: *Kelly served in the army for three years.* | *The sofa can also serve as a bed.* **3** [T] obsługiwać: *The new airport will serve several large cities in the north.* | *Are you being served, Sir?* **4** [T] zaopatrywać: *a single pipeline serving all the houses with water* **5** [T] odsiadywać: *Baxter served a five-year sentence for theft.* **6** [I,T] za/serwować **7 it serves him/them right** *spoken* dobrze mu/im tak: *I'm sorry Eddie crashed his car, but it serves him right for driving so fast!*

**serve**[2] *n* [C] serwis, serw: *She has a strong serve.*

**ser·vice**[1] /ˈsɜːvəs/ *n* **1** [U] obsługa: *The food is terrific but the service is very slow.* | *the customer service department* (=dział obsługi klienta) **2** [C,U] służba: *the National Health Service* | *the diplomatic service* | *He retired after 20 years of service.* **3** [C] usługa: *We offer a free information service.* | *People want good public services.* | *regular bus services* (=połączenia autobusowe) **4 the services** siły zbrojne **5** [C] nabożeństwo: *the evening service at St Mark's* **6** [C] serwis **7** [C] przegląd, serwis: *The car is in the garage for a service.*

**service**[2] *v* [T] z/robić przegląd: *When did you last have the car serviced* (=kiedy twój samochód był ostatnio na przeglądzie)?

**service charge** /ˈ.. ˌ./ *n* [C] *BrE* dodatek za obsługę

**ser·vice·man** /ˈsɜːvəsmən/ *n* [C] żołnierz

**service sta·tion** /ˈ.. ˌ../ *n* [C] stacja obsługi

**ser·vi·ette** /ˌsɜːviˈet/ *n* [C] *BrE* serwetka

**ser·vile** /ˈsɜːvaɪl/ *adj* służalczy

**serv·ing** /ˈsɜːvɪŋ/ *n* [C] porcja: *How many servings does the recipe make* (=na ile porcji jest ten przepis)?

**ses·sion** /ˈseʃən/ *n* [C] **1** sesja: *a question-and-answer session* **2** posiedzenie: *The State Court is now in session.*

**set**[1] /set/ *v* **set, set, setting 1** [T] wyznaczać: *Have they set a date for the wedding?* | *The target that was set was much too high.* **2** [T] nastawiać: *Set the oven to 180°.* | *Do you know how to set the video-recorder?* **3 set fire to sth/set light to sth** podpalić coś: *Vandals set fire to the school.* **4** [T] zadawać: *Did he set you any homework?* **5** [T] umieszczać, ustawiać: *She picked up the ornament and set it on the table.* | *The novel is set* (=akcja powieści rozgrywa się) *in 17th century Japan.* | **set sth down/set down sth** (=położyć/postawić coś): *She set the tray down on the bed.* **6** [I] s/tężeć: *The concrete will set within two hours.* **7** [I] zachodzić: *The sun sets early in winter.* **8 set a record** ustanowić rekord: *Lewis set a new world record in the 100 metres.* **9 set an example** dawać przykład: *It's up to parents to set an example to their children.* **10 set the table** nakrywać do stołu **11 set free/loose** wypuszczać: *Hundreds of political prisoners have been set free.* **12 set foot in** postawić stopę w: *Stella had never set foot in a church before.* **13 set to work** zabierać się do pracy: *He set to work clearing up all the mess.* **14** [I] zrastać się: *When will the broken bone set?*

**set about** sth *phr v* [T] **set about doing sth** zabrać się do czegoś: *Johnny set about improving his Spanish.*

**set** sth ↔ **aside** *phr v* [T] odkładać: *I set aside a little money every week.*

**set back** *phr v* [T] [**set** sb/sth ↔ **back**] opóźniać: *The accident could set back the Russian space programme by several months.*

S

**set in** *phr v* [I] nadchodzić: *Winter was setting in.*

**set off** *phr v* **1** [I] wyruszać: *We'd better set off now before it gets dark.* **2** [T **set** sth ↔ **off**] wywoływać: *The killings set off a storm of protest.*

**set out** *phr v* **1 set out to do sth** przystępować do (robienia) czegoś: *The four men set out to prove their innocence.* **2** [I] wyruszać: *The couple set out for Fresno the next day.*

**set up** *phr v* **1** [T **set** sth ↔ **up**] zakładać: *In 1976, he set up his own import-export business.* | **set up shop** (=założyć własny interes): *Ernest set up shop as a photographer.* **2** [T **set** sth ↔ **up**] ustawiać: *The police set up roadblocks to try to catch the terrorists.*

**set²** *n* [C] **1** komplet: *a set of dishes* | *a chess set* (=pudełko szachów) **2** odbiornik: *a TV set* **3** plan filmowy: *OK everybody, quiet on the set!* **4** set: *Sampras leads by two sets to one.*

S

**set³** *adj* **1** ustalony, stały: *We meet at a set time each week.* **2 all set** *spoken* gotowy: *If everyone is all set, we'll start the meeting.* **3** położony, umiejscowiony: *The palace is set in the middle of the lake.*

**set·tee** /se'tiː/ *n* [C] *BrE* sofa

**set·ting** /'setɪŋ/ *n* [C usually singular] **1** tło: *London is the setting for his most recent novel.* **2** sceneria: *a mansion in a beautiful parkland setting* **3** ustawienie: *Turn the oven to its highest setting.*

**set·tle** /'setl/ *v* **1** [T] rozstrzygać: *They asked me to settle the argument.* **2** [I] u/sadowić się: *Dave settled back and turned on the TV.* **3** [T] ustalać: *We need to get everything settled as soon as possible.* **4** [I] osiąść, zamieszkać: *My family finally settled in Los Angeles.* **5** [I] osadzać się: *The sand settled on the bottom of the pond.* **6** [T] u/regulować: *to settle a bill* **7 settle a score** wyrównać rachunki

**settle down** *phr v* [I] ustatkować się: *My parents want me to settle down and have children.*

**settle for** sth *phr v* [T] zadowolić się: *We had to settle for the cheapest apartment.*

**settle in** *phr v* [I] przystosować się, przyzwyczaić się: *Adam seems to have settled in at his new school.*

**settle on/upon** sth *phr v* [T] zdecydować się na: *They haven't settled on a name for the baby yet.*

**set·tle·ment** /'setlmənt/ *n* [C] **1** rozstrzygnięcie: *efforts to find a political settlement to the conflict* **2** osada, osiedle: *a Stone Age settlement*

**set·tler** /'setlə/ *n* [C] osadni-k/czka: *the early settlers in the American West*

**sev·en** /'sevən/ *number* siedem

**sev·en·teen** /ˌsevən'tiːn◂/ *number* siedemnaście —**seventeenth** *number* siedemnasty

**sev·enth** /'sevənθ/ *number* siódmy

**sev·en·ty** /'sevənti/ *number* **1** siedemdziesiąt **2 the seventies** lata siedemdziesiąte —**seventieth** *number* siedemdziesiąty: *her seventieth birthday*

**sev·er·al** /'sevərəl/ *quantifier* kilka, kilku: *I called her several times on the phone.* | **+ of** *I've talked to several of my students about this.* ➡ porównaj FEW

**se·vere** /sə̥'vɪə/ *adj* **1** poważny: *severe head injuries* | *severe problems* **2** ostry, surowy: *Drug smugglers face severe punishment.*

**se·vere·ly** /sə̥'vɪəli/ *adv* **1** poważnie: *Many houses were severely damaged by the storm.* **2** ostro, surowo: *Parents don't punish their children so severely these days.*

**sew** /səʊ/ *v* [I,T] **sewed, sewn** *or* **sewed, sewing** u/szyć: *Can you sew a button on* (=przyszyć guzik do) *this shirt for me?*

**sew** sth ↔ **up** *phr v* [T] zszywać, zaszywać: *I need to sew up this hole in my jeans.*

**sew·age** /'sjuːɪdʒ/ *n* [U] ścieki

**sew·er** /'sjuːə/ *n* [C] ściek

**sew·ing** /'səʊɪŋ/ *n* [U] szycie

**sewing ma·chine** /'.. .ˌ./ *n* [C] maszyna do szycia

**sewn** /səʊn/ imiesłów bierny od SEW

**sex** /seks/ *n* **1** [U] seks: **have sex (with sb)** (=kochać się (z kimś)): *How old were you when you first had sex?* **2** [U,C] płeć: *I don't care what sex the baby is.* | **the opposite sex** (=płeć przeciwna): *She finds it difficult to talk to members of the opposite sex.*

**sex·is·m** /ˈseksɪzəm/ *n* [U] seksizm

**sex·ist** /ˈseksᵊ̇st/ *adj* seksistowski: *I get a lot of sexist comments at work.* —**sexist** *n* [C] seksist-a/ka

**sex·u·al** /ˈsekʃuəl/ *adj* **1** seksualny: *sexual abuse* **2** płciowy: *sexual stereotypes* —**sexually** *adv* seksualnie, płciowo: *sexually attractive* | *sexually transmitted disease*

**sexual har·ass·ment** /ˌ... ˈ..., ˌ... .ˈ../ *n* [U] napastowanie seksualne

**sexual in·ter·course** /ˌ... ˈ.../ *n* [U] *formal* stosunek płciowy

**sex·y** /ˈseksi/ *adj* seksowny: *A lot of women find him sexy.* | *sexy underwear*

**Sgt** *n* skrót od SERGEANT

**shab·by** /ˈʃæbi/ *adj* wytarty, sfatygowany: *a shabby old jacket*

**shack** /ʃæk/ *n* [C] szałas

**shade¹** /ʃeɪd/ *n* **1** [U] cień: *They sat in the shade of an oak tree.* **2** [C] abażur, klosz: *a lamp shade* **3** [C] odcień: *a rather unattractive shade of green* | *shades of meaning* **4** **a shade** odrobinę: *His brother is a shade taller.*

> UWAGA **shade**
>
> Patrz **shadow i shade**.

**shade²** *v* [T] osłaniać, ocieniać: *She used her hand to shade her eyes.*

**shades** /ʃeɪdz/ *n* [plural] *informal* okulary słoneczne

**shad·ow¹** /ˈʃædəʊ/ *n* **1** [C,U] cień: *As the sun set, the shadows became longer.* | *Most of the room was in shadow.* **2** **without/beyond a shadow of a doubt** bez cienia wątpliwości: *He's guilty beyond any shadow of a doubt.*

> UWAGA **shadow i shade**
>
> Nie należy mylić wyrazów **shadow** i **shade** w znaczeniu 'cień'. **Shadow** to kształt obiektu widoczny na ziemi lub ścianie, kiedy na przedmiot pada silne światło: *The setting sun cast long shadows down the beach.* **Shade** to osłonięty obszar, na który nie pada słońce: *It's too hot here. Let's go and find some shade.*

**shadow²** *v* [T] śledzić: *She was shadowed everywhere by the secret police.*

**shad·y** /ˈʃeɪdi/ *adj* **1** cienisty , zacieniony: *a shady spot for a picnic* **2** *informal* podejrzany: *a shady business deal*

**shaft** /ʃɑːft/ *n* [C] **1** szyb: *an elevator shaft* **2** drzewce: *the shaft of a spear* **3** snop: *a shaft of sunlight*

**shag·gy** /ˈʃægi/ *adj* **1** zmierzwiony **2** kudłaty

**shake¹** /ˈʃeɪkən/ *v* **shook, shaken, shaking** **1** [I,T] trząść (się), potrząsać: *His hands were shaking.* | *Shake the bottle* (=wstrząśnij butelką) *to mix the contents.* **2** **shake your head** po/kręcić głową ➡ porównaj NOD **3** **shake hands (with sb)** uścisnąć sobie dłonie, podać sobie ręce: *We shook hands and said goodbye.* **4** [I] trząść się, drżeć: *I couldn't stop my voice from shaking.* **5** [T] wstrząsnąć: *Mark was clearly shaken by the news.*

**shake** sb/sth ↔ **up** *phr v* [T] wstrząsnąć: *She was really shaken up by the accident.*

**shake²** *n* [C] **1** potrząśnięcie **2** koktajl mleczny

**shak·en** /ˈʃeɪkən/ imiesłów bierny od SHAKE

**shak·y** /ˈʃeɪki/ *adj* **1** drżący: *a shaky voice* **2** chwiejny: *a shaky ladder*

**shall** /ʃəl/ *modal verb especially BrE* **1** **I/we shall** wyraża przyszłość: *We shall be on holiday next week* (=w przyszłym tygodniu będziemy na wakacjach). **2** **shall I/we?** wyraża sugestię, propozycję lub pytanie o informację: *Shall I turn on the radio* (=czy mam włączyć radio)? | *Where shall we meet* (=gdzie się spotkamy)? ➡ patrz ramka SHALL

> UWAGA **shall i will**

S

**Shall** i **will** mają to samo znaczenie, ale zwykle używa się **will** lub formy skróconej **'ll**. **Shall** używane jest w grzecznych propozycjach: *Shall I open the window?*

**shal·low** /ˈʃæləʊ/ *adj* płytki: *a shallow pool | a shallow argument*

**shame**[1] /ʃeɪm/ *n* **1** [U] wstyd: *He hung his head in shame.* ➡ patrz też ASHAMED **2 it's a shame/what a shame ...** *spoken* szkoda, że ...: *It's a shame you can't come with us.* **3 Shame on you!** *spoken* wstydź się!

**shame**[2] *v* [T] zawstydzać: *He shamed his family by being sent to prison.*

**shame·less** /ˈʃeɪmləs/ *adj* bezwstydny: *a shameless piece of hypocrisy*

**sham·poo**[1] /ʃæmˈpuː/ *n* [C,U] szampon

**shampoo**[2] *v* [T] u/myć (*szamponem*)

**shan't** /ʃɑːnt/ *BrE* forma ściągnięta od 'shall not'

**shape**[1] /ʃeɪp/ *n* **1** [C,U] kształt: *a card in the shape of a heart* **2** [C] figura **3 in good/bad/poor shape** w dobrej/złej/kiepskiej formie: *His voice is still in good shape.* **4 in shape/out of shape** w formie/nie w formie: *What do you do to keep in shape?* **5 take shape** nabierać kształtu: *A plan was beginning to take shape in his mind.*

**UWAGA shape**

Kiedy opisuje się kształt przedmiotów, nie mówi się "it has a square/circular itp. shape" lub "its shape is square/circular itp.". Mówi się **it is square/circular** itp.

**shape**[2] *v* [T] **1** u/kształtować: *the power of parents to shape a child's personality* **2** u/formować: *Shape the clay into small balls.*

**shaped** /ʃeɪpt/ *adj* **1 shaped like sth** w kształcie czegoś: *a cloud shaped like a camel* **2 cigar/heart-shaped** w kształcie cygara/serca: *The building is egg-shaped.*

**shape·less** /ˈʃeɪpləs/ *adj* bezkształtny, nieforemny

**share**[1] /ʃeə/ *v* **1** [I,T] po/dzielić (się): *We haven't got enough books for everyone. Some of you will have to share. | I shared a room with her when I was at college. | share your problems with someone* **2** *także* **share out** [T] rozdzielać: *We shared the cake between four of us.* **3** [T] podzielać: *She didn't share my point of view.*

**share**[2] *n* **1** [singular] część: *I paid my share of the bill and left.* **2** [C] udział, akcja: **+ in** *Shares in Avon Rubber rose by almost 50%.* ➡ porównaj STOCK[1]

**shark** /ʃɑːk/ *n* [C] rekin

**sharp**[1] /ʃɑːp/ *adj* **1** ostry: *a sharp knife | a sharp turn in the road | Blair had to face some sharp criticism from the press. | He felt a sharp pain in his chest. | a sharp cry* | **razor sharp** (=ostry jak brzytwa) ➡ antonim BLUNT[1] **2** bystry: *a sharp lawyer* **3** gwałtowny: *a sharp rise in profits* **4** ostry, wyraźny: *a sharp photographic image | a sharp distinction between first and second class degrees* **5** kwaskowaty: *a sharp taste* **6 have a sharp tongue** mieć ostry język **7 F sharp/C sharp** fis/cis **8** o pół tonu za wysoki: *a sharp note* ➡ porównaj FLAT[1] —**sharply** *adv* ostro —**sharpness** *n* [U] ostrość

**sharp**[2] *adv* **at 8 o'clock/two-thirty sharp** punktualnie o 8:00/2:30: *I expect you to be here at 10:30 sharp.*

**sharp**[3] *n* [C] nuta z krzyżykiem ➡ porównaj FLAT[1]

**sharp·en** /ˈʃɑːpən/ *v* [I,T] za/ostrzyć: *She sharpened all her pencils.*

**sharp·en·er** /ˈʃɑːpənə/ *n* [C] **1** temperówka: *a pencil sharpener* **2** ostrzarka: *a knife sharpener*

**shat·ter** /ˈʃætə/ *v* **1** [I,T] roztrzaskać (się): *The mirror shattered into a thousand pieces.* **2** [T] z/niweczyć: *An injury shattered his hopes of a baseball career.*

**shat·tered** /ˈʃætəd/ *adj* zdruzgotany

**shat·ter·ing** /ˈʃætərɪŋ/ *adj* wstrząsający: *shattering news*

## Czasownik modalny **SHALL**

Czasownika ***shall*** (w przeczeniach: ***shan't*** lub ***shall not***) używamy z pierwszą osobą liczby pojedynczej i mnogiej

**1** w czasach przyszłych (wymiennie z ***will***) w angielszczyźnie brytyjskiej:
*I **shall** phone you as soon as I get home.*
*We **shan't** be going abroad next summer.*
*It was a moment I **shall** never forget.*

**2** w zdaniach pytających, gdy radzimy się kogoś lub proponujemy, że coś zrobimy (w żadnym z tych przypadków nie można użyć ***will***):
*My car has been stolen. What **shall** I do now?*
*Where **shall** we go for dinner?*
*It's hot in here. **Shall** I open the window?*

**3** w tzw. Question Tags, gdy w zdaniu głównym występuje ***Let's***:
*Let's have a picnic, **shall** we?* („A może byśmy urządzili sobie piknik?")

patrz też: **Future Continuous, Future Perfect, Future Perfect Continuous, Future Simple, Modal Verbs, Question Tags, Verb, WILL, WOULD**

**shave**[1] /ʃeɪv/ *v* **1** [I,T] o/golić (się): *I cut myself while I was shaving.* | *Do you shave your legs?* | *I've shaved off* (=zgoliłem) *my beard.* **2** [T] ze/strugać: *She shaved the bottom of the door to make it close properly.*

**shave**[2] *n* **1 have a shave** o/golić się **2 it was a close shave** niewiele brakowało (*a stałoby się nieszczęście*)

**shav·er** /ˈʃeɪvə/ *n* [C] **electric shaver** maszynka do golenia, golarka → patrz też RAZOR

**shav·ings** /ˈʃeɪvɪŋz/ *n* [plural] strużyny, wióry

**shawl** /ʃɔːl/ *n* [C] chusta, szal

**she** /ʃi/ *pron* ona: *"I saw Suzy today." "Oh really, how is she?"*

**sheaf** /ʃiːf/ *n* [C] *plural* **sheaves** /ʃiːvz/ **1** plik: *She had a sheaf of notes in front of her.* **2** snop: *a sheaf of corn*

**shear** /ʃɪə/ *v* [T] **sheared, sheared** *or* **shorn, shearing** o/strzyc (*owce*)

**shears** /ʃɪəz/ *n* [plural] nożyce, sekator

**sheath** /ʃiːθ/ *n* [C] pochwa (*na nóż, miecz*)

**she'd** /ʃid/ forma ściągnięta od 'she had' lub 'she would': *She'd* (=she had) *forgotten to close the door.* | *Paula said she'd* (=she would) *love to come.*

**shed**[1] /ʃed/ *n* [C] szopa: *a tool shed*

**shed**[2] *v* [T] **shed, shedding 1** zrzucać: *trees shedding their leaves in autumn* | *Some snakes shed their skin each year.* | *He needs to shed some weight* (=zrzucić parę kilogramów). **2 shed light on sth** rzucać światło na coś **3 shed tears** ronić łzy

**sheep** /ʃiːp/ *n* [C] *plural* **sheep** owca → porównaj LAMB

**sheer** /ʃɪə/ *adj* [only before noun] **1** czysty, najzwyklejszy: *I think I won by sheer luck!* **2** sam: *The impressive thing about Alaska is its sheer size.* **3** stromy: *a sheer cliff*

**sheet** /ʃiːt/ *n* [C] **1** prześcieradło: *Have you changed the sheets* (=czy zmieniłeś pościel)? **2** kartka, arkusz: *a sheet of paper*

**sheik** /ʃeɪk/, **sheikh** *n* [C] szejk

**shelf** /ʃelf/ *n* [C] *plural* **shelves** półka: *two shelves for books*

**she'll** /ʃil/ forma ściągnięta od 'she will': *She'll be here soon.*

**shell**[1] /ʃel/ *n* [C] **1 a)** skorupka, łupina: *eggshell* | *a nutshell* **b)** skorupa:

*The turtle put its head into its shell.* **c)** muszla, muszelka: *The sea shore was covered with shells.* **2** pocisk

**shell²** *v* [T] ostrzeliwać: *The enemy lines were weakened by shelling before the attack.*

**shell·fish** /ˈʃelˌfɪʃ/ *n* [C,U] *plural* **shellfish 1** skorupiak, mięczak: *Lobsters* (=homary) *and oysters* (ostrygi) *are shellfish.* **2** owoce morza: *Do you like shellfish?*

**shel·ter¹** /ˈʃeltə/ *n* **1** [C] schron: *an air-raid shelter* **2** [U] schronienie: **take shelter** (=schronić się): *They took shelter under a tree.*

**shelter²** *v* **1** [I] s/chronić się, s/chować się: *People were sheltering from the rain in doorways.* **2** [T] udzielać schronienia: *families who sheltered Jews from the Nazis*

**shel·tered** /ˈʃeltəd/ *adj* **1** bezpieczny: *Gina had a sheltered childhood* (=spędziła dzieciństwo pod kloszem). **2** osłonięty: *a sheltered beach*

S

**shelves** /ʃelvz/ *n* liczba mnoga od SHELF

**shep·herd¹** /ˈʃepəd/ *n* [C] pasterz

**shepherd²** *v* [T] za/prowadzić: *We were shepherded into the dining room by Mrs Clark.*

**sher·iff** /ˈʃerɨf/ *n* [C] szeryf

**she's** /ʃiz/ *spoken* forma ściągnięta od 'she is' lub 'she has': *She's* (=she is) *my little sister.* | *She's* (=she has) *invited us all.*

**shield¹** /ʃiːld/ *n* [C] **1** tarcza: *police carrying riot shields* **2** osłona: *The spacecraft is covered in a material that acts as a heat shield.*

**shield²** *v* [T] osłaniać: *The hat shields your eyes from the sun.*

**shift¹** /ʃɪft/ *n* [C] **1** zmiana, zwrot: **+ in** *There's been a big shift in public opinion.* **2** zmiana (*robocza*): *the night shift* **3** *AmE* dźwignia zmiany biegów

**shift²** *v* **1** [T] przesuwać: *Can you help me shift this table?* **2** [I] zmieniać pozycję: *Jane shifted uncomfortably in her seat.* **3** [I,T] zmieniać (się): *Washington's policy appears to have shifted.* **4 shift the blame/responsibility onto** przerzucać winę/odpowiedzialność na: *Don't try to shift the blame onto me.*

**shil·ling** /ˈʃɪlɪŋ/ *n* [C] szyling

**shim·mer** /ˈʃɪmə/ *v* [I] migotać, skrzyć się: *a lake shimmering in the moonlight*

**shin** /ʃɪn/ *n* [C] goleń

**shine¹** /ʃaɪn/ *v* **shone, shone, shining 1** [I] świecić: *The sun shone brightly.* **2** [I] błyszczeć, lśnić: *Dan polished the car until it shone.* | *eyes shining with happiness* **3** [T] po/świecić: *Shine the flashlight over here* (=poświeć tutaj latarką). **4** [I] błyszczeć (*być dobrym*): *She shone at English.*

**shine²** *n* [U singular] połysk: *hair with lots of shine*

**shin·gle** /ˈʃɪŋgəl/ *n* [U] kamyczki i muszelki na plaży

**shin·y** /ˈʃaɪni/ *adj* błyszczący, lśniący: *shiny leather boots*

**ship¹** /ʃɪp/ *n* [C] **1** statek, okręt: *a cruise ship* (=statek wycieczkowy) **2** statek kosmiczny: *a rocket ship*

**ship²** *v* [T] **-pped, -pping** przewozić, transportować: *The wine is shipped all over the world.*

**ship·ment** /ˈʃɪpmənt/ *n* **1** [C] transport: *The first shipment of UN aid arrived yesterday.* **2** [U] przewóz: *the high cost of shipment*

**ship·wreck** /ˈʃɪp-rek/ *n* [C,U] katastrofa morska: *survivors of a shipwreck*

**ship·yard** /ˈʃɪp-jɑːd/ *n* [C] stocznia

**shirt** /ʃɜːt/ *n* [C] koszula, bluzka koszulowa ➡ patrz też T-SHIRT, porównaj BLOUSE

**shit¹** /ʃɪt/ *interjection* cholera

**shit²** *n* [U] gówno

**shiv·er** /ˈʃɪvə/ *v* [I] drżeć, trząść się: *It was so cold that we were all shivering.* —**shiver** *n* [C] ciarki: *A shiver ran down my spine.* —**shivery** *adj* drżący

| UWAGA **shiver** |
|---|
| Patrz **tremble** i **shiver**. |

**shoal** /ʃəʊl/ *n* [C] ławica

**shock¹** /ʃɒk/ *n* **1** [C,U] wstrząs, szok: *The victims are being treated for shock.* | **have/get a shock** (=dostać szo-

ku): *He'll have a shock when he sees the bill.* | **come as a shock to sb** (=być dla kogoś szokiem): *Rob's death came as a complete shock to us.* **2** *także* **electric shock** [C] porażenie (prądem): *I got a shock off the toaster this morning.* **3** [C] wstrząs: *the shock of the earthquake*

**shock²** *v* [T] **1** wstrząsnąć: *The shooting has shocked the entire community.* | *Visitors were shocked by the terrible conditions in the prison.* **2** za/szokować: *The language in the film may shock some people.*

**shock·ing** /ˈʃɒkɪŋ/ *adj* wstrząsający, szokujący: *a shocking crime*

**shoe¹** /ʃuː/ *n* [C] **1** but: *a pair of shoes* | *tennis shoes* **2 be in sb's shoes** być w czyjejś skórze: *I'm glad I'm not in his shoes, with all those debts to pay.*

**shoe²** *v* [T] podkuwać: *to shoe a horse*

**shoe·horn** /ˈʃuːhɔːn/ *n* [C] łyżka do butów

**shoe·lace** /ˈʃuːleɪs/ *n* [C] sznurowadło

**shoe·string** /ˈʃuːˌstrɪŋ/ *n* [C] **1** *esp US* sznurowadło **2 on a shoestring** małym nakładem środków: *a movie made on a shoestring*

**shone** /ʃɒn/ *v* czas przeszły i imiesłów bierny od SHINE

**shook** /ʃʊk/ *v* czas przeszły od SHAKE

**shoot¹** /ʃuːt/ *v* **shot, shot, shooting 1** [T] zastrzelić, postrzelić: *She pulled out a gun and shot him.* | *One police officer was shot dead* (=został zastrzelony) *in the incident.* **2** [I,T] strzelać (do): *Please don't shoot!* | *He learned to shoot when he was only three.* **3** [I,T] na/kręcić, s/filmować: *Spielberg is shooting on location* (=kręci w plenerze). **4** [I,T] strzelić: *Murano shot the winning goal just 30 seconds from the end.*

**shoot** sb/sth ↔ **down** *phr v* [T] zestrzelić: *Tim's plane was shot down over enemy territory.*

**shoot up** *phr v* [I] podskoczyć: *Oil prices have shot up.*

**shoot²** *n* [C] **1** sesja zdjęciowa: *a fashion shoot* **2** pęd, kiełek

**shoot·ing** /ˈʃuːtɪŋ/ *n* **1** [C] strzelanina: *Two teenagers were killed in a drive-by shooting.* **2** [U] myślistwo

**shooting star** /ˌ.. ˈ./ *n* [C] spadająca gwiazda

**shop¹** /ʃɒp/ *n* [C] *especially BrE* sklep: *a clothes shop* ➡ patrz też **talk shop** (TALK)

> UWAGA **shop**
>
> **Shop** w znaczeniu 'sklep' występuje częściej w angielszczyźnie brytyjskiej, a **store** w amerykańskiej. W angielszczyźnie brytyjskiej **store** pojawia się często w gazetach i sprawozdaniach gospodarczych, szczególnie wtedy, gdy chodzi o bardzo duże sklepy: *All the big stores are open from 8am till 8pm.* | *High street stores are getting ready for Christmas.*

**shop²** *v* [I] **-pped, -pping** robić zakupy: **+ for** (=szukać): *I'm shopping for a new television.* | **go shopping** (=iść/pójść na zakupy): *Let's go shopping on Saturday.* —**shopper** *n* [C] kupując-y/a, klient/ka

**shop around** *phr v* [I] porównywać ceny w różnych sklepach: *It's a good idea to shop around before buying a laptop.*

**shop as·sis·tant** /ˈ. .ˌ../ *n* [C] *BrE* sprzedaw-ca/czyni

**shop·keep·er** /ˈʃɒpˌkiːpə/ *n* [C] *especially BrE* sklepika-rz/rka

**shop·lift·ing** /ˈʃɒpˌlɪftɪŋ/ *n* [U] kradzież sklepowa —**shoplifter** *n* [C] złodziej sklepowy

**shop·ping** /ˈʃɒpɪŋ/ *n* [U] zakupy: *Christmas shopping*

> UWAGA **shopping**
>
> Wyrażenia **go to the shops** i **go to the store** znaczą 'iść do sklepu', najczęściej w sąsiedztwie, po artykuły spożywcze i inne drobne artykuły. Wyrażenie **go shopping** znaczy 'iść na zakupy', zwykle do wielu sklepów po artykuły takie jak odzież, płyty itp. Nie mówi się "go to shopping". Mówi się **go shopping**.

**shopping mall** /'.. ./ *n* [C] centrum handlowe

**shore** /ʃɔː/ *n* [C,U] brzeg, wybrzeże: *walking along the shore* | *a house on the eastern shore of the bay*

> UWAGA **shore i coast**
>
> Wyraz **coast** oznacza krawędź obszaru przylegającego do morza i używamy go często wtedy, kiedy mówimy o konkretnym miejscu na mapie: *the French coast* | *the eastern coast of Canada.* Wyraz **shore** oznacza teren przylegający do morza lub jeziora: *We walked along the rocky shore.* | *the opposite shore.*

**shorn** /ʃɔːn/ *v* imiesłów bierny od SHEAR

**short**[1] /ʃɔːt/ *adj* **1** krótki: *I'm afraid there might be a short delay.* | *She was here a short time ago* (=niedawno). | *Sophie's got short blond hair.* | *It's only a short distance* (=bardzo niedaleko) *from here to the river.* **2** niski: *a short fat man with glasses* **3 sb is short of sth** komuś brakuje czegoś: *I'm a bit short of cash at the moment.* **4 sth is in short supply** czegoś brakuje: *Fresh fruit and vegetables were in short supply.* **5 short for** zdrobnienie od: *Her name's Becky, short for Rebecca.* **6 for short** w skrócie: *It's called the Message Handling System – MHS for short.* **7 in the short term/run** na krótką metę: *These policies will only help us in the short term – in 10 years things will change.* **8 sb is short of breath** komuś brakuje tchu

**short**[2] *adv* **everything short of ...** wszystko z wyjątkiem ...: *They've done everything short of cancelling the project.* ➡ patrz też **cut sth short** (CUT[1]), **fall short of** (FALL[1]), **run short** (RUN), **stop short** (STOP)

**short**[3] *n* **in short** krótko mówiąc, jednym słowem: *In short, I don't think we can do it.*

**short·age** /'ʃɔːtɪdʒ/ *n* [C,U] brak, niedobór: *food shortages* | **+ of** *a shortage of medicine*

**short cir·cuit** /ˌ. '../ *n* [C] zwarcie, krótkie spięcie

**short·com·ing** /'ʃɔːtˌkʌmɪŋ/ *n* [C usually plural] niedostatek, mankament: *shortcomings in the public health system*

**short cut** /ˌ. './ *n* [C] skrót: *Let's take a short cut* (=pójdźmy na skróty) *across the park.*

**short·en** /'ʃɔːtn/ *v* [I,T] skracać (się): *Can you help me shorten this skirt?*

**short·hand** /'ʃɔːthænd/ *n* [U] stenografia

**short-lived** /ˌʃɔːt 'lɪvd◂/ *adj* krótkotrwały: *a short-lived fashion*

**short·ly** /'ʃɔːtli/ *adv* wkrótce: *I expect him home shortly.* | **shortly before/after** (=krótko przed/po): *The President left for Washington shortly before noon.*

**shorts** /ʃɔːts/ *n* [plural] **1** krótkie spodnie, szorty: *a pair of tennis shorts* **2** *AmE* slipy

**short·sighted** /ˌʃɔt'saɪtəd◂/, **short-sighted** *adj* krótkowzroczny: *I have to wear glasses for driving because I'm short-sighted.* | *short-sighted planning*

**short sto·ry** /ˌ. '../ *n* [C] opowiadanie, nowela

**short-term** /ˌ. '.◂/ *adj* krótkoterminowy: *short-term benefits*

**shot**[1] /ʃɒt/ *n* [C] **1** strzał: *Troops fired a warning shot.* | *the sound of a gun shot* | *Nice shot* (=niezły strzał)*!* **2** *informal* zastrzyk: *Have you had your flu shot?* **3** ujęcie: *a beautiful shot of the countryside around Prague* **4** *informal* **take/have a shot at** s/próbować swoich sił w: *Marty always wanted to take a shot at acting.* ➡ patrz też BIG SHOT, LONG SHOT

**shot**[2] *v* czas przeszły i imiesłów bierny od SHOOT

**shot·gun** /'ʃɒtgʌn/ *n* [C] strzelba, śrutówka

**shot put** /'. ./ *n* [singular] pchnięcie kulą

**should** /ʃəd/ *modal verb* **1** wyraża przypuszczenie: *Yvonne should be back* (=powinna wrócić) *by eight.* | *He's a good cook, so there should be good food* (=powinno być dobre jedzenie). **2** wyraża radę/opinię lub prośbę o nią: *You should see a doctor* (=powinieneś iść do lekarza). | *They should have called the*

## Czasownik modalny ***SHOULD***

Czasownika modalnego **should** (w przeczeniach: **shouldn't** lub **should not**) używamy najczęściej

**1** w znaczeniu „powinienem, powinieneś itd.", np.:
*They **should** work harder.*
*He **should** be here by now.*

**2** w połączeniu z bezokolicznikiem typu „perfect" w znaczeniu „powinienem był, powinieneś był itd.", np.:
*Maybe we **should** have waited longer?*
*You **shouldn't** have said that.*

**3** w zdaniach warunkowych, w których rozważana jest jakaś hipotetyczna sytuacja:
*I don't think he'll phone again, but if he **should**, what shall I tell him?* („...ale gdyby (jednak) zadzwonił, to co mam mu powiedzieć?")
***Should** you see her at school tomorrow, tell her I wanted to talk to her.* („Gdybyś (przypadkiem) zobaczył ją jutro w szkole, ...")
*Suppose I **should** fail?* („A jeżeli mi się nie uda?")

**4** w mowie zależnej, relacjonując prośbę o radę wyrażoną za pomocą ***shall***:
*'What **shall** I wear?'*
*She asked me what she **should** wear.*

**5** wyrażając sugestie, żądania, opinie itp.:
*I suggest (that) we **should** postpone the meeting.* („Proponuję, żebyśmy przełożyli zebranie.")
*They demanded that he **should** apologise.* („Zażądali, żeby ich przeprosił.")
*It's funny (that) you **should** say that. I was just thinking the same thing.* („Ciekawe, że to mówisz. Właśnie to samo sobie myślałam.")

**6** udzielając osobom zaprzyjaźnionym dobrych rad:
***I should** go if I were you.* („Na twoim miejscu poszedłbym.")
***I shouldn't** worry about that. Everything will be all right in the end.* („Nie martwiłbym się tym. Wszystko będzie dobrze.")

patrz też: ***Conditional Sentences, Modal Verbs, OUGHT, Perfect Infinitive, Reported Speech, Verb, SHALL***

*police* (=powinni byli wezwać policję). | *Should I wear my black dress* (=czy mam założyć czarną sukienkę)? **3** *formal* wyraża ewentualność: *Should you decide* (=gdybyś się zdecydował) *to accept the offer, please return the enclosed form.* → patrz ramka SHOULD

**shoul·der[1]** /ˈʃəʊldə/ *n* [C] **1** ramię, bark: *Andy put his arm around his wife's shoulder.* | *When we asked him what was wrong, he just shrugged his shoulders* (=wzruszył ramionami). **2** *AmE* pobocze

**shoulder[2]** *v* [T] **shoulder a responsibility/the blame** brać/wziąć na siebie odpowiedzialność/winę: *You*

*can't expect me to shoulder the blame for everything.*

**shoulder bag** /ˈ.. ./ *n* [C] torba na ramię

**shoulder blade** /ˈ.. ./ *n* [C] łopatka (*kość*)

**should·n't** /ˈʃʊdnt/ *v* forma ściągnięta od 'should not': *You shouldn't work so hard.*

**should've** /ˈʃʊdəv/ *v* forma ściągnięta od 'should have': *You should've told me.*

**shout¹** /ʃaʊt/ *v* [I,T] krzyczeć: *Someone shouted, "She's over here!"* | *Two women were shouting at each other outside the supermarket.*

**shout** sb ↔ **down** *phr v* [T] zakrzyczeć: *The mayor was shouted down at the meeting.*

> UWAGA **shout**
>
> Patrz **cry, scream** i **shout**.

**shout²** *n* [C] krzyk, okrzyk: *She heard a shout and looked up.* | *There were shouts of "More!" from the crowd.*

**shove** /ʃʌv/ *v* **1** [T] pchać: *She shoved him out of the door* (=wypchnęła go za drzwi) *into the street.* **2** [T] *informal* wepchnąć: *Just shove those papers into the drawer for now.* —**shove** *n* [C] *She gave me a shove* (=popchnęła mnie).

**shov·el** /ˈʃʌvəl/ *n* [C] łopata, szufla

**show¹** /ʃəʊ/ *v* **showed, shown, showing 1** [T] ukazywać, wykazywać: *The report shows a rise in employment.* | **+ (that)** *Their receipt showed that they had already paid.* | **+ how/what** *The article shows how attitudes have changed in the past few years.* **2** [T] pokazywać: *All student passes must be shown.* | *The advertisement shows a couple eating ice cream together.* | **show sb sth** *Karen showed us her wedding pictures.* | **show sth to sb** *Is that his letter? Show it to me!* | **show sb where/how/what** *Show the guests where to put their coats.* | *Can you show me what I should do?* **3** [T] okazywać: *Even after a long hike he showed no signs of being tired.* **4** [T] **show sb somewhere** zaprowadzić kogoś dokądś: *Mrs O'Shea showed us to our rooms.* **5** [I] być widocznym: *His muscles showed beneath his shirt* (=pod koszulą widać było jego mięśnie). | *This shirt really shows the dirt* (=na tej koszuli bardzo widać brud). **6** [T] wyświetlać **7** [I] lecieć (*o filmie*): *What's showing at the Carlton* (=w kinie)*?*

**show** sb ↔ **around** (sth) *phr v* [T] oprowadzać po: *Kim will show you around the museum.*

**show off** *phr v* **1** [I] popisywać się: *Jason's showing off in front of the girls.* **2** [T **show** sth ↔ **off**] po/chwalić się czymś: *The Wilsons are having a party to show off their new house.*

**show up** *phr v* **1** [I] *informal* pojawić się, pokazać się: *The coach was mad because Bill showed up late for the game.* **2** [I] być widocznym: *The doctor said that the bacteria didn't show up* (=nie było widać bakterii) *at first under the microscope.*

**show²** *n* **1** [C] przedstawienie, spektakl: *a new show opening on Broadway* **2** program, show: *a popular TV show* **3** [C] wystawa, pokaz: *the Chelsea flower show* **4 be on show** być wystawionym: *The photographs will be on show until the end of the month.* **5 for show** na pokaz: *He bought her lots of expensive presents, but she knew they were just for show.*

**show busi·ness** /ˈ. ,../ także **show biz** *informal n* [U] przemysł rozrywkowy: *She started in show business as a child.*

**show·er¹** /ˈʃaʊə/ *n* [C] **1** prysznic: *Hurry up! I want to take a shower* (=wziąć prysznic). | **be in the shower** (=być pod prysznicem): *The phone always rings when I'm in the shower.* **2** przelotny deszcz: *Showers are expected later today.* **3** grad (*np. kamieni, kul*): *a shower of sparks*

**shower²** *v* **1** [I] brać/wziąć prysznic **2 shower sb with sth** obsypywać kogoś czymś: *My mother used to shower the kids with toys and gifts.*

**show·er·y** /ˈʃaʊəri/ *adj* deszczowy: *a showery day*

**show·ing** /ˈʃəʊɪŋ/ *n* [C] pokaz, projekcja: *a special showing of Georgia O'Keefe's paintings*

**show·man** /ˈʃəʊmən/ *n* [C] showman —**showmanship** *n* [U] talent estradowy

**shown** /ʃəʊn/ *v* imiesłów bierny od SHOW

**show-off** /ˈ. ./ *n* [C] **be a show-off** popisywać się: *Don't be such a show-off!*

**show·room** /ˈʃəʊrʊm/ *n* [C] salon wystawowy: *a car showroom*

**shrank** /ʃræŋk/ *v* czas przeszły od SHRINK

**shrap·nel** /ˈʃræpnəl/ *n* [U] odłamek

**shred**[1] /ʃred/ *n* **1** [C usually plural] strzęp: *The kitten had ripped the toy to shreds.* **2 not a shred** ani krzty, ani cienia: *There's not a shred of evidence to prove he's guilty.*

**shred**[2] *v* [T] **-dded, -dding** po/drzeć na strzępy

**shrewd** /ʃruːd/ *adj* przebiegły, sprytny: *a shrewd businesswoman*

**shriek** /ʃriːk/ *v* [I,T] piszczeć, wrzeszczeć: *"Stop it!" she shrieked.* —**shriek** *n* [C] pisk, wrzask

**shrill** /ʃrɪl/ *adj* piskliwy: *shrill voices*

**shrimp** /ʃrɪmp/ *n* [C,U] krewetka

**shrine** /ʃraɪn/ *n* [C] **1** sanktuarium: *the shrine of St Augustine* **2** miejsce kultu: *Elvis Presley's home has become a shrine for thousands of fans.*

**shrink**[1] /ʃrɪŋk/ *v* [I,T] **shrank, shrunk, shrinking** s/kurczyć (się): *My sweater shrank in the wash.*

**shrink from** sth *phr v* [T] wzbraniać się przed: *She never shrank from doing her duty.*

**shrink**[2] *n* [C] *informal humorous* psychiatra

**shriv·el** /ˈʃrɪvəl/ *także* **shrivel up** *v* [I] **-lled, -lling** *BrE*, **-led, -ling** *AmE* wysychać, usychać: *The flowers had all shrivelled up.*

**shroud**[1] /ʃraʊd/ *n* [C] całun

**shroud**[2] *v* **shrouded in mist/smoke** spowity mgłą/dymem: *The mountains were shrouded in clouds.*

**shrub** /ʃrʌb/ *n* [C] krzew, krzak

**shrug** /ʃrʌg/ *v* [I,T] **-gged, -gging** wzruszać ramionami: *Dan shrugged and went back to what he was doing.* —**shrug** *n* [C] wzruszenie ramion

**shrunk** /ʃrʌŋk/ *v* czas przeszły od SHRINK

**shud·der** /ˈʃʌdə/ *v* [I] za/dygotać, wzdrygać się: *Gwen shuddered as she described the man who had attacked her.* —**shudder** *n* [C] dreszcz

**shuf·fle** /ˈʃʌfəl/ *v* **1** [I] szurać nogami: *The old man shuffled across the room.* **2** [T] przekładać: *Ginny shuffled the papers on her desk.* **3 shuffle your feet** przestępować z nogi na nogę: *Ernie looked nervous and shuffled his feet.* **4** [I,T] po/tasować: *It's Jo's turn to shuffle.*

**shun** /ʃʌn/ *v* [T] **-nned, -nning** unikać, stronić od: *He was shunned by the other prisoners.* | *Few politicians shun publicity.*

**shut**[1] /ʃʌt/ *v* **shut, shut, shutting 1** [I,T] zamykać (się): *Do you want me to shut the window?* | *I heard the back door shut.* | *She leaned back and shut her eyes.* | *The park shuts* (=jest zamykany) *at 5.30.* **2** [T] przytrzasnąć, przyciąć: *She shut her skirt in the door and tore it.* **3 shut your mouth/trap/face!** *spoken* zamknij się!

**shut down** *phr v* **1** [T] wyłączać: *Three nuclear generators were shut down for safety reasons.* **2** [I] zostać zamkniętym: *The factory will shut down for two weeks this month.*

**shut off** *phr v* [T] wyłączać, odcinać: *Don't forget to shut off the gas when you go on holiday.*

**shut** (sb/sth) **up** *phr v* **1 shut up!** *spoken* zamknij się!: *Just shut up! I'm trying to think.* **2** [T **shut** sb **up**] uciszyć: *Will someone shut that kid up!*

**shut**[2] *adj* zamknięty: *Is the door shut?*

**shut·ter** /ˈʃʌtə/ *n* [C] **1** [usually plural] okiennica **2** migawka

**shut·tle**[1] /ˈʃʌtl/ *n* [C] **1** regularne połączenie: *the Washington-New York shuttle* **2** prom kosmiczny, wahadłowiec: *the launch of the space shuttle*

**shuttle**[2] *v* [T] przewozić: *Passengers are shuttled to and from the hotel by bus.*

S

**shut·tle·cock** /ˈʃʌtlkɒk/ *n* [C] lotka (*do badmintona*)

**shy**[1] /ʃaɪ/ *adj* nieśmiały: *Cal's painfully shy.* —**shyly** *adv* nieśmiało —**shyness** *n* [U] nieśmiałość

**shy**[2] *v* [I] s/płoszyć się: *My horse shied at the dog, and I fell off.*

**shy away from** sth *phr v* [T] wzbraniać się od, unikać: *He shies away from contact with women.*

**sib·ling** /ˈsɪblɪŋ/ *n* [C] **1** *formal* brat, siostra **2 siblings** rodzeństwo

**sick** /sɪk/ *adj* **1** chory: *Jane's not coming in today – she's sick.* | *a sick child* | *The murders are obviously the work of a sick mind.* **2 be sick** z/wymiotować: *Uh oh, the dog's going to be sick!* **3 sb feels sick** komuś jest niedobrze: *I felt really sick after eating all that popcorn.* **4 be sick (and tired) of sth** *także* **be sick to death of sth** mieć czegoś (serdecznie) dosyć: *I'm sick to death of all this arguing.* **5 it makes me sick** *spoken* niedobrze mi się robi na myśl o tym: *When I hear about people being cruel to animals, it makes me sick.* **6** niesmaczny: *That's a sick joke. I don't find it funny at all.* **7** *formal or literary* **the sick** chorzy: *nurses taking care of the sick and wounded*

| UWAGA **sick** |
|---|
| Patrz **ill** i **sick**. |

**sick·le** /ˈsɪkəl/ *n* [C] sierp

**sick·ly** /ˈsɪkli/ *adj* **1** chorowity: *a sickly child* **2** mdły: *a sickly smell*

**sick·ness** /ˈsɪknəs/ *n* [C,U] choroba: *soldiers suffering from hunger and sickness*

**side**[1] /saɪd/ *n* [C] **1** strona: *the left side of the brain* | *The right side of his face was covered in blood.* | *Jim grew up on Detroit's east side.* | *You can write on both sides of the paper.* | *We need to look at the issue from all sides.* | *I could hear voices coming from the other side of the wall* (=dochodzące zza ściany). | *Her father's side of the family* (=jej rodzina ze strony ojca) *is German.* | *Neither side* (=żadna ze stron) *is willing to compromise.* | **by the side of** (=obok): *She lives by the side of a big lake.* | **by/at sb's side** (=przy kimś): *His wife was by his side at all times.* **2 side by side** obok siebie: *They walked together side by side.* **3** bok: *A man was standing at the side of the road.* | *A truck ran into the left side of the bus.* | *She was wounded in her right side.* **4** ściana: *A cube has six sides.* **5 from side to side** z boku na bok: *They sang and danced, swaying from side to side.* **6 from all sides** ze wszystkich stron: *enemy gunfire coming from all sides* **7 be on sb's side** być po czyjejś stronie: *Don't worry, I'm on your side.* **8 on the side** na boku: *He runs a little business on the side.* **9** zbocze: *the side of a hill* **10 on the high/heavy side** *spoken* trochę za wysoki/ciężki

**side**[2] *adj* boczny: *You can leave by the side door.* | *side pockets* | *She lives in a comfortable apartment in a quiet side street.*

**side**[3] *v* [I]

**side with** sb *phr v* [T] stawać po stronie: *She always sides with her son against the teachers.*

**side·board** /ˈsaɪdbɔːd/ *n* [C] kredens

**side·burns** /ˈsaɪdbɜːnz/ *n* [plural] bokobrody

**side·car** /ˈsaɪdkɑː/ *n* [C] przyczepa (*motocykla*)

**side dish** /ˈ. ./ *n* [C] dodatek do dania głównego

**side ef·fect** /ˈ. .ˌ./ *n* [C] skutek uboczny: *The most common side effect is a slight fever.*

**side·walk** /ˈsaɪdwɔːk/ *n* [C] *AmE* chodnik

**side·ways** /ˈsaɪdweɪz/ *adj* bokiem, na bok: *Mel's car slid sideways across the icy road.*

**sid·ing** /ˈsaɪdɪŋ/ *n* [C] *BrE* bocznica

**siege** /siːdʒ/ *n* [C,U] oblężenie: *the siege of Vienna* | *a city under siege* (=oblężone miasto) | *Mellor's apartment was soon under siege from* (=zostało wkrótce oblężone przez) *newspaper and TV reporters.*

**si·es·ta** /siˈestə/ *n* [C] sjesta

**sieve** /sɪv/ *n* [C] sit(k)o —**sieve** *v* [T] przesiewać

**sift** /sɪft/ *v* [T] **1** przesiewać **2** *także* **sift through** przeglądać: *Police investigators are still sifting through the evidence.*

**sigh** /saɪ/ *v* [I] wzdychać, westchnąć: *The police inspector sighed and shook his head.* —**sigh** *n* [C] westchnienie: *a sigh of relief*

**sight**[1] /saɪt/ *n* **1** [U singular] widok: **the sight of** *I can't stand the sight of blood.* | **catch sight of** (=dostrzec): *We caught sight of Henry as we turned the corner.* **2** [U] wzrok: *My grandmother is losing her sight.* **3** [C] widok: **the sights** (=atrakcje turystyczne): *The Wrigley Building is one of the most famous sights in Chicago.* **4 in/within sight** w zasięgu wzroku, w pobliżu: *There was nobody in sight.* | *We camped within sight of the beach.* | *Peace is in sight.* **5 out of sight** poza zasięgiem wzroku, w niewidocznym miejscu: *The police parked down the road, out of sight of the house.* **6 lose sight of** s/tracić z oczu: *I think the party has lost sight of its ideals.* **7 sights** [plural] celownik: *the sights of a gun* ➡ patrz też **at first glance/sight** (FIRST[1])

**sight**[2] *v* [T] dostrzec, widzieć: *The missing child was sighted* (=poszukiwane dziecko widziano) *in central Manchester.*

**sight·see·ing** /ˈsaɪtˌsiːɪŋ/ *n* [U] zwiedzanie: *a sightseeing tour of Berlin* —**sightseer** *n* [C] zwiedzający-y/a, turyst-a/ka

**sign**[1] /saɪn/ *n* [C] **1** znak: *the dollar sign* | *Just follow the road signs.* | *He made a sign for me to follow him.* **2** napis: *He ignored the "No Smoking" sign.* **3** oznaka: **+ that** *There were signs that someone had been there earlier.* | **+ of** *Tiredness can be a sign of illness.* ➡ patrz też STAR SIGN

**sign**[2] *v* [I,T] podpisywać (się): *I forgot to sign the cheque.*

**sign** sth ↔ **away** *phr v* [T] zrzekać się: *He signed away his share in the property.*

**sign for** sth *phr v* [T] po/kwitować odbiór

**sign on** *phr v* [I] zapisywać się: **+ for** *I've signed on for a French course.*

**sign up** *phr v* **1** [T **sign** sb ↔ **up**] dać kontrakt, z/werbować: *The Yankees signed him up when he finished college.* **2** [I] zapisywać się: **+ for** *Twenty people signed up for the trip to Paris.*

**sig·nal**[1] /ˈsɪgnəl/ *n* [C] **1** sygnał: *Wait for my signal.* | *The result is a clear signal that voters are not happy.* | *broadcasting signals* (=sygnały radiowe) **2** semafor

**signal**[2] *v* **-lled, lling** *BrE*, **-led, -ling** *AmE* **1** [I,T] dawać znak: *Max pushed his plate away and signalled for coffee.* | *The elections signalled* (=oznaczały) *the end of a nine-year civil war.* **2** [T] za/sygnalizować: *Carter has signalled his intention to resign.*

**sig·na·ture** /ˈsɪgnətʃə/ *n* [C] podpis

**sig·nif·i·cance** /sɪgˈnɪfɪkəns/ *n* [U] znaczenie, waga: *What was the significance of that last remark?* | *a political agreement of some significance* (=porozumienie polityczne dużej wagi)

**sig·nif·i·cant** /sɪgˈnɪfɪkənt/ *adj* **1** znaczny: *There has been a significant change in people's attitudes since the 1950s.* **2** znaczący, porozumiewawczy: *Anna and Tom exchanged significant looks.* —**significantly** *adv* znacznie ➡ antonim INSIGNIFICANT

**sig·ni·fy** /ˈsɪgnəfaɪ/ *v* [T] **1** oznaczać: *Does this signify a change in policy?* **2** wyrażać: *Everyone nodded to signify their agreement.*

**sign lan·guage** /ˈ. ˌ../ *n* [C,U] język migowy

**sign·post** /ˈsaɪnpəust/ *n* [C] drogowskaz

**si·lence**[1] /ˈsaɪləns/ *n* [C,U] cisza, milczenie: *There was a long silence before he answered.* | *So far, he has maintained his silence* (=zachowuje milczenie) *on the subject.* | **in silence** (=w milczeniu): *The two men sat in silence.*

**silence**[2] *v* [T] uciszać: *Critics of the system were quickly silenced.* | *He silenced us with a menacing look.*

**si·lenc·er** /ˈsaɪlənsə/ *n* [C] tłumik

**si·lent** /ˈsaɪlənt/ *adj* cichy, milczący: **be silent** (=milczeć): *Simon was silent for a moment.* | **fall silent** (=zamilknąć): *The whole room fell silent.* | **silent film** (=film

niemy) —**silently** *adv* cicho, w milczeniu

**sil·hou·ette** /ˌsɪluˈet/ *n* [C] sylwetka

**sil·i·con** /ˈsɪlɪkən/ *n* [U] krzem

**silk** /sɪlk/ *n* [C,U] jedwab: *a silk shirt*

**silk·worm** /ˈsɪlkwɜːm/ *n* [C] jedwabnik

**silk·y** /ˈsɪlki/ *adj* jedwabisty: *silky fur*

**sill** /sɪl/ *także* **windowsill** *n* parapet

**sil·ly** /ˈsɪli/ *adj* głupi, niemądry: *Don't be silly; we can't afford a new car.* | *It was pretty silly of you to forget the keys.*

**si·lo** /ˈsaɪləʊ/ *n* [C] silos

**silt** /sɪlt/ *n* [U] muł

**sil·ver¹** /ˈsɪlvə/ *n* [U] srebro: *polishing the silver*

**silver²** *adj* srebrny: *a silver spoon* | *a shimmering silver dress*

**silver med·al** /ˌ.. ˈ../ *n* [C] srebrny medal

**silver wed·ding an·ni·ver·sa·ry** /ˌ.. ˈ.. ..ˌ.../ *n* [C] srebrne wesele

**sil·ver·y** /ˈsɪlvəri/ *adj* srebrzysty

**sim·i·lar** /ˈsɪmələ/ *adj* podobny: *They came from similar backgrounds.* | **+ to** *Your shoes are similar to mine.*

**sim·i·lar·i·ty** /ˌsɪməˈlærəti/ *n* [C,U] podobieństwo: **+ between** *There is some similarity between the styles of the two authors.* | **+ with/to** *English has many similarities with German.*

**sim·i·lar·ly** /ˈsɪmələli/ *adv* podobnie: *This idea was similarly expressed in his most recent book.*

**sim·mer** /ˈsɪmə/ *v* [I,T] gotować (się) na wolnym ogniu: *Let the soup simmer for 5 minutes.*

**sim·ple** /ˈsɪmpəl/ *adj* **1** prosty: *The instructions are very simple.* | *a simple white dress* **2** ograniczony: *I'm afraid old Jack is a bit simple.* **3 simple past/present/future** czas przeszły/teraźniejszy/przyszły prosty ➡ porównaj CONTINUOUS

**sim·pli·ci·ty** /sɪmˈplɪsəti/ *n* [U] prostota: *The main advantage of the new scheme is its simplicity.* | *He believes everything you tell him, with childlike simplicity.* (=z dziecięcą naiwnością)

**sim·pli·fy** /ˈsɪmpləfaɪ/ *v* [T] upraszczać: *an attempt to simplify the tax system* —**simplification** /ˌsɪmpləfəˈkeɪʃən/ *n* [U] uproszczenie

**sim·ply** /ˈsɪmpli/ *adv* **1** po prostu: *Some students lose marks simply because they don't read the question properly.* | *But that simply isn't true!* **2** prosto: **to put it simply** (=krótko mówiąc): *To put it simply, the bank won't lend us the money.* **3** skromnie: *a simply decorated room*

**sim·u·late** /ˈsɪmjəleɪt/ *v* [T] symulować, pozorować: *an experiment to simulate the effects of being weightless* —**simulator** *n* [C] symulator: *a flight simulator*

**sim·u·la·tion** /ˌsɪmjəˈleɪʃən/ *n* [C,U] symulacja: *The course includes a computer simulation of an emergency landing.*

**sim·ul·ta·ne·ous** /ˌsɪməlˈteɪniəs◂/ *adj* równoczesny: *a simultaneous broadcast on TV and radio* —**simultaneously** *adv* równocześnie

**sin¹** /sɪn/ *n* [C,U] grzech: *the sin of greed* | *It's a sin to waste good food.*

**sin²** *v* [I] **-nned, -nning** z/grzeszyć —**sinner** *n* [C] grzeszni-k/ca

**since¹** /sɪns/ *conjunction* **1** odkąd: *I haven't seen him since we left school.* | *Jim's been working at Citibank since he finished college.* **2** ponieważ: *I'll do it myself since you're obviously not going to help.*

**since²** *prep, adv* **1** od: *So much has changed since the war.* | *I've been living here since February.* | *He left yesterday – I haven't seen him since* (=od tego czasu). **2 since when** *spoken* od kiedy to: *Since when does it cost £200 to put a new tyre on the car?* ➡ patrz ramka SINCE

**sin·cere** /sɪnˈsɪə/ *adj* szczery: *a sincere and loyal friend* | *a sincere apology* ➡ antonim INSINCERE — **sincerity** *n* [U] szczerość

**sin·cere·ly** /sɪnˈsɪəli/ *adv* **1** szczerze: *I sincerely hope we meet again.* **2 Yours sincerely** *BrE*/**Sincerely (yours)** *AmE* Z poważaniem

**sing** /sɪŋ/ *v* [I,T] **sang, sung, singing** za/śpiewać: *Sophie sings in a choir.* | *They*

## SINCE

**Since** w znaczeniu czasowym używamy

**1** z czasami typu „perfect" dla określenia, od jak dawna trwa lub trwała dana czynność lub stan (po przyimku **since** podany jest moment rozpoczęcia czynności):

*She's been working here* ***since February/since 1995****.*

*I haven't seen Mike* ***since Monday/since 9 o'clock****.*

*He's been wearing glasses* ***since he was eight****.*

*It was noon. We hadn't eaten* ***since the previous evening****.*

*They quarelled last year and have not spoken to each other* ***since then****.*

**2** w wyrażeniach typu *How long is it since...?*, *It's two months since...*:

***How long is it since*** *she went to Australia?*

***It's two years since*** *I had a holiday.* (= I haven't had a holiday for two years.)

**3** jako przysłówka („od tego czasu"), który występuje na końcu zdania i może być poprzedzony przez **ever**:

*They quarelled last year and have not spoken to each other* ***(ever) since****.*

patrz też: ***FOR, Past Perfect, Past Perfect Continuous, Present Perfect, Present Perfect Continuous***

*sang a beautiful song.* —**singing** *n* [U] śpiew

**singe** /sɪndʒ/ *v* [T] przypalić: *I singed my hair on a candle.*

**sing·er** /ˈsɪŋə/ *n* [C] śpiewa-k/czka, piosenka-rz/rka: *an opera singer*

**sin·gle**[1] /ˈsɪŋgəl/ *adj* **1** [only before noun] jeden, pojedynczy: *We lost the game by a single point.* **2** nieżonaty, niezamężna: *Terry is 34 and still single.* **3** [only before noun] jednoosobowy: *a single bed* **4 every single** każdy, wszystkie: *My dad has every single Beatles album.* **5 single ticket** *BrE* bilet w jedną stronę

**single**[2] *n* [C] **1** singel: *Michael Jackson's new single* **2** *BrE* bilet w jedną stronę: *a single to Liverpool* ➡ porównaj RETURN[2], ➡ patrz też SINGLES

**single**[3] *v*

**single** sb/sth ↔ **out** *phr v* [T] wyróżniać: *The school was singled out for its excellent academic results.*

**single file** /ˌ.. ˈ./ *n* [U] **in single file** gęsiego, rzędem

**single-hand·ed·ly** /ˌ.. ˈ.../, **single-handed** *adv* bez niczyjej pomocy: *She's brought up four kids single-handed.*

**single par·ent** /ˌ.. ˈ../ *n* [C] samotny rodzic

**singles** /ˈsɪŋgəlz/ *n* [U] singel, gra pojedyncza

**sin·gly** /ˈsɪŋgli/ *adv* pojedynczo: *The animals live singly or in small groups.*

**sin·gu·lar**[1] /ˈsɪŋgjᵊlə/ *adj* **1** pojedynczy ➡ porównaj PLURAL **2** *formal* osobliwy, wyjątkowy: *singular beauty*

**singular**[2] *n* **the singular** liczba pojedyncza: *The singular of "mice" is "mouse".*

**sin·is·ter** /ˈsɪnᵊstə/ *adj* złowieszczy, złowrogi: *There's something sinister about the whole thing.*

**sink**[1] /sɪŋk/ *v* **sank** *or* **sunk, sunk, sinking 1** [I] za/tonąć: *The boat sank after hitting a rock.* | **+ to** *He watched his keys sink to the bottom of the river.* **2** [T] zatapiać **3 a)** [I] osunąć się: **+ into/down etc** *Lee sank into a chair and went to sleep.* **b)** [I] spadać: *House prices in the area are sinking fast.*

**sink in** *phr v* [I] docierać do kogoś: *Her mother died last week but it's only just starting to sink in* (=dopiero teraz zaczyna to do niej docierać).

**sink into** *phr v* **1** [I **sink into**] pogrążać się w: *She could see him sinking into depression.* **2** [T **sink** sth **into** sth] u/topić w: *They had sunk thousands into the business.* **3 sink your teeth/a knife into sth** zatapiać zęby/nóż w czymś: *The dog sank its teeth into her arm.*

> **UWAGA sink i drown**
>
> Nie należy mylić wyrazów **sink** i **drown** w znaczeniu 'tonąć'. Wyrazu **sink** używamy mówiąc o tonięciu statku lub łodzi (forma dokonana 'zatonąć'): *The Titanic sank after hitting an iceberg.* **Drown** używamy wtedy, kiedy tonie człowiek (forma dokonana 'utonąć'): *The woman drowned while swimming in the sea.*

S

**sink**[2] *n* [C] zlew, zlewozmywak

**si·nus** /ˈsaɪnəs/ *n* [C] zatoka (*np. nosowa*): *a sinus infection*

**sip** /sɪp/ *v* [I,T] **-pped, -pping** popijać: *She sipped her tea.* —**sip** *n* [C] łyk, łyczek: *He took a sip of coffee.*

**sir** /sɜː/ *n* **1** *spoken* proszę Pana: *Can I help you, sir?* **2 Dear Sir** Szanowny Panie **3 Sir** Sir (*tytuł szlachecki*): *Sir James*

**si·ren** /ˈsaɪərən/ *n* [C] syrena

**sis·ter** /ˈsɪstə/ *n* [C] **1** siostra: *I've got two sisters.* **2 Sister** Siostra: *Sister Frances* (=Siostra Franciszka) **3** *BrE* **Sister** (siostra) oddziałowa **4 sister company/oganization** siostrzana firma/organizacja

**sister-in-law** /ˈ.. . ˌ./ *n* [C] szwagierka, bratowa

**sit** /sɪt/ *v* **sat, sat, sitting 1** [I] **a)** siedzieć: **+ on/in/by etc** *The children were sitting on the floor.* **b)** *także* **sit down** siadać, usiąść: **+ by/beside etc** *Come and sit by me.* **2** [T] sadzać, posadzić: **sit sb in/on etc** *She sat the boy in the corner.* **3 sit still** siedzieć spokojnie: *Sit still and let me fix your hair.* **4** [T] *BrE* zdawać, przystępować do: *to sit an exam* **5** [I] obradować: *The court sits once a month.*

**sit around** (*także* **sit about** *BrE*) *phr v* [I] przesiadywać: *Dan just sits around watching TV all day.*

**sit down** *phr v* [I] siadać, usiąść: *Come over here and sit down.*

**sit in** *phr v* **sit in for sb** zastępować kogoś

**sit through** sth *phr v* [T] wysiedzieć do końca na: *We had to sit through a three-hour class this morning.*

**sit up** *phr v* [I] **1** podnosić się (*do pozycji siedzącej*): *He sat up and rubbed his eyes.* **2** nie kłaść się (spać): *We sat up all night talking.*

> **UWAGA sit**
>
> Z jakim przyimkiem używać czasownika **sit**? **Sit on** używamy mówiąc o siedzeniu na podłodze, łóżku, kanapie, ławce, krześle lub taborecie. **Sit in** używamy mówiąc o siedzeniu w wygodnym fotelu. **Sit at** używamy mówiąc o siedzeniu przy biurku, stole lub barze. **Sit in front of** używamy mówiąc o siedzeniu przed telewizorem, ekranem komputera lub kominkiem.

**sit·com** /ˈsɪtkɒm/ *n* [C,U] komedia sytuacyjna

**site** /saɪt/ *n* [C] **1** miejsce, teren: *an archaeological site* | *the site of the battle* **2** teren, plac: *a construction site* (=plac budowy)

**sit-in** /ˈ. ./ *n* [C] strajk okupacyjny

**sit·ting** /ˈsɪtɪŋ/ *n* [C] zmiana (*np. w stołówce*): *The first sitting is at 12:30, and the second is at 1:30.*

**sitting room** /ˈ.. ./ *n* [C] *BrE* salon

**sit·u·at·ed** /ˈsɪtʃueɪtɪ̵d/ *adj* **be situated** *formal* być położonym: *The hotel is situated on the lakeside.*

**sit·u·a·tion** /ˌsɪtʃuˈeɪʃən/ *n* [C] **1** sytuacja: *the economic situation* | *She's in a very difficult situation.* **2** *formal* położenie

**six** /sɪks/ *number* sześć

**six·teen** /ˌsɪkˈstiːn◂/ *number* szesnaście —**sixteenth** *number* szesnasty

**sixth** /sɪksθ/ *number* szósty: *his sixth birthday*

**sixth sense** /ˌ. ˈ./ *n* [singular] szósty zmysł: *Some sixth sense told her that she was in danger.*

**six·ties** /ˈsɪkstiz/ *n* **the sixties** lata sześćdziesiąte

**six·ty** /ˈsɪksti/ *number* sześćdziesiąt —**sixtieth** *number* sześćdziesiąty

**size** /saɪz/ *n* **1** [C,U] wielkość: *A diamond's value depends on its size.* | *Their house is twice the size of ours.* **2** [U] rozmiary: *Look at the size of that ship!* **3** [C] rozmiar: *What size shoes do you take?* | *a size 14 dress* **4 large-sized/medium-sized** dużych/średnich rozmiarów: *a medium-sized car*

> UWAGA **size**
>
> Pytając o rozmiar czyjejś odzieży, mówimy **what size are you?** lub **what size do you take?** (po brytyjsku) i **what size do you wear?** (po amerykańsku). Podając swój rozmiar, mówimy **I'm a 6/12/42** itp. lub **I take a size 6/12** itp. (po brytyjsku) i **I wear a size 6/12** itp. (po amerykańsku).

**size·a·ble** /ˈsaɪzəbəl/ *także* **sizable** *adj* spory, pokaźny: *a sizeable amount of money*

**siz·zle** /ˈsɪzəl/ *v* [I] skwierczeć: *bacon sizzling in the pan*

**skate**[1] /skeɪt/ *n* **1** [C] łyżwa **2** [C] wrotka

**skate**[2] *v* [I] jeździć na łyżwach: *I never learned how to skate.* —**skating** *n* [U] łyżwiarstwo —**skater** *n* [C] łyżwia-rz/rka

**skate·board** /ˈskeɪtbɔːd/ *n* [C] deskorolka

**skel·e·ton** /ˈskelətən/ *n* [C] szkielet: *the human skeleton*

**skep·tic** /ˈskeptɪk/ amerykańska pisownia wyrazu SCEPTIC

**sketch**[1] /sketʃ/ *n* [C] **1** szkic: *a pencil sketch of a bird* | *a brief biographical sketch of the author* **2** skecz, scenka: *a comic sketch*

**sketch**[2] *v* [I,T] na/szkicować

**sketch** sth ↔ **out** *phr v* [T] nakreślać, zarysowywać: *Barry sketched out a plan for next year's campaign.*

**sketch·y** /ˈsketʃi/ *adj* pobieżny: *I made a few sketchy notes.*

**ski**[1] /skiː/ *n* [C] *plural* **skis** narta

**ski**[2] *v* [I] **skied, skied, skiing** jeździć na nartach: *Can you ski?* —**skiing** *n* [U] narciarstwo: *We're going skiing* (=jedziemy na narty) *this winter.* —**skier** *n* [C] narcia-rz/rka

**skid** /skɪd/ *v* [I] **-dded, -dding** wpaść w poślizg: *The car skidded on ice.* —**skid** *n* [C] poślizg

**skies** /skaɪz/ *n* [plural] niebo: *Tomorrow there will be clear skies and some sunshine.*

**skil·ful** /ˈskɪlfəl/ *BrE*, **skillful** *AmE* *adj* **1** wprawny: *a skilful photographer* **2** zręczny, umiejętny: *her skilful handling of the situation* —**skilfully**, **skillfully** *adv* zręcznie, umiejętnie

**skill** /skɪl/ *n* [C,U] umiejętność: *basic computer skills* | *As a footballer he shows great skill.*

**skilled** /skɪld/ *adj* wykwalifikowany: **highly skilled** (=wysoko wykwalifikowany): *a highly skilled workforce* ➡ antonim UNSKILLED

**skim** /skɪm/ *v* [T] **-mmed, -mming 1** zbierać: **skim sth off/from** *Skim the fat off the soup.* **2** *także* **skim through** przeglądać pobieżnie: *She skimmed through that morning's headlines.*

**skimmed milk** /ˌ. ˈ./ *BrE*, **skim milk** *AmE* *n* [U] chude mleko

**skimp·y** /ˈskɪmpi/ *adj* kusy: *a skimpy little dress*

**skin** /skɪn/ *n* [C,U] **1** skóra: *The sheets felt cool against her skin.* | *a skin disease* | *a tiger skin rug* **2** skórka: *banana skins* **3** kożuch: *Paint forms a skin if you don't seal the tin properly.* **4 dark-skinned/smooth-skinned** ciemno-/gładkoskóry **5 by the skin of your teeth** *informal* ledwo ledwo: *He escaped by the skin of his teeth.*

**skin·head** /ˈskɪnhed/ *n* [C] skinhead, skin

S

**skin·ny** /ˈskɪni/ *adj* chudy

**skip¹** /skɪp/ *v* **-pped, -pping 1** [I] podskakiwać: **+ down/along etc** *children skipping down the street* **2** [I] *także* **skip rope** *AmE* skakać przez skakankę **3** [T] opuszczać, pomijać: *Let's skip the next question.* | *You shouldn't skip breakfast* (=nie jeść śniadania). | **+ over** *I'll skip over the details.*

**skip²** *n* [C] podskok

**skirt** /skɜːt/ *n* [C] spódnica, spódniczka

**skit·tle** /ˈskɪtl/ *n* **skittles** [U] kręgle

**skulk** /skʌlk/ *v* [I] przy/czaić się: **+ in/behind etc** *Two men were skulking in the shadows.*

**skull** /skʌl/ *n* [C] czaszka

**skunk** /skʌŋk/ *n* [C] skunks

**sky** /skaɪ/ *n* [U singular] niebo: *a clear blue sky* ➡ patrz też SKIES

**sky·light** /ˈskaɪlaɪt/ *n* [C] świetlik (*okno w dachu*)

**sky·line** /ˈskaɪlaɪn/ *n* [C] linia horyzontu (*utworzona przez wysokie budynki lub wzgórza*)

**sky·scrap·er** /ˈskaɪˌskreɪpə/ *n* [C] drapacz chmur

**slab** /slæb/ *n* [C] płyta: *a concrete slab*

**slack** /slæk/ *adj* luźny: *a slack rope*

**slacks** /slæks/ *n* [plural] *old-fashioned* spodnie

**slain** /sleɪn/ *v* imiesłów bierny od SLAY

**slam¹** /slæm/ *v* **-mmed, -mming 1** [T] trzaskać: *Baxter left the room, slamming the door.* **2** [I,T] zatrzaskiwać (się) **3** [T] rzucać, ciskać: **slam sth onto/down etc** *Andy slammed the phone down.*

**slam²** *n* [C usually singular] trzask: *She shut the door with a slam.*

**slan·der** /ˈslɑːndə/ *n* [C,U] zniesławienie, pomówienie, oszczerstwo —**slander** *v* [T] zniesławić —**slanderous** *adj* oszczerczy

**slang** /slæŋ/ *n* [U] slang: *army slang* —**slangy** *adj* slangowy

**slant** /slɑːnt/ *n* [C singular] nachylenie: **at/on a slant** (=pod kątem): *The pole was set at a slant.*

**slap¹** /slæp/ *v* [T] **-pped, -pping** uderzyć (*otwartą dłonią*): *She slapped him across the face.*

**slap²** *n* **1** [C] uderzenie, klaps **2 a slap in the face** policzek

**slash¹** /slæʃ/ *v* **1** [T] prze/ciąć, po/ciąć: *He tried to kill himself by slashing his wrists.* **2** [T] *informal* drastycznie obniżać: *Many companies are slashing jobs.*

**slash²** *n* [C] **1** nacięcie **2** *także* **slash mark** ukośnik (/)

**slaugh·ter** /ˈslɔːtə/ *v* [T] **1** ubić: *to slaughter a pig* **2** wymordować: *Over 500 men, women and children were slaughtered.* **3** *informal* rozgromić (*drużynę przeciwnika*): *Italy were slaughtered by Brazil.* —**slaughter** *n* [U] rzeź

**slaugh·ter·house** /ˈslɔːtəhaʊs/ *n* [C] rzeźnia

**slave¹** /sleɪv/ *n* [C] **1** niewolni-k/ca **2 be a slave to/of sth** być niewolnikiem czegoś: *She's a slave to fashion.*

**slave²** *v* [I] harować: *Michael's been slaving away in the kitchen all day.*

**sla·ve·ry** /ˈsleɪvəri/ *n* [U] niewolnictwo: *Slavery was abolished after the Civil War.*

**slay** /sleɪ/ *v* [T] **slew, slain, slaying** *literary* zgładzić

**sleaze** /sliːz/ *n* [U] korupcja: *He has recently been plagued by allegations of sleaze.*

**slea·zy** /ˈsliːzi/ *adj* obskurny: *a sleazy nightclub*

**sledge** /sledʒ/ *BrE*, **sled** /sled/ *especially AmE n* [C] sanki, saneczki

**sleek** /sliːk/ *adj* **1** lśniący: *sleek hair* **2** elegancki: *a sleek white sports car*

**sleep¹** /sliːp/ *v* **slept, slept, sleeping 1** [I] spać, sypiać: **sleep well/soundly/badly** (=spać dobrze/głęboko/źle): *I didn't sleep very well last night.* | **sleep in/on/with etc** *You'll have to sleep on the air bed.* | **be sleeping** *Be quiet – the baby's sleeping* (=dziecko śpi). | **not sleep a wink** (=nie zmrużyć oka): *She hardly slept a wink last night.* **2 sleep on it** przemyśl to przez noc: *Sleep on it, and we'll discuss it tomorrow.* **3 sleep rough** *BrE* sypiać pod gołym niebem

**sleep around** *phr v* [I] *informal* sypiać z wszystkimi dookoła
**sleep in** *phr v* [I] pospać (sobie) dłużej: *I slept in till 10:00 on Saturday.*
**sleep** sth ↔ **off** *phr v* [T] odsypiać: *He drank too much wine and went home to sleep it off.*
**sleep through** sth *phr v* [T] przespać: *How could you have slept through the storm?*
**sleep together** *phr v* [I] *informal* sypiać ze sobą
**sleep with** sb *phr v* [T] *informal* sypiać z: *When did you first find out that she was sleeping with your husband?*

**sleep**[2] *n* **1** [U singular] sen: *Lack of sleep can make you bad-tempered.* | **in your sleep** (=we śnie): *Ed sometimes talks in his sleep.* | **get some sleep** (=wyspać się): *We didn't get much sleep last night.* | **a good night's sleep** *What you need is a good night's sleep* (=musisz się porządnie wyspać). **2 go to sleep a)** zasypiać, zasnąć: *Be quiet and go to sleep* (=i śpij)! **b)** z/drętwieć: *I've been sitting here so long that my foot's gone to sleep.* ➞ porównaj **fall asleep** (ASLEEP) **3 not lose (any) sleep over sth** nie przejmować się czymś **4 put a dog/cat to sleep** uśpić psa/kota: *The dog had been so badly injured that the vet had to put him to sleep.*

**sleep·er** /ˈsliːpə/ *n* [C] **1 be a light/heavy sleeper** mieć lekki/mocny sen **2** *BrE* pociąg sypialny

**sleeping bag** /ˈ.. ./ *n* [C] śpiwór

**sleeping pill** /ˈ.. ./ *n* [C] tabletka nasenna

**sleep·less** /ˈsliːpləs/ *adj* **1 be sleepless** nie móc zasnąć: *I lay sleepless* (=leżałam, nie mogąc zasnąć) *on my lumpy mattress.* **2** bezsenny: **a sleepless night** *He spent a sleepless night worrying about what to do.* —**sleeplessness** *n* [U] bezsenność

**sleep·walk** /ˈsliːpˌwɔːk/ *v* [I] lunatykować —**sleepwalker** *n* [C] lunaty-k/czka

**sleep·y** /ˈsliːpi/ *adj* śpiący, senny: *I felt really sleepy after lunch.* | *a sleepy little town* —**sleepily** *adv* sennie —**sleepiness** *n* [U] senność

**sleet** /sliːt/ *n* [U] deszcz ze śniegiem

**sleeve** /sliːv/ *n* **1** [C] rękaw: *a blouse with short sleeves* **2 short/long-sleeved** z krótkimi/długimi rękawami: *a long-sleeved sweater* **3 have sth up your sleeve** *informal* mieć coś w zanadrzu: *Jansen usually has a few surprises up his sleeve.* **4** [C] *BrE* okładka (*płyty*)

**sleeve·less** /ˈsliːvləs/ *adj* bez rękawów: *a sleeveless dress*

**sleigh** /sleɪ/ *n* [C] sanie

**slen·der** /ˈslendə/ *adj* smukły, szczupły: *long slender fingers*

**slept** /slept/ *v* czas przeszły i imiesłów bierny od SLEEP

**slew** /sluː/ *v* czas przeszły od SLAY

**slice**[1] /slaɪs/ *n* [C] plasterek: *Cut the tomato into thin slices.* | *a slice of bread* (=kromka chleba)

**slice**[2] *v* *także* **slice up** [T] po/kroić (*w plasterki*): *Could you slice the bread?*

**slick** /slɪk/ *adj* **1** sprytny: *a slick salesman* **2** sprawnie wykonany: *The band gave a very slick performance.*

**slide**[1] /slaɪd/ *v* **slid** /slɪd/, **slid, sliding 1** [I,T] przesuwać (się): *He slid his glass across the table.* | *The children like sliding down the stairs* (=lubią zjeżdżać ze schodów). | **+ into/out of** *She slid out of bed* (=wysunęła się z łóżka). | **slide sth into** *Jones slid a hand into his pocket* (=wsunął rękę do kieszeni) *and took out a gun.* **2** [I,T] ślizgać (się): **+ along/around/down** *The children were all sliding around on the ice.*

**slide**[2] *n* **1** [C] przezrocze, slajd **2** [C] zjeżdżalnia **3** [singular] spadek: *a slide in profits*

**slight** /slaɪt/ *adj* **1** nieznaczny, niewielki: *There has been a slight change of plan.* **2** drobny: *a small slight old lady*

**slight·est** /ˈslaɪtəst/ *adj* **1 the slightest difference/change** najmniejsza różnica/zmiana: *It doesn't make the slightest difference to me.* **2 not in the slightest**

S

ani trochę: *"You're not worried are you?" "Not in the slightest."*

**slight·ly** /ˈslaɪtli/ *adv* trochę, nieco: *She's slightly older than I am.*

**slim**[1] /slɪm/ *adj* **1** szczupły: *You're looking a lot slimmer – have you lost weight?* **2** znikomy, nikły: *Doctors said she had only a slim hope of recovery.*

**slim**[2] *v* [I] **-mmed, -mming** odchudzać się: *delicious slimming recipes*

**slim down** *phr v* [T **slim** sth ↔ **down**] z/redukować: *Apex Co. is slimming down its workforce to cut costs.*

**slime** /slaɪm/ *n* [U] szlam, muł

**slim·y** /ˈslaɪmi/ *adj* **1** oślizgły: *slimy rocks* **2** *informal* lizusowaty

**sling**[1] /slɪŋ/ *v* [T] **slung, slung, sling-ing 1** przerzucać, zarzucać: *Mark slung his jacket over his shoulder.* **2** ciskać

**sling**[2] *n* [C] **1** temblak **2** nosidełko: *a baby sling*

S

**slip**[1] /slɪp/ *v* **-pped, -pping 1** [I] pośliznąć się: *Joan slipped on the wet floor and broke her ankle.* **2** [I] wymknąć się: **+ out of/away/through etc** *Brad slipped out of the back door while no one was looking.* **3** [T] wsunąć: **slip sth into/around etc sth** *He slipped his arm around her waist* (=objął ją w pasie) *and kissed her.* **4** [I] wyślizgnąć się: *The hammer slipped* (=wyślizgnął mu się z ręki) *and hit his fingers.* **5** [I] obniżać się: *Standards in our schools have been slipping.* **6 it slipped my mind** wyleciało mi to z głowy

**slip into** sth *phr v* [T] wskakiwać w (*coś do ubrania*): *I'll just slip into something more comfortable.*

**slip** sth ↔ **off** *phr v* [T] zrzucać (*z siebie*): *He slipped off his coat and went upstairs.*

**slip** sth ↔ **on** *phr v* [T] zarzucać na siebie: *Could you just slip on this gown?*

**slip out** *phr v* [I] wymykać się: *Sorry, I shouldn't have said that – it just slipped out* (=tak mi się tylko wymknęło).

**slip out of** sth *phr v* [T] zrzucać: *Ken slipped out of his shoes and put on his slippers.*

**slip up** *phr v* [I] pomylić się: *Every time you slip up, it costs me money.*

**slip**[2] *n* [C] **1** kawałek: *He wrote his address down on a slip of paper.* **2** *especially BrE* pomyłka **3** halka **4 a slip of the tongue** przejęzyczenie **5 give sb the slip** *informal* zwiać komuś: *Palmer gave them the slip in the hotel lobby.*

**slipped disc** /ˌ. ˈ./ *n* [C] wypadnięcie dysku

**slip·per** /ˈslɪpə/ *n* [C usually plural] pantofel, kapeć

**slip·per·y** /ˈslɪpəri/ *adj* śliski: *a slippery mountain path*

**slit**[1] /slɪt/ *n* [C] rozcięcie, szpara: *a slit in the curtains*

**slit**[2] *v* [T] **slit, slit, slitting** rozcinać

**slob** /slɒb/ *n* [C] *informal* niechluj: *The guy is a total slob.*

**slo·gan** /ˈsləʊgən/ *n* [C] hasło, slogan

**slope** /sləʊp/ *n* [C] stok, zbocze: *a ski slope*

**slop·py** /ˈslɒpi/ *adj* niechlujny: *I will not tolerate sloppy work!* | *a sloppy sweater* —**sloppily** *adv* niechlujnie —**sloppiness** *n* [U] niechlujstwo

**slot** /slɒt/ *n* [C] **1** otwór: *Put 20p in the slot and see how much you weigh.* **2** okienko (*w harmonogramie, programie*): *I was offered a slot on a local radio station.*

**slot ma·chine** /ˈ. .ˌ./ *n* [C] automat do gry

**slouch** /slaʊtʃ/ *v* [I] garbić się: *Don't slouch – stand up straight!*

**slov·en·ly** /ˈslʌvənli/ *adj* niechlujny: *Where did you pick up such slovenly habits?*

**slow**[1] /sləʊ/ *adj* **1** wolny, powolny: *The slowest runners started at the back.* | *It's a very slow process.* **2 be slow to do sth/be slow in doing sth** zwlekać z czymś/ze zrobieniem czegoś: *We were slow to realize* (=długo trwało, zanim zdaliśmy sobie sprawę) *what was happening.* **3 be slow** spóźniać się: *My watch is a few minutes slow.*

**slow**[2] *v* [I,T] *także* **slow down** zwalniać,

zmniejszać prędkość: *The traffic slowed to a crawl.*

**slow down** *phr v* [I] zwalniać: *The car slowed down as it approached the store.*

**slow³** *adv* wolno, powoli: *You're going too slow.*

**slow·down** /ˈsləʊdaʊn/ *n* [C] zastój: *a slowdown in the tourist trade*

**slow·ly** /ˈsləʊli/ *adv* wolno, powoli: *White clouds drifted slowly across the sky.*

**slow mo·tion** /ˌ. ˈ../ *n* [U] **in slow motion** w zwolnionym tempie: *a replay of the goal shown in slow motion*

**slug** /slʌg/ *n* [C] ślimak nagi

**slug·gish** /ˈslʌgɪʃ/ *adj* ospały: *The traffic was sluggish that morning.*

**sluice** /sluːs/ *n* [C] śluza

**slum** /slʌm/ *n* [C] uboga dzielnica, slumsy: *She grew up in the slums of Sao Paolo.*

**slung** /slʌŋ/ *v* czas przeszły i imiesłów bierny od SLING

**slur** /slɜː/ *v* [T] **-rred, -rring; slur your words** mówić niewyraźnie: *After a few drinks, he started to slur his words.*

**slurp** /slɜːp/ *v* [I,T] *informal* siorbać: *Stop slurping your soup!*

**slush** /slʌʃ/ *n* [U] rozmokły śnieg

**sly** /slaɪ/ *adj* **slyer** *or* **slier, slyest** *or* **sliest 1** przebiegły, chytry: *He's sly and greedy.* | *a sly smile* **2 on the sly** *informal* ukradkiem, po kryjomu: *He's been smoking on the sly.*

**smack¹** /smæk/ *v* [T] **1** uderzyć (*otwartą dłonią*): *She smacked him hard across the face.* **2** dać klapsa **3 smack your lips** cmokać

**smack of** sth *phr v* [T] trącić (*czymś*): *a policy that smacks of sex discrimination*

**smack²** *n* [C] uderzenie, klaps: *a smack on the head*

**small** /smɔːl/ *adj* **1** mały: *Rhode Island is the smallest state in the US.* | *a small group of protesters* | *a small problem* | *She has two small children.* **2 the small hours** wczesne godziny ranne: *We stayed up talking into the small hours* (=do białego rana).

> UWAGA **small**
>
> **Small** i **little** mają to samo znaczenie, ale **small** jest bardziej neutralne i służy do podawania informacji o wielkości czegoś: *She is rather small for her age.* **Little** używa się w kontekscie nieco bardziej emocjonalnym: *We've rented a cosy little cottage in the countryside.* Nie należy używać **little** do opisywania liczb czy wielkości.

**small change** /ˌ. ˈ./ *n* [U] drobne

**small fry** /ˈ. ./ *n* [U] *informal* płotki: *They're small fry compared to the real criminals.*

**small-mind·ed** /ˌ. ˈ..◂/ *adj* małostkowy: *greedy, small-minded people*

**small·pox** /ˈsmɔːlpɒks/ *n* [U] ospa

**small print** /ˈ. ˌ./ *także* **fine print** *n* [U] adnotacje drobnym drukiem (*w dokumencie, umowie*): *Make sure you read the small print before you sign anything.*

S

**small-scale** /ˌ. ˈ.◂/ *adj* na małą skalę: *small-scale enterprises*

**small talk** /ˈ. ./ *n* [U] rozmowa o niczym (*np. na przyjęciu*): *He's not very good at making small talk.*

**smart** /smɑːt/ *adj* **1** bystry, rozgarnięty: *Jill's a smart kid.* **2** *especially BrE* elegancki, wytworny: *You look smart. Are you going anywhere special?* —**smartly** *adv* elegancko, wytwornie

**smash¹** /smæʃ/ *v* **1** [I,T] rozbić (się), roztrzaskać (się): *The plates smashed on the floor.* | *Rioters smashed store windows.* **2** [I,T] uderzyć: *Murray smashed his fist against the wall.* **3** [T] rozbić, obalić: *Police have smashed a drug smuggling ring.*

**smash** sth ↔ **up** *phr v* [T] rozbić, roztrzaskać: *She smashed up the truck in an accident.*

**smash², smash hit** *n* [C] przebój: *This song's definitely going to be a smash hit.*

**smear¹** /smɪə/ *v* [I,T] rozmazywać (się), roz/smarować: *Jill smeared lotion on Rick's back.*

**smear**[2] *n* [C] **1** smuga: *a dirty smear* **2** oszczerstwo, potwarz

**smell**[1] /smel/ *v* **smelled** *or* **smelt** /smelt/, **smelled** *or* **smelt, smelling** **1** [I] pachnieć: **smell of/like** *This wine smells like strawberries* (=pachnie truskawkami). **2** [I] śmierdzieć: *Something in the refrigerator smells.* **3** [T] czuć, wyczuwać: *I can smell something burning!* | *I've got a cold and I can't smell anything.* **4** [T] po/wąchać: *Come and smell these roses.*

**smell**[2] *n* **1** [C] zapach: *What a lovely smell!* | **+ of** *the smell of fresh bread* **2** [C] smród **3** [U] węch, powonienie: *Dogs have an excellent sense of smell.*

> UWAGA **smell**
>
> Aby wyrazić pojęcie 'czuć zapach', wystarczy jeden angielski czasownik **smell**: *I could smell his cigar all over the house.* Kiedy używamy rzeczownika **smell** bez przymiotnika, zwykle mamy na myśli nieprzyjemny zapach: *Can we open the window and get rid of the smell?*

S

**smell·y** /ˈsmeli/ *adj* śmierdzący: *smelly socks*

**smelt** /smelt/ *v* [T] wytapiać (*metal*)

**smile**[1] /smaɪl/ *v* [I] uśmiechać się: *Her baby's always smiling.* | **+ at** *Keith smiled at me.*

> UWAGA **smile**
>
> Nie mówi się "he smiled to me". Mówi się **he smiled at me**.

**smile**[2] *n* [C] uśmiech: *She came in with a broad smile on her face.*

**smock** /smɒk/ *n* [C] kitel

**smog** /smɒg/ *n* [U] smog

**smoke**[1] /sməʊk/ *n* **1** [U] dym **2** **go up in smoke** *informal* spalić na panewce

**smoke**[2] *v* **1** [I,T] za/palić, wy/palić: *Do you mind if I smoke?* **2** [I] dymić: *a smoking chimney* **3** [T] u/wędzić —**smoking** *n* [U] palenie: *I'm trying to give up smoking.* | *The sign says "No smoking".*

**smok·er** /ˈsməʊkə/ *n* [C] palacz/ka, paląc-y/a ➡ antonim NONSMOKER

**smok·y** /ˈsməʊki/ *adj* **1** zadymiony: *a smoky room* **2** dymiący: *a smoky fire* **3** podwędzany: *smoky cheese*

**smooth**[1] /smuːð/ *adj* **1** gładki, równy: *a smooth road* **2** gładki: *smooth skin* | *smooth peanut butter* **3** łagodny, płynny: *Swing the racket in one smooth motion.* | *a smooth transition from school to university* —**smoothly** *adv* gładko —**smoothness** *n* [U] gładkość

**smooth**[2] *v* [T] wygładzać: *Tanya sat down, smoothing her skirt.* | *a face cream that smoothes your skin*

**smoth·er** /ˈsmʌðə/ *v* [T] **1** u/dusić: *She'd been smothered with a pillow.* **2** s/tłumić: *She tried hard to smother her anger.* **3** z/dusić, s/tłumić: *I threw a blanket down to smother the flames.*

**smoul·der** /ˈsməʊldə/ *BrE*, **smolder** *AmE* *v* [I] tlić się: *The factory is still smouldering after last night's blaze.*

**smudge**[1] /smʌdʒ/ *n* [C] smuga

**smudge**[2] *v* [I,T] rozmazywać (się): *Now look! You've smudged my drawing!*

**smug** /smʌg/ *adj* **-gger, -ggest** *disapproving* zadowolony z siebie: *a smug smile*

**smug·gle** /ˈsmʌgəl/ *v* [T] przemycać, prze/szmuglować: *cocaine smuggled from South America* —**smuggler** *n* [C] przemytni-k/czka —**smuggling** *n* [U] przemyt

**snack** /snæk/ *n* [C] przekąska

**snack bar** /ˈ. ./ *n* [C] bar szybkiej obsługi

**snag** /snæg/ *n* [C] *informal* problem: *The only snag is, I don't have enough money.*

**snail** /sneɪl/ *n* **1** [C] ślimak **2** **at a snail's pace** w ślimaczym tempie ➡ porównaj SLUG

**snake** /sneɪk/ *n* [C] wąż

**snap**[1] /snæp/ *v* **-pped, -pping** **1** [I,T] pękać, z/łamać (się): *Dry branches snapped under their feet.* | *He snapped the chalk in two* (=rozłamał kredę). **2** [I,T] zatrzaskiwać (się): **+ together/open/shut etc** *She snapped her briefcase shut.*

**3 snap (at sb)** warczeć (na kogoś): *There's no need to snap.* | *I'm sorry I snapped at you.* **4** [I] kłapać zębami: *The dog snapped at my ankles.* **5 snap your fingers** pstrykać palcami **6** [I] s/tracić panowanie nad sobą: *I don't know what happened – I guess I just snapped.* **7** [T] s/fotografować, z/robić zdjęcie

**snap²** *n* **1** [singular] trzask: *I heard a snap and then the tree just fell over.* **2** [C] zdjęcie, fotka

**snap·shot** /ˈsnæpʃɒt/ *n* [C] zdjęcie, fotka

**snare** /sneə/ *n* [C] sidła, wnyki

**snarl** /snɑːl/ *v* [I,T] warczeć, warknąć: *"Shut up!" he snarled.*

**snatch¹** /snætʃ/ *v* [T] wyrwać, z/łapać: *The boy snatched her purse and ran.*

**snatch²** *n* **a snatch of conversation/song** urywek rozmowy/piosenki

**sneak¹** /sniːk/ *v* **sneaked** *or* **snuck, sneaked** *or* **snuck, sneaking 1** [I] przemykać, wymykać się: *We managed to sneak past the guard.* **2** [T] przemycać: *I'll sneak some beer up to my room.* **3 sneak a look/glance at** spojrzeć ukradkiem na: *She sneaked a look at the open diary.*

**sneak up** *phr v* [I] podkradać się, zakradać się: **+ on/behind** *Don't sneak up on me like that!*

**sneak²** *n* [C] *BrE informal* skarżypyta

**sneak·er** /ˈsniːkə/ *n* [C] *especially AmE* tenisówka

**sneak·y** /ˈsniːki/ *adj* podstępny

**sneer** /snɪə/ *v* [I] drwić: *Ned always sneered at the type of people who went to the opera.*

**sneeze** /sniːz/ *v* [I] kichać: *The dust is making me sneeze!* —**sneeze** *n* [C] kichnięcie

**sniff** /snɪf/ *v* **1** [I] pociągać nosem: *The girl sitting behind me was coughing and sniffing.* **2** [T] wąchać, obwąchiwać: *"What's this?" he asked, sniffing it suspiciously.*

**snip** /snɪp/ *v* [I,T] **-pped, -pping** przeciąć, ciachnąć

**snip·er** /ˈsnaɪpə/ *n* [C] snajper

**snip·pet** /ˈsnɪpɪ̆t/ *n* [C] strzęp: *a snippet of information*

**sniv·el** /ˈsnɪvəl/ *v* [I] **-lled, -lling** *BrE,* **-led, -ling** *AmE* pochlipywać, mazgaić się —**snivelling** *adj*: *a snivelling little brat* (=mazgajowaty bachor)

**snob** /snɒb/ *n* [C] snob/ka —**snobbish** *adj* snobistyczny

**snob·be·ry** /ˈsnɒbəri/ *n* [U] snobizm

**snoo·ker** /ˈsnuːkə/ *n* [U] snooker (*rodzaj bilardu*)

**snoop** /snuːp/ *v* [I] węszyć, myszkować: *I caught her snooping around in my office.*

**snoot·y** /ˈsnuːti/ *adj* nadęty: *snooty neighbours*

**snooze** /snuːz/ *v* [I] *informal* drzemać: *Dad was snoozing in a deckchair.* —**snooze** *n* [C] drzemka: *I'm going to have a little snooze.*

**snore** /snɔː/ *v* [I] chrapać —**snore** *n* [C] chrapanie

**snor·kel** /ˈsnɔːkəl/ *n* [C] fajka (*do nurkowania*)

**snort** /snɔːt/ *v* [I,T] parskać, prychać: *"Don't be so ridiculous!" he snorted.*

**snot·ty** /ˈsnɒti/ *adj informal* **1** nadęty **2** zasmarkany

**snout** /snaʊt/ *n* [C] ryj, pysk

**snow¹** /snəʊ/ *n* [U] śnieg

**snow²** *v* **1 it snows** pada śnieg: *Look, it's snowing!* | *It snowed throughout the night.* **2 snowed in** zasypany śniegiem: *We were snowed in for a week.* **3 snowed under (with sth)** zawalony pracą: *I'd love to come, but I'm totally snowed under.*

**snow·ball** /ˈsnəʊbɔːl/ *n* [C] śnieżka

**snow·board·ing** /ˈsnəʊˌbɔːdɪŋ/ *n* [U] snowboarding

**snow·drift** /ˈsnəʊdrɪft/ *n* [C] zaspa

**snow·drop** /ˈsnəʊdrɒp/ *n* [C] przebiśnieg

**snow·fall** /ˈsnəʊfɔːl/ *n* [C,U] opady śniegu: *Their average annual snowfall is 24 inches.*

**snow·flake** /ˈsnəʊfleɪk/ *n* [C] płatek śniegu

**snow·man** /ˈsnəʊmæn/ *n* [C] *plural* **snowmen** bałwan

**snow·plough** /ˈsnəʊplaʊ/ *BrE*, **snowplow** *AmE* *n* [C] pług śnieżny

**snow·shoe** /ˈsnəʊʃuː/ *n* [C usually plural] rakieta śnieżna

**snow·storm** /ˈsnəʊstɔːm/ *n* [C] zamieć, śnieżyca

**snow·y** /ˈsnəʊi/ *adj* ośnieżony: *a dazzling snowy landscape*

**snuck** /snʌk/ *v* czas przeszły i imiesłów bierny od SNEAK

**snuff** /snʌf/ *n* [U] tabaka

**snug** /snʌg/ *adj* przytulny: *a snug little room*

**so**[1] /səʊ/ *adv* **1 so big/good** taki duży/dobry: *It was so embarrassing – everyone was looking at us!* | *She drives so fast* (=tak szybko)*!* | *I love you so* (=tak bardzo cię kocham). | *He was so fat that he couldn't get through the door.* (=że nie mógł przejść przez drzwi) | **so much/many** (=tyle): *I've never seen so many people in one place before!* **2** tak: *"Will you be coming to the party tonight?" "I think so* (=myślę, że tak)*."* | *"Will I need my coat?" "I don't think so* (=myślę, że nie)*."* | *Are you going into town? If so* (=jeśli tak), *can I come?* **3 I told you so/I said so** *spoken* a nie mówiłem? **4 so do I/so is he** ja/on też: *If you're going to have a drink then so will I* (=to ja też). | *Her father is a doctor, and so is mine* (=mój też). **5** więc: *So, what do you think of your new school?* **6** tak: *It was about so big.* | *Then you fold the paper like so* (=w ten sposób). **7 ten days/a year or so** jakieś dziesięć dni/jakiś rok: *He left week or so ago* (=jakiś tydzień temu). **8 and so on/forth** i tak dalej: *a room full of old furniture, paintings, and so forth* **9 so as to do sth** żeby coś zrobić: *Try to remain calm so as not to alarm anyone* (=żeby nikogo nie przestraszyć). **10 so?/so what?** i co z tego?, no to co?: *Yes, I'm late. So what?*

| UWAGA **so** |
|---|
| Patrz **such** i **so**. |

**so**[2] *conjunction* **1** więc: *I heard a noise so I got out of bed.* **2 so (that)** żeby, aby: *I put your keys in the drawer so they wouldn't get lost* (=żeby nie zginęły).

**so**[3] *adj* **it is (not) so** to (nie)prawda: *The newspapers claim that the exams are getting easier, but it just isn't so!*

**soak** /səʊk/ *v* [I,T] **1** na/moczyć (się): *Leave that dish in the sink to soak.* | *Soak the beans overnight.* **2** przesiąkać: *The rain had soaked through her jacket.*

**soak** sth ↔ **up** *phr v* [T] wchłaniać: *When you pour the milk into the dish, the bread will soak it up.*

**soaked** /səʊkt/ *adj* przemoczony: *I'm absolutely soaked.*

**soak·ing** /ˈsəʊkɪŋ/ *także* **soaking wet** *adj* przemoczony: *You're soaking! Come in and dry off.*

**so-and-so** /ˈ. . ˌ./ *n* [U] taki a taki: *They're always gossiping about so-and-so having an affair with so-and-so.*

**soap**[1] /səʊp/ *n* **1** [U] mydło: *a bar of soap* (=kostka mydła) **2** [C] *informal* telenowela

**soap**[2] *v* [T] na/mydlić

**soap op·e·ra** /ˈ. ˌ.../ *n* [C] telenowela

**soap·y** /ˈsəʊpi/ *adj* mydlany, namydlony: *soapy water*

**soar** /sɔː/ *v* [I] **1** wzrastać gwałtownie: *The temperature soared to 97°.* **2** wzbijać się, szybować: *birds soaring overhead* **3** wznosić się: *The cliffs soar 500 feet above the sea.*

**sob** /sɒb/ *v* [I] **-bbed, -bbing** szlochać —**sob** *n* [C] szloch

**so·ber**[1] /ˈsəʊbə/ *adj* **1** trzeźwy **2** poważny: *a sober and intelligent young man* **3** stonowany: *a sober grey suit* —**soberly** *adv* trzeźwo

**sober**[2] *v*

**sober** sb ↔ **up** *phr v* **1** [I] wy/trzeźwieć: *You'd better sober up before your wife sees you!* **2** [T] otrzeźwiać: *Some black coffee might sober you up.*

**so-called** /ˈ. ˌ.◂/ *adj* [only before noun] tak zwany: *The so-called expert turned out to be a research student.*

**soc·cer** /ˈsɒkə/ *n* [U] piłka nożna

S

**so·cia·ble** /ˈsəʊʃəbəl/ *adj* towarzyski → antonim UNSOCIABLE

**so·cial** /ˈsəʊʃəl/ *adj* **1** społeczny: *social issues such as unemployment and homelessness | people from different social backgrounds* **2** towarzyski: *social events for employees* | **social life** (=życie towarzyskie): *College is great – the social life's brilliant!* —**socially** *adv* społecznie, towarzysko

**so·cial·is·m** /ˈsəʊʃəl-ɪzəm/ *n* [U] socjalizm —**socialist** *adj* socjalistyczny —**socialist** *n* [C] socjalist-a/ka

**so·cial·ize** /ˈsəʊʃəl-aɪz/ (*także* **-ise** *BrE*) *v* [I] udzielać się towarzysko: **socialize with** (=utrzymywać stosunki towarzyskie z): *We're colleagues, but I don't socialize with him.*

**social sci·ence** /ˌ.. ˈ../ *n* [C,U] nauki społeczne

**social se·cu·ri·ty** /ˌ.. .ˈ.../ *n* [U] **1** *BrE* zasiłek: **be on social security** (=być na zasiłku) **2** *AmE* ubezpieczenia społeczne

**social stud·ies** /ˈ.. ˌ../ *n* [plural] → SOCIAL SCIENCE

**social work·er** /ˈ.. ˌ../ *n* [C] pracownik/ca opieki społecznej —**social work** *n* [U] opieka społeczna

**so·ci·e·ty** /səˈsaɪəti/ *n* **1** [C,U] społeczeństwo: *Britain is a multi-racial society. | problems affecting modern Western society* **2** [C] towarzystwo: *I joined the school film society.*

**so·ci·ol·o·gy** /ˌsəʊsiˈɒlədʒi/ *n* [U] socjologia —**sociologist** *n* [C] socjolog

**sock** /sɒk/ *n* [C usually plural] skarpeta, skarpetka: *a pair of socks*

**sock·et** /ˈsɒkət/ *n* [C] gniazdko (*elektryczne*)

**so·da** /ˈsəʊdə/ *n* [C,U] *także* **soda water** woda sodowa

**so·di·um** /ˈsəʊdiəm/ *n* [U] sód

**so·fa** /ˈsəʊfə/ *n* [C] kanapa

**soft** /sɒft/ *adj* **1** miękki: *a soft pillow* **2** gładki, delikatny: *soft skin* **3** cichy: *soft music | a soft voice* **4** stonowany: *Soft lighting is much more romantic.* **5** *informal* miękki, mało stanowczy: *The Governor does not want to seem soft on crime.* **6 have a soft spot for sb** mieć do kogoś słabość: *She's always had a soft spot for Grant.* —**softness** *n* [U] miękkość

**soft-boiled** /ˌ. ˈ.◂/ *adj* na miękko: *a soft-boiled egg*

**soft drink** /ˈ. ./ *n* [C] napój bezalkoholowy: *We serve cola and a range of other soft drinks.*

**soft·en** /ˈsɒfən/ *v* **1** [I] z/mięknąć: *Cook the onion until it has softened.* **2** [T] zmiękczać **3** [T] z/łagodzić: *The police seem to be softening their attitude towards drug users.* → antonim HARDEN

**soft·heart·ed** /ˌsɒftˈhɑːtəd◂/ *adj* **be softhearted** mieć miękkie serce

**soft·ly** /ˈsɒftli/ *adv* **1** cicho: *She spoke softly, so that the baby did not wake.* **2** delikatnie: *He softly stroked her hands.*

**soft·ware** /ˈsɒftweə/ *n* [U] oprogramowanie, software: *word processing software* → porównaj HARDWARE

**sog·gy** /ˈsɒgi/ *adj* rozmokły, rozmiękły: *The bottom of the pie has gone all soggy.*

**soil**[1] /sɔɪl/ *n* [C,U] ziemia, gleba: *plants that grow in sandy soil*

**soil**[2] *v* [T] *formal* po/brudzić, po/plamić: *Your shirt collar is badly soiled.* —**soiled** *adj* brudny

**so·lar** /ˈsəʊlə/ *adj* słoneczny: *solar energy | a solar eclipse* (=zaćmienie słońca)

**solar pan·el** /ˌ.. ˈ../ *n* [C] bateria słoneczna

**solar sys·tem** /ˈ.. ˌ../ *n* **the solar system** układ słoneczny

**sold** /səʊld/ *v* czas przeszły i imiesłów bierny od SELL

**sol·dier** /ˈsəʊldʒə/ *n* [C] żołnierz

**sold-out** /ˌ. ˈ.◂/ *adj* wyprzedany

**sole**[1] /səʊl/ *adj* **1** jedyny: *the sole survivor of the plane crash* **2** wyłączny: *sole ownership of the company*

**sole**[2] *n* **1** [C] podeszwa **2** [C,U] sola (*ryba*)

**sole·ly** /ˈsəʊl-li/ *adv* jedynie, wyłącznie: *Grants are awarded solely on the basis of need.*

**sol·emn** /ˈsɒləm/ *adj* **1** poważny: *a solemn expression* | *solemn music* **2** uroczysty, solenny: *a solemn promise* —**solemnly** *adv* z namaszczeniem

**so·lic·i·tor** /səˈlɪsətə/ *n* [C] *BrE* radca prawny, notariusz

**sol·id[1]** /ˈsɒləd/ *adj* **1** stały, twardy: *solid rock* | *The milk was frozen solid* (=zamarzło na kamień). **2** solidny: *a good, solid chair* **3 solid gold/silver** lite złoto/srebro: *a solid gold necklace* **4** [only before noun] konkretny: *Suspicions are no good – we need solid evidence.* **5** solidny, rzetelny: *a firm with a solid reputation*

**solid[2]** *n* [C] **1** ciało stałe **2** *technical* bryła → patrz też SOLIDS

**sol·i·dar·i·ty** /ˌsɒləˈdærəti/ *n* [U] solidarność: *We are striking to show solidarity with the nurses.*

S

**so·lid·i·fy** /səˈlɪdəfaɪ/ *v* [I] s/krzepnąć, s/tężeć: *The oil solidifies as it cools.*

**sol·ids** /ˈsɒlədz/ *n* [plural] pokarmy stałe: *The doctor says I can't eat solids for another week.*

**so·lil·o·quy** /səˈlɪləkwi/ *n* [C] monolog: *Hamlet's famous soliloquy*

**sol·i·taire** /ˌsɒləˈteə/ *n* [U] *AmE* pasjans

**sol·i·ta·ry** /ˈsɒlətəri/ *adj* samotny: *A solitary tree grew on the hilltop.* | *a long solitary walk*

**sol·i·tude** /ˈsɒlətjuːd/ *n* [U] samotność: *She spent the last years of her life living in solitude.*

**so·lo[1]** /ˈsəʊləʊ/ *adj* samotny: *his first solo flight* —**solo** *adv* solo, w pojedynkę: *Have you ever flown solo?*

**solo[2]** *n* [C] *plural* **solos** solo

**so·lo·ist** /ˈsəʊləʊəst/ *n* [C] solist-a/ka

**sol·stice** /ˈsɒlstəs/ *n* [C] przesilenie: *the summer solstice*

**sol·u·ble** /ˈsɒljəbəl/ *adj* rozpuszczalny

**so·lu·tion** /səˈluːʃən/ *n* [C] **1** rozwiązanie: *The only solution was to move into a quieter apartment.* | *The solution to the puzzle is on p.14.* **2** roztwór: *a weak sugar solution*

**solve** /sɒlv/ *v* [T] rozwiązywać: *The tax may be the only way to solve the city's budget crisis.* | **solve a crime/mystery/case** *one of the many cases that the police have been unable to solve*

**sol·vent[1]** /ˈsɒlvənt/ *adj* wypłacalny

**solvent[2]** *n* [C,U] rozpuszczalnik

**som·bre** /ˈsɒmbə/ *BrE*, **somber** *AmE* *adj* **1** ponury, posępny: *a sombre mood* **2** mroczny, ciemny: *a somber room*

**some[1]** /səm/ *quantifier* **1** trochę, parę, kilka: *Do you want some coffee?* | *I need to buy some new socks.* **2** niektórzy, niektóre: *Some guys at work have tickets to the Superbowl.* | *Some days, I just can't get out of bed.* **3** *informal* jakiś: *I read about it in some magazine.*

> UWAGA **some i any**
>
> Wyrazów **some**, **something** itp. można używać tylko w propozycjach, prośbach i innych pytaniach, w których oczekujemy pozytywnej reakcji: *Who'd like something to eat?* | *Could you give me some help, please?* | *Aren't there some letters to be posted?* W innych pytaniach używamy **any**, **anything** itp.: *Did you get any letters today?* | *Have you seen any good films recently?* Patrz też **certain** i **some**.

**some[2]** /sʌm/ *pron* **1** trochę, parę: *I've made a cake; would you like some?* **2** niektóre: *Some of the roads were closed because of snow.*

**some[3]** *adv* **1** około: *Some 700 homes were damaged by the storm.* **2 some more** jeszcze: *Would you like some more cake?* **3** *AmE spoken* trochę: *"Are you feeling better today?" "Some, I guess."*

**some·bod·y** /ˈsʌmbədi/ → SOMEONE

**some·day** /ˈsʌmdeɪ/ *adv* kiedyś, pewnego dnia: *Maybe someday I'll be rich!*

**some·how** /ˈsʌmhaʊ/ *adv* jakoś: *We'll get the money back somehow.* | *Somehow I don't trust him.* | **somehow or other** (=w ten czy inny sposób): *Maybe we could glue it together somehow or other.*

**some·one** /ˈsʌmwʌn/ *pron* ktoś: *Be careful! Someone could get hurt.* | **someone**

**else** (=ktoś inny): *"Does Mike still live here?" "No, someone else is renting it now."*

> UWAGA **someone and I**
>
> Patrz **I and someone** i **someone and I**.

**some·place** /ˈsʌmpleɪs/ *adv AmE* SOMEWHERE

**som·er·sault** /ˈsʌməsɔːlt/ *n* [C] fikołek, koziołek, salto —**somersault** *v* [I] prze/koziołkować

**some·thing** /ˈsʌmθɪŋ/ *pron* **1** coś: *There's something in my eye.* | *Would you like something to drink?* | *Sarah said something about a party.* | **something else** (=coś innego) | **do something (about)** *Can't you do something about that noise* (=zrobić coś z tym hałasem)? **2 something like 100/£40** około 100/40 funtów: *There are something like 3,000 homeless people in this city.* **3 have something to do with** mieć związek z: *High-fat diets may have something to do with the disease.* **4 or something** czy coś w tym rodzaju: *Maybe I cooked it too long or something.* | *She works in sales or something like that.* **5 that's something** *spoken* to już coś: *At least we've got some money left – that's something.*

**some·time** /ˈsʌmtaɪm/ *adv* kiedyś: *I'll call you sometime next week.*

**some·times** /ˈsʌmtaɪmz/ *adv* czasami, czasem: *Sometimes I don't get home until 9:00 at night.*

**some·what** /ˈsʌmwɒt/ *adv* nieco: *I was somewhat annoyed.*

**some·where** /ˈsʌmweə/ *także* **someplace** *AmE adv* **1** gdzieś, dokądś: *I think he wants you to drive him somewhere.* | *Let's find somewhere to eat* (=poszukajmy jakiejś restauracji). | **somewhere else** (=gdzieś indziej): *Go and play somewhere else – I'm trying to work.* **2 somewhere around/between** około: *A good CD player costs somewhere around $500.*

**son** /sʌn/ *n* **1** [C] syn: *Her son Sean was born in 1990.* **2** [singular] chłopcze: *What's your name, son?*

**so·na·ta** /səˈnɑːtə/ *n* [C] sonata

**song** /sɒŋ/ *n* **1** [C] piosenka, pieśń: *Turn up the radio, this is my favourite song.* **2** [C,U] śpiew: *the song of a blackbird*

**song·writ·er** /ˈsɒŋˌraɪtə/ *n* [C] autor/ka piosenek

**son·ic** /ˈsɒnɪk/ *adj technical* dźwiękowy

**son-in-law** /ˈ. . ˌ./ *n* [C] zięć

**son·net** /ˈsɒn$_{ə}^{ɪ}$t/ *n* [C] sonet

**soon** /suːn/ *adv* **1** wkrótce, niebawem: *It will be dark soon.* | *They soon realized their mistake.* | **as soon as possible** (=jak najszybciej): *I'll get it fixed as soon as possible.* | **how soon** (=jak szybko): *How soon can you get here?* **2 as soon as** jak tylko, gdy tylko: *I came as soon as I heard the news.* **3 sooner or later** prędzej czy później: *He's bound to find out sooner or later.* **4 no sooner had ... than** ledwo ... gdy: *No sooner had I stepped in the shower than the phone rang* (=ledwo weszłam pod prysznic, gdy zadzwonił telefon). **5 I would sooner/I would just as soon (do sth)** wolałbym (coś zrobić): *I'd just as soon stay in and watch TV.*

**soot** /sʊt/ *n* [U] sadza

**soothe** /suːð/ *v* [T] **1** uspokajać: *School officials were trying to soothe anxious parents.* **2** z/łagodzić, u/koić: *a gel that soothes aching muscles* —**soothing** *adj* kojący: *gentle soothing music*

**so·phis·ti·cat·ed** /səˈfɪst$_{ə}^{ɪ}$keɪt$_{ə}^{ɪ}$d/ *adj* **1** wyrobiony: *a play that appeals to a sophisticated audience* **2** skomplikowany: *highly sophisticated weapons systems*

**sop·o·rif·ic** /ˌsɒpəˈrɪfɪk◂/ *adj formal* nasenny: *a soporific drug*

**so·pra·no** /səˈprɑːnəʊ/ *n* [C,U] sopran

**sor·cer·er** /ˈsɔːsərə/ *n* [C] czarnoksiężnik

**sor·did** /ˈsɔːd$_{ə}^{ɪ}$d/ *adj* ohydny: *all the sordid details of the scandal*

**sore** /sɔː/ *adj* **1** bolesny, obolały: *I've got a sore throat* (=boli mnie gardło). **2 sore point/spot** czułe miejsce: *Don't mention marriage – it's a sore point with him.*

**sor·row** /ˈsɒrəʊ/ *n* [C,U] smutek, żal: *the joys and sorrows of family life*

**sor·ry** /ˈsɒri/ *adj* **1 sorry/I'm sorry** *spoken* **a)** przepraszam: *I'm sorry, I didn't mean to be rude.* | *Sorry, did I step on your foot?* | **+ about/for** (=za): *Sorry about all the mess!* | **+ (that)** *He's sorry that he couldn't come to your party.* | **sorry to do sth** *I'm sorry to bother you* (=przepraszam, że przeszkadzam), *but there's a call for you.* **b)** przykro mi: *"Can I borrow the car?" "Sorry, I'm using it myself."* | *I'm sorry, I think you're wrong.* **2 be/feel sorry for sb** współczuć komuś: *It's no use feeling sorry for yourself* (=nie ma co się nad sobą użalać) – *it's your own fault!* **3 be sorry (that)** żałować, że: *Dad's still sorry that he never joined the army.* **4** [only before noun] opłakany: **in a sorry state** (=w opłakanym stanie): *The cottage hadn't been lived in for years and was in a sorry state.* **5 sorry?** *especially BrE* słucham?: *Sorry? What did you say?*

S

| UWAGA **I'm sorry** |
|---|
| Patrz **excuse me** i **I'm sorry**. |

**sort**[1] /sɔːt/ *n* **1** [C] rodzaj: **+ of** *"What sort of flowers do you like best?" "Roses, I think."* | *On expeditions of this sort you have to be prepared for trouble.* | **all sorts of ...** (=najróżniejsze ...): *They sell all sorts of things.* **2 sort of** (tak) jakby, poniekąd: *It's sort of round and green, a bit like a lettuce.* | *"Were you disappointed?" "Well, sort of, but it didn't matter really."*

**sort**[2] *v* [T] po/segregować, po/sortować: *All the letters have to be sorted and delivered by Friday.*

**sort** sth ↔ **out** *phr v* [T] **1** u/porządkować: *This office is a mess – I must sort it out!* **2** rozwiązywać: *to sort out a problem*

**SOS** /ˌes əʊ ˈes/ *n* [singular] SOS

**so-so** /ˈ. ./ *adj, adv spoken* taki sobie, tak sobie: *"How was the meal?" "So-so."*

**souf·flé** /ˈsuːfleɪ/ *n* [C,U] suflet

**sought-af·ter** /ˈsɔːt ˌɑːftə/ *adj* poszukiwany: *Her paintings are highly sought-after nowadays.*

**soul** /səʊl/ *n* **1** [C] dusza: *She's dead, but her soul's in heaven.* | *Don't tell a soul* (=nie mów nikomu)! **2** *także* **soul music** [U] (muzyka) soul

**sound**[1] /saʊnd/ *n* **1** [C,U] dźwięk: *the sound of breaking glass* | *Turn the sound up on the TV.* **2 by the sound of it/things** *spoken* wygląda na to, że: *By the sound of it, he's being forced out of his job.*

**sound**[2] *v* [linking verb] **1** wydawać się: **+ (like)** *Your friend sounds like a nice guy* (=z tego co mówisz, twój przyjaciel to fajny facet). **2** [linking verb] sprawiać wrażenie: *You sound upset. Are you OK?* **3** [I] za/brzmieć, za/dźwięczeć: *The whistle sounded.*

**sound out** *phr v* [T] [**sound** sb/sth ↔ **out**] wysondować: *We've found a way of sounding out public opinion on the issue.*

**sound**[3] *adj* **1** rozsądny: *Our helpline offers sound advice to new parents.* **2** pewny, bezpieczny: *a sound investment* **3** w dobrym stanie: *The roof leaks, but the floors are sound.* **4 of sound mind** *law* poczytalny → antonim UNSOUND, patrz też SOUNDLY

**sound**[4] *adv* **be sound asleep** spać głęboko

**sound bar·ri·er** /ˈ. ˌ.../ *n* **the sound barrier** bariera dźwięku

**sound ef·fects** /ˈ. .ˌ./ *n* [plural] efekty dźwiękowe

**sound·ly** /ˈsaʊndli/ *adv* **sleep soundly** spać głęboko

**sound·proof** /ˈsaʊndpruːf/ *adj* dźwiękoszczelny

**sound·track** /ˈsaʊndtræk/ *n* [C] ścieżka dźwiękowa

**soup** /suːp/ *n* [C,U] zupa: *chicken noodle soup*

**sour** /saʊə/ *adj* **1** kwaśny: *sour green apples* **2** skwaśniały, zsiadły: *sour milk* | **go sour** *The milk has gone sour* (=skwaśniało). **3** skwaszony: *a sour expression*

**source** /sɔːs/ *n* [C] źródło: *Reliable sources say the company is going bankrupt.* | **+ of** *Tourism is the city's greatest source of income.* | *sources of energy* | *Engineers have found the source of the*

*trouble.* | *Where is the source of the River Thames?*

**south**[1] /saʊθ/, **South** *n* [U singular] **1** południe: *Which way is south?* | *White sandy beaches lie to the south* (=na południu). **2 the south** południe, południowa część: *The south is much poorer than the north.* | *My uncle lives in the south of France.*

**south**[2] *adj* południowy: *the south wall of the building* | *south wind*

**south**[3] *adv* **1** na południe: *Go 5 miles south on the freeway.* | *20 miles south of London* (=na południe od Londynu) **2 down south** na południu: *They live down south, somewhere near Brighton.*

**south·bound** /ˈsaʊθbaʊnd/ *adj* w kierunku południowym: *southbound traffic*

**south·east**[1] /ˌsaʊθˈiːst◂ /, **Southeast** *n* [U singular] południowy wschód —**southeastern** *adj* południowo-wschodni

**southeast**[2], **Southeast** *adj* południowo-wschodni: *a southeast wind*

**southeast**[3], **Southeast** *adv* na południowy wschód: *flying southeast*

**south·er·ly** /ˈsʌðəli/ *adj* południowy: *a ship on a southerly course* | *a southerly wind*

**south·ern** /ˈsʌðən/, **Southern** *adj* południowy: *southern New Mexico*

**south·ern·er** /ˈsʌðənə/, **Southerner** *n* [C] południowiec

**south·ern·most** /ˈsʌðənməʊst/ *adj* najbardziej wysunięty na południe: *the southernmost tip of the island*

**South Pole** /ˌ. ˈ./ *n* **the South Pole** biegun północny

**south·ward** /ˈsaʊθwəd/ **southwards** *adv* na południe

**south·west** /ˌsaʊθˈwest◂ /, **Southwest** *n* [U singular] południowy zachód —**southwestern** *adj* południowo-zachodni

**sou·ve·nir** /ˌsuːvəˈnɪə/ *n* [C] pamiątka: **+ of** *a souvenir of New York*

**sove·reign**[1] /ˈsɒvrən/ *adj* suwerenny: *a sovereign country* —**sovereignty** *n* [U] suwerenność

**sovereign**[2] *n* [C] *formal* monarch-a/ini

**So·vi·et** /ˈsəʊviət, ˈsɒ-/ *adj* radziecki, sowiecki

**sow**[1] /səʊ/ *v* [I,T] **sowed, sown** /seʊn/ *or* **sowed, sowing** za/siać: *We sow the corn in the early spring.*

**sow**[2] /saʊ/ *n* [C] maciora, locha

**soy·a bean** /ˈsɔɪə biːn/ *także* **soy·bean** /ˈsɔɪbiːn/ *n* [C] soja

**spa** /spɑː/ *n* [C] uzdrowisko

**space**[1] /speɪs/ *n* **1** [U,C] miejsce: *Is there any more space in the basement?* | *There's not enough space in the computer's memory.* | *parking spaces* | *6,900 square feet of office space* **2** szpara, odstęp: *There's a space for it there – between the books.* **3** [U] kosmos, przestrzeń: *space exploration* **4 in/during/within the space of** w ciągu: *In the space of a few seconds it was done.*

| UWAGA **space** |
|---|
| Patrz **place** i **room/space.** |

**space**[2] *v* [T] rozmieszczać, rozstawiać: *Space the plants four feet apart.* —**spacing** *n* [U] odstęp

**space·ship** /ˈspeɪsˌʃɪp/, **space·craft** /ˈspeɪskrɑːft/ *n* [C] statek kosmiczny

**spa·cious** /ˈspeɪʃəs/ *adj* przestronny

**spade** /speɪd/ *n* [C] **1** łopata, szpadel **2 spades** piki: *the queen of spades* (=dama pikowa)

**spa·ghet·ti** /spəˈgeti/ *n* [U] spaghetti

**span**[1] /spæn/ *n* [C] **1** okres: *Most children have a short attention span.* | *The mayfly has a two-day life span.* | *Over a span of five years, they planted 10,000 new trees.* **2** rozpiętość: *a wing span of three feet*

**span**[2] *v* [T] **-nned, -nning 1** obejmować: *Mariani's career spanned 45 years.* **2** przecinać: *a bridge spanning the river*

**span·iel** /ˈspænjəl/ *n* [C] spaniel

**spank** /spæŋk/ *v* [T] dać klapsa —**spanking** *n* [C,U] lanie

**span·ner** /ˈspænə/ *n* [C] *BrE* klucz (płaski)

**spare**[1] /speə/ *adj* **1** zapasowy: *a spare key* | *spare parts* **2** wolny: *a spare bedroom* **3 spare time** czas wolny: *I play tennis in my spare time.*

**spare**[2] *v* [T] **1** użyczać: *Could you spare your car for a while?* **2 spare sb sth** oszczędzać komuś czegoś: *I was trying to spare you unnecessary work.* **3 to spare** w zapasie: *helpers with a few hours to spare each week* **4 Could you spare (me) ...?** *spoken* Czy mógłbyś mi poświęcić: *Could you spare me twenty minutes of your time?* **5 spare no expense** nie żałować pieniędzy, nie szczędzić kosztów: *We will spare no expense in buying new equipment.* **6** uratować: *The children's lives were spared.*

**spar·ing·ly** /ˈspeərɪŋli/ *adv* oszczędnie, z umiarem: *Apply this cream sparingly.* —**sparing** *adj* ostrożny, oszczędny: *Be sparing in the amount of salt you add.*

S

**spark**[1] /spɑːk/ *n* [C] **1** iskra **2** błysk, przebłysk: *a spark of intelligence* | *She saw a spark of hope in the little girl's eyes.*

**spark**[2] *v* **1** [T] *także* **spark off** wywoływać: *The speech sparked off riots throughout the city.* **2** [I] iskrzyć

**spar·kle** /ˈspɑːkəl/ *v* [I] mienić się, skrzyć się: *diamonds sparkling in the light* —**sparkle** *n* [C,U] połysk

**spar·kler** /ˈspɑːklə/ *n* [C] sztuczny ogień

**spark plug** /ˈ. ./ *n* [C] świeca zapłonowa

**spar·row** /ˈspærəʊ/ *n* [C] wróbel

**sparse** /spɑːs/ *adj* rzadki, skąpy: *sparse vegetation*

**spar·tan** /ˈspɑːtn/ *adj* spartański: *spartan living conditions*

**spas·m** /ˈspæzəm/ *n* [C,U] skurcz: *back spasms*

**spat** /spæt/ *v* czas przeszły i imiesłów bierny od SPIT

**spat·ter** /ˈspætə/ *v* [I,T] rozpryskiwać (się): *Rain began to spatter on the steps.*

**spawn** /spɔːn/ *n* [U] **1** ikra **2** skrzek

**speak** /spiːk/ *v* **spoke, spoken, speaking 1** [I] po/rozmawiać: **speak to sb** *Hello, can I speak to Mr. Sherwood please?* | **speak with sb** *We need to speak with you before you leave.* **2** [I] mówić: *Most children don't begin to speak until they are about a year old.* | **+ of/about** *He spoke about his love of acting.* **3** [T] mówić po: *My brother speaks English* (=mówi po angielsku). **4** [I] przemawiać: *I get so nervous if I have to speak in public.* **5** [I] *informal* rozmawiać: *I'm surprised she's still speaking to you after all you've done.* **6 be on speaking terms** rozmawiać ze sobą: *He hasn't been on speaking terms with his father for years* (=on i jego ojciec nie rozmawiają ze sobą od lat). **7 so to speak** *spoken* że tak powiem, że tak się wyrażę: *He found the problem in his own back yard, so to speak.* **8 speaking of ...** *spoken* skoro już mowa o ...: *Speaking of Jody, how is she?*

**speak for** sb/sth *phr v* [T] **1** mówić w imieniu: *I'm speaking for all of us in wishing you the best of luck.* **2 sth speaks for itself** coś mówi samo za siebie: *Our profits speak for themselves.*

**speak out** *phr v* [I] **speak out against** występować przeciw: *people speaking out against human rights abuses*

**speak up** *phr v* [I] **speak up!** *spoken* mów głośniej!: *Could you speak up please, I can't hear you.*

**speak·er** /ˈspiːkə/ *n* [C] **1** mówca: *Our speaker this evening is Professor Gill.* **2 English speaker/Polish speaker** mówiący po angielsku/polsku **3** głośnik

**spear** /spɪə/ *n* [C] włócznia, dzida

**spear·mint** /ˈspɪəmɪnt/ *n* [U] mięta kędzierzawa

**spe·cial**[1] /ˈspeʃəl/ *adj* specjalny, szczególny: *I want to go somewhere special for our anniversary.* | *a special friend* | *special facilities for language learners* | *We try to give special care to the youngest patients.*

**special**[2] *n* [C] **1** nadzwyczajne wydanie: *a two-hour TV special on the election* (=specjalny program poświęcony wyborom) **2** danie dnia: *today's sandwich special*

**special ef·fects** /ˌ.. .ˈ./ *n* [plural] efekty specjalne

**spe·cial·ist** /ˈspeʃəlɪst/ *n* [C] specjalist-a/ka: *a heart specialist*

**spe·ci·al·i·ty** /ˌspeʃiˈælɪti/ *BrE*, **special·ty** *especially AmE n* [C] specjalność: *His speciality is mid-19th century literature.* | *The grilled fish is their speciality.*

**spe·cial·ize** /ˈspeʃəlaɪz/ (*także* **-ise** *BrE*) *v* [I] specjalizować się: **+ in** *a lawyer who specializes in divorce* —**specialization** /ˌspeʃəlaɪˈzeɪʃən/ *n* [C,U] specjalizacja

**spe·cial·ized** /ˈspeʃəlaɪzd/ (*także* **-ised** *BrE*) *adj* wyspecjalizowany, specjalistyczny: *a job that requires specialized knowledge*

**spe·cial·ly** /ˈspeʃəli/ *adv* **1** specjalnie: *The plane is specially designed for speed.* | *I bought it specially for you.* **2** *spoken* szczególnie, wyjątkowo: *a specially gifted child* | *All the prices have been specially reduced.*

**spe·cial·ty** /ˈspeʃəlti/ *n* [C] *AmE* specjalność

**spe·cies** /ˈspiːʃiːz/ *n* [C] *plural* **species** gatunek: *This type of rattlesnake has been declared an endangered species* (=gatunek zagrożony wymarciem).

**spe·cif·ic** /spɪˈsɪfɪk/ *adj* **1** specyficzny, poszczególny: *There are three specific types of treatment.* | *specific issues to discuss* **2** dokładny, ścisły: *Can you be more specific?*

**spe·cif·ic·ally** /spɪˈsɪfɪkli/ *adv* **1** specjalnie: *a book written specifically for teenagers* **2** dokładnie: *I was told specifically to arrive ten minutes early.*

**spe·ci·fi·ca·tion** /ˌspesɪfɪˈkeɪʃən/ *n* [C *usually plural*] wymóg, specyfikacja: *a rocket built to exact specifications*

**spe·cif·ics** /spɪˈsɪfɪks/ *n* [plural] szczegóły, detale: *We can discuss the specifics of the deal later.*

**spe·ci·fy** /ˈspesɪfaɪ/ *v* [T] s/precyzować, wyszczególniać: *The plan didn't specify how the money should be spent.*

**spe·ci·men** /ˈspesɪmɪn/ *n* [C] **1** próbka: *a blood specimen* **2** okaz: *This specimen was found in northwestern China.*

**specs** /speks/ *n* [plural] *informal* okulary

**spec·ta·cle** /ˈspektəkəl/ *n* [C] widowisko: *a fascinating spectacle* | *the spectacle of the annual Thanksgiving parade*

**spec·ta·cles** /ˈspektəkəlz/ *n* [plural] *formal* okulary

**spec·tac·u·lar** /spekˈtækjʊlə/ *adj* okazały, widowiskowy, spektakularny: *a spectacular view of the Grand Canyon*

**spec·ta·tor** /spekˈteɪtə/ *n* [C] widz: *Over 50,000 spectators saw the final game.*

**spec·tre** /ˈspektə/ *BrE*, **specter** *AmE n* **1 the spectre of sth** widmo czegoś: *The spectre of war lingered over the talks.* **2** *literary* widmo, upiór

**spec·trum** /ˈspektrəm/ *n* [C] **1** widmo: *the full spectrum of colours of the rainbow* **2** spektrum: *The officials represent a wide spectrum of political opinion.*

**spec·u·late** /ˈspekjʊleɪt/ *v* **1** [I] spekulować: **+ on/about** *Police refuse to speculate on the murderer's motives.* **2** [I] grać na giełdzie —**speculator** *n* [C] spekulant/ka —**speculation** /ˌspekjʊˈleɪʃən/ *n* [C,U] spekulacje, domysły

S

**sped** /sped/ *v* czas przeszły i imiesłów bierny od SPEED

**speech** /spiːtʃ/ *n* **1** [C] mowa, przemówienie: **give a speech** (=wygłaszać przemówienie): *The President gave a speech in Congress on the state of the nation.* | **make a speech** *My dad will make a short speech at the wedding.* **2** [U] mowa: *Her speech was slow and distinct.* **3 freedom of speech/free speech** wolność słowa

**speech·less** /ˈspiːtʃləs/ *adj* oniemiały: *Barry's answer left her speechless.*

**speed**[1] /spiːd/ *n* **1** [C,U] szybkość, prędkość: *The cyclists were riding at a speed of 35 mph.* | **at high speed** (=z dużą prędkością): *a car travelling at high speed* **2** [U] tempo: *the speed at which computers have changed modern life*

**speed**[2] *v* **sped** *or* **speeded, sped** *or* **speeded, speeding 1** [I] pędzić: *The train sped along.* **2 be speeding** jechać z nadmierną prędkością

**speed up** *phr v* [I,T] przyspieszać: *an*

*attempt to speed up production at the factory*

**speed·boat** /ˈspiːdbəʊt/ *n* [C] ślizgacz

**speed·ing** /ˈspiːdɪŋ/ *n* [U] przekroczenie dozwolonej prędkości, jazda z nadmierną prędkością: *I got a ticket for speeding.*

**speed lim·it** /ˈ. ˌ../ *n* [C] ograniczenie prędkości: *a 40 mph speed limit*

**speed·om·e·ter** /spɪˈdɒmɪ̈tə/ *n* [C] szybkościomierz, licznik

**speed·y** /ˈspiːdi/ *adj* szybki: *We hope you make a speedy recovery.* | *a speedy little car* —**speedily** *adv* szybko, pośpiesznie

**spell**[1] /spel/ *v* **spelled** *or* **spelt** *BrE*, **spelling** [I,T] prze/literować, pisać (się): *My last name is Haines, spelled H-A-I-N-E-S* (=pisze się H-A-I-N-E-S). | *How do you spell it* (=jak to się pisze)?

**spell** sth ↔ **out** *phr v* [T] szczegółowo wy/tłumaczyć: *Do I have to spell it out for you? John's seeing another girl.*

S

**spell**[2] *n* [C] zaklęcie: **cast a spell** (=rzucić czar): *The witches cast a spell on the young prince.* | **put a spell on sb** (=zaczarować kogoś): *A spell was put on her that made her sleep for 100 years.*

**spell·ing** /ˈspelɪŋ/ *n* **1** [U] ortografia: *His spelling has improved.* **2** [C] pisownia: *There are two different spellings for this word.*

**spelt** /spelt/ *especially BrE* czas przeszły i imiesłów bierny od SPELL

**spend** /spend/ *v* **spent, spent, spending 1** [I,T] wydawać: *How much do you want to spend?* | **+ on** *I spent $40 on these shoes.* **2** [T] spędzać: *We spent the whole morning by the pool.* | *I need to spend more time with my family.*

**spend·ing** /ˈspendɪŋ/ *n* [U] wydatki: *a cut in public spending*

**spent** /spent/ *v* czas przeszły i imiesłów bierny od SPEND

**sperm** /spɜːm/ *n* **1** [C] *plural* **sperm** plemnik **2** [U] sperma, nasienie

**sphere** /sfɪə/ *n* [C] **1** kula: *The earth is a sphere.* **2** sfera: *He works mainly in the sphere of international banking.*

**spher·i·cal** /ˈsferɪkəl/ *adj* kulisty

**sphinx** /sfɪŋks/ *n* [C] sfinks

**spice**[1] /spaɪs/ *n* [C,U] przyprawa: *herbs and spices*

**spice**[2] *także* **spice up** *v* [T] przyprawiać

**spic·y** /ˈspaɪsi/ *adj* pikantny, ostry: *spicy meatballs*

**spi·der** /ˈspaɪdə/ *n* [C] pająk: *a spider's web*

**spike** /spaɪk/ *n* [C] kolec: *There are spikes along the top of the fence.* —**spiky** *adj* kolczasty

**spill** /spɪl/ *v* **spilled, spilled** *or* **spilt** *BrE*, **spilling 1** [I,T] rozlać (się), wylać (się): *I spilled coffee on my shirt.* **2 spill the beans** *informal* wygadać się

**spilt** /spɪlt/ *v especially BrE* czas przeszły i imiesłów bierny od SPILL

**spin**[1] /spɪn/ *v* **spun, spun, spinning 1** [I,T] obracać (się), wirować: *skaters spinning on the ice* | *He spun the coin on the table.* **2** [I,T] u/prząść **3** [T] od/wirować: *Let the washing spin before you put it out to dry.*

**spin**[2] *n* **1** [C] obrót, wirowanie: *The truck went into a spin.* **2** [C] *informal* przejażdżka: *Would you like to go for a spin?*

**spin·ach** /ˈspɪnɪdʒ/ *n* [U] szpinak

**spinal cord** /ˌ.. ˈ./ *n* [C] rdzeń kręgowy

**spin dry·er** /ˌ. ˈ../ *n* [C] *especially BrE* wirówka

**spine** /spaɪn/ *n* [C] **1** *także* **spinal col·umn** /ˈ.. ˌ../ kręgosłup **2** kolec: *cactus spines* **3** grzbiet: *the spine of a book*

**spinning wheel** /ˈ.. ./ *n* [C] kołowrotek

**spin·ster** /ˈspɪnstə/ *n* [C] *old-fashioned* stara panna

**spi·ral** /ˈspaɪrəl/ *n* [C] spirala —**spiral** *adj*: *a spiral staircase* (=schody kręcone)

**spire** /spaɪə/ *n* [C] iglica: *the spire of a church*

**spir·it** /ˈspɪrɪ̈t/ *n* **1** [C,U] duch, dusza: *I'm 85, but I still feel young in spirit.* **2** [C] duch: *evil spirits* | *the spirit of the dead man* **3** [U] odwaga: *I don't agree with her, but I admire her spirit.* **4** [singular] duch, nastrój: *There's a real spirit of cooperation*

*between the two clubs.* **5** [C usually plural] napój alkoholowy

**spir·it·ed** /ˈspɪrətəd/ *adj* żarliwy: *She made a spirited defense of the plan.*

**spir·its** /ˈspɪrəts/ *n* [plural] nastrój: *The children were in high spirits* (=były bardzo wesołe). | *His spirits rose* (=poprawił mu się nastrój).

**spir·i·tu·al** /ˈspɪrətʃuəl/ *adj* duchowy: *spiritual health and well-being*

**spir·i·tual·is·m** /ˈspɪrətʃʊlɪzəm/ *n* [C] spirytyzm

**spit**[1] /spɪt/ *v* **spat** *or* **spit** *AmE*, **spat, spitting 1** [I,T] pluć, spluwać: *He spat on the ground.* | **spit sth out** *He tasted the wine and then spat it out* (=wypluł). **2 spit it out** *spoken* no, powiedz wreszcie: *Tell me what you did – come on, spit it out.* **3 be the spitting image of sb** być podobnym do kogoś jak dwie krople wody

**spit**[2] *n* **1** [U] ślina **2** [C] rożen

**spite**[1] /spaɪt/ *n* **1 in spite of** mimo, pomimo: *She loved him in spite of the fact that he drank too much.* **2** [U] **out of spite** na złość: *Lola refused out of spite.*

**spite**[2] *v* [T] z/robić komuś na złość: *He's doing this just to spite me!*

**spite·ful** /ˈspaɪtfəl/ *adj* złośliwy

**splash**[1] /splæʃ/ *v* [I,T] chlapać (się): *He splashed some cold water on his face* (=ochlapał twarz zimną wodą). | *children splashing around in puddles*

**splash**[2] *n* [C] **1** plusk: *Jerry jumped into the water with a loud splash.* **2** plama: *splashes of paint on the floorboards* **3 a splash of colour** odrobina koloru

**splat·ter** /ˈsplætə/ *v* [I,T] rozbryzgiwać (się): *rain splattering against the window*

**splay** /spleɪ/ *także* **splay out** *v* [I,T] rozczapierzać (się): *She splayed out her fingers.*

**splen·did** /ˈsplendəd/ *adj* świetny, wspaniały: *a splendid vacation*

**splen·dour** /ˈsplendə/ *BrE*, **splendor** *AmE* *n* [U] wspaniałość: *the splendor of Yosemite Valley*

**splint** /splɪnt/ *n* [C] szyna (*chirurgiczna*)

**splin·ter**[1] /ˈsplɪntə/ *n* **1** [C] odłamek, drzazga: *splinters of glass* **2 splinter group/organization** odłam

**splinter**[2] *v* [I,T] rozłupywać (się), rozszczepiać (się)

**split**[1] /splɪt/ *v* **split, split, splitting 1** [I,T] *także* **split up** po/dzielić (się): *We'll split up into three work groups.* | *We decided to split the money between us.* | *a row that split the Catholic Church* **2** [I,T] pękać, rozdzierać (się): *His coat had split down the back.* **3 split hairs** dzielić włos na czworo

**split up** *phr v* [I] rozstawać się, rozchodzić się: *Eve's parents split up when she was three.*

**split**[2] *n* [C] **1** pęknięcie: *a split in the seam of her skirt* **2** rozłam: *a split in the Republican Party*

**split sec·ond** /ˌ. ˈ..◂/ *n* [C] **a split second** ułamek sekundy: *I only had a split second to decide.*

**split·ting** /ˈsplɪtɪŋ/ *adj* **sb has a splitting headache** głowa komuś pęka

**spoil** /spɔɪl/ *v* **spoiled** *or* **spoilt** /spɔɪlt/, **spoiling 1** [I,T] ze/psuć (się): *Don't let his bad mood spoil your evening.* | *The meat has spoiled.* **2** [T] rozpieszczać

> UWAGA **spoil**
>
> Patrz **destroy** i **spoil/ruin**.

**spoiled** /spɔɪld/ *także* **spoilt** /spɔɪlt/ *BrE* *adj* rozpieszczony: *a spoiled brat*

**spoil·sport** /ˈspɔɪlˌspɔːt/ *n* [C] *informal* **be a spoilsport** psuć innym zabawę: *Come on and play, don't be a spoilsport.*

**spoke**[1] /spəʊk/ *v* czas przeszły od SPEAK

**spoke**[2] *n* [C] szprycha

**spok·en**[1] /ˈspəʊkən/ *v* imiesłów bierny od SPEAK

**spoken**[2] *adj* mówiony: *spoken language*

**spokes·per·son** /ˈspəʊksˌpɜːsən/ **spokes·man** /ˈspəʊksmən/, **spokes·wom·an** /ˈspəʊksˌwʊmən/ *n* [C] rzeczni-k/czka: *a government spokesman*

**sponge**[1] /spʌndʒ/ *n* [C,U] gąbka

**sponge²** *v* **1** [T] *także* **sponge down** myć/ścierać gąbką **2** [I] **sponge off sb** *informal* pasożytować na kimś: *He's been sponging off his friends for years.*

**sponge bag** /ˈ. ./ *n* [C] *BrE* kosmetyczka

**sponge cake** /ˈ. ./ *n* [C,U] biszkopt

**spong·y** /ˈspʌndʒi/ *adj* gąbczasty: *spongy wet earth*

**spon·sor¹** /ˈspɒnsə/ *v* [T] sponsorować: *The tournament is sponsored by a tobacco company.* | *a sponsored swim*

**sponsor²** *n* [C] sponsor/ka

**spon·ta·ne·ous** /spɒnˈteɪniəs/ *adj* spontaniczny: *a spontaneous decision* —**spontaneously** *adv* spontanicznie —**spontaneity** /ˌspɒntəˈniːəti, -ˈneɪ-/ *n* [U] spontaniczność

**spook·y** /ˈspuːki/ *adj informal* straszny: *a spooky old house*

**spool** /spuːl/ *n* [C] szpulka

**spoon¹** /spuːn/ *n* [C] łyżka, łyżeczka

**spoon²** *v* [T] nakładać/nalewać łyżką: *Spoon the sauce over the fish.*

**spoon·ful** /ˈspuːnfʊl/ *n* [C] pełna łyż(ecz)ka: *a spoonful of sugar*

**spo·rad·ic** /spəˈrædɪk/ *adj* sporadyczny: *sporadic outbreaks of fighting* —**sporadically** *adv* sporadycznie

**sport** /spɔːt/ *n* **1** [C,U] sport: *Tennis is my favourite sport.* | *Why is there so much sport on television?* **2** **a sport** *także* **a good sport** równy gość

**sport·ing** /ˈspɔːtɪŋ/ *adj* [only before noun] sportowy: *sporting events*

**sports** /spɔːts/ *adj* [only before noun] sportowy: *a sports reporter* | *a sports club*

**sports car** /ˈ. ./ *n* [C] samochód sportowy

**sports cen·tre** /ˈ. ˌ../ *n* [C] *BrE* ośrodek sportowy

**sports·man** /ˈspɔːtsmən/ *n* [C] sportowiec

**sports·man·like** /ˈspɔːtsmənlaɪk/ *adj* sportowy: *sportsmanlike behaviour*

**sports·man·ship** /ˈspɔːtsmənʃɪp/ *n* [U] sportowe zachowanie

**sports·wom·an** /ˈspɔːtsˌwʊmən/ *n* [C] sportsmenka

**sport·y** /ˈspɔːti/ *adj BrE* wysportowany: *I'm not very sporty.*

**spot¹** /spɒt/ *n* [C] **1** cętka, łatka: *a white dog with black spots* **2** miejsce: *a great spot for a picnic* | *This is the spot where the accident happened.* **3** plama: *grease spots* **4** *BrE* pryszcz, krosta: *Most teenagers get spots.* **5** **on the spot a)** z miejsca: *Kim was offered the job on the spot.* **b)** na miejscu: *Our reporter is on the spot.* **6** **advertising spot** blok reklamowy **7** **a spot of sth** *BrE spoken* odrobina czegoś: *a spot of bother* (=mały kłopot) → patrz też SPOT ON

**spot²** *v* [T] **-tted, -tting** zauważyć: *A helicopter pilot spotted the wreckage.* | *His talent was spotted at an early age.*

**spot check** /ˌ. ˈ./ *n* [C] wyrywkowa kontrola: *Police are making spot checks on cars.*

**spot·less** /ˈspɒtləs/ *adj* nieskazitelny: *The kitchen was spotless.* —**spotlessly** *adv* nieskazitelnie: *Her house is always spotlessly clean.*

**spot·light** /ˈspɒtlaɪt/ *n* **1** [C] jupiter **2** **be in/out of the spotlight** być/nie być w centrum zainteresowania: *She's never out of the media spotlight for long.*

**spot on** /ˌ. ˈ./ *adj* [not before noun] *BrE* bezbłędny: *Your calculations were spot on.*

**spot·ted** /ˈspɒtəd/ *adj* w kropki: *a red and white spotted dress*

**spot·ty** /ˈspɒti/ *adj* **1** *BrE* pryszczaty: *a spotty young man* **2** cętkowany, łaciaty: *a spotty dog*

**spouse** /spaʊs/ *n* [C] *formal* małżon-ek/ka

**spout¹** /spaʊt/ *n* [C] dzióbek: *a teapot with a chipped spout*

**spout²** *v* [I,T] **1** tryskać, chlustać: *Blood spouted from her leg.* | *a whale spouting water* **2** *informal także* **spout off** przynudzać: *He's always spouting off about politics.*

**sprain** /spreɪn/ *v* [T] skręcić, zwichnąć: *Amy fell and sprained her ankle.* —**sprain** *n* [C] skręcenie, zwichnięcie: *a bad sprain*

**sprang** /spræŋ/ *v* czas przeszły od SPRING

**sprawl** /sprɔːl/ *v* [I] **1** *także* **sprawl out** rozwalać się: **+ in/on etc** *Ian was sprawled on the sofa.* **2** rozciągać się: *The city sprawls for miles in each direction.*

**spray¹** /spreɪ/ *v* **1** [T] rozpylać, pryskać: *She sprayed some perfume on her wrists.* **2** [I] rozpryskiwać się: *The glass shattered and pieces sprayed everywhere.*

**spray²** *n* **1** [C,U] spray: *hair spray* **2** [U] pył wodny

**spread¹** /spred/ *v* **spread, spread, spreading 1** [T] *także* **spread out** rozkładać: *Tracy spread the map on the floor.* | *He spread his arms wide.* | **spread sth over sth** *His books and papers were spread all over the table.* | *You can spread the payments over a year.* **2** [I] rozprzestrzeniać się: *Rain will spread throughout the area tonight.* **3** [T] roznosić: *Rats often spread disease.* **4** [T] nanosić: *Spread the remaining cream over the top of the cake.* **5** [I] rozchodzić się: *News of her arrest spread quickly.* **6** [T] rozpowszechniać: *She's been spreading lies about me.*

**spread out** *phr v* [I] rozdzielać się: *They spread out to search the forest.*

**spread²** *n* **1** [singular] rozprzestrzenianie się: **+ of** *the spread of disease* **2** [C,U] pasta: *cheese spread* **3** [C] rozkładówka: *a two-page spread about Jamaica* **4** [singular] rozpiętość: *the wide spread of ages in the class*

**spread·sheet** /ˈspredʃiːt/ *n* [C] arkusz kalkulacyjny

**spree** /spriː/ *n* [C] szaleństwo: *a shopping spree*

**sprig** /sprɪg/ *n* [C] gałązka: *a sprig of parsley*

**spright·ly** /ˈspraɪtli/ *adj* żwawy: *a sprightly old man*

**spring¹** /sprɪŋ/ *v* **sprang, sprung, springing 1** [I] skakać: **+ out/at/back etc** *He turned off the alarm and sprang out of bed* (=wyskoczył z łóżka). | **spring open/shut** (=nagle się otworzyć/zamknąć): *The door sprang open.* **2 spring to mind** natychmiast przychodzić komuś do głowy: *Pam's name springs to mind as someone who could do the job.*

**spring from** sth *phr v* [T] wynikać z: *problems springing from childhood experiences*

**spring** sth **on** sb *phr v* [T] *informal* zaskakiwać kogoś jakąś nowiną: *I'm sorry to spring this on you, but my mother's coming tomorrow.*

**spring up** *phr v* [I] wyrastać jak grzyby po deszczu: *New houses sprang up along the river.*

**spring²** *n* **1** [C,U] wiosna: *spring flowers* **2** [C] źródło: *hot springs* **3** [C] sprężyna: *bed springs* **4** [C] skok: *The cat made a sudden spring at the mouse.*

**spring·board** /ˈsprɪŋbɔːd/ *n* [C] **1** odskocznia: *His TV appearance was a springboard to success.* **2** trampolina

**spring-clean** /ˌ. ˈ./ *n* [U] *także* **spring-cleaning** wiosenne porządki

**spring on·ion** /ˌ. ˈ../ *n* [C] *BrE* zielona cebulka

**spring·time** /ˈsprɪŋtaɪm/ *n* [U] wiosna

**spring·y** /ˈsprɪŋi/ *adj* sprężysty

**sprin·kle** /ˈsprɪŋkəl/ *v* **1** [T] skrapiać: *chips sprinkled with vinegar* **2** [T] posypywać: *spaghetti sprinkled with parmesan cheese* **3** [I] *AmE* kropić: *It was sprinkling when we left.*

**sprin·kler** /ˈsprɪŋklə/ *n* [C] spryskiwacz, zraszacz

**sprint** /sprɪnt/ *v* [I] po/biec sprintem: *He sprinted after the bus.* —**sprinter** *n* [C] sprinter/ka —**sprint** *n* [C] sprint

**sprout¹** /spraʊt/ *v* **1** [I] wy/kiełkować **2** [T] wypuszczać (*pędy, listki itp.*)

**sprout²** *n* [C] **1** kiełek **2** *także* **brussels sprout** brukselka

**spruce¹** /spruːs/ *n* [C,U] świerk

**spruce²** *v*

**spruce up** *phr v* [I,T **spruce** sb/sth **up**] *informal* wy/szykować (się): *I want to spruce up before dinner.*

**sprung** /sprʌŋ/ *v* imiesłów bierny od SPRING

**spud** /spʌd/ *n* [C] *informal* kartofel

**spun** /spʌn/ *v* czas przeszły i imiesłów bierny od SPIN

**spur**[1] /spɜː/ *n* **1** [C] ostroga **2 on the spur of the moment** pod wpływem impulsu: *We decided to go to Paris on the spur of the moment.*

**spur**[2] *v* [T] **-rred, -rring** *także* **spur on** zachęcać: *Her sister's success spurred her on to practise harder.*

**spurt**[1] /spɜːt/ *v* [I] tryskać: **+ from/out of etc** *Blood spurted from his arm.*

**spurt**[2] *n* [C] **1** struga: *Water was coming out in spurts* (=tryskała strugą). **2** zryw: *a growth spurt*

**spy**[1] /spaɪ/ *v* **1** [I] szpiegować **2 spy on sb** podglądać kogoś: *He's always spying on the neighbours.*

**spy**[2] *n* [C] szpieg

S

**squab·ble** /ˈskwɒbəl/ *v* [I] sprzeczać się: **+ about/over** *What are you two squabbling about now?* —**squabble** *n* [C] sprzeczka

**squad** /skwɒd/ *n* [C] oddział: *soldiers in the bomb squad*

**squad·ron** /ˈskwɒdrən/ *n* [C] dywizjon

**squal·id** /ˈskwɒl$^{I}_{ə}$d/ *adj* **1** nędzny: *squalid living conditions* **2** ohydny: *a squalid love affair*

**squall** /skwɔːl/ *n* [C] szkwał

**squal·or** /ˈskwɒlə/ *n* [U] nędza: *people living in squalor*

**squan·der** /ˈskwɒndə/ *v* [T] roz/trwonić: **squander sth on sth** *He squanders most of his wages on drink.*

**square**[1] /skweə/ *adj* **1** kwadratowy: *a square window | two square acres of land | a square jaw* **2 give sb a square deal** po/traktować kogoś uczciwie: *a car dealer that gives customers a square deal* **3 a square meal** solidny posiłek **4 be square** być kwita: *Here's your $20, so now we're square.*

**square**[2] *n* [C] **1** kwadrat: *Draw a square. | The square of 5 is 25.* **2** plac: *Trafalgar Square* **3 be back to square one** wrócić do punku wyjścia

**square**[3] *v* [T] *technical* podnosić do kwadratu: *Three squared is nine.*

**square up** *phr v* [I] rozliczać się: *I'll get the drinks, and we can square up later.*

**square with** *phr v* [T] **square with sth** zgadzać się z czymś: *evidence that doesn't square with the facts*

**square·ly** /ˈskweəli/ *adv* **1** wprost: *The report puts the blame squarely on senior managers.* **2** *także* **square** prosto: *He looked her squarely in the eye.*

**square root** /ˌ. ˈ./ *n* [C] pierwiastek kwadratowy: *The square root of nine is three.*

**squash**[1] /skwɒʃ/ *v* **1** [T] zgniatać: *My hat got squashed on the flight.* **2** [I,T] s/tłoczyć (się): **+ into** *Seven of us squashed into the car.*

**squash**[2] *n* **1** [U] squash **2** [C,U] kabaczek **3** [U] *BrE* sok owocowy (*z koncentratu*)

**squat**[1] /skwɒt/ *v* [I] **-tted, -tting 1** *także* **squat down** przy/kucać: *He squatted down next to the child.* **2** mieszkać na dziko

**squat**[2] *adj* przysadzisty: *small squat houses*

**squat·ter** /ˈskwɒtə/ *n* [C] dzik-i/a lokator/ka

**squawk** /skwɔːk/ *v* [I] za/skrzeczeć

**squeak** /skwiːk/ *v* [I] **1** za/piszczeć: *The mouse squeaked.* **2** za/skrzypieć: *Is that your chair squeaking?* —**squeak** *n* [C] pisk, skrzypienie

**squeak·y** /ˈskwiːki/ *adj* piskliwy: *a squeaky voice*

**squeal** /skwiːl/ *v* [I] za/piszczeć: **+ with** *children squealing with excitement* —**squeal** *n* [C] pisk: *squeals of delight*

**squeam·ish** /ˈskwiːmɪʃ/ *adj* wrażliwy: *I couldn't be a nurse – I'm too squeamish.*

**squeeze**[1] /skwiːz/ *v* **1** [T] ściskać: *She squeezed Jim's arm affectionately.* **2** [T] wy/ciskać: *Squeeze some lemon juice onto the salad.* **3** [I,T] wciskać (się): **+ in/into/through etc** *Can you squeeze in next to Rick?*

**squeeze**[2] *n* [C] uścisk: *Laurie gave his hand a little squeeze.*

**squelch** /skweltʃ/ *v* [I] chlupać (*idąc po błocie*)

**squig·gle** /ˈskwɪgəl/ *n* [C] zawijas

**squint¹** /skwɪnt/ *v* [I] **1** mrużyć oczy: *He looked at me, squinting in the sun.* **2** zezować

**squint²** *n* [singular] zez: *a child with a squint*

**squire** /skwaɪə/ *n* [C] dziedzic

**squirm** /skwɜːm/ *v* [I] wiercić się: *Stop squirming so I can comb your hair!*

**squir·rel** /ˈskwɪrəl/ *n* [C] wiewiórka

**squirt** /skwɜːt/ *v* [I,T] tryskać, po/pryskać: *You need to squirt some oil onto the lock.* | **squirt sb/sth with sth** *He squirted me with water.*

**St** **1** skrót od STREET: *Oxford St* **2** skrót od SAINT: *St John's church*

**stab¹** /stæb/ *v* **-bbed, -bbing** **1** [T] dźgać: **stab sb in the arm/chest etc** *The man had been stabbed several times in the stomach.* **2 stab sb in the back** *informal* zadać komuś cios w plecy

**stab²** *n* **1** [C] dźgnięcie, pchnięcie nożem: *The victim had four stab wounds.* **2 have a stab at (doing) sth** *informal* s/próbować czegoś: *Anna encouraged me to have a stab at modelling.* **3 a stab of pain/regret** *literary* ukłucie bólu/żalu: *Monique felt a stab of regret.*

**stab·bing¹** /ˈstæbɪŋ/ *n* [C] napad z nożem

**stabbing²** *adj* [only before noun] kłujący: *a stabbing pain*

**sta·bil·i·ty** /stəˈbɪlə̇ti/ *n* [U] stabilność, stabilizacja: *a long period of political stability* ➡ antonim INSTABILITY

**sta·bil·ize** /ˈsteɪbə̇laɪz/ (*także* **-ise** *BrE*) *v* [I,T] u/stabilizować (się): *The financial markets are finally stabilizing.* —**stabilization** /ˌsteɪbə̇laɪˈzeɪʃən/ *n* [U] stabilizacja ➡ antonim DESTABILIZE

**sta·ble¹** /ˈsteɪbəl/ *adj* **1** stabilny: *mentally stable* | *The chair isn't stable.* **2** trwały: *a stable marriage* ➡ antonim UNSTABLE

**stable²** *n* [C] stajnia

**stack¹** /stæk/ *n* [C] **1** stos: *a stack of magazines* **2 stacks of sth** *BrE informal* kupa czegoś: *I've got stacks of work to do.*

**stack²** *v* [T] *także* **stack up** układać w stos: *Just stack the dishes in the sink.*

**sta·di·um** /ˈsteɪdiəm/ *n* [C] stadion: *a football stadium*

**staff¹** /stɑːf/ *n* [U singular] personel: *The hotel staff were on strike.* | *The school's teaching staff* (=grono nauczycielskie) *is excellent.* | **member of staff** *Lisa's the only female member of staff.*

> **UWAGA staff**
>
> Rzeczownik **staff** w znaczeniu 'pracownicy' może występować z czasownikiem w liczbie pojedynczej albo mnogiej zarówno w angielszczyźnie brytyjskiej, jak i amerykańskiej: *The staff here is/are very professional.*

**staff²** *v* [T] obsadzać: *a hospital staffed by experienced nurses* —**staffing** *n* [U] kadrowy: *staffing cuts*

S

**stag** /stæg/ *n* [C] rogacz ➡ patrz też STAG NIGHT

**stage¹** /steɪdʒ/ *n* **1** [C] etap: *Children go through various stages of development.* | *At this stage, I'm not sure what the result will be.* **2** [C,U] scena: *Larry's always wanted to go on the stage* (=chciał zostać aktorem). | **on stage** *I get very nervous before I go on stage.*

**stage²** *v* [T] **1** wystawiać, za/inscenizować: *stage a play* **2** z/organizować: *They're staging a rock concert in the park.* —**staging** *n* [C,U] inscenizacja: *a staging of "Hamlet"*

**stage·coach** /ˈsteɪdʒkəʊtʃ/ *n* [C] dyliżans

**stage fright** /ˈ. ./ *n* [U] trema

**stag·ger** /ˈstægə/ *v* [I] zataczać się: **+ along/down etc** *Tom staggered drunkenly into the kitchen.*

**stag·gered** /ˈstægəd/ *adj* [not before noun] zaszokowany: *I was staggered by the size of the phone bill.*

**stag·nant** /ˈstægnənt/ *adj* **1** stojący: *stagnant water* **2** w zastoju: *Steel production has remained stagnant.*

**stag·nate** /stægˈneɪt/ *v* [I] trwać w

zastoju: *a stagnating economy* —**stagnation** *n* [U] zastój, stagnacja

**stag night** /'. ./ *n* [C] wieczór kawalerski

**staid** /steɪd/ *adj* stateczny: *a staid old bachelor*

**stain**[1] /steɪn/ *v* **1** [I,T] po/plamić (się): *The carpet stains easily.* | **+ with** *a tablecloth stained with wine* **2** [T] po/bejcować

**stain**[2] *n* **1** [C] plama: *coffee stains* **2** [C,U] bejca

**stained glass** /ˌ. '.◂/ *n* [U] witraż

**stainless steel** /ˌ.. './ *n* [U] stal nierdzewna

**stair** /steə/ *n* [C] stopień, schodek: *Jane sat on the bottom stair.*

**stair·case** /'steəkeɪs/ *także* **stair·way** /'steəweɪ/ *n* [C] klatka schodowa

S

**stairs** /steəz/ *n* [plural] schody: **up/down the stairs** *Kim ran up the stairs.* | **a flight of stairs** (=kondygnacja): *The office is up two flights of stairs.* ➡ patrz też DOWNSTAIRS, UPSTAIRS

**stake**[1] /steɪk/ *n* **1** [C] palik **2 be at stake** wchodzić w grę: *We need this contract – hundreds of jobs are at stake.* **3 a stake in sth** udział w czymś: *She has a 5% stake in the company.* **4** [C] stawka (*w zakładach*): *a £10 stake*

**stake**[2] *v* **1** [T] za/ryzykować: **stake sth on sth** *The president is staking his reputation on the peace plan.* **2 stake a claim to sth** rościć sobie prawo do czegoś

**stakes** /steɪks/ *n* [plural] stawka: *I don't think you should get involved – the stakes are too high.*

**stale** /steɪl/ *adj* nieświeży, czerstwy: *stale bread*

**stale·mate** /'steɪlmeɪt/ *n* [C,U] pat

**stalk**[1] /stɔːk/ *n* [C] łodyga

**stalk**[2] *v* [T] śledzić, podchodzić: *The hunter stalked the lion for two days.*

**stall**[1] /stɔːl/ *n* [C] stoisko, stragan: *a market stall*

**stall**[2] *v* **1** [I] z/gasnąć: *The car stalled at the junction.* **2** [I] *informal* grać na zwłokę: *Quit stalling and answer my question!*

**stal·lion** /'stæljən/ *n* [C] ogier

**stalls** /stɔːlz/ *n* [plural] **the stalls** parter (*w teatrze*)

**stam·i·na** /'stæmɪ̈nə/ *n* [U] wytrzymałość

**stam·mer** /'stæmə/ *v* **1** [I] jąkać się: *She stammers when she feels nervous.* **2** [T] wy/jąkać: *He stammered an excuse.* —**stammer** *n* [singular] jąkanie się: *She has a bad stammer.*

**stamp**[1] /stæmp/ *n* [C] **1** znaczek: *a twenty pence stamp* **2** pieczątka, stempel: *a stamp in my passport*

**stamp**[2] *v* **1** [I,T] ciężko stąpać: *Tony stamped upstairs.* | **stamp your feet** (=tupać): *She was stamping her feet to keep warm.* **2** [T] stemplować, pieczętować: *The date was stamped on the letter.*

**stamp** sth ↔ **out** *phr v* [T] wyplenić: *efforts to stamp out drug abuse*

**stam·pede** /stæm'piːd/ *n* [C] pęd na oślep: *a stampede to buy gold*

**stance** /stɑːns/ *n* [C] stanowisko: **+ on** (=w sprawie): *Senator, what is your stance on nuclear tests?*

**stanch** /stɑːntʃ/ amerykańska pisownia wyrazu STAUNCH

**stand**[1] /stænd/ *v* **stood, stood, standing 1** [I] stać: *Anna was standing in front of me.* | *Hundreds of people stood watching.* | *Few houses were left standing after the explosion.* | *Their house stood on a corner near the park.* | **stand still** (=stać nieruchomo): *Jo stood still and listened.* | **stand back/aside** (=odsunąć się): *A policeman told everyone to stand back.* **2** *także* **stand up** [I] wstawać: *Everybody stood up to applaud.* **3** [T] stawiać: *We stood the lamp in the corner.* **4 can't stand** *spoken* nie znosić: *Dave can't stand dogs.* | **can't stand (sb) doing sth** *I can't stand being late.* **5** [T] wytrzymywać, znosić: *She couldn't stand the pain any longer.* | *jeans that can stand the rough wear kids give them* | **stand (sb) doing sth** *How can she stand him treating her like that?* **6** [I] **stand at** wynosić: *The unemployment rate stands at 8%.* **7 stand a chance (of doing sth)** mieć szansę (na coś): *You don't stand a chance of going out*

*with her.* **8 stand in the way** stać na przeszkodzie: *There are a few problems that stand in the way of the merger.* **9 you know where you stand** wiesz, na czym stoisz: *You never know where you stand with Debbie.* **10 stand on your own two feet** radzić sobie samemu: *It's about time you learned to stand on your own two feet.* **11** [I] kandydować: *He stood for parliament in 1959.* **12 stand sb a drink/meal** *spoken* postawić komuś drinka/obiad

**stand by** *phr v* **1** [T **stand by** sth] podtrzymywać: *I stand by what I said earlier.* **2** [T **stand by** sb] trwać przy: *Matt's parents have stood by him throughout his drug treatments.* **3** [I] być w pogotowiu: *Fire crews are now standing by.* **4** [I] stać bezczynnie: *People just stood by and watched him being attacked.*

**stand down** *phr v* [I] ustępować (*ze stanowiska*): *The chairman stood down last month.*

**stand for** sth *phr v* **1** [T] być skrótem od: *Jr. stands for 'junior'.* **2** [T] reprezentować (sobą): *I don't like her, or what she stands for.*

**stand in** *phr v* [I] **stand in for** zastępować: *Lyn stood in for me while I was ill.*

**stand out** *phr v* [I] **1** wyróżniać się: *Morrison stands out as the most experienced candidate.* **2** rzucać się w oczy: *She really stood out in her bright green dress.*

**stand up** *phr v* [T **stand** sb **up**] nie przyjść na umówione spotkanie z: *Tom stood me up last night.*

**stand up for** sb/sth *phr v* [T] ujmować się za: *Why didn't you stand up for me?*

**stand up to** sb *phr v* [T] stawić czoło: *He became a hero for standing up to the local gangs.*

**stand²** *n* [C] **1** stojak: *a music stand* (=stojak do nut) **2** stoisko: *a hotdog stand* **3** stanowisko: **take a stand** (=zająć stanowisko): *The prime minister took a firm stand on the issue of import controls.* **4** [C] trybuna

**stan·dard¹** /ˈstændəd/ *n* [C] standard: *They don't seem to care much about standards.* | *By today's standards, I earned very little.* | **high/low standard** *a high standard of service* | **meet/reach a standard** *This work does not meet the standard required* (=nie jest na wymaganym poziomie). | **set a standard** *Mr Arnison sets very high standards for his students* (=stawia swoim studentom bardzo wysokie wymagania).

> UWAGA **standard**
>
> Patrz **level** i **standard**.

**standard²** *adj* standardowy: *Security checks are now standard procedure.*

**stan·dard·ize** /ˈstændədaɪz/ (*także* **-ise** *BrE*) *v* [T] ujednolicać, standaryzować: *standardized tests* —**standardization** /ˌstændədaɪˈzeɪʃən/ *n* [U] standaryzacja

**standard of liv·ing** /ˌ... . ˈ../ *n* [C] stopa życiowa: *Japan has a very high standard of living.*

**stand·by** /ˈstændbaɪ/ *n* **1** [C] awaryjny: *a standby generator* **2 on standby** w pogotowiu: *The police have been kept on standby in case of trouble.*

**stand-in** /ˈ. ./ *n* [C] zastęp-ca/czyni

**stand·ing¹** /ˈstændɪŋ/ *n* [U] pozycja: *the president's standing in the opinion polls*

**standing²** *adj* **1** stały: *a standing invitation* **2 standing ovation** owacja na stojąco

**standing or·der** /ˌ.. ˈ../ *n* [C] zlecenie stałe (*w banku*)

**stand·point** /ˈstændpɔɪnt/ *n* [C] punkt widzenia

**stand·still** /ˈstændˌstɪl/ *n* [singular] **come to a standstill** stawać, zamierać: *The whole city came to a complete standstill on the day of the funeral.*

**stank** /stæŋk/ *v* czas przeszły od STINK

**sta·ple¹** /ˈsteɪpəl/ *n* [C] zszywka —**staple** *v* [T] zszywać

**staple²** *adj* **staple food** podstawowe pożywienie

**sta·pler** /ˈsteɪplə/ *n* [C] zszywacz

S

**star**[1] /stɑː/ *n* [C] **1** gwiazda: *The stars were shining brightly.* | *a movie star* | *pop stars* | *the star at the top of the Christmas tree* **2 two-star/four-star** dwu-/czterogwiazdkowy

**star**[2] *v* [I,T] **-rred, -rring** za/grać główną rolę w: *Clint Eastwood will star in a new thriller.* | *a movie starring* (=film, w którym główną rolę gra) *Bruce Willis*

**star·board** /ˈstɑːbəd/ *n* [U] prawa burta

**starch** /stɑːtʃ/ *n* **1** [C,U] skrobia **2** [U] krochmal

**starch·y** /ˈstɑːtʃi/ *adj* bogaty w skrobię: *starchy foods*

**star·dom** /ˈstɑːdəm/ *n* [U] gwiazdorstwo

**stare** /steə/ *v* [I] **stare at** wpatrywać się w, gapić się na: *Stop staring at me!* —**stare** *n* [C] spojrzenie: *She gave him a long hard stare.*

S

**star·fish** /ˈstɑːˌfɪʃ/ *n* [C] rozgwiazda

**stark**[1] /stɑːk/ *adj* surowy: *the stark beauty of the desert*

**stark**[2] *adv* **stark naked** zupełnie nagi

**star·ry** /ˈstɑːri/ *adj* gwiaździsty

**starry-eyed** /ˌ.. ˈ.◂/ *adj* naiwny: *a starry-eyed teenager*

**star sign** /ˈ. ./ *n* [C] znak Zodiaku: *"What star sign are you?" "I'm a Leo."*

**star-stud·ded** /ˈ. ˌ../ *adj* pełen gwiazd: *a star-studded cast*

**start**[1] /stɑːt/ *v* **1** [I,T] zaczynać (się): *The race starts in ten minutes.* | *The Red River starts in New Mexico.* | **start doing sth** *Have you started making dinner?* | **start to do sth** *It's starting to rain.* | **start sth** *When does she start college?* | **+ from** *Starting from tomorrow* (=począwszy od jutra), *we all have to be at work by 8.30.* **2** [T] s/powodować: *The fire was started by a loose wire.* **3** [T] *także* **start up** zakładać: *In 1996 the band started their own record company.* **4** [I,T] *także* **start up** uruchamiać: *It's often difficult to start the car when it's wet.* **5** [I] wzdrygać się **6 to start with** *spoken* **a)** po pierwsze: *"Why aren't you happy in your job?" "Well, to start with, I don't get enough money."* **b)** z początku: *I was nervous to start with, but later on I was fine.*

**start off** *phr v* **1** [I] zaczynać: *Let's start off by reviewing what we did last week.* **2** [T **start** sth ↔ **off**] zapoczątkowywać: *What first started off your interest in the theatre?*

**start on** sth *phr v* [T] zabierać się za: *I'd better start on the housework.*

**start over** *phr v* [I] *AmE* zaczynać wszystko od początku: *Coming back home was like a chance to start over.*

**start**[2] *n* **1** [C] początek: *Hurry, or we'll miss the start of the show.* | **from the start** *They've had problems from the start.* | **from start to finish** *It was a close race from start to finish.* | **get off to a good/bad start** *The year got off to a good start* (=rok dobrze się zaczął). **2 for a start** *spoken* po pierwsze: *I don't think she'll get the job. She's too young, for a start.* **3 the start** start

**start·er** /ˈstɑːtə/ *n* [C] *BrE* **1** przystawka **2** starter

**start·le** /ˈstɑːtl/ *v* [T] wystraszyć: *Sorry, I didn't mean to startle you.* | *a startled expression* —**startling** *adj* zaskakujący

**starv·a·tion** /stɑːˈveɪʃən/ *n* [U] głód, śmierć głodowa

**starve** /stɑːv/ *v* **1** [I] głodować: *Thousands of people could starve to death.* | *starving refugees* **2** [T] za/głodzić

**starved** /stɑːvd/ *adj* **1 be starved of** *także* **be starved for** *AmE* odczuwać dotkliwy niedostatek: *The public health system has been starved of money.* **2** *AmE spoken* bardzo głodny

**starv·ing** /ˈstɑːvɪŋ/ *adj* **1** głodujący, umierający z głodu: *starving children* **2** *spoken także* **starved** *AmE* bardzo głodny: *Can we stop for lunch now? I'm absolutely starving.*

**state**[1] /steɪt/ *n* **1** [C] stan: *The economy is in a terrible state.* | *The driver was still in a state of shock.* **2** [C] *także* **State** stan: *the state of Oklahoma* **3** [U singular] państwo: *the power of the state* **4 state visit/ceremony** wizyta/uroczystość państwowa: *the president's state visit to*

*Moscow* **5** [C,U] *także* **State** państwo: *France and other European states* | **head of state** (=głowa państwa): *a meeting between heads of state* **6 in a state** *informal* roztrzęsiony → patrz też POLICE STATE, STATE OF AFFAIRS, STATE OF MIND

**state²** *v* [T] *formal* stwierdzać, oświadczać: **+ (that)** *The witness stated that he had never seen her before.*

**state·ly** /ˈsteɪtli/ *adj* okazały, majestatyczny: *a stately mansion*

**state·ment** /ˈsteɪtmənt/ *n* [C] **1** oświadczenie: *The company will make a statement* (=wyda oświadczenie) *about the accident later today.* **2** *także* **bank statement** wyciąg z konta

**state of af·fairs** /ˌ. . .ˈ./ *n* stan rzeczy

**state of mind** /ˌ. .ˈ./ *n* stan ducha

**state-of-the-art** /ˌ. . . .ˈ.◂/ *adj* najnowocześniejszy: *state-of-the-art technology*

**States** /steɪts/ *n* **the States** *spoken* Stany

**state school** /ˈ. ˌ./ *n* [C] *BrE* szkoła państwowa

**states·man** /ˈsteɪtsmən/ *n* [C] mąż stanu

**stat·ic¹** /ˈstætɪk/ *adj* statyczny, nieruchomy: *Prices have been fairly static.*

**static²** *n* [U] **1** *także* **static electricity** ładunek elektrostatyczny **2** zakłócenia (*w radiu itp.*)

**sta·tion¹** /ˈsteɪʃən/ *n* [C] **1** dworzec: *I'll meet you at the station.* **2** stacja: *a country music station* | *a space station* **3** posterunek: *a police station*

**station²** *v* [T] **be stationed** stacjonować: *He was stationed in Germany.*

**sta·tion·a·ry** /ˈsteɪʃənəri/ *adj* nieruchomy: *a stationary vehicle*

**sta·tion·er's** /ˈsteɪʃənəz/ *n* [C] *BrE* sklep papierniczy

**sta·tion·e·ry** /ˈsteɪʃənəri/ *n* [U] materiały piśmienne

**station wag·on** /ˈ.. ˌ../ *n* [C] *AmE* kombi

**stat·is·ti·cian** /ˌstætəˈstɪʃən/ *n* [C] statystyk

**sta·tis·tics** /stəˈtɪstɪks/ *n* statystyka: *the latest crime statistics* —**statistical** *adj* statystyczny: *statistical analysis* —**statistically** *adv* statystycznie

**stat·ue** /ˈstætʃuː/ *n* [C] statua, posąg: *the Statue of Liberty*

**stat·ure** /ˈstætʃə/ *n* [U] *formal* **1** renoma: *a musician of great stature* **2** postura

**sta·tus** /ˈsteɪtəs/ *n* [U] status: *the status of women* | *marital status* (=stan cywilny) | *Teachers used to have a lot more status* (=mieli dużo wyższy status) *in those days.*

**status quo** /ˌsteɪtəs ˈkwəʊ/ **the status quo** status quo

**status sym·bol** /ˈ.. ˌ../ *n* [C] symbol statusu społecznego

**stat·ute** /ˈstætʃuːt/ *n* [C] *formal* ustawa

**stat·u·to·ry** /ˈstætʃətəri/ *adj formal* ustawowy: *statutory rights*

**staunch¹** /stɔːntʃ/ *adj* zagorzały: *a staunch supporter*

**staunch²** *v* [T] za/tamować: *The nurse staunched the blood from the wound.*

**stay¹** /steɪ/ *v* **1** [I] zostawać: *Can you stay here and look after my bags for me?* | *She's decided to stay in her present job.* **2** [T] pozostawać: *I tried to stay calm and not lose my temper.* **3** [I,T] przebywać: *How long are you staying in New York?* | **+ at** *They're staying at the Hilton* (=zatrzymali się w hotelu Hilton). | **stay with sb** *We've got some friends staying with us this weekend.* **4 stay put** *informal* nie ruszać się z miejsca

**stay away from** sb/sth *phr v* [T] trzymać się z daleka od: *Stay away from my husband!*

**stay behind** *phr v* [I] zostawać (*po lekcjach, po godzinach*): *I had to stay behind after school.*

**stay in** *phr v* [I] zostawać w domu: *Why don't we stay in and watch TV?*

**stay on** *phr v* [I] pozostać (*w tym samym miejscu pracy lub na studiach*): *Rachel is staying on for a fifth year in college.*

S

**stay out** *phr v* [I] przebywać poza domem: *She lets her children stay out till midnight.*

**stay out of** sth *phr v* [T] nie mieszać się do: *You stay out of this, Campbell!*

**stay up** *phr v* [I] nie pójść spać: *We stayed up to watch the late-night movie.*

**stay²** *n* [C] pobyt: *Did you enjoy your stay in Mexico?*

**stead·fast** /ˈstedfɑːst/ *adj literary* niezachwiany: *steadfast in your beliefs*

**stead·y¹** /ˈstedi/ *adj* **1 be steady** nie chwiać się: *Keep the ladder steady.* **2** równomierny, miarowy: *a steady improvement* **3** stały: *a steady speed of 50 mph | a steady job | a steady girlfriend* —**steadily** *adv* równomiernie, miarowo

**steady²** *v* [T] **1** podtrzymać, podeprzeć: *He put out his hand to steady himself.* **2 steady your nerves** uspokoić się

S

**steak** /steɪk/ *n* [C,U] stek

**steal** /stiːl/ *v* **stole, stolen, stealing 1** [I,T] u/kraść: *Someone stole my passport. | a stolen car* **2** [I] skradać się

> UWAGA **steal** i **rob**
>
> Nie należy mylić wyrazów **steal** i **rob**. **Steal** (steal, stole, stolen) to 'kraść' pieniądze i inne wartościowe rzeczy, a **rob** to 'okradać' bank, sklep lub inne osoby: *Someone stole $250 from the office yesterday. | Mike's bike was stolen. | He was imprisoned for five years for robbing a bank. | We don't carry cash because we're afraid we'll get robbed.*

**stealth** /stelθ/ *n* [U] **by stealth** po kryjomu, ukradkiem —**stealthily** *adv* po kryjomu, ukradkiem: *moving stealthily* —**stealthy** *adj* ukradkowy

**steam¹** /stiːm/ *n* **1** [U] para: *a steam engine* **2 let/work off steam** wyładowywać się: *I let off steam by shouting at the dog.* **3 sb runs out of steam** komuś brakuje energii: *He started off with enthusiasm, but now he's beginning to run out of steam.*

**steam²** *v* **1** [T] u/gotować na parze: *Steam the vegetables for five minutes.* **2** [I] parować: *a cup of steaming coffee*

**steamed up** /ˌ. ˈ.◂/ *adj* zaparowany: *My glasses were all steamed up.*

**steam·er** /ˈstiːmə/ *n* [C] parowiec

**steam·roll·er** /ˈstiːmˌrəʊlə/ *n* [C] walec parowy

**steel** /stiːl/ *n* [U] **1** stal **2 nerves of steel** stalowe nerwy

**steel·works** /ˈstiːlwɜːks/ *n* [C] stalownia

**steep¹** /stiːp/ *adj* **1** stromy: *a steep hill* **2** gwałtowny: *a steep rise in prices* **3** *informal* wygórowany: *He's asking £500 for his old car, which I think is pretty steep.* —**steeply** *adv* stromo, gwałtownie

**steep²** *v* [T] **steeped in history/tradition** przesiąknięty historią/tradycją

**stee·ple** /ˈstiːpəl/ *n* [C] wieża strzelista

**steer** /stɪə/ *v* **1** [I,T] sterować: *I steered the boat out to sea.* **2** [T] s/kierować: *Helen tried to steer the conversation away from school.* **3** [T] po/prowadzić: *Bobby took my arm and steered me into the next room.* **4 steer clear of** *informal* trzymać się z daleka od

**steer·ing** /ˈstɪərɪŋ/ *n* [U] układ kierowniczy

**steering wheel** /ˈ.. ./ *n* [C] kierownica

**stem¹** /stem/ *n* [C] **1** łodyga **2** nóżka (*kieliszka*)

**stem²** *v* [T] **-mmed, -mming** za/tamować: *How can we stem the bleeding?*

**stem from** sth *phr v* [T] mieć swoje źródło w: *The problem stems from poor management in the company.*

**stench** /stentʃ/ *n* [C] smród

**step¹** /step/ *n* [C] **1** krok: *an important first step toward peace* | **take a step** (=zrobić krok): *He took a few steps forward and then stopped.* | **take steps** (=podejmować kroki): *We must take steps to make sure it never happens again.* **2** stopień: *Jenny waited on the church steps.* ➡ patrz też FOOTSTEP, STEP-BY-STEP

**step²** *v* [I] **-pped, -pping 1** stąpać, kroczyć: **+ back/forward** *We all stepped back to let the doctor through.* **2** następować: *Sorry, I didn't mean to step on your foot.* **3 step out of line** wyłamywać się

**step down/aside** *phr v* [I] ustępować (*ze stanowiska*)

**step forward** *phr v* [I] zgłaszać się do pomocy: *Several volunteers have kindly stepped forward.*

**step in** *phr v* [I] wkraczać: *The referee stepped in and stopped the fight.*

**step·broth·er** /ˈstepˌbrʌðə/ *n* [C] przyrodni brat

**step-by-step** /ˌ.. ˈ.◂ / *adj* krok po kroku

**step·child** /ˈsteptʃaɪld/ *n* [C] pasierb/ica

**step·daugh·ter** /ˈstepˌdɔːtə/ *n* [C] pasierbica

**step·fa·ther** /ˈstepˌfɑːðə/ *n* [C] ojczym

**step·lad·der** /ˈstepˌlædə/ *n* [C] drabina (*składana*)

**step·moth·er** /ˈstepˌmʌðə/ *n* [C] macocha

**step·ping-stone** /ˈ.. ./ *n* [C] odskocznia: *a stepping-stone to a better job*

**step·sis·ter** /ˈstepˌsɪstə/ *n* [C] przyrodnia siostra

**step·son** /ˈstepsʌn/ *n* [C] pasierb

**ster·e·o** /ˈsteriəʊ/ *n* [C] **1** zestaw stereo **2 in stereo** (w) stereo

**ster·e·o·type** /ˈsteriətaɪp/ *n* [C] stereotyp —**stereotypical** /ˌsteriəˈtɪpɪkəl/ *adj* stereotypowy: *the stereotypical Englishman*

**ster·ile** /ˈsteraɪl/ *adj* **1** sterylny, wyjałowiony: *a sterile bandage* **2** jałowy: *sterile argument* **3** bezpłodny —**sterility** /stəˈrɪlɪti/ *n* [U] bezpłodność

**ster·il·ize** /ˈsterɪlaɪz/ (*także* **-ise** *BrE*) *v* [T] wy/sterylizować: *a sterilized needle* —**sterilization** /ˌsterɪlaɪˈzeɪʃən/ *n* [C,U] sterylizacja

**ster·ling** /ˈstɜːlɪŋ/ *n* [U] funt szterling

**stern¹** /stɜːn/ *adj* surowy: *a stern expression* —**sternly** *adv* surowo

**stern²** *n* [C] rufa

**ste·roid** /ˈstɪərɔɪd/ *n* [C] steryd

**steth·o·scope** /ˈsteθəskəʊp/ *n* [C] słuchawka lekarska

**stew¹** /stjuː/ *n* [C,U] gulasz

**stew²** *v* [T] u/dusić: *stewed apples*

**stew·ard** /ˈstjuːəd/ *n* [C] steward

**stew·ard·ess** /ˈstjuːədɪs/ *n* [C] stewardessa

**stick¹** /stɪk/ *v* **stuck, stuck, sticking 1** [I,T] przy/kleić: *Did you remember to stick a stamp on the envelope?* **2** [T] *informal* położyć: *Just stick your coat on that chair.* **3** [T] wbijać: *The nurse stuck a needle in my arm.* **4** [I,T] zacinać się: *The door had stuck.* **5 stick your neck out** *informal* wychylać się: *I admire her for sticking her neck out and refusing to do what was expected.*

**stick by** sb/sth *phr v* [T] *informal* **1** pozostawać wiernym: *Laura has always stuck by me.* **2** trwać przy: *The paper is sticking by its original story.*

**stick out** *phr v* **1** [I] wystawać: *He's not very good-looking. His front teeth stick out.* **2** [T **stick** sth ↔ **out**] wystawiać: *Don't stick your tongue out at me!* **3 stick it out** *informal* wytrzymać do końca

**stick to** sth *phr v* [T] **1** trzymać się: *We decided to stick to our original plan.* **2** pozostawać przy: *If you're driving you'd better stick to soft drinks.*

**stick together** *phr v* [I] *informal* trzymać się razem

**stick up** *phr v* [I] sterczeć

**stick up for** sb *phr v* [T] *informal* stawać w obronie

**stick with** sb/sth *phr v* [T] trzymać się: *Let's just stick with the original plan.*

**stick²** *n* [C] **1** patyk, kij **2** kawałek: *a stick of chewing gum* ➡ patrz też **get (hold of) the wrong end of the stick** (WRONG¹)

**stick·er** /ˈstɪkə/ *n* [C] naklejka

**stick·y** /ˈstɪki/ *adj* **1** klejący, przylepny: *sticky tape | sticky labels* **2** lepki: *sticky candy | Your hands are all sticky.* **3** *informal* kłopotliwy: *a sticky situation*

**stiff¹** /stɪf/ *adj* **1** sztywny: *stiff cardboard | a stiff smile* **2** surowy: *a stiff pen-*

S

*alty* **3** zacięty: *They had to face stiff competition from the Russian team.* **4 a stiff drink** mocny drink —**stiffly** *adv* sztywno —**stiffness** *n* [U] sztywność

**stiff²** *adv* **bored/scared stiff** *informal* śmiertelnie znudzony/przestraszony

**stiff·en** /ˈstɪfən/ *v* [I] ze/sztywnieć: *Harold stiffened, sensing danger.*

**sti·fle** /ˈstaɪfəl/ *v* [T] s/tłumić: *He tried to stifle a yawn.* | *Annette felt college was stifling her creativity.*

**stif·ling** /ˈstaɪflɪŋ/ *adj* duszący: *the stifling heat*

**stig·ma** /ˈstɪgmə/ *n* [U singular] piętno: *the stigma attached to mental illness* —**stigmatize** /ˈstɪgmətaɪz/ (*także* **-ise** *BrE*) *v* [T] napiętnować

**sti·let·to** /stəˈletəʊ/ *n* [C] szpilka (*but, obcas*)

S

**still¹** /stɪl/ *adv* **1** ciągle, nadal: *Andy was still asleep.* | *I went back to my old school, and it still looks the same.* **2** jeszcze: *We could still catch the bus if we hurry.* **3** mimo to: *He injured his leg in practice, but he still won the race.* | *It hasn't been a very good day. Still, it could have been a lot worse.* **4 colder/better still** jeszcze zimniejszy/lepszy: *The first question was difficult, but the next one was harder still.*

> **UWAGA still**
>
> Patrz **yet** i **still**.

**still²** *adj* **1** nieruchomy: **keep/stay/stand still** *The children wouldn't keep still.* **2** cichy: *At that time of day, the forest was completely still.* **3** niegazowany: *still lemonade* —**stillness** *n* [U] bezruch

**still·born** /ˈstɪlbɔːn/ *adj* martwo urodzony

**still life** /ˌ. ˈ.◂/ *n* [C,U] *plural* **still lifes** martwa natura

**stilt·ed** /ˈstɪltəd/ *adj* sztywny (*o sposobie mówienia lub pisania*)

**stilts** /stɪlts/ *n* [plural] szczudła

**stim·u·lant** /ˈstɪmjələnt/ *n* [C] środek pobudzający: *Caffeine is a stimulant.*

**stim·u·late** /ˈstɪmjəleɪt/ *v* [T] **1** pobudzać: *The drug stimulates the flow of blood to the brain.* **2** stymulować —**stimulation** /ˌstɪmjəˈleɪʃən/ *n* [U] stymulacja

**stim·u·lat·ing** /ˈstɪmjəleɪtɪŋ/ *adj* stymulujący: *a stimulating conversation*

**stim·u·lus** /ˈstɪmjələs/ *n plural* **stimuli** /-laɪ/ bodziec: *visual stimuli* | *a stimulus to industrial development*

**sting¹** /stɪŋ/ *v* **stung, stung, stinging 1** [T] kąsać, u/żądlić: *Jamie was stung by a bee.* **2** [I,T] szczypać, piec: *It stings if you get soap in your eyes.* **3 be stung by** być dotkniętym: *She felt stung by his reply.*

**sting²** *n* [C] **1** żądło: *Does a bee die when it loses its sting?* **2** ukąszenie, użądlenie: *a bee sting* **3** [singular] szczypanie, pieczenie

**stin·gy** /ˈstɪndʒi/ *adj* skąpy —**stinginess** *n* [U] skąpstwo

**stink¹** /stɪŋk/ *v* [I] **stank, stunk, stinking** śmierdzieć: *The room stank of cigar smoke.*

**stink²** *n* [singular] smród

**stint** /stɪnt/ *n* [C] okres: *a five-year stint teaching English in Korea*

**stir¹** /stɜː/ *v* **-rred, -rring 1** [T] za/mieszać: *Add milk, then stir for 5 minutes.* **2** [I,T] poruszyć (się): *Rachel stirred in her sleep.* **3** [T] wywoływać: *The music stirred memories of his childhood.*

**stir** sth ↔ **up** *phr v* [T] wzniecać: *Don't stir up trouble unnecessarily.*

**stir²** *n* [singular] **create/cause a stir** wywoływać poruszenie: *The movie caused quite a stir when it was first shown.*

**stir-fry** /ˈ. ./ *v* [T] smażyć (*krótko, w małej ilości oleju*)

**stir·ring** /ˈstɜːrɪŋ/ *adj* poruszający: *a stirring speech*

**stir·rup** /ˈstɪrəp/ *n* [C] strzemię

**stitch¹** /stɪtʃ/ *n* **1** [C] ścieg: *a white tablecloth with blue stitches around the edges* **2** [C] szew: *Tony needed five stitches to his face.* **3** [C] oczko (*w robocie na drutach*) **4** [singular] kolka **5 be in stitches** pokładać się ze śmiechu: *Nancy kept us in stitches all evening.*

**stitch**[2] *v* [I,T] przy/szyć, z/szyć: *He had a scout badge stitched to his shirt.*

**stitch** sth ↔ **up** *phr v* [T] z/szyć

**stock**[1] /stɒk/ *n* **1** [C] *także* **stocks** [plural] zapas: *How long will the country's coal stocks last?* | **+ of** *She kept a stock of candles in the cupboard.* **2** [U] *także* **stocks** [plural] towar: *Hurry – buy now while stocks last!* | **be in stock** *Their new album is now in stock* (=jest do kupienia). **3** [C,U] papiery wartościowe, obligacje: *government stock* **4** [U] wywar: *chicken stock* **5 take stock (of sth)** dobrze się zastanowić (nad czymś): *We need to slow down a little and take stock.* **6 the stocks** dyby

**stock**[2] *v* [T] **1** mieć na składzie: *Do you stock camping equipment?* **2 well-stocked** dobrze zaopatrzony: *a well-stocked cocktail cabinet*

**stock up** *phr v* [I] z/robić zapasy: *The supermarket was full of people stocking up for the holidays.*

**stock·brok·er** /ˈstɒkˌbrəʊkə/ *n* [C] makler giełdowy

**stock ex·change** /ˈ. .ˌ./ *n* **the stock exchange** giełda papierów wartościowych

**stock·ing** /ˈstɒkɪŋ/ *n* [C] pończocha: *a pair of silk stockings*

**stock mar·ket** /ˈ. ˌ../ *n* [singular] **1** giełda papierów wartościowych **2** rynek papierów wartościowych

**stock·tak·ing** /ˈstɒkˌteɪkɪŋ/ *n* [U] *BrE* inwentaryzacja, remanent

**stock·y** /ˈstɒki/ *adj* krępy: *a stocky man*

**sto·ic** /ˈstəʊɪk/, **sto·i·cal** /ˈstəʊɪkəl/ *adj formal* stoicki: *a look of stoic resignation*

**stole** /stəʊl/ *v* czas przeszły od STEAL

**sto·len** /ˈstəʊlən/ *v* imiesłów bierny od STEAL

**stol·id** /ˈstɒlɪ̇d/ *adj* powściągliwy

**stom·ach**[1] /ˈstʌmək/ *n* [C] **1** żołądek: *My stomach hurts.* **2** brzuch: *She had a long scar across her stomach.*

**stomach**[2] *v* [T] **can't stomach sth** nie znosić czegoś: *He couldn't stomach the sight of blood.*

**stom·ach-ache** /ˈstʌmək-eɪk/ *n* [C] ból brzucha

**stomp** /stɒmp/ *v* [I] chodzić ciężko: *Henry was stomping around like an elephant.*

**stone**[1] /stəʊn/ *n* **1** [C,U] kamień: *stone benches* | *a wall made of stone* | *a gold-plated necklace with fake stones* **2** [C] *plural* **stone** *or* **stones** brytyjska jednostka wagi równa 6,35 kg: *His weight dropped to six stone.* **3** [C] *BrE* pestka: *cherry stones* **4 stone cold** lodowato zimny: *This coffee's stone cold!*

**stone**[2] *v* [T] u/kamienować

**Stone Age** /ˈ. ./ *n* **the Stone Age** epoka kamienna: *Stone Age man*

**stoned** /stəʊnd/ *adj informal* **1** urżnięty **2** naćpany

**stone·ma·son** /ˈstəʊnˌmeɪsən/ *n* [C] kamieniarz

**ston·y** /ˈstəʊni/ *adj* **1** kamienisty: *a stony path* **2** kamienny: *a stony silence*

**stony-faced** /ˌ.. ˈ.◂/ *adj* z kamienną twarzą

**stood** /stʊd/ *v* czas przeszły i imiesłów bierny od STAND

**stool** /stuːl/ *n* [C] **1** stołek, taboret: *a bar stool* | *a piano stool* **2** [usually plural] *technical* stolec

**stoop** /stuːp/ *v* [I] schylać się: *The teacher stooped to pick up a pencil.*

**stoop to** sth *phr v* [T] zniżać się do: *I wouldn't stoop to taking money from a little kid.*

**stop**[1] /stɒp/ *v* **-pped, -pping 1** [I,T] przestawać: *The baby's been crying all morning – I wish he'd stop!* | **stop doing sth** *Everyone stopped talking as soon as she came into the room.* | **stop it/that** *spoken* (=przestań): *Stop it! You're hurting me!* **2** [I] ustawać: *The rain has stopped.* **3** [I] zatrzymać się, stanąć: *The car stopped outside a big hotel.* | *What time do you want to stop?* | *My watch has stopped* (=stanął). | **+ at** *Does this train stop at Broxbourne?* | **stop to do sth** (=zatrzymać się, żeby coś zrobić): *We stopped to get some gas in Louisville.* **4** [T] przerywać: *The referee stopped the fight in the second*

*round.* **5** [T] powstrzymywać: *efforts to stop the spread of AIDS* | **stop sb (from) doing sth** *She can't stop me from leaving!* **6** [T] zatrzymywać: *Stop the car. I want to be sick!* | *How do you stop the motor?* | *A man stopped me in the street and asked for a light.* | *He's been stopped twice by the police for speeding.* **7 stop short of sth** w ostatniej chwili powstrzymać się od czegoś: *Tom stopped short of calling her a liar.* **8 sb will stop at nothing** ktoś nie cofnie się przed niczym **9 stop a cheque** wstrzymywać wypłatę czeku

**stop by** *phr v* [I] zajść na chwilę: *It was nice of Judy to stop by.*

**stop off** *phr v* [I] zatrzymać się po drodze: **+ at/in** *We stopped off at the supermarket on the way home.*

> UWAGA **stop**
>
> Nie mówi się "she stopped to cry". Mówi się **she stopped crying**. Nie mówi się też "stop someone to do something". Mówi się **stop someone doing something** i **stop someone from doing something**.

S

**stop²** *n* **1** [singular] **come to a stop** zatrzymać się: *The taxi came to a stop outside his house.* **2 put a stop to sth** kłaść/położyć czemuś kres: *Mrs Drayton put a stop to the gossip.* **3** [C] przystanek: *I get off at the next stop.* | *Our first stop is Brussels, and then we're going to Paris.*

**stop·light** /ˈstɒplaɪt/ *n* [C] *AmE* sygnalizacja świetlna, światła

**stop·o·ver** /ˈstɒpəʊvə/ *n* [C] przerwa w podróży: *a three-hour stopover in Atlanta*

**stop·page** /ˈstɒpɪdʒ/ *n* [C] przestój

**stop·per** /ˈstɒpə/ *n* [C] korek, zatyczka

**stop·watch** /ˈstɒpwɒtʃ/ *n* [C] stoper

**stor·age** /ˈstɔːrɪdʒ/ *n* [U] przechowywanie, magazynowanie: *There's plenty of storage space in the garage.* | **be in storage** (=być na przechowaniu): *The furniture is in storage until we find a new house.*

**store¹** /stɔː/ *n* [C] **1** *especially AmE* sklep: *a book store* | *I'm going to the store to get some milk.* | *She works in a clothes store.* → patrz też DEPARTMENT STORE, CHAIN STORE **2** skład: **+ of** *secret stores of weapons* **3 be in store for sb** czekać kogoś: *There's a surprise in store for you tomorrow!*

**store²** *v* [T] *także* **store away** przechowywać: *All my old clothes are stored in the loft.* | *You can store your files on this disk.*

**store·keep·er** /ˈstɔːˌkiːpə/ *AmE n* [C] sklepika-rz/rka

**store·room** /ˈstɔːrʊm/ *n* [C] składnica

**sto·rey** /ˈstɔːri/ *BrE*, **story** *AmE n* [C] piętro: *a five-storey house*

**stork** /stɔːk/ *n* [C] bocian

**storm¹** /stɔːm/ *n* [C] burza: *a snow storm* | *The mayor's speech caused a storm of protest among local people.*

**storm²** *v* **1** [T] szturmować: *Enemy troops stormed the city.* **2 storm out of/off** wypadać z furią: *She stormed out of the meeting.*

**storm·y** /ˈstɔːmi/ *adj* **1** burzowy: *stormy weather* | *a stormy day* **2** burzliwy: *a stormy relationship*

**sto·ry** /ˈstɔːri/ *n* [C] **1** opowiadanie, historyjka: *a book of short stories* | *the story of Cinderella* | *a ghost story* | *Do you believe his story?* | **tell/read sb a story** *Grandma used to tell us stories every night.* **2** relacja: *a front-page story in the New York Times* **3 it's a long story** *spoken* to długa historia: *It's a long story – I'll tell you later.* **4 to cut a long story short** *spoken* krótko mówiąc: *To cut a long story short, she's leaving him.*

**stout¹** /staʊt/ *adj* **1** tęgi: *a stout middle-aged man* **2** solidny: *stout shoes*

**stout²** *n* [U] rodzaj piwa

**stove** /stəʊv/ *n* [C] **1** kuchenka: *She left a pan of milk on the stove and it boiled over.* **2** piec(yk)

**stow** /stəʊ/ *v* [T] *także* **stow** sth ↔ **away** s/chować: *Please stow all your bags under your seat.*

**stow·a·way** /ˈstəʊəweɪ/ *n* [C] pasażer/ka na gapę

**strad·dle** /ˈstrædl/ *v* [T] **1** siedzieć okrakiem na: *He sat straddling the fence.*

**2** rozciągać się po obu stronach: *The town straddles the River Oder.*

**strag·gly** /'strægəli/ *adj* rozwichrzony: *a straggly moustache*

**straight**[1] /streɪt/ *adj* **1** prosty: *a straight line | My sister has straight hair. | straight teeth* **2** jasny: *I wish you'd give me a straight answer.* **3** z rzędu, po kolei: *The Australian team won three straight victories.* **4** czysty: *a straight Scotch* **5 let's get this straight** *spoken* wyjaśnijmy to sobie: *Let's get this straight. You don't want us to get married?* **6 to keep a straight face** zachowywać powagę: *How did you manage to keep a straight face?*

**straight**[2] *adv* **1** prosto: **+ down/in front of/out etc** *The truck was coming straight towards me. | She kept staring straight ahead.* **2** *także* **straight away** od razu: *Why didn't you go straight to the police? | Come home straight after school.* **3 sit up/stand up straight** siedzieć/stać prosto

**straight·en** /'streɪtn/ *v* [I,T] *także* **straighten out** wy/prostować (się): *He straightened his tie.*

**straighten out** *phr v* [T **straighten** sth ↔ **out**] wyjaśnić: *I'll talk to him and see if I can straighten things out.*

**straighten up** *phr v* [I] wy/prostować się

**straight·for·ward** /ˌstreɪt'fɔːwəd◂/ *adj* **1** prosty: *The questions are fairly straightforward.* **2** prostolinijny: *Is he being straightforward?*

**straight·jack·et** /'streɪtˌdʒækɪ̈t/ *n* [C] kaftan bezpieczeństwa

**strain**[1] /streɪn/ *n* **1** [C,U] stres: *He couldn't cope with the strain of being a teacher.* **2** [C usually singular] **put a strain on sb/sth** stawiać kogoś/coś w trudnej sytuacji: *The new taxation system has put a huge strain on small businesses.* **3** [U] napięcie: *The rope snapped under the strain.* **4** [C,U] nadwerężenie: *eye strain* **5** [C] szczep, odmiana: *a new strain of the virus*

**strain**[2] *v* **1** [T] nadwerężać: *Kevin strained a muscle in his neck. | The refugee crisis is straining the country's limited financial resources.* **2** [I,T] **strain to hear/see** wytężać słuch/wzrok: *She moved closer, straining to hear what they said.* **3** [T] s/powodować napięcie w: *It's one of the issues that is straining relations between the countries.* **4** [T] od/cedzić: *He strained the vegetables.*

**strained** /streɪnd/ *adj* **1** wymuszony: *a strained conversation* **2** napięty: *Relations between the couple became strained.*

**strain·er** /'streɪnə/ *n* [C] cedzak, durszlak

**strait** /streɪt/ *n* [C usually plural] cieśnina: *the Straits of Gibraltar*

**strait·jack·et** /'streɪtˌdʒækɪ̈t/ *n* [C] kaftan bezpieczeństwa

**straits** /streɪts/ *n* **in dire/desperate straits** w ciężkich tarapatach

**strand** /strænd/ *n* [C] **1** włókno: *Many strands are twisted together to form a rope.* **2** wątek

**strand·ed** /'strændɪ̈d/ *adj* uziemiony: *I was stranded at the airport without any money.*

**strange** /streɪndʒ/ *adj* **1** dziwny: *I had a strange dream last night. | There was something strange about him.* | **+ that** *It's strange that Brad isn't here yet.* | **that's strange** *That's strange – I thought I left my keys on the table.* **2** obcy: *I was all alone in a strange country.* —**strangely** *adv* dziwnie: *She was looking at me very strangely.*

**strang·er** /'streɪndʒə/ *n* [C] obcy, nieznajom-y/a: *Mom told us never to talk to strangers.*

**stran·gle** /'stræŋgəl/ *v* [T] **1** u/dusić **2** s/tłamsić —**strangulation** /ˌstræŋgjʊ'leɪʃən/ *n* [U] uduszenie

**strap**[1] /stræp/ *n* [C] pasek: *a watchstrap | The strap on her bag had broken.*

**strap**[2] *v* [T] **-pped, -pping** przypinać paskiem/paskami: *Make sure your backpack is strapped on tightly.*

**stra·te·gic** /strə'tiːdʒɪk/ *adj* strategiczny: *The takeover is being seen as a strategic move by Microsoft. | strategic weapons | He placed himself in a strategic posi-*

S

*tion next to the door.* —**strategically** *adv* strategicznie

**strat·e·gy** /ˈstrætədʒi/ *n* [C,U] strategia: *the President's long-term economic strategy* | *an expert in military strategy*

**straw** /strɔː/ *n* **1** [U] słoma: *a straw hat* **2** [C] słomka **3 the last/final straw** kropla przepełniająca miarę

**straw·ber·ry** /ˈstrɔːbəri/ *n* [C] truskawka: *strawberries and cream*

**stray**[1] /streɪ/ *v* [I] zabłąkać się: *The kitten had strayed from its mother.*

**stray**[2] *adj* bezpański: *a stray dog*

**stray**[3] *n* [C] bezpańskie zwierzę

**streak**[1] /striːk/ *n* [C] **1** pasemko: *a few grey streaks in her hair* **2 a winning/losing streak** dobra/zła passa: *Our team was on a winning streak.*

**streak**[2] *v* [I] przemykać: *A fighter jet streaked across the sky.*

**stream**[1] /striːm/ *n* [C] **1** strumień, potok: *a mountain stream* | *a stream of questions* | *a stream of traffic* (=strumień pojazdów) **2** prąd: *a stream of warm air*

**stream**[2] *v* [I] płynąć: *Tears were streaming down his cheeks.* | *People streamed through the gates.*

**stream·er** /ˈstriːmə/ *n* [C] serpentyna: *We decorated the room with streamers.*

**stream·line** /ˈstriːmlaɪn/ *v* [T] **1** usprawniać: *The hospital has streamlined the paperwork for doctors.* **2** nadawać opływowy kształt: *streamlined trains*

**street** /striːt/ *n* [C] **1** ulica: *What street do you live on?* | *the corner of Main Street and 4th Avenue* **2 streets ahead** *BrE informal* o niebo lepszy **3 sth right up your street** *informal* coś w sam raz dla ciebie: *Tell Tim about the book – it's right up his street.* ➡ patrz też **the man in the street** (MAN[1])

**street·car** /ˈstriːtkɑː/ *n* [C] *especially AmE* tramwaj

**street light**, **streetlight** *n* [C] latarnia uliczna

**strength** /streŋθ/ *n* **1** [U] siła: *I didn't have the strength to get up.* | *They pushed with all their strength.* | *The president was wrong to ignore the strength of feeling in the country over this issue.* | *strength of character* **2** [U] potęga: *US military strength* **3** [C] mocna strona: *His ambition is both a strength and a weakness.* **4** [C,U] moc: *high strength beers* **5** [U] siła nabywcza: *the strength of the dollar* **6 on the strength of sth** kierując się czymś: *We bought this car on the strength of his advice.* **7 at full strength/below strength** w pełnym/niepełnym składzie: *The French team are at full strength.* ➡ porównaj WEAKNESS

**strength·en** /ˈstreŋθən/ *v* [I,T] wzmacniać (się): *an exercise to strengthen your arms* | *The new laws strengthened the position of women in the workplace.* ➡ antonim WEAKEN

**stren·u·ous** /ˈstrenjuəs/ *adj* forsowny: *strenuous exercise* | *He made strenuous efforts to persuade them to change their minds.*

**stress**[1] /stres/ *n* **1** [C,U] stres: *Headaches are often caused by stress.* | **be under stress** (=przeżywać stres): *She's been under a lot of stress at work lately.* | **stresses and strains** (=stresy i napięcia): *the stresses and strains of modern life* **2** [C,U] nacisk: *rocks subjected to stress and high temperatures* | **lay stress on** (=za/akcentować): *In his report, he laid stress on the need for more training.* **3** [C,U] akcent: *The stress is on the last syllable.*

**stress**[2] *v* [T] **1** podkreślać: *She stressed the need for more money for the programme.* **2** [T] za/akcentować **3** [I] *AmE spoken* stresować się: *Terry's stressing about her interview tomorrow.*

**stressed** /strest/ także **stressed out** /ˌ. ˈ.◂/ *adj* zestresowany: *You look really stressed out. What's the matter?*

**stress·ful** /ˈstresfəl/ *adj* stresujący: *a stressful job* | *Teaching can be very stressful.*

**stretch**[1] /stretʃ/ *v* **1** [I,T] rozciągać (się): *Don't worry if the shoes feel a bit tight, they'll soon stretch.* | *Stretch the canvas so that it covers the whole frame.* | *The project will probably stretch into next year.* | *We can*

*stretch a rope between two trees.* **2** [I] przeciągać się: *Carl sat up in bed, yawned and stretched.* **3** [I] ciągnąć się: *The desert stretched to the horizon.* **4 stretch sth to the limit** wykorzystywać coś do maksimum: *Our resources are already stretched to the limit.* **5 stretch your legs** *informal* rozprostować kości

**stretch out** *phr v* **1** [I] *informal* wyciągać się: *I think I'll stretch out on the couch for a while.* **2** [T] wyciągać: *He stretched out his arms to try and reach the branch.*

**stretch²** *n* [C] **1** odcinek: *a dangerous stretch of road* **2** okres: **at a stretch** (=bez przerwy): *During the summer we worked twelve hours at a stretch.* **3** ćwiczenie rozciągające: *The ski instructor showed us some special stretches.*

**stretch·er** /ˈstretʃə/ *n* [C] nosze

**strict** /strɪkt/ *adj* **1** surowy: *Her parents are very strict.* **2** ścisły: *I have strict instructions not to let you leave the building.* | *It's not a restaurant in the strictest sense of the word – it's more like a cafe.* | *a strict vegetarian*

**strict·ly** /ˈstrɪktli/ *adv* **1** dokładnie: *That is not strictly true.* | **strictly speaking** (=ściśle mówiąc): *Strictly speaking, a spider is not an insect.* **2** wyłącznie: *She says she drinks wine strictly for health reasons.* **3 strictly prohibited/forbidden** surowo wzbroniony: *Smoking is strictly forbidden throughout the building* (=na terenie budynku obowiązuje ścisły zakaz palenia).

**stride¹** /straɪd/ *v* [I] **strode, stridden** /ˈstrɪdn/, **striding** kroczyć: *He strode across the room.*

**stride²** *n* [C] **1** krok **2 make great strides** z/robić wielkie postępy: *The city has made great strides in cleaning up its streets.* **3 take sth in your stride** podchodzić do czegoś ze spokojem

**stri·dent** /ˈstraɪdənt/ *adj* ostry: *a strident critic of the reforms* | *the teacher's strident voice*

**strife** /straɪf/ *n* [U] *formal* spór

**strike¹** /straɪk/ *v* **struck, struck, striking 1** [T] uderzać: *He was struck on the head by a falling rock.* | *The car struck a tree.* | *She struck him across the face.* | *Lightning rarely strikes the same place twice.* | **it strikes sb (that)** (=uderza kogoś, że): *It suddenly struck me that he might be lying.* | **sb is struck by sth** (=kogoś uderza coś): *I was struck by her honesty.* **2** z/robić wrażenie: **strike sb as sth** *He strikes me as being very intelligent* (=robi wrażenie bardzo inteligentnego). **3** [I] strajkować: **+ for** (=na rzecz): *They're striking for a shorter working week.* **4** [I] za/atakować: *The police are waiting for the killer to strike again.* **5** [T] nawiedzać: *The town was struck by an earthquake.* **6 strike a balance** zachowywać odpowiednie proporcje: *It's never easy to strike a balance between work and family.* **7 strike a deal** pójść na układ: *The dispute ended when the company struck a deal with the union.* **8 strike a match** zapalać zapałkę **9 strike oil/gold** natrafiać na ropę/złoto **10** [I,T] wybijać: *The clock struck four* (=wybił godzinę czwartą).

**strike back** *phr v* [I] kontratakować

**strike out** *phr v* **1** [T **strike** sth ↔ **out**] wykreślać, skreślać **2** [I] wyruszać: **+ for** *They struck out for the coast.* **3 strike out on your own** uniezależniać się

**strike up** *phr v* [T] **1 strike up a conversation/friendship** nawiązywać rozmowę/znajomość **2** [T] zaczynać grać: *The band struck up an Irish tune.*

**strike²** *n* [C] **1** strajk: **go on strike** (=zastrajkować): *The union decided to go on strike.* **2** atak: *threats of an air strike*

**strik·er** /ˈstraɪkə/ *n* [C] **1** strajkujący **2** napastni-k/czka

**strik·ing** /ˈstraɪkɪŋ/ *adj* uderzający: *There's a striking similarity between the two girls.* | *a man with striking good looks* (=uderzająco piękny mężczyzna)

**string¹** /strɪŋ/ *n* **1** [C,U] sznurek: *The package was tied up with string.* **2** [C] sznur: *a string of onions* | *a string of beads* **3 a string of sth** szereg czegoś:

S

*The police asked me a string of questions.* **4** [C] struna **5 (with) no strings attached** bez żadnych zobowiązań: *He asked me to go to Vegas with him – with no strings attached.* ➡ patrz też STRINGS, **pull strings** (PULL¹)

**string²** *v* [T] **strung, strung, stringing** z/wiązać: *Dad was busy stringing up the Christmas lights.*

**strin·gent** /ˈstrɪndʒənt/ *adj* surowy: *stringent laboratory conditions*

**strings** /strɪŋz/ *n* **the strings** [plural] smyczki

**strip¹** /strɪp/ *v* **-pped, -pping 1** [I,T] *także* **strip off** rozbierać (się): *He stripped and got into the shower.* **2** [T] *także* **strip off** zdzierać: *It took all day to strip the paint off the walls.* **3 strip sb of sth** pozbawić kogoś czegoś

**strip²** *n* [C] **1** pasek: *Tear the paper into one-inch strips.* **2** pas: *a strip of sand*

S

**stripe** /straɪp/ *n* [C] pasek: *a shirt with blue and red stripes*

**striped** /straɪpt/ *adj* w paski: *a blue and white striped shirt*

**strip·ey** /ˈstraɪpi/ *adj BrE* w paski

**strip·per** /ˈstrɪpə/ *n* [C] striptizerka

**strip·tease** /ˈstrɪptiːz/ *n* [C,U] striptiz

**strip·y** /ˈstraɪpi/ *także* **stripey** *adj* w paski: *stripy socks*

**strive** /straɪv/ *v* [I] **strove, striven** /ˈstrɪvən/, **striving** *formal* **strive for** dążyć do: *Ross is constantly striving for perfection.*

**strode** /strəʊd/ *v* czas przeszły od STRIDE

**stroke¹** /strəʊk/ *n* **1** [C] wylew, udar: *Since Tom had a stroke he's had trouble talking.* **2** [C,U] styl (*pływacki*): *back stroke* (=grzbietowy) **3 stroke of luck** uśmiech losu: *By some stroke of luck, we got the last hotel room.* **4** [C] pociągnięcie (*pędzlem*) **5 not do a stroke (of work)** *informal* nie kiwnąć palcem **6 at a stroke/at one stroke** za jednym zamachem: *The problem was solved at a stroke.*

**stroke²** *v* [T] po/głaskać: *She stroked the baby's face.*

**stroll** /strəʊl/ *v* [I] spacerować, przechadzać się: *We strolled along the beach.* —**stroll** *n* [C] spacer, przechadzka

**stroll·er** /ˈstrəʊlə/ *n* [C] *AmE* spacerówka

**strong** /strɒŋ/ *adj* **1** silny: *It took four strong men to lift the piano.* | *strong hands* | *strong leadership* | *a strong army* | *Lewis had a strong belief in God.* | *a strong temptation* | *a strong smell of gas* | *A strong bond developed between the two men.* **2** mocny: *a strong rope* | *The bags are made of strong black plastic.* | *strong coffee* | *strong liquor* **3** przekonujący: *There's strong evidence to suggest Bentley was innocent.* **4 a strong chance/probability** duże prawdopodobieństwo: *There's a strong possibility that the US will attack.* **5 strong language** mocny język **6 strong point** mocna strona: *Tact was never her strong point.* **7 be 500/10,000 strong** liczyć 500/10.000 osób: *The crowd was over 100,000 strong.* **8 be still going strong** świetnie się trzymać: *The Rolling Stones are still going strong.* ➡ patrz też STRENGTH

**strong·ly** /ˈstrɒŋli/ *adv* **1** mocno **2** silnie: *The house smelled strongly of gas.* **3** zdecydowanie: *I strongly advise you to get more facts before deciding.*

**strove** /strəʊv/ czas przeszły od STRIVE

**struck** /strʌk/ *v* czas przeszły od STRIKE

**struc·tur·al** /ˈstrʌktʃərəl/ *adj* strukturalny: *structural changes in the economy*

**struc·ture¹** /ˈstrʌktʃə/ *n* **1** [C,U] struktura: *the structure of society* | *molecular structure* **2** [C] konstrukcja: *a huge steel structure*

**structure²** *v* [T] konstruować: *Students learn how to structure their essays.*

**strug·gle¹** /ˈstrʌgəl/ *v* [I] walczyć, zmagać się: *He struggled up the stairs* (=z trudem wszedł po schodach) *with the luggage.* | **struggle to do sth** *After Hal lost his job we had to struggle to pay the bills.* | **+ with** *She struggled with the man and screamed for help.*

**struggle on** *phr v* [I] nie przestawać walczyć

**struggle**[2] *n* [C] **1** walka: *Nelson Mandela's struggle for freedom* **2** bójka

**strum** /strʌm/ *v* [I,T] **-mmed, -mming** brzdąkać (na)

**strung** /strʌŋ/ czas przeszły i imiesłów bierny od STRING

**strut** /strʌt/ *v* [I] kroczyć dumnie jak paw

**stub**[1] /stʌb/ *n* [C] niedopałek

**stub**[2] *v* [T] **-bbing, -bbed; stub your toe** uderzyć się w palec u nogi

**stub** sth ↔ **out** *phr v* [T] z/gasić (*papierosa*)

**stub·ble** /ˈstʌbəl/ *n* [U] **1** szczecina (*zarost*) **2** ściernisko

**stub·born** /ˈstʌbən/ *adj* uparty: *a stubborn woman* —**stubbornly** *adv* uparcie —**stubbornness** *n* [U] upór

**stuck**[1] /stʌk/ *v* czas przeszły i imiesłów bierny od STICK

**stuck**[2] *adj* [not before noun] **1** zablokowany: **get stuck** (=utknąć): *Our car got stuck in the mud.* **2 be stuck** utknąć: *Can you help me with this? I'm stuck.* **3** uwiązany: *It's horrible being stuck in a classroom when the weather's so nice.*

**stud** /stʌd/ *n* **1** [C] ćwiek: *a leather jacket with silver studs* **2** korek (*w butach piłkarskich*) **3** [C] kolczyk (*wkrętka*) **4** [C,U] stadnina: *a stud farm*

**stud·ded** /ˈstʌdədd/ *adj* nabijany: *a bracelet studded with diamonds* ➡ patrz też STAR-STUDDED

**stu·dent** /ˈstjuːdənt/ *n* **1** [C] student/ka: *a medical student* **2** [C] uczeń/uczennica: *She has 30 students in her class.*

> **UWAGA student**
>
> W amerykańskiej angielszczyźnie wyraz **student** może oznaczać kogokolwiek, kto uczy się w szkole podstawowej, liceum czy na uniwersytecie. W brytyjskiej angielszczyźnie wyraz **student** oznacza jedynie kogoś, kto studiuje na wyższej uczelni, a o 'uczniach' w szkole mówi się **schoolchildren** lub **pupils**.

**stu·di·o** /ˈstjuːdiəʊ/ *n* [C] studio: *an art studio* | *the big Hollywood studios*

**stu·di·ous** /ˈstjuːdiəs/ *adj* pilny

**stud·y**[1] /ˈstʌdi/ *n* **1** [C] studium, analiza: **+ of** *a study of teenagers' language* **2** [U] nauka: *a period of study* **3 studies** [plural] studia: *He went on to continue his studies at Harvard.* | *a degree in Business Studies* **4** [C] gabinet, pracownia

**study**[2] *v* [I,T] studiować: *Her son's at university studying medicine.* | *He studied the document carefully.*

> **UWAGA study**
>
> Patrz **learn** i **study**.

**stuff**[1] /stʌf/ *n* [U] *informal* **1** coś: *What's this stuff* (=co to jest) *on the floor?* **2** rzeczy: *I need a place to store my stuff for a while.* | *Have you got a lot of stuff to do* (=czy masz dużo do roboty) *this weekend?*

**stuff**[2] *v* [T] **1** wpychać: **stuff sth into/behind etc** *She stuffed some clothes into a bag and left.* **2** wypychać: *a pillow stuffed with feathers* **3 stuff yourself** *informal* opychać się: *The kids have been stuffing themselves all afternoon.* **4** nadziewać: *stuffed chicken*

**stuff·ing** /ˈstʌfɪŋ/ *n* [U] **1** nadzienie **2** wypełnienie

**stuff·y** /ˈstʌfi/ *adj* **1** duszny: *a stuffy room* **2** staroświecki: *Rob's family is really stuffy.*

**stum·ble** /ˈstʌmbəl/ *v* [I] **1** potykać się: *She stumbled and grabbed hold of the handrail.* **2** zająknąć się: **+ over** *He continued his speech nervously, hesitating and stumbling over the words.*

**stumble on/across** sb/sth *phr v* [T] natykać się na: *Clearing out a cupboard that evening, she stumbled across one of her old diaries.*

**stumbling block** /ˈ.. ˌ./ *n* [C] przeszkoda: *The question of disarmament is still the main stumbling block to peace.*

**stump**[1] /stʌmp/ *n* [C] pniak, kikut: *an old tree stump*

S

**stump**[2] *v* [I] stąpać ciężko: **+ along/down etc** *He turned and stumped back into the house.*

**stun** /stʌn/ *v* **-nned, -nning** [T] **1** oszałamiać: *Everyone was stunned by Betty's answer.* **2** ogłuszać

**stung** /stʌŋ/ *v* czas przeszły i imiesłów bierny od STING

**stunk** /stʌŋk/ *v* imiesłów bierny od STINK

**stun·ning** /ˈstʌnɪŋ/ *adj* oszałamiający: *You look stunning in that dress.* | *stunning news*

**stunt**[1] /stʌnt/ *n* [C] **1** wyczyn kaskaderski **2 publicity stunt** chwyt reklamowy

**stunt**[2] *v* [T] za/hamować: *The plant's growth has been stunted by lack of light.*

**stu·pe·fied** /ˈstjuːpəˌfaɪd/ *adj* oszołomiony

S

**stu·pen·dous** /stjuːˈpendəs/ *adj* zdumiewający: *a stupendous achievement*

**stu·pid** /ˈstjuːpəd/ *adj* głupi: *How could you be so stupid?* | *a stupid mistake* | *I can't get this stupid door open!* —**stupidity** /stjuːˈpɪdəti/ *n* [C,U] głupota

**stu·por** /ˈstjuːpə/ *n* [C,U] zamroczenie: *a drunken stupor*

**stur·dy** /ˈstɜːdi/ *adj* **1** mocny: *sturdy shoes* **2** silny: *a sturdy woman*

**stut·ter** /ˈstʌtə/ *v* **1** [I] jąkać się **2** [T] wyjąkać: *"I w-w-want to g-g-go too," he stuttered.* —**stutter** *n* [singular] jąkanie się

**sty** /staɪ/ *n* [C] **1** chlew **2** *także* **stye** jęczmień (*na powiece*)

**style** /staɪl/ *n* **1** [C] styl: *He's trying to copy Picasso's style of painting.* | *architecture in the Gothic style* | *'70s styles are coming back into fashion.* | **have style** *You may not like him, but you have to admit that he has style.* **2** [C,U] fason, styl: *Shoes are available in several styles.* | *His hair was cut in a very strange style.*

**styl·ish** /ˈstaɪlɪʃ/ *adj* stylowy: *a very stylish woman* | *stylish clothes* —**stylishly** *adv* stylowo

**styl·is·tic** /staɪˈlɪstɪk/ *adj* stylistyczny: *I've made a few stylistic changes to your report.*

**sty·lized** /ˈstaɪlaɪzd/ (*także* **-ised** *BrE*) *adj* stylizowany: *stylized paintings*

**suave** /swɑːv/ *adj* uprzedzająco grzeczny

**sub·con·scious**[1] /sʌbˈkɒnʃəs/ *adj* podświadomy: *a subconscious fear of failure* —**subconsciously** *adv* podświadomie

**subconscious**[2] *n* [singular] podświadomość

**sub·di·vide** /ˌsʌbdəˈvaɪd/ *v* [T] po/dzielić (*na mniejsze jednostki*)

**sub·due** /səbˈdjuː/ *v* [T] obezwładniać: *The nurses were trying to subdue a violent patient.*

**sub·dued** /səbˈdjuːd/ *adj* **1** przygaszony: *Lawrie's been very subdued all week.* **2** przyćmiony: *subdued lighting* **3** stonowany: *subdued colours*

**sub·ject**[1] /ˈsʌbdʒɪkt/ *n* [C] **1** temat: *She's written several books on the subject.* | **change the subject** (=zmieniać temat): *Stop trying to change the subject!* **2** przedmiot: *"What's your favourite subject?" "Science."* **3** podmiot **4** obiekt: *The subjects of this experiment were all men aged 18–35.* **5** poddan-y/a

**sub·ject**[2] /ˈsʌbdʒɪkt/ *adj* **be subject to sth** móc ulec czemuś: *All prices are subject to change.*

**sub·ject**[3] /səbˈdʒekt/ *v*

**subject** sb/sth **to** sth *phr v* [T] poddawać: *The victim was subjected to a terrifying ordeal.*

**sub·jec·tive** /səbˈdʒektɪv/ *adj* subiektywny ➡ porównaj OBJECTIVE[2]

**subject mat·ter** /ˈ.. ˌ../ *n* [U] tematyka

**sub·junc·tive** /səbˈdʒʌŋktɪv/ *n* [singular] tryb łączący: *In the sentence, "He suggested we leave early", "leave" is in the subjunctive.*

**sub·lime** /səˈblaɪm/ *adj* zachwycający: *a sublime view of the mountains*

**sub·ma·rine** /ˈsʌbməriːn/ *n* [C] łódź podwodna

**sub·merge** /səb'mɜːdʒ/ *v* [I,T] zanurzać (się): *Whole villages were submerged by the flood.*

**sub·mis·sion** /səb'mɪʃən/ *n* **1** [U] uległość: *The prisoners were starved into submission* (=zostali głodem zmuszeni do uległości). **2** [C,U] zgłoszenie: *The deadline for the submission of proposals is May 1st.*

**sub·mis·sive** /səb'mɪsɪv/ *adj* uległy

**sub·mit** /səb'mɪt/ *v* **-tted, -tting 1** [T] przedkładać: *They submitted a report calling for changes in the law.* **2** [I,T] poddawać (się): **+ to** *They were forced to submit to the kidnappers' demands.* | **submit yourself to** (=poddawać się): *John submitted himself to the first of many body searches.*

**sub·or·di·nate** /sə'bɔːdɪ̵nət/ *n* [C] *formal* podwładn-y/a

**sub·scribe** /səb'skraɪb/ *v* [I] **subscribe to** prenumerować: *What magazines do you subscribe to?* —**subscriber** *n* [C] prenumerator/ka

**subscribe to** sth *phr v* [T] podpisywać się pod (*poglądami, opiniami*)

**sub·scrip·tion** /səb'skrɪpʃən/ *n* [C] prenumerata

**sub·se·quent** /'sʌbsɪ̵kwənt/ *adj* [only before noun] *formal* późniejszy: *The accident had a subsequent effect on his long-term health.* —**subsequently** *adv* później, następnie

**sub·ser·vi·ent** /səb'sɜːviənt/ *adj* służalczy

**sub·side** /səb'saɪd/ *v* [I] o/słabnąć: *The storm subsided around dawn.*

**sub·sid·i·a·ry**[1] /səb'sɪdiəri/ *n* [C] filia (*przedsiębiorstwa*)

**subsidiary**[2] *adj* drugorzędny

**sub·si·dize** /'sʌbsɪ̵daɪz/ (*także* **-ise** *BrE*) *v* [T] dotować: *housing that is subsidized by the government*

**sub·si·dy** /'sʌbsɪ̵di/ *n* [C] dotacja

**sub·sist** /səb'sɪst/ *v* [I] *formal* utrzymywać się przy życiu: **+ on** *The prisoners subsisted on rice and water.*

**sub·stance** /'sʌbstəns/ *n* **1** [C] substancja: *The bag was covered with a sticky substance.* | *poisonous substances* | **illegal substances** (=narkotyki) **2** [U singular] istota, sedno: **the substance of sth** *The news report said little about the substance of the peace talks.* **3** [U] *formal* podstawy: *There's no substance to the rumour.*

**sub·stan·dard** /ˌsʌb'stændəd◂/ *adj* niskiej jakości: *substandard health care*

**sub·stan·tial** /səb'stænʃəl/ *adj* **1** pokaźny: *She earns a substantial amount of money.* **2** solidny: *a substantial piece of furniture*

**sub·stan·tial·ly** /səb'stænʃəli/ *adv* znacznie: *Prices have increased substantially.*

**sub·sti·tute**[1] /'sʌbstɪ̵tjuːt/ *n* [C] **1** zastęp-ca/czyni: *a substitute teacher* (=nauczyciel na zastępstwie) **2** substytut: *a sugar substitute*

**substitute**[2] *v* **1** [T] zastępować: **substitute sth for/with sth** *You can substitute olive oil for butter in the recipe.* **2** [I,T] brać/wziąć zastępstwo: **+ for** *I substituted for John when he was sick.*

**sub·ter·ra·ne·an** /ˌsʌbtə'reɪniən◂/ *adj formal* podziemny: *a subterranean lake*

**sub·ti·tles** /'sʌbˌtaɪtlz/ *n* [plural] napisy (*w filmie*) —**subtitled** *adj* z napisami

**sub·tle** /'sʌtl/ *adj* subtelny: *subtle changes in climate* | *subtle humour* | *the subtle scent of mint in the air* —**subtly** *adv* subtelnie

**sub·tle·ty** /'sʌtlti/ *n* [C,U] subtelność: *The subtleties of the story do not translate well.*

**sub·tract** /səb'trækt/ *v* [T] odejmować: **subtract sth from sth** *If you subtract 15 from 25 you get 10.* —**subtraction** *n* [C,U] odejmowanie → porównaj ADD

**sub·urb** /'sʌbɜːb/ *n* [C] przedmieście: **+ of** *a suburb of Chicago*

**sub·ur·ban** /sə'bɜːbən/ *adj* **1** podmiejski **2** zaściankowy: *suburban attitudes*

**sub·ur·bi·a** /sə'bɜːbiə/ *n* [U] przedmieścia

**sub·ver·sive** /səb'vɜːsɪv/ *adj* wywrotowy: *a subversive speech*

**sub·way** /ˈsʌbweɪ/ *n* [C] **1** *BrE* przejście podziemne **2** *AmE* metro

**suc·ceed** /səkˈsiːd/ *v* **1 sb succeeds (in doing sth)** komuś się udaje (coś zrobić): *Did you succeed in finding a place to stay?* **2** [I] odnieść sukces: **+ as** *She gave herself one year to succeed as a writer.* **3** [I] powieść się: *The negotiations are unlikely to succeed.* **4** [I,T] być następcą: **succeed sb as sth** *Mr. Harvey will succeed Mrs. Lincoln as chairman* (=na stanowisku przewodniczącego). ➡ porównaj FAIL[1]

**suc·ceed·ing** /səkˈsiːdɪŋ/ *adj* następny: *Sales improved in succeeding years.*

**suc·cess** /səkˈses/ *n* **1** [U] powodzenie: *Her success is due to hard work.* | *I've been trying to contact Ann all day, without success.* **2** [C] sukces: *The party was a great success.* ➡ antonim FAILURE

**suc·cess·ful** /səkˈsesfəl/ *adj* **1** udany, pomyślny: *a successful attempt to sail around the world* **2** odnoszący sukcesy: *a successful businesswoman* | *a hugely successful film* ➡ antonim UNSUCCESSFUL — **successfully** *adv* pomyślnie

S

**suc·ces·sion** /səkˈseʃən/ *n* [U singular] **1** [U singular] seria: **+ of** *She's had a succession of failed marriages.* | **in succession** (=pod rząd): *United have won four championships in succession.* **2** [U] sukcesja

**suc·ces·sive** /səkˈsesɪv/ *adj* kolejny: *The concerts took place on three successive days.* —**successively** *adv* kolejno

**suc·ces·sor** /səkˈsesə/ *n* [C] następ-ca/czyni: *No one was certain who Mao's successor would be.*

**suc·cinct** /səkˈsɪŋkt/ *adj* zwięzły —**succinctly** *adv* zwięźle

**suc·cu·lent** /ˈsʌkjᵘ̯lənt/ *adj* soczysty: *a succulent steak*

**suc·cumb** /səˈkʌm/ *v* [I] *formal* ulegać: **+ to** *Eventually, she succumbed to his charms.*

**such** /sʌtʃ/ *determiner, pron* **1** taki: *Such behavior is not acceptable here.* | *What would you do in such a situation?* **2 such as** taki jak: *big cities such as New York* **3 such a kind man/such awful weather** taki dobry człowiek/taka okropna pogoda: *He's such an idiot.* **4 not ... as such** *spoken* nie ... jako taki: *He doesn't have a degree as such, just* (=nie ma tytułu jako takiego, jedynie) *a lot of business qualifications.* **5 there's no such thing/person (as)** nie ma czegoś/kogoś takiego (jak): *There's no such thing as a perfect marriage.* **6 such ... that** taki ... że: *The animal was such a nuisance that we had to get rid of it.*

> UWAGA **such i so**
>
> Wyrazy **such** i **so** wzmacniają określenia cech ludzi i rzeczy. **So** można użyć bezpośrednio przed przymiotnikiem: *Your dress is so pretty.* | *Some people are so rude.* Jeśli w zdaniu wystąpi rzeczownik (plus ewentualnie związany z nim przymiotnik), używamy **such**: *He's such a fool.* | *She has such pretty eyes.* | *Mark is such a good swimmer.* **So** używamy też dla wzmocnienia przysłówka: *He always sings so loudly.*

**suck** /sʌk/ *v* [I,T] **1** ssać: *Don't suck your thumb, Katie.* | **+ on** *Barry was sucking on a candy bar.* **2** wciągać: **+ down/under etc** *A man almost got sucked under the water by the current.* **3 be sucked into (doing) sth** dać się wciągnąć w coś: *He was quickly sucked into a life of crime.*

**suck·er** /ˈsʌkə/ *n* [C] *spoken* frajer/ka: *Ellen always was a sucker.*

**suc·tion** /ˈsʌkʃən/ *n* [U] ssanie

**sud·den** /ˈsʌdn/ *adj* **1** nagły: *We've had a sudden change of plan.* | *His death was very sudden.* **2 all of a sudden** nagle: *All of a sudden, the lights went out.* —**suddenness** *n* [U] nagłość

**sud·den·ly** /ˈsʌdnli/ *adv* nagle: *I suddenly remembered that it was Jim's birthday.*

**suds** /sʌdz/ *n* [plural] mydliny

**sue** /sjuː/ *v* [I,T] wytaczać proces: **sue sb for sth** *She plans to sue the company for $1 million.*

**suede** /sweɪd/ *n* [U] zamsz

**suf·fer** /'sʌfə/ *v* **1** [I,T] cierpieć: *My mother still suffers a lot of pain in her leg.* | *Children always suffer when parents divorce.* **2** [I,T] ucierpieć: *Small businesses suffered financially because of the crisis.* | *He started to drink a lot and his work suffered.* **3 suffer a loss/defeat** ponieść stratę/porażkę: *The president suffered a massive defeat in the election.* —**suffering** *n* [C,U] cierpienie

**suffer from** sth *phr v* [T] cierpieć na: *Has he ever suffered from any mental illness?*

**suf·fice** /sə'faɪs/ *v* [I] *formal* wystarczać: *A light lunch will suffice.*

**suf·fi·cient** /sə'fɪʃənt/ *adj* wystarczający: *The police have sufficient evidence to charge him with murder.* —**sufficiently** *adv* wystarczająco

**suf·fix** /'sʌfɪks/ *n* [C] przyrostek → porównaj PREFIX

**suf·fo·cate** /'sʌfəkeɪt/ *v* [I,T] u/dusić (się) —**suffocation** /ˌsʌfə'keɪʃən/ *n* [U] uduszenie

**sug·ar** /'ʃʊgə/ *n* **1** [U] cukier: *Do you take sugar in your tea?* **2** [C] łyżeczka/kostka cukru: *How many sugars do you want in your coffee?* —**sugar** *v* [T] po/słodzić

**sug·gest** /sə'dʒest/ *v* [T] **1** za/proponować: *My doctor suggested a week off work.* | **+ (that)** *Don suggested that we should go* (=żebyśmy pojechali) *to Japan next year.* | **suggest sb for** (=za/proponować kogoś na (stanowisko)): *Gina Reed's name has been suggested for the job.* **2** za/sugerować: **+ (that)** *All the evidence seems to suggest that he is guilty.*

**sug·ges·tion** /sə'dʒestʃən/ *n singular* **1** [C] propozycja: **have a suggestion** *Do you have any suggestions about what we can do in London?* | **make a suggestion** (=za/proponować coś): *Can I make a suggestion?* **2** [U singular] sugestia: **at sb's suggestion/at the suggestion of sb** (=za czyjąś sugestią): *He came to London at my suggestion.* **3 a suggestion of sth** ślad czegoś: *There was a suggestion of a smile on her face.*

**sug·ges·tive** /sə'dʒestɪv/ *adj* **1** niedwuznaczny: *a suggestive remark* **2 suggestive of sth** przypominający coś: *a spotted rug, suggestive of a leopard skin*

**su·i·cid·al** /ˌsuːə̇'saɪdl◂/ *adj* samobójczy: *She admits that she sometimes had suicidal thoughts.* | *It would be suicidal to attack in daylight.*

**su·i·cide** /'suːə̇saɪd/ *n* [C,U] samobójstwo: *There's been a rise in the number of suicides among young men.* | *It would be political suicide to hold an election now.* | **commit suicide** (=popełnić samobójstwo): *Her brother committed suicide last year.*

**suit**[1] /suːt/ *n* [C] **1** garnitur, kostium: *an expensive Armani suit* **2** kombinezon: *a ski suit* **3** proces (*sądowy*)

**suit**[2] *v* [T] **1** odpowiadać: *It's difficult to find a date that suits everyone.* **2 sth suits sb** w czymś jest komuś do twarzy: *Short hair really suits you.* **3 be well/best suited** dobrze/najlepiej się nadawać: *Lucy's ideally suited for the job.*

| UWAGA **suit** |
|---|
| Patrz **fit**, **suit** i **match** (lub **go with**). |

**suit·a·ble** /'suːtəbəl/ *adj* odpowiedni: **+ for** *The film isn't suitable for young children.* —**suitably** *adv* odpowiednio

**suit·case** /'suːtkeɪs/ *n* [C] walizka

**suite** /swiːt/ *n* [C] **1** apartament: *the honeymoon suite* **2** komplet mebli: *a living room suite* **3** suita: *the Nutcracker Suite*

**sul·fur** /'sʌlfə/ *n* [U] amerykańska pisownia wyrazu SULPHUR

**sulk** /sʌlk/ *v* [I] dąsać się: *Stop sulking – you can go out and play later.* —**sulky** *adj* nadąsany

**sul·len** /'sʌlən/ *adj* ponury: *a sullen expression*

**sul·phur** /'sʌlfə/ *especially BrE*, **sulfur** *AmE n* [U] siarka

**sul·tan** /'sʌltən/ *n* [C] sułtan

**sul·ta·na** /sʌl'tɑːnə/ *n* [C] *BrE* rodzynka sułtańska

**sul·try** /'sʌltri/ *adj* parny: *sultry weather*

**sum**[1] /sʌm/ *n* [C] **1** suma: *The city has spent a large sum of money on parks.* | *The sum of 4 and 5 is 9.* **2** *BrE* słupek (*ćwiczenie arytmetyczne*)

**sum**[2] *v*

**sum up** *phr v* **-mmed, -mming 1** [I,T **sum** sth ↔ **up**] podsumowywać: *So, to sum up, we need to organize our time better.* **2** [T **sum** sth/sb ↔ **up**] oceniać: *Pat summed up the situation at a glance.*

**sum·mar·ize** /ˈsʌməraɪz/ (*także* **-ise** *BrE*) *v* [I,T] streszczać

**sum·ma·ry** /ˈsʌməri/ *n* [C] streszczenie: *Read the article and write a summary of it.*

**sum·mer** /ˈsʌmə/ *n* [C,U] lato: *Are you going away this summer?*

**sum·mer·house** /ˈsʌməhaʊs/ *n* [C] altana

S

**sum·mer·time** /ˈsʌmətaɪm/ *n* [U] lato

**sum·mit** /ˈsʌm̩ɪt/ *n* [C] szczyt: *an economic summit* | *the summit of Mount Everest*

**sum·mon** /ˈsʌmən/ *v* [T] *formal* **1** wzywać: *I was summoned to the principal's office.* **2 summon (up) one's courage** zdobywać się na odwagę: *Tom summoned up his courage to ask Kay for a date.*

**sum·mons** /ˈsʌmənz/ *n* [C] *plural* **summonses** wezwanie

**sump·tu·ous** /ˈsʌmptʃuəs/ *adj* wystawny: *a sumptuous meal*

**Sun.** skrót od SUNDAY

**sun**[1] /sʌn/ *n* [C,U] słońce: *Too much sun is bad for you.* | **in the sun** *Val lay in the sun, reading a book.*

**sun**[2] *v* [T] **-nned, -nning; sun yourself** wygrzewać się na słońcu

**sun·bathe** /ˈsʌnbeɪð/ *v* [I] opalać się

**sun·beam** /ˈsʌnbiːm/ *n* [C] promień słońca

**sun·burn** /ˈsʌnbɜːn/ *n* [U] oparzenie słoneczne

**Sun·day** /ˈsʌndi/ skrót pisany **Sun.** *n* [C,U] niedziela

**sun·dial** /ˈsʌndaɪəl/ *n* [C] zegar słoneczny

**sun·down** /ˈsʌndaʊn/ *n* [U] zachód słońca

**sun·dry** /ˈsʌndri/ *adj formal* **1** [only before noun] rozmaity: *pens, books, and other sundry articles* **2 all and sundry** wszyscy bez wyjątku: *I don't want all and sundry coming into our garden.*

**sun·flow·er** /ˈsʌnflaʊə/ *n* [C] słonecznik

**sung** /sʌŋ/ *v* imiesłów bierny od SING

**sun·glass·es** /ˈsʌnglɑːs̩ɪz/ *n* [plural] okulary słoneczne

**sunk** /sʌŋk/ *v* czas przeszły i imiesłów bierny od SINK

**sunk·en** /ˈsʌŋkən/ *adj* [only before noun] **1** wpuszczany: *a sunken bath* **2** zatopiony: *sunken treasure* **3** zapadnięty: *sunken cheeks*

**sun·light** /ˈsʌnlaɪt/ *n* [U] światło słoneczne: *He stepped out into the strong sunlight.*

**sun·lit** /ˈsʌnlɪt/ *adj* nasłoneczniony: *a sunlit kitchen*

**sun·ny** /ˈsʌni/ *adj* **1** słoneczny: *a sunny day* | *a sunny garden* **2** pogodny: *a sunny personality*

**sun·rise** /ˈsʌnraɪz/ *n* [U] wschód słońca

**sun·screen** /ˈsʌnskriːn/ *także* **sun cream** /ˈ. ./ *BrE* *n* [C,U] krem z filtrem ochronnym

**sun·set** /ˈsʌnset/ *n* [C,U] zachód słońca

**sun·shine** /ˈsʌnʃaɪn/ *n* [U singular] słońce: *Let's go out and enjoy the sunshine.*

**sun·stroke** /ˈsʌnstrəʊk/ *n* [U] porażenie słoneczne

**sun·tan** /ˈsʌntæn/ *także* **tan** *n* [C] opalenizna —**suntanned** *adj* opalony

**su·per**[1] /ˈsuːpə/ *adj informal* świetny: *a super idea*

**super**[2] *adv, prefix spoken* super: *a super expensive restaurant* | *a super-efficient secretary*

**su·perb** /sjuːˈpɜːb/ *adj* znakomity: *a superb cook* —**superbly** *adv* znakomicie

**su·per·fi·cial** /ˌsuːpəˈfɪʃəl◂/ *adj* powierzchowny: *a superficial knowledge of the subject* | *There are superficial similarities between animal and human beha-*

*viour.* | *superficial cuts* —**superficially** *adv* powierzchownie

**su·per·flu·ous** /suː'pɜːfluəs/ *adj formal* zbędny: *superfluous details*

**su·per·hu·man** /ˌsuːpə'hjuːmən◂/ *adj* nadludzki: *Finishing the marathon race required superhuman effort.*

**su·per·im·pose** /ˌsuːpərɪm'pəʊz/ *v* [T] nakładać: *His face had been superimposed onto a different background.*

**su·per·in·tend·ent** /ˌsuːpərɪn'tendənt/ *n* [C] **1** kierownik **2** inspektor policji

**su·pe·ri·or**[1] /suː'pɪəriə/ *adj* **1** lepszy: **+ to** *a new design that is superior to anything the Americans have produced* **2** pierwszorzędny: *superior wines* **3** wyniosły: *a superior attitude* ➡ antonim INFERIOR[1]

**superior**[2] *n* [C] przełożon-y/a: *I'll have to discuss this with my superiors.*

**su·per·i·or·i·ty** /suːˌpɪəri'ɒrəti/ *n* [U] wyższość: *We are confident of the superiority of our new computer system.* | *Janet always spoke with an air of superiority.*

**su·per·la·tive**[1] /suː'pɜːlətɪv/ *adj* doskonały: *a superlative actor*

**superlative**[2] *n* **the superlative** stopień najwyższy ➡ porównaj COMPARATIVE[2]

**su·per·mar·ket** /'suːpəˌmɑːkət/ *n* [C] supermarket

**su·per·mod·el** /'suːpəˌmɒdl/ *n* [C] supermodel/ka

**su·per·nat·u·ral** /ˌsuːpə'nætʃərəl◂/ *n* **the supernatural** zjawiska nadprzyrodzone —**supernatural** *adj*: *supernatural powers* (=siły nadprzyrodzone)

**su·per·pow·er** /'suːpəˌpaʊə/ *n* [C] mocarstwo

**su·per·sede** /ˌsuːpə'siːd/ *v* [T] wypierać, zająć miejsce: *TV had superseded radio by the 1960s.*

**su·per·son·ic** /ˌsuːpə'sɒnɪk◂/ *adj* naddźwiękowy: *supersonic jets*

**su·per·star** /'suːpəstɑː/ *n* [C] supergwiazda

**su·per·sti·tion** /ˌsuːpə'stɪʃən/ *n* [C,U] przesąd: *the old superstition that the number 13 is unlucky*

**su·per·sti·tious** /ˌsuːpə'stɪʃəs◂/ *adj* przesądny: *Are you superstitious?*

**super·store** /'suːpəstɔː/ *n* [C] *BrE* dom towarowy

**su·per·vise** /'suːpəvaɪz/ *v* [I,T] nadzorować: *My job is to supervise school children at lunchtime.* —**supervisor** *n* [C] promotor/ka: *I'll have to ask my supervisor.*

**su·per·vi·sion** /ˌsuːpə'vɪʒən/ *n* [U] nadzór

**sup·per** /'sʌpə/ *n* [C] kolacja

> UWAGA **supper** i **dinner**
>
> W brytyjskiej angielszczyźnie **supper** to zwykle mniej oficjalny posiłek niż **dinner**, spożywany raczej w domu, a nie w restauracji.

**sup·ple** /'sʌpəl/ *adj* elastyczny: *supple leather*

**sup·ple·ment** /'sʌpləmənt/ *n* [C] uzupełnienie: *You may need vitamin supplements.* —**supplement** /'sʌpləment/ *v* [T] uzupełniać: *I supplement my income by teaching Italian at weekends.*

**sup·ple·men·ta·ry** /ˌsʌplə'mentəri◂/ *także* **sup·ple·men·tal** /ˌsʌplə'mentl◂/ *AmE adj* uzupełniający: *supplementary vitamins* | *supplementary teaching materials*

**sup·pli·er** /sə'plaɪə/ *n* [C] dostawca: *medical suppliers*

**sup·plies** /sə'plaɪz/ *n* [plural] zaopatrzenie: *supplies for a camping trip*

**sup·ply**[1] /sə'plaɪ/ *n* **1** [C,U] zaopatrzenie: *the supply of oxygen to the brain* | **sth is in short supply** (=czegoś brakuje) **2** [C] dostawa: *We've had problems with the water supply lately.*

**supply**[2] *v* [T] zaopatrywać: **supply sb with sth** (=zaopatrywać kogoś w coś): *Drivers are supplied with a uniform.* | **supply sth to sb** (=dostarczać coś komuś): *We supply books to schools.*

**sup·port**[1] /sə'pɔːt/ *v* [T] **1** popierać: *I don't support any one political party.* | *My parents have always supported my decision to be an actor.* **2** podtrzymywać: *The bridge is supported by two stone columns.* **3** utrzymywać: *How can Brad*

*support a family on his salary?* **4** potwierdzać: *There is little evidence to support the theory.* **5** *especially BrE* kibicować: *Which football team do you support?*

**support²** *n* **1** [U] poparcie: *Thanks for all your support.* | *Teachers don't always have the support of parents.* **2** [U] wsparcie: *financial support for families on low incomes* **3 in support of** na znak poparcia dla: *a demonstration in support of animal rights* **4** [C,U] podpora: *supports for the roof*

**sup·port·er** /səˈpɔːtə/ *n* [C] **1** stronnik/czka **2** *especially BrE* kibic: *Manchester United supporters*

**sup·por·tive** /səˈpɔːtɪv/ *adj* pomocny: **be supportive of sb** (=wspierać kogoś): *Mark and Sally are very supportive of each other* (=wspierali się wzajemnie).

S

**sup·pose¹** /səˈpəʊz/ *v* [T] **1 sth is supposed to happen** coś ma/powinno się zdarzyć: *There's supposed to be a bus* (=powinien być autobus) *at half past four.* | *I thought this was supposed to be a holiday* (=to miały być wakacje)! | *This is supposed to be the oldest theater* (=to jest podobno najstarszy teatr) *in New York.* **2 sb is not supposed to do sth** komuś nie wolno czegoś robić: *You're not supposed to smoke in here* (=tu nie wolno palić). **3** przypuszczać, sądzić: **+ (that)** *She usually finished work at 6, so I suppose she's gone home.* **4 I suppose a)** pewnie: *"How old is she?" "She's about 50, I suppose* (=pewnie około 50)." | **+ (that)** *I suppose you thought that was funny* (=pewnie myślałeś, że to zabawne)! **b)** chyba: **I suppose so** (=chyba tak): *"Can I borrow your car?" "I suppose so, if you're careful with it."*

**suppose²** *także* **supposing** *conjunction spoken* **1** a gdyby, przypuśćmy, że: *Suppose Mom found out? She'd go crazy!* **2** a może: *Suppose we try* (=a może spróbujemy) *to finish this part first?*

**sup·posed** /səˈpəʊzd/ *adj* [only before noun] rzekomy: *the supposed link between violent movies and crime*

**sup·pos·ed·ly** /səˈpəʊzᵻdli/ *adv* rzekomo, jakoby: *supposedly environmentally-friendly products*

**sup·pos·ing** /səˈpəʊzɪŋ/ *conjunction* a gdyby, przypuśćmy, że

**sup·po·si·tion** /ˌsʌpəˈzɪʃən/ *n* [C,U] *formal* przypuszczenie

**sup·press** /səˈpres/ *v* [T] **1** s/tłumić: *The army was called in to suppress the revolt.* | *Andy could barely suppress his anger.* **2** zataić: *His lawyer illegally suppressed evidence.*

**su·prem·a·cy** /səˈpreməsi/ *n* [U] supremacja

**su·preme** /suːˈpriːm/ *adj* **1** naczelny: *the Supreme Commander of the UN forces* **2** najwyższy: *a question of supreme importance* (=kwestia najwyższej wagi)

**sur·charge** /ˈsɜːtʃɑːdʒ/ *n* [C] opłata dodatkowa

**sure¹** /ʃɔː/ *adj* **1** [not before noun] pewny: *a sure winner* | *a sure sign of rain* | **+ (that)** *Are you sure you've met him before?* | **+ about** *Are you quite sure about this* (=co do tego)? | **+ what/where/why etc** *I'm not sure how many people are coming to the party.* | **be sure to do sth** *Jan is sure to call while I'm out* (=na pewno przyjdzie, kiedy mnie nie będzie). **2 make sure a)** sprawdzać, upewniać się: *"Did you lock the front door?" "I think so, but I'd better make sure."* | **+ (that)** *He called to make sure we got home okay.* **b)** po/starać się: *Make sure you get there early.* **3 be sure of sth** być pewnym czegoś: *You're sure of a warm welcome at Liz's.* **4 sure of yourself** pewny siebie **5 Be sure to ...** *spoken* Nie zapomnij ...: *Be sure to write* (=nie zapomnij napisać)!

**sure²** *adv* **1 for sure** *informal* na pewno: *I think Jack's married, but I don't know for sure.* **2 that's for sure** bez wątpienia: *It's a lot better than it was, that's for sure.* **3** *spoken* jasne: *"Can I read your paper?" "Sure."* **4 sure enough** *informal* jak można się było spodziewać: *Sure enough, the car broke down on the way.* **5** *informal* faktycznie: *Sure, he's attractive, but I'm not interested.* **6** *AmE informal* na pewno: *This*

*bad weather sure doesn't make my job any easier.*

**sure-fire** /'. ./ *adj informal* niezawodny: *a sure-fire way to make money*

**sure·ly** /'ʃɔːli/ *adv* **1** chyba: *Surely you're not leaving so soon?* **2** na pewno: *This will surely result in more people losing their jobs.*

**surf**[1] /sɜːf/ *v* [I] **1** pływać na desce surfingowej: **go surfing** *Matt goes surfing every day.* **2 surf the net** szperać po internecie —**surfing** *n* [U] surfing

**surf**[2] *n* [U] grzbiet fali morskiej

**sur·face**[1] /'sɜːfᵻs/ *n* **1** [C] powierzchnia: *a cleaner for all kitchen surfaces* | *the Earth's surface* | *The diver swam to the surface.* **2** [singular] **on the surface** na pozór: *On the surface she seems happy enough.* | **below/beneath/under the surface** (=przy bliższym poznaniu): *Under the surface, it's not as peaceful a society as people imagine.*

**surface**[2] *v* **1** [I] wynurzać się: *Whales were surfacing near our boat.* **2** [I] pojawiać się: *A few problems started to surface in their relationship.*

**surface mail** /'.. ˌ./ *n* [U] poczta zwykła (*nie lotnicza*)

**surf·board** /'sɜːfbɔːd/ *n* [C] deska surfingowa

**sur·feit** /'sɜːfᵻt/ *n* [singular] nadmiar

**surge**[1] /sɜːdʒ/ *v* [I] **1** ruszać (*naprzód*) **2** *także* **surge up** wzbierać: *Rage surged up inside her.*

**surge**[2] *n* [C] **1** przypływ: *a surge of excitement* **2** skok: *a surge in oil prices*

**sur·geon** /'sɜːdʒən/ *n* [C] chirurg

**sur·ge·ry** /'sɜːdʒəri/ *n* **1** [U] operacja: *heart surgery* **2** [C] *BrE* gabinet lekarski

**sur·gi·cal** /'sɜːdʒɪkəl/ *adj* chirurgiczny: *surgical gloves* —**surgically** *adv* operacyjnie: *The tumor was surgically removed.*

**sur·ly** /'sɜːli/ *adj* opryskliwy: *surly waitress*

**sur·name** /'sɜːneɪm/ *n* [C] nazwisko → porównaj FIRST NAME

**sur·pass** /sə'pɑːs/ *v* [T] *formal* przewyższać: *The results surpassed my expectations* (=rezultaty przeszły moje oczekiwania).

**sur·plus** /'sɜːpləs/ *n* [C,U] nadwyżka: *The country produces a huge surplus of grain.*

**sur·prise**[1] /sə'praɪz/ *n* **1** [C,U] niespodzianka: *What a surprise to see you here!* | *I've got a surprise for you!* **2** [U] zdziwienie, zaskoczenie: *Imagine our surprise when we heard the news.* | **to my surprise** (=ku mojemu zaskoczeniu): *To my surprise, Ann agreed.* | **come as no surprise** *It came as no surprise when Jeff left* (=odejście Jeffa nie było dla nikogo zaskoczeniem). **3 take/catch sb by surprise** zaskoczyć kogoś: *The heavy snowfall caught everyone by surprise.*

**surprise**[2] *v* [T] **1** z/dziwić: *Her reaction surprised me.* **2** zaskakiwać: *A security guard surprised the robber.*

**sur·prised** /sə'praɪzd/ *adj* zdziwiony, zaskoczony: **+ (that)** *We were surprised David wasn't invited.* | **+ at sth** *She was surprised at how much it cost.* | **surprised to hear/see/find sth** *I'm surprised to hear you say that* (=dziwi mnie, że to mówisz).

**sur·pris·ing** /sə'praɪzɪŋ/ *adj* zaskakujący: *surprising news* | *It's hardly surprising* (=nic dziwnego) *that they lost the game.* —**surprisingly** *adv* zaskakująco, niespodziewanie: *The test was surprisingly easy.*

**sur·real** /sə'rɪəl/ *także* **sur·rea·lis·tic** /səˌrɪə'lɪstɪk◂/ *adj* surrealistyczny

**sur·ren·der** /sə'rendə/ *v* [I] poddawać się: *They were determined never to surrender.* | *The rebel forces have surrendered.* —**surrender** *n* [U] poddanie się

**sur·rep·ti·tious** /ˌsʌrəp'tɪʃəs◂/ *adj* potajemny

**sur·ro·gate** /'sʌrəgeɪt/ *adj* [only before noun] zastępczy: *a surrogate mother* —**surrogate** *n* [C] namiastka

**sur·round** /sə'raʊnd/ *v* [T] otaczać: *a lake surrounded by trees* | *The police surrounded the house.* | *She is surrounded by friends.* —**surrounding** *adj* okoliczny: *the surrounding countryside*

S

**sur·round·ings** /sə'raʊndɪŋz/ *n* [plural] otoczenie: *It took me a few weeks to get used to my new surroundings.*

**sur·veil·lance** /sə'veɪləns/ *n* [U] inwigilacja: **have sb under surveillance** (=inwigilować kogoś): *Police have the man under surveillance.*

**sur·vey**[1] /'sɜːveɪ/ *n* [C] **1** badanie ankietowe: *a survey of people's eating habits* **2** pomiary **3** oględziny, przegląd

**sur·vey**[2] /sə'veɪ/ *v* [T] **1** ankietować: *More than 50% of the students surveyed take regular exercise.* **2** oceniać: *I surveyed the damage to my car.* **3** dokonywać pomiarów

**sur·vey·or** /sə'veɪə/ *n* [C] **1** mierniczy, geodeta **2** rzeczoznawca budowlany

**sur·viv·al** /sə'vaɪvəl/ *n* [U] przeżycie, przetrwanie: *The operation will increase his chances of survival.*

**sur·vive** /sə'vaɪv/ *v* [I,T] **1** przeżyć: *Only one person survived the crash.* **2** przetrwać: *Most of the cathedral survived the earthquake.* | *"How was the interview?" "Well, I survived!"*

**sur·vi·vor** /sə'vaɪvə/ *n* [C] ocalały, pozostały przy życiu: *No survivors of the plane crash were found.*

**sus·cep·ti·ble** /sə'septəbəl/ *adj* **susceptible (to)** podatny (na): *I've always been very susceptible to colds.*

**sus·pect**[1] /'sʌspekt/ *n* [C] podejrzan-y/a

**sus·pect**[2] /sə'spekt/ *v* [T] **1** podejrzewać: **suspect sb of sth** *She is suspected of murder.* | **+ that** *I suspected that Suki had been lying.* **2** powątpiewać w: *Do you have reason to suspect his motives?*

**sus·pect**[3] /'sʌspekt/ *adj* podejrzany: *Her explanation seems suspect.*

**sus·pend** /sə'spend/ *v* [T] zawieszać: *The match was suspended because of rain.* | *His prison sentence was suspended for two years.* | **suspend sth from sth** *a chandelier suspended from the ceiling* | **suspend sb from sth** *Joe was suspended from school* (=został zawieszony w prawach ucznia).

**sus·pen·ders** /sə'spendəz/ *n* [plural] **1** *BrE* podwiązki **2** *AmE* szelki

**sus·pense** /sə'spens/ *n* [U] napięcie: **keep sb in suspense** (=trzymać kogoś w niepewności): *Don't keep us in suspense. What happened?*

**sus·pen·sion** /sə'spenʃən/ *n* [C,U] zawieszenie: *a three-day suspension for cheating*

**sus·pi·cion** /sə'spɪʃən/ *n* **1** [C,U] podejrzenie: *He was arrested on suspicion of robbery.* | *Nobody saw who did it, but I have my suspicions.* | **be under suspicion** (=być podejrzanym): *A number of people are under suspicion for the murder.* **2** [C] przeczucie: *She had a suspicion that Steve might be right.*

**sus·pi·cious** /sə'spɪʃəs/ *adj* **1** podejrzany: *Passengers should report any bags that seem suspicious.* | *suspicious circumstances* **2** podejrzliwy: *He has a suspicious mind.* | **be suspicious of sth** (=mieć podejrzenia co do czegoś): *I'm suspicious of her intentions.* —**suspiciously** *adj* podejrzliwie: *Two youths were behaving suspiciously outside the shop.*

**sus·tain** /sə'steɪn/ *v* [T] **1** utrzymywać: *He couldn't sustain his interest in learning the violin.* **2** zapewniać dobre samopoczucie: *A good breakfast will sustain you through the morning.* **3 sustain injuries** *formal* odnieść obrażenia: *Two people sustained minor injuries in the fire.*

**sus·tained** /sə'steɪnd/ *adj* nieprzerwany: *A sustained effort is needed to fight drug abuse.* | *sustained economic growth*

**SW** pd.-zach.

**swab** /swɒb/ *n* [C] wacik

**swal·low**[1] /'swɒləʊ/ *v* **1** [T] połykać: *If you drink some water it'll make the pills easier to swallow.* **2** [I,T] przełykać: *He swallowed anxiously before answering.* **3** [T] *informal* kupić (*uwierzyć w*): *You didn't swallow that story about Harry, did you?* **4 swallow your pride** przezwyciężać dumę

**swallow** sth ↔ **up** *phr v* [T] pochłaniać: *Most of my money is swallowed up by rent.*

**swallow²** *n* [C] **1** kęs **2** łyk **3** jaskółka

**swam** /swæm/ *v* czas przeszły od SWIM

**swamp¹** /swɒmp/ *n* [C,U] bagno

**swamp²** *v* [T] **1** *informal* zalewać, zasypywać: *We've been swamped with phone calls about the article.* **2** zatapiać: *High waves swamped the boat.*

**swan** /swɒn/ *n* [C] łabędź

**swap** /swɒp/ *także* **swop** *v* [I,T] **-pped, -pping** zamieniać (się): **swap (sth) with sb** (=zamieniać się z kimś (na coś)): *Can I swap seats with you?* | **swap sth for sth** *I'll swap my red T-shirt for your green one.* —**swap** *n* [C] zamiana: *Shall we do a swap?*

**swarm¹** /swɔːm/ *v* [I] tłoczyć się: *Tourists swarmed around the museum.*

**swarm with** sth *phr v* [T] roić się od: *The beach was swarming with people.*

**swarm²** *n* [C] rój: *a swarm of bees*

**swar·thy** /ˈswɔːði/ *adj* ogorzały

**swat** /swɒt/ *v* [T] **-tted, -tting** pacnąć w

**sway** /sweɪ/ *v* [I] kołysać się: *trees swaying in the breeze*

**swear** /sweə/ *v* **swore, sworn, swearing** **1** [I] kląć, przeklinać: *She doesn't smoke, drink, or swear.* | **+ at** *He was fired for swearing at his boss.* **2** [I,T] przysięgać: *Do you swear to tell the truth?* | *I swear I'll never leave you.* | *I swear I'll kill him!* | *I could have sworn* (=mógłbym przysiąc) *I put the ticket in my pocket.*

**swear by** sth *phr v* [T] *informal* głęboko wierzyć w skuteczność: *Heidi swears by acupuncture.*

**swear** sb ↔ **in** *phr v* [T] zaprzysięgać: *She was sworn in as president just two weeks ago.*

**swear word** /ˈ. ./ *n* [C] przekleństwo

**sweat¹** /swet/ *v* **1** [I] pocić się: *As he approached the customs post he began to sweat.* **2** [I] *informal* męczyć się: *I sweated all night to get the report finished.*

**sweat²** *n* **1** [U] pot: *Sweat was running down her face.* **2** [singular] pocenie się: **break into a sweat** (=zaczynać się pocić): *He broke into a sweat as soon as he went on stage.*

**sweat·er** /ˈswetə/ *n* [C] sweter

**sweat·shirt** /ˈswet-ʃɜːt/ *n* [C] bluza

**sweat·y** /ˈsweti/ *adj* spocony: *I was hot and sweaty from working in the sun.*

**sweep¹** /swiːp/ *v* **swept, sweeping** **1** [I,T] *także* **sweep up** zamiatać: *I've just swept the kitchen floor.* | *Could you sweep up the leaves?* **2** [T] ogarniać: *a fashion that is sweeping the nation* | **+ through/across etc** *A storm swept across the country.* **3** [I] wkroczyć energicznie: *She swept into the meeting and demanded to know why she hadn't been invited.* **4** [T] odgarniać: *He swept his hair away from his face.*

**sweep** sth ↔ **away** *phr v* [T] zmieść z powierzchni ziemi: *Many houses were swept away by the floods.*

**sweep²** *n* [C] **1** [usually singular] machnięcie, zamaszysty gest: *She spoke with a sweep of her arm.* **2** łuk: *the sweep of the bay* **3** *także* **chimney sweep** kominiarczyk

**sweep·ing** /ˈswiːpɪŋ/ *adj* **1** gruntowny: *sweeping changes* **2** **sweeping statement/generalization** zbyt daleko idące stwierdzenie/uogólnienie: *Women tend to be more sensitive than men – but of course that's a sweeping generalization.*

**sweep·stake** /ˈswiːpsteɪk/ *n* [C] totalizator

**sweet¹** /swiːt/ *adj* **1** słodki: *Is your coffee too sweet?* | *a sweet, sticky chocolate cake* | *a sweet-smelling rose* | *the sweet sounds of the cello* | *Her baby is so sweet!* **2** miły: *It was sweet of you to help.* **3** **have a sweet tooth** mieć słabość do słodyczy —**sweetly** *adv* słodko —**sweetness** *n* [U] słodycz

**sweet²** *n* [C] *BrE* cukierek: *Try not to eat too many sweets, crisps and biscuits.*

**sweet·corn** /ˈswiːtkɔːn/ *n* [U] *BrE* kukurydza

**sweet·en** /ˈswiːtn/ *v* [I,T] po/słodzić: *Sweeten the mixture with honey.*

**sweet·ener** /ˈswiːtnə/ *n* [C,U] słodzik

**sweet·heart** /ˈswiːthɑːt/ *n* [C] kochanie: *Good night, sweetheart.*

**swell¹** /swel/ *v* **swelled, swollen, swelling 1** [I] *także* **swell up** s/puchnąć: *My ankle swelled up like a balloon.* **2** [I] wzrastać: *The city's population has swollen to 2 million.*

**swell²** *n* [singular] fala

**swell³** *adj AmE old-fashioned* kapitalny: *a swell party*

**swell·ing** /ˈswelɪŋ/ *n* [C,U] opuchlizna: *a swelling on the knee*

**swel·ter·ing** /ˈsweltərɪŋ/ *adj* skwarny

**swept** /swept/ *v* czas przeszły i imiesłów bierny od SWEEP

**swerve** /swɜːv/ *v* [I] skręcać gwałtownie: *Mark swerved to avoid hitting a dog.*

**swift** /swɪft/ *adj* szybki: *a swift reply* —**swiftly** *adv* szybko: *a swiftly flowing river*

**swig** /swɪg/ *v* [T] **-gged, -gging** *informal* żłopać, pociągać —**swig** *n* [C] haust: *a swig of brandy*

S

**swill** /swɪl/ *n* [U] pomyje

**swim¹** /swɪm/ *v* **swam, swum, swimming 1** [I,T] pływać, prze/płynąć: *Can Lucy swim?* | *fish swimming up the stream* | *She swims 20 lengths every day.* | *The screen was swimming in front of me* (=pływał mi przed oczami). **2 my head is swimming** w głowie mi się kręci —**swimming** *n* [U] pływanie: *Let's go swimming* (=chodźmy popływać). —**swimmer** *n* [C] pływa-k/czka

**swim²** *n* [C] pływanie: **go for a swim** (=iść popływać)

**swimming cos·tume** /ˈ.. ,../ *n* [C] *BrE* kostium kąpielowy

**swimming pool** /ˈ.. ./ *n* [C] *także* **pool** basen

**swimming trunks** /ˈ.. ./ *także* **trunks** *n* [plural] kąpielówki

**swim·suit** /ˈswɪmsuːt/ *n* [C] kostium kąpielowy

**swin·dle** /ˈswɪndl/ *v* [T] o/kantować —**swindle** *n* [C] kant: *victims of a swindle* —**swindler** *n* [C] kanciarz

**swine** /swaɪn/ *n* [C] *plural* **swine** świnia

**swing¹** /swɪŋ/ *v* **swung, swung, swinging 1** [I] kołysać się, huśtać się: *a sign swinging in the wind* | *The gate swung open* (=otworzyła się na oścież). **2** [T] machać: *They walked along, swinging their arms.* **3** [I] wahać się: *Her mood can swing from sadness to happiness quite suddenly.*

**swing around** *phr v* [I] odwrócić się: *Mike swung around to look at me.*

**swing at** sb/sth *phr v* [T] zamierzyć się na: *He swung at me and missed.*

**swing²** *n* [C] **1** huśtawka **2** zamach: *The guy took a swing at me.* **3** zwrot: **+ in** *a big swing in public opinion* **4 be in full swing** rozkręcić się na dobre: *The party was in full swing when the police burst in.*

**swipe** /swaɪp/ *v* **1** [T] *informal* zwędzić: *Somebody swiped my wallet.* **2** [T] *także* **swipe at** zamachnąć się na

**swipe·card** /ˈswaɪpkɑːd/ *n* [C] karta magnetyczna

**swirl** /swɜːl/ *v* [I] wirować: *leaves swirling around on the ground*

**swish** /swɪʃ/ *v* [I,T] świstać: *a cow swishing its tail* —**swish** *n* [C] świst

**switch¹** /swɪtʃ/ *v* [I,T] **1** przełączać (się): *Switch channels and see if there's a movie on.* | **switch (sth) to sth** (=przerzucać się (z czegoś) na coś): *He studied biology before switching to law.* **2** zamieniać (się): *We must have switched jackets by accident.* | **switch (sth) with sb** (=zamieniać się z kimś (na coś)): *Will you switch places with me?*

**switch off** *phr v* **1** [I,T **switch** sth ↔ **off**] wyłączać: *Don't forget to switch off the TV when you go to bed.* **2** [I] *informal* wyłączać się: *He just switches off when he's tired.*

**switch** sth ↔ **on** *phr v* [T] włączać: *Switch on the light, please.*

**switch²** *n* [C] **1** wyłącznik, przełącznik: *a light switch* **2** przejście: *The switch to the new computer system has been difficult.*

**switch·board** /ˈswɪtʃbɔːd/ *n* [C] centrala (*telefoniczna*)

**swiv·el** /ˈswɪvəl/ *także* **swivel around** *v* [I,T] obracać (się): *a chair that swivels*

**swol·len**[1] /ˈswəʊlən/ *v* imiesłów bierny od SWELL

**swollen**[2] *adj* **1** opuchnięty, spuchnięty **2** wezbrany: *a swollen river*

**swop** /swɒp/ alternatywna pisownia wyrazu SWAP

**sword** /sɔːd/ *n* [C] miecz

**swore** /swɔː/ *v* czas przeszły od SWEAR

**sworn**[1] /swɔːn/ *v* imiesłów bierny od SWEAR

**sworn**[2] *adj* **1 sworn statement/testimony** oświadczenie/zeznanie pod przysięgą **2 sworn enemies** zaprzysięgli wrogowie

**swot**[1] /swɒt/ *n* [C] *BrE informal* kujon

**swot**[2] *v BrE informal* **-tted, -tting** wkuwać

**swum** /swʌm/ *v* imiesłów bierny od SWIM

**swung** /swʌŋ/ *v* czas przeszły i imiesłów bierny od SWING

**syl·la·ble** /ˈsɪləbəl/ *n* [C] sylaba

**syl·la·bus** /ˈsɪləbəs/ *n* [C] *plural* **syllabuses** *or* **syllabi** /-baɪ/ program zajęć

**sym·bol** /ˈsɪmbəl/ *n* [C] symbol: *the five-ring symbol of the Olympic Games* | *a symbol of hope* | *What's the chemical symbol for oxygen?*

**sym·bol·ic** /sɪmˈbɒlɪk/ *adj* symboliczny: *a symbolic painting* | **be symbolic of** (=symbolizować): *Water in dreams is symbolic of emotions.* —**symbolically** *adv* symbolicznie

**sym·bol·is·m** /ˈsɪmbəlɪzəm/ *n* [U] symbolizm: *religious symbolism*

**sym·bol·ize** /ˈsɪmbəlaɪz/ (*także* **-ise** *BrE*) *v* [T] symbolizować: *A wedding ring symbolizes a couple's vows to each other.*

**sym·met·ri·cal** /sɪˈmetrɪkəl/ *także* **sym·met·ric** /sɪˈmetrɪk/ *adj* symetryczny → antonim ASYMMETRICAL

**sym·me·try** /ˈsɪmətri/ *n* [U] symetria

**sym·pa·thet·ic** /ˌsɪmpəˈθetɪk◂/ *adj* **1** współczujący: *a sympathetic nurse* **2** pozytywnie nastawiony: *He was quite sympathetic to my plan.* → antonim UNSYMPATHETIC

> **UWAGA sympathetic i likable**
>
> Wyraz **sympathetic** nie znaczy 'sympatyczny'. Najczęściej używa się go w znaczeniu 'okazujący współczucie' lub 'pozytywnie nastawiony'. Chcąc oddać znaczenie wyrazu 'sympatyczny' po angielsku, najlepiej użyć wyrazu **likeable**: *If Philip weren't so arrogant, he'd be quite likeable.*

**sym·pa·thize** /ˈsɪmpəθaɪz/ (*także* **-ise** *BrE*) *v* [I] **1 sympathize with sb** współczuć komuś: *I sympathize with her husband.* **2 sympathize with sth** podzielać coś: *Not many people sympathize with his political views.*

**sym·pa·thiz·er** /ˈsɪmpəθaɪzə/ (*także* **-iser** *BrE*) *n* [C] sympaty-k/czka

**sym·pa·thy** /ˈsɪmpəθi/ *n* [C,U] **1** współczucie: **+ with/for** *My sympathies are with the victims' families* (=całe współczucie kieruję w stronę rodzin ofiar). | *I have no sympathy for Joan – it's her own fault.* **2** poparcie: **in sympathy with sb** *Students marched in sympathy with the strikers* (=w geście poparcia dla strajkujących).

**sym·pho·ny** /ˈsɪmfəni/ *n* [C] symfonia: *Beethoven's Fifth Symphony*

**symp·tom** /ˈsɪmptəm/ *n* [C] **1** objaw: *The symptoms are a fever, sore throat and headache.* **2** symptom: *The rise in the crime rate is another symptom of widespread poverty.* —**symptomatic** /ˌsɪmptəˈmætɪk◂/ *adj* symptomatyczny

**syn·a·gogue** /ˈsɪnəgɒg/ *n* [C] synagoga

**syn·chro·nize** /ˈsɪŋkrənaɪz/ (*także* **-ise** *BrE*) *v* [T] z/synchronizować: *The soldiers synchronized their steps as they marched.* —**synchronization** /ˌsɪŋkrənaɪˈzeɪʃən/ *n* [U] synchronizacja

**syn·di·cate** /ˈsɪndəkət/ *n* [C] syndykat: *a drugs syndicate*

**syn·drome** /ˈsɪndrəʊm/ *n* [C] syndrom: *Sudden Infant Death Syndrome*

**syn·o·nym** /ˈsɪnənɪm/ *n* [C] synonim: *Synonyms like "shut" and "close" are quite rare in English.* → antonim ANTONYM

S

**sy·non·y·mous** /sə̇ˈnɒnə̇məs/ *adj* równoznaczny: *Success is not necessarily synonymous with happiness.*

**syn·tax** /ˈsɪntæks/ *n* [U] *technical* składnia

**syn·the·sis** /ˈsɪnθə̇sə̇s/ *n* [C,U] *formal* synteza

**syn·the·size** /ˈsɪnθə̇saɪz/ (*także* **-ise** *BrE*) *v* [T] z/syntetyzować: *Plants can synthesize energy from sunlight and water.*

**syn·the·siz·er** /ˈsɪnθəsaɪzə/ (*także* **-iser** *BrE*) *n* [C] syntezator

**syn·thet·ic** /sɪnˈθetɪk/ *adj* syntetyczny: *synthetic fabrics like acrylic* —**synthetically** *adv* syntetycznie

**syph·i·lis** /ˈsɪfələ̇s/ *n* [U] kiła

**sy·ringe** /sə̇ˈrɪndʒ/ *n* [C] strzykawka

**syr·up** /ˈsɪrəp/ *n* [U] syrop

**sys·tem** /ˈsɪstə̇m/ *n* **1** [C] system: *the public transport system | a system for measuring liquids | Oregon's school system* **2** układ: *the nervous system* **3 the system** *informal* system: *You can't fight the system.*

**sys·te·mat·ic** /ˌsɪstə̇ˈmætɪk◂/ *adj* systematyczny: *a systematic search* —**systematically** *adv* systematycznie

S

# Tt

**tab** /tæb/ *n* **1** [C] *especially AmE* rachunek: **pick up the tab** *Jeff picked up the tab for* (=zapłacił za) *lunch.* **2 keep tabs on sb/sth** *informal* mieć kogoś/coś na oku: *The police are keeping close tabs on her.* **3** [C] metka

**ta·ble** /ˈteɪbəl/ *n* [C] **1** stół: *They all sat around the kitchen table.* | *I've booked a table* (=stolik w restauracji) *for 8 o'clock.* **2** tabela: *The report is full of tables and statistics.* | **the table of contents** (=spis treści) **3 set the table** nakrywać do stołu

**ta·ble·cloth** /ˈteɪbəlklɒθ/ *n* [C] obrus

**ta·ble·spoon** /ˈteɪbəlspuːn/ *n* [C] **1** łyżka (stołowa) **2** *także* **tablespoonful** (pełna) łyżka

**tab·let** /ˈtæbl̩ɪt/ *n* [C] **1** tabletka: *sleeping tablets* **2** tabliczka: *a clay tablet*

**table ten·nis** /ˈ.. ˌ../ *n* [U] tenis stołowy

**tab·loid** /ˈtæblɔɪd/ *n* [C] brukowiec

**ta·boo** /təˈbuː/ *n* [C,U] tabu —**taboo** *adj*: *Sex is a taboo subject* (=jest tematem tabu) *in many homes.*

**ta·cit** /ˈtæsɪt/ *adj* milczący: *tacit approval/support* —**tacitly** *adv* milcząco

**ta·ci·turn** /ˈtæsɪtɜːn/ *adj* małomówny

**tack**[1] /tæk/ *v* [T] przypinać (*pinezkami*)

**tack** sth ↔ **on** *phr v* [T] *informal* dołączać: *Joan tacked a few words on the end of my letter.*

**tack**[2] *n* [singular] **1** sposób: *If polite requests don't work, you'll have to try a different tack.* **2** [C] *AmE* THUMBTACK **3** [C] gwoździk: *carpet tacks*

**tack·le**[1] /ˈtækəl/ *v* [T] **1** rozwiązywać: *a new attempt to tackle the problem of homelessness* **2** za/blokować (*np. w rugby*)

**tackle**[2] *n* **1** [C] blok (*np. w rugby*): *a dangerous tackle* **2** [U] sprzęt wędkarski

**tack·y** /ˈtæki/ *adj* **1** *informal* tandetny: *tacky furniture* **2** lepki: *The paint is still tacky.*

**tact** /tækt/ *n* [U] takt

**tact·ful** /ˈtæktfəl/ *adj* taktowny —**tactfully** *adv* taktownie

**tac·tic** /ˈtæktɪk/ *n* [C usually plural] taktyka: *aggressive business tactics*

**tac·tic·al** /ˈtæktɪkəl/ *adj* taktyczny: *a tactical move to avoid criticism* | *a serious tactical error* —**tactically** *adv* taktycznie

**tact·less** /ˈtæktləs/ *adj* nietaktowny ➡ antonim TACTFUL

**tad·pole** /ˈtædpəʊl/ *n* [C] kijanka

**tag**[1] /tæg/ *n* [C] metka: *I can't find the price tag on these jeans.* ➡ patrz też QUESTION TAG

**tag**[2] *v* [T] **-gged, -gging** przyczepiać metkę do

**tag along** *phr v* [I] *informal* przyłączać się: *Is it all right if I tag along?*

**tail**[1] /teɪl/ *n* [C] ogon: *The dog was wagging its tail.* | *the tail of a comet* ➡ patrz też TAILS

**tail**[2] *v* [T] *informal* śledzić

**tail off** *phr v* [I] o/słabnąć, zamierać: *His voice tailed off as he saw his father approaching.*

**tail·back** /ˈteɪlbæk/ *n* [C] korek (*uliczny*)

**tail·coat** /teɪlˈkəʊt/ *n* [C] frak

**tail-light** /ˈ. ./, **tail light** *n* [C] tylne światło

**tai·lor**[1] /ˈteɪlə/ *n* [C] krawiec

**tailor**[2] *v* [T] dopasowywać: *Courses are specially tailored to the needs of each student.*

**tai·lor·ing** /ˈteɪlərɪŋ/ *n* [U] krawiectwo

**tailor-made** /ˌ.. ˈ.◂/ *adj* **1** idealny: *The job seems tailor-made for him.* **2** szyty na miarę: *a tailor-made silk suit*

**tails** /teɪlz/ *n* **1** [U] reszka **2** [plural] frak

**taint** /teɪnt/ *v* [T] **1 be tainted (by/with sth)** splamić się (czymś): *The previous government had been tainted by accusations of corruption.* | *tainted money* (=brudne pieniądze) **2** zanieczyszczony, skażony: *tainted blood products*

**take**[1] /teɪk/ *v* [T] **took, taken** /ˈteɪkən/, **taking 1** zabierać: *I'm taking her to an Italian restaurant.* | *They took us*

T

*downstairs.* | *Merritt was taken by ambulance to the nearest hospital.* | *Someone's taken my wallet!* | *Don't forget to take your car keys!* **2** brać/wziąć: *Let me take your coat.* | **take one's arm/hand** (=wziąć kogoś pod ramię/za rękę): *She took his arm.* | **take a shower/bath** (=brać prysznic/kąpiel): *Let me just take a quick shower first.* | **take a look** (=spojrzeć) | **take a seat** (=zająć miejsce) | **take a taxi** (=brać taksówkę): *We were too tired to walk, so we took a taxi.* | **take action** (=podejmować działania) | **I'll take it** (=wezmę to) *spoken*: *"It's $50." "OK, I'll take it."* **3 it takes ten days to do sth** potrzeba dziesięciu dni, żeby coś zrobić: *It takes about three days to drive up there.* **4** wymagać: *Looking after children takes a lot of hard work.* **5** przyjmować: *Are you going to take the job?* | *Take my advice* (=skorzystaj z mojej rady) *and go see a doctor.* | **take credit cards/a cheque** (=honorować karty kredytowe/czeki): *Do you take American Express?* **6 take a picture/photograph** z/robić zdjęcie **7 take a holiday** brać/wziąć urlop **8 take a break** z/robić sobie przerwę **9 take a test/exam** podchodzić do testu/egzaminu: *I'm taking my driving test next week.* **10** zażywać: *Why don't you take an aspirin or something?* | **take drugs** (=narkotyzować się): *A lot of kids start taking drugs when they're 14 or 15.* **11 take a train/bus** po/jechać pociągiem/autobusem: *I'll take the subway home.* **12** znosić: *She couldn't take the pressure of teaching.* **13** odczuwać: **take pleasure in sth** (=znajdować przyjemność w czymś): *She seems to take pleasure in hurting people.* | **take sth seriously** (=traktować coś poważnie): *Alan takes his job very seriously.* **14** po/mieścić: *Our car can take up to six people.* **15** nosić: *What size shoes do you take?* **16** uznawać: *I shall take that as a compliment.* **17 take some doing/a lot of doing** wymagać wysiłku **18 take it from me** *spoken* możesz mi wierzyć **19 I take it that** *spoken* zakładam, że **20 can I take a message?** czy mogę coś przekazać?: *He's not here; can I take a message?* **21** z/mierzyć: *The doctor took her blood pressure.* **22** zajmować: *Rebel forces have taken the airport.* **23 take it upon yourself to do sth** wziąć na siebie zrobienie czegoś: *Parents have taken it upon themselves to raise extra cash for the school.* ➡ patrz też **be taken aback** (ABACK), **take care** (CARE[2]), **take care of** (CARE[2]), **take part** (PART[1]), **take place** (PLACE[1]), **take sides** (SIDE[1])

**take after** sb *phr v* [T] być podobnym do: *Jenny takes after her dad.*

**take** sth ↔ **apart** *phr v* [T] rozbierać (na części): *Jim took apart the faucet and put in a new washer.*

**take away** *phr v* **1** [T **take** sth ↔ **away**] odbierać: *They took away his licence.* **2** [**take** sb ↔ **away**] zabierać: *Hyde was taken away in handcuffs.*

**take** sth ↔ **back** *phr v* [T] **1** odnosić (*do sklepu*) **2** cofać: *All right, I'm sorry, I take it back.*

**take** sth ↔ **down** *phr v* [T] **1** usuwać: *We take down the Christmas tree on January 6.* ➡ antonim **put up** (PUT) **2** zapisywać: *The receptionist took down his name.*

**take in** *phr v* [T] **1** [**take** sth ↔ **in**] zrozumieć: *There was so much happening in the film, it was difficult to take it all in.* **2 be taken in** zostać oszukanym: *The bank had been taken in by the forged receipts.* **3** [**take in** sth] zwężać: *I must take in this skirt.*

**take off** *phr v* **1** [T **take** sth ↔ **off**] zdejmować: *He took off his shoes.* | *Your name has been taken off the list.* **2** [I] wy/startować (*np. o samolocie*) **3** [I] *informal* wyjeżdżać: *We packed everything in the car and took off.* **4 take some time/a week off** wziąć trochę/tydzień wolnego **5** [I] nabierać rozpędu: *Her career took off as soon as she moved to Hollywood.*

**take on** *phr v* [T] **1** [**take** sb ↔ **on**] stawać do pojedynku z: *The winner of this game will take on Houston.* **2** [**take on** sth] nabierać: *Once we had children, Christmas took on a different sort of*

*importance.* **3** [**take** sth ↔ **on**] wziąć na siebie: *I've taken on far too much work lately.* **4** [**take** sb **on**] zatrudnić: *The team has taken on a new coach.*

**take out** *phr v* [T] **1** [**take** sth ↔ **out**] usunąć: *The dentist says she may have to take out one of my back teeth.* **2** [**take** sth **out of** sth] wyjmować z: *He took some money out of his pocket.* **3** [**take** sb **out**] zapraszać, zabierać: *I'm taking Helen out for dinner next week.*

**take it out on** sb *phr v* [T] odgrywać się na: *Don't take it out on me, it's not my fault you've had a bad day.*

**take over** *phr v* [I,T **take** sth ↔ **over**] przejmować: *His son will take over the business.*

**take to** *phr v* [T] **1** [**take to** sb/sth] polubić: *The two women took to each other right away.* **2 take to doing sth** zacząć coś robić: *Sandra has taken to getting up early to go jogging.*

**take up** *phr v* [T] **1** [**take up** sth] zainteresować się: *I've just taken up golf.* **2** [**take up** sth] zajmować: *The program takes up a lot of memory on the hard drive.*

**take** sb **up on** sth *phr v* [T] **take sb up on an offer/invitation** s/korzystać z czyjejś propozycji/zaproszenia: *Thanks for the offer. I might take you up on it.*

**take up with** *phr v* [T] [**take** sth ↔ **up with** sb] przedyskutować z: *You should take it up with the union.*

**take²** *n* [C] ujęcie: *Cut! Take 2!*

**take·a·way** /ˈteɪkəweɪ/ *n* [C] *BrE* danie na wynos

**take-off** /ˈ. ./, **takeoff** *n* [C,U] start (*np. samolotu*)

**take·out** /ˈ. ./ *n* [C] *AmE* danie na wynos

**take·o·ver** /ˈteɪkˌəʊvə/ *n* [C] przejęcie: *the union's fears about job losses after the takeover*

**tak·ings** /ˈteɪkɪŋz/ *n* [plural] utarg: *the day's takings*

**tal·cum pow·der** /ˈtælkəm ˌpaʊdə/ *także* **talc** /tælk/ *n* [U] talk

**tale** /teɪl/ *n* [C] opowieść, baśń: *a book of fairy tales*

**tal·ent** /ˈtælənt/ *n* [C,U] talent: *She has a talent for painting.*

**tal·ent·ed** /ˈtæləntəd/ *adj* utalentowany: *talented young players*

**talk¹** /tɔːk/ *v* **1** [I] mówić: *How old was your baby when she started to talk?* | *They threatened to shoot him, but he still refused to talk.* | **+ about** *Grandpa never talks much about the war.* **2** [I,T] po/rozmawiać: **talk to sb** *także* **talk with sb** *AmE* (=rozmawiać z kimś): *I'd like to talk with you in private.* | *Who's he talking to on the phone?* | **+ about** *It always helps to talk about your problems.* **3 what are you talking about?** *spoken* o czym ty mówisz?: *Aliens? UFOs? What are you talking about?* **4 talk about** *spoken informal* to się nazywa: *Talk about lucky* (=to się nazywa mieć szczęście)! **5 talk sense** mówić do rzeczy **6 talk (some) sense into sb** przemówić komuś do rozsądku **7 talking of** *spoken* skoro już mówimy o: *Talking of food, isn't it time for lunch?* **8 talk shop** *informal* rozmawiać o sprawach służbowych: *The trouble with teachers is that they're always talking shop.*

**talk back** *phr v* [I] pyskować: *Don't talk back to your father!*

**talk** sb **into** sth *phr v* [T] namówić do/na: *I didn't want to go, but my friends talked me into it.*

**talk** sb **out of** sth *phr v* [T] odwieść od

**talk** sth ↔ **over** *phr v* [T] omawiać

**talk²** *n* **1** [C] rozmowa: *Steve and I had a long talk last night.* **2** [C] wykład, pogadanka: *Professor Mason will be giving a talk on the Civil War.* **3** [U] mowa: *There was talk of the factory closing down.* **4 it's just talk/it's all talk** *spoken* to tylko takie gadanie → patrz też SMALL TALK, TALKS

**talk·a·tive** /ˈtɔːkətɪv/ *adj* rozmowny

**talks** /tɔːks/ *n* [plural] *formal* rozmowy: *the latest trade talks*

**talk show** /ˈ. ./ *n* [C] *AmE* talkshow

**tall** /tɔːl/ *adj* **1** wysoki: *the tallest boy in the class* | *tall buildings* | *How tall are you* (=ile masz wzrostu)? | *My brother's almost*

*6 feet tall* (=ma sześć stóp wzrostu). **2 a tall tale** *AmE*, **a tall story** *BrE* nieprawdopodobna historia

> UWAGA **tall**
>
> Patrz **high** i **tall**.

**tal·ly**[1] /ˈtæli/ *n* [C] rejestr

**tally**[2] *v* **1** [I] zgadzać się: *The witnesses' statements didn't tally.* **2** [T] *także* **tally up** podliczać: *Can you tally up the scores?*

**tal·on** /ˈtælən/ *n* [C] pazur, szpon

**tam·bou·rine** /ˌtæmbəˈriːn/ *n* [C] tamburyn

**tame**[1] /teɪm/ *adj* **1** oswojony **2** nienadzwyczajny: *"How was the movie?" "Pretty tame."*

**tame**[2] *v* [T] oswajać

**tam·per** /ˈtæmpə/ *v*

**tamper with** sth *phr v* [T] majstrować przy: *Several bottles of aspirin had been tampered with.*

**tam·pon** /ˈtæmpɒn/ *n* [C] tampon

**tan**[1] /tæn/ *n* [C] opalenizna

**tan**[2] *adj* **1** jasnobrązowy: *light tan shoes* **2** *AmE* opalony: *Your face is really tan.*

**tan**[3] *v* [I,T] **-nned, -nning** opalać (się): *I don't tan easily.*

**tan·dem** /ˈtændəm/ *n* [C] tandem

**tan·gent** /ˈtændʒənt/ *n* **1 go off on a tangent** nagle zmienić temat **2** *technical* styczna

**tan·ge·rine** /ˌtændʒəˈriːn/ *n* [C] mandarynka

**tan·gi·ble** /ˈtændʒəbəl/ *adj* namacalny: *tangible proof* ➡ antonim INTANGIBLE

**tan·gle**[1] /ˈtæŋgəl/ *n* [C] plątanina

**tangle**[2] *v* [I,T] za/plątać (się)

**tan·gled** /ˈtæŋgəld/ *także* **tangled up** *adj* **1** splątany: *tangled blonde hair* **2** powikłany: *tangled emotions*

**tan·go** /ˈtæŋgəʊ/ *n* **the tango** tango

**tang·y** /ˈtæŋi/ *adj* kwaskowaty: *a tangy lemon sauce*

**tank** /tæŋk/ *n* [C] **1** zbiornik: *the hot water tank* | **petrol tank** *BrE*/**gas tank** *AmE* (=bak) **2** czołg

**tank·er** /ˈtæŋkə/ *n* [C] **1** tankowiec: *an oil tanker* **2** samochód cysterna

**tanned** /tænd/ *adj* opalony

**tan·ta·liz·ing** /ˈtæntəl-aɪzɪŋ/ (*także* **-ising** *BrE*) *adj* kuszący: *tantalizing smells from the kitchen* —**tantalizingly** *adv*: *Liverpool came tantalizingly close to victory* (=był boleśnie blisko zwycięstwa).

**tan·ta·mount** /ˈtæntəmaʊnt/ *adj* **tantamount to sth** równoznaczny z czymś: *His refusal to speak was tantamount to admitting he was guilty.*

**tan·trum** /ˈtæntrəm/ *n* [C] napad złości

**tap**[1] /tæp/ *v* **-pped, -pping 1** [I,T] stukać: *Someone was tapping on the window outside.* | *Caroline tapped her feet in time to the music.* **2** [T] wykorzystywać: *tapping the country's natural resources* | **tap into sth** (=docierać do czegoś): *With the Internet you can tap into information from around the world.* **3** [T] podsłuchiwać: *tapping my telephone conversations*

**tap**[2] *n* [C] **1** klepnięcie: *Suddenly I felt a tap on my shoulder.* **2** *especially BrE* kran: *I turned on the cold water tap.* **3 on tap** pod ręką: *unlimited data on tap*

**tap dan·cing** /ˈ. ˌ../ *n* [U] stepowanie

**tape**[1] /teɪp/ *n* [C,U] taśma: *Can I borrow your old Beatles tape?* | *Did you get the interview on tape* (=czy nagrałeś ten wywiad)? ➡ patrz też VIDEOTAPE[1]

**tape**[2] *v* [I,T] **1** nagrywać (na taśmę) ➡ patrz też VIDEOTAPE[2] **2** przyklejać taśmą: *He has lots of postcards taped to his wall.*

**tape deck** /ˈ. ./ *n* [C] magnetofon (*bez wzmacniacza*)

**tape mea·sure** /ˈ. ˌ../ *n* [C] miara taśmowa

**ta·per** /ˈteɪpə/ *v* [I,T] zwężać (się): *pants with tapered legs* (=ze zwężanymi nogawkami)

**taper off** *phr v* [I] o/słabnąć: *The rain finally tapered off in the afternoon.*

**tape re·cord·er** /ˈ. .ˌ../ *n* [C] magnetofon

**tape re·cord·ing** /ˈ. .ˌ../ *n* [C] nagranie

**tap·es·try** /ˈtæpəstri/ *n* [C,U] gobelin

**tap wa·ter** /'. ,../ *n* [U] woda z kranu

**tar** /tɑː/ *n* [U] smoła

**tar·get**[1] /'tɑːgət/ *n* [C] **1** cel: *a military target* | *Tourists are an easy target for thieves.* | *He set himself a target of learning 20 new words each week.* **2** tarcza: *Pete missed the target by two inches.* **3** obiekt (*np. krytyki*)

**target**[2] *v* [T] **1** wy/celować: *The missiles were targeted at major US cities.* **2** adresować: *welfare programmes targeted at the unemployed*

**tar·iff** /'tærəf/ *n* [C] cło

**tar·mac** /'tɑːmæk/ *n* **the tarmac a)** asfalt **b)** płyta lotniska

**tar·nish** /'tɑːnɪʃ/ *v* **1** [T] splamić, zbrukać: *the violence that tarnished Miami's reputation* **2** [I] z/matowieć

**tar·pau·lin** /tɑː'pɔːlən/ *n* [C,U] brezent

**tart**[1] /tɑːt/ *n* [C] **1** ciastko z owocami **2** *BrE* dziwka

**tart**[2] *adj* cierpki: *tart green apples*

**tar·tan** /'tɑːtn/ *n* [C,U] szkocka krata

**task** /tɑːsk/ *n* zadanie: *Finding the killer is not going to be an easy task.*

**task force** /'. ./ *n* [C] **1** grupa robocza **2** oddział specjalny

**tas·sel** /'tæsəl/ *n* [C] frędzel

**taste**[1] /teɪst/ *n* **1** [C,U] smak: *I don't like the taste of garlic.* | *a bitter taste* **2** [C,U] gust: **+ in** *We both have the same taste in music.* | **have good taste** *Emma always wears nice clothes. She's got good taste.* **3 get/lose one's taste for sth** nabrać ochoty/stracić ochotę do czegoś: *Greene never lost his taste for travel.* **4 have a taste** spróbować, skosztować: *Here, have a taste and tell me what you think.* **5** [singular] próbka: *a taste of life in Japan* **6 be in bad/poor taste** być w złym guście: *That joke was in very bad taste.* **7 be in good taste** być w dobrym guście

**taste**[2] *v* **1** [I] smakować: *This milk tastes a little sour.* | **taste of sth** (=mieć smak czegoś): *The wine tastes a little of strawberries.* **2** [T] spróbować, skosztować: *She tasted the casserole, then added a few more herbs.* **3 can taste sth** czuć smak czegoś: *You can really taste the spices in this curry.*

**taste·ful** /'teɪstfəl/ *adj* gustowny: *The room was painted in a tasteful shade of green.* —**tastefully** *adv* gustownie: *a tastefully furnished apartment*

**taste·less** /'teɪstləs/ *adj* **1** niegustowny: *tasteless ornaments* **2** niesmaczny: *tasteless jokes* **3** bez smaku: *tasteless food*

**tast·y** /'teɪsti/ *adj* smaczny

**tat·tered** /'tætəd/ *adj* podarty: *tattered curtains*

**tat·ters** /'tætəz/ *n* [plural] **in tatters** w strzępach

**tat·too** /tə'tuː/ *n* [C] tatuaż —**tattoo** *v* [T] wy/tatuować

**tat·ty** /'tæti/ *adj BrE informal* sfatygowany: *Max was wearing dirty jeans and a tatty old jumper.*

**taught** /tɔːt/ *v* czas przeszły i imiesłów bierny od TEACH

**taunt** /tɔːnt/ *v* [T] drwić z: *The other kids taunted him about his weight.*

**Tau·rus** /'tɔːrəs/ *n* [C,U] Byk

**taut** /tɔːt/ *adj* naprężony: *a taut rope* —**tautly** *adv*

**tav·ern** /'tævən/ *n* [C] *old-fashioned* tawerna

**taw·dry** /'tɔːdri/ *adj* tandetny: *a tawdry imitation*

**tax**[1] /tæks/ *n* [C,U] podatek: *Taxes on alcohol and cigarettes have gone up again.* | *She earns about $50,000 a year, after tax.*

**tax**[2] *v* [T] **1** opodatkowywać: *Incomes of under $30,000 are taxed at 15%.* **2 tax sb's patience/strength** wystawiać na próbę czyjąś cierpliwość/wytrzymałość

**tax·a·tion** /tæk'seɪʃən/ *n* [U] **1** opodatkowanie **2** podatki

**tax-free** /. '.◂ / *adj* wolny od podatku

**tax·i**[1] /'tæksi/ *także* **tax·i·cab** /'tæksikæb/ *n* [C] taksówka: *We took a taxi home.* | *a taxi driver*

**taxi**[2] *v* [I] kołować (*po płycie lotniska*)

**tax·ing** /ˈtæksɪŋ/ *adj* wyczerpujący, męczący: *a taxing job*

**taxi rank** /ˈ.. ./ *BrE*, **taxi-stand** *AmE* *n* [C] postój taksówek

**tax·pay·er** /ˈtæks,peɪə/ *n* [C] podatnik

**tax re·turn** /ˈ. .,./ *n* [C] zeznanie podatkowe

**TB** /ˌtiː ˈbiː/ *n* [U] skrót od TUBERCULOSIS

**tea** /tiː/ *n* [C,U] **1** herbata: *a cup of tea* | *herbal teas* **2** *BrE* podwieczorek **3** *BrE informal* kolacja

**tea bag** /ˈ. ./ także **teabag** *n* [C] torebka herbaty ekspresowej

**teach** /tiːtʃ/ **taught, taught, teaching** *v* **1** [I,T] uczyć: *Mr Rochet has been teaching for 17 years.* | *She teaches science at the local school.* **2** [T] na/uczyć: *My dad taught me how to swim.* **3 teach sb a lesson** *informal* dać komuś nauczkę

**teach·er** /ˈtiːtʃə/ *n* [C] nauczyciel/ka: *Mr Paulin is my history teacher.*

**teacher's pet** /ˌ.. ˈ./ *n* [singular] *informal often humorous* pupilek

T

**teach·ing** /ˈtiːtʃɪŋ/ *n* [U] **1** nauczanie: *I'd like to go into teaching when I finish college.* **2 teachings** nauki

**tea·cup** /ˈtiːkʌp/ *n* [C] filiżanka

**team**[1] /tiːm/ *n* [C] **1** drużyna: *Which is your favourite baseball team?* **2** zespół: *a team of doctors* **3** zaprzęg

> **UWAGA team**
>
> W brytyjskiej angielszczyźnie czasownik łączący się z **team** może występować w liczbie mnogiej lub pojedynczej: *Our team is/are wearing red.* W amerykańskiej angielszczyźnie czasownik łączący się z **team** występuje zawsze w liczbie pojedynczej: *Our team is wearing red.*

**team**[2] *v*

**team up** *phr v* [I] połączyć siły: *The band teamed up with other leading artists to produce the single.*

**team·mate** /ˈtiːm-meɪt/ *n* [C] kolega/koleżanka z drużyny/zespołu

**team·work** /ˈtiːmwɜːk/ *n* [U] praca zespołowa

**tea·pot** /ˈtiːpɒt/ *n* [C] dzbanek do herbaty

**tear**[1] /teə/ **tore, torn, tearing** *v* **1** [T] rozdzierać: *He tore the envelope open.* | *Oh no, I've torn a hole in my jeans* (=zrobiłem dziurę w dżinsach)! **2** [I] po/drzeć się: *When paper is wet, it tears easily.* **3** [I] *informal* lecieć, pędzić: **+ around/into/out of etc** *Two kids came tearing around the corner* (=wypadły zza rogu). **4** [T] zburzyć: *It's time some of these apartment blocks were torn down.*

**tear apart** *phr v* [T] **1** [**tear** sth ↔ **apart**] rozrywać, rozdzierać: *Yugoslavia was torn apart by a bloody civil war.* **2** [**tear** sb/sth ↔ **apart**] zniszczyć **3** [**tear** sb **apart**] dobijać (*psychicznie*): *It tears me apart to see Linda cry.*

**tear** sth ↔ **down** *phr v* [T] z/burzyć: *The school was torn down to make way for a car park.*

**tear** sth ↔ **off** *phr v* [T] zedrzeć z siebie: *He tore off his sweater.*

**tear** sth ↔ **up** *phr v* [T] po/drzeć na kawałki: *He tore up all of Linda's old letters.*

**tear**[2] /tɪə/ *n* [C] łza: *When she looked round, there were tears in her eyes.* | **burst into tears** (=wybuchnąć płaczem): *Suddenly Brian burst into tears.* | **in tears** (=we łzach): *Most of the audience were in tears.*

**tear**[3] /teə/ *n* [C] rozdarcie, dziura

**tear·drop** /ˈtɪədrɒp/ *n* [C] łza

**tear·ful** /ˈtɪəfəl/ *adj* pełen łez: *They said a tearful goodbye at the airport.* —**tearfully** *adv* ze łzami

**tear·gas** /ˈtɪəgæs/ *n* [U] gaz łzawiący

**tease** /tiːz/ *v* **1** [I,T] żartować sobie (z): *Don't worry, I was just teasing.* **2** [T] dokuczać: *The other boys all teased him because he was overweight.*

**tea·spoon** /ˈtiːspuːn/ *n* [C] **1** łyżeczka (do herbaty) **2** także **teaspoonful** (pełna) łyżeczka

**teat** /tiːt/ *n* [C] smoczek (*na butelkę*)

**tea tow·el** /ˈ. ,../ *n* [C] *BrE* ściereczka do naczyń

**tech·ni·cal** /ˈteknɪkəl/ *adj* **1** techniczny: *technical experts* **2** fachowy: *a legal document full of technical terms*

**tech·ni·cal·i·ty** /ˌteknəˈkæləti/ *n* **1 technicalities** [plural] szczegóły techniczne **2** [C] kruczek prawny

**tech·ni·cally** /ˈteknɪkli/ *adv* formalnie rzecz biorąc: *Technically he's responsible for fixing all the damage.*

**tech·ni·cian** /tekˈnɪʃən/ *n* [C] technik: *a laboratory technician*

**tech·nique** /tekˈniːk/ *n* [C,U] technika: *pencil drawing techniques*

> UWAGA **technique** i **technician**
>
> **Technique** nie znaczy 'technik'. Najczęściej **technique** używa się w znaczeniu 'technika' tzn. 'sposób wykonywania jakiejś czynności': *new surgical techniques | the latest teaching and testing techniques.* 'Technik' to po angielsku **technician**: *I asked one of the technicians for help.*

**tech·nol·o·gy** /tekˈnɒlədʒi/ *n* [C,U] technika: *the achievements of modern technology* —**technological** /ˌteknəˈlɒdʒɪkəl◂/ *adj* techniczny: *technological advances*

**ted·dy bear** /ˈtedi beə/ *także* **teddy** *BrE n* [C] miś pluszowy

**te·di·ous** /ˈtiːdiəs/ *adj* nużący: *a tedious discussion*

**teem** /tiːm/ *v*
**teem with** sth/sb *phr v* [T] roić się od: *The lake was teeming with fish.* —**teeming** *adj*: *the teeming streets* (=zatłoczone ulice) *of Cairo*

**teen** /tiːn/ *n* [C] *AmE informal* nastolatek/ka

**teen·age** /ˈtiːneɪdʒ/ *adj* [only before noun] **1** nastoletni: *She's got two teenage sons.* **2** młodzieżowy: *a teenage club*

**teen·ag·er** /ˈtiːneɪdʒə/ *n* [C] nastolatek/ka

**teens** /tiːnz/ *n* [plural] **be in your teens** być nastolatk-iem/ą: *She got married when she was still in her teens.*

**tee shirt** /ˈ. ˌ./ *n* koszulka z krótkim rękawem

**teeth** /tiːθ/ *n* liczba mnoga od TOOTH

**teethe** /tiːð/ *v* [I] **1** ząbkować **2 teething troubles/problems** *BrE* początkowe trudności

**tee·to·tal·ler** /tiːˈtəʊtələ/ *BrE*, **teetotaler** *AmE n* [C] abstynent/ka —**teetotal** *adj* niepijący

**tel·e·com·mu·ni·ca·tions** /ˌteləkəmjuːnəˈkeɪʃənz/ *n* [U plural] telekomunikacja

**tel·e·gram** /ˈteləgræm/ *n* [C] telegram

**tel·e·graph** /ˈteləgrɑːf/ *n* [U] telegraf

**te·lep·a·thy** /təˈlepəθi/ *n* [U] telepatia —**telepathic** /ˌteləˈpæθɪk◂/ *adj* telepatyczny

**tel·e·phone**[1] /ˈteləfəʊn/ *także* **phone** *n* [C] telefon: *I was on the telephone* (=rozmawiałam przez telefon). | *a telephone call* (=rozmowa telefoniczna)

**telephone**[2] *v* [I,T] *formal* za/dzwonić (do)

**telephone di·rec·to·ry** /ˈ... .ˌ.../ *n* [C] książka telefoniczna

**telephone ex·change** /ˈ... .ˌ./ *także* **exchange** *n* [C] centrala telefoniczna

**tel·e·scope** /ˈteləskəʊp/ *n* [C] teleskop

**tel·e·vise** /ˈteləvaɪz/ *v* [T] transmitować w telewizji: *Is the game going to be televised?*

**tel·e·vi·sion** /ˈteləˌvɪʒən/ *n* **1** *także* **television set** [C] telewizor **2** [U] telewizja: *Who invented television?* | *a job in television* | **watch television** *He's been watching television all day.* | **on television** (=w telewizji): *Have you ever been on television?*

> UWAGA **television**
>
> Po angielsku 'w telewizji' to **on television**.

**tell** /tel/ *v* **told, told, telling 1** [T] mówić, powiedzieć: **tell sb about sth** *Have you told John about the party?* | **tell sb (that)** *She told me she can't come on Friday.* | **tell sb how/where etc** *Could you tell me where the post office is, please?* **2 can tell** wiedzieć: **can tell**

T

**(that)** *I could tell that* (=widziałem, że) *Jo was in a bad mood.* | **can tell the difference** (=widzieć różnicę): *Use yoghurt instead of cream – you can't tell the difference.* **3** [T] kazać: **tell sb to do sth** *He told me to come in and sit down.* | **tell yourself** *I keep telling myself* (=powtarzam sobie) *not to worry.* **4** [T] informować: *The machine's red light tells you it's recording.* **5 tell the time** *BrE*/ **tell time** *AmE* podawać czas **6 there's no telling what/how/whether** *spoken* nie wiadomo, co/jak/czy: *There's just no telling what he'll say next.* **7** [I,T] *spoken informal* po/skarżyć: **tell on sb** *Please don't tell on me!* **8 (I'll) tell you what** wiesz co: *Tell you what, call me on Friday.* **9 I tell you/I'm telling you** *spoken* mówię ci: *I'm telling you, the food was unbelievable!* **10 I told you (so)** *spoken* a nie mówiłem?: *I told you so – I told you it wouldn't work.* **11 you never can tell/ you can never tell** *spoken* nigdy nie wiadomo: *They're not likely to win, but you never can tell.* ➡ patrz też **all told** (ALL[1])

**tell** sb/sth **apart** *phr v* [T] rozróżnić: *It's difficult to tell them apart.*

**tell** sb ↔ **off** *phr v* [T] *informal* z/besztać: **be/get told off** *Sean's always getting told off at school.*

> UWAGA **tell**
>
> Używając czasownika **tell** w znaczeniu 'powiedzieć', musimy zawsze dodać, do kogo mówimy. Dlatego nie mówi się "he told that he was going", a **he told me that he was going**. Nie mówi się też "he told about it", a **he told me about it**. Patrz też **say** i **tell**.

**tell·er** /'telə/ *n* [C] *especially AmE* kasjer/ka (*w banku*)

**tell·ing** /'telɪŋ/ *adj* wymowny: *a telling remark*

**tell·tale** /'telteɪl/ *adj* charakterystyczny: **telltale sign** *the telltale sign of drug addiction*

**tel·ly** /'teli/ *n* [C] *BrE informal* telewizja

**temp** /temp/ *n* [C] zastępstwo: *We're getting a temp in while Jane's away.*

**tem·per** /'tempə/ *n* **1** [C,U] wybuchowy charakter: *Mark needs to learn to control his temper.* **2** [U singular] nastrój: **be in a bad/foul/good temper** (=być w złym/podłym/dobrym nastroju): *You're certainly in a foul temper this morning.* **3 lose your temper** s/tracić panowanie nad sobą: *I lost my temper and slammed the door.* **4 keep your temper** panować nad sobą: *As a teacher, you must be able to keep your temper.*

**tem·pe·ra·ment** /'tempərəmənt/ *n* [C,U] temperament, usposobienie: *a baby with a sweet temperament*

**tem·pe·ra·men·tal** /ˌtempərə'mentl◂/ *adj* ulegający nastrojom

**tem·pe·rate** /'tempərət/ *adj* umiarkowany: *Britain has a temperate climate.*

**tem·pe·ra·ture** /'tempərətʃə/ *n* **1** [C,U] temperatura: **+ of** *Water boils at a temperature of 100°C.* | **take sb's temperature** (=z/mierzyć komuś temperaturę) **2 have/run a temperature** mieć gorączkę

> UWAGA **temperature**
>
> Patrz **fever i temperature**.

**tem·pest** /'tempɪst/ *n* [C] *literary* burza

**tem·pes·tu·ous** /tem'pestʃuəs/ *adj* burzliwy: *a tempestuous relationship*

**tem·plate** /'templeɪt/ *n* [C] szablon

**tem·ple** /'tempəl/ *n* [C] **1** świątynia **2** skroń

**tem·po** /'tempəʊ/ *n* [C,U] tempo: *the tempo of city life*

**tem·po·ra·ry** /'tempərəri/ *adj* tymczasowy: *temporary accommodation* | *Temporary jobs are becoming more common.* —**temporarily** *adv* tymczasowo, chwilowo: *The library is temporarily closed.* ➡ porównaj PERMANENT

**tempt** /tempt/ *v* **1** [T] s/kusić: *He was tempted by the big profits of the drugs trade.* | **tempt sb to do sth** *They're offering free gifts to tempt people to join.* **2 be tempted to do sth** mieć wielką ochotę

coś zrobić: *I was tempted to tell him what his girlfriend had been saying about him.* —**tempting** *adj* kuszący: *a tempting offer*

**temp·ta·tion** /temp'teɪʃən/ *n* [C,U] pokusa: *Having chocolate in the house is a great temptation!* | **resist (the) temptation** (=opierać się pokusie): *I really had to resist the temptation to slap him.* | **give in to temptation** (=ulegać pokusie)

**ten** /ten/ *number* dziesięć → patrz też TENTH[1]

**te·na·cious** /tə'neɪʃəs/ *adj* nieustępliwy, wytrwały

**ten·ant** /'tenənt/ *n* [C] lokator/ka

**tend** /tend/ *v* **1 tend to do sth** mieć zwyczaj coś robić: *It tends to be very wet* (=zwykle jest bardzo mokro) *at this time of year.* **2** także **tend to** [T] *formal* doglądać: *Rescue teams were tending to the survivors.*

**ten·den·cy** /'tendənsi/ *n* [C] **1** skłonność: **+ towards** *Some people may inherit a tendency towards alcoholism.* | **have a tendency to do sth** *He has a tendency to talk too much.* **2** tendencja: **+ for** *There's a tendency for men* (=mężczyźni mają tendencję) *to marry younger women.*

**ten·der** /'tendə/ *adj* **1** kruchy, miękki: *tender meat* → antonim TOUGH **2** obolały **3** czuły: *a tender look* —**tenderly** *adv* czule —**tenderness** *n* [U] czułość

**ten·don** /'tendən/ *n* [C] ścięgno

**ten·e·ment** /'tenəmənt/ *n* [C] kamienica czynszowa

**ten·nis** /'tenəs/ *n* [U] tenis

**ten·or** /'tenə/ *n* [C] tenor

**tense**[1] /tens/ *adj* **1** spięty: *You seem really tense – what's wrong?* **2** napięty: *Massage helps to relax tense neck muscles.* | *a tense situation*

**tense**[2] *n* [C,U] czas (*gramatyczny*): *the past tense*

**ten·sion** /'tenʃən/ *n* [C,U] napięcie: *efforts to calm racial tensions* | *The tension as we waited for the news was unbearable.* | *You can increase the tension by turning this screw.*

**tent** /tent/ *n* [C] namiot: **put up a tent** (=rozbijać namiot)

**ten·ta·cle** /'tentəkəl/ *n* [C] macka

**ten·ta·tive** /'tentətɪv/ *adj* **1** wstępny: *tentative plans* **2** niepewny: *a tentative smile* —**tentatively** *adv* wstępnie, niepewnie

**tenth**[1] /tenθ/ *number* dziesiąty

**tenth**[2] *n* [C] dziesiąta część, jedna dziesiąta

**ten·ure** /'tenjə/ *n* [U] **1** tytuł własności **2** kadencja: *his tenure as major*

**tep·id** /'tepəd/ *adj* letni: *tepid coffee*

**term**[1] /tɜːm/ *n* [C] **1** termin: *I don't understand all the legal terms.* **2** *BrE* semestr **3** kadencja: *The President hopes to be elected for a second term.* **4 in the long/short term** na dłuższą/krótką metę: *Things don't look good in the short term.* → patrz też TERMS

**term**[2] *v* [T] *formal* nazywać: **be termed sth** *The meeting could hardly be termed a success* (=spotkanie trudno byłoby nazwać udanym).

**ter·mi·nal**[1] /'tɜːmənəl/ *n* [C] terminal: *They're building a new terminal at the airport.* | *a computer terminal*

**terminal**[2] *adj* nieuleczalny: *terminal cancer* —**terminally** *adv* nieuleczalnie: *Her mother is terminally ill.*

**ter·mi·nol·o·gy** /ˌtɜːmə'nɒlədʒi/ *n* [C,U] terminologia: *scientific terminology*

**ter·mi·nus** /'tɜːmənəs/ *n* [C] przystanek końcowy

**ter·mite** /'tɜːmaɪt/ *n* [C] termit

**terms** /tɜːmz/ *n* [plural] **1** warunki: *Sign here to say you agree to the terms and conditions.* **2 in terms of** z punktu widzenia: *In terms of sales, the book hasn't been very successful.* | **in financial/artistic terms** (=w kategoriach finansowych/artystycznych): *A million years isn't a very long time in geological terms.* **3 come to terms with** po/godzić się z: *It was hard to come to terms with Marie's death.* **4 in no uncertain terms** bez ogródek: *He*

T

*told me in no uncertain terms not to come back.* **5 be on good/bad terms** być w dobrych/kiepskich stosunkach: *We're on good terms with most of the people who live here.* **6 be on speaking terms** odzywać się do siebie: *We're barely on speaking terms now.*

**ter·race** /ˈterəs/ *n* [C] **1** taras **2** *BrE* rząd szeregowców

**terraced house** /ˌ.. ˈ./ *n* [C] *BrE* szeregowiec

**ter·ra·cot·ta** /ˌterəˈkɒtə◂/ *n* [U] terakota: *a terracotta pot*

**ter·rain** /teˈreɪn/ *n* [C,U] teren: *mountainous terrain*

**ter·res·tri·al** /təˈrestriəl/ *adj technical* **1** ziemski **2** lądowy: *terrestrial reptiles*

**ter·ri·ble** /ˈterəbəl/ *adj* okropny: *The food at the hotel was terrible.*

**ter·ri·bly** /ˈterəbli/ *adv* **1** okropnie: *We played terribly, and that's why we lost.* **2** *BrE* strasznie: *I'm terribly sorry, but the answer is no.*

**ter·ri·er** /ˈteriə/ *n* [C] terier

**ter·rif·ic** /təˈrɪfɪk/ *adj informal* **1** wspaniały: *There was a terrific view from the top of the hill.* **2** straszny: *Losing his job was a terrific shock.*

**ter·ri·fied** /ˈterəfaɪd/ *adj* przerażony: **be terrified of sth** *I'm absolutely terrified of spiders* (=okropnie się boję pająków).

**ter·ri·fy** /ˈterəfaɪ/ *v* [T] przerażać: *The thought of giving a speech terrified her.* —**terrifying** *adj* przerażający

**ter·ri·to·ri·al** /ˌterəˈtɔːriəl◂/ *adj* terytorialny: *US territorial waters*

**ter·ri·to·ry** /ˈterətəri/ *n* **1** [C,U] terytorium: *Canadian territory* **2** [U] obszar: *We are moving into unfamiliar territory with the new software.*

**ter·ror** /ˈterə/ *n* [C,U] paniczny strach, przerażenie: **in terror** *She screamed in terror* (=z przerażenia).

**ter·ror·is·m** /ˈterərɪzəm/ *n* [U] terroryzm

**ter·ror·ist** /ˈterərəst/ *n* [C] terroryst-a/ka

**ter·ror·ize** /ˈterəraɪz/ (*także* **-ise** *BrE*) *v* [T] s/terroryzować: *Gangs have been terrorizing the community.*

**test¹** /test/ *n* [C] **1** sprawdzian: *I've got a history test tomorrow.* | **pass/fail a test** (=zdać/oblać sprawdzian): *I failed my driving test twice* (=dwa razy oblałem egzamin na prawo jazdy). | **do/take a test** (=pisać sprawdzian): *The children are doing a French test at the moment.* **2** badanie: *an eye test* | *the results of blood tests* **3** kontrola: *safety tests on diving equipment* **4** próba: **+ of** *Today's race is a real test of skill.*

**test²** *v* [T] **1** prze/testować: *testing nuclear weapons* | **test sb on sth** *We're being tested on grammar tomorrow.* **2** z/badać: *You need to get your eyes tested.* **3** poddawać próbie: *The next six months will test her powers of leadership.*

**tes·ta·ment** /ˈtestəmənt/ *n* **be a testament to sth** *formal* świadczyć o czymś: *His latest CD is a testament to his growing musical abilities.* ➡ patrz też NEW TESTAMENT, OLD TESTAMENT

**test case** /ˈ. ./ *n* [C] precedens sądowy

**tes·ti·cle** /ˈtestɪkəl/ *n* [C] *plural* **testicles** *or* **testes** /ˈtestiːz/ jądro

**tes·ti·fy** /ˈtestəfaɪ/ *v* [I,T] zeznawać: **+ that** *Two men testified that they saw you outside the bank.*

**tes·ti·mo·ni·al** /ˌtestəˈməʊniəl/ *n* [C] referencje

**tes·ti·mo·ny** /ˈtestəməni/ *n* [C,U] zeznanie

**test tube** /ˈ. ./ *n* [C] probówka

**tet·a·nus** /ˈtetənəs/ *n* [U] tężec

**teth·er** /ˈteðə/ *n* [C] **at the end of your tether** u kresu wytrzymałości

**text** /tekst/ *n* [C,U] tekst: *The text of the speech was printed in the newspaper.*

**text·book** /ˈtekstbʊk/ *n* [C] podręcznik: *a history textbook*

**tex·tile** /ˈtekstaɪl/ *n* [C] tkanina

**tex·ture** /ˈtekstʃə/ *n* [C,U] faktura: *fabric with a coarse texture*

**than** /ðən/ *conjunction, prep* niż, od: *Jean's taller than Stella.* | *I can swim better than*

*you.* | *He earns more than I do.* ➡ patrz też **rather than** (RATHER)

**thank** /θæŋk/ *v* **1** [T] po/dziękować: **thank sb for sth** *We'd like to thank everyone for all the wedding presents.* **2 thank God/goodness/heavens** *spoken* dzięki Bogu: *Thank God no one was hurt!*

> UWAGA **thank you**
>
> Wyrażenia **thank you** używamy wtedy, kiedy ktoś nam coś daje albo robi lub mówi coś miłego: *"Here's your coat." "Thank you."* | *Thank you for watering my plants.* | *"You look nice today." "Thank you!"* Wyrażenia **no, thank you** używamy wtedy, kiedy chcemy grzecznie powiedzieć 'nie': *"Would you like more coffee?" "No, thank you."* Dziękując za prezent lub za coś specjalnego, mówimy: *Thank you very much. That's very kind of you.*, a bardziej potocznie: *Thanks a lot. That's really nice of you.*

**thank·ful** /ˈθæŋkfəl/ *adj* wdzięczny: **+ for** *I was thankful for the chance to sit down at last.* | **+ (that)** *We're thankful that the accident wasn't more serious.* —**thankfully** *adv* na szczęście: *Thankfully, everything turned out all right.*

**thank·less** /ˈθæŋkləs/ *adj* niewdzięczny: *a thankless job*

**thanks**[1] /θæŋks/ *interjection* **1** dzięki: *Can I borrow your pen? Thanks very much.* | **+ for** *Thanks for ironing my shirt.* **2 thanks/no thanks** (tak,) poproszę/(nie,) dziękuję: *"Would you like a drink?" "No, thanks."*

**thanks**[2] *n* [plural] **1** podziękowanie: *He left without a word of thanks.* **2 thanks to sth/sb** dzięki czemuś/komuś: *We're late, thanks to you.*

**Thanks·giv·ing** /ˌθæŋksˈgɪvɪŋ◂/ *n* [U] Święto Dziękczynienia

**thank you** /ˈ. ./ *interjection* **1** dziękuję: *"Here's the book you wanted, Katy." "Oh, thank you."* | **+ for** *Thank you for coming to the party.* **2 thank you/no thank you** (tak,) poproszę/(nie,) dziękuję: *"Would you like another piece of cake?" "No, thank you."*

**thank-you** *n* [C] podziękowanie: *a special thank-you for all your help*

**that**[1] /ðæt/ *determiner, pron plural* **those 1** tamten/tamta/tamto: *Look at that pink car!* ➡ porównaj THIS[1] **2** ten/ta/to: *We met for coffee later that day.* | *How much is that hat in the window?* | *Who told you that?* **3 that is (to say)** to znaczy: *Everyone passed the test – everyone, that is, except Janet, who was ill.* **4 that's it/that's that** *spoken* na tym koniec: *You're not going and that's that!* **5 that's all there is to it** *spoken* i to wszystko, i tyle: *We lost because we didn't play well. That's all there is to it.*

**that**[2] /ðət/ *conjunction* **1** że: *She claims that she wasn't there.* | *Is it true that you're leaving?* **2** który: *Did you get the books that I sent you?* ➡ patrz też **so ... that** (SO[2]), **such ... that** (SUCH)

**that**[3] /ðæt/ *adv* **1 that much/big** tak dużo/taki duży: *The fish he caught was that big.* **2 not (all) that much** nie tak (znowu) dużo: *I'm not that tired considering I didn't sleep.* | *I didn't expect her to be that tall* (=że jest taka wysoka)!

**thatch** /θætʃ/ *n* [C,U] strzecha —**thatched** *adj* kryty strzechą: *a thatched cottage*

**thaw**[1] /θɔː/ *v* **1** *także* **thaw out** [I,T] rozmrażać (się) **2** *także* **thaw out** [I] s/tajać ➡ porównaj MELT

**thaw**[2] *n* [C] odwilż: *the spring thaw*

**the**[1] /ðə/ *determiner* **1** przed rzeczownikiem określonym: *I need to go to the bank* (=do banku). | *That's the woman I saw* (=kobieta, którą widziałem). | *Whose is the red jacket* (=czerwona kurtka)? ➡ porównaj A **2** w niektórych nazwach własnych: *the United States* | *the Nile* **3** przed przymiotnikiem oznaczającym grupę osób: *They provide services for the blind* (=dla niewidomych). **4** przed rzeczownikiem w znaczeniu ogólnym: *The computer has changed the way people work.* **5** jeden: *There are 9 francs to the pound.* | *He's paid by the hour* (=od godzi-

T

ny). **6** przed nazwami instrumentów muzycznych: *Kira's learning to play the piano.* **7** przed nazwami części ciała: *The ball hit him right in the eye!* **8** przy określaniu dat i okresów: *Tuesday the thirteenth of April* | *in the late 1800s* (=pod koniec XIX wieku) ➡ patrz ramka THE DEFINITE ARTICLE (THE)

**the**[2] *conjunction* **the ... the** im ..., tym: *The more you practise, the better you'll play.*

**thea·tre** /'θɪətə/ *BrE*, **theater** *AmE* *n* **1** [C,U] teatr: *the Apollo Theater* | *a study of modern Russian theatre* | *She's been working in theatre for many years.* **2** [C] *także* **movie theater** *AmE* kino (*budynek*) **3** [C,U] sala operacyjna: *The patient is in theatre now.*

**the·at·ri·cal** /θi'ætrɪkəl/ *adj* teatralny: *a theatrical production* | *a theatrical gesture*

**theft** /θeft/ *n* [C,U] kradzież: *Car theft is on the increase.*

**their** /ðeə/ *adj* **1** ich: *Their daughter is a teacher.* **2** swój: *Everybody brought their own wine to the party.* | *The children closed their eyes* (=zamknęły oczy).

**theirs** /ðeəz/ *pron* **1** ich: *Some friends of theirs* (=jacyś ich znajomi) *are staying with them.* **2** swój: *When our computer broke, Tom and Sue let us use theirs* (=pozwolili nam korzystać ze swojego). | *There's a coat left. Someone must have forgotten theirs.*

**them** /ðəm/ *pron* **1** ich/je/im, nich/nie/nimi: *Has anybody seen my keys? I can't find them.* | *My friends want me to go out with them tonight.* **2** go/mu/nim: *If anyone phones, can you tell them to call back later?*

**theme** /θiːm/ *n* [C] **1** temat: *Love is the theme of several of his poems.* **2 theme music/tune** muzyka/melodia przewodnia

**theme park** /'. ./ *n* [C] park rozrywki poświęcony jednemu tematowi

**them·selves** /ðəm'selvz/ *pron* **1** się/siebie/sobie: *People usually like to talk about themselves* (=mówić o sobie). **2** sami/same: *Doctors themselves admit that the treatment does not always work.* **3 (all) by themselves a)** samotnie: *Many old people live by themselves.* **b)** zupełnie sam-i/e, samodzielnie: *The kids made the cake all by themselves.*

**then**[1] /ðen/ *adv* **1** wtedy, wówczas: *My family lived in New York then.* **2** potem: *We had lunch and then went shopping.* **3** *spoken* więc: *"He can't come on Friday." "Then how about Saturday?"* | *So you're going into nursing then?* **4** to: *If Bobby wants to go, then I'll go too* (=to ja też pójdę). **5 now/OK/right then** *spoken* no dobrze: *Right then, who wants to come swimming?* **6** w dodatku: *He's really busy at work, and then there's the new baby, too!* **7 then and there/there and then** od razu: *I would have given up then and there if my parents hadn't encouraged me.* ➡ **(every) now and then** (NOW[1])

**then**[2] *adj* ówczesny: *George Bush, the then president of the US*

**the·ol·o·gy** /θi'ɒlədʒi/ *n* [U] teologia —**theological** /ˌθiːə'lɒdʒɪkəl◂/ *adj* teologiczny

**theo·ret·i·cal** /θɪə'retɪkəl/ *adj* teoretyczny: *theoretical physics* —**theoretically** *adv* teoretycznie

**theo·rist** /'θɪərɪst/ *także* **theo·re·ti·cian** /ˌθɪərə'tɪʃən/ *n* [C] teorety-k/czka

**theo·rize** /'θɪəraɪz/(*także* **-ise** *BrE*) *v* [I,T] teoretyzować: *Doctors theorize that the infection is passed from animals to humans.*

**theo·ry** /'θɪəri/ *n* **1** [C,U] teoria: *Darwin's theory of evolution* | *studying music theory* **2 in theory** teoretycznie: *In theory, the crime rate should decrease as employment increases.*

**ther·a·peu·tic** /ˌθerə'pjuːtɪk◂/ *adj* **1** leczniczy: *therapeutic drugs* **2** terapeutyczny: *Long walks can be therapeutic.*

**ther·a·pist** /'θerəpɪst/ *n* [C] terapeuta/ka: *a speech therapist*

**ther·a·py** /'θerəpi/ *n* [C,U] leczenie, terapia: *He's having therapy to help with alcohol addiction.*

**there**[1] /ðeə/ *pron* **there is/are/was** jest/są/był: *Are there any questions?* |

*There were several people hurt in the accident.*

**there**[2] *adv* **1** tam: *I don't know what happened – I wasn't there* (=nie było mnie tam). | *Would you hand me that glass over there* (=tamtą szklankę)? | **get there** (=dotrzeć do celu/na miejsce): *If we leave now, we'll get there for lunch.* ➡ porównaj HERE **2** wtedy: *I'll read this chapter and stop there.* **3 there you are** *spoken* **a)** proszę (*podając coś*): *I'll just get you the key – there you are.* **b)** no widzisz: *There you are – I knew their relationship wouldn't last.* **4 there** *spoken* no: *There, that's the last piece of the puzzle.* **5 there's ...** *spoken* tam jest ...: *Oh, look, there's a robin.* **6 there and then** *także* **then and there** od razu: *They offered my the job there and then.* ➡ patrz też **here and there** (HERE)

**there·a·bouts** /ˌðeərə'bauts/ *adv* coś koło tego: *We'll aim to arrive at 10 o'clock, or thereabouts.*

**there·af·ter** /ðeər'ɑːftə/ *adv formal* potem: *He became ill in May and died shortly thereafter.*

**there·by** /ðeə'baɪ/ *adv formal* tym samym: *Expenses were cut by 12%, thereby increasing efficiency.*

**there·fore** /'ðeəfɔː/ *adv formal* dlatego (też): *The car is smaller and therefore cheaper to run.*

**ther·mal** /'θɜːməl/ *adj* **1** cieplny: *thermal energy* **2** ciepły: *thermal underwear*

**ther·mom·e·ter** /θə'mɒmɪ̈tə/ *n* [C] termometr

**ther·mo·nu·cle·ar** /ˌθɜːməʊ'njuːkliə◂/ *adj* termojądrowy

**Ther·mos** /'θɜːməs/ *także* **Thermos flask** /'.. ./ *n* [C] *trademark* termos

**ther·mo·stat** /'θɜːməstæt/ *n* [C] termostat

**the·sau·rus** /θɪ'sɔːrəs/ *n* [C] słownik synonimów: *Roget's Thesaurus*

**these** /ðiːz/ *determiner, pron* liczba mnoga od THIS

**the·sis** /'θiːsɪ̈s/ *n* [C] *plural* **theses** /-siːz/ **1** rozprawa, praca (magisterska/doktorska): *She's writing her thesis on women criminals.* **2** *formal* teza

**they** /ðeɪ/ *pron* **1** oni/one: *Ken gave me some flowers, aren't they beautiful?* | *I went to Ann and Ed's place, but they weren't there* (=nie było ich w domu). **2 they say** mówią, że: *They say it's bad luck to spill salt.* **3** on/a: *Someone at work said they knew her* (=ktoś w pracy mówił, że ją zna).

**they'd** /ðeɪd/ **1** forma ściągnięta od 'they had': *They'd had a lot to drink.* **2** forma ściągnięta od 'they would': *They'd like to visit us.*

**they'll** /ðeɪl/ forma ściągnięta od 'they will': *They'll have to wait.*

**they're** /ðeə/ forma ściągnięta od 'they are': *They're very nice people.*

**they've** /ðeɪv/ forma ściągnięta od 'they have': *They've been here before.*

**thick**[1] /θɪk/ *adj* **1** gruby: *a nice thick piece of bread* ➡ antonim THIN[1] **2 be 5cm/1m thick** mieć 5cm/1m grubości: *The walls are 30cm thick.* **3** gęsty: *thick soup/smoke* | *a thick cloud* | *a thick forest* | *He has thick black hair.* **4** *BrE informal* tępy: *Don't be so thick!* —**thickly** *adv* grubo, gęsto

**thick**[2] *n* **1 in the thick of sth** w samym środku czegoś: *US troops are right in the thick of the action.* **2 through thick and thin** na dobre i na złe: *The brothers have always stuck with each other through thick and thin.*

**thick·en** /'θɪkən/ *v* **1** [I] z/gęstnieć: *The fog had thickened.* **2** [T] zagęszczać: *Thicken the soup with flour.*

**thick·et** /'θɪkɪ̈t/ *n* [C] gąszcz

**thick·ness** /'θɪknɪ̈s/ *n* [C,U] grubość: *Look at the thickness of that wall.*

**thick-skinned** /ˌ. '.◂/ *adj* gruboskórny

**thief** /θiːf/ *n* [C] *plural* **thieves** /θiːvz/ złodziej: *a car thief*

**thigh** /θaɪ/ *n* [C] udo

**thim·ble** /'θɪmbəl/ *n* [C] naparstek

**thin**[1] /θɪn/ *adj* **1** cienki: *a thin slice of bread* | *She was wearing a thin summer jacket.* ➡ antonim THICK[1] **2** chudy ➡ antonim

T

FAT[1], porównaj SLIM[1] **3** rzadki: *thin soup* **4 vanish/disappear into thin air** przepaść jak kamień w wodę —**thinness** *n* [U] cienkość ➞ patrz też TINLY

**thin²** *v* [T] rozrzedzać

**thing** /θɪŋ/ *n* **1** [C] rzecz: *What's that thing on the kitchen table?* | *A funny thing happened last week.* | *That was a terrible thing to say.* | *Pack your things – we have to leave right now.* **2 things** [plural] *especially spoken* sprawy: *Things have improved a lot since I last saw you.* | *How are things* (=co słychać)*?* **3 not know/feel a thing** nic nie wiedzieć/czuć: *I don't know a thing about opera.* **4 be seeing things** mieć przywidzenia **5 for one thing** *spoken* po pierwsze: *I don't think she'll get the job – for one thing she can't drive!* **6 the thing is** *spoken* rzecz w tym, że: *I'd like to come, but the thing is, I promised to see Jim tonight.* **7 first thing** *spoken* z samego rana: *I'll call you first thing tomorrow, OK?* **8 (just) the thing** (właśnie) to, czego potrzeba: *a handy little cool box that's just the thing for summer picnics* **9 do your own thing** *informal* robić swoje ➞ patrz też **it's a good thing/job** (GOOD[1])

T

**think** /θɪŋk/ *v* **thought, thought, thinking 1** [I] po/myśleć: **+ about/of** *Have you thought about which subjects you want to study at university?* | *I was thinking of all the happy times we'd spent together.* | **think hard** (=dobrze się zastanowić): *Think hard before you make your final decision.* **2** [I] myśleć, sądzić: *What do you think of my new hairstyle?* | **+ (that)** *I didn't think the concert was very good.* | *She thinks I'm crazy.* | **think well/highly of sb/sth** (=mieć dobrą opinię o kimś/czymś): *His teachers seem to think highly of him.* | **not think much of sb/sth** (=nie być zachwyconym kimś/czymś) *spoken*: *The hotel was okay but I didn't think much of the food.* **3** sądzić: *I think he may have gone home, but I could be wrong.* | *"Are we late?" "I don't think so."* **4 I think I'll/I thought I'd** *spoken* mam/miałem zamiar: *I thought I'd go jogging today.* **5 think of/about doing sth** zastanawiać się nad czymś: *We are thinking of moving to the countryside.* **6 I can't think what/why** *spoken* nie mam pojęcia, co/dlaczego: *I can't think why she married him.* **7 think twice** dobrze się zastanowić: *I'd think twice before getting involved with a married man if I were you.* **8 think nothing of doing sth** nie mieć nic przeciwko czemuś: *Purdey thinks nothing of driving two hours to work every day.* **9 think better of it** rozmyślić się: *He reached for a cigar, but then thought better of it.* **10 think the world of sb** nie widzieć świata poza kimś

**think of** sth/sb *phr v* [T] **1** wymyślić: *Can you think of any way of solving the problem?* **2** przypomnieć sobie: *I can't think of his name right now.* **3** po/myśleć o: *He never thinks of other people – only of himself.*

**think** sth ↔ **out** *phr v* [T] za/planować: *Everything has been really well thought out.*

**think** sth ↔ **over** *phr v* [T] rozważyć, zastanowić się nad: *Take a few days to think over our offer.*

**think** sth ↔ **through** *phr v* [T] przemyśleć

**think** sth ↔ **up** *phr v* [T] wpaść na: *It's a great idea. I wonder who first thought it up.*

> UWAGA **think she didn't i not think she did**
>
> Zamiast *I think she didn't understand* lepiej powiedzieć *I don't think she understood.* To samo odnosi się do zwrotów z wyrazami **believe**, **imagine**, **suppose**, **feel** itp.: *I don't imagine they'll be coming after all.* | *I don't suppose you could give me a lift?*

**think·er** /ˈθɪŋkə/ *n* [C] myśliciel/ka

**think·ing** /ˈθɪŋkɪŋ/ *n* [U] **1** poglądy: *modern scientific thinking on the origins of the universe* **2** przemyślenie: *a situation that requires careful thinking* ➞ patrz też WISHFUL THINKING

**thin·ly** /ˈθɪnli/ *adv* **1 thinly sliced** cienko pokrojony: *a thinly sliced onion* **2** rzadko: *thinly populated*

**third[1]** /θɜːd/ *number* trzeci

**third[2]** *n* [C] jedna trzecia

**third·ly** /ˈθɜːdli/ *adv* po trzecie

**third par·ty** /ˌ. ˈ..◂ / *n* [singular] osoba trzecia/postronna

**third per·son** /ˌ. ˈ..◂ / *n* **the third person** trzecia osoba

**Third World** /ˌ. ˈ.◂ / *n* **the Third World** trzeci świat

**thirst** /θɜːst/ *n* **1** [U singular] pragnienie: *These children are dying of thirst.* | **quench your thirst** (=u/gasić pragnienie) **2 a thirst for knowledge/power** żądza wiedzy/władzy

**thirst·y** /ˈθɜːsti/ *adj* spragniony: *I'm thirsty* (=chce mi się pić) – *let's get some beer.* | *thirsty work* (=praca wzmagająca pragnienie)

**thir·teen** /ˌθɜːˈtiːn◂ / *number* trzynaście —**thirteenth** *number* trzynasty

**thir·ty** /ˈθɜːti/ *number* **1** trzydzieści **2 the thirties** lata trzydzieste **3 be in your thirties** być po trzydziestce —**thirtieth** *number* trzydziesty

**this[1]** /ðɪs/ *determiner, pron plural* **these** **1** ten/ta/to: *My mother gave me this necklace.* | *Where did you get this from?* | *What are you doing this week?* **2** to: *I'm going to make sure this doesn't happen again.* | *My name's Elaine, and this is my sister, Nancy.* **3 this and that** to i owo: *"What did you talk about?" "Oh, this and that."*

**this[2]** *adv* tak: *I've never stayed up this late before.*

**this·tle** /ˈθɪsəl/ *n* [C] oset

**thorn** /θɔːn/ *n* [C] cierń

**thorn·y** /ˈθɔːni/ *adj* **1 thorny question/issue** trudne pytanie/zagadnienie **2** ciernisty

**thor·ough** /ˈθʌrə/ *adj* **1** gruntowny: *The police carried out a thorough search of the house.* **2** skrupulatny: *As a scientist, Madison is methodical and thorough.* —**thoroughness** *n* [U] gruntowność

**thor·ough·bred** /ˈθʌrəbred/ *n* [C] koń czystej krwi

**thor·ough·fare** /ˈθʌrəfeə/ *n* [C] główna arteria komunikacyjna

**thor·ough·ly** /ˈθʌrəli/ *adv* **1** bardzo: *Thanks for the meal. I thoroughly enjoyed it* (=bardzo mi smakowało). **2** całkowicie: *I thoroughly agree.* **3** gruntownie, dokładnie: *Rinse the vegetables thoroughly.*

**those** /ðəʊz/ *determiner, pron* liczba mnoga od THAT

**thou** /ðaʊ/ *pron* dawna forma zaimka 'you'

**though[1]** /ðəʊ/ *conjunction* **1** *także* **even though** chociaż, mimo że: *Though Beattie is almost 40, she still plans to compete.* | *I seem to keep gaining weight, even though I'm exercising regularly.* | *I don't really like classical music, though I did enjoy the Pavarotti concert.* **2 as though** jak gdyby, jakby: *She was staring at me as though she knew me.* | *It looks as though we're lost* (=wygląda na to, że się zgubiliśmy).

**though[2]** *adv spoken* jednak: *You should pass your test. It won't be easy though.* | *I think she's Swiss; I'm not sure though.*

**thought[1]** /θɔːt/ *v* czas przeszły i imiesłów bierny od THINK

**thought[2]** *n* **1** [C] myśl: *I've just had a thought. Why don't we ask Terry if he wants to come?* | *What are your thoughts on the subject* (=co myślisz na ten temat)? **2** [U] zastanowienie: *I've been giving your proposal some thought* (=zastanawiałem się nad twoją propozycją). | **lost/deep in thought** (=pogrążony w myślach): *She was staring out of the window, lost in thought.* **3** [U singular] troska: *He acted without any thought for his own safety.* **4** [U] poglądy: *Newton's influence on modern scientific thought*

**thought·ful** /ˈθɔːtfəl/ *adj* **1** zamyślony: *a thoughtful expression on his face* **2** troskliwy: *Her thoughtful parents had provided her with a little extra money.*

—**thoughtfully** *adv* w zamyśleniu, troskliwie

**thought·less** /ˈθɔːtləs/ *adj* bezmyślny: *a thoughtless remark* —**thoughtlessly** *adv* bezmyślnie —**thoughtlessness** *n* [U] bezmyślność

**thou·sand** /ˈθaʊzənd/ *number* **1** tysiąc **2 thousands** *informal* tysiące: *Steve's had thousands of girlfriends.* —**thousandth** *adj* tysięczny

**thrash** /θræʃ/ *v* **1** [T] z/bić **2** [I] rzucać się: *a fish thrashing around in the net* **3** [T] *informal* rozgromić —**thrashing** *n* [C,U] cięgi

**thread**[1] /θred/ *n* **1** [C,U] nić, nitka: *a needle and thread* **2** [C] wątek: *a common thread running through all the poems* | **lose the thread** (=s/tracić wątek): *Halfway through the film I started to lose the thread.* **3** [C] gwint

**thread**[2] *v* [T] nawlekać: *Will you thread the needle for me?*

**thread·bare** /ˈθredbeə/ *adj* wytarty: *a threadbare carpet*

**threat** /θret/ *n* [C] **1** groźba: *Threats were made against his life.* **2** [usually singular] zagrożenie: *pollution that is a major threat to the environment* **3** [usually singular] niebezpieczeństwo: *the threat of famine*

**threat·en** /ˈθretn/ *v* **1** [T] grozić: **threaten to do sth** *The hijackers threatened to shoot him* (=grozili, że go zastrzelą). | *The fighting threatens to turn into* (=istnieje niebezpieczeństwo, że walki przerodzą się w) *a major civil war.* | **threaten sb with sth** *I was threatened with jail* (=grożono mi więzieniem) *if I published the story.* **2** [T] zagrażać: *Illegal hunting threatens the survival of the white rhino.* —**threatening** *adj*: *a threatening letter* (=list z pogróżkami)

**three** /θriː/ *number* trzy

**three-di·men·sion·al** /ˌ. .ˈ...◂/ *także* **3-D** *adj* trójwymiarowy: *a 3-D movie*

**thresh·old** /ˈθreʃhəʊld/ *n* **1 on the threshold of sth** u progu czegoś: *We're on the threshold of a new era in telecommunications.* **2** [C] próg: *the tax threshold*

**threw** /θruː/ *v* czas przeszły od THROW

**thrift** /θrɪft/ *n* [U] oszczędność —**thrifty** *adj* oszczędny: *thrifty shoppers*

**thrill**[1] /θrɪl/ *n* [C] emocje, dreszczyk emocji: *the thrill of driving a fast car*

**thrill**[2] *v* [T] zachwycać: *The magic of his music continues to thrill audiences.* | *She'll be thrilled when she hears the news.*

**thrill·er** /ˈθrɪlə/ *n* [C] dreszczowiec

**thril·ling** /ˈθrɪlɪŋ/ *adj* porywający, ekscytujący: *a thrilling end to the game*

**thrive** /θraɪv/ *v* [I] dobrze się rozwijać: *a plant that is able to thrive in dry conditions*

**thri·ving** /ˈθraɪvɪŋ/ *adj* kwitnący, doskonale prosperujący: *a thriving business*

**throat** /θrəʊt/ *n* [C] gardło: *I have a sore throat* (=boli mnie gardło). | *His attacker held him by the throat.* ➡ patrz też **clear your throat** (CLEAR[2])

**throb** /θrɒb/ *v* [I] **-bbed, -bbing** rwać, pulsować: *My head was throbbing* (=głowa mi pękała).

**throne** /θrəʊn/ *n* [C] tron

**throng** /θrɒŋ/ *n* [C] *literary* tłum

**throt·tle**[1] /ˈθrɒtl/ *v* [T] u/dusić

**throttle**[2] *n* [C] przepustnica

**through**[1] /θruː/ *prep* **1** przez: *The train went through the tunnel.* | *I pushed my way through the crowd.* | *They drove through Switzerland.* | *Someone had been watching us through the window.* **2** dzięki: *She succeeded through sheer hard work.* | *I got the job through an employment agency.* **3** przez (cały): *She slept through the film.* **4 Friday through Sunday** *AmE* od piątku do niedzieli (włącznie)

**through**[2] *adv* **1** na drugą stronę: *We found a gap in the fence and climbed through.* **2 read/think sth through** przeczytać/przemyśleć coś dokładnie: *Make sure to read it through before you sign it.* **3** *BrE* **get through to** połączyć się z (*telefonicznie*) **4** *BrE* **put sb through (to sb)** po/łączyć kogoś (z kimś): *"I'd like to speak to Mr Smith, please." "I'm putting you through."*

**through**[3] *adj* **1 be through with sth** *informal* skończyć z czymś: *Can I borrow the*

*book when you're through with it?* **2 be through (with sb)** rozstać się (z kimś): *That's it. Steve and I are through!* **3 through train** pociąg bezpośredni

**through·out**[1] /θruːˈaʊt/ *prep* **1** w całym: *Thanksgiving is celebrated throughout the US.* **2** przez cały: *She was calm throughout the interview.*

**throughout**[2] *adv* **1** wszędzie: *The house is in excellent condition with fitted carpets throughout.* **2** przez cały czas: *He managed to remain calm throughout.*

**throw**[1] /θrəʊ/ *v* [T] **threw, thrown, throwing 1** rzucać: *Just throw your coat on the bed.* | *They were thrown to the ground by the force of the explosion.* | *The trees threw long shadows across the lawn.* | **throw sth to sb** *Cromartie throws the ball back to the pitcher.* | **throw sth at sb/sth** *Demonstrators began throwing rocks at the police.* | **throw sb sth** *Throw me a towel, would you.* | **throw yourself down/onto/into etc** *When he got home, he threw himself into an armchair* (=rzucił się na fotel). **2 throw sb in jail/prison** wtrącić kogoś do więzienia **3 throw a party** wydawać przyjęcie **4 throw your weight around** panoszyć się **5** zbić z tropu: *Her sudden question threw me completely for a moment.*

**throw** sth ↔ **away** *phr v* [T] **1** wyrzucać: *Do you still want the newspaper, or can I throw it away?* **2** zmarnować: *He had everything – a good job, a beautiful wife – but he threw it all away.*

**throw** sth ↔ **in** *phr v* [T] dorzucać: *The computer is going for only £900 with a free software package thrown in.*

**throw** sth ↔ **on** *phr v* [T] narzucać (na siebie)

**throw** sth/sb **out** *phr v* [T] wyrzucać: *The meat smells bad – you'd better throw it out.* | *Jim got thrown out of the Navy for taking drugs.*

**throw up** *phr v* [I] *informal* z/wymiotować

**throw**[2] *n* [C] rzut: *a long throw*

**thrown** /θrəʊn/ *v* imiesłów bierny od THROW

**thru** /θruː/ *nonstandard, especially AmE* alternatywna pisownia wyrazu THROUGH

**thrush** /θrʌʃ/ *n* [C] drozd

**thrust**[1] /θrʌst/ *v* [T] **thrust, thrust, thrusting** wepchnąć, wcisnąć: *Dean thrust his hands in his pockets.*

**thrust**[2] *n* **the thrust of sth** sedno czegoś: *What was the main thrust of his argument?*

**thud** /θʌd/ *n* [C] łomot: *He hit the floor with a thud.*

**thug** /θʌg/ *n* [C] zbir

**thumb**[1] /θʌm/ *n* [C] **1** kciuk **2 give sth the thumbs up/down** wyrazić aprobatę/dezaprobatę dla czegoś

**thumb**[2] *v*

**thumb through** sth *phr v* [T] prze/kartkować

**thumb·tack** /ˈθʌmtæk/ *n* [C] *AmE* pinezka

**thump** /θʌmp/ *v* **1** [T] *informal* grzmotnąć: *I'm going to thump you if you don't shut up!* **2** [I,T] walić: *I could hear my heart thumping.*

**thun·der**[1] /ˈθʌndə/ *n* [U] grzmot —**thundery** *adj* burzowy: *thundery weather*

**thunder**[2] *v* **1 it thunders** grzmi **2** [I] grzmieć: *The guns thundered in the distance.*

**thun·der·bolt** /ˈθʌndəbəʊlt/ *n* [C] piorun

**thun·der·ous** /ˈθʌndərəs/ *adj* ogłuszający: *thunderous applause*

**thun·der·storm** /ˈθʌndəstɔːm/ *n* [C] burza z piorunami

**Thurs·day** /ˈθɜːzdi/ skrót pisany **Thurs.** *n* [C,U] czwartek

**thus** /ðʌs/ *adv formal* **1** tym samym: *Traffic will become heavier, thus increasing pollution.* **2** w ten sposób: *Thus began one of the darkest periods in the country's history.*

**thy** /ðaɪ/ *determiner* dawna forma zaimka 'your'

**thyme** /taɪm/ *n* [U] tymianek

**tic** /tɪk/ *n* [C] tik

**tick**[1] /tɪk/ *n* [C] **1** tykanie **2** *BrE* ptaszek (*znak*): *Put a tick in the box if you agree with this statement.* **3** kleszcz

**tick**[2] *v* **1** [I] tykać **2** [T] *BrE* odfajkować, odhaczyć **3 what makes sb tick** *informal* co jest motywem czyjegoś działania: *I can't figure out what makes him tick.*

**tick away/by** *phr v* [I] upływać, mijać: *Time's ticking away.*

**tick** sb/sth ↔ **off** *phr v* [T] **1** *BrE informal* z/besztać **2** *AmE informal* wnerwiać **3** *BrE* odfajkować, odhaczyć

**tick·et** /ˈtɪkɪt/ *n* [C] **1** bilet: *Have you bought your plane tickets yet?* **2 speeding ticket** mandat za przekroczenie prędkości **3 parking ticket** mandat za nieprawidłowe parkowanie

**tick·le** /ˈtɪkəl/ *v* **1** [I,T] po/łaskotać **2** [T] roz/bawić: *I was tickled by her remarks.*

**ti·dal wave** /ˈtaɪdl weɪv/ *n* [C] fala pływowa

**tide** /taɪd/ *n* **1** [C] pływ: *The tide is coming in* (=nadchodzi przypływ). | **high/low tide** (=przypływ/odpływ) **2** [singular] fala: *the rising tide of unemployment*

**ti·dy**[1] /ˈtaɪdi/ *adj* **1** schludny: *Her desk is always very tidy.* **2** *especially BrE* porządny —**tidily** *adv* schludnie —**tidiness** *n* [U] schludność

**tidy**[2] *także* **tidy up** *v* [I,T] *BrE* po/sprzątać: *Make sure you tidy up after you've finished.*

**tidy** sth ↔ **away** *phr v* [T] *BrE* uprzątnąć

**tie**[1] /taɪ/ *v* **1** [T] za/wiązać: *Can you tie your shoelaces yet?* | **tie sth to sth** (=przywiązywać): *Tie this label to your suitcase.* | **tie sth around sth** (=obwiązywać): *She tied a scarf around her head.* **2** [I] *także* **be tied** z/remisować: *San Diego tied with the Denver Broncos for second place.*

**tie** sb **down** *phr v* [T] s/krępować: *Neil doesn't like feeling tied down.*

**tie in with** sth *phr v* [I] pokrywać się z: *His evidence doesn't really tie in with hers.*

**tie up** *phr v* [T] **1** [**tie** sb ↔ **up**] związać, skrępować **2** [**tie** sth ↔ **up**] związać **3 tied up a)** zajęty: *Mr Baker can't see you now. He's tied up in a meeting.* **b)** zainwestowany: *Our money's tied up in a long-term savings plan.*

> UWAGA **tie**
>
> Nie mówi się "they tied him". Mówi się **they tied him up**, **they tied him to the chair** itd.

**tie**[2] *n* [C] **1** krawat **2** [usually plural] więzy: *close family ties* **3** remis: *There was a tie for first place.*

**tier** /tɪə/ *n* [C] **1** rząd (*krzeseł*) **2** poziom

**ti·ger** /ˈtaɪgə/ *n* [C] tygrys

**tight**[1] /taɪt/ *adj* **1** obcisły: *tight jeans* **2** ciasny: *These shoes feel too tight.* **3** dokręcony: *Make sure the screws are tight.* ➡ antonim LOOSE[1] **4 tight security** zaostrzone środki bezpieczeństwa: *Security is tight for the President's visit.* **5** naciągnięty: *If the straps aren't tight enough, the saddle will slip.* ➡ antonim LOOSE[1] **6 a tight schedule** napięty harmonogram: *It's a tight schedule, but we can manage.* —**tightly** *adv* ciasno, mocno: *She held the baby tightly in her arms.*

**tight**[2] *adv* **1** mocno: *Hold tight and don't let go of my hand.* **2** szczelnie: *Put the lid on tight.*

**tight·en** /ˈtaɪtn/ *v* [I,T] zaciskać (się), zacieśniać (się): *How do I tighten my seat belt?* | *Richard's grip tightened on her arm.*

**tighten** sth ↔ **up** *także* **tighten up on** sth *phr v* [T] zaostrzać: *They're tightening up the laws on immigration.*

**tight·rope** /ˈtaɪt-rəʊp/ *n* [C] lina (*akrobatyczna*)

**tights** /taɪts/ *n* [plural] rajstopy

**tile** /taɪl/ *n* [C] **1** kafelek, płytka (ceramiczna) **2** dachówka —**tile** *v* [T] wy/kafelkować

**till**[1] /tɪl/ *prep, conjunction* (aż) do: *Let's wait till tomorrow.*

**till**[2] *n* [C] kasa (*sklepowa*)

**tilt** /tɪlt/ *v* [I,T] przechylać (się): *She tilted her head.*

**tim·ber** /ˈtɪmbə/ *n* **1** [U] *BrE* drewno **2** [C] belka: *the timbers that hold up the roof*

**time**[1] /taɪm/ *n* **1** [U] czas: *Time goes by so quickly these days.* | *The winner's time was 2 hours and 6 minutes.* | *The train finally left Prague at 5.30 local time.* **2** [C,U] godzina: *a list giving the dates and times* (=godziny rozpoczęcia) *of the exams* | *What time do you go to bed* (=o której chodzisz spać)? | **what time is it?/do you have the time?** (=która jest godzina?): *"Excuse me, do you have the time?" "It's five o'clock."* **3** [C] raz: *How many times have you been to Paris before?* | **last/next time** (=ostatnim/następnym razem): *I'll pay you back next time I see you.* **4** [U singular] okres: *My time at university was the happiest time of my life.* | **last a long time** (=trwać długo): *The meeting lasted a long time.* | **a long time ago** (=dawno temu): *It all happened a very long time ago.* | **take time** (=(długo) trwać): *Learning a language takes time.* **5** [C] czasy: *The play is set in the time of Alexander the Great.* | **at the time/at that time** (=wtedy): *I was living in Mexico at the time.* | **at one time** (=kiedyś): *At one time the island belonged to France.* | **before your time** (=kiedy cię jeszcze nie było na świecie) **6 it's time (to do sth)** czas (coś zrobić): *Come on, kids. It's time to go home.* **7 by the time** zanim: *By the time you get this letter, I'll be in Canada.* **8 all the time a)** cały czas: *I don't have to wear my glasses all the time.* **b)** ciągle, stale: *It happens all the time.* **9 most of the time** przeważnie **10 on time** punktualny: *In Japan the trains are always on time.* **11 in (good) time** na czas: *They arrived in time for dinner.* **12 in a week's/three months' time** za tydzień/trzy miesiące: *We'll meet again in a month's time.* **13 in no time** zaraz: *We'll be there in no time.* **14 good/right/bad time** dobry/odpowiedni/nieodpowiedni moment: *This isn't the right time to ask for more money.* **15 have a good/great time** dobrze/świetnie się bawić **16 have (the) time** mieć czas: *I'm sorry, I don't have time to talk now.* **17 take your time** nie śpieszyć się: *Take your time – you don't have to rush.* | *The builders are certainly taking their time!* **18 at times** czasami: *The work can be very stressful at times.* **19 from time to time** od czasu do czasu: *We still see each other from time to time.* **20 time after time** wiele razy **21 one/two at a time** jeden/dwa naraz: *You can borrow three books at a time from the library.* **22 five/ten times as much** pięć/dziesięć razy więcej: *She earns three times as much as I do* (=trzy razy tyle co ja). **23 (it's) about time** *spoken* najwyższy czas: *It's about time you got a job!* **24 for the time being** na razie: *They'll let us live here for the time being.* ➡ patrz też **at the same time** (SAME)

> UWAGA **time**
>
> Patrz **long** i **a long time**.

**time**[2] *v* [T] **1** nastawiać: *The bomb was timed to go off at 5:00.* | **well/badly timed** *The announcement was badly timed* (=wybrano zły moment na to oświadczenie). **2** z/mierzyć czas: *We timed our journey – it took two and a half hours.*

**time bomb** /ˈ. ./ *n* [C] **1** bomba z opóźnionym zapłonem: *the population time bomb* **2** bomba zegarowa

**time-con·sum·ing** /ˈ. .,../ *adj* czasochłonny: *a time-consuming process*

**time·less** /ˈtaɪmləs/ *adj* ponadczasowy: *the timeless beauty of Venice*

**time·ly** /ˈtaɪmli/ *adj* w samą porę: *a timely decision* (=decyzja podjęta we właściwym momencie)

**time off** /ˌ. ˈ./ *n* [U] wolne

**time out** /ˌ. ˈ./ *n* **1 take time out** z/robić sobie przerwę **2** [C] czas dla drużyny (*podczas meczu*)

**tim·er** /ˈtaɪmə/ *n* [C] regulator czasowy

**times** /taɪmz/ *prep* razy: *two times two equals four*

**time·ta·ble** /ˈtaɪmˌteɪbəl/ *n* [C] **1** plan zajęć: *the school timetable* **2** *BrE* rozkład jazdy

**tim·id** /ˈtɪmɪd/ *adj* nieśmiały, bojaźliwy: *a timid child* —**timidly** *adv* nieśmiało, bojaźliwie —**timidity** /tɪˈmɪdɪti/ *n* [U] nieśmiałość, bojaźliwość

**tim·ing** /ˈtaɪmɪŋ/ *n* [U] **1** wybrany termin: *the timing of the election* **2** wyczucie czasu: *Good comedy depends on timing.*

**tin** /tɪn/ *n* **1** [U] cyna: *a tin can* **2** [C] *BrE* puszka: *a tin of sardines*

**tin·foil** /ˈtɪnfɔɪl/ *n* [U] folia aluminiowa

**tinge** /tɪndʒ/ *n* [C] nuta, odcień: *There was a tinge of sadness in her voice.*

**tin·gle** /ˈtɪŋgəl/ *v* [I] cierpnąć, mrowieć: *My fingers tingled with the cold.*

**tin·ker** /ˈtɪŋkə/ *v* [I] *informal* majstrować

**tin·kle** /ˈtɪŋkəl/ *v* [I] dzwonić (*lekko*)

**tinned** /tɪnd/ *adj BrE* puszkowany: *tinned tomatoes*

**tin o·pen·er** /ˈ. ˌ.../ *n* [C] *BrE* otwieracz do puszek

**tin·sel** /ˈtɪnsəl/ *n* [U] lameta

**tint¹** /tɪnt/ *n* [C] odcień: *The sky had a pink tint.*

**tint²** *v* [T] u/farbować: *tinted hair*

**tint·ed** /ˈtɪntɪd/ *adj* przyciemniany, barwiony: *tinted glass*

**ti·ny** /ˈtaɪni/ *adj* malutki, maleńki: *thousands of tiny fish*

**tip¹** /tɪp/ *n* [C] **1** czubek: *the tip of your nose* **2** napiwek: *Did you leave a tip?* **3** rada, wskazówka: *He gave me some useful tips on how to take good pictures.* **4** *BrE* wysypisko: *a rubbish tip* **5 sth is on the tip of your tongue** masz coś na końcu języka **6 the tip of the iceberg** wierzchołek góry lodowej

**tip²** *v* **-pped, -pping 1** [I,T] przechylać (się): *He tipped his seat back and stared at the ceiling.* **2** [T] wylewać, wysypywać: *Edward tipped the last of the wine* (=rozlał resztkę wina) *into their glasses.* **3** [I,T] dawać napiwek **4 tipped to do sth** typowany do czegoś: *Tom Cruise is tipped to win an Oscar.*

**tip** sb ↔ **off** *phr v* [T] *informal* dać cynk: *The police must have been tipped off about the robbery.*

**tip over** *phr v* [I,T **tip** sth ↔ **over**] przewrócić (się): *A can of paint had tipped over in the back of the van.*

**tip·toe** /ˈtɪptəʊ/ *n* **on tiptoe** na palcach —**tiptoe** *v* [I] *They tiptoed past the door* (=przeszli na palcach obok drzwi).

**tire¹** /taɪə/ *n* [C] *AmE* opona: **flat tire** (=guma)

**tire²** *v* **1 tire of sth** z/męczyć się czymś: *Luke soon tired of his new toy.* **2** [I,T] z/męczyć (się): *Even short walks tire her.*

**tire** sb ↔ **out** *phr v* [T] wymęczyć: *Those kids have tired me out.*

**tired** /taɪəd/ *adj* **1** zmęczony: *You look tired. Do you want to lie down?* | **tired out** (=wykończony): *It had been a long hard day, and they were all tired out.* **2 be tired of sth** mieć dosyć czegoś: *I'm tired of her stupid comments.*

**tire·less** /ˈtaɪələs/ *adj* niestrudzony: *a tireless campaigner for women's rights*

**tire·some** /ˈtaɪəsəm/ *adj* dokuczliwy, denerwujący: *a tiresome younger sister*

> UWAGA **tiresome i tiring**
>
> Nie należy mylić wyrazów **tiresome** i **tiring**. **Tiresome** znaczy 'denerwujący, irytujący': *I find these jokes extremely tiresome.* **Tiring** znaczy 'męczący, wyczerpujący': *Looking at a computer screen all day can be very tiring.*

**tir·ing** /ˈtaɪərɪŋ/ *adj* męczący: *a long and tiring journey*

**tis·sue** /ˈtɪʃuː/ *n* **1** [C] chusteczka higieniczna **2** [U] *także* **tissue paper** bibułka **3** [U] tkanka

**tit** /tɪt/ *n* [C] **1** sikora **2** *informal* cyc(ek)

**tit·bit** /ˈtɪtˌbɪt/ *n* [C] *BrE* kąsek

**tit-for-tat** /ˌtɪt fə ˈtæt/ *adj informal* wet za wet

**ti·tle¹** /ˈtaɪtl/ *n* [C] tytuł: *What's the title of his latest novel?* | *Schumacher looks likely*

*to win the world title.* | *Her official title is editorial manager.*

**title²** *v* [T] za/tytułować

**title-hold·er** /ˈ.. ˌ../ *n* [C] obroń-ca/czyni tytułu

**title role** /ˈ.. ./ *n* [C] tytułowa rola

**tit·ter** /ˈtɪtə/ *v* [I] chichotać

**T-junc·tion** /ˈtiː ˌdʒʌŋkʃən/ *n* [C] *BrE* skrzyżowanie w kształcie litery T

**to¹** /tə, tʊ/ **1** w połączeniu z czasownikiem tworzy bezokolicznik: *I want to go* (=pójść) *home.* | *They decided to wait* (=zaczekać). | *Can you show me how to use* (=obsługiwać) *the fax machine?* **2** żeby, aby: *Helen went there to see some old friends.*

**to²** *prep* **1** do: *He's gone to Australia.* | *She stood up and walked to the door.* | *the road to the airport* | *the key to the front door* **2** z rzeczownikiem odpowiada polskiemu celownikowi: *Martha always says 'hello' to me* (=mówi mi "cześć"). | *He handed his ticket to the inspector* (=konduktorowi). **3 from ... to a)** od ... do: *The banks are open from 9.30 to 3.00.* | *They have books on everything from cooking to camping.* **b)** z ... do: *It's 30 miles from here to Toronto.* **4** zwrócony do: *He had his back to the door.* | **to the south/east** (=na południe/wschód): *The town lies 50 miles to the south of Indianapolis.* **5 five (minutes) to two** za pięć (minut) druga: *It's ten to four.* **6** dla: *Tickets cost £20, and to some people that's a lot of money.* **7 to sb's surprise/amazement** ku czyjemuś zaskoczeniu/zdziwieniu: *To her surprise, they offered her the job.* **8 to yourself** dla siebie: *I had a room to myself.*

**to³** /tuː/ *adv* **1 to and fro** tam i z powrotem: *walking to and fro* **2 pull/push the door to** zamykać drzwi

**toad** /təʊd/ *n* [C] ropucha

**toad·stool** /ˈtəʊdstuːl/ *n* [C] muchomór

**toast¹** /təʊst/ *n* **1** [U] grzanka: *cheese on toast* **2** [C] toast: *I'd like to propose a toast to the happy couple.*

**toast²** *v* [T] **1** wznosić toast **2** opiekać: *toasted bread*

**toast·er** /ˈtəʊstə/ *n* [C] opiekacz do grzanek

**to·bac·co** /təˈbækəʊ/ *n* [U] tytoń

**to·bac·co·nist** /təˈbækənɪ̵st/ *n* [C] *także* **tobacconist's** sklep z wyrobami tytoniowymi

**to·bog·gan** /təˈbɒgən/ *n* [C] sanie

**to·day** /təˈdeɪ/ *adv, n* [U] dzisiaj, dziś: *Today is Wednesday.* | *Can we go to the park today?* | *today's athletic superstars* | *Today more and more girls are taking up smoking.*

**tod·dler** /ˈtɒdlə/ *n* [C] maluch

**to-do** /tə ˈduː/ *n* [singular] *informal* zamieszanie

**toe¹** /təʊ/ *n* [C] palec (u nogi): *I hurt my big toe* (=paluch).

**toe²** *v* **toe the line** podporządkować się

**toe·nail** /ˈtəʊneɪl/ *n* [C] paznokieć u nogi

**tof·fee** /ˈtɒfi/ *n* [C,U] toffi

**to·ga** /ˈtəʊgə/ *n* [C] toga

**to·geth·er** /təˈgeðə/ *adv* razem: *Kevin and I went to school together.* | *Mix the flour and the sugar together.* | *The children were all sitting together in a group.* | *Why do all the bills seem to come together?* | **together with** *Bring it back to the store together with your receipt.*

> UWAGA **together**
>
> Nie mówi się "I live together with my parents". Mówi się **my parents and I live together** lub **I live with my parents.** Podobnie nie mówi się "I play golf together with Marie". Mówi się **Marie and I play golf together**.

**to·geth·er·ness** /təˈgeðənɪ̵s/ *n* [U] poczucie wspólnoty

**toi·let** /ˈtɔɪlɪ̵t/ *n* [C] **1** muszla klozetowa **2** *BrE* toaleta: *the men's toilet* **3 go to the toilet** *BrE* załatwiać się

**toilet pa·per** /ˈ.. ˌ../ *n* [U] papier toaletowy

**toi·let·ries** /ˈtɔɪlɪ̵triz/ *n* [plural] przybory toaletowe

T

**toilet roll** /ˈ.. ˌ./ *n* [C] rolka papieru toaletowego

**to·ken**[1] /ˈtəʊkən/ *n* [C] **1** *formal* znak: *He had given her the ring as a token of his love.* **2** żeton

**token**[2] *adj* symboliczny: *a token payment*

**told** /təʊld/ *v* czas przeszły i imiesłów bierny od TELL

**tol·e·ra·ble** /ˈtɒlərəbəl/ *adj* znośny: *tolerable levels of pollution*

**tol·e·rance** /ˈtɒlərəns/ *n* [U] tolerancja: *greater religious tolerance* ➡ antonim INTOLERANCE

**tol·e·rant** /ˈtɒlərənt/ *adj* tolerancyjny: *My parents were very tolerant when I was a teenager.*

**tol·e·rate** /ˈtɒləreɪt/ *v* [T] tolerować: *He said he refused to tolerate this sort of behaviour in his house.* | *plants that will tolerate all kinds of weather conditions*

**toll**[1] /təʊl/ *n* **1** [singular] liczba ofiar: *The death toll has risen to 83.* **2 take its toll (on)** powodować szkody (w): *Years of smoking have taken their toll on his health.* **3** [C] opłata za przejazd: *a toll bridge* (=płatny most)

**toll**[2] *v* [I,T] bić (w) (*dzwon*)

**to·ma·to** /təˈmɑːtəʊ/ *n* [C] *plural* **tomatoes** pomidor

**tomb** /tuːm/ *n* [C] grób

**tom·boy** /ˈtɒmbɔɪ/ *n* [C] chłopczyca

**tomb·stone** /ˈtuːmstəʊn/ *n* [C] nagrobek

**tom·cat** /ˈtɒmkæt/ *n* [C] kocur

**to·mor·row** /təˈmɒrəʊ/ *adv, n* [U] **1** jutro: *Tomorrow is Thursday.* | *What are you doing tomorrow?* **2** przyszłość: *the world of tomorrow*

**ton** /tʌn/ *n* [C] **1** tona **2 tons of** *informal* masa: *tons of letters* **3 weigh a ton** *informal* ważyć tonę

**tone**[1] /təʊn/ *n* **1** [C,U] ton: *The whole tone of her letter was rather formal and unfriendly.* | **tone of voice** *He spoke in a rather threatening tone of voice.* **2** [C] sygnał: *Please leave a message after the tone.* —**tonal** *adj* tonalny

**tone**[2] *v*

**tone** sth ↔ **down** *phr v* [T] z/łagodzić, s/tonować: *They toned down the words to the song so it could be played on the radio.*

**tone-deaf** /ˌ. ˈ.◂/ *adj* pozbawiony słuchu muzycznego

**toner** /ˈtəʊnə/ *n* [C,U] toner

**tongs** /tɒŋz/ *n* [plural] szczypce

**tongue** /tʌŋ/ *n* **1** [C] język: **mother/native tongue** (=język ojczysty) **2 hold your tongue** trzymać język za zębami **3** [C,U] ozór ➡ patrz też **on the tip of your tongue** (TIP[1]), **slip of the tongue** (SLIP[2]), **have a sharp tongue** (SHARP[1])

**tongue-in-cheek** /ˌ. . ˈ.◂/ *adv* żartem: *The show was done in a tongue-in-cheek style.*

**tongue-tied** /ˈ. ./ *adj* oniemiały ze zdenerwowania

**tongue-twist·er** /ˈ. ˌ../ *n* [C] łamaniec językowy

**ton·ic** /ˈtɒnɪk/ *n* **1** [C,U] *także* **tonic water** tonik **2** [singular] zastrzyk energii

**to·night** /təˈnaɪt/ *adv, n* [U] dziś wieczorem: *Tonight is a very special occasion.* | *Do you want to go out tonight?*

**ton·nage** /ˈtʌnɪdʒ/ *n* [U] tonaż

**tonne** /tʌn/ *n* [C] tona

**ton·sil** /ˈtɒnsəl/ *n* [C] migdałek

**ton·sil·li·tis** /ˌtɒnsəˈlaɪtəs/ *n* [U] angina

**too** /tuː/ *adv* **1** za, zbyt: *He was driving too fast.* | *This dress is much too small for me.* | *It's too cold to swim.* | **too much/many** (=za dużo/wiele): *$200 for a room? That's far too much.* **2** też: *Sheila wants to come too.* | *"I'm really hungry." "Me too!"* **3 not too** niezbyt: *He wasn't too pleased when I told him I was leaving.* **4 all too/only too** o wiele za: *This kind of attack happens all too often these days.*

**took** /tʊk/ *v* czas przeszły od TAKE

**tool** /tuːl/ *n* [C] narzędzie: *Home computers can be used as a tool for learning.* | *a tool kit* (=zestaw narzędzi)

**toot** /tuːt/ *v* [I,T] za/trąbić

**tooth** /tuːθ/ *n* [C] *plural* **teeth** ząb: *Did you remember to brush your teeth?* ➡ patrz też **have a sweet tooth** (SWEET[1])

**tooth·ache** /ˈtuːθ-eɪk/ *n* [C] ból zęba

**tooth·brush** /ˈtuːθbrʌʃ/ *n* [C] szczoteczka do zębów

**tooth·paste** /ˈtuːθpeɪst/ *n* [U] pasta do zębów

**tooth·pick** /ˈtuːθˌpɪk/ *n* [C] wykałaczka

**top**[1] /tɒp/ *n* **1** [C] szczyt: *Write your name at the top of the page.* | **on top (of)** (=na szczycie): *They stood together on top of Mount Everest.* | *a house with a chimney on top* ➡ antonim BOTTOM[1] **2** [C] blat: *The table has a glass top.* | *the top of my desk* **3 on top of** oprócz: *On top of everything else, I need $700 to fix my car!* **4 the top** czołówka: *United are at the top of the league.* **5 on top** na prowadzeniu: *The Australians were on top throughout the game.* **6** [C] wieczko: *Can you help me get the top off this jar?* **7** zakrętka: *Where is the top of this pen?* **8** [C] góra (*np. bluzka*): *She was wearing a yellow top.* **9 off the top of your head** *informal* bez zastanowienia: *Off the top of my head I'd say there were about 50.* **10 at the top of your voice** na cały głos **11** [C] bąk (*zabawka*) **12 on top of the world** *informal* w siódmym niebie **13 from top to bottom** od góry do dołu: *They searched the house from top to bottom.* **14 go over the top** przeholować

**top**[2] *adj* **1** najlepszy: *the world's top tennis players* **2** najwyższy: *the top button of my shirt* | *the top drawer* ➡ antonim BOTTOM[2] **3** maksymalny: *The new Jaguar has a top speed of 155 mph.*

**top**[3] *v* [T] **-pped, -pping 1** przekraczać: *Their profits have topped $9 million this year.* **2 topped with sth** polany/przybrany czymś: *ice cream topped with maple syrup*

**top up** *phr v* [T] dolać (do pełna): *Do you want me to top up your glass?*

**top hat** /ˌ. ˈ./ *n* [C] cylinder

**top-heav·y** /ˌ. ˈ..◂ / *adj* przeciążony u góry

**top·ic** /ˈtɒpɪk/ *n* [C] temat: *Jackie's engagement was the main topic of conversation.*

**top·ic·al** /ˈtɒpɪkəl/ *adj* aktualny: *a new TV show dealing with topical issues*

**top·less** /ˈtɒpləs/ *adj* rozebrany do pasa

**top-notch** /ˌ. ˈ.◂ / *adj informal* najwyższej klasy: *top-notch equipment*

**top·ping** /ˈtɒpɪŋ/ *n* [C,U] dodatek: *a pizza with five toppings*

**top·ple** /ˈtɒpəl/ *v* **1** [I] przewracać się: **+ over** *Several trees toppled over in the storm.* **2** [T] obalać: *The scandal could topple the government.*

**top-se·cret** /ˌ. ˈ..◂ / *adj* ściśle tajny: *top-secret information*

**top·sy-tur·vy** /ˌtɒpsi ˈtɜːvi◂ / *adj* postawiony na głowie

**torch** /tɔːtʃ/ *n* [C] **1** *BrE* latarka **2** pochodnia: *the Olympic torch*

**tore** /tɔː/ *v* czas przeszły od TEAR

**tor·ment**[1] /tɔːˈment/ *v* [T] dręczyć: *He was tormented by feelings of guilt.*

**tor·ment**[2] /ˈtɔːment/ *n* [C,U] udręka

**torn** /tɔːn/ *v* imiesłów bierny od TEAR

**tor·na·do** /tɔːˈneɪdəʊ/ *n* [C] *plural* **tornadoes** tornado

**tor·pe·do** /tɔːˈpiːdəʊ/ *n* [C] *plural* **torpedoes** torpeda

**tor·rent** /ˈtɒrənt/ *n* [C] potok: *After five days of heavy rain the Telle river was a raging torrent.* | **+ of** *a torrent of abuse* (=potok wyzwisk) —**torrential** *adj* ulewny: *torrential rain*

**tor·so** /ˈtɔːsəʊ/ *n* [C] *plural* **torsos** tułów

**tor·toise** /ˈtɔːtəs/ *n* [C] żółw (*lądowy*)

**tor·ture**[1] /ˈtɔːtʃə/ *v* [T] torturować: *Resistance leaders were tortured to death in prison.* —**torturer** *n* [C] oprawca

**torture**[2] *n* [C,U] **1** torturowanie, tortury: *the torture of innocent civilians* **2** męczarnia: *The last year of their marriage was absolute torture.*

**To·ry** /ˈtɔːri/ *n* [C] torys

**toss**[1] /tɒs/ *v* **1** [T] rzucać: *He tossed his jacket on the bed.* **2** *także* **toss up** [I,T] *especially BrE* rzucać monetą: *Let's toss up to see who goes first.* **3 toss and turn**

T

przewracać się z boku na bok **4 toss your head (back)** odrzucić głowę do tyłu

**toss**[2] *n* **a toss of a coin** rzut monetą

**tot** /tɒt/ *n* [C] *informal* brzdąc

**to·tal**[1] /ˈtəʊtl/ *adj* **1** całkowity: *His farm has a total area of 100 acres.* | *The total cost of the building will be $6 million.* **2** zupełny, totalny: *The meeting was a total waste of time.*

**total**[2] *n* [C] suma: *The city spent a total of two million dollars on the library.* | **in total** (=w sumie): *In total, the journey took about 8 hours.*

**total**[3] *v* [T] **-lled, -lling** *BrE*, **-led, -ling** *AmE* **1** wynosić: *Sales totalled nearly $700,000 last year.* **2** *AmE informal* skasować (*samochód*)

**to·tal·i·tar·i·an** /təʊˌtælə̇ˈteəriən/ *adj* totalitarny —**totalitarianism** *n* [U] totalitaryzm

**tot·al·ly** /ˈtəʊtl-i/ *adv* całkowicie: *I totally agree with you.* | *The whole thing was totally unfair.*

**tot·ter** /ˈtɒtə/ *v* [I] zataczać się: *a woman tottering around in high heels*

**touch**[1] /tʌtʃ/ *v* **1** [T] dotykać: *Don't touch the paint – it's still wet!* | *She touched his forehead gently.* **2** [I] stykać się: *Make sure the wires aren't touching.* **3 not touch sth a)** nie tykać czegoś: *He never touches a drop of alcohol.* **b)** trzymać się z daleka od czegoś: *Clancy said he wouldn't touch the case.* **4 not touch sb/sth** (nawet) nie dotknąć kogoś/czegoś: *I swear I didn't touch him!* **5** [T] wzruszać: *Chaplin's films touched the hearts of millions.* **6 touch wood** *BrE spoken* odpukać (w niemalowane drewno) → patrz też TOUCHED

**touch down** *phr v* [I] wylądować

**touch on/upon** sth *phr v* [T] poruszyć (*temat*)

**touch**[2] *n* **1** [U singular] dotyk: *Rita felt the touch of his hand on her arm.* | *The reptile's skin was cold to the touch* (=zimna w dotyku). **2 get in touch (with sb)** s/kontaktować się (z kimś): *I've been trying to get in touch for days.* **3 keep/stay in touch** utrzymywać kontakt **4 lose touch (with sb)** s/tracić kontakt (z kimś): *I've lost touch with most of my high school friends.* **5 in touch/out of touch (with sth)** na bieżąco/nie na bieżąco (z czymś): *The government is out of touch with public opinion on this issue.* **6 a touch of sth** odrobina czegoś: *There was a touch of sadness in her voice.* **7** [C] poprawka: *Becky put the finishing touches on the cake.* → patrz też SOFT TOUCH

**touch-and-go** /ˌ. . ˈ./ *adj informal* ryzykowny: *It was touch-and-go whether the doctor would get there on time* (=istniało ryzyko, że lekarz nie dotrze na czas).

**touch·down** /ˈtʌtʃdaʊn/ *n* [C] **1** przyłożenie (*piłki w futbolu amerykańskim*) **2** lądowanie

**touched** /tʌtʃt/ *adj* wzruszony: *She was touched by his kindness.*

**touch·ing** /ˈtʌtʃɪŋ/ *adj* wzruszający: *a touching story*

**touch·y** /ˈtʌtʃi/ *adj* **1** przewrażliwiony: *You've been very touchy lately – what's wrong?* **2 touchy subject/question** drażliwy temat/kwestia

**tough** /tʌf/ *adj* **1** trudny, ciężki: *It's going to be a tough job.* | *They asked some tough questions.* | *a tough choice* | *It's always tough on the children* (=dzieciom zawsze jest ciężko) *when a family breaks up.* **2** twardy: *a tough waterproof material* | *This steak is really tough.* | *Clint Eastwood plays the part of a tough cop.* | *tough anti-smoking laws* **3 a tough area/neighbourhood** niebezpieczna okolica/dzielnica —**toughness** *n* [U] twardość, wytrzymałość

**tough·en** /ˈtʌfən/ **toughen up** *v* [I,T] za/hartować (się)

**tou·pee** /ˈtuːpeɪ/ *n* [C] peruczka, tupecik

**tour**[1] /tʊə/ *n* **1** [C,U] wycieczka: *a 14-day tour of Egypt* | **on tour** (=na tournee): *The Moscow Symphony Orchestra is here on tour.* | **go on tour** (=wyjechać w trasę) **2** [C] zwiedzanie: *We had a guided tour* (=zwiedzanie z przewodnikiem) *of the museum.*

**tour²** *v* [T] objeżdżać, zwiedzać

**tour·is·m** /ˈtʊərɪzəm/ *n* [U] turystyka: *The island depends on tourism for most of its income.*

**tour·ist** /ˈtʊərəst/ *n* [C] turyst-a/ka: *Oxford is full of tourists in the summer.*

**tour·na·ment** /ˈtʊənəmənt/ *n* [C] turniej

**tow¹** /təʊ/ *v* [T] holować: *Our car had to be towed away* (=odholowany).

**tow²** *n* **1** [U singular] holowanie **2 in tow** za sobą: *Mattie arrived with all her children in tow.*

**to·wards** /təˈwɔːdz/ *especially BrE,* **toward** *especially AmE prep* **1** w kierunku, ku: *I saw a man coming towards me.* **2** do, wobec: *Attitudes towards divorce have changed.* **3** na (rzecz): *My parents gave us some money towards the cost of the apartment.* **4** przy, koło: *It was cooler towards the coast.* | *I often feel tired towards the end of the day* (=pod koniec dnia).

**tow·el** /ˈtaʊəl/ *n* [C] ręcznik: *a bath towel*

**tow·er¹** /ˈtaʊə/ *n* [C] wieża: *the Eiffel Tower*

**tower²** *v* [I] **tower (over/above)** górować (nad), wznosić się (nad): *The teacher towered above him* (=był dużo od niego wyższy). —**towering** *adj* gigantyczny

**tower block** /ˈ.. ./ *n* [C] *BrE* wieżowiec

**town** /taʊn/ *n* **1** [C,U] miasto: *a little town on the coast* | *The whole town got involved in the celebrations.* | **go into town** (=iść/jechać do miasta): *I need to go into town this morning.* **2 go to town (on sth)** *informal* iść na całego (z czymś): *Angela really went to town on buying things for her new house.*

> UWAGA **town**
>
> Patrz **village**.

**town hall** /ˌ. ˈ./ *n* [C] ratusz

**tox·ic** /ˈtɒksɪk/ *adj* trujący: *toxic chemicals* | **toxic waste** (=odpady toksyczne)

**toy¹** /tɔɪ/ *n* [C] zabawka: *her favourite toys* | *a toy gun*

**toy²** *v*

**toy with** sth *phr v* [T] **1** rozważać przez krótki czas: *She had toyed with the idea of becoming an actress.* **2** bawić się (*bezmyślnie*): *Roy toyed with his pen before he spoke.*

**trace¹** /treɪs/ *v* [T] **1** odszukać: *Police are still trying to trace her husband.* **2** odtworzyć: *He traced his family history back to the 17th century.* **3** od/kalkować **4** namierzyć: *tracing telephone calls*

**trace²** *n* **1** [C,U] ślad: *We found no trace of them on the island.* | **disappear/vanish without trace** (=zniknąć bez śladu) **2** [C] nuta: *There was a trace of sadness in his voice.*

**track¹** /træk/ *n* **1** [C] droga gruntowa: *a dirt track through the woods* **2 keep track of sth** nadążać za czymś: *It's hard to keep track of everyone's birthdays.* **3 lose track of sth** s/tracić orientację w czymś **4 be on the right/wrong track** zmierzać we właściwym/niewłaściwym kierunku: *Keep going, you're on the right track.* **5** [C] utwór (*na płycie*): *the best track on the album* **6** [C] tor(y): *The track was damaged in several places.* **7** [C] bieżnia: *the fastest man on the track* **8 tracks** ślady

**track²** *v* [T] wy/tropić: *The whales were tracked across the Atlantic.*

**track** sb/sth ↔ **down** *phr v* [T] wytropić, odnaleźć: *They finally succeeded in tracking down their daughter.*

**track and field** /ˌ.. . ˈ./ *n* [U] *especially AmE* lekkoatletyka

**track rec·ord** /ˈ. ˌ../ *n* [singular] osiągnięcia: *The company has an excellent track record on environmental issues.*

**track·suit** /ˈtræksuːt/ *n* [C] *BrE* dres

**tract** /trækt/ *n* [C] **1 respiratory tract** drogi oddechowe **2 digestive tract** przewód pokarmowy **3** przestrzeń: *vast tracts of virgin rainforest*

**trac·tor** /ˈtræktə/ *n* [C] traktor

**trade¹** /treɪd/ *n* **1** [U] handel **2 retail/tourist trade** branża handlowa/turystyczna **3** [C] zawód, fach: **by**

T

**trade** *Jerry's a plumber by trade* (=z zawodu).

**trade²** *v* [I,T] **1** handlować: *Our company has a lot of experience of trading in Asia.* **2** *AmE* zamieniać się: *I love your pink sneakers. Do you want to trade?*

**trade** sth ↔ **in** *phr v* [T] wymieniać za dopłatą (*na coś nowego*): *I traded my Chevy in for a Honda.*

**trade·mark** /ˈtreɪdmɑːk/ *n* [C] znak handlowy

**trad·er** /ˈtreɪdə/ *n* [C] handlowiec

**trades·man** /ˈtreɪdzmən/ *n* [C] *BrE plural* **tradesmen** handlarz

**trade u·nion** /ˌ. ˈ../ *n* [C] *BrE* związek zawodowy —**trade unionist** *n* [C] związkowiec

**tra·di·tion** /trəˈdɪʃən/ *n* [C,U] tradycja: *an old Jewish tradition*

**tra·di·tion·al** /trəˈdɪʃənəl/ *adj* tradycyjny: *traditional Irish music* | *My father has very traditional ideas about marriage.* —**traditionally** *adv* tradycyjnie

**traf·fic** /ˈtræfɪk/ *n* [U] **1** ruch uliczny: **heavy traffic** (=duży ruch): *There was heavy traffic on the roads this morning.* **2** ruch: *air traffic control* **3** nielegalny handel

**traffic circle** /ˈ.. ˌ../ *n* [C] *AmE* rondo

**traffic jam** /ˈ.. ˌ./ *n* [C] korek (*uliczny*): *We were stuck in a traffic jam for two hours.*

**traf·fick·ing** /ˈtræfɪkɪŋ/ *n* **drug/arms trafficking** handel bronią/narkotykami

**traffic light** /ˈ.. ./, **traffic sig·nal** /ˈ.. ˌ../ *n* [C] sygnalizacja świetlna

**traffic war·den** /ˈ.. ˌ../ *n* [C] *BrE* funkcjonariusz pilnujący prawidłowego parkowania pojazdów

**tra·ge·dy** /ˈtrædʒədi/ *n* [C,U] tragedia: *They never recovered from the tragedy of their son's death.* | *Shakespeare's tragedies*

**tra·gic** /ˈtrædʒɪk/ *adj* tragiczny: *The Princess was killed in a tragic car accident in Paris.* | *the tragic hero in 'A Tale of Two Cities'* —**tragically** *adv* tragicznie

**trail¹** /treɪl/ *n* [C] **1** szlak: *a hiking trail in the mountains* **2** ślady: *a trail of blood* | *The storm left a trail of destruction across southern England.* **3 be on sb/sth's trail** być na czyimś tropie/na tropie czegoś: *The FBI were hot on his trail.*

**trail²** *v* **1** [T] wy/tropić **2** [I] przegrywać: *The Cowboys are trailing 21–14 in the third quarter.* **3** [I,T] ciągnąć (się), wlec się: *She wore a long dress, which trailed along the ground behind her.* | *The two mothers walked along with their kids trailing behind them.*

**trail·er** /ˈtreɪlə/ *n* [C] **1** przyczepa **2** zwiastun (*np. filmu*)

**train¹** /treɪn/ *n* [C] **1** pociąg: *What time's the next train to Birmingham?* **2 train of thought** tok myślowy **3** karawana: *a camel train*

**train²** *v* **1** [I,T] szkolić (się): *She trained as a nurse for four years.* | *Staff are trained in how to deal with difficult customers.* **2** [I,T] trenować: *He's training for the Olympics.* —**trained** *adj* wykwalifikowany: *highly trained riot police*

**train·ee** /ˌtreɪˈniː◂/ *n* [C] stażyst-a/ka: *a trainee teacher*

**train·er** /ˈtreɪnə/ *n* [C] **1** trener/ka **2** *BrE* but sportowy

**train·ing** /ˈtreɪnɪŋ/ *n* [U] **1** szkolenie: *a training course* **2** trening: *She injured her knee in training.*

**trait** /treɪ/ *n* [C] cecha: *His jealousy is one of his worst traits.*

**trai·tor** /ˈtreɪtə/ *n* [C] zdraj-ca/czyni

**tram** /træm/ *n* [C] *especially BrE* tramwaj

**tramp¹** /træmp/ *n* [C] włóczęga

**tramp²** *v* **1** [I] brnąć: *They tramped through the snow.* **2** [T] przemierzać: *I've tramped the streets all day looking for work.*

**tram·ple** /ˈtræmpəl/ *v* [I,T] **1** s/tratować: *One woman was trampled to death by the crowd.* **2** po/deptać: *The colonial government had trampled on the rights of the native poeple.*

**tram·po·line** /ˈtræmpəliːn/ *n* [C] batut

**trance** /trɑːns/ *n* [C] trans

**tran·quil** /ˈtræŋkwəl/ *adj* spokojny: *a tranquil little town* —**tranquility** /træŋˈkwɪləti/, **tranquillity** *n* [U] spokój

**tran·qui·liz·er** /ˈtræŋkwəlaɪzə/ (*także* **-iser** BrE) *n* [C] środek uspokajający

**trans·ac·tion** /trænˈzækʃən/ *n* [C] *formal* transakcja: *financial transactions*

**trans·at·lan·tic** /ˌtrænzətˈlæntɪk◂/ *adj* transatlantycki: *a transatlantic flight*

**tran·scend** /trænˈsend/ *v* [T] *formal* wykraczać poza: *Mandela's ability to transcend political boundaries*

**trans·con·ti·nen·tal** /ˌtrænzkɒntəˈnentl/ *adj* transkontynentalny: *the first transcontinental railroad*

**tran·scribe** /trænˈskraɪb/ *v* [T] zapisywać, transkrybować —**transcription** /trænˈskrɪpʃən/ *n* [C,U] transkrypcja

**tran·script** /ˈtrænskrɪpt/ *n* [C] zapis: *a transcript of the witness's testimony*

**trans·fer**[1] /trænsˈfɜː/ *v* **-rred, -rring 1** [I,T] przenosić (się): *She's been transferred to head office.* **2** przelewać: *I'd like to transfer some money into my savings account.* —**transferable** *adj*: *a transferable ticket* (=bilet na okaziciela)

**trans·fer**[2] /ˈtrænsfɜː/ *n* [C,U] przekazanie: *the transfer of power*

**trans·form** /trænsˈfɔːm/ *v* [T] odmienić: *discoveries that have transformed the world we live in* —**transformation** /ˌtrænsfəˈmeɪʃn/ *n* [C,U] transformacja: *The city has undergone a total transformation.*

**trans·form·er** /trænsˈfɔːmə/ *n* [C] transformator

**trans·fu·sion** /trænsˈfjuːʒən/ *n* [C,U] transfuzja

**tran·sis·tor** /trænˈzɪstə/ *n* [C] tranzystor

**tran·sit** /ˈtrænsət/ *n* [U] transport: **in transit** *Goods often get lost in transit* (=podczas transportu).

> UWAGA **transport**
>
> Wyraz **transport** używany jest częściej w angielszczyźnie brytyjskiej, a **transportation** w amerykańskiej. Dla większości środków transportu i komunikacji miejskiej, kiedy mówimy o przemieszczaniu się z jednego miejsca w drugie, używamy **by**: *I came by car/plane/train* itp. Jeśli ktoś idzie piechotą, używamy wyrażenia **on foot**: *I came on foot.* Kiedy mówimy o czymś, co stało się podczas korzystania z komunikacji publicznej, używamy **on**: *I met Jim on the train/bus/plane* itp.

**tran·si·tion** /trænˈzɪʃən/ *n* [C,U] *formal* przejście: *the transition from dictatorship to democracy* —**transitional** *adj* przejściowy: *a two-year transitional period*

**tran·si·tive verb** /ˌtrænsətɪv ˈvɜːb/ *n* [C] czasownik przechodni → porównaj INTRANSITIVE VERB

**tran·si·to·ry** /ˈtrænzətəri/ *adj formal* krótkotrwały, przemijający

**trans·late** /trænsˈleɪt/ *v* [I,T] **1** przetłumaczyć: *The book has been translated into several European languages.* **2** *formal* przekładać (się): **+ into** (=na): *This should translate into lower production costs.*

**trans·la·tion** /trænsˈleɪʃən/ *n* [C,U] tłumaczenie

**trans·la·tor** /trænsˈleɪtə/ *n* [C] tłumacz/ka

**trans·mis·sion** /trænzˈmɪʃən/ *n* **1** [C,U] transmisja **2** [C,U] przekładnia: *automatic transmission* **3** [U] *formal* przenoszenie: *the transmission of diseases*

**trans·mit** /trænzˈmɪt/ *v* [T] **-tted, -tting 1** transmitować **2** *informal* przenosić: *The virus is transmitted through sexual contact.*

**trans·mit·ter** /trænzˈmɪtə/ *n* [C] nadajnik

**trans·par·en·cy** /trænˈspærənsi/ *n* [C,U] przezrocze

**trans·par·ent** /trænˈspærənt/ *adj* **1** przezroczysty: *transparent plastic* **2** jawny, oczywisty: *a transparent lie*

**trans·plant**[1] /ˈtrænsplɑːnt/ *n* [C,U] transplantacja, przeszczep: *a heart transplant*

**trans·plant**[2] /trænsˈplɑːnt/ *v* [T] **1** przeszczepiać **2** przenosić

**trans·port**[1] /ˈtrænspɔːt/ *n* [U] BrE **1** transport: *Do you have your own transport?* | *the transport of live animals* **2** komunikacja: *Buses are the main form*

T

*of public transport* (=komunikacji miejskiej).

**trans·port²** /træn'spɔːt/ *v* [T] przewozić, prze/transportować

**trans·por·ta·tion** /ˌtrænspɔː'teɪʃən/ *n* [U] *especially AmE* **1** komunikacja: *the city's transportation system* **2** transport: *transportation costs*

**trans·ves·tite** /trænz'vestaɪt/ *n* [C] transwestyt-a/ka

**trap¹** /træp/ *n* [C] pułapka: *a mouse trap | the deadly trap of drug and alcohol addiction*

**trap²** *v* [T] **-pped, -pping 1 trapped** uwięziony: *The children were trapped in a burning building. | She felt trapped in a loveless marriage.* **2** z/łapać w pułapkę: *a series of questions intended to trap him*

**trap·door** /'træpdɔː/ *n* [C] klapa, drzwi spustowe

**tra·peze** /trə'piːz/ *n* [C] trapez

**trash** /træʃ/ *n* [U] **1** *AmE* śmieci **2** *informal* chłam: *There's so much trash on TV these days.*

**trash·can** /'træʃkæn/ *n* [C] *AmE* pojemnik na śmieci

**trash·y** /'træʃi/ *adj* szmatławy: *trashy novels*

**trau·ma** /'trɔːmə/ *n* [C] **1** [U] bolesne przeżycie: *Children often have trouble coping with the trauma of divorce.* **2** [U] uraz

**trau·mat·ic** /trɔː'mætɪk/ *adj* traumatyczny: *a traumatic experience*

**trav·el¹** /'trævəl/ *v* **-lled, -lling** *BrE*, **-led, -ling** *AmE* **1** [I] podróżować, jeździć: *Jack spent the summer travelling around Europe. | I usually travel to work by car.* **2** [T] przejechać: *They travelled over 400 miles on the first day.* **3** [I] rozchodzić się: *News travels fast in a small town like this.*

**travel²** *n* [U] podróż: *Heavy rain is making road travel difficult.*

**travel a·gen·cy** /'.. ˌ.../ *także* **travel agent's** *n* [C] biuro podróży

**travel a·gent** /'.. ˌ../ *n* [C] agent/ka biura podróży

**trav·el·ler** /'trævələ/ *BrE*, **traveler** *AmE* *n* [C] podróżni-k/czka

**traveller's cheque** /'... ˌ./ *BrE*, **traveler's check** *AmE* *n* [C] czek podróżny

**trawl·er** /'trɔːlə/ *n* [C] trawler

**tray** /treɪ/ *n* [C] tac(k)a

**treach·e·rous** /'tretʃərəs/ *adj* **1** zdradliwy: *Black ice on the roads is making driving treacherous.* **2** zdradziecki: *his treacherous colleagues*

**treach·e·ry** /'tretʃəri/ *n* [U] zdrada

**tread¹** /tred/ *v* **trod, trodden, treading** [I,T] *especially BrE* deptać, nadepnąć: **+ on/in** *Sorry. Did I tread on your foot?*

**tread²** *n* **1** [C,U] bieżnik (*na oponie*) **2** [singular] chód: *a heavy tread*

**tread·mill** /'tredˌmɪl/ *n* [singular] kierat

**trea·son** /'triːzən/ *n* [U] zdrada

**trea·sure¹** /'treʒə/ *n* [C,U] skarb: *a story about buried treasure | the treasures of the Louvre*

**treasure²** *v* [T] cenić: *one of his most treasured memories*

**trea·sur·er** /'treʒərə/ *n* [C] skarbnik

**trea·su·ry** /'treʒəri/ *n* **the Treasury** ministerstwo skarbu

**treat¹** /triːt/ *v* [T] **1** po/traktować: *Why do you always treat me like a child? | Tracy felt she had been badly treated.* | **treat sth as sth** *He treats everything I say as some kind of joke.* **2** leczyć: *Eleven people were treated* (=jedenastu osobom udzielono pomocy medycznej) *for minor injuries.* **3 treat sb to dinner** zapraszać kogoś na obiad: *We're treating Jill to dinner for her birthday.* | **treat yourself to sth** (=zafundować sobie coś): *I thought I'd treat myself to a new haircut.* **4** zabezpieczać: *The metal has been treated against rust.*

**treat²** *n* **1** [C] prezent: *Stephen took his son to Disneyland as a birthday treat.* **2** [singular] przyjemność: *Getting your letter was a real treat.* **3 my treat** *spoken* ja stawiam

**treat·ment** /'triːtmənt/ *n* **1** [C,U] terapia, leczenie: *a new treatment for*

*cancer* **2** [U] traktowanie: *complaints about the treatment of political prisoners*

**treat·y** /ˈtriːti/ *n* [C] traktat: *a peace treaty*

**treb·le** /ˈtrebəl/ *v* [I,T] potrajać (się)

**tree** /triː/ *n* [C] drzewo: *an apple tree*

**trek** /trek/ *v* **-kked, -kking** [I] wędrować: *We're planning to go trekking in Nepal.* —**trek** *n* [C] wędrówka: *a three-hour trek back to camp*

**trem·ble** /ˈtrembəl/ *v* [I] za/drżeć: *His voice trembled as he spoke.*

> UWAGA **tremble** i **shiver**
>
> Nie należy mylić wyrazów **tremble** i **shiver** w znaczeniu 'drżeć'. **Tremble** znaczy 'drżeć ze strachu, nerwów, podniecenia itp.': *She trembled with excitement just at the thought of seeing him again.* **Shiver** znaczy 'drżeć z zimna': *I stood at the bus stop shivering and wishing that I'd worn my coat.*

**tre·men·dous** /trɪˈmendəs/ *adj* **1** ogromny: *I have tremendous respect for her.* **2** wspaniały: *The police did a tremendous job.*

**trem·or** /ˈtremə/ *n* [C] **1** wstrząs (*sejsmiczny*) **2** dreszcz

**trench** /trentʃ/ *n* [C] rów

**trench·coat** /ˈtrentʃkəʊt/ *n* [C] trencz

**trend** /trend/ *n* [C] **1** trend: *There's a trend toward more part-time employment.* | *the latest fashion trends* **2 set the trend** zapoczątkować trend

**trend·y** /ˈtrendi/ *adj* modny: *a trendy bar*

**tres·pass** /ˈtrespəs/ *v* [I] wkraczać bez pozwolenia na teren prywatny

**tri·al** /ˈtraɪəl/ *n* **1** [C,U] proces: *a murder trial* | **be on trial/stand trial** *The two men are on trial* (=są sądzeni) *for armed robbery.* **2** [C,U] próba, test: *clinical trials of a new drug* **3 trial and error** metoda prób i błędów: *Students learn through a process of trial and error.* ➡ patrz też TRIALS

**trial run** /ˌ.. ˈ./ *n* [C] próba

**tri·als** /ˈtraɪəlz/ *n* [plural] eliminacje

**tri·an·gle** /ˈtraɪæŋgəl/ *n* [C] trójkąt —**triangular** /traɪˈæŋgjᵊlə/ *adj* trójkątny

**tribe** /traɪb/ *n* [C] plemię —**tribal** *adj* plemienny: *tribal art*

**tri·bu·nal** /traɪˈbjuːnl/ *n* [C] trybunał: *a war crimes tribunal*

**trib·u·ta·ry** /ˈtrɪbjᵊtəri/ *n* [C] dopływ

**trib·ute** /ˈtrɪbjuːt/ *n* [C,U] hołd: *The concert was held as a tribute to Bob Dylan.* | **pay tribute to sb** (=wyrażać uznanie dla kogoś)

**trick**[1] /trɪk/ *n* [C] **1** podstęp: *The phone call was just a trick to get him out of the office.* | **play a trick on sb** (=s/płatać komuś figla): *a naughty boy who was always playing tricks on his parents* **2 do the trick** *spoken* załatwić sprawę: *A little salt should do the trick.* **3** sposób: *There's a trick to getting the audience's attention.* **4** sztuczka: *Do you know any good card tricks?*

**trick**[2] *v* [T] oszukiwać: *They tricked her out of* (=naciągnęli ją na) *all her money.*

**trick·e·ry** /ˈtrɪkəri/ *n* [U] oszustwo

**trick·le**[1] /ˈtrɪkəl/ *v* [I] **1** sączyć się, kapać: *Sweat trickled down his face* (=spływał mu po twarzy). **2** powoli napływać: *The first few fans started to trickle into the stadium.*

**trickle**[2] *n* [C] strużka: *a tiny trickle of blood*

**trick·y** /ˈtrɪki/ *adj* trudny, skomplikowany: *It was a tricky decision.* | *a tricky problem*

**tri·cy·cle** /ˈtraɪsɪkəl/ *n* [C] rower trójkołowy

**tried** /traɪd/ *v* czas przeszły i imiesłów bierny od TRY

**tri·fle** /ˈtraɪfəl/ *n* **1 a trifle** nieco: *He looked a trifle unhappy.* **2** [C] drobnostka: *a mere trifle*

**trig·ger**[1] /ˈtrɪgə/ *n* [C] spust: *He pointed the gun and pulled the trigger.*

**trigger**[2] *także* **trigger off** *v* [T] wywoływać: *Heavy rain may trigger mudslides.*

**tril·o·gy** /ˈtrɪlədʒi/ *n* [C] trylogia

**trim**[1] /trɪm/ *v* **-mmed, -mming 1** [T] przycinać: *My hair needs trimming.* **2** [T] z/redukować: *plans to trim the city's budget* **3 trimmed with sth** ozdobiony/wykończony czymś: *The sleeves were trimmed with velvet.*

**trim**[2] *adj* **1** szczupły: *a trim figure* **2** schludny

**trim**[3] *n* **1** [singular] podstrzyżenie, podcięcie: *Your beard needs a trim.* **2** [U singular] wykończenie **3 in trim** w formie

**tri·mes·ter** /trɪˈmestə/ *n* [C] *especially AmE* trymestr

**trim·ming** /ˈtrɪmɪŋ/ *n* **1** [C,U] wykończenie **2 with all the trimmings** ze wszystkimi dodatkami: *a turkey dinner with all the trimmings*

**trin·i·ty** /ˈtrɪnǝ̇ti/ *n* **the Trinity** Trójca Święta

**trin·ket** /ˈtrɪŋkǝ̇t/ *n* [C] świecidełko

**tri·o** /ˈtriːəʊ/ *n* [C] trio, tercet

**trip**[1] /trɪp/ *n* [C] podróż, wycieczka: *We're taking a trip to Florida.* | *a business trip*

**trip**[2] *v* **-pped, -pping 1** [I] potykać się: **+ on/over** (=o): *I tripped over a chair.* **2** [T] *także* **trip up** podstawiać nogę

**trip·le**[1] /ˈtrɪpǝl/ *adj* potrójny: *a triple gold medal winner*

**triple**[2] *v* [I,T] potrajać (się): *The population may triple in 20 years.*

**trip·lets** /ˈtrɪplǝ̇ts/ *n* [plural] trojaczki

**tri·pod** /ˈtraɪpɒd/ *n* [C] trójnóg

**trite** /traɪt/ *adj* oklepany: *a dull speech full of trite clichés*

**tri·umph**[1] /ˈtraɪəmf/ *n* [C,U] tryumf: *San Francisco's triumph over Cincinnati in the Super Bowl* | *He raised his arms in triumph* (=tryumfalnie). —**triumphal** /traɪˈʌmfǝl/ *adj* tryumfalny: *a triumphal march*

**triumph**[2] *v* [I] za/tryumfować

**tri·um·phant** /traɪˈʌmfǝnt/ *adj* zwycięski: *a triumphant army*

**triv·i·a** /ˈtrɪviə/ *n* [plural] błahostki

**triv·i·al** /ˈtrɪviəl/ *adj* błahy, trywialny: *a trivial matter*

**triv·i·al·ize** /ˈtrɪviəlaɪz/ (*także* **-ise** *BrE*) *v* [T] z/bagatelizować

**trod** /trɒd/ *v* czas przeszły od TREAD

**trod·den** /ˈtrɒdn/ *v* imiesłów bierny od TREAD

**trol·ley** /ˈtrɒli/ *n* [C] *BrE* wózek (*na zakupy*)

**trom·bone** /trɒmˈbəʊn/ *n* [C] puzon

**troop** /truːp/ *n* [C] **1 troops** wojsko: *Troops were sent in to stop the riots.* **2** stado **3** gromada

**tro·phy** /ˈtrəʊfi/ *n* [C] trofeum, puchar

**trop·i·cal** /ˈtrɒpɪkǝl/ *adj* tropikalny: *tropical countries* | *tropical fish*

**trop·ics** /ˈtrɒpɪks/ *n* **the tropics** tropiki

**trot** /trɒt/ *v* [I] **-tted, -tting 1** kłusować: *A group of horses trotted past.* **2** biec truchtem: *Jimmy trotted along behind his parents.* —**trot** *n* [singular] kłus, trucht

**troub·le**[1] /ˈtrʌbǝl/ *n* **1** [C,U] kłopot(y): *She's been having some kind of trouble with her boyfriend.* | *It's good to be able to talk to someone about your troubles.* | **the trouble is** *spoken* (=kłopot w tym, że): *I'd love to go with you. The trouble is, I don't have enough money.* **2** [U] problem(y): *engine trouble* (=problemy z silnikiem) | *What seems to be the trouble* (=w czym problem)? **3 be in trouble** mieć kłopoty: *The company was in serious trouble financially.* | *Joe's in trouble with the police again.* | **get into trouble** (=wikłać się w kłopoty): *He was always getting into trouble at school.* **4** [U] trud: **take a lot of trouble/go to a lot of trouble** (=zadawać sobie trud): *It was a fantastic meal. They'd obviously gone to a lot of trouble over it.* | **take the trouble to do sth** (=zadawać sobie trud, żeby coś zrobić): *He'd taken the trouble to learn all our names.* **5** [C,U] awantura: **cause/create trouble** (=wywoływać awantury): *English fans have a reputation for causing trouble.* **6** [U] dolegliwości: *back trouble* **7 the trouble with sb/sth is** *spoken* problem z kimś/czymś polega na tym, że: *The trouble with Tom is he never listens*

to what other people say. **8 sb is asking for trouble** *informal* ktoś napyta sobie biedy: *You're just asking for trouble if you don't get those brakes fixed.*

**trouble²** *v* [T] **1** martwić: *I tried to find out what's troubling her.* **2** *formal* niepokoić: *I'm sorry to trouble you, but could you open the door for me?*

**troub·led** /ˈtrʌbəld/ *adj* zmartwiony: *a deeply troubled man*

**troub·le·mak·er** /ˈtrʌbəlˌmeɪkə/ *n* [C] wichrzyciel/ka

**troub·le·some** /ˈtrʌbəlsəm/ *adj* kłopotliwy: *a troublesome employee*

**trouble spot** /ˈ.. ./ *n* [C] punkt zapalny: *Tourists have been warned to stay away from trouble spots.*

**trough** /trɒf/ *n* [C] koryto

**trou·sers** /ˈtraʊzəz/ *n* [plural] spodnie

**trouser suit** /ˈ.. ./ *n* [C] *BrE* garnitur damski

**trout** /traʊt/ *n* [C,U] pstrąg

**trowel** /ˈtraʊəl/ *n* [C] **1** rydel **2** kielnia

**tru·ant** /ˈtruːənt/ *n* [C] wagarowicz/ka: **play truant** *BrE* (=chodzić na wagary)

**truce** /truːs/ *n* [C] rozejm: *The two sides have declared a truce.*

**truck** /trʌk/ *n* [C] ciężarówka

**truck·er** /ˈtrʌkə/ *n* [C] *especially AmE* kierowca ciężarówki

**trudge** /trʌdʒ/ *v* [I] wlec się: *He trudged up the stairs.*

**true** /truː/ *adj* **1** prawdziwy: *Believe me, it's a true story.* | *a true friend* | *true love* | **it is true (that)** (=to prawda, że): *Is it true that you're moving to Denver?* ➡ antonim FALSE **2 come true** spełnić się: *Their dream of owning a house in the mountains had finally come true.* **3** *spoken* to prawda (że): *True, he has a college degree, but he doesn't have enough job experience.* **4 true to sb/sth** wierny komuś/czemuś: *He was true to his word* (=dotrzymał słowa).

**truf·fle** /ˈtrʌfəl/ *n* [C] trufla

**tru·ly** /ˈtruːli/ *adv* naprawdę: *a truly amazing story* | *a truly democratic country* | *She truly loved him.* | **well and truly** (=całkiem): *By now we were well and truly lost.* ➡ patrz też **yours (truly)** (YOURS)

**trump** /trʌmp/ *n* [C] karta atutowa

**trump card** /ˈ. ./ *n* [C] as atutowy

**trum·pet** /ˈtrʌmpɪ̈t/ *n* [C] trąbka

**trun·cat·ed** /trʌŋˈkeɪtɪ̈d/ *adj* skrócony: *a truncated version of the report*

**trun·cheon** /ˈtrʌnʃən/ *n* [C] *BrE* pałka (*policyjna*)

**trunk** /trʌŋk/ *n* [C] **1** pień **2** *AmE* bagażnik **3** trąba: *an elephant's trunk* **4** kufer

**trunks** /trʌŋks/ *n* [plural] kąpielówki

**trust¹** /trʌst/ *v* [T] **1** ufać: *David is one of my oldest friends, I trust him completely.* | *I'm not sure if I trust his judgement.* | **trust sb with sth** (=powierzyć komuś coś): *Do you think we can trust her with the children?* **2 I trust (that)** *spoken formal* mam nadzieję, że: *I trust that you had a successful trip.*

**trust in** sb/sth *phr v* [T] *formal* za/ufać

**trust²** *n* **1** [U] zaufanie: *the lack of trust between local people and the police* | **a position of trust** (=odpowiedzialna funkcja) ➡ antonim DISTRUST¹ **2** [C] trust: *an investment trust* **3** [U] fundusz powierniczy: *$100,000 is being held in trust for his daughter.*

**trust·ee** /ˌtrʌsˈtiː◂/ *n* [C] powiernik

**trust·ing** /ˈtrʌstɪŋ/ *adj* ufny

**trust·wor·thy** /ˈtrʌstˌwɜːði/ *adj* godny zaufania

**trust·y** /ˈtrʌsti/ *adj humorous* wierny: *a trusty horse*

**truth** /truːθ/ *n* **1 the truth** prawda: *I'm sure she's telling the truth.* **2** [U,C] prawda: *Do you think there's any truth in these accusations?* | *scientific truths* **3 to tell (you) the truth** *spoken* prawdę mówiąc: *To tell you the truth, I've never really liked him.*

> **UWAGA truth**
>
> Nie mówi się "she's saying the truth". Mówi się **she's telling the truth**.

**truth·ful** /ˈtruːθfəl/ *adj* **1** prawdomówny: *a truthful little boy* **2** zgodny z prawdą:

T

*a truthful account* —**truthfully** *adv* zgodnie z prawdą

**try¹** /traɪ/ *v* **tried, tried, trying 1** [I,T] s/próbować: *Tim tried to get another job, but he had no luck.* | *I tried not to laugh.* | *You must try some of this cake!* | *She tried all kinds of diets, but none of them seemed to work.* | **try the door/window** (=próbować otworzyć drzwi/okno) **2** [T] sądzić: *Three men were tried for murder.*

**try** sth ↔ **on** *phr v* [T] przymierzać: *Would you like to try these jeans on?*

**try** sth ↔ **out** *phr v* [T] wypróbować: *I can't wait to try out my new camera.*

**try²** *n* **1** [C] próba: *He succeeded on his first try.* **2 give sth a try** spróbować czegoś: *I've never skated before, but I'll give it a try* (=ale spróbuję). **3** [C] przyłożenie piłki w rugby

**try·ing** /ˈtraɪ-ɪŋ/ *adj* męczący: *It's been a trying time for us all.*

**tsar** /zɑː/, **tzar**, **czar** *n* [C] car

**T-shirt** /ˈtiː ʃɜːt/ *n* [C] koszulka z krótkim rękawem

**tub** /tʌb/ *n* [C] **1** kubek (*np. od serka*): *a tub of ice cream* **2** kadź **3** *AmE* wanna

**tu·ba** /ˈtjuːbə/ *n* [C] tuba (*instrument*)

**tub·by** /ˈtʌbi/ *adj informal* pulchny

**tube** /tjuːb/ *n* **1** [C] rurka: *She was lying in a hospital bed with tubes coming out of her mouth.* **2** [C] **a)** tubka: *a tube of toothpaste* **b)** tuba (*papierowa lub plastikowa*) **3 the Tube** metro (*londyńskie*)

**tu·ber·cu·lo·sis** /tjuːˌbɜːkjᵘ̯ˈləʊsᵻs/ *n* [U] gruźlica

**tuck** /tʌk/ *v* [T] wsunąć: *You've forgotten to tuck your shirt into your trousers!* | *She tucked the money into her pocket.* | *The duck had its head tucked under its wing.*

**tuck** sth ↔ **away** *phr v* [T] **1** odłożyć: *He tucked the letter away in a drawer.* **2 tucked away** ukryty (głęboko): *a little village tucked away in the mountains*

**tuck in/into** *phr v* **1** [T **tuck** sb **in**] otulić (*w łóżku*) **2** [T **tuck into** sth] *BrE informal* wcinać (*jeść*)

**tuck** sb **up** *phr v* [T] **be tucked up (in bed)** leżeć/siedzieć wygodnie (w łóżku)

**Tues·day** /ˈtjuːzdi/ skrót pisany **Tues.** *n* [C,U] wtorek

**tuft** /tʌft/ *n* [C] kępka: *a tuft of hair*

**tug¹** /tʌg/ *v* [I,T] **-gged, -gging** pociągać: *Alice tugged at my hand.*

**tug²** *n* [C] **1** *także* **tug boat** holownik **2** pociągnięcie

**tug-of-war** /ˌ. . ˈ./ *n* [singular] przeciąganie liny

**tu·i·tion** /tjuːˈɪʃən/ *n* [U] **1** korepetycje: *private tuition* **2** *AmE* czesne: *Tuition went up to $3000 last semester.*

**tu·lip** /ˈtjuːlᵻp/ *n* [C] tulipan

**tum·ble** /ˈtʌmbəl/ *v* [I] spadać: *She tumbled out of bed.* | *Share prices tumbled on the New York Stock Exchange.*

**tumble dry·er** /ˌ.. ˈ../ *n* [C] *BrE* suszarka (bębnowa)

**tum·bler** /ˈtʌmblə/ *n* [C] szklanka

**tum·my** /ˈtʌmi/ *n* [C] *informal* brzuch

**tu·mour** /ˈtjuːmə/ *BrE*, **tumor** *AmE* *n* [C] guz: *a brain tumor*

**tu·mult** /ˈtjuːmʌlt/ *n* [U singular] *formal* zgiełk: *the tumult of the civil war*

**tu·mul·tu·ous** /tjuːˈmʌltʃuəs/ *adj* **1** hałaśliwy: *They received a tumultuous welcome from the crowd.* **2** burzliwy: *tumultuous applause*

**tu·na** /ˈtjuːnə/ *n* [C,U] tuńczyk

**tun·dra** /ˈtʌndrə/ *n* [U] tundra

**tune¹** /tjuːn/ *n* **1** [C] melodia: *Jill was humming a little tune to herself.* **2 sing/play in/out of tune** śpiewać/grać czysto/nieczysto: *Sadie can't sing in tune.* **3 be in/out of tune** stroić/nie stroić (*o instrumencie*): *My guitar's completely out of tune.* **4 change your tune** zmienić śpiewkę

**tune²** *v* [T] **1** na/stroić: *The piano needs tuning.* **2** nastawiać (*np. radio*) **stay tuned** (=nie zmieniać stacji): *Stay tuned for more great music on KHPI, the city's best rock station.* **3** *także* **tune up** wy/regulować

**tune in** *phr v* [I] **tune in to** oglądać/słuchać: *Over 3 million viewers tune in to our show daily* (=ogląda codziennie nasz program).

**tune up** *phr v* **1** [I,T **tune** sth ↔ **up**] stroić (się) **2** [T **tune** sth ↔ **up**] wy/regulować

**tu·nic** /ˈtjuːnɪk/ *n* [C] tunika

**tun·nel¹** /ˈtʌnl/ *n* [C] tunel

**tunnel²** *v* [I] **-lled, -lling** *BrE*, **-led, -ling** prze/kopać tunel

**tur·ban** /ˈtɜːbən/ *n* [C] turban

**tur·bine** /ˈtɜːbaɪn/ *n* [C] turbina → patrz też WIND TURBINE

**tur·bu·lent** /ˈtɜːbjələnt/ *adj* **1** burzliwy: *a turbulent period in Russian history* **2** rwący: *turbulent water* —**turbulence** *n* [U] turbulencje: *There was a lot of turbulence during the flight.*

**turf** /tɜːf/ *n* [U] darń

**tur·key** /ˈtɜːki/ *n* [C,U] indyk

**tur·moil** /ˈtɜːmɔɪl/ *n* [U singular] chaos, zamieszanie: **in turmoil** *In 1968 the country was in turmoil* (=w kraju panował chaos).

**turn¹** /tɜːn/ *v* **1** [I] odwracać się: *Alison turned towards us.* | *He turned to look behind him.* **2** [T] przekręcać: *She turned the key in the lock.* **3** [I,T] skręcać: *The car turned a corner.* | *Turn right at the next stop light.* **4** [I,T] obracać (się): *The wheels turned slowly.* **5 turn green/colder** zazielenić/oziębić się: *Helen turned bright red.* | *The weather will turn colder.* **6 turn 20/30** s/kończyć 20/30 lat: *She's just turned 40.* **7 it's turned midnight/4:00** minęła północ/czwarta: *"What time is it?" "It's just turned 3:00."* **8** [T] przewracać: *Turn the page.* **9 turn your back on** odwrócić się od: *She turned her back on all her old friends.* **10 turn your nose up at sth** kręcić nosem na coś **11 turn back the clock** cofać czas **12 turn a blind eye to sth** przymykać oko na coś **13 turn sb/sth loose** puszczać kogoś/coś wolno

**turn** sb **against** sb/sth *phr v* [T] nastawiać negatywnie do: *His experiences in Vietnam turned him against the war.*

**turn** sb ↔ **away** *phr v* [T] odprawiać z niczym

**turn back** *phr v* [I,T **turn** sb ↔ **back**] zawracać: *They had to turn back because of the snow.* | *Journalists are being turned back at the border.*

**turn down** *phr v* [T] **1** [**turn** sth ↔ **down**] przyciszać: *Can you turn down your radio? I'm trying to work.* **2** [**turn** sb/sth ↔ **down**] odrzucać: *She got an offer of a job at Microsoft, but she turned it down.*

**turn in** *phr v* [T] **1** [**turn** sb **in**] wydać (policji) **2** [I] *informal* iść spać: *I think I'll turn in.* **3** [T **turn** sth **in**] *especially AmE* oddawać (*zadanie domowe*): *Has everyone turned in last night's homework?*

**turn into** *phr v* [T] **1** [**turn into** sb/sth] zamieniać się w: *The argument turned into a fight.* **2** [**turn** sb/sth **into** sb/sth] zmieniać w: *They want to turn the country into some kind of police state.*

**turn off** *phr v* **1** [T **turn** sth ↔ **off**] wyłączać: *Turn off the television – it's dinner time.* **2** [I,T **turn off** sth] skręcać (z) (*drogi*)

**turn on** *phr v* [T] **1** [**turn** sth ↔ **on**] włączać: *Could you turn on the TV?* **2** [**turn on** sb] rzucić się na: *The dog turned on him and bit him.*

**turn out** *phr v* **1** [I] mieć przebieg: *Joanna wished things had turned out differently.* | **it turned out that** (=okazało się, że): *It turned out that he was married to someone else!* **2** [T **turn** sth ↔ **out**] wyłączać: *Don't forget to turn out the lights when you leave.* **3** [I] przybywać: *Only about 30 people turned out for the show.* → patrz też TURNOUT **4** [T **turn** sth ↔ **out**] wypuszczać, produkować: *Why do our high schools turn out students who can't read?*

**turn over** *phr v* [T **turn** sth ↔ **over to** sb] przekazywać: *The industry is being turned over to private ownership.*

**turn to** *phr v* [T] [**turn to** sb] zwracać się do: *He still turns to us for advice.*

**turn up** *phr v* **1** [T **turn** sth ↔ **up**] podkręcać: *Turn up the radio – I love this song.* **2** [I] znaleźć się: *We looked for the*

*ring for weeks, and then it turned up in my pocket.* **3** [I] pojawiać się: *Danny turned up late as usual.*

**turn²** *n* **1** [C usually singular] kolejka: *You'll just have to wait your turn.* **2 take turns** *także* **take it in turns** *BrE* zmieniać się: *We took it in turns to do the driving* (=zmieniališmy się za kierownicą). **3 in turn** po kolei: *He spoke to each of the students in turn.* **4** [C] **left/right turn** zwrot w lewo/prawo: *The car made a left turn* (=skręcił w lewo) *at the lights.* **5** zakręt: *Take the next turn.* **6** [C] obrót: *Give the wheel another turn.* **7 the turn of the century** przełom wieku **8 take a turn for the better/worse** nagle się poprawić/pogorszyć: *Her health took a turn for the worse.* **9 turn of events** rozwój wydarzeń: *By some unfortunate turn of events, the documents were lost.* **10 do sb a good turn** wyświadczyć komuś przysługę

**turning point** /'.. ./ *n* [C] punkt zwrotny: *The film marks a turning point in Kubrick's career.*

T

**tur·nip** /'tɜːnəp/ *n* [C,U] rzepa

**turn-off** /'. ./ *n* [C] zjazd (*z autostrady*)

**turn·out** /'tɜːnaʊt/ *n* [singular] frekwencja

**turn·o·ver** /'tɜːnˌəʊvə/ *n* [singular] obroty: *an annual turnover of $35 million*

**turn·pike** /'tɜːnpaɪk/ *n* [C] autostrada (*płatna*)

**turn sig·nal** /'. ˌ../ *n* [C] *AmE* kierunkowskaz

**turn·stile** /'tɜːnstaɪl/ *n* [C] kołowrót (*przy wejściu na stadion*)

**turn·ta·ble** /'tɜːnˌteɪbəl/ *n* [C] gramofon

**tur·pen·tine** /'tɜːpəntaɪn/ *także* **turps** *BrE n* [U] terpentyna

**tur·quoise** /'tɜːkwɔɪz/ *n* [U] kolor turkusowy

**tur·ret** /'tʌrət/ *n* [C] wieżyczka

**tur·tle** /'tɜːtl/ *n* [C] żółw (*wodny*)

**tur·tle·neck** /'tɜːtlnek/ *n* [C] *AmE* golf (*sweter*)

**tusk** /tʌsk/ *n* [C] kieł

**tus·sle** /'tʌsəl/ *n* [C] bójka

**tu·tor** /'tjuːtə/ *n* [C] **1** korepetytor/ka **2** asystent na uniwersytecie

**tu·to·ri·al** /tjuː'tɔːriəl/ *n* [C] zajęcia dla małej grupy studentów

**tux·e·do** /tʌk'siːdəʊ/ *także* **tux** /tʌks/ *informal n* [C] smoking

**TV** /ˌtiː 'viː◂/ *n* **1** [U] telewizja: *What's on TV?* **2** [C] telewizor: *Sue just bought a new TV.*

**TV din·ner** /ˌ.. '../ *n* [C] gotowy mrożony posiłek

**twang** /twæŋ/ *n* [C] **1** brzdęk **2** nosowe brzmienie głosu

**tweak** /twiːk/ *v* [T] uszczypnąć w, pociągnąć za: *Grandpa tweaked my nose and laughed.*

**tweed** /twiːd/ *n* [U] tweed

**twee·zers** /'twiːzəz/ *n* [plural] pinceta

**twelfth** /twelfθ/ *number* **1** dwunasty **2** dwunasta część

**twelve** /twelv/ *number* **1** dwanaście **2** (godzina) dwunasta: *I'm going to lunch at twelve.*

**twen·ty** /'twenti/ *number* **1** dwadzieścia **2 the twenties** lata dwudzieste —**twentieth** *number* dwudziesty

**twice** /twaɪs/ *adv* dwukrotnie, dwa razy: *I've seen that movie twice already.*

**twig** /twɪg/ *n* [C] gałązka

**twi·light** /'twaɪlaɪt/ *n* [U] zmierzch

**twin¹** /twɪn/ *n* [C] bliźnia-k/czka: *her twin brother*

**twin²** *adj* podwójny: *twin doors*

**twine¹** /twaɪn/ *n* [U] szpagat (*sznurek*)

**twine²** *v* [I,T] owijać (się): *The plant had twined itself around the fence.*

**twinge** /twɪndʒ/ *n* [C] ukłucie (bólu): *I felt a twinge in my back.*

**twin·kle** /'twɪŋkəl/ *v* [I] **1** migotać **2** skrzyć się

**twin room** /ˌ. './ *n* [C] pokój dwuosobowy (*z dwoma łóżkami*)

**twirl** /twɜːl/ *v* [I,T] kręcić (się): *a twirling ballet dancer* —**twirl** *n* [C] obrót

**twist**[1] /twɪst/ *v* **1** [T] kręcić: *She was twisting the dial on the washing machine.* | *Can you twist the top off* (=odkręcić) *this bottle for me?* **2** [T] zwijać: *Her hair was twisted in a bun.* **3** [I,T] okręcać (się): *He twisted around in order to get a better look.* | **twist your knee/ankle** (=skręcić kolano/kostkę) **4** [T] przekręcać: *They twisted the story around and said we tried to cheat them.* **5** [I] wić się: *a twisting road* **6** **twist sb's arm** *informal* przycisnąć kogoś

**twist**[2] *n* [C] **1** zwój: *twists in the wire* | *pasta twists* (=makaron świderki) **2** zwrot: *Her disappearance added a new twist to the story.* **3** zakręt

**twist·ed** /ˈtwɪstəd/ *adj* **1** skręcony: *a twisted piece of metal* **2** pokrętny: *a twisted joke*

**twist·er** /ˈtwɪstə/ *n* [C] *AmE informal* tornado

**twit** /twɪt/ *n* [C] *informal* głupek

**twitch** /twɪtʃ/ *v* [I] drgać: *Her fingers twitched nervously.*

**twit·ter** /ˈtwɪtə/ *v* [I] ćwierkać

**two** /tuː/ *number* **1** dwa **2** (godzina) druga: *The game begins at two.*

**two-faced** /ˌ. ˈ.◂ / *adj* dwulicowy

**two-piece** /ˌ. ˈ.◂ / *adj* dwuczęściowy: *a two-piece suit*

**two-way** /ˌ. ˈ.◂ / *adj* **1** dwukierunkowy: *two-way traffic* **2** **two-way radio** krótkofalówka

**ty·coon** /taɪˈkuːn/ *n* [C] magnat: *an oil tycoon*

**ty·ing** /ˈtaɪ-ɪŋ/ *v* imiesłów czynny od TIE

**type**[1] /taɪp/ *n* **1** [C] typ, rodzaj: *You need to use a special type of paper.* | *Accidents of this type are very common.* | *He's not really the athletic type.* **2** **not be sb's type** *informal* nie być w czyimś typie: *Alex is OK – but he's not really my type.* **3** [U] czcionka: *italic type*

**type**[2] *v* [I,T] na/pisać (*na maszynie, komputerze*)

**type·writ·er** /ˈtaɪpˌraɪtə/ *n* [C] maszyna do pisania

**type·writ·ten** /ˈtaɪpˌrɪtn/ *adj* napisany na maszynie

**ty·phoid** /ˈtaɪfɔɪd/ **typhoid fever** *n* [U] dur brzuszny

**ty·phoon** /ˌtaɪˈfuːn◂ / *n* [C] tajfun

**typ·i·cal** /ˈtɪpɪkəl/ *adj* typowy: *a typical working class family* | **+ of** (=dla): *This painting is typical of his early work.*

> **UWAGA typical**
>
> Nie mówi się "it's a typical restaurant" czy "this house is very typical". Trzeba zawsze podać więcej szczegółów i pamiętać, że po **typical** poprawnym przyimkiem jest **of**, a nie **for**: *It's a typical Japanese/Spanish restaurant.* | *This house is typical of the style of this region.*

**typ·i·cally** /ˈtɪpɪkli/ *adv* **1** typowo: *a typically Japanese dish* **2** zwykle: *prices typi- cally start at around $600*

**typ·ing** /ˈtaɪpɪŋ/ *n* [U] pisanie na maszynie

**typ·ist** /ˈtaɪpəst/ *n* [C] maszynistka

**tyr·an·ny** /ˈtɪrəni/ *n* [U] tyrania

**ty·rant** /ˈtaɪrənt/ *n* [C] tyran: *Her father was a tyrant.*

**tyre** /taɪə/ *BrE*, **tire** *AmE* *n* [C] opona: **a flat tyre** (=guma)

**tzar** /zɑː/ car

# Uu

**ud·der** /ˈʌdə/ *n* [C] wymię

**UFO** /ˈjuːfəʊ/ *n* [C] UFO

**ugh** /ʊx/ *interjection* fuj: *Ugh! This tastes foul!*

**ug·ly** /ˈʌgli/ *adj* **1** brzydki: *ugly modern buildings* **2** nieprzyjemny: *There were ugly scenes at the England-Italy game.* —**ugliness** *n* [U] brzydota

**ul·cer** /ˈʌlsə/ *n* [C] wrzód: *a stomach ulcer*

**ul·te·ri·or** /ʌlˈtɪəriə/ *adj* **ulterior motive/reason** ukryty motyw/powód

**ul·ti·mate**[1] /ˈʌltɪmɪt/ *adj* **1** najlepszy: *the ultimate sports car* **2** największy: *the ultimate disgrace* **3** ostateczny: *their ultimate objective*

**ultimate**[2] *n* **the ultimate in sth** szczyt czegoś: *The Orient-Express is the ultimate in luxury.*

**ul·ti·mate·ly** /ˈʌltɪmɪtli/ *adv* ostatecznie, w końcu: *Their efforts ultimately resulted in his release from prison.* | *Ultimately it's your decision.*

**ul·ti·ma·tum** /ˌʌltɪˈmeɪtəm/ *n* [C] ultimatum: **issue/give an ultimatum** (=stawiać ultimatum): *The government issued an ultimatum to the rebels to surrender.*

**ul·tra·son·ic** /ˌʌltrəˈsɒnɪk◂/ *adj technical* ponaddźwiękowy

**ul·tra·vi·o·let** /ˌʌltrəˈvaɪəlɪt◂/ *adj* nadfioletowy → patrz też INFRARED

**um·bil·i·cal cord** /ʌmˌbɪlɪkəl ˈkɔːd/ *n* [C] pępowina

**um·brel·la** /ʌmˈbrelə/ *n* [C] **1** parasol **2 umbrella organization/group** organizacja/grupa patronacka

**um·pire** /ˈʌmpaɪə/ *n* [C] sędzia (*sportowy*)

> UWAGA **umpire**
>
> **Umpire** to 'sędzia' w tenisie, krykiecie i baseballu. Patrz też **judge** i **referee**.

**ump·teen** /ˌʌmpˈtiːn◂/ *quantifier informal* ileś tam —**umpteenth** *adj*: *for the umpteenth time* (=enty raz)

**un-** /ʌn-/ *prefix* **1** nie-: *unhappy* | *unexpected* **2** nadaje czasownikowi znaczenie przeciwne: *undress* (=rozbierać się) | *unfasten* (=rozpinać)

**un·a·ble** /ʌnˈeɪbəl/ *adj* **be unable to do sth** nie być w stanie czegoś zrobić: *Many people were unable to leave their homes.*

**un·ac·cept·a·ble** /ˌʌnəkˈseptəbəl◂/ *adj* nie do przyjęcia, niedopuszczalny: *Your behaviour is totally unacceptable.*

**un·ac·com·pa·nied** /ˌʌnəˈkʌmpənid◂/ *adj* bez opieki, bez towarzystwa

**un·af·fect·ed** /ˌʌnəˈfektɪd◂/ *adj* nietknięty: *Parts of the city remained unaffected by the fire.*

**un·aid·ed** /ʌnˈeɪdɪd/ *adj* bez pomocy: *She managed to climb the stairs unaided.*

**u·nan·i·mous** /juːˈnænɪməs/ *adj* jednomyślny, jednogłośny —**unanimously** *adv* jednomyślnie, jednogłośnie —**unanimity** /ˌjuːnəˈnɪmɪti/ *n* [U] jednomyślność

**un·an·nounced** /ˌʌnəˈnaʊnst◂/ *adj* bez zapowiedzi: *We arrived unannounced.*

**un·an·swered** /ʌnˈɑːnsəd/ *adj* bez odpowiedzi

**un·armed** /ˌʌnˈɑːmd◂/ *adj* nie uzbrojony

**un·a·sham·ed·ly** /ˌʌnəˈʃeɪmɪdli/ *adv* bezwstydnie: *Their latest record is unashamedly commercial.* —**unashamed** /ˌʌnəˈʃeɪmd◂/ *adj* bezwstydny

**un·as·sum·ing** /ˌʌnəˈsjuːmɪŋ◂/ *adj* skromny: *a quiet unassuming man*

**un·at·tached** /ˌʌnəˈtætʃt◂/ *adj* samotny (*nie związany z nikim*)

**un·at·tend·ed** /ˌʌnəˈtendɪd◂/ *adj* pozostawiony bez opieki: *Passengers should not leave their bags unattended.*

**un·au·tho·rized** /ʌnˈɔːθəraɪzd/ (*także* **-ised** *BrE*) *adj* nie autoryzowany: *an unauthorized biography*

**un·a·vail·a·ble** /ˌʌnəˈveɪləbəl/ *adj* nieosiągalny: *I'm afraid she's unavailable at the*

*moment.* | *an album previously unavailable on CD*

**un·a·void·a·ble** /ˌʌnəˈvɔɪdəbəl/ *adj* nie do uniknięcia: *an unavoidable delay*

**un·a·ware** /ˌʌnəˈweə/ *adj* nieświadomy: **+ of** *She seemed completely unaware of what was happening.*

**un·a·wares** /ˌʌnəˈweəz/ *adv* **catch/take sb unawares** zaskoczyć kogoś: *The enemy had been caught unawares.*

**un·bal·anced** /ˌʌnˈbælənst/ *adj* **1** niezrównoważony: *He's obviously mentally unbalanced.* **2** nieobiektywny: *unbalanced reporting*

**un·bear·a·ble** /ʌnˈbeərəbəl/ *adj* nieznośny: *The pain was unbearable.* —**unbearably** *adv* nieznośnie

**un·beat·a·ble** /ʌnˈbiːtəbəl/ *adj* bezkonkurencyjny: *Their prices are unbeatable.*

**un·be·liev·a·ble** /ˌʌnbəˈliːvəbəl◂/ *adj* niewiarygodny: *The noise was unbelievable.* | *His story sounded completely unbelievable.* —**unbelievably** *adv* niewiarygodnie

**un·born** /ˌʌnˈbɔːn◂/ *adj* nie narodzony: *an unborn child*

**un·bro·ken** /ʌnˈbrəʊkən/ *adj* niezmącony: *unbroken silence*

**un·but·ton** /ʌnˈbʌtn/ *v* [T] rozpinać

**un·called for** /ʌnˈkɔːld fɔː/ *adj* nie na miejscu: *That comment was totally uncalled for.*

**un·can·ny** /ʌnˈkæni/ *adj* niesamowity —**uncannily** *adv* niesamowicie

**un·cer·tain** /ʌnˈsɜːtn/ *adj* **1** niepewny: *His future with the company is uncertain.* **2 be uncertain about sth** nie być pewnym czegoś: *I was uncertain about what to do next.* —**uncertainty** *n* [C,U] niepewność —**uncertainly** *adv* niepewnie

**un·changed** /ˌʌnˈtʃeɪndʒd◂/ *adj* nie zmieniony

**un·char·ac·ter·is·tic** /ʌnˌkærəktəˈrɪstɪk◂/ *adj* nietypowy

**un·cle** /ˈʌŋkəl/ *n* [C] wuj, wujek

**un·clean** /ˌʌnˈkliːn◂/ *adj* nieczysty

**un·clear** /ˌʌnˈklɪə◂/ *adj* **1** niejasny: *The law is unclear on this issue.* **2 be unclear about sth** nie być pewnym czegoś: *I'm a little unclear about what they mean.*

**un·com·fort·a·ble** /ʌnˈkʌmftəbəl/ *adj* **1** niewygodny: *an uncomfortable chair* **2** nieswój: *The heat made her feel uncomfortable.* **3** niezręczny: *There was an uncomfortable silence.* —**uncomfortably** *adv* niewygodnie, nieswojo

**un·com·mon** /ʌnˈkɒmən/ *adj* niezwykły: *It is not uncommon for patients to have to wait five hours to see a doctor.* —**uncommonly** *adv* niezwykle

**un·com·pro·mis·ing** /ʌnˈkɒmprəmaɪzɪŋ/ *adj* bezkompromisowy: *his uncompromising attitude towards winning*

**un·con·di·tion·al** /ˌʌnkənˈdɪʃənəl◂/ *adj* bezwarunkowy: *unconditional surrender* —**unconditionally** *adv* bezwarunkowo

**un·con·nect·ed** /ˌʌnkəˈnektəd◂/ *adj* nie związany

**un·con·scious**[1] /ʌnˈkɒnʃəs/ *adj* **1** nieprzytomny: *The driver was knocked unconscious.* **2** nieuświadomiony: *an unconscious desire* —**unconsciously** *adv* nieświadomie, bezwiednie —**unconsciousness** *n* [U] nieprzytomność, nieświadomość

**unconscious**[2] *n* [singular] podświadomość

**un·con·trol·lable** /ˌʌnkənˈtrəʊləbəl◂/ *adj* niepohamowany: *uncontrollable rage*

**un·con·ven·tion·al** /ˌʌnkənˈvenʃənəl◂/ *adj* niekonwencjonalny: *unconventional teaching methods*

**un·count·a·ble** /ʌnˈkaʊntəbəl/ *adj* niepoliczalny

**un·couth** /ʌnˈkuːθ/ *adj* nieokrzesany

**un·cov·er** /ʌnˈkʌvə/ *v* [T] odkrywać: *They uncovered a plot to kill the president.*

**un·daunt·ed** /ʌnˈdɔːntəd/ *adj* nie zrażony: *Fisher was undaunted by their opposition.*

**un·de·cid·ed** /ˌʌndɪˈsaɪdəd/ *adj* niezdecydowany: *Many people are still undecided about how they will vote.*

**un·de·ni·a·ble** /ˌʌndɪˈnaɪəbəl◂/ *adj* niezaprzeczalny —**undeniably** *adv* niezaprzeczalnie

**un·der¹** /ˈʌndə/ *prep* **1** pod: *The cat was asleep under a chair.* | *She kept her head under the blankets.* | *We sailed under the Golden Gate Bridge.* | *She dived under the water.* | *You'll find her books under 'Modern Fiction'.* | *He writes under the name of Taki.* | *She has a team of researchers under her.* **2** poniżej: *You can buy a good computer for under $1,000.* | *children under 18* **3** pod rządami: *a country under Marxist rule* **4 sth is under discussion** dyskutuje się nad czymś **5 be under construction** być w budowie: *The tunnel is still under construction.* **6 be under way** mieć miejsce: *Important changes are now under way.* **7** pod wpływem: *She performs well under pressure.* **8** w świetle: *Under strict new laws smoking is banned in all public places.*

> UWAGA **under**
>
> Patrz **below** i **under**.

**under²** *adv* **1** pod powierzchnią: *He dived into the water and stayed under for over a minute.* **2** mniej: *children aged nine and under*

U

**under-age** /ˌ.. ˈ.◂/ *adj* niepełnoletni, nieletni: *under-age drinking* (=spożywanie alkoholu przez nieletnich)

**un·der·cov·er** /ˌʌndəˈkʌvə◂/ *adj* tajny: *an undercover agent*

**un·der·cut** /ˌʌndəˈkʌt/ *v* [T] **undercut, undercut, undercutting** przebijać cenami: *We've undercut our competitors by 15%.*

**un·der·dog** /ˈʌndədɒg/ *n* **the underdog** strona słabsza (*zawodnik lub drużyna*)

**un·der·es·ti·mate** /ˌʌndərˈestəmeɪt/ *v* [T] nie doceniać: *They underestimated the size of the problem.* | *Never underestimate your opponent.*

**un·der·go** /ˌʌndəˈgəʊ/ *v* [T] **underwent, undergone** /-ˈgɒn/, **undergoing** poddawać się: *He had to undergo major heart surgery.*

**un·der·grad·u·ate** /ˌʌndəˈgrædʒuət◂/ *n* [C] student/ka —**undergraduate** *adj* studencki

**un·der·ground¹** /ˈʌndəgraʊnd/ *adj* podziemny: *underground streams* | *an underground resistance movement*

**un·der·ground²** /ˌʌndəˈgraʊnd/ *adv* pod ziemią: *creatures that live underground*

**un·der·ground³** /ˈʌndəgraʊnd/ *n* [singular] *BrE* metro: *the London Underground*

**un·der·growth** /ˈʌndəgrəʊθ/ *n* [U] podszycie leśne

**un·der·hand** /ˌʌndəˈhænd◂/ **un·der·hand·ed** /-ˈhændəd◂/ *adj* podstępny: *underhand tactics*

**un·der·line** /ˌʌndəˈlaɪn/ *v* [T] podkreślać

**un·der·ly·ing** /ˌʌndəˈlaɪ-ɪŋ◂/ *adj* **underlying reason/problem/aim** właściwy powód/problem/cel

**un·der·mine** /ˌʌndəˈmaɪn/ *v* [T] podkopywać: *She totally undermined his self-confidence.*

**un·der·neath¹** /ˌʌndəˈniːθ/ *prep* pod: *I found the keys underneath a cushion.*

**underneath²** *adv* pod spodem, pod spód: *He got out of the car and looked underneath.*

**un·der·paid** /ˌʌndəˈpeɪd◂/ *adj* źle opłacany

**un·der·pants** /ˈʌndəpænts/ *n* [plural] slipy

**un·der·pass** /ˈʌndəpɑːs/ *n* [C] przejazd podziemny, przejście podziemne

**un·der·priv·i·leged** /ˌʌndəˈprɪvəlɪdʒd◂/ *adj* upośledzony społecznie: *underprivileged children*

**un·der·rat·ed** /ˌʌndəˈreɪtəd◂/ *adj* nie doceniany: *an underrated player*

**un·der·shirt** /ˈʌndəʃɜːt/ *n* [C] podkoszulek

**un·der·side** /ˈʌndəsaɪd/ *n* **the underside** spód: *white spots on the underside of the leaves*

**un·der·stand** /ˌʌndəˈstænd/ *v* [I,T] **understood, understood, understanding 1** z/rozumieć: *She spoke*

*clearly, so that everyone could understand.* | *Most people there understand English.* | *Believe me, John – I understand how you feel.* | *Scientists still don't really understand this phenomenon.* **2 make yourself understood** wyrażać się w sposób zrozumiały **3 I understand (that)** *spoken formal* rozumiem, że: *I understand that you want to buy a painting.*

**un·der·stand·a·ble** /ˌʌndəˈstændəbəl/ *adj* zrozumiały: *Of course she's upset. It's a perfectly understandable reaction.*

**un·der·stand·ing**[1] /ˌʌndəˈstændɪŋ/ *n* **1** [U] wiedza, znajomość: *advances in our understanding of the brain* **2** [U] możliwości intelektualne: *a concept beyond the understanding of a four-year-old* **3** [singular] porozumienie: *I thought we had an understanding about the price.* **4** [U] zrozumienie: *Harry thanked us for our understanding.*

**understanding**[2] *adj* wyrozumiały: *an understanding boss*

**un·der·state·ment** /ˌʌndəˈsteɪtmənt/ *n* [C,U] niedopowiedzenie: *To say I'm pleased would be an understatement.*

**un·der·stood** /ˌʌndəˈstʊd/ *v* czas przeszły i imiesłów bierny od UNDERSTAND

**un·der·take** /ˌʌndəˈteɪk/ *v* [T] **undertook, undertaken** /-ˈteɪkən/, **undertaking** *formal* **1** podejmować się: *Baker undertook the task of writing the report.* **2 undertake to do sth** podejmować się zrobienia czegoś

**un·der·tak·er** /ˈʌndəteɪkə/ *n* [C] przedsiębiorca pogrzebowy

**un·der·tak·ing** /ˌʌndəˈteɪkɪŋ/ *n* [C usually singular] **1** przedsięwzięcie: *Setting up the Summer Olympics was a massive undertaking.* **2** zobowiązanie

**un·der·tone** /ˈʌndətəʊn/ *n* [C] **1** podtekst: *the political undertones of Sartre's work* **2 in an undertone** półgłosem

**un·der·took** /ˌʌndəˈtʊk/ *v* czas przeszły od UNDERTAKE

**un·der·val·ued** /ˌʌndəˈvæljuːd◂/ *adj* nie doceniany

**un·der·wa·ter** /ˌʌndəˈwɔːtə◂/ *adj* podwodny: *underwater photography* —**underwater** *adv* pod wodą

**un·der·wear** /ˈʌndəweə/ *n* [U] bielizna

**un·der·weight** /ˌʌndəˈweɪt◂/ *adj* z niedowagą: *an underweight baby* ➡ antonim OVERWEIGHT

**un·der·went** /ˌʌndəˈwent/ czas przeszły od UNDERGO

**un·der·world** /ˈʌndəwɜːld/ *n* [singular] **1** półświatek: *the London underworld of the 1960s* **2** Hades

**un·de·sir·a·ble** /ˌʌndɪˈzaɪərəbəl◂/ *adj formal* niepożądany: *The treatment has no undesirable side-effects.*

**un·de·vel·oped** /ˌʌndɪˈveləpt◂/ *adj* nie zagospodarowany: *undeveloped land*

**un·did** /ˌʌnˈdɪd/ *v* czas przeszły od UNDO

**un·di·sput·ed** /ˌʌndɪˈspjuːtəd◂/ *adj* **undisputed leader/champion** niekwestionowany przywódca/mistrz

**un·dis·turbed** /ˌʌndɪˈstɜːbd◂/ *adj* bez zakłóceń: *I was able to work undisturbed.*

**un·di·vid·ed** /ˌʌndɪˈvaɪdəd◂/ *adj* **undivided attention/loyalty** pełna uwaga/lojalność: *I need your undivided attention.*

**un·do** /ʌnˈduː/ *v* [T] **undid, undone, undoing 1** rozwiązywać: *He undid his shoelaces.* **2** odkręcać: *Have you undone all the screws?* **3** naprawić (*zło, szkodę*): *There's no way of undoing the damage done to his reputation.*

**un·done** /ˌʌnˈdʌn◂/ *adj* **1** rozpięty, odkręcony: *Your shirt button has come undone* (=rozpiął ci się guzik). **2** nie wykonany: *Much of the repair work has been left undone.*

**un·doubt·ed·ly** /ʌnˈdaʊtədli/ *adv* niewątpliwie: *Amis is undoubtedly one of the best writers of his generation.* —**undoubted** *adj* niewątpliwy

**un·dress** /ʌnˈdres/ *v* [I,T] rozbierać (się) —**undressed** *adj* rozebrany: *The doctor told me to get undressed* (=kazał mi się rozebrać).

**un·du·ly** /ʌnˈdjuːli/ *adv formal* zbytnio: *Helen didn't seem unduly worried.*

U

**un·dy·ing** /ʌn'daɪ-ɪŋ/ *adj* dozgonny: *undying love*

**un·earth** /ʌn'ɜːθ/ *v* [T] **1** odkopać: *They unearthed a collection of Roman coins.* **2** wydobyć na światło dzienne: *The newspapers had succeeded in unearthing details of an affair he'd had 6 years ago.*

**un·earth·ly** /ʌn'ɜːθli/ *adj* niesamowity: *an unearthly cry*

**un·ease** /ʌn'iːz/ *n* [U] niepokój

**un·eas·y** /ʌn'iːzi/ *adj* zaniepokojony: *We felt uneasy about his decision.*

**un·e·co·nom·ic·al** /ˌʌniːkə'nɒmɪkəl◂/ *adj* nierentowny

**un·em·ployed** /ˌʌnɪm'plɔɪd◂/ *adj* **1** bezrobotny: *an unemployed teacher* **2 the unemployed** bezrobotni

**un·em·ploy·ment** /ˌʌnɪm'plɔɪmənt/ *n* [U] bezrobocie: *areas of high unemployment*

**un·e·qual** /ʌn'iːkwəl/ *adj* nierówny: *an unequal contest | unequal treatment of men and women* —**unequally** *adv* nierówno, niejednakowo

**un·e·quiv·o·cal** /ˌʌnɪ'kwɪvəkəl◂/ *adj formal* jednoznaczny: *unequivocal proof* —**unequivocally** *adv* jednoznacznie

U

**un·er·ring** /ʌn'ɜːrɪŋ/ *adj* niezawodny, nieomylny: *He hit the target with unerring accuracy.*

**un·e·ven** /ʌn'iːvən/ *adj* nierówny: *uneven ground | The film is very uneven. | Her breathing became slow and uneven.* —**unevenly** *adv* nierówno

**un·ex·pect·ed** /ˌʌnɪk'spektəd◂/ *adj* niespodziewany: *the unexpected death of his father* —**unexpectedly** *adv* niespodziewanie

**un·fail·ing** /ʌn'feɪlɪŋ/ *adj* **unfailing support/loyalty** niezawodne poparcie/lojalność

**un·fair** /ˌʌn'feə◂/ *adj* **1** niesprawiedliwy: *She gets much more money than I do. It's so unfair!* **2** niesłuszny: *unfair dismissal* —**unfairly** *adv* niesprawiedliwie, niesłusznie

**un·faith·ful** /ʌn'feɪθfəl/ *adj* niewierny

**un·fa·mil·i·ar** /ˌʌnfə'mɪliə◂/ *adj* **1** nieznany: *an unfamiliar face* **2 be unfamiliar with sth** nie znać czegoś: *I am unfamiliar with his work.*

**un·fash·ion·a·ble** /ʌn'fæʃənəbəl/ *adj* niemodny: *In Blair's new Britain the term 'socialist' has become rather unfashionable.*

**un·fas·ten** /ʌn'fɑːsn/ *v* [T] rozpinać

**un·fa·vou·ra·ble** /ʌn'feɪvərəbəl/ *BrE*, **unfavorable** *AmE adj* **1** niekorzystny: *The play received unfavourable reviews.* **2** niesprzyjający: *unfavorable weather conditions*

**un·fin·ished** /ʌn'fɪnɪʃt/ *adj* nie dokończony

**un·fit** /ʌn'fɪt/ *adj* niezdatny: *meat that is unfit for human consumption*

**un·fold** /ʌn'fəʊld/ *v* **1** [I] rozwijać się: *the dramatic events that were unfolding in Eastern Europe* **2** [T] rozkładać: *She unfolded the map.*

**un·fore·seen** /ˌʌnfɔː'siːn◂/ *adj* nieprzewidziany: *unforeseen problems*

**un·for·get·ta·ble** /ˌʌnfə'getəbəl◂/ *adj* niezapomniany: *Climbing in Nepal was an unforgettable experience.*

**un·for·tu·nate** /ʌn'fɔːtʃənət/ *adj* **1** nieszczęśliwy: *It was just an unfortunate accident, that's all.* **2** pechowy: *One unfortunate driver was hit by a falling tree.*

**un·for·tu·nate·ly** /ʌn'fɔːtʃənətli/ *adv* niestety: *Unfortunately the show had to be cancelled.*

**un·found·ed** /ʌn'faʊndəd/ *adj* bezpodstawny: *unfounded allegations*

**un·friend·ly** /ʌn'frendli/ *adj* nieprzyjazny: *The local people seemed cold and unfriendly.*

**un·gain·ly** /ʌn'geɪnli/ *adj* niezgrabny: *an ungainly teenager*

**un·grate·ful** /ʌn'greɪtfəl/ *adj* niewdzięczny

**un·hap·py** /ʌn'hæpi/ *adj* **1** nieszczęśliwy: *an unhappy childhood* | **unhappy about sth** *Pauline seemed deeply unhappy about something* (=nieszczęśliwa z jakiegoś powodu). **2 unhappy with/about** niezadowolony z: *O'Neill was unhappy*

*with his team's performance.* —**unhappiness** *n* [U] nieszczęście —**unhappily** *adv* nieszczęśliwie

**un·harmed** /ʌn'hɑːmd/ *adj* cały i zdrowy

**un·health·y** /ʌn'helθi/ *adj* **1** niezdrowy: *an unhealthy diet* **2** chory: *a rather unhealthy looking child* **3** chorobliwy: *an unhealthy obsession with sex*

**unheard-of** /ʌn'hɜːd ɒv/ *adj* niespotykany: *Women airline pilots were practically unheard-of twenty years ago.*

**un·help·ful** /ʌn'helpfəl/ *adj* **1** niezbyt pomocny: *The staff were unfriendly and unhelpful.* **2** niepotrzebny: *unhelpful interference*

**un·hurt** /ʌn'hɜːt/ *adj* bez obrażeń

**u·ni·corn** /'juːnᵻkɔːn/ *n* [C] jednorożec

**un·i·den·ti·fied** /ˌʌnaɪ'dentᵻfaɪd◂/ *adj* niezidentyfikowany → patrz też UFO

**u·ni·fi·ca·tion** /ˌjuːnᵻfᵻ'keɪʃən/ *n* [U] zjednoczenie: *the unification of Germany*

**u·ni·form¹** /'juːnᵻfɔːm/ *n* [C,U] mundur, mundurek: *school uniform* | *The policeman was in uniform.*

**uniform²** *adj* jednolity —**uniformly** *adv* jednolicie —**uniformity** /ˌjuːnᵻ'fɔːmᵻti/ *n* [U] jednolitość

**u·ni·fy** /'juːnᵻfaɪ/ *v* [T] **1** z/jednoczyć: *Spain was unified in the 16th century.* **2** ujednolicać → patrz też UNIFICATION

**u·ni·lat·e·ral** /ˌjuːnᵻ'lætərəl◂/ *adj* jednostronny: *a unilateral ceasefire* —**unilaterally** *adv* jednostronnie

**un·i·ma·gin·a·ble** /ˌʌnɪ'mædʒᵻnəbəl◂/ *adj* niewyobrażalny: *The heat was unimaginable.*

**un·im·por·tant** /ˌʌnɪm'pɔːtənt◂/ *adj* nieważny

**un·in·hab·it·ed** /ˌʌnɪn'hæbᵻtᵻd◂/ *adj* niezamieszkały

**un·in·hib·it·ed** /ˌʌnɪn'hɪbᵻtᵻd◂/ *adj* pozbawiony zahamowań

**un·in·tel·li·gi·ble** /ˌʌnɪn'telᵻdʒᵻbəl◂/ *adj* niezrozumiały

**un·in·terest·ed** /ʌn'ɪntrᵻstᵻd/ *adj* nie zainteresowany → porównaj DISINTERESTED

**u·nion** /'juːnjən/ *n* **1** [C] związek zawodowy: *the auto workers' union* **2** [U singular] unia, zjednoczenie: *the union of East and West Germany*

**u·nique** /juː'niːk/ *adj* niepowtarzalny: *a unique opportunity* | *Each person's fingerprint is unique.* | **be unique to** *animals that are unique to* (=występują wyłącznie w) *Australia*

**u·ni·sex** /'juːnɪseks/ *adj* dla kobiet i mężczyzn: *unisex clothes*

**u·ni·son** /'juːnᵻsən/ *n* **in unison** zgodnie

**u·nit** /'juːnᵻt/ *n* [C] **1** segment, część: *The apartment building is divided into eight units.* **2** oddział: *the emergency unit at the hospital* **3** jednostka: *The dollar is the basic unit of money in the US.* **4** urządzenie: *The cooling unit is broken.* **5** szafka: *a storage unit*

**u·nite** /juː'naɪt/ *v* [I,T] z/jednoczyć (się): *Congress united behind the President.* | *Germany was united in 1990.*

**u·nit·ed** /juː'naɪtᵻd/ *adj* **1** zgodny: *the Democrats are united on this issue* **2** zjednoczony: *a united Europe*

**United Na·tions** /.,.. '../ skrót **UN** *n* [singular] Organizacja Narodów Zjednoczonych

**u·ni·ty** /'juːnᵻti/ *n* [U singular] jedność: *party unity*

**u·ni·ver·sal** /ˌjuːnᵻ'vɜːsəl◂/ *adj* **1** powszechny: *a universal ban on nuclear weapons* | *There was almost universal agreement.* **2** uniwersalny —**universally** *adv* powszechnie

**u·ni·verse** /'juːnᵻvɜːs/ *n* **the universe** wszechświat

**u·ni·ver·si·ty** /ˌjuːnᵻ'vɜːsᵻti◂/ *n* [C,U] uniwersytet: *Which university did you go to?* | *a university professor* | *My sister's at Leeds University.*

**UWAGA London University i the University of London**

Nazwy uniwersytetów zawierające w sobie nazwę miasta podaje się w języku angielskim na dwa sposoby. Pierwszy sposób nie przewiduje

użycia przedimka **the**, a w drugim, który jest bardziej oficjalny niż pierwszy, przedimek jest konieczny, np. *Gdańsk University* i *the University of Gdańsk*.

**un·just** /ˌʌnˈdʒʌst◂/ *adj* niesprawiedliwy: *unjust laws* —**unjustly** *adv* niesprawiedliwie

**un·just·i·fied** /ʌnˈdʒʌstəfaɪd/ *adj* nieuzasadniony: *unjustified spending cuts*

**un·kind** /ˌʌnˈkaɪnd◂/ *adj* niegrzeczny, nieżyczliwy: *an unkind remark* —**unkindly** *adv* niegrzecznie, nieżyczliwie

**un·know·ing·ly** /ʌnˈnəʊɪŋli/ *adv* nieświadomie

**un·known**[1] /ˌʌnˈnəʊn◂/ *adj* nieznany: *The number of people injured is still unknown.* | *an unknown actor*

**unknown**[2] *n* **the unknown** nieznane: *a fear of the unknown* (=strach przed nieznanym)

**un·law·ful** /ʌnˈlɔːfəl/ *adj formal* bezprawny: *unlawful killing*

**un·lead·ed** /ʌnˈledəd/ *adj* bezołowiowy

**un·less** /ʌnˈles/ *conjunction* jeżeli nie, chyba że: *He won't go to sleep unless you tell him a story.*

C

**un·like** /ˌʌnˈlaɪk◂/ *prep* **1** w odróżnieniu od: *Unlike me, she's very intelligent.* **2** nie w stylu: *It's unlike Judy to leave without telling anyone.*

**un·like·ly** /ʌnˈlaɪkli/ *adj* mało prawdopodobny: *It's very unlikely that they'll win.* —**un·like·li·hood** /ʌnˈlaɪklihʊd/ *n* [U] nieprawdopodobieństwo

**un·lim·i·ted** /ʌnˈlɪmətəd/ *adj* nieograniczony: *unlimited freedom*

**un·lit** /ˌʌnˈlɪt◂/ *adj* nie oświetlony

**un·load** /ʌnˈləʊd/ *v* **1** [T] wyładowywać: *They unloaded the car.* **2** [I,T] rozładowywać (się): *He unloaded the gun.*

**un·lock** /ʌnˈlɒk/ *v* [T] otwierać (*kluczem*)

**un·luck·y** /ʌnˈlʌki/ *adj* **1** pechowy: *13 is an unlucky number.* | *We were unlucky* (=mieliśmy pecha) *with the weather this weekend.* **2** nieszczęśliwy: *an unlucky accident*

**un·mar·ried** /ˌʌnˈmærid◂/ *adj* nieżonaty, niezamężna

**un·mis·tak·a·ble** /ˌʌnməˈsteɪkəbəl◂/ *adj* wyraźny: *the unmistakable taste of garlic*

**un·moved** /ʌnˈmuːvd/ *adj* niewzruszony

**un·named** /ˌʌnˈneɪmd◂/ *adj* anonimowy: *a report from an unnamed source*

**un·nat·u·ral** /ʌnˈnætʃərəl/ *adj* nienaturalny: *It's unnatural for a child to spend so much time alone.* —**unnaturally** *adv* nienaturalnie

**un·ne·ces·sa·ry** /ʌnˈnesəsəri/ *adj* **1** niepotrzebny: *the unnecessary use of drugs* **2** zbyteczny: *a rather unnecessary remark* —**unnecessarily** *adv* niepotrzebnie

**un·no·ticed** /ʌnˈnəʊtəst/ *adj* nie zauważony: *She sat unnoticed at the back of the room.*

**un·ob·served** /ˌʌnəbˈzɜːvd/ *adj, adv* nie zauważony

**un·ob·tru·sive** /ˌʌnəbˈtruːsɪv◂/ *adj* dyskretny, nie rzucający się w oczy

**un·oc·cu·pied** /ʌnˈɒkjəpaɪd/ *adj* wolny: *an unoccupied room/seat*

**un·of·fi·cial** /ˌʌnəˈfɪʃəl◂/ *adj* nieoficjalny: *Unofficial reports say about 25 people are dead.* | *The Senator is in Berlin on an unofficial visit.* —**unofficially** *adv* nieoficjalnie

**un·or·tho·dox** /ʌnˈɔːθədɒks/ *adj* niekonwencjonalny: *her unorthodox lifestyle*

**un·pack** /ʌnˈpæk/ *v* [I,T] rozpakowywać (się)

**un·paid** /ˌʌnˈpeɪd◂/ *adj* **1 unpaid bill/debt** nie zapłacony rachunek/dług **2** nie opłacany: *unpaid workers* **3** niepłatny: *unpaid work*

**un·par·al·leled** /ʌnˈpærəleld/ *adj formal* niezrównany: *an unparalleled success*

**un·pleas·ant** /ʌnˈplezənt/ nieprzyjemny: *an unpleasant surprise* | *She was rather unpleasant to me on the phone.* —**unpleasantly** *adv* nieprzyjemnie

**un·plug** /ʌn'plʌg/ *v* [T] **-gged, -gging** wyłączać (*z sieci*)

**un·pop·u·lar** /ʌn'pɒpjələ/ *adj* niepopularny: *an unpopular decision*

**un·pre·ce·dent·ed** /ʌn'presədentəd/ *adj* bezprecedensowy: *an unprecedented achievement*

**un·pre·dict·a·ble** /ˌʌnprɪ'dɪktəbəl◂ / *adj* nieprzewidywalny: *unpredictable weather*

**un·pro·fes·sion·al** /ˌʌnprə'feʃənəl◂ / *adj* sprzeczny z etyką zawodową: *unprofessional conduct*

**un·pro·voked** /ˌʌnprə'vəʊkt◂ / *adj* nieuzasadniony, bezpodstawny: *an unprovoked attack*

**un·qual·i·fied** /ʌn'kwɒləfaɪd/ *adj* **1** pozbawiony kwalifikacji: *She was totally unqualified for her new job.* **2 unqualified success/disaster** sukces/klęska na całej linii: *The festival was an unqualified success.*

**un·ques·tion·a·bly** /ʌn'kwestʃənəbli/ *adv* bezsprzecznie: *He is unquestionably the world's greatest living composer.* —**unquestionable** *adj* bezsprzeczny

**un·rav·el** /ʌn'rævəl/ *v* **-lled, -lling** *BrE*, **-led, -ling** *AmE* [I,T] **1** rozwikłać (się): *Detectives are trying to unravel the mystery surrounding his death.* **2** rozplątać (się)

**un·real** /ˌʌn'rɪəl◂ / *adj* nierzeczywisty, nierealny: *The whole situation was completely unreal.*

**un·rea·lis·tic** /ˌʌnrɪə'lɪstɪk◂ / *adj* nierealistyczny: *A lot of women have unrealistic expectations about marriage.*

**un·rea·son·a·ble** /ʌn'riːzənəbəl/ *adj* **1** nierozsądny: *unreasonable demands* | *Do you think I'm being unreasonable?* **2 unreasonable charges/prices** nadmiernie wysokie opłaty/ceny

**un·rec·og·niz·a·ble** /ʌn'rekəgnaɪzəbəl/ (*także* **-isable** *BrE*) *adj* nie do poznania

**un·re·lat·ed** /ˌʌnrɪ'leɪtəd◂ / *adj* nie powiązany (ze sobą): *unrelated events*

**un·re·li·a·ble** /ˌʌnrɪ'laɪəbəl◂ / *adj* zawodny: *The old machines were notoriously unreliable and slow.*

**un·re·solved** /ˌʌnrɪ'zɒlvd◂ / *adj* nie rozwiązany: *an unresolved problem/question*

**un·res·pon·sive** /ˌʌnrɪ'spɒnsɪv/ *adj* **1 be unresponsive to sth** nie reagować na coś: *illnesses that are unresponsive to conventional medical treatment* **2** obojętny: *Her manner was cold and unresponsive.*

**un·rest** /ʌn'rest/ *n* [U] niepokój: *growing political unrest in Algeria*

**un·re·strained** /ˌʌnrɪ'streɪnd◂ / *adj* nieskrępowany: *unrestrained economic growth*

**un·ri·valled** /ʌn'raɪvəld/ *BrE*, **unrivaled** *AmE* *adj* niezrównany: *an unrivaled collection of 19th-century art*

**un·roll** /ʌn'rəʊl/ *v* [T] rozwijać: *He unrolled his sleeping bag.*

**un·ruf·fled** /ʌn'rʌfəld/ *adj* nie poruszony

**un·ru·ly** /ʌn'ruːli/ *adj* niesforny: *unruly schoolchildren*

**un·safe** /ˌʌn'seɪf◂ / *adj* niebezpieczny: *The streets are unsafe for people to walk alone at night.*

**un·sat·is·fac·to·ry** /ˌʌnsætəs'fæktəri/ *adj* niezadowalający: *The present system is completely unsatisfactory.*

**un·sa·vour·y** /ʌn'seɪvəri/ *BrE*, **unsavory** *AmE* *adj* podejrzany: *The bar was full of all kinds of unsavoury characters.*

**un·scathed** /ʌn'skeɪðd/ *adj* nietknięty: *The driver emerged from the crash unscathed.*

**un·screw** /ʌn'skruː/ *v* [T] odkręcać, wykręcać: *She unscrewed the light bulb.*

**un·scru·pu·lous** /ʌn'skruːpjələs/ *adj* pozbawiony skrupułów: *unscrupulous employers*

**un·seen** /ˌʌn'siːn◂ / *adj adv formal* nie zauważony: *She left the building unseen.*

**unselfish** /ˌʌn'selfɪʃ/ *adj* bezinteresowny: *an unselfish and generous man who risks his life for his friend*

**un·set·tled** /ʌn'setld/ *adj* **1** niespokojny: *Children often feel unsettled by divorce.* **2** nie rozstrzygnięty: *The issue remains unsettled.* **3** niepewny: *These are*

*difficult and unsettled times.* **4** zmienny: *unsettled weather*

**un·set·tling** /ʌn'setlɪŋ/ *adj* stresujący: *Going to your first interview can be an unsettling experience.*

**un·shav·en** /ʌn'ʃeɪvən/ *adj* nie ogolony

**un·sight·ly** /ʌn'saɪtli/ *adj* szpetny: *unsightly modern office buildings*

**un·skilled** /ˌʌn'skɪld◂/ *adj* **1 unskilled worker** robotnik niewykwalifikowany **2 unskilled work** praca nie wymagająca kwalifikacji

**un·so·phis·ti·cat·ed** /ˌʌnsə'fɪstəkeɪtəd◂/ *adj* **1** niewyrobiony: *unsophisticated audiences* **2** nieskomplikowany: *unsophisticated equipment/methods*

**un·spok·en** /ʌn'spəʊkən/ *adj* milczący: *an unspoken agreement*

**un·sta·ble** /ʌn'steɪbəl/ *adj* **1** niestabilny: *The political situation is very unstable at the moment.* **2** niezrównoważony: *emotionally unstable* **3** chwiejny: *an unstable wall*

**un·stead·y** /ʌn'stedi/ *adj* **1** niepewny: *I felt unsteady on my feet.* **2** chwiejny: *an unsteady ladder*

**un·stop·pa·ble** /ʌn'stɒpəbəl/ *adj* niepokonany: *The team seems unstoppable this year.*

**un·stuck** /ˌʌn'stʌk◂/ *adj* **come unstuck a)** *BrE* zawieść: *Our plans came unstuck.* **b)** odkleić się: *The stamp has come unstuck.*

**un·sub·stan·ti·at·ed** /ˌʌnsəb'stænʃieɪtəd/ *adj* nie potwierdzony: *an unsubstantiated rumour*

**un·suc·cess·ful** /ˌʌnsək'sesfəl◂/ *adj* nieudany: *an unsuccessful experiment* —**unsuccessfully** *adv* bez powodzenia

**un·suit·able** /ʌn'suːtəbəl/ *adj* nieodpowiedni: *This movie is unsuitable for young children.*

**un·sure** /ˌʌn'ʃɔː◂/ *adj* **1** niepewny: *At first, he was unsure about accepting the job.* **2 sb is unsure of himself/herself** komuś brakuje pewności siebie: *Clara seemed shy and unsure of herself.*

**un·sur·passed** /ˌʌnsə'pɑːst◂/ *adj* bezkonkurencyjny

**un·sus·pect·ing** /ˌʌnsə'spektɪŋ◂/ *adj* niczego nie podejrzewający: *her unsuspecting victim*

**un·swerv·ing** /ʌn'swɜːvɪŋ/ *adj* niezachwiany: *unswerving loyalty*

**un·sym·pa·thet·ic** /ˌʌnsɪmpə'θetɪk◂/ *adj* **1** obojętny: *Her father was cold and unsympathetic.* **2** nieprzychylny: *unsympathetic comments* **3** antypatyczny, niesympatyczny: *an unsympathetic character*

**un·tan·gle** /ˌʌn'tæŋgəl/ *v* [T] rozplątywać: *conditioner that helps untangle your hair*

**un·think·a·ble** /ʌn'θɪŋkəbəl/ *adj* nie do pomyślenia: *It seemed unthinkable that a woman would run for President.*

**un·ti·dy** /ʌn'taɪdi/ *adj especially BrE* **1** nie posprzątany: *Why's your desk always so untidy?* **2** nieporządny

**un·tie** /ʌn'taɪ/ *v* [T] rozwiązywać: *Mommy, can you untie my shoelaces?*

**un·til** /ʌn'tɪl/ *także* **till** *prep, conjunction* **1** (aż) do: *The banks are open until 3.30.* | *Debbie's on vacation until Monday.* **2 not until** nie wcześniej niż: *The movie doesn't start until 8* (=zaczyna się dopiero o 8).

**un·time·ly** /ʌn'taɪmli/ *adj* przedwczesny: *her untimely death*

**un·told** /ˌʌn'təʊld◂/ *adj* nieopisany: *The floods caused untold damage.*

**un·touched** /ˌʌn'tʌtʃt◂/ *adj* nietknięty: *an area untouched by the war*

**un·trained** /ˌʌn'treɪnd◂/ *adj* **1** nie przeszkolony **2 to the untrained eye/ear** dla laika: *To the untrained eye, the painting looks like a Van Gogh.*

**un·tried** /ˌʌn'traɪd◂/ *adj* nie wypróbowany

**un·true** /ʌn'truː/ *adj* nieprawdziwy: *Their story was completely untrue.*

**un·truth** /ʌn'truːθ/ *n* [C] *formal* nieprawda

**un·truth·ful** /ʌn'truːθfəl/ *adj* fałszywy

**un·used**[1] /ˌʌn'juːzd◂/ *adj* nie wykorzystany, nie używany: *unused land*

**un·used**[2] /ʌn'juːst/ *adj* **be unused to** nie być przyzwyczajonym do: *She's unused to driving at night.*

**un·u·su·al** /ʌn'juːʒuəl/ *adj* niezwykły: *It's very unusual to have snow in April.* | *a rather unusual taste*

**un·u·su·al·ly** /ʌn'juːʒuəli/ *adv* **1 unusually hot/big** niezwykle gorący/duży **2** wyjątkowo: *Unusually, the house was quiet.*

**un·veil** /ˌʌn'veɪl/ *v* [T] **1** ogłaszać: *The mayor will unveil plans for a new park.* **2** odsłaniać: *The Queen unveiled a statue of Prince Albert.*

**un·want·ed** /ʌn'wɒntəd/ *adj* niechciany, niepotrzebny: *an unwanted gift*

**un·war·rant·ed** /ʌn'wɒrəntəd/ *adj formal* nieuzasadniony: *unwarranted interference*

**un·wa·ry** /ʌn'weəri/ *adj* nieświadomy: *unwary tourists*

**un·wel·come** /ʌn'welkəm/ *adj* **1** niepożądany: *unwelcome publicity* **2** nieproszony, niemile widziany: *an unwelcome visitor*

**un·well** /ʌn'wel/ *adj formal* **be/feel unwell** źle się czuć

**un·wield·y** /ʌn'wiːldi/ *adj* nieporęczny: *The first clocks were large and unwieldy.*

**un·will·ing** /ʌn'wɪlɪŋ/ *adj* **be unwilling to do something** nie chcieć czegoś zrobić: *He's unwilling to admit he was wrong.* —**unwillingly** *adv* niechętnie

**un·wind** /ʌn'waɪnd/ *v* **unwound, unwinding 1** [I] odprężać się: *Swimming helps me unwind.* **2** [I,T] rozwijać (się): *He unwound the rope.*

**un·wise** /ʌn'waɪz/ *adj* niemądry: *an unwise decision* —**unwisely** *adv* niemądrze

**un·wit·ting·ly** /ʌn'wɪtɪŋli/ *adv* bezwiednie, niechcący: *Several employees unwittingly became involved in illegal activities.*

**un·work·a·ble** /ʌn'wɜːkəbəl/ *adj* **unworkable plan/idea** niewykonalny plan/pomysł

**un·wound** /ʌn'waʊnd/ *v* czas przeszły i imiesłów bierny od UNWIND

**un·wrap** /ʌn'ræp/ *v* [T] rozpakowywać

**un·writ·ten** /ˌʌn'rɪtn◂/ *adj* niepisany: *an unwritten rule*

**un·zip** /ˌʌn'zɪp/ *v* [T] **-pped, -pping** rozpinać (*zamek*)

**up**[1] /ʌp/ *adv, prep* **1** w górę: *They began walking up the hill.* | *Can you move the picture up a little higher?* **2** na górze: *"Where's Dave?" "He's up in his room."* **3 get/stand up** wstawać: *They all stood up to sing.* **4** w całości, do końca: *He's eaten up all his food* (=zjadł wszystko). | *They soon used up all their money* (=wydali wszystkie pieniądze). **5** na północ(y): *His relatives all live up in Scotland.* **6 up the river** w górę rzeki **7 up the street/road** kawałek dalej (*na tej samej ulicy*): *She lives just up the street.* **8 up to** nie więcej niż: *Up to 10 people are allowed in the elevator at one time.* **9 be up to** dorównywać: *The band's latest record isn't up to their usual high standard.* **10 walk/go/come up to** podchodzić do: *A man came up to me and asked for a light.* **11 up to/up until** (aż) do: *The offer is valid up to December 15.* **12 it's up to sb** *spoken* to zależy od kogoś: *"Do you think I should get the dress?" "It's up to you."* **13 be/feel up to sth** mieć dość sił na coś: *Do you feel up to a walk today?* **14 be up to something** knuć coś: *He keeps looking behind him. I'm sure he's up to something.*

**up**[2] *adj* [not before noun] **1 stay/be up** nie kłaść się spać: *They stayed up all night to watch the game.* | *Are you still up* (=jeszcze nie śpisz)? **2 be up a)** wzrosnąć: *Profits were up by 4% this year.* **b)** *spoken* skończyć się: *"Time's up," said the teacher.* **3 up for sale** na sprzedaż: *Their house is up for sale.* **4 up and running** na pełnych obrotach: *The system should be up and running early next year.* → patrz też **what's up** (WHAT)

**up**[3] *n* **ups and downs** wzloty i upadki: *Every marriage has its ups and downs.*

**up·beat** /'ʌpbiːt/ *adj* optymistyczny: *a movie with an upbeat ending*

U

**up·bring·ing** /ˈʌpˌbrɪŋɪŋ/ *n* [singular] wychowanie: *He had a strict upbringing.*

**up·date¹** /ʌpˈdeɪt/ *v* [T] **1** uaktualniać: *The files need to be updated.* **2** unowocześniać

**up·date²** /ˈʌpdeɪt/ *n* [C] ostatnie doniesienia: *an update on the earthquake*

**up·front¹** /ˌʌpˈfrʌnt/ *adv* **pay sb upfront** za/płacić komuś z góry

**upfront²** *adj spoken* szczery: *She's very upfront with him about their relationship.*

**up·grade** /ˌʌpˈgreɪd/ *v* [T] unowocześniać: *We need to upgrade our computer.*

**up·heav·al** /ʌpˈhiːvəl/ *n* [C,U] wstrząs: *an enormous political upheaval*

**up·hill** /ˌʌpˈhɪl◂/ *adj, adv* **1** pod górę: *an uphill climb* ➡ antonim DOWNHILL **2** żmudny: *It's going to be an uphill struggle.*

**up·hold** /ˌʌpˈhəʊld/ *v* [T] **upheld** /-ˈheld/, **upholding 1** pilnować przestrzegania: *The job of the police is to uphold law and order.* **2** podtrzymywać: *The appeal court upheld the decision.*

**up·hol·ster·y** /ʌpˈhəʊlstəri/ *n* [U] tapicerka: *leather upholstery*

**up·keep** /ˈʌpkiːp/ *n* [U] utrzymanie

**up·lift·ing** /ʌpˈlɪftɪŋ/ *adj* podnoszący na duchu: *an uplifting experience*

**up·on** /əˈpɒn/ *prep formal* ON: *countries that are dependent upon the West for aid*

**up·per** /ˈʌpə/ *adj* **1** górny: *the upper jaw* | *the upper floors of the building* ➡ antonim LOWER¹ **2** wyższy: *the upper levels of society* **3 have/get the upper hand** mieć/zdobyć przewagę: *Government forces now have the upper hand.* **4 the upper limit** górna granica

**upper case** /ˌ.. ˈ.◂/ *n* [U] wielkie litery ➡ porównaj LOWER CASE

**upper class** /ˌ.. ˈ.◂/ *n* **the upper class** klasa wyższa

**up·per·most** /ˈʌpəməʊst/ *adj* najwyższy: *the uppermost branches of the tree*

**up·right** /ˈʌp-raɪt/ *adj* pionowy, wyprostowany: *Make sure that your seat is in an upright position.* —**upright** *adv* w pozycji pionowej

**up·ris·ing** /ˈʌpˌraɪzɪŋ/ *n* [C] powstanie: *the Hungarian uprising of 1956*

**up·riv·er** /ˌʌpˈrɪvə/ *adv* w górę rzeki

**up·roar** /ˈʌp-rɔː/ *n* [U singular] wrzawa

**up·root** /ˌʌpˈruːt/ *v* [T] **1** wyrywać z korzeniami **2** przesiedlać: *If I took the job it would mean uprooting the whole family.*

**up·set¹** /ˌʌpˈset◂/ *adj* **1** zmartwiony: **+ about** *She's still very upset about her dad.* | **get upset** (=zdenerwować się): *When I told him he'd failed, he got very upset.* **2 an upset stomach/tummy** rozstrój żołądka

**up·set²** /ʌpˈset/ *v* [T] **upset, upset, upsetting 1** z/denerwować: *Kopp's comments upset many of his listeners.* **2** po/psuć: *I hope I haven't upset all your plans.* **3** przewracać: *He upset the table and everything on it.*

**up·set³** /ˈʌpset/ *n* [C] **1** niespodzianka: *There's been a big upset at Wimbledon.* **2** problem: *We've had one or two minor upsets.* **3 a stomach upset** rozstrój żołądka

**up·set·ting** /ʌpˈsetɪŋ/ *adj* przykry: *an upsetting experience*

**up·shot** /ˈʌpʃɒt/ *n* **the upshot is that** skończyło się na tym, że: *The upshot is that she's decided to take the job.*

**up·side down** /ˌ.. ˈ./ *adj, adv* **1** do góry nogami: *Isn't that picture upside down?* **2 turn sth upside down** przewracać coś do góry nogami: *Her whole world was turned upside down when Charles asked her to marry him.* | *The police turned the place upside down.*

**up·stairs** /ˌʌpˈsteəz◂/ *adv* na górze, na górę: *Her office is upstairs on your right.* —**upstairs** *adj* na piętrze, na górze: *the upstairs bathroom* ➡ antonim DOWNSTAIRS

**up·start** /ˈʌpstɑːt/ *n* [C] ważniak

**up·stream** /ˌʌpˈstriːm◂/ *adv* w górę rzeki

**up·surge** /ˈʌpsɜːdʒ/ *n* [C] wzrost: *the recent upsurge in crime*

**up·take** /ˈʌpteɪk/ *n* **be slow/quick on the uptake** *informal* szybko/wolno kapować

**up·tight** /ˈʌptaɪt/ *adj informal* spięty: *You shouldn't get so uptight about it.*

**up-to-date** /ˌ. . ˈ.◂/ *adj* **1** nowoczesny **2** aktualny

**up-to-the-min·ute** /ˌ. . . ˈ..◂/ *adj* najświeższy: *a service that provides up-to-the-minute information on share prices*

**up·town** /ˌʌpˈtaʊn◂/ *adv AmE* w/do bogatej dzielnicy: *The Parkers live uptown.* → porównaj DOWNTOWN

**up·turn** /ˈʌptɜːn/ *n* [C] zmiana na lepsze: *an upturn in the economy*

**up·turned** /ˌʌpˈtɜːnd◂/ *adj* **1** zadarty: *an upturned nose* **2** odwrócony do góry dnem: *upturned boxes*

**up·wards** /ˈʌpwədz/ *especially BrE*, **upward** *especially AmE adv* w górę: *Billy pointed upward at the clouds.* | *Salaries have been moving steadily upwards.* —**upward** *adj* w górę: *upward movement*

**u·ra·ni·um** /jʊˈreɪniəm/ *n* [U] uran

**U·ra·nus** /ˈjʊərənəs/ *n* [singular] Uran

**ur·ban** /ˈɜːbən/ *adj* miejski: *urban areas* → porównaj RURAL

**ur·chin** /ˈɜːtʃɪn/ *n* [C] *old-fashioned* urwis

**urge**[1] /ɜːdʒ/ *v* [T] namawiać: *Her friends urged her to go to France.* | *The banks are urging caution* (=zalecają rozwagę).

**urge** sb ↔ **on** *phr v* [T] z/dopingować: *Urged on by the crowd, he scored two more goals.*

**urge**[2] *n* [C] pragnienie: *sexual urges* | *I felt a sudden urge to hit him.*

**ur·gent** /ˈɜːdʒənt/ *adj* pilny: *an urgent message* | *She's in urgent need of medical attention.* —**urgency** *n* [U] *a matter of great urgency* (=bardzo pilna sprawa) —**urgently** *adv* pilnie

**u·ri·nal** /jʊˈraɪnl/ *n* [C] pisuar

**u·ri·nate** /ˈjʊərɪneɪt/ *v* [I] *technical* oddawać mocz

**u·rine** /ˈjʊərɪn/ *n* [U] mocz

**urn** /ɜːn/ *n* [C] **1** termos bufetowy **2** urna

**us** /əs/ *pron* nas/nam/nami: *I'm sure he didn't see us.*

**us·a·ble** /ˈjuːzəbəl/ *adj* nadający się do użytku

**us·age** /ˈjuːsɪdʒ/ *n* **1** [C,U] użycie (słów): *a book on modern English usage* **2** [U] używanie: *Car usage has increased dramatically.*

**use**[1] /juːz/ *v* [T] **1** używać: *Can I use your phone?* | *Use a food processor to grate the vegetables.* | *Why did you use the word 'if'?* **2** zużywać: *These light bulbs use less electricity.* | *Our car's using too much oil.* **3** wykorzystywać: *I thought he loved me, but in fact he was just using me.*

**use** sth ↔ **up** *phr v* [T] zużyć: *Who used up the toothpaste?*

**use**[2] /juːs/ *n* **1** [U] użycie, używanie: *Are you in favour of the use of animals for research?* | *the use of American airpower* **2** [C] zastosowanie: *The drug has many uses.* **3 give sb the use of sth** udostępniać coś komuś: *Joe's given me the use of his office.* **4 make use of** robić użytek z: *I wanted to make use of all the hotel facilities.* **5 be of no use (to sb)** nie przydawać się (komuś): *The ticket's of no use to me now.* **6 it's no use/what's the use** *spoken* nie ma sensu: *It's no use arguing with her. She just won't listen.* **7 put sth to good use** zrobić z czegoś dobry użytek: *a chance to put your medical training to good use* **8 in use** w użyciu: *The meeting room is in use all morning.*

**used**[1] /juːst/ *adj* **be used to (doing) sth** być przyzwyczajonym do (robienia) czegoś: *Are you used to getting up so early?* | **get used to sth** (=przyzwyczaić się/przywyknąć do czegoś): *I soon got used to the Japanese way of life.*

UWAGA **used to, be used to** i **get used to**

Zwrotu **used to** używamy wtedy, kiedy mówimy o czymś, co ktoś robił regularnie w przeszłości: *I used to play tennis twice a week, but I don't have time now.* **Be used to** i **get used to** to wyrażenia oznaczające, że jesteśmy przyzwyczajeni lub przyzwyczajamy

## USED TO

Czasownika tego używamy wyłącznie w czasie przeszłym, w odniesieniu do sytuacji, zwyczajów, nawyków, emocji itp., które w chwili mówienia są już nieaktualne:

*He **used to** go to to work by bus, but now he drives.*

*When she was younger, she **used to** like him. Now she hates him.*

*We still play chess, but not as often as we **used to**.*

W pytaniach i przeczeniach ***used to*** przeważnie zachowuje się jak zwykły czasownik w czasie Past Simple, tzn. wymaga użycia ***did*** i ***didn't***:

***Did** you **used*** (albo: ***use***) ***to** live here?*

*He **didn't used*** (albo: ***use***) ***to** behave like this.*

Niekiedy, zwłaszcza w stylu formalnym, ***used*** zachowuje się jak czasownik modalny:

***Used** you **to** live here?.*

*He **used** not **to** behave like this.*

Czasownika ***used to*** nie należy mylić ze zwykłym czasownikiem ***use*** „używać", ani ze zwrotem ***be used to (doing) something*** „być przyzwyczajonym do (robienia) czegoś".

patrz też: ***Modal Verbs, Past Simple, Verb***

się do pewnych sytuacji lub czynności: *Are you used to the cold winters yet? | I can't get used to living in a big city.*

**used²** /juːzd/ *adj* używany

**used to** /ˈjuːst tə, -tʊ/ *modal verb* **sb used to do sth** ktoś kiedyś coś robił: *We used to go to the movies every week.* | **didn't sb use to do sth** *"Didn't you use to smoke* (=czy ty (przypadkiem) kiedyś nie paliłeś)?" *"Yes, but I quit."* ➡ patrz ramka USED TO

**use·ful** /ˈjuːsfəl/ *adj* pożyteczny, użyteczny, przydatny: *a useful book for travellers* | **come in useful** (=przydać się): *His knowledge of Italian was to come in useful later on.* —**usefulness** *n* [U] użyteczność, przydatność

**use·less** /ˈjuːsləs/ *adj* **1** bezużyteczny: *These scissors are completely useless.* | *useless information* **2** bezsensowny: *It's useless trying to talk to her.* **3** *informal* beznadziejny: *I'm useless at golf.*

**us·er** /ˈjuːzə/ *n* [C] użytkowni-k/czka: *computer users*

**user-friend·ly** /ˌ.. ˈ..◂/ *adj* łatwy w użyciu

**ush·er¹** /ˈʌʃə/ *v* [T] wprowadzać: *His secretary ushered us into his office.*

**usher in** sth *phr v* [T] zapoczątkować: *Gorbachev ushered in a new era of reform.*

**usher²** *n* [C] osoba wskazująca gościom/widzom ich miejsca przy stole, na widowni itp.

**ush·er·ette** /ˌʌʃəˈret/ *n* [C] *BrE* bileterka

**u·su·al** /ˈjuːʒuəl/ *adj* **1** zwykły: *Let's meet at the usual place.* | *It's warmer than usual for March.* **2 as usual** jak zwykle: *They were late, as usual.*

UWAGA **usual**

Nie mówi się "as usually". Mówi się **as usual**: *As usual, the bus was full.*

**u·su·al·ly** /ˈjuːʒuəli/ *adv* zwykle: *We usually go out for dinner on Saturday.*

**u·ten·sil** /juːˈtensəl/ *n* [C] **kitchen utensils** przybory kuchenne

**u·te·rus** /ˈjuːtərəs/ *n* [C] *technical* macica

**u·til·i·ties** /juːˈtɪlətiz/ *n* [C] usługi komunalne (*np. gaz, energia*): *Does the rent include utilities?*

**u·til·ize** /ˈjuːtəlaɪz/ (*także* **-ise** *BrE*) *v* [T] *formal* wykorzystywać —**utilization** /ˌjuːtəlaɪˈzeɪʃən/ *n* [U] wykorzystanie

**ut·most**[1] /ˈʌtməʊst/ *adj* **the utmost importance/care** najwyższa waga/staranność: *a matter of the utmost importance*

**utmost**[2] *n* [singular] **1 do your utmost** zrobić wszystko, co w czyjejś mocy **2 to the utmost** do granic możliwości: *The course challenges drivers to the utmost.*

**u·to·pi·a** /juːˈtəʊpiə/ *n* [C,U] utopia

**ut·ter**[1] /ˈʌtə/ *adj* kompletny: *We watched in utter amazement.* —**utterly** *adv* kompletnie, zupełnie

**utter**[2] *v* [T] *especially literary* wypowiadać: *No one uttered a word.* —**utterance** *n* [C] wypowiedź

**U-turn** /ˈjuː tɜːn/ *n* [C] **1** zawracanie (*pojazdem*) **2** zwrot o 180 stopni

U

# Vv

**va·can·cy** /ˈveɪkənsi/ *n* [C] **1** wolny pokój: *The sign said "no vacancies".* **2** wolny etat: *Are there any vacancies for cooks?*

**va·cant** /ˈveɪkənt/ *adj* **1** wolny: *vacant apartments* **2 a vacant expression/smile** bezmyślny wyraz twarzy/uśmiech

**va·cate** /vəˈkeɪt/ *v* [T] *formal* zwalniać: *Guests must vacate their rooms by noon.*

**va·ca·tion** /vəˈkeɪʃən/ *n* [C,U] **1** *especially AmE* urlop: **on vacation** (=na urlopie): *They're on vacation for the next two weeks.* **2** *AmE* wakacje, ferie: *the summer vacation* | **on vacation** *I went there once on vacation* (=pojechałem tam raz na wakacje). | **take a vacation** (=pojechać na wakacje): *We're thinking of taking a vacation in the Virgin Islands.*

**vac·ci·nate** /ˈvæksəneɪt/ *v* [T] za/szczepić: *Have you been vaccinated against measles?* —**vaccination** /ˌvæksəˈneɪʃən/ *n* [C,U] szczepienie

**vac·cine** /ˈvæksiːn/ *n* [C,U] szczepionka: *polio vaccine*

**vac·u·um**[1] /ˈvækjuəm/ *n* **1** [C] odkurzacz **2** [C] próżnia **3** [singular] pustka: *His death left a vacuum in her life.*

**vacuum**[2] *v* [I,T] odkurzać

**vacuum clean·er** /ˈ... ˌ../ *n* [C] odkurzacz

**va·gi·na** /vəˈdʒaɪnə/ *n* [C] pochwa

**va·grant** /ˈveɪgrənt/ *n* [C] *formal* włóczęga

**vague** /veɪg/ *adj* **1 be vague (about sth)** wyrażać się mało konkretnie (na temat czegoś): *She's been a bit vague about her plans for the summer.* **2** niejasny: *I had only a vague idea where the house was.* **3** niewyraźny: *Looking closely, he could just see the vague outline of her face.*

**vague·ly** /ˈveɪgli/ *adv* **1** trochę, nieco: *The woman's face looked vaguely familiar.* **2** niejasno: *a vaguely worded statement*

**vain** /veɪn/ *adj* **1 in vain** na próżno: *Doctors tried in vain to save his life.* **2 vain attempt/hope** daremna próba/nadzieja **3** próżny: *Men are so vain.* —**vainly** *adv* na próżno, (na)daremnie

**Val·en·tine** /ˈvæləntaɪn/ *także* **Valentine card** /ˈ... ˌ./ *n* [C] walentynka (*kartka*)

**Val·en·tine's Day** /ˈ... ˌ./ *n* [C,U] Walentynki

**val·et** /ˈvælət/ *n* [C] służący, lokaj

**val·i·ant** /ˈvæliənt/ *adj formal* mężny: *a valiant rescue attempt* —**valiantly** *adv* mężnie

**val·id** /ˈvæləd/ *adj* **1** ważny: *a valid passport/ticket* **2** uzasadniony: *valid criticism* —**validity** *n* [U] ważność, zasadność

**val·ley** /ˈvæli/ *n* [C] dolina

**val·our** /ˈvælə/ *BrE*, **valor** *AmE n* [U] *literary* męstwo

**val·u·a·ble** /ˈvæljuəbəl/ *adj* cenny: *a valuable ring* ➡ porównaj INVALUABLE

**val·u·a·bles** /ˈvæljuəbəlz/ *n* [plural] kosztowności

**val·u·a·tion** /ˌvæljuˈeɪʃən/ *n* [C,U] wycena

**val·ue**[1] /ˈvæljuː/ *n* [U] **1** [C,U] wartość: *The value of the house has gone up.* | *Did the thieves take anything of value?* **2** [U] znaczenie: *the value of direct personal experience* | **be of great/little value** *His research was of great value* (=miał ogromne znaczenie) *to doctors working with the disease.* **3 sth is good/excellent value (for money)** *BrE* coś jest warte swej ceny

**value**[2] *v* [T] **1** cenić: *I always value your advice.* **2** wyceniać: *a painting valued at $5 million*

**val·ues** /ˈvæljuːz/ *n* [plural] wartości: *traditional family values*

**valve** /vælv/ *n* [C] zawór, zastawka: *the valves of the heart*

**vam·pire** /ˈvæmpaɪə/ *n* [C] wampir

**van** /væn/ *n* [C] furgonetka

**van·dal** /ˈvændl/ *n* [C] wandal

**van·dal·is·m** /ˈvændəl-ɪzəm/ *n* [U] wandalizm

**van·dal·ize** /ˈvændəl-aɪz/ (*także* **-ise** *BrE*) *v* [T] z/dewastować

**van·guard** /ˈvæŋɡɑːd/ *n* **in the vanguard** na czele: *a group in the vanguard of political reform*

**va·nil·la** /vəˈnɪlə/ *n* [U] wanilia

**van·ish** /ˈvænɪʃ/ *v* [I] znikać: *When I looked again, he'd vanished.* | *The ship vanished without trace.*

**van·i·ty** /ˈvænəti/ *n* [U] próżność

**van·tage point** /ˈvɑːntɪdʒ pɔɪnt/ *n* [C] **1** punkt obserwacyjny **2** punkt widzenia

**va·por·ize** /ˈveɪpəraɪz/ (*także* **-ise** *BrE*) *v* **1** [I] parować **2** [T] odparowywać

**va·pour** /ˈveɪpə/ *BrE*, **vapor** *AmE n* [C,U] para: *water vapour*

**var·i·a·ble**[1] /ˈveəriəbəl/ *adj* zmienny: *the variable nature of the weather* —**variability** /ˌveəriəˈbɪləti/ *n* [U] zmienność

**variable**[2] *n* [C] zmienna: *economic variables*

**var·i·ant** /ˈveəriənt/ *n* [C] wariant: *a spelling variant*

**var·i·a·tion** /ˌveəriˈeɪʃən/ *n* **1** [C,U] różnica: **+ in** *variations in price from store to store* **2** [C] odmiana, wariacja: *This is the traditional way of making Christmas pudding, but of course there are many variations.*

**var·i·cose veins** /ˌværəkəʊs ˈveɪnz/ *n* [plural] żylaki

**var·ied** /ˈveərid/ *adj* zróżnicowany: *a varied diet*

**va·ri·e·ty** /vəˈraɪəti/ *n* **1 a variety of** wiele różnych: *The college offers a wide variety of language courses.* **2** [U] różnorodność, urozmaicenie: *I wanted a job with plenty of variety.* **3** [C] odmiana: *different varieties of lettuce*

**var·i·ous** /ˈveəriəs/ *adj* rozmaity: *The coats are available in various colours* (=w kilku różnych kolorach).

**var·nish**[1] /ˈvɑːnɪʃ/ *n* [C,U] lakier → patrz też NAIL VARNISH

**varnish**[2] *v* [T] po/lakierować, po/malować (lakierem)

**var·y** /ˈveəri/ *v* **1** [I] różnić się: *Prices vary from store to store.* | *The windows varied in size and shape.* **2** [I] zmieniać się: *His moods seem to vary a lot.* **3** [T] urozmaicać: *You need to vary your diet.* —**varying** *adj* różny: *varying degrees of success*

**vase** /vɑːz/ *n* [C] wazon

**vast** /vɑːst/ *adj* **1** rozległy: *vast deserts* **2 the vast majority** zdecydowana większość

**vast·ly** /ˈvɑːstli/ *adv* znacznie: *vastly improved performance*

**VAT** /ˌviː eɪ ˈtiː, væt/ *n* [U] VAT

**vat** /væt/ *n* [C] kadź

**vault** /vɔːlt/ *n* [C] **1** skarbiec **2** grobowiec

**VCR** /ˌviː siː ˈɑː/ *n* [C] *especially AmE* magnetowid

**VDU** /ˌviː diː ˈjuː/ *n* [C] monitor (*komputerowy*)

**'ve** /əv/ forma ściągnięta od 'have': *We've finished.*

**veal** /viːl/ *n* [U] cielęcina

**veer** /vɪə/ *v* [I] skręcać gwałtownie: *The car veered sharply to the left.*

**vege·ta·ble** /ˈvedʒtəbəl/ *n* [C] warzywo

**veg·e·tar·i·an** /ˌvedʒəˈteəriən◂/ *także* **veg·gie** /ˈvedʒi/ *BrE informal n* [C] wegetarian-in/ka —**vegetarian** *adj* wegetariański: *More and more people are becoming vegetarian* (=zostaje wegetarianami).

**veg·e·ta·tion** /ˌvedʒəˈteɪʃən/ *n* [U] roślinność: *dense vegetation*

**ve·he·ment** /ˈviːəmənt/ *adj* gwałtowny: *vehement opposition* —**vehemently** *adv* gwałtownie

**ve·hi·cle** /ˈviːɪkəl/ *n* [C] **1** pojazd **2 a vehicle for sth** narzędzie czegoś: *The government used the press as a vehicle for its propaganda.*

**veil** /veɪl/ *n* **1** [C] welon, woalka: *a bridal veil* **2 a veil of mist/darkness** osłona mgły/ciemności

**veiled** /veɪld/ *adj* zawoalowany

**vein** /veɪn/ *n* [C] **1** żyła → porównaj ARTERY **2** żyłka **3** *literary* ton: *She went on in the same vein for several minutes.*

**Vel·cro** /ˈvelkrəʊ/ *n* [U] *trademark* rzep (*rodzaj zapięcia*)

**ve·lo·ci·ty** /vəˈlɒsəti/ *n* [C,U] *technical* prędkość: *the velocity of light*

**vel·vet** /ˈvelvɪt/ *n* [U] aksamit

**vel·vet·y** /ˈvelvɪti/ *adj* aksamitny: *a velvety voice*

**ven·det·ta** /venˈdetə/ *n* [C] wendeta

**vend·ing ma·chine** /ˈvendɪŋ məˌʃiːn/ *n* [C] automat (*np. z napojami*)

**vend·or** /ˈvendə/ *n* [C] handla-rz/rka: *street vendors*

**ve·neer** /vɪˈnɪə/ *n* **1** [C,U] okleina: *rosewood veneer* **2** **a veneer of** *formal* pozory: *a veneer of politeness*

**ven·e·ra·ble** /ˈvenərəbəl/ *adj formal* szacowny: *venerable institutions*

**ve·ne·tian blind** /vəˌniːʃən ˈblaɪnd/ *n* [C] żaluzja

**ven·geance** /ˈvendʒəns/ *n* **1** [U] zemsta: *a desire for vengeance* **2** **with a vengeance** ze zdwojoną mocą: *The hot weather is back with a vengeance.*

**ven·i·son** /ˈvenɪzən/ *n* [U] dziczyzna

**ven·om** /ˈvenəm/ *n* [U] jad —**venomous** *adj* jadowity: *a venomous snake*

**vent**[1] /vent/ *n* [C] **1** otwór wentylacyjny: *an air vent* **2** **give vent to sth** *formal* dawać upust czemuś

**vent**[2] *v* [T] **vent your anger** wyładowywać złość

**ven·ti·late** /ˈventɪleɪt/ *v* [T] prze/wietrzyć —**ventilation** /ˌventɪˈleɪʃən/ *n* [U] wentylacja: *the ventilation system* (=system wentylacyjny)

**ven·ti·la·tor** /ˈventɪleɪtə/ *n* [C] wentylator

**ven·tril·o·quist** /venˈtrɪləkwɪst/ *n* [C] brzuchomówca

**ven·ture**[1] /ˈventʃə/ *n* [C] przedsięwzięcie: *The new venture was not a success.* ➡ patrz też JOINT VENTURE

**venture**[2] *v formal* **1** [I] ośmielić się pójść: *Kate rarely ventured beyond* (=rzadko wypuszczała się dalej niż do) *her nearest town.* | *He was the first member of his family to venture into politics* (=który odważył się zająć polityką). **2** **venture an opinion** odważyć się wyrazić opinię: *No-one else ventured an opinion.*

**ven·ue** /ˈvenjuː/ *n* [C] miejsce (*imprezy*): *a popular jazz venue*

**Ve·nus** /ˈviːnəs/ *n* [singular] Wenus

**ve·ran·da** /vəˈrændə/, **verandah** *n* [C] weranda

**verb** /vɜːb/ *n* [C] czasownik ➡ patrz ramka VERB

**verb·al** /ˈvɜːbəl/ *adj* **1** ustny, słowny: *a verbal agreement* **2** werbalny: *verbal skills* —**verbally** *adv* słownie

**ver·dict** /ˈvɜːdɪkt/ *n* [C] **1** werdykt: *Has the jury reached a verdict?* **2** opinia: *The general verdict was that the film wasn't very good.*

**verge**[1] /vɜːdʒ/ *n* **be on the verge of sth** być bliskim czegoś: *Helen was on the verge of tears.*

**verge**[2] *v*

**verge on/upon** sth *phr v* [T] graniczyć z: *Their behaviour sometimes verged on insanity.*

**ver·i·fy** /ˈverɪfaɪ/ *v* [T] z/weryfikować: *There's no way of verifying his story.* —**verification** /ˌverɪfɪˈkeɪʃən/ *n* [U] weryfikacja

**ver·min** /ˈvɜːmɪn/ *n* [plural] szkodniki

**ver·sa·tile** /ˈvɜːsətaɪl/ *adj* **1** wszechstronny: *a versatile actor* **2** uniwersalny: *a versatile computer system* —**versatility** /ˌvɜːsəˈtɪlɪti/ *n* [U] wszechstronność

**verse** /vɜːs/ *n* [C] **1** zwrotka, strofa: *the last verse of the poem* **2** [U] poezja: *a book of verse* **3** [C] werset

**versed** /vɜːst/ *adj* **be (well) versed in** *formal* (dobrze) znać się na: *lawyers who are well-versed in these matters*

**ver·sion** /ˈvɜːʃən/ *n* [C] wersja: *the original version of the film 'Gone with the Wind'* | *a new version of the Beatles' 'Hey Jude'* | *The newspapers all gave different versions of the story.*

**ver·sus** /ˈvɜːsəs/ skrót pisany **vs** *prep* **1** przeciw, kontra: *Connors versus McEnroe* **2** a: *quantity versus quality*

**ver·te·bra** /ˈvɜːtɪbrə/ *n* [C] *plural* **vertebrae** /-briː, -breɪ/ kręg

**ver·ti·cal** /ˈvɜːtɪkəl/ *adj* pionowy: *a vertical rock face* —**vertically** *adv* pionowo ➡ porównaj HORIZONTAL

**ver·ti·go** /ˈvɜːtɪgəʊ/ *n* [U] zawroty głowy

## Czasownik: **Verb**

Czasowniki dzielą się na zwykłe (**ordinary**) i posiłkowe (**auxiliary**). Wśród tych ostatnich wyróżniamy jeszcze podgrupę modalnych (**modal verbs**). Poniżej omówione są wyłącznie zwykłe czasowniki.

### Odmiana, pisownia i wymowa

Czasownik w bezokoliczniku poprzedzony jest zwykle słówkiem **to**:

**to** *write* „pisać" **to** *run* „biegać" **to** *watch* „oglądać"

W trzeciej osobie liczby pojedynczej czasu Present Simple czasownik ma końcówkę **-s** lub (jeżeli jego bezokolicznik kończy się w pisowni na *ss, sh, ch, x* albo *o*) **-es**:

*to write – he/she/it write**s***
*to run – he/she/it run**s***
*to know – he/she/it know**s***
*to say – he/she/it say**s***
*to see – he/she/it see**s***
*to mi**ss** – he/she/it miss**es***
*to pu**sh** – he/she/it push**es***
*to tou**ch** – he/she/it touch**es***
*to mi**x** – he/she/it mix**es***
*to g**o** – he/she/it go**es***

Jeśli czasownik kończy się w pisowni na spółgłoskę + *y*, to w trzeciej osobie liczby pojedynczej następuje wymiana *y* na *ie*:

*stud**y** – he/she/it stud**ies***
*cr**y** – he/she/it cr**ies***

Końcówkę trzeciej osoby wymawiamy jako [z] po spółgłoskach dźwięcznych i samogłoskach, jako [ɪz] po spółgłoskach [s], [z], [ʃ] i [tʃ] oraz jako [s] po pozostałych spółgłoskach bezdźwięcznych:

| | | |
|---|---|---|
| *runs* [rʌnz] | *misses* [mɪsɪz] | *writes* [raɪts] |
| *lives* [lɪvz] | *chooses* [tʃuːzɪz] | *sleeps* [sliːps] |
| *sees* [siːz] | *pushes* [pʊʃɪz] | *walks* [wɔːks] |
| *studies* [stʌdɪz] | *touches* [tʌtʃɪz] | *sniffs* [snɪfs] |

### Czasowniki regularne: **Regular verbs**

Ze względu na sposób tworzenia czasu przeszłego i imiesłowu biernego, czyli tzw. „trzeciej formy" (Past Participle), czasowniki dzielą się na regularne i nieregularne. Regularnych jest więcej. Ich czas przeszły i trzecia forma powstają przez dodanie do tematu (bezokolicznika bez **to**) końcówki **-ed** lub (jeżeli temat kończy się w pisowni na *e*) **-d**:

*work – work**ed** – work**ed***
*help – help**ed** – help**ed***
*save – save**d** – save**d***
*glue – glue**d** – glue**d***

Jeśli temat kończy się w pisowni na spółgłoskę + *y*, to w czasie przeszłym i w trzeciej formie następuje wymiana *y* na *ie*:

*stud**y** – stud**ied** – stud**ied***
*bur**y** – bur**ied** – bur**ied***

***ciąg dalszy na odwrocie ...***

*... kontynuacja z poprzedniej strony*

Końcówkę czasu przeszłego i trzeciej formy wymawia się jako [d] po spółgłosce dźwięcznej lub samogłosce, jako [t] po spółgłosce bezdźwięcznej i jako [ɪd] po *d* lub *t*:

| | | |
|---|---|---|
| *loved* [lʌvd] | *worked* [wɜːkt] | *mended* [mendɪd] |
| *buried* [berɪd] | *stopped* [stɒpt] | *started* [stɑːtɪd] |

Czasowniki nieregularne: **Irregular verbs**

Czasowników nieregularnych jest wprawdzie mniej, ale są wśród nich wyrazy bardzo często używane. Tworzą one czas przeszły i trzecią formę na wiele sposobów. Często odbywa się to za pomocą zmiany samogłoski tematycznej, np.:

*dr**i**nk – dr**a**nk – dr**u**nk*

*s**i**ng – s**a**ng – s**u**ng*

Niekiedy te same formy powstają przez dodanie końcówki, np.:

*burn – burn**t** – burn**t***

W niektórych przypadkach mamy do czynienia zarówno ze zmianą samogłoski, jak i z dodaniem końcówki, np.:

*sl**ee**p – sl**ept** – sl**ept***

*f**a**ll – f**e**ll – fall**en***

Jak widać, forma czasu przeszłego i trzecia forma czasownika nieregularnego są czasem jednakowe, a czasem różne. Bywa też tak, że trzecia forma pokrywa się z bezokolicznikiem albo wszystkie trzy formy są identyczne, np.:

***come** – came – **come***

***put – put – put***

patrz też: ***Auxiliary Verbs, Infinitive, Modal Verbs, Past Participle***

**verve** /vɜːv/ *n* [U] *formal* werwa

**ve·ry**[1] /ˈveri/ *adv* **1** bardzo: *It's a very good book.* | *John gets embarrassed very easily.* | *I miss her very much.* **2 not very good/difficult** niezbyt dobry/trudny: *I'm not very good at spelling.* | *"Was the game exciting?" "Not very* (=nie (za) bardzo)*."* **3 very well** *spoken* no dobrze: *"Are you coming?" "Oh, very well, if I must."*

UWAGA **very**

Nie należy używać wyrazu **very** z przymiotnikami i przysłówkami, które mają intensywne zabarwienie, takimi jak **huge**, **starving**, **terribly**, **awfully** itp: *By the time I got home I was exhausted.* (nie "very exhausted"). Stopniowi wyższemu przymiotników może towarzyszyć **much** (nie "very"). Można powiedzieć **very big** lub **the very biggest**, ale nie "very bigger". Poprawna forma brzmi: **much bigger**. Nie można też mówić "I'm very in love" lub "very in need of something", kiedy mamy do czynienia z wyrażeniem rozpoczynającym się od przyimka. Poprawnie mówi się **I'm very much in love** (lub **I'm deeply in love**) i **very much in need of something**.

**very**[2] *adj* sam: **the very beginning/end** (=sam początek/koniec): *Start again from the very beginning.*

**ves·sel** /ˈvesəl/ *n* [C] **1** *formal* statek, okręt **2** naczynie ➡ patrz też BLOOD VESSEL

**vest** /vest/ *n* [C] **1** *BrE* podkoszulek **2** *AmE* kamizelka

**vest·ed in·terest** /ˌvestəd ˈɪntrəst/ *n* [C] **have a vested interest in sth** być żywotnie zainteresowanym czymś

**ves·ti·bule** /ˈvestəbjuːl/ *n* [C] *formal* przedsionek, westybul

**ves·tige** /ˈvestɪdʒ/ *n* [C] pozostałość: *the last vestiges of the British Empire*

**vet** /vet/ *n* [C] **1** weterynarz: *We had to take our cat to the vet.* **2** *informal* weteran: *Vietnam vets*

**vet·e·ran** /ˈvetərən/ *n* [C] weteran: *veteran Hollywood entertainer Bob Hope*

**vet·e·ri·na·ri·an** /ˌvetərəˈneəriən/ *n* [C] *AmE* weterynarz

**vet·e·ri·na·ry** /ˈvetərənəri/ *adj technical* weterynaryjny

**ve·to**[1] /ˈviːtəʊ/ *v* [T] za/wetować: *Britain and the US vetoed the proposal.*

**veto**[2] *n* [C,U] *plural* **vetos** weto: *France has threatened to use its veto.*

**vexed** /vekst/ *adj* **vexed question/issue** stale powracająca kwestia/zagadnienie

**vi·a** /ˈvaɪə/ *prep* przez: *We're flying to Denver via Chicago.* | *The concert was broadcast around the world via satellite.*

**vi·a·ble** /ˈvaɪəbəl/ *adj* realny: *a viable alternative to the petrol engine*

**vi·a·duct** /ˈvaɪədʌkt/ *n* [C] wiadukt

**vi·brant** /ˈvaɪbrənt/ *adj* **1** tętniący życiem: *a vibrant personality* **2** jaskrawy: *vibrant colours*

**vi·brate** /vaɪˈbreɪt/ *v* [I,T] drgać: *The vocal chords vibrate as air passes over them.*

**vi·bra·tion** /vaɪˈbreɪʃən/ *n* [C,U] drganie: *vibration caused by passing traffic*

**vic·ar** /ˈvɪkə/ *n* [C] pastor (*w kościele anglikańskim*)

**vic·ar·age** /ˈvɪkərɪdʒ/ *n* [C] plebania (*w kościele anglikańskim*)

**vice** /vaɪs/ *n* **1** [C] wada: *Smoking is my only vice.* **2** [U] działalność przestępcza związana z prostytucją lub handlem narkotykami **3** [C] *BrE* imadło

**vice pres·i·dent** /ˌ. ˈ.../ *n* [C] **1** wiceprezydent **2** *AmE* wicedyrektor: *the vice president of marketing*

**vice ver·sa** /ˌvaɪs ˈvɜːsə/ *adv* na odwrót: *It is socially acceptable for older men to marry younger women, but not vice versa.*

**vi·cin·i·ty** /vəˈsɪnəti/ *n* **in the vicinity (of)** *formal* w pobliżu: *The car was found in the vicinity of the bus station.*

**vi·cious** /ˈvɪʃəs/ *adj* **1** wściekły: *a vicious attack* **2** złośliwy: *a vicious rumour*

**vicious cir·cle** /ˌ.. ˈ../ *n* [singular] błędne koło

**vic·tim** /ˈvɪktəm/ *n* [C] ofiara: *victims of the earthquake* | *He terrorized his victims.*

**vic·tim·ize** /ˈvɪktəmaɪz/ (*także* **-ise** *BrE*) *v* [T] gnębić, represjonować: *People with AIDS have been victimized and abused at work.*

**Vic·to·ri·an** /vɪkˈtɔːriən/ *adj* wiktoriański: *Victorian buildings*

**vic·to·ri·ous** /vɪkˈtɔːriəs/ *adj* zwycięski

**vic·to·ry** /ˈvɪktəri/ *n* [C,U] zwycięstwo: *Napoleon's armies won a great victory.* | *the Lakers' victory over the Celtics* ➡ antonim DEFEAT[2]

**vid·e·o**[1] /ˈvɪdiəʊ/ *n* **1** [C,U] (taśma) wideo: *Do you want to watch a video tonight?* | *The movie is now available on video.* **2** [C] *BrE* magnetowid **3** [U] (technika) wideo: *Many teachers now use video in the classroom.*

**video**[2] *v* [T] nagrywać na wideo

**video cas·sette re·cord·er** /ˌ.... .ˈ. .ˌ../ **video re·cord·er** /ˈ... .ˌ../, **VCR** *n* [C] magnetowid

**video game** /ˈ... ˌ./ *n* [C] gra wideo

**vid·e·o·tape**[1] /ˈvɪdiəʊteɪp/ *n* [C] taśma wideo

**videotape**[2] *v* [T] nagrywać na wideo

**vie** /vaɪ/ *v* [I] **vied, vied, vying** rywalizować: *The brothers vied for her attention.*

**view**[1] /vjuː/ *n* **1** [C] pogląd: *the view that sex before marriage is wrong* | *people with different political views* | **in my/her etc view** (=moim/jej itp. zdaniem): *The judge said that in his view the trial should never have taken place.* **2** [C,U] widok: *There was a beautiful view of the mountains*

*from our hotel room.* | *They had a really good view of the stage.* | *postcards showing views of New York* | **come into view** (=pojawiać się): *The harbour lights came into view.* **3 in full view of** na oczach: *She began screaming and hitting him, in full view of all the other guests.* **4 in view of sth** *formal* w świetle czegoś: *In view of your previous good behaviour we have decided not take any further action.*

**view**[2] *v* [T] *formal* **1 view sb/sth as** uważać kogoś/coś za: *Women were viewed as sex objects.* **2** oglądać: *The scenery was spectacular, especially when viewed from high ground.*

**view·er** /ˈvjuːə/ *n* [C] widz: *The series is watched by millions of viewers.*

**vig·il** /ˈvɪdʒəl/ *n* [C,U] czuwanie: *A crowd of people held a vigil outside the embassy.*

**vig·i·lant** /ˈvɪdʒələnt/ *adj* czujny: *People should remain vigilant at all times and report any suspicious packages to the police.* —**vigilance** *n* [C] czujność

**vig·i·lan·te** /ˌvɪdʒəˈlænti/ *n* [C] członek straży obywatelskiej

**vig·or** /ˈvɪgə/ *n* amerykańska pisownia wyrazu VIGOUR

**vig·o·rous** /ˈvɪgərəs/ *adj* energiczny: *vigorous exercise* | *a vigorous campaigner for women's rights*

**vig·our** /ˈvɪgə/ *BrE*, **vigor** *AmE* *n* [U] wigor

**vile** /vaɪl/ *adj* obrzydliwy: *The food tasted vile.*

**vil·la** /ˈvɪlə/ *n* [C] willa

**vil·lage** /ˈvɪlɪdʒ/ *n* [C] wieś, wioska: *She was born in the village of Arkesden in Essex.*

> **UWAGA village**
>
> Amerykanie zwykle nie używają wyrazu **village** w odniesieniu do miejscowości w Stanach Zjednoczonych. Mówią raczej **small town**.

**vil·lag·er** /ˈvɪlɪdʒə/ *n* [C] mieszkan-iec/ka wsi

**vil·lain** /ˈvɪlən/ *n* [C] **1** czarny charakter **2** *BrE informal* łotr

**vin·dic·tive** /vɪnˈdɪktɪv/ *adj* mściwy —**vindictiveness** *n* [U] mściwość

**vine** /vaɪn/ *n* [C] winorośl

**vin·e·gar** /ˈvɪnɪgə/ *n* [U] ocet

**vine·yard** /ˈvɪnjəd/ *n* [C] winnica

**vin·tage**[1] /ˈvɪntɪdʒ/ *adj* **1 vintage wine** wino z dobrego rocznika **2** klasyczny: *vintage recordings*

**vintage**[2] *n* [C] rocznik (*wina*)

**vi·nyl** /ˈvaɪnəl/ *n* [U] winyl

**vi·o·la** /viˈəʊlə/ *n* [C] altówka

**vi·o·late** /ˈvaɪəleɪt/ *v* [T] *formal* **1 violate a law/agreement** naruszyć prawo/porozumienie **2 violate sb's rights** pogwałcić czyjeś prawa **3** z/bezcześcić —**violation** *n* [C,U] pogwałcenie, naruszenie: *human rights violations*

**vi·o·lence** /ˈvaɪələns/ *n* [U] **1** przemoc: *There's too much violence on TV these days.* **2** gwałtowność: *the violence of the storm* | *the violence of their emotions*

**vi·o·lent** /ˈvaɪələnt/ *adj* **1** gwałtowny: *violent criminals* | *a violent attack on a defenceless old woman* | *a violent argument* **2 violent films/plays** filmy/sztuki pełne przemocy —**violently** *adv* gwałtownie

**vi·o·let** /ˈvaɪələt/ *n* **1** [C] fiołek **2** [U] kolor fioletowy

**vi·o·lin** /ˌvaɪəˈlɪn/ *n* [C] skrzypce

**VIP** /ˌviː aɪ ˈpiː/ *n* [C] VIP

**vir·gin**[1] /ˈvɜːdʒən/ *n* [C] dziewica

**virgin**[2] *adj* dziewiczy: *virgin forest*

**vir·gin·i·ty** /vɜːˈdʒɪnəti/ *n* **lose your virginity** s/tracić dziewictwo

**Vir·go** /ˈvɜːgəʊ/ *n* [C,U] Panna

**vir·ile** /ˈvɪraɪl/ *adj* męski —**virility** /vɪˈrɪləti/ *n* [U] męskość

**vir·tu·al** /ˈvɜːtʃuəl/ *adj* **1** faktyczny: *a virtual leader* | *He became a virtual prisoner* (=stał się niemalże więźniem) *in his own home.* **2** wirtualny: *a virtual library*

**vir·tu·al·ly** /ˈvɜːtʃuəli/ *adv* niemal całkowicie: *The town was virtually destroyed.*

**virtual re·al·i·ty** /ˌ... .ˈ.../ *n* [U] rzeczywistość wirtualna

**vir·tue** /ˈvɜːtʃuː/ *n* **1** [C,U] zaleta: *the virtues of a non-meat diet* | *Stella has many virtues.* **2 by virtue of sth** *formal* z racji/tytułu czegoś: *people who get pro-*

*moted by virtue of their age* **3** [U] *formal* cnota: *a life of virtue* (=cnotliwe życie)

**vir·tu·o·so** /ˌvɜːtʃuˈəʊsəʊ/ *n* [C] wirtuoz: *a piano virtuoso* —**virtuoso** *adj* wirtuozowski: *a virtuoso performance*

**vir·tu·ous** /ˈvɜːtʃuəs/ *adj* cnotliwy

**vir·u·lent** /ˈvɪrᵘ̮ləlnt/ *adj* **1** *formal* zajadły: *a virulent critic of Thatcherism* **2** **virulent disease** złośliwa choroba

**vi·rus** /ˈvaɪərəs/ *n* [C] wirus: *the common cold virus*

**vi·sa** /ˈviːzə/ *n* [C] wiza: *She's here on a student visa.*

**vis·i·bil·i·ty** /ˌvɪzəˈbɪləti/ *n* [U] widoczność: *There is poor visibility on many roads due to heavy fog.*

**vis·i·ble** /ˈvɪzəbəl/ *adj* widoczny: *The lights of the city were clearly visible below them.* | *a visible change in her attitude* → antonim INVISIBLE —**visibly** *adv* wyraźnie: *She was visibly shaken.*

**vi·sion** /ˈvɪʒən/ *n* **1** [C] wizja: *Martin Luther King's vision of a better world* **2** [U] wzrok: *Will the operation improve my vision?* **3** [U] zdolność przewidywania: *We need a leader with vision.*

**vi·sion·a·ry** /ˈvɪʒənəri/ *adj* wizjonerski —**visionary** *n* [C] wizjoner/ka

**vis·it**[1] /ˈvɪzət/ *v* **1** [T] odwiedzać: *My aunt is coming to visit us next week.* | *The Chinese Foreign Minister is visiting Moscow this week.* **2** [I] przychodzić/przyjeżdżać z wizytą

**visit**[2] *n* [C] wizyta, odwiedziny

**vis·it·or** /ˈvɪzətə/ *n* [C] gość: *a guidebook for visitors to Mexico City*

**vi·sor** /ˈvaɪzə/ *n* [C] **1** osłona (*na kasku*) **2** daszek (*czapki*) **3** osłona przeciwsłoneczna (*w samochodzie*)

**vi·su·al** /ˈvɪʒuəl/ *adj* wzrokowy, wizualny: *The movie has a strong visual impact.* | *visual aids* (=wizualne pomoce naukowe) | **the visual arts** (=sztuki plastyczne) —**visually** *adv* wzrokowo, wizualnie

**vi·su·al·ize** /ˈvɪʒuəlaɪz/ (*także* **-ise** *BrE*) *v* [T] wyobrażać sobie: *I tried to visualize the house as she had described it.*

**vi·tal** /ˈvaɪtl/ *adj* **1** istotny: *His evidence was vital to the defence case.* | *It is absolutely vital that you do as I say.* **2** pełen życia

**vi·tal·i·ty** /vaɪˈtæləti/ *n* [U] witalność: *Even though she's in her 80s, she's still full of vitality.*

**vi·tal·ly** /ˈvaɪtl-i/ *adv* **vitally important** niezwykle ważny

**vit·a·min** /ˈvɪtəmən/ *n* [C] witamina: *vitamin C*

**vi·va·cious** /vəˈveɪʃəs/ *adj* pełen życia (*o kobiecie*)

**viv·id** /ˈvɪvəd/ *adj* żywy: *a vivid description of her childhood in Cornwall* | *vivid colours* —**vividly** *adv* żywo

**viv·i·sec·tion** /ˌvɪvəˈsekʃən/ *n* [U] wiwisekcja

**vix·en** /ˈvɪksən/ *n* [C] lisica

**vo·cab·u·la·ry** /vəˈkæbjᵘ̮ləri/ *n* **1** [C,U] słownictwo: *Reading is a good way to increase your vocabulary.* | *new words coming into the English vocabulary* | *business vocabulary* **2** [singular] słowniczek

**vo·cal** /ˈvəʊkəl/ *adj* wokalny: *vocal music*

**vocal cords** /ˈ.. ./ *n* [plural] struny głosowe

**vo·cal·ist** /ˈvəʊkələst/ *n* [C] wokalista/ka

**vo·cals** /ˈvəʊkəlz/ *n* [plural] śpiew: *The song features Elton John on vocals.*

**vo·ca·tion** /vəʊˈkeɪʃən/ *n* [C,U] powołanie: *Teaching isn't just a job to her – it's her vocation.*

**vo·ca·tion·al** /vəʊˈkeɪʃənəl/ *adj* zawodowy: *vocational training*

**vod·ka** /ˈvɒdkə/ *n* [U] wódka

**vogue** /vəʊg/ *n* [U singular] moda: **be in vogue** (=być w modzie): *Japanese food is very much in vogue these days.*

**voice**[1] /vɔɪs/ *n* **1** [C,U] głos: *I could hear Jo's voice outside my window.* | *Pavarotti has an amazing voice.* | *By the early 1960s, King had become the voice of the Civil Rights Movement.* | **lose your voice** (=s/tracić głos): *She'd been shouting so much she'd almost lost her voice.* | **raise your voice** (=podnosić głos): *There's no need to raise your voice. I can hear you perfectly*

>

*well.* | **sb's voice breaks** (=ktoś przechodzi mutację) **2** [C,U] **have a voice in** mieć coś do powiedzenia w kwestii: *Parents should have a voice in deciding how their children are educated.* **3 the voice of reason/experience** głos rozsądku/doświadczenia **4 keep your voice down** *spoken* mów ciszej

**voice²** *v* [T] *formal* wyrażać: *to voice one's opinions/feelings*

**voice·mail** /ˈvɔɪsˌmeɪl/ *n* [U] poczta głosowa

**void¹** /vɔɪd/ *adj* **1** nieważny → patrz też NULL AND VOID **2 void of sth** *especially literary* pozbawiony czegoś: *Her eyes were void of all expression.*

**void²** *n* [singular] **1** pustka: *Their son's death left a void in their lives.* **2** próżnia

**vol·a·tile** /ˈvɒlətaɪl/ *adj* **1** niestabilny **2** zmienny

**vol·ca·no** /vɒlˈkeɪnəʊ/ *n* [C] *plural* **volcanoes** *or* **volcanos** wulkan: *The island has several active volcanoes.* —**volcanic** /vɒlˈkænɪk/ *adj* wulkaniczny: *volcanic rocks*

**vol·ley** /ˈvɒli/ *n* [C] **1** salwa: *a volley of shots* **2 a volley of questions/abuse** potok pytań/obelg **3** wolej

**vol·ley·ball** /ˈvɒlibɔːl/ *n* [U] siatkówka

**volt** /vəʊlt/ *n* [C] wolt

**volt·age** /ˈvəʊltɪdʒ/ *n* [C,U] napięcie

**vol·ume** /ˈvɒljuːm/ *n* **1** [U] głośność: *Can you turn down the volume on the TV?* **2** [C,U] natężenie: *an increase in the volume of traffic* **3** [C] tom: *a 12 volume* (=dwunastotomowy) *set of poetry* **4** [U] objętość

**vol·un·ta·ry** /ˈvɒləntəri/ *adj* **1** ochotniczy: *voluntary work* | *voluntary organizations* **2** dobrowolny: *voluntary contributions* —**voluntarily** *adv* dobrowolnie

**vol·un·teer¹** /ˌvɒlənˈtɪə/ *v* **1** [I,T] zgłaszać się na ochotnika: *Ernie volunteered to wash the dishes.* | *When the war began, my brother immediately volunteered.* **2** [T] *formal* wyrażać (*dobrowolnie*): *None of them was willing to volunteer an opinion.*

**volunteer²** *n* [C] ochotni-k/czka: *The helplines are manned by volunteers.* | *I need someone to help me with the barbecue. Any volunteers?*

**vom·it¹** /ˈvɒmɪt/ *v* [I,T] *formal* z/wymiotować

**vomit²** *n* [U] wymiociny

**vote¹** /vəʊt/ *n* [C] **1** głos: *The Communist Party came third with 421,775 votes.* | *The bill was passed by 319 votes to 316.* **2** głosowanie: *next month's vote on constitutional reform* **3 the vote a)** głosy: *The Nationalists won 25% of the vote.* **b)** prawo wyborcze: *In France, women didn't get the vote until 1945.*

**vote²** *v* [I,T] głosować: **vote for/against** (=głosować za/przeciw): *70% of the population voted for independence.* | **vote to do sth** (=głosować za zrobieniem czegoś): *Congress voted to increase taxes.*

**vot·er** /ˈvəʊtə/ *n* [C] wyborca

**vouch** /vaʊtʃ/ *v*

**vouch for** sb/sth *phr v* [T] po/ręczyć za

**vouch·er** /ˈvaʊtʃə/ *n* [C] talon

**vow¹** /vaʊ/ *v* [T] przyrzekać: *I vowed that I would never drink again.*

**vow²** *n* [C] przyrzeczenie: *marriage vows* | *She made a vow to herself that she would never go back.*

**vow·el** /ˈvaʊəl/ *n* [C] samogłoska

**voy·age** /ˈvɔɪ-ɪdʒ/ *n* [C] wyprawa: *The voyage from England to America took several weeks.*

**vs.** skrót od VERSUS

**vul·gar** /ˈvʌlgə/ *adj* **1** wulgarny: *vulgar jokes* **2** *especially BrE* pospolity: *Some of the ornaments looked rather vulgar.* —**vulgarity** /vʌlˈgærɪti/ *n* [U] wulgarność

**vul·ne·ra·ble** /ˈvʌlnərəbəl/ *adj* **1** trudny do obrony: *The army was in a vulnerable position.* **2** bezbronny: *She looked so young and vulnerable.*

**vul·ture** /ˈvʌltʃə/ *n* [C] sęp

V

# Ww

**W** /ˈdʌbəljuː/ skrót od WEST lub WESTERN

**wack·y** /ˈwæki/ *adj informal* zwariowany

**wad** /wɒd/ *n* [C] **1** plik: *a wad of dollar bills* **2** tampon: *a wad of cotton*

**wad·dle** /ˈwɒdl/ *v* [I] człapać

**wade** /weɪd/ *v* [I,T] brodzić: *We waded across* (=przeszliśmy w bród przez) *the stream.*

**wade through** sth *phr v* [T] prze/brnąć przez (*np. książkę*)

**wa·fer** /ˈweɪfə/ *n* [C] opłatek

**waf·fle**[1] /ˈwɒfəl/ *n* **1** [C] gofr **2** [U] *informal* ględzenie

**waffle**[2] *v* [I] *informal* ględzić: *What's he waffling about now?*

**waft** /wɑːft/ *v* [I,T] nieść (się): *The smell of bacon wafted up from the kitchen.*

**wag** /wæg/ *v* [I,T] **-gged, -gging 1** po/machać (*ogonem*) **2** po/grozić (*palcem*)

**wage**[1] /weɪdʒ/ *n* [singular] *także* **wages** [plural] płaca: *Wages keep going up.* | *wage demands* | *the average weekly wage* ➡ porównaj SALARY

> UWAGA **wage(s)**
>
> Patrz **salary** i **wage(s)**.

**wage**[2] *v* [T] toczyć: *The rebels have been waging a nine-year war against the government.*

**wag·gle** /ˈwægəl/ *v* [I,T] ruszać (się): *Can you waggle your ears?*

**wag·on** /ˈwægən/ *n* [C] **1** wóz **2** *BrE* wagon (towarowy)

**wail** /weɪl/ *v* [I] **1** zanosić się płaczem: *"I want my Daddy!" she wailed.* **2** za/wyć

**waist** /weɪst/ *n* [C] talia: *She has a slim waist.*

**waist·coat** /ˈweɪskəʊt/ *n* [C] *BrE* kamizelka

**waist·line** /ˈweɪstlaɪn/ *n* **1** [C usually singular] talia (*wymiar*) **2** pas (*np. spódnicy*)

**wait**[1] /weɪt/ *v* **1** [I] po/czekać, za/czekać: *Hurry up! Everyone's waiting.* | *My meal was waiting for me on the table when I got home.* | **+ for** *We had to wait 45 minutes for a bus.* | **wait to do sth** *Are you waiting to use the phone?* **2 can't wait** *especially spoken* nie móc się doczekać: *Roz can't wait to see Angelo again.* **3 wait and see** poczekamy, zobaczymy **4 it can wait** *spoken* to może poczekać **5 (just) you wait** *spoken* poczekaj tylko **6 wait tables** *AmE* pracować jako kelner/ka

**wait around** (*także* **wait about** *BrE*) *phr v* [I] czekać bezczynnie: *The people at the embassy kept us waiting around for hours.*

**wait on** sb *phr v* [T] obsługiwać (*w restauracji itp.*)

**wait up (for** sb) *phr v* [I] nie kłaść się (dopóki ktoś nie wróci): *Please don't wait up for me.*

**wait**[2] *n* [singular] czas oczekiwania: *We had a three-hour wait* (=trzy godziny czekaliśmy) *for our flight.* ➡ patrz też **lie in wait** (LIE[1])

**wait·er** /ˈweɪtə/ *n* [C] kelner

**wait·ing list** /ˈ.. ./ *n* [C] lista oczekujących: *waiting lists for operations*

**waiting room** /ˈ.. ./ *n* [C] poczekalnia

**wait·ress** /ˈweɪtrəs/ *n* [C] kelnerka

**waive** /weɪv/ *v* [T] **1** odstępować od: *The judge waived the fine.* **2** zrzekać się: *She waived her right to a lawyer.*

**wake**[1] /weɪk/ *v* [I,T] **woke, woken, waking** *także* **wake up** o/budzić (się): *I woke up at 5.00 this morning.* | *Try not to wake the baby.*

**wake up to** sth *phr v* [T] uświadamiać sobie: *People are now waking up to the fact that cars cause more problems than they are worth.*

> UWAGA **wake up**
>
> Patrz **awake** i **wake up**.

**wake**[2] *n* **1 in the wake of sth** w następstwie czegoś: *Five members of the city*

W

*council resigned in the wake of the scandal.* **2** [C] kilwater

**wak·ing** /ˈweɪkɪŋ/ *adj* **waking hours/moments** cały dzień: *He spends every waking moment in front of his computer.*

**walk¹** /wɔːk/ *v* **1** [I] iść/pójść, chodzić: *We must have walked ten miles* (=przeszliśmy chyba z dziesięć mil) *today.* | *She walked up to him* (=podeszła do niego) *and kissed him.* **2** [T] prowadzić: *It's late – I'll walk you home* (=odprowadzę cię do domu). | *Tamara usually walks the dogs* (=wyprowadza psy) *twice a day.* **3 walk all over sb** *informal* skakać komuś po głowie: *She lets those kids walk all over her.*

**walk away with** sth *phr v* [T] załapać się na: *Carrie walked away with the prize.*

**walk into** sth *phr v* [T] dać się nabrać: *You walked straight into that one!*

**walk off with** sth *phr v* [T] zgarnąć (*ukraść*): *Someone walked off with my new jacket!*

**walk out** *phr v* [I] wychodzić na ulicę

**walk out on** sb *phr v* [T] rzucić, zostawić: *Mary just walked out on him one day.*

**walk²** *n* [C] **1** spacer: **go for a walk** (=iść/pójść na spacer): *Would you like to go for a walk?* | **a long/short/ten-minute etc walk** *It's only a ten-minute walk to the beach* (=do plaży jest tylko dziesięć minut piechotą). **2** ścieżka, szlak: *popular walks in Yellowstone National Park* **3 people from all walks of life** ludzie z różnych sfer —**walker** *n* [C] piechur/ka

W

**walk·ie-talk·ie** /ˌwɔːki ˈtɔːki/ *n* [C] krótkofalówka

**walking stick** /ˈ.. ./ *n* [C] laska

**walk·way** /ˈwɔːkweɪ/ *n* [C] łącznik (*między budynkami*)

**wall** /wɔːl/ *n* [C] **1** ściana: *We've decided to paint the walls blue.* | *the picture on the wall* **2** mur: *The garden is surrounded by a high wall.* **3 drive sb up the wall** *informal* doprowadzać kogoś do szału —**walled** *adj* otoczony murem ➡ patrz też **have your back to the wall** (BACK¹)

**wal·let** /ˈwɒlɪ̈t/ *n* [C] portfel

**wal·low** /ˈwɒləʊ/ *v* [I] **1** pogrążać się: *She accused him of wallowing in self-pity.* **2** tarzać się: *wallowing in mud*

**wall·pa·per** /ˈwɔːlˌpeɪpə/ *n* [U] tapeta —**wallpaper** *v* [T] wy/tapetować

**wall-to-wall** /ˌ. . ˈ.◂/ *adj* na całą podłogę: *wall-to-wall carpeting*

**wal·nut** /ˈwɔːlnʌt/ *n* **1** [C] orzech włoski **2** [U] orzech

**wal·rus** /ˈwɔːlrəs/ *n* [C] mors

**waltz¹** /wɔːls/ *n* [C] walc

**waltz²** *v* [I] tańczyć walca

**wan** /wɒn/ *adj* blady: *a wan smile*

**wand** /wɒnd/ *n* [C] różdżka

**wan·der** /ˈwɒndə/ *v* **1** [I,T] włóczyć się (po): *We spent the morning wandering around the old part of the city.* **2** [I] *także* **wander off** oddalać się: *Don't let the children wander off.* **3** [I] błądzić: *She's getting old, and sometimes her mind wanders.* **4** [I] zbaczać: *I wish he'd stop wandering off the subject.* —**wanderer** *n* [C] wędrowiec

**wane** /weɪn/ *v* [I] z/maleć: *After a while his enthusiasm for the sport began to wane.*

**wan·gle** /ˈwæŋgəl/ *v* [T] *informal* załatwić sobie: *"I've got two tickets to the Wimbledon finals." "How did you wangle that?"*

**want¹** /wɒnt/ *v* [T] **1** chcieć: *What do you want for your birthday?* | **want to do sth** (=chcieć coś zrobić): *I want to go home.* | **want sb to do sth** (=chcieć, żeby ktoś coś zrobił): *Her parents want her to find a rich husband.* **2** wymagać: *The car wants a good clean.* **3** *informal* **you want to** powinieneś: *You want to be more careful next time.*

**want²** *n* **1 for want of sth** z braku czegoś: *We watched television, for want of anything better to do.* **2** [U singular] brak ➡ patrz też WANTS

**want·ed** /ˈwɒntɪ̈d/ *adj* poszukiwany: *He is wanted for murder.*

**wants** /wɒnts/ [plural] potrzeby

**war** /wɔː/ *n* **1** [C,U] wojna: *the Vietnam War* | *the war years* | *a trade war* | **be at war** (=prowadzić wojnę): *In 1793 Eng-*

*land was at war with France.* | **go to war** (=wszczynać wojnę) **2** [singular] walka: **+ against/on** *the war against drugs* ➡ patrz też CIVIL WAR, PRISONER OF WAR, WARRING

**war crime** /ˈ. ./ *n* [C] zbrodnia wojenna —**war criminal** *n* [C] zbrodniarz wojenny

**ward**[1] /wɔːd/ *n* [C] oddział (*szpitalny*): *the maternity ward*

**ward**[2] *v*

**ward** sth ↔ **off** *phr v* [T] odpędzać: *a spray to ward off insects*

**war·den** /ˈwɔːdn/ *n* [C] *AmE* naczelnik więzienia ➡ patrz też TRAFFIC WARDEN

**ward·er** /ˈwɔːdə/ *n* [C] *BrE* strażnik więzienny

**war·drobe** /ˈwɔːdrəʊb/ *n* **1** [C] *BrE* szafa **2** [singular] garderoba: *the latest addition to her wardrobe*

**ware·house** /ˈweəhaʊs/ *n* [C] magazyn

**war·fare** /ˈwɔːfeə/ *n* [U] wojna, działania wojenne: *chemical warfare*

**war game** /ˈ. ˌ./ *n* [C] gra wojenna

**war·head** /ˈwɔːhed/ *n* [C] głowica (*rakiety, torpedy*)

**war·like** /ˈwɔːlaɪk/ *adj* wojowniczy: *a warlike race*

**warm**[1] /wɔːm/ *adj* **1** ciepły: *a nice warm bath* | *The weather was lovely and warm.* | *warm clothes* **2** serdeczny: *a warm welcome* —**warmly** *adv* ciepło, serdecznie

**warm**[2] *v* [T] ogrzewać: *I warmed my hands over the fire.*

**warm to** sb/sth *phr v* [T] przekonać się do: *They soon warmed to the idea.*

**warm up** *phr v* **1** [I,T] ogrzewać (się), ocieplać (się): *The weather's starting to warm up.* **2** [I,T] rozgrzewać (się): *The athletes were warming up for the race.* **3** [I] nagrzewać się

**warm-heart·ed** /ˌ. ˈ..◂/ *adj* serdeczny: *a warm-hearted old lady*

**warmth** /wɔːmθ/ *n* [U] **1** ciepło: *the warmth of the sun* **2** serdeczność: *the warmth of her smile*

**warm-up** /ˈ. ./ *n* [C] rozgrzewka

**warn** /wɔːn/ *v* [T] ostrzegać: *We tried to warn her, but she wouldn't listen.* | **warn sb (that)** *Allen warned him that he might be killed if he stayed in Beirut.* | **warn sb not to do sth** *Police are warning drivers not to go out on the roads* (=policja ostrzega kierowców, żeby nie wyjeżdżali na drogi) *unless their journey is really necessary.*

**warn·ing** /ˈwɔːnɪŋ/ *n* [C,U] ostrzeżenie: *The planes attacked without warning.* | *The referee gave him a warning.*

**warp** /wɔːp/ *v* [I,T] wypaczać (się): *The wood had warped in the heat.*

**war·path** /ˈwɔːpɑːθ/ *n* **be on the warpath** *often humorous* być na wojennej ścieżce

**warped** /wɔːpt/ *adj* wypaczony: *a warped sense of humour* | *The boards had become warped.*

**war·rant**[1] /ˈwɒrənt/ *n* [C] nakaz: *A warrant has been issued for his arrest.*

**warrant**[2] *v* [T] *formal* zasługiwać na: *The story doesn't really warrant the attention it's been given in the press.* ➡ porównaj UNWARRANTED

**war·ran·ty** /ˈwɒrənti/ *n* [C,U] gwarancja: *The TV comes with a 3-year warranty.*

**war·ring** /ˈwɔːrɪŋ/ *adj* zwaśniony: *warring factions within the party*

**war·ri·or** /ˈwɒriə/ *n* [C] *literary* wojownik

**war·ship** /ˈwɔːˌʃɪp/ *n* [C] okręt wojenny

**wart** /wɔːt/ *n* [C] brodawka

**war·time** /ˈwɔːtaɪm/ *n* [U] czas wojny: *a book about his wartime experiences* (=o jego przeżyciach wojennych)

**war·y** /ˈweəri/ *adj* nieufny: **+ of** (=wobec): *She was a bit wary of him at first.* —**warily** *adv* nieufnie

**was** /wəz/ *v* pierwsza i trzecia osoba liczby pojedynczej czasu przeszłego od BE

**wash**[1] /wɒʃ/ *v* **1** [T] u/myć: *He spent the morning washing the car.* | *These jeans need to be washed.* | *Go upstairs and wash your hands.* | **get washed** (=u/myć się): *He got washed and had his breakfast.* **2 wash your hands of sth** umywać ręce od czegoś

**wash** sth **away** *phr v* [T] zmywać: *Floods had washed away the topsoil.*
**wash** sth ↔ **down** *phr v* [T] popijać: *a big plate of pasta washed down with a bottle of red wine*
**wash off** *phr v* [I] zmywać się, spierać się: *"I've spilt coffee all over the carpet." "Don't worry. It'll wash off."*
**wash out** *phr v* [I,T **wash** sth ↔ **out**] zmywać (się), spierać (się)
**wash up** *phr v* [I] **1** [I,T **wash** sth ↔ **up**] *BrE* zmywać (*naczynia*) **2** [I] *AmE* u/myć ręce: *Go wash up for supper.* **3** [T] wyrzucać na brzeg

> UWAGA **wash**
>
> Nie mówi się "I washed myself", "she washed herself" itp. Mówi się **I washed my hands, she had a wash** itp.

**wash**[2] *n* [singular] **1 a wash** mycie: **have a wash** (=u/myć się): *I'm just going to have a wash.* | **give sth a wash** (=u/myć coś) **2 in the wash** w praniu
**wash·a·ble** /ˈwɒʃəbəl/ *adj* nadający się do prania: *a machine washable sweater*
**wash·ba·sin** /ˈwɒʃˌbeɪsən/ *n* [C] *especially BrE* umywalka
**washed-out** /ˌ. ˈ.◂ / *adj* blady: *washed-out colours* | *She looked washed-out.*
**wash·er** /ˈwɒʃə/ *n* [C] uszczelka
**wash·ing** /ˈwɒʃɪŋ/ *n* [U] pranie: **do the washing** *BrE* (=z/robić pranie)
**washing ma·chine** /ˈ.. .ˌ./ *n* [C] pralka
**washing-up** /ˌ.. ˈ./ *n* **do the washing-up** *BrE* po/zmywać (naczynia)
**wash·room** /ˈwɒʃrʊm/ *n* [C] *old-fashioned* toaleta
**was·n't** /ˈwɒzənt/ forma ściągnięta od 'was not': *He wasn't there.*
**wasp** /wɒsp/ *n* [C] osa
**wast·age** /ˈweɪstɪdʒ/ *n* [U] marnotrawstwo: *the huge wastage of resources*
**waste**[1] /weɪst/ *n* **1** [U singular] strata: **a waste of time/money/effort** *My father thought college would be a complete waste of time.* **2** [C,U] odpady: *radio-active waste from nuclear power stations* | *recycling household waste* **3 go to waste** z/marnować się: *A lot of the food ended up going to waste.*
**waste**[2] *v* [T] **1** s/tracić, z/marnować: **waste time/money etc** *They wasted a lot of time trying to fix the computer themselves.* **2 waste no time/not waste any time** nie tracić czasu
**waste away** *phr v* [I] z/marnieć
**waste**[3] *adj* [only before noun] odpadowy: *waste products*
**waste·bas·ket** /ˈweɪstˌbɑːskɪ̈t/ *n* [C] *especially AmE* kosz na śmieci
**wast·ed** /ˈweɪstɪ̈d/ *adj* nieudany: *It was a wasted trip because there were no CDs left.*
**waste·ful** /ˈweɪstfəl/ *adj* rozrzutny
**waste·land** /ˈweɪstlænd/ *n* [C,U] nieużytki: *When I first came here, this place was just a wasteland.*
**waste·pa·per bas·ket** /ˌweɪstˈpeɪpə ˌbɑːskɪ̈t/ *n* [C] *especially BrE* kosz na śmieci
**watch**[1] /wɒtʃ/ *v* **1** [I,T] oglądać: *Harry was watching the game on TV.* | **watch sb do(ing) sth** (=patrzeć, jak ktoś coś robi): *She watched him drive away.* **2** [T] uważać na: *I need to watch my weight.* **3 watch it** *spoken informal* uważaj: *Hey, watch it – you nearly hit that truck!* **4 watch your step** pilnować się: *The boss is back tomorrow, so you'd better watch your step.* **5** [T] po/pilnować: *Can you watch my bags for me?*
**watch out** *phr v* [I] uważać: *Watch out! You might cut yourself.* | **+ for** *You can ride your bike here, but watch out for cars.*
**watch over** sb/sth *phr v* [T] opiekować się: *His mother was there to watch over him.*

> UWAGA **watch**
>
> Patrz **see, watch, look at**.

**watch**[2] *n* **1** [C] zegarek: *My watch has stopped.* **2 keep a (close) watch on** pilnie przyglądać się: *The United Nations Security Council is keeping a close watch on the situation in Iraq.* **3 keep watch** trzy-

mać wartę: *Douglas kept watch while the others slept.*

**watch·ful** /ˈwɒtʃfəl/ *adj* czujny: *She kept a watchful eye on the children.*

**watch·mak·er** /ˈwɒtʃˌmeɪkə/ *n* [C] zegarmistrz

**watch·man** /ˈwɒtʃmən/ *n* [C] dozorca: *the night watchman*

**wa·ter**[1] /ˈwɔːtə/ *n* **1** [U] woda: *Can I have a drink of water?* **2** [U] *także* **waters** [plural] woda, wody: *The ship ran aground in shallow water.* | *the cool clear waters of the lake* **3 in hot/deep water** w opałach

**water**[2] *v* **1** [T] podlewać **2** [I] łzawić: *The onions are making my eyes water.* **3 your mouth waters** cieknie ci ślinka ➡ patrz też MOUTH-WATERING

**water** sth ↔ **down** *phr v* [T] **1** s/tonować: *The statements have been watered down.* **2** rozwadniać: *The whisky had been watered down.*

**wa·ter·col·our** /ˈwɔːtəˌkʌlə/ *BrE*, **watercolor** *AmE n* [C,U] akwarela

**wa·ter·cress** /ˈwɔːtəkres/ *n* [C] rzeżucha

**wa·ter·fall** /ˈwɔːtəfɔːl/ *n* [C] wodospad

**wa·ter·front** /ˈwɔːtəfrʌnt/ *n* [C] wybrzeże, nabrzeże

**water·ing can** /ˈ... ./ *n* [C] konewka

**wa·ter·logged** /ˈwɔːtəlɒgd/ *adj* zalany wodą: *The pitch was waterlogged.*

**wa·ter·mark** /ˈwɔːtəmɑːk/ *n* [C] znak wodny

**wa·ter·mel·on** /ˈwɔːtəˌmelən/ *n* [C] arbuz

**water po·lo** /ˈ.. ˌ../ *n* [U] piłka wodna

**wa·ter·proof** /ˈwɔːtəpruːf/ *adj* wodoodporny: *waterproof boots*

**wa·ters** /ˈwɔːtəz/ *n* [plural] wody: *British waters* | *the point where the waters of the Amazon flow into the sea*

**wa·ter·shed** /ˈwɔːtəʃed/ *n* [singular] punkt zwrotny: *The election marked a watershed in American politics.*

**water-ski·ing** /ˈ.. ˌ../ *n* [U] narciarstwo wodne

**wa·ter·tight** /ˈwɔːtətaɪt/ *adj* **1** niepodważalny: *The police thought they had a watertight case.* **2** wodoszczelny: *a watertight container*

**wa·ter·way** /ˈwɔːtəweɪ/ *n* [C] szlak wodny

**wa·ter·y** /ˈwɔːtəri/ *adj* **1** wodnisty: *watery soup* **2** załzawiony: *watery eyes*

**watt** /wɒt/ *n* [C] wat: *a 100 watt light bulb*

**wave**[1] /weɪv/ *v* **waved, waving 1** [I,T] po/machać: *The crowd were waving flags and cheering.* | *Her parents stood in the doorway and waved goodbye* (=machali na pożegnanie). | *He started shouting and waving his arms* (=wymachiwać ramionami). | **wave sb through/away** *The customs inspector waved us through* (=machnął (na nas), żebyśmy przejechali). **2** [I] powiewać, falować: *flags waving in the wind*

**wave** sth ↔ **aside** *phr v* [T] z/ignorować

**wave**[2] *n* [C] **1** fala: *Huge waves were crashing into the sides of the boat.* | *the crime wave* | *a wave of strikes* | *radio waves* **2 give a wave** pomachać (ręką): *The Governor gave a wave to the crowd.* **3** przypływ: *Harriet was overcome by a wave of homesickness.* ➡ patrz też HEAT WAVE

**wave·length** /ˈweɪvleŋθ/ *n* [C] **1** pasmo (*radiowe*) **2 be on the same wavelength** świetnie się rozumieć **3** długość fali

**wa·ver** /ˈweɪvə/ *v* [I] **1** za/wahać się: *While the West wavered about taking military action, thousands of people were killed.* **2** za/drżeć: *His hand wavered for a moment.*

**wav·y** /ˈweɪvi/ *adj* falisty, falujący: *wavy hair*

**wax** /wæks/ *n* [U] wosk

**way**[1] /weɪ/ *n* **1** [C] droga: *The usual road was blocked, so we came back a different way.* | *Could you tell me the way* (=wskazać mi drogę) *to the station?* | **lose your way** (=zabłądzić): *They lost their way coming down off the mountain.* **2** [C] strona: *Which way is north?* | *Face this way,*

*please.* | *Is this picture the right way up?* | **the wrong way around** (=na odwrót): *You've got the letters the wrong way around* (=ułożone w złej kolejności). **3** [C] sposób: *The best way to learn a language is to go and live in the country where it is spoken.* | *OK, let's do it your way.* | *We both think the same way about a lot of things.* | *I knew by the way he was looking at me that he was annoyed.* **4 a long way** daleko: *We're a long way from home.* | *It's still a long way to go till Christmas.* **5 half way** w połowie: *The other team scored half way through the game* (=w połowie meczu). **6 by the way** *spoken* przy okazji, nawiasem mówiąc: *Oh, by the way, I saw Marie yesterday.* **7 no way!** *spoken* nie ma mowy!: *"Dad, can I have the car tonight?" "No way!"* **8 in a way/in some ways** w pewnym sensie: *In a way, I'm glad it's all over.* **9 in the way/in sb's way** na drodze: *When we tried to turn down the next street we found a big truck in the way.* **10 get in the way of sth** przeszkadzać w czymś: *Don't let your social life get in the way of your studying.* **11 make way** z/robić miejsce: *Several houses were torn down to make way for a new fire station.* **12 make your way towards** s/kierować się ku: *They started to make their way towards the exit.* **13 know/find your way around** wiedzieć/dowiedzieć się, gdzie co jest: *It takes a few weeks to find your way around.* **14 on my/your way** po drodze: *Could you get some milk on your way back home from work?* **15 be on its/his etc way** być w drodze: *The taxi is on its way.* **16 have/get your (own) way** postawić na swoim: *They always let that kid get his own way.* **17 go out of your way to do sth** zadawać sobie wiele trudu, żeby coś zrobić: *Ben went out of his way to help us.* **18 keep/stay out of sb's way** schodzić/zejść komuś z drogi: *She's in a funny mood today – I'd stay out of her way.* **19 it is out of the way** mamy to z głowy **20 you can't have it both ways** *spoken* nie można mieć wszystkiego naraz → patrz też OUT-OF-THE-WAY, **give way** (GIVE), **under way** (UNDER[1]), WAY OF LIFE

**way**[2] *adv usually spoken* **way too long/above** o wiele za długi/powyżej: *The film was way too long.* | *The temperature is way above normal.*

**way of life** /ˌ. . ˈ./ *n* [C] styl życia: *the American way of life*

**way out** /ˌ. ˈ./ *n* [C] *BrE* wyjście

**way·ward** /ˈweɪwəd/ *adj literary* krnąbrny: *the Minister's wayward son*

**WC** /ˌdʌbəljuː ˈsiː/ *n* [C] *BrE* WC

**we** /wi/ *pron* my: *We ordered our meal.* | *Today we know much more about what causes the disease.*

**weak** /wiːk/ *adj* słaby: *Jerry's still weak after his operation.* | *Her knees felt weak.* | *a weak government* | *a weak and indecisive man* | *His spelling was weak.* | *one of the weaker students in the class* | *a weak excuse* | *weak tea* | *a weak light* | *a weak bridge* —**weakly** *adv* słabo

**weak·en** /ˈwiːkən/ *v* **1** [I] o/słabnąć: *Russia's influence on African affairs has weakened.* **2** [T] osłabiać: *Nothing could weaken her resolve.* | *a country weakened by war*

**weak·ling** /ˈwiːk-lɪŋ/ *n* [C] słabeusz

**weak·ness** /ˈwiːknəs/ *n* **1** [U,C] słabość: *the weakness of the previous administration* | *a sign of weakness* | *What are your main strengths and weaknesses?* | *I've found a weakness in their argument.* **2 a weakness for sth** słabość do czegoś: *She's always had a weakness for chocolate.*

**wealth** /welθ/ *n* [U] bogactwo: *a family of great wealth* | *the wealth of information on the Internet*

**wealth·y** /ˈwelθi/ *adj* **1** zamożny, bogaty: *wealthy landowners* **2 the wealthy** bogaci

**wean** /wiːn/ *v* [I] odstawiać od piersi

**weap·on** /ˈwepən/ *n* [C] broń

**wear**[1] /weə/ *v* **wore, worn, wearing 1** [T] nosić: *Dad was wearing his best suit.* | *She doesn't usually wear a lot of make-up.* | *Fay wore her hair in a bun.* **2** [T] **wear a frown/smile** marszczyć się/uśmiechać się: *He came out wearing a big grin on his face* (=z szerokim uśmiechem na twarzy). **3** [I,T] wycierać (się): *The*

W

*carpet was starting to wear at the edges.* | **wear a hole in sth** (=przetrzeć coś na wylot) **4 wear well/badly** zachować się w dobrym/złym stanie: *The concrete buildings of the '60s haven't worn well.*

**wear** sth ↔ **away** *phr v* [I,T] wycierać (się), ścierać (się): *rocks worn away by the sea*

**wear down** *phr v* **1** [T **wear** sb ↔ **down**] pokonywać opór: *Lewis gradually wore down his opponent and knocked him out in the eighth round.* **2** [I,T **wear** sth ↔ **down**] ścierać (się): *My shoes have worn down at the heel.*

**wear off** *phr v* [I] przestawać działać: *The drug was starting to wear off.*

**wear on** *phr v* [I] **as the day/evening wore on** w miarę upływu czasu: *It became hotter as the day wore on.*

**wear out** *phr v* **1** [I,T **wear** sth ↔ **out**] zdzierać (się): *After only a month Terry had worn out the soles of his shoes, and we had to buy some new ones.* **2** [T **wear** sb ↔ **out**] wyczerpywać, męczyć: *The kids are wearing me out.* → patrz też WORN OUT

**wear²** *n* [U] **1 children/women's/casual wear** dziecięca/damska/codzienna odzież **2** zużycie, zużywanie się: *The carpets are showing signs of wear.* | **wear and tear** (=zużycie) → patrz też **the worse for wear** (WORSE¹)

**wear·y** /ˈwɪəri/ *adj especially literary* znużony: *a weary smile* | *The people were growing weary of the war* (=zaczynali być znużeni wojną). —**weariness** *n* [U] znużenie

**wea·sel** /ˈwiːzəl/ *n* [C] łasica

**weath·er¹** /ˈweðə/ *n* **1** [U singular] pogoda: *What was the weather like on your vacation?* | *The game was cancelled due to bad weather.* **2 under the weather** *spoken* niedysponowany

**weather²** *v* **1** [T] *także* **weather the storm** przetrwać: *companies that have managed to weather the recession* **2** [T] z/niszczyć: *a weathered statue* **3** [I] z/niszczeć (*pod wpływem warunków atmosferycznych*)

**weather fore·cast** /ˈ.. ˌ../ *n* [C] prognoza pogody —**weather forecaster**, **weath·er·man** /ˈweðəmæn/ *n* [C] synoptyk

**weave** /wiːv/ *v* **wove** *or* **weaved, woven** *or* **weaved, weaving 1** [T] u/tkać: *a beautifully woven carpet* **2** [T] u/pleść: *basket-weaving* **3** [I,T] wić (się): *The snake was weaving its way across the grass towards us.* —**weaver** *n* [C] tkacz/ka

**web** /web/ *n* **1** [C] pajęczyna **2 the Web** internet **3 a web of intrigue/deceit** sieć intryg/oszustw: *a web of lies*

**webbed** /webd/ *adj* płetwiasty

**web·site** /ˈwebsaɪt/ *n* [C] witryna internetowa

**we'd** /wid/ forma ściągnięta od 'we had' lub 'we would': *We'd* (=we had) *better go now.* | *We'd* (=we would) *like some more coffee.*

**wed·ding** /ˈwedɪŋ/ *n* [C] ślub, wesele: *Have you been invited to their wedding?* | *a lovely silk wedding dress*

**wedding ring** /ˈ.. ./ *n* [C] obrączka

**wedge¹** /wedʒ/ *n* [C] klin: *a wedge* (=trójkątny kawałek) *of chocolate cake*

**wedge²** *v* [T] **1** wciskać: *She kept her hands wedged between her knees.* **2 wedge sth open/shut** za/klinować coś, żeby się nie zamykało/otwierało

**Wednes·day** /ˈwenzdi/ skrót pisany **Wed.** *n* [C,U] środa

**wee¹** /wiː/ *adj ScE* mały: *a wee child*

**wee²** *v* [I] *BrE spoken* siusiać

**weed¹** /wiːd/ *n* [C] chwast

**weed²** *v* [I,T] odchwaszczać

**weed** sb/sth ↔ **out** *phr v* [T] wyplenić

**weed·y** /ˈwiːdi/ *adj BrE informal* cherlawy

**week** /wiːk/ *n* [C] tydzień: *The movie starts this week.* | *They spent a couple of weeks in India.* | *I don't see the kids much during the week.*

> UWAGA **week**
>
> Patrz **next week** i **the next week**.

**week·day** /ˈwiːkdeɪ/ *n* [C] dzień roboczy

W

**week·end** /ˌwiːk'end/ *n* [C] weekend: *What are you doing this weekend?* | **at the weekend** *BrE*/**on the weekend** *AmE* (=w weekend): *I like to play golf at the weekend.*

**week·ly** /'wiːkli/ *adj* tygodniowy: *a weekly newspaper* —**weekly** *adv* raz w tygodniu, co tydzień

**weep** /wiːp/ *v* [I,T] **wept, wept, weeping** *especially literary* łkać, płakać: *She wept at the news.*

**weigh** /weɪ/ *v* **1** [T] ważyć: *The baby weighs 12 pounds.* | *How much do you weigh?* | *Have you weighed yourself lately?* **2** [T] *także* **weigh** sth ↔ **up** rozważać: **weigh sth against sth** (=oceniać coś na tle czegoś): *You have to weigh the benefits against the extra costs.* **3 weigh against sb/sth** działać na niekorzyść kogoś/czegoś: *Her age weighs against her.* **4 weigh on sb's mind** niepokoić kogoś

**weigh down** *phr v* [T] **1** obciążać **2** przytłaczać

**weigh** sth ↔ **out** *phr v* [T] odważać: *Could you weigh out half a pound of flour for me?*

**weigh up** *phr v* [T **weigh** sth ↔ **up**] rozważać: *She weighed up the options before giving her decision.*

**weight**[1] /weɪt/ *n* **1** [C,U] waga: *Your weight is about right.* | **put on/lose weight** (=przybierać/tracić na wadze): *She's been trying to lose weight for months.* **2** [U singular] ciężar: *the weight of responsibility* | *Avoid lifting heavy weights.* | **the weight of sth** *The roof collapsed under the weight of* (=pod ciężarem) *the snow.* | **a weight off your mind/shoulders** (=problem z głowy) **3 weights** [plural] ciężary **4** [C] obciążnik → patrz też **carry weight** (CARRY), **pull your weight** (PULL[1]), **throw your weight around** (THROW[1])

**weight**[2]

**weight** sth ↔ **down** *phr v* [T] obciążać: *The nets are weighted down with lead.*

**weight·ed** /'weɪtɪ̣d/ *adj* **be weighted in favour of sb/against sb** działać na czyjąś korzyść/niekorzyść

W

**weight·less** /'weɪtləs/ *adj* nieważki —**weightlessness** *n* [U] nieważkość

**weight·lift·ing** /'weɪtˌlɪftɪŋ/ *n* [U] podnoszenie ciężarów —**weight-lifter** *n* [C] ciężarowiec

**weight·y** /'weɪti/ *adj* ważki: *a weighty problem*

**weir** /wɪə/ *n* [C] jaz

**weird** /wɪəd/ *adj informal* dziwaczny, przedziwny: *I've just had a really weird phonecall from Michael.*

**weird·o** /'wɪədəʊ/ *n* [C] *informal* dziwak

**wel·come**[1] /'welkəm/ *interjection* witaj: *Welcome to* (=witajcie w) *Chicago!*

**welcome**[2] *adj* **1 you're welcome!** *spoken, especially AmE* nie ma za co: *"Thanks for the coffee." "You're welcome."* **2** mile widziany: *I had the feeling I wasn't welcome.* | *a welcome suggestion* | *a welcome breeze* | **make sb welcome** (=życzliwie kogoś przyjmować): *They all did their best to make me feel welcome* (=dokładali wszelkich starań, żebym się dobrze czuł). **3 you're welcome to stay/try** możesz zostać/spróbować: *You're welcome to stay for lunch.* **4 sb is welcome to sth** ktoś może coś mieć/coś sobie wziąć: *If Rob wants that job he's welcome to it!*

**welcome**[3] *v* [T] **1** po/witać: *Jill was welcoming the guests at the door.* **2** przyjmować z zadowoleniem: *We would welcome a change in the law.*

**welcome**[4] *n* [singular] **1** powitanie: **give sb a warm welcome** (=ciepło kogoś powitać) **2 outstay your welcome** nadużywać czyjejś gościnności: *I wouldn't like to outstay my welcome.*

**weld** /weld/ *v* [T] spawać —**welder** *n* [C] spawacz

**wel·fare** /'welfeə/ *n* [U] **1** dobro: *We're only concerned with your welfare.* **2** *AmE* *także* **Welfare** zasiłek: **be on welfare** (=być na zasiłku)

**we'll** /wil/ forma ściągnięta od 'we will': *We'll have to leave soon.*

**well**[1] /wel/ *adv* **better, best 1** dobrze: *Did you sleep well?* | *Shake well before opening.* | *I don't know her very well.* | **do well**

(=dobrze prosperować): *The business is doing well.* | **go well** (=udać się): *I hope the party goes well.* | **well and truly** *especially spoken* (=definitywnie): *Summer is now well and truly over.* **2 as well as** jak również: *He's learning French as well as Italian.* **3 as well** też: *My sister's going as well.* **4 well done** brawo: *"I got an 'A' in Spanish." "Well done!"* **5 there may/might/could well be** niewykluczone, że będzie: *There may well be another earthquake very soon.* **6 may/might as well** równie dobrze: *We may as well get started* (=równie dobrze możemy już zacząć). **7 well after/before** dobrze po/przed: *By the time they finished it was well after midnight.* **8 sb can't/couldn't very well do sth** *spoken* nie byłoby w porządku, gdyby ktoś coś zrobił: *We can't very well just leave her on her own.* ➡ patrz też **mean well** (MEAN[1])

**well**[2] *adj* **better, best 1** zdrowy: *His mother's not very well* (=nie czuje się dobrze). | *You look well* (=dobrze wyglądasz)! | **very well thanks** (=dziękuję, dobrze): *"How are you?" "Very well thank you."* **2 it's just as well (that)** *spoken* dobrze, że: *It's just as well we didn't wait any longer, because the bus never came.* **3 it's/that's all very well (for sb) to do sth** *spoken* łatwo (komuś) coś zrobić: *It's all very well for you to say you're sorry, but I've been waiting here for two hours!*

**well**[3] *interjection* **1** no cóż: *"What do you think of pale pink for the bedroom?" "Well, it's a nice colour, but I'm not so sure."* **2** *także* **well, well** no, no: *"She's just got a job with CNN." "Well, well."* **3** *także* **oh well** no cóż: *Oh well, at least you did your best.* **4** no więc: *You know that guy I was telling you about? Well, he's been arrested!* ➡ patrz też **very well** (VERY[1])

**well**[4] *n* [C] **1** studnia **2** szyb (naftowy)

**well-bal·anced** /ˌ. ˈ..◂/ *adj* zrównoważony

**well-be·haved** /ˌ. .ˈ.◂/ *adj* grzeczny

**well-be·ing** /ˌ. ˈ../ *n* [U] pomyślność

**well-brought-up** /ˌ. . ˈ.◂/ *adj* dobrze wychowany

**well-done** /ˌ. ˈ.◂/ *adj* wypieczony: *He likes his steak well-done.*

**well-dressed** /ˌ. ˈ.◂/ *adj* dobrze ubrany

**well-earned** /ˌ. ˈ.◂/ *adj* zasłużony

**well-es·tab·lished** /ˌ. .ˈ..◂/ *adj* z tradycjami: *a well-established company*

**well-fed** /ˌ. ˈ.◂/ *adj* dobrze odżywiony

**well-heeled** /ˌ. ˈ.◂/ *adj informal* nadziany: *a well-heeled family*

**wel·lies** /ˈweliz/ *informal także* **wellingtons, wellington boots** *n* [plural] kalosze ➡ patrz też RUBBER BOOTS *especially AmE*

**well-in·formed** /ˌ. .ˈ.◂/ *adj* dobrze poinformowany

**well-kept** /ˌ. ˈ.◂/ *adj* **1** zadbany, dobrze utrzymany: *a well-kept garden* **2** dobrze strzeżony: *a well-kept secret*

**well-known** /ˌ. ˈ.◂/ *adj* (dobrze) znany: *a well-known artist and writer*

**well-mean·ing** /ˌ. ˈ..◂/ *adj* podyktowany najlepszymi intencjami: *a well-meaning attempt* | *well-meaning advice*

**well-off** /ˌ. ˈ.◂/ *adj* zamożny: *Her family are quite well-off.*

**well-paid** /ˌ. ˈ.◂/ *adj* dobrze płatny

**well-read** /ˌwel ˈred◂/ *adj* oczytany

**well-timed** /ˌ. ˈ.◂/ *adj* **be well-timed** nastąpić we właściwym momencie: *My arrival wasn't very well-timed.*

**well-to-do** /ˌ. . ˈ.◂/ *adj* zamożny: *a well-to-do family*

**well-wish·er** /ˈ. ˌ../ *n* [C] sympatyk: *She received hundreds of cards from well-wishers.*

**went** /went/ *v* czas przeszły od GO

**wept** /wept/ *v* czas przeszły i imiesłów bierny od WEEP

**we're** /wɪə/ forma ściągnięta od 'we are': *We're going home.*

**were** /wə/ *v* druga osoba liczby pojedynczej i liczba mnoga czasu przeszłego od BE

**weren't** /wɜːnt/ forma ściągnięta od 'were not': *His parents weren't very pleased when they found out.*

**were·wolf** /ˈweəwʊlf/ *n* [C] wilkołak

**west**[1] /west/, **West** *n* [U singular] **1** zachód: *Which way is west?* **2 the west** zachód: *Rain will spread to the west later today.* **3 the West a)** Zachód **b)** część USA na zachód od Mississippi

**west**[2], **West** *adj* zachodni: *the west coast of the island* | *west wind*

**west**[3] *adv* na zachód, w kierunku zachodnim: *The window faces west.* | *four miles west of Toronto*

**west·bound** /ˈwestbaʊnd/ *adj* prowadzący na zachód: *an accident on the westbound side of the freeway*

**west·er·ly** /ˈwestəli/ *adj* zachodni: *sailing in a westerly direction* | *westerly winds*

**west·ern**[1] /ˈwestən/, **Western** *adj* **1** zachodni: *the largest city in western Iowa* **2 Western** zachodni: *Western technology*

**western**[2], **Western** *n* [C] western

**west·ern·er** /ˈwestənə/, **Westerner** *n* [C] mieszkan-iec/ka Zachodu

**west·ern·most** /ˈwestənməʊst/ *adj* najbardziej wysunięty na zachód: *the westernmost part of the island*

**west·ward** /ˈwestwəd/ **westwards** *adv* na zachód

**wet**[1] /wet/ *adj* **1** mokry: *wet clothes* | *I didn't want to get my hair wet.* | *wet paint* | **wet through** (=kompletnie przemoczony): *My jeans are wet through.* **2** deszczowy: *wet weather* **3** wilgotny: *wet climate* —**wetness** *n* [U] wilgotność

**wet**[2] *v* [T] **wet** *or* **wetted, wet, wetting 1** z/moczyć: *Wet this cloth and put it on her forehead.* **2 wet the bed/your pants** z/moczyć się

W

**wet suit** /ˈ. ./ *n* [C] kombinezon piankowy (*płetwonurka*)

**we've** /wiv/ forma ściągnięta od 'we have': *We've got to leave soon.*

**whack** /wæk/ *v* [T] *informal* zdzielić, walnąć: *He whacked me with a stick.*

**whacked** /wækt/ **whacked out** *adj spoken* wykończony

**whale** /weɪl/ *n* [C] wieloryb

**whal·ing** /ˈweɪlɪŋ/ *n* [U] wielorybnictwo

**wham** /wæm/ *n* [singular] łup, bach: *The car went wham into the wall.*

**wharf** /wɔːf/ *n* [C] *plural* **wharves** /wɔːvz/ nabrzeże

**what** /wɒt/ *determiner pron* **1** *especially spoken* co: *What are you doing?* | *What did Ellen say?* | *I'm not sure what you can do.* | *She asked them what they wanted for lunch.* | *Father showed us what he'd made.* | *I told him what to do.* | *"Do you want a fried egg?" "What?"* | *"Anita?" "What?" "Can you come here for a minute?"* | **what kind of** (=jaki): *What kind of dog is that?* **2 what a(n)** co za, jaki: *What an idiot!* | *What a nice day!* **3 what's up?/what's happening?** *informal, especially AmE* co słychać?: *"Hey Chris! What's up?"* **4 what's up (with sb/sth)** co się dzieje (z kimś/czymś): *What's up with Denise?* **5 what if ...?** *spoken* **a)** a co będzie, jak ...?: *What if he got lost* (=a co by było, gdyby się zgubił)? **b)** a gdyby tak ...?: *What if I took you there in my car?* **6 what's more** *spoken* co więcej → patrz też **guess what?** (GUESS[1]), **so?/so what?** (SO[1])

> UWAGA **what**
>
> Patrz **which** i **what**.

> UWAGA **what ... like**
>
> Patrz **how** i **what ... like**.

**what·ev·er**[1] /wɒtˈevə/ *determiner, pron* **1** cokolwiek: *Just take whatever you need.* | **or whatever** *spoken* (=co zechcesz): *You can go swimming, scuba diving, or whatever.* **2** obojętnie co: *Whatever I say, she always disagrees.* **3** *spoken* co u licha: *Whatever are you talking about* (=co ty wygadujesz)?

**whatever**[2] *adj* każdy (możliwy): *He needs whatever help he can get.*

**whatever**[3], **whatsoever** *adv* w ogóle: *She had no money whatsoever.*

**wheat** /wiːt/ *n* [U] pszenica

**whee·dle** /ˈwiːdl/ *v* [T] wyłudzać: *She managed to wheedle some money out of her parents.*

**wheel¹** /wiːl/ *n* [C] **1** koło: *a gear wheel* **2** kierownica **3 be at the wheel** siedzieć za kierownicą

**wheel²** *v* [T] po/prowadzić: *She wheeled her bike into the garage.*

**wheel·bar·row** /ˈwiːlˌbærəʊ/ *n* [C] taczki

**wheel·chair** /ˈwiːltʃeə/ *n* [C] wózek inwalidzki

**wheeze** /wiːz/ *v* [I] rzęzić

**when** /wen/ *adv, conjunction* **1** kiedy: *When are we leaving?* | *When did you notice he was gone?* | *Monday is the day when I visit my mother.* | *Why do you want a new camera when your old one's perfectly good?* **2** kiedy, gdy: *I found some old letters when I was clearing out my desk.* | *When she was a little girl she wanted to be an actress.* ➡ patrz też **since when** (SINCE)

**when·ev·er** /wenˈevə/ *adv, conjunction* **1** za każdym razem, kiedy: *Whenever we come here we always see someone we know.* **2** kiedykolwiek: *Come over whenever you want.*

**where** /weə/ *adv, conjunction* **1** gdzie: *Where do you live?* | *I think I know where he's gone.* **2** kiedy: *It had reached the point where both of us wanted a divorce.* **3 where possible** kiedy to możliwe

**where·a·bouts¹** /ˌweərəˈbaʊts◂/ *adv spoken* gdzie: *Whereabouts do you live?*

**where·a·bouts²** /ˈweərəbaʊts/ *n* [U] miejsce pobytu: *His whereabouts are a mystery.*

**where·as** /weərˈæz/ *conjunction* podczas gdy: *Nowadays the journey takes 6 hours, whereas then it took several weeks.*

**where·by** /weəˈbaɪ/ *adv formal* według którego, zgodnie z którym: *a law whereby all children could receive free education*

**where·u·pon** /ˌweərəˈpɒn/ *conjunction formal* po czym: *One of them called the other a liar, whereupon a fight broke out.*

**wher·ev·er** /weərˈevə/ *adv* **1** gdziekolwiek: *I always have her picture with me wherever I go.* **2 wherever possible** gdy tylko jest to możliwe: *We try to use locally produced food wherever possible.* **3** *spoken* gdzie u licha: *Wherever did you find that old thing?*

**whet** /wet/ *v* **-tted, -tting; whet sb's appetite** zaostrzać czyjś apetyt

**wheth·er** /ˈweðə/ *conjunction* czy: *He asked her whether she was coming.* | *Whether you like it or not, you have to take that test.* | **whether or not** (=czy): *I couldn't decide whether or not I wanted to go.*

**whew** /hjuː/ *interjection* ➡ PHEW

**which** /wɪtʃ/ *determiner, pron* **1** który: *Which of these books is yours?* | *I wondered which dress to buy.* | *It doesn't matter which school he goes to.* | *I want a car which doesn't use too much petrol.* | *The house, which was built in the 16th century, is estimated to be worth several million pounds.* **2** *especially spoken* co: *He's always late, which is very annoying.* | **which reminds me** (=skoro (już) o tym mowa): *Which reminds me. Isn't it time we had lunch?*

**UWAGA which i what**

Wyrazów tych używamy w pytaniach sugerujących możliwość wyboru. **What** występuje wtedy, kiedy wybieramy z nieznanej liczby osób lub rzeczy: *What colour would you like your room to be painted?* **Which** występuje wtedy, kiedy wybieramy z ograniczonej liczby: *Which colour would you like – blue or yellow?* Po **which** można używać przyimka **of**: *Which of the colours do you like best?*

**UWAGA which i who**

Zaimka **which** w znaczeniu 'który' nie używa się w odniesieniu do ludzi w połączeniach typu 'ludzie, którzy mówią po angielsku'. Nie należy więc mówić "people which speak English". Zamiast **which** należy używać **who**: *Students who fail the exam will have to take the course again.* **Which** w takich połączeniach używamy w odniesieniu do rzeczy: *I like music which helps me to relax.* **Which** w znaczeniu 'który' w

odniesieniu do ludzi można zastosować w pytaniach typu 'który z was to zrobił': *Which of you did it?*

**which·ev·er** /wɪtʃ'evə/ *determiner, pron* **1** którykolwiek: *You can choose whichever one you like.* **2** jakikolwiek: *Whichever way you look at it* (=jak by nie patrzeć) *he's guilty.*

**whiff** /wɪf/ *n* [C] zapach, powiew: *As she walked past, I caught a whiff of her perfume.*

**while**[1] /waɪl/ *conjunction* **1** podczas gdy: *They arrived while we were having dinner.* | *The Tate Gallery has mostly modern art, while the National Gallery contains a lot of classical paintings.* **2** skoro: *While you're here, can you help me with a little problem?* **3** chociaż: *While there was no conclusive evidence, most people thought he was guilty.*

**while**[2] *n* **a while** chwila: *He'll be back in a little while* (=za chwilkę). ➡ patrz też **(every) once in a while** (ONCE[1]), **be worth (your) while** (WORTH[1])

**while**[3] *v* **while away the hours/evening/days** uprzyjemniać sobie czas: *We whiled away the evenings playing cards.*

**whilst** /waɪlst/ *conjunction especially BrE* podczas gdy

**whim** /wɪm/ *n* [C] zachcianka: *I went to visit her on a whim* (=pod wpływem impulsu).

**whim·per** /'wɪmpə/ *v* [I] kwilić, skomleć: *The dog ran off whimpering.*

**whim·si·cal** /'wɪmzɪkəl/ *adj* dziwaczny: *He had a rather whimsical sense of humour.*

W

**whine** /waɪn/ *v* [I] **1** jęczeć: *Stop whining and do your homework!* **2** za/wyć: *The baby was whining next door.*

**whip**[1] /wɪp/ *n* [C] bicz

**whip**[2] *v* **-pped, -pping 1** [T] biczować **2** [T] *także* **whip up** ubijać: *whipped cream* (=bita śmietana)

**whirl**[1] /wɜːl/ *v* **1** [I] wirować: *The leaves whirled around in the wind.* **2** [T] kręcić: *The leaves whirled around in the wind.*

**whirl**[2] *n* [singular] **1** wir: *Her life was a whirl of parties and dinner dates.* | *a whirl of dust* | *the whirl of the dancers* **2 sb's head is in a whirl** komuś kręci się w głowie: *Debbie's head was all in a whirl.*

**whirl·pool** /'wɜːlpuːl/ *n* [C] wir (*wodny*)

**whirl·wind** /'wɜːlˌwɪnd/ *n* [C] trąba powietrzna

**whirr** /wɜː/ *BrE*, **whir** *AmE v* [I] warczeć, warkotać: *the whirring of the fax machine* —**whirr** *BrE*, **whir** *AmE n* [singular] warkot

**whisk**[1] /wɪsk/ *v* [T] **1** ubijać: *Whisk the yolks in a bowl.* **2** błyskawicznie zabrać/przewieźć: *The band was whisked off to their hotel in a big limousine.*

**whisk**[2] *n* [C] trzepaczka do piany

**whis·ker** /'wɪskə/ *n* [C] wąs: *the cat's whiskers*

**whis·kers** /'wɪskəz/ *n* [plural] bokobrody, baczki

**whis·key** /'wɪski/ *n* [C,U] whisky (*irlandzka lub amerykańska*)

**whis·ky** /'wɪski/ *n* [C,U] whisky (*szkocka*)

**whis·per**[1] /'wɪspə/ *v* [I,T] wy/szeptać: *She whispered something in my ear.* | *The wind whispered in the trees.*

**whisper**[2] *n* [C] szept: *He spoke in a whisper.*

**whis·tle**[1] /'wɪsəl/ *v* **1** [I,T] za/gwizdać: *Adam whistled softly to himself as he walked down the street.* | *a whistling kettle* **2** [I] świszczeć: *Bullets were whistling through the air.*

**whistle**[2] *n* [C] **1** gwizdek: *The referee blew his whistle.* **2** gwizd

**white**[1] /waɪt/ *adj* **1** biały: *white paint* | *Most of the students in this class are white.* | *white wine* | **go white** (=z/blednąć): *Her face went white.* **2 white coffee** *BrE* kawa z mlekiem —**whiteness** *n* [U] biel

**white**[2] *n* **1** [U] biel **2** [C] *także* **White** biał-y/a **3** [C,U] białko: egg *white*

**white-col·lar** /ˌ. '..◂/ *adj* **white-collar worker** urzędni-k/czka ➡ porównaj BLUE-COLLAR

**White House** /'. ./ *n* [singular] Biały Dom —**White House** *adj*: *a White*

*House spokesperson* (=rzecznik prasowy Białego Domu)

**white lie** /ˌ. ˈ./ *n* [C] niewinne kłamstewko

**white·wash** /ˈwaɪtwɒʃ/ *n* [U] wapno (*do bielenia ścian*) —**whitewash** *v* [T] bielić, wybielać

**whizz** /wɪz/, **whiz** *especially AmE v* [I] *informal* śmigać: *Marty whizzed past us on his motorbike.*

**whizz·kid** /ˈwɪzkɪd/ *n* [C] cudowne dziecko: *high-tech whizzkids in Silicon Valley*

**who** /huː/ *pron* **1** kto: *"Who is that?" "That's Amy's brother."* | *"Who told you about the fire?" "Mr Garcia."* | *I know who sent you that card.* **2** który: *That's the woman who owns the house.* | *She asked her English teacher, who had studied at Oxford.* → patrz też WHOM

| UWAGA **who** |
|---|
| Patrz **which** i **who**. |

**who'd** /huːd/ forma ściągnięta od 'who had' lub 'who would': *a young girl who'd* (=who had) *been attacked* | *I don't know who'd* (=who would) *be so stupid.*

**who·dun·it, whodunnit** /ˌhuːˈdʌnət/ *n* [C] kryminał (*książka lub film*)

**who·ev·er** /huːˈevə/ *pron* **1** ktokolwiek: *Whoever did this is in big trouble.* **2** ten, kto: *Whoever gets there first can find a table.*

**whole**[1] /həʊl/ *adj* **1** cały: *She drank a whole bottle of wine.* | *Barney spent the whole day in bed.* **2** w całości: *The bird opened its mouth and swallowed the fish whole.*

**whole**[2] *n* **1 the whole of** cały: *The whole of Southern England is covered in cloud.* **2 on the whole** ogólnie rzecz biorąc: *On the whole, life was much quieter after John left.* **3 as a whole** jako całość: *We must look at our educational system as a whole.*

**whole·food** /ˈhəʊlfuːd/ *n* [U] zdrowa żywność

**whole·heart·ed** /ˌ. ˈ..◂/ *adj* **wholehearted support/agreement** całkowite poparcie/porozumienie —**wholeheartedly** *adv* z całego serca

**whole·meal** /ˈhəʊlmiːl/ *adj BrE* razowy: *wholemeal flour/bread*

**whole·sale** /ˈhəʊlseɪl/ *adj* **1** hurtowy: *wholesale prices* **2** totalny: *the wholesale destruction of the rainforest* —**wholesale** *adv* hurtem

**whole·sal·er** /ˈhəʊlˌseɪlə/ *n* [C] hurtownik

**whole·some** /ˈhəʊlsəm/ *adj* **1** pożywny: *a good wholesome breakfast* **2** przyzwoity: *a nice clean wholesome kid* | *wholesome family entertainment*

**whole wheat** /ˈ. ./ *adj AmE* razowy

**who'll** /huːl/ forma ściągnięta od 'who will': *This is Denise, who'll be your guide today.*

**whol·ly** /ˈhəʊl-li/ *adv formal* całkowicie: *The rumours are wholly untrue.*

**whom** /huːm/ *pron formal* kogo, którego/których: *The club has 200 members, most of whom are men* (=z których większość to mężczyźni).

**whoops** /wʊps/ *interjection* o rany

**who're** /ˈhuːə/ forma ściągnięta od 'who are': *Who're those two guys?*

**whore** /hɔː/ *n* [C] dziwka

**who's** /huːz/ forma ściągnięta od 'who is' lub 'who has': *Who's* (=who is) *sitting next to Reggie?* | *That's Karl, the guy who's* (=who has) *come over from Germany.*

**whose** /huːz/ *determiner, possessive pron* **1** czyj: *Whose jacket is this?* **2** którego/których: *families whose relatives have been killed*

**who've** /huːv/ forma ściągnięta od 'who have': *people who've been in prison*

**why** /waɪ/ *adv, conjunction* **1** dlaczego: *Why are these books so cheap?* | *I think I know why I didn't get the job.* **2 why don't you/why not ...** *spoken* a może by ...: *Why don't you try this one* (=a może byś spróbował tego)? **3 why not?** *spoken* czemu nie: *"Do you want to come along?" "Yeah, why not?"*

**wick** /wɪk/ *n* [C] knot

**wick·ed** /ˈwɪkᵻd/ *adj* **1** zły, podły: *the wicked stepmother in 'Cinderella'* **2** szelmowski: *a wicked grin* **3** *informal* niesamowity: *"How was the concert?" "Wicked!"* —**wickedness** *n* [U] podłość

**wick·et** /ˈwɪkᵻt/ *n* [C] bramka (*w krykiecie*)

**wide¹** /waɪd/ *adj* **1** szeroki: *a wide street* | *a wide mouth* | *The earthquake was felt over a wide area.* | *The bathtub's three feet wide* (=ma trzy stopy szerokości). | *We offer a wide range of vegetarian dishes.* | *a wide grin* **2 a wide difference/gap** duża różnica/przepaść: *wide differences of opinion* **3** szeroko otwarty: *Their eyes were wide.* **4 wider** szerszy: *The trial also raises a much wider issue.*

**wide²** *adv* **1 wide open/apart** szeroko otwarty/rozwarty: *Somebody left the door wide open.* | *He stood with his legs wide apart.* **2 wide awake** rozbudzony

**wide·ly** /ˈwaɪdli/ *adv* **1** powszechnie: *products that are widely available* | *a widely read newspaper* **2** znacznie: *Taxes vary widely from state to state.*

**wid·en** /ˈwaɪdn/ *v* [I,T] poszerzać (się): *They're widening the road.* | *The gap between rich and poor began to widen.*

**wide-rang·ing** /ˌ. ˈ..◂/ *adv* szeroko zakrojony: *a wide-ranging discussion*

**wide·spread** /ˈwaɪdspred/ *adj* powszechny, rozpowszechniony: *the widespread use of illegal drugs*

**wid·ow** /ˈwɪdəʊ/ *n* [C] wdowa

**wid·owed** /ˈwɪdəʊd/ *adj* owdowiały

**wid·ow·er** /ˈwɪdəʊə/ *n* [C] wdowiec

**width** /wɪdθ/ *n* [C,U] szerokość: *the width of the window* | *a width of 10 inches*

**wield** /wiːld/ *v* [T] **1 wield power/authority** posiadać władzę/autorytet: *the influence wielded by the church* (=wpływy kościoła) **2** dzierżyć

**wife** /waɪf/ *n* [C] *plural* **wives** żona: *This is my wife, Elaine.*

**wig** /wɪg/ *n* [C] peruka: *a blond wig*

**wig·gle** /ˈwɪgəl/ *v* [I,T] poruszać (się): *Can you wiggle your toes?*

**wig·wam** /ˈwɪgwæm/ *n* [C] wigwam

**wild¹** /waɪld/ *adj* **1** dziki: *wild horses* | *wild flowers* | *some of the wildest and most beautiful parts of Pakistan* | *A wild look came into her eyes.* | **go wild** (=o/szaleć): *When the band came back on stage the crowd went wild.* **2** burzliwy: *It was a wild night.* **3 take a wild guess** zgadywać na chybił trafił **4 be wild about sth** *spoken* przepadać za czymś: *I'm not too wild about his movies.* **5 run wild** wymykać się spod kontroli: *She lets her children run wild.* —**wildly** *adv* dziko

**wild²** *n* **1 in the wild** w naturalnym środowisku: *animals that live in the wild* **2 the wilds** pustkowie: *the wilds of Tibet*

**wil·der·ness** /ˈwɪldənᵻs/ *n* [U singular] dzicz: *the Alaskan wilderness*

**wild·fire** /ˈwaɪldfaɪə/ *n* **spread like wildfire** rozchodzić się lotem błyskawicy

**wild goose chase** /ˌ. ˈ. ˌ./ *n* [singular] szukanie wiatru w polu

**wild·life** /ˈwaɪldlaɪf/ *n* [U] przyroda, fauna i flora: *the wildlife of Crete*

**wil·ful** /ˈwɪlfəl/ *especially BrE*, **willful** *AmE adj* uparty, samowolny: *a wilful child*

**will¹** /wɪl/ *modal verb* **1** wyraża czas przyszły: *I'm sure everything will be OK* (=wszystko będzie OK). | *I'll tell you* (=powiem ci) *later.* | *What time will she get here* (=o której ona tu dotrze)? **2** wyraża chęć: *I'll do whatever you say* (=zrobię, co zechcesz). | *Vern said he won't work* (=że nie będzie pracować) *for Joe.* | *My computer won't come on* (=nie chce się włączyć). **3** wyraża prośbę lub propozycję: *Will you do me a favour* (=czy mógłbyś wyświadczyć mi przysługę)? | *Won't you have another glass of wine* (=nie napiłbyś się jeszcze wina)? **4** stosuje się w zdaniach warunkowych: *If it rains, we'll have the barbecue in the clubhouse.* **5** wyraża prawdy ogólne: *Prices will always go up* (=ceny zawsze rosną). **6** wyraża negatywne nastawienie: *He will keep talking about himself all the time.* **7 that/it will be sb/sth** *spoken* to na pewno ktoś/coś: *"There's someone at the front door." "That'll be Nick."* ➡ patrz ramka WILL

## Czasownik modalny ***WILL***

Czasownika ***will*** (forma ściągnięta: ***'ll***; przeczenie: ***won't*** lub ***will not***) używamy najczęściej

**1** gdy w chwili mówienia decydujemy się coś zrobić:
*I'm tired. I think **I'll go** to bed.*

**2** gdy przewidujemy, że coś się stanie (ale nie mamy pewności, ponieważ nie zależy to od nas):
*Father **will** probably **be** a bit late.*
*Do you think they**'ll win**?*
*I'm sure you**'ll get** the job.*

**3** gdy coś komuś obiecujemy lub proponujemy:
***I'll phone** you as soon as I arrive.*
*This suitcase is much too heavy for you. **I'll help** you with it.*
*'**Will you** have a cup of tea?' – 'Yes, please.'*

**4** gdy coś kupujemy w sklepie albo zamawiamy w restauracji (po ***will*** następuje wówczas ***have*** lub ***take***):
***I'll have** a dozen eggs and half a pound of butter, please.*
***I'll take** the green scarf and two of those silk ties.*
***We'll have** two coffees and some mineral water.*

**5** gdy prosimy kogoś, żeby coś zrobił:
***Will** you **shut** the door, please?*
***Will** you **be** quiet for a moment? We're in the middle of an important conversation.*

**6** gdy wyrażamy zgodę lub odmowę (dotyczy to również „odmowy posłuszeństwa" przez przedmioty martwe):
*'Can you type this letter for me?' – 'Sure, **I'll type** it in a minute.'*
*We've asked Maggie to join us, but she **won't**.*
*'What's the problem?' – 'The car **won't** start.'* („... nie chce ruszyć.")

**7** gdy wyrażamy jakieś przekonanie lub przypuszczenie dotyczące teraźniejszości:
*'There's someone at the door.' – 'That**'ll be** the postman.'* (= I'm sure it's the postman.)
*They **will be** there by now.* (= I'm sure they are already there.)
*He **won't** know the answer.* (= I'm sure he doesn't know the answer.)

patrz też: ***Future Continuous, Future Perfect, Future Perfect Continuous, Future Simple, Modal Verbs, SHALL, Verb***

| UWAGA **will** |
| --- |
| Patrz **shall** i **will**. |

**will**[2] *n* **1** [C,U] wola: *the will to succeed* | *He's lost his will to live.* | *the will of the people* (=wola ludu) | **against your will** (=wbrew woli): *No one can make you*

*stay here against your will.* | **of your own free will** (=z własnej woli): *She left of her own free will.* **2** [C] testament: *Grandma Stacy left me $7,000 in her will.* **3 at will** na zawołanie: *The England defence was weak, and their opponents were able to score almost at will.*

**will·ful** /ˈwɪlfəl/ amerykańska pisownia wyrazu WILFUL

**will·ing** /ˈwɪlɪŋ/ *adj* **1 be willing to do sth** być gotowym/skłonnym coś zrobić: *How much are they willing to pay?* **2** chętny, ochoczy: *willing helpers* —**willingly** *adv* chętnie, ochoczo —**willingness** *n* [U] chęć, ochota ➡ antonim UNWILLING

**wil·low** /ˈwɪləʊ/ *n* [C] wierzba

**will·pow·er** /ˈwɪlˌpaʊə/ *n* [U] siła woli: *I'd love to give up smoking, but I don't have the willpower.*

**wilt** /wɪlt/ *v* [I] z/więdnąć

**wil·y** /ˈwaɪli/ *adj* chytry, przebiegły: *a wily politician*

**wimp** /wɪmp/ *n* [C] *informal often humorous* mięczak: *Don't be such a wimp!*

**win**[1] /wɪn/ *v* **won, won, winning** **1** [I,T] wygrywać: *Who do you think will win the Superbowl?* | *Dad won at chess again.* | *Marcy's team is winning by 3 points.* | *I won $200 playing poker.* **2** [T] zdobywać: *Dr Lee's work won her the admiration of scientists worldwide.* **3 you can't win** *spoken* i tak źle, i tak nie dobrze ➡ antonim LOSE

**win** sb ↔ **over** *phr v* [T] pozyskać (sobie): *Clinton managed to win over his critics.*

**win**[2] *n* [C] wygrana: *a record of 7 wins and 6 losses*

**wince** /wɪns/ *v* [I] s/krzywić się: *She winced when she saw the needle going into her arm.*

**winch** /wɪntʃ/ *n* [C] kołowrót

**wind**[1] /wɪnd/ *n* **1** [C,U] wiatr: *We walked home through the wind and the rain.* | *A strong wind was blowing.* **2 get wind of sth** zwietrzyć coś **3 get wind** dostawać wzdęcia

**wind**[2] /waɪnd/ *v* **wound, wound, winding** **1** [T] zawijać, nawijać: *She wound the bandage around his arm* (=obandażowała mu ramię). ➡ antonim UNWIND **2** [T] *także* **wind up** nakręcać: *I forgot to wind my watch.* **3** [I] wić się

**wind down** *phr v* **1** [I,T **wind** sth ↔ **down**] zwijać (się): *The party started winding down after midnight.* **2** [I] odprężyć się

**wind up** *phr v* [I] s/kończyć: *We always wind up doing what she wants to do.* | *Most of them wound up in prison.*

**wind·ed** /ˈwɪndᵊd/ *adj* **be winded** dostać zadyszki

**wind farm** /ˈ. ˌ./ *n* [C] elektrownia na wiatr

**wind·ing** /ˈwaɪndɪŋ/ *adj* kręty: *a long, winding river*

**wind in·stru·ment** /ˈwɪnd ˌɪnstrᵊmənt/ *n* [C] instrument dęty

**wind·mill** /ˈwɪndˌmɪl/ *n* [C] wiatrak

**win·dow** /ˈwɪndəʊ/ *n* [C] okno: *Can I open the window?*

**window box** /ˈ.. ./ *n* [C] skrzynka na kwiaty

**win·dow·pane** /ˈwɪndəʊpeɪn/ *n* [C] szyba okienna

**window shop·ping** /ˈ.. ˌ../ *n* [U] oglądanie wystaw sklepowych

**win·dow·sill** /ˈwɪndəʊˌsɪl/ *n* [C] parapet

**wind·pipe** /ˈwɪndpaɪp/ *n* [C] tchawica

**wind·screen** /ˈwɪndskriːn/ *BrE*, **windshield** /ˈwɪndʃiːld/ *AmE* *n* [C] szyba przednia

**windscreen wip·er** /ˈ.. ˌ../ *BrE*, **windshield wiper** *AmE* *n* [C] wycieraczka (szyby przedniej)

**wind·surf·ing** /ˈwɪndˌsɜːfɪŋ/ *n* [U] windsurfing

**wind·y** /ˈwɪndi/ *adj* wietrzny: *It's been windy all day.*

**wine** /waɪn/ *n* [C,U] wino: *a glass of red wine* | *a fine selection of German wines*

**wing** /wɪŋ/ *n* [C] **1** skrzydło: *ducks flapping their wings* | *the east wing of the library* | *the conservative wing of the Demo-*

W

*crats* **2 take sb under your wing** brać/wziąć kogoś pod swoje skrzydła **3** *BrE* błotnik **4** skrzydłowy

**winged** /wɪŋd/ *adj* skrzydlaty: *winged insects*

**wings** /wɪŋz/ *n* [plural] **in the wings** za kulisami

**wink** /wɪŋk/ *v* [I] mrugać: *"Don't tell Dad," he said, winking at her.* —**wink** *n* [C] mrugnięcie ➔ patrz też **not sleep a wink** (SLEEP[1])

**win·ner** /ˈwɪnə/ *n* [C] zwycię-zca/żczyni: *the winner of the poetry contest*

**win·nings** /ˈwɪnɪŋz/ *n* [plural] wygrana

**win·ter** /ˈwɪntə/ *n* [C,U] zima: *I hope it snows this winter.* | *cold winter evenings*

**win·try** /ˈwɪntri/ *adj* zimowy: *wintry weather*

**wipe** /waɪp/ *v* **1** [T] wycierać: *Could you wipe the table for me?* | *Wipe your feet before you come in.* **2** [T] ocierać: *He wiped the sweat from his face.* | *wiping away her tears* **3** [T] wymazywać: *to wipe a tape/disk* —**wipe** *n* [C] *Give the baby's nose a wipe* (=wytrzyj dziecku nos), *would you?*

**wipe out** *phr v* [T **wipe** sth ↔ **out**] zrównywać z ziemią: *Whole towns were wiped out.*

**wipe** sth ↔ **up** *phr v* [T] ścierać, zetrzeć: *Wipe up this mess!*

**wip·er** /ˈwaɪpə/ *n* [C usually plural] wycieraczka

**wire**[1] /waɪə/ *n* **1** [C,U] drut: *a wire fence* **2** [C] przewód: *Have you connected up all the wires?* | *a telephone wire* **3** [C] *AmE* depesza

**wire**[2] *v* [T] **1** *także* **wire up** podłączać: *I've almost finished wiring up the alarm.* **2** za/drutować: *Lila had to have her jaw wired.* **3** przesyłać telegraficznie **4** *AmE* za/depeszować

**wire·less** /ˈwaɪələs/ *n* [C,U] *old-fashioned* radio

**wir·ing** /ˈwaɪərɪŋ/ *n* [U] instalacja elektryczna

**wir·y** /ˈwaɪəri/ *adj* **1** umięśniony **2** szorstki: *wiry hair*

**wis·dom** /ˈwɪzdəm/ *n* **1** [U] mądrość **2 the wisdom of sth** słuszność czegoś: *Some people doubted the wisdom of his decision.*

**wisdom tooth** /ˈ.. ./ *n* [C] ząb mądrości

**wise** /waɪz/ *adj* **1** mądry: *I think you've made a wise decision.* | *It would be wise to leave early.* | *a wise leader* ➔ antonim UNWISE **2 be none the wiser** nadal nic nie rozumieć: *They sent me on a training course, but I'm still none the wiser.* **3 price-wise/time-wise** *spoken* cenowo/czasowo: *Price-wise the house seems OK, but I'm not sure it's big enough.* —**wisely** *adv* mądrze

**wise guy** /ˈ. ./ *n* [C] *informal, especially AmE* mądrala

**wish**[1] /wɪʃ/ *v* **1** [I,T] **wish (that)** żałować, że nie: *Beth wished she could stay* (=żałowała, że nie może zostać) *there forever.* | *I wish I had* (=szkoda, że nie mam) *a car like that.* | **I wish sb/sth would do sth** *I wish they would turn that music down* (=chciałbym, żeby przyciszyli tę muzykę). | **wish for** (=za/pragnąć): *the best birthday present I could ever have wished for* **2** [I,T] *formal* chcieć: *I wish to make a complaint.* **3** [T] życzyć: *Wish me luck!*

**wish**[2] *n* **1** [C] życzenie: **make a wish** (=pomyśleć sobie jakieś życzenie): *Close your eyes and make a wish!* | **have no wish to do sth** (=nie mieć ochoty na coś): *I had no wish to see him again.* **2 best wishes** najlepsze życzenia

**wish·ful think·ing** /ˌ.. ˈ../ *n* [U] pobożne życzenia

**wisp** /wɪsp/ *n* [C] **1** kosmyk: *wisps of hair* **2** smuga: *a wisp of smoke*

**wist·ful** /ˈwɪstfəl/ *adj* tęskny: *a wistful expression* —**wistfully** *adv* tęsknie

**wit** /wɪt/ *n* [U] dowcip: *Wilde was famous for his wit.* ➔ patrz też WITS

**witch** /wɪtʃ/ *n* [C] czarownica

**witch·craft** /ˈwɪtʃkrɑːft/ *n* [U] czary

**witch doc·tor** /ˈ. ˌ../ *n* [C] szaman

**witch hunt** /ˈ. ./ *n* [C] polowanie na czarownice

**with** /wɪð, wɪθ/ *prep* **1** z: *She's staying with some friends.* | *Put this bag with the others.* | *eggs mixed with milk* | *a boy with a broken arm* | *a house with a garden* | *Do you want your coffee with or without sugar?* | *Neal and Tracy were always arguing with each other.* | *I agree with you.* | *The other team played with great skill and determination.* | *What's wrong with the radio?* | *The door closed with a loud bang.* | *He was standing with his hands in his pockets.* **2** odpowiada polskiemu narzędnikowi: *Don't eat with your fingers* (=palcami)! | *His hands were covered with blood* (=krwią). **3** od: *The room was bright with sunlight.* **4 be in love with sb** kochać się w kimś: *She's in love with you.* **5 be with me/you** *spoken* rozumieć mnie/ciebie: *Are you with me?*

**with·draw** /wɪð'drɔː/ *v* **withdrew** /-'druː/, **withdrawn** /-'drɔːn/, **withdrawing** **1** [T] wypłacać, podejmować: *He withdrew $200 from his savings account.* **2** [I,T] wycofywać (się): *Congress threatened to withdraw support for the space project.* | *Decker was forced to withdraw from the race because of a knee injury.*

**with·draw·al** /wɪð'drɔːəl/ *n* **1** [C,U] wypłata: *I'd like to make a withdrawal, please.* **2** [C,U] wycofanie: *the withdrawal of NATO forces from Bosnia* **3** [C,U] cofnięcie: *the withdrawal of government aid* **4 withdrawal symptoms** zespół abstynencji (*po odstawieniu narkotyku*)

**with·drawn** /wɪð'drɔːn/ *adj* zamknięty w sobie

W

**with·er** /'wɪðə/ *v* [I] *także* **wither away** usychać

**with·hold** /wɪð'həʊld/ *v* [T] **withheld** /-'held/, **withheld, withholding** zatajać: *His name has been withheld for legal reasons.*

**with·in** /wɪð'ɪn/ *adv, prep* **1** w ciągu: *The police arrived within minutes.* | *Within a year he was dead.* **2** wewnątrz: *critics within the party* **3** w odległości: *The hotel is within a mile of the airport.* **4 within the rules/the law** w granicach przepisów/prawa

**with·out** /wɪð'aʊt/ *adv, prep* **1** bez: *I can't see anything without my glasses.* | *He left without saying goodbye.* | *We can't finish this job without him.* **2 do without/go without** obywać się bez: *They went without food and water for 2 days.*

**with·stand** /wɪð'stænd/ *v* [T] wytrzymywać, być odpornym na: *material that can withstand high temperatures*

**wit·ness¹** /'wɪtn̩ɪ̯s/ *n* [C] świadek: *He asked the witness how well she knew the defendant.* | *Police are appealing for witnesses after the accident.*

**witness²** *v* [T] być świadkiem: *a girl who witnessed a murder*

**witness box** /'.. ./ *BrE*, **witness stand** *AmE n* [C] miejsce dla świadka (*na sali sądowej*)

**wits** /wɪts/ *n* [plural] **1** rozum: **keep/have your wits about you** (=mieć się na baczności) **2 scare sb out of their wits** napędzić komuś strachu **3 be at your wits' end** nie wiedzieć, co począć

**wit·ty** /'wɪti/ *adj* dowcipny: *a witty response*

**wives** /waɪvz/ *n* liczba mnoga od WIFE

**wiz·ard** /'wɪzəd/ *n* [C] **1** czarodziej **2** *także* **wiz** *informal* geniusz: *a financial wizard*

**wob·ble** /'wɒbəl/ *v* [I] chwiać się, chybotać się —**wobbly** *adj* chybotliwy: *a wobbly chair*

**woe·ful·ly** /'wəʊfəli/ *adv* żałośnie: *The hospital facilities are woefully inadequate.* | *He sighed and looked woefully around the room.*

**wok** /wɒk/ *n* [C] wok

**woke** /wəʊk/ *v* czas przeszły od WAKE

**wok·en** /'wəʊkən/ *v* imiesłów bierny od WAKE

**wolf¹** /wʊlf/ *n* [C] *plural* **wolves** wilk

**wolf²**, **wolf down** [T] *informal* pożerać: *She wolfed down her breakfast.*

**wom·an** /'wʊmən/ *n* [C] *plural* **women** kobieta: *the women I work with* | *a woman doctor* (=lekarka)

UWAGA **woman**

Patrz **lady** i **woman.**

**wom·an·hood** /ˈwʊmənhʊd/ *n* [U] kobiecość

**wom·an·izer** /ˈwʊmənaɪzə/ (*także* **-iser** *BrE*) *n* [C] kobieciarz

**wom·an·ly** /ˈwʊmənli/ *adj* kobiecy

**womb** /wuːm/ *n* [C] macica

**wom·en** /ˈwɪmɪn/ *n* liczba mnoga od WOMAN

**won** /wʌn/ *v* czas przeszły i imiesłów bierny od WIN

**won·der**[1] /ˈwʌndə/ *v* [I,T] **1** zastanawiać się: *I sometimes wonder why I married her.* | *We wondered where you'd gone.* **2 I was wondering if/whether** *spoken* chciałbym spytać, czy: *I was wondering if I could use your phone.* | *We were wondering if you wanted to come over for a meal.* **3 wonder (at sth)** dziwić się (czemuś): *Ellie was still wondering at her good luck* (=nie mogła się nadziwić, że miała tyle szczęścia).

**wonder**[2] *n* **1** [U] zdumienie: **in wonder** *They listened to Lisa's story in wonder.* **2 no wonder** *spoken* nic dziwnego: *No wonder you feel sick if you ate the whole pizza!* **3 it is a wonder (that)** to zdumiewające, że: *It's a wonder that he can still stand up.* **4** [C] cud: *the wonders of modern technology*

**wonder**[3] *adj* [only before noun] cudowny: *a new wonder drug*

**won·der·ful** /ˈwʌndəfəl/ *adj* cudowny, wspaniały: *Congratulations! That's wonderful news!* —**wonderfully** *adv* cudownie, wspaniale

**won't** /wəʊnt/ forma ściągnięta od 'will not': *Dad won't like it* (=tacie się to nie spodoba).

**woo** /wuː/ *v* [T] **1** zabiegać o względy: *Politicians were busy wooing voters.* **2** *old-fashioned* zalecać się do

**wood** /wʊd/ *n* **1** [C,U] drewno: *The statue is carved out of a single piece of wood.* **2** [C] *także* **woods** las

**wood·ed** /ˈwʊdɪd/ *adj* zalesiony

**wood·en** /ˈwʊdn/ *adj* drewniany: *a wooden box*

**wood·land** /ˈwʊdlənd/ *n* [C,U] teren leśny

**wood·peck·er** /ˈwʊdˌpekə/ *n* [C] dzięcioł

**wood·wind** /ˈwʊdˌwɪnd/ *n* [U] instrument dęty drewniany

**wood·work** /ˈwʊdwɜːk/ *n* [U] stolarka

**wood·worm** /ˈwʊdwɜːm/ *n* [C,U] kornik

**woof** /wʊf/ *n* [singular] hau

**wool** /wʊl/ *n* [U] wełna: *a ball of wool* | *a mixture of wool and cotton*

**wool·len** /ˈwʊlən/ *BrE*, **woolen** *AmE adj* wełniany: *a warm woollen blanket*

**wool·lens** /ˈwʊlənz/ *BrE*, **woolens** *AmE n* [plural] odzież wełniana

**wool·ly** /ˈwʊli/ *BrE*, **wooly** *AmE adj* wełniany: *a woolly hat*

**word**[1] /wɜːd/ *n* **1** [C] słowo, wyraz: *"Casa" is the Spanish word for "house".* | *We had to write a 500-word essay about our holidays.* **2 words** słowa: *Those were his last words.* | **in sb's words** (=jak ktoś powiedział): *In Kennedy's words: "Ask not what your country can do for you."* **3 have a word with sb** rozmówić się z kimś **4 not say/understand a word** nie powiedzieć/zrozumieć ani słowa **5 a word of advice/warning** rada/ostrzeżenie **6** [singular] słowo: **give sb your word** (=dawać komuś słowo): *I give you my word: we'll take good care of him.* **7 in other words** innymi słowy **8 in your own words** swoimi słowami **9 word for word** słowo w słowo **10 take sb's word for it** uwierzyć komuś na słowo **11 put in a (good) word for sb** wstawić się za kimś: *Could you put in a good word for me with your boss?* **12 not in so many words** *spoken* nie dosłownie: *"So Dad said he'd pay for it?" "Not in so many words."* **13 the word is** *spoken* ludzie mówią: *The word is they're going to get married.*

**word**[2] *v* [T] s/formułować: *He worded his request very carefully.*

**word·ing** /ˈwɜːdɪŋ/ *n* [U]

W

sformułowanie: *the exact wording of the contract*

**word pro·cess·or** /ˈ. ˌ.../ *n* [C] edytor tekstu

**wore** /wɔː/ *v* czas przeszły od WEAR

**work**[1] /wɜːk/ *v* **1** [I] pracować: *Heidi works for a law firm in Toronto.* | *I used to work at Burger King.* | *Joe worked as a builder for 5 years.* **2** [I] działać: *The CD player isn't working.* | *Most diets don't work.* **3** [T] obsługiwać: *Does anybody know how to work the printer?* **4** [I] nie szczędzić wysiłków: *Rescuers worked to free the passengers from the wreckage.* **5 work your way (to)** stopniowo docierać (do): *Dave worked his way to the top of the firm.* **6 work against sb** działać na czyjąś niekorzyść: *Unfortunately her bad grades worked against her.* **7 work in sb's favour** *BrE*/**favor** *AmE* działać na czyjąś korzyść **8 work up an appetite/sweat** mocno zgłodnieć/spocić się

**work on** sth *phr v* [T] pracować przy/nad: *Dad's still working on the car.* | *You need to work on your pronunciation.*

**work out** *phr v* **1** [T **work** sth ↔ **out**] wyliczyć: *Have you worked out how much we owe them?* **2** [I] **work out at** kosztować: *The hotel works out at about $50 a night.* **3** [T **work** sth ↔ **out**] zdecydować, postanowić: *He still hasn't worked out which college he's going to.* **4** [I] rozwiązać się: *Don't worry. I'm sure everything will work out fine.* **5** [I] trenować, ćwiczyć: *Sue works out in the gym twice a week.*

**work**[2] *n* **1** [U] praca: *Looking after two children can be hard work.* | *The house looks fantastic – it must have taken a lot of hard work.* | *My dad started work when he was 14.* | *Jo's hoping to find work in television.* | *She met her future husband at work.* | *Do you want to go out to dinner after work?* | *I've got so much work to do today.* | *We're pleased with your work.* | *Einstein's work on nuclear physics* | **a piece of work** *The teacher said it was an excellent piece of work* (=że to świetna praca). **2** [C,U] dzieło: *great works of art* | *I prefer his early work.* **3 be in work** mieć pracę **4 be out of work** być bez pracy **5 at work** przy pracy: *Crews were at work repairing the roads.* → patrz też HOMEWORK, HOUSEWORK, WORKS

**work·a·ble** /ˈwɜːkəbəl/ *adj* wykonalny: *a workable solution*

**worked up** /ˌ. ˈ./ *adj informal* zdenerwowany: *There's no need to get so worked up about it.*

**work·er** /ˈwɜːkə/ *n* [C] **1** pracowni-k/ca, robotni-k/ca: *Fifty workers lost their jobs.* | *factory workers* **2 be a good/hard/quick worker** dobrze/ciężko/szybko pracować

**work·force** /ˈwɜːkfɔːs/ *n* [singular] siła robocza

**work·ing** /ˈwɜːkɪŋ/ *adj* [only before noun] **1** pracujący: *working parents* **2 working conditions** warunki pracy: *bad working conditions* **3 in (good) working order** w dobrym stanie: *My father's watch is still in good working order.* **4 a working knowledge of sth** praktyczna znajomość czegoś: *a working knowledge of Spanish*

**working class** /ˌ... ˈ.◂/ *n* **the working class** klasa robotnicza —**working-class** *adj* robotniczy

**work·load** /ˈwɜːkləʊd/ *n* [C] obciążenie: *Teachers often have a heavy workload.*

**work·man** /ˈwɜːkmən/ *n* [C] robotnik

**work·out** /ˈwɜːkaʊt/ *n* [C] trening

**works** /wɜːks/ *n* **1** [plural] dzieła: *the complete works of Shakespeare* **2 the works** *spoken informal* wszystko, co się da: *We were special guests, so we got the works – champagne, caviar, and a huge steak.* **3** *old-fashioned* zakład: *the gas works* (=gazownia)

**work·sheet** /ˈwɜːkʃiːt/ *n* [C] arkusz ćwiczeniowy (*do pracy w klasie*)

**work·shop** /ˈwɜːkʃɒp/ *n* [C] warsztat

**work·top** /ˈwɜːktɒp/ *także* **work·sur·face** /ˈ. ˌ../ *n* [C] blat (kuchenny)

**world**[1] /wɜːld/ *n* **1 the world** świat: *Athletes came from all over the world to compete in the Games.* | *the longest river in*

*the world* **2** [C] świat: *the world of baseball* | *the music world* | *the Western World* | *the industrialized world* | *Dean's world was filled with music and laughter.* | *creatures from another world* **3 in the world** *spoken* na świecie: *You're the best dad in the world.* **4 the animal/plant world** świat zwierząt/roślin **5 do sb a world of good** *informal* doskonale komuś zrobić: *A vacation would do you a world of good.* **6 out of this world** nie z tej ziemi: *Have you tried their ice cream? It's out of this world!* **7 be on top of the world** być w siódmym niebie **8 mean the world to sb** być dla kogoś całym światem **9 move/go up in the world** piąć się w górę

**world²** *adj* [only before noun] światowy: *world peace* | *world champion Michael Schumacher*

**world-class** /ˌ. ˈ.◂ / *adj* światowej klasy: *a world-class tennis player*

**world·ly** /ˈwɜːldli/ *adj* **1 sb's worldly goods/possessions** czyjś cały majątek **2** światowy: *a worldly man*

**world pow·er** /ˌ. ˈ../ *n* [C] mocarstwo światowe

**world·wide¹** /ˌwɜːldˈwaɪd◂ / *adj* (ogólno)światowy

**worldwide²** *adv* na całym świecie: *The company employs 2000 people worldwide.*

**World Wide Web** /ˌ. . ˈ./ skrót pisany **WWW** *n* [singular] internet

**worm¹** /wɜːm/ *n* [C] dżdżownica

**worm²** *v* **worm sth out of sb** wyciągnąć coś z kogoś

**worn** /wɔːn/ *v* imiesłów bierny od WEAR

**worn out** /ˌ. ˈ.◂ /, **worn-out** *adj* **1** wycieńczony: *I'm all worn out.* **2** zużyty: *worn-out shoes*

**wor·ried** /ˈwʌrid/ *adj* zaniepokojony, zmartwiony: **be worried that** (=niepokoić się, że): *Doctors are worried that the drug may have serious side-effects.*

**wor·ry¹** /ˈwʌri/ *v* **1** [I] martwić się: **+ about** *She's always worrying about her weight.* | **+ that** *I sometimes worry that he doesn't love me any more.* **2** [T] niepokoić, martwić: **it worries sb that** *It worries me that she hasn't called yet.* **3 don't worry** *spoken* nie martw się: *Don't worry about the kids – I can drive them to school.*

**worry²** *n* **1** [C] troska: *money worries* **2** [U] zmartwienie: *He was up all night with worry.*

**wor·ry·ing** /ˈwʌri-ɪŋ/ *adj* niepokojący: *I've just had a rather worrying phone-call from Emma.*

**worse¹** /wɜːs/ *adj* [comparative of **bad**] **1** gorszy: **+ than** (=od/niż): *The next song was even worse than the first one.* | **get worse** (=pogarszać się): *The traffic always gets worse after 4:30.* **2** bardziej chory: *On Tuesday I felt worse* (=poczułam się gorzej), *and I decided to go to see the doctor.* **3 the worse for wear** w kiepskim stanie: *He arrived home at 5 am, looking somewhat the worse for wear.*

**worse²** *n* [U] gorsze: *Worse was yet to come.* | *Moving from Georgia was a change for the worse.*

**worse³** *adv* **1** bardziej: *The pain hurts worse than it did yesterday.* **2** gorzej: *Jan sings even worse than I do!*

**wors·en** /ˈwɜːsən/ *v* [I,T] pogarszać (się): *If the weather worsens, the flight will have to be cancelled.*

**worse off** /ˌ. ˈ.◂ / *adj* w gorszej sytuacji: *We're actually worse off than I thought.*

**wor·ship** /ˈwɜːʃɪp/ *v* **-pped, -pping** *BrE*, **-ped, -ping** *AmE* **1** [T] oddawać cześć, modlić się do **2** [I] modlić się (*w świątyni*) **3** [T] uwielbiać: *She absolutely worships her Grandpa!* —**worship** *n* [U] kult: *places of worship* —**worshipper** *BrE*/**worshiper** *AmE* *n* [C] wiern-y/a

**worst¹** /wɜːst/ *adj* [superlative of **bad**] najgorszy: *the worst movie I've ever seen*

**worst²** *n* **1 the worst** najgorszy: *They've written a lot of bad songs, but this one is definitely the worst.* | *This is the worst* (=najgorszy wynik) *I've ever done on a test.* **2 at worst** w najgorszym razie: *At worst the repairs will cost you around $700.* **3 if the worst comes to the worst** w ostateczności: *If the worst comes to the worst, we'll have to sell the house.*

**worst**[3] *adv* najbardziej: *the cities that were worst affected by the war*

**worth**[1] /wɜːθ/ *adj* **1 be worth sth** być wartym czegoś: *Our house is worth about $350,000.* | *Each question is worth 4 points.* **2** wart: **be worth doing/seeing** (=być wartym zrobienia/obejrzenia): *The film is definitely worth seeing.* | **it's worth it/it's not worth it** (=warto/nie warto): *Don't try arguing with her – it's just not worth it.* | **be worth (your) while** (=mieć sens): *"Do you think I should check with my lawyer?" "It might be worth your while."*

**worth**[2] *n* **1 $10/£500 worth of sth** coś o wartości $10/£500: *They came home with $300 worth of food* (=przynieśli do domu jedzenia za $300). **2 a day's/10 years' worth of sth** 1 dzień/10 lat czegoś: *There's at least a week's worth of work to do* (=jest pracy co najmniej na tydzień). **3 sb's worth** czyjaś wartość: *a chance for Paul to show his true worth*

**worth·less** /ˈwɜːθləs/ *adj* **1** bezwartościowy: *Are you saying the shares are worthless?* **2** bezużyteczny: *worthless qualifications* **3** nic nie wart: *She made him feel completely worthless.*

**worth·while** /ˌwɜːθˈwaɪl◂/ *adj* wart zachodu: *The job they do is very worthwhile.*

**wor·thy** /ˈwɜːði/ *adj* **1** godny: *a worthy opponent* | *worthy achievements* **2 be worthy of sth** *formal* zasługiwać na coś: *a leader who is worthy of our trust*

**would** /wʊd/ *modal verb* **1** w mowie zależnej: *He said he would call back later* (=powiedział, że zadzwoni jeszcze raz). | *Her doctors seemed to think that everything would be alright* (=że wszystko będzie dobrze). **2** w zdaniach warunkowych: *Dad would be really angry* (=byłby naprawdę wściekły) *if he knew.* **3 I would like/would love** chciałbym: *I would love to see your new house!* **4 would you** *spoken* w grzecznych prośbach i propozycjach: *Would you* (=czy mógłbyś) *hold the door open for me?* | *Would you like* (=czy masz ochotę na) *some coffee?* **5 (if I were you) I would/I wouldn't do sth** *spoken* (na twoim miejscu) zrobiłbym coś/nie robiłbym czegoś: *I wouldn't leave the car unlocked, if I were you.* **6 I would think/imagine/guess** przypuszczam, że: *I would think she's gone back home.* **7 sb would not/wouldn't do sth** ktoś odmówił zrobienia czegoś: *Blair wouldn't answer the question.* **8** w złożeniach z 'wish': *I wish they would stop making that noise* (=mogliby wreszcie przestać tak hałasować)! **9** o zdarzeniach powtarzających się w przeszłości: *Sometimes, Eva would come over and make dinner* (=czasem przychodziła Eva i robiła kolację). **10** musieć: *You would say that, wouldn't you* (=musiałeś koniecznie to powiedzieć)! → patrz ramka WOULD, patrz też -'D, **would rather** (RATHER)

**would-be** /ˈ. ./ *adj* [only before noun] niedoszły: *a would-be actor*

**would·n't** /ˈwʊdnt/ forma ściągnięta od 'would not': *She wouldn't answer.*

**would've** /ˈwʊdəv/ forma ściągnięta od 'would have': *I would've gone to the party, but I felt too tired.*

**wound**[1] /wuːnd/ *n* [C] rana: *gunshot wounds*

**wound**[2] /wuːnd/ *v* [T] **1** z/ranić: *Two officers were badly wounded.* **2 wound sb's pride** urazić czyjąś dumę —**wounded** *adj* ranny

| UWAGA **wounded** |
| --- |
| Patrz **hurt, injured, wounded**. |

**wound**[3] /waʊnd/ *v* czas przeszły i imiesłów bierny od WIND

**wound up** /ˌwaʊnd ˈʌp/ *adj* podekscytowany: *He got so wound up he couldn't sleep.*

**wove** /wəʊv/ *v* czas przeszły od WEAVE

**wov·en** /ˈwəʊvən/ *v* imiesłów bierny od WEAVE

**wow** /waʊ/ *interjection* hej!: *Wow! You look great!*

**wran·gle** /ˈræŋgəl/ *v* [I] sprzeczać się

**wrap** /ræp/ *v* [T] **-pped, -pping** **1** zawijać: *I haven't wrapped her present yet.* | *Wrap this blanket around you* (=owiń się

W

## Czasownik modalny ***WOULD***

Czasownika modalnego ***would*** (forma ściągnięta: ***'d***; przeczenie: ***wouldn't*** lub ***would not***) używamy najczęściej

**1** w zdaniu podrzędnym zamiast ***will*** lub ***shall***, jeśli w zdaniu głównym występuje czasownik w czasie przeszłym (dotyczy to m.in. mowy zależnej):
*I **thought** they **would** never stop.* („Myślałem, że nigdy nie przestaną.")
*'I **shall** never leave you.'*
*He **said** he **would** never leave me.*

**2** w zdaniu głównym w zdaniach warunkowych 2. i 3. typu:
*They **would** work harder if the pay was better.*
*If you had seen her last night, you **would not** have recognised her.*

**3** opowiadając o tym, co ktoś zwykł był robić w przeszłości (to użycie jest bardzo podobne do czasownika ***used to***):
*On Saturdays we **would** go to the beach. We**'d** have a picnic on the rocks. If it was warm enough, we **would** swim in the ocean. We **would** come home in the evening tired and sleepy.*

**4** mówiąc, że ktoś nie chciał czegoś zrobić (dotyczy to również „odmowy posłuszeństwa" przez przedmioty martwe):
*I kept telling him to stop, but he just **wouldn't** listen.* („... ale nie chciał słuchać.")
*'What took you so long?' – 'The car **wouldn't** start.'* („... nie chciał ruszyć.")

**5** udzielając osobom zaprzyjaźnionym dobrych rad:
*I **would** go if I were you.* („Na twoim miejscu poszedłbym.")

**6** dając do zrozumienia, że coś jest dla kogoś typowe:
*'Can you believe it? He was an hour late!' – 'Oh yes, he **would** be.'* („O tak, to do niego podobne.")

**7** prosząc, żeby ktoś coś zrobił (w zwrotach: ***would you*** + bezokolicznik bez ***to*** lub: ***would you mind*** + czasownik zakończony na ***-ing***):
***Would** you please shut the door?*
***Would you mind** shutting the door?*

**8** mówiąc o naszych pragnieniach lub proponując coś komuś (w zwrocie ***would like/love***), np.:
***I'd love** to visit Canada some day.*
***Would** you **like** a drink of water?*
***Would** you **like** to join us?*

**9** wyrażając preferencje (w zwrocie ***would rather*** ):
***I'd rather** fly than go by train.* („Wolałabym polecieć samolotem...")

patrz też: ***Conditional Sentences, Infinitive, Modal Verbs, Reported Speech, SHALL, USED TO, Verb, WILL***

tym kocem). **2 wrap your arms/legs around sth** obejmować coś nogami/ramionami: *Mary sat with her arms wrapped around her legs.*

**wrap** sth ↔ **up** *phr v* **1** [T] zawijać: *sandwiches wrapped up in foil* **2** [T] s/kończyć: *We should have the project wrapped up in a month.* **3 be wrapped up in sth** być pochłoniętym czymś **4** [I] *także* **wrap yourself up** opatulać się: *Make sure you wrap up warm.*

**wrap·per** /ˈræpə/ *n* [C] papierek, folia: *a candy wrapper*

**wrap·ping** /ˈræpɪŋ/ *n* [C,U] opakowanie

**wrapping pa·per** /ˈ.. ,../ *n* [C,U] papier do pakowania

**wrath** /rɒθ/ *n* [U] *formal* gniew

**wreak** /riːk/ *v* **wreak havoc** siać spustoszenie

**wreath** /riːθ/ *n* [C] wieniec

**wreck**[1] /rek/ *v* [T] *informal* z/niszczyć, z/rujnować: *The Opera House was wrecked by a huge explosion.* | *a serious injury that nearly wrecked his career*

**wreck**[2] *n* [C] **1** wrak **2** [usually singular] *informal* wrak człowieka: *I was a wreck by the time I got home.* **3** *AmE* kraksa: *Only one person survived the wreck.*

**wreck·age** /ˈrekɪdʒ/ *n* [U] szczątki (*np. samochodu po wypadku*): *Ambulance crews removed a man from the wreckage.*

**wrench**[1] /rentʃ/ *v* **1** [T] nadwerężyć: *Sam wrenched his back lifting furniture.* **2** [T] wyrywać: *Prisoners had even wrenched doors off their hinges.*

**wrench**[2] *n* [C] *especially AmE* klucz francuski

W

**wres·tle** /ˈresəl/ *v* **1** [I,T] mocować się (z) **2** [I] walczyć: *For weeks he wrestled with his guilt.*

**wres·tling** /ˈreslɪŋ/ *n* [U] zapasy —**wrestler** *n* [C] zapaśnik

**wretch** /retʃ/ *n* [C] *old-fashioned* nieszczęśni-k/ca

**wretch·ed** /ˈretʃɪd/ *adj* nieszczęsny

**wrig·gle** /ˈrɪgəl/ *v* [I,T] kręcić (się), wiercić (się): *a worm wriggling through the mud*

**wring** /rɪŋ/ *v* [T] **wrung, wrung, wringing 1** *także* **wring out** wyżymać **2 wring a bird's neck** ukręcić ptakowi łeb

**wrin·kle** /ˈrɪŋkəl/ *n* [C] **1** zmarszczka **2** zagniecenie —**wrinkled** *adj* pomarszczony: *Her face was old and wrinkled.* —**wrinkle** *v* [I,T] marszczyć (się)

**wrist** /rɪst/ *n* [C] przegub, nadgarstek

**wrist·watch** /ˈrɪstwɒtʃ/ *n* [C] zegarek na rękę

**writ** /rɪt/ *n* [C] nakaz urzędowy

**write** /raɪt/ *v* **wrote, written, writing 1** [I,T] na/pisać: *a poem written by Walt Whitman* | *Proust wrote about life in Paris in the early part of this century.* | *Tony could read and write when he was six.* | *The sign was written in Spanish.* | *Have you written to Mom yet?* | *He finally wrote me a letter.* **2** [T] *także* **write out** wypisywać: *She calmly wrote out a cheque for the full £5,000.*

**write back** *phr v* [I] odpisywać: *Write back soon!*

**write** sth ↔ **down** *phr v* [T] zapisywać: *Why didn't you write down her address?*

**write** sth ↔ **up** *phr v* [T] napisać ostateczną wersję: *I need to write up my talk for tomorrow.*

> **UWAGA write**
>
> W angielszczyźnie brytyjskiej mówimy **write to someone** w znaczeniu 'pisać list do kogoś', a w angielszczyźnie amerykańskiej możemy powiedzieć **write to someone** lub **write someone.**

**write-off** /ˈ. ./ *n* [C] *BrE* pojazd nadający się do kasacji

**writ·er** /ˈraɪtə/ *n* [C] pisa-rz/rka

**write-up** /ˈ. ./ *n* [C] recenzja: *The album got a good write-up in DJ magazine.*

**writhe** /raɪð/ *v* [I] skręcać się: *writhing in agony*

**writ·ing** /ˈraɪtɪŋ/ *n* [U] **1** napis: *the writing on the label* **2** pismo: *I can't read her*

*writing.* **3 in writing** na piśmie **4** pisarstwo: *We're studying European writing from the 1930s.* **5** pisanie: *creative writing*

**wri·tings** /ˈraɪtɪŋz/ *n* [plural] twórczość: *the writings of Mark Twain*

**writ·ten** /ˈrɪtn/ *v* imiesłów bierny od WRITE

**wrong**[1] /rɒŋ/ *adj* **1** zły, błędny: *You must have dialled the wrong number.* ➞ antonim RIGHT[1] **2 sb is wrong** ktoś nie ma racji: *Paul's wrong: Hilary's 17, not 18.* **3** niewłaściwy: *Most people think that hunting is wrong.* **4** nieodpowiedni: *It's the wrong time of year to go skiing.* **5 what's wrong?** *spoken* **a)** co się stało?: *"What's wrong, Jenny?" "I miss Daddy."* | *What's wrong with your shoulder?* **b)** co się dzieje?: **+ with** *What's wrong with the phone?* **6 get (hold of) the wrong end of the stick** *informal* zrozumieć coś opacznie **7 get on the wrong side of sb** zaleźć komuś za skórę

**wrong**[2] *adv* **1** źle: *You spelled my name wrong.* ➞ antonim CORRECTLY **2 go wrong** po/psuć się: *If anything goes wrong with your car, we'll fix it for free.* **3 get sth wrong** pomylić się w czymś: *I got the answer wrong.* **4 don't get me wrong** *spoken* nie zrozum mnie źle

**wrong**[3] *n* **1** [U] zło: *He doesn't know the difference between right and wrong.* **2** [C] krzywda: *the wrongs they have suffered in the past* **3 be in the wrong** być winnym: *Which driver was in the wrong?*

**wrong·ful** /ˈrɒŋfəl/ *adj* bezprawny: *wrongful arrest* —**wrongfully** *adv* bezprawnie

**wrote** /rəʊt/ *v* czas przeszły od WRITE

**wrought i·ron** /ˌ. ˈ..◂/ *n* [U] kute żelazo: *a wrought iron gate*

**wrung** /rʌŋ/ *v* czas przeszły i imiesłów bierny od WRING

**wry** /raɪ/ *adj* **a wry smile** gorzki uśmiech

**WWW** /ˌdʌbəljuː dʌbəljuː ˈdʌbəljuː/ *n* skrót od WORLD WIDE WEB

# Xx

**xen·o·pho·bi·a** /ˌzenəˈfəʊbiə/ *n* [U] ksenofobia

**xe·rox** /ˈzɪərɒks/, **Xerox** *n* [C] *trademark* kserokopia —**xerox** *v* [T] s/kserować

**X·mas** /ˈkrɪsməs/ *n* [C,U] *written informal* skrót od 'Christmas': *Happy Xmas*

**X-ray**[1] /ˈeks reɪ/ *n* [C] **1** promień Rentgena **2** zdjęcie rentgenowskie

**x-ray**[2] *v* [T] prześwietlać

**xy·lo·phone** /ˈzaɪləfəʊn/ *n* [C] ksylofon

X

# Spis treści

## **Rozmowa** Conversations

**Cześć.** (na powitanie)
Hello/Hi.

**Cześć.** (na pożegnanie)
Bye.

**Dzień dobry.** (przed południem)
Good morning.

**Dzień dobry.** (po południu)
Good afternoon.

**Dobry wieczór.**
Good evening.

**Jak się masz?**
How are you?

**W porządku – a ty?**
Fine thanks – and you?

**Bardzo mi miło.**
Pleased to meet you.

**Nazywam się ... Czym Pan/i się zajmuje?**
My name is ... What do you do?

**Słucham?**
Pardon? / Sorry?

**Przepraszam nie dosłyszałem.**
Sorry I did not catch that.

**Do widzenia.**
Goodbye/Bye.

**Dobranoc.**
Good night/Night.

**Do zobaczenia.**
See you.

**Do zobaczenia później.**
See you later.

**Do zobaczenia wkrótce.**
See you soon.

**Do zobaczenia jutro/w piątek.**
See you tomorrow/on Friday.

**Proszę.**
Please.

**Dziękuję.**
Thank you.

**Nie ma za co.**
You're welcome.

**Czy mogę zapalić?**
Is it OK to smoke?

**Czy mogę tu usiąść?**
Do you mind if I sit here?

**Proszę mówić powoli.**
Please can you speak slowly.

**Nie mówię dobrze po angielsku.**
I don't speak much English.

**Wesołych Świąt (Bożego Narodzenia).**
Merry Christmas.

**Wszystkiego najlepszego (z okazji urodzin).**
Happy Birthday.

**Szczęśliwego Nowego Roku.**
Happy New Year.

# Telefon Telephone

## Co mówić, kiedy chcemy skorzystać z telefonu
When you need to use the phone

**Chciałbym skorzystać z telefonu.**
I'd like to make a phone call.

**Czy jest tu telefon publiczny?**
Is there a pay phone that I can use?

**Jak się korzysta z tego telefonu?**
How does this phone work?

**Gdzie można kupić kartę telefoniczną?**
Where can I buy a phone card?

**Czy mogę skorzystać z pańskiego telefonu?**
Is it OK to use your phone?

**Chciałbym zadzwonić na koszt odbiorcy.**
I want to reverse the charges.

## Jak prowadzić rozmowę telefoniczną
What to say on the phone

**Czy mogę rozmawiać z Sarą?**
Hello – can I speak to Sarah, please.

**Mówi Peter.**
It's Peter./ This is Peter.

**Czy mogę zostawić wiadomość?**
Can I leave a message?

## Co możemy usłyszeć What you will hear

**Hello.**
Halo.

**One moment please.**
Chwileczkę.

**Sorry, he's out.**
Przykro mi, nie ma go.

**Can I take a message?**
Czy coś przekazać?

**I'll just get him.**
Zaraz go poproszę.

**Who's calling?**
Kto mówi?

**Would you like to hold?**
Proszę się nie rozłączać.

**Wrong number.**
Pomyłka.

**Please leave a message after the tone.**
Proszę nagrać wiadomość po sygnale.

## **Wskazywanie drogi** Directions

### **Co się mówi** What to say

**Przepraszam, czy mógłby Pan wskazać mi drogę ...**
Excuse me, can you tell me how to get ...

**– na plażę?**
– to the beach?

**– do gabinetu figur woskowych?**
– to Madame Tussauds?

**– do najbliższego telefonu?**
– to the nearest phone?

**Czy dojdę tędy ...**
Is this the right way ...

**– do centrum?**
– to the town centre?

**– na dworzec?**
– to the station?

**Czy to daleko?**
Is it far?

**Gdzie są najbliższe toalety?**
Where are the nearest toilets?

### **Co możemy usłyszeć** What you will hear

**Turn right/left**
Proszę skręcić w prawo/lewo

**– at the next junction.**
– przy następnym skrzyżowaniu.

**– after the supermarket.**
– za supermarketem.

**Go straight on.**
Proszę iść dalej prosto.

**OK, thanks!**
Dobrze, dziękuję!

# Podróż Travelling (1)

## Lotnisko Airport

**Kiedy rozpoczyna się odprawa?**
What time is check-in?

**Czy mogę to zabrać jako bagaż ręczny?**
Can I take this as hand luggage?

**Miejsce przy oknie czy przy przejściu?**
Window or aisle seat?

**Dla palących czy dla niepalących?**
Smoking or non-smoking?

**Proszę przejść do wyjścia 5.**
Please go to gate 5.

**Ostatnie wezwanie dla pasażerów lotu 852 do Chicago.**
Last call for flight 852 to Chicago.

**PODSTAWOWE SŁOWNICTWO**

**odloty** departures
**przyloty** arrivals
**odprawa** check-in
**sala odlotów** departure lounge
**wyjście** gate
**sklep bezcłowy** duty-free shop
**wózek** trolley
**bagaż podręczny** hand luggage
**opóźniony** delayed
**ostatnie wezwanie** last call

## Kolej Trains

**Bilet w jedną stronę/powrotny do Bristolu.**
A single/return to Bristol.

**Kiedy jest następny pociąg do Yorku?**
When's the next train to York?

**Czy to pociąg do Birmingham?**
Is this the train to Birmingham?

**Który to peron?**
Which platform is it?

**Poproszę o miejscówkę.**
I'd like to reserve a seat.

**Gdzie powinienem się przesiąść?**
Where should I change?

**PODSTAWOWE SŁOWNICTWO**

**bilet** ticket
**w jedną stronę** single
**powrotny** return
**zniżkowy (powrót tego samego dnia)** day return
**rozkład jazdy** timetable
**peron** platform
**miejsce siedzące** seat
**dworzec kolejowy** train station

# Podróż Travelling (2)

## Autobus Buses

**Czy jest autobus do ...?**
Is there a bus to ...?

**Który autobus jedzie do ...?**
Which bus goes to ...?

**Proszę bilet w jedną stronę/powrotny do ... .**
A single/return to ..., please.

**Czy mógłby mi Pan powiedzieć, kiedy będziemy w ...?**
Can you tell me when we get to ...?

**PODSTAWOWE SŁOWNICTWO**

**bilet** ticket
**w jedną stronę** single
**powrotny** return
**zniżkowy (powrót tego samego dnia)** day return
**rozkład jazdy** timetable
**przystanek** bus stop
**dworzec autobusowy** bus station

## Statek i prom Boats and ferries

**Kiedy jest następny rejs do ...?**
What time is the next boat to ...?

**Jak długo trwa rejs?**
How long is the crossing?

**PODSTAWOWE SŁOWNICTWO**

**prom** ferry
**poduszkowiec** hovercraft
**port** port
**kabina** cabin
**rejs promem przez Kanał La Manche** crossing

## Cło/kontrola paszportowa Customs/Passport

**nic do oclenia**
nothing to declare

**Kupiłem to na prezent.**
I bought this as a present.

**Ile wynosi limit na zakupy bezcłowe?**
How much is the duty-free allowance?

**PODSTAWOWE SŁOWNICTWO**

**paszport** passport
**cło** customs
**zielone przejście** green channel
**czerwone przejście** red channel

## Jedzenie i picie Eating and Drinking (1)

### W restauracji In a restaurant

**Poproszę stolik dla dwóch/trzech/czterech osób.**
A table for two/three/four, please.

**Poproszę ...**
I'll have the ..., please

**... z frytkami/surówką.**
... with chips/salad.

**Czy to danie wegetariańskie?**
Is this vegetarian?

**Czy mogę prosić o rachunek?**
Can I have the bill, please?

**Czy mogę zapłacić kartą kredytową?**
Do you take credit cards?

**Chcielibyśmy zapłacić osobno.**
We'd like to pay separately.

**Gdzie są toalety?**
Where are the toilets?

**PODSTAWOWE SŁOWNICTWO**
**karta** menu
**rachunek** bill
**zestaw obiadowy** set menu
**wino czerwone/białe** house red/white
**przystawka** starter
**danie główne** main course
**deser** dessert/sweet
**nóż** knife
**widelec** fork
**łyżka** spoon
**sól** salt
**pieprz** pepper
**woda mineralna** mineral water
**woda z kranu** tap water

**INFORMACJE KULTUROWE**
W restauracji zwyczajowo daje się 10% napiwku. Czasami obsługa wliczona jest już w rachunek, ale zawsze możemy dać napiwek, jeśli chcemy. Dodatek za obsługę powinien być wymieniony w rachunku. Jeśli nie jesteśmy tego pewni, możemy zapytać: *Is service included?*

# Jedzenie i picie Eating and Drinking (2)

## W pubie In a pub

**Dwa duże piwa jasne.**
Two pints of lager, please.

**Małe piwo gorzkie i lemoniadę.**
Half a bitter and a lemonade.

**Dwie cole i sok pomarańczowy.**
Two cokes and an orange juice.

**Czy mogę prosić do tego lód?**
Can I have ice with that?

**PODSTAWOWE SŁOWNICTWO**

**piwo** beer
**piwo gorzkie** bitter
**piwo jasne** lager
**piwo z lemoniadą** shandy
**duże (piwo) = ok. 1/2 litra** pint
**małe (piwo) = ok. 1/4 litra** half

**INFORMACJE KULTUROWE**

W Wielkiej Brytanii puby są czynne do godz. 23, a podawanie alkoholu po tej godzinie jest zabronione. Klienci, którzy spożywają alkohol razem, kupują tzw. „rundki": każdy po kolei funduje coś do picia pozostałym uczestnikom spotkania. Dzieciom zazwyczaj nie wolno przebywać w pubach.

## W kawiarni In a cafe

**Proszę dwie herbaty.**
Two teas, please.

**– z mlekiem**
– with milk

**– z cytryną**
– with lemon

**Czarną kawę i cappuccino.**
A black coffee and a cappuccino.

**Dzbanek herbaty dla czterech osób.**
A pot of tea for four, please.

**Czy można prosić o cukier?**
Can I have some sugar, please?

# Jedzenie i picie Eating and Drinking (3)

## Karta dań Menu

**chicken** kurczak
**beef** wołowina
**pork** wieprzowina
**ham** szynka
**sausages** kiełbaski
**veal** cielęcina
**steak** stek
– **well-done** wypieczony
– **medium** średnio wypieczony
– **rare** krwisty

**trout** pstrąg
**plaice** płastuga
**salmon** łosoś
**cod** dorsz
**scampi** panierowane krewetki
**prawns** krewetki
**crab** krab

**rice** ryż
**pasta** makaron
**salad** surówka, sałatka
**steak and kidney pie** wołowina i cynaderki w cieście
**sauce** sos

**roast potatoes** pieczone ziemniaki
**new potatoes** młode ziemniaki
**jacket potatoes** ziemniaki w mundurkach
**chips/fries** frytki

**peas** groszek
**beans** fasola
**cabbage** kapusta
**broccoli** brokuły
**onions** cebula
**carrots** marchew
**red/green pepper** czewona/zielona papryka
**lettuce** sałata
**tomato** pomidor
**cucumber** ogórek
**celery** seler naciowy
**avocado** awokado

**ice-cream** lody
**yoghurt** jogurt
**cheesecake** sernik
**gateau** tort
**custard** sos do deserów

## Hotel i zakwaterowanie Hotels and accommodation

**Czy są wolne pokoje na dzisiejszą noc?**
Do you have any rooms available for tonight?

**Chciałabym zarezerwować pokój ...**
I'd like to book a room ...

**– na jutro.**
– for tomorrow.

**– na noc z piątku na sobotę.**
– for Friday night.

**Ile kosztuje jeden nocleg?**
How much is it per night?

**Rezerwowałem pokój – nazywam się ...**
I reserved a room – my name is ...

**O której godzinie jest śniadanie?**
What time is breakfast?

**PODSTAWOWE SŁOWNICTWO**

**hotel** hotel
**nocleg ze śniadaniem** B&B
**schronisko młodzieżowe** youth hostel
**wolne pokoje** vacancies
**brak wolnych pokoi** no vacancies
**pokój jednoosobowy** single room
**pokój dwuosobowy (z dwuosobowym łóżkiem)** double room
**pokój dwuosobowy (z dwoma łóżkami)** twin room
**numer pokoju** room number
**prysznic** shower
**wanna** bath
**pokój z łazienką** en-suite
**obsługa kelnerska w pokoju** room service

**Proszę to dopisać do mojego rachunku.**
Could you put it on my bill?

**Czy są dla mnie jakieś wiadomości?**
Are there any messages for me?

**Chciałbym uregulować rachunek.**
I'd like to pay my bill.

**Czy mogę zamówić budzenie?**
Can I book a wake-up call?

**Zgubiłem klucz od pokoju.**
I've lost my room key!

**INFORMACJE KULTUROWE**

Hotele mają oznaczenia gwiazdkowe zależnie od rodzaju i jakości świadczonych przez nie usług. B&B (nocleg ze śniadaniem) to tanie miejsca noclegowe w prywatnych pensjonatach, znacznie tańsze od hoteli.

## **Zakupy** Shopping

**Ile to kosztuje?**
How much is this, please?

**Czy mogę to przymierzyć?**
Can I try this on, please?

**Czy macie to Państwo w kolorze ...**
Have you got this in ...

**– czarnym/czerwonym/zielonym?**
– black/red/green?

**Czy macie to Państwo w większym/mniejszym rozmiarze?**
Do you have this in a bigger/smaller size?

**Gdzie się płaci?**
Where do I pay?

**Czy można to wymienić, jeśli nie będzie pasować?**
Can I change it if it's not right?

**Czy macie Państwo ...?**
Do you sell ...?

**Gdzie są przymierzalnie?**
Where are the changing rooms?

**Czy mogę zapłacić kartą kredytową?**
Do you take credit cards?

**Czy mogę dostać zwrot gotówki?**
Can I get a refund?

**PODSTAWOWE SŁOWNICTWO**

**przymierzalnia** changing room/fitting room
**rozmiar** size
**paragon** receipt
**karta kredytowa** credit card

## **Co możemy usłyszeć** What you might hear

**Can I help you?**
Czym mogę służyć?

- ▶ **No thanks, I'm just looking.**
- ▶ Dziękuję, tylko oglądam.
- ▶ **Yes, I'm looking for a ...**
- ▶ Szukam ...

**Anything else?**
Czy jeszcze coś?

## Nagłe wypadki Emergencies

### Medyczne Medical

**Potrzebuję lekarza.**
I need a doctor.

**Muszę się dostać do szpitala.**
I need to get to a hospital.

**Czy może Pan wezwać dla mnie pogotowie?**
Please can you get me an ambulance?

**Moja córka jest chora.**
My daughter is ill.

**Zdarzył się wypadek.**
There's been an accident.

**Pali się!**
There's a fire!

**Jestem cukrzykiem.**
I'm diabetic.

**Wolałabym zostać zbadana przez kobietę.**
I'd prefer to see a female doctor.

**INFORMACJE KULTUROWE**

Aby zawiadomić policję lub straż pożarną o wypadku albo wezwać pogotowie, należy wykręcić numer 999 (911 w USA). Połączenie takie jest darmowe.

### Przestępstwo Crime

**Gdzie jest komisariat policji?**
Where is the police station?

**Skradziono mi torbę/portfel/portmonetkę.**
My bag/wallet/purse has been stolen.

**Zgubiłem paszport.**
I've lost my passport.

**Gdzie jest polska ambasada?**
Where is the Polish Embassy?

**Potrzebuję protokół dla firmy ubezpieczeniowej.**
I need a report for my insurance.

## Lekarz/apteka Doctor/chemist

**Poproszę o jakiś środek przeciwbólowy.**
I need some painkillers.

**Czy macie Państwo plastry?**
Do you have any plasters?

**Niedobrze mi./Mam mdłości.**
I feel sick.

**Mam kaszel/wysypkę/ból głowy.**
I've got a cough/rash/headache.

**Jestem uczulony na ...**
I'm allergic to ...

**Zostałem pogryziony/użądlony.**
I've been bitten/stung.

**Boli mnie ręka/noga/plecy.**
My arm/leg/back hurts.

**Czy może Pani polecić coś na ukąszenia owadów?**
Can you recommend something for insect bites?

**Czy można to podawać dzieciom?**
Is it suitable for children?

**PODSTAWOWE SŁOWNICTWO**

**ból głowy** headache
**ból brzucha** stomachache
**kaszel** cough
**przeziębienie** cold
**ból gardła** sore throat
**grypa** flu
**oparzenie słoneczne** sunburn
**rozwolnienie (biegunka)** diarrhoea
**rozstrój żołądka** stomach upset
**zatrucie pokarmowe** food poisoning
**wysypka** rash
**zastrzyk** injection
**katar sienny** hay fever
**astma** asthma
**pęcherz** (np. na stopie) blister
**kac** hangover

## Jakie pytania mogą paść What you may be asked

**Are you taking any medication?**
Czy zażywa Pan jakieś leki?

**Where does it hurt?**
Gdzie boli?

**Are you allergic to ...?**
Czy jest Pan uczulony na ...?

# Idiomy

Oto lista powszechnie używanych idiomów angielskich, uporządkowana alfabetycznie według wyróżnionych słów.

**get your act together**
brać się za siebie

**vanish/disappear into thin air**
przepaść jak kamień w wodę

**be up in arms (about something)**
wściekać się (o coś)

**know something like the back of your hand**
znać coś jak własną kieszeń

**have a ball**
świetnie się bawić

**be on the ball**
mieć się na baczności

**start/get/set the ball rolling**
puszczać mechanizm w ruch

**it's a (whole) new ball game**
to (zupełnie) inna para kaloszy

**something rings a bell (with somebody)**
coś brzmi (komuś) znajomo

**have something under your belt**
mieć coś na swoim koncie

**get the better of somebody**
brać górę

**foot the bill**
pokrywać koszty

**kill two birds with one stone**
upiec dwie pieczenie na jednym ogniu

**in black and white**
czarno na białym

**be in the black**
być wypłacalnym

**be a mixed blessing**
mieć swoje dobre i złe strony

**in cold blood**
z zimną krwią

**be in the same boat**
jechać na tym samym wózku

**miss the boat**
przegapić okazję

**rock the boat**
wprowadzać niepotrzebne zamieszanie

**make no bones about something**
nie kryć się z czymś

**be in somebody's good books**
być dobrze ocenianym przez kogoś

**have something on the brain**
nie przestawać myśleć o czymś

**take your breath away**
zapierać dech (w piersiach)

**pass the buck to somebody**
zrzucać odpowiedzialność na kogoś

**bite the bullet**
zaciskać zęby

**not beat about the bush**
nie owijać w bawełnę

**mind your own business**
nie twoja sprawa

**let the cat out of the bag**
wygadać się

**have a chip on your shoulder**
mieć pretensje do całego świata

**keep your cool**
zachowywać spokój

**lose your cool**
tracić panowanie nad sobą

**give somebody credit (for something)**
docenić kogoś (za coś)

**as the crow flies**
w linii prostej

**keep somebody in the dark**
utrzymywać kogoś w nieświadomości

**make somebody's day**
uradować kogoś

**be out of your depth**
nie czuć się w swoim żywiole

**go down the <u>drain</u>**
pójść na marne

**a <u>drop</u> in the ocean**
kropla w morzu

**play it by <u>ear</u>**
improwizować

**be all <u>ears</u>**
zamieniać się w słuch

**be on <u>edge</u>**
być zdenerwowanym

**catch somebody's <u>eye</u>**
zwracać czyjąś uwagę

**see eye to <u>eye</u> (with somebody)**
zgadzać się (z kimś)

**turn a blind <u>eye</u> (to something)**
przymykać oko (na coś)

**face to <u>face</u> with somebody/something**
twarzą w twarz z kimś/czymś

**lose <u>face</u>**
stracić twarz

**<u>fair</u> and square**
uczciwie

**<u>fall</u> short of something**
nie sprostać czemuś

**so <u>far</u>, so good**
jak na razie, wszystko w porządku

**get cold <u>feet</u>**
dostać pietra

**have a <u>field</u> day**
mieć używanie

**keep your <u>fingers</u> crossed**
trzymać kciuki

**your (own) <u>flesh</u> and blood**
własna rodzina

**put your <u>foot</u> down**
postawić się

**give the <u>game</u> away**
wygadać się

**I heard it through/on the <u>grapevine</u>**
doszło to do mnie pocztą pantoflową

**get a <u>grip</u> (on yourself)**
wziąć się w garść

**gain <u>ground</u>**
zyskiwać poparcie/popularność

**get off the <u>ground</u>**
nabierać tempa

**jump the <u>gun</u>**
działać przedwcześnie

**stick to your <u>guns</u>**
robić swoje

**hate somebody's <u>guts</u>**
serdecznie kogoś nienawidzić

**let your <u>hair</u> down**
zaszaleć

**get out of <u>hand</u>**
wymykać się spod kontroli

**on the other <u>hand</u>**
z drugiej strony

**have your <u>hands</u> full**
mieć pełne ręce roboty

**you lay/get your <u>hands</u> on something**
coś wpada ci w ręce

**go <u>haywire</u>**
wariować

**keep your <u>head</u> above water**
wiązać koniec z końcem

**take <u>heart</u>**
nabierać otuchy

**lose <u>heart</u>**
zniechęcać się

**in the <u>heat</u> of the moment**
pod wpływem chwili

**be over the <u>hill</u>**
mieć najtrudniejsze za sobą

**full of <u>holes</u>**
pełen nieścisłości

**let/get somebody off the <u>hook</u>**
wybawić kogoś z opresji

**on the <u>house</u>**
na koszt firmy

# Idiomy

**break the ice**
przełamywać lody

**get a kick out of (doing) something**
mieć uciechę z (robienia) czegoś

**tie the knot**
związać się węzłem małżeńskim

**live in the lap of luxury**
mieć życie usłane różami

**somebody has the last laugh**
ktoś się śmieje ostatni

**turn over a new leaf**
zmienić swoje zachowanie

**not have a leg to stand on**
pozostać bez argumentów

**do something to the letter**
zrobić coś na 100%

**not on your life!**
nigdy w życiu!

**bring something to light**
wyciągać coś na światło dzienne

**the light at the end of the tunnel**
światełko w tunelu

**live it up**
używać życia

**be on the loose**
być na wolności

**be at a loss**
nie wiedzieć, jak się zachować

**be in luck**
mieć szczęście

**be out of luck**
mieć pecha

**the man in the street**
przeciętny człowiek

**make your mark**
wyrabiać sobie pozycję

**a matter of life and death**
sprawa życia i śmierci

**a means to an end**
środek do celu

**change your mind**
zmieniać zdanie

**go out of your mind**
tracić rozum

**over the moon**
zachwycony

**make a mountain out of a molehill**
robić z igły widły

**make your mouth water**
wyglądać apetycznie

**hit the nail on the head**
trafić w (samo) sedno

**in this neck of the woods**
w tych stronach

**feather your nest**
dobrze się urządzić

**that's news to me!**
pierwsze słyszę

**look down your nose (at somebody)**
patrzeć (na kogoś ) z góry

**right (there) under somebody's nose**
pod samym nosem

**go nuts**
dostać świra

**once and for all**
raz na zawsze

**out of order**
zepsuty

**get the picture**
rozumieć

**give somebody a piece of your mind**
powiedzieć komuś, co się myśli

**a piece of cake**
łatwizna

**go to pieces**
załamywać się

**all over the place**
wszędzie

**be going places**
móc daleko zajść

**a play on words**
gra słów

**make a point of doing something**
zadbać o coś

**be out of the question**
być wykluczonym

**the rat race**
wyścig szczurów

**off the record**
nieoficjalnie

**be in the red**
mieć debet

**be off your rocker**
być niespełna rozumu

**know the ropes**
znać się na rzeczy

**show somebody the ropes**
wprowadzić kogoś w temat

**behind the scenes**
za kulisami

**come to your senses**
opamiętać się

**be in somebody's shoes**
być w czyjejś skórze

**talk shop**
rozmawiać o sprawach służbowych

**lose sight of something**
stracić coś z oczu

**by the skin of your teeth**
o mały włos

**have thick skin**
być odpornym na krytykę

**not lose any sleep over something**
nie przejmować się czymś

**do something at a snail's pace**
robić coś w ślimaczym tempie

**take something by storm**
podbić/zawojować coś

**the last/final straw**
kropla przepełniająca miarę

**with no strings attached**
bez zobowiązań

**no sweat**
nie ma sprawy

**in full swing**
na pełnych obrotach

**take it easy**
nie przejmować się

**think twice**
dobrze się zastanowić

**be under somebody's thumb**
być pod czyjąś kontrolą

**from time to time**
od czasu do czasu

**time after time**
wiele razy

**behind the times**
zacofany

**something is on the tip of your tongue**
masz coś na końcu języka

**have a sweet tooth**
mieć słabość do słodyczy

**keep track of something**
nadążać za czymś

**lose track of something**
tracić orientację w czymś

**on the right track**
na właściwym tropie

**drive somebody up the wall**
doprowadzać kogoś do szału

**in hot water**
w tarapatach

**by the way**
à propos

**go out of your way to do something**
zadawać sobie wiele trudu, żeby coś zrobić

**throw your weight around**
panoszyć się

**get wind of something**
zwietrzyć coś

**you can take my word for it**
możesz mi wierzyć na słowo

**in other words**
innymi słowy

**out of this world**
nie z tej ziemi

# Wyrazy podobne

**abstinent**
to nie rzeczownik oznaczający *abstynenta* (**teetotaller**), ale przymiotnik o znaczeniu *wstrzemięźliwy*

**accord**
to nie *akord* w muzyce (**chord**) ani system pracy (**piece-work**), tylko *uzgodnienie*

**actual**
nie znaczy *aktualny* (**current**, **present**), tylko *rzeczywisty*

**actually**
nie znaczy *aktualnie* (**currently**, **at present**), tylko *rzeczywiście, w rzeczywistości, właściwie*

**adapter**
to nie *adapter* (**record player**), tylko *rozgałęziacz* (rodzaj wtyczki)

**angina**
to nie *zapalenie migdałków* (**tonsillitis**), ale *dusznica bolesna* (schorzenie towarzyszące chorobie wieńcowej)

**apparition**
to nie czyjaś *aparycja* (somebody's **looks**), tylko *zjawa*

**athlete**
to nie *atleta* (**strongman**), tylko *sportowiec*

**audition**
to nie *audycja* (**radio programme**), tylko *przesłuchanie* (aktora do roli)

**baton**
to nie *baton* (**chocolate bar**), ale *batuta, pałka* (policjanta) lub *pałeczka* (sztafetowa)

**blanket**
to nie *blankiet* (**blank form**), tylko *koc*

**boot**
to nie każdy rodzaj *buta* (**shoe**), tylko *kozaczek, kalosz* lub inny but z cholewą

**cabin**
oznacza *kabinę* pasażerską, kabinę pilota czy kierowcy, ale nie np. kabinę do głosowania czy telefoniczną (w obu przypadkach **booth**), przymierzalnię (**fitting room**) czy kabinę w toalecie (**cubicle**)

**cabinet**
oznacza radę ministrów, ale nie *gabinet* lekarski (**surgery**), pokój do pracy w domu (**study**) czy pokój urzędnika (**office**)

**caravan**
to nie *karawan* (**hearse**), tylko *przyczepa kempingowa* lub *karawana*

**carnation**
to nie *karnacja* (**complexion**), tylko *goździk*

**characterization**
to nie *charakteryzacja* (**make-up**), tylko *opis, charakterystyka*

**chef**
to *szef kuchni*, a nie przełożony (**boss**)

**client**
to *klient* określonej instytucji (np. banku, firmy prawniczej), ale nie klient w sklepie (**customer**)

**closet**
to nie *klozet* (**toilet**), tylko *szafa ścienna*

**colleague**
oznacza *kolegę* lub *koleżankę* z pracy, ale nie kolegę w ogóle (**friend**)

**colony**
to *kolonia* w różnych znaczeniach, ale nie w znaczeniu wakacji dla dzieci (**summer camp**)

**commission**
to *komisja* powołana do wykonania określonego zadania (np. politycznego), ale nie komisja egzaminacyjna (**committee**) czy lekarska (medical **board**)

**communication**
to *komunikacja* jako porozumiewanie się, ale nie komunikacja miejska (**public transport**)

**complement**
to nie *komplement* (**compliment**), tylko *dopełnienie* (także gramatyczne) lub *uzupełnienie*

**compositor**
to nie *kompozytor* (**composer**), tylko *zecer*

**conduct**
to nie *kondukt* żałobny (**cortege, funeral procession**), tylko *zachowanie*

**confection**
to nie *konfekcja* odzieżowa (**ready-to-wear clothes**), tylko pięknie udekorowany wyrób cukierniczy

**consequent**
nie znaczy *konsekwentny* (**consistent**), tylko *wynikający* z czegoś

**consequently**
nie znaczy *konsekwentnie* (**consistently**), tylko *w rezultacie*

**control**
to *kontrola* jako nadzór, ale nie np. sprawdzanie biletów (ticket **inspection**), sprawdzanie w ogóle (**check**), czy badanie kontrolne u lekarza (**check-up**)

**cravat**
to rodzaj męskiej apaszki, a nie *krawat* (**tie**)

**creature**
to nie *kreatura* (**monster**), tylko *stworzenie* (żywa istota)

**cylinder**
to *cylinder* jako bryła geometryczna lub część mechanizmu, ale nie rodzaj kapelusza (**top hat**)

**desk**
to nie *deska* (**board**, **plank**), tylko *biurko* lub *ławka* (szkolna)

**devotion**
nie oznacza negatywnie rozumianej *dewocji* (**religious bigotry**), tylko *pobożność*, a jeszcze częściej *oddanie*, *poświęcenie*

**direction**
to nie *dyrekcja* (**management**), tylko *kierunek*, *strona*

**dispute**
to nie *dysputa* (**debate**, **polemic**), tylko *spór*

**dragon**
to nie *dragon* (**dragoon**), tylko *smok*

**drama**
to *dramat* jako gatunek literacki, ale nie jako ciężkie przeżycie

**dress**
to nie *dres* (**tracksuit**), tylko *sukienka*

**economy**
to nie *ekonomia* jako nauka (**economics**), tylko *gospodarka* lub *oszczędność*

**energetic**
znaczy *energiczny*; przymiotnik *energetyczny* tłumaczymy różnie, w zależności od tego, czy chodzi o przemysł energetyczny (**power industry**), kryzys energetyczny (**energy crisis**), czy o surowce energetyczne (**sources of energy**)

**eventual**
nie znaczy *ewentualny* (**possible**), tylko *ostateczny*

**eventually**
nie znaczy *ewentualnie* (**possibly**), tylko *koniec końców*

**expedient**
jako rzeczownik występuje rzadko i nie oznacza *ekspedienta* (**shop assistant**, **sales assistant/clerk**), tylko *doraźny środek*, mający zaradzić sytuacji

**extra**
to, podobnie jak polskie *ekstra*, określenie czegoś dodatkowego, ale nie czegoś nadzwyczajnego (**super**)

**extravagant**
zwykle nie znaczy *ekstrawagancki* (**eccentric**), tylko *rozrzutny* lub *przesadny*

**fabric**
to nie *fabryka* (**factory**), tylko *tkanina*

**facet**
to nie *facet* (**chap**, **fellow**, **guy**), tylko *aspekt*, *strona* (jakiegoś zagadnienia lub czyjejś osobowości)

**faggot**
to nie *fagot* (**bassoon**), tylko pogardliwe określenie homoseksualisty

**fatal**
nie znaczy *fatalny* (**disastrous**, **appalling**), tylko *śmiertelny*

**fraction**
to nie *frakcja* w partii (**faction**), tylko *ułamek* (także w matematyce) lub *cząstka*

**gem**
to nie *gem* w tenisie (**game**), tylko *klejnot*

**genial**
znaczy *przyjazny*; chcąc powiedzieć, że ktoś jest *genialny*, mówimy: ***(s)he's a genius***

**golf**
to *golf* jako sport, ale nie rodzaj swetra (**polo-neck sweater**)

**gymnasium**
to nie *gimnazjum* (**grammar school**, **junior high school**), tylko *sala gimnastyczna*

**hazard**
to nie *hazard* (**gambling**), tylko *ryzyko* lub *niebezpieczeństwo*

**herb**
to nie *herb* (**coat of arms**), tylko *zioło*

**history**
to *historia* jako dzieje i nauka o nich, ale nie jako opowieść (**story**)

**humour**
to *humor* jako komizm, ale nie jako nastrój (**mood**)

# Wyrazy podobne

**hymn**
to *hymn* jako pieśń kościelna lub gatunek literacki, ale nie hymn państwowy (**anthem**)

**impregnate**
może znaczyć *impregnować*, gdy mowa ogólnie o nasączaniu materiału substancjami chemicznymi dla nadania mu określonych właściwości; na oznaczenie impregnacji służącej uzyskaniu odporności na wilgoć używa się czasownika **waterproof**; *impregnate* znaczy także *zapładniać*

**intelligent**
to przymiotnik o znaczeniu *inteligentny*, ale nie można go użyć rzeczownikowo w znaczeniu *inteligent*

**literate**
to nie *literat* (**man of letters**), tylko przymiotnik oznaczający osobę umiejącą czytać i pisać

**lecture**
to nie *lektura* (**reading**), tylko *wykład*

**local**
jako rzeczownik nie oznacza *lokalu*, tylko pobliski *pub*

**lunatic**
to nie *lunatyk* (**sleepwalker**), tylko *szaleniec*

**mandate**
to *mandat* wyborczy, ale nie mandat za wykroczenie (**fine**)

**manifest**
jako rzeczownik nie oznacza politycznego ani artystycznego *manifestu* (**manifesto**), tylko wykaz ładunków statku

**manifestation**
to nie *manifestacja* (**demonstration**), tylko *przejaw, oznaka* czegoś

**mark**
oznacza walutę niemiecką, ale nie np. *markę* samochodu (**make**) czy znak fabryczny (**brand**)

**novel**
to nie *nowela* (**short story**), tylko *powieść*

**obligation**
to nie *obligacja* skarbowa (**bond**), tylko *obowiązek*

**obscure**
nie znaczy *obskurny* (**shabby, sordid, run down**), tylko *mało znany* lub *niejasny*

**obstruction**
to nie *obstrukcja* jako dolegliwość (**constipation**), tylko *przeszkoda*

**occasion**
to *okazja* jako okoliczność, ale nie jako sposobność (**chance**, **opportunity**) czy korzystna cena (**bargain**)

**occupant**
to nie *okupant* (**occupier**), tylko *mieszkaniec, lokator*

**operator**
oznacza zwykle *telefonistkę*; może także oznaczać pojęcie matematyczne lub kogoś obsługującego maszynę, ale nie *operatora* filmowego (**cameraman**) ani lekarza przeprowadzającego operację (**surgeon**)

**ordinary**
nie znaczy *ordynarny* (**vulgar**, **crude**), tylko *zwyczajny*

**packet**
to nie *pakiet* komputerowy (**package**) ani informacyjny (**pack**), tylko *pudełko* (ciasteczek, herbaty itp.) lub *paczka* (np. papierosów)

**pamphlet**
to nie *pamflet* (**lampoon**), tylko *broszura*

**paragon**
to nie *paragon* (**receipt**), tylko niedościgniony *wzór* (jakichś cnót)

**pasta**
oznacza *makaron* każdego typu, natomiast *pasta* do pieczywa to po angielsku **paste** albo **spread**, do zębów – **toothpaste**, a do butów – **shoe polish**

**patron**
to *patron* sztuki lub innej działalności, ale także *stały klient* (sklepu) albo *częsty gość* (pubu, hotelu); *patron* w znaczeniu religijnym to po angielsku **patron saint**

**pension**
to nie *pensja* (**salary**), tylko *renta* lub *emerytura*

**plaster**
to nie tylko *plaster*, ale także *gips* lub *tynk*

**preservative**
to nie *prezerwatywa* (**condom**), tylko *konserwant, środek konserwujący* (zwłaszcza żywność)

**process**
to *proces* w wielu różnych znaczeniach, ale nie w znaczeniu sądowym (**trial**, **lawsuit**)

**prognosis**
to *prognoza* w ekonomii, medycynie itp., ale nie prognoza pogody (**weather forecast**)

**programme**
to *program* w wielu znaczeniach, ale nie np. pierwszy czy drugi program telewizji (**TV channel**), program rozrywkowy (**show**), czy program nauczania (**curriculum**, **syllabus**)

**prospect**
to nie *prospekt* informacyjny (**prospectus**, **brochure**), tylko *perspektywa* (na przyszłość)

**protection**
to nie *protekcja* (**favouritism**), tylko *ochrona*

**psst!**
to dźwięk używany dla dyskretnego zwrócenia czyjejś uwagi (tak, by nie zauważyli tego inni); gdy chcemy kogoś uciszyć, mówimy **sh!**

**pupil**
to nie *pupil* (**pet**), ale *uczeń* lub *źrenica*

**quota**
to nie *kwota* (**sum**, **amount**), tylko *kontyngent* (w handlu zagranicznym)

**receipt**
to nie *recepta* (**prescription**), tylko *kwit*, *paragon*

**reclamation**
to nie *reklamacja* (**complaint**) ani *reklama* (**advertising**), tylko *rekultywacja* gruntu

**rent**
to nie *renta* (**pension**), tylko *czynsz*

**revenge**
to *rewanż* jako zemsta, ale nie rewanż sportowy (**return match/game**) czy odwzajemnienie czegoś miłego

**revision**
to nie *rewizja* jako przeszukanie (**search**), ale gruntowna *zmiana/korekta* albo *powtórka* (do egzaminu, sprawdzianu)

**rumour**
to nie *rumor* (**rumble**), tylko *plotka*

**salad**
to dowolna *sałatka* lub *surówka*, ale nie *sałata* jako warzywo (**lettuce**)

**scene**
to *scena* w wielu znaczeniach, ale nie scena teatralna (**stage**)

**script**
to nie *skrypt* studencki (cheap **study text**), tylko *pismo* (alfabet), *tekst* (przemówienia, sztuki) lub *scenariusz* (filmu)

**séance**
to *seans* spirytystyczny, ale nie filmowy (**show**)

**sentence**
to nie *sentencja* (**maxim**, **saying**), tylko *zdanie*

**smoking**
to nie *smoking* (**dinner jacket**, **tuxedo**), tylko *palenie*

**speaker**
to nie *spiker* (**TV/radio announcer**), tylko *mówca* lub *głośnik*

**stipend**
może oznaczać *stypendium*, ale tylko w angielszczyźnie amerykańskiej; po brytyjsku stypendium to **scholarship** lub **student grant**, a *stipend* to *pensja* wypłacana osobie duchownej

**stopper**
to nie *stoper* (**stopwatch**), tylko *korek* lub *zatyczka*

**sympathetic**
nie znaczy *sympatyczny* (**likeable**), tylko *współczujący*

**sympathy**
to nie *sympatia* (**liking**), a *współczucie*

**technique**
to *technika* jako metoda, ale nie jako dział cywilizacji (**technology**)

**transparent**
to nie *transparent* (**banner**), tylko przymiotnik o znaczeniu *przezroczysty*

**voyage**
oznacza *podróż*, zwykle morską; mówiąc o czyichś *wojażach*, lepiej użyć wyrazu **travels**

**wagon**
oznacza *wóz* (zaprzęgowy) lub *wagon towarowy* (tylko w brytyjskiej angielszczyźnie); *wagon pasażerski* to **railway carriage** (BrE) lub **car** (AmE); *wagon restauracyjny/sypialny* to, odpowiednio, **restaurant/sleeping car**

# Aa

**a** and
**abażur** lampshade
**abdykacja** abdication
**abdykować** abdicate
**aberracja** aberration
**aborcja** abortion
**aborygen/ka** aborigine
**absolutnie** absolutely
**absolutny** absolute
**absolwent/ka** graduate, school leaver *BrE*
**absorbujący** absorbing
**absorpcja** absorption
**abstrakcja** abstraction
**abstrakcyjny** abstract
**abstynencja** abstinence
**abstynent/ka** teetotaller *BrE*, teetotaler *AmE*
**absurd** absurdity
**absurdalnie** absurdly, ridiculously
**absurdalność** absurdity
**absurdalny** absurd, ridiculous
**aby** so (that), to *(z bezokolicznikiem)*
**ach** ah, oh
**aczkolwiek** albeit
**ad hoc** ad hoc
**adaptacja** adaptation
**adaptować** adapt
**adekwatnie** adequately
**adekwatność** adequacy
**administracja** **1** administration **2** **administracja państwowa** the civil service
**administracyjny** administrative
**administrator/ka** administrator
**admirał** admiral
**adopcja** adoption
**adoptować** adopt
**adoptowany** adopted
**adrenalina** adrenalin
**adres** **1** address **2** **nowy adres** forwarding address
**adresować** **1** address **2** **zaadresowana koperta ze znaczkiem** sae
**adresowy** **lista adresowa** mailing list
**adwokat** advocate, counsel, barrister *BrE*
**adwokatura** the bar
**aerobik** aerobics
**aerodynamiczny** aerodynamic
**aerodynamika** aerodynamics
**aerozol** aerosol
**afektacja** affectation
**afektowany** affected
**afera** affair
**afisz** poster, placard
**afiszować** **afiszować się z czymś** flaunt sth
**afrodyzjak** aphrodisiac
**afront** affront
**agencja** **1** agency **2** **agencja prasowa** news agency
**agent/ka** **1** agent **2** **agent/ka biura podróży** travel agent
**agitator/ka** agitator
**agitować** agitate, canvass
**agnosty-k/czka** agnostic
**agrafka** safety pin
**agresja** aggression
**agresor/ka** aggressor
**agrest** gooseberry
**agresywnie** aggressively
**agresywność** aggressiveness
**agresywny** aggressive
**aha** aha
**AIDS** AIDS
**akademia** academy
**akademicki** **1** academic **2** **nauczyciel akademicki** academic
**akademik** hall of residence *BrE*, dormitory *AmE*
**akapit** **1** paragraph **2** **zaczynać od nowego akapitu** indent
**akcent** accent, stress
**akcentować** stress, accentuate
**akceptacja** acceptance
**akceptować** accept
**akceptowany** acceptable
**akcesoria** accessories, paraphernalia
**akcja** **1** drive, operation **2** *(udział)* share **3** **w akcji** in action
**akcyza** excise
**aklimatyzować się** acclimatize, acclimatise *BrE*, acclimate *AmE*
**akompaniament** accompaniment
**akompaniować** accompany
**akord** chord
**akordeon** accordion
**akr** acre
**akredytowany** accredited
**akrobacje** acrobatics
**akrobat-a/ka** acrobat
**akrobatyczny** acrobatic
**akronim** acronym
**akrylowy** acrylic
**aksamit** velvet
**aksamitny** velvety
**akt** **1** act **2** *(naga postać)* nude **3** **akt notarialny** deed **4** **akt oskarżenia** indictment
**akta** **1** dossier **2** **w aktach** on file
**aktor** actor
**aktorka** actress, actor
**aktorstwo** acting
**aktówka** briefcase
**aktualnie** currently
**aktualny** **1** *(obecny)* current **2** *(na czasie)* topical, up-to-date

**aktyw** hard core
**aktywacja** activation
**aktywnie** actively
**aktywny** active
**akumulator** battery
**akupunktura** acupuncture
**akurat 1** just, exactly **2 akurat!** you could have fooled me, I'll bet
**akustyczny** acoustic
**akustyka** acoustics
**akuszerka** midwife
**akwarela** watercolour
**akwarium** aquarium
**akwedukt** aqueduct
**alarm 1** alarm **2 alarm antywłamaniowy** burglar alarm **3 alarm pożarowy** fire alarm **4 podnosić alarm** raise/sound the alarm **5 próbny alarm** fire/emergency drill
**alarmistyczny** alarmist
**alarmować** alert
**albinos** albino
**albo 1** or **2 albo ... albo** either ... or
**album 1** album **2** *(na wycinki prasowe)* scrapbook
**ale** but
**alegoria** allegory
**alegoryczny** allegorical
**aleja** avenue
**alergia** allergy
**alergiczny** allergic
**ależ 1** but **2 ależ oczywiście** by all means
**alfabet** alphabet
**alfabetycznie** alphabetically
**alfabetyczny** alphabetical
**alfons** pimp
**algebra** algebra
**algebraiczny** algebraic
**aliancki** allied
**alias** a.k.a., alias
**alibi** alibi
**alienacja** alienation
**aligator** alligator
**alimenty** alimony, maintenance
**alkohol** alcohol, drink
**alkoholi-k/czka** alcoholic
**alkoholizm** alcoholism
**alkoholowy 1** alcoholic **2 napój alkoholowy** alcoholic drink
**alkomat** breathalyser *BrE*, breathalyzer *AmE*
**alpejski** alpine
**alpinist-a/ka** climber, mountaineer
**alt** alto
**altana** summerhouse
**alternatywa** alternative
**alternatywny** alternative, alternate *AmE*
**altówka** viola
**altruistyczny** altruistic
**altruizm** altruism
**aluminium** aluminium *BrE*, aluminum *AmE*
**aluzja 1** hint, allusion **2 z/robić aluzję do kogoś/czegoś** allude to sb/sth, hint at sb/sth **3 zrozumieć aluzję** take the hint
**amator** amateur
**amatorski 1** amateur **2** *(niefachowy)* amateurish
**ambasada** embassy
**ambasador** ambassador
**ambicja** ambition
**ambitny 1** ambitious, competitive **2** *(plan, zadanie)* challenging
**ambiwalentność** ambivalence
**ambiwalentny** ambivalent
**ambona** pulpit
**ameba** amoeba
**amen** amen
**Amerykan-in/ka** American
**amerykanizm** Americanism
**amerykański** American
**ametyst** amethyst
**amfetamina** amphetamine
**amfiteatr** amphitheatre
**amnestia** amnesty
**amnezja** amnesia
**amok dostać amoku** run amok
**amoniak** ammonia
**amoralny** amoral
**amper** amp, ampere
**amputacja** amputation
**amputować** amputate
**amunicja** ammunition
**anachroniczny** anachronistic
**anachronizm** anachronism
**anagram** anagram
**analfabeta być analfabetą** be illiterate
**analfabetyzm** illiteracy
**anality-k/czka** analyst
**analityczny** analytical
**analiza 1** analysis **2** *(określonego przypadku)* case study
**analizować** analyse *BrE*, analyze *AmE*
**analogia** analogy
**analogiczny** analogous, corresponding
**ananas** pineapple
**anarchia** anarchy
**anarchiczny** anarchic
**anarchist-a/ka** anarchist
**anarchizm** anarchism
**anatomia** anatomy
**anatomiczny** anatomical
**anegdota** anecdote
**aneksja** annexation
**anektować** annex
**anemia** anaemia
**anemiczny** anaemic
**anestezjolog** anaesthetist
**angażować 1** involve **2 angażować się w coś** get involved in sth

**Angielka** Englishwoman
**angielski** 1 English 2 **język angielski** English
**angina** tonsillitis
**Anglik** 1 Englishman 2 **Anglicy** the English
**anglikan-in/ka** Anglican
**anglikanizm** Anglicanism
**anglikański** Anglican
**ani** 1 or 2 **ani ... ani** neither ... nor 3 **ani jeden, ani drugi** neither 4 **ani jeden** none 5 **ani trochę** not a bit, not in the slightest
**anielski** angelic
**animacja** animation
**animowany film animowany** animated cartoon/film, animation
**animozja** animosity, bad/ill feeling
**anioł** angel
**ankieta** questionnaire
**ankietować** poll, survey
**anomalia** abnormality, anomaly
**anonim** anonymous letter
**anonimowo** anonymously
**anonimowość** anonymity
**anonimowy** anonymous, unnamed
**anoreksja** anorexia
**anorektyczny** anorexic
**anormalny** abnormal
**antarktyczny** Antarctic
**Antarktyka** the Antarctic
**antena** 1 aerial *BrE*, antenna *AmE* 2 **antena satelitarna** satellite dish 3 **być na antenie** be on the air
**antenowy czas antenowy** air time
**antidotum** antidote
**antologia** anthology
**antonim** antonym
**antrakt** intermission, interval
**antropolog** anthropologist
**antropologia** anthropology
**antropologiczny** anthropological
**antybiotyk** antibiotic
**antyczny** antique
**antydatować** backdate
**antyk** antique
**antykoncepcja** contraception, birth control
**antykoncepcyjny** 1 contraceptive 2 **pigułka antykoncepcyjna** the Pill
**antylopa** antelope
**antypatyczny** unsympathetic
**antysemicki** anti-semitic
**antysemityzm** anti-semitism
**antyseptyczny** 1 antiseptic 2 **środek antyseptyczny** antiseptic
**antywłamaniowy alarm antywłamaniowy** burglar alarm
**anulować** cancel, annul
**anyż** aniseed
**aparat** 1 apparatus 2 **aparat fotograficzny** camera 3 **aparat ortodontyczny** braces, brace *BrE* 4 **aparat słuchowy** hearing aid
**aparatura** apparatus
**apartament** suite
**apaszka** 1 scarf 2 *(męska)* cravat
**apatia** apathy
**apatyczny** apathetic, listless
**apel** 1 appeal, plea 2 *(zbiórka)* assembly
**apelacja** 1 appeal 2 **wnosić apelację** appeal
**apelować** appeal
**apendyks** appendix
**apetyczny** appetizing, mouth-watering
**apetyt** 1 appetite, craving 2 **zaostrzać czyjś apetyt** whet sb's appetite
**aplikacja** application
**aplikować aplikować coś komuś** dose sb (up) with sth
**apodyktyczność** bossiness
**apodyktyczny** bossy, domineering
**apokalipsa** the Apocalypse
**apokaliptyczny** apocalyptic
**apolityczny** apolitical
**apostolski** apostolic
**apostoł** apostle
**apostrof** apostrophe
**aprobata** 1 approval 2 **wyrazić aprobatę dla czegoś** approve sth, give sth the thumbs up 3 **z aprobatą** approvingly
**aprobować** 1 **aprobować coś** approve of sth 2 **nie aprobować czegoś** disapprove of sth
**à propos** by the way, incidentally
**aprowizator/ka** caterer
**apteka-rz/rka** pharmacist, chemist *BrE*
**apteka** pharmacy, chemist's *BrE*, drugstore *AmE*
**Arab/ka** Arab
**arabski** 1 Arab, Arabic 2 **język arabski** Arabic
**aranżować** arrange
**arbitralnie** arbitrarily
**arbitralny** arbitrary
**arbitraż** arbitration
**arbuz** watermelon
**archaiczny** archaic
**archeolog** archaeologist
**archeologia** archaeology
**archeologiczny** archaeological
**architekt** architect
**architektoniczny** architectural
**architektura** architecture

**archiwum** archives, registry
**arcybiskup** archbishop
**arcydzieło** masterpiece
**arena** arena
**areszt** **1** detention **2** **areszt domowy** house arrest **3** **przebywać w areszcie śledczym** be on remand **4** **w areszcie** in custody
**aresztować** arrest
**aresztowanie** arrest
**argument** argument
**aria** aria
**arktyczny** arctic
**Arktyka** Arctic
**arkusz** **1** sheet **2** **arkusz ćwiczeniowy** *(do pracy w klasie)* worksheet **3** **arkusz kalkulacyjny** spreadsheet
**armatni** **kula armatnia** cannon ball
**armia** army, the military
**arogancja** arrogance
**arogancki** arrogant
**arogancko** arrogantly
**aromat** aroma
**aromaterapia** aromatherapy
**aromatyczny** aromatic
**arsenał** armoury, arsenal
**arszenik** arsenic
**arteria** artery
**artretyzm** arthritis
**artykuł** **1** article **2** **artykuł redakcyjny/wstępny** editorial
**artyleria** artillery
**artyst-a/ka** **1** artist **2** **artyst-a/ka estradow-y/a** entertainer
**artystycznie** artistically
**artystyczny** artistic
**arystokracja** aristocracy, the nobility
**arystokrat-a/ka** aristocrat, noble
**arystokratyczny** aristocratic, noble
**arytmetyczny** arithmetic
**arytmetyka** arithmetic
**as** ace
**ascet-a/ka** ascetic
**ascetyczny** ascetic
**ascetyzm** asceticism
**asceza** asceticism
**asertywny** assertive
**asfalt** asphalt, tarmac
**asortyment** range, assortment
**aspekt** aspect
**aspiracja** aspiration
**aspiryna** aspirin
**aspołeczny** antisocial
**astma** asthma
**astrolog** astrologer
**astrologia** astrology
**astrologiczny** astrological
**astronaut-a/ka** astronaut
**astronom** astronomer
**astronomia** astronomy
**astronomiczny** astronomical
**asystent/ka** assistant
**atak** **1** attack, strike **2** *(choroby)* fit **3** **atak serca** heart attack
**atakować** attack, strike
**ateist-a/ka** atheist
**ateizm** atheism
**atlas** atlas
**atłas** satin
**atmosfera** **1** atmosphere **2** **atmosfera ziemska** the atmosphere
**atmosferyczny** atmospheric
**atom** atom
**atomowy** **1** atomic **2** **bomba atomowa** atom(ic) bomb **3** **energia atomowa** atomic energy
**atrakcja** **1** attraction **2** **atrakcje turystyczne** the sights
**atrakcyjnie** attractively
**atrakcyjny** **1** attractive, appealing **2** *(o człowieku też)* good-looking, nice-looking
**atrament** ink
**atrapa** dummy
**atrybut** attribute
**atutowy** **1** **as atutowy** trump card **2** **karta atutowa** trump
**au** ouch
**audiencja** audience
**audiowizualny** audiovisual
**audycja** broadcast
**aukcja** **1** auction **2** **sprzedać na aukcji** auction
**aureola** halo
**auspicje** **pod auspicjami** under the auspices of
**autentycznie** authentically, genuinely
**autentyczność** authenticity
**autentyczny** authentic, genuine
**autobiografia** autobiography
**autobiograficzny** autobiographical
**autobus** bus
**autobusowy** **przystanek autobusowy** bus stop
**autograf** autograph
**autokar** coach *BrE*, bus *AmE*
**automat** **1** *(np. z napojami)* vending machine, dispenser **2** *(karabin)* automatic **3** **automat do gry** slot machine **4** **automat telefoniczny** pay phone
**automatycznie** automatically
**automatyczny** **1** automated, automatic **2** **automatyczna**

**sekretarka** answering machine
**automatyzacja** automation
**autonomia** autonomy
**autonomiczny** autonomous
**autoportret** self-portrait
**autor/ka** author
**autorski** **1** **prawo autorskie** copyright **2** **prawa autorskie** rights
**autorytet** authority
**autostop** **1** hitchhiking **2** **podróżować autostopem** hitch, hitchhike
**autostopowicz/ka** hitchhiker
**autostrada** **1** motorway *BrE*, expressway *AmE*, freeway *AmE*, highway *AmE* **2** *(płatna)* turnpike
**autystyczny** autistic
**awangardowy** avant-garde
**awans** promotion
**awansować** **1** be promoted **2** *(kogoś)* promote
**awantura** **1** trouble **2** **wywoływać awantury** cause/create trouble **3** **z/robić awanturę** make a fuss
**awaria** **1** breakdown, failure **2** *(komputera)* crash
**awaryjny** standby
**awersja** **mieć awersję do czegoś** have an aversion to sth
**awokado** avocado
**azot** nitrogen
**azyl** **1** asylum **2** **azyl polityczny** political asylum
**aż** **1** till, until **2** *(tak wiele)* as many as

# Bb

**babcia** grandma, granny, gran *BrE*
**babka** grandmother
**bachor** brat
**baczki** whiskers
**baczność** **1** **mieć się na baczności** be on your guard **2** **stawać na baczność** stand at/to attention
**bać się** **1** be afraid, be frightened, be scared, fear **2** **bojąc się coś zrobić** fearful of doing sth **3** **boję się myśleć, co/jak** I hate to think what/how
**badacz/ka** explorer, researcher
**badać** examine, explore, inquire into, research, test
**badanie** **1** examination, exploration, test **2** **badania (naukowe)** research **3** **badania w terenie** fieldwork **4** **badanie ankietowe** survey **5** **badanie kontrolne** checkup
**badawczo** inquiringly
**badminton** badminton
**bagatelizować** trivialize, play down, downplay, make light of
**bagaż** **1** baggage, luggage **2** **bagaż podręczny** hand luggage
**bagażnik** **1** boot *BrE*, trunk *AmE* **2** *(na dachu)* roof rack
**bagażowy** *noun* porter
**bagnet** bayonet
**bagnisty** marshy
**bagno** bog, marsh, swamp
**bajecznie** fabulously
**bajeczny** fabulous
**bajer** frill
**bajka** fairy tale, fable
**bajt** byte
**bakcyl** **1** bug **2** **złapać bakcyla** get the bug/be bitten by the bug
**bakłażan** aubergine *BrE*, eggplant *AmE*
**bakterie** bacteria
**bakteryjny** bacterial
**bal** ball
**balet** ballet
**baletnica** ballerina
**balkon** **1** balcony **2** *(w teatrze)* gallery, circle
**ballada** ballad
**balon(ik)** balloon
**balonowy** **guma balonowa** bubble gum
**balowy** **sala balowa** ballroom
**balsam** **1** balm **2** **balsam kosmetyczny** lotion
**balsamiczny** balmy
**balsamować** embalm
**balustrada** banister, rail
**bałagan** disorder, mess
**bałwan** snowman
**bambus** bamboo
**banalny** banal
**banał** banality
**banan** banana
**banda** bunch, gang
**bandaż** bandage
**bandażować** bandage
**bandyta** **1** bandit **2** **uzbrojony bandyta** gunman
**banicja** banishment
**banita** outlaw
**bank** **1** bank **2** **bank krwi** blood bank
**bankier** banker
**bankiet** banquet
**banknot** banknote *BrE*, note *BrE*, bill *AmE*
**bankomat** cashpoint *BrE*, ATM *AmE*
**bankowość** banking
**bankowy** **1** **konto bankowe** bank account

2 **rachunek bankowy** bank account
**bankructwo** bankruptcy
**bankrutować** go bankrupt
**bańka** bubble
**bar 1** bar **2 bar szybkiej obsługi** snack bar
**barakowóz** caravan
**Baran** *(znak zodiaku)* Aries
**baran 1** ram **2 na barana** piggyback
**baranina** mutton
**barbarzyńca** barbarian
**barbarzyński** barbarian, barbaric
**bardziej** more
**bardzo 1** very, very much **2 bardzo dużo** a great/good deal **3 bardzo mi miło** (it's) nice to meet you
**barek** drinks cabinet
**bariera 1** barrier **2 bariera dźwięku** the sound barrier
**barierka** barrier
**bark** shoulder
**barka** barge
**barman** bartender, barman
**barmanka** bartender, barmaid
**barokowy** baroque
**barometr** barometer
**barszcz 1** borsch, beetroot soup **2 tani jak barszcz** dirt cheap
**barwa** colour *BrE*, color *AmE*
**barwić** dye
**barwnik** colouring *BrE*, coloring *AmE*, dye, pigment
**barwny** colourful *BrE*, colorful *AmE*
**barykada** barricade
**barykadować** barricade
**baryton** baritone
**bas** bass
**baseball 1** baseball **2 piłka do baseballa** baseball
**baseballowy boisko baseballowe** ballpark
**basen** swimming pool
**basowy** bass
**bastion** bastion
**baśń** fairy tale, tale
**batalion** battalion
**bateria 1** battery **2 bateria słoneczna** solar panel
**batut** trampoline
**batuta** baton
**bawełna 1** cotton **2 nie owijać w bawełnę** not beat about/around the bush
**bawić** amuse
**bawić się 1** play **2 bawić się czymś** play with sth **3 dobrze się bawić** have fun, have a good time, enjoy yourself
**bawół** buffalo
**baza 1** base **2 baza danych** database
**bazar** bazaar
**bazgrać** scrawl, scribble
**bazgroły** scrawl
**bazylia** basil
**bażant** pheasant
**bąbelek** bubble
**bąk** *(zabawka)* top
**BBS** *(komputerowa tablica ogłoszeń)* bulletin board
**beczeć** *(o owcy, kozie)* bleat
**beczka 1** barrel, drum **2 piwo z beczki** beer on draught
**beczułka** cask
**bejca** stain
**bejcować** stain
**beknąć** burp
**bekon** bacon
**bela** bale
**belka** beam, timber
**bełkot** gibberish
**bełkotać** babble
**benzyna** petrol *BrE*, gasoline *AmE*, gas *AmE*
**benzynowy stacja benzynowa** petrol station *BrE*, gas station *AmE*
**beret** beret
**bestia** beast, brute
**bestialstwo** savagery
**bestseller** bestseller
**besztać besztać kogoś** tell sb off, tick sb off *BrE*
**beton** concrete
**betonowy** concrete
**bez[1]** *prep* without
**bez[2]** *noun* lilac
**bez-** -free
**beza** meringue
**bezalkoholowy 1** non-alcoholic **2 napój bezalkoholowy** soft drink
**bezapelacyjny** outright
**bezbarwny** colourless *BrE*, colorless *AmE*
**bezbłędny** faultless, flawless
**bezbolesny** painless
**bezbronny** defenceless, vulnerable
**bezcelowy** aimless, pointless
**bezcenny** priceless
**bezceremonialność** bluntness
**bezceremonialny** blunt
**bezczelnie** impertinently, insolently
**bezczelność** impertinence, insolence
**bezczelny** impertinent, insolent, cheeky *BrE*
**bezczynnie** idly
**bezczynność** idleness, inaction, inactivity
**bezczynny** idle, inactive
**bezdenny** bottomless
**bezdomni** the homeless
**bezdomny** homeless
**bezduszność** callousness
**bezduszny** callous, inconsiderate
**bezdzietny** childless

B Polish • English Index

**bezgłośnie** noiselessly
**bezgraniczny** boundless
**bezimienny** nameless
**bezinteresowny** selfless, unselfish
**bezkarnie** **zrobić coś bezkarnie** get away with sth
**bezkofeinowy** decaffeinated
**bezkompromisowy** uncompromising
**bezkonkurencyjny** unbeatable, unsurpassed
**bezkrwawy** bloodless
**bezkształtny** formless, amorphous, shapeless
**bezlitosny** merciless, pitiless
**bezludny** *adj* **bezludna wyspa** desert island
**bezładny** *adj* disorderly
**bezmyślnie** thoughtlessly
**bezmyślność** mindlessness, thoughtlessness
**bezmyślny** **1** mindless, thoughtless **2** **bezmyślny wyraz twarzy/uśmiech** a vacant expression/smile
**beznadziejnie** hopelessly
**beznadziejny** hopeless
**beznamiętny** impassive
**bezokolicznik** infinitive
**bezołowiowy** unleaded
**bezosobowy** impersonal
**bezowocnie** *adv* fruitlessly
**bezowocny** fruitless
**bezpański** **bezpański pies** a stray dog
**bezpestkowy** seedless
**bezpieczeństwo** **1** safety, security **2** **dla bezpieczeństwa** for safe keeping **3** **pas bezpieczeństwa** safety belt
**bezpiecznie** safely
**bezpiecznik** fuse
**bezpieczny** safe, secure
**bezpłatnie** free, free of charge
**bezpłatny** free, complimentary
**bezpłciowy** asexual
**bezpłodność** infertility, sterility
**bezpłodny** infertile, sterile
**bezpodstawny** **1** unfounded **2** **bezpodstawne obawy/podejrzenia** groundless fears/suspicions **3** **być bezpodstawnym** be without foundation/have no foundation
**bezpośredni** **1** direct, immediate **2** **pociąg bezpośredni** through train
**bezpośrednio** directly, immediately
**bezpośredniość** directness
**bezprawnie** wrongfully
**bezprawny** illegitimate, unlawful, wrongful
**bezprecedensowy** unprecedented
**bezprzewodowy** cordless
**bezradnie** helplessly
**bezradność** helplessness
**bezradny** helpless
**bezrękawnik** pinafore *BrE*
**bezrobocie** unemployment
**bezrobotny** *adj* unemployed, jobless, out of work
**bezruch** stillness
**bezsenność** sleeplessness, insomnia
**bezsenny** sleepless
**bezsensowny** meaningless, pointless, senseless, useless
**bezsilność** powerlessness
**bezsilny** impotent, powerless
**bezsporny** indisputable
**bezsprzecznie** indisputably, unquestionably
**bezsprzeczny** indisputable, unquestionable
**bezstronnie** impartially
**bezstronność** impartiality, neutrality
**bezstronny** impartial, neutral, disinterested
**bezszelestnie** noiselessly
**beztłuszczowy** fat-free
**beztroski** carefree, happy-go-lucky
**beztrosko** blithely
**bezustannie** incessantly, perpetually
**bezustanny** incessant, perpetual
**bezużyteczny** useless, worthless
**bezwartościowy** worthless
**bezwarunkowo** unconditionally
**bezwarunkowy** unconditional
**bezwiednie** unconsciously, unwittingly
**bezwład** **1** inertia **2** *(paraliż)* paralysis
**bezwładny** **1** inert **2** *(kończyna)* numb
**bezwonny** odourless *BrE*, odorless *AmE*
**bezwstydnie** unashamedly
**bezwstydny** shameless, unashamed
**bezwzględnie** ruthlessly
**bezwzględność** ruthlessness
**bezwzględny** ruthless, cold-blooded
**beż** beige
**beżowy** beige
**bęben(ek)** drum
**bębnić** drum
**bębnienie** patter
**bękart** bastard
**białaczka** leukemia

**białko** **1** protein **2** *(w jajku)* white
**biały** *adj* **1** white **2** **Biały Dom** the White House **3** **czarno na białym** in black and white **4** **w biały dzień** in broad daylight
**biał-y/a** *noun* white
**Biblia** the Bible, scripture
**bibliografia** bibliography
**biblioteczka** bookcase
**biblioteka-rz/rka** librarian
**biblioteka** library
**bibuła** blotting paper
**bibułka** tissue
**biceps(y)** biceps
**bicie** **1** beating **2** *(zegara, dzwonów, itp.)* chime **3** **bicie serca** heartbeat
**bicz** whip
**biczować** whip
**bić** beat, hit
**bić się** fight
**biec** **1** run **2** **biec za kimś/czymś** run after sb/sth, chase sb/sth
**bieda** poverty
**biedny** **1** poor **2** **biedni** the poor
**biedronka** ladybird
**bieg** *noun* **1** run, running **2** *(czasu, rzeki)* course **3** *(w samochodzie)* gear **4** **bieg jałowy** neutral **5** **bieg przez płotki** hurdles **6** **bieg rzeczy** course of events **7** **nadawać czemuś bieg** put/set sth in motion **8** **z biegiem czasu** in the course of time
**biegacz/ka** runner
**biegać** run, jog
**bieganie** running, jogging
**biegle** fluently, proficiently
**biegłość** fluency, proficiency
**biegły** fluent, proficient
**biegun** **1** **biegun północny/południowy** the North/South Pole **2** **koń na biegunach** rocking horse
**biegunka** diarrhoea *BrE*, diarrhea *AmE*
**biel** white, whiteness
**bielić** whitewash
**bielizna** **1** underwear **2** *(pościelowa)* linen **3** **bielizna damska** lingerie
**biernie** passively
**bierność** passivity
**bierny** **1** passive **2** **imiesłów bierny** past participle **3** **strona bierna** the passive (voice)
**bierzmowanie** confirmation
**bieżąco** *adv* **być na bieżąco (z czymś)** keep up (with sth), be in touch (with sth), keep abreast (of sth)
**bieżący** **1** **bieżąca woda** running water **2** **rachunek bieżący** current account
**bieżnia** racetrack, track
**bieżnik** *(na oponie)* tread
**bijatyka** brawl
**bikini** bikini
**bilansowy** **zestawienie bilansowe** balance sheet
**bilard** **1** billiards, pool **2** **bilard elektryczny** pinball
**bilet** **1** ticket **2** **bilet powrotny** return *BrE*, round trip *AmE* **3** **bilet w jedną stronę** single ticket **4** **cena biletu** fare
**biletowy** **kasa biletowa** *(na dworcu)* booking office *(w teatrze)* box office
**bilingwalny** bilingual
**billboard** billboard, hoarding
**bilon** **1** change **2** **w bilonie** in change
**bingo** bingo
**biochemik** biochemist
**biochemia** biochemistry
**biochemiczny** biochemical
**biodro** hip
**biodrowy** pelvic
**biograf** biographer
**biografia** biography
**biograficzny** biographical
**biolog** biologist
**biologia** biology
**biologicznie** biologically
**biologiczny** biological
**biotechnologia** biotechnology
**bis** encore
**biseksualist-a/ka** bisexual
**biseksualny** bisexual
**biskup** bishop
**biszkopt** sponge cake
**bit** bit
**bitwa** **1** battle **2** **pole bitwy** battlefield
**biuletyn** bulletin, newsletter
**biurko** desk
**biuro** **1** office **2** *(instytucja)* bureau **3** **biuro podróży** travel agency
**biurokracja** bureaucracy
**biurokrat-a/ka** bureaucrat
**biurokratyczny** bureaucratic
**biurowy** clerical
**biust** bosom, bust
**biustonosz** bra
**biwak** **pojechać na biwak** go camping
**biwakować** camp
**biwakowanie** camping
**biznes** business
**biznesmen** businessman
**bizneswoman** businesswoman
**bizon** bison, buffalo
**biżuteria** jewellery
**blady** pale

**blaknąć** fade
**blask** **1** gleam, glitter **2** **w blasku sławy** in a blaze of glory/publicity
**blat** **1** counter, top **2** **blat kuchenny** worktop
**blednąć** pale, blanch
**blef** bluff
**blefować** bluff
**blezer** blazer
**blichtr** glamour *BrE*, glamor *AmE*
**bliski** **1** near, close **2** *(rychły)* imminent **3** *(intymny)* intimate **4** **bliski krewny** close relation/relative **5** **Bliski Wschód** the Middle East **6** **być bliskim płaczu** be on the verge of tears
**blisko** **1** near, close **2** **blisko spokrewniony** closely related **3** **z bliska** *(strzelać)* at point-blank range
**bliskość** **1** closeness **2** *(zażyłość)* intimacy
**blizna** scar
**bliźniak** **1** twin **2** *(dom)* semi-detached house **3** **bliźniaki jednojajowe** identical twins
**Bliźnięta** *(znak zodiaku)* Gemini
**bloczek** pad
**blok** **1** block, pad **2** *(urządzenie)* pulley **3** *(w rugby)* tackle **4** **blok mieszkalny** apartment building
**blokada** **1** blockade **2** **blokada drogi** roadblock
**blokować** block, obstruct
**blond** *adj* blonde
**blondynka** *noun* blonde
**blues** blues
**bluszcz** ivy
**bluza** sweatshirt
**bluzka** **1** blouse **2** **bluzka koszulowa** shirt
**bluźnić** blaspheme
**bluźnierczy** blasphemous
**bluźnierstwo** blasphemy, profanity
**błagać** beg, implore, plead
**błagalnie** pleadingly
**błaganie** plea
**błahostki** trivia
**błahy** trivial
**błazen** jester
**błąd** **1** error, mistake **2** *(w programie komputerowym)* bug **3** **błąd ortograficzny** misspelling **4** **popełnić błąd** make an error **5** **wprowadzić w błąd** mislead
**błędnie** incorrectly, erroneously, mistakenly
**błędny** **1** wrong, incorrect, erroneous **2** **błędne koło** vicious circle **3** **błędne przekonanie** misconception
**błękit** blue
**błogi** blissful
**błogo** blissfully
**błogosławić** bless
**błogosławieństwo** blessing
**błogosławiony** blessed
**błona** **1** membrane **2** **błona bębenkowa** eardrum
**błonnik** fibre, roughage
**błotnik** wing *BrE*, fender *AmE*
**błotnisty** muddy
**błoto** mud
**błysk** flash
**błyskać** flash
**błyskawica** **1** lightning **2** **rozchodzić się lotem błyskawicy** spread like wildfire
**błyskawicznie** rapidly
**błyskawiczny** **1** rapid **2** **błyskawiczny kurs** crash course
**błyskotliwość** brilliance
**błyskotliwy** brilliant
**błyszczący** shiny
**błyszczeć** **1** shine, gleam, glow **2** **błyszczeć z czegoś** *(być dobrym)* shine at sth
**bo** **1** as, because **2** **bo inaczej** or (else)
**boazeria** panelling
**bochenek** loaf
**bocian** stork
**boczek** bacon
**bocznica** siding
**boczny** **1** side **2** **boczna ulica/droga** back street/road
**bodziec** impetus, stimulus
**bogactwo** **1** richness, wealth, riches **2** **bogactwa naturalne** natural resources
**bogato** richly
**bogaty** **1** rich, wealthy **2** **bogaci** the rich, the wealthy
**bogini** goddess
**bohater** **1** hero **2** **bohater ludowy** folk hero
**bohaterka** heroine
**bohaterstwo** heroism
**boisko** **1** (playing) field, pitch **2** **boisko sportowe/piłkarskie** sports/football ground **3** **boisko szkolne** playground
**boja** buoy
**bojaźliwie** timidly
**bojaźliwość** timidity
**bojaźliwy** timid
**bojkot** boycott
**bojkotować** **1** boycott **2** *(towarzysko)* ostracize, ostracise *BrE*
**bojler** boiler
**bojowni-k/czka** **1** fighter, militant **2** **bojowni-k/czka o wolność** freedom fighter
**bok** **1** side **2** **na bok** sideways **3** **na boku** on the

side **4 z boku na bok** from side to side **5 z boku** in the background
**bokobrody** sideburns, whiskers
**boks** boxing
**bokser** boxer
**boksować się** box
**boleć** ache, hurt
**bolesność** discomfort
**bolesny** painful, sore
**boleśnie** painfully
**bomba 1** bomb **2 bomba z opóźnionym zapłonem** time bomb **3 bomba pułapka** booby trap **4 bomba zegarowa** time bomb
**bombardować** bomb, bombard
**bombardowanie** bombardment
**bombowiec** bomber
**boom** boom
**bordo(wy)** maroon
**borsuk** badger
**boski 1** divine, heavenly, godlike **2 na miłość boską** for goodness' sake, for heaven's sake **3 co/jak na miłość boską** what/how in God's name
**boso** barefoot
**bosy** barefoot
**botanik** botanist
**botaniczny** botanical
**botanika** botany
**boży 1** divine **2 Boże Narodzenie** Christmas
**bóbr** beaver
**Bóg 1** God **2 Boże (drogi)!** (goodness) gracious!, Good grief! **3 Bóg (jeden) wie** God (only) knows **4 broń Boże** God forbid **5 nie daj Boże** heaven forbid **6 jak Boga kocham** I swear to God
**bóg** god
**bój** fight, combat
**bójka** fight
**ból 1** ache, pain **2 ból brzucha** stomach-ache **3 ból głowy** headache **4 ból zęba** toothache **5 bóle krzyża** backache
**bóstwo** deity
**bóść** butt
**braciszek** little brother
**bractwo** brotherhood, fraternity
**brać 1** take **2 brać kogoś/coś za** mistake sb/sth for **3 brać na siebie odpowiedzialność/winę** shoulder a responsibility/the blame **4 brać udział (w)** take part (in) **5 brać się za siebie** get your act together **6 brać się (ostro) za coś** crack down on sth
**brak 1** absence, lack, want **2** *(niedostatek)* shortage, deficiency **3 brak czucia** numbness **4 brak doświadczenia** inexperience **5 z braku czegoś** for want of sth
**brakować 1 czegoś brakuje** sth is in short supply, sth is lacking **2 komuś brakuje czegoś** sb is short of sth, sb lacks sth **3 komuś brakuje kogoś** sb misses sb
**brakujący** missing
**brama** gate, gateway
**bramka** goal
**bramkarz 1** goalkeeper **2** *(w lokalu)* bouncer
**bransoletka** bracelet, bangle
**branża 1** trade **2 branża handlowa/turystyczna** retail/tourist trade
**brat 1** brother **2 brat przyrodni** half-brother **3 brat zakonny** friar
**bratać się bratać się z kimś** fraternize with sb
**bratanek** nephew
**bratanica** niece
**bratek** pansy
**braterski 1** fraternal **2 miłość braterska** brotherly love
**braterstwo** brotherhood, fraternity
**bratowa** sister-in-law
**brawo** well done, bravo
**brawura** bravado
**brąz 1** *(kolor)* brown **2** *(metal)* bronze
**brązowy 1** brown **2 brązowy medal** bronze medal
**brednia** mumbo-jumbo
**brednie** drivel, mumbo-jumbo
**brew** (eye)brow
**brezent** canvas, tarpaulin
**brnąć** tramp
**broda 1** *(część twarzy)* chin **2** *(zarost)* beard **3 z brodą** bearded
**brodaty** bearded
**brodawka 1** wart **2 brodawka sutkowa** nipple
**brodzić** wade, paddle *BrE*
**broker** broker
**brokuły** broccoli
**bronić** defend
**broń 1** weapon **2** *(zbiorowo)* arms, armaments **3 broń jądrowa** nuclear weapons **4 napad z bronią w ręku** armed robbery
**broszka** brooch
**broszura** booklet, brochure, pamphlet
**browar** brewery
**bród** ford
**brud** dirt, filth
**brudnopis** first draft
**brudny 1** dirty, soiled **2 bardzo brudny** filthy
**brudy** dirt
**brudzić** dirty, soil, mess up

**brukować** pave
**brukowany** cobbled
**brukowiec** tabloid
**brukselka** (brussels) sprout
**brunetka** brunette
**brutal** brute
**brutalnie** brutally, savagely
**brutalność** brutality
**brutalny** brutal, rough, savage
**brutto** gross
**bruzda** furrow
**brydż** bridge
**brygada** brigade
**brygadzista** foreman
**brylant** diamond
**bryła** lump, solid
**Brytyj-czyk/ka** **1** Briton **2** **Brytyjczycy** the British
**brytyjski** British
**brzdąc** tot
**brzdąkać** strum
**brzdęk** twang
**brzeg** **1** *(rzeki)* bank, riverside **2** *(jeziora, morza)* shore **3** *(krawędź)* border, edge, rim **4** **brzeg morski** the seashore **5** **napełniony/pełen po brzegi** filled/full to the brim
**brzegowy** **linia brzegowa** coastline
**brzemienny** **brzemienny w skutki** fateful
**brzęczeć** buzz, hum
**brzęczenie** buzz, drone
**brzęczyk** beeper, bleeper, buzzer
**brzęk** clink, clatter
**brzmieć** sound
**brzoskwinia** peach
**brzoza** birch
**brzuch** **1** stomach, belly, abdomen **2** **ból brzucha** stomach-ache
**brzuchomówca** ventriloquist
**brzuszny** abdominal
**brzydki** **1** ugly **2** **brzydkie słowa** bad language
**brzydota** ugliness
**brzytwa** **1** razor **2** **ostry jak brzytwa** razor sharp
**buchać** *(ogniem itp.)* belch
**buczeć** hum
**buda** *(dla psa)* kennel
**buddyjski** Buddhist
**buddyst-a/ka** Buddhist
**buddyzm** Buddhism
**budka** booth
**budowa** **1** *(konstrukcja)* construction **2** *(ciała)* build **3** *(budowanie)* building **4** *(plac budowy)* building site **5** **w budowie** under construction
**budować** build, construct
**budowlany** **przedsiębiorstwo budowlane** builder
**budowniczy** builder
**budulec** building block
**budynek** building, house
**budzić** **budzić (się)** awake, wake (up)
**budzik** alarm clock
**budżet** **1** budget **2** **nie przekraczać budżetu** balance the books/budget
**budżetowy** budgetary
**bufet** buffet, cafeteria
**bufor** buffer
**buforować** buffer
**bujać** fib
**bujany** **fotel bujany** rocking chair
**bujda** fib
**bujny** bushy
**buk** beech
**bukiet** bouquet, bunch
**bukmacher** bookmaker
**buldog** bulldog
**buldożer** bulldozer
**bulgot** gurgle
**bulgotać** gurgle, bubble
**bulwar** boulevard
**bulwersować** appal, scandalize, scandalise *BrE*
**bułeczka** bun
**bułka** **1** roll **2** **bułka tarta** breadcrumbs
**bumerang** boomerang
**bunkier** bunker
**bunt** rebellion, mutiny, revolt
**buntować się** **1** rebel, revolt **2** **buntować się przeciwko czemuś** react against sth
**buntowni-k/czka** rebel
**buntowniczo** defiantly
**buntowniczy** defiant, rebellious
**bura** scolding
**burak** **1** **burak (ćwikłowy)** beet, beetroot **2** **burak cukrowy** sugar beet
**burbon** bourbon
**burda** brawl
**burknąć** grunt
**burknięcie** grunt
**burmistrz** mayor
**bursztyn** amber
**bursztynowy** amber
**burta** **1** **lewa burta** port **2** **prawa burta** starboard **3** **za burt-ę/ą** overboard
**burza** **1** storm **2** **burza gradowa** hailstorm **3** **burza mózgów** brainstorming **4** **burza piaskowa** sandstorm **5** **burza z piorunami** thunderstorm
**burzliwy** stormy, turbulent
**burzowy** stormy
**burzyć** demolish, knock down, pull down, tear down
**burżuazyjny** bourgeois
**busz** the bush
**but** **1** shoe **2** *(z cholewą)* boot **3** **but sportowy** trainer *BrE*, sneaker *AmE*
**butelka** bottle

**butelkować** bottle
**butik** boutique
**być** 1 be 2 **być może** maybe, possibly
**bydlę** animal, brute
**bydło** cattle
**byk** 1 bull 2 **Byk** *(znak zodiaku)* Taurus 3 **walka byków** bullfight(ing)
**byle** **nie byle jaki** no mean
**były** 1 former 2 **były mąż/premier** ex-husband/ ex-prime minister 3 **były przywódca/prezydent** past leader/president
**bynajmniej** 1 not in the least 2 **bynajmniej nie** by no means, hardly, far from
**bystry** bright, clever, smart
**bywać** **często bywać w** frequent
**bzdura** bullshit, rubbish *BrE*
**bzik** **mieć bzika na punkcie czegoś** be crazy about sth
**bzyczeć** hum

# Cc

**cal** *(= 2.54 cm)* inch
**całkiem** 1 entirely, altogether 2 *(dosyć)* quite 3 **całkiem sporo** quite a bit, quite a few
**całkowicie** completely, totally
**całkowity** 1 total, overall 2 **całkowite poparcie/ porozumienie** wholehearted support/agreement
**całodobowy** round-the-clock
**całonocny** overnight
**całość** 1 whole 2 **jako całość** as a whole 3 **w całości** in full
**całować** kiss
**całun** shroud
**cały** 1 all, entire, whole 2 **cały czas** all the time 3 **cały i zdrowy** safe, unharmed 4 **całymi dniami/godzinami** (for) days/hours on end 5 **iść na całego (z czymś)** go to town (on sth) 6 **na całym świecie** all around the world 7 **ujść cało** come to no harm
**car** tsar, tzar, czar
**cążki** clippers
**CD-ROM** CD-ROM
**cebula** onion
**cebulka** 1 bulb 2 *(włosa)* root 3 **zielona cebulka** spring onion
**cech** guild
**cecha** characteristic, feature, quality
**cechować** characterize, characterise *BrE*
**cedr** cedar
**cedzak** colander, strainer
**cedzić** strain
**cegła** brick
**cekin** sequin
**cel** 1 aim, goal, end, purpose, objective 2 *(tarcza)* target 3 **bez celu** aimlessly 4 **cel podróży** destination 5 **mieć na celu** be geared to 6 **środek do celu** a means to an end
**cela** 1 cell 2 **cela śmierci** death row
**celibat** celibacy
**celofan** cellophane
**celować** aim, take aim, point
**celownik** sights
**celowo** deliberately, intentionally, on purpose
**celowy** deliberate
**Celsjusz** **5 stopni w skali Celsjusza** 5 degrees Celsius/ Centigrade
**celująco** with flying colours
**cement** cement
**cementować** cement
**cena** 1 price 2 **cena biletu** fare 3 **coś jest warte swej ceny** sth is good/excellent value (for money) 4 **za każdą cenę** at any price 5 **za wszelką cenę** at all costs/at any cost
**cenić** value, treasure
**cenny** precious, valuable
**cent** cent
**centrala** 1 headquarters 2 *(telefoniczna)* switchboard, telephone exchange
**centralizacja** centralization
**centralizować** centralize, centralise *BrE*
**centralnie** centrally
**centralny** 1 central 2 **centralne ogrzewanie** central heating 3 **punkt centralny** focal point
**centrum** 1 centre 2 **do/ w centrum** downtown 3 **centrum handlowe** shopping mall, (shopping) arcade *BrE* 4 **znajdować się w centrum uwagi** be in the limelight, be the focus of attention
**centymetr** centimetre *BrE*, centimeter *AmE*
**cenzor** censor
**cenzura** censorship
**cenzurować** censor
**cera** complexion
**ceramiczny** ceramic, earthenware
**ceramika** ceramics, earthenware
**ceremonia** ceremony
**ceremoniał** ceremony
**cerować** darn
**cesarski** imperial
**cesarstwo** empire
**cesarz** emperor
**cesarzowa** empress
**cetnar** hundredweight
**cętka** spot

**cętkowany** spotty
**chandra** **mieć chandrę** have/get the blues
**chaos** chaos, turmoil
**chaotyczny** chaotic, disorganized
**charakter** **1** character **2** **charakter pisma** handwriting
**charakterystycznie** characteristically
**charakterystyczny** characteristic, distinctive, habitual
**charakterystyka** characterization, profile
**charakteryzować** **1** *(cechować)* characterize, characterise *BrE* **2** *(przebierać)* disguise
**chart** **chart angielski** greyhound
**charytatywny** charitable
**charyzma** charisma
**charyzmatyczny** charismatic
**chata** cabin, cottage, hut
**chciałbym** I would like, I'd like ...
**chcieć** **1** want, wish **2** **chcesz czy nie chcesz** (whether you) like it or not **3** **chcieć coś zrobić** want to do sth **4** **chcieć, żeby ktoś coś zrobił** want sb to do sth **5** **chcieć dobrze** mean well **6** **jeśli chcesz** if you like **7** **nie chce mi się czegoś robić** I don't feel like doing sth, I can't be bothered to do sth *BrE* **8** **nie chcieć czegoś zrobić** be unwilling to do something
**chciwie** greedily
**chciwość** greed, greediness
**chciwy** greedy
**chełpliwy** boastful
**chemik** chemist
**chemia** chemistry
**chemicznie** **1** chemically **2** **czyścić chemicznie** dry-clean
**chemiczny** **1** chemical **2** **pralnia chemiczna** dry cleaner's
**cherlawy** weedy
**chęć** **1** desire, willingness **2** **z chęcią coś zrobić** be glad to do sth **3** **z chęcią** gladly
**chętka** fancy
**chętnie** willingly
**chętny** willing
**chichot** chuckle, giggle
**chichotać** chuckle, giggle
**chili** chilli
**chips** crisp *BrE*, chip *AmE*
**chirurg** surgeon
**chirurgiczny** surgical
**chlapać** splash
**chleb** bread
**chlew** (pig)sty
**chlor** chlorine
**chloroform** chloroform
**chluba** boast, credit
**chlupać** squelch
**chlustać** spout
**chłam** crap, trash
**chłeptać** lap
**chłodnica** radiator
**chłodno** coldly, coolly
**chłodny** cool, chilly
**chłodzenie** refrigeration
**chłodziarka** refrigerator
**chłodzić** chill
**chłop/ka** peasant
**chłopak** **1** boy **2** *(sympatia)* boyfriend
**chłopczyca** tomboy
**chłopiec** boy
**chłopięcy** boyish
**chłosta** flogging
**chłostać** flog, lash
**chłód** chill, coldness, coolness
**chmiel** hops
**chmura** cloud
**chmurzyć** **chmurzyć się** cloud over
**chochlik** goblin, imp
**chociaż** **1** though, although, even though **2** **chociaż raz** for once
**chodak** clog
**chodnik** pavement *BrE*, sidewalk *AmE*
**chodzić** **1** walk **2** *(o maszynie)* run **3** **jeśli chodzi o coś/kogoś** as far as sth/sb is concerned **4** **chodzi o to, że** the point is (that) **5** **chodzić z kimś** go out with sb, date *AmE* **6** **chodzić do kościoła/szkoły** go to church/school **7** **jeśli chodzi o** with/in regard to **8** **jeśli o mnie chodzi** as far as I'm concerned, for my part **9** **jeśli o to chodzi** for that matter **10** **o co chodzi?** what's the matter? **11** **o co ci chodzi?** what are you getting at?
**choinka** Christmas tree
**cholera** **1** *(przekleństwo)* damn, shit, dammit, goddammit *AmE* **2** *(choroba)* cholera
**cholernie** damn, bloody *BrE*
**cholerny** damned, bloody *BrE*
**cholesterol** cholesterol
**cholewa** **but z cholewą** boot
**chomik** hamster
**choreograf** choreographer
**choreografia** choreography
**choroba** **1** disease, illness, sickness **2** **choroba lokomocyjna** carsickness **3** **choroba morska** seasickness **4** **choroba umysłowa** insanity **5** **cierpieć na chorobę morską** be seasick
**chorobliwy** obsessive, unhealthy

**chorować** be ill, be sick
**chorowity** sickly
**chory** 1 ill, sick 2 **bardziej chory** worse 3 **chory umysłowo** insane 4 **chore serce/kręgosłup** a bad heart/back
**chować** 1 hide, put away 2 *(zmarłego)* bury 3 **chować się** hide, shelter, take shelter
**chowany** **bawić się w chowanego** play hide-and-seek
**chód** walk
**chór** 1 choir 2 **chór podziękowań/niezadowolenia** a chorus of thanks/disapproval
**chóralny** choral
**chrapać** snore
**chrapanie** snore
**chrapliwy** hoarse
**chrom** chrome
**chromosom** chromosome
**chronicznie** chronically
**chroniczny** chronic
**chronić** 1 protect, safeguard 2 **chronić przed kimś/czymś** keep sb/sth off 3 **chronić się** shelter, take shelter
**chroniony** protected
**chronologicznie** chronologically
**chronologiczny** chronological
**chropowatość** roughness
**chropowaty** rough
**chrupać** crunch, munch
**chrupiący** crispy, crunchy
**chrupka** crisp *BrE*, potato chip *AmE*
**chrust** brushwood
**chrypka** **mieć chrypkę** be hoarse
**Chrystus** Christ
**chryzantema** chrysanthemum
**chrząkać** *(o świni)* grunt
**chrząknięcie** grunt
**chrząstka** cartilage, gristle
**chrząszcz** beetle
**chrzcić** **zostać ochrzczonym** be christened
**chrzcielnica** font
**chrzciny** christening
**chrzest** baptism
**chrzestna** godmother
**chrzestny** godfather
**chrześcija-nin/nka** Christian
**chrześcijański** Christian
**chrześcijaństwo** Christianity
**chrześniaczka** goddaughter, godchild
**chrześniak** godson, godchild
**chrzęścić** crunch
**chudy** 1 thin, skinny, lean 2 **chude mleko** skimmed milk
**chuligan** hooligan
**chuligański** disorderly
**chuligaństwo** hooliganism
**chusta** scarf, shawl
**chusteczka** 1 **chusteczka do nosa** handkerchief, hankie 2 **chusteczka higieniczna** Kleenex, tissue
**chwalić** 1 praise 2 **chwalić się** boast 3 **chwalić się czymś** show sth off
**chwała** glory
**chwast** weed
**chwiać się** wobble
**chwiejny** unsteady, shaky
**chwila** 1 moment, instant 2 **na chwilę** for a moment 3 **na ostatnią chwilę** last-minute 4 **od tej chwili** from now on 5 **przez chwilę/moment** momentarily 6 **w każdej chwili** (at) any moment, any minute 7 **w ostatniej chwili** at the last minute 8 **w tej chwili** at the moment, just/right now 9 **za chwilę/moment** in a moment/minute, momentarily
**chwileczka** **chwileczkę** just a minute/second, wait a minute
**chwilowo** for the moment, temporarily
**chwilowy** momentary
**chwycić** grab, seize
**chwyt** 1 catch, grip 2 **chwyt reklamowy** publicity stunt
**chwytać** 1 catch, grasp, grip 2 **chwytać się za ręce** join hands 3 **chwytać za coś** grasp at sth
**chwytliwy** catchy
**chyba** 1 probably, I suppose, surely 2 **chyba tak/nie** I guess so/not 3 **chyba że** unless
**chybić** 1 miss 2 **na chybił trafił** at random, haphazardly
**chybotać się** wobble
**chybotliwy** wobbly
**chytry** sly, wily
**ciachnąć** snip
**ciało** 1 body, flesh 2 **ciało niebieskie** heavenly body
**ciarki** 1 shivers 2 **przyprawiać kogoś o ciarki** give sb the creeps
**ciasno** tightly
**ciasny** cramped, tight
**ciasteczko** cookie
**ciastko** 1 pastry 2 **ciastko z owocami** tart
**ciasto** 1 cake, pie 2 *(masa)* dough, pastry 3 **ciasto w proszku** cake mix
**ciąć** cut, slash
**ciąg** 1 sequence 2 **ciąg dalszy** follow-up 3 **ciąg dalszy nastąpi** to be continued 4 **w ciągu** in/

during/within the space of, within
**ciągle** constantly, continually, continuously
**ciągłość** continuity
**ciągły** continuous, continued, incessant
**ciągnąć 1** pull, drag, draw **2 ciągnąć losy** draw lots **3 ciągnąć się** extend, stretch **4 ktoś ciągnie do kogoś/czegoś** sb gravitates to/towards sb/sth
**ciąża 1** pregnancy **2 przerywać ciążę** have an abortion **3 w ciąży** pregnant **4 zajść w ciążę** get pregnant, conceive
**cichaczem** on the quiet
**cichnąć** die away, die down, quieten down
**cicho 1** quietly, silently, softly **2 bądź cicho!** be quiet! **3 mów ciszej** keep your voice down
**cichu po cichu** on the quiet
**cichy** quiet, silent, soft
**ciec 1** drip **2 z czegoś cieknie benzyna/woda** sth is leaking petrol/water
**ciecz** liquid
**ciekawość 1** curiosity **2 z ciekawości** out of curiosity
**ciekawsk-i/a** busybody
**ciekawy 1** interesting **2** *(dociekliwy)* curious **3 co ciekawe** interestingly
**ciekły** liquid
**cielesny** bodily
**cielę** calf
**cielęcina** veal
**ciemnia** darkroom
**ciemnieć** darken
**ciemność** darkness, the dark
**ciemny** dark
**cienisty** shady
**cienki** thin
**cienko cienko pokrojony** thinly sliced
**cienkość** thinness
**cień 1** shadow **2** *(zacienione miejsce)* shade **3 bez cienia wątpliwości** without/beyond a shadow of a doubt **4 cień do powiek** eyeshadow
**cieplarnia** hothouse
**cieplarniany efekt cieplarniany** the greenhouse effect
**cieplny** thermal
**ciepło** heat, warmth
**ciepły** warm
**ciernisty** thorny
**cierń** thorn
**cierpieć 1** suffer **2 cierpieć na coś** suffer from sth **3 nie cierpieć** hate, detest
**cierpienie** suffering
**cierpki** tart
**cierpliwie** patiently
**cierpliwość 1** patience **2 stracić cierpliwość** lose (your) patience
**cierpliwy** patient
**cieszyć się 1** delight **2 cieszyć się powodzeniem** be in demand **3 cieszyć się czymś** enjoy sth
**cieśnina** strait
**cięcie 1** cut **2** *(w budżecie)* cutback **3 cesarskie cięcie** caesarean (section)
**cięgi** thrashing
**ciężar 1** *(waga)* weight **2** *(przenośnie)* burden
**ciężarny** pregnant
**ciężarowiec** weight-lifter
**ciężarówka** truck, lorry *BrE*
**ciężki 1** heavy **2** *(trudny)* hard, tough **3 bokser wagi ciężkiej** heavyweight **4 z ciężkim sercem** with a heavy heart
**ciężko 1** hard **2 ciężko strawny** heavy
**cios 1** blow **2** *(pięścią też)* punch **3 zadać (komuś) cios** deal a blow (to sb)
**ciotka** aunt
**cis** *(drzewo)* yew
**ciskać** fling, hurl
**cisza** quiet, silence, hush
**ciśnienie 1** pressure **2 ciśnienie krwi** blood pressure
**ciśnieniowy** pressurized
**cło 1** duty, tariff **2 wolny od cła** duty-free
**cmentarz 1** cemetery **2** *(przy kościele)* churchyard, graveyard **3** *(starych samochodów)* junkyard
**cmokać** smack your lips
**cnota 1** virtue **2** *(czystość)* chastity
**cnotliwy** virtuous
**co 1** what **2 co do kogoś/czegoś** as for sb/sth **3 co najmniej** at least **4 co powiesz na ...?** how about ...? **5 co się dzieje z kimś/czymś** what's up with sb/sth **6 co słychać?** what's up?, what's happening? **7 co u licha** whatever **8 co więcej** in (actual) fact, as a matter of fact, what's more **9 co za** what a(n) **10 i co z tego?** so?, so what? **11 no to co?** so?, so what? **12 co roku** every year
**codziennie** every day, daily
**codzienny** daily, everyday
**cofać 1** *(samochód)* back up **2** *(obietnicę itp.)* take back, retract **3 cofać czas** turn back the clock **4 cofać zegar/zegarek** put a clock/a

watch back **5 cofać się** back, reverse
**cofnięcie** withdrawal
**cogodzinny** hourly
**cokolwiek** anything, whatever
**cokół** pedestal
**comiesięczny** monthly
**coraz 1 coraz lepiej** better and better **2 coraz gorzej** worse and worse **3 coraz mniej** less and less **4 coraz ważniejszy/trudniejszy** increasingly important/ difficult **5 coraz więcej** more and more
**corocznie** annually
**coroczny** annual
**corrida** bullfight, bullfighting
**coś 1** something, anything **2 coś innego** something else **3 coś podobnego!** really? **4 coś takiego!** fancy/fancy that!
**córka** daughter
**crack** *(narkotyk)* crack
**cuchnąć** stink, reek
**cucić** bring round, revive
**cud 1** marvel, miracle, wonder **2 czynić/działać cuda** work/perform miracles
**cudo** beauty
**cudownie** wonderfully
**cudowny 1** miraculous, wonderful, marvellous, gorgeous **2 cudowne dziecko** whizzkid
**cudzołóstwo** adultery
**cudzoziem-iec/ka** alien
**cudzysłów** quotation mark, inverted commas *BrE*
**cukier** sugar
**cukierek** sweet *BrE*, candy *AmE*
**cukierniczy wyroby cukiernicze** confectionery
**cukinia** courgette *BrE*, zucchini *AmE*
**cukrzyca 1** diabetes **2 chory na cukrzycę** diabetic
**cumować** dock, moor
**curry** *(potrawa)* curry
**cycek** tit
**cydr** *(rodzaj wina)* cider
**cyfra 1** digit, figure **2 cyfra rzymska** Roman numeral
**cyfrowy** digital
**Cygan/ka** gypsy
**cygaro** cigar
**cyjanek** cyanide
**cykl** cycle
**cyklon** cyclone
**cykoria** chicory
**cylinder 1** cylinder **2** *(kapelusz)* top hat
**cyna** tin
**cynamon** cinnamon
**cyni-k/czka** cynic
**cynicznie** cynically
**cyniczny** cynical
**cynizm** cynicism
**cynk 1** zinc **2 dać komuś cynk** tip sb off
**cypel** headland
**cyrk** circus
**cysta** cyst
**cytadela** citadel
**cytat** citation, quotation, quote
**cytować** quote
**cytrusowy** citrus
**cytryna** lemon
**cywil** civilian
**cywilizacja** civilization
**cywilizować** civilize, civilise *BrE*
**cywilizowany** civilized
**cywilny 1** civil, civilian **2 stan cywilny** marital status **3 urzędni-k/czka stanu cywilnego** registrar
**czadowy** funky
**czaić czaić się (na kogoś/coś)** lie in wait (for sb/sth), lurk
**czajnik** kettle
**czapka 1** hat **2** *(z daszkiem)* cap
**czapla** heron
**czar 1** charm **2 rzucać czar na** cast a spell on/over
**czarnoksiężnik** magician, sorcerer
**czarnoskóry** black
**czarny 1** black **2 czarna dziura** black hole **3 czarna magia** black magic **4 czarna owca** black sheep **5 czarna porzeczka** blackcurrant **6 czarno na białym** in black and white **7 czarny charakter** villain **8 czarny rynek** black market **9 odkładać coś na czarną godzinę** save sth for a rainy day
**czarodziej** magician, wizard
**czarownica 1** witch **2 polowanie na czarownice** witch hunt
**czarujący** charming, alluring
**czary** magic, witchcraft
**czas 1** time **2** *(gramatyczny)* tense **3 cały czas** all the time **4 co jakiś czas** every so often **5 czas (coś zrobić)** it's time (to do sth) **6 czas dla drużyny** *(podczas meczu)* time out **7 czas przeszły** past tense, the past **8 czas przyszły dokonany** the future perfect **9 czas przyszły** the future tense **10 czas zaprzeszły** the past perfect **11 czas trwania** duration **12 czas wolny** free time, leisure, spare time **13 grać na czas** play for time **14 mieć bardzo mało czasu** be pushed for time **15 mieć czas** have (the) time **16 na czas** in (good)

time **17 nadszedł czas (na)** the time is ripe (for) **18 najwyższy czas** (it's) about time **19 od czasu do czasu** (every) now and then, now and again, from time to time, occasionally **20 podawać czas** tell the time *BrE*, tell time *AmE* **21 przed czasem** early **22 upływ czasu** the passage of time **23 w czasie** during **24 za moich/jej czasów** in my/her day

**czasami** sometimes

**czasem** sometimes

**czasochłonny** time-consuming

**czasopismo** magazine, journal, periodical

**czasownik 1** verb **2 czasownik modalny** modal verb **3 czasownik nieprzechodni** intransitive verb **4 czasownik przechodni** transitive verb **5 czasownik złożony** phrasal verb

**czaszka** skull

**cząsteczka** molecule, particle

**cząstka** fraction

**czcionka** font, type

**czek 1** cheque *BrE*, check *AmE* **2 czek podróżny** traveller's cheque **3 czek wystawiony na kogoś** cheque payable to sb **4 płacić czekiem** pay by cheque **5 wypisać komuś czek** make a cheque out to sb

**czekać 1** wait **2 czekać bezczynnie** wait around **3 czekać kogoś w przyszłości** lie ahead of sb, be in store for sb **4 kazać komuś czekać** keep sb waiting **5 poczekaj tylko** (just) you wait **6 poczekamy, zobaczymy** wait and see **7 to może poczekać** it can wait

**czekolada** chocolate

**czekoladka** chocolate

**czelność mieć czelność coś zrobić** have the cheek/gall/nerve to do sth

**czemu 1** how come? **2 czemu nie?** why not?

**czepek 1** bonnet **2 czepek kąpielowy** swimming cap

**czepiać się** find fault with, pick on

**czereśnia** cherry

**czerń** black

**czerpać 1 czerpać przyjemność/zadowolenie z czegoś** derive pleasure/satisfaction from sth **2 czerpać z** draw on sth

**czerstwy** stale

**czerwiec** June

**czerwienić się** redden

**czerwienieć** redden

**czerwień** red, redness

**czerwonka** dysentery

**czerwony** red

**czesać 1** comb **2 czesać się** do your hair

**czesne** tuition

**cześć 1** *(na powitanie)* hello, hi **2** *(na pożegnanie)* bye **3 na czyjąś cześć** in honour of sb, in sb's honour **4 oddawać cześć** worship

**często** often, frequently

**częstotliwość** frequency

**częstować 1** hand around **2 częstować się (czymś)** help yourself (to sth)

**częsty** frequent

**częściowo** partially, partly, in part

**częściowy** partial

**część 1** part **2 część mowy** part of speech **3 po części** in part **4 większa część czegoś** the best/better part of sth

**czkawka 1** hiccup **2 mieć czkawkę** hiccup, hiccough

**człekokształtny małpa człekokształtna** ape

**człon** *(statku kosmicznego)* module

**członek 1** member **2** *(męski)* penis

**członkostwo** membership

**człowieczeństwo** humanity

**człowiek 1** man, human **2 ktoś jest tylko człowiekiem** sb is only human

**czołg** tank

**czołgać się** crawl

**czoło 1** forehead, brow **2 na czele** in the vanguard **3 stawiać czoło** face, confront

**czołowo** head-on

**czosnek** garlic

**czterdziesty** fortieth

**czterdzieści** forty

**czternasty** fourteenth

**czternaście** fourteen

**cztery 1** four **2 rozmowa w cztery oczy** heart-to-heart

**czterysta** four hundred

**czubek** point, tip

**czucie 1** feeling, sensation **2 bez czucia** numb

**czuć 1** feel **2** *(zapach)* smell **3** *(smak)* taste **4 nie czuję stóp/nóg** my feet/legs are killing me

**czuć się 1** feel **2 czuć się lepiej** be better

**czujnik** sensor

**czujność** vigilance

**czujny** watchful, alert

**czule** affectionately, fondly, tenderly

**czułek** antenna, feeler

**czułostka** endearment
**czułość** fondness, tenderness
**czuły** **1** affectionate, tender **2** *(wrażliwy)* sensitive **3** **czułe miejsce** sore point/spot
**czupryna** mop
**czuwanie** vigil
**czwartek** Thursday
**czwarty** **1** fourth **2** **jedna czwarta** quarter
**czworaki** **na czworakach** on all fours
**czwórka** **1** *(cyfra, numer)* four **2** *(grupa ludzi)* foursome
**czy** **1** if, whether **2** *(lub)* or **3** **czy chciałbyś ...?** would you like ...? **4** **czy mógłbyś** could you possibly
**czyj** whose
**czyli** that is
**czyn** act, action, deed
**czynel** cymbal
**czynnie** actively
**czynnik** factor
**czynny** **1** active **2** **strona czynna** the active (voice)
**czynsz** rent
**czyrak** boil
**czystka** purge
**czysto** **śpiewać/grać czysto** sing/play in tune
**czysto** **zarabiać na czysto** take home, net
**czystość** cleanliness, purity
**czysty** **1** clean **2** *(niebo, powietrze)* clear **3** *(wełna)* pure **4** *(przypadek)* sheer **5** **czyste sumienie** clear conscience
**czyścić** **1** clean **2** **wy/czyścić chemicznie** dry-clean
**czyściec** purgatory
**czytać** **1** read **2** **czytać między wierszami** read between the lines **3** **czytać z ruchu warg** lip-read
**czytanie** reading
**czytelnie** legibly
**czytelnik** reader
**czytelny** legible, readable
**czyżby?** really?

# Ćć

**ćma** moth
**ćpun/ka** junkie
**ćwiartka** fourth, quarter
**ćwiczenie** exercise
**ćwiczyć** exercise, practise *BrE* practice *AmE*
**ćwiek** stud
**ćwierć** quarter
**ćwierćfinał** quarterfinal
**ćwierkać** chirp, twitter

# Dd

**dach** roof, rooftop
**dachówka** (roof) tile
**daktyl** date
**dal** **1** **skok w dal** long jump **2** **z dala od** away from
**dalej** **1** further **2** *(w przestrzeni)* farther **3** **dalej coś robić** go on doing sth **4** **I tak dalej** and so on/forth **5** **dalej!** come on!
**daleki** distant, faraway
**daleko** **1** far **2** **daleko idący** sweeping **3** **ktoś daleko zajdzie** sb will/should go far **4** **trzymać się z daleka** keep your distance
**dalekosiężny** far-reaching
**dalekowschodni** Oriental
**dalekowzroczny** farsighted
**dalmatyńczyk** dalmatian
**dalszy** **1** further **2** *(w przestrzeni)* farther **3** **dalszy ciąg** sequel **4** **usuwać się na dalszy plan** take a back seat
**daltonista** **być daltonistą** be colour blind
**daltonizm** colour blindness
**dama** **1** lady **2** **pierwsza dama** first lady
**dane** **1** data **2** **dane wejściowe** input
**danie** **1** course **2** **danie dnia** special **3** **danie główne** main course **4** **karta dań** menu **5** **szybkie dania** fast food
**dany** given
**dar** gift
**daremnie** in vain, vainly
**daremność** futility
**daremny** **1** futile **2** **daremna próba/nadzieja** vain attempt/hope
**darmo** **1** **na darmo** for nothing **2** **za darmo** (for) free
**darmowy** free, complimentary
**darń** turf
**darować** **darować komuś (winę)** let sb off
**darowizna** donation
**darzyć** **darzyć kogoś wielkim szacunkiem** hold sb in high esteem
**daszek** *(czapki)* peak, visor
**data** **1** date **2** **data przydatności do spożycia** sell-by date **3** **data ważności** sell-by date
**datek** contribution, donation
**datować** date
**dawać** **1** give **2** **dawać komuś spokój** leave sb alone **3** **dawać komuś znać** let sb know **4** **dawać z siebie wszystko** do/try your best
**dawca** **1** donor **2** **dawca krwi** blood donor

**dawka** dose, dosage
**dawkowanie** dosage
**dawno** a long time ago
**dawny** old
**dąb** **1** oak **2** **stawać dęba** *(o koniu)* rear (up)
**dąsać się** sulk
**dążenie** **dążenie do** pursuit of
**dążyć** **dążyć do** aim at, strive for
**dbać** care
**dealer** dealer
**debata** debate
**debatować** **debatować (nad)** debate
**debel** doubles
**debet** **1** overdraft **2** **mieć debet** be in the red, be overdrawn
**debil/ka** moron
**debilny** moronic
**debiut** debut
**decentralizacja** decentralization
**decentralizować** decentralize, decentralise *BrE*
**dech** **1** breath **2** **bez tchu** breathless **3** **komuś brakuje tchu** sb is short of breath **4** **nie móc złapać tchu** be out of breath **5** **z zapartym tchem** with bated breath **6** **zapierać dech (w piersiach)** take your breath away **7** **zapierający dech** breathtaking
**decybel** decibel
**decydować** **1** **decydować (się)** decide, make up your mind **2** **decydować się na coś** decide on sth
**decydujący** decisive
**decyzja** **1** decision **2** **podjąć decyzję** make/take/come to a decision
**dedukcja** deduction
**dedykacja** dedication
**dedykować** dedicate
**defekt** defect
**defensywa** **w defensywie** on the defensive
**defensywny** defensive
**deficyt** deficit
**defilada** parade
**defilować** parade
**definicja** definition
**definiować** define
**deformacja** deformity
**defraudacja** embezzlement
**defraudować** defraud, embezzle
**degenerat/ka** degenerate
**degradacja** **1** degradation **2** *(pracownika)* demotion
**degradować** demote, downgrade, relegate
**dekada** decade
**dekadencja** decadence
**dekadencki** decadent
**deklamować** recite
**deklaracja** declaration
**deklarować** declare
**dekolt** *(sukienki itp.)* neckline
**dekoracja** **1** decoration **2** **dekoracje** *(w teatrze)* scenery
**dekoracyjnie** decoratively
**dekoracyjny** decorative
**dekorować** decorate
**dekret** decree
**delegacja** delegation
**delegat/ka** delegate
**delegować** delegate
**delektować się** savour *BrE*, savor *AmE*
**delfin** dolphin
**delikates** delicacy
**delikatesy** delicatessen
**delikatnie** **1** delicately, softly **2** **delikatnie mówiąc** to put it mildly, to say the least
**delikatność** delicacy
**delikatny** **1** delicate, fragile **2** *(subtelny)* gentle
**delta** delta
**demaskować** expose
**dementi** disclaimer
**demobilizujący** demoralizing
**demograficzny** **1** demograficzny **2** **eksplozja demograficzna** population explosion
**demokracja** democracy
**demokrat-a/ka** democrat
**demokratycznie** democratically
**demokratyczny** democratic
**demon** demon
**demoniczny** demonic
**demonstracja** demonstration
**demonstrować** demonstrate
**demontować** dismantle
**denerwować** **1** annoy, irritate **2** **denerwować się** be nervous, have butterflies (in your stomach)
**denerwujący** annoying, irritating
**dentyst-a/ka** dentist
**dentystyczny** dental
**depesza** **1** telegram, cable, dispatch, wire *AmE* **2** **nadawać depeszę (do)** cable
**depeszować** wire
**deportacja** deportation
**deportować** deport
**depresja** depression
**deptać** trample, tread
**deseń** design, pattern
**deser** dessert, pudding *BrE*
**deska** **1** board, plank **2** **deska do prasowania** ironing board **3** **deska podłogowa** floorboard **4** **deska surfingowa** surfboard **5** **zabijać deskami** board sth up

**deskorolka** skateboard
**desperacja** desperation
**desperacki** desperate
**despot-a/ka** despot
**despotyczny** despotic
**destruktywny** destructive
**destylacja** distillation
**destylować** distil
**desygnować** designate
**deszcz** **1** rain **2** **deszcz ze śniegiem** sleet **3** **kropla deszczu** raindrop **4** **kwaśny deszcz** acid rain **5** **pada deszcz** it is raining **6** **przelotny deszcz** shower **7** **wyrastać jak grzyby po deszczu** spring up
**deszczowy** **1** showery, wet **2** **deszczowy dzień/pogoda** rainy day/weather **3** **tropikalny las deszczowy** rain forest
**detal** detail
**detaliczny** **sprzedaż detaliczna** retail
**detektyw** detective
**detergent** detergent
**determinacja** determination, drive
**detonacja** detonation
**detonator** detonator
**detonować** detonate
**dewaluacja** devaluation
**dewaluować (się)** devalue
**dewastować** vandalize, vandalise *BrE*
**dewiacja** deviation
**dewizowy** **kurs dewizowy** exchange rate
**dewizy** exchange
**dezaprobata** **1** disapproval **2** **wyrazić dezaprobatę dla czegoś** give sth the thumbs down
**dezercja** desertion
**dezerter/ka** deserter
**dezerterować** desert
**dezintegracja** disintegration
**dezodorant** deodorant
**dezorganizacja** disorganization
**dezorientacja** confusion, disorientation
**dezorientować** confuse
**dezynfekcja** disinfection
**dezynfekować** disinfect
**dęty** **instrumenty dęte** *(blaszane)* the brass (section)
**diabeł** **1** devil **2** **idź do diabła!** go to hell!
**diagnostyczny** diagnostic
**diagnoza** diagnosis
**diagnozować** diagnose
**diagram** diagram
**dialekt** dialect
**dialog** dialogue *BrE*, dialog *AmE*
**diament** diamond
**dieta** **1** diet **2** **być na diecie** be on a diet
**dinozaur** dinosaur
**dla** for
**dlaczego** why
**dlatego** **1** **dlatego (też)** therefore **2** **tylko dlatego, że ...** just because ...
**dłoń** palm
**dług** debt
**długi** long
**długo** long, for a long time
**długodystansowy** long-distance
**długofalowy** long-term
**długopis** (ballpoint) pen
**długość** **1** length **2** **długość geograficzna** longitude
**długoterminowy** long-range, long-term
**długotrwały** long-standing, prolonged
**długowieczność** longevity
**dłuto** chisel
**dłużni-k/czka** debtor
**dmuchać** blow
**dno** **1** bottom, bed **2** **bez dna** bottomless **3** **dno morskie** seabed **4** **dno oceanu** ocean floor
**do** **1** to, towards **2** *(do wnętrza)* into **3** **(aż) do** till, until **4** **do piątku** by Friday **5** **do tyłu** back **6** **do widzenia** goodbye
**doba** day
**dobijać** **1** *(psychicznie)* tear apart **2** *(do brzegu)* dock
**dobitny** emphatic
**dobosz** drummer
**dobranoc** good night
**dobrany** compatible
**dobro** **1** good, welfare **2** **dla czyjegoś własnego dobra** for sb's own good
**dobrobyt** prosperity
**dobroczynny** **1** **impreza na cele dobroczynne** benefit **2** **organizacja dobroczynna** charity
**dobroczyńca** benefactor
**dobroć** goodness, kindness
**dobroduszny** good-humoured *BrE*, good-humored *AmE*
**dobrodziejstwo** blessing
**dobrowolnie** voluntarily
**dobrowolny** voluntary
**dobry** **1** good **2** *(uprzejmy)* good, kind **3** **dobra strona** compensation **4** **dobra wola** goodwill **5** **dobry wieczór** good evening **6** **na dobre i na złe** through thick and thin **7** **w dobrych rękach** in safe hands **8** **w dobrym stanie** sound **9** **wyjść na dobre** be (all) for the best
**dobrze** **1** well **2** **dobrze!** all right!, good!, OK! **3** **dobrze mu tak** it serves him right **4** **dobrze odżywiony** well-fed

5 **dobrze płatny** well-paid 6 **dobrze po/przed** well after/before 7 **dobrze poinformowany** well-informed 8 **dobrze prosperować** do well 9 **dobrze strzeżony** well-kept 10 **dobrze ubrany** well-dressed 11 **dobrze utrzymany** well-kept 12 **dobrze wychowany** well-brought-up 13 **dobrze, że** it's just as well (that), it's a good thing (that) 14 **no dobrze** very well

**dobytek** belongings, effects, possessions

**doceniać** 1 appreciate 2 **docenić kogoś za coś** give sb credit for sth 3 **nie doceniać** underestimate, devalue

**dochody** income, revenue

**dochodzenie** 1 inquiry, investigation 2 *(przyczyny zgonu)* inquest 3 **po/prowadzić dochodzenie w sprawie** investigate

**dochodzić** 1 inquire into 2 **dochodzić do siebie** recover 3 **dochodzić do wniosku** conclude 4 **dochodzić skądś** *(o zapachu itp.)* emanate from sth 5 **dojście do władzy** rise to power 6 **nie dochodzić do skutku** fall through

**dochować** **dochować tajemnicy** keep a secret

**dochód** 1 income 2 *(z imprezy)* proceeds

**dociekliwy** inquiring, inquisitive

**docierać** 1 reach 2 **docierać do kogoś** *(przenośnie)* sink in 3 **nie docierać do kogoś** be lost on sb

**doczekać się** **nie móc się (czegoś) doczekać** can't wait (to do sth), be eager/impatient to do sth

**dodatek** 1 addition, extra 2 *(konserwujący, barwiący itp.)* additive 3 **dodatek smakowy** flavouring *BrE*, flavoring *AmE* 4 **dodatek za obsługę** service charge 5 **w dodatku** further, then 6 **ze wszystkimi dodatkami** with all the trimmings

**dodatkowo** additionally, extra

**dodatkowy** 1 additional, extra 2 **dodatkowy element wyposażenia** *(np. samochodu)* accessory

**dodatni** positive

**dodawać** 1 add (up) 2 **dodawać gazu** put your foot down

**dodawanie** addition

**dodzwonić się** get through

**dogadzać** **dogadzać sobie** indulge yourself

**doganiać** **doganiać kogoś/coś** catch up with sb/sth, gain on sb/sth

**doglądać** tend

**dogłębnie** in depth

**dogłębny** in-depth

**dogmat** dogma

**dogmatycznie** dogmatically

**dogmatyczny** dogmatic

**dogodnie** conveniently

**dogodny** convenient

**doić** milk

**dojazdowy** **droga dojazdowa** drive

**dojeżdżać** *(do pracy)* commute

**dojrzałość** maturity, ripeness

**dojrzały** mature, ripe

**dojrzewać** mature, ripen

**dojrzewanie** 1 **dojrzewanie płciowe** puberty 2 **okres dojrzewania** adolescence

**dojście** access, approach

**dojść** **dojść do siebie** recover, bounce back

**dokądś** somewhere

**dokładnie** 1 exactly, precisely, accurately 2 *(badać itp.)* thoroughly 3 **dokładnie naprzeciw/przed** directly opposite/in front

**dokładność** accuracy, precision, exactness

**dokładny** accurate, exact, precise

**dokonanie** feat

**dokonany** 1 **czas dokonany** the perfect (tense) 2 **czas przyszły dokonany** the future perfect

**dokonywać** effect

**dokończyć** finish (up), finish off

**doktor** doctor

**doktorat** doctorate

**doktryna** doctrine

**dokuczać** 1 tease, pick on 2 **dokuczać komuś** give sb a hard time

**dokuczliwy** nagging, tiresome

**dokument** document

**dokumentacja** documentation

**dokumentalny** **film dokumentalny** documentary

**dolać** **dolać (do pełna)** top up

**dolar** dollar

**dolegliwość** ailment, complaint

**dolina** valley

**dolny** lower

**dołączać** attach

**dołeczek** *(w brodzie, policzku)* dimple

**dom** 1 *(budynek)* house 2 *(mieszkanie)* home 3 **czuć się jak (u siebie) w**

**domu** be/feel at home **4 do domu** home, homeward **5 dom pogrzebowy** funeral home **6 dom publiczny** brothel **7 dom starców** old people's home **8 dom studencki** hall of residence *BrE*, dormitory *AmE* **9 dom towarowy** department store, superstore **10 od domu do domu** door to door **11 poza domem** out **12 w domu dziecka** in care *BrE* **13 w domu** indoors **14 w domu** (at) home

**domagać się** demand, insist, call for

**domek** cottage, lodge

**domena** domain

**dominacja** domination

**domino 1** dominoes **2 kostka domino** domino

**dominować** dominate, predominate, rule

**dominujący** dominant, predominant

**domniemanie** presumption

**domownik** household member

**domowy 1** home, household, indoor **2** *(zwierzę)* domestic **3 domowej roboty** homemade

**domysł** speculation

**domysły** guesswork

**domyślny** default

**donacja** endowment

**doniczka** flowerpot, pot

**doniesienie 1** dispatch **2 ostatnie doniesienia** update

**doniosły** momentous

**donosiciel/ka** informer

**donosić 1 donosić (o)** report **2 donosić na kogoś** inform against/on sb

**dookoła** about, around

**dopasowywać** match, adjust, tailor

**dopełnienie** object

**dopiero 1** just, only **2 a to dopiero!** fancy/fancy that! **3 dopiero co** just now, only just

**dopilnować** ensure, see to

**dopingować** cheer on, urge on

**dopływ** tributary

**dopracować dopracować szczegóły** tie up the loose ends

**doprawiać** season

**doprowadzać doprowadzać kogoś do szału** drive sb crazy/mad

**doprowadzić 1 doprowadzić do czegoś** lead to sth, result in sth **2 doprowadzić do końca** carry through, go through with, see through

**dopuszczać 1 nie dopuszczać** exclude **2 nie dopuszczać, żeby ktoś coś zrobił** keep sb from doing sth

**dopuszczalny** admissible, permissible

**dorad-ca/czyni** consultant

**doradca** adviser, aide

**doradczy** advisory

**dorastać** grow up

**doręczać** deliver

**dorocznie** annually

**doroczny** annual

**dorosły 1** adult, grown-up **2 dorosły mężczyzna/dorosła kobieta** grown man/woman

**dorośleć** mature

**dorównywać 1** compare with, match, rival **2 dorównywać czemuś** match up to something **3 nie dorównywać** be no match for

**dorsz** cod

**dorywczy 1** ad hoc, casual **2 prace/zajęcia dorywcze** odd jobs

**dorzecze** basin

**dorzucać** throw in

**dosiadać** *(konia itp.)* mount

**dosięgać** can reach, reach

**doskonale** perfectly

**doskonalić** perfect

**doskonałość** perfection

**doskonały** excellent, perfect

**dosłownie 1** literally **2 nie dosłownie** not in so many words

**dosłowny** literal

**dosłyszeć nie dosłyszeć czegoś** not catch sth

**dostać 1** get **2 dostać coś w swoje ręce** lay (your) hands on sth

**dostarczać** deliver

**dostatecznie** satisfactorily

**dostateczny** satisfactory

**dostatek 1** affluence, comfort **2 pod dostatkiem** plenty

**dostawa** delivery, consignment

**dostawać** get

**dostawca** contractor, supplier

**dostęp** access

**dostępność** accessibility, availability

**dostępny** accessible, available

**dostojeństwo** dignity

**dostojny** dignified

**dostosowywać się** fit in

**dostrzec** catch sight of

**dostrzegać** perceive

**dostrzegalny** distinguishable, perceptible

**dosyć 1** enough **2 mieć dosyć (czegoś)** have had enough (of sth) **3 mieć czegoś (serdecznie) dosyć**

be tired of sth, be sick (and tired) of sth

**dość** **1** fairly, quite, rather **2** **mam już dość** I've had it **3** **mieć czegoś dość** be fed up with sth, could do without sth **4** **nie dość, że ...** it is bad/difficult/hard enough that ...

**doświadczać** experience

**doświadczenie** **1** experience **2** *(eksperyment)* experiment **3** **brak doświadczenia** inexperience **4** **robić doświadczenia** experiment

**doświadczony** experienced, practised *BrE*, practiced *AmE*

**dotacja** grant, subsidy

**dotąd** **1** **jak dotąd** so far, as yet **2** **najlepszy/najszybszy jak dotąd** best/fastest yet

**dotkliwie** acutely, painfully

**dotkliwy** acute

**dotknąć** *(o klęsce żywiołowej itp.)* hit

**dotknięty** **być dotkniętym** be stung (by)

**dotować** subsidize, subsidise *BrE*

**dotrzeć** **dotrzeć do** reach, get through to

**dotrzymać** **1** **dotrzymać obietnicy/terminu spotkania** keep a promise/appointment **2** **nie dotrzymać** go back on

**dotrzymywać** **1** **dotrzymywać komuś towarzystwa** keep sb company **2** **dotrzymywać obietnicy** keep a promise

**dotychczas** so far

**dotyczyć** **1** concern, involve **2** **nie dotyczyć** have/be nothing to do with

**dotyk** touch, feel

**dotykać** **1** touch, feel **2** *(o nieszczęściu)* affect, afflict

**dowcip** joke

**dowcipny** humorous, witty

**dowiedzieć się** find out, learn, hear

**dowierzać** **nie dowierzać** distrust, doubt

**dowody** evidence

**dowodzić** **1** *(sprawować dowództwo)* command **2** *(udowadniać)* prove, demonstrate

**dowolny** any, any given

**dowód** **1** a piece of evidence, proof **2** **dowód tożsamości** ID, identification

**dowódca** commander

**dowództwo** command

**dozgonny** undying

**doznawać** experience

**dozor-ca/czyni** **1** caretaker, custodian, watchman **2** **dozorca w zoo** zookeeper

**dozownik** dispenser

**dozwolony** permitted, permissible

**dożyć** **dożyć sędziwego wieku** live to a ripe old age

**dożywocie** life imprisonment

**dół** **1** bottom, pit **2** *(strony)* foot **3** **na dole** down, downstairs **4** **na dół** down, downstairs **5** **od góry do dołu** from top to bottom **6** **w dół** down, downwards **7** **w dół zbocza** downhill **8** **w dół rzeki** downstream

**drabina** **1** ladder **2** *(składana)* stepladder

**dramat** drama

**dramatopisa-rz/rka** dramatist, playwright

**dramaturg** dramatist, playwright

**dramatycznie** dramatically

**dramatyczny** dramatic

**dramatyzować** dramatize, dramatise *BrE*

**drapacz** **drapacz chmur** skyscraper

**drapać (się)** scratch

**drapieżnik** predator

**drapieżny** **1** predatory **2** **ptaki/zwierzęta drapieżne** birds/beasts of prey

**drastycznie** drastically

**drastyczny** drastic

**drażliwość** irritability

**drażliwy** **1** irritable, sensitive **2** **drażliwy temat/kwestia** touchy subject/question

**drażniący** irritating

**drażnić** **1** irritate **2** **drażnić kogoś** rub sb up the wrong way

**drążek** **drążek sterowy** joystick

**drążyć** hollow out

**dres** tracksuit *BrE*, sweat suit *AmE*

**dreszcz** chill, shudder

**dreszczowiec** thriller

**dreszczyk** **dreszczyk emocji** thrill

**drewniak** clog

**drewniany** wooden

**drewno** **1** wood **2** *(budowlane)* timber *BrE*, lumber *AmE*

**dręczenie** harassment

**dręczyć** harass, torment

**drętwieć** *(o kończynie)* go to sleep

**drgać** vibrate, twitch

**drganie** vibration

**drink** **1** drink **2** **mocny drink** a stiff drink

**drobiazg** **1** **drobiazgi** odds and ends **2** **(ależ to) drobiazg** it was nothing

**drobiazgowo** meticulously
**drobiazgowy** meticulous, fastidious
**drobina** particle
**drobne** change, small change
**drobniutki** minute
**drobno** finely
**drobnostka** trifle
**drobnoustrój** microorganism
**drobny** **1** *(deszcz, ziarno)* fine **2** *(błahy)* minor, petty **3** **drobny druk** fine print
**droga** **1** road, path **2** *(trasa)* way, route **3** **być na prostej drodze do** be heading for **4** **być w drodze** be on its/his etc way **5** **droga dojazdowa** drive, driveway **6** **droga główna** main road **7** **droga gruntowa** track **8** **na drodze do sukcesu/wyzdrowienia** on the road to success/recovery **9** **stać komuś na drodze** be in the way/in sb's way **10** **po drodze** on my/your etc way **11** **schodzić/zejść komuś z drogi** keep/stay out of sb's way **12** **w połowie drogi** midway **13** **z drogi!** mind out! **14** **zagradzać komuś drogę** bar sb's way
**drogeria** chemist's *BrE*, drugstore *AmE*
**drogi** **1** *(kosztowny)* expensive **2** *(kochany)* dear
**drogocenny** precious
**drogowskaz** signpost
**drozd** thrush
**drożdże** yeast
**drób** poultry
**dróżka** lane, path
**drugi** **1** second **2** *(z dwóch)* the other, the latter **3** **(godzina) druga** two (o'clock) **4** **co drugi dzień/tydzień** every other day/week, alternate days/weeks **5** **druga klasa** second class **6** **druga osoba** the second person **7** **drugie śniadanie** packed lunch **8** **drugiej kategorii** second-class **9** **jeden po drugim** one after the other, one after another, one by one **10** **miejsce/bilet/wagon drugiej klasy** second-class seat/ticket/carriage **11** **po drugie** secondly **12** **po pierwsze/drugie** in the first/second place **13** **z drugiej ręki** secondhand **14** **z drugiej strony** on the other hand, then/there again **15** **zająć drugie miejsce** come in second **16** **zdobyw-ca/czyni drugiego miejsca** runner-up
**drugorzędny** secondary, subsidiary
**druhna** *(na ślubie)* bridesmaid
**druk** **1** print **2** **drobny druk** fine print **3** **iść do druku** go to press
**drukarka** printer
**drukarski** **1** printing **2** **prasa drukarska** printing press
**drukarz** printer
**drukować** **1** print **2** *(na drukarce komputerowej)* print off/out
**drukowany** **drukowane litery** block letters
**drut** **1** wire **2** *(do robót ręcznych)* knitting needle **3** **drut kolczasty** barbed wire **4** **robić na drutach** knit
**druzgocący** devastating
**drużba** *(na ślubie)* best man
**drużyna** team
**drwić** sneer, jeer
**dryblować** dribble
**dryfować** be adrift, drift
**dryfowanie** drift
**drzazga** splinter
**drzeć (się)** **1** tear, rip **2** **drzeć koty (z kimś)** be at loggerheads (with sb) **3** **drzeć na kawałki** tear up
**drzemać** doze, nap, snooze
**drzemka** nap, snooze
**drzewce** shaft
**drzewo** **1** tree **2** **drzewo iglaste** conifer
**drzwi** **1** door **2** **drzwi oszklone** French window **3** **drzwi spustowe** trapdoor **4** **otworzyć drzwi** answer/get the door **5** **za drzwiami** at the door
**drżący** shaky, shivery
**drżeć** shake, shiver, tremble, quiver
**dubbingować** dub
**duch** **1** ghost, spirit **2** **podnosić na duchu** give a boost to **3** **podnoszący na duchu** heartening **4** **w duchu** inwardly
**duchowieństwo** clergy
**duchowny** **1** clergyman **2** **stan duchowny** the ministry
**duchowy** spiritual
**dudnić** rumble
**dudy** bagpipes
**duet** **1** *(utwór)* duet **2** *(zespół)* duo
**duma** pride
**dumnie** proudly
**dumny** **1** proud **2** **dumny z** proud of
**dupa** arse *BrE*, ass *AmE*
**duplikat** duplicate
**dur** **dur brzuszny** typhoid
**dur(owy)** major
**durszlak** strainer
**dusić** **1** *(człowieka)* strangle, smother, throttle **2** *(o dymie itp.)* choke **3** *(mięso, warzywa)* stew **4** **dusić się** suffocate
**dusza** **1** soul, spirit **2** **w**

**głębi duszy** deep down, at heart
**duszący** stifling
**duszek** fairy
**duszny** stuffy
**dużo** 1 *(z rzeczownikami policzalnymi)* many, a lot (of) 2 *(z rzeczownikami niepoliczalnymi)* much 3 **dużo szybciej/łatwiej** a lot quicker/easier
**duży** 1 big, large 2 **duża różnica/przepaść** a wide difference/gap 3 **duże prawdopodobieństwo** a strong chance/probability 4 **z dużą prędkością** at high speed
**dwa** 1 two 2 **dwa razy więcej (niż)** double the amount 3 **dwa razy** twice
**dwadzieścia** twenty
**dwanaście** twelve
**dwieście** two hundred
**dworzanin** courtier
**dworzec** station
**dwóchsetlecie** bicentenary
**dwór** 1 court 2 *(posiadłość)* manor 3 **na dworze** out, outdoors
**dwucyfrowy liczby dwucyfrowe** double figures
**dwuczęściowy** two-piece
**dwudziesty** 1 twentieth 2 **lata dwudzieste** the twenties
**dwujęzyczny** bilingual
**dwukierunkowy** two-way
**dwukropek** colon
**dwukrotnie** twice
**dwulicowy** two-faced
**dwunasty** 1 twelfth 2 **(godzina) dwunasta** twelve (o'clock) 3 **dwunasta część** twelfth
**dwuosobowy** *(pokój itp.)* double
**dwupoziomowy mieszkanie dwupoziomowe** maisonette
**dwurzędowy** double-breasted
**dwustronnie** bilaterally
**dwustronny** bilateral
**dwutlenek dwutlenek węgla** carbon dioxide
**dyby** the stocks
**dyg** curtsy
**dygać** curtsy
**dygnitarz** dignitary
**dygotać** quake, shudder
**dyktando** dictation
**dyktator/ka** dictator
**dyktatorski** dictatorial
**dyktatura** dictatorship
**dyktować** dictate
**dylemat** dilemma
**dyliżans** stagecoach
**dym** smoke
**dymiący** smoky
**dymić** smoke
**dymisja** resignation
**dynamicznie** dynamically
**dynamiczny** dynamic, high-powered
**dynamika** dynamics
**dynamit** dynamite
**dynamo** dynamo
**dynastia** dynasty
**dynastyczny** dynastic
**dyndać** dangle
**dynia** pumpkin
**dyplom** 1 diploma 2 **zdobywać kwalifikacje/dyplom** qualify
**dyplomacja** diplomacy
**dyplomat-a/ka** diplomat
**dyplomatycznie** diplomatically
**dyplomatyczny** diplomatic
**dyplomowany** qualified
**dyrektor** 1 director, manager 2 **dyrektor naczelny** managing director 3 **dyrektor szkoły** headmaster
**dyrektorka dyrektorka szkoły** headmistress
**dyrygent/ka** conductor
**dyrygować** conduct
**dyscyplina** discipline
**dysertacja** dissertation
**dysk** 1 disc *BrE*, disk *AmE* 2 *(w komputerze)* disk 3 *(do rzucania)* discus 4 **rzut dyskiem** discus 5 **twardy dysk** hard disk 6 **wypadnięcie dysku** slipped disc
**dyskdżokej** disc jockey *BrE*, disk jockey *AmE*
**dyskietka** diskette, floppy disk
**dyskoteka** disco
**dyskrecja** discretion
**dyskredytować** discredit
**dyskretnie** discreetly
**dyskretny** discreet, unobtrusive
**dyskryminacja** discrimination
**dyskryminować** discriminate against
**dyskusja** 1 debate, discussion 2 **bez dyskusji** without question
**dyskusyjny** debatable, open to dispute
**dyskutować** 1 **dyskutować (nad)** debate 2 **dyskutuje się nad czymś** sth is under discussion
**dyskwalifikacja** disqualification
**dyskwalifikować** disqualify
**dysleksja** dyslexia
**dyslektyczny** dyslexic
**dyspozycja być do czyjejś dyspozycji** be at sb's disposal
**dystans** 1 distance, detachment 2 **trzymać kogoś na dystans** keep/hold

sb at bay **3 zachowywać dystans** keep your distance
**dystansować dystansować się (od)** distance yourself (from)
**dystrybucja** distribution
**dystrybutor/ka** distributor
**dysydent/ka** dissenter, dissident
**dyszeć** pant
**dywan** carpet
**dywanik** rug
**dywidenda** dividend
**dywizja** division
**dywizjon** *(lotnictwa)* squadron
**dyżur mieć dyżur** be on call, be on duty
**dzban** pitcher
**dzbanek 1** jug, pot **2 dzbanek do herbaty** teapot
**dziać się 1** happen, go on **2 co się dzieje/stało?** what's the matter?
**dziadek 1** grandfather, granddad, grandpa **2 dziadek do orzechów** nutcracker, nutcrackers *BrE*
**dziadkowie** grandparents
**dział** department, division
**działacz/ka** activist
**działać 1** *(robić coś)* act **2** *(o urządzeniu)* work, run, function, be operational **3 działać komuś na nerwy** get on sb's nerves, grate on sb/grate on sb's nerves, jar on sb's nerves **4 działać na czyjąś korzyść** work in sb's favour **5 działać na czyjąś niekorzyść** work against sb
**działający** operative
**działalność 1** activity **2 prowadzić własną działalność** be self-employed
**działanie 1** action **2 działania wojenne** hostilities
**działka** allotment, plot
**działo** cannon
**dzianina** knitwear
**dziąsło** gum
**dzicz** wilderness
**dziczyzna** venison
**dzida** spear
**dziecięcy 1** child's, childish **2 pokój dziecięcy** nursery
**dziecinnie** childishly
**dziecinność** childishness
**dziecinny** childish, infantile
**dzieciństwo** childhood
**dziecko 1** child, kid **2 małe dziecko** baby, infant
**dziedzic** squire
**dziedzictwo** heritage
**dziedziczność** heredity
**dziedziczny** hereditary
**dziedziczyć** inherit
**dziedzina** area, field
**dziedziniec** courtyard
**dziekan** dean
**dzielenie 1** division **2 dzielenie wyrazów** hyphenation
**dzielić 1** divide **2** *(na mniejsze jednostki)* subdivide **3** *(wyrazy)* hyphenate **4 dzielić się** divide, share, split **5 dzielić coś (po)między** divide/distribute sth among
**dzielnica 1** district, quarter, borough **2 w bogatej dzielnicy** uptown
**dzielnie** bravely
**dzielny** brave
**dzieło 1** work **2 dzieło sztuki** work of art
**dziennie** daily
**dziennik** journal, log
**dziennika-rz/rka** journalist
**dziennikarstwo** journalism
**dzienny 1** daily **2 porządek dzienny** agenda
**dzień 1** day **2 całymi dniami** (for) days on end **3 dzień dobry** *(przed południem)* good morning, hello **4 dzień dobry** *(po południu)* good afternoon, hello **5 dzień roboczy** weekday **6 dzień w dzień** day after day, day in day out **7 parę dni temu** the other day **8 pewnego dnia** one day, someday **9 po dziś dzień** to this day **10 w biały dzień** in broad daylight **11 w dzień i w nocy** at all hours **12 w dzień** in the daytime **13 z dnia na dzień** day by day, overnight **14 za dnia** in the daytime
**dzierżawić** lease
**dzierżyć** wield
**dziesiątka 1** *(na tarczy)* bull's-eye **2 dziesiątki (czegoś)** dozens (of sth)
**dziesiątkować** decimate
**dziesiąty 1** tenth **2 jedna dziesiąta** tenth
**dziesięciocentówka** dime
**dziesięciolecie** decade
**dziesięć** ten
**dziesiętny** decimal
**dziewczyna 1** girl **2** *(przyjaciółka)* girlfriend
**dziewczynka** girl
**dziewiąty 1** ninth **2 (godzina) dziewiąta** nine (o'clock)
**dziewica** virgin
**dziewictwo 1** virginity **2 stracić dziewictwo** lose your virginity
**dziewiczy 1** virgin **2 dziewiczy lot/rejs** maiden flight/voyage
**dziewięć** nine
**dziewięćdziesiąt** ninety

**dziewięćdziesiąty** 1 ninetieth 2 **lata dziewięćdziesiąte** the nineties
**dziewiętnasty** nineteenth
**dziewiętnaście** nineteen
**dziewięćset** nine hundred
**dzięcioł** woodpecker
**dzięki** 1 thanks, cheers *BrE* 2 **dzięki Bogu** thank God/goodness/heavens 3 **dzięki czemuś/komuś** thanks to sth/sb
**dziękować** 1 thank 2 **dziękuję** thank you
**dzik** boar
**dziki** 1 wild 2 **dziki lokator** squatter 3 **mieszkać na dziko** squat
**dziko** wildly
**dzikus/ka** savage
**dziobać** peck, pick at
**dziobaty** *(twarz)* pockmarked
**dziób** 1 beak, bill 2 *(np. samolotu)* nose 3 *(statku)* bow, prow
**dzióbek** spout
**dzisiaj** today
**dzisiejszy** 1 present-day 2 **w dzisiejszych czasach** these days
**dziś** 1 today 2 **dziś wieczorem** tonight 3 **po dziś dzień** to this day
**dziura** 1 hole 2 *(w ubraniu)* tear 3 **czarna dziura** black hole 4 **szukanie dziury w całym** nitpicking
**dziurka** 1 *(od guzika)* buttonhole 2 **dziurka od klucza** keyhole
**dziurkacz** punch
**dziwactwo** idiosyncrasy, quirk
**dziwaczny** bizarre, weird, quirky
**dziwa-k/czka** freak, weirdo
**dziwić** 1 surprise 2 **dziwić się (czemuś)** wonder (at sth)
**dziwka** whore
**dziwnie** strangely, oddly, curiously
**dziwny** 1 strange, odd, curious, peculiar, funny 2 **dziwnym trafem** strangely/oddly/funnily enough 3 **nic dziwnego** no wonder
**dzwon** 1 bell 2 **od wielkiego dzwonu** once in a blue moon
**dzwonek** 1 bell 2 *(u drzwi)* doorbell
**dzwonić** 1 ring 2 *(o monetach itp.)* jingle 3 **dzwonić (do)** call, phone, telephone, ring up, call up *AmE* 4 **dzwonić do kogoś** give sb a call/ring
**dzwonnica** belfry
**dźgać** jab, prod, stab
**dźgnięcie** jab, stab
**dźwięczeć** sound
**dźwięk** sound
**dźwiękoszczelny** soundproof
**dźwiękowy** 1 acoustic, sonic 2 **efekty dźwiękowe** sound effects
**dźwig** crane
**dźwigać** lift, heave
**dźwignia** 1 lever 2 **dźwignia zmiany biegów** gear stick/lever *BrE*, gear shift *AmE*
**dżdżownica** earthworm
**dżem** jam
**dżentelmen** gentleman
**dżentelmeński** gentlemanly
**dżersej** jersey
**dżin** gin
**dżingiel** jingle
**dżins** denim, jeans
**dżojstik** joystick
**dżokej** jockey
**dżoker** joker
**dżudo** judo
**dżuma** plague
**dżungla** jungle

# Ee

**echo** 1 echo 2 **rozbrzmiewać/odbijać się echem** echo
**edukacja** education, schooling
**edukacyjny** educational
**edytor** **edytor tekstu** word processor
**efekt** 1 effect 2 **efekty dźwiękowe** sound effects 3 **efekty specjalne** special effects
**efektowny** showy
**egalitarny** egalitarian
**egalitarystyczny** egalitarian
**egalitaryzm** egalitarianism
**egocentryczny** egocentric
**egoist-a/ka** egotist
**egoistyczny** egotistic, selfish
**egoizm** egotism, selfishness
**egzamin** 1 examination, exam 2 **egzamin ustny** oral 3 **egzaminy końcowe** finals 4 **podchodzić do testu/egzaminu** take a test/exam
**egzaminator/ka** examiner
**egzekucja** execution
**egzekucyjny** **pluton egzekucyjny** firing squad
**egzekwować** enforce
**egzekwowanie** enforcement
**egzemplarz** copy
**egzorcysta** exorcist
**egzorcyzmować** exorcize, exorcise *BrE*
**egzotyczny** exotic

**egzystencja** existence
**ekipa** **1** crew **2** **ekipa poszukiwawcza** search party
**ekolog** **1** ecologist **2** *(obrońca środowiska)* environmentalist, conservationist **3** *(protestujący w obronie środowiska)* eco-warrior
**ekologia** ecology
**ekologicznie** ecologically
**ekologiczny** **1** ecological **2** *(przyjazny dla środowiska)* environmentally friendly, ecofriendly, green
**ekonomia** economics
**ekonomiczny** **1** economic **2** *(oszczędny)* economical
**ekonomist-a/ka** economist
**ekosystem** ecosystem
**ekran** screen
**ekscentry-k/czka** eccentric
**ekscentrycznie** eccentrically
**ekscentryczność** eccentricity
**ekscentryczny** eccentric
**ekscesy** excesses
**ekscytacja** excitement
**ekscytujący** exciting, thrilling
**ekskluzywny** exclusive, high-class, select
**eksmisja** eviction
**eksmitować** evict
**ekspansja** expansion
**ekspedient/ka** shop assistant *BrE*, sales clerk/ assistant *AmE*
**ekspedycja** expedition
**ekspert** expert
**eksperyment** experiment
**eksperymentalnie** experimentally
**eksperymentalny** experimental
**eksperymentować** experiment
**eksploatacja** exploitation, utilization
**eksploatować** exploit, utilize, utilise *BrE*
**eksplodować** explode
**eksploracja** exploration
**eksplozja** **1** explosion **2** **eksplozja demograficzna** population explosion
**eksponat** exhibit
**eksponować** display
**eksport** export
**eksporter** exporter
**eksportować** export
**eksportowy** **towar eksportowy** export
**ekspres** express
**ekspresowy** express
**ekstaza** ecstasy
**eksterminacja** extermination
**ekstra** extra
**ekstradycja** extradition
**ekstrakt** extract
**ekstrawagancja** extravagance
**ekstrawagancki** extravagant, flamboyant
**ekstrawerty-k/czka** extrovert
**ekstrawertyczny** extrovert
**ekstremalny** extreme
**ekstremist-a/ka** extremist
**ekstremistyczny** extremist
**ekstremizm** extremism
**ekstremum** extreme
**elastyczność** **1** elasticity, flexibility **2** **brak elastyczności** inflexibility
**elastyczny** **1** elastic, flexible **2** **mało elastyczny** inflexible
**elegancja** elegance
**elegancki** elegant, smart *BrE*
**elegancko** elegantly, smartly *BrE*
**elektorat** electorate
**elektroda** electrode
**elektron** electron
**elektronicznie** electronically
**elektroniczny** **1** electronic **2** **poczta elektroniczna** e-mail **3** **wysyłać pocztą elektroniczną** e-mail
**elektronika** electronics
**elektrostatyczny** **ładunek elektrostatyczny** static
**elektrownia** **1** power station **2** **elektrownia na wiatr** wind farm **3** **elektrownia wodna** hydroelectric power station
**elektryczność** electricity
**elektryczny** **1** electric, electrical **2** **krzesło elektryczne** the electric chair **3** **przewód elektryczny** flex *BrE*, cord *AmE*
**elektryk** electrician
**elektryzujący** electrifying
**element** element, ingredient
**elementarny** elementary, rudimentary
**elf** elf
**eliksir** potion
**eliminacja** elimination
**eliminacje** *(sportowe)* heat
**eliminować** eliminate
**elita** elite
**elitarny** elitist
**elokwencja** eloquence
**elokwentnie** eloquently
**elokwentny** eloquent, articulate
**emalia** enamel
**emancypacja** emancipation

**emancypować** emancipate
**embargo** embargo
**emblemat** emblem
**embrion** embryo
**emeryt/ka** (old age) pensioner, senior citizen
**emerytowany** retired
**emerytura** 1 (old age) pension, retirement 2 **odejście na emeryturę** retirement 3 **przechodzić na emeryturę** retire
**emigracja** 1 emigration 2 **przymusowa emigracja** exile
**emigrant/ka** emigrant, exile
**emigrować** emigrate
**emisja** discharge, emission
**emitować** *(program)* air, broadcast
**emitowanie** broadcasting
**emocja** 1 emotion 2 **wywołujący emocje** emotive
**emocjonalnie** emotionally
**emocjonalny** emotional
**empatia** empathy
**empiryczny** empirical
**encyklopedia** encyclopedia
**energia** 1 energy, power 2 **energia atomowa** atomic energy
**energicznie** briskly, energetically
**energiczny** brisk, energetic, vigorous
**enigmatyczny** enigmatic
**enklawa** enclave
**entuzjast-a/ka** enthusiast
**entuzjastycznie** enthusiastically
**entuzjastyczny** enthusiastic, ecstatic
**entuzjazm** enthusiasm, zest
**enzym** enzyme
**epicki** epic
**epidemia** epidemic
**epilepsja** epilepsy
**epilepty-k/czka** epileptic
**epilog** epilogue
**epitafium** epitaph
**epizod** episode
**epoka** 1 epoch 2 **epoka kamienna** the Stone Age
**epopeja** epic
**epos** epic
**era** era
**erekcja** erection
**erodować** erode
**erotycznie** erotically
**erotyczny** erotic
**erozja** erosion
**esej** essay
**esencja** 1 essence 2 *(przemówienia, artykułu)* the gist
**eskalacja** escalation
**eskapada** escapade
**Eskimos/ka** Eskimo
**eskimoski** Eskimo
**eskorta** escort
**eskortować** escort
**establishment** the Establishment
**estakada** flyover, overpass
**estetycznie** aesthetically
**estetyczny** aesthetic
**estetyka** *(nauka)* aesthetics
**estrada** 1 stage 2 *(w parku)* bandstand
**estradowy** **artyst-a/ka estradow-y/a** entertainer
**etap** 1 stage 2 *(podróży, wyścigu)* lap, leg
**etat** 1 **na cały etat** full-time 2 **na pół etatu** part-time
**eteryczny** ethereal
**etniczny** ethnic
**etos** ethos
**etycznie** ethically
**etyczny** ethical
**etyka** ethic, ethics
**etykieta** 1 *(dobre zachowanie)* etiquette 2 *(nalepka)* label
**etykietować** label
**etymologia** etymology
**etymologiczny** etymological
**eufemistyczny** euphemistic
**eufemizm** euphemism
**euforia** euphoria
**euro** *(waluta)* Euro
**Europej-czyk/ka** European
**europejski** 1 European 2 **Unia Europejska** European Union
**eutanazja** euthanasia
**ewakuacja** evacuation
**ewakuować** evacuate
**ewaluacja** evaluation
**ewangelia** gospel
**ewangelicki** evangelical
**ewentualnie** *(lub)* alternatively
**ewentualność** eventuality, contingency
**ewidentnie** 1 obviously, blatantly 2 **ewidentnie fałszywy/niesprawiedliwy** patently false/unfair
**ewidentny** evident, obvious, patent
**ewolucja** evolution
**ewolucyjny** evolutionary
**ewoluować** evolve

# Ff

**fabryka** factory
**fabrykować** fabricate
**fabularny** **film fabularny** feature film
**fabuła** plot
**facet** guy, bloke *BrE*, chap *BrE*
**fach** trade
**fachowiec** professional

**fachowo** expertly
**fachowość** professionalism
**fachowy** **1** expert, professional **2** **wiedza fachowa** expertise
**fair** **grać fair** play fair
**fajerwerki** fireworks
**fajka** **1** pipe **2** *(do nurkowania)* snorkel
**fajnie** great
**fajny** great
**faks** fax
**faksować** fax
**fakt** **1** fact **2** **literatura faktu** nonfiction **3** **po fakcie** with hindsight
**faktura** **1** texture **2** *(dokument)* invoice
**faktycznie** actually, in fact, effectively
**faktyczny** actual
**fakultatywny** optional
**fala** **1** wave **2** **długość fali** wavelength **3** **fala pływowa** tidal wave
**falbanka** **1** frill **2** **z falbankami** frilly
**falisty** rolling, wavy
**falować** wave
**falsyfikat** fake, forgery
**falujący** wavy
**fałda** fold, crease
**fałszerstwo** forgery
**fałszerz** forger
**fałszować** fake, falsify, forge
**fałszywie** falsely
**fałszywy** **1** counterfeit, false, fake **2** **fałszywy alarm** false alarm
**fan/ka** fan
**fanaty-k/czka** fanatic, freak
**fanatycznie** fanatically
**fanatyczny** fanatical
**fanatyzm** fanaticism
**fanfara** fanfare
**fantastycznie** fantastically
**fantastyczny** fantastic, fabulous, brilliant
**fantastyka** **fantastyka naukowa** science fiction, sci-fi
**fantazyjny** fancy
**fantom** phantom
**faraon** pharaoh
**farba** **1** paint **2** *(do włosów)* dye **3** **farby olejne** oils **4** **pudełko z farbami** paintbox
**farbować** **1** colour *BrE*, color *AmE*, dye **2** *(w praniu)* run
**farma** farm
**farmaceut-a/ka** pharmacist
**farmaceutyczny** pharmaceutical
**farmacja** pharmacy
**farmer** farmer
**farsa** farce, joke
**fartuch** apron
**fasada** facade
**fascynacja** fascination
**fascynować** fascinate
**fascynujący** fascinating, enthralling
**fasola** **1** bean **2** **fasola w sosie pomidorowym** *(z puszki)* baked beans
**fason** style
**faszyst-a/ka** fascist
**faszystowski** fascist
**faszyzm** fascism
**fatalny** disastrous, dismal, fatal
**fatum** doom
**faul** foul
**faulować** foul
**fauna** **1** fauna **2** **fauna i flora** wildlife
**faworyt/ka** favourite *BrE*, favorite *AmE*, front-runner
**faworyzować** favour *BrE*, favor *AmE*
**faza** phase
**federacja** federation
**federalny** federal
**feeria** **feeria światła/barw** a blaze of light/colour
**feldmarszałek** field marshal
**felietonist-a/ka** columnist
**feministka** feminist
**feministyczny** feminist
**feminizm** feminism
**fenomenalny** phenomenal
**ferie** vacation
**ferment** ferment
**fermentacja** fermentation
**fermentować** ferment
**festiwal** festival
**feudalizm** feudalism
**feudalny** feudal
**fiasko** fiasco
**figa** **1** fig **2** *(przenośnie)* nothing, zilch
**figi** briefs, panties
**figiel** **1** practical joke **2** **spłatać komuś figla** play a trick on sb
**figlarnie** playfully, mischievously
**figlarny** playful, mischievous
**figura** **1** figure, shape **2** *(w szachach)* piece **3** *(taneczna)* routine **4** **figura retoryczna** figure of speech
**figurować** figure
**fikcja** fiction
**fikcyjny** fictional, fictitious
**fikołek** somersault
**filantrop/ka** philanthropist, humanitarian
**filar** pillar
**filc** felt
**filet** fillet
**filia** **1** branch **2** *(przedsiębiorstwa)* subsidiary
**filigranowy** dainty
**filiżanka** cup, teacup

**film** 1 film, picture, movie *AmE* 2 *(kinowy)* motion picture 3 **film fabularny** feature film 4 **film niemy** silent film 5 **film pełnometrażowy** full-length film 6 **film rysunkowy** cartoon
**filmować** film, shoot
**filmowiec** filmmaker
**filmowy gwiazda filmowa** film star *BrE*, movie star *AmE*
**filologia** 1 philology 2 **filologia klasyczna** classics
**filozof** philosopher
**filozofia** philosophy
**filozoficznie** philosophically
**filozoficzny** philosophical
**filtr** filter
**finalist-a/ka** finalist
**finalizować** finalize, finalise *BrE*
**finał** 1 final 2 *(koncertu)* finale
**finanse** finance
**finansować** finance, fund
**finansowo** financially
**finansowy** 1 financial 2 **środki finansowe** finance, funding
**finisz** finish
**fiolet** purple
**fioletowy** purple, violet
**fiołek** violet
**fiord** fjord
**firma** 1 business, firm, concern 2 **prowadzić firmę** run a business
**firmowy** 1 corporate 2 **nazwa firmowa** brand name
**fizjologia** physiology
**fizjologiczny** physiological
**fizjoterapeut-a/ka** physiotherapist
**fizjoterapia** physiotherapy
**fizyczny** 1 physical 2 **pracownik fizyczny** blue-collar worker 3 **sprawność fizyczna** fitness
**fizyk** physicist
**fizyka** physics
**flaga** flag, banner
**flaming** flamingo
**flanela** flannel
**flegma** phlegm
**fleksja** inflection
**flesz** flash
**flet** 1 flute 2 **flet prosty** recorder
**flircia-rz/rka** flirt
**flirtować** flirt
**flora** flora
**flota** fleet
**flotylla** flotilla
**fluorek** fluoride
**fluorescencyjny** fluorescent
**fobia** phobia
**foka** seal
**folgować folgować sobie** indulge yourself
**folia** 1 foil, wrapper 2 **folia aluminiowa** tinfoil 3 **folia spożywcza** clingfilm
**folklor** folklore
**fonetycznie** phonetically
**fonetyczny** phonetic
**fonetyka** phonetics
**fontanna** fountain
**foremka** mould *BrE*, mold *AmE*
**forma** 1 form 2 *(odlewnicza itp.)* mould *BrE*, mold *AmE* 3 **forma do pieczenia** baking tin, pan *BrE* 4 **w dobrej/złej/kiepskiej formie** in good/bad/poor shape 5 **w formie** fit, in shape, in trim 6 **nie w formie** out of shape 7 **w szczytowej formie** at your/its etc best
**formacja** formation
**formalnie** 1 formally 2 **formalnie rzecz biorąc** technically
**formalność** formality
**formalny** formal
**format** format
**formatować** format
**formować** shape, form
**formularz** form, application form
**formułować** 1 phrase, word 2 **formułować inaczej** rephrase
**forsa** bread, dough
**forsowny** strenuous
**fort** fort
**forteca** fortress
**fortepian** 1 piano 2 *(koncertowy)* grand piano
**fortuna** fortune
**fortyfikacja** fortification
**fortyfikacje** fortifications
**forum** forum
**fosa** moat
**fosforan** phosphate
**fosforyzujący** luminous
**fotel** 1 armchair 2 **fotel bujany** rocking chair
**fotka** snap, snapshot
**fotograf** photographer
**fotografia** 1 *(zdjęcie)* photo, photograph 2 *(dziedzina)* photography
**fotograficzny** photographic
**fotografika** photography
**fotografować** photograph
**fotokopia** photocopy
**fotokopiarka** photocopier
**foyer** foyer
**fragment** 1 fragment 2 *(tekstu)* passage
**frajda** fun, kick
**frajer/ka** sucker, mug *BrE*
**frak** tailcoat, tails
**frakcja** faction
**frazes** platitude

**frekwencja** **1** attendance **2** *(wyborcza)* turnout
**fresk** fresco
**frędzel** **1** tassel **2** **frędzle** fringe
**front** **1** front **2** **linia frontu** the front line
**frontowy** front
**frustracja** frustration
**frustrować** frustrate
**frustrujący** frustrating
**fruwać** fly
**frytka** chip *BrE*, French fry *AmE*
**fryzjer/ka** **1** hairdresser **2** *(męski)* barber **3** **pójść do fryzjera** have your hair cut
**fryzura** haircut, hairdo, hairstyle
**fuj** ugh, yuck
**fujarka** pipe
**fundacja** foundation
**fundament** **1** foundation **2** **tworzyć fundamenty czegoś** lay the foundation for sth
**fundamentalist-a/ka** fundamentalist
**fundamentalizm** fundamentalism
**fundamentalnie** fundamentally
**fundamentalny** fundamental
**fundusz** **1** finances, fund **2** **fundusz powierniczy** trust **3** **gromadzenie funduszy** fund-raising **4** **gromadzić fundusze** raise funds
**funkcja** function
**funkcjonalny** functional
**funkcjonariusz/ka** officer
**funkcjonować** function
**funt** **1** pound, quid *BrE* **2** *(jednostka wagi)* pound, lb. **3** **funt szterling** sterling
**furgonetka** pickup (truck), van
**furia** fury
**furora** **zrobić furorę (wśród kogoś)** be a hit (with sb)
**fusy** dregs
**futbol** **1** football, soccer *BrE* **2** **futbol amerykański** American football
**futerkowy** furry
**futro** fur
**futurystyczny** futuristic
**fuzja** merger

# Gg

**gabinet** **1** office, study **2** *(rząd)* the Cabinet **3** **gabinet kosmetyczny** beauty salon *BrE*, beauty parlor *AmE* **4** **gabinet lekarski** surgery
**gad** reptile
**gadać** chat
**gadatliwy** chatty
**gadka** patter
**gafa** **1** blunder, gaffe **2** **popełnić gafę** blunder, put your foot in it
**gag** gag
**gaj** grove
**gala** gala, pageantry
**galaktyka** galaxy
**galaretka** jelly
**galeria** **1** gallery **2** **galeria sztuki** art gallery
**galon** *(= 4,54l w W. Brytanii; 3,78l w USA)* gallon
**galop** gallop
**galopować** gallop
**galwanizowany** galvanized
**gałązka** twig, sprig
**gałąź** branch
**gałka** **1** knob **2** **gałka oczna** eyeball
**gama** **1** array, gamut **2** *(w muzyce)* scale
**ganek** porch
**gang** gang
**gangrena** gangrene
**gangster** gangster
**ganiać** chase
**ganić** rebuke
**gapa** **pasażer/ka na gapę** stowaway
**gapić się** **gapić się (na)** stare (at), gape (at), gawk (at)
**garaż** garage
**garb** hump
**garbić się** hunch, slouch
**garbus** hunchback
**garderoba** **1** wardrobe **2** *(w teatrze)* dressing room **3** **część garderoby** article of clothing, garment
**gardło** **1** throat **2** **wąskie gardło** *(przenośnie)* bottleneck
**gardłowy** guttural
**gardzić** despise, scorn
**garnca-rz/rka** potter
**garncarski** **wyroby garncarskie** pottery
**garncarstwo** pottery
**garnek** pot
**garnitur** **1** suit **2** **garnitur damski** trouser suit
**garnizon** garrison
**garstka** a handful (of)
**garść** a handful (of)
**gasić** **1** extinguish, put out **2** *(papierosa)* stub out
**gasnąć** **1** go out **2** *(o silniku)* stall
**gastronomia** catering
**gastronomiczny** gastronomic
**gaśnica** (fire) extinguisher
**gatunek** **1** kind, sort **2** *(towaru)* brand **3** *(w biologii)* species **4** *(literacki)* genre **5** **gatunek zagrożony wymarciem** endangered species
**gaworzyć** gurgle
**gawron** rook

**gaz** **1** gas **2** **gaz łzawiący** teargas
**gaza** gauze
**gazeciarz** paperboy
**gazeta** newspaper, paper
**gazowany** carbonated, fizzy
**gaźnik** carburettor *BrE*, carburetor *AmE*
**gąbczasty** spongy
**gąbka** **1** sponge **2** **myć/ścierać gąbką** sponge
**gąsienica** caterpillar
**gąszcz** thicket
**gdakać** cluck
**gdy** **1** when **2** **(zawsze) gdy** if **3** **gdy tylko** as soon as
**gdyby** **1** if **2** **a gdyby tak ...?** what if ...? **3** **a gdyby** suppose, supposing **4** **na wypadek, gdyby** in case, on the off-chance
**gdyż** because, for
**gdzie** **1** where **2** **gdzie indziej** elsewhere **3** **gdzie u licha** wherever
**gdziekolwiek** anywhere, wherever
**gdzieniegdzie** here and there
**gdzieś** **1** somewhere, anywhere **2** **gdzieś indziej** somewhere else **3** **mam to gdzieś** I don't give a damn
**gehenna** ordeal
**gejzer** geyser
**gen** gene
**generacja** generation
**generalizacja** generalization
**generalizować** generalize, generalise *BrE*
**generalny** **próba generalna** dress rehearsal
**generał** general
**generować** generate
**genetycznie** genetically
**genetyczny** genetic
**genetyk** geneticist
**genetyka** genetics
**geneza** genesis
**genitalia** genitals
**geniusz** **1** genius, wizard **2** *(młodociany)* prodigy
**geograf/ka** geographer
**geografia** geography
**geograficzny** geographic
**geolog** geologist
**geologia** geology
**geologiczny** geological
**geometria** geometry
**geometryczny** geometric
**gepard** cheetah
**geriatryczny** geriatric
**gest** gesture
**gestykulować** gesticulate
**getto** ghetto
**gęba** **niewyparzona gęba** big/loud mouth
**gęsi** **gęsia skórka** goose pimples
**gęsiego** **1** in single file **2** **iść gęsiego** file
**gęstnieć** thicken
**gęsto** densely, thickly
**gęstość** density
**gęsty** dense, thick
**gęś** goose
**giełda** **1** exchange **2** **giełda papierów wartościowych** stock exchange, stock market
**giętki** flexible, pliable
**giętkość** flexibility
**gigantyczny** gigantic, giant, towering
**gilotyna** guillotine
**gimnasty-k/czka** gymnast
**gimnastyka** gymnastics, gym
**ginąć** **1** disappear **2** *(umierać)* perish
**ginekolog** gynaecologist *BrE*, gynecologist *AmE*
**ginekologia** gynaecology *BrE*, gynecology *AmE*
**ginekologiczny** gynaecological *BrE*, gynecological *AmE*
**gips** **1** plaster of Paris **2** **być w gipsie** be in plaster
**gipsowy** **opatrunek gipsowy** plaster cast
**girlanda** garland
**gitara** guitar
**gitarzyst-a/ka** guitarist, guitar player
**gladiator** gladiator
**glazura** glaze
**glazurować** glaze
**gleba** soil, earth, ground
**ględzenie** waffle
**ględzić** drone on, waffle
**glina** **1** clay **2** *(policjant)* copper *BrE*, cop *AmE*
**gliniarz** copper *BrE*, cop *AmE*
**globalny** **1** global **2** **globalne ocieplenie** global warming
**globus** globe
**glon(y)** algae
**gloryfikacja** glorification
**gloryfikować** glorify
**glukoza** glucose
**gładki** smooth
**gładko** smoothly
**gładkość** smoothness
**głaskać** stroke
**głaz** boulder, rock
**głębia** **1** depth **2** **w głębi duszy** deep down
**głęboki** **1** deep **2** *(przenośnie)* intense, profound
**głęboko** **1** deep **2** *(przenośnie)* deeply, intensely, profoundly **3** **spać głęboko** be fast/sound asleep, sleep soundly
**głębokość** **1** depth **2** **mieć 10 metrów głębokości** be 10 metres deep
**głodny** **1** hungry

**2 bardzo głodny** starved, starving
**głodować** go hungry, starve
**głodowy śmierć głodowa** starvation
**głodówka** hunger strike
**głodujący** starving
**głodzić** starve
**głos 1** call, say, voice, vote **2** *(prawo do własnego zdania)* say **3** *(w wyborach)* vote **4** *(krzyk zwierzęcia)* call **5 głos rozsądku/ doświadczenia** the voice of reason/experience **6 głos za** yes **7 na cały głos** at the top of your voice **8 na głos** aloud, out loud **9 oddawać głos** cast a vote **10 podnosić głos** raise your voice **11 różnica głosów** *(w głosowaniu)* margin **12 stracić głos** lose your voice **13 śpiewać na głosy** harmonize, harmonise *BrE*
**głosić** preach
**głosować** vote
**głosowanie 1** vote **2 głosowanie tajne** ballot **3 kartka do głosowania** ballot
**głośnik** loudspeaker, speaker
**głośno 1** loud, loudly **2** *(na głos)* out loud **3 głośno myśleć** think aloud **4 mów głośniej!** speak up!
**głośność** volume
**głośny 1** loud **2** *(hałaśliwy)* noisy
**głowa 1** head **2** *(umysł)* mind **3 ból głowy** headache **4 głowa państwa** head of state **5 łamać sobie głowę** rack your brain(s) **6 mamy to z głowy** it is out of the way **7 na głowie** on your mind **8 nad głową** over, overhead **9 nie stracić głowy** keep your head **10 postawiony na głowie** topsy-turvy **11 przychodzić do głowy** occur to sb, come/spring to mind, cross sb's mind **12 stracić głowę** lose your head **13 uderzać komuś do głowy** go to sb's head **14 w głowie mi się kręci** my head is swimming **15 w głowie się nie mieści** the mind boggles **16 wyleciało mi to z głowy** it slipped my mind **17 zawracać głowę** hassle **18 zwiesić głowę** hang your head
**głowica** warhead
**głowić się głowić się nad czymś** puzzle over sth
**głód** famine, hunger
**głównie** chiefly, mainly, mostly, principally
**główny 1** main, chief, principal **2 główną rolę w filmie gra ...** the film features ...
**głuchota** deafness
**głuchy 1** deaf **2** *(cisza)* dead
**głupi 1** foolish, stupid, dumb **2** *(błahy)* silly
**głupiec** fool
**głupio** foolishly
**głupkowaty** goofy
**głupota** foolishness, stupidity
**gmach** building, edifice
**gmina** borough
**gnać** race
**gnębiciel/ka** oppressor
**gnębić** oppress, victimize, victimise *BrE*
**gniazdko** *(elektryczne)* socket, power point *BrE*, outlet *AmE*
**gniazdo** nest
**gnicie** decay
**gnić** decay, rot
**gnida** nit
**gnieść (się)** crumple, crease, crush
**gniew** anger, wrath
**gniewać się 1 gniewać się (na kogoś)** be angry (at/ with sb) **2 już się nie gniewam** no hard feelings
**gniewać** anger, make angry
**gniewny** angry
**gnieździć się** nest
**gnój** dung, manure
**go** him, it
**gobelin** tapestry
**godło** emblem
**godność 1** dignity **2 pełen godności** dignified **3 uwłaczać czyjejś godności** be beneath you
**godny 1** worthy **2 godny pozazdroszczenia** enviable **3 godny pożądania** desirable **4 godny uwagi** notable, noteworthy
**godzić 1** balance, reconcile **2 godzić się z czymś** accept sth, come to terms with sth, reconcile/ resign yourself to sth
**godzina 1** hour **2** *(czas)* time **3 24 godziny na dobę** around the clock **4 całymi godzinami** (for) hours on end **5 co godzinę** hourly **6 godzina pierwsza/druga** one/two o'clock **7 godzina policyjna** curfew **8 godzina szczytu** rush hour, peak times **9 która jest godzina?** what's the time? **10 odkładać coś na czarną godzinę** save sth for a rainy day **11 po godzinach** after hours
**godzinowo** hourly
**godzinowy** hourly
**gofr** waffle
**gogle** goggles
**goić się** heal
**gol** goal
**golarka** razor, shaver

**golenie** 1 shaving 2 **płyn po goleniu** aftershave
**goleń** shin
**golf** 1 golf 2 *(sweter)* polo neck, turtleneck 3 **gracz w golfa** golfer
**golić (się)** shave
**gołąb(ek)** dove
**gołąb** pigeon
**goły** 1 naked 2 *(pusty)* bare 3 **gołym okiem** with/to the naked eye 4 **gołymi rękami** with your bare hands
**gong** gong
**gonić** chase, run after
**gorąco** *noun* heat
**gorąco** *adv* **jest gorąco** it is hot
**gorący** 1 hot 2 **gorąca dyskusja/debata** heated discussion/debate 3 **gorąca linia** hotline 4 **złapać kogoś na gorącym uczynku** catch sb red-handed
**gorączka** 1 fever 2 **mieć gorączkę** have/run a temperature
**gorączkowo** frantically
**gorączkowy** feverish, frantic, hectic
**gorączkujący** feverish
**gorczyca** mustard
**gorliwość** eagerness
**gorliwy** eager, keen, devout, avid
**gorset** corset
**gorszy** 1 worse, inferior 2 **mieć gorszy dzień/tydzień** have an off day/week
**gorycz** 1 bitterness 2 **z goryczą** bitterly
**goryl** gorilla
**gorzej** worse
**gorzelnia** distillery
**gorzki** 1 bitter 2 **gorzki uśmiech** a wry smile
**gorzko** bitterly
**gospoda** inn
**gospodarczo** economically
**gospodarczy** economic
**gospodarka** 1 economy 2 **gospodarka rolna** farming
**gospodarować** farm
**gospodarstwo** 1 **gospodarstwo rolne** farm 2 **zajęcia z gospodarstwa domowego** home economics
**gospodarz** 1 host 2 *(właściciel mieszkania)* landlord 3 **być gospodarzem** host
**gospodyni** 1 hostess 2 *(właścicielka mieszkania)* landlady 3 **gospodyni domowa** homemaker, housewife
**gosposia** housekeeper
**gościnność** 1 hospitality 2 **nadużywać czyjejś gościnności** outstay your welcome
**gościnny** hospitable
**gość** 1 guest, visitor 2 *(w restauracji)* diner
**gotować** 1 cook 2 *(wodę)* boil 3 **gotować się** cook, boil 4 **gotować na parze** steam
**gotowanie** cooking
**gotowość** readiness
**gotowy** 1 ready, all set 2 *(kupiony w sklepie)* ready-made 3 **być gotowym coś z/robić** be prepared to do sth, be willing to do sth
**gotówka** 1 cash, ready cash/money 2 **przepływ gotówki** cash flow 3 **płacić gotówką** pay cash
**goździk** 1 carnation 2 *(przyprawa)* clove
**góra** 1 mountain 2 *(np. bluzka)* top 3 **brać górę nad kimś** get the better of sb 4 **do góry nogami** upside down 5 **góra lodowa** iceberg 6 **na górę** up, upstairs 7 **na górze** up, upstairs 8 **od góry do dołu** from top to bottom 9 **patrzeć na kogoś z góry** look down your nose at sb 10 **pod górę** uphill 11 **w górę rzeki** up the river, upriver, upstream 12 **w górę** up, upward(s) 13 **w górze** over, overhead
**górka** **być z górki** be all downhill, be downhill all the way
**górnictwo** mining
**górnik** miner
**górny** 1 upper 2 *(najwyższy)* top 3 **górna granica** the upper limit
**górować** **górować (nad)** tower (over/above)
**górzysty** hilly, mountainous
**gówno** shit
**gra** 1 game, play 2 **gra planszowa** board game 3 **gra słów** play on words 4 **gra wideo** video game 5 **karta do gry** playing card 6 **salon gier** arcade
**grabić** plunder, loot
**grabie** rake
**grabież** looting, plunder
**grabieżca** looter
**gracja** grace, poise
**gracz** player
**grać** 1 play 2 *(o aktorze)* act, play 3 **grać na gitarze** play the guitar 4 **grać fair** play fair 5 **grać na czas** play for time 6 **grać na giełdzie** speculate 7 **grać na czyichś uczuciach** play on sb's emotions 8 **grać w karty** play cards
**grad** 1 hail 2 *(np. kamieni, kul)* shower 3 **pada grad** it hails
**gradobicie** hailstorm

**graffiti** graffiti
**grafik** graphic designer
**grafika 1** graphics **2 grafika użytkowa** graphic design
**grafit** *(w ołówku)* lead
**gram** gram, gramme
**gramatycznie** grammatically
**gramatyczny** grammatical
**gramatyka** grammar
**gramofon** record player, turntable
**gramolić się** clamber, climb
**granat 1** grenade **2** *(owoc)* pomegranate
**granatowy** navy blue
**granica 1** *(kraju)* border, frontier **2** *(miasta)* boundary **3** *(rozgraniczenie)* borderline **4** *(kres)* limit **5 do granic możliwości** to the utmost **6 w granicach przepisów/prawa** within the rules/the law **7 w pewnych granicach** within limits **8 za granic-ę/ą** abroad, overseas
**graniczny** borderline
**graniczyć graniczyć z** border on, verge on/upon
**granit** granite
**grant** grant
**grasować** prowl
**gratulacje** congratulations
**gratulować** congratulate
**grawerować** engrave
**grawitacja** gravity
**grawitacyjny 1** gravitational **2 pole grawitacyjne** gravitational field
**grejpfrut** grapefruit
**gremium** body, assembly
**grill 1** barbecue, grill **2 piec na grillu** barbecue
**grobla** dyke
**grobowiec** vault
**groch** pea
**gromada** flock, troop
**gromadzenie** accumulation
**gromadzić 1** accumulate, amass, hoard **2 na/gromadzić się** accumulate **3 z/gromadzić się** assemble, gather
**grosz 1** penny **2** *(w Polsce)* grosz **3 ani grosza** not a penny **4 bez grosza** penniless
**groszek** pea
**grota** grotto
**groteskowo** grotesquely
**groteskowy** grotesque
**groza 1** terror, awe **2 budzący grozę** formidable
**grozić** threaten
**groźba** menace, threat
**groźny** ferocious, forbidding, grim, menacing
**grób** grave, tomb
**grubiański** coarse, rude
**grubiaństwo** rudeness
**grubo** thickly
**gruboskórny** thick-skinned
**grubość 1** thickness **2 mieć 5cm/1m grubości** be 5cm/1m thick
**grubszy z grubsza** broadly
**gruby 1** thick **2** *(tłusty)* fat **3 gruba ryba** heavyweight
**gruchot stary gruchot** old banger
**gruczoł** gland
**grudzień** December
**grunt 1** soil **2 w gruncie rzeczy** in essence
**gruntownie** thoroughly, fully
**gruntowność** thoroughness
**gruntowny 1** thorough **2 gruntowna znajomość czegoś** an intimate knowledge of sth
**grupa 1** group **2** *(zespół muzyczny)* band **3 grupa krwi** blood group, blood type **4 grupa nacisku** lobby **5 grupa robocza** task force **6 grupa wiekowa** age group
**grupować** group
**gruszka** pear
**gruz 1** rubble **2 być w gruzach** be in ruins
**gruźlica** tuberculosis
**grymas** grimace
**grypa** influenza, flu
**gryzący** *(np. dym)* acrid
**gryzmolić** doodle, scrawl
**gryzmoły** doodle, scrawl
**gryzoń** rodent
**gryźć 1** bite **2** *(żuć)* chew, munch **3** *(kość)* gnaw
**grzałka** heater
**grzanka** toast
**grządka** bed
**grząski** boggy
**grzbiet 1** spine **2** *(górski)* ridge
**grzbietowy styl grzbietowy** backstroke
**grzebać 1** rummage, scrabble about/around **2 grzebać przy** mess around with
**grzebień 1** comb **2** *(np. na głowie ptaka)* crest
**grzech** sin
**grzechotka** rattle
**grzechotnik** rattlesnake
**grzecznie** politely
**grzeczność** politeness
**grzeczny** good, polite, well-behaved
**grzejnik** heater, fire *BrE*
**grzeszni-k/ca** sinner
**grzeszyć** sin
**grzęda** perch, roost
**grzęznąć** get/be bogged down

**grzmieć** 1 thunder 2 **grzmi** it thunders
**grzmot** thunder, a clap/roll of thunder
**grzmotnąć** thump
**grzyb** 1 fungus 2 *(jadalny)* mushroom 3 **wyrastać jak grzyby po deszczu** spring up
**grzywa** mane
**grzywka** fringe *BrE*, bangs *AmE*
**grzywna** fine
**gubernator** governor
**gubić** lose
**gulasz** stew
**guma** 1 rubber 2 **guma do żucia** chewing gum 3 **guma balonowa** bubble gum
**gumka** 1 rubber band, elastic band *BrE* 2 *(do mazania)* rubber *BrE*, eraser *AmE*
**gumowy** rubber
**guru** guru
**gust** 1 taste 2 **być w dobrym guście** be in good taste 3 **być w złym guście** be in bad/poor taste 4 **przypaść sobie do gustu** hit it off (with sb) 5 **zbyt jasny/mocny jak na czyjś gust** too bright/strong for your liking
**gustownie** tastefully
**gustowny** tasteful
**guwernantka** governess
**guz** 1 bump 2 *(nowotwór)* tumour *BrE*, tumor *AmE*
**guzek** lump
**guzik** button
**gwałciciel** rapist
**gwałcić** rape
**gwałt** rape
**gwałtownie** 1 violently, roughly, vehemently 2 *(szybko)* rapidly, steeply
**gwałtowność** violence
**gwałtowny** 1 violent, vehement 2 *(szybki)* rapid, steep, sharp
**gwar** bustle, clamour *BrE*, clamor *AmE*
**gwara** dialect
**gwarancja** 1 guarantee, warranty 2 **dawać gwarancję na** guarantee
**gwarantować** guarantee
**gwarny** bustling
**gwiazda** 1 star 2 *(figura gimnastyczna)* cartwheel 3 **gwiazda filmowa** film star, movie star 4 **spadająca gwiazda** shooting star
**gwiazdka** 1 (little) star 2 *(znak w tekście)* asterisk
**gwiazdorstwo** stardom
**gwiaździsty** starry
**gwint** thread
**gwizd** whistle
**gwizdać** 1 whistle, blow 2 *(na znak dezaprobaty)* boo
**gwizdek** whistle
**gwizdnąć** *(ukraść)* lift, pinch
**gwoździk** tack
**gwóźdź** nail
**gzyms** 1 *(budynku)* cornice 2 *(w skale)* ledge

# Hh

**habit** habit
**haczyk** 1 hook 2 *(przenośnie)* check
**haczykowaty** hooked
**Hades** underworld
**haft** embroidery
**haftować** embroider
**hak** 1 hook 2 **szukać na kogoś haka** dig up (the) dirt on sb
**haker** hacker
**hala** 1 hall 2 **hala wsadowa** loading bay
**halka** slip, petticoat *BrE*
**hall** 1 *(w mieszkaniu)* hall 2 *(w hotelu)* lounge, lobby
**halo** hello
**halowy** indoor
**halucynacja** 1 hallucination 2 **mieć halucynacje** hallucinate
**hałas** 1 noise 2 **robić dużo hałasu wokół kogoś** make a fuss of sb *BrE*, make a fuss over sb *AmE*
**hałaśliwie** noisily
**hałaśliwy** noisy
**hamak** hammock
**hamburger** 1 hamburger, burger 2 **hamburger rybny** fish cake 3 **hamburger wołowy** beefburger
**hamować** 1 brake 2 *(ograniczać)* inhibit, restrain
**hamulec** 1 brake 2 **hamulec ręczny** handbrake *BrE*, emergency brake *AmE*
**handel** 1 commerce, trade 2 **handel bronią/narkotykami** drug/arms trafficking 3 **handel wymienny** barter
**handla-rz/rka** dealer, vendor, trades-man/woman
**handlować** 1 **handlować czymś** deal in sth, trade in sth 2 **handlować narkotykami** deal
**handlowiec** trader
**handlowy** 1 commercial 2 **centrum handlowe** arcade, mall 3 **marynarka handlowa** the merchant navy *BrE*, the merchant marine *AmE*
**hangar** hangar
**haniebny** dishonourable
**hańba** disgrace, dishonour *BrE*, dishonor *AmE*
**harcerka** Guide
**harcerz** Scout

**harcerstwo** scouting, the Scouts
**hardware** hardware
**harfa** harp
**harfist-a/ka** harpist
**harmider** hustle and bustle, pandemonium
**harmonia** harmony
**harmonijka** **harmonijka ustna** harmonica
**harmonijny** harmonious
**harmonizować** harmonize, harmonise *BrE*
**harmonogram** schedule
**harować** slave, labour *BrE*, labor *BrE*
**harówka** drudgery, grind
**harpun** harpoon
**hartować** toughen
**hasło** **1** password **2** *(slogan)* slogan **3** *(w słowniku)* entry
**haszysz** hashish
**hau** woof
**haust** gulp, swig
**hazard** **1** gambling **2** **uprawiać hazard** gamble
**hazardzist-a/ka** gambler
**heban** ebony
**hej** hey, hi
**hektar** hectare
**helikopter** helicopter, chopper
**hełm** helmet
**hemofilia** haemophilia
**hemoroidy** haemorrhoids
**herb** coat of arms
**herbata** tea
**herbatnik** biscuit *BrE*, cookie *AmE*
**herety-k/czka** heretic
**heretycki** heretical
**herezja** heresy
**hermetyczny** airtight
**heroina** heroin
**heroizm** heroism
**heterogeniczny** heterogeneous
**heteroseksualny** heterosexual
**hi-fi** **sprzęt/zestaw hi-fi** hi-fi
**hiacynt** hyacinth
**hibernacja** hibernation
**hiena** hyena
**hierarchia** hierarchy
**hierarchiczny** hierarchical
**hieroglify** hieroglyphics
**higiena** hygiene
**higieniczny** hygienic, sanitary
**hinduizm** Hinduism
**Hindus/ka** Indian
**hinduski** Hindu, Indian
**hipermarket** hypermarket
**hipis/ka** hippie
**hipnotyczny** hypnotic
**hipnotyzer/ka** hypnotist
**hipnotyzować** hypnotize, hypnotise *BrE*, mesmerize, mesmerise *BrE*
**hipnoza** hypnosis
**hipochondria** hypochondria
**hipochondry-k/czka** hypochondriac
**hipokryt-a/ka** hypocrite
**hipokryzja** hypocrisy
**hipopotam** hippopotamus, hippo
**hipoteczny** **kredyt hipoteczny** mortgage
**hipotetycznie** hypothetically
**hipotetyczny** hypothetical
**hipoteza** hypothesis
**histeria** **1** hysteria **2** **atak histerii** hysterics
**histerycznie** hysterically
**histeryczny** hysterical
**historia** **1** history **2** *(opowieść)* story
**historycznie** historically
**historyczny** historic, historical
**historyjka** **1** story **2** **historyjka obrazkowa** comic strip
**historyk** historian
**hit** hit
**hobby** hobby
**hodować** **1** breed **2** *(rośliny)* grow **3** *(zwierzęta)* raise
**hodowca** breeder
**hodowla** breeding
**hojnie** generously, freely, lavishly
**hojność** generosity
**hojny** generous
**hokej** **1** **hokej na lodzie** ice hockey **2** **hokej na trawie** field hockey
**hol** hall, hallway
**holocaust** holocaust
**holować** tow
**holownik** tug(boat)
**hołd** **1** homage, tribute **2** **oddawać hołd** pay homage (to)
**homar** lobster
**homeopat-a/ka** homeopath
**homeopatia** homeopathy
**homeopatyczny** homeopathic
**homoseksualista** homosexual, gay
**homoseksualizm** homosexuality
**homoseksualny** homosexual
**honor** **1** honour *BrE*, honor *AmE* **2** **honory wojskowe** salute
**honorarium** fee
**honorowo** honourably *BrE*, honorably *AmE*
**honorowy** honorary, honourable *BrE*, honorable *AmE*
**horda** horde
**hormon** hormone
**hormonalny** hormonal

**horoskop** horoscope
**horror** horror movie/film/story
**horyzont** horizon
**horyzontalnie** horizontally
**horyzonty** horizons
**hospicjum** hospice
**hot-dog** hot dog
**hotel** hotel
**hrabia** count, earl
**hrabina** countess
**hrabstwo** county
**huczeć** boom, buzz
**huk** bang, pop
**hukać** *(o sowie)* hoot
**humanist-a/ka** humanist
**humanistyczny** 1 humanistic 2 **nauki humanistyczne** arts, the humanities
**humanitarny** humane, humanitarian
**humanizm** humanism
**humor** 1 humour *BrE*, humor *AmE* 2 *(nastrój też)* mood 3 **dobry/zły humor** good/bad humour 4 **poczucie humoru** sense of humour 5 **w złym humorze** bad-tempered
**humorystyczny** humorous
**humorzasty** moody
**hura** hooray, hurray
**huragan** hurricane
**hurt** wholesale
**hurtownik** wholesaler
**hurtowy** wholesale
**huśtać (się)** swing
**huśtawka** 1 seesaw 2 *(wisząca)* swing
**hutniczy** 1 metallurgical 2 **piec hutniczy** blast furnace
**hydrauliczny** hydraulic
**hydraulik** plumber
**hydroelektrownia** hydroelectric power station
**hymn** 1 anthem 2 *(kościelny)* hymn 3 **hymn państwowy** national anthem

# Ii

**i** and
**ich** their, theirs
**idea** idea
**idealist-a/ka** idealist
**idealistyczny** idealistic
**idealizm** idealism
**idealizować** idealize, idealise *BrE*
**idealnie** ideally
**idealny** ideal, perfect
**ideał** ideal
**identyczny** identical
**identyfikacja** identification
**identyfikować** 1 identify 2 **identyfikować się z** identify with
**ideologia** ideology
**ideologicznie** ideologically
**ideologiczny** ideological
**idiom** idiom
**idiomatycznie** idiomatically
**idiomatyczny** 1 idiomatic 2 **wyrażenie idiomatyczne** idiomatic expression/phrase
**idiot-a/ka** 1 idiot 2 **zrobić z kogoś idiotę** make a fool (out) of sb
**idiotyczny** idiotic
**idol** idol
**iglasty** 1 coniferous 2 **drzewo iglaste** conifer
**iglica** spire
**igloo** igloo
**igła** 1 needle 2 **jak szukanie igły w stogu siana** like looking for a needle in a haystack 3 **robić z igły widły** make a mountain out of a molehill
**ignorancja** ignorance
**ignorować** ignore, disregard, brush aside, wave aside
**igrać** **igrać z ogniem** be playing with fire
**igrzyska** 1 games 2 **igrzyska olimpijskie** the Olympic Games, the Olympics
**ikona** ikon
**ikonka** icon
**ikra** roe, spawn
**ile** 1 *(z rzeczownikami policzalnymi)* how many 2 *(z rzeczownikami niepoliczalnymi)* how much 3 **na ile** how far
**ileś** some
**iloraz** 1 quotient 2 **iloraz inteligencji** IQ
**ilość** 1 amount, quantity 2 **w dużych ilościach** in quantity
**iluminacja** illumination
**ilustracja** illustration
**ilustrator/ka** illustrator
**ilustrować** illustrate
**iluzja** illusion
**iluzjonist-a/ka** conjurer
**im** **im ..., tym** the ... the
**imadło** vice
**imbecyl** imbecile
**imbir** ginger
**imiennik** namesake
**imiesłów** 1 participle 2 **imiesłów bierny** past participle 3 **imiesłów czynny** present participle
**imię** 1 (first) name, Christian name 2 **dać na imię** call 3 **drugie imię** middle name 4 **mówić w czyimś imieniu** speak for sb 5 **nadawać komuś/czemuś imię na cześć** name sb/sth after, name sb/sth for *AmE* 6 **w czyimś imieniu** on

behalf of sb, on sb's behalf **7 w imię czegoś** in the name of sth
**imigracja** immigration
**imigrant/ka** immigrant
**imitacja 1** imitation **2 imitacja skóry/drewna** imitation leather/wood
**imitator/ka** imitator
**imitować** imitate
**immatrykulacja** matriculation
**immunitet** immunity
**immunizacja** immunization
**immunologiczny układ immunologiczny** immune system
**impas** deadlock
**imperator** emperor
**imperialny** imperial
**imperium** empire
**impertynencja** impertinence
**impet nabierać impetu** gain/gather momentum
**implant** implant
**implikacja** implication
**imponować** impress
**imponująco** impressively
**imponujący 1** impressive **2** *(budynek)* imposing
**import** import, importation
**importer** importer
**importować** import
**impotencja** impotence
**impotent** an impotent man
**impreza 1** event **2** *(przyjęcie)* party, do
**improwizacja** improvisation, ad-lib
**improwizować** improvise, ad-lib, play it by ear
**impuls 1** impulse **2 pod wpływem impulsu** on the spur of the moment
**impulsywny** impulsive
**inaczej 1** differently **2 bo inaczej** or else
**inauguracja** inauguration
**inauguracyjny** inaugural
**inaugurować** inaugurate
**incognito** in disguise, incognito
**indeks** index
**Indian-in/ka** (American) Indian
**indiański** Indian
**indoktrynacja** indoctrination
**indoktrynować** indoctrinate
**industrializacja** industrialization
**indyk** turkey
**indywidualist-a/ka** individualist, maverick
**indywidualistyczny** individualistic
**indywidualizm** individualism
**indywidualnie** individually
**indywidualność** individuality
**indywidualny 1** individual, particular **2** *(nauczanie)* one-to-one
**inercja** inertia
**infantylny** infantile
**infekcja** infection
**inflacja** inflation
**informacja 1** (a piece of) information, info **2 informacje** information
**informacyjny serwis informacyjny** news bulletin
**informator/ka** informant
**informator** brochure, prospectus
**informatyka** computer science
**informować** inform
**infrastruktura** infrastructure
**ingerencja** interference
**inhalator** inhaler
**inicjacja** initiation
**inicjał** initial
**inicjatywa 1** initiative **2 przejąć inicjatywę** take the initiative
**inicjować** initiate
**inkrustowany** encrusted
**inkubator** incubator
**innowacja** innovation
**innowator/ka** innovator
**inny 1** *(odmienny)* different, alternative **2** *(nie ten)* another, other **3 coś innego** something else **4 ktoś inny** someone else **5 wszyscy inni** everyone else **6 wszystko inne** everything else
**inscenizacja** production, staging
**inscenizować** stage
**inspekcja** inspection
**inspektor 1** inspector **2 inspektor policji** superintendent
**inspiracja** inspiration
**inspirować** inspire
**inspirujący** inspiring
**instalacja 1** installation **2 element instalacji** fixture **3 instalacja elektryczna** wiring **4 instalacja wodno-kanalizacyjna** plumbing
**instalator** *(hydraulik)* plumber
**instalować** install
**instant** instant
**instrukcja** instruction, directions
**instruktaż** briefing, instruction
**instruktażowy** instructional
**instruktor/ka** instructor
**instrument** instrument
**instrumentalny** instrumental
**instruować** brief, instruct

**instynkt** instinct
**instynktownie** instinctively
**instynktowny** **1** instinctive **2** **instynktowna reakcja/uczucie** gut reaction/feeling
**instytucja** institution
**instytucjonalny** institutional
**instytut** institute, school
**insulina** insulin
**insygnia** insignia
**insynuacja** insinuation, innuendo
**insynuować** insinuate
**integracja** integration
**integralnie** integrally
**integralny** integral
**integrować (się)** integrate
**intelekt** intellect
**intelektualist-a/ka** intellectual
**intelektualnie** intellectually
**intelektualny** intellectual
**inteligencja** **1** intelligence, intellect, brains **2** **sztuczna inteligencja** artificial intelligence
**inteligentnie** intelligently
**inteligentny** intelligent
**intensyfikacja** intensification
**intensywnie** intensively
**intensywność** intensity
**intensywny** **1** intensive, intense **2** **oddział intensywnej opieki medycznej** intensive care
**interakcja** interaction
**interakcyjny** interactive
**interes** **1** interest **2** **nie twój interes** none of your business **3** **robić interesy z** deal with **4** **zlikwidować interes** go out of business **5** **zakładać interes** go into business
**interesować** **1** interest **2** **interesować się czymś** be interested in sth, go in for sth
**interesowność** self-interest
**interesowny** mercenary
**interesujący** interesting, of interest
**interesy** business, dealings
**interferencja** interference
**interkom** intercom
**internat** **1** (school) dormitory **2** **mieszkaniec internatu** boarder **3** **szkoła z internatem** boarding school
**Internet** **1** the Internet, the Net **2** World Wide Web, the Web
**internować** intern
**internowanie** internment
**interpretacja** interpretation, rendition
**interpretować** interpret
**interpunkcja** punctuation
**interwencja** intervention
**interweniować** intervene
**intonacja** intonation
**intonować** chant
**intratny** lucrative
**introspekcja** introspection
**introspekcyjny** introspective
**introwertyczny** introvert
**introwerty-k/czka** introvert
**intruz** intruder
**intryga** intrigue
**intrygować** intrigue
**intrygująco** intriguingly
**intrygujący** intriguing
**intuicja** intuition
**intuicyjnie** intuitively
**intuicyjny** intuitive
**intymny** intimate
**inwalid-a/ka** invalid, disabled person
**inwazja** invasion
**inwencja** creativity
**inwentaryzacja** stocktaking
**inwentarz** **żywy inwentarz** livestock
**inwestor** **1** investor **2** **inwestor budowlany** developer
**inwestować** invest
**inwestycja** investment
**inwigilacja** surveillance
**inżynier** engineer
**inżynieria** **1** engineering **2** **inżynieria wodno-lądowa** civil engineering
**ironia** **1** irony **2** **jak na ironię** ironically
**ironicznie** ironically
**ironiczny** ironic
**irracjonalnie** irrationally
**irracjonalny** irrational
**irys** iris
**irytacja** annoyance, irritation
**irytować** annoy, irritate
**irytujący** annoying, irritating
**iskra** spark
**iskrzyć** spark
**islam** Islam
**islamski** Islamic
**istnieć** exist
**istniejący** **1** existing **2** **nie istniejący** nonexistent
**istnienie** existence
**istota** **1** being **2** *(sedno)* essence, substance **3** **istota ludzka** human, human being
**istotnie** **1** indeed **2** *(zasadniczo)* essentially
**istotny** essential, vital, relevant
**iść** **1** go, walk **2** *(o sztuce)* run **3** **iść/jechać za** follow **4** **iść gęsiego** file
**itd.** etc

**itp.** etc
**izba** **1** chamber **2** *(parlamentu)* house **3** **izba chorych** sick bay **4** **izba przyjęć** *(dla nagłych wypadków)* casualty *BrE*, emergency room *AmE*
**Izba** **1** **Izba Gmin** House of Commons **2** **Izba Lordów** House of Lords **3** **Izba Reprezentantów** House of Representatives
**izolacja** **1** insulation **2** **w izolacji** in isolation
**izolować** **1** *(przewód, budynek)* insulate **2** *(ludzi)* isolate **3** **izolować się (od)** isolate oneself (from)

# Jj

**ja** **1** I, me **2** **ja też** me too **3** **ja też nie** me neither
**jabłko** **1** apple **2** **jabłko Adama** Adam's apple
**jacht** yacht
**jad** venom
**jadalnia** dining room
**jadalny** edible
**jadłospis** menu
**jadowity** poisonous, venomous
**jagnię** lamb
**jagnięcina** lamb
**jagoda** berry
**jaguar** jaguar
**jajecznica** scrambled eggs
**jajko** **1** egg **2** **jajko na twardo** hard-boiled egg
**jajnik** ovary
**jajo** egg
**jak** **1** *(w pytaniach)* how **2** *(przy porównaniach)* as, like **3** **jak dotąd** so far, as yet **4** **jak gdyby** as if, as though **5** **jak mówiłem** like I say/said **6** **jak najbardziej** by all means **7** **jak się masz?** how are you (doing)?, how's it going? **8** **jak to?** what do you mean? **9** **jak tylko** as soon as, the minute/moment (that)
**jakby** **1** as if, as though **2** **tak jakby** sort of
**jaki** **1** what, which **2** **jaki on jest?** what is he like?
**jakikolwiek** any, whichever
**jakiś** any, some
**jakkolwiek** however
**jako** as
**jakoby** supposedly
**jakoś** somehow
**jakość** quality
**jałmużna** alms, charity
**jałowy** **1** barren, sterile **2** **bieg jałowy** neutral
**Jankes/ka** Yank
**jard** *(0,9144m)* yard
**jarzeniowy** fluorescent
**jarzmo** yoke
**jaskier** buttercup
**jaskinia** cave
**jaskiniowiec** caveman
**jaskółka** swallow
**jaskrawo** brightly
**jaskrawy** bright, bold
**jasno** brightly, clearly
**jasnoczerwony** scarlet
**jasnofioletowy** mauve
**jasność** brightness, clarity
**jasnowidz** clairvoyant, psychic
**jasnowidztwo** clairvoyance
**jasny** **1** bright **2** *(kolor)* light **3** *(włosy)* fair **4** **jasne!** sure!
**jastrząb** hawk
**jaszczurka** lizard
**jaw** **1** **wydobyć coś na jaw** dig sth up **2** **wyjść na jaw** be out in the open
**jawnie** overtly
**jawny** open, blatant, overt, transparent
**jaz** weir
**jazda** **1** ride **2** *(samochodem)* drive **3** **jazda konna** (horse-) riding **4** **no to jazda!** here goes!
**jazz** jazz
**jądro** **1** *(narząd rozrodczy)* testicle **2** *(komórki, atomu)* nucleus **3** *(Ziemi)* core **4** *(np. orzecha)* kernel
**jądrowy** nuclear
**jąkać się** stammer, stutter
**jąkanie się** stammer, stutter
**jątrzyć się** fester
**jechać** **1** go **2** *(samochodem)* drive **3** *(konno, rowerem)* ride **4** **jechać na tym samym wózku (co)** be in the same boat (as) **5** **jechać autobusem/pociągiem** go by bus/train
**jeden** **1** one, single **2** **albo jeden, albo drugi** either **3** **ani jeden, ani drugi** neither **4** **bilet w jedną stronę** single ticket *BrE*, one-way ticket *AmE* **5** **jeden po drugim** one after the other, one by one **6** **jednym słowem** in short **7** **jeszcze jeden** another **8** **w jedną stronę** one-way **9** **w jednym** (all) in one
**jedenasty** eleventh
**jedenaście** eleven
**jednak(że)** however
**jednak** **1** though, however **2** **a jednak** yet, after all
**jednakowo** alike, equally
**jednakowy** equal
**jednoczyć** **1** unite, unify **2** **jednoczyć się** unite
**jednogłośnie** unanimously
**jednogłośny** unanimous
**jednojęzyczny** monolingual
**jednokierunkowy** one-way

**jednolicie** uniformly
**jednolitość** uniformity
**jednolity** uniform
**jednomyślnie** unanimously
**jednomyślność** consensus, unanimity
**jednomyślny** unanimous
**jednoosobowy** *(np. pokój)* single
**jednopokoleniowy** **rodzina jednopokoleniowa** nuclear family
**jednorazowy** **1** *(ręcznik itp.)* disposable **2** *(wpłata itp.)* one-off
**jednorodny** homogeneous
**jednorożec** unicorn
**jednostka** **1** unit **2** *(miary)* unit, measure **3** *(człowiek)* individual
**jednostronnie** unilaterally
**jednostronny** one-sided, unilateral
**jedność** unity, cohesion
**jednoznacznie** unequivocally
**jednoznaczny** conclusive, unequivocal
**jedwab** **1** silk **2** **sztuczny jedwab** rayon
**jedwabisty** silky
**jedwabnik** silkworm
**jedyna-k/czka** an only child
**jedynie** merely, only, solely
**jedyny** **1** only, one, sole **2** **jedyny w swoim rodzaju** one-of-a-kind
**jedzenie** food
**jeep** Jeep
**jego** his, its
**jej** her, hers, its
**jeleń** deer
**jelito** bowel, intestine, gut
**jelitowy** intestinal
**jelonek** fawn
**jemioła** mistletoe
**jemu** (to) him
**jeniec** **1** captive, prisoner **2** **jeniec wojenny** prisoner of war
**jesienny** autumnal
**jesień** autumn, fall *AmE*
**jesion** ash
**jeszcze** **1** *(wciąż)* still, yet **2** *(więcej)* else, some more **3** **jeszcze jeden** (yet) another **4** **jeszcze raz** (once) again **5** **jeszcze więcej/lepiej** even more/ better **6** **jeszcze zimniejszy/lepszy** colder/ better still
**jeść** **1** eat **2** **jeść obiad** have lunch **3** **jeść zbyt dużo** overeat
**jeśli** **1** if **2** **jeśli chcesz** if you like **3** **jeśli masz ochotę** if you like **4** **nawet jeśli** even if
**jezioro** lake
**jeździć** **1** travel **2** *(samochodem)* drive **3** *(konno, rowerem)* ride **4** **jeździć na łyżwach** skate **5** **jeździć na nartach** ski **6** **jeździć na rowerze** cycle **7** **jeździć na wrotkach** roller skate
**jeździec** horseman, rider
**jeździectwo** (horse-)riding
**jeż** hedgehog
**jeżeli** **1** if **2** **jeżeli nie** unless
**jeżozwierz** porcupine
**jeżyć** **1** **jeżący włos na głowie** hair-raising **2** **jeżyć się** bristle
**jeżyna** blackberry
**jęczeć** groan, moan, whine
**jęczmień** **1** barley **2** *(na powiece)* sty
**jęk** groan, moan
**język** **1** language **2** *(część ciała)* tongue **3** **język ojczysty** (sb's) first language, native/mother tongue **4** **język angielski** English, the English language **5** **masz coś na końcu języka** sth is on the tip of your tongue **6** **trzymać język za zębami** hold your tongue, keep your mouth shut **7** **znać języki** be a good linguist
**językowy** linguistic
**językoznawca** linguist
**językoznawstwo** linguistics
**jod** iodine
**jodła** fir
**jodyna** iodine solution
**joga** yoga
**jogging** jogging
**jogurt** yoghurt
**jojo** yo-yo
**jowialny** jovial
**Jowisz** Jupiter
**jubiler** jeweller, jeweler *AmE*
**jubileusz** jubilee
**judaizm** Judaism
**junior** Junior
**jupiter** spotlight
**juror/ka** juror
**jury** jury
**jurysdykcja** jurisdiction
**jutro** tomorrow
**już** **1** already **2** *(w pytaniach)* yet **3** **już nie** no longer, not any more, not anymore

# Kk

**kabaczek** marrow *BrE*, squash *AmE*
**kabaret** cabaret
**kabel** cable
**kabina** **1** booth **2** *(na statku)* cabin **3** *(w samolocie)* cabin, cockpit **4** *(kierowcy)* cab **5** **kabina telefoniczna** phone booth
**kabriolet** convertible
**kac** hangover

**kaczątko** duckling
**kaczka** duck
**kaczuszka** duckling
**kadencja** tenure, term
**kadet** cadet
**kadłub** **1** body **2** *(statku)* hull
**kadry** **1** human resources **2 dział kadr** personnel department
**kadzidło** incense
**kadź** tub, vat
**kafelek** tile
**kafelkować** tile
**kaftan** **kaftan bezpieczeństwa** straightjacket, straitjacket
**kaganiec** muzzle
**kajak** canoe, kayak
**kajakarstwo** canoeing
**kajdanki** handcuffs
**kakao** cocoa
**kaktus** cactus
**kalafior** cauliflower
**kalambur** pun
**kalectwo** disability
**kaleczyć** hurt, injure
**kalejdoskop** kaleidoscope
**kaleka** cripple
**kalendarz** calendar, diary
**kalendarzowy** **rok/miesiąc kalendarzowy** calendar year/month
**kaliber** calibre *BrE*, caliber *AmE*
**kalka** **kalka (maszynowa)** carbon paper
**kalkować** trace
**kalkulacja** calculation
**kalkulacyjny** **arkusz kalkulacyjny** spreadsheet
**kalkulator** calculator
**kaloria** calorie
**kaloryczny** rich
**kaloryfer** radiator
**kalosze** **1** wellies **2 inna para kaloszy** a whole new ball game, a different ball game
**kał** faeces *BrE*, feces *AmE*
**kałuża** pool, puddle
**kameleon** chameleon
**kamera** **1** camera **2 kamera wideo** camcorder
**kameralny** **1** intimate **2 muzyka kameralna** chamber music
**kamerdyner** butler
**kamieniarz** mason, stonemason
**kamienica** **kamienica czynszowa** tenement
**kamieniołom** quarry
**kamienisty** stony
**kamienny** **1** stony **2 epoka kamienna** the Stone Age **3 z kamienną twarzą** stony-faced
**kamienować** stone
**kamień** **1** rock, stone **2 kamień brukowy** cobble **3 kamień milowy** landmark, milestone **4 przepaść jak kamień w wodę** vanish/disappear into thin air
**kamizelka** **1** waistcoat *BrE*, vest *AmE* **2 kamizelka ratunkowa** life jacket, life vest
**kampania** **1** campaign, crusade, drive **2 prowadzić kampanię** campaign
**kamuflaż** camouflage
**kamyk** pebble
**kanalizacja** drainage
**kanał** **1** ditch **2** *(łzowy itp.)* duct **3** *(szlak morski)* canal **4** *(program telewizyjny)* channel
**kanapa** couch, sofa
**kanapka** sandwich
**kanarek** canary
**kanciarz** swindler
**kanciasty** angular
**kanclerz** chancellor
**kandydat/ka** applicant, candidate
**kandydatura** candidacy
**kandydować** run, stand
**kangur** kangaroo
**kanibal** cannibal
**kanibalizm** cannibalism
**kanion** canyon
**kanonierka** gunboat
**kanonik** canon
**kant** swindle
**kantować** swindle
**kantyna** mess
**kapać** drip, trickle, dribble
**kapeć** slipper
**kapelan** chaplain
**kapelusz** hat
**kapitalist-a/ka** capitalist
**kapitalistyczny** capitalistic
**kapitalizm** capitalism
**kapitalny** **1** *(wspaniały)* swell **2 remont kapitalny** overhaul
**kapitał** capital
**kapitałowy** capital
**kapitan** captain
**kapitański** **mostek kapitański** the bridge
**kapitulacja** capitulation
**kapitulować** capitulate
**kaplica** chapel
**kapłan** priest
**kapłanka** priestess
**kapłaństwo** the priesthood
**kapować** **szybko/wolno kapować** *(potocznie)* be slow/quick on the uptake
**kapral** corporal
**kaprys** **1** whim, caprice **2 kaprys losu** a quirk of fate
**kapryśny** capricious
**kapsel** (bottle) cap
**kapsuła** capsule
**kapsułka** capsule

**kaptur** **1** hood **2** **z kapturem** hooded
**kapusta** **1** cabbage **2** **kapusta kiszona** sauerkraut
**kara** **1** penalty, punishment **2** **kara cielesna** corporal punishment **3** **kara śmierci** capital punishment, death penalty **4** **ponieść karę** pay the penalty/price **5** **unikać kary** get off
**karabin** **1** rifle **2** **karabin maszynowy** machine gun
**karać** **1** punish, penalize, penalise *BrE* **2** *(dyscyplinarnie)* discipline
**karafka** carafe
**karaluch** cockroach, roach
**karambol** pile-up
**karany** **być karanym** have a criminal record
**karat** carat
**karate** karate
**karawan** hearse
**karawana** caravan, train
**karb** notch
**karcić** scold
**karczoch** artichoke
**kardynał** cardinal
**karetka** ambulance
**kariera** career
**kark** **1** nape **2** **za kark** by the scruff of the neck
**karmazynowy** crimson
**karmić** **1** feed **2** **karmić piersią** breast-feed
**karnacja** colouring *BrE*, coloring *AmE*
**karnawał** carnival
**karnet** book
**karny** **1** penal, punitive **2** **rzut karny** penalty (kick)
**karo** diamonds
**karoseria** body
**karp** carp
**karta** **1** card **2** **grać w karty** play cards **3** **karta bankowa** cash card **4** **karta dań** menu **5** **karty do gry** playing cards **6** **karta kredytowa** credit card **7** **karta magnetyczna** swipecard **8** **karta płatnicza** *(ważna w jednym sklepie lub sieci)* charge card **9** **karta telefoniczna** phone card **10** **grać w otwarte karty** put/lay your cards on the table **11** **zielona karta** green card
**kartel** cartel
**kartka** **1** sheet (of paper) **2** *(w zeszycie itp.)* page **3** *(pocztowa)* card
**kartofel** potato
**karton** **1** *(papier)* cardboard, card *BrE* **2** *(opakowanie)* carton
**kartoteka** dossier, file
**karuzela** merry-go-round, roundabout, carousel *BrE*
**karygodny** criminal
**karykatura** caricature
**karykaturzyst-a/ka** cartoonist
**karzeł** dwarf, midget
**karzełek** dwarf
**kasa** **1** *(sklepowa)* till **2** *(w supermarkecie)* checkout **3** **kasa biletowa** *(kolejowa itp.)* booking office **4** **kasa biletowa** *(w teatrze itp.)* box office **5** **kasa fiskalna** cash register **6** **kasa mieszkaniowa** building society *BrE*, savings and loan association *AmE*
**kaseta** cassette
**kasetka** case
**kaseton** panel
**kasjer/ka** **1** cashier **2** *(w banku)* bank teller, teller
**kask** crash helmet, helmet
**kaskada** **1** cascade **2** **spływać/opadać kaskadą** cascade
**kaskaderski** **wyczyn kaskaderski** stunt
**kasować** **1** delete, erase **2** *(bilet)* punch
**kasta** caste
**kastracja** castration
**kastrować** castrate
**kasyno** casino
**kaszel** cough
**kaszleć** cough
**kaszlnięcie** cough
**kaszmir** cashmere
**kasztan** **1** horse chestnut **2** *(jadalny)* chestnut
**kasztanowaty** chestnut
**kasztanowiec** horse chestnut
**kasztanowy** chestnut
**kat** executioner
**katalizator** *(w chemii)* catalyst
**katalog** catalogue, directory, index
**katalogować** catalogue, catalog *AmE*
**katapultować się** eject
**katar** **1** **katar sienny** hay fever **2** **mieć katar** have a runny nose
**katastrofa** **1** catastrophe, disaster **2** **katastrofa lotnicza/kolejowa** plane/train crash **3** **katastrofa morska** shipwreck
**katastrofalny** catastrophic
**katedra** **1** cathedral **2** *(na uczelni)* chair
**kategoria** **1** category **2** **drugiej kategorii** second-class **3** **w kategoriach finansowych/artystycznych** in financial/artistic terms
**kategorycznie** categorically
**kategoryczny** categorical
**katoli-k/czka** Catholic, Roman Catholic

**katolicki** Catholic
**katolicyzm** Catholicism, Roman Catholicism
**kaucja** 1 bail 2 **wpłacać kaucję za** bail out
**kawa** 1 coffee 2 **kawa z mlekiem** white coffee
**kawalarz** joker
**kawaler** bachelor
**kawaleria** cavalry
**kawalerski wieczór kawalerski** stag night
**kawał** 1 chunk, hunk 2 *(dowcip)* joke, hoax, lark *BrE* 3 **zrobić komuś kawał** play a trick/joke on sb
**kawałek** 1 bit, fragment, piece 2 **po kawałku** piecemeal
**kawiarnia** cafe
**kawior** caviar
**kazać** 1 tell 2 **kazać komuś coś zrobić** make sb do sth 3 **kazać komuś czekać** keep sb waiting
**kazanie** 1 sermon 2 **prawić/wygłaszać kazanie** preach
**kazirodczy** incestuous
**kazirodztwo** incest
**kaznodzieja** preacher
**każdy** 1 each, every, any 2 *(każdy człowiek)* everyone, anyone 3 **w każdym razie** at any rate, in any event, at all events
**kąpać** 1 bathe, bath *BrE* 2 **kąpać się** bathe
**kąpiel** 1 bath 2 **brać kąpiel** take a bath
**kąpielowy** 1 **kostium kąpielowy** bathing suit 2 **szlafrok kąpielowy** bathrobe
**kąpielówki** swimming trunks
**kąsać** sting
**kąsek** morsel, titbit
**kąśliwy** biting
**kąt** 1 angle 2 *(pomieszczenia)* corner 3 **każdy kąt** every nook and cranny 4 **kąt prosty** right angle 5 **pod kątem** at a slant
**kciuk** 1 thumb 2 **trzymać kciuki** keep your fingers crossed
**keczup** ketchup
**kelner** 1 waiter 2 **pracować jako kelner** wait tables
**kelnerka** waitress
**kempingowy samochód kempingowy** camper
**kędzierzawy** fuzzy
**kępka** clump, tuft
**kęs** bite, morsel, mouthful
**khaki** khaki
**kibic** supporter
**kibicować** support
**kichać** sneeze
**kichnięcie** sneeze
**kicz** kitsch
**kiczowaty** kitsch
**kiedy** 1 when 2 **kiedy to możliwe** where possible 3 **za każdym razem, kiedy** whenever
**kiedykolwiek** ever, whenever
**kiedyś** 1 once, one day, some day, sometime 2 **ktoś kiedyś coś robił** sb used to do sth
**kieliszek** glass
**kielnia** trowel
**kieł** 1 fang 2 *(człowieka)* canine (tooth) 3 *(słonia)* tusk
**kiełbasa** sausage
**kiełek** shoot, sprout
**kiełkować** germinate, sprout
**kiełkowanie** germination
**kiepski** poor, miserable
**kiepsko** poorly
**kier** hearts
**kierat** treadmill
**kiermasz kiermasz dobroczynny** bazaar
**kierować** 1 *(samochodem)* drive 2 *(innym pojazdem)* steer 3 *(ustawiać w jakimś kierunku)* direct 4 *(przewodniczyć)* head, preside over 5 *(prowadzić)* be in charge
**kierować się** 1 *(iść w określonym kierunku)* head 2 *(przestrzegać)* go by 3 **kierować się ku** make for, make your way towards 4 **kierować się na coś** zero in on sth
**kierowanie** driving
**kierowca** 1 driver, motorist 2 *(szofer)* chauffeur 3 **kierowca ciężarówki** trucker
**kierownica** 1 steering wheel 2 *(w rowerze, motocyklu)* handlebars 3 **siedzieć za kierownicą** be at the wheel
**kierownictwo** direction, leadership
**kierowniczy** 1 managerial 2 **układ kierowniczy** steering
**kierownik** manager, superintendent
**kierunek** 1 direction 2 **w kierunku** towards 3 **zmierzać we właściwym/niewłaściwym kierunku** be on the right/wrong track
**kierunkowskaz** indicator *BrE*, turn signal *AmE*
**kieszeń** 1 pocket 2 **znać coś jak własną kieszeń** know sth inside out
**kieszonkowe** allowance
**kieszonkowiec** pickpocket
**kieszonkowy** pocket
**kij** 1 stick, club 2 *(np. baseballowy)* bat 3 **kij bilardowy** cue 4 **kij**

**golfowy** golf club **5 kij od szczotki** broomstick
**kijanka** tadpole
**kikut** stump
**kil** keel
**kilka 1** several, some **2 w kilka sekund/dni** in a matter of seconds/days
**kilo** kilo
**kilobajt** kilobyte
**kilof** pick, pickaxe *BrE*, pickax *AmE*
**kilogram** kilogram, kilogramme
**kilometr** kilometre *BrE*, kilometer *AmE*
**kilowat** kilowatt
**kilwater** wake
**kiła** syphilis
**kino 1** cinema, the pictures, the movies *AmE* **2** *(budynek)* theatre *BrE*, movie theater *AmE*
**kiosk** kiosk
**kipieć** boil over
**kiszony kapusta kiszona** sauerkraut
**kiść** bunch
**kit** *(do uszczelniania)* putty
**kitel** smock, overall *BrE*
**kiwać 1 kiwać (głową)** nod **2 nie kiwnąć palcem** not do a stroke (of work)
**kiwi** kiwi fruit
**klacz** mare
**klajster** paste
**klakson** horn
**klamka** door handle
**klamra 1** clamp, clip **2 klamra do włosów** hairgrip
**klamrować** clamp
**klan** clan
**klapa 1** trapdoor **2** *(niepowodzenie)* flop **3** *(marynarki, płaszcza)* lapel
**klapka** flap
**klaps 1** slap, smack **2 dać klapsa** smack, spank
**klarnet** clarinet
**klarownie** lucidly
**klarowny** lucid
**klasa 1** class, form *BrE*, grade *AmE* **2** *(pomieszczenie)* classroom **3 druga klasa** second class **4 klasa robotnicza** the working class **5 klasa średnia** the middle class **6 klasa wyższa** the upper class **7 miejsce/bilet/wagon drugiej klasy** second-class seat/ticket/carriage **8 najwyższej klasy** top-notch **9 pierwszą klasą** first-class **10 pierwszej klasy** first-class **11 przewyższać o klasę** outclass **12 światowej klasy** world-class
**klaskać** clap, applaud
**klasyczny 1** classic, classical **2 styl klasyczny** breaststroke
**klasyfikacja** classification
**klasyfikować** classify, categorize, categorise *BrE*
**klasyk** classic
**klasztor 1** monastery **2** *(żeński)* convent
**klasztorny** monastic
**klatka 1** cage **2** *(kliszy fotograficznej)* exposure **3 klatka piersiowa** chest **4 klatka schodowa** staircase **5 zamknięty w klatce** caged
**klaustrofobia** claustrophobia
**klauzula** clause, provision
**klawesyn** harpsichord
**klawiatura** keyboard
**klawisz** key
**kląć** curse, swear
**klątwa** curse
**kleić** gum, paste
**klej** glue, paste, adhesive
**klejący** sticky
**klejnot** gem, jewel
**kleks** blot
**klepać** pat, tap
**klepnięcie** pat, tap
**klepsydra** hourglass
**kleszcz** tick
**kleszcze** forceps
**klęczeć** kneel
**klękać** kneel
**klęska 1** disaster, calamity **2** *(porażka)* defeat **3 klęska głodu** famine
**klient/ka** client, customer, shopper
**klientela** clientele
**klif** cliff
**klika** clique
**klimakterium** menopause
**klimat** climate
**klimatyczny** climatic
**klimatyzacja** air conditioning
**klimatyzacyjny urządzenie klimatyzacyjne** air conditioner
**klimatyzowany** air conditioned
**klin** wedge
**klinicznie** clinically
**kliniczny** clinical
**klinika** clinic
**kloc(ek)** block
**klomb** flowerbed
**klon 1** *(drzewo)* maple **2** *(w genetyce)* clone
**klonować** clone
**klonowanie** cloning
**klosz** shade
**kloszard** down-and-out
**klown** clown
**klub 1** club **2 klub golfowy** golf club **3 klub młodzieżowy** youth club **4 klub nocny** night club
**klucz 1** key **2** *(muzyczny)* clef **3 klucz (płaski)** spanner **4 pod kluczem** under lock and key
**kluczowy** key

**kluska** dumpling
**kłaczki** fluff
**kładka** footbridge
**kłamać** lie
**kłamca** liar
**kłamliwy** deceitful
**kłamstewko niewinne kłamstewko** white lie
**kłamstwo** lie
**kłaniać się** bow
**kłapać kłapać zębami** snap
**kłaść** put, lay, place
**kłaść się** **1** lie (down) **2** **nie kłaść się (dopóki ktoś nie wróci)** wait up (for sb) **3** **nie kłaść się (spać)** sit up, stay/be up
**kłębek** **1** ball **2** **być kłębkiem nerwów** be a bundle of nerves, be a nervous wreck
**kłębić się** billow
**kłoda** log
**kłopot** **1** problem, inconvenience, nuisance, hassle **2** **mieć kłopoty** be in trouble **3** **sprawiać kłopot** inconvenience, put out
**kłopotliwy** **1** troublesome **2** **kłopotliwa kwestia/zagadnienie** vexed question/issue
**kłos** ear
**kłócić się** argue, fight, quarrel, fall out
**kłódka** padlock
**kłótliwy** quarrelsome, argumentative
**kłótnia** quarrel, argument, fight, row
**kłujący** stabbing
**kłus** trot
**kłusować** trot
**kłusowni-k/czka** poacher
**kmin** *(przyprawa)* cumin
**knebel** gag
**kneblować** gag
**knot** wick
**knuć** **1** plot, scheme **2** **knuć coś** be up to something **3** **knuć spisek** hatch a plot/plan
**knur** boar
**koalicja** coalition
**kobieciarz** womanizer
**kobiecość** femininity, womanhood
**kobiecy** feminine, womanly
**kobieta** woman, female
**kobra** cobra
**koc** blanket
**kochać** **1** love **2** **kochać się w kimś** be in love with sb **3** **kochać się z kimś** make love to/with sb
**kochający** loving
**kochan-ek/ka** lover
**kochanie** baby, darling, dear, honey, love, sweetheart
**kochanka** mistress
**koci** **kocie oczy** *(odblaskowe światła wzdłuż szosy)* cat's eyes
**kocioł** **1** cauldron **2** **kocioł parowy** boiler
**kocur** tomcat
**koczowni-k/czka** nomad
**koczowniczy** nomadic
**kod** **1** code **2** **kod paskowy** bar code **3** **kod pocztowy** postcode *BrE*, zip code *AmE*
**kodeks** code
**kodowany** coded
**koedukacyjny** co-ed, mixed
**koegzystencja** coexistence
**koegzystować** coexist
**kofeina** caffeine
**kogucik** cockerel
**kogut** cock, rooster
**koić** soothe
**koja** berth, bunk
**kojarzyć** associate, connect
**kojący** soothing
**kojec** playpen
**kojot** coyote
**kok** bun
**kokaina** cocaine
**kokarda** bow
**kokon** cocoon
**kokosowy** **orzech kokosowy** coconut
**koktajl** **1** cocktail **2** **koktajl mleczny** milkshake, shake
**kolaboracja** collaboration
**kolaborant/ka** collaborator
**kolaborować** collaborate
**kolacja** supper, tea *BrE*
**kolano** knee
**kolaż** collage
**kolba** **1** butt **2** *(naczynie)* flask
**kolczasty** **1** prickly, spiky **2** **drut kolczasty** barbed wire
**kolczyk** **1** earring **2** *(wkrętka)* stud
**kolebka** **1** home **2** **kolebka czegoś** the cradle of sth
**kolec** prickle, spike, spine
**kolega** **1** friend, buddy **2** *(z pracy)* colleague **3** **koledzy z pracy/ze studiów** fellow workers/students **4** **kolega z klasy** classmate
**kolegium** college
**koleina** rut
**kolej** **1** railway *BrE*, railroad *AmE* **2** **nie po kolei** out of order **3** **po kolei** in order, in turn
**kolejka** **1** *(ogonek)* queue *BrE*, line *AmE* **2** *(kolej)* round, turn **3** **stanąć w kolejce** join a queue/line **4** **stać w kolejce** queue **5** **być następnym w kolejce do czegoś** be in line for sth **6** **kolejka górska** *(w*

*wesołym miasteczku)* roller coaster
**kolejno** successively
**kolejność** order, sequence
**kolejny** consecutive, successive
**kolekcja** collection
**kolekcjoner/ka** collector
**kolendra** coriander
**koleś** buddy
**koleżanka** 1 friend 2 *(z pracy)* colleague 3 **koleżanka z klasy** classmate
**kolęda** (Christmas) carol
**kolidować** clash
**kolka** colic
**kolokwializm** colloquialism
**kolonia** colony
**kolonializm** colonialism
**kolonialny** colonial
**kolonizacja** colonization
**kolonizować** colonize, colonise *BrE*
**kolor** colour *BrE*, color *AmE*
**kolorować** colour *BrE*, color *AmE*
**kolorowy** 1 coloured *BrE*, colourful *BrE*, colored *AmE*, colorful *AmE* 2 **kolorowa fotografia/telewizja** colo(u)r photograph/television
**koloryt** colour *BrE*, color *AmE*
**kolosalny** colossal
**kolumna** column
**kołatka** knocker
**kołdra** duvet, quilt
**kołek** peg
**kołnierz** collar
**koło**[1] *prep* near, by, next to
**koło**[2] *noun* 1 circle 2 *(pojazdu)* wheel 3 **koło ratunkowe** life belt 4 **koło zębate** cog
**kołować** *(po płycie lotniska)* taxi
**kołowrotek** spinning wheel
**kołowrót** 1 winch 2 *(przy wejściu na stadion)* turnstile
**kołysać** 1 lull 2 **kołysać się** roll, rock, sway, swing
**kołysanka** lullaby
**kołyska** cradle
**komandor** commander
**komandos** commando
**komar** mosquito
**kombajn** combine harvester
**kombi** estate car *BrE*, station wagon *AmE*
**kombinacja** combination
**kombinezon** 1 overalls, suit 2 **kombinezon piankowy** *(płetwonurka)* wet suit
**komedia** 1 comedy 2 **komedia sytuacyjna** sitcom
**komendant** commandant
**komentarz** 1 comment 2 **bez komentarza** no comment
**komentować** comment
**komercyjny** commercial
**kometa** comet
**komicznie** comically
**komiczny** comic, comical, hilarious
**komik** comedian, comic
**komiks** comic (book)
**komin** chimney
**kominek** 1 fireplace 2 **przy kominku** by the fireside
**kominiarz** chimney sweep
**komisarz** commissioner
**komisja** commission
**komitet** committee
**komoda** chest of drawers, bureau *AmE*, dresser *AmE*
**komora** 1 chamber 2 **komora gazowa** gas chamber
**komorne** rent
**komornik** bailiff
**komórka** 1 cell 2 *(telefon)* cellphone, mobile *BrE*
**komórkowy** 1 cellular 2 **telefon komórkowy** cell(ular) phone, mobile phone *BrE*
**kompaktowy płyta kompaktowa** CD, compact disc
**kompas** compass
**kompatybilność** compatibility
**kompatybilny** compatible
**kompetencja** competence
**kompetentny** competent
**kompleks** complex
**komplement** 1 compliment 2 **powiedzieć komuś komplement** compliment sb, pay sb a compliment
**komplet** 1 set 2 *(widzów na sali)* full house 3 **komplet mebli** suite
**kompletnie** completely, utterly
**kompletny** complete, utter
**komplikacja** complication, hitch
**komplikować** complicate
**komponować** compose
**komponowanie** composition
**kompost** compost
**kompozycja** 1 composition 2 *(układ)* arrangement
**kompozytor/ka** composer
**kompresja** compression
**kompromis** 1 compromise 2 **iść/pójść na kompromis** compromise
**kompromitacja** discredit, disgrace
**kompromitować** 1 disgrace

2 **kompromitować się** compromise yourself
**kompromitujący** compromising
**komputer** 1 computer 2 **komputer osobisty** personal computer
**komputeryzacja** computerization
**komputeryzować** computerize, computerise *BrE*
**komuna** commune
**komunalny mieszkanie komunalne** council flat
**komunał** cliché
**Komunia** communion
**komunikacja** 1 communication 2 *(transport miejski)* transport, transportation *AmE*
**komunist-a/ka** Communist
**komunistyczny** Communist
**komunizm** Communism
**konar** bough
**koncentracja** concentration
**koncentracyjny obóz koncentracyjny** concentration camp
**koncentrować się** 1 concentrate 2 **koncentrować się wokół** centre on/around sth *BrE*, center on/around sth *AmE* 3 **koncentrować się na** concentrate on
**koncepcja** conception
**konceptualny** conceptual
**koncert** 1 concert 2 *(muzyki popularnej lub jazzowej także)* gig 3 *(utwór)* concerto
**koncesja** concession, franchise, licence
**kondensować** condense
**kondolencje** 1 condolence 2 **składać (komuś) kondolencje** pay your respects (to sb)
**konduktor/ka** conductor, guard
**kondycja** fitness, health
**kondygnacja** flight of stairs/steps, level
**koneser/ka** connoisseur
**konewka** watering can
**konfederacja** confederation
**konferencja** 1 conference 2 **konferencja prasowa** press conference
**konfiskata** confiscation
**konfiskować** confiscate
**konflikt** 1 conflict, clash 2 **konflikt pokoleń** generation gap
**konformist-a/ka** conformist
**konformistyczny** conformist
**konfrontacja** 1 confrontation 2 *(na policji)* lineup
**konfrontować** confront
**kongres** congress
**Kongres** 1 *(USA)* Congress 2 **człon-ek/kini Kongresu** congressman/ congresswoman
**koniak** brandy, cognac
**koniczyna** clover
**koniec** 1 end 2 **bez końca** endlessly, interminably 3 **do samego końca** to/until the bitter end 4 **koniec końców** eventually 5 **masz coś na końcu języka** sth is on the tip of your tongue 6 **na koniec** finally, lastly 7 **na końcu** last 8 **na tym koniec** that's it 9 **od końca** backwards 10 **w końcu** after all, at last, finally, in the end, ultimately 11 **wiązać koniec z końcem** make ends meet
**konieczność** 1 necessity 2 **z konieczności** out of necessity, necessarily
**konieczny** 1 imperative, necessary 2 **być koniecznym** be a necessity 3 **zło konieczne** a necessary evil
**konik konik polny** grasshopper
**koniugacja** conjugation
**koniugować** conjugate
**koniuszek koniuszek palca** fingertip
**konkluzja** conclusion
**konkretny** concrete, solid
**konkrety** the nitty-gritty
**konkubinat** 1 cohabitation 2 **żyć w konkubinacie** cohabit
**konkurencja** competition
**konkurencyjny** competitive, rival
**konkurent/ka** competitor, rival
**konkurować** compete
**konkurs** competition, contest
**konno** on horseback
**konny** 1 equestrian 2 *(pojazd)* horse-drawn 3 **wyścigi konne** horse racing
**konopie** hemp
**konotacja** connotation
**konsekracja** consecration
**konsekwencja** 1 *(następstwo)* consequence 2 *(bycie konsekwentnym)* consistency
**konsekwentny** consistent
**konserwant** preservative
**konserwatyst-a/ka** conservative
**konserwatywny** conservative
**konserwatyzm** conservatism
**konserwować** cure, preserve

**konsolidacja** consolidation
**konsolidować** consolidate
**konspiracyjny** conspiratorial
**konstelacja** constellation
**konsternacja** 1 bewilderment, dismay 2 **wywołujący konsternację** bewildering
**konsternować** dismay
**konstrukcja** construction, structure
**konstruktywnie** constructively
**konstruktywny** constructive
**konstruować** construct, structure
**konstytucja** constitution
**konstytucyjny** constitutional
**konsul** consul
**konsularny** consular
**konsulat** consulate
**konsultacja** consultation
**konsultant/ka** consultant
**konsultować** **konsultować się z kimś** consult sb
**konsument/ka** consumer
**konsumować** consume
**konsumpcja** consumption
**konsystencja** consistency
**kontakt** 1 contact 2 *(elektryczny)* socket, power point *BrE*, outlet *AmE* 3 **mieć kontakt z** be exposed to 4 **nawiązywać kontakty** establish contacts 5 **stracić kontakt (z kimś)** lose touch (with sb) 6 **utrzymywać kontakt** keep/stay in touch 7 **włączać do kontaktu** plug in
**kontaktować** **kontaktować się z kimś** contact sb, be/get in touch with sb
**kontaktowy** **szkła/soczewki kontaktowe** contact lenses
**kontekst** context
**kontemplacja** contemplation
**konto** 1 account 2 **konto bankowe** bank account 3 **mieć coś na swoim koncie** *(przenośnie)* have sth under your belt 4 **wyciąg z konta** bank statement
**kontra** versus
**kontrabanda** contraband
**kontrabas** double bass
**kontrakt** contract
**kontrast** contrast
**kontrastowy** contrasting
**kontratak** counterattack
**kontratakować** counterattack, strike back
**kontrola** 1 control, check, test 2 **kontrola paszportowa** immigration 3 **kontrola zbrojeń** arms control 4 **mieć kontrolę nad** have control over 5 **pod kontrolą** under control 6 **sprawować kontrolę nad** control 7 **wymykać się spod kontroli** get out of hand
**kontroler** **kontroler biletów** ticket collector
**kontrolować** control, inspect
**kontrowersja** controversy
**kontrowersyjny** controversial
**kontur** contour
**kontynent** continent
**kontynentalny** continental
**kontyngent** quota
**kontynuacja** continuation, follow-up, sequel
**kontynuować** 1 continue, carry on, go on 2 **kontynuować coś** get on with sth
**konwenans** convention
**konwencja** convention
**konwencjonalnie** conventionally
**konwencjonalny** conventional, orthodox
**konwersacja** conversation
**konwersja** conversion
**konwój** convoy
**konwulsja** convulsion
**koń** 1 horse 2 **koń czystej krwi** thoroughbred 3 **koń mechaniczny** horsepower 4 **koń na biegunach** rocking horse 5 **koń wyścigowy** racehorse
**końcowy** 1 final, closing, concluding 2 **egzaminy końcowe** finals
**końcówka** 1 ending 2 *(wyścigu)* finish
**kończyć** 1 finish, end, wrap up 2 *(pracę)* call it a day, knock off 3 **coś się komuś kończy** sb is running short/low of sth 4 **nie kończący się** endless 5 **kończyć się** end, finish, draw to an end/a close 6 *(o paliwie itp.)* run out 7 **kończyć 20/30 lat** turn 20/30
**kończyna** limb
**koński** **koński ogon** *(fryzura)* ponytail
**kooperacja** cooperation
**koordynacja** coordination
**koordynator/ka** coordinator
**koordynować** coordinate
**kopać** 1 kick 2 *(w ziemi)* dig 3 *(norę)* burrow 4 **kopać leżącego** put the boot in
**kopalnia** 1 mine, pit 2 **kopalnia węgla** colliery 3 **kopalnia złota** goldmine
**koperta** envelope
**kopia** 1 copy, duplicate, replica 2 **robić zapasową kopię** *(pliku komputerowego)*

back up **3 zrobić kopię** copy **4 zapasowa kopia** backup
**kopiec** mound
**kopiować** copy, duplicate
**kopnięcie** kick
**kopulacja** copulation
**kopuła** dome
**kopyto** hoof
**kora** bark
**koral** coral
**koralik** bead
**korba** crank
**kordon 1** cordon **2 odgradzać kordonem** cordon off
**korek 1** *(materiał)* cork **2** *(w wannie)* plug **3** *(do butelki)* stopper **4** *(uliczny)* tailback, traffic jam **5** *(w butach piłkarskich)* stud
**korekcyjny** remedial
**korekta 1** correction, revision **2 robić korektę** proofread
**korektor/ka** proofreader
**korepetycje** (private) tuition
**korepetytor/ka** tutor
**korespondencja** correspondence
**korespondent/ka** correspondent
**korespondować** correspond
**korkociąg** corkscrew
**kornik** woodworm
**korodować** corrode
**korona** crown
**koronacja** coronation
**koroner** *(urzędnik ustalający przyczyny nagłych zgonów)* coroner
**koronka 1** lace **2** *(na zębie)* crown
**koronkowy** lacy
**koronować** crown
**korozja** corrosion
**korporacja** corporation
**korporacyjny** corporate
**korpus** corps
**kort** court
**korumpować** corrupt
**korupcja** corruption
**korygować** correct, revise
**korytarz** corridor, passage
**koryto** trough
**korzeń** root
**korzystać korzystać z czegoś** use sth
**korzystnie** favourably *BrE*, favorably *AmE*
**korzystny 1** advantageous, beneficial, favourable *BrE*, favorable *AmE* **2 być korzystnym dla kogoś/czegoś** be in sb's/sth's favour **3 być korzystnym dla** benefit
**korzyść 1** benefit **2 dodatkowa korzyść** bonus **3 działać na czyjąś korzyść** be weighted in favour of sb **4 działać na czyjąś korzyść** work in sb's favour *BrE*, favor *AmE* **5 odnieść korzyść** benefit **6 przynosić korzyści** benefit **7 z korzyścią dla ciebie** to your advantage
**kos** blackbird
**kosa** scythe
**kosiarka 1** mower **2 kosiarka do trawy** lawn mower
**kosić** mow
**kosmetyczka 1** beautician **2** *(torebka)* vanity bag, sponge bag *BrE*
**kosmetyczny** cosmetic
**kosmetyk** cosmetic
**kosmiczny 1** cosmic **2 przestrzeń kosmiczna** outer space
**kosmopolityczny** cosmopolitan
**kosmos** (outer) space, the cosmos
**kosmyk** wisp
**kostium 1** costume, suit **2 kostium kąpielowy** bathing suit, swimming costume, swimsuit
**kostka 1** cube **2** *(stopy)* ankle **3** *(w palcu)* knuckle **4 kostka do gry** dice **5 kostka lodu** ice cube **6 kroić w kostkę** dice
**kostnica** morgue, mortuary
**kosz 1** basket **2 kosz na śmieci** bin, wastepaper basket *BrE*, wastebasket *AmE*
**koszary** barracks
**koszerny** kosher
**koszmar** nightmare
**koszmarny 1** ghastly, nightmarish **2 koszmarny sen** nightmare
**koszt 1** cost, expense **2 czyimś kosztem** at sb's expense **3 kosztem** at the cost of **4 koszty stałe** overheads **5 na koszt firmy** on the house **6 ponosić koszt** bear the cost
**kosztorys** estimate, quotation
**kosztować** cost
**kosztowności** valuables
**kosztowny** costly, expensive
**koszula 1** shirt **2 koszula nocna** nightdress, nightgown, nightie
**koszulka** T-shirt, tee shirt
**koszykówka 1** basketball **2 piłka do koszykówki** basketball
**kościelny** ecclesiastical
**kościół** church
**kościsty** bony
**kość 1** bone **2 kość niezgody** a bone of contention **3 kość policzkowa** cheekbone **4 kość słoniowa** ivory
**kot** cat
**kotek** kitten, pussycat

**kotlet** chop, cutlet
**kotwica** anchor
**kotwiczyć** anchor
**kowadło** anvil
**kowal** blacksmith
**kowboj** cowboy
**koza** goat
**kozaczek** boot
**kozioł** **kozioł ofiarny** scapegoat
**koziołek** *(przewrót)* somersault
**Koziorożec** Capricorn
**koźlę** kid
**kożuch** **1** *(na mleku itp.)* skin **2** *(z brudu)* scum
**kółko** **1** circle, ring **2** **dom na kółkach** mobile home **3** **kółko na klucze** key ring **4** **w kółko** over and over (again), round and round
**kpiąco** mockingly
**kpić** **kpić z** mock
**kpiny** mockery, jibe, ridicule
**krab** crab
**krach** crash
**kraciasty** checked
**kradzież** **1** theft **2** **kradzież sklepowa** shoplifting
**kraina** land
**kraj** country
**krajobraz** **1** landscape, scenery **2** **krajobraz (wiejski)** countryside
**krajobrazowy** **atrakcja krajobrazowa** beauty spot
**krajowy** national, domestic, home
**krakać** croak
**krakers** cracker
**kraksa** wreck
**kran** tap *BrE*, faucet *AmE*
**krasnal** gnome
**krasnoludek** dwarf
**kraść** steal
**krata** **1** bar(s) **2** *(wzór)* check **3** **materiał w kratę** plaid **4** **szkocka krata** tartan
**krater** crater
**kratka** grid
**kratki** **za kratkami** behind bars
**kraul** the crawl
**krawat** necktie, tie
**krawędź** edge
**krawężnik** curb *BrE*, kerb *AmE*
**krawiec** tailor
**krawiectwo** tailoring
**krąg** circle, ring
**krągły** plump
**krążek** disc
**krążenie** circulation
**krążownik** cruiser
**krążyć** circulate, go around, orbit
**kreatywność** creativity
**kreda** chalk
**kredens** cupboard, sideboard, dresser *BrE*
**kredka** **1** coloured pencil **2** **kredka woskowa** crayon
**kredowy** chalky
**kredyt** **1** credit **2** **kredyt hipoteczny** mortgage **3** **na kredyt** on credit
**kredytowy** **karta kredytowa** credit card
**krem** **1** cream **2** **krem nawilżający** moisturizer **3** **krem z filtrem ochronnym** sunscreen
**kremacja** **1** cremation **2** **poddawać kremacji** cremate
**krematorium** crematorium
**kremowy** cream
**krepa** crepe, crèpe
**kres** **położyć czemuś kres** bring sth to an end, put a stop to sth
**kreska** dash
**kreskówka** cartoon
**kreśla-rz/rka** draughtsman *BrE*, draftsman *AmE*
**kret** mole
**kretyński** moronic
**krew** **1** blood **2** **bank krwi** blood bank **3** **dawca krwi** blood donor **4** **grupa krwi** blood group, blood type **5** **nowa krew** new blood **6** **rozlew krwi** bloodshed **7** **z zimną krwią** in cold blood **8** **zimna krew** nerve
**krewetka** **1** prawn, shrimp **2** **krewetki panierowane** scampi
**krewn-y/a** **1** relative **2** **najbliższy krewny** next of kin
**kręcić** **1** curl, twist, twirl **2** *(film)* film, shoot **3** **kręcić nosem (na coś)** turn your nose up (at sth) **4** **kręcić głową** shake your head **5** **kręcić się** turn, spin **6** **komuś kręci slę w głowie** sb's head is in a whirl, sb's head is swimming
**kręcony** curly, frizzy
**kręg** vertebra
**kręgiel** **1** skittle **2** **gra w kręgle** bowling, skittles **3** **grać w kręgle** bowl
**kręgosłup** backbone, spine
**krępować** **1** constrain **2** *(związywać)* tie down
**krępy** stocky
**kręty** winding
**krnąbrny** wayward
**krochmal** starch
**krocze** crotch
**kroczyć** step, stride
**kroić** **1** cut **2** *(mięso)* carve **3** *(w plasterki)* slice **4** **kroić w kostkę** dice
**krok** **1** footstep, step, stride **2** **być o krok od** be on the brink of **3** **krok po kroku** step-by-step **4** **podejmować kroki** take

steps **5 zrobić krok** take a step
**krokiet** croquet
**krokodyl** crocodile
**krokus** crocus
**kromka** slice
**kronika** chronicle
**kropeczka w kropeczki** polka dot
**kropelka 1** drop, bead, globule **2** *(czegoś gęstego)* blob
**kropić** sprinkle
**kropka 1** dot **2** *(znak przestankowy)* full stop *BrE*, period *AmE* **3 kropka dziesiętna** decimal point **4 w kropki** spotted
**kropkowany linia kropkowana** dotted line
**kropla 1** drop, drip **2 być podobnym do kogoś jak dwie krople wody** be the spitting image of sb **3 kropla deszczu** raindrop
**kroplówka** drip
**krosno** loom
**krosta** spot
**krowa** cow
**król** king
**królestwo 1** kingdom **2 królestwo zwierząt** the animal kingdom
**królewna** princess
**królewski 1** regal, royal **2 rodzina królewska** royalty **3 Wasza/Jej/Jego Królewska Mość** Your/Her/His Majesty
**króliczek** bunny
**królik 1** rabbit **2 królik doświadczalny** guinea pig
**królowa** queen
**krótki 1** short, brief **2 krótkie spięcie** short circuit **3 na krótką metę** in the short term/run
**krótko 1** briefly **2 krótko mówiąc** in short, to put it simply, to cut a long story short **3 krótko przed/po** shortly before/after
**krótkofalówka** two-way radio, walkie-talkie
**krótkoterminowy** short-term
**krótkotrwałość** brevity
**krótkotrwały** short-lived, transitory
**krótkowzroczność** nearsightedness
**krótkowzroczny** nearsighted, shortsighted
**krówka** *(cukierek)* fudge
**krtań** larynx
**kruchość** fragility
**kruchy** fragile, brittle, crisp, crispy
**krucjata** crusade
**krucyfiks** crucifix
**kruczek 1** catch **2 kruczek prawny** technicality
**kruczoczarny** jet-black
**kruk** raven
**kruszyć (się)** break up, crumble
**krwawić** bleed
**krwawienie 1** bleeding **2 krwawienie z nosa** nosebleed
**krwawy** bloody
**krwiobieg** bloodstream
**krwionośny naczynie krwionośne** blood vessel
**krwiożerczy** bloodthirsty
**krwisty** *(befsztyk itp.)* rare
**krwotok** haemorrhage *BrE*, hemorrhage *AmE*
**kryć 1** hide, conceal **2** *(przed ostrzałem)* cover for **3 kryć się** hide, take cover **4 kryć się za** lie behind **5 nie kryć się z czymś** make no bones about sth
**kryjomu po kryjomu** on the sly, by stealth, stealthily
**kryjówka** hideout, hideaway
**krykiet** cricket
**kryminał** *(książka)* detective story, whodunit
**krypta** crypt
**krystalizacja** crystallization
**krystalizować (się)** crystallize, crystallise *BrE*
**kryształ** crystal
**kryterium** criterion
**kryty** indoor
**krytyczny 1** critical **2 analiza krytyczna** critique **3 stan krytyczny** critical condition **4 uwaga krytyczna** criticism
**krytyk** critic
**krytyka** criticism
**krytykancki** judgmental
**krytykować** criticize, criticise *BrE*
**kryzys 1** crisis, depression **2 dotknięty kryzysem** depressed **3 kryzys wieku średniego** midlife crisis
**krzak** bush, shrub
**krzątać krzątać się** bustle
**krzem** silicon
**krzemień** flint
**krzepki** robust
**krzepnąć** congeal, solidify
**krzesło 1** chair **2 krzesło elektryczne** the electric chair
**krzew** shrub
**krzta 1** scrap **2 ani krzty** not a shred
**krztyna** ounce
**krzyczeć** scream, shout
**krzyk 1** scream, shout, cry **2 ostatni krzyk mody** all the rage
**krzykliwy** loud, flashy
**krzyknąć** cry out, burst out, let out a scream/cry
**krzywa** curve

**krzywda** harm, wrong
**krzywdzić** harm, hurt
**krzywić się** wince
**krzywoprzysięstwo** perjury
**krzywy** crooked, lopsided
**krzyż** **1** cross **2** **bóle krzyża** backache
**krzyżować** **1** cross **2** **krzyżować ramiona** fold your arms
**krzyżowiec** crusader
**krzyżowy** **wziąć kogoś w krzyżowy ogień pytań** cross-examine sb
**krzyżówka** **1** cross, hybrid **2** *(łamigłówka)* crossword (puzzle)
**krzyżyk** **1** cross **2** **nuta z krzyżykiem** sharp
**ksenofobia** xenophobia
**kserokopia** xerox
**kserować** xerox, photocopy
**ksiądz** priest
**książeczka** **1** book **2** **książeczka czekowa** chequebook *BrE*, checkbook *AmE*
**książę** duke, prince
**książka** **1** book **2** **książka kucharska** cookbook **3** **książka telefoniczna** phone book, telephone directory **4** **książka w miękkiej okładce** paperback
**książkowy** **1** fictional **2** **mól książkowy** bookworm
**księgarnia** bookshop *BrE*, bookstore *AmE*
**księgow-y/a** accountant, bookkeeper
**księgowość** accountancy, bookkeeping
**księstwo** principality
**księżna** duchess, princess
**księżniczka** princess
**księżyc** **1** moon **2** **pełnia księżyca** full moon **3** **światło księżyca** moonlight
**księżycowy** **1** lunar **2** *(noc)* moonlit
**ksylofon** xylophone
**kształcenie** **1** education, training **2** **kształcenie pomaturalne** further education
**kształcić** educate
**kształt** **1** shape **2** **nabierać kształtu** take shape **3** **w kształcie cygara/serca** cigar/heart-shaped **4** **w kształcie czegoś** shaped like sth
**kształtować** mould, shape
**kto** who
**ktokolwiek** whoever
**ktoś** **1** someone, anyone **2** **ktoś inny** someone else
**który** **1** *(zaimek pytajny)* which **2** *(zaimek względny)* who, which, whose, that **3** **według którego** whereby **4** **zgodnie z którym** whereby
**którykolwiek** whichever
**ku** **1** towards **2** **ku czyjemuś zaskoczeniu/zdziwieniu** to sb's surprise/amazement
**kubek** **1** mug **2** *(bez ucha)* beaker **3** *(np. od serka)* tub
**kucha-rz/rka** cook
**kuchenka** **1** cooker, stove **2** **kuchenka elektryczna** hotplate **3** **kuchenka mikrofalowa** microwave
**kuchnia** **1** kitchen **2** *(gotowanie)* cuisine, cooking
**kucyk** pony
**kudłaty** shaggy
**kufer** trunk
**kujon** swot
**kukła** effigy
**kuksaniec** nudge
**kukułka** cuckoo
**kukurydza** **1** maize *BrE*, sweetcorn *BrE*, corn *AmE* **2** **prażona kukurydza** popcorn
**kukurydziany** **płatki kukurydziane** cornflakes
**kula** **1** globe, sphere **2** *(pocisk)* bullet **3** *(dla niepełnosprawnego)* crutch **4** **gra w kule** bowls **5** **grać w kule** bowl **6** **kula armatnia** cannon ball **7** **kula ziemska** the globe **8** **pchnięcie kulą** shot put
**kulać (się)** roll
**kulawy** lame
**kuleć** limp
**kulinarny** culinary
**kulisty** spherical
**kulisy** **1** backdrop **2** **za kulisami** backstage, behind the scenes
**kulka** **1** pellet **2** *(do gry)* marble
**kulminacyjny** **punkt kulminacyjny** climax, culmination
**kult** **1** cult, worship **2** **miejsce kultu** shrine
**kultura** culture
**kulturalny** **1** cultural **2** *(cywilizowany)* civilized, civilised *BrE*, cultivated **3** *(grzeczny)* polite, cultured
**kulturowo** culturally
**kulturowy** cultural
**kulturyst-a/ka** body builder
**kulturystyka** body building
**kultywować** cultivate, nurture
**kumpel** buddy, chum, mate, pal
**kundel** mongrel
**kunszt** artistry
**kunsztowny** elaborate
**kupa** **1** **kupa czegoś** a pile

of sth **2 nie trzymać się kupy** not add up
**kupiec 1** *(kupujący)* buyer **2** *(handlarz)* merchant **3 kupiec owocowo-warzywny** greengrocer
**kupon** coupon
**kupować** buy
**kupując-y/a** shopper
**kura** hen
**kurator kurator sądowy** probation officer
**kurczak** chicken
**kurczę** chicken
**kurczyć (się)** shrink, contract
**kurier** courier
**kurort** resort
**kurs 1** course **2 kurs dewizowy** exchange rate
**kursować** run
**kursywa** italics
**kurtka** jacket
**kurtyna** curtain
**kurz** dust
**kusić** tempt, entice
**kustosz/ka** curator
**kusy** skimpy
**kuszący** tempting, seductive, inviting, enticing
**kuszetka** bunk
**kuśtykać** limp
**kuzyn/ka** cousin
**kuźnia** forge
**kwadrans 1** quarter **2 kwadrans po** quarter past
**kwadrat 1** square **2 podnosić do kwadratu** square
**kwadratowy 1** square **2 pierwiastek kwadratowy** square root
**kwakać** quack
**kwalifikacje 1** qualifications **2 pozbawiony kwalifikacji** unqualified **3 praca nie wymagająca kwalifikacji** unskilled work **4 zdobywać kwalifikacje/dyplom** qualify
**kwalifikować się 1** qualify **2 nie kwalifikować się do czegoś** be ineligible for sth/to do sth
**kwarantanna** quarantine
**kwarc** quartz
**kwarta** *(1,137 l)* quart
**kwartalny** quarterly
**kwartał 1** quarter **2** *(obszar miejski otoczony z czterech stron ulicami)* block **3 raz na kwartał** quarterly
**kwas** acid
**kwaskowaty** sharp, tangy
**kwaśny 1** acid, sour **2 kwaśny deszcz** acid rain
**kwatera 1** lodgings **2 kwatera główna** headquarters
**kwesta** collection
**kwestia 1** issue, question **2** *(aktora)* line **3 to kwestia wprawy/szczęścia** it's a matter of practice/luck
**kwestionariusz** questionnaire
**kwestionować** question, challenge
**kwestionowanie** challenge
**kwiacia-rz/rka** florist
**kwiaciarnia** florist's
**kwiat 1** flower **2 być w kwiecie wieku** be in your prime, be in the prime of life
**kwiaty** blossom
**kwiecie** blossom
**kwiecień** April
**kwiecisty** floral, flowery
**kwilić** whimper
**kwita być kwita** be square
**kwitnący** flourishing, thriving
**kwitnąć** flourish, be in (full) bloom
**kwitować kwitować odbiór** sign for

# Ll

**labirynt** labyrinth, maze
**laboratorium 1** laboratory, lab **2 laboratorium językowe** language laboratory
**labrador** labrador
**lać (się)** pour
**lada** counter
**laguna** lagoon
**laik** lay person, layman
**lakier 1** lacquer, varnish **2 lakier do paznokci** nail polish
**lakierować** varnish
**lalka** doll
**lama** llama
**lameta** tinsel
**laminowany** laminated
**lampa 1** lamp **2 lampa błyskowa** flash
**lampart** leopard
**lampion** lantern
**lanca** lance
**lanie** spanking
**lansować** promote
**laptop** laptop
**larwa 1** larva **2** *(muchy)* maggot
**las 1** forest, wood **2 tropikalny las deszczowy** rain forest
**laser** laser
**laska** cane, walking stick
**lata mieć pięć/dwadzieścia lat** be five/twenty years old
**latać** fly
**latający 1** flying **2 latający talerz** flying saucer
**latanie** flying
**latarka** torch *BrE*, flashlight *AmE*
**latarnia 1 latarnia morska** lighthouse **2 latarnia uliczna** lamp-post, street light

**latawiec** kite
**lato** 1 summer, summertime 2 **babie lato** Indian summer 3 **środek lata** midsummer
**latynoamerykański** Latin American
**laur** **spocząć na laurach** rest on your laurels
**laurowy** **liść laurowy** bay leaf
**lawa** lava
**lawenda** lavender
**lawina** 1 avalanche 2 *(pytań itp.)* deluge
**lazurowy** azure
**ląd** 1 land 2 **ląd stały** the mainland 3 **schodzić na ląd** disembark
**lądować** land
**lądowanie** landing, touchdown
**lądowisko** airfield, airstrip
**lądowy** land, overland, terrestrial
**lecieć** 1 fly 2 *(o filmie)* show 3 **Jak leci?** How's it going?, How are things going?
**lecz** but, yet
**leczenie** treatment, therapy
**leczniczy** medicinal, therapeutic
**leczyć** treat, heal, cure
**ledwie** barely, hardly
**ledwo** 1 hardly, barely, narrowly, (only) just 2 **ledwo ... gdy** no sooner had ... than 3 **ledwo ledwo** by the skin of your teeth
**legalizacja** legalization, legalisation *BrE*
**legalizować** legalize, legalise *BrE*
**legalnie** legally
**legalność** legality, legitimacy
**legalny** legal, lawful, legitimate
**legenda** 1 legend 2 *(na mapie itp.)* key
**legendarny** legendary
**leginsy** leggings
**legion** legion
**legowisko** den
**lejce** rein
**lejek** funnel
**lek** 1 drug, medicine, medication 2 **brać leki** be on drugs
**lekarstwo** medicine, cure, remedy
**leka-rz/rka** 1 doctor, physician 2 **lekarz ogólny** GP 3 **lekarz stażysta** intern 4 **lekarz stażysta** *(w szpitalu)* resident
**lekceważący** dismissive, disrespectful, disparaging
**lekceważenie** disregard
**lekceważyć** ignore
**lekcja** lesson, class, period
**lekki** 1 light, lightweight 2 **lekki sen** light sleep
**lekko** lightly
**lekkoatletyka** athletics, track and field
**lekkomyślnie** recklessly
**lekkomyślność** recklessness
**lekkomyślny** reckless
**lektura** reading
**lemoniada** lemonade
**leniuchować** laze (around/about)
**leniwy** lazy, idle
**lepiej** 1 better 2 **czuć się lepiej** be better 3 **im wcześniej, tym lepiej** the sooner the better 4 **lepiej (zrób coś)** you had better (do sth)
**lepki** sticky, tacky, clammy, glutinous
**lepszy** 1 better, preferable, superior 2 **na lepsze** for the better 3 **o wiele lepszy** much better 4 **w lepszej sytuacji** better off
**lesbijka** lesbian
**lesbijski** lesbian
**leszczyna** hazel
**leśnictwo** forestry
**leśny** **teren leśny** woodland
**letni** 1 *(związany z latem)* summer 2 *(ani zimny ani gorący)* lukewarm, tepid
**lew** 1 lion 2 **Lew** *(znak zodiaku)* Leo 3 **lew morski** sea lion
**lewica** 1 the Left 2 **skrajna lewica/prawica** the far left/right
**lewicowiec** left-winger
**lewicowy** left-wing
**leworęczny** left-handed
**lewy** 1 left, left-hand 2 **lewa burta** port 3 **lewa strona** left 4 **na lewą stronę** inside out 5 **po lewej stronie** on the left 6 **w lewo** left 7 **z lewej** on the left
**leżak** deckchair
**leżący** 1 **kopać leżącego** put the boot in 2 **leżący twarzą do ziemi** prostrate
**leżeć** 1 lie 2 **dobrze/doskonale leżeć** be a good/perfect fit 3 **poleżeć sobie dłużej w łóżku** have a lie-in
**lęk** 1 fear, anxiety, apprehension 2 **pełen lęku** apprehensive
**lękać się** **lękać się o** fear for
**liberalizacja** liberalization
**liberalizować** liberalize, liberalise *BrE*
**liberalny** liberal
**liberał** liberal
**licencja** 1 licence 2 **licencja poetycka** poetic licence
**liceum** **liceum ogólnokształcące** *(w Wielkiej Brytanii)* grammar school
**licho** **niech mnie licho** I'll be damned

**lichy** poor, flimsy
**licytacja** auction
**licytować** auction, bid
**liczący** **liczący się** of note
**liczba** **1** number, figure **2** **liczba pojedyncza** the singular **3** **liczba mnoga** the plural **4** **liczba ofiar** toll
**liczbowy** numerical
**liczebnik** **liczebnik główny** cardinal number
**licznik** **1** meter **2** *(w samochodzie)* speedometer **3** *(przebiegu)* clock
**liczny** numerous
**liczyć** **1** count **2** **liczyć 500 osób** be 500 strong **3** **liczyć na** count on, bank on, reckon on **4** **nie licząc** exclusive of **5** **liczyć się** count **6** **liczyć się z** respect, reckon with **7** **nie liczyć się z kimś** take sb for granted
**lider/ka** leader
**lifting** *(twarzy)* facelift
**liga** league
**likier** liqueur
**likwidacja** liquidation, closure, elimination, disposal
**likwidator** liquidator
**likwidować** **1** eliminate, do away with, liquidate **2** **likwidować interes** go out of business
**lilia** lily
**liliowy** **kolor liliowy** lilac
**limeryk** limerick
**limona** lime
**limuzyna** limousine
**lina** **1** rope, cable **2** *(akrobatyczna)* tightrope **3** **lina ratunkowa** lifeline
**lincz** lynching
**linczować** lynch
**lingwistyka** linguistics
**linia** **1** line **2** **linia brzegowa** coastline **3** **linia frontu** the front line **4** **linia lotnicza** airline **5** **w linie** lined
**linieć** moult
**linijka** **1** ruler **2** *(piosenki, wiersza)* line
**liniowiec** liner
**lipiec** July
**liryczny** lyrical
**lis** fox
**lisica** vixen
**list** **1** letter **2** **list polecający** reference **3** **list przewodni** covering letter
**lista** **1** list, roll **2** **lista adresowa** mailing list **3** **lista oczekujących** waiting list **4** **lista płac** payroll **5** **lista przebojów** the charts
**listonosz** postman *BrE*, mailman *AmE*
**listopad** November
**listowie** foliage
**listowy** **papier listowy** notepaper
**liścik** note
**liść** **1** leaf **2** **liść laurowy** bay leaf
**litera** **1** letter **2** **drukowane litery** block letters **3** **duża litera** capital
**literacki** literary
**literatura** **1** literature, fiction **2** **literatura faktu** nonfiction
**literówka** misprint
**litościwy** merciful
**litość** **1** mercy, pity **2** **co/dlaczego na litość boską ...?** what/why on earth ...?
**litr** litre *BrE*, liter *AmE*
**lity** **lite złoto/srebro** solid gold/silver
**lizać** lick
**lizak** lollipop
**lizus** creep
**lizusowaty** slimy
**liźnięcie** lick
**lob** lob
**lobby** lobby
**lobbyst-a/ka** lobbyist
**lobować** lob
**loch** dungeon
**locha** sow
**lodowato** **lodowato zimny** ice-cold
**lodowaty** ice-cold, frosty, icy
**lodowcowy** glacial
**lodowiec** glacier
**lodowisko** (ice) rink
**lodówka** refrigerator, fridge
**lody** ice cream
**logarytm** logarithm
**logicznie** logically
**logiczny** logical
**logika** logic
**lojalność** loyalty
**lojalny** loyal
**lok** curl, lock
**lokal** **1** joint **2** **nocny lokal** nightclub
**lokator/ka** **1** lodger, occupant, tenant, boarder **2** **dziki lokator** squatter
**lokomocyjny** **1** **choroba lokomocyjna** carsickness **2** **cierpieć na chorobę lokomocyjną** be carsick
**lokomotywa** engine, locomotive
**lokówka** roller
**lombard** pawnbroker's
**lord** lord
**lornetka** binoculars
**los** **1** lot **2** *(przeznaczenie)* destiny, fate **3** *(na loterii)* lottery ticket **4** **kaprys losu** a quirk of fate **5** **uśmiech losu** stroke of luck **6** **zrządzenie losu** a twist of fate **7** **ciągnąć losy** draw lots
**losować** draw (lots)
**losowo** randomly

**losowy** random
**lot** flight
**loteria** **1** lottery **2** **loteria fantowa** raffle
**lotka** *(do badmintona)* shuttlecock
**lotnia** hang glider
**lotniarstwo** hang gliding
**lotnictwo** aviation
**lotniczy** **1** aerial **2** **linia lotnicza** airline **3** **poczta lotnicza** airmail **4** **podróż/katastrofa lotnicza** air travel/disaster
**lotnisko** airport
**lotniskowiec** aircraft carrier
**loża** box
**lód** **1** ice **2** *(do jedzenia)* ice cream **3** **lód na patyku** ice lolly **4** **przełamywać lody** break the ice
**lśniący** glossy, shiny, sleek
**lśnić** shine
**lub** **1** or **2** **lub też** or else
**lubić** **1** like, be fond of, be keen on *BrE* **2** **lubić coś robić** like doing/to do sth, be fond of doing sth **3** **nie lubić** dislike **4** **nie lubić czegoś robić** not like doing/ to do sth
**lubować** **lubować się w** delight in
**lud** the people
**ludność** population
**ludobójstwo** genocide
**ludowy** folk
**ludzie** people
**ludzki** **1** human, humane **2** **rodzaj ludzki** the human race **3** **w ludzkiej mocy** humanly possible
**ludzkość** humanity, man, mankind, the human race
**lufa** barrel
**luk** hatch, porthole
**luka** **1** blank, gap **2** **luka (prawna)** loophole
**lukier** glaze, icing, frosting *AmE*
**lukrować** ice
**luksus** luxury
**luksusowy** fancy, luxurious
**lunaty-k/czka** sleepwalker
**lunatykować** sleepwalk
**lusterko** mirror
**lustro** mirror
**luty** February
**luz** loose
**luźno** loosely
**luźny** **1** loose, slack **2** **luźny związek** casual relationship
**lwica** lioness
**lżyć** abuse

# Łł

**łabędź** swan
**łachman** rags
**łaciaty** spotty
**łacina** Latin
**łaciński** Latin
**ład** **1** order **2** **bez ładu i składu** incoherently **3** **mówić bez ładu i składu** ramble
**ładnie** **1** nicely, prettily **2** **ładnie wyglądać/ pachnieć** look/smell nice
**ładny** **1** pretty, nice **2** *(dzień)* nice, fair
**ładować** **1** load **2** *(akumulator itp.)* charge **3** **ładować się do** pile into
**ładownia** hold
**ładunek** **1** cargo, freight, load **2** *(elektryczny)* charge
**łagodnie** gently
**łagodność** gentleness
**łagodny** gentle, mild, benign, mellow
**łagodzący** **okoliczności łagodzące** mitigating circumstances
**łagodzić** ease, soothe, deaden, relieve, soften
**łajdak** rascal
**łakomstwo** greediness
**łakomy** greedy
**łamać** **1** break **2** **łamać sobie głowę** rack your brain(s)
**łamaniec** **łamaniec językowy** tongue-twister
**łamany** **łamana angielszczyzna/polszczyzna** broken English/Polish
**łamliwy** brittle
**łańcuch** **1** chain **2** *(górski)* range **3** *(zdarzeń itp.)* sequence **4** **łańcuch pokarmowy** food chain **5** **przymocować łańcuchem** chain **6** **skuty łańcuchem** in chains
**łańcuchowy** **reakcja łańcuchowa** chain reaction
**łańcuszek** chain
**łapa** paw
**łapać** **1** catch, grasp, snatch **2** **z trudem łapać oddech** gasp for breath/air
**łapczywie** hungrily
**łapownictwo** bribery
**łapówka** bribe
**łasica** weasel
**łaska** **1** favour *BrE*, favor *AmE* **2** **być na łasce** be at the mercy of **3** **być w łaskach** be in favour, be in sb's good books **4** **z łaski swojej** kindly
**łaskawie** graciously
**łaskawy** gracious
**łaskotać** tickle
**łata** patch
**łatać** patch
**łatka** spot
**łatwizna** **1** child's play **2** **iść na łatwiznę** cut corners
**łatwo** **1** easily, readily **2** **łatwo (komuś) coś**

**zrobić** it's/that's all very well (for sb) to do sth

**łatwopalny** flammable, inflammable

**łatwość** **1** ease **2** **z łatwością** with ease

**łatwowierność** gullibility

**łatwowierny** gullible

**łatwy** easy

**ława** **1** coffee table **2** **ława oskarżonych** the dock **3** **ława przysięgłych** jury

**ławica** school, shoal

**ławka** **1** bench **2** **ławka kościelna** pew

**łazić** crawl

**łazienka** bathroom

**łącznie** **łącznie z** including, inclusive of

**łącznik** **1** hyphen **2** **pisany z łącznikiem** hyphenated

**łączność** communications

**łączny** inclusive

**łączyć** **1** link, join **2** *(rozmowę)* put through **3** **łączyć kogoś (z kimś)** put sb through (to sb) **4** **być łączonym z czymś** be linked to/with sth **5** **łączyć się** combine, connect, join, merge, mix

**łąka** meadow

**łeb** **1** **brać się za łby** come to blows **2** **łeb w łeb** neck and neck

**łkać** weep

**łobuz** rascal

**łodyga** stalk, stem

**łokieć** elbow

**łom** crowbar

**łomot** crash, thud

**łonowy** pubic

**łopata** shovel, spade

**łopatka** *(kość)* shoulder blade

**łopotać** flap

**łosoś** salmon

**łoś** *(amerykański)* moose

**łotr** scoundrel, villain

**łowca** **łowca talentów** talent scout

**łowczy** gamekeeper

**łowić** **łowić ryby** fish

**łoże** **na łożu śmierci** on his/her etc deathbed

**łódź** **1** boat **2** **łódź podwodna** submarine **3** **łódź wiosłowa** rowing boat

**łóżeczko** **łóżeczko dziecięce** cot, crib

**łóżko** **1** bed **2** **iść z kimś do łóżka** go to bed with sb **3** **łóżko piętrowe** bunk beds **4** **słać łóżko** make the bed **5** **przykuty do łóżka** bedridden

**łuczni-k/czka** archer

**łucznictwo** archery

**łudzić** **1** delude **2** **łudzić się** be under an illusion

**łuk** **1** *(broń)* bow **2** *(w architekturze)* arch **3** *(w geometrii)* arc **4** **wyginać (się) w łuk** arch

**łup** booty, loot

**łupacz** *(ryba)* haddock

**łupież** dandruff

**łupina** shell

**łuska** **1** *(rybia)* scale **2** *(nasiona)* husk

**łuszczyć się** peel, flake

**łyczek** sip

**łydka** calf

**łyk** mouthful, sip, swallow

**łykać** **1** swallow **2** *(szybko)* gulp

**łysiejący** balding

**łysina** baldness

**łysy** bald

**łyżeczka** **1** spoon **2** **łyżeczka (do herbaty)** teaspoon **3** **pełna łyż(ecz)ka** spoonful

**łyżka** **1** spoon **2** **łyżka (stołowa)** tablespoon **3** **łyżka do butów** shoehorn **4** **łyżka wazowa** ladle **5** **pełna łyżka** spoonful

**łyżwa** **1** skate **2** **jeździć na łyżwach** ice skate, skate

**łyżwia-rz/rka** ice skater, skater

**łyżwiarstwo** ice skating, skating

**łyżworolka** Rollerblade *(trademark)*

**łza** **1** tear, teardrop **2** **pełen łez** tearful **3** **ze łzami** tearfully

**łzawić** water

# Mm

**machać** **1** wave, swing **2** **machać nogami** kick

**machinalnie** mechanically

**machinalny** mechanical

**machnięcie** sweep

**macica** **1** uterus **2** **macica perłowa** mother-of-pearl

**macierzyński** **1** maternal **2** **urlop macierzyński** maternity leave

**macierzyństwo** **1** motherhood **2** **świadome macierzyństwo** birth control

**maciora** sow

**macka** tentacle

**macocha** stepmother

**maczać** dip

**mafia** the Mafia, the Mob

**magazyn** **1** warehouse **2** *(pismo)* magazine

**magazynek** magazine

**magia** **1** magic, mystique **2** **czarna magia** black magic

**magicznie** magically

**magiczny** **1** magic,

magical **2 sztuczki magiczne** magic
**magik** magician
**magister 1 magister nauk humanistycznych** MA *(Master of Arts)* **2 magister nauk ścisłych** MSc *(Master of Science)* **3 stopień magistra** master's degree
**magistrala 1** *(wodociągowa)* main, the mains **2** *(kolejowa)* main line
**maglować** *(przesłuchiwać)* grill
**magnat 1** tycoon **2 magnat naftowy/okrętowy** oil/shipping magnate
**magnes** magnet
**magnetofon 1** tape recorder **2** *(bez wzmacniacza)* tape deck **3 magnetofon kasetowy** cassette player
**magnetowid** VCR, video cassette recorder, video
**magnetyczny 1** magnetic **2 pole magnetyczne** magnetic field
**magnetyzm** magnetism
**magnez** magnesium
**magnolia** magnolia
**mahoń** mahogany
**maj** May
**majaczyć** be delirious
**majątek 1** fortune **2** *(posiadłość)* estate **3 czyjś cały majątek** sb's worldly goods/possessions
**majestatyczny** stately
**majonez** mayonnaise
**major** major
**majsterkowanie** do-it-yourself
**majstrować 1** tinker **2 majstrować przy czymś** fiddle with sth, tamper with sth
**majtki** knickers *BrE*, panties *AmE*
**mak** poppy
**makabryczny** creepy, gruesome, macabre
**makaron 1** pasta **2 makaron rurki** macaroni
**makieta** dummy
**makijaż** make-up
**makler 1** broker **2 makler giełdowy** stockbroker
**maksimum** maximum, high
**maksyma** maxim
**maksymalizować** maximize, maximise *BrE*
**maksymalny** maximum, top
**malaria** malaria
**malarstwo** painting
**mala-rz/rka 1** painter **2** *(pokojowy też)* decorator
**maleć** diminish, dwindle, wane
**maleńki** tiny
**malina** raspberry
**malować 1** paint **2** *(pokój też)* decorate **3** *(lakierem)* varnish **4 malować sobie paznokcie** do your nails
**malowidło 1** painting **2 malowidło ścienne** mural
**malowniczy** picturesque, scenic
**maltretować** ill-treat, maltreat, batter
**maltretowanie** ill-treatment, maltreatment
**maltretowany maltretowane kobiety/żony** battered women/wives
**maluch** toddler
**maluteńki** minuscule
**malutki** tiny
**mało 1** *(z rzeczownikami policzalnymi)* few **2** *(z rzeczownikami niepoliczalnymi)* little
**małomówność** reticence
**małomówny** taciturn
**małostkowość** pettiness
**małostkowy** petty, small-minded
**małpa 1** monkey **2 małpa człekokształtna** ape
**mały 1** small, little **2 mieć coś w małym palcu** have sth at your fingertips
**małż 1** clam **2 małż jadalny** mussel
**małżeński** marital, matrimonial
**małżeństwo 1** marriage **2 małżeństwo mieszane** intermarriage
**małżonek** husband, spouse
**małżonka** wife, spouse
**mama** mum *BrE*, mom *AmE*, momma *AmE*, mama *AmE*
**mamrotać** mumble, mutter
**mamusia** mummy *BrE*, mommy *AmE*
**mamut** mammoth
**mandarynka** tangerine
**mandat 1** *(kara pieniężna)* fine, ticket **2** *(poselski itp.)* seat **3 mandat za nieprawidłowe parkowanie** parking ticket **4 mandat za przekroczenie prędkości** speeding ticket **5 ukarać mandatem** fine
**manekin** dummy, mannequin
**manewr** manoeuvre
**manewrować** manoeuvre
**manewry** exercise, manoeuvres
**mango** mango
**mania** mania
**mania-k/czka** maniac, crank
**manicure** manicure
**maniera** mannerism, manners
**manifest** manifesto

**manifestacja** demonstration
**manifestant/ka** demonstrator
**manipulacja** manipulation
**manipulować** manipulate
**mankament** shortcoming
**mankiet** cuff
**manuskrypt** manuscript
**mapa** **1** map **2** *(morska lub astronomiczna)* chart
**maraton** marathon
**marcepan** marzipan
**marchew(ka)** carrot
**margaryna** margarine
**marginalny** marginal
**margines** margin
**marginesowy** fringe
**marihuana** marijuana, cannabis
**marionetka** marionette, puppet
**marka** brand, make, mark
**marker** highlighter
**marketing** marketing
**markotny** morose
**marksist-a/ka** Marxist
**marksistowski** Marxist
**marksizm** Marxism
**marmur** marble
**marnieć** waste away
**marnotrawstwo** wastage
**marnować** **1** waste **2** **marnować się** go to waste
**marny** flimsy, paltry
**Mars** Mars
**Marsjan-in/ka** Martian
**marsz** march
**marszczyć (się)** **1** wrinkle, crinkle **2** **marszczyć czoło** frown
**martwić** **1** trouble, worry **2** **martwić się** worry **3** **nie martw się** don't worry
**martwy** **1** dead, lifeless **2** **martwa natura** still life
**marynarka** **1** jacket **2** **marynarka (wojenna)** navy
**marynarz** sailor, seaman
**marynata** marinade
**marynować** marinate, pickle
**marynowany** pickled
**marzec** March
**marzenie** dream, daydream, fantasy
**marznąć** freeze
**marzyciel/ka** dreamer, daydreamer
**marzycielski** dreamy
**marzycielsko** dreamily
**marzyć** dream, daydream, fantasize, fantasise *BrE*
**masa** **1** *(duża ilość)* mass, bulk, tons of **2** *(ciężar)* weight
**masakra** massacre
**masaż** massage
**masażysta** masseur
**masażystka** masseuse
**maska** **1** mask **2** *(samochodu)* bonnet *BrE*, hood *AmE* **3** **maska gazowa** gas mask
**maskotka** mascot
**maskować** mask, camouflage
**masło** butter
**masochistyczny** masochistic
**masochizm** masochism
**mason/ka** mason
**mason** Freemason
**masować** massage
**masowy** **1** mass **2** **produkcja masowa** mass production **3** **produkowany na skalę masową** mass-produced **4** **środki masowego przekazu** the mass media
**masturbacja** masturbation
**masywny** chunky
**maszerować** march
**maszt** mast, pole
**maszyna** **1** machine, machinery **2** **maszyna do pisania** typewriter **3** **maszyna do szycia** sewing machine **4** **napisany na maszynie** typewritten **5** **pisanie na maszynie** typing
**maszynista** engine driver, engineer *AmE*
**maszynistka** typist
**maszynka** **maszynka do golenia** shaver
**maszynowy** **karabin maszynowy** machine gun
**maść** ointment
**mata** mat
**matematyczny** mathematical
**matematy-k/czka** mathematician
**matematyka** mathematics, maths *BrE*, math *AmE*
**materac** mattress
**materia** **1** matter **2** **przemiana materii** metabolism
**materialist-a/ka** materialist
**materialistyczny** materialistic
**materializm** materialism
**materializować się** materialize, materialise *BrE*
**materialny** material
**materiał** **1** material **2** **materiał filmowy** footage **3** **materiał wybuchowy** explosive
**matka** **1** mother **2** **dziadek/ciotka ze strony matki** maternal grandfather/aunt **3** **Dzień Matki** Mother's Day **4** **matka chrzestna** godmother
**matowieć** tarnish
**matowy** matt, mat

**mauzoleum** mausoleum
**maxi** jumbo
**maź** goo
**mądrala** know-all, know-it-all *AmE*, wise guy *AmE*
**mądrość** **1** wisdom **2 ząb mądrości** wisdom tooth
**mądry** wise
**mądrze** wisely
**mąka** **1** flour **2 mąka kukurydziana** cornflour
**mąż** **1** husband **2 mąż stanu** statesman
**mdlący** nauseating
**mdleć** faint, pass out
**mdłości** **1** nausea **2 przyprawiający o mdłości** nauseating
**mdły** sickly
**mebel** a piece of furniture
**meble** furniture
**meblować** furnish
**mech** moss
**mechanicznie** mechanically
**mechaniczny** mechanical
**mechanik** **1** mechanic **2** *(na statku)* engineer
**mechanika** mechanics
**mechanizm** **1** machinery, mechanism **2 mechanizm czegoś** the mechanics of (doing) sth **3 mechanizm zegarowy** clockwork
**mechanizować** mechanize, mechanise *BrE*
**mecz** game, match
**meczet** mosque
**medal** medal
**medalion** medallion, locket
**medalist-a/ka** medallist
**media** **1** the media **2 mass media** the mass media
**mediacja** **1** mediation **2 prowadzić mediacje** mediate
**mediator/ka** mediator
**medium** medium, psychic
**meduza** jellyfish
**medycyna** **1** medicine **2 medycyna sądowa** forensic medicine
**medycznie** medically
**medyczny** medical
**medytacja** meditation
**medytować** meditate
**megabajt** megabyte
**megafon** megaphone
**megaloman/ka** megalomaniac
**megalomania** megalomania
**mekka** mecca
**melancholia** melancholy
**melancholijny** melancholy
**melasa** molasses
**meldować się** **1** report **2** *(np. w hotelu)* book in/into, check in
**melina** den
**melodia** melody, tune
**melodramat** melodrama
**melodramatyczny** melodramatic
**melodyjny** melodic
**melon** melon
**melonik** bowler hat
**menażer** manager
**menedżer** manager
**menedżerski** managerial
**mennica** mint
**menopauza** menopause
**menstruacja** menstruation
**menstruacyjny** menstrual
**mentalność** mentality
**mentor/ka** mentor
**menu** menu
**Merkury** Mercury
**mesa** mess
**Mesjasz** the Messiah
**meszek** down, fuzz
**meta** **1** *(w sporcie)* finish **2 na dłuższą metę** in the long run/term **3 na krótką metę** in the short run/term
**metaboliczny** metabolic
**metabolizm** metabolism
**metafora** metaphor
**metaforycznie** metaphorically
**metaforyczny** metaphorical
**metal** metal
**metaliczny** metallic
**metamorfoza** metamorphosis
**metan** methane
**meteor** meteor
**meteorolog** meteorologist
**meteorologia** meteorology
**meteoryt** meteorite
**metka** *(etykietka)* label, tag
**metoda** **1** method **2 metoda prób i błędów** trial and error
**metodycznie** methodically
**metodyczny** methodical
**metodyst-a/ka** Methodist
**metodystyczny** Methodist
**metr** metre *BrE*, meter *AmE*
**metro** **1** metro, underground *BrE*, subway *AmE* **2** *(londyńskie)* the Tube
**metropolia** metropolis
**metropolitalny** metropolitan
**metrum** *(wiersza)* metre *BrE*, meter *AmE*
**metryczny** metric
**mewa** seagull, gull
**męczarnia** agony, torture
**męczący** tiring
**męczenni-k/ca** martyr
**męczeństwo** martyrdom
**męczyć** **1** tire, wear out **2 męczyć kogoś, żeby coś**

zrobił keep on at sb about sth **3 męczyć się** get tired **4 męczyć się czymś** tire of sth, get tired of sth

**męski** **1** male, masculine, virile **2 męska toaleta** men's room **3 męski szowinista** male chauvinist **4 płci męskiej** male **5 rodzaju męskiego** masculine **6 wiek męski** manhood

**męskość** masculinity, virility

**męstwo** bravery, valour *BrE*, valor *AmE*

**mętny** cloudy, murky

**męty** **męty społeczne** the dregs of society

**mężczyzna** man, male

**mężnie** valiantly

**mężny** valiant

**mgiełka** haze

**mglisty** **1** foggy, hazy, misty **2 mgliste wspomnienie/pojęcie** dim memory/awareness

**mgła** **1** fog, mist **2 zachodzić mgłą** glaze

**mgnienie** **w mgnieniu oka** in a flash/like a flash

**mi** me

**mianować** appoint, nominate

**mianowanie** appointment, nomination

**mianowicie** namely

**miara** **1** measure **2 miara taśmowa** tape measure **3 szyty na miarę** tailor-made **4 w dużej mierze** largely **5 w miarę możliwości** as far as possible **6 w miarę** mildly

**miarowo** steadily

**miarowy** steady

**miasteczko** **1 miasteczko uniwersyteckie** campus **2 wesołe miasteczko** fair, funfair

**miasto** **1** city, town **2 miasto rodzinne** home town

**miau** meow, miaow

**miauczeć** miaow

**miazga** pulp

**miażdżyć** crush

**miąć** **1** crumple **2 miąć się** crease, crinkle

**miąższ** flesh, pulp

**miecz** sword

**mieć** **1** have, have got **2 mieć coś zrobić** be due to do sth **3 mieć na sobie** have on **4 nie ma za co** you're welcome!

**miednica** *(część ciała)* pelvis

**miedź** copper

**miejsce** **1** place, spot **2** *(siedzące)* seat **3** *(przestrzeń)* room, space **4** *(imprezy)* venue **5** *(wypadku, zbrodni)* scene **6 mieć miejsce** take place, occur **7 miejsce czegoś jest tutaj** sth belongs here **8 miejsce pobytu** whereabouts **9 miejsce przeznaczenia** destination **10 miejsce zamieszkania** abode **11 na miejscu** on the spot, locally **12 na pierwszym/drugim miejscu** in first/second place **13 na swoim miejscu/nie na swoim miejscu** in place/out of place **14 nie na miejscu** out of place, uncalled-for **15 odkładać na miejsce** replace **16 puste miejsce** blank **17 w miejsce** in place of **18 w tym miejscu** here **19 z miejsca** on the spot **20 robić miejsce** make way **21 zająć drugie/trzecie miejsce** finish second/third **22 zająć pierwsze miejsce** come/finish first **23 zginąć na miejscu** be killed outright

**miejscowość** **1** place **2 miejscowość wypoczynkowa** resort

**miejscowy** **1** local, home **2 miejscowy ból/zakażenie** localized pain/infection

**miejski** urban, municipal

**mielić** **1** *(mięso)* mince **2** *(kawę)* grind **3** *(zboże)* mill

**mielizna** **1** shallow **2 osiadać na mieliźnie** run aground

**mielony** **1 mielona wołowina** ground beef **2 mięso mielone** mince *BrE*, hamburger *AmE*

**mienić się** sparkle

**mienie** property

**mierniczy** surveyor

**mierność** mediocrity

**miernota** mediocrity

**mierny** mediocre

**mierzyć** measure

**miesiąc** **1** month **2 co miesiąc** monthly **3 miodowy miesiąc** honeymoon

**miesiączka** menstruation

**miesiączkować** menstruate

**miesięcznie** monthly

**miesięczny** monthly

**mieszać** **1** stir **2** *(łączyć)* blend, mix **3 mieszać się** meddle **4 nie mieszać się do** stay out of

**mieszanina** mixture, mix

**mieszanka** **1** blend, mix, mixture **2** *(np. czekoladowa)* assortment

**mieszany** **1** assorted, mixed **2 mieszane uczucia** mixed feelings

**mieszczański** bourgeois

**mieszkać** live, dwell

**mieszkalny** **blok mieszkalny** apartment building

**mieszkan-iec/ka** 1 inhabitant, resident, occupant 2 **liczba mieszkańców** population
**mieszkanie** 1 flat *BrE*, apartment *AmE* 2 **mieszkanie komunalne** council flat
**mieszkaniowy** residential
**mieścić** 1 hold, house, take 2 **mieścić się** fit 3 **w głowie się nie mieści** the mind boggles
**mięczak** mollusc, shellfish
**między** between, among
**międzykontynentalny** intercontinental
**międzynarodowy** 1 international, multinational 2 **na arenie międzynarodowej** internationally
**miękki** 1 soft 2 **mieć miękkie serce** be softhearted
**miękko** **na miękko** soft-boiled
**miękkość** softness
**mięknąć** soften
**mięsień** muscle
**mięsny** 1 meaty 2 **sklep mięsny** butcher's
**mięso** meat
**mięsożerca** carnivore
**mięsożerny** carnivorous
**mięśniowy** muscular
**mięta** 1 mint 2 **mięta kędzierzawa** spearmint 3 **mięta pieprzowa** peppermint
**miętowy** minty
**miętówka** mint, peppermint
**migacz** indicator *BrE*, turn signal *AmE*
**migać** blink, flash
**migawka** shutter
**migdał** almond
**migdałek** tonsil
**migotać** flicker, glimmer, twinkle
**migotanie** flicker, glimmer
**migowy** **język migowy** sign language
**migracja** migration
**migrena** migraine
**migrować** migrate
**mijać** 1 pass, go past 2 *(o czasie)* pass, go by, tick away/by 3 **co było, minęło** let bygones be bygones 4 **minęła północ/czwarta** it's turned midnight/4:00
**Mikołaj** **Święty Mikołaj** Santa Claus, Father Christmas *BrE*
**mikrob** microbe
**mikrobiolog** microbiologist
**mikrobiologia** microbiology
**mikrobus** minibus
**mikrofalowy** **kuchenka mikrofalowa** microwave (oven)
**mikrofon** 1 microphone, mike 2 *(ukryty)* bug
**mikrokosmos** microcosm
**mikroskop** microscope
**mikroskopijny** microscopic, minute
**mikroukład** microchip
**mikser** blender, mixer, liquidizer *BrE*
**miksować** blend
**mila** mile
**milcząco** tacitly
**milczący** silent, tacit
**milczeć** be silent
**milczenie** 1 silence 2 **w milczeniu** in silence, silently
**mile** 1 **mile widziany** welcome 2 **mile wspominać** have fond memories of
**milenium** millennium
**miliard** billion
**miliardowy** billionth
**milicja** militia
**miligram** milligram
**mililitr** millilitre *BrE*, milliliter *AmE*
**milimetr** millimetre *BrE*, millimeter *AmE*
**milion** million
**milioner/ka** millionaire
**milionowy** millionth
**militarystyczny** militaristic
**militaryzm** militarism
**milowy** **kamień milowy** milestone
**miło** 1 agreeably 2 **bardzo mi miło** (I'm) pleased to meet you, (it's) nice to meet you, nice meeting you 3 **miło mi Pana/Panią poznać** how do you do? 4 **to miło z czyjejś strony (że coś zrobił)** it's kind of sb (to do sth)
**miłosierny** merciful
**miłosny** amorous
**miłość** 1 love 2 **co/jak na miłość boską?** what/how in God's name? 3 **na miłość boską** for goodness' sake, for heaven's sake 4 **z miłością** lovingly
**miłośni-k/czka** lover
**miły** nice, pleasant, agreeable
**mimikra** mimicry
**mimo** 1 despite, in spite of 2 **mimo to** even so, regardless, still 3 **mimo wszystko** anyway 4 **mimo że** even though, though
**mimochodem** in passing
**mimowolnie** involuntarily
**mimowolny** involuntary
**mina** 1 expression, face 2 *(pocisk)* mine
**mineralny** 1 mineral 2 **woda mineralna** mineral water
**minerał** mineral

**miniatura** miniature
**miniaturowy** miniature
**minimalizować** minimize, minimise *BrE*
**minimalnie** minimally
**minimalny** minimal, minimum
**minimum** minimum
**miniony** bygone, past
**minispódniczka** miniskirt
**minister 1** minister, secretary **2 minister skarbu** Chancellor of the Exchequer
**ministerialny** ministerial
**ministerstwo 1** ministry **2 ministerstwo skarbu** the Treasury
**minować** mine
**minowy pole minowe** minefield
**minus 1** *(znak)* minus **2** *(wada)* drawback
**minuta 1** minute **2 co do minuty** on the dot
**miodowy miodowy miesiąc** honeymoon
**miot** litter
**miotacz** *(w baseballu)* pitcher
**miotać się** flounder
**miotła** broom
**miód** honey
**miraż** mirage
**misja** mission
**misjona-rz/rka** missionary
**miska 1** *(do mycia)* basin **2** *(do jedzenia)* bowl
**misterny** elaborate
**mistrz 1** master **2** *(w sporcie)* champion **3 aktualny mistrz** the reigning champion
**mistrzostwo** championship
**mistrzowski** masterful
**mistycyzm** mysticism
**mistyczny** mystic, mystical
**misty-k/czka** mystic
**miś miś pluszowy** teddy bear
**mit 1** myth **2** *(błędny pogląd)* fallacy
**mitologia** mythology
**mitologiczny** mythological
**mityczny** mythical
**mknąć** speed, zoom
**mlecz 1** *(roślina)* dandelion **2** *(u ryby)* roe
**mleczarnia** dairy
**mleczarz** milkman
**mleczny 1** milky **2 koktajl mleczny** milkshake **3 produkty mleczne** dairy products
**mleć** mill
**mleko** milk
**młode** young, cub
**młodociany 1** adolescent, juvenile **2 młodociany przestępca** juvenile delinquent
**młodość** youth
**młodszy 1** junior **2 być młodszym od kogoś o 10 lat** be 10 years sb's junior **3 młodszy brat/siostra** kid brother/sister
**młody 1** young **2 młody duchem** young at heart **3 pan młody** bridegroom **4 panna młoda** bride
**młodzieniec** youth
**młodzieńczy** youthful
**młodzież** youth
**młodzieżowy** teenage
**młotek** hammer
**młyn** mill
**młynek** grinder
**mnich** monk
**mnie** me
**mniej 1** less **2 mniej więcej** more or less **3 mniej znany** lesser known **4 nie mniej niż** no less than
**mniejszość 1** minority **2 być w mniejszości** be in the minority
**mniejszy 1** smaller **2 mniejsze zło** the lesser of two evils
**mnogi liczba mnoga** plural
**mnogość** multitude
**mnożenie** multiplication
**mnożyć 1** multiply **2 mnożyć się** multiply
**mnóstwo** a (whole) host of, a load of/loads of, a multitude of
**mobilizacja** mobilization
**mobilizować** mobilize, mobilise *BrE*
**mobilność** mobility
**mobilny** mobile
**moc 1** might, potency, strength **2 nie posiadający mocy prawnej** null and void **3 o dużej mocy** high-powered **4 zrobić wszystko, co w czyjejś mocy** do everything in your power, do your utmost **5 ze zdwojoną mocą** with a vengeance
**mocarstwo 1** superpower **2 mocarstwo światowe** world power
**mocno 1** *(trzymać)* fast, firmly, tightly, securely **2** *(uderzać)* hard **3** *(wierzyć)* strongly
**mocny 1** strong **2 mocna strona** strength, strong point **3 mocny drink** a stiff drink **4 mocny język** strong language
**mocować 1** fix, anchor **2 mocować się** wrestle, grapple
**mocz 1** urine **2 oddawać mocz** pass water, urinate
**moczary** marsh

**moczyć 1** wet **2 moczyć się** wet the bed/ your pants
**moda 1** fashion, vogue **2 być w modzie** be in vogue **3 ostatni krzyk mody** all the rage **4 przelotna moda** fad
**modalny czasownik modalny** modal verb
**model 1** model **2 model naturalnej wielkości** full-scale model
**modelka** model
**modelować** *(np. glinę)* mould
**modem** modem
**modernizacja** modernization
**modernizować 1** modernize, modernise *BrE* **2** *(dzielnicę, region)* redevelop
**modlić się 1** pray **2 modlić się do** worship
**modlitwa 1** prayer **2** *(przed posiłkiem)* grace
**modnie** fashionably
**modny** fashionable, trendy
**moduł** module
**modyfikacja** modification
**modyfikować** modify
**moher** mohair
**mokry** wet
**molekularny** molecular
**molekuła** molecule
**molestować** molest
**moll(owy)** minor
**molo** pier
**momencik za momencik** in a jiffy
**moment 1** moment, instant **2 czekać na właściwy moment** bide your time **3 dobry/odpowiedni/ nieodpowiedni moment** good/right/bad time **4 nastąpić we właściwym momencie** be well-timed **5 przez chwilę/moment** momentarily **6 w tym momencie** at the moment **7 za chwilę/moment** momentarily
**momentalnie** instantaneously
**monarch-a/ini** monarch, sovereign
**monarchia** monarchy
**moneta 1** coin **2 brać coś za dobrą monetę** take sth at face value **3 rzucać monetą** toss/flip a coin
**monetarny** monetary
**monitor 1** monitor **2** *(komputerowy też)* VDU
**monitorować** monitor, screen
**monochromatyczny** monochrome
**monolingwalny** monolingual
**monolit** monolith
**monolityczny** monolithic
**monolog 1** monologue, monolog *AmE* **2** *(w sztuce)* soliloquy
**monopol** monopoly
**monopolistyczny** monopolistic
**monopolizować** monopolize, monopolise *BrE*
**monopolowy sklep monopolowy** off-licence *BrE*, liquor store *AmE*
**monosylaba** monosyllable
**monotonia** monotony
**monotonnie** monotonously
**monotonny** monotonous, repetitive
**monstrum** monster, monstrosity
**monsun** monsoon
**montować 1** assemble, put together **2** *(instalować)* fit, mount
**monument** monument
**monumentalny** monumental
**morale** morale
**moralizować** moralize, moralise *BrE*
**moralnie** morally
**moralność** morality, morals
**moralny** moral
**morał** moral
**moratorium** moratorium
**morda** muzzle
**morder-ca/czyni 1** murderer **2 wielokrotny morderca** mass murderer, serial killer
**morderczy** homicidal, murderous
**morderstwo 1** murder **2 popełnić morderstwo** commit (a) murder
**mordęga** drudgery
**mordować** murder
**morela** apricot
**morfina** morphine
**mors** walrus
**morski 1** sea, marine, maritime **2** *(bitwa)* naval **3** *(ryba)* saltwater **4 żołnierz piechoty morskiej** marine
**morświn** porpoise
**morze 1** sea **2 na morzu** at sea **3 nad morzem** at the seaside
**mosiądz** brass
**moskit** mosquito
**most 1** bridge **2 most powietrzny** airlift **3 prosto z mostu** bluntly
**mostek mostek kapitański** the bridge
**mość Wasza/Jej/Jego Królewska Mość** Your/Her/ His Majesty
**motel** motel
**motłoch** rabble
**motocykl** motorcycle, motorbike
**motocyklist-a/ka** biker, motorcyclist

**motor** **1** (motor)cycle, bike **2** *(silnik)* engine
**motorower** moped
**motorówka** motorboat
**motoryzacyjny** motor
**motto** motto
**motyka** hoe
**motyl** butterfly
**motyw** **1** motive **2** *(w sztuce)* motif
**motywacja** motivation
**motywować** motivate
**mowa** **1** speech, talk **2** **część mowy** part of speech **3** **mowa zależna** indirect speech, reported speech **4** **nie ma mowy o** there's no question of **5** **nie ma mowy!** no way! **6** **skoro już mowa o ...** speaking of ... **7** **skoro już o tym mowa** come to think of it
**mozaika** mosaic
**mozolić się** labour *BrE*, labor *AmE*
**moździerz** mortar
**może** **1** maybe, perhaps **2** **być może** maybe, possibly **3** **a może by ...** why don't you/why not ... **4** **może byś(my/cie)** what about/how about
**możliwość** **1** possibility, capability **2** **do granic możliwości** to the utmost **3** **w miarę możliwości** as far as possible
**możliwy** **1** possible **2** **jeśli to możliwe** if possible
**móc** **1** *(możliwość)* can, be able to **2** *(prawdopodobieństwo)* may, can, might **3** *(pozwolenie)* may, be allowed to **4** **czy mogę** may I **5** **czy mógłbym** do you mind if I **6** **czy mógłbyś (zrobić coś)** do you mind/would you mind (doing sth) **7** **móc coś zrobić** be able to do sth
**mój** my, mine
**mól** **1** (clothes) moth **2** **mól książkowy** bookworm
**mów-ca/czyni** speaker, orator
**mówić** **1** speak, talk, tell, say **2** **a nie mówiłem?** I told you (so), I said so **3** **coś mówi samo za siebie** sth speaks for itself **4** **ludzie mówią** the word is **5** **mało mówić o** be reticent about **6** **mów ciszej** keep your voice down **7** **mówi się, że ...** it is rumoured that ... **8** **mówią, że** they say **9** **mówiący po angielsku/polsku** English speaker/Polish speaker **10** **mówić do rzeczy** talk sense **11** **mówić po angielsku** speak English **12** **mówię ci** I tell you/I'm telling you **13** **nie ma o czym mówić** don't mention it **14** **nie mówiąc o** let alone, not to mention **15** **o czym ty mówisz?** what are you talking about? **16** **skoro już mówimy o** talking of
**mówiony** spoken
**mównica** podium
**mózg** **1** brain **2** **burza mózgów** brainstorming **3** **pranie mózgu** brainwashing
**mózgowy** **1** cerebral **2** **zapalenie opon mózgowych** meningitis
**mroczny** dark, sombre
**mrok** darkness, gloom
**mrowieć** tingle
**mrowienie** pins and needles
**mrowisko** anthill
**mroźny** frosty
**mrożony** frozen
**mrówka** ant
**mróz** frost
**mruczeć** murmur, purr
**mrugać** **1** blink **2** *(porozumiewawczo)* wink
**mrugnięcie** wink
**mrużyć** **mrużyć oczy** squint
**msza** **1** Mass **2** **msza żałobna** requiem
**mścić** **mścić się na kimś** revenge yourself on sb
**mściwość** vindictiveness
**mściwy** revengeful, vindictive
**mucha** fly
**muchomor** toadstool
**muesli** muesli
**multimedialny** multimedia
**muł** **1** *(zwierzę)* mule **2** *(szlam)* silt, slime
**mumia** mummy
**mundur** uniform
**mundurek** uniform
**municypalny** municipal
**mur** **1** wall **2** **być przypartym do muru** have your back to/against the wall **3** **otoczony murem** walled **4** **przyprzeć do muru** corner
**murarski** **zaprawa murarska** mortar
**murarz** bricklayer
**Murzyn/ka** black
**mus** mousse
**musical** musical
**musieć** **1** must **2** **musieć coś zrobić** have (got) to do sth **3** **nie musisz** you don't need to, you needn't
**muskać** brush
**muskularny** muscular
**musować** bubble
**mustang** mustang
**musujący** effervescent, fizzy, bubbly
**muszelka** seashell, shell

**muszka** 1 *(owad)* gnat 2 *(rodzaj krawatu)* bow tie 3 **na muszce** at gunpoint
**muszla** 1 seashell, shell 2 **muszla klozetowa** toilet (bowl)
**musztarda** mustard
**musztra** drill
**muślin** muslin
**mutacja** 1 mutation 2 **ktoś przechodzi mutację** sb's voice breaks 3 **ulegać mutacji** mutate
**mutant** mutant
**mutować** mutate
**muzeum** museum
**muzułman-in/ka** Muslim
**muzułmański** Moslem, Muslim
**muzycznie** musically
**muzyczny** musical
**muzyk** musician
**muzyka** 1 music 2 **muzyka ludowa** folk music
**muzykalny** musical
**my** we
**mycie** washing, a wash
**myć** 1 wash 2 *(szamponem)* shampoo 3 **myć naczynia** do the dishes, wash up *BrE*
**mydlany** soapy
**mydlić** soap
**mydliny** suds
**mydło** soap
**myjka** flannel
**myląco** misleadingly
**mylący** confusing, misleading
**mylić** 1 confuse, mistake 2 **mylić się** be mistaken 3 **mylić (ze sobą)** mix up
**mylnie** mistakenly
**mylny** misguided
**mysz** 1 mouse 2 **mysz komputerowa** mouse
**myszkować** snoop
**myśl** 1 thought 2 **mieć coś na myśli** have sth in mind 3 **mieć na myśli** mean 4 **pogrążony w myślach** lost/deep in thought 5 **przechodzić komuś przez myśl** cross/enter your mind 6 **przywodzić na myśl** evoke
**myśleć** 1 think 2 **głośno myśleć** think aloud 3 **myśleć o** think of
**myśliciel/ka** thinker
**myślistwo** hunting, shooting
**myśliwiec** fighter
**myśliwy** hunter
**myślnik** dash
**mżawka** drizzle
**mżyć** drizzle

# Nn

**na** 1 on, onto 2 **na lotnisku** at the airport 3 **na śniadanie** for breakfast 4 **na dobre** for good 5 **na ogół** in general 6 **na pewno nie** not likely 7 **na pokaz** for show 8 **na pozór** on the surface 9 **na razie** for now 10 **na szczęście** fortunately 11 **na wynos** to go 12 **na zachód** west
**nabawić się** develop
**nabazgrać** scrawl, scribble
**nabiał** dairy products
**nabierać** 1 fool, take on 2 **dawać się nabrać na** fall for 3 **nabierać kogoś** be having sb on, pull sb's leg 4 **nabierać siły/prędkości** gather force/speed
**nabijany** studded
**nabożeństwo** service
**nabój** cartridge
**nabór** recruitment, intake
**nabrać** *(oszukać)* con
**nabrudzić** **nabrudzić w** mess up
**nabrzeże** embankment, quay, wharf
**naburmuszony** grumpy
**nabytek** acquisition
**nabywać** acquire, purchase
**nabywanie** acquisition
**nabywca** buyer
**nabywczy** **siła nabywcza** strength
**nachylenie** slant
**naciągać** *(oszukiwać)* cheat, dupe
**naciągany** far-fetched
**naciągnięty** tight
**nacierać** *(atakować)* charge
**nacięcie** nick, notch, slash
**nacisk** 1 emphasis, focus, stress 2 **grupa nacisku** pressure group 3 **kłaść nacisk na** place/put emphasis on 4 **wywierać nacisk** exert pressure 5 **z naciskiem** emphatically
**naciskać** press, push
**nacjonalist-a/ka** nationalist
**nacjonalistyczny** nationalist, nationalistic
**nacjonalizacja** nationalization
**nacjonalizm** nationalism
**nacjonalizować** nationalize, nationalise *BrE*
**naczelnik** **naczelnik więzienia** warden
**naczelny** 1 supreme 2 *(ssak)* primate 3 **dyrektor naczelny** managing director
**naczynie** 1 vessel 2 **myć naczynia** do the dishes 3 **naczynie krwionośne** blood vessel
**naćpany** high, stoned
**nad** above, over
**nadajnik** transmitter
**nadal** 1 still 2 **nadal coś robić** keep (on) doing sth

**nadaremnie** vainly, in vain
**nadawać się** **1** **dobrze/najlepiej się nadawać** be well/best suited **2** **nadający się do użytku** usable
**nadawać** air, broadcast
**nadawanie** broadcasting
**nadąsany** sulky
**nadążać** **1** keep up **2** **nadążać (za)** keep pace (with), keep track (of)
**nadchodzący** coming, forthcoming
**nadchodzić** arrive, come
**naddźwiękowy** supersonic
**nade** **nade wszystko** above all
**nadejście** coming, arrival
**nadepnąć** tread (on), step (on)
**nadęty** snooty, snotty
**nadfioletowy** ultraviolet
**nadganiać** catch up
**nadgodziny** long hours, overtime
**nadjeżdżający** **nadjeżdżający z przeciwka** oncoming
**nadludzki** superhuman
**nadmiar** excess, surfeit
**nadmiarowy** excess
**nadmiernie** excessively
**nadmierny** **1** excessive **2** **jazda z nadmierną prędkością** speeding **3** **jechać z nadmierną prędkością** be speeding
**nadmorski** **kurort nadmorski** seaside resort
**nadmuchany** inflated
**nadmuchiwać** blow up, inflate
**nadmuchiwany** inflatable
**nadobowiązkowy** optional, extracurricular
**nadpłata** **1** excess payment **2** **zwrot nadpłaty** rebate
**nadpobudliwość** hyperactivity
**nadpobudliwy** hyperactive
**nadprzyrodzony** **zjawiska nadprzyrodzone** the supernatural
**nadrabiać** catch up on, make up for
**nadrzędny** overriding
**nadsyłać** send in
**nadużycie** abuse
**nadużywać** abuse, misuse
**nadużywanie** misuse
**nadwaga** **mieć nadwagę** be overweight
**nadwerężać** strain
**nadwerężenie** strain
**nadwozie** bodywork
**nadwrażliwy** hypersensitive
**nadwyżka** surplus
**nadymać** puff out
**nadziany** loaded, well-heeled
**nadzieja** **1** hope, expectation **2** **mam nadzieję, że nie** I hope not **3** **mam nadzieję, że tak** I hope so **4** **mieć nadzieję** hope **5** **miejmy nadzieję, że** hopefully **6** **napawający nadzieją** hopeful **7** **odzyskać/stracić nadzieję** take/lose heart **8** **pełen nadziei** hopeful **9** **pokładać nadzieję w** put (your) faith/trust in **10** **robić komuś nadzieję** build up sb's hopes **11** **w nadziei, że/na** in the hope that/of **12** **z nadzieją** hopefully
**nadzienie** filling, stuffing
**nadziewać** stuff
**nadzorca** overseer
**nadzorować** oversee, supervise
**nadzór** supervision
**nadzwyczajny** extraordinary
**nafta** paraffin *BrE*, kerosene *AmE*
**naftowy** **1** **ropa naftowa** petroleum **2** **szyb naftowy** oil well **3** **zagłębie naftowe** oil field
**nagabywać** pester
**nagana** **1** rebuke, reprimand **2** **udzielać nagany** reprimand
**nagi** **1** naked, nude **2** *(fakty)* bare **3** **zupełnie nagi** stark naked
**naglący** pressing
**nagle** suddenly, abruptly, all at once, all of a sudden
**nagłość** suddenness
**nagłówek** heading, headline
**nagły** **1** sudden, abrupt **2** **nagły wypadek** emergency
**nago** in the nude
**nagość** nakedness, nudity
**nagradzać** reward
**nagranie** recording
**nagrobek** gravestone, headstone, tombstone
**nagroda** **1** award, prize, reward **2** *(za pomoc w ujęciu przestępcy)* bounty **3** **nagroda pocieszenia** booby prize
**nagromadzenie** accumulation
**nagromadzić się** accumulate
**nagrywać** **1** record **2** *(na taśmę)* tape **3** *(na wideo)* video, videotape
**nagryzmolić** scrawl
**nagrzewać się** heat up, warm up
**naiwniak** dupe
**naiwnie** naively
**naiwność** naivety
**naiwny** naive

**najazd** 1 invasion 2 **robić najazd** *(kamerą)* zoom in
**najbardziej** most
**najbliższy** 1 nearest, closest, immediate 2 **najbliższa rodzina** immediate family, next of kin 3 **w najbliższej przyszłości** for/in the foreseeable future
**najdalej** farthest, furthest
**najdalszy** farthest, furthest
**najdrobniejszy** **w najdrobniejszych szczegółach** in minute detail
**najedzony** full
**najem** 1 lease 2 **umowa najmu** lease
**najemnik** mercenary
**najeźdźca** invader
**najeżdżać** **najeżdżać (na)** invade
**najgorszy** worst
**najgorzej** 1 worst 2 **nie najgorzej** not bad
**najlepiej** 1 best 2 **najlepiej jak potrafisz** as best you can
**najlepszy** 1 the best, top 2 **najlepsze, co możesz zrobić, to** your best bet is/would be 3 **w najlepszym razie** at best 4 **wszystkiego najlepszego (z okazji urodzin)** many happy returns, Happy Birthday
**najmniej** 1 least 2 **co najmniej** at least
**najmniejszy** **najmniejsza różnica/zmiana** the slightest difference/change
**najmować** hire
**najniższy** bottom
**najnowocześniejszy** cutting-edge, state-of-the-art
**najnowszy** latest
**najpierw** first
**najpóźniej** at the latest
**najprawdopodobniej** in all likelihood
**najskrytszy** innermost
**najstarszy** 1 oldest 2 **najstarszy syn/brat** eldest son/brother
**najświeższy** up-to-the-minute
**najwcześniej** at the earliest
**najwidoczniej** apparently
**najwięcej** most
**najwyżej** **(co) najwyżej** at (the) most
**najwyższy** 1 supreme, top 2 **najwyższa waga/staranność** the utmost importance/care 3 **najwyższy rangą** chief
**nakarmić** feed
**nakaz** 1 warrant 2 **nakaz rewizji** search warrant 3 **nakaz urzędowy** writ
**nakazywać** order
**nakierować** target
**naklejać** affix
**naklejka** sticker
**nakład** circulation
**nakładać** 1 *(krem itp.)* apply, put on 2 *(sankcje itp.)* impose 3 **nakładać podatek/opłatę** levy a tax/charge
**nakłaniać** induce, coax
**nakłuwać** prick
**nakreślać** sketch out
**nakręcać** wind (up)
**nakręcić** film, shoot
**nakrętka** 1 *(butelki)* cap 2 *(na śrubę)* nut
**nakrycie** **nakrycie głowy** hat, headgear
**nakrywać** **nakrywać do stołu** lay/set the table
**nalać** pour
**nalegać** 1 insist 2 **skoro nalegasz** if you like
**naleganie** insistence
**naleśnik** crepe, pancake
**należeć** 1 belong 2 **należeć do grupy/kategorii** fall into a group/category
**należność** *(podatkowa)* levy
**należny** due
**należycie** properly
**nalot** 1 air raid, air strike 2 **nalot bombowy** bombardment
**naładować** charge, recharge
**naładowany** loaded
**nałogowo** compulsively
**nałogowy** 1 compulsive, habitual 2 **nałogowy pijak** heavy drinker 3 **nałogowy palacz** chain-smoker
**nałóg** 1 habit 2 **zerwać z nałogiem** break/kick the habit
**namacalny** tangible
**namalować** paint
**namaszczenie** **z namaszczeniem** solemnly
**namawiać** 1 urge 2 **namawiać kogoś do** put sb up to
**namiastka** surrogate
**namierzyć** trace
**namiętnie** passionately
**namiętność** passion
**namiętny** passionate
**namiot** 1 tent 2 **rozbijać namiot** pitch a tent, put up a tent
**namiotowy** **pole namiotowe** campsite
**namoczyć** soak
**namówić** **namówić kogoś na coś** talk sb into sth
**namydlić** soap
**namydlony** soapy
**namysł** 1 consideration 2 **po namyśle** on second thoughts
**naoczny** **naoczny świadek** eyewitness

**naokoło** around
**naoliwić** oil
**naostrzyć** sharpen, grind
**napad** **1** holdup, raid, robbery **2** *(choroby)* fit **3** **napad z bronią w ręku** armed robbery **4** **napad złości** tantrum
**napadać** **1** attack, assault **2** *(w miejscu publicznym)* mug **3** **co cię/go napadło?** what possessed you/him?
**napalm** napalm
**naparstek** thimble
**napastnik** **1** attacker, striker **2** *(w piłce nożnej)* forward
**napastować** harass, molest
**napastowanie** **napastowanie seksualne** sexual harassment
**napaść** attack, assault
**napawać** **1** fill with **2** **napawać się czymś** gloat over sth
**napełniać** **1** fill **2** *(ponownie)* refill
**napełniony** **napełniony/pełen po brzegi** filled/full to the brim
**napęczniały** bloated
**napęd** **1** propulsion **2** **stacja/napęd dysków** disk drive
**napędowy** **1** **olej napędowy** diesel oil **2** **siła napędowa (czegoś)** the driving force (behind sth)
**napędzać** drive, fuel, propel
**napędzić** **napędzić komuś strachu** scare sb out of their wits
**napięcie** **1** pressure, strain, tension **2** *(prądu)* voltage
**napiętnować** brand, stigmatize, stigmatise *BrE*
**napięty** **1** strained, tense **2** **napięty harmonogram** a tight schedule
**napinać** **1** *(mięśnie)* flex **2** **napinać się** tense (up)
**napis** **1** inscription, sign, writing **2** **napisy** *(w zagranicznym filmie)* subtitles **3** **napisy końcowe** the credits
**napisać** **1** write **2** *(na maszynie, komputerze)* type **3** **napisać od nowa** rewrite
**napiwek** **1** tip **2** **dawać napiwek** tip
**napływ** flow, influx
**napływać** **1** roll in **2** **napływać masowo** flood **3** **powoli napływać** trickle
**napompować** inflate, pump up
**napomykać** **1** drop a hint **2** **napomykać o** hint at
**napotkać** **1** encounter, run into, run up against **2** **napotykać trudności/problemy** run into trouble/problems
**napój** **1** beverage, drink **2** **napój alkoholowy** spirit **3** **napój alkoholowy** *(wysokoprocentowy)* liquor **4** **napój bezalkoholowy** soft drink
**napór** barrage
**naprawa** **1** repair **2** **oddać samochód do naprawy** have your car repaired
**naprawdę** really, indeed, honestly, truly
**naprawiać** **1** fix, mend, repair **2** *(zło, szkodę)* undo
**naprężony** taut
**naprzeciw(ko)** opposite
**na przemian** alternately
**naprzód** ahead, forward
**napuszać** fluff, puff up
**naradzać się** deliberate, confer
**naraz** **1** all at once **2** **nie można mieć wszystkiego naraz** you can't have it both ways
**narażać** **1** expose **2** **narażać na szwank** jeopardize, jeopardise *BrE* **3** **narażać się na coś** lay yourself open to sth
**narciarstwo** **1** skiing **2** **narciarstwo wodne** water-skiing
**narcia-rz/rka** skier
**narkoman/ka** drug addict
**narkotyczny** narcotic
**narkotyk** **1** drug, narcotic **2** *(szczególnie marihuana)* dope **3** **brać/zażywać narkotyki** take/use drugs **4** **handlarz narkotykami** pusher **5** **handlować narkotykami** deal
**narobić** **narobić hałasu** kick up a fuss
**narodowość** nationality
**narodowy** **1** national **2** **park narodowy** national park
**narodziny** birth
**narodzony** **nowo narodzony** newborn
**narośl** growth
**naród** nation, people
**narracja** narration
**narracyjny** narrative
**narrator/ka** narrator
**narta** **1** ski **2** **jeździć na nartach** ski
**naruszać** violate, encroach on/upon
**naruszenie** breach, violation
**naruszyć** **1** violate, breach **2** **naruszyć prawo/porozumienie** violate a law/agreement
**narysować** draw
**narząd** organ
**narzeczona** fiancée
**narzeczony** fiancé

**narzekać** **narzekać na** complain about
**narzędzie** **1** tool, instrument, implement **2** **narzędzie czegoś** a vehicle for sth
**narzucać** **1** impose **2** **narzucać (na siebie)** throw on **3** **narzucać się** impose
**narzuta** bedspread
**nasadka** cap
**nasenny** **1** soporific **2** **tabletka nasenna** sleeping pill
**nasienie** **1** seed **2** *(sperma)* semen, sperm
**nasilać się** escalate, intensify
**nasilenie** build-up, intensity
**nasłoneczniony** sunlit
**nasłuchiwać** listen for
**nasmarować** lubricate
**nastać** come, arrive
**nastawiać** **1** set **2** *(np. radio)* tune **3** **nastawiać ostrość** focus **4** **nastawiać uszu** prick up your ears
**nastawienie** bias
**następ-ca/czyni** heir, successor
**następnie** next, subsequently
**następny** **1** next, following, succeeding **2** **następnym razem** next time
**następować** **1** follow **2** **jak następuje** as follows **3** **następować po** come after
**następstwo** **1** after-effect **2** **w następstwie czegoś** in the wake/aftermath of sth
**nastolat-ek/ka** **1** teenager, adolescent, teen **2** **być nastolatkiem** be in your teens
**nastoletni** teenage
**nastroić** tune
**nastrojowy** atmospheric
**nastroszyć** ruffle
**nastrój** **1** mood, spirit **2** **być w złym/podłym/dobrym nastroju** be in bad/foul/good temper **3** **nie być w nastroju do** not be in the mood (for) **4** **ulegający nastrojom** temperamental
**nasycać** saturate
**nasycenie** saturation
**nasycony** saturated
**nasyp** bank
**nasz** our, ours
**naszkicować** draft, outline, sketch
**naszyjnik** necklace
**naśladować** imitate, copy, mimic
**naśladowanie** imitation
**naśladow-ca/czyni** imitator
**naśladowczy** imitative
**naśmiewać** **naśmiewać się z** ridicule
**natarcie** charge
**natarczywy** pushy
**natchnąć** inspire
**natchnienie** inspiration
**natężenie** volume
**natknąć** **natknąć się na** run across, bump into
**natrafić** **1** **natrafić na** come across, happen on/upon **2** **natrafić na ropę/złoto** strike oil/gold
**natrętny** intrusive, pushy
**natura** **1** nature **2** **martwa natura** still life **3** **natura ludzka** human nature **4** **natura ożywiona** living things **5** **nie leżeć w czyjejś naturze** not be in sb's nature **6** **z natury** inherently, intrinsically, naturally
**naturalizacja** naturalization
**naturalnie** naturally
**naturalność** naturalness
**naturalny** **1** natural **2** **bogactwa naturalne** natural resources **3** **środowisko naturalne** the environment **4** **w sposób naturalny** naturally
**natychmiast** immediately, instantly, promptly
**natychmiastowy** immediate, instant, instantaneous
**natykać** **natykać się na** chance on/upon, stumble on/across
**nauczanie** education, teaching
**nauczka** **dać komuś nauczkę** teach sb a lesson
**nauczyciel** **1** teacher, schoolteacher, master **2** **nauczyciel akademicki** academic
**nauczycielka** teacher, schoolmistress
**nauczyć** **1** teach **2** **nauczyć się** learn, pick up
**nauka** **1** science, scholarship **2** *(uczenie się)* schooling, study **3** **nauki humanistyczne** arts, the humanities
**naukowiec** scientist, scholar
**naukowy** scientific, scholarly
**nauszniki** earmuffs
**nawa** **1** aisle **2** **nawa główna** nave
**nawadniać** irrigate
**nawadnianie** irrigation
**nawet** **1** even **2** **nawet jeśli** even if
**nawias** **1** bracket, parentheses **2** **brać/wziąć w nawias** bracket **3** **nawiasem mówiąc** by the way, incidentally
**nawiązanie** **w nawiązaniu**

**do** with respect to, in respect of, in reference to
**nawiązywać 1** establish, enter into **2 nawiązywać rozmowę/znajomość** strike up a conversation/ friendship **3 nawiązywać stosunki/kontakty** establish relations/contacts
**nawiedzać** haunt
**nawigacja** navigation
**nawigacyjny 1** navigational **2 znak nawigacyjny** beacon
**nawigator** navigator
**nawigować** navigate
**nawijać** wind
**nawilżający krem nawilżający** moisturizer, moisturiser *BrE*
**nawlekać** thread
**nawozić** fertilize, fertilise *BrE*
**nawóz** fertilizer
**nawracać (się)** convert
**nawrócenie** conversion
**nawrócon-y/a** convert
**nawrót 1** recurrence **2** *(choroby)* relapse
**nawyk** habit, second nature
**nazębny płytka nazębna** plaque
**nazist-a/ka** Nazi
**nazistowski** Nazi
**nazizm** Nazism
**nazwa 1** name **2 nazwa firmowa** brand name **3 nazwa własna** proper noun **4 z nazwy** nominally
**nazwisko 1** surname *BrE*, last name *AmE* name **2 nazwisko panieńskie** maiden name
**nazywać 1** call, name **2 nazywać się** be called
**n.e.** AD
**nefryt** jade
**negatyw** negative
**negatywnie** negatively
**negatywny** negative
**negocjacje** negotiation
**negocjować** negotiate, bargain
**nekrolog** obituary
**nektar** nectar
**neon** neon
**Neptun** Neptune
**nerka** kidney
**nerw 1** nerve **2 być kłębkiem nerwów** be a bundle of nerves, be a nervous wreck **3 działać komuś na nerwy** get on sb's nerves
**nerwica** neurosis
**nerwowo** nervously
**nerwowość** nervousness
**nerwowy 1** nervous, restless **2 układ nerwowy** nervous system **3 wykańczający nerwowo** nerve-racking **4 załamanie nerwowe** nervous breakdown
**netto 1** net **2 waga netto** net weight
**neurotyczny** neurotic
**neuroty-k/czka** neurotic
**neutralizować** neutralize, neutralise *BrE*
**neutralność** neutrality
**neutralny** neutral
**neutron** neutron
**nęcić** allure
**nędza** misery
**nędza-rz/rka** pauper
**nędznie** miserably
**nędzny** miserable
**nękać** harass, haunt, plague
**niania** nanny
**niby** allegedly, supposedly
**nic 1** nothing **2 nic nie wiedzieć/czuć** not know/feel a thing **3 nic szczególnego** nothing special **4 nic tylko** nothing but **5 tyle co nic** next to nothing **6 za nic** for nothing **7 być do niczego** be no good, not be any good
**nicość** nothingness
**nicpoń** good-for-nothing
**niczyj 1** nobody's, no-one's **2 ziemia niczyja** no-man's land
**nić 1** thread **2 nić dentystyczna** dental floss
**nie 1** no, not **2 nie autoryzowany** unauthorized **3 nie doceniać** underestimate **4 nie doceniany** underrated, undervalued **5 nie dokończony** unfinished **6 nie dość, że ...** it is bad/ difficult/hard enough that ... **7 nie najgorzej** not bad **8 nie narodzony** unborn **9 nie ogolony** unshaven **10 nie oświetlony** unlit **11 nie poruszony** unruffled **12 nie posprzątany** untidy **13 nie potwierdzony** unsubstantiated **14 nie powiązany (ze sobą)** unrelated **15 nie przeszkolony** untrained **16 nie rozstrzygnięty** unsettled **17 nie rozwiązany** unresolved **18 nie uzbrojony** unarmed **19 nie używany** unused **20 nie wykorzystany** unused **21 nie wypróbowany** untried **22 nie zagospodarowany** undeveloped **23 nie zainteresowany** uninterested **24 nie zauważony** unnoticed, unobserved, unseen **25 nie zmieniony** unchanged **26 nie zrażony** undaunted **27 nie związany** unconnected **28 nie żeby(m) ...** not that ...
**niebawem** soon
**niebezpieczeństwo 1** danger, hazard, peril, threat **2 w**

**niebezpieczeństwie** in jeopardy
**niebezpiecznie** dangerously
**niebezpieczny** 1 dangerous, hazardous, perilous, unsafe 2 **być niebezpiecznym dla** endanger 3 **niebezpieczna okolica/dzielnica** a tough area/neighbourhood
**niebiański** heavenly
**niebieskawy** bluish
**niebieski** 1 blue 2 **kolor niebieski** blue
**niebieskooki** blue-eyed
**niebiosa** the heavens
**niebo** 1 sky 2 *(raj)* heaven 3 **być w siódmym niebie** be on top of the world 4 **wielkie nieba!** (Good) Heavens!
**nieboszcz-yk/ka** the deceased
**niech niech będzie** fair enough
**niechcący** unintentionally, inadvertently, unwittingly
**niechciany** unwanted
**niechęć** dislike, distaste, reluctance
**niechętnie** reluctantly, unwillingly, grudgingly
**niechętny** reluctant
**niechluj** slob
**niechlujnie** sloppily
**niechlujny** sloppy, slovenly
**niechlujstwo** sloppiness
**niecierpliwić się** 1 grow impatient 2 **zaczynać się niecierpliwić** get restless
**niecierpliwie** impatiently
**niecierpliwość** 1 impatience 2 **z niecierpliwością** eagerly, impatiently
**niecierpliwy** impatient, eager
**nieco** slightly, somewhat
**nieczęsty** infrequent
**nieczuły** 1 insensitive, cold-hearted 2 *(odporny)* immune, impervious
**nieczysty** impure, unclean
**nieczytelny** illegible
**niedaleki** near
**niedaleko** near
**niedawno** recently
**niedawny** recent
**niedbale** carelessly
**niedbałość** carelessness
**niedbały** careless, negligent
**niedługo** before long
**niedobór** deficiency, scarcity, shortage
**niedobrany** mismatched
**niedobrze** 1 **komuś jest niedobrze** sb feels sick 2 **i tak źle, i tak niedobrze** you can't win 3 **niedobrze mi się robi na myśl o tym** it makes me sick
**niedociągnięcie** inadequacy
**niedogodność** inconvenience
**niedogodny** inconvenient
**niedojrzałość** immaturity
**niedojrzały** immature
**niedokładnie** inaccurately
**niedokładny** imprecise, inaccurate
**niedokonany forma niedokonana** imperfect
**niedomagający** ailing
**niedomknięty** ajar
**niedopałek** butt, stub
**niedopasowanie** mismatch
**niedopatrzenie** oversight
**niedopowiedzenie** understatement
**niedopracowany** half-baked
**niedopuszczalny** unacceptable
**niedorozwinięty** retarded
**niedorzeczny** nonsensical, preposterous
**niedoskonałość** imperfection, deficiency
**niedoskonały** imperfect, deficient
**niedostatecznie** inadequately
**niedostateczny** inadequate, unsatisfactory
**niedostatek** deficiency, scarcity
**niedostępny** inaccessible
**niedostrzegalny** imperceptible
**niedoszły** would-be
**niedoświadczony** inexperienced
**niedowaga z niedowagą** underweight
**niedowartościowanie** inadequacy
**niedowierzający** disbelieving
**niedowierzanie** 1 disbelief 2 **z niedowierzaniem** in disbelief
**niedozwolony** illicit
**niedożywienie** malnutrition
**niedożywiony** malnourished
**niedrogi** inexpensive, affordable
**niedrogo** inexpensively
**niedwuznaczny** suggestive
**niedyskretnie** indiscreetly
**niedyskretny** indiscreet
**niedysponowany** indisposed
**niedziela** Sunday
**niedźwiadek niedźwiadek koala** koala
**niedźwiedź** 1 bear 2 **niedźwiedź polarny** polar bear
**nieefektywny** inefficient
**nieforemny** shapeless

**nieformalnie** informally
**nieformalny** informal
**niefortunny** **niefortunny wypadek** mishap
**niegazowany** still
**niegdyś** once
**niegościnny** inhospitable
**niegrzecznie** rudely, unkindly, naughtily
**niegrzeczność** naughtiness
**niegrzeczny** **1** rude, impolite, unkind **2** *(dziecko)* naughty
**niegustowny** tasteless
**niehumanitarnie** inhumanely
**niehumanitarny** inhumane
**nieistotny** insignificant, immaterial, irrelevant, negligible
**niejadalny** inedible
**niejasno** vaguely
**niejasność** ambiguity
**niejasny** unclear, vague, obscure
**niejeden** **niejeden raz** many a time
**niejednakowo** unequally
**niejednoznaczny** ambiguous
**niekompatybilność** incompatibility
**niekompatybilny** incompatible
**niekompetencja** incompetence
**niekompetentny** incompetent, inept
**niekompletny** incomplete
**niekoniecznie** not necessarily
**niekonsekwentnie** inconsistently
**niekonsekwentny** inconsistent
**niekonwencjonalny** unconventional, unorthodox
**niekorzystnie** adversely
**niekorzystny** **1** disadvantageous, unfavourable *BrE*, unfavorable *AmE* **2** **być w niekorzystnej sytuacji** be at a disadvantage **3** **niekorzystne warunki/skutki** adverse conditions/effects
**niekorzyść** **1** **na czyjąś niekorzyść** to sb's disadvantage **2** **działać na czyjąś niekorzyść** work/count against sb
**niektórzy** some
**niekwestionowany** **niekwestionowany przywódca/mistrz** undisputed leader/champion
**nielegalnie** illegally
**nielegalny** **1** illegal **2** **nielegalny handel** traffic
**nieletni** juvenile, minor, under-age
**nielogiczny** illogical
**nielojalność** disloyalty
**nielojalny** disloyal
**nieludzki** inconsiderate, inhuman
**niełaska** **być u kogoś w niełasce** be in sb's bad books, be out of favour with sb
**niemal** almost, virtually
**niemądry** silly, unwise
**niemądrze** unwisely
**niemile** **niemile widziany** unwelcome
**niemiłosierny** merciless, remorseless
**niemniej** **niemniej jednak** nevertheless, nonetheless
**niemoc** impotence
**niemodny** unfashionable, dated
**niemoralnie** immorally
**niemoralność** immorality
**niemoralny** immoral, depraved
**niemowa** mute
**niemowlę** baby, infant
**niemowlęctwo** infancy
**niemożliwie** impossibly
**niemożliwość** impossibility
**niemożliwy** impossible
**niemożność** inability
**niemy** **1** dumb, mute **2** **film niemy** silent film
**nienagannie** faultlessly
**nienaganny** faultless, impeccable
**nienaruszony** intact
**nienaturalnie** unnaturally
**nienaturalny** unnatural
**nienawidzić** hate, detest
**nienawiść** hate, hatred
**nienormalność** abnormality
**nienormalny** abnormal
**nieobecność** **1** absence **2** **pod czyjąś nieobecność** in sb's absence
**nieobecny** absent
**nieobliczalny** incalculable
**nieoceniony** invaluable, priceless
**nieodgadniony** inscrutable
**nieodłączny** inseparable
**nieodnawialny** non-renewable
**nieodparty** irresistible
**nieodpowiedni** inappropriate, unsuitable
**nieodpowiednio** inappropriately
**nieodpowiedzialnie** irresponsibly
**nieodpowiedzialny** irresponsible
**nieodwracalnie** irreparably
**nieodwracalny** **1** irreversible **2** *(szkoda)* irreparable
**nieodzowny** indispensable

**nieoficjalnie** unofficially, informally
**nieoficjalny** **1** unofficial, informal **2** **nieoficjalny charakter** informality
**nieograniczony** infinite, unlimited
**nieokreślony** **1** indeterminate, nondescript **2** **na czas nieokreślony** indefinitely **3** **rodzajnik/przedimek nieokreślony** indefinite article
**nieokrzesany** uncouth
**nieomylność** infallibility
**nieomylny** infallible, unerring
**nieopisany** indescribable, untold
**nieorganiczny** inorganic
**nieosiągalny** unavailable
**nieostrożnie** carelessly
**nieostrożność** carelessness
**nieostrożny** careless, reckless
**nieoszacowany** incalculable
**nieożywiony** inanimate
**niepaląc-y/a** **1** non-smoker **2** **dla niepalących** nonsmoking
**nieparzysty** **liczba nieparzysta** odd number
**niepełnoletni** under age
**niepełnosprawni** the disabled
**niepełnosprawny** disabled, handicapped
**niepełny** incomplete
**niepewnie** insecurely, tentatively, uncertainly
**niepewność** uncertainty
**niepewny** **1** hesitant, insecure, tentative, unsure **2** *(krok)* unsteady **3** *(sytuacja)* uncertain
**niepijąc-y/a** teetotaller *BrE*, teetotaler *AmE*
**niepisany** unwritten
**niepiśmienny** illiterate
**niepłacenie** nonpayment
**niepłatny** unpaid
**niepodległość** independence
**niepodległy** independent
**niepodważalny** unquestionable, irrefutable
**niepohamowany** irrepressible, uncontrollable
**niepojęty** inconceivable
**niepokoić** **1** worry, concern **2** *(nie dawać spokoju)* bother, trouble **3** **niepokoić się** worry
**niepokojący** alarming, disturbing, worrying
**niepokonany** invincible, unstoppable
**niepokój** **1** anxiety, restlessness, unease **2** **niepokoje społeczne** civil/public disorder
**niepoliczalny** uncountable
**niepomny** oblivious
**niepoprawny** incorrigible
**niepopularny** unpopular
**nieporęczny** clumsy, unwieldy, cumbersome
**nieporozumienie** misunderstanding
**nieporządek** disorder
**nieporządny** disorderly, untidy
**nieposłuszeństwo** defiance, disobedience
**nieposłusznie** disobediently
**nieposłuszny** disobedient, insubordinate
**niepotrzebnie** needlessly, unnecessarily
**niepotrzebny** needless, unnecessary, unwanted
**niepoważnie** **zachowywać się niepoważnie** play games
**niepoważny** frivolous
**niepowodzenie** failure
**niepowtarzalny** inimitable, unique
**niepożądany** undesirable, unwelcome
**niepraktyczny** impractical
**nieprawda** untruth
**nieprawdopodobieństwo** improbability, unlikelihood
**nieprawdopodobnie** improbably
**nieprawdopodobny** improbable, incredible
**nieprawdziwy** untrue
**nieprawidłowość** anomaly, irregularity
**nieprawidłowy** incorrect
**nieproporcjonalny** disproportionate
**nieproszony** unwelcome
**nieprzejednany** implacable
**nieprzejezdny** impassable
**nieprzekonujący** implausible, inconclusive
**nieprzekupny** incorruptible
**nieprzemakalny** **płaszcz nieprzemakalny** raincoat, mac *BrE*
**nieprzenikniony** impenetrable
**nieprzepuszczalny** impervious
**nieprzerwany** uninterrupted, continuous, sustained
**nieprzewidywalny** unpredictable, erratic
**nieprzewidziany** unforeseen
**nieprzezroczysty** opaque
**nieprzychylny** unsympathetic
**nieprzyjaciel** enemy
**nieprzyjacielski** hostile
**nieprzyjazny** inhospitable, unfriendly
**nieprzyjemnie** disagreeably, unpleasantly

**nieprzyjemny** disagreeable, unpleasant
**nieprzystępny** impenetrable
**nieprzystosowany** maladjusted
**nieprzytomność** unconsciousness
**nieprzytomny** unconscious, senseless
**nieprzyzwoicie** obscenely
**nieprzyzwoitość** indecency, obscenity
**nieprzyzwoity** obscene, dirty, indecent
**nierdzewny** stainless
**nierealistyczny** unrealistic
**nierealny** unreal, impractical
**nieregularnie** irregularly
**nieregularność** irregularity
**nieregularny** irregular, intermittent
**nierentowny** uneconomical
**nierozerwalnie** inextricably
**nierozerwalny** inextricable
**nierozłącznie** inseparably
**nierozłączny** inseparable
**nierozsądny** unreasonable, ill-advised
**nierozważny** ill-advised
**nierówno** unequally, unevenly
**nierównomiernie** irregularly
**nierówność** inequality, disparity
**nierównowaga** instability
**nierówny** **1** *(powierzchnia)* uneven, rough **2** *(podział)* unequal **3** *(walka)* one-sided
**nieruchomo** **1** motionlessly **2** **stać nieruchomo** stand still
**nieruchomość** **1** property, real estate **2** **pośrednik w handlu nieruchomościami** (real) estate agent
**nieruchomy** motionless, static, still, immobile
**nierzeczywisty** unreal
**niesamowicie** amazingly, incredibly
**niesamowity** incredible, unearthly
**niesforny** unruly
**nieskazitelnie** **1** spotlessly **2** **nieskazitelnie czysty** immaculate
**nieskazitelny** spotless
**nieskładny** incoherent
**nieskomplikowany** unsophisticated
**nieskończenie** infinitely
**nieskończoność** infinity
**nieskończony** infinite
**nieskrępowany** unrestrained
**nieskuteczny** ineffective
**niesławny** infamous
**niesłusznie** unfairly
**niesłuszny** unfair
**niesłyszalny** inaudible
**niesmaczny** distasteful, tasteless
**niesmak** distaste
**niespecjalnie** not particularly
**niespodzianka** surprise
**niespodziewanie** surprisingly, unexpectedly
**niespodziewany** surprising, unexpected
**niespokojnie** restlessly
**niespokojny** anxious, restless
**niespotykany** unheard-of
**niespójny** incoherent
**niesprawiedliwie** unfairly, unjustly
**niesprawiedliwość** injustice
**niesprawiedliwy** unfair, unjust
**niesprawny** out of order
**niesprzyjający** inhospitable, unfavourable *BrE*, unfavorable *AmE*
**niestabilność** instability
**niestabilny** unstable, volatile
**niestały** changeable, fickle
**niestandardowy** nonstandard
**niestety** unfortunately, regrettably, sadly, alas
**niestosownie** improperly, inappropriately
**niestosowny** improper, inappropriate
**niestrawność** indigestion
**niestrawny** indigestible
**niestrudzony** tireless
**niesubordynacja** insubordination
**nieswojo** uncomfortably
**nieswój** uncomfortable
**niesympatyczny** unpleasant
**niesystematyczny** disorganized, haphazard
**nieszczelny** leaky
**nieszczery** insincere
**nieszczerze** insincerely
**nieszczęsny** wretched
**nieszczęście** misery, misfortune, unhappiness
**nieszczęśliwie** unhappily
**nieszczęśliwy** unhappy, miserable, unfortunate
**nieszczęśni-k/ca** wretch
**nieszkodliwy** harmless
**nieścisłość** inaccuracy
**nieścisły** inaccurate
**nieść** **1** carry **2** **nieść się** carry **3** **nieść za sobą** carry
**nieślubny** illegitimate

**nieśmiało** shyly, timidly, bashfully
**nieśmiałość** shyness, timidity
**nieśmiały** shy, timid, bashful
**nieśmiertelność** immortality
**nieśmiertelny** immortal
**nieświadomie** unconsciously, unknowingly
**nieświadomość** unconsciousness, oblivion
**nieświadomy** ignorant, oblivious, unaware, unwary
**nieświeży** 1 bad 2 *(chleb)* stale
**nietaktowny** tactless, insensitive, clumsy
**nietknięty** intact, unaffected, untouched
**nietolerancja** intolerance
**nietolerancyjny** intolerant
**nietoperz** bat
**nietowarzyski** antisocial
**nietrzeźwy** intoxicated
**nietykalność** immunity
**nietypowy** uncharacteristic
**nieuchronnie** inevitably, imminently
**nieuchronność** inevitability
**nieuchronny** inevitable, imminent, impending
**nieuchwytny** intangible, elusive
**nieuczciwie** dishonestly
**nieuczciwość** dishonesty
**nieuczciwy** 1 dishonest 2 *(policjant)* crooked
**nieudacznik** failure
**nieudany** unsuccessful, abortive
**nieudolnie** incompetently, ineptly
**nieudolność** incompetence, ineptitude
**nieudolny** incapable, incompetent, inept
**nieufnie** warily
**nieufność** distrust, mistrust
**nieufny** distrustful, wary
**nieugięty** relentless, inflexible
**nieuleczalnie** incurably, terminally
**nieuleczalny** incurable, terminal
**nieumiejętność** inability, incapacity
**nieunikniony** inevitable, impending, inescapable
**nieuprzejmy** impolite
**nieurodzajny** infertile
**nieustępliwy** relentless, tenacious
**nieustraszony** fearless, intrepid
**nieuświadomiony** unconscious
**nieuważny** distracted
**nieuzasadniony** unjustified, unfounded
**nieużytki** wasteland
**nieważki** weightless
**nieważkość** weightlessness
**nieważny** 1 invalid 2 *(przedawniony)* null and void, void 3 *(nieistotny)* unimportant
**niewątpliwie** undoubtedly, no doubt
**niewątpliwy** undoubted
**niewdzięczność** ingratitude
**niewdzięczny** ungrateful, thankless
**niewiarygodnie** unbelievably, beyond belief
**niewiarygodny** incredible, unbelievable
**niewidoczny** 1 invisible 2 **w niewidocznym miejscu** out of sight
**niewidomy** blind
**niewidzialny** invisible
**niewiedza** ignorance
**niewiele** 1 *(z rzeczownikami policzalnymi)* few, not many 2 *(z rzeczownikami niepoliczalnymi)* little, not much
**niewielki** diminutive, scant, slight
**niewierność** infidelity
**niewierny** unfaithful
**niewinnie** innocently
**niewinność** innocence
**niewinny** 1 innocent 2 **uznać kogoś za niewinnego** find sb not guilty
**niewłaściwy** improper, inappropriate, wrong
**niewola** 1 captivity, bondage 2 **wziąć kogoś do niewoli** take sb captive 3 **zostać wziętym do niewoli** be taken prisoner
**niewolnictwo** slavery
**niewolni-k/ca** 1 slave 2 **być niewolnikiem czegoś** be a slave to/of sth
**niewskazany** inadvisable
**niewspółmierny** disproportionate
**niewybaczalnie** inexcusably
**niewybaczalny** inexcusable
**niewyczerpany** inexhaustible
**niewydajny** inefficient
**niewydolność** 1 failure 2 **niewydolność serca** heart failure
**niewygoda** discomfort
**niewygodny** uncomfortable
**niewykluczony** 1 conceivable 2 **niewykluczone, że będzie** there may well be

**niewykonalny** unworkable, unfeasible
**niewykształcony** uneducated
**niewykwalifikowany robotnik niewykwalifikowany** unskilled worker
**niewyobrażalny** inconceivable, unimaginable
**niewypłacalny** bankrupt
**niewyraźnie** 1 indistinctly 2 **mówić niewyraźnie** slur your words
**niewyraźny** 1 indistinct, vague 2 *(mowa)* blurred
**niewystarczająco** insufficiently
**niewystarczający** insufficient, scarce
**niewytłumaczalnie** inexplicably
**niewytłumaczalny** inexplicable
**niewzruszony** unmoved
**niezachwiany** steadfast, unswerving
**niezadowalający** unsatisfactory, disappointing, inadequate
**niezadowolenie** dissatisfaction, discontent
**niezadowolony** 1 displeased, dissatisfied, discontented 2 **niezadowolony z** unhappy with/about
**niezależnie** 1 independently 2 **niezależnie od** irrespective of
**niezależność** autonomy, independence
**niezależny** 1 autonomous, independent, self-reliant 2 **mowa niezależna** direct speech
**niezamężna** single, unmarried
**niezamieszkały** uninhabited
**niezapomniany** unforgettable
**niezaprzeczalnie** undeniably
**niezaprzeczalny** undeniable, incontrovertible
**niezaspokojony** insatiable
**niezastąpiony** irreplaceable
**niezauważalny** imperceptible
**niezawodnie** unfailingly, without fail
**niezawodność** reliability, infallibility
**niezawodny** 1 dependable, reliable 2 **niezawodne poparcie/lojalność** unfailing support/loyalty
**niezbędny** 1 essential, indispensable 2 **niezbędne rzeczy** essentials
**niezbity** conclusive, irrefutable
**niezbyt** 1 not very, not too 2 **niezbyt dobry/trudny** not very good/difficult
**niezdarny** clumsy, gawky
**niezdatny** unfit
**niezdecydowanie** indecision
**niezdecydowany** hesitant, indecisive, undecided
**niezdolność** incapacity
**niezdolny** incapable
**niezdrowy** unhealthy
**niezgoda** 1 disagreement, discord 2 **kość niezgody** a bone of contention
**niezgodność** disagreement
**niezgodny** 1 incompatible, inconsistent 2 **niezgodny z prawem/regułami** against the law/the rules
**niezgrabny** *(w ruchach)* ungainly
**niezidentyfikowany** unidentified
**niezliczony** countless, innumerable
**niezłośliwy** *(nowotwór)* benign
**niezły** not bad, quite a, quite some
**niezmącony** unbroken
**niezmiennie** invariably
**niezmienny** invariable
**niezmiernie** extremely, immensely
**niezmierny** extreme
**nieznacznie** marginally
**nieznaczny** insignificant, marginal, slight
**nieznajom-y/a** stranger
**nieznany** unknown, unfamiliar
**niezniszczalność** indestructibility
**niezniszczalny** indestructible
**nieznośnie** intolerably, unbearably
**nieznośny** intolerable, unbearable
**niezręcznie** awkwardly
**niezręczność** awkwardness
**niezręczny** awkward, uncomfortable
**niezrozumiale** incomprehensibly
**niezrozumiały** incomprehensible, unintelligible
**niezrównany** incomparable, unparalleled, unrivalled *BrE*, unrivaled *AmE*
**niezrównoważony** disturbed, unbalanced, unstable
**niezupełnie** not exactly, not quite

**niezwłocznie** immediately, promptly
**niezwłoczny** prompt
**niezwyciężony** invincible
**niezwykle** 1 extraordinarily, remarkably 2 **niezwykle gorący/duży** unusually hot/ big 3 **niezwykle ważny** vitally important
**niezwykły** unusual, extraordinary, remarkable, uncommon
**nieźle** not bad, pretty well
**nieżonaty** single, unmarried
**nieżyczliwie** unkindly
**nieżyczliwy** unkind
**nieżywy** dead
**nigdy** 1 never 2 **nigdy nie wiadomo** you never know, you never can tell/ you can never tell 3 **nigdy w życiu!** not on your life! 4 **prawie nigdy (nie)** hardly ever
**nigdzie** nowhere, anywhere
**nijaki** 1 nondescript, bland 2 **rodzaj nijaki** neuter
**nikczemny** despicable, dishonourable *BrE*, dishonorable *AmE*
**nikiel** nickel
**nikły** faint, slim
**nikotyna** nicotine
**nikt** no one, nobody
**nimfa** nymph
**niniejszym** hereby
**niski** 1 low 2 *(człowiek)* short
**nisko** low
**nisza** niche
**niszczeć** 1 become ruined 2 *(pod wpływem warunków atmosferycznych)* weather
**niszczycielski** destructive, devastating
**niszczyć** destroy, ruin, annihilate
**nitka** thread
**niuans** nuance
**niweczyć** shatter
**nizinny** lowland, low-lying
**niż** *conj* than
**niżej** 1 below 2 **niżej podpisany** the undersigned
**niższość** inferiority
**niższy** lower
**no** 1 **no, dalej** go on 2 **no, no** well 3 **no cóż** well 4 **no dobrze** right then, very well 5 **no już!** come on! 6 **no to co?** so what?
**noc** 1 night, nighttime 2 **(przez) całą noc** all night long 3 **co noc** nightly 4 **każdej nocy** nightly 5 **na/przez noc** overnight 6 **w dzień i w nocy** at all hours 7 **w nocy** at night
**nocnik** potty
**nocny** 1 *(lot)* overnight 2 *(o zwierzęciu)* nocturnal 3 **koszula nocna** nightdress, nightgown, nightie 4 **nocna zmiana** night shift 5 **nocne życie** nightlife 6 **nocny lokal** nightclub 7 **nocny stróż** night watchman
**noga** 1 leg 2 *(stopa)* foot
**nogawka** leg
**nokaut** knockout
**nokautować** knock out
**nomada** nomad
**nominacja** nomination
**nominalnie** nominally
**nominalny** nominal
**nominał** denomination
**nominować** nominate
**nominowan-y/a** nominee
**nonkonformist-a/ka** nonconformist
**nonkonformistyczny** nonconformist
**nonsensowny** nonsensical
**nonszalancja** nonchalance
**nonszalancki** nonchalant
**nonszalancko** nonchalantly
**nora** burrow, den
**norka** *(zwierzę)* mink
**norma** norm
**normalizacja** normalization
**normalnie** normally
**normalność** normality
**normalny** normal
**normować (się)** normalize, normalise *BrE*
**nos** 1 nose 2 **kręcić nosem (na)** turn your nose up (at) 3 **krwawienie z nosa** nosebleed 4 **pilnuj swego nosa** mind your own business 5 **przed samym nosem** (right) under sb's nose 6 **wtykać nos w** stick/poke your nose into 7 **wydmuchiwać nos** blow your nose 8 **zadzierać nosa** put on airs
**nosiciel/ka** carrier
**nosić** 1 carry 2 *(ubranie, kapelusz)* wear
**nosidełko** sling
**nosorożec** rhinoceros, rhino
**nosowy** nasal
**nostalgia** nostalgia
**nostalgicznie** nostalgically
**nostalgiczny** nostalgic
**nosze** stretcher
**nośnik** medium
**notacja** notation
**notariusz** solicitor, notary
**notatka** 1 note 2 *(służbowa)* memo, memorandum 3 **robić notatki** take notes
**notatnik** notebook
**notes** notebook
**notesik** pocketbook
**notorycznie** notoriously
**notować** note

**notowanie** rating
**nowatorski** innovative, novel
**nowela** short story
**nowicjusz/ka** novice, recruit
**nowiuteńki** brand-new
**nowo** **1** newly **2** **nowo narodzony** newborn **3** **nowo powstały** emerging **4** **nowo wybudowany/poślubiony** newly built/married
**nowoczesność** modernity
**nowoczesny** modern, up-to-date, advanced
**nowomodny** newfangled
**noworodek** newborn
**nowość** novelty, newness, innovation
**nowotwór** cancer
**nowożeńcy** newlyweds
**nowożytny** **języki nowożytne** modern languages
**now-y/a** *noun* newcomer
**nowy** *adj* **1** new **2** **jak nowy** as good as new **3** **nowa krew** new blood **4** **Nowy Rok** New Year's Day, New Year **5** **Nowy Testament** the New Testament **6** **od nowa** anew
**nozdrze** nostril
**nożyce** **1** scissors, shears **2** *(np. ogrodowe)* shears
**nożyczki** scissors
**nóż** knife
**nóżka** **1** *(kieliszka)* stem **2** *(kurczaka)* drumstick
**nucić** hum
**nuda** **1** boredom **2** **co za nuda** what a drag
**nudny** boring, dull
**nudyst-a/ka** nudist
**nudzia-rz/ra** bore
**nudzić** bore
**nuklearny** **1** nuclear **2** **rozbrojenie nuklearne** nuclear disarmament
**numer** **1** number **2** *(czasopisma itp.)* issue **3** *(w programie rozrywkowym)* act **4** **numer kierunkowy** code *BrE*, area code *AmE* **5** **numer rejestracyjny** registration number **6** **numer wewnętrzny** extension
**numerować** number
**nurek** diver, frogman
**nurkować** dive
**nurkowanie** diving, scuba diving
**nurt** **1** trend **2** **główny nurt** the mainstream
**nuta** note
**nużący** tedious
**nylon** nylon

# Oo

**o**[1] about
**o**[2] against
**oaza** oasis
**obrabować** rob
**oba, obaj** **1** both **2** **po obu stronach** on either side
**obalać** **1** overthrow, topple **2** **obalać rząd/prezydenta** bring down a government/president
**obarczać** burden
**obawa** **1** fear **2** **bez obawy!** no fear! **3** **mieć obawy przed czymś** have misgivings about sth **4** **z obawy przed** for fear of **5** **w obawie, żeby nie** for fear that
**obawiać się** be afraid, fear
**obcas** heel
**obcęgi** pliers
**obchodzić** **1** celebrate **2** **nic mnie to nie obchodzi** I couldn't care less **3** **obchodzić się z** handle
**obchód** round
**obciążać** **1** weigh down **2** **obciążać kosztami** charge
**obciążenia** demands
**obciążenie** **1** load **2** *(praca do wykonania)* workload
**obciążnik** weight
**obcierać** rub
**obcięcie** **obcięcie włosów** haircut
**obcisły** clinging, tight
**obcokrajowiec** foreigner
**obcy** **1** alien, strange **2** *(język)* foreign **3** **być komuś obcym** be foreign to sb **4** **nie być (komuś) obcym** ring a bell
**obdarty** ragged
**obdarzać** **być obdarzonym czymś** be endowed with sth, be blessed with sth
**obecnie** at present, currently, nowadays, presently
**obecność** **1** presence, attendance **2** **odczytanie listy obecności** roll call **3** **w czyjejś obecności** in sb's presence
**obecny** **1** current, present **2** **być obecnym na** attend, be present at
**obejmować** **1** *(zawierać)* include, cover, involve **2** *(tulić)* embrace **3** **obejmować coś nogami/ramionami** wrap your arms/legs around sth
**obejrzeć** see
**obelga** abuse
**obelżywy** abusive
**oberżyna** aubergine *BrE*, eggplant *AmE*
**obetrzeć** graze
**obezwładniać** overpower, subdue
**obezwładniający** overpowering
**obficie** abundantly, profusely

**obfitość** abundance, profusion
**obfitować** **obfitować w coś** abound in/with sth
**obfity** **1** abundant, plentiful, profuse, heavy **2** *(posiłek)* hearty
**obgryzać** chew
**obiad** **1** lunch, luncheon **2** *(jedzony wieczorem)* dinner **3** **jeść obiad w restauracji** dine out **4** **jeść obiad** have dinner, dine
**obibok** bum
**obicie** padding
**obie** both
**obiecujący** promising
**obiecywać** promise
**obieg** circulation
**obiekcja** objection
**obiekt** **1** object **2** *(np. krytyki)* target
**obiektyw** **1** lens **2** **obiektyw ze zmienną ogniskową** zoom lens
**obiektywizm** objectivity
**obiektywnie** objectively
**obiektywny** objective, dispassionate
**obierać** **1** *(wybierać)* adopt **2** *(ze skórki)* peel
**obietnica** **1** promise **2** **dotrzymywać obietnicy** keep a promise **3** **złamać obietnicę** break a promise
**obijać się** lounge about/around, mess around
**objadać się** **1** overeat **2** **objadać się czymś** gorge yourself on sth
**objaśniający** explanatory
**objaw** symptom
**objawienie** **1** eye-opener **2** *(w religii)* revelation
**objazd** detour, diversion *BrE*
**objazdowy** **1** travelling *BrE*, traveling *AmE* **2** **biblioteka objazdowa** mobile library
**objeżdżać** tour
**objętość** volume
**oblać** *(egzamin)* fail, flunk
**oblegać** besiege, mob
**oblegany** **być obleganym przez** be besieged by
**oblepiać** plaster
**oblepiony** **oblepiony czymś** caked in/with sth
**obleśny** gross, disgusting
**oblężenie** siege
**obliczać** calculate
**oblicze** **1** **stawać w obliczu** be faced with **2** **w obliczu** in the face of
**obliczenie** calculation, count
**obliczyć** **1** calculate **2** **błędnie obliczyć** miscalculate
**obligacja** bond
**oblodzony** icy
**obluzować** **obluzować się** come loose
**obładowany** laden (with)
**obładowywać** load (down), burden
**obława** manhunt, roundup
**obłąkany** demented, insane
**obłęd** insanity, madness
**obłowić się** make a killing
**obłuda** hypocrisy
**obłudnie** hypocritically
**obłudni-k/ca** hypocrite
**obłudny** hypocritical
**obmyślić** conceive
**obnażać** bare, expose
**obniżać** **1** bring down, lower **2** **obniżać się** drop, come down, go down
**obniżka** reduction
**obnosić się** **obnosić się z** flaunt, parade
**obojczyk** collarbone
**oboje** both
**obojętnie** **1** indifferently **2** **obojętnie co** whatever, no matter what **3** **obojętnie kto** whoever, no matter who
**obojętność** indifference
**obojętny** indifferent, unresponsive, unsympathetic
**obok** **1** by, next to, beside, past **2** **obok siebie** side by side **3** **przechodzić obok** pass (by)
**obolały** achy, painful, sore
**obopólny** reciprocal
**obornik** dung, manure
**obowiązek** **1** duty, obligation **2** *(praca)* chore, job **3** **mieć obowiązek coś zrobić** be under an obligation to do sth **4** **pełniący obowiązki dyrektora** acting manager/director **5** **zaniedbujący obowiązki** negligent
**obowiązkowo** obligatorily, without fail
**obowiązkowy** compulsory, mandatory, obligatory
**obowiązujący** **1** valid, operative **2** *(umowa)* binding
**obowiązywać** be effective
**obozowicz/ka** camper
**obój** oboe
**obóz** **1** camp **2** **obóz jeniecki** prison camp **3** **obóz pracy** labour camp *BrE*, labor camp *AmE* **4** **obóz koncentracyjny** concentration camp **5** **rozbijać obóz** camp
**obracać (się)** **1** turn, rotate, spin **2** **obracać coś o 180 stopni** turn/move/spin sth around **3** **obracać się wokół** revolve around **4** **obracać się wśród** mingle with **5** **obracać coś w żart** laugh sth off
**obradować** sit, debate
**obraz** **1** painting, picture **2** *(widok)* scene **3** **obraz olejny** oil painting
**obraza** insult

**obrazkowy** pictorial
**obrazowanie** imagery
**obrazowo** graphically
**obrazowy** graphical, vivid
**obraźliwy** insulting, offensive
**obrażać** 1 insult, offend 2 **obrażać się** take offence
**obrażenie** **bez obrażeń** unhurt
**obrączka** wedding ring
**obręcz** hoop
**obrona** 1 defence *BrE*, defense *AmE* 2 **obrona własna** self-defence 3 **stawać w czyjejś obronie** stick up for sb
**obronić** 1 defend, save 2 **obronić się przed** fend off
**obronność** defence *BrE*, defense *AmE*
**obronny** defensive
**obroń-ca/czyni** defender
**obrotowy** revolving, rotary
**obroża** collar
**obrót** 1 turn, revolution, rotation 2 *(w handlu)* turnover 3 **na pełnych obrotach** flat out, up and running
**obrus** tablecloth
**obrządek** rite, ritual
**obrzezanie** circumcision
**obrzezywać** circumcise
**obrzeże** rim
**obrzęd** rite, ritual
**obrzędowy** ceremonial
**obrzydliwy** disgusting, nauseating
**obrzydzenie** disgust, repulsion
**obsada** cast
**obsadzać** 1 man, staff 2 *(aktora w roli)* cast 3 *(stanowisko)* fill
**obserwacja** 1 observation 2 **pod obserwacją** under observation 3 **zmysł obserwacji** powers of observation
**obserwator/ka** observer, onlooker
**obserwatorium** observatory
**obserwować** observe, watch
**obsesja** 1 obsession 2 **mieć obsesję na punkcie** be obsessed with, be obsessive about
**obsesyjny** obsessive
**obskurny** sleazy
**obsługa** 1 service 2 *(maszyny)* operation
**obsługiwać** 1 operate, work 2 *(maszynę)* operate 3 *(gościa)* wait on, serve
**obsypywać** **obsypywać kogoś czymś** shower sb with sth
**obszar** area, territory
**obszernie** at length
**obszywać** edge
**obtarcie** **obtarcie naskórka** graze
**obtarty** raw
**obudowa** casing, housing
**obudzić** 1 wake (up) 2 **obudzić się** wake up
**oburęczny** ambidextrous
**oburzać** 1 outrage 2 **oburzać się na** resent
**oburzający** outrageous
**oburzenie** 1 indignation, outrage 2 **z oburzeniem** indignantly
**oburzony** indignant, outraged
**obuwie** footwear
**obwarowywać** fortify
**obwąchiwać** sniff
**obwiniać** blame
**obwiniany** **być obwinianym** be to blame
**obwisać** sag
**obwodnica** bypass, ring road *BrE*
**obwód** 1 *(w geometrii)* circumference, perimeter 2 *(elektryczny)* circuit
**obwódka** border
**obyczaj** custom
**obywać się** **obywać się bez** do without, go without, dispense with
**obywatel/ka** citizen, national
**obywatelski** **prawa obywatelskie** civil rights
**obywatelstwo** citizenship, nationality
**obżarstwo** gluttony
**obżartuch** glutton, pig
**ocalały** *noun* survivor
**ocalenie** salvage
**ocalić** salvage, save
**ocean** ocean
**oceanarium** aquarium
**oceaniczny** oceanic
**ocena** 1 assessment, evaluation 2 *(stopień)* grade, mark 3 **najwyższe oceny** full marks 4 **ocena sytuacji** judgment
**oceniać** 1 assess, evaluate, judge, survey 2 *(wypracowanie itp.)* grade, mark
**ocet** vinegar
**ochładzać (się)** cool (down), chill
**ochłonąć** cool down, cool off
**ochoczo** readily, willingly
**ochoczy** willing
**ochota** 1 willingness, craving, impulse 2 **czy miałbyś ochotę na ...?** would you care for ...? 3 **jeśli masz ochotę** if you like 4 **mieć ochotę na coś** be in the mood for sth, feel like sth, fancy sth 5 **mieć wielką ochotę coś zrobić** be tempted to do sth 6 **nabrać**

**ochoty do czegoś** get one's taste for sth **7 nie mieć ochoty na coś** have no wish to do sth
**ochotniczy** voluntary
**ochotnik 1** volunteer **2 zgłaszać się na ochotnika** volunteer
**ochraniacz** pad
**ochraniać** protect, cushion
**ochrona 1** protection, preservation **2 ochrona przyrody** conservation
**ochroniarz** bodyguard
**ochronić** protect, safeguard
**ochronny** protective
**ochrypły** hoarse, husky
**ochrzcić** baptize, baptise *BrE*
**ocieniać** shade
**ocieplać się** warm up
**ocieplenie globalne ocieplenie** global warming
**ocierać** wipe
**ocucić** revive
**oczarowany** bewitched, enchanted, entranced
**oczarowywać** cast a spell on/over
**oczekiwać 1** expect, await **2 oczekiwać z niecierpliwością** look forward to
**oczekiwanie 1** expectation, anticipation **2 nie spełniać oczekiwań** be a disappointment
**oczko 1** *(w rajstopach)* ladder *BrE*, run *AmE* **2** *(w robocie na drutach)* stitch
**oczny gałka oczna** eyeball
**oczyszczać 1** cleanse, purify **2 oczyszczać atmosferę** clear the air **3 oczyszczać kogoś z czegoś** clear sb of sth
**oczytany** literate, well-read
**oczywisty 1** obvious, evident, apparent, transparent **2 to oczywiste, że** it goes without saying (that)
**oczywiście 1** certainly, of course **2 oczywiście, że nie** of course not
**od 1** from, since **2 od ... do** from ... to **3 od kiedy to** since when
**oda** ode
**odbarwiać się** discolour *BrE*, discolor *AmE*
**odbarwienie** discoloration
**odbicie** reflection
**odbiegać odbiegać od** deviate from
**odbierać 1** collect, pick up **2 odbierać telefon** answer the telephone
**odbijać 1** reflect **2 odbijać się** bounce off, deflect, rebound **3 odbiło mu się** he burped, he belched
**odbior-ca/czyni** recipient
**odbiornik** receiver, set
**odbiór 1** reception **2** *(towaru)* collection
**odbitka** print
**odblaskowy** fluorescent
**odbudowa** reconstruction, restoration
**odbudowywać** rebuild, reconstruct
**odbyt** anus
**odbywać 1** hold **2 odbywać się** take place
**odcedzać** drain, strain
**odchody 1** faeces *BrE*, feces *AmE* **2** *(np. ptasie)* droppings
**odchodzić** go away
**odchrząknąć** clear your throat
**odchudzać się** diet, slim
**odchwaszczać** weed
**odchylenie** aberration, deviation
**odciągać** deduct
**odcień** shade, hue, tint
**odcinać 1** cut off **2 odcinać dostęp do** seal off **3 odcinać się od** dissociate yourself from, distance yourself from
**odcinek 1** segment, stretch **2** *(serialu itp.)* episode, instalment
**odcisk 1** impression, imprint **2** *(na stopie)* corn **3 odcisk palca** fingerprint **4 odcisk stopy** footprint
**odcyfrować** decipher
**odczepiać 1** detach **2 odczep się!** get off!
**odczepiany** detachable
**odczucie** feeling
**odczuwać** feel
**odczuwalny** perceptible
**odczyt** reading
**odczytywać odczytywać na głos** read out
**oddalać się** go away, wander
**oddali 1 w oddali** beyond **2 z oddali** from afar
**oddanie** devotion
**oddany** committed, dedicated, devoted
**oddawać 1** give back, return **2** *(nastrój itp.)* recapture **3** *(zadanie domowe)* turn in **4 nie oddawać czegoś** hold onto sth **5 oddawać głos** cast a vote **6 oddawać mocz** urinate, pass water
**oddech 1** breath **2 wziąć głęboki oddech** take a big/deep breath **3 wstrzymać oddech** hold your breath **4 z trudem łapać oddech** gasp for breath/air
**oddechowy 1** respiratory **2 drogi oddechowe** respiratory tract
**oddelegować** delegate, post

**oddolny** *(inicjatywa itp.)* grass-roots
**oddychać** breathe
**oddychanie** **1** breathing, respiration **2** **sztuczne oddychanie** artificial respiration
**oddział** **1** unit, squad, division, force **2** *(szpitalny)* ward **3** **oddział intensywnej opieki medycznej** intensive care **4** **oddział specjalny** task force
**oddziaływać** **wzajemnie oddziaływać na siebie** interact
**oddziaływanie** **1** influence **2** *(wzajemne)* interaction, interplay
**oddzielać** separate
**oddzielnie** apart, separately
**oddzielny** separate, distinct
**oddzwonić** ring back, call back
**odegrać** **odegrać się na** get back at
**odejmować** subtract
**odejmowanie** subtraction
**odeprzeć** fight off
**odetchnąć** **odetchnąć głęboko** heave a sigh
**odfajkować** tick off
**odgadywać** guess
**odgałęzienie** branch, offshoot
**odgarniać** sweep
**odgłos(y)** noise
**odgradzać** **1** fence off, seal off **2** **odgradzać sznurem** rope off
**odgrywać** **1** **odgrywać rolę w** play/have a part in **2** **odgrywać się na** take it out on **3** **odgrywać ważną/kluczową rolę w** play a major/key role in
**odgrzebać** dig out
**odhaczyć** tick off, check off
**odizolować** isolate
**odjazd** departure
**odjeżdżać** depart, drive away, drive off, pull away
**odkalkować** trace
**odkażać** disinfect
**odkąd** since
**odkleić** **1** unstick **2** **odkleić się** come unstuck
**odkładać** **1** *(na później)* delay, postpone, put off **2** *(na bok)* put aside, set aside **3** **odkładać na miejsce** put away, replace **4** **odłożyć słuchawkę** hang up
**odkopać** dig out, unearth
**odkreślać** cross off
**odkręcać** undo, unscrew
**odkręcony** undone
**odkrycie** **1** discovery, find **2** **dokonać odkrycia** make a discovery
**odkryć** find, discover
**odkryty** exposed
**odkrywać** uncover
**odkryw-ca/czyni** discoverer, explorer
**odkupić** redeem
**odkupienie** redemption
**odkurzacz** vacuum cleaner, hoover *BrE*
**odkurzać** vacuum, hoover *BrE*
**odlatywać** depart
**odległość** distance
**odległy** distant, faraway, remote
**odlew** **1** cast **2** **odlew gipsowy** plaster cast
**odlewać** cast
**odlewnia** foundry
**odliczać** count out
**odliczanie** countdown
**odlot** departure
**odludek** hermit, recluse
**odludny** lonely
**odłam** splinter group/organization
**odłamek** **1** chip, splinter **2** *(pocisku)* shrapnel
**odłamywać** break off
**odłączać** disconnect
**odłożyć** put away, tuck away
**odłupywać** chip away
**odmawiać** refuse, decline, deny
**odmiana** **1** change, variation, variety **2** *(wyrazu)* inflection **3** **dla odmiany** for a change **4** **stanowić odmianę** make a change
**odmieniać** **1** change, transform **2** *(czasownik)* conjugate
**odmieniec** misfit
**odmienność** dissimilarity
**odmienny** dissimilar
**odmładzać** rejuvenate
**odmowa** denial, refusal
**odmrożenie** frostbite
**odmrożony** frostbitten
**odnaleźć** **1** find, retrieve, track down **2** **odnaleźć się (jako)** find one's niche (as)
**odnawiać** *(mieszkanie)* decorate, renovate, do up
**odnawialny** renewable
**odnieść** **odnieść obrażenia** sustain injuries
**odnosić** **1** take back **2** **odnieść sukces** achieve a success, make it **3** **odnosić odwrotny skutek** backfire **4** **odnosić się do** refer to, relate to
**odnośnie** concerning, with respect to, in respect of
**odosobnienie** isolation, seclusion
**odosobniony** isolated, secluded
**odpadać** come off, come away *BrE*
**odpadki** litter, refuse

**odpadowy** waste
**odpady** waste
**odparować** *(odpowiedzieć)* retort
**odparowywać** evaporate, vaporize, vaporise *BrE*
**odpędzać** **1** ward off **2** **odpędzać od siebie** banish
**odpierać** disprove, fend off
**odpisywać** **1** *(zadanie)* copy **2** *(na list)* write back
**odplamiacz** stain remover
**odpłacić się** get even
**odpływ** **1** drain, outlet **2** *(morza)* low tide **3** *(zlewu, wanny)* plughole
**odpoczynek** rest
**odpoczywać** **1** rest **2** **dać odpocząć nogom/oczom** rest your legs/eyes
**odpornościowy** **układ odpornościowy** immune system
**odporność** immunity
**odporny** immune, impervious, resistant
**odpowiadać** **1** answer, reply, respond **2** *(spełniać)* correspond, suit **3** **odpowiadać komuś** be to sb's liking **4** **odpowiadać na list/ogłoszenie** answer a letter/advertisement **5** **odpowiadać za** answer for
**odpowiedni** suitable, right, appropriate, proper
**odpowiednik** **1** equivalent **2** *(o człowieku)* counterpart, opposite number
**odpowiednio** **1** suitably, adequately, appropriately **2** *(z osobna)* accordingly, respectively
**odpowiedniość** adequacy
**odpowiedzialnie** responsibly
**odpowiedzialność** **1** responsibility, accountability, liability **2** **ponosić odpowiedzialność** bear the responsibility
**odpowiedzialny** **1** responsible, liable, accountable **2** **być odpowiedzialnym za** be responsible for
**odpowiedź** **1** answer, reply, response **2** **bez odpowiedzi** unanswered **3** **w odpowiedzi na** in reply to, in response to
**odprawa** **1** briefing **2** **odprawa celna** customs **3** **zgłaszać się do odprawy** check in
**odprawiać** **odprawiać z niczym** turn away
**odprężać się** relax, wind down
**odprężający** relaxing
**odprężenie** relaxation
**odprężony** relaxed
**odprężyć** **odprężyć się** wind down
**odprowadzać** **1** escort **2** *(do drzwi)* see out **3** *(np. na dworzec)* see off
**odpukać** **odpukać (w niemalowane drewno)** touch wood
**odpuszczać** **odpuszczać sobie coś** give sth a miss
**odpychający** repellent, repulsive
**odpychanie** repulsion
**odpyskować** answer back
**odra** measles
**odraczać** defer, postpone
**odraza** **1** loathing, revulsion **2** **budzić odrazę** revolt **3** **czuć odrazę do** loathe
**odrażający** repulsive, abhorrent, loathsome, repugnant, revolting
**odrąbać** chop off
**odremontować** renovate, do up
**odrębny** distinct
**odrętwiały** numb
**odrętwienie** numbness
**odrobina** **1** a bit, a shade, a touch, a fraction **2** **odrobina czegoś** a little bit of sth, a spot of sth, a touch of sth **3** **odrobina farby** a lick of paint **4** **odrobina koloru** a splash of colour **5** **odrobina prawdy/ryzyka** an element of truth/risk
**odroczenie** postponement
**odroczony** **odroczona płatność** credit
**Odrodzenie** **1** the Renaissance **2** **odrodzenie się** rebirth, resurrection
**odrodzić się** revive
**odróżniać** **1** distinguish, discriminate **2** **nie dać się odróżnić od** be indistinguishable from
**odróżnienie** **w odróżnieniu od** unlike
**odruch** reflex
**odruchowy** automatic
**odrywać** **odrywać się (od)** get away (from), drag yourself away (from)
**odrzec** reply
**odrzucać** dismiss, reject, turn down
**odrzucenie** rejection
**odrzut** reject
**odrzutowiec** jet
**odrzutowy** jet-propelled
**odsetek** percentage, proportion
**odsetki** interest
**odsiadywać** *(wyrok)* serve
**odskocznia** springboard, stepping-stone
**odsłaniać** expose, reveal, unveil
**odstawać** deviate
**odstęp** **1** distance, space, spacing **2** **w regularnych**

**odstępach** at regular intervals
**odstępować** 1 **nie odstępować na krok** follow around 2 **odstępować od** withdraw from, waive
**odstraszać** deter, repel, scare off/away, frighten away/off
**odstraszający** **środek odstraszający** repellent
**odsuwać** 1 **odsuwać od władzy** depose 2 **odsuwać się** back off
**odsyłacz** cross-reference
**odsyłać** 1 return 2 **odsyłać coś** send sth back 3 **odsyłać do** refer to
**odsypiać** sleep off
**odszkodowanie** 1 award, compensation, damages 2 **w ramach odszkodowania** in compensation
**odszukać** trace, look up
**odświeżać** 1 refresh 2 **odświeżać się** freshen up
**odtąd** henceforth, hereafter
**odtrutka** antidote
**odtwarzacz** 1 player 2 **odtwarzacz płyt kompaktowych** CD player
**odtwarzać** 1 *(odbudowywać)* reconstruct, recreate 2 *(obraz, dźwięk)* reproduce, play back
**odurzać** dope, intoxicate
**odurzający** intoxicating
**odurzenie** **odurzenie alkoholem** intoxication
**odurzony** intoxicated
**odwadniać (się)** dehydrate
**odwaga** 1 courage 2 **zdobyć/zebrać się na odwagę** muster (up) courage, summon (up) one's courage, pluck up the courage
**odważać** weigh out
**odważnie** courageously
**odważny** brave, courageous, daring
**odważyć** **odważyć się** dare
**odwdzięczać się** repay, pay back
**odwet** 1 retaliation, reprisal 2 **brać odwet** retaliate
**odwetowy** retaliatory
**odwieczny** perennial
**odwiedzać** visit, call on, look up, come and see
**odwiedziny** visit
**odwieść** **odwieść kogoś od czegoś** talk sb out of sth, dissuade sb from (doing) sth
**odwilż** thaw
**odwirować** spin
**odwlekać** delay
**odwodnienie** dehydration
**odwodniony** dehydrated
**odwołanie** 1 *(np. rezerwacji)* cancellation 2 **do odwołania** until further notice
**odwoływać** call off, cancel
**odwracać (się)** 1 turn 2 **odwracać (czyjąś) uwagę od** divert (sb's) attention from
**odwracalny** reversible
**odwrotnie** 1 inversely 2 *(do góry nogami)* upside down 3 **odwrotnie do ruchu wskazówek zegara** anticlockwise *BrE*, counterclockwise *AmE*
**odwrotność** opposite, the reverse
**odwrotny** 1 opposite, reverse 2 **odnosić odwrotny skutek** backfire
**odwrócić** **odwrócić się od** turn your back on
**odwrót** 1 retreat 2 **na odwrocie (strony)** overleaf 3 **na odwrót** vice versa
**odwzajemniać** return, reciprocate
**odziedziczyć** inherit
**odzież** clothing, clothes, wear
**odznaczać** *(medalem)* decorate
**odznaczenie** decoration
**odznaka** badge, button
**odzwierciedlać** mirror, reflect
**odzwierciedlenie** reflection
**odzysk** **z odzysku** recycled
**odzyskać** 1 recover, regain, retrieve, get back 2 **odzyskiwać przytomność** come round, come to
**odzywać się** 1 speak 2 **odzywać się do siebie** be on speaking terms
**odźwierny** doorman
**odżywiać** nourish
**odżywianie** nutrition
**odżywka** *(do włosów)* conditioner
**ofensywa** offensive
**oferować** offer, bid
**oferowany** on offer
**oferta** 1 offer, bid 2 **oferta specjalna** special offer
**ofiara** 1 gift, offering, sacrifice 2 *(wypadku itp.)* casualty 3 *(morderstwa itp.)* victim 4 *(niezdara)* loser 5 **ofiara śmiertelna** fatality 6 **składać w ofierze** sacrifice
**ofiarodawca** donor
**ofiarować** donate
**oficer** 1 officer 2 **oficer okrętowy** mate
**oficjalnie** formally, officially
**oficjalny** formal, official
**ogar** hound
**ogarniać** overtake, sweep, engulf
**ogień** 1 fire 2 **wziąć w krzyżowy ogień pytań**

cross-examine **3 igrać z ogniem** be playing with fire **4 ogień z broni palnej** gunfire **5 ogień zaporowy** barrage **6 otwierać ogień** open fire **7 sztuczne ognie** fireworks

**ogier** stallion

**oglądać 1** see, watch **2** *(w sklepie)* browse

**oględziny** survey

**ogłaszać 1** announce, declare, unveil **2 ogłaszać się** advertise **3 ogłaszać strajk** call a strike

**ogłoszenie 1** announcement, ad, notice **2 dawać ogłoszenie** place an advertisement **3 tablica ogłoszeń** noticeboard

**ogłuszać** deafen, stun

**ogłuszający** deafening, thunderous

**ogniotrwały** fireproof

**ognisko** bonfire, fire

**ognisty** fiery

**ogniwo** link

**ogolić ogolić (się)** shave, have a shave

**ogon** tail

**ogorzały** swarthy

**ogólnie ogólnie biorąc** overall, by and large, on the whole, generally

**ogólnokrajowy** nationwide

**ogólny** general, broad, generic

**ogół 1 na ogół** in the main **2 ogół ludzi/społeczeństwa** the people/public/community at large **3 ogół społeczeństwa** the general public **4 w ogóle** (not) at all

**ogórek** cucumber

**ograbić** plunder

**ogradzać** enclose, fence in

**ograniczać 1** limit, restrict, confine, constrain **2 ograniczać się do czegoś** restrict yourself to sth

**ograniczenie 1** restriction, limitation, constraint, limit, restraint **2 bez ograniczeń** without restriction **3 mieć swoje ograniczenia** have your limitations **4 ograniczenie prędkości** speed limit

**ograniczony 1** limited, restricted, confined **2** *(człowiek)* narrow-minded, simple **3 być ograniczonym do** be limited to **4 spółka z ograniczoną odpowiedzialnością** limited company

**ogrodnictwo** gardening, horticulture

**ogrodniczki** dungarees *BrE*, overalls *AmE*

**ogrodni-k/czka** gardener

**ogrodzenie 1** fence **2** *(z metalowych prętów)* railing

**ogrodzony ogrodzony teren** enclosure

**ogrom** immensity, enormity

**ogromnie** enormously, hugely, immensely

**ogromny** huge, enormous, immense, tremendous

**ogród** garden

**ogródek 1** garden, yard **2 bez ogródek** bluntly, in no uncertain terms, point-blank **3 ogródek działkowy** allotment **4 ogródek skalny** rockery

**ogryzek** core

**ogrzewać** heat, warm

**ogrzewanie** heating *BrE*, heat *AmE*

**ogrzewany** heated

**ohydny** gross, sordid, squalid

**ojciec 1** father **2 dziadek/wuj ze strony ojca** paternal grandfather/uncle **3 ojciec chrzestny** godfather

**ojcostwo** fatherhood, paternity

**ojcowski** fatherly, paternal

**ojczym** stepfather

**ojczysty 1** native **2 język ojczysty** mother tongue, first language

**ojczyzna** homeland

**ojej** goodness, gosh, oh dear, oops

**okaleczenie** mutilation

**okaleczyć** cripple, maim, mutilate

**okantować** swindle

**okap** eaves

**okaz** specimen

**okazałość** grandeur

**okazały** spectacular, stately

**okazja 1** *(sposobność)* occasion, opportunity **2** *(okoliczność)* chance **3** *(korzystny zakup)* bargain **4 (a tak) przy okazji** by the way **5 złapać okazję** *(pojechać autostopem)* hitch a ride/lift

**okazjonalny** odd

**okazywać 1** display, show **2 okazało się, że** it turned out that

**okej** OK

**okienko 1** *(np. na poczcie)* counter **2** *(w harmonogramie, programie)* slot

**okiennica** shutter

**oklaski** applause, clapping

**okleina** veneer

**oklepany** trite

**okładka 1** cover **2** *(płyty)* sleeve **3 książka w miękkiej okładce** paperback

**okłamywać** deceive, lie to

**okno** window

**oko 1** eye **2 gołym okiem** with/to the naked eye **3 mieć kogoś/coś na oku** keep tabs on sb/sth,

keep an eye on sb/sth **4 na oczach** in full view of **5 na pierwszy rzut oka** at first glance/sight, on the face of it **6 nie rzucać się w oczy** be inconspicuous **7 podbite oko** black eye **8 przymykać oczy na coś** turn a blind eye to sth **9 rzucać na coś okiem** cast an eye over sth **10 spójrzmy prawdzie w oczy** let's face it **11 stanąć oko w oko z kimś** be confronted with sb **12 traktować coś z przymrużeniem oka** take sth with a pinch/grain of salt **13 w czyichś oczach** in the eyes of sb, in sb's eyes **14 w mgnieniu oka** in a flash, like a flash **15 worki pod oczami** bags under your eyes **16 zawiązywać oczy** blindfold **17 rozmowa w cztery oczy** heart-to-heart

**okolica 1** region, neighbourhood *BrE*, neighborhood *AmE* **2 w okolicy** *(około)* round about

**okoliczność 1** circumstance **2 okoliczności łagodzące** mitigating circumstances

**okoliczny** surrounding

**około 1** about, approximately **2 około 100 funtów** something like 100 pounds

**okólnik** circular

**okradać** rob

**okrakiem 1** astride **2 siedzieć okrakiem na** straddle

**okrągły** circular, round

**okrążać** surround, circle

**okrążenie** lap

**okres** period, time

**okresowo** periodically

**okresowy 1** periodic, seasonal **2 bilet okresowy** season ticket, pass

**określać 1** define **2 określać kogoś mianem** label sb as

**określenie** designation, label

**określnik** determiner

**określony rodzajnik/przedimek określony** definite article

**okręcać (się)** twist

**okręg 1** district **2 okręg wyborczy** constituency

**okręt 1** ship, vessel **2 okręt wojenny** warship

**okrężny** circular, indirect, roundabout

**okropnie** awfully, terribly, dreadfully

**okropność** horror

**okropny** terrible, horrible, awful, dreadful

**okruch** crumb

**okrucieństwo** atrocity, cruelty

**okruszek** crumb

**okrutnie** cruelly

**okrutny** cruel

**okrzyk** exclamation, shout

**okrzyknąć okrzyknąć kogoś czymś** hail sb as sth

**oktawa** octave

**okulary 1** glasses, spectacles **2 okulary ochronne** goggles **3 okulary słoneczne** shades, sunglasses

**okulist-a/ka** optometrist

**okultystyczny** occult

**okultyzm** the occult

**okup** ransom

**okupacja** occupation

**okupacyjny strajk okupacyjny** sit-in

**olbrzym** giant

**olbrzymi** giant, king-size

**oleisty** oily

**olej 1** oil **2 olej napędowy** diesel

**olejek** essence

**olejny 1 farby olejne** oils **2 obraz olejny** oil painting

**olimpiada** the Olympic Games, the Olympics

**olimpijski 1** Olympic **2 igrzyska olimpijskie** the Olympic Games, the Olympics

**oliwa** (olive) oil

**oliwić** oil

**oliwka** olive

**oliwkowy kolor oliwkowy** olive

**olśnienie** brainwave *BrE*, brainstorm *AmE*

**olśniewać** dazzle

**olśniewający** brilliant, dazzling, glamorous

**ołów** lead

**ołówek** pencil

**ołtarz** altar

**omawiać** discuss, talk over

**omawiany** under discussion

**omdlenie** faint

**omdlewać** faint, droop

**omen** omen

**omijać** go round, get around, bypass

**omlet** omelette

**omszały** mossy

**omylny** fallible

**omyłkowo** by mistake

**on** he, him

**ona** she, her

**onanizować się** masturbate

**one** they

**oni** they

**oniemiały 1** dumbfounded, speechless **2 oniemiały ze zdenerwowania** tongue-tied

**onieśmielający** intimidating

**onieśmielony** intimidated, overawed

**opactwo** abbey

**opacznie zrozumieć coś opacznie** get (hold of) the wrong end of the stick
**opad** 1 rainfall 2 **opad radioaktywny** fallout 3 **opady śniegu** snowfall
**opadać** 1 droop, fall 2 **opadać z sił** flag
**opakowanie** package, packaging, wrapping
**opal** opal
**opalać się** tan, sunbathe
**opalenizna** suntan, tan
**opalony** suntanned, tan, tanned
**opał** fuel
**opały w opałach** in hot/deep water
**opancerzony** armoured *BrE*, armored *AmE*
**opanowanie** 1 composure, poise 2 **biegłe opanowanie** mastery
**opanowany** collected, composed, cool, poised
**opanowywać** 1 master 2 **opanowywać się** compose yourself
**oparcie** back
**opary** fumes
**oparzenie** 1 burn 2 **oparzenie słoneczne** sunburn
**oparzony** burned, burnt
**oparzyć** burn
**opaska** 1 band 2 **opaska na ramię** armband
**opat** abbot
**opatentować** patent
**opatrunek** dressing
**opatrywać opatrywać ranę/skaleczenie** dress a wound/cut
**opatulać** wrap up
**opcja** option
**opera** opera
**operacja** 1 operation, surgery 2 **operacja plastyczna** plastic surgery
**operacyjnie** surgically
**operacyjny** 1 operational 2 **sala operacyjna** operating room
**operator/ka** 1 operator 2 *(kamerzysta)* cameraman
**operować** operate (on)
**operowy** operatic
**opętany** possessed
**opieka** 1 attention, care 2 **bez opieki** *(dziecko)* unaccompanied 3 **dom opieki** home 4 **opieka nad dzieckiem** babysitting, childminding, childcare 5 **opieka nad dzieckiem** *(przyznana sądownie)* custody 6 **opieka społeczna** social work 7 **pracowni-k/ca opieki społecznej** social worker
**opiekacz** toaster
**opiekać** 1 *(mięso)* roast 2 *(chleb)* toast
**opiekany** roast
**opiekować się** care for, look after, take care of
**opiekun/ka** 1 guardian, protector 2 **opiekun/ka do dzieci** babysitter, childminder
**opiekuńczy** caring, protective
**opierać** 1 lean, rest 2 **opierać coś o** prop sth against/on 3 **opierać coś na** base sth on/upon 4 **opierać się** lean 5 **opierać się na** rest on/upon, be founded on/upon
**opiłki** filings
**opinia** 1 opinion 2 **badanie opinii publicznej** opinion poll 3 **mieć dobrą opinię o** think well/highly of 4 **opinia publiczna** public opinion 5 **wydawać opinię** pass judgment
**opis** description, characterization
**opisowy** descriptive
**opisywać** 1 describe 2 **być nie do opisania** defy description
**opium** opium
**opłacać** 1 **nie opłacany** unpaid 2 **opłacać się** pay off 3 **źle opłacany** underpaid
**opłacalny** profitable
**opłakany w opłakanym stanie** in a sorry state
**opłakiwać** mourn
**opłata** 1 charge, fee, payment 2 **opłata dodatkowa** surcharge 3 **opłata za przejazd** toll
**opłatek** wafer
**opłukać** rinse
**opodatkowanie** taxation
**opodatkowywać** tax
**opona** 1 tyre *BrE*, tire *AmE* 2 **zapalenie opon mózgowych** meningitis
**oponować** object
**oporność** resistance
**oportunist-a/ka** opportunist
**oportunizm** opportunism
**oporządzać** groom
**opowiadać** 1 talk, tell, narrate 2 **opowiadać się za/przeciw** argue for/against
**opowiadanie** 1 story 2 *(utwór literacki)* narrative, short story
**opowieść** tale
**opozycja** the Opposition
**opozycjonist-a/ka** dissident
**opór** 1 resistance 2 **ruch oporu** the resistance 3 **stawiać opór** resist, put up resistance
**opóźniać** delay, hold up, put back, set back
**opóźnienie** 1 delay 2 **opóźnienie (w ruchu)** holdup

**opóźniony** **opóźniony w rozwoju** backward, retarded
**opracowywać** compile
**oprawa** **1** *(książki)* binding **2** **książka w sztywnej oprawie** hardback
**oprawca** torturer
**oprawiać** **1** *(książkę)* bind **2** *(np. obraz)* frame
**oprawka** frames
**oprogramowanie** software
**oprowadzać** **oprowadzać kogoś (po)** show sb around
**oprócz** **1** apart from, aside from, but for, except for **2** **oprócz tego, że** besides **3** **oprócz tego** in addition
**opróżniać** **1** empty, clean out, clear out **2** **opróżniać się** *(o pomieszczeniu)* empty
**opryskliwy** abrasive, brusque, surly
**optycznie** optically
**optyczny** **1** optical **2** **złudzenie optyczne** optical illusion
**optyk** optician
**optyka** optics
**optymalny** optimum
**optymist-a/ka** optimist
**optymistycznie** optimistically
**optymistyczny** optimistic
**optymizm** optimism
**opublikować** publish, release
**opuchlizna** swelling
**opuchnięty** swollen, puffy
**opustoszeć** empty
**opuszczać** **1** leave, desert **2** *(pomijać)* miss out, skip
**opuszczony** abandoned, deserted, derelict, forlorn, godforsaken
**opuścić** *(z ceny)* knock off
**opychać** **opychać się** stuff yourself
**orać** plough
**oranżeria** conservatory
**orator** orator
**orbita** orbit
**orchidea** orchid
**order** decoration
**ordynarny** crude
**orędzie** address
**organ** organ
**organicznie** organically
**organiczny** organic
**organista** organist
**organizacja** **1** organization **2** **Organizacja Narodów Zjednoczonych** United Nations
**organizacyjny** organizational
**organizator/ka** organizer, organiser *BrE*
**organizm** **1** body, organism **2** **silny/słaby organizm** a strong/weak constitution
**organizować** organize, organise *BrE*, arrange
**organki** harmonica
**organy** organ
**orgazm** orgasm
**orgia** orgy
**Orient** the Orient
**orientacja** **1** orientation, sense of direction **2** **nabierać orientacji** get your bearings **3** **stracić orientację** lose track, lose your bearings
**orientalny** Oriental
**orkiestra** orchestra
**orkiestralny** orchestral
**ornitolog** ornithologist
**ornitologia** ornithology
**orny** arable
**ortodoksja** orthodoxy
**ortodoksyjny** orthodox
**ortodontyczny** **aparat ortodontyczny** braces
**ortografia** spelling, orthography
**ortograficzny** **błąd ortograficzny** misspelling
**ortopedyczny** **aparat ortopedyczny** brace
**oryginalność** originality
**oryginalny** original, imaginative
**oryginał** original
**orzech** **1** nut **2** **dziadek do orzechów** nutcracker **3** **orzech kokosowy** coconut **4** **orzech włoski** walnut
**orzechowy** **1** nutty **2** **masło orzechowe** peanut butter
**orzeczenie** **1** judgment, ruling **2** **wydać werdykt/orzeczenie** return a verdict
**orzekać** rule
**orzeł** eagle
**orzeszek** **orzeszek ziemny** peanut
**orzeźwiać** refresh
**orzeźwiający** refreshing, invigorating
**osa** wasp
**osad** deposit, sediment
**osada** settlement
**osadni-k/czka** settler
**osadzać się** settle
**osądzić** judge
**oschle** coolly, crisply
**oschły** abrupt
**oset** thistle
**osiągać** **1** accomplish, achieve **2** **osiągać doskonałe wyniki** excel **3** **osiągać pełnoletność** come of age **4** **osiągać porozumienie/wiek** reach an agreement/age
**osiągalność** availability
**osiągalny** obtainable
**osiągnięcie** accomplishment, achievement
**osiąść** settle

**osiedle** **1** development, estate, settlement **2** **osiedle mieszkaniowe** housing estate
**osiem** eight
**osiemdziesiąt** eighty
**osiemdziesiąty** eightieth
**osiemnasty** eighteenth
**osiemnaście** eighteen
**osiemset** eight hundred
**osiodłać** saddle
**osioł** donkey, ass
**oskalpować** scalp
**oskarżać** **1** accuse, charge **2** **akt oskarżenia** indictment **3** **postawić w stan oskarżenia** indict
**oskarżenie** **1** accusation **2** *(strona w procesie)* the prosecution
**oskarżon-y/a** the accused
**oskarżyciel/ka** **1** accuser **2** *(w sądzie)* prosecutor
**oskrzela** **1** bronchi **2** **zapalenie oskrzeli** bronchitis
**oskubać** pluck
**osłabiać** **1** weaken **2** *(cios)* cushion
**osłabiony** run-down
**osłabnąć** weaken, die down, subside
**osłaniać** cover, screen, shade, shield
**osłona** **1** guard, shield **2** *(na kasku)* visor **3** **osłona mgły/ciemności** a veil of mist/darkness **4** **osłona przeciwsłoneczna** *(w samochodzie)* visor
**osłonięty** **1** sheltered **2** **nie osłonięty** exposed
**osłupiały** flabbergasted
**osoba** **1** person, individual **2** **na osobę** a head/per head **3** **od osoby** a head/per head **4** **osoba towarzysząca** escort **5** **osoba trzecia/postronna** third party **6** **trzecia osoba** the third person
**osobistość** **1** personality **2** **znana osobistość** celebrity
**osobisty** individual, personal, private
**osobiście** in person, personally
**osobliwość** peculiarity, oddity
**osobliwy** odd, peculiar, singular
**osobno** apart, separately
**osobność** **na osobności** in private
**osobny** separate
**osobowość** personality
**osobowy** **zaimek osobowy** personal pronoun
**ospa** **1** smallpox **2** **ospa wietrzna** chicken pox
**ospały** lethargic, sluggish
**ospowaty** *(twarz)* pockmarked
**ostatecznie** definitively, finally, ultimately
**ostateczność** **w ostateczności** as a last resort, if the worst comes to the worst
**ostateczny** final, definite, definitive, eventual, ultimate
**ostatni** **1** last, final, recent **2** **na ostatnią chwilę** last-minute **3** **student/ka ostatniego roku** senior **4** **uczeń/uczennica ostatniej klasy** senior
**ostatnio** lately, recently
**ostentacyjnie** ostentatiously
**ostentacyjny** ostentatious
**ostracyzm** ostracism
**ostro** sharply, harshly, fiercely
**ostroga** spur
**ostrokrzew** holly
**ostrość** **1** sharpness, harshness **2** **nastawiać ostrość** focus
**ostrożnie** carefully, cautiously
**ostrożność** caution, care
**ostrożny** careful, cautious
**ostry** **1** sharp **2** *(zima)* harsh, severe **3** *(ból)* acute **4** *(potrawa)* spicy, hot, pungent **5** *(pies)* fierce **6** *(światło)* harsh **7** *(dźwięk)* strident **8** *(fotografia)* in focus **9** **mieć ostry język** have a sharp tongue
**ostryga** oyster
**ostrzarka** sharpener
**ostrze** blade, edge
**ostrzegać** warn, caution
**ostrzeliwać** shell
**ostrzeżenie** **1** warning, caution **2** **dawać ostrzeżenie** *(piłkarzowi)* book
**ostrzyc** **1** *(owce)* shear **2** **ostrzyc się** have a haircut
**ostrzyć** sharpen, grind
**ostudzić (się)** cool down
**ostygnąć** cool down
**osunąć się** sink
**osuszać** **1** drain **2** *(bibułą lub szmatką)* blot
**oswajać** tame
**oswojony** domesticated, tame
**oszacować** estimate
**oszalały** frantic
**oszaleć** go crazy
**oszałamiać** stun
**oszałamiający** bewildering, stunning
**oszczep** javelin
**oszczerczy** slanderous
**oszczerstwo** slander, smear
**oszczędnie** economically, sparingly

**oszczędności** savings
**oszczędność** thrift
**oszczędny** economical, sparing, thrifty
**oszczędzać** **1** save, economize, economise *BrE* **2** *(materiały itp.)* conserve **3** **oszczędzać komuś czegoś** spare sb sth **4** **oszczędzać się** take it/things easy
**oszczędzanie** saving, conservation
**oszklić** glaze
**oszołomienie** bewilderment
**oszołomiony** bewildered, dazed, stupefied
**oszpecać** deface, disfigure
**oszroniony** frosty
**oszukać** **1** cheat, deceive, con **2** **zostać oszukanym** be taken in
**oszukańczy** deceitful, fraudulent
**oszukiwać** cheat, deceive, fool
**oszust/ka** cheat, crook, fraud
**oszustwo** deception, deceit, fraud, trickery, con
**oś** **1** pivot **2** *(pojazdu)* axle **3** *(Ziemi, wykresu itp.)* axis
**ość** (fish) bone
**oślepiać** blind, dazzle
**oślepiający** blinding, dazzling, glaring
**oślizgły** slimy
**ośmieszać** **1** ridicule **2** **ośmieszać się** make a fool of oneself
**ośmiokąt** octagon
**ośmiokątny** octagonal
**ośmiornica** octopus
**ośnieżony** snowy
**oświadczać** **1** announce, state **2** **oświadczać się** propose
**oświadczenie** announcement, statement
**oświadczyć** **oświadczyć się** propose, pop the question
**oświadczyny** proposal
**oświatowy** educational
**oświecony** enlightened
**oświetlać** illuminate, light
**oświetlenie** lighting, illumination
**otaczać** surround, encircle, ring
**otchłań** abyss
**oto** here
**otoczenie** environment, surroundings
**otruć** poison
**otrzaskać** **otrzaskać się z czymś** get the feel of sth
**otrzeźwiać** sober up
**otrzymywać** receive, obtain
**otucha** **1** comfort, reassurance **2** **dodający otuchy** reassuring
**otulić** *(w łóżku)* tuck in/into
**otwarcie** *noun* opening
**otwarcie** *adv* openly, frankly, overtly, plainly
**otwartość** open-mindedness, openness
**otwarty** **1** open **2** *(człowiek)* outright, outspoken **3** **dzień otwarty** open day **4** **szeroko otwarty** wide open **5** **z otwartymi ustami** open-mouthed
**otwieracz** **1** **otwieracz do konserw/puszek** can opener, tin opener *BrE* **2** **otwieracz do butelek** bottle opener
**otwierać** **1** open (up) **2** *(kluczem)* unlock **3** **otwierać się** open (up) **4** **otwierać ogień** open fire
**otwór** **1** opening, cavity, slot **2** **otwór wentylacyjny** vent
**otyłość** obesity
**otyły** obese
**otynkować** plaster
**owacja** **1** ovation **2** **owacja na stojąco** standing ovation
**owad** insect
**owadobójczy** **środek owadobójczy** insecticide
**owal** oval
**owalny** oval
**owca** **1** sheep **2** **czarna owca** black sheep
**owdowiały** widowed
**owies** oats
**owijać** **1** drape **2** **nie owijać w bawełnę** not beat about/around the bush
**owłosiony** hairy
**owoc** **1** fruit **2** **owoce** fruit **3** **owoce czegoś** the fruits of sth **4** **owoce morza** seafood, shellfish **5** **przynosić owoce** bear fruit
**owocny** fruitful
**owocowy** fruity
**owsianka** porridge
**owsiany** **płatki owsiane** oatmeal
**ozdabiać** **1** decorate **2** **ozdobiony/wykończony czymś** trimmed with sth
**ozdabianie** adornment
**ozdoba** decoration, ornament
**ozdobny** ornamental
**ozięble** coldly
**oziębłość** coldness
**oziębły** frigid
**oznaczać** mean, signify
**oznaczony** **oznaczony czas** the appointed time
**oznajmiać** declare
**oznaka** indication, sign
**oznakować** mark
**ozonowy** **powłoka ozonowa** ozone layer
**ozór** tongue

**ożenić** 1 marry 2 **ożenić się z kimś** marry sb
**ożywać** come alive
**ożywczy** refreshing
**ożywiać** 1 enliven, revitalize, revitalise *BrE* revive 2 **ożywiać się** liven up, perk up, come to life
**ożywiający** refreshing
**ożywienie** animation, liveliness, revival
**ożywiony** 1 animated, lively 2 *(o przyrodzie)* animate

# Óó

**ósmy** 1 eighth 2 **(godzina) ósma** eight (o'clock) 3 **jedna ósma** one eighth
**ówczesny** contemporary, then

# Pp

**pacha** armpit
**pachnący** fragrant
**pachnieć** smell
**pachwina** groin
**pacjent/ka** 1 patient 2 *(szpitala psychiatrycznego)* inmate 3 **pacjent/ka dochodząc-y/a** outpatient
**pacnąć** **pacnąć w** swat
**pacyfist-a/ka** pacifist
**pacyfizm** pacifism
**paczka** 1 package, pack, packet, parcel 2 *(kolegów)* gang, bunch
**padaczka** epilepsy
**padać** 1 fall 2 **pada (deszcz)** it is raining 3 **pada grad** it is hailing 4 **pada śnieg** it is snowing
**pager** pager
**pagoda** pagoda
**pagórek** hill
**pagórkowaty** hilly
**pająk** spider
**pajęczyna** cobweb
**pakiet** package, pack
**pakować** pack, package
**pakowanie** packing
**pakt** pact
**pakunek** bundle
**palacz/ka** smoker
**palant** *(głupek)* jerk
**paląc-y/a** *noun* smoker
**palący** *adj* **paląca kwestia** burning question/issue
**palec** 1 finger 2 *(u nogi)* toe 3 **koniuszek palca** fingertip 4 **mieć coś w małym palcu** have sth at your fingertips 5 **na palcach** on tiptoe 6 **nie ruszyć palcem** not lift a finger 7 **odcisk palca** fingerprint 8 **palec wskazujący** forefinger
**palenie** smoking
**palenisko** 1 hearth 2 *(w kominku)* grate
**paleta** palette
**palić** 1 burn 2 *(papierosa)* smoke 3 **palić nałogowo** chain-smoke 4 **palić się** burn
**palik** stake
**palma** palm tree, palm
**palnik** burner
**palpitacje** palpitations
**pałac** palace
**pałaszować** polish off
**pałeczka** 1 *(do grania)* drumstick 2 *(do jedzenia)* chopstick 3 *(sztafetowa)* baton
**pałętać się** potter
**pałka** 1 baton, club 2 *(nóżka kurczaka)* drumstick 3 *(policyjna)* truncheon
**pamiątka** souvenir, memento
**pamiątkowy** commemorative, memorial
**pamięć** 1 memory, recall, remembrance 2 **ku pamięci** in memory of 3 **uczyć się na pamięć** memorize, memorise *BrE*, learn by heart/rote 4 **słaba pamięć** forgetfulness 5 **świętej pamięci** late 6 **wymazywać z pamięci** block out, blot out 7 **znać/umieć coś na pamięć** know sth by heart
**pamiętać** 1 remember 2 **pamiętać o czymś** bear/keep sth in mind
**pamiętnik** diary, memoirs
**pamiętny** memorable
**pan** 1 gentleman 2 *(przy zwracaniu się)* you 3 *(właściciel psa)* master 4 **Pan Kowalski** Mr Kowalski 5 **Pan (Bóg)** the Lord 6 **pan młody** bridegroom, groom 7 **proszę Pana** sir 8 **Szanowny Panie** Dear Sir
**Pana** your, yours
**pancernik** battleship
**pancerz** armour *BrE*, armor *AmE*
**panda** panda
**panel** panel
**pani** 1 lady 2 *(przy zwracaniu się)* you 3 *(zaimek dzierżawczy)* your, yours 4 **pani Jones** Mrs Jones 5 **proszę pani** ma'am, madam 6 **Szanowna Pani!** Dear Madam
**panieński** **nazwisko panieńskie** maiden name
**panier** batter
**panika** panic, scare
**panika-rz/ra** alarmist
**panikować** panic, fuss
**panna** 1 maid, maiden 2 **Panna** *(znak zodiaku)* Virgo 3 **panna Jones** Miss Jones 4 **panna młoda**

bride **5 stara panna** spinster

**panorama** panorama

**panoramiczny** panoramic

**panoszyć się** throw your weight around

**panować 1** reign, rule **2 panować nad sobą** keep your temper **3 panować nad** control, hold/keep in check

**panowanie 1** reign, rule **2 panowanie nad** mastery of/over **3 stracić panowanie nad sobą** lose control, lose your cool/temper **4 odzyskać panowanie nad sobą** recover your poise

**pantera** panther

**pantofel** slipper

**pantoflowy coś doszło do kogoś pocztą pantoflową** sb heard sth on/through the grapevine

**pantomima** mime

**panujący** ruling

**państwo 1** state, country **2 głowa państwa** head of state **3 państwo młodzi** newlyweds **4 Państwo Smith** Mr and Mrs Smith, the Smiths

**państwowy 1** national **2 święto państwowe** public holiday **3 wizyta/uroczystość państwowa** state visit/ceremony

**papier 1** paper **2 papiery** *(dokumenty)* papers **3 giełda papierów wartościowych** the stock exchange **4 papier do pakowania** wrapping paper **5 papier listowy** notepaper **6 papier ścierny** sandpaper **7 papier toaletowy** toilet paper **8 papiery wartościowe** securities **9 rynek papierów wartościowych** stock market

**papierek** wrapper

**papierkowy papierkowa robota** paperwork

**papierniczy sklep papierniczy** stationer's

**papieros** cigarette

**papieski** papal

**papież** the Pope

**papka** paste

**paplać** chatter, natter

**paplanina** chatter

**paproć** fern

**papryka 1** *(przyprawa)* pepper **2** *(warzywo)* pepper *BrE*, bell pepper *AmE*

**papuga** parrot

**papużka** budgerigar, budgie *BrE*, parakeet *AmE*

**par** peer

**para 1** *(dwoje ludzi)* couple, pair **2** *(para wodna)* steam, vapour *BrE*, vapor *AmE* **3 dwadzieścia/trzydzieści parę** 20-odd/30-odd **4 iść w parze** go hand in hand **5 łączyć się w pary** mate **6 nie do pary** odd **7 nie puszczać pary z ust** not breathe a word **8 para wodna** condensation **9 parę dni temu** the other day

**parada** parade

**paradoks** paradox

**paradoksalnie** paradoxically

**paradoksalny** paradoxical

**paradować** parade

**parafia** parish

**parafować** initial

**parafraza** paraphrase

**parafrazować** paraphrase

**paragon** receipt

**paralela** parallel

**paraliż** paralysis

**paraliżować** paralyse *BrE*, paralyze *AmE*

**parametr** parameter

**paramilitarny** paramilitary

**paranoiczny** paranoid

**paranoidalny** paranoid

**paranoja** paranoia

**parapet** sill, windowsill

**parapetówka** housewarming

**parasol 1** umbrella **2** *(od słońca)* parasol

**parawan** screen

**parę** a few, several, some, a couple (of)

**park 1** park, gardens **2 park narodowy** national park **3 park rozrywki** amusement park

**parking** parking, car park *BrE*, parking lot *AmE*

**parkometr** parking meter

**parkować** park

**parkowanie 1** parking **2 mandat za niedozwolone parkowanie** parking ticket

**parlament** parliament

**parlamentarny** parliamentary

**parny** sultry, muggy

**parodia** parody, impression

**parodiować** impersonate, parody

**parodyst-a/ka** impressionist, mimic

**parować** evaporate, steam, vaporize, vaporise *BrE*

**parowanie** evaporation

**parowiec** steamer

**parów** glen

**parówka** frankfurter, hot dog *AmE*

**parskać** snort

**partaczyć** bungle, muck up

**parter 1** ground floor *BrE*, first floor *AmE* **2** *(w teatrze)* the stalls

**parterowy dom parterowy** bungalow

**partia** **1** party **2** *(np. towaru)* batch **3** **dobra partia** an eligible bachelor **4** **Partia Pracy** Labour Party, Labour

**partner/ka** **1** partner **2** *(zwierzęcia)* mate

**partnerstwo** partnership

**partytura** score

**partyzant** guerrilla

**parzyć** **1** brew **2** **parzyć się** *(o zwierzętach)* mate

**parzysty** even

**pas(ek)** belt

**pas** **1** strip **2** **pasy** *(dla pieszych)* zebra crossing *BrE*, crosswalk *AmE* **3** *(np. spódnicy)* waistline **4** **pas ruchu** lane **5** **pas bezpieczeństwa** safety belt, seat belt **6** **pas startowy** runway

**pasaż** arcade

**pasażer/ka** **1** passenger **2** **pasażer/ka na gapę** stowaway

**pasek** **1** *(wzór)* band, stripe **2** *(ziemi, materiału)* strip **3** *(do zegarka)* strap **4** *(w spodniach)* belt **5** **w paski** striped, stripy

**pasemko** streak

**pasierb** stepson, stepchild

**pasierbica** stepdaughter, stepchild

**pasja** passion

**pasjans** patience *BrE*, solitaire *AmE*

**pasjonować** **1** fascinate, grip **2** **pasjonować się czymś** be into sth, be keen on sth

**pasjonujący** fascinating, gripping, nail-biting, riveting

**paskudny** hideous, nasty

**pasmo** **1** *(radiowe)* wavelength **2** *(górskie)* range

**pasować** **1** **pasować do** go with, match **2** **nie pasować do reszty** be the odd man/one out, be out of keeping with **3** **pasować do siebie** match (up)

**pasożyt** parasite

**pasożytniczy** parasitic

**pasożytować** **pasożytować na kimś** sponge off sb

**passa** **dobra/zła passa** a run of good/bad luck, a winning/losing streak

**pasta** **1** *(do pieczywa)* spread **2** *(do butów)* shoe polish **3** **pasta do zębów** toothpaste

**pastel** pastel

**pastelowy** pastel

**pasternak** parsnip

**pasteryzacja** pasteurization

**pasteryzowany** pasteurized

**pasterz** shepherd

**pastor** **1** minister, pastor **2** *(w kościele anglikańskim)* vicar

**pastwisko** pasture

**pasujący** **pasujący do siebie** matching

**pasza** feed, fodder

**paszport** passport

**pasztet** pâté

**paść się** graze

**pat** stalemate

**patelnia** frying pan

**patent** patent

**patentować** patent

**patio** patio

**patologia** pathology

**patologiczny** pathological

**patriot-a/ka** patriot

**patriotycznie** patriotically

**patriotyczny** patriotic

**patriotyzm** patriotism

**patrol** patrol

**patrolować** patrol

**patron/ka** patron saint, patron

**patronacki** **organizacja/grupa patronacka** umbrella organization/group

**patroszyć** gut

**patrzeć** **1** look **2** **patrzeć w przyszłość** look ahead, look forward **3** **patrzeć wstecz** look back **4** **patrzeć, jak ktoś coś robi** watch sb do(ing) sth

**patyk** stick

**pauza** **1** pause **2** *(w szkole)* break *BrE*, playtime *BrE*, recess *AmE*

**paw** peacock

**pawian** baboon

**pawilon** pavilion

**paznokieć** **1** fingernail, nail **2** **paznokieć u nogi** toenail **3** **malować sobie paznokcie** do your nails **4** **zmywacz do paznokci** nail polish remover

**pazur** claw, talon

**październik** October

**pączek** **1** *(kwiatowy)* bud **2** *(ciastko)* doughnut, donut

**pąk** **1** bud **2** **wypuszczać pąki** bud

**pchać** push, shove

**pchli** **pchli targ** flea market

**pchła** flea

**pchnięcie** **1** push **2** **pchnięcie nożem** stab

**pecet** PC

**pech** **1** bad luck, misfortune **2** **a to pech!** bad luck!, hard luck! **3** **mieć pecha** be out of luck

**pechowy** unlucky, unfortunate

**pedagogiczny** pedagogical

**pedał** **1** pedal **2** **pedał przyspieszenia/gazu** accelerator

**pedałować** pedal

**pedantyczny** pedantic

**pediatra** paediatrician *BrE*, pediatrician *AmE*
**pejzaż** landscape
**peleryna** cape, cloak
**pelikan** pelican
**pełen** **1** full **2** **napełniony/pełen po brzegi** filled/full to the brim **3** **pełen czegoś** loaded with sth **4** **pełen problemów/trudności** fraught with problems/difficulty **5** **pełen radości/smutku** filled with joy/sadness
**pełnia** **pełnia księżyca** full moon
**pełnić** **1** **pełnić funkcję** fulfil a role/function, function as **2** **pełniący obowiązki dyrektora** acting manager/director
**pełnoletniość** **1** majority **2** **osiągać pełnoletniość** come of age
**pełnomocnik** **1** proxy **2** *(prawny)* attorney **3** **przez pełnomocnika** by proxy
**pełnoprawny** full-fledged, fully-fledged
**pełnowartościowy** balanced
**pełny** **1** full **2** **na pełnych obrotach** flat out **3** **o pełnych godzinach** on the hour **4** **pełna uwaga/lojalność** undivided attention/loyalty
**pełzać** crawl
**penicylina** penicillin
**penis** penis
**pens** **1** penny **2** **10 pensów** 10 pence, 10p
**pensja** salary, pay
**pensjonat** bed and breakfast, boarding house
**percepcja** perception
**perfekcjonist-a/ka** perfectionist
**perforacja** perforation
**perforowany** perforated
**perfumowany** perfumed, scented
**perfumy** perfume, scent
**pergamin** parchment
**perkusist-a/ka** drummer
**perkusja** the drums
**perkusyjny** **instrumenty perkusyjne** percussion instruments
**perła** pearl
**perłowy** **macica perłowa** mother-of-pearl
**permisywny** permissive
**peron** platform
**perorować** pontificate
**personel** personnel, staff
**personifikacja** personification
**personifikować** personify
**perspektywa** **1** perspective, prospect **2** **patrzeć/spojrzeć na coś z właściwej perspektywy** keep/get sth in perspective **3** **z perspektywy czasu** in retrospect
**perspektywiczny** **planowanie/myślenie perspektywiczne** forward planning/thinking
**perswazja** persuasion
**peruczka** toupee
**peruka** wig
**perwersja** perversion
**perwersyjny** perverse
**peryferie** the outskirts
**pestka** **1** *(np. śliwki)* pit, stone **2** *(np. jabłka lub cytryny)* pip **3** *(łatwizna)* a piece of cake
**pestycyd** pesticide
**pesymist-a/ka** pessimist
**pesymistyczny** pessimistic
**pesymizm** pessimism
**petycja** petition
**pewien** **1** *(jakiś)* a, some, certain **2** *(pewny)* sure, certain, confident **3** **pewnego dnia** one day, someday **4** **pewnego razu** once upon a time **5** **w pewnym sensie** in a manner of speaking
**pewnie** I expect, I suppose
**pewnik** certainty
**pewno** **na pewno** for sure, surely
**pewność** **1** certainty **2** **brak pewności siebie** insecurity **3** **komuś brakuje pewności siebie** sb is unsure of him/herself **4** **pewność siebie** confidence, self-assurance, self-confidence **5** **z pewnością** certainly, clearly
**pewny** **1** *(nieuniknony)* certain, sure **2** *(przekonany)* confident, positive **3** *(bezpieczny)* safe, secure **4** **nie być pewnym czegoś** be unclear/uncertain about sth **5** **nie być pewnym** be in doubt **6** **pewny siebie** assured, confident, self-assured, self-confident **7** **wiedzieć na pewno** know for certain **8** **zbyt pewny siebie** cocksure
**pęcherz** **1** blister **2** *(moczowy)* bladder
**pęd** **1** impetus, momentum **2** **pęd na oślep** stampede
**pędzel** paintbrush
**pędzić** speed, dash
**pękać** **1** burst, crack **2** **pękać w szwach** be bursting at the seams
**pęknięcie** crack, fracture
**pęknięty** cracked, burst
**pępek** navel, belly button
**pępowina** umbilical cord
**pętla** **1** loop, noose **2** *(do zaciskania)* noose
**piać** crow
**piana** **1** foam, froth **2** *(mydlana)* lather
**pianino** piano

**pianist-a/ka** pianist
**pianka** **1** foam **2** **pianka do włosów** mousse
**piasek** sand
**piaskowiec** sandstone
**piaskownica** sandpit *BrE*, sandbox *AmE*
**piaskowy** **burza piaskowa** sandstorm
**piaszczysty** sandy
**piąć się** climb up
**piątek** Friday
**piąty** **1** fifth **2** **jedna piąta** one fifth
**picie** **1** drinking **2** *(napój)* drink
**pić** **1** drink **2** **pić za kogoś/coś** drink to sb/sth
**piec** *noun* **1** stove **2** *(np. w hucie)* furnace **3** **piec hutniczy** blast furnace
**piec** *verb* **1** bake **2** *(mięso)* roast **3** *(szczypać)* sting **4** **piec na ruszcie** grill
**piechota** **1** infantry **2** **na piechotę** on foot **3** **piechota morska** Marines **4** **żołnierz piechoty morskiej** marine
**piechur/ka** walker
**pieczara** cavern
**pieczątka** stamp
**pieczenie** sting
**pieczeń** roast
**pieczęć** seal
**pieczętować** seal, stamp
**pieczony** roast
**pieg** freckle
**piegowaty** freckled
**piekarnia** bakery
**piekarnik** oven
**piekarz** baker
**piekielnie** **1** terribly **2** **piekielnie trudny** fiendish
**pieklić się** rave
**piekło** hell
**pielęgniarka** nurse
**pielęgniarstwo** nursing
**pielęgnować** nurse
**pielgrzym** pilgrim
**pielgrzymka** pilgrimage
**pieluszka** nappy *BrE*, diaper *AmE*
**pieniądz** money
**pienić się** foam, froth
**pieniężny** monetary
**pienisty** frothy
**pień** trunk
**pieprz** pepper
**pieprzyk** mole
**piersiówka** flask
**pierś** **1** breast, bosom **2** **karmić piersią** breast-feed **3** **odstawiać od piersi** wean
**pierścień** **1** ring **2** **pierścień zieleni** *(dookoła miasta)* green belt
**pierścionek** ring
**pierwiastek** **1** element **2** **pierwiastek kwadratowy** square root
**pierwiosnek** primrose
**pierwotnie** originally
**pierwotny** original
**pierwszeństwo** **1** **dawać pierwszeństwo** give/show preference to **2** **mieć pierwszeństwo (nad)** take/have precedence (over) **3** **pierwszeństwo (przejazdu)** right of way
**pierwszorzędny** first-class, first-rate, prime, superior
**pierwszy** **1** first **2** *(wczesny)* early **3** **(godzina) pierwsza** one (o'clock) **4** **(ten) pierwszy** *(z dwóch)* the former **5** **informacja z pierwszej ręki** inside information **6** **na pierwszy rzut oka** at first glance/sight **7** **pierwsza dama** first lady **8** **pierwsza pomoc** first aid **9** **pierwsza rata** down payment **10** **podróżować pierwszą klasą** travel first-class **11** **pierwszej klasy** first-class **12** **pierwszy plan** the foreground **13** **po pierwsze** in the first place **14** **po pierwsze** firstly, for one thing, in the first place, to begin with, to start with **15** **po raz pierwszy** first, for the first time **16** **zająć pierwsze miejsce** come/finish first
**pies** **1** dog **2** **pies gończy** hound **3** **pies przewodnik** guide dog **4** **zejść na psy** go to pot
**pieszczota** caress
**pieszo** on foot
**pieszy** **1** pedestrian **2** **piesza wycieczka** hike **3** **przejście dla pieszych** pedestrian crossing *BrE*, crosswalk *AmE*
**pieścić** caress, fondle, pet
**pieśń** song
**pietruszka** parsley
**pięciocentówka** nickel
**pięciokąt** pentagon
**pięć** five
**pięćdziesiąt** **1** fifty **2** **pięćdziesiąt procent szans** a fifty-fifty chance
**pięćdziesiąty** **1** fiftieth **2** **lata pięćdziesiąte** the fifties
**pięćset** five hundred
**piękno** beauty
**piękność** **1** beauty **2** **salon piękności** beauty salon *BrE*, beauty parlor *AmE*
**piękny** beautiful
**pięść** **1** fist **2** **cios pięścią** punch **3** **okładać pięściami** pummel **4** **uderzyć pięścią** punch
**pięta** heel
**piętnasty** fifteenth
**piętnaście** fifteen
**piętno** scar, stigma
**piętnować** brand

**piętro** **1** floor, storey *BrE*, story *AmE* **2** **na piętrze** upstairs **3** **pierwsze piętro** first floor *BrE*, second floor *AmE*
**piętrowy** **1** **autobus piętrowy** double-decker **2** **łóżko piętrowe** bunk beds
**pif-paf!** bang! bang!
**pigment** pigment
**pigułka** **1** pill **2** **pigułka antykoncepcyjna** the Pill
**pijacki** drunken
**pija-k/czka** drunk
**pijany** drunk, drunken
**pijaństwo** drunkenness
**pijatyka** binge
**pijawka** leech
**pijący** drinker
**pikantny** **1** hot, spicy, savoury *BrE*, savory *AmE* **2** **pikantne plotki/szczegóły** juicy gossip/details
**piki** spades
**pikieta** picket
**pikietować** picket
**piknik** picnic
**pikować** dive, nosedive
**pikowanie** nosedive
**pikowany** quilted
**piktogram** icon
**pilnie** **1** *(np. pracować)* diligently **2** *(jak najszybciej)* urgently
**pilnik** **1** file **2** **pilnik do paznokci** nail file
**pilność** diligence
**pilnować** **1** watch **2** **pilnować się** watch your step **3** **pilnuj swego nosa** mind your own business
**pilny** **1** *(uczeń)* diligent, studious **2** *(sprawa)* urgent, immediate, pressing
**pilot** **1** *(lotnik)* pilot **2** *(do telewizora)* remote control
**pilotażowy** **badanie/program pilotażowy** pilot study/programme
**pilotować** navigate, pilot
**piła** saw
**piłka** **1** ball **2** *(mała piła)* saw **3** **piłka do baseballa** baseball **4** **piłka do koszykówki** basketball **5** **piłka do metalu** hacksaw **6** **piłka futbolowa** football **7** **piłka nożna** football, soccer **8** **piłka wodna** water polo
**piłkarz** footballer
**piłować** **1** *(deskę)* saw **2** *(paznokcie)* file
**pinceta** tweezers
**pinezka** drawing pin *BrE*, thumbtack *AmE*
**ping-pong** ping-pong
**pingwin** penguin
**pionek** pawn
**pionier/ka** pioneer
**pionowo** vertically
**pionowy** vertical, upright, perpendicular
**piorun** thunderbolt
**piosenka** **1** song **2** **autor/ka piosenek** songwriter
**piosenka-rz/rka** singer
**piórnik** pencil case
**pióro** **1** feather, plume **2** *(do pisania)* pen
**piracki** bootleg
**piractwo** piracy, bootlegging
**piramida** pyramid
**pirat** pirate
**pisać** **1** write **2** *(na maszynie, komputerze)* type **3** **pisać od nowa** rewrite **4** **pisać się** be spelled
**pisak** felt tip pen
**pisanie** writing
**pisarstwo** writing
**pisa-rz/rka** writer
**pisk** **1** screech, shriek, squeak, squeal **2** **zatrzymać się z piskiem** screech to a halt/stop/standstill
**pisklę** chick
**piskliwy** shrill, squeaky
**pismo** **1** writing, script **2** *(charakter pisma)* handwriting **3** *(czasopismo)* magazine **4** **na piśmie** in writing **5** **Pismo święte** scripture
**pisownia** spelling
**pistolet** gun, pistol
**pisuar** urinal
**piszczałka** pipe
**piszczeć** screech, shriek, squeak, squeal
**piśmienny** **1** literate **2** **materiały piśmienne** stationery
**piwnica** cellar
**piwny** **piwne oczy** hazel eyes
**piwo** **1** beer **2** **piwo jasne** lager **3** **piwo z beczki** beer on draught
**pizza** pizza
**piżama** pyjamas *BrE*, pajamas *AmE*
**PKB** *(produkt krajowy brutto)* GNP
**plac** **1** square, yard **2** **plac budowy** building site **3** **plac targowy** marketplace **4** **plac zabaw** playground
**placebo** placebo
**placek** pie
**placówka** outpost, establishment
**plaga** plague
**plagiat** plagiarism
**plagiatorstwo** plagiarism
**plajtować** go bust
**plakat** poster
**plama** stain, mark, spot, patch
**plamić** soil, stain
**plamisty** blotchy

**plamka** fleck, marking
**plan** **1** plan, schedule, scheme **2** **plan filmowy** set **3** **plan podróży** itinerary **4** **plan zajęć** timetable **5** **usuwać się na dalszy plan** take a back seat
**planeta** planet
**planetarium** planetarium
**planetarny** planetary
**planist-a/ka** planner
**planować** plan, schedule
**planowanie** **planowanie rodziny** family planning
**plansza** board
**planszowy** **gra planszowa** board game
**plantacja** plantation
**plaster** **1** plaster *BrE*, Band-Aid *AmE* **2** **plaster miodu** honeycomb
**plasterek** slice
**plastik** plastic
**plastikowy** plastic
**plastyczny** **operacja plastyczna** plastic surgery
**platerowany** plated
**platforma** **1** platform **2** **platforma wiertnicza** oil rig
**platoniczny** platonic
**platyna** platinum
**playboy** playboy
**plazma** plasma
**plaża** beach
**plądrować** loot, plunder, ransack
**plątać** tangle
**plątanina** tangle
**plebania** *(w kościele anglikańskim)* vicarage
**plecak** **1** backpack, knapsack, rucksack *BrE* **2** **wędrować z plecakiem** backpack
**plecy** **1** back **2** **za plecami** behind sb's back
**pled** rug
**plemienny** tribal
**plemię** tribe
**plemnik** sperm
**plener** location
**pleść** plait, weave
**pleśń** mildew, mould *BrE*, mold *AmE*
**plik** **1** bundle, sheaf **2** *(z danymi komputerowymi)* file
**plisowany** pleated
**plomba** **1** seal **2** *(w zębie)* filling
**plon** crop
**plotka** rumour *BrE*, rumor *AmE*
**plotka-rz/rka** gossip
**plotki** gossip
**plotkować** gossip
**pluć** spit
**plugawy** filthy
**plus** **1** plus **2** **plus minus** give or take, plus or minus **3** **znak plus** plus sign
**plusk** splash
**pluskać** splash
**pluton** **1** *(oddział)* platoon **2** *(pierwiastek)* plutonium **3** **Pluton** *(planeta)* Pluto **4** **pluton egzekucyjny** firing squad
**płaca** **1** pay, wage **2** **lista płac** payroll
**płacić** **1** pay **2** **ja płacę** it's on me **3** **nie zapłacony rachunek/dług** unpaid bill/debt
**płacz** **wybuchnąć płaczem** burst into tears
**płakać** cry, weep
**płaski** flat
**płasko** flat
**płaskowyż** plateau
**płastuga** plaice
**płaszcz** **1** coat, overcoat **2** **płaszcz nieprzemakalny** raincoat, mac *BrE*
**płaszczyć się** grovel
**płaszczyzna** plane
**płatek** **1** flake **2** *(kwiatu)* petal **3** **płatek śniegu** snowflake **4** **płatki kukurydziane** cornflakes **5** **płatki owsiane** oatmeal **6** **płatki zbożowe** cereal
**płatność** payment
**płatny** **1** payable **2** **dobrze płatny** well-paid
**płaz** amphibian
**płciowo** sexually
**płciowy** sexual
**płeć** **1** sex, gender **2** **płci męskiej** male **3** **płci żeńskiej** female
**płetwa** fin, flipper
**płetwiasty** webbed
**płodność** fertility
**płodny** **1** fertile **2** *(pisarz)* prolific
**płodowy** foetal *BrE*, fetal *AmE*
**płomień** **1** flame **2** **w płomieniach** ablaze, in flames
**płonący** ablaze, burning, flaming
**płonąć** burn, blaze
**płoszyć** scare off/away
**płot** fence
**płotek** **1** hurdle **2** **bieg przez płotki** hurdles
**płotka** *(o człowieku)* small fry
**płowy** fawn
**płoza** runner
**płód** foetus *BrE*, fetus *AmE*
**płótno** **1** canvas **2** *(np. pościelowe)* linen
**płuco** **1** lung **2** **zapalenie płuc** pneumonia
**pług** **1** plough *BrE*, plow *AmE* **2** **pług śnieżny** snowplough
**płukać** **1** rinse **2** **płukać gardło** gargle
**płukanie** **płyn do płukania ust** mouthwash
**płukanka** **płukanka do włosów** rinse
**płycina** panel

**płyn** **1** fluid, liquid **2** **płyn do zmywania twarzy** cleanser **3** **płyn po goleniu** aftershave
**płynąć** **1** *(o rzece, wodzie)* flow, run **2** *(łodzią)* sail
**płynnie** fluently
**płynność** fluency
**płynny** **1** liquid, fluid **2** *(wymowa)* fluent
**płyta** **1** plate, slab **2** *(gramofonowa)* record **3** **płyta długogrająca** LP **4** **płyta kompaktowa** CD, compact disc **5** **płyta lotniska** tarmac **6** **płyta nagrobkowa** headstone
**płytka** *noun* **1** tile **2** **płytka nazębna** plaque
**płytki** *adj* shallow
**pływ** tide
**pływać** **1** swim **2** *(łodzią itp.)* sail
**pływa-k/czka** swimmer
**pływanie** swimming
**pnącze** creeper
**p.n.e.** BC
**pneumatyczny** pneumatic
**pniak** stump
**po** **1** after **2** **po czym** whereupon **3** **po prostu** simply, just **4** **po trochu** little by little
**pobawić się** play
**pobejcować** stain
**pobić** **1** beat (up) **2** **pobić rekord** break a record
**pobieżny** casual, cursory, sketchy
**pobliski** nearby
**pobliże** **1** **być w pobliżu** be around **2** **w pobliżu** nearby, at hand, around here **3** **w pobliżu czegoś** in the vicinity of sth
**pobłażliwie** indulgently
**pobłażliwość** leniency
**pobłażliwy** indulgent, lenient, permissive
**pobłogosławić** bless
**pobocze** roadside, shoulder *AmE*
**poboczny** peripheral
**poborca** **poborca czynszów/podatków** rent/tax collector
**poborowy** conscript
**pobożność** devotion, piety
**pobożny** **1** devout, pious **2** **pobożne życzenia** wishful thinking
**pobór** conscription, the draft *AmE*
**pobrudzić** dirty, soil
**pobrzękiwać** clatter, clink, jangle
**pobudliwy** excitable
**pobudzać** stimulate
**pobudzający** **środek pobudzający** stimulant
**pobyt** **1** residence, stay **2** **prawo pobytu** right of abode
**pocałować** kiss
**pocałunek** kiss
**pocenie się** sweat
**pochlebca** flatterer
**pochlebiać** flatter
**pochlebny** complimentary
**pochlebstwo** flattery
**pochlipywać** snivel
**pochłaniać** consume, swallow up
**pochłaniający** absorbing
**pochłonięty** **1** engrossed, preoccupied **2** **być pochłoniętym czymś** be wrapped up in sth, be immersed in sth
**pochmurny** dull, overcast
**pochodnia** torch
**pochodzenie** **1** origin, ancestry, descent **2** *(np. nazwy)* derivation **3** *(społeczne)* background **4** **polskiego/irlandzkiego pochodzenia** of Polish/Irish extraction **5** **z pochodzenia** by birth
**pochodzić** **1** **pochodzić od** be descended from **2** **pochodzić z** *(jakiegoś miejsca)* come from, originate in **3** *(jakiegoś okresu)* date from
**pochopnie** rashly
**pochopny** hasty, rash
**pochować** bury
**pochód** parade
**pochówek** burial
**pochwa** **1** vagina **2** *(na nóż, miecz)* sheath
**pochwalać** **1** applaud, approve of **2** **nie pochwalać** disapprove
**pochwalić** praise
**pochwała** **1** praise **2** **godny pochwały** commendable **3** **udzielać pochwały** commend
**pochylać się** lean
**pociąć** slash, cut up
**pociąg** **1** train **2** *(skłonność)* attraction
**pociągać** **1** attract **2** **ktoś cię pociąga** you are attracted to sb **3** **pociągać nosem** sniff **4** **pociągać za coś** give sth a pull **5** **pociągać za sobą** carry, entail
**pociągnąć** pull
**pociągnięcie** **1** tug **2** *(pędzla)* stroke
**pocić się** perspire, sweat
**pociecha** comfort
**pociemnieć** darken
**pocierać** rub
**pocieszać** cheer up, comfort, console
**pocieszający** heartening
**pocieszenie** **1** consolation **2** **nagroda pocieszenia** booby prize
**pocisk** missile, shell
**począć** *(dziecko)* conceive
**początek** **1** beginning, start **2** **na początku** at the beginning, to begin with

3 **na samym początku** in the first place 4 **od początku** to begin with 5 **początek meczu** kickoff 6 **z początku** at first, to start with

**początkowo** initially

**początkowy** 1 initial, opening 2 **początkowe trudności** teething troubles/problems

**początkujący/a** beginner, novice

**poczciwy** decent

**poczekać** 1 wait, hold on 2 **to może poczekać** it'll keep 3 **poczekaj!** wait!, hang on!

**poczekalnia** waiting room

**poczerwienieć** redden

**poczęcie** conception

**poczęstować** **poczęstować się (czymś)** help yourself (to sth)

**poczta** 1 post, mail 2 **coś doszło do kogoś pocztą pantoflową** sb heard sth on/through the grapevine 3 **poczta elektroniczna** e-mail 4 **poczta głosowa** voicemail 5 **poczta lotnicza** airmail 6 **poczta zwykła** *(nie lotnicza)* surface mail 7 **wysyłać pocztą elektroniczną** e-mail

**pocztowy** 1 postal 2 **kod pocztowy** postcode *BrE*, zipcode *AmE* 3 **opłata pocztowa** postage 4 **przekaz pocztowy** postal order 5 **skrzynka pocztowa** mailbox, postbox 6 **stempel pocztowy** postmark 7 **urząd pocztowy** post office

**pocztówka** postcard, card

**poczucie** 1 sense 2 **poczucie humoru** sense of humour 3 **poczucie własnej wartości** self-esteem 4 **poczucie wspólnoty** togetherness

**poczuć (się)** feel

**poczytalny** of sound mind

**pod** under, underneath

**podać** 1 give, hand, pass 2 **podać sobie ręce** shake hands (with sb)

**podanie** 1 application 2 *(piłki)* pass 3 **składać podanie** apply 4 **złożyć podanie o pracę** apply for a job

**podarty** ragged, tattered

**podatek** 1 tax 2 **podatek dochodowy** income tax

**podatnik** taxpayer

**podatny** **podatny (na)** susceptible (to), amenable (to), prone (to)

**podawać** 1 give, hand, pass 2 *(lekarstwo)* administer 3 **podawać się za** pose as 4 **podawać za** pass off as

**podbicie** *(stopy)* arch

**podbijać** conquer

**podbity** **podbite oko** black eye

**podbój** conquest

**podbródek** chin

**podbudowywać** bolster

**podburzać** incite

**podchodzić** approach, come up

**podchwytliwy** **podchwytliwe pytanie** loaded question

**podciągać** hitch up

**podcięcie** trim

**podcinać** crop

**podczas** 1 during 2 **podczas gdy** while, whereas

**podczerwony** infrared

**poddanie się** surrender

**poddan-y/a** subject

**poddawać** 1 subject, submit 2 **poddawać się** give in, surrender

**podejmować** 1 *(pieniądze)* withdraw 2 **podejmować (na nowo)** resume 3 **podejmować się zrobienia czegoś** undertake to do sth

**podejrzan-y/a** *noun* suspect

**podejrzany** *adj* suspicious, suspect, questionable, dubious

**podejrzenie** 1 suspicion 2 **mieć podejrzenia co do czegoś** be suspicious of sth

**podejrzewać** 1 suspect 2 **niczego nie podejrzewający** unsuspecting

**podejrzliwie** suspiciously

**podejrzliwy** suspicious, distrustful

**podejście** approach

**podekscytowany** excited

**podenerwowany** edgy, flustered

**podeptać** trample

**podeszły** **ludzie w podeszłym wieku** the elderly

**podeszwa** sole

**podglądać** **podglądać kogoś** spy on sb

**podgrzewać** heat

**podgrzewany** heated

**podium** platform, podium

**podjazd** driveway

**podkład** base

**podkładać** *(bombę)* plant

**podkochiwać się** **podkochiwać się w kimś** have a crush on sb

**podkopywać** undermine

**podkoszulek** undershirt, vest *BrE*

**podkowa** horseshoe

**podkradać się** **podkradać się (do)** creep up (on), sneak up (to)

**podkreślać** 1 stress, emphasize, emphasise *BrE* 2 *(wyraz w tekście)* underline
**podkręcać** turn up
**podkuwać** shoe
**podlegać** **podlegać pod** come under
**podlewać** water
**podliczać** tally, count (up)
**podlizywać** **podlizywać się (komuś)** crawl (to sb), ingratiate yourself (with sb)
**podłączać** connect, hook up
**podłączenie** connection
**podłoga** floor
**podłość** wickedness
**podłoże** **leżeć u podłoża** be/lie at the root of
**podłużny** oblong, elongated
**podły** mean, wicked, despicable
**podmiejski** suburban
**podmiot** subject
**podmuch** blast, gust, puff
**podniebienie** palate, roof *(of the mouth)*
**podniecać** 1 excite 2 *(seksualnie)* arouse
**podniecający** exciting
**podniecenie** 1 excitement 2 *(seksualne)* arousal 3 **z podnieceniem** excitedly
**podniecony** excited, eager
**podniesiony** erect
**podnosić** 1 lift, raise, pick up 2 **podnosić alarm** raise the alarm 3 **podnosić do kwadratu** square 4 **podnosić głos** raise your voice 5 **podnosić na duchu** give a boost to 6 **podnosić podnośnikiem** jack up 7 **podnosić się** rise 8 *(do pozycji siedzącej)* sit up 9 **podnoszący na duchu** uplifting
**podnoszenie** **podnoszenie ciężarów** weightlifting
**podnośnik** jack
**podnóże** *(góry)* foot
**podnóżek** footstool
**podobać się** 1 **coś ci się podoba** you like sth, you enjoy sth 2 **jak ci się podoba ...?** how do you like ...? 3 **ktoś ci się podoba** you like sb, you fancy sb 4 **podobać się komuś** appeal to sb
**podobieństwo** similarity, likeness, resemblance
**podobizna** likeness
**podobnie** 1 similarly, alike, likewise 2 **podobnie jak** like, in common with
**podobno** apparently, reportedly
**podobny** 1 alike, similar 2 **być podobnym do** resemble, take after, bear a resemblance to 3 **i tym podobne** and the like
**pododawać** add up
**podpalacz/ka** arsonist
**podpalać** 1 set alight 2 **podpalić coś** set fire to sth, set light to sth
**podpalenie** arson
**podpaska** sanitary towel *BrE*, sanitary napkin *AmE*
**podpierać** prop up
**podpis** 1 signature 2 *(pod ilustracją)* caption
**podpisać** 1 sign, initial 2 **podpisać się pod czymś** *(wyrazić zgodę)* sign on the dotted line
**podpisywać się** 1 sign, autograph 2 **podpisywać się pod** *(poglądami, opiniami)* subscribe to
**podpora** support
**podporządkować się** toe the line
**podporządkowywać się** conform
**podpowiadać** prompt
**podpórka** prop
**podpuchnięty** puffy
**podrabiać** fake, forge
**podrabiany** fake
**podrapać** 1 scratch 2 **podrapać się** have a scratch
**podrażnić** irritate
**podrażnienie** irritation
**podręcznik** textbook, handbook, manual, coursebook
**podręczny** **bagaż podręczny** hand luggage
**podroby** 1 offal 2 *(drobiowe)* giblets
**podróbka** fake
**podróż** 1 journey, travel, trip 2 *(morska)* crossing, voyage 3 **podróż samochodem** drive 4 **podróż w obie strony** round trip 5 **towarzysze podróży** fellow passengers
**podróżni-k/czka** traveller *BrE*, traveler *AmE*
**podróżować** 1 travel 2 **podróżować autostopem** hitch, hitchhike
**podrywać** pick up, chat up
**podrzeć** 1 rip up, tear up 2 **podrzeć się** rip, tear
**podrzędny** second-rate
**podrzucić** **podrzucić kogoś** give sb a lift
**podsądn-y/a** defendant
**podskakiwać** 1 hop, skip 2 *(o samochodzie)* bump
**podskoczyć** jump
**podskok** 1 hop, skip 2 **iść/biec w podskokach** bounce
**podsłuch** 1 bug 2 **zakładać podsłuch w** bug
**podsłuchać** overhear
**podsłuchiwać** eavesdrop, listen in, tap
**podstarzały** ageing

**podstawa 1** base, basis, foundation **2 podstawy czegoś** fundamentals of sth, rudiments of sth, the basics of sth **3 leżeć u podstaw czegoś** be at the bottom of sth **4 mieć podstawę w czymś** be grounded in sth **5 na podstawie** on the basis of

**podstawiać podstawiać nogę** trip

**podstawowy 1** basic, elementary, primary **2 barwa podstawowa** primary colour *BrE*, primary color *AmE* **3 podstawowa zasada** ground rule **4 szkoła podstawowa** primary school

**podstęp** deception, trick

**podstępny** devious, insidious

**podstrzyżenie** trim

**podsumowywać** sum up

**podsycać** fuel

**podszewka 1** lining **2 na podszewce** lined

**podszkolić podszkolić się w** brush up on

**podszlifować** brush up on, polish up

**podszycie podszycie leśne** undergrowth

**podszywać** line

**podświadomie** subconsciously

**podświadomość** subconscious, unconscious

**podświadomy** subconscious

**podtekst** undertone

**podtrzymywać 1** support, uphold **2** *(żądania)* stand by

**podupadać** decay, decline

**poduszeczka poduszeczka na igły** pincushion

**poduszka 1** pillow **2** *(na kanapie, krześle)* cushion **3 poduszka powietrzna** airbag

**poduszkowiec** hovercraft

**podwajać** double

**podwaliny** groundwork

**podważać** prise off/open, pry open/off

**podwędzany** smoky

**podwiązka** garter

**podwiązki** suspenders

**podwieczorek** tea

**podwieźć podwieźć kogoś** give sb a ride

**podwładn-y/a** inferior, subordinate

**podwodny 1** underwater **2 łódź podwodna** submarine

**podwozić 1** drop **2 podwozić kogoś** give sb a lift

**podwozie** chassis

**podwójnie** doubly

**podwójny 1** double, dual, twin **2 podwójne szyby** double glazing **3 podwójne życie** double life

**podwórko 1** yard **2** *(za domem)* backyard

**podwórze 1** courtyard **2** *(w gospodarstwie)* farmyard

**podwyżka** rise *BrE*, raise *AmE*

**podwyższać** increase

**podyktować** dictate

**podyplomowy** postgraduate

**podział** division, partition

**podziałka** scale

**podzielać 1** share **2 podzielać coś** sympathize with sth

**podzielić 1** partition **2** *(na mniejsze jednostki)* subdivide **3 podzielić się** divide, share, split

**podziemny** underground, subterranean

**podziękować** thank

**podziękowanie** thanks, thank-you

**podziw 1** admiration **2 godny podziwu** admirable

**podziwiać** admire, look up to

**poet-a/ka** poet

**poetycki 1** poetic **2 licencja poetycka** poetic licence

**poetycznie** poetically

**poetyczny** poetic

**poezja** poetry, verse

**pofalowany** rolling

**pogadanka** talk

**pogaduszki** chit-chat

**poganiać** hurry up, hurry, rush

**pogan-in/ka** heathen, pagan

**pogański** heathen, pagan

**pogarda** contempt, disdain, scorn

**pogardliwy** contemptuous, disdainful, disparaging, scornful

**pogardzać** despise, scorn

**pogarszać 1** aggravate, worsen **2 pogarszać się** worsen, get worse, deteriorate **3 pogarszające się zdrowie/wzrok/pamięć** failing health/sight/memory

**pogawędka** chat

**pogląd 1** idea, view, thought, judgment **2 wymiana poglądów** exchange of views

**pogłaskać** stroke

**pogłębiać** deepen

**pogłoska** rumour *BrE*, rumor *AmE*

**pogłoski** hearsay

**pognać** race

**pognieść (się)** crease

**pogoda 1** weather **2 pogoda ducha** serenity

**pogodny** bright, sunny, serene

**pogodzić** 1 balance, reconcile 2 **pogodzić się z** accept, come to terms with, reconcile yourself to, resign yourself to 3 **pogodzić się z kimś** patch it up with sb
**pogoń** chase
**pogorszenie** deterioration, aggravation
**pogotowie** 1 **być w pogotowiu** be on the alert, be on standby 2 **stan pogotowia** alert
**pogratulować** congratulate
**pogrążać** **pogrążać się w** sink into, wallow in
**pogrążony** **pogrążony w rozmyślaniach/rozmowie** deep in thought/ conversation
**pogrozić** **pogrozić palcem** wag your finger
**pogryzać** nibble
**pogrzeb** funeral, burial
**pogrzebacz** poker
**pogrzebowy** 1 **dom pogrzebowy** funeral home, funeral parlour 2 **przedsiębiorca pogrzebowy** funeral director, undertaker *BrE*, mortician *AmE*
**pogwałcenie** breach, violation
**pogwałcić** 1 breach 2 **pogwałcić czyjeś prawa** violate sb's rights
**poinformować** 1 inform 2 **źle poinformować** misinform
**poinstruować** brief, instruct
**poirytowany** annoyed
**pojawiać się** 1 appear, turn up, show up, pop up 2 *(powstawać)* arise, emerge, come up, surface
**pojawienie się** appearance, emergence, advent, arrival
**pojazd** vehicle
**pojąć** grasp, comprehend
**pojechać** 1 go 2 **pojechać autobusem/ pociągiem** catch/take a bus/train
**pojednanie** reconciliation
**pojedynczo** one by one, singly
**pojedynczy** 1 single, individual, singular 2 **gra pojedyncza** singles 3 **liczba pojedyncza** the singular
**pojedynek** duel
**pojedynka** **w pojedynkę** solo
**pojemnik** 1 container, bin 2 *(metalowy)* canister 3 **pojemnik na śmieci** dustbin *BrE*, garbage can *AmE* trashcan *AmE*
**pojemność** capacity
**pojęcie** 1 concept, idea, notion 2 **nie mam pojęcia** I can't think, it beats me, I don't have a clue 3 **nie mieć zielonego pojęcia** not have the faintest idea
**pojęciowy** conceptual
**pojmować** 1 fathom 2 **nie pojmować czegoś** not know what to make of sth 3 **nie pojmuję, dlaczego/co** it's beyond me why/what 4 **nie pojmuję** I fail to see/understand
**pokapować** **pokapować się** get the message
**pokarm** food
**pokarmowy** **przewód pokarmowy** digestive tract
**pokaz** demonstration, display, show
**pokazać** 1 show 2 **pokazać się** show up
**pokazywać** show
**pokaźny** substantial, sizeable
**poker** poker
**pokiereszować** maul
**pokierować** direct
**pokiwać** **pokiwać głową** nod
**poklepywać** pat
**pokład** 1 *(na statku)* deck 2 *(węgla itp.)* deposit, seam 3 **na pokładzie** aboard, on board 4 **wchodzić na pokład** board
**pokładać** 1 **pokładać nadzieję w** put (your) faith/ trust in 2 **pokładać się ze śmiechu** be in stitches
**pokłócić się** **pokłócić się** have a row, fall out, quarrel
**pokojowo** peacefully
**pokojowy** 1 peaceful 2 **siły/operacje pokojowe** peacekeeping forces/ operations
**pokojówka** chambermaid, maid
**pokolenie** generation
**pokolorować** colour *BrE*, color *AmE*
**pokonać** 1 beat, defeat, conquer, overcome 2 *(trasę)* cover, negotiate
**pokora** humility
**pokornie** humbly
**pokój** 1 *(pomieszczenie)* room 2 *(przeciwieństwo wojny)* peace 3 **pokój dwuosobowy** *(z dwoma łóżkami)* twin room 4 **pokój dziecięcy** nursery 5 **pokój dzienny** living room
**pokręcić** **pokręcić głową** shake your head
**pokrętło** dial
**pokrętny** twisted
**pokroić** 1 cut (up), carve 2 *(w plasterki)* slice
**pokrowiec** cover
**pokrótce** briefly
**pokruszyć się** crumble
**pokrycie** 1 **bez pokrycia** idle 2 **nie mieć pokrycia** *(o czeku)* bounce

**pokrywa** *(śniegu)* blanket
**pokrywać** **1** cover **2** **częściowo się pokrywać** overlap **3** **pokrywać (warstwą)** coat **4** **pokrywać koszty** foot the bill **5** **pokrywać się z** tie in with
**pokrywka** lid
**pokrzyżować** *(plany)* foil
**pokusa** **1** temptation, compulsion **2** **opierać się pokusie** resist the temptation **3** **ulegać pokusie** give in to temptation
**pokuta** penance
**pokwitanie** puberty
**pokwitować** **pokwitować odbiór czegoś** sign for sth, acknowledge the receipt of sth
**pokwitowanie** receipt
**Polak** **1** Pole **2** **Polacy** the Polish
**polakierować** varnish
**polarny** **1** polar **2** **niedźwiedź polarny** polar bear
**polaryzować** polarize, polarise *BrE*
**pole** **1** field **2** **na polu walki** in combat **3** **pole bitwy** battlefield **4** **pole golfowe** golf course **5** **pole magnetyczne/grawitacyjne** magnetic/gravitational field **6** **pole minowe** minefield **7** **pole namiotowe** campsite **8** **pole widzenia** field of view/vision
**polec** fall
**polecać** recommend
**polecający** **list polecający** reference
**polecenie** **1** *(rozkaz)* command, instruction **2** *(rekomendacja)* recommendation
**polecieć** fly
**polecony** **przesyłka polecona** registered mail
**polegać** **polegać na** depend on/upon, rely on
**polepszać (się)** improve
**polerować** **1** polish **2** **wypolerować coś** give sth a polish
**polewać** **polewać wodą z węża** hose down
**policja** **1** the police, police force **2** **posterunek policji** police station **3** **wydział policji** police department
**policjant** policeman, police officer, officer
**policjantka** policewoman, police officer, officer
**policyjny** **godzina policyjna** curfew
**policzalny** countable
**policzek** **1** cheek **2** *(zniewaga)* a slap in the face
**policzony** **twoje dni są policzone** your days are numbered
**policzyć** **1** count **2** **policzyć za dużo** overcharge
**poliester** polyester
**polietylen** polythene
**polio** polio
**polisa** policy
**politechnika** polytechnic
**politologia** political science
**politycznie** **1** politically **2** **politycznie poprawny** politically correct, PC
**polityczny** **1** political **2** **polityczna poprawność** political correctness **3** **więzień polityczny** political prisoner
**polityk** politician
**polityka** **1** politics **2** *(strategia)* policy
**polizać** lick
**polka** polka
**Polka** Pole
**polo** polo
**polodowcowy** glacial
**polot** flair
**polować** **1** hunt **2** **polować na** hunt, prey on
**polowanie** **1** hunt **2** **polowanie na czarownice** witch hunt
**polowy** **łóżko polowe** cot
**Polska** Poland
**polski** **1** Polish **2** **język polski** Polish
**polubić** get to like, take to, take a liking to
**polubownie** amicably
**polubowny** amicable
**polukrować** ice
**poluźnić** loosen
**połapać** **nie mogę się w tym połapać** I can't make head nor tail of it
**połaskotać** tickle
**połączenie** **1** connection, link, fusion **2** **w połączeniu z** in conjunction with
**połączyć (się)** **1** connect, link, combine, join, merge, mix **2** **połączyć kogoś (z kimś)** *(przez telefon)* put sb through (to sb) **3** **połączyć w jedną całość** integrate **4** **połączyć się z** *(telefonicznie)* get through to
**połowa** **1** half **2** **po połowie** fifty-fifty **3** **dzielić na połowę** halve **4** **w połowie drogi** midway **5** **w połowie tygodnia** midweek **6** **w połowie** half way **7** **zmniejszać o połowę** halve
**położenie** location, position, situation
**położna** midwife
**położony** **być położonym** be situated, be located
**położyć** **1** lay **2** **położyć**

czemuś kres bring sth to an end **3** **położyć się** lie down
**połów** catch, haul
**południe** **1** *(godzina)* noon, midday **2** *(strona świata)* south **3** **na południe** south, southward **4** **na południu** down south **5** **najbardziej wysunięty na południe** southernmost **6** **po południu** in the afternoon, pm **7** **przed południem** in the morning, am
**południk** meridian
**południowiec** southerner
**południowo-wschodni** southeast, southeastern
**południowo-zachodni** southwest, southwestern
**południowy** **1** south, southern, southerly **2** **biegun południowy** South Pole **3** **na południowy wschód** southeast **4** **południowy wschód** southeast **5** **południowy zachód** southwest **6** **w kierunku południowym** southbound
**połykać** **1** swallow **2** *(szybko)* gulp
**połysk** gloss, shine, lustre, sparkle
**połyskiwać** glisten
**połyskiwanie** glitter
**pomachać** **1** wave **2** **pomachać ręką** give a wave
**pomadka** lipstick
**pomagać** help, assist
**pomalować** **1** paint **2** *(lakierem)* varnish
**pomarańcza** orange
**pomarańczowy** **1** orange **2** **kolor pomarańczowy** orange
**pomarszczony** wrinkled
**pomiar** measurement
**pomiatać** **pomiatać kimś** push sb around
**pomidor** tomato
**pomieszczenie** room
**pomieścić** **1** accommodate, take **2** *(o miejscach siedzących)* seat
**pomiędzy** **1** *(dwa obiekty)* between **2** *(więcej niż dwa obiekty)* among
**pomijać** omit, skip, leave out, miss out
**pomimo** **1** despite, in spite of, notwithstanding **2** **pomimo to** nevertheless, nonetheless
**pominięcie** omission
**pomnik** memorial, monument
**pomnożyć** multiply
**pomoc** **1** help, assistance **2** *(humanitarna)* aid, relief **3** **bez niczyjej pomocy** single-handedly **4** **bez pomocy** unaided **5** **na pomoc!** help! **6** **pierwsza pomoc** first aid **7** **przyjść komuś z pomocą** come to the aid of sb **8** **za pomocą** by means of, with the aid of, with the help of
**pomocniczy** auxiliary
**pomocni-k/ca** helper, assistant, auxiliary
**pomocny** **1** helpful, cooperative, supportive **2** **być pomocnym** be a lot of help, be a real help **3** **niezbyt pomocny** unhelpful
**pomodlić** **pomodlić się** pray
**pomost** pier, bridge
**pomóc** **1** help out **2** **pomóc komuś** give/lend sb a hand
**pomówienie** **1** slander **2** **mieć z kimś do pomówienia** have a bone to pick with sb
**pompa** **1** pump **2** *(rozmach)* pomp, pageantry
**pompatyczny** pompous
**pompka** *(ćwiczenie)* press-up *BrE*, push-up *AmE*
**pompon** pompom
**pompować** inflate, pump (up)
**pomścić** avenge
**pomyje** swill
**pomyleniec** loony
**pomylić** **1** confuse, mistake **2** **pomylić się** make a mistake, slip up **3** **pomylić ze sobą** mix up **4** **pomylić się w czymś** get sth wrong
**pomylony** crazy, loony, mad
**pomyłka** **1** mistake, slip, confusion **2** **przez pomyłkę** by mistake
**pomysł** idea
**pomysłowo** ingeniously
**pomysłowość** ingenuity, inventiveness, resourcefulness
**pomysłowy** imaginative, ingenious, inventive, resourceful
**pomyśleć** **1** think **2** **pomyśleć o** think of **3** **nie do pomyślenia** unthinkable **4** **kto by pomyślał!** would you believe it! **5** **niech pomyślę** let's see, let me see
**pomyślnie** successfully
**pomyślność** well-being
**pomyślny** successful
**ponad** over, above
**ponadczasowy** timeless
**ponaddźwiękowy** ultrasonic
**ponadpodstawowy** *(szkolnictwo)* secondary
**ponadprogramowy** extracurricular
**ponadto** furthermore, moreover
**ponaglać** hurry up, rush
**ponawiać** renew

**poncz** punch
**ponętny** seductive
**poniedziałek** Monday
**poniekąd** sort of
**ponieść** 1 **dać się ponieść emocjom** be/get carried away 2 **ponieść karę** pay the penalty/price 3 **ponieść stratę/porażkę** suffer a loss/defeat
**ponieważ** because, since, for
**poniewierać** 1 manhandle 2 **poniewierać się** lie around
**poniewierany** downtrodden
**poniżać** degrade, put down
**poniżający** demeaning
**poniżej** below, beneath, under
**ponosić** **ponosić winę/koszt/odpowiedzialność** bear the blame/cost/responsibility
**ponumerować** number
**ponuro** gloomily, grimly
**ponury** gloomy, dark, bleak, dreary, grim, sombre, sullen
**pończocha** stocking
**pop** pop
**poparcie** 1 support, following, sympathy 2 **na znak poparcia dla** in support of 3 **zyskiwać/tracić poparcie** gain/lose ground
**poparzyć** scald
**popełnić** 1 commit 2 **popełnić błąd** make an error 3 **popełnić gafę** put your foot in it 4 **popełnić morderstwo** commit a murder 5 **popełnić samobójstwo** commit suicide
**popęd** drive
**popędzić** dash, race
**popielaty** grey *BrE*, gray *AmE*
**popielniczka** ashtray
**popierać** 1 support, advocate, back up, back 2 *(wniosek)* second 3 *(oficjalnie)* endorse
**popiersie** bust
**popijać** 1 sip 2 *(np. lekarstwo)* wash down
**popilnować** watch
**popiół** ash
**popisywać się** show off
**poplamić** soil, stain
**popłacać** pay
**popłynąć** sail
**popołudnie** afternoon
**popołudniówka** *(spektakl lub seans)* matinée
**poporodowy** postnatal
**poprawa** improvement
**poprawiać** 1 improve, enhance 2 *(wypracowanie itp.)* correct 3 **poprawiać się** get better
**poprawka** 1 adjustment, correction 2 *(np. do ustawy, konstytucji)* amendment 3 **brać poprawkę na** make allowances for 4 **wnosić poprawki do** amend
**poprawkowy** 1 **egzamin poprawkowy** repeat/resit exam 2 **zdawać egzamin poprawkowy** retake an exam
**poprawnie** correctly, right
**poprawność** 1 correctness 2 **polityczna poprawność** political correctness
**poprawny** 1 correct, right 2 **politycznie poprawny** PC, politically correct
**poprosić** ask, request
**poprowadzić** guide, steer
**popryskać** squirt
**poprzeczka** crossbar
**poprzedni** previous, preceding, past
**poprzedni-k/czka** predecessor
**poprzednio** previously
**poprzedzać** precede
**poprzek** **w poprzek** across
**popsuć** 1 break, spoil 2 **popsuć się** break down, go wrong
**populacja** population
**popularność** popularity
**popularny** popular
**popularyzować** popularize, popularise *BrE*
**popychać** push, shove, hustle
**popychadło** dogsbody
**popyt** 1 demand 2 **popyt na coś** demand for sth, a run on sth
**por** 1 leek 2 *(w skórze)* pore
**pora** 1 hour, season 2 **od tej pory** ever since 3 **pora obiadowa** lunchtime 4 **pora posiłku** mealtime 5 **pora roku** season 6 **w samą porę** in the nick of time, timely
**porada** advice, guidance
**poradnia** 1 out-patient clinic 2 *(małżeńska itp.)* guidance service 3 **pracowni-k/ca poradni** counsellor
**poradnictwo** counselling
**poradnik** handbook
**poradzić** 1 advise 2 **poradzić się kogoś** consult sb 3 **poradzić sobie (z)** manage
**poranek** morning
**porazić** **porazić prądem** electrocute
**porażenie** 1 **porażenie prądem** electric shock, electrocution 2 **porażenie słoneczne** sunstroke
**porażka** defeat
**porąbać** chop
**porcelana** china, porcelain

**porcja** 1 portion, batch, part 2 *(jedzenia)* serving, helping
**poręcz** banister, rail
**poręczny** handy
**poręczyć** **poręczyć za** vouch for
**porno** pornographic
**pornografia** 1 pornography 2 **twarda pornografia** hard-core pornography
**pornograficzny** pornographic
**poronić** miscarry
**poronienie** miscarriage
**porost** lichen
**porowaty** porous
**porozmawiać** speak, talk
**porozrzucać** scatter
**porozumienie** agreement, deal
**porozumiewać się** communicate
**porozumiewanie się** communication
**porozumiewawczo** knowingly
**porozumiewawczy** knowing, significant
**poród** childbirth, delivery, labour *BrE*, labor *AmE*
**porównanie** 1 comparison 2 **dla porównania** in contrast, by contrast 3 **w porównaniu z** compared to/with, in/by comparison with
**porównawczy** comparative
**porównywać** compare, contrast, draw a comparison/parallel between
**porównywalny** comparable
**poróżnić** come between
**port** 1 port, harbour *BrE*, harbor *AmE* 2 **port jachtowy** marina
**portfel** wallet, billfold *AmE*, pocketbook *AmE*
**portmonetka** purse *BrE*, change purse *AmE*
**porto** *(wino)* port
**portret** portrait
**porucznik** lieutenant
**poruszać** 1 move 2 *(temat)* bring up 3 **poruszać (delikatny) temat/kwestię** broach the subject/question 4 **poruszać się** move
**poruszający** stirring
**poruszenie** 1 agitation 2 **wywoływać poruszenie** create/cause a stir
**poruszyć** *(temat)* touch on/upon
**porwanie** 1 abduction, kidnapping 2 *(samolotu)* hijacking
**porywacz/ka** 1 kidnapper 2 *(samolotu)* hijacker
**porywać** 1 kidnap 2 *(samolot)* hijack
**porywający** rousing, thrilling
**porywczy** impulsive, hot-tempered, impetuous
**porządek** 1 order 2 *(kolejność)* order, sequence 3 **doprowadzać do porządku** clean up 4 **porządek dzienny** agenda 5 **w porządku** all right, in order, OK 6 **wiosenne porządki** spring-clean
**porządkować** order, sort out
**porządny** 1 neat, tidy 2 *(szacowny)* respectable
**porzeczka** 1 currant 2 **czarna porzeczka** blackcurrant
**porzucać** abandon, desert
**porzucenie** desertion
**porzucony** abandoned, deserted
**posada** position
**posadzić** sit
**posag** dowry
**posąg** statue
**posegregować** sort
**poseł, posłanka** MP
**posępny** bleak, morose, sombre
**posiadacz/ka** holder, possessor
**posiadać** 1 own, possess 2 **nie posiadać się z radości/podniecenia** bubble (over) with joy/excitement, be beside yourself with joy/excitement 3 **posiadać władzę/autorytet** wield power/authority
**posiadanie** 1 ownership, possession 2 **brać coś w posiadanie** take possession of sth 3 **w posiadaniu czegoś** in possession of sth
**posiadłość** 1 estate 2 **posiadłość wiejska** country house
**posiedzenie** session
**posiekać** chop
**posiłek** 1 meal 2 **posiłki** reinforcements 3 **pora posiłku** mealtime
**posiłkowy** **czasownik posiłkowy** auxiliary verb
**posiniaczony** black and blue
**posiniaczyć** bruise
**posłać** 1 send 2 **posłać łóżko** make the bed
**posłaniec** messenger, go-between
**posłodzić** sugar, sweeten
**posługacz/ka** dogsbody
**posłuszeństwo** obedience
**posłusznie** obediently
**posłuszny** 1 obedient 2 **być posłusznym** obey
**posmak** aftertaste
**posmarować** grease
**posolić** salt
**posortować** sort

**pospolity** common, vulgar
**posprzątać** clean, tidy
**post** **1** fast **2** **wielki post** Lent
**postać** **1** character, figure **2** *(forma)* form
**postanawiać** decide, resolve
**postanowienie** resolution
**postarać się** try
**postarzeć** **postarzeć się** age
**postawa** **1** attitude **2** *(postura)* posture
**postawić** **1** **postawić komuś drinka/obiad** stand sb a drink/meal **2** **postawić na swoim** have/get your (own) way **3** **postawić się** put your foot down
**posterunek** **1** post, station **2** **posterunek policji** police station **3** **posterunek straży pożarnej** fire station
**posterunkowy** constable, police constable, PC
**postęp** **1** progress, advance, advancement, gain, improvement **2** **robić postęp(y)** make headway
**postępować** **1** *(naprzód)* proceed, progress **2** *(zachowywać się)* behave **3** **postępować wbrew** defy, go against
**postępowanie** **1** behaviour *BrE*, behavior *AmE*, conduct **2** *(prawne)* proceedings
**postępowy** progressive
**postępujący** progressive
**postój** **postój taksówek** taxi rank
**postronny** **osoba postronna** third party
**postrzał** gunshot
**postrzegać** perceive
**postrzeganie** perception
**postrzelić** shoot
**postrzępić** fray
**postscriptum** postscript, PS
**postura** posture, stature
**posunąć się** **1** move over, move up **2** **posunąć się do zrobienia czegoś** go so far as to do sth **3** **posunąć się za daleko** go too far
**posunięcie** move
**posuwać się** advance
**posyłać** **1** send, dispatch **2** **posyłać po** send for **3** **posyłać uśmiech/spojrzenie** flash a smile/glance/look
**posypywać** sprinkle
**poszanowanie** regard, respect
**poszczególny** individual, specific
**poszerzać** broaden, widen
**poszewka** pillowcase
**poszlaka** circumstantial evidence
**poszukiwacz/ka** **1** searcher **2** **poszukiwacz/ka przygód** adventurer
**poszukiwać** **1** seek, search for, hunt **2** **poszukiwać złota/ropy** prospect for gold/oil
**poszukiwanie** **1** search, quest, hunt **2** **w poszukiwaniu** in search of
**poszukiwany** **1** sought-after **2** *(przestępca)* wanted
**poszukiwawczy** **ekipa poszukiwawcza** search party
**pościć** fast
**pościel** bedclothes, bedding, covers
**pościg** chase, pursuit
**pośladek** buttock
**pośledni** mediocre
**poślizg** **1** skid **2** **wpaść w poślizg** skid
**poślizgnąć się** slip
**pośmiertnie** posthumously
**pośmiertny** posthumous
**pośmiewisko** laughing stock
**pośpiech** **1** haste, rush **2** **nie ma pośpiechu** (there's) no hurry
**pośpiesznie** hastily, hurriedly, speedily
**pośpieszny** hasty, hurried
**pośpieszyć się** hurry, hustle
**pośredni** indirect, intermediate
**pośrednictwo** mediation
**pośredniczyć** mediate
**pośredni-k/czka** **1** intermediary, mediator **2** *(w handlu)* middleman **3** **pośredni-k/czka w handlu nieruchomościami** real estate agent
**pośrednio** indirectly
**pośrodku** in the middle of, between
**pośród** amid, in the midst of
**poświata** glow
**poświecić** shine
**poświęcać** **1** devote, sacrifice **2** **Czy mógłbyś mi poświęcić ...?** Could you spare (me) ...? **3** **poświęcać czemuś czas/wysiłek** devote time/effort to sth **4** **poświęcać się/swoje życie czemuś** dedicate yourself/your life to sth
**poświęcenie** devotion, sacrifice, dedication
**poświęcić** *(np. kościół)* consecrate
**pot** sweat, perspiration
**potajemnie** secretly
**potajemny** secret, clandestine, surreptitious
**potasować** shuffle
**potem** then, next, afterwards

**potencja** potency
**potencjalnie** potentially
**potencjalny** potential
**potencjał** potential
**potentat** giant
**potęga** 1 power, might, force, strength 2 **podnosić do drugiej potęgi** square 3 **podnosić do trzeciej potęgi** cube
**potęgować** heighten
**potępiać** condemn, denounce
**potępienie** condemnation, denunciation
**potężnie** powerfully
**potężny** mighty, powerful
**potocznie** colloquially
**potoczny** colloquial
**potok** 1 stream, torrent 2 **potok pytań/obelg** a volley of questions/abuse
**potomek** descendant
**potomność** posterity
**potomstwo** offspring
**potop** deluge
**potrafić** 1 can, be capable (of) 2 **najlepiej jak potrafisz** as best you can 3 **nie potrafić czegoś zrobić** be incapable of doing sth
**potrajać** treble, triple
**potraktować** treat
**potrawa** dish
**potrącać** *(np. podatek)* deduct
**potrącenie** *(odliczenie)* deduction
**potrącić** 1 run down 2 **zostać potrąconym** be/get knocked down
**potrójny** triple
**potrząsać** shake
**potrząśnięcie** shake
**potrzeba** 1 necessity, need, requirement 2 **potrzeba dziesięciu dni, żeby coś zrobić** it takes ten days to do sth 3 **w potrzebie** in need 4 **w razie potrzeby** if necessary, if need be
**potrzebować** 1 need, require, be in need of, could do with 2 **już nie potrzebować czegoś** have finished with sth
**potrzebujący** needy
**potrzymać** hold
**potulnie** meekly
**potulny** docile, meek
**poturbować** maul
**potwarz** smear
**potwierdzać** confirm, affirm, support
**potwierdzenie** confirmation, affirmation
**potworny** monstrous
**potwór** monster
**potykać się** stumble, trip
**pouczający** educational, informative, instructive
**poufały** familiar
**poufny** classified, confidential
**powab** allure, lure
**powaga** 1 seriousness, gravity 2 **zachowywać powagę** to keep a straight face
**poważać** respect
**poważanie** 1 respect 2 **Z poważaniem** Yours faithfully, Yours truly, Yours sincerely *BrE*, Sincerely (yours) *AmE*
**poważany** respected
**poważnie** 1 seriously, severely, badly 2 **brać kogoś/coś poważnie** take sb/sth seriously 3 **mówić poważnie** mean it 4 **poważnie myśleć o** be serious about
**poważny** serious, earnest, solemn
**powąchać** smell
**powątpiewać** doubt
**powątpiewający** quizzical
**powątpiewanie** 1 doubt 2 **z powątpiewaniem** doubtfully
**poweseleć** brighten
**powiadamiać** inform, notify, advise
**powiązany** 1 related, connected 2 **powiązany (ze sobą)** interrelated
**powiedzenie** 1 saying 2 **mieć coś do powiedzenia w kwestii** have a voice in
**powiedzieć** 1 say, tell 2 **co ty powiesz!** you don't say! 3 **powiedzieć sobie** say to yourself 4 **że tak powiem** so to speak 5 **powiedzmy, że** say
**powieka** 1 eyelid 2 **cień do powiek** eyeshadow
**powielać** duplicate, reproduce
**powiernik** trustee
**powierzać** entrust
**powierzchnia** area, surface
**powierzchownie** superficially
**powierzchowność** exterior
**powierzchowny** superficial
**powiesić** hang, hang up
**powieściopisa-rz/rka** novelist
**powieść się** 1 succeed, be successful, come off 2 **nie powieść się** miscarry
**powieść** novel
**powietrze** 1 air 2 **na świeżym powietrzu** out in the open, outdoor, outdoors 3 **w powietrzu** in midair, in the air 4 **wisieć w powietrzu** be brewing 5 **wypuszczać powietrze z** deflate 6 **wypuszczać**

**powietrze** *(robić wydech)* exhale

**powietrzny 1** aerial **2 most powietrzny** airlift **3 obszar powietrzny** airspace **4 poduszka powietrzna** airbag **5 siły powietrzne** air force

**powiew** gust

**powiewać 1** blow **2** *(np. o fladze)* fly, wave

**powiększać** enlarge, magnify

**powiększający szkło powiększające** magnifying glass

**powiększenie** enlargement, magnification

**powijaki w powijakach** in its infancy

**powikłanie** complication

**powikłany** tangled

**powinien ktoś powinien coś zrobić** sb should do sth, sb ought to do sth, sb had better do sth

**powitać** greet, welcome

**powitanie** greeting, welcome

**powłoka** covering

**powodować** cause, bring about, result in

**powodzenie 1** success **2 bez powodzenia** unsuccessfully **3 cieszyć się powodzeniem** be in demand **4 powodzenia!** good luck!, best of luck!

**powoli** slow, slowly

**powolny** slow

**powołanie** calling, vocation

**powoływać** *(do wojska)* conscript *BrE*, call up *BrE*, draft *AmE*

**powonienie** smell

**powód 1** cause, reason **2 z powodu** because of, due to, on account of, owing to

**powód/ka** plaintiff

**powódź** flood

**powóz** carriage, coach

**powracać** return, come back

**powracający** recurrent

**powrotny 1** homeward **2 bilet powrotny** return *BrE*, round-trip *AmE* **3 bilet powrotny jednodniowy** day return *BrE*

**powrót 1** return **2 powrót do domu** homecoming **3 z powrotem** back **4 tam i z powrotem** back and forth, backwards and forwards

**powstanie** insurrection, uprising

**powstawać** arise, originate, come into being

**powstawanie** formation

**powstrzymywać 1** restrain, hold back, check, stop **2 nie móc się powstrzymać od** can't/couldn't help **3 powstrzymywać się od** refrain from

**powszechnie 1** generally, commonly, universally, widely **2 powszechnie znany** popularly known **3 powszechnie wiadomo** it's common knowledge

**powszechny** general, common, universal, widespread

**powszedni** commonplace

**powściągliwość** reserve, restraint

**powściągliwy** reserved, restrained, low-key

**powtarzać 1** repeat **2** *(do egzaminu)* revise *BrE*, review *AmE*

**powtarzający się** recurrent

**powtórka 1** repetition **2** *(programu)* repeat, rerun **3** *(przed egzaminem)* revision *BrE*, review *AmE* **4** *(w transmisji sportowej)* action replay

**powtórzenie** repetition

**powyżej** above, over

**poza** *prep* **1** *(poza zasięgiem)* beyond **2** *(na zewnątrz)* outside **3** *(oprócz)* besides, but for **4 poza podejrzeniami/krytyką** above suspicion/criticism **5 poza tym** besides, moreover, otherwise

**poza** *noun* pose

**pozagrobowy życie pozagrobowe** afterlife

**pozamykać** lock up

**pozaziemski 1** alien **2 istota pozaziemska** alien

**pozbawiać 1** deprive **2 pozbawiać kogoś czegoś** deprive sb of sth, strip sb of sth

**pozbawiony 1 pozbawiony czegoś** devoid of sth, void of sth **2 być pozbawionym czegoś** be lacking in sth

**pozbierać się** get yourself together, get it together

**pozbyć się 1 pozbyć się czegoś** get rid of sth, dispense with sth, dispose of sth, do away with sth **2 pozbyć się nałogu** kick a habit

**pozdrowienie 1** greeting **2 pozdrowienia** regards **3 przesyłać/przekazywać (komuś) pozdrowienia** send/give (sb) your love

**poziom 1** level, plane **2 na tym samym poziomie co** level with **3 poziom morza** sea level

**poziomica** *(na mapie)* contour (line)

**poziomo** horizontally

**poziomy** horizontal

**pozmywać** **pozmywać (naczynia)** do the washing-up
**poznać** **1** meet, get to know/like **2** **poznać się** meet
**poznawać** **1** know, recognize, recognise *BrE* **2** **nie do poznania** unrecognizable
**pozornie** seemingly, outwardly
**pozorny** apparent
**pozorować** simulate
**pozostałość** remains, residue, vestige
**pozostały** **1** other, remaining **2** **pozostały przy życiu** survivor
**pozostawać** **1** stay, remain **2** **pozostawać w tyle (za)** lag behind
**pozostawiać** **1** leave **2** **pozostawiać coś komuś** leave sth to sb **3** **pozostawiać wiele do życzenia** leave a lot to be desired **4** **pozostawiony bez opieki** unattended
**pozować** pose, model
**pozór** **1** pretence *BrE*, pretense *AmE* make-believe **2** **na pozór** outwardly **3** **pod żadnym pozorem** on no account, not on any account
**pozwalać** **1** allow, let, permit **2** **nie móc sobie pozwolić na coś** not be able to afford sth **3** **pozwalać sobie** indulge **4** **pozwalać sobie zrobić coś** take the liberty of doing sth **5** **pozwól mi to zrobić** let me do it
**pozwan-y/a** defendant
**pozwolenie** permission, permit, licence
**pozycja** **1** position **2** *(na liście)* item **3** **wyrabiać sobie pozycję** make your mark
**pozyskać** **pozyskać (sobie)** win over
**pozytywnie** positively
**pozytywny** positive
**pożar** fire, blaze
**pożarny** **straż pożarna** fire brigade *BrE*, fire department *AmE*
**pożarowy** **alarm pożarowy** fire alarm
**pożądać** lust after, covet
**pożądanie** desire, lust
**pożądany** **1** desired **2** **odnieść pożądany skutek** have the desired effect/result
**pożegnać** **pożegnać kogoś** bid sb goodbye
**pożegnanie** farewell
**pożerać** devour
**pożółknąć** yellow
**pożyczać** **1** *(komuś)* lend, loan **2** *(od kogoś)* borrow
**pożyczka** loan
**pożyczkodawca** lender
**pożyteczny** useful
**pożytek** advantage
**pożywienie** nourishment
**pożywny** nourishing, nutritious
**pójść** go
**pół** **1** half **2** **w pół drogi** halfway **3** **(w) pół do trzeciej/czwartej** half past two/three, half two/three *BrE* **4** **na pół etatu** part-time **5** **na pół** in half
**półfinał** semifinal
**półgłosem** in an undertone, under your breath
**półka** shelf, rack
**półkole** semicircle
**półksiężyc** crescent
**półkula** hemisphere
**półmisek** dish
**północ** **1** *(godzina)* midnight **2** *(strona świata)* north **3** **na północ od** north of **4** **na północ** north, northward **5** **najbardziej wysunięty na północ** northernmost
**północno-wschodni** northeast, northeastern
**północno-zachodni** northwest, northwestern
**północny** **1** north, northerly, northern **2** **biegun północny** the North Pole **3** **północny wschód** northeast **4** **północny zachód** northwest **5** **na północny wschód** northeast **6** **na północny zachód** northwest **7** **w kierunku północnym** northbound
**półpiętro** landing
**półszlachetny** semiprecious
**półświatek** underworld
**półwysep** peninsula
**później** later, afterwards, subsequently
**późniejszy** later, subsequent
**późno** **1** late **2** **za późno** too late
**późny** late
**praca** **1** work, job **2** *(fizyczna)* labour *BrE*, labor *AmE* **3** **być bez pracy** be out of work **4** **dostać/znaleźć pracę** get/find a job **5** **mieć pracę** have a job, be in work **6** **po pracy** after hours **7** **podczas pracy** on the job **8** **praca domowa** homework **9** **praca klasowa** classwork **10** **praca zespołowa** teamwork **11** **prace domowe** housekeeping, housework **12** **przy pracy** at work **13** **złożyć podanie o pracę** apply for a job
**pracochłonny** laborious, exacting
**pracodaw-ca/czyni** employer

**pracować** 1 work 2 **dobrze/ciężko/szybko pracować** be a good/hard/quick worker 3 **pracować przy/nad czymś** work on sth

**pracowicie** busily

**pracowity** hard-working, industrious

**pracownia** study

**pracowni-k/ca** 1 employee, worker 2 **pracownik fizyczny** blue-collar worker

**pracujący** working

**pradziadek** great-grandfather

**pragmatyczny** pragmatic

**pragmatyzm** pragmatism

**pragnąć** 1 desire, aspire to 2 **pragnąć czegoś** long for sth, lust after/for sth 3 **bardzo pragnąć kogoś/czegoś** yearn for sb/sth

**pragnienie** 1 thirst 2 *(chęć)* desire, yearning, urge

**praktycznie** practically

**praktyczny** 1 practical, down-to-earth, hands-on 2 **praktyczna znajomość czegoś** a working knowledge of sth

**praktyka** 1 practice 2 **praktyka zawodowa** apprenticeship 3 **w praktyce** in practice, in effect, effectively 4 **zastosować coś w praktyce** put sth into practice

**praktykant/ka** apprentice

**praktykować** practise *BrE*, practice *AmE*

**praktykujący praktykujący katolik/muzułmanin** practising Catholic/Muslim

**pralka** washing machine

**pralnia** 1 laundry 2 **pralnia chemiczna** dry cleaner's, the cleaner's 3 **pralnia samoobsługowa** launderette

**pranie** 1 laundry, washing 2 **nadający się do prania** washable 3 **pranie mózgu** brainwashing 4 **w praniu** in the wash

**prasa** 1 the press 2 **mieć dobrą/złą prasę** get a good/bad press 3 **prasa drukarska** printing press

**prasować** iron, press

**prasowanie** 1 ironing, press 2 **deska do prasowania** ironing board

**prasowy** 1 **konferencja prasowa** press conference 2 **agencja prasowa** news agency

**prawda** 1 truth 2 **co prawda** admittedly 3 **prawda jest taka, że** the fact (of the matter) is 4 **prawdę mówiąc** as a matter of fact, to tell (you) the truth 5 **spójrzmy prawdzie w oczy** let's face it 6 **to prawda** it is true, it is so 7 **to nieprawda** it is not true, it is not so 8 **zgodnie z prawdą** truthfully 9 **zgodny z prawdą** truthful 10 **prawda?** right?

**prawdomówny** truthful

**prawdopodobieństwo** 1 likelihood, probability, odds 2 **według wszelkiego prawdopodobieństwa** in all probability

**prawdopodobnie** probably, likely

**prawdopodobny** 1 likely, probable, plausible 2 **jest prawdopodobne, że** it is likely that 3 **mało prawdopodobny** unlikely, implausible

**prawdziwy** real, true, genuine

**prawica** 1 the right 2 **skrajna prawica** the far right

**prawicowiec** right-winger

**prawicowy** right-wing

**prawić prawić kazanie** preach

**prawidłowo** correctly

**prawidłowy** correct

**prawie** 1 almost, nearly 2 **prawie całkiem** pretty much, pretty well 3 **prawie nigdy (nie)** hardly ever 4 **prawie wcale (nie)** scarcely

**prawnie** legally

**prawnik** lawyer

**prawnuczka** great-granddaughter

**prawnuk** great-grandson

**prawny** 1 legal 2 **nie posiadający mocy prawnej** null and void 3 **podejmować kroki prawne (przeciwko komuś)** take legal action (against sb)

**prawo**[1] 1 law 2 *(uprawnienie)* right 3 **dawać równe prawa** emancipate 4 **mieć prawo do** be eligible for 5 **niezgodny z prawem** illegal, against the law 6 **prawa autorskie** rights 7 **prawa człowieka** human rights 8 **prawo i porządek** law and order 9 **prawo jazdy** driving licence *BrE*, driver's licence *AmE* 10 **prawo wstępu** entrance, entry 11 **prawo wyborcze** franchise 12 **według prawa** by law 13 **złamać prawo** break the law

**prawo**[2] **w prawo** right

**prawomyślny** law-abiding

**praworęczny** right-handed

**praworządny** law-abiding

**prawostronny** right-hand

**prawość** integrity

**prawowity** rightful
**prawy** **1** right-hand, right **2** *(uczciwy)* honest **3** **prawa strona** the right **4** **prawe skrzydło** right wing **5** **z prawej** on the right
**prażony** **prażona kukurydza** popcorn
**prażyć** **1** roast **2** *(o słońcu)* beat down
**prącie** penis
**prąd** **1** stream **2** *(elektryczny)* current **3** **prąd stały** direct current **4** **prąd zmienny** alternating current **5** **z prądem** downstream
**prądnica** dynamo, generator
**prążek** **1** stripe **2** **w prążki** striped, pinstripe
**prążkowany** pinstriped
**precedens** **1** precedent **2** **precedens sądowy** test case
**precyzja** precision
**precyzować** specify, pinpoint
**precyzyjnie** finely
**predysponowany** **predysponowany do** predisposed to/towards
**predyspozycja** predisposition
**prefabrykowany** prefabricated
**preferencja** preference
**preferencyjny** preferential
**preferować** prefer, favour *BrE*, favor *AmE*
**prehistoryczny** prehistoric
**prekursor/ka** precursor, forerunner
**preludium** prelude
**premedytacja** **1** premeditation **2** **z premedytacją** premeditated
**premia** bonus, premium
**premier** premier, prime minister
**premiera** premiere, opening night
**prenumerata** subscription
**prenumerator/ka** subscriber
**prenumerować** subscribe to
**preparować** concoct
**preria** prairie
**presja** **1** pressure **2** **pod presją czasową** against the clock
**preskryptywny** prescriptive
**prestiż** prestige
**prestiżowy** prestigious
**presupozycja** presupposition
**pretekst** pretext
**pretendent/ka** challenger
**pretensja** **1** *(roszczenie)* claim **2** *(żal)* resentment, grievance **3** **mieć pretensje do** resent
**pretensjonalny** pretentious
**prewencja** prevention
**prewencyjny** preventive
**prezencja** presence
**prezent** gift, present, treat
**prezentacja** demonstration, presentation
**prezenter/ka** **1** presenter **2** **prezenter/ka wiadomości** newscaster, newsreader *BrE*, anchor *AmE*
**prezentować** **1** present **2** **dobrze się prezentować** look presentable
**prezerwatywa** condom
**prezes** chairperson, president
**prezydencki** presidential
**prezydent** **1** president **2** **urząd prezydenta** presidency
**prezydentura** presidency
**prędko** **1** quickly **2** **prędzej czy później** sooner or later
**prędkość** speed, velocity
**pręga** band
**pręt** rod
**prima aprilis** April Fool's Day
**priorytet** priority
**problem** **1** problem, difficulty, trouble **2** **mieć problemy z czymś** have difficulty (in) doing sth **3** **problem z kimś/czymś polega na tym, że** the trouble with sb/sth is **4** **robić z czegoś problem** make an issue of sth
**problematyczny** problematic
**probówka** test tube
**proca** catapult *BrE*, slingshot *AmE*
**procedura** procedure
**proceduralny** procedural
**procent** percent, percentage
**procentować** pay dividends
**proces** **1** process **2** *(sądowy)* lawsuit, trial **3** **wytaczać komuś proces** sue sb
**procesja** procession
**procesor** processor
**proch** **1** dust, ash **2** **prochy** ashes **3** **proch strzelniczy** gunpowder
**producent** producer, manufacturer, maker
**produkcja** **1** production, manufacture, making, output **2** **produkcja masowa** mass production
**produkować** produce, manufacture
**produkt** **1** product, produce **2** **produkt uboczny** by-product

**produktywnie** productively
**produktywność** productivity
**produktywny** productive
**profesjonalizm** professionalism
**profesjonalnie** professionally
**profesjonalny** professional
**profesor** professor
**profil** profile
**profilaktyczny** preventive
**profilaktyka** prevention
**prognoza** 1 forecast, outlook 2 **prognoza pogody** weather forecast
**program** 1 broadcast, programme *BrE*, program *AmE* show 2 *(komputerowy)* program 3 **program nauczania** curriculum 4 **program zajęć** syllabus
**programist-a/ka** programmer
**programować** programme *BrE*, program *AmE*
**programowanie** programming
**progresywny** progressive
**prohibicja** prohibition
**projekcja** projection, showing
**projekt** 1 project, design, scheme, blueprint 2 **projekt ustawy** bill
**projektant/ka** designer
**projektor** projector
**projektować** design
**projektowanie** design
**proklamacja** proclamation
**proklamować** proclaim
**prokurator** prosecutor, district attorney
**prolog** prologue
**prolongata** grace
**prom** 1 ferry 2 **prom kosmiczny** space shuttle
**promenada** promenade *BrE*, boardwalk *AmE*
**promienieć** **promienieć szczęściem/dumą** glow with happiness/pride
**promieniotwórczość** radioactivity
**promieniotwórczy** radioactive
**promieniować** radiate
**promieniowanie** radiation
**promienny** 1 radiant 2 **promienny uśmiech** beam
**promień** 1 *(światła)* ray 2 *(okręgu)* radius 3 **promień Rentgena** X-ray 4 **promień słońca** sunbeam
**promocja** promotion
**promocyjny** promotional
**promotor/ka** supervisor
**promować** promote
**promyk** 1 ray 2 **promyk nadziei** a glimmer of hope
**propaganda** propaganda
**propagować** propagate, preach
**propagowanie** promotion
**proponować** suggest, propose, offer
**proporcja** 1 proportion 2 **wyczucie proporcji** sense of proportion
**proporcjonalny** proportional
**propozycja** offer, proposal, suggestion
**proroctwo** prophecy
**proroczy** prophetic
**prorok** prophet
**prorokować** prophesy
**prosić** 1 ask, request 2 **proszę!** please 3 **proszę** *(przy dawaniu)* here, there you are 4 **proszę o** may I have, can I have, I'll have 5 **proszę pani** ma'am, madam 6 **proszę pana** sir
**prosię** piglet
**prospekt** prospectus
**prosperować** 1 prosper 2 **dobrze prosperować** boom
**prosperujący** 1 prosperous 2 **doskonale prosperujący** thriving
**prostacki** common, ignorant
**prostak** oaf
**prosto** 1 straight 2 **po prostu** simply 3 **prosto z mostu** bluntly 4 **prosto z** fresh from/out of 5 **po prostu głupi/niegrzeczny** plain stupid/rude
**prostokąt** rectangle
**prostokątny** rectangular, oblong
**prostolinijny** straightforward
**prostota** simplicity
**prostować (się)** straighten (up)
**prosty** 1 *(nieskomplikowany)* simple, plain, unsophisticated 2 *(linia, droga)* straight 3 **kąt prosty** right angle 4 **to bardzo proste** (there's) nothing to it
**prostytucja** prostitution
**prostytutka** prostitute
**proszek** 1 powder 2 **ciasto w proszku** cake mix 3 **w proszku** powdered
**proszkować** pulverize, pulverise *BrE*
**prośba** request
**protekcja** favouritism *BrE*, favoritism *AmE*
**protekcjonalnie** patronizingly, patronisingly *BrE*

**protekcjonalny** 1 condescending, patronizing, patronising *BrE* 2 **traktować protekcjonalnie** patronize, patronise *BrE*
**protest** protest
**protestancki** Protestant
**protestant/ka** Protestant
**protestantyzm** Protestantism
**protestować** protest
**protestujący-y/a** protester
**proteza** **proteza zębowa** dentures
**protokół** minutes, protocol
**prototyp** prototype
**prowadzenie** 1 *(samochodu)* driving 2 **być na prowadzeniu** be in the lead 3 **na prowadzeniu** on top 4 **obejmować prowadzenie** take the lead 5 **złe prowadzenie się** misconduct
**prowadzić** 1 lead, guide, steer 2 *(samochód)* drive 3 *(sklep, interes)* run 4 *(badania)* conduct 5 **prowadzić do czegoś** lead to sth, result in sth 6 **prowadzić intensywny/normalny tryb życia** lead a busy/normal life 7 **prowadzić rozmowę** hold a conversation 8 **prowadzić spis/dziennik** keep a record/diary
**prowincja** province
**prowincjonalny** provincial
**prowizja** commission
**prowizoryczny** makeshift
**prowodyr** ringleader
**prowokacja** provocation
**prowokacyjny** provocative
**prowokować** provoke
**prowokujący** provocative
**proza** prose
**prozaiczny** mundane, prosaic
**próba** 1 attempt, effort, test, trial, try 2 *(w teatrze itp.)* rehearsal 3 **poddawać próbie** test 4 **próba generalna/kostiumowa** dress rehearsal 5 **wystawiać na próbę czyjąś cierpliwość/wytrzymałość** tax sb's patience/strength
**próbka** sample, specimen
**próbny** 1 probationary 2 **próbny alarm** fire/emergency drill
**próbować** 1 *(usiłować)* try, attempt 2 *(kosztować)* taste 3 *(sprawdzać)* test 4 **próbować coś zrobić** try and do sth 5 **próbować czegoś** have a stab at (doing) sth 6 **próbować swoich sił w** try one's hand in, take/have a shot at
**próchnica** *(zębów)* decay, caries
**próg** 1 doorstep, threshold 2 **progi na rzece** rapids 3 **tuż za progiem** on your doorstep 4 **u progu czegoś** on the threshold of sth
**próżnia** vacuum, void
**próżniactwo** idleness
**próżno** **na próżno** in vain, for nothing, vainly
**próżność** vanity
**próżny** 1 vain 2 **na próżno** to no avail, in vain
**pruderia** prudishness, prudery
**pruderyjny** prudish
**prychać** snort
**prymitywnie** crudely
**prymitywny** crude, primitive
**pryskać** spray, squirt
**pryszcz** pimple, spot
**pryszczaty** pimply, spotty
**prysznic** 1 shower 2 **brać prysznic** take a shower
**prywatnie** privately
**prywatność** privacy
**prywatny** private
**prywatyzacja** privatization, privatisation *BrE*
**prywatyzować** privatize, privatise *BrE*
**pryzmat** prism
**prząść** spin
**przeanalizować** analyse *BrE*, analyze *AmE* examine
**przebaczenie** forgiveness
**przebarwienie** discoloration
**przebieg** 1 *(samochodu)* mileage 2 *(zebrania)* conduct 3 **przebieg wydarzeń** proceedings
**przebiegle** cunningly
**przebiegłość** cunning
**przebiegły** cunning, crafty, artful, sly
**przebierać** 1 disguise 2 **przebierać się** change 3 **przebierać się** *(na bal itp.)* dress up
**przebijać** 1 pierce 2 *(balon)* burst
**przebiśnieg** snowdrop
**przebity** **przebita opona/dętka** puncture
**przebłysk** spark
**przebój** 1 hit, smash 2 *(książka lub film)* blockbuster 3 **lista przebojów** the charts
**przebranie** disguise, fancy dress
**przebrnąć** **przebrnąć przez coś** *(np. książkę)* wade through sth
**przebudzenie** awakening
**przebywać** 1 stay 2 **przebywać poza domem** stay out
**przeceniać** overestimate
**przeceniany** overrated

**przeceniony** *(towar)* cut-price
**przechadzać się** stroll
**przechadzka** stroll
**przechodzić** **1** *(przez ulicę)* cross **2** *(przemijać)* pass, go away **3** *(do nowego tematu)* move on **4** **przechodzić do porządku dziennego nad** gloss over **5** **przechodzić na stronę wroga** defect **6** **przechodzić obok** pass, pass by **7** **przechodzić przez** cross, go through **8** **przechodzić samego siebie** excel yourself
**przechodzień** passerby
**przechowanie** **1** **być na przechowaniu** be in storage **2** **na przechowanie** for safekeeping
**przechowywać** hold, store
**przechwalać się** boast, brag
**przechwycić** seize, intercept
**przechylać (się)** tilt, tip
**przechytrzyć** outwit, outmanoeuvre *BrE*, outmaneuver *AmE*
**przeciąć** cut, slash, snip
**przeciąg** draught *BrE*, draft *AmE*
**przeciągać się** stretch
**przeciąganie** **przeciąganie liny** tug-of-war
**przeciągły** *(spojrzenie)* lingering
**przeciążać** overload
**przeciążony** **przeciążony pracą** overworked
**przeciek** leak
**przeciekać** leak, leak out, seep
**przecier** purée
**przeciętna** **1** average **2** **poniżej/powyżej przeciętnej** above/below average
**przeciętnie** on average
**przeciętny** **1** average **2** **przeciętny człowiek** the man in the street
**przecinać** **1** cut **2** **przecinać się** cross, intersect
**przecinek** **1** comma **2** *(w ułamku)* decimal point
**przecinka** clearing
**przeciskać się** edge
**przeciw** **1** versus **2** **za i przeciw** the pros and cons
**przeciw(ko)** **1** against **2** **mieć coś przeciw(ko) komuś/czemuś** have sth against sb/sth **3** **nie mieć nic przeciwko** have nothing against
**przeciwbólowy** **środek przeciwbólowy** painkiller
**przeciwciało** antibody
**przeciwdeszczowy** **płaszcz przeciwdeszczowy** raincoat
**przeciwdziałać** counteract
**przeciwieństwo** **1** opposite, reverse **2** **dokładne przeciwieństwo** the exact opposite **3** **w przeciwieństwie do** contrary to, in/by contrast
**przeciwnie** on the contrary
**przeciwni-k/czka** opponent, adversary
**przeciwność** **przeciwności (losu)** adversity
**przeciwny** **1** opposite, reverse **2** **być przeciwnym** be opposed to **3** **w przeciwnym razie** otherwise
**przeciwstawiać się** defy
**przeciwstawny** opposing
**przeczący** negative
**przeczenie** negative
**przeczesywać** comb, rake
**przecznica** *(jako miara odległości)* block
**przeczucie** **1** suspicion, premonition, hunch **2** **złe przeczucie** foreboding, misgiving
**przeczyć** deny, contradict
**przeczyszczający** **środek przeczyszczający** laxative
**przeczytać** read
**przed** **1** before **2** *(w przestrzeni)* in front of **3** *(w czasie)* prior to **4** **przed czasem** early **5** **przed terminem/czasem** ahead of schedule/time
**przedawkować** overdose
**przedawkowanie** overdose
**przeddzień** the eve of
**przede** **przede wszystkim** first, first of all
**przedimek** **1** article **2** **przedimek nieokreślony** indefinite article **3** **przedimek określony** definite article
**przedkładać** submit
**przedłużać** extend, prolong
**przedłużenie** extension, renewal
**przedmałżeński** premarital
**przedmieścia** suburbia
**przedmieście** suburb
**przedmiot** **1** object **2** *(w szkole)* subject
**przedmowa** foreword, preface
**przedni** **1** front **2** **przednia kończyna** foreleg
**przedostatni** last but one *BrE*, next to the last *AmE*
**przedpokój** hall
**przedporodowy** antenatal, prenatal
**przedpremierowy** **pokaz przedpremierowy** preview
**przedramię** forearm

**przedrostek** prefix
**przedsiębiorca** 1 entrepreneur 2 **przedsiębiorca pogrzebowy** funeral director, undertaker *BrE*, mortician *AmE*
**przedsiębiorczość** enterprise
**przedsiębiorczy** enterprising
**przedsiębiorstwo** 1 business, company, enterprise, firm 2 **przedsiębiorstwo budowlane** builder
**przedsięwzięcie** undertaking, venture
**przedsionek** vestibule
**przedsmak** foretaste
**przedstawiać** 1 *(osobę)* introduce 2 *(proponować)* present, put forward 3 *(ukazywać)* depict, portray, represent 4 **przedstawiać się** introduce yourself
**przedstawiciel/ka** 1 representative 2 **przedstawiciel handlowy** sales representative
**przedstawicielstwo** representation
**przedstawienie** performance, show
**przedszkole** kindergarten, nursery school
**przedtem** before, beforehand
**przedwczesny** premature, untimely
**przedwcześnie** prematurely
**przedwojenny** prewar
**przedyskutować** discuss
**przedział** 1 *(w pociągu)* compartment 2 *(zakres)* range 3 *(np. podatkowy)* band 4 **przedział płacowy/podatkowy/wiekowy** income/tax/age bracket
**przedziałek** parting *BrE*, part *AmE*
**przedziurawić** puncture
**przedziwny** weird, freak
**przeegzaminować** examine
**przefaksować** fax
**przefiltrować** filter
**przegląd** 1 *(kontrola)* checkup, inspection, service 2 *(przeglądanie)* review, overview, survey 3 **zrobić przegląd** service
**przeglądać** 1 look through, scan, sift 2 **przeglądać pobieżnie** skim
**przegrana** loss
**przegrupowywać** redeploy
**przegrywać** lose
**przegrywający** loser
**przegrzewać (się)** overheat
**przegub** wrist
**przegubowy** articulated
**przeholowany** over the top
**przeinaczać** misrepresent
**przeinaczenie** misrepresentation
**przejaśniać się** clear up
**przejaw** 1 manifestation 2 **być przejawem** be indicative of
**przejawiać** 1 exhibit 2 **przejawiać się** manifest itself
**przejazd** 1 crossing, passage 2 **przejazd kolejowy** level crossing *BrE*, grade crossing *AmE* 3 **przejazd podziemny** underpass
**przejażdżka** ride
**przejechać** run over
**przejedzenie** overeating
**przejezdny** passable
**przejeżdżać** cross, pass
**przejęcie** 1 takeover 2 **z przejęciem** earnestly
**przejęzyczenie** slip of the tongue
**przejmować** 1 capture, take over 2 *(władzę, konrolę)* seize, assume 3 **przejmować się** worry 4 **kto by się tym przejmował?** who cares? 5 **nie przejmować się czymś** not lose (any) sleep over sth 6 **przejąć się czymś** take sth hard
**przejmujący** 1 poignant 2 **przejmująco zimno** bitterly cold
**przejrzeć** 1 look over, see through 2 **przejrzeć na oczy** see the light
**przejście** 1 crossing, passage 2 *(stadium pośrednie)* transition 3 *(w samolocie, teatrze itp.)* aisle 4 **przejście dla pieszych** pedestrian crossing *BrE*, crosswalk *AmE* 5 **przejście podziemne** subway, underpass
**przejściowy** transitional
**przekartkować** flick through, flip through, leaf through, thumb through
**przekaz** 1 **przekaz pocztowy** postal order 2 **środki masowego przekazu** the mass media
**przekazanie** transfer
**przekazywać** 1 *(wiadomość)* communicate 2 *(polecenie)* pass on 3 *(władzę)* hand over 4 *(spuściznę)* hand down, pass down
**przekąsić** **przekąsić coś** grab some food, have a bite (to eat)
**przekąska** snack
**przekątna** 1 diagonal 2 **po przekątnej** diagonally
**przekątny** diagonal

**przekleństwo** **1** swear word **2** *(klątwa)* curse
**przeklinać** **1** swear **2** *(kogoś)* curse
**przekładać** rearrange, shuffle
**przekładnia** transmission
**przekłuwać** pierce
**przekonać** convince
**przekonanie** **1** certainty, belief, conviction, assurance **2** **błędne przekonanie** misconception
**przekonany** **być przekonanym, że** be convinced (that)
**przekonująco** convincingly
**przekonujący** convincing, persuasive
**przekonywać** persuade
**przekonywający** compelling
**przekoziołkować** somersault
**przekraczać** **1** *(granicę)* cross **2** *(prędkość itp.)* exceed
**przekręcać** turn, twist
**przekroczenie** **przekroczenie dozwolonej prędkości** speeding
**przekrój** cross section
**przekrzywiać** tilt, cock
**przekrzywiony** cock-eyed
**przekupny** corruptible
**przekupstwo** bribery
**przekupywać** bribe
**przekwalifikowanie** retraining
**przelew** **1** transfer **2** **polecenie przelewu** draft
**przelewać** **1** *(pieniądze)* transfer **2** **przelewać się** overflow
**przeliterować** spell
**przelotnie** **ujrzeć przelotnie** get/catch a glimpse of
**przelotny** **1** fleeting, occasional, passing **2** *(deszcz)* scattered **3** **przelotna moda** fad **4** **przelotny deszcz** shower
**przeludnienie** overpopulation
**przeludniony** overpopulated
**przeładowywać** overload
**przełajowy** cross-country
**przełamywać** **przełamywać lody** break the ice
**przełączać (się)** switch
**przełącznik** control, switch
**przełęcz** pass
**przełom** **1** breakthrough **2** **przełom wieku** the turn of the century
**przełomowy** groundbreaking, breakthrough
**przełożon-y/a** superior
**przełykać** **1** swallow **2** **przełykać ślinę** gulp
**przemarznięty** frozen
**przemawiać** **1** speak **2** **przemawiać komuś do rozsądku** reason with sb
**przemądrzały** bigheaded
**przemęczać się** **1** overexert yourself **2** **nie przemęczać się** take it/things easy
**przemęczenie** exhaustion
**przemian** **na przemian** alternately
**przemiana** **1** metamorphosis **2** **przemiana materii** metabolism
**przemianowywać** rename
**przemierzać** cover, pace, tramp
**przemijać** come and go
**przemijający** transitory
**przemknąć** **przemknąć obok/przez** flash by/past/through
**przemoc** **1** violence **2** **filmy/sztuki pełne przemocy** violent films/plays **3** **niestosowanie przemocy** nonviolence
**przemoczony** drenched, dripping, soaked, soaking
**przemożny** overwhelming
**przemówić** **przemówić komuś do rozsądku** knock some sense into sb, talk (some) sense into sb
**przemówienie** **1** speech **2** **wygłaszać przemówienie** give/make a speech
**przemycać** smuggle
**przemykać** sneak, streak
**przemysł** **1** industry **2** **przemysł rozrywkowy** show business
**przemysłowiec** industrialist
**przemysłowy** industrial
**przemyśleć** **1** think over/through, chew over, mull over **2** **przemyśl to przez noc** sleep on it **3** **przemyśleć ponownie** rethink
**przemyślenie** thinking
**przemyt** smuggling
**przemytni-k/czka** smuggler
**przemywać** bathe
**przenikać** **1** permeate **2** **przenikać (przez)** penetrate
**przenikliwy** acute, penetrating, piercing
**przenocować** put up (for the night)
**przenosić** **1** carry, transfer **2** *(zarazki)* transmit **3** **przenosić się** relocate, transfer
**przenoszenie** transmission

**przenośnia** 1 metaphor 2 **w przenośni** figuratively, metaphorically
**przenośnik** **przenośnik taśmowy** conveyor belt
**przenośny** 1 figurative, metaphorical 2 *(magnetofon itp.)* portable 3 **przenośny komputer** laptop
**przeoczenie** omission
**przeoczyć** miss, overlook
**przepadać** **przepadać za czymś** be wild about sth
**przepalić się** blow, fuse *BrE*
**przepaska** 1 *(na czoło)* sweatband 2 **przepaska na oko** patch
**przepaść** precipice, chasm, gulf
**przepełnienie** overcrowding
**przepełniony** 1 overcrowded 2 **być przepełnionym** be bursting
**przepędzać** drive
**przepierzenie** partition
**przepiękny** exquisite
**przepiłować** saw
**przepiórka** quail
**przepis** 1 regulation, rule 2 *(kulinarny)* recipe 3 **wbrew przepisom** against the rules
**przepisywać** 1 copy 2 *(lek)* prescribe
**przeplatać** alternate, intersperse
**przepłynąć** swim across
**przepływ** flow
**przepływać** flow
**przepoławiać** halve
**przepona** diaphragm
**przepowiadać** 1 foretell, predict, prophesy 2 **przepowiadać komuś przyszłość** tell sb's fortune
**przepowiednia** prophecy
**przepracowany** overworked
**przepraszać** 1 apologize, apologise *BrE* 2 **przepraszam** I'm sorry 3 *(dla zwrócenia uwagi)* excuse me, I beg your pardon, pardon me
**przeprawa** crossing, passage
**przeprawiać się** **przeprawiać się (przez)** cross
**przeprosiny** apology
**przeprowadzać** 1 carry out, conduct, execute 2 **przeprowadzać się** move
**przeprowadzka** move
**przepuklina** hernia
**przepustka** pass
**przepustnica** throttle
**przepuszczać** let through
**przepuścić** *(pieniądze)* blow
**przepychać się** edge, elbow one's way, jostle
**przerabiać** 1 *(robić na nowo)* redo 2 *(przepisywać na nowo)* rewrite 3 **przerabiać coś na coś** make sth into sth
**przeraźliwie** fearfully
**przeraźliwy** frightful, fearful
**przerażać** horrify, terrify
**przerażający** frightening, terrifying, horrifying
**przerażenie** horror, terror
**przerażony** terrified
**przereklamowany** overrated
**przeróbka** alteration
**przerwa** 1 break, pause, interruption 2 *(szpara)* gap 3 *(szkolna)* break *BrE*, playtime *BrE*, recess *AmE* 4 *(w połowie meczu)* half time 5 *(w teatrze)* interval 6 **bez przerw(y)** nonstop, incessantly 7 **przerwa w podróży** stopover 8 **z przerwami** intermittently 9 **zrobić przerwę** take a break, take time out 10 **zrobić (sobie) przerwę na lunch/kawę** break for lunch/coffee
**przerywać** 1 break, interrupt, pause 2 **przerwać ciążę** have an abortion
**przerywany** broken, intermittent
**przerywnik** interlude
**przerzucać** 1 flip over, sling 2 **przerzucać winę/odpowiedzialność na** shift the blame/responsibility onto
**przesada** 1 exaggeration 2 **popadać w przesadę** go overboard
**przesadny** exaggerated, extravagant
**przesadzać** 1 exaggerate 2 **przesadzać z czymś** overdo sth 3 **nie przesadzać z czymś** go easy on/with sth
**przesadzony** extravagant
**przesąd** superstition
**przesądny** superstitious
**przesiadać się** change planes/trains etc
**przesiadka** connection
**przesiadywać** sit around
**przesiąkać** saturate, soak
**przesiedlać** rehouse, uproot
**przesiewać** sieve, sift
**przesilenie** solstice
**przeskakiwać** **przeskakiwać (przez)** jump over
**przesłanie** message
**przesłanka** premise
**przesłuchanie** 1 interrogation 2 *(do roli)* audition 3 *(zwłaszcza świadka strony przeciwnej)* cross-examination

**przesłuchiwać** interrogate, question
**przesłuchujący** interrogator
**przespać przespać coś** sleep through sth
**przestać 1** stop **2 przestać coś robić** stop doing sth
**przestankowy znak przestankowy** punctuation mark
**przestarzały** obsolete, out-of-date, outdated
**przestawać 1** stop **2 nie przestawać robić czegoś** keep on doing sth
**przestawiać 1** rearrange, change around **2 przestawiać się** change over **3 przestawiać się (z czegoś) na coś** change (from sth) to sth
**przestęp-ca/czyni 1** criminal, offender **2 młodociany przestępca** juvenile delinquent
**przestępczość 1** crime **2** *(zwłaszcza nieletnich)* delinquency
**przestępczy** criminal
**przestępować przestępować z nogi na nogę** shuffle your feet
**przestępstwo 1** crime, offence **2 ciężkie przestępstwo** felony **3 popełnić przestępstwo** commit a crime
**przestój** stoppage
**przestraszony** scared, frightened
**przestraszyć** scare, frighten
**przestronny** spacious, roomy
**przestrzegać 1** observe, respect, abide by, comply with **2 przestrzegać kontraktu/umowy** honour a contract/agreement
**przestrzeń 1** space, expanse **2 przestrzeń kosmiczna** outer space
**przestudiować** go over, study
**przesuwać 1** shift, move **2 przesuwać się** move
**przesyłać 1** send **2** *(na inny adres)* forward **3 przesyłać telegraficznie** wire
**przeszczep** transplant, graft
**przeszczepiać** transplant, graft
**przeszkadzać 1** intrude **2** *(komuś)* disturb, bother **3 przeszkadzać w czymś** interfere with sth
**przeszkoda 1** obstacle, handicap, hindrance, impediment **2 stać na przeszkodzie** stand in the way **3 bieg z przeszkodami** steeplechase
**przeszłość 1** past **2 w przeszłości** in the past, formerly
**przeszły 1** past **2 czas przeszły** past tense
**przeszmuglować** smuggle
**przeszukiwać** search, go through
**przeszywający** piercing
**prześcieradło** sheet
**prześcigać** outdo, outrun
**prześladow-ca/czyni** persecutor
**prześladować 1** persecute **2** *(o wspomnieniach itp.)* haunt
**prześladowanie** persecution
**prześwietlać** scan, X-ray
**przetasowanie** reshuffle
**przetestować** test
**przetłumaczyć** translate
**przetransportować** transport
**przetrawić 1** digest **2** *(przemyśleć)* mull over
**przetrwać** survive, get through
**przetrząsać** scour, ransack, look through
**przetrzymywać** hold
**przetwarzać** process
**przewaga 1** advantage, predominance **2 mieć/zdobyć przewagę** have/get the upper hand
**przeważać 1** predominate **2 przeważać nad** outweigh
**przeważający 1** predominant, prevailing **2 w przeważającej części** predominantly
**przeważnie** mostly, predominantly, for the most part, most of the time
**przewidywać 1** *(oczekiwać)* anticipate, expect **2** *(przyszłość)* predict, forecast, foresee
**przewidywalność** predictability
**przewidywalny** predictable
**przewidywanie** prediction, projection
**przewietrzyć** air, ventilate
**przewijać 1** scroll **2** *(taśmę do przodu)* fast-forward **3** *(taśmę do tyłu)* rewind
**przewijanie przewijanie do przodu** fast forward
**przewlekle** chronically
**przewlekły** chronic
**przewodni muzyka/melodia przewodnia** theme music/tune
**przewodnicząc-y/a** chair, chairperson
**przewodniczyć** chair, preside
**przewodnik 1** guide **2** *(książka)* guidebook

3 *(prądu)* conductor 4 **pies przewodnik** seeing eye dog
**przewodzić** *(prąd)* conduct
**przewozić** 1 ship, transport 2 *(promem)* ferry 3 **przewozić samolotem** fly
**przewoźnik** carrier
**przewód** 1 wire 2 *(elektryczny)* lead *BrE* flex *BrE*, cord *AmE*
**przewóz** shipment
**przewracać** 1 upset, overturn, knock over 2 **przewracać coś do góry nogami** turn sth upside down 3 **przewracać się z boku na bok** toss and turn
**przewrażliwiony** touchy
**przewrotny** perverse
**przewyższać** 1 outdo, surpass 2 *(liczebnie)* outnumber
**przez** 1 through, across 2 *(z określeniami czasu)* for, over
**przeziębić się** catch a cold
**przeziębienie** cold, chill
**przeziębiony** **być przeziębionym** have a cold
**przeznaczać** intend, allocate, earmark
**przeznaczenie** 1 destiny, fate 2 **miejsce przeznaczenia** destination
**przeznaczony** 1 destined 2 **być przeznaczonym dla/do** be meant for, be intended for
**przezrocze** slide
**przezroczysty** clear, transparent
**przezwać** nickname
**przezwisko** nickname
**przezwyciężać** overcome
**przezywać** **przezywać kogoś** call sb names
**przeżegnać** **przeżegnać się** cross yourself
**przeżycie** experience
**przeżyć** 1 survive 2 *(człowieka)* outlive
**przeżytek** anachronism
**przeżywać** 1 experience, live through 2 **przeżywać na nowo** relive
**przędza** yarn
**przodek** ancestor, forefather
**przodować** **przodować w czymś** excel in sth
**przód** 1 front 2 **do przodu** forward, ahead 3 **z przodu** in front
**przy** 1 by, beside, next to 2 **mieć/nosić coś przy sobie** have/carry sth on you 3 **przy kimś** by/at sb's side
**przybierać** 1 *(pozę)* assume 2 *(potrawę)* garnish 3 **przybierać na wadze** gain weight, put on weight
**przybijać** 1 nail 2 *(gwóźdź)* hammer
**przybity** dejected, glum
**przybliżenie** **w przybliżeniu** approximately, roughly
**przybliżony** approximate, rough
**przybory** 1 accessories, materials 2 **przybory kuchenne** kitchen utensils
**przybranie** garnish
**przybrzeżny** 1 coastal, offshore 2 **straż przybrzeżna** coastguard
**przybudówka** annexe *BrE*, annex *AmE* extension
**przybysz** newcomer, arrival
**przybywać** arrive, come
**przychodzący** incoming
**przychodzić** 1 come 2 **przychodzić (w odwiedziny)** come round 3 **przychodzić komuś łatwo** come naturally/easily to sb 4 **przychodzić po** call for
**przychylnie** favourably *BrE*, favorably *AmE*
**przychylny** favourable *BrE*, favorable *AmE*
**przyciągać** 1 draw, attract 2 **przyciągający wzrok** eye-catching
**przyciąganie** 1 attraction, pull 2 *(ziemskie)* gravity
**przyciągnąć** draw
**przyciemniać** dim
**przyciemniany** tinted
**przycinać** trim, clip, crop, prune
**przycisk** 1 button 2 **przycisk do papieru** paperweight
**przyciskać** press, clamp
**przycisnąć** **przycisnąć kogoś** twist sb's arm
**przyciszać** turn down
**przyciszony** hushed
**przycupnąć** perch
**przyczaić się** skulk
**przyczepa** 1 trailer 2 *(motocykla)* sidecar 3 **przyczepa kempingowa** caravan
**przyczepiać** affix, attach
**przyczepność** grip
**przyczyna** cause, reason
**przyczyniać** **przyczyniać się do** contribute to
**przyćmiewać** eclipse
**przyćmiony** dim, subdued
**przydać** **przydać się** come in useful/handy, be a lot of help, be a real help
**przydatność** 1 usefulness 2 **data przydatności do spożycia** sell-by date
**przydatny** useful, handy, helpful
**przydawać się** 1 come in useful/handy 2 **nie**

**przydawać się (komuś)** be of no use (to sb)
**przydomek** nickname
**przydział** ration, allocation, allotment
**przydzielać** assign, allocate, allot
**przygarbiony** hunched
**przygaszony** subdued
**przyglądać się** **1** look at, watch, observe, scrutinize, scrutinise *BrE* **2** **pilnie przyglądać się** keep a (close) watch on
**przygłup** half-wit
**przygnębiać** depress, get down
**przygnębiający** depressing, disheartening, gloomy
**przygnębienie** dejection, depression, gloom
**przygnębiony** dejected, depressed, downcast, downhearted, gloomy
**przygniatający** **przygniatające zwycięstwo** a landslide victory
**przygoda** **1** adventure **2** **pełen przygód** adventurous **3** **poszukiwacz/ka przygód** adventurer **4** **żądny przygód** adventurous
**przygotowanie** **1** preparation **2** **bez przygotowania** impromptu
**przygotowany** prepared
**przygotowawczy** preparatory
**przygotowywać (się)** **1** prepare **2** **przygotowywać się na** brace yourself for
**przygwoździć** pin down
**przyhamować** ease up
**przyimek** preposition
**przyjaciel** friend, boyfriend
**przyjaciółka** friend, girlfriend
**przyjazd** arrival
**przyjazny** amicable, friendly, neighbourly *BrE*, neighborly *AmE*
**przyjaźń** friendship
**przyjemnie** agreeably, pleasantly
**przyjemność** **1** pleasure, enjoyment **2** **cała przyjemność po mojej stronie** (it is) my pleasure **3** **dla przyjemności** for fun **4** **robić coś z przyjemnością** be happy/ delighted to do sth **5** **z przyjemnością** I'd love to **6** **znajdować przyjemność w czymś** take pleasure in doing sth
**przyjemny** pleasant, agreeable, enjoyable, fun
**przyjeżdżać** come, arrive
**przyjęcie** **1** reception, party **2** *(do grupy)* acceptance, admission **3** *(wniosku)* adoption **4** **do przyjęcia** acceptable **5** **urządzać przyjęcie** have a party **6** **wydawać przyjęcie** give a party, throw a party
**przyjęty** **1** accepted, customary, established **2** **zostać dobrze/źle przyjętym** go down well/ badly
**przyjmować** **1** accept, receive, take **2** *(wniosek)* adopt, approve **3** *(zakładać)* assume, presume **4** *(z zapałem)* embrace **5** **nie do przyjęcia** unacceptable **6** **nie przyjąć** decline **7** **przyjmować (gości)** entertain **8** **przyjmować do wiadomości** accept **9** **przyjmować poród** deliver a baby **10** **przyjmować się** catch on **11** **przyjmować z zadowoleniem** welcome
**przyjrzeć się** **przyjrzeć się czemuś dokładnie** look through sth
**przyjść** come (over)
**przykazanie** commandment
**przyklejać** **1** glue, stick, paste **2** *(taśmą)* tape
**przykład** **1** example **2** **dawać (dobry) przykład** set an example **3** **iść za czyimś przykładem** follow sb's example **4** **na przykład** for example, for instance **5** **stanowić przykład** exemplify **6** **typowy przykład** a prime example
**przykładać** **przykładać się do czegoś** apply yourself (to sth), put your mind to sth
**przykręcać** screw, bolt
**przykro** **przykro mi** sorry, I'm sorry
**przykry** sad, distressing, upsetting
**przykrywać** cover (up)
**przykrywka** cover
**przykucać** crouch, squat
**przykuty** **1** **przykuty do** riveted to **2** **przykuty do łóżka** bedridden
**przylądek** cape, headland
**przylegać** **1** adhere **2** *(graniczyć)* adjoin
**przyległy** adjacent
**przylepny** sticky
**przyłapać** catch
**przyłączać się** join in, tag along
**przymierzać** try on
**przymierze** alliance
**przymilać** **przymilać się (do)** ingratiate yourself (with)
**przymilny** ingratiating
**przymiot** quality
**przymiotnik** adjective
**przymiotnikowy** adjectival
**przymknąć** bust, arrest

**przymocować** fasten, fix, secure
**przymocowany** fixed
**przymus** compulsion
**przymusowy** compulsory, forced
**przymykać** **przymykać oczy na coś** turn a blind eye to sth, overlook sth
**przynajmniej** at least
**przynęta** bait, decoy
**przynosić** **1** bring, fetch **2** *(zysk)* bring in
**przynudzać** spout
**przyozdabiać** adorn
**przypadać** **przypadać w** fall on
**przypadek** **1** instance, chance **2** **przez przypadek** accidentally, by accident/chance **3** **w przypadku** in case of
**przypadkiem** **1** by any chance **2** **przypadkiem coś zrobić** happen to do sth
**przypadkowo** accidentally, by accident/chance
**przypadkowy** accidental, coincidental, random
**przypalać** **1** scorch, singe **2** *(jedzenie)* burn
**przypalony** burned, burnt
**przypatrywać się** eye
**przypieczętować** **1** seal **2** **przypieczętować umowę/porozumienie** seal a deal/agreement
**przypiekać (się)** scorch
**przypierać** **być przypartym do muru** have your back to/against the wall
**przypinać** **1** pin, clip **2** *(pinezkami)* tack
**przypis** footnote
**przypisywać** ascribe to, attribute to, credit with, put down to
**przypływ** **1** *(morski)* high tide **2** *(uczuć)* surge, wave, flash **3** **przypływ dumy/podniecenia** a flush of pride/excitement **4** **przypływ niepokoju/ulgi** a gush of anxiety/relief
**przypominać** **1** remind **2** *(być podobnym)* resemble **3** **przypominać coś** be reminiscent of sth **4** **przypominać komuś coś/kogoś** remind sb of sth/sb **5** **przypominać się** come to **6** **przypominać sobie** recall, recollect, remember **7** **przypominający coś** suggestive of sth **8** **w niczym nie przypominać** be a far cry from, be nothing like
**przypomnienie** reminder
**przypowieść** parable
**przyprawa** seasoning, spice
**przyprawiać** flavour *BrE*, flavor *AmE* season, spice
**przyprawy** seasoning
**przyprowadzać** bring
**przypuszczać** **1** presume, suppose **2** **przypuśćmy, że** suppose, supposing **3** **przypuszczam, że** I would think/imagine/guess
**przypuszczalnie** presumably
**przypuszczenie** supposition
**przyroda** nature, wildlife
**przyrodni** **1** **przyrodni brat** half-brother, stepbrother **2** **przyrodnia siostra** half-sister, stepsister
**przyrodni-k/czka** naturalist
**przyrodoznawstwo** natural history
**przyrost** **1** gain, growth **2** *(wartość przyrostu)* increment
**przyrostek** suffix
**przyrumienić (się)** brown
**przyrząd** **1** instrument, gadget **2** **przyrząd pomiarowy** gauge
**przyrzeczenie** vow, pledge, promise
**przyrzekać** vow, pledge, promise
**przysadzisty** chunky, dumpy, squat
**przysięga** **1** oath **2** **oświadczenie/zeznanie pod przysięgą** sworn statement/testimony **3** **pod przysięgą** under oath
**przysięgać** swear
**przysięgł-y/a** juror
**przysłaniać** obscure, cloud, blot out
**przysłona** aperture
**przysłowie** proverb
**przysłowiowy** proverbial
**przysłówek** adverb
**przysłówkowy** adverbial
**przysługa** **1** favour *BrE*, favor *AmE* **2** **poprosić kogoś o przysługę** ask sb a favour **3** **wyświadczać komuś przysługę** do sb a favour
**przysmak** delicacy
**przyspieszać** speed up, accelerate, quicken
**przyspieszenie** **1** acceleration **2** **pedał przyspieszenia** accelerator
**przystanek** **1** stop **2** **przystanek autobusowy** bus stop **3** **przystanek końcowy** terminus
**przystawka** appetizer, appetiser *BrE*, starter
**przystąpienie** entry
**przystępność** accessibility
**przystępny** accessible
**przystępować** **1** **przystępować do** enter **2** **przystępować do**

**(robienia) czegoś** set out to do sth, proceed to do sth
**przystojny** handsome, nice-looking
**przystosowanie** adaptation
**przystosowywać (się)** **1** adapt, adjust **2** *(na nowo)* readjust
**przysuwać** draw
**przyswajać** absorb, assimilate
**przysyłać** send in
**przysypiać** nod off
**przyszłość** **1** future **2** **patrzeć w przyszłość** look forward **3** **w przyszłości** in future, in the years/days to come
**przyszły** **1** future, in the making **2** **w przyszłym tygodniu** next week **3** **czas przyszły** the future tense **4** **czas przyszły dokonany** the future perfect
**przyszyć** sew on, stitch
**przyśpieszać** hasten
**przytaczać** **1** quote, cite **2** **przytoczyć argument** make a point
**przytępiać** blunt
**przytłaczać** weigh down
**przytłaczający** overwhelming, oppressive, overpowering
**przytłumić** deaden
**przytłumiony** muffled, muted
**przytomność** **1** consciousness **2** **przytomność umysłu** presence of mind **3** **stracić przytomność** black out, lose consciousness **4** **utrata przytomności** blackout
**przytomny** conscious, alert, lucid
**przytrzasnąć** shut
**przytrzymywać** hold onto
**przytulać** cuddle, hug, give a hug
**przytulny** cosy, snug
**przytyć** put on weight
**przywiązanie** attachment
**przywiązany** **przywiązany do czegoś/kogoś** attached to sth/sb
**przywiązywać** tie, lash
**przywidzenie** **mieć przywidzenia** be seeing things
**przywierać** cling
**przywilej** privilege
**przywitać** greet
**przywitać** greet, say hello to
**przywodzić** **przywodzić na myśl** be evocative of, evoke
**przywoływać** **1** bring back, hail **2** *(przez głośnik lub za pomocą pagera)* page
**przywozić** bring
**przywód-ca/czyni** leader
**przywództwo** leadership
**przywracać** restore, bring back
**przywykać** **przywyknąć do czegoś** be used to (doing) sth
**przyziemny** mundane
**przyznać** **przyznać się (do)** confess
**przyznanie się** **1** admission, acknowledgment **2** *(do winy)* confession
**przyznawać** **1** grant, concede **2** *(nagrodę)* award **3** **przyznawać się** admit, own up
**przyzwoicie** decently
**przyzwoitka** chaperone
**przyzwoitość** decency
**przyzwoity** decent, respectable
**przyzwyczajać** **przyzwyczaić się do czegoś** be used to (doing) sth, accustom yourself to (doing) sth
**przyzwyczajenie** **z przyzwyczajenia** out of habit, from habit
**przyzwyczajony** **1** **być przyzwyczajonym do (robienia) czegoś** be accustomed to (doing) sth, be used to (doing) sth **2** **nie być przyzwyczajonym do** be unused to
**psalm** psalm
**pseudonim** **1** pseudonym, alias **2** **pseudonim literacki** pen name
**psi** canine
**psikus** practical joke, prank
**psota** mischief
**psotnie** mischievously
**psotny** mischievous
**pstrąg** trout
**pstrykać** **1** click, flick, flip **2** **pstrykać palcami** snap your fingers
**psuć** **1** spoil, upset **2** **psuć się** *(rozkładać się)* rot, go bad **3** *(ulegać awarii)* break down
**psychiatra** psychiatrist, shrink
**psychiatria** psychiatry
**psychiatryczny** psychiatric
**psychicznie** mentally
**psychiczny** mental, psychic
**psychika** psyche
**psychoanality-k/czka** analyst, psychoanalyst
**psychoanaliza** psychoanalysis
**psycholog** psychologist
**psychologia** psychology
**psychologicznie** psychologically
**psychologiczny** psychological
**psychopat-a/ka** psychopath

**psychopatyczny** psychopathic
**psychosomatyczny** psychosomatic
**psychoterapeut-a/ka** psychotherapist
**psychoterapia** psychotherapy
**psychoza** psychosis
**pszczoła** bee
**pszenica** wheat
**ptak** bird
**ptaszarnia** aviary
**ptaszek** *(haczyk)* check, tick
**pub** pub, public house
**publicyst-a/ka** commentator
**publicystyka** commentary
**publicznie** in public, publicly
**publiczność** audience, the (general) public
**publiczny** 1 public 2 **badanie opinii publicznej** opinion poll 3 **dom publiczny** brothel 4 **opinia publiczna** public opinion 5 **osoba publiczna** public figure
**publikacja** publication
**publikować** publish, release
**puch** down, fluff
**puchar** cup, trophy
**puchaty** fluffy
**puchnąć** swell, puff up
**pucołowaty** chubby
**pudding** pudding
**pudel** poodle
**pudełko** 1 box 2 **pudełko zapałek** matchbox
**puder** powder
**pudłować** miss
**pudrować** powder
**puenta** punchline
**pukać** 1 knock, rap 2 **pukać w niemalowane drewno** knock on wood
**pukanie** knock, rap
**pula** 1 pool 2 **cała pula** jackpot
**pulchny** plump, tubby
**pulower** pullover, jersey
**puls** heartbeat, pulse
**pulsować** pulsate, throb
**pułap** **górny pułap** ceiling
**pułapka** 1 trap, pitfall 2 **złapać w pułapkę** trap
**pułk** regiment
**pułkownik** colonel
**pułkowy** regimental
**punk-rock** punk
**punk** punk
**punkt** 1 dot, point 2 *(na liście)* item 3 **punkt centralny** focal point 4 **punkt kontrolny** checkpoint 5 **punkt kulminacyjny** climax 6 **punkt obserwacyjny** lookout, vantage point 7 **punkt orientacyjny** landmark 8 **punkt sporny** moot point 9 **punkt widzenia** point of view, standpoint, vantage point 10 **punkt zamarzania** freezing point 11 **punkt zapalny** hotspot, troublespot 12 **punkt zwrotny** turning point, watershed
**punktualnie** 1 punctually 2 **punktualnie o 8:00** at 8 o'clock sharp
**punktualność** punctuality
**punktualny** punctual
**pupa** behind, bottom
**pupilek** *(nauczyciela)* teacher's pet
**purpura** purple
**purpurowy** purple
**puryst-a/ka** purist
**purytański** puritanical
**pustelni-k/ca** hermit
**pustka** 1 emptiness, vacuum, void 2 **czujesz pustkę w głowie** your mind goes blank
**pustkowie** the wilds
**pustoszeć** empty
**pustoszyć** devastate, ravage
**pusty** 1 empty 2 *(wydrążony)* hollow 3 **puste miejsce** blank 4 **z pustymi rękami** empty-handed
**pustynia** desert
**puszczać** 1 release, let go 2 *(latawiec)* fly 3 *(muzykę)* play, play back 4 *(w telewizji)* run 5 **nie puszczać pary z ust** not breathe a word 6 **puszczać do domu** dismiss 7 **puszczać kogoś/coś wolno** turn sb/sth loose
**puszka** tin *BrE*, can *AmE*
**puszkować** can
**puszkowany** tinned *BrE*, canned *AmE*
**puszysty** 1 downy, fluffy 2 *(ogon)* bushy
**puścić** let go
**puzon** trombone
**pycha** pride
**pył** 1 dust 2 **pył wodny** spray
**pyłek** **pyłek kwiatowy** pollen
**pysk** muzzle
**pyskować** answer back, talk back
**pyszności** goodies
**pyszny** delicious, yummy
**pytać** ask, demand, inquire
**pytająco** inquiringly, questioningly
**pytający** 1 interrogative, questioning 2 **pytające spojrzenie** an inquiring glance/look
**pytanie** 1 question 2 **zadawać pytanie** ask a question 3 **odpowiadać na pytanie** answer a question

4 **zasypywać pytaniami** fire questions at
**pyton** python

# Rr

**rabarbar** rhubarb
**rabat** discount
**rabin** rabbi
**rabunek** robbery
**raca** flare
**rachuba** 1 **nie wchodzić w rachubę** be out of the question, be out 2 **stracić rachubę** lose count (of)
**rachunek** 1 *(obliczenie)* count 2 *(konto)* account 3 *(w restauracji)* bill *BrE*, check *AmE* 4 **rachunek bankowy** bank account 5 **rachunek bieżący** checking account 6 **rachunek terminowy** deposit account 7 **wyrównać rachunki** settle a score
**rachunkowość** bookkeeping
**racja** 1 ration 2 **mieć rację** be right 3 **nie mieć racji** be wrong 4 **mieć rację co do** be right about 5 **przyznawać rację** grant 6 **z racji czegoś** by virtue of sth
**racjonalizacja** rationalization
**racjonalizować** rationalize, rationalise *BrE*
**racjonalnie** rationally
**racjonalny** rational
**racjonować** ration
**raczej** 1 rather 2 **czy (też) raczej** or rather
**rada** 1 advice, a word of advice, tip 2 *(instytucja)* council 3 **rada nadzorcza** board of supervisors 4 **dawać sobie radę (z)** manage
**radar** radar
**radca** **radca prawny** solicitor, counsellor *BrE*, counselor *AmE*
**radio** radio
**radioaktywność** radioactivity
**radioaktywny** 1 radioactive 2 **opad radioaktywny** fallout
**radiologia** radiology
**radioterapia** radiotherapy
**radn-y/a** councillor *BrE*, councilor *AmE*
**radosny** cheerful, joyful
**radość** 1 delight, joy 2 **pełen radości** filled with joy
**radośnie** cheerfully, joyfully
**radować się** rejoice
**radykalizm** radicalism
**radykalnie** radically
**radykalny** radical
**radykał** radical
**radzić** 1 advise, recommend 2 **dobrze/źle sobie radzić** do well/badly 3 **nic na to nie poradzę** I can't help it 4 **radzić się kogoś** consult sb, seek sb's advice 5 **radzić sobie** cope, manage, get along, get on 6 **radzić sobie samemu** stand on your own two feet
**radziecki** Soviet
**rafa** reef
**rafineria** refinery
**rafinować** refine
**rafinowany** 1 refined 2 **nie rafinowany** raw
**raj** heaven, paradise
**rajd** rally
**rajstopy** tights *BrE*, pantyhose *AmE*
**rak** 1 *(zwierzę)* crayfish *BrE*, crawfish *AmE* 2 *(nowotwór)* cancer 3 **Rak** *(znak zodiaku)* Cancer
**rakieta** 1 rocket 2 *(tenisowa)* racket 3 **odpalenie rakiety** blast-off 4 **rakieta śnieżna** snowshoe
**rakietka** 1 racket 2 *(do tenisa stołowego)* bat
**rakotwórczy** **substancja rakotwórcza** carcinogen
**rama** 1 frame 2 *(roweru)* crossbar 3 **ramy** framework
**ramię** arm, shoulder
**ramoleć** go gaga
**rampa** *(w teatrze)* footlights
**rana** injury, wound
**rancho** ranch
**randka** date, rendezvous
**ranek** morning
**ranga** 1 rank 2 **wysoki rangą** senior
**ranić** 1 hurt, injure, wound 2 *(uczucia)* hurt
**ranking** ranking
**ranny** wounded, injured, hurt
**rano**[1] *noun* morning
**rano**[2] *adv* in the morning
**rap** rap
**raport** report
**rapsodia** rhapsody
**rasa** 1 race 2 *(zwierząt)* breed
**rasistowski** racist
**rasizm** racism
**rasowo** racially
**rasowy** 1 racial 2 *(pies)* pedigree 3 **stosunki rasowe** race relations
**rata** 1 instalment *BrE*, installment *AmE* 2 **pierwsza rata** down payment
**ratować** 1 save 2 *(np. tonącego)* rescue 3 *(mienie)* salvage, rescue 4 **ratować kogoś metodą usta-usta** resuscitate sb, give sb the kiss of life

**ratowniczy** **akcja ratownicza** rescue (operation)
**ratowni-k/czka** 1 rescuer 2 *(na plaży)* life guard
**ratunek** salvage, salvation, rescue
**ratusz** town hall
**ratyfikacja** ratification
**ratyfikować** ratify
**raz** 1 time 2 **(jeden) raz** once 3 **dwa razy** twice 4 **trzy razy** three times 5 **chociaż raz** for once 6 **dwa na raz** two at a time 7 **jeszcze raz** once more/again 8 **na raz** at once 9 **na razie** for the moment, for the time being 10 **od razu** at once, right now/away 11 **następnym razem** next time 12 **pewnego razu** once upon a time 13 **pięć/dziesięć razy więcej** five/ten times as much 14 **po raz pierwszy** first 15 **raz na jakiś czas** (every) once in a while 16 **raz na zawsze** once and for all 17 **tym razem** on that occasion 18 **w każdym razie** at any rate, in any event, at all events 19 **w najgorszym razie** at worst 20 **w razie** in case of 21 **w razie deszczu/pożaru** in the event of rain/fire 22 **w takim razie** in that case 23 **wiele razy** time after time 24 **za każdym razem, kiedy** whenever
**razem** 1 together 2 **razem wzięci** put together
**razowy** wholemeal *BrE*, whole wheat *AmE*
**rażąco** blatantly, grossly
**rażący** glaring, gross, flagrant
**rąbać** chop, hack
**rąbek** hem
**rączka** 1 handle 2 **złota rączka** handyman
**rdza** rust
**rdzenny** indigenous
**rdzeń** 1 core 2 **rdzeń kręgowy** spinal cord
**rdzewieć** rust
**reagować** 1 react, respond 2 **reagować na** be responsive to 3 **nie reagować na** be unresponsive to
**reakcja** 1 reaction, response 2 **reakcja łańcuchowa** chain reaction
**reakcjonist-a/ka** reactionary
**reakcyjny** reactionary
**reaktor** 1 reactor 2 **reaktor jądrowy** nuclear reactor
**realia** **realia czegoś** the reality/realities of sth
**realist-a/ka** realist
**realistycznie** realistically
**realistyczny** lifelike, realistic
**realizacja** completion, realization
**realizm** realism
**realizować** 1 realize, realise *BrE* 2 *(czek)* cash 3 **realizować marzenie/ambicję** fulfil a dream/an ambition
**realny** 1 real 2 *(wykonalny)* viable, feasible
**reanimacja** resuscitation
**reanimować** resuscitate
**rebelia** rebellion
**rebeliant/ka** rebel
**recenzent/ka** reviewer
**recenzja** review
**recenzować** review
**recepcja** reception
**recepcjonist-a/ka** clerk, receptionist
**recepta** 1 prescription 2 *(przepis)* recipe, formula 3 **na receptę** on prescription 4 **recepta na szczęście/kłopoty** a recipe for happiness/trouble
**recepturka** rubber band, elastic band
**recesja** recession
**rechot** croak
**rechotać** 1 croak 2 *(śmiać się)* cackle
**recital** recital
**recytacja** recitation
**recytować** recite
**redagować** edit
**redakcyjny** editorial
**redaktor/ka** editor
**redukcja** reduction, cutback
**redukować** reduce, cut back, cut
**referat** paper, project
**referencje** credentials, references, testimonial
**referendum** referendum
**refleks** reflex, reactions
**refleksja** reflection
**refleksyjny** reflective
**reflektor** 1 floodlight, searchlight, reflector 2 *(samochodu)* headlight, headlamp *BrE* 3 **oświetlony reflektorami** floodlit
**reforma** reform
**reformacja** the Reformation
**reformator/ka** reformer
**reformować** reform
**refren** chorus, refrain
**regał** bookcase
**regaty** regatta
**region** region
**regionalny** regional
**reglamentacja** rationing
**regulacja** control
**regulamin** regulations, code

**regularnie** regularly
**regularność** regularity
**regularny** **1** regular **2** **w regularnych odstępach** at regular intervals
**regulator** **1** control, regulator **2** **na cały regulator** on/at full blast **3** **regulator czasowy** timer
**regulować** **1** adjust, readjust, regulate, tune up, tune **2** *(rachunek)* settle **3** **regulować (się)** normalize, normalise *BrE*
**regulowany** adjustable
**reguła** **1** rule **2** **być regułą** be the norm/rule **3** **z reguły** as a (general) rule
**reinkarnacja** reincarnation
**rejestr** register, tally
**rejestracja** registration
**rejestracyjny** **1** **numer rejestracyjny** registration number **2** **tablica rejestracyjna** number plate *BrE*, license plate *AmE*
**rejestrować** register, record, chart
**rejon** area, region
**rejs** **1** voyage **2** **rejs wycieczkowy** cruise
**rekin** shark
**reklama** **1** publicity **2** *(działalność)* advertising **3** *(telewizyjna lub radiowa)* commercial **4** *(w gazecie itp.)* advertisement
**reklamować** advertise, market
**reklamowy** **blok reklamowy** advertising spot
**reklamówka** *(torba)* carrier bag
**rekomendacja** recommendation
**rekomendować** recommend
**rekompensata** compensation, recompense
**rekompensować** compensate, recompense
**rekonesans** reconnaissance
**rekonstrukcja** reconstruction
**rekonstruować** reconstruct
**rekonwalescencja** convalescence
**rekord** **1** record **2** **pobić rekord** break a record
**rekordowy** **1** record-breaking **2** *(zbiór)* bumper
**rekreacja** recreation
**rekreacyjny** recreational
**rekrut** conscript, recruit
**rekrutacja** recruitment
**rekrutować** recruit
**rektor** chancellor
**rekultywować** reclaim
**rekwizyt** prop
**relacja** account, report, story
**relacjonować** cover, relate, report
**relaksować się** relax, put your feet up
**relaksujący** relaxing
**religia** religion, faith
**religijny** religious
**relikt** relic
**relikwia** relic
**remanent** stocktaking
**remis** draw, tie
**remisja** remission
**remisować** draw, tie
**remont** **1** redecoration **2** **przeprowadzać remont kapitalny** overhaul
**remontować** redecorate, restore, do up
**renegat/ka** renegade
**Renesans** the Renaissance
**renifer** reindeer
**renoma** reputation, stature
**renowacja** **1** renovation **2** **przeprowadzać renowację** renovate
**renta** pension
**rentgenologia** radiology
**rentowny** profitable
**reorganizacja** reorganization
**reorganizować** reorganize, reorganise *BrE*
**repatriacja** repatriation
**repatriować** repatriate
**reperkusje** repercussions
**reperować** repair
**repertuar** repertoire
**replika** replica
**reporter/ka** reporter
**represjonować** repress, victimize, victimise *BrE*
**represyjny** repressive
**reprezentacja** representation, contingent
**reprezentant/ka** representative
**reprezentatywny** representative
**reprezentować** represent
**reprodukcja** print, reproduction
**republika-nin/nka** republican
**republika** republic
**republikański** republican
**reputacja** reputation, name
**requiem** requiem
**resocjalizować** rehabilitate
**respekt** **1** *(szacunek)* respect **2** *(obawa)* awe **3** **budzący respekt** awe-inspiring
**respektować** respect
**restauracja** **1** restaurant **2** **pójść do restauracji** eat/dine out
**restrukturyzacja** restructuring
**restrukturyzować** restructure

**restrykcja** restriction
**restrykcyjny** restrictive
**reszka** tails
**reszta** **1** rest, remainder **2** *(drobne)* change
**resztka** **1** remnant, remains **2** **resztki** leftovers, scraps
**retorycznie** rhetorically
**retoryczny** **1** rhetorical **2** **figura retoryczna** figure of speech **3** **pytanie retoryczne** rhetorical question
**retoryka** rhetoric
**retrospekcja** flashback
**reumatyzm** rheumatism
**rewelacja** revelation
**rewelacyjny** sensational
**rewia** revue
**rewidować** **1** review, revise **2** *(przeszukiwać)* search
**rewizja** **1** revision **2** *(przeszukanie)* search **3** *(odwołanie)* appeal **4** **poddawać rewizji** review
**rewizyta** return visit
**rewolta** revolt
**rewolucja** revolution
**rewolucjonist-a/ka** revolutionary
**rewolucjonizować** revolutionize, revolutionise *BrE*
**rewolucyjny** revolutionary
**rewolwer** revolver
**rezerwa** **1** reserve **2** **podchodzić do czegoś z rezerwą** take sth with a pinch/grain of salt
**rezerwacja** **1** booking, reservation **2** **z/robić komuś rezerwację w** *(hotelu)* book sb in/into
**rezerwat** **1** reserve, preserve, sanctuary **2** **rezerwat przyrody** nature reserve
**rezerwować** book, reserve
**rezolucja** resolution
**rezolutny** plucky
**rezultat** **1** result **2** **w rezultacie** consequently, as a result
**rezydencja** **1** mansion, residence **2** **rezydencja ziemska** manor
**rezygnacja** **1** resignation **2** **składać rezygnację** hand in your resignation
**rezygnować** give up, resign
**reżim** regime
**reżyser** director
**reżyserować** direct
**ręcznie** by hand, manually
**ręcznik** towel
**ręczny** **1** manual **2** **hamulec ręczny** handbrake *BrE*, emergency brake *AmE* **3** **ręcznej roboty** handmade
**ręczyć** **ręczyć za** vouch for
**ręka** **1** hand **2** **chwytać się za ręce** join hands **3** **gołymi rękami** with your bare hands **4** **relacja z pierwszej ręki** the inside story **5** **mieć dobrą rękę do roślin** have green fingers *BrE*, have a green thumb *AmE* **6** **mieć pełne ręce roboty** have your hands full **7** **pod ręką** handy, on hand, on tap **8** **pójść na rękę** accommodate **9** **ręce przy sobie** hands off **10** **trzymając się za ręce** hand in hand **11** **w czyichś rękach** in sb's hands, in the hands of sb **12** **w dobrych rękach** in safe hands **13** **wolna ręka** free hand/rein **14** **z drugiej ręki** secondhand **15** **z pustymi rękami** empty-handed
**rękaw** **1** arm, sleeve **2** **bez rękawów** sleeveless **3** **z krótkimi/długimi rękawami** short/long-sleeved
**rękawica** glove
**rękawiczka** **1** glove **2** *(z jednym palcem)* mitten
**rękodzieło** craft
**rękopis** manuscript
**riksza** rickshaw
**ring** ring
**riposta** retort
**robaczkowy** **1** **wyrostek robaczkowy** appendix **2** **zapalenie wyrostka robaczkowego** appendicitis
**robak** **1** worm **2** *(owad)* bug
**robić** **1** do, make **2** **dobrze komuś robić** do sb good **3** **robić swoje** do your own thing **4** **robić z czegoś problem** make an issue of sth
**roboczy** **siła robocza** labour *BrE*, labor *AmE* manpower
**robot** **1** robot **2** **robot kuchenny** food processor
**robota** **1** **nie mieć nic do roboty** be at a loose end **2** **roboty drogowe** roadworks
**robotniczy** **1** working-class **2** **klasa robotnicza** the working class
**robotnik** **1** workman, worker, labourer *BrE*, laborer *AmE* **2** **robotnik niewykwalifikowany** unskilled worker
**rock** **1** rock **2** **rock and roll** rock 'n' roll
**rockowy** rock
**rocznica** **1** anniversary **2** **setna rocznica** centenary
**rocznie** annually, yearly
**rocznik** **1** *(wina)* vintage **2** **wino z dobrego rocznika** vintage wine
**roczny** annual
**rodak** (fellow) countryman, compatriot
**rodeo** rodeo

R Polish • English Index

**rodowity** native
**rodowód** pedigree
**rodzaj** **1** kind, sort **2** *(gramatyczny)* gender **3** **czy coś w tym rodzaju** or something **4** **jedyny w swoim rodzaju** one-of-a-kind **5** **rodzaj ludzki** the human race **6** **rodzaju męskiego** masculine **7** **rodzaju żeńskiego** feminine **8** **tego samego rodzaju** of a kind **9** **wszelkiego rodzaju** all manner of
**rodzajnik** **1** article **2** **rodzajnik nieokreślony** indefinite article **3** **rodzajnik określony** definite article
**rodzeństwo** siblings
**rodzic** **1** parent **2** **rodzic chrzestny** godparent
**rodzicielski** parental
**rodzić** **1** give birth (to), be in labour **2** *(plony)* bear
**rodzimy** native
**rodzina** **1** family, household **2** **najbliższa rodzina** next of kin **3** **planowanie rodziny** family planning
**rodzinka** folks
**rodzinny** **1** native **2** **to jest cecha rodzinna** it runs in the family **3** **miasto rodzinne** home town
**rodzynek** raisin
**rogacz** stag
**rogalik** croissant
**roić** **roić się od** swarm with, be crawling with, teem with
**rojalist-a/ka** royalist
**rok** **1** year **2** **cały rok** all year round **3** **mieć siedem/dwadzieścia lat** be seven/twenty years old **4** **rok przestępny** leap year **5** **rok szkolny/finansowy/akademicki** school/financial/college year **6** **szczęśliwego Nowego Roku** Happy New Year **7** **w przyszłym roku** next year **8** **w tym roku** this year
**rola** **1** part, role **2** **główna rola** lead **3** **główną rolę w filmie gra** the film features **4** **odgrywać rolę** play a part/role **5** **odgrywać ważną/kluczową rolę w** play a major/key role in **6** **grać główną rolę w** star in
**roleta** blind
**rolka** **1** roll, roller **2** **rolka papieru toaletowego** toilet roll
**rolnictwo** agriculture
**rolniczy** agricultural
**rolnik** farmer
**rolny** **1** **gospodarka rolna** farming **2** **gospodarstwo rolne** farm
**romans** affair, love affair, romance
**romanty-k/czka** romantic
**romantycznie** romantically
**romantyczny** romantic
**romb** diamond
**rondel** pan, saucepan
**rondo** **1** roundabout *BrE*, traffic circle *AmE* **2** *(kapelusza)* brim
**ronić** **ronić łzy** shed tears
**ropa** **1** *(wydzielina)* pus **2** **ropa naftowa** oil, petroleum
**ropieć** fester
**ropucha** toad
**rosa** dew
**rosnący** increasing
**rosnąć** **1** grow **2** *(o kosztach)* mount, rise
**rosół** broth
**roszczenie** claim
**rościć** **rościć sobie prawo do czegoś** stake a claim to sth
**roślina** **1** plant **2** **roślina doniczkowa** houseplant **3** **roślina uprawna** crop
**roślinność** vegetation
**rotacja** rotation
**rowek** groove
**rower** **1** bicycle, bike, cycle **2** **rower trójkołowy** tricycle
**rowerzyst-a/ka** cyclist, rider
**rozbawić** amuse, tickle
**rozbawienie** amusement
**rozbawiony** amused
**rozbić (się)** crack, smash
**rozbiegać się** scatter
**rozbierać** **1** *(rozmontowywać)* take apart, disassemble, dismantle **2** *(budynek)* pull down **3** **rozbierać się** undress, take off your clothes
**rozbieżność** discrepancy, divergence
**rozbieżny** divergent
**rozbijać** **1** break up **2** **rozbijać namiot** pitch a tent
**rozbiór** partition
**rozbiórka** demolition
**rozbitek** castaway
**rozbity** **1** broken **2** **rozbite małżeństwo/rodzina** broken marriage/home
**rozbłyskać** flare
**rozbrajać** disarm
**rozbrajający** disarming
**rozbrojenie** **1** disarmament **2** **rozbrojenie nuklearne** nuclear disarmament
**rozbrykany** frisky
**rozbryzgiwać** splatter
**rozbrzmiewać** ring out
**rozbudzony** wide awake
**rozchodzić się** **1** *(o tłumie)* disperse **2** *(o linii, drodze)* diverge **3** *(o*

*ludziach)* split up **4** *(o wiadomościach)* spread, travel **5** **rozchodzić się lotem błyskawicy** spread like wildfire
**rozciąć** cut
**rozciągać** **1** stretch **2** **rozciągać się** stretch, extend
**rozcieńczać** dilute
**rozcieńczony** dilute
**rozcięcie** cut, slit
**rozcinać** slit, cut (open)
**rozczarować** disappoint
**rozczarowanie** **1** disappointment, disillusionment, letdown **2** **przynosić rozczarowanie** be a disappointment
**rozczarowany** disappointed, discontented, disillusioned
**rozczarowujący** disappointing
**rozdanie** *(w grze w karty)* hand
**rozdarcie** rip, tear
**rozdawać** **1** distribute, give out, hand out/around **2** *(karty)* deal
**rozdrażnić** irritate
**rozdrażniony** irritated, exasperated
**rozdwojony** forked
**rozdział** **1** *(w książce)* chapter **2** *(rozdzielanie)* distribution **3** *(rozgraniczenie)* separation
**rozdzielać** **1** *(rozdawać)* distribute, divide **2** *(dzielić)* separate **3** **rozdzielać się** separate, spread out
**rozdzielczy** **tablica rozdzielcza** instrument/control panel
**rozdzierać** tear apart, split
**rozdźwięk** rift
**rozebrany** **1** undressed **2** **rozebrany do pasa** topless
**rozejm** truce
**rozejść się** *(o małżeństwie)* split (up), separate
**rozentuzjazmowany** ecstatic, enthusiastic
**rozerwany** burst
**rozeznanie** discrimination, grasp
**rozgałęziacz** adapter
**rozgałęziać się** branch
**rozgarnięty** brainy, smart
**rozglądać się** look around
**rozgłos** **1** fame, publicity **2** **nadawać rozgłos** publicize, publicise *BrE*
**rozgnieść** crush
**rozgniewać** anger, make angry
**rozgorączkowany** feverish
**rozgoryczenie** bitterness
**rozgoryczony** bitter
**rozgromić** rout, slaughter, thrash
**rozgryźć** *(problem)* crack
**rozgrzeszać** absolve
**rozgrzewać się** warm up, heat up
**rozgrzewka** warm-up
**rozgwiazda** starfish
**rozjaśniać** brighten, light up, lighten
**rozjazd** **1** junction **2** **być w rozjazdach** be on the move
**rozjemca** arbiter
**rozkaz** order, command
**rozkazujący** **1** imperative **2** **tryb rozkazujący** imperative
**rozkazywać** order, command
**rozkład** **1** decay **2** **rozkład jazdy** schedule, timetable **3** **rozkład sił** the balance of power
**rozkładać** **1** *(np. obrus)* spread, unfold **2** *(krzesło)* unfold **3** *(towar)* lay out **4** *(parasol)* open **5** **rozkładać się** decay, decompose
**rozkładówka** spread
**rozkosz** **1** bliss, delight **2** *(przyjemność)* pleasure
**rozkoszować się** delight in, relish, savour
**rozkręcać** **1** take apart **2** **rozkręcać się** hot up **3** **rozkręcić się na dobre** be in full swing
**rozkwitać** blossom
**rozlać** spill
**rozlecieć się** fall apart
**rozlegać** **rozlegać się** ring out
**rozległy** extensive, vast
**rozlew** **rozlew krwi** bloodshed
**rozliczać się** **1** square up **2** **rozliczać się z czegoś** account for sth
**rozliczenie** accounts
**rozluźniać** relax, loosen up
**rozluźniony** relaxed, lax
**rozładowany** *(bateria)* flat
**rozładowywać** unload
**rozłam** split
**rozłączać** disconnect
**rozłąka** separation
**rozłupać** crack
**rozmach** **z rozmachem** on a large scale, with a flourish
**rozmaitość** diversity, variety
**rozmaity** diverse, miscellaneous, various
**rozmarzony** dreamy
**rozmawiać** **1** speak, talk **2** **rozmawiać ze sobą** be on speaking terms
**rozmazywać** smear, smudge
**rozmiar** **1** *(wielkość)* size **2** *(zakres)* extent, magnitude **3** **dużych/**

**średnich rozmiarów** large-sized/medium-sized
**4 rozmiary** dimension, size
**rozmieniać** change
**rozmieszczać 1** space
**2** *(wojsko)* deploy
**rozmiękły** soggy
**rozmnażać się** breed, reproduce
**rozmnażanie** reproduction
**rozmokły** soggy
**rozmowa**
**1** conversation, talk
**2 rozmowa kwalifikacyjna** interview **3 rozmowy** talks
**rozmowny** communicative, talkative
**rozmówić rozmówić się z kimś** have a word with sb
**rozmrażać** defrost
**rozmyślać 1** brood
**2 rozmyślać nad** ponder
**rozmyślanie** contemplation
**rozmyślić rozmyślić się** change your mind, think better of it
**rozmyślny** calculated, deliberate
**roznosić 1** *(dostarczać)* deliver **2** *(rozgłaszać)* spread
**rozpacz 1** despair, desperation, distress, heartache **2 doprowadzać do rozpaczy** exasperate
**3 doprowadzający do rozpaczy** exasperating
**rozpaczać** despair
**rozpaczliwie** desperately
**rozpaczliwy** desperate, despairing, hopeless
**rozpad** breakdown, breakup, disintegration
**rozpadać się** break down, come apart, be falling to pieces/bits, disintegrate, fall apart
**rozpadający się** dilapidated
**rozpadlina** chasm
**rozpakowywać**
**1** unwrap, unpack
**2 rozpakowywać się** unpack
**rozpalać** light
**rozpalony** burning
**rozpamiętywać** dwell on/upon, brood on
**rozpatrywać** consider
**rozpęd 1** momentum
**2 nabierać rozpędu** gain/gather momentum
**rozpędzać** disperse, scatter
**rozpić się** hit the bottle
**rozpieszczać** pamper, spoil
**rozpieszczony** spoiled
**rozpiętość** span, spread
**rozpięty** undone
**rozpinać 1** unbutton, unfasten **2** *(zamek)* unzip
**rozplanowany** planned, laid out
**rozplątać 1** untangle
**2** *(zagadkę)* unravel
**rozpłakać się** burst into tears
**rozpoczynać 1** start, begin, embark on/upon
**2 rozpoczynać się** start, begin, commence
**3 rozpoczynać atak/dochodzenie** launch an attack/inquiry
**4 rozpoczynać się od** begin with
**rozporek** flies *BrE*, fly *AmE*
**rozporządzenie** decree
**rozpowszechniać** circulate, diffuse, spread
**rozpowszechniony** prevalent, widespread
**rozpoznanie** *(diagnoza)* diagnosis
**rozpoznawać**
**1** recognize, recognise *BrE* distinguish, identify
**2** *(chorobę)* diagnose
**rozpoznawalny** recognizable
**rozpraszać 1** distract, put off **2 rozpraszać się** get distracted
**rozprawa 1** *(praca naukowa)* dissertation, thesis **2** *(w sądzie)* trial, hearing
**rozpromieniony** radiant
**rozprostować**
**rozprostować kości** stretch your legs
**rozproszony** diffuse
**rozprowadzać**
**1** circulate, distribute
**2** *(w handlu domokrążnym)* peddle
**rozpryskiwać** spatter, spray
**rozprzestrzeniać się** spread
**rozpuszczać (się)** dissolve
**rozpuszczalnik** solvent, paint remover
**rozpuszczalny**
**1** soluble **2** *(kawa)* instant
**rozpylać** spray
**rozrabiać** play up
**rozradowany** jubilant
**rozrastać się** expand, grow
**rozrodczy** reproductive
**rozród** breeding
**rozróżniać** differentiate, discriminate, distinguish, draw a distinction, tell apart
**rozróżnienie** distinction
**rozruchy** civil/public disorder, riot
**rozrusznik rozrusznik serca** pacemaker
**rozrywać** rip up, tear apart
**rozrywka** amusement, entertainment, pastime
**rozrywkowy przemysł rozrywkowy** show business

**rozrzedzać** dilute, thin down
**rozrzucać** scatter
**rozrzucony** scattered
**rozrzutność** extravagance
**rozrzutny** extravagant, wasteful
**rozsądek** **1** reason, sense **2** **przemawiać komuś do rozsądku** reason with sb **3** **w granicach rozsądku** within reason **4** **zdrowy rozsądek** common sense
**rozsądnie** sensibly
**rozsądny** reasonable, sensible, sound
**rozsiewać** sow, spread
**rozsmarować** smear
**rozstać** **rozstać się (z kimś)** split up (with sb), be through (with sb)
**rozstanie** parting
**rozstawać się** part, split up
**rozstawiać** arrange, space
**rozstrój** **rozstrój żołądka** a stomach upset, an upset stomach/tummy
**rozstrzygać** decide, settle
**rozstrzygnięcie** settlement
**rozsuwać** part, draw aside
**rozsyłać** send out
**rozszczepiać** splinter
**rozszerzać** expand, broaden
**rozszerzany** *(spodnie, spódnica)* flared
**rozszyfrować** decipher, make out, decode
**rozśmieszać** amuse
**roztargnienie** **1** absent-mindedness **2** **przez roztargnienie** absent-mindedly
**roztargniony** absent-minded, distracted
**rozterka** **1** dilemma, quandary **2** **być w rozterce** be in a dilemma/ quandary
**roztocze** mite
**roztopiony** molten
**roztropność** prudence
**roztropny** prudent
**roztrwonić** squander
**roztrzaskać (się)** smash up, shatter, crash
**roztrzęsiony** jittery
**roztwór** solution
**rozum** reason, wits
**rozumieć** **1** understand, comprehend, gather, get, see **2** **nadal nic nie rozumieć** be none the wiser **3** **rozumiesz mnie?** are you with me? **4** **rozumiem cię** I (can) see your point **5** **rozumiem, że** I understand (that) **6** **świetnie się rozumieć** be on the same wavelength
**rozumny** rational
**rozumować** reason
**rozumowanie** reasoning
**rozwadniać** water down
**rozwaga** **1** prudence **2** **brać/wziąć coś pod rozwagę** take sth into consideration, take sth on board
**rozwalić** bust, smash
**rozwałkować** roll
**rozważać** **1** consider, contemplate, ponder, think over **2** **rozważać ponownie** reconsider
**rozważny** deliberate, prudent
**rozwiązanie** solution, resolution
**rozwiązłość** promiscuity
**rozwiązły** promiscuous
**rozwiązywać** **1** *(węzeł)* undo, untie **2** *(zagadkę)* solve, sort out **3** **rozwiązywać się** come undone
**rozwichrzony** straggly
**rozwidlać się** fork
**rozwidlenie** fork
**rozwiedziony** divorced
**rozwiewać** **1** disperse **2** *(wątpliwości itp.)* dispel
**rozwijać** **1** develop, build up, cultivate **2** *(film)* unroll **3** *(działalność)* expand **4** **rozwijać się** develop, grow
**rozwikłać** unravel
**rozwinięty** **1** developed, full-blown **2** **rozwinięty nad wiek** precocious
**rozwlekły** long-winded
**rozwodzić się** **1** get divorced **2** **rozwodzić się z kimś** divorce sb
**rozwolnienie** diarrhoea *BrE*, diarrhea *AmE*
**rozwód** **1** divorce **2** **wziąć rozwód** get a divorce
**rozwódka** divorcée
**rozwój** **1** development, growth **2** **opóźniony w rozwoju** backward **3** **rozwój wydarzeń** turn of events
**rozwścieczać** enrage, infuriate, madden
**rozzłościć** anger
**rożek** *(lód)* ice-cream cone
**rożen** **1** spit **2** **kurczak z rożna** spitroasted chicken
**ród** **być rodem z** be a native of
**róg** **1** *(pokoju, ulicy)* corner **2** *(krowy)* horn **3** *(jelenia)* antler **4** **za rogiem** round the corner
**rój** swarm
**rów** ditch, dyke, trench
**rówieśni-k/czka** peer
**równać się** equal
**równanie** equation
**równie** **1** equally **2** **równie dobry/piękny (jak)** every bit as good/ beautiful (as) **3** **równie**

**dobry/ważny** just as good/important
**również** 1 also 2 **jak również** as well as
**równik** the equator
**równikowy** equatorial
**równina** plain
**równo** equally, evenly
**równoczesny** simultaneous
**równocześnie** at the same time, simultaneously
**równolegle** in parallel
**równoległy** parallel
**równomiernie** steadily
**równomierny** steady
**równość** equality, parity
**równouprawnienie** emancipation, equal rights
**równowaga** 1 balance, equilibrium 2 **brak/zachwianie równowagi** imbalance
**równoważny** equivalent
**równoważyć** balance, offset
**równoznaczny** 1 synonymous 2 **być równoznacznym z** amount to, be tantamount to
**równy** 1 *(jednakowy)* equal 2 *(powierzchnia)* even, flat, smooth 3 **dawać równe prawa** emancipate 4 **nie mający sobie równych** without equal 5 **nie mieć sobie równych** be second to none 6 **równy gość** a sport
**róż** rose
**róża** rose
**różaniec** rosary
**różdżka** wand
**różnica** 1 difference, distinction 2 **nie robić różnicy** make no difference 3 **różnica poglądów** difference of opinion, disagreement, dissent
**różnicować** differentiate
**różnić się** differ, vary
**różnie** differently
**różnorodność** diversity, variety
**różnorodny** diverse, heterogeneous
**różności** odds and ends
**różny** 1 *(rozmaity)* different, various, varying, miscellaneous 2 different, dissimilar, distinct
**różowy** pink, rosy
**różyczka** German measles
**rtęć** mercury
**rubin** ruby
**rubinowy** ruby
**rubryka** column
**ruch** 1 movement, move, motion 2 *(ożywienie)* activity 3 *(uliczny)* traffic 4 *(ćwiczenia)* exercise 5 **bez ruchu** motionless 6 **brak ruchu** immobility 7 **ruch oporu** the resistance 8 **ruch uliczny** traffic 9 **zrobić ruch** make a move 10 **zażywać ruchu** take exercise
**ruchomy** 1 movable, moving 2 **schody ruchome** escalator
**ruda** ore
**rudy** red, ginger
**rudzielec** redhead
**rudzik** robin
**rufa** stern
**rugby** rugby
**ruina** 1 ruin, decay 2 **popaść w ruinę** fall into ruin 3 **ruiny** ruins
**rujnować** ruin, wreck
**ruletka** roulette
**rum** rum
**rumiany** ruddy
**rumienić się** blush, flush, glow
**rumieniec** blush, flush, glow
**runąć** come down
**runda** round
**runo** fleece
**rupieć** jumble, junk
**rura** 1 pipe, piping 2 **rura odpływowa** drainpipe 3 **rura wydechowa** exhaust (pipe)
**rurka** tube
**rurociąg** pipeline
**ruszać się** 1 move 2 **nie ruszyć palcem** not lift a finger 3 **rusz się** get a move on, get moving
**ruszt** 1 grill 2 **piec na ruszcie** broil
**rusztowanie** scaffold, scaffolding
**rutyna** routine
**rutynowo** routinely
**rutynowy** routine
**rwący** turbulent
**ryba** 1 fish 2 **Ryby** *(znak zodiaku)* Pisces 3 **gruba ryba** heavyweight 4 **iść na ryby** go fishing 5 **łowić ryby** fish 6 **sprzedaw-ca/czyni ryb** fishmonger
**rybak** fisherman
**rybołówstwo** fishing
**rycerski** chivalrous
**rycerskość** chivalry
**rycerz** knight
**rycina** engraving, figure
**ryczałtowy** **ryczałtowa stawka/opłata** flat rate/fee
**ryczeć** 1 *(o lwie)* roar 2 *(o krowie)* moo 3 *(o syrenie)* blare 4 *(o radiu)* blast 5 *(płakać)* howl
**ryć** engrave, etch
**rydel** trowel
**rydwan** chariot
**rygiel** bolt
**ryglować** bolt
**rygorystycznie** rigorously
**ryj** *(świni)* snout
**ryk** howl, roar
**ryknąć** bellow, roar

**rykoszet odbijać się rykoszetem** ricochet
**rym** rhyme
**rymować się** rhyme
**rymowanie** rhyme
**rymowanka** nursery rhyme, rhyme
**rynek 1** market, marketplace **2 badanie rynku** market research **3 czarny rynek** black market **4 rynek papierów wartościowych** stock market **5 rynek zbytu** market **6 wypuszczać na rynek** bring out, release
**rynkowy siły rynkowe** market forces
**rynna** gutter
**rynsztok** gutter
**rys** feature
**rysa** crack, scratch
**rysować** draw
**rysowanie** drawing
**rysunek** drawing
**rysunkowy film rysunkowy** cartoon
**rytm** rhythm, beat
**rytmiczny** rhythmic
**rytualnie** ritually
**rytualny** ritual
**rywal/ka** rival
**rywalizacja 1** competition, rivalry **2 oparty na rywalizacji** competitive **3 skory do rywalizacji** competitive
**rywalizować** compete, contend
**ryzykancki** reckless, foolhardy
**ryzyko 1** risk, chance **2 na własne ryzyko** at your own risk **3 ryzyko zawodowe** occupational hazard
**ryzykować 1** risk, take a risk, run the risk **2 nie ryzykować** play (it) safe
**ryzykowny** risky, precarious
**ryż** rice
**ryżowy pole ryżowe** rice/paddy field
**rzadki 1** *(nie częsty)* rare, infrequent, sparse **2** *(nie gęsty)* thin
**rzadko 1** rarely, infrequently, seldom **2** *(nie gęsto)* thinly
**rzadkość 1** infrequency **2** *(coś rzadkiego)* rarity
**rząd**[1] **1** *(szereg)* row **2 rzędem** in single file **3 trzy lata/pięć razy z rzędu** three years/five times running **4 trzy/cztery pod rząd** three/four in a row **5 w pierwszym rzędzie** primarily
**rząd**[2] **1** *(władza)* government, administration **2 rządy** *(panowanie)* rule **3 pod rządami** under **4 rządy terroru** reign of terror
**rządzący** ruling
**rządzić** govern, reign
**rzecz 1** thing, stuff **2 bieg rzeczy** course of events **3 na rzecz** in aid of **4 nie mieć nic do rzeczy** be beside the point **5 rzecz jasna** needless to say **6 rzecz w tym, że** the thing is **7 w gruncie rzeczy** in essence **8 wielka (mi) rzecz!** big deal! **9 zabierać się do rzeczy** get down to business
**rzeczni-k/czka** spokesperson
**rzeczony** in question
**rzeczownik 1** noun **2 rzeczownik odsłowny** gerund
**rzeczowy** matter-of-fact, businesslike, factual
**rzeczoznawca 1** expert **2 rzeczoznawca budowlany** surveyor
**rzeczy 1** *(ubrania)* clothes **2** *(dobytek)* belongings
**rzeczywistość 1** real life, reality **2 w rzeczywistości** in fact, as a matter of fact, in actual fact, in reality, actually
**rzeczywisty** actual, real
**rzeczywiście** actually
**rzeka 1** river **2 w górę rzeki** up the river, upriver, upstream
**rzekomo** allegedly, reportedly, supposedly, reputedly, ostensibly
**rzekomy** alleged, supposed, ostensible
**rzemieślnik** craftsman
**rzemiosło** craft, craftsmanship
**rzep** *(rodzaj zapięcia)* Velcro
**rzepa** turnip
**rzepka** *(w kolanie)* kneecap
**rzetelny** reliable, solid
**rzeź** slaughter
**rzeźba** sculpture
**rzeźbiarstwo** sculpture, carving
**rzeźbia-rz/rka** sculptor
**rzeźbić** sculpt, carve
**rzeźbiony** sculptured
**rzeźnia** slaughterhouse
**rzeźnik 1** butcher **2** *(sklep)* butcher's
**rzeżucha** watercress
**rzęsa 1** eyelash, lash **2 tusz do rzęs** mascara
**rzęzić** wheeze
**rzodkiewka** radish
**rzucać 1** throw, fling, hurl, pitch, toss **2** *(palenie)* quit, give up **3 rzucać cień** cast a shadow **4 rzucać czar na** cast a spell on/over **5 rzucać monetą** flip a coin **6 rzucić na coś okiem** cast an eye over sth **7 rzucać się w oczy** stand out **8 rzucać się** pounce, dart **9** *(miotać się)* thrash

10 **rzucać się na** go at sb/sth, go for sb/sth 11 **rzucać światło na coś** cast light on/onto sth 12 **rzucać się do ucieczki** bolt 13 **rzucający się w oczy** conspicuous 14 **nie rzucający się w oczy** unobtrusive 15 **nie rzucać się w oczy** be inconspicuous

**rzucić** **rzucić kogoś** walk out on sb, jilt sb

**rzut** 1 throw 2 *(w baseballu)* pitch 3 **na pierwszy rzut oka** at first glance/sight, on the face of it 4 **rzut dyskiem** discus 5 **rzut monetą** a toss of a coin 6 **rzut karny** penalty kick 7 **rzut rożny** corner kick 8 **rzut wolny** free kick

**rzutka** 1 dart 2 **gra w rzutki/strzałki** darts

**rzutnik** projector

**rzygać** puke

**Rzymian-in/ka** Roman

**rzymski** 1 Roman 2 **cyfra rzymska** Roman numeral

**rzymskokatolicki** Roman Catholic

**rżeć** neigh

# Ss

**sabat** the Sabbath

**sabotaż** sabotage

**sabotować** sabotage

**sacharyna** saccharin

**sad** orchard

**sadowić** **sadowić się** settle

**sadyst-a/ka** sadist

**sadystyczny** sadistic

**sadyzm** sadism

**sadza** soot

**sadzać** sit

**sadzawka** pool

**sadzić** plant

**sadzonka** seedling, cutting

**safari** safari

**saga** saga

**sakiewka** pouch

**sakrament** sacrament

**saksofon** saxophone, sax

**sala** 1 room, hall 2 *(lekcyjna)* classroom 3 **sala balowa** ballroom 4 **sala gimnastyczna** gym, gymnasium 5 **sala operacyjna** theatre *BrE*, theater *AmE* 6 **sala sądowa** courtroom 7 **sala sypialna** dormitory

**salami** salami

**saldo** balance

**salon** 1 lounge, parlour 2 *(w mieszkaniu)* living room, sitting room *BrE* 3 **salon gier** arcade 4 **salon piękności** beauty salon *BrE*, beauty parlor *AmE* 5 **salon wystawowy** showroom

**saloon** saloon

**salowa** orderly

**salto** somersault

**salut** salute

**salutować** salute

**salwa** volley

**sałata** lettuce

**sałatka** salad

**sam** 1 *(samodzielnie)* myself, himself *etc.* 2 *(samotny)* alone, on my own 3 **zupełnie sam** (all) by myself 4 **do samego końca** to/until the bitter end 5 **sam/sama/samo w sobie** in his/her/its own right 6 **taki sam** the same 7 **ten sam** the same 8 **tym samym** thereby 9 **zrób to sam** do-it-yourself 10 **zupełnie sam** (all) by myself

**samica** 1 female 2 *(ptaka)* hen

**samiec** 1 male 2 *(słonia, wieloryba itp.)* bull

**samo** 1 **samo w sobie** in itself 2 **tym samym** thus 3 **wyglądać/smakować tak samo** look/taste the same

**samobójczy** suicidal

**samobójstwo** 1 suicide 2 **popełnić samobójstwo** commit suicide

**samochodowy** 1 **wypadek samochodowy** car accident 2 **wyścigi samochodowe** motor racing

**samochód** 1 car, automobile *AmE*, motor car 2 **samochód cysterna** tanker

**samodyscyplina** self-discipline

**samodzielnie** (all) by yourself, (all) on your own

**samodzielność** independence

**samodzielny** independent, self-reliant

**samogłoska** vowel

**samokontrola** self-control

**samolot** 1 aeroplane *BrE*, airplane *AmE* plane 2 *(wojskowy)* aircraft 3 **samolot pasażerski** airliner

**samolubny** egotistic, self-centred, selfish

**samoobrona** self-defence

**samoobsługa** self-service

**samopoczucie** mood

**samotnie** (all) by yourself, (all) on your own

**samotnik** loner

**samotność** loneliness, solitude

**samotny** 1 lone, lonely, lonesome, solitary 2 **samotny rodzic** single parent

**samowystarczalny** self-sufficient

**samozadowolenie** complacency

**sanatorium** sanatorium, sanitarium

**sandał** sandal
**saneczki** sledge
**sanie** sleigh, toboggan
**sanitariusz** orderly
**sanitarny** sanitary
**sankcja** sanction
**sankcjonować** sanction
**sanki** sledge
**sanktuarium** shrine
**sapać** gasp, puff
**sardynka** sardine
**sarkastycznie** sarcastically
**sarkastyczny** sarcastic
**sarkazm** sarcasm
**saszetka** sachet
**sataniczny** satanic
**satelita** satellite
**satelitarny** 1 **antena satelitarna** satellite dish 2 **telewizja satelitarna** satellite television
**Saturn** Saturn
**satyna** satin
**satyra** satire
**satyryczny** satirical
**satysfakcja** 1 satisfaction, fulfilment *BrE*, fulfillment *AmE* gratification 2 **dający satysfakcję** fulfilling
**satysfakcjonować** gratify
**satysfakcjonujący** satisfying, rewarding
**sauna** sauna
**sączyć się** ooze, seep, trickle
**sąd** 1 court 2 **sąd wojenny** court-martial 3 **Wysoki Sądzie** Your Honour
**sądownictwo** judiciary
**sądowy** judicial
**sądzić** 1 *(myśleć)* believe, think, suppose, feel, try 2 *(oceniać)* judge 3 *(przestępcę)* try 4 **sądzę, że** my guess is (that) 5 **sądząc po/z** judging by/from
**sądzony coś było komuś sądzone** sb was fated to do sth
**sąsiad/ka** neighbour *BrE*, neighbor *AmE*
**sąsiedni** neighbouring, adjoining, next
**sąsiedzki po sąsiedzku** next door
**scalać** merge
**scalony układ scalony** integrated circuit, chip
**scena** 1 scene 2 *(w teatrze)* stage 3 **za sceną** offstage
**scenariusz** 1 screenplay, script 2 *(możliwość)* scenario
**scenarzyst-a/ka** screenwriter, scriptwriter
**sceneria** setting
**scenka** sketch
**scentralizować** centralize, centralise *BrE*
**sceptycyzm** scepticism
**sceptyczny** sceptical
**scepty-k/czka** sceptic
**schemat** 1 pattern 2 *(diagram)* diagram
**schizofrenia** schizophrenia
**schizofreni-k/czka** schizophrenic
**schlebiać** flatter
**schludnie** neatly, tidily
**schludność** neatness, tidiness
**schludny** neat, tidy, trim
**schłodzić** chill
**schłodzony** refrigerated
**schnąć** dry out
**schodek** stair
**schodowy klatka schodowa** staircase
**schody** 1 stairs 2 **schody ruchome** escalator
**schodzenie** descent
**schodzić** 1 *(iść w dół)* come down, go down 2 *(z konia, łóżka itp.)* get off 3 **schodzić na ląd** disembark
**schorzenie** disorder
**schować** 1 put away, stow 2 **schować się** hide, shelter
**schowek** compartment, cubby hole
**schron** bunker, shelter
**schronić się** shelter
**schronienie** 1 shelter, cover, haven, refuge, sanctuary 2 **dawać schronienie** harbour *BrE*, harbor *AmE* shelter
**schronisko** 1 hostel 2 **schronisko dla psów** kennels 3 **schronisko młodzieżowe** youth hostel
**schwytać** capture
**schwytanie** capture
**schylać się** stoop, get down
**scyzoryk** penknife, pocket knife
**seans seans spirytystyczny** seance
**sedan** saloon *BrE*, sedan *AmE*
**sedno** 1 root, substance, the crux 2 **dotrzeć do sedna czegoś** get to the bottom of sth 3 **sedno czegoś** the thrust of sth 4 **sedno sprawy/problemu** the heart of the matter/problem 5 **sedno sprawy** the bottom line, the point
**segment** unit
**segregacja** segregation
**segregator** file
**segregować** sort
**sejf** safe
**sejsmiczny** seismic
**sekator** shears
**sekcja** 1 section 2 **sekcja zwłok** autopsy, post-mortem

3 **przeprowadzać sekcję na** dissect
**sekret** secret
**sekretarka automatyczna sekretarka** answering machine
**sekreta-rz/rka** secretary
**sekretarzyk** bureau
**seks** sex
**seksist-a/ka** sexist
**seksistowski** sexist
**seksizm** sexism
**seksowny** sexy
**seksualnie** sexually
**seksualny** sexual
**sekta** sect
**sektor** sector
**sekunda** second, sec
**selekcja** selection
**selektywny** selective
**seler** 1 *(naciowy)* celery 2 *(korzeniowy)* celeriac
**semafor** signal
**semestr** term *BrE*, semester *AmE*
**seminarium** seminar
**sen** 1 sleep 2 *(marzenie senne)* dream 3 **mieć lekki/mocny sen** be a light/heavy sleeper 4 **sen zimowy** hibernation 5 **we śnie** in your sleep 6 **zapadać w sen zimowy** hibernate
**Senat** the Senate
**senator** senator
**sennie** sleepily, drowsily
**senność** sleepiness, drowsiness
**senny** sleepy, drowsy
**sens** 1 meaning, point, sense 2 **coś w tym sensie** sth to this/that effect 3 **to ma sens** it makes sense 4 **nie ma sensu** it's no use, there's no point 5 **w pewnym sensie** in a manner of speaking, in a sense, in a way, in some ways
**sensacja** bombshell, sensation
**sensacyjny** sensational
**sensownie** meaningfully
**sensowny** meaningful, reasonable
**sentyment** sentiment
**sentymentalizm** sentimentality
**sentymentalny** sentimental
**separacja** 1 separation 2 **żyć w separacji** be separated
**seplenić** lisp
**seplenienie** lisp
**ser** cheese
**serce** 1 heart 2 **coś leży komuś na sercu** sb feels strongly about sth 3 **mieć miękkie serce** be softhearted 4 **mieć złamane serce** be broken-hearted 5 **nie mieć serca czegoś zrobić** not have the heart to do sth 6 **płynący z głębi serca** heartfelt 7 **rozdzierający serce** heartbreaking 8 **w głębi serca/duszy** in your heart 9 **z całego serca** with all your heart, wholeheartedly 10 **z ciężkim sercem** with a heavy heart 11 **zatrzymanie akcji serca** cardiac arrest
**serdecznie** cordially, heartily, warmly
**serdeczność** warmth
**serdeczny** cordial, hearty, warm-hearted, warm
**serek serek śmietankowy** cream cheese
**serenada** serenade
**seria** 1 series, succession 2 *(rozmów)* round
**serial** serial, series
**serio** 1 seriously 2 **brać kogoś/coś poważnie/na serio** take sb/sth seriously
**sernik** cheesecake
**serpentyna** 1 streamer 2 *(w górach)* hairpin bend
**serw** serve
**serwetka** napkin, serviette
**serwis** 1 maintenance, service 2 *(w tenisie)* serve 3 **serwis informacyjny** news bulletin
**serwować** 1 serve 2 *(w krykiecie)* bowl
**sesja** 1 session 2 **sesja zdjęciowa** shoot
**set** set
**setka setki czegoś** hundreds of sth
**setny** 1 hundredth 2 **setna rocznica** centenary
**sezon** season
**sezonowy** seasonal
**sędzia** 1 judge 2 *(sportowy)* umpire 3 *(w futbolu, boksie, zapasach)* referee 4 **sędzia liniowy** linesman 5 **sędzia pokoju** *(odpowiednik sędziego kolegium orzekającego)* Justice of the Peace
**sędziować** judge, referee
**sędziwy dożyć sędziwego wieku** live to a ripe old age
**sęk** knot
**sękaty** gnarled
**sęp** vulture
**sfabrykować** fabricate
**sfałszować** doctor, fake, falsify, forge
**sfatygowany** shabby, tatty
**sfaulować** foul
**sfera** sphere, quarter
**sfilmować** shoot, film
**sfinalizować** finalize, finalise *BrE*
**sfinansować** finance, fund
**sfingować** fix
**sfinks** sphinx
**sflaczały** flabby
**sfora** pack
**sformatować** format

**sformułować 1** phrase, word **2 sformułować inaczej** rephrase
**sfotografować** photograph, snap
**sfrustrowany** frustrated
**show** show
**siać** sow
**siadać** sit down
**siano 1** hay **2 jak szukanie igły w stogu siana** like looking for a needle in a haystack
**siarka** sulphur *BrE*, sulfur *AmE*
**siatka 1** mesh, net, netting, grid **2 siatka asekuracyjna** safety net
**siatkówka 1** volleyball **2** *(oka)* retina
**sidła** snare
**siebie 1** yourself **2 dla siebie** (all) to yourself
**sieć 1** net **2** *(komputerowa)* network **3** *(sklepów)* chain **4** *(pająka)* web **5 sieć energetyczna** grid **6 sieć intryg/oszustw** a web of intrigue/deceit **7 sieć telewizyjna zamknięta** closed circuit television **8 w sieci** *(komputerowej)* online **9 złapać w sieć** net
**siedem** seven
**siedemdziesiąt** seventy
**siedemdziesiąty 1** seventieth **2 lata siedemdziesiąte** the seventies
**siedemnasty** seventeenth
**siedemnaście** seventeen
**siedemset** seven hundred
**siedzący** sedentary
**siedzenie 1** seat **2 tylne siedzenie** back seat
**siedziba 1** headquarters **2 mieć siedzibę w** be based in
**siedzieć 1** sit, be seated **2 siedzieć po turecku** sit cross-legged **3 siedzieć spokojnie** sit still
**siekać** chop, mince
**siekiera** axe *BrE*, ax *AmE*
**sielankowy** idyllic
**sierociniec** orphanage
**sierota** orphan
**sierp 1** *(narzędzie)* sickle **2** *(kształt)* crescent
**sierpień** August
**sierpowy lewy/prawy sierpowy** left/right hook
**sierść** fur, hair, coat
**sierżant** sergeant
**się 1** *(siebie samego)* yourself, oneself **2** *(nawzajem)* each other, one another
**sięgać 1** reach **2 sięgać do kolan** *(o wodzie)* be knee-deep
**sięgnąć sięgnąć do** delve into/inside
**sikać** piss
**sikora** tit
**silnie** strongly
**silnik 1** engine **2** *(elektryczny)* motor **3 pomocniczy silnik rakietowy** booster **4 silnik odrzutowy** jet engine
**silnikowy** motorized, motorised *BrE*
**silny** strong, powerful, forceful, potent
**silos** silo
**siła 1** power, strength, force **2 mieć dość sił na coś** be/feel up to sth **3 nie czuć się na siłach, żeby coś zrobić** can't face doing sth **4 połączyć siły** join/combine forces, team up **5 rozkład sił** the balance of power **6 siła napędowa (czegoś)** the driving force (behind sth) **7 siła przebicia** clout **8 siła przyzwyczajenia** force of habit **9 siła robocza** labour *BrE*, labor *AmE* manpower, workforce **10 siła woli** willpower **11 siłą rzeczy** necessarily **12 siły zbrojne** the armed forces, the services
**siłownia** health club, gym
**singel 1** *(płyta)* single **2** *(w tenisie)* singles
**siniaczyć** bruise
**siniak** bruise
**siniec** bruise
**siodełko** saddle
**siodłać** saddle
**siodło** saddle
**siorbać** slurp
**siostra 1** sister **2 siostra przyrodnia** half-sister
**siostrzany siostrzana firma/organizacja** sister company/organization
**siostrzenica** niece
**siostrzeniec** nephew
**siostrzyczka** little sister
**siódmy** seventh
**Sir** *(tytuł szlachecki)* Sir
**sit(k)o** sieve
**sitowie** rush
**siusiać** pee, wee
**siusiu** pee
**siwiejący** greying *BrE*, graying *AmE*
**siwy** grey *BrE*, gray *AmE*
**sjesta** siesta
**skafander** anorak
**skakać 1** jump, spring **2** *(na miękkim podłożu)* bounce **3 skakać do wody** dive **4 skakać komuś po głowie** walk all over sb **5 skakać z radości** jump for joy
**skakanka** skip
**skala 1** scale **2 na dużą skalę** large-scale **3 na małą skalę** small-scale **4 skala Celsjusza** Celsius, Centigrade
**skaleczenie** cut
**skaleczyć** cut, hurt, injure

**skalisty** rocky
**skalp** scalp
**skalpel** scalpel
**skalpować** scalp
**skała** rock
**skamielina** fossil
**skamieniały** **1** fossilized, fossilised *BrE* **2** **skamieniały ze strachu** petrified
**skandal** scandal
**skandaliczny** scandalous, disgraceful, outrageous, criminal
**skandować** chant
**skandowanie** chant
**skaner** scanner
**skapitulować** capitulate
**skarb** treasure, hoard
**skarbiec** vault
**skarbnik** treasurer
**skarbonka** piggy bank
**skarcić** scold
**skarga** **1** complaint **2** **składać skargę** lodge a complaint
**skarpeta** sock
**skarpetka** sock
**skarżyć** **1** *(w sądzie)* sue **2** **skarżyć na kogoś** tell on sb **3** **skarżyć się** complain **4** **skarżyć się na coś** complain of sth
**skarżypyta** sneak
**skasować** **1** delete, erase **2** *(bilet)* punch **3** *(samochód)* total
**skatalogować** catalogue, catalog *AmE*
**skaut** Boy Scout, scout
**skauting** scouting, the Scouts
**skaza** **1** blemish, flaw, imperfection **2** **bez skazy** flawless
**skazan-y/a**[1] *noun* convict
**skazany**[2] *adj* **być skazanym na coś** be doomed to (do) sth
**skazić** contaminate
**skazywać** condemn, convict, sentence
**skażenie** contamination
**skażony** contaminated, tainted
**skąpiec** miser
**skąpo** scantily
**skąpstwo** miserliness, stinginess
**skąpy** **1** *(człowiek)* stingy, miserly, cheap, mean **2** *(nieliczny)* scanty, scarce, sparse
**skecz** sketch
**skierować** **1** direct, channel **2** **skierować się ku** head for, make for, make your way towards
**skin** skinhead
**skinąć** **1** **skinąć (głową)** nod **2** **skinąć (na)** beckon
**skinhead** skinhead
**skinienie** nod
**sklasyfikować** categorize, categorise *BrE* classify, grade
**skleić** gum, glue together
**sklejka** plywood
**sklep** **1** shop *BrE*, store *AmE* **2** **sklep monopolowy** off-licence *BrE*, liquor store *AmE* **3** **sklep owocowo-warzywny** greengrocer's **4** **sklep spożywczy** grocery store, the grocer's **5** **sklep z wyrobami tytoniowymi** tobacconist
**sklepika-rz/rka** shopkeeper *BrE*, storekeeper *AmE*
**sklonować** clone
**skład** **1** composition **2** *(zespołu)* lineup **3** **mówić bez ładu i składu** ramble **4** **w pełnym/niepełnym składzie** at full strength/below strength
**składać** **1** *(montować)* assemble, put together **2** *(papier, krzesło)* fold **3** *(parasol)* furl **4** **składać ofertę** bid **5** **składać się** fold **6** **składać się jak scyzoryk** jack-knife **7** **składać się na** constitute, make up **8** **składać się z** consist of, be composed of, comprise **9** **składać w ofierze** sacrifice **10** **składać wizytę** pay a visit **11** **tak się (akurat) składa** as it happens/it (just) so happens
**składanka** compilation, medley
**składany** collapsible
**składka** **1** fee **2** *(ubezpieczeniowa)* premium **3** **składki** dues
**składnia** syntax
**składnica** storeroom
**składnik** constituent, building block, ingredient
**składowy** constituent
**skłamać** lie
**skłaniać** **skłaniać się** incline, lean
**skłonić** **skłonić kogoś do robienia czegoś** persuade sb to do sth, lead sb to do sth
**skłonność** **1** inclination, leaning, tendency **2** **mieć skłonności do** be inclined to
**skłonny** **1** **być gotowym/skłonnym coś zrobić** be willing to do sth **2** **być skłonnym zgodzić się/uwierzyć** be inclined to agree/believe
**sknera** miser, scrooge
**skoczyć** **1** jump, leap **2** **skoczyć komuś do gardła** jump down sb's throat **3** **skoczyć w górę** *(o cenach itp.)* rocket
**skojarzenie** association
**skojarzyć** associate, connect
**skok** **1** jump, leap, hop **2** *(nagły wzrost)* surge **3** **skok o tyczce** pole vault **4** **skok w dal** long jump **5** **skok wzwyż** the high

jump **6 skoki do wody** diving
**skolonizować** colonize, colonise *BrE*
**skomentować** comment
**skomercjalizowany** commercialized, commercialised *BrE*
**skomleć** whimper
**skomplikować** complicate
**skomplikowany** complicated, complex, sophisticated
**skomponować** compose
**skompromitować** **1** disgrace **2 skompromitować się** compromise yourself
**skomputeryzować** computerize, computerise *BrE*
**skoncentrować się** concentrate
**skoncentrowany** concentrated
**skondensować** condense
**skonfiskować** confiscate
**skonfrontować** confront
**skonsolidować** consolidate
**skonsternowany** bewildered, nonplussed
**skonsultować** **skonsultować się z** consult
**skonsumować** consume
**skontaktować** **skontaktować się (z)** contact, get in touch (with), reach
**skontrolować** inspect
**skończony** **1** finished, over **2 być skończonym** be all over
**skończyć** **1** finish, wrap up **2** *(pracę)* call it a day, knock off **3 skończyć 20/30 lat** turn 20/30 **4 skończyć szkołę/studia** graduate **5 skończyć z czymś** be through with sth **6 skończyć się** finish, draw to an end/a close **7** *(wyczerpać się)* run out
**skoordynować** coordinate
**skopiować** copy, duplicate
**skorek** earwig
**skoro** since, as
**skorodować** corrode
**skorowidz** index
**skorpion** **1** scorpion **2 Skorpion** *(znak zodiaku)* Scorpio
**skorumpować** corrupt
**skorumpowany** corrupt, bent, crooked
**skorupa** crust, shell
**skorupiak** shellfish
**skorupka** shell
**skorygować** correct, revise
**skorzystać** **1** benefit **2 skorzystać z czegoś** avail yourself of sth **3 skorzystać z czyjejś propozycji/zaproszenia** take sb up on an offer/invitation **4 skorzystać z okazji** leap at/grab a chance/opportunity
**skosić** mow
**skosztować** have a taste, taste
**skowronek** lark
**skowyczeć** yelp
**skowyt** yelp
**skóra** **1** skin **2** *(zwierzęca)* hide **3** *(wyprawiona)* leather **4 być w czyjejś skórze** be in sb's shoes **5 skóra głowy** scalp **6 zedrzeć skórę z** rip off
**skórka** **1** *(chleba)* crust **2** *(warzywa, owocu)* peel, rind **3** *(kiełbasy)* skin
**skracać** **1** shorten **2** *(wyraz)* abbreviate **3** *(książkę)* abridge
**skradać się** creep, steal
**skraj** edge, fringe, periphery
**skrajność** **1** extreme **2 posuwać się do skrajności** go to extremes/carry sth to extremes
**skrajny** **1** extreme **2 skrajna lewica/prawica** the far left/right
**skrapiać** sprinkle
**skraplać się** condense
**skrawek** scrap
**skreślać** delete, cross out, strike out
**skreślenie** deletion
**skręcać** **1** *(rolkę)* roll **2** *(sznurek)* weave, twine **3** *(zmieniać kierunek ruchu)* turn **4 skręcać (z)** *(drogi)* turn off **5 skręcać gwałtownie** swerve, veer **6 skręcać w prawo/lewo** turn right/left **7 skręcać się** writhe
**skręcenie** sprain
**skręcić** sprain, twist
**skręcony** twisted
**skrępować** tie up/down
**skrępowany** awkward, inhibited, self-conscious
**skręt** *(z marihuany)* joint
**skrobać** **1** scrape **2 skrobać łapą (w)** paw (at)
**skrobia** starch
**skrobnąć** **skrobnąć do kogoś parę słów** drop sb a line
**skromnie** humbly, modestly
**skromność** modesty, humility
**skromny** **1** modest, humble **2 moim skromnym zdaniem** in my humble opinion
**skroń** temple
**skrócony** abridged, truncated
**skrót** **1** abbreviation **2** *(droga)* short cut **3 być skrótem od** stand for **4 skrót wiadomości** bulletin, roundup, the

headlines **5 w dużym skrócie** in a nutshell **6 w skrócie** in brief, for short

**skrucha** remorse, repentance

**skrupulatnie** meticulously

**skrupulatny** meticulous, fastidious, thorough, scrupulous

**skrupuły 1** scruples **2 pozbawiony skrupułów** unscrupulous **3 nie mieć skrupułów w związku z** have no qualms about

**skruszony** remorseful, repentant

**skrycie** covertly

**skrystalizować się** crystallize, crystallise *BrE*

**skrytobój-ca/czyni** assassin

**skryty** inward, cagey

**skrytykować** criticize, criticise *BrE*, run down

**skrywany** repressed

**skrzat** goblin, pixie

**skrzeczeć** screech, squawk

**skrzek** spawn

**skrzela** gills

**skrzep** clot

**skrzepnąć** solidify

**skrzyć się** glitter, shimmer, sparkle, twinkle

**skrzydlaty** winged

**skrzydło 1** *(ptaka, samolotu)* wing **2** *(oddziału)* flank **3 brać/wziąć kogoś pod swoje skrzydła** take sb under your wing

**skrzydłowy** wing

**skrzynia 1** chest **2 skrzynia biegów** gearbox

**skrzynka 1** crate, box **2 skrzynka na kwiaty** window box **3 skrzynka na listy** letterbox **4 skrzynka pocztowa** letterbox, mailbox, postbox

**skrzypce** violin, fiddle

**skrzyp-ek/aczka** violinist, fiddler

**skrzypiący** creaky

**skrzypieć** creak, squeak

**skrzypienie** squeak

**skrzywdzić** harm, hurt

**skrzywić skrzywić się** wince

**skrzyżować 1** cross **2 skrzyżować ramiona** fold your arms

**skrzyżowanie 1** crossroads, intersection **2** *(krzyżówka)* cross, hybrid

**skserować** xerox, photocopy

**skubać** nibble, pluck

**skudlony** matted

**skudłacony** matted

**skumulowany** cumulative

**skunks** skunk

**skupiać się** focus, concentrate

**skupienie** concentration

**skupiony 1** concentrated **2 być skupionym na/w/wokół** be concentrated on/in/around

**skurcz** contraction, cramp, spasm

**skurczyć się** shrink, contract

**skusić** entice, tempt

**skutecznie** effectively

**skuteczność** effectiveness

**skuteczny** effective

**skutek 1** effect, result **2 brzemienny w skutki** fateful **3 na skutek/w wyniku** as a result of **4 nie dojść do skutku** fall through **5 odnosić odwrotny skutek** backfire **6 skutek uboczny** by-product, side effect

**skuter** scooter

**skwarny** scorching, sweltering

**skwaszony** sour

**skwaśniały** sour

**skwierczeć** sizzle

**slajd** slide

**slang** slang

**slipy** briefs, shorts, underpants, Y-fronts *BrE*

**slogan** catch phrase, slogan

**slumsy** slum

**słabeusz** weakling

**słabiutki** feeble

**słabnący** flagging

**słabnąć** weaken, die down, fade, recede, subside

**słabo 1** weakly, faintly, poorly **2 komuś jest słabo** sb is faint

**słabostka** indulgence

**słabość 1** weakness **2 słabość do czegoś** a weakness for sth **3 mieć do kogoś słabość** have a soft spot for sb **4 mieć słabość do czegoś** be partial to sth **5 mieć słabość do słodyczy** have a sweet tooth

**słaby 1** weak, faint **2** *(kiepski)* poor **3 być słabym z** be bad at **4 mieć słaby słuch** be hard of hearing **5 słaba strona** disadvantage

**sława 1** celebrity, fame **2 cieszący się złą sławą** notorious **3 w blasku sławy** in a blaze of glory/publicity **4 zdobyć sławę** make a name for yourself **5 zdobyć wielką sławę** hit the big time **6 zła sława** notoriety

**sławny** famous, renowned, celebrated, famed

**słodki 1** sweet **2 słodka woda** fresh water **3 słodki ziemniak** yam

**słodko** sweetly

**słodkowodny** freshwater

**słodycz** sweetness

**słodzić** sugar, sweeten

**słodzik** sweetener

**słoik** jar

**słoma** straw
**słomka** straw
**słonecznik** sunflower
**słoneczny** **1** solar, sunny **2** **okulary słoneczne** shades
**słony** salty
**słoń** elephant
**słońce** sun, sunshine
**słowik** nightingale
**słownictwo** lexicon, vocabulary
**słowniczek** glossary, vocabulary
**słownie** verbally
**słownik** **1** dictionary **2** **słownik synonimów** thesaurus
**słowny** verbal
**słowo** **1** word **2** **słowa** *(piosenki)* lyrics **3** **dawać komuś słowo** give sb your word **4** **innymi słowy** in other words **5** **mieć ostatnie słowo** have the last word **6** **nie powiedzieć/ zrozumieć ani słowa** not say/understand a word **7** **słowo w słowo** word for word **8** **swoimi słowami** in your own words **9** **wolność słowa** freedom of speech/ free speech
**słód** malt
**słój** pot
**słuch** **1** hearing **2** **chodzą słuchy, że ...** it is rumoured that ... **3** **mieć słaby słuch** be hard of hearing **4** **pozbawiony słuchu muzycznego** tone-deaf **5** **zamieniać się w słuch** be all ears
**słuchacz/ka** listener
**słuchać** **1** hear, listen to **2** *(być posłusznym)* obey **3** **nie słuchać** disobey **4** **słucham?** I beg your pardon?, pardon?, sorry?
**słuchawka** **1** receiver **2** **odłożyć słuchawkę** hang up **3** **słuchawka lekarska** stethoscope
**słuchawki** earphones, headphones
**słuchowy** aural
**sługa** servant
**słup(ek)** **1** pole, post **2** *(bramki)* goalpost **3** *(ćwiczenie arytmetyczne)* sum **4** **słupek drogowy** bollard
**słusznie** rightly, justifiably
**słuszność** **słuszność czegoś** the wisdom of sth
**słuszny** right
**służalczy** servile, subservient
**służąca** maid
**służący** manservant, valet
**służba** **1** service **2** *(służący)* servants **3** **być na/po służbie/dyżurze** be on/off duty
**służyć** serve
**słyszalny** audible
**słyszeć** **1** hear **2** **nie chcę (nawet) o tym słyszeć!** I won't hear of it! **3** **pierwsze słyszę** that's news to me
**smaczny** tasty, palatable
**smak** **1** taste, flavour *BrE*, flavor *AmE* **2** **bez smaku** bland, tasteless **3** **mieć smak czegoś** taste of sth **4** **o smaku czekoladowym** chocolate-flavoured *BrE*, chocolate-flavored *AmE*
**smakosz** gourmet
**smakować** taste
**smakowity** appetizing, mouth-watering
**smakowy** **dodatek smakowy** flavouring *BrE*, flavoring *AmE*
**smalec** lard
**smar** grease, lubricant
**smarować** grease, lubricate, smear
**smażony** fried
**smażyć** fry, sauté
**smoczek** **1** dummy *BrE*, pacifier *AmE* comforter *AmE* **2** *(na butelkę)* teat
**smog** smog
**smok** dragon
**smoking** dinner jacket *BrE*, tuxedo *AmE*
**smoła** pitch, tar
**smród** smell, stench, stink
**smuga** smear, smudge
**smukły** slender
**smutek** **1** sadness, sorrow **2** **pełen smutku** filled with sadness **3** **ze smutkiem** sadly
**smutno** sadly
**smutny** sad, blue
**smycz** lead *BrE*, leash *AmE*
**smyczek** **1** bow **2** **smyczki** *(instrumenty smyczkowe)* the strings
**smykałka** flair
**snajper** sniper
**snob/ka** snob
**snobistyczny** snobbish
**snobizm** snobbery
**snooker** *(rodzaj bilardu)* snooker
**snop** **1** sheaf **2** *(światła)* beam, shaft
**snowboarding** snowboarding
**sobie** **1** *(dla siebie)* (for) yourself **2** *(wzajemnie)* each other, one another **3** **mieć/ nosić coś przy sobie** have/ carry sth on you
**sobota** Saturday
**sobowtór** double, lookalike
**socjalist-a/ka** socialist
**socjalistyczny** socialist
**socjalizm** socialism
**socjolog** sociologist
**socjologia** sociology
**soczewica** lentil
**soczewka** **1** lens **2** **szkła/soczewki kontaktowe** contact lenses

**soczysty** juicy, succulent
**sodowy** **woda sodowa** soda
**sofa** sofa, settee
**soja** soya bean
**sojusz** alliance
**sojusznik** ally
**sok** **1** juice **2** **sok owocowy** squash
**sokół** falcon
**sola** *(ryba)* sole
**solenny** solemn
**solić** salt
**solidarność** solidarity
**solidność** reliability
**solidny** **1** reliable, solid **2** **solidny posiłek** a square meal
**solist-a/ka** soloist
**solniczka** salt cellar
**solo** solo
**solony** salted
**sonata** sonata
**sonda** **1** probe **2** **zapuszczać sondę** probe
**sonet** sonnet
**sopel** icicle
**sopran** soprano
**sortować** sort
**sos** **1** sauce **2** *(pieczeniowy)* gravy **3** *(do sałatek)* dressing **4** *(do maczania)* dip
**SOS** SOS
**sosna** pine
**soul (muzyka) soul** soul
**sowa** owl
**sowiecki** Soviet
**sód** sodium
**sól** salt
**spacer** **1** walk, stroll **2** **iść/pójść na spacer** go for a walk
**spacerować** walk, stroll
**spacerówka** pushchair *BrE*, stroller *AmE*
**spać** **1** be asleep, sleep **2** **iść spać** go to sleep/bed **3** **nie dawać spać** keep up **4** **nie pójść spać** stay up **5** **nie spać** be/lie/stay etc awake **6** **pospać (sobie) dłużej** sleep in **7** **spać głęboko** be fast asleep
**spadać** **1** fall **2** *(o cenach itp.)* fall, drop, go down **3** **spadająca gwiazda** shooting star **4** **spadaj!** get lost!
**spadek** **1** *(cen, temperatury)* fall, drop, decrease **2** *(spuścizna)* inheritance, legacy **3** **gwałtowny spadek** plunge
**spadkobierca** heir
**spadkobierczyni** heiress
**spadkowy** **wykazywać tendencję spadkową** be on the decline
**spadochron** parachute, chute
**spadochroniarz** **1** parachutist **2** *(żołnierz)* paratrooper
**spaghetti** spaghetti
**spakować** pack
**spalać** **1** burn **2** **spalać energię/kalorie** burn off energy/calories
**spalanie** combustion
**spalić** **1** burn **2** **spalić się** burn down **3** **spalić na panewce** go up in smoke
**spaliny** exhaust, fumes
**spalony** **1** burned **2** **na spalonym** offside
**spałaszować** polish off
**spaniel** spaniel
**spanikowany** panicky
**sparafrazować** paraphrase
**sparaliżować** paralyse
**sparaliżowany** paralysed, numb
**sparodiować** parody, send up
**spartaczyć** bungle, muck up
**spartański** spartan
**spaść** **1** fall **2** *(gwałtownie)* plunge
**spawacz** welder
**spawać** weld
**specjalist-a/ka** professional, specialist
**specjalistyczny** specialized
**specjalizacja** specialization
**specjalizować się** specialize, specialise *BrE*
**specjalnie** especially, specially, specifically
**specjalność** speciality, specialty
**specjalny** **1** special **2** **efekty specjalne** special effects
**specyficznie** peculiarly
**specyficzny** **1** specific, idiosyncratic **2** **specyficzny dla** peculiar to
**specyfikacja** specification
**spektakl** show
**spektakularny** spectacular
**spektrum** spectrum
**spekulacja** speculation
**spekulant/ka** speculator
**spekulować** speculate
**spelunka** dive
**spełniać** **1** conform to, meet, satisfy **2** **spełniać czyjeś oczekiwania** live up to sb's expectations **3** **spełniać nadzieję/marzenie** realize a hope/dream **4** **spełniać obietnicę/obowiązek** fulfil a promise/duty **5** **spełniać oczekiwania** come up to expectations **6** **spełniać się** become a reality, come true
**spełnienie** fulfilment *BrE*, fulfillment *AmE* realization
**spełznąć** **spełznąć na niczym** misfire

**sperma** semen, sperm
**speszony** abashed
**spędzać** spend
**spiczasty** pointed
**spieczony** overdone
**spieprzyć** screw up
**spierać się** **1** wash out, wash off **2** *(kłócić)* argue, quarrel
**spierzchnięty** chapped
**spieszyć się** **1** be in a hurry **2** *(o zegarku)* gain
**spięcie** **krótkie spięcie** short circuit
**spięty** tense, uptight
**spiker/ka** announcer
**spiłować** file
**spinacz** **1** clip, paper clip **2** *(do bielizny)* (clothes)peg
**spinka** **1** clip **2** **spinka do mankietu** cuff link **3** **spinka do włosów** hairpin
**spirala** spiral
**spirytyzm** spiritualism
**spis** **1** register, directory **2** **spis kontrolny** checklist **3** **spis ludności** census **4** **spis treści** contents
**spisek** conspiracy, plot
**spiskować** conspire, plot, scheme
**spiskowiec** conspirator
**spiżarnia** larder, pantry
**splajtować** go bust
**splamić** **1** tarnish **2** **splamić się (czymś)** be tainted (by/with sth)
**splądrować** plunder, ransack
**splątany** tangled
**spleciony** braided, intertwined
**spleśniały** mouldy *BrE*, moldy *AmE*
**spluwać** spit
**spłacać** repay
**spłacić** pay off
**spłata** repayment
**spławić** **spławić kogoś** give sb the brush-off
**spławny** navigable
**spłoszyć** **1** scare off/away **2** **spłoszyć się** shy
**spłukać** rinse
**spłukany** *(bez pieniędzy)* broke, hard up
**spłukiwać** flush
**spłycać** oversimplify
**spływać** **1** flow **2** **spływaj!** beat it!, push off!
**spocony** sweaty
**spoczynek** **1** rest **2** **w spoczynku** at rest
**spodek** saucer
**spodenki** shorts
**spodnie** **1** trousers *BrE*, pants *AmE* **2** **krótkie spodnie** shorts
**spodziewać się** **1** expect **2** **jak można się było spodziewać** sure enough
**spoglądać** **1** look **2** **spoglądać z góry na** look down on **3** **spójrzmy prawdzie w oczy** let's face it
**spojrzeć** **1** **spojrzeć na kogoś** give sb a look **2** **spójrz na ...** look at ...
**spojrzenie** look, gaze, stare
**spokojnie** calmly, quietly, peacefully
**spokojny** calm, peaceful, quiet
**spokój** **1** calmness **2** *(cisza)* calm, quiet **3** *(pokój)* peace **4** **dać komuś spokój** leave/let sb alone **5** **daj mi spokój!** get off my back!, come off it! **6** **nie dawać spokoju** nag **7** **podchodzić do czegoś ze spokojem** take sth in your stride **8** **w spokoju** at your leisure **9** **zachowywać spokój** keep calm, keep your cool **10** **zostawić coś w spokoju** leave/let sth alone
**spokrewniony** related
**spolaryzować** polarize, polarise *BrE*
**społeczeństwo** society, the (general) public
**społecznie** socially
**społeczność** community
**społeczny** **1** public, social **2** **nauki społeczne** social science
**poniewierany** battered
**sponsor/ka** sponsor, backer
**sponsorować** sponsor
**spontanicznie** spontaneously
**spontaniczność** spontaneity
**spontaniczny** spontaneous
**spopularyzować** popularize, popularise *BrE*
**sporadycznie** sporadically
**sporadyczny** occasional, sporadic
**sporny** **1** debatable **2** **punkt sporny** moot point
**sporo** **1** quite a lot/bit/few **2** **całkiem sporo** quite a bit, quite a few/a good few
**sport** sport(s)
**sportowiec** athlete, sportsman
**sportowy** **1** sports, athletic **2** **ośrodek sportowy** sports centre **3** **samochód sportowy** sports car **4** **sportowe zachowanie** sportsmanship
**sportsmenka** sportswoman
**spory** **1** sizeable **2** **spore rozmiary/spora ilość** a fair size/amount
**sporządzać** draw up
**sposobność** occasion
**sposób** **1** way, manner **2** *(środek)* means **3** **sposób życia** way of life **4** **w ten czy inny sposób** somehow or other **5** **w ten**

**sposób** in this way, like this/that/so, thus
**spostrzec** notice, realize, realise *BrE*
**spostrzegawczość** perception
**spostrzegawczy** observant, perceptive
**spostrzeżenie** observation
**spośród** out of
**spotęgować** heighten
**spotkać** 1 meet 2 **spotkać się z** run up against sth
**spotkanie** 1 meeting, encounter 2 **umówione spotkanie** appointment, engagement
**spotykać** 1 meet 2 *(przypadkiem)* run into 3 **spotykać się** get together, join up, meet up 4 **spotykać się z** come up against, meet with
**spowiadać spowiadać się** confess
**spowiedź** confession
**spowijać spowity mgłą/dymem** shrouded in mist/smoke
**spowodować** result in, cause, bring about
**spożycie** intake
**spożywczy** 1 **sklep spożywczy** grocery store, the grocer's 2 **towary spożywcze** groceries
**spód** 1 bottom, the underside 2 **pod spodem** underneath 3 **pod spód** underneath
**spódnica** 1 skirt 2 **spódnica szkocka** kilt
**spódniczka** skirt
**spójnik** conjunction, linking word
**spójny** coherent
**spółdzielnia** collective, cooperative
**spółgłoska** consonant
**spółka** company, concern, partnership
**spółkować** copulate
**spółkowanie** copulation
**spór** dispute, strife
**spóźniać się** 1 be late 2 *(o zegarku)* be slow 3 **spóźniać się na** miss
**spóźniony** late, delayed
**spragniony** thirsty
**spraw-ca/czyni** culprit
**sprawa** 1 matter, affair 2 *(interes)* business 3 *(kwestia)* issue 4 **nie ma sprawy** forget it, no problem 5 **nie twoja sprawa** mind your own business 6 **sprawa sądowa** prosecution 7 **zdawać sobie sprawę (z/że)** be conscious (of/that)
**sprawdzać** 1 check (out), check 2 *(w słowniku itp.)* look up, refer to
**sprawdzian** 1 quiz, test 2 **pisać sprawdzian** do/take a test 3 **zdać/oblać sprawdzian** pass/fail a test
**sprawdzić** see, check
**sprawdzony** proven
**sprawiać** 1 cause, make 2 **sprawiać kłopot** inconvenience, put out 3 **sprawiać wrażenie** make an impression 4 **sprawić, by ktoś coś zrobił** get sb to do sth
**sprawiedliwie** fairly, justly
**sprawiedliwość** 1 justice, fairness 2 **oddać komuś sprawiedliwość** give sb his/her etc due 3 **w imię sprawiedliwości** in the interest(s) of justice
**sprawiedliwy** fair, just
**sprawnie** efficiently
**sprawność** 1 efficiency 2 **sprawność fizyczna** fitness
**sprawny** 1 efficient 2 *(fizycznie)* agile
**sprawozdanie** commentary, report
**sprawozdawca** commentator
**spray** spray
**sprecyzować** specify, pinpoint
**spreparować** concoct
**sprężać** compress
**sprężyna** spring
**sprężysty** springy
**sprint** 1 sprint 2 **biec sprintem** sprint
**sprinter/ka** sprinter
**sproszkować** pulverize, pulverise *BrE*
**sprośny** dirty, lewd
**sprowadzać** 1 bring 2 *(importować)* import 3 **sprowadzać kogoś na złą drogę** lead sb astray 4 **sprowadzać samolot na ziemię** land a plane 5 **sprowadzać się do** come down to sth 6 **to (wszystko) sprowadza się do** it (all) boils down to
**sprowokować** provoke
**spróbować** 1 *(dokonać próby)* try, attempt 2 *(skosztować)* taste, have a taste 3 *(pobrać próbkę)* sample 4 **spróbować coś zrobić** try and do sth 5 **spróbować czegoś** have a stab at (doing) sth, give sth a try 6 **spróbować swoich sił w** take/have a shot at
**spróchniały** rotten
**spryskiwacz** sprinkler
**spryt** cleverness
**sprytnie** cleverly
**sprytny** clever, canny, shrewd
**sprywatyzować** privatize, privatise *BrE*
**sprzączka** buckle
**sprzątacz/ka** cleaner

**sprzątać** clean up, clear, tidy
**sprzątanie** cleaning
**sprzeciw** objection, opposition
**sprzeciwiać się** 1 oppose 2 **stanowczo sprzeciwiać się (czemuś)** draw the line (at sth)
**sprzeczać się** argue, squabble, wrangle
**sprzeczka** row, squabble
**sprzeczność** 1 contradiction, inconsistency 2 **pozostawać w sprzeczności z** contradict
**sprzeczny** 1 contradictory, inconsistent 2 **sprzeczny z** contrary to 3 **być sprzecznym z** conflict with 4 **sprzeczny z prawem** illegal
**sprzedaw-ca/czyni** sales assistant, sales-man/woman, shop assistant
**sprzedawać** sell
**sprzedaż** 1 sale 2 **dział sprzedaży** sales (department) 3 **na sprzedaż** for sale, up for sale 4 **w sprzedaży** on sale, on the market
**sprzęgło** clutch
**sprzęt** 1 equipment, gear 2 **sprzęt komputerowy** hardware 3 **sprzęt wędkarski** tackle
**sprzyjać** be conducive to
**sprzyjający** favourable *BrE*, favorable *AmE*
**sprzymierzać się** **sprzymierzać się z** align yourself with, ally yourself to/with
**sprzymierzeniec** ally
**sprzysięgać się** **sprzysięgać się przeciwko komuś** gang up on sb
**spuchnąć** swell, puff up
**spuchnięty** swollen
**spudłować** miss
**spust** trigger
**spustoszenie** 1 devastation 2 **siać spustoszenie** wreak havoc
**spustoszyć** devastate, ravage
**spuszczać** **spuszczać wodę (w toalecie)** flush a toilet
**spuścizna** heritage, inheritance, legacy
**spychacz** bulldozer
**spytać** 1 ask, inquire 2 **spytać o zdanie** consult
**squash** squash
**srebrny** 1 silver 2 **srebrne wesele** silver wedding anniversary 3 **srebrny medal** silver medal
**srebro** silver
**srebrzysty** silvery
**srogi** 1 harsh, savage 2 **sroga zima** a hard winter
**sroka** magpie
**ssać** suck
**ssak** mammal
**ssanie** 1 suction 2 *(w silniku samochodu)* choke
**stabilizacja** stability, stabilization
**stabilizować** stabilize, stabilise *BrE*, level off/out
**stabilność** stability
**stabilny** stable
**stacja** 1 station 2 **stacja benzynowa** petrol station *BrE*, gas station *AmE* 3 **stacja paliw** petrol station *BrE*, gas station *AmE* 4 **stacja obsługi** service station, garage 5 **stacja dysków** disk drive
**stacjonować** be stationed
**stać się** 1 happen 2 **co się stało?** what's happened?, what's the matter?, what's wrong? 3 **co się stało z ...?** what became of ...?
**stać** 1 stand 2 **stać na równi (z)** be on a par (with)
**stadion** stadium
**stadnina** stud farm
**stado** 1 herd 2 *(owiec, kóz, ptaków)* flock
**stagnacja** stagnation
**stajać** thaw
**stajenny** groom
**stajnia** stable
**stal** 1 steel 2 **stal nierdzewna** stainless steel
**stale** always, all the time, constantly, continuously
**stalownia** steelworks
**stalowy** 1 steel 2 **stalowe nerwy** nerves of steel
**stalówka** nib
**stały** 1 constant, permanent, steady 2 **ciało stałe** solid 3 **pokarmy stałe** solids
**stan** 1 state, condition 2 **mąż stanu** statesman 3 **nie być w stanie czegoś zrobić** be unable to do sth 4 **stan cywilny** marital status 5 **stan ducha** state of mind 6 **stan krytyczny** critical condition 7 **stan rzeczy** state of affairs 8 **stan wojenny** martial law 9 **urzędni-k/czka stanu cywilnego** registrar 10 **w dobrym stanie** in (good) working order, in good repair, in good nick 11 **w złym stanie** in bad repair, in bad nick 12 **w kiepskim stanie** the worse for wear
**stanąć** 1 *(zahamować)* grind to a halt 2 **stanąć na wysokości zadania** rise to the occasion/challenge 3 **stanąć w płomieniach** burst into flames
**standard** standard
**standardowy** default, standard

**standaryzacja** standardization

**standaryzować** standardize, standardise *BrE*

**stanik** bra

**stanowczo** **1** firmly, decidedly, decisively, emphatically **2** **stanowczo odmawiać/zaprzeczać** flatly refuse/deny

**stanowczość** decisiveness, firmness, resolution

**stanowczy** **1** firm, assertive, decisive, resolute **2** **mało stanowczy** soft

**stanowić** constitute, account for, comprise, represent

**stanowisko** **1** *(stanowisko)* post, position, office **2** *(pogląd)* stance, stand **3** **zająć stanowisko** take a stand

**starać się** try

**starania** efforts

**staranny** careful, painstaking

**staranować** ram

**starcie** clash, scuffle

**starczyć** be enough, last, suffice

**starość** old age

**staroświecki** old-fashioned

**starożytność** antiquity

**starożytny** ancient

**starsi** elders

**starszy** **1** older, senior **2** **być starszym od kogoś o pięć/dziesięć lat** be five/ten years sb's senior **3** **starsza siostra/starszy brat** big sister/big brother **4** **starszy brat/syn** elder brother/son

**starszyzna** elders

**start** **1** start **2** *(np. samolotu)* take-off **3** *(rakiety)* lift-off

**starter** starter

**startować** **1** start **2** *(np. o samolocie)* take off **3** *(o rakiecie)* lift off

**startowy** **pas startowy** airstrip

**stary** **1** old **2** **stara panna** spinster **3** **Stary Testament** the Old Testament **4** **starzy ludzie** the old

**starzec** **dom starców** old people's home

**starzeć się** age, grow old

**stateczny** **1** *(człowiek)* staid **2** *(łódź)* stable

**statek** **1** ship, vessel **2** **statek kosmiczny** ship, spaceship **3** **statkiem** by sea **4** **wsiadać na statek** embark

**statua** statue

**status** status

**statut** charter, statute

**statyczny** static

**statyst-a/ka** extra

**statystycznie** statistically

**statystyczny** statistical

**statystyk** statistician

**statystyka** statistics

**staw** **1** *(kolanowy itp.)* joint **2** *(zbiornik wodny)* pond **3** **zapalenie stawów** arthritis

**stawać** **1** stop, come to a standstill **2** **nic ci się nie stanie** it won't hurt you **3** **stawać dęba** rear **4** **stawać się** become

**stawiać** **1** *(umieszczać)* put, place **2** *(budować)* erect, put up **3** *(robić zakłady)* bet **4** **ja stawiam** it's on me, my treat **5** **stawiać czoło** confront, stand up to, face, face up to **6** **stawiać opór** put up resistance

**stawka** **1** rate **2** *(w zakładach)* stake

**staż** probation

**stażyst-a/ka** trainee

**stażysta** **lekarz stażysta** *(w szpitalu)* resident

**stąd** **1** from here **2** *(dlatego)* hence **3** **ni stąd, ni zowąd** out of the blue

**stąpać** **1** tread, step **2** *(ciężko)* stump

**stchórzyć** chicken out

**stek** **1** steak **2** **stek bzdur** a load of rubbish/ nonsense

**stempel** **1** stamp **2** **stempel pocztowy** postmark

**stemplować** stamp

**stenografia** shorthand

**stepowanie** tap dancing

**ster** **1** rudder **2** **u steru** at the helm

**sterczeć** protrude, stick up

**stereo** **1** **(w) stereo** in stereo **2** **zestaw stereo** stereo

**stereotyp** stereotype

**stereotypowy** stereotypical

**sterować** steer

**sterowanie** **zdalne sterowanie** remote control

**sterroryzować** terrorize, terrorise *BrE*

**sterta** heap, pile

**steryd** steroid

**sterylizacja** sterilization

**sterylizować** **1** sterilize, sterilise *BrE* **2** *(zwierzę)* neuter

**sterylny** sterile

**steward** steward, flight attendant

**stewardessa** air hostess, stewardess, flight attendant

**stęchły** musty

**stężeć** set, solidify

**stężenie** concentration

**stłamsić** strangle

**stłuc (się)** break

**stłuczony** broken

**stłumić** 1 *(ogień, uczucie)* smother 2 *(śmiech, łzy)* suppress, repress 3 *(bunt)* put down, quell 4 **stłumić w sobie** bottle up
**sto** hundred
**stocznia** shipyard
**stodoła** barn
**stoicki** stoic
**stoisko** stall, stand
**stojak** stand
**stojący** **miejsca stojące** standing room
**stok** 1 hillside, slope 2 **stok górski** mountainside
**stokrotka** daisy
**stolarka** woodwork
**stolarstwo** joinery, carpentry
**stolarz** joiner, carpenter
**stolec** stool
**stolica** capital
**stołek** stool
**stołówka** cafeteria, canteen
**stomatolog** dentist
**stomatologia** dentistry
**stomatologiczny** dental
**stonować** tone down, water down
**stonowany** soft, subdued, low-key
**stop** *(metali)* alloy
**stopa** 1 foot 2 *(stawka)* rate 3 *(jednostka miary, ok. 30 cm)* foot 4 **postawić stopę w** set foot in 5 **stopa życiowa** standard of living
**stoper** stopwatch
**stopić** melt
**stopień** 1 degree, grade 2 *(schodów)* step, stair 3 *(poziom)* degree, extent 4 *(w hierarchii)* rank 5 *(jednostka miary)* degree 6 **do jakiego stopnia** how far 7 **do pewnego stopnia** to some degree, to some extent, up to a point 8 **stopień wyższy** comparative 9 **stopień najwyższy** superlative 10 **stopień naukowy** degree 11 **w dużym stopniu** heavily 12 **w najwyższym stopniu** in the extreme
**stopnieć** melt, dwindle
**stopniowo** gradually, little by little
**stopniowy** gradual
**stos** heap, pile, stack
**stosować** 1 use, apply, employ 2 **stosować się do** *(mieć zastosowanie)* apply to, be applicable to 3 *(przestrzegać)* comply with, follow
**stosowany** **matematyka/lingwistyka stosowana** applied maths/linguistics
**stosowny** 1 proper, fitting 2 **uznać za stosowne coś zrobić** see/think fit to do sth
**stosunek** 1 *(związek)* relationship, relation 2 *(nastawienie)* attitude 3 *(proporcja)* proportion, ratio 4 *(płciowy)* intercourse 5 **być w dobrych stosunkach** be on good terms, get along, get on 6 **być w kiepskich stosunkach** be on bad terms 7 **nawiązywać stosunki** establish relations 8 **stosunek płciowy** sexual intercourse 9 **stosunki rasowe** race relations 10 **w stosunku do czegoś** relative to sth, in relation to sth
**stosunkowo** 1 relatively, comparatively 2 **stosunkowo tani/łatwy** relatively cheap/easy
**stosunkowy** relative, comparative
**stowarzyszenie** association
**stożek** cone
**stóg** 1 haystack 2 **jak szukanie igły w stogu siana** like looking for a needle in a haystack
**stół** table
**stracenie** **nie mieć nic do stracenia** have nothing to lose
**strach** 1 fear, fright, dread, scare 2 **dostawać/mieć stracha** get/have cold feet 3 **napędzić komuś strachu** give sb a scare 4 **paniczny strach** terror 5 **strach na wróble** scarecrow 6 **strach pomyśleć** I dread to think
**stracić** 1 lose 2 *(nie skorzystać)* miss 3 *(dokonać egzekucji)* execute 4 **stracić cierpliwość** lose patience 5 **stracić przytomność** lose consciousness 6 **stracić coś z oczu** lose sight of sth 7 **stracić głowę** be/get carried away 8 **stracić kontakt (z)** lose touch (with) 9 **stracić równowagę** lose your balance
**stragan** stall
**strajk** 1 strike 2 **strajk głodowy** hunger strike 3 **strajk okupacyjny** sit-in
**strajkować** strike
**strajkujący** striker
**straszliwie** fearfully
**straszliwy** fearful, horrendous
**strasznie** awfully, frightfully, terribly
**straszny** 1 *(przerażający)* scary, frightful, spooky 2 *(wielki)* horrible, horrific, terrific
**straszyć** 1 **dom, w którym straszy** a haunted house 2 **straszyć (w)** haunt
**strata** loss, waste
**strategia** strategy
**strategicznie** strategically
**strategiczny** strategic
**stratować** trample

**strawić** digest, consume
**strawny** digestible
**straż** **1** guard **2** **straż pożarna** fire brigade *BrE*, fire department *AmE* **3** **posterunek straży pożarnej** fire station **4** **straż przybrzeżna** coastguard
**strażacki** **wóz strażacki** fire engine
**strażak** fireman, firefighter
**strażni-k/czka** **1** guard **2** *(w więzieniu)* warder, jailer **3** *(w lesie, parku)* ranger
**strącać** bring down
**strączek** pod
**strefa** zone
**stres** **1** stress **2** **przeżywać stres** be under stress
**stresować się** stress
**stresujący** stressful
**streszczać** summarize, summarise *BrE*
**streszczenie** précis, summary
**striptiz** striptease
**striptizerka** stripper
**strofa** verse
**stroić** **1** *(instrument, radio)* tune **2** *(ubierać)* dress up **3** **stroić sobie żarty z** poke fun at **4** **stroić/nie stroić** *(o instrumencie)* be in/out of tune **5** **stroić się** dress up
**stroik** reed
**stromo** steeply
**stromy** steep
**strona** **1** side **2** *(kierunek)* direction, way **3** *(w książce)* page **4** **być po czyjejś stronie** be on sb's side **5** **dobra strona** advantage, compensation **6** **dobre/złe/mocne strony** good/bad/strong points **7** **dziadek/ciotka ze strony matki** maternal grandfather/aunt **8** **dziadek/wuj ze strony ojca** paternal grandfather/uncle **9** **mieć swoje złe i dobre strony** be a mixed blessing **10** **mocna strona** strength **11** **po drugiej stronie** across **12** **stawać po czyjejś stronie** side with sb **13** **strona czynna** the active (voice) **14** **strona bierna** the passive (voice) **15** **w stronie czynnej** active **16** **w stronie biernej** passive **17** **strona tytułowa** *(witryny WWW)* homepage **18** **w jedną stronę** one-way **19** **we wszystkie strony** every which way **20** **z czyjejś strony** on sb's part **21** **z jednej strony ... z drugiej strony** on the one hand ... on the other hand **22** **z drugiej strony** then/there again **23** **ze wszystkich stron** from all sides
**stronić** **stronić od** shun
**stronniczy** biased
**stronni-k/czka** supporter
**strop** roof
**stroszyć** ruffle
**strój** costume, dress, outfit
**stróż** **1** guardian, caretaker *BrE*, janitor *AmE* **2** **nocny stróż** night watchman
**strug** plane
**struga** spurt, stream
**strugać** plane, shave, carve
**struktura** structure
**strukturalny** structural
**strumień** **1** stream **2** *(z dyszy, węża itp.)* jet
**strumyk** brook
**struna** **1** string **2** **struny głosowe** vocal cords **3** **usiąść/stanąć prosto jak struna** sit/stand bolt upright
**strup** scab
**struś** ostrich
**strużka** trickle
**strużyny** shavings
**strych** attic, loft *BrE*
**strzał** shot
**strzała** arrow
**strzałka** **1** *(symbol)* arrow **2** *(kompasu itp.)* pointer **3** *(do gry)* dart **4** **gra w rzutki/strzałki** darts
**strzec** guard
**strzecha** **1** thatch **2** **kryty strzechą** thatched
**strzelać** **1** shoot **2** *(z broni też)* fire **3** *(o korku)* pop **4** **strzelać do** shoot at
**strzelanina** shooting
**strzelba** gun, shotgun, rifle
**Strzelec** *(znak zodiaku)* Sagittarius
**strzelec** **1** shooter **2** *(w wojsku)* rifleman **3** **strzelec wyborowy** marksman
**strzelić** shoot, fire
**strzelnica** (rifle-)range
**strzemię** stirrup
**strzepywać** shake off, flick
**strzęp** **1** shred **2** *(informacji itp.)* snippet **3** **po/drzeć na strzępy** shred **4** **w strzępach** in tatters
**strzępić** fray
**strzyc** **1** cut (sb's) hair **2** *(owce)* shear
**strzykawka** syringe, hypodermic
**strzyżenie** cut, haircut
**studencki** **dom studencki** hall of residence *BrE*, dormitory *AmE*
**student/ka** student, undergraduate
**studia** studies
**studio** studio
**studiować** study
**studium** study, case study
**studnia** well
**studzić** cool (down)
**studzienka** **studzienka ściekowa** drain

**stukać** click, rap, tap
**stukanie** rap
**stuknięty** cracked, barmy *BrE*, dotty *BrE*, potty *BrE*
**stukot** clatter, rattle
**stukotać** clatter, rattle
**stulecie** **1** century **2** *(setna rocznica)* centenary
**stuprocentowy** full-fledged, fully-fledged
**stwardnieć** harden
**stwierdzać** **1** state, certify **2** **stwierdzać oficjalnie** pronounce
**stworzenie** **1** creation **2** *(istota)* creature **3** **stworzenie świata** Creation
**stworzony** **1** **być stworzonym dla** be made for **2** **nie być stworzonym do** not be cut out for
**stworzyć** create
**Stwórca** the Creator
**styczeń** January
**styczna** tangent
**stygnąć** cool down
**stykać się** touch
**styl** **1** style **2** *(pływacki)* stroke **3** **styl grzbietowy** backstroke **4** **styl klasyczny** breaststroke **5** **styl życia** lifestyle, way of life
**stylistyczny** stylistic
**stylizowany** stylized
**stylowo** stylishly
**stylowy** stylish
**stymulacja** stimulation
**stymulator** **stymulator serca** pacemaker
**stymulować** stimulate
**stymulujący** stimulating
**stypendium** scholarship, bursary
**stypendyst-a/ka** scholar
**styranizować** bully
**subiektywny** subjective
**substancja** **1** matter, substance **2** **substancja chemiczna** chemical
**substytut** substitute
**subtelnie** subtly
**subtelność** subtlety
**subtelny** subtle, delicate, fine
**suchość** dryness
**suchy** dry, arid
**sufit** ceiling
**suflerować** prompt
**suflet** soufflé
**sugerować** suggest, hint, imply
**sugestia** **1** suggestion, implication **2** **za czyjąś sugestią** at sb's suggestion
**suita** suite
**suka** bitch
**sukces** **1** success **2** **odnieść sukces** make it, succeed **3** **odnoszący sukcesy** successful
**sukcesja** succession
**sukienka** dress
**suknia** dress, gown
**sułtan** sultan
**suma** **1** sum, total **2** *(kwota)* amount **3** **suma końcowa** grand total **4** **w sumie** all in all, in all, altogether
**sumienie** **1** conscience **2** **mieć wyrzuty sumienia** feel bad **3** **wyrzuty sumienia** remorse, pangs of conscience
**sumiennie** religiously
**sumienny** conscientious
**sunąć** glide
**super** super
**supergwiazda** superstar
**supermarket** supermarket
**supermodel/ka** supermodel
**supremacja** supremacy
**surfing** surfing
**surowiec** **1** raw material **2** **surowce** *(zasoby)* resources
**surowo** severely, harshly, sternly
**surowość** harshness
**surowy** **1** *(nie gotowany)* raw **2** *(wygląd)* stern **3** *(nauczyciel)* strict, stern **4** *(zima)* harsh, severe
**surówka** salad
**surrealistyczny** surreal
**sus** leap, bound
**susza** drought
**suszarka** **1** dryer, drier **2** **suszarka (bębnowa)** tumble dryer **3** **suszarka do włosów** hairdryer
**suszony** **1** dried **2** **suszona śliwka** prune
**suszyć** **1** dry out **2** *(suszarką)* blow dry **3** **suszyć się** dry off
**sutek** nipple
**suterena** basement
**suwerenność** sovereignty
**suwerenny** sovereign
**swat/ka** matchmaker
**sweter** **1** jumper, sweater **2** **sweter rozpinany** cardigan
**swędzący** itchy
**swędzenie** itch, itchiness
**swędzić** itch
**swoboda** freedom, liberty, leeway
**swobodnie** casually, freely
**swobodny** **1** free **2** *(rozmowa itp.)* casual
**swój** your, yours, their, theirs *itp.*
**syczeć** hiss
**sygnalizacja** **sygnalizacja świetlna** traffic light, stoplight *AmE*
**sygnalizować** indicate, signal
**sygnał** **1** signal **2** *(dźwiękowy)* tone

**sygnałówka** *(trąbka)* bugle
**syk** hiss
**syknąć** hiss
**sylaba** syllable
**sylwester** New Year's Eve
**sylwetka** figure, silhouette, profile
**symbol** symbol
**symbolicznie** symbolically
**symboliczny 1** symbolic **2 symboliczna ilość/cena** nominal amount/price
**symbolika** imagery
**symbolizm** symbolism
**symbolizować** symbolize, symbolise *BrE*
**symetria** symmetry
**symetryczny** symmetrical
**symfonia** symphony
**sympatia 1** affinity, liking **2** *(chłopak)* boyfriend **3** *(dziewczyna)* girlfriend **4 czyjeś sympatie i antypatie** sb's likes and dislikes **5 zjednywać czyjąś sympatię** endear yourself to sb
**sympatyczny** likable, likeable, lovable, pleasant
**sympaty-k/czka** sympathizer, sympathiser *BrE*, well-wisher
**symptom** symptom
**symptomatyczny** symptomatic
**symulacja** simulation
**symulant/ka** malingerer
**symulator** simulator
**symulować 1** simulate **2** *(chorobę)* malinger
**syn** son, boy
**synagoga** synagogue
**synchronizacja** synchronization
**synchronizować** synchronize, synchronise *BrE*
**syndrom** syndrome
**syndyk syndyk masy upadłościowej** receiver
**syndykat** syndicate
**synonim** synonym
**synoptyk** weather forecaster
**synowa** daughter-in-law
**syntetycznie** synthetically
**syntetyczny** synthetic
**syntetyzować** synthesize, synthesise *BrE*
**synteza** synthesis
**syntezator** synthesizer, synthesiser *BrE*
**sypiać 1** sleep **2 sypiać pod gołym niebem** sleep rough **3 sypiać z kimś** sleep with sb **4 sypiać ze sobą** sleep together **5 sypiać z wszystkimi dookoła** sleep around
**sypialnia** bedroom
**sypialny 1 miejsce sypialne** berth **2 pociąg sypialny** sleeper **3 sala sypialna** dormitory
**syrena 1** siren **2** *(nimfa)* mermaid
**syrop** syrup
**system** system
**systematycznie** systematically
**systematyczny** systematic
**sytuacja 1** situation **2 w gorszej sytuacji** worse off **3 w lepszej sytuacji** better off **4 w tej sytuacji** under/in the circumstances
**sza!** hush!
**szabas** the Sabbath
**szabla** sabre
**szablon** template
**szach-mat** checkmate
**szach** check
**szachy** chess
**szacować** estimate, assess, reckon
**szacowny** respectable, venerable
**szacunek 1** respect **2** *(obliczenie)* estimate **3 brak szacunku** disrespect **4 darzyć kogoś wielkim szacunkiem** hold sb in high esteem **5 pełen szacunku** respectful **6 z całym szacunkiem** with (all due) respect **7 z szacunkiem** respectfully **8 z wyrazami szacunku** yours truly, yours faithfully
**szafa 1** cupboard, wardrobe **2 szafa grająca** juke box **3 szafa ścienna** closet
**szafir** sapphire
**szafka 1** cabinet **2** *(np. w szatni szkolnej)* locker
**szafot** scaffold
**szajka** gang, ring
**szakal** jackal
**szal** scarf, shawl
**szaleć 1** go crazy, rage **2 szaleć za kimś/czymś** be mad about sb/sth
**szaleniec** lunatic, madman
**szaleństwo 1** craze, craziness, madness **2 zakochany do szaleństwa** madly in love
**szalik** scarf
**szalony 1** mad, insane, lunatic **2 jak szalony** madly
**szalupa 1** dinghy **2 szalupa ratunkowa** lifeboat
**szał 1** craze, frenzy **2 doprowadzać kogoś do szału** drive sb up the wall **3 dostać szału** have/throw a fit, go berserk, fly into a rage
**szałas 1** hut, shack **2 szałas (górski)** chalet
**szaman** witch doctor
**szambo** cesspool
**szampan** champagne

**szampon** shampoo
**szanować** respect
**szanowany** respected
**szanowny** 1 **Szanowna Pani** Dear Madam 2 **Szanowny Panie** Dear Sir
**szansa** 1 chance, prospect 2 **dawać komuś szansę** give sb a chance 3 **mieć szansę (na coś)** stand a chance (of doing sth)
**szantaż** blackmail
**szantażować** blackmail
**szantażyst-a/ka** blackmailer
**szarańcza** locust
**szarlatan/ka** charlatan
**szarpać** jerk, yank, jolt
**szarpnięcie** jerk
**szary** grey *BrE*, gray *AmE*
**szarża** charge
**szata** robe
**szatan** Satan, the Devil
**szatański** fiendish, satanic
**szatnia** 1 cloakroom 2 *(obok boiska)* pavilion
**szczątki** 1 debris, remains 2 *(np. samochodu po wypadku)* wreckage
**szczebel** rung
**szczecina** 1 bristle 2 *(zarost)* stubble
**szczególnie** especially, particularly, specially
**szczególność** **w szczególności** in particular, notably
**szczególny** particular, special
**szczegół** 1 detail 2 **szczegóły techniczne** technicalities 3 **w najdrobniejszych szczegółach** in minute detail
**szczegółowo** in detail, graphically
**szczegółowy** detailed
**szczekać** bark
**szczekanie** bark(ing)
**szczelina** 1 chink, crevice 2 **szczelina skalna** rift
**szczelnie** tight(ly)
**szczelny** airtight
**szczenię** puppy
**szczep** 1 *(plemię)* tribe 2 *(wirusów, bakterii)* strain
**szczepić** vaccinate
**szczepienie** vaccination, immunization, immunisation *BrE*
**szczepionka** 1 vaccine 2 **szczepionka przypominająca** booster vaccination
**szczerba** chip
**szczerość** frankness, sincerity
**szczery** 1 sincere, frank, genuine 2 **jeśli mam być szczer-y/a** in all honesty, to be honest
**szczerze** 1 frankly, honestly, sincerely 2 **szczerze mówiąc** to be frank
**szczędzić** 1 **nie szczędzić czegoś** be lavish with sth 2 **nie szczędzić kosztów** spare no expense 3 **nie szczędzić starań, żeby coś zrobić** go to great lengths to do sth 4 **nie szczędzić wysiłków** bend over backwards
**szczęk** clang, clank
**szczęka** 1 jaw 2 **szczęka komuś opadła** sb's jaw dropped 3 **sztuczna szczęka** dentures
**szczękać** chatter, clang, clank
**szczęście** 1 happiness 2 *(pomyślny traf)* luck 3 **całe szczęście (że)** it's a good job, it's just as well 4 **mający szczęście** fortunate 5 **mieć szczęście coś zrobić** be fortunate to do sth 6 **mieć szczęście** be lucky, be in luck 7 **na szczęście** fortunately, luckily, thankfully 8 **nie posiadać się ze szczęścia** be over the moon
**szczęśliwie** 1 happily 2 **tak się szczęśliwie składa, że** it's fortunate that
**szczęśliwy** 1 happy 2 *(pomyślny)* lucky 3 **szczęśliwego Nowego Roku** Happy New Year
**szczodry** liberal, generous
**szczodrze** lavishly, liberally, generously
**szczoteczka** **szczoteczka do zębów** toothbrush
**szczotka** 1 brush 2 **kij od szczotki** broomstick 3 **szczotka do włosów** hairbrush
**szczotkować** brush
**szczudła** stilts
**szczupak** pike
**szczupły** lean, slim
**szczur** rat
**szczycić** 1 **szczycić się** boast, flatter yourself 2 **szczycić się czymś** pride yourself on sth
**szczypać** 1 pinch, prick 2 *(w oczy)* sting
**szczypanie** sting
**szczypce** pincers, pliers, tongs
**szczypiorek** chives
**szczypta** **szczypta soli/pieprzu** pinch of salt/pepper
**szczyt** 1 top, peak, summit, apex 2 *(dachu)* gable 3 **godzina szczytu** rush hour 4 **godziny szczytu** peak times 5 **szczyt czegoś** the ultimate in sth
**szczytowy** **w szczytowej formie** at your/its etc best
**szef/owa** 1 boss, chief, head 2 **szef kuchni** chef

**szejk** sheik
**szelest** rustle
**szeleścić** rustle
**szelki** braces *BrE*, suspenders *AmE*
**szelmowski** wicked
**szept** whisper
**szeptać** whisper
**szereg** **1** row, line, string **2** *(wiele)* a number of
**szeregow-y/a** private
**szeregowiec** **1** terraced house *BrE*, row house *AmE* **2** **rząd szeregowców** terrace
**szermierka** **1** fencing **2** **uprawiać szermierkę** fence
**szeroki** wide, broad
**szeroko** **1** **szeroko otwarty/rozwarty** wide open/apart **2** **szeroko zakrojony** wide-ranging
**szerokość** **1** width, breadth **2** **szerokość geograficzna** latitude
**szeryf** sheriff
**szerzyć** **1** diffuse, propagate, disseminate **2** **szerzyć się** spread
**szesnasty** sixteenth
**szesnaście** sixteen
**sześcian** cube
**sześcienny** cubic
**sześciokąt** hexagon
**sześciokątny** hexagonal
**sześć** six
**sześćdziesiąt** **1** sixty **2** **lata sześćdziesiąte** the sixties
**sześćdziesiąty** sixtieth
**sześćset** six hundred
**szew** **1** seam, stitch **2** **pękać w szwach** be bursting at the seams
**szewc** shoemaker, cobbler
**szkaradny** hideous
**szkatułka** casket
**szkic** draft, outline, sketch
**szkicować** draft, outline, sketch
**szkielet** **1** frame, framework **2** *(kości)* skeleton
**szklanka** glass, tumbler
**szklany** **włókno szklane** fibreglass *BrE*, fiberglass *AmE*
**szklarnia** glasshouse, greenhouse
**szklić** glaze
**szklisty** glassy
**szkliwo** enamel
**szkło** **1** glass **2** **szkła kontaktowe** contact lenses **3** **szkło powiększające** magnifying glass
**szkoda** **1** damage, harm **2** **działać na czyjąś szkodę** do sb a disservice **3** **ze szkodą dla** to the detriment of **4** **szkoda, że ...** it's a shame/what a shame ..., too bad (that), it's a pity (that)
**szkodliwy** damaging, detrimental, harmful
**szkodnik** pest, vermin
**szkody** damage
**szkodzić** **1** be bad for, damage, harm **2** **(nic) nic szkodzi** never mind **3** **nie zaszkodzi coś zrobić** there's no harm in doing sth
**szkolenie** instruction, training
**szkolić** **1** instruct **2** **szkolić się** train
**szkolny** **lata szkolne** schooldays
**szkoła** **1** school **2** **szkoła podstawowa** primary school *BrE*, elementary school *AmE* grade school *AmE* **3** **szkoła średnia** secondary school *BrE*, high school *AmE* **4** **szkoła z internatem** boarding school
**szkółka** *(leśna)* nursery
**szkwał** squall
**szlachci-c/anka** noble
**szlachecki** **1** noble **2** **tytuł szlachecki** knighthood
**szlachetnie** nobly
**szlachetność** nobility
**szlachetny** **1** noble **2** *(kamień)* precious
**szlachta** gentry, nobility
**szlafrok** **1** dressing gown, robe **2** **szlafrok kąpielowy** bathrobe
**szlak** **1** trail, route **2** **szlak wodny** waterway
**szlam** slime
**szlem** **wielki szlem** grand slam
**szloch** sob
**szlochać** sob
**szmaragd** emerald
**szmat(k)a** rag, cloth
**szmatławy** trashy, shabby
**szmer** murmur
**szminka** lipstick
**sznur** **1** rope, string **2** *(elektryczny)* flex *BrE*, lead *BrE*, cord *AmE* **3** **sznur do (suszenia) bielizny** clothesline
**sznurek** line, string
**sznurować** lace
**sznurowadło** shoelace, shoestring
**szok** **1** shock **2** **być dla kogoś szokiem** come as a shock to sb
**szokować** shock
**szokujący** shocking
**szop** **szop pracz** raccoon
**szopa** shed
**szorować** scour, scrub
**szorstki** rough, coarse, abrasive
**szorstkość** roughness
**szorty** shorts
**szowinist-a/ka** **1** chauvinist **2** **męski szowinista** male chauvinist
**szowinistyczny** chauvinistic

**szowinizm** chauvinism
**szósty** **1** sixth **2** **szósty zmysł** sixth sense
**szpadel** spade
**szpagat** *(sznurek)* twine
**szpara** gap, slit, space
**szparagi** asparagus
**szperać** **1** browse, rummage **2** **szperać po Internecie** surf the net
**szpetny** unsightly
**szpieg** spy
**szpiegostwo** espionage
**szpiegować** spy (on)
**szpik** marrow
**szpilka** **1** pin **2** *(but, obcas)* stiletto
**szpinak** spinach
**szpital** **1** hospital **2** **szpital psychiatryczny** asylum
**szpon** **1** claw, talon **2** **w czyichś szponach** in sb's clutches
**szprycha** spoke
**szpul(k)a** reel, bobbin, spool
**szrama** scar
**szron** frost
**sztafeta** relay
**sztaluga** easel
**szterling** **funt szterling** sterling
**sztruks** corduroy
**sztruksy** cords
**sztuczka** **1** ploy, trick **2** **sztuczki magiczne** magic
**sztucznie** artificially
**sztuczny** **1** artificial, false, man-made **2** **sztuczna inteligencja** artificial intelligence **3** **sztuczna szczęka** dentures **4** **sztuczne oddychanie** artificial respiration **5** **sztuczne ognie** fireworks, sparklers **6** **sztuczny jedwab** rayon
**sztućce** cutlery
**sztuka** **1** art **2** *(teatralna)* play **3** *(egzemplarz)* piece **4** **dzieło sztuki** work of art **5** **sztuka kulinarna** cookery **6** **sztuka mięsa** joint **7** **sztuki plastyczne** the visual arts **8** **za sztukę** apiece
**sztukmistrz** magician
**szturchać** nudge, poke
**szturm** assault, onslaught
**szturmować** storm
**sztylet** dagger
**sztywnieć** stiffen
**sztywno** rigidly, stiffly
**sztywność** rigidity, stiffness, inflexibility
**sztywny** **1** rigid, stiff, inflexible **2** *(o sposobie mówienia lub pisania)* stilted **3** **książka w sztywnej oprawie** hardback
**szubienica** gallows
**szufelka** dustpan
**szufla** shovel
**szuflada** drawer
**szufladkować** pigeonhole
**szukać** **1** look for, seek, search for **2** **szukać guza** be looking for trouble/a fight **3** **szukać po omacku** feel around, fumble for, grope
**szukanie** **szukanie wiatru w polu** wild goose chase
**szum** **1** hum **2** *(w głośniku)* noise **3** *(intensywna promocja)* hype **4** **robić szum wokół** hype
**szurać** **szurać nogami** shuffle
**szwagier** brother-in-law
**szwagierka** sister-in-law
**szyb** **1** shaft **2** **szyb naftowy** oil well
**szyba** **1** pane **2** **szyba okienna** windowpane **3** **szyba przednia** windscreen *BrE*, windshield *AmE*
**szybki** **1** fast, quick **2** **szybkie dania** fast food
**szybko** **1** fast, quick **2** **jak najszybciej** as soon as possible **3** **szybko coś zrobić** be quick to do sth
**szybkościomierz** speedometer
**szybkość** speed, rapidity
**szybkowar** pressure cooker
**szybować** sail, soar
**szybowiec** glider
**szybownictwo** gliding
**szycie** **1** sewing **2** **maszyna do szycia** sewing machine
**szyć** sew, stitch
**szydełkować** crochet
**szyfon** chiffon
**szyfr** **1** code **2** *(zamka, sejfu itp.)* combination
**szyfrowany** coded
**szyja** **1** neck **2** **być po szyję w** be up to your neck in, be knee-deep in
**szyjka** **1** neck **2** **szyjka macicy** cervix
**szykować** prepare
**szykowny** chic, classy
**szyling** shilling
**szympans** chimpanzee
**szyna** **1** rail **2** *(chirurgiczna)* splint
**szynka** ham
**szyszka** **1** cone **2** **szyszka sosnowa** pinecone

# Śś

**ściana** **1** wall **2** *(bok)* face, side **3** **za ścianą** next door
**ściąć** *(kogoś)* behead
**ściągać** **1** *(na egzaminie)* cheat, copy **2** *(pliki z serwera)* download

**ściągnięty forma ściągnięta** contraction
**ścieg** stitch
**ściek** sewer
**ścieki** sewage
**ścielić ścielić łóżko** make the bed
**ściemniać się** get dark, darken
**ścienny malowidło ścienne** mural
**ścierać 1** rub off **2** *(coś mokrego)* wipe up, mop up **3 ścierać kurze** dust **4 ścierać się** wear down, wear away **5** *(walczyć)* clash
**ściereczka 1** cloth **2 ściereczka do kurzu** duster **3 ściereczka do naczyń** tea towel *BrE*, dish towel *AmE*
**ściernisko** stubble
**ścierny 1** abrasive **2 papier ścierny** sandpaper
**ścierpnięty** numb, dead
**ścieśniać się** huddle, squeeze together
**ścieżka 1** footpath, path **2 ścieżka dźwiękowa** soundtrack
**ścięgno** tendon
**ścigać 1** chase, pursue **2 ścigać kogoś** be after sb, hunt for sb **3 ścigać sądownie** prosecute **4 ścigać się** race
**ścinać** cut down
**ścinek** clipping
**ścisk** crush
**ściskać 1** clasp, clutch, squeeze **2** *(tulić)* hug
**ścisłość** rigour *BrE*, rigor *AmE*
**ścisły** rigid, specific, strict
**ściśle 1** rigidly **2 ściślej mówiąc** to be precise
**ślad 1** trace, track, trail **2** *(odcisk)* imprint, print, mark **3** *(wskazówka)* hint **4 iść w czyjeś ślady** follow (in) sb's footsteps **5 ślad czegoś** a suggestion of sth **6 zniknąć bez śladu** disappear/vanish without trace
**śledczy 1** interrogator **2 oficer śledczy** detective, investigator **3 przebywać w areszcie śledczym** be on remand
**śledzić** follow, shadow
**śledź 1** herring **2** *(do namiotu)* tent peg **3 śledź wędzony** kipper
**ślepo** blindly
**ślepota** blindness
**ślepy 1** blind **2 ślepa uliczka** cul-de-sac, dead end **3 ślepa wiara/lojalność** blind faith/loyalty **4 ślepy na coś** blind to sth
**śliczny** cute, lovely
**ślimak 1** snail **2** *(bez skorupy)* slug **3 w ślimaczym tempie** at a snail's pace
**ślina** saliva, spit
**śliniaczek** bib
**ślinić się** dribble, drool
**ślinka cieknie mi ślinka** my mouth waters
**śliski** slippery
**śliwka 1** plum **2 suszona śliwka** prune
**ślizg** glide
**ślizgacz** speedboat
**ślizgać się** slide, glide
**ślub** marriage, wedding
**ślubny** *(np. welon)* bridal
**śluz** mucus
**śluza** sluice, lock
**śmiać się 1** laugh **2 śmiać się z** laugh at
**śmiałek** daredevil
**śmiało** boldly
**śmiałość** boldness
**śmiały** bold, daring
**śmiech 1** laugh, laughter **2 pokładać się ze śmiechu** be in stitches **3 śmiechu wart** laughable, ludicrous **4 zanosić się od śmiechu** be in hysterics
**śmieci** litter, rubbish *BrE*, garbage *AmE* trash *AmE*
**śmieciarz** dustmani *BrE*, garbage collector *AmE*
**śmieć** *verb* **jak śmiesz/on śmie?** how dare you/he?
**śmiercionośny** deadly, lethal
**śmierć 1** death **2 kara śmierci** the death penalty, capital punishment **3 sprawa życia i śmierci** a matter of life and death
**śmierdzący** stinking, smelly
**śmierdzieć** stink, smell
**śmiertelnie 1** fatally, mortally **2 bać się śmiertelnie** be scared to death **3 śmiertelnie poważny/nudny** deadly serious/boring/dull **4 śmiertelnie znudzony/przestraszony** bored/scared stiff
**śmiertelnik 1** mortal **2 zwykli śmiertelnicy** lesser/ordinary/mere mortals
**śmiertelność** mortality
**śmiertelny 1** deadly, fatal, lethal, mortal **2 ofiara śmiertelna** fatality **3 śmiertelny strach/niebezpieczeństwo** mortal fear/danger
**śmiesznie** ridiculously
**śmieszny** ridiculous, funny
**śmietana** cream
**śmietanka 1** cream **2 śmietanka towarzyska** the cream of society
**śmietniczka** dustpan
**śmietnik** dustbin *BrE*, garbage can *AmE*
**śmigać** whizz, zip
**śmigło** propeller

**śmigłowiec** helicopter
**śniadanie** **1** breakfast **2** **drugie śniadanie** packed lunch **3** **jeść śniadanie** have breakfast
**śnić** dream
**śnieg** **1** snow **2** **pada śnieg** it snows **3** **rozmokły śnieg** slush **4** **zasypany śniegiem** snowed in
**śnieżka** snowball
**śnieżyca** blizzard, snowstorm
**śpiący** drowsy, sleepy
**śpiączka** coma
**śpieszyć się** **1** hurry, be in a hurry **2** *(o zegarku)* be fast **3** **nie śpieszyć się** take your time **4** **pośpiesz się!** hurry up!
**śpiew** singing
**śpiewać** sing
**śpiewa-k/czka** singer
**śpiewka** **1** **stara śpiewka** the same old story/excuse **2** **zmienić śpiewkę** change your tune
**śpiwór** sleeping bag
**średni** **1** average **2** *(rozmiar)* medium **3** **klasa średnia** the middle class **4** **kryzys wieku średniego** midlife crisis **5** **szkoła średnia** secondary school *BrE*, high school *AmE* **6** **średniej wielkości** medium-sized **7** **w średnim wieku** middle-aged
**średnia** average, mean
**średnica** diameter
**średnik** semicolon
**średniowiecze** the Middle Ages
**średniowieczny** mediaeval *BrE*, medieval *AmE*
**średniozaawansowany** intermediate
**środa** Wednesday
**środek** **1** middle, centre *BrE*, center *AmE* **2** *(sposób)* means, measure **3** **środek antykoncepcyjny** contraceptive **4** **środek czyszczący do toalet/kuchni** toilet/kitchen cleaner **5** **środek dezynfekujący/odkażający** disinfectant **6** **środek do celu** a means to an end **7** **środek lata** midsummer **8** **środek owadobójczy** insecticide **9** **środek przeciwbólowy** painkiller **10** **środek przeczyszczający** laxative **11** **środek tarczy** bull's-eye **12** **środek uspokajający** sedative, tranquillizer **13** **środki finansowe** finance, funding **14** **w samym środku czegoś** in the heart/thick/midst of sth **15** **do środka** indoors, inside **16** **w środku** inside
**środkowy** central, middle
**środowisko** **1** environment **2** **środowisko naturalne** the environment, habitat **3** **w naturalnym środowisku** in the wild **4** **zniszczenie/zanieczyszczenie środowiska** environmental damage/pollution
**śródlądowy** inland
**śruba** screw, bolt
**śrubokręt** screwdriver
**śrutówka** shotgun
**świadczenie** **1** benefit **2** **świadczenie dodatkowe** fringe benefit
**świadczyć** **świadczyć o** be a testament to
**świadectwo** **1** certificate **2** *(w szkole)* school report *BrE*, report card *AmE* **3** **świadectwo urodzenia** birth certificate
**świadek** **1** witness **2** **być świadkiem czegoś** witness sth **3** **naoczny świadek** eyewitness **4** **przypadkowy świadek** bystander
**świadomie** consciously
**świadomość** awareness, consciousness
**świadomy** **1** aware **2** **być świadomym** be aware/conscious (of/that)
**świat** **1** world **2** **być dla kogoś całym światem** mean the world to sb **3** **na całym świecie** all around the world, worldwide **4** **na świecie** in the world **5** **nie widzieć świata poza kimś** think the world of sb, dote on sb **6** **świat zwierząt/roślin** the animal/plant world
**światełko** **światełko w tunelu** a light at the end of the tunnel
**światło** **1** light **2** **światła** *(na skrzyżowaniu)* traffic lights *BrE*, stoplights *AmE* **3** **rzucać światło na coś** shed/throw/cast light on sth **4** **światło dzienne** daylight **5** **światło słoneczne** sunlight **6** **tylne światło** tail-light **7** **w świetle czegoś** in the light of sth, in view of sth **8** **widzieć coś w nowym/innym świetle** see sth in a new/different light **9** **wychodzić na światło dzienne** come to light **10** **wyciągać coś na światło dzienne** bring sth to light
**światły** cultivated, cultured
**światowy** **1** global, world, worldwide **2** **światowej klasy** world-class
**świąteczny** festive
**Świątobliwość** **Wasza/Jego Świątobliwość** Your/His Holiness
**świątynia** temple
**świeca** **1** candle **2** **światło świec(y)** candlelight **3** **świeca zapłonowa** spark plug
**świecić** shine

**świecidełko** trinket
**świecki** lay, secular
**świeczka** candle
**świecznik** candlestick
**świerk** spruce
**świerszcz** cricket
**świetlany** bright
**świetlik** *(okno w dachu)* skylight
**świetlny sygnalizacja świetlna** traffic light *BrE*, stoplight *AmE*
**świetnie** fine
**świetny** great, excellent, splendid
**świeżo 1** freshly **2 świeżo po** fresh from/out of **3 świeżo malowane** wet paint
**świeżość** freshness
**świeży 1** fresh **2 na świeżym powietrzu** out in the open, outdoors
**święcić** consecrate
**święto 1** holiday, feast, festival **2 Święto Dziękczynienia** Thanksgiving **3 święto państwowe** national holiday, public holiday
**świętokradczy** sacrilegious
**świętokradztwo** sacrilege
**świętosz-ek/ka** prude
**świętość** holiness
**świętować** celebrate
**świętowanie** festivity
**święty** *adj* **1** holy, sacred **2 Święty Mikołaj** Father Christmas *BrE*, Santa Claus *AmE*
**święt-y/a** *noun* saint
**świnia** pig, swine
**świnka 1** *(choroba)* mumps **2 świnka morska** guinea pig
**świr 1** nut **2 dostać świra** go nuts
**świrnięty** nuts, nutty
**świst** swish
**świstać** swish
**świszczeć** whistle
**świt 1** dawn, daybreak **2 skoro świt** at the crack of dawn
**świta** entourage
**świtać** dawn

# Tt

**ta** this
**tabaka** snuff
**tabela** table
**tabletka 1** tablet **2** *(do ssania)* lozenge **3 tabletka nasenna** sleeping pill
**tablica 1** blackboard, board **2 tablica ogłoszeń** noticeboard *BrE*, bulletin board *AmE* **3 tablica pamiątkowa** plaque **4 tablica rejestracyjna** number plate *BrE*, license plate *AmE* plate **5 tablica rozdzielcza** dashboard, instrument/control panel **6 tablica wyników** scoreboard
**tabliczka 1** plate, tablet **2 tabliczka czekolady** a bar of chocolate
**taboret** stool
**tabu** taboo
**tac(k)a** tray
**taczka** wheelbarrow
**taić** conceal, keep back
**tajać** thaw
**tajemnica 1** secret **2** *(zagadka)* mystery **3 dochować tajemnicy** keep a secret **4 trzymać coś w tajemnicy** keep sth quiet/keep quiet about sth **5 w tajemnicy** in secret
**tajemniczo** mysteriously
**tajemniczy 1** mysterious **2** *(ukrywający coś)* secretive
**tajfun** typhoon
**tajny 1** secret **2** *(np. spotkanie)* clandestine **3** *(agent)* undercover **4 głosowanie tajne** ballot **5 ściśle tajny** top-secret **6 tajne służby** secret service **7 tajny agent** secret agent
**tak 1** yes **2** *(w taki sposób)* so **3** *(do tego stopnia)* so (much) **4 i tak** in any case **5 nie tak (znowu) dużo** not (all) that much **6 tak ... jak** as ... as **7 tak czy owak** either way, in any case **8 tak dużo/taki długi** that much/big **9 tak jak** like **10 tak samo** likewise **11 tak sobie** so-so **12 tak zwany** so-called
**taki 1** such **2 nie ma czegoś/kogoś takiego (jak)** there's no such thing/person (as) **3 tacy jak on** the likes of him **4 taki ... że** such ... that **5 taki a taki** so-and-so **6 taki dobry człowiek** such a kind man **7 taka okropna pogoda** such awful weather **8 taki duży/dobry** so big/good **9 taki jak** like, such as **10 taki sobie** so-so
**takielunek** rigging
**taksówka 1** cab, taxi **2 brać taksówkę** take a taxi
**takt 1** tact, grace **2** *(w muzyce)* bar
**taktownie** tactfully
**taktowny** tactful, graceful
**taktycznie** tactically
**taktyczny** tactical
**taktyka** tactic
**także** also
**talent 1** talent, gift **2 mieć talent do** have a gift/feel for
**talerz 1** plate **2** *(w perkusji)* cymbal **3 latający talerz** flying saucer
**talia 1** waist, midriff

2 *(kart)* deck, pack
3 *(wymiar)* waistline
**talizman** charm
**talk** talcum powder
**talkshow** talk show, chat show
**talon** coupon, voucher
**tam** **1** there **2** **ktoś/coś tam** someone/something or other **3** **tam i z powrotem** back and forth, backwards and forwards, to and fro **4** **tam jest ...** there's ...
**tama** dam
**tamburyn** tambourine
**tamować** staunch, stem
**tampon** tampon, wad
**tamten** that
**tance-rz/rka** dancer
**tandem** tandem
**tandetny** tacky, tawdry
**tango** tango
**tani** **1** cheap **2** **tani jak barszcz** dirt cheap
**taniec** dance, dancing
**tanio** cheaply, cheap
**tankować** refuel, get petrol *BrE*, get gas *AmE*
**tankowiec** tanker
**tantiemy** royalties
**tańce** dance, dancing
**tańczyć** **1** dance **2** **tańczyć walca/tango** dance the waltz/tango
**tapeta** wallpaper
**tapetować** paper, wallpaper
**tapicerka** upholstery
**taranować** ram
**tarapaty** **1** **być w tarapatach** be in a fix, be in a jam **2** **w ciężkich tarapatach** in dire/ desperate straits
**taras** terrace
**tarasować** jam, obstruct
**tarcie** friction
**tarcza** **1** shield **2** *(strzelecka)* target **3** *(telefonu)* dial **4** *(zegarka)* face
**targ** market
**targi** fair
**targować się** haggle
**targowy** **plac targowy** marketplace
**tarka** grater
**tartak** sawmill
**tarzać się** wallow
**tasak** chopper, cleaver
**tasować** shuffle
**taszczyć** lug
**taśma** **1** tape **2** *(do maszyny do pisania)* ribbon **3** **taśma klejąca** Sellotape *BrE*, Scotch tape *AmE* **4** **taśma wideo** videotape **5** **taśma matka** master tape
**tata** dad
**tatuaż** tattoo
**tatuować** tattoo
**tatuś** dad, daddy
**tawerna** tavern
**tchawica** windpipe
**tchórz** coward
**tchórzliwy** cowardly
**tchórzostwo** cowardice
**teatr** **1** theatre *BrE*, theater *AmE* **2** **teatr amatorski** amateur dramatics
**teatralny** theatrical
**techniczny** technical, technological
**technik** technician, engineer
**technika** **1** technology **2** *(metoda)* technique
**teczka** **1** briefcase **2** *(papierowa)* folder
**teflonowy** nonstick
**tekst** **1** text **2** *(piosenki)* lyrics
**tektura** cardboard
**telefon** **1** telephone, phone **2** *(rozmowa)* phone call, call **3** **odbierać telefon** answer the telephone **4** **rozmawiać przez telefon** be on the phone **5** **telefon komórkowy** cellular phone, mobile phone
**telefoniczny** **1** **automat telefoniczny** pay phone **2** **kabina telefoniczna** phone booth **3** **karta telefoniczna** phone card **4** **książka telefoniczna** telephone directory, phone book
**telefonist-a/ka** operator
**telefonować** **telefonować do** phone, call
**telegraf** telegraph
**telegram** telegram
**telekomunikacja** telecommunications
**telenowela** soap opera
**telepatia** telepathy
**telepatyczny** telepathic
**teleskop** telescope
**teleturniej** game show
**telewizja** **1** television, TV, telly *BrE* **2** **telewizja kablowa** cable television **3** **telewizja satelitarna** satellite television **4** **w telewizji** on television, on TV
**telewizor** television (set), TV (set)
**temat** **1** subject, topic **2** *(motyw)* theme **3** **na temat czegoś** on/about sth **4** **zmienić temat** change the subject
**tematyka** subject matter
**temblak** sling
**temperament** temperament
**temperatura** **1** temperature, heat **2** *(gorączka)* fever **3** **temperatura wrzenia/ topnienia** boiling/melting point

**temperówka** pencil sharpener
**tempo** **1** pace, rate, tempo **2** **w tym tempie** at this rate **3** **w zwolnionym tempie** in slow motion
**temu** **1** ago **2** **dwa dni temu** two days ago **3** **parę dni temu** the other day
**ten** **1** this (one) **2** **ten, kto** whoever
**tendencja** **1** tendency **2** **mieć tendencję do robienia czegoś** be liable to do sth **3** **wykazywać tendencję spadkową** be on the decline
**tenis** **1** tennis **2** **tenis stołowy** table tennis
**tenisówki** plimsolls *BrE*, sneakers *AmE*
**tenor** tenor
**teologia** theology, divinity
**teologiczny** theological
**teoretycznie** in theory, theoretically
**teoretyczny** theoretical
**teorety-k/czka** theorist
**teoretyzować** theorize, theorise *BrE*
**teoria** theory
**terakota** terracotta
**terapeut-a/ka** therapist
**terapeutyczny** therapeutic
**terapia** therapy, treatment
**teraz** now, at the moment
**teraźniejszość** the present
**teraźniejszy** **czas teraźniejszy** the present tense
**tercet** trio
**teren** **1** ground, terrain, site **2** *(sklepu, zakładu)* premises **3** *(zabudowany i ogrodzony)* compound **4** **badania w terenie** fieldwork
**terier** terrier
**termin** **1** deadline **2** *(wyraz)* term **3** **wybrany termin** timing
**terminal** terminal
**terminarz** diary, personal organizer
**terminologia** terminology
**termit** termite
**termofor** hot-water bottle
**termojądrowy** thermonuclear
**termometr** thermometer
**termos** **1** Thermos (flask), vacuum flask *BrE* **2** *(bufetowy)* urn
**termostat** thermostat
**terpentyna** turpentine
**terroryst-a/ka** terrorist, bomber
**terroryzm** terrorism
**terroryzować** terrorize, terrorise *BrE*
**terytorialny** territorial
**terytorium** territory
**test** **1** test **2** *(badanie)* trial **3** **podchodzić do testu** take a test **4** **przeprowadzać test** do/run a check **5** **test wielokrotnego wyboru** multiple choice test
**testament** **1** will, testament **2** **Nowy Testament** the New Testament **3** **Stary Testament** the Old Testament
**testować** test
**teściowa** mother-in-law
**teść** father-in-law
**teza** thesis
**też** **1** too, as well **2** **też (nie)** either, neither **3** **ja też** so do I, me too, same here **4** **ja też nie** me neither, neither do I
**tęcza** rainbow
**tęczówka** iris
**tęgi** stout
**tępić** exterminate
**tępy** **1** *(nóż, ołówek)* blunt, thick **2** *(człowiek)* dull
**tęsknić** **1** **ktoś za kimś/czymś tęskni** sb misses sb/sth **2** **tęsknić za domem/ojczyzną** be/feel homesick
**tęsknie** longingly, wistfully
**tęsknota** longing, yearning
**tęskny** wistful
**tętnica** artery
**tętniczy** arterial
**tętno** heartbeat, pulse
**tężec** tetanus
**tężeć** set, solidify
**tik** tic
**tj.** i.e.
**tkacz/ka** weaver
**tkać** weave
**tkanina** cloth, fabric, textile
**tkanka** tissue
**tlen** oxygen
**tlenek** **tlenek węgla** carbon monoxide
**tlenić** bleach
**tlić się** smoulder *BrE*, smolder *AmE*
**tłamsić** strangle
**tło** **1** background, setting **2** **w tle** in the background
**tłoczyć** **1** press **2** **tłoczyć się** crowd, swarm
**tłok** **1** crowd, crush **2** *(w silniku)* piston
**tłuc** **1** *(walić)* bang, pound **2** *(szkło)* break
**tłum** crowd, mob
**tłumacz/ka** **1** translator **2** *(języka mówionego)* interpreter
**tłumaczenie** translation
**tłumaczyć** **1** *(książkę itp.)* translate **2** *(ustnie)* interpret **3** *(wyjaśniać)* account for, explain
**tłumić** **1** *(śmiech)* smother, suppress **2** *(sprzeciw)* crush, repress **3** **tłumić rewolucję/bunt** put down a revolution/rebellion

**tłumik** 1 silencer 2 *(samochodowy)* silencer *BrE*, muffler *AmE*
**tłumiony** repressed
**tłusty** 1 *(gruby)* fat 2 *(mięso, jedzenie)* fatty 3 *(włosy, plama)* greasy 4 *(ciecz)* oily 5 **tłuste mleko** full-cream milk
**tłuszcz** fat, grease
**to** 1 it 2 **to ja/John** it's me/John 3 **to jest ...** this is ... 4 **to i owo** this and that 5 **tym samym** thus
**toaleta** 1 toilet, lavatory *BrE*, restroom *AmE* 2 **męska toaleta** men's room, the gents 3 **toaleta damska** ladies' room, the ladies 4 **skorzystać z toalety** go to the bathroom
**toaletka** dressing table
**toaletowy** 1 **przybory toaletowe** toiletries 2 **papier toaletowy** toilet paper
**toast** 1 toast 2 **wznosić toast** toast
**toczący się** ongoing
**toczyć** 1 *(kulać)* roll 2 *(wojnę)* wage
**toffi** toffee
**toga** gown, toga
**tok** 1 course 2 **tok myślowy** train of thought 3 **w toku** in progress
**tolerancja** tolerance
**tolerancyjny** tolerant, broadminded
**tolerować** tolerate
**tom** volume
**ton** tone
**tona** tonne, ton
**tonacja** key
**tonalny** tonal
**tonaż** tonnage
**tonąć** 1 drown 2 *(o statku)* sink
**toner** toner
**tonik** tonic
**tonować** tone down, water down
**topić** 1 melt 2 **topić się** *(tonąć)* drown
**topnieć** 1 melt 2 *(kurczyć się)* dwindle
**topola** poplar
**toporek** hatchet
**toporny** crude
**topór** 1 axe *BrE*, ax *AmE* 2 **zakopać topór wojenny** bury the hatchet
**tor** 1 lane, path 2 **tor wyścigowy** race course, racecourse, racetrack 3 **tory kolejowe** railway track *BrE*, railroad track *AmE*
**torba** 1 bag 2 *(kangura)* pouch 3 **torba na ramię** shoulder bag 4 **torba podróżna** holdall
**torbacz** marsupial
**torbiel** cyst
**torebka** 1 bag 2 *(damska)* handbag, purse *AmE* 3 **torebka herbaty ekspresowej** tea bag
**torf** peat
**tornado** tornado, twister
**tornister** satchel
**torować** **torować drogę** pave the way
**torpeda** torpedo
**torreador** bullfighter
**tort** gateau
**torturować** torture
**torturowanie** torture
**tortury** torture
**torys** Tory
**totalitarny** totalitarian
**totalitaryzm** totalitarianism
**totalizator** 1 *(na wyścigach)* sweepstake 2 *(piłkarski)* the pools
**totalny** total
**towar** 1 commodity, stock, merchandise 2 **towary** goods
**towarowy** 1 **dom towarowy** department store 2 **wymiana towarowa** barter
**towarzyski** 1 sociable, outgoing 2 *(okazja, kontakty)* social 3 **udzielać się towarzysko** socialize, socialise *BrE* 4 **życie towarzyskie** social life
**towarzysko** socially
**towarzystwo** 1 companionship, company 2 *(stowarzyszenie)* society, fellowship 3 **bez towarzystwa** unaccompanied 4 **dotrzymywać komuś towarzystwa** keep sb company
**towarzysz/ka** 1 companion 2 *(w partii komunistycznej)* comrade 3 **towarzysz/ka zabaw** playmate 4 **towarzysze podróży** fellow passengers
**towarzyszący** **osoba towarzysząca** escort
**towarzyszyć** accompany
**tożsamość** identity
**tracić** 1 lose 2 *(pieniądze, czas)* waste 3 **nie stracić głowy** keep your head 4 **nie tracić czasu** waste no time/not waste any time 5 **tracić głowę** be/get carried away, lose your head 6 **tracić kontakt (z)** lose touch (with) 7 **tracić nadzieję na coś** despair of sth
**tradycja** 1 tradition 2 **z tradycjami** well-established
**tradycyjnie** traditionally
**tradycyjny** traditional
**traf** **dziwnym trafem** funnily enough, oddly enough
**trafiać** 1 **na chybił trafił** at random 2 **trafiać się** come along 3 **rzadko się trafiać** be few and far between

**trafić** **1** *(odnaleźć drogę)* find your way, get there **2** *(nie chybić)* hit the target **3** **nie trafić w** miss **4** **trafić gdzieś** end up somewhere **5** **trafić w (samo) sedno** hit the nail on the head
**trafienie** hit
**trafnie** aptly
**trafny** apt
**tragedia** tragedy
**tragicznie** tragically
**tragiczny** tragic
**trakt** **1** **być w trakcie robienia czegoś** be in the middle/process of doing sth **2** **w trakcie** in the course of
**traktat** treaty
**traktor** tractor
**traktować** **1** treat **2** **traktować o** have to do with, deal with
**traktowanie** treatment
**trampolina** springboard
**tramwaj** tram *BrE*, streetcar *AmE*
**trans** trance
**transakcja** transaction
**transatlantycki** transatlantic
**transformacja** transformation
**transformator** transformer
**transfuzja** transfusion
**transkontynentalny** transcontinental
**transkrybować** transcribe
**transkrypcja** transcription
**transmisja** broadcasting, transmission
**transmitować** **1** broadcast, transmit **2** **transmitować w telewizji** televise
**transparent** banner, placard
**transplantacja** transplant
**transport** **1** transport *BrE*, transportation *AmE* **2** *(ładunek)* shipment
**transportować** ship
**transportowiec** freighter
**transwestyt-a/ka** transvestite
**tranzystor** transistor
**trap** gangplank, gangway
**trapez** *(gimnastyczny)* trapeze
**trapić się** worry, fret
**trasa** **1** route **2** *(wycieczki)* itinerary **3** **być w trasie** be on the road
**traszka** newt
**tratować** trample
**tratwa** raft
**traumatyczny** traumatic
**trawa** **1** grass **2** *(trawnik)* lawn
**trawiasty** grassy
**trawić** digest, consume
**trawienie** digestion
**trawka** *(marihuana)* grass, pot
**trawler** trawler
**trawnik** lawn
**trąba** **1** *(słonia)* trunk **2** **trąba powietrzna** whirlwind
**trąbić** *(klaksonem)* honk, hoot, toot
**trąbka** trumpet
**trącać** jog, nudge
**trącić** **trącić czymś** smack of sth
**trąd** leprosy
**trądzik** acne
**trefl** clubs
**trema** stage fright
**trencz** trenchcoat
**trend** **1** trend **2** **zapoczątkować trend** set the trend
**trener/ka** trainer, coach
**trening** training, workout, practice *BrE*, practise *AmE*
**trenować** **1** train, work out **2** *(kogoś)* coach
**treść** **1** content **2** *(książki)* contents
**trębacz** bugler
**trędowat-y/a** leper
**trio** trio
**trochę** **1** a little, a bit, slightly **2** **ani trochę** not a (little) bit, not in the slightest **3** **trochę za wysoki/ciężki** on the high/heavy side
**trociny** sawdust
**trofeum** trophy
**trojaczki** triplets
**tron** throne
**trop** **1** scent, lead **2** **być na czyimś tropie/na tropie czegoś** be on sb/sth's trail
**tropić** track, trail
**tropikalny** **1** tropical **2** **tropikalny las deszczowy** rain forest
**tropiki** the tropics
**troska** care, concern, worry
**troskliwie** attentively, thoughtfully
**troskliwy** attentive, thoughtful
**troszczyć się** **troszczyć się o** care for
**trójca** **Trójca Święta** the Trinity
**trójkąt** triangle
**trójkątny** triangular
**trójnóg** tripod
**trójwymiarowy** three-dimensional
**trucht** **1** trot **2** **biec truchtem** trot
**truchtać** scamper
**trucizna** poison
**truć** poison
**trud** **1** trouble **2** **z trudem** with difficulty **3** **zadawać sobie trud, żeby coś zrobić** take the trouble to do sth, go out of your way to do sth

**4 zadawać sobie trud** bother, go to/take a lot of trouble
**trudno** too bad
**trudność 1** difficulty, hardship **2 mieć z czymś trudności** be hard pressed/ put/pushed to do sth
**trudny 1** difficult, hard, tough **2 trudne pytanie/ zagadnienie** thorny question/issue
**trufla** truffle
**trujący** poisonous, toxic
**trumna** coffin, casket *AmE*
**trup 1** dead body, corpse **2 po moim trupie** over my dead body
**truskawka** strawberry
**trust** trust
**trwać 1** continue, go on, last **2 trwać przy** stand by, stick by, cling to
**trwający** ongoing
**trwale** permanently
**trwała** perm
**trwałość** durability, permanence
**trwały** permanent, durable, lasting
**trwonić** waste, squander, fritter away
**tryb 1** mode **2** *(gramatyczny)* mood **3 tryb łączący** subjunctive
**trybuna 1** stand **2** *(na stadionie)* grandstand
**trybunał** tribunal
**trykot** leotard
**trylogia** trilogy
**trymestr** trimester
**tryskać 1** gush, spout, squirt **2 tryskający zdrowiem** bouncing
**tryumf** triumph
**tryumfalny** triumphal
**tryumfować** triumph
**trywialny** trivial
**trzask** click, crack, snap
**trzaskać 1** crack, crackle, crash **2** *(drzwiami)* slam
**trząść się 1** shake, shiver **2 trząść się nad kimś** fuss over sb
**trzcina 1** reed **2** *(materiał)* cane
**trzeci 1** third **2 jedna trzecia** a third **3 osoba trzecia/postronna** third party **4 po trzecie** thirdly **5 podnosić do trzeciej potęgi** cube **6 trzeci świat** the Third World **7 trzecia osoba** the third person
**trzeć 1** *(np. ser)* grate **2** *(np. oczy)* rub
**trzepaczka trzepaczka do piany** whisk
**trzepot** flutter
**trzepotać** flutter
**trzeszczeć** crackle
**trzeźwieć** sober up
**trzeźwo** soberly
**trzeźwy** sober
**trzęsiączka** jitters
**trzęsienie trzęsienie ziemi** earthquake, quake
**trzmiel** bumblebee
**trzon** hard core
**trzonowy ząb trzonowy** molar
**trzy** three
**trzydziestka być po trzydziestce** be in your thirties
**trzydziesty 1** thirtieth **2 lata trzydzieste** the thirties
**trzydzieści** thirty
**trzymać 1** hold, keep **2 trzymać kciuki** keep your fingers crossed **3 trzymać się** hang on, hold onto, keep to, stick to **4 nie trzymać się kupy** not add up **5 trzymać się kurczowo** cling **6 trzymać się razem** stick together **7 trzymać się z daleka od** stay away from, steer clear of **8 świetnie się trzymać** be still going strong **9 trzymaj się** take care
**trzynasty** thirteenth
**trzynaście** thirteen
**trzysta** three hundred
**tu 1** here **2 tu i tam** here and there
**tuba 1** tube **2** *(instrument)* tuba
**tubka** tube
**tubylec** native
**tuczący** fattening
**tuczyć** fatten
**tulić** hug, cradle, nestle
**tulipan** tulip
**tułów** trunk, torso
**tundra** tundra
**tunel** tunnel
**tunika** tunic
**tuńczyk** tuna(fish)
**turban** turban
**turbina** turbine
**turbulencje** turbulence
**turecki siedzieć po turecku** sit cross-legged
**turkotać** rattle
**turkusowy** turquoise
**turniej** tournament
**turyst-a/ka** tourist, sightseer
**turystyczny 1** tourist **2 klasa turystyczna** economy class
**turystyka** tourism
**tusz 1** ink **2 tusz do rzęs** mascara
**tusza** *(zwierzęca)* carcass
**tuszować** cover up, hush up
**tutaj** here
**tuzin 1** dozen **2 pół tuzina** half a dozen
**tuż tuż przed/po/za** just before/after/behind
**twardnieć** harden
**twardość** hardness, toughness

**twardy** 1 hard 2 *(mięso)* tough 3 *(zasady)* firm 4 **jajko na twardo** hard-boiled egg 5 **twardy dysk** hard disk

**twarz** 1 face 2 **powiedzieć coś komuś w twarz** say sth to sb's face 3 **stracić twarz** lose face 4 **zachować twarz** save face 5 **twarzą w twarz (z)** face to face (with) 6 **wyraz twarzy** expression 7 **zwracać się twarzą do** turn to face

**twarzowy** flattering

**tweed** tweed

**twierdząco** affirmatively

**twierdzący** affirmative

**twierdzenie** statement, claim, proposition

**twierdzić** argue, assert, claim

**tworzenie się** formation

**tworzyć** 1 create, form 2 *(całość)* constitute

**twój** your, yours

**twór** creation

**twór-ca/czyni** creator

**twórczo** creatively

**twórczość** 1 works 2 *(pisarska też)* writings

**twórczy** creative

**ty** you

**tyczka** **skok o tyczce** pole vault

**tydzień** 1 week 2 **co tydzień** weekly 3 **dwa tygodnie** fortnight 4 **raz w tygodniu** weekly 5 **w połowie tygodnia** midweek

**tygodniowy** weekly

**tygrys** tiger

**tykać** 1 *(o zegarze)* tick 2 **nie tykać czegoś** not touch sth

**tykanie** tick

**tyle** 1 *(z rzeczownikami policzalnymi)* so many 2 *(z rzeczownikami niepoliczalnymi)* so much 3 **tyle co nic** next to nothing

**tylko** 1 only, just, merely 2 **jak/gdy tylko** as soon as, the minute (that), the moment (that) 3 **nie tylko ... (lecz) także** not only ... (but) also 4 **tylko że** only

**tylny** 1 back, rear 2 **tylne kończyny/łapy** hind legs/feet 3 **tylne siedzenie** back seat

**tył** 1 back, rear 2 **do tyłu** back, backwards 3 **tył(em) na przód** back to front, backwards 4 **tyłem do siebie** back-to-back 5 **w tyle** behind 6 **z tyłu** behind

**tyłek** bum, butt

**tymczasem** in the meantime, meanwhile

**tymczasowo** temporarily

**tymczasowy** provisional, temporary, interim

**tymianek** thyme

**tynk** plaster

**tynkować** plaster

**typ** 1 type 2 *(człowiek)* character 3 **nie być w czyimś typie** not be sb's type

**typowany** **typowany do czegoś** tipped to do sth

**typowo** typically

**typowy** 1 typical 2 **typowy przykład** a prime example

**tyran** bully, tyrant

**tyrania** tyranny

**tyranizować** bully

**tyranizowanie** bullying

**tysiąc** 1 thousand 2 *(funtów, dolarów)* grand

**tysiąclecie** millennium

**tysięczny** thousandth

**tytoń** tobacco

**tytularny** nominal

**tytuł** 1 title 2 **obroń-ca/czyni tytułu** title-holder 3 **tytuł szlachecki** knighthood 4 **tytuł własności** tenure

**tytułować** 1 entitle, title 2 *(zwracać się)* address

**tytułowy** **tytułowa rola** title role

**tzn.** i.e.

# Uu

**uaktualniać** update

**ubezpieczać** 1 insure 2 *(w czasie walki)* cover

**ubezpieczenie** 1 insurance 2 **ubezpieczenia społeczne** social security 3 **ubezpieczenie na życie** life insurance

**ubić** slaughter

**ubiegły** past

**ubierać** 1 dress 2 *(nakładać)* put on 3 **ubierać się** get dressed

**ubijać** beat, whip, whisk

**ubikacja** toilet

**ubiór** dress

**ubocze** **na uboczu** off the beaten track/path

**uboczny** 1 incidental 2 **produkt uboczny** by-product 3 **skutek uboczny** by-product, side effect

**ubogi** 1 poor, needy 2 **ubogi w coś** deficient in sth

**ubolewanie** **godny ubolewania** regrettable

**ubóstwiać** idolize, idolise *BrE*

**ubóstwo** poverty

**ubóść** butt

**ubranie** clothes

**ubrany** 1 **być ubranym** be dressed 2 **być ubranym w** have on 3 **dobrze ubrany** well-dressed 4 **źle ubrany** badly-dressed

**ubytek** *(w zębie)* cavity

**ucharakteryzować** disguise
**ucho** 1 ear 2 *(igły)* eye 3 **wpadający w ucho** catchy
**uchodzić** **uchodzić za** pass for
**uchodźca** refugee
**uchwalać** 1 enact, pass 2 **uchwalać ustawę** legislate
**uchwała** resolution
**uchwyt** handle, holder
**uchybienie** lapse
**uchylać** 1 *(sprzeciw)* overrule 2 *(decyzję)* override 3 **uchylać się (przed)** dodge 4 **uchylać się od** evade
**uchylanie się** avoidance, evasion
**uchylony** *(drzwi)* ajar
**uciążliwy** burdensome, cumbersome
**ucichnąć** die away, die down, quieten down
**uciec** escape, get away
**uciecha** delight
**ucieczka** 1 escape, flight 2 **rzucać się do ucieczki** bolt
**uciekać** 1 run away, run off, flee 2 **uciekać się do** resort to
**uciekinier/ka** runaway
**ucieleśnienie** 1 embodiment 2 **być ucieleśnieniem** embody 3 **ucieleśnienie dobroci/zła** the incarnation of goodness/ evil
**ucierpieć** suffer
**ucisk** 1 oppression, repression 2 **oparty na ucisku** oppressive
**uciskać** oppress
**uciskany** oppressed
**uciszać** quieten, silence
**uciszyć** shut up
**uczcić** celebrate
**uczciwie** 1 honestly 2 **uczciwie przyznawać** freely admit/acknowledge
**uczciwość** 1 honesty 2 **mieć na tyle uczciwości, żeby coś zrobić** have the decency to do sth
**uczciwy** honest, decent
**uczelnia** university, college
**uczennica** schoolgirl
**uczeń** pupil, student, schoolboy, schoolchild
**uczesać** 1 comb 2 **uczesać się** do your hair
**uczesanie** hairdo, hairstyle
**uczestnictwo** participation
**uczestniczyć** participate
**uczestni-k/czka** participant
**uczon-y/a**[1] *noun* scholar, scientist
**uczony**[2] *adj* learned, scholarly
**uczta** feast
**ucztować** feast
**uczucie** 1 emotion, feeling, sensation 2 **mieszane uczucia** mixed feelings
**uczuciowo** emotionally
**uczuciowy** emotional
**uczulenie** allergy
**uczuleniowy** allergic
**uczulony** allergic
**uczyć** 1 teach 2 **uczyć się** learn
**uczynek** 1 deed 2 **złapać kogoś na gorącym uczynku** catch sb red-handed
**uczynny** obliging, accommodating
**udać się** **komuś udało się coś zrobić** sb managed to do sth, sb was able to do sth
**udany** successful
**udar** stroke
**udaremniać** frustrate
**udaremnić** defeat
**udawać** 1 fake, pretend 2 **udawać, że** make out (that) 3 **jeżeli to się nie uda** failing that 4 **komuś się udaje (coś zrobić)** sb succeeds (in doing sth)
**udawanie** make-believe, play-acting
**udawany** **udawane zdziwienie/przerażenie** mock surprise/horror
**udekorować** decorate
**uderzać** 1 beat, strike 2 **uderzać komuś do głowy** go to sb's head
**uderzający** striking
**uderzenie** 1 *(cios)* blow 2 *(dźwięk)* bang, knock
**uderzyć** 1 hit, smash 2 *(otwartą dłonią)* slap, smack 3 **uderzyć się (w)** bump, hit
**udo** thigh
**udobruchać** placate
**udomowiony** domesticated
**udoskonalać** improve, refine, perfect
**udoskonalony** improved, refined
**udostępniać** **udostępniać coś komuś** give sb the use of sth
**udowadniać** prove
**udramatyzować** dramatize, dramatise *BrE*
**udręka** anguish, torment
**udusić** 1 strangle, smother 2 **udusić się** suffocate
**uduszenie** strangulation, suffocation
**udział** 1 participation 2 *(w zyskach firmy)* share, interest 3 **brać udział (w)** take part in, enter, attend 4 **mieć udziały** hold shares 5 **udział w czymś** a stake in sth

**udzielać** 1 grant 2 **udzielać porad** counsel 3 **udzielać się komuś** rub off on sb 4 **udzielać się towarzysko** socialize, socialise *BrE*
**ufać** 1 trust, trust in 2 **nie ufać** distrust, mistrust
**ufarbować** 1 colour *BrE*, color *AmE* 2 *(włosy)* dye
**ufność** confidence
**ufny** trusting
**UFO** UFO
**uformować** shape, form
**uganiać się** chase
**ugasić** 1 extinguish, put out 2 **ugasić pragnienie** quench your thirst
**uginać się** 1 bow, sag 2 **uginać się pod naciskiem** bow to
**ugotować** 1 cook, boil 2 *(na parze)* steam
**ugrupowanie** group, grouping
**ugryzienie** bite
**ugryźć** 1 bite 2 *(lekko)* nip
**ugrzęznąć** get/be bogged down
**uhonorować** honour *BrE*, honor *AmE*
**ujadać** yap
**ujarzmić** repress
**ujawniać** disclose, reveal, make public
**ujawnienie** disclosure
**ująć** capture
**ujednolicać** standardize, standardise *BrE*, unify
**ujemnie** negatively
**ujemny** negative
**ujęcie** 1 *(schwytanie)* capture 2 *(fotografia)* shot
**ujmować się** **ujmować się za** stand up for
**ujmujący** endearing
**ujrzeć** see, set/lay eyes on
**ujście** 1 outlet 2 *(rzeki)* mouth, estuary
**ukamienować** stone
**ukarać** 1 punish, penalize, penalise *BrE* 2 *(dyscyplinarnie)* discipline
**ukazywać** 1 show 2 **ukazywać się** appear
**ukąszenie** bite, sting
**układ** 1 arrangement, composition, routine, system 2 *(przestrzenny, graficzny)* layout 3 *(taneczny)* routine 4 *(oddechowy, wydalniczy itp.)* system 5 *(traktat)* pact, treaty 6 **pójść na układ** strike a deal 7 **układ nerwowy** nervous system 8 **układ scalony** integrated circuit, chip 9 **układ słoneczny** the solar system
**układać** arrange
**układanka** (jigsaw) puzzle
**ukłon** bow
**ukłucie** 1 pang, prick 2 **ukłucie bólu/żalu** a stab of pain/regret
**uknuć** 1 plot 2 **uknuć spisek** hatch a plot/plan
**ukochan-y/a**[1] *noun* beloved
**ukochany**[2] *adj* beloved, darling
**ukoić** soothe
**ukołysać** lull
**ukończyć** finish, complete
**ukoronować** crown
**ukoronowanie** culmination
**ukos** **na ukos** at an angle
**ukośnik** slash
**ukośny** diagonal
**ukradkiem** 1 furtively, stealthily 2 **spojrzeć ukradkiem na** sneak a look/glance at
**ukradkowy** furtive, stealthy
**ukraść** steal
**ukrycie** 1 hiding, concealment 2 **pozostawać w ukryciu** lie low
**ukryć** 1 hide, conceal 2 **ukryć twarz w** bury your face in
**ukryty** 1 hidden 2 **ukryty motyw/powód** ulterior motive/reason
**ukrywać** 1 hide, conceal 2 **ukrywać się** hide, be in hiding, be on the run
**ukrzyżować** crucify
**ukrzyżowanie** the Crucifixion
**ukształtować** shape
**ukuć** coin
**ul** beehive, hive
**ulatniać się** escape, leak
**ulegać** give in, yield, relent, succumb
**uległość** submission
**uległy** submissive
**ulepszony** improved
**ulewa** downpour
**ulewny** torrential
**ulga** 1 relief 2 **odczuwać ulgę** be relieved 3 **ulga podatkowa** tax concession/exemption
**ulica** 1 street, road 2 **boczna ulica/droga** back street/road 3 **główna ulica** high street
**uliczka** alley
**ulokowany** **źle ulokowany** misplaced
**ulotka** leaflet
**ultimatum** ultimatum
**ulubieni-ec/ca** favourite *BrE*, favorite *BrE*
**ulubiony** favourite *BrE*, favorite *AmE*
**ułamek** 1 fraction 2 **ułamek dziesiętny** decimal 3 **ułamek sekundy** a split second
**ułaskawiać** pardon
**ułaskawienie** pardon

**ułatwiać** facilitate, make easier
**ułatwienie** facilitation
**ułomność** handicap
**umacniać** strengthen, reinforce
**umarły** **1** dead **2** **umarli** the dead
**umawiać się** make a date, make an appointment
**umeblować** furnish
**umeblowany** furnished
**umiar** **1** moderation, restraint **2** **z umiarem** sparingly
**umiarkowanie** moderately
**umiarkowany** **1** moderate **2** *(klimat)* temperate
**umieć** **1** can, be able to, know how to **2** **umieć słuchać** be a good listener
**umiejętnie** ably, skilfully
**umiejętność** accomplishment, skill
**umiejętny** skilful *BrE*, skillful *AmE*
**umiejscowić** locate
**umiejscowiony** set, located
**umierać** die
**umieralność** mortality
**umieszczać** place, put
**umięśniony** muscular
**umniejszać** diminish, detract from
**umocować** fix, anchor
**umowa** **1** contract, deal **2** **zawrzeć umowę** strike/make a deal
**umożliwiać** **umożliwiać komuś zrobienie czegoś** enable sb to do sth
**umówiony** **umówione spotkanie** appointment, engagement
**umrzeć** **1** die, pass away **2** **umrzeć z zimna** die of exposure
**umyć** **1** wash **2** *(szamponem)* shampoo **3** **umyć ręce** wash up
**umykać** **umykać czyjejś uwadze** escape someone's attention
**umysł** **1** head, mind **2** **zdrowy na umyśle** sane
**umysłowo** mentally
**umysłowy** **1** mental **2** **choroba umysłowa** insanity
**umyślnie** deliberately, intentionally
**umyślny** intentional
**umywać** **umywać ręce od czegoś** wash your hands of sth
**umywalka** washbasin
**uncja** ounce
**unia** **1** union **2** **Unia Europejska** European Union
**unicestwiać** annihilate
**unicestwienie** annihilation
**unieruchomić** immobilize, immobilise *BrE*
**uniesienie** ecstasy, rapture
**unieważniać** **1** annul, cancel **2** **unieważniać orzeczenie/wyrok** overturn a ruling/verdict
**unieważnienie** annulment, cancellation
**uniewinniać** acquit
**uniewinnienie** acquittal
**uniezależniać się** strike out on your own
**unik** evasive action
**unikać** **1** avoid, dodge, shun **2** *(tematu)* keep off **3** **nie do uniknięcia** unavoidable **4** **unikać kary** get off
**unikanie** avoidance
**uniknąć** **uniknąć śmierci/kary** escape death/punishment
**uniwersalny** universal
**uniwersytecki** **miasteczko uniwersyteckie** campus
**uniwersytet** university
**unormować** normalize, normalise *BrE*
**unosić się** **1** drift, float, hover **2** **unosić się na wodzie** be afloat
**unowocześniać** modernize, modernise *BrE*, update, upgrade
**uodparniać** immunize, immunise *BrE*
**uogólniać** generalize, generalise *BrE*
**uogólnienie** generalization
**uosabiać** personify
**uosobienie** **1** personification **2** **być uosobieniem** be the epitome of
**upadać** fall
**upadek** downfall, fall
**upadlać** degrade
**upalny** blazing
**upał** **1** heat **2** **fala upałów** heatwave
**upamiętniać** commemorate, mark
**upaństwowić** nationalize, nationalise *BrE*
**uparcie** obstinately, stubbornly
**uparty** obstinate, stubborn
**upaść** fall
**upatrzony** **mieć upatrzony** have your eye on
**upewnić się** double-check, ensure, see, make sure
**upiec** **1** bake, roast **2** **upiec na grillu** barbecue **3** **upiec na ruszcie** broil **4** **upiec dwie pieczenie na jednym ogniu** kill two birds with one stone
**upierać się** insist
**upierzenie** plumage
**upiększać** embellish
**upijać się** get drunk

**upiorny** ghostly
**upiór** ghost, spectre *BrE*, specter *AmE*
**upleść** weave
**upływ** **1** flow **2** **upływ czasu** the passage of time
**upływać** elapse
**upodlenie** degradation
**upodobanie** **1** fancy **2** **mieć upodobanie do czegoś** have a liking for sth
**upojny** intoxicating
**upojony** intoxicated
**upokarzać** humiliate
**upokarzający** humiliating
**upokorzenie** humiliation, indignity
**upokorzony** humiliated
**upolityczniać** politicize, politicise *BrE*
**upominać** rebuke
**upomnienie** rebuke
**uporać się** **uporać się z** dispose of
**uporczywy** persistent
**uporządkować** order, sort out
**uporządkowany** orderly
**upośledzenie** handicap
**upośledzony** **1** handicapped **2** **upośledzony społecznie** underprivileged
**upór** obstinacy, stubbornness
**upraszczać** **1** simplify **2** *(nadmiernie)* oversimplify
**uprawa** cultivation
**uprawiać** **1** practise **2** *(ziemię)* cultivate
**uprawniać** entitle
**uprawnienie** **1** right, power **2** **nie mieć uprawnień do czegoś** be ineligible for sth/to do sth
**uprawniony** **uprawniony do (robienia) czegoś** eligible to do sth
**uprawny** **1** cultivated **2** **roślina uprawna** crop
**uproszczenie** simplification, oversimplification
**uprowadzać** **1** abduct, kidnap **2** *(samolot)* hijack
**uprowadzenie** **1** abduction **2** *(samolotu)* hijacking
**uprząść** spin
**uprzątać** clear away, tidy away
**uprząż** harness
**uprzeć się** put your foot down
**uprzedzać** **1** pre-empt, prejudice **2** **uprzedzić kogoś w czymś** beat sb to sth
**uprzedzenie** **1** bias, preconception, prejudice **2** **wolny od uprzedzeń** open-minded
**uprzedzony** prejudiced, biased
**uprzejmie** politely, kindly
**uprzejmość** politeness
**uprzejmy** polite, courteous, good
**uprzemysłowienie** industrialization
**uprzemysłowiony** industrialized
**uprzyjemniać** **uprzyjemniać sobie czas** while away the hours/evening/days
**uprzywilejowanie** privilege
**uprzywilejowany** privileged
**upust** **dawać upust czemuś** give vent to sth
**upuszczać** drop
**urabiać** mould *BrE*, mold *AmE*
**uradować** **uradować kogoś** make someone's day
**uradowany** overjoyed, elated
**Uran**[1] *(planeta)* Uranus
**uran**[2] *(pierwiastek)* uranium
**uratować** save, rescue, salvage, spare
**uraz** **1** injury, trauma **2** **wywołać uraz** scar
**uraza** **1** grudge, resentment **2** **pełen urazy** resentful **3** **żywić urazę** bear a grudge
**urazić** **urazić czyjąś dumę** wound sb's pride
**urażony** hurt, resentful
**urbanist-a/ka** planner
**uregulować** **1** regulate, settle **2** **uregulować się** normalize, normalise *BrE*
**urlop** **1** leave, vacation **2** **brać/wziąć urlop** take a holiday **3** **na urlopie** on vacation **4** **urlop macierzyński** maternity leave
**urna** **1** urn **2** **urna wyborcza** ballot box
**uroczy** charming, lovely
**uroczystość** celebration
**uroczysty** ceremonial, solemn
**uroczyście** ceremonially
**uroda** beauty, prettiness
**urodzajny** fertile
**urodzenie** **1** birth **2** **miejsce urodzenia** birthplace **3** **świadectwo urodzenia** birth certificate **4** **wskaźnik urodzeń** birthrate
**urodzić** **1** give birth (to), have a baby **2** **urodzić się** be born
**urodziny** birthday
**urodzony** **urodzony przywódca/nauczyciel** a born/natural leader/teacher
**urok** charm, appeal
**urosnąć** grow (up)
**urozmaicać** vary

**urozmaicenie** variety
**urozmaicony** varied
**uruchamiać** run, start, activate
**uruchomienie** activation
**urwis** urchin
**urwisko** precipice
**urywany** jerky, interrupted
**urywek** 1 fragment, excerpt, extract 2 **urywek rozmowy/piosenki** a snatch of conversation/song
**urząd** 1 agency, bureau, office 2 **urząd pocztowy** post office
**urządzenie** 1 appliance, device 2 **urządzenia** facilities
**urzeczywistniać** 1 realize, realise *BrE* 2 **urzeczywistniać się** become a reality
**urzekać** captivate
**urzekający** captivating
**urzędni-k/czka** 1 clerk, white collar worker 2 **urzędni-k/czka administracji państwowej** civil servant 3 **urzędni-k/czka stanu cywilnego** registrar 4 **wysoki urzędnik** official
**urzędowy** official
**urżnięty** stoned
**usankcjonować** sanction
**usatysfakcjonować** satisfy, gratify
**usiąść** sit down, take a seat
**usiłować** attempt, endeavour
**uskok** fault
**usługa** 1 service 2 **usługi komunalne** *(np. gaz, energia)* utilities
**usłużnie** obligingly
**usłużny** obliging
**usłyszeć** 1 hear 2 **przypadkiem usłyszeć** overhear
**usmażyć** fry
**uspokajać** 1 calm (down), quieten *BrE*, quiet *AmE* 2 **uspokajać się** calm down, quieten down
**uspokajający** **środek uspokajający** sedative
**uspokoić** **uspokoić kogoś** put/set sb's mind at rest
**usposobienie** temperament
**usprawiedliwiać** excuse, justify
**usprawiedliwienie** excuse
**usprawniać** streamline
**usta** 1 mouth 2 **z otwartymi ustami** open-mouthed
**ustabilizować się** stabilize, stabilise *BrE*, level off/out
**ustalać** determine, establish, fix
**ustalony** 1 established, fixed, given, set 2 **z góry ustalony** predetermined
**ustanawiać** 1 lay down 2 **ustanowić rekord** set a record
**ustatkować się** settle down
**ustawa** 1 act, law 2 **projekt ustawy** bill
**ustawać** 1 cease, stop 2 **nie ustawać w wysiłkach** keep at it
**ustawiać** 1 line up, set up 2 **ustawiać się w szeregu** line up
**ustawienie** alignment
**ustawodawczy** 1 legislative 2 **ciało ustawodawcze** legislature
**ustawodawstwo** legislation
**ustawowy** statutory
**ustąpić** resign
**usterka** defect, fault, malfunction
**ustęp** *(urywek)* excerpt, passage
**ustępować** 1 give in, yield 2 *(ze stanowiska)* stand down, step down/aside 3 **ustępować miejsca** give way 4 **ustępować pierwszeństwa przejazdu** give way, yield
**ustępstwo** concession
**ustępujący** **ustępujący prezydent/rząd** the outgoing president/government
**ustnik** mouthpiece
**ustny** 1 oral, verbal 2 **egzamin ustny** oral
**ustronny** private, secluded
**usunąć** take out
**usunięcie** deletion, expulsion
**usuwać się** **usuwać się na dalszy plan** take a back seat
**usuwać** delete, remove
**usuwanie** disposal
**usychać** 1 shrivel, wither 2 **usychać z tęsknoty** pine
**usypiać** *(zwierzę)* put down
**uszanowanie** **z wyrazami uszanowania od kogoś** with the compliments of sb/with sb's compliments
**uszczelka** seal, washer
**uszczerbek** damage
**uszczypliwy** 1 cutting 2 **uszczypliwa uwaga** acid remark/comment, caustic remark/comment
**uszczypnąć** tweak
**uszkodzić** harm, damage
**uszyć** sew
**uścisk** 1 clasp, embrace, grasp, grip, squeeze 2 **uścisk dłoni** handshake 3 **uściski od** love from
**uściskać** hug
**uścisnąć** **uścisnąć sobie dłonie** shake hands (with sb)
**uściślać** specify, qualify
**uśmiech** 1 smile 2 **szeroki uśmiech** grin 3 **uśmiech losu** stroke of luck

**uśmiechać się** **1** smile **2** *(szeroko)* grin
**uśmierzać** kill
**uśpić** **1** drug **2** **uśpić psa/kota** put a dog/cat to sleep
**uśpiony** dormant
**uświadamiać** **uświadamiać sobie** realize, realise *BrE*
**uświadomić** **uświadomić coś** drive/bring sth home
**uświadomienie** **uświadomienie sobie** realization
**utalentowany** gifted, talented
**utarg** takings
**utkwić** lodge
**utlenić** bleach
**utonąć** drown
**utonięcie** drowning
**utopia** utopia
**utopić się** drown
**utorować** **utorować drogę** pave the way
**utrapienie** annoyance, pest
**utrata** **1** loss **2** **utrata przytomności** loss of consciousness, blackout
**utrudniać** hamper, hinder, impede, obstruct
**utrudnienie** handicap, hindrance, impediment
**utrwalać** perpetuate
**utrzeć** grate
**utrzymać** hold
**utrzymanie** living, upkeep
**utrzymywać** **1** *(twierdzić)* allege, maintain **2** *(rodzinę)* provide for **3** *(porządek)* keep **4** **utrzymywać na niskim poziomie** keep down **5** **utrzymywać się przy życiu** subsist
**utuczyć** fatten
**utwardzać** harden
**utworzenie** creation
**utworzyć się** form
**utwór** **1** composition, piece **2** *(na płycie)* track
**utykać** limp
**utylizacja** recycling
**utylizować** recycle
**uwaga** **1** attention, observation, remark **2** **brać pod uwagę** take into account/consideration, take heed of, take note (of), consider **3** **godny uwagi** notable, noteworthy **4** **nie zwracać uwagi** not take any notice/take no notice **5** **odwracać (czyjąś) uwagę od** divert (sb's) attention from **6** **umykać czyjejś uwadze** escape sb's attention **7** **wziąwszy pod uwagę** given **8** **zrobić uwagę na temat** remark on/upon **9** **znajdować się w centrum uwagi** be in the limelight, be the focus of attention **10** **zwracać (czyjąś) uwagę na coś** draw (sb's) attention to sth **11** **zwracać czyjąś uwagę** catch sb's eye
**uwalniać** **1** free, liberate, release **2** **uwalniać kogoś od czegoś** relieve sb of sth **3** **uwalniać się** break loose/free
**uważać** **1** *(być ostrożnym)* be careful, pay attention, take care, watch out, be on the lookout **2** *(sądzić)* think, believe **3** **uważaj!** be careful!, watch out! **4** **uważać kogoś za** regard sb as, consider sb (to be) sth, count sb as, view sb as **5** **uważać na** mind
**uważnie** attentively, carefully
**uważny** attentive, careful
**uwertura** overture
**uwędzić** smoke
**uwiązany** stuck
**uwieczniać** immortalize, immortalise *BrE*
**uwiedzenie** seduction
**uwielbiać** adore, worship
**uwielbienie** adoration
**uwieńczyć** cap, crown
**uwierzyć** **1** believe **2** **nie uwierzysz** guess what **3** **uwierzyć komuś na słowo** take sb's word for it **4** **choć trudno w to uwierzyć** believe it or not **5** **nie mogę uwierzyć, że** I can't/don't believe
**uwieść** seduce
**uwięzić** imprison
**uwięziony** *(unieruchomiony)* trapped
**uwłaczać** **uwłaczać czyjejś godności** be beneath you
**uwłaczający** derogatory
**uwodzicielski** seductive
**uwolnić** set free
**uwydatniać** enhance
**uwzględniać** take into consideration, allow for, provide for
**uwziąć** **uwziąć się na kogoś** have (got) it in for sb
**uzależniający** addictive
**uzależnienie** addiction, dependence, reliance
**uzależniony** **1** addicted, dependent **2** **być uzależnionym od** depend on/upon
**uzasadniać** justify
**uzasadnienie** justification
**uzasadniony** justified, legitimate, valid
**uzbroić** arm
**uzbrojony** **1** armed **2** **uzbrojony bandyta** gunman
**uzda** bridle
**uzdolnienie** talent, aptitude
**uzdrawiacz** healer
**uzdrawiać** heal

**uzdrowisko** spa
**uzgadniać** agree
**uzgodnienie** **1** accord **2** **do uzgodnienia** negotiable
**uzgodniony** agreed
**uziemić** earth *BrE*, ground *AmE*
**uziemienie** earth, ground *AmE*
**uzmysłowić** **uzmysłowić coś komuś** make sb aware of sth, impress sth on sb
**uznanie** **1** recognition, credit, appreciation **2** **w uznaniu dla** in recognition of **3** **według czyjegoś uznania** at sb's discretion **4** **wyrażać uznanie dla** pay tribute to
**uznany** **być uznanym za zmarłego/niewinnego** be presumed dead/innocent
**uznawać** recognize, recognise *BrE*, acknowledge
**uzupełniać** complement, supplement
**uzupełniający** **1** supplementary **2** **wybory uzupełniające** by-election
**uzupełnić** complete
**uzupełnienie** complement, supplement
**użądlenie** sting
**użądlić** sting
**użycie** **1** use **2** *(języka)* usage **3** **łatwy w użyciu** user-friendly **4** **w użyciu** in use
**użyczać** spare
**użyteczność** usefulness
**użyteczny** useful
**użytek** **1** use **2** **nadający się do użytku** usable **3** **robić użytek z** make use of **4** **zrobić z czegoś dobry użytek** put sth to good use **5** **zrobić z czegoś jak najlepszy użytek** make the best of sth, make the best of a bad job
**użytkowni-k/czka** user
**używać** use
**używanie** usage, use
**używany** **1** *(nie nowy)* secondhand, used **2** **nie używany** idle

# Ww

**w** **1** in, into, at **2** **w sobotę** on Saturday
**wabić** allure, entice, lure
**wachlarz** **1** fan **2** *(asortyment)* array
**wachlować** fan
**wacik** swab
**wada** **1** disadvantage, drawback **2** *(defekt)* defect, fault **3** **wada wymowy** speech impediment
**wadliwy** defective, faulty, flawed
**waga** **1** scales **2** *(laboratoryjna)* balance **3** *(ciężar)* weight **4** *(znaczenie)* importance **5** **Waga** *(znak zodiaku)* Libra **6** **przybierać na wadze** gain weight, put on weight **7** **przywiązywać wagę do czegoś** attach importance/value to sth **8** **waga netto** net weight **9** **wagi ciężkiej** heavyweight **10** **wielkiej wagi** momentous
**wagarować** cut class/school, play truant *BrE*, play hooky *AmE*
**wagarowicz/ka** truant
**wagary** **chodzić na wagary** play truant *BrE*, play hooky *AmE*
**wagon** **1** *(pasażerski)* carriage *BrE*, car *AmE* **2** *(towarowy)* wagon **3** **wagon kolejki linowej** cable car **4** **wagon z bufetem** buffet car
**wahać się** **1** hesitate **2** *(zmieniać się)* fluctuate, waver
**wahadło** pendulum
**wahadłowiec** shuttle
**wahanie** **1** hesitation **2** *(zmienność)* fluctuation **3** **bez wahania** without hesitation, readily
**wakacje** **1** holiday, vacation *AmE* **2** **pojechać na wakacje** go on holiday *BrE*, go on vacation *AmE*
**wakat** opening, vacancy
**walc** **1** waltz **2** **tańczyć walca** dance the waltz
**walczyć** **1** fight **2** *(zmagać się)* struggle **3** *(w zapasach)* wrestle **4** *(rywalizować)* compete
**walec** **1** *(bryła)* cylinder **2** *(parowy)* steamroller
**walentynka** **1** *(kartka)* Valentine **2** **walentynki** *(dzień zakochanych)* Valentine's Day
**walet** jack
**walić** **1** bang, hammer, thump, pound **2** **walić się** collapse
**walizka** suitcase
**walka** **1** fight, combat **2** *(dążenie)* struggle **3** **na polu walki** in combat **4** **wschodnia sztuka walki** martial art
**walkower** **wygrać walkowerem** win by default
**walnąć** bash, clobber, whack
**waltornia** French horn
**waluta** currency
**wałek** **1** roller **2** *(do włosów)* curler **3** *(do ciasta)* rolling pin
**wałęsać się** loiter
**wałkować** roll
**wampir** vampire
**wandal** vandal
**wandalizm** vandalism

**wanilia** vanilla
**wanna** 1 bath, bathtub, tub 2 *(z masażem wodnym)* Jacuzzi
**wapień** limestone
**wapno** 1 lime 2 *(do bielenia ścian)* whitewash
**wapń** calcium
**warcaby** draughts *BrE*, checkers *AmE*
**warczeć** growl, snarl, drone
**warga** lip
**wariacja** variation
**wariactwo** craziness
**wariant** variant
**wariat** 1 madman, psycho 2 **dom wariatów** madhouse
**wariować** go crazy, go out of your mind
**warknąć** snarl
**warkocz** plait, braid *AmE*
**warkoczyk** pigtail
**warkot** drone, whirr
**warkotać** whirr
**warstewka** coating
**warstwa** 1 coat, layer 2 *(cienka)* film
**warsztat** 1 workshop 2 *(samochodowy)* garage
**wart** 1 worth 2 **być wartym czegoś** be worth sth 3 **być wartym zrobienia/obejrzenia** be worth doing/seeing 4 **nic nie wart** worthless 5 **wart zachodu** worthwhile
**warta** 1 guard 2 **stać na warcie** be on guard, stand guard 3 **trzymać wartę** keep watch
**wartościowy** 1 valuable 2 **papiery wartościowe** securities 3 **giełda papierów wartościowych** stock exchange 4 **rynek papierów wartościowych** stock market
**wartość** value, worth
**wartowni-k/czka** sentry
**warunek** 1 condition 2 **pod jednym warunkiem** on one condition 3 **pod warunkiem, że** on condition that, provided that, as long as 4 **warunek wstępny** precondition, prerequisite 5 **warunki atmosferyczne** conditions 6 **warunki pracy** working conditions 7 **warunki** terms, conditions
**warunkowy** 1 conditional 2 **zwolnienie warunkowe** parole
**warzyć** brew
**warzywo** 1 vegetable 2 **warzywa zielone** greens
**wasz** your, yours
**waśń** feud
**wat** watt
**wata** cotton wool *BrE*, cotton *AmE*
**wawrzyn** laurel
**wazon** vase
**ważka** dragonfly
**ważki** important, weighty
**ważniak** upstart
**ważność** 1 validity 2 **data ważności** sell-by date 3 **stracić ważność** expire 4 **utrata ważności** expiration
**ważny** 1 important 2 *(paszport itp.)* valid
**ważyć** 1 weigh 2 **ważyć tonę** weigh a ton 3 **ważyć się** weigh yourself 4 *(o losach, przyszłości)* be/hang in the balance 5 *(mieć odwagę)* dare 6 **nie waż się** don't you dare
**wąchać** smell, sniff
**wąs** 1 moustache *BrE*, mustache *AmE* 2 *(kota itp.)* whisker
**wąski** 1 narrow 2 **wąskie gardło** bottleneck
**wąskość** narrowness
**wątek** 1 strand, thread 2 **stracić wątek** lose the thread
**wątły** delicate, frail
**wątpić** doubt
**wątpienie** **bez wątpienia** without doubt, without question
**wątpliwości** **mieć wątpliwości** have doubts, be dubious
**wątpliwość** 1 doubt 2 **co do tego nie ma wątpliwości** no doubt about it 3 **mieć wątpliwości** have second thoughts 4 **mieć wątpliwości co do** have doubts about 5 **nie było wątpliwości co do tego, że** there was no doubt that 6 **podawać coś w wątpliwość** cast doubt on sth, question sth
**wątpliwy** doubtful, questionable
**wątroba** 1 liver 2 **zapalenie wątroby** hepatitis
**wątróbka** liver
**wąwóz** gorge, ravine
**wąż** 1 snake, serpent 2 *(do podlewania)* hose
**wbijać** 1 *(zęby)* dig into 2 *(gwóźdź)* hammer in, drive in 3 **wbijać coś komuś do głowy** drum sth into sb, hammer sth into sb
**wbrew** 1 contrary to 2 **postąpić wbrew swoim zasadom/przekonaniom** compromise your principles/beliefs 3 **wbrew przepisom** against the rules 4 **wbrew sobie** despite yourself
**wbudowany** built-in
**wbudowywać** build into
**WC** WC
**wcale** **wcale (nie)** (not) at all
**wchłaniać** absorb, soak up
**wchłaniający** absorbent

**wchłanianie** absorption
**wchodzić** **1** come in **2** *(do samochodu)* get in **3** **wchodzić do pokoju** enter a room
**wciągać** **1** pull **2** *(flagę na maszt)* hoist **3** *(wsysać)* suck **4** **wciągać kogoś** absorb sb, grab sb's attention **5** **wciągać w** drag into, draw into
**wciągający** compelling
**wcielenie** incarnation
**wcinać** *(jeść)* tuck in/into
**wciskać** **1** cram, wedge **2** **wciskać się** squeeze
**wcisnąć** thrust
**wczasowicz/ka** holiday-maker
**wczasy** **1** holiday *BrE*, vacation *AmE* **2** **wczasy zorganizowane** package tour
**wczesny** **1** early **2** **wczesne godziny ranne** the small hours
**wcześniak** premature baby
**wcześnie** **1** early **2** **iść wcześnie spać** have an early night **3** **nie wcześniej niż** not until **4** **odpowiednio wcześnie** in good time
**wcześniej** **1** *(przed terminem)* in advance **2** **im wcześniej, tym lepiej** the sooner the better
**wcześniejszy** prior
**wczoraj** yesterday
**wdawać** **1** **wdawać się w bójkę/kłótnię z kimś** pick a fight/quarrel with sb **2** **wdawać się w szczegóły** go into details
**wdech** **1** inhalation **2** **zrobić wdech** inhale, breathe in
**wdowa** widow
**wdowiec** widower
**wdrapywać się** scale, scramble
**wdrażać** implement
**wdrażanie** implementation
**wdychać** breathe in, inhale
**wdzierać** **wdzierać się na** encroach on/upon
**wdzięczność** **1** appreciation, gratitude **2** **wyrażać wdzięczność** pay tribute to **3** **z wdzięcznością** gratefully
**wdzięczny** **1** grateful, thankful **2** **byłbym wdzięczny, gdyby Pan/i zechciał/a ...** I would be grateful if you could/would ...
**wdzięk** **1** grace **2** **pełen wdzięku** graceful **3** **z wdziękiem** gracefully
**we** **1** in **2** **we wtorek** on Tuesday
**według** **1** according to, by **2** **według mnie** in my opinion, if you ask me
**weekend** **1** weekend **2** **w weekend** at the weekend *BrE*, on the weekend *AmE*
**wegetarian-in/ka** vegetarian
**wegetariański** vegetarian
**wejście** entrance, entry
**welon** veil
**wełna** wool
**wełniany** **1** woollen, woolly **2** **odzież wełniana** woollens
**wendeta** vendetta
**wentylacja** ventilation
**wentylator** fan, ventilator
**Wenus** Venus
**wepchnąć** shove, thrust
**weranda** porch, veranda
**werbalny** verbal
**werbować** **1** recruit **2** **werbować się** sign up
**werdykt** **1** verdict **2** **wydać werdykt/orzeczenie** return a verdict
**werset** verse
**wersja** version
**werwa** verve
**weryfikacja** verification
**weryfikować** verify
**wesele** wedding
**wesoło** cheerfully, gaily, merrily
**wesołość** cheerfulness
**wesoły** **1** cheerful, jolly, merry **2** **wesołe miasteczko** fair, funfair *BrE*, amusement park *AmE*
**westchnąć** sigh
**westchnienie** sigh
**western** western
**westybul** vestibule
**wesz** louse
**wet** **wet za wet** tit-for-tat
**weteran** vet, veteran
**weterynaryjny** veterinary
**weterynarz** vet, veterinarian *AmE*
**weto** veto
**wetować** veto
**wewnątrz** **1** inside, indoors, within **2** **do wewnątrz** inside, inwards
**wewnętrznie** internally
**wewnętrzny** **1** internal **2** *(handel, połączenie)* domestic, home **3** *(spokój)* inner **4** **numer wewnętrzny** extension
**wezbrany** swollen
**wezwanie** appeal, summons
**węch** smell
**wędka** fishing rod
**wędkarstwo** angling, fishing
**wędkarz** angler, fisherman
**wędkować** fish
**wędrować** hike, ramble, trek
**wędrowiec** wanderer
**wędrowny** migrant, migratory
**wędrówka** hike, ramble, trek
**wędzić** smoke

**węgiel** 1 coal 2 *(pierwiastek)* carbon 3 **węgiel drzewny** charcoal
**węglowodan** carbohydrate
**węglowy** **zagłębie węglowe** coal field
**węgorz** eel
**węszyć** nose around, pry
**węzeł** 1 knot 2 **związać się węzłem małżeńskim** tie the knot
**wężyk** hose
**WF** PE *(Physical Education)*
**wgląd** insight
**wgłębienie** hollow
**wgniecenie** dent
**wgnieść** dent
**whisky** 1 *(irlandzka lub amerykańska)* whiskey 2 *(szkocka)* Scotch, whisky 3 **whisky słodowa** malt whisky
**wiać** *(o wietrze)* blow, gust
**wiadomo** 1 **nie wiadomo, co/jak/czy** there's no telling what/how/whether 2 **nigdy (nic) nie wiadomo** you never know, you can never tell 3 **o ile mi wiadomo** as far as I know
**wiadomość** 1 message, news 2 *(w prasie, telewizji)* (news) item 3 **wiadomości** *(telewizyjne lub radiowe)* the news 4 **mieć (jakieś) wiadomości od kogoś** hear from sb 5 **w wiadomościach** on the news 6 **wiadomości z ostatniej chwili** news bulletin, newsflash 7 **wydanie wiadomości** news bulletin
**wiadro** bucket
**wiadukt** 1 flyover *BrE*, overpass *AmE* 2 *(nad doliną)* viaduct
**wianek** garland
**wiara** 1 belief, faith 2 **nie do wiary** beyond belief 3 **w dobrej wierze** in good faith
**wiarygodność** credibility
**wiarygodny** 1 authoritative, credible 2 **nie brzmieć wiarygodnie** not ring true
**wiatr** wind
**wiatrak** windmill
**wiąz** elm
**wiązać** 1 bind, tie 2 **wiązać koniec z końcem** make ends meet, eke out a living/an existence 3 **wiązać się z** *(pociągać za sobą)* involve
**wiązka** 1 bundle 2 *(promieni)* beam
**wiążący** binding, firm
**wicedyrektor** vice president
**wiceprezydent** vice president
**wichrzyciel/ka** troublemaker
**wichrzyć** ruffle
**wichura** gale
**wić** 1 *(wianek)* weave 2 **wić się** twist, meander, wind
**widelec** fork
**wideo** video
**widły** 1 fork, pitchfork 2 **robić z igły widły** make a mountain out of a molehill
**widmo** 1 *(zjawa)* phantom, spectre *BrE*, specter *AmE* 2 *(w fizyce)* spectrum 3 **widmo czegoś** the spectre of sth
**widoczność** visibility
**widocznie** *(zapewne)* apparently
**widoczny** visible, noticeable, apparent
**widok** sight, view
**widokówka** postcard
**widowisko** spectacle
**widowiskowy** spectacular
**widownia** 1 auditorium 2 *(publiczność)* audience
**widz** 1 onlooker, spectator, viewer 2 **widzowie** audience
**widzenie** 1 **do widzenia** good-bye, bye 2 **pole widzenia** field of view/vision 3 **punkt widzenia** point of view, standpoint
**widzieć** 1 see 2 **nie widzieć świata poza kimś** think the world of sb 3 **no widzisz** there you are
**wiec** rally
**wieczko** lid, top
**wiecznie** eternally, perpetually
**wieczność** eternity
**wieczny** 1 eternal, everlasting, perpetual 2 **wieczne pióro** fountain pen
**wieczorny** nightly
**wieczorowy** **kurs wieczorowy** night school
**wieczór** 1 evening, night 2 **co wieczór/noc** nightly 3 **dobry wieczór** (good) evening 4 **dziś wieczorem** tonight 5 **wczoraj wieczorem** last night 6 **wieczór kawalerski** stag night
**wiedza** 1 knowledge, learning, know-how 2 **bez czyjejś wiedzy** without sb's knowledge 3 **wiedza fachowa** expertise
**wiedzieć** 1 know 2 **już wiem** I know 3 **kto wie** Heaven/goodness/who knows 4 **nie wiedzieć, co począć** be at your wits' end 5 **nikt nie wie** it's anybody's guess 6 **o ile wiem** as far as I know 7 **wiedzieć (że nie należy czegoś robić)** know better (than to do sth) 8 **wiedzieć o** know of sb/sth 9 **z tego,**

**co wiem** to (the best of) my knowledge

**wiedźma** hag

**wiejski** **1** country, rural **2** *(o drobiu, jajkach)* free-range

**wiek** **1** age **2** *(stulecie)* century **3** **być w kwiecie wieku** be in your prime, be in the prime of life **4** **kryzys wieku średniego** midlife crisis **5** **ludzie w podeszłym wieku** the elderly **6** **określać wiek** date **7** **w wieku 5/50 lat** aged 5/50 **8** **wiek średni** middle age **9** **w średnim wieku** middle-aged

**wiekopomny** historic, immortal

**wiekowy** ancient

**wielbiciel/ka** admirer

**wielbłąd** camel

**wielce** highly, hugely, intensely, most

**wiele** **1** *(z rzeczownikami policzalnymi)* many **2** *(z rzeczownikami niepoliczalnymi)* much **3** **o wiele** far, much **4** **o wiele lepszy** far/much better **5** **o wiele za długi** way too long

**wielebny** Reverend

**Wielkanoc** Easter

**wielki** **1** *(bardzo duży)* big **2** *(wspaniały)* great, grand **3** **wielki post** Lent **4** **wielkie litery** upper case

**wielkomiejski** metropolitan

**wielkość** **1** size **2** *(potęga)* greatness **3** **naturalnej wielkości** life-size

**wielofunkcyjny** multipurpose

**wielokrążek** pulley

**wielokrotnie** repeatedly, again and again

**wielokrotność** multiple

**wielokrotny** **1** multiple, repeated **2** **test wielokrotnego wyboru** multiple choice test

**wielokulturowość** multiculturalism

**wielokulturowy** multicultural

**wielonarodowy** multinational

**wielopiętrowy** high-rise, multi-storey *BrE*

**wieloraki** multiple

**wielorasowy** multiracial

**wieloryb** whale

**wielorybnictwo** whaling

**wielostronny** **1** multilateral **2** *(zainteresowania)* versatile

**wieniec** wreath

**wieńcowy** coronary

**wieprz** hog

**wieprzowina** pork

**wiercić** **1** bore, drill **2** **wiercić się** squirm, wriggle

**wiernie** faithfully

**wierność** **1** faithfulness, fidelity **2** *(idei, przywódcy itp.)* allegiance

**wierny**[1] *adj* **1** faithful, trusty **2** **wierny komuś/czemuś** true to sb/sth

**wiern-y/a**[2] *noun* **1** worshipper *BrE*, worshiper *AmE* **2** **wierni** *(w kościele)* congregation

**wiersz** **1** poem **2** **czytać między wierszami** read between the lines

**wierszyk** **1** rhyme **2** **wierszyk dla dzieci** nursery rhyme

**wiertarka** drill

**wiertło** bit, drill

**wiertniczy** **platforma wiertnicza** oil rig

**wierząc-y/a** believer

**wierzba** willow

**wierzch** top

**wierzchołek** **1** top, apex, crown **2** **wierzchołek góry lodowej** the tip of the iceberg

**wierzenie** belief

**wierzyciel** creditor

**wierzyć** **1** believe **2** **wierzyć w** believe in **3** **możesz mi wierzyć** take it from me **4** **nie wierzyć w** disbelieve **5** **wierzyć komuś na słowo** take sb's word for it **6** **wiesz co** (I'll) tell you what

**wieszać** hang (up)

**wieszak** **1** peg **2** *(ramiączko)* hanger

**wieś** **1** *(mała miejscowość)* village **2** *(w przeciwieństwie do miasta)* the country **3** **na wsi** in the country

**wieść** *noun* **1** news **2** **najnowsze wieści** the latest

**wieśnia-k/czka** peasant

**wietrzny** windy, breezy

**wietrzyć** air

**wietrzyk** breeze

**wiewiórka** squirrel

**wieża** **1** tower **2** *(strzelista)* steeple

**wieżowiec** high-rise, tower block *BrE*

**wieżyczka** turret

**więc** **1** so, then **2** **(a) więc** well, now

**więcej** **1** more **2** **co więcej** what's more, as a matter of fact, in actual fact

**więdnąć** wilt, wither

**większość** **1** majority **2** **większość ludzi** most people **3** **zdecydowana większość** the vast majority

**więzienie** **1** prison, jail, gaol *BrE*, penitentiary *AmE* **2** **kara więzienia** imprisonment **3** **wsadzić do więzienia** jail, imprison

**wstępować** 1 call in, stop by 2 **co w ciebie/nią wstąpiło** what's got into you/her 3 **wstępować do** enter, join 4 **wstępować do wojska** join the army, join up
**wstręt** 1 disgust, repulsion, revulsion 2 **budzić u kogoś wstręt** repel sb 3 **napawać wstrętem** disgust
**wstrętny** disgusting, repugnant
**wstrząs** 1 shock 2 *(sejsmiczny)* tremor 3 **wstrząs mózgu** concussion
**wstrząsać** rock
**wstrząsający** shattering, shocking
**wstrząsnąć** shake up
**wstrzykiwać** inject
**wstrzymać** 1 halt 2 **wstrzymać coś** bring sth to a halt
**wstrzymanie** **wstrzymanie się od głosu** abstention
**wstrzymywać się** 1 abstain 2 **wstrzymywać się od głosu** abstain
**wstyd** shame
**wstydliwie** bashfully, modestly
**wstydliwość** modesty
**wstydliwy** bashful, modest
**wstydzić się** 1 be ashamed 2 **wstydzić się czegoś** be/feel ashamed of sth 3 **wstydź się!** shame on you!
**wsunąć** slip, tuck, insert
**wsuwka** hairpin
**wszczep** implant
**wszczepiać** implant
**wszczynać** start, incite
**wszechmoc** omnipotence
**wszechmocny** omnipotent
**wszechmogący** almighty, omnipotent
**wszechobecny** pervasive
**wszechstronność** versatility
**wszechstronny** comprehensive, versatile
**wszechświat** the universe
**wszelki** 1 every, any 2 **na wszelki wypadek** (just) in case 3 **tak na wszelki wypadek** just to be safe/to be on the safe side 4 **wszelkiego rodzaju** all manner of 5 **za wszelką cenę** at all costs, at any cost
**wszędzie** everywhere, all over, all over the place
**wszyscy** 1 all, everyone 2 **wszyscy bez wyjątku** all and sundry 3 **wszyscy inni** everyone else
**wszystko** 1 all, everything 2 **dawać z siebie wszystko** do/try your best 3 **wszystkiego najlepszego (z okazji urodzin)** many happy returns 4 **wszystko inne** everything else
**wścibski** inquisitive, nosy
**wścibstwo** nosiness
**wściec się** hit the roof/ceiling
**wściekać się** rage
**wściekle** furiously
**wścieklizna** rabies
**wściekłość** 1 rage 2 **wpadać we wściekłość** fly into a rage
**wściekły** furious, mad, enraged
**wśród** among
**wtajemniczony** initiated, in the know
**wtapiać się** **wtapiać się w tło** blend in
**wtedy** then
**wtorek** Tuesday
**wtórny** secondary
**wtrącać się** 1 interfere, meddle, butt in 2 **nie wtrącać się do** keep out of
**wtrącić** **wtrącić kogoś do więzienia** throw sb in jail/prison
**wtyczka** 1 plug 2 *(szpieg)* mole
**wtykać** 1 poke 2 **wtykać nos w** stick/poke your nose into
**wuj** uncle
**wujek** uncle
**wulgarność** vulgarity
**wulgarny** 1 rude, vulgar 2 **wulgarny język** foul language
**wulkan** volcano
**wulkaniczny** volcanic
**wy** you
**wybaczać** 1 forgive 2 **proszę mi wybaczyć** forgive me
**wybaczalny** excusable
**wybawiciel** saviour *BrE*, savior *AmE*
**wybawienie** salvation
**wybić** 1 *(szybę)* break 2 *(ząb)* knock out
**wybieg** 1 *(na pokazie mody)* catwalk 2 *(dla koni)* paddock
**wybielacz** bleach
**wybielać** bleach, whitewash
**wybierać** 1 choose, select, pick 2 *(prezydenta itp.)* elect 3 *(numer)* dial
**wybijać** 1 *(godzinę)* chime, strike 2 *(monetę)* mint
**wybiórczy** selective
**wybitny** outstanding, distinguished, eminent, prominent
**wyblaknąć** fade
**wyboisty** bumpy, rough
**wyborca** 1 voter 2 *(z danego okręgu)* constituent
**wyborcy** electorate
**wyborczy** 1 electoral 2 **lokal wyborczy** polling

station **3 prawo wyborcze** the vote **4 urna wyborcza** ballot box

**wyborowy 1** choice **2 strzelec wyborowy** marksman

**wybory 1** election **2 wybory powszechne** general election **3 wybory uzupełniające** by-election

**wybój** bump

**wybór 1** choice, selection **2 duży wybór** a wide choice **3 z wyboru** by choice

**wybrakowany 1** defective **2 towar wybrakowany** seconds

**wybredny** choosy, fussy, picky

**wybrukować** pave

**wybryk** excess, indiscretion

**wybrzeże** coast, shore

**wybrzuszenie** bulge

**wybuch 1** explosion, blast **2** *(wojny)* outbreak **3** *(wulkanu)* eruption **4** *(płaczu itp.)* outburst

**wybuchać 1** explode, detonate **2** *(o wojnie)* break out **3** *(o wulkanie)* erupt **4 wybuchać śmiechem/płaczem** burst out laughing/crying

**wybuchowy 1** explosive **2 materiał wybuchowy** explosive **3 wybuchowy charakter** temper

**wybudować** build, construct

**wycelować** aim, point, take aim

**wycementować** cement

**wycena** valuation

**wyceniać** price, value

**wychłeptać** lap

**wychłostać** cane, flog

**wychodzący** outgoing

**wychodzić 1** come out, exit, go out, leave **2** *(np. po kogoś na pociąg)* meet **3 wychodzić na jaw** come out, get out, leak out **4 wychodzić na światło dzienne** come to light **5 wychodzić na ulicę** *(o robotnikach)* walk out **6 wychodzić na** *(o oknie)* open into/onto, overlook **7 wychodzić za mąż** get married **8 wychodzić za kogoś** marry sb

**wychowanie 1** upbringing, parenting **2 wychowanie fizyczne** PE *(Physical Education)*

**wychowywać** bring up, raise, rear

**wychudzony** emaciated

**wychylać się 1** lean out **2 wychylać się** *(wyłamywać się)* stick your neck out

**wyciąg 1** extract **2 wyciąg z konta** statement

**wyciągać 1** pull out, draw out **2 wyciągać coś na światło dzienne** bring sth to light **3 wyciągać się** stretch out

**wyciągnięty** outstretched

**wycie** howl, scream

**wycieczka 1** trip, excursion, outing **2 piesza wycieczka** hike

**wyciek** leak, leakage

**wyciekać** leak

**wycieńczony** worn out

**wycieraczka 1** wiper **2 wycieraczka (szyby przedniej)** windscreen wiper *BrE*, windshield wiper *AmE*

**wycierać 1** dry, wipe **2 wycierać się** *(ręcznikiem itp.)* dry yourself **3** *(zużywać się)* wear, wear away/out

**wycinać** cut out

**wycinek 1** clipping **2** *(prasowy)* clipping, cutting *BrE*

**wycinka** logging

**wyciskać** squeeze

**wycofanie 1** withdrawal **2 wycofanie się** retreat

**wycofywać 1** *(z obiegu, produkcji)* discontinue **2 wycofywać się** pull out, withdraw, retreat **3** *(z obietnicy, umowy)* back out

**wyczarować** conjure up

**wyczekiwać** wait, hover

**wyczerpać 1** run out **2 wyczerpać się** run down

**wyczerpanie** exhaustion

**wyczerpany** exhausted

**wyczerpująco** exhaustively

**wyczerpujący 1** comprehensive, exhaustive **2** *(praca)* exhausting

**wyczerpywać** exhaust, wear out

**wyczucie 1** feeling, sense **2 mieć wyczucie** have an eye for **3 wyczucie czasu** timing

**wyczuwać** detect, sense, smell

**wyczuwalny** detectable

**wyczyn 1** feat **2 wyczyn kaskaderskl** stunt

**wyczyścić** clean

**wyć** howl, wail, whine

**wydać 1** give away **2 wydać (policji)** turn in

**wydajnie** efficiently

**wydajność** efficiency, productivity, capacity

**wydajny** efficient

**wydalać** expel

**wydalenie** expulsion

**wydanie** edition, publication

**wydarzenie** event, development, incident, occasion

**wydarzyć się** happen

**wydatek** expense, expenditure, spending

**wydatny** 1 prominent 2 **wydatny brzuch/biust** ample belly/bosom
**wydawać** 1 *(pieniądze)* spend 2 *(książki itp.)* publish 3 *(zaświadczenie)* issue 4 **wydawać opinię** pass judgment 5 **wydawać wyrok** pass sentence 6 **wydawać się** appear, seem 7 **komuś wydaje się, że ...** sb imagines (that) ...
**wydawca** publisher
**wydawnictwo** publisher, publishing house
**wydech** 1 exhalation 2 **zrobić wydech** exhale
**wydechowy rura wydechowa** exhaust (pipe), tailpipe *AmE*
**wydedukować** deduce
**wydłużać** 1 lengthen 2 *(pobyt)* extend, prolong
**wydłużony** elongated
**wydma** sand dune
**wydmuchiwać wydmuchiwać nos** blow your nose
**wydobycie** extraction
**wydobyć wydobyć na światło dzienne** unearth
**wydobywać** extract, mine
**wydoić** milk
**wydorośleć** grow up, mature
**wydostać się** get out
**wydra** otter
**wydrążony** hollow
**wydrążyć** hollow out
**wydruk** printout, hard copy
**wydrukować** 1 print 2 *(na drukarce komputerowej)* print off/out
**wydumany** airy-fairy
**wydychać** breathe out, exhale
**wydymać** 1 puff out 2 *(wargi)* pout
**wydział** 1 department, division 2 *(uczelni wyższej)* faculty
**wydzielać** 1 emit, give off, secrete 2 *(rozdawać)* ration out, dispense
**wydzielina** secretion
**wydzierżawić** lease
**wyegzekwować** enforce
**wyeksmitować** evict
**wyeliminowany zostać wyeliminowanym** be eliminated
**wyemancypowany** emancipated
**wyemigrować** emigrate
**wyemitować** *(audycję)* air, broadcast
**wygadać się** let the cat out of the bag, spill the beans
**wygasać** expire
**wygasły** extinct
**wyginać** 1 bend, curve 2 **wyginać się** bend
**wyginięcie** extinction
**wygląd** appearance, look
**wyglądać** 1 look 2 **wygląda na to, że** by the sound of it/things
**wygładzać** smooth
**wygłaszać** *(mowę)* deliver
**wygłodniały** ravenous
**wygłosić wygłosić przemówienie** give a speech
**wygłup** nonsense
**wygłupiać się** fool around
**wygłupić się** make a fool of yourself
**wygnanie** 1 banishment, exile 2 **skazywać na wygnanie** banish, exile
**wygnaniec** exile
**wygoda** comfort, convenience
**wygodnie** comfortably
**wygodny** comfortable, convenient
**wygrać** 1 win 2 **wygrać los na loterii** hit the jackpot
**wygrana** win, winnings
**wygrawerować** engrave
**wygrywać** 1 win 2 **wygrywać z kimś** get the better of sb
**wygrzewać się** bask, sun yourself
**wygwizdać** *(kogoś)* boo
**wyhaftować** embroider
**wyimaginowany** imaginary
**wyjałowiony** sterile
**wyjaśniać** explain, clarify
**wyjaśniający** explanatory
**wyjaśnienie** explanation
**wyjawiać** reveal
**wyjąkać** stammer out, stutter out
**wyjątek** 1 exception 2 **wszystko z wyjątkiem ...** everything short of ... 3 **z wyjątkiem** apart from, except 4 **zrobić wyjątek** make an exception
**wyjątkowo** 1 exceptionally, unusually 2 **wyjątkowo dobry** exceptional
**wyjątkowy** exceptional, singular
**wyjeżdżać** go away, leave, take off
**wyjmować** take out, draw, produce
**wyjście** 1 exit, way out 2 *(rozwiązanie)* solution
**wykafelkować** tile
**wykałaczka** toothpick
**wykastrować** castrate
**wykaz** inventory, list, register
**wykazywać** demonstrate, exhibit, show
**wykąpać** bath, bathe
**wykiełkować** germinate, sprout
**wykipieć** boil over
**wyklepać** *(wygadać się)* rattle off
**wykluczać** exclude, rule out

**wykluczenie** exclusion
**wykluczony być wykluczonym** be out of the question
**wykluwać się** hatch
**wykład** lecture, talk
**wykładać** lecture
**wykładowca** lecturer
**wykombinować** come up with, concoct
**wykonalność** feasibility, practicality
**wykonalny** feasible, practicable, workable
**wykonanie** performance, rendition
**wykonawca** 1 *(utworu itp.)* performer 2 *(robót)* contractor
**wykonawczy** 1 executive 2 **władza wykonawcza** the executive
**wykonywać** carry out, perform
**wykończenie** finish, trimming
**wykończony** beat, dog-tired
**wykop** pit
**wykopać** dig
**wykopaliska** excavation
**wykopywać** dig up
**wykorzeniać** root out, eradicate
**wykorzystanie** utilization
**wykorzystywać** 1 use, utilize, utilise *BrE* take advantage of 2 *(wyzyskiwać)* exploit
**wykraczać wykraczać poza** go beyond, transcend
**wykres** chart, graph
**wykreślać** strike out
**wykręcać** 1 unscrew 2 *(numer)* dial 3 **wykręcać się** hedge 4 **wykręcić się sianem** escape lightly/get off lightly
**wykroczenie** misdemeanour, offence *BrE*, offense *AmE*
**wykrój** pattern
**wykrycie** detection
**wykrystalizować się** crystallize, crystallise *BrE*
**wykrywacz** detector
**wykrywać** detect
**wykrzyknąć** burst out, cry, exclaim
**wykrzyknik** 1 exclamation mark 2 *(część mowy)* interjection
**wykrzywiać** 1 twist 2 **wykrzywiać się** twist, grimace
**wykrzywiony** crooked, twisted
**wykształcenie** 1 education 2 **wyższe wykształcenie** higher education
**wykształcić** 1 educate 2 **wykształcić się** develop, evolve
**wykształcony** educated
**wykupić** buy out, redeem
**wykwalifikowany** qualified, skilled, trained
**wykwintny** refined
**wylać** 1 spill 2 **wylać się** spill
**wylany zostać wylanym z pracy** be given the boot/get the boot
**wylatywać wyleciało mi to z głowy** it slipped my mind
**wylądować** 1 land, touch down 2 **wylądować gdzieś** end up somewhere
**wyleczyć** cure, heal
**wylegiwać się** lie around
**wylew** stroke
**wylewać** 1 pour out, spill 2 *(z pracy)* fire 3 **wylewać się** spill, overflow
**wylewnie** effusively, profusely
**wylewny** demonstrative, effusive
**wylęg** hatching, incubation
**wylęgać się** hatch
**wyliczyć** calculate, work out
**wylinieć** moult
**wylogować się** log off/out
**wylosować** draw, win
**wylot** 1 mouth, outlet 2 **wiedzieć/znać coś na wylot** know sth inside out
**wyluzowany** laid-back
**wyładowywać** 1 unload 2 **wyładowywać się** let/work off steam
**wyłamywać** 1 break down 2 **wyłamywać się** step out of line
**wyłaniać się** emerge, loom
**wyławiać** pick out
**wyłączać** 1 switch off, turn off 2 *(wykluczać)* exclude 3 *(z sieci)* unplug 4 **wyłączać się** switch off
**wyłączając** excluding
**wyłącznie** exclusively, solely
**wyłącznik** switch
**wyłączny** exclusive, sole
**wyłączony** off
**wyłudzać** wheedle
**wymachiwać** brandish, flourish
**wymagać** 1 require, demand, want 2 **wymagać wysiłku** take some doing/a lot of doing
**wymagający** demanding, exacting
**wymagany** requisite
**wymarcie gatunek zagrożony wymarciem** endangered species
**wymarły** dead, extinct
**wymarzony wymarzony samochód/dom** dream car/house
**wymawiać** pronounce
**wymazywać** 1 delete, erase, rub out 2 *(z pamięci)* block out, blot out

**wymeldowywać się** check out
**wymęczyć** tire out
**wymiana 1** exchange **2 wymiana towarowa** barter **3 wymiana walut** foreign exchange
**wymiar 1** dimension, measurement **2 na wymiar** fitted **3 wymiar sprawiedliwości** justice, the law
**wymieniać 1** exchange **2** *(wyliczać)* list **3** *(żarówkę)* change, replace **4 wymieniać się wrażeniami** compare notes **5 wymieniać za dopłatą** *(na coś nowego)* trade in
**wymiennie** interchangeably
**wymienny 1** interchangeable **2 handel wymienny** barter
**wymierać** die out
**wymierny** quantifiable
**wymierzać** administer
**wymię** udder
**wymigać się wymigać się od** get out of sth
**wymijająco** evasively
**wymijający** evasive, noncommittal
**wymiociny** vomit
**wymiotować** be sick, throw up, vomit
**wymizerowany** haggard
**wymknąć się** slip out
**wymordować** slaughter
**wymowa 1** pronunciation **2 wada wymowy** speech impediment
**wymowny** telling
**wymóg** requirement
**wymówienie 1** notice **2 składać wymówienie** hand/give in your notice
**wymówka** excuse
**wymuszać 1** enforce **2 wymuszać na** force sth on/upon sb
**wymuszony** forced
**wymykać się 1 wymykać się** slip out **2 wymykać się spod kontroli** get out of control, run wild
**wymysł** fabrication
**wymyślać** invent, make up
**wymyślić** invent, think of, come up with
**wymyślny** fancy
**wynagradzać 1** reward **2 wynagrodzić komuś (coś)** compensate sb for sth, make it up to sb
**wynajęcie 1** hire **2 do wynajęcia** to hire, to rent
**wynajmować 1** hire, let, rent **2 wynajmować pokój** lodge
**wynalaz-ca/czyni** inventor
**wynalazek** invention
**wynalezienie** invention
**wynaleźć** invent
**wynegocjować** negotiate
**wynik 1** result, outcome **2** *(meczu)* score **3 być wynikiem** result from **4 na skutek/w wyniku** as a result of **5 osiągać doskonałe wyniki** excel
**wynikać 1 wynikać z** come of, result from, spring from **2 wynika z tego, że** it follows (that)
**wyniosły** haughty, lofty, proud
**wyniośle** haughtily, proudly
**wyniszczający** devastating, crippling
**wynos danie na wynos** takeaway *BrE*, takeout *AmE*
**wynosić 1** *(zabierać w inne miejsce)* take away/out **2** *(o sumie itp.)* amount to, total
**wynurzać się** surface, emerge
**wyobcowanie** alienation
**wyobcowany** isolated
**wyobcowywać** alienate
**wyobraźnia** imagination
**wyobrażać 1** represent **2 wyobrażać sobie** imagine, picture, visualize, visualise *BrE*
**wyobrażalny** conceivable
**wyolbrzymiać** exaggerate
**wypaczać 1** distort **2 wypaczać się** warp
**wypaczenie** distortion, perversion
**wypaczony** warped
**wypadać wypadać dobrze/źle** perform well/badly
**wypadek 1** accident, crash **2 na wszelki wypadek** (just) in case, just in case **3 na wypadek, gdyby** in case **4 nagły wypadek** emergency **5 tak na wszelki wypadek** just to be on the safe side **6 w żadnym wypadku** certainly not!, under no circumstances
**wypalić 1** fire **2 nie wypalić** misfire **3 wypalić się** burn out
**wyparować** evaporate
**wypatroszyć** gut
**wypatrywać** look out for
**wypełniać 1** fill **2** *(formularz)* fill out, fill in
**wypełnienie** filling, stuffing
**wyperswadować wyperswadować komuś coś** dissuade sb from (doing) sth
**wypić 1** drink, have **2 wypić za** drink to
**wypieczony** well-done
**wypierać 1** displace, supersede **2 wypierać się** disclaim, disown
**wypisywać 1** discharge

2 *(czek)* make out, write out
**wyplątać się wyplątać się (z)** disentangle yourself (from)
**wyplenić** stamp out, weed out
**wypłacać** withdraw
**wypłacalny** 1 solvent 2 **być wypłacalnym** be in credit, be in the black
**wypłakać się** have a cry
**wypłata** 1 withdrawal 2 *(z konta)* debit 3 **jednorazowa wypłata** lump sum
**wypłukać** rinse
**wypływać** set sail
**wypolerować** polish, give (sth) a polish
**wyposażać** equip
**wyposażenie** 1 equipment 2 **wyposażenie wnętrza** furnishings
**wyposażony** equipped
**wypowiadać** 1 utter 2 **wypowiedzieć się** have your say
**wypowiedź** utterance, statement
**wypożyczać** lend
**wypożyczenie** loan
**wypożyczony** on loan
**wypracowanie** composition, essay
**wyprasować** iron, press
**wyprawa** expedition
**wyprawiać** organize, organise *BrE*
**wyprodukować** manufacture, produce
**wyprostować się** straighten up
**wyprostowany** erect, upright
**wyprowadzać się** move out
**wypróbować** try out
**wyprzedać** sell out
**wyprzedany** sold-out
**wyprzedawać** sell off
**wyprzedaż** 1 sale 2 **wyprzedaż rzeczy używanych** rummage sale, jumble sale
**wyprzedzać** overtake
**wyprzedzenie z wyprzedzeniem** in advance
**wypuszczać** 1 *(na wolność)* set free, release 2 *(powietrze itp.)* let out 3 *(pędy, listki itp.)* sprout 4 **wypuszczać na rynek** bring out, put out
**wypychać** stuff
**wypytywać** question
**wyrabiać** 1 *(ciasto)* knead 2 **wyrobić sobie pozycję** establish your position 3 **wyrabiać sobie opinię/pogląd** form an opinion/impression
**wyrachowany** calculating
**wyrastać** 1 grow up, go up 2 **wyrastać jak grzyby po deszczu** spring up 3 **wyrastać z** grow out of, outgrow
**wyraz** 1 word 2 **bez wyrazu** blank, blankly 3 **pełen wyrazu** expressive 4 **wyraz twarzy** expression 5 **wyraz złożony** compound
**wyrazić** express, get across
**wyrazisty** bold
**wyraźnie** clearly, distinctly, visibly
**wyraźny** clear, distinct, pronounced
**wyrażać** 1 express, voice 2 **że tak się wyrażę** so to speak
**wyrażenie** 1 expression, phrase 2 **wyrażenie potoczne** colloquialism
**wyrecytować** recite
**wyregulować** adjust, readjust, regulate, tune up
**wyremontować** restore
**wyreżyserować** direct
**wyrobiony** discriminating, sophisticated
**wyrok** 1 verdict, judgment, sentence 2 **wydawać wyrok** pass sentence
**wyrostek** 1 **wyrostek robaczkowy** appendix 2 **zapalenie wyrostka robaczkowego** appendicitis
**wyrozumiały** understanding, easy-going
**wyrób** product
**wyrównawczy** remedial
**wyrównywać** 1 level off/out 2 *(wynik)* equalize, equalise *BrE* 3 **wyrównać rachunek** settle a score 4 **wyrównać rachunki** settle a score
**wyróżniać** 1 single out 2 **wyróżniać się** distinguish yourself, stand out
**wyróżnienie** distinction
**wyruszyć** set off, set out
**wyrwać** 1 snatch 2 **wyrwać się** break away, get away
**wyryć** engrave, etch
**wyrywać** 1 pull out, extract 2 **wyrywać z korzeniami** uproot 3 **wyrywać się** pull away 4 **wyrywać się z czymś** come out with sth
**wyrządzać** inflict
**wyrzeczenie** sacrifice, self-sacrifice
**wyrzekać się** disown, renounce
**wyrzeźbić** carve
**wyrzucać** 1 throw away/out, discard, dump 2 **wyrzucać na brzeg** wash up
**wyrzut** 1 reproach 2 **mieć wyrzuty sumienia** feel bad 3 **pełen wyrzutu** reproachful 4 **robić**

**wyrzuty** reproach **5 wyrzuty sumienia** pangs of conscience, remorse **6 z wyrzutem** reproachfully
**wyrzutek** outcast
**wysadzić** blow up, blast
**wyschnąć** dry out, dry up
**wysiadać** get off, get out
**wysiadywać** *(jajka)* incubate
**wysiedlać** displace
**wysiedlenie** displacement
**wysilać się** exert yourself
**wysiłek 1** effort, exertion **2 bez wysiłku** effortlessly **3 nie szczędzić wysiłków** bend over backwards
**wyskoczyć** jump out
**wysłanni-k/czka** envoy
**wysławiać się** express yourself
**wysławiać** glorify
**wysłuchać** hear (out)
**wysoce** most, highly
**wysoki 1** high **2** *(człowiek, drzewo)* tall **3** *(dźwięk)* high-pitched **4 wyższe wykształcenie** higher education
**wysoko** high
**wysokość 1** height **2** *(głosu, nuty)* pitch **3** *(n.p.m.)* altitude **4 Jej/Jego/Wasza Wysokość** Her/His/Your Highness
**wyspa** island
**wyspać się** have a good night's sleep
**wyspecjalizowany** specialized
**wyspia-rz/rka** islander
**wysportowany** athletic, sporty
**wyspowiadać się** confess
**wystarczać** suffice, be enough
**wystarczająco** enough, sufficiently
**wystarczający** adequate, sufficient
**wystarczyć** last, be enough
**wystartować 1** *(np. o samolocie)* take off **2** *(o rakiecie)* lift off
**wystawa 1** exhibition, display, show **2 oglądanie wystaw sklepowych** window shopping
**wystawać** protrude, stick out
**wystawiać 1** display, exhibit **2** *(głowę itp.)* stick out **3 być wystawionym** be on show **4 wystawiać rękę/ramię** put out your hand/arm **5 wystawiać sztukę** put on a play **6 wystawić coś na sprzedaż** put up for sale
**wystawny** lavish, sumptuous
**wystawowy salon wystawowy** showroom
**wysterylizować 1** sterilize, sterilise *BrE* **2** *(zwierzę)* neuter
**występ 1** performance, appearance **2 występ skalny** ledge
**występek** indiscretion, misdemeanour *BrE*, misdemeanor *AmE*
**występować 1** occur **2** *(na scenie)* perform **3 występować gdzieś** be found somewhere **4 występować przeciw** speak out against **5 występować w roli** act as
**wystraszony** scared, frightened
**wystraszyć** frighten, startle
**wystroić się** dress up
**wystrój wystrój wnętrza** decor
**wystrzał** gunshot
**wystrzelić 1** fire **2** *(w kosmos)* launch
**wysuszony** parched
**wysuszyć 1** dry out **2 wysuszyć (się)** dry off
**wysuwać** pull out, put forward
**wysychać** dry up, shrivel
**wysyłać 1** send (out) **2** *(pocztą)* mail, post
**wysyłkowy sprzedaż wysyłkowa** mail order
**wysypisko** dump, landfill
**wysypka** rash
**wysypywać** dump
**wyszczególniać** detail, specify
**wyszczerbić** chip
**wyszczerbiony** chipped, jagged
**wyszczotkować** brush
**wyszeptać** whisper
**wyszkolić** instruct
**wyszorować 1** scour, scrub **2 wyszorować coś** give sth a scrub
**wyszykować się** spruce up
**wyszywać** embroider
**wyścig 1** race **2 wyścig z czasem** a race against time **3 wyścig zbrojeń** the arms race **4 wyścigi konne/samochodowe** horse/motor racing
**wyścigowy 1 koń wyścigowy** racehorse **2 tor wyścigowy** racecourse, racetrack
**wyściółka** padding
**wyśmienity** delicious
**wyśmiewać 1** ridicule, jeer at **2 wyśmiewać się z** make fun of
**wyświadczać wyświadczyć komuś przysługę** do sb a favour *BrE*, do sb a favor *AmE*
**wyświechtany** hackneyed
**wyświetlać** project, screen, show
**wytapetować** paper, wallpaper

**wytapiać** *(metal)* smelt
**wytarty** **1** shabby, threadbare **2** *(slogan)* hackneyed
**wytatuować** tattoo
**wytępić** eradicate, exterminate
**wytężać** **wytężać słuch/wzrok** strain to hear/see
**wytłaczać** emboss
**wytłumaczalny** explicable
**wytłumaczenie** explanation
**wytłumaczyć** explain
**wytrawny** **1** seasoned **2** *(wino)* dry
**wytropić** track down
**wytrwać** persevere
**wytrwałość** determination, perseverance, persistence
**wytrwały** persistent
**wytrzeźwieć** sober up
**wytrzymać** **1** hold on **2** **nie wytrzymać** yield **3** **wytrzymać do końca** stick it out
**wytrzymałość** **1** endurance, stamina **2** *(materiału)* durability **3** **granica wytrzymałości** breaking point **4** **u kresu wytrzymałości** at the end of your tether
**wytrzymały** durable, hard-wearing, heavy-duty
**wytrzymywać** **1** endure, withstand **2** *(tolerować)* stand, put up with
**wytwarzać** generate, produce
**wytwarzanie** generation, making
**wytwornie** smartly
**wytworność** refinement
**wytworny** refined, smart
**wytwór** creation, product
**wytwórnia** **1** factory **2** **wytwórnia płytowa** record company
**wytyczać** mark out
**wytyczna** guideline, brief
**wywar** stock
**wyważać** *(drzwi)* break down/open
**wyważony** balanced
**wywiad** **1** *(rozmowa)* interview **2** *(wojskowy itp.)* intelligence
**wywiązywać się** **wywiązywać się** deliver (the goods)
**wywierać** **1** **wywierać nacisk/wpływ** exert pressure/influence **2** **wywierać wrażenie na** impress
**wywiercić** bore, drill
**wywieszać** post
**wywnioskować** deduce
**wywodzić** **wywodzić się z** be descended from
**wywoływać** **1** *(wspomnienia, podziw)* evoke **2** *(duchy)* invoke **3** *(skutek)* produce **4** *(dyskusję)* trigger off **5** *(zdjęcia)* develop **6** *(na ekran komputera)* call up
**wywracać się** **1** fall (down) **2** *(dnem do góry)* capsize
**wywrotowy** subversive
**wyzdrowieć** recover
**wyzdrowienie** recovery
**wyziewy** fumes
**wyznaczać** **1** define, determine, set **2** *(osobę)* appoint, designate
**wyznanie** creed, denomination
**wyznaw-ca/czyni** believer
**wyzwalać** **1** liberate **2** **wyzwalać się** break free
**wyzwanie** **1** challenge **2** **rzucać wyzwanie** challenge **3** **sprostać wyzwaniu** meet a challenge **4** **stawać przed wyzwaniem** face a challenge
**wyzwisko** **obrzucać kogoś wyzwiskami** call sb names, hurl insults/abuse at sb
**wyzwolenie** liberation
**wyzwoliciel/ka** liberator
**wyzwolony** liberated
**wyzysk** exploitation
**wyzyskiwać** exploit
**wyzywająco** defiantly, provocatively
**wyzywający** defiant, provocative
**wyżej** **1** above **2** **jak wyżej** ditto
**wyżłobić** groove, gouge out
**wyższość** superiority
**wyższy** **1** higher **2** **stopień wyższy** comparative **3** **wyższa uczelnia** university, college
**wyżymać** wring
**wyżywić** feed
**wyżywienie** board
**wzajemnie** mutually, reciprocally
**wzajemny** mutual, reciprocal
**wzbierać** surge
**wzbijać się** soar
**wzbogacać** enrich
**wzbraniać się** **1** **wzbraniać się od czegoś** shy away from sth **2** **wzbraniać się przed czymś** shrink from sth
**wzbroniony** **1** prohibited, forbidden **2** **surowo wzbroniony** strictly prohibited/forbidden
**wzbudzać** **1** arouse, stir up, inspire **2** **wzbudzać nadzieje/obawy/podejrzenia** raise hopes/fears/suspicions
**wzburzony** rough
**wzdęcie** **1** flatulence **2** **dostawać wzdęcia** get wind
**wzdęty** bloated
**wzdłuż** along

**wzdragać wzdragać się przed** flinch from
**wzdrygać się** flinch, shudder, start
**wzdychać** gasp, sigh
**wzgląd 1** consideration **2 bez względu na to, jak długo/ile** however long/much, no matter how long/much **3 bez względu na** regardless of **4 pod każdym względem** on all counts **5 pod pewnym względem** in one respect **6 pod wieloma względami** in many respects **7 przez wzgląd na** for (sb's) sake, for the sake of **8 w tym względzie** on that score **9 ze względu na** for the sake of
**względnie** comparatively, relatively
**względność** relativity
**względny 1** comparative, relative **2 zaimek względny** relative pronoun **3 zdanie względne** relative clause
**wzgórze** hill
**wziąć 1** take **2 brać coś za dobrą monetę** take sth at face value **3 wziąć na siebie** take on
**wzlot wzloty i upadki** ups and downs
**wzmacniacz** amplifier
**wzmacniać 1** amplify, build up, consolidate, fortify, reinforce **2 wzmacniać (się)** strengthen
**wzmagać się** strengthen, increase
**wzmianka** mention, reference
**wznawiać** resume
**wzniecać 1** stir up **2** *(ogień)* start **3** *(bunt)* incite
**wzniesienie** hill
**wzniosły** lofty
**wznosić 1** raise, erect **2 wznosić się (nad)** tower (over/above) **3 wznosić się** rise, soar
**wznowienie** resumption, revival
**wznowiony** renewed
**wzorek 1** pattern **2 we wzorki** patterned
**wzornictwo** design
**wzorować się wzorować się na kimś** model yourself on sb
**wzorowany wzorowany na czymś** modelled on sth
**wzorowy** model
**wzorzysty** patterned
**wzór 1** *(deseń)* pattern **2** *(motyw)* motif **3** *(model)* model, design **4** *(w matematyce itp.)* formula **5** *(do naśladowania)* example
**wzrastać 1** *(o cenach itp.)* rise, climb, go up **2** *(o temperaturze)* increase **3 wzrastać gwałtownie** soar
**wzrok 1** eyesight, vision **2 poza zasięgiem wzroku** out of sight **3 przyciągający wzrok** eye-catching **4 w zasięgu wzroku** in/within sight
**wzrokowo** visually
**wzrokowy** optic, visual
**wzrost 1** *(człowieka)* growth **2** *(rośliny)* height **3** *(zwiększenie się)* rise, increase
**wzruszać 1** move, touch **2 wzruszać ramionami** shrug **3 wzruszać się** be/become emotional
**wzruszająco** movingly
**wzruszający** moving, touching
**wzruszony** touched, moved
**wzwód** erection
**wzywać 1** call (in), summon **2 wzywać kogoś do czegoś** call on sb to do sth

# Yy

**yuppie** yuppie

# Zz

**z**[1] **1** from, out of **2 z ... do** from ... to
**z**[2] *(razem)* with
**za**[1] *prep* **1** behind **2 dzień za dniem** day by day **3 za granicą/ę** abroad **4 za i przeciw** the pros and cons
**za**[2] *prep* **1** in **2 za dwa dni** in two days **3 za pięć (minut) druga** five (minutes) to two **4 za tydzień/2 miesiące** a week/2 months from now **5 za tydzień/trzy miesiące** in a week's/three months' time
**za**[3] *prep* **1** during **2 za dnia** by day
**za**[4] *adv* **1** too **2 za szybki** too fast **3 trochę za wysoki/ciężki** on the high/heavy side
**zaabsorbowanie** preoccupation
**zaabsorbowany** preoccupied
**zaadaptować 1** adapt **2** *(np. powieść dla TV)* dramatize, dramatise *BrE*
**zaadoptować** adopt
**zaadresować** address
**zaakcentować** accentuate, stress
**zaakceptować** accept
**zaaklimatyzować się** acclimatize, acclimatise *BrE*
**zaalarmować** alert
**zaangażować 1** involve **2** *(do pracy)* engage **3 zaangażować się w coś** be/get involved in sth

**zaangażowanie** commitment, involvement
**zaangażowany** committed
**zaapelować** appeal
**zaaplikować** dose
**zaaresztować** arrest
**zaatakować** attack, strike
**zabalsamować** embalm
**zabandażować** bandage
**zabarwić** dye
**zabarwienie** complexion
**zabarykadować** barricade
**zabawa** **1** fun, play **2** *(tańce)* dance **3** **plac zabaw** playground **4** **robić coś dla zabawy** do sth for a laugh **5** **towarzysz/ka zabaw** playmate
**zabawiać** **1** amuse, entertain **2** **zabawiać kogoś** keep sb amused
**zabawka** toy
**zabawny** amusing, entertaining
**zabeczeć** bleat
**zabezpieczać** make provisions for, safeguard
**zabezpieczenie** precaution, safeguard, security
**zabiegać** **zabiegać o coś** strive for sth
**zabierać** **1** take, take away/out **2** **zabierać się do czegoś** get down to sth, go about sth, set about (doing) sth **3** **zabierać się do pracy** set to work
**zabijać** **1** kill **2** **zabijać czas** kill time **3** **zabijać deskami** board up
**zablokować** **1** block, obstruct **2** *(np. w rugby)* tackle **3** **zablokować się** jam, lock, get stuck
**zablokowany** stuck
**zabłądzić** lose your way, get lost
**zabłąkać się** stray
**zabłocony** muddy
**zaborczy** possessive
**zabój-ca/czyni** killer, assassin
**zabójstwo** killing, homicide
**zabrać** **1** take **2** **zabrać się do czegoś** get around to sth
**zabraniać** forbid, prohibit
**zabroniony** forbidden
**zaburzenie** disorder
**zabytek** monument
**zacerować** darn
**zachcianka** whim
**zachęcać** encourage
**zachęcający** encouraging
**zachęta** encouragement, incentive
**zachłannie** greedily
**zachłanny** greedy
**zachmurzony** cloudy, overcast
**zachmurzyć się** *(o niebie)* cloud over
**zachodni** **1** west, western **2** *(wiatr też)* westerly
**zachodzić** **1** *(o słońcu)* go down, set **2** **zachodzić na (siebie)** overlap
**zachorować** **1** be taken ill **2** **zachorować na** get, go down with
**zachowanie** **1** behaviour *BrE*, behavior *AmE*, conduct **2** **złe zachowanie** misbehaviour *BrE*, misbehavior *AmE*
**zachowywać** **1** keep, preserve, retain **2** **zachowywać odpowiednie proporcje** strike a balance **3** **zachowywać się** behave, conduct yourself **4** **zachowywać się niepoważnie** play games **5** **źle się zachowywać** misbehave
**zachód** **1** west **2** **na północny zachód** northwest **3** **na zachód** westward **4** **najbardziej wysunięty na zachód** westernmost **5** **południowy zachód** southwest **6** **prowadzący na zachód** westbound **7** **zachód słońca** sundown, sunset
**zachwiać** **1** upset, shake **2** **zachwiać się** falter
**zachwycać** **1** delight, thrill **2** **zachwycać się** marvel (at)
**zachwycający** delightful
**zachwycony** delighted, overjoyed
**zachwyt** delight, rapture
**zaciągać się** **1** inhale, take a drag on, take a puff **2** *(do wojska)* enlist
**zaciągnąć** **1** *(coś gdzieś)* drag **2** *(zasłony)* draw
**zaciemniać** obscure
**zaciemnienie** blackout
**zacieniony** shady
**zacierać się** blur
**zacieśniać (się)** tighten
**zacięcie** bent
**zacięty** *(np. rywalizacja)* stiff
**zaciskać** **1** tighten, clench **2** **zaciskać się** tighten **3** **zaciskać zęby** grit your teeth
**zacisze** retreat
**zacytować** quote
**zaczarowany** enchanted, magical
**zacząć** begin, start
**zaczekać** wait, hold on
**zaczepiać** **1** fasten **2** *(nieznajomego)* accost
**zaczepny** offensive
**zaczerwienić** **zaczerwienić się** redden, blush
**zaczerwienienie** redness
**zaczynać** **1** begin, start **2** **nie zaczynaj z** don't mess

with **3 zaczynać się** begin, start **4 zaczynać wszystko od początku** start over
**zaćma** cataract
**zaćmienie** eclipse
**zaćmiewać** eclipse
**zad** rump
**zadanie 1** task **2** *(w szkole)* exercise, problem **3 zadanie domowe** homework
**zadarty** upturned
**zadatek 1** deposit **2 mieć zadatki na** have the makings of
**zadawać 1 zadać (komuś) cios** deal a blow (to sb) **2 zadawać pytanie** ask a question **3 zadawać komuś ból** inflict pain on sb **4 zadawać się z kimś** hang around with sb, associate with sb, mess around with sb
**zadbany** well-kept, neat
**zadecydować** decide
**zadedykować** dedicate
**zadeklarować** declare
**zadekretować** decree
**zademonstrować** demonstrate
**zadłużenie** debt
**zadośćuczynienie** compensation
**zadowalać 1** please, satisfy **2 zadowalać się czymś** content yourself with sth, make do with sth, settle for sth
**zadowalająco** satisfactorily, to your satisfaction
**zadowalający** satisfactory, satisfying
**zadowolenie 1** satisfaction **2 z zadowoleniem** contentedly
**zadowolony 1** satisfied, pleased, content, glad **2 być zadowolonym z czegoś** be glad of sth **3 zadowolony z siebie** complacent, smug
**zadrapać** scrape, scratch
**zadrapanie** scrape, scratch
**zadraśnięcie** nick, scrape
**zadufany zadufany (w sobie)** opinionated, self-righteous
**zadurzenie** infatuation
**zadurzony** infatuated
**zadymiony** smoky
**zadyszka dostać zadyszki** lose one's breath, be winded
**zadziałać** act, do the job
**zadzierać zadzierać nosa** put on airs
**zadzwonić 1** call, ring, phone **2 zadzwonić do kogoś** give sb a call/ring
**zadźwięczeć** sound
**zafarbować** dye
**zagadka 1** puzzle, riddle **2** *(tajemnica)* mystery
**zagadkowy** enigmatic, puzzling
**zaganiać** *(np. owce)* drive, herd
**zagazować** gas
**zagęszczać** thicken
**zagięcie** crease, fold
**zaginąć** disappear, go astray
**zaginiony** lost, missing
**zagłada** annihilation, extermination
**zagłębiać się zagłębiać się w** delve into
**zagłębie zagłębie naftowe/węglowe** oil/coal field
**zagłębienie** hollow
**zagłodzić** starve
**zagłuszać** drown out
**zagniecenie** wrinkle
**zagnieździć się** nest
**zagoić się** heal
**zagorzały** staunch, zealous
**zagospodarowywać** develop
**zagotować** bring to the boil
**zagracać** clutter
**zagrać** play
**zagradzać 1** block off, obstruct **2 zagradzać komuś drogę** bar sb's way
**zagraniczny** foreign
**zagrażać** endanger, threaten
**zagroda** pen, corral *AmE*
**zagrożenie** danger, hazard, risk, threat
**zagrożony 1** at risk **2 gatunki zagrożone wymarciem** endangered species
**zagrzmieć** bellow
**zagubiony 1** lost, missing **2 być/czuć się zagubionym** be/feel lost
**zagwarantować** guarantee
**zahaczać** hook
**zahamować** stop, inhibit, restrain
**zahamowanie 1** inhibition **2 pozbawiony zahamowań** uninhibited
**zahipnotyzować** hypnotize, hypnotise *BrE*, mesmerize, mesmerise *BrE*
**zaimek 1** pronoun **2 zaimek osobowy** personal pronoun **3 zaimek względny** relative pronoun
**zaimponować** impress
**zaimprowizować** improvise
**zaimprowizowany** impromptu
**zainaugurować** inaugurate
**zainicjować** initiate
**zainscenizować** stage
**zainspirować** inspire
**zainstalować** install
**zainteresować 1** interest **2 zainteresować się** take

an interest (in), get into, take up

**zainteresowanie** interest, attention

**zainteresowany** 1 interested 2 **zainteresowane strony/grupy** interested parties/groups 3 **zainteresowany zrobieniem czegoś** keen to do sth

**zaintrygować** intrigue

**zainwestować** invest

**zaizolować** insulate

**zajadły** blistering, virulent

**zajazd** inn, roadhouse

**zając** hare

**zająć** 1 occupy, take up 2 **zająć czyjeś miejsce** supersede sb 3 **zająć pierwsze miejsce** come/finish first 4 **zająć się czymś** go into sth

**zająknąć się** stumble

**zajęcie** 1 activity, occupation 2 **zajęcia** *(lekcje)* classes 3 **znajdować sobie zajęcie** occupy yourself

**zajęty** 1 *(człowiek)* busy 2 *(miejsce)* occupied 3 *(telefon)* busy, engaged

**zajmować** 1 *(pomieszczenie)* occupy, take up 2 *(zdobywać)* invade, seize 3 **czym się zajmujesz?** what do you do? 4 **zajmować się kimś/czymś** *(opiekować się)* take care of sb/sth, attend to sb/sth 5 **zajmować się czymś** concern yourself with sth, deal with sth 6 *(dla zabicia czasu)* busy yourself with sth

**zajmujący** engaging

**zajście** incident

**zajść** 1 **ktoś daleko zajdzie** sb will/should go far 2 **zajść w ciążę** conceive, get pregnant

**zakamarek** 1 nook 2 **wszystkie zakamarki** every nook and cranny

**zakaz** ban, prohibition

**zakazany** 1 forbidden, banned 2 *(np. romans)* illicit

**zakazywać** ban, prohibit

**zakaźny** infectious, contagious, catching

**zakażenie** infection

**zakażony** infected

**zakątek** corner, nook

**zakląć** curse, swear

**zaklejać** seal

**zaklejony** sealed

**zaklęcie** incantation, spell

**zakład** 1 *(fabryka)* works 2 *(o pieniądze itp.)* bet 3 **zakład przemysłowy** plant

**zakładać** 1 *(tworzyć)* found, establish, start, set up 2 *(czapkę, płaszcz)* put on 3 *(brać za pewnik)* assume, presuppose 4 **zakładać z góry, że** take it for granted (that) 5 **zakładam, że** I take it that 6 **zakładać interes** go into business 7 **zakładać się** bet 8 **założę się, że** I/I'll bet

**zakładka** *(do książki)* bookmark

**zakładni-k/czka** 1 hostage 2 **trzymać kogoś w charakterze zakładnika** hold sb to ransom

**zakłopotanie** 1 embarrassment 2 **wprawiać w zakłopotanie** embarrass 3 **wprawiający w zakłopotanie** embarrassing

**zakłopotany** embarrassed

**zakłócać** disrupt, disturb

**zakłócający** **zakłócający spokój** disruptive

**zakłócanie** **zakłócanie porządku publicznego** disorderliness

**zakłócenie** 1 disruption, disturbance, interruption 2 *(w radiu itp.)* static, interference 3 **bez zakłóceń** undisturbed 4 **zakłócenie porządku** disturbance

**zakneblować** gag

**zakochany** 1 **być zakochanym (w kimś)** be in love (with sb) 2 **zakochany do szaleństwa** madly in love

**zakochiwać** **zakochiwać się (w)** fall in love (with), fall for

**zakonnica** nun

**zakonnik** friar

**zakonserwować** cure, preserve

**zakończenie** conclusion, ending

**zakończyć** 1 end, conclude, complete 2 **zakończyć się** end, conclude 3 **zakończyć się czymś** end in sth

**zakopywać** bury

**zakorzeniać** **zakorzeniać się** take root

**zakorzeniony** 1 **głęboko zakorzeniony** deep-seated, entrenched 2 **zakorzeniony w** rooted in

**zakosztować** sample

**zakotwiczyć** anchor

**zakradać się** creep, sneak up

**zakres** range, scope

**zakreślacz** highlighter, marker

**zakreślać** 1 highlight 2 *(kółkiem)* circle

**zakręt** bend, turn

**zakrętka** top

**zakrojony** **zakrojony na szeroką skalę** full-scale

**zakrwawiony** bloody

**zakrywać** cover up
**zakrzepnąć** congeal
**zakrzyczeć** shout down
**zakrzywiony** curved, hooked
**zakup** purchase
**zakupić** purchase, buy
**zakupy 1** shopping **2 iść/pójść na zakupy** go shopping **3 robić zakupy** shop
**zakurzony** dusty
**zakwalifikować się** qualify
**zakwaterować** accommodate
**zakwaterowanie 1** accommodation **2 zakwaterowanie ze śniadaniem i kolacją** half board
**zakwestionować** challenge, contest, dispute, query
**zakwitać** *(o drzewach)* blossom
**zalecać 1** recommend **2 zalecać się (do)** court, woo
**zalecenie** recommendation
**zaledwie** barely, merely, only
**zalegalizować** legalize, legalise *BrE*
**zaległości 1** backlog **2** *(w płatnościach)* arrears
**zaległy 1** outstanding, overdue **2 zaległe podatki/pobory** back taxes/pay
**zalesiony** wooded
**zaleta** virtue, merit, advantage
**zalew** *(towarów itp.)* flood
**zalewać 1** flood, swamp **2 zalewać rynek** flood the market **3 zostać zalanym** be flooded with
**zaleźć zaleźć komuś za skórę** get on the wrong side of sb
**zależeć 1 zależeć od** depend on/upon **2 to zależy od kogoś** it's up to sb **3 to zależy** it/that depends
**zależność** correlation, relationship
**zależny 1** dependent **2 być zależnym od kogoś/czegoś** be reliant on sb/sth **3 mowa zależna** indirect speech, reported speech
**zaliczać zaliczać kogoś/coś do** class sb/sth as, rate sb/sth among
**zaliczenie 1** pass **2** *(np. semestru)* credit
**zaliczka** advance, deposit, down payment
**zalogować się** log on/in
**zalotny** flirtatious
**zaloty** advances, courtship
**załadować** load
**załadowany** loaded
**załamać się 1** break down **2** *(o giełdzie)* crash
**załamanie 1** breakdown, collapse **2 załamanie nerwowe** breakdown, nervous breakdown
**załamany** heartbroken
**załapać załapać się na** walk away with
**załatać** patch
**załatwiać 1** take care of, see about **2 załatwiać coś** *(na mieście)* run an errand **3 załatwiać się** go to the toilet
**załatwić 1** *(zabić)* do in, dispose of **2 załatwić komuś coś** fix sb up with sth
**załączać 1** enclose **2** *(do dokumentu)* append
**załączony** enclosed
**załoga** crew
**założenie** assumption, presumption, presupposition
**założyciel/ka** founder
**załzawiony** watery
**zamach 1** assassination **2 dokonać zamachu na** assassinate **3 za jednym zamachem** at a stroke/at one stroke **4 zamach stanu** coup
**zamachowiec** bomber
**zamaczać** dip
**zamartwiać się** agonize, agonise *BrE*
**zamarynować** marinate, pickle
**zamarzać** freeze, ice over/up
**zamarznięty** frozen
**zamaskować** camouflage, mask
**zamaskowany** masked
**zamaszyście** with a flourish
**zamawiać** order
**zamazany** blurred, fuzzy
**zamazywać** blur
**zamek 1** castle **2** *(w drzwiach itp.)* lock **3 zamek błyskawiczny** zip, zipper *AmE* **4 zamek z piasku** sandcastle **5 zamek zatrzaskowy** latch
**zameldować się** *(w hotelu)* book in/into, check in
**zamęt** confusion, havoc, muddle
**zamężna** married
**zamglony** hazy, misty
**zamian w zamian (za)** in return (for), in exchange (for)
**zamiana 1** *(wymiana)* exchange, swap **2** *(przekształcenie)* conversion
**zamiar 1** intention **2 mieć zamiar** mean **3 mieć zamiar coś zrobić** intend to do sth **4 nie mieć złych zamiarów** not mean any harm

**zamiast** 1 instead of, rather than 2 **zamiast tego** instead
**zamiatać** sweep
**zamieć** blizzard, snowstorm
**zamiejscowy** *(rozmowa)* long-distance
**zamieniać** 1 exchange, swap, switch 2 **zamieniać się w** turn into 3 **zamieniać się** trade, swap
**zamierać** come to a standstill, freeze
**zamierzać** 1 intend 2 **zamierzać coś zrobić** intend to do sth
**zamierzony** deliberate, intentional
**zamierzyć** **zamierzyć się na** swing at, aim a blow at
**zamieszać** stir
**zamieszanie** commotion, confusion, fuss
**zamieszany** **zamieszany w coś** mixed up in sth
**zamieszkać** **zamieszkać w** settle in
**zamieszkanie** 1 habitation 2 **miejsce zamieszkania** place of residence
**zamieszkany** inhabited
**zamieszki** riot
**zamieszkiwać** dwell, inhabit
**zamilknąć** fall silent
**zamiłowanie** fondness, passion
**zaminować** mine
**zamknięty** 1 closed, shut 2 **zamknięty w sobie** introverted, withdrawn
**zamontować** fit, mount
**zamordować** murder
**zamorski** overseas
**zamożny** wealthy, well-off, affluent
**zamówienie** 1 order 2 **składać zamówienie** place an order 3 **wykonany na zamówienie** custom-built
**zamrażać** freeze
**zamrażalnik** freezer
**zamrażarka** freezer, deep freeze
**zamroczenie** stupor
**zamrożenie** **zamrożenie cen/płac** price/wage freeze
**zamsz** suede
**zamykać** 1 close, shut 2 *(na klucz)* lock 3 *(w więzieniu lub zakładzie psychiatrycznym)* lock up 4 **zamknij się!** shut up!, shut your mouth! 5 **zamykać się** close, shut
**zamyślenie** **w zamyśleniu** thoughtfully
**zamyślony** pensive, thoughtful
**zanadrze** **mieć coś w zanadrzu** have sth up your sleeve
**zanieczyszczać** 1 pollute 2 *(odchodami)* foul
**zanieczyszczenie** 1 contamination, pollution 2 **zanieczyszczenie środowiska** environmental pollution
**zanieczyszczony** polluted, impure
**zanieczyścić** contaminate
**zaniedbanie** neglect, negligence
**zaniedbany** neglected, run-down
**zaniedbujący** **zaniedbujący obowiązki** negligent
**zaniedbywać** neglect
**zaniepokoić** alarm, disturb
**zaniepokojenie** **z zaniepokojeniem** anxiously
**zaniepokojony** worried, anxious, concerned, alarmed
**zanik** disappearance
**zanikać** disappear, die away
**zanim** 1 before, by the time 2 **zanim się obejrzysz** before you know it
**zanosić się** 1 **zanosi się na coś** sth is on the horizon 2 **zanosić się płaczem** wail
**zanotować** note, write down
**zanurzać** dip, immerse, submerge
**zaobserwować** observe
**zaoferować** bid, offer
**zaogniać się** *(o ranie)* fester
**zaokrąglać** 1 *(w dół)* round down 2 *(w górę)* round up
**zaokrąglenie** **w zaokrągleniu** in round figures/numbers
**zaokrąglony** rounded
**zaokrętowanie** embarkation
**zaopatrywać** equip, supply
**zaopatrzenie** supply, delivery
**zaopatrzony** **dobrze zaopatrzony** well-stocked
**zaopiekować** **zaopiekować się kimś/czymś** take care of sb/sth
**zaoponować** object
**zaorać** plough *BrE*, plow *AmE*
**zaostrzać** 1 *(przepisy)* tighten up 2 **zaostrzać czyjś apetyt** whet sb's appetite
**zaostrzony** **zaostrzone środki bezpieczeństwa** tight security
**zaostrzyć** sharpen
**zaoszczędzić** save
**zapach** 1 smell, scent, fragrance 2 *(zwłaszcza nieprzyjemny)* odour *BrE*, odor *AmE*

**zapadać** **1** **zapada noc/zmierzch** night/darkness falls **2** **zapadać na** *(chorobę)* come down with **3** **zapadać w** lapse into **4** **zapadać się** cave in, give way
**zapadka** catch
**zapadnięty** sunken
**zapalać** **1** light **2** *(papierosa)* light up **3** **zapalać zapałkę** strike a match **4** **zapalać się** catch fire
**zapalenie** **1** inflammation **2** **zapalenie opon mózgowych** meningitis **3** **zapalenie płuc** pneumonia **4** **zapalenie stawów** arthritis **5** **zapalenie wątroby** hepatitis **6** **zapalenie wyrostka robaczkowego** appendicitis
**zapalniczka** lighter
**zapalnik** fuse
**zapalny** explosive
**zapalony** keen
**zapał** **1** enthusiasm, eagerness, zeal **2** **z zapałem** with gusto
**zapałka** match
**zaparcie** constipation
**zaparkować** park
**zaparować** mist over *BrE*, steam over *AmE*
**zaparowany** steamed up, misty *BrE*, steamy *AmE*
**zaparty** **z zapartym tchem** with bated breath
**zaparzać (się)** brew
**zapas** **1** reserve, hoard, stock **2** **w zapasie** to spare **3** **zapasy** provisions **4** **robić zapasy** stock up
**zapasowy** **1** duplicate, spare **2** **zapasowa kopia** backup **3** **robić zapasową kopię** *(pliku komputerowego)* back up
**zapasy** wrestling
**zapaść** *noun* collapse
**zapaśnik** wrestler
**zapełniać (się)** fill up, fill
**zapewne** presumably
**zapewniać** **1** assure, reassure **2** *(bezpieczeństwo itp.)* secure
**zapewnienie** assurance
**zapieczętować** seal
**zapieczętowany** sealed
**zapiekanka** casserole
**zapierać** **zapierać dech (w piersiach)** take your breath away
**zapierający** **zapierający dech** breathtaking
**zapięcie** fastener, fastening
**zapinać** **1** fasten, do up **2** *(na guziki)* button **3** *(na zamek)* zip **4** *(na sprzączkę)* buckle
**zapis** **1** record, transcript **2** *(notacja)* notation **3** **dokonywać zapisu na rzecz** endow
**zapisać** write down
**zapisany** **nie zapisany** blank
**zapisy** enrolment *BrE*, enrollment *AmE*
**zapisywać** **1** write down, take down, put down *BrE* **2** *(dane na dysk)* save **3** *(temperaturę itp.)* record **4** **zapisywać się** enrol *BrE*, enroll *AmE* sign up **5** **zapisywać w dzienniku** log
**zaplanować** plan, schedule
**zaplatać** *(warkocz)* plait *BrE*, braid *AmE*
**zaplątać** tangle
**zaplątany** entangled
**zapleśniały** mouldy *BrE*, moldy *AmE*
**zapłacić** pay
**zapładniać** fertilize, fertilise *BrE*
**zapłata** **1** payment **2** **być do zapłaty** be due
**zapłodnienie** fertilization, insemination
**zapłon** ignition
**zapobiegać** prevent, guard against
**zapobieganie** **1** prevention **2** **zapobieganie ciąży** contraception
**zapobiegawczy** precautionary, preventive
**zapoczątkować** initiate, start off
**zapodziać** misplace, mislay
**zapominać** forget
**zapominalski** *adj* forgetful
**zapomniany** godforsaken
**zapomnienie** oblivion, obscurity
**zapora** dam
**zaporowy** **ogień zaporowy** barrage
**zapowiadać** **1** herald **2** **zapowiadać się** promise
**zapowiedź** **1** announcement **2** **bez zapowiedzi** unannounced
**zapożyczać** **1** borrow **2** **zapożyczać się** get into debt
**zapraszać** invite
**zaprawa** **1** **zaprawa murarska** mortar **2** **zaprawy** preserves
**zaprezentować** present
**zaprocentować** pay dividends
**zaprogramować** program
**zaprojektować** design
**zaproponować** offer, propose, suggest
**zaproszenie** invitation
**zaprotestować** protest
**zaprowadzić** **1** take **2** **zaprowadzić kogoś dokądś** show sb somewhere

**zaprzeczać** 1 contradict, deny 2 *(nie zgadzać się)* disagree 3 **stanowczo zaprzeczać** flatly deny
**zaprzeczenie** denial
**zaprzeszły** **czas zaprzeszły** the past perfect, the pluperfect
**zaprzęgać** harness
**zaprzysięgać** *(świadka, prezydenta)* swear in
**zaprzysięgły** 1 confirmed 2 **zaprzysięgli wrogowie** sworn enemies
**zapukać** knock, rap
**zapuszczać** *(brodę itp.)* grow
**zapuszczony** run-down
**zapychać** block (up)
**zapylać** pollinate
**zapylenie** pollination
**zapytać** ask
**zapytanie** 1 inquiry, query 2 **znak zapytania** question mark
**zapytywać** inquire
**zarabiać** 1 *(pieniądze)* earn, get, make 2 *(ciasto)* knead 3 **zarabiać na utrzymanie** earn your keep 4 **zarabiać na życie** earn a living
**zaradność** resourcefulness
**zaradny** resourceful
**zaradzić** remedy
**zaranie** **zaranie cywilizacji/dziejów** the dawn of civilization/time
**zaraz** at once, right now/away, in no time
**zaraza** plague
**zarazek** bug, germ
**zarazić się** 1 get infected 2 **zarazić się czymś** pick sth up, catch sth
**zaraźliwy** contagious, infectious
**zarażać** infect
**zarażony** infected
**zardzewiały** rusty
**zardzewieć** rust
**zareagować** 1 react, respond 2 **reagować zbyt mocno** overreact
**zarejestrować** 1 record, chart 2 **zarejestrować się** register
**zarekomendować** recommend
**zarezerwować** book, reserve
**zarezerwowany** reserved
**zaręczony** engaged
**zaręczyny** engagement
**zarobki** earnings, wages
**zarodek** 1 embryo 2 **zdusić coś w zarodku** nip something in the bud
**zarost** facial hair
**zarośnięty** overgrown
**zarozumiałość** conceit
**zarozumiały** conceited
**zarówno** **zarówno ... jak i ...** both ... and ...
**zarumienić się** blush, flush
**zarumieniony** flushed
**zaryglować** bolt
**zarys** outline
**zarysowany** *(o powierzchni)* cracked
**zarysowywać** sketch out, outline
**zaryzykować** chance it, take a risk, run the risk
**zarząd** 1 board, management 2 **zarząd miasta** corporation *BrE*
**zarządzać** administer, manage
**zarządzanie** 1 administration, management 2 **złe zarządzanie** mismanagement
**zarządzenie** directive
**zarzucać** 1 *(porzucać)* abandon, drop 2 **czemuś nie można nic zarzucić** sth cannot be faulted 3 **zarzucać na siebie** slip on
**zarzut** 1 accusation, charge 2 *(nie poparty dowodami)* allegation 3 **bez zarzutu** above/beyond reproach
**zasada** 1 principle, rule 2 **w zasadzie** basically, essentially, in principle 3 **z zasady** on principle
**zasadniczo** basically, fundamentally, in principle
**zasadniczy** essential, fundamental
**zasadność** legitimacy, validity
**zasadzić** plant
**zasadzka** ambush
**zasiać** sow, plant
**zasięg** 1 range, scope 2 **być w zasięgu/poza zasięgiem czyjejś ręki** be within/beyond sb's grasp/reach 3 **dalekiego zasięgu** long-range 4 **w zasięgu ręki** within reach
**zasilać** power
**zasiłek** 1 benefit, social security, welfare 2 **zasiłek dla bezrobotnych** dole *BrE*
**zaskakiwać** surprise
**zaskakująco** surprisingly
**zaskakujący** surprising
**zaskoczenie** 1 surprise 2 **być zaskoczeniem** come as a surprise 3 **ku mojemu zaskoczeniu** to my surprise
**zaskoczony** 1 surprised 2 **być zaskoczonym** be surprised, be taken aback
**zaskoczyć** 1 *(zrozumieć)* get the message 2 **dać się zaskoczyć** be caught napping 3 **zaskoczyć kogoś** take/catch sb by surprise, catch sb unawares/off guard
**zasłabnąć** faint, collapse

**zasłaniać** cover, block out, screen

**zasłona** **1** curtain *BrE*, drape *AmE* **2** **zaciągać/rozsuwać zasłony** draw the curtains

**zasługiwać** **zasługiwać na** deserve, be worthy of

**zasłużenie** deservedly

**zasłużony** deserved, well-earned

**zasłużyć** **zasłużyć (sobie) na** earn

**zasmarkany** snotty

**zasmucać** sadden, make sad

**zasnąć** **1** go to sleep **2** **nie móc zasnąć** be sleepless

**zasoby** resources

**zaspa** snowdrift

**zaspać** oversleep

**zaspokajać** satisfy

**zastanawiać się** **1** think, wonder **2** **zastanowić się nad czymś** think sth over **3** **dobrze się zastanowić** think twice **4** **niech się zastanowię** let's see

**zastanowienie** **1** reflection, thought **2** **bez zastanowienia** off the top of your head, offhand

**zastawa** **zastawa stołowa** crockery

**zastawka** valve

**zastęp-ca/czyni** **1** replacement, stand-in, substitute **2** *(wice)* deputy

**zastępczy** **1** surrogate **2** **rodzice zastępczy/rodzina zastępcza** foster parents/family

**zastępować** stand in for, substitute for

**zastępstwo** replacement, substitution

**zastosować** **1** apply, employ **2** **zastosować się do** follow, comply with, go along with

**zastosowanie** application, use

**zastój** **1** slowdown, stagnation **2** **w zastoju** stagnant

**zastraszać** intimidate

**zastraszenie** intimidation

**zastraszony** intimidated

**zastrzelić** shoot (down/dead), gun down

**zastrzeżenie** reservation

**zastrzyk** **1** injection, shot **2** **zastrzyk energii** tonic **3** **zastrzyk pewności siebie** confidence/morale/ego booster

**zasugerować** hint, imply, suggest

**zasuw(k)a** latch, bolt

**zasygnalizować** indicate, signal

**zasypiać** fall asleep, go to sleep

**zasypywać** **1** fill, bury **2** **zasypywać pytaniami** fire questions (at)

**zaszaleć** let your hair down

**zaszczepiać** **1** vaccinate, immunize, immunise *BrE* **2** *(drzewo)* implant

**zaszczycony** privileged, honoured *BrE*, honored *AmE*

**zaszczyt** **1** honour *BrE*, honor *AmE* privilege **2** **to dla mnie/nas zaszczyt** it's an honour

**zaszkodzić** **1** damage, harm **2** **nie zaszkodzi coś zrobić** there's no harm in doing sth **3** **zaszkodzić komuś** *(zamiast pomóc)* do sb a disservice

**zasznurować** lace up

**zaszokować** shock

**zaszywać** sew up

**zaściankowość** insularity

**zaściankowy** insular, parochial

**zaślepienie** **1** blindness **2** **powodować zaślepienie** blind

**zaśmiecać** litter

**zaśpiewać** sing

**zaświtać** **zaświtać komuś** dawn on sb

**zataczać się** stagger

**zataić** suppress, keep back, withhold

**zatamować** staunch, stem

**zatankować** refuel

**zatańczyć** dance

**zatapiać** **1** *(teren)* flood **2** *(statek)* sink **3** **zatapiać zęby/nóż w czymś** sink your teeth/a knife into sth

**zatarasować** jam, obstruct

**zatelefonować** call, phone (up), ring (up)

**zatłoczony** **1** crowded, packed **2** *(ulica)* busy, congested

**zatoczka** *(przy drodze)* lay-by *BrE*

**zatoka** **1** bay, gulf **2** *(np. nosowa)* sinus

**zatonąć** sink

**zatopiony** **1** sunken **2** **być zatopionym w** be immersed in

**zator** blockage, obstruction

**zatroskany** concerned, worried

**zatrucie** **1** poisoning **2** **zatrucie pokarmowe** food poisoning

**zatrudniać** employ, take on

**zatrudnienie** employment

**zatrudnion-y/a** employee

**zatruty** poisoned

**zatruwać** poison

**zatrzask** clasp

**zatrzaskiwać** slam, snap

**zatrzymać** **1** stop, bring to a halt **2** *(zaaresztować)* detain, arrest **3** *(zostawić sobie)* hold, keep, retain **4** **zatrzymać taksówkę** hail a taxi **5** **zatrzymać**

**coś dla siebie** keep sth to yourself **6 zatrzymać się** stop, halt **7** *(o pojeździe)* come to a stop/halt, grind to a halt

**zatrzymanie** detention

**zatuszować** cover up, hush up

**zatuszowanie** **zatuszowanie prawdy** cover-up

**zatwardzenie** constipation

**zatwardziały** confirmed, hardcore, hardline

**zatwierdzać** approve, endorse, sanction

**zatyczka 1** plug, stopper **2 zatyczka do uszu** earplug

**zatykać** stop up, plug, clog

**zatytułować** entitle

**zaufać** trust

**zaufanie 1** confidence, trust **2 godny zaufania** trustworthy **3 w zaufaniu** in confidence

**zauroczyć** charm, enchant

**zautomatyzowany** automated, high-tech

**zauważalnie** noticeably

**zauważalny** noticeable, distinguishable

**zauważyć 1** *(zobaczyć)* notice, spot **2** *(zrobić uwagę)* remark, point out

**zawahać się** hesitate, waver

**zawalić 1** *(robotę)* mess up **2 zawalić się** collapse

**zawał** heart attack

**zawartość** content, contents

**zawdzięczać** owe

**zawetować** veto

**zawężać** narrow down

**zawiadomienie** notification

**zawias** hinge

**zawiązać 1** tie, do up **2 zawiązać oczy** blindfold

**zawiedziony** disappointed

**zawierać 1** *(obejmować)* contain, include **2 zawierać umowę** strike/make a deal

**zawieruszyć** misplace, mislay

**zawieszać 1** hang, put up **2** *(karę itp.)* suspend

**zawieszenie** **1** suspension **2 w stanie zawieszenia** in limbo **3 zawieszenie broni** armistice, ceasefire

**zawieść** disappoint, let down

**zawijać** wrap up, wrap

**zawijas** squiggle

**zawile** intricately

**zawiłość** intricacy

**zawiły** intricate, complex, confusing

**zawiść** envy, jealousy

**zawoalowany** veiled

**zawodni-k/czka** contender, contestant

**zawodny** unreliable

**zawodowiec** professional

**zawodowo** professionally

**zawodowy** **1** professional **2** *(np. choroba)* occupational **3 ryzyko zawodowe** occupational hazard

**zawody** competition, contest

**zawodzący** plaintive

**zawołać** call, exclaim

**zawołanie 1 na zawołanie** at will **2 jak na zawołanie** (right) on cue

**zawozić** take, drive

**zawód 1** profession, occupation, trade **2** *(rozczarowanie)* disappointment, letdown **3 z zawodu** by profession **4 zawód miłosny** heartbreak

**zawór 1** valve **2 zawór bezpieczeństwa** safety valve

**zawracać 1** turn back **2 zawracać głowę** hassle, bother

**zawroty 1 zawroty głowy** dizziness, vertigo **2 mieć zawroty głowy** be/feel giddy, feel dizzy

**zawstydzać** shame, put to shame

**zawsze 1** always **2 na zawsze** forever **3 raz na zawsze** once and for all **4 zawsze możesz ...** you could always ...

**zawyżony** inflated

**zawzięcie** fiercely, hotly

**zawziętość** ferocity

**zawzięty** ferocious, bitter

**zazdrosny** envious, jealous

**zazdrościć** envy

**zazdrość 1** envy, jealousy **2 budzić czyjąś zazdrość** be the envy of sb

**zazdrośnie** enviously, jealously

**zazębiać się** overlap

**zaznajamiać 1** acquaint **2 zaznajamiać kogoś z czymś** introduce sb to sth **3 zaznajamiać się/kogoś z czymś** familiarize yourself/sb with sth

**zaznajomiony** **być zaznajomionym z czymś** be acquainted with sth

**zazwyczaj** customarily, ordinarily

**zażalenie** complaint

**zażenowanie** embarrassment

**zażenowany** embarrassed

**zażyłość** intimacy

**zażyły** intimate

**zażywać 1** take **2 zażywać ruchu** exercise

**ząb** **1** tooth **2** **trzymać język za zębami** keep your mouth shut **3** **ząb mądrości** wisdom tooth **4** **ząb trzonowy** molar
**ząbek** **ząbek czosnku** a clove of garlic
**ząbkować** teethe
**zbaczać** deviate, wander
**zbadać** examine, explore, inspect, test
**zbagatelizować** downplay, play down, trivialize, trivialise *BrE*, make light of
**zbankrutować** go bankrupt
**zbawca** saviour *BrE*, savior *AmE*
**Zbawiciel** the Saviour *BrE*, the Savior *AmE*
**zbawić** redeem, save
**zbawienie** redemption, salvation
**zbesztać** tell off, tick off
**zbezcześcić** violate
**zbędny** redundant, superfluous
**zbić** break, thrash
**zbiec** run away, make a getaway
**zbieg** **1** fugitive **2** **zbieg okoliczności** coincidence
**zbiegać się** coincide, converge
**zbiegły** escaped
**zbierać** **1** collect **2** *(zwoływać)* gather **3** *(plony)* harvest, reap **4** *(grzyby itp.)* pick **5** *(pieniądze)* raise **6** *(śmietankę)* skim **7** **zbierać myśli** collect yourself/your thoughts **8** **zbierać się** collect, gather **9** *(do wyjścia)* make a move
**zbieranie** collection
**zbieranina** a motley crew
**zbieżny** **1** convergent **2** **być zbieżnym** coincide
**zbiornik** reservoir, tank
**zbiorowy** collective, corporate
**zbiór** **1** collection, compilation, hoard **2** **zbiory** *(plony)* crop, harvest
**zbiórka** **1** collection **2** **zbiórka pieniędzy** fund-raising
**zblednąć** blanch, pale
**zbliżać się** **1** approach, be coming up, draw near **2** **nie zbliżać się** keep back
**zbliżenie** *(fotografia)* close-up
**zbłaźnić się** make a fool of yourself
**zbocze** **1** side, slope **2** **zbocze górskie** mountainside
**zboczeniec** pervert
**zbojkotować** **1** boycott **2** *(towarzysko)* ostracize, ostracise *BrE*
**zbombardować** bomb
**zboże** cereal, corn
**zbożowy** **płatki zbożowe** cereal
**zbratać się** fraternize, fraternise *BrE*
**zbrodnia** **zbrodnia wojenna** war crime
**zbrodniarz** **1** criminal **2** **zbrodniarz wojenny** war criminal
**zbrodniczy** murderous
**zbroić** *(wojsko)* arm
**zbroja** armour *BrE*, armor *AmE*
**zbrojenie** **1** armament **2** **kontrola zbrojeń** arms control **3** **wyścig zbrojeń** the arms race
**zbrojny** **siły zbrojne** the armed forces, the services
**zbrojownia** armoury *BrE*, armory *AmE*
**zbrukać** tarnish
**zbudować** build, construct
**zbulwersować** appal, scandalize, scandalise *BrE*
**zbulwersowany** appalled
**zbuntować się** rebel, revolt
**zbuntowany** mutinous, rebellious
**zburzenie** demolition
**zburzyć** demolish, pull down, tear down
**zbutwiały** musty
**zbyt**[1] *noun* **1** **rynek zbytu** market **2** **znajdujący zbyt** marketable
**zbyt**[2] *adv* too
**zbyteczny** redundant, unnecessary
**zbytnio** excessively, unduly
**zdać** **1** *(egzamin)* pass **2** **nie zdać** fail
**zdający/a** *(egzamin)* candidate
**zdalnie** **zdalnie sterowany** remote-controlled
**zdalny** **zdalne sterowanie** remote control
**zdanie** **1** sentence **2** *(nadrzędne lub podrzędne)* clause **3** *(opinia)* opinion **4** **być zdania** hold an opinion/belief/view **5** **moim zdaniem** in my view/opinion **6** **wymiana zdań** exchange of views **7** **zdanie względne** relative clause **8** **zmienić zdanie** change your mind
**zdarzać się** occur, happen
**zdawać** **1** *(egzamin)* take **2** **zdawać sobie sprawę (z)** be conscious (of) **3** **zdać sobie sprawę z czegoś** get sth into your head **4** **zdaje się, że ...** it seems that
**zdążać** **zdążać do** be bound for
**zdążyć** make it, be in time
**zdecentralizować** decentralize, decentralise *BrE*

**zdecydować się** 1 make up your mind, decide 2 **zdecydować się na** decide on 3 **nie móc się zdecydować** dither
**zdecydowanie**[1] *noun* resolution, decisiveness
**zdecydowanie**[2] *adv* 1 decidedly, definitely, strongly 2 **zdecydowanie najlepszy/największy** easily the best/biggest
**zdecydowany** 1 determined, resolute 2 *(kroki)* decisive
**zdefiniować** define
**zdeformowany** deformed
**zdefraudować** defraud, embezzle
**zdegenerowany** degenerate
**zdegradować** demote, downgrade
**zdegustowany** disgusted
**zdejmować** take off
**zdemaskować** expose
**zdemaskowanie** exposure
**zdemontować** dismantle
**zdenerwowanie** nervousness
**zdenerwowany** nervous, agitated, worked up
**zdeprawowany** depraved
**zderzać się** collide
**zderzak** bumper
**zderzenie** collision
**zderzyć się** 1 crash 2 **zderzyć się z** run into
**zdesperowany** desperate
**zdetonować** detonate
**zdewaluować (się)** devalue
**zdewastować** vandalize, vandalise *BrE*
**zdezerterować** desert
**zdezorganizowany** disorganized
**zdezorientować** confuse
**zdezorientowany** confused, disorientated
**zdezynfekować** disinfect
**zdiagnozować** diagnose
**zdjęcie** 1 photograph, photo, picture, snapshot, snap 2 **zrobić zdjęcie** take a picture/photograph 3 **zdjęcie rentgenowskie** X-ray
**zdławić** crush
**zdmuchiwać** blow out
**zdobiony** **bogato zdobiony** ornate
**zdobycz** 1 booty, loot 2 *(drapieżnika)* prey
**zdobyć** 1 conquer, win 2 *(głosy)* poll 3 *(punkt)* score
**zdobywca** conqueror
**zdolność** 1 ability, capacity 2 **naturalna zdolność** faculty
**zdolny** 1 able, capable 2 **zdolny do (zrobienia) czegoś** capable of (doing) sth
**zdołać** 1 **zdołać coś zrobić** be able to do sth, manage to do sth 2 **nie zdołać czegoś zrobić** fail to do sth
**zdominować** dominate
**zdrada** betrayal, treachery, treason
**zdradliwy** treacherous
**zdradzać** 1 betray 2 *(tajemnicę)* give away 3 *(żonę)* cheat on, be unfaithful to
**zdradziecki** treacherous
**zdraj-ca/czyni** traitor, defector
**zdrętwiały** numb, dead
**zdrętwieć** go to sleep
**zdrobnienie** diminutive
**zdrowie** 1 health 2 **na zdrowie!** *(kiedy ktoś kichnie)* bless you 3 **na zdrowie** *(przy wznoszeniu toastu)* cheers 4 **tryskający zdrowiem** bouncing 5 **wracać do zdrowia** recuperate 6 **zdrowie psychiczne** sanity
**zdrowieć** recover
**zdrowy** 1 healthy, well, wholesome 2 **cały i zdrowy** safe and sound 3 **przy zdrowych zmysłach** sane 4 **zdrowa żywność** health food, wholefood 5 **zdrowy na umyśle** sane 6 **zdrowy rozsądek** common sense, sanity
**zdruzgotany** devastated, shattered
**zdrzemnąć się** 1 grab some sleep 2 *(niechcący)* doze off
**zdumienie** amazement, astonishment
**zdumiewać** 1 amaze, astonish 2 **zdumiewać się** marvel
**zdumiewająco** amazingly
**zdumiewający** 1 amazing, astonishing 2 **to zdumiewające, że** it is a wonder (that)
**zdumiony** amazed, astonished
**zdusić** 1 smother 2 **zdusić coś w zarodku** nip something in the bud
**zdychać** die
**zdyscyplinowany** disciplined, orderly
**zdyskredytować** discredit
**zdyskwalifikować** disqualify
**zdystansować się** distance yourself
**zdzierać** 1 strip 2 **zdzierać (się)** wear out
**zdzierstwo** ripoff
**zdziesiątkować** decimate
**zdziwienie** surprise
**zdziwiony** surprised, puzzled
**zebra** zebra
**zebranie** meeting

**zebrany** **wiersze/opowiadania/dzieła zebrane** collected poems/stories/works
**zechcieć** **1** **zechcieć coś zrobić** be willing to do sth **2** **cokolwiek/kiedykolwiek zechcesz** whatever/whenever you like
**zedrzeć** **zedrzeć z siebie** tear off
**zegar** **1** clock **2** **zegar słoneczny** sundial **3** **zegar stojący** grandfather clock **4** **zgodnie z ruchem wskazówek zegara** clockwise **5** **cofnąć zegar historii** turn/put/set the clock back
**zegarek** **1** watch **2** **zegarek na rękę** wristwatch
**zegarmistrz** watchmaker
**zejście** descent
**zejść** **1** come down, descend **2** **zejść na psy** go to pot
**zelektryzować** galvanize, galvanise *BrE*
**zelżeć** ease off
**zemdleć** faint, pass out
**zemleć** mill
**zemsta** revenge, vengeance
**zemścić** **zemścić się na kimś** revenge yourself on sb, get/take/have your revenge on sb
**zenit** zenith
**zepsuć** **1** spoil, ruin, break **2** **zepsuć się** break down **3** *(o jedzeniu itp.)* go bad, go off *BrE*
**zepsuty** **1** broken **2** *(ząb)* decayed **3** *(produkty żywnościowe)* off
**zerkać** glance, peek, peep
**zerknięcie** glance, glimpse, peek, peep
**zero** **1** zero, nil **2** *(nic)* nought, nothing **3** *(o człowieku)* nobody **4** **od zera** from scratch **5** **powyżej/poniżej zera** above/below freezing
**zerwanie** break
**zeskrobywać** scrape
**zesłanie** exile
**zesłaniec** exile
**zespołowy** **praca zespołowa** teamwork
**zespół** **1** team **2** *(muzyczny)* band **3** **zespół Downa** Down's Syndrome
**zestaw** *(narzędzi)* kit
**zestawiać** contrast, juxtapose
**zestawienie** **1** juxtaposition **2** **zestawienie bilansowe** balance sheet
**zestresowany** stressed
**zestrzelić** shoot down
**zesztywnieć** stiffen
**zetknąć się** **1** encounter **2** **nigdy nie zetknąć się z** have never known
**zetrzeć** *(coś mokrego)* wipe up
**zewnątrz** **1** **na zewnątrz** outside **2** **na zewnątrz** on the outside
**zewnętrzny** **1** exterior, external, outer **2** **zewnętrzna strona** exterior, the outside
**zez** squint
**zezłościć się** get angry
**zeznanie** **1** testimony **2** **zeznanie podatkowe** tax return
**zeznawać** testify
**zezować** squint
**zezowaty** cross-eyed
**zezwalać** permit
**zezwolenie** authorization, clearance, permit, sanction
**zębowy** dental
**zgadywać** **1** guess, make/have/take a guess **2** **zgadywać na chybił trafił** take a wild guess
**zgadzać się** **1** agree, be agreed **2** **nie zgadzać się** differ, disagree **3** **zgadza się** that's right
**zganić** rebuke
**zgarnąć** *(ukraść)* walk off with
**zgasić** **1** extinguish, put out **2** *(papierosa)* stub out **3** *(światło)* switch off
**zgasnąć** **1** go out **2** *(o silniku)* stall
**zgęstnieć** thicken
**zgiełk** bustle, tumult
**zginać się** bend
**zginąć** **1** perish **2** **zginąć na miejscu** be killed outright
**zgładzić** slay
**zgłaszać** **1** report **2** **zgłaszać się** report **3** *(na ochotnika)* come forward
**zgłoszenie** application, submission
**zgniatać** squash
**zgnić** rot
**zgnieść** crumple
**zgniły** decayed, rotten
**zgoda** **1** agreement, consensus, harmony **2** *(pozwolenie)* consent, approval, the all clear **3** **dawać komuś zgodę** give sb the go-ahead **4** **zgoda!** done!
**zgodnie** **1** in unison **2** **zgodnie z** according to, in accordance with
**zgodny** **1** *(pasujący)* compatible **2** *(jednomyślny)* unanimous **3** **zgodny z** in accord with
**zgon** death
**zgorzkniały** embittered
**zgrabny** **1** shapely **2** *(sformułowanie)* neat
**zgromadzenie** assembly, gathering

**zgromadzić** 1 accumulate, amass, hoard 2 **zgromadzić się** assemble, gather
**zgrzeszyć** sin
**zgrzyt** rasp
**zgrzytać** grate, rasp
**zgubić** lose
**zgubny** 1 detrimental 2 **zgubny w skutkach** fatal
**zgwałcić** rape
**ziajać** pant
**ziarenko** grain, granule
**ziarno** 1 seed, grain 2 *(fasoli, kawy)* bean
**zidentyfikować** identify
**ziejący** gaping
**ziele** herb
**zieleń** greenery
**zielony** 1 green 2 **nie mieć zielonego pojęcia** not have the faintest idea 3 **zielona karta** green card
**ziemia** 1 *(gleba)* soil, dirt 2 *(grunt)* ground 3 *(nieruchomość)* land 4 **Ziemia** earth 5 **nie z tej ziemi** out of this world 6 **pod ziemią** underground 7 **spódnica/suknia do ziemi** full-length skirt/dress 8 **ziemia niczyja** no-man's land 9 **zrównywać coś z ziemią** raze sth to the ground
**ziemniak** 1 potato 2 **ziemniak w mundurku** jacket potato
**ziemny** **orzeszek ziemny** peanut
**ziemski** terrestrial
**ziewać** yawn
**ziewnięcie** yawn
**zięć** son-in-law
**zignorować** ignore, disregard
**zilustrować** illustrate
**zima** winter
**zimno** 1 the cold 2 **jest zimno** it's cold 3 **umrzeć z zimna** die of exposure
**zimny** 1 cold 2 **zimna krew** nerve 3 **z zimną krwią** in cold blood
**zimować** hibernate
**zimowy** 1 winter 2 *(pogoda też)* wintry 3 **zapadać w sen zimowy** hibernate
**zimozielony** evergreen
**zintegrować się** integrate
**zintegrowany** integrated
**zinterpretować** interpret
**zioło** herb
**ziołowy** herbal
**zirytować** irritate
**zjawa** apparition
**zjawisko** phenomenon
**zjazd** 1 conference, congress, convention, reunion 2 *(z autostrady)* exit, turn-off
**zjednoczenie** 1 unification 2 *(ponowne)* reunification
**zjednoczony** united
**zjednoczyć** 1 unify 2 **zjednoczyć się** unite
**zjednywać** win
**zjełczały** rancid
**zjeść** eat, have
**zjeżdżalnia** slide
**zlecać** commission
**zlecenie** 1 commission 2 **zlecenie stałe** *(w banku)* standing order
**zlekceważyć** ignore
**zlew** sink
**zlewać się** merge
**zlewozmywak** sink
**zliberalizować** liberalize, liberalise *BrE*
**zlicytować** auction
**zlikwidować** eliminate, liquidate, do away with
**zlinczować** lynch
**złagodzenie** relaxation
**złaknniony** hungry
**złamać** 1 break, fracture 2 **złamać się** break, snap
**złamanie** fracture
**złamany** 1 broken 2 **mieć złamane serce** be broken-hearted
**złapać** 1 catch, get hold of, snatch 2 **złapać kogoś na gorącym uczynku** catch sb red-handed
**zło** 1 evil, wrong 2 **zło konieczne** a necessary evil
**złocić** gild
**złocisty** golden
**złocony** gilt, gilded
**złodziej** 1 thief 2 **złodziej sklepowy** shoplifter
**złom** 1 scrap metal, scrap 2 **wyrzucać na złom** scrap
**złościć** anger
**złość** 1 anger 2 **na złość** out of spite 3 **wyładowywać złość** vent your anger 4 **ze złością** angrily
**złośliwie** maliciously, nastily
**złośliwość** malice
**złośliwy** 1 malicious, spiteful, vicious 2 *(nowotwór)* malignant 3 **złośliwa choroba** virulent disease
**złoto** gold
**złoty** 1 gold 2 *(kolor)* golden 3 **złota rączka** handyman 4 **złota rybka** goldfish 5 **złoty medal** gold medal
**złowieszczy** ominous, sinister
**złowrogi** sinister
**złowróżbny** ominous
**złoże** deposit
**złożoność** complexity
**złożony** complex
**złudny** deceptive
**złudzenie** 1 delusion, illusion 2 **nie mieć**

**złudzeń co do** have no illusions about **3 pozbawiać złudzeń** disillusion **4 złudzenie optyczne** optical illusion

**zły 1** bad **2** *(rozgniewany)* angry, cross **3** *(niemoralny)* evil, wicked **4** *(niewłaściwy)* wrong **5 cieszący się złą sławą** notorious **6 mieć coś komuś za złe** hold sth against sb **7 w złym humorze** bad-tempered **8 zła sława** notoriety **9 zła strona** the downside **10 zła wola** ill will **11 złe zachowanie** misbehaviour *BrE*, misbehavior *AmE*

**zmagać się** grapple, struggle

**zmarł-y/a 1** the deceased **2 zmarli** the dead

**zmarnować 1** waste **2 zmarnować się** go to waste

**zmarszczka** wrinkle

**zmarszczyć 1** wrinkle **2 zmarszczyć czoło** frown

**zmartwienie** worry

**zmartwiony** troubled, worried

**Zmartwychwstanie** the Resurrection

**zmarznąć** freeze

**zmatowieć** tarnish

**zmącić** cloud, mar

**zmechanizować** mechanize, mechanise *BrE*

**zmechanizowany** mechanized

**zmęczenie** fatigue

**zmęczony** tired

**zmęczyć 1** tire **2 zmęczyć się** tire **3 zmęczyć się czymś** tire of sth

**zmiana 1** change **2** *(w fabryce)* shift **3** *(np. w stołówce)* sitting **4** *(w zachowaniu, sposobie myślenia)* adjustment **5 nocna zmiana** night shift **6 zmiana na lepsze** upturn

**zmiażdżyć** crush

**zmiąć** crumple

**zmielić** grind, mill

**zmieniać 1** change, alter **2 zmieniać się** change, shift **3 zmieniać pościel** change the beds **4 zmieniać pozycję** shift

**zmienna** variable

**zmiennocieplny** cold-blooded

**zmienność** variability

**zmienny 1** changeable, variable **2 prąd zmienny** alternating current

**zmierzać 1 zmierzać do** head for, be bound for **2** *(robić aluzje)* drive at

**zmierzch** dusk, twilight

**zmierzwiony** shaggy

**zmierzyć** measure

**zmieścić się** fit

**zmiękczać** soften

**zmięknąć** soften

**zmiksować** blend

**zminimalizować** minimize, minimise *BrE*

**zmniejszać** decrease, diminish, lessen

**zmobilizować** mobilize, mobilise *BrE*

**zmoczyć 1** wet **2 zmoczyć się** wet the bed/your pants

**zmodernizować** modernize, modernise *BrE*

**zmodyfikować** modify

**zmonopolizować** monopolize, monopolise *BrE*

**zmontować** assemble, put together

**zmora** menace

**zmotoryzowany restauracja/kino dla zmotoryzowanych** drive-in restaurant/cinema

**zmowa być w zmowie (z)** be in league (with)

**zmrok 1** dusk, nightfall **2 przed zmrokiem/po zmroku** after/before dark

**zmrużyć zmrużyć oczy** screw up your eyes/face

**zmuszać** force, compel

**zmysł 1** sense **2 postradać zmysły** go/be out of your mind **3 przy zdrowych zmysłach** sane **4 zmysł obserwacji** powers of observation

**zmysłowy** sensual

**zmyślać** make up, invent

**zmyślny** clever, nifty

**zmyślony** imaginary

**zmywacz zmywacz do paznokci** nail polish remover

**zmywać 1** wash out/off **2** *(naczynia)* wash up, do the washing-up, do the dishes

**zmywarka** *(do naczyń)* dishwasher

**znacjonalizować** nationalize, nationalise *BrE*

**znacząco** meaningfully

**znaczący 1** meaningful, significant **2 odegrać znaczącą rolę w czymś** be instrumental in (doing) sth **3 znacząca cisza/pauza** a pregnant silence/pause

**znaczek 1** *(pocztowy)* stamp **2** *(odznaka)* button

**znaczenie 1** *(sens)* meaning, sense **2** *(waga)* importance, relevance, significance **3 bez znaczenia** meaningless **4 mieć znaczenie** matter

**znacznie** considerably, significantly, substantially

**znaczny** considerable, significant

**znaczyć 1** mean **2 ktoś/coś wiele (dla kogoś) znaczy** sb/sth means a lot (to sb) **3 to znaczy** I mean, that is (to say)

**znać** 1 know 2 **dawać komuś znać** let sb know 3 **nie znać czegoś** be unfamiliar with sth 4 **znać się na czymś** be familiar with sth, be knowledgeable about sth 5 **dobrze/ kiepsko znać się na czymś** be a good/bad judge of sth
**znajdować** find
**znajomości** connections
**znajomość** 1 acquaintance, familiarity 2 *(wiedza)* knowledge 3 **gruntowna znajomość czegoś** an intimate knowledge of sth 4 **zawrzeć z kimś znajomość** make sb's acquaintance
**znajomy**[1] *adj* familiar
**znajom-y/a**[2] *noun* acquaintance, friend
**znak** 1 sign, mark 2 **dawać znak** signal 3 **znak firmowy** logo 4 **znak handlowy** trademark 5 **znak wodny** watermark 6 **znak zapytania** question mark 7 **znak zodiaku** star sign
**znakomicie** superbly
**znakomity** superb, excellent
**znakować** 1 mark 2 *(zwierzęta)* brand
**znaleźć** 1 find, get hold of 2 **znaleźć się** *(gdzieś)* turn up, finish up
**znamię** birthmark
**znany** 1 known, noted 2 **(dobrze) znany** well-known 3 **mało znany** little-known 4 **znany jako** known as
**znaw-ca/czyni** connoisseur, expert
**znerwicowany** neurotic
**zneutralizować** neutralize, neutralise *BrE*
**znęcać** **znęcać się nad** abuse, ill-treat, maltreat
**zniechęcać** 1 discourage, put off 2 **zniechęcać się** lose heart
**zniechęcający** discouraging, demoralizing
**zniechęcony** discouraged, disheartened
**zniecierpliwienie** impatience
**zniecierpliwiony** impatient
**znieczulać** anaesthetize, anaesthetise *BrE*, anesthetize *AmE*
**znieczulający** **środek znieczulający** anaesthetic
**znieczulenie** anaesthetic, anesthetic *AmE*
**zniedołężniały** senile
**zniedołężnienie** **zniedołężnienie starcze** senility
**zniekształcać** disfigure, distort, deform
**zniekształcenie** distortion
**zniekształcony** deformed
**znienacka** out of the blue
**znienawidzony** hated
**zniesienie** abolition
**zniesławiać** libel, slander
**zniesławienie** libel, slander
**zniewaga** insult
**znieważać** insult
**zniewieściały** effeminate
**znikać** disappear, vanish
**zniknięcie** disappearance
**znikomość** insignificance
**znikomy** slim
**zniszczenie** 1 destruction, devastation 2 **zniszczenie/ zanieczyszczenie środowiska** environmental damage/pollution 3 **zniszczenia** damage
**zniszczony** destroyed, ruined
**zniszczyć** destroy, ruin
**zniweczyć** defeat, shatter
**zniżka** 1 discount 2 **15% zniżki** 15% off
**zniżkowy** downward
**znokautować** knock out
**znosić** 1 *(wytrzymywać)* tolerate, bear, endure, put up with, stand 2 *(sankcje, prawo)* abolish, lift 3 **nie do zniesienia** unbearable, intolerable 4 **nie móc znieść** can't bear/stand 5 **nie znosić kogoś/czegoś** can't abide sb/sth 6 **znosić jajka** lay eggs
**znośny** bearable, tolerable
**znowu** again
**znudzony** 1 bored 2 **śmiertelnie znudzony** bored to tears
**znużenie** weariness
**znużony** weary
**zobaczyć** 1 see 2 **zobaczymy** I'll/we'll see 3 **do zobaczenia** see you
**zobojętniać** neutralize, neutralise *BrE*
**zobowiązanie** 1 commitment, undertaking 2 **bez żadnych zobowiązań** (with) no strings attached
**zobowiązany** 1 obliged 2 **być komuś zobowiązanym** be indebted to sb 3 **czuć się zobowiązanym zrobić coś** feel obliged to do sth
**zobowiązywać** commit, oblige
**zodiak** **znaki zodiaku** star signs, the signs of the zodiac
**zoo** zoo
**zoolog** zoologist
**zoologia** zoology
**zoologiczny** zoological
**zorganizować** arrange, organize, organise *BrE*
**zorganizowany** **dobrze/ źle zorganizowany** well/ badly organized

**zorientowany** informed
**zostać** *(stać się)* become
**zostawać** **1** remain, stay **2** *(po lekcjach, po godzinach)* stay behind
**zostawiać** **1** leave **2** *(nie zabierać)* leave behind **3** **zostawiać coś (w spokoju)** leave sth alone
**zostawić** **1** *(dziewczynę, chłopaka)* walk out on **2** **zostawić kogoś na pastwę losu** leave sb in the lurch
**zowąd** **ni stąd, ni zowąd** out of the blue
**zracjonalizować** rationalize, rationalise *BrE*
**zramoleć** go gaga
**zranić** **1** hurt, injure, wound **2** *(uczucia)* hurt
**zraszacz** sprinkler
**zrażać** **zrażać (sobie)** alienate, antagonize, antagonise *BrE*
**zrealizować** **1** realise **2** *(czek)* cash **3** **zrealizować marzenie/ambicję** fulfil a dream/an ambition
**zredagować** edit
**zredukować** reduce, cut
**zreformować** reform
**zrehabilitować się** redeem yourself
**zrekompensować** compensate, recompense
**zrekonstruować** reconstruct
**zrelacjonować** cover, report
**zrelaksować się** relax, put your feet up
**zrelaksowany** relaxed
**zremisować** draw, tie
**zreorganizować** reorganize, reorganise *BrE*
**zreperować** repair
**zresocjalizować** rehabilitate
**zrestrukturyzować** restructure
**zrewidować** **1** review, revise **2** *(przeszukać)* search
**zrewolucjonizować** revolutionize, revolutionise *BrE*
**zrezygnować** **zrezygnować (z)** give up, resign
**zrezygnowany** disheartened, dispirited, resigned
**zręcznie** skilfully
**zręczność** dexterity
**zręczny** adroit, deft, skilful *BrE*, skillful *AmE*
**zrobić** **1** do **2** *(wykonać)* make
**zrobiony** **być zrobionym z** be made of
**zrodzić się** be born
**zrozpaczony** despairing, distraught
**zrozumiale** intelligibly
**zrozumiały** **1** comprehensible, intelligible **2** *(oczywisty)* understandable **3** **wyrażać się w sposób zrozumiały** make yourself understood
**zrozumieć** **1** understand, comprehend **2** **nie zrozum mnie źle** don't get me wrong
**zrozumienie** **1** understanding, comprehension **2** **dawać do zrozumienia** imply
**zrównoważony** level-headed, well-balanced
**zrównoważyć** offset
**zrównywać** **1** equalize, equalise *BrE* **2** **zrównywać z ziemią** level, raze to the ground
**zróżnicowanie** differentiation
**zróżnicowany** varied
**zrujnować** ruin, wreck
**zrymować** rhyme
**zryw** spurt
**zrywać** **1** *(odrywać)* rip, tear off **2** *(kwiaty)* pick **3** *(umowę)* break off **4** **zrywać się** *(o burzy)* break **5** **zrywać z czymś** finish with sth **6** **zrywać ze sobą** break up
**zrządzenie** **zrządzeniem losu** by a twist of fate
**zrzekać się** renounce, waive
**zrzęda** grouch
**zrzędliwy** grouchy
**zrzędzić** grumble, nag
**zrzucać** **1** throw off **2** *(liście)* shed **3** *(z siebie)* slip off **4** **zrzucać się** *(składać się)* chip in **5** **zrzucać winę na kogoś** lay/pin the blame on sb
**zsiadać** get off, dismount
**zsiadły** sour
**zsiąść się** curdle
**zsuwnia** chute
**zsyłać** exile
**zsynchronizować** synchronize, synchronise *BrE*
**zsyntetyzować** synthesize, synthesise *BrE*
**zszokowany** shocked, aghast
**zszyć** stitch up
**zszywacz** stapler
**zszywać** **1** sew up **2** *(zszywaczem)* staple
**zszywka** staple
**zupa** soup
**zupełnie** completely, entirely
**zupełny** complete, total
**zużycie** consumption
**zużyć** use up, run out of
**zużyty** worn out
**zużywać** consume, use
**zużywanie się** wear
**zwabić** entice, lure

**zwać tak zwany** so-called
**zwalczać** combat
**zwalczyć** fight off
**zwalniać** **1** *(tempo)* slow down **2** *(więźnia)* release, set free **3** *(pokój)* vacate **4** *(ze szpitala itp.)* discharge **5** *(z pracy)* sack, dismiss, lay off, give (sb) the sack **6** **zostać zwolnionym (z pracy)** get the sack **7** **zwalniać kogoś z czegoś** exempt sb from sth
**zwarcie** short circuit
**zwariować** go crazy, go out of your mind
**zwariowany** crazy
**zwarzyć się** curdle
**zwaśniony** warring
**zważać** **1** **nie zważać na** disregard, not pay any attention to **2** **zważywszy, że** considering (that)
**zwerbować** recruit
**zweryfikować** verify
**zwędzić** pinch, nick *BrE*
**zwęglony** charred
**zwężać** **1** narrow **2** *(suknię itp.)* take in **3** **zwężać się** narrow
**zwiać zwiać komuś** give sb the slip
**zwiad** reconnaissance
**zwiadowca** scout
**zwiastować** herald
**zwiastun** **1** omen **2** *(np. filmu)* trailer, preview
**związać** bind, tie up
**związany** **1** bound **2** **związany z** connected with **3** **być związanym z czymś** be bound up with sth
**związek** **1** connection, link **2** *(stosunek)* relationship **3** *(stowarzyszenie)* association **4** *(chemiczny)* compound **5** **mieć związek z** be/have to do with, have something to do with **6** **w związku z tym** accordingly **7** **w związku z** in connection with **8** **związek małżeński** matrimony **9** **związek zawodowy** trade union *BrE*, labor union *AmE*
**związkowiec** trade unionist
**związywać** bind, tie up
**zwichnąć** dislocate, sprain
**zwichnięcie** sprain
**zwichrzyć** ruffle
**zwiedzać** tour
**zwiedzający-y/a** sightseer
**zwiedzanie** sightseeing, tour
**zwierzać się zwierzać się komuś** confide in sb
**zwierzchnictwo** supervision
**zwierzę** animal
**zwierzęcy** animal
**zwierzyna dzika zwierzyna** game
**zwietrzały** *(piwo)* flat
**zwietrzyć** **1** scent **2** **zwietrzyć coś** get wind of sth
**zwiędnąć** wilt, wither
**zwiększać** **1** increase **2** **zwiększać się** increase
**zwięzłość** brevity, conciseness
**zwięzły** brief, concise
**zwięźle** concisely, succinctly, briefly
**zwijać** **1** coil, roll up **2** *(żagiel)* furl **3** **zwijać manatki** pack up **4** **zwijać się w kłębek** curl up
**zwilżać** dampen, moisten
**zwinąć** *(ukraść)* pinch, nick *BrE*
**zwinność** agility
**zwinny** agile, nimble
**zwisać** dangle, hang down
**zwlekać** **1** linger **2** **zwlekać z czymś/ze zrobieniem czegoś** be slow to do sth/be slow in doing sth
**zwłaszcza** especially
**zwłoka** **1** delay **2** **grać na zwłokę** play for time
**zwłoki** **1** corpse **2** **sekcja zwłok** post-mortem
**zwodniczo** deceptively, misleadingly
**zwodniczy** deceptive, misleading
**zwodzić** lead on, delude
**zwolenni-k/czka** **1** adherent, advocate, follower **2** **być zwolennikiem** be in favour of *BrE*, be in favor of *AmE*
**zwolnienie** **1** *(ze szpitala)* discharge **2** *(z obowiązku)* exemption **3** *(z pracy)* lay-off, dismissal **4** *(z więzienia)* release **5** **zwolnienie lekarskie** sick leave **6** **zwolnienie warunkowe** parole
**zwolniony** **1** **w zwolnionym tempie** in slow motion **2** **zwolniony z** exempt from
**zwoływać** **1** call, summon **2** **zwoływać zebranie** call a meeting
**zwój** **1** *(pętla)* coil, twist **2** *(papieru)* scroll
**zwracać** **1** return **2** *(pieniądze)* pay back **3** **nie zwracać uwagi** not take any notice/take no notice **4** **zwracać (czyjąś) uwagę na coś** draw (sb's) attention to sth **5** **zwracać czyjąś uwagę** catch sb's eye **6** **zwracać się do** address, approach, turn to
**zwrot** **1** *(obrót)* turn **2** *(zmiana)* swing, shift **3** *(oddanie)* return **4** *(wyrażenie)* expression, phrase **5** **zwrot o 180 stopni** U-turn **6** **zwrot pieniędzy** refund **7** **zwrot w lewo/prawo** left/right turn
**zwrotka** verse

**zwrotnica** *(kolejowa)* points *BrE*, switch *AmE*
**zwrotny** reflexive
**zwrócony** **być zwróconym w kierunku** face
**zwycię-zca/żczyni** winner
**zwycięski** triumphant, victorious
**zwycięstwo** victory
**zwyciężać** win, prevail
**zwyczaj** **1** custom, habit **2** **mieć zwyczaj coś robić** tend to do sth
**zwyczajnie** plainly, simply
**zwyczajny** ordinary, plain
**zwyczajowo** customarily
**zwyczajowy** customary
**zwykle** **1** generally, typically, usually **2** **jak zwykle** as usual
**zwykły** common, ordinary, regular, usual
**zwymiotować** be sick, throw up, vomit
**zwyrodniały** degenerate
**zygzak** **1** zigzag **2** **iść/jechać zygzakiem** zigzag
**zysk** **1** profit, return, yield **2** **przynosić zysk** make a profit **3** **z zyskiem** at a profit, profitably
**zyskiwać** gain, profit

# Źź

**źdźbło** blade
**źle** **1** *(błędnie)* wrong **2** *(byle jak)* badly, poorly **3** **i tak źle, i tak niedobrze** you can't win **4** **źle się czuć** be/feel unwell
**źrebak** colt
**źrebię** foal
**źrenica** pupil
**źródło** **1** source **2** *(rzeki)* spring **3** **źródło utrzymania** livelihood

# Żż

**żaba** frog
**żabka** *(styl pływacki)* breaststroke
**żachnąć się** **żachnąć się (na)** bristle (at), bridle (at)
**żaden** **1** no, none **2** *(z dwóch)* neither
**żagiel** sail
**żaglówka** sail boat
**żal** **1** *(smutek)* grief, sorrow **2** *(skrucha)* regret, repentance **3** *(pretensje)* grudge **4** **z żalem** regretfully
**żaluzja** venetian blind
**żałoba** **1** mourning **2** **pogrążony w żałobie** bereaved **3** **w żałobie** in mourning
**żałobni-k/czka** mourner
**żałobny** mournful
**żałosny** pathetic, pitiful
**żałośnie** pathetically, pitifully
**żałować** **1** regret, repent **2** **nie żałować pieniędzy** spare no expense **3** **żałować komuś czegoś** grudge/begrudge sb sth **4** **żałować, że nie** wish (that) **5** **żałować, że** be sorry (that)
**żar** glow, embers
**żarcie** chow, grub
**żargon** jargon
**żarliwie** passionately
**żarliwość** fervour *BrE*, fervor *AmE*
**żarliwy** fervent, passionate
**żarłocznie** ravenously
**żarłok** glutton
**żarówka** light bulb
**żart** **1** joke **2** *(psikus)* hoax **3** **stroić sobie żarty z** poke fun at **4** **to nie żarty** it's no joke
**żartem** jokingly, tongue-in-cheek
**żartobliwy** light-hearted, playful
**żartować** **1** joke, be joking/kidding **2** **chyba żartujesz** you're joking, you must be joking **3** **ja nie żartuję!** I mean it! **4** **nie żartować** mean business **5** **nie żartuj** no kidding, you're kidding **6** **żartować sobie z czegoś** make a joke (out) of sth
**żarzyć się** glow
**żądać** demand, require
**żądanie** **1** demand **2** **żądanie czegoś** call for sth
**żądlić** sting
**żądło** sting
**żądza** **1** lust **2** **żądza wiedzy/władzy** a thirst for knowledge/power
**że** that
**żebra-k/czka** beggar
**żebrać** beg
**żebro** rib
**żeby** **1** in order to, so (that), to *(z bezokolicznikiem)* **2** **nie żeby(m) ...** not that (I) ... **3** **żeby coś zrobić** so as to do sth
**żeglarka** sailor, yachtswoman
**żeglarski** nautical
**żeglarstwo** sailing
**żeglarz** sailor, yachtsman
**żeglować** sail, navigate
**żel** gel
**żelatyna** gelatine
**żelazko** iron
**żelazny** **1** iron **2** **żelazna kurtyna** the Iron Curtain
**żelazo** **1** iron **2** **kute żelazo** wrought iron
**żeliwny** cast-iron
**żeliwo** cast iron

**żenić się** 1 get married 2 **żenić się z kimś** marry sb
**żeński** 1 female 2 **płci żeńskiej** female 3 **rodzaju żeńskiego** feminine
**żerować** **żerować na** prey on
**żeton** chip, token
**żłobek** crèche *BrE* nursery *BrE* daycare *AmE*
**żłobić** groove, gouge out
**żłopać** swig
**żłób** manger
**żmija** adder
**żmudny** uphill
**żniwa** harvest
**żołądek** stomach
**żołądkowy** gastric
**żołądź** acorn
**żołnierz** soldier, serviceman
**żona** wife
**żonaty** married
**żongler/ka** juggler
**żonglować** juggle
**żonkil** daffodil
**żółknąć** yellow
**żółtaczka** jaundice
**żółtko** yolk
**żółty** 1 yellow 2 *(światło)* amber
**żółw** 1 *(lądowy)* tortoise 2 *(wodny)* turtle 3 **żółwie tempo** crawl
**żrący** caustic
**żubr** bison
**żuć** chew
**żuk** beetle
**żuraw** crane
**żwawo** briskly
**żwawość** liveliness
**żwawy** brisk, lively
**żwir** gravel
**żwirek** grit
**żwirowany** gravelled
**życie** 1 life, lifetime 2 **bez życia** lifeless 3 **na całe życie** lifelong 4 **pełen życia** vital, vivacious 5 **sprawa życia i śmierci** a matter of life and death 6 **średnia długość życia** life expectancy 7 **takie jest życie** that's life 8 **tętniący życiem** vibrant 9 **używać życia** live it up 10 **wchodzić w życie** come into effect, take effect 11 **wprowadzać coś w życie** put sth into effect 12 **życie prywatne/towarzyskie/seksualne** private/social/sex life 13 **życie zawodowe** career
**życiorys** CV *BrE* résumé *AmE*
**życzenie** 1 wish 2 **na życzenie** on request 3 **najlepsze życzenia** best wishes 4 **pobożne życzenia** wishful thinking 5 **pozostawiać wiele do życzenia** leave a lot to be desired
**życzliwie** kindly
**życzliwość** friendliness, kindness
**życzliwy** good-natured, kind, friendly
**życzyć** 1 wish 2 **życzę powodzenia** good luck, best of luck 3 **życzyć sobie** desire
**żyć** 1 live, be alive 2 **żyć pełnią życia** live life to the full 3 **żyć z czegoś** live on sth 4 **żyć ze sobą** live together
**Żyd/ówka** Jew
**żydowski** Jewish
**żyjący** living
**żylaki** varicose veins
**żyletka** razor blade
**żyła** 1 vein 2 **żyła złota** goldmine
**żyłka** 1 vein 2 *(do wędki)* line
**żyrafa** giraffe
**żyrandol** chandelier
**żyto** rye
**żywica** resin
**żywiciel/ka** **żywiciel/ka rodziny** breadwinner
**żywić** 1 nourish, feed 2 *(podejrzenia, nadzieje)* nurse, harbour *BrE* harbor *AmE* 3 **żywić się** feed 4 **żywić urazę** bear a grudge
**żywioł** 1 element 2 **być w swoim żywiole** be in your element
**żywiołowy** natural
**żywioły** the elements
**żywność** 1 food 2 **niezdrowa żywność** junk food 3 **zdrowa żywność** health food, wholefood
**żywo** 1 keenly, vividly 2 **komentarz na żywo** running commentary 3 **koncert/muzyka na żywo** live concert/music 4 **na żywo** live
**żywopłot** hedge
**żywotnie** **być żywotnie zainteresowanym czymś** have a vested interest in sth
**żywy** 1 *(żyjący)* alive, live 2 *(pełen życia)* vivid, boisterous 3 **do żywego** to the core
**żyzność** fertility
**żyzny** fertile, rich

# Spis treści

# Czasowniki nieregularne

Poniżej podajemy listę czasowników angielskich, które mają nieregularne formy czasu przeszłego, imiesłowu biernego lub imiesłowu czynnego. Bezokolicznik, czyli forma podstawowa czasownika (np. *begin*), podana jest pierwsza. Cyfrą **2** oznaczono formę czasu przeszłego, np. *As I was walking home it began to rain*. Cyfrą **3** oznaczono formę imiesłowu biernego (tzw. trzecią formę czasownika), np. *It had already begun to rain before I left home*, a cyfrą **4** formę imiesłowu czynnego (czasownik zakończony na -ing), np. *It is just beginning to rain now*. Oznaczenie **2/3** mówi, że nieregularne formy czasu przeszłego i imiesłowu biernego danego czasownika są identyczne. Dodatkowe informacje na temat tych zagadnień gramatycznych znajdują się m.in. w ramkach poświęconych czasom angielskim oraz w ramce **Verb** w głównej części słownika. Wymowa nieregularnych form czasowników podana jest w głównej części słownika.

**abide 2/3** abided **4** abiding
**arise 2** arose **3** arisen **4** arising
**awake 2** awoke **3** awoken **4** awaking
**be** — patrz hasło i ramka BE
**bear 2** bore **3** borne **4** bearing
**beat 2** beat **3** beaten **4** beating
**become 2** became **3** become **4** becoming
**begin 2** began **3** begun **4** beginning
**bend 2/3** bent **4** bending
**bet 2/3** bet **4** betting
**bid**[2] **2/3** bid **4** bidding
**bid**[3] **2** bade lub bid **3** bid lub bidden **4** bidding
**bide 2** bided **3** bided **4** biding
**bind 2/3** bound **4** binding
**bite 2** bit **3** bitten **4** biting
**bleed 2/3** bled **4** bleeding
**bless 2/3** blessed lub blest **4** blessing
**blow 2** blew **3** blown **4** blowing
**break 2** broke **3** broken **4** breaking
**breed 2/3** bred **4** breeding
**bring 2/3** brought **4** bringing
**broadcast 2/3** broadcast **4** broadcasting
**build 2/3** built **4** building
**burn 2/3** burnt zwł. *BrE* || burned zwł. *AmE* **4** burning
**burst 2/3** burst **4** bursting
**buy 2/3** bought **4** buying
**cast 2/3** cast **4** casting
**catch 2/3** caught **4** catching
**choose 2** chose **3** chosen **4** choosing
**cling 2/3** clung **4** clinging
**come 2** came **3** come **4** coming
**cost 2/3** cost **4** costing
**creep 2/3** crept **4** creeping
**cut 2/3** cut **4** cutting
**deal 2/3** dealt **4** dealing
**dig 2/3** dug **4** digging
**dive 2** dived || także dove *AmE* **3** dived **4** diving
**do** — patrz hasło i ramka DO
**draw 2** drew **3** drawn **4** drawing
**dream 2/3** dreamed || także dreamt zwł. *BrE* **4** dreaming

**drink 2** drank **3** drunk **4** drinking
**drive 2** drove **3** driven **4** driving
**dwell 2/3** dwell lub dwelled **4** dwelling
**eat 2** ate **3** eaten **4** eating
**fall 2** fell **3** fallen **4** falling
**feed 2/3** fed **4** feeding
**feel 2/3** felt **4** feeling
**fight 2/3** fought **4** fighting
**find 2/3** found **4** finding
**flee 2/3** fled **4** fleeing
**fling 2/3** flung **4** flinging
**fly 2** flew **3** flown **4** flying
**forbid 2** forbade lub forbid **3** forbidden **4** forbidding
**forecast 2/3** forecast lub forecasted **4** forecasting
**foresee 2** foresaw **3** foreseen **4** foreseeing
**foretell 2/3** foretold **4** foretelling
**forget 2** forgot **3** forgotten **4** forgetting
**forgive 2** forgave **3** forgiven **4** forgiving
**forsake 2** forsook **3** forsaken **4** forsaking
**freeze 2** froze **3** frozen **4** freezing
**get 2** got **3** got *BrE* || gotten *AmE* **4** getting
**give 2** gave **3** given **4** giving
**go 2** went **3** gone **4** going
**grind 2/3** ground **4** grinding
**grow 2** grew **3** grown **4** growing
**hang 2/3** hung **4** hanging
**have** — patrz hasło i ramka HAVE
**hear 2/3** heard **4** hearing
**hide 2** hid **3** hidden **4** hiding
**hit 2/3** hit **4** hitting
**hold 2/3** held **4** holding
**hurt 2/3** hurt **4** hurting
**keep 2/3** kept **4** keeping
**kneel 2/3** knelt lub kneeled **4** kneeling
**knit 2/3** knit lub knitted **4** knitting
**know 2** knew **3** known **4** knowing
**lay 2/3** laid **4** laying
**lead 2/3** led **4** leading
**lean 2/3** leant *BrE* || leaned *AmE* **4** leaning
**leap 2/3** leapt zwł. *BrE* || leaped zwł. *AmE* **4** leaping
**learn 2/3** learned || także learnt *BrE* **4** learning
**leave 2/3** left **4** leaving
**lend 2/3** lent **4** lending
**let 2/3** let **4** letting
**lie**[1] **2** lay **3** lain **4** lying
**lie**[2] **2/3** lied **4** lying
**light 2/3** lit lub lighted **4** lighting
**lose 2/3** lost **4** losing
**make 2/3** made **4** making
**mean 2/3** meant **4** meaning
**meet 2/3** met **4** meeting
**mislay 2/3** mislaid **4** mislaying
**mislead 2/3** misled **4** misleading
**misspell 2/3** misspelled || także misspellt *BrE* **4** misspelling
**misspend 2/3** misspent **4** misspending
**mistake 2** mistook **3** mistaken **4** mistaking
**misunderstand 2/3** misunderstood **4** misunderstanding
**mow 2** mowed **3** mown lub mowed **4** mowing

**outdo 2** outdid **3** outdone **4** outdoing
**outshine 2/3** outshone **4** outshining
**overcome 2** overcame **3** overcome **4** overcoming
**overdo 2** overdid **3** overdone **4** overdoing
**overhang 2/3** overhung **4** overhanging
**overhear 2/3** overheard **4** overhearing
**override 2** overrode **3** overridden **4** overriding
**overrun 2** overran **3** overrun **4** overrunning
**oversee 2** oversaw **3** overseen **4** overseeing
**overshoot 2/3** overshot **4** overshooting
**oversleep 2/3** overslept **4** oversleeping
**overtake 2** overtook **3** overtaken **4** overtaking
**overthrow 2** overthrew **3** overthrown **4** overthrowing
**partake 2** partook **3** partaken **4** partaking
**pay 2/3** paid **4** paying
**prove 2** proved **3** proved lub proven **4** proving
**put 2/3** put **4** putting
**quit 2/3** quit **3** quit **4** quitting
**read 2/3** read **4** reading
**rebuild 2/3** rebuilt **4** rebuilding
**redo 2** redid **3** redone **4** redoing
**relay 2/3** relayed **4** relaying
**remake 2/3** remade **4** remaking
**repay 2/3** repaid **4** repaying
**rewrite 2** rewrote **3** rewritten **4** rewriting
**rid 2** rid lub ridded **3** rid **4** ridding
**ride 2** rode **3** ridden **4** riding
**ring²** **2** rang **3** rung **4** ringing
**ring³** **2/3** ringed **4** ringing
**rise 2** rose **3** risen **4** rising
**run 2** ran **3** run **4** running
**saw 2** sawed **3** sawed lub sawn **4** sawing
**say 2/3** said **4** saying
**see 2** saw **3** seen **4** seeing
**seek 2/3** sought **4** seeking
**sell 2/3** sold **4** selling
**send 2/3** sent **4** sending
**set 2/3** set **4** setting
**sew 2** sewed **3** sewn lub sewed **4** sewing
**shake 2** shook **3** shaken **4** shaking
**shave 2/3** shaved **4** shaving
**shear 2** sheared **3** sheared lub shorn **4** shearing
**shed 2/3** shed **4** shedding
**shine¹** **2/3** shone **4** shining
**shine²** **2/3** shined **4** shining
**shoot 2/3** shot **4** shooting
**show 2** showed **3** shown **4** showing
**shrink 2** shrank **3** shrunk **4** shrinking
**shut 2/3** shut **4** shutting
**sing 2** sang **3** sung **4** singing
**sink 2** sank lub sunk **3** sunk **4** sinking
**sit 2/3** sat **4** sitting
**slay 2** slew **3** slain **4** slaying
**sleep 2/3** slept **4** sleeping
**slide 2/3** slid **4** sliding
**sling 2/3** slung **4** slinging
**slink 2/3** slunk **4** slinking
**slit 2/3** slit **4** slitting

**smell 2/3** smelt *BrE* || smelled zwł. *AmE* **4** smelling
**sow 2** sowed **3** sown lub sowed **4** sowing
**speak 2** spoke **3** spoken **4** speaking
**speed 2/3** sped lub speeded **4** speeding
**spell 2/3** spelt *BrE* || spelled zwł. *AmE* **4** spelling
**spend 2/3** spent **4** spending
**spill 2/3** spilled || także spilt *BrE* **4** spilling
**spin 2/3** spun **4** spinning
**spit 2/3** spat || także spit *AmE* **4** spitting
**split 2/3** split **4** splitting
**spoil 2/3** spoiled || także spoilt *BrE* **4** spoiling
**spread 2/3** spread **4** spreading
**spring 2** sprang || także sprung *AmE* **3** sprung **4** springing
**stand 2/3** stood **4** standing
**steal 2** stole **3** stolen **4** stealing
**stick 2/3** stuck **4** sticking
**sting 2/3** stung **4** stinging
**stink 2** stank **3** stunk **4** stinking
**strew 2** strewed **3** strewn lub strewed **4** strewing
**stride 2** strode **3** stridden **4** striding
**strike 2** struck **3** struck **4** striking
**string 2/3** strung **4** stringing
**strive 2** strove **3** striven **4** striving
**swear 2** swore **3** sworn **4** swearing
**sweep 2/3** swept **4** sweeping
**swell 2** swelled **3** swollen **4** swelling
**swim 2** swam **3** swum **4** swimming
**swing 2/3** swung **4** swinging
**take 2** took **3** taken **4** taking
**teach 2/3** taught **4** teaching
**tear 2** tore **3** torn **4** tearing
**tell 2/3** told **4** telling
**think 2/3** thought **4** thinking
**throw 2** threw **3** thrown **4** throwing
**thrust 2/3** thrust **4** thrusting
**tread 2** trod **3** trodden **4** treading
**unbend 2/3** unbent **4** unbending
**undergo 2** underwent **3** undergone **4** undergoing
**understand 2/3** understood **4** understanding
**undertake 2** undertook **3** undertaken **4** undertaking
**undo 2** undid **3** undone **4** undoing
**unwind 2/3** unwound **4** unwinding
**uphold 2/3** upheld **4** upholding
**upset 2/3** upset **4** upsetting
**wake 2** woke **3** woken **4** waking
**waylay 2/3** waylaid **4** waylaying
**wear 2** wore **3** worn **4** wearing
**weave 2** wove lub weaved **3** woven lub weaved **4** weaving
**weep 2/3** wept **4** weeping
**wet 2** wet lub wetted **3** wet **4** wetting
**win 2/3** won **4** winning
**wind[2] 2/3** wound **4** winding
**withdraw 2** withdrew **3** withdrawn **4** withdrawing
**withhold 2/3** withheld **4** withholding
**withstand 2/3** withstood **4** withstanding
**wring 2/3** wrung **4** wringing
**write 2** wrote **3** written **4** writing

# Miary i wagi

Słowa wyróżnione **półgrubym drukiem** są najczęściej używane w języku potocznym.

## System metryczny

● Jednostki długości

| | |
|---|---|
| | 1 **millimetre** = 0.03937 inch |
| 10 mm | = 1 **centimetre** = 0.3937 inch |
| 10 cm | = 1 decimetre = 3.937 inches |
| 10 dm | = 1 **metre** = 39.37 inches |
| 10 m | = 1 decametre = 10.94 yards |
| 10 dam | = 1 hectometre = 109.4 yards |
| 10 hm | = 1 **kilometre** = 0.6214 mile |

● Jednostki wagi

| | |
|---|---|
| | 1 **milligram** = 0.015 grain |
| 10 mg | = 1 centigram = 0.154 grain |
| 10 cg | = 1 decigram = 1.543 grains |
| 10 dg | = 1 **gram** = 15.43 grains = 0.035 ounces |
| 10 g | = 1 decagram = 0.353 ounce |
| 10 dag | = 1 hectogram = 3.527 ounces |
| 10 hg | = 1 **kilogram** = 2.205 pounds |
| 100 kg | = 1 **tonne** = 0.984 (long) ton (metric) ton = 2204.62 pounds |

● Jednostki pojemności

| | |
|---|---|
| | 1 millilitre = 0.00176 pint |
| 10 ml | = 1 centilitre = 0.0176 pint |
| 10 cl | = 1 decilitre = 0.176 pint |
| 10 dl | = 1 **litre** = 1.76 pints = 0.22 UK gallon |
| 10 l | = 1 decalitre = 2.20 gallons |
| 10 dal | = 1 hectolitre = 22.0 gallons |
| 10 hl | = 1 kilolitre = 220.0 gallons |

● Jednostki powierzchni

| | |
|---|---|
| 100 $mm^2$ | = 1 square centimetre = 0.1550 square inch |
| 100 $cm^2$ | = 1 square metre = 1.196 square yards |
| 100 $m^2$ | = 1 are = 119.6 square yards |
| 100 ares | = 1 **hectare** = 2.471 acres |
| 100 ha | = 1 square kilometre = 247.1 acres |

● Jednostki objętości

| | |
|---|---|
| | 1 cubic centimetre = 0.06102 cubic inch |
| 1000 $cm^3$ | = 1 cubic decimetre = 0.03532 cubic foot |
| 1000 $dm^3$ | = 1 cubic metre = 1.308 cubic yards |

● Miary kąta

| | |
|---|---|
| | 1 microradian = 0.206 seconds |
| 1000 rad | = 1 milli-radian = 3.437 minutes |
| 1000 mrad | = 1 radian = 57.296 degrees = $180/\pi$ degrees |

● Przedrostki metryczne

| | *Skrót* | *Wartość* |
|---|---|---|
| tera- | T | $10^{12}$ |
| giga- | G | $10^{9}$ |
| mega- | M | $10^{6}$ |
| kilo- | k | $10^{3}$ |
| hecto- | h | $10^{2}$ |
| deca- | da | $10^{1}$ |
| deci- | d | $10^{-1}$ |
| centi- | c | $10^{-2}$ |
| milli- | m | $10^{-3}$ |
| micro- | µ | $10^{-6}$ |
| nano- | n | $10^{-9}$ |
| pico- | p | $10^{-12}$ |
| femto- | f | $10^{-15}$ |
| atto- | a | $10^{-18}$ |

| | | | |
|---|---|---|---|
| **Arktyka** | the Arctic /'ɑːktɪk ǁ 'ɑːrk-/ | Arctic | |
| **Armenia** | Armenia /ɑː'miːniə ǁ ɑːr-/ | Armenian /ɑː'miːniən ǁ ɑːr-/ | |
| **Atlantyk** | the Atlantic /ət'læntɪk/ | Atlantic | |
| **Australia** | Australia /ɒ'streɪliə ǁ ɔː-, ɑː-/ | Australian /ɒ'streɪliən ǁ ɔː-, ɑː-/ | |
| **Austria** | Austria /'ɒstriə ǁ 'ɔː-, 'ɑː-/ | Austrian /'ɒstriən ǁ 'ɔː-, 'ɑː-/ | |
| **Azerbejdżan** | Azerbaijan /æzəbaɪ'dʒɑːn ǁ -zər-/ | Azerbaijani /æzəbaɪ'dʒɑːni◂ ǁ -zər-/ | Azerbaijani, Azeri /æ'zeri/ |
| **Azja** | Asia /'eɪʃə, -ʒə ǁ -ʒə, -ʃə/ | Asian /'eɪʃən, -ʒən ǁ -ʒən, ʃən/ | |
| **Bałtyk** | the Baltic /'bɔːltɪk ǁ 'bɔːl-/ | Baltic | |
| **Bangladesz** | Bangladesh /ˌbæŋglə'deʃ/ | Bangladesh, Bangladeshi /ˌbæŋglə'deʃi/ | Bangladeshi |
| **Belgia** | Belgium /'beldʒəm/ | Belgian /'beldʒən/ | |
| **Białoruś** | Belarus /ˌbelə'ruːs/,<br>Belorussia /ˌbeləʊ'rʌʃə ǁ -loʊ-/,<br>Byelorussia /biːˌeləʊ'rʌʃə/ | Belarusian /ˌbelə'rʌʃən/,<br>Belorussian /ˌbeləʊ'rʌʃən ǁ -loʊ-/,<br>Byelorussian /biːˌeləʊ'rʌʃən, ˌbeləʊ-/ | |
| **Boliwia** | Bolivia /bə'lɪviə/ | Bolivian /bə'lɪviən/ | |
| **Bośnia i Hercegowina** | Bosnia and Herzegovina /ˌbɒzniə ənd ˌhɜːtsəgəʊ'viːnə ǁ ˌbɑːzniə ənd ˌhɜːrtsəgoʊ-/ | Bosnian /'bɒzniən ǁ 'bɑːz-/,<br>Herzegovinian /ˌhɜːtsəgəʊ'viːnən ǁ -ˌhɜːrts-/ | |
| **Brazylia** | Brazil /brə'zɪl/ | Brazilian /brə'zɪliən/ | |
| **Bułgaria** | Bulgaria /bʌl'geəriə ǁ -ger-/ | Bulgarian /bʌl'geəriən ǁ -'ger-/ | |
| **Birma** | Burma /'bɜːmə ǁ 'bɜːr-/,<br>Myanmar /'mjænmɑː ǁ 'mjɑːnmɑːr/ | Burmese /ˌbɜː'miːz◂ ǁ ˌbɜːr-/ | |
| **Chile** | Chile /'tʃɪli/ | Chilean /'tʃɪliən/ | |

# Nazwy geograficzne

| | | | |
|---|---|---|---|
| **Chiny** | China /ˈtʃaɪnə/ | Chinese /ˌtʃaɪˈniːz◂ / | |
| **Chorwacja** | Croatia /krəʊˈeɪʃə ‖ kroʊ-/ | Croatian /krəʊˈeɪʃən ‖ -kroʊ-/ | Croat /ˈkrəʊæt ‖ ˈkrəʊ-/, Croatian |
| **Cypr** | Cyprus /ˈsaɪprəs/ | Cypriot /ˈsɪpriət/ | |
| **Czarnogóra** | Montenegro /ˌmɒntəˈniːgrəʊ ‖ ˌmɑːn-/ | Montenegro, Montenegrin /ˌmɒntəˈnegrən ‖ ˌmɑːn-/ | Montenegrin |
| **Czechy** | the Czech Republic /ˌtʃek rɪˈpʌblɪk/ | Czech /tʃek/ | |
| **Dania** | Denmark /ˈdenmɑːk ‖ -mɑːrk/ | Danish /ˈdeɪnɪʃ/ | Dane /deɪn/ |
| **Egipt** | Egypt /ˈiːdʒɪpt/ | Egyptian /ɪˈdʒɪpʃən/ | |
| **Ekwador** | Ecuador /ˈekwədɔː ‖ -ɔːr/ | Ecuadorian /ˌekwəˈdɔːriən◂ / | |
| **Estonia** | Estonia /eˈstəʊniə ‖ eˈstoʊ-/ | Estonian /eˈstəʊniən ‖ eˈstoʊ-/ | |
| **Etiopia** | Ethiopia /ˌiːθiˈəʊpiə ‖ -ˈoʊ-/ | Ethiopian /ˌiːθiˈəʊpiən ‖ -ˈoʊ-/ | |
| **Europa** | Europe /ˈjʊərəp ‖ ˈjʊr-/ | European /ˌjʊərəˈpiːən◂ ‖ ˌjʊr-/ | |
| **Filipiny** | the Philippines /ˈfɪləpiːnz ‖ ˌfɪləˈpiːnz/ | Philippine /ˈfɪləpiːn ‖ ˌfɪləˈpiːn/ | Filipino /ˌfɪləˈpiːnəʊ ‖ -noʊ/, Filipina (*r. żeński*) |
| **Finlandia** | Finland /ˈfɪnlənd/ | Finnish /ˈfɪnɪʃ/ | Finn /fɪn/ |
| **Francja** | France /frɑːns ‖ fræns/ | French /frentʃ/ | Frenchman (*r. męski*) /ˈfrentʃmən/, Frenchwoman (*r. żeński*) /-wʊmən/, Frenchmen (*l. mnoga*) /ˈfrentʃmən/, the French (*zbiorowo*) |

| | | | |
|---|---|---|---|
| **Monako** | Monaco /ˈmɒnəkəʊ ‖ ˈmɑːnəkoʊ/ | Monegasque /ˌmɒnɪˈgæsk◂ ‖ mɑː-/, Monacan /ˈmɒnəkən/ | |
| **Mongolia** | Mongolia /mɒŋˈgəʊliə ‖ mɑːŋˈgoʊ-/ | Mongolian /mɒŋˈgəʊliən ‖ mɑːŋˈgoʊ/ | Mongolian, Mongol /ˈmɒŋgɒl, -gəl ‖ ˈmɑːŋgəl/ |
| **Morze Śródziemne** | the Mediterranean /ˌmedətəˈreɪniən◂ / | Mediterranean | |
| **Mozambik** | Mozambique /ˌməʊzəmˈbiːk ‖ ˌmoʊ-/ | Mozambican /ˌməʊzəmˈbiːkən◂ ‖ moʊ-/ | |
| **Nepal** | Nepal /nɪˈpɔːl ‖ nəˈpɔːl, -ˈpɑːl/ | Nepalese /ˌnepəˈliːz◂ / | |
| **Nikaragua** | Nicaragua /ˌnɪkəˈrægjuə ‖ -ˈrɑːgwə/ | Nicaraguan /ˌnɪkəˈrægjuən◂ ‖ -ˈrɑːgwən◂ / | |
| **Niemcy** | Germany /ˈdʒɜːməni ‖ -ɜːr-/ | German /ˈdʒɜːmən◂ ‖ -ɜːr-/ | |
| **Nigeria** | Nigeria /naɪˈdʒɪəriə ‖ -ˈdʒɪr-/ | Nigerian /naɪˈdʒɪəriən ‖ -ˈdʒɪr-/ | |
| **Norwegia** | Norway /ˈnɔːweɪ ‖ ˈnɔːr-/ | Norwegian /nɔːˈwiːdʒən ‖ nɔːr-/ | |
| **Nowa Zelandia** | New Zealand /njuː ˈziːlənd ‖ nuː-/ | New Zealand | New Zealander /njuː ˈziːləndə ‖ nuː ˈziːləndər/ |
| **Pacyfik** | the Pacific /pəˈsɪfɪk/ | Pacific | |
| **Pakistan** | Pakistan /ˌpɑːkɪˈstɑːn, pækɪˈstæn/ | Pakistani /ˌpɑːkɪˈstɑːni◂ , ˌpæk- ‖ -stɑːni◂ , -ˈstæni◂ / | |
| **Palestyna** | Palestine /ˈpæləstaɪn/ | Palestinian /ˌpæləˈstɪniən/ | |
| **Panama** | Panama /ˌpænəˈmɑː◂ ‖ ˈpænəmɑː/ | Panamanian /ˌpænəˈmeɪniən/ | |
| **Paragwaj** | Paraguay /ˈpærəgwaɪ/ | Paraguayan /ˌpærəˈgwaɪən◂ / | |

| | | | |
|---|---|---|---|
| **Kongo (Republika)** | Zaire /zaɪˈɪə ‖ zɑːˈɪr/, the Democratic Republic of Congo /ˌdeməkrætɪk riˈpʌblik əv ˈkɒŋgəʊ ‖ ˈkɑŋgoʊ/ | Zairean /zaɪˈɪəriən ‖ zɑːˈɪr-/ | |
| **Korea Południowa** | South Korea /ˌsaʊθ kəˈrɪə/ | South Korean /ˌsaʊθ kəˈrɪən/ | |
| **Korea Północna** | North Korea /ˌnɔːθ kəˈrɪə ‖ ˌnɔːrθ-/ | North Korean /ˌnɔːθ kəˈrɪən ‖ ˌnɔːrθ-/ | |
| **Kosowo** | Kosovo /ˈkɒsəvəʊ/ | Kosovan /ˈkɒsəvən/, Kosovar /ˈkɒsəvɑː ‖ -ɑːr/ | |
| **Kuba** | Cuba /ˈkjuːbə/ | Cuban /ˈkjuːbən/ | |
| **Kuwejt** | Kuwait /kʊˈweɪt/ | Kuwaiti /kʊˈweɪti/ | |
| **Laos** | Laos /ˈlɑːɒs, laʊs ‖ laʊs, ˈleiɑːs/ | Laotian /ˈlaʊʃən, Lao laʊ/ | |
| **Liban** | Lebanon /ˈlebənən/ | Lebanese /ˌlebəˈniːz◂ / | |
| **Libia** | Libya /ˈlɪbiə/ | Libyan /ˈlɪbiən/ | |
| **Litwa** | Lithuania /ˌlɪθjuˈeɪniə ‖ -θu-/ | Lithuanian /ˌlɪθjuˈeɪniən ‖ -θu-/ | |
| **Luksemburg** | Luxemburg /ˈlʌksəmbɜːg ‖ -bɜːrg/ | Luxembourg | Luxembourger /ˈlʌksəmbɜːgə ‖ -bɜːrgər/ |
| **Łotwa** | Latvia /ˈlætviə/ | Latvian /ˈlætviən/ | |
| **Macedonia** | Macedonia /ˌmæsəˈdəʊniə ‖ -ˈdoʊ-/ | Macedonian /mæsəˈdəʊniən◂ ‖ -ˈdoʊ-/ | |
| **Malezja** | Malaysia /məˈleɪziə ‖ -ʒə, -ʃə/ | Malaysian /məˈleɪziən ‖ -ʒən, -ʃən/ | |
| **Malta** | Malta /ˈmɔːltə ‖ ˈmɔːl-/ | Maltese /ˌmɔːlˈtiːz◂ ‖ ˌmɔːl-/ | |
| **Maroko** | Morocco /məˈrɒkəʊ ‖ -ˈrɑːkoʊ/ | Moroccan /məˈrɒkən ‖ ˈrɑː-/ | |
| **Meksyk** | Mexico /ˈmeksɪkəʊ ‖ -ˌr̩ˌkoʊ/ | Mexican /ˈmeksɪkən/ | |

| | | | |
|---|---|---|---|
| **Irlandia** | the Irish Republic /ˌaɪərɪʃ rɪˈpʌblɪk ‖ ˌaɪr-/ | Irish /ˈaɪərɪʃ ‖ ˈaɪr-/ | Irishman (*r. męski*) /ˈaɪərɪʃmən/ ‖ ˈaɪr-, Irishwoman (*r. żeński*) /-wʊmən/, Irishmen (*l. mnoga*) /ˈaɪərɪʃmən ‖ ˈaɪr-/, the Irish (*zbiorowo*) |
| **Islandia** | Iceland /ˈaɪslənd/ | Icelandic /aɪsˈlændɪk/ | Icelander /ˈaɪsləndə ‖ -dər/ |
| **Izrael** | Israel /ˈɪzreɪl/ | Israeli /ɪzˈreɪli/ | |
| **Jamajka** | Jamaica /dʒəˈmeɪkə/ | Jamaican /dʒəˈmeɪkən/ | |
| **Japonia** | Japan /dʒəˈpæn/ | Japanese /ˌdʒæpəˈniːz◂ / | |
| **Jemen** | Yemen /ˈjemən/ | Yemeni /ˈjeməni/ | |
| **Jordan** | Jordan /ˈdʒɔːdn ‖ ˈdʒɔːr-/ | Jordanian /dʒɔːˈdeɪniən ‖ dʒɔːr-/ | |
| **Jugosławia** | Yugoslavia /ˌjuːgəʊˈslɑːviə ‖ -goʊ-/ | Yugoslavian /ˌjuːgəʊˈslɑːviən ‖ -goʊ-/, Yugoslav /ˈjuːgəʊslɑːv ‖ -goʊ-/ | |
| **Kambodża** | Cambodia /kæmˈbəʊdiə ‖ -ˈboʊ-/ | Cambodian /kæmˈbəʊdiən ‖ -ˈboʊ-/ | |
| **Kamerun** | Cameroon /ˌkæməˈruːn/ | Cameroonian /ˌkæməˈruːniən◂ / | |
| **Kanada** | Canada /ˈkænədə/ | Canadian /kəˈneɪdiən/ | |
| **Kazachstan** | Kazakhstan /ˌkæzækˈstɑːn ‖ ˌkɑːzɑːk-/ | Kazakhstani /ˌkæzækˈstɑːni ‖ ˌkɑːzɑːkˈstɑːni/, **Kazakh** /ˈkæzæk ‖ ˈkɑːzɑːk/ | |
| **Kenia** | Kenya /ˈkenjə, ˈkiː-/ | Kenyan /ˈkenjən, ˈkiː-/ | |
| **Kolumbia** | Colombia /kəˈlʌmbiə/ | Colombian /kəˈlʌmbiən/ | |

| | | | |
|---|---|---|---|
| **Gambia** | Gambia /ˈgæmbiə/ | Gambian /ˈgæmbiən/ | |
| **Ghana** | Ghana /ˈgɑːnə/ | Ghanian, Ghanaian /gɑːˈneɪən/ | |
| **Grecja** | Greece /griːs/ | Greek /griːk/ | |
| **Grenlandia** | Greenland /ˈgriːnlənd, -lænd/ | Greenlandic /griːnˈlændɪk/ | Greenlander /ˈgriːnləndə ‖ -dər/ |
| **Gruzja** | Georgia /ˈdʒɔːdʒə ‖ ˈdʒɔːr-/ | Georgian /ˈdʒɔːdʒən ‖ ˈdʒɔːr-/ | |
| **Gwatemala** | Guatemala /ˌgwɑːtəˈmɑːlə/ | Guatemalan /ˌgwɑːtəˈmɑːlən◂ / | |
| **Gwinea** | Guinea /ˈgɪni/ | Guinean /ˈgɪniən/ | |
| **Haiti** | Haiti /ˈheɪti/ | Haitian /ˈheɪʃən/ | |
| **Hiszpania** | Spain /speɪn/ | Spanish /ˈspænɪʃ/ | Spaniard /ˈspænjəd ‖ -jərd/ |
| **Holandia** | Holland /ˈhɒlənd ‖ ˈhɑː-/, The Netherlands /ðə ˈneðələndz ‖ -ðər-/ | Dutch /dʌtʃ/ | Dutchman (*r. męski*) /ˈdʌtʃmən/, Dutchwoman (*r. żeński*) /-wʊmən/, Dutchmen (*l. mnoga*) /ˈdʌtʃmən/, the Dutch (*zbiorowo*) |
| **Hong Kong** | Hong Kong /ˌhɒŋ ˈkɒŋ ‖ ˈhɑːŋ ˌkɑːŋ/ | | |
| **Indie** | India /ˈɪndiə/ | Indian /ˈɪndiən/ | |
| **Indonezja** | Indonesia /ˌɪndəˈniːʒəˌ-ziə ‖ -ʒə, -ʃə/ | Indonesian /ˌɪndəˈniːʒən◂ , -ziən◂ ‖ -ʒən, -ʃən◂ / | |
| **Irak** | Iraq /ɪˈrɑːk, -æk/ | Iraqi /ɪˈrɑːki, -æki/ | |
| **Iran** | Iran /ɪˈrɑːn, -æn/ | Iranian /ɪˈreɪniən/ | |

| | | | |
|---|---|---|---|
| **Peru** | Peru /pə'ru:/ | Peruvian /pə'ru:viən/ | |
| **Polska** | Poland /'pəʊlənd ‖ 'poʊ-/ | Polish /'pəʊlɪʃ ‖ 'poʊ-/ | Pole /pəʊl ‖ poʊl/ |
| **Portugalia** | Portugal /'pɔ:tʃʊgəl ‖ 'pɔ:r-/ | Portuguese /ˌpɔ:tʃʊ'gi:z◂ ‖ pɔ:r-/ | |
| **Puerto Rico** | Puerto Rico /ˌpwɜ:təʊ 'ri:kəʊ ‖ ˌpɔ:rtoʊ 'ri:koʊ/ | Puerto Rican /ˌpwɜ:təʊ 'ri:kən ‖ ˌpɔ:rtoʊ-/ | |
| **Rosja** | Russia /'rʌʃə/ | Russian /'rʌʃən/ | |
| **RPA (Republika Południowej Afryki)** | South Africa /saʊθ 'æfrɪkə/ | South African /saʊθ 'æfrɪkən/ | |
| **Rumunia** | Romania /ru:'meɪniə ‖ roʊ-/ | Romanian /ru:'meɪniən ‖ roʊ-/ | |
| **Ruanda** | Rwanda /ru'ændə ‖ -'ɑ:n-/ | Rwandan /ru'ændən ‖ -'ɑ:n-/ | |
| **Salwador** | El Salvador /el 'sælvəˌdɔ: ‖ -ɔ:r/ | Salvadorian, Salvadorean /ˌsælvə'dɔ:riən◂ , Salvadoran ˌsælvədɔ:rən◂ / | |
| **Słowacja** | Slovakia /sləʊ'vækiə ‖ sloʊ-/ | Slovak /'sləʊvæk ‖ 'sloʊvɑ:k/, Slovakian /sləʊ'vækiən ‖ sloʊ/ | |
| **Słowenia** | Slovenia /sləʊ'vi:niə ‖ sloʊ-/ | Slovene /'sləʊvi:n ‖ 'sloʊ-/, Slovenian /sləʊ'vi:niən ‖ sloʊ-/ | |
| **Serbia** | Serbia /'sɜ:biə ‖ 'sɜ:r-/ | Serbian /'sɜ:biən ‖ 'sɜ:r-/, Serb /sɜ:b ‖ sɜ:rb/ | |
| **Singapur** | Singapore /ˌsɪŋə'pɔ: ‖ 'sɪŋəpɔ:r/ | Singaporean /ˌsɪŋə'pɔ:riən◂ / | |
| **Somalia** | Somalia /səʊ'mɑ:liə ‖ soʊ-/ | Somali /səʊ'mɑ:li ‖ soʊ-/ | |
| **Sri Lanka** | Sri Lanka /sri: 'læŋkə ‖ -'lɑ:ŋ-/ | Sri Lankan /sri: 'læŋkən ‖ -'lɑ:ŋ-/ | |
| **Stany Zjednoczone** | the United States /ju:naɪtᵻd 'steɪts/ | American /ə'merᵻkən/, US | American /ə'merᵻkən/ |

| | | | |
|---|---|---|---|
| **Sudan** | (the) Sudan /sʊ'dæn, -'dɑ:n/ | Sudanese /ˌsu:də'ni:z◂ / | |
| **Syria** | Syria /'sɪriə/ | Syrian /'sɪriən/ | |
| **Szkocja** | Scotland /'skɒtlənd ǁ 'skɑ:t-/ | Scottish /'skɒtɪʃ ǁ 'skɑ-/, Scots /skɒts ǁ skɑ:ts/ | Scot, Scotsman (*r. męski*) /'skɒtsmən ǁ 'skɑ:-/, Scotswoman (*r. żeński*) /-wʊmən/, Scotsmen (*l. mnoga*) /'skɒtsmən ǁ 'skɑ:-/, the Scots (*zbiorowo*) |
| **Szwajcaria** | Switzerland /'swɪtsələnd ǁ -sər-/ | Swiss /swɪs/ | |
| **Szwecja** | Sweden /'swi:dn/ | Swedish /'swi:dɪʃ/ | Swede /swi:d/ |
| **Tajlandia** | Thailand /'taɪlænd, -lənd/ | Thai /taɪ/ | |
| **Tajwan** | Taiwan /taɪ'wɑ:n/ | Taiwanese /ˌtaɪwə'ni:z◂ / | |
| **Tanzania** | Tanzania /ˌtænzə'nɪə/ | Tanzanian /ˌtænzə'nɪən◂ / | |
| **Tunezja** | Tunisia /tjʊ'nɪziə ǁ tu:'ni:ʒə/ | Tunisian /tju:'nɪziən ǁ tu:'ni:ʒən/ | |
| **Turcja** | Turkey /'tɜ:ki ǁ 'tɜ:r-/ | Turkish /'tɜ:kɪʃ ǁ 'tɜ:r-/ | Turk /tɜ:k ǁ tɜ:rk/ |
| **Tybet** | Tibet /tɪ'bet/ | Tibetan /tɪ'betn/ | |
| **Uganda** | Uganda /ju:'gændə/ | Ugandan /ju:'gændən/ | |
| **Ukraina** | (the) Ukraine /ju:'kreɪn/ | Ukrainian /ju:'kreɪniən/ | |
| **Urugwaj** | Uruguay /'jʊərəgwaɪ ǁ 'jʊr-/ | Uruguayan /ˌjʊərə'gwaɪən◂ ǁ ˌjʊr-/ | |
| **Uzbekistan** | Uzbekistan /ˌʊzbekɪ'stɑ:n ǁ ʊzˌbek'stæn/ | Uzbek /'ʊzbek/ | |
| **Włochy** | Italy /'ɪtəli/ | Italian /ɪ'tæliən/ | |